都市問題・地方自治
調査研究文献要覧

明治~1945

後藤・安田記念東京都市研究所
市政専門図書館　監修

Bibliography of Municipal Problems and Local Government
① Meiji-1945

Supervised by
Municipal Reference Library,
Tokyo Institute for Municipal Research

Compiled by
Nichigai Associates, Inc.

©2017 by Nichigai Associates, Inc.
Printed in Japan

●編集担当● 小川 修司
装 丁：赤田 麻衣子

刊行にあたって

　公益財団法人後藤・安田記念東京都市研究所は、東京市政調査会構想を発表した第7代東京市長後藤新平と、それに共感した安田財閥の創始者安田善次郎の巨額の寄付を受けて、1922年に東京市政調査会として創設された。都市問題・地方自治に関する専門図書館である市政専門図書館は、その後藤・安田記念東京都市研究所設立以来付設機関として調査研究事業を支えるとともに、広く蔵書を一般に無料で公開している。蔵書には、灰色文献と呼ばれる入手困難な行政資料や審議会資料などの貴重な資料を含むほか、大森文書、後藤新平文書などの特殊コレクションが含まれている。

　本書は、市政専門図書館が収集・選定してきた図書・雑誌記事をまとめた文献目録であり、本巻では明治から1945年までに刊行・発表された図書22,962件、東京市政調査会発行の雑誌『都市問題』創刊（1925年）以来収集してきた雑誌論文37,312件を収録対象とする。尚、図書に関しては市政専門図書館が所蔵する明治以前に刊行された資料も若干収録している。

　本書に収録した図書・雑誌論文は、市政専門図書館の研究員・図書館職員が一定の基準に基づき、『都市問題関係雑誌記事索引』、『都市問題関係文献目録』、または月刊誌『都市問題』巻末の「文献情報」に公表してきたもので、都市問題・地方自治に関する重要な文献がまとめられている。これらの全蔵書については図書・雑誌論文検索（OPAC）で検索可能ではあるが、雑誌論文には分類が明示されていない。本書では、当時の分類を現在の分類に合わせる調整を加え、雑誌論文も図書同様分類下に排列した。

　本書で収録対象とした明治から1945年にかけての時期は、明治新政府の富国強兵・殖産興業政策による資本主義体制の導入、銀兌換券発行による実質的な銀本位制を契機とした産業革命、日露戦争前後の重工業化の進展、第一次大戦の大戦景気を受けた工業生産の増大など産業化が進んだ時代である。産業構造の変化は労働力

の確保を要請し、地方から人口が集中して都市化が進んだ。一方で産業化に由来する経済的貧困は、貧民窟や細民街などに代表される古典的都市問題を生むに至った。

また地方行政の面では、官治的な色彩の濃い府県制・郡制が行政区画として採られ、市町村の自治行政が軽視された制度が出発点となった。1926年に地方議会に普通選挙制が導入され、条例制定権が認められるなど、時代が下るにつれ地方に権限が移譲されていったが、第二次大戦下の1943年には反動的改正が進み、東京都制が敷かれるなど国家的統制が再び強まった。民主的な地方自治制が確立されるのは、知事公選を含む地方自治法が施行される1947年のことである。

小社では第1巻に先立ち1945年8月終戦から1980年を収録対象とした第2巻を2016年11月に、1981年から2015年を収録対象とした第3巻を2016年7月に刊行し好評を頂いており、本巻出版により、シリーズ完結となる。本シリーズにより、市政専門図書館が後藤・安田記念東京都市研究所の調査研究事業を支えるために収集した資料を通覧できる意義は小さくないだろう。

50年ぶりに開催されることとなった東京オリンピックを前に、本書が都市問題や地方自治の実務家、研究者だけでなく、広く一般の方に幅広く活用されることを願っている。

2017年3月

日外アソシエーツ編集部

目　次

凡例 ……………………………………………………………………………………… (6)

都市問題・地方自治調査研究文献要覧①明治～1945

　都市問題・市政 ………………………………………………………………………… 1
　警察・消防・災害 ……………………………………………………………………… 57
　都市計画・地域開発 …………………………………………………………………… 78
　　都市計画 ……………………………………………………………………………… 82
　　地域開発 ……………………………………………………………………………… 122
　土木・道路・港湾 ……………………………………………………………………… 127
　交通・通信 ……………………………………………………………………………… 166
　公益事業・公営企業 …………………………………………………………………… 193
　衛生・医療・水道・清掃 ……………………………………………………………… 208
　教育・文化・情報 ……………………………………………………………………… 249
　社会・社会問題・社会福祉 …………………………………………………………… 291
　　社会・社会問題 ……………………………………………………………………… 298
　　住宅・宅地 …………………………………………………………………………… 347
　　社会福祉 ……………………………………………………………………………… 357
　財政 ……………………………………………………………………………………… 387
　経済・産業 ……………………………………………………………………………… 462
　人口・土地 ……………………………………………………………………………… 546
　商工業 …………………………………………………………………………………… 562
　政治・行政・法律 ……………………………………………………………………… 593
　地方政治・地方行政 …………………………………………………………………… 661
　歴史・伝記・地理 ……………………………………………………………………… 690
　哲学・自然科学・その他雑誌 ………………………………………………………… 722
　統計書・年鑑 …………………………………………………………………………… 724
　書誌・その他 …………………………………………………………………………… 840

事項名索引 ……………………………………………………………………………… 847

著者名索引 ……………………………………………………………………………… 857

収録誌名一覧 …………………………………………………………………………… 925

凡　例

1. 本書の内容

　　本書は、後藤・安田記念東京都市研究所 市政専門図書館が所蔵する図書と雑誌記事を収録した文献目録である。

2. 収録対象

　　概ね明治から1945（昭和20）年の終戦までに日本国内で発行された文献のうち、都市問題・地方自治に関する専門図書館である後藤・安田記念東京都市研究所 市政専門図書館（旧名称：東京市政調査会）が所蔵する図書22,962点、同図書館収集の雑誌に掲載された記事・論文37,312点を収録した。

3. 見出し（文献の分類）

　　文献が扱っている主題によって「都市問題・市政」「地方政治・地方行政」などに大別した。都市問題一般を扱った文献については、「都市問題・市政」にまとめた。これらの分類は目次に示した。

4. 文献の排列

（1）各見出しの下に、【雑誌】【図書】の順とした。
（2）刊行年月順に排列し、刊行年月が同じものについては、書名または掲載誌名のもと記事名の五十音順に排列し、アルファベットで始まるものは末尾にまとめた。濁音・半濁音は清音扱いとし、ヂ→シ、ヅ→スとみなした。また、拗促音は直音扱いとし、長音は無視した。

5. 記載事項

（1）雑誌記事
　　　記事名／連載名／著者名／誌名／巻号／刊行年月日
（2）特集記事
　　　特集名／誌名／巻号／刊行年月日／各記事／各記事著者名
（3）図　書
　　　書名／版表示／著者表示／出版者／刊行年月日／ページ数または冊数／大きさ／叢書名／叢書番号

6．事項名索引

　　本文の各見出しに関連する用語、テーマなどを五十音順に排列し、その見出しと掲載ページを示した。

7．著者名索引

　　各文献の著者、訳者などを五十音順に排列し、アルファベットで始まるものは末尾にまとめ、その掲載ページを示した。なお使用漢字は、原則として常用漢字、新字体に統一した。

8．収録誌名一覧

　　収録誌名・刊行者名を、雑誌名の五十音順に排列した。雑誌名が同じ場合は、刊行者名の五十音順に排列した。

9．書誌事項等の出所

　　本目録に掲載した各図書の書誌事項等は主に次の資料に拠っている。

　　後藤・安田記念東京都市研究所「都市問題」文献情報
　　市政専門図書館 図書・雑誌論文検索（OPAC）
　　データベース「book plus」
　　JAPAN/MARC

都市問題・市政

【雑　誌】

◇都市格の向上(中川望)「大大阪」　1(1)　1925.1
◇我国都市の特色(岡實)「大大阪」　1(1)　1925.1
◇倫敦瞥見(守屋榮夫)「地方行政」　33(1)　1925.1
◇市となりし西宮(宮司功)「斯民」　20(4)　1925.4
◇大大阪市の実顕(中川望)「斯民」　20(4)　1925.4
◇市域拡張せられたる大阪市「地方行政」　33(4)　1925.4
◇町村内諸団体の統制に就て(渡辺宗太郎)「地方行政」　33(4)　1925.4
◇特別市制を必要とする訳(田川大吉郎)「市町村」　1(1)　1925.5
◇市域拡張せられたる大阪市(大塚辰治)「地方行政」　33(5)　1925.5
◇西宮と市制(宮司功)「地方行政」　33(5)　1925.5
◇大阪市の拡張計画「都市問題」　1(1)　1925.5
◇都市行政上に於けるシティ・マネジャー案(チャールズ・エー・ビーアド)「都市問題」　1(1)　1925.5
◇「都市問題」発刊に就て(後藤新平)「都市問題」　1(1)　1925.5
◇西宮市制施行「都市問題」　1(1)　1925.5
◇W.B.Munro,Municipal Government and Administration,1923 (吉川季治郎)「都市問題」　1(1)　1925.5
◇独逸市町村連合会の発達に鑑みて我国全国市長会及び町村長会の将来を思ふ(菊池愼三)「斯民」　20(6)　1925.6
◇仏国の町村と町村長会(福澤泰江)「斯民」　20(6)　1925.6
◇大大阪の形成(平野真三)「都市問題」　1(2)　1925.6
◇都市人事行政の改善に就て(菊池慎三)「都市問題」　1(2)　1925.6
◇都市問題研究の重要(渡辺鉄蔵)「都市問題」　1(2)　1925.6
◇ロンドン府会議員選挙「都市問題」　1(2)　1925.6
◇保甲と我国旧時の自治制度(小島憲)「市町村」　1(2)　1925.7
◇東京市債現在額「東洋経済新報」　1155　1925.7
◇国際都市会議(小田垣光之輔)「都市問題」　1(3)　1925.7
◇東京市内に於ける人口と飲食店「都市問題」　1(3)　1925.7
◇東京市の財政状態を思ふて(田川大吉郎)「都市問題」　1(3)　1925.7
◇改良せらるる東京市の塵芥処理(復興局文書課)「内務時報」　298　1925.7
◇英国都市起源考(野村兼太郎)「三田学会雑誌」　19(7)　1925.7
◇全国町村長会記事「斯民」　20(8)　1925.8
◇六大都市負担比較表(唯野喜八)「税」　3(8)　1925.8
◇クリーヴランド市に於けるシティ・マネジャー制の実績(弓家七郎)「都市問題」　1(4)　1925.8
◇国際聯盟とIntermunicipalite(小田垣光之輔)「都市問題」　1(4)　1925.8
◇大都市の二重制度に関する考察(1)(挾間茂)「都市問題」　1(4)　1925.8
◇ハンブルグの新市制(小倉庫次)「都市問題」　1(4)　1925.8
◇帝都の今昔(其1)(塚本靖)「内務時報」　302　1925.8
◇大都市と隣接町村の問題「地方行政」　33(9)　1925.9
◇六大都市市会議員職業別調(猪間驥一)「都市問題」　1(5)　1925.9
◇帝都の今昔(其2・完)(塚本靖)「内務時報」　303　1925.9

◇英国都市行政の研究(1)(岡田周造)「自治研究」　1(1)　1925.10
◇新なる行政区画の単位、リージョン(トマス・エィチ・リード,弓家七郎訳)「都市問題」　1(6)　1925.10
◇大都市の二重制度に関する考察(2・完)(挾間茂)「都市問題」　1(6)　1925.10
◇世界大都市の公園大観「公衆衛生」　43(11)　1925.11
◇英国都市行政の研究(2)(岡田周造)「自治研究」　1(2)　1925.11
◇市町村の構成を規律し改善するの行政に就て(菊池慎三)「自治研究」　1(2)　1925.11
◇東京市民の心得(田川大吉郎)「地方」　33(11)　1925.11
◇シカゴ市、州より分離せむとす(弓家七郎)「都市問題」　1(7)　1925.11
◇パリ市会議員選挙に於けるポスター戦(小田垣光之輔)「都市問題」　1(7)　1925.11
◇普選以後の市制(田川大吉郎)「都市問題」　1(7)　1925.11
◇普選後の町村制「市町村」　1(6)　1925.12
◇大阪市の諸問題「大大阪」　1(1)　1925.12
◇ケーニヒスベルク市の行政組織(小田垣光之輔,小田忠夫)「都市問題」　1(8)　1925.12
◇市会制度改革の要諦(安部磯雄)「都市問題」　1(8)　1925.12
◇パリ国際都市会議と本会代表の報告「都市問題」　1(8)　1925.12
◇万年市会の是非(大塚辰治)「自治研究」　2(1)　1926.1
◇大阪市と特別市制問題(白川朋吉)「大大阪」　2(1)　1926.1
◇近代的都市としての伯林(林久助)「大大阪」　2(1)　1926.1
◇郷土都市の話になる迄(4)(石川栄耀)「都市創作」　2(1)　1926.1
◇大阪都市協会の誕生(小田垣光之輔)「都市問題」　2(1)　1926.1
◇市政の興廃と市民の自覚(後藤新平)「都市問題」　2(1)　1926.1
◇全国市長年俸調(猪間驥一)「都市問題」　2(1)　1926.1
◇東京市区会議員選挙に現れたる新傾向(小田垣光之輔)「都市問題」　2(1)　1926.1
◇東京市町会の経費に関する調査「都市問題」　2(1)　1926.1
◇都市の発達と人口都市集中の諸相(1)(長屋敏郎)「都市問題」　2(1)　1926.1
◇パリ国際都市会議後報(小田垣光之輔)「都市問題」　2(1)　1926.1
◇奇怪なる東京都制案「市町村」　2(2)　1926.2
◇二重要問題に反対す(田子一民)「斯民」　21(2)　1926.2
◇大阪市民諸君に望む(後藤新平)「大大阪」　2(2)　1926.2
◇都市改造の諸問題(鶴見祐輔)「大大阪」　2(2)　1926.2
◇都市の味「郷土都市の話になる迄」の断章ノ三(石川栄耀)「都市創作」　2(2)　1926.2
◇アメリカに於ける小都市行政改革運動の一事例(オーシャン・シティ)(小田垣光之輔)「都市問題」　2(2)　1926.2
◇大都市の膨張とその統制方法「都市問題」　2(2)　1926.2
◇都市の発達と人口都市集中の諸相(2)(長屋敏郎)「都市問題」　2(2)　1926.2
◇ベルリン新市会議員左右両傾派の極端化(小田垣光之輔)「都市問題」　2(2)　1926.2
◇「シカゴ」市吏員任免待遇状況の研究(澤田竹治郎)「自治研究」　2(3)　1926.3

◇四半世紀前の大阪（森本頼平）「大大阪」　2（3）　1926.3
◇特別市制について（岡實）「大大阪」　2（3）　1926.3
◇紐育市政の研究（2）（藤田進一郎）「大大阪」　2（3）　1926.3
◇婦人と都市問題「大大阪」　2（3）　1926.3
◇大紐育訪問（今村惟善）「都市公論」　9（3）　1926.3
◇都市の味「郷土都市の話になる迄」の断章ノ三（石川栄耀）「都市創作」　2（3）　1926.3
◇伊太利に於けるポデスタ制の新設と輿論（上）（小田垣光之輔）「都市問題」　2（3）　1926.3
◇グラスゴー市域拡張事情（弓家七郎）「都市問題」　2（3）　1926.3
◇東京市新区会議員の選挙弊害観（猪間驥一）「都市問題」　2（3）　1926.3
◇東京都制に関する二三の問題（松木幹一郎）「都市問題」　2（3）　1926.3
◇市参事会は廃すべきか（1）（大塚辰治）「自治研究」　2（4）　1926.4
◇東京市の消費力（道家齊一郎）「市町村」　2（4）　1926.4
◇混沌たる倫敦の行政組織（上）（小川市太郎）「大大阪」　2（4）　1926.4
◇市域拡張後の一年と将来の希望（大阪市）（旧四十四ケ町村長の回答）「大大阪」　2（4）　1926.4
◇村長から区長へ（大阪市に編入されたる旧天王寺村長の所感）（武岡充忠）「大大阪」　2（4）　1926.4
◇大大阪の一年とその将来の施設（大阪市六部長の意見）「大大阪」　2（4）　1926.4
◇複雑な会計部（紐育市政の研究）（藤田進一郎）「大大阪」　2（4）　1926.4
◇東京の都　巴里の市（田川大吉郎）「地方」　34（4）　1926.4
◇神戸市長の施設方針（大正十五年初市会に於て為されたる）「都市研究」　2（2）　1926.4
◇都市の味「郷土都市の話になる迄」の断章ノ三（石川栄耀）「都市創作」　2（4）　1926.4
◇伊太利に於けるポデスタ制の新設と輿論（下）（小田垣光之輔）「都市問題」　2（4）　1926.4
◇五大都市の特別市制運動（小田垣光之輔）「都市問題」　2（4）　1926.4
◇市民の輿論は如何にして実現さるべきか（渡辺鉄蔵）「都市問題」　2（4）　1926.4
◇東京市新区会議員と町会との関係（安達正太郎）「都市問題」　2（4）　1926.4
◇再び東京市の財政を論ず（田川大吉郎）「都市問題」　2（4）　1926.4
◇ベルリンの最低生活費（小幡清金）「都市問題」　2（4）　1926.4
◇市町村吏員の任用資格（村上恭一）「自治研究」　2（5）　1926.5
◇普選後の市町村政に就て（菊地慎三）「地方」　34（5）　1926.5
◇区会の沿革と選挙の概況（東京市）「都市公論」　9（5）　1926.5
◇市吏員恩給制度是非（鈴木武雄）「都市問題」　2（5）　1926.5
◇東京市区会議員は如何なる希望を以て立候補したか（小田垣光之輔）「都市問題」　2（5）　1926.5
◇東京市に於ける木造建築資金（平野真三）「都市問題」　2（5）　1926.5
◇東京市の公債政策を論ず（豊浦与七）「都市問題」　2（5）　1926.5
◇都市発達の歴史と自治（滝本誠一）「都市問題」　2（5）　1926.5
◇速に町村吏員を優遇すべし（繁田武男）「斯民」　21（6）　1926.6
◇混沌たる倫敦の行政組織（小川市太郎）「大大阪」　2（6）　1926.6
◇受益者に対する賦課（紐育市政の研究）（藤田進一郎）「大大阪」　2（6）　1926.6
◇大都市事務協議会（於名古屋市開催）「大大阪」　2（6）　1926.6

◇都市観念（下村宏）「大大阪」　2（6）　1926.6
◇最近の東京市復興概要（東京市役所）「都市工学」　5（6）　1926.6
◇市会の沿革と選挙の概況（東京市の状況）「都市公論」　9（6）　1926.6
◇聚落の構成「郷土都市の話になる迄」の断章の四（石川栄耀）「都市創作」　2（6）　1926.6
◇小市民の市会議員観（猪間驥一）「都市問題」　2（6）　1926.6
◇一九二六年度のウィーン市予算（岡野文之助）「都市問題」　2（6）　1926.6
◇田川大吉郎氏の東京市財政論に答ふ（大里常弘）「都市問題」　2（6）　1926.6
◇ドイツ都市に於ける市有地面積（小幡清金）「都市問題」　2（6）　1926.6
◇東京市会議員改選と市政刷新運動（小倉庫次）「都市問題」　2（6）　1926.6
◇東京市市債の現状（鈴木武雄）「都市問題」　2（6）　1926.6
◇東京市町内会無用論（吉川季治郎）「都市問題」　2（6）　1926.6
◇高等官参事会員の廃止を悼みつゝ（菊池慎三）「自治研究」　2（7）　1926.7
◇東京の選挙界に現れた新傾向（田川大吉郎）「地方」　34（7）　1926.7
◇聚落の構成「郷土都市の話になる迄」の断章の四（石川栄耀）「都市創作」　2（7）　1926.7
◇名古屋市会の意見書を読みて「都市創作」　2（7）　1926.7
◇市会議員の選挙と市政の政党化問題（松木幹一郎）「都市問題」　3（1）　1926.7
◇デトロイト市の十年財政計画（鈴木武雄）「都市問題」　3（1）　1926.7
◇東京市会議員の選挙に現れたる諸相（小倉庫次）「都市問題」　3（1）　1926.7
◇東京市政の諸問題「都市問題」　3（1）　1926.7
◇神戸市区会条例「内務時報」　348　1926.7
◇独墺地方の都市（姪夢哀生）「建築と社会」　9（8）　1926.8
◇既成政党と市政刷新「市町村」　2（8）　1926.8
◇市政刷新運動の問題（大電買収と築港工事切捨案）（谷口房蔵）「大大阪」　2（8）　1926.8
◇東京市政の将来（馬渡俊雄）「地方」　34（8）　1926.8
◇米国の都市物語（2）（小田）「都市研究」　2（4）　1926.8
◇聚落の構成（「郷土都市の話になる迄」の「断章の四」）（石川栄耀）「都市創作」　2（8）　1926.8
◇都の名古屋、未来の夢（黒谷杜鵑）「都市創作」　2（8）　1926.8
◇都市自治権の拡張に就て（松尾楸）「都市問題」　3（2）　1926.8
◇米国に於ける市吏員給料と物価の変動（福本英男）「都市問題」　3（2）　1926.8
◇独墺地方の都市（2）（姪夢哀生）「建築と社会」　9（9）　1926.9
◇市支配人制度論（The City Manager）（沖森源一）「自治研究」　2（9）　1926.9
◇英国都市制度の過去現在（1）（小川市太郎）「大大阪」　2（9）　1926.9
◇市政刷新運動の回顧（築港の草分は紡績業者）（谷口房蔵）「大大阪」　2（9）　1926.9
◇美術館と博物館（紐育市政の研究）（藤田進一郎）「大大阪」　2（9）　1926.9
◇町会自治の研究（曽根昌一）「都市公論」　9（9）　1926.9
◇普選に依る浜松市会議員総選挙（小田垣光之輔）「都市問題」　3（3）　1926.9
◇都市問題の一考察（1）（楠原祖一郎）「建築と社会」　9（10）　1926.10

◇市参事会は廃すべきか(2)(大塚辰治)「自治研究」 2(10) 1926.10
◇浜松市会議員の総選挙「斯民」 21(10) 1926.10
◇浜松市の普選所感(大口喜六)「斯民」 21(10) 1926.10
◇英国都市制度の過去現在(2)(小川市太郎)「大大阪」 2(10) 1926.10
◇試された普選浜松市会議員選挙(柳生作郎)「地方」 34(10) 1926.10
◇浜松市会議員選挙記録(小田垣光之輔)「都市問題」 3(4) 1926.10
◇英国都市制度の過去現在(3)(小川市太郎)「大大阪」 2(11) 1926.11
◇莫斯科の市政調査「大大阪」 2(11) 1926.11
◇東京瓦斯と東京市「東洋経済新報」 1225 1926.11
◇倫敦巴里及び紐育の市政に就て「都市公論」 9(11) 1926.11
◇市会議員選挙と無産階級(安部磯雄)「都市問題」 3(5) 1926.11
◇東京市最初の公会堂「都市問題」 3(5) 1926.11
◇北海道各市会議員選挙の結果(小田垣光之輔)「都市問題」 3(5) 1926.11
◇横浜市域大拡張計画(平野真三)「都市問題」 3(5) 1926.11
◇ローマ都制(小田垣光之輔)「都市問題」 3(5) 1926.11
◇和蘭国市町村制(編集部訳)「自治研究」 2(12) 1926.12
◇行届いた貧民施療(紐育市政の研究)(藤田進一郎)「大大阪」 2(12) 1926.12
◇堂島米市沿革略史(佐古慶三)「大大阪」 2(12) 1926.12
◇東京市政は何故振はないか(田川大吉郎)「地方」 34(12) 1926.12
◇倫敦、巴里及び紐育の市政に就て(2)「都市公論」 9(12) 1926.12
◇都の名古屋未来の夢(2・完)(黒谷杜鵑)「都市創作」 2(12) 1926.12
◇宇部市に於ける小学校教室利用計画(川本宇之介)「都市問題」 3(6) 1926.12
◇大都市と郊外町(今井登志喜)「都市問題」 3(6) 1926.12
◇北海道各市市会議員選挙記録(小田垣光之輔)「都市問題」 3(6) 1926.12
◇和蘭国市町村制(2)(編集部訳)「自治研究」 3(1) 1927.1
◇東京府会が初めて開会せられた頃ほひの事績を尋ねて(菊池慎三)「自治研究」 3(1) 1927.1
◇大都市の話(向陵生)「斯民」 22(1) 1927.1
◇大阪市と特別市制(沼田嘉一郎)「大大阪」 3(1) 1927.1
◇大阪特別市制案を見て(森口繁治)「大大阪」 3(1) 1927.1
◇大阪特別市制案に就て(関一)「大大阪」 3(1) 1927.1
◇大阪の特別市制運動(広瀬徳蔵)「大大阪」 3(1) 1927.1
◇特別市制案中の疑義(岡実)「大大阪」 3(1) 1927.1
◇特別市制急施を必要とする事情(加々美武夫)「大大阪」 3(1) 1927.1
◇特別市制の話(西村健吉)「大大阪」 3(1) 1927.1
◇我等は何故に特別市制を要求するか(小川市太郎)「大大阪」 3(1) 1927.1
◇都市の疾患と之が救済(私の目に映じた神戸市観)(エル・エス・スミス、小川忠蔵訳)「都市研究」 3(1) 1927.1
◇大都市の脅威と其の救済策(エル・エス・スミス、青木信夫訳)「都市工学」 6(1) 1927.1
◇小都市主義への実際「郷土都市の話になる迄」の(断章の六)(石川栄耀)「都市創作」 3(1) 1927.1
◇中華の市政調査会(小田垣光之輔)「都市問題」 4(1) 1927.1
◇東京都制案の沿革と内容(小倉庫次)「都市問題」 4(1) 1927.1
◇東京都制と大阪特別市制(小倉庫次)「都市問題」 4(1) 1927.1

◇古代英国都市概論(野村兼太郎)「三田学会雑誌」 21(1) 1927.1
◇組織の改造(向陵生)「斯民」 22(2) 1927.2
◇英国の市会と市会議員(小川市太郎)「大大阪」 3(2) 1927.2
◇大大阪の土地が出来るまで(喜田貞吉)「大大阪」 3(2) 1927.2
◇大大阪百年の長計を樹てよ(村上愛治)「大大阪」 3(2) 1927.2
◇特別市制を必要とする理由(片桐由雄)「大大阪」 3(2) 1927.2
◇名士の見たる大大阪「大大阪」 3(2) 1927.2
◇どんたくばなし「郷土都市の話になる迄」の(断章の七)(石川栄耀)「都市創作」 3(2) 1927.2
◇雲南市の制度及び其事業(張維翰)「都市問題」 4(2) 1927.2
◇所得税より見たる東京市の富力(小田忠夫)「都市問題」 4(2) 1927.2
◇普選に依る西巣鴨町会議員選挙(小田垣光之輔)「都市問題」 4(2) 1927.2
◇大大阪を一瞥して(松室重光)「建築と社会」 10(3) 1927.3
◇雲南の市政(談)(張維翰)「大大阪」 3(3) 1927.3
◇英国の市会と市会議員(小川市太郎)「大大阪」 3(3) 1927.3
◇矯正部と建築部(紐育市政の研究)(藤田進一郎)「大大阪」 3(3) 1927.3
◇大大阪の建設に就て(懸賞論文)(田中清志)「大大阪」 3(3) 1927.3
◇どんたくばなし「郷土都市の話になる迄」「断章の七」(石川栄耀)「都市創作」 3(3) 1927.3
◇宇和島、岸和田、川越の市会議員普通選挙(小田垣光之輔)「都市問題」 4(3) 1927.3
◇昭和二年度東京市予算案の分析(小田忠夫)「都市問題」 4(3) 1927.3
◇東京市の昭和二年度の予算に就て(田川大吉郎)「都市問題」 4(3) 1927.3
◇財政上より見たる町村の併合問題(1)(大塚辰治)「自治研究」 3(4) 1927.4
◇市政調査研究の急務(関一)「大大阪」 3(4) 1927.4
◇東京市の復興事情を一瞥して(黒川一治)「都市創作」 3(4) 1927.4
◇五大市の特別市制運動(小倉庫次)「都市問題」 4(4) 1927.4
◇昭和二年度東京市予算案管見(上)(鈴木武雄)「都市問題」 4(4) 1927.4
◇市制町村制施行令中改正「内務時報」 385 1927.4
◇大大阪を一瞥して(2)(松室重光)「建築と社会」 10(5) 1927.5
◇滅び行く都市の樹木(大阪では如何な樹が育ち易いか)(方米治郎)「建築と社会」 10(5) 1927.5
◇維納市政の近況(入江俊郎)「自治研究」 3(5) 1927.5
◇財政上より見たる町村の併合問題(2)(大塚辰治)「自治研究」 3(5) 1927.5
◇市となれる米子(戸田吉)「斯民」 22(5) 1927.5
◇大阪市の電灯(田中大彦)「大大阪」 3(5) 1927.5
◇大なる大阪を優れる大阪に(牧野虎次)「大大阪」 3(5) 1927.5
◇大大阪の建設に就て(三等当選懸賞論文)(吉村政次郎)「大大阪」 3(5) 1927.5
◇大大阪の建設に就て(秀逸第一席懸賞論文)(春名雅夫)「大大阪」 3(5) 1927.5
◇民衆化した裁判(紐育市政の研究)(藤田進一郎)「大大阪」 3(5) 1927.5
◇六十年前の大阪(福良竹亭)「大大阪」 3(5) 1927.5
◇新に生れた米子市(石坂敬三郎)「地方」 35(5) 1927.5
◇我国に於ける都市発達の研究(高柳光寿)「都市公論」 10(5) 1927.5

◇市政一覧の味ひ方(「郷土都市の話になる迄」の断章の八)(石川栄耀)「都市創作」3(5) 1927.5
◇東京市の復興事業を一瞥して(2)(黒川一治)「都市創作」3(5) 1927.5
◇京都市政と無産政党(吉川末次郎)「都市問題」4(5) 1927.5
◇昭和二年度東京市予算案管見(下)(鈴木武雄)「都市問題」4(5) 1927.5
◇全国都市問題会議(小田垣光之輔)「都市問題」4(5) 1927.5
◇横浜市の隣接町村合併(小倉庫次)「都市問題」4(5) 1927.5
◇副業経営の組織と優良村(南正樹)「自治研究」3(6) 1927.6
◇全国都市問題会議「大大阪」3(6) 1927.6
◇大大阪の建設に就て(秀逸第二席懸賞論文)(山上正厚)「大大阪」3(6) 1927.6
◇都市の愛護と市民生活(波江悌夫)「大大阪」3(6) 1927.6
◇市政一覧の味ひ方(「郷土都市の話になる迄」の断章の八)(石川栄耀)「都市創作」3(6) 1927.6
◇市政解放デー(鈴木武雄)「都市問題」4(6) 1927.6
◇全国都市問題会議の経過(弓家七郎)「都市問題」4(6) 1927.6
◇財政上より見たる町村の併合問題(3)(大塚辰治)「自治研究」3(7) 1927.7
◇都市問題会議のことども(菊池慎三)「自治研究」3(7) 1927.7
◇市政と労働階級(普通選挙と労働階級の自覚)(西村健吉)「大大阪」3(7) 1927.7
◇全国都市問題会議に出席して「大大阪」3(7) 1927.7
◇江戸時代都市発達の沿革に就て(1)(有元岩鶴)「都市工学」6(7) 1927.7
◇全国市長一覧(昭和二年五月末日調)「都市公論」10(7) 1927.7
◇都会を眺めて(2・完)(時任一成)「都市創作」3(7) 1927.7
◇革命後のドイツ市政(ミッツラフ、小倉庫次訳)「都市問題」5(1) 1927.7
◇婦人市政研究会の市政改革百ヶ条「都市問題」5(1) 1927.7
◇無産階級議員と自治体議会(吉川末次郎)「都市問題」5(1) 1927.7
◇江戸時代都市発達の沿革に就て(2)(有元岩鶴)「都市工学」6(8) 1927.8
◇知事公選問題の経過(鈴木武雄)「都市問題」5(2) 1927.8
◇改正北海道一級町村制「内務時報」406 1927.8
◇改正北海道二級町村制「内務時報」406 1927.8
◇北海道一級町村制及二級町村制改正経過規定「内務時報」406 1927.8
◇都市改善と愛市運動(1)(西村健吉)「大大阪」3(9) 1927.9
◇東京市吏員渋沢子爵に就て(菊池慎三)「地方行政」35(9) 1927.9
◇欧米の都市を訪ねて(田中勝次郎)「都市公論」10(9) 1927.9
◇大名古屋になるまで(1)(ほと、ぎす稿)「都市創作」3(9) 1927.9
◇都市風景の技巧「郷土都市の話になるまで」の断章の十二(石川栄耀)「都市創作」3(9) 1927.9
◇自治体の経済化問題(岡野之助)「都市問題」5(3) 1927.9
◇大都市の理想とする所(田川大吉郎)「大大阪」3(10) 1927.10
◇都市改善と愛市運動(2)(西村健吉)「大大阪」3(10) 1927.10
◇江戸時代都市発達の沿革に就て(3)(有元岩鶴)「都市工学」6(10) 1927.10
◇各市連合協議会の記(山形市開催)「都市公論」10(10) 1927.10
◇大名古屋になるまで(2)(不如帰生)「都市創作」3(10) 1927.10
◇都市風景の技巧「郷土都市の話になる迄で」断章の十二(石川栄耀)「都市創作」3(10) 1927.10

◇自治体の経済化なるに就いて(蠟山政道)「都市問題」5(4) 1927.10
◇東京市政の現状とその改善(大塚一心)「都市問題」5(4) 1927.10
◇東京市臨時市政審議委員会(小田垣光之輔)「都市問題」5(4) 1927.10
◇山形市に於ける各市聯合協議会(岡野文之助)「都市問題」5(4) 1927.10
◇特別市政の一資料(大都市に於ける棄権の意義)(藤田進一郎)「大大阪」3(11) 1927.11
◇都市改善と愛市運動(3・完)(西村健吉)「大大阪」3(11) 1927.11
◇大名古屋になるまで(3)(黒谷杜鵑)「都市創作」3(11) 1927.11
◇都市風景の技巧(その3)「郷土都市の話になる迄」の断章の十二(石川栄耀)「都市創作」3(11) 1927.11
◇横浜市の区制実施(小倉庫次)「都市問題」5(5) 1927.11
◇リヴァプールの市民週間(小倉庫次)「都市問題」5(5) 1927.11
◇労働党治下のシェフィールド市(猪間驥一)「都市問題」5(5) 1927.11
◇市場と都市発生(中世独逸市政起原に関する一考察)(奥井復太郎)「三田学会雑誌」21(11) 1927.11
◇新都ウイーン市の活躍(向陵生)「斯民」22(12) 1927.12
◇楽翁公と渋沢翁と東京市政と(菊池慎三)「斯民」22(12) 1927.12
◇地方分権と特別市政(小川市太郎)「大大阪」3(12) 1927.12
◇米国に於ける市会の地位と組織(玉井猛)「大大阪」3(12) 1927.12
◇東京市のごたごたに関し両党首に望む(田川大吉郎)「東洋経済新報」1279 1927.12
◇東西都市雑筆(1)(成瀬勝武)「都市工学」6(12) 1927.12
◇大名古屋になるまで(4)(黒谷杜鵑)「都市創作」3(12) 1927.12
◇都市風景の技巧(その2)「郷土都市の話になる迄」の断章の十二(石川栄耀)「都市創作」3(12) 1927.12
◇変り行くリヴァプール及マンチェスター市会(小田垣光之輔)「都市問題」5(6) 1927.12
◇東京市と市債シンヂケート銀行団-東京市債引受に関する最近の問題に就て(鈴木武雄)「都市問題」5(6) 1927.12
◇東京市の三臨時調査会設置(鈴木武雄)「都市問題」5(6) 1927.12
◇六大市長会議(吉山真棹)「都市問題」5(6) 1927.12
◇六大都市の特別市制運動(吉山真棹)「都市問題」5(6) 1927.12
◇英国の市長(小川市太郎)「大大阪」4(1) 1928.1
◇「カムピドリオ」と「ポデスタ」制(鈴木連三)「大大阪」4(1) 1928.1
◇市民の代表者としての市長(田川大吉郎)「大大阪」4(1) 1928.1
◇独逸の市制(玉井猛)「大大阪」4(1) 1928.1
◇日本の市長制度(片桐由雄)「大大阪」4(1) 1928.1
◇仏蘭西の市長(大阪都市協会)「大大阪」4(1) 1928.1
◇良市長を得る道(藤田進一郎)「大大阪」4(1) 1928.1
◇わが国の市長難(小川市太郎)「大大阪」4(1) 1928.1
◇婦人市長フスマン女史の気焔(エッチ・ルイズ・フスマン)「都市研究」4(1) 1928.1
◇東西都市雑筆(2)(成瀬勝武)「都市工学」7(1) 1928.1
◇都市は永久に存在であらうか「郷土都市の話になる迄」の断章の十四(石川栄耀)「都市創作」4(1) 1928.1
◇公会堂に就て-東京市公会堂の建設に当り(佐野利器)「都市問題」6(1) 1928.1
◇三都市長問題経緯(猪間驥一)「都市問題」6(1) 1928.1
◇市政府に於ける市長及市会の地位(弓家七郎)「都市問題」6(1) 1928.1

◇東京市及東京市長(田川大吉郎)「都市問題」 6(1) 1928.1
◇東京市会に於ける党派の沿革(小田垣光之輔)「都市問題」 6(1) 1928.1
◇東京市政に関する批判と意見(安部磯雄)「都市問題」 6(1) 1928.1
◇特別市制案を評す(小倉庫次)「都市問題」 6(1) 1928.1
◇三大都市の市長問題「市町村雑誌」 410 1928.2
◇鴎外と都市問題(大野辰見)「大大阪」 4(2) 1928.2
◇大阪及其の近郊(石井信一)「大大阪」 4(2) 1928.2
◇お町内の研究(1)(佐古慶三)「大大阪」 4(2) 1928.2
◇市長再任に際して(関一)「大大阪」 4(2) 1928.2
◇江戸時代都市発達の沿革に就て(有元岩鶴)「都市工学」 [7(2)] 1928.2
◇東西都市随筆(3)(成瀬勝武)「都市工学」 [7(2)] 1928.2
◇大名古屋になるまで(5・完)(黒谷杜鵑)「都市創作」 4(2) 1928.2
◇市会解散の事例(菊池慎三)「都市問題」 6(2) 1928.2
◇市政と党派(高橋清吾)「都市問題」 6(2) 1928.2
◇大大阪の新都市計画(岡崎早太郎)「都市問題」 6(2) 1928.2
◇中小二十都市本年度の事業と問題一斑(猪間驥一)「都市問題」 6(2) 1928.2
◇ドイツ都市行政の事務簡捷並経費節減の規準(小倉庫次訳)「都市問題」 6(2) 1928.2
◇東京市財政の復興を策して(菊池慎三)「都市問題」 6(2) 1928.2
◇東京新市長及助役選任経過(小田垣光之輔)「都市問題」 6(2) 1928.2
◇東京市会に於ける不信任決議に就て(菊池慎三)「自治研究」 4(3) 1928.3
◇大阪市民に望む(田邊治通)「大大阪」 4(3) 1928.3
◇お町内の研究(2)(佐古慶三)「大大阪」 4(3) 1928.3
◇大大阪と棉業(横尾孝之亮)「大大阪」 4(3) 1928.3
◇江戸時代都市発達の沿革に就て(有元岩鶴)「都市工学」 [7(3)] 1928.3
◇東西都市雑筆(4)(成瀬勝武)「都市工学」 [7(3)] 1928.3
◇市俄古地域条例(1)(本多次郎訳)「都市公論」 11(3) 1928.3
◇都市連絡機関に関する所見(岩井芳通)「都市公論」 11(3) 1928.3
◇市区改正当時の憶ひ出(内堀良民)「都市創作」 4(3) 1928.3
◇都市計画街路網の組方「郷土都市の話になる迄」の断章の十五(石川栄耀)「都市創作」 4(3) 1928.3
◇呉市会の新党派(小田垣光之輔)「都市問題」 6(3) 1928.3
◇都市財政特輯「都市問題」 6(3) 1928.3
大阪市財政の膨張 市決算審議の重要-東京市の決算を顧みて(吉山真棹) 市制施行当初の大阪両市編入 昭和三年度東京市予算案の梗概(吉山真棹) 東京市債史の一齣(鈴木武雄) 東京市財政に関し新市長に望む(田川大吉郎) 東京市財政の膨張 東京市の外債(上)(大竹虎雄)
◇独逸都市研究序論(奥井復太郎)「三田学会雑誌」 22(3) 1928.3
◇大阪の大玄関に就て(2)(K生)「建築と社会」 11(4) 1928.4
◇東京市長職務管掌日記(菊池慎三)「自治研究」 4(4) 1928.4
◇市政と婦人(山田わか)「大大阪」 4(4) 1928.4
◇東京市市長の経綸(田川大吉郎)「地方行政」 36(4) 1928.4
◇東西都市雑筆(5)(成瀬勝武)「都市工学」 [7(4)] 1928.4
◇都市の大さ(景山質)「都市工学」 [7(4)] 1928.4
◇市俄古地域条例(2)(本多次郎訳)「都市公論」 11(4) 1928.4
◇市民倶楽部三相「郷土都市の話になる迄」の断章の十六(石川栄耀)「都市創作」 4(4) 1928.4

◇英国市会の改選(小倉庫次)「都市問題」 6(4) 1928.4
◇各市市会議員の歳費(弓家七郎)「都市問題」 6(4) 1928.4
◇市高級幹部の組織に就て(菊池慎三)「都市問題」 6(4) 1928.4
◇東京市昭和三年度予算案を評す(上)(鈴木武雄)「都市問題」 6(4) 1928.4
◇東京市の外債(中)(大竹虎雄)「都市問題」 6(4) 1928.4
◇市となれる倉敷(西尾武夫)「斯民」 23(5) 1928.5
◇明治維新当時の大阪(黒正巌)「大大阪」 4(5) 1928.5
◇最近一年間に於ける東京市政調査会の事業概要「都市問題」 6(5) 1928.5
◇新市,市域拡張地及び其ノ候補地(猪間驥一)「都市問題」 6(5) 1928.5
◇東京市昭和三年度予算案を評す(下)(鈴木武雄)「都市問題」 6(5) 1928.5
◇東京市の外債(下)(大竹虎雄)「都市問題」 6(5) 1928.5
◇本年の「市民賞論文」に就て(前田多門)「都市問題」 6(5) 1928.5
◇六大都市市会議長会議と全国町村長会議(小田垣光之輔)「都市問題」 6(5) 1928.5
◇ロンドン府会の改選-保守党系の勝利と労働派の進出(小倉庫次)「都市問題」 6(5) 1928.5
◇大阪市に於ける新規事業(関一)「都市問題」 6(6) 1928.6
◇東京市政調査会館及公会堂定礎式(「都市問題」 6(6) 1928.6
◇東京府会議員総選挙(吉山真棹)「都市問題」 6(6) 1928.6
◇東京府財政の考察(小幡清金)「都市問題」 6(6) 1928.6
◇労働党より観たる英国市会の改選(小倉庫次)「都市問題」 6(6) 1928.6
◇六大都市人件費調(小田忠夫)「都市問題」 6(6) 1928.6
◇小倉市/諸都市の新規事業(神崎慶次郎)「都市問題」 7(1) 1928.7
◇実業補習教育改善に関する東京市政調査会の意見「都市問題」 7(1) 1928.7
◇市民賞論文を審査して(前田多門)「都市問題」 7(1) 1928.7
◇市民賞論文入選発表(東京市政調査会)「都市問題」 7(1) 1928.7
◇仙台市/諸都市の新規事業(山口竜之助)「都市問題」 7(1) 1928.7
◇東京府会議員選挙の綜合観(吉山真棹)「都市問題」 7(1) 1928.7
◇東京府会選挙の結果(関口泰)「都市問題」 7(1) 1928.7
◇戸畑市/諸都市の新規事業(吉川充雅)「都市問題」 7(1) 1928.7
◇ニューヨーク市行政統一問題(弓家七郎)「都市問題」 7(1) 1928.7
◇宮崎市/諸都市の新規事業(川越壮介)「都市問題」 7(1) 1928.7
◇ドイツ市会新議員党派別(小倉庫次)「都市問題」 7(2) 1928.8
◇都市の典礼儀式と都市職員の位勲行賞其の他の栄誉表彰に就て(菊池慎三)「都市問題」 7(2) 1928.8
◇市決算予算等の公表に関する市政調査会の建議(東京市政調査会)「都市問題」 7(3) 1928.9
◇市政改善の一歩として予算決算等の積極的公開を望む(前田多門)「都市問題」 7(3) 1928.9
◇市政の浄化は市民の責任-市政カード第三号の発行「都市問題」 7(3) 1928.9
◇府県制,市制及町村制改正案(小倉庫次)「都市問題」 7(3) 1928.9
◇丸亀市の新規計画(大須賀巌)「都市問題」 7(3) 1928.9
◇明治初年の東京府政(菊池慎三)「都市問題」 7(3) 1928.9
◇町村合併の根拠と其の効果に就いて(佐上信一)「自治研究」 4(10) 1928.10
◇市会制度改革案に関するクエッショネア「都市問題」 7(4) 1928.10

◇本会の市政改善運動に対する世論の一班「都市問題」 7(4) 1928.10

◇市営事業特輯「都市問題」 7(4) 1928.10
東京市の疑獄と市政浄化運動(吉山真棹) 六大市長会議と市営事業問題(岡野文之助)

◇欧米に於ける市政改革運動(上)(弓家七郎)「都市問題」 7(5) 1928.11

◇芸術家の観た市政改善案「都市問題」 7(5) 1928.11

◇市会議員選挙に於ける最近の傾向-川崎,岡崎,豊橋諸市(小田垣光之輔)「都市問題」 7(5) 1928.11

◇市会制度改善に関する参考資料(東京市政調査会)「都市問題」 7(5) 1928.11

◇市会特別委員会の議事公開に関する東京市政調査会の建議(東京市政調査会)「都市問題」 7(5) 1928.11

◇市会に関する制度改善諸案-質問書に対する回答の調査(東京市政調査会)「都市問題」 7(5) 1928.11

◇時局と市政問題対策協議会の活動(吉山真棹)「都市問題」 7(5) 1928.11

◇市政改善案に対する世評の一班「都市問題」 7(5) 1928.11

◇市政改善案に対する内務当局の見解「都市問題」 7(5) 1928.11

◇市政問題対策協議会の一批判「都市問題」 7(5) 1928.11

◇東京市会解散是非-市政問題対策協議会委員会に於ける討議/市政問題対策と市会解散問題(阪谷芳郎ほか出席)「都市問題」 7(5) 1928.11

◇東京市会解散問題と与論-各新聞の論調(吉山真棹)「都市問題」 7(5) 1928.11

◇東京市財政計画立直案(小田忠夫)「都市問題」 7(5) 1928.11

◇東京市政改善策に就て(前田多門)「都市問題」 7(5) 1928.11

◇東京市政の粛正/市政問題対策と市会解散問題(阪谷芳郎)「都市問題」 7(5) 1928.11

◇東京市の瓦斯普及率(後藤曠二)「都市問題」 7(5) 1928.11

◇東京市の疑獄と其善後対策(菊池慎三)「都市問題」 7(5) 1928.11

◇名古屋市最近の主なる事業(大岩勇夫)「都市問題」 7(5) 1928.11

◇八幡市の小選挙区制問題に就て(古市春彦)「都市問題」 7(5) 1928.11

◇町村の構成及組織に関する疑問(1)(古井喜実)「自治研究」 4(12) 1928.12

◇ウイーン市政の社会政策的経営「地方行政」 36(12) 1928.12

◇如何に市制を改善するか-市政調査会等に対する一希望「都市問題」 7(6) 1928.12

◇欧米に於ける市政改革運動(中)(弓家七郎)「都市問題」 7(6) 1928.12

◇京都府市政界に於ける無産政党の活動(吉川末次郎)「都市問題」 7(6) 1928.12

◇市政問題対策協議会其後の活動(吉山真棹)「都市問題」 7(6) 1928.12

◇町村の構成及組織に関する疑問(2)(古井喜実)「自治研究」 5(1) 1929.1

◇東京市制制定に関する立法上の註文(清水澄)「自治研究」 5(1) 1929.1

◇京都市の増区問題(小倉庫次)「都市問題」 8(1) 1929.1

◇全国各都市市域拡張一覧(猪間驥一)「都市問題」 8(1) 1929.1

◇東京市会解散並板舟権等補償停止に関する建議-市政問題対策協議会の運動「都市問題」 8(1) 1929.1

◇東京市疑獄事件其後の進展(吉山真棹)「都市問題」 8(1) 1929.1

◇東京市財政計画案に就て考察すべき要点/東京市財政計画案の研究(東京市政調査会)「都市問題」 8(1) 1929.1

◇東京市財政計画案に就て考察すべき要点に対する市当局の説明/東京市財政計画案の研究(東京市政調査会)「都市問題」 8(1) 1929.1

◇ロンドン,メトロポリタン・ボロー議会の改選(小田垣光之輔)「都市問題」 8(1) 1929.1

◇東京市長の事務引継に就て(菊池慎三)「自治研究」 5(2) 1929.2

◇東京市財政復興のドーズ案(菊池慎三)「都市問題」 8(2) 1929.2

◇東京市の三新税案内容(吉山真棹)「都市問題」 8(2) 1929.2

◇市会議員選挙特輯「都市問題」 8(2) 1929.2
かくの如き市会議員を選べ-対東京市会選挙キャムペーンとしての市政カード第六号 教育上より見たる市政革新と其根本対策-公民教育の効果の限界と広汎なる方策(川本宇之介) 市会解散に際し市諸君に望む-市政改革運動としての市政カード第五号 市会議員選挙標語(東京市政調査会猪間驥一) 東京市会解散後に於ける市政対策協議会の活躍(吉山真棹) 東京市会選挙を前にして(関口泰) 東京市新市会議員選挙に関する意見-市会選挙並に立候補者有権者政党等に関する諸家の所見と希望(長谷川万次郎) 東京市政当面の諸問題(東京市政調査会) 普選市会の大誕生に臨みて市民諸君の愛市心に訴ふ(後藤新平) 米国諸市の市政腐敗と其改革-欧米における市政改革運動(下)(弓家七郎)

◇異型統制下に在る維納市政一斑(1)(藤野恵)「自治研究」 5(3) 1929.3

◇市政改善に関する東京市政調査会最近の諸運動「都市問題」 8(3) 1929.3

◇市政浄化の方法について(高橋清吾)「都市問題」 8(3) 1929.3

◇市政問題対策協議会其後の活動(吉山真棹)「都市問題」 8(3) 1929.3

◇東京市会議員候補者職業別一覧表「都市問題」 8(3) 1929.3

◇東京市会議員選挙情勢(小倉庫次)「都市問題」 8(3) 1929.3

◇名誉と義務の最高嶺に立てる新東京市会議員諸氏に寄す(後藤新平)「都市問題」 8(3) 1929.3

◇六大都市特別市制案の議会提出(亀卦川浩)「都市問題」 8(3) 1929.3

◇異型統制下に在る維納市政一斑(2)(藤野恵)「自治研究」 5(4) 1929.4

◇菊池氏の東京市財政復興ドーズ案を読む(石原市三郎)「都市問題」 8(4) 1929.4

◇市会議員選挙を顧みて/東京市会総選挙所感(松木幹一郎)「都市問題」 8(4) 1929.4

◇市会議員選挙に際して/東京市会総選挙所感(久布白落実)「都市問題」 8(4) 1929.4

◇市会議員に立候補して/東京市会総選挙所感(島中雄三)「都市問題」 8(4) 1929.4

◇市政浄化運動に携わりて/東京市会総選挙所感(中川望)「都市問題」 8(4) 1929.4

◇市政浄化運動に就て/東京市会総選挙所感(阪谷芳郎)「都市問題」 8(4) 1929.4

◇小市民の市政観-本会の公民的智徳調査(川本宇之介)「都市問題」 8(4) 1929.4

◇東京市会議員選挙と各新聞紙の論調(亀卦川浩)「都市問題」 8(4) 1929.4

◇東京市会議員選挙の結果(小倉庫次)「都市問題」 8(4) 1929.4

◇東京市会議員選挙の展望(前田多門)「都市問題」 8(4) 1929.4

◇東京市政調査会其後の市政浄化運動「都市問題」 8(4) 1929.4

◇異型統制下に在る維納市政一斑(3)(藤野恵)「自治研究」 5(5) 1929.5

◇和蘭国市町村制(3)(三好重夫)「自治研究」 5(5) 1929.5

◇国民政府の都市政策(軽部秀治)「都市問題」 8(5) 1929.5

◇市政上の利権形態と利権掃滅策(上)(吉山真棹)「都市問題」 8(5) 1929.5

◇東京市財政難局の再吟味(菊池慎三)「都市問題」 8(5) 1929.5

◇東京市電の乗車状況(樫木徹)「都市問題」 8(5) 1929.5

◇東京新市長選挙の経緯(吉山真棹)「都市問題」 8(5) 1929.5

◇我国都市行政の大恩人としての後藤伯爵を憶う(池田宏)「都市問題」 8(5) 1929.5
◇国際都市会議便り(鬼頭忠一)「都市問題」 8(6) 1929.6
◇市政上の利権形態と利権掃滅策(下)(吉山真棹)「都市問題」 8(6) 1929.6
◇新東京市長に望む(田川大吉郎)「都市問題」 8(6) 1929.6
◇後藤伯爵追悼号「都市問題」 8(6) 1929.6
国有鉄道に於ける後藤伯爵を憶ふ(岡野昇) 故後藤伯の面影(長尾半平) 後藤会長を憶ふ(岡実) 後藤伯爵追憶座談会(堀切善次郎ほか出席) 後藤伯爵と衛生事業-日本性病予防協会と鉄道医事衛生の事ども(栗本庸勝) 後藤伯爵と燃料問題(吉村万治) 後藤伯爵の薨去を悼む(阪谷芳郎) 後藤伯爵の著作-附,故伯研究上の参考文献 後藤伯と自治教育(大島正徳) 後藤伯と台湾の都市衛生制度(高木友枝) 後藤伯と調査研究事業(猪間驥一) 後藤伯と帝都復興(佐野利器) 後藤伯と東京市政調査会(松木幹一郎) 後藤伯とビアード博士(鶴見祐輔) 後藤伯の偉大なる特性(水野錬太郎) 後藤伯の為人に就て(新渡戸稲造) 故後伯爵後藤新平年譜 東京市長としての後藤伯爵(前田多門) 世に所謂八億計画の真相を訪ねて後藤伯爵を憶ふ(池田宏)
◇紐育市債の償還方法(藤谷謙二)「経済時報」 1(4) 1929.7
◇異型統制下に在る維納市政一班(4)(藤野恵)「自治研究」 5(7) 1929.7
◇和蘭国市町村制(4)(三好重夫)「自治研究」 5(7) 1929.7
◇バーデン市町村制(1)(清宮四郎)「自治研究」 5(7) 1929.7
◇都市鑑賞 東京素描(後編)(石川栄耀)「都市創作」 5(7) 1929.7
◇クリーヴランド市の市支配人制批判(弓家七郎)「都市問題」 9(1) 1929.7
◇京阪神の市会議員選挙(藤田進一郎)「都市問題」 9(1) 1929.7
◇第六回市民賞論文を審査して(前田多門)「都市問題」 9(1) 1929.7
◇東京市政調査会の会長に新任して(阪谷芳郎)「都市問題」 9(1) 1929.7
◇東京市政の現状に鑑みて新市会議員に望む(渡辺民平)「都市問題」 9(1) 1929.7
◇東京府下の町村会議員選挙(吉山真棹)「都市問題」 9(1) 1929.7
◇ニューヨーク市の一九二八年度歳入(小田忠夫)「都市問題」 9(1) 1929.7
◇フランスの市会議員選挙を観る(鬼頭忠一)「都市問題」 9(1) 1929.7
◇八幡の市会改選と其後の市政(古市春彦)「都市問題」 9(1) 1929.7
◇建設途上の新国都南京附支那の特別市法(2)「大大阪」 5(8) 1929.8
◇市政漫筆(2)(関一)「大大阪」 5(8) 1929.8
◇新に市となつた伏見(石坂敬三郎)「地方行政」 37(8) 1929.8
◇市会更正の道-東京市政の現状に鑑みて新市会議員に望む(榊原ふみ)「都市問題」 9(2) 1929.8
◇市理事者の恒久性と特別都制の問題-東京市政の現状に鑑みて新市会議員に望む(中村薫)「都市問題」 9(2) 1929.8
◇東京市に於ける今後の緊要施設-対市議候補者クエスチョネーアの回答綜覧(資料課)「都市問題」 9(2) 1929.8
◇プロシャに於ける市吏員養成並に試験(亀卦川浩)「都市問題」 9(2) 1929.8
◇和蘭国市町村制(5)(三好重夫)「自治研究」 5(9) 1929.9
◇社会過程研究の対象としての都市問題の重要性について(承前)(柳澤泰爾)「社会学雑誌」 65 1929.9
◇最近ウィーン市の市場行政(福本英男)「都市問題」 9(3) 1929.9
◇市政刷新運動の原理(田川大吉郎)「都市問題」 9(3) 1929.9
◇自治政に対する小市民の関心-市政問題に関する小学児童の智徳研究(川本宇之介)「都市問題」 9(3) 1929.9

◇東京市新財政計画案の大綱(小田忠夫)「都市問題」 9(3) 1929.9
◇米国市政雑信(鬼頭忠一)「都市問題」 9(3) 1929.9
◇バーデン市町村制(2)(清宮四郎)「自治研究」 5(10) 1929.10
◇市町村会に於ける議員の発議は急施事件に非ずと雖直に之を付議し得るや否や(長峰安三郎)「市町村雑誌」 430 1929.10
◇市政漫筆(3)(関生)「大大阪」 5(10) 1929.10
◇消極政策と大阪市の悩み(森下寅一)「大大阪」 5(10) 1929.10
◇都市研究の新方向(井上吉次郎)「大大阪」 5(10) 1929.10
◇社会民主党治下のウキーン市(吉川末次郎)「地方行政」 37(10) 1929.10
◇最近ウィーン市の市場行政(承前)(福本英男)「都市問題」 9(4) 1929.10
◇自治政に対する青年市民の関心-市政問題に関する中等学校生徒の智徳研究(川本宇之介)「都市問題」 9(4) 1929.10
◇東京市財政と市民の負担余力(小幡清金)「都市問題」 9(4) 1929.10
◇堀切市長の財政計画案に就て(今村次吉)「都市問題」 9(4) 1929.10
◇和蘭国市町村制(6)(三好重夫)「自治研究」 5(11) 1929.11
◇新に市となれる瀬戸(西尾武夫)「斯民」 24(11) 1929.11
◇毀たれて行く古き大阪(1)(一柳安次郎)「大大阪」 5(11) 1929.11
◇市政漫筆(4)(関生)「大大阪」 5(11) 1929.11
◇新に市となれる瀬戸(西尾武夫)「地方行政」 37(11) 1929.11
◇ウキーン市の諸施設(吉川末次郎)「地方行政」 37(11) 1929.11
◇市参事会制度(田中廣太郎)「地方行政」 37(11) 1929.11
◇東京から滲透する人々(遊佐敏彦)「地方行政」 37(11) 1929.11
◇戦後十ヶ年独逸に於ける各都市経営の概況(竹田武男)「都市公論」 12(11) 1929.11
◇仙台市の近代相断観(三浦義太郎)「都市創作」 5(11) 1929.11
◇町村制九十条の旧慣による使用権(所謂自己山入会権)に就て(遠藤治一郎)「市町村雑誌」 432 1929.12
◇市政会館と復興展を見る(村上愛治)「大大阪」 5(12) 1929.12
◇内外都市事情「大大阪」 5(12) 1929.12
◇無産政党の東京政改革案(2・完)(吉川末次郎)「大大阪」 5(12) 1929.12
◇町村合併に伴ふ財団法人の設立(中島賢蔵)「地方行政」 37(12) 1929.12
◇区会議員選挙に際し区民諸君に警告す「都市問題」 9(5) 1929.12
◇東京市財政計画案の改訂と新増税(小田忠夫)「都市問題」 9(5) 1929.12
◇東京市政調査会とその事業「都市問題」 9(5) 1929.12
◇偉容成れる市政会館及東京市公会堂「都市問題」 10(1) 1930.1
◇国際的二大工業会議と都市問題(樫木徹)「都市問題」 10(1) 1930.1
◇市政会館及日比谷公会堂建築工事概要「都市問題」 10(1) 1930.1
◇市政会館及日比谷公会堂の落成と其意義(東京市政調査会)「都市問題」 10(1) 1930.1
◇大都市制度調査会の設置(小倉庫次)「都市問題」 10(1) 1930.1
◇大都市制度の問題(小倉庫次)「都市問題」 10(1) 1930.1
◇東京市財政案其後の経過(小田忠夫)「都市問題」 10(1) 1930.1
◇東京市の新増税計画に対して(田川大吉郎)「都市問題」 10(1) 1930.1
◇復興展記念特輯「都市問題」 10(1) 1930.1
震災前後に於ける府市財政/帝都の歴史と市政の現状(岡野文之助) 帝都の歴史,市政組織,警察及び消防/帝都の歴史と市政の現状(亀卦川浩)

- ◇外国に於ける大都市制度の実例(次田大三郎)「自治研究」 6(2) 1930.6
- ◇欧米における大都市制度の梗概(1)(大村清一)「都市公論」 13(2) 1930.2
- ◇戦後十ヶ年ドイツに於ける各都市経営の概況(3)(グスタフ・ボエッス, 竹田武男)「都市公論」 13(2) 1930.2
- ◇大都市制度の調査に就て(池田宏)「都市公論」 13(2) 1930.2
- ◇活用される日比谷公会堂(菅原忠治郎)「都市問題」 10(2) 1930.2
- ◇五年度から実施される東京市の新税と増租(萱場順治)「都市問題」 10(2) 1930.2
- ◇昭和五年度東京市予算案の梗概と新規事業(吉山真棹)「都市問題」 10(2) 1930.2
- ◇ニューヨークの市長選挙(弓家七郎)「都市問題」 10(2) 1930.2
- ◇大都市制度号「都市問題」 10(2) 1930.2
  大阪市民の租税負担(上)(汐見三郎) 大都市制度調査会の紛擾に鑑みて(前田多門) 大都市制度調査会の調査項目決定(小倉庫次) 東京市政調査会に於ける特別市制の調査-最近決定した其調査目要綱 特別市制の問題(次田三郎) 先づ帝都の制度を建てよ(池田宏) 我国特別市制問題の沿革(次田大三郎)
- ◇「都市問題」一考察(奥井復太郎)「三田学会雑誌」 24(2) 1930.2
- ◇シカゴ市財政の窮乏(小田忠夫)「都市問題」 10(3) 1930.3
- ◇無産党の躍進を見た横浜市会議員選挙(菅原忠治郎)「都市問題」 10(3) 1930.3
- ◇都市予算号「都市問題」 10(3) 1930.3
  大阪市民の租税負担(下)(汐見三郎) 緊縮は可なり唯時機を危す/帝都の予算を評す(荒木孟) 今年度の東京市予算(西野喜与作) 児童生徒の公民的意識より見たる選挙革正の要諦/帝都の予算を評す(川本宇之介) 昭和五年東京市予算案管見(吉山真棹) 真核に触れざる増税計画/帝都の予算を評す(田川大吉郎) 第二回全国都市問題会議の開催に就て(東京市政調査会) 東京市財政計画案比較-所謂市来案と堀切案(小田忠夫) 東京市昭和五年予算に就て(堀切善次郎)
- ◇大東京市に関する考案(田川大吉郎)「地方行政」 38(4) 1930.4
- ◇陰鬱なる東京市の自治と朗快なる横浜市の自治(小原新三)「斯民」 25(5) 1930.5
- ◇町村合併の必要と其効果に就て(佐上信一)「斯民」 25(5) 1930.5
- ◇都市学の先端に置かれる人間分布学(井上吉次郎)「大大阪」 6(5) 1930.5
- ◇市政の本質と政党追放論の行方(水口正一)「地方行政」 38(5) 1930.5
- ◇九州自治政研究会の拡大「都市問題」 10(5) 1930.5
- ◇故伯爵後藤新平氏の市民追悼式(平野真三)「都市問題」 10(5) 1930.5
- ◇東海各市聯合協議会(吉山真棹)「都市問題」 10(5) 1930.5
- ◇東京市の公債整理(上)(岡野文之助)「都市問題」 10(5) 1930.5
- ◇東京市民の大恩人後藤伯を偲ぶ(水野錬太郎)「都市問題」 10(5) 1930.5
- ◇ベルリン市政雑信-市会議員選挙その他(鬼頭忠一)「都市問題」 10(5) 1930.5
- ◇小都市論(飯沼一省)「自治研究」 6(6) 1930.6
- ◇最近の紐育市(2)「大大阪」 6(6) 1930.6
- ◇市政の本質と政党追放論の行方(承前)(水口正一)「地方行政」 38(6) 1930.6
- ◇市町村吏員と賠償責任(豊田光雄)「地方行政」 38(6) 1930.6
- ◇改正市制町村制施行規則解説決算説明押間答(山田三千男, 竹内虎雄, 成清仁二)「東京地方改良協会会報」 28 1930.6
- ◇九州沖縄市長及市会議長協議会(吉山真棹)「都市問題」 10(6) 1930.6
- ◇続ベルリン市政雑信-市行政組織改革問題と財政難(鬼頭忠一)「都市問題」 10(6) 1930.6
- ◇第三十回全国各市聯合協議会(小倉庫次)「都市問題」 10(6) 1930.6
- ◇第二回全国都市問題会議と議題(東京市政調査会)「都市問題」 10(6) 1930.6
- ◇中国各市聯合協議会及び四国市長会議(吉山真棹)「都市問題」 10(6) 1930.6
- ◇東京市の公債整理(下)/公企業に於ける労働問題と其の対策(岡野文之助)「都市問題」 10(6) 1930.6
- ◇大阪市の人と富(汐見三郎)「大大阪」 6(7) 1930.7
- ◇ソヴィエトロシアに於ける市政概観(竹中龍雄)「大大阪」 6(7) 1930.7
- ◇特別市制について(白川朋吉)「大大阪」 6(7) 1930.7
- ◇市民は永田新市長に何を期待し要望するか?(今岡純一郎)「都市問題」 11(1) 1930.7
- ◇米国諸市の予算作製手続(亀卦川浩)「都市問題」 11(1) 1930.7
- ◇都市教育号「都市問題」 11(1) 1930.7
  愛市心養成の為の校外学習私案(大石譲) 第七回後藤伯記念市民賞論文入選者懇話会 第七回市民賞論文入選発表(東京市政調査会)
- ◇バーデン市町村制(3)(清宮四郎)「自治研究」 6(8) 1930.8
- ◇欧米の大都市制度(小川市太郎)「大大阪」 6(8) 1930.8
- ◇新東京市長に対する要望(渡辺繁太郎)「都市問題」 11(2) 1930.8
- ◇第二回全国都市問題会議と其報告者(東京市政調査会)「都市問題」 11(2) 1930.8
- ◇都市研究の一断面-其の生態学的研究序論(川口丈夫)「都市問題」 11(2) 1930.8
- ◇都市の接近町村編入問題-その前章, 都市と郊外の発達観(吉山真棹)「都市問題」 11(2) 1930.8
- ◇都市膨脹の及す近郊農村の社会的変動(中沢弁次郎)「都市問題」 11(2) 1930.8
- ◇市町村長の公選制度を論ず(千葉了)「斯民」 25(9) 1930.9
- ◇欧米の大都市制度(2)(小川市太郎)「大大阪」 6(9) 1930.9
- ◇大都市とその行政(森口繁治)「大大阪」 6(9) 1930.9
- ◇大都市に就いての二三の考察(関一)「大大阪」 6(9) 1930.9
- ◇伯林市の経済的社会的公正及その政党「大大阪」 6(9) 1930.9
- ◇第二回全国都市問題会議の前況(東京市政調査会)「都市問題」 11(3) 1930.9
- ◇都市の接近町村編入問題-その後章-郊外町村の都市編入(吉山真棹)「都市問題」 11(3) 1930.9
- ◇ロンドンからウィーンへ-訪欧都市雑信(鬼頭忠一)「都市問題」 11(3) 1930.9
- ◇市長選挙問題(諸家)「大大阪」 6(10) 1930.10
- ◇婦人公民権と市政(岡島松次郎)「大大阪」 6(10) 1930.10
- ◇米国の大都市制度(3)(小川市太郎)「大大阪」 6(10) 1930.10
- ◇市町村長の公選と或は直接選挙といふこと(田川大吉郎)「地方行政」 38(10) 1930.10
- ◇マンチェスターの愛市週間(外山福男)「地方行政」 38(10) 1930.10
- ◇小自治区町内組合の問題(黒谷了太郎)「都市公論」 13(10) 1930.10
- ◇特別市問題の研究「都市公論」 13(10) 1930.10
- ◇残存府県の処置と警察権の分属問題/大都市制度に関する市長側の意見と世論-行政諸家の意見(馬淵鋭太郎)「都市問題」 11(4) 1930.10
- ◇資本主義的都市形態の解消(長谷川万次郎)「都市問題」 11(4) 1930.10
- ◇大都市制度改正の重要点/大都市制度に関する市長側の意見と世論-行政諸家の意見(山脇春樹)「都市問題」 11(4) 1930.10
- ◇大都市制度協議会の提唱/大都市制度に関する市長側の意見と世論-

◇行政諸家の意見(湯浅倉平)「都市問題」　11(4)　1930.10
◇大都市制度に関する市長側の意見と世論(東京市政調査会研究室)「都市問題」　11(4)　1930.10
◇特別市制に関する六大市長の意見/大都市制度に関する市長側の意見と世論-行政諸家の意見(荒木孟)「都市問題」　11(4)　1930.10
◇都市問題に関する国際会議(鬼頭忠一)「都市問題」　11(4)　1930.10
◇都市問題の展望(田川大吉郎)「都市問題」　11(4)　1930.10
◇北信各市聯合会「都市問題」　11(4)　1930.10
◇老生の東京都制案/大都市制度に関する市長側の意見と世論-行政諸家の意見(阪本釤之助)「都市問題」　11(4)　1930.10
◇六大都市の特別市制に就て/大都市制度に関する市長側の意見と世論-行政諸家の意見(山崎林太郎)「都市問題」　11(4)　1930.10
◇都市問題会議記念特輯「都市問題」
現代都市の根本問題と全国都市問題会議(池田宏)　全国都市問題会議の誕生を顧みて(関一)　第二回全国都市問題会議開会に当りて(東京市政調査会)　都市問題研究の重要性(水野錬太郎)
◇市長公選に関する若干の立法例(1)(佐藤達夫)「自治研究」　6(11)　1930.11
◇大都市論小都市論(飯沼一省)「自治研究」　6(11)　1930.11
◇バーデン市町村制(4)(清宮四郎)「自治研究」　6(11)　1930.11
◇市町村長公選論に対する批判(福澤泰江)「斯民」　25(11)　1930.11
◇第二回都市問題会議に参加して(古畑銀次郎)「大大阪」　6(11)　1930.11
◇第二回全国都市問題会議「帝国鉄道協会会報」　31(11)　1930.11
◇旅ゆく人の為め 都市鑑賞者のテキスト(石川栄耀)「都市公論」　13(11)　1930.11
◇会議第一部会に於ける討議-都市郊外地統制問題/第二回全国都市問題会議記録(亀卦川浩)「都市問題」　11(5)　1930.11
◇会議第三部会に於ける討議-受益者負担金問題/第二回全国都市問題会議記録(岡野文之助)「都市問題」　11(5)　1930.11
◇会議第二部会に於ける討議-街路交通統制問題/第二回全国都市問題会議記録(樫木徹)「都市問題」　11(5)　1930.11
◇自由討議会に於ける論叢-会議掉尾の有志懇談会記/第二回全国都市問題会議記録(吉山真棹)「都市問題」　11(5)　1930.11
◇全国都市問題会議の恒久的組織-と第三回会議/第二回全国都市問題会議記録(鬼頭忠一)「都市問題」　11(5)　1930.11
◇全国都市問題会議の反響-新聞の論調/第二回全国都市問題会議記録(小倉庫次)「都市問題」　11(5)　1930.11
◇第二回全国都市問題会議概観/第二回全国都市問題会議記録(田辺定義)「都市問題」　11(5)　1930.11
◇第二回全国都市問題会議式辞並に祝辞/第二回全国都市問題会議記録「都市問題」　11(5)　1930.11
◇次の全国都市問題会議への要望「都市問題」　11(5)　1930.11
◇予想外の好成績だった日比谷公会堂と市政講堂の一年間「都市問題」　11(5)　1930.11
◇市長公選に関する若干の立法例(2)(佐藤達夫)「自治研究」　6(12)　1930.12
◇バーデン市町村制(5)(清宮四郎)「自治研究」　6(12)　1930.12
◇市長公選と婦人公民権(小川市太郎)「大大阪」　6(12)　1930.12
◇我国当面の市政問題(小川市太郎)「大大阪」　6(12)　1930.12
◇昭和五年市界の回望(小倉庫次)「都市問題」　11(6)　1930.12
◇全国都市問題会議の諸提議を大臣其他関係当局に献策「都市問題」　11(6)　1930.12
◇第二回全国都市問題会議に於ける諸提議の要旨/第一問題 都市の郊外地統制に関するもの(東京市政調査会)「都市問題」　11(6)　1930.12
◇第二回全国都市問題会議に於ける諸提議の要旨/第二問題 街路交通の統制に関するもの(東京市政調査会)「都市問題」　11(6)　1930.12

◇第二回全国都市問題会議に於ける諸提議の要旨/第三問題 受益者負担制度に関するもの(東京市政調査会)「都市問題」　11(6)　1930.12
◇東京市に於ける衛生費(小田忠夫)「都市問題」　11(6)　1930.12
◇伯林市の産業及び経済(山口正)「都市問題」　11(6)　1930.12
◇全国市政の統督者の面影 市の徽章とその由来(1)「都市公論」　14(1)　1931.1
◇東京市隣接町村の発展(広瀬久忠)「都市公論」　14(1)　1931.1
◇広島市域拡張概要(伊藤貞次)「都市公論」　14(1)　1931.1
◇京都市に於ける六大都市市長会議(岡野文之助)「都市問題」　12(1)　1931.1
◇都市問題と失業問題(永井亨)「都市問題」　12(1)　1931.1
◇伯林新都制案と其の理由(1)(古井喜実)「自治研究」　7(2)　1931.2
◇市となれる直方(西尾武夫)「斯民」　26(2)　1931.2
◇大阪市政の今昔(2)(小川市太郎)「大大阪」　7(2)　1931.2
◇特別市制運動最近の発展(大阪都市会調査部)「大大阪」　7(2)　1931.2
◇特別市制問題の好転(小川市太郎)「大大阪」　7(2)　1931.2
◇新に市となった直方(西尾武夫)「地方行政」　39(2)　1931.2
◇新しく市となった直方市-全国都市百十となる(小倉庫次)「都市問題」　12(2)　1931.2
◇大体市長側意見に賛す/大都市制度問題管見-大都市制度に関する六大市長の答申意見批判(田島勝太郎)「都市問題」　12(2)　1931.2
◇大都市制度に関する卑見/大都市制度問題管見-大都市制度に関する六大市長の答申意見批判(小川市太郎)「都市問題」　12(2)　1931.2
◇大都市制度に関する府県知事側の意見と其後の経過(東京市政調査会研究室)「都市問題」　12(2)　1931.2
◇大都市制度に就て/大都市制度問題管見-大都市制度に関する六大市長の答申意見批判(清水澄)「都市問題」　12(2)　1931.2
◇大都市制度の地方行政上の意義/大都市制度問題管見-大都市制度に関する六大市長の答申意見批判(島中雄三)「都市問題」　12(2)　1931.2
◇帝都としての施設を/大都市制度問題管見-大都市制度に関する六大市長の答申意見批判(田川大吉郎)「都市問題」　12(2)　1931.2
◇帝都の区域に関する卑見/大都市制度問題管見-大都市制度に関する六大市長の答申意見批判(城所国三郎)「都市問題」　12(2)　1931.2
◇答申意見に対する所感/大都市制度問題管見-大都市制度に関する六大市長の答申意見批判(今村次吉)「都市問題」　12(2)　1931.2
◇伯林市政の組織(山口正)「都市問題」　12(2)　1931.2
◇物足らぬ感深し/大都市制度問題管見-大都市制度に関する六大市長の答申意見批判(小島憲)「都市問題」　12(2)　1931.2
◇婦人の市町村政参与(斉藤隆夫)「地方行政」　39(3)　1931.3
◇会津若松市の起源と成長(田村雄次)「都市公論」　14(3)　1931.3
◇ウィーン市財政政策の展望(岡野文之助)「都市問題」　12(3)　1931.3
◇第五十九議会に於ける都市問題(弓家七郎)「都市問題」　12(3)　1931.3
◇特別市制問題と知事側の意見(岡崎早太郎)「都市問題」　12(3)　1931.3
◇本年度の東京市予算案を評す(荒木孟)「都市問題」　12(3)　1931.3
◇伯林新都制案と其の理由(2)(古井喜実)「自治研究」　7(4)　1931.4
◇サウエート・ロシヤの市政組織(吉川末次郎)「社会政策時報」　127　1931.4
◇上海租界の市政一般(沢村幸夫)「大大阪」　7(4)　1931.4
◇市町村の分合に就て(長峰安三郎)「市町村雑誌」　449　1931.5
◇京都市の隣接町村編入理由と編入後の実勢力(木村浩)「大大阪」　7(5)　1931.5

◇都市生活の意義(藤原俊雄)「都市公論」 14(5) 1931.5
◇都市の行方は何処に？(大須賀巌)「都市公論」 14(5) 1931.5
◇秋田市・計画成れる市民大運動場/一都市一施設(井上広居)「都市問題」 12(5) 1931.5
◇宇治山田市・旅客接待費の計上/一都市一施設(福地由廉)「都市問題」 12(5) 1931.5
◇宇都宮市・第一歩に入れる都市計画/一都市一施設(石田仁太郎)「都市問題」 12(5) 1931.5
◇大分市・用地寄附を条件に道路開鑿/一都市一施設(高山英明)「都市問題」 12(5) 1931.5
◇大阪市・市立結核療養所の拡張/一都市一施設(関一)「都市問題」 12(5) 1931.5
◇京城府・簡易授産場の施設/一都市一施設(関水武)「都市問題」 12(5) 1931.5
◇後藤新平伯第三回忌追悼会「都市問題」 12(5) 1931.5
◇佐世保市・失業救済の土木事業/一都市一施設(御厨規三)「都市問題」 12(5) 1931.5
◇新組織成りたる全国都市問題会議(池田宏)「都市問題」 12(5) 1931.5
◇全国都市問題会議の恒久的組織確定に至る経過と其規約(東京市政調査会)「都市問題」 12(5) 1931.5
◇仙台市・市立病院の拡充/一都市一施設(渋谷徳三郎)「都市問題」 12(5) 1931.5
◇大京都市の組成-その接近二十七市町村の合併(亀卦川浩)「都市問題」 12(5) 1931.5
◇第五十九議会に於ける都市問題(弓家七郎)「都市問題」 12(5) 1931.5
◇高岡市・物産仲介斡旋所の設置/一都市一施設(早苗西蔵)「都市問題」 12(5) 1931.5
◇東京街頭雑観(山崎林太郎)「都市問題」 12(5) 1931.5
◇東京市政調査会の会務一年「都市問題」 12(5) 1931.5
◇長岡市・上越線全通記念博覧会の開催/一都市一施設(木村清三郎)「都市問題」 12(5) 1931.5
◇長崎市・外客誘致策として自動車道開鑿/一都市一施設(小林儀三郎)「都市問題」 12(5) 1931.5
◇名古屋市・青年訓練所と海外実務員の増設/一都市一施設(大岩勇夫)「都市問題」 12(5) 1931.5
◇沼津市・公設浴場の増建/一都市一施設(和田伝太郎)「都市問題」 12(5) 1931.5
◇丸亀市・市営病院の経営と市医の採用/一都市一施設(大須賀巌)「都市問題」 12(5) 1931.5
◇米沢市・教育施設の改善/一都市一施設(登坂又蔵)「都市問題」 12(5) 1931.5
◇大都市の制度に付て(清水澄)「自治研究」 7(6) 1931.6
◇伯林新都制案と其の理由(3)(古井喜実)「自治研究」 7(6) 1931.6
◇大阪市民に対する希望(池田宏)「大大阪」 7(6) 1931.6
◇小都市の使命(飯沼一省)「都市公論」 14(6) 1931.6
◇都市と娯楽(小尾範治)「都市公論」 14(6) 1931.6
◇岡山市・緊縮中に積極/一都市一施設(守屋松之助)「都市問題」 12(6) 1931.6
◇金沢市・下水道の敷設計画/一都市一施設(吉川一太郎)「都市問題」 12(6) 1931.6
◇咸興府・伝染病院と火葬場の移転/一都市一施設(飛鋪秀一)「都市問題」 12(6) 1931.6
◇京都市・観光施設費百九十二万円/一都市一施設(土岐嘉平)「都市問題」 12(6) 1931.6
◇最近四十年・ロンドン市民の生活の向上(猪間驥一)「都市問題」 12(6) 1931.6

◇堺市・塵芥焼却場の建設/一都市一施設(森本仁平)「都市問題」 12(6) 1931.6
◇台中市・娯楽館の新営/一都市一施設(名和仁一)「都市問題」 12(6) 1931.6
◇第四回中国各市聯合協議会-その議題及び議定事項(小倉庫次)「都市問題」 12(6) 1931.6
◇高田市・簡易住宅市営の試み/一都市一施設(川合直次)「都市問題」 12(6) 1931.6
◇津市・海水浴場の施設/一都市一施設(堀川美哉)「都市問題」 12(6) 1931.6
◇東京がリードする本邦市政上重要なる一新記録-最近東京市に於ける死亡率著減の事象に就て(池田宏)「都市問題」 12(6) 1931.6
◇東京市及其郊外町村の相関実情に対する考察(吉山真棹)「都市問題」 12(6) 1931.6
◇東京市・東京港の修築/一都市一施設(永田秀次郎)「都市問題」 12(6) 1931.6
◇福島市・校舎の増築と市民大運動場の施設/一都市一施設(佐藤沢)「都市問題」 12(6) 1931.6
◇平壌府・産業調査会の設置/一都市一施設(大島良士)「都市問題」 12(6) 1931.6
◇松江市・自動車撒水施設/一都市一施設(石倉俊寛)「都市問題」 12(6) 1931.6
◇横浜市・内国貿易の市営設備/一都市一施設(大西一郎)「都市問題」 12(6) 1931.6
◇市町村会の議決・発案・告知(入江俊郎)「自治研究」 7(7) 1931.7
◇市町村会の議決発案告知(入江俊郎)「自治研究」 7(7) 1931.7
◇岐阜市・負担の軽減と公経済の合理化を目標に/一都市一施設(松尾国松)「都市問題」 13(1) 1931.7
◇最近の東京市域拡張問題(吉山真棹)「都市問題」 13(1) 1931.7
◇第九回四国各市聯合協議会/最近の都市関係諸会議(小倉庫次)「都市問題」 13(1) 1931.7
◇第十回六大都市市会議長会議/最近の都市関係諸会議(小倉庫次)「都市問題」 13(1) 1931.7
◇大都市問題と市町村の統合(池田宏)「都市問題」 13(1) 1931.7
◇東京市隣接町併合問題に就て(前田多門)「都市問題」 13(1) 1931.7
◇八戸市・失業救済としての商港施設/一都市一施設(神田重雄)「都市問題」 13(1) 1931.7
◇和歌山市・夜間商業学校の設置/一都市一施設(五十嵐吉三)「都市問題」 13(1) 1931.7
◇大都市に関する一考察(飯沼一省)「自治研究」 7(8) 1931.8
◇町村合併是非(長峰安三郎)「市町村雑誌」 452 1931.8
◇再燃せる小町村合併問題と小町村合併に関する統計的考察(加地成雄)「統計集誌」 603 1931.9
◇最近の都市関係諸会議 関東各市聯合協議会と六大都市電気事業関係者会議(小倉庫次)「都市問題」 13(3) 1931.9
◇竣工せる復興記念館と東京市政調査会(田辺定義)「都市問題」 13(3) 1931.9
◇東京市庁舎の建築問題(菊池慎三)「都市問題」 13(3) 1931.9
◇市町村長に属する執行権の限界(挟間茂)「自治研究」 7(10) 1931.10
◇シカゴ市会の煤煙取締令案(都市協会調査部)「大大阪」 7(10) 1931.10
◇第三十一回全国市長会議「都市公論」 14(10) 1931.10
◇都市行政一般(狭間茂)「都市公論」 14(10) 1931.10
◇都市行政に携っての漫談(永田秀次郎)「都市公論」 14(10) 1931.10
◇地方財源特輯「都市問題」 13(4) 1931.10

第三十一回全国市長会議(小倉庫次)　第二回都市問題会議と受益者負担金

◇市域拡張を非とする理由-瀬川氏の反対意見概要「都市問題」　13(5)　1931.11

◇全国都市問題会議の機関誌「会報」の創刊「都市問題」　13(5)　1931.11

◇第三回全国都市問題会議総会議題「都市問題」　13(5)　1931.11

◇東京市側の掲ぐる市域拡張を必要とする理由「都市問題」　13(5)　1931.11

◇東京市の市域拡張問題に対する諸意見/市会議員方面(加藤正信)「都市問題」　13(5)　1931.11

◇東京市の市域拡張問題に対する諸意見/府会議員方面(吉田丕文)「都市問題」　13(5)　1931.11

◇東京市の市域拡張問題に対する諸意見/府下選出衆議院議員方面(田川大吉郎)「都市問題」　13(5)　1931.11

◇東京市の市域拡張問題に対する諸意見/隣接町村長方面(鈴木堅次郎)「都市問題」　13(5)　1931.11

◇都市の存立を支配する二大基本問題-全国都市問題会議第三回総会の議題(池田宏)「都市問題」　13(5)　1931.11

◇自治権拡張並市務簡捷の建議(小倉庫次)「都市問題」　13(6)　1931.12

◇昭和六年市政界の回望(小倉庫次)「都市問題」　13(6)　1931.12

◇東京市の市域拡張問題に対する諸家の意見(続)(羽田如雲)「都市問題」　13(6)　1931.12

◇六大都市市場・大都市調査統計・大都市事務の三協議会/最近の都市関係会議(小倉庫次)「都市問題」　13(6)　1931.12

◇伯林市政の近況(1)(柏原伸二)「斯民」　27(1)　1932.1

◇新に市となれる唐津(西尾実夫)「斯民」　27(2)　1932.2

◇近代都市の発達図会(川上賢叟)「大大阪」　8(2)　1932.2

◇伯林の新市政(人見植夫)「地方行政」　40(2)　1932.2

◇本邦都市膨脹の特異性(飯沼一省)「都市公論」　15(2)　1932.2

◇故後藤伯爵とビーアド博士, ビ博士の来翰「都市問題」　14(2)　1932.2

◇市となった飯塚(西尾実夫)「斯民」　27(3)　1932.3

◇新に市となれる飯塚(西尾実夫)「地方行政」　40(3)　1932.3

◇市制施行の本義-国法上に於ける都市行政の地位(池田宏)「都市公論」　15(3)　1932.3

◇創立十周年記念の為め特に寄せられたるビーアド博士のメッセージ「都市問題」　14(3)　1932.3

◇東京市政調査会創立十周年記念市政論集「都市問題」　14(3)　1932.3

大分市勢の発展/多年市政に関与せられたる長老者の自治政観(高山英明)　改正を要する制度二つ/多年市政に関与せられたる長老者の自治政観(領内正太郎)　疑獄を通じて観たる市政問題/市政問題一般(河野密)　行政整理と自治権の拡張/市政問題一般(福地由廉)　在任二十八年の感想/多年市政に関与せられたる長老者の自治政観(鶴田逸策)　市政運用の倫理的意義/市政問題一般(大島正徳)　市政改革と自治教育/都市政策問題/市政教育(岡実)　市政上の根本問題-東京市政調査会創立十周年記念特輯号の発刊に際して(池田宏)　市政党化の悪傾向/多年市政に関与せられたる長老者の自治政観(白木周次郎)　自治権の拡充/多年市政に関与せられたる長老者の自治政観(伊勢久治郎)　自治権の拡張に就て/市政問題一般(木村清三郎)　自治済美の為に/多年市政に関与せられたる長老者の自治政観(菅野郁朗)　自治政は協調主義で/多年市政に関与せられたる長老者の自治政観(川副綱隆)　市町村の商人性に就て/市政問題一般(吉山真棹)　市長の選任方法に就て/市政問題一般(茗荷房吉)　市の機関に関する制度の改正/市政問題一般(荒木孟)　市民の心理と市民精神振興に関する教育施設/都市政策問題/市政教育(川本宇之介)　下関市自治の回顧/多年市政に関与せられたる長老者の自治政観(林平四郎)　下関市の二大事業/多年市政に関与せられたる長老者の自治政観(村岡清吉)　就任四十三年の所感/多年市政に関与せられたる長老者の自治政観(仁科廉吉)　消費都市より商工市へ/市政問題一般(伊藤貞次)　将来の都市問題/市政問題一般(小島憲)　真に市を念ふの士を/多年市政に関与せられたる長老者の自治政観(福島与惣五郎)　政争から協力へ/多年市政に関与せられたる長老者の自治政観(赤尾彦作)　仙台市五大事業の完成/多年市政に関与せられたる長老者の自治政観(富田春之進)　体験四十年/多年市政に関与せられたる長老者の自治政観(森田伊助)　大都市行政組織論/市政問題一般(小倉庫次)　地方自治体の吏員組織/市政問題一般(弓家七郎)　長期在任市会議員の市政参与/多年市政に関与せられたる長老者の自治政観(丹下良太郎)　朝鮮市街の創作と改良/市政問題一般(岡崎早太郎)　直接参政制度による市政改善/市政問題一般(藤田進一郎)　電灯事業の仙台市営/多年市政に関与せられたる長老者の自治政観(山田久右衛門)　東京市道路舗装の二十年/多年市政に関与せられたる長老者の自治政観(川島幾十郎)　特別市制に就て/多年市政に関与せられたる長老者の自治政観(竹内忠造)　都市行政学の成立及其の進展-本邦都市行政改善への根本策/市政問題一般(谷川昇)　都市現象の文化史的認識/市政問題一般(伊福部隆輝)　都市政策より観たる中小都市及其の施設/市政問題一般(大須賀巌)　都市に於ける自治の徹底と町内会/市政問題一般(亀卦川浩)　府県知事廃止論/市政問題一般(小川市太郎)　法律制度の過信/市政問題一般(関一)　無産政党の東京市政綱に就て/市政問題一般(吉川末次郎)　村から市への三十六年/多年市政に関与せられたる長老者の自治政観(井上哲男)　横浜市政の特質/多年市政に関与せられたる長老者の自治政観(平沼亮三)　わが市吏員観/多年市政に関与せられたる長老者の自治政観(曾根友司)　We Must Do More(Charles A.Beard)

◇ソウエート連邦に於ける新都市建設(エルンスト・マイ)「建築と社会」　15(4)　1932.4

◇新に市となれる平塚(坂本晃)「斯民」　27(4)　1932.4

◇英国の市会と政党の勢力(小川市太郎)「大大阪」　8(4)　1932.4

◇新に市となれる平塚(坂本晃)「地方行政」　40(4)　1932.4

◇ヘッセン自由邦の新市町村制(人見植夫)「地方行政」　40(4)　1932.4

◇昭和六年中各市事情一覧「都市問題」　14(4)　1932.4

◇大東京に於ける電気事業の競争史(陣内武)「都市問題」　14(4)　1932.4

◇米国に於ける県行政の現状と其の改善策(ジョン・エー・フェアリ)「都市問題」　14(4)　1932.4

◇County Government in the United States(John A.Fairlie)「都市問題」　14(4)　1932.4

◇大阪市政の蔭に天王寺区公同会の自治美(武岡充忠)「大大阪」　8(5)　1932.5

◇国民社会主義と市政(坂本孝三郎)「大大阪」　8(5)　1932.5

◇我国都市の飛行場問題に関し市長の意見「都市公論」　15(5)　1932.5

◇財団法人東京市政調査会の昭和六年度事業概要「都市問題」　14(5)　1932.5

◇全国都市問題会議第三回総会の前況(全国都市問題会議事務局)「都市問題」　14(5)　1932.5

◇東京市歳計の現状と将来の展望(菊池慎三)「都市問題」　14(5)　1932.5

◇復興記念館出陳物とビーアド博士(田辺定義)「都市問題」　14(5)　1932.5

◇都市問題会議(高野生)「公衆衛生」　50(6)　1932.6

◇亜米利加に於ける市制改革の趨向(1)：サンフランシスコ新市制に就て(佐藤達郎)「自治研究」　8(6)　1932.6

◇大東京市の建設(挾間茂)「斯民」　27(6)　1932.6

◇近代都市と旧物保存(橡内吉胤)「大大阪」　8(6)　1932.6

◇第三十二回全国市長会議(金沢市、昭和七年五月二日-五日)「都市公論」　15(6)　1932.6

◇英国倫敦に開かるる第五回国際都市会議の議題(小倉庫次)「都市問題」　14(6)　1932.6

◇第三回全国都市問題会議総会の提出論文「都市問題」　14(6)　1932.6

◇中央地方の区別を全廃したい(田川大吉郎)「都市問題」　14(6)　1932.6

◇亜米利加における市制改革の趨向(2)(佐藤達夫)「自治研究」 8(7) 1932.7
◇東京市域拡張と都制の実施(畠山昌福)「自治研究」 8(7) 1932.7
◇市政の根本問題(関一)「大大阪」 8(7) 1932.7
◇浄化都市となるまで(藤原九十郎)「大大阪」 8(7) 1932.7
◇大東京の成るまで(山田忠正)「大大阪」 8(7) 1932.7
◇帝都の新構成と其の問題-東京市域拡張の盛事をして其の美を済さしめよ(池田宏)「都市問題」 15(1) 1932.7
◇東京市の市域拡張に伴ひ緊急措置するを要する市政対策(東京市政調査会)「都市問題」 15(1) 1932.7
◇第三回全国都市問題会議主輯「都市問題」 15(1) 1932.7
全国都市問題会議とは？　全国都市問題会議名古屋総会に当りて(大岩勇夫)
◇亜米利加に於ける市制改革の趨向(3)(佐藤達夫)「自治研究」 8(8) 1932.8
◇東京市の隣接町村併合(1)(星四郎)「地方行政」 40(8) 1932.8
◇東京都制案と伊豆七島(栗本惣吉)「地方行政」 40(8) 1932.8
◇最近の都市関係会議(小倉庫次)「都市問題」 15(2) 1932.8
◇大ロンドン市制の一班(田川大吉郎)「都市問題」 15(2) 1932.8
◇東京市域の拡張に伴ふ緊急市政対策試案(研究部同人)「都市問題」 15(2) 1932.8
◇大都市制度及び東京都制案に就て(1)(成清民二)「東京地方改良協会会報」 44 1932.9
◇内海の二都 市鑑賞記(石川栄耀)「都市公論」 15(9) 1932.9
◇世界最古の都市(藤田進一郎)「都市問題」 15(3) 1932.9
◇ソ聯邦都市建設の現状/ソウェートロシア最近の都市事情(富士辰馬)「都市問題」 15(3) 1932.9
◇モスクワ市の近情とその問題/ソウェートロシア最近の都市事情(高山洋吉)「都市問題」 15(3) 1932.9
◇大都市制度の指標(入江俊郎)「自治研究」 8(10) 1932.10
◇都市行政講話(第一講)(小川市太郎)「大大阪」 8(10) 1932.10
◇紐育市政の腐敗(熊田克郎)「大大阪」 8(11) 1932.10
◇都長官選説に対して(田川大吉郎)「東洋経済新報」 1519 1932.10
◇大東京記念特輯「都市問題」 15(4) 1932.10
各区の特異性を発揮せよ/現区長より新区長に呈す(宮尾時司)　区行政の振興問題(山崎林太郎)　交通機関統一の必要/公益企業担当者たる立場から(石崎石三)　交通統制と経済施設/市民賞論文三等入選(橋本忠彦)　交通問題に関して大東京市民に望む(長尾半平)　今日の公園問題(田村剛)　財政問題一斑(田川大吉郎)　市域拡張後の東京市政に就て-大都市の行政組織論 其の1(蠟山政道)　市域拡張と特別市制(岡雪馬)　市域拡張と郵便電気施設に就て/公益企業担当者たる立場から(久埜茂)　市域拡張に伴ふ交通問題に就て(立石信郎)　市域拡張に伴ふ昭和七年度東京市歳入出追加予算案 自治擁護者としての区長/現区長より新区長に呈す(松永和一郎)　自治精神の作興策(岡実)　資本主義社会に於ける大都市の特質(長谷川万次郎)　社会政策上より見たる大東京(永井亨)　新区会に臨む覚悟/現区長より新区長に呈す(武藤麒駛郎)　世界大都市の人口と面積　大東京市交通機関の統制に就て/市民賞論文三等入選(野坂相如)　大東京市交通事業統制論/市民賞論文二等入選(杳沢武三郎)　大東京市に対する識者の期待提案一束(阿部полите)　大東京市の軌道税を撤廃せよ/公益企業担当者たる立場から(五島慶太)　大東京市の公園(本多静六)　大東京市の産業政策(小倉庫次)　大東京市の人事行政(前田多門)　大東京市の成立に当りて(阪谷芳郎)　大東京市の防空施設/市民賞論文三等入選(石井作次郎)　大東京市の面積・世帯及び人口　大東京市民の負担　大東京将来の教育制度につき(山本良吉)　大東京成立の日を迎へて-市民賞論文と其の提議綱目を献ぐ(池田宏)　大東京都市交通機関完備に関する考察(安倍邦衛)　大東京に於ける国民教育私議(川辺爽介)　大東京に課せられたる国民の諸問題(大島正徳)　大東京の実現と物資の配給/公益企業担当者たる立場から(中野金次郎)　大東京の社会事業を論ず/市民賞論文二等入選(村山文子)　大東京の小学校教育　大東京の生鮮食品卸売市場の統制(荒木孟)　大東京の到達点(香坂昌康)　大東京の併合前に於ける市町村税平均課率比較　大東京の要保護者数及び不良住宅地区居住者数　大ベルリン交通機関の統制まで(金谷重義)　大ベルリン市成立後の事績の一班(鬼頭忠一)　町会制度の確立による市政の浄化/市民賞論文三等入選(有元正)　適正公平なる区務の処理/現区長より新区長に呈す(片岡文太郎)　東京市市域拡張の経過と其の対策(永田秀次郎)　東京市自治行政の改革/市民賞論文三等入選(渡辺五三久)　東京市住宅政策改革意見(吉川末次郎)　東京市の行財政に就て/市民賞論文二等入選(横畠正彦)　都市運輸の料金問題-特に東京市営電車の料金制に就て(樫木徹)　都市と航空施設(戸川政治)　都市美化政策のための連絡統制機関の設置を提唱す/市民賞論文三等入選(和久田実)　年少者求職群の職業紹介に関する考察/市民賞論文三等入選(鈴木舜一)　日雇労働者の失業対策に就て/市民賞論文三等入選(三浦かつみ)　伯林に於ける市と区の住宅行政と住宅供給事業の概観(山口正)

◇市制に依って求めんとするもの(菊池慎三)「自治研究」 8(11) 1932.11
◇大東京市の実現と其の将来(齋藤守圀)「斯民」 27(11) 1932.11
◇吾が国都市の沿革に就て(1)(池本泰児)「道路の改良」 14(11) 1932.11
◇都制問題特輯「都市問題」 15(5) 1932.11
ウィーン市制概観(岡野文之助)　東京市制案要綱　東京都制案要綱審議経過要録　東京市制案私案につきて(清水澄)　東京都制案の為に(三沢寛一)　東京都制問題に対する東京府市区町村側等の意見　都制案上における財政諸問題(岡野文之助)　都制と区の自治権拡張(渋谷徳三郎)　都制と警察(高橋雄射)　都制問題解決の基準-大都市の行政組織論 その2(蠟山政道)　都長は公選を可とす(岡田和一郎)　ニューヨーク市の制度(弓家七郎)　パリ市の制度(弓家七郎)　府の区域を都の区域とせよ(城所国三郎)　ベルリン都制概説(鬼頭忠一)　ロンドンの行政制度(小倉庫次)
◇制の中心問題(山田準次郎)「斯民」 27(12) 1932.12
◇市政基調の動向・法律より経済へ(町田榮)「大大阪」 8(13) 1932.12
◇倫敦市長と市の儀体(1)(大阪都市協会調査部)「大大阪」 8(13) 1932.12
◇小都市根性(大須賀巌)「都市公論」 15(12) 1932.12
◇時事新報「市政研究所」の設立(鬼頭忠一)「都市問題」 15(6) 1932.12
◇昭和七年市界の展望(小倉庫次)「都市問題」 15(6) 1932.12
◇大東京市の土地増加税(安部磯雄)「都市問題」 15(6) 1932.12
◇大東京当面の財政諸相(菊池慎三)「都市問題」 15(6) 1932.12
◇東京市会都制委員会決定の東京都制案要綱「都市問題」 15(6) 1932.12
◇東京都制体制論-東京都制論前編(池田宏)「都市問題」 15(6) 1932.12
◇東京都制に関する諸案の要綱「都市問題」 15(6) 1932.12
◇都制の国家に於ける地位-大都市の行政組織論 その3・完(蠟山政道)「都市問題」 15(6) 1932.12
◇ベルリン市の区行政改革案(小田忠夫)「都市問題」 15(6) 1932.12
◇内務省都制案批判(吉川末次郎)「法律時報」 4(12) 1932.12
◇大阪市とその郊外地の展望(矢田鉄蔵)「建築と社会」 16(1) 1933.1
◇偶感数則(川西実三)「自治研究」 9(1) 1933.1
◇都市の吏員制度に関する一資料(佐藤達夫)「自治研究」 9(1) 1933.1
◇都市行政の監督(1)(小川忠悳)「大大阪」 9(1) 1933.1
◇現代都市と其問題(池田宏)「都市公論」 16(1) 1933.1
◇大阪商科大学「市政学会」の創設(東京市政調査会研究室)「都市問題」 16(1) 1933.1
◇自由都市の悩み(藤田進一郎)「都市問題」 16(1) 1933.1
◇ドイツに於ける市吏員養成事業(亀掛川浩)「都市問題」 16(1) 1933.1
◇東京都の区域論-東京都制論中編(池田宏)「都市問題」 16(1) 1933.1

◇伯林新区制案其後の経緯(鬼頭忠一)「都市問題」　16(1)　1933.1
◇ロンドンの区の制度(弓家七郎)「都市問題」　16(1)　1933.1
◇マックス・ウエバーの中世都市論(阿部勇)「経済学論集」　5(2)　1933.2
◇新に市となれる銚子(師岡健四郎)「斯民」　28(2)　1933.2
◇新誕生の松阪市全貌(安岡瀧雄)「斯民」　28(2)　1933.2
◇東京市内の空屋問題(前田美郁)「地方行政」　41(2)　1933.2
◇都市の特性に関する常識(池田宏)「都市公論」　16(2)　1933.2
◇東京都の議会及都長論(東京都の自治組織論(上))/東京都制論後編(池田宏)「都市問題」　16(2)　1933.2
◇市選挙対策号「都市問題」　16(2)　1933.2
かかる適任者を選出する方法/大東京市会総選挙対策(小川市太郎)　市会選挙に臨みて/大東京市会総選挙対策(藤田進一郎)　指導者階級が選挙の第一線に立て/大東京市会総選挙対策(永戸政治)　大東京市会選挙に関する考察/大東京市会総選挙対策(成清民二)　東京市会総選挙に関する各方面の意見-クェッショネアに対する回答の要旨(東京市政調査会)　理想は望み難いことながら/大東京市会総選挙対策(田川大吉郎)
◇大阪市の新予算と新規事業を観る(1)(島重治,島崎孝彦)「大大阪」　9(3)　1933.3
◇自治体党争否定の否定と市政改革三案(吉川末次郎)「地方行政」　41(3)　1933.3
◇市政の改革と委員会制度及支配人制度(1)(山口民二)「東京地方改良協会会報」　48　1933.3
◇明治初年の東京の制度に関する資料(1)(薬師二郎)「東京地方改良協会会報」　48　1933.3
◇東京都の区制論(東京都の自治組織論(下))-東京都制論後編続(池田宏)「都市問題」　16(3)　1933.3
◇選挙粛正号「都市問題」　16(3)　1933.3
如何はしき人物に投票すべからず/大東京市会建設の為に(若槻礼次郎)　如何にして新市会の構成を善くすべきか-大東京市会総選挙を前にして識者の意見を聴く(土方寧)　一市民としての希望/大東京市会建設の為に(磯村雋太郎)　かかる人格者を/大東京市会建設の為に(鈴木喜三郎)　くさいものを避けよ/大東京市会建設の為に(建部遯吾)　市会議員改選に際して/大東京市会建設の為に(山本達雄)　市会議員選挙を前に/大東京市会建設の為に(安部磯雄)　市会議員の総選挙近づけり/大東京市会建設の為に(香坂昌康)　市会選挙対策に関する卑見/大東京市会建設の為に(小橋一太)　シカゴ市選挙人同盟/米国都市に於ける市民同盟(弓家七郎)　市政改革意見短評(小倉庫次)　市政の浄化には/大東京市会建設の為に(市川源三)　市民同盟の活動/米国都市に於ける市民同盟(弓家七郎)　市民の聡明なる政治的理智を発揮せよ/大東京市会建設の為に(藤沼庄平)　市の道徳的義務/大東京市会建設の為に(山本信博)　情実に依りて左右されるな/大東京市会建設の為に(山本実彦)　前回の市政浄化運動に省みて/大東京市会建設の為に(中川望)　全国各市市会議員選挙期日一覧　第一は市民の自覚/大東京市会建設の為に(安達謙蔵)　大東京市会選挙に関し各政党首並本町会代表宛提出意見(東京市政調査会)　大東京市会選挙に関する当局宛建議(東京市政調査会)　大東京市政の一瞥-大東京市会最初の総選挙の意義(東京市政調査会)　東京市会総選挙に関する各方面の意見-クェッショネアに対する回答の全般的観察(東京市政調査会)　東京市に欠くるもの/大東京市会建設の為に(内藤久寛)　東京都制に関する意見書二つ(小倉庫次)　都市研究の大なる礎石(大須賀厳)　ニューヨーク市民同盟の沿革/米国都市に於ける市民同盟(弓家七郎)　ニューヨーク市民同盟の選挙戦術/米国都市に於ける市民同盟(弓家七郎)　ニューヨーク市民同盟の組織/米国都市に於ける市民同盟(弓家七郎)　不浄の因、誘惑の種を暴露せよ/大東京市会建設の為に(大島正徳)　ベルリン市会党の消長とその市政綱領概観(小田忠夫)　要は人物本位/大東京市会建設の為に(嶋中雄作)
◇千二百年前大阪に於ける都制(竹山真次)「大大阪」　9(4)　1933.4
◇東京市会選挙の前後(永戸政治)「大大阪」　9(4)　1933.4
◇市政浄化の根本問題(安部磯雄)「地方行政」　41(4)　1933.4
◇都制問題雑感(佐藤達夫)「地方行政」　41(4)　1933.4
◇東京都制案と衆議院「都市公論」　16(4)　1933.4
◇大東京最初の市会改選成るまで-選挙粛正運動(東京市政調査会)「都市問題」　16(4)　1933.4
◇大東京市会議員総選挙の概観(亀卦川浩)「都市問題」　16(4)　1933.4
◇大東京市政の一瞥「都市問題」　16(4)　1933.4
◇第六十四議会に於ける東京都制案(弓家七郎)「都市問題」　16(4)　1933.4
◇東京都制案と本会(東京市政調査会)「都市問題」　16(4)　1933.4
◇東京都制論評(大須賀厳)「都市問題」　16(4)　1933.4
◇本邦市吏員の採用並昇進に於ける銓衡方法(亀卦川浩)「都市問題」　16(4)　1933.4
◇市吏員の覚醒と人事行政の調査(蝋山政道)「国家学会雑誌」　47(5)　1933.5
◇都長論(中島賢蔵)「自治研究」　9(5)　1933.5
◇鹿児島市に開かれた全国町村長大会記事「地方行政」　41(5)　1933.5
◇東京都案の衆議院に於ける論点(1)(熊野生)「東京地方改良協会会報」　49　1933.5
◇東京市に於ける青果集散の概況(小俣国造)「統計集誌」　623　1933.5
◇牛塚新東京市長は何を為すべきか(吉川末次郎)「都市公論」　16(5)　1933.5
◇明日の東京に備へる為に(黒川一治)「都市公論」　16(5)　1933.5
◇市政学とドイツの大学(小田忠夫)「都市問題」　16(5)　1933.5
◇第六十四議会に於ける東京都制案に関する論議「都市問題」　16(5)　1933.5
◇第六十四議会に於ける都市問題(小倉庫次)「都市問題」　16(5)　1933.5
◇東京市電力自給計画案批判(樫木徹)「都市問題」　16(5)　1933.5
◇ニューヨーク市憲章の沿革と其の改正案(上)(弓家七郎)「都市問題」　16(5)　1933.5
◇東京都制案瞥見(村上恭一)「自治研究」　9(6)　1933.6
◇都の区域論-都制の主要問題(中島賢蔵)「自治研究」　9(6)　1933.6
◇アメリカの市政を支配するもの(人見植夫)「斯民」　28(6)　1933.6
◇大阪市会議員選挙の総決算(木村浩)「大大阪」　9(6)　1933.6
◇都市行政の重要性(岡實)「大大阪」　9(6)　1933.6
◇東京市長去来の跡(1)(玉川清)「地方行政」　41(6)　1933.6
◇都のはづれ(飯沼一省)「地方行政」　41(6)　1933.6
◇牛塚新東京市長並に新市会議員に対する期待と要望(飯村保三)「都市問題」　16(6)　1933.6
◇京都市に於ける職制改正(亀卦川浩)「都市問題」　16(6)　1933.6
◇最近都市関係会議(小倉庫次)「都市問題」　16(6)　1933.6
◇市会と市長(池田宏)「都市問題」　16(6)　1933.6
◇破局に立つベルリン市の財政「都市問題」　16(6)　1933.6
◇区制論-都制の主要問題其の三(中島賢蔵)「自治研究」　9(7)　1933.7
◇公吏優遇問題に就て(山田準次郎)「斯民」　28(7)　1933.7
◇東京市政の近状(永戸政治)「大大阪」　9(7)　1933.7
◇東京市政に就て(池田宏)「都市公論」　16(7)　1933.7
◇牛塚新東京市長並に新市会議員に対する期待と要望(承前)(伊藤清)「都市問題」　17(1)　1933.7
◇国都に関する研究(池田宏)「都市問題」　17(1)　1933.7
◇東京市区財政の現状と其の問題(岡野文之助)「都市問題」　17(1)　1933.7
◇米国に於ける市政革新運動と公民教育(川本宇之介)「都市問題」　17(1)　1933.7
◇大阪都制の問題(小川市太郎)「建築と社会」　16(8)　1933.8

◇上海市の行財政制度(金国珍)「建築と社会」 17(2) 1933.8
◇大都市行政組織考(小倉庫次)「建築と社会」 17(2) 1933.8
◇東京市の区に関する研究(1)(山口民二)「東京地方改良協会会報」 51 1933.8
◇鉱業都市、飯塚(猪野鹿次)「都市問題」 17(2) 1933.8
◇上海市の行財政制度(金国珍)「都市問題」 17(2) 1933.8
◇商港石巻市(石母田正輔)「都市問題」 17(2) 1933.8
◇大都市行政組織考(小倉庫次)「都市問題」 17(2) 1933.8
◇ニューヨーク市憲章の改正案-ニューヨーク市憲章の沿革と其の改正案(下)(弓家七郎)「都市問題」 17(2) 1933.8
◇大都市自治の立場から(菊池慎三)「自治研究」 9(9) 1933.9
◇危難に瀕せる独逸の市政(1)(小川市太郎)「大大阪」 9(9) 1933.9
◇東京都制の迅速制定を望む(五十嵐鑛三郎)「地方行政」 41(9) 1933.9
◇東京の都心調査(佐々木彦一郎)「地理学評論」 9(9) 1933.9
◇都市は何処迄大きくなるか(飯沼一省)「都市公論」 16(9) 1933.9
◇市会選挙法規に関する各方面の意見-クェッショネアに対する回答の要旨(東京市政調査会)「都市問題」 17(3) 1933.9
◇第四回全国都市問題会議総会の議品-都市環境の改善問題と都市自治の済美問題(東京市政調査会)「都市問題」 17(3) 1933.9
◇市町村吏員の保証責任に就て(川崎秀男)「自治研究」 9(10) 1933.10
◇火災保険料率及水道電力料引下に関する臨時関東市長会議(小倉庫次)「都市問題」 17(4) 1933.10
◇商港、酒田市(中里重吉)「都市問題」 17(4) 1933.10
◇全国町村長会第六回政務調査会「都市問題」 17(4) 1933.10
◇帯状都市大伯林(藤芳義男)「土木学会誌」 19(10) 1933.10
◇町村制第百十一条第八項の「処分ノ確定」の意義に就て(関口健一郎)「税」 11(11) 1933.11
◇事実上の請負と市町村会議員の失職(坂部真一郎)「地方行政」 41(12) 1933.12
◇区会議員選挙の目標「都市問題」 17(6) 1933.12
◇最近一年間に於ける全国市長選挙の動向(大須賀巌)「都市問題」 17(6) 1933.12
◇市庁舎敷地問題と新聞紙の論調「都市問題」 17(6) 1933.12
◇昭和八年に於ける市政界を顧みて(安部磯雄)「都市問題」 17(6) 1933.12
◇帝都の市庁舎建築の特殊意義(池田宏)「都市問題」 17(6) 1933.12
◇東京及名古屋両市の職制改正(小倉庫次)「都市問題」 17(6) 1933.12
◇東京市庁舎建築計画殊に其の財源と敷地に就て(菊池慎三)「都市問題」 17(6) 1933.12
◇東京市庁舎建築敷地に関する意見(東京市政調査会)「都市問題」 17(6) 1933.12
◇北米合衆国市制概説(1)(佐藤達夫)「自治研究」 10(1) 1934.1
◇東京都制と特別市制(小川市太郎)「大大阪」 10(1) 1934.1
◇京都市に於ける最近の都市施設に就て(大森吉五郎)「都市公論」 17(1) 1934.1
◇徳島市の起源と姿相「都市公論」 17(1) 1934.1
◇市政の動向(黒谷了太郎)「都市問題」 18(1) 1934.1
◇昭和八年に行はれたる市会議員選挙の概観(亀卦川浩)「都市問題」 18(1) 1934.1
◇昭和八年の市政界を顧みて(太田勘太郎)「都市問題」 18(1) 1934.1
◇第十二回大都市事務協議会(小倉庫次)「都市問題」 18(1) 1934.1

◇東京市十二区の区会議員選挙(亀卦川浩)「都市問題」 18(1) 1934.1
◇東京市の社会行政(三好豊太郎)「都市問題」 18(1) 1934.1
◇東京都制と特別市制問題の行方(小倉庫次)「都市問題」 18(1) 1934.1
◇東京都制問題に就て「都市問題」 18(1) 1934.1
◇新に市となれる三条市の全貌(守岡瀧雄)「地方行政」 42(2) 1934.2
◇砂金の降る町と石炭の降る町(飯沼一省)「地方行政」 42(2) 1934.2
◇都市論(1):特に農村との関係に就て(伊福吉部隆)「地方行政」 42(2) 1934.2
◇更道に関する若干の考察(元山修二)「地方行政」 42(2) 1934.2
◇密度計測に依る地方都市考察の一例(山口弥一郎)「地理学評論」 10(2) 1934.2
◇市庁舎問題に関し重ねて市当局に進言(東京市政調査会)「都市問題」 18(2) 1934.2
◇東京市市庁舎建設敷地問題経過「都市問題」 18(2) 1934.2
◇東京市の新税計画(岡野文之助)「都市問題」 18(2) 1934.2
◇東京都制並特別市制問題の経過(小倉庫次)「都市問題」 18(2) 1934.2
◇都市と農村の負担均衡問題の発展(中沢弁次郎)「都市問題」 18(2) 1934.2
◇北米合衆国市制概説(2)(佐藤達夫)「自治研究」 10(3) 1934.3
◇生れ出た浦和市の横顔(阪本寅男)「地方行政」 42(3) 1934.3
◇ライデン著大伯林の紹介(辻村太郎)「地理学評論」 10(3) 1934.3
◇市政の粛正を語り得る者(大須賀巌)「都市公論」 17(3) 1934.3
◇第六十五議会に於ける東京都制並特別市制問題(小倉庫次)「都市問題」 18(3) 1934.3
◇市長民選論(宮沢俊義)「都市問題」 18(3) 1934.3
◇増新税問題批判号「都市問題」 18(3) 1934.3
課税の調査と手順上に遺憾/東京市新増税計画批判(下村宏) 課税は不労所得へ/東京市新増税計画批判(河野密) 経費と対照して論ずべきもの/東京市新増税計画批判(高木寿一) 歳入の増加策よりも歳出の整理を/東京市新増税計画批判(斎藤守圀) 四者は大体良税/東京市新増税計画批判(井爪半弥) 市税としての土地増税及び差金取得税/東京市新増税計画批判(北級進) 小市民階級の負担加重/東京市新増税計画批判(浅沼稲次郎) 新税は最小抵抗線課税だ/東京市新増税計画批判(織本侃) 新税及増税の適否/東京市新増税計画批判(藤田進一郎) 新税に依るの外収入の途無きか-大阪市との比較における東京市の税負担/東京市新増税計画批判(小山田小七) 筋の通らぬ新税/東京市新増税計画批判(松田雪堂) 税そのものに対しては反対理由は薄弱/東京市新増税計画批判(小宮利得) 増新税に依り東京市財政は立直るか/東京市新増税計画批判(船田中) 増税計画の吟味/東京市新増税計画批判(大畑文七) 増税問題と監督官庁の態度/東京市新増税計画批判(島中雄三) 東京市昭和九年度予算案の全貌(岡野文之助) 東京市増税案に反対す/東京市新増税計画批判(阿部賢一) 東京市の新税と新増税計画批判/東京市新増税計画批判(益子逞輔) 東京市の財政と其の明年度予算案 東京市の新税及増税計画に対する与論の一班 土地増価税の主要問題/東京市新増税計画批判(前田稔靖) 不当なる特別所得税/東京市新増税計画批判(永安百ález) 漫然たる増税承認は財政の放漫を助長す/東京市新増税計画批判(西野喜与作) 羊頭狗肉の新税案/東京市新増税計画批判(勝目匡子)
◇ビュルガーマイスター(首長)論(宇賀田順三)「法政研究」 4(2) 1934.3
◇屠場と家畜市場の話(大阪市の新事業一)(森本頼平)「大大阪」 10(4) 1934.4
◇銚子市は如何に変化せしか(1):市制施行後一箇年を経て(北川隆之助)「地方行政」 42(4) 1934.4
◇市会至上主義の限界(大須賀巌)「都市公論」 17(4) 1934.4
◇市政改革者としてのラガルディア氏と武藤山治氏と(大須賀巌)「都市問題」 18(4) 1934.4

◇第四回全国都市問題会議総会に研究者の参加を勧誘す(全国都市問題会議事務局)「都市問題」 18(4) 1934.4
◇第六十五議会に於ける都市問題(亀卦川浩)「都市問題」 18(4) 1934.4
◇台湾文化の発祥地、彰化市(佐藤房吉)「都市問題」 18(4) 1934.4
◇帝都の市庁舎は都心へ-各方面識者連名の建議「都市問題」 18(4) 1934.4
◇東京市昭和九年度予算の成立(小田忠夫)「都市問題」 18(4) 1934.4
◇東京市庁舎敷地問題其後の経過(亀卦川浩)「都市問題」 18(4) 1934.4
◇北米合衆国市制概説(3)(佐藤達夫)「自治研究」 10(5) 1934.5
◇独逸に於ける市町村制の改正(1)(吉岡恵一)「斯民」 30(5) 1934.5
◇砂漠の大阪に新公園網(大阪市の新規事業二)(椎原兵市)「大大阪」 10(5) 1934.5
◇市制町村制改正概要(坂本晟)「地方行政」 42(5) 1934.5
◇都市の社会性(大須賀巌)「都市公論」 17(5) 1934.5
◇今夏リオンに開催の国際都市会議(弓家七郎)「都市問題」 18(5) 1934.5
◇独逸の市政に就て(小田忠夫)「社会福利」 18(6) 1934.6
◇新に誕生を見たる海南市の概観(守岡瀧雄)「地方行政」 42(6) 1934.6
◇世界各国主要都市(人口二十万以上)の面積及人口「都市問題」 18(6) 1934.6
◇第四回全国都市問題会議総会議題関係クエッショネア「都市問題」 19(1) 1934.7
◇都市起原論(上)(伊福吉部隆)「都市問題」 19(1) 1934.7
◇四十年前の大阪(島谷卯之輔)「大大阪」 10(8) 1934.8
◇都市起原論(下)(伊福吉部隆)「都市問題」 19(2) 1934.8
◇北米合衆国市制概説(4)(佐藤達夫)「自治研究」 10(9) 1934.9
◇都市と民族性(大須賀巌)「都市公論」 17(9) 1934.9
◇全国市長・市会議長一覧表「都市問題」 19(3) 1934.9
◇我国現下の都市問題と其の将来(1)(池田宏)「都市問題」 19(3) 1934.9
◇市政の実績と経費との関係(藤谷謙二)「経済時報」 6(7) 1934.10
◇都市の構造形態の一分類(佐々木彦一郎)「地理学評論」 10(10) 1934.10
◇都市鑑賞記「金沢、慶州、京城」(石川栄耀)「都市公論」 17(10) 1934.10
◇都市の国粋主義と国際主義(大須賀巌)「都市公論」 17(10) 1934.10
◇第四回全国都市問題会議記念特輯「都市問題」 19(4) 1934.10 現代都市の本質と其の統制作用-我国現下の都市問題と其の将来(2)(池田宏) 特輯号発刊に就て(池田宏)
◇大都市生活圏の決定について(東京都市生活圏の調査)(奥井復太郎)「三田学会雑誌」 28(10) 1934.10
◇第四回全国都市問題会議総会開かる(小村秀夫)「地方行政」 42(11) 1934.11
◇都市鑑賞記「金沢、慶州、京城」(石川栄耀)「都市公論」 17(11) 1934.11
◇都市問題の再検討(大須賀巌)「都市公論」 17(11) 1934.11
◇東京市に於ける退隠料並遺族扶助料の支給状況(上)(川崎周一)「都市問題」 19(5) 1934.11
◇災害防備自治済美特輯「都市問題」 19(5) 1934.11
第四回全国都市問題会議総会概況(田辺定義) 第四回全国都市問題会議の収穫-総会に対し寄せる一般研究報告の要旨(東京市政調査会研究室) 帝都市政の基調と財政難対策(上)都市施設の整備に伴ふ市債の増加と償還計画(菊池慎三) 特に民衆主義の立場よりする市長制の考察(渡辺宗太郎) 吏員制度に就て(入江俊郎)

◇国際都市会議リオン総会(弓家七郎)「都市問題」 19(6) 1934.12
◇市域拡張の法的問題(清宮四郎)「都市問題」 19(6) 1934.12
◇帝都市政の基調と財政難対策(下)歳計状況と震災市債の善後対策(菊池慎三)「都市問題」 19(6) 1934.12
◇東京市に於ける退隠料並遺族扶助料の支給状況(下)(川崎周一)「都市問題」 19(6) 1934.12
◇都市発展の原理(1)(武若時一郎)「斯民」 30(1) 1935.1
◇大都市に於ける職員養成制度(音堂由太郎)「大大阪」 11(1) 1935.1
◇新に生れた市川市(諸橋襄)「地方行政」 43(1) 1935.1
◇特別市政要望の重点(有吉忠一)「都市研究」 31 1935.1
◇都制と都民選の提唱(宮沢俊義)「都市研究」 31 1935.1
◇新なる都市文明(大須賀巌)「都市公論」 18(1) 1935.1
◇都市政策最近の動向と京都市の特異性に就て(大森吉五郎)「都市公論」 18(1) 1935.1
◇全国都市一覧図「都市問題」 20(1) 1935.1
◇大都市研究の基本調査に就て(奥井復太郎)「都市問題」 20(1) 1935.1
◇東京市町内会の検討(田村秀文)「都市問題」 20(1) 1935.1
◇東京市に於ける退隠料並遺族扶助料の改正案「都市問題」 20(1) 1935.1
◇米国市政府の現状とその傾向(弓家七郎)「都市問題」 20(1) 1935.1
◇六大都市関係諸会議「都市問題」 20(1) 1935.1
◇関大阪市長の長逝を悼む―都市公園にもかゝる功績を残された―(椎原兵市)「建築と社会」 18(2) 1935.2
◇故関市長の大阪市政に残されし足印を辿る(1)「大大阪」 11(2) 1935.2
◇都市の創造的保守主義(大須賀巌)「都市公論」 18(2) 1935.2
◇最近六年間東京市勤労階級家計の変化(続)(猪間驥一)「都市問題」 20(2) 1935.2
◇ベルリンの新都制(小田忠夫)「都市問題」 20(2) 1935.2
◇独逸精神を基調とする新プロシヤ市町村制(川越弘)「自治公論」 7(3) 1935.3
◇伊太利の新市町村制及県制(人見植夫)「斯民」 30(3) 1935.3
◇大阪市の風水禍と関市長の逝去/昭和九年度市政界の回顧-全国市長の感想と意見(1)(加々美武夫)「都市問題」 20(3) 1935.3
◇大阪市の復興事業(関一)「都市問題」 20(3) 1935.3
◇神戸市に於ける四事業の完成/昭和九年度市政界の回顧-全国市長の感想と意見(1)(勝田銀次郎)「都市問題」 20(3) 1935.3
◇聖駕を足利市に迎へ奉りて/昭和九年度市政界の回顧-全国市長の感想と意見(1)(久保種一)「都市問題」 20(3) 1935.3
◇都市発展策の犠牲者たる漁民の実例(織本倪)「都市問題」 20(3) 1935.3
◇非常時の龍児川崎市と其の悩み/昭和九年度市政界の回顧-全国市長の感想と意見(1)(中屋重治)「都市問題」 20(3) 1935.3
◇我国の都市行政費と都市人口(伊藤武夫)「都市問題」 20(3) 1935.3
◇第六十七議会を通過したる町村制の改正(古井喜実)「自治公論」 7(4) 1935.4
◇市町村吏員互助金に関する調査「社会事業彙報」 9(1) 1935.4
◇市政拡張の回顧(加々美武夫)「大大阪」 11(4) 1935.4
◇大大阪実現の回顧(中川望)「大大阪」 11(4) 1935.4
◇動く日本の都市と満州の都市(大須賀巌)「都市公論」 18(4) 1935.4
◇金沢市政一年を清算して/昭和九年度市政界の回顧-全国市長の感想と意見(2)(片岡安)「都市問題」 20(4) 1935.4

◇緊縮節約の外なし/昭和十年度東京市予算案の検討(田川大吉郎)「都市問題」 20(4) 1935.4
◇根本対策を欠く/昭和十年度東京市予算案の検討(河野密)「都市問題」 20(4) 1935.4
◇歳出の整理と増税を断行すべし/昭和十年度東京市予算案の検討(船田中)「都市問題」 20(4) 1935.4
◇歳入増加策と地租移譲/昭和十年度東京市予算案の検討(石橋湛山)「都市問題」 20(4) 1935.4
◇市会議員の歳費値上げ/昭和十年度東京市予算案の検討(近藤操)「都市問題」 20(4) 1935.4
◇市会議員費用弁償の増額に反対す/昭和十年度東京市予算案の検討(市川房枝)「都市問題」 20(4) 1935.4
◇市民生活への反逆者は誰か?/昭和十年度東京市予算案の検討(織本侃)「都市問題」 20(4) 1935.4
◇十年度予算を中心としたる東京市政観/昭和十年度東京市予算案の検討(小島憲)「都市問題」 20(4) 1935.4
◇杜撰を極めた十年度予算/昭和十年度東京市予算案の検討(松田雪堂)「都市問題」 20(4) 1935.4
◇総予算の半ばに近き市債費/昭和十年度東京市予算案の検討(滝口義敏)「都市問題」 20(4) 1935.4
◇帝都市政の監督に就て(菊池慎三)「都市問題」 20(4) 1935.4
◇電気局予算に就いて/昭和十年度東京市予算案の検討(野平末松)「都市問題」 20(4) 1935.4
◇東京市財政の明暗相/昭和十年度東京市予算案の検討(北崎進)「都市問題」 20(4) 1935.4
◇東京市昭和十年度予算案解説(岡野文之助)「都市問題」 20(4) 1935.4
◇東京市昭和十年度予算の批判/昭和十年度東京市予算案の検討(西野喜与作)「都市問題」 20(4) 1935.4
◇東京市政改革私案/昭和十年度東京市予算案の検討(石井満)「都市問題」 20(4) 1935.4
◇函館市の復興事業と水電買収問題/昭和九年度市政界の回顧-全国市長の感想と意見(2)(坂本森一)「都市問題」 20(4) 1935.4
◇破綻の認識と建設への志向/昭和十年度東京市予算案の検討(永田清)「都市問題」 20(4) 1935.4
◇費用弁償増額を難ず/昭和十年度東京市予算案の検討(島中雄三)「都市問題」 20(4) 1935.4
◇平凡な予算/昭和十年度東京市予算案の検討(大須賀巌)「都市問題」 20(4) 1935.4
◇満州国の整備により活況の釜山市府/昭和九年度市政界の回顧-全国市長の感想と意見(2)(土屋伝治)「都市問題」 20(4) 1935.4
◇横須賀市に於ける社会政策的戸数割/昭和九年度市政界の回顧-全国市長の感想と意見(2)(小泉又次郎)「都市問題」 20(4) 1935.4
◇市町村学務委員に就て(堀池英一)「自治研究」 11(5) 1935.5
◇北米合衆国市制概説(5)(佐藤達夫)「自治研究」 11(5) 1935.5
◇全国町村長大会状況「自治公論」 7(5) 1935.5
◇町村吏員優遇問題(小島憲)「自治公論」 7(5) 1935.5
◇アメリカのカウンティ(県)制度(上)(弓家七郎)「都市問題」 20(5) 1935.5
◇大阪市昭和十年度予算を観る(藤谷謙二)「都市問題」 20(5) 1935.5
◇市参事会存否論(松本繁太郎)「都市問題」 20(5) 1935.5
◇第六十七議会に於ける都市及地方問題(猪間驥一)「都市問題」 20(5) 1935.5
◇ドイツに於ける統一市町村制の制定(小田忠夫)「都市問題」 20(5) 1935.5
◇東京市昭和十年度予算の決定(岡野文之助)「都市問題」 20(5) 1935.5
◇市政の監察について(藤田進一郎)「大大阪」 11(6) 1935.6

◇関門北九州六市合併の急務を説く(金光秀文)「都市公論」 18(6) 1935.6
◇福岡都市事情に就て(久世庸夫)「都市公論」 18(6) 1935.6
◇アメリカのカウンティ(県)制度(下)(弓家七郎)「都市問題」 20(6) 1935.6
◇北九州五市合併の諸問題(柴田徳雄)「都市問題」 20(6) 1935.6
◇最近の都市関係会議(編輯室)「都市問題」 20(6) 1935.6
◇東京市の採用せる信用保険に就て(横畠正彦)「都市問題」 20(6) 1935.6
◇維新以来町村制施行以前の市町村制度—明治元年七月、京都太政官の布告「自治公論」 7(7) 1935.7
◇独逸に於ける市町村制の改正(2)(吉岡恵一)「斯民」 30(7) 1935.7
◇トレード市に於ける市支配人制の採用(人見植夫)「斯民」 30(7) 1935.7
◇大阪市職制の改革と人事大異動(大大阪調査部)「大大阪」 11(7) 1935.7
◇市吏員の身元保証に就て(尾崎亀太郎)「大大阪」 11(7) 1935.7
◇全国町村長大会の動向(編集部)「地方行政」 43(7) 1935.7
◇英国市町村計画法(内務省都市計画課)「都市公論」 18(7) 1935.7
◇アメリカの市職員の数と給料(弓家七郎)「都市問題」 21(1) 1935.7
◇東京都制の実施について-一個の試案としての都制案要綱(島中雄三)「都市問題」 21(1) 1935.7
◇市制町村制の一部改正(野田樟浦)「市町村雑誌」 500 1935.8
◇大阪市の区政の現状とその改善方策(奥村明治郎)「大大阪」 11(8) 1935.8
◇市町村会合併と地方計画(宇賀田順次)「大大阪」 11(8) 1935.8
◇大都市に於ける区政の現状とその改善方策に就て(武川保人)「大大阪」 11(8) 1935.8
◇東京市の水産に就て(南部辰真)「東京市産業時報」 1(2) 1935.8
◇ドイツの統一市町村制に就て(杉村章三郎)「国家学会雑誌」 49(9) 1935.9
◇市政に関係ある最近の判例(1)(天利新次郎)「市政研究」 1(1) 1935.9
◇市の決算事務に就て(槇島勇)「市政研究」 1(1) 1935.9
◇社会過程に示唆される未来都市の形態特に救済施設に就いて(磯村英一)「市政研究」 1(1) 1935.9
◇都に於ける翹望の区政(木村利夫)「市政研究」 1(1) 1935.9
◇吏員権確立の提唱(木村利夫)「市政研究」 1(1) 1935.9
◇東京水防計画協議会に就て/地盤沈下問題と其対策研究(西村輝一)「都市問題」 21(3) 1935.9
◇東京都制問題小史観-特に区域問題の解決策に就て(近藤操)「都市問題」 21(3) 1935.9
◇都市と農村とは抗争すべきか(杉山元治郎)「都市問題」 21(3) 1935.9
◇大禍の大阪を救ふ途(大藤高彦)「大大阪」 11(10) 1935.10
◇東京市政の裏面(一色直文)「大大阪」 11(10) 1935.10
◇東京都政に就て(牛塚虎太郎)「都市公論」 18(10) 1935.10
◇大都市制度に関する考察/第九回市民賞論文/三等入選(星野秀雄)「都市問題」 21(4) 1935.10
◇大都市の社会的特質より見たる市政改革の基準/第九回市民賞論文/三等入選(小村勝)「都市問題」 21(4) 1935.10
◇大都市の特質と其の環境改善策/第九回市民賞論文/二等入選(横田実)「都市問題」 21(4) 1935.10
◇「大都市の特質と其の行政対策」中に提示させられたる意見の要綱/第九回市民賞論文「都市問題」 21(4) 1935.10
◇「大都市の特質と其の行政対策」論に就て-第九回市民賞論文を審査

- ◇して/第九回市民賞論文(岡野昇)「都市問題」 21(4) 1935.10
- ◇大都市の特質と其の制度改革/第九回市民賞論文/二等入選(北山愛郎)「都市問題」 21(4) 1935.10
- ▷パリ市会議員の増員と選挙(弓家七郎)「都市問題」 21(4) 1935.10
- ◇区政改革私見画一より平等へ(聾止淨保)「市政研究」 1(2) 1935.11
- ◇国策としての都市政策(未完)(吉川末次郎)「市政研究」 1(2) 1935.11
- ◇市政研究会の誕生を喜びて(池田宏)「市政研究」 1(2) 1935.11
- ◇市政研究会発会式に際して(牛塚虎太郎)「市政研究」 1(2) 1935.11
- ◇市政に関係ある最近の判例(2)(天利新次郎)「市政研究」 1(2) 1935.11
- ◇東京市購買組合事業概況(高畑稔)「市政研究」 1(2) 1935.11
- ◇東京市昭和十年度に就て(承前)(原田与作)「市政研究」 1(2) 1935.11
- ◇都制案上に於ける財政問題に就て(角銅幸朝)「市政研究」 1(2) 1935.11
- ◇市町村吏員身分保障制度の確立(小島憲)「自治公論」 7(11) 1935.11
- ◇英国市町村計画法(内務省都市計画課)「都市公論」 18(11) 1935.11
- ◇日本都市の偶然性(大須賀巖)「都市公論」 18(11) 1935.11
- ◇第十四回大都市事務協議会「大大阪」 11(12) 1935.12
- ◇東京市政の紊乱(小川市太郎)「大大阪」 11(12) 1935.12
- ◇白日下に暴露された東京市政の醜状「大大阪」 11(12) 1935.12
- ◇本年の我国都市行政を顧みて(大須賀巖)「都市公論」 18(12) 1935.12
- ◇市政と与論(近藤操)「都市問題」 21(6) 1935.12
- ◇昭和十年の市政界を顧みて-諸家の回想と将来への期待(青木健一)「都市問題」 21(6) 1935.12
- ◇東京市行政監察報告に対する新聞論評「都市問題」 21(6) 1935.12
- ◇内務省の東京市行政監察報告「都市問題」 21(6) 1935.12
- ◇五人組遺制の実証と其の復興(田村浩)「斯民」 31(1) 1936.1
- ◇ニューデイル治下に於ける市自治権の修正(人見植夫)「斯民」 31(1) 1936.1
- ◇大都市社会に於ける社会事業特に東京都制実施と社会事業に就て(大久保満彦)「社会福利」 20(1) 1936.1
- ◇ドイツ統一市町村制の制定とその特質(中尾正平)「大大阪」 12(1) 1936.1
- ◇東京市に於ける営利質屋の概況(東京市統計課)「東京市産業時報」 2(1) 1936.1
- ◇昭和十年の市政界を顧みて-諸家の回想と将来への期待(続)(小畑源之助)「都市問題」 22(1) 1936.1
- ◇全国市長助役、市会正副議長一覧「都市問題」 22(1) 1936.1
- ◇第一回台湾市会議員選挙の結果に就て(水越幸一)「都市問題」 22(1) 1936.1
- ◇東京市政監察報告を読みて(前田多門)「都市問題」 22(1) 1936.1
- ◇東京市電気事業更生審査会の市電更生案(岡野文之助)「都市問題」 22(1) 1936.1
- ◇東京市に於ける家族の動態的構成(上)(豊浦浅吉)「都市問題」 22(1) 1936.1
- ◇都市問題概説(乾)(弓家七郎)「都市問題」 22(1) 1936.1
- ◇村田大書記官起草の町村法草案について(上)(亀卦川浩)「都市問題」 22(1) 1936.1
- ◇東京市の行政監察「内務時報」 1(1) 1936.1
- ◇独逸市町村制に於ける条例の規定に就て(磯崎辰五郎)「公法雑誌」 2(2) 1936.2
- ◇全国町村長会評議会及定期総会状況「自治公論」 8(2) 1936.2
- ◇不統一な大阪市法規の改纂「大大阪」 12(2) 1936.2
- ◇東京市政に就て(山田忠正)「地方行政」 44(2) 1936.2
- ◇市町村農会の合併手続(藤原正治)「帝国農会報」 26(2) 1936.2
- ◇東京市の地域制(高田賢治郎)「都市公論」 19(2) 1936.2
- ◇一九三四年下半期伯林市移入者調査(幸島礼吉)「都市問題」 22(2) 1936.2
- ◇帝都市政の改善と市政監察(菊池慎三)「都市問題」 22(2) 1936.2
- ◇独逸に於て開かるる第六回国際都市会議の議題(小田忠夫)「都市問題」 22(2) 1936.2
- ◇東京市青果取引の実証的考察(上)(山岸七之丞)「都市問題」 22(2) 1936.2
- ◇東京市に於ける家族の動態的構成(下)(豊浦浅吉)「都市問題」 22(2) 1936.2
- ◇東京市の町界町名番地整理新方針「都市問題」 22(2) 1936.2
- ◇都市問題概説(坤)/第1講(弓家七郎)「都市問題」 22(2) 1936.2
- ◇村田大書記官起草の町村法草案について(下)(亀卦川浩)「都市問題」 22(2) 1936.2
- ◇和歌山市会の解散(藤田進一郎)「都市問題」 22(2) 1936.2
- ◇和歌山市会の解散「内務時報」 1(2) 1936.2
- ◇アメリカ都市の将来(山口三郎)「区画整理」 2(3) 1936.3
- ◇市町村合併に際しての土地引継(山本権兵衛)「市政研究」 2(2) 1936.3
- ◇東京市に於る粛正運動と総選挙「市政研究」 2(2) 1936.3
- ◇東京市区行政監察に関する通牒「市町村雑誌」 507 1936.3
- ◇関博士の想ひ出(菊池慎三)「大大阪」 12(3) 1936.3
- ◇東京市助役問題の真相(尚友生)「大大阪」 12(3) 1936.3
- ◇都市の横顔(2)仙台(薄田清)「大大阪」 12(3) 1936.3
- ◇町村吏員の任免に関する一考察(守岡瀧雄)「地方行政」 44(3) 1936.3
- ◇五人組復興と農家小組合(1)(小泉幸一)「帝国農会報」 26(3) 1936.3
- ◇東京市に於けるビルデイグ俯瞰(一法師章蔵,正直研一郎)「東京市産業時報」 2(3) 1936.3
- ◇大阪の横顔(亀井幸次郎)「都市公論」 19(3) 1936.3
- ◇議員数よりも選挙区数を減少せよ-都制について(吉川末次郎)「都市問題」 22(3) 1936.3
- ◇菊川、小畑両氏の日本都市年鑑評(菊川忠雄, 小幡清金)「都市問題」 22(3) 1936.3
- ◇第五回全国都市問題会議総会の議題-「都市の公益企業」及「都市の保健施設」両議題の内容と解説「都市問題」 22(3) 1936.3
- ◇都市制度論(関一)「都市問題」 22(3) 1936.3
- ◇「日本都市年鑑」昭和十一年用に対する批評一班「都市問題」 22(3) 1936.3
- ◇シユタインの市制の根本思想とナチスの地方制(宇賀田順三)「法政研究」 6(2) 1936.3
- ◇関一博士遺稿集「都市政策の理論と実際」(宇賀田順三)「法政研究」 6(2) 1936.3
- ◇故関博士と「生きる市政論」(蠟山政道)「国家学会雑誌」 50(4) 1936.4
- ◇大阪市の新規事業紹介(1)(各當該部局長)「大大阪」 12(4) 1936.4
- ◇都市の横顔(3)福岡(武田徳倫)「大大阪」 12(4) 1936.4
- ◇町村会議員に希求する若干事項(守岡瀧雄)「地方行政」 44(4) 1936.4

◇東京市に於ける商店街に就て（上村正矩）「東京市産業時報」 2(4) 1936.4

◇クルト・イエゼリック氏の市政学概念に就て（小田忠夫）「都市問題」 22(4) 1936.4

◇現行制度に於ける市と町村（亀卦川浩）「都市問題」 22(4) 1936.4

◇東京市昭和十一年度予算案を観る（西野喜与作）「都市問題」 22(4) 1936.4

◇東京市青果取引の実証的考察（下）（山岸七之丞）「都市問題」 22(4) 1936.4

◇東京市懲戒賠償審査会に就て（柿崎勇）「市政研究」 2(3) 1936.5

◇町村制度の改新と団体観念（田中庸茂）「自治公論」 8(5) 1936.5

◇町村理事者と大衆指導（小島憲）「自治公論」 8(5) 1936.5

◇アメリカに於ける市支配人制度雑感（人見植夫）「斯民」 31(5) 1936.5

◇都市の横顔(4)名古屋（北村千秋）「大大阪」 12(5) 1936.5

◇名古屋市政の実状（大賀千歳）「大大阪」 12(5) 1936.5

◇五人組復興と農家小組合（2・完）（小泉幸一）「帝国農会報」 26(5) 1936.5

◇地方制度改革特輯「都市問題」 22(5) 1936.5
市会浄化の二方策/地方自治制度の欠陥と其の改革（元山修二） 市長選任方法の改正/地方自治制度の欠陥と其の改革（坂本森一） 市町村に於ける画一制及議員選挙制の再検討と其対策（大塚辰治） 大東京都制をどうすべきか/地方自治制度の欠陥と其の改革（長谷川久一） 町村制度刷新方策/地方自治制度の欠陥と其の改革（福井清通） 町内単位の自治の確立/地方自治制度の欠陥と其の改革（島中雄三） 道議第一/地方自治制度の欠陥と其の改革（石坂養平） 都市制度改革私案/地方自治制度の欠陥と其の改革（神木猶之助）

◇五人組制の実証と復興(1)（田村浩）「自治研究」 12(6) 1936.6

◇五人組制度の復興（田村浩）「社会事業」 20(3) 1936.6

◇全国町村長大会の動向「地方行政」 44(6) 1936.6

◇町会の本質的考察（振衣生）「東京地方改良協会会報」 73 1936.6

◇東京市に於ける地方的都心（高田賢次郎）「都市公論」 19(6) 1936.6

◇最近に於ける都市関係会議「都市問題」 22(6) 1936.6

◇市会議員選挙に対する選挙粛正中央聯盟の運動「都市問題」 22(6) 1936.6

◇東京市職員互助会の創立（菅原忠治郎）「都市問題」 22(6) 1936.6

◇東京市吏員退隠料並遺族扶助料条例の改正「都市問題」 22(6) 1936.6

◇将来の都市-衛星都市「月刊 列国政策彙報」 9 1936.7

◇最近に於ける東京市重要告示訓令通牒等の解説（阿河準一）「市政研究」 2(4) 1936.7

◇職制と職員の平均給に就て（鈴木茂）「市政研究」 2(4) 1936.7

◇市吏員定員に就て（木下浩三郎）「市政研究」 2(4) 1936.7

◇大都市行政執行上に於ける企画統制機構充実の緊要性（和久田實）「市政研究」 2(4) 1936.7

◇都市の横顔(7)横浜（藤田弘直）「大大阪」 12(7) 1936.7

◇東京府会選挙の成果と予望（高田芳雄）「地方行政」 44(7) 1936.7

◇都市度と都市界限（小笠原義勝）「地理学評論」 12(7) 1936.7

◇東京市商店街調査第一回速報(1)（東京市産業局）「東京市産業時報」 2(7) 1936.7

◇各市の昭和十一年度新規事業一覧「都市問題」 23(1) 1936.7

◇第六十九特別議会に於る都市行政関係諸案（亀卦川浩）「都市問題」 23(1) 1936.7

◇富山市に開催の都市関係三会議「都市問題」 23(1) 1936.7

◇東京市長時代（尾崎行雄）「日本評論」 11(7) 1936.7

◇五人組制の実証と復興(2・完)（田村浩）「自治研究」 12(8) 1936.8

◇全国町村長会第九回政務調査会─調査事項並参考資料「自治公論」 8(8) 1936.8

◇都市の横顔─松山（二神弘）「大大阪」 12(8) 1936.8

◇オリムピックと東京市政座談会「市政研究」 2(5) 1936.9

◇市政に関係ある最近の判例(4)（天利新次郎）「市政研究」 2(5) 1936.9

◇東京市史編纂事業の概要（岡田貞利）「市政研究」 2(5) 1936.9

◇東京市の技術的考察（石原憲治）「市政研究」 2(5) 1936.9

◇北米合衆国市制概説(6)（佐藤達夫）「自治研究」 12(9) 1936.9

◇都市区域論（人見植夫）「斯民」 31(9) 1936.9

◇都市の横顔─和歌山（喜多村進）「大大阪」 12(9) 1936.9

◇市町村合併の再検討（鈴木俊一）「地方行政」 44(9) 1936.9

◇新市と市制実施運動中の町「都市問題」 23(3) 1936.9

◇全国市会議長会、全国町村長会等の家屋税中央移管反対意見「都市問題」 23(3) 1936.9

◇台中市の衛生状態（台中市役所）「都市問題」 23(3) 1936.9

◇都市生長の統計的考察（米谷豊一）「都市問題」 23(3) 1936.9

◇北米合衆国市制概説(7)（佐藤達夫）「自治研究」 12(10) 1936.10

◇故加々美大阪市長の追憶「大大阪」 12(10) 1936.10

◇町村長の職守と其の補佐機関（福井清通）「地方行政」 44(10) 1936.10

◇全国都市問題会議第五回総会記念号「都市問題」 23(4) 1936.10
京都市の町、町界、町名及び番地に就て（上）（光明正道） 第五回全国都市問題会議総会の開催に当りて（岡野昇） 第五回全国都市問題会議総会の前況 ドイツに開かれたる第六回国際都市会議の概況（倉辻平治）

◇大都市行政序論（井上士郎）「市政研究」 2(5) 1936.11

◇第六回国際都市会議概観（高久謙次郎）「市政研究」 2(5) 1936.11

◇特例廃止時の市役所室配置など（阿部貞道）「市政研究」 2(5) 1936.11

◇都制案研究座談会「市政研究」 2(5) 1936.11

◇都制案に対する会員の要望「市政研究」 2(5) 1936.11

◇都制問題最近の情勢（池谷進司）「市政研究」 2(5) 1936.11

◇ロンドン都人事制度に関する資料（西川寛治）「市政研究」 2(5) 1936.11

◇大阪市に於ける臨時備制度(1)（松本完三）「大大阪」 12(11) 1936.11

◇回顧二十五年大阪の市政(1)（瀧山良一）「大大阪」 12(11) 1936.11

◇東京都制案に対する各種の意見（大山貞一）「地方行政」 44(11) 1936.11

◇市町村条例及規則（崔夏永）「東京地方改良協会会報」 69 1936.11

◇京都市に開催せられたる第五回全国都市問題会議総会「都市問題」 23(5) 1936.11

◇市政監察に対する東京市長の上申書「都市問題」 23(5) 1936.11

◇都制案批判主輯「都市問題」 23(5) 1936.11
蛙の国の王様推載─都制渇望と自治権の犠牲（近藤操） 官僚的都制案反対/地方局の東京都制両案に対する批判（浅沼稲次郎） 官僚的都制案反対/地方局の東京都制両案に対する批判（加藤勘十） 議員数を百二十人に/地方局の東京都制両案に対する批判（中野勇治郎） 既成概念に囚はれるな/地方局の東京都制両案に対する批判（山本実彦） 区域と郡長に就て/地方局の東京都制両案に対する批判（大西一郎） 区に就て/地方局の東京都制両案に対する批判（阪本釥之助） 区の機能を拡張せよ/地方局の東京都制両案に対する批判（馬渡俊雄） 区の権限拡張と其整理/地方局の東京都制両案に対する批判（仲沢芳朗） 現制度に近きものを/地方局の東京都制両案に対する批判（長野高一） 公選を強調す/地方局の東京都制両案に対する批判（植原悦二郎） 最近東京都制諸案要綱比較評（研究室） 自治官治を止揚したる新行政機構/地方局の東京都制両案に対する批判（伊福吉部隆） 自治権の剥奪反対/地方局の東京都制両案に対する

批判（立川太郎）　自治の限界（宇賀田順三）　自治の本義に悖るな/地方局の東京都制両案に対する批判（寺田四郎）　自治の本質を忘却/地方局の東京都制両案に対する批判（鏑木由七郎）　自治は市民に/地方局の東京都制両案に対する批判（太田信治郎）　実際に即して/地方局の東京都制両案に対する批判（中田敬義）　指導精神なき都制案/地方局の東京都制両案に対する批判（島中雄三）　市民に自治能力なし/地方局の東京都制両案に対する批判（黒須竜太郎）　選任議員が問題/地方局の東京都制両案に対する批判（大迫武雄）　第一案を以て進むべし/地方局の東京都制両案に対する批判（田島勝太郎）　第一案に対する改正意見/地方局の東京都制両案に対する批判（木村元吉）　第一案に対する主張/地方局の東京都制両案に対する批判（森富太）　第一案に就て/地方局の東京都制両案に対する批判（鈴木正之助）　第二案を支持す/地方局の東京都制両案に対する批判（長谷川久一）　第二案を評す/地方局の東京都制両案に対する批判（井上孝哉）　第二案に賛す/地方局の東京都制両案に対する批判（芦田勲）　第二案の具体化/地方局の東京都制両案に対する批判（小島憲）　第二案の修正要点/地方局の東京都制両案に対する批判（中川左正）　第二案の修補を望む/地方局の東京都制両案に対する批判（宮島幹之助）　第二案は正主義に過ぎな/地方局の東京都制両案に対する批判（大須賀巌）　地方局の東京都制案と新聞の論評調査会の答案賛成/地方局の東京都制両案に対する批判（田川大吉郎）　都域は府域/地方局の東京都制両案に対する批判（鷲尾弘準）　東京市府会其他の都制御意見/地方局の東京都制両案に対する批判（東京市会制実行委員会）　東京都制案の結構に就て（池田宏）　東京都制試案大綱/地方局の東京都制両案に対する批判（加藤久米四郎）　東京都制に関する内務省地方案　東京都と関東州/地方局の東京都制両案に対する批判（下村海南）　都市に於ける先決問題/地方局の東京都制両案に対する批判（中沢弁次郎）　都制案と女子公民権/地方局の東京都制両案に対する批判（石井満）　都制案に於ける二三の問題（長谷川万次郎）　都制案の重要点/地方局の東京都制両案に対する批判（安部磯雄）　都制雑観/地方局の東京都制両案に対する批判（金森徳次郎）　都制と一般市制度改革の動向（吉川末次郎）　都長を官選/地方局の東京都制両案に対する批判（荒木孟）　都長官選は恥辱/地方局の東京都制両案に対する批判（森兼述）　都長官選論を支持す/地方局の東京都制両案に対する批判（三沢寛一）　都長公選と都会の構成改組/地方局の東京都制両案に対する批判（船田中）　都長公選ならざれば都制は実現せず/地方局の東京都制両案に対する批判（鈴木堅次郎）　都長選任方法の一提唱/地方局の東京都制両案に対する批判（川手忠康）　都長は公選/地方局の東京都制両案に対する批判（土岐嘉平）　都民の都長選挙/地方局の東京都制両案に対する批判（中林軍平）　内務省地方局「東京都制案」に対する意見（東京市政調査会）　府域を都域とせよ/地方局の東京都制両案に対する批判（村上恭一）　略中庸を得た第二案/地方局の東京都制両案に対する批判（窪田静太郎）　両者の綜合案を希望/地方局の東京都制両案に対する批判（森口繁治）

◇宇都宮市会の解散「内務時報」　1（11）　1936.11

◇都市社会の構成（奥井復太郎）「三田学会雑誌」　30（11）　1936.11

◇所謂東京都制に関する二案に就て（小林千秋）「自治研究」　12（12）　1936.12

◇大阪市に於ける臨時傭員制度（2・完）（松本完三）「大大阪」　11（12）　1936.12

◇回顧二十五年大阪の市政（2・完）（瀧山良一）「大大阪」　12（12）　1936.12

◇東京都制案座談会「都市公論」　19（12）　1936.12

◇和歌に於ける自治体行政の近況（倉辻平治）「都市問題」　23（7）　1936.12

◇京都市の町、町界、町名及び番地に就て（下）（光明正道）「都市問題」　23（7）　1936.12

◇第十五回大都市事務協議会-大都市保健協議会建議十二項をも承認「都市問題」　23（7）　1936.12

◇現代に於ける五人組制度の認識（田村浩）「農業と経済」　3（12）　1936.12

◇大都市時代の出現とその可能原因の考察（中川与之助）「経済論叢」　44（1）　1937.1

◇市政に関係ある最近の判例（5）（天利新次郎）「市政研究」　3（1）　1937.1

◇市町村吏員互助会概況（内務省社会局）「自治公論」　9（1）　1937.1

◇昨年中大阪市政の跡を顧みて（大阪市）「大大阪」　13（1）　1937.1

◇東京都制案に関する各種の意見（大山貞一）「地方行政」　45（1）　1937.1

◇山都高山市（直井佐兵衛）「都市問題」　24（1）　1937.1

◇東京市新市域二十区の区会議員選挙の結果（倉辻平治）「都市問題」　24（1）　1937.1

◇東京市庁舎建設敷地問題の近況（幸島礼吉）「都市問題」　24（1）　1937.1

◇都制に於ける町会制度の整備（上）（谷川昇）「都市問題」　24（1）　1937.1

◇都制問題と諸団体最近の促進運動「都市問題」　24（1）　1937.1

◇都制（亀卦川浩）「都市問題」　24（1）　1937.1

◇明治維新と遷都-東京は依然として江戸である（神長倉真民）「都市問題」　24（1）　1937.1

◇衛星都市の意義（亀井幸次郎）「建築と社会」　20（2）　1937.2

◇特別市制の問題（宇賀田順三）「国家学会雑誌」　51（2）　1937.2

◇東京都制論（小島憲）「自治機関」　444　1937.2

◇地方行政機構の改革と東京都制案とに就て（小林千秋）「斯民」　32（2）　1937.2

◇長崎県に於ける部落常会の実際（上原参良）「斯民」　32（2）　1937.2

◇塩業の中心、防府市（武光一）「都市問題」　24（2）　1937.2

◇機業の岡谷市（今井梧楼）「都市問題」　24（2）　1937.2

◇サンフランシスコ-欧米都市雑観　その1（吉山真棒）「都市問題」　24（2）　1937.2

◇市会改選を前にして東京愛市連盟の結成（小古間隆蔵）「都市問題」　24（2）　1937.2

◇市税戸数割の収入に就て（藤田武夫）「都市問題」　24（2）　1937.2

◇市政に関する三会議「都市問題」　24（2）　1937.2

◇第七大都市の出現-北九州五市合併新市実現問題（猪間驥一）「都市問題」　24（2）　1937.2

◇都制問題の近況（亀卦川浩）「都市問題」　24（2）　1937.2

◇みなと徳山（本城嘉守）「都市問題」　24（2）　1937.2

◇市政に関係ある最近の判例（6）（阿河準一）「市政研究」　3（2）　1937.3

◇市政の今昔を語る座談会（東京市局課長）「市政研究」　3（2）　1937.3

◇都制偶感（磯村英一）「市政研究」　3（2）　1937.3

◇吏員考課表規程の設定に就て（高石源治）「市政研究」　3（2）　1937.3

◇六大都市吏員の待遇に就て（中村龍夫）「市政研究」　3（2）　1937.3

◇我国地方自治制度の変遷-主として市制改正を中心として-（芦田勲）「市政研究」　3（3）　1937.3

◇北九州に於ける大都市の出現近し「自治機関」　445　1937.3

◇公有水面は府県市町村の区域なり（遠藤源六）「自治研究」　13（3）　1937.3

◇欧米旅行雑観（都市視察）（下間仲郎）「大大阪」　13（3）　1937.3

◇京都市公同組合制度に就て（国島高一）「東京市町会時報」　1（3）　1937.3

◇本邦六大都市の町内会の現状（谷川昇）「東京市町会時報」　1（3）　1937.3

◇町会費と部落協議費（竹内虎雄）「東京地方改良協会会報」　71　1937.3

◇躍進の延岡市を語る（1）（胡麻鶴五峰）「都市公論」　20（3）　1937.3

◇愛市の要諦（尾崎行雄）「都市問題」　24（3）　1937.3

◇大阪市独特の無担保無保証商工小額金融に就て（柴田徳雄）「都市問題」　24（3）　1937.3

◇最近市制（府制）施行機運にある町村「都市問題」　24（3）　1937.3

都市問題・市政

◇市制施行運動中の町村「都市問題」 24(3) 1937.3
◇出生地より見たる東京市の人口構成(磯畑譲)「都市問題」 24(3) 1937.3
◇昭和十二年度東京市予算案の解説(岡野文之助)「都市問題」 24(3) 1937.3
◇東京市人口増加による市会議員各区割当表「都市問題」 24(3) 1937.3
◇東京市政の現状-市会議員選挙と当面の諸問題(東京市政調査会)「都市問題」 24(3) 1937.3
◇東京市庁舎敷地並建設予算案に関する建議(東京市政調査会)「都市問題」 24(3) 1937.3
◇東京市庁舎敷地問題の経過(幸島礼吉)「都市問題」 24(3) 1937.3
◇都制に於ける町会制度の整備(下)(谷川昇)「都市問題」 24(3) 1937.3
◇ニューヨーク市の新憲章(倉辻平治)「都市問題」 24(3) 1937.3
◇憂市心から愛市心へ(近藤操)「都市問題」 24(3) 1937.3
◇ロスアンジェルス-欧米都市雑観 その2(吉山真棹)「都市問題」 24(3) 1937.3
◇無産・愛国各派の東京市議立候補状態「内外社会問題調査資料」 314 1937.3
◇英国労働党とロンドン都政(1)「内外社会問題調査資料」 315 1937.3
◇無産・愛国各派の東京市会選挙成績「内外社会問題調査資料」 315 1937.3
◇我国社会の基本的変化としての都市化(中川与之助)「財政」 2(5) 1937.4
◇北米合衆国市制概説(8)(佐藤達夫)「自治研究」 13(4) 1937.4
◇大大阪に求むるもの(下村海南)「大大阪」 13(4) 1937.4
◇市制上の名誉職制度(井上士郎)「東京地方改良協会会報」 72 1937.4
◇躍進の延岡市を語る(2)(胡麻鶴五峰)「都市公論」 20(4) 1937.4
◇市会選挙演説会視察記「都市問題」 24(4) 1937.4
◇市会総選挙と帝新聞の活動(菅原忠治郎)「都市問題」 24(4) 1937.4
◇シカゴ-欧米都市雑観 その3(吉山真棹)「都市問題」 24(4) 1937.4
◇昭和十二年度各市新規事業一覧(上)「都市問題」 24(4) 1937.4
◇新東京市会に呈す(杉山平助)「都市問題」 24(4) 1937.4
◇新東京市会に望む(田川大吉郎)「都市問題」 24(4) 1937.4
◇新ベルリン都制(幸島礼吉)「都市問題」 24(4) 1937.4
◇東京市会議員選挙の結果(倉辻平治)「都市問題」 24(4) 1937.4
◇東京市会選挙と革新勢力の進出(前田多門)「都市問題」 24(4) 1937.4
◇東京市会総選挙と愛市運動「都市問題」 24(4) 1937.4
◇東京市会の新に成れる日に(池田宏)「都市問題」 24(4) 1937.4
◇東京市政の重要問題「都市問題」 24(4) 1937.4
◇東京市庁舎敷地問題の顛末(幸島礼吉)「都市問題」 24(4) 1937.4
◇都の政治機構からの解放(長谷川万次郎)「都市問題」 24(4) 1937.4
◇ベルリン建築総監の設置(幸島礼吉)「都市問題」 24(4) 1937.4
◇英国労働党とロンドン都政(2)「内外社会問題調査資料」 316 1937.4
◇市条例の本質(井上士郎)「市政研究」 3(3) 1937.5
◇市政に関係ある最近の判例(7)(阿河準一)「市政研究」 3(3) 1937.5
◇東京都制及特別市制の研究(小林千秋)「自治研究」 13(5) 1937.5
◇都市の成長構造(鏡味完二)「地理学評論」 13(5) 1937.5
◇第37回全国市長会議「都市公論」 20(5) 1937.5
◇第6回全国市会議長会議「都市公論」 20(5) 1937.5
◇都市の儀式典礼とロンドンの制度(吉山真棹)「都市公論」 20(5) 1937.5
◇大阪市事務改善運動を観る(編輯室から)(菅原忠治郎)「都市問題」 24(5) 1937.5
◇昭和十二年度各市新規事業一覧(中)「都市問題」 24(5) 1937.5
◇新東京市会に呈す(続)(石川柏亭)「都市問題」 24(5) 1937.5
◇全国都市問題会議第六回総会京城府に開催と決定「都市問題」 24(5) 1937.5
◇第七十議会に於ける都市及至地方自治問題(岡野文之助)「都市問題」 24(5) 1937.5
◇都市学会の設立(斎藤昇一)「都市問題」 24(5) 1937.5
◇ニューヨーク-欧米都市雑観 其の4(吉山真棹)「都市問題」 24(5) 1937.5
◇英国労働党とロンドン都政(3)「内外社会問題調査資料」 317 1937.5
◇英国労働党とロンドン都政(4)「内外社会問題調査資料」 319 1937.5
◇最近に於ける市制施行の状況「内務時報」 2(5) 1937.5
◇市政革新運動と都市社会主義(吉川末次郎)「日本評論」 12(5) 1937.5
◇市町村の合併と公有水面埋立権「港湾」 15(6) 1937.6
◇大阪市役所の事務改善運動「大大阪」 13(7) 1937.6
◇全国市長会実行委員会—第37回全国市長会議決事項の上申書「都市公論」 20(6) 1937.6
◇昭和十二年度各市新規事業一覧(下)「都市問題」 24(6) 1937.6
◇新十五市会の党派別(菅原忠治郎)「都市問題」 24(6) 1937.6
◇東京市従業員労働争議(岡野文之助)「都市問題」 24(6) 1937.6
◇東京市青果輸送の現状(山岸七之丞)「都市問題」 24(6) 1937.6
◇福岡愛市連盟の候補者推薦問題(倉辻平治)「都市問題」 24(6) 1937.6
◇古き商都栃木市(榊原経武)「都市問題」 24(6) 1937.6
◇ヨーロッパに於ける二大都市研究所に就て(弓家七郎)「都市問題」 24(6) 1937.6
◇東京といふところ(橡内吉胤)「日本評論」 12(6) 1937.6
◇我国に於ける都市的伝統(川勝健二)「建築と社会」 20(7) 1937.7
◇大阪市事務改善運動を顧みて(宮崎宗雄)「市政研究」 3(4) 1937.7
◇東京市営乗合自動車事業の営業収支(新村一夫)「市政研究」 3(4) 1937.7
◇特別市制問題に就て(大塚辰治)「自治機関」 449 1937.7
◇大阪市本年度新規事業を語る(1)(大阪市)「大大阪」 13(8) 1937.7
◇大阪新市会への要望「大大阪」 13(8) 1937.7
◇社大党議員躍進の意義と棄権率増大の検討(庄健一)「大大阪」 13(8) 1937.7
◇無産政党の躍進と大阪市会今後の動向(古畑銀次郎)「大大阪」 13(8) 1937.7
◇市制町村制改正の跡をたづねて(1)(大山貞一)「地方行政」 45(7) 1937.7
◇東京市乗遊路の二、三(田川大吉郎)「道路の改良」 19(7) 1937.7
◇アカシヤの都わが札幌(伊澤廣曹)「都市公論」 20(7) 1937.7
◇旭川市概況(井上英)「都市公論」 20(7) 1937.7
◇函館市勢状況に就きて(坂本森一)「都市公論」 20(7) 1937.7
◇躍進帯広市の将来(渡部守治)「都市公論」 20(7) 1937.7

◇躍進の工都室蘭市(福岡幸吉)「都市公論」 20(7) 1937.7
◇大阪市事務改善運動に就て(大塚辰治)「都市問題」 25(1) 1937.7
◇京、阪、神の市会改選(藤田進一郎)「都市問題」 25(1) 1937.7
◇呉市会総選挙の無効判決問題(倉辻平治)「都市問題」 25(1) 1937.7
◇市会管見(亀卦川浩)「都市問題」 25(1) 1937.7
◇市会議員の長期在職者表彰「都市問題」 25(1) 1937.7
◇全国市長会及市会議長会と建議「都市問題」 25(1) 1937.7
◇第一回都市学会の講演-今井教授の「都市の歴史的考察」と蠟山教授の「都市の文化政策」「都市問題」 25(1) 1937.7
◇日本都市発達史の背景(伊福吉部隆)「都市問題」 25(1) 1937.7
◇特別市制案を論評す(小林千秋)「自治研究」 13(8) 1937.8
◇市制町村制改正の跡をたづねて(2)(大山貞一)「地方行政」 45(8) 1937.8
◇市政研究—江戸の発達史(1)(安藤直方)「東京市町会時報」 2(2) 1937.8
◇市会改造の管見-亀卦川浩氏の市会論を読みて(田川大吉郎)「都市問題」 25(2) 1937.8
◇市制の大要(上)(亀卦川浩)「都市問題」 25(2) 1937.8
◇小橋新東京市長に望む-六十四氏よりの回示意見(鵜沢総明)「都市問題」 25(2) 1937.8
◇世界大都市面積及人口一覧(人口二十万以上のみ)(編輯室)「都市問題」 25(2) 1937.8
◇炭鉱の中心、平市(青沼鋒太郎)「都市問題」 25(2) 1937.8
◇東北の鉄都、釜石市(小野寺有一)「都市問題」 25(2) 1937.8
◇社大党東京市議団の企画機関開設に関する意見書「内外社会問題調査資料」 329 1937.8
◇クルト・イエゼリッヒ氏の市政学(2)(里村春高)「市政研究」 3(5) 1937.9
◇五人組制の社会史的考察(能勢恒伴)「市政研究」 3(5) 1937.9
◇東京市会と町会(有元正)「市政研究」 3(5) 1937.9
◇東京市役所に於ける出動職員後援に就て(木下浩三郎)「市政研究」 3(5) 1937.9
◇大阪市本年度新規事業を語る(2)(大阪市)「大大阪」 13(10) 1937.9
◇市政研究—江戸の発達史(2)(安藤直方)「東京市町会時報」 2(3) 1937.9
◇部落(町内会)の活動を善導助長すべき方策(有馬幸次郎[ほか])「東京地方改良協会会報」 74 1937.9
◇各市名誉職費用弁償一覧(編輯室)「都市問題」 25(3) 1937.9
◇各市市長助役等給料一覧-附、各市局部長給料一覧(編輯室)「都市問題」 25(3) 1937.9
◇各道府県名誉職費用弁償一覧(編輯室)「都市問題」 25(3) 1937.9
◇企画局課成立の基礎条件(猪間驥一)「都市問題」 25(3) 1937.9
◇市会正副議長一覧「都市問題」 25(3) 1937.9
◇市制の大要(中)(亀卦川浩)「都市問題」 25(3) 1937.9
◇市長助役一覧「都市問題」 25(3) 1937.9
◇市町村吏員の任用及訓練(入江俊郎)「都市問題」 25(3) 1937.9
◇全国都市問題会議第六回総会の議題決定す「都市問題」 25(3) 1937.9
◇田川氏の「市会改造の管見」に答へて(亀卦川浩)「都市問題」 25(3) 1937.9
◇我国の議会政治及自治政を揺籃の中に育んだ「郡長時代」(上)(大須賀巖)「都市問題」 25(3) 1937.9
◇修学旅行とその対象としての東京(補遺)(清水照男)「文部時報」 595 1937.9

◇所謂「万年市会」に就て-東京市会を中心として-(天富直次)「市政研究」 3(6) 1937.10
◇クルト・イエゼリッヒ氏の市政学(3)(里村春高)「市政研究」 3(6) 1937.10
◇江戸の五人組制度(木村荘五)「東京市町会時報」 2(4) 1937.10
◇市制の大要(下・完)(亀卦川浩)「都市問題」 25(4) 1937.10
◇大戦当初に於ける独逸都市の銃後の活動(猪間驥一)「都市問題」 25(4) 1937.10
◇第六回全国都市問題会議総会の議題に就て-「都市計画の基本問題」及び「都市の経営問題」の両議題解説(東京市政調査会)「都市問題」 25(4) 1937.10
◇東京に於ける恒久的愛市団体の誕生「都市問題」 25(4) 1937.10
◇我国の議会政治及自治政を揺籃の中に育んだ「郡長時代」(下)(大須賀巖)「都市問題」 25(4) 1937.10
◇上海市と市政府(沢村幸夫)「大大阪」 13(11) 1937.11
◇市史研究―江戸の発達史(3・完)(安藤直方)「東京市町会時報」 2(5) 1937.11
◇都市発展の指導(中村清照訳)「都市公論」 20(11) 1937.11
◇最近欧米主要都府事情「都市問題」 25(5) 1937.11
◇政治的経済的沿革より見た市町村と其の将来/二等入選(小原一二)「都市問題」 25(5) 1937.11
◇第十回市民賞論文を審査して(堀切善次郎)「都市問題」 25(5) 1937.11
◇ドイツ自治体の応召職員雇用員に対する保護-欧州大戦中の一例(倉辻平治)「都市問題」 25(5) 1937.11
◇京城市街の思ひ出(E.マルテル)「区画整理」 3(12) 1937.12
◇国民精神総動員下の区会議員選挙「都市問題」 25(6) 1937.12
◇市政と市民の関心(亀卦川浩)「都市問題」 25(6) 1937.12
◇支那の政治改革と上海市政(菊池慎三)「都市問題」 25(6) 1937.12
◇上海市の沿革とその特殊性(馬場鍬太郎)「都市問題」 25(6) 1937.12
◇独逸都市改造法の制定(幸島礼吉)「都市問題」 25(6) 1937.12
◇都市関係資料総評(猪間驥一)「都市問題」 25(6) 1937.12
◇市制町村制の規定に依る一年以内の繰上(補充)選挙に関する手続(竹内虎雄)「東京地方改良協会会報」 76 1938.1
◇伯林の都制について(金谷重義)「都市公論」 20(1) 1938.1
◇事変下に行はれたる東京市旧区区会議員選挙の結果「都市問題」 26(1) 1938.1
◇初期に於けるアメリカ市政(弓家七郎)「都市問題」 26(1) 1938.1
◇世界大戦中に於ける伯林市行政活動の概観(倉辻平治)「都市問題」 26(1) 1938.1
◇東京実業愛市協会並に東京婦人愛市協会の成立とその活動「都市問題」 26(1) 1938.1
◇発生的に見たる支那都市の様相(西山栄久)「都市問題」 26(1) 1938.1
◇ベルリン市改造令の公布(幸島礼吉)「都市問題」 26(1) 1938.1
◇市町村の事業に対する法律的限界(杉村章三郎)「法学協会雑誌」 56(1) 1938.1
◇東京市農会市民農園(小山田一雄)「公園緑地」 2(2) 1938.2
◇大阪都市協会主催第一回都市問題研究懇話会「大大阪」 14(2) 1938.2
◇町内会の研究(1)(森崎秀夫)「大大阪」 14(2) 1938.2
◇支那に於ける都市の出現並に集中の状況に就て(馬場鍬太郎)「都市問題」 26(2) 1938.2
◇東京市企画局の新設「都市問題」 26(2) 1938.2
◇都市問題としての所謂試験地獄(近藤操)「都市問題」 26(2)

1938.2
◇紐育市長の再選（倉辻平治）「都市問題」　26(2)　1938.2
◇東京市の新しき火葬場の開設に当りて（井下清）「公園緑地」　2(3)　1938.3
◇吾若し東京市長たりせば（懸賞入選論文五篇）（三浦正人［ほか］）「市政研究」　4(2)　1938.3
◇東京市技術動員論（石原憲治）「市政研究」　4(2)　1938.3
◇大阪市各区に於ける新町会結成振り「大大阪」　14(3)　1938.3
◇町会の整備に就て（大塚辰治）「大大阪」　14(3)　1938.3
◇町内の会のこと -明治から大正へ（瀬田弥太郎）「大大阪」　14(3)　1938.3
◇街村形地方都市の家屋密度、店舗密度（山口弥一郎）「都市問題」　26(3)　1938.3
◇企画局課と調査研究-企画局課成立の基礎条件続稿（猪間驥一）「都市問題」　26(3)　1938.3
◇時局に対処し全国都市問題会議京城総会今秋開催「都市問題」　26(3)　1938.3
◇第二次ベルリン市改造令の公布（幸島礼吉）「都市問題」　26(3)　1938.3
◇ハムブルグ特別市制の制定（幸島礼吉）「都市問題」　26(3)　1938.3
◇比例代表制による紐育新市会（倉辻平治）「都市問題」　26(3)　1938.3
◇町内会論（小林千秋）「自治研究」　14(4)　1938.4
◇自市制の制定と其の認識（宇賀田順三）「斯民」　33(4)　1938.4
◇隣保集団としての町会（今井時郎）「斯民」　33(4)　1938.4
◇本年度の市政（大阪）各事業を語る（1）（岸本熊太郎［ほか］）「大大阪」　14(4)　1938.4
◇市町村制制定以来の改正の眼目（内務省地方局）「地方行政」　46(5)　1938.4
◇東京市町会の現状（昭和十三年三月現在）（東京市役所）「東京市町会時報」　2(8)　1938.4
◇自治法発布五十周年記念号「都市問題」　26(4)　1938.4
　市制町村制上諭/旧市制町村制に関する若干資料（1）　市制町村制理由/旧市制町村制に関する若干資料（2）　町村市制講究会に於ける三県内務大臣の演説/旧市制町村制に関する若干資料（3）
◇東京市吏員の生活状況に関する一考察（三井治郎）「市政研究」　4(3)　1938.5
◇本年度の市政各事業を語る（2）（大阪市）「大大阪」　14(5)　1938.5
◇全国都市問題会議第六回総会今秋十月京城府に開催-汎く都市問題研究者の参加と研究報告の提出を切望す「都市問題」　26(5)　1938.5
◇大戦中に於ける伯林市の職員従業員の状態（倉辻平治）「都市問題」　26(5)　1938.5
◇第七十三議会に於ける都市乃至地方問題（藤田武夫）「都市問題」　26(5)　1938.5
◇東京市庁舎敷地問題の落着「都市問題」　26(5)　1938.5
◇都市行政に於ける専門家と素人（竹中竜雄）「都市問題」　26(5)　1938.5
◇都市形態の表現形式（長谷川万次郎）「都市問題」　26(5)　1938.5
◇都市郊外論序説（奥井復太郎）「三田学会雑誌」　32(5)　1938.5
◇大阪市政史上に輝く人々「大大阪」　14(6)　1938.6
◇市政の実業化に就て（竹中龍雄）「大大阪」　14(6)　1938.6
◇都市景観と都市機能（木内信蔵）「地理学評論」　14(6)　1938.6
◇日本の都市の発達（石田龍次郎）「地理学評論」　14(6)　1938.6
◇東京市輸出補償制度と其の最近の傾向に就て（蓬田吉太郎）「東京市産業時報」　4(6)　1938.6
◇帝都市制の新なる観点（大須賀巌）「都市公論」　21(6)　1938.6
◇上海租界論（植田捷雄）「都市問題」　26(6)　1938.6

◇精神運動の基拠としての現代大都市（奥井復太郎）「都市問題」　26(6)　1938.6
◇地方団体の区域に関する改革意見の検討（菊池慎三）「都市問題」　26(6)　1938.6
◇地方行政の総合化と市政の地位（蝋山政道）「市政研究」　4(4)　1938.7
◇東京市職員互助会論（井上盛雄）「市政研究」　4(4)　1938.7
◇本年度の大阪市政各事業を語る（3）：土木・経理・社会事業「大大阪」　14(7)　1938.7
◇町村役場の運営強化に就て（北里善従）「地方行政」　46(8)　1938.7
◇都制案解説の途へ（田川大吉郎）「東洋経済新報」　1821　1938.7
◇京都市の公同組合を語る-京都市公同組合研究座談会「都市問題」　27(1)　1938.7
◇京都の町組制度に就て/町会研究（秋山国三）「都市問題」　27(1)　1938.7
◇京城府に於ける町会強化案（菅原忠治郎）「都市問題」　27(1)　1938.7
◇公同組合発達の沿革と現状概観/町会研究（中根武夫）「都市問題」　27(1)　1938.7
◇時局下に於ける大阪市の町会整備運動/町会研究（大塚辰治）「都市問題」　27(1)　1938.7
◇大都市と町会（堀切善次郎）「都市問題」　27(1)　1938.7
◇東京市の町会整備に就て/町会研究（片岡文太郎）「都市問題」　27(1)　1938.7
◇東京都制案要綱に就て-東京市政の新発展に関する吾等の考へ（坂千秋）「都市問題」　27(1)　1938.7
◇東京都制問題と都長官選反対運動「都市問題」　27(1)　1938.7
◇「都市計画の基本問題」と「都市の経費問題」の両議題に付研究報告の提出を切望す「都市問題」　27(1)　1938.7
◇明治初期に於ける京都町組制度の変遷/町会研究（光明正道）「都市問題」　27(1)　1938.7
◇羅馬通信 羅馬にて（岡野之之助）「都市問題」　27(1)　1938.7
◇東京都制案要綱（内務省地方局案）について（宮沢俊義）「国家学会雑誌」　52(8)　1938.8
◇町村の新使命（入江俊郎）「自治研究」　14(8)　1938.8
◇町村吏員互助会に関する参考資料「自治公論」　10(8)　1938.8
◇東京都制案要綱の大意（1）（郡祐一）「斯民」　33(8)　1938.8
◇本年度市政（大阪）各事業を語る（4）：都市壮丁の健康指導（藤原九十郎）「大大阪」　14(8)　1938.8
◇都制案要綱批判特輯「都市問題」　27(2)　1938.8
　欧米大都市の制度概観　お互に譲歩して速に実施を/地方局の東京都制案を評す（田島勝太郎）　各区に率先して意見を提出/地方局の東京都制案を評す（小坂梅吉）　片目的ではダメ/地方局の東京都制案を評す（荒川五郎）　官選の非を衝く/地方局の東京都制案を評す（為藤五郎）　官治区制の必要とその機構（宇賀田順三）　官僚万能式/地方局の東京都制案を評す（石山賢吉）　共同体的自治と国家的統制の調和を/地方局の東京都制案を評す（堀真琴）　経済的発展に適する様再編成すべし/地方局の東京都制案を評す（浅沼稲次郎）　原案は大体に於て適当/地方局の東京都制案を評す（神戸正雄）　検討の余地あり/地方局の東京都制案を評す（吉山真棹）　根本的に反対の出来ぬのが遺憾/地方局の東京都制案を評す（膳桂之助）　根本方針を欠く/地方局の東京都制案を評す（小島憲）　雑感/地方局の東京都制案を評す（村上恭一）　自治権縮小断乎排撃/地方局の東京都制案を評す（中村三之助）　自治体制度の根本的検討が先/地方局の東京都制案を評す（高田保馬）　自治体組織の官府化/地方局の東京都制案を評す（戸坂潤）　自治の死滅か/地方局の東京都制案を評す（鈴木安蔵）　自治の二義/地方局の東京都制案を評す（柳瀬良幹）　自治否定主義の東京都制案（近藤操）　修正希望の条項/地方局の東京都制案を評す（岩浪光二郎）　修正して賛成/地方局の東京都制案を評す（小柴惣九郎）　所感一二/地方局の東京都制案を評す（滝山良一）　信念の相達/地方局の東京都制案を評す（鈴木堅次郎）　新聞社説に見る地方局の東京都制案批判　創設的地方制度を/地方局の東京都制案を評す（渋谷鶴松）　双方に花をもたせて/地方局の東

京都制案を評す(島中雄三) 即時断行には反対/地方局の東京都制案を評す(船越光之丞) 多年の要望に余りにも懸け離れた/地方局の東京都制案を評す(土岐嘉平) 地方自治制の現代的意義/地方局の東京都制案を評す(今中次麿) 提案の時期に非ず/地方局の東京都制案を評す(福馬謙造) 適正にして機宜を得たる立案/地方局の東京都制案を評す(千石興太郎) 東京市会の都制決議を駁す/地方局の東京都制案を評す(吉川末次郎) 東京都制案管見/地方局の東京都制案を評す(渡辺幾治郎) 東京都制案の根本的改革を望む/地方局の東京都制案を評す(奥井復太郎) 東京都制案の中心点/地方局の東京都制案を評す(安部磯雄) 東京都制案要綱と時局/地方局の東京都制案を評す(小田内通敏) 東京都制の根本問題について(荒木孟) 東京都制問題の近況(倉辻平治) 特に議員の任期短縮は大賛成/地方局の東京都制案を評す(松尾国松) 都制案私見/地方局の東京都制案を評す(長野朗) 都制案出でて自治権亡ぶ/地方局の東京都制案を評す(牛塚虎太郎) 都制案に必要なる前提/地方局の東京都制案を評す(竹中竜雄) 都制案は東京市の廃止案/地方局の東京都制案を評す(山崎林太郎) 都長官選が不可/地方局の東京都制案を評す(田川大吉郎) 都長官選のための都制案/地方局の東京都制案を評す(藤田進一郎) 都長官選は稍行過ぎか/地方局の東京都制案を評す(佐々弘雄) 都長官選は不愉快だが/地方局の東京都制案を評す(松波仁一郎) 都長と税制/地方局の東京都制案を評す(中野喜与作) 都長は公選たるべし/地方局の東京都制案を評す(小橋一太) 都長は直接公選とすべし/地方局の東京都制案を評す(家入経晴) 都の区域については賛成/地方局の東京都制案を評す(川原次吉郎) 都の区域は可/地方局の東京都制案を評す(中野邦一) 都民全体に依る都長公選を望む/地方局の東京都制案を評す(長谷川久一) 内務省地方局「東京都制案要綱」に対する意見(東京市政調査会) 内務省地方局発表の東京都制案要綱-附・農村自治制度改正要綱 批判五点/地方局の東京都制案を評す(松井春生) 批評の限りにあらず/地方局の東京都制案を評す(斎藤隆夫) 暴案たるのみ/地方局の東京都制案を評す(森兼道)

◇東京市に於ける学区制度と東京都制案(戸引達)「市政研究」 4(5) 1938.9
◇都制と市吏員の将来(前田寛)「市政研究」 4(5) 1938.9
◇東京都制案要綱の大意(2)(郡祐一)「斯民」 33(9) 1938.9
◇事変と明日の大阪(平野真三)「大大阪」 14(9) 1938.9
◇都市の観方(梶原三郎)「大大阪」 14(9) 1938.9
◇自治主義都制論(荒木孟)「都市問題」 27(3) 1938.9
◇第六回全国都市問題会議総会開催要綱(全国都市問題会議事務局)「都市問題」 27(3) 1938.9
◇福岡市会の解散「都市問題」 27(3) 1938.9
◇福岡市会並高岡市会の解散(内務省地方局)「内務時報」 3(9) 1938.9
◇「東京都制案要綱」を評す(弓家七郎)「法律時報」 10(9) 1938.9
◇都参与制に就て(郡祐一)「自治研究」 14(10) 1938.10
◇市政に関する23の考察(人見植夫)「斯民」 33(10) 1938.10
◇市長官選の一方観(松尾国松)「都市公論」 21(10) 1938.10
◇第三十八回全国市長会の記「都市公論」 21(10) 1938.10
◇市勢範囲の一考察(佐藤寛三郎)「都市公論」 21(10) 1938.10
◇第六回全国都市問題会議総会主輯「都市問題」 27(4) 1938.10 全国都市要綱-附道府県一覧 大都市に於ける企画部局の職能と予算編成の合理化に就て/都市の経費問題に就て(芦田勲) 第六回全国都市問題会議総会に際して(堀切善次郎) 高岡市会の解散(倉辻平治) 東京市町会の資源池的役割に就て/都市の経費問題に就て(片岡文太郎) 東京市の人件費膨張に関する考察/都市の経費問題に就て(木下浩三郎) 都市計画の基本問題と都市の経費問題に関する諸論-第六回全国都市問題会議総会の研究報告要旨 日本帝都史考(伊福部隆彦)
◇都理事と委員とに就て(郡祐一)「自治研究」 14(11) 1938.11
◇「部落」-町村制度改正の一資料(吉岡恵一)「斯民」 33(11) 1938.11
◇本邦市営企業発達史上に於ける大阪市の地位-大阪市政史の一特殊研究-(竹中龍雄)「大大阪」 13(12) 1938.11
◇第六回全国都市問題会議に出席して(所感)「大大阪」 14(11) 1938.11

◇第六回全国都市問題会議総会の概況「都市問題」 27(5) 1938.11
◇朝鮮統治の真諦-全国都市問題会議に寄す(南次郎)「都市問題」 27(5) 1938.11
◇都市計画の基本問題に就て/第六回全国都市問題会議総会に於ける報告討議概況「都市問題」 27(5) 1938.11
◇都市の経費問題に関する研究報告/第六回全国都市問題会議総会に於ける報告討議概況「都市問題」 27(5) 1938.11
◇兵站基地と都市の発展(堀切善次郎)「都市問題」 27(5) 1938.11
◇市町村吏員教養施設実施概況(内務省地方局)「内務厚生時報」 3(11) 1938.11
◇第六回全国都市問題会議の概況(幸島礼吉)「区画整理」 4(12) 1938.12
◇都市政策上の諸問題(楠原祖一郎)「建築と社会」 21(12) 1938.12
◇都の議決機関の組織と権限(郡祐一)「自治研究」 14(12) 1938.12
◇都市-発生と衰亡に関する若干の考察(未完)(人見植夫)「斯民」 33(12) 1938.12
◇東京都制案批判(吉川末次郎)「地方行政」 46(13) 1938.12
◇都制問題の近況「都市問題」 27(6) 1938.12
◇名古屋市の発展過程-近代都市形成史の一齣(中村網)「都市問題」 27(6) 1938.12
◇昭和十四年用「日本都市年鑑」に就て(幸島礼吉)「都市問題」 28(1) 1939.1
◇町村制草案の修正に対するモッセの意見(亀卦川浩)「都市問題」 28(1) 1939.1
◇都制問題其後の経過(倉辻平治)「都市問題」 28(1) 1939.1
◇町村制改正案批判の批判(三好重夫)「自治研究」 15(3) 1939.3
◇最近の市吏員採用試験問題(東京、大阪、名古屋、神戸)「都市問題」 28(3) 1939.3
◇新田園都市グリーンベルト市(平野真三)「都市問題」 28(3) 1939.3
◇東亜大都市聯盟の結成(日本都市年鑑編纂室)「都市問題」 28(3) 1939.3
◇日本都市年鑑昭和十四年用の反響「都市問題」 28(3) 1939.3
◇京都市対京都瓦斯会社紛争の解決(日本都市年鑑編纂室)「都市問題」 28(4) 1939.4
◇時局下昭和十四年度東京市予算概評(荒木孟)「都市問題」 28(4) 1939.4
◇市町村吏員養成機関の一例-宮城県市町村吏員養成所視察記(亀卦川浩)「都市問題」 28(4) 1939.4
◇大横浜市の出現(日本都市年鑑編纂室)「都市問題」 28(4) 1939.4
◇日本都市年鑑批評(木内信蔵)「都市問題」 28(4) 1939.4
◇ミュンヘン市改造令(幸島礼吉)「都市問題」 28(4) 1939.4
◇我国市町村行政の政治的性格について(倉辻平治)「都市問題」 28(4) 1939.4
◇市制施行及市域拡張の問題(小林千秋)「自治研究」 15(5) 1939.5
◇財団法人東京市政調査会昭和十三年度事業「都市問題」 28(5) 1939.5
◇自治記念日の設定(日本都市年鑑編纂室)「都市問題」 28(5) 1939.5
◇東亜大都懇談会の開催(日本都市年鑑編纂室)「都市問題」 28(5) 1939.5
◇明治初期に於ける区(市)町村費徴収権の発展-市町村公法人格獲得過程の一指標として(藤田武夫)「都市問題」 28(5) 1939.5
◇横浜市の十七ケ町村合併に就て(菊池慎三)「都市問題」 28(5) 1939.5
◇隣接町村合併運動中の市と市制施行運動中の町村「都市問題」 28(5) 1939.5
◇イタリアの街々-欧米の都市を観る(其の3)(岡野文之助)「都市問

都市問題・市政

◇題」28(6) 1939.6
◇関東州市制の改正(日本都市年鑑編纂室)「都市問題」28(6) 1939.6
◇昭和十四年度各市新規事業一覧(上)「都市問題」28(6) 1939.6
◇東京市長就任の経過(日本都市年鑑編纂室)「都市問題」28(6) 1939.6
◇農村との関係によって見た現代大都市の性質(奥井復太郎)「都市問題」28(6) 1939.6
◇明治二十二年町村大合併とその沿革(亀卦川浩)「都市問題」28(6) 1939.6
◇六大都市市場協議会の開催(日本都市年鑑編纂室)「都市問題」28(6) 1939.6
◇改正された関東州市制(三浦直彦)「都市問題」29(1) 1939.7
◇市会正副議長一覧「都市問題」29(1) 1939.7
◇自治政研究会とモッセの講義(亀卦川浩)「都市問題」29(1) 1939.7
◇市長、助役、附六大都市主要職員一覧「都市問題」29(1) 1939.7
◇市役所組織及有給吏員一覧「都市問題」29(1) 1939.7
◇昭和十四年度各市新規事業一覧(下)「都市問題」29(1) 1939.7
◇大京都振興審議会の設置(日本都市年鑑編纂室)「都市問題」29(1) 1939.7
◇第三十九回全国市長会議(日本都市年鑑編纂室)「都市問題」29(1) 1939.7
◇ドイツの都市-欧米の都市を観る(其の2)(岡野文之助)「都市問題」29(1) 1939.7
◇東京市の職制改革(日本都市年鑑編纂室)「都市問題」29(1) 1939.7
◇松井幹一郎君を悼む(堀切善次郎)「都市問題」29(1) 1939.7
◇市長、助役、其の他吏員の現状概観(菅原忠治郎)「都市問題」29(2) 1939.8
◇大都市事務刷新協議会(日本都市年鑑編纂室)「都市問題」29(2) 1939.8
◇第七回全国都市問題会議総会東京市に開催と決定「都市問題」29(2) 1939.8
◇ドイツの都市(2)-欧米の都市を観る(其の3)(岡野文之助)「都市問題」29(2) 1939.8
◇名古屋市も職制改革「都市問題」29(2) 1939.8
◇姫路市会の解散(日本都市年鑑編纂室)「都市問題」29(2) 1939.8
◇名誉職制度雑筆(亀卦川浩)「都市問題」29(2) 1939.8
◇各市に於ける町会の実情(日本都市年鑑編纂室)「都市問題」29(3) 1939.9
◇全国都市問題会議第七回総会議題決定す「都市問題」29(3) 1939.9
◇北欧・中欧の諸都市-欧米の都市を観る(其の4)(岡野文之助)「都市問題」29(3) 1939.9
◇市制に所属住所の意義及其認定「行政裁判所判決録」50(7) 1939.10
◇最近に於ける都市発展と其の基礎的条件(小林千秋)「自治研究」15(11) 1939.11
◇第七回全国都市問題会議総会の議題解説-「本邦都市発達の動向と其の諸問題」及「都市の人事行政」に就て(東京市政調査会)「都市問題」29(5) 1939.11
◇鉄と石炭の新市、本渓湖(鮫島光彦)「都市問題」29(5) 1939.11
◇東京市に於ける職員待遇改善(日本都市年鑑編纂室)「都市問題」29(5) 1939.11
◇仏、白、和その他の都市-欧米の都市を観る(其の5)(岡野文之助)「都市問題」29(5) 1939.11
◇昭和14年の市政を顧みて(東京市総務局)「市政週報」39 1939.12

◇旧邑池田の新生(藤阪寅次郎)「都市問題」29(6) 1939.12
◇京都市の市制監査(日本都市年鑑編纂室)「都市問題」29(6) 1939.12
◇時局下経験が生んだ町会運営論(吉田五市)「都市問題」29(6) 1939.12
◇時局と町会の公的団体化傾向(安田弥太郎)「都市問題」29(6) 1939.12
◇市制及府県制改正案要綱 附・農村自治制度改正案要綱「都市問題」29(6) 1939.12
◇市民賞論文を審査して(市民賞論文募集状況)(堀切善次郎)「都市問題」29(6) 1939.12
◇全国都市問題会議第七回総会研究報告の提出を切望す「都市問題」29(6) 1939.12
◇創始以来の市民賞論文募集状況「都市問題」29(6) 1939.12
◇第十一回市民賞論文入選発表(東京市政調査会)「都市問題」29(6) 1939.12
◇地方制度調査会と府県制及市制改正案要綱の発表(日本都市年鑑編纂室)「都市問題」29(6) 1939.12
◇町会制度の根本理念(佐藤忠吉)「都市問題」29(6) 1939.12
◇町会に於ける婦人の活動に就て(水野清子)「都市問題」29(6) 1939.12
◇町会の改善と隣組(増田作太郎)「都市問題」29(6) 1939.12
◇東京市の各種事業綜合計画(日本都市年鑑編纂室)「都市問題」29(6) 1939.12
◇都市の近代社会性と町会(井上盛雄)「都市問題」29(6) 1939.12
◇市吏員と教養の問題(安江正一)「市政研究」6(1) 1940.1
◇東京市職員互助会の改組とその前進方向(高旨直)「市政研究」6(1) 1940.1
◇本市(東京)体力課の生誕と其の後(高橋貞次)「市政研究」6(1) 1940.1
◇町会と隣保(東京市市民局)「市政週報」42 1940.1
◇市制改正と公営事業卑見(小林千秋)「自治研究」16(1) 1940.1
◇アメリカに於ける市吏員任用委員会の一事例(人見植夫)「斯民」35(1) 1940.1
◇隣組と町内、部落会組織の構造(平塚武二)「地方改良」104 1940.1
◇部落会及町内会中堅指導者の養成施行助成に付て(光山忠一)「地方財務」68 1940.1
◇市委員会制度発祥の地ガルベストンを訪ふ(前田多門)「都市問題」30(1) 1940.1
◇東京市に於ける職員入営者優遇規程の実施(日本都市年鑑編纂室)「都市問題」30(1) 1940.1
◇市制府県制改正案批判特輯「都市問題」30(1) 1940.1
あまりに技術的/市制府県制改正案要綱を評す(金森徳次郎) 案に流れる官治強化の精神/市制府県制改正案要綱を評す(村田要助) 改正案要綱に於ける公営事業問題(原竜之助) 感想と希望とを述べる(入江俊郎) 官僚独善の声に屈するな/市制府県制改正案要綱を評す(松尾国松) 議員の素質の問題/市制府県制改正案要綱を評す(福馬謙造) 技術的改革より政治的改革へ/市制府県制改正案要綱を評す(鈴木安蔵) 縦上補充の期間短縮は不便/市制府県制改正案要綱を評す(田中義ak) 公益事業収益主義の疑問/市制府県制改正案要綱を評す(浅沼稲次郎) 公益事業の収益主義/市制府県制改正案要綱を評す(近藤操) 国家行政と隣保協同の分離/市制府県制改正案要綱を評す(柳瀬良幹) 今回の改正を賛し進んで地方議会二院制度の樹立を要望す(長谷川久一) 根本義の確立を要す/市制府県制改正案要綱を評す(千葉了) 市制改革より都制確立へ/市制府県制改正案要綱を評す(中沢弁次郎) 市制改正に対する希望/市制府県制改正案要綱を評す(松波仁一郎) 市制改正要綱を評す(藤田進一郎) 市制及府県制改正要綱(内務省地方局案) 市制及府県制改正要綱大意(狭間茂) 市政等地方制度改正要綱比較 市政と国政の相違の認識/市制府県制改正案要綱を評す(竹中竜雄) 市政の改正に際し/市制府県制改正案要綱を評す(田川大吉郎) 市制府県制改正問題と新聞社説 自治の根柢に培ふ

を忘るな/市制府県制改正案要綱を評す(渡辺幾治郎)　市長選挙御裁可其の他/市制府県制改正案要綱を評す(大須賀巖)　実情に即応の認識/市制府県制改正案要綱を評す(渡辺広重)　修正を望むこと/市制府県制改正案要綱を評す(川野直吉)　常識的だが物足らぬ改正/市制府県制改正案要綱を評す(松原一彦)　昭和十四年市政界への回想(幸島礼吉)　市吏員の地位の改善/市制府県制改正案要綱を評す(村上恭一)　全国都市(府県)一覧　附全国都市一覧図　大体に於て賛成/市制府県制改正案要綱を評す(山本東樹)　大都市市制して考慮中なりや/市制府県制改正案要綱を評す(中村三之助)　大都市制度確立の急務(大岩勇夫)　大都市制度実現を切望/市制府県制改正案要綱を評す(県忍)　断想一束/市制府県制改正案要綱を評す(佐藤達夫)　短提長襷乎/市制府県制改正案要綱を評す(滝山良一)　地方自治改善の二面/市制府県制改正案要綱を評す(金谷重義)　地方自治行政に対する指導精神ありや/市制府県制改正案要綱を評す(島中雄三)　当事者の経験から尚ほ要望す/市制府県制改正案要綱を評す(渋谷徳三郎)　特別議員制度の是非(弓家七郎)　特別議員制要望/市制府県制改正案要綱を評す(平林好平)　二三の疑点/市制府県制改正案要綱を評す(会々井信太郎)　農村自治制改正案に付て/市制府県制改正案要綱を評す(長野朗)　府県制都制制定の由来(亀卦川浩)　府県制市制の改正と所謂自治の本義(亀卦川浩)　問題になるのは「大都市」市制案ではないか/市制府県制改正案要綱を評す(奥井復太郎)　羊頭狗肉の歎/市制府県制改正案要綱を評す(小島憲)

◇紀元二千六百年の東京と百年後の東京(1)(東京市総務局)「市政週報」　43　1940.2
◇紀元二千六百年の東京と百年後の東京(東京市総務局)「市政週報」　45　1940.2
◇昭和14年中叙勲の恩典に浴した市町村長(藤森与作)「自治機関」　480　1940.2
◇市政の革新と比例代表制(人見植夫)「斯民」　35(2)　1940.2
◇市制改正要綱の解説(吉岡徳一)「地方行政」　48(2)　1940.2
◇町村役場に於ける会計事務の規正(1)(北里善従)「地方行政」　48(2)　1940.2
◇市制施行運動と各市の市域拡張計画(日本都市年鑑纂室)「都市問題」　30(2)　1940.2
◇昭和十五年用「日本都市年鑑」に就て(幸島礼吉)「都市問題」　30(2)　1940.2
◆本邦都市の史的観察「都市問題」　30(2)　1940.2
　　本邦都市形態の史的展望(国松久弥)　本邦都市発達の特質(小野晃嗣)　本邦都市法制の沿革(細川亀市)
◇町村吏員辞職届の効力発生時期「行政裁判所判決録」　51(1)　1940.3
◇東京市移住相談所(東京市厚生局)「市政週報」　50　1940.3
◇東京市の会社統計(1)(東京市役所)「市政週報」　50　1940.3
◇市制施行及町村合併の諸問題(横山照夫)「自治機関」　481　1940.3
◇市制町村府県制の改正案に就て(播磨重男)「自治機関」　481　1940.3
◇市会の構成に関する一考察(柏村信雄)「斯民」　35(3)　1940.3
◇時局に対する都市の任務(阿部喜之丞)「大大阪」　16(3)　1940.3
◇町村吏員の町村税滞納処分と不法行為「大審院判例集」　19(1)　1940.3
◇町村役場に於ける会計事務の規正(2)(北里善従)「地方行政」　48(3)　1940.3
◇最近行はれた十市市会議員選挙の結果(日本都市年鑑纂室)「都市問題」　30(3)　1940.3
◇昭和十五年度東京市予算の概要(日本都市年鑑纂室)「都市問題」　30(3)　1940.3
◇独逸市町村制に於ける名誉公民権と名誉表章(磯崎辰五郎)「法律時報」　12(3)　1940.3
◇市制施行及町村合併の諸問題(2)(横山照夫)「自治機関」　482　1940.4
◇昭和十五年度町村吏員充実助成費実施要綱(郡祐一)「斯民」　35(4)　1940.4

◇大巴里と首都計画(人見植夫)「斯民」　35(4)　1940.4
◇時局に対する都市の任務(坂井伸)「大大阪」　16(4)　1940.4
◇町村合併噂再聞(小林千秋)「地方行政」　48(4)　1940.4
◇大都市社会の群島的構成(奥井復太郎)「道路の改良」　22(4)　1940.4
◇紐育市政の革新とラガーディア市長(木戸喜佐登)「都市問題」　30(4)　1940.4
◇支那都市に関する研究「都市問題」　30(4)　1940.4
　　支那的都市と支那的社会-支那都市および支那社会の特質について(秋沢修二)　蔣政権治下の南京(福崎峰太郎)
◇過大都市論の検討「三田学会雑誌」　34(4)　1940.4
◇町村吏員の互助施設助成に就て(播磨重男)「自治機関」　483　1940.5
◇市政の調査研究について(池川清)「社会福利」　24(5)　1940.5
◇豊中、布施両都市の市長問題-近郊都市の特質を観る-「大大阪」　16(5)　1940.5
◇哈爾賓市政の歴史的考察(1)(浜田健治)「地方行政 日文版」　4(5)　1940.5
◇大阪府に於ける三部経済制度廃止顛末(大塚豊)「都市問題」　30(5)　1940.5
◇上海市参事会員の改選(日本都市年鑑纂室)「都市問題」　30(5)　1940.5
◇新市の誕生六つ(日本都市年鑑纂室)「都市問題」　30(5)　1940.5
◇新政府還都の南京(日本都市年鑑纂室)「都市問題」　30(5)　1940.5
◇東京市長決定の経過(日本都市年鑑纂室)「都市問題」　30(5)　1940.5
◇都市の発生と其盛衰(村松遠)「区画整理」　6(6)　1940.6
◇聖鋤永遠に輝く肇国奉公隊(臼井茂安)「公園緑地」　4(6)　1940.6
◇市長に当選した市助役の退職手当(宮沢俊義)「国家学会雑誌」　54(6)　1940.6
◇市制町村制に於ける公民と名誉職(吉岡恵一)「自治研究」　16(6)　1940.6
◇六大都市における戸籍手数料の帰属団体「自治研究」　16(6)　1940.6
◇昭和十五年度大阪市新規事業について(中井光次[ほか])「大大阪」　16(5)　1940.6
◇哈爾賓市政の歴史的考察(2)(浜田健治)「地方行政 日文版」　4(6)　1940.6
◇京都市政監査の結末(日本都市年鑑纂室)「都市問題」　30(6)　1940.6
◇静岡市の復興に就て(阿部喜之丞)「都市問題」　30(6)　1940.6
◇第七十五議会の都市及び地方問題「都市問題」　30(6)　1940.6
◇大都市発展の過程と其の限度(都市社会の研究)(奥井復太郎)「都市問題」　30(6)　1940.6
◇市助役の市長当選の場合に於ける退職の要否(磯崎辰五郎)「公法雑誌」　6(7)　1940.7
◇東京市史編纂に於ける基礎問題(新野敏一)「市政研究」　6(2)　1940.7
◇都市の性格に就て(柳田国男)「市政研究」　6(2)　1940.7
◇市町村職員共済施設助成要綱(柏村信雄)「斯民」　35(7)　1940.7
◇仏印国境の支那都市を語る(外務省情報部)「週報 官報附録」　194　1940.7
◇東京輸出資金其他融通損失補償新規程(東京市)「東京市産業時報」　6(7)　1940.7
◇第40回全国市長会議—経済統制に関し市長の権限強化を望む—「都市公論」　23(7)　1940.7
◇切符制等の資料としての「市民調査」(日本都市年鑑纂室)「都市問題」　31(1)　1940.7

都市問題・市政

◇市長会市会議長会等の都市関係会議（日本都市年鑑編纂室）「都市問題」 31（1） 1940.7

◇戦時下都市の経済活動と都市行政の再組織（事変下都市の経済活動）（倉辻平治）「都市問題」 31（1） 1940.7

◇市町村職員共済施設助成に関する件通牒（昭和15年6月29日）「内務厚生時報」 5（7） 1940.7

◇市町村職員医療共済施設の実施に就て（平尾偉麻呂）「自治機関」 486 1940.8

◇市町村職員共済施設の助成に就て（柏村信雄）「自治公論」 12（8） 1940.8

◇昭和15年勅令第11号改正の件外2件につき陳情（全国町村長会）「自治公論」 12（8） 1940.8

◇団体郵便年金を市町村吏員退隠料制度に利用方の件通牒（昭和15年7月2日）「斯民」 35（8） 1940.8

◇新体制運動と特別市政（藤田進一郎）「大大阪」 16（8） 1940.8

◇過大都市抑制と工業配置統制（北野重雄）「都市問題」 31（2） 1940.8

◇市町村職員共済施設助成要綱（日本都市年鑑編纂室）「都市問題」 31（2） 1940.8

◇昭和十五年度各市新規事業一覧（上）「都市問題」 31（2） 1940.8

◇天津英仏両租界問題の解決（日本都市年鑑編纂室）「都市問題」 31（2） 1940.8

◇時局と町会の活動（戦時に於ける市民生活）（平林広人）「都市問題」 31（2） 1940.8

◇農村より観たる都市問題（木村靖二）「建築と社会」 23（9） 1940.9

◇町の名義を以てする町長の違法の借財に対する町の責任（判例批評）（美濃部達吉）「国家学会雑誌」 54（9） 1940.9

◇東京市会新体制へ出発「市政週報」 75 1940.9

◇全国市長会議に北海道に渡る（大塚辰治）「自治機関」 487 1940.9

◇区の費用負担に関する件（昭15.9.3東京市長照会東京府総務部長回答）「地方改良」 103 1940.9

◇市町村指導監督の回顧（1）（田沢要雄）「地方行政」 48（9） 1940.9

◇全国市長会実行委員会「都市公論」 23（9） 1940.9

◇都市の人事行政「都市問題」 31（3） 1940.9
　海外事情　下級官吏に家族手当支給（日本都市年鑑編纂室）　工鉱業労務者帰農制の実施（日本都市年鑑編纂室）　昭和十五年度各市新規事業一覧（下）　市吏員調査の結果に就て（東京市政調査会研究室）　人事行政に関する市吏員の声　人事と職制に関する考察（滝山良一）　全国都市問題会議の第七回総会（日本都市年鑑編纂室）　戦時下町会の経済機能の強化方策　第七回全国都市問題会議総会へ提出された「都市の人事行政」諸研究（入江俊郎）　東京市の職制改正（日本都市年鑑編纂室）　東京市の吏員講習所計画（日本都市年鑑編纂室）　都市人事行政問題概説（金森徳次郎）　都市吏員と市会（福馬謙造）

◇市長村民税に関する件依命通牒（昭15.8.29）「内務厚生時報」 5（9） 1940.9

◇公務員としての市の委員たる資格（判例批評）（美濃部達吉）「国家学会雑誌」 54（10） 1940.10

◇町会及隣組の活動強化に関する意見「市政週報」 80 1940.10

◇新体制と市町村（小島憲）「自治機関」 488 1940.10

◇町村吏員の不法行為と町村の責任（内山修二）「自治機関」 488 1940.10

◇常会の法的認定（連載・行政法思潮 123）（杉村章三郎）「自治研究」 16（10） 1940.10

◇東京市に於ける隣組常会の趨勢と大都市生活の将来（平林広人）「斯民」 35（10） 1940.10

◇部落会及町内会中堅指導者の養成施設助成に就いて（内務省振興課）「斯民」 35（10） 1940.10

◇部落会町内会等整備要領解説（柴田達夫）「斯民」 35（10） 1940.10

◇部落会町内会等の普及整備の現況（児山忠一）「斯民」 35（10） 1940.10

◇部落会町内会等の整備について（内務省）「週報 官報附録」 212 1940.10

◇都市に於ける町会隣組常会促進の心がまへ（平林広人）「地方行政」 48（10） 1940.10

◇市会各派の解消進む（日本都市年鑑編纂室）「都市問題」 31（4） 1940.10

◇市民調査の結果の概報（日本都市年鑑編纂室）「都市問題」 31（4） 1940.10

◇第七回全国都市問題会議総会に現れた諸問題-第一議題「都市発達の動向と其の諸問題」及第二議題「都市の人事行政」に関する報告概要「都市問題」 31（4） 1940.10

◇部落会・町内会等の整備要領（日本都市年鑑編纂室）「都市問題」 31（4） 1940.10

◇我国に於ける町村会の起源-明治九年布告百三十号「金穀公借共有物取扱土木起功規則」に就て（徳田具治）「都市問題」 31（4） 1940.10

◇部落会町内会等の整備指導に関する件依命通牒（昭15.9.11）「内務厚生時報」 5（10） 1940.10

◇部落会町内会等の整備に就いて（内務省地方局）「内務厚生時報」 5（10） 1940.10

◇隣保組織の強化-新体制の下部構造として-「教育」 8（11） 1940.11

◇隣組を中心とする社会意識の発展（磯村英一）「公民教育」 10（11） 1940.11

◇皇居恢廓の宏謨と東京の町会、隣組「市政週報」 86 1940.11

◇常会の運営と一人一新主義（藤懸次之）「自治機関」 489 1940.11

◇新体制下に於ける町村の諸問題（小島憲）「自治公論」 12（11） 1940.11

◇市政施行の問題（小林千秋）「斯民」 35（11） 1940.11

◇市吏員の現状と其の問題（幸島礼吉）「斯民」 35（11） 1940.11

◇管外視察報告概要其の2 -各市町会状況-（西尾栄一）「地方改良」 105 1940.11

◇区会議員選挙運動に関する申合事項「地方改良」 105 1940.11

◇東京市に於ける木炭の需給状況に就て（高橋栄）「東京市産業時報」 6（11） 1940.11

◇大都市・中小都市の発達と其の対策-第七回全国都市問題会議総会第一議題をめぐる討議「都市問題」 31（5） 1940.11

◇本邦都市の発達（今井登志喜）「都市問題」 31（5） 1940.11

◇本邦都市発達の動向と其の諸問題（蠟山政道）「都市問題」 31（5） 1940.11

◇我国都市の現勢観（弓家七郎）「都市問題」 31（5） 1940.11

◇新市部新区会議員一覧表「市政週報」 86 1940.12

◇歳末の東京を語る座談会「市政週報」 89 1940.12

◇吏員の退隠料の仮差押「大審院判例集」 19（18） 1940.12

◇市町村指導監督の回顧（田沢要雄）「地方行政」 48（12） 1940.12

◇新体制下の町会運営（大塚辰治）「地方行政」 48（12） 1940.12

◇近世黎明期に於ける都市の発達と其の諸問題（上）（渡部英三郎）「都市問題」 31（6） 1940.12

◇町会隣組を巡る若干の問題（前田賢次）「都市問題」 31（6） 1940.12

◇町内会整備に関する諸問題（村田五郎）「都市問題」 31（6） 1940.12

◇東亜大都市聯盟大会の開催（日本都市年鑑編纂室）「都市問題」 31（6） 1940.12

◇東京新市域区会議員選挙の結果（日本都市年鑑編纂室）「都市問題」 31（6） 1940.12

◇隣組組織の整備強化：その沿革的考察「都市問題」 31（6） 1940.12

◇部落会町内会等に関する最近の訓令通牒「都市問題」 31(6) 1940.12
◇部落会町内会利用の限界-国会議員候補者推薦人選出の母体たり得ず（吉川末次郎）「都市問題」 31(6) 1940.12
◇町村会の決定に付する方式（判例批評）（美濃部達吉）「法学協会雑誌」 58(12) 1940.12
◇隣保組織と政治（立石辰夫）「教育」 9(1) 1941.1
◇市政人の教養と文化団体（新野敏一）「市政研究」 7(1) 1941.1
◇市政婦人の現状に関する若干の統計的考察（八幡美和子）「市政研究」 7(1) 1941.1
◇東京市職傭員の報国運動に就て（佐山勵一）「市政研究」 7(1) 1941.1
◇紐育市政とラガーデイヤ市長点描（芦田勲）「市政研究」 7(1) 1941.1
◇文官制度改革と市町村吏員（前田寛）「市政研究」 7(1) 1941.1
◇大都市の映画事業「市政週報」 93 1941.1
◇東京都制案の動向(1)（郡祐一）「自治研究」 17(1) 1941.1
◇新体制に於ける市町村と隣保組織（宇賀田順三）「自治公論」 13(1) 1941.1
◇支那の隣組（保甲）制度について（倉野武雄）「社会事業」 25(1) 1941.1
◇台湾の保甲制度「週報 官報附録」 224 1941.1
◇六大都市の店舗数から観た国民生活「商業組合」 7(1) 1941.1
◇部落会町内会組織運営上に於ける諸問題（児山忠一）「地方行政」 49(1) 1941.1
◇数府県に渉る町村の境界論争と知事の出訴権「行政裁判所判決録」 51(11) 1941.2
◇池田宏遺稿「都市論集」（昭和15年）（辻清明）「国家学会雑誌」 55(2) 1941.2
◇職員団体の統一問題-市政新体制の一環として（小村勝）「市政研究」 7(2) 1941.2
◇吾々の期待する都制と職員翼賛体制-市政研究会案「市政研究」 7(2) 1941.2
◇部落会法認問題諸問題の検討（播磨重男）「自治機関」 400 1941.2
◇市政運営の適正化に就て（元山修二）「自治機関」 492 1941.2
◇第21回全国町村長会定期総会号「自治公論」 13(2) 1941.2
◇大阪市の町会整備「都市問題」 32(2) 1941.2
◇近世黎明期に於ける都市の発達と其の諸問題（下）（渡部英三郎）「都市問題」 32(2) 1941.2
◇公同組合の改組と新町内会の設置（木寺基一郎）「都市問題」 32(2) 1941.2
◇五人組帳の形式（野村兼太郎）「三田学会雑誌」 35(2) 1941.2
◇町内会部落会の整備と大政翼賛運動（元山修二）「自治機関」 493 1941.3
◇町村有給吏員論（吉田勝次）「自治公論」 13(3) 1941.3
◇農林団体統合問題と町村制の改正「自治公論」 13(3) 1941.3
◇消費者組織としての部落会及町内会（増田操）「商業組合」 7(3) 1941.3
◇戦時大阪市政の強化（坂間棟治）「大大阪」 16(3) 1941.3
◇急激に増加した新興都市（本協会調査部）「大大阪」 17(3) 1941.3
◇国民隣保組織に関する解説「地方行政 日文版」 8(3) 1941.3
◇東京市最近の財政-十六年度予算の概要（大竹虎雄）「都市問題」 32(3) 1941.3
◇都市の地理的条件主輯「都市問題」 32(3) 1941.3
　河川と都市-都市立地の地理的制約の問題として（国松久弥） 都市地理学に於ける二三の問題と本邦市地理研究の最近の趨勢（木内信蔵） 都市の立地並びに発達と地理的制約性（伊藤郷平） 日本の大都市に於ける都市気候の研究（福井英一郎）

◇町内会部落会下部組織の機能に就いて（中尾金蔵）「防空事情」 3 1941.3
◇府県会市町村会議員等の任期延長に関する法律解説（郡祐一）「警察研究」 12(4) 1941.4
◇六大都市論(1)（小林千秋）「自治研究」 17(4) 1941.4
◇町村有給吏員論（吉田勝次）「自治公論」 13(4) 1941.4
◇日本一の衛星都市隣組座談会「大大阪」 17(4) 1941.4
◇東京市区の技師と公務員「大審院判例集」 20(2) 1941.4
◇昭和十五年度に於ける都市問題並市政界の動向（倉辻平治）「都市問題」 32(4) 1941.4
◇第七十六議会に於ける都市及び地方問題（水飼幸之助）「都市問題」 32(4) 1941.4
◇東京市最近の財政（中）-十六年度予算の概要（大竹虎雄）「都市問題」 32(4) 1941.4
◇村長解職処分に対する訴願裁決「内務厚生時報」 6(4) 1941.4
◇部落常会とフィルム・スライド（赤座光市）「農業と経済」 8(4) 1941.4
◇都市自由主義の批判（西本穎）「法学論叢（京都帝国大学法学会）」 44(4) 1941.4
◇将来の新宿（総務局）「市政週報」 109 1941.5
◇市町村吏員の優遇に就て（江口俊男）「自治研究」 17(5) 1941.5
◇部落会の法認問題（播磨重男）「自治公論」 13(5) 1941.5
◇市区町村常会・部落会町内会等整備の現況（岡本茂）「斯民」 36(5) 1941.5
◇市町村吏員臨時手当に就て（江口俊男）「斯民」 36(5) 1941.5
◇町村吏員充実助成に関する件依命通牒（昭16.4.2内務次官）「斯民」 36(5) 1941.5
◇市町村実地指導監査に就て（篠原忠則）「地方行政」 49(5) 1941.5
◇第八回全国都市問題会議総会は神戸で開催「都市問題」 32(5) 1941.5
◇東京市政調査会昭和十六年事業概要「都市問題」 32(5) 1941.5
◇町会規準と町会規約準則の改正「市政週報」 114 1941.6
◇6大都市論(2)（小林千秋）「自治研究」 17(6) 1941.6
◇部落会の法認問題（播磨重男）「自治公論」 13(6) 1941.6
◇東京市公園内運動施設並に其の利用状況（東京市公園課）「造園研究」 36 1941.6
◇「続・都市文化」特輯号「大大阪」 17(6) 1941.6
◇中国四国市長会実行委員会の陳情事項「都市公論」 24(6) 1941.6
◇市政専門図書館の開設に就て（田中広太郎）「都市問題」 32(6) 1941.6
◇上海共同租界臨時市参事会の成立「都市問題」 32(6) 1941.6
◇新市の誕生「都市問題」 32(6) 1941.6
◇都市人事行政問題研究要綱-全国都市問題会議第二研究委員会の成案「都市問題」 32(6) 1941.6
◇五人組帳の前書について（野村兼太郎）「三田学会雑誌」 35(6) 1941.6
◇市町村職員共済組合の附加給付に就て(1)（江口見登留）「自治研究」 17(7) 1941.7
◇最近の都市関係会議「都市問題」 33(1) 1941.7
◇東京市町会基準及規約準則の改正「都市問題」 33(1) 1941.7
◇東京市町会規準及町会規約準則の改正について（前田賢次）「都市問題」 33(1) 1941.7
◇五人組帳を通じて見たる五人組（野村兼太郎）「三田学会雑誌」 35(7) 1941.7
◇本邦都市発達の近状（奥井復太郎）「三田学会雑誌」 35(7) 1941.7
◇東京最初の町会共同献立-豊島区上り屋敷町会の家庭栄養食材料配

◇給-「市政週報」 123 1941.8
◇市町村職員共済組合の附加給付に就て (2) (江口見登留)「自治研究」 17 (8) 1941.8
◇綜合市民調査私案-主として町会隣組運営の基礎資料として- (高橋銑一)「地方改良」 114 1941.8
◇国民隣保組織の実績を観る (橋本不二男)「地方行政 日文版」 8 (8) 1941.8
◇都市度の研究 (紀州田辺町について) (小笠原義勝)「地理学評論」 17 (8) 1941.8
◇水戸及長崎市会の解散「都市問題」 33 (2) 1941.8
◇配給統制と都市の経済行政「都市問題」 33 (2) 1941.8 戦時に於ける都市経済行政の諸問題 (柳沢定治郎) 都市の消費規正に関する経済活動と現行法制 (小林千秋)
◇ゲルマン都市の先駆的諸形態 (増田四郎)「一橋論叢」 8 (2) 1941.8
◇市雇傭員の共済施設に就て (元山修二)「自治機関」 499 1941.9
◇市町村長の不正借と市町村の責任 (1) (田中二郎)「自治研究」 17 (9) 1941.9
◇町村長史考 (1) (江口俊男)「自治研究」 17 (9) 1941.9
◇部落会町内会実際指導者調「斯民」 36 (9) 1941.9
◇再び大阪の将来を論ず (1) (菅野481太郎)「大大阪」 17 (9) 1941.9
◇大阪市の職員養成訓練事業 (亀卦川浩)「都市問題」 33 (3) 1941.9
◇昭和十六年度各市新規事業 (上)「都市問題」 33 (3) 1941.9
◇全国都市問題会議第八回総会の議題決定す「都市問題」 33 (3) 1941.9
◇中世商業都市の発達と其諸問題 (上) (渡部英三郎)「都市問題」 33 (3) 1941.9
◇挽地処分と同時に行ふ町会町名変更 (重藤魯)「区画整理」 7 (10) 1941.10
◇時局と町会隣組 (市民局)「市政週報」 128 1941.10
◇東京市銃後奉公会連合会 (厚生局)「市政週報」 128 1941.10
◇郡区町村区画の変遷 (佐久間彊)「自治機関」 500 1941.10
◇市町村職員共済組合の附加給付に就て (3・完) (江口見登留)「自治研究」 17 (10) 1941.10
◇市町村長の不正借と市町村の責任 (2・完): 公法人に対する民法適用の限界 (田中二郎)「自治研究」 17 (10) 1941.10
◇町村長史考 (2) (江口俊男)「自治研究」 17 (10) 1941.10
◇下部組織並に常会の指導に就て (現地報告) (高橋朋厚)「斯民」 36 (10) 1941.10
◇部落会町内会運営委員会 (自治振興中央会記事) (上浦種一)「斯民」 36 (10) 1941.10
◇再び大阪の将来を論ず (2)「大大阪」 17 (10) 1941.10
◇大阪市の職員養成訓練事業追補 (坂東遼次)「都市問題」 33 (4) 1941.10
◇昭和十六年度各市新規事業 (下)「都市問題」 33 (4) 1941.10
◇第八回全国都市問題会議総会の議題について-「地方計画具体化に関する諸問題」及「都市財政の現状及将来とその対策」の研究項目 (田中広太郎)「都市問題」 33 (4) 1941.10
◇中世商業都市の発達と其諸問題 (下) (渡部英三郎)「都市問題」 33 (4) 1941.10
◇部落会町内会運営委員会の結成「都市問題」 33 (4) 1941.10
◇産報改組方針を具現せる久保田産業会と事業-五人組制度を採用-「内外労働週報」 475 1941.10
◇市町村会の性格と其の運営 (元山修二)「自治機関」 501 1941.11
◇町村長史考 (3)「自治研究」 17 (11) 1941.11
◇農林業団体の町村統治に就て (元山修二)「自治公論」 13 (11) 1941.11

◇都市収入源の動向-市制117条の改正を中心として- (藤谷謙二)「執務指導通信」 5 (4) 1941.11
◇大日本産業報告会の五人組制設置要領に就いて「労働時報」 18 (11) 1941.11
◇統計的に観たる東京市職員の給料「市政研究」 7 (5) 1941.12
◇統計的に観たる東京市職員の給料「市政研究」 7 (6) 1941.12
◇常会と隣保班 (外山福男)「自治機関」 502 1941.12
◇町村長史考 (4・完) (江口俊男)「自治研究」 17 (12) 1941.12
◇変撃下の東京都市論 (奥井復太郎)「商工経済」 12 (6) 1941.12
◇東京市町会の現勢及強化施策に就て (山口寛雄)「大大阪」 17 (12) 1941.12
◇第四十一回全国市長会議「都市公論」 24 (12) 1941.12
◇思い出づる二、三/故阪谷子爵追憶 (田川大吉郎)「都市問題」 33 (6) 1941.12
◇会長阪谷子爵の薨去を悼む (堀切善次郎)「都市問題」 33 (6) 1941.12
◇阪谷子爵を憶ふ/故阪谷子爵追憶 (田中広太郎)「都市問題」 33 (6) 1941.12
◇産業都市名古屋市の動向とその将来 (中川貞三)「都市問題」 33 (6) 1941.12
◇市域拡張計画中の市及編入町村「都市問題」 33 (6) 1941.12
◇全国市長会議の経過「都市問題」 33 (6) 1941.12
◇正しき人/故阪谷子爵追憶 (下村海南)「都市問題」 33 (6) 1941.12
◇町内会に消費経済部設置の方針「都市問題」 33 (6) 1941.12
◇都市問題に於ける経済と社会-都市問題の構造に関する二、三の考察 (倉辻平治)「都市問題」 33 (6) 1941.12
◇部落会町内会の財務運用等に関する通牒「都市問題」 33 (6) 1941.12
◇常会定例日ノ設定ニ関スル件 (昭16.11.20.地方局長)「内務厚生時報」 6 (12) 1941.12
◇部落会町内会等ノ財務其ノ他ノ監督ニ関スル件 (昭16.11.1.地方局長)「内務厚生時報」 6 (12) 1941.12
◇米国問題 (特輯号)「国策研究会週報」 4 (5) 1942.1
◇最近に於ける部落会町内会等に関する問題 (藤森与作)「自治機関」 503 1942.1
◇町村臨戦態勢確立運動の経過 (2)「自治公論」 14 (1) 1942.1
◇決戦下に於ける部落会町内会等運営強化に関する一考察 (1) (上浦種一)「斯民」 37 (1) 1942.1
◇部落会町内会の監督強化と常会に関する二つの新方策 (岡本茂)「斯民」 37 (1) 1942.1
◇川崎市の使命 (中村恒三郎)「都市公論」 25 (1) 1942.1
◇常会定例日の統制 (戦時欧洲都市事情)「都市問題」 34 (1) 1942.1
◇産報中央本部五人組制の運営方針を指示す「内外労働週報」 490 1942.1
◇決戦下に於ける部落会町内会等運営強化に関する一考察 (2) (上浦種一)「斯民」 37 (2) 1942.2
◇大名古屋市の将来—特に最近の都市問題に関連して—(佐藤正俊)「都市公論」 25 (2) 1942.2
◇決戦態勢と地方行政の改革「都市問題」 34 (2) 1942.2 大阪市町会に部制実施 港都宮古市 (菊池長右衛門) 国防都市の建設/決戦態勢と地方行政の改革に就て (宇賀田順三) 戦時体制の進展と市の分課組織の変遷 (小古間隆蔵) 大都市行政機構改革の指標 (久保雄太郎) 大都市行政の再編成/決戦態勢と地方行政の改革に就て (浅沼稲次郎) 「大都市に野菜の自給圏」計画 都制案を思ふ/決戦態勢と地方行政の改革に就て (田川大吉郎) 都制及常会/決戦態勢と地方行政の改革に就て (石原雅二郎) 補完機関の整備/決戦態勢と地方行政の改革に就て (藤田進一郎)
◇戦時下英国の都市問題「土木学会誌」 28 (2) 1942.2
◇東京市電産報の五人組に代はる組織成る「内外労働週報」 493

1942.2
◇部落会町内会等の監督強化と常会に関する件(内務省地方局)「内務厚生時報」 7(2) 1942.2
◇新しき市政の理念(久保雄太郎)「執務指導通信」 5(5) 1942.3
◇都市行政の前途(野中武祥)「執務指導通信」 5(5) 1942.3
◇決戦下に於ける部落会町内会等の運営強化に関する一考察(3)(上浦種一)「斯民」 37(3) 1942.3
◇決戦体制化の農林行政大阪市制(特輯)「大大阪」 18(3) 1942.3
◇哈爾浜市政の歴史的考察(浜田健治)「地方財政」 43 1942.3
◇将来性に富む生産都・鹿屋市(竹内竹丸)「都市問題」 34(3) 1942.3
◇第七十九議会に於ける都市乃至地方問題(水飼幸之助)「都市問題」 34(3) 1942.3
◇三島市の発足に就て(花島周一)「都市問題」 34(3) 1942.3
◇近世大阪の隣保制度(黒羽兵治郎)「経済学雑誌」 10(4) 1942.4
◇市域拡張十周年記念特輯「市政週報」 156 1942.4
◇決戦下に於ける部落会町内会等の運営強化に関する一考察(4)(上浦種一)「斯民」 37(4) 1942.4
◇大阪市町会運動の業績(大阪市総動員部)「大大阪」 18(4) 1942.4
◇大阪市町会の組織とその運営(松島歳巳)「大大阪」 18(4) 1942.4
◇我国町会隣組の発達とその功績「大大阪」 18(4) 1942.4
◇昭和十七年四月執行区会議員選挙投票調「地方改良」 122 1942.4
◇都市に於ける区制度の確立(柏村信雄)「地方行政 日文版」 9(4) 1942.4
◇都市の消費者組織「都市問題」 34(4) 1942.4
所謂町内会除名問題批判(市川秀雄) 戦時都市生活組織の問題-特に消費者組織に就て(板橋謙吉) 町内会研究要綱解説 町内会に関する研究要綱(東京市政調査会) 都市消費者組織の機構と任務(船田中) 物価問題と市生活(木村禧八郎) 本年度における市域拡張-特に尼崎市について-
○市域設定と市民の土地取得—リュベック市についての暫定的考察(高村象平)「三田学会雑誌」 36(4) 1942.4
◇市域拡張十周年記念記録「市政週報」 159 1942.5
◇町村に於ける文化運動に就て(1)(越川正啓)「自治公論」 14(5) 1942.5
◇自治制度改革と町会の法制化(1)(久保雄太郎)「執務指導通信」 5(6) 1942.5
◇優良部落長座談(1)(上浦種一)「斯民」 37(5) 1942.5
◇翼賛市会の建設(座談会)「大大阪」 18(5) 1942.5
◇翼賛市政建設とその啓蒙運動(古川武)「大大阪」 18(5) 1942.5
◇機構上に於ける今日の問題(奥井復太郎)「道路の改良」 24(5) 1942.5
◇最近に於ける大都市関係会議「都市問題」 34(5) 1942.5
◇支那都市概要「都市問題」 34(5) 1942.5
◇昭和十七年施行の市会議員総選挙「都市問題」 34(5) 1942.5
◇大都市人事行政協議会「都市問題」 34(5) 1942.5
◇東亜共栄圏と我国都市(吉田秀夫)「都市問題」 34(5) 1942.5
◇東京旧市域区会議員選挙の結果「都市問題」 34(5) 1942.5
◇東京市政調査会昭和十六年度事業概要「都市問題」 34(5) 1942.5
◇名古屋市の機構改革(小川晤三)「都市問題」 34(5) 1942.5
◇輓近の都市発展に関する二、三の考察(1)-その国民経済的意義に就いて(倉辻平治)「都市問題」 34(5) 1942.5
◇印度首都デリー(永見徳太郎)「日本評論」 17(5) 1942.5
◇隣組の科学と実践(1)(平林広人)「公民教育」 12(6) 1942.6
◇翼賛市制確立について(堀切善次郎)「市政週報」 164 1942.6
◇われらの市政(市民局)「市政週報」 164 1942.6
◇市民調査について(市民局)「市政週報」 165 1942.6
◇市会議員総選挙を終りて「市政週報」 166 1942.6
◇町村に於ける文化運動に就て(2)(越川正啓)「自治公論」 14(6) 1942.6
◇東京市翼賛市政確立について(堀切善次郎)「地方行政」 50(6) 1942.6
◇横浜事情(相馬誠作)「東京市産業時報」 8(6) 1942.6
◇伊丹市市制施行の由来(岡本暁)「都市問題」 34(6) 1942.6
◇名古屋市会議員選挙の推薦制(小川晤三)「都市問題」 34(6) 1942.6
◇南方共栄圏都市「都市問題」 34(6) 1942.6
東印度の都市(本多祥) 南方都市への提言(石川栄耀) フィリッピンの都市(鈴木一郎)
◇明治初年の町村会の発達(1)(徳田良治)「法律時報」 14(6) 1942.6
◇町村決戦態勢確立の運動(佐々木惣一)「公法雑誌」 8(7) 1942.7
◇隣組の科学と実践(2)(平林広人)「公民教育」 8(7) 1942.7
◇昭和十七年六月十五日執行市会議員選挙棄権率(市民局市政課)「市政週報」 168 1942.7
◇町村政治態勢の基礎(大西左衛門)「自治公論」 14(6) 1942.7
◇優良町内会長座談(1)(上浦種一)「斯民」 37(7) 1942.7
◇翼賛大阪市会選挙の跡(本協会調査部)「大大阪」 18(7) 1942.7
◇関東市長会議「都市公論」 25(7) 1942.7
◇東海市長会議「都市公論」 25(7) 1942.7
◇神戸・大阪両市の職制改正「都市問題」 35(1) 1942.7
◇南紀の港都田辺市(那須次次郎)「都市問題」 35(1) 1942.7
◇輓近の都市発展に関する二、三の考察(2)-その国民経済的意義について(倉辻平治)「都市問題」 35(1) 1942.7
◇年金法代行に伴う神戸市交通局共済組合の改正「内外労働週報」 515 1942.7
◇新大阪の構想(勝本鼎一)「大阪商工会議所月報」 423 1942.8
◇市制二ヶ年余の歩み-大久保市長の就任より退任まで-「市政週報」 172 1942.8
◇機構改革と全職員の覚悟(岸本綾夫)「市政週報」 178 1942.8
◇優良町内会長座談会(2)(上浦種一)「斯民」 37(8) 1942.8
◇町村運営と町村常会(永井三郎)「地方行政」 50(8) 1942.8
◇都制案と京浜港(保坂順一)「東京港」 6(8) 1942.8
◇第四十二回全国市長会議「都市公論」 25(8) 1942.8
◇昭和十七年度各市新規事業(上)「都市問題」 35(2) 1942.8
◇東京市会議員総選挙の結果「都市問題」 35(2) 1942.8
◇都市住民の生命力(水島治夫)「都市問題」 35(2) 1942.8
◇現下都市行政の動向-都制問題を中心として-(宮沢俊義)「市政研究」 1 1942.9
◇市制研究に現れた市吏員の都制観(磯村英一)「市政研究」 1 1942.9
◇市制に於ける公法的と私法的と(木内正二)「市政研究」 1 1942.9
◇市の機構一大刷新「市政週報」 177 1942.9
◇市町村行政簡素化実施要領(加藤陽三)「自治機関」 511 1942.9
◇町村吏員の現状を訴ふ(1)(調査部)「自治公論」 14(8) 1942.9
◇自治制度改革と町会の法制化(2)(久保雄太郎)「執務指導通信」 6(1) 1942.9
◇最近に於ける部落町内会等数調(上村種一)「斯民」 37(9) 1942.9
◇市町村の行政簡素化(加藤陽三)「斯民」 37(9) 1942.9
◇都市の隣組と文化(阿部真之助)「常会」 4(9) 1942.9
◇隣組文化に確たる指導性を(木村彦三郎)「常会」 4(9) 1942.9

◇農村文化と隣組について(丸山義二)「常会」 4(9) 1942.9
◇戦時下の都市行政(出羽一郎)「地方行政」 50(9) 1942.9
◇町村決戦態勢確立実行方策要綱(全国町村長会)「地方行政」 50(9) 1942.9
◇市長選挙の近状「都市問題」 35(3) 1942.9
◇全国市長会議と都市戦時態勢確立実践要望項並要望事項「都市問題」 35(3) 1942.9
◇横浜市に於ける住宅交換事業に就て(彦由亀一)「都市問題」 35(3) 1942.9
◇都市風土記(1):関東地方都市めぐり(高崎市の巻)(葱青公)「区画整理」 8(10) 1942.10
◇新京特別市の建国十周年記念事業(佐藤昌)「公園緑地」 6(9) 1942.10
◇市域拡張と市民の足(電気局)「市政週報」 180 1942.10
◇市町村の地域的動向(大塚辰治)「自治機関」 512 1942.10
◇行政簡素化に伴ふ市町村職員等の待遇改善(1)(柴田達夫)「斯民」 37(10) 1942.10
◇部落会町内会道府県指導者講習会に於ける研究協議記(1)(上浦種一)「斯民」 37(10) 1942.10
◇新興都市の建設に就て(飯塚主計)「都市公論」 25(10) 1942.10
◇昭和十七年度各市新規事業(中)「都市問題」 35(4) 1942.10
◇戦争と都市生活(杉山平助)「都市問題」 35(4) 1942.10
◇東京市の機構刷新「都市問題」 35(4) 1942.10
◇輓近の都市発展に関する二、三の考察(倉辻平治)「都市問題」 35(4) 1942.10
◇翼賛会が部落会町内会に世話役人を設置「都市問題」 35(4) 1942.10
◇華北の都市事業(大森茂)「区画整理」 8(11) 1942.11
◇大阪の将来性(菅野和太郎)「建築と社会」 25(11) 1942.11
◇都市自給問題座談会「公園緑地」 6(10) 1942.11
◇町村吏員の現状を訴ふ(2)(調査部)「自治公論」 14(10) 1942.11
◇行政簡素化に伴ふ市町村職員等の待遇改善(2)(柴田達夫)「斯民」 37(11) 1942.11
◇部落会町内会道府県指導者講習会に於ける研究協議記(2)(上浦種一)「斯民」 37(11) 1942.11
◇市町村行政簡素化に就て(松本省三)「地方改良」 129 1942.11
◇市町村吏員待遇の現状に就て(山崎忠治郎)「地方改良」 129 1942.11
◇横浜市に於ける市営住宅の整理(彦由亀一)「都市問題」 35(5) 1942.11
◇都市風土記(2):関東地方都市めぐり(葱青公)「区画整理」 8(12) 1942.12
◇E・W・バージェス・都市発展論(国土計画研究所)「国土計画」 1(3) 1942.12
◇市民は何を要望するか(亨仁)「市政研究」 2 1942.12
◇地方庁官吏の任用官等俸給に就て -特に都制と関連して(青木久)「市政研究」 2 1942.12
◇東京都制案要綱「市政研究」 2 1942.12
◇都政に関する座談会(黒川義雄[ほか])「市政研究」 2 1942.12
◇第三回東京市協力会議「市政週報」 192 1942.12
◇都制並に市町村改正案(内務省地方局)「自治機関」 514 1942.12
◇東京都制論(1)(加藤陽三)「自治研究」 18(12) 1942.12
◇町村吏員の現状を訴ふ(3)(調査部)「自治公論」 14(11) 1942.12
◇区役所事務の簡易化(池上久道)「執務指導通信」 6(2) 1942.12
◇町内会消費経済施設の整備に就て(柴田達夫)「斯民」 37(12) 1942.12

◇東京都制案要綱其他「地方改良」 130 1942.12
◇市町村制中改正法律案、東京都制案等の要綱「都市公論」 25(12) 1942.12
◇昭和十七年度各市新規事業(下)「都市問題」 35(6) 1942.12
◇第八回全国都市問題会議総会概況「都市問題」 35(6) 1942.12
◇町内会に消費経済部設置と六大都市町内会専任職員への助成金交付「都市問題」 35(6) 1942.12
◇名古屋、京都、横浜の三市に於ける行政簡素化「都市問題」 35(6) 1942.12
◇東京都制および市町村制の改正について(宮沢俊義)「自治研究」 19(1) 1943.1
◇東京都制論(2)(加藤陽三)「自治研究」 19(1) 1943.1
◇町村吏員の現状を訴ふ(4)(調査部)「自治公論」 14(15) 1943.1
◇行政簡素化に伴ふ市町村職員等の待遇改善(3)(柴田達夫)「斯民」 38(1) 1943.1
◇大東亜戦時下部落会町内会等の機能運営強化策に就て(1)(上浦種一)「斯民」 38(1) 1943.1
◇部落会町内会運営読本(9)「常会」 5(1) 1943.1
◇部落会、町内会の新たに進むべき途(永井三郎)「常会」 5(1) 1943.1
◇戦時都市行政と市民生活「都市問題」 36(1) 1943.1
工業の地方分散と都市財政制度の改革/戦時都市行政の簡素化と改革(吉田秀夫) 市政の組織化と能率化/戦時都市行政の簡素化と改革(麻生平八郎) 実力の人を挙ぐること法規を簡易にすること/戦時都市行政の簡素化と改革(田川大吉郎) 市民生活より見たる戦時都市行政(松本潤一郎) 総ては戦争に勝つための改革たれ-理事者の権限強化と町会隣組等の整備/戦時都市行政の簡素化と改革(船田中) 戦時都市行政の改革私案/戦時都市行政の簡素化と改革(杉村章三郎) 戦時下都市行政の簡素化並に改革/戦時都市行政の簡素化と改革(関未代策) 戦時下都市行政の簡素化並びに改革/戦時都市行政の簡素化と改革(小島憲) 戦時都市行政概観/戦時都市行政の簡素化と改革(金森徳次郎) 戦時下の市民生活(竹内謙二) 帝都の市政への関心/戦時都市行政の簡素化と改革(下村海南) 都市教育行政の改革に就いて/戦時都市行政の簡素化と改革(小松堅太郎) 都市行政と国民組織/戦時都市行政の簡素化と改革(藤村敬三) 都市保健行政の統一と組織化/戦時都市行政の簡素化と改革(宮本忍) 何が東京市政を毒してきたか/戦時都市行政の簡素化と改革(原祐三) 配給行政の確立へ/戦時都市行政の簡素化と改革(土屋清)
◇東京都制案を巡りて(宇賀田順三)「法律時報」 15(1) 1943.1
◇明治初年の町村会の発達(2・完)(徳田良治)「法律時報」 15(1) 1943.1
◇都市風土記(3):関東地方都市めぐり(甲府市の巻)(葱青公)「区画整理」 9(2) 1943.2
◇新しき市町村の制度(大塚辰治)「自治機関」 516 1943.2
◇市制・町村制改正法律案の概要(1)(播磨重男)「自治機関」 516 1943.2
◇戦力増強と市町村制の改正(小島憲)「自治機関」 516 1943.2
◇市制町村制改正案の要旨(小林與三次)「自治研究」 19(2) 1943.2
◇町村吏員の現状を訴ふ(5)(調査部)「自治公論」 15(2) 1943.2
◇東京都制案「地方改良」 132 1943.2
◇東京都制案・市制町村制及府県制の改正案に就て「地方行政」 51(2) 1943.2
◇戦時都市行政の課題(片健治)「東京市産業時報」 9(2) 1943.2
◇東京都制案について(金谷重義)「統制経済」 6(2) 1943.2
◇東京都制問題「都市問題」 36(2) 1943.2
新聞社説に見る東京都制案 東京都制案に就ての感想二三(柳瀬良幹) 東京都制案に就いて(吉田秀夫) 東京都制案の現代的意義(金森徳次郎) 東京都制案要綱に就て(小島憲) 東京都制案 東京都制雑題-「自治」との関係と職員の問題(宮沢俊義) 都制案と其の後に来るもの(宇賀田順三)
◇都制案通過に際して(岸本綾夫)「市政週報」 204 1943.3

◇都制案に当り職員に要望(訓示)(岸本綾夫述)「市政週報」 204 1943.3
◇市制・町村制改正法律案の概要(2)(播磨重男)「自治機関」 517 1943.3
◇市町村会中心主義後退(1)(大塚辰治)「自治機関」 517 1943.3
◇全国町村長会第二十三回総会の記「自治公論」 15(3) 1943.3
◇町村吏員の現状を訴ふ(6)(調査部)「自治公論」 15(3) 1943.3
◇今次市制改正の概要(安達銀市)「執務指導通信」 6(4) 1943.3
◇改正市制町村制(1)(小林与三次)「斯民」 38(3) 1943.3
◇町村吏員恩給制度の整備(郡祐一)「斯民」 38(3) 1943.3
◇大阪市の行政簡素化(大塚泰二)「大大阪」 19(3) 1943.3
◇市制及町村制の改正案をめぐる主要なる論議(小林与三次)「地方行政」 51(3) 1943.3
◇東京都制と市町村制改正案審議経過「都市公論」 26(3) 1943.3
◇戦時下の枢軸国家都市事情(立花次郎)「都市問題」 36(3) 1943.3
◇大都市の蔬菜登録制配給-東京市を中心として(太田園)「都市問題」 36(3) 1943.3
◇東京都制案と世論(五崎政一)「官界公論」 9(94) 1943.4
◇都制と社会事業計画(谷川貞夫)「厚生問題」 27(4) 1943.4
◇自治の技術性(大内正二)「市政研究」 3 1943.4
◇東京都制への希望(弓家七郎)「市政研究」 3 1943.4
◇都制案と現行地方制度(前田寛)「市政研究」 3 1943.4
◇都制実施と東京府の分課並に吏僚組織に就いて(三柴郷)「市政研究」 3 1943.4
◇板船権訴訟事件(荒井一千)「市政研究」 3 1943.4
◇町会隣組戦時体制強化要綱「市政週報」 206 1943.4
◇帝町会隣組の必勝体制確立(戦時生活局)「市政週報」 206 1943.4
◇東京市町会規定「市政週報」 206 1943.4
◇市制・町村制改正法律案の概要(3)(播磨重男)「自治機関」 518 1943.4
◇市町村会中心主義後退(2)(大塚辰治)「自治機関」 518 1943.4
◇町村吏員恩給制度の実現(全国町村長会)「自治公論」 15(4) 1943.4
◇改正市制町村制(2)(小林与三次)「斯民」 38(4) 1943.4
◇新区制の概要「大大阪」 19(4) 1943.4
◇二十二区制の実施に当りて(坂間棟治)「大大阪」 19(4) 1943.4
◇分増区の趣旨と市民の心構へ「大大阪」 19(4) 1943.4
◇市制及町村制の改正案をめぐる主要なる論議(小林与三次)「地方行政」 51(4) 1943.4
◇地方制度の改正「都市問題」 36(4) 1943.4
　新なる自治構成としての責任主義の確立(宇賀田順三)　市制町村制改正に関する論議-衆議院委員会に於ける質疑応答要旨(小西理三郎)　第八十一帝国議会に於ける東京都制案(水飼幸之助)　東京都制の沿革(弓家七郎)
◇東京都制の制定と市制・町村制・府県制等の改正に就て「内務厚生時報」 8(4) 1943.4
◇町会消費経済部の運営と体験を語る(渡邊惣蔵)「市政週報」 210 1943.5
◇町会の部制に就いて(戦時生活局)「市政週報」 210 1943.5
◇市町村行政執行機関の整備(大塚辰治)「自治機関」 519 1943.5
◇改正市制町村制(3)(小林与三次)「斯民」 38(5) 1943.5
◇東京市の町会隣組の第三次強化策(1)-戦時体制の確立強化について-(平林広人)「常会」 5(5) 1943.5
◇部落会町内会運営読本(10)「常会」 5(5) 1943.5
◇東京市町会整備と納税組合の帰趨(鈴木勝信)「税」 21(5) 1943.5

◇大阪市の決戦下新規事業紹介「大大阪」 19(5) 1943.5
◇第十回中国四国市長会議「都市公論」 26(5) 1943.5
◇第二十四回近畿市長会議「都市公論」 26(5) 1943.5
◇東京市町会隣組戦時体制確立強化要綱「都市問題」 36(5) 1943.5
◇変貌する奉天「経済毎日」 21(20) 1943.6
◇市制五十年を回顧する(座談会)(見山正賀[ほか])「市政週報」 216 1943.6
◇東京市政発展のあと(報導課)「市政週報」 216 1943.6
◇歴代市長の横顔(報導課)「市政週報」 216 1943.6
◇市町村行政執行機関の整備(大塚辰治)「自治機関」 520 1943.6
◇東京都の区に就て(1)(加藤陽三)「自治研究」 19(6) 1943.6
◇改正町村制特輯号「自治公論」 15(6) 1943.6
◇改正市制町村制(4)(小林与三次)「斯民」 38(6) 1943.6
◇市町村議員の待遇改善に就て(吉岡恵一)「斯民」 38(6) 1943.6
◇東京都制解説(1)(加藤陽三)「斯民」 38(6) 1943.6
◇部落会町内会運営読本(11・完)「常会」 5(6) 1943.6
◇大都市疎開の具体的方策「都市問題」 36(6) 1943.6
　所謂過大都市論への反省(磯村英一)　過大都市処理論-国土計画乃至地方計画に於ける過大都市の具体的処理方法(山田正男)　大都市処理と都市経営問題(石川栄耀)
◇町会文庫めぐり(1)(西藤壽太郎)「農村工業」 19(6) 1943.6
◇東京都の区に就て(2)(加藤陽三)「自治研究」 19(7) 1943.7
◇改正市制町村制(5)(小林與三次)「斯民」 38(7) 1943.7
◇東京都制解説(2)(加藤陽三)「斯民」 38(7) 1943.7
◇東京都制の問題点「東洋経済新報」 2083 1943.7
◇過大都市とは何ぞや(中村綱)「都市問題」 37(1) 1943.7
◇大東亜建設過程より見たる東京の将来(山下余四郎)「都市問題」 37(1) 1943.7
◇東京都の誕生「都政週報」 1 1943.7
◇東京都の概観(1)「都政週報」 2 1943.7
◇昭和十八年度東京都暫行予算「都政週報」 3 1943.7
◇東京都制について(宮沢俊義)「法学協会雑誌」 61(7) 1943.7
◇厚生事業家と町内会との関係(大江素天)「厚生事業研究」 31(8) 1943.8
◇東京都の区に就て(3・完)(加藤陽三)「自治研究」 19(8) 1943.8
◇改正市制町村制(6)(小林與三次)「斯民」 38(8) 1943.8
◇東京都制解説(3)(加藤陽三)「斯民」 38(8) 1943.8
◇決戦 生活の陣頭に(座談会)—町会連合会、町会、庶務部長座談会「大大阪」 19(8) 1943.8
◇町会文庫めぐり(2)(西藤壽太郎)「大大阪」 19(8) 1943.8
◇東京都の行政機構に就て(金森徳次郎)「都市問題」 37(2) 1943.8
◇都の健民対策事業「都政週報」 5 1943.8
◇町会運営の指針(1)(振興課町会課)「都政週報」 6 1943.8
◇都常会の新発足(民生局)「都政週報」 6 1943.8
◇新上海論(植田捷雄)「経済毎日」 21(28) 1943.9
◇都制雑感(江藤猛夫)「建築行政」 7(25) 1943.9
◇都市過大化対策(松本治彦)「国土計画」 2(3) 1943.9
◇東京都制について(1)(古井喜実)「国家学会雑誌」 57(9) 1943.9
◇改正市制管見(内田俊吉)「執務指導通信」 7(2) 1943.9
◇市制改正と負担区分の問題(藤谷謙二)「執務指導通信」 7(2) 1943.9
◇改正市制町村制(7)(小林與三次)「斯民」 38(9) 1943.9
◇東京都制解説(4)(加藤陽三)「斯民」 38(9) 1943.9

◇町内会部落会等の法制化に就いて「常会」 5(9) 1943.9
◇町会指導の根本理念(谷口吉彦)「大大阪」 19(9) 1943.9
◇東京市の市乳圏(1)―都市力の研究―(桜井勝三)「地理」 5(4) 1943.9
◇都市会議員の選挙に就いて(民生局)「都政週報」 8 1943.9
◇町会部制の運営指針(2)―消費経済部と青少年部―「都政週報」 9 1943.9
◇都に移管された建築行政(防衛局)「都政週報」 9 1943.9
◇町会部制の運営指針(3)―貯蓄納税部―「都政週報」 10 1943.9
◇東京都の構造について(1)(中谷敬寿)「公法雑誌」 9(10) 1943.10
◇東京都制について(2)(古井喜実)「国家学会雑誌」 57(10) 1943.10
◇改正市制町村制(8)(小林与三次)「斯民」 38(10) 1943.10
◇東京都制解説(5)(加藤陽三)「斯民」 38(10) 1943.10
◇都会議員選挙を顧みて(民生局)「都政週報」 12 1943.10
◇隣組論(津久井龍雄)「日本評論」 18(11) 1943.10
◇東京都制について(3)(古井喜実)「国家学会雑誌」 57(11) 1943.11
◇改正市制町村制(9)(小林與三次)「斯民」 38(11) 1943.11
◇東京都制解説(6・完)(加藤陽三)「斯民」 38(11) 1943.11
◇臨時都議会に於ける長官次長の説明要旨「都政週報」 16 1943.11
◇町会隣組運営座談会(1)(民生局)「都政週報」 18 1943.11
◇町会隣組運営座談会(尾崎喜八[ほか])「都政週報」 19 1943.11
◇東京都の構造に就て(2)(中谷敬寿)「公法雑誌」 9(12) 1943.12
◇東京都制について(4・完)(古井喜実)「国家学会雑誌」 57(12) 1943.12
◇改正市制町村制(10・完)(小林與三次)「斯民」 38(12) 1943.12
◇都制を巡る諸問題(有馬秀雄)「商工経済」 16(6) 1943.12
◇町会整備の顛末(大阪市々民局長会課)「大大阪」 19(12) 1943.12
◇昭和十八年に於ける市政界を回顧す(弓家七郎)「都市問題」 37(6) 1943.12
◇食糧問題より観たる適正都市の条件(上)-広島・呉を中心とする一考察(宮出秀雄)「都市問題」 37(6) 1943.12
◇役場機構の改革と収入役(齋藤方一)「自治公論」 16(1) 1944.1
◇町内会長の通帳虚偽記入と詐欺「大審院判例集」 22(19) 1944.1
◇第九回全国都市問題会議総会議題について-「国土計画的都市整備の問題」及び「新地方制度運営の実状と将来に対する考案」の研究項目(田中広太郎)「都市問題」 38(1) 1944.1
◇昭和十九年度東京都歳入出予算「都政週報」 26 1944.1
◇昭和十九年度都行政と予算編成方針(大達都長官の説明要旨)「都政週報」 26 1944.1
◇食糧問題より観たる適正都市の条件(下)-広島・呉を中心とする一考察(宮出秀雄)「都市問題」 38(2) 1944.2
◇市町村制管見(藤懸重次)「自治機関」 529 1944.3
◇町村用諸公用紙規格様式基準(全国町村長会)「自治公論」 16(2) 1944.4
◇決戦下に於ける都市行政(金森徳次郎)「都市問題」 38(5) 1944.5
◇決戦下の都市行政(村上恭一)「都市問題」 38(5) 1944.5
◇地方計画策定要綱/全国都市問題会議研究資料「都市問題」 38(5) 1944.5
◇町会隣組工場化の諸問題(東京都民生局)「都政週報」 43 1944.6
◇第一回東京都強力会議「都政週報」 44 1944.6
◇都政運営に関して(大達茂雄)「都政週報」 44 1944.6
◇町会役員随想(由田清一)「財政」 9(7) 1944.7

◇町市村制の区域内に於ける町又は字に就て(2)(小林與三次)「斯民」 39(7) 1944.7
◇世帯人員移動に関する届出と町内会長の訂正「大審院判例集」 23(7) 1944.7
◇東京市政調査会審事委員会の活動「都市問題」 39(1) 1944.7
◇町会隣組の非常時対策計画「都政週報」 47 1944.7
◇市町村制管見(藤懸重次)「自治機関」 534 1944.8
◇市町村制の区域内に於ける町又は字に就て(3)(小林與三次)「斯民」 39(8) 1944.8
◇健全都市の再誕生-都市のあり方について(川畑愛義)「都市問題」 39(2) 1944.8
◇市町村制管見(承前)(藤懸重次)「自治機関」 535 1944.9
◇都市戦時行財政対策「都市問題」 39(3) 1944.9
　決戦都市行政と考査役制度(小西理三郎)　戦時下都市行政の基本課題(辻清明)　都市行財政の喫緊課題(藤谷謙二)
◇市町村制の管見(正善)(藤懸重次)「自治機関」 536 1944.10
◇ハンブルグの新市制(人見植夫)「斯民」 39(10) 1944.10
◇地方制度の画期的展開(6)-東京都制の実現(1)(藤田武夫)「都市問題」 39(4) 1944.10
◇帝都町会情勢「自治機関」 537 1944.11
◇市町村の地域拡大運動(大塚辰治)「斯民」 39(11) 1944.11
◇審事委員会其後の活動状況「都市問題」 39(5) 1944.11
◇台湾の保甲制度(1)(鈴木斗人)「都市問題」 39(5) 1944.11
◇地方制度の画期的展開(7)-東京都制の実現(2)(藤田武夫)「都市問題」 39(5) 1944.11
◇台湾の保甲制度(2)(鈴木斗人)「都市問題」 39(6) 1944.12
◇地方制度の画期的展開(8・完)-東京都制の実現(3)(藤田武夫)「都市問題」 39(6) 1944.12
◇日本的市町村自治行政について(荒尾敦次郎)「都市問題」 39(6) 1944.12
◇本会理事宮島幹之助博士の長逝(児玉秀雄)「都市問題」 40(1) 1945.1

【図　書】
◇庄屋退役ニ付相定連判証文　(正本)(越後頸城郡北浦田村)　1787 1枚 181×29cm
◇安政見聞誌 上([一勇斎国芳ほか]画)　1860 [36]p 24cm
◇安政見聞誌 中([一勇斎国芳ほか]画)　1860 [26]p 24cm
◇安政見聞誌 下([一勇斎国芳ほか]画)　1860 [39]p 24cm
◇市政日誌 自第1号至第13号　1868 1冊 19cm
◇市中法　1869.3 [56]p 26cm
◇市中法(大阪府編)　1872.3 28p 26cm
◇東京十五区会議事録 第13号 共有金第二期調査報告 下(東京十五区会編)　1880.2 128p 21cm
◇東京十五区会議事録 自第10号至第12号 共有金第二期調査報告 上(東京十五区会編)　1880.2 128p 21cm
◇金沢区第5聯合町会日誌 自第1号至第48号 明治14年度　1881 1冊 17cm
◇町村市制講究会筆記　1888 155,5p 25cm
◇「大阪」旧市制記 上編下編(大阪府編)　1888.4 115,29p 19cm
◇市町村制正解:附 理由(片貝正晋著)　博聞社　1888.5 470,109p 20cm
◇町村制詳解:附 市制及町村制理由(相沢富蔵著)　1888.5 3,116p 19cm
◇市制町村制義解:附 理由(三谷軌秀著,馬袋鶴之助著)　時習社　1888.7 1冊 19cm
◇市町村制釈義:附 市町村制理由 完　訂正再版(水越成章著)　吉岡平助　1888.8 7,4,296p 19cm

◇市制町村制詳解附理由(今村長善著) 1888.11 5,354,4p 18cm

◇水戸市制実施関係書類 自明治21年4月至明治22年5月([水戸市編]) 1889 1冊 27cm

◇市制町村制略解:附 理由書(生稲道蔵著) 辻本尚古堂 1889.1 94p 19cm

◇市町村制質問録(片貝正晋編) 博聞社 1889.1 2,12,222p 20cm

◇市町村制実解(石黒磐著) 1889.2 503,95p 19cm

◇英国市制実見録(高橋達著) 集成社 1889.5 102p 18cm

◇市制町村制註釈:附 理由書及関係諸法令 増訂9版(坪谷善四郎著) 1889.5 408p 21cm

◇市町村条例指鍼 完 複写(坪谷善四郎著) 盛松館 1889.5 72p 19cm

◇自治行政論(都筑馨六著) 1892.6 50p 22cm

◇東京都制論(城数馬著) 1896.2 [15]p 23cm 「太陽」第2巻第3号のうち

◇東京市例規類集 明治30年(東京市参事会編) 1897.5 1冊 23cm

◇東京市会議事速記録 明治32年(東京市役所編) 1899 1冊 22cm

◇欧州大陸市政論([内務省地方局]編) 1899.10 1冊 23cm

◇東京市会議事速記録 明治33年(東京市役所編) 1900 1冊 22cm

◇甲府市会誌(甲府市会編) 1900.10 8,220p 23cm

◇五人組制度の起源(三浦周行著) 有斐閣書房 1900.12 1冊 21cm 法理論叢

◇東京市会議事速記録 明治34年(東京市役所編) 1901 1冊 22cm

◇東京市例規類集(東京市役所内局編) 1901.6 1冊 23cm

◇伯林市行政ノ既往及現在:京都市助役法学士大槻竜治報告(京都市編) 東枝律書房 1901.12 1冊 22cm

◇東京市会議事速記録 明治35年(東京市役所編) 1902 1冊 22cm

◇東京の過去及将来(細野猪太郎著) 金港堂書籍 1902.9 8,6,293p 20cm

◇巴里市塞納県行政大全 市行政ノ部([ブロック著]) 東京市役所 1902.10 4,112p 27cm

◇市制論(グッドノー著,安部磯雄編) 早稲田大学出版部 1902.11 155p 22cm (早稲田小編)

◇巴里市塞納県行政大全 財政ノ部(野村泰亨訳) 東京市役所内局 1902.11 4,310p 26cm

◇欧米各市ニ於ケル市事業視察復命書(中島鋭治著) 東京民友社 1902.12 140p 23cm

◇巴里市塞納県行政大全 教育ノ部(野村泰亨訳) 東京市役所 1902.12 5,151p 27cm

◇東京市会議事速記録 明治36年(東京市役所編) 1903 1冊 22cm

◇巴里市塞納県行政大全 公道ノ部(野村泰亨訳) 東京市役所 1903.3 8,224p 27cm

◇各市行政法抄訳 自第1章至第6章(イートン著,片岡介三郎訳) 1903.5 117p 27cm

◇東京市会議事速記録 明治37年(東京市役所編) 1904 1冊 22cm

◇東京市事務報告書 明治37年(東京市役所編) 1904 67p 27cm

◇東京市会議事速記録 明治38年(東京市役所編) 1905 1冊 22cm

◇東京市事務報告書 明治38年(東京市役所編) 1905 78p 27cm

◇東京市会議事速記録 明治39年(東京市役所編) 1906 1冊 22cm

◇東京市会議事速記録 明治40年(東京市役所編) 1907 1冊 22cm

◇東京市事務報告書 明治40年(東京市役所編) 1907 124p 27cm

◇市町村制史稿(大森鐘一著,一木喜徳郎著) 元元堂書房 1907.1 99p 22cm

◇町村合併に就て(小松原英太郎述) 1907.10 53p 22cm

◇東京市会議事速記録 明治41年(東京市役所編) 1908 1冊 22cm

◇東京市事務報告書 明治41年(東京市役所編) 1908 165p 27cm

◇応用市政論(安部磯雄著) 日高有倫堂 1908.4 1冊 23cm

◇都市経営論(矢田七太郎編) 博文館 1908.7 288p 23cm 帝国百科全書

◇市町村制(松浦鎮次郎著) 法政大学 1908.9 178p 22cm

◇都市の研究(三宅磐編) 実業之日本社 1908.10 1冊 23cm

◇東京市会議事速記録 明治42年(東京市役所編) 1909 1冊 22cm

◇比較市政論(安部磯雄述) 早稲田大学出版部 1909 200p 21cm

◇市制町村制改正法律案理由要領 1909.3 28p 23cm

◇明治三十九年以後市実施事業之梗概(大阪市役所編) 1909.9 101p 22cm

◇大阪市制案,浪速県設置ニ関スル法律案,浪速県大阪都組合法案 未定稿 1910 2,72p 22cm

◇東京市会議事速記録 明治43年(東京市役所編) 1910 1冊 22cm

◇郡市町村発展策:郡市町村定調査標準(藤井雅太著) 1910.2 12,496p 23cm

◇地方叢書 泰西資料(内務省地方局編) 1910.4 2,6,506p 23cm

◇市町村会議論(野田千太郎著) 市町村雑誌社 1910.6 105p 19cm

◇東京市講演集 第10回(東京市役所教育課編) 1910.7 105p 22cm

◇東京市講演集 第11回(東京市役所教育課編) 1910.8 76p 22cm

◇地方改良の要項(内務省地方局編) 1910.9 119p 22cm

◇欧米市政小観(吉村銀次郎著) 昭文堂書店 1910.12 72,56p 22cm

◇大阪市会史 第1巻(大阪市役所編) 1910.12 1321p 25cm

◇東京市会議事速記録 明治44年(東京市役所編) 1911 1冊 22cm

◇改正市町村制詳解(岩崎徂堂著) 一星社 1911.5 8,4,360p 19cm

◇改正市制町村制釈義([中川健蔵ほか]著) 1911.7 2,3,672p 23cm

◇都市行政及法制 上巻(井上友一著) 博文館 1911.7 8,420p 23cm

◇都市膨張に伴ふ諸問題(床次竹二郎述,内務省地方局編) 1911.7 2,69p 22cm

◇大阪市会史 第2巻(大阪市役所編) 1911.8 1526p 25cm

◇都市行政及法制 下巻(井上友一著) 博文館 1911.8 8,498p 23cm

◇改正市制町村制釈義([中川健蔵ほか]著) 帝国地方行政学会 1911.9 3,672,7p 23cm

◇大阪市会史 第3巻(大阪市役所編) 1911.11 33,1151p 25cm

◇和蘭邑法 上編(神田孝平訳,文部省編) 1912 42p 23cm

◇和蘭邑法 下編(神田孝平訳,文部省編) 1912 105p 23cm

◇熊本第一期改善私義(辛島格著) 1912 30p 22cm

◇神戸各町聯合会議事細則 1912 68p 19cm

◇市制と市の本務(中川望編) 1912 196p 22cm 「第15回東京市講演集(甲)」抜刷

◇市町村制(桑田熊三述) 東京専門学校 1912 4,116p 21cm

◇東京市会議事速記録 大正元年(東京市役所編) 1912 1冊 22cm

◇孛国地方自治一斑:市治章程邑村章程 1912 33,7p 27cm

◇東京市会議員沿革誌(東京市会事務局編) 1912.2 33p 15cm

◇欧米都市の研究(山崎林太郎著) 博文館 1912.3 1冊 23cm

◇大阪市会史 第4巻(大阪市役所編) 1912.3 43,722p 25cm

◇大阪市会史 第5巻(大阪市役所編) 1912.3 34,761p 25cm

◇大阪市会史 第6巻(大阪市役所編) 1912.3 46,1112p 25cm

◇棄権の調査:シカゴに於ける市長選挙に際しての 手書(市村今朝蔵著) 1912.3 13,294p 26cm

◇バーミンガムの市政(内務省地方局編) 1912.8 8,78p 22cm

◇東京市会議事速記録 大正2年（東京市役所編） 1913 27,1251p 22cm

◇東京市事務報告書 大正2年（東京市役所編） 1913 144p 27cm

◇英国の市政（山田準次郎述） 内務省地方局 1913.3 162p 22cm

◇独逸アーヘン市政（内務省地方局編） 1913.3 7,116p 23cm

◇東京市例規類集（東京市役所内記課編） 1913.9 1冊 23cm

◇市公金ニ関スル市会検査委員会報告書ニ対スル弁明書（東京市長編） 1914 7p 26cm

◇東京市会議事速記録 大正3年（東京市役所編） 1914 28,1367p 23cm

◇市制町村制正義（清水澄［ほか］著） 明治大学出版部 1914.1 1冊 23cm

◇東京市政概要 大正3年刊（東京市役所編） 1914.3 4,4,266p 19cm

◇欧州市政論（ウィリアム・マンロー著, 村田岩次郎訳） 慶応義塾出版局 1914.4 10,2,436p 22cm

◇市町村制研究資料（古橋幸正編） 1914.4 2,8,146p 18cm

◇大阪市会史 第7巻（大阪市役所編） 1914.5 32,974p 25cm

◇欧米都市とびとび遊記（田川大吉郎著） 二松堂書店 1914.7 5,9,310p 20cm

◇市政検査委員会第一回報告：市公金管理ニ関スル事項（東京市会編） 1914.8 31p 27cm

◇東京之危機（福沢桃介著） 1914.10 7p 19cm

◇都市改良問題（中川政次郎著） 1914.11 2,96p 15cm アカギ叢書

◇欧米の一巡の後（［田川大吉郎著］, 東京市役所編） 1914.12 10, 373p 23cm

◇市政検査委員会第二回報告：市教育事務ノ検査（東京市会編） 1914.12 25p 27cm

◇東京市会議事速記録 大正4年（東京市役所編） 1915 16,1108p 22cm

◇東京市事務報告書 大正4年（東京市役所編） 1915 122p 27cm

◇倫敦地方行政（東京市役所編） 清水書店 1915.1 1冊 23cm

◇都市改良参考資料（内務省地方局編） 1915.3 6,156p 22cm

◇都市の紋章：一名自治体の徽章（近藤春夫著） 行水社 1915.4 4, 4,190p 20cm

◇大阪市会史 第8巻（大阪市役所編） 1915.5 27,722p 25cm

◇最近の東京市（阪谷芳郎著） 通俗大学会 1915.9 4,208p 15cm 通俗大学文庫

◇市政検査委員会第四回報告：水道事務ニ関スル事項（東京市会編） 1915.9 23p 27cm

◇模範的都市経営（エフ・シー・ハウ著, 牧野寛一郎訳） 博文社 1915.9 3,2,250p 23cm

◇市政検査委員会第五回報告：市電気事業検査（東京市会編） 1915.12 27p 27cm

◇東京市会議事速記録 大正5年（東京市役所編） 1916 16,1412p 22cm

◇東京市公報 第1号-第55号大正5年7月-12月（東京市［編］） 1916 302p 26cm

◇東京市事務報告書 大正5年（東京市役所編） 1916 129p 27cm

◇横浜市振興策（横浜貿易新報社編） 1916.2 7,3,486p 19cm

◇近世都市論（ダニエル・ベレ, ウィル・ダルヴィレ著, 朝鮮総督府編） 1916.5 2,5,188p 23cm

◇都市研究号（日本歴史地理学会編） 1916.5 266p 22cm 歴史地理

◇大阪市会史 第9巻（大阪市役所編） 1916.6 25,995p 25cm

◇東京市会議事速記録 大正6年（東京市役所編） 1917 21,1300p 22cm

◇東京市公報 第56号-第168号 大正6年1月-12月（東京市［編］） 1917 568p 26cm

◇東京市事務報告書 大正6年（東京市役所編） 1917 130p 27cm

◇東京市例規類集（東京市役所内記課編） 1917.3 1冊 23cm

◇東京市会議事速記録 大正7年（東京市役所編） 1918 26,1502p 22cm

◇東京市会決議録 大正7年 第1巻 自1月至3月（東京市役所編） 1918 2,171p 27cm

◇東京市会決議録 大正7年 第2巻 自4月至6月（東京市役所編） 1918 2,305p 27cm

◇東京市会決議録 大正7年 第3巻 自7月至9月（東京市役所編） 1918 2,75p 27cm

◇東京市会決議録 大正7年 第4巻 自10月至12月（東京市役所編） 1918 2,47p 27cm

◇東京市公報 第169号-第297号 大正7年1月-12月（東京市［編］） 1918 690p 26cm

◇東京市事務報告書 大正7年（東京市役所編） 1918 156p 27cm

◇外国大都市制（内務省地方局編） 1918.2 74p 22cm

◇市制町村制正義（清水澄［ほか］著） 明治大学出版部 1918.5 1冊 23cm

◇大阪市会史 第10巻（大阪市役所編） 1918.6 23,1014p 25cm

◇郡市区長会議指示事項（郡市区）：大正七年六月廿五日（東京府編） 1918.6 51p 22cm

◇青島其他都市視察報告（東京市会編） 1918.12 6,436p 22cm

◇東京市会議事速記録 大正8年（東京市会事務局編） 1919 28,1472, 11p 21cm

◇東京市会決議録 大正8年 第1巻 自1月至3月（東京市役所編） 1919 4,222p 27cm

◇東京市会決議録 大正8年 第2巻 自4月至6月（東京市役所編） 1919 22p 27cm

◇東京市会決議録 大正8年 第3巻 自7月至9月（東京市役所編） 1919 3,135p 27cm

◇東京市会決議録 大正8年 第4巻 自10月至12月（東京市役所編） 1919 3,141p 27cm

◇東京市公報 第298号-第373号 大正8年1月-6月（東京市［編］） 1919 322p 26cm

◇東京市公報 第374号-第427号 大正8年7月-12月（東京市［編］） 1919 6,[253]p 26cm

◇東京市事務報告書 大正8年（東京市役所編） 1919 131p 27cm

◇東京市制案要点及其ノ理由ノ大要（東京市役所編） 1919 3p 26cm

◇大阪市会史 第11巻（大阪市役所編） 1919.6 13,639p 25cm

◇市制施行三十年記念自治講演会講演集（名古屋市役所編） 1919.10 57p 22cm

◇堺市政三十年史（堺市役所編） 1919.11 2,5,445p 23cm

◇東京市制案（東京市役所編） 1919.12 2,63,5p 26cm

◇都市問題の研究（フレデリック・シー・ホウ著, 長岡喜一訳） 中央報徳会 1919.12 8,19,305p 20cm

◇一九二〇年大伯林都市法 1920 38p 23cm

◇東京市会議事速記録 大正9年（東京市会事務局編） 1920 25,1221, 13p 22cm

◇東京市公報 第428号-第488号 大正9年1月-6月（東京市［編］） 1920 310p 26cm

◇東京市公報 第489号-第551号 大正9年7月-12月（東京市［編］） 1920 7,[311]p 26cm

◇東京市事務報告書 大正9年（東京市役所編） 1920 147p 27cm

◇都市の改善と市民の覚悟（後藤新平著） 1920.1 10p 22cm 「都市公論」第3巻第1号のうち

◇接近町村編入調査資料 第2回(大阪市役所編) 1920.2 100p 22cm

◇四谷新宿合併経過概観(東京市四谷区編) 1920.4 43p 23cm

井上明府遺稿(井上友一著,近江匡男編) 1920.6 54,529p 23cm

◇公同組合の宿弊と其改善(池田松五郎著) 薬業時論社 1920.7 44p 19cm

◇市政ノ改善ニ関スル依命通牒:東京府内務部長ノ通牒及同通牒ニ対スル東京市長ノ報告書 タイプ(東京府内務部長編) 1921 [63]p 27cm

◇東京市会議事速記録 大正10年(東京市会事務局編) 1921 24, 1436,13p 22cm

◇東京市公報 第615号-第688号 大正10年7月-12月(東京市[編]) 1921 1冊 26cm

◇東京市事務報告書 大正10年(東京市役所編) 1921 186p 27cm

◇東京市事務報告書:附 財産表 大正10年(東京市電気局編) 1921 35p 27cm

◇都市改善と都市研究会の使命(後藤新平著) 1921.1 10p 22cm 「都市公論」第4巻第1号のうち

大阪市会史 第12巻(大阪市役所編) 1921.2 18,767p 25cm

◇自治制度と紳士税(後藤新平著) 1921.2 10p 22cm 「都市公論」第4巻第2号のうち

◇東京市政況愚見 手書 1921.2 [28]p 26cm

◇特別市制ニ関スル沿革概要(東京市会編) 1921.2 4,3p 26cm

◇腐敗せる市政党紐育のタマニー(都市研究会編) 1921.2 85p 15cm

◇東京市会先例彙輯草按 第1典礼編(東京市会事務局編) 1921.3 1冊 23cm

◇紐育市々政調査会ノ大要(後藤新平訳) 1921.3 19p 22cm+図13枚

◇市政に就いて 謄写版,未定稿(後藤新平著) 1921.4 109p 25cm

◇自治第一義(後藤新平著) 1921.5 1枚 23cm

◇新事業及其財政計画綱要:所謂八億円計画:大正10年5月13日発表([後藤新平]著) 1921.5 [46]p 27cm

◇新事業及其財政計画綱要:所謂八億円計画:大正10年5月13日発表 複写([後藤新平]著) 1921.5 [42]p 26cm

◇訓話(後藤新平述,永田秀次郎述,東京市役所編) 1921.6 82p 16cm

◇現代の自治生活(後藤新平述) 1921.6 8p 22cm 「都市公論」第4巻第6号のうち

◇市政ノ改善ニ関スル件依命通牒(東京府編) 1921.6 27p 22cm

◇東京市各局課区事務分掌一覧表:大正十年六月現行(東京市役所文書課編) 1921.6 1枚 37×100cm

◇紐育市政調査要目の報告:紐育市政調査会ノ大要補足(後藤新平著) 1921.7 9p 22cm

◇名古屋市隣接町村併合顛末 謄写版([名古屋市役所編]) 1921.8 21p 26cm

◇改正市制及町村制:改正大正十年(有斐閣編) 1921.9 212p 13cm

◇五人組制度論(穂積陳重著) 有斐閣 1921.9 28,634p 22cm

◇市民は自治市民試験に及第せり(後藤新平著) 1921.9 [2]p 26cm 「東京評論」第2巻第1号のうち

◇東京市区庶務規程便覧 大正10年6月現在(東京市役所編) 1921.9 4,156p 19cm

◇東京市の新計画に就て(後藤新平著) 1921.9 10p 22cm 「都市公論」第4巻第9号のうち

◇現代都市の問題(佐野利器著,小川市太郎著,日本社会学院調査部編) 冬夏社 1921.12 41,209p 19cm 現代社会問題研究

◇市民の絶叫せる市政振興策(都市研究会編) 1921.12 3,82p 14cm

◇水野博士論集(水野錬太郎著) 清水書店 1921.12 5,474p 19cm

◇東京市会議事速記録 大正11年(東京市会事務局編) 1922 23, 1639,20p 22cm

◇東京市公報 第690号-第799号 大正11年1月-12月(東京市[編]) 1922 678p 26cm

◇東京市事務報告書 大正11年(東京市役所編) 1922 214p 27cm

◇東京市政ニ関スル意見書(後藤新平著) 1922 36p 26cm

◇徳川時代の大阪市制(幸田成友著) 1922 [144]p 22cm

◇財団法人東京市政調査会設立趣意書及寄附行為([東京市政調査会]編) 1922.2 16p 23cm

◇東京市会先例彙輯草按 第2-4編(東京市会事務局編) 1922.2 1冊 23cm

◇東京市の改造(村高幹博著) 民友社 1922.2 1冊 19cm

◇東京都制案ノ綱要(未定稿) 1922.2 18p 22cm

◇江戸の自治制(後藤新平著) 二松堂書店 1922.3 1冊 19cm

◇市制町村制逐条示解(五十嵐鉱三郎[ほか]著) 自治館 1922.3 1冊 23cm

◇東京市政の過去三年有半(長町康夫著) 1922.3 127,37p 22cm+図3枚

◇環境より見たる都市問題の研究(栃内吉胤著) 東京刊行社 1922.4 1冊 20cm

◇東京市勢現況(村松恒一郎著) 1922.4 94p 23cm

◇東京市特別市制案実行委員会経過報告(東京市会編) 1922.4 39,49p 28cm

◇自治は人類の本能(後藤新平著) 1922.5 17p 22cm 「都市公論」第5巻第5号のうち

◇地方自治講話(織田万述) 内外出版 1922.5 123p 20cm

◇東京市政ノ現在及将来ニ就テ タイプ(後藤新平著) [東京市役所] 1922.5 [48]p 28cm

◇日本市勢史(自治社編) 1922.5 1冊 31cm

◇財団法人東京市政調査会発会式概要(東京市政調査会編) 1922.6 2,97p 23cm

◇東京市会先例彙輯(東京市会記長編) 斯文社 1922.6 46,851p 19cm

◇東京市所属公務所一覧(東京市役所編) 1922.6 44p 19cm

◇東京市政概要 大正11年刊(東京市役所編) 1922.6 4,228p 19cm

◇東京自治会館出品概要(東京市役所編) 1922.6 71p 22cm

◇自治精神の為めに:小石川区民に呈す(上杉慎吉著) 1922.7 13p 22cm

◇市長閣下の講演要領並所感(東京市教員養成所編) 1922.7 99p 22cm

◇市政振作の根本義(後藤新平述) 東京市吏員講習所 1922.8 14p 22cm

◇東京市政要覧 大正11年10月(東京市役所編) 1922.10 38p 18cm

◇大伯林問題(森孝三著) 1922.11 6,37p 22cm

◇特別市制問題ニ関スル調査書(未定稿) 謄写版(東京市政調査会編) 1922.11 1冊 26cm

◇特別市制問題ニ関スル調査書(未定稿) 謄写版,複写(東京市政調査会編) 1922.11 1冊 26cm

◇特別市制問題ニ関スル調査資料 第1輯 謄写版(東京市政調査会編) 1922.11 [330]p 27cm

◇特別市制問題ニ関スル調査資料 第1輯 未定稿(東京市政調査会編) 1922.11 [330]p 27cm

◇特別市制問題ニ関スル調査資料 第2輯 未定稿(東京市政調査会編) 1922.11 [222]p 27cm

◇特別市制問題ニ関スル調査資料 第2輯 謄写版(東京市政調査会編) 1922.11 [222]p 27cm

◇都市政治に於ける市民の専門家統御 謄写版(チャールズ・エー・ビーアド著,弓家七郎訳) 1922.11 [18]p 26cm

◇都市政治に於ける市民の専門家統御 複写(チャールズ・エー・

ビーアド著, 弓家七郎訳) 1922.11 [18]p 26cm
◇東京市政検査委員会第一回報告 (東京市政検査委員編) 1922.12 24p 26cm
◇大都市特別制度調査資料 第1輯 (東京市政調査会編) 1923 267p 26cm
◇大都市特別制度調査資料 第1輯 複写 (東京市政調査会編) 1923 267p 26cm
◇帝国自治団体発達史：福島・山形・秋田各県版 ([帝国自治団体調査研究会編) 1923 1冊 26cm
◇帝都東京設置ニ関スル法律案 謄写版 1923 1冊 27cm
◇帝都ノ制度ニ関スル意見 (東京市政調査会編) 1923 28p 26cm
◇東京市会議事速記録 大正12年 (東京市会事務局編) 1923 18, 1140,10p 21cm
◇東京市会決議録 大正12年 第1巻 自1月至3月 (東京市役所編) 1923 4,271p 27cm
◇東京市会決議録 大正12年 第3巻 自10月至12月 (東京市役所編) 1923 3,91p 27cm
◇東京市公報 第805号-第863号 大正12年1月-6月 (東京市[編]) 1923 1冊 26cm
◇東京市公報 第864号-第906号 大正12年7月-12月 (東京市[編]) 1923 1冊 26cm
◇東京市事務報告書 大正12年 (東京市役所編) 1923 222p 27cm
◇ビーアド博士の東京市政に関する意見概要 (東京市政調査会編) 1923 27p 23cm
◇市町村制例規判輯覧 (近藤行太郎編) 中央報徳会 1923.1 1冊 19cm
◇東京市政概要 大正12年刊 (東京市役所編) 1923.2 4,227p 19cm
◇帝都の制度に関する調査資料 (東京市政調査会編) 1923.3 8,560p 23cm 市政調査資料
◇ビーアド博士講演集 (チャールズ・エー・ビーアド述, 東京市政調査会編) 1923.3 7,5,110p 22cm
◇大阪市会史 第15巻 (大阪市役所編) 1923.5 17,774p 25cm
◇東京市政調査会館競技設計図集 (東京市政調査会編) 1923.6 4,[55]p 26cm
◇島司郡市区長会議指示事項 (島、郡)：大正十二年六月二十日 (東京府編) 1923.6 17p 27cm
◇大都市 (小川市太郎著) 市民叢書刊行会 1923.7 2,5,168p 19cm
◇都市経営革新の急務：附 地方財源としての両税の委譲：都市計画事業の齎すべき利益 謄写版 (岡実著) 1923.8 [101]p 27cm
◇都市経営革新の急務：附 地方財源としての両税の委譲：都市計画事業の齎すべき利益：統計諸表 複写 (岡実著) 1923.8 [101]p 27cm
◇都市の話 (弓家七郎著) 世界思潮研究会 1923.8 2,6,163p 19cm 我等何を学ぶべき乎
◇都制案調査資料 (阿南常一著) 1923.8 22,6p 21cm
◇伯林と倫敦との特別市制に就て 複写 (三辺長治述) 東京市政調査会 1923.9 38p 27cm
◇伯林と倫敦との特別市制に就て 謄写版 (三辺長治述) 東京市政調査会 1923.9 38p 27cm
◇京都府公同委員制度 (京都府社会課編) 1923.12 4,2,349p 22cm
◇東京市政論 (チャールズ・エー・ビーアド著, 東京市政調査会編) 1923.12 1冊 23cm
◇秋田県川辺郡牛島町編入調査 手書 (秋田市役所編) 1924 15p 25cm
◇雲南省雲南市暫行市制 (雲南市編) 1924 10p 27cm
◇台南市協議会会議録 第10回 (台南市役所編) 1924 44p 27cm
◇東京市会議事速記録 大正13年 (東京市会事務局編) 1924 22, 1444,12p 22cm
◇東京市会決議録 大正13年 第1巻 自1月至3月 (東京市役所編) 1924 4,433p 27cm
◇東京市会決議録 大正13年 第2巻 自4月至6月 (東京市役所編) 1924 2,58p 27cm
◇東京市会決議録 大正13年 第3巻 自7月至9月 (東京市役所編) 1924 1,27p 27cm
◇東京市会決議録 大正13年 第4巻 自10月至12月 (東京市役所編) 1924 2,98p 27cm
◇東京市公報 第907号-第956号 大正13年1月-6月 (東京市[編]) 1924 1冊 26cm
◇東京市公報 第957号-第1009号 大正13年7月-12月 (東京市[編]) 1924 1冊 26cm
◇東京市政便覧 大正13年 (東京市役所編) 1924 18,436,25p 14cm
◇姫路市隣接町村編入調査資料 手書 (姫路市役所編) 1924.2 [9]p 26cm
◇国都及大都市制 (東京市役所編) 1924.3 6,203p 19cm
◇都市生活の研究 (山口正著) 弘文堂書房 1924.3 2,2,338p 20cm
◇全国各市聯合協議会会議事録 第23回 ([全国各市聯合協議会 (第23回 静岡大正12年)編]) 1924.4 114,17p 23cm
◇東京市ニ関スル現行制度改正ノ要否及改正制度要綱ニ就テノ答申書 謄写版 (臨時大市制度調査会編) 1924.4 [14]p 26cm
◇改正市制町村制逐条示解 (五十嵐鉱三郎著, 松本角太郎著, 中村淑人著) 自治館 1924.5 1冊 23cm
◇小倉市及板櫃町合併書類 (小倉市役所編) 1924.5 81p 28cm
◇大阪市会史 第16巻 (大阪市役所編) 1924.6 19,1012p 25cm
◇[大阪市]接近町村編入ニ関スル調査書 大正十三年六月調 (大阪市役所編) 1924.6 50p 22cm
◇東京市政論 3版 (チャールズ・エー・ビーアド著, 東京市政調査会編) 1924.6 1冊 23cm
◇福岡県企救郡板櫃町大字槻田編入書 (八幡市役所編) 1924.6 25p 26cm
◇財団法人東京市政調査会会務報告 大正10年度至大正12年度 (東京市政調査会[編]) 東京市政調査会 1924.7 64p 27cm
◇市政町村制実務要覧 (梶康郎著) 大法館 1924.7 1冊 19cm
◇帝都復興と教育者の希望 (東京市政調査会編) 1924.7 107p 23cm 後藤子爵記念市民賞論文
◇町制より市制へ：福島県郡山 (栗山博著) 1924.9 10,54p 19cm
◇「市制」自治と政党政治の関係 (後藤新平著) 1924.10 9p 21cm 「都市公論」第7巻第10号のうち
◇町会規約要領 (東京市社会局社会教育課編) 1924.10 3,190p 19cm 社会教育叢書
◇町村事務提要 (青木尚明編) 良書普及会 1924.10 1冊 23cm 地方事務叢書
◇東京市長職務管掌中ノ市政観 謄写版 (堀切善次郎著) 1924.10 16p 25cm
◇予が市長の推選を辞したる理由 (後藤新平著) 1924.10 1枚 22×72cm
◇帝都の制度に関する調査資料 再版 (東京市政調査会編) 1924.12 8,560p 23cm 市政調査資料
◇大阪市域変更ニ関スル東西両成郡各町村ノ希望条件 謄写版 ([大阪市編]) 1925 1冊 26cm
◇市町村会議員総選挙に於ける労働者並小作人の運動 (内務省社会局編) 1925 54p 22cm
◇東京市会議事速記録 大正14年 (東京市会事務局編) 1925 27, 1672,12p 22cm
◇東京市会決議録 大正14年 第1巻 自1月至3月 (東京市役所編) 1925 4,401p 27cm

◇東京市会決議録 大正14年 第2巻 自4月至6月（東京市役所編） 1925 3,88p 27cm

◇東京市会決議録 大正14年 第3巻 自7月至9月（東京市役所編） 1925 2,74p 27cm

◇東京市会決議録 大正14年 第4巻 自10月至12月（東京市役所編） 1925 3,93p 27cm

◇東京市公報 第1010号-第1085号 大正14年1月-6月（東京市[編]） 1925 18,922p 26cm

◇東京市公報 第1086号-第1161号 大正14年7月-12月（東京市[編]） 1925 1冊 26cm

◇東京市事務報告書 大正14年（東京市役所編） 1925 2,551p 26cm

◇福岡県筑紫郡八幡村編入理由書 手書（福岡市役所編） 1925 14p 26cm

◇高知市隣接町村編入調査資料 謄写版（高知市役所編） 1925.1 [24]p 26cm

◇名古屋市隣接町村併合裏面事情 謄写版（平野真三著） 1925.1 [5]p 26cm

◇市会議員中村舜二君ノ質問ニ対スル答弁書（[東京市編]） 1925.3 199p 22cm

◇実例判例市制町村制釈義（梶康郎著） 松陽堂 1925.4 41,558p 19cm

◇大阪市会史 第17巻（大阪市役所編） 1925.5 22,833p 25cm

◇大阪市要覧（[大阪市]編） 1925.5 2,43p 27cm

◇近代都市政治論（ミユンロー著, 中村三之丞訳） 報知新聞社出版部 1925.5 2,3,245p 19cm

◇最近欧米都市の発達（橋本清之助著） 新政社 1925.5 1冊 23cm

◇都市政策汎論（田川大吉郎著） 白揚社 1925.5 1冊 23cm

◇市町村会議事法講座（古屋景晴著） 国民道徳会 1925.7 6,12,214p 23cm

◇大東京綜覧（中村舜二著） 大東京綜覧刊行会 1925.7 7,17,707p 23cm

◇東京市政概要 大正14年刊（東京市役所編） 1925.8 3,313p 19cm

◇市町村立法資料（成瀬修一郎編） 帝国地方行政学会 1925.9 1冊 19cm

◇倫敦（滝沢七郎著） 明文堂 1925.9 1冊 20cm

◇市政我観（瀬川光行著） 元々堂書店 1925.10 128p 19cm

◇市町村条例（大塚辰治著） 良書普及会 1925.10 1冊 23cm 地方事務叢書

◇町会規約要領 修正再版（東京市社会局社会教育課編） 1925.10 2,208p 19cm 社会教育叢書

◇東京市政要覧 大正14年10月（東京市役所編） 1925.10 43p 15cm+図1枚

◇我等の東京（東京市政調査編） 1925.11 8,3,269p 19cm 後藤子爵記念市民賞論文

◇我等の東京：第2回後藤子爵記念市民賞論文 3版（東京市政調査会編） 1925.11 8,3,269p 19cm 後藤子爵記念市民賞論文

◇大阪市会史 第18巻（大阪市役所編） 1925.12 22,824p 25cm

◇市政研究神戸市長物語（伊藤貞五郎著） 1925.12 3,11,256p 19cm

◇小市民は東京市に何を希望しているか：第二回後藤子爵記念市民賞論文の綜合的調査（東京市政調査会編） 1925.12 2,11,248p 22cm

◇イタリアに於けるポデスタ並参与制 謄写版（東京市政調査会編） 1926 [6]p 27cm

◇イタリアに於けるポデスタ並参与制 複写（東京市政調査会編） 1926 [6]p 27cm

◇大阪市接近町村編入理由書 筆写（大阪市役所編） 1926 [8]p 26cm

◇市会議員の選挙に際して東京市民諸君に望む（東京市政調査会編） 1926 19p 22cm

◇市会提要（東京市役所編） 1926 4,205,21p 15cm

◇市制：改正の分（東京市会編） 1926 135p 15cm

◇市町村制度制定ノ沿革及現状ノ概要 1926 53p 23cm

◇上海特別市公用局一覧：民国十六年七月至十二月 上海特別市 1926 [103]p 26cm

◇政府ニ対スル東京市ノ希望 謄写版（東京市役所編） 1926 20p 26cm

◇蘇国グラスゴー市政一斑（生江孝之著） 内務省 1926 41p 23cm

◇帝都制案：東京府ノ廃止並神奈川県変更ニ関スル法律案 1926 67,2p 22cm

◇帝都制案参考書 1926 19p 22cm

◇帝都東京ノ復興ニ就テ：桑港ジャパン雑誌ニ寄稿原稿 タイプ（後藤新平著） 1926 [11]p 26cm

◇東京市会議員選挙資料 大正15年6月（[東京市政調査会市政専門図書館編]） 1926 1冊 27cm

◇東京市会議事速記録 大正15年（東京市会事務局編） 1926 30,1825,18p 22cm

◇東京市会決議録 大正15年 第1巻 自1月至3月（東京市役所編） 1926 4,487p 27cm

◇東京市会決議録 大正15年 第2巻 自4月至6月（東京市役所編） 1926 4,247p 27cm

◇東京市会決議録 大正15年 第3巻 自7月至9月（東京市役所編） 1926 3,98p 27cm

◇東京市会決議録 大正15年昭和元年 第4巻 自10月至12月（東京市役所編） 1926 2,42p 27cm

◇東京市会に於ける党派の沿革 謄写版（東京市政調査会編） 1926 [40]p 27cm

◇東京市会に於ける党派の沿革 謄写版, 複写（東京市政調査会編） 1926 [40]p 27cm

◇東京市公報 第1162号-第1235号 大正15年1月-6月（東京市[編]） 1926 1冊 26cm

◇東京市公報 第1236号-第1312号 大正15年7月-昭和元年12月（東京市[編]） 1926 1冊 26cm

◇東京市事務報告書 大正15年（東京市役所編） 1926 17,761p 26cm

◇東京市制制定ノ理由 謄写版 1926 [11]p 26cm

◇東京市制草案 未定稿 1926 82p 23cm

◇東京市制調査用参考書集（東京市役所編） 1926 12,298p 23cm

◇東京都制案, 武蔵県設置ニ関スル法律案, 武蔵県東京都組合法案 1926 80p 22cm

◇富山県射水郡下関村編入理由書 筆写（[高岡市役所編]） 1926 64p 24cm

◇日本研究所：独逸及日本の精神界並に公共制度の交互の知識を助長する研究所協会の定款（[日本研究所編]） 1926 9p 23cm

◇普国東部六州市制・普国東部七州町村制（衆院議員選挙法調査会編） 1926 77p 26cm

◇普選市会の大誕生に臨みて市民諸君の愛市心に訴ふ（後藤新平著） 1926 14p 23cm

◇普選市会の大誕生に臨みて市民諸君の愛市心に訴ふ：市会議員候補者岡田定信君の立候補に賛し本冊子を贈呈す（後藤新平著） 1926 14p 23cm

◇普選市会の大誕生に臨みて市民諸君の愛市心に訴ふ：鈴木伝兵衛君の立候補を賛し此小署を贈呈す（後藤新平著） 1926 14p 23cm

◇復興倶楽部は何が故に起りし乎：其の目的・使命及其の本質的意義（後藤新平著） 1926 10p 23cm

◇仏国市町村制（衆議院議員選挙法調査会編） 1926 59p 25cm

◇伯林市ノ特別市制ニ就テ 謄写版（三辺長治著） 1926 19p 26cm

◇松本市隣接町村編入調査資料 手書（松本市役所編） 1926 [4]p

26cm
- ◇模範市の名あるグラスゴー市　1926　37p 23cm
- ◇予が市長去就を明らかにし併せて二百万市民の愛市心に愬ふ　謄写版（後藤新平著）　1926　9p 25cm
- ◇横浜市隣接町村編入調査書（横浜市役所編）　1926　[96]p 27cm
- ◇ローマ市中央政庁　謄写版（東京市政調査会編）　1926　[6]p 26cm
- ◇ローマ市中央政庁　複写（東京市調査会編）　1926　[6]p 26cm
- ◇ローマ特別都制　謄写版（東京市政調査会編）　1926　[24]p 26cm
- ◇ローマ特別都制　複写（東京市調査会編）　1926　[24]p 26cm
- ◇倫敦地方制度ニ関スル調査　1926　58p 22cm
- ◇京都市隣接町村編入ニ就テ：大正15年1月調査　手書（京都府庶務課編）　1926.1　1冊 27cm
- ◇北米の首都コロンビヤ府と宝石の市グランデイル（滝沢七郎著）　1926.1　8p 23cm
- ◇パリ市及セーヌ県行政組織　謄写版（東京市政調査会編）　1926.2　68p 26cm
- ◇パリ市及セーヌ県行政組織　謄写版,複写（東京市政調査会編）　1926.2　68p 26cm
- ◇秋田県南秋田郡川尻村編入調書　筆写（秋田市役所編）　1926.3　40p 26cm
- ◇随意契約ニ依リ物品購買手続経路概要説明書：附　円表（東京市役所会計課編）　1926.3　12p 19cm
- ◇名古屋市特別制度ニ就テ（名古屋市会事務局編）　1926.3　3,59p 22cm
- ◇パリ市行政制度改革諸案　謄写版（エミール・メートル著,東京市政調査会資料課訳）　1926.3　74p 26cm
- ◇パリ市行政制度改革諸案　謄写版,複写（エミール・メートル著,東京市政調査会資料課訳）　1926.3　74p 26cm
- ◇欧米市制行脚（今村惟善著）　都市研究会　1926.4　9,234p 20cm
- ◇大阪市会史　第19巻（大阪市役所編）　1926.5　22,783p 25cm
- ◇改正市制町村制示解：附　地方税ニ関スル法律；地方税制限ニ関スル件；改正府県制其他関係諸法令（法令研究会編）　敬文社出版部　1926.5　437p 22cm
- ◇改正市町村制要論（桜井繁治著）　地方制度研究社　1926.7　19,510p 19cm
- ◇東京市政一覧（滝沢七郎著）　1926.7　2,26p 22cm
- ◇名古屋市政の現状（名古屋市役所編）　1926.7　55,5p 23cm
- ◇プロシア都市の行政組織　謄写版（ヒユーゴー・プロイス著,東京市政調査会資料室訳）　1926.7　88p 26cm
- ◇プロシア都市の行政組織　謄写版,複写（ヒユーゴー・プロイス著,東京市政調査会資料室訳）　1926.7　87p 26cm
- ◇市会議員改選に関する感想を陳べて市政改善に及ぶ（長谷川吉次著）　1926.8　65p 19cm
- ◇市町村制要論（星野武雄著）　大明堂書店　1926.8　1冊 22cm
- ◇地方議会の道義化及地方自治（小原新三著）　大阪屋号書店　1926.8　2,4,344p 23cm
- ◇島司郡市区長会議指示事項（島、郡）：大正十一年八月二十五日（東京府編）　1926.8　17p 27cm
- ◇改正市制町村制義解（川村芳次著）　帝国地方行政学会　1926.9　1冊 23cm
- ◇東京市政概要　大正15年（東京市役所編）　1926.9　11,404p 20cm
- ◇東京市政要覧　大正15年10月1日（東京市役所編）　1926.10　87p 15cm
- ◇岡山県自治講習所規程　謄写版（岡山県自治講習所編）　1926.11　[18]p 26cm
- ◇小倉市隣接町村編入調査資料　タイプ（小倉市役所編）　1926.12　[16]p 26cm
- ◇市民賞論文集（東京市政調査会編）　1926.12　5,266p 22cm　[後藤子爵記念市民賞論文]
- ◇高知市政概要（高知市役所編）　1927　47,12p 19cm
- ◇全国都市問題会議議題報告要領　第1回（[全国都市問題会議（第1回大阪昭和2年）編]）　1927　22p 23cm　（全国都市問題会議）
- ◇全国都市問題会議趣意書・会議要項・出席者名簿　第1回（[全国都市問題会議（第1回大阪昭和2年）編]）　1927　3枚 25cm　（全国都市問題会議）
- ◇全国都市問題会議申込出品目録　第1回（大阪市協会,[全国都市問題会議（第1回大阪昭和2年）編]）　1927　24p 23cm　（全国都市問題会議）
- ◇東京市会議事速記録　昭和2年（東京市会事務局編）　1927　26,1703,8p 22cm
- ◇東京市会決議録　昭和2年　第1巻　自1月至3月（東京市役所編）　1927　5,497p 27cm
- ◇東京市会決議録　昭和2年　第2巻　自4月至6月（東京市会事務局編）　1927　2,85p 27cm
- ◇東京市会決議録　昭和2年　第3巻　自10月至12月（東京市会事務局編）　1927　4,367p 27cm
- ◇東京市公報　第1313号-第1389号　昭和2年1月-6月（東京市[編]）　1927　1冊 26cm
- ◇東京市公報　第1390号-第1465号　昭和2年7月-12月（東京市[編]）　1927　1冊 26cm
- ◇シカゴ大学教授バージエス著「都市社会」の紹介　謄写版（東京市役所文書課調査掛編）　1927.1　17p 25cm　都市行政参考図書紹介旬報
- ◇東京市町内会に関する調査（東京市政調査会編）　1927.1　6,10,430p 23cm
- ◇普選に依る最初の市会議員選挙（東京市政調査会編）　1927.1　101p 22cm
- ◇疑惑に覆はれた瓦斯問題について　謄写版　1927.2　28p 26cm
- ◇アイオワ州デモイン市の委員制　謄写版（東京市政調査会資料課編）　1927.3　32p 23cm
- ◇アイオワ州デモイン市の委員制　謄写版（東京市政調査会資料室編）　1927.3　32p 23cm
- ◇神戸市隣接町村編入調査資料　手書（神戸市役所編）　1927.3　[28]p 26cm
- ◇ザクゼン及びブラウンシユワイグ都市の行政組織　謄写版（東京市政調査会編）　1927.3　[38]p 26cm
- ◇ザクゼン及びブラウンシユワイグ都市の行政組織　複写（東京市政調査会編）　1927.3　[38]p 26cm
- ◇佐世保市隣接町村編入調査資料　手書（佐世保市役所編）　1927.3　[26]p 26cm
- ◇都市行政組織に関する調査（東京市役所編）　1927.3　1冊 23cm　大都市行政比較調査報告
- ◇都市社会行政（東京市文書課編）　1927.3　1冊 22cm　大都市行政比較調査報告
- ◇名古屋市会先例彙輯（名古屋市会事務局編）　1927.3　11,44,354p 20cm
- ◇四日市市隣接町村編入調査資料　手書（四日市市役所編）　1927.3　[12]p 26cm
- ◇東京市政御進講資料（東京市役所編）　1927.4　28p 22cm
- ◇福島県自治事務講習所規程（福島県自治事務講習所編）　1927.4　11p 19cm
- ◇米国に於ける市政調査（東京市政調査会編）　1927.4　49　23cm　市政調査資料
- ◇六大市特別制度ニ就テ（名古屋市会事務局編）　1927.4　71p 22cm
- ◇金沢市政概要　昭和2年（金沢市役所編）　1927.6　7,2,228p 19cm
- ◇市会町村会議事必携（大塚辰治著）　自治館　1927.7　2,4,483p

◇19cm

◇都市行政と地方自治（菊池慎三著） 崇文堂出版部 1927.7 5,4,398p 23cm

◇臨時市政審議委員会第二分科会審議事項 自第1号至第10号（東京市役所編） 1927.8 1冊 22cm

◇各市聯合協議会問題 第27回（[全国各市聯合協議会（第27回山形昭和2年）編]） 1927.9 7,48,5p 26cm

◇東京市政概要 昭和2年（東京市役所編） 1927.9 2,10,350p 19cm

◇東京市附近町村の市編入に就て（田辺定義述） 西巣鴨町自治会 1927.9 19p 23cm

◇特別市制問題と欧米大都市制度（東京市会事務局編） 1927.9 1冊

◇大都市事務協議会記録：附六大都市特別市制々定促進ニ関スル市長市会議長聯合協議会記録 第6回（東京市役所編） 1927.10 35p 22cm

◇東京市政：昭和二年十月一日（東京市役所編） 1927.10 77p 19cm

◇大阪市会史 第21巻（大阪市役所編） 1927.11 30,1001p 25cm

◇全国都市問題会議録 第1回（大阪都市協会, 全国都市問題会議（第1回大阪昭和2年）[編]） 大阪都市協会 1927.11 4,238p 23cm（全国都市問題会議）

◇名古屋（名古屋市役所編） 1927.11 6,502p 16cm

◇欧米都市を視て（藤原俊雄述） 東京市文書課 1927.12 21p 23cm

◇東京都制に関する諸案（東京市政調査会編） 1927.12 2,107p 22cm 市政調査資料

◇婦人の観た東京市政（東京市政調査会編） 1927.12 10,312p 20cm 後藤子爵記念市民賞論文

◇江戸の市政組織並地域区制（復興局長官官房計画課編） 1928 29p 23cm

◇市会に関する制度改善緒案：質問書に対する回答の調査（東京市政調査会編） 1928 24p 22cm

◇大都市調査統計協議会記録 第1回（東京市文書課編） 1928 33p 23cm

◇東京市会解散に関する各紙の論調（東京市政調査会[編]） 東京市政調査会 1928 20p 28cm

◇東京市会革正に就て同憂の士に告ぐ京成電車大疑獄事件の真相 第1編 謄写版（遠藤正次述） 1928 8p 26cm

◇東京市会議事速記録 昭和3年（東京市会事務局編） 1928 24,1361,11p 22cm

◇東京市会議事録抄 昭和3年 謄写版, 内容：板船権補償問題（東京市中央卸売市場編） 1928 55p 26cm

◇東京市会決議録 昭和3年 第1巻 自1月至3月（東京市役所編） 1928 5,549p 27cm

◇東京市会制度改善に関する参考資料（東京市政調査会編） 1928 24p 22cm

◇東京市公報 第1466号-第1540号 昭和3年1月-6月（東京市[編]） 1928 1冊 26cm

◇東京市公報 第1541号-第1613号 昭和3年7月-12月（東京市[編]） 1928 1冊 26cm

◇高岡市隣接町村編入調査資料 謄写版（高岡市役所編） 1928.1 [46]p 26cm

◇東京市事務報告書 昭和2年（東京市役所編） 1928.1 19,881p 27cm

◇執務便覧（東京市役所編） 1928.3 208p 15cm

◇市民賞論文集 大正15年 再版（東京市政調査会編） 1928.3 5,266p 23cm [後藤子爵記念市民賞論文]

◇東京市町会事業概要 昭和2年十一月調査（東京市役所編） 1928.3 136p 23cm

◇近畿各市協議会問題 第5回（大津市役所編） 1928.4 10p 27cm

◇四国各市聯合協議会決議録 第6回（丸亀市役所編） 1928.4 23p 23cm

◇市政に於ける委員会制及支配人制（東京市政調査会編） 1928.4 3,3,159p 23cm 市政調査資料

◇自治制制定の顚末：自治行政参考資料（大森鐘一述） 全国町村長会 1928.4 69,18p 22cm

◇中国各市聯合協議会議事録 第1回（岡山市役所編） 1928.4 6,109p 23cm

◇東海各市聯合協議会提出問題 第10回（大垣市役所編） 1928.4 17p 25cm

◇関東各市協議会議事録 第12回 謄写版（千葉市役所編） 1928.5 52p 23cm

◇最近十年間の長野市（長野市役所編） 1928.5 6,163p 23cm

◇ビーアド博士講演集 訂正再版（チャールズ・エー・ビーアド述, 東京市政調査会編） 1928.6 7,5,114p 23cm

◇松本（松本市役所編） 1928.6 50p 19cm

◇市政の浄化は市民の責任（東京市政調査会編） 1928.8 1枚 18cm 市政カード

◇地方自治と東京市政（菊池慎三著） 良書普及会 1928.8 9,7,281p 23cm

◇東京市政概要 昭和3年（東京市役所編） 1928.9 12,441p 19cm

◇名古屋市政の現状（名古屋市役所編） 1928.9 53,6p 23cm+図1枚

◇名古屋市年表（名古屋市会事務局編） 1928.9 90p 19cm

◇市会特別委員会ノ議事公開ニ関スル建議（東京市政調査会編） 1928.10 4p 26cm

◇自治三十周年に際し市民諸君に寄す（市来乙彦著） 東京市 1928.10 108p 19cm

◇東京市開庁三十年紀念町会事業概観 改訂再版（小笠原専明著） 町会時報社 1928.10 3,188p 22cm

◇東京市疑獄史（東京府地方改良協議会編） 日本魂社 1928.10 114p 19cm

◇東京市政側面史（田中茂著） 汎人社 1928.10 71p 19cm

◇函館市市是（函館市役所編） 1928.11 43p 22cm 函館市公報

◇群馬県自治講習所概要（群馬県自治講習所編） 1928.12 2,108p 19cm

◇市会解散に際し市民諸君に望む（東京市政調査会編） 1928.12 1枚 18cm 市政カード

◇大都市調査統計協議会臨時会記録（大阪市役所編） 1928.12 19p 23cm

◇秋田市隣接町村編入調査資料 手書（秋田市役所編） 1929 [10]p 26cm

◇昭和四年東京市会議員総選挙立候補者への質問回答（東京市政調査会編） 1929 1冊 24×30cm

◇鶴岡市地域決定調査資料 手書（都市計画山形地方委員会編） 1929 [50]p 26cm

◇東京市会議員選挙資料 昭和4年3月 その1（[東京市政調査会市政専門図書館編]） 1929 1冊 27cm

◇東京市会議員選挙資料 昭和4年3月 その2（[東京市政調査会市政専門図書館編]） 1929 1冊 27cm

◇東京市会議員選挙資料 昭和4年3月 その3（[東京市政調査会市政専門図書館編]） 1929 1冊 27cm

◇東京市会議員選挙資料 昭和4年3月 その4（[東京市政調査会市政専門図書館編]） 1929 1冊 27cm

◇東京市会議員選挙標語ポスター：市会議員選挙八則（東京市政調査会編） 1929 1枚 27cm

◇東京市会議員選挙標語ポスター：市会選挙粛正（東京市政調査会編） 1929 1枚 26cm

◇東京市会議員選挙標語ポスター：市会選挙粛正（東京市政調査会編） 1929 1枚 27cm

◇東京市会議員選挙標語ポスター：選挙標語（東京市政調査会編） 1929 1枚 26cm

◇東京市会議員選挙標語ポスター：選挙標語(東京市政調査会編)
　1929 1枚 27cm
◇東京市会議員選挙標語ポスター：市会議員選挙八則(東京市政調査会編)　1929 1枚 26cm
◇東京市会議員選挙立候補者調 昭和4年3月([東京市政調査会市政専門図書館編])　1929 1冊 27cm
◇東京市会議事速記録 昭和4年(東京市会事務局編)　1929 24,1449,13p 22cm
◇東京市公報 第1614号-第1687号 昭和4年1月-6月(東京市[編])　1929 1冊 26cm
◇東京市公報 第1688号-第1761号 昭和4年7月-12月(東京市[編])　1929 1冊 26cm
◇巴里中央市庁設置案ニ就テ　謄写版(東京市政調査会編)　1929 17p 26cm
◇巴里中央市庁設置案ニ就テ　複写(東京市政調査会編)　1929 17p 26cm
◇広島市町村合併ニ関スル調査書(広島市役所編)　1929 44p 23cm
◇市会に関する制度改善諸案(東京市政調査会編)　1929.1 46p 22cm　都市問題パンフレット
◇市町村吏員講習会講習要項(長野県編)　1929.1 1冊 23cm
◇福岡県自治講習所諸規程(福岡県自治講習所編)　1929.1 9p 16cm
◇我が国に於ける都市協議機関(東京市文書課編)　1929.1 138p 22cm
◇改正市会議員選挙法解義並に其の手続(藤田敬治著)　藤田敬治法律事務所　1929.2 18,216p 19cm
◇かくの如き市会議員を選べ(東京市政調査会編)　1929.2 1枚 18cm　市政カード
◇東京市政当面の諸問題(東京市政調査会編)　1929.2 25p 22cm
◇都市地理研究(人文地理学会編)　刀江書院　1929.2 3,270p 22cm　人文地理学報
◇関東各市聯合協議会議案：附 協議事項 第13回(川崎市役所編)　1929.3 [43]p 27cm
◇京都市政要覧(京都市役所編)　1929.3 2,10,382p 19cm
◇市制町村制理由(東京地方改良協会編)　1929.3 2,231p 22cm
◇市町村会議員必携(地方自治協会編)　1929.3 10,506,38p 19cm
◇東京市事務報告書 昭和3年(東京市役所編)　1929.3 16,763p 27cm
◇都市と農村(柳田国男著)　朝日新聞社　1929.3 6,4,284p 19cm　朝日常識講座
◇婦人公民権の話(朝日新聞社編)　1929.3 96p 19cm　朝日民衆講座
◇普選に依る最初の市会議員選挙　増補再版(東京市政調査会編)　1929.3 136p 23cm
◇京都市行政区改正ニ関スル概要　謄写版(京都市役所編)　1929.4 85p 22cm
◇特別市制の話(田中藤作著)　大阪市政研究会　1929.4 4,70p 19cm
◇浪費の王城・東京市政(山田忠正述)　大潮社　1929.4 23p 22cm
◇六大都市市会議長会議報告 第8回(神戸市役所編)　1929.4 8p 22cm
◇紐育市政の研究(藤田進一郎著)　大阪都市協会　1929.5 137p 23cm
◇我国に於ける特別市制運動(有光金兵衛著)　大同書院　1929.5 141p 22cm
◇大都市調査統計協議会特別委員会記録(名古屋市役所編)　1929.6 16p 22cm
◇我国都市行政の大恩人としての後藤伯爵を憶ふ(池田宏著)　東京市政調査会　1929.6 19p 23cm　都市問題パンフレット
◇大阪市会議員第一次普通選挙文書戦上に現れたる政見の量的観察(大阪市社会部調査課編)　1929.7 14p 23cm　社会部報告

◇倫敦の市制と市政(小川市太郎著)　大阪都市協会　1929.8 90p 23cm
◇東京市政概要 昭和4年(東京市役所編)　1929.9 12,458p 19cm
◇帝都市民諸君に寄す(堀切善次郎著)　東京市　1929.10 72p 19cm
◇東京市の公報(東京市役所編)　1929.10 72p 19cm　市政叢書
◇東京市の状況に就て　謄写版(東京市統計課編)　1929.10 8p 25cm　東京市ノ状況
◇名古屋市政の今日と明日(名古屋新聞社編)　1929.10 32p 20cm　名古屋新聞
◇八幡市勢概要(八幡市役所編)　1929.10 111p 19cm
◇区会議員選挙に際し区民諸君に警告す(東京市政調査会編)　1929.11 1枚 18cm　市政カード
◇大東京(中村舜二著)　大東京刊行会　1929.11 4,21,720p 23cm
◇東京市民ト普通選挙　謄写版(東京市統計課編)　1929.11 38p 24cm　東京市ノ状況
◇大垣市隣接町村編入調査資料　手書(大垣市役所編)　1929.12 [28]p 26cm
◇大阪市制案：浪速県設置ニ関スル法律案　1930 63p 22cm
◇東京市会議事速記録 昭和5年(東京市会事務局編)　1930 25,1619,13p 22cm
◇東京市公報 第1762号-第1833号 昭和5年1月-6月(東京市[編])　1930 1冊 26cm
◇東京市公報 第1834号-第1909号 昭和5年7月-12月(東京市[編])　1930 1冊 26cm
◇東京市職制並ニ改革案 昭和五年三月末日現在(東京市役所編)　1930 1枚 37×49cm
◇英国現行の市制と市政(東京市政調査会編)　1930.1 4,4,167p 22cm　市政調査資料
◇昭和四年三月施行東京市会議員選挙投票棄権者に関する調査速報　謄写版(東京市統計課編)　1930.1 23p 24cm　東京市ノ状況
◇大都市制度調査会速記録 第1回(大都市制度調査会編)　1930.1 27p 26cm
◇大都市制度調査資料 其の1　謄写版(内務省地方局編)　1930.1 6,470p 27cm
◇大都市制度調査資料 其の2　謄写版(内務省地方局編)　1930.1 [392]p 27cm
◇東京市事務報告書 昭和4年(東京市役所編)　1930.1 6,390p 27cm
◇普選ニ依ル名古屋市最初ノ市会議員総選挙(名古屋市役所編)　1930.1 67,14p 20cm
◇欧米日本都市問題体系 [上](ウイリアム・ベネット・ムンロー著, 道家斉一郎訳補)　白鳳社　1930.3 12,722p 22cm
◇改正市町村制詳解(相馬昌三著, 菊池武夫著)　島鮮堂綱島書店　1930.3 7,373p 18cm
◇大都市制度論(池田宏著, 次田大三郎著)　東京市政調査会　1930.3 51p 22cm　都市問題パンフレット
◇東京市区会議員選挙の結果　手書(小倉庫次著)　1930.3 [24]p 28cm
◇都市産業行政に関する調査(東京市文書課編)　1930.3 406,273p 22cm　大都市行政比較調査報告
◇中国各市聯合協議会議事録 第2回(松江市役所編)　1930.4 9,60p 23cm
◇岡崎市隣接町村編入調査資料　手書(岡崎市役所編)　1930.5 [7]p 26cm
◇金沢市隣接町村編入調査資料(金沢市役所編)　1930.5 18p 26cm
◇郡山市隣接町村編入調査資料　謄写版(郡山市役所編)　1930.5 [7]p 26cm
◇静岡市隣接町村編入調査資料　手書(静岡市役所編)　1930.5 [15]p 26cm

◇全国各市聯合協議会追加問題 第30回（宇治山田市役所編） 1930.5 23p 27cm

◇第二九回全国各市聯合協議会宿題：第三〇回全国各市聯合協議会提出（[全国各市聯合協議会（第30回宇治山田昭和5年）編]） 1930.5 38p 27cm

◇高崎市隣接町村編入調査資料 手書（高崎市役所編） 1930.5 10p 26cm

◇都市研究平安京変遷史：附 古地図集（藤田元春著） スズカケ出版部 1930.5 3,6,165p 26cm

◇富山市隣接町村編入調査資料 手書（富山市役所編） 1930.5 [26]p 26cm

◇弘前市隣接町村編入調査資料 謄写版（弘前市役所編） 1930.5 [48]p 26cm

◇福岡市隣接町村編入調査資料 タイプ（福岡市役所編） 1930.5 [13]p 26cm

◇門司市隣接町村編入調査資料 タイプ（門司市役所編） 1930.5 [14]p 26cm

◇盛岡市隣接町村編入調査資料 手書（盛岡市役所編） 1930.5 [14]p 26cm

◇八幡市隣接町村編入調査資料 タイプ（八幡市役所編） 1930.5 [16]p 26cm

◇川崎市隣接町村編入調査資料 手書（川崎市役所編） 1930.6 [5]p 26cm

◇清水市隣接町村編入調査資料 謄写版（清水市役所編） 1930.6 [9]p 26cm

◇都会の科学（原田三夫著） 学洋社出版部 1930.6 4,249p 20cm 誰れにもわかる科学全集

◇徳島市隣接町村編入調査資料 手書（徳島市役所編） 1930.6 [4]p 26cm

◇長野隣接町村編入調査資料 謄写版（長野市役所編） 1930.6 [6]p 26cm

◇奈良隣接町村編入調査資料 手書（奈良市役所編） 1930.6 [4]p 26cm

◇大都市制度調査答申共通案（大都市制度調査会編） 1930.8 4,306p 27cm

◇京都市隣接町村編入調査書（京都市役所編） 1930.9 1冊 26cm

◇全国都市問題会議 第2回 第3冊 参考資料 乙編（東京市政調査会編, 全国都市問題会議（第2回東京市昭和5年）[編]） 東京市政調査会 1930.9 1冊 22cm （全国都市問題会議）

◇大都市制度ニ関スル意見書（大都市制度調査会編） 1930.9 5,308p 22cm

◇北信各市聯合協議会問題 第17回（長岡市役所編） 1930.9 17p 26cm

◇我等の千葉市：千葉市制施行十周年記念小市民懸賞論文集（続木繁一編） 松田屋書店 1930.9 156p 19cm

◇自治及都市問題：名古屋市人口百万記念大会の講演（池田宏述, 前田多門述） 名古屋市役所 1930.10 78p 19cm

◇全国都市問題会議速記録 第2回 第1冊（東京市政調査会編） 1930.10 [398]p 27cm

◇全国都市問題会議速記録 第2回 第2冊（東京市政調査会編） 1930.10 [619]p 27cm

◇全国都市問題会議速記録 第2回 第3冊（東京市政調査会編） 1930.10 [417]p 27cm

◇全国都市問題会議 第2回 第1冊 研究報告 再版（東京市政調査会編, 全国都市問題会議（第2回東京市昭和5年）[編]） 東京市政調査会 1930.10 11,525p 23cm （全国都市問題会議）

◇全国都市問題会議 第2回 第2冊 参考資料 甲編（東京市政調査会編, 全国都市問題会議（第2回東京市昭和5年）[編]） 東京市政調査会 1930.10 1冊 22cm （全国都市問題会議）

◇帝都市民諸君に告ぐ：第三十二回自治記念日（永田秀次郎著） 東京市 1930.10 90p 19cm

◇八幡市勢概要（八幡市役所編） 1930.10 100p 20cm

◇市制町村制実例総覧（良書普及会編） 1930.12 48,634p 23cm

◇全国都市問題会議 第2回 第4冊 議事要録（東京市政調査会編, 全国都市問題会議（第2回東京市昭和5年）[編]） 東京市政調査会 1930.12 2,10,364p 22cm （全国都市問題会議）

◇公文処理及保管（張鋭著） [天津市] 1931 39p 27cm

◇東京市会議事速記録 昭和6年（東京市会事務局編） 1931 28,1709p 22cm

◇東京市公報 第1910号-第1983号 昭和6年1月-6月（東京市[編]） 1931 1冊 26cm

◇東京市公報 第1984号-第2057号 昭和6年7月-12月（東京市[編]） 1931 1冊 26cm

◇特別市制に就て 謄写版（一木喜徳郎著） 1931 28p 24cm

◇特別市制に就て 謄写版（水野錬太郎著） 1931 41p 24cm

◇都市問題研究 第1輯 都市の経済的概念と本質 都市企業の財政的意味（大谷政敬著） 1931 23p 23cm

◇東京市事務報告書 昭和5年（東京市役所編） 1931.1 6,371p 27cm

◇市町村の自治権（挟間茂著） 良書普及会 1931.3 242p 23cm 地方制度研究

◇東京市政概要 昭和6年版（東京市役所編） 1931.3 12,474p 19cm

◇投票棄権者ニ関スル調査：昭和四年三月東京市会議員総選挙（東京市統計課編） 1931.3 2,3,194p 22cm

◇比較市政府（張鋭著） 華通書局 1931.3 32,719p 22cm

◇板船事件の真相を語る（岸田菊伴著） 現代パンフレット通信社 1931.4 48p 23cm

◇九州沖縄各市会議長協議会協議事項 第5回（中津市役所編） 1931.4 7p 26cm

◇九州沖縄各市長協議会決議事項 第24回（中津市役所編） 1931.4 14p 26cm

◇四国各市聯合協議会及庶務主任会議事録 第9回 謄写版（松山市編） 1931.4 [36]p 25cm

◇自治解放論（池田宏著） 都市研究会 1931.4 21p 22cm

◇自治制発布記念日設定論：附 自治政に関する同人の一人一策（池田宏著） 東京市政調査会 1931.4 52p 23cm 都市問題パンフレット

◇大京都市現勢概要（京都市役所編） 1931.4 22p 22cm

◇中国各市聯合協議会議事録 第4回（下関市役所編） 1931.4 11,90p 23cm

◇朝鮮の都市：京城仁川（大陸情報社編） 1931.4 13,271,118p 23cm

◇松江市の主なる施設事業（松江市役所編） 1931.4 25p 23cm

◇危い哉東京市：二百万市民を魔の淵に誘ひ込む八十四ヶ町村の併合（瀬川光行著） 1931.6 46p 19cm

◇関東各市聯合協議会提出議案 第15回（水戸市役所編） 1931.6 [70]p 27cm

◇視察報告書 謄写版（平塚町役場編） 1931.6 1冊 24cm

◇東海各市聯合協議会提出問題 第13回（清水市役所編） 1931.6 16, 27,13p 26cm

◇都市と都市社会事業資料（大阪市社会部調査課編） 1931.6 3,839p 22cm 社会部報告

◇隣接町村併合は何故急務か：大東京建設の時は来た。五百万都民共同福利のために即時無条件併合を断行せよ。（山田忠正述） 大衆自治社 1931.6 39p 19cm

◇奥羽六県北海道市長会議案 第26回（福島市役所編） 1931.7 12p 26cm

◇大都市問題と市町村の統合：大東京に於ける時の問題（池田宏著） 東京市政調査会 1931.7 20p 23cm 都市問題パンフレット

◇北信各市聯合協議会問題 第18回（松本市役所編） 1931.7 11p 27cm

◇全国市長会問題 第31回（[全国市長会（第31回長岡昭和6年）編]） 1931.9 12,53p 27cm

◇東京市市域拡張理由書 謄写版（東京市臨時市域拡張部編） 1931.9 9p 26cm

◇五大都市に於ける近郊町村の編入事情（[東京府]落合町役場編） 1931.10 63p 23cm 調査報告書

◇大都市調査統計協議会記録 第5回（東京市役所編） 1931.10 30p 23cm

◇東京市政の現状：第三十三回自治記念日公刊（東京市役所編） 1931.10 32p 19cm

◇八幡市勢概要 昭和6年（八幡市役所編） 1931.10 104p 20cm

◇大連（大連市役所編） 1931.11 111p 13×19cm

◇町会永代記録：[町会活動記録用冊子][未記入]（武田義信著） 国光社 1931.11 1冊 26cm

◇豊多摩郡各町現状調査 謄写版（東京市役所編） 1931.11 13冊 23cm 市域拡張調査資料

◇荏原郡各町村現状調査 謄写版（東京市役所編） 1931.12 19冊 23cm 市域拡張調査資料

◇北豊島郡各町村現状調査 謄写版（東京市役所編） 1931.12 20冊 23cm 市域拡張調査資料

◇自治産業発達史（東京日日通信社編） 1931.12 501,249,474p 26cm

◇東京市域変更沿革調（東京市役所編） 1931.12 28p 27cm 市域拡張調査資料

◇特別市制ニ関スル諸案 其の1（東京市役所編） 1931.12 6,315p 23cm 大都市制度調査資料

◇特別市制ニ関スル諸案 其の2（東京市役所編） 1931.12 3,270p 23cm 大都市制度調査資料

◇南足立郡各町村現状調査 謄写版（東京市役所編） 1931.12 10冊 23cm 市域拡張調査資料

◇区設置ニ関スル参考資料 謄写版（東京市役所編） 1932 1冊 26cm

◇公同組合関係規程（京都市中京区聯合公同組合幹事会編） 1932 24p 19cm

◇市政一斑（名古屋市役所編） 1932 68p 19cm

◇大東京の完成（香坂昌康著） 1932 14p 23cm

◇東京市会議員選挙資料 昭和7年10月（[東京市政調査会市政専門図書館]） 1932 1冊 27cm

◇東京市会議事速記録 昭和7年（東京市会事務局編） 1932 30,1818,19p 22cm

◇東京市公報 第2058号-第2132号 昭和7年1月-6月（東京市[編]） 1932 1282,25p 26cm

◇東京市公報 第2133号-第2208号 昭和7年7月-12月（東京市[編]） 1932 1冊 26cm

◇東京市制案要綱 謄写版（東京市役所編） 1932 247p 27cm

◇東京市制諸案提案理由：附 区制案理由 複写（東京市政調査会編） 1932 79p 26cm

◇東京市制諸案提案理由：附 区制案理由（東京市政調査会編） 1932 79p 26cm

◇東京市制問題に対する東京府市区町村側等の意見（東京市政調査会編） 1932 40p 22cm

◇東京府知事ヨリ内務大臣提出関係書類 謄写版（東京市役所編） 1932 1冊 26cm

◇市郡併合問題に就て五百万都民に訴ふ（丸山鶴吉著） 大衆自治社 1932.1 30p 19cm

◇調査統計事務ニ関スル報告 第1回（東京市役所編） 1932.1 65p 22cm

◇南葛飾郡各町村現状調査 謄写版（東京市役所編） 1932.1 20冊 23cm 市域拡張調査資料

◇大阪府市町村治績 第14回（大阪府内務部地方課編） 1932.2 101p 23cm

◇京都大阪名古屋市域拡張手続調（東京市臨時市域拡張部編） 1932.2 15,341p 22cm

◇市町村合併ニ関スル意見書類蒐録（東京市役所編） 1932.2 5,7,97p 23cm

◇大都市制度ニ関スル意見書（東京市役所編） 1932.2 5,308p 22cm 大都市制度調査資料

◇大阪市民と特別市制（大阪特別市制期成同盟会編） 1932.3 36p 19cm

◇外国に於ける大都市制度 其の1（東京市役所編） 1932.3 202p 23cm 大都市制度調査資料

◇外国に於ける大都市制度 其の2（東京市役所編） 1932.3 234p 23cm 大都市制度調査資料

◇外国に於ける大都市制度 其の3（東京市役所編） 1932.3 250p 23cm 大都市制度調査資料

◇京都大阪名古屋市域拡張経過概要（東京市役所編） 1932.3 56p 23cm

◇市制施行の本義：国法上に於ける都市行政の地位（池田宏著） 都市研究会 1932.3 27p 23cm 都市計画叢書

◇大都市制度ニ関スル地方長官意見書（東京市役所編） 1932.3 4,218p 23cm 大都市制度調査資料

◇東京市政要 昭和7年版（東京市役所編） 1932.3 377p 20cm

◇東京市庁舎ノ現状 タイプ 1932.3 [8]p 26cm

◇関東市長会議議案 第16回（桐生市役所編） 1932.4 [60]p 27cm

◇四国各市聯合協議会及庶務主任会決事録 第10回 謄写版（松山市編） 1932.4 [35]p 25cm

◇全国都市問題会議総会 第3回 第4冊 参考資料 内務省地方局編 昭和6年度地方財政概要（全国都市問題会議（第3回名古屋昭和7年）編） 1932.4 103p 27cm 全国都市問題会議会報

◇中国各市聯合協議会決議事項経過報告書 第4回（下関市編） 1932.4 4p 27cm

◇中国市長会議事録 第5回（広島市役所編） 1932.4 49p 23cm

◇東京市市域拡張区域ニ関スル調査（東京市役所編） 1932.4 56p 27cm 市域拡張調査資料

◇大阪都制案（大阪市役所編） 1932.5 54p 23cm

◇全国都市問題会議総会 第3回 第3冊 参考資料 第1議題編 負担並税制（全国都市問題会議（第3回名古屋昭和7年）編） 1932.5 2,14,482p 23cm 全国都市問題会議会報

◇全国都市問題会議総会 第3回 第5冊 参考資料 第2議題編 汚物処理並汚染防止（全国都市問題会議（第3回名古屋昭和7年）編） 1932.5 2,28,522p 22cm 全国都市問題会議会報

◇全国都市問題会議総会 第3回 補冊 研究報告 追録編（全国都市問題会議（第3回名古屋昭和7年）編） 1932.5 1,4,156p 23cm 全国都市問題会議会報

◇全国都市問題会議総会 第3回 第1冊 研究報告 第1議題編 負担並税制（全国都市問題会議（第3回名古屋昭和7年）編） 1932.6 6,237p 23cm 全国都市問題会議会報

◇全国都市問題会議総会 第3回 第2冊 研究報告 第2議題編 汚物処理並汚染防止（全国都市問題会議（第3回名古屋昭和7年）編） 1932.6 1冊 23cm 全国都市問題会議会報

◇東京市の立体的考察（松尾小三郎著） 豆満江協会 1932.6 22,226p 23cm

◇都市行政視察報告書（京城府編） 1932.6 21p 22cm 京城彙報

◇青森市要覧（青森市役所編） 1932.8 121p 17cm＋図1枚

◇全国都市問題会議総会 第3回 第6冊 議事要録（全国都市問題会議（第3回名古屋昭和7年）編） 1932.8 6,295p 23cm 全国都市問題会議会報

◇町村及町村組合例規類集（東京市役所編） 1932.8 1冊 23cm

◇東京市会史 第1巻 市制々定以前ノ東京市政沿革概要（東京市会事務局編） 1932.8 859,10p 25cm

◇事務引継提要(東京市臨時市域拡張部編) 1932.9 59p 19cm

◇八幡市勢概要 昭和7年(八幡市役所編) 1932.9 109p 20cm

◇外国に於ける大都市制度 其の4(東京市役所編) 1932.10 5,150,2p 23cm 大都市制度調査資料

◇関東州市制及同施行規則(関東庁地方課編) 1932.10 59p 19cm

◇大東京概観:市域拡張記念(東京市役所編) 1932.10 8,652p 23cm

◇大東京市政?:市政浄化は新市民の手で(三上徳三郎著) 1932.10 70p 19cm

◇大東京に課せられたる諸問題と其の解決方策:第八回後藤伯爵記念市民賞入選論文集(東京市政調査会編) 1932.10 187p 23cm

◇東京都制案要綱審議経過要録(東京市政調査会編) 1932.10 44p 22cm

◇東京都制と都長官通論:区の権限拡張と区長選(阿南常一著) 1932.10 19p 22cm

◇都制問題(牛塚虎太郎著) 1932.10 24p 22cm

◇名古屋市民と特別市制(名古屋特別市制期成同盟会編) 1932.10 11p 19cm

◇大阪市概観(大阪市役所編) 1932.11 8,339p 23cm

◇市政一斑 昭和7年版(岐阜市役所編) 1932.11 57p 19cm

◇大東京物語(東京市地理教育研究会編著) 1932.11 13,414p 19cm

◇対大阪市ノ問題ニ関スル考査(堺市会特市対策調査委員会編) 1932.12 72p 22cm

◇大東京の施設と都制問題(永田秀次郎述、昭和協会編) 1932.12 22p 22cm

◇東京都制案要綱:(附)東京都制問題に対する東京府市区町村側等の意見、東京都制に関する諸案の要綱(東京市政調査会編) 1932.12 103p 23cm

◇東京都の区域論(池田宏著) 東京市政調査会 1932.12 39p 23cm 東京都制論

◇東京市会議員選挙粛正に対する諸家の意見 昭和8年3月 1 [候補者] 手書([東京市政調査会市政専門図書館編]) 1933 1冊 23cm

◇東京市会議員選挙粛正に対する諸家の意見 昭和8年3月 2 [立候補] 手書([東京市政調査会市政専門図書館編]) 1933 1冊 23cm

◇東京市会議員選挙粛正に対する諸家の意見 昭和8年3月 3 [政党等] 手書([東京市政調査会市政専門図書館編]) 1933 1冊 23cm

◇東京市会議員選挙粛正に対する諸家の意見 昭和8年3月 4 [市民の団体] 手書([東京市政調査会市政専門図書館編]) 1933 1冊 23cm

◇東京市会議員選挙粛正に対する諸家の意見 昭和8年3月 5 [市民同盟] 手書([東京市政調査会市政専門図書館編]) 1933 1冊 23cm

◇東京市会議員選挙粛正に対する諸家の意見 昭和8年3月 6 [選挙] 手書([東京市政調査会市政専門図書館編]) 1933 1冊 23cm

◇東京市会議員選挙粛正に対する諸家の意見 昭和8年3月 7 [第三者の判断] 手書([東京市政調査会市政専門図書館編]) 1933 1冊 23cm

◇東京市会議員選挙粛正に対する諸家の意見 昭和8年3月 8 [選挙運動] 手書([東京市政調査会市政専門図書館編]) 1933 1冊 23cm

◇東京市会議員選挙粛正に対する諸家の意見 昭和8年3月 9 [選挙費用] 手書([東京市政調査会市政専門図書館編]) 1933 1冊 23cm

◇東京市会議員選挙粛正に対する諸家の意見 昭和8年3月 10 [その他] 手書([東京市政調査会市政専門図書館編]) 1933 1冊 23cm

◇東京市会議員選挙資料 昭和8年3月 その1([東京市政調査会市政専門図書館編]) 1933 1冊 27cm

◇東京市会議員選挙資料 昭和8年3月 その2([東京市政調査会市政専門図書館編]) 1933 1冊 27cm

◇東京市会議員選挙資料 昭和8年3月 その3([東京市政調査会市政専門図書館編]) 1933 1冊 27cm

◇東京市会議員選挙資料 昭和8年3月 その4([東京市政調査会市政専門図書館編]) 1933 1冊 27cm

◇東京市会議員選挙資料 昭和8年3月 その5([東京市政調査会市政専門図書館編]) 1933 1冊 27cm

◇東京市会議員選挙資料 昭和8年3月 その6([東京市政調査会市政専門図書館編]) 1933 1冊 27cm

◇東京市会議員選挙資料 昭和8年3月 その7([東京市政調査会市政専門図書館編]) 1933 1冊 27cm

◇東京市会議員選挙立候補者調 昭和8年3月 第1輯([東京市政調査会市政専門図書館編]) 1933 1冊 27cm

◇東京市会議員選挙立候補者調 昭和8年3月 第2輯([東京市政調査会市政専門図書館編]) 1933 1冊 27cm

◇東京市会議事速記録 昭和8年 第1-13号(東京市会事務局編) 1933 48,1456p 21cm

◇東京市会議事速記録 昭和8年 第14-21号(東京市会事務局編) 1933 [1233],42p 21cm

◇東京市公報 第2209号-第2279号 昭和8年1月-6月(東京市[編]) 1933 1冊 26cm

◇東京市公報 第2280号-第2354号 昭和8年7月-12月(東京市[編]) 1933 1冊 26cm

◇東京都芝区会議員選挙資料 昭和8年11月([東京市政調査会市政専門図書館]編) 1933 1冊 23cm

◇東京都の議会及都長論(池田宏著) 1933 41p 23cm 東京都制論

◇嘉義市を繁栄せしむへき具体的方策(嘉義市役所編) 1933.1 163p 23cm 当選懸賞論文集

◇東京市会総選挙に関する各方面の意見(東京市政調査会編) 1933.1 222p 22cm

◇東京市事務報告 昭和7年(東京市役所編) 1933.1 6,156p 27cm

◇大阪府市町村治績 第15回(大阪府内務部地方課編) 1933.2 179p 23cm

◇県土村制度ノ事変前ニ於ケル状態([満州]国務院民政部総務司調査科編) 1933.2 39p 18cm 調査資料

◇現代都市文化批判(伊福部隆輝著) 日東書院 1933.2 8,340p 19cm

◇東京都制論(池田宏著) 東京市政調査会 1933.2 5,172p 23cm

◇関東市長会議々録 第17回(八王子市役所編) 1933.3 84p 23cm

◇京都市政の裏面(宗形金風著) 郊外社 1933.3 71p 19cm

◇工業都市奉天(奉天商工会議所編) 1933.3 122p 23cm 奉天商工月報

◇市制沿革ニ関スル調査 其ノ1(東京市役所編) 1933.3 14,223p 22cm

◇選挙を過たぬために(東京市政調査会編) 1933.3 135p 23cm

◇大東京市政の一瞥(東京市政調査会編) 1933.3 1枚 18cm 市政カード

◇東京市会史 第2巻 市制特例廃止以降ノ東京市会(東京市会事務局編) 1933.3 18,1024p 25cm

◇東京市会史 第3巻 自明治38年1月至明治45年7月(東京市会事務局編) 1933.3 4,19,974p 25cm

◇東京市政概要 昭和8年版(東京市役所編) 1933.3 496p 19cm

◇東京市政現下の諸問題:大東京会最初の総選挙の意義(東京市政調査会編) 1933.3 27p 22cm 都市問題パンフレット

◇東京市例規類集 第1綴(東京市役所編) 1933.3 1冊(加除式) 23cm

◇東京市例規類集 第2綴(東京市役所編) 1933.3 1冊(加除式) 23cm

◇東京都制案:第六十四議会政府提出(東京市都市計画部編) 1933.3 134p 22cm

◇東京都制案反対の重点:附 本問題に関する言論機関最近の論評一斑(東京市政調査会編) 1933.3 2,39p 22cm

◇東京都制案要綱(内務省編) 1933.3 5p 22cm

◇東京都制案要綱：(附)東京都制問題に対する東京府市区町村側等の意見・東京都制に関する諸案の要綱　再版(東京市政調査会編)　1933.3　103p 22cm

◇北信各市聯合協議会問題　第20回(上田市役所編)　1933.3　[3]p 26cm

◇我等の目標選挙粛正(東京市政調査編)　1933.3　1枚　18cm　市政カード

◇市吏員の銓衡方法と試験問題(東京市政調査会研究部編)　1933.4　59p 22cm　都市問題パンフレット

◇全国市会議長会議問題　第2回(宮崎市役所編)　1933.4　44p 26cm

◇全国市長会問題　第33回([全国市長会(第33回宮崎昭和8年)編])　1933.4　10,48p 27cm

◇第三十三回全国市長会問題決議事項(全国市長会編)　1933.4　[21]p 26cm

◇大哈爾賓市ノ建設([満州]国務院民政部総務司調査科編)　1933.4　151p 19cm　調査資料

◇中国市長会提出問題　第6回(鳥取市役所編)　1933.4　2,11p 27cm

◇中国市長会決議事項経過報告書　第5回(広島市編)　1933.4 4p 27cm

◇市会議員選挙概況　昭和八年三月十六日施行　謄写版(東京市統計課編)　1933.5　24p 26cm　東京市の状況

◇名古屋市公会堂(名古屋市役所編)　1933.5　57,3p 20cm

◇福島市政要覧(福島市役所編)　1933.5　33p 18cm

◇大都市調査統計協議会記録　第8回(名古屋市役所編)　1933.6　16p 23cm

◇合併問題に付て村民各位の冷静なる御判断に訴ふ(横浜市役所編)　1933.8　13p 23cm

◇新興の釧路(釧路市役所編)　1933.8　105p 19cm

◇特別市制問題ノ沿革(東京市役所編)　1933.9　39,9p 22cm

◇金沢(金沢市役所編)　1933.10　85p 18cm

◇区勢総覧：大東京成立記念(東京市政研究会[編])　東京市政研究会　1933.10　1冊　23cm

◇八幡市勢概要　昭和8年(八幡市役所編)　1933.10　130p 20cm

◇区会議員選挙の目標(東京市政調査会編)　1933.11　1枚　18cm　市政カード

◇東京市庁舎建設敷地に関する意見(東京市政調査会編)　1933.11　14p 22cm

◇月島四号埋立地の市庁舎建設に反対すべき理由ありや(本多市郎著)　1933.12　25p 22cm

◇東京市庁舎建設敷地の決定(東京市役所編)　1933.12　25p 26cm

◇名古屋市政の展望図表：市庁舎竣功記念(名古屋市役所編)　1933.12　1冊　20×26cm

◇名古屋市庁舎竣功祝賀記念写真帖(名古屋市役所編)　1933.12　[54]p 22×30cm

◇日本都市大観：附　満洲国都市大観(大阪毎日新聞社編)　東京日日新聞社　1933.12　8,784p 27cm

◇新京特別市之全貌(新京特別市公署編)　1934　1枚　38×54cm

◇[第十八回関東市長会]建議書(関東市長会編)　1934　18p 26cm

◇大都市事務刷新ニ関スル協定報告　昭和9年度(東京市役所編)　1934　46p 26cm

◇東京市会議事速記録　昭和9年　第1-4号(東京市会事務局編)　1934　35,1281p 22cm

◇東京市会議事速記録　昭和9年　第5-20号(東京市会事務局編)　1934　[1212],37p 22cm

◇東京市公報　第2355号-第2429号　昭和9年1月-6月(東京市[編])　1934　1冊　26cm

◇東京市公報　第2430号-第2504号　昭和9年7月-12月(東京市[編])　1934　1冊　26cm

◇神戸市町会規約類集(神戸市役所編)　1934.1　17p 16cm

◇市会議員総選挙概況：昭和八年十二月二十五日執行(名古屋市役所編)　1934.1　127p 19cm

◇上海市政概要(上海市政府編)　1934.1　1冊　27cm

◇東京市庁舎建設敷地問題経過(東京市政調査会編)　1934.1　8p 23cm

◇北平市政府[民国]二十二年下半期行政紀要　第1期(北平市政府編)　1934.1　10,136p 26cm

◇東京市事務報告　昭和8年(東京市役所編)　1934.2　6,324,193p 27cm

◇東京市庁舎移転問題の是非(世界公論社編)　1934.2　[11]p 23cm　「世界公論」第19巻第2号のうち

◇東京市町内会の調査(東京市役所編)　1934.3　6,72p 23cm

◇関東市長会議議案　第18回(宇都宮市役所編)　1934.4　[39]p 27cm

◇九州沖縄各市会議長協議会協議事項　第8回(唐津市役所編)　1934.4　2,4p 26cm

◇九州沖縄各市長協議会協議事項　第27回(唐津市役所編)　1934.4　5,9,3p 26cm

◇全国市会議長会議事録：附　決議事項　第3回(名古屋市役所編)　1934.4　81p 26cm

◇全国市長会問題　第34回([全国市長会(第34回名古屋昭和9年)編])　1934.4　9,47p 27cm

◇中国、四国市長会議事録　第1回(岡山市編、津市編、倉敷市編)　1934.4　88p 23cm

◇都市地理序説(国松久弥著)　古今書院　1934.4　230p 19cm

◇日本都市風景(椽内吉胤著)　時潮社　1934.4　2,230p 19cm

◇市区職員服務読本(前田賢次著)　市政人社　1934.5　76p 22cm

◇市政一年(牛塚虎太郎著)　1934.5　3,164p 23cm

◇市電の危機：東京市政の黒幕を暴く(倉持忠助著)　1934.5　69p 19cm

◇全国町長大会開催事項：昭和9年5月16・7日於名古屋市公会堂(全国町村長会編)　1934.5　17,22p 26cm

◇東北北海道市会議長会議案　第10回(秋田市役所編)　1934.5　22p 27cm

◇大東京の現勢(東京毎夕新聞編)　1934.6　562,272,171p 26cm

◇大都市調査統計協議会記録　第9回(横浜市編)　1934.6　19p 23cm

◇市政関係法規集(名古屋市役所編)　1934.7　8,729,48p 16cm

◇新京市政概要(新京特別市公署編)　1934.7　71p 19cm+図1枚

◇北平市政府[民国]二十三年上半期行政紀要　第2期(北平市政府編)　1934.7　12,184p 26cm

◇八幡市勢概要　昭和9年刊(八幡市役所編)　1934.7　142p 19cm

◇神戸市略解　昭和9年度(神戸市文書課編)　1934.9　96p 16cm

◇市町村合併の概況(岡山県内務部編)　1934.9　83p 23cm

◇市民要覧(広島省公会安局統計股編)　1934.9　1冊　25cm

◇日本都市総覧：附　世界都市大観(朝日新聞社編)　1934.9　96p 19cm　朝日年鑑

◇京城府行政区域拡張調査書(京城府編)　1934.10　11,510p 27cm

◇全国都市問題会議総会　第4回　第1冊　研究報告　第1議題甲編其1　都市環境の改善(全国都市問題会議(第4回東京昭和9年)編)　1934.10　2,7,556p 23cm　全国都市問題会議会報

◇全国都市問題会議総会　第4回　第2冊　研究報告　第1議題甲編其2　都市環境の改善(全国都市問題会議(第4回東京昭和9年)編)　1934.10　1冊　22cm　全国都市問題会議会報

◇全国都市問題会議総会　第4回　第3冊　研究報告　第1議題乙編　都市環境の改善(全国都市問題会議(第4回東京昭和9年)編)　1934.10

2,13,395p 22cm 全国都市問題会議会報

◇全国都市問題会議総会 第4回 第4冊 研究報告 第2議題甲編 都市自治の済美（全国都市問題会議（第4回東京市昭和9年）編） 1934.10 2,4,254p 22cm 全国都市問題会議会報

◇全国都市問題会議総会 第4回 第5冊 研究報告 第2議題乙編 都市自治の済美（全国都市問題会議（第4回東京市昭和9年）編） 1934.10 2,4,258p 22cm 全国都市問題会議会報

◇全国都市問題会議総会 第4回 第6冊 参考資料（全国都市問題会議（第4回東京市昭和9年）編） 1934.10 10,519p 22cm 全国都市問題会議会報

◇東京市域拡張史（東京市役所編） 1934.10 1冊 22cm

◇噫！疑獄市政：東京市会の醜状を暴露して五百万市民の奮起を促がす（本多市郎著） 1934.11 [20]p 22cm

◇ソヴェート都市の躍進（高松文可著） 日蘇通信社 1934.11 39p 19cm 蘇聯邦事情

◇大都市事務協議会提出問題 第13回（東京市役所編） 1934.11 13,4,13p 27cm

◇東京市政と其の刷新（花村四郎著） 東京出版社 1934.11 2,138p 19cm

◇国政事務ニ関スル地方長官ノ職権事項中六大都市市長ニ移管方要望事項調査表（東京市文書課編） 1934.12 47p 26cm

◇高雄市制十周年略誌（高雄市役所編） 1934.12 5,3,143p 22cm

◇帝都自治制の死活問題：奇怪なる公金山分けの真相これでも市民は黙視するか（東京市政革新同盟編） 1934.12 22p 19cm

◇北平市政法規彙編（北平市政府編） 1934.12 1冊 26cm

◇板船権（及平田船権）問題ノ沿革 謄写版（東京市役所編） 1935 11p 25cm

◇大都市事務刷新ニ関スル協定報告 昭和10年度（東京市役所編） 1935 53p 27cm

◇東京市会議事速記録 昭和10年 第1-12号（東京市会事務局編） 1935 32,1077p 22cm

◇東京市会議事速記録 昭和10年 第13-26号（東京市会事務局編） 1935 [1030],40p 22cm

◇東京市会決議録 昭和10年 第1巻 自1月至3月（東京市会事務局編） 1935 11,1184p 23cm

◇東京市会決議録 昭和10年 第2巻 自4月至6月（東京市会事務局編） 1935 5,342p 23cm

◇東京市会決議録 昭和10年 第3巻 自7月至9月（東京市会事務局編） 1935 8,217p 23cm

◇東京市会決議録 昭和10年 第4巻 自10月至12月（東京市会事務局編） 1935 1,1p 23cm

◇東京市公報 第2505号-第2577号 昭和10年1月-6月（東京市［編］） 1935 1冊 26cm

◇東京市公報 第2578号-第2651号 昭和10年7月-12月（東京市［編］） 1935 1冊 26cm

◇何故ニ東京市ガ板船権者ニ交付金ノ支給ヲ為スカ 謄写版（東京市役所編） 1935 [32]p 25cm

◇東京市事務報告 昭和9年（東京市役所編） 1935.1 6,344,203p 27cm

◇市政請負業（日本労働文化聯盟編） 1935.2 27p 22cm ［日本労働文化聯盟］資料

◇職員講習会講義録 昭和9年度（東京市監査局編） 1935.2 3,375p 23cm

◇大大阪物語（東尾真三郎［ほか］著） 東洋図書 1935.2 12,402p 19cm

◇東京市政概要 昭和10年版（東京市役所編） 1935.2 11,748p 19cm

◇東京都制案反対の重点 再版（東京市政調査会編） 1935.2 2,39p 22cm

◇京都市政概要 ［昭和10年刊］（京都庶務部庶務課編） 1935.3 101p 22cm

◇近畿市会議長協議会問題 第2回（西宮市役所編） 1935.3 10p 26cm

◇市域拡張後に於ける東京市の区の行政組織及財政（東京市監査局区政課編） 1935.3 2,126p 23cm

◇市吏員の銓衡方法と試験問題 4版（東京市政調査会編） 1935.3 104p 22cm 都市問題パンフレット

◇大都市に於ける区の調査（東京市監査局区政課編） 1935.3 4,120p 22cm

◇東京市の区行政制度に関する調査（東京市監査局区政課編） 1935.3 2,86p 23cm

◇徳山町ヲ廃シ新ニ徳山市ヲ置ク件具申書 謄写版（徳山町役場編） 1935.3 207p 27cm

◇北信市会議長会議事録 第2回（新潟市役所編） 1935.3 19p 26cm

◇隣接町村合併後に於ける大金沢市の全貌（金沢商工会議所編） 1935.3 ［29］p 21cm 「金沢商工会議所月報」第45巻第1号-3号のうち

◇改正市制要綱（基隆市編） 1935.4 18p 23cm

◇関東市長会議録 第19回（平塚市役所編） 1935.4 6,70p 27cm

◇九州沖縄各市会議長協議会議題 第9回（熊本市役所編） 1935.4 2p 26cm

◇九州沖縄各市長協議会議題 第28回（熊本市役所編） 1935.4 5p 25cm

◇市域拡張概要 大正14年（大阪市役所編） 1935.4 50p 19cm

◇全国都市問題会議総会 第4回 第7冊 議事要録（全国都市問題会議（第4回東京市昭和9年）編） 1935.4 2,6,385p 23cm 全国都市問題会議会報

◇中国四国市会議長会議議事録（呉市役所編） 1935.4 30p 23cm

◇中国四国市会議長会議提出問題 第3回（呉市役所編） 1935.4 6p 27cm

◇東海各市会議長会議提出問題 第2回（宇治山田市役所編） 1935.4 12p 27cm

◇東海各市聯合協議会提出問題 第17回（名古屋市役所編） 1935.4 8p 27cm

◇北信市長会問題 第22回（富山市役所編） 1935.4 ［11］p 26cm

◇市政第二年（牛塚虎太郎著） 1935.5 3,124p 23cm

◇全国市会議長会問題 第4回（横浜市役所編） 1935.5 49,15p 26cm

◇全国市長会問題 第35回（［全国市長会（第35回横浜昭和10年）編］） 1935.5 11,46p 27cm

◇板船権ニ関スル説明書（東京市役所編） 1935.6 30p 27cm

◇釧路市（田中善治編） 釧路市 1935.6 6,66p 23cm

◇大哈爾浜特別市の現状 康徳2年版（哈爾浜特別市公署総務処調査股編） 1935.6 4,150p 19cm

◇東京市会史 第4巻 自大正元年至大正7年（東京市会事務局編） 1935.6 4,14,1332p 25cm

◇東京都制ニ関スル意見書（東京市役所編） 1935.6 27p 26cm

◇本市編入ニ関スル砧村決議書千歳村意見書世田ヶ谷区意見書蒐集 謄写版（東京市都市計画課編） 1935.6 16p 22cm

◇吉林市政概要 ［康徳2年刊］（吉林市政籌備処編） 1935.7 ［98］p 26cm

◇市俄古事情（外務省亜米利加局編） 1935.7 44p 22cm

◇大連（大連市役所編） 1935.7 168p 19cm

◇斉斉哈爾市概要（斉斉哈爾市編） 1935.7 18p 23cm

◇東京都制の実施について：一個の試案としての都制案要綱（島中雄三述） 東京市政革新同盟本部 1935.7 14p 22cm

◇東京府政調査会都制委員会意見書（東京府政調査会編） 1935.7 8p 22cm

◇愛知県現存五人組文書集：附 愛知県に現存せる江戸時代の高札（名古屋控訴院編） 1935.8 4,266,27p 22cm 司法資料

◇真都制ノ提唱（小滝辰雄著）　皇大日本社　1935.8　20p　19cm　中外皇化パンフレット

◇大阪市域拡張史：十周年記念（大阪市役所編）　1935.9　4,14,1019p　23cm

◇京都市公同組合聯合会関係規程及役員名簿（京都市公同組合聯合会編）　1935.9　32p　19cm

◇区制概論（有馬幸次郎著）　市政人社　1935.9　2,6,136p　19cm

◇八幡市勢概要　昭和10年刊（八幡市役所編）　1935.9　152p　19cm

◇区ノ制度及関係法規集：附　東京都制並大都市特別市案（大山貞一著）　自治刊行社　1935.10　10,446p　19cm

◇市会提要（東京市会事務局編）　1935.10　1冊　16cm

◇大都市事務協議会協議事項集覧（大阪市役所編）　1935.10　55p　22cm

◇大都市事務協議会提出問題　第14回（大阪市役所編）　1935.10　2,18p　26cm

◇東京市町会要覧［昭和10年刊］（東京市役所編）　1935.10　6,154p　19cm

◇東京都制問題小史観：特に区域問題の解決策に就いて（近藤操著）　東京市政調査会　1935.10　38p　23cm　都市問題パンフレット

◇［釜山府］行政区域拡張上申書　謄写版（釜山府編）　1935.10　［131］p　28cm

◇六大都市ニ於ケル選挙粛正運動概況（東京市役所編）　1935.10　57p　27cm

◇六大都市市会議長会議要録　第16回（東京市役所編）　1935.11　8p　22cm

◇昭和十年区行政監察ニ関スル通牒（東京市役所編）　1935.12　17p　26cm

◇昭和十年市行政監察ニ関スル通牒（東京市役所編）　1935.12　108p　27cm

◇職員ニ対スル選挙粛正訓示（牛塚虎太郎述, 東京市役所編）　1935.12　8p　22cm

◇東京都制を語る：「都制案研究座談会」速記（東京市政革新同盟編）　1935.12　42p　22cm

◇名古屋市会提要（名古屋市会事務局編）　1935.12　5,541p　15cm

◇大阪市京都市名古屋市神戸市ニ於ケル町会制度　昭和11年3月現在　謄写版（東京市監査局区政課編）　1936　114p　27cm

◇大阪市近郊の現況に就て　謄写版（大阪市企画部編）　1936　48p　26cm

◇市政一班　昭和10年（名古屋市役所編）　1936　52p　19cm

◇市町村自治振興委員会趣旨概要（大阪府編）　1936　6p　22cm

◇昭和十年市行政監察ニ関スル通牒報告及上申書（東京市役所編）　1936　2,132p　27cm

◇東京市会議事速記録　昭和11年　第1-9号（東京市会編）　1936　39,1233p　21cm

◇東京市会議事速記録　昭和11年　第10-26号（東京市会編）　1936　［928］,48p　21cm

◇東京市会決議録　昭和11年　第1巻　自1月至3月（東京市役所編）　1936　20,1915p　23cm

◇東京市会決議録　昭和11年　第4巻　自10月至12月（東京市役所編）　1936　4,199p　23cm

◇東京市公報　第2652号-第2723号　昭和11年1月-6月（東京市［編］）　1936　1冊　26cm

◇東京市公報　第2724号-第2798号　昭和11年7月-12月（東京市［編］）　1936　1冊　26cm

◇東京市中央選挙粛正実行委員会議事録　第1号　1936　52p　23cm

◇豊原町の現況調書（豊原町役場編）　1936　46p　27cm

◇内務省地方局「東京市制案」ニ対スル意見（東京市政調査会編）　1936　［3］p　27cm

◇奉天市ノ概説　謄写版（［奉天市編］）　1936　［7］p　26cm

◇六大都市市会議長会議記録　第18回（大阪市役所編）　1936　20p　22cm

◇東京市事務報告書　昭和10年（東京市役所編）　1936.1　6,336,217p　27cm

◇東京都制並五大都市特別市制実施要望理由書：附録　最近に於ける大都市財政の実情に関する調査（東京市役所編）　1936.1　108p　27cm

◇都市政策の理論と実際：関一遺稿集（関秀雄編）　1936.1　6,3,474p　22cm

◇故大阪市長関一市葬誌（大阪市編）　1936.2　4,8,371p　27cm

◇中国四国市長会決議事項経過報告書　第2回（呉市役所編）　1936.2　［3］p　26cm

◇日本都市大鑑：附　満洲国都市大観　昭和11年版（大阪毎日新聞社編）　1936.2　1065p　27cm

◇近畿市会議長協議会議事速記録　第3回（近畿市会議長協議会編）　1936.3　38p　26cm

◇最近の愛市運動　謄写版（選挙粛正中央聯盟編）　1936.3　［70］p　26cm

◇執務提要　昭和10年度版（東京市役所編）　1936.3　14,257,31p　19cm

◇事務改善ニ関スル論文集（東京市役所編）　1936.3　174p　22cm

◇市吏員の銓衡方法と試験問題　増補改訂版5版（東京市政調査会研究編）　1936.3　118p　22cm　都市問題パンフレット

◇新京特別市政の一斑　康徳3年1月1日現在（新京特別市公署編）　1936.3　［12］p　19cm

◇東京市政概要　昭和11年版（東京市役所編）　1936.3　8,556p　19cm

◇東京市政読本：東京市公報第2684号付録（東京市役所編）　1936.3　2,124p　27cm

◇関東市会議長会議議案　第2回（銚子市役所編）　1936.4　［10］p　26cm

◇関東市長会議議案　第20回（銚子市役所編）　1936.4　43p　27cm

◇九州沖縄各市長協議会問題　第29回（福岡市役所編）　1936.4　6p　25cm

◇近畿各市協議会提出問題　第13回（海南市役所編）　1936.4　14p　23cm

◇神戸市民と特市問題（兵庫県都市研究会編）　1936.4　80p　23cm

◇市政と与論（近藤操著）　森山書店　1936.4　10,277p　20cm

◇職員互助会概要並会則（東京市職員互助会編）　1936.4　23p　22cm

◇中国四国市会議長会議提出問題　第4回（徳島市役所編）　1936.4　8p　27cm

◇中国四国市長会提出問題　第3回（徳島市役所編）　1936.4　21p　26cm

◇東海各市聯合協議会提出問題　第18回（四日市編）　1936.4　8p　27cm

◇特別市制促進資料　1（大阪市監査部編）　1936.4　124p　23cm

◇北信市会議長会議議事録　第3回（金沢市役所編）　1936.4　28,5p　26cm

◇田舎と都会（小田内通敏著）　刀江書院　1936.5　4,4,249p　19cm

◇区の研究（磯村英一著）　市政人社　1936.5　11,357,7p　23cm

◇五人組制度と協同組織（山形県経済部［編］）　山形県経済部　1936.5　54p　19cm　経済更生資料

◇職員講習会講義録　昭和10年度（東京市監査局編）　1936.5　3,317p　23cm

◇全国市会議長会問題　第5回（富山市役所編）　1936.5　7,49p　26cm

◇全国市長会問題　第36回：全国市長会追加問題　第36回（［全国市長会（第36回富山昭和11年）編］）　1936.5　1冊　26cm

◇東京都問題の沿革（東京市文書課編）　1936.5　110p　26cm

◇都市制度論（関一著）　東京市政調査会　1936.5　47p　22cm　都市問題パンフレット

◇市政に生きる(前田賢次著) 1936.6 4,314p 19cm

◇大都市調査統計協議会記録 第11回(東京市役所編) 1936.6 148p 22cm

◇千歳砧両村本市編入ニ関スル調査書 謄写版(東京市監査局都市計画課編) 1936.6 149p 26cm

◇東京市会史 第5巻 自大正8年至大正11年(東京市会事務局編) 1936.6 4,14,743p 25cm

◇文書整理と能率週間の実施(大阪市監査部編) 1936.6 44p 22cm 事務改善叢書

◇奥羽六県北海道市長会議案 第31回(帯広市役所編) 1936.7 17,3,3,p 26cm

◇五人組制度の実証的研究(田村浩著) 巌松堂書店 1936.7 1冊 23cm

◇東京都制資料:都長の官公選(東京市役所編) 1936.8 3,93p 22cm

◇哈爾浜特別市の概観 康徳3年度版(哈爾浜特別市公署) 1936.8 22p 19cm

◇京都市公同組合聯合会関係規程及役員名簿(京都市公同組合聯合会編) 1936.9 32p 19cm

◇昭和十年市行政監察ニ対スル上申書(東京市役所編) 1936.9 13p 26cm

◇[高山]市制施行上申書 謄写版(高山町長編,大名田町長編) 1936.9 1冊 28cm

◇東京市の行政監察(大阪市監査部編) 1936.9 27p 22cm 事務改善叢書

◇東京都制資料:都長の官公選(東京市役所文書課編) 1936.9 4,106p 22cm

◇東京府知事ヨリ内務大臣宛進達書類写:千歳村及砧村編入ニ関スル件(東京市監査局都市計画課編) 1936.9 148p 26cm

◇大阪市政 昭和11年版(大阪市役所編) 1936.10 13,760p 20cm

◇監督者の心得(大阪市監査部編) 1936.10 21p 22cm 事務改善叢書

◇九州沖縄各市税務協議会協議事項 第21回(延岡市役所編) 1936.10 8p 26cm

◇[京都]市政概要 [昭和11年刊](京都市役所庶務課編) 1936.10 107p 22cm

◇全国都市問題会議総会 第5回 第5回総会文献 1 研究報告 都市の公益企業(全国都市問題会議(第5回京都昭和11年)編) 1936.10 2,5,592p 22cm 全国都市問題会議会報

◇全国都市問題会議総会 第5回 第5回総会文献 2 研究報告 都市の保健施設 上(全国都市問題会議(第5回京都昭和11年)編) 1936.10 2,4,514p 22cm 全国都市問題会議会報

◇全国都市問題会議総会 第5回 第5回総会文献 3 研究報告 都市の保健施設 下(全国都市問題会議(第5回京都昭和11年)編) 1936.10 2,4,455p 22cm 全国都市問題会議会報

◇全国都市問題会議総会 第5回 第5回総会文献 4 研究報告 都市の公益企業・都市の保健施設 追録篇(全国都市問題会議(第5回京都昭和11年)編) 1936.10 2,2,142p 23cm 全国都市問題会議会報

◇全国都市問題会議総会 第5回 第5回総会文献 5 参考資料 公益企業経営に関する若干事例(全国都市問題会議(第5回京都昭和11年)編) 1936.10 3,2,253p 22cm 全国都市問題会議会報

◇東京市政調査会事歴 自創設至昭和十年度末(東京市政調査会編) 1936.10 1冊 26cm

◇関東市会長会議議案 第3回(熊谷市役所編) 1936.11 12p 26cm

◇関東市長会議議案 第21回(熊谷市役所編) 1936.11 [25]p 27cm

◇京都市会議事先例彙纂(京都市会事務局編) 1936.11 43,669p 22cm

◇区政の現状(名古屋市役所編) 1936.11 72p 19cm

◇大都市事務協議会提出問題 第15回(京都市役所編) 1936.11 14p 26cm

◇朝鮮都市問題会議会議録(京城都市計画研究会(京城昭和11年)編) 1936.11 336p 23cm

◇特別市制促進資料 2(大阪市監査部編) 1936.11 75p 23cm

◇豊島区政読本(豊島区役所編) 1936.11 2,4,186p 19cm

◇都制及特別市制問題最近の動向(横浜市事務局編) 1936.11 52p 22cm

◇市務改善に関する論文集(大阪市役所編) 1936.12 188p 22cm

◇上海市市政報告 民国21年度至23年度(上海市政府秘書処編) 1936.12 1冊 27cm

◇大東京新二十区ニ次区会議員選挙顛末(梅谷芳光著) 軍国之美談社 1936.12 4,140p 18cm

◇特別市制促進資料 3(大阪市監査部編) 1936.12 2,86p 22cm

◇都市問題概説(弓家七郎著) 東京市政調査会 1936.12 56p 19cm 市政の基礎知識

◇都長は官選か公選か(鈴木堅次郎著) 1936.12 63p 19cm

◇大阪市会議員選挙資料 昭和12年6月 その1([東京市政調査会市政専門図書館編]) 1937 1冊 27cm

◇大阪市会議員選挙資料 昭和12年6月 その2([東京市政調査会市政専門図書館編]) 1937 1冊 27cm

◇大阪市会議員選挙資料 昭和12年6月 その3([東京市政調査会市政専門図書館編]) 1937 1冊 27cm

◇大阪市会議員選挙資料 昭和12年6月 その4([東京市政調査会市政専門図書館編]) 1937 1冊 27cm

◇親町要用亀鑑録(京都市役所庶務課編) 1937 260p 26cm

◇各市会議員選挙資料:京都:福岡:大阪:西宮([東京市政調査会市政専門図書館編]) 1937 1冊 27cm

◇京都市会議員選挙資料 昭和12年5月 その1([東京市政調査会市政専門図書館編]) 1937 1冊 27cm

◇京都市会議員選挙資料 昭和12年5月 その2([東京市政調査会市政専門図書館編]) 1937 1冊 27cm

◇神戸市会議員選挙資料 昭和12年5月 その1([東京市政調査会市政専門図書館編]) 1937 1冊 27cm

◇神戸市会議員選挙資料 昭和12年5月 その2([東京市政調査会市政専門図書館編]) 1937 1冊 27cm

◇市会議員総辞職後ノ総選挙ノ効力ニ関スル行政裁判所判決 謄写版 1937 [7]p 26cm

◇市会議員総選挙ニ関スル調 昭和12年3月16日 謄写版(東京市監査局区政課編) 1937 44p 26cm

◇自昭和七年第一回至昭和十二年第六回全国市会議長会議決事項 1937 42p 27cm

◇増区調書 昭和12年(名古屋市役所編) 1937 125p 27cm

◇町会ニ関スル調査 昭和十一年九月現在(東京市監査局区政課編) 1937 45p 26cm

◇東京市会議員選挙演説傍聴記録 昭和12年3月 手書([東京市政調査会市政専門図書館編]) 1937 1冊 28cm

◇東京市会議員選挙資料 昭和12年3月 その1([東京市政調査会市政専門図書館編]) 1937 1冊 27cm

◇東京市会議員選挙資料 昭和12年3月 その2([東京市政調査会市政専門図書館編]) 1937 1冊 27cm

◇東京市会議員選挙資料 昭和12年3月 その3([東京市政調査会市政専門図書館編]) 1937 1冊 27cm

◇東京市会議員選挙資料 昭和12年3月 その4([東京市政調査会市政専門図書館編]) 1937 1冊 27cm

◇東京市会議員選挙資料 昭和12年3月 その5([東京市政調査会市政専門図書館編]) 1937 1冊 27cm

◇東京市会議員選挙資料 昭和12年3月 その6([東京市政調査会市政専門図書館編]) 1937 1冊 27cm

◇東京市会議員選挙資料 昭和12年3月 その7([東京市政調査会市政専

◇東京市会議員選挙資料 昭和12年3月 その8（[東京市政調査会市政専門図書館編]） 1937 1冊 27cm
◇東京市会議員選挙資料 昭和12年3月 その9（[東京市政調査会市政専門図書館編]） 1937 1冊 27cm
◇東京市会議員選挙資料 昭和12年3月 その10（[東京市政調査会市政専門図書館編]） 1937 1冊 27cm
◇東京市会議員選挙資料 昭和12年3月 その11（[東京市政調査会市政専門図書館編]） 1937 1冊 27cm
◇東京市会議員選挙資料 昭和12年3月 その12（[東京市政調査会市政専門図書館編]） 1937 1冊 27cm
◇東京市会議員選挙資料 昭和12年3月 その13（[東京市政調査会市政専門図書館編]） 1937 1冊 27cm
◇東京市会議員選挙資料 昭和12年3月 その14（[東京市政調査会市政専門図書館編]） 1937 1冊 27cm
◇東京市会議員選挙資料 昭和12年3月 その15（[東京市政調査会市政専門図書館編]） 1937 1冊 27cm
◇東京市会議員選挙資料 昭和12年3月 その16（[東京市政調査会市政専門図書館編]） 1937 1冊 27cm
◇東京市会議員選挙資料 昭和12年3月 その17（[東京市政調査会市政専門図書館編]） 1937 1冊 27cm
◇東京市会議員選挙資料 昭和12年3月 その18（[東京市政調査会市政専門図書館編]） 1937 1冊 27cm
◇東京市会議員選挙資料 昭和12年3月 その19（[東京市政調査会市政専門図書館編]） 1937 1冊 27cm
◇東京市会議員選挙資料 昭和12年3月 その20（[東京市政調査会市政専門図書館編]） 1937 1冊 27cm
◇東京市会議員選挙立候補者調 昭和12年3月（[東京市政調査会市政専門図書館編]） 1937 1冊 27cm
◇東京市会議事速記録 昭和12年 第1-8号（東京市役所編） 1937 43,1338p 21cm
◇東京市会議事速記録 昭和12年 第9-21号（東京市役所編） 1937 [1334],62p 21cm
◇東京市会決議録 昭和12年 第1号 自1月至3月（東京市役所編） 1937 19,1754p 23cm
◇東京市会決議録 昭和12年 第2号 自4月至6月（東京市役所編） 1937 6,247p 23cm
◇東京市会決議録 昭和12年 第3号 自7月至9月（東京市役所編） 1937 3,86p 23cm
◇東京市会決議録 昭和12年 第4号 自10月至12月（東京市役所編） 1937 10,480p 23cm
◇東京市公報 第2799号-第2868号 昭和12年1月-6月（東京市[編]） 1937 1冊 26cm
◇東京市公報 第2869号-第2942号 昭和12年7月-12月（東京市[編]） 1937 1冊 26cm
◇東京都市案要綱（小委員会決定案）並農村自治制度改正要綱答申（六大都市共同事務所編） 1937 27p 23cm
◇名古屋市会議員選挙資料 昭和12年10月（[東京市政調査会市政専門図書館編]） 1937 1冊 27cm
◇町組合設置趣旨と其の綱領（大邱府編） 1937 20p 23cm
◇市民要望調査 謄写版（新京特別市公署編） 1937.1 15p 36×26cm
◇中国四国市会議長会議提出問題 第5回（徳山市役所編） 1937.1 7p 27cm
◇中国四国市長会提出問題 第4回（徳山市役所編） 1937.1 [15]p 27cm
◇東京市事務報告 昭和11年（東京市役所編） 1937.1 3,438,171p 27cm
◇愛市運動講演集（伊藤博編） 東京愛市聯盟 1937.2 40p 19cm
◇回顧四年と市政の将来（石原永明著） 1937.2 60p 19cm

◇近畿市会議長協議会議事録 第4回（近畿市会議長協議会編） 1937.2 20p 26cm
◇五人組制度の近代的復活（高橋刀畔著） 佐藤新興生活館 1937.2 69p 19cm 新興生活叢書
◇新市域二十区ノ区会議員選挙ニ関スル調査 謄写版（東京市選挙粛正部編） 1937.2 13p 26cm
◇全国都市問題会議総会 第5回 第5回総会文献 6 第5回総会要録（全国都市問題会議（第5回京都昭和11年）編） 1937.2 2,6,362p 22cm 全国都市問題会議会報
◇地方自治の将来,都市と防空（前田多門著,木佐木久著） 京都市教育部 1937.2 47p 19cm 社会教育講演集
◇帝都の愛市運動：六百万市民の熱意に期待（堀切善次郎述） 東京愛市連盟 1937.2 20p 19cm
◇東京市第三次選挙粛正運動経過概要（東京市選挙粛正部編） 1937.2 2,3,60p 22cm
◇東京都市制問題（亀卦川浩著） 東京市政調査会 1937.2 41p 19cm 市政の基礎知識
◇都制に関する調査報告書：自治的都制の即時実施（東京市会・黎明会編） 1937.2 34p 19cm
◇破滅に瀕せる東京市政（舞木友衛著） 青年日本党 1937.2 16p 19cm
◇哈爾浜特別市政概要 康徳3年版（哈爾浜特別市公署編） 1937.2 295,5,7p 20cm
◇上下京町々古書明細記 謄写版（京都市役所編） 1937.3 176p 26cm
◇近畿各市協議会提出問題 第14回（新宮市役所編） 1937.3 10p 24cm
◇区の制度：東京都制資料（東京市役所文書課編） 1937.3 3,138p 23cm
◇市政一斑 昭和12年（名古屋市役所編） 1937.3 66p 19cm
◇市吏員の銓衡方法と試験問題 6版（東京市政調査会編） 1937.3 187,7p 22cm 都市問題パンフレット
◇全国市長会議決事項ニ付関係当局ノ意見概要：第三六回全国市長会ノ議決事項ニ対スル関係各省ノ意見概要（全国市長会編） 1937.3 42p 26cm
◇大名古屋（名古屋市役所編） 1937.3 16,672p 23cm
◇東海各市聯合協議会経過報告 第19回（静岡市編） 1937.3 34p 27cm
◇東海各市聯合協議会提出問題 第19回（静岡市編） 1937.3 4p 27cm
◇東京市会を裸にする（青木武雄編） 匡印刷所 1937.3 23p 19cm
◇東京市会史 第6巻 自大正12年至大正15年（東京市会事務局編） 1937.3 4,18,1026p 25cm
◇東京市政概要 昭和12年版（東京市役所編） 1937.3 8,494p 19cm
◇東京市政の現状：市会議員選挙と当面の諸問題（東京市政調査会編） 1937.3 33p 22cm 都市問題パンフレット
◇東京市政の重要問題（東京市政調査会編） 1937.3 1枚 18cm 市政カード
◇都制促進運動誌：東京都制資料 昭和11年度（東京市役所文書課編） 1937.3 132p 22cm
◇北信市長会録 第24回（新潟市編） 1937.3 20p 26cm
◇ラヂオ放送市政講演集（東京市選挙粛正部編） 1937.3 89p 26cm
◇市町村合併に際して（桐生市役所編） 1937.4 8p 23cm
◇市となるまで（栃木市役所編） 1937.4 16p 23cm
◇職員講習会講義録 昭和11年度（東京市監査局編） 1937.4 3,405p 23cm
◇全国市会議長会議決事項ニ付各省当局ノ意見 1937.4 16p 26cm
◇全国市会議長会問題 第6回（高知市役所編） 1937.4 5,37p 27cm
◇全国市長会問題 第37回（[全国市長会（第37回高知昭和12年）編]）

1937.4 3,3,18p 27cm

◇地方自治政改革:市町村会選挙をいかに戦うか(織本侃[ほか]著) 社会大衆党出版部 1937.4 2,100p 19cm 社会大衆党パンフレット

◇神戸市会議員選挙演説会設備ノ程度及費用ノ額表(神戸市役所編) 1937.5 1枚 36×58cm 神戸市公報

◇市民生活と市政(大阪市役所編) 1937.5 20p 26cm

◇昭和十二年の大阪市政(大阪市役所編) 1937.5 4,125p 23cm

◇新京特別市政の一斑 康徳4年1月1日現在(新京特別市公署編) 1937.5 36p 19cm

◇新東京市会への期待:市会議員選挙に対する新聞の論評(東京市政調査会編) 1937.5 44p 23cm

◇東京市域拡張史:千歳村・砧村編入(東京市役所編) 1937.5 1冊 23cm

◇都制並特別市制促進運動経過概要 昭和11年度(六大都市共同事務所編) 1937.5 2,69p 23cm

◇市政判例小話(大阪市監査部編) 1937.6 98p 23cm 事務改善叢書

◇自治三則(田沢義鋪著) 選挙粛正中央連盟 1937.6 2,72p 23cm

◇市になるまで:平市(吉田五平編) 1937.6 32p 23cm 磐城公友

◇大都市調査統計協議会記録 第12回(大阪市役所編) 1937.6 38p 21cm

◇東京に於ける愛市運動(東京愛市聯盟編) 1937.6 6,5,109p 22cm

◇北平市市政法規彙編 第2輯(北平市政府編) 1937.6 1冊 26cm

◇区役所取扱事務要覧[第1部](概要篇)(東京市大森区役所職員事務研究会編) 1937.7 75p 22cm

◇全国都市問題会議総会並内地都市行政視察報告書(京城府編) 1937.7 13p 27cm 京城彙報

◇逐条市制町村制提義(入江俊郎著,古井喜実著) 良書普及会 1937.7 2081,35p 23cm

◇隣接町村合併顛末概要(名古屋市役所編) 1937.7 66p 23cm

◇大阪市の事務改善運動(大塚辰治著) 東京市政調査会 1937.8 45p 23cm 都市問題パンフレット

◇市公報事務指針(東京市役所編) 1937.8 54p 19cm 事務改善叢書

◇文書取扱事務指針(東京市役所編) 1937.8 38p 19cm 事務改善叢書

◇市政革新座談会(東京市政革新同盟編) 1937.9 58p 19cm 市政革新パンフレット

◇市制の大要(亀卦川浩著) 東京市政調査会 1937.10 92p 19cm 市政の基礎知識

◇東京市政:第三九回自治記念日公刊(東京市役所文書課編) 1937.10 28p 19cm

◇東京市第六次選挙粛正運動実施要綱(東京市選挙粛正部編) 1937.10 9p 26cm

◇名古屋市会提義(名古屋市会事務局編) 1937.10 4,465p 13cm

◇国民精神総動員下の区会議員選挙(東京市政調査会編) 1937.11 1枚 18cm 市政カード

◇市政暗黒 第1輯(加古井智憲編) 中央法規出版 1937.11 43p 19cm

◇自治の精神及趨勢(小橋一太著) 1937.11 136p 23cm

◇市有地評価委員会議案 昭和12年度 謄写版(東京市役所編) 1937.11 405p 26cm

◇町会区域ニ関スル調査 謄写版(東京市役所区政課編) 1937.11 [8]p 26cm

◇帝都の固め:両協会共同の盛大な発会式(東京実業愛市協会編,東京婦人愛市協会編) 1937.11 2,12,86p 19cm

◇街制、村制早わかり(国務院総務庁編) 1937.12 53p 19cm

◇町会統制ニ関スル調査(東京市監査局区政編) 1937.12 [13]p 26cm

◇東京市政革新同盟活動経過概要 昭和12年度(東京市政革新同盟編) 1937.12 2,6,208p 22cm

◇都の議決機関:東京都制資料(東京市役所編) 1937.12 2,141p 22cm

◇済南市公署工作報告 自民国7年4月至12月(済南市公署編) 1938 1冊 27cm

◇第七十三回帝国議会ニ於ケル「六大都市ニ特別市制実施ニ関スル法律案」経過報告(六大都市共同事務所編) 1938 24p 27cm

◇町会ニ関スル調査 昭和十三年三月現在(東京市監査部区政課編) 1938 71p 26cm

◇[天津]行政概要 昭和13年7月末現在(天津居留民団編) 1938 15,236p 19cm

◇東京市会各種委員会速記録 昭和13年 上(東京市会事務局) 1938 880,186,347p 20cm

◇東京市会各種委員会速記録 昭和13年 下(東京市会事務局) 1938 1冊 20cm

◇東京市会議事速記録 昭和13年 第9-20号(東京市会事務局編) 1938 [1528],32p 21cm

◇東京市会議事速記録 昭和13年 第1-8号(東京市会事務局編) 1938 44,1362p 21cm

◇東京市公報 第2943号-第3015号 昭和13年1月-6月(東京市[編]) 1938 1冊 26cm

◇東京市公報 第3016号-第3089号 昭和13年7月-12月(東京市[編]) 1938 1冊 26cm

◇横浜市会議員選挙資料 昭和13年3月 その1([東京市政調査会市政専門図書館編]) 1938 1冊 27cm

◇横浜市会議員選挙資料 昭和13年3月 その2([東京市政調査会市政専門図書館編]) 1938 1冊 27cm

◇新しい町会の行き方(大阪市役所編) 1938.1 13p 19cm

◇上海市の沿革とその特殊性(馬場鍬太郎著) 東京市政調査会 1938.1 38p 22cm 都市問題パンフレット

◇東京市事務報告書 昭和12年(東京市役所編) 1938.1 13,480,187p 26cm

◇[京都]市政概要[昭和13年刊](京都市役所庶務部調査課編) 1938.3 147p 22cm

◇五人組制度新論(西村精一著) 岩波書店 1938.3 8,237p 20cm

◇市政講習会講義録 第1回 昭和12年度(名古屋市役所編) 1938.3 177p 22cm

◇事変と市政(東京市役所編) 1938.3 67p 22cm 東京市公報

◇昭和十二年十月二十五日執行市会議員選挙概況(名古屋市役所編) 1938.3 84p 19cm

◇東京市会史 第7巻 自昭和2年至昭和5年(東京市会事務局編) 1938.3 4,18,866p 25cm

◇東京市第六次選挙粛正運動経過概要(東京市選挙粛正部編) 1938.3 2,77p 22cm

◇都制ニ関スル調査資料(東京府総務部地方課編) 1938.3 4,183,175p 22cm

◇大阪市政五十年の歩み:自治制発布五十周年記念(大阪市役所編) 1938.4 95p 22cm

◇御上諭を拝誦して(水野錬太郎著) 選挙粛正中央聯盟 1938.4 16p 22cm

◇京都市公同組合聯合会関係法規及役員名簿(京都市公同組合聯合会編) 1938.4 32p 19cm

◇工部局行政機構の検討 謄写版(中国通信社調査部編) 1938.4 95,12p 26cm 中通資料

◇市政五十年(東京市役所編) 1938.4 9,130p 19cm

◇広島市の町総代に就て(広島市総務部庶務課編) 1938.4 [39]p 23cm

◇自治制発布五十周年に際して(池田宏述) 1938.5 52p 22cm 「自治の栞」第123号のうち
◇大都市調査統計協議会記録 第13回(京都市役所編) 1938.5 21p 21cm
◇隣組の栞(東京市役所編) 1938.5 28p 19cm
◇地方自治制の研究 1(渡辺宗太郎著) 有斐閣 1938.6 6,400p 23cm
◇都市経済論 1(奥井復太郎著) 慶応出版社 1938.6 60p 23cm (慶応義塾大学講座経済学)
◇町会と隣組の話(社会教育協会[編]) 社会教育協会 1938.7 36p 19cm 民衆文庫
◇東京市政概要 昭和13年版(東京市役所編) 1938.7 9,433p 19cm
◇東京市町会整備提要(東京市役所編) 1938.7 28p 19cm
◇東京都制案要綱に就て:東京市政の新発展に関する吾等の考へ(坂千秋著) 東京市政調査会 1938.7 35p 22cm 都市問題パンフレット
◇都市行政と地方自治 増訂改版(菊池慎三著) 崇文堂出版部 1938.7 1冊 23cm
◇都市経済論 2(奥井復太郎著) 慶応出版社 1938.7 [64]p 23cm (慶応義塾大学講座経済学)
◇隣保の栞 謄写版(堺市役所編) 1938.7 7p 23cm
◇蒋政権下南京市政十年史(川田友之編) 大観社 1938.8 80p 21cm
◇ドイツ市町村制(滝内礼作著) 1938.8 [34]p 22cm 「法学新報」第48巻第81第11号のうち
◇都市経済論 3(奥井復太郎著) 慶応出版社 1938.8 [62]p 23cm (慶応義塾大学講座経済学)
◇哈爾賓市政概観(哈爾賓市公署編) 1938.8 18p 19cm
◇全国都市問題会議総会 第6回 第6回総会文献 1 研究報告 都市計画の基本問題 上(全国都市問題会議(第6回城府昭和13年)編) 1938.9 2,5,395p 22cm 全国都市問題会議会報
◇全国都市問題会議総会 第6回 第6回総会文献 2 研究報告 都市計画の基本問題 下(全国都市問題会議(第6回城府昭和13年)編) 1938.9 2,4,282p 22cm 全国都市問題会議会報
◇全国都市問題会議総会 第6回 第6回総会文献 3 研究報告 都市の経費問題(全国都市問題会議(第6回城府昭和13年)編) 1938.9 2,4,328p 23cm 全国都市問題会議会報
◇増区の顛末(名古屋市役所編) 1938.9 122p 23cm
◇奉天市要覧 康徳5年(奉天市公署編) 1938.9 4,221p 19cm
◇問題の東京都制(平田勉著) 都市情報社 1938.9 69p 19cm
◇東京市の町会(東京市政革新同盟編) 1938.10 50,10p 22cm 市政革新パンフレット
◇東京都制案と与論(自治擁護聯盟編) 1938.10 34p 22cm
◇都制促進運動誌:東京都制資料 昭和12年度並昭和13年度前半期(東京市役所企画局企画課編) 1938.10 94p 23cm
◇日本都市概観:附 満州国都市(東京市政調査会編) 1938.10 32p 22cm
◇福岡市会議員粛正選挙概況(福岡市愛市同盟編) 1938.10 57p 23cm
◇市会選挙研究協議会要覧(選挙粛正中央聯盟編) 1938.11 36,14p 22cm
◇高岡市会を再建するまで(富山県編) 1938.11 64p 22cm
◇高岡市政浄化会の活動(高岡市政浄化会編) 1938.11 18p 19cm
◇東京都制について:附 地方制度調査会第一二回第一特別委員会に於ける小橋前東京市長発言要旨(自治擁護聯盟編) 1938.11 45p 22cm
◇営口市区政概要(営口市公署編) 1938.12 2,90p 27cm
◇京都府に於ける議事者(寺尾宏二著) 1938.12 14p 22cm 「経済史研究」第20巻6号抜刷

◇自治制を顧みて(大森佳一著) 選挙粛正中央連盟 1938.12 102p 23cm
◇自治制発布五十周年記念帖(帝国地方行政学会編) 1938.12 298p 31cm
◇独逸新市町村条例の精神とその構造(神戸市産業課編) 1938.12 42p 23cm 産業調査資料
◇東亜大都市聯盟規約 謄写版([東亜大都市聯盟]編) 1938.12 23p 26cm
◇東亜大都市聯盟ニ関スル資料([東京市役所]編) 1938.12 8p 26cm
◇横浜市勢概要 昭和13年(横浜市役所編) 1938.12 7,227p 19cm
◇安東市政況 謄写版(安東市公署編) 1939 61p 26cm
◇岩手県市町村吏員講習所一覧(岩手県市町村吏員講習所編) 1939 2,24p 22cm
◇外国大都市特別制度摘要 1939 22p 23cm
◇鹿児島県自治講習所規程 謄写版(鹿児島県自治講習所編) 1939 [19]p 26cm
◇佐賀県自治講習所規則 謄写版(佐賀県自治講習所編) 1939 [8]p 28cm
◇一九二〇年大伯林都市法 謄写版 1939 [30]p 28cm
◇選挙公報発行要綱 謄写版(東京市選挙粛正部編) 1939 6p 26cm
◇全国市長会議決政府要望事項(全国市長会編) 1939 [56]p 24cm
◇大京都振興審議会部会審議録 自昭和14年7月3日至昭和14年7月11日(京都市役所編) 1939 144p 22cm
◇大京都振興審議会聯合部会審議録 自昭和14年12月19日至昭和14年12月21日(京都市役所編) 1939 56,6p 22cm
◇東京市会各種委員会速記録 昭和14年上(東京市会事務局編) 1939 1冊 20cm
◇東京市会各種委員会速記録 昭和14年中(東京市会事務局編) 1939 1冊 20cm
◇東京市会各種委員会速記録 昭和14年下(東京市会事務局編) 1939 1冊 20cm
◇東京市会議事速記録 昭和14年 第1-11号(東京市会事務局編) 1939 43,1413p 21cm
◇東京市会議事速記録 昭和14年 第12-22号(東京市会事務局編) 1939 [1251]p 21cm
◇東京市会決議録 昭和14年 第4巻 自10月至12月(東京市会事務局編) 1939 7,241p 23cm
◇東京市公報 第3090号-第3159号 昭和14年1月-6月(東京市[編]) 1939 1冊 26cm
◇東京市公報 第3160号-第3235号 昭和14年7月-12月(東京市[編]) 1939 1冊 26cm
◇東京都制案要綱 昭和十三年八月十八日決議(東京府政調査委員会都制委員会編) 1939 6p 22cm
◇東京都の区論論:東京都の自治組織論 下(池田宏著) 1939 45p 22cm 東京都制論
◇広島県自治講習所要覧(広島県自治講習所編) 1939 30p 15cm
◇布施市地域決定理由書 タイプ(布施市役所編) 1939 17p 28cm+図3枚
◇満州国ニ於ケル市ノ組織及構成上ノ特異性 謄写版 1939 [11]p 26cm
◇山口県自治事務講習所一覧:同規則(山口県自治事務講習所編) 1939 55,11p 19cm
◇横浜市町村編入ニ関スル添附書類 謄写版(横浜市役所編) 1939 1冊 29cm
◇四平街市ノ現状並施設要綱 謄写版(四平街市公署編) 1939.1 [24]p 26cm
◇地方制度調査会第一特別委員会を中心とする都制並特別市制促進運

動経過概要（六大都市共同事務所編） 1939.1 4,58p 27cm

◇国都新京 康徳5年版（新京特別市公署編） 1939.2 3,113p 22cm

◇東亜大都市交驩満支主要都市代表招待計画概要 謄写版 1939.2 10p 26cm 参考資料ノ2

◇東亜大都市聯盟結成準備経過並東亜大都市懇談会開催計画概要 謄写版 1939.2 10p 26cm 参考資料ノ1

◇東京市事務報告書 昭和13年（東京市役所編） 1939.2 14,545,168p 27cm

◇起案入門（大阪市庶務部編） 1939.3 46p 22cm 事務改善叢書

◇桐生市勢概要（桐生市役所編） 1939.3 122p 23cm

◇市政刷新意見要録（東京市役所編） 1939.3 2,116p 23cm

◇自治振興座談会：町会長の「体験を聞く会」（東京市役所編） 1939.3 82p 22cm

◇執務提要 昭和13年度版（東京市役所編） 1939.3 15,254,31p 19cm

◇東亜大都市懇談会並六大都市視察日程 1939.3 16p 21cm

◇東京市会史 第8巻 自昭6年至昭和9年（東京市会事務局編） 1939.3 4,26,1518p 26cm

◇東京市町会整備提要（東京市［編］） 東京市 1939.3 28p 19cm

◇東京市町会名簿（東京市役所編） 1939.3 17,89p 23cm 東京市町会時報

◇東京市長官選論（磯崎辰五郎著） 1939.3 ［18］p 22cm 「法と経済」第11巻3号抜刷

◇隣り組の栞（東京市役所編） 1939.3 13p 19cm

◇全国市会議長会議事録 第8回（仙台市編） 1939.4 56p 26cm

◇全国市長会史（全国市長会編） 1939.4 5,4,547p 23cm

◇全国都市問題会議総会 第6回 第6回総会文献 4 第6回総会要録（全国都市問題会議（第6回京城昭和13年）編） 1939.4 2,6,334p 23cm 全国都市問題会議会報

◇第七回全国市会議長会決議事項ニ対スル各省当局ノ意見 1939.4 14p 23cm

◇東亜大都市懇談会々議要綱 1939.4 14p 26cm

◇大都市調査統計協議会記録 第14回（名古屋市役所編） 1939.5 40p 19cm

◇都市案中公益企業ニ関スル希望事項 謄写版（東京市電気局交通統制調査課編） 1939.5 14p 26cm

◇名古屋市政概要 昭和14年版（名古屋市役所編） 1939.5 7,348p 20cm

◇市長巡視ノ際ニ於ケル各区代表ノ意見（東京市役所編） 1939.7 25p 23cm

◇職員教養機関関係資料 謄写版（東京市総務局吏務課編） 1939.7 67p 26cm

◇大京都振興審議会ニ関スル規程：附 趣意書並名簿（京都市役所編） 1939.7 23p 19cm

◇東京府政調査会都制委員会報告書（東京府政調査会編） 1939.7 27p 22cm

◇各種事業綜合計画（案） 謄写版（東京市総務局企画課編） 1939.8 4,335p 25cm

◇満洲都市問題研究会会報 第2回（［満洲都市問題研究会（第2回康徳6年奉天）編］） 奉天市長官官房庶務科 1939.8 390p 19cm

◇各種事業綜合計画要旨 謄写版（東京市総務局企画課編） 1939.9 4,106p 25cm

◇釜石概観：附やまだ線（釜石市役所編） 1939.9 33p 19cm

◇市町村実践網の栞（山梨県編） 1939.9 12p 22cm

◇［京都］市政概要［昭和14年刊］（京都市役所企画部庶務課編） 1939.10 116p 22cm

◇自昭和七年第一回至昭和十二年第六回全国市会議長会決議事項ニ対スル各省当局ノ意見（全国市会議長会編） 1939.10 36p 23cm

◇市政五十年回顧座談会, 名古屋市の今昔を語る座談会（名古屋市観光課編） 1939.10 129p 19cm 観光叢書

◇市有地評価委員会議案 昭和14年度 謄写版（東京市役所編） 1939.10 414p 26cm

◇町会表彰記念（東京市役所編） 1939.10 32p 22cm 市政週報

◇東京市政概要 昭和14年版（東京市役所編） 1939.10 6,242p 19cm

◇名古屋市会史 第1巻（名古屋市会事務局編） 1939.10 1冊 23cm

◇名古屋市勢要覧：市制施行五十周年記念（名古屋市役所編） 1939.10 149,16p 15cm

◇第十六回六大都市保健協議会並六大都市保健協議会会議録 タイプ（京都市役所編） 1939.11 ［30］p 26cm

◇東京市政革新同盟活動経過概要 昭和14年度（東京市政革新同盟編） 1939.11 2,48p 22cm

◇都市の隣保協同組織と常会（中央教化団体聯合会編） 1939.11 6,143,30p 19cm

◇東京市例規類集 税務篇 其ノ2（東京市役所編） 1939.12 1冊（加除式） 23cm 東京市例規類集 財務篇

◇街庄行政ト保甲制度トノ関係調査（台湾総督府編） 1940 23p 22cm

◇公同組合組織一覧表, 公同組合ニ於ケル役員ト他団体トノ関係 謄写版（京都市公同組合聯合会編） 1940 ［2］p 26cm

◇仙台市隣接町村編入調査資料 手書（仙台市役所編） 1940 ［32］p 26cm

◇町会事業報告 昭和15年中（東京市渋谷区役所編） 1940 139p 22cm

◇町会設置に就て, 京城府町会規程、京城府町会規約準則（京城府編） 1940 18p 22cm

◇帝都制案 謄写版 1940 ［106］p 28cm

◇デュッセルドルフの地方行政学校 1940 1枚 22cm

◇東京市会議事速記録 昭和15年 第7-18号（東京市会事務局編） 1940 ［1087］,18p 21cm

◇東京市会議事速記録 昭和15年 第1-6号（東京市会事務局編） 1940 29,965p 21cm

◇東京市公報 第3236号-第3301号 昭和15年1月-6月（東京市［編］） 1940 1冊 26cm

◇東京市公報 第3302号-第3377号 昭和15年7月-12月（東京市［編］） 1940 1冊 26cm

◇東京市事務報告書 昭和14年（東京市役所編） 1940 5,292,164p 26cm

◇名誉と義務の最高嶺に立てる新東京市会議員諸氏に寄す（後藤新平著） 1940 10p 22cm

◇国政事務委任の実情 謄写版（［東京市］［ほか］編） 1940.1 30p 26cm

◇市制及府県制改正要綱大意（挾間茂著） 1940.1 29p 22cm 都市問題パンフレット

◇東京市の町会（東京市役所編） 1940.1 34p 22cm

◇市の施設案内（東京市総務部文書課編） 1940.2 2,2,131p 19cm

◇町会号（東京市役所編） 1940.2 1冊 20cm 市政週報

◇町会の歩み（大阪市役所編） 1940.2 46,11p 22cm

◇東京都制並五大都市特別市制実施要望理由（［六大都市当該事務当局］編） 1940.2 3,69p 26cm

◇京都市政史 下巻（京都市企画部庶務課編） 1940.3 1冊 23cm

◇第八回全国市会議長会決議事項ニ対スル各省当局ノ意見 1940.3 10p 23cm

◇東京市例規類集 教育篇（東京市役所編） 1940.3 1冊（加除式） 23cm

◇都制並特別市制ニ関スル諸案（東京府総務部地方課編） 1940.3 3,

都市問題・市政

290p 22cm 都制資料
◇都制文献集 1（東京市編） 1940.3 5,351p 23cm
◇なぜ棄権が多いか（大阪市役所編） 1940.3 17p 22cm
◇イギリスに於ける選挙粛正運動（弓家七郎著） 1940.4 4,51p 22cm 都市問題パンフレット
◇池田宏市論集（池田宏遺稿集刊行会編） 1940.4 3,13,840p 22cm
◇紀元二千六百年記念新東亜建設東京大会要綱（東京市編） 1940.4 11p 22cm
◇公区及聯合公区設置について（札幌市役所編） 1940.4 16p 23cm 札幌市公報
◇市制中改正案ト現行法トノ対照 1940.4 11p 26cm
◇東京市の町会を視察して（大阪市役所編） 1940.4 79p 19cm 町会叢書
◇部落中町内会ニ関スル訓令通牒（愛知県編） 1940.4 14p 19cm
◇全国市会議長会議議事録：附 決議事項 第9回（鹿児島市編） 1940.5 33,[46]p 27cm
◇全国市会議長会問題 第9回（鹿児島市役所編） 1940.5 57p 26cm
◇大都市調査統計協議会記録 第15回（東京市役所編） 1940.5 27p 22cm
◇東亜之大都市（東亜大都市聯盟準備事務局編） 1940.5 91p 26cm 局報
◇都市と農村：その人口交流（P.A.ソローキン著,C.C.ツインマーマン著, 京野正樹訳） 刀江書院 1940.5 8,377p 22cm
◇満州都市問題研究会会報 第4回（[満州都市問題研究会[第4回康徳7年安東]編]） 安東市庶務科 1940.5 230p 19cm
◇常会の話（古谷敬二述,中央教化団体聯合会編） 1940.6 43p 19cm 常会叢書
◇横浜市勢概要 昭和15年（横浜市役所編） 1940.6 7,154p 19cm
◇六大都市市会議長会議議事録 第23回（大阪市編） 1940.6 57p 23cm
◇アメリカ地方制度の研究（弓家七郎著,東京市政調査会編） 東京市政調査会 1940.7 5,10,416p 22cm
◇国家新体制要綱試案（長野高一著） 1940.8 14p 19cm
◇五大都市に於ける町会等隣保組織の現況（名古屋市役所総務部区政課編） 1940.8 55p 22cm
◇自治制度改革と特別市制問題（宇賀田順三著） 清水書店 1940.8 5,534,8p 22cm 行政法研究
◇隣組常会（東京市編） 1940.8 33p 19cm 隣組叢書
◇日本中世都市論（遠藤元男著） 白揚社 1940.8 247p 18cm （日本歴史文庫）
◇熊本市政概要（熊本市役所編） 1940.9 13p 19cm
◇現代大都市論（奥井復太郎著） 有斐閣 1940.9 8,743p 22cm
◇[全国都市問題会議総会 第7回]第7回総会文献 1 研究報告 本邦都市発達の動向と其の諸問題 上（全国都市問題会議（第7回東京市昭和15年）編） 1940.9 1,4,353p 21cm 全国都市問題会議会報
◇町内会の整備に就て（柴田達夫述） 1940.9 21p 22cm
◇部落会・町内会等の整備方針（自治振興中央編） 1940.9 2,37p 18cm 部落会・町内会指導叢書
◇軍港都市財政匡救ニ関スル陳情書（呉市長[ほか]編） 1940.10 [9]p 26cm
◇軍港都市自治振興ニ関スル陳情（呉市長[ほか]編） 1940.10 [16]p 26cm
◇五大都市町会視察報告書（町会設置規程制定に関する調査委員会編） 1940.10 64,26p 26cm
◇市有त評価委員会議案 昭和15年 謄写版（東京市役所編） 1940.10 416p 26cm
◇[全国都市問題会議総会 第7回]第7回総会文献 2 研究報告 本邦都市発達の動向と其の諸問題 下（全国都市問題会議（第7回東京市昭和15年）編） 1940.10 1,4,372p 21cm 全国都市問題会議会報
◇[全国都市問題会議総会 第7回]第7回総会文献 3 研究報告 都市の人事行政（全国都市問題会議（第7回東京市昭和15年）編） 1940.10 1,3,241p 21cm 全国都市問題会議会報
◇[全国都市問題会議総会 第7回]第7回総会文献 4 主報告 本邦都市発達の動向と其の諸問題 都市の人事行政（全国都市問題会議（第7回東京市昭和15年）編） 1940.10 1,2,128p 21cm 全国都市問題会議会報
◇[全国都市問題会議総会 第7回]第7回総会文献 5 参考資料 市吏員に関する調査（全国都市問題会議（第7回東京市昭和15年）編） 1940.10 4,39,142p 22cm 全国都市問題会議会報
◇隣組常会の栞（東京市市民局町会課編） 1940.10 24p 22cm 「町会と隣組」叢書
◇名古屋市会史 第2巻 自明治22年至明治44年（名古屋市会事務局編） 1940.10 44,1596p 23cm
◇[京都]市政概要 [昭和15年刊]（京都市役所総務部庶務課編） 1940.11 108p 22cm
◇京都市町内会提要（京都市編） 1940.11 81p 22cm
◇常会立国論（平林久男著） 興亜出版社 1940.11 211,17p 19cm 新体制全集
◇昭和初十年の長野市（長野市役所編） 1940.11 10,186p 23cm
◇町会・隣組活動強化意見集（東京市市民局町会課編） 1940.11 48p 22cm 「町会と隣組」叢書
◇町内会整備の指針（名古屋市役所編） 1940.11 64p 22cm
◇町内会等整備要領（姫路市編） 1940.11 22p 19cm
◇町内会整備ニ関スル質疑応答（名古屋市役所編） 1940.11 14p 22cm
◇町内会の整備について（足利市役所編） 1940.11 14p 19cm
◇町会関係資料 謄写版（東京市市民局区町課会掛編） 1940.11 75p 25cm
◇[名古屋市]区政一斑（名古屋市役所編） 1940.11 50p 19cm
◇名古屋市町内会等ニ関スル関係規程（名古屋市役所編） 1940.11 29p 22cm
◇名古屋市の町総代（名古屋市総務部編） 1940.11 31p 22cm
◇横浜市町内会整備要綱（横浜市総務部庶務課編） 1940.11 2,53p 21cm
◇五人組から隣組へ（石川謙著,教育科学研究会編） 西村書店 1940.12 121p 18cm 教養講座
◇市（区）町村常会部落会町内会等ニ関スル調 昭和十五年十二月末現在（内務省地方局編） 1940.12 24p 26cm
◇常会の開き方（京都市編） 1940.12 13p 22cm 町内会叢書
◇隣組読本（熊谷次郎編） 非凡閣 1940.12 313,103p 19cm
◇隣組読本（片岡純治著） 東進社 1940.12 5,130p 23cm
◇隣組と常会：常会運営の基礎知識（鈴木嘉一著） 誠文堂新光社 1940.12 5,278p 18cm
◇部落会町内会等の組織と其の運営（児山忠一著,播磨重男著） 自治館 1940.12 14,201p 19cm
◇出雲市会議員選挙報告書（出雲市役所編） 1941 11p 22cm
◇国政事務ニ関スル地方長官ノ職権事項中六大都市市長ニ移管方要望事項関係法令集（東京市文書課編） 1941 4,52p 26cm
◇市政協力区政振興ノ区交付金問題（自治擁護連盟編） 1941 22p 21cm
◇常会の手引（自治振興中央編） 1941 22p 19cm
◇常会の手引（自治振興中央編） 1941 2,27p 18cm 部落会・町内会指導叢書
◇全国各市協議会決議：現行市制中改正並追加条項（[全国各市協議会]編） 1941 27p 21cm

◇町内会等ニ関スル事項　謄写版（神戸市役所編）　1941 1冊 28cm

◇東京市会議事速記録 昭和16年 第1-5号（東京市会事務局編）　1941 32,1043p 21cm

◇東京市会議事速記録 昭和16年 第6-18号（東京市会事務局編）　1941 [1023],29p 21cm

◇東京市会決議録 昭和16年 第1巻 自1月至3月（東京市会事務局編）　1941 16,1766p 21cm

◇東京市会決議録 昭和16年 第2巻 自4月至6月（東京市会事務局編）　1941 4,183p 21cm

◇東京市会決議録 昭和16年 第3巻 自7月至9月（東京市会事務局編）　1941 3,73p 21cm

◇東京市会決議録 昭和16年 第4巻 自10月至12月（東京市会事務局編）　1941 8,384p 21cm

◇東京市公報　第3378号-第3443号 昭和16年1月-6月（東京市［編］）　1941 1冊 26cm

◇東京市公報　第3444号-第3517号 昭和16年7月-12月（東京市［編］）　1941 1冊 26cm

◇東京市市有地貸付規程改正案（東京市役所編）　1941 23p 27cm

◇都制ニ関スル意見御照会（［東京都］編）　1941 34p 26cm

◇八王子三多摩地方ノ独立府県構成ノ利害関係調査　謄写版（［東京都］編）　1941 31p 26cm

◇部落会町内会指導者必携（石川県振興課編）　1941 97p 19cm

◇部落会・町内会等の整備方針（自治振興中央会編）　1941 38p 19cm

◇三島市市会議員選挙を省みて（花島周一著）　1941 7p 21cm

◇翼賛長崎市政建設の跡を顧みて（大政翼賛会長崎支部編）　1941 7p 22cm

◇和歌山市町内会規程（和歌山市役所編）　1941 32p 22cm

◇回覧板：隣組実践読本（星野竜猪著）　東晃社　1941.1 7,288p 18cm

◇東京市事務報告書 昭和15年（東京市役所編）　1941.1 5,269,167p 26cm

◇東京市市会事情調査　謄写版（東京市市民局町会課編）　1941.1 36p 26cm

◇模範隣組の体験報告集（主婦之友社編）　1941.1 5,155p 18cm

◇吉林市政概要［康徳8年刊］（吉林市公署編）　1941.2 6,126p 19cm

◇市会会議規則試案並逐条示解（六大都市市会事務協議会編）　1941.2 99p 23cm

◇常会の理想と実際（宮西一積述、中央教化団体聯合会編）　1941.2 4,184p 19cm　常会叢書

◇町内会の予算と町内費の賦課（名古屋市総務部編）　1941.2 16p 23cm

◇奉天市要覧 康徳7年（奉天市公署編）　1941.2 2,218p 19cm

◇米国の都市問題：国民経済に於ける都市の役割（米国国家資源委員会都市分科会編、東京商工会議所訳）　1941.3 11,172p 22cm　国土計画調査資料

◇京都市政史 上巻（京都市総務部庶務課編）　1941.3 3,18,1052p 23cm

◇町会の会計事務に就いて（大阪市役所編）　1941.3 46,9p 21cm　大阪町会指導叢書

◇町内会の仕事（京都市編）　1941.3 33p 22cm　町内会叢書

◇東京市例規類集 経済篇（東京市役所編）　1941.3 1冊（加除式）23cm

◇東京市例規類集 厚生篇（東京市役所編）　1941.3 1冊（加除式）23cm

◇東京市例規類集 電気編（東京市総務局文書課編）　1941.3 1冊（加除式）23cm

◇隣組常会の栞（東京市役所編）　1941.3 16p 18cm

◇部落会町内会等の組織・運営（愛知県総務部振興課編）　1941.3 60p 18cm　部落会・町内会指導叢書

◇優良常会実施状況（文部省社会教育局編）　1941.3 717p 21cm

◇市町村指導の体験を語る：教化市町村振興懇談会記録（中央教化団体聯合会編）　1941.4 128p 18cm　常会叢書

◇大正区々政概要 昭和16年（大阪市大正区役所編）　1941.4 171p 18cm

◇大奉天展望（奉天市長官房文書科編）　1941.4 [19]p 22cm

◇隣組動員の書（戦時生活研究所編）　1941.4 4,247p 18cm

◇大東京の町会・隣組（平林広人著）　帝教書房　1941.5 3,251,7p 18cm

◇大都市調査統計協議会記録 第16回（神戸市役所編）　1941.5 34p 22cm

◇都市行政刷新論（竹中竜雄著）　日本評論社　1941.5 3,252p 22cm

◇都市分散論：国土計画への提案（幸島礼吉著）　1941.5 [4]p 26cm　「世界週刊」第4巻第18号のうち

◇名古屋市市史 第3巻 自大正元年至大正7年（名古屋市会事務局編）　1941.5 28,3,1486p 22cm

◇ニューヨーク市憲章（東京市政調査会訳編）　東京市政調査会　1941.5 4,176p 21cm　市政調査資料

◇活かす隣組（生田花世著）　鶴書房　1941.6 4,254p 18cm

◇池田市会再建の跡（小西理三郎編）　選挙粛正中央聯盟　1941.6 27p 18cm

◇起案事務の常識（大阪市役所編）　1941.6 72p 21cm　区政操典

◇区役所の文書の取扱に就て（大阪市役所編）　1941.6 65p 21cm　区政操典

◇静岡市会五拾年史（静岡市役所編）　1941.6 6,986p 21cm

◇満洲都市問題研究会々報 第6回（［満州都市問題研究会（第6回康徳8年吉林）編］）　吉林市　1941.6 151p 22cm

◇事業報国会に於ける班の運営に就て（大阪市役所人事部労務課編）　1941.7 39p 18cm　教養資料

◇常会の意義と其の運営（宮西一積述、東京市役所編）　1941.7 30p 18cm

◇職員の養成訓練並厚生運動概況（大阪市役所人事部編）　1941.7 50p 18cm

◇東京市会史 第9巻 自昭和10年至昭和12年（東京市会事務局編）　1941.7 4,18,1276p 26cm

◇隣組常会記録（東京市役所編）　1941.7 42p 18cm

◇町内会の整備と常会（名古屋市総務部編）　1941.8 24p 21cm

◇隣組の話（古谷敬二著、中央教化団体聯合会編）　1941.8 4,149p 18cm　常会叢書

◇名古屋市市史 第4巻 自大正8年至大正12年（名古屋市会事務局編）　1941.9 28,2,1356p 22cm

◇日本精神と新体制・戦時経済と国民生活・東京市の町会隣組（高瀬兼介［ほか］述、東京市役所編）　1941.9 54p 18cm　「町会と隣組」叢書

◇活かす常会：二宮尊徳の教（平林久男著）　学生堂興亜出版社　1941.10 5,211p 18cm

◇五人組制設置要領（大日本産業報国会編）　1941.10 12p 21cm　産報指導資料

◇常会（三重県自治振興会編）　1941.10 8,110p 18cm

◇常会の心構へと開き方（東京市役所編）　1941.10 36p 18cm　「町会と隣組」叢書

◇全国市長会議経過報告 第41回（［全国市長会（第41回川崎昭和16年）編］）　1941.10 84p 27cm

◇大都市事務協議会問題 第20回（大阪市役所編）　1941.10 23p 25cm

◇川崎市町内会諸規定並関係通牒類（川崎市役所市民課編）　1941.11

都市問題・市政

都市問題・地方自治　調査研究文献要覧

　26p 18cm　常会資料叢書

◇［京都］市政概要　昭和16年版（京都市役所総務部庶務課編）　1941.11 126p 21cm

◇中世都市と近代都市（徳増栄太郎著）　日本放送出版協会　1941.11 166p 18cm　ラヂオ新書

◇町内会の展望（名古屋市総務部編）　1941.11 20p 19cm

◇部落会町内会等指導参考資料（奈良県編）　1941.11 22p 21cm

◇隣保制座談（［内務省］自治振興中央会編）　1941.11 93p 18cm　部落会・町内会指導叢書

◇皇道精神と常会の使命（佐々井信太郎述, 東京市役所編）　1941.12 72p 18cm　「町会と隣組」叢書

◇市会提要（東京市会事務局編）　1941.12 1冊 15cm

◇大連市概要（大連市役所）　1941.12 77p 18cm

◇明朗池田市を再建するまで　謄写版（池田市編）　1941.12 62p 22cm

◇翼賛市政建設史（長崎市役所編）　1941.12 4,167p 21cm

◇横浜市振興対策要綱（横浜市土木局）　1941.12 2,154p 22cm

◇市会議員選挙ニ関スル調査　昭和17年6月15日執行（東京市役所編）　1942 5,166p 21cm

◇中国保甲制度（聞鈞天著）　商務印書館　1942 14,576p 23cm

◇町内会の運営（柴田達夫述,［内務省］自治振興中央会編）　1942 40p 18cm　部落会・町内会指導叢書

◇青島特別市市公署三周紀要：青島特別市公署成立三周年紀念（青島特別市公署）　1942 2,104p 22cm

◇東京市会議員選挙資料　昭和17年6月 その1（［東京市政調査会市政専門図書館］）　1942 1冊 23cm

◇東京市会議員選挙資料　昭和17年6月 その2（［東京市政調査会市政専門図書館］）　1942 1冊 23cm

◇東京市会議員選挙資料　昭和17年6月 その3（［東京市政調査会市政専門図書館］）　1942 1冊 23cm

◇東京市会議員選挙資料　昭和17年6月 その4（［東京市政調査会市政専門図書館］）　1942 1冊 23cm

◇東京市会議員選挙資料　昭和17年6月 その5（［東京市政調査会市政専門図書館］）　1942 1冊 23cm

◇東京市会議員選挙資料　昭和17年6月 その6（［東京市政調査会市政専門図書館］）　1942 1冊 23cm

◇東京市会議員選挙資料　昭和17年6月 その7（［東京市政調査会市政専門図書館］）　1942 1冊 23cm

◇東京市会議員選挙資料　昭和17年6月 その8（［東京市政調査会市政専門図書館］）　1942 1冊 23cm

◇東京市会議員選挙資料　昭和17年6月 その9（［東京市政調査会市政専門図書館］）　1942 1冊 23cm

◇東京市会議員選挙資料　昭和17年6月 その10（［東京市政調査会市政専門図書館編］）　1942 1冊 23cm

◇東京市会議員選挙資料　昭和17年6月 その11（［東京市政調査会市政専門図書館編］）　1942 1冊 23cm

◇東京市会議員選挙資料　昭和17年6月 その12（［東京市政調査会市政専門図書館編］）　1942 1冊 23cm

◇東京市会議員選挙資料　昭和17年6月 その13（［東京市政調査会市政専門図書館編］）　1942 1冊 23cm

◇東京市会議員選挙資料　昭和17年6月 その14（［東京市政調査会市政専門図書館編］）　1942 1冊 23cm

◇東京市会議員選挙資料　昭和17年6月 その15（［東京市政調査会市政専門図書館編］）　1942 1冊 27cm

◇東京市会議事速記録　昭和17年 第1-8号（東京市会事務局編）　1942 1090p 21cm

◇東京市会議事速記録　昭和17年 第9-25号（東京市会事務局編）　1942 ［960］,6p 21cm

◇東京市公報　第3518号-第3587号 昭和17年1月-6月（東京市［編］）　1942 1冊 26cm

◇東京市公報　第3588号-第3658号 昭和17年7月-12月（東京市［編］）　1942 1冊 26cm

◇［人吉市市制施行ニ関スル］調書　謄写版（人吉町役場編）　1942 ［78］p 26cm

◇本市近接都市に関する調査　謄写版（大阪市役所企画部編）　1942 70p 24cm

◇五人組の運営に就て（草案）（大日本産業報国会中央本部［編］）　大日本産業報国会中央本部　1942.1 14p 21cm

◇上海共同租界誌（上原著著）　丸善　1942.1 4,263,36p 22cm

◇東京都制並五大都市特別市制実施要望理由　1942.1 2,26p 26cm

◇わが国都市の現勢概観（弓家七郎著）　東京市政調査会　1942.1 1,56,3p 19cm　市政の基礎知識

◇町内会の財務（京都市編）　1942.2 2,28p 21cm　町内会叢書

◇名古屋市会史　第5巻 自大正13年至昭和3年（名古屋市会事務局編）　1942.2 1冊 22cm

◇大阪市町会事務必携（大阪市役所編）　1942.3 6,241p 21cm　大阪市町会指導叢書

◇上海共同租界工部局布告告示彙編　1941年4月-1942年2月（上海市政研究会編）　1942.3 23,347,16p 19cm

◇東京市政概要　昭和16年版（東京市役所編）　1942.3 7,318p 19cm

◇東京市例規類集　財務篇 其ノ1（東京市役所編）　1942.3 1冊（加除式）22cm

◇東京市例規類集　総規編（東京市総務局文書課編）　1942.3 1冊（加除式）22cm

◇東京市例規類集　土木水利篇（東京市役所編）　1942.3 1冊（加除式）22cm

◇南進拠点大神戸建設構想（神戸商工会議所編）　1942.3 18p 21cm

◇奉天市要覧　康徳8年度（奉天市長官房文書科編）　1942.3 2,161p 22cm

◇優良町内会長座談（［内務省］自治振興中央会編）　1942.3 86p 18cm　部落会・町内会指導叢書

◇翼賛徳島市政建設誌（徳島県編）　1942.3 4,153,14p 20cm

◇市役所事務能率に関する技術的工夫と精神的用意に就て（上野陽一述）　神戸市役所　1942.4 36p 21cm　事務改善講演集

◇新大阪論（菅野和太郎著）　全国書房　1942.4 8,251p 19cm

◇町内会の使命（京都市編）　1942.5 14p 21cm　町内会叢書

◇区政事務指針（神戸市総務部企画課編）　1942.6 112p 21cm　事務改善叢書

◇皇道と常会（佐々井信太郎述,［内務省］自治振興中央会編）　1942.6 105p 18cm　部落会・町内会指導叢書

◇戦争と都市（石川栄耀著）　日本電報通信社出版部　1942.6 10,233p 19cm　国防科学新書

◇横浜市会提要（横浜市会事務局編）　1942.6 5,235p 15cm

◇国都新京　康徳9年版（新京特別市公署編）　1942.7 10,238p 22cm

◇常会の儀礼と作法（中央教化団体連合会編）　1942.7 35p 13cm　常会叢書

◇全国市長会議経過報告　第42回（［全国市長会（第42回岐阜昭和17年）編］）　1942.7 68p 27cm

◇町村長の産業団体役員兼任調（全国町村会調査部編）　1942.7 4,14,100p 21cm

◇区常会上通事項措置概要　第1輯（自昭和16年2月至昭和17年3月）（名古屋市市民局編）　1942.8 40p 21cm

◇東京市常会指導者必携（東京市市民局町会課編）　1942.8 46p 19cm　町会と隣組叢書

◇翼賛政治の確立と推薦選挙：座談会（東京市政調査会編）　1942.8

21p 21cm　都市問題パンフレット
◇吉林市勢概要［康徳9年版］(吉林市公署編)　1942.9 165p 22cm
◇常会必携(奈良県振興課編)　1942.9 218p 21cm
◇昭和十七年六月十日執行市会議員総選挙概況(名古屋市役所編)　1942.9 74p 21cm
◇神戸市勢概要(神戸市役所総務局編)　1942.10 5,152p 21cm
◇[全国都市問題会議総会第8回]第8回総会文献 主報告・一般討議報告 要旨(全国都市問題会議[第8回神戸昭和17年]編)　1942.10 7,206p 21cm　全国都市問題会議会報
◇戦時生活局ノ事業施設(東京市戦時生活局)　1942.10 13p 21cm (東京市産業時報「戦時生活強化」特輯号附録)
◇中世における都市の研究(原田伴彦著)　大日本雄弁会講談社　1942.10 12,5,284p 21cm
◇[天津]行政概要 昭和17年版(天津居留民団編)　1942.10 7,118p 19cm
◇東京市政概要 昭和17年版(東京市役所編)　1942.10 2,98,3p 18cm
◇都市と農村(尾高豊作編)　刀江書院　1942.10 311p 19cm　新文化論講座
◇皇都翼賛市政確立運動概要(東京市翼賛市政確立協議会編)　1942.11 4,273p 18cm
◇町内会の運営に就て(和歌山市編)　1942.11 18p 22cm
◇常会指導者錬成講習会要領(東京市役所編)　1942.12 13p 18cm　町会と隣組叢書
◇東京市町会現状調査蒐録(東京市戦時生活局町会課編)　1942.12 24p 21×30cm
◇隣組と郷土会(村松森造著)　文松堂　1942.12 3,127p 19cm
◇名古屋市会史 第6巻 自昭和4年至昭和6年(名古屋市会事務局編)　1942.12 1冊 22cm
◇部落会町内会等指導参考資料(奈良県)　1942.12 36p 21cm
◇各市町内会関係諸規定(大阪市、名古屋市、京都市、神戸市、横浜市、東京都(参考))　1943 62p 21cm
◇町会の会計(東京市役所編)　1943 32p 19cm
◇東京市公報 第3659号-第3723号 昭和18年1月-6月(東京市[編])　1943 1冊 26cm
◇東京都議会議員選挙資料 昭和18年9月([東京市政調査会市政専門図書館編])　1943 1冊 24cm
◇東京都公報 第1号-第77号 昭和18年7月-12月(東京都[編])　1943 1冊 26cm
◇東京都町会隣組の刷新に就いて(広瀬久忠述,東京都民生局振興課編)　1943 14p 19cm
◇東京都制問題 再版(亀卦川浩著)　東京市政調査会　1943.1 43p 19cm　市政の基礎知識
◇[大阪市]町会ノ概況 謄写版(大阪市役所編)　1943.2 [61]p 26cm
◇大阪市町会関係規程(大阪市役所市民部編)　1943.3 12p 26cm
◇大阪市分増区関係資料(大阪市役所編)　1943.3 1冊 25cm
◇会計事務の参考 単位町会の部(大阪市役所編)　1943.3 55p 21cm　大阪市町会指導叢書
◇会計事務の参考 町会聯合会の部(大阪市役所編)　1943.3 86p 21cm　大阪市町会指導叢書
◇[京都]市政概要 昭和17年版(京都市役所総務部文書課編)　1943.3 98p 21cm
◇西洋中世都市発達史：都市の起源と商業の復活(アンリー・ピレンヌ著,今来陸訳)　白揚社　1943.3 10,206p 22cm　(世界歴史選書)
◇大都市の人間と民族(ヴィル・ヘルパッハ著,東京商工会議所編)　1943.3 5,194p 21cm　国土計画調査資料

◇都市の生態(石川栄耀著)　春秋社松柏館　1943.3 400p 19cm (春秋社教養叢書)
◇隣組と家庭生活(文部省教化局編)　1943.3 83p 19cm　家庭教育指導叢書
◇豊中市勢概要(豊中市役所編)　1943.3 20p 26cm
◇広島市勢要覧 昭和17年版(広島市役所編)　1943.3 4,53p 18cm
◇奉天市要覧 康徳9年(奉天市長官房文書科編)　1943.3 5,154p 22cm
◇故名古屋市長県忍市葬誌(名古屋市編)　1943.4 1冊 27cm
◇東京市町会規程(東京市役所編)　1943.4 13p 18cm
◇東京市町会隣組戦時体制確立強化要綱(東京市役所編)　1943.4 5p 18cm
◇東京市町会部制ニ関スル指示事項(東京市役所編)　1943.4 7p 18cm
◇隣組相談集(鵜飼貫三郎編)　大阪市役所　1943.4 32p 18cm　町会指導叢書
◇五人組と大東亜共栄圏(穂積重遠述,啓明会編)　1943.6 2,30p 21cm
◇東京都財務規則(東京都編)　1943.7 18p 26cm　昭和十八年七月一日東京都規則第6号別冊
◇[東京都]長官官房並ニ各局事務分科(東京都編)　1943.7 8p 26cm　昭和十八年七月一日東京都訓令甲第5号別冊
◇東京都都税条例施行規則(東京都編)　1943.7 43p 26cm　昭和十八年七月一日公報附録東京都規則第8号別冊
◇最終東京市会議員誌(松尾繁弌著)　都市情報社　1943.8 310p 21cm
◇全国優良部落会・町内会・部会長・町内会長事績概要 昭和17年3月16日選奨(自治振興中央会編)　1943.8 9,486p 21cm
◇正しい部落常会の開き方(古谷敬二著)　農山漁村文化協会　1943.9 2,2,85p 18cm
◇東京都政秘話(村松竹太郎著)　秀文閣書房　1943.9 4,7,282p 18cm
◇家の精神と町内会部会(大政翼賛会編)　1943.10 15p 19cm　町内会部落会叢書
◇町内会部落会会計実務(猪子秀一著)　隆文堂　1943.10 148p 18cm
◇東京都制概説(加藤陽三著)　良書普及会　1943.10 7,186,94p 21cm
◇必勝態勢と町内会部会(大政翼賛会編)　1943.10 32p 19cm　町内会部落会叢書
◇大阪市堺市相関関係概説(堺市役所編)　1943.11 130p 21cm
◇町会自治の基本問題 改訂(鈴木勝信著)　大東亜報道協会　1943.11 4,2,238p 18cm
◇町会部落会関係例規集：本省関係 謄写版(東京都民生局振興課編)　1943.11 104p 25cm
◇隣組の文化(天崎紹雄著)　堀書店　1943.11 212p 19cm
◇五人組帳の研究(野村兼太郎編著)　有斐閣　1943.12 12,682p 21cm
◇[全国都市問題会議総会 第8回]第8回総会要録(全国都市問題会議(第8回神戸昭和17年)編)　1943.12 1,6,461p 21cm　全国都市問題会議会報
◇[全国都市問題会議総会 第8回]第8回総会要録(全国都市問題会議(第8回神戸昭和17年)編)　1943.12 1,6,461p 21cm　全国都市問題会議会報
◇町内会の簿記(生駒義清著)　青年通信社出版部　1943.12 4,74p 21cm
◇東京都制実施に関する記録(東京都長官官房文書課編)　1943.12 321,43,11p 22cm
◇東京都制実施に関する記録(東京都長官官房文書課編)　1943.12 321,43,11p 21cm

55

都市問題・市政

◇都邑人口の体力と増殖力（ソローキン,チンメルマン著）　汎洋社
　1943.12　291,24p　21cm　人口問題研究資料新書

◇東京都公報　第153号-第227号　昭和19年7月-12月（東京都［編］）
　1944　1冊　26cm

◇東京都公報　第78号-第152号　昭和19年1月-6月（東京都［編］）
　1944　1冊　26cm

◇戦時下の都市問題：戦力増強と都市問題の理論に関する二・三の考察（倉辻平治著）　1944.1　42p　21cm　調査研究

◇隣保組織の決戦運営：その目標と機構（上浦種一述,自治振興中央会編）　1944.1　89p　18cm　部落会町内会指導叢書

◇五大都市町内会に関する調査　昭和18年（東京市政調査会編）
　1944.2　69,62,62p　21cm

◇逐条市制町村制提義　上巻（入江俊郎著,古井喜実著）　良書普及会
　1944.2　1冊　22cm

◇都市と農村（井森陸平著）　時代社　1944.2　438p　19cm　時代選刊

◇皇国都市の建設：大都市疎散問題（石川栄耀著）　常磐書房　1944.3
　4,6,468p　21cm

◇都市・農村問題と兼農居住（景山質著）　恒星社厚生閣　1944.8
　330p　19cm

◇全国優良部落会・町内会・部落会長・町内会長表彰事績概要　第2回
　（自治振興中央会編）　1944.12　9,525p　21cm

警察・消防・災害

【雑　誌】

◇資力なき刑事被告人の弁護（小野清一郎）「社会政策時報」　53　1925.2
◇治安雑特法は国家を危くす「東洋経済新報」　1136　1925.2
◇横浜港震害復奮工事（安藝杏一）「港湾」　3(3)　1925.3
◇宗教と犯罪との関係に就いて（福場保洲）「社会学雑誌」　11　1925.3
◇工場災害の度数率と軽重率（勝田一）「社会政策時報」　54　1925.3
◇我国に於ける火災及び消防（高橋雄射）「地方行政」　33(3)　1925.3
◇鉄骨構造の震害調査（災害防止調査委員会）「建築雑誌」　39(468)　1925.4
◇我国に於ける火災及び消防(2)（高橋雄射）「地方行政」　33(4)　1925.4
◇震火災と海上保険者の責任(1)「経済学 商業学 国民経済雑誌」　38(5)　1925.5
◇震火災と海上保険者の責任(2)（中山秀治郎）「経済学 商業学 国民経済雑誌」　38(6)　1925.6
◇大震火災三週年と復興途上の京浜（西川政吉）「港湾」　3(6)　1925.6
◇兵庫県但馬大震災被害状況「社会事業」　9(3)　1925.6
◇災害保険の発達（清水玄）「社会政策時報」　57　1925.6
◇我国に於ける火災及消防(3)（高橋雄射）「地方行政」　33(6)　1925.6
◇北但馬震災所見「建築雑誌」　39(472)　1925.7
◇国家の存亡と震火災の対応策（片岡安）「建築と社会」　8(7)　1925.7
◇毀れぬ先の用意（古塚正治）「建築と社会」　8(7)　1925.7
◇震災と地震（須田皖次）「建築と社会」　8(7)　1925.7
◇但馬地方の震災に依る建築物の被害状況（田邊平学）「建築と社会」　8(7)　1925.7
◇但馬地方の震災（松本儀八）「建築と社会」　8(7)　1925.7
◇我国に於ける火災及消防（高橋雄射）「地方行政」　33(7)　1925.7
◇地震と大阪市（松山基範）「建築と社会」　8(8)　1925.8
◇横浜港浅橋震害復旧工事概要（安藝杏一）「港湾」　3(9)　1925.9
◇工場に於ける致命的災害と其の原因（社会局第一部）「内務時報」　305　1925.9
◇耐震構造に関する一考察（内藤多仲）「建築雑誌」　39(475)　1925.10
◇地震の予防と震災の軽減（須田皖次）「建築と社会」　8(10)　1925.10
◇但馬地震に就て（今村明恒）「建築雑誌」　39(476)　1925.11
◇市町村労造物の相互火災保険（森荘三郎）「自治研究」　1(2)　1925.11
◇ノルウェーの木造都市と防火計画（小田垣光之輔）「都市問題」　1(7)　1925.11
◇工場火災（社会局第一部）「内務時報」　317　1925.12
◇建築と防火設備に就て（須賀店五郎）「建築と社会」　9(1)　1926.1
◇英国に於ける保安官其他に就て（川手忠義）「市町村」　2(1)　1926.1
◇火災の情況とその予防上の注意（山川秀好）「内務時報」　324　1926.1
◇共同耐火建築奨励運動「都市問題」　2(2)　1926.2

◇工場に於ての死傷害と火災損壊事故に関する調査（社会局第一部）「労働時報」　3(2)　1926.2
◇英米都市の警察制度（片桐由雄）「大大阪」　2(3)　1926.3
◇工場の災害予防に就て（蒲生俊文）「内務時報」　330　1926.3
◇工場に於ての死傷害と火災損壊事故に関する調査（社会局第一部）「内務時報」　332　1926.3
◇工場災害に就て（大金益次郎）「大大阪」　2(4)　1926.4
◇治安警察法中改正法律「内務時報」　335　1926.4
◇工場に於ける致命的の災害と其原因「労働時報」　3(4)　1926.4
◇独逸に於ける犯罪統計（岡崎文規）「経済論叢」　22(5)　1926.5
◇応急消火器について（菅野久一）「建築と社会」　9(7)　1926.7
◇小都市と消防設備（谷口成之）「都市創作」　2(7)　1926.7
◇長野事件と国民警察の振興（松井茂）「地方」　30(9)　1926.9
◇建築設備被害調査報告（大正十二年関東震火災号第六）（堀越三郎）「建築雑誌」　40(487)　1926.10
◇大正十二年九月大震災に於ける通信省所管建築物の震火災被害報告（大島三郎）「建築雑誌」　40(487)　1926.10
◇紡績工場に於ける業務災害に関する考察（千明順治）「社会政策時報」　73　1926.10
◇警察と消防（紐育市政研究）（藤田進一郎）「大大阪」　2(10)　1926.10
◇1924年ロンドン消防年報(1)（山川秀好）「大日本消防」　17　1926.10
◇日本古典に現はれたる火に関する思想(1)（二荒芳徳）「大日本消防」　17　1926.10
◇工場に於ける致死災害事故調「労働時報」　3(10)　1926.10
◇警察の地方分権（千葉了）「斯民」　21(11)　1926.11
◇農業災害の現状と社会施設の趣向（古瀬安俊）「社会事業」　10(8)　1926.11
◇1924年ロンドン消防年報(2)（山川秀好）「大日本消防」　18　1926.11
◇日本古典に現はれたる火に関する思想(2)（二荒芳徳）「大日本消防」　18　1926.11
◇我が国民と防火の観念「大日本消防」　18　1926.11
◇防火地区と共同建築（小倉庫次）「都市問題」　3(5)　1926.11
◇完備した大阪の消防（土井末吉）「大大阪」　2(12)　1926.12
◇青年団の火災出動に就て（山川秀好）「大日本消防」　19　1926.12
◇建築助成会社と耐火建築の復興（平野真三）「都市問題」　3(6)　1926.12
◇火災現場に於ける避難救助に就て（石原恒太郎）「大日本消防」　20　1927.1
◇地方都市の消防組織に就て「大日本消防」　20　1927.1
◇月別に依る火災の原因（金子保太郎）「大日本消防」　20　1927.1
◇防火の心得（山川秀好）「大日本消防」　20　1927.1
◇気象と火災に就て（藤原咲平）「大日本消防」　21　1927.2
◇大正十五年東京市火災一覧「大日本消防」　21　1927.2
◇二月中に起り易き火災の原因（金子保太郎）「大日本消防」　21　1927.2
◇防火の心得（山川秀好）「大日本消防」　21　1927.2
◇都市の犯罪現象に関する統計的研究（小野清一郎）「都市問題」　4

◇(2)　1927.2
◇空中威力の国防並に通商に及ぼす影響と其可能性（伊藤赳）「建築と社会」　10(3)　1927.3
◇災害統計の規格統一（前田一）「社会政策時報」　78　1927.3
◇気象と火災に就て（藤原咲平）「大日本消防」　22　1927.3
◇1925年度ロンドン消防年報(1)（山川秀好）「大日本消防」　22　1927.3
◇防火問題の根本義を論じて将来の国策に及ぶ（松井茂）「都市問題」　4(3)　1927.3
◇奥丹後地震災害調査報告（黒田茂）「建築と社会」　10(4)　1927.4
◇地震と家（波江悌夫）「建築と社会」　10(4)　1927.4
◇震災軽減の方策を講ぜよ（中岡安）「建築と社会」　10(4)　1927.4
◇丹後地方震火災の実地を踏査して（増田清）「建築と社会」　10(4)　1927.4
◇丹後の震災と但馬の復興を視て（中島智喜）「建築と社会」　10(4)　1927.4
◇消火器に就て（承前）（大島義清）「大日本消防」　23　1927.4
◇消防教育の一案(1)（田中智学）「大日本消防」　23　1927.4
◇消防の要義「大日本消防」　23　1927.4
◇モントリオルの猛炎(1)（山川秀好）「大日本消防」　23　1927.4
◇我国警察制度の成立と変遷（高橋雄豺）「地方」　35(4)　1927.4
◇防火地区内借地権処理法「内務報」　385　1927.4
◇劇場火災に就いて（加奈陀ローリエルパレス座の惨事）菅野久一）「建築と社会」　10(5)　1927.5
◇火災現場に於ける喞筒取扱方（一私案）（須賀景樹）「大日本消防」　24　1927.5
◇児童（防火）宣伝の考察（承前）（石原恒太郎）「大日本消防」　24　1927.5
◇消防教育の一案(2)（田中智学）「大日本消防」　24　1927.5
◇モントリオルの猛炎(2)（山川秀好）「大日本消防」　24　1927.5
◇防火地区内借地権処理法に就て（小倉庫次）「都市問題」　4(5)　1927.5
◇火災防備と建築（土井末吉）「建築と社会」　10(6)　1927.6
◇防火と建築（片岡安）「建築と社会」　10(6)　1927.6
◇消防視察見学に就て「大日本消防」　25　1927.6
◇1925年度ロンドン消防年報(2)（山川秀好）「大日本消防」　25　1927.6
◇地方消防施設の特色に就て（馬場生）「大日本消防」　25　1927.6
◇倫敦消防部に就て（相川勝六）「大日本消防」　25　1927.6
◇耐火建築の復興と建築助成会社（小倉庫次）「都市問題」　4(6)　1927.6
◇破壊消防に就て（武藤巳之作）「大日本消防」　26　1927.7
◇防火週間の効果と遊蕩国民のみ黙認し得べき火災損害「大日本消防」　26　1927.7
◇倫敦消防部に就て(2)（相川勝六）「大日本消防」　26　1927.7
◇警察部長事務打合会開催「内務報」　399　1927.7
◇工場内防施設に関する調査「労働時報」　4(7)　1927.7
◇犯罪と家庭（鈴木偲吉）「社会事業」　11(5)　1927.8
◇大都市と警察権（中野与吉郎）「大大阪」　3(9)　1927.9
◇犯罪より観たる大阪（大津敏男）「大大阪」　3(9)　1927.9
◇防火地区の完成（野田俊彦）「建築雑誌」　41(501)　1927.10
◇罹災救助基金(1)（大竹虎雄）「自治研究」　3(10)　1927.10
◇北米の諸都市の安全地帯「調査資料」　8(4)　1927.10
◇大震火災と東京市の公園（井下清）「庭園と風景」　9(10)　1927.10
◇防火地区建築補助年限延長に関する運動（小倉庫次）「都市問題」　5(4)　1927.10
◇工場災害発生の原因に関する考察（岩田穰）「労働科学研究」　4(3)　1927.11
◇英国に於ける災害予防の概況「労働時報」　4(11)　1927.11
◇大正十二年関東震火災に於ける木造被害調査報告（北澤五郎）「建築雑誌」　41(503)　1927.12
◇大正十二年の大震災に於ける各種建築構造の火害について（尾崎久助）「建築雑誌」　41(503)　1927.12
◇罹災救助基金(2)（大竹虎雄）「自治研究」　3(12)　1927.12
◇各国に於ける産業災害予防法（北岡寿逸）「社会政策時報」　87　1927.12
◇欧米消防事情（山川秀好）「消防」　1(4)　1927.12
◇火災消防統計（内務省警保局）「消防」　1(4)　1927.12
◇消防水利改善の急務(3)（蒲生傳）「消防」　1(4)　1927.12
◇昭和二年上半期に於ける工場の火災其他の災害調「労働時報」　4(12)　1927.12
◇東京市部接続部部警察力充実問題に就て（中谷政一）「警察協会雑誌」　329　1928.1
◇罹災救助基金(3)（大竹虎雄）「自治研究」　4(1)　1928.1
◇大阪市に於ける消防（土井末吉）「消防」　2(1)　1928.1
◇市街地火災原因（大正十五年中）（内務省警保局）「消防」　2(1)　1928.1
◇一九二六年度上海消防年報「消防」　2(1)　1928.1
◇罹災救助基金(4)（大竹虎雄）「自治研究」　4(2)　1928.2
◇犯罪問題研究号「社会学雑誌」　46　1928.2
◇火災防禦（小泉壽之助）「消防」　2(2)　1928.2
◇加奈陀連合火防委員会提出一九二六年度火災報告書（山川秀好）「消防」　2(2)　1928.2
◇警察及消防の法律的根拠（松井茂）「消防」　2(2)　1928.2
◇一九二六年度新嘉坡消防年報（山川秀好）「消防」　2(2)　1928.2
◇フランス警察制度（承前）（宇野愼三）「警察協会雑誌」　331　1928.3
◇欧洲三大首都に於ける消防部に就て（ラッセル・コツドマン，豊島章太訳）「消防」　2(3)　1928.3
◇火災防禦（小泉壽之助）「消防」　2(3)　1928.3
◇米国及加奈陀に於ける昨年中の火災損害（T・S・生）「消防」　2(3)　1928.3
◇明治四年に於ける静岡市消防組に関する規定（高橋雄豺）「消防」　2(3)　1928.3
◇フランス警察制度（完結）（宇野愼三）「警察協会雑誌」　332　1928.4
◇消防用布ホースに就て（鈴木鈴馬）「消防」　2(4)　1928.4
◇大阪附近の地盤の変動に就いて（石井信一）「大大阪」　4(4)　1928.4
◇防火建築費補助（昭和三年二月末現在）「都市公論」　11(4)　1928.4
◇警察官教養実感(1)（綱島覚左衛門）「警察協会雑誌」　333　1928.5
◇火災防禦術(4)（小泉壽之助）「消防」　2(5)　1928.5
◇火災報知器に就て(1)（小野房若）「消防」　2(5)　1928.5
◇大阪と地震（松山基範）「大大阪」　4(5)　1928.5
◇東京市郊外の警察行政に就て（吉山真棹）「都市問題」　6(5)　1928.5
◇警察官教育実感(2)（綱島覺左衛門）「警察協会雑誌」　334　1928.6
◇港湾犯罪防止に対する雑感（有安堅三）「港湾」　6(6)　1928.6
◇火災防禦術(5)（小泉壽之助）「消防」　2(6)　1928.6
◇火災報知器に就て（承前）（小野房若）「消防」　2(6)　1928.6
◇一九二六年度アレキサンドリア消防年報（山川秀好）「消防」　2(6)　1928.6

◇大阪市の防空演習(小倉庫次)「都市問題」 7(2) 1928.8
◇東京の火災(後藤曠二)「都市問題」 8(2) 1929.2
◇都市災害防止の急策(佐藤徳衛)「都市創作」 5(7) 1929.7
◇英国警察制度概観(土屋正三)「警察協会雑誌」 349 1929.9
◇警察行政に関する綱要(安達謙蔵)「警察協会雑誌」 349 1929.9
◇病院の火災防止に就て(樫田五郎)「日本公衆保健協会雑誌」 5(10) 1929.10
◇小菅刑務所を観て(田辺平学)「建築と社会」 12(11) 1929.11
◇家屋の耐震設計方針に就て(武藤清)「建築雑誌」 43(328) 1929.12
◇構造物震動理論(武藤清)「建築雑誌」 43(523) 1929.12
◇警視警部定員令を制定すべし(高橋雄豺)「警察協会雑誌」 353 1930.1
◇復興展記念特輯「都市問題」 10(1) 1930.1
安政地震と義捐資料 関東大震火災一般/関東大震火災と其被害(岡野文之助) 建築物の被害/関東大震火災と其被害(安達正太郎) 公私対災活動の跡/大震災時に於ける救護施設(吉山真棹) 災禍直後の物資配給/大震災時に於ける救護施設(小田垣光之輔) 地震学的研究資料/関東大震火災と其被害(樫木徹) 地震と鯰 震災時に於ける住居状況/大震災時に於ける救護施設(小田垣光之輔) 震災の歴史-附、諸外国に於ける震火災/関東大震火災と其被害(小田垣光之輔) 罹災者数と惨害記念物/関東大震火災と其被害(安達正太郎)
◇建築線の指定と防火地区の完成(1)(古川静夫)「都市公論」 13(2) 1930.2
◇復興都市の御巡幸と復興祭(小倉庫次)「都市問題」 10(2) 1930.2
◇伊太利の警察憲兵(清水重夫)「警察協会雑誌」 355 1930.3
◇女巡査(1)(齋藤樹)「警察協会雑誌」 355 1930.3
◇行政警察規則管見(1)(田村豊)「警察協会雑誌」 355 1930.3
◇消防機関の発達史(中川清)「消防」 4(3) 1930.3
◇わが国嚆矢の少年消防と婦人消防隊(鈴木藤次郎)「消防」 4(3) 1930.3
◇建築線の指定と防火地区の完成(2)(古川静夫)「都市公論」 13(3) 1930.3
◇女巡査(2)(齋藤樹)「警察協会雑誌」 356 1930.4
◇行政警察規則(2)(田村豊)「警察協会雑誌」 356 1930.4
◇警察官教養講話(2)(石原雅二郎)「斯民」 25(4) 1930.4
◇火災現場到着時間と送水所要時間(須賀景樹)「消防」 4(4) 1930.4
◇窃盗罪についての若干の考察(2)(牧野英一)「警察研究」 21(5) 1930.5
◇警察官養成講話(3)(石原雅二郎)「斯民」 25(5) 1930.5
◇樹木による防火に就て(上原敬二)「消防」 4(5) 1930.5
◇丸之内地帯のビルヂングに於ける消防施設の解剖(東野正明)「消防」 4(6) 1930.6
◇都市の噪音問題(小幡重一)「都市問題」 11(3) 1930.9
◇都市に於ける青少年犯罪者の一研究(上)(吉益脩夫)「都市問題」 11(4) 1930.10
◇都市に於ける青少年犯罪者の一研究(下)(吉益脩夫)「都市問題」 11(6) 1930.12
◇豆相地方大震災視察報告(日本建築協会第四部委員)「建築と社会」 14(1) 1931.1
◇火災現場に於ける家屋の破壊(渡正監)「消防」 5(1) 1931.1
◇火災消防統計―市街地火災原因(昭和四年中)(内務省警保局)「消防」 5(1) 1931.1
◇我国防火思想の最近思潮(松井茂)「都市問題」 12(1) 1931.1
◇警察と特別市制(松井茂)「警察協会雑誌」 366 1931.2
◇非常凶作と罹災救助基金の支出(山崎巌)「自治研究」 7(2) 1931.2

◇警察と特別市制(松井茂)「都市問題」 12(2) 1931.2
◇特殊建物と自衛消防団組織の必要(東野正明)「消防」 5(3) 1931.3
◇震災と保険事業(1)(南正樹)「自治研究」 7(4) 1931.4
◇日本の国富と火災の損害(堀切善次郎)「消防」 5(4) 1931.4
◇東京市甲種防火地区の現状と其の整備に就て(1)(岡崎英城)「都市公論」 14(5) 1931.5
◇大阪防火地区拡張に就き雑感(鳥井信)「建築と社会」 14(6) 1931.6
◇震災と保険事業(2)(南正樹)「自治研究」 7(6) 1931.6
◇社会的罪悪としての失火(池田宏)「消防」 5(6) 1931.6
◇東京市甲種防火地区の現状と其の整備に就て(2)(岡崎英城)「都市公論」 14(6) 1931.6
◇労働者災害扶助の打切期間(矢野兼三)「社会政策時報」 130 1931.7
◇労働者災害扶助法施行命令要綱に就て(北岡寿逸)「社会政策時報」 130 1931.7
◇地水風火害の日本火災と自治の精神(前田多門)「消防」 5(7) 1931.7
◇労働者災害扶助責任保険法施行命令要綱に就て(北岡寿逸)「社会政策時報」 131 1931.8
◇大震火災の当時を追憶し国民消防の急務を論ず(松井茂)「消防」 5(8) 1931.8
◇都市防空と空地(鳥田隆一)「都市公論」 14(8) 1931.8
◇違警罪即決例の改正に際して(1)(土屋正三)「警察研究」 2(9) 1931.9
◇警察目的と其の他の行政目的(1)(美濃部達吉)「警察研究」 2(9) 1931.9
◇電気に因る火災―警視聴管下3箇年間の調査(消防) 5(9) 1931.9
◇違警罪即決例の改正に際して(2・完)(土屋正三)「警察研究」 2(10) 1931.10
◇警察判例批評(6)(清水重夫,田村豊)「警察研究」 2(10) 1931.10
◇警察目的と其の他の行政目的(2・完)(美濃部達吉)「警察研究」 2(10) 1931.10
◇法人の警察責任と民事責任―営業警察の限界(7)(渡正監)「警察研究」 2(10) 1931.10
◇消防と感電(江島喜衛)「消防」 5(10) 1931.10
◇労働者災害扶助法及び労働者災害扶助責任保険法に就て(北岡寿逸)「地方行政」 39(10) 1931.10
◇警察と民衆(雪沢千代治)「警察研究」 2(11) 1931.11
◇警察の目的範囲(1)(美濃部達吉)「警察研究」 2(11) 1931.11
◇日本警察制度成立小史(3)(田村豊)「警察研究」 2(11) 1931.11
◇震災と保険事業(3)(南正樹)「自治研究」 7(11) 1931.11
◇欧米諸国の警察制度に関する一考察(清水重夫)「警察研究」 2(12) 1931.12
◇警察観念と民衆政(蠟山政道)「警察研究」 2(12) 1931.12
◇消防効率判定の一基準(T.F.ドウアーテ,菊池文一郎訳)「消防」 53 1932.1
◇諸問題の一考察-警察事務の一部を都市に移管すべし(村上恭一)「警察研究」 3(2) 1932.2
◇役場と警察(飯村生)「公衆衛生」 50(2) 1932.2
◇都市と防空(小倉尚)「建築と社会」 15(3) 1932.3
◇昭和六年中火災概況(警視廳消防課)「消防」 54 1932.3
◇震災の後始末の一点張/多年市政に関与せられたる長老者の自治政観(東京市政調査会創立十周年記念市政論集)(山崎小三)「都市問題」 14(3) 1932.3
◇「左傾学生」に就いて(1)(上田誠一)「警察研究」 3(4) 1932.4

◇英国に於ける労働者災害補償法の成立過程(水島密之亮)「社会政策時報」139 1932.4

◇大阪の空を護る用意(和田盈)「大大阪」8(4) 1932.4

◇警察命令の限界(美濃部達吉)「警察研究」3(5) 1932.5

◇巡査昇進制度に関する一つの考察(入江誠一郎)「警察研究」3(5) 1932.5

◇非常災害に対する公的救助に就て(藤野恵)「自治研究」8(5) 1932.5

◇英吉利の警察(1)(高橋雄豺)「警察研究」3(6) 1932.6

◇違警罪即決例管見(村上恭一)「警察研究」3(6) 1932.6

◇警察事務に於ける分化と統制(横溝光暉)「警察研究」3(6) 1932.6

◇警察と社会(土屋正三)「警察研究」3(6) 1932.6

◇巡査昇進制度に関する一つの考察(入江誠一郎)「警察研究」3(6) 1932.6

◇罹災救助基金法の改正に就て(元山修二)「自治研究」8(9) 1932.9

◇欧米の消防を視て(能美輝一)「消防」57 1932.9

◇将来に於ける都市防衛と建造物に就て(山内静夫)「土木学会誌」18(9) 1932.9

◇東京市連合防護団について(藤井利譽)「公民教育」2(10) 1932.10

◇罹災救助基金法改正の要旨(灘尾弘吉)「社会事業」16(8) 1932.11

◇市郡併合に伴ふ消防施設変更に就て(岩城彌太郎)「消防」58 1932.11

◇放火に就て(金澤次郎)「消防」58 1932.11

◇罹災救助基金法の改正(未完)(杉田三朗)「地方行政」40(11) 1932.11

◇業務災害と労働者の過失(平田隆夫)「経済時報」4(10) 1933.1

◇米国警察制度に就て(オーガスト・ヴォルマー)「警察協会雑誌」389 1933.1

◇警察下命と私法との関係(美濃部達吉)「警察研究」4(1) 1933.1

◇警察官の武器使用に就て(1)(山崎丹照)「警察研究」4(1) 1933.1

◇特別警察隊に就て(宮野省三)「警察研究」4(1) 1933.1

◇東京白木屋本店の火災「建築と社会」16(1) 1933.1

◇改正罹災救助基金法の運用に就て(1)(藤野恵)「自治研究」9(1) 1933.1

◇江戸時代の大火と消防(鷹見安二郎)「消防」59 1933.1

◇白木屋火災と消防活動(藤田惣三郎)「消防」59 1933.1

◇東京市防護団の「防火班任務要綱」私案(岩城彌太郎)「消防」59 1933.1

◇深川大富アパート火災と消防戦闘(今井小市)「消防」59 1933.1

◇産業災害統計に就て(八木高次)「労働科学研究」10(1) 1933.1

◇防空座談会「エンヂニアー」12(2) 1933.2

◇大阪府に於ける百貨店建築防火避難設備に関する懇談会「建築と社会」16(2) 1933.2

◇大阪三越の防火施設に就て(竹内秦介)「建築と社会」16(2) 1933.2

◇火災に対する構造と設備に就いて(里見純吉)「建築と社会」16(2) 1933.2

◇可燃生物資を集蔵するビルヂングの消火設備に就いて(古塚正治)「建築と社会」16(2) 1933.2

◇建築学会提唱に依る百貨店防火施設「建築と社会」16(2) 1933.2

◇高層建物に対する災害防止策(大谷順作)「建築と社会」16(2) 1933.2

◇白木屋百貨店火災の教訓(池田實)「建築と社会」16(2) 1933.2

◇新築に際して-防火設備私見(木永榮太郎)「建築と社会」16(2) 1933.2

◇東京白木屋百貨店火災の座談会「建築と社会」16(2) 1933.2

◇内務省の高層建築物に対する災害予防法「建築と社会」16(2) 1933.2

◇防火か避難か(村野藤吾)「建築と社会」16(2) 1933.2

◇改正罹災救助基金法の運用に就て(2)(藤野恵)「自治研究」9(2) 1933.2

◇欧米最近の防火状況を視察して我国現時の大火災に及ぶ(松井茂)「大日本消防」7(2) 1933.2

◇公園の取締と警察(三木謙吾)「庭園と風景」15(2) 1933.2

◇巡査分限令及懲戒令の制度に当りて(1)(宮野省三)「警察研究」4(3) 1933.3

◇昭和七年十二月十二日火災に依る白木屋百貨店の災害について「建築雑誌」47(568) 1933.3

◇深川大富アパート及市場火災実況に就て(大脇直徳,中川伊平)「建築雑誌」47(568) 1933.3

◇高層建築物火災と消防(御厨敏彦)「水道協会雑誌」3 1933.3

◇白木屋火災の全貌(岩崎榮吉)「水道協会雑誌」3 1933.3

◇ビルヂング火事と消防水道(小野寺季六)「水道協会雑誌」3 1933.3

◇雪害の現状と具体的対策(松岡俊三)「地方行政」41(3) 1933.3

◇火災統計に現はれたる復興帝都の姿(後藤半五郎)「建築雑誌」47(570) 1933.4

◇潮汐の満干と火災の発生時刻(船越基一)「大日本消防」7(4) 1933.4

◇欧米の警察及消防の現況を述べて我国に及ぶ(松井茂)「警察協会雑誌」臨時増刊 1933.5

◇社会問題及び法律問題としての犯罪及び刑罰(牧野英一)「警察研究」4(6) 1933.6

◇英国の警察制度改革問題(松浦榮)「警察協会雑誌」396 1933.7

◇警察後援会に対する若干の考察(石井政一)「警察研究」4(7) 1933.7

◇警察の補助的施設に付て(1)(清水重夫)「警察研究」4(7) 1933.7

◇給水施設の対空防護(小坂志郎)「水道協会雑誌」5 1933.7

◇警察犯罪に付いて(1)(美濃部達吉)「警察研究」4(8) 1933.8

◇司法の一角より見たる思想対策問題(池田克)「警察研究」4(8) 1933.8

◇都市の防空施設(中村濱作)「建築と社会」16(8) 1933.8

◇防空法制に関する考究(1)(原田久男)「地方行政」41(8) 1933.8

◇思想対策問題に関する私見(1)(菅太郎)「警察研究」4(9) 1933.9

◇四半世紀間に於る米国警察の進歩(土屋正三)「警察研究」4(9) 1933.9

◇百貨店の火災に於ては人は如何にして逃げたか(北澤五郎)「建築雑誌」47(575) 1933.9

◇防空と建築(佐野利器)「建築雑誌」47(575) 1933.9

◇警衛員の支配圏に関する検討(伊能芳雄)「警察研究」4(1) 1933.10

◇商工省の地震保険案を評す(椎名幾三郎)「経済時報」5(8) 1933.11

◇警察と犯罪人の正常なる私生活への再適応化問題(池田克)「警察研究」4(11) 1933.11

◇都市防空と水道に就て(久保禎三)「水道協会雑誌」7 1933.11

◇最近ドイツに於ける治安保持法令の変遷(1)(三宅正太郎)「法律時報」5(11) 1933.11

◇地震保険の創始に就いて(鈴木英雄)「法律時報」5(11) 1933.11

◇思想犯罪の取締方策に於ける諸問題(池田克)「法律時報」 5(11) 1933.11
◇倫敦警視総監の報告書(松浦榮)「警察協会雑誌」 401 1933.12
◇木造家屋の火災実験に就て(内田祥三[ほか])「建築雑誌」 47(579) 1933.12
◇自動車に於ける労働事情と災害保険法(秋山斧助)「社会政策時報」 159 1933.12
◇少年犯罪の特質、原因及び対策―その比較的、批判的考察(木村亀二)「法律時報」 6(2) 1934.2
◇少年犯罪の防圧対策(正木亮)「法律時報」 6(2) 1934.2
◇精神病と少年犯罪(吉益脩夫)「法律時報」 6(2) 1934.2
◇ナチスの刑事立法の概観(不破武夫)「法律時報」 6(3) 1934.3
◇函館市の大火(警保局)「警察協会雑誌」 405 1934.4
◇刑事司法に於ける統制の問題(牧野英一)「警察研究」 5(4) 1934.4
◇警視庁特別警備隊(宮脇倫)「警察研究」 5(4) 1934.4
◇都市防空と建築に就て(木原友二)「建築雑誌」 48(583) 1934.4
◇函館市火災状況概要(内務省)「大日本消防」 8(4) 1934.4
◇函館消防の苦闘を思ふ(倉若梅二郎)「大日本消防」 8(4) 1934.4
◇函館大火の防災にもたらす教訓(中尾金蔵)「大日本消防」 8(4) 1934.4
◇函館大火災概況「都市問題」 18(4) 1934.4
◇警察の概念―普国警察行政法第十四条に就て―(渡邊宗太郎)「法学論叢(京都帝国大学法学会)」 30(4) 1934.4
◇警察機構統一問題に就て(川村貞四郎)「警察協会雑誌」 406 1934.5
◇模範村山田村婦人火防組合(1)(中村四郎)「警察協会雑誌」 406 1934.5
◇函館市大火の跡を視察して(鳥井信)「建築と社会」 17(5) 1934.5
◇函館大火に於ける不燃質建物の被害概況(中沢誠一郎)「建築と社会」 17(5) 1934.5
◇防疫の見地より函館火災を見る(勝俣稔)「水道協会雑誌」 12 1934.5
◇北海道函館市大火災の状況並に其の対策(北海道庁)「水道協会雑誌」 12 1934.5
◇函館の大火と其の復興計画(飯沼一省)「都市公論」 17(5) 1934.5
◇函館の大火を火災保険(椎名幾三郎)「経済時報」 6(3) 1934.6
◇警察部長会議に於ける中心議題としての警察精神作興問題(内務省警保局)「警察協会雑誌」 407 1934.6
◇アメリカに於ける手口法(Modus operandi system)(相川勝六)「警察研究」 5(6) 1934.6
◇函館大火調査報告(後藤米太郎[ほか])「建築雑誌」 48(586) 1934.6
◇災害土木費国庫補助規定の改正に関する一考察(西芳雄)「水利と土木」 7(6) 1934.6
◇燃焼と湿度及び東京の湿度(藤原咲平)「消防」 68 1934.7
◇函館大火災に就て(勝田弥吉)「大日本消防」 8(7) 1934.7
◇近畿台風による産業被害調査「東洋経済新報」 1621 1934.9
◇台風の暴威か、人工の怠慢か「東洋経済新報」 1621 1934.9
◇工場火災「労働時報」 11(9) 1934.9
◇救急自動車に就て(未完)(久山秀雄)「警察協会雑誌」 411 1934.10
◇近畿台風禍の経済的損害「週刊エコノミスト」 12(20) 1934.10
◇石川県大聖寺町の大火(石川県保安課)「大日本消防」 8(10) 1934.10
◇近畿地方暴風雨被害状況(内務省警保局)「大日本消防」 8(10) 1934.10
◇防空都市計画としての航空考(御田綱男)「都市公論」 17(10) 1934.10
◇北陸地方水害状況(富永正義)「土木学会誌」 20(10) 1934.10
◇音響・煤煙等の災害と法律(末弘厳太郎)「法律時報」 6(10) 1934.10
◇大阪の風水害を観て(長岡半太郎)「改造」 16(12) 1934.11
◇経済的に見た関西風水害(蜷川虎三)「改造」 16(12) 1934.11
◇暴風警報と高潮に就て(藤原咲平)「改造」 16(12) 1934.11
◇大阪大風水害調査概況(大阪府都市計画課)「建築と社会」 17(11) 1934.11
◇大阪市小学校風害所感(伊藤憲太郎)「建築と社会」 17(11) 1934.11
◇大阪市木造小学校の被害状況と大阪市木造小学校標準矩画(大阪市建築課長)「建築と社会」 17(11) 1934.11
◇関西地方大風水禍と大阪府営造物(川口一二)「建築と社会」 17(11) 1934.11
◇関西風水害の調査と対策(災害調査委員会)「建築と社会」 17(11) 1934.11
◇京都市内の風害建築物に就て(和田申一)「建築と社会」 17(11) 1934.11
◇京阪地方の風水害を視察して -主として大阪市内小学校の被害に就て(十代田三郎)「建築と社会」 17(11) 1934.11
◇京阪両市風害小学校を視察して(瀧本義一)「建築と社会」 17(11) 1934.11
◇災害防備に関する根本省察(松室重光)「建築と社会」 17(11) 1934.11
◇台風害の跡を見て(鳥井信)「建築と社会」 17(11) 1934.11
◇風水禍(葛野壮一郎)「建築と社会」 17(11) 1934.11
◇風伯に「空襲」と「海襲」とに依る教訓(池田実)「建築と社会」 17(11) 1934.11
◇木造建築は果して風に弱いか(巽純一)「建築と社会」 17(11) 1934.11
◇吾等の採る可き途(台風対策)(兵庫県建築課長)「建築と社会」 17(11) 1934.11
◇近畿地方を襲へる大風水惨害「港湾」 12(11) 1934.11
◇阪神地方台風海嘯被害の概況(丹羽鋤彦)「港湾」 12(11) 1934.11
◇災害救護の統制(藤田進一郎)「社会事業」 18(8) 1934.11
◇災害による貧困の発生(布川静淵)「社会事業」 18(8) 1934.11
◇自然災害に対する本邦社会的施設の推移(福山政一)「社会事業」 18(8) 1934.11
◇社会事業より見たる旱害対策(江口清彦)「社会事業」 18(8) 1934.11
◇災害に因る経営休止と労賃請求権 -ニキッシュの見解を中心として-(吉川大二郎)「社会政策時報」 170 1934.11
◇関西地方暴風水害後の労働市場(安田辰馬)「職業紹介公報」 13 1934.11
◇災害と職業紹介機関の活動(遊佐敏彦)「職業紹介公報」 13 1934.11
◇水禍と労務需給(岸正一)「職業紹介公報」 13 1934.11
◇中国地方の風水害と職業紹介機関の活動(小林伊三郎)「職業紹介公報」 13 1934.11
◇風水害地方に於ける職業紹介機関活動概況「職業紹介公報」 13 1934.11
◇関西地方風水害と奈良市の蒙りたる影響(中村源七)「水道協会雑誌」 18 1934.11
◇風害に依る大阪市被害状況及対策(島崎孝彦)「水道協会雑誌」 18 1934.11
◇昭和九年水害記録「水利と土木」 7(11) 1934.11
◇両度の災害は何を救へたか(武井群嗣)「水利と土木」 7(11)

1934.11
◇災害防備自治済美特輯「都市問題」 19(5) 1934.11
　大阪の風水害に就ての感想(長岡半太郎)　自治公民の根本精神(大島正徳)　小学校建築の風害に就て(田辺平学)　颱風に就て(岡田武松)　都市災害防備策の確立(池田宏)　都市林に関する若干考察(柳下鋼造)　木造家屋の火災温度-其の実験報告要項(内田祥三)
◇大阪鉄道局管内鉄道線路風水害概況(鉄道省工務局保線課)「土木学会誌」 20(11) 1934.11
◇警務刷新に関する若干の感想(久山秀雄)「警察研究」 5(12) 1934.12
◇最近に於ける犯罪の傾向と立法の特徴(大竹武七郎)「警察研究」 5(12) 1934.12
◇紐育警視庁特別警備隊(1)(宮脇倫)「警察研究」 5(12) 1934.12
◇営繕管財局所管建物の被害概況(井上一之)「建築雑誌」 48(592) 1934.12
◇大阪府下に於ける風水害調査報告(中澤誠一郎)「建築雑誌」 48(592) 1934.12
◇香川県下に於ける風害調査(富士精一)「建築雑誌」 48(592) 1934.12
◇京都市に於ける風害一般状況報告(和田甲一)「建築雑誌」 48(592) 1934.12
◇京都風災年表(塚本靖)「建築雑誌」 48(592) 1934.12
◇逓信省所管建築物の被害(矢島誠一)「建築雑誌」 48(592) 1934.12
◇徳島県に於ける災害調査(藤田柳蔵)「建築雑誌」 48(592) 1934.12
◇鳥取県に於ける建築物の被害(小川一益)「建築雑誌」 48(592) 1934.12
◇名古屋市に於ける建築物の被害調査(疋田武二)「建築雑誌」 48(592) 1934.12
◇奈良県に於ける風害調査(寺師通尚)「建築雑誌」 48(592) 1934.12
◇兵庫県に於ける被害の調査(山崎英一)「建築雑誌」 48(592) 1934.12
◇雪害対策に就て(柳井義男)「斯民」 29(12) 1934.12
◇大阪地方今次の大風水害と職業紹介機関(安田辰馬)「社会事業」 18(9) 1934.12
◇火災防備策(池田宏)「都市問題」 19(6) 1934.12
◇昭和八年労働者災害扶助法施行状況概要「労働時報」 11(12) 1934.12
◇大阪と天災(菅野和太郎)「経済時報」 6(10) 1935.1
◇医事警察の若干の問題(1)(美濃部達吉)「警察研究」 6(1) 1935.1
◇風害の特異性並に筋違控柱の効果(田辺平学)「建築雑誌」 49(594) 1935.1
◇風害より見たる木造構造物に関する二三の考察(狩野春一)「建築雑誌」 49(594) 1935.1
◇昭和九年の風水害と其の対策(武井群嗣)「自治研究」 11(1) 1935.1
◇災害の救済と東北の振興(1)(湯河元威)「斯民」 30(1) 1935.1
◇災害の社会学的考察(竹内愛二)「社会事業研究」 23(1) 1935.1
◇臨時議会と災害予算(岡野文之助)「都市問題」 20(1) 1935.1
◇地震時に於ける建造物の振動理論(最上武雄)「土木学会誌」 21(1) 1935.1
◇大阪と災害(波江悌夫)「建築雑誌」 49(595) 1935.2
◇風と塔状物(武藤清)「建築雑誌」 49(595) 1935.2
◇構造物に及ぼす風の作用に関する各国の実験的研究(武藤清[ほか])「建築雑誌」 49(595) 1935.2
◇災害予防(佐野利器)「建築雑誌」 49(595) 1935.2

◇木造建築の被害調査報告(関西風水害)(巽純一)「建築雑誌」 49(595) 1935.2
◇環境と犯罪少年(池口尚夫)「社会事業研究」 23(2) 1935.2
◇青少年犯罪者の職業生活(高瀬安貞)「職業紹介」 3(2) 1935.2
◇昭和九年の天災を顧みて(村瀬末一)「水利と土木」 8(2) 1935.2
◇日本人と非常時道徳(前田多門)「大日本消防」 9(2) 1935.2
◇紐育市に於ける建築物の防火対策(1)(能美輝一)「大日本消防」 9(2) 1935.2
◇雪害対策事項の決定(中島賢蔵)「斯民」 30(3) 1935.3
◇砂防と水防「水利と土木」 8(3) 1935.3
◇紐育市に於ける建築物の防火対策(2・完)(能美輝一)「大日本消防」 9(3) 1935.3
◇市営住宅居住者生計並動産火災保険調査(東京市社会局福利課住宅掛)「東京市社会局時報」 昭和10年1・2・3月号 1935.3
◇警察緊急状態(須貝脩一)「法学論叢(京都帝国大学法学会)」 32(3) 1935.3
◇木造家屋の火災実験に就て(内田祥三[ほか])「建築雑誌」 49(597) 1935.4
◇河川災害を極少ならしむる方策如何(岸田正一)「水利と土木」 8(4) 1935.4
◇官業に於ける労働者の災害扶助法施行状況(昭和八年度)「労働時報」 12(4) 1935.4
◇警察精神作興運動の任務(館林三喜男)「警察協会雑誌」 418 1935.5
◇警保局防犯課の新設(中野与吉郎)「警察協会雑誌」 418 1935.5
◇巡査は如何にして養成すべきか(佐々木俊雄)「警察協会雑誌」 418 1935.5
◇非常時特高警察の指導精神と実践の問題(加藤祐三郎)「警察協会雑誌」 418 1935.5
◇初任警察官の教養に就いて(鈴木栄二)「警察研究」 6(5) 1935.5
◇非常時的事態に於ける警察の助長行政関与(1)(渡正監)「警察研究」 6(5) 1935.5
◇労働者災害扶助法、工場法並鉱業法の改正に就いて(石井通則)「社会事業彙報」 9(2) 1935.5
◇風水害に鑑みたる大阪港の復興計画に就て(内山新之助)「土木学会誌」 21(5) 1935.5
◇労働者災害扶助責任保険法施行令及施行規則の改正「労働時報」 12(5) 1935.5
◇労働者災害扶助法、工場法及鉱業法の改正「労働時報」 12(5) 1935.5
◇台湾地震地巡見雑記(早坂一郎)「改造」 17(6) 1935.6
◇警察教養上より見たる警察観念の革新に就て(鈴木栄二)「警察協会雑誌」 420 1935.6
◇非常時特高警察の指導精神と実践の問題(加藤祐三郎)「警察協会雑誌」 420 1935.6
◇免震構造の実施に就て(関根要太郎)「建築雑誌」 49(600) 1935.6
◇更生函館市の災害警防規程「大日本消防」 9(6) 1935.6
◇防火運動と非常時局(大野緑一郎)「大日本消防」 9(6) 1935.6
◇病院火災に於ける特殊危険対象(エイ・エイチ・ナツコルス、高橋好訳)「帝国消防」 11(74) 1935.6
◇防火問題に関する雑感(1)(松井茂)「帝都消防」 11(74) 1935.6
◇地震動に就て(石本己四雄)「土木学会誌」 21(6) 1935.6
◇高等課廃止に就て(相川勝六)「警察協会雑誌」 421 1935.7
◇子女の売買防止と警察(武島一義)「警察協会雑誌」 421 1935.7
◇アメリカに於ける手口法(相川勝六)「警察研究」 6(7) 1935.7
◇汽缶取締令に就て(瀧野好暁)「警察研究」 6(7) 1935.7
◇第五回防火運動講演速記 震風火に就て(佐野利器)「大日本消防」

◇映画フイルムとその防火設備(エイチ・エヌ・パイ,高橋好訳)「帝都消防」 11(75) 1935.7
◇第四回六大都市消防懇談会の概要(飯塚松太郎)「帝都消防」 11(75) 1935.7
◇防火問題に関する雑感(2)(松井茂)「帝都消防」 11(75) 1935.7
◇昭和十年六月西日本国有鉄道水害概況(鉄道省工務局保線課)「土木学会誌」 21(7) 1935.7
◇今次の水害と交通機関(山中謙二)「経済時報」 7(5) 1935.8
◇子女の身売防止と警察(承前)(武島一義)「警察協会雑誌」 422 1935.8
◇京都市水害状況観察報告(三浦尚史)「建築と社会」 18(8) 1935.8
◇静岡地方震災調査報告(山田誠)「建築と社会」 18(8) 1935.8
◇災害と土木工学(宮本武之輔)「水利と土木」 8(8) 1935.8
◇防火と自治心(第五回防火運動講演速記)(池田宏)「大日本消防」 9(8) 1935.8
◇台湾震災に就て(今村明恒)「帝都消防」 11(76) 1935.8
◇米国の学校に於ける防火訓練(クロウド・ダブリュー・コーニング,高橋好抄訳)「帝都消防」 11(76) 1935.8
◇関西風水害を起したる室戸台風に就て(藤原咲平)「土木学会誌」 21(8) 1935.8
◇静岡地方国鉄震害概況(鉄道省工務局保線課)「土木学会誌」 21(8) 1935.8
◇警察精神の真義と選挙取締(唐澤俊樹)「警察協会雑誌」 423 1935.9
◇警察共済組合法規改正の概要(宮崎万吉)「警察協会雑誌」 424 1935.9
◇選挙犯罪と刑事政策(牧野英一)「警察研究」 6(9) 1935.9
◇警察責任(渡辺宗太郎)「公法雑誌」 1(9) 1935.9
◇犯罪原因としての貧困に就て(江草茂)「社会福利」 19(9) 1935.9
◇関西及北九州の水災報告(伊藤剛)「土木学会誌」 21(9) 1935.9
◇京阪地方国鉄水災概況「土木学会誌」 21(9) 1935.9
◇保安処分法理論の体系的構成(安平政吉)「法学協会雑誌」 53(9) 1935.9
◇請願巡査廃止論(佐峠政一)「警察協会雑誌」 425 1935.10
◇農村警察の特殊性に就て(伊藤武雄)「警察協会雑誌」 425 1935.10
◇一般火災と地震火災(今村明恒)「大日本消防」 9(10) 1935.10
◇水害防備策の確立(武井群嗣)「地方行政」 43(10) 1935.10
◇静岡地方震害報告(西義一,鮫島茂)「土木学会誌」 21(10) 1935.10
◇省線利根川橋梁の浸水(岡部二郎)「土木学会誌」 21(10) 1935.10
◇東海道本線蒲原由比間浪害概況(鉄道省工務局保線課)「土木学会誌」 21(10) 1935.10
◇東北奥羽地方国鉄水害概況(鉄道省工務局保線課)「土木学会誌」 21(10) 1935.10
◇利根川流域に於ける水害状況を聴く座談会記事「土木学会誌」 21(10) 1935.10
◇保安処分法理論の体系的構成(2)(安平政吉)「法学協会雑誌」 53(10) 1935.10
◇犯罪の防衛か犯人のマグナ・カルタか?(瀧川幸辰)「改造」 17(11) 1935.11
◇米国の災害保険(外国資料)「現業調査資料」 9(6) 1935.11
◇最近の台湾地震に就て(今村明恒)「建築雑誌」 49(605) 1935.11
◇静岡地方建築物の震害に就て(大村己代治,杉山栄二)「建築雑誌」 49(605) 1935.11
◇静岡地方単一物の震害及住家の震害率に就て(武藤清,井坂富士雄)「建築雑誌」 49(605) 1935.11
◇台湾の地震と建築(佐野利器)「建築雑誌」 49(605) 1935.11
◇自明治元年至昭和十年千戸以上焼失の大火災(花沢正治)「大日本消防」 9(11) 1935.11
◇保安処分法理論の体系的構成(3)(安平政吉)「法学協会雑誌」 53(11) 1935.11
◇新宿の安定率(石川栄耀)「エンジニアー」 14(12) 1935.12
◇警察監督総論(岩城悌)「警察研究」 6(12) 1935.12
◇ソヴイエト連邦に於ける造林と旱害防止策(アー・ミロツフ)「月刊列国政策彙報」 2 1935.12
◇大阪府下水害報告(波江悌夫[ほか])「建築雑誌」 49(607) 1935.12
◇昭和10年7月福岡県下に於ける建築物水害に関する調査報告(中西甚作[ほか])「建築雑誌」 49(607) 1935.12
◇昭和10年6月京都地方水害報告(藤井厚二[ほか])「建築雑誌」 49(607) 1935.12
◇表日本国鉄災害概況(鉄道省工務局保線課)「土木学会誌」 21(12) 1935.12
◇保安処分法理論の体系的構成(安平政吉)「法学協会雑誌」 53(12) 1935.12
◇一酸化炭素及び青酸による中毒(三田定則)「警察研究」 7(1) 1936.1
◇警察監督各論(1)(岩城悌)「警察研究」 7(1) 1936.1
◇現行捜査並に予審制度の批判と対策(池田克)「警察研究」 7(1) 1936.1
◇空襲と都市の建築(波江悌夫)「建築と社会」 19(1) 1936.1
◇第六回防火運動記事「大日本消防」 10(1) 1936.1
◇東京近郊に於ける防風林の分布に関する研究(1)(矢沢大二)「地理学評論」 12(1) 1936.1
◇火災原因比較表「帝国瓦斯協会雑誌」 25(1) 1936.1
◇米国都市消防部の組織と活動(W.B.マンロー,中村絹次郎訳)「帝都消防」 12(81) 1936.1
◇災害(水害及冷害)地方応急土木事業費に対する国庫補助「内務時報」 1(1) 1936.1
◇昭和十年度国庫補助災害土木工事費「内務時報」 1(1) 1936.1
◇雪害対策調査会の決定「内務時報」 1(1) 1936.1
◇ラスキ教授のソヴイエト刑事法制論(八木胖)「法律時報」 8(1) 1936.1
◇警察総論(1)(鈴木榮二)「警察研究」 7(2) 1936.2
◇法上の概念の認識方法論と警察の例(佐々木惣一)「公法雑誌」 2(2) 1936.2
◇警察共済組合の新規事業実施「内務時報」 1(2) 1936.2
◇昭和十年全国災害概況「内務時報」 1(2) 1936.2
◇保険犯罪に就て(1)(菅官六)「警察研究」 7(3) 1936.3
◇昭和10年8月10、11日大阪府下再度の水害の調査報告(竹腰健造[ほか])「建築と社会」 19(3) 1936.3
◇都市の防空(小倉尚)「建築と社会」 19(3) 1936.3
◇法上の概念の認識方法論と警察の例(佐々木惣一)「公法雑誌」 2(3) 1936.3
◇水害の頻発と其の対策(武井群嗣)「斯民」 31(3) 1936.3
◇災害地方応急事業市町村債の指定に就て(岡田吉光)「地方行政」 44(3) 1936.3
◇出版警察より観たる出版物の動向(昭和十年)「内務時報」 1(3) 1936.3
◇昭和十一年二月二十一日大阪府下震災調査会報告(災害強度委員会)「建築と社会」 19(4) 1936.4
◇東京に於ける災害対策研究会の概況(伊藤剛)「水利と土木」 9(4) 1936.4
◇京都市昭和十年の水害とその復旧に就て(高田景)「都市問題」 22

◇(4) 1936.4
◇今次の帝都戒厳に就て(内務時報) 1(6) 1936.6
◇犯罪手口法の統一実施(内務時報) 1(6) 1936.6
◇不穏文書臨時取締法の解説(内務時報) 1(7) 1936.7
◇不穏文書臨時取締法略解(久山秀雄)(法律時報) 8(7) 1936.7
◇衛生と警察(宮崎太一)(警察研究) 7(8) 1936.8
◇災害防除対策の具顕(武井群嗣)(水利と土木) 9(9) 1936.9
◇東京府震災政府貸付金に就て(井戸田春一)(東京地方改良協会会報) 68 1936.9
◇水害防止協議会の顛末(内務時報) 1(9) 1936.9
◇昭和十年労働者災害扶助適用事業に於ける災害調(労働時報) 13(9) 1936.9
◇コンツエンツラチオンスラーガーを視る(田中省吾)(警察研究) 7(10) 1936.10
◇最近の法律思想と警察行政進化の傾向(松井茂)(警察研究) 7(10) 1936.10
◇少年犯罪防圧の新傾向(正木亮)(警察研究) 7(10) 1936.10
◇満洲国に於ける警察官教養制度概要(有松昇)(警察研究) 7(10) 1936.10
◇九州地方に於ける労働災害について(風早八十二)(社会政策時報) 193 1936.10
◇災害防除対策要綱(武井群嗣)(地方行政) 44(10) 1936.10
◇阪神を中心に壮烈なる防空演習(大大阪) 12(11) 1936.11
◇札幌鉄道局管内颱風被害状況(重森幹之助)(土木学会誌) 22(11) 1936.11
◇都市空襲の実例(森口清抄訳)(建築と社会) 19(12) 1936.12
◇交通警察上に於ける警察力運用論(2):住所不明自動車運転者の取締に就て(吉江勝保)(警察研究) 8(1) 1937.1
◇防空に関する立法に就て(郡祐一)(地方行政) 45(1) 1937.1
◇労働者災害扶助法規の改正に就て(内務時報) 2(1) 1937.1
◇埼玉事件と其の教訓(数藤鉄臣)(斯民) 32(2) 1937.2
◇都市防空と建築物行政(北沢五郎)(都市問題) 24(2) 1937.2
◇わが警察制度と西郷南洲-東京の恩人としての南州の一面(神長倉真民)(都市問題) 24(2) 1937.2
◇防空に関する立法(郡祐一)(斯民) 32(3) 1937.3
◇災害科学研究所の誕生に就て(楠本長三郎)(大大阪) 13(3) 1937.3
◇全国内地警察統計と警視庁統計の比較(統計時報) 66 1937.3
◇出版警察より観たる出版物の動向(昭和十一年)(内務時報) 2(3) 1937.3
◇防空法案に就て(内務時報) 2(3) 1937.3
◇防空法案概要(郡祐一)(自治研究) 13(4) 1937.4
◇防空法案概観(川上和吉)(都市公論) 20(4) 1937.4
◇議会解散直後に於ける地方長官会議並に警察部長事務打合会(内務時報) 2(4) 1937.4
◇康徳四年度新京防空演習に於ける建築物の灯火管制に関する調査並感想(杉野啓)(内務資料月報) 1(4) 1937.4
◇警察操典逐条研究(1)(清式玄)(警察研究) 8(5) 1937.5
◇防空法概説(1)(鈴木幹雄)(警察研究) 8(5) 1937.5
◇焼夷弾の作用とその対策(建築学会)(建築雑誌) 51(626) 1937.5
◇防空法の制定(藤懸重次)(自治機関) 447 1937.5
◇防空法概説(2)(鈴木幹雄)(警察研究) 8(6) 1937.6
◇都市空襲概論(新海悟郎,奥村胖)(建築雑誌) 51(627) 1937.6
◇最近独逸に於ける防空偽装(熊井安義)(建築と社会) 20(6) 1937.6

◇防護室に就て(芦浦義雄)(建築と社会) 20(6) 1937.6
◇水害の防止軽減に就て(中野与吉郎)(水利と土木) 10(6) 1937.6
◇独逸防空法に就いて(宮前憲三)(地方行政) 45(6) 1937.6
◇警察部長事務打合会に於ける訓示並に指示(内務時報) 2(6) 1937.6
◇防空と建築(小倉尚)(建築雑誌) 51(628) 1937.7
◇警察犯の即決処分について(中谷敬寿)(公法雑誌) 3(7) 1937.7
◇明治警察史の特長(1)(高橋雄豺)(警察研究) 8(8) 1937.8
◇防空的工場計画(熊井安義)(建築と社会) 20(8) 1937.8
◇空襲時の地下避難所建設に関する諸問題(都市公論) 20(8) 1937.8
◇独逸の空襲避難所に関する規則(都市公論) 20(8) 1937.8
◇行政警察の本領(村上恭一)(警察研究) 8(9) 1937.9
◇警察に於ける事務刷新(横溝光暉)(警察研究) 8(9) 1937.9
◇明治警察史の特長(2)(高橋雄豺)(警察研究) 8(9) 1937.9
◇中華防空を論ず(熊井安義)(建築と社会) 20(9) 1937.9
◇防空法の施行と計画局の新設(都市公論) 20(10) 1937.10
◇防空法及防空法施行令他防空関係法令の概要(平野真三)(都市問題) 25(4) 1937.10
◇防空法の施行に就て(内務時報) 2(10) 1937.10
◇警察の概念(須具脩一)(法学論叢(京都帝国大学法学会)) 37(4) 1937.10
◇明治警察史の特長(2)(高橋雄豺)(警察研究) 8(11) 1937.11
◇都市空襲の実例(2)(ハミルトン・フィツフエ)(建築と社会) 20(11) 1937.11
◇都市防空の建築技術(加藤得三郎)(建築と社会) 20(11) 1937.11
◇日本の防空(フォン・アルプレヒト)(建築と社会) 20(11) 1937.11
◇防空上の避難防護施設(熊井安義)(建築と社会) 20(11) 1937.11
◇防空上より見たる都市建築行政(芦浦義雄)(建築と社会) 20(11) 1937.11
◇防空の統制(小林隆徳)(建築と社会) 20(11) 1937.11
◇防空法関係法令(建築と社会) 20(11) 1937.11
◇都市防空と公園緑地(小川市蔵)(公園緑地) 1(11) 1937.11
◇防空及警察事務打合会(都市公論) 20(11) 1937.11
◇防空上必要なる設備資材の整備に就て(川上和吉)(都市公論) 20(11) 1937.11
◇警察費に関する若干の考察(高村坂彦)(警察研究) 8(12) 1937.12
◇防空法上の若干の考察(鈴木幹雄)(警察研究) 8(12) 1937.12
◇防空計画と建築行政(芦浦義雄)(建築行政) 1(4) 1937.12
◇投下爆弾と日本家屋(田邊平学)(建築雑誌) 51(633) 1937.12
◇都市の火災(石井桂)(建築雑誌) 51(633) 1937.12
◇関東北地方防空訓練に就て(都市公論) 20(12) 1937.12
◇昭和十一年民業に於ける労働者災害扶助法施行状況概要(労働時報) 14(12) 1937.12
◇13国際刑事警察委員会総会について(大林武七郎)(警察研究) 9(1) 1938.1
◇明治八年の地方官会議における警察問題(1)(高橋雄豺)(警察研究) 9(1) 1938.1
◇防空と建築(佐竹保治郎)(建築雑誌) 52(634) 1938.1
◇防空と建築(浜田稔)(建築雑誌) 52(634) 1938.1
◇明治八年の地方官会議における警察問題(2)(高橋雄豺)(警察研究) 9(2) 1938.2
◇空爆下の大上海を観る(吉田信武)(大大阪) 14(2) 1938.2

◇全国と警視庁との統計比較「統計集誌」 680 1938.2
◇英国の防空都市計画(林茂)「都市公論」 21(2) 1938.2
◇曽ての南京に於ける防空施設「内務時報」 3(2) 1938.2
◇関東及東北地方防空訓練計画概要「内務時報」 3(2) 1938.2
◇明治八年の地方官会議における警察問題(3)(高橋雄豺)「警察研究」 9(3) 1938.3
◇上海方面防空視察報告(鳥居位[ほか])「建築と社会」 21(3) 1938.3
◇都市住宅の新防火構造法(西山夘三)「建築と社会」 21(3) 1938.3
◇フランスの防空法規「建築と社会」 21(3) 1938.3
◇防空都市概説(西田弘生訳)「市政研究」 4(2) 1938.3
◇建築上より見たる中部支那戦禍視察談(石井桂)「帝都消防」 14(10) 1938.3
◇消防上より見たる中部支那戦禍視察談(御厨敏彦)「帝都消防」 14(10) 1938.3
◇関東及東北地方防空訓練の成績に就て(松村光麿)「都市公論」 21(3) 1938.3
◇英国の防空問題(細野軍治)「警察研究」 9(4) 1938.4
◇明治18年の警官練習所(1)(高橋雄豺)「警察研究」 9(4) 1938.4
◇予備警察官としての士族隊召募問題について(塩田保美)「警察研究」 9(4) 1938.4
◇支那に於ける防空理論の探求(山下清吉)「建築雑誌」 52(637) 1938.4
◇住宅の防護室(住宅委員会)「建築と社会」 21(4) 1938.4
◇欧州諸市の防空施設に付て(井上宇右衛門)「帝都消防」 14(10) 1938.4
◇支那における民間防空(林茂)「都市公論」 21(4) 1938.4
◇最近の災害状況と政府の防止方策-労働行政に対する厚生省の方針「内外社会問題調査資料」 352 1938.4
◇国民社会主義国家の警察法(須貝脩一)「法学論叢(京都帝国大学法学会)」 38(4) 1938.4
◇刑事警察の組織の運用に就て(岡崎英城)「警察研究」 9(5) 1938.5
◇独逸に於ける防空防火対策(永田宏)「市政研究」 4(3) 1938.5
◇明治18年の警官練習所(2)(高橋雄豺)「警察研究」 9(6) 1938.6
◇都市の空爆判断に就て(佐竹保治郎)「建築雑誌」 52(639) 1938.6
◇防空と建築(佐野利器)「建築雑誌」 52(639) 1938.6
◇鉄道防空資料(山下清吉)「土木学会誌」 24(6) 1938.6
◇警察部長事務打合会に於ける訓示並指示「内務厚生時報」 3(6) 1938.6
◇国民社会主義国家の警察法(須貝脩一)「法学論叢(京都帝国大学法学会)」 38(6) 1938.6
◇英国の防空問題に就て(細野軍治)「警察研究」 9(7) 1938.7
◇中支方面の防空施設観察報告(中沢誠一郎[ほか])「建築と社会」 21(7) 1938.7
◇都市防空への道(宮田秀穂)「建築と社会」 21(7) 1938.7
◇災害法規改正の問題(1)(岡本二雄)「水利と土木」 11(7) 1938.7
◇住宅其他の防護室、設計と其の費用(津川俊夫)「都市公論」 21(7) 1938.7
◇防空施設研究報告(土木学会防空施設研究委員会)「土木学会誌」 24(8) 1938.7
◇都市の闘手段序論(1)(佐田昌夫)「区画整理」 4(8) 1938.8
◇阪神地方水害座談会「建築と社会」 21(8) 1938.8
◇神戸の水害(安田正鷹)「水利と土木」 11(8) 1938.8
◇水害の神戸市と大阪市の救援活動「大大阪」 14(8) 1938.8
◇阪神地方の水禍に鑑みて(平岡梓[ほか])「大大阪」 14(8) 1938.8

◇神戸市産業水害被害と其の対策私案(東井金平)「都市問題」 27(2) 1938.8
◇今次の水害状況(内務省土木局)「内務厚生時報」 3(8) 1938.8
◇経済警察制度論(中村弥三次)「法律時報」 10(8) 1938.8
◇明治18年の警察練習所(3)(高橋雄豺)「警察研究」 9(9) 1938.9
◇防火地区制度の撤廃(山梅英二)「建築行政」 2(3) 1938.9
◇阪神地方水害調査報告(災害強度委員会)「建築と社会」 21(9) 1938.9
◇東京市防空公園事業に就て(林茂)「公園緑地」 2(9) 1938.9
◇都市の闘手段序論(承前)(佐田昌夫)「区画整理」 4(10) 1938.10
◇明治18年の警察練習所(4)(高橋雄豺)「警察研究」 9(10) 1938.10
◇英国の都市防空(大抜千秋)「建築雑誌」 52(643) 1938.10
◇焼夷弾に対する都市防火対策の一研究(内田祥文)「建築雑誌」 52(643) 1938.10
◇阪神地方水害調査報告(第2報)(災害強度委員会)「建築と社会」 21(10) 1938.10
◇市町村と経済警察(小島憲)「自治機関」 464 1938.10
◇今次の水害に対する23の考察(沢重民)「斯民」 33(10) 1938.10
◇防空法運用の現状と其の要諦(亀山孝一)「斯民」 33(10) 1938.10
◇京都に於ける水防演習(岩崎雄治)「水利と土木」 11(10) 1938.10
◇災害法規改正の問題(3)(赤木正雄)「水利と土木」 11(10) 1938.10
◇第六回全国都市問題会議総会主輯「都市問題」 27(4) 1938.10 都市空襲に対する市街地建築物の構へに就て/都市計画の基本問題に就て(梶山浅次郎) 都市水道の防空施設に就て/都市計画の基本問題に就て(木代嘉樹)
◇経済警察に就て(内務省警保局)「内務厚生時報」 3(10) 1938.10
◇明治18年の警官練習所(5)(高橋雄豺)「警察研究」 9(11) 1938.11
◇神戸地方の大災害は砂防で防止し得るか(柿徳市)「水利と土木」 11(11) 1938.11
◇防空税財産税其他の提唱(元山修二)「税」 15(11) 1938.11
◇明治消防発達の跡(松尾樹明)「大日本消防」 11(11) 1938.11
◇都市防空問題(佐野利器)「都市問題」 27(5) 1938.11
◇民国20年揚子江・淮河の水災(山下清吉)「土木学会誌」 24(11) 1938.11
◇明治18年の警官練習所(6)(高橋雄豺)「警察研究」 9(12) 1938.12
◇水害に関する若干の考察(沢重民)「水利と土木」 11(12) 1938.12
◇警防団令の公布(日本都市年鑑編纂室)「都市問題」 28(3) 1939.3
◇防空建築規則の公布(日本都市年鑑編纂室)「都市問題」 28(4) 1939.4
◇五大都市周辺防空緑地建設計画(日本都市年鑑編纂室)「都市問題」 29(3) 1939.9
◇最近に於ける少年犯罪の傾向と其の対策について(増淵穣)「社会事業」 23(8) 1939.11
◇防空建築規則適用後に於ける種々の現象に就て(今井忠)「建築行政」 3(12) 1939.12
◇防空建築規則適用建物の概況(塚本孝一)「建築行政」 3(12) 1939.12
◇防空壕設置の空地の問題(石倉邦造)「建築行政」 3(12) 1939.12
◇焼夷弾の作用と其対策(改訂)(建築学会防空委員会)「建築雑誌」 53(657) 1939.12
◇警察費連帯支払金制度(杉本繁次郎)「地方財務」 58 1939.12

警察・消防・災害

◇行政に於ける警察の地位（1）（須貝脩一）「法学論叢（京都帝国大学法学会）」　41（6）　1939.12
◇既存建物の防護施設に関する独逸法規（森田康次）「建築雑誌」　54（658）　1940.1
◇防護室に就て（「建築と社会」設備委員会）「建築と社会」　23（1）　1940.1
◇国際不安と武力脅威下に於る欧米列国警防界の全貌と解説（1）（松尾樹明）「大日本警防」　14（1）　1940.1
◇航空安全五箇年計画案（日本都市年鑑編纂室）「都市問題」　30（1）　1940.1
◇明治20年の保安条例（1）（山本茂）「警察研究」　11（2）　1940.2
◇東京市に於ける防火改修模範街区造成に就て（警視庁建築課）「建築雑誌」　54（659）　1940.2
◇広島市に挙行せられたる防火改修家屋火災実験報告（中山元晴）「建築雑誌」　54（659）　1940.2
◇静岡市火災対策研究会（座談会速記）「大日本警防」　14（2）　1940.2
◇静岡市大火災の跡を顧みて（戸塚哲雄）「大日本警防」　14（2）　1940.2
◇静岡市の大火を視察して（宮本薫）「大日本警防」　14（2）　1940.2
◇静岡市の大火（日本都市年鑑編纂室）「都市問題」　30（2）　1940.2
◇明治二十年の保安条令（2）（山本茂）「警察研究」　11（3）　1940.3
◇災害地の復旧建築に就て（後藤米太郎）「建築と社会」　23（3）　1940.3
◇災害の調査に就て（渡辺要）「建築と社会」　23（3）　1940.3
◇静岡大火災調査報告（災害強度委員会）「建築と社会」　23（3）　1940.3
◇静岡の大火災の跡を見て（井出正雄）「建築と社会」　23（3）　1940.3
◇静岡の大火と調査の統合性（亀井幸次郎）「建築と社会」　23（3）　1940.3
◇静岡の大火に拾ふ（山崎五郎）「建築と社会」　23（3）　1940.3
◇帝都の防衛と隣保防空群（東京市市民局）「市政週報」　48　1940.3
◇静岡市大火後の労務対策（田中秀雄）「職業時報」　3（3）　1940.3
◇静岡大火の意義（未完）（三浦俊一）「大大阪」　16（3）　1940.3
◇行政に於ける警察の地位（2）（須貝脩一）「法学論叢（京都帝国大学法学会）」　42（3）　1940.3
◇検察の現状に対する反省すべき諸点（出射義夫）「警察研究」　11（4）　1940.4
◇治安警察法詳論（4）（有光金兵衛）「警察研究」　11（4）　1940.4
◇明治十八年の警察官練習所（10）（高橋雄豺）「警察研究」　11（4）　1940.4
◇函館災害復興を省みて（鳥影岩次郎）「建築と社会」　23（4）　1940.4
◇空襲時に於ける消防戦法（1）（栗原久作）「大日本警防」　14（4）　1940.4
◇戦時下列国警防界の全貌と解説（3）（松尾樹明）「大日本警防」　14（4）　1940.4
◇瓦斯事業の空襲防衛対策（J.H.ウイリアムス，桑原礼四郎訳）「帝国瓦斯協会雑誌」　29（4）　1940.4
◇上海市政府越界路警察権の承認（日本都市年鑑編纂室）「都市問題」　30（4）　1940.4
◇静岡市大火視察報告（春藤真三，杉戸清，佐藤慶次）「土木学会誌」　26（4）　1940.4
◇治安警察法詳論（5）（有光金兵衛）「警察研究」　11（5）　1940.5
◇昭和15年1月15日静岡市大火調査報告「建築雑誌」　54（662）　1940.5
◇戦時下列国警防界の全貌と解説（4）（松尾樹明）「大日本警防」　14（5）　1940.5
◇都市防火と防火家屋-静岡大火を顧みて（住宅問題研究-特に質の問題に就て）（浜田稔）「都市問題」　30（5）　1940.5

◇治安警察法評論（有光金兵衛）「警察研究」　11（6）　1940.6
◇明治十八年の警官練習所（高橋雄豺）「警察研究」　11（6）　1940.6
◇戦時下列国警防界の全貌と解説（5）（松尾樹明）「大日本警防」　14（6）　1940.6
◇最近の工場火災の増加と其の原因「労働時報」　17（6）　1940.6
◇治安警察法評論（7）（有光金兵衛）「警察研究」　11（7）　1940.7
◇明治十八年の警官練習所（12）（高橋雄豺）「警察研究」　11（7）　1940.7
◇落雷と火災（畠山久尚）「大日本警防」　11（7）　1940.7
◇大手町官衙街火災に就て（茂野柾次郎）「大日本警防」　14（7）　1940.7
◇雷と其の災害（前田正武）「大日本警防」　14（7）　1940.7
◇国際不安と武力脅威下に於ける欧米列国警防界の全貌と解説（6完）（松尾樹明）「大日本警防」　14（7）　1940.7
◇戸長役場と備荒儲蓄（関口泰）「都市問題」　31（1）　1940.7
◇警察法序論（宇賀田順三）「法政研究」　10（2）　1940.7
◇治安警察法詳論（8）（有光金兵衛）「警察研究」　11（8）　1940.8
◇家屋外周の防火に関する研究（内田祥文）「建築雑誌」　54（665）　1940.8
◇名古屋の火災実験（堀井啓治）「建築雑誌」　54（665）　1940.8
◇横浜に於ける火災実験の概要（吉田安三郎）「建築雑誌」　54（665）　1940.8
◇工場の防空施設に就いて「建築と社会」　23（8）　1940.8
◇スパイを防げ（渡部富士雄）「市政週報」　70　1940.8
◇防空雑岬（1）（堀良吉）「大大阪」　16（8）　1940.8
◇火災の脅威と対策一私案（2）（中尾金蔵）「大日本警防」　14（8）　1940.8
◇都市防空と緑地（木村英夫）「都市公論」　23（8）　1940.8
◇欧洲各国の国民防空―英国の防毒（池野清躬）「防空事情」　2（8）　1940.8
◇空襲警報から警戒解除まで（蘆谷瑞世）「防空事情」　2（8）　1940.8
◇夜間標識としての発光細菌利用（中村）「防空事情」　2（8）　1940.8
◇優良刑事苦心談-優良刑事調査座談会速記録抄-（警保局防犯課）「警察協会雑誌」　484　1940.9
◇治安警察法詳論（9）（有光金兵衛）「警察研究」　11（9）　1940.9
◇防災根本策（田邊平学）「建築行政」　4（14）　1940.9
◇都市防空に関する調査委員会報告「建築雑誌」　54（666）　1940.9
◇防空上から見た公園緑地の重要性（林部与吉）「公園緑地」　4（9）　1940.9
◇江東方面の水害対策（土木局）「市政週報」　74　1940.9
◇防空雑岬（2）（堀良吉）「大大阪」　16（9）　1940.9
◇火災の脅威と対策一私案（3）（中尾金蔵）「大日本警防」　14（9）　1940.9
◇防空と防火（内田祥三）「内務厚生時報」　5（9）　1940.9
◇行政に於ける警察の地位（3）（須貝脩一）「法学論叢（京都帝国大学法学会）」　43（1）　1940.9
◇欧洲各国の国民防空「防空事情」　2（9）　1940.9
◇空襲の心理的考察（服部弥二郎）「防空事情」　2（9）　1940.9
◇毒瓦斯の防衛と其の救護（鈴木又七郎）「防空事情」　2（9）　1940.9
◇都市瓦斯防護及防毒訓練に就て（1）（柴田真三朗）「防空事情」　2（9）　1940.9
◇防空と防諜（原圭二）「防空事情」　2（9）　1940.9
◇防諜とは何ぞや（陸軍省）「防空事情」　2（9）　1940.9
◇優良刑事苦心談（承前）-優良刑事巡査座談会速記録抄-（警保局防犯課）「警察協会雑誌」　485　1940.10

◇治安警察法詳論(10)(有光金兵衛)「警察研究」 11(10) 1940.10
◇官庁街の火災と対策(井上一之、柳沢彰)「建築雑誌」 54(667) 1940.10
◇工場防空要綱、油槽の防護処置(都市防空調査委員会)「建築雑誌」 54(667) 1940.10
◇防空と防火(内田祥三)「建築雑誌」 54(667) 1940.10
◇火災の脅威と対策一私案(4・完)(中尾金蔵)「大日本警防」 14(10) 1940.10
◇都市と防空消防(清川豊三郎)「大日本警防」 14(10) 1940.10
◇隣組防空群の一員として防空訓練に参加して(XYZ生)「大日本警防」 14(10) 1940.10
◇東京防空都市計画(日本都市年鑑編纂室)「都市問題」 31(4) 1940.10
◇英国に於ける最近の防空事情「防空事情」 2(10) 1940.10
◇欧洲各国の国民防空(池田清躬)「防空事情」 2(10) 1940.10
◇海上に対する防空警報信号の統一に就て(国枝金市)「防空事情」 2(10) 1940.10
◇空襲警報より警戒解除まで(ドイツ「ヂレーネ」誌より)(蘆谷瑞世訳)「防空事情」 2(10) 1940.10
◇東京市に於ける防火改修家屋火災実験の概況「防空事情」 2(10) 1940.10
◇毒瓦斯の防衛と其の救護(2)(鈴木又七郎)「防空事情」 2(10) 1940.10
◇都市瓦斯防護及防毒訓練に就て(2)(柴田真三朗)「防空事情」 2(10) 1940.10
◇防空法施行三ヶ年の回顧(1)(松下菊松)「防空事情」 2(10) 1940.10
◇防空室と瓦斯閘門(井口正一)「防空事情」 2(10) 1940.10
◇治安警察法詳論(11)(有光金兵衛)「警察研究」 11(11) 1940.11
◇但馬地方の防災砂防に就て(柿023市)「水利と土木」 13(11) 1940.11
◇空襲恐怖下の倫敦生活「都市問題」 31(5) 1940.11
◇満州各都市警察行政の一元化-市長に警察権付与-(日本都市年鑑編室)「都市問題」 31(5) 1940.11
◇毒瓦斯の防衛と其の救護(3)(鈴木又七郎)「防空事情」 2(11) 1940.11
◇都市瓦斯防護施設及防毒訓練に就て(3)(柴田真三朗)「防空事情」 2(11) 1940.11
◇都市防空と市民組織の再編成(磯村英一)「防空事情」 2(11) 1940.11
◇防空と防火(1)「防空事情」 2(11) 1940.11
◇防空法施行三ヶ年の回顧(2)(松下菊松)「防空事情」 2(11) 1940.11
◇警察界の近況--一つの試みとしての簡単なる統計的記述-(中野敏夫)「警察協会雑誌」 487 1940.12
◇昭和十五年を回顧して(内務省警保局)「警察協会雑誌」 487 1940.12
◇優良刑事苦心談(3):優良刑事巡査座談会速記録抄(警保局防犯課)「警察協会雑誌」 487 1940.12
◇治安警察法詳論(12)(有光金兵衛)「警察研究」 11(12) 1940.12
◇隣保班と家庭防空隣保組織との関係に関する件通牒(昭15.11.5計画、警保、地方局長)「斯民」 35(12) 1940.12
◇山林空襲と国土計画(金子久郎)「造園雑誌」 7(3) 1940.12
◇昭和十四年全国火災度数及損害統計(内務省警保局)「大日本警防」 14(12) 1940.12
◇砂に依る焼夷弾防火の是非(武川文三)「大日本警防」 14(12) 1940.12
◇東京市に於ける防火改修家屋火災実験の結果(鈴木和夫)「防空事情」 2(12) 1940.12

◇都市瓦斯防護施設及防毒訓練に就て(4)(柴田真三朗)「防空事情」 2(12) 1940.12
◇防空と防火(2・完)(内田祥三)「防空事情」 2(12) 1940.12
◇防空法施行三ヶ年の回顧(3・完)(松下菊松)「防空事情」 2(12) 1940.12
◇治安警察法詳論(13)(有光金兵衛)「警察研究」 12(1) 1941.1
◇満洲国に於ける匪賊と治安粛正工作(桂定治郎)「警察研究」 12(1) 1941.1
◇空襲とナチス労働法(平田隆夫)「社会政策時報」 244 1941.1
◇独逸に於ける洪水予報(2)(山田順治)「水利と土木」 14(1) 1941.1
◇第九回六大都市警防研究会の記「大日本警防」 15(1) 1941.1
◇英国の消防水利に関する注意書(鈴木渓二)「防空事情」 3(1) 1941.1
◇空襲災害現場に於ける防護動作(服部彌二郎)「防空事情」 3(1) 1941.1
◇毒瓦斯の防衛と其の救護(5)(鈴木又七郎)「防空事情」 3(1) 1941.1
◇都市瓦斯防護施設及防毒訓練に就て(5)(柴田真三朗)「防空事情」 3(1) 1941.1
◇防空迷彩雑考(池内伸次)「防空事情」 3(1) 1941.1
◇警察共済組合令等の改正に就て(警保局警務課)「警察協会雑誌」 489 1941.2
◇青少年を健全なる道へ(小倉謙)「警察協会雑誌」 489 1941.2
◇治安警察法評論(14)(有光金兵衛)「警察研究」 12(2) 1941.2
◇都市防空に関する調査委員会報告「建築雑誌」 55(671) 1941.2
◇大阪府の災害対策砂防に就て(柿市)「水利と土木」 14(2) 1941.2
◇昭和15年中に於ける各種災害の展望(内務省警保局)「大日本警防」 15(2) 1941.2
◇防空計画の応急と恒久(奥井復太郎)「道路の改良」 23(2) 1941.2
◇警察共済組合等の改正に関する件通牒(昭和16.1.6)「内務厚生時報」 6(2) 1941.2
◇国際秘密戦の現況と防諜強化の必要に就て-特に官庁としての防諜上考慮すべき諸点-(警保局外事課)「内務厚生時報」 6(2) 1941.2
◇空襲と乗合自動車(英国)「汎交通 帝国鉄道協会誌」 42(2) 1941.2
◇行政に於ける警察の地位(4・完)(須貝脩一)「法学論叢(京都帝国大学法学会)」 44(2) 1941.2
◇埃及国の防空法「防空事情」 3(2) 1941.2
◇学校自衛団の防空訓練に就て(羽柴時太郎)「防空事情」 3(2) 1941.2
◇簡易防空壕「防空事情」 3(2) 1941.2
◇焼夷弾を対照とせる消火法の研究(完)「防空事情」 3(2) 1941.2
◇灯火管制指導要領(計畫局)「防空事情」 3(2) 1941.2
◇都市瓦斯防護施設及防毒訓練に就て(6)(柴田真三朗)「防空事情」 3(2) 1941.2
◇都市小学校の防空施設とその利用(建築学会)「防空事情」 3(2) 1941.2
◇改正治安維持法概説(1)(山崎丹照)「警察研究」 12(3) 1941.3
◇治安警察法詳論(15)(有光金兵衛)「警察研究」 12(3) 1941.3
◇火爐を有する工場の状況調査-灯火管制に伴ふ換気対策研究の基礎調査(佐藤鑑)「厚生科学」 1(3) 1941.3
◇工場防火の一考察(金子保太郎)「大日本警防」 15(3) 1941.3
◇消火弾に依る焼夷弾消火の是非(武川文三)「大日本警防」 15(3) 1941.3
◇防空の実際知識(座談会)「東洋経済新報」 1961 1941.3

◇国土防空強化に関する陸相の説明「都市問題」 32(3) 1941.3
◇都市防空避難計画(森本照夫)「都市問題」 32(3) 1941.3
◇帝都防空都市計画試案(石川栄耀)「土木学会誌」 27(3) 1941.3
◇毒瓦斯の防衛と其の救護(6)「防空事情」 3(3) 1941.3
◇都市瓦斯防護施設及防毒訓練に就て(7)(柴田真三朗)「防空事情」 3(3) 1941.3
◇防空偽装要領「防空事情」 3(3) 1941.3
◇昭和14年労働者災害扶助法施行状況概要「労働時報」 18(3) 1941.3
◇民防空の体勢(平野真三)「教育」 9(4) 1941.4
◇改正治安維持法概説(2)(山崎丹照)「警察研究」 12(4) 1941.4
◇治安警察法詳論(16)(有光金兵衛)「警察研究」 12(4) 1941.4
◇町村有建物火災保険契約に就て「自治公論」 13(4) 1941.4
◇災害土木費国庫補助規程及同規程施行細則の改正に就て(川本与森)「水利と土木」 14(4) 1941.4
◇空爆下のロンドン(磯部佑治)「都市問題」 32(4) 1941.4
◇都市の防空措置に関する意見(全国都市問題会議第一研究委員会決定)「都市問題」 32(4) 1941.4
◇ロンドン地下鉄道内避難者の生活「汎交通 帝国鉄道協会誌」 42(4) 1941.4
◇自家用簡易防空壕及待避所の築造要領(建築学会)「防空事情」 3(4) 1941.4
◇空の要塞(石川栄耀)「防空事情」 3(4) 1941.4
◇都市瓦斯防護施設及防毒訓練に就て(8)(柴田真三朗)「防空事情」 3(4) 1941.4
◇防空と救急(富岡東四郎)「防空事情」 3(4) 1941.4
◇防空と昔の話(高屋長武)「防空事情」 3(4) 1941.4
◇輓近の少年犯罪に就いて(不破武夫)「法政研究」 11(3) 1941.4
◇改正治安維持法概説(3)(山崎丹照)「警察研究」 12(5) 1941.5
◇都市防空に関する調査委員会報告「建築雑誌」 55(674) 1941.5
◇空襲の実相と防空建築の着眼に就て(柴田真三朗)「建築と社会」 24(5) 1941.5
◇防空に関する座談会「建築と社会」 24(5) 1941.5
◇大阪市に於ける火災実験(庄司光,福原文吉)「厚生科学」 2(1) 1941.5
◇時局と国民防空(西広忠雄)「斯民」 36(5) 1941.5
◇欧米消防視察の回顧(1)(荒瀧実)「大日本警防」 15(5) 1941.5
◇警防団と防諜(高乗釈得)「大日本警防」 15(5) 1941.5
◇焼夷カードと其の防火法(武山文三)「大日本警防」 15(5) 1941.5
◇空襲下列車運転の現状(英国)「汎交通 帝国鉄道協会誌」 42(5) 1941.5
◇家庭防空及焼夷弾の性能に就て(1)(石井作次郎)「防空事情」 3(5) 1941.5
◇空爆下のロンドンを目撃する(磯部佑治)「防空事情」 3(5) 1941.5
◇都市瓦斯防護及防毒訓練に就て(9)(柴田真三朗)「防空事情」 3(5) 1941.5
◇都市防空(神笠武登)「防空事情」 3(5) 1941.5
◇木造建物防空指導要領(内務省計画局)「防空事情」 3(5) 1941.5
◇中形防水槽の設置提唱(堀井啓治)「建築行政」 5(17) 1941.6
◇敵機空襲方向の判断に就て(水野金市)「建築行政」 5(17) 1941.6
◇欧米消防視察の回顧(2)(荒瀧実)「大日本警防」 15(6) 1941.6
◇火流の研究(1)(空本吉造)「大日本警防」 15(6) 1941.6
◇火災現象(2・完)(小宮賢一)「防空事情」 3(6) 1941.6
◇家庭防空及焼夷弾の性能に就て(2)(石井作次郎)「防空事情」 3(6) 1941.6
◇空襲と精神異常(1)(金子準二)「防空事情」 3(6) 1941.6
◇諸外国の防空壕及防護室(1)-スペイン・イギリス-(陸軍築城部)「防空事情」 3(6) 1941.6
◇毒瓦斯防護及防毒訓練(10)(柴田真三朗)「防空事情」 3(6) 1941.6
◇防空偽装の基礎方針(3)(星野昌一)「防空事情」 3(6) 1941.6
◇防空壕の実際(1)(阿藤一男)「防空事情」 3(6) 1941.6
◇欧米消防視察の回顧(3)(荒瀧実)「大日本警防」 15(7) 1941.7
◇火流の研究(2)(空本吉造)「大日本警防」 15(7) 1941.7
◇ドイツの防空施設(都築正男)「都市問題」 33(1) 1941.7
◇株式会社中山製鋼所の安全運動と災害概況「内外労働週報」 465 1941.7
◇家庭防空群の組織及訓練指導(1)(石井作次郎)「防空事情」 3(7) 1941.7
◇家庭防空消防(水上鏡一)「防空事情」 3(7) 1941.7
◇空襲と精神異常(2)(金子準二)「防空事情」 3(7) 1941.7
◇諸外国の防空壕及防護室(2)-スペイン・イギリス-(陸軍築城部)「防空事情」 3(7) 1941.7
◇毒瓦斯防護及防毒訓練(11)(柴田真三朗)「防空事情」 3(7) 1941.7
◇防空壕の実際(2)(阿藤一男)「防空事情」 3(7) 1941.7
◇防空の書(石川栄耀)「防空事情」 3(7) 1941.7
◇警察観念の新動向(宇賀田順三)「法律時報」 13(7) 1941.7
◇防空と学校建築(大串不二雄)「文部時報」 731 1941.7
◇明治十八年の警官練習所(13)(高橋雄尅)「警察研究」 12(8) 1941.8
◇隣組の防空「市政週報」 121 1941.8
◇震災と防空(特輯)「市政週報」 124 1941.8
◇少年犯罪の現況と労勤少年の福利施設(前田偉男)「社会事業」 25(8) 1941.8
◇金沢消防沿革抄史(津田義雄)「大日本警防」 15(8) 1941.8
◇火流と其の影響(3)(宮本吉造)「大日本警防」 15(8) 1941.8
◇鉄道従業員に対する空爆被害救済施設「汎交通 帝国鉄道協会誌」 42(8) 1941.8
◇英国の防空壕及防護室(2)(陸軍築城部本部)「防空事情」 3(8) 1941.8
◇海上に対する防空警報信号の実験(川田大助)「防空事情」 3(8) 1941.8
◇家庭防空消防(水上鏡一)「防空事情」 3(8) 1941.8
◇投下爆弾の威力(新村光咲)「防空事情」 3(8) 1941.8
◇防火改修家屋の火災(京都府警察部建築課)「防空事情」 3(8) 1941.8
◇空襲・防空・生活(佐上信一)「改造」 23(18) 1941.9
◇都市防空緊急施設要綱 -都市防空に関する調査委員会報告-「建築雑誌」 55(678) 1941.9
◇防空と建築「建築と社会」 24(9) 1941.9
◇震災と防空(特輯)「市政週報」 125 1941.9
◇農村災害を如何に克服しつつあるか(1)「自治公論」 13(9) 1941.9
◇緊迫せる臨戦態勢に於ける国民防空(岩田恒)「大大阪」 17(9) 1941.9
◇空襲下におけるイギリスの市民避難(弓家七郎)「都市問題」 33(3) 1941.9
◇大阪府の青少年工の犯罪不良行為の調査「内外労働週報」 427 1941.9

◇内務省機構改革に就て(国土局・防空局の創設)「内務厚生時報」 6(9) 1941.9
◇家庭防空郡(隣保班)の組織及訓練指導(2)(石井作次郎)「防空事情」 3(9) 1941.9
◇独逸の防空壕及防護室(陸軍築城部本部)「防空事情」 3(9) 1941.9
◇都市瓦斯防護及防毒訓練(10)(柴田真三朗)「防空事情」 3(9) 1941.9
◇防空消防水利施設(佐田昌夫)「防空事情」 3(9) 1941.9
◇ロンドンに於ける防空の体験(中野亮雄)「防空事情」 3(9) 1941.9
◇工場防空対策指導に於いて「労働時報」 18(9) 1941.9
◇独逸に於ける空襲と喪失労働賃金「労働時報」 18(9) 1941.9
◇警保局警備課新設並に防犯課廃止に伴ふ関係課主管事務に関する件(1941.9.11警保局長)「警察研究」 1941.10
◇防空相談所の施設とその利用(防衛局)「市政週報」 128 1941.10
◇農村災害を如何に克服しつつあるか(2)(自治公論) 13(10) 1941.10
◇現下防空の諸問題(玉越勝治)「斯民」 36(10) 1941.10
◇学校に於ける防空訓練に就て-空襲の実相に即せるドイツの学校防空訓練-(岩田恒)「大大阪」 17(10) 1941.10
◇火流と其の影響(4)：火流と着火時間(空本吉造)「大日本警防」 17(10) 1941.10
◇国防上より見たる防火作業の役割(1)「大日本警防」 17(10) 1941.10
◇防空と消防戦闘(庄沢利三郎)「大日本警防」 17(10) 1941.10
◇防空と建築(星野昌一)「日本評論」 16(10) 1941.10
◇倫敦地下鉄道の避難規則「汎交通 帝国鉄道協会誌」 42(10) 1941.10
◇警察法の歴史的習俗的性格(田上穣治)「一橋論叢」 8(4) 1941.10
◇伊太利の防護室(陸軍築城部本部)「防空事情」 3(10) 1941.10
◇工場防空要綱(内田祥三)「防空事情」 3(10) 1941.10
◇防空医学の新課題(竹村文祥)「科学主義工業」 5(11) 1941.11
◇国防上より見たる防火作業の役割(2)「大日本警防」 15(11) 1941.11
◇国土計画に於ける防空問題(レフケン)「都市公論」 24(11) 1941.11
◇特設消防制度の拡充と帝都の防火組織(臨戦態勢と都市財政)「都市問題」 33(5) 1941.11
◇イギリス警防団の組織(磯部佑治)「防空事情」 3(11) 1941.11
◇空襲時に於ける救護の実際的研究(三郎丸勲三)「防空事情」 3(11) 1941.11
◇防空救護の研究(柴田真三朗)「防空事情」 3(11) 1941.11
◇防空施策の体系(石川栄耀)「防空事情」 3(11) 1941.11
◇最近の空襲被害者「労働科学」 18(11) 1941.11
◇病院の空襲対策「労働科学」 18(11) 1941.11
◇昭和十六年を回顧して(内務省警保局)「警察協会雑誌」 499 1941.12
◇戦乱の欧洲より帰りて(ドイツ防空事情)(田邊平学)「建築雑誌」 55(681) 1941.12
◇戦乱の欧洲より帰りて(ドイツ防空事情)(浜田稔)「建築雑誌」 55(681) 1941.12
◇爆風に関する常識(古塚正治)「建築と社会」 24(12) 1941.12
◇防空と建築熔鉱炉の遮蔽装置「建築と社会」 24(12) 1941.12
◇防護室構造に関する力学の問題(坂巻雄)「建築と社会」 24(12) 1941.12
◇防空法の改正に就て(玉越勝治)「自治研究」 17(12) 1941.12

◇戦時下犯罪の厳罰「週報 官報附録」 272 1941.12
◇民間防空計画「造園雑誌」 8(12) 1941.12
◇防空法の改正に関して(藤岡長敏)「都市公論」 24(12) 1941.12
◇空襲保険の実施準備「都市問題」 33(6) 1941.12
◇英国の空襲保険(水澤謙三)「防空事情」 3(12) 1941.12
◇工場の防空施設に就て(山本常一)「防空事情」 3(12) 1941.12
◇支那の防空壕及防護室(陸軍築城部本部)「防空事情」 3(12) 1941.12
◇独逸都市の防空施設概観(濱田稔)「防空事情」 3(12) 1941.12
◇独逸の国民防空(久下勝次)「防空事情」 3(12) 1941.12
◇言論・出版・集会・結社等臨時取締法に就いて「警察協会雑誌」 500 1942.1
◇戦時犯罪処罰特例法(牧野英一)「警察研究」 13(1) 1942.1
◇焼夷弾と火災の特異性に就て(富田清)「建築と社会」 25(1) 1942.1
◇防火改修事業一ヶ年の回顧(大野勝三郎)「建築と社会」 25(1) 1942.1
◇改正防空法と緑地(玉越勝治)「公園緑地」 6(1) 1942.1
◇防空法中改正法律の施行に就いて(玉越勝治)「自治研究」 18(1) 1942.1
◇防空法改正の要点(藤岡長敏)「斯民」 37(1) 1942.1
◇火流と炎焼速度-火流とその影響-(空本吉造)「大日本警防」 16(1) 1942.1
◇防空と食糧対策(三浦一雄)「地方行政」 50(1) 1942.1
◇瓦斯工作物の防護に就て「帝国瓦斯協会雑誌」 31(1) 1942.1
◇戦時欧洲都市事情「都市問題」 34(1) 1942.1
戦時下欧洲の防空医学(竹村文祥) 戦時下に於ける空襲保険について(北沢宥勝) ドイツ・イタリーに於ける防空事情(田辺平学) 防空法の強化
◇独逸の防空其他(田辺平学)「汎交通 帝国鉄道協会誌」 43(1) 1942.1
◇空襲と工作防護(浄法寺朝美)「防空事情」 4(1) 1942.1
◇港湾施設の防空(黒田静夫)「防空事情」 4(1) 1942.1
◇独逸空襲被害の補償(濱田稔)「防空事情」 4(1) 1942.1
◇戦時犯罪処罰の特例に関する法律について(岸盛一)「法律時報」 14(1) 1942.1
◇工場防空対策指導に就いて「労働時報」 19(1) 1942.1
◇日本災害小史(2)(渡部英三郎)「河川」 1(2) 1942.2
◇警察事務の整理刷新に関する件依命通牒(1941.12.5 警保局長)「警察研究」 13(2) 1942.2
◇火災の延焼速度に及ぼす風速の影響に関する一資料(1)(松下清夫)「建築雑誌」 56(683) 1942.2
◇工場及倉庫の防空偽装に就て(生田五郎)「建築と社会」 25(2) 1942.2
◇東京市の防空公園・緑地事業(山崎敬三)「公園緑地」 6(2) 1942.2
◇「言論出版集会結社等臨時取締法」について(中谷敬寿)「公法雑誌」 8(2) 1942.2
◇空襲保険の核心(北澤宥勝)「週刊エコノミスト」 20(5) 1942.2
◇火流と消防部署(1)(空本吉造)「大日本警防」 16(2) 1942.2
◇昭和十六年中に於ける各種災害の展望(内務省警保局災害係)「大日本警防」 16(2) 1942.2
◇新興工業都市防空計画の経済問題(谷口成之)「都市公論」 25(2) 1942.2
◇決戦態勢と地方行政の改革「都市問題」 34(2) 1942.2
戦争保険臨時措置法要綱 帝都周辺大防空緑地計画
◇言論、出版、集会、結社等臨時取締法に就て(内務省警保局)「内務

◇厚生時報」 7(2) 1942.2
◇時局防空必携「防空事情」 4(2) 1942.2
◇隣組防空指導の参考(中井良太郎)「防空事情」 4(2) 1942.2
◇日本災害小史(3)(渡部英三郎)「河川」 1(3) 1942.3
◇耐爆構造に関する理論的研究(第三輯)(武藤清,梅村魁)「建築学会論文集」 24 1942.3
◇木造家屋の火災時に於ける対隣家屋壁面の温度に就て(2)(内田祥文)「建築学会論文集」 24 1942.3
◇改正防空法に就て(石井桂)「建築行政」 5(20) 1942.3
◇戦時刑事特別法について「週報 官報附録」 283 1942.3
◇警防団の再編成に就て(谷口寛)「大日本警防」 16(3) 1942.3
◇強化された防空法の概観(荒井三郎)「地方行政」 50(3) 1942.3
◇瓦斯事業に於ける工場防空対策(岩村豊)「帝国瓦斯協会雑誌」 31(2) 1942.3
◇国土防空と迷彩的道路其他(松葉栄重)「道路の改良」 24(3) 1942.3
◇小泉製麻株式会社に於ける工場防空対策「内外労働週報」 496 1942.3
◇空襲下の食糧問題(重政誠之)「防空事情」 4(3) 1942.3
◇ドイツの防空用器材の規格及発売認可制(濱田稔)「防空事情」 4(3) 1942.3
◇防空救急の実際(2)(火傷)(竹村文祥)「防空事情」 4(3) 1942.3
◇防空警報の伝達方法「防空事情」 4(3) 1942.3
◇防空都市計画への関心(野坂相如)「防空事情」 4(3) 1942.3
◇言論・出版・集会・結社等臨時取締法に就て(吉川覚)「法律時報」 14(3) 1942.3
◇職業病及び災害に関する諸問題「労働科学」 19(3) 1942.3
◇防火木材の研究(第三報)(栗山寛,島口三郎)「建築学会論文集」 25 1942.4
◇防護室気密扉の気密度試験の研究(平山嵩)「建築学会論文集」 25 1942.4
◇木造家屋の火災を対象とする加熱試験の結果に就て(其二、三、火災家屋より距離のある対隣壁の場合)(内田祥文)「建築学会論文集」 25 1942.4
◇火災の延焼速度に及ぼす風速の影響に関する一資料(2)(松下清夫)「建築雑誌」 56(685) 1942.4
◇戦時災害保護法について(高橋敏雄)「厚生問題」 26(4) 1942.4
◇防空建築と防火改修規則(内務省)「週報 官報附録」 287 1942.4
◇警察部長事務打合会概況(内務省警保局)「内務厚生時報」 7(4) 1942.4
◇防空偽装について(柴田真三朗)「防空事情」 4(4) 1942.4
◇防空都市計画は恒久国家計画たれ(石川栄耀)「防空事情」 4(4) 1942.4
◇防空法規中改正法律「防空事情」 4(4) 1942.4
◇防空法規早わかり表(石井作次郎)「防空事情」 4(4) 1942.4
◇改正防空法概観(三郎丸動三)「防空事情」 4(6) 1942.4
◇昭和十五年度に於ける工場火災「労働時報」 19(4) 1942.4
◇都市防空に関する調査委員会報告「建築雑誌」 56(686) 1942.5
◇空襲下の食糧対策(財政研究会)「財政」 7(5) 1942.5
◇戦時災害保護法の概要(高橋敏雄)「斯民」 37(5) 1942.5
◇火流と消防戦闘 -火流と其の影響(8) - (空本吉造)「大日本警防」 16(5) 1942.5
◇敵機の空襲と我等の体験(清川豊三郎)「大日本警防」 16(5) 1942.5
◇テルミット焼夷弾と其の防火法(武川文三)「大日本警防」 16(5) 1942.5

◇空地地区と都市の防空(田中彌一)「都市公論」 25(5) 1942.5
◇防空都市シンガポール(内藤英雄)「都市美」 39 1942.5
◇太平洋上の感-独伊の防空施設を視察して、我国都市将来の防空対策を思ふ(田辺平学)「都市問題」 34(5) 1942.5
◇都市計画に対する防空上の要求十ケ条(パウル・ヴォルフ)「都市問題」 34(5) 1942.5
◇都市防空と街路の防火性能(谷口成之)「都市問題」 34(5) 1942.5
◇防空建築規則の改正と防災改修規則の制定「都市問題」 34(5) 1942.5
◇改正防空法釈義(1)(玉越勝治)「防空事情」 4(5) 1942.5
◇独逸の「防空扉」の規格(濱田稔)「防空事情」 4(5) 1942.5
◇隣組用の消防ポンプ(武川文三)「防空事情」 4(5) 1942.5
◇防空救急の実際(3)(竹村文祥)「防空事情」 4(5) 1942.5
◇ロンドンの防空用具長柄のスコップ(磯部佑治)「防空事情」 4(5) 1942.5
◇ドイツの防空に何を学ぶべきか(田邊平学)「改造」 24(6) 1942.6
◇実践が教えた家庭防空(館林三喜男)「警察協会雑誌」 505 1942.6
◇家屋延焼の実態(空本吉造)「建築と社会」 25(6) 1942.6
◇支那都市の防空的素質(吉田信武)「建築と社会」 25(6) 1942.6
◇都市防火の根本施策(井上新二)「建築と社会」 25(6) 1942.6
◇都市防空の根本対策(難波三十四)「建築と社会」 25(6) 1942.6
◇爆風による硝子の破壊状態実験(大阪府建築課,日本建築協会)「建築と社会」 25(6) 1942.6
◇防火改修実施上の諸問題(大野勝三郎)「建築と社会」 25(6) 1942.6
◇防空待避施設(竹内佐平治)「建築と社会」 25(6) 1942.6
◇民防空の組織に就て(大泉三郎)「建築と社会」 25(6) 1942.6
◇戦時災害国税減免法施行勅令解説(池田勇人)「財政」 7(6) 1942.6
◇戦時災害国税減免法に就て(松隈秀雄)「斯民」 37(6) 1942.6
◇戦時災害国税減免法(調査部)「税」 20(6) 1942.6
◇空襲と大阪(谷垣芳次郎)「大大阪」 18(6) 1942.6
◇火流と防火施設(空本吉造)「大日本警防」 16(6) 1942.6
◇空襲下に於ける物資需給施策(五十嵐賢隆)「地方行政 日文版」 9(6) 1942.6
◇土木防空資料「土木学会誌」 28(6) 1942.6
◇防空建築規則の改正と防火改修規則の実施に就て(内務省防空局)「内務厚生時報」 7(6) 1942.6
◇防空と空襲(井原俊雄)「日本評論」 17(6) 1942.6
◇改正防空建築規則早わかり「防空事情」 4(6) 1942.6
◇空襲下の活動「防空事情」 4(6) 1942.6
◇防火改修規則の施行(宮地直邦)「防空事情」 4(6) 1942.6
◇防火改修宣伝火災実験に就いて「防空事情」 4(6) 1942.6
◇防空建築規則の改正を語る(小宮賢一)「防空事情」 4(6) 1942.6
◇改正防空建築規則と防火改修規則に就て(中沢誠一郎)「建築雑誌」 56(688) 1942.7
◇今次空襲と民防空(上田誠一)「建築雑誌」 56(688) 1942.7
◇戦時災害保護法と仮設住宅の建設に就て(大村巳代治)「建築雑誌」 56(688) 1942.7
◇防火試験の結果と防空建築規則(浜田稔)「建築雑誌」 56(688) 1942.7
◇重工場に於ける防空暗幕に就て(的場浩)「建築と社会」 25(7) 1942.7
◇灯火管制と換気(伊藤正文)「建築と社会」 25(7) 1942.7
◇防空壕に就て(寺岡真)「建築と社会」 25(7) 1942.7

◇防空に関する新考案の発表(伊藤為吉)「建築と社会」 25(7) 1942.7
◇防空問答「週報 官報附録」 302 1942.7
◇戦時災害国税減免法解説(小林長谷雄)「税」 20(7) 1942.7
◇災害時の糧食と其の炊事法(広瀬博)「大日本警防」 16(7) 1942.7
◇兵法と消防戦術(1)(空本吉造)「大日本警防」 16(7) 1942.7
◇独逸の防空(久下勝次)「都市公論」 25(7) 1942.7
◇土木防空資料「土木学会誌」 28(7) 1942.7
◇宮崎電器製作所の防空組織と其の施設「内外労働週報」 514 1942.7
◇改正防空法令釈義(2)(玉越勝治)「防空事情」 4(7) 1942.7
◇東京市防火改修事業の現状(畠山千代治)「防空事情」 4(7) 1942.7
◇防火の資材をどうするか─土、砂─(山沢亀三郎)「防空事情」 4(7) 1942.7
◇「防空建築と耐火木材に関する」懇談会「建築と社会」 25(8) 1942.8
◇防空待避所の作り方(内務省)「週報 官報附録」 304 1942.8
◇戦時災害国税減免法解説(小林長谷雄)「税」 20(8) 1942.8
◇交通事故の消防行動に及ぼす影響(清川豊三郎)「大日本警防」 16(8) 1942.8
◇大火の原因(1)(金原寿郎)「大日本警防」 16(8) 1942.8
◇都市消防戦闘要領(1)「大日本警防」 16(8) 1942.8
◇兵法と消防戦術(2)(空本吉造)「大日本警防」 16(8) 1942.8
◇東京、大阪工場災害統計「東洋経済統計月報」 4(8) 1942.8
◇「応急自家用待避所」案(池田正二)「防空事情」 4(8) 1942.8
◇家庭待避所は何処がよいか(鳥井捨蔵)「防空事情」 4(8) 1942.8
◇空襲の実相と将来の防空(埴原保貴)「防空事情」 4(8) 1942.8
◇「待避施設指導要領」解説(小宮賢一)「防空事情」 4(8) 1942.8
◇爆弾の威力(佐々哲爾)「防空事情」 4(8) 1942.8
◇戦時下における犯罪の趨勢(小倉謙)「警察協会雑誌」 508 1942.9
◇防空建築規則適用市町村及防火改修一覧「建築行政」 6(22) 1942.9
◇防空建築規則の改正要旨(宮地直邦)「建築行政」 6(22) 1942.9
◇防空と緑地事業(上田誠一)「公園緑地」 6(8) 1942.9
◇庭樹の防火植栽試案(丹羽鼎三)「造園雑誌」 9(2) 1942.9
◇大火の原因(2)(金原寿郎)「大日本警防」 16(9) 1942.9
◇都市消防戦闘要領(2)「大日本警防」 16(9) 1942.9
◇兵法と消防戦術(3)(空本吉造)「大日本警防」 16(9) 1942.9
◇アメリカ市民防空計画(ハーラン・アワート・マックリュア、フランク・ケイ・ケル)「都市公論」 25(9) 1942.9
◇工場の防空をどうする(工場防空研究会速記)「防空事情」 4(9) 1942.9
◇工場の防空診断(新海悟郎)「防空事情」 4(9) 1942.9
◇独逸の工場防空(田辺平学)「防空事情」 4(9) 1942.9
◇防空資材をどうするか莚・叺(山沢亀三郎)「防空事情」 4(9) 1942.9
◇上海共同租界警察の現状(渡正監)「警察協会雑誌」 509 1942.10
◇四月十八日空襲被害報告(警視庁建築課)「建築雑誌」 56(691) 1942.10
◇大阪市の防火改修事業に就て(桐本植雅)「建築と社会」 25(10) 1942.10
◇大阪市防火改修設計者提要とその解説(小泉嘉四郎)「建築と社会」 25(10) 1942.10
◇神戸市の防火改修に就て(告野新治)「建築と社会」 25(10) 1942.10
◇防火改修基準図(大阪市)「建築と社会」 25(10) 1942.10
◇防火改修規則の解説(中村吉太郎)「建築と社会」 25(10) 1942.10
◇防火改修工事の大要に就て(中村次郎)「建築と社会」 25(10) 1942.10
◇防火改修の困難性(堀井啓治)「建築と社会」 25(10) 1942.10
◇木造建物の防火構造(岡田達弥)「建築と社会」 25(10) 1942.10
◇簡易防空待避所の構築要領(防衛庁)「市政週報」 182 1942.10
◇兵法と消防戦術(4・完)(空本吉造)「大日本警防」 16(10) 1942.10
◇都市計画に於ける防空問題─レフケン著「建築防空」1940年版三章より─「都市公論」 25(10) 1942.10
◇住友電気工業の防空計画及変災時実務要領「内外労働週報」 525 1942.10
◇空襲下の防疫(増田知貞)「防空事情」 4(10) 1942.10
◇空襲と防疫の本質(高野六郎)「防空事情」 4(10) 1942.10
◇現下の灯火管制について(高屋長武)「防空事情」 4(10) 1942.10
◇灯火管制の再認識(窪田文雄)「防空事情」 4(10) 1942.10
◇爆風と窓硝子(佐々哲爾)「防空事情」 4(10) 1942.10
◇防火救急の実際(5)(竹村文祥)「防空事情」 4(10) 1942.10
◇防空準備の促進(臨野光全)「防空事情」 4(10) 1942.10
◇灯下管制に就ての一考察(飯塚英助)「警察協会雑誌」 510 1942.11
◇木造家屋の火災を対象とする加熱試験の結果に就いて(4)(内田祥文)「建築学会論文集」 27 1942.11
◇防空都市改造案(小宮賢一)「建築と社会」 25(11) 1942.11
◇昭和十七年災害被害者に対する租税の減免に就て(岩本厳)「税」 20(11) 1942.11
◇関東震災及関西風水害回顧(柴田真三朗)「防空事情」 4(11) 1942.11
◇空襲災害の扶助について(国枝金市)「防空事情」 4(11) 1942.11
◇空襲と乳幼児(小林彰)「防空事情」 4(11) 1942.11
◇独逸病院の防空施設(濱田稔)「防空事情」 4(11) 1942.11
◇意匠、計画と防空(星野昌一)「建築雑誌」 56(693) 1942.12
◇防空都市の建設(松本治彦)「国土計画」 1(3) 1942.12
◇防空の要諦(久下勝次)「斯民」 37(12) 1942.12
◇都市消防戦闘要領(3)「大日本警防」 16(12) 1942.12
◇余が消防奉仕五十年の回顧(松井茂)「大日本警防」 16(12) 1942.12
◇大阪俘虜収容所収容俘虜使用取扱暫定要綱「内外労働週報」 535 1942.12
◇空襲災害の扶助について(国枝金市)「防空事情」 4(12) 1942.12
◇重慶空襲被害の実情(池田正二)「防空事情」 4(12) 1942.12
◇防空救急の実際(6・完)(竹村文祥)「防空事情」 4(12) 1942.12
◇経済警察の指導(宮崎四郎)「警察協会雑誌」 512 1943.1
◇余の警察生活五十年の回顧(1)(松井友)「警察協会雑誌」 512 1943.1
◇経済警察と経済統制と国家総動員(佐々木惣一)「警察研究」 14(1) 1943.1
◇工場建設計画と防空の諸問題(新海悟郎)「建築と社会」 26(1) 1943.1
◇都市消防戦闘要領(4)「大日本警防」 17(1) 1943.1
◇学校防空について(荒木五六)「防空事情」 5(1) 1943.1
◇国民学校の防空計画(国枝金市)「防空事情」 5(1) 1943.1
◇余の警察生活五十年の回顧(2)(松井友)「警察協会雑誌」 513 1943.2

◇防空も愈決戦の構へ(館林三喜男)「斯民」 38(2) 1943.2
◇出火原因の考察(1)(津田義雄)「大日本警防」 17(2) 1943.2
◇都市消防戦闘要領(5)「大日本警防」 17(2) 1943.2
◇黄燐焼夷弾の威力(高田貞治)「防空事情」 5(2) 1943.2
◇実列より見たる防火改修家屋(田中一彦)「防空事情」 5(2) 1943.2
◇隣組消防について(村瀬達)「防空事情」 5(2) 1943.2
◇隣組の防空強化策(中川徴次)「防空事情」 5(2) 1943.2
◇隣組の防空力強化(山本道義)「防空事情」 5(2) 1943.2
◇隣組防空指導と親心(沖野武)「防空事情」 5(2) 1943.2
◇余の警察生活五十年の回顧(3)(松井友)「警察協会雑誌」 514 1943.3
◇大型焼夷弾の防護心得(内務省防空局)「週報 官報附録」 336 1943.3
◇出火原因の考察(2・完)(津田義雄)「大日本警防」 17(3) 1943.3
◇都市消防戦闘要領(6)「大日本警防」 17(3) 1943.3
◇日本能率協会の工場建築防空対策成る「内外労働週報」 547 1943.3
◇時局下の工場防空(石井桂)「防空事情」 5(3) 1943.3
◇余の警察生活五十年の回顧(4・完)(松井茂)「警察協会雑誌」 515 1943.4
◇家庭の待避所と工場の待避所に就いて(岡田達弥)「建築と社会」 26(4) 1943.4
◇空襲時に於ける救護活動の実際(島岡静二郎)「厚生問題」 27(4) 1943.4
◇非常時対策としての共同炊事場(奥平祥一)「厚生問題」 27(4) 1943.4
◇防空々地々区の指定(防衛局)「市政週報」 207 1943.4
◇防空植栽と植樹偽装に就いて(上原敬二)「水道協会雑誌」 119 1943.4
◇米の東京空襲企図(摩久佑太郎)「日本評論」 18(4) 1943.4
◇現下の時局と学校防空(福田繁)「文部時報」 787 1943.4
◇最近の防空状態(松木正)「文部時報」 787 1943.4
◇空襲を受けた帝都は(奥井復太郎)「改造」 25(5) 1943.5
◇空襲と心理的破壊(横瀬善正)「改造」 25(5) 1943.5
◇空襲下組合事務の緊急措置(高橋義則)「商業組合」 9(5) 1943.5
◇空地帯と防空空地の設定(陣野博明)「都市問題」 36(5) 1943.5
◇都市の防空的整備(小宮賢一)「都市問題」 36(5) 1943.5
◇改正戦時刑事特別法(木村亀二)「法律時報」 15(5) 1943.5
◇防空空地及空地帯(吉田信武)「建築と社会」 26(6) 1943.6
◇空地帯及防空空地の指定に就て(川嶋三郎)「公園緑地」 7(4) 1943.6
◇東京、大阪防空地及空地帯調書「公園緑地」 7(4) 1943.6
◇防空空地に関する座談会(堀切善次郎)「公園緑地」 7(4) 1943.6
◇防火訓練に就ての考察(栗原久作)「大日本警防」 17(6) 1943.6
◇防空恒久策として不燃都市の建設を断行すべし(田邊平学)「建築雑誌」 57(700) 1943.7
◇決戦 防空(特集)「大大阪」 19(7) 1943.7
◇大都市の疎開方策に就て(高橋登一)「都市問題」 37(1) 1943.7
◇日蓄川崎工場の特設防護団と給与規程「内外労働週報」 565 1943.7
◇工場防空の重点(新海悟郎)「科学主義工業」 7(8) 1943.8
◇戦時警察法概観(1):「戦時経済行政法概観」(美濃部達吉)「自治研究」 19(8) 1943.8
◇明治二十九年の律浪の災害による家系の再興(山口彌一)「人口問題」 5(4) 1943.8
◇延焼防止に蓮を活用せよ(空本吉造)「大日本警防」 17(8) 1943.8
◇防火訓練に就ての考察(栗原久作)「大日本警防」 17(8) 1943.8
◇警視庁工場公害及災害取締規則を制定す「内外労働週報」 566 1943.8
◇防空陣強化の重要問題(菰田康一)「防空」 5(8) 1943.8
◇学徒の防空訓練に就いて(岩野次郎)「文部時報」 795 1943.8
◇ドイツ都市の防空活動(H.ボンガルツ)「科学主義工業」 7(9) 1943.9
◇破壊消防に就て(1)(手鳶生)「建築行政」 7(25) 1943.9
◇防災改修事業に対する私見(岡本通)「建築行政」 7(25) 1943.9
◇戦時警察法概観(2):「戦時経済行政法概観」(美濃部達吉)「自治研究」 19(9) 1943.9
◇大阪防空空地及び防空空地帯の設定(中川辰夫)「執務指導通信」 7(2) 1943.9
◇防空従事者に就て(竹田武雄)「執務指導通信」 7(2) 1943.9
◇防空空地及び空地帯の指定(木村英夫)「都市公論」 26(9) 1943.9
◇帝都空地防空報国会の活動(防衛局)「都政週報」 11 1943.9
◇防空に活かせ震災の体験—佐久間町勇士の体験談—「都政週報」 11 1943.9
◇警視庁労務官室の最近に於ける工員の家計調査「内外労働週報」 571 1943.9
◇時局防空必携(改定)(内務省)「防空」 5(9) 1943.9
◇帝都防空の一元化(広木三郎)「防空」 5(9) 1943.9
◇防空と国民学校児童(森育三)「防空」 5(9) 1943.9
◇農村工業と空襲(大河内正敏)「科学主義工業」 7(10) 1943.10
◇都市の疎開問題「公園緑地」 7(8) 1943.10
◇防空壕及退避所の構築要領(公園緑地協会編輯部)「公園緑地」 7(8) 1943.10
◇戦時警察法概観(3・完):「戦時経済行政法概観」(美濃部達吉)「自治研究」 19(10) 1943.10
◇過去の火災検討(2)(松岡稔)「大日本警防」 17(10) 1943.10
◇鳥取地震所感(今村明恒)「大日本警防」 17(10) 1943.10
◇破壊消防に就て(2・完)(手鳶生)「大日本警防」 17(10) 1943.10
◇大都市疎開と農村(高山長吉)「地方行政」 51(10) 1943.10
◇学校防空と学徒の防空活動(藤野恵)「帝国教育」 780 1943.10
◇都市防空「都市問題」 37(4) 1943.10
　空襲時に於ける乳幼児対策(宇田川与三郎) 空襲と母性保護(瀬木三雄) 防空と交通機関(堀口大八) 防空と食物(川島四郎)
◇帝都の学校防空指針「都政週報」 15 1943.10
◇朝鮮に於ける憲兵警察統一制度の考察(1)(對馬郁之進)「法学論叢(京都帝国大学法学会)」 49(4) 1943.10
◇警防団の在り方と運営(安達原達郎)「防空」 5(10) 1943.10
◇防空と交通(村松市平)「防空」 5(10) 1943.10
◇学校防空と学徒の防空活動(藤野恵)「文部時報」 799 1943.10
◇学校防空に就て(1)(森田孝)「文部時報」 799 1943.10
◇学校防空に就て(2)(森田孝)「文部時報」 800 1943.10
◇都市緊急防火方策(浜田稔)「建築雑誌」 51(704) 1943.11
◇都市疎開を繞る諸問題(吉田秀夫)「建築雑誌」 51(704) 1943.11
◇防空上より見た人口疎開(田邊平学)「建築雑誌」 51(704) 1943.11
◇空爆と文化財に就て(草一路)「建築と社会」 26(11) 1943.11
◇鳥取県震災に於ける緊急対策実施に就いて(厚生省保険局)「社会保険時報」 17(11) 1943.11
◇人口分散と都市疎開(難波三十四)「大大阪」 19(11) 1943.11

◇都市の疎開につき市民に訴ふ(佐藤利恭)「大大阪」 19(11) 1943.11
◇鳥取震災の教訓(土井登)「大大阪」 19(11) 1943.11
◇防空疎散の注意点「東洋経済新報」 2079 1943.11
◇重要地帯の建物疎開―現下の諸問題に関する史話(2)(鷲見安二郎)「都政週報」 19 1943.11
◇学校防空指針(文部省,内務省)「防空」 5(11) 1943.11
◇学校防空に就て(宮地直邦)「防空」 5(11) 1943.11
◇最重要都市の消防力強化策(河村恭介)「防空」 5(11) 1943.11
◇学校防空に就て(3)(森田孝)「文部時報」 802 1943.11
◇防空施設化に於ける工場の換気と照明(真邊春藏)「労働科学」 20(11) 1943.11
◇戦時防空都市(松井清之助)「建築行政」 7(26) 1943.12
◇戦時刑事特別法の改正(1)(牧野英一)「自治研究」 19(12) 1943.12
◇都市疎開問答(情報局)「週報 官報附録」 375 1943.12
◇防空組織の新体制に就いて(松井茂)「大日本警防」 17(11) 1943.12
◇朝鮮に於ける憲兵警察統一制度の考察(2・完)(対馬郁之進)「法学論叢(京都帝国大学法学会)」 49(6) 1943.12
◇防空法について(宮沢俊義)「法律時報」 15(12) 1943.12
◇学校防空に就て(4・完)(森田孝)「文部時報」 803 1943.12
◇空襲と消火用水量に就て(御厨敏彦)「水道協会雑誌」 128 1944.1
◇空襲と配水問題(岩崎榮吉)「水道協会雑誌」 128 1944.1
◇防空対策に就て(佐竹保治郎)「水道協会雑誌」 128 1944.1
◇防空並に生産より見たる水道(杉戸清)「水道協会雑誌」 128 1944.1
◇都市疎開に協力せよ(堀威夫)「大大阪」 20(1) 1944.1
◇防空と都市疎開(松本治彦)「都市問題」 38(1) 1944.1
◇空襲下の生活必需物資配給(経済局)「都政週報」 25 1944.1
◇都市疎開に就いて(金谷重義)「農村工業」 11(1) 1944.1
◇都市疎開と国土防衛(奥井復太郎)「改造」 26(2) 1944.2
◇防空法の改正(1)(星野毅子郎)「警察研究」 15(2) 1944.2
◇鳥取震災の回顧(賀川豊彦)「厚生問題」 28(2) 1944.2
◇戦時刑事特別法の改正(2・完)(牧野英一)「自治研究」 20(2) 1944.2
◇警視庁動員総本部の生産増強に関する指導要綱(内外労働研究所)「内外労働週報」 593 1944.2
◇疎開と「不燃都市」の建設(田邊平学)「改造」 26(3) 1944.3
◇防空法の改正(2)(星野毅子郎)「警察研究」 15(3) 1944.3
◇鳥取災害に関して(森田康次)「建築行政」 27 1944.3
◇鳥取震災救護仮化宅建設に就いて(長尾清)「建築行政」 27 1944.3
◇鳥取震災視察(平野八十次)「建築行政」 27 1944.3
◇鳥取震災聴書(中澤誠一郎)「建築行政」 27 1944.3
◇罹災者収容仮設住宅建設(兵庫県警察部建築課)「建築行政」 27 1944.3
◇大阪市の都市疎開に就て(山田正男)「建築と社会」 27(3) 1944.3
◇防空疎開の法的根拠「建築と社会」 27(3) 1944.3
◇防空法の改正に就いて(上田誠一)「斯民」 39(3) 1944.3
◇都市疎開(1)「都市問題」 38(3) 1944.3
　空地帯及防空空地ノ設定/都市疎開に関する資料　決戦非常措置要綱/都市疎開に関する資料　工業規制地域及工業建設地域/都市疎開に関する資料　国土計画設定要綱/都市疎開に関する資料　国土防空強化に関する件/都市疎開に関する資料　国内態勢強化方綱/都市疎開に関する資料　疎開促進に関する閣議決定/都市疎開に関する資料　疎開地新築禁止令/都市疎開に関する資料　疎開地の指定/都市疎開に関する資料　建物利用統制規制/都市疎開に関する資料
　都市疎開事業の諸問題(小宮賢一)　都市疎開実施要綱/都市疎開に関する資料　都市疎開問題の発展(弓家七郎)　都市の防空措置に関する意見/都市疎開に関する資料　防空法/都市疎開に関する資料
◇都市防空と建築密度に関する二、三の問題(亀井幸次郎)「建築学会論文集」 33 1944.4
◇防空都市建設計画(大阪市の場合)(田邊平学,波多野一郎)「建築学会論文集」 33 1944.4
◇「空襲対策強化」を語る座談会(国策研究会)「国策研究会週報」 6(17) 1944.4
◇労働者災害扶助責任保険料率決定上の諸問題に就て(1)(保険局保険課)「社会保険時報」 18(4) 1944.4
◇工場防火対策と特設防護機関の強化(清川豊三郎)「大日本警防」 18(4) 1944.4
◇都市疎開(2)「都市問題」 38(4) 1944.4
　大阪市都市疎開人員移転奨励金交付規則/都市疎開に関する資料　京浜地域人員疎開の措置要綱/都市疎開に関する資料　疎開移転費交付規程(内務省令)/都市疎開に関する資料　帝都建物統制規則/都市疎開に関する資料　東京都移転奨励金交付規程/都市疎開に関する資料　東京都衣料保管手数料保管条例/都市疎開に関する資料　東京都衣料保管要綱/都市疎開に関する資料　都市疎開と農工調整(松村勝治郎)　名古屋市都市疎開地方転出移転奨励金交付規則/都市疎開に関する資料　防空法施行規則に依る移転費支給額/都市疎開に関する資料
◇警察庁の特設防護団整備強化に関する方針(内外労働研究所)「内外労働週報」 601 1944.4
◇労働者災害扶助責任保険料率決定上の諸問題に就て(2)(保険局保険課)「社会保険時報」 18(5) 1944.5
◇帝都の建物疎開について(東京都防衛局)「都政週報」 41 1944.5
◇都市の被空襲直後推定とその対策準備考(吉田享二)「国土計画」 3(2) 1944.6
◇空襲火災防禦戦 闘要領(坂本秀雄)「大日本警防」 18(5) 1944.6
◇独逸空襲の実相(牛場正彦)「都政週報」 42 1944.6
◇北九州空襲の実情と対策(矢野常雄)「防空」 6(5) 1944.6
◇生産防空の緊急整備-主として勤労者対策を中心に-「国策研究会週報」 6(31) 1944.7
◇空襲下の食糧対策(武田誠三)「斯民」 39(7) 1944.7
◇防火第一主義は民防空の鉄則(清川豊三郎)「大日本警防」 18(6) 1944.7
◇学童疎開特集「都政週報」 48 1944.7
◇防空法における人民の義務(1)(刑部荘)「法学協会雑誌」 62(7) 1944.7
◇ドイツに於ける空襲と犯罪対策(奥山勇治)「法律時報」 16(7) 1944.7
◇空襲対策の決戦化(長崎秀浩)「東洋経済新報」 2136 1944.8
◇帝都の疎開について(大達茂雄)「都政週報」 34 1944.8
◇空襲下の食糧施策(木村武)「日本評論」 19(8) 1944.8
◇英国の国民防空(卜部俊雄)「法律時報」 16(8) 1944.8
◇工場防空即時強化の必要―ドイツの経験に徴して―(吉沢有造)「法律時報」 16(8) 1944.8
◇疎開と統制法等諸法との関係(金沢良雄)「法律時報」 16(8) 1944.8
◇ソ連の空襲対策(鷹司駿)「法律時報」 16(8) 1944.8
◇防空法解説(植田俊雄)「法律時報」 16(8) 1944.8
◇北九州空襲に於ける救助事務の体験より(角銅利生)「厚生問題」 28(9) 1944.9
◇罹災救助基金収入の使用に就て(元山修二)「斯民」 39(9) 1944.9
◇水道防空に就て(川畑愛義)「水道協会雑誌」 136 1944.9
◇学童疎開と家庭(村岡花子)「大日本教育」 791 1944.9

◇疎開と危局突破の道(藤野恵)「大日本教育」 791 1944.9
◇疎開附添の教師諸君に望む(中野善敦)「大日本教育」 791 1944.9
◇生産防空の緊急性(岡田寅吉)「日本評論」 19(9) 1944.9
◇防空法に於ける人民の義務(2)(刑部荘)「法学協会雑誌」 62(9) 1944.9
◇空襲時勤労対策(後藤清)「社会政策時報」 289 1944.10
◇再び都市の疎開問題に就いて「公園緑地」 7(9) 1944.11
◇報徳精神による災害の克服(麻生正蔵)「斯民」 39(11) 1944.11
◇疎開学童と配給(横溝今次郎)「東洋経済新報」 2150 1944.11
◇空襲時に於ける配給機構(今村武雄)「都市問題」 39(5) 1944.11
◇工場の実戦防空(新海悟郎)「防空」 6(9) 1944.11
◇決戦段階に於ける生産防空の意義と問題点「国策研究会週報」 6(49) 1944.12
◇内務省所管災害関係予算に就て(入江誠一郎)「斯民」 39(12) 1944.12
◇江戸の火事「都政週報」 60 1944.12
◇工場火災の原因調「都政週報」 60 1944.12
◇世界の五大火災「都政週報」 60 1944.12
◇東京の火事「都政週報」 60 1944.12

[図書]
◇ヘーン氏訳述警察講義録(ヘーン述,湯目補隆訳) 1886.6 31,978p 21cm
◇普魯西警察法 第1巻([マッシェル著]) 内務省警保局 1887.10 16,916p 21cm
◇普魯西警察法 第2巻([マッシェル著]) 内務省警保局 1888.7 32,1301,8p 21cm
◇普魯西警察法 第3巻 自第1部第7篇至第9篇([マッシェル著]) 内務省警保局 1889.1 44,657p 21cm
◇普魯西警察法 第3巻 自第1部第10篇至第2部第2篇([マッシェル著]) 内務省警保局 1889.1 [937]p 21cm
◇濃尾震誌(片山逸朗編) 1893.3 241p 22cm
◇震災予防調査会報告 第32号 [地震観測方ニ関スル調査外](震災予防調査会編) 1900.9 2,149,6p 26cm
◇日本警察要論(松井茂著) 警眼社 1902.3 5,3,202p 23cm
◇震災予防調査会報告 第46号(甲)(震災予防調査会編) 1904.3 606p 26cm (大日本地震史料)
◇震災予防調査会報告 第46号(乙)(震災予防調査会編) 1904.3 595,45p 26cm (大日本地震史料)
◇震災予防調査会報告 第49号 [日本ノ地震分布外](震災予防調査会編) 1905.2 55p 26cm+図1枚
◇震災予防調査会報告 第57号 [東京ニ起ルヘキ将来ノ地震外](震災予防調査会編) 1907.2 98p 26cm
◇嘉義地方震災誌(台湾総督府民政部編) 1907.3 11,428,21p 22cm
◇応用警察実務要論(杉田百助著) 日本警察新聞社出版部 1908.12 2,16,646p 23cm
◇欧米警察見聞録(松井茂著) 警察協会 1909.6 8,206,46p 23cm
◇福岡熊本鹿児島地方実業視察報告書(本多太郎[ほか]著) 1909.9 3,8p 22cm 警視庁東京府公報
◇警察行政要義(小浜松次郎著) 駸々社 1909.12 1冊 23cm
◇洪水誌(大東社出版部編) 1910.12 70,77p 22cm
◇震災予防調査会報告 第68号(乙) [本邦大地震概説](震災予防調査会編) 1913.3 180p 26cm
◇自治と警察(松井茂著) 警眼社 1913.7 22,953p 23cm
◇震災予防調査会報告 第77号 [安政元年夏の地震外](震災予防調査会編) 1913.10 102p 26cm
◇大正三年桜島噴火記事(九州鉄道管理局編) 1914.7 8,327p 23cm

◇震災予防調査会報告 第83号(甲)(震災予防調査会編) 1916.10 142p 26cm 家屋耐震構造論
◇高等警察事務一班 手書(山形県警察部編) 1917.3 [18]p 28cm
◇震災予防調査会報告 第83号(乙)(震災予防調査会編) 1917.3 1,137p 26cm 家屋耐震構造論
◇大正六年十月東京府風水害救済概況(東京府編) 1917.10 42p 26cm
◇大正六年東京府災害救済概要(東京府編) 1917.10 9p 26cm
◇東京風水害救済会報告書(東京風水害救済会編) 1918.2 163p 23cm
◇欧州警察制度([Raymond B.Fosdick],内務省警保局訳) 1918.6 1冊 22cm
◇震災予防調査会報告 第88号(丙) 震災概説(震災予防調査会編) 1920.3 52p 23cm
◇各官公署所管国有財産(東京市内)震災損害調 大正十二年十月調 謄写版(東京市政調査会編) 1923 [20]p 26cm
◇各官公署所管国有財産(東京市内)震災損害調 大正十二年十月調 複写(東京市政調査会編) 1923 [20]p 27cm
◇大正十二年関東大震災:新聞及び画報 1923 1冊 57×43cm
◇大正十二年九月一日震災後ニ於ケル警戒警備一班(内務省警保編) 1923 7,137p 23cm
◇関東震災画報 第1輯~第3輯(大阪毎日新聞社編) 1923.9 1冊 22×30cm
◇関東地方大震災写真帳(アンナー化粧料本舗[編]) アンナー化粧料本舗 1923.9 1冊 20×27cm
◇大正十二年関東大震災行方不明者名簿(東京市政調査会編) 1923.9 1軸 27cm
◇大正大震災写真帳(報知新聞編輯局編) 1923.9 [15]p 39×27cm
◇東京市大震火ノ火勢並消防概況 謄写版(警視庁消防部編) 1923.9 23p 26cm
◇関東大震画報(大阪毎日新聞社編) 1923.10 [15]p 39×27cm 大阪毎日新聞
◇関東大震災記(東京朝日新聞社編) 1923.10 48p 26cm 朝日新聞附録
◇関東大震災号(国際情報社編) 1923.10 1冊 39×27cm 国際写真情報
◇関東大震災講話資料(関東大震災情報部編) 1923.10 20,306p 23cm
◇関東大震災実記(渋田紅塔著) 有朋堂,長文堂書店 1923.10 6,226p 20cm
◇凶災の印象:東京の回想(新潮社編) 1923.10 110p 22cm 「文章倶楽部」第8年第10号(大正12年10月特号)
◇行政警察法(平賀周著) 帝国地方行政学会 1923.10 9,460p 22cm
◇写生図解大震記(日本評論社編) 1923.10 14,187p 22cm
◇週刊写真報知 第1巻第1号-第2号(報知社編) 1923.10 1冊 39×27cm 震災画報
◇大正大震災大火災(大日本雄弁会,講談社編) 1923.10 6,300p 23cm
◇大震災写真画報 第1輯-第3輯(大阪朝日新聞社編) 1923.10 [29,33,31]p 39×27cm
◇次の地震のために:附 地震津浪の避難に関する注意(今村明恒著) 新極東社 1923.10 16p 22cm 帝都復興パンフレット
◇電気工作物之震災被害状況 謄写版(東京市政調査会編) 1923.10 [36]p 27cm
◇電気工作物之震災被害状況 複写(東京市政調査会編) 1923.10 [36]p 27cm
◇東京地方大震大火実記(聚英閣編) 1923.10 4,163p 19cm
◇工場法適用工場ノ震災被害調査概要 大正12年11月調 謄写版([内

◇務省]社会局第1部監督課編) 1923.11 37p 26cm
◇震災号(日本読書協会編) 1923.11 108p 22cm 外国の新聞と雑誌:日本読書協会会報 乙種
◇震災後の状況報告:続報 謄写版(神奈川県編) 1923.11 [134]p 26cm
◇世界の大震と復興:関東大震災号姉妹篇(国際情報社編) 1923.11 1冊 39×27cm 国際写真情報
◇大正震災記(長井修吉編) 大正震災記録編纂会 1923.11 2,4,227p 23cm
◇帝都復興論(後藤新平著) 1923.11 8p 21cm 「都市公論」第6巻第11号のうち
◇この大災に遇うて(大谷光演著) 中外出版 1923.12 76p 19cm
◇大正大震災記(時事新報社編) 1923.12 64p 26cm 時事新報
◇帝都の大震災と自治的精神の涵養(後藤新平著) 1923.12 14p 21cm 「都市公論」第6巻第12号のうち
◇日本震災史(日本学術普及会編) 1923.12 291p 22cm 社会史研究
◇大正十二年東京ノ火災動態地図ニ就テ(中村清二述) 1924 41p 22cm 貴族院彙報
◇関東大震火災録(浜中仁三郎編) 美術工芸会 1924.1 1冊 23cm
◇地震と都市(小川琢治述,大阪毎日新聞社編) 1924.1 3,81p 19cm 文化大学叢書
◇史的研究天災と対策(本庄栄治郎著) 大阪毎日新聞社 1924.1 250p 19cm 学術叢書
◇叙情日本大震災史(田中貢太郎著,高山辰三著) 教文社 1924.1 1冊 23cm
◇震災より得たる教訓(近藤士郎著) 国民教育会 1924.1 206p 19cm
◇大詔を拝して(永田秀次郎述,穂積重遠述) 帝都復興叢書刊行会 1924.1 4,108p 19cm 帝都復興叢書
◇明暦安政及大正の難:明暦の大火と安政の大震今後の地震と東京市(東京市編) 1924.2 2,142p 19cm 帝都復興叢書
◇大正震災写真集:大正12年9月(関東戒厳司令部[編]) 偕行社 1924.3 1冊 27×38cm
◇東京震災記(田山花袋著) 博文館 1924.4 12,296p 20cm
◇世界の大震火災と桑港の復興(田島勝太郎述,東京市社会局社会教育課調査) 1924.5 7,183p 19cm 帝都復興叢書
◇大正震災所感 複写(渡辺鉄蔵著) 修文館 1924.5 4,3,144p 19cm
◇大正大震火災誌(山本美編) 改造社 1924.5 1冊 26cm
◇東支鉄道警察の概要(浜岡福松編,南満洲鉄道株式会社哈爾賓事務所調査課編) 1924.5 64p 23cm 哈爾資料
◇復興の既往現在及将来(後藤新平著) 1924.5 14p 21cm 「都市公論」第7巻第5号のうち
◇震災記録(大磯警察署) 1924.8 216p 22cm
◇大正大震災一周年記念地震と内閣 前編(山口好恵編) 共有社 1924.8 699,8p 23cm
◇関東大震災調査報告 地震篇(中村左衛門太郎編) 中央気象台 1924.9 4,61p 23cm
◇静岡県大正震災誌(静岡県編) 1924.9 16,7,478p 23cm
◇震災記念十一時五十八分(東京市編) 帝都復興叢書刊行会 1924.9 13,568p 19cm
◇図録大震から復興への実情(中外商業新報社編) 1924.9 1冊 26cm
◇大正震災美績(東京府編) 1924.9 18,774p 22cm
◇鉄道警察(山下雅実著) 鉄道講習会 1924.9 18,528,20p 23cm
◇東京震災記念事業協会設立趣意書(東京震災記念事業協会編) 1924.9 11p 19cm
◇軌道に伏して:震災日記(渋木直一著) 1924.10 71p 19cm

◇警察の根本問題(松井茂著) 警察講習所学友会 1924.10 2,8,234p 23cm
◇関東地方震災救援誌(大阪府編) 1924.12 19,742p 23cm
◇震災善後ニ関スル経費ノ概要 謄写版(大蔵省主計局編) 1924.12 [27]p 26cm
◇一九二三年九月東京に於ける大地震による大火災(中村清二述,中谷宇吉郎編) 東京帝国大学理学部 1925.2 46,35p 19cm
◇赤坂区震災誌(赤坂区役所編) 1925.3 3,174p 19cm
◇警察研究資料(内務省警保局編) 1925.3 3,440p 22cm
◇震災予防調査会報告 第100号(甲) [地震篇](震災予防調査会編) 岩波書店 1925.3 353p 27cm
◇震災予防調査会報告 第100号(乙) [地震及津波篇](震災予防調査会編) 岩波書店 1925.3 126p 26cm
◇震災予防調査会報告 第100号(戊) [火災編](震災予防調査会編) 岩波書店 1925.3 296p 27cm
◇東京大正震災誌(東京市役所庶務課編) 1925.4 9,274p 23cm
◇大正大震火災誌(警視庁編) 1925.7 1474p 23cm
◇大正大震震害及火害之研究(震害調査委員会編) 洪洋社 1925.7 17,212p 23cm
◇東京府大正震災誌(東京府編) 1925.7 1冊 26cm
◇大正十二年九月一日大震災記念写真帖(桝井照蔵編) 神奈川県震災写真帖頒布事務所 1925.9 [71]p 31cm
◇巴里市衛生警察令 手書(建築学編) 1926 [26]p 24cm
◇欧米の警察と社会事業とを視て(藤田俶治郎著) 警醒社書店 1926.2 2,17,339p 19cm
◇大正震災志 上(内務省社会局編) 1926.2 16,1236p 23cm
◇大正震災志 下(内務省社会局編) 1926.2 11,836p 23cm
◇大正震災志 写真帖(内務省社会局編) 1926.2 15,166p 23×31cm
◇大正震災志 附図(内務省社会局編) 1926.2 20枚 24cm
◇東京震災録 前輯(東京市役所編) 1926.3 428,98,79p 26cm
◇東京震災録 中輯(東京市役所編) 1926.3 4,706p 26cm
◇東京震災録 後輯(東京市役所編) 1926.3 8,1654p 26cm
◇東京震災録 地図及写真帳 CD-R版(東京市役所編) 1926.3 CD-R1枚
◇交通警察概論(高橋雄豹著) 清水書店 1926.6 1冊 19cm
◇大正大震火災誌(神奈川県警察部編) 1926.6 77,15,1202p 22cm
◇震災予防調査会報告 第100号(丙)上 [建築篇](震災予防評議会編) 岩波書店 1926.10 210p 27cm
◇震災予防調査会報告 第100号(丙)下 [建築篇](震災予防評議会編) 岩波書店 1926.10 [191]p 27cm
◇震災予防調査会報告 第100号(丁) [建築物以外ノ工作物篇](震災予防評議会編) 岩波書店 1926.10 303,8p 27cm
◇明治警察裁判史:附 刑事弁護制(尾佐竹猛著) 邦光堂書店 1926.10 208p 23cm
◇神奈川県下の大震火災と警察 4版(西坂勝人著) 大震火災と警察刊行会 1926.12 1冊 23cm
◇国民消防(松井茂著) 松華堂書店 1926.12 13,171p 20cm
◇英国警察裁判所論([ヘンリー・ターナー・ワディ著],内務省警保局訳) 1927.3 2,2,160p 22cm 警察研究資料
◇庁府県警察沿革史 其1(内務省警保局編) 1927.3 3,3,706p 23cm 警察研究資料
◇庁府県警察沿革史 其2(内務省警保局編) 1927.3 767p 23cm 警察研究資料
◇庁府県警察沿革史 其3(内務省警保局編) 1927.3 434p 23cm 警察研究資料

警察・消防・災害

◇庁府県警察沿革史 其4（内務省警保局編） 1927.3 1冊 23cm 警察研究資料

◇東京震災録 別輯（東京市役所編） 1927.3 12,1010p 26cm

◇徳川時代警察沿革誌 上巻（内務省警保局編） 1927.3 6,1020p 23cm 警察研究資料

◇徳川時代警察沿革誌 下巻（内務省警保局編） 1927.3 4,874p 23cm 警察研究資料

◇関東大震災と東本願寺（大谷派本願寺関東復興事務局社会課編） 1927.6 1冊 19cm

◇帝都火災防備ニ関スル資料 謄写版（東京市文書課編） 1927.11 22p 26cm

◇クリーヴランド市警察行政論（内務省警保局編） 1928.3 2,122p 23cm 警察研究資料

◇奥丹後震災誌（京都府学務部社会課編） 1928.5 1冊 27cm

◇交通警察論（藤岡長敏著） 二松堂書店 1928.5 12,170p 23cm

◇帝都復興の輪郭と将来（堀切善次郎述） 1928.7 30p 22cm 新日本同盟パンフレット

◇日本百都市の火災と消防設備（日本消防新聞社編） 大日本消防学会 1928.11 13,248,4p 22cm

◇国土防空に就て（陸軍省編） 1929.3 37p 22cm

◇昭和大礼京都府警備記録 上巻（京都府警察部編） 1929.3 16,557p 26cm

◇昭和大礼京都府警備記録 下巻（京都府警察部編） 1929.3 14,649p 26cm

◇清浦伯爵警察回顧録（警察協会編） 1929.4 4,4,84p 19cm

◇桑港震災写真帖（東京市政調査会編） 1930 [27]p 28cm

◇十一時五十八分：懸賞震災実話集（震災共同基金会編） 東京朝日新聞社 1930.3 370p 19cm

◇防火講演集（大日本消防協会編） 1931.9 3,206p 20cm

◇被服廠跡：東京震災記念事業協会事業報告（東京震災記念事業協会清算事務所編） 1932.3 2,6,436p 23cm

◇横須賀市震災誌：附 復興誌（横須賀市震災誌刊行会編） 1932.5 10,336p 23cm

◇満洲国警察概要（民政部警務司編） 1932.12 6,163p 23cm

◇明治大正昭和歴史資料全集 災害篇（宮坂九郎著） 有恒社 1933.3 493p 19cm

◇大正大震災の回顧と其の復興 上巻（千葉県罹災救護会編） 1933.8 8,18,990p 23cm

◇大正大震災の回顧と其の復興 下巻（千葉県罹災救護会編） 1933.8 5,1506p 23cm

◇地震漫談 其の20 宝永地震が今日起つたら（今村明恒著） 地震学会 1934 [6]p 23cm 「地震」第6巻第11号別刷

◇風水害状況 昭和九年九月二十五日現在（岡山県編） 1934 4,51p 19cm

◇消防（警視総監官房文書課編） 東京消防協会 1934.2 22,399p 23cm 警視庁史料編纂資料

◇北海道函館市大火災ノ状況並ニ其ノ対策（北海道庁編） 1934.5 19p 27cm

◇大阪府風水害被害及救護並復旧概要 昭和九年九月三十日現在（大阪市監査部編） 1934.9 33p 22cm

◇都市災害防備策の確立（池田宏著） 1934.9 41p 22cm

◇大阪市風水害概要：昭和九年九月二十一日（大阪市監査部編） 1934.10 125p 22cm

◇水害写真：昭和10年6月（京都市役所編） 1935 1冊 19×27cm

◇神戸市風水害誌：昭和九年九月二十一日（神戸市社会課編） 1935.2 64p 23cm

◇都市災害防備策（池田宏著） 東京市政調査会編 1935.2 92p 23cm

都市問題パンフレット

◇昭和甲戌風害誌（滋賀県編） 1935.3 3,212p 22cm

◇宮城県昭和震嘯誌（宮城県編） 1935.3 1冊 23cm

◇昭和九年日本火災史：附 消防小史（山川秀好編） 商工社 1935.4 46p 23cm

◇新竹台中両州震災概況書（台湾総督府警務局編） 1935.4 6,202,18p 22cm

◇大阪市風水害誌（大阪市役所編） 1935.5 6,16,1226p 23cm

◇[大阪風水害ニ就テノ]今村博士講演速記（今村明恒述） [東京市政調査会] 1935.5 55p 26cm

◇昭和9年9月21日東京市深川方面の浸水に関する調査（宮部直巳著） 東京帝国大学地震研究所 1935.5 [23]p 26cm 地震研究所彙報

◇都市武装：都市武装促進委員会記録（日本建築協会編） 1935.5 395p 30cm

◇都市火防組合設立の経過と其の概況（兵庫県警察部編） 1935.6 43p 23cm

◇静岡強震調査概報（中央気象台編） 1935.7 85p 23cm 験震時報

◇水害写真（京都府編） 1935.7 1冊 24cm

◇防火講演集 第2（大日本消防協会編） 1935.8 2,305p 19cm

◇昭和九年風水害誌（岡山県編） 1935.10 2,10,324p 27cm+図3枚

◇新竹台中両州下震災概況書（台湾総督府編） 1935.10 26p 26cm

◇大都市に於ける津浪災害予防に関する注意書（文部省震災予防評議会編） 1935.10 4p 23cm

◇群馬県風水害被害並救護状況：昭和十年九月二五・二六日（群馬県編） 1935.11 51p 27cm

◇昭和九年石川県水害誌（石川県編） 1935.12 14,25,982p 23cm

◇大阪府風水害誌（大阪府編） 1936.1 12,910p 26cm

◇高層建築物火災防御対策研究（警視庁消防部編） 1936.3 6,97,31p 22cm

◇初期の警察制度 其の1（警視庁編） 1936.6 3,18,440p 22cm 警視庁史編纂資料

◇空襲と都市の武装（日本建築協会編） 1936.9 10p 19cm

◇関西地方風水害調査報告 昭和9年（土木学会[編]） 1936.10 232p 26cm

◇三陸津波による被害調査（中央気象台地震掛編） 1937 [18]p 23cm 「験震時報」第7巻2号別刷

◇日本の防空：防空関係資料（フォン・アルブレヒト著，内務省計画局編） 1937 8p 21cm 「建築と社会」昭和12年11月号抜刷

◇防空法（内務省都市計画課編） 1937 6p 22cm

◇函館大火災誌（池田清編） 北海道社会事業協会 1937.3 20,870p 23cm

◇地下鉄街火災防御対策の研究（警視庁消防部編） 1937.4 36p 23cm

◇昭和十年度水害記録（大阪府土木部編） 1937.5 128p 22cm

◇都市防護上の諸問題（松井達夫著） 都市研究会 1937.7 15p 22cm

◇函館大火（函館消防本部編） 1937.7 396p 23cm+図2枚

◇函館復興事業報告書（北海道庁編） 1937.7 63p 22cm

◇[昭和十三年七月災害ニ関スル説明書（兵庫県編） 1938 1冊 27cm

◇天災地変に関する調査 上巻（東京府社会課編） 1938.3 16,363,56p 23cm 社会調査資料

◇灯火官制規則（東京市役所編） 1938.4 [12]p 22cm

◇灯火管制規則（内務省計画局編） 1938.4 6p 22cm

◇天災地変に関する調査 下巻（東京府社会課編） 1938.6 364p 23cm 社会調査資料

◇防空都市計画上より観たる交通及通信施設の概要（東京市役所編） 1938.7 24p 22cm

76

◇防空調査資料 第1号(内務省計画局編) 1938.8 42p 27cm
◇防空調査資料 第2号(内務省計画局編) 1938.9 76p 26cm
◇本邦都市防空の防火対策としての木造都市改修案(建築学会都市防空に関する調査委員会編) 1938.9 [4]p 26cm
◇国民防空の栞:内務省主催国民防空展覧会要覧(内務省計画局編) 1938.10 58p 19cm
◇警防団関係法令集(警視庁編) 1939 110p 15cm
◇徳川時代の那珂川洪水に就て(高橋六郎著) 1939.1 43p 27cm 那珂川洪水別冊
◇国民防空の要領(内務省計画局編) 1939.3 30p 18cm
◇那珂川洪水の史的考察(高橋六郎著) 1939.3 17p 27cm 「土木工学」第8巻第2号,第3号抜刷
◇神戸市水害誌(神戸市役所編) 1939.7 38,1368p 22cm
◇神戸市水害誌 附図(神戸市役所編) 1939.7 117p 23×31cm+図11枚
◇東京防空展覧会記録(警視庁警務部編) 1939.7 76p 270cm
◇警防団の話(小幡治和述) 大日本警防協会 1939.8 34p 19cm
◇特輯不燃焼都市の建設(科学知識普及会編) 1940.3 [28]p 26cm 「科学知識」第20巻第3号のうち
◇消防施設の根柢:施設喞筒の算定数理(大阪府警察部消防課編) 1940.10 78p 22cm
◇東京市内水準改測の成果(宮部直巳著,福西清治著) 東京帝国大学地震研究所 1941 [12]p 26cm [地震研究所彙報 第19号第2冊別刷]
◇一九〇六年桑港大震火災状況 謄写版(東京市政調査会編) 1942 6p 26cm
◇一九〇六年桑港大震火災状況 複写(東京市政調査会編) 1942 6p 27cm
◇都市国民防空に就いて(久下勝次述,[内務省]自治振興中央会編) 1942.5 69p 18cm 部落会・町内会指導叢書
◇水戸の水害対策に就いて(自疆会編) 1942.11 140p 18cm
◇過去に於ける火災の実態調査 過去10年間東京都区部について CD-R版,謄写版(碓井憲一[ほか]著,戦災復興院技術研究所編) 1943 CD-R1枚 戦災復興院技術研究所要報
◇大都市疎開に関する理論的基礎 謄写版(東京市政調査会編) 1943.6 30p 26cm

都市計画・地域開発

【雑　誌】

- ◇都市計画地方開発道路施設の財源に関する調査（其1）（復興局計画課）「内務時報」　282　1925.4
- ◇都市計画地方開発道路施設の財源に関する調査（其2）（復興局計画課）「内務時報」　283　1925.4
- ◇都市計画地方開発道路施設の財源に関する調査（其3）（復興局計画課）「内務時報」　284　1925.4
- ◇地方計画及大都市計画（其1）（復興局計画課）「内務時報」　286　1925.5
- ◇地方計画及大都市計画（其2）（復興局計画課）「内務時報」　287　1925.5
- ◇地方計画及大都市計画（其3）（復興局計画課）「内務時報」　288　1925.5
- ◇地方計画及大都市計画（其4）（復興局計画課）「内務時報」　289　1925.5
- ◇都市計画より地方計画へ（吉川季治郎）「斯民」　21（4）　1926.4
- ◇瑞西市計画概要（チユーリツヒ市建築局）「都市公論」　9（5）　1926.5
- ◇国土計画論（飯沼一省）「自治研究」　4（1）　1928.1
- ◇都市計画と地方計画（飯沼一省）「都市公論」　14（10）　1931.10
- ◇第二回全国都市計画協議会-都市計画及地方計画に関する現下の諸問題（編輯室）「都市問題」　21（1）　1935.7
- ◇第三回全国都市計画協議会-地方計画問題と中小都市都市計画問題（菅原忠治郎）「都市問題」　22（6）　1936.6
- ◇都市計画—地方計画—国土計画（吉村辰夫）「建築と社会」　19（8）　1936.8
- ◇都市計画より地方計画へ（中澤誠一郎）「建築と社会」　19（8）　1936.8
- ◇国土計画に関する制度要綱に就て（西村輝一，吉村辰夫，松井達夫）「都市公論」　19（8）　1936.8
- ◇国土計画に基く農村工業聚落の研究（吉村辰夫）「都市問題」　24（5）　1937.5
- ◇国土計画奉仕機関に就て（C.W.エリオツト）「建築と社会」　20（9）　1937.9
- ◇国土計画及地方計画（内務省計画局）「都市公論」　20（1）　1938.1
- ◇国土計画及び地方計画（2）-1937年国際住宅及都市計画会議報告「都市公論」　21（2）　1938.2
- ◇国土計画制度の確立（真坂忠蔵）「都市公論」　21（9）　1938.9
- ◇第六回全国都市問題会議総会主輯「都市問題」　27（4）　1938.10 気温及び高度に於ける都市の限界に就て-国土計画上の一考慮/都市計画の基本問題に就て（岡村精一）　国土計画の画立/都市計画の基本問題に就て（真坂忠蔵）　都市分散に就ての一考察/都市計画の基本問題に就て　宮田秀穂
- ◇大東京の都市計画と地方計画に就て（高橋登一）「都市問題」　29（3）　1939.9
- ◇今後の都市計画は国土計画に（山下信正）「区画整理」　6（1）　1940.1
- ◇国土計画の本質とその主要問題（1）（川西正鑑）「週刊エコノミスト」　18（3）　1940.1
- ◇国土計画について（企画院）「週報 官報附録」　207　1940.1
- ◇国土計画の提唱（黒谷了太郎）「都市公論」　23（1）　1940.1
- ◇国土計画と農村（後藤駒吉）「斯民」　35（2）　1940.2
- ◇国土計画の本質とその主要問題（2・完）（川西正鑑）「週刊エコノミスト」　18（4）　1940.2
- ◇関東州州計画と満州国国土計画「都市問題」　30（3）　1940.3
- ◇今会議に於ける国土計画問題と都市計画法の改正（日本都市年鑑編纂室）「都市問題」　30（4）　1940.4
- ◇独逸及英国に於ける国土計画と地方計画（玉越治治）「斯民」　35（7）　1940.7
- ◇国土計画の全貌（内務省案）「区画整理」　6（8）　1940.8
- ◇新体制と国土計画「週刊エコノミスト」　18（30）　1940.8
- ◇「国土計画」を農業との関連就て（石川栄耀）「農村工業」　7（8）　1940.8
- ◇計画化と社会科学（国土計画論への一省察）（奥井復太郎）「三田学会雑誌」　34（8）　1940.8
- ◇国土計画に就て（溝口三郎）「帝国農会報」　30（9）　1940.9
- ◇国土計画の主要原則（1）（黒谷了太郎）「都市公論」　23（9）　1940.9
- ◇国土開発計画と地方計画の具体化（都市の人事行政）（日本都市年鑑編纂室）「都市問題」　31（3）　1940.9
- ◇国土計画と水利統制問題（野間海造）「帝国農会報」　30（10）　1940.10
- ◇国土計画の主要原則（2）（黒谷了太郎）「都市公論」　23（10）　1940.10
- ◇国土計画要綱の決定（日本都市年鑑編纂室）「都市問題」　31（4）　1940.10
- ◇国土計画の設定（編輯部）「農業と経済」　7（10）　1940.10
- ◇計画化と統制—（国土計画の政治的性格）—（奥井復太郎）「三田学会雑誌」　34（10）　1940.10
- ◇地方計画と国土計画（金谷重義）「経済学雑誌」　7（5）　1940.11
- ◇国土計画に即応し建築公営組織の急務を告ぐ（中村俊一）「建築行政」　4（15）　1940.11
- ◇国土修景と広告物整理（広瀬永造）「公園緑地」　4（11）　1940.11
- ◇国土計画と都市人口集中の規制（浅沼稲次郎）「東京市産業時報」　6（11）　1940.11
- ◇「独逸の責務」工業移転に就て（1）（大島重忠）「東京市産業時報」　6（11）　1940.11
- ◇国土計画の主要原則（2・完）（黒谷了太郎）「都市公論」　23（11）　1940.11
- ◇都力測定及都力より見たる日本の国土構造—都市振興方法論の一—（石川栄耀）「都市公論」　23（11）　1940.11
- ◇国土計画に於ける工業の配分と農村（1）（斎藤栄一）「農村工業」　7（11）　1940.11
- ◇日本地理区の研究と国土計画（小島栄次）「三田学会雑誌」　34（11）　1940.11
- ◇ソ連邦計画経済の新動向（東達夫）「改造」　22（23）　1940.12
- ◇日満支経済建設要綱に於ける産業分野の決定について（菊田太郎）「経済論叢」　51（6）　1940.12
- ◇「独逸の責務」工業移駐に就いて（2）（大島重忠）「東京市産業時報」　6（12）　1940.12
- ◇大都市至上論対都市分散論（亀井幸次郎）「都市公論」　23（12）　1940.12
- ◇都市計画から国土計画へ（牧野邦雄）「都市公論」　23（12）　1940.12
- ◇国土計画に於ける人口政策上の考慮-第四回人口問題全国協議会の答申-（日本都市年鑑編纂室）「都市問題」　31（6）　1940.12
- ◇国土計画の基本的課題（赤峰倫介）「日本評論」　15（12）　1940.12
- ◇国土計画に於ける工業の配分と農村（2・完）（斎藤栄一）「農村工業」

7(12) 1940.12
◇英国の国土計画論(奥井復太郎)「商工経済」 11(1) 1941.1
◇工業立地計画としての国土計画(武居高四郎)「商工経済」 11(1) 1941.1
◇国土計画と商店街(石川栄耀)「商工経済」 11(1) 1941.1
◇国土計画に於ける交通統制の重要性(楢崎敏雄)「商工経済」 11(1) 1941.1
◇国防国土計画より見たる配給機構確立問題(深見義一)「商工経済」 11(1) 1941.1
◇人口政策の立場より見たる国土計画に関する若干の基本的問題私見(舘稔)「商工経済」 11(1) 1941.1
◇ドイツの国土計画(今野源八郎)「商工経済」 11(1) 1941.1
◇防空より観たる国土計画(馬淵良逸)「商工経済」 11(1) 1941.1
◇国土計画及地方計画の当面せる諸問題(石川栄耀)「都市公論」 24(1) 1941.1
◇「国土計画と都市」特輯「都市問題」 32(1) 1941.1
国土計画概論(高橋雄豺) 国土計画-地方計画-都市計画(武居高四郎) 国土計画と工業の再配置-石川栄耀氏の所説に触れて(吉田秀夫) 国土計画と工業の再分布(諸井貫一) 国土計画と交通政策(島田孝一) 国土計画と港湾政策(宮本武之輔) 国土計画と産業立地(川西ің鑑) 国土計画と新工業地帯(小峰柳多) 国土計画と人口配置(北岡寿逸) 国土計画と大東京対策(高橋登一) 国土計画と大都市(奥井復太郎) 国土計画と台湾都市(早川透) 国土計画と中小都市の意義(玉越勝治) 国土計画と中小都市(谷口成之) 国土計画と朝鮮都市(鈴木武雄) 国土計画と都市の適正分布(吉村辰夫) 国土計画と満州国都市(沼田征矢雄) 国土計画に関する資料一束(基本国策要網外十九件) 国土計画への関聯に於て見たる都市人口増殖力に関する若干の問題(舘稔) 新京に於ける国土計画的動向(小田内通敏) 大都市限度論-大東京の国土計画的処理に対する参考(石川栄耀) 都市分散方策の基本体制(中田理夫)
◇国土計画と主要課題(溝口三郎)「農村工業」 8(1) 1941.1
◇ソ連邦生産力配置の基本的諸問題(1):ソ連国土計画の概要(山本幡男訳)「科学主義工業」 5(2) 1941.2
◇日本国土計画論(平実)「社会政策時報」 245 1941.2
◇国土計画と林業(1)(臼井義麿)「地方行政 日文版」 8(2) 1941.2
◇国土計画素描(1)(日原正雄)「都市公論」 24(2) 1941.2
◇国土計画と工業の再配置-吉田秀夫氏の所説に答へて(石川栄耀)「都市問題」 32(2) 1941.2
◇国土計画と都市対農村問題(中沢弁次郎)「都市問題」 32(2) 1941.2
◇国土計画と都市文化(長谷川如是閑)「都市問題」 32(2) 1941.2
◇国土計画に於ける都市の地位(菊池慎三)「都市問題」 32(2) 1941.2
◇中央農村協議会の東亜国土計画要目および日本国土計画機関設置要綱「都市問題」 32(2) 1941.2
◇国土計画の最終課題たる「生活計画」について(石川栄耀)「農村工業」 8(2) 1941.2
◇国土計画と地方主義(田杉競)「財政」 6(3) 1941.3
◇国土・地方計画について(総務局)「市政週報」 102 1941.3
◇中央農林協議会の東亜国土計画要目の決定「人口問題研究」 2(3) 1941.3
◇国土計画と林業(2・完)(臼井義麿)「地方行政 日文版」 8(3) 1941.3
◇国土計画素描(2)(日原正雄)「都市公論」 24(3) 1941.3
◇国土と地方の問題(奥井復太郎)「三田学会雑誌」 35(3) 1941.3
◇ソ連邦生産力配置の基本的諸問題(3・完):ソ連国土計画の概要「科学主義工業」 5(4) 1941.4
◇国土計画の前に(吉田秀夫)「商工経済」 11(4) 1941.4
◇国土計画と東北地方(吉田秀夫)「東北産業研究」 1 1941.4
◇国土計画より見たる東北産業の使命(経済調査科)「東北産業研究」 1 1941.4

◇再び日本地理区の研究と国土計画に就いて(小島栄次)「三田学会雑誌」 35(4) 1941.4
◇人口政策としての国土計画(古屋芳雄)「厚生科学」 2(2) 1941.6
◇ソ連における国土計画の前進(遠藤一郎)「財政」 6(6) 1941.6
◇国土計画の課題と実例(ドイツ)「造園研究」 36 1941.6
◇修景事業と国土計画(ハインリッヒ・デル)「公園緑地」 5(6) 1941.7
◇国土計画と農業(小船清)「商工経済」 12(1) 1941.7
◇国土計画上における水の諸問題(3)(安田正鷹)「水道協会雑誌」 98 1941.7
◇工業立地の実際/都市分散と国土計画(小峰柳多)「都市問題」 33(1) 1941.7
◇電力から見た工業立地/都市分散と国土計画(後藤曠二)「都市問題」 33(1) 1941.7
◇国土計画と人口的資源(古屋芳雄)「農村工業」 8(7) 1941.7
◇国土計画に於ける都市配置に関する一つの人口政策的考慮(上)(舘稔)「農村工業」 8(7) 1941.7
◇生命線台湾と其の国土計画(田部五郎)「区画整理」 7(8) 1941.8
◇北海道に於ける人口増加と国土計画(谷口成之)「区画整理」 7(8) 1941.8
◇国土計画としての工業定住計画への根本理念(亀井幸次郎)「建築雑誌」 55(677) 1941.8
◇修景事業と国土計画(ハインリッヒ・デル)「公園緑地」 5(7) 1941.8
◇国土計画上の都市問題(高橋登一)「商工経済」 12(2) 1941.8
◇国土計画に於ける動態的要因(奥井復太郎)「道路の改良」 23(8) 1941.8
◇国土計画に於ける都市配置に関する一つの人口政策的考慮(下)(舘稔)「農村工業」 8(8) 1941.8
◇国土計画の進展(土井司)「地方行政」 49(9) 1941.9
◇国土計画的な一考察-都市面積と農耕地面積との比について-(伊藤甫)「都市公論」 24(9) 1941.9
◇国土計画の時局的必然性(田辺忠男)「日本評論」 16(9) 1941.9
◇国土局の使命(藤井真透)「水利と土木」 14(10) 1941.10
◇帝都防空と国土計画(石川栄耀)「中央公論」 56(10) 1941.10
◇農林国土計画の諸問題(農林水産科)「東北産業研究」 3 1941.10
◇国土計画と港湾(成田一郎)「港湾」 19(11) 1941.11
◇国土計画に関する若干の資料(沢田立夫)「社会政策時報」 254 1941.11
◇都市計画・産業立地・地方計画(谷口成之)「都市公論」 24(11) 1941.11
◇国土計画と林業(島田錦蔵)「農業と経済」 8(11) 1941.11
◇戦乱の欧洲より帰りて(ドイツ国土計画)(伊東五郎)「建築雑誌」 55(681) 1941.12
◇修景事業と国土計画(3)(ハインリッヒ・デル)「公園緑地」 5(11) 1941.12
◇地方計画と国土計画(黒谷了太郎)「都市公論」 24(12) 1941.12
◇国土計画の一環としての近畿地方計画の重要性(金谷重義)「大大阪」 18(1) 1942.1
◇国土計画と緑地問題(太田謙吉)「都市公論」 25(1) 1942.1
◇経済的国土計画の基線(伊藤久秋)「統制経済」 4(2) 1942.2
◇新潟県の国土計画を語る(藤田宗光)「都市公論」 25(2) 1942.2
◇大東亜国土計画と日本技術の課題-大東亜国土計画の地政学的展望-(矢嶋仁吉)「科学主義工業」 6(3) 1942.3
◇国土計画と交通問題(石川栄耀)「汎交通 帝国鉄道協会誌」 43(3) 1942.3

都市計画・地域開発

◇国土計画と交通問題(坂本丹治)「東北産業研究」 5 1942.5

◇大東亜国土計画の性格(赤峰倫介)「日本評論」 17(5) 1942.5

◇空襲の体験と国土、地方計画(奥井復太郎)「改造」 24(6) 1942.6

◇国土計画の前衛的出発「週刊エコノミスト」 20(23) 1942.6

◇国土計画の地政学的構造(日下藤吾)「地政学」 1(6) 1942.6

◇国土計画と物資の輸送(島田孝一)「統制経済」 4(6) 1942.6

◇総力戦体制としての国土計画(日下藤吾)「統制経済」 4(6) 1942.6

◇大東亜国土計画の根本問題(吉田秀夫)「統制経済」 4(6) 1942.6

◇国土計画営団と東北興行株式会社(1)(小岩忠一郎)「官界公論」 8(85) 1942.7

◇国土計画と農業経営適正規模問題(石橋幸雄)「官界公論」 8(85) 1942.7

◇シエーバスの国土計画論(上杉正一郎)「経済論叢」 55(1) 1942.7

◇国土計画と港湾(SS生)「港湾」 20(7) 1942.7

◇米国軍需工業の国土計画(調査部)「国策研究会週報」 4(29) 1942.7

◇国土計画と一般国策(伊藤久秋)「国土計画」 1(1) 1942.7

◇国土計画と電力計画(平井寛一郎)「国土計画」 1(1) 1942.7

◇国土計画について(高田保馬)「国土計画」 1(1) 1942.7

◇国土計画の課題(金谷重義)「国土計画」 1(1) 1942.7

◇国土計画の現段階とその発展(諸井貫一)「国土計画」 1(1) 1942.7

◇国土計画の地政学的基礎(江沢譲爾)「国土計画」 1(1) 1942.7

◇大東亜国土計画の構想(日下藤吾)「国土計画」 1(1) 1942.7

◇民族と国土(美濃口時次郎)「国土計画」 1(1) 1942.7

◇国土計画に於ける瓦斯の問題(石川栄耀)「帝国瓦斯協会雑誌」 31(4) 1942.7

◇国土計画営団と東北興行株式会社(2)(小岩忠一郎)「官界公論」 8(86) 1942.8

◇国土計画の「暫定措置」に就いて(吉田秀夫)「官界公論」 8(86) 1942.8

◇国土計画の単位地域と地域性(伊藤郷平)「官界公論」 8(86) 1942.8

◇独逸の国土計画「国策研究会週報」 4(33) 1942.8

◇続国土計画的な一考察(伊藤甫)「都市公論」 25(8) 1942.8

◇国土計画論の現状-「国土計画」創刊号を読む「都市問題」 35(2) 1942.8

◇国土計画営団と東北興行株式会社(3・完)(小岩忠一郎)「官界公論」 8(87) 1942.9

◇国土計画地域制度画定に関する参考資料(1)(関口松雄、後藤満)「官界公論」 8(87) 1942.9

◇国民圏の成立とその構造(1)(野副重次)「国土計画」 1(2) 1942.9

◇ベルリン=ブランデンブルグ計画におけるベルリン大学の国土研究活動(研究所篇)「国土計画」 1(2) 1942.9

◇国土計画地域制度画定に関する参考資料(2・完)(関口松雄、後藤満)「官界公論」 8(88) 1942.10

◇国土計画と技術に就て(1)(横田周平)「官界公論」 8(88) 1942.10

◇国土計画と東北地方に於ける工業建設の問題(小岩忠一郎)「官界公論」 8(88) 1942.10

◇長野地方の国土計画価値の吟味(石川栄耀)「官界公論」 8(88) 1942.10

◇北支の国土計画論(佐藤弘)「官界公論」 8(88) 1942.10

◇国土計画上より見たる大東京の産業経済(高橋登一)「商工経済」 14(4) 1942.10

◇国土計画と技術に就て(2)(横田周平)「官界公論」 8(89) 1942.11

◇国土計画の理論と実際(山田正男)「官界公論」 8(89) 1942.11

◇北方地域国土計画について(谷口成之)「官界公論」 8(89) 1942.11

◇国土計画の急速樹立と国土建設事業に関する機構の検討(島崎孝彦)「水道協会雑誌」 114 1942.11

◇国土計画と東北地方工業化の問題(小岩忠一郎)「東北産業研究」 7 1942.11

◇国土計画と技術に就て(3)(横田周平)「官界公論」 8(90) 1942.12

◇国土計画と立地政策(伊藤久秋)「官界公論」 8(90) 1942.12

◇国土計画設定方法に就いて(田邊忠男)「国土計画」 1(3) 1942.12

◇国土計画の本義と前提(菊田太郎)「国土計画」 1(3) 1942.12

◇国民圏の成立とその構造(2)(野副重次)「国土計画」 1(3) 1942.12

◇日本的国土観と国土計画(藤野靖)「国土計画」 1(3) 1942.12

◇農業立地と国土計画(青鹿四郎)「国土計画」 1(3) 1942.12

◇諸井貫一氏、国土計画と工業(国土計画研究所編)「国土計画」 1(3) 1942.12

◇国土計画と休養地(吉田秀夫)「官界公論」 9(91) 1943.1

◇国土計画に於ける長野県の地位(北島仙一)「官界公論」 9(91) 1943.1

◇国土計画と都市の在り方(宮脇泰一)「建築行政」 6(23) 1943.1

◇国土計画の査定方式(吉田秀夫)「水道協会雑誌」 116 1943.1

◇大東亜工業立地の国土計画的構想(平実)「官界公論」 9(92) 1943.2

◇決戦下の食糧政策と国土計画(宮出秀雄)「官界公論」 9(93) 1943.3

◇国土計画の存在論的基礎(日下藤吾)「国土計画」 2(1) 1943.3

◇共栄圏理念と国土計画(江沢譲爾)「地政学」 2(3) 1943.3

◇国土計画と地方都市建設(座談会)(石川栄耀[ほか])「官界公論」 9(94) 1943.4

◇国土計画に於ける台湾の使命(中村綱)「官界公論」 9(94) 1943.4

◇国土計画と帝都と都制(石川栄耀)「市政研究」 3 1943.4

◇国土計画と東京港及東京「都」(石川栄耀)「東京港」 7(4) 1943.4

◇国土計画並に地方計画による都市と農村の結合(山田正男)「農村工業」 10(4) 1943.4

◇北支・中支の国土計画論(佐藤弘)「一橋論叢」 11(4) 1943.4

◇国土計画の根本理念と都市計画の問題(奥中喜代一)「官界公論」 9(95) 1943.5

◇国土計画の課題としての農工調整(江沢譲爾)「農村工業」 10(5) 1943.5

◇台湾国土計画論(中村綱)「官界公論」 9(96) 1943.6

◇生産機構と国土計画(板橋謙吉)「国土計画」 2(2) 1943.6

◇都市分散と国土計画的土地政策の展開-序論に代えて(大都市疎開の具体的方策)(根岸情治)「都市問題」 36(6) 1943.6

◇鉱泉地と国土計画(田村剛)「人口問題」 6(1) 1943.8

◇大東亜国土計画と文教基地建設(石川栄耀)「帝国教育」 778 1943.8

◇台湾国土計画の於ける課題(中村綱)「建築学会論文集」 30 1943.9

◇地方計画及び都市計画に於ける建築統制の具体策(小宮賢一)「建築学会論文集」 30 1943.9

◇学制改革に於ける「地理」と「国土計画」(藤野靖)「国土計画」 2(3) 1943.9

◇国土計画と都港の方途(清水桂之助)「東京港」 7(10) 1943.10

◇広域国土計画と南方圏原始産業(浅香末起)「経済学雑誌」 13(5)

1943.11
◇国土計画の概念と在り方(原祐三)「農村工業」　10(11)　1943.11
◇国土計画の精神(丸之内久)「農村工業」　10(11)　1943.11
◇独逸の国土計画(北村徳太郎)「公園緑地」　7(10)　1943.12
◇人口疎開の為の国土計画暫定措置についての説明(村山道雄)「人口問題」　6(3)　1943.12
◇国土計画論に於ける二三の問題-日下氏,吉田氏の所論をききつつ(中村綱)「都市問題」　37(6)　1943.12
◇国防と国土計画(江澤譲爾)「農村工業」　11(1)　1944.1
◇大東亜国土計画の構想と港湾(宮村才一郎)「港湾」　22(3)　1944.3
◇国土計画の農工調和方策(柏正男)「国土計画」　3(1)　1944.3
◇国土計画と地方自治体(藤田武夫)「国土計画」　3(1)　1944.3
◇米国土計画の中枢機関(国土計画研究所)「国土計画」　3(1)　1944.3
◇民族と国土計画(高田保)「国土計画」　3(1)　1944.3
◇国計画概要(黒谷了太郎)「地方行政」　1(3)　1944.3
◇国土計画概要(佐竹中佐)「地方行政 日文版」　1(4)　1944.4
◇国土計画的都市疎開論 -高度の綜合的計画性を具備せよ-(加藤一)「国土計画」　3(2)　1944.6
◇諸家の見たる決戦国土計画の在り方「国土計画」　3(2)　1944.6
◇大東亜国土計画設定方策の研究(北條喜右衛門)「国土計画」　3(2)　1944.6
◇関東地方国土計画整備要項「商工経済」　17(6)　1944.6
◇国土計画と刻下の住宅問題(弓家七郎)「商工経済」　17(6)　1944.6
◇疎開の国土計画性(平野真三)「商工経済」　17(6)　1944.6
◇都市化と大衆化—国土計画の問題史的発展—(大塚基弘)「商工経済」　17(6)　1944.6
◇北陸地方に於ける国土計画上の課題(石川栄耀)「商工経済」　17(6)　1944.6
◇国土計画の理論的基礎(江澤譲爾)「一橋論叢」　14(1)　1944.7
◇国土計画的都市整備の問題/全国都市問題会議第九回総会特集号「都市問題」　40(2)　1945.2
一元都市の建設(藤田進一郎)　空間計画に於ける時間的問題(高山英華)　国土計画的都市整備について(荒尾敦次郎)　国土計画的都市整備の問題(高田保馬)　国土計画的都市整備への展望(根岸情治)　重要都市疎開の国土計画的措置(谷口成之)　戦局の現段階と国土の再建設-戦争下の都市計画乃至国土計画(山田正男)　都市整備問題として観る工業(田中章一)

【図　書】
◇国中央計画と国土計画(ハンス・ケルル著,中島清二訳)　1926　106p 22cm
◇国土計画策定ノ為ノ調査事項(企画院編)　1926　2,2,135p 21cm
◇国中央計画院(内務省計画局編)　1939.12 6p 21cm　ドイツ国中央計画叢書
◇国土計画論(奥井復太郎著)　慶応出版社　1940.5 2,112p 23cm　現代経済新書
◇国土計画(吉田秀夫著)　河出書房　1940.11 3,4,258p 19cm
◇国土計画の話(溝口三郎著)　帝国農会　1940.12 2,3,172p 19cm　農村新体制読本
◇国土計画に関する資料(東京商工会議所編)　1941.3 2,187p 21cm　国土計画調査資料
◇国土計画ト耕地ノ研究　謄写版(南満洲鉄道株式会社調査部編)　1941.5 6,157p 26cm
◇国土計画 第1輯(国土計画研究会編)　天元社　1941.5 1冊 21cm
◇日本国土計画論(石川栄耀著)　八元社　1941.5 5,6,368p 22cm
◇東亜国土計画(一井修著)　同文館　1941.10 2,375p 19cm
◇国土計画日本河川論(水谷鐇著)　常磐書房　1941.11 2,9,341p 26cm

◇呉市の特異性と国土計画への方向　謄写版(根岸情治著,東京商工会議所編)　1942 71p 21cm　特異性都市と国土計画の研究
◇国土計画と休養地(田村剛著)　1942 [68]p 26cm
◇国土計画の理論(日下藤吾著)　大鵬社　1942.1 3,3,236p 19cm
◇国土計画：理論・組織・展開(ルードウイッチ著,加藤長雄訳著)　栗田書店　1942.3 307p 19cm　新世界観輯系
◇国土計画水戸懇談会速記録　謄写版(東京商工会議所編)　1942.3 88p 21cm
◇「国土計画の新構想」座談会(文芸春秋社編)　1942.4 [18]p 23cm　「文芸春秋」第20巻第4号抜粋
◇工場規制地域 国土計画資料　謄写版(東京商工会議所編)　1942.6 12p 21cm+図1枚
◇国土計画：生活圏の設計(石川栄耀著)　河出書房　1942.8 4,6,247p 19cm　科学新書
◇独逸国中央計画叢書(ナチス党定住局編,都市研究会訳)　1942.8 2,2,272p 22cm　独逸国・国土並地方計画体系
◇独逸の国土計画(北村徳太郎著)　1942.8 20p 21cm
◇国土計画の基礎理論(江沢譲爾著)　日本評論社　1942.9 4,2,168p 18cm　経済全書
◇大東亜国土計画論叢(吉田秀夫著)　官界公論社　1942.10 4,4,489p 19cm
◇国土計画の実際化(石川栄耀著)　誠文堂新光社　1942.11 3,2,161p 19cm
◇国土計画と交通(鉄道省業務局国際課編)　1943.3 354p 21cm
◇大東亜国土計画(企画院研究会編)　同盟通信社　1943.6 6,4,141p 18cm
◇防空と国土計画：決戦下の理論と対策(松本治彦著)　中川書房　1943.6 3,3,138p 19cm
◇国土計画整備調査報告(川崎市)　謄写版(東京商工会議所編)　1943.9 36p 21cm
◇国土計画と健民地(田村剛著)　木材経済研究所　1943.9 222p 19cm
◇生拡と国土計画：工業地帯問題を中心として(加藤一著)　中川書房　1943.9 2,4,156p 19cm
◇国土計画と技術(横田周平著)　商工行政社　1944.2 4,8,246p 19cm　技術文化大系
◇国土防衛と人口疎開(朝日新聞社編)　1944.4 79p 18cm
◇都市疎開に関する資料(東京市政調査会編)　1944.6 2,61p 21cm　都市問題パンフレット
◇恒久国策としての分散疎開の理論(黒谷了太郎著)　台湾総督府鉱工局工業課　1944.12 2,4,100p 22cm

都市計画

【雑　誌】

◇創作への大阪都市計画（直木倫太郎）「大大阪」　1(1)　1925.1
◇街路名称に関する来国都市計画の権威ロビンソンの説（菊池慎三）「都市公論」　8(1)　1925.1
◇都市計画と港湾並に運河（市瀬恭次郎）「都市公論」　8(1)　1925.1
◇都市計画と自動車道（承前）（中村与資平）「都市公論」　8(1)　1925.1
◇都市発展と都市計画（水野錬太郎）「都市公論」　8(1)　1925.1
◇復興事業遅々「東洋経済新報」　1136　1925.2
◇大都市としての都市計画（津田安治郎）「都市研究」　1(1)　1925.2
◇都市計画上の街路問題（牧彦七）「都市研究」　1(1)　1925.2
◇紐育都市計画地域設定の際の「パブリック・ヒヤリング」（奥中喜代一）「都市研究」　1(1)　1925.2
◇都市計画と財源(1)（阪谷芳郎）「都市公論」　8(2)　1925.2
◇都市計画路線の沿革（復興局計画課）「内務時報」　276　1925.2
◇都市計画と財源(2)（阪谷芳郎）「都市公論」　8(3)　1925.3
◇都市計画と地方自治（後藤新平）「都市公論」　8(3)　1925.3
◇都市計画及地域制に関する法律（復興局計画課）「内務時報」　277　1925.3
◇都市計画及地域制に関する法律（復興局計画課）「内務時報」　278　1925.3
◇都市計画に関する仏国法制及行政（其1）（復興局計画課）「内務時報」　279　1925.3
◇都市計画に関する仏国法制及行政（其2）（復興局計画課）「内務時報」　280　1925.3
◇尼崎都市計画区域決定の経過「都市研究」　1(2)　1925.4
◇小都市としての都市計画（津田安治郎）「都市研究」　1(2)　1925.4
◇都市計画と公園(上)（田辺平学）「都市研究」　1(2)　1925.4
◇土地区画整理組合に就て（小林善九郎）「都市研究」　1(2)　1925.4
◇都市計画に関する米国法制及行政（其1）（復興局計画課）「内務時報」　281　1925.4
◇都市計画に関する米国法制及行政（其2・完）（復興局計画課）「内務時報」　282　1925.4
◇都市計画用地の所有権又は使用権の獲得に付て（菊池慎三）「内務時報」　282　1925.4
◇欧洲に於ける超過並に地帯収用及土地区画整理（其1）（復興局）「内務時報」　285　1925.4
◇公有水面埋立に関する不当処分取消の訴「行政裁判所判決録」　36(5)　1925.5
◇新に都市計画法の適用せられたる諸都市の概況「都市公論」　8(5)　1925.5
◇都市計画と街路及広場（中村与資平）「都市公論」　8(5)　1925.5
◇都市計画と地域制(2)（武居高四郎）「都市公論」　8(5)　1925.5
◇都市計画用地の所有権又は使用権の獲得に付て（菊池慎三）「都市公論」　8(5)　1925.5
◇風紀地区指定の急務（荒尾嘉喜智）「都市公論」　8(5)　1925.5
◇イギリスの都市計画都市数「都市問題」　1(1)　1925.5
◇東京横浜復興状況「都市問題」　1(1)　1925.5
◇都市計画法新施行都市「都市問題」　1(1)　1925.5
◇欧洲に於ける超過並に地帯収用及土地区画整理（其2）（復興局）「内務時報」　286　1925.5
◇欧洲に於ける超過並に地帯収用及土地区画整理（其3・完）（復興局）「内務時報」　287　1925.5
◇都市計画に関する独逸法制及行政(1)（復興局計画課）「内務時報」　289　1925.5
◇都市計画の意義の振拡と町村計画「東洋経済新報」　1153　1925.6
◇豪洲に於ける都市計画と土地区画整理（柳沢彰）「都市研究」　1(3)　1925.6
◇東京都市計画区画整理事業の進行とバラック移転状況（小林善九郎）「都市研究」　1(3)　1925.6
◇都市計画巡回展覧会開催「都市研究」　1(3)　1925.6
◇都市計画相談所開設「都市研究」　1(3)　1925.6
◇都市計画と公園(下)（田辺平学）「都市研究」　1(3)　1925.6
◇都市計画ニ関スル私見（河合浩蔵）「都市研究」　1(3)　1925.6
◇阪神連市計画（小野栄作）「都市研究」　1(3)　1925.6
◇ケルン市の拡張計画「都市問題」　1(2)　1925.6
◇国際都市計画会議「都市問題」　1(2)　1925.6
◇東京市第六地区の土地区画整理状況「都市問題」　1(2)　1925.6
◇東京日暮里大火焼跡の土地区画整理（平野真三）「都市問題」　1(2)　1925.6
◇モスクワ市の都市計画「都市問題」　1(2)　1925.6
◇東京都市計画区域内に於ける耕地整理（復興局計画課）「内務時報」　290　1925.6
◇都市計画に関する独逸法制及行政［2］（復興局計画課）「内務時報」　290　1925.6
◇プロレタリアの家庭保護の施設と露西亜の都市計画（菊池慎三）「内務時報」　291　1925.6
◇社会学より見たる都市計画（圓谷弘）「建築雑誌」　39(472)　1925.7
◇都市計画と街路及広場(3)（中村与資平）「都市公論」　8(7)　1925.7
◇都市の美観問題（重永潜）「都市公論」　8(7)　1925.7
◇プロレタリアの家庭保護の施設と露西亜の都市計画（菊池慎三）「都市公論」　8(7)　1925.7
◇緑地問題に関する独逸立法例(1)（北村徳太郎）「都市公論」　8(7)　1925.7
◇カンベラ市の無税計画案「都市問題」　1(3)　1925.7
◇シンシナチ市の都市計画案「都市問題」　1(3)　1925.7
◇実行力の伴はざる都市計画（菊池慎三）「内務時報」　297　1925.7
◇都市計画の綜合に関する提案「内務時報」　298　1925.7
◇街路樹に就ての研究(1)（方米治郎）「建築と社会」　8(8)　1925.8
◇都市計画施行都市と其区域問題（加藤善吉）「建築と社会」　8(8)　1925.8
◇復興事業進捗状況（平野真三）「都市問題」　1(4)　1925.8
◇公有水面埋立願違法処分取消免許の訴「行政裁判所判決録」　36(9)　1925.9
◇都市計画と建築芸術（古宇田實）「建築雑誌」　39(474)　1925.9
◇誤解されたる都市計画と理解されざる其の法制（田中清志）「建築と社会」　8(9)　1925.9
◇復興事業進捗状況（平野真三）「都市問題」　1(5)　1925.9
◇東京都市計画の基本問題、住居、商業及工業地域（其1）（武部六蔵）

- ◇「内務時報」　306　1925.9
- ◇東京都市計画の基本問題、住居、商業及工業地域（其2）（武部六蔵）「内務時報」　307　1925.9
- ◇都制と東京市民（田川大吉郎）「東洋経済新報」　1170　1925.10
- ◇都市発達の原因（武居高四郎）「都市公論」　8(10)　1925.10
- ◇東京都市計画の基本問題、住居、商業及工業地域（其3）（武部六蔵）「内務時報」　308　1925.10
- ◇東京都市計画の基本問題、住居、商業及工業地域（其4）（武部六蔵）「内務時報」　309　1925.10
- ◇収用裁決に対する不服の訴「行政裁判所判決録」　36(11)　1925.11
- ◇都市から郊外へ、郊外から田園へ（大庭草太郎）「建築と社会」　8(11)　1925.11
- ◇無謀なる都市拡張計画「東洋経済新報」　1173　1925.11
- ◇札幌の輪廓（橡内吉胤）「都市公論」　8(11)　1925.11
- ◇帝都復興事業に就て（其1）（太田円三）「内務時報」　317　1925.12
- ◇帝都復興事業に就て（其2）（太田円三）「内務時報」　318　1925.12
- ◇帝都復興事業に就て（其3）（太田円三）「内務時報」　319　1925.12
- ◇帝都復興事業に就て（其4）（太田円三）「内務時報」　320　1925.12
- ◇土地収用法改正希望につきて（清水澄）「自治研究」　2(1)　1926.1
- ◇大阪都市計画の将来（岡崎早太郎）「大大阪」　2(1)　1926.1
- ◇集中か分散か（大屋霊城）「大大阪」　2(1)　1926.1
- ◇地域制の話（西村健吉）「大大阪」　2(1)　1926.1
- ◇都市計画の真意を理解せよ（片岡安）「大大阪」　2(1)　1926.1
- ◇帝都復興建物に対する二大脅威（岸一太）「道路」　5(1)　1926.1
- ◇水面の保存と美化（黒谷了太郎）「都市創作」　2(1)　1926.1
- ◇土地区画整理施行手続「都市創作」　2(1)　1926.1
- ◇名古屋都市計画道路新設及拡築追加「都市創作」　2(1)　1926.1
- ◇都市計画の財政と地帯収用（弓家七郎）「都市問題」　2(1)　1926.1
- ◇都市計画路線買収地価調(1)大阪の部（小幡清金）「都市問題」　2(1)　1926.1
- ◇帝都復興事業に就て（其5）（太田円三）「内務時報」　321　1926.1
- ◇帝都復興事業に就て（其6）（太田円三）「内務時報」　322　1926.1
- ◇帝都復興事業に就て（其7）（太田円三）「内務時報」　323　1926.1
- ◇帝都復興事業に就て（其8）（太田円三）「内務時報」　324　1926.1
- ◇土地収用法の改正に就て(1)（田中好）「自治研究」　2(2)　1926.2
- ◇英国の都市行政（楠原祖一郎）「都市公論」　9(2)　1926.2
- ◇都市計画と社会政策（藤原俊雄）「都市公論」　9(2)　1926.2
- ◇日暮里町の大火と土地区画整理（東京府土木課）「都市公論」　9(2)　1926.2
- ◇都市計画法逐条解説(5)（黒川時一）「都市創作」　2(2)　1926.2
- ◇都市と街路の照明(1)（菅井武亮）「都市創作」　2(2)　1926.2
- ◇土地区画整理施行手続「都市創作」　2(2)　1926.2
- ◇名古屋都市計画事業運河新設受益者負担規程「都市創作」　2(2)　1926.2
- ◇都市計画路線用地買収価格調(2)神戸市の部（その1）「都市問題」　2(2)　1926.2
- ◇帝都復興事業に就て（其9）（太田円三）「内務時報」　325　1926.2
- ◇帝都復興事業に就て（其10）（太田円三）「内務時報」　326　1926.2
- ◇都市計画事業は何故進まないか（西村健吉）「建築と社会」　9(3)　1926.3
- ◇和蘭の都市計画（デイ・フデイツヒ）「都市公論」　9(3)　1926.3
- ◇都市計画と其事業「都市公論」　9(3)　1926.3
- ◇都市計画法逐条解説(6)（黒川時一）「都市創作」　2(3)　1926.3
- ◇都市と街路の照明(2)（菅井武亮）「都市創作」　2(3)　1926.3
- ◇土地区画整理と建築敷地造成（岡崎早太郎）「都市問題」　2(3)　1926.3
- ◇復興事業進捗状況（東京の部）（平野真三）「都市問題」　2(3)　1926.3
- ◇和蘭都市計画法規要（其1）（デイ・フデイツヒ）「内務時報」　329　1926.3
- ◇和蘭都市計画法規要（其2）（デイ・フデイツヒ）「内務時報」　330　1926.3
- ◇米国に於ける都市計画の傾向（地方計画衛星都市及田園都市）（ジョン・ノーレン）「内務時報」　331　1926.3
- ◇堺都市計画「内務時報」　333　1926.3
- ◇都市計画法中改正法律「内務時報」　333　1926.3
- ◇環境改善と都市計画（菊地慎三）「大大阪」　2(4)　1926.4
- ◇都市計画に関する新立法（関一）「大大阪」　2(4)　1926.4
- ◇土地区画整理の話（西村健吉）「大大阪」　2(4)　1926.4
- ◇日暮里町の大火と土地区画整理「都市工学」　5(4)　1926.4
- ◇都市計画法逐条解説(7)（黒川時一）「都市創作」　2(4)　1926.4
- ◇都市と街路の照明(3)（菅井武亮）「都市創作」　2(4)　1926.4
- ◇都市計画路線用地買収価格調(3)神戸市の部（その2）（小幡清金）「都市問題」　2(4)　1926.4
- ◇復興事業進捗状況（横浜の部）（平野真三）「都市問題」　2(4)　1926.4
- ◇土地区画整理に伴ふ清算金及補償金に関する法律「内務時報」　334　1926.4
- ◇現代的墓地園の面積（椎原兵市）「建築と社会」　9(5)　1926.5
- ◇復興計画と残された二つの問題（佐野利器）「建築と社会」　9(5)　1926.5
- ◇都市緑化運動と大阪（大屋霊城）「大大阪」　2(5)　1926.5
- ◇英国都市計画法制要項（内務大臣官房都市計画課）「都市公論」　9(5)　1926.5
- ◇都市計画と衣食住（宮島幹之助）「都市公論」　9(5)　1926.5
- ◇都市計画の必要（飯沼一省）「都市公論」　9(5)　1926.5
- ◇都市美化運動と都市芸術(2)（橡内吉胤）「都市公論」　9(5)　1926.5
- ◇芬蘭都市計画法制要項（内務大臣官房都市計画課）「都市公論」　9(5)　1926.5
- ◇都市計画法中改正点（小倉庫次）「都市問題」　2(5)　1926.5
- ◇長野県下に於ける地割の慣行（本庄栄治郎）「経済論叢」　22(6)　1926.6
- ◇現代的墓地園の施設(3)都市と現代的墓地（椎原兵市）「建築と社会」　9(6)　1926.6
- ◇都市計画国際会議（九月維也市で開く）「都市研究」　2(3)　1926.6
- ◇既成都市の改造（John Sulman述、磯谷道一訳）「都市公論」　9(6)　1926.6
- ◇帝都の町割に就て（石原市三郎）「都市公論」　9(6)　1926.6
- ◇ごんたくばなし（墓のはなし）「都市創作」　2(6)　1926.6
- ◇都市計画に対する御注文の色々（原文次郎）「都市創作」　2(6)　1926.6
- ◇都市と街路の照明（菅井武亮）「都市創作」　2(6)　1926.6
- ◇公園問題に関する一考察（田村剛）「都市問題」　2(6)　1926.6
- ◇墓地園の管理（都市と現代的墓地園）（椎原兵市）「建築と社会」　9(7)　1926.7
- ◇都市計画に於ける地方主義（飯沼一省）「自治研究」　2(7)　1926.7
- ◇都市様式の基調（一柳幸永）「都市工学」　5(7)　1926.7
- ◇都市計画法逐条解説（黒川一治）「都市創作」　2(7)　1926.7

◇我国都市計画事業の財政(1)(小幡清金)「都市問題」 3(1) 1926.7
◇帝都復興の現状(伊藤貞吉)「建築雑誌」 40(485) 1926.8
◇ある密住地区の現状(伊藤満継)「大大阪」 2(8) 1926.8
◇九尺二間に立ちて(村島帰之)「大大阪」 2(8) 1926.8
◇都市計画法逐条解説(黒川一治)「都市創作」 2(8) 1926.8
◇都市春秋(都市計画法改正に就て)(尸馬)「都市創作」 2(8) 1926.8
◇都市の美観と街路(土屋純一)「都市創作」 2(8) 1926.8
◇名古屋都市計画事業五幹線沿道残地調査「都市創作」 2(8) 1926.8
◇我国都市計画事業の財政(2)(小幡清金)「都市問題」 3(2) 1926.8
◇浜松都市計画事業「内務時報」 353 1926.8
◇並木と都市の美観(三浦伊八郎)「公衆衛生」 44(9) 1926.9
◇井上博士の遺風を偲びつつ(菊池慎三)「斯民」 21(9) 1926.9
◇都市計画偶感(飯沼一省)「大大阪」 2(9) 1926.9
◇都市の姿(井上吉次郎)「大大阪」 2(9) 1926.9
◇都市の町名に関する組織的計画(森下政一)「大大阪」 2(9) 1926.9
◇一詩人の東京都市計画論(岡田周造)「都市公論」 9(9) 1926.9
◇帝都復興と都市の風致美観(岡田周造)「都市公論」 9(9) 1926.9
◇区画整理設計室手記(計画課愛知県都市)「都市創作」 2(9) 1926.9
◇減歩法を意味する換地処分の一例に就て(小島浩)「都市創作」 2(9) 1926.9
◇東部丘岡地区整理に就て(村田登見)「都市創作」 2(9) 1926.9
◇名古屋土地区画整理事業の沿革(木島粂太郎)「都市創作」 2(9) 1926.9
◇名古屋に於ける街路網と土地区画整理(黒川一治)「都市創作」 2(9) 1926.9
◇帝都従来の町界町名及地番に就いて(富桝建造)「都市問題」 3(3) 1926.9
◇復興事業進捗状況(東京の部)(平野真三)「都市問題」 3(3) 1926.9
◇特別都市計画法第五条の土地区画整理に伴ふ清算金及補償金に関する法律施行規則「内務時報」 357 1926.9
◇人間の都市(1)(藤田進一郎)「建築と社会」 9(10) 1926.10
◇帝都復興と都市の風致美観(岡田周造)「公衆衛生」 44(10) 1926.10
◇都市計画の内容(飯沼一省)「自治研究」 2(10) 1926.10
◇緑陰の減暑的効果(関口鉄太郎)「造園学雑誌」 2(10) 1926.10
◇都会相の話(上山善治)「大大阪」 2(10) 1926.10
◇復興難(大岡大三)「都市工学」 5(10) 1926.10
◇プロシヤ都市計画法案概要(木戸欽三郎)「都市公論」 9(10) 1926.10
◇京阪神土地区画整理の現況「都市創作」 2(10) 1926.10
◇東京に於ける土地区画整理(瀧口巖)「都市創作」 2(10) 1926.10
◇都市計画としての土地区画整理(黒谷杜鵑)「都市創作」 2(10) 1926.10
◇土地区画整理事業助成の急務(木島死馬)「都市創作」 2(10) 1926.10
◇土地区画整理と住宅地経営の事(長沢忠郎)「都市創作」 2(10) 1926.10
◇名古屋市東郊耕地整理組合概況(東郊生)「都市創作」 2(10) 1926.10
◇復興事業進捗状況(横浜の部)(平野真三)「都市問題」 3(4) 1926.10
◇本邦最初の風致地区指定(平野真三)「都市問題」 3(4) 1926.10
◇我国都市計画事業の財政(3)(小幡清金)「都市問題」 3(4) 1926.10
◇都市に於ける自由空地問題(岡田周造)「自治研究」 2(11) 1926.11
◇槭の研究について(小坂立夫)「造園学雑誌」 2(11) 1926.11
◇東京市内に於ける山林「造園学雑誌」 2(11) 1926.11
◇ロンドンの公園(1)(井下清)「造園学雑誌」 2(11) 1926.11
◇小公園問題と大阪(1)(大屋霊城)「大大阪」 2(11) 1926.11
◇土地区画整理の費用と換地に就て(辻村建二)「大大阪」 2(11) 1926.11
◇復興事業不振の理由(田川大吉郎)「地方」 34(11) 1926.11
◇我国公園の現状(中越延豊)「庭園」 8(11) 1926.11
◇欧米市街公園及遊園の設備(森垣亀一郎)「都市研究」 2(5) 1926.11
◇重要施設の土地区画整理(小野栄作)「都市研究」 2(5) 1926.11
◇レオナード・エス・スミス氏来る「都市工学」 5(11) 1926.11
◇感心すべき東京市の土地区画整理(荒尾嘉喜智)「都市公論」 9(11) 1926.11
◇都市計画に対する測量に就て(豊田四郎)「都市公論」 9(11) 1926.11
◇都市計画の権威(岡田周造)「都市公論」 9(11) 1926.11
◇プロシヤ都市計画法案概要(木戸欽三郎)「都市公論」 9(11) 1926.11
◇大都市隣接町としての渋谷町地番整理(富桝建造)「都市問題」 3(5) 1926.11
◇我国都市計画事業の財政(4)(小幡清金)「都市問題」 3(5) 1926.11
◇土地区画整理清算事務取扱規程「内務時報」 367 1926.11
◇都市計画区域論(飯沼一省)「自治研究」 2(12) 1926.12
◇最近米国大都市公園統計「造園学雑誌」 2(12) 1926.12
◇都市緑地問題(関口鉄太郎)「造園学雑誌」 2(12) 1926.12
◇現代都市の改造(エル・エス・スミス)「大大阪」 2(12) 1926.12
◇都市計画に就て(レオナート・エス・スミス)「都市公論」 9(12) 1926.12
◇プロシヤ都市計画法案概要(3)(木戸欽三郎)「都市公論」 9(12) 1926.12
◇Doncaster区域計画(1)(榧木寛之)「都市公論」 9(12) 1926.12
◇愛知県来年度(昭和二年)土地区画整理助成費「都市創作」 2(12) 1926.12
◇東海都市計画事務打合会協議問題「都市創作」 2(12) 1926.12
◇都市計画事業受益者負担金徴収処分取消訴願に対する裁決「都市創作」 2(12) 1926.12
◇都市計画法逐条解説(黒川一治)「都市創作」 2(12) 1926.12
◇土地区画整理助成急務論を読みて木島死馬君に答ふ「都市創作」 2(12) 1926.12
◇我国都市計画事業の財政(5)(小幡清金)「都市問題」 3(6) 1926.12
◇経済的都市計画(田川大吉郎)「大大阪」 3(1) 1927.1
◇小公園問題と大阪(2)(大屋霊城)「大大阪」 3(1) 1927.1
◇風景地の計画と経営(1)(田村剛)「庭園と風景」 9(1) 1927.1
◇都市公園の種類と其の配置に就て(永見健一)「都市工学」 6(1) 1927.1
◇お台場公園について(荒尾嘉喜智)「都市公論」 10(1) 1927.1
◇都市計画の近代的傾向(磯谷道一)「都市公論」 10(1) 1927.1

◇都市に於ける公園と墓地との関係(井下清)「都市公論」 10(1) 1927.1
◇プロシヤ都市計画法概要(木戸欽三郎)「都市公論」 10(1) 1927.1
◇Doncaster区域計画(2)(概木寛之訳)「都市公論」 10(1) 1927.1
◇軍事上より見たる大名古屋都市計画(工藤豪吉)「都市創作」 3(1) 1927.1
◇県当局に土地区画整理の立場を愬ふ(笹原辰太郎)「都市創作」 3(1) 1927.1
◇都市計画道路網完成に対する考察(長崎敏音)「都市創作」 3(1) 1927.1
◇都市計画に於ける美的要素(黒谷杜鵑)「都市創作」 3(1) 1927.1
◇土地区画整理夜話(長沢忠郎)「都市創作」 3(1) 1927.1
◇都市計画の理論と実際(松室重光)「建築と社会」 10(2) 1927.2
◇都市計画と都市構築(飯沼一省)「自治研究」 3(2) 1927.2
◇風景網に関する一序説(上原敬二)「造園学雑誌」 3(2) 1927.2
◇都市計画に於ける公益と私益(1)(玉井猛)「大大阪」 3(2) 1927.2
◇風景地の計画と経営(2)(田村剛)「庭園と風景」 9(2) 1927.2
◇換地設計机上案(菱田厚介)「都市公論」 10(2) 1927.2
◇将来の都市計画に就て(磯谷道一訳)「都市公論」 10(2) 1927.2
◇小公園に就ての考察(長沢忠郎)「都市創作」 3(2) 1927.2
◇都市計画制限(飯沼一省)「自治研究」 3(3) 1927.3
◇汎太平洋会議と国立公園問題(上原敬二)「造園学雑誌」 3(3) 1927.3
◇都市計画に於ける公益と私益(2)(玉井猛)「大大阪」 3(3) 1927.3
◇風景地の計画と経営(3)(田村剛)「庭園と風景」 9(3) 1927.3
◇欧米市街公園及遊園の設備(2・完)(森垣亀一郎)「都市研究」 3(2) 1927.3
◇都市計画と図面(豊田四郎)「都市公論」 10(3) 1927.3
◇都市計画上陰陽相対性原理の適用に関する研究(1)(黒谷杜鵑)「都市創作」 3(3) 1927.3
◇復興事業進捗状況(東京の部)(小倉庫次)「都市問題」 4(3) 1927.3
◇ロンドンの区画整理事業(小田垣光之輔)「都市問題」 4(3) 1927.3
◇我国都市計画事業の財政(6)(小幡清金)「都市問題」 4(3) 1927.3
◇東京都市計画事業道路(現状放射線)受益者負担に関する件「内務時報」 381 1927.3
◇都市計画制限(2)(飯沼一省)「自治研究」 3(4) 1927.4
◇都市計画に於ける公益と私益(3・完)(玉井猛)「大大阪」 3(4) 1927.4
◇ベルリンの公園(2)(井下清)「庭園と風景」 9(4) 1927.4
◇都市計画上視力の標準(北村徳太郎訳)「都市公論」 10(4) 1927.4
◇風致地区に就いて(北村徳太郎)「都市公論」 10(4) 1927.4
◇都市計画上陰陽相対性原理の適用に関する研究(2)(黒谷杜鵑)「都市創作」 3(4) 1927.4
◇京都の町罨町名地番整理(京阪神町界町名地番整理雑観-上)(富桝建造)「都市問題」 4(4) 1927.4
◇区画整理及幹線道路拡築の一部廃止案に就て(東京市政調査会)「都市問題」 4(4) 1927.4
◇公園の社会的意義(レナード・エス・スミス)「都市問題」 4(4) 1927.4
◇帝都区画整理一部廃止反対運動(小倉庫次)「都市問題」 4(4) 1927.4
◇復興事業進捗状況(横浜の部)(小倉庫次)「都市問題」 4(4) 1927.4

◇神戸都市計画街路決定認可「内務時報」 386 1927.4
◇都市計画主任官会議開催「内務時報」 386 1927.4
◇土地収用法中改正法律の概要(1)(武井群嗣)「自治研究」 3(5) 1927.5
◇風景地の計画と経営(4)(田村剛)「庭園と風景」 9(5) 1927.5
◇公共地に於ける開堀並に夫れが整理規則に就て「都市工学」 6(5) 1927.5
◇全国都市計画主任会議「都市公論」 10(5) 1927.5
◇都市計画上視力の標準(北村徳太郎訳)「都市公論」 10(5) 1927.5
◇都市測量に就て(豊田四郎)「都市公論」 10(5) 1927.5
◇風致地区に就いて(北村徳太郎)「都市公論」 10(5) 1927.5
◇都市計画上陰陽相対性原理の適用に関する研究(3・完)(黒谷杜鵑)「都市創作」 3(5) 1927.5
◇都市計画対耕地整理問題(岡崎早太郎)「都市創作」 3(5) 1927.5
◇大阪神戸両市の町界町名地番整理(京阪神町界町名地番整理雑観-下)(富桝建造)「都市問題」 4(5) 1927.5
◇都市の墓地問題(井下清)「都市問題」 4(5) 1927.5
◇自由空地(関一)「建築と社会」 10(6) 1927.6
◇自由空地を加味した都市改良(大屋霊城)「建築と社会」 10(6) 1927.6
◇土地収用法の改正に就て(岡崎早太郎)「建築と社会」 10(6) 1927.6
◇都市構築と公用徴収(1)(飯沼一省)「自治研究」 3(6) 1927.6
◇土地収用法中改正法律の概要(2)(武井群嗣)「自治研究」 3(6) 1927.6
◇国立公園の国際化(上原敬二)「造園学雑誌」 3(6) 1927.6
◇堺都市計画の沿革(磯村遠)「大大阪」 3(6) 1927.6
◇風景地の計画と経営(5)(田村剛)「庭園と風景」 9(6) 1927.6
◇土地収用法の改正条項を読む(一柳幸永)「都市工学」 6(6) 1927.6
◇都市計画上視力の標準(北村徳太郎訳)「都市公論」 10(6) 1927.6
◇風致地区に就いて(北村徳太郎)「都市公論」 10(6) 1927.6
◇耕地整理換地処分要論(1)(宮田勘三)「都市創作」 3(6) 1927.6
◇都市計画道路網実施条件(戴泯散史)「都市創作」 3(6) 1927.6
◇都市計画の現況大観(都市創作会調査部)「都市創作」 3(6) 1927.6
◇都市計画法逐条解説(2)(黒川一治)「都市創作」 3(6) 1927.6
◇復興事業と地価修正(田川大吉郎)「都市問題」 4(6) 1927.6
◇都市構築と公用徴収(2)(飯沼一省)「自治研究」 3(7) 1927.7
◇緑化運動(志賀志那人)「大大阪」 3(7) 1927.7
◇新に出来た大阪の公園と農園(方米治郎)「庭園と風景」 9(7) 1927.7
◇ベルリンの公園(3)(井下清)「庭園と風景」 9(7) 1927.7
◇神戸市の第三期都市計画事業「都市研究」 3(3) 1927.7
◇山地開発に関する基礎的意見(河西善兵衛)「都市研究」 3(3) 1927.7
◇山地開発問題の考究(1)(森一雄)「都市研究」 3(3) 1927.7
◇都市計画より観たる神戸市(1)(その発達と現在及び将来)(武居高四郎)「都市研究」 3(3) 1927.7
◇都市の分散的傾向とリヂョナルプランニング(石原憲治)「都市工学」 6(7) 1927.7
◇都市計画関係 地方債調(昭和二年五月調)「都市公論」 10(7) 1927.7
◇都市計画上視力の標準(北村徳太郎訳)「都市公論」 10(7) 1927.7

都市計画

◇風致地区に就いて(北村徳太郎)「都市公論」 10(7) 1927.7

◇耕地整理換地処分要論(2)(宮田勘三)「都市創作」 3(7) 1927.7

◇都市計画現況大観(都市創作研究部)「都市創作」 3(7) 1927.7

◇科学的都市計画の樹立(武居高四郎)「都市問題」 5(1) 1927.7

◇帝区画整理の進捗と本建築(小倉庫次)「都市問題」 5(1) 1927.7

◇国立公園設置の計画(内務省衛生局案)「庭園と風景」 9(8) 1927.8

◇風景政策上より観たる国立公園問題(田中剛)「庭園と風景」 9(8) 1927.8

◇我国に於ける国立公園運動(中越延豊)「庭園と風景」 9(8) 1927.8

◇都市の分散的傾向とリヂョナルプランニング(2)(石原憲治)「都市工学」 6(8) 1927.8

◇都市計画関係地方債調「都市公論」 10(8) 1927.8

◇都市計画上視力の標準(3)(北村徳太郎訳)「都市公論」 10(8) 1927.8

◇風致地区に就て(3・完)(北村徳太郎)「都市公論」 10(8) 1927.8

◇都市計画学の方向その他(石川栄耀)「都市創作」 3(8) 1927.8

◇都市創作に関する実例に就て(菊地愼三)「都市創作」 3(8) 1927.8

◇土地収用法施行令中改正「内務時報」 406 1927.8

◇土地区画整理論(1)(飯沼一省)「自治研究」 3(9) 1927.9

◇都市計画上に於ける一考察としての煤煙問題(溝江五月)「大大阪」 3(9) 1927.9

◇風景地の計画と経営(6)(田村剛)「庭園と風景」 9(9) 1927.9

◇神戸都市計画街路綱の解説(曾根正實)「都市研究」 3(4) 1927.9

◇区画整理と緑地問題「都市公論」 10(9) 1927.9

◇濠洲連邦新首府カンベラ都市計画の現況「都市公論」 10(9) 1927.9

◇都市計画上視力の標準(4)(北村徳太郎訳)「都市公論」 10(9) 1927.9

◇都市計画と産業活殺 都市計画地域に対する私見(三浦一)「都市創作」 3(9) 1927.9

◇豊橋市の公園に就いて(長崎敏吉)「都市創作」 3(9) 1927.9

◇街港公園(井下清)「建築と社会」 10(10) 1927.10

◇現代都市の公園(片岡安)「建築と社会」 10(10) 1927.10

◇都市の広場施設(方米治郎)「建築と社会」 10(10) 1927.10

◇米国の国立及州立公園(田村剛)「公衆衛生」 45(10) 1927.10

◇土地区画整理論(2)(飯沼一省)「自治研究」 3(10) 1927.10

◇東京市郊外の土地区画整理の概況(高澤義智)「都市工学」 6(10) 1927.10

◇都市計画街衢に就て(中川政次郎)「都市公論」 10(10) 1927.10

◇区画整理土地経営の一考察(上)(伊藤錠太郎)「都市創作」 3(10) 1927.10

◇土地区画整理設計と土地評価の関係(1)(小島浩)「都市創作」 3(10) 1927.10

◇八事讚稗(石川栄耀)「都市創作」 3(10) 1927.10

◇京都市の風致保存問題「都市問題」 5(4) 1927.10

◇東京復興事業を観る(小倉庫次)「都市問題」 5(4) 1927.10

◇土地区画整理後の町界町名地番整理(1)(加藤善吉)「建築と社会」 10(11) 1927.11

◇ハウスマン都市計画家銘々伝(2)(藤田進一郎訳)「建築と社会」 10(11) 1927.11

◇公園設定の急務(大屋霊城)「大大阪」 3(11) 1927.11

◇支那の風景と庭園(後藤朝太郎)「庭園と風景」 9(11) 1927.11

◇風景地の計画と経営(7)(田村剛)「庭園と風景」 9(11) 1927.11

◇府県公園に就て(中越延豊)「庭園と風景」 9(11) 1927.11

◇中小都市に於ける計画(上)(大藤高彦)「都市研究」 3(5) 1927.11

◇都市を住み心地よくするには 都市計画と市民の訓練(小田生)「都市研究」 3(5) 1927.11

◇我国都市計画の現状と其の将来(武居高四郎)「都市工学」 6(11) 1927.11

◇中小都市の街路計画に就て(中川政次郎)「都市創作」 3(11) 1927.11

◇土地区画整理工事完了後の道程(瀧口巌)「都市創作」 3(11) 1927.11

◇土地区画整理設計と土地評価の関係(後)(小島浩)「都市創作」 3(11) 1927.11

◇堺都市計画地域指定「内務時報」 415 1927.11

◇土地区画整理後の町界町名地番整理(2)(加藤善吉)「建築と社会」 10(12) 1927.12

◇風景地の計画と経営(8・完)(田村剛)「庭園と風景」 9(12) 1927.12

◇都市計画より観たる神戸市(2)(武居高四郎)「都市研究」 3(5) 1927.12

◇東京都市計画区域に於ける地域性の考察(山崎桂一)「都市工学」 6(12) 1927.12

◇区画整理土地経営の一考察(中)(伊藤錠太郎)「都市創作」 3(12) 1927.12

◇古代都市計画の一瞥(中川政次郎)「都市創作」 3(12) 1927.12

◇都市の建築美と緑化運動(時任一成)「都市創作」 3(12) 1927.12

◇土地区画整理地の税務関係(瀧口巌)「都市創作」 3(12) 1927.12

◇大阪湾頭を囲む都市計画(置鹽章)「建築と社会」 11(1) 1928.1

◇堺市計画区域に就て(磯村遠)「建築と社会」 11(1) 1928.1

◇高速鉄道都市計画観(花井又太郎)「建築と社会」 11(1) 1928.1

◇都市美と法律(溝江五月)「建築と社会」 11(1) 1928.1

◇山地開発問題の考究(中ノ続)(森一雄)「都市研究」 4(1) 1928.1

◇中小都市に於ける計画(中)(大藤高彦)「都市研究」 4(1) 1928.1

◇都市計画一般(上)(平田紀一)「都市研究」 4(1) 1928.1

◇都市計画より観たる神戸市(3):其の発達史と現在及将来(武居高四郎)「都市研究」 4(1) 1928.1

◇大都市内外樹林地の保存と施工(井本政信)「都市工学」 7(1) 1928.1

◇都市計画事業の遂行(来島良亮)「都市工学」 7(1) 1928.1

◇都市改造と電話配線法(野本正一)「都市創作」 4(1) 1928.1

◇都市計画と財源(須藤林七)「都市創作」 4(1) 1928.1

◇土地区画整理工事完了後の道程(続)(瀧口巌)「都市創作」 4(1) 1928.1

◇名古屋の土地整理事業現況「都市創作」 4(1) 1928.1

◇地域制よりする所謂二業問題に就ての東京市政調査会の建議(東京市政調査会)「都市問題」 6(1) 1928.1

◇二業地区指定反対運動(小倉庫次)「都市問題」 6(1) 1928.1

◇大大阪新都市計画「大大阪」 4(2) 1928.2

◇公園の花(井下清)「庭園と風景」 10(2) 1928.2

◇大阪都市計画に就て(内山新之助)「都市公論」 11(2) 1928.2

◇都市計画より見たる復興事業の特徴(堀切善次郎)「都市公論」 11(2) 1928.2

◇復興事業進捗状況 昭和二年十二月調(復興局)「都市公論」 11(2) 1928.2

◇町名整理と電車停留場名(富桝建造)「都市創作」 4(2) 1928.2

◇土地区画整理地価配賦要綱(前)(瀧口巌)「都市創作」 4(2) 1928.2
◇私人の行ふべき都市計画(岡崎早太郎)「建築と社会」 11(3) 1928.3
◇大大阪新都市計画(2)(大阪都市協会調査係)「大大阪」 4(3) 1928.3
◇都市計画法制に関する私見の一端(武井健)「地方行政」 36(3) 1928.3
◇中小都市に於ける計画(下)(大藤高彦)「都市研究」 4(2) 1928.3
◇都市計画一般(下)(下田紀一)「都市研究」 4(2) 1928.3
◇六甲森林公園施設の提唱(河西善兵衛)「都市研究」 4(2) 1928.3
◇土地区画整理に就て(1)(山崎桂一)「都市工学」 [7(3)] 1928.3
◇伊太利の都市計画と土地制度(復興局計画課)「都市公論」 11(3) 1928.3
◇空中戦及科学戦に対する都市計画方針に関する一提議(コシエウニコフ述)「都市公論」 11(3) 1928.3
◇都市計画と送電網(都市計画地方委員会にて送電網を調査計画するの議)(鈴木正一)「都市公論」 11(3) 1928.3
◇土地区画整理を語る 併せて簡保積立金貸付に就て逓信当局に希望(木島死馬)「都市創作」 4(3) 1928.3
◇土地区画整理地価配賦要綱(中)(瀧口巌)「都市創作」 4(3) 1928.3
◇明治以後に於ける都市計画運動(1)(飯沼一省)「自治研究」 4(4) 1928.4
◇大阪都市計画沿革の概要(大阪都市協会調査係調査)「大大阪」 4(4) 1928.4
◇都市計画と築港問題(岡崎早太郎)「大大阪」 4(4) 1928.4
◇都市の緑化(関一)「大大阪」 4(4) 1928.4
◇土地区画整理に就て(2)(山崎桂一)「都市工学」 [7(4)] 1928.4
◇土地区画整理地価配賦要綱(後)(瀧口巌)「都市創作」 4(4) 1928.4
◇豊橋市の将来の都市施設に就て(長崎敏音)「都市創作」 4(4) 1928.4
◇大横浜道路網計画と東京区画整理費増額-京浜両都市計画新規事業と既定計画の変改(小倉庫次)「都市問題」 6(4) 1928.4
◇土地区画整理と道路行政(岡崎早太郎)「都市問題」 6(4) 1928.4
◇復興事業進捗状況(東京の部)(小倉庫次)「都市問題」 6(4) 1928.4
◇明治以後に於ける都市計画運動(2)(飯沼一省)「自治研究」 4(5) 1928.5
◇新しい都市公園─大塚公園の設計施行(井下清)「庭園と風景」 10(4) 1928.5
◇大大阪公園計画(椎原兵市)「庭園と風景」 10(4) 1928.5
◇土地区画整理概況(高沢義智)「道路の改良」 10(5) 1928.5
◇自然と都市計画(1)(引野生)「都市研究」 4(3) 1928.5
◇都市計画法制(1)(飯沼一省)「都市研究」 4(3) 1928.5
◇第十回国際住宅及都市計画会議(弓家七郎)「都市問題」 6(5) 1928.5
◇都市緑化運動と植樹祭(都市美協会)「都市問題」 6(5) 1928.5
◇名古屋市の町名番地(京、東、神、町界町名地番整理雑観、続稿)(富桝建造)「都市問題」 6(5) 1928.5
◇復興事業進捗状況(横浜の部)(小倉庫次)「都市問題」 6(5) 1928.5
◇都市計画事業の大危機(片岡安)「建築と社会」 11(7) 1928.7
◇明治以後に於ける都市計画運動(3)(飯沼一省)「自治研究」 4(7) 1928.7
◇小公園問題の疑義(大屋霊城)「都市問題」 7(1) 1928.7
◇東京市郊外地域に於ける土地区画整理事業(小幡清金)「都市問題」 7(2) 1928.8

◇都市計画委員と商工会議所議員(弓家七郎)「都市問題」 7(2) 1928.8
◇帝都の復興事業-市政カード第四号の発行「都市問題」 7(3) 1928.9
◇都市計画入門(米国都市計画及地域制委員会,弓家七郎訳)「都市問題」 7(3) 1928.9
◇航空の都市計画に及ぼす影響(小野崎仁)「都市問題」 8(1) 1929.1
◇復興事業進捗状況(小倉庫次)「都市問題」 8(1) 1929.1
◇航空の都市計画に及ぼす影響(承前)(小野崎仁)「都市問題」 8(2) 1929.2
◇大ロンドンの都市計画-工業地域分散の必要(小倉庫次)「都市問題」 8(2) 1929.2
◇土地区画整理対建物ある宅地問題(木島粂太郎)「都市創作」 5(3) 1929.3
◇都市計画立法の新傾向(1)(飯沼一省)「自治研究」 5(4) 1929.4
◇都市とグリーンの問題(橡内吉胤)「都市問題」 8(5) 1929.5
◇都市計画立法の新傾向(2)(飯沼一省)「自治研究」 5(7) 1929.7
◇都市計画土地区画整理の実例(4)(大栗丹波)「都市創作」 5(7) 1929.7
◇土地区画整理要論(1)(小栗忠七)「都市創作」 5(7) 1929.7
◇土地区画整理論(1)(伊貞吉)「建築雑誌」 43(524) 1929.8
◇都市計画受益者負担に関する若干の考察(2)(玉井猛)「建築と社会」 12(8) 1929.8
◇我国に於ける都市計画の現勢(2)(加藤善吉)「建築と社会」 12(8) 1929.8
◇都市計画と交通問題(大藤高彦)「大大阪」 5(8) 1929.8
◇紐育市の超弩級都市計画(小川市太郎)「大大阪」 5(8) 1929.8
◇市町村の名称其他(菊池慎三)「地方行政」 37(8) 1929.8
◇市町村の名称と町名字名街路名道路名及地番整理(菊池慎三)「地方行政」 37(8) 1929.8
◇整地事業に終始した笹原翁(谷口東郭)「都市創作」 5(8) 1929.8
◇都市計画土地区画整理の実例(5)(大栗丹波)「都市創作」 5(8) 1929.8
◇土地区画整理要論(2)(小栗忠七)「都市創作」 5(8) 1929.8
◇名古屋都市計画第二次事業に付ての技術的考察(石川栄耀)「都市創作」 5(8) 1929.8
◇土地区画整理論(2)(伊貞吉)「建築雑誌」 43(525) 1929.9
◇都市計画立法の新傾向(3)(飯沼一省)「自治研究」 5(9) 1929.9
◇都市計画としての社会事業(磯村英一)「社会事業」 13(6) 1929.9
◇欧米各国に於ける都市計画並地方計画に関する実行上の難点及其打開策(3)(フィー・アー・リンガー,ステフアン・プラーガー)「都市公論」 12(10) 1929.10
◇都市計画と分散主義都市の発達(3)(石原憲治)「都市公論」 12(10) 1929.10
◇常識的都市計画法鑑賞(1)(石川栄耀)「都市創作」 5(10) 1929.10
◇停車場前広場に就て(1)(谷口成之)「都市創作」 5(10) 1929.10
◇名古屋の区画整理の特質(上)(石川栄耀)「都市問題」 9(4) 1929.10
◇復興事業進捗状況(小倉庫次)「都市問題」 9(4) 1929.10
◇欧米各国に於ける都市計画並に地方計画に関する実行上の難点及其打開策(4)(アルフレッド・ベットマン)「都市公論」 12(11) 1929.11
◇先見を要する都市計画(藤原俊雄)「都市公論」 12(11) 1929.11
◇常識的都市計画法鑑賞(2)(石川栄耀)「都市創作」 5(11) 1929.11

都市計画

◇停車場前広場に就いて(2)(谷口成之)「都市創作」 5(11) 1929.11

◇美観地区設定と都市計画(時任一成)「都市創作」 5(11) 1929.11

◇大ニューヨークの都市計画(鈴木連三)「都市問題」 9(5) 1929.12

◇国際住宅都市計画会議に出席して-附, 続米国政雑信(鬼頭忠一)「都市問題」 9(5) 1929.12

◇名古屋の区画整理の特質(下)(石川栄耀)「都市問題」 9(5) 1929.12

◇復興事業の完成と市民の覚悟「都市問題」 9(5) 1929.12

◇都市計画運動の新思潮(弓家七郎)「社会学雑誌」 69 1930.1

◇住居より観たる自由空地(大屋霊城)「大大阪」 6(1) 1930.1

◇最近アメリカの公園界(関口鉄太郎)「庭園と風景」 12(1) 1930.1

◇復興展記念特輯「都市問題」 10(1) 1930.1
地下建設物の現状と街路樹の復興/復興帝都の大観(樫木徹) 帝都復興展の開会と其実績/帝都復興展覧会総説(吉山真棹) 帝都復興展覧会を終へて(阪谷芳郎) 帝都復興展覧会出品目録/帝都復興展覧会総説 東京市政調査会出品 大東京都市計画模型 復興行進曲 復興事業の概要/復興帝都の大観(小倉庫次) 復興展を観た人々のことば 復興展と市政調査会の出品物 復興展の賑ひ振り(写真) 復興の都市計画/復興帝都の大観(弓家七郎)

◇都市の美(中村與資平)「建築雑誌」 44(530) 1930.2

◇都市計画と下水道(米元晋一)「都市公論」 13(2) 1930.2

◇光に芽ぐむ都市の計画(菱田厚介)「都市公論」 13(2) 1930.2

◇大名古屋に於ける土地区画整理の現況 昭和四年十二月末現在「都市創作」 6(2) 1930.2

◇完成せる帝都復興事業(中川望)「斯民」 25(3) 1930.3

◇都市計画類型(飯沼一省)「地方行政」 38(3) 1930.3

◇復興事業を視る人の為めに(大岡大三)「都市公論」 13(3) 1930.3

◇都市計画に於ける建築的施設の基本計画(主として東京の場合に)に就て(2)(笠原敏郎)「建築雑誌」 44(532) 1930.4

◇都市計画特別税に就て(田中廣太郎)「自治研究」 6(4) 1930.4

◇近代都市美小論(伊藤正文)「斯民」 25(4) 1930.4

◇都市の美観と街路(内山新之助)「大大阪」 6(4) 1930.4

◇都市の美観は先づ街路から(岡崎早太郎)「大大阪」 6(4) 1930.4

◇都市風景の保存と開発(大屋霊城)「大大阪」 6(4) 1930.4

◇帝都復興事業としての公園(井下清)「庭園と風景」 12(3・4) 1930.4

◇復興、復旧せる横浜市の公園(井本政信)「庭園と風景」 12(3・4) 1930.4

◇帝都復興の大精神と其総決算(池田宏)「都市公論」 13(4) 1930.4

◇土地区画整理と宅地の利用(伊部貞吉)「都市公論」 13(4) 1930.4

◇復興計画の当時を顧みて(山田博愛)「都市公論」 13(4) 1930.4

◇復興事業を観る人の為めに(大岡大三)「都市公論」 13(4) 1930.4

◇減歩法に依る土地区画整理換地技術案(愛知県都市計画課)「都市創作」 6(3) 1930.4

◇帝都復興記念号「都市問題」 10(4) 1930.4
英文「東京横浜復興事業概観」の一批判 竣功した復興帝都の新公園(折下吉延) 小公園の施設と其特色(井下清) 帝都町界町名地番整理の新方策(富桝建造) 帝都の復興を顧みて(阪谷芳郎) 帝都復興計画の由来と其法制(池田宏) 帝都復興の記念事業計画(池田宏) 東京府に於ける復興事業(宇佐美勝夫) 土地区画整理前後の地区対比 土地区画整理に於ける区画割と宅地の利用(伊部貞吉) 二十万棟の建物移転(武部六蔵) 復興院の思ひ出(松木幹一郎) 復興完成遣米答礼使と本会 復興計画促進及び反対防止運動(田辺定義) 復興計画の樹立と其予算(宮尾舜治) 復興事業執行者の一人として(堀切善次郎) 復興事業の完成するまで(小倉庫次) 復興事業は何を教へたか(中川望) 復興展記念号

◇都市計画立法の新傾向(4・完)(飯沼一省)「自治研究」 6(5) 1930.5

◇ウイーンの公園(関口鉄太郎)「庭園と風景」 12(5) 1930.5

◇芸術的街路(中村与資平)「都市公論」 13(5) 1930.5

◇土地区画整理の制度と法制(小栗忠七)「都市公論」 13(5) 1930.5

◇新帝都の立体的資料-帝都復興事業大観「都市問題」 10(5) 1930.5

◇第五回植樹祭(椽内吉胤)「都市問題」 10(5) 1930.5

◇帝都の復興事業成る(小倉庫次)「都市問題」 10(5) 1930.5

◇帝都復興の殊勲者後藤伯を憶ふ(井上準之助)「都市問題」 10(5) 1930.5

◇大阪都市計画地域変更に就て(加藤善吉)「建築と社会」 13(6) 1930.6

◇土地収用補償金額に対する不服の訴の相手方(武井群嗣)「自治研究」 6(6) 1930.6

◇万国住宅及都市計画会議に出席して(島崎孝彦)「大大阪」 6(6) 1930.6

◇イタリーの公園(関口鉄太郎)「庭園と風景」 12(6) 1930.6

◇天然保護と都市計画(児玉九一)「都市公論」 13(7) 1930.7

◇風景地開発と都市計画(折下吉延)「都市公論」 13(7) 1930.7

◇都市に於ける間地政策(飯沼一省)「自治研究」 6(8) 1930.8

◇明石公園入園者調査成績(江間鴻二)「都市研究」 23 1930.8

◇神戸都市計画の現在及将来(奥中喜代一)「都市研究」 23 1930.8

◇都市計画と港湾(上)(森垣亀一郎)「都市研究」 23 1930.8

◇独逸都市計画の発展(クリストス・ランク, 田部正太郎訳, 藤芳良雄訳)「都市公論」 13(8) 1930.8

◇都市の公園面積に就て(大屋霊城)「都市公論」 13(8) 1930.8

◇都市の装飾(中村与資平)「都市公論」 13(8) 1930.8

◇都市計画の施設と物価下落との関係(土田杏村)「都市問題」 11(2) 1930.8

◇名古屋都市計画防火地区(中澤誠一郎)「建築と社会」 13(10) 1930.9

◇独逸都市計画の発展(クリストフ・ランク, 田部正太郎訳, 藤芳良雄訳)「都市公論」 13(9) 1930.9

◇都市計画の精神(大村清一)「都市公論」 13(9) 1930.9

◇都市計画と土地増価税(前田稔靖)「都市問題」 11(3) 1930.9

◇工場能率の増進と用途地域制(内田祥三)「建築雑誌」 44(538) 1930.10

◇都市計画法改正諸問題(松尾国松)「都市公論」 13(10) 1930.10

◇土地区画整理の法制(小栗忠七)「都市公論」 13(10) 1930.10

◇建築線指定に由る区画整理(古川静夫)「都市問題」 11(4) 1930.10

◇都市計画の話(弓家七郎)「都市問題」 11(4) 1930.10

◇フランスの都市計画十年(小倉庫次)「都市問題」 11(4) 1930.10

◇土地区画整理の法制(小栗忠七)「都市公論」 13(11) 1930.11

◇露西亜の都市計画「都市公論」 13(11) 1930.11

◇郊外地の公園設定に就て/郊外地統制に関する論策(井下清)「都市問題」 11(5) 1930.11

◇郊外に於ける都市計画街路計画の拡充/郊外地統制に関する論策(近新三郎)「都市問題」 11(5) 1930.11

◇都市計画の話(中)(弓家七郎)「都市問題」 11(5) 1930.11

◇大阪の都市計画(内山新之助)「大大阪」 6(12) 1930.12

◇神戸都市計画の過去及将来(その2)(奥中喜代一)「都市研究」 24 1930.12

◇都市計画と港湾(下)(森垣亀一郎)「都市研究」 24 1930.12

◇大阪市土地区画整理の現況(内山新之助)「都市公論」 13(12) 1930.12

◇土地区画整理の法制(小栗忠七)「都市公論」 13(12) 1930.12

◇名古屋の区画整理は何をしたか(石川栄耀)「都市公論」 13(12) 1930.12
◇都市計画の話(下)(弓家七郎)「都市問題」 11(6) 1930.12
◇工業分散の新傾向と小都市計画(飯沼一省)「自治研究」 7(1) 1931.1
◇区画整理換地精算の一法(石川栄耀)「都市公論」 14(1) 1931.1
◇郊外に於ける都市計画街路の計画及之に基づく区画整理の促進に就て(近新三郎)「都市公論」 14(1) 1931.1
◇国家的都市計画の提唱(大須賀巌)「都市公論」 14(1) 1931.1
◇地域制度の若干問題(1)(菱田厚介)「自治研究」 7(2) 1931.2
◇現代化されたる西宮新墓地(森一雄)「都市公論」 14(2) 1931.2
◇英国に於ける都市計画の発達(アルフレッド・テイ・バイク)「都市公論」 14(3) 1931.3
◇東京に於ける風致地区(都市計画東京地方委員会)「都市公論」 14(3) 1931.3
◇都市計画的(物の考へ方)(石川栄耀)「都市公論」 14(3) 1931.3
◇国立公園法の公布「国立公園」 3(4) 1931.4
◇都市将来の墓地はどうなるか(森本頼平)「大大阪」 7(4) 1931.4
◇都市と自然(藤田進一郎)「大大阪」 7(4) 1931.4
◇都市緑化の諸相(関口鍈太郎)「大大阪」 7(4) 1931.4
◇美観地区か風致地区か(岡崎早太郎)「大大阪」 7(4) 1931.4
◇緑化運動に際し市民諸君に望む(児玉孝顕)「大大阪」 7(4) 1931.4
◇緑化と植物(富岡朝太)「大大阪」 7(4) 1931.4
◇耕地整理法改正要領(唯野喜八)「自治研究」 7(5) 1931.5
◇明日の都市と都市計画の精神(池田宏)「都市公論」 14(5) 1931.5
◇抵当証券法と都市計画法の関係(小栗忠七)「都市公論」 14(5) 1931.5
◇都市計画の公園(折下吉延)「都市公論」 14(5) 1931.5
◇第十三回国際住宅及都市計画会議近づく(小倉庫次)「都市問題」 12(5) 1931.5
◇大阪都市計画地域追加変更(加藤善吉)「建築と社会」 14(6) 1931.6
◇東京市の緑地計画(東京市監査局)「建築と社会」 14(6) 1931.6
◇地域制度の若干問題(2)(菱田厚介)「自治研究」 7(6) 1931.6
◇大阪市町名地番の整理(林博康)「大大阪」 7(6) 1931.6
◇大阪都市計画十年財源の苦心(関一)「大大阪」 7(6) 1931.6
◇大阪の都市計画とその現状(沖野悟[ほか])「大大阪」 7(6) 1931.6
◇全国区画整理の概況(小栗忠七)「大大阪」 7(6) 1931.6
◇都市計画特別税の改正(浅間静陵)「大大阪」 7(6) 1931.6
◇都市計画と交通問題(岡崎早太郎)「大大阪」 7(6) 1931.6
◇都市計画の合理化(飯沼一省)「大大阪」 7(6) 1931.6
◇区画整理至上主義(石川栄耀)「都市公論」 14(5) 1931.6
◇改正耕地整理法令と都市計画法令の関係(小栗忠七)「都市公論」 14(6) 1931.6
◇光に芽ぐむ都市の計画(5)(菱田厚介)「都市公論」 14(6) 1931.6
◇衛生上より視たる土地の区画整理(今川豊三郎)「道路の改良」 13(7) 1931.7
◇区画整理の訴訟に東京市長敗訴「都市公論」 14(7) 1931.7
◇区画整理誘導講話の順序(石川栄耀)「都市公論」 14(7) 1931.7
◇都市計画座談会「都市公論」 14(7) 1931.7
◇第十三回国際住宅及都市計画会議へ本会理事宮島博士出席/ニュー・ジーランド震災見舞に対する同政府よりの謝状(田辺定義)「都市問題」 13(1) 1931.7

◇公有水面の埋立と其の公用廃止(武井群嗣)「自治研究」 7(8) 1931.8
◇都市計画事業と起債(田中広太郎)「道路の改良」 13(8) 1931.8
◇明石公園拡張計画(森一雄)「都市公論」 14(8) 1931.8
◇運動公園設計基礎としての運動場規制(佐藤晶)「都市公論」 14(8) 1931.8
◇街路の緑化に就て(水谷駿一)「都市公論」 14(8) 1931.8
◇記念事業としての大阪市の公園(椎原兵市)「都市公論」 14(8) 1931.8
◇児童公園設計に就て(相川要一)「都市公論」 14(8) 1931.8
◇隅田公園と山下公園(横山信二)「都市公論」 14(8) 1931.8
◇都市公園に関する二三の考察(田村剛)「都市公論」 14(8) 1931.8
◇都市の公園計画(大屋霊城)「都市公論」 14(8) 1931.8
◇土地区画整理に依る公園計画の実施(狩野力)「都市公論」 14(8) 1931.8
◇奈良公園の管理(坂田静夫)「都市公論」 14(8) 1931.8
◇明治神宮御造営造園史(田阪美徳)「都市公論」 14(8) 1931.8
◇第十三回国際住宅及都市計画会議に臨みて-不良住宅地区改善と交通問題対都市並地方計画関係に就ての報告要旨(宮島幹之助)「都市問題」 13(2) 1931.8
◇雲仙国際公園都市計画の素描(谷口成之)「都市公論」 14(9) 1931.9
◇都市計画の巨人達をたづねて(石川栄耀)「都市公論」 14(9) 1931.9
◇富山に於ける都市計画座談会「都市公論」 14(9) 1931.9
◇第十三回国際都市住宅及都市計画会議に就て(1)「建築雑誌」 45(550) 1931.10
◇都市計画と飛行場(武居高四郎)「大大阪」 7(10) 1931.10
◇中小都市の都市計画(山田博愛)「都市公論」 14(10) 1931.10
◇都市計画に関係ある衛生問題二三(高野六郎)「都市公論」 14(10) 1931.10
◇第十三回国際都市住宅及都市計画会議に就て「建築雑誌」 45(551) 1931.11
◇大阪都市計画地域一部変更(第二回)に就て(加藤善吉)「建築と社会」 14(11) 1931.11
◇町村に於ける小都市計画(飯沼一省)「自治研究」 7(11) 1931.11
◇都市計画の財源(田中広太郎)「地方行政」 39(11) 1931.11
◇近隣地の計画(菱田厚介)「都市公論」 14(11) 1931.11
◇区画整理換地規程に於て唱け置くべき要項(石川栄耀)「都市公論」 14(11) 1931.11
◇都市計画法の由来と都市計画(池田宏)「都市公論」 14(11) 1931.11
◇満洲地方における土木事業と都市計画施設(1)(三浦磐雄)「道路の改良」 13(12) 1931.12
◇斯くある可きの都市計画(北村徳太郎)「都市公論」 14(12) 1931.12
◇都市計画の財源(田中広太郎)「都市公論」 14(12) 1931.12
◇地域制と高層建築(加藤善吉)「建築と社会」 15(1) 1932.1
◇帝都復興事業の総決算(三樹樹三)「自治研究」 8(1) 1932.1
◇都市計画の本質(榧木寛之)「道路の改良」 14(1) 1932.1
◇風景地に於ける道路の功罪(田村剛)「道路の改良」 14(1) 1932.1
◇奈良市及其の附近と都市計画(薬師神栄七)「都市公論」 15(1) 1932.1
◇大京都の都市建設に就て(高田景)「道路の改良」 14(2) 1932.2
◇公園は何故必要となるか、日本都市に於ける公園計画(其ノ1)(北村徳太郎)「都市公論」 15(2) 1932.2
◇東京に於ける風致地区の維持改善に就て(西村輝一)「都市公論」

都市計画

15(2) 1932.2
◇我国帝都中枢地計画の変遷と美観地区の指定(小林隆徳)「都市公論」 15(2) 1932.2
◇公園とは？ 及其の他の都市戸外慰楽園地の分類(北村徳太郎)「都市公論」 15(3) 1932.3
◇小倉市に於ける都市計画座談会「都市公論」 15(3) 1932.3
◇都市計画に関する私見(山田博愛)「都市公論」 15(3) 1932.3
◇福岡市に於ける都市計画座談会「都市公論」 15(3) 1932.3
◇ラヂオ・シテイー(メトロポリタン・スクウエーア)の計画「建築と社会」 15(4) 1932.4
◇都市の緑地計画(關口鍈太郎)「造園学雑誌」 4 1932.4
◇土地区画整理施行の種類(小栗忠七)「都市公論」 15(4) 1932.4
◇航空と都市計画(松永武吉)「都市公論」 15(5) 1932.5
◇都市計画街路と飛行場(磯谷道一)「都市公論」 15(5) 1932.5
◇都市計画と防空(桑原四郎)「都市公論」 15(5) 1932.5
◇名古屋市の都市計画事業(花井又太郎)「都市公論」 15(6) 1932.6
◇名古屋に於ける今後の都市計画に就て(福永英三)「都市公論」 15(6) 1932.6
◇シカゴ市都市計画区域に於ける公園及運動場公園の標準と其事業(稲垣龍一)「造園研究」 5 1932.7
◇都市の緑地計画(關口鍈太郎)「造園研究」 5 1932.7
◇北米土地区画地の休養緑地制度と其実例(永見健一)「造園研究」 5 1932.7
◇都市計画界の権威サア・パトリック・ゲデス教授の訃(大須賀巖)「都市問題」 15(1) 1932.7
◇大東京と都市計画座談会「エンジニアー」 11(8) 1932.8
◇土地区画整理施行の種類(小栗忠七)「都市公論」 15(8) 1932.8
◇水の都市美計画(中村与資平)「都市問題」 15(2) 1932.8
◇「大東京都市計画座談会」を読む(坂田時和)「エンジニアー」 11(9) 1932.9
◇公共団体の施行する土地区画整理施行規程の研究(小栗忠七)「都市公論」 15(9) 1932.9
◇都市の空地政策(マルチン・ワグネル)「都市公論」 15(9) 1932.9
◇都市計画の近況(飯沼一省)「自治研究」 8(10) 1932.10
◇市町村編入に伴ふ京都都市計画は如何に進捗したか(1)(高田景)「大大阪」 8(11) 1932.10
◇大阪第二次都市計画事業の実現(島重治)「大大阪」 8(12) 1932.11
◇ソヴイエトロシアの土地使用制度と都市計画(中島清二)「自治研究」 8(12) 1932.12
◇都市美委員会の機能について(橡内吉胤)「大大阪」 8(13) 1932.12
◇大東京の緑地問題(小寺駿吉)「庭園と風景」 14(12) 1932.12
◇九州及山口都市計画協議会「都市公論」 15(12) 1932.12
◇公園的設備を施したる夙川遊歩計画に就て(寺戸善之)「都市公論」 15(12) 1932.12
◇都市の公園計画一応の理論(北村徳太郎)「都市公論」 15(12) 1932.12
◇ドイツの都市計画(關口鍈太郎訳)「造園研究」 7 1933.1
◇都市計画制限に就て(内山新之助)「大大阪」 9(1) 1933.1
◇都市美の今昔(黒田鵬心)「庭園と風景」 15(1) 1933.1
◇風致地区の理想と世状(横山信二)「庭園と風景」 15(1) 1933.1
◇33年型の都市計画(大屋霊城)「都市公論」 16(1) 1933.1
◇東京に於ける新風致地区(横山信二)「都市公論」 16(1) 1933.1
◇土地区画整理施行地区及区(小栗忠七)「都市公論」 16(1) 1933.1

◇「露国の都市計画」と其の批判(黒谷了太郎)「都市問題」 16(1) 1933.1
◇小都市の公園計画(関口鍈太郎)「庭園と風景」 15(2) 1933.2
◇大都市の自由空開地を斯く見る(井下清)「庭園と風景」 15(2) 1933.2
◇都市公園設計の一考察(東半七郎)「庭園と風景」 15(2) 1933.2
◇都市公園問題の核心(井下清)「庭園と風景」 15(2) 1933.2
◇府県立公園の提唱と其候補地(本多静六)「庭園と風景」 15(2) 1933.2
◇帝都に於ける風致地区に就て(水谷駿一)「都市公論」 16(2) 1933.2
◇町村と都市計画(飯沼一省)「斯民」 28(3) 1933.3
◇都市公園の十五年を回顧して(井下清)「庭園と風景」 15(3) 1933.3
◇駅広場計画の方式に就て(近藤謙三郎)「都市公論」 16(3) 1933.3
◇都市計画法中改正法律案に就て(飯沼一省)「都市公論」 16(3) 1933.3
◇都市計画法中改正法律案要旨(飯沼一省)「自治研究」 9(4) 1933.4
◇町村にも都市計画法を(飯沼一省)「地方行政」 41(4) 1933.4
◇都市計画法の改正に就て(中島清二)「地方行政」 41(4) 1933.4
◇都市計画法改正と衆議院「都市公論」 16(4) 1933.4
◇町村に於ける都市計画一斑(飯沼一省)「斯民」 28(5) 1933.5
◇川崎市職工住宅分布の調査より看たる土地整理計画への希望(荘原信一)「都市公論」 16(5) 1933.5
◇中小都市計画と交通機関の統制に就て(篠原英太郎)「都市公論」 16(5) 1933.5
◇都市計画者の手引(カロル・アルノビッチ,樫原敬三訳)「都市公論」 16(5) 1933.5
◇都市計画法の改正に就て(岡崎早太郎)「都市公論」 16(5) 1933.5
◇土地区画整理規約と施行規程の解説(小栗忠七)「都市公論」 16(5) 1933.5
◇ソヴェート聯邦都市計画の理論と実際(吉川末次郎)「都市問題」 16(5) 1933.5
◇地域制に関する工場の訴望(矢野兼三)「社会政策時報」 153 1933.6
◇京都市に於ける土地区画整理問題に就て(大森吉五郎)「都市公論」 16(6) 1933.6
◇新住宅地に対する区画整理の強制(宮沢小五郎)「都市公論」 16(6) 1933.6
◇土地区画整理事業助成の要諦(大岩勇夫)「都市公論」 16(6) 1933.6
◇土地区画整理統計「都市公論」 16(6) 1933.6
◇土地区画整理に対する低利資金融通状況「都市公論」 16(6) 1933.6
◇土地区画整理の実行に就て(山田博愛)「都市公論」 16(6) 1933.6
◇名古屋に於ける区画整理の本態(石川栄耀)「都市公論」 16(6) 1933.6
◇任意的土地整理の難点と地籍整備の必要(中島渉)「都市公論」 16(6) 1933.6
◇都市発展と近郊地の投機(イー・エム・フイツシヤー)「大大阪」 9(7) 1933.7
◇都市計画上より見たる土地区画整理(1)(武田嘉太郎)「地方行政」 41(7) 1933.7
◇都市計画主任官会議「都市公論」 16(7) 1933.7
◇都市計画としての広場-東京市新宿広場の築設計画(菊池慎三)「都市問題」 17(1) 1933.7
◇都市計画法の改正に伴ふ主任官会議-主務大臣の訓示と地方主任官の

建議「都市問題」17(1) 1933.7
◇内務省の都市計画決定標準草案「都市問題」17(1) 1933.7
◇都市に関する資料三四「建築と社会」16(8) 1933.8
◇奈良市に於ける遊覧都市としての特殊計画に於いて(薬師神榮七)「建築と社会」16(8) 1933.8
◇市町村の計画的発展と発展後の計画(中島清二)「自治研究」9(8) 1933.8
◇新宿駅広場及附近改良計画(肥田木誠介)「都市公論」16(8) 1933.8
◇帝都中枢地域の都市計画と市庁舎建築敷地(菊池慎三)「都市問題」17(2) 1933.8
◇満州の国都建設計画(佐野利器)「都市問題」17(2) 1933.8
◇満洲の国都建設(佐野利器)「建築雑誌」47(575) 1933.9
◇都市計画より土地計画まで(石原憲治)「建築と社会」16(9) 1933.9
◇都市と都市計画(吉田信武)「建築と社会」16(9) 1933.9
◇理想都市(吉田信武)「建築と社会」16(9) 1933.9
◇統制経済と都市政、都市計画(大須賀巌)「都市公論」16(9) 1933.9
◇社寺境内地の公園共用問題(井下清)「都市問題」17(3) 1933.9
◇都市計画考(1)(武田嘉太郎)「地方行政」41(10) 1933.10
◇都市計画を過たぬ為に(池田宏)「都市公論」16(10) 1933.10
◇都市計画と市民の義務(牛塚虎太郎)「都市公論」16(10) 1933.10
◇都市計画法に就て(飯沼一省)「都市公論」16(10) 1933.10
◇大東京の緑地面積「都市問題」17(4) 1933.10
◇都市計画の響く処(池田宏)「都市問題」17(4) 1933.10
◇奈良市の町名番地(蜂須賀直昭)「エンジニアー」12(11) 1933.11
◇大阪市の「シビック・センター」計画理想案懸賞当選案(日本建築協会編)「建築と社会」16(11) 1933.11
◇町村の都市計画法施行の現状(中島清二)「自治研究」9(11) 1933.11
◇郷土風景の保存と緑地計画(横山信二)「庭園と風景」15(11) 1933.11
◇東京府と緑地計画(高山始)「庭園と風景」15(11) 1933.11
◇聚落の研究 都市計画への序説としての(小田内通敏)「都市公論」16(11) 1933.11
◇農業地域制に就て(浅見与七)「都市公論」16(11) 1933.11
◇記念樹の植栽と其の手入法(本多静六)「庭園と風景」15(12) 1933.12
◇国都新京の建設(中野金次郎)「道路の改良」15(12) 1933.12
◇田園型を排す都市計画論(奥井復太郎)「三田学会雑誌」27(12) 1933.12
◇支那都市計画考(石川栄耀)「都市公論」17(1) 1934.1
◇城下町の都市計画(大熊喜邦)「都市公論」17(1) 1934.1
◇公有水面埋立法逐条釈義(1)(加藤清)「港湾」12(2) 1934.2
◇空港の都市計画的研究(笹間一夫)「建築雑誌」48(582) 1934.3
◇土地区画整理と国有地との関係(武田嘉太郎)「地方行政」42(3) 1934.3
◇地域指定に関する研究(中村綱)「都市公論」17(3) 1934.3
◇王寺公園の沿革と全貌(椎原兵市)「建築と社会」17(4) 1934.4
◇函館市の復興計画に就て(池田宏)「都市問題」18(4) 1934.4
◇函館市の復興方策に関する建議「建築雑誌」48(585) 1934.5
◇公有水面埋立法逐条釈義(加藤清)「港湾」12(5) 1934.5
◇函館の復興計画(飯沼一省)「水道協会雑誌」12 1934.5
◇続都市計画考(1)(武田嘉太郎)「地方行政」42(5) 1934.5

◇改正都市計画法施行一年の実蹟「都市公論」17(5) 1934.5
◇函館市の復興計画に就て(飯沼一省)「建築雑誌」48(586) 1934.6
◇公有水面埋立竣功期間伸長について(加藤清志)「港湾」12(6) 1934.6
◇国立公園計画上の地域地区に関する私見(加藤誠一)「国立公園」6(6) 1934.6
◇国立公園の利用に施設に必要なる土地に就て(田村剛)「国立公園」6(6) 1934.6
◇米国復興計画の概観(高木八尺)「国家学会雑誌」48(6) 1934.6
◇東京都市計画と東京緑地計画(谷川昇)「東京市農会報」2(8) 1934.6
◇大火と都市計画に就て(飯沼一省)「消防」68 1934.7
◇経営経態上より観たる我国の都市計画事業(竹中龍雄)「水道協会雑誌」14 1934.7
◇第一回全国都市計画協議会記録「都市公論」17(7) 1934.7
◇大阪駅前整理事業について(宮内義則)「大大阪」10(8) 1934.8
◇都市計画の重要な眼目―市町村長は一応考慮せよ(小栗忠七)「地方行政」42(8) 1934.8
◇堺都市計画事業最近の概要に就て(磯村遠)「都市公論」17(8) 1934.8
◇ドイツの土地区画整理に於ける評価主義と面積主義(兼岩伝一)「都市公論」17(8) 1934.8
◇非常時の都市計画は如何なるコースを採るべきか(岡本暁)「都市公論」17(8) 1934.8
◇東京府に於ける都市計画区域調査資料「エンジニアー」13(9) 1934.9
◇都市公園と運動場(椎原兵市)「建築と社会」17(9) 1934.9
◇国立公園管理に就て(戸坂生)「国立公園」6(9) 1934.9
◇緊急事業としての緑地施設-ドイツの移住及小華園設置法に就て(小田垣光之輔)「社会福利」18(9) 1934.9
◇プロシヤ都市計画法制の過去及現在(永見健一)「造園研究」11 1934.9
◇路傍改良計画(承前)(森忠文)「造園研究」11 1934.9
◇都会美、道路美、家屋美(田川大吉郎)「道路の改良」16(9) 1934.9
◇趣味の土地区画整理(小栗忠七)「都市公論」17(9) 1934.9
◇地域制改善に関する各方面の意見(室蘭市長)「都市問題」19(3) 1934.9
◇第四回全国都市問題会議記念特輯「都市問題」19(4) 1934.10 地域の指定とその地域の設備に就て(鈴木和夫) 都市空地特に生産緑地の保存に就て(田村剛) 名古屋都市計画区域内に於ける工業適地に関する研究(中村綱) 「ネオン・サイン」の統制(錦田直一)
◇英国市町村計画法(一九三二年)(内務省都市計画課)「都市公論」17(11) 1934.11
◇都市美に対する再吟味と都市美審査会の組成に就て(平野真三)「都市問題」19(6) 1934.12
◇晩近に於ける都市計画の趨勢に就いて「土木学会誌」20(12) 1934.12
◇現代都市計画論上の発展(奥井復太郎)「三田学会雑誌」28(12) 1934.12
◇都市計画法の改正に就て(松村光麿)「都市公論」18(1) 1935.1
◇都市計画法の改正(弓家七郎)「都市問題」20(1) 1935.1
◇都市計画委員会官制中改正「内務時報」787 1935.1
◇多摩川風致地区(1)「風致」2(1) 1935.1
◇無願埋立と其土地の所有権の帰属「港湾」13(2) 1935.2
◇公有水面埋立の免許の失効と其の救済「港湾」二月号法令研究欄所載評釈に対する駁論(玉越勝治)「水利と土木」8(3) 1935.3

都市計画

◇災害と土地区画整理（小栗忠七）「地方行政」 43(4) 1935.4
◇第十四回国際住宅及都市計画会議「都市問題」 20(4) 1935.4
◇多摩川風致地区(2)「風致」 2(4) 1935.4
◇名古屋駅前計画に就て（山口宏）「都市公論」 18(5) 1935.5
◇普魯西に於ける現行都市計画法制と都市計画法案に就て（吉田安三郎）「建築雑誌」 49(600) 1935.6
◇東京緑地一般計画に就て（水谷駿一、香坂昌男）「造園雑誌」 2(2) 1935.6
◇小学校建築と都市計画（小栗忠七）「地方行政」 43(6) 1935.6
◇北九州都市計画参考資料「都市公論」 18(6) 1935.6
◇北九州の緑地問題（木村尚文）「都市公論」 18(6) 1935.6
◇都市計画より観たる北九州五市合併問題（東後琢三郎）「都市公論」 18(6) 1935.6
◇都市計画法施行法の改正に就て（小栗忠七）「斯民」 30(7) 1935.7
◇土地収用に就て（武井群嗣）「水利と土木」 8(7) 1935.7
◇国都建設の全貌（承前）（満州帝国政府国務院国都建設局）「青年教育」 149 1935.7
◇都市計画法施行令の改正に就て（小栗忠七）「都市公論」 18(7) 1935.7
◇街頭緑地の整備（井下清）「都市問題」 21(1) 1935.7
◇丹波一町の都市計画「都市公論」 18(8) 1935.8
◇日本の文化と都市計画の諸問題（兼岩伝一）「都市公論」 18(8) 1935.8
◇真の都市計画及都市計画事業を為さむとせば先づ行政機構変更より（岡本暁）「都市公論」 18(8) 1935.8
◇都市計画のファッショ性断想（菊池慎三）「市政研究」 1(1) 1935.9
◇大阪駅前整理及防潮堤事業に就て（大木外次郎）「都市公論」 18(9) 1935.9
◇第二回都市計画協議会記録「都市公論」 18(9) 1935.9
◇日本の都市公園改策に就て（北村徳太郎）「都市公論」 18(9) 1935.9
◇大阪市の土地区画整理事業による公園（権原兵市）「区画整理」 1(1) 1935.10
◇名古屋市鍋屋上野土地区画整理組合の概要（工藤延雄）「区画整理」 1(1) 1935.10
◇ロット割問答(1)（中村網）「区画整理」 1(2) 1935.10
◇帝都の求める緑地（田辺薫）「庭園と風景」 17(10) 1935.10
◇都市近郊風景の保存（吉田信武）「庭園と風景」 17(10) 1935.10
◇土地賃貸価格算定について（北島仙一）「区画整理」 1(2) 1935.11
◇奈良県に於ける土地区画整理（蜂須賀直昭）「区画整理」 1(2) 1935.11
◇大阪駅前都市計画事業に就き技術的一考察（本田長次）「建築と社会」 18(11) 1935.11
◇神社境内の風致問題（本郷高徳）「庭園と風景」 17(11) 1935.11
◇大演習と都市計画街路（藤田宗光）「都市公論」 18(11) 1935.11
◇換地の実際(1)（大西房太郎）「区画整理」 1(3) 1935.12
◇区画整理換地確定計算に就て（馬目尚）「区画整理」 1(3) 1935.12
◇土地区画整理賃貸価格配賦の概要（岩田金平）「区画整理」 1(3) 1935.12
◇都市計画に於ける市街路若しくは広場の形状を決定すべき自動車走行曲線の設定（丹羽史美）「建築雑誌」 49(607) 1935.12
◇港湾施設に必要なる地域の認定と都市計画法に就て（田村与吉）「港湾」 13(12) 1935.12
◇公園の保安施設（吉田定輔）「庭園と風景」 17(12) 1935.12
◇土地区画整理手引（小栗忠七）「区画整理」 2(1) 1936.1

◇名古屋市桜土地区画整理組合の概要（河井一郎）「区画整理」 2(1) 1936.1
◇大阪市緑地問題の現状及将来（福留並喜）「建築雑誌」 50(608) 1936.1
◇大阪の都市美座談会（昭和10.10.15）「建築と社会」 19(1) 1936.1
◇青森県脇野沢復興事業に就て（荒木忠義）「都市公論」 19(1) 1936.1
◇効果ある土地区画整理（アメリカ）「建築と社会」 19(2) 1936.2
◇都市美雑感（中尾保）「建築と社会」 19(2) 1936.2
◇カイロの都市計画（奥田教朝）「土木学会誌」 22(2) 1936.2
◇国立公園の指定完了「内務時報」 1(2) 1936.2
◇函館復興土地区画整理組合規約「区画整理」 2(3) 1936.3
◇都市美の問題（葛野壮一郎）「建築と社会」 19(3) 1936.3
◇埋立地の管理及処分に就て（三浦直彌）「市政研究」 2(2) 1936.3
◇都市緑化座談会（大阪ロータリー倶楽部主催）「大大阪」 12(3) 1936.3
◇大阪と広場（椎原兵市）「庭園と風景」 18(3) 1936.3
◇広場概論（関口鎮太郎）「庭園と風景」 18(3) 1936.3
◇大阪駅前整理事業に就て（宮内義則）「都市公論」 19(3) 1936.3
◇都市計画道路国庫補助事業の概況「内務時報」 1(3) 1936.3
◇換地の実際(5)（大西房太郎）「区画整理」 2(4) 1936.4
◇区画整理を呑む(5)（山田昌弘）「区画整理」 2(4) 1936.4
◇桜組合の細則による換地計算例（河井一郎）「区画整理」 2(4) 1936.4
◇土地区画整理の手引（小栗忠七）「区画整理」 2(4) 1936.4
◇世界主要国に於ける都市計画の現状(1)（吉田信武）「大大阪」 12(4) 1936.4
◇哈爾浜都市計画（山田博愛）「都市公論」 19(4) 1936.4
◇換地の実際(6)（大西房太郎）「区画整理」 2(5) 1936.5
◇組合の剰余地処分（横田久三郎）「区画整理」 2(5) 1936.5
◇地類変換地の取扱方（小栗忠七）「区画整理」 2(5) 1936.5
◇土地区画整理手引（小栗忠七）「区画整理」 9(5) 1936.5
◇用途地域制の検討（菱田厚介）「警察研究」 7(5) 1936.5
◇都市計画と住居問題（武居高四郎）「建築と社会」 19(5) 1936.5
◇日本の都市計画と住居（高橋壽男）「建築と社会」 19(5) 1936.5
◇我国最初の都市計画―団地の住宅経営（加藤善吉）「建築と社会」 19(5) 1936.5
◇土地収用に因る損失補償額の算定（連載・行政法思潮 13）（杉村章三郎）「自治研究」 12(5) 1936.5
◇都市計画特別税に就て（宮本隆）「税」 14(5) 1936.5
◇都市美の地方性（川路柳虹）「大大阪」 12(5) 1936.5
◇運河、街路及土地区画整理事業の実施に就いて（赤司貫一）「都市公論」 19(5) 1936.5
◇富山県に於ける都市計画に就いて（佐々木厚義）「都市公論」 19(5) 1936.5
◇富山市設墓地に就いて（山田秀石）「都市公論」 19(5) 1936.5
◇富山都市計画と東岩瀬港（西東慶治）「都市公論」 19(5) 1936.5
◇美濃部達吉著公用収用法原理（昭和十一年）（田中二郎）「法学協会雑誌」 54(5) 1936.5
◇土地区画整理統計「区画整理」 2(6) 1936.6
◇独逸の土地整理と国内移民「月刊 列国政策彙報」 8 1936.6
◇地域指定の基礎理論としての適地論―岡崎都市計画地域指定に関する調査（中村）「建築雑誌」 50(613) 1936.6
◇耕地整理法と道路法(1)（小栗忠七）「地方行政」 44(6) 1936.6

◇渋谷駅広場及附近街路計画(松崎由和)「都市公論」 19(6) 1936.6
◇土地区画整理地賃貸価格配賦手続要領(氏家保寿)「都市公論」 19(6) 1936.6
◇大阪昔時の地割を論ず(佐古慶三)「建築と社会」 19(7) 1936.7
◇米国に於ける計画界最近の趨向(吉田信武)「建築と社会」 19(7) 1936.7
◇市街地購買組合の監査に就て(橋本律二)「産業組合」 369 1936.7
◇大阪市の公園特殊施設の現況(方米治郎)「庭園」 18(7) 1936.7
◇我が国都市計画法の沿革(長谷川金兵衛)「都市公論」 19(7) 1936.7
◇移転補償実査に就て(佐藤房一)「区画整理」 2(8) 1936.8
◇経済界と区画整理(横山久三郎)「区画整理」 2(8) 1936.8
◇土地区画整理論(小栗忠七)「区画整理」 2(8) 1936.8
◇名古屋市に於ける不良地区-特に下奥田町に就て(小山和助)「区画整理」 2(8) 1936.8
◇都市計画地域に対する施設及防火地区に於ける耐火建築物の促進助成(加藤善吉)「建築と社会」 19(8) 1936.8
◇農業緑地と市街地(小栗忠七)「地方行政」 44(8) 1936.8
◇風致地区指定と取締制限(都市研究会)「都市研究」 32 1936.8
◇風致地区に関する諸問題(奥中喜代一)「都市研究」 32 1936.8
◇風致の保護と山林計画(勝田銀次郎)「都市研究」 32 1936.8
◇第三回都市計画協議会会議事録「都市公論」 19(8) 1936.8
◇延岡の土地区画整理事業に就て(藤田宗光)「都市公論」 19(8) 1936.8
◇換地の実際(8)(大西房太郎)「区画整理」 2(9) 1936.9
◇住宅経営を伴ふ土地区画整理(加藤善吉)「区画整理」 2(9) 1936.9
◇大阪駅付近整理の都市計画事業(福留並喜)「建築と社会」 19(9) 1936.9
◇都市美に就て(田中彌一)「建築と社会」 19(9) 1936.9
◇市街地と公園に就て(小栗忠七)「地方行政」 44(9) 1936.9
◇土地区画整理法大意(1)(宮内義則)「都市公論」 19(9) 1936.9
◇区画整理施行地の賃貸価格配賦に就て(望月荒七)「区画整理」 2(10) 1936.10
◇台湾都市計画令公布「区画整理」 2(10) 1936.10
◇東京市に於ける土地区画整理(阿部喜之丞)「区画整理」 2(10) 1936.10
◇土地区画整理手続に就て(長屋四郎右衛門)「区画整理」 2(10) 1936.10
◇土地区画整理手引(7)(小栗忠七)「区画整理」 2(10) 1936.10
◇土地欠陥の打診と区画整理(岡本忠弥)「区画整理」 2(10) 1936.10
◇アメリカの公園及運動場(金谷重義)「経済時報」 8(7) 1936.10
◇公共団体施行の土地区画整理手続問答(1)(小栗忠七)「地方行政」 44(10) 1936.10
◇土地収用方法要覧(1)(徳崎香)「地方行政」 44(10) 1936.10
◇オリンピック村と勤労者への緑地帯都市(亀井幸次郎)「都市公論」 19(10) 1936.10
◇蘇連邦に於ける都市計画(ロバート・ホイッテン)「都市公論」 19(10) 1936.10
◇土地区画整理法大意(2)(宮内義則)「都市公論」 19(10) 1936.10
◇全国都市問題会議第五回総会記念号「都市問題」 23(4) 1936.10
空地計画/都市の保健施設に関する一人一研究-第五回全国都市問題会議総会第二議題関係研究報告の要旨(都市計画東京地方委員会)
火葬場の計画基準/都市の保健施設に関する一人一研究-第五回全国都市問題会議総会第二議題関係研究報告の要旨(都市計画東京地方委員会) 公園その他緑地に関する事項/都市の保健施設に関する一人一研究-第五回全国都市問題会議総会第二議題関係研究報告の要旨(高田賢治郎)
◇風致地区と公園(横山信二)「風致(東京府風致協会連合会)」 1(4) 1936.10
◇風致地区の目的と其達成に就て(西村輝一)「風致(東京府風致協会連合会)」 1(4) 1936.10
◇欧米都計界見聞記(北村徳太郎)「区画整理」 2(11) 1936.11
◇換地の実際(10)(大西房太郎)「区画整理」 2(11) 1936.11
◇剰余地組合員への還元の一方法(高木静波)「区画整理」 2(11) 1936.11
◇中小都市町名番地整理(豊城享二)「区画整理」 2(11) 1936.11
◇土地区画整理手続に就て(長屋四郎右衛門)「区画整理」 2(11) 1936.11
◇土地区画整理手引(8)(小栗忠七)「区画整理」 2(11) 1936.11
◇郊外区画整理局による緑地帯都市案が無効を宣言さる「建築と社会」 19(11) 1936.11
◇帝都の都市計画(高田賢治郎)「市政研究」 2(5) 1936.11
◇公共団体施行の土地区画整理手続問答(2)(小栗忠七)「地方行政」 44(11) 1936.11
◇土地収用又は使用を為し得る事業一土地収用法要覧(2)(徳崎香)「地方行政」 44(11) 1936.11
◇英国の帯状発展制限条例(吉田信武)「建築と社会」 19(12) 1936.12
◇公園及緑地(後編)(太田謙吉)「都市公論」 19(12) 1936.12
◇土地区画整理の再検討の時来る(岡本暁)「都市公論」 19(12) 1936.12
◇ソ聯邦社会主義都市計画の一実例-バリショーエ・ザポロズィエ市に就て(幸島礼吉)「都市問題」 23(7) 1936.12
◇仮換地の実務(須部真折)「区画整理」 3(1) 1937.1
◇区画整理地区内に於ける分譲住宅に就て(横山武)「区画整理」 3(1) 1937.1
◇都市計画法第十三条による区画整理(浅井玄昉)「区画整理」 3(1) 1937.1
◇土地区画整理手続に就て(4)(長屋四郎右衛門)「区画整理」 3(1) 1937.1
◇土地区画整理手引(9)(小栗忠七)「区画整理」 3(1) 1937.1
◇自然と人文の調整を目指す明日の都市計画文明へ(池田宏)「公園緑地」 1(1) 1937.1
◇都市に於ける自然の欠亡(飯沼一省)「公園緑地」 1(1) 1937.1
◇ロンドンの緑地計画(木村三郎)「公園緑地」 1(1) 1937.1
◇府県立公園の現況(田村剛)「国立公園」 9(1) 1937.1
◇公共団体施行の土地区画整理手続問答(小栗忠七)「地方行政」 45(1) 1937.1
◇土地収用事業認定手続(徳崎香)「地方行政」 45(1) 1937.1
◇都市計画と小学校(小山和助)「都市公論」 20(1) 1937.1
◇宮崎県下に於ける都市計画事業(藤田宗光)「都市公論」 20(1) 1937.1
◇移転関係事務の諸問題(区画整理)(後藤嘉一)「区画整理」 3(2) 1937.2
◇移転補償の実査定に就て(2)(佐藤房一)「区画整理」 3(2) 1937.2
◇強制的土地区画整理に対する一考察(島正一郎)「区画整理」 3(2) 1937.2
◇ソ連邦の都市計画に就て(幸島礼吉)「区画整理」 3(2) 1937.2
◇土地区画整理手続に就て(5)(長屋四郎右衛門)「区画整理」 3(2) 1937.2
◇土地区画整理手引(10)(小栗忠七)「区画整理」 3(2) 1937.2
◇社会事象と計画界(宮田秀穂)「建築と社会」 20(2) 1937.2

都市計画

◇街の美学(元良勳)「建築と社会」 20(2) 1937.2

◇川崎市の公園計画(芝辻一郎)「公園緑地」 2(2) 1937.2

◇明治初期に於ける東京府の景園事情の一班(2)(水谷駿一)「公園緑地」 2(2) 1937.2

◇本邦都市計画の本義(一井修)「市政学会雑誌」 5 1937.2

◇都市美化の見地より大阪市の広場と公園を論ず(横山栄次)「大大阪」 13(2) 1937.2

◇岡崎都市計画地域指定に就て(小山和助)「都市公論」 20(2) 1937.2

◇三առ駅前整理都市計画事業の概要「内務時報」 2(2) 1937.2

◇風致地区規程に依る出願審査の実際に当りて(新堀林策)「風致」 2(1) 1937.2

◇換地に対する私見(2)(岩下正)「区画整理」 3(3) 1937.3

◇組合地内墓地改葬を終へて(大谷惇)「区画整理」 3(3) 1937.3

◇都計法第十三条区画整理内申内容(原田永之助)「区画整理」 3(3) 1937.3

◇土地区画整理手続に就て(6)(長屋四郎右衛門)「区画整理」 3(3) 1937.3

◇土地処分法に就て(名古屋)(山田昌弘)「区画整理」 3(3) 1937.3

◇名古屋市田代土地区画整理組合の事業一般(水野弥重郎)「区画整理」 3(3) 1937.3

◇台湾都市計画令「建築と社会」 20(3) 1937.3

◇土地収用法に於ける当事者の協議(磯崎辰五郎)「公法雑誌」 3(3) 1937.3

◇川崎市の都市計画事業概況(山田敬助)「都市公論」 20(3) 1937.3

◇防空と都市計画(2)(町田保)「都市公論」 20(3) 1937.3

◇第十五回国際住宅及都市計画会議-来る七月巴里に開催「都市問題」 24(3) 1937.3

◇台湾都市計画の概要(塚本一郎)「区画整理」 3(4) 1937.4

◇台湾都市計画の特色(小川広吉)「区画整理」 3(4) 1937.4

◇台湾都市計画令の持つ意義(小栗忠七)「区画整理」 3(4) 1937.4

◇台湾に於ける都市計画の過去及将来(早川透)「区画整理」 3(4) 1937.4

◇台湾の土地区画整理展望(馬目尚)「区画整理」 3(4) 1937.4

◇ジードルング技術並に都市計画の観点より見たる大ベルリンの区域(菅陸二)「建築と社会」 20(4) 1937.4

◇台湾都市計画令施行規則(1)「建築と社会」 20(4) 1937.4

◇都市と緑地の科学(横山三四治)「建築と社会」 20(4) 1937.4

◇大津都市計画風致地区の指定(児玉実)「公園緑地」 1(4) 1937.4

◇国立公園に於ける公用制限(齋藤隼一)「国立公園」 9(2) 1937.4

◇土地区画整理と密住地区問題(志賀志那人)「市政研究」 3(4) 1937.4

◇大阪区画整理の街廓は規模大なる建築敷地に支障はないか(鳥井信)「大大阪」 13(4) 1937.4

◇大阪市の公園計画と土地区画整理公園に就て(松井正一)「大大阪」 13(4) 1937.4

◇大阪市の土地区画整理と小学校用地問題(菅野和太郎)「大大阪」 13(4) 1937.4

◇大阪市の土地区画整理に於ける換地処分とその実際(前田清)「大大阪」 13(4) 1937.4

◇区画整理とはどんなものか(1)「大大阪」 13(4) 1937.4

◇城北運河と其の沿岸土地区画整理地工業地域将来の発展性(福富正治)「大大阪」 13(4) 1937.4

◇大大阪の下水道計画と土地区画整理の排水問題(島崎孝彦)「大大阪」 13(4) 1937.4

◇土地区画整理施行に依り面目を一新したる大大阪(福留並喜)「大大阪」 13(4) 1937.4

◇保健衛生上より見たる土地区画整理(藤原九十郎)「大大阪」 13(4) 1937.4

◇歴史的に見た大阪の区画整理と建築(玉置豊次郎)「大大阪」 13(4) 1937.4

◇如何に区画整理を併用するか -第一部 受益者負担規程の比較一覧-(兼岩伝一)「区画整理」 3(5) 1937.5

◇公園並風致地区の設定について(桜岡威)「区画整理」 3(5) 1937.5

◇国有地無償交付に保険(小栗忠七)「区画整理」 3(5) 1937.5

◇土地区画整理手続に就て(7):始めて区整を学ばんとする人へ(長屋四郎右衛門)「区画整理」 3(5) 1937.5

◇新計画令の原則とする都市拡張計画と空地保存問題(ユング・ウエンワエル、高橋寿男訳)「建築と社会」 20(5) 1937.5

◇台湾都市計画令施行規則(2)「建築と社会」 20(5) 1937.5

◇都市計画の将来の為めに(吉村辰夫)「建築と社会」 20(5) 1937.5

◇名古屋市の公園状況(野間守人)「公園緑地」 1(5) 1937.5

◇名古屋に於ける公園を語る「公園緑地」 1(5) 1937.5

◇名古屋の整備事業と小公園(石神甲子郎)「公園緑地」 1(5) 1937.5

◇名古屋の緑地事業(森薫)「公園緑地」 1(5) 1937.5

◇我らが都市美を高唱する所以(中井光次)「大大阪」 13(5) 1937.5

◇州計画局は何をしたか?(早川文夫)「都市公論」 20(5) 1937.5

◇第一回全国都市美協議会の開催(平野真三)「都市問題」 24(5) 1937.5

◇台湾都市計画令の異色(早川透)「都市問題」 24(5) 1937.5

◇土地区画整理設計標準を中心にして「区画整理」 3(6) 1937.6

◇土地区画整理手続に就いて(8)(長屋四郎右衛門)「区画整理」 3(6) 1937.6

◇土地区画整理手引(小栗忠七)「区画整理」 3(6) 1937.6

◇都市中心地日比谷の変遷に就て(加藤得三郎,君島祐之)「建築雑誌」 51(627) 1937.6

◇台湾都市計画令施行規則(3)「建築と社会」 20(6) 1937.6

◇京都風致地区指定と其の後(岩沢周一)「公園緑地」 1(6) 1937.6

◇一九三七年パリ国際住宅及都市計画会議-議題とクエスショネア(幸島礼吉)「都市問題」 24(6) 1937.6

◇第一回都市美協議会の概況(平野真三)「都市問題」 24(6) 1937.6

◇如何に区画整理を併用するか -第二部受益者負担と換地処分の関係-(兼岩伝一)「区画整理」 3(7) 1937.7

◇土地区画整理事業に対して市は何をなすべきか(阿部喜之亟)「区画整理」 3(7) 1937.7

◇土地区画整理手続に就て(9):始めて区整を学ばんとする人へ(長屋四郎右衛門)「区画整理」 3(7) 1937.7

◇土地区画整理手引(12)(小栗忠七)「区画整理」 3(7) 1937.7

◇台湾都市計画令施行規則(4・完)「建築と社会」 20(7) 1937.7

◇我国都市計画の変遷(武居高四郎)「建築と社会」 20(7) 1937.7

◇土地収用法上の費用負担に関する要項(齋藤勝亮)「道路の改良」 19(7) 1937.7

◇北海道都市計画関係資料(都市計画北海道地方委員会)「都市公論」 20(7) 1937.7

◇本道都市の公園緑地(宮地常助)「都市公論」 20(7) 1937.7

◇都市美の種々相(佐藤功一)「都市問題」 25(1) 1937.7

◇小河内貯水池に就て(小野基樹)「土木学会誌」 23(7) 1937.7

◇如何に区画整理を併用するか -受益者負担と換地処分の関係-(兼岩伝一)「区画整理」 3(8) 1937.8

◇土地区画整理事業に対して市は何をなすべきか(2)(阿部喜之亟)「区画整理」 3(8) 1937.8

◇土地区画整理手引(13)(小栗忠七)「区画整理」 3(8) 1937.8
◇近郊都市計画に関する一考察(中沢誠一郎)「建築雑誌」 51(629) 1937.8
◇市域内及その周囲に於ける生産緑地(タマス・アダムス)「建築と社会」 20(8) 1937.8
◇公園の利用と用地問題(真坂忠蔵)「公園緑地」 1(8) 1937.8
◇モスコー市の大緑地計画「公園緑地」 1(8) 1937.8
◇国庫補助都市計画事業に就て(礒谷道一)「都市公論」 20(8) 1937.8
◇第四回都市計画協議会「都市公論」 20(8) 1937.8
◇防空の都市計画(都市計画東京地方委員会)「都市公論」 20(8) 1937.8
◇換地予定指定と借地権の指定(荒牧亀雄)「区画整理」 3(9) 1937.9
◇土地区画整理事業に対して市は何をなすべきか(3)(阿部喜之亟)「区画整理」 3(9) 1937.9
◇土地区画整理手続に就て(10)(長屋四郎右衛門)「区画整理」 3(9) 1937.9
◇土地区画整理手引(14)(小栗忠七)「区画整理」 3(9) 1937.9
◇適地・立地・地代(中村綱)「建築と社会」 20(9) 1937.9
◇独逸国新墓地模範条例及墓地築造標準(1):1937年公布「公園緑地」 1(9) 1937.9
◇第四回都市計画協議会記録(協議)「都市公論」 20(9) 1937.9
◇第四回都市計画協議会記録(研究報告)「都市公論」 20(9) 1937.9
◇函館復興事業に就て(鹽谷勇)「都市公論」 20(9) 1937.9
◇相模原に於ける土地評価基準(3・完)(吉留健吉)「区画整理」 3(10) 1937.10
◇土地区画整理手引(15)(小栗忠七)「区画整理」 3(10) 1937.10
◇座談会「六甲山を語る」(兵庫県都市計画課)「公園緑地」 1(10) 1937.10
◇六甲山系の風致保存(斉藤武雄)「公園緑地」 1(10) 1937.10
◇関東の一動態に就て(佐藤寛三郎)「都市公論」 20(10) 1937.10
◇区画整理の基礎問題(石川栄耀)「都市公論」 20(10) 1937.10
◇岡山市と区画整理(豊城亨二)「区画整理」 3(11) 1937.11
◇受益者負担と換地処分の関係-如何に区画整理を併用するか(第二部その四)(兼岩伝一)「区画整理」 3(11) 1937.11
◇小学校敷地は都市計画として決定し、土地区画整理により之を取得すべし(阿部喜之亟)「区画整理」 3(11) 1937.11
◇適地・立地・地代(中村綱)「区画整理」 3(11) 1937.11
◇都市計画に於ける理論 -中村綱氏の「適地論」に答へる-(西山夘三)「区画整理」 3(11) 1937.11
◇土地区画整理財務論(続)(北島仙一)「区画整理」 3(11) 1937.11
◇大都市の保存地域に就て(S.ランシル,J.クレーン)「建築と社会」 20(11) 1937.11
◇独逸国新墓地模範条例及墓地築造標準(2):一九三七年公布「公園緑地」 1(11) 1937.11
◇緑地運動の所感(森一雄)「公園緑地」 1(11) 1937.11
◇国際住宅及都市計画会議の概況(前田陽一)「都市問題」 25(5) 1937.11
◇駅前広場計画の要諦(入江博)「区画整理」 3(12) 1937.12
◇区画整理の移転補償に就て(後藤信吾)「区画整理」 3(12) 1937.12
◇区整の体験を語る(鈴木又右衛門[ほか])「区画整理」 3(12) 1937.12
◇帝都復興事業土地区画整理の回顧(河北一郎)「区画整理」 3(12) 1937.12
◇東京市の町界町名地番整理(1)(重藤魯)「区画整理」 3(12) 1937.12

◇東京市の土木事業と土地区画整理に就て(衣斐清香)「区画整理」 3(12) 1937.12
◇八王子市の土地区画整理の実状(門倉軍治)「区画整理」 3(12) 1937.12
◇防空対策上より観たる密集危険地区除却問題(高田賢次郎)「区画整理」 3(12) 1937.12
◇建築線指定と換地に就て(中村綱)「建築行政」 1(4) 1937.12
◇近隣計画委員会の示唆による斬新な土地開発(W.ハートウエルハドロー)「建築と社会」 20(12) 1937.12
◇新墓地模範条例及墓地築造標準(3)「公園緑地」 1(12) 1937.12
◇敷地開発計画案(中村清照抄訳)「都市公論」 20(12) 1937.12
◇瑞典都市計画法及ストックホルム市建築物法(抄)(都市計画東京地方委員会)「都市公論」 20(12) 1937.12
◇第四回全国都市計画協議会処理報告「都市公論」 20(12) 1937.12
◇地域制度修正試案(伊東五郎)「都市公論」 20(12) 1937.12
◇防空と都市計画(小宮賢一抄訳)「都市公論」 20(12) 1937.12
◇都市の庭園的共葬墓地に就て(井下清)「都市問題」 25(6) 1937.12
◇駅前広場計画の要諦(入江博)「区画整理」 4(1) 1938.1
◇共同施行と区画整理登記(早日末吉)「区画整理」 4(1) 1938.1
◇区整と実務者(1)(大西房太郎)「区画整理」 4(1) 1938.1
◇地域制と適地論-西山氏に答ふ(中村綱)「区画整理」 4(1) 1938.1
◇適地は如何に決定されるか-主として中村氏の適地論を中心にその社会的な究明を意図する都市計画試論(高橋寿男)「区画整理」 4(1) 1938.1
◇東京市の町界町名地番整理(重藤魯)「区画整理」 4(1) 1938.1
◇土地区画整理設計と其新傾向(渡邊孝夫)「区画整理」 4(1) 1938.1
◇土地区画整理手続きに就て(11)(長屋四郎右衛門)「区画整理」 4(1) 1938.1
◇ハルビンの都市計画と事業に就て(山崎桂一)「区画整理」 4(1) 1938.1
◇哈爾浜市の緑地計画に就て(佐藤昌)「公園緑地」 2(1) 1938.1
◇土地収用法第5条所謂関係人の意義「大審院判例集」 17(13) 1938.1
◇モスクワの都市計画(上)(磯villages英一)「都市問題」 26(1) 1938.1
◇暁は遠けれど-中小都市計画の出発に就いて(島正一郎)「区画整理」 4(2) 1938.2
◇秋田市に於ける十三条区整に就て(清水武夫)「区画整理」 4(2) 1938.2
◇区整と実務者(2)(大西房太郎)「区画整理」 4(2) 1938.2
◇盛岡大須の仮換地(2)(山田昌弘)「区画整理」 4(2) 1938.2
◇多角面から見た土地区画整理組合(2)(潮見純)「区画整理」 4(2) 1938.2
◇適地論と地域制との関係(中村綱)「建築と社会」 21(2) 1938.2
◇羽沢分区種芸園に就て(平田理)「公園緑地」 2(2) 1938.2
◇モスクワの都市計画(下)(磯村英一)「都市問題」 26(2) 1938.2
◇都邑計画に於ける公園計画の概要(江口日出雄)「内務資料月報」 2(2) 1938.2
◇堺市都計十三条の実情(酒井勇)「区画整理」 4(3) 1938.3
◇ロット割の研究(中村綱)「区画整理」 4(3) 1938.3
◇都市の型(トーマス・アダムス)「建築と社会」 21(3) 1938.3
◇布施の緑地計画(塩川正三)「公園緑地」 2(3) 1938.3
◇都市計画特別税に就て(1)(米沢道雄)「地方財務」 37 1938.3
◇収用法最近の方法(大国実)「道路の改良」 20(3) 1938.3

都市計画

◇都邑計画上の住宅敷地に大さ（杉野啓）「内務資料月報」 2(3) 1938.3
◇14当会都市計画事務打合会「区画整理」 4(4) 1938.4
◇風景地の生産的利用（丹羽鼎三）「公園緑地」 2(4) 1938.4
◇風致地区の管理経営と風景地開発助成規程の関係に就て（太田謙吉）「公園緑地」 2(4) 1938.4
◇市街地建設物法の改正要旨に就いて（松村光麿）「都市公論」 21(4) 1938.4
◇過去二十年間の地域制（山田正男）「土木学会誌」 24(4) 1938.4
◇青森県の都市計画に就て（越智治正）「区画整理」 4(5) 1938.5
◇石川県に於ける都市計画と都市の現況(1)（塚谷朝正）「区画整理」 4(5) 1938.5
◇大阪市公園の進展状況(1)（松井正一）「区画整理」 4(5) 1938.5
◇香川県下に於ける都市計画（都市計画香川地方委員会）「区画整理」 4(5) 1938.5
◇区画整理と建築行政（池口凌）「区画整理」 4(5) 1938.5
◇京浜工業地帯造成事業計画概要（西海芳郎）「区画整理」 4(5) 1938.5
◇地域制の社会的基礎に関する一考察(1)（菅陸二）「区画整理」 4(5) 1938.5
◇都市区画整理事業と大阪市(1)（西川太一郎）「区画整理」 4(5) 1938.5
◇長崎地方都市計画の進展状況（谷口成之）「区画整理」 4(5) 1938.5
◇兵庫県下に於ける区画整理の進捗状況と事業費（兵庫県土木部都市計画課）「区画整理」 4(5) 1938.5
◇ロット割の研究（続）（中村綱）「区画整理」 4(5) 1938.5
◇革新への波動と都市計画（吉村辰夫）「建築と社会」 21(5) 1938.5
◇国家としての都市の位置「建築と社会」 21(5) 1938.5
◇地区制度改正問答（菱田厚介）「建築と社会」 21(5) 1938.5
◇都市計画は何処へ行く（石川栄耀）「建築と社会」 21(5) 1938.5
◇大宮都市計画墓地に就て（望月文司）「公園緑地」 2(5) 1938.5
◇内務省計画局主催六大都市及北九州五都市緑地計画協議会議事録「公園緑地」 2(5) 1938.5
◇巴里都市計画の将来（林茂）「市政研究」 4(3) 1938.5
◇大阪市に於ける広告物の美化統制に就て（高橋良麿）「大大阪」 14(5) 1938.5
◇都市美に関する若干の基本的考察（入交好資）「大大阪」 14(5) 1938.5
◇都市計画特別税(1)（半沢道雄）「地方財務」 39 1938.5
◇六大都市並に北九州五都市に於ける緑地計画打合会「都市公論」 21(5) 1938.5
◇満州国国都建設第一期事業の完成（佐野利器）「都市問題」 26(5) 1938.5
◇石川県に於ける都市計画と都市の現況(2)（塚谷朝正）「区画整理」 4(6) 1938.6
◇大阪市公園の進展状況(2)（松井正一）「区画整理」 4(6) 1938.6
◇第六回全国土地区画整理事業者大会「区画整理」 4(6) 1938.6
◇地域制の社会的基礎に関する一考察(2)（菅陸二）「区画整理」 4(6) 1938.6
◇都市区画整理事業と大阪市(2)（西川太一郎）「区画整理」 4(6) 1938.6
◇都市計画に於ける計画性と実現性（田中弥一）「区画整理」 4(6) 1938.6
◇土地区画整理概観(1)（真坂忠蔵）「区画整理」 4(6) 1938.6
◇大阪府下に於ける都市計画（松井清之助）「建築と社会」 21(6) 1938.6
◇セント・ポールに於ける区画整理進捗する(1)（G.H.ヘロルド）「建築と社会」 21(6) 1938.6
◇ルイスビル市に於ける河辺地区改良計画（H.W.アレキサンダー）「建築と社会」 21(6) 1938.6
◇公園其ノ他緑地制度ニ関スル地方庁ノ意見（補遺）「公園緑地」 2(6) 1938.6
◇市町村の土地取得と土地予備政策（シユメーリング）「公園緑地」 2(6) 1938.6
◇都市計画特別税(2)（半沢道雄）「地方財務」 40 1938.6
◇東京都市計画防火用水利施設に就て（高谷高一）「都市公論」 21(6) 1938.6
◇建築敷地造成事業と区整併用の問題（馬目尚）「区画整理」 4(7) 1938.7
◇盛場大須の仮換地（山田昌弘）「区画整理」 4(7) 1938.7
◇第二回全国都市美協議会見聞記（尾太生）「区画整理」 4(7) 1938.7
◇土地区画整理概観(2)（真坂忠蔵）「区画整理」 4(7) 1938.7
◇函館市復興土地区画整理（大栗丹波）「区画整理」 4(7) 1938.7
◇理想的住居地区の設計（藤野保）「区画整理」 4(7) 1938.7
◇リヴアプールの中央開発計画「建築と社会」 21(7) 1938.7
◇都市建設と森林地（クルト・マシテル）「公園緑地」 2(7) 1938.7
◇中津市の都市計画に就て「都市公論」 21(7) 1938.7
◇巴里都市計画に関する諸問題（林茂）「都市公論」 21(7) 1938.7
◇石川県に於ける都市計画と都市の現況(4)（塚谷朝正）「区画整理」 4(8) 1938.8
◇整地事業と境界の変更（小栗忠七）「区画整理」 4(8) 1938.8
◇函館市復興土地区画整理(2)（T・O生）「区画整理」 4(8) 1938.8
◇都市計画的な計画とは？（クーシ）「公園緑地」 2(8) 1938.8
◇公共団体施行の土地区画整理負担金等の滞納処分（小栗忠七）「地方行政」 46(9) 1938.8
◇都市計画主任官会議々事「都市公論」 21(8) 1938.8
◇ロンドンの改造計画（中原嶷）「都市公論」 21(8) 1938.8
◇土地区画整理統計（昭和13年3月末日現在）（内務省計画局都市計画課）「区画整理」 4(9) 1938.9
◇大定住地の計画（カール・パイフエル）「公園緑地」 2(9) 1938.9
◇大阪都市計画再検討への拍車-地方計画に於ける郊外保存地制によせて（亀井幸次郎）「大大阪」 14(9) 1938.9
◇東京都市計画東京市飛行場概要（高谷高一）「都市公論」 21(9) 1938.9
◇都市計画に関する二三の考察（三川秀夫）「都市問題」 27(3) 1938.9
◇都市美昂揚の指導原理（鳥井信）「都市問題」 27(3) 1938.9
◇京城府に於ける土地区画整理事業の特異性ある促進法（木島栄）「区画整理」 4(10) 1938.10
◇地区発展策（山田易弘）「区画整理」 4(10) 1938.10
◇ミュンヘン市の改造「建築雑誌」 52(643) 1938.10
◇軍事的見地より見たる都市の緑地に就て（白川泰）「建築と社会」 21(10) 1938.10
◇都市計画と学校（ドーギル）「公園緑地」 2(10) 1938.10
◇第六回全国都市問題会議総会主輯「都市問題」 27(4) 1938.10 大阪市東郊の土地利用状況調査報告/都市計画の基本問題に就て（中沢誠一郎） 過大都市防止対策としての環状緑地帯/都市計画の基本問題に就て（都市計画東京地方委員会） 京城府に於ける土地区画整理の状況/都市計画の基本問題に就て（高本春太郎） 事変と我邦都市計画の将来/都市計画の基本問題に就て（平野真三） 地域制の分化に就て/都市計画の基本問題に就て（鳥井捨蔵） 朝鮮に於ける都市施設の概要/都市計画の基本問題に就て（平島洋三） 適地論による地域決定方法/都市計画の基本問題に就て（中村綱） 東京市に於

ける人口の集中と都市計画/都市計画の基本問題に就て(西田弘生) 東京市に於ける地下水の分布に就て/都市計画の基本問題に就て(入江博) 東京緑地計画/都市計画の基本問題に就て(都市計画東京地方委員会) 都市計画を規制する基本的要因に関する研究/都市計画の基本問題に就て(田中弥一) 都市計画再建の要項/都市計画の基本問題に就て(石川栄耀) 都市計画と精神的要素/都市計画の基本問題に就て(菅原忠治郎) 都市計画に於ける地理的基礎-特に気候に就いて/都市計画の基本問題に就て(木内信蔵) 都市計画の基本問題に関する若干の考察/都市計画の基本問題に就て(伊藤武) 都市計画法の改正に就て/都市計画の基本問題に就て(仙台市) 都市計画法の強化を高調す/都市計画の基本問題に就て(坂本嘉一) 都市工業地の発展と専用地区/都市計画の基本問題に就て(日本建築協会) 都市構成の単位区画/都市計画の基本問題に就て(山岡敬介) 都市に於ける建築物の採光に関する当面の問題/都市計画の基本問題に就て(伊藤慶太郎) 土地区画整理の本質とそれの公共用地収得及都市計画事業実施への協力/都市計画の基本問題に就て(阿部喜之丞) 土地政策としての都市計画の積極化/都市計画の基本問題に就て(池口凌) 名古屋市東山公園の開設と附近地の受益に就て/都市計画の基本問題に就て(花井又太郎) 日照による都市の疎開策に就て/都市計画の基本問題に就て(亀井幸次郎) 日本都市計画への反省-特に社会政策的立場より/都市計画の基本問題に就て(幸島礼吉) 哈爾浜邑計画の特異制に就て/都市計画の基本問題に就て(哈爾浜市公署工務処) ベルリン市の改造計画(岡野文之助) 緑地を基本とする計画を論ず/都市計画の基本問題に就て(守山春市)

◇中支那土木事業に就て(企業並に上海都市計画)(青山士)「土木学会誌」 24(10) 1938.10
◇東京都市計画東京市飛行場「土木学会誌」 24(10) 1938.10
◇秋田駅前土地区画整理に就て(清水武夫)「区画整理」 4(11) 1938.11
◇盛場大須の仮換地(3)(山田昌弘)「区画整理」 4(11) 1938.11
◇土地区画整理手続に就て(12)(長屋四郎右衛門)「区画整理」 4(11) 1938.11
◇都市計画の問題(渡邊鉄蔵)「建築と社会」 21(11) 1938.11
◇人間の都市(2)(藤田進一郎)「建築と社会」 21(11) 1938.11
◇公有水面埋立法逐条釈義(10)(加藤清)「港湾」 16(11) 1938.11
◇現下都市計画の緊急問題(松村光磨)「都市問題」 27(5) 1938.11
◇朝鮮に於ける都市計画の特異性(榛葉孝平)「都市問題」 27(5) 1938.11
◇大田の現況(R・O・生)「区画整理」 4(12) 1938.12
◇清津土地区画整理の概要(広田美彦)「区画整理」 4(12) 1938.12
◇朝鮮咸興府の土地区画整理(小野正男)「区画整理」 4(12) 1938.12
◇都市計画の諸流派と地方計画論との関連における現行制度の問題(兼岩伝一)「区画整理」 4(12) 1938.12
◇平壌の市街地計画状況(西沢賢吾)「区画整理」 4(12) 1938.12
◇二つの花苑都市建設に就て(1)(大屋霊城)「建築と社会」 21(12) 1938.12
◇公有水面埋立法逐条釈義(11)「港湾」 16(12) 1938.12
◇土地収用を通した地方民情の観測(徳崎香)「地方行政」 45(12) 1938.12
◇都市の町割に付て(重藤魯)「都市問題」 27(6) 1938.12
◇第二回公園緑地協議会(平野真三)「都市問題」 28(1) 1939.1
◇池田宏君を悼む(堀切善次郎)「都市問題」 28(2) 1939.2
◇池田宏氏略年譜「都市問題」 28(2) 1939.2
◇都市の社会環境と其の規範性(池田宏)「都市問題」 28(2) 1939.2
◇満州国都建設計画法の改正(日本都市年鑑編纂室)「都市問題」 28(2) 1939.2
◇土地収用と売買との区別(連載・行政法思潮91)(杉村章三郎)「自治研究」 15(3) 1939.3
◇北京都市計画の側面観(川村和嘉治)「都市問題」 28(3) 1939.3
◇防空と都市計画(町田保)「都市問題」 28(3) 1939.3
◇上海の都市建設(吉村辰夫)「都市問題」 29(1) 1939.7

◇サー・レイモンド・アンインの講演「計画と教育」(黒谷了太郎)「都市問題」 29(2) 1939.8
◇新義州多獅島間都市計画の特色-朝鮮に於ける都市計画の動向(榛葉孝平)「都市問題」 29(3) 1939.9
◇都市計画と土地収用(連載・行政法思潮103)(杉村章三郎)「自治研究」 15(10) 1939.10
◇札幌の風致地区(宮地常助)「公園緑地」 3(11) 1939.11
◇緑化運動(水谷駿一)「公園緑地」 3(11) 1939.11
◇空地の調整(松本六雄)「建築行政」 3(12) 1939.12
◇大同の都市計画案に就て(2)(内田祥三)「建築雑誌」 53(657) 1939.12
◇大阪市営2大墓地に就て(藤原九十郎)「公園緑地」 3(12) 1939.12
◇大阪市の土地区画整理と公園(宮内義則)「公園緑地」 3(12) 1939.12
◇都市美感想(瀧山良一)「公園緑地」 3(12) 1939.12
◇長居公園に就て(椎原兵市)「公園緑地」 3(12) 1939.12
◇換地技術とその事務(平川恵吉)「区画整理」 6(1) 1940.1
◇区画整理に於ける「儲け」の研究(中村綱)「区画整理」 6(1) 1940.1
◇新宿駅前広場と区画整理(小田川利喜)「区画整理」 6(1) 1940.1
◇都市計画最近の進歩(1)(石川栄耀)「区画整理」 6(1) 1940.1
◇都市建設に関する現況(北支建設総署都市局)「区画整理」 6(1) 1940.1
◇大阪の都市計画(瀧山良一)「経済学雑誌」 6(1) 1940.1
◇宮城外苑整理事業概要(東京市記念事業部)「公園緑地」 4(1) 1940.1
◇公園地域並に建設経費取得方式概説(永見健一)「造園研究」 34 1940.1
◇時局と緑地(太田謙吉)「都市公論」 23(1) 1940.1
◇学としての都市計画(1)(北島仙一)「区画整理」 6(2) 1940.2
◇仮換地案作成の要領(山田昌弘)「区画整理」 6(2) 1940.2
◇静岡市復興計画と緑地(田中惟微)「公園緑地」 4(2) 1940.2
◇動産の公用徴収に就て(1)(井手成三)「自治研究」 16(2) 1940.2
◇収用立法最近の動向(田口二郎)「道路の改良」 22(2) 1940.2
◇故池田宏氏を記念す-記念碑の建立と遺稿集の刊行「都市問題」 30(2) 1940.2
◇新興工業都市建設計画(日本都市年鑑編纂室)「都市問題」 30(2) 1940.2
◇学としての都市計画(続)(北島仙一)「区画整理」 6(3) 1940.3
◇火災都市計画(田中弥一)「区画整理」 6(3) 1940.3
◇換地事務と其の事務(2)(平川恵吉)「区画整理」 6(3) 1940.3
◇大連の市街地計画と土地整理事業(胡麻鶴五峰)「区画整理」 6(3) 1940.3
◇工場に附随せる新都市計画の一例(早川文夫)「建築雑誌」 54(660) 1940.3
◇大阪府に於ける休閑地利用の概況(門田一)「公園緑地」 4(3) 1940.3
◇時局と緑地計画(内務省)「公園緑地」 4(3) 1940.3
◇公園管理の効果(浜源次郎)「造園研究」 32 1940.3
◇相模原都市建設区画整理事業(野坂相如)「都市公論」 23(3) 1940.3
◇大都市膨脹の都市計画(菊池慎三)「都市問題」 30(3) 1940.3
◇上代の野方風致地区附近に就て(1)「風致」 4(12) 1940.3
◇工業立地論と都市計画技術者(赤岩勝美)「区画整理」 6(4) 1940.4
◇大東港築港と東辺道開発計画「区画整理」 6(4) 1940.4

都市計画

◇都市計画最近の進歩 (2)(石川栄耀)「区画整理」 6(4) 1940.4
◇大緑地誌稿 (水谷駿一)「公園緑地」 4(4) 1940.4
◇大緑地の実現と緑地帯の完成 (高橋登一)「公園緑地」 4(4) 1940.4
◇東京府大緑地建設に対する希望 (八木沢一)「公園緑地」 4(4) 1940.4
◇動産の公用徴収に就て (2)(井手成三)「自治研究」 16(4) 1940.4
◇支那都市に関する研究「都市問題」 30(4) 1940.4
　最近の支那都市とその都市計画　上海の新都市建設計画 (荒木孟)
◇上代の野方風致区附近に就て (2)「風致」 5(1) 1940.4
◇第八回全国土地区画整理事業者大会議案「区画整理」 6(5) 1940.5
◇静岡市の復興に就いて (佐野利器)「建築雑誌」 54(662) 1940.5
◇静岡市復興計画の概要 (中沢誠一郎)「建築雑誌」 54(662) 1940.5
◇都市の総合的調和と諸律的美の創造 (藤井真)「建築と社会」 23(5) 1940.5
◇都市の美観と風致に関する管見 (田村剛)「建築と社会」 23(5) 1940.5
◇都市の美観と風致に関する問題 (白川泰)「建築と社会」 23(5) 1940.5
◇都市美雑感 (新名種夫)「建築と社会」 23(5) 1940.5
◇都市美随想 (島田藤)「建築と社会」 23(5) 1940.5
◇都市美と建築、道路 (今井哲)「建築と社会」 23(5) 1940.5
◇都市美と自然美 (川路柳虹)「建築と社会」 23(5) 1940.5
◇都市美の全体性 (宮脇泰一)「建築と社会」 23(5) 1940.5
◇都市美の為にする建築表彰 (菊池慎三)「建築と社会」 23(5) 1940.5
◇都市計画法の改正に就て (山内逸過)「公園緑地」 4(5) 1940.5
◇指定街の増設に就て (清水厳)「地方行政 日文版」 4(5) 1940.5
◇土地工作物管理使用収用令に就て (田口二郎)「道路の改良」 22(5) 1940.5
◇時局下の緑地運動と東京緑地計画 (日本都市年鑑編纂室)「都市問題」 30(5) 1940.5
◇上代の野方風致区附近に就て (3)「風致」 5(2) 1940.5
◇風致地区の将来 (1)(高橋登一)「風致」 5(2) 1940.5
◇区画整理の減歩負担に付いて (太田勲)「区画整理」 6(6) 1940.6
◇群馬県太田に於ける新興都市建設事業に就いて (清水武夫)「区画整理」 6(6) 1940.6
◇都市建設の新段階に処して (春藤真三)「区画整理」 6(6) 1940.6
◇防空と都市計画 (奥田教朝)「区画整理」 6(6) 1940.6
◇空閑地利用に関する通牒「公園緑地」 4(6) 1940.6
◇満洲国特別市公園科の独立について (佐藤昌)「公園緑地」 4(6) 1940.6
◇動産の公用徴収に就て (3):総動員物資使用収容令解説 (井手成三)「自治研究」 16(6) 1940.6
◇土地工作物管理使用収用令に就て (2)(田口二郎)「道路の改良」 22(6) 1940.6
◇土地工作物管理使用収用令 (佐藤達夫)「法律時報」 12(6) 1940.6
◇第八回全国土地区画整理事業者大会「区画整理」 6(7) 1940.7
◇都市計画法中改正法律に就いて (星内務理事官)「区画整理」 6(7) 1940.7
◇我国都市計画二十年の全貌 (秋月弘一)「区画整理」 6(7) 1940.7
◇古代の都市計画について (金谷重義)「経済学雑誌」 7(1) 1940.7
◇空地地区特輯号 1「公園緑地」 4(7) 1940.7
◇雲仙公園の沿革と其の施設現況及将来 (園孝治郎)「国立公園」 12(4) 1940.7

◇動産の公用徴収に就て (4):総動員物資使用収容令解説 (井手成三)「自治研究」 16(7) 1940.7
◇土地収用廃止に基く補償 (連載・行政法思潮 117)(杉村章三郎)「自治研究」 16(7) 1940.7
◇公園に於ける児童指導に就て (金子九郎)「造園雑誌」 7(8) 1940.7
◇土地区画整理に因る換地競落代金返済請求と民法第567条「大審院判例集」 19(8) 1940.7
◇土地工作物管理使用収用令に就て (3)(田口二郎)「道路の改良」 22(7) 1940.7
◇生産緑地の数値的一考察 (太田謙吉)「都市公論」 23(7) 1940.7
◇名古屋大須の計画―盛場の都市美計画―(金井静二)「都市美」 26 1940.7
◇第三回全国都市美協議会 (日本都市年鑑編纂室)「都市問題」 31(1) 1940.7
◇大阪府に於ける休閑地の利用 (門田一)「農業と経済」 7(7) 1940.7
◇区画整理の減歩負担に付いて (2)(太田勲)「区画整理」 6(8) 1940.8
◇工都、四日市の建設状況-港湾工場の敷地造成と県営区画整理事業の報告-(尾関太郎)「区画整理」 6(8) 1940.8
◇新興工業都市建設に関する諸問題 (中沢誠一郎)「区画整理」 6(8) 1940.8
◇山口県周南新興都市建設事業の概要 (上田利八)「区画整理」 6(8) 1940.8
◇空地地区特輯号 2「公園緑地」 4(8) 1940.8
◇動産の公用徴収に就て (5・完):総動員物資使用収容令解説 (井手成三)「自治研究」 16(8) 1940.8
◇厚生緑地の計画 (関口鉄太郎)「造園研究」 33 1940.8
◇時局下に於ける公園の一使命 (江間鴻二)「造園研究」 33 1940.8
◇逐条土地収用法資料 (20)(高坂孝三)「道路の改良」 22(8) 1940.8
◇土地工作物管理使用収容令に就て (完)(田口二郎)「道路の改良」 22(8) 1940.8
◇空地利用協会と其事業 (早川直瀬)「都市公論」 23(8) 1940.8
◇大阪都市計画事業公園に就て (福留並喜)「都市公論」 23(8) 1940.8
◇大阪府営公園の管理 (小牧孝雄)「都市公論」 23(8) 1940.8
◇神奈川県に於ける県立公園候補地の指定と風景地開発助成事業 (小坂立夫)「都市公論」 23(8) 1940.8
◇関東州市計画令と緑地問題 (菊竹倉二)「都市公論」 23(8) 1940.8
◇群馬に於ける大公園計画に就て (岡田次三郎)「都市公論」 23(8) 1940.8
◇京城府緑地計画に就て (山下鉄郎)「都市公論」 23(8) 1940.8
◇静岡市復興計画と緑地 (阿部喜之丞)「都市公論」 23(8) 1940.8
◇大東京と公園緑地の将来 (天利新次郎)「都市公論」 23(8) 1940.8
◇地方中小都市の或る立場―緑地問題に関連して―(黒瀬太一)「都市公論」 23(8) 1940.8
◇帝都の緑地計画 (高橋登一)「都市公論」 23(8) 1940.8
◇新高臨港都市建設事業の前提 (田部五郎)「区画整理」 6(9) 1940.9
◇大同都市計画に於ける土地売却と建築統制 (佐藤正一)「建築行政」 4(14) 1940.9
◇国都建設と緑化 (関屋悌蔵)「公園緑地」 4(9) 1940.9
◇満洲国国立公園の動向「公園緑地」 4(9) 1940.9
◇満洲の公園緑地行政に就て (沼田征矢雄)「公園緑地」 4(9) 1940.9
◇満洲の都邑計画に於ける緑地問題 (佐藤九郎)「公園緑地」 4(9)

◇満鉄附属地に於ける緑化事業(中西敏憲)「公園緑地」 4(9) 1940.9
◇換地清算に付いて(美濃部達吉)「自治研究」 16(9) 1940.9
◇逐条土地収用法資料(21)(高坂孝三)「道路の改良」 22(9) 1940.9
◇青森県施行八戸都市計画事業八戸工業地帯土地区画整理-発端より事業認可まで-(望月信治)「区画整理」 6(10) 1940.10
◇減歩負担方法並に換地清算に就て(根本豊男)「区画整理」 6(10) 1940.10
◇都市計画税に就て「区画整理」 6(10) 1940.10
◇静岡県緑地奨励事業に就いて(田中帷微)「公園緑地」 4(10) 1940.10
◇緑と防空(難波三十四)「公園緑地」 4(10) 1940.10
◇逐条土地収用法資料(22)(高坂孝三)「道路の改良」 22(10) 1940.10
◇区画整理と行政訴訟「行政裁判所判決録」 51(9) 1940.11
◇換地設計と換地処分(1)(阿部喜之亟)「区画整理」 6(11) 1940.11
◇京城の区画整理と土地の処分(根岸情治)「区画整理」 6(11) 1940.11
◇新興都市都市計画事業「区画整理」 6(11) 1940.11
◇新体制の都市計画(田中弥一)「建築行政」 4(15) 1940.11
◇鞍山市緑地計画の展望(末包重重)「公園緑地」 4(11) 1940.11
◇戸田漕艇場と公園計算に就て(工藤延雄)「公園緑地」 4(11) 1940.11
◇名古屋大緑地計画に就て(真坂忠蔵)「公園緑地」 4(11) 1940.11
◇逐条土地収用法資料(23・完)(高坂孝三)「道路の改良」 22(11) 1940.11
◇アメリカの国防経済的性格(今野源八郎)「改造」 22(23) 1940.12
◇換地設計と換地処分(阿部喜之亟)「区画整理」 6(12) 1940.12
◇土地の潜勢力と換地の権利額算定(山田昌弘)「区画整理」 6(12) 1940.12
◇大阪の公園計画(西義一)「公園緑地」 4(12) 1940.12
◇独逸国土の容積地域制-海外立地地区制度紹介-(編輯部)「公園緑地」 4(12) 1940.12
◇防空と都市計画(松元泰允)「造園雑誌」 7(3) 1940.12
◇都市計画界の回顧と展望(中沢誠一郎)「建築と社会」 24(1) 1941.1
◇都市計画法令の改正に就て(星敏雄)「公園緑地」 5(1) 1941.1
◇土地賃貸価格改訂法施行に伴ふ耕地整理法の特例に関する法律に依る賃貸価格配賦申請手続(麒見子)「地方行政」 49(1) 1941.1
◇愛知県知事執行都市計画街路事業に就て(真坂忠蔵)「都市公論」 24(1) 1941.1
◇土地区画整理の設計書(工藤延雄)「区画整理」 7(2) 1941.2
◇各種統制令と都市計画との関係について(星敏雄)「公園緑地」 5(2) 1941.2
◇土地収用法に於ける事業の認定について(磯崎辰五郎)「公法雑誌」 7(2) 1941.2
◇公用換地法概論(1)(美濃部達吉)「国家学会雑誌」 55(2) 1941.2
◇満洲国の綜合立地計画策定要綱並同計画調査項目の決定「人口問題研究」 2(2) 1941.2
◇駅広場計画試案(佐藤寛三郎)「都市公論」 24(2) 1941.2
◇都市計画法の施行に要する費用に関する件通牒「区画整理」 7(3) 1941.3
◇土地区画整理組合の清算金と費用(塩田実男)「区画整理」 7(3) 1941.3
◇川崎市・大緑地事業(川島達太郎)「公園緑地」 5(3) 1941.3
◇川崎市に於ける大緑地造成(村井八郎)「公園緑地」 5(3) 1941.3
◇横浜大緑地計画(野坂相如)「公園緑地」 5(3) 1941.3
◇公用換地法概論(3・完)(美濃部達吉)「国家学会雑誌」 55(3) 1941.3
◇緑地の本質に就て(太田謙吉)「造園雑誌」 8(1) 1941.3
◇用途地域制に就て(石井桂)「都市公論」 24(3) 1941.3
◇区整と小作地(大西房太郎)「区画整理」 7(4) 1941.4
◇名古屋市の公園緑地展望(伊東正一)「区画整理」 7(4) 1941.4
◇扶余神都に就いて(1)(青木治市)「区画整理」 7(4) 1941.4
◇将来の用途地域制について(中沢誠一郎)「建築行政」 4(16) 1941.4
◇我国都邑計画の概要と30年後の都市と農村の人口分布概観(木村貞一)「地方行政 日文版」 8(4) 1941.4
◇二、三の国に於ける都市計画の概要(長松太郎)「都市公論」 24(4) 1941.4
◇大東京緑地協会の誕生(倉田和四生)「都市問題」 32(4) 1941.4
◇都市計画法令の改正に就て(星敏雄)「区画整理」 7(5) 1941.5
◇土地区画整理の問題(2)(塩田実男)「区画整理」 7(5) 1941.5
◇土地の統制と土地区画整理(大西房太郎)「区画整理」 7(5) 1941.5
◇名古屋市整地事業発達の経過と現状(花井又太郎)「区画整理」 7(5) 1941.5
◇財団法人東京緑地協会の誕生を見るまで(高橋登一)「公園緑地」 5(4) 1941.5
◇横浜都市計画風致地区に就て(小坂立夫)「公園緑地」 5(4) 1941.5
◇土地区画整理の問題(3)(塩田実男)「区画整理」 7(6) 1941.6
◇扶余神都に就て(2)(青木治前)「区画整理」 7(6) 1941.6
◇満洲緑化(特輯号)「公園緑地」 5(5) 1941.6
◇静岡市復興の動向(阿部喜之亟)「都市公論」 24(6) 1941.6
◇満州国の綜合立地計画指導精神「都市問題」 32(6) 1941.6
◇都市計画中央委員会の廃止に就て「内務厚生時報」 6(6) 1941.6
◇平教実験区「定県」(工藤篁)「一橋論叢」 7(6) 1941.6
◇新興都市大八戸建設途上にある三大振興事業起工式に於て(望月信治)「区画整理」 7(7) 1941.7
◇新体制下に於ける替費地処分に就て(山田昌弘)「区画整理」 7(7) 1941.7
◇東京地方都市計画連絡協議会設置さる「公園緑地」 5(6) 1941.7
◇借地権の補償料算定に就て(高田恒三)「道路の改良」 23(7) 1941.7
◇街路事業と区画整理(塩田実男)「区画整理」 7(8) 1941.8
◇盛場仁王門通区整組合の費用賦課方法が定まるまで(山田昌弘)「区画整理」 7(8) 1941.8
◇多賀新興業都市建設現況(小野好男)「区画整理」 7(8) 1941.8
◇扶余神都に就て(3)(青木治市)「区画整理」 7(8) 1941.8
◇戦時下都市計画の性格(中沢誠一郎)「科学主義工業」 5(9) 1941.9
◇土地区画整理組合解散の際組合員に配布する事業報告の一例「区画整理」 7(9) 1941.9
◇新体制下の都市計画に関して(日夏義雄)「建築行政」 5(18) 1941.9
◇東京に於ける空地地区の指定完結(南雲義治)「公園緑地」 5(8) 1941.9
◇ハノイ都市計画批判(中村綱)「都市公論」 24(9) 1941.9
◇戦時下都市計画の性格(完)(中沢誠一郎)「科学主義工業」 5(10) 1941.10

◇南京の土地区画整理並に南京新住宅区概要（大杉度男）「区画整理」 7(10) 1941.10

◇扶余神都に就て(4)（青木治市）「区画整理」 7(10) 1941.10

◇大阪市都市計画公園事業に就いて（福留並喜）「公園緑地」 5(9) 1941.10

◇大阪緑地計画（特輯）「公園緑地」 5(9) 1941.10

◇「光」の区画整理と統制（石井多一郎）「区画整理」 7(11) 1941.11

◇国土防衛と都市計画（県忍）「都市公論」 24(11) 1941.11

◇戦時及戦後に於ける英国都市計画提案覚書「都市公論」 24(11) 1941.11

◇土地区画整理の行くべき道（真坂忠蔵）「区画整理」 7(12) 1941.12

◇大東京緑地協会設立後の経過（田中帷微）「公園緑地」 5(11) 1941.12

◇多事なりし緑地界「公園緑地」 5(11) 1941.12

◇大阪の大緑地計画（井本政信）「大大阪」 17(12) 1941.12

◇苫小牧新興工業都市計画に就て（笠原勝二郎）「区画整理」 8(1) 1942.1

◇独逸都市計画視察の印象(1)（伊東五郎）「公園緑地」 6(1) 1942.1

◇兵庫県下に於ける緑地計画並に其の第一期事業計画に就て（長沢忠郎）「公園緑地」 6(1) 1942.1

◇公園街路樹も生産協力戦へ（井上清）「市政週報」 142 1942.1

◇撫順県の緑化運動に就て（和気幹雄）「地方行政 日文版」 9(1) 1942.1

◇大都市の霊地計画に就て（井上清）「都市公論」 25(1) 1942.1

◇東亜に於けるソ聯都市建設の現状（戦時欧州都市事情）（高松文可）「都市問題」 34(1) 1942.1

◇土地区画整理設計標準の再検討(1)（長屋四郎右衛門）「区画整理」 8(2) 1942.2

◇新潟都市計画運河並工業地帯造成土地区画整理事業(1)（矢野末一）「区画整理」 8(2) 1942.2

◇議定緑地と風致地区（内田秀五郎）「公園緑地」 6(2) 1942.2

◇公園より緑地へ（井上清）「公園緑地」 6(2) 1942.2

◇大東京公園緑地の発展史と二十年の回顧（太田謙吉）「公園緑地」 6(2) 1942.2

◇東京都市計画公園緑地展望「公園緑地」 6(2) 1942.2

◇東京緑地計画の将来（高橋登一）「公園緑地」 6(2) 1942.2

◇近隣制に於ける公園の位置とその構造（金子九郎）「造園雑誌」 8(2) 1942.2

◇旧態と新ドイツ東部とに於ける都市建設の基準「都市公論」 25(2) 1942.2

◇宅地見物等価格統制令の土地区画整理施行地に対する取扱ひに関する件「区画整理」 8(3) 1942.3

◇南方外地に於ける都市計画の要点-南進建設第一線覚書-（中村綱）「区画整理」 8(3) 1942.3

◇独逸都市計画視察の印象(2)（伊東五郎）「公園緑地」 6(3) 1942.3

◇狩猟行政に於ける風景問題（小寺駿吉）「造園雑誌」 9(1) 1942.3

◇現行（市街地建物法に依る）地域制に就て（伊藤鉀太郎）「都市公論」 25(3) 1942.3

◇多賀県市建設事業の近況（小野好男）「区画整理」 8(4) 1942.4

◇土地区画整理設計標準の再検討(2)（長屋四郎右衛門）「区画整理」 8(4) 1942.4

◇独逸都市計画視察の印象(3)（伊東五郎）「公園緑地」 6(4) 1942.4

◇緑地帯論(1)（関口鍈太郎）「公園緑地」 6(4) 1942.4

◇空地地区制度について（内務省国土局）「週報 官報附録」 288 1942.4

◇東京市西辺部の都市化と土地利用の変化（矢嶋仁吉）「地理学評論」 18(4) 1942.4

◇静岡市復興霊域計画成る「都市公論」 25(4) 1942.4

◇静岡市復興事業に就て壁面後退線指定に就て（小坂橋勝雄）「区画整理」 8(5) 1942.5

◇賃貸価格配賦方法（荒牧亀雄）「区画整理」 8(5) 1942.5

◇都市計画迷論(1)（小栗忠七）「区画整理」 8(5) 1942.5

◇米国最近の「計画界の動向」（亀井幸次郎）「区画整理」 8(5) 1942.5

◇都市計画の基本問題（伊藤和夫）「執務指導通信」 5(6) 1942.5

◇都市計画行政事務の簡捷化について（飯塚主計）「都市公論」 25(5) 1942.5

◇川富大佐を囲んで南方の都市を語る（座談会）「都市美」 39 1942.5

◇静岡市復興事業の鳥瞰と事業遂行途上の内面観（阿部喜之丞）「区画整理」 8(6) 1942.6

◇東北地方の区画整理-広瀬技師の東北観-東北振興への重点策-振興都市事業（国分浩）「区画整理」 8(6) 1942.6

◇都市計画迷論(2)（小栗忠七）「区画整理」 8(6) 1942.6

◇任宅営団の建設敷地と土地区画整理（東馬生）「区画整理」 8(6) 1942.6

◇横須賀都市計画池田土地区画整理に就いて（野坂相似）「区画整理」 8(6) 1942.6

◇空地地区の現状に就て（大河原春雄）「建築行政」 6(21) 1942.6

◇防空的都市計画（山田正男）「建築と社会」 25(6) 1942.6

◇独逸都市計画視察の印象(4)（伊東五郎）「公園緑地」 6(5) 1942.6

◇緑地帯論(2)（関口鍈太郎）「公園緑地」 6(5) 1942.6

◇区画整理施行地に対する宅地建物等価格統制令の運用（西村輝一）「都市公論」 25(6) 1942.6

◇京都を解剖してみる(1)（伊東正一）「区画整理」 8(7) 1942.7

◇扶余神都に就て(5・完)（青木治市）「区画整理」 8(7) 1942.7

◇独逸都市計画視察の印象(5)（伊東五郎）「公園緑地」 6(6) 1942.7

◇内外忠霊塔建設の近況（飯田貞固）「公園緑地」 6(6) 1942.7

◇緑地帯論(3)（関口鍈太郎）「公園緑地」 6(6) 1942.7

◇都市形態の新しき構想（石川栄耀）「国土計画」 1(1) 1942.7

◇区画整理施行地に対する宅地建物等価格統制令の運用（西村輝一）「都市公論」 25(7) 1942.7

◇京都を解剖してみる(2)（伊東正一）「区画整理」 8(8) 1942.8

◇耕整を兼ねた区整（山田昌弘）「区画整理」 8(8) 1942.8

◇最近の大分県都市計画から（山下信正）「区画整理」 8(8) 1942.8

◇宅地建物等価格統制令と土地区画整理（塩田実男）「区画整理」 8(8) 1942.8

◇都市建設と区画整理（佐野利器）「区画整理」 8(8) 1942.8

◇井之頭恩賜公園自然文化園（東京市市民局公園部）「公園緑地」 6(7) 1942.8

◇独逸都市計画視察の印象(6)（伊東五郎）「公園緑地」 6(7) 1942.8

◇緑地帯論(4)（関口鍈太郎）「公園緑地」 6(7) 1942.8

◇空地地区雑稿（田中彌一）「都市公論」 25(8) 1942.8

◇宇治山田都市計画事業神宮関係施設土地区画整理施行規程解説（西村輝一）「区画整理」 8(9) 1942.9

◇京都を解剖してみる(3)（伊東正一）「区画整理」 8(9) 1942.9

◇賃貸価格配賦事務に就て(1)（田男生）「区画整理」 8(9) 1942.9

◇土地区画整理設計標準の再検討(3)(長屋四郎右衛門)「区画整理」 8(9) 1942.9
◇大阪都市計画事業緑地計画とその運営(井本政信)「公園緑地」 6(8) 1942.9
◇川崎市の緑地事業(海老原酉蔵)「公園緑地」 6(8) 1942.9
◇小倉市三萩野公園新設に就て(小川琢磨)「公園緑地」 6(8) 1942.9
◇最近の緑地事業費一覧表(編輯部)「公園緑地」 6(8) 1942.9
◇独逸都市計画視察の印象(7・完)(伊東五郎)「公園緑地」 6(8) 1942.9
◇名古屋都市計画緑地事業概況(田治六郎)「公園緑地」 6(8) 1942.9
◇横浜の新設公園(金子九郎)「公園緑地」 6(9) 1942.9
◇土地収用法第七条の権利収用に関する若干の問題(宇都宮静男)「公法雑誌」 8(9) 1942.9
◇公有水面埋立と漁業権補償の問題(石田国太郎)「市政研究」 1 1942.9
◇満洲国都邑計画施行方法の是非論(後藤萬福)「地方行政 日文版」 9(9) 1942.9
◇或る工業基地都市計画の前に横る問題(石狩工業都市計画案)(谷口成之)「区画整理」 8(10) 1942.10
◇新興工業都市計画に就て(望月信治)「区画整理」 8(10) 1942.10
◇都市近隣地に於ける区画整理と商店街の造成(1)(東馬生)「区画整理」 8(10) 1942.10
◇建国十周年記念都邑緑化苗圃の設定(小林尚)「公園緑地」 6(9) 1942.10
◇公園七十周年を迎へて(井上清)「市政週報」 182 1942.10
◇相模原都市建設事業に就て(野坂相如)「都市問題」 35(4) 1942.10
◇区画整理の一大転換望む(黒谷了太郎)「区画整理」 8(11) 1942.11
◇都市計画法施行令第十七条の異議申立例(吉村実)「区画整理」 8(11) 1942.11
◇土地区画整理施行に伴ふ墓地移転手続の簡素化に就て(吉留健吉)「区画整理」 8(11) 1942.11
◇土地区画整理の動向(阿部喜之亟)「区画整理」 8(11) 1942.11
◇都市計画の諸問題(吉田安三郎)「建築雑誌」 56(692) 1942.11
◇ナチス独逸の都市計画(伊東五郎)「建築雑誌」 56(692) 1942.11
◇二十五周年と都市計画(片岡安)「建築と社会」 25(11) 1942.11
◇兵庫県広畑新興工業都市計画(長沢忠郎)「建築と社会」 25(11) 1942.11
◇満洲に於ける都市計画(桑原英治)「建築と社会」 25(11) 1942.11
◇都市の疎開と市民の精神的ゆとりを意図した緑地計画と各国の事情(A.ヘルメリン)「公園緑地」 6(10) 1942.11
◇レオナルドの都市計画(狂蝶生)「都市公論」 25(11) 1942.11
◇都市改造論(塩田実男)「区画整理」 8(12) 1942.12
◇都市計画迷論(3)(小栗忠七)「区画整理」 8(12) 1942.12
◇大東京緑地協会受託事業の展望(田中帷徴)「公園緑地」 6(11) 1942.12
◇区画政簡素化に就て(林兵治)「執務指導通信」 6(2) 1942.12
◇体練緑地拡充(石神甲子郎)「造園雑誌」 9(3) 1942.12
◇兵営緑化に就て(菅野義胤)「造園雑誌」 9(3) 1942.12
◇都市計画迷論(4)(小栗忠七)「区画整理」 9(1) 1943.1
◇土地区画整理の将来について(長島敏)「区画整理」 9(1) 1943.1
◇費用賦課の方法が二本建の場合に於ける費用賦課の標準と換地清算の方法(1)(吉留健吉)「区画整理」 9(1) 1943.1
◇墓地移転の簡素化問題に就て(水谷高治郎)「区画整理」 9(1) 1943.1

◇牟田都市計画土地区画整理について(田中弥一)「区画整理」 9(1) 1943.1
◇ナチス独逸の都市計画(2)(伊東五郎)「建築雑誌」 57(694) 1943.1
◇分増区の概要(小川忠恵)「執務指導通信」 6(3) 1943.1
◇国土建設の統合官庁設置と各官庁間の融和協力(赤坂清七)「水道協会雑誌」 116 1943.1
◇都市の徹底的改造を断交せよ(上)(田辺平学)「都市問題」 36(1) 1943.1
◇都市計画迷論(5)(小栗忠七)「区画整理」 9(2) 1943.2
◇土地区画整理地区大字、字区域、名称、の変更(荒牧亀雄)「区画整理」 9(2) 1943.2
◇費用賦課の方法が二本建の場合に於ける費用賦課の標準と換地清算の方法(2)(吉留健吉)「区画整理」 9(2) 1943.2
◇木造密集街衢に於ける復興計画作成要綱案(建築学会都市防空調査委員会)「建築雑誌」 57(695) 1943.2
◇自然と郷土(カール・フリートリッヒ・コルボウ述,刈田喜一郎訳)「公園緑地」 7(2) 1943.2
◇緑地帯論(5)(関口鋏太郎)「公園緑地」 7(2) 1943.2
◇静岡市復興其後の状況(向井新)「都市公論」 26(2) 1943.2
◇都市の徹底的改造を断行せよ(下)(田辺平学)「都市問題」 36(2) 1943.2
◇相模原に於ける土地評価基準(1)(吉留健吉)「区画整理」 9(3) 1943.3
◇都市計画迷論(6)(小栗忠七)「区画整理」 9(3) 1943.3
◇都市と風景(ハインリッヒ・デル)「公園緑地」 7(3) 1943.3
◇緑地帯論(6)(関口鋏太郎)「公園緑地」 7(3) 1943.3
◇都市計画事業財政の史的考察(藤田武夫)「国土計画」 2(1) 1943.3
◇大分県の都市計画と其の将来性(石谷顕)「都市公論」 26(3) 1943.3
◇牧野氏の「都市計画の進路」に対する批判(赤岩勝美)「都市公論」 26(3) 1943.3
◇東京都制と計画部門(奥田教朝)「官界公論」 9(94) 1943.4
◇区画整理経営上の要諦(山田昌弘)「区画整理」 9(4) 1943.4
◇相模原に於ける土地評価基準(2)(吉留健吉)「区画整理」 9(4) 1943.4
◇賃貸価格配賦事務に就いて(3)(田男生)「区画整理」 9(4) 1943.4
◇満州国都邑計画法及同施行規則(1)「都市公論」 26(4) 1943.4
◇戦時における土地区画整理の施策(塩田実男)「区画整理」 9(5) 1943.5
◇都市計画迷論(7)(小栗忠七)「区画整理」 9(5) 1943.5
◇満州国都邑計画法及同施行規則(2)「都市公論」 26(5) 1943.5
◇都市計画迷論(8)(小栗忠七)「区画整理」 9(6) 1943.6
◇東京第三次空地地区の指定「建築行政」 6(24) 1943.6
◇武蔵野並に調布都市計画空地地区の指定「建築行政」 6(24) 1943.6
◇緑地序論(長松太郎)「造園雑誌」 10(1) 1943.6
◇改正土地工作物管理用収用例の解説(2)(岸本喜代治)「道路の改良」 25(6) 1943.6
◇標準工業都市の構想(伊東五郎)「都市公論」 26(6) 1943.6
◇北海道に於ける都市建設の課題(塩原三郎)「都市公論」 26(6) 1943.6
◇新興都市建設の都市分散の意義(大都市疎開の具体的方策)(亀井幸次郎)「都市問題」 36(6) 1943.6
◇大村都市計画土地区画整理概況(岡田実)「区画整理」 9(7)

都市計画

1943.7
- ◇賃貸価格配賦事務に就いて(4)(田男生)「区画整理」 9(7) 1943.7
- ◇都市計画迷論(9)(山栗忠七)「区画整理」 9(7) 1943.7
- ◇満州に於ける緑地行政(小栗忠七)「公園緑地」 7(5) 1943.7
- ◇緑地帯論(7)(關口鉄太郎)「公園緑地」 7(5) 1943.7
- ◇ドイツに於ける旧市街の整理に就いて(エルカルト,刈田喜一郎訳)「商工経済」 16(1) 1943.7
- ◇赤岩氏の批判論を読みて(中村綱)「都市公論」 26(7) 1943.7
- ◇都市計画事業土地区画整理に対する一考察(荒牧亀雄)「区画整理」 9(8) 1943.8
- ◇都市計画迷論(10)(小栗忠七)「区画整理」 9(8) 1943.8
- ◇学徒訓練と緑地計画への感心(北澤清)「公園緑地」 7(6) 1943.8
- ◇緑地帯論(8・完)(關口鉄太郎)「公園緑地」 7(6) 1943.8
- ◇モスコウ都市計画(ケイト・ライス・コッチ)「都市公論」 26(8) 1943.8
- ◇都市計画迷論(11)(小栗忠七)「区画整理」 9(9) 1943.9
- ◇都市の地域制について(金谷重義)「経済学雑誌」 18(3) 1943.9
- ◇大学都市計画試案(鹽原正典)「建築と社会」 26(9) 1943.9
- ◇イリノイ州の公園及森林政策(小寺駿吉)「造園雑誌」 10(2) 1943.9
- ◇体練緑地敷地問題(石神甲子郎)「造園雑誌」 10(2) 1943.9
- ◇賃価格配賦事務に就いて(5)(田男生)「区画整理」 9(10) 1943.10
- ◇復興静岡市の町名整理に就て(梅原栄)「区画整理」 9(10) 1943.10
- ◇都市造成の基礎構想(加藤一)「水道協会雑誌」 125 1943.10
- ◇都市防空「都市問題」 37(4) 1943.10 人口疎散と生産拡充(吉田秀夫) 都市計画は再出発を要す-為政者に望む(田辺平学)
- ◇都市計画迷論(12)(小栗忠七)「区画整理」 9(11) 1943.11
- ◇古代印度の都市計画について(金谷重義)「経済学雑誌」 13(5) 1943.11
- ◇帝都の疎開計画(吉田安三郎)「建築雑誌」 51(704) 1943.11
- ◇都市計画迷論(終編)(小栗忠七)「区画整理」 9(12) 1943.12
- ◇北支都市計画の概要(大森茂)「区画整理」 9(12) 1943.12
- ◇都市計画への示唆(永山正敏)「建築行政」 7(26) 1943.12
- ◇都市疎開と区画整理(東馬生)「区画整理」 10(1) 1944.1
- ◇満州国都邑計画区域内の地名の附け方(小栗忠七)「区画整理」 10(1) 1944.1
- ◇特殊新興都市建設問題(奥田茂造)「都市公論」 27(1) 1944.1
- ◇人口疎散と生産拡充再論-反対論者の所説に触れて(吉田秀夫)「都市問題」 38(1) 1944.1
- ◇評定価格を標準とする費用賦課並に清算方法の可否に就いて(吉留健吉)「区画整理」 10(2) 1944.2
- ◇換地清算及費用負担の基礎に就いて(塩田実男)「区画整理」 10(3) 1944.2
- ◇疎開について(富永誠美)「国土計画」 3(1) 1944.3
- ◇大東京整備計画論(吉川末次郎)「国土計画」 3(1) 1944.3
- ◇鳥取市の復興計画(吉村哲三)「都市公論」 27(2) 1944.3
- ◇東京都空地利用総本部機構「都政週報」 35 1944.3
- ◇都邑計画行政の特徴(1)保続制度に就て(小栗忠七)「都市公論」 27(4) 1944.4
- ◇都邑計画行政の特徴(2)保続行政の内容(小栗忠七)「都市公論」 27(6) 1944.6
- ◇北支都市建設論(塩原三郎)「都市公論」 27(6) 1944.6
- ◇北支都市建設概論(2)(塩原三郎)「都市公論」 28(8) 1944.8
- ◇林野法と都邑計画法「都市公論」 28(8) 1944.8
- ◇東京都に於ける空地利用の指導組織に就て(桝本輝義)「公園緑地」 8(2) 1944.10
- ◇都市空地利用座談会「公園緑地」 8(2) 1944.10
- ◇市街圧廃置分合又は区域変更の際に於ける事務処理(岡崎)「地方行政 日文版」 1(11) 1944.11
- ◇国土計画的都市整備の問題/全国都市問題会議第九回総会特集号「都市問題」 40(2) 1945.2
  転換期にある都市計画の新目標(金谷重義) 都市疎開と農工調整(平実) 都市疎開問題(武居高四郎)

【図　書】

- ◇東京市区改正委員会議事録 第1巻 自第1号至第13号 1888 [3,282]p 27cm
- ◇東京市区改正条例:元老院会議筆記 (写)(東京市区改正委員会編) 1888 1冊 27cm
- ◇東京市区改正委員会議事録 第2巻 自第14号至第32号 1889 [3,255]p 27cm
- ◇東京市区改正土地建物処分法:元老院会議筆記 (写)(東京市区改正委員会編) 1889 1冊 27cm
- ◇東京市区改正全書(深津雅直編) 1889.5 68,81p 20cm
- ◇東京市区改正委員会議事録 第3巻 自第33号至第55号 1890 [5,201]p 27cm
- ◇東京市区改正委員会議事録 第4巻 自第56号至第76号 1891 [179]p 27cm
- ◇土地収用法改正理由 上巻 手書([内務省]編) 1892 [352]p 24cm
- ◇土地収用法改正理由 下巻 手書([内務省]編) 1892 [425]p 24cm
- ◇東京市区改正委員会議事録 第5巻 自第77号至第95号 1893 [148]p 27cm
- ◇東京市区改正委員会議事録 第6巻 自第96号至第108号 1894 [4,119]p 27cm
- ◇東京市区改正委員会議事録 第7巻 自第109号至第115号 1894 [2,70]p 27cm
- ◇市区改正費概算書 明治29年10月調査 写本(東京市区改正委員会編) 1896 1冊 27cm
- ◇東京市区改正委員会議事録 第8巻 自第116号至第126号 1896 [3,150]p 27cm
- ◇東京市区改正速成之議(東京市区改正委員会編) 1897 1冊 27cm
- ◇東京市区改正委員会議事録 第9巻 自第127号至第145号 1898 [5,169]p 27cm
- ◇土地収用法改正案理由書 手書([内務省]編) 1898 [123]p 25cm
- ◇東京市区改正委員会議事録 第10巻 自第146号至第156号 1899 [3,110]p 27cm
- ◇市区改正ニ関スル参考書 1900 21p 27cm
- ◇東京市区改正委員会議事録 第11巻 自第157号至第166号 1900 [3,157]p 27cm
- ◇東京市区改正沿革及速成計画紀要 1900 21p 23cm
- ◇東京市区改正委員会議事録 第12巻 自第167号至第175号 1901 [8,164]p 27cm
- ◇各国都市事業一斑(坪谷善四郎著) 東京市役所 1909.7 1冊 22cm
- ◇欧米視察復命書 1 街路ノ部(阪田貞明著) [内務省] 1909.9 60p 25cm
- ◇東京市公園改良設計調査報告書(東京市役所庶務課編) 1910.3 2,55p 23cm
- ◇東京市臨時市区改正事業報告書 東京市臨時市区改正局長報告([角田真平]述) 1910.3 30p 26cm

都市計画

◇京都市三大事業誌 第二琵琶湖疏水編 第1集 第2集 第3集（京都市役所編） 1912.9 1冊 26cm

◇京都市三大事業誌 水道編 第1集 第2集 第3集（京都市役所編） 1912.10 1冊 26cm

◇東京市区改正法規（東京市区改正委員会編） 1912.12 73p 22cm

◇京都市三大事業誌 水道編 図譜（京都市役所編） 1913.3 1冊 26×37cm

◇京都市三大事業誌 水道編 第4集 第5集 第6集（京都市役所編） 1913.3 1冊 26cm

◇京都市三大事業誌 第二琵琶湖疏水編 第4集 第5集 第6集（京都市役所編） 1913.3 1冊 26cm

◇東京市建築条例案起稿顛末 手書（建築学会編） 1913.6 ［26］p 24cm

◇東京市区改正設計ニ関スル卑見 謄写版（ドクトル・ウィートフェルド述,東亜経済調査局訳） 1913.8 33p 24cm

◇京都市三大事業誌 第二琵琶湖疏水編 図譜（京都市役所編） 1913.12 1冊 26×37cm

◇京都市三大事業誌 道路拡築編 第1集 第2集 第3集（京都市役所編） 1914.3 1冊 26cm

◇京都市三大事業誌 道路拡築編 第4集 第5集（京都市役所編） 1914.3 1冊 26cm

◇京都市三大事業誌 道路拡築編 図譜（京都市役所編） 1914.5 1冊 26×37cm

◇京都市三大事業誌 第二琵琶湖疏水編 続集（京都市役所編） 1914.8 4,308p 26cm

◇京都市三大事業誌 水道編 続集（京都市役所編） 1914.9 4,214p 26cm

◇新東京（福田重義著） 1916 38p 27cm+図2枚

◇土地収用法釈義：附 判決例並書式例（樋口祐造著） 清水書店 1916.1 3,9,365p 23cm

◇浅草公園仲店関係記録 1916.3 2,124p 22cm

◇現代都市之研究（片岡安著） 建築工芸社 1916.12 1冊 23cm

◇市街地区画整理制度及地域の土地収用制度（関一著） 1917 37p 23cm

◇東京奠都の真相（岡部精一著） 仁友社 1917.6 2,3,259p 23cm

◇公園改良方針調査委員地方公園調査報告 1917.12 2,44,［6］p 22cm

◇都市計画調査委員会会議事速記録：附 特別委員会会議録 第1回（内務省都市計画課編） 1918 273,361p 22cm

◇東京市区改正第2期速成事業報告書（東京市役所編） 1918.3 67p 22cm

◇都市計画（京都市役所編） 1918.8 59p 23cm 京都市講演誌

◇都市計画講演（建築学会編） 1918.9 130p 26cm

◇都市拡張及地帯収用ニ関スル立法例（内務省都市計画課編） 1918.11 19p 23cm

◇神戸市区改正委員会会議事速記録（神戸市区改正委員会編） 1919 278p 22cm

◇神戸都市計画調査資料（都市計画神戸地方委員会編） 1919 22p 27×40cm

◇東京市区改正事業誌（東京市区改正委員会編） 1919.2 1冊 22cm+図1枚

◇都市計画法案関係参考書（内務省都市計画課編） 1919.2 2,36p 23cm

◇都市計画（京都市役所編） 1919.9 58p 23cm 京都市講演誌

◇都市計画神戸地方委員会議事録 第1回 謄写版（［都市計画神戸地方委員会］編） 1920 6p 26cm

◇大阪市区改正設計書（大阪市都市計画部編） 1920.1 62p 22cm

◇都市計画東京地方委員会議事録 第1,3-5号 CD-R版（［都市計画東京地方委員会］編） 1920.3 CD-R1枚

◇京都都市計画 第1編 琵琶湖疏水誌（田辺朔郎著） 丸善 1920.10 6,4,348p 26cm

◇都市計画資料（大阪府西成郡,東成郡町村ノ大勢）（大阪市都市計画部編） 1920.12 50p 22cm

◇大阪都市計画工業地域内特別地区指定参考資料（都市計画大阪地方委員会編） 1921 8p 27cm

◇大阪都市計画地域指定参考資料 其ノ1（都市計画大阪地方委員会編） 1921 18p 27cm

◇大阪都市計画地域指定参考資料 其ノ2（都市計画大阪地方委員会編） 1921 17p 27cm

◇京都都市計画住居地域商業地域並ニ工業地域指定理由書 1921 12p 24cm

◇建築物法施行上ニ関スル調査委員会ニ於ケル説明速記（東京市役所編） 1921 69p 22cm

◇東京府立公園設立に関する調査（東京府内務部編） 1921 2,63p 23cm

◇都市計画大阪地方委員会議事速記録 自第1回至第4回（都市計画大阪地方委員会編） 1921 136p 23cm

◇都市計画神戸地方委員会議事録 第2回（［都市計画神戸地方委員会］編） 1921 7p 26cm

◇都市計画神戸地方委員会議事録 第3回（［都市計画神戸地方委員会］編） 1921 26p 25cm

◇若松市及附近平面図 縮尺二万分ノ一（福岡県若松市役所編） 1921 1枚 23cm

◇現代都市の要求 4版（池田宏著） 都市研究会 1921.3 116p 16cm

◇都市計画に関する講話（宮尾舜治述,都市計画名古屋地方委員会編） 1921.3 3,94p 15cm

◇都市計画京都地方委員会議事速記録 第2回（都市計画京都地方委員会編） 1921.7 100,26p 23cm

◇都市計画資料 補遺（大阪府河内郡瓜破村,矢田村,巽村ノ大勢）（大阪市都市計画部編） 1921.8 13p 22cm

◇東京市の新計画に就て：附 新事業及其財政計画の綱要 路面改良計画其他（後藤新平述） 1921.9 48p 23cm

◇都市計画法制要論（池田宏著） 都市研究会 1921.10 1冊 20cm

◇都市計画と自治の精神（後藤新平著） 都市研究会 1921.12 26p 22cm 「都市公論」第4巻第12号

◇京都市工場調査 大正7年末 大正11年末 謄写版（［京都市役所編］） 1922 22p 24cm

◇東京の都市計画に面して（田川大吉郎述） 1922 45p 23cm

◇都市計画愛知地方委員会議録 自第1至第3回（都市計画愛知地方委員会編） 1922 83p 22cm

◇都市計画関係法規及外国立法例（片岡安著） 1922 182,173p 23cm

◇都市計画神戸地方委員会議事録 第4冊（［都市計画神戸地方委員会］編） 1922 58p 23cm

◇京都都市計画区域設定理由書 謄写版（都市計画京都地方委員会編） 1922.3 4p 24cm

◇都市計画講習録全集 第1巻（都市研究会編） 1922.3 1冊 22cm

◇都市計画講習録全集 第2巻（都市研究会編） 1922.3 1冊 22cm

◇都市計画要鑑 第1巻（内務大臣官房都市計画課編） 1922.3 1冊 26cm

◇都市計画要鑑 第1巻（内務省都市計画局編） 1922.3 1冊 26cm

◇都市計画法釈義（内務省都市計画局編） 1922.5 2,2,177p 22cm

◇都市計画京都地方委員会議事速記録 第3回（都市計画京都地方委員会編） 1922.6 111p 23cm

◇東京横浜防火地区（復興局編） 1922.8 17p 26cm+図2枚

◇都市計画京都地方委員会議事速記録 第4回（都市計画京都地方委員会編） 1922.9 47p 22cm

都市計画

◇都市計画事業促進ニ関スル件裏請　謄写版（東京市長［ほか］著）　1922.10　[15]p 26cm

◇近代都市の計画（N.P.ルイス著,荘保勝蔵訳）　大日本文明協会事務所　1922.11　1冊 20cm

◇神戸都市計画調査概要　第1回（神戸市都市計画部編）　1922.11　2,43p 22cm＋図1枚

◇独逸の都市計画と土地収用　謄写版（ウィリアム・ハーバット・ドウソン著,東京市政調査会訳）　1922.11　[19]p 27cm

◇独逸の都市計画と土地収用　［複写］,謄写版（ウィリアム・ハーバット・ハドソン著,東京市政調査会訳）　1922.11　[19]p 27cm

◇都市計画の経済的価値　［複写］,謄写版（ネルソン・P.レウィス著,東京市政調査会訳）　1922.11　[18]p 27cm

◇児童遊園と水泳場（京都市社会課編）　1922.12　30p 22cm　京都市社会課叢書

◇小樽都市計画区域設定参考資料（都市計画北海道地方委員会編）　1923　18p 27cm＋図4枚

◇関西諸都市の都市計画：主として土地区画整理に就て　［複写］,謄写版（東京市政調査会編）　1923　1冊 26cm

◇京都市都市計画参考資料（京都市都市計画部編）　1923　2,43p 27cm

◇京都市都市計画参考資料（都市計画京都地方委員会編）　1923　43p 27cm

◇静岡都市計画予定区域調査資料　謄写版（都市計画静岡地方委員会編）　1923　92p 24cm

◇桑港市震火災後再建築復興ニ関スル調査概要　謄写版（佐野利器著）　1923　25p 25cm

◇桑港市震火災後再建築復興ニ関スル調査概要　謄写版（佐野利器編）　1923　34p 24cm＋図4枚

◇帝都復興評議会希望条件　謄写版（帝都復興聯合協議会編）　1923　[5]p 26cm　資料

◇帝都復興関係法規（帝都復興院編）　1923　4,201p 19cm

◇帝都復興計画土地区画整理に就て　謄写版（竹内六蔵著）　1923　[33]p 26cm

◇帝都復興審議会速記録　大正12年11月24日　CD-R版,謄写版（［帝都復興審議会編］）　1923　CD-R1枚

◇当初設定ノ帝都復興計画案　謄写版（帝都復興聯合協議会編）　1923　[26]p 26cm　資料

◇都市計画愛知地方委員会会議録　第6回・第7回（［都市計画愛知地方委員会］編）　1923　41p 22cm

◇都市計画及住宅政策（渡辺鉄蔵著）　修文館　1923　1冊 22cm

◇都市計画中央委員会議事速記録　第3号（大正12年4月21日）（都市計画中央委員会編）　1923　1冊 22cm

◇都市計画東京地方委員会議事速記録　第12号［自大正11年12月至同12年8月］　CD-R版（復興局編）　1923　CD-R1枚

◇都市計画東京地方委員会議事速記録　第13号［自大正11年12月至同12年8月］　CD-R版（復興局編）　1923　CD-R1枚

◇都市計画ノ権威　都市計画ト図面（復興局長官官房計画課編）　1923　20p 23cm

◇都市計画兵庫地方委員会議事録　第5冊（［都市計画兵庫地方委員会］編）　1923　28p 23cm

◇都市計画兵庫地方委員会議事録　第6冊ノ上（［都市計画兵庫地方委員会］編）　1923　22p 25cm

◇函館都市計画区域設定参考資料（都市計画北海道地方委員会編）　1923　27p 27cm＋図3枚

◇神戸都市計画地域調査（神戸市都市計画部編）　1923.1　4,24p 22cm＋図1枚

◇都市計画愛知地方委員会会議録　第4回（都市計画愛知地方委員会編）　1923.1　20p 23cm

◇都市計画愛知地方委員会会議録　第5回（都市計画愛知地方委員会編）　1923.2　9p 22cm

◇都市計画概要（黒谷了太郎著,都市計画愛知地方委員会編）　1923.2　128p 15cm

◇京都市都市計画敷地割報告書（京都市都市計画部編）　1923.3　31p 22cm

◇都市内容分配論（レーモンド・アンキン講演,都市計画愛知地方委員会編）　1923.3　44p 15cm

◇神戸都市計画区域調査（神戸市都市計画部編）　1923.4　2,27p 22cm＋図18枚

◇東京市公園概観（東京市役所公園課編）　1923.4　4,3,93p 18cm

◇神戸都市計画決定事項　第1輯（神戸市都市計画部編）　1923.7　4,59p 23cm＋図5枚

◇土地区画整理要程（磯村遠著）　1923.7　7,268p 22cm

◇理想の庭園及公園（野間守人著）　日本評論社　1923.8　2,9,342p 23cm

◇市街区画及高架線ニ関スル調査（神戸市都市計画部編）　1923.9　[23]p 22cm＋図3枚

◇帝都復興ノ議（後藤内務大臣提案）（東京市政調査会編）　1923.9　6p 22cm

◇帝都復興問題に就いて（無名隠士著）　新極東社　1923.10　16p 23cm　帝都復興パンフレット

◇アデイケス法（帝都復興院計画局編）　1923.11　24p 23cm

◇公園及遊園の設備（神戸市都市計画部編）　1923.11　21p 23cm

◇生物学的都市経営論（岸一太著）　三正堂出版部　1923.11　5,6,164p 22cm

◇帝都復興院評議会速記録　第1回（帝都復興院編）　1923.11　70p 22cm

◇帝都復興院評議会速記録　第2回（帝都復興院編）　1923.11　125p 23cm

◇帝都復興計画ニ対スル東京府会全員協議会ノ意見書　謄写版（帝都復興聯合協議会編）　1923.11　[3]p 26cm　資料

◇帝都復興審査会特別委員協定案　謄写版（帝都復興聯合協議会編）　1923.11　[2]p 26cm　資料

◇帝都復興ニ関スル意見並陳情書摘要　第1輯（帝都復興院計画局編）　1923.11　5,42p 23cm

◇現代都市の建設　其一（帝都復興院計画局編）　1923.12　25p 23cm

◇現代都市の建設　其二（帝都復興院計画局編）　1923.12　25p 23cm

◇神戸市区改正調査委員会及市区改正委員会業蹟概観（神戸市都市計画部編）　1923.12　2,143p 22cm

◇神戸市都市計画調査参考資料（神戸市都市計画部編）　1923.12　2,167p 22cm

◇第47議会ニ提案セル帝都復興予算決定ニ至ル経緯　［複写］,謄写版（東京市政調査会編）　1923.12　[14]p 27cm

◇作らるべき東京（田川大吉郎著）　巌松堂書店　1923.12　5,2,104p 19cm

◇帝都復興院評議会速記録　第3回（帝都復興院編）　1923.12　54p 22cm

◇帝都復興ニ関スル意見並陳情書摘要　第2輯（帝都復興院計画局編）　1923.12　4,40p 23cm

◇帝都復興ニ関スル建議（帝都復興聯合協議会編）　1923.12　4p 27cm

◇都市計画講話（石津三次郎著）　工学書院　1923.12　1冊 22cm

◇プロシヤ建築線法（帝都復興院著）　1923.12　8p 23cm

◇一宮都市計画区域設定参考資料　謄写版（［都市計画愛知地方委員会編］）　1924　1冊 25cm

◇欧州ニ於ケル超過並ニ地帯収用及土地区画整理　謄写版（ウイリヤムス著,復興局訳）　1924　[54]p 26cm

◇岡崎都市計画区域設定参考資料　謄写版（［都市計画愛知地方委員会編］）　1924　1冊 25cm

◇岡山都市計画参考資料　第1輯（都市計画岡山地方委員会編）　1924

◇金沢都市計画参考資料 第1輯(都市計画石川地方委員会編) 1924 24p 26cm+図1枚
◇京都都市計画区域内地域指定書(都市計画京都地方委員会編) 1924 21p 24cm
◇京都都市計画区域内地域指定書:附図(都市計画京都地方委員会編) 1924 25p 29cm
◇呉都市計画地域指定参考資料:附 市街地建築物法其他関係法規抜萃(都市計画広島地方委員会編) 1924 17p 26cm
◇市街地建築物法改正の要旨 謄写版(竹内六蔵述,東京市政調査会編) 1924 [31]p 26cm
◇綜合都市計画及ビ大都市計画 謄写版(帝都復興院計画局調査課編) 1924 [41]p 26cm
◇帝都復興院事務経過(復興局編) 1924 2,274p 26cm
◇東京都市計画指定参考資料 CD-R版([都市計画東京地方委員会]編) 1924 CD-R1枚
◇東京復興計画大地図 CD-R版(復興局校閲,帝国地方行政学会編) 1924 CD-R1枚
◇東京横浜地域制(復興局編) 1924 64p 26cm+図2枚
◇特別都市計画委員会議事速記録 第1号(復興局編) 1924 2,491p 22cm
◇特別都市計画委員会議事速記録 第2号(復興局編) 1924 6,539p 22cm
◇特別都市計画委員会議事速記録 第3号(復興局編) 1924 3,96p 22cm
◇特別都市計画委員会常務委員会速記録 第1号(復興局編) 1924 51p 22cm
◇都市計画岡山地方委員会速記録 第1回([都市計画岡山地方委員会]編) 1924 60p 22cm
◇都市計画鹿児島地方委員会議事録 第1回(都市計画鹿児島地方委員会編) 1924 9p 23cm
◇都市計画兵庫地方委員会議事録 第6冊ノ下([都市計画兵庫地方委員会]編) 1924 104p 23cm
◇都市計画兵庫地方委員会議事録 第7冊([都市計画兵庫地方委員会]編) 1924 35p 24cm
◇都市計画広島地方委員会議事速記録 第1回([都市計画広島地方委員会]編) 1924 37p 26cm
◇豊橋都市計画区域決定参考資料 謄写版(都市計画愛知地方委員会編) 1924 40p 25cm
◇名古屋市都市計画調査資料 大正13年11月編 複写(名古屋市都市計画部工務課編) 1924 [88]p 41cm
◇浜松都市計画予定区域調査資料 謄写版(都市計画静岡地方委員会編) 1924 93p 26cm
◇広島都市計画地域指定参考資料 其ノ1(都市計画広島地方委員会編) 1924 9p 27cm
◇広島都市計画地域指定参考資料 [其ノ2](都市計画広島地方委員会編) 1924 20p 27cm
◇福岡県若松都市計画参考資料(都市計画福岡地方委員会編) 1924 [16]p 27cm
◇復興に直面して(永田秀次郎述) 1924 23p 19cm
◇六大都市計画区域面積、人口調 大正11年7月調(帝都復興院計画局編) 1924 8p 27cm
◇清浦首相ニ呈スルノ書(草案):大正13年1月8日附(後藤新平著) 1924.1 12p 26cm
◇都市経営論 訂(池田宏著) 都市研究会 1924.1 1冊 23cm
◇土地整理局関係法規(帝都復興院土地整理局編) 1924.1 1冊 19cm
◇都市経営論 改訂(池田宏著) 都市研究会 1924.2 1冊 23cm
◇都市計画京都地方委員会議事速記録 第5回(都市計画京都地方委員会編) 1924.2 66p 22cm
◇都市計画ノ財政(ウイリヤム著,復興局長官官房計画課編) 1924.2 23p 23cm 復興局調査彙報
◇復興に関する建築問題(佐野利器述) 1924.2 17p 23cm
◇欧洲ニ於ケル超過並ニ地帯収用及土地区画整理(復興局長官官房計画課編) 1924.3 36p 23cm 復興局調査彙報
◇都市計画大阪地方委員会議事速記録 自第5回至第8回(都市計画大阪地方委員会編) 1924.3 122p 23cm
◇都市計画参考資料 [その1](内務省都市計画局編) 1924.3 1冊 29cm
◇都市計画の梗概(都市計画愛知地方委員会編) 1924.3 4,319p 22cm
◇米国クリーヴランド市土地評価法(東京市政調査会編) 1924.3 62p 22cm 市政調査資料
◇帝都土地区画整理に就て [第1輯](後藤新平[ほか]述) 東京市政調査会 1924.4 2,78p 22cm
◇帝都土地区画整理に就て 第1輯(後藤新平[ほか]述,東京市政調査会編) 1924.4 2,78p 22cm
◇特別都市計画法 謄写版(厳松堂編) 1924.4 33p 23cm 条文叢書
◇都市と公園(庭園協会編) 成美堂書店 1924.4 1冊 23cm
◇愛知都市計画綱要 上(都市計画愛知地方委員会編) 1924.5 4,182p 22cm
◇建築物諸法規(永木正編) 柳々堂書店 1924.5 174p 15cm
◇工政会帝都復興委員会議事要録(工政会編) 1924.5 1冊 26cm 工政
◇帝都土地区画整理に就て 第2輯(吉田茂述,伊部貞吉述,東京市政調査会編) 1924.5 37p 22cm
◇東京都市計画並事業索引(遠藤市次著) 1924.5 50p 22cm
◇特別都市計画法解説(石原市三郎著) 厳松堂書店 1924.5 5,120,27p 19cm
◇都市改造講話 5版(高梨光司著) 大阪日日新聞社 1924.5 8,5,182p 19cm
◇土地区画整理換地処分概説(石原市三郎著) 厳松堂書店 1924.5 3,61,60p 19cm
◇土地収用法附 土地収用法施行令 謄写版(厳松堂編) 1924.5 30p 23cm 条文叢書
◇解説市街地建築物法:附 十三年度改正案並説明書 改訂(蔵前工務所編) 工学書院 1924.6 1冊 15cm
◇ドイツ都市に於ける土地区画整理 [訂正増補](東京市政調査会資料課編) 1924.6 45p 23cm
◇東京の都市計画を如何にすべき乎(中村順平著) 洪洋社 1924.6 51p 19cm
◇特別都市計画提要(東京市役所編) 1924.6 1冊 19cm
◇都市計画と相互的精神(後藤新平著) 都市研究会 1924.6 8p 22cm 「都市公論」第7巻第6号
◇米国クリーヴランド市土地評価法 増補再版(東京市政調査会編) 1924.6 3,62p 23cm 市政調査資料
◇東京市焼失区域外及郊外ニ於ケル都市計画調査資料 謄写版(復興局長官官房計画課編) 1924.7 [34]p 26cm
◇都市計画と公園(上原敬二著) 林泉社 1924.7 3,18,423p 23cm
◇現代都市之計画(石原憲治著) 洪洋社 1924.8 15,16,265p 23cm
◇帝都復興事業に就て(太田円三述) 1924.8 2,8,303p 26cm
◇都市計画地方開発道路施設の財源に関する調査(復興局長官官房計画課編) 1924.8 5,78p 23cm 復興局調査彙報
◇土地区画整理関係法規釈義(長谷川一郎著) 中屋書店 1924.8 2,5,227p 19cm
◇土地収用法学説実例総覧 改版(田中好著) 良書普及会 1924.8

都市計画

1,14,232p 17cm

◇浜松都市計画区域調査資料 大正13年8月 謄写版(浜松市役所編) 1924.8 [31]p 40cm

◇建設計画と土地区画 [複写],謄写版(東京市政調査会編) 1924.9 1冊 26cm

◇公園及休養娯楽施設論(復興局長官官房計画課編) 1924.9 43p 22cm 復興局調査彙報

◇豊橋都市計画区域決定諮問 謄写版(都市計画愛知地方委員会編) 1924.9 7p 25cm

◇独逸ニ於ケル都市計画法制及行政 続 ザクセン一般建築法(復興局長官官房計画課編) 1924.10 4,153p 23cm 復興局調査彙報

◇都市か田園か(河野誠著) 松山房 1924.10 3,4,338p 19cm

◇都市計画参考資料 [その2](内務省都市計画局編) 1924.10 1冊 29cm

◇都市計画に関する英国法制及行政(菊池慎三編,復興局建築部編) 1924.10 55p 22cm 復興建築叢書

◇ビーアド博士東京復興に関する意見(東京市政調査会編) 1924.10 37p 23cm 市政調査資料

◇イギリスの都市計画法(東京市政調査会編) 1924.11 15,2,52p 23cm 市政調査資料

◇新潟都市計画区域決定諮問(都市計画新潟地方委員会編) 1924.11 10p 27cm

◇大阪都市計画事業並年度割変更決定(大阪市役所編) 1924.12 26p 22cm 大阪市告示

◇現代都市計画(東京市政調査会編) 1924.12 45p 22cm 市政調査資料

◇耕地整理換地処分詳解(大栗丹波著) 清文社 1924.12 1冊 22cm

◇地域制(東京市政調査会編) 1924.12 4,2,108p 22cm 市政調査資料

◇広島・呉都市計画区域決定諮問(都市計画広島地方委員編) 1924.12 11p 29cm+図14枚

◇大阪都市計画区域内の地域制(大阪市都市計画部編) 1925 44p 19cm

◇大阪都市計画公園参考資料(都市計画大阪地方委員会編) 1925 [8]p 39cm

◇大牟田都市計画参考資料(都市計画福岡地方委員会編) 1925 12p 27cm+図6枚

◇鹿児島都市計画区域決定諮問(都市計画鹿児島地方委員会編) 1925 8p 27cm+図1枚

◇鹿児島都市計画参考資料 第1輯(鹿児島都市計画地方委員会編) 1925 56p 27cm+図15枚

◇堺都市計画地域指定参考資料 其ノ2(都市計画大阪地方委員会編) 1925 25p 27cm

◇清水都市計画区域決定諮問(都市計画静岡地方委員会編) 1925 5p 27cm+図2枚

◇清水都市計画予定区域調査資料 謄写版(都市計画静岡地方委員会編) 1925 95p 24cm

◇下関都市計画区域設定理由書並附図(下関市役所編) 1925 4p 23cm+図1枚

◇仙台都市計画参考資料 CD-R版(都市計画宮城地方委員会編) 1925 CD-R1枚

◇帝都復興計画を評す [複写],謄写版(フリッツ・シューマッヒァー著,東京市政調査会訳) 1925 [16]p 27cm

◇帝都復興号:附 横浜版(現代通信社編) 1925 138,48p 26cm 現代通信附録

◇東京特別都市計画土地区画整理地区現形並換地位置決定図 第1輯(復興局編) 1925 20p 20×35cm

◇東京特別都市計画土地区画整理地区現形並換地位置決定図 第2輯(復興局編) 1925 22p 19×35cm

◇東京都市計画地域図(東京市復興総務部編) 1925 1枚 55×79cm 内務省告示

◇特別都市計画委員会議事速記録 第4号(復興局編) 1925 3,83,194p 22cm

◇特別都市計画委員会議事速記録 第5号(復興局編) 1925 3,198p 22cm

◇特別都市計画委員会議事速記録 第6号(復興局編) 1925 4,235p 22cm

◇特別都市計画委員会常務委員会速記録 第2号(復興局編) 1925 2,51p 22cm

◇特別都市計画委員会常務委員会速記録 第3号(復興局編) 1925 82p 22cm

◇特別都市計画委員会常務委員会速記録 第4号(復興局編) 1925 144p 22cm

◇都市計画愛知地方委員会会議録 第12回・第13回([都市計画愛知地方委員会]) 1925 36p 22cm

◇都市計画愛知地方委員会会議録 第14回([都市計画愛知地方委員会]編) 1925 96p 22cm

◇都市計画石川地方委員会速記録 第2回([都市計画石川地方委員会]編) 1925 37p 23cm

◇都市計画大阪地方委員会議事速記録 自第9回至第13回(都市計画大阪地方委員会編) 1925 115p 23cm

◇都市計画鹿児島地方委員会議事録 第2回([都市計画鹿児島地方委員会]編) 1925 18p 23cm

◇都市計画熊本地方委員会会議録 第1回・第2回([都市計画熊本地方委員会]編) 1925 36p 23cm

◇都市計画地域に就て(東京市復興総務部編) 1925 50p 23cm 復興資料

◇都市計画長崎地方委員会会議録 第2回([都市計画長崎地方委員会]編) 1925 44p 23cm

◇都市計画の話(都市計画宮城地方委員会編) 1925 28p 23cm

◇都市計画宮城地方委員会会議録 第1回・第2回(都市計画宮城地方委員会編) 1925 26p 22cm

◇都市計画山口地方委員会議事録 第1回・第2回([都市計画山口地方委員会]編) 1925 35p 22cm

◆土地価格計算例(復興局編) 1925 10,[6]p 22cm

◇沼津都市計画区域決定案参考書([都市計画静岡地方委員会]編) 1925 5p 27cm

◇函館都市計画参考資料 第1輯(函館市都市計画課編) 1925 31,[13]p 27cm+図1枚

◇浜松都市計画区域決定諮問(都市計画静岡地方委員会編) 1925 5p 27cm+図3枚

◇ビーコン街81番会社組織及び加入契約の方法 謄写版(東京市政調査会編) 1925 [16]p 27cm

◇ビーコン街81番会社組織及び加入契約の方法 [複写],謄写版(東京市政調査会編) 1925 [16]p 26cm

◇復興事業進捗状況 大正13年12月末日現在(復興局編) 1925 4,112p 22cm

◇防火地区に就て(東京市復興総務部編) 1925 30p 22cm 復興資料

◇門司・小倉・八幡・若松・戸畑各都市計画区域決定理由書(都市計画福岡地方委員会編) 1925 [7]p 26cm

◇門司都市計画参考資料(都市計画福岡地方委員会編) 1925 16p 27cm

◇八幡都市計画参考資料(都市計画福岡地方委員会編) 1925 16p 27cm

◇大阪市都市計画事業費継続年期及支出方法 自大正14年度至大正22年度(大阪市役所編) 1925.2 95p 27cm

◇東京都市計画の基本問題住居、商業及工業地域(武部六蔵述,復興局建築部編) 1925.2 2,79p 23cm 復興建築叢書

◇愛知都市計画小観（都市計画愛知地方委員会編）　1925.3　107p　23cm+図5枚

◇街路樹（東京市政調査会編）　1925.3　53p　23cm　都市講話

◇金沢都市計画区域決定諮問（都市計画石川地方委員会編）　1925.3　14p　27cm+図2枚

◇東京市帝都復興事業概要（東京市復興総務部編）　1925.3　2,171p　26cm

◇都市計画京都地方委員会議事速記録　第6回（都市計画京都地方委員会編）　1925.3　50p　22cm

◇都市計画と地方自治：といふ曼陀羅（後藤新平著）　都市研究会　1925.3　20p　22cm　「都市公論」第8巻第3号

◇浜松都市計画街路案参考書（都市計画静岡地方委員会編）　1925.3　6p　27cm

◇復興帝都と地域制（武部六蔵著）　工政会出版部　1925.3　33p　22cm

◇米国16都市地域条例中用途及高ニ関スル比較研究（内務省大臣官房都市計画課編）　1925.3　[59]p　26cm　都市計画参考資料

◇懸賞募集町界町名地番整理案輯覧（復興局編）　1925.4　2,3,165p　23cm

◇懸賞募集町界町名地番整理案輯覧：附図（復興局編）　1925.4　10枚　29cm

◇交通問題に関する調査　道路名街路名町名番地に関する調査　火災と都市計画其の他（復興局長官官房計画課編）　1925.4　88p　23cm　復興局調査彙報

◇神戸都市計画決定事項　第2輯（神戸市都市計画部）　1925.4　5,172p　22cm

◇都市計画講習録全集　第3巻（都市研究会編）　1925.4　1冊　23cm

◇土地区画整理（京都市土木課編）　1925.5　24p　23cm

◇区画整理の実施について市民諸君に告ぐ（復興局編）　1925.6　34p　23cm

◇区画整理労働者休業補償ニ関スル私見（島連太郎著）　1925.6　8p　22cm

◇静岡都市計画区域決定諮問（都市計画静岡地方委員会編）　1925.6　5p　27cm+図3枚

◇福岡県管内新地図　縮尺二十万分ノ一（金文堂福岡支店編）　1925.6　1枚　23cm

◇岐阜都市計画参考資料（岐阜市役所編）　1925.7　46p　23cm

◇新東京物語（石原憲治著）　帝都書院　1925.7　2,2,118p　19cm

◇帝都復興事業に就て　[改訂版]（太田円三述,復興局土木部編）　1925.7　6,187p　26cm

◇復興計画と住宅対策：区画整理と借地借家人：借地借家臨時処理法の解説（布施辰治著）　自然社　1925.7　1冊　19cm

◇都市計画と農村計画（黒谷了太郎著）　曠台社　1925.8　433p　23cm

◇土地区画整理質問応答集（復興局編）　1925.8　69p　19cm

◇大阪の都市計画（田中清志著）　1925.9　1冊　24cm+図1枚

◇町界町名地番整理ニ関スル調書（東京市区画整理局編）　1925.9　114p　22cm

◇東京都市計画防火地区指定参考図（東京市復興総務部編）　1925.9　1枚　55×79cm　内務省告示

◇大東京都市計画路線調書　大正14年10月調（復興局土木部工務課編）　1925.10　16p　26cm

◇東京市内同町名及類似町名調　謄写版　1925.10　12p　25cm

◇市街地建築物法ニ拠ル実際問題解説（小檜山文恵著）　帝国建築協会　1925.11　1冊　19cm

◇区画整理の真相：制度の欠陥47ヶ条解説（小久江美代吉著）　星鳳社出版部　1925.12　4,5,102p　19cm　区画整理改善要求叢書

◇大震災善後会報告書（大震災善後会編）　1925.12　7,183p　23cm

◇都市計画基要　福岡市乙部（都市計画福岡地方委員会編）　1925.12　4,169p　28cm

◇都市計画と法制　再版（岡崎早太郎著）　金港堂書籍　1925.12　1冊　20cm

◇足利都市計画区域決定理由書（都市計画栃木地方委員会編）　1926　13p　19cm

◇一詩人ノ東京都市計画論（復興局長官官房計画課編）　1926　19p　22cm

◇一般調査資料　1　電車交通（都市計画兵庫地方委員会編）　1926　27,21p　27cm

◇英国都市計画法制要項　謄写版（H.C.チャプマン述,内務省都市計画局訳）　1926　[37]p　26cm　都市計画参考資料

◇大垣都市計画区域決定関係書類（都市計画岐阜地方委員会編）　1926　[8]p　24cm

◇大阪市街改良法草案　1926　12p　23cm

◇大牟田市及近郊実測図　縮尺二万分ノ一（大牟田市役所編）　1926　1枚　23cm

◇岡山都市計画参考資料　第2輯　交通並ニ運輸調査（都市計画岡山地方委員会編）　1926　2,38p　27cm

◇小樽都市計画区域決定理由書（都市計画北海道地方委員会編）　1926　[3]p　26cm

◇尾道都市計画区域案参考書（都市計画広島地方委員会編）　1926　[6]p　27×39cm

◇金沢都市計画参考資料　第2輯（都市計画石川地方委員会編）　1926　19p　26cm

◇京都市都市計画　土地区画整理とはどういふことをするか（京都市土木局編）　1926　8p　19cm

◇現代都市計画：其の意義及方法　謄写版（トマス・アダムズ著,東京市政調査会訳）　1926　[62]p　26cm

◇高知都市計画区域決定参考資料（都市計画高知地方委員会編）　1926　18p　23cm

◇神戸都市計画地域図（神戸市都市計画部編）　1926　1冊　28cm

◇サロニカ市土地区画整理法（帝都復興院計画局編）　1926　18p　22cm

◇残地整理ノタメニスル超過収用　謄写版（渡辺鉄蔵著）　1926　[24]p　26cm

◇市街地建築物法案　現行法規参照　1926　36p　26cm

◇清水都市計画街路案参考書：付　清水市主要街路交通情勢調査表（[都市計画静岡地方委員会]編）　1926　3p　27cm

◇下関都市計画区域設定理由書　謄写版　1926　[7]p　26cm

◇瑞西都市計画法制概要　謄写版（復興局長官官房計画課編）　1926　16p　26cm　調査の栞

◇桑港震災ノ救護及復興ニ関スル分析的報告　謄写版（東京市政調査会編）　1926　[16]p　26cm

◇地域制の原則　[複写],謄写版（エドワード・M.バセット著,東京市政調査会訳）　1926　[9]p　27cm

◇地帯収用　謄写版（東京市政調査会編）　1926　[48]p　26cm

◇超過収用ニ就イテ　謄写版（渡辺鉄蔵著）　1926　[8]p　26cm

◇帝都復興計画ニ対スル東京市会ノ意見　謄写版（帝都復興聯合協議会）　1926　[25]p　26cm　資料

◇帝都復興事業予算　謄写版（帝都復興聯合協議会）　1926　[3]p　26cm　資料

◇帝都復興聯合協議会加盟ノ学会建議書摘要　其ノ1　謄写版（帝都復興聯合協議会）　1926　[33]p　26cm　資料

◇東京特別都市計画土地区画整理地区現形並換地位置決定図　第3輯（復興局編）　1926　24p　19×35cm

◇東京横浜都市計画概要　大正15年3月20日現在　謄写版（復興局長官官房計画課編）　1926　[55]p　25cm

◇特別都市計画委員会議事速記録　第7号（復興局編）　1926　6,274p　22cm

◇特別都市計画委員会常務委員会議事速記録　第5号（復興局編）

都市計画

都市問題・地方自治　調査研究文献要覧

1926 66p 22cm

◇都市計画愛知地方委員会会議録 第15回・第16回・第17回（[都市計画愛知地方委員会]編） 1926 62p 23cm

◇都市計画大阪地方委員会会議事速記録 ［第17回］（都市計画大阪地方委員会編） 1926 16p 22cm

◇都市計画大阪地方委員会会議事速記録 第18回（都市計画大阪地方委員会編） 1926 8p 22cm

◇都市計画岡山地方委員会会議事速記録 第2回（[都市計画岡山地方委員会]編） 1926 47p 22cm

◇都市計画香川地方委員会会議事速記録 第1回（都市計画香川地方委員会編） 1926 56p 23cm

◇都市計講義図集（片岡安編） 1926 1冊 22cm

◇都市計画高知地方委員会会議事 第1回（[都市計画高知地方委員会]編） 1926 14p 23cm

◇都市計画静岡地方委員会会議事速記録 自第1回至第4回（[都市計画静岡地方委員会]編） 1926 165p 23cm

◇都市計画ト都市ノ風致美観（復興局長官官房計画課編） 1926 19p 22cm

◇都市計画富山地方委員会会議録 第1回・第2回（[都市計画富山地方委員会]編） 1926 39p 22cm

◇都市計画長野地方委員会会議録 ［第1回］（[都市計画長野地方委員会]編） 1926 25p 23cm

◇都市計画新潟地方委員会会議事速記録 第3回・第4回（都市計画新潟地方委員会編） 1926 11,20p 23cm

◇都市計画ニ関スル独逸法制及行政：普国建築線法（復興局長官官房計画課編） 1926 29p 22cm　復興局調査彙報

◇都市計画兵庫地方委員会会議事録 第8冊（[都市計画兵庫地方委員会]編） 1926 54p 23cm

◇都市計画兵庫地方委員会会議録 第9冊（[都市計画兵庫地方委員会]編） 1926 19p 23cm

◇都市計画法案 謄写版 1926 [9]p 26cm

◇都市計画法案 現行法規参照 1926 19p 26cm

◇都市計画宮城地方委員会会議録 第3回（[都市計画宮城地方委員会]編） 1926 41p 23cm

◇土地区画整理詳細色別東京市復興計画3000分1大地図　CD-R版（内山模型製図社編） 1926 CD-R1枚

◇長岡都市計画参考資料（新潟都市計画地方委員会編） 1926 46p 27cm+図11枚

◇長崎佐世保都市計画参考資料 其ノ1（都市計画長崎地方委員会編） 1926 [27]p 26cm

◇名古屋都市計画住居地域商業地域並ニ工業地域指定理由書 謄写版 1926 [36]p 26cm

◇函館都市計画区域決定理由書（都市計画北海道地方委員会編） 1926 [4]p 26cm

◇浜松都市計画事業並執行年度割案参考書（[都市計画静岡地方委員会]編） 1926 30p 27cm

◇復興事業国市分担ニ関スル意見　[複写]，謄写版（東京市政調査会編） 1926 26p 27cm

◇復興事業進捗状況 大正14年12月末日現在（復興局編） 1926 3,135p 23cm

◇ベネチヤ市建築条例 手書（建築学会編） 1926 53p 24cm

◇松本都市計画参考資料 謄写版（[松本市役所]編） 1926 [25]p 26cm

◇横浜市復興及復旧継続事業調書 大正15年2月現在（横浜市役所編） 1926 188p 27cm

◇復興事業ノ梗概 大正14年12月末日現在（復興局編） 1926.1 50p 26cm

◇一宮都市計画区域決定諮問 謄写版（都市計画愛知地方委員会編）
1926.2 5p 25cm

◇江木法相の憲法違犯論（解説）（小久江美代吉著） 星鳳社出版部 1926.2 53p 19cm　区整理改善要求叢書

◇大分都市計画区域決定諮問 謄写版（都市計画大分地方委員会編） 1926.2 4p 25cm

◇神戸都市計画一覧：附 参考資料（神戸市都市計画部編） 1926.2 4,26p 18cm

◇東京郊外町村編入調査書：第一案（東京市庶務課調査掛編） 1926.2 1冊 22cm

◇無道なる区画整理（石和田八郎著）　実業法律社出版部 1926.2 46,10p 19cm

◇岡崎都市計画決定諮問 謄写版（都市計画愛知地方委員会編） 1926.3 4p 24cm

◇岐阜都市計画街路決定ノ件（都市計画岐阜地方委員会編） 1926.3 6p 28cm+図1枚

◇高岡都市計画区域決定答申書（都市計画富山地方委員会編） 1926.3 5p 28cm+図2枚

◇地帯収用（東京市政調査会編） 1926.3 3,4,77p 22cm　市政調査資料

◇都市計画香川地方委員会議案（大正15年3月9日開会）（都市計画香川地方委員会編） 1926.3 23p 27cm+図6枚

◇富山都市計画区域決定答申書（都市計画富山地方委員会編） 1926.3 6p 28cm+図4枚

◇ビーアド博士東京復興に関する意見　再版（チャールズ・A.ビーアド著）　東京市政調査会 1926.5 37p 23cm　市政調査資料

◇復興市民要覧（島経辰編）　有斐閣 1926.5 6,229p 19cm

◇京都都市計画概要 謄写版（京都市土木局都市計画課編） 1926.6 [14]p 26cm

◇[長岡都市計画区域決定]答申書（都市計画新潟地方委員会編） 1926.6 5p 25cm

◇土地区画整理に就て（大阪都市協会編） 1926.7 41p 19cm

◇浜松都市計画街路案（都市計画静岡地方委員会編） 1926.7 14p 27cm+図1枚

◇浜松都市計画事業並執行年度割案（都市計画静岡地方委員会編） 1926.7 7p 27cm

◇市街地建築物法の話（内務大臣官房都市計画課編）　白鳳社出版部 1926.8 2,55p 23cm

◇都市計画京都地方委員会議事速記録 第7回（都市計画京都地方委員会編） 1926.8 73p 22cm

◇京都市主催京都都市計画展覧会記念京都都市計画地図 其1 都市計画路線及街路網図 其2 都市計画地域指定参考図（大丸呉服店編） 1926.9 2枚 20cm

◇都市計画大阪地方委員会議事速記録 自第14回至第16回（都市計画大阪地方委員会編） 1926.9 75p 23cm

◇小樽市都市計画参考資料（小樽市役所編） 1926.10 12p 27cm+図2枚

◇帝都町界町名地番整理方針綱要 謄写版（復興局整地部編） 1926.11 10p 24cm

◇横浜市地番整理地番割設計方針要項 大正15年11月訂正　謄写版 1926.11 5p 25cm+図6枚

◇東京市郊外町村編入調査書：第二案（東京市役所編） 1926.12 3,2,252p 22cm

◇都市計画（橡内吉胤著）　のれん屋書房 1926.12 9,331p 19cm

◇足利都市計画区域決定参考書 謄写版（都市計画足利地方委員会編） 1927 [16]p 26cm

◇伊太利に於ける都市計画と土地制度（復興局長官官房計画課編） 1927 18p 23cm

◇大阪市土地区画整理実施ノ状況 1927 1枚 25×76cm

◇大牟田都市計画区域図 縮尺五万分ノ一(大牟田市役所編) 1927 1枚 23cm

◇岡山都市計画事業並執行年度割：附 参考資料(都市計画岡山地方委員会編) 1927 4,24p 27cm

◇熊本都市計画参考資料 街路ノ部(都市計画熊本地方委員会編) 1927 41p 26cm+図7枚

◇下関都市計画街路並附図(下関市役所編) 1927 11p 23cm+図1枚

◇植栽日に就て(都市美協会編) 1927 22p 22cm 都市美協会パンフレット

◇仙台都市計画概要(都市計画宮城地方委員会編) 1927 24p 26cm

◇東京特別都市計画土地区画整理地区現形並換地位置決定図(写真)(復興局編) 1927 [129]p 25×35cm

◇東京特別都市計画土地区画整理地区現形並換地位置決定図 第5輯(復興局編) 1927 22p 20×36cm

◇東京特別都市計画土地区画整理地区現形並換地位置決定図 第4輯(復興局編) 1927 22p 20×35cm

◇特別都市計画委員会議事速記録 第8号(復興局編) 1927 3,6,133p 22cm

◇特別都市計画委員会議事速記録 第9号(復興局編) 1927 3,12,365p 22cm+図2枚

◇特別都市計画委員会常務委員会議事速記録 第6号(復興局編) 1927 83p 22cm

◇都市計画愛知地方委員会会議事速記録 第18回([都市計画愛知地方委員]編) 1927 17p 22cm

◇都市計画石川地方委員会速記録 第3回([都市計画石川地方委員会]編) 1927 47p 23cm

◇都市計画石川地方委員会速記録 第4回([都市計画石川地方委員会]編) 1927 27p 23cm

◇都市計画大阪地方委員会議事速記録 [第19回](都市計画大阪地方委員会編) 1927 23p 23cm

◇都市計画大阪地方委員会議事速記録 [第20回](都市計画大阪地方委員会編) 1927 28p 23cm

◇都市計画大阪地方委員会議事速記録 第21回(都市計画大阪地方委員会編) 1927 19p 23cm

◇都市計画岡山地方委員会議事速記録 第3回([都市計画岡山地方委員会]編) 1927 46p 22cm

◇都市計画鹿児島地方委員会議事速記録 第3回(都市計画鹿児島地方委員会編) 1927 30p 23cm

◇都市計画静岡地方委員会議事速記録 第5回([都市計画静岡地方委員会]編) 1927 104p 23cm

◇都市計画新潟地方委員会議事速記録 第5回・第6回(都市計画新潟地方委員会編) 1927 29,34p 22cm

◇都市計画兵庫地方委員会議事録 第10冊([都市計画兵庫地方委員会]編) 1927 168p 23cm

◇都市計画広島地方委員会議事速記録 第3回([都市計画広島地方委員会]編) 1927 58p 23cm

◇都市ノ公園計画参考資料 都市所要面積ニ関スル諸説及ビ実例並ニ各種公園誘致半径ニ関スル諸説(昭和2年5月20日大阪都市協会講演) 謄写版(折下吉延著) 大阪都市協会 1927 [29]p 26cm

◇鳥取都市計画区域決定参考書(都市計画鳥取地方委員会編) 1927 10p 27cm+図3枚

◇戸畑市全図：縮尺一万分ノ一(戸畑市役所編) 1927 1枚 23cm

◇新潟都市計画概要(新潟市役所編) 1927 5,104p 22cm

◇福山都市計画区域案参考書(都市計画広島地方委員会編) 1927 [5]p 27×39cm

◇復興事業進捗状況 昭和元年12月末日現在(復興局編) 1927 5,142p 22cm

◇八幡市都市計画調査資料(八幡市都市計画係編) 1927 27p 27×39cm

◇和歌山都市計画参考資料(都市計画和歌山地方委員会編) 1927 2,20p 27cm

◇大阪市都市計画総攬(2万分ノ1)(大阪都市協会編) 1927.1 1枚 119×79cm

◇大阪市都市計画総攬(大阪市都市計画総攬別冊附録)(大阪都市協会編) 1927.1 71p 19cm

◇加奈多オンタリオ州地方改良ニ関スル法令(名古屋市役所編) 1927.1 53p 23cm 調査彙報

◇記念まちの佛(岩下良吉著) 1927.1 [34]p 27×37cm

◇統計ヨリ見タル東京市ノ復興概況 謄写版(東京市統計課編) 1927.1 25p 26cm 東京市ノ状況

◇区画整理の一部及幹線道路拡築の一部廃止案に就て 謄写版(東京市政調査会編) 1927.2 12p 25cm

◇京城都市計画資料調査書(京城府編) 1927.2 9,402p 26cm

◇東京市土地区画整理制度改善意見書(各区聯合区画整理制度改善期成同盟会編) 1927.2 34p 19cm

◇神戸市計画街路網計画説明書(神戸市役所編) 1927.3 55p 23cm

◇神戸都市計画街路図(神戸市都市計画部編) 1927.3 9p 28cm+図1枚

◇東京市施行復興事業進捗概要 昭和2年3月末日現在 謄写版(東京市復興事業編) 1927.3 17p 25cm

◇東京市復興事業概要(東京市役所編) 1927.3 1冊 23cm

◇広島都市計画地域：附 市街地建築物法其他関係法規抜萃(都市計画広島地方委員会編) 1927.6 16p 27cm

◇神戸都市計画要覧 昭和2年(神戸市都市計画部編) 1927.7 15,44p 13cm

◇岡山都市計画事業並ニ執行年度割(岡山市役所編) 1927.8 17p 23cm

◇大正15年-昭和2年調査彙報(神戸市都市計画部編) 1927.8 75p 22cm

◇都市計画要鑑 第2巻(内務大臣官房都市計画課編) 1927.8 10,1162p 26cm

◇都市計画要鑑 第2巻 附図(内務大臣官房都市計画課編) 1927.8 1冊 26cm

◇英国都市計画法(復興局計画課編) 1927.11 27p 23cm

◇神戸都市計画決定事項(神戸市都市計画部編) 1927.11 4,109p 22cm

◇地域制 再版(東京市政調査会編) 1927.11 4,2,108p 22cm 市政調査資料

◇都市計画の理論と法制(飯沼一省著) 良書普及会 1927.11 1冊 23cm

◇土地区画整理と換地配当(岡崎早太郎著) 1927.11 7,51p 15cm

◇イギリスの都市計画法 再版(東京市政調査会編) 1927.12 15,2,52p 23cm 市政調査資料

◇学説実例 土地収用法要鑑(駒崎熊次郎,片野真猛著) 巌松堂書店 1927.12 34,1011p 19cm

◇金沢市都市計画参考資料(金沢市役所編) 1927.12 7,6p 27cm

◇津都市計画参考資料 昭和2年12月(都市計画三重地方委員会編) 1927.12 72p 27cm+図6枚

◇旭川都市計画区域設定参考資料(旭川市役所編) 1928 36p 22cm

◇大牟田都市計画要覧(都市計画福岡地方委員会編) 1928 48p 27cm

◇尾道都市計画街路案参考書(都市計画広島地方委員会編) 1928 8p 27cm

◇金沢市都市計画参考資料 第3輯(都市計画石川地方委員会編) 1928 29,14p 26cm

◇京都都市計画概要(都市計画京都地方委員会編) 1928 108p 23cm+図1枚

◇熊本都市計画参考資料 第3集(昭和3年)(都市計画熊本地方委員会

都市計画

◇静岡都市計画事業並執行年度割案参考書(都市計画静岡地方委員会編) 1928 31p 27cm+図1枚

◇下関都市計画地域並附図(下関市役所編) 1928 [7]p 23cm+図1枚

◇町名整理と電車停留場名(富桝建造著) 都市創作会 1928 31p 22cm

◇特別都市計画委員会議事速記録 第10号(復興局編) 1928 3,6,213p 22cm+図1枚

◇特別都市計画委員会常務委員会議事速記録 第7号(復興局編) 1928 95p 22cm

◇特別都市計画委員会常務委員会議事速記録 第8号(復興局編) 1928 142p 22cm

◇特別都市計画委員会常務委員会議事速記録 第9号(復興局編) 1928 247p 22cm

◇都市計画愛知地方委員会議事速記録 第19回([都市計画愛知地方委員]編) 1928 76p 22cm

◇都市計画秋田地方委員会会議録 第1回([都市計画秋田地方委員会]編) 1928 6,2p 23cm

◇都市計画石川地方委員会会速記録 第5回([都市計画石川地方委員会]編) 1928 14p 23cm

◇都市計画愛媛地方委員会会議録 第1回([都市計画愛媛地方委員会]編) 1928 13p 23cm

◇都市計画大阪地方委員会議事速記録 第22回(都市計画大阪地方委員会編) 1928 8p 22cm

◇都市計画大阪地方委員会議事速記録 第23回(都市計画大阪地方委員会編) 1928 71p 23cm

◇都市計画大阪地方委員会議事速記録 第24回(都市計画大阪地方委員会編) 1928 9p 23cm

◇都市計画大阪地方委員会議事速記録 第25回(都市計画大阪地方委員会編) 1928 46p 23cm

◇都市計画大阪地方委員会議事速記録 第26回(都市計画大阪地方委員会編) 1928 28p 22cm

◇都市計画大阪地方委員会議事速記録 第27回(都市計画大阪地方委員会編) 1928 4p 22cm

◇都市計画大阪地方委員会議事速記録 第28回(都市計画大阪地方委員会編) 1928 12p 23cm

◇都市計画岡山地方委員会議事速記録 第4回([都市計画岡山地方委員会]編) 1928 39p 22cm

◇都市計画概況 昭和3年9月末現在 謄写版(内務大臣官房都市計画課編) 1928 1冊 28cm

◇都市計画香川地方委員会議事速記録 第2回・第3回(都市計画香川地方委員会編) 1928 82p 23cm

◇都市計画熊本地方委員会議録 第3回([都市計画熊本地方委員会]編) 1928 42p 23cm

◇都市計画熊本地方委員会議録 第4回([都市計画熊本地方委員会]編) 1928 21p 23cm

◇都市計画滋賀地方委員会議事 第1回(都市計画滋賀地方委員会編) 1928 6p 23cm

◇都市計画島根地方委員会議事 第1回([都市計画島根地方委員会]編) 1928 35p 23cm

◇都市計画徳島地方委員会議事 第1回([都市計画徳島地方委員会]編) 1928 12p 23cm

◇都市計画徳島地方委員会議事 第2回([都市計画徳島地方委員会]編) 1928 12p 23cm

◇都市計画長野地方委員会議事 第2回([都市計画長野地方委員会]編) 1928 16p 23cm

◇都市計画新潟地方委員会議事速記録 第7回・第8回(都市計画新潟地方委員会編) 1928 12,11p 22cm

◇都市計画兵庫地方委員会議事速記録 第11冊([都市計画兵庫地方委員会]編) 1928 46p 23cm

◇都市計画広島地方委員会議事速記録 第4回([都市計画広島地方委員会]編) 1928 10p 23cm

◇都市計画広島地方委員会議事速記録 第5回([都市計画広島地方委員会]編) 1928 24p 23cm

◇都市計画福岡地方委員会議事速記録 自第8回至第10回(都市計画福岡地方委員会編) 1928 2,78p 23cm

◇都市計画宮城地方委員会議事速記録 第4回(都市計画宮城地方委員会編) 1928 26p 23cm

◇都市計画山口地方委員会議事速記録 第3回・第4回([都市計画山口地方委員会]編) 1928 82p 22cm

◇土地所有者名簿：東京土地区画整理換地位置決定図附(内山模型製図社編) 1928 1冊 23cm

◇戸畑都市計画参考資料(都市計画福岡地方委員会編) 1928 [1]p 26cm

◇福岡都市計画地域案参考資料(都市計画福岡地方委員会編) 1928 54p 27cm

◇復興事業進捗状況 昭和2年12月末現在(復興局編) 1928 5,123p 22cm

◇復興事業ノ梗概 昭和2年12月末現在(復興局編) 1928 49p 26cm

◇宮崎都市計画区域決定調査資料(都市計画宮崎地方委員会編) 1928 58p 22cm

◇横浜市町界町名字界字名変更改称調書(横浜市役所編) 1928 1冊 22cm 横浜市告示第143号附録

◇米子都市計画区域決定参考書(都市計画鳥取地方委員会編) 1928 10p 27cm

◇各国に於ける近時の都市計画概観(G.M.Harris述, 復興局長官官房計画課編) 1928.1 2,21p 22cm

◇公園の設計(井下清著, 日本庭園協会編) 雄山閣 1928.1 2,14,272p 19cm 造園叢書

◇山地開発ニ関スル調査及計画 第1輯(神戸市都市計画部編) 1928.2 100p 22cm+図2枚

◇指定庭園調査報告 第1輯 京都府(内務省編) 1928.2 32p 26cm

◇岡山都市計画概綱(岡山市役所編) 1928.3 56p 23cm

◇帝都復興事業概観 CD-R版(復興局編) 東京市政調査会 1928.3 CD-R1枚

◇富山都市計画案(街路・運河・公園・土地区画整理)(都市計画富山地方委員会編) 1928.3 23p 27cm+図1枚

◇富山都市計画案 参考書(都市計画富山地方委員会編) 1928.3 4p 27cm+図1枚

◇富山都市計画事業(街路・運河)並執行年度割案(都市計画富山地方委員会編) 1928.3 9p 27cm

◇富山都市計画事業(街路・運河)並執行年度割案 参考書(都市計画富山地方委員会編) 1928.3 27p 27cm+図1枚

◇富山都市計画事業並執行年度割(富山県内務部都市計画課編) 1928.3 30p 19cm

◇区域ニ関スル調査資料(都市計画栃木地方委員会編) 1928.4 2,46p 26cm 宇都宮都市計画資料

◇天然公園(本多静六著, 日本庭園協会編) 雄山閣 1928.4 8,8,202p 19cm 造園叢書

◇都市の美装(黒田鵬心著, 日本庭園協会編) 雄山閣 1928.5 1冊 19cm 造園叢書

◇プロイセン都市計画法案(復興局長官官房計画課編) 1928.6 4,76p 22cm

◇横浜の復興概要(横浜市役所編) 1928.6 77p 23cm+図3枚

◇都市計画京都地方委員会議事速記録 第9回(都市計画京都地方委員会編) 1928.7 21p 22cm

◇名古屋市の町名番地（富桝建造著） 東京市政調査会 1928.7 27p 22cm 都市問題パンフレット

◇都市計画関係法令：附 通牒類 改訂6版（内務省都市計画課編） 警眼社 1928.8 1冊 19cm

◇京城都市計画調査書（京城府編） 1928.9 4,6,469p 27cm

◇帝都の復興事業：事業の概要と進捗状況（東京市政調査編） 1928.9 1枚 18cm 市政カード

◇都市計画法制の改正に就て（岡崎早太郎編） 大阪都市協会 1928.9 34p 22cm

◇大名古屋の区画整理（大名古屋土地博覧会編） 1928.10 8,90p 18cm

◇徳島都市計画区域決定資料 謄写版（[都市計画徳島地方委員会]編） 1928.10 [11]p 25cm

◇岸和田市都市計画予定区域内参考資料 複写（岸和田市役所編） 1928.11 [48]p 28×41cm

◇造園上より観たる飛行場の設計（小野崎仁編） 日本造園学会 1928.11 65p 23cm 造園パンフレット

◇刑務所造園の提唱（坂本金吾著） 日本造園学会 1928.12 32p 22cm+図1枚 造園パンフレット

◇都市計画必携（都市研究会編） 1928.12 5,7,146p 22cm

◇土地収用法講義（萱場軍蔵述,復興局編） 1928.12 4,142,27p 22cm 法制講義録

◇大分都市計画参考資料 交通並ニ運輸調査（都市計画大分地方委員会編） 1929 30p 27cm

◇[川崎都市計画参考資料]（都市計画神奈川地方委員会編） 1929 1冊 27cm

◇倉敷都市計画参考資料 第1輯 区域ニ関スル調査 謄写版（都市計画岡山地方委員会編） 1929 [2]p 27cm

◇高知都市計画参考資料（高知市役所） 1929 190p 27cm

◇甲府都市計画区域決定案参考書（[都市計画山梨地方委員会]編） 1929 13p 27cm

◇甲府都市計画区域決定案参考書（都市計画山梨地方委員会編） 1929 13p 27cm

◇甲府都市計画区域決定案諮問：付 都市計画公告（[都市計画山梨地方委員会]編） 1929 5p 27cm+図3枚

◇甲府都市計画区域決定諮問：付 都市計画公告（都市計画山梨地方委員会編） 1929 5p 27cm+図4枚

◇神戸都市計画要覧 昭和4年版（神戸市都市計画部編） 1929 6,89p 13cm

◇佐賀都市計画街路案参考書（都市計画佐賀地方委員会編） 1929 [3]p 29cm+図4枚

◇市有地問題 謄写版（東京市財務局地理課編） 1929 56p 28cm

◇高岡都市計画街路案参考書（高岡市役所編） 1929 3,3p 27cm+図1枚

◇[高松都市計画参考資料]（都市計画香川地方委員会編） 1929 1冊 27cm

◇町界町名番地整理参考資料（復興局編） 1929 35p 22cm

◇帝都復興展覧会出品目録（東京市政調査会[編]） 東京市政調査会 1929 93p 27cm

◇帝都復興展覧会出品目録 分類索引（東京市政調査会[編]） 東京市政調査会 1929 39p 27cm

◇帝都復興展覧会ポスター（人物と風景のイラスト）（CD-R）（東京市政調査会編） 東京市政調査会 1929 76×53cm

◇帝都復興展覧会ポスター（風景のイラスト）（CD-R）（東京市政調査会編） 東京市政調査会 1929 53×38cm

◇特別都市計画委員会議事速記録 第11号（復興局編） 1929 38,856p 22cm

◇特別都市計画委員会議事速記録：附図 第11号（復興局編） 1929 1冊 25cm

◇特別都市計画委員会常務委員会議事速記録 第11号（復興局編） 1929 44p 22cm

◇特別都市計画委員会常務委員会速記録 第10号（復興局編） 1929 99p 22cm

◇都市計画（石原憲治著） [万有科学大系刊行会] 1929 [233]p 26cm 「万有科学大系」続篇第6巻抜刷

◇都市計画愛知地方委員会事速記録 第20回（[都市計画愛知地方委員会]編） 1929 17p 23cm

◇都市計画愛知地方委員会事速記録 第21回（[都市計画愛知地方委員会]編） 1929 58p 23cm

◇都市計画愛知地方委員会事速記録 第22回（[都市計画愛知地方委員会]編） 1929 43p 23cm

◇都市計画愛媛地方委員会議録 第2回（[都市計画愛媛地方委員会]編） 1929 12p 23cm

◇都市計画愛媛地方委員会議録 第3回（[都市計画愛媛地方委員会]編） 1929 39p 23cm

◇都市計画大阪地方委員会事速記録 第29回（都市計画大阪地方委員会編） 1929 23p 22cm

◇都市計画大阪地方委員会事速記録 第30回（都市計画大阪地方委員会編） 1929 20p 22cm

◇都市計画大阪地方委員会事速記録 第31回（都市計画大阪地方委員会編） 1929 6p 23cm

◇都市計画岡山地方委員会議事速記録 第5回（[都市計画岡山地方委員会]編） 1929 34p 22cm

◇都市計画鹿児島地方委員会議事録 第4回（都市計画鹿児島地方委員会編） 1929 36p 23cm

◇都市計画群馬地方委員会事速記録 第1回（都市計画群馬地方委員会編） 1929 24p 23cm

◇都市計画群馬地方委員会事速記録 第2回（都市計画群馬地方委員会編） 1929 19p 23cm

◇都市計画高知地方委員会議事録 第2回（[都市計画高知地方委員会]編） 1929 27p 27cm

◇都市計画滋賀地方委員会議事録 第2回（都市計画滋賀地方委員会編） 1929 6p 23cm

◇都市計画島根地方委員会議事録 第2回（[都市計画島根地方委員会]編） 1929 14p 24cm

◇都市計画富山地方委員会会議録 第3回（[都市計画富山地方委員会]編） 1929 45p 22cm

◇都市計画富山地方委員会会議録 第4回（[都市計画富山地方委員会]編） 1929 32p 22cm

◇都市計画長崎地方委員会議事録 第5回（[都市計画長崎地方委員会]編） 1929 28p 23cm

◇都市計画長崎地方委員会議事録 第6回（[都市計画長崎地方委員会]編） 1929 27p 22cm

◇都市計画長野地方委員会議事録 第3回（[都市計画長野地方委員会]編） 1929 20p 22cm

◇都市計画兵庫地方委員会議事速記録 第12冊（[都市計画兵庫地方委員会]編） 1929 47p 23cm

◇都市計画広島地方委員会議事速記録 第6回（[都市計画広島地方委員会]編） 1929 12p 23cm

◇都市計画福島地方委員会速記録 第2回（都市計画福島地方委員会編） 1929 27p 23cm

◇都市計画法講義（復興局編） 1929 1冊 23cm 法制講義録

◇都市計画宮城地方委員会議事速記録 第5回（都市計画宮城地方委員会編） 1929 29p 23cm

◇土地区画整理（岡崎早太郎著） 1929 22p 22cm

◇富山都市計画事業概要（富山県編） 1929 1枚 26cm

◇長崎佐世保都市計画参考資料：其ノ2 長崎地域ノ部（都市計画長崎

都市計画

◇八王子の都市計画に就て（八王子市に於ける都市計画講演筆記）（八王子市役所編） 1929 1,46p 23cm

◇広島都市計画事業並執行年度割案参考書：付 広島市ニ関スル法律案（都市計画広島地方委員会編） 1929 12p 26cm+図1枚

◇復興事業進捗状況 昭和3年12月末日現在（復興局編） 1929 5,127p 22cm

◇別府都市計画区域設定参考資料（都市計画大分地方委員会編） 1929 11p 27cm

◇[前橋都市計画参考資料]（都市計画前橋地方委員会編） 1929 1冊 27cm

◇[丸亀都市計画参考資料]（都市計画香川地方委員会編） 1929 1冊 27cm

◇都城都市計画区域調査資料（都市計画宮崎地方委員会編） 1929 64p 22cm

◇復興事業ノ梗概 昭和3年12月末日現在（復興局編） 1929.1 51p 26cm

◇体験セル区画整理 謄写版（伊藤太郎述） 1929.2 1冊 24cm

◇高崎都市計画区域決定参考書（都市計画群馬地方委員会編） 1929.2 7p 27cm

◇兵庫県ニ於ケル都市計画 第1巻（都市計画兵庫地方委員会編） 1929.3 2,166p 23cm

◇近世都市計画（森慶三郎著） 丸善 1929.4 2,2,308p 23cm

◇郡山都市計画区域決定参考書（都市計画福島地方委員会編） 1929.4 4p 26cm

◇名古屋の都市計画（名古屋市役所編） 1929.4 26p 20cm+図2枚

◇福島都市計画区域決定参考書（都市計画福島地方委員会編） 1929.4 7p 26cm

◇若松都市計画区域決定参考書（都市計画福島地方委員会編） 1929.4 6p 26cm

◇本邦内地中小都市の町名番地（富桝建造著） 都市創作会 1929.5 45p 22cm+図1枚 都市創作パンフレット

◇岐阜都市計画概要（岐阜市役所編） 1929.8 8,200p 22cm

◇都市計画理論ニ就テ 第1輯（都市計画宮崎地方委員会編） 1929.8 78p 22cm

◇都市の小公園計画（大屋霊城著） 1929.8 21p 22cm

◇本邦都市計画事業と其財政（東京市政調査会） 1929.9 1冊 23cm

◇帝都の復興と市民の覚悟（東京市政調査会編） 1929.10 1枚 18cm 市政カード

◇帝都復興区画整理ニ関スル報告書（大山斐瑳磨編） 1929.10 2,4,107p 22cm

◇都市計画と法制 改訂増補（岡崎早太郎著） 日進舎 1929.10 22,8,418p 19cm

◇土地区画整理要論（小栗忠七著） 大阪都市協会 1929.10 91p 22cm

◇尼崎都市計画地域指定参考資料（都市計画兵庫地方委員会編） 1929.11 19p 27cm

◇都市計画京都地方委員会議事速記録 第10回（都市計画京都地方委員会編） 1929.11 52p 22cm

◇富山都市計画事業執行年度割変更案参考書（富山県内務部都市計画課編） 1929.11 30p 26cm

◇前橋都市計画区域決定参考書（都市計画群馬地方委員会編） 1929.11 19p 27cm

◇都市計画及工場取締改正ニ関スル参考資料（東京商工会議所編） 1929.12 90,14p 23cm+図1枚 商工調査

◇都市計画京都地方委員会議事速記録 第11回（都市計画京都地方委員会編） 1929.12 30p 22cm

◇秋田都市計画事業下水道計画説明書（秋田市役所編） 1930 2,20p 23cm

◇大分都市計画地域参考資料（都市計画大分地方委員会編） 1930 47p 26cm

◇大垣都市計画街路（都市計画岐阜地方委員会編） 1930 13p 23cm

◇奥行価格百分率表（復興局編） 1930 25p 27cm

◇熊本都市計画参考資料 第4集（昭和5年）（都市計画熊本地方委員会編） 1930 31p 27cm

◇呉都市計画地域追加指定参考資料（都市計画広島地方委員会編） 1930 7p 26cm

◇静岡清水都市計画地域指定参考書：附 地域関係法規抜萃（[都市計画静岡地方委員]編） 1930 44p 22cm

◇津山都市計画参考資料 第1輯 区域ニ関スル調査 謄写版（都市計画岡山地方委員会編） 1930 [2]p 27cm

◇特別都市計画委員会議事速記録 第12号（復興局編） 1930 3,12,314p 22cm+図2枚

◇都市計画愛知地方委員会議事速記録 第23回（[都市計画愛知地方委員会]編） 1930 47p 22cm

◇都市計画愛知地方委員会議事速記録 第24回・第25回・第26回（[都市計画愛知地方委員会]編） 1930 77p 23cm

◇都市計画秋田地方委員会会議録 第2回（[都市計画秋田地方委員会]編） 1930 16p 23cm

◇都市計画茨城地方委員会会議録 第1回・第2回（[都市計画茨城地方委員会]編） 1930 32p 23cm

◇都市計画大阪地方委員会議事速記録 第32回（都市計画大阪地方委員会編） 1930 4p 23cm

◇都市計画大阪地方委員会議事速記録 第33回（都市計画大阪地方委員会編） 1930 19p 23cm

◇都市計画大阪地方委員会議事速記録 第34回（都市計画大阪地方委員会編） 1930 13p 23cm

◇都市計画大阪地方委員会議事速記録 第35回（都市計画大阪地方委員会編） 1930 6p 22cm

◇都市計画岡山地方委員会議事速記録 第6回（[都市計画岡山地方委員会]編） 1930 30p 22cm

◇都市計画京都地方委員会議事速記録 第12回・第13回（都市計画京都地方委員会編） 1930 28p 22cm

◇都市計画熊本地方委員会会議録 第5回（[都市計画熊本地方委員会]編） 1930 18p 23cm

◇都市計画高知地方委員会議事録 第3回（[都市計画高知地方委員会]編） 1930 17p 22cm

◇都市計画佐賀地方委員会議事録 第1回 謄写版（都市計画佐賀地方委員会編） 1930 20p 27cm

◇都市計画小話（玉置豊次郎述, 復興局建築部編） 1930 76p 23cm 復興建築叢書

◇都市計画東京地方委員会議事速記録 第1号 CD-R版（都市計画東京地方委員会編） 1930 CD-R1枚

◇都市計画東京地方委員会議事速記録 第2号 CD-R版（都市計画東京地方委員会編） 1930 CD-R1枚

◇都市計画長崎地方委員会会議録 第7回（[都市計画長崎地方委員会]編） 1930 22p 23cm

◇都市計画長崎地方委員会会議録 第8回（[都市計画長崎地方委員会]編） 1930 15p 23cm

◇都市計画長野地方委員会会議録 第4回（[都市計画長野地方委員会]編） 1930 10p 22cm

◇都市計画兵庫地方委員会議事速記録 第13冊（[都市計画兵庫地方委員会]編） 1930 87p 23cm

◇都市計画広島地方委員会議事速記録 第7回（[都市計画広島地方委員会]編） 1930 35p 23cm

◇都市計画広島地方委員会議事速記録 第8回（[都市計画広島地方委員会]編） 1930 38p 23cm

◇都市計画宮崎地方委員会会議案 第3回(都市計画宮崎地方委員会編) 1930 15p 22cm

◇都市計画山口地方委員会議事速記録 第5回・第6回([都市計画山口地方委員会]編) 1930 25p 22cm

◇長崎佐世保都市計画参考資料 其ノ3 佐世保地域ノ部(都市計画長崎地方委員会編) 1930 8p 22cm

◇沼津都市計画街路案([都市計画静岡地方委員会]編) 1930 15p 27cm

◇浜松都市計画地域指定案参考書:附 地域関係法規抜萃(都市計画静岡地方委員会編) 1930 27p 27cm+図1枚

◇福岡都市計画街路案参考資料(都市計画福岡地方委員会編) 1930 12p 27cm+別冊(街路構造規格図)

◇復興事業進捗状況 昭和4年12月末日現在(復興局編) 1930 4,130p 22cm

◇門司・小倉・戸畑・若松・八幡都市計画地域参考資料(都市計画福岡地方委員会編) 1930 69p 27cm

◇[盛岡都市計画参考資料]([都市計画岩手地方委員会]編) 1930 [6],3p 26cm

◇[横須賀都市計画参考資料](都市計画神奈川地方委員会編) 1930 [27]p 27cm

◇都市計画の理論と法制 3版(飯沼一省著) 良書普及会 1930.1 1冊 23cm

◇四日市都市計画参考資料 昭和5年1月(都市計画三重地方委員会編) 1930.1 71p 27cm+図6枚

◇市街地建築物法の話(内務大臣官房都市計画課編) 都市研究会 1930.3 2,52p 22cm 都市計画叢書

◇図解市街地建築物法の効果(内務大臣官房都市計画課編) 都市研究会 1930.3 2,100p 23cm 都市計画叢書

◇高松市都市計画概要(高松市役所編) 1930.3 2,66p 22cm+図3枚

◇帝都復興記念帖 CD-R版(復興局編) 1930.3 CD-R1枚

◇帝都復興事業図表 CD-R版(東京市役所編) 1930.3 CD-R1枚

◇帝都復興事業大観 上巻(日本統計普及会編,東京市政調査会監修) 1930.3 1冊 27cm

◇帝都復興事業大観 下巻(日本統計普及会編,東京市政調査会監修) 1930.3 1冊 26cm

◇帝都復興秘録(東京市政調査会編) 宝文館 1930.3 1冊 19cm

◇豊橋都市計画資料 第1輯(豊橋市役所編) 1930.3 8,225p 27cm+図1枚

◇復興:写真集(東京市役所編) 1930.3 [28]p 20×28cm

◇復興正史(小倉庫次著) 宝文館 1930.3 11,10,260p 23cm

◇盛岡都市計画区域決定参考書(都市計画岩手地方委員会編) 1930.3 3p 26cm

◇市街地建築物関係法令通解(石井桂[ほか]著) 建築工業社 1930.4 1冊 23cm

◇帝都復興商店大観:大正十二年九月の震災より七ヶ年を経たる東京の風貌(商店界社編) 1930.4 189p 19cm 商店界

◇帝都復興史:附 横浜復興記念史 第1巻 CD-R版(復興調査協会編) 1930.5 CD-R1枚

◇帝都復興史:附 横浜復興記念史 第2巻 CD-R版(復興調査協会編) 1930.5 CD-R1枚

◇都市計画ニ関スル懇談会速記録(東京商工会議所編) 1930.5 117p 23cm 事務彙報

◇帝都復興史:附 横浜復興記念史 第3巻(復興調査協会編) 1930.6 53,[1221]p 22cm

◇世界都市計画図集(藤田宗光編) 都市研究会 1930.8 7,96p 20×27cm

◇工場取締規則改正要旨 市街地建築物法令中取扱に関する告示(東京商工会議所編) 1930.9 33p 23cm

◇帝都復興記念写真帳(中川順吉編) 帝都復興記念写真帳発行所 1930.9 [142]p 22×32cm

◇岡崎都市計画資料 第1輯(岡崎市役所編) 1930.11 8,155,11p 27cm

◇公園及運動場:計画・設計・施工(大屋霊城著) 裳華房 1930.11 2,4,535p 27cm

◇浜松都市計画概要(浜松市役所編) 1930.11 53p 22cm

◇大分都市計画街路網案及参考書(都市計画大分地方委員会編) 1931 13p 27cm

◇甲府都市計画街路決定書(都市計画山梨地方委員会編) 1931 11p 27cm+図1枚

◇甲府都市計画街路網([甲府市役所]編) 1931 11p 27cm

◇静岡都市計画第二期街路事業並執行年度割案参考書([都市計画静岡地方委員会]編) 1931 18p 23cm

◇設計及分区(張鋭著) [天津市] 1931 20p 27cm

◇高岡都市計画地域指定参考資料(都市計画富山地方委員会編) 1931 20p 26cm

◇高松都市計画風致地区参考資料 謄写版([高松市役所]編) 1931 [11]p 26cm

◇東京市公園概況(東京市役所編) 1931 10p 23cm

◇東京市墓地概況(東京市役所編) 1931 10p 23cm

◇都市計画石川地方委員会速記録 第7回([都市計画石川地方委員会]編) 1931 16p 22cm

◇都市計画茨城地方委員会議案 第3回([都市計画茨城地方委員会]編) 1931 27p 23cm

◇都市計画佐賀地方委員会議事録 第2回 謄写版(都市計画佐賀地方委員会編) 1931 19p 27cm

◇都市計画静岡地方委員会議事速記録 自第6回至第9回([都市計画静岡地方委員会]編) 1931 154p 23cm

◇都市計画東京地方委員会常務委員会議事速記録 第1号 CD-R版(都市計画東京地方委員会編) 1931 CD-R1枚

◇都市計画東京地方委員会常務委員会議事速記録 第2号 CD-R版(都市計画東京地方委員会編) 1931 CD-R版1枚

◇都市計画富山地方委員会会議録 第5回([都市計画富山地方委員会]編) 1931 38p 22cm

◇都市計画長崎地方委員会会議録 第9回([都市計画長崎地方委員会]編) 1931 24p 23cm

◇都市計画長野地方委員会会議録 第5回([都市計画長野地方委員会]編) 1931 8p 22cm

◇都市計画兵庫地方委員会議事速記録 第14冊([都市計画兵庫地方委員会]編) 1931 77p 23cm

◇都市計画兵庫地方委員会議事速記録 第15冊([都市計画兵庫地方委員会]編) 1931 62p 23cm

◇都市計画福岡地方委員会議事速記録 自第11回至第12回(都市計画福岡地方委員会編) 1931 112p 23cm

◇都市計画宮城地方委員会議事録 第6回・第7回(都市計画宮城地方委員会編) 1931 33p 23cm

◇富山都市計画地域指定参考資料(都市計画富山地方委員会編) 1931 22p 26cm

◇復興事業進捗状況 昭和5年12月末日現在(復興事務局編) 1931 5,131p 22cm

◇別府都市計画参考資料 交通並ニ運輸調査(都市計画大分地方委員会編) 1931 29p 27cm

◇門司・小倉・戸畑・若松・八幡都市計画街路案参考資料(都市計画福岡地方委員会編) 1931 29p 27cm+別冊(街路構造規格図)

◇横須賀都市計画経過概況:付 横須賀都市計画予定区域,横須賀都市計画区域内市町村別(面積及人口密度表)(人口表) 謄写版([横須賀市役所]編) 1931 [18]p 25cm

◇帝都復興事業誌 建築篇・公園篇 CD-R版(復興事務局編) 1931.3 CD-R1枚

◇帝都復興事業誌 緒言・組織及法制篇 CD-R版(復興事務局編) 1931.3 CD-R1枚

◇帝都復興事業誌 土地区画整理篇 CD-R版(復興事務局編) 1931.3 CD-R1枚

◇帝都復興事業誌 土木篇 上巻 CD-R版(復興事務局編) 1931.3 CD-R1枚

◇帝都復興事業誌 土木篇 下巻 CD-R版(復興事務局編) 1931.3 CD-R1枚

◇都市計画神奈川地方委員会議事録 第1号(都市計画神奈川地方委員会編) 1931.3 89p 22cm

◇奈良都市計画区域決定参考資料(都市計画奈良地方委員会編) 1931.3 7p 27cm

◇高岡都市計画地域指定参考書(都市計画富山地方委員会編) 1931.5 12p 26cm+図1枚

◇富山都市計画地域指定参考書(都市計画富山地方委員会編) 1931.5 16p 26cm+図1枚

◇大阪都市計画概要(大阪市役所編) 1931.6 32p 20cm+図1枚

◇都市計画京都地方委員会議事速記録 第14・15・16回(都市計画京都地方委員会編) 1931.6 64p 22cm

◇土地区画整理の話(都市計画奈良地方委員会編) 1931.6 28p 22cm

◇西宮都市計画地域指定参考資料(都市計画兵庫地方委員会編) 1931.6 8p 27cm+図3枚

◇丸亀市都市計画参考資料 昭和6年(丸亀市役所編) 1931.6 4,77p 27cm

◇「大富山」振興に関する座談会速記録(富山県都市計画課編,都市計画富山地方委員会編) 1931.7 56p 22cm

◇清水都市計画概要(清水市役所編) 1931.8 137p 23cm

◇都市計画概況(都市研究会編) 1931.8 2,66p 23cm+図3枚

◇高岡都市計画地域指定案(都市計画富山地方委員会編) 1931.9 4p 27cm

◇富山都市計画地域指定案(都市計画富山地方委員会編) 1931.9 4p 27cm

◇帝都復興区画整理誌 第3編 各説 第1巻(東京市役所編) 1931.10 28,1260p 26cm

◇大京都の都市計画に就て(京都市土木局編) 1931.11 149p 19cm

◇帝都復興区画整理誌 第3編 第2巻 各説(東京市役所編) 1931.11 35,1365p 26cm

◇一宮都市計画資料 第2輯(一宮市役所編) 1931.12 118p 27cm

◇鹿児島都市計画公園新設並拡築参考資料(都市計画鹿児島地方委員会編) 1931.12 2,53p 27cm

◇帝都復興区画整理誌 第3編 各説 第3巻(東京市役所編) 1931.12 43,1771p 26cm

◇風致地区取締規程 昭和7年3月1日施行 謄写版(東京府編) 1931.12 11p 27cm

◇一宮都市計画第一期街路事業概要([一宮市役所]編) 1932 19p 26cm

◇今治都市計画街路:付 都市計画公告(都市計画愛媛地方委員会編) 1932 15p 27cm+図1枚

◇大垣都市計画参考資料(都市計画岐阜地方委員会編,大垣市役所編) 1932 4,125p 22cm

◇熊本の都市計画(都市計画熊本地方委員会編) 1932 39p 19cm

◇最新科学図鑑 第10巻 建設の科学 上 第4編 都市計画(石原憲治著) [アルス] 1932 [46]p 25cm

◇市勢ノ概要及都市計画(前橋市役所編) 1932 8p 27cm

◇清水都市計画事業並執行年度割変更案参考書([都市計画静岡地方委員会]編) 1932 16p 27cm

◇津山都市計画参考資料 第2輯［運輸交通ニ関スル調査］ 謄写版(都市計画岡山地方委員会編) 1932 [13]p 27cm

◇都市計画愛知地方委員会会議事記録 第27回・第28回([都市計画愛知地方委員会]編) 1932 64p 23cm

◇都市計画愛知地方委員会会議事記録 第29回・第30回([都市計画愛知地方委員会]編) 1932 38p 23cm

◇都市計画青森地方委員会議事録 第1回(都市計画青森地方委員会編) 1932 18p 23cm

◇都市計画愛媛地方委員会会議録 第4回([都市計画愛媛地方委員会]編) 1932 24p 23cm

◇都市計画大阪地方委員会議事速記録 自第36回至第41回(都市計画大阪地方委員会編) 1932 82p 23cm

◇都市計画大阪地方委員会議事速記録 第42回(都市計画大阪地方委員会編) 1932 4p 23cm

◇都市計画大阪地方委員会議事速記録 第43回(都市計画大阪地方委員会編) 1932 19p 22cm

◇都市計画大阪地方委員会議事速記録 第45回(都市計画大阪地方委員会編) 1932 10p 23cm

◇都市計画大阪地方委員会(堺之部)議事速記録 第44回(都市計画大阪地方委員会編) 1932 3p 22cm

◇都市計画滋賀地方委員会議事録 第3回([都市計画滋賀地方委員会]編) 1932 33p 23cm

◇都市計画静岡地方委員会議事記録 第10回([都市計画静岡地方委員会]編) 1932 45p 23cm

◇都市計画島根地方委員会議事記録 第3回(都市計画島根地方委員会編) 1932 21p 22cm

◇都市計画東京地方委員会議事記録 第3号 CD-R版(都市計画東京地方委員会編) 1932 CD-R1枚

◇都市計画東京地方委員会常務委員会議事速記録 第3号 CD-R版(都市計画東京地方委員会編) 1932 CD-R版1枚

◇都市計画長崎地方委員会会議録 第10回([都市計画長崎地方委員会]編) 1932 16p 23cm

◇都市計画長崎地方委員会会議録 第11回([都市計画長崎地方委員会]編) 1932 21p 23cm

◇都市計画長野地方委員会会議録 第6回([都市計画長野地方委員会]編) 1932 12p 23cm

◇都市計画長野地方委員会会議録 第7回([都市計画長野地方委員会]編) 1932 6p 22cm

◇都市計画新潟地方委員会議事速記録 第9回・第10回(都市計画新潟地方委員会編) 1932 64p 23cm

◇都市計画兵庫地方委員会議事速記録 第16冊([都市計画兵庫地方委員会]編) 1932 53p 23cm

◇都市計画広島地方委員会議事速記録 第9回([都市計画広島地方委員会]編) 1932 28p 23cm

◇都市計画福井地方委員会会議録 自第1回至第3回(都市計画福井地方委員会編) 1932 54p 23cm

◇都市計画三重地方委員会議事速記録 (自第1回至第7回)(都市計画三重地方委員会編) 1932 132p 22cm

◇都市計画宮崎地方委員会速記録 第4回(都市計画宮崎地方委員会編) 1932 33p 23cm

◇都市の緑地計画(関口鉄太郎著) 1932 26,38p 22cm

◇土地区画整理関係規程(長崎県編) 1932 82p 22cm

◇中津都市計画参考資料 第1輯(都市計画大分地方委員会編) 1932 58p 27cm

◇別府都市計画街路網案及参考書(都市計画大分地方委員会編) 1932 17p 27cm

◇別府都市計画参考資料(温泉系統)(都市計画大分地方委員会編) 1932 4,[25]p 27cm

◇横浜市町界町名字界字名変更改称調書(横浜市役所編) 1932 1冊 22cm 横浜市告示第180号附録
◇帝都復興区画整理誌 第3編 各説 第4巻(東京市役所編) 1932.2 52,1318p 26cm
◇帝都復興事業誌 計画篇・監理篇・経理篇 CD-R版(復興事務局編) 1932.2 CD-R1枚
◇都市計画資料(都市計画宮崎地方委員会編) 1932.2 66p 23cm
◇青森都市計画区域決定参考資料(都市計画青森地方委員会編) 1932.3 [34]p 26cm
◇帝都復興区画整理誌 第1編 帝都復興事業概観(東京市役所編) 1932.3 8,3,854p 27cm+図1枚
◇帝都復興区画整理誌 第2編 総説(東京市役所編) 1932.3 1冊 27cm+図1枚
◇帝都復興祭志 CD-R版(東京市役所編) 1932.3 CD-R1枚
◇東京都市及同都市計画事業大要(東京市役所編) 1932.3 2,63p 26cm 市域拡張調査資料
◇鳥取都市計画概要 第1輯(鳥取市役所編) 1932.3 6,198p 23cm
◇広島県ニ於ケル都市計画概要(都市計画広島地方委員会編) 1932.3 3,71p 23cm
◇横浜復興誌 第1編(横浜市役所編) 1932.3 23,11,681p 27cm
◇横浜復興誌 第2編(横浜市役所編) 1932.3 22,896p 27cm+図6枚
◇横浜復興誌 第3編(横浜市役所編) 1932.3 22,953p 27cm+図1枚
◇横浜復興誌 第4編(横浜市役所編) 1932.3 29,909p 27cm+図1枚
◇岡山都市計画参考資料 第3輯 地域ニ関スル調査 昭和4年(都市計画岡山地方委員会編) 1932.4 21p 27cm
◇都市計画街路標準構造図 謄写版(都市計画和歌山地方委員会編) 1932.4 [7]p 24×35cm
◇名古屋の都市計画(名古屋市役所編) 1932.5 64p 20cm+図1枚
◇大阪風致地区参考資料(都市計画大阪地方委員会編) 1932.6 35p 19cm
◇工場と地域制(矢野兼三著) 東京工場協会 1932.6 2,7,187p 19cm
◇堺風致地区参考資料(都市計画大阪地方委員会編) 1932.6 6p 19cm
◇都市の新計画(西川友孝著) 金星堂 1932.6 187p 23cm 建築・造園・工芸
◇宇治山田都市計画資料 第1輯(都市計画三重地方委員会編) 1932.8 7,140p 27cm+図1枚
◇新区町名番表(荏原郡)(東京市役所編) 1932.9 2,179p 19cm
◇新区町名番表(北豊島郡)(東京市役所編) 1932.9 2,250p 19cm
◇新区町名番表(豊多摩郡)(東京市役所編) 1932.9 2,110p 19cm
◇新区町名番表(南足立郡)(東京市役所編) 1932.9 1,27p 19cm
◇新区町名番表(南葛飾郡)(東京市役所編) 1932.9 2,140p 19cm
◇新区内町界町名整理案図(荏原郡)品川区 目黒区 荏原区 大森区 蒲田区 世田谷区(東京市役所編) 1932.9 19p 27×39cm
◇新区内町界町名整理案図(北豊島郡)豊島区 滝野川区 荒川区 王子区 板橋区(東京市役所編) 1932.9 20p 27×39cm
◇新区内町界町名整理案図(豊多摩郡)渋谷区 淀橋区 中野区 杉並区(東京市役所編) 1932.9 13p 27×39cm
◇新区内町界町名整理案図(南足立郡)足立区(東京市役所編) 1932.9 10p 27×39cm
◇新区内町界町名整理案図(南葛飾郡)向島区 城東区 葛飾区 江戸川区(東京市役所編) 1932.9 20p 27×39cm
◇都市計画概況(都市研究会編) 1932.9 2,72p 22cm+図2枚
◇宇部都市計画風致地区参考資料([都市計画山口地方委員会]編) 1933 8p 26cm

◇京都都市計画小誌(京都市土木局編) 1933 2,146p 23cm+図11枚
◇堺都市計画ノ経過概要 謄写版(都市計画大阪地方委員会編) 1933 15p 27cm
◇静岡都市計画風致地区沿革及概況 謄写版([都市計画静岡地方委員会]編) 1933 [25]p 26cm
◇清水都市計画風致地区沿革及概況 謄写版(都市計画静岡地方委員会編) 1933 [10]p 27cm
◇東京の都心形態(概報)(牛山喜著) 1933 12p 22cm 「学芸」第8号抜刷
◇東京緑地計画調査資料細目(都市計画東京地方委員会編) 1933 23p 22cm
◇都市計画茨城地方委員会会議録 第4回([都市計画茨城地方委員会]編) 1933 15p 23cm
◇都市計画岡山地方委員会議事速記録 第7回([都市計画岡山地方委員会]編) 1933 27p 22cm
◇都市計画鹿児島地方委員会議事録 第5回(都市計画鹿児島地方委員会編) 1933 52p 23cm
◇都市計画群馬地方委員会議案 第3回 前橋地域 昭和8年3月31日開会(都市計画群馬地方委員会編) 1933 [4]p 27cm
◇都市計画群馬地方委員会議事速記録 第3回(都市計画群馬地方委員会編) 1933 12p 27cm
◇都市計画高知地方委員会議事録 第4回([都市計画高知地方委員会]編) 1933 18p 22cm
◇都市計画静岡地方委員会議事速記録 第11回([都市計画静岡地方委員会]編) 1933 41p 22cm
◇都市計画東京地方委員会議事速記録 第4号 CD-R版(都市計画東京地方委員会編) 1933 CD-R1枚
◇都市計画東京地方委員会議事速記録 第5号 CD-R版(都市計画東京地方委員会編) 1933 CD-R1枚
◇都市計画東京地方委員会常務委員会議事速記録 第4号 CD-R版(都市計画東京地方委員会編) 1933 CD-R1枚
◇都市計画徳島地方委員会議事録 第3回([都市計画徳島地方委員会]編) 1933 24p 23cm
◇都市計画栃木地方委員会会議録 第1号(都市計画栃木地方委員会編) 1933 89p 23cm
◇都市計画富山地方委員会会議録 自第6回至第8回(都市計画富山地方委員会編) 1933 68p 22cm
◇都市計画兵庫地方委員会議事速記録 第17冊([都市計画兵庫地方委員会]編) 1933 127p 23cm
◇都市計画広島地方委員会議事速記録 第10回([都市計画広島地方委員会]編) 1933 30p 23cm
◇都市計画広島地方委員会議事速記録 第11回([都市計画広島地方委員会]編) 1933 27p 23cm
◇都市計画広島地方委員会議事速記録 第12回([都市計画広島地方委員会]編) 1933 30p 23cm
◇都市計画福島地方委員会速記録 第3回([都市計画福島地方委員会]編) 1933 40p 23cm
◇都市計画[三重地方]委員会議事速記録 自第8回至第9回(都市計画三重地方委員会編) 1933 61p 22cm
◇都市計画山口地方委員会議事速記録 第7回([都市計画山口地方委員会]編) 1933 62p 22cm
◇土地区画整理の話(長崎県都市計画係編) 1933 14p 23cm
◇日比谷公園(東京市役所編) 1933 10p 23cm
◇横浜市町界町名字名変更改称調書(横浜市役所編) 1933 291,166,59p 22cm 横浜市告示第44号附録
◇緑地ニ関スル調査(暫定稿) 謄写版(東京市都市計画部編) 1933 1冊 27cm
◇[東京]緑地計画協議会議事速記録 第1号(都市計画東京地方委員会

都市計画

編）　1933.1　74p　22cm
◇大神都特別整地計画実施ニ関スル意見書（宇治山田市編）　1933.2　7p　23cm
◇名古屋市工業地域拡張ニ関スル意見（名古屋商工会議所編, 名古屋工業研究会編）　1933.2　16p　19cm
◇大阪都市計画概要（大阪市土木部編）　1933.3　103p　22cm
◇静岡都市計画の概要　第1輯（静岡市役所編）　1933.3　116p　23cm
◇東京都市計画概要（東京市都市計画部編）　1933.3　1,4,255p　23cm+図5枚
◇都市計画群馬地方委員会報告及参考書　第3回（都市計画群馬地方委員会編）　1933.3　53p　27cm
◇富山都市計画風致地区指定案（都市計画富山地方委員会編）　1933.3　[3]p　27cm+図1枚
◇大阪市の土地区画整理（大阪市土地整理協会編）　1933.4　2,105p　22cm
◇改訂増補新区町名地番表（東京市都市計画部編）　1933.4　8,772p　19cm
◇下関都市計画ノ概要　謄写版（下関市役所編）　1933.4　[28]p　26cm
◇「都市の児童遊場」の研究（大屋霊城著）　1933.5　81p　26cm
◇都市計画京都地方委員会議事速記録　第24回・第25回・第26回（都市計画京都地方委員会編）　1933.6　43p　22cm
◇大阪都市計画概要（大阪市協会編）　1933.7　62p　19cm
◇市俄古市及其の隣接地域に於ける市街地の評価方法（日本勧業銀行調査課編）　1933.7　144p　22cm　調査彙報
◇都市計画道路と土地区画整理（東京市都市計画課編）　1933.7　1,1,120p　23cm
◇都市計画法の話（飯沼一省著）　都市研究会　1933.8　77p　23cm
◇地方計画を通しての緑地計画（北村徳太郎著）　都市研究会　1933.9　25p　22cm
◇八戸都市計画区域決定参考資料（都市計画青森地方委員会編）　1933.10　5p　26cm
◇弘前都市計画区域決定参考資料（都市計画青森地方委員会編）　1933.10　10p　26cm
◇風致地区内に建てる建物の設計方に就て（東京府土木部編）　1933.10　36p　19cm　都市計画風致地区改善叢書
◇都市計画講習録　第5回（上巻）（都市研究会編）　1933.11　4,189p　23cm
◇土地区画整理実務要覧（石塚三郎著）　1933.11　22,536p　19cm
◇東京緑地計画協議会議事速記録　第2号（都市計画東京地方委員会編）　1933.12　1,169p　22cm
◇都市計画に於ける最近の進歩　第1巻（トーマス・アダムス著, 五十嵐醇三訳）　コロナ社　1933.12　11,100p　26cm
◇東京都市計画高潮防御施設計画説明書　謄写版（東京市役所編）　1934　8p　28cm
◇都市計画東京地方委員会議事速記録　第6号　CD-R版（都市計画東京地方委員会編）　1934　CD-R1枚
◇都市計画東京地方委員会常務委員会議事速記録　第5号　CD-R版（都市計画東京地方委員会編）　1934　CD-R1枚
◇都市計画富山地方委員会議事録　第9回（[都市計画富山地方委員会]編）　1934　26p　22cm
◇都市計画兵庫地方委員会議事速記録　第18冊（[都市計画兵庫地方委員会]編）　1934　41p　23cm
◇都市計画兵庫地方委員会議事速記録　第19冊（[都市計画兵庫地方委員会]編）　1934　60p　23cm
◇都市計画広島地方委員会議事速記録　第13回（[都市計画広島地方委員会]編）　1934　9p　23cm
◇風致地区に就いて（京都府土木部編）　1934　32p　23cm

◇城下町の都市計画（大熊喜邦著）　都市研究会　1934.1　27p　22cm　「都市公論」[17巻1号]別刷
◇東京緑地計画協議会決定事項集録（都市計画東京地方委員会編）　1934.1　1,3,98p　23cm
◇都市計画法適用ニ関スル東京府下町村長協議会速記録（都市計画東京地方委員会編）　1934.1　64p　23cm
◇都市計画講習録　第5回（下巻）（都市研究会編）　1934.2　2,134p　23cm
◇三陸津波に因る被害町村の復興計画報告書（内務大臣官房都市計画課編）　1934.3　4,53,16p　26cm
◇東京都市計画報告　昭和8年（東京市監査局都市計画課編）　1934.3　1冊　23cm
◇都市計画夜話（飯沼一省著）　都市研究会　1934.3　5,274p　19cm
◇米子都市計画概要　昭和8年（米子市役所編）　1934.3　137p　23cm
◇函館市の復興計画に就いて（東京市政調査会編）　1934.4　2,13p　22cm
◇静岡県の都市計画（静岡県都市計画課編）　1934.5　91p　23cm
◇全国都市計画協議会協議事項　第1回（昭和9年5月20日開催）（静岡県編）　1934.5　1冊　23cm
◇都市計画（飯沼一省著）　常磐書房　1934.5　6,516p　23cm　自治行政叢書
◇山地街路と芸術的街路の設計（中村与資平著）　東京市政調査会　1934.6　15p　22cm
◇都市計画に於ける最近の進歩　第2巻（トーマス・アダムス著, 五十嵐醇三訳）　コロナ社　1934.6　[120]p　26cm
◇東京都市計画報告　第2回　昭和9年第1期（東京市監査局都市計画課編）　1934.7　1冊　23cm
◇史蹟、名勝、天然記念物、風景地並ニ名所調書（東京府編）　1934.8　2,2,106p　22cm　東京緑地計画調査彙報
◇都市計画[三重地方]委員会議事速記録　第10回（都市計画三重地方委員会編）　1934.8　40,6p　22cm+図2枚
◇風致地区概要（都市計画東京地方委員会編）　1934.8　30p　23cm　東京都市計画叢書
◇普通緑地調査書（東京府編）　1934.8　3,412p　22cm　東京緑地計画調査彙報
◇桐生都市計画区域決定参考資料（都市計画群馬地方委員会編）　1934.9　27p　27cm
◇国都大新京（国務院国都建設局編）　1934.9　34p　22cm
◇大阪市復旧復興事業計画概史（大阪市庶務部編）　1934.10　18p　22cm
◇史蹟品川台場概要（東京市役所編）　1934.10　1枚　23cm
◇帝都に於ける風致地区に就て（東京府土木部編）　1934.10　96p　19cm　都市計画風致地区改善叢書
◇東京都市計画報告　第3回　昭和9年第2期（東京市監査局都市計画課編）　1934.10　1冊　23cm
◇有栖川宮記念公園開園記念（東京市役所編）　1934.11　[23]p　26cm
◇都市計画に於ける最近の進歩　第3巻（トーマス・アダムス著, 五十嵐醇三訳）　コロナ社　1934.11　4,[105]p　26cm
◇大阪復興事業綱要（大阪市役所編）　1934.12　14p　23cm
◇東京都市計画報告　第4回　昭和9年第3期（東京市監査局都市計画課編）　1934.12　1冊　23cm
◇国都建設の全貌（国務院国都建設局編）　1935　8p　27cm
◇清津市街地計画説明書　謄写版（清津府編）　1935　[8]p　26cm
◇全国都市計画協議会　第2回　特別報告資料（付 日本都市の公園政策）（[全国都市計画協議会]編）　1935　52p　22cm
◇東京八王子都市計画及都市計画事業一覧　昭和9年2月末現在　謄写版（都市計画東京地方委員会編）　1935　56p　26cm
◇都市計画岡山地方委員会議事録　第10回（[都市計画岡山地方委員

会]編） 1935 32p 22cm
◇都市計画岡山地方委員会議事録 第8回（[都市計画岡山地方委員会]編） 1935 32p 22cm
◇都市計画岡山地方委員会議事録 第9回（[都市計画岡山地方委員会]編） 1935 16p 22cm
◇都市計画東京地方委員会議事速記録 第7号 CD-R版（都市計画東京地方委員会編） 1935 CD-R1枚
◇都市計画東京地方委員会常務委員会議事速記録 第6号 CD-R版（都市計画東京地方委員会編） 1935 CD-R1枚
◇都市計画の話（伊東五郎述, 警視庁保安部建築課編） 1935 24p 19cm 建築課パンフレット
◇都市計画兵庫地方委員会議事速記録 第20冊（[都市計画兵庫地方委員会]編） 1935 59p 23cm
◇都市計画兵庫地方委員会議事速記録 第21冊（[都市計画兵庫地方委員会]編） 1935 80p 23cm
◇都市計画[三重地方]委員会議事速記録 第11回・第12回（都市計画三重地方委員会編） 1935 51p 22cm+図4枚
◇長崎都市計画風致地区ニ就テ（長崎県編） 1935 8p 16cm
◇横浜市町界町名字界字名変更改称調査（横浜市役所編） 1935 143,256p 22cm 横浜市告示第70号附録
◇名古屋市内に於ける工業適地に関する研究（名古屋商工会議所編） 1935.1 58p 23cm 経済資料
◇土地収用法論（渡辺宗太郎著） 弘文堂書房 1935.2 5,324p 23cm
◇東京都市計画報告 第5回 昭和9年第4期（東京市監査局都市計画課編） 1935.3 1冊 23cm
◇東京八王子都市計画及都市計画事業一覧 謄写版（都市計画東京地方委員会編） 1935.3 60p 26cm 都市計画基本調査資料
◇都市計画第3期事業前期工事報告書（神戸市役所編） 1935.3 77p 23cm+図5枚
◇広島都市計画概要 第1輯（広島市役所編） 1935.3 3,89p 22cm+図1枚
◇並木及独立喬木現況調書（東京府編） 1935.4 2,56p 23cm 東京緑地計画調査彙報
◇神戸市都市計画ニ関スル事項（神戸市役所編） 1935.5 9,209p 22cm
◇京都市都市計画概要（京都市土木局都市計画課編） 1935.6 15p 19cm
◇水害並応急措置の概況 昭和10年6月（京都市役所編） 1935.6 2,42p 22cm
◇第2回全国都市計画協議会協議事項（全国都市計画協議会編） 1935.6 38,92p 23cm
◇東京都市計画報告 第6回（昭和10年第1期）（東京市監査局都市計画課編） 1935.6 1冊 23cm
◇都市計画神奈川地方委員会議事要録 第3号（昭和10年刊）（都市計画神奈川地方委員会編） 1935.7 207p 22cm
◇大阪美観地区設定と街頭広告取締に就て（大阪商工会議所編） 1935.8 67p 23cm
◇名古屋の都市計画（名古屋市役所編） 1935.8 57p 20cm+図2枚
◇風致協会の現況（東京府編） 1935.8 142p 19cm 都市計画風致地区改善叢書
◇都市計画道路工学及国立公園（藤田宗光著） 都市研究会 1935.10 432p 23cm
◇上野恩賜公園（東京市役所編） 1935.11 32p 23cm
◇東京都市計画報告 第7回 昭和10年第2期（東京市監査局都市計画課編） 1935.11 1冊 23cm
◇都市計画（片岡安著, 吉田信武著） 誠文堂新光社 1935.11 27,548p 22cm
◇都市計画に於ける地域制 第3編 欧米の地域制（加藤善吉著） 地域制攻究会 1935.11 98p 23cm
◇日比谷公園案内（東京市役所編） 1935.11 1枚 23cm

◇水道及地水調査（東京府編） 1935.12 2,45p 22cm 東京緑地計画調査彙報
◇東京緑地計画協議会会議速記録 第3号（都市計画東京地方委員会編） 1935.12 5,220p 22cm+図3枚
◇土地区画整理の歴史と法制（小栗忠七著） 巌松堂書房 1935.12 1冊 23cm
◇大阪都市計画地域追加変更（昭和11年6月10日より施行）（加藤善吉著） 1936 8p 27cm
◇大阪の防火地区追加指定（昭和11年4月29日より施行）（加藤善吉著） 1936 4p 27cm
◇市街地建築物法ニ関スル例規（内務大臣官房都市計画課編） 1936 2,11p 23cm
◇清津市街地計画区域変更並ニ同土地区画整理地区決定案 謄写版（清津府編） 1936 [7]p 26cm
◇全国都市計画協議会意見提出事項 第3回（昭和11年5月開催）（[全国都市計画協議会]編） 1936 47p 22cm
◇全国都市計画協議会協議事項 第3回（昭和11年5月開催）（全国都市計画協議会編） 1936 20,50p 23cm
◇帝都の防護は防火地区の完成から（内務省, 警視庁編） 1936 14p 19cm
◇都市計画岡山地方委員会議事録 第11回（[都市計画岡山地方委員会]編） 1936 26p 22cm
◇都市計画岡山地方委員会議事録 第12回（[都市計画岡山地方委員会]編） 1936 23p 22cm
◇都市計画概況 昭和11年6月25日現在 謄写版（内務省都市計画課編） 1936 2,360p 26cm
◇都市計画事業土地区画整理に依り造成せられたる神通地区分譲に就て（富山県編） 1936 6p 23cm+図1枚
◇都市計画調査資料及決定標準（内務大臣官房都市計画課編） 1936 19p 22cm
◇都市計画東京地方委員会議事速記録 第8号 CD-R版（都市計画東京地方委員会編） 1936 CD-R1枚
◇都市計画東京地方委員会議事速記録 第9号 CD-R版（都市計画東京地方委員会編） 1936 CD-R1枚
◇都市計画東京地方委員会常務委員会議事速記録 第7号 CD-R版（都市計画東京地方委員会編） 1936 CD-R1枚
◇都市計画と通信事業（東京通信局編） 1936 40p 23cm
◇都市計画兵庫地方委員会議事速記録 第22冊（[都市計画兵庫地方委員会]編） 1936 26p 23cm
◇東京市公園概況（東京市役所編） 1936.1 16p 23cm
◇都市計画[三重地方]委員会議事速記録 第13回（都市計画三重地方委員会編） 1936.1 34p 22cm+図2枚
◇風致地区の話（神奈川県都市計画課編） 1936.1 29p 23cm 都市計画叢書
◇公用収用法原理（美濃部達吉著） 有斐閣 1936.2 3,14,441p 23cm 行政法叢書
◇東京市土地区画整理助成規程（東京市監査局都市計画課編） 1936.3 19p 22cm
◇東京市と緑地計画（東京市監査局都市計画課編） 1936.3 59p 26cm
◇東京都市計画報告 第8回 昭和10年第3期（東京市監査局都市計画課編） 1936.3 1冊 23cm+図1枚
◇東京都市計画報告 第9回 昭和10年第4期（東京市監査局都市計画課編） 1936.3 1冊 23cm
◇土地区画整理の話（神奈川県都市計画課編） 1936.3 60p 23cm 都市計画叢書
◇哈爾浜都邑計画説明書（哈爾浜特別市公署都市建設局編） 1936.3 10p 27cm
◇市区、町、村別面積、人口並人口密度及増加率調書（東京府編） 1936.4 2,2,43p 22cm 東京緑地計画彙報

都市計画

◇富山県の都市計画概要(富山県編) 1936.4 36p 23cm

◇都市計画神奈川地方委員会議事要録 第4号(昭和11年刊)(都市計画神奈川地方委員会編) 1936.5 117p 22cm

◇都市計画[三重地方]委員会議事速記録 第14回(都市計画三重地方委員会編) 1936.6 19p 22cm+図4枚

◇東京都市計画報告 第10回 昭和11年第1期(東京市監査局都市計画課編) 1936.7 1冊 23cm

◇東京都市計画報告 第11回 昭和11年第2期(東京市監査局都市計画課編) 1936.10 1冊 23cm

◇牛込弁天公園(東京市役所編) 1936.11 1枚 23cm

◇小笠原島の植物(東京府土木部編) 1936.11 93p 22cm 東京緑地計画調査彙報

◇清澄庭園(東京市役所編) 1936.11 1枚 23cm

◇神戸都市計画要覧 昭和11年版(第4回)(神戸市土木部都市計画課編) 1936.12 12,169p 13cm

◇都市計画(弓家七郎著) 1936.12 2,5,96p 19cm 市政の基礎知識

◇豊橋都市計画第1期事業報告書(豊橋市役所編) 1936.12 4,186p 23cm+図6枚

◇三河台公園(東京市役所編) 1936.12 1枚 23cm

◇熱海の街路(都市計画静岡地方委員会編) 1937 14p 22cm

◇指宿都市計画街路事業ト区画整理(都市計画鹿児島地方委員会) 1937 8p 23cm

◇宇部都市計画街路実現の方法([宇部市]編) 1937 11p 23cm

◇川崎都市計画事業公園に就て(都市計画神奈川地方委員会編) 1937 9p 23cm

◇高層建築物後退規定の提唱(近藤謙三郎著) 都市研究会 1937 30p 22cm 都市計画叢書

◇住宅分散計画(都市計画東京地方委員会編) 1937 28p 22cm

◇全国都市計画協議会協議事項 第4回(昭和12年7月開催)(全国都市計画協議会編) 1937 20,80p 23cm

◇大東京ノ人口ト都市計画 謄写版 1937 [11]p 23cm

◇都市計画岡山地方委員会議事録 第13回([都市計画岡山地方委員会]編) 1937 26p 22cm

◇都市計画岡山地方委員会議事録 第14回([都市計画岡山地方委員会]編) 1937 53p 22cm

◇都市計画東京地方委員会議事速記録 第10号 CD-R版(都市計画東京地方委員会) 1937 CD-R1枚

◇都市計画東京地方委員会議事速記録 第11号 CD-R版(都市計画東京地方委員会) 1937 CD-R1枚

◇都市計画東京地方委員会常務委員会議事速記録 第8号 CD-R版(都市計画東京地方委員会編) 1937 CD-R1枚

◇都市計画富山地方委員会議事録 自第10回至第14回([都市計画富山地方委員会編]) 1937 63p 22cm

◇都市計画の栞(都市計画和歌山地方委員会編) 1937 47p 22cm

◇豊橋都市計画下水道大要(豊橋市役所編) 1937 36p 23cm

◇長野都市計画飛行場ニ関スル報告資料(都市計画長野地方委員会編) 1937 5p 23cm

◇名古屋駅前都市計画事業土地区画整理の要領 1937 40p 23cm

◇伯林建築条例註解(吉田安三郎著) 都市研究会 1937 61p 22cm

◇横須賀市に於ける住宅地造成に就て(都市計画神奈川地方委員会編) 1937 [13]p 23cm

◇緑地計画の理念と法制:我国都市計画法制の止揚のために(塚本茂著) 1937 30p 23cm 課友会誌抜粋

◇神戸市公園概況(神戸市役所編) 1937.1 17p 22cm

◇街路構造令改正案並同細則案要項(内務省編) 1937.3 12p 26cm

◇街路構造令改正案並同細則案要項参考図表(内務省編) 1937.3 16p 21×29cm

◇失業応急山地開発再度公園道路新設工事報告(神戸市役所編) 1937.3 22p 22cm

◇大連都市計画概要 第1輯(関東州庁土木課編) 1937.3 3,7,166p 22cm+図7枚

◇東京都市計画概要(東京市監査局都市計画課編) 1937.3 5,256p 23cm+図9枚

◇東京都市計画報告 第12回 昭和11年第3期(東京市監査局都市計画課編) 1937.3 1冊 23cm

◇東京都市計画報告 第13回 昭和11年第4期(東京市監査局都市計画課編) 1937.3 2,2,185p 23cm

◇東京緑地計画(景園地、行楽道路)(都市計画東京地方委員会編) 1937.3 35p 22cm+図1枚 東京緑地計画協議会決定事項集録

◇都市計画神奈川地方委員会議事要録 第5号(昭和12年刊)(都市計画神奈川地方委員会編) 1937.3 138p 22cm

◇都市計画事務指針(東京市役所編) 1937.3 6,115p 19cm 事務改善叢書

◇土地管理並用地事務指針(東京市役所編) 1937.3 8,104p 19cm 事務改善叢書

◇風景地の開発に就て(神奈川県都市計画課編) 1937.3 43p 23cm 都市計画叢書

◇国立公園ニ関スル法規及例規(内務省衛生局編) 1937.4 5,131p 21cm

◇台湾都市計画関係法令集(土地区画整理研究会編) 1937.4 6,54p 23cm 区整パンフレット

◇大阪市公園要覧(大阪市土木部編) 1937.5 17p 22cm

◇現代之都市美:第1回全国都市美協議会研究報告 昭和12年 東京(都市美協会編) 1937.5 1,3,439p 22cm

◇住居地域と工業地域の美化問題(平野真三著) 1937.5 [7]p 22cm

◇都市美化に就て(大阪ロータリー倶楽部編) 1937.5 31p 22cm

◇都市計画街路鴨川東岸線計画概要(京都府編) 1937.6 4p 22cm

◇咸興市街地計画に就て(咸興府編) 1937.7 19p 15cm

◇国府県道改良国庫補助都市計画事業概要(磯谷道一編,都市研究会編) 1937.7 11p 22cm

◇東京都市計画報告 第14回 昭和12年第1期(東京市監査局都市計画課編) 1937.7 2,2,176p 23cm

◇防空対策上より観たる都市計画施設 第1輯(東京市役所編) 1937.7 2,3,31p 23cm

◇大阪都市計画並同事業輯攬(大阪市土木部編) 1937.8 4,380p 22cm

◇堺都市計画ト其ノ実現状況(堺市役所編) 1937.8 4p 23cm

◇特殊建築物規則解説(菱田厚介著) 建築行政協会 1937.8 28p 22cm

◇京城市街地計画(区域街路網土地区画整理地区)決定理由書(朝鮮総督府内務局編) 1937.10 3,117p 26cm

◇東京都市計画報告 第15回 昭和12年第2期(東京市監査局都市計画課編) 1937.10 2,2,145p 23cm

◇時局と土地区画整理 小学校の敷地選定に就て(阿部喜之丞著,東京土地区画整理研究会編) 1937.11 7,8p 22cm 東京土地区画整理研究会叢書

◇東京都市計画報告 第16回 昭和12年第3期(東京市企画局都市計画課編) 1937.12 2,2,205p 23cm

◇京城府都市計画要覧(京城府編) 1938 1冊 23cm+図1枚

◇都市計画岡山地方委員会議事録 第15回([都市計画岡山地方委員会]) 1938 24p 22cm

◇都市計画概況:昭和13年2月末日 謄写版(内務省計画局都市計画課編) 1938 [8]p 26cm

◇墓地火葬場法規関係地方令六大都市比較表 謄写版 1938 6p 28

×40cm

◇整理地の展望 第1輯（昭和12年）（東京土地区画整理研究会編） 1938.1 70p 26cm

◇防空と都市計画 第2輯（東京市役所編） 1938.1 2,15p 23cm

◇京城府市街地計画基本調査測量報文（京城府） 1938.2 16p 23cm

◇奉天都邑計画説明書（奉天市工務処都邑計画科編） 1938.2 3,26p 23cm

◇欧州都市計画の変遷と戦時都市計画への躍進 第3輯（東京市役所編） 1938.3 2,2,23p 23cm

◇神奈川県都市計画要覧（神奈川県都市計画課編） 1938.3 9,[6], 276p 23cm

◇高知都市計画及準都市計画事業 昭和13年版（高知市役所編） 1938.3 94p 23cm+図1枚

◇史蹟名勝小石川後楽園（東京市役所編） 1938.3 1枚 23cm

◇東京都市計画報告 第17回 昭和12年第4期（東京市企画局都市計画課編） 1938.3 2,2,208p 23cm

◇東京風致地区改善施設概要 自昭和7年度至昭和12年度（東京府土木部編） 1938.3 32p 23cm

◇モスコー都市計画の全貌 第4輯（東京市企画局都市計画課編） 1938.3 2,2,158p 22cm

◇蘆花恒春園（東京市役所編） 1938.3 [4]p 23cm

◇東京市の街路樹（東京市役所編） 1938.4 14p 22cm

◇東京緑地計画概要（東京府土木部土木庶務課編） 1938.4 2,132p 26cm

◇風致地区と公園（都市計画宮崎地方委員会編） 1938.4 29p 23cm 宮崎県都市計画概要

◇健康都市の建設：第2回全国都市美協議会研究論叢 昭和13年 大阪（大阪都市協会編） 1938.5 3,193p 22cm

◇公園其の他体力向上施設概観（厚生省体力局編） 1938.5 38p 22cm 体力向上施設参考資料

◇交通系統沿線整理地案内 昭和13年（東京土地区画整理研究会編） 1938.5 121p 26cm

◇全国公園運動場園（厚生省体力局編） 1938.5 66p 26cm 体力向上施設参考資料

◇ドイツに於ける土地区画整理の実例（東京市政調査会資料課編） 1938.5 24p 22cm

◇都市美と河川浄化に就て（大阪市保健部編） 1938.5 21p 23cm 都市美叢書

◇都市美と公衆便所（大阪市保健部編） 1938.5 15p 23cm 都市美叢書

◇都市美と煤煙防止に就て（大阪市保健部編） 1938.5 36p 23cm 都市美叢書

◇都市美と緑化に就て（大阪市保健部編） 1938.5 42p 23cm 都市美叢書

◇都市計画の基本問題参考文献目録（全国都市問題会議編） 1938.6 120p 22cm 全国都市問題会議会報

◇堺都市計画概要（堺市役所編） 1938.7 3,164p 23cm

◇第2回全国都市美協議会報告書 昭和13年 於大阪（大阪都市協会編） 1938.7 8,90p 23cm 「大大阪」第14巻第7号附録

◇防空都市計画上より観たる防護施設概要 第5輯（東京市役所編） 1938.7 2,2,49p 23cm

◇東京市大島公園概要（東京市役所編） 1938.8 1枚 23cm

◇防空都市計画上より観たる防火及消防施設の概要 第7輯（東京市役所編） 1938.8 2,2,53p 22cm

◇京城府市街地計画風致地区指定資料調査書（京城府編） 1938.9 65p 23cm+図1枚

◇大産業都計画案 謄写版（東京市企画局編） 1938.10 30p 26cm

◇都市計画概要（朝鮮総督府内務局編） 1938.10 3p 23cm

◇土地区画整理の事業実績 第1輯（東京土地区画整理研究会編） 1938.10 36p 26×37cm

◇六義園（東京市役所編） 1938.10 1枚 23cm

◇我国都市計画の変遷と戦時都市計画への躍進（東京市役所編） 1938.10 3,2,40p 23cm

◇運動場及運動公園（厚生省体力局編） 1938.11 108p 22cm 体力向上施設参考資料

◇品川聖蹟公園（東京市役所編） 1938.11 [6]p 23cm

◇文海公園案内（東京市役所編） 1938.11 1枚 23cm

◇防空都市計画概論 第1輯 改訂（東京市役所編） 1938.11 2,4,36p 23cm

◇区画整理の本質と公共事業との協力 南鮮印象記（東京土地区画整理研究会編） 1938.12 [21],27p 22cm 東京土地区画整理研究会叢書

◇災害と土木政策（東井金平著） 神戸市産業課調査室 1938.12 72p 22cm

◇大京城座談会速記録 昭和13年10月12日開催（京城都市計画研究会編） 1938.12 41p 23cm

◇大産業都計画細目案 謄写版（東京市企画局編） 1938.12 6,124p 26cm

◇英国住居及都市計画法（1919年）（都市計画東京地方委員会編） 1939 52p 22cm

◇近隣地の計画（菱田厚介著,都市研究会編） 1939 15p 22cm 都市計画叢書

◇熊本都市計画要覧（熊本市土木課編） 1939 17p 19cm

◇相模原都市建設区画整理事業計画説明書 昭和14年9月8日臨時県会提出（神奈川県編） 1939 14p 27cm

◇相模原都市建設上水道事業計画説明書 昭和14年12月22日通常県会可決（神奈川県編） 1939 14p 27cm+図2枚

◇市区改正ニ関スル調査資料 第1輯（[横浜市編]） 1939 2,10p 27cm

◇市区改正ニ関スル調査資料 第2輯（[横浜市編]） 1939 6p 27cm

◇清津市街地計画街路及同土地区画整理地区中一部変更並ニ同工業地域決定案 謄写版（清津府編） 1939 [10]p 26cm

◇大東京内所要緑地面積調 謄写版（東京市都市計画部調査課編） 1939 [8]p 28cm

◇都市計画石川地方委員会議事速記録 第13回・第14回（[都市計画石川地方委員会]編） 1939 73p 23cm

◇都市計画岡山地方委員会議事録 第16回（[都市計画岡山地方委員会]編） 1939 28p 22cm

◇都市計画関係法規（内務大臣官房都市計画課編） 1939 19p 22cm

◇都市計画法の由来と都市計画（池田宏著,都市研究会編） 1939 27p 22cm 都市計画叢書

◇紐育市建築地域制案 1939 1,20p 23cm

◇函館市復興の基礎土地区画整理早わかり：附録 全国最近11年間大火災重複調（北海道庁都市計画函館復興部編） 1939 18p 23cm+図1枚

◇本邦都市の町名地番計画に関する研究（富樫建造著） 1939 1冊 22cm

◇町界町名地番整理方針（東京市役所編） 1939.3 12p 23cm

◇独逸に於ける防空都市計画の展望（東京市役所編） 1939.3 2,3,59p 22cm

◇東京都市計画及同事業：附 八王子市及府下町村ノ都市計画及同事業 昭和14年3月末現在 謄写版（都市計画東京地方委員会編） 1939.3 76p 26cm

◇東京都市計画概要（東京市企画局都市計画課編） 1939.3 4,182p 23cm+図5枚

◇巴里都市計画の現状と将来（東京市役所編）　1939.3　1,2,43p　22cm

◇都島土地区画整理組合事業誌（大阪市都島土地区画整理組合編）　1939.6　2,8,205p　22cm

◇紀元2600年記念宮城外苑整備事業並附帯事業ニ就テ　謄写版（東京市役所編）　1939.9　10p　26cm

◇上海の都市建設　上海　大同都邑計画覚書（吉村辰夫著，前川国男著，高山英華著）［現代建築社］　1939.9　[32]p　26cm　「現代建築」第4号所載

◇都市計画神奈川地方委員会議事要録　第7号（昭和14年刊）（都市計画神奈川地方委員会編）　1939.9　126p　22cm

◇都市計画（東京市政調査会編）　1939.10　144p　22cm　文献目録

◇厚生と公園緑地問題（木村二郎著，早川文夫著）［現代建築社］　1939.11　[7]p　26cm　「現代建築」第6号所載

◇市街地建築物法中改正法律案新旧対照　1940　[4]p　26cm

◇世界都市緑地計画図及概説：参考資料（内務省計画局編）　1940　5p　26cm

◇都市構築に於ける新旧文化調和への理論と実際（第3回全国都市美協議会研究報告）（日本建築協会編）　1940　18,14p　22cm

◇市営外人墓地修法ヶ原聖園（神戸市保健部編）　1940.1　4,10p　23cm

◇大同都市計画案（内田省三著，高山英華著，内田祥文著）［現代建築社］　1940.1　[13]p　26cm　「現代建築」第8号所載

◇空地利用協会の実績と其計画（空地利用協会編）　1940.2　2,22p　23cm

◇児童公園（厚生省体力局編）　1940.3　2,50p　22cm　体力向上参考資料

◇東京府都市計画街路設計並施工基準（東京府土木部道路課編）　1940.4　103p　27cm

◇京都市之公園（京都市土木局編）　1940.5　23p　23cm

◇京都の庭園（京都市観光課編）　1940.5　63p　15×23cm

◇第3回全国都市美協議会（於京都市）（京都市編，都市美協会編）　1940.5　15p　23cm

◇都市新旧文化調和対策（風景協会編）　1940.5　7p　26cm

◇都市計画神奈川地方委員会議事要録　第8号（昭和15年刊）（都市計画神奈川地方委員会編）　1940.7　185p　22cm

◇公有水面編（加藤清著）　好文館書店　1940.9　5,257p　23cm　土木行政叢書

◇都市計画編（大野連治著，星敏雄著）　好文館書店　1940.10　2,290p　23cm　土木行政叢書

◇防空大緑地の話（神奈川県都市計画課編）　1940.10　28p　23cm　都市計画叢書

◇芝公園改良案概説（芝公園改良期成会編）　1941　11p　19cm

◇都市計画東京地方委員会議事速記録　第15号　CD-R版（都市計画東京地方委員会編）　1941　CD-R1枚

◇横浜市町界町名字界字名変更改称調査（横浜市役所編）　1941　68,287p　23cm　横浜市告示第152号附録

◇路線価説明書（東京市編）　1941　12p　22cm

◇尾道都市計画及都市計画事業　昭和15年版（尾道市都市計画課編）　1941.3　26p　23cm

◇墓地経営（井上安元著）　古今書院　1941.8　4,4,368p　22cm

◇都市計画及国土計画：その構想と技術（石川栄耀著）　工業図書　1941.10　17,499p　21cm

◇京浜工業地帯造成事業，相模川河水統制事業，相模原都市建設区画整理事業，相模原都市建設上水道事業計画説明書（神奈川県編）　1941.11　68p　26cm

◇土地収用法実例判例要覧（高坂孝三編）　好文館書店　1941.11　11,344p　22cm

◇近県市町村現況調　謄写版（[東京市総務局]都市計画課編）　1942　6,105p　25cm　大東京整備計画資料

◇公園70年（東京市役所編）　1942　18p　22cm

◇人口密度統計表　謄写版（[東京市]総務局都市計画課編）　1942　49p　18×26cm　大東京整備計画資料

◇都市計画東京地方委員会議事速記録　第16号　CD-R版（都市計画東京地方委員会編）　1942　CD-R1枚

◇東京市公園概況（東京市役所編）　1942.1　[22]p　21cm

◇都市計画神奈川地方委員会議事要録　第9号（昭和17年刊）（都市計画神奈川地方委員会編）　1942.3　246p　21cm

◇岡崎都市計画及都市計画事業の概要（岡崎市役所編）　1942.4　39p　21cm

◇小石川後楽園（東京市役所編）　1942.4　[23]p　15×21cm

◇新都市の建設（ゴットフリート・フェーダー著，フリッツ・レッヒンベルヒ著，東京商工会議所訳）　1942.6　8,120p　22cm　国土計画調査資料

◇防火防弾不燃都市の建設：決戦下独伊の防空事情太平洋上の感（田辺平学著）　東京市政調査会　1942.6　34p　21cm　都市問題パンフレット

◇大東京整備計画要領　謄写版（東京市総務局都市計画課編）　1942.8　16p　26cm

◇土地区画整理施行地価格の統制（杉本正幸著）　巌松堂書店　1942.8　2,10,455p　21cm

◇闘用：建築及び都市計画の現状に就いて（ル・コルビュジエ著，古川達雄訳）　二見書房　1942.10　2,421p　22cm

◇大東京の公園：開設70年記念（東京市役所編）　1942.10　[28]p　26cm

◇理想都市の町と番地（重藤魯著）　帝国地方行政学会　1942.10　1冊　22cm

◇都市計画神奈川地方委員会議事要録（都市計画神奈川地方委員会編）　1942.11　4,286p　21cm　第10号（昭和17年刊）

◇各種行政区域調　謄写版（東京市市長室企画部都市計画課編）　1942.12　74p　25cm　大東京整備計画資料

◇大東京整備計画区域内ニ於ケル上水道調査　謄写版（東京市[市長室企画部都市計画課]）　1942.12　324p　25cm　大東京整備計画資料

◇有栖川宮記念公園案内（東京市役所編）　1943　1枚　23cm

◇関東地方人口趨勢　謄写版（東京市総務局都市計画課編）　1943　29p　26cm　大東京整備計画資料

◇猿江恩賜公園案内（東京市役所編）　1943　1枚　23cm

◇大東京整備計画区内市町村名並人口　謄写版（東京市市長室企画部都市計画課編）　1943　17p　26cm　大東京整備計画資料

◇庭園的霊苑多磨墓地（東京市役所編）　1943　1枚　23cm

◇東京市多磨墓地案内（東京市役所編）　1943　1枚　24cm

◇東京市に於ける学校集中状況並に分散傾向に就て　謄写版（東京市総務局都市計画課編）　1943　34p　26cm　大東京整備計画資料

◇東京市の人口　謄写版（東京市総務局都市計画課編）　1943　49p　26cm　大東京整備計画資料

◇都市計画東京地方委員会議事速記録　第17号　CD-R版（都市計画東京地方委員会編）　1943　CD-R1枚

◇都市計画東京地方委員会常務委員会議事速記録　第11号　CD-R版（都市計画東京地方委員会編）　1943　CD-R1枚

◇氷川公園案内（東京市役所編）　1943　1枚　23cm

◇都市計画神奈川地方委員会議事要録　第11号（昭和18年刊）（都市計画神奈川地方委員会編）　1943.3　[14],208p　21cm

◇分増区ニ依ル分割町名並地番所属調書（大阪市役所編）　1943.3　124p　21cm

◇皇都都市計画　謄写版（東京市役所市長室企画部都市計画課編）　1943.5　[38]p　25cm

◇大東京整備計画資料篇　第1巻　謄写版（東京市役所市長室企画部都市計画課編）　1943.6　1冊　25cm

◇大東京整備計画資料篇 第2巻 謄写版（東京市役所市長室企画部都市計画課編） 1943.6 1冊 25cm

◇大東京整備計画資料篇 第3巻 謄写版（東京市役所市長室企画部都市計画課編） 1943.6 1冊 25cm

◇大東京整備計画資料篇 第4巻 謄写版（東京市役所市長室企画部都市計画課編） 1943.6 1冊 25cm

◇大東京整備計画資料篇 別冊 謄写版（東京市役所市長室企画部都市計画課編） 1943.6 1冊 26×37cm

◇東京都商業立地計画（東京商工会議所商工相談所編） 1943.7 8p 21cm

◇防空恒久策として都市の徹底的改造を断行すべし（田辺平学述, 日本経済聯盟会編） 1943.7 43p 21cm

◇緑地生活（井下清著） 羽田書店 1943.8 2,264p 19cm 生活科学新書

◇商業立地計画の要目と解説（東京商工会議所編） 1943.9 40p 21cm 「商工調査」第83号 商業立地計画資料 第1巻

◇新都市の構成（菱田厚介著） 河出書房 1943.9 1,2,160p 19cm 科学新書

◇土地建物統制法規図解（西村輝一著） 好文館書店 1943.12 5,224p 21cm

◇狭山公園（東京市役所編） 1944 1枚 23cm

◇東山公園東山植物園案内（名古屋市役所編） 1944 1枚 23cm

◇京都市計画概要（京都市役所編） 1944.4 349p 22cm

◇国防と都市計画（石川栄耀著） 山海堂出版部 1944.7 8,230p 19cm 国民科学新書

地域開発

【雑　誌】

◇地方地域制論(其1)(復興局計画課)「内務時報」　283　1925.4

◇地方地域制論(其2・完)(復興局計画課)「内務時報」　284　1925.4

◇アメリカの地域制採用都市数「都市問題」　1(1)　1925.5

◇イギリスに於ける田園都市運動(1)(弓家七郎)「都市問題」　1(1)　1925.5

◇米国に於けるコムミュニテー・センター運動(吉川季治郎)「都市問題」　1(1)　1925.5

◇都市に隣接する地方の計画(飯沼一省)「都市研究」　1(3)　1925.6

◇イギリスに於ける田園都市運動(2)(弓家七郎)「都市問題」　1(2)　1925.6

◇ラテンアメリカに於ける田園都市「都市問題」　1(2)　1925.6

◇紐育及其附近の地方計画(其1)(復興局計画課)「内務時報」　290　1925.6

◇紐育及其附近の地方計画(其2)(復興局計画課)「内務時報」　291　1925.6

◇紐育及其附近の地方計画(其3)(復興局計画課)「内務時報」　292　1925.6

◇紐育及其附近の地方計画(其4)(復興局計画課)「内務時報」　293　1925.6

◇無意味なる地方復興事業債利子補給及元利保証(若尾嘉喜智)「都市公論」　8(7)　1925.7

◇紐育及其附近の地方計画(其5)(復興局計画課)「内務時報」　294　1925.7

◇紐育及其附近の地方計画(其6)(復興局計画課)「内務時報」　295　1925.7

◇紐育及其附近の地方計画(其7)(復興局計画課)「内務時報」　296　1925.7

◇紐育及其附近の地方計画(其8)(復興局計画課)「内務時報」　297　1925.7

◇紐育及其附近の地方計画(其9)(復興局計画課)「内務時報」　298　1925.7

◇イギリスに於ける田園都市運動(3・完)(弓家七郎)「都市問題」　1(4)　1925.8

◇田園都市論に現はれたる都市の理想(1)(飯沼一省)「自治研究」　1(1)　1925.10

◇田園都市に就て(高橋清吾)「地方」　33(10)　1925.10

◇田園礼讃と都市の田園化(菊池愼三)「地方」　33(10)　1925.10

◇田園都市の発達(重永潜)「都市公論」　8(10)　1925.10

◇田園都市論に現はれたる都市の理想(2)(飯沼一省)「自治研究」　1(2)　1925.11

◇田園都市の研究(1)(飯沼一省)「自治研究」　1(3)　1925.12

◇セーヌ県にある田園都市に就て(大内秀一郎)「建築雑誌」　40(478)　1926.1

◇田園都市の研究(2)(飯沼一省)「自治研究」　2(1)　1926.1

◇但馬豊岡町と城崎町の復興に就て(古宇田実)「都市研究」　2(5)　1926.1

◇リジョナル・タウン・プランニングに就て(パトリック・アーバークロムビイ,樞木寛之訳)「都市公論」　9(2)　1926.2

◇山林都市(1)(黒谷杜鵑)「都市創作」　2(2)　1926.2

◇地方計画衛星都市及田園都市(其1)(復興局計画課)「内務時報」　325　1926.2

◇地方計画衛星都市及田園都市(其2)(復興局計画課)「内務時報」　326　1926.2

◇地方計画衛星都市及田園都市(其3)(復興局計画課)「内務時報」　327　1926.2

◇地方計画衛星都市及田園都市(其4)(復興局計画課)「内務時報」　328　1926.2

◇地方計画(其4)(一九二四年アムステルダムに於ける国際都市計画会議の報告梗概の続)(岡田復興局書記官)「内務時報」　328　1926.2

◇田園都市の研究(3)(飯沼一省)「自治研究」　2(3)　1926.3

◇山林都市(2)(黒谷杜鵑)「都市創作」　2(3)　1926.3

◇地方計画衛星都市及田園都市(其5)(復興局計画課)「内務時報」　329　1926.3

◇田園都市と過大都市(其1)(復興局計画課)「内務時報」　329　1926.3

◇地方計画衛星都市及田園都市(其6)(復興局計画課)「内務時報」　330　1926.3

◇田園都市と過大都市(其2・完)(復興局計画課)「内務時報」　330　1926.3

◇地方計画衛星都市及田園都市(其8)(復興局長官官房計画課)「内務時報」　332　1926.3

◇地方計画衛星都市及田園都市(其9)(復興局長官官房計画課)「内務時報」　333　1926.3

◇田園都市に就て(田川大吉郎)「大大阪」　2(4)　1926.4

◇倫敦の地方計画「大大阪」　2(4)　1926.4

◇山林都市(3)(黒谷杜鵑)「都市創作」　2(4)　1926.4

◇山林都市(4)(黒谷了太郎)「内務時報」　334　1926.4

◇田園都市の研究(4)(飯沼一省)「自治研究」　2(5)　1926.5

◇ニューヨークの地域計画(小田垣光之輔)「都市問題」　2(5)　1926.5

◇山林都市(5)(黒谷杜鵑)「都市創作」　2(6)　1926.6

◇理想の都市計画(田園都市の発展)(関口鉄太郎)「造園学雑誌」　2(9)　1926.9

◇成功せる田園都市「東洋経済新報」　1213　1926.9

◇田園都市と其の経営(伊東俊雄)「大大阪」　2(11)　1926.11

◇理想の都市計画(田園都市の発展)(関口鉄太郎)「都市工学」　5(11)　1926.11

◇リージョナル・プランニングの本質とその問題(弓家七郎)「都市問題」　4(1)　1927.1

◇田園都市レッチウォースの現況(G.T.Hill述,磯谷道一訳)「都市公論」　10(5)　1927.5

◇我国最初のリージョナル・プラン-本会の北部九州並に京浜地方計画に関する調査-(弓家七郎)「都市問題」　5(1)　1927.7

◇工業地域内特別区のこと(加藤善吉)「建築と社会」　10(8)　1927.8

◇大ロンドン・リージョンの組織(弓家七郎)「都市問題」　5(3)　1927.9

◇ワシントンのリージョナル・プラン(弓家七郎)「都市問題」　5(4)　1927.10

◇英国田園都市便り(平野真三)「都市問題」　5(5)　1927.11

◇都市周辺部の改良問題(藤原九十郎)「建築と社会」　11(1)　1928.1

◇名古屋のレッチオース現出策(笹原辰太郎)「都市創作」　4(2)　1928.2

◇米国都市計画会議とリージョン問題-リージョンに於ける地域制及び

- 自由空地の標準(弓家七郎)「都市問題」 7(2) 1928.8
- ◇田園都市の創始者エベネザー・ハワードを憶ふ(岡田周造)「自治研究」 4(11) 1928.11
- ◇日本に於ける田園都市の可能(石川栄耀)「都市創作」 6(3) 1930.4
- ◇湘南地方計画と風致開発策(山県治郎)「都市公論」 13(7) 1930.7
- ◇六甲山系の開発計画(森一雄)「都市公論」 13(7) 1930.7
- ◇郊外地研究の学的根拠(小田内通敏)「都市問題」 11(2) 1930.8
- ◇大ロンドンの地方計画(弓家七郎)「都市問題」 11(2) 1930.8
- ◇地域制に関する東京商工会議所の建議(弓家七郎)「都市問題」 11(2) 1930.8
- ◇ルール地方の地方計画と其行政(平野真三)「都市問題」 11(2) 1930.8
- ◇山梨県に於ける富士山麓景勝開発計画(平田紀一)「都市公論」 13(9) 1930.9
- ◇郊外聚落結成の技巧(石川栄耀)「都市公論」 13(10) 1930.10
- ◇郊外地整理発展の積極的方策(伊þ貞吉)「都市問題」 11(4) 1930.10
- ◇クリーヴランド地方計画街路網事業(藤芳義男訳)「都市公論」 13(11) 1930.11
- ◇都市郊外地の統制に関する基本的政策(池田宏)「都市問題」 11(5) 1930.11
- ◇都市林の主張/郊外地統制に関する論策(本多静六)「都市問題」 11(5) 1930.11
- ◇熊本市郊外江津湖を中心とする敷地計画殊にその公園系統に就て(北村徳太郎)「都市公論」 14(2) 1931.2
- ◇速に北海道制を制定せよ(村上恭一)「自治研究」 7(7) 1931.7
- ◇地方計画論と緑地問題(飯沼一省)「都市公論」 14(8) 1931.8
- ◇地方計画に於ける手法の鑑賞(石川栄耀)「都市公論」 15(1) 1932.1
- ◇コミーの地方計画論(アーサー・シー・コミー)「都市公論」 15(3) 1932.3
- ◇村落計画手記 地方計画の細胞として(石川栄耀)「都市公論」 15(4) 1932.4
- ◇満蒙開発の方針と組織と方法(河田嗣郎)「経済時報」 4(2) 1932.5
- ◇地域より見たる名古屋(児玉実)「都市公論」 15(6) 1932.6
- ◇地方計画に就て(武居高四郎)「土木学会誌」 18(8) 1932.8
- ◇紐育地方計画調査報告(1)(内務大臣官房都市計画課)「都市公論」 16(1) 1933.1
- ◇実際問題としての地方計画と地域制(加藤善吉)「建築と社会」 16(8) 1933.8
- ◇農業の地方計画(帝国農会調査部)「帝国農会報」 23(8) 1933.8
- ◇千葉県に於ける地方計画(国部薫義)「都市公論」 17(1) 1934.1
- ◇地方計画を通じての緑地計画(北村徳太郎)「都市公論」 17(1) 1934.1
- ◇イギリスに於ける地方計画(ジー・モンテーギュ・ハリス)「都市問題」 18(1) 1934.1
- ◇所謂地方計画の本義-地方聚落及都市計画統制概念(池田宏)「都市問題」 18(1) 1934.1
- ◇北海道拓殖と日本人口問題(蘆沢安平)「地方行政」 42(2) 1934.2
- ◇地方計画機関の組織と権限(池田宏)「都市公論」 17(2) 1934.2
- ◇東北窮乏の真因と振興の目標(田子一民)「社会政策時報」 174 1934.3
- ◇東北特別施政論(水野錬太郎)「社会政策時報」 174 1934.3
- ◇東北の窮乏と其の原因(美濃口時次郎)「社会政策時報」 174 1934.3
- ◇北九州地方計画(東後琢三郎)「都市問題」 18(4) 1934.4
- ◇近畿綜合計画に就て(大屋霊城)「都市問題」 18(4) 1934.4
- ◇長崎地方計画論(1)(谷口成之)「都市公論」 17(9) 1934.9
- ◇東北振興調査会官制「内務時報」 784 1934.12
- ◇ドイツの地方計画について(金谷重義)「大大阪」 11(1) 1935.1
- ◇冷害対策と東北振興(武井群嗣)「水利と土木」 8(2) 1935.2
- ◇地方計画に就て(梶木寛之)「都市問題」 20(2) 1935.2
- ◇独逸に於ける地方計画運動とその指導原理(金谷重義)「都市問題」 20(2) 1935.2
- ◇北九州五都市の地方計画的考察(原伸太郎)「都市公論」 18(6) 1935.6
- ◇東北振興の社会的基礎(小野道雄)「改造」 17(7) 1935.7
- ◇東北特別施政論(水野錬太郎)「港湾」 13(9) 1935.9
- ◇地方計画に就て(町田保)「都市公論」 18(9) 1935.9
- ◇東北各県疲幣の真因と適切なる対策(田村与吉)「港湾」 13(10) 1935.10
- ◇東北地方の振興方策の樹立に就て(桑原幹根)「斯民」 30(11) 1935.11
- ◇東北振興方策の樹立と其の実施に就て(1)(桑原幹根)「自治研究」 12(1) 1936.1
- ◇地方計画に資して(吉田信武)「建築と社会」 19(2) 1936.2
- ◇産業組合を中心としたる東北振興問題(1)(大竹虎雄)「自治研究」 12(3) 1936.3
- ◇東北振興方策の樹立と其の実施に就て(2)(桑原幹根)「自治研究」 12(4) 1936.4
- ◇産業組合を中心としたる東北振興問題(2)(大竹虎雄)「自治研究」 12(5) 1936.5
- ◇地方計画の研究(1)(武居高四郎)「都市問題」 22(6) 1936.6
- ◇独逸に於ける地方計画の法的機構(幸島礼吉)「都市問題」 22(6) 1936.6
- ◇地方計画の研究(2)(武居高四郎)「都市問題」 23(1) 1936.7
- ◇地方計画の思想的背景(亀井幸次郎)「建築と社会」 19(8) 1936.8
- ◇地方計画「夜明け前」(中村)「建築と社会」 19(8) 1936.8
- ◇地方計画実施論(井本政信)「都市研究」 32 1936.8
- ◇近畿地方計画に就て(中沢誠一郎)「都市公論」 19(8) 1936.8
- ◇地方計画に就て(中村綱)「都市公論」 19(8) 1936.8
- ◇ドイツ国の地方計画に就て(1)(北村徳太郎)「都市公論」 19(8) 1936.8
- ◇米国に於ける州計画に就いて(尾崎祐治)「建築と社会」 19(9) 1936.9
- ◇東北振興方策の樹立と其の実施に就て(3・完)(桑原幹根)「自治研究」 12(9) 1936.9
- ◇東北振興方策の樹立と其の実施に就て(3)(桑原幹根)「自治研究」 12(9) 1936.9
- ◇現代衛生田園都市ウイゼンショウについて(金谷重義)「都市公論」 19(9) 1936.9
- ◇ドイツ国の地方計画に就て(2)(北村徳太郎)「都市公論」 19(9) 1936.9
- ◇地方計画の研究(3)(武居高四郎)「都市問題」 23(3) 1936.9
- ◇東北振興調査会の答申「内務時報」 1(9) 1936.9
- ◇ドイツ国の地方計画に就て(3)(北村徳太郎)「都市公論」 19(10) 1936.10
- ◇国土資源局による州計画に関する諸言「建築と社会」 19(11) 1936.11
- ◇独逸に於ける地方計画の発展(上)(幸島礼吉)「都市問題」 24(1) 1937.1
- ◇フランスの地方計画法(尾崎祐治)「建築と社会」 20(2) 1937.2
- ◇米国の地方計画に就て(早川文夫)「都市公論」 20(2) 1937.2

地域開発

- ◇ドイツに於ける地方計画の発展（下）(幸島礼吉)「都市問題」 24(2) 1937.2
- ◇台湾のサナトーリウムとしての山岳都市(黒谷杜鵑)「区画整理」 3(4) 1937.4
- ◇理想都市とその施設-地方計画の研究(4)(武居高四郎)「都市問題」 24(4) 1937.4
- ◇地方計画に於ける地域計画-地方計画の研究(5)(武居高四郎)「都市問題」 24(5) 1937.5
- ◇北海道都市建設の特殊性(神尾守次)「都市公論」 20(7) 1937.7
- ◇ルーズヴェルト大統領の新地域計画案(八木沢善次)「月刊 列国政策彙報」 2(9) 1937.9
- ◇田園都市 "Welwyn" の成功「建築と社会」 20(9) 1937.9
- ◇風景地の開発と苗圃の経営(太田謙吉)「公園緑地」 1(9) 1937.9
- ◇風致の保育と地方計画(ボーネルト)「公園緑地」 1(9) 1937.9
- ◇米国に於ける地方計画と州計画の理論と実際「都市公論」 21(2) 1938.2
- ◇埋立地の地割計画に就ての一考察(太田尾広治)「土木学会誌」 24(2) 1938.2
- ◇宮崎県に於ける祖国復興隊「内務時報」 3(2) 1938.2
- ◇ロサンゼルス地方計画委員会とその方策(都市計画東京地方委員会調査部)「都市公論」 21(3) 1938.3
- ◇地方計画に於ける道路及街路-地方計画の研究(6)(武居高四郎)「都市問題」 26(3) 1938.3
- ◇満蒙開拓青少年義勇軍-百万人訓練の道場を視る(桜井武雄)「教育」 6(4) 1938.4
- ◇宮崎県に於ける祖国振興隊の活動(西崎恵)「文部時報」 616 1938.4
- ◇地方計画に於ける緑地問題(H.カウルフス)「公園緑地」 2(5) 1938.5
- ◇チユリッヒと郊外市町村に関する建設計画と緑地(K.ヒツペンメヤー)「建築と社会」 21(6) 1938.6
- ◇主題主義地方計画の提唱(石川栄耀)「都市公論」 21(6) 1938.6
- ◇ウィーンの田園都市(中欧の建築界に就て)(4)(上野伊三郎)「建築と社会」 21(8) 1938.8
- ◇戦時日本農業の生産統制と地方計画(宮田秀穂)「区画整理」 4(10) 1938.10
- ◇パリ地方計画の概要(尾崎祐治)「建築と社会」 21(10) 1938.10
- ◇第六回全国都市問題会議総会主輯「都市問題」 27(4) 1938.10 地域制検討資料としての東京市工場敷地々価地代に関する一考査/都市計画の基本問題に就て(佐瀬清) 地方計画の理想に関する問題/都市計画の基本問題に就て(谷口成之) 日本人口政策と地方計画/都市計画の基本問題に就て(磯谷道一)
- ◇過大都市の抑制と地方計画(川上和吉)「斯民」 33(12) 1938.12
- ◇米国州計画の発達概観(亀井幸次郎)「都市問題」 28(2) 1939.2
- ◇地方計画に於ける路面電車と乗合自動車-地方計画の研究(7)(武居高四郎)「都市問題」 28(5) 1939.5
- ◇宮城外苑整備事業計画(地方税制改正案批判特輯)「都市問題」 29(4) 1939.10
- ◇工業地方分散と農村地方計画(平実)「社会政策時報」 231 1939.12
- ◇大陸建設の現地報告「週刊エコノミスト」 18(1) 1940.1
- ◇明日の田園都市(藤野保訳)「区画整理」 6(2) 1940.2
- ◇大都市の膨脹と地方計画(武居高四郎)「都市問題」 30(3) 1940.3
- ◇地方計画と其の法制(松村光磨)「都市問題」 30(3) 1940.3
- ◇東京地方計画論上に於ける疎開と凝集(奥井復太郎)「都市問題」 30(3) 1940.3
- ◇明日の田園都市(藤野保訳)「区画整理」 6(4) 1940.4
- ◇静岡市の復興(阿部喜之丞)「区画整理」 6(4) 1940.4
- ◇ロード・アイランド州南海岸地方に於ける再開発計画「建築と社会」 23(4) 1940.4
- ◇満洲開拓農民募集地域選定の新指標(喜多逸郎)「帝国農会報」 30(4) 1940.4
- ◇北満開拓地の夏季に於ける青少年義勇軍並に開拓民の生活状況(石川知福, 坂部弘之)「厚生科学」 1(1) 1940.5
- ◇都市と田園(ハインリッヒ・デール)「都市公論」 23(7) 1940.7
- ◇仙台地方開発綜合計画に就いて(国分浩)「区画整理」 6(8) 1940.8
- ◇田園都市に於ける工場及住宅経営(中村寿一)「区画整理」 6(8) 1940.8
- ◇農村計画「造園研究」 34 1940.10
- ◇明日の田園都市(E.ハワード, 藤野保訳)「区画整理」 6(11) 1940.11
- ◇北満開拓地総合調査覚書―特に第三次開拓団瑞穂村のこと―(本岡武)「農業と経済」 7(11) 1940.11
- ◇帝都を中心とする近郊農村の区域に就て(宮出秀雄)「都市問題」 31(6) 1940.12
- ◇明日の田園都市(7)(E.ハワード, 藤野保訳)「区画整理」 7(1) 1941.1
- ◇満洲開拓事業の進展(拓務省拓北局)「週報 官報附録」 224 1941.1
- ◇関東地方に於ける地方計画的考察(高橋登一)「都市公論」 24(1) 1941.1
- ◇北海道に於ける地方計画的考察(谷口成之)「都市公論」 24(1) 1941.1
- ◇明日の田園都市(8)(エベネザ・ハワード, 藤野保訳)「区画整理」 7(2) 1941.2
- ◇明日の田園都市(9)(エベネザ・ハワード, 藤野保訳)「区画整理」 7(3) 1941.3
- ◇明治初年の北海道拓殖論義-大蔵省文庫所蔵松方家文書より(吉田秀夫)「人口問題」 3(4) 1941.3
- ◇北満開拓地農業経営の新動向(安田泰次郎)「帝国農会報」 31(4) 1941.4
- ◇社会生物学的見地より見たる満洲開拓村(第一報)開拓農村に於ける結婚及妊娠出産に就て(笠間尚武)「人口問題研究」 2(5) 1941.5
- ◇満洲建設勤労奉仕隊開拓生産隊の概要(平川守)「農林時報」 1(8) 1941.5
- ◇明日の田園都市(10)(エベネザ・ハワード, 藤野保訳)「区画整理」 7(6) 1941.6
- ◇明日の田園都市(11)(エベネザ・ハワード, 藤野保訳)「区画整理」 7(7) 1941.7
- ◇清郷工作「週刊エコノミスト」 18(28) 1941.7
- ◇社会生物学的見地より見たる満洲開拓村 -第二報・開拓農村人口年齢構成に就て-(笠間尚武)「人口問題研究」 2(7) 1941.7
- ◇東北地方工場地帯論(1)(経済調査科)「東北産業研究」 2 1941.7
- ◇東北地方主として工場地帯の開発計画(金森誠之)「東北産業研究」 2 1941.7
- ◇北海道本州連絡に就て(小野諒兄)「土木学会誌」 27(7) 1941.7
- ◇若干の初期北海道拓殖論(吉田秀夫)「人口問題」 4(1) 1941.8
- ◇明日の田園都市(12)(エベネザ・ハワード, 藤野保訳)「区画整理」 7(9) 1941.9
- ◇開拓団と開拓協同組合について(高橋貞三)「公法雑誌」 7(9) 1941.9
- ◇中小都市振興の問題とその地域決定方法試論(日夏義雄)「都市公論」 24(9) 1941.9
- ◇大阪市を中心としたる地方計画の地域制-特に生産地域としての工業地域と農業地域とについて(金谷重義)「都市問題」 33(3) 1941.9
- ◇満洲国開拓農業経営の基本問題-特に経営形成過程の問題を中心として安田技佐に答ふ-(本岡武)「帝国農会報」 31(10) 1941.10

◇東北地方工場地帯論（2）（経済調査科）「東北産業研究」 3 1941.10

◇東北地方の森林「東北産業研究」 3 1941.10

◇明日の田園都市（13）（エヴエネザ・ハワード，藤野保訳）「区画整理」 7（11） 1941.11

◇満洲開拓地農業に就て（山岸七之丞）「帝国農会報」 31（11） 1941.11

◇日本地方計画のために（吉田秀夫）「都市公論」 24（11） 1941.11

◇満洲開拓農場法の公布に就て「農林時報」 1（21） 1941.11

◇明日の田園都市（14・完）（エヴエネザ・ハワード，藤野保訳）「区画整理」 7（12） 1941.12

◇地方計画と地方制の課題（宮脇泰一）「建築行政」 5（19） 1941.12

◇満洲開拓農場法の本義（永雄策郎）「週刊エコノミスト」 19（45） 1941.12

◇田園都市論批判-東京防衛とロンドン・ベルリン・モスクワ-（兼岩伝一）「区画整理」 8（1） 1942.1

◇開拓農場法に就いて（今吉敏雄）「斯民」 37（1） 1942.1

◇ソ連のウラル建設「週刊エコノミスト」 20（4） 1942.1

◇高原開発と東北地方（丸本彰造）「東北産業研究」 4 1942.1

◇高原開発報国会野辺山農場調査報告「東北産業研究」 4 1942.1

◇東北振興問題の真意義（渡辺男二郎）「東北産業研究」 4 1942.1

◇東北地方高原開発適地調査「東北産業研究」 4 1942.1

◇開拓農場法に就いて（橋本伝左衛門）「農業と経済」 9（1） 1942.1

◇満洲国開拓農場法概観（川島武宜）「法律時報」 14（1） 1942.1

◇満洲国に於ける開拓農場法の公布「人口問題研究」 3（2） 1942.2

◇満洲開拓農場法の相続規定と日本民法（川島武宜）「法学協会雑誌」 60（2） 1942.2

◇地方計画の現段階に就て-金谷・平岡氏「地方計画の基本問題」を読む（幸島礼吉）「都市問題」 34（3） 1942.3

◇開拓地の家産制-満洲の開拓農場法（高橋貞三）「公法雑誌」 8（4） 1942.4

◇満州開拓農業特集「農業と経済」 9（4） 1942.4

◇地方都市の底流（平貞蔵）「改造」 24（5） 1942.5

◇昭和十七年送出満洲開拓民の残存耕地及財産負債調（1）（農林局）「調査月報（大蔵省）」 32（5） 1942.5

◇満州に於ける転業開拓民の営農に就て（出納陽一）「東洋経済新報」 2023 1942.5

◇満洲開拓農業と生活（川俣浩太郎）「農業と経済」 9（5） 1942.6

◇北九州都市郡の形成（金森誠之）「国土計画」 1（1） 1942.7

◇内鮮一体化の必然性（村山道雄）「国土計画」 1（1） 1942.7

◇満洲国総合立地計画（畑石輝治）「商工経済」 14（1） 1942.7

◇東北地方振興計画要綱に就て（渡辺男二郎）「東北産業研究」 6 1942.8

◇地方計画と圏域的構造（中田理夫）「国土計画」 1（2） 1942.9

◇地方計画について（金谷重義）「国土計画」 1（2） 1942.9

◇地方計画への道（金森誠之）「国土計画」 1（2） 1942.9

◇「官報」と北海道拓殖（1）（吉田秀夫）「人口問題」 5（1） 1942.9

◇地域秩序諸計画の実施について―ハノオウア＝ブラウンシユヴイヒ地方計画協同体の体験報告（クルト・ブリユウニング）「都市公論」 25（9） 1942.9

◇国土計画の一単位としての近畿地方計画の課題（山田正男）「官界公論」 8（88） 1942.10

◇地方計画区域画定の前提条件（吉田秀夫）「官界公論」 8（88） 1942.10

◇パリー地方計画（倉田正訳）「官界公論」 8（88） 1942.10

◇満洲開拓政策と分村運動（上松一光）「農業と経済」 9（10） 1942.10

◇第一回長野県視察の報告要旨（国土計画研究会）「官界公論」 8（89） 1942.11

◇満洲開拓政策の基本問題（日下紀彦）「統制経済」 5（5） 1942.11

◇時局下に於ける東北興業会社の役割（経済調査科）「東北産業研究」 7 1942.11

◇「官報」と北海道拓殖（2）（吉田秀夫）「人口問題」 5（2） 1942.12

◇清郷の発展（石浜知行）「中央公論」 57（12） 1942.12

◇地方計画と農村工業化（金谷重義）「農村工業」 9（12） 1942.12

◇中京地方工業界の動向とその地方計画（広瀬可一）「国土計画」 2（1） 1943.3

◇地方計画の具体化-第八回全国都市問題会議総会第一議題研究報告概況（奥井復太郎）「都市問題」 36（3） 1943.3

◇満洲開拓第二期五ヶ年計画に就て（本岡武）「農業と経済」 10（3） 1943.3

◇工業受容地周辺農村に於ける工業の影響について（齋藤栄一）「官界公論」 9（94） 1943.4

◇東北地方に於ける工業建設地に就て（国分浩）「官界公論」 9（94） 1943.4

◇工業立地と全国地域区分（小峰柳多）「全国都市問題会議会報」 29 1943.4

◇大都市の蔬菜確保に関する地方計画区分（宮出秀雄）「全国都市問題会議会報」 29 1943.4

◇満州開拓地の協同組織（小西俊夫）「農業と経済」 10（4） 1943.4

◇現下若干の地方問題（1）（吉田秀夫）「官界公論」 9（95） 1943.5

◇近畿地方計画の策定方針並にその一計画案（山田正男）「国土計画」 2（2） 1943.6

◇地方計画（パンシュミット国土計画研修所編）「国土計画」 2（2） 1943.6

◇皇国農村の確立と満洲開拓（橋本伝左衛門）「農業と経済」 10（8） 1943.8

◇大都市地方計画の現段階（奥田教朝）「国土計画」 2（3） 1943.9

[図　書]

◇田園都市（内務省地方局有志編）　博文館　1908.5　4,12,380p　22cm

◇改訂北海道拓殖の進歩:附録 北海道起業成功事績　訂正5版（北海道庁拓殖部編）　北海道協会支部　1912.7　2,5,234p　23cm

◇山林都市:林間都市（黒谷了太郎著）　青年都市研究会　1922.5　41p　15cm

◇農政研究 第2巻第12号 田園都市建設号（大日本農政会編）　1923.12　128p　23cm

◇紐育及其附近の地方計画（復興局長官官房計画課編）　1924.9　106p　23cm　復興局調査彙報

◇地方計画衛星都市及田園都市（復興局長官官房計画課編）　1926 4, 2,151p　22cm　復興局調査彙報

◇北海道拓殖事業計画大要（北海道庁編）　1926.1　31p　26cm

◇イギリスの田園都市（東京市政調査会編）　1926.3　3,2,97p　22cm　市政調査資料

◇農村計画（山崎延吉著）　泰文館書店　1927.4　5,5,352p　19cm

◇山林都市, 一名, 林間都市（黒谷了太郎著）　曠社　1928.2　3,89p　19cm

◇地方振興計画指導方針（富山県地方振興委員会編）　1933.3　100p　23cm　振興計画資料

◇地方計画論（飯沼一省著）　良書普及会　1933.8　3,362p　23cm

◇都市計画の将来と地方計画（池田宏著）　東京市政調査会　1934.3　42p　22cm　都市問題パンフレット

◇名古屋市内に於ける工業適地に関する研究（中村綱著）　1935.8　58p　23cm+図5枚

◇京浜工業地帯建設工事概要（神奈川県編）　1937　7p　23cm+図1枚

◇国土計画及び地方計画:1937年国際住宅及都市計画会議報告（内務

◇省計画局編）　1938　99p　22cm　地方計画参考資料

◇東北地方農村聚落調査報告書：宮城県遠田郡富永村（小倉強著）　同潤会　1938.4　30p　26cm

◇地方計画の理論と実際（武居高四郎著）　冨山房　1938.7　2,10,316p　27cm

◇東北振興史　上巻（浅野源吾編）　東北振興会　1938.8　18,9,510p　23cm

◇ロイドヂョージ外英国政界の名士は叫ぶ：ロンドン及過大都市防止、田園保存に就て　謄写版（都市計画東京地方委員会調査部編）　1939　[25]p　28cm　地方計画資料

◇大阪市及近郊に於ける産業立地計画資料　謄写（大阪市役所企画部編）　1939.8　39p　26cm

◇東北振興史　中巻（浅野源吾編）　東北振興会　1939.8　1冊　23cm

◇大ロンドン地方計画第1次報告（内務省計画局訳）　1939.12　9,115p　21cm　地方計画参考資料

◇大ロンドン地方計画第2次報告（内務省計画局訳）　1939.12　4,168p　21cm　地方計画参考資料

◇英国「市町村計画法」（内務省計画局編）　1940　73p　22cm　地方計画参考資料

◇独逸地方計画関係法令（内務省地方局編）　1940　24p　22cm　地方計画参考資料

◇仏国地方計画及都市計画法令（内務省計画局編）　1940　35p　22cm　地方計画参考資料

◇セント・ルイス地方計画（セント・ルイス地方計画委員会編，内務省計画局訳）　1940.3　9,152p　21cm　地方計画参考資料

◇東北振興史　下巻（浅野源吾編）　東北振興会　1940.9　1冊　23cm

◇国土計画としての北海道綜合計画の必要性（戸塚九一郎著）　1940.10　21p　26cm

◇中部独逸地方計画（内務省計画局編）　1940.10　2,226p　22cm　地方計画資料

◇日本農業国土計画論（松本辰馬著）　東洋書館　1941.1　3,10,344p　23cm

◇地方計画の基本問題：特に近畿地方計画を中心として（金谷重義著，平実著）　有斐閣　1941.9　6,11,456p　22cm　大阪商科大学経済研究所調査彙報

◇関東地方に於ける河川と工業用水に就て　謄写版（根岸情治著，東京商工会議所編）　1942　33p　21cm　国土計画参考資料

◇関東地方国土計画甲府懇談会記録　謄写版（関東地方商工会議所国土計画協議会編）　1942.2　74,12p　21cm

◇関東地方諸都市ノ工場立地条件調査報告書　1-15合本　謄写版（関東地方商工会議所編，国土計画協議会編）　1942.4　1冊　21cm

◇名古屋の産業と地方計画（中川貞三著）　名古屋市産業部　1942.4　25p　21cm

◇地方計画区域について（吉田秀夫著）　[全国都市問題会議事務局]　1942.9　[11]p　23cm　全国都市問題会議会報

◇地方計画上より見たる全国地域区分（高橋登一著）　[全国都市問題会議事務局]　1942.9　[22]p　23cm　全国都市問題会議会報

◇関東地方諸都市の工業立地条件調査書（甲府市）　謄写版（東京商工会議所編）　1942.11　133p　21cm　国土計画参考資料

◇東京都疎開基礎資料：経済部門中より　1　謄写版（東京都商工経済会編）　1943.10　124p　21cm　国土計画資料

◇関東地方国土計画整備要項　1　謄写版（国土計画整備会編）　1944.3　2,46p　21cm

◇栃木県雀宮を中心とする農工両全方策　謄写版（東京都商工経済会編）　1944.5　45p　26cm

◇農工調和に関する基本調査報告書（農商省総務局編）　1944.6　2,2,126p　21cm

126

土木・道路・港湾

【雑　誌】
- ◇家屋移転用「ローラジヤツキ」に就て(復興局建築部)「建築雑誌」39(465) 1925.1
- ◇安土府港の現在及将来(山下芳郎)「港湾」3(1) 1925.1
- ◇小樽港修築第二期工事計画(小樽港湾修築事務所)「港湾」3(1) 1925.1
- ◇河港と水陸連絡設備に就て(寺島成信)「港湾」3(1) 1925.1
- ◇緊急を要する朝鮮港湾施設(丸山芳樹)「港湾」3(1) 1925.1
- ◇港湾行政不統一より生ずる不便不利「港湾」3(1) 1925.1
- ◇港湾修築の要項(比田孝一)「港湾」3(1) 1925.1
- ◇港湾政策を論ず(水野錬太郎)「港湾」3(1) 1925.1
- ◇港湾政策に対する所感(西川政吉)「港湾」3(1) 1925.1
- ◇港湾調査の方針(松本学)「港湾」3(1) 1925.1
- ◇港湾に関する根本の制定に就て(堀田貢)「港湾」3(1) 1925.1
- ◇新川港の調査(山口県)「港湾」3(1) 1925.1
- ◇大連に於ける苦力及荷役作業「港湾」3(1) 1925.1
- ◇東京市の築港計画「港湾」3(1) 1925.1
- ◇世の港湾行政統一論者に愬ふ(福本義亮)「港湾」3(1) 1925.1
- ◇欧米諸国に於ける道路の概観(佐上信一)「地方行政」33(1) 1925.1
- ◇市街地建築物法及其の附帯命令の梗概(内田祥三)「内務時報」270 1925.1
- ◇港湾の使命と市民の努力(高西敬義)「港湾」3(2) 1925.2
- ◇門司港と其能率、其他朝鮮との関係記事(藤村重道)「港湾」3(2) 1925.2
- ◇欧米諸国に於ける道路の概観(佐上信一)「地方行政」33(2) 1925.2
- ◇硬材鋪木道の話(田中勝吉)「道路」4(2) 1925.2
- ◇米国流の木道瀝青道主義を排す「道路」4(2) 1925.2
- ◇煉瓦鋪道(江守保平)「道路」4(2) 1925.2
- ◇港湾調査の方針(松本学)「港湾」3(3) 1925.3
- ◇横浜港発展策(田尻常雄)「港湾」3(3) 1925.3
- ◇欧米諸国に於ける道路の概観(佐上信一)「地方行政」33(3) 1925.3
- ◇東京市の道路(復興局)「地方行政」33(3) 1925.3
- ◇一九二四年度米国都市改良協会大会に現れたる主要鋪道問題の梗概(矢田弘介)「道路」4(3) 1925.3
- ◇東京市の地下電鉄線路網の敷設様式に就て(曽山親民)「道路」4(3) 1925.3
- ◇復興局の街路工事(平山復二郎)「道路」4(3) 1925.3
- ◇瀝青鋪道に関する質疑に対し米人技師の解答(奈良原輝雄)「道路」4(3) 1925.3
- ◇煉瓦鋪道(江守保平)「道路」4(3) 1925.3
- ◇安土府港の現在及其将来(2・完)(山下芳郎)「港湾」3(4) 1925.4
- ◇大阪港近況「港湾」3(4) 1925.4
- ◇完成を急ぐ鎮南浦港(鎮南浦商業会議所)「港湾」3(4) 1925.4
- ◇商港の特質に就て(山本五郎)「港湾」3(4) 1925.4
- ◇欧米諸国に於ける道路の概観(4)(佐上信一)「地方行政」33(4) 1925.4
- ◇京浜運河開鑿計画「港湾」3(5) 1925.5
- ◇京浜運河の開鑿(内務省土木局港湾課)「港湾」3(5) 1925.5
- ◇東京港修築費補助「港湾」3(5) 1925.5
- ◇東京築港計画(東京市河港課)「港湾」3(5) 1925.5
- ◇仏国港湾情勢概要(Scandinavian Shipping Gazette)「港湾」3(5) 1925.5
- ◇香港港湾技師の同港開発に関する発見(安川雄之助)「港湾」3(5) 1925.5
- ◇羅津湾と其将来(安部良忠)「港湾」3(5) 1925.5
- ◇欧米諸国に於ける道路の概観(5)(佐上信一)「地方行政」33(5) 1925.5
- ◇岡野昇博士の仏領印皮支那視察談「帝国鉄道協会会報」26(3) 1925.5
- ◇アスフアルト道路請負業者への勧告(ヘンリー・ゼー・ドラウン)「道路」4(5) 1925.5
- ◇玄武岩を用ひたる新鋪石塊(矢田弘介)「道路」4(5) 1925.5
- ◇砂利道維持に関する規定「道路」4(5) 1925.5
- ◇大都市の構成とその分解作用(石原憲治)「道路」4(5) 1925.5
- ◇地下埋設工事と鋪道の破壊(1)(岸一太)「道路」4(5) 1925.5
- ◇地下埋設物に就て(伊地知季一)「道路」4(5) 1925.5
- ◇東京市道路局の職制改革を論ず「道路」4(5) 1925.5
- ◇都市道路とゴム舗装「都市問題」1(1) 1925.5
- ◇治水事業概要(其4)(内務省土木局)「内務時報」288 1925.5
- ◇治水事業概要(其5)(内務省土木局)「内務時報」289 1925.5
- ◇大阪工業地帯運河網計画「港湾」3(6) 1925.6
- ◇小樽港に於ける船舶給水事業(小樽市港湾事務所)「港湾」3(6) 1925.6
- ◇繋船岩壁の安定に就て(岡部三郎)「港湾」3(6) 1925.6
- ◇シヤトル港の発達と「バラードロック」の建設「港湾」3(6) 1925.6
- ◇大連港の作業及使命(梅野實)「港湾」3(6) 1925.6
- ◇名古屋港第四期拡張計画「港湾」3(6) 1925.6
- ◇増毛漁港の修築計画「港湾」3(6) 1925.6
- ◇室蘭港の将来(中村廉次)「港湾」3(6) 1925.6
- ◇横浜港第三期拡張工事模様変「港湾」3(6) 1925.6
- ◇横浜市港湾部設置「港湾」3(6) 1925.6
- ◇列国港湾状況(港湾協会情報部)「港湾」3(6) 1925.6
- ◇アスフアルト道路請負業者への勧告(ヘンリー・ゼー・ドラウン)「道路」4(6) 1925.6
- ◇街路の美観と看板広告(森田周一)「道路」4(6) 1925.6
- ◇軌道鋪材に就て(清水煕)「道路」4(6) 1925.6
- ◇国産ソリデチツトの施行法「道路」4(6) 1925.6
- ◇三種のセメントの道路用としての比較(小山九市)「道路」4(6) 1925.6
- ◇ソリデチツト及び砕石混凝土試験鋪装工事(渡辺幸三郎)「道路」4(6) 1925.6
- ◇ソリデチツト需要諸家の意見「道路」4(6) 1925.6
- ◇ソリデチツト使用の実例と其感想(伴宣)「道路」4(6) 1925.6

◇ソリデチットに就て(長尾修吉)「道路」 4(6) 1925.6
◇ソリデチットの本態に就て(岸一太)「道路」 4(6) 1925.6
◇ソリデチット舗装に就て(福留並喜)「道路」 4(6) 1925.6
◇法規上より観たる道路敷地(1)(一柳幸永)「道路」 4(6) 1925.6
◇共同建築の法律的考察(小倉庫次)「都市問題」 1(2) 1925.6
◇郊外地道路計画樹立の急務(岡野昇)「都市問題」 1(2) 1925.6
◇パリの旧堡塁開発計画「都市問題」 1(2) 1925.6
◇治水事業概要(其6)(内務省土木局)「内務時報」 290 1925.6
◇港湾調査の方針(其1)(松本学)「内務時報」 291 1925.6
◇市街地建築物法及共の附帯命令の梗概(3)「内務時報」 291 1925.6
◇治水事業概要(其7)(内務省土木局)「内務時報」 291 1925.6
◇港湾調査の方針(其2)(松本学)「内務時報」 292 1925.6
◇治水事業概況(其8)(内務省土木局)「内務時報」 292 1925.6
◇港湾調査の方針(其3)(松本学)「内務時報」 293 1925.6
◇治水事業概況(其9)(内務省土木局)「内務時報」 293 1925.6
◇家屋と道路に就て(チヤールス・エツチ・タルポツド)「建築と社会」 8(7) 1925.7
◇建築に現れたる悲劇美(水町輿志雄)「建築と社会」 8(7) 1925.7
◇セメントの凝結緩徐法(細木松之助)「建築と社会」 8(7) 1925.7
◇病院建築雑感(岡戸武平)「建築と社会」 8(7) 1925.7
◇鹿見島港勢の一斑(鹿児島港務所)「港湾」 3(7) 1925.7
◇朝鮮海峡とは何ぞや(松波仁一郎)「港湾」 3(7) 1925.7
◇東京築港物語(海野淵平)「港湾」 3(7) 1925.7
◇函館港湾修築の急務(佐藤孝三郎)「港湾」 3(7) 1925.7
◇横浜税関陸上設備復旧工事(糠澤惟助)「港湾」 3(7) 1925.7
◇巴里郊外線の電化「調査資料」 6(4) 1925.7
◇ピッツバーグの地下線計画「調査資料」 6(4) 1925.7
◇伯林郊外線の電化「調査資料」 6(4) 1925.7
◇京浜運河計画「東洋経済新報」 1157 1925.7
◇アスファルト、ブロックに就て(船越重男)「道路」 4(7) 1925.7
◇地下埋設工事と舗道の破壊(2)(岸一太)「道路」 4(7) 1925.7
◇道路並木の進化(井下清)「道路」 4(7) 1925.7
◇復興局橋梁設計に就て(太田円三)「道路」 4(7) 1925.7
◇法規上より観たる道路敷地(2・完)(一柳幸永)「道路」 4(7) 1925.7
◇「舗道材料は何におちつくか」に対する矢田学士の啓蒙を謝す(三田村鐘三郎)「道路」 4(7) 1925.7
◇舗道の修繕費「道路」 4(7) 1925.7
◇明治神宮外苑道路に就て(藤井真透)「道路」 4(7) 1925.7
◇イギリスに於ける建築業績「都市問題」 1(3) 1925.7
◇公園の現実化(井下清)「都市問題」 1(3) 1925.7
◇道路拡築の為に生ずる過小画地の処分(平野真三)「都市問題」 1(3) 1925.7
◇港湾調査の方針(其4・完)(松本学)「内務時報」 294 1925.7
◇治水事業概況(其10)(内務省土木局)「内務時報」 294 1925.7
◇水利及土木に関する訴「行政裁判所判決録」 36(8) 1925.8
◇アスファルト、ブロックに就て(承前)(船越重男)「道路」 4(8) 1925.8
◇軌条テルミット熔接に就て(景山質)「道路」 4(8) 1925.8
◇地下埋設工事と舗道の破壊[3](岸一太)「道路」 4(8) 1925.8
◇東西に於ける道路の発達に就て(林田信夫)「道路」 4(8) 1925.8

◇道路の経済観「道路」 4(8) 1925.8
◇明治神宮外苑道路に就て(藤井真透)「道路」 4(8) 1925.8
◇直圧力と曲能率とを受ける鉄筋コンクリート材の断面決定法(坂静雄)「建築雑誌」 39(474) 1925.9
◇建築と汚物処理の関係(澤部實之介)「建築と社会」 8(9) 1925.9
◇欧米に於ける港湾管理経営の趨勢(森垣亀一郎)「港湾」 3(9) 1925.9
◇神戸港の荷役状況(神戸市港湾部)「港湾」 3(9) 1925.9
◇商港改良の変遷(丹羽勧彦)「港湾」 3(9) 1925.9
◇列国港湾情勢(港湾協会情報部)「港湾」 3(9) 1925.9
◇羽越線の全通が貨物輸途上に及ぼしおる影響「帝国鉄道協会会報」 26(5) 1925.9
◇本年度施行国有鉄道建設工事概況「帝国鉄道協会会報」 26(5) 1925.9
◇東京地下鉄の計算(田川大吉郎)「東洋経済新報」 1167 1925.9
◇道路語彙「道路」 4(9) 1925.9
◇道路工事に使用する自動車管理上の注意(一柳幸永)「道路」 4(9) 1925.9
◇「とどまつ」と「えぞまつ」材の識別(田中勝吉)「道路」 4(9) 1925.9
◇マカダム道路の工法解説(長江了一)「道路」 4(9) 1925.9
◇明治神宮外苑道路に就て(其3)(藤井真透)「道路」 4(9) 1925.9
◇木塊舗設に関する注意の一二(近新三郎)「道路」 4(9) 1925.9
◇瀝青針入度試験用針に就て(長江了一)「道路」 4(9) 1925.9
◇瀝青舗装の研究、街路清掃に就て(奈良原輝雄)「道路」 4(9) 1925.9
◇現代都市の建設 前編(其1)(復興局)「内務時報」 304 1925.9
◇現代都市の建設 前編(其2)(復興局)「内務時報」 305 1925.9
◇現代都市の建設 後編(其1)(復興局)「内務時報」 306 1925.9
◇現代都市の建設 後編(其2・完)(復興局)「内務時報」 307 1925.9
◇隅田川に架すべき六橋は同一様式たるべし(野田俊彦)「建築雑誌」 39(475) 1925.10
◇明治大正に於ける建築観(増山新平)「建築と社会」 8(10) 1925.10
◇ロシアの鉄道電化「調査資料」 6(5) 1925.10
◇帝都復興事業として架設する東京市の橋梁(荒尾嘉喜智)「都市公論」 8(10) 1925.10
◇東京築港と京浜運河の計画(平野真三)「都市問題」 1(6) 1925.10
◇不燃焼都市の建設と復興建築社(佐野利器)「都市問題」 1(6) 1925.10
◇新市街建築の美に付て(伊東忠太)「内務時報」 308 1925.10
◇神社林苑の取扱について(本郷高徳)「内務時報」 309 1925.10
◇こんな構造の家がよいか(復興局建築部)「内務時報」 310 1925.10
◇建築物の振動性と之に及ぼす地震動の影響(1)(武藤清)「建築雑誌」 39(476) 1925.11
◇一九二五年の独逸鉄筋混凝土構造物規定に就て(布施忠司)「建築雑誌」 39(476) 1925.11
◇官庁建築私見(竹田武男)「都市公論」 8(11) 1925.11
◇公共建築物の復興と一般復興建築の助成に就て(吉山真椊)「都市公論」 8(11) 1925.11
◇アメリカ合衆国に於ける建築量(小田垣光之輔)「都市問題」 1(7) 1925.11
◇カナダ都市の中央暖房(後藤曨二)「都市問題」 1(7) 1925.11
◇東京市の道路に関する中等学校生徒の希望「都市問題」 1(7) 1925.11
◇東京市立小学校復興建設に就て(1)(川本宇之介)「都市問題」 1

(7)　1925.11
◇復興建築会設立経過(中村東京市長談)「都市問題」　1(7)　1925.11
◇建築敷地の統制に就て(菊池慎三)「内務時報」　313　1925.11
◇四天王寺建築論(長谷川輝雄)「建築雑誌」　39(477)　1925.12
◇明治後期の建築(増山新平)「建築と社会」　8(12)　1925.12
◇岸博士の東京地質研究報告「都市問題」　1(8)　1925.12
◇十箇年使用後のコンクリート道路(小倉庫次)「都市問題」　1(8)　1925.12
◇東京市立小学校復興建設に就て(2・完)(川本宇之介)「都市問題」　1(8)　1925.12
◇構造物の振動曲線に就て(水原旭)「建築雑誌」　40(478)　1926.1
◇コンクリートのポアソン比に関する実験的研究(田邊平学)「建築雑誌」　40(478)　1926.1
◇将来の宗教建築を如何にすべきか(長谷川輝雄)「建築雑誌」　40(478)　1926.1
◇かくあるべき明日の建築殊にオフィス・ビルディングのそれ―別題建築の社会的意義(矢尻徳三郎)「建築と社会」　9(1)　1926.1
◇近代都市の発展と事務室建築の勃興(片岡安)「建築と社会」　9(1)　1926.1
◇建築の経済的環境(村野藤吾)「建築と社会」　9(1)　1926.1
◇高層建築の美観(葛野壮一郎)「建築と社会」　9(1)　1926.1
◇事務所建築の経済的考察(竹腰健造)「建築と社会」　9(1)　1926.1
◇ビルデイング内剖、温度の自働調節装置に就て(三浦勉)「建築と社会」　9(1)　1926.1
◇ビルデイング両面観(池田宮彦)「建築と社会」　9(1)　1926.1
◇米国規代のビルデイング(福永佐和吉)「建築と社会」　9(1)　1926.1
◇恵まれぬ我が高層建築(横濱勉)「建築と社会」　9(1)　1926.1
◇朝鮮主要港湾荷役賃金表(丸山芳樹)「港湾」　4(1)　1926.1
◇本邦の土木行政一般に就て(堀切善次郎)「自治研究」　2(1)　1926.1
◇河岸の並木道と寺町の寺院道(高田愼吾)「大大阪」　2(1)　1926.1
◇欧米に於ける鉄道電化問題(大槻信治)「帝国鉄道協会会報」　27(1)　1926.1
◇昨年下期の東京郊外五電鉄「東洋経済新報」　1180　1926.1
◇アスファルトブロックと其鋪装(倉内豊太郎)「道路」　5(1)　1926.1
◇街路の横断面形の新提唱(藤田周浩)「道路」　5(1)　1926.1
◇雉子橋(成瀬勝武)「道路」　5(1)　1926.1
◇橋梁路面鋪装に就て(竹中喜義)「道路」　5(1)　1926.1
◇参考資料として大阪市に於ける鋪装道路の種別及その面積を紹介す(森田信一)「道路」　5(1)　1926.1
◇自動車交通に必要なる地方道路の改良策(伴宣)「道路」　5(1)　1926.1
◇巴里の道路(宮本武之輔)「道路」　5(1)　1926.1
◇鋪装の一般(平山復二郎)「道路」　5(1)　1926.1
◇都市計画街路と道路法の認定(荒尾嘉喜智)「都市研究」　2(1)　1926.1
◇巴里道路鋪装の話(森垣亀一郎)「都市研究」　2(1)　1926.1
◇道路開設に伴ふ建築敷地整理方案(岡崎早太郎)「都市公論」　9(1)　1926.1
◇道路開設に伴ふ建築敷地整理方案(岡崎早太郎)「都市創作」　2(1)　1926.1
◇大阪港の修築計画「港湾」　4(2)　1926.2
◇自由港民営論(關毅)「港湾」　4(2)　1926.2
◇アスファルト類及タール類の粘度に就て(磯部甫)「道路」　5(2)　1926.2
◇市川良正氏の示教を得て(アスファルトの伸張度に就て)(船越重男)「道路」　5(2)　1926.2
◇街路照明に関する事務的観察(一柳幸永)「道路」　5(2)　1926.2
◇掘氏二十五度の説(アスファルトの物理的試験)(船越重男)「道路」　5(2)　1926.2
◇ミランと湖沼地方間自動車専用道路(瀧沢七郎)「道路」　5(2)　1926.2
◇名古屋の街路と公園(黒川生)「都市創作」　2(2)　1926.2
◇横浜及び神戸の開港事情(三浦周行)「経済論叢」　22(3)　1926.3
◇コンクリートのポアソン比に関する実験的研究(3)(田邊平学)「建築雑誌」　40(480)　1926.3
◇地震に依る架構建築の破壊位置に就て(谷口忠)「建築雑誌」　40(480)　1926.3
◇飛鳥時代の寺院建築(2)(岸熊吉)「建築と社会」　9(3)　1926.3
◇共同建築に就て(渡邊鉄蔵)「建築と社会」　9(3)　1926.3
◇建築に於ける容貌以上のもの(永尾篤次郎)「建築と社会」　9(3)　1926.3
◇大阪港最近十三年(大阪市役所港湾部)「港湾」　4(3)　1926.3
◇街路の開設に伴ふ建築物の共同経営(岡崎早太郎)「大大阪」　2(3)　1926.3
◇東京市街高架線東京上野間建設概要(大河戸宗治)「帝国鉄道協会会報」　27(2)　1926.3
◇曠岸博士の研究(長塚順次郎)「道路」　5(3)　1926.3
◇ヴアイブロシツクの話(長江了一)「道路」　5(3)　1926.3
◇外苑道路コンクリート試験に就て(藤井真透)「道路」　5(3)　1926.3
◇街路並木の不振と狭隘歩道の植栽の不可(三木謙吾)「道路」　5(3)　1926.3
◇車輛牽引抵抗試験報告(山田忠雄)「道路」　5(3)　1926.3
◇道路工事の電車事故に及ぼす影響「道路」　5(3)　1926.3
◇復興事業用鋪木に就て(田中勝吉)「道路」　5(3)　1926.3
◇法恩寺橋(本所清水町太平町大横川に架設せられるもの)(成瀬勝武)「道路」　5(3)　1926.3
◇鋪木道「道路」　5(3)　1926.3
◇豊橋市の道路に就て(長崎敏育)「都市創作」　2(3)　1926.3
◇日本各地産砂、砂利及之を凝元体とするコンクリートの研究(内藤多仲)「建築雑誌」　40(481)　1926.4
◇法隆寺五重塔と空洞の調査研究(池田谷久吉)「建築と社会」　9(4)　1926.4
◇民家の研究(津田鑿)「建築と社会」　9(4)　1926.4
◇繋船岸壁の安定に就て(岡部三郎)「港湾」　4(4)　1926.4
◇横浜港改修案「港湾」　4(4)　1926.4
◇建築眼より見たる大阪(中尾保)「大大阪」　2(4)　1926.4
◇失業救済土木事業の巻(木村浩)「大大阪」　2(4)　1926.4
◇都市の街路には何が良いか(高岡齊)「大大阪」　2(4)　1926.4
◇道路とコールタールに就て(杉宜算)「帝国瓦斯協会雑誌」　15(4)　1926.4
◇街路としての並木と照明(一柳幸永)「都市研究」　2(2)　1926.4
◇軌条テルミット熔接の成績(景山質)「都市工学」　5(4)　1926.4
◇道路掘鑿及復旧の処理に関する一考察(一柳幸永)「都市工学」　5(4)　1926.4
◇ブローン、アスファルトに関する論争に就て(坂田時和)「都市工学」　5(4)　1926.4
◇鋪木道「都市工学」　5(4)　1926.4

- ◇煉瓦鋪道に就て (中島時雄)「都市工学」 5(4) 1926.4
- ◇路工会に臨みて (草野源八郎)「都市工学」 5(4) 1926.4
- ◇街角剪除に就て (谷口成之)「都市創作」 2(4) 1926.4
- ◇土木建築事業に於ける災害調「労働時報」 3(4) 1926.4
- ◇内容から観た我国の公園 (方米治郎)「建築と社会」 9(5) 1926.5
- ◇目黒瓦斯溜建設に対する経過 (河原忠男)「帝国瓦斯協会雑誌」 15(5) 1926.5
- ◇東京市街高架線東京上野間建設概要 (大河戸宗治)「帝国鉄道協会会報」 27(3) 1926.5
- ◇アスファルトブロックの試験 (承前) (船越重男)「都市工学」 5(5) 1926.5
- ◇菖蒲橋 (成瀬勝武)「都市工学」 5(5) 1926.5
- ◇植栽道路設計に就て考慮すべきこと (三木謙吾)「都市工学」 5(5) 1926.5
- ◇東京市大正十五年度路面改良工事施行路線予定表「都市工学」 5(5) 1926.5
- ◇東京市附近鑿井に関する調査の一、二 (青山泰晴)「都市工学」 5(5) 1926.5
- ◇鋪木道「都市工学」 5(5) 1926.5
- ◇高燭力街路照明の実例 (ポーランド市) (樫木徹)「都市問題」 2(5) 1926.5
- ◇復興建築助成株式会社の事業状況 (平野真三)「都市問題」 2(5) 1926.5
- ◇垂直荷重に依る矩形架構内の能率に就て (二見秀雄)「建築雑誌」 40(483) 1926.6
- ◇北米に於ける建築施工法の実現 (下浦光衛)「建築と社会」 9(6) 1926.6
- ◇鉄矢板岸壁の計算に就て (ピー・テインメ)「港湾」 4(6) 1926.6
- ◇統計上から見たる日本の港湾 (森本世外)「港湾」 4(6) 1926.6
- ◇都市発展の勢力としての港湾 (山本五郎)「港湾」 4(6) 1926.6
- ◇名古屋港調査会経過「港湾」 4(6) 1926.6
- ◇仏蘭西港湾制度の概要 (堀田健男)「港湾」 4(6) 1926.6
- ◇道路鋪装の話「大大阪」 2(6) 1926.6
- ◇都市の発達と街路照明 (木津色栄三郎)「大大阪」 2(6) 1926.6
- ◇神戸市の電気軌道に就いて (広瀬秀吉)「都市研究」 2(3) 1926.6
- ◇道路愛護改善に就て (山県治郎)「都市研究」 2(3) 1926.6
- ◇鋪装に関する硅酸曹達の使用方法 (上) (仏国コムトに於て実施されたる有益なる実験1) (津田安治郎)「都市研究」 2(3) 1926.6
- ◇東京市附近鑿井に関する調査の一、二 (承前) (青山泰晴)「都市工学」 5(6) 1926.6
- ◇道路材料雑感 (三木巳代吉)「都市工学」 5(6) 1926.6
- ◇鋪装工事に当り軌道移築の費用に関する研究 (一柳幸永)「都市工学」 5(6) 1926.6
- ◇鋪木道「都市工学」 5(6) 1926.6
- ◇マダカム道路仕様書 (東京市道路局)「都市工学」 5(6) 1926.6
- ◇木材保存剤としてのクレオソートの効果に就て (田中勝吉)「都市工学」 5(6) 1926.6
- ◇市街地建築物法の適用区壌の拡張「都市公論」 9(6) 1926.6
- ◇現代の建築家と木材の研究 (江崎政忠)「建築と社会」 9(7) 1926.7
- ◇建築の本質 (本野精吾)「建築と社会」 9(7) 1926.7
- ◇ゴシック芸術 (柳宗悦)「建築と社会」 9(7) 1926.7
- ◇北米に於ける建築施行法の実況 (下浦光衛)「建築と社会」 9(7) 1926.7
- ◇臨ம地域設定に関する意見「港湾」 4(7) 1926.7
- ◇撒水が路面に及ぼす影響に就て (伴宜)「都市工学」 5(7) 1926.7
- ◇地下鉄道工事漫見「都市工学」 5(7) 1926.7
- ◇道路鋪装と吾々の習慣 (田村与吉)「都市工学」 5(7) 1926.7
- ◇紐育市に於ける地下鉄道の建設に就て (其1) (ロバート・リッヂウエー, 西勝造抄訳)「都市工学」 5(7) 1926.7
- ◇紐育の道路掃除に就て (金谷重義)「都市工学」 5(7) 1926.7
- ◇鋪木道 (承前)「都市工学」 5(7) 1926.7
- ◇路下埋設物の跡埋に就て (長江了一)「都市工学」 5(7) 1926.7
- ◇街路照明漫談 (疋田貞三)「都市創作」 2(7) 1926.7
- ◇道路開設に伴ふ残地整理の必要 (木島粂太郎)「都市創作」 2(7) 1926.7
- ◇共同建築の問題 (竹内六蔵)「建築雑誌」 40(485) 1926.8
- ◇北海道の住家 (村山二一郎)「建築雑誌」 40(485) 1926.8
- ◇ゴシック芸術 (2・完) (柳宗悦)「建築と社会」 9(8) 1926.8
- ◇大阪湾第二期修築計画案「港湾」 4(8) 1926.8
- ◇港湾制度に関する二三考察 (1) (橋本武昭)「港湾」 4(8) 1926.8
- ◇朝鮮諸港湾修築概要 (朝鮮総督府内務局土木課)「港湾」 4(8) 1926.8
- ◇名古屋港に就て (丹羽鋤彦)「港湾」 4(8) 1926.8
- ◇大阪市の高速鉄道計画 (1) (清水熈)「大大阪」 2(8) 1926.8
- ◇アスファルト鋪装骨材の相対的価値に就ての簡単なる研究方法 (上) (津田安治郎)「都市研究」 2(4) 1926.8
- ◇鋪装に関する硅酸曹達の使用方法 (2) (長岡行夫)「都市研究」 2(4) 1926.8
- ◇英米に於ける市街電車軌道内の鋪装及軌道構造概要 (奈良原輝雄)「都市工学」 5(8) 1926.8
- ◇街路歩車道の設計其他 (中島時雄)「都市工学」 5(8) 1926.8
- ◇行政区画外の道路に於ける受益負担に関する問題 (一柳幸永)「都市工学」 5(8) 1926.8
- ◇九段坂に建設せる地下埋設物用共同溝 (金子源一郎)「都市工学」 5(8) 1926.8
- ◇クリストファア・レンを憶ふ (金谷重義)「都市工学」 5(8) 1926.8
- ◇構造力学講義 (田中豊)「都市工学」 5(8) 1926.8
- ◇地下鉄道工事漫見「都市工学」 5(8) 1926.8
- ◇紐育市に於ける地下鉄道の建設に就て (2) (ロバート・リッヂウェー, 西勝造訳)「都市工学」 5(8) 1926.8
- ◇鋪木道 (承前)「都市工学」 5(8) 1926.8
- ◇路形製造に関する問題数項 (宮内義則)「都市工学」 5(8) 1926.8
- ◇街路照明漫談 (疋田貞三)「都市創作」 2(8) 1926.8
- ◇土木建築事業に於ける災害調 (社会局労働部)「内務時報」 351 1926.8
- ◇五十年前の米国建築界 (シー・エッチ・ブラックオール, 葛野壮一郎訳)「建築と社会」 9(9) 1926.9
- ◇共同建築組合法案に就て (岡崎早太郎)「建築と社会」 9(9) 1926.9
- ◇ゼネバ国際連盟建築に関する懸賞設計の綱領並びに規定「建築と社会」 9(9) 1926.9
- ◇港税制度に関する二三の考察 (2) (橋本武昭)「港湾」 4(9) 1926.9
- ◇自由港の来歴と漢堡港 (森沢徳太郎)「港湾」 4(9) 1926.9
- ◇大都市と港湾 (名古屋市に於ける講演) (直木倫太郎)「港湾」 4(9) 1926.9
- ◇米国南部大西洋岸の港津設備 (スペンサー・スミス)「港湾」 4(9) 1926.9
- ◇米国の埠頭事務所の組織 (加藤吉次郎)「港湾」 4(9) 1926.9
- ◇横浜港湾統計概要 (大正十五年自一月至六月) (横浜市港湾部)「港

◇湾」 4(9) 1926.9
◇鋪石道に就いて(1)(上原敬二)「造園学雑誌」 2(9) 1926.9
◇大阪市の高速鉄道計画(2)(清水熙)「大大阪」 2(9) 1926.9
◇大阪築港の話(河内槌蔵)「大大阪」 2(9) 1926.9
◇道路改良の今昔(岡崎早太郎)「大大阪」 2(9) 1926.9
◇都市趣味機関の建築に就て(波江悌夫)「大大阪」 2(9) 1926.9
◇安行号「庭園」 8(9) 1926.9
◇クリストファア・レンを憶ふ(2)(金谷重義)「都市工学」 5(9) 1926.9
◇構造力学講義(真直なる桁の湾曲撓度)(田中豊)「都市工学」 5(9) 1926.9
◇吾国鋪装の統計に就て「都市工学」 5(9) 1926.9
◇地下鉄道工事漫見(3)(殿鼓生)「都市工学」 5(9) 1926.9
◇デトロイト市アスファルトプラントを訪ふの記(江守保平)「都市工学」 5(9) 1926.9
◇道路樹木の管理と其更新(井下清)「都市工学」 5(9) 1926.9
◇紐育に於ける地下鉄道の建設に就て(3)(ロバート・リッヂウェー、西勝造訳)「都市工学」 5(9) 1926.9
◇人間輸送の地下鉄道の次は貨物専用の地下鉄道(ケー・ウエスト)「都市工学」 5(9) 1926.9
◇坂路に於けるクリンカー鋪装試験(青木信夫)「都市工学」 5(9) 1926.9
◇鋪木道「都市工学」 5(9) 1926.9
◇横浜市に於ける復興の橋梁(成瀬勝武)「都市工学」 5(9) 1926.9
◇私の観た街路樹(一柳幸永)「都市工学」 5(9) 1926.9
◇建築より見たる新市街の構成(菱田厚介)「都市公論」 9(9) 1926.9
◇街角剪除に就て(大石義郎)「都市公論」 9(9) 1926.9
◇建築音響学(久良知丑二郎)「建築雑誌」 40(488) 1926.10
◇標準仕様調査委員会決定案(3)「建築雑誌」 40(488) 1926.10
◇五十年前の米国建築界(2)(葛野壮一郎)「建築と社会」 9(10) 1926.10
◇航空機と都市の建築(片岡安)「建築と社会」 9(10) 1926.10
◇商業中心の港と工業背地の港(於名古屋港)(山本五郎)「港湾」 4(10) 1926.10
◇日本港湾に於ける修築管理及荷役(広井勇)「港湾」 4(10) 1926.10
◇パナマ運河の港(1)(青山士)「港湾」 4(10) 1926.10
◇臨港地域設定に関する意見(2)「港湾」 4(10) 1926.10
◇雨落施設に就て(平山勝歳)「造園学雑誌」 2(10) 1926.10
◇欧米四大都市公園の特徴(井下清)「造園学雑誌」 2(10) 1926.10
◇街路樹植栽に関する本邦道路法抄録(三木謙吾)「造園学雑誌」 2(10) 1926.10
◇茶庭に就て(1)(福田争青)「造園学雑誌」 2(10) 1926.10
◇道路樹木とそれに関する考察(1)(上原敬二)「造園学雑誌」 2(10) 1926.10
◇バビロンの空中庭園(永見健一)「造園学雑誌」 2(10) 1926.10
◇大阪市の高速鉄道計画(3)(清水熙)「大大阪」 2(10) 1926.10
◇紐育の第三次地下線建設工事(1)「調査資料」 7(4) 1926.10
◇明治神宮外苑竣功紀念号「庭園」 8(10) 1926.10
◇永代橋工事に就て(釘宮磐)「都市工学」 5(10) 1926.10
◇地下鉄道工事漫見(4)(殿鼓生)「都市工学」 5(10) 1926.10
◇紐育に於ける地下鉄道の建設に就て(4)(ロバート・リッヂウェー、西勝造訳)「都市工学」 5(10) 1926.10

◇鋪木道「都市工学」 5(10) 1926.10
◇予定街路数地における建築禁止に就て(木戸欽三郎)「都市公論」 9(10) 1926.10
◇欧米最新の建築に関する電気設備に就て(伊藤奎二)「建築雑誌」 40(489) 1926.10
◇日本に於ける耐震構造(英文)(斎田時太郎)「建築雑誌」 40(489) 1926.11
◇構造上より見たる高層建築の変遷(田邊平学)「建築と社会」 9(11) 1926.11
◇欧米港湾視察談(水野錬太郎)「港湾」 4(11) 1926.11
◇大正十四年の大阪湾勢(川内槌蔵)「港湾」 4(11) 1926.11
◇仏蘭西港湾現行法律(堀内健男)「港湾」 4(11) 1926.11
◇工事家連盟組織の機運「週刊エコノミスト」 4(22) 1926.11
◇撮影所園図及び舞台装置造園に就て(西川友孝)「造園学雑誌」 2(11) 1926.11
◇州立公園の本質と造園家の職責(永見健一)「造園学雑誌」 2(11) 1926.11
◇樹木試験場の必要(上原敬二)「造園学雑誌」 2(11) 1926.11
◇ピュクラーの造園論(6)(長岡行夫)「造園学雑誌」 2(11) 1926.11
◇アスファルト鋪装骨材の相対的価値に就ての簡単なる研究方法(下)(津田安治郎)「都市研究」 2(5) 1926.11
◇高炉セメントに就て(香春三樹次)「都市工学」 5(11) 1926.11
◇コンクリート道路の荷重による応力計算に就て(藤井真透)「都市工学」 5(11) 1926.11
◇雑感一束(British Tar for British Road)(山本亨)「都市工学」 5(11) 1926.11
◇東京府施行第一号国道京海道改修工事大要(1)「都市工学」 5(11) 1926.11
◇紐育に於ける地下鉄道の建設に就て(5)(西勝造)「都市工学」 5(11) 1926.11
◇鋪木道「都市工学」 5(11) 1926.11
◇株式会社組織に依る共同建築(平野真三)「都市問題」 3(5) 1926.11
◇鉄筋コンクリート柱の応圧実験(小川実、伊藤久米治、巽純一)「建築雑誌」 40(490) 1926.12
◇日本標準規格(標準仕様調査委員会)「建築雑誌」 40(490) 1926.12
◇港湾経済学(1)(堀内健男訳)「港湾」 4(12) 1926.12
◇14万国航海会議「港湾」 4(12) 1926.12
◇欧州庭園史(1)(岡本茂武)「造園学雑誌」 2(12) 1926.12
◇郷土造園の一省察(富岡丘蔵)「造園学雑誌」 2(12) 1926.12
◇大阪築港の現勢(川内槌蔵)「大大阪」 2(12) 1926.12
◇六大都市の建築費(大正十四年中)「大日本消防」 19 1926.12
◇東京府施行第一号国道改修工事大要(2)「都市工学」 5(12) 1926.12
◇紐育に於ける地下鉄道の建設に就て(6)「都市工学」 5(12) 1926.12
◇鋪木道「都市工学」 5(12) 1926.12
◇ラバー・ペーブメントに就て(永峰尚次)「都市工学」 5(12) 1926.12
◇街路照明漫談(4)(疋田貞三)「都市創作」 2(12) 1926.12
◇米国都市の配電施設と街路照明施設(小川栄次郎)「都市創作」 2(12) 1926.12
◇仮設建築物撤去延期問題(小倉庫次)「都市問題」 3(6) 1926.12
◇寝殿造りの考究(前田松韻)「建築雑誌」 41(491) 1927.1
◇耐震構造上の諸説(佐野利器)「建築雑誌」 41(491) 1927.1

- ◇耐震構造問題に就て(真嶋健三郎)「建築雑誌」 41(491) 1927.1
- ◇家相流布の原因と其本質原理(葛野壮一郎)「建築と社会」 10(1) 1927.1
- ◇建築殊に住宅と造園との関係(椎原兵市)「建築と社会」 10(1) 1927.1
- ◇室内建築の真理(本野精吾)「建築と社会」 10(1) 1927.1
- ◇都市住宅と建築法規(池田谷久吉)「建築と社会」 10(1) 1927.1
- ◇庭の設計に対する一考察(大屋霊城)「建築と社会」 10(1) 1927.1
- ◇道路の改良と其の財源(武井群嗣)「自治研究」 3(1) 1927.1
- ◇欧州庭園史(2)(岡本茂武)「造園学雑誌」 3(1) 1927.1
- ◇神苑計画に於ける23の造園学的研究(永見健一)「造園学雑誌」 3(1) 1927.1
- ◇新時代における庭園の意義(上原敬二)「造園学雑誌」 3(1) 1927.1
- ◇茶庭に就て(2)(福田争青)「造園学雑誌」 3(1) 1927.1
- ◇耐火建築の経済的考察(竹内六蔵)「大日本消防」 20 1927.1
- ◇京都名園の芸術的価値(重森三玲)「庭園と風景」 9(1) 1927.1
- ◇堤樹植樹問題(1)(山本徳三郎)「庭園と風景」 9(1) 1927.1
- ◇ドイツに於ける風景式庭園の発達(1)(関口鎹太郎)「庭園と風景」 9(1) 1927.1
- ◇タール舗装に就て(1)(林盛四郎)「帝国瓦斯協会雑誌」 16(1) 1927.1
- ◇阪神国道改築工事の回顧(1)(溝口親種)「都市研究」 3(1) 1927.1
- ◇永代橋工事概要「都市工学」 6(1) 1927.1
- ◇街路舗装の標準形設計に就て(藤井真透)「都市工学」 6(1) 1927.1
- ◇鉄管式トンネルに於ける応用計算に就て(西勝造)「都市工学」 6(1) 1927.1
- ◇東京市に於ける道路舗装工事費受益者負担規程に就いて一二の研究(一柳幸永)「都市工学」 6(1) 1927.1
- ◇道路の根幹計画に関する基礎的研究の隆興を望む(近新三郎)「都市工学」 6(1) 1927.1
- ◇ニウヨウクの舗石道(江守保平)「都市工学」 6(1) 1927.1
- ◇舗木道の浮游防止に就て(倉内豊太郎)「都市工学」 6(1) 1927.1
- ◇建築用石材に就て(山田和一)「都市創作」 3(1) 1927.1
- ◇名古屋駅改築に就て(久保田敬一)「都市創作」 3(1) 1927.1
- ◇市街地建築物法適用区域の件中改正「内務時報」 375 1927.1
- ◇コンクリート応圧強度に関する研究(強度の理論と配合方法)(浜田稔)「建築雑誌」 41(492) 1927.2
- ◇共同建築から地方計画へ(笠原敏郎)「建築と社会」 10(2) 1927.2
- ◇米国に於ける木製屋根板の禁止「建築と社会」 10(2) 1927.2
- ◇道路の改良と其の財源(2)(武井群嗣)「自治研究」 3(2) 1927.2
- ◇欧州庭園史(3)(岡本茂武)「造園学雑誌」 3(2) 1927.2
- ◇神苑計画模式図及其説明(神苑計画に関する23の研究)続篇(永見健一)「造園学雑誌」 3(2) 1927.2
- ◇造園教育私見(森歓之助)「造園学雑誌」 3(2) 1927.2
- ◇耐火建築の経済的考察(竹内六蔵)「大日本消防」 21 1927.2
- ◇タール舗装に就て(2)(林盛四郎)「帝国瓦斯協会雑誌」 16(2) 1927.2
- ◇満鉄の事業とその内容「東洋経済新報」 1237 1927.2
- ◇常滑土管の紹介(水谷鏘)「都市創作」 3(2) 1927.2
- ◇名古屋に於ける建築警観(1)(市街地建築物法実施後の状況)(中沢誠一郎)「都市創作」 3(2) 1927.2
- ◇海外諸都市の街路照明(樫木徹)「都市問題」 4(2) 1927.2
- ◇都市建設の技術(柳田国男)「都市問題」 4(2) 1927.2
- ◇構造物の振動曲線に就て(追補)(水原旭)「建築雑誌」 41(493) 1927.3
- ◇十輪院石仏龕に就て(岸熊吉)「建築雑誌」 41(493) 1927.3
- ◇石山城に就いて(堀居左五郎)「建築と社会」 10(3) 1927.3
- ◇昭和時代の建築観(八木幸次郎)「建築と社会」 10(3) 1927.3
- ◇長屋建築に就て(竹田延朗)「建築と社会」 10(3) 1927.3
- ◇オカ港概説(玉木勝次郎)「港湾」 5(3) 1927.3
- ◇港湾経済学(3)(武若時一郎訳)「港湾」 5(3) 1927.3
- ◇港湾荷役論(1)(加藤吉次郎)「港湾」 5(3) 1927.3
- ◇港湾発達の要素としての「積荷要素」に就いて(矢野剛)「港湾」 5(3) 1927.3
- ◇第五十二回議会と港湾問題「港湾」 5(3) 1927.3
- ◇道路の改良と其の財源(3)(武井群嗣)「自治研究」 3(3) 1927.3
- ◇欧州庭園史(4)(岡本茂武)「造園学雑誌」 3(3) 1927.3
- ◇茶庭に就て(3)(福田争青)「造園学雑誌」 3(3) 1927.3
- ◇銅像と其の背景(藤川勇造)「庭園と風景」 9(3) 1927.3
- ◇日本庭園命名に就ての提案(後藤朝太郎)「庭園と風景」 9(3) 1927.3
- ◇タール舗装に就て(3)(林盛四郎)「帝国瓦斯協会雑誌」 16(3) 1927.3
- ◇街路照明灯に就て(津田安治郎)「都市研究」 3(2) 1927.3
- ◇阪神運河計画の所感(計画第一義的使命と之が技術的考察)(村山喜一郎)「都市研究」 3(2) 1927.3
- ◇市街地建築物法と緩和規定(長崎敏吉)「都市創作」 3(3) 1927.3
- ◇名古屋に於ける建築警観(2)(市街地建築物法実施後の状況)(中沢誠一郎)「都市創作」 3(3) 1927.3
- ◇都市建設の技術(続)(柳田国男)「都市問題」 4(3) 1927.3
- ◇佐野博士の耐震構造上の諸説(評論)を読む(真嶋健三郎)「建築雑誌」 41(494) 1927.4
- ◇東京に於ける建築施行用コンクリートの現状強度についての実験室に於ける研究(浜田稔)「建築雑誌」 41(494) 1927.4
- ◇大分港(大分県土木課)「港湾」 5(4) 1927.4
- ◇鹿児島港改修事業の沿革(鹿児島県土木課)「港湾」 5(4) 1927.4
- ◇唐津港に就て(小関世男雄)「港湾」 5(4) 1927.4
- ◇関門海峡改良工事に就て(片山貞松)「港湾」 5(4) 1927.4
- ◇小倉築港計画大要(浅野小倉製鋼所)「港湾」 5(4) 1927.4
- ◇佐賀県伊万里港湾(立川弥次郎)「港湾」 5(4) 1927.4
- ◇中部九州の振興は三池港の理想的完成に俟つ(岩井敬太郎)「港湾」 5(4) 1927.4
- ◇長崎港の今昔(1)(長崎市役所)「港湾」 5(4) 1927.4
- ◇博多築港計画と今津湾(田中熊彦)「港湾」 5(4) 1927.4
- ◇函館市の港湾施設実績「港湾」 5(4) 1927.4
- ◇福岡(博多)港に就て(時実秋穂)「港湾」 5(4) 1927.4
- ◇宮崎県港湾概況(1)(千葉男)「港湾」 5(4) 1927.4
- ◇横浜港港湾統計概要(横浜市港湾部)「港湾」 5(4) 1927.4
- ◇若松港概況(松本健次郎)「港湾」 5(4) 1927.4
- ◇園路に就いて(増淵末子)「造園学雑誌」 3(4) 1927.4
- ◇欧州庭園史(5)(岡本茂武)「造園学雑誌」 3(4) 1927.4
- ◇安永度戎橋掛替え費の賦課に就て(佐古慶三)「大大阪」 3(4) 1927.4
- ◇紐育附近の高速道路計画(大阪都市協会調査係訳)「大大阪」 3(4) 1927.4
- ◇造園工学とその内容(谷村鉄三郎)「庭園と風景」 9(4) 1927.4

◇タール舗装に就て(4)(林盛四郎)「帝国瓦斯協会雑誌」 16(4) 1927.4
◇地区制と臨港地域問題(長崎敏音)「都市創作」 3(4) 1927.4
◇名古屋に於ける建築警観(2-2)(中沢誠一郎)「都市創作」 3(4) 1927.4
◇建築の芸術(田中国益)「建築と社会」 10(5) 1927.5
◇混凝土施工法(2)(下浦光衛)「建築と社会」 10(5) 1927.5
◇新塗料パイロキシリンラッカーに就て(大島重義)「建築と社会」 10(5) 1927.5
◇欧米に於ける港湾と産業(田村与吉)「港湾」 5(5) 1927.5
◇鹿児島港改修事業の沿革(鹿児島県土木課)「港湾」 5(5) 1927.5
◇唐津港に対する所感(古賀丈一)「港湾」 5(5) 1927.5
◇君府自由港地帯設置法案(在土耳其帝国大使館)「港湾」 5(5) 1927.5
◇港湾経済学(4)(武若時一郎訳)「港湾」 5(5) 1927.5
◇港湾荷役論(2)(加藤吉次郎)「港湾」 5(5) 1927.5
◇佐伯港(小田部隣)「港湾」 5(5) 1927.5
◇商工都市として有望なる富山市の海門と運河(大瀧白桜)「港湾」 5(5) 1927.5
◇長崎港の今昔(2)(長崎市役所)「港湾」 5(5) 1927.5
◇博多港修築計画案(港湾協会調査部)「港湾」 5(5) 1927.5
◇宮崎県港湾概況(2)(千葉夗)「港湾」 5(5) 1927.5
◇真岡港修築計画に就て(丹羽勝二)「港湾」 5(5) 1927.5
◇門司港勢の推移と将来(門司税官長官房)「港湾」 5(5) 1927.5
◇門司港と日本郵船会社(青池諭)「港湾」 5(5) 1927.5
◇門司港(小原岩蔵)「港湾」 5(5) 1927.5
◇労農露西亜のルガ港建設計画(在ステッチン帝国名誉領事)「港湾」 5(5) 1927.5
◇我国の港湾計画に関する三疑問(岡部三郎)「港湾」 5(5) 1927.5
◇若松港の背後地に就いて(柳川精四郎)「港湾」 5(5) 1927.5
◇欧州庭園史(6)(岡本茂武)「造園学雑誌」 3(5) 1927.5
◇造園計画の模型作に就て(永見健一)「造園学雑誌」 3(5) 1927.5
◇造園設計業務の組織化(星加実)「造園学雑誌」 3(5) 1927.5
◇庭園劇場に就て(三井武夫)「造園学雑誌」 3(5) 1927.5
◇並木の樹種と其の美(1)(三浦伊八郎)「庭園と風景」 9(5) 1927.5
◇タール舗装に就て(5)(林盛四郎)「帝国瓦斯協会雑誌」 16(5) 1927.5
◇茨城県国府県道路面改良沿革概要(1)「都市工学」 6(5) 1927.5
◇重量建築物と特殊基礎工の一例(田村輿吉)「都市工学」 6(5) 1927.5
◇地下線の建設に伴う地下埋蔵物の処置に就て(1)(ロバート・リッヂウェー述,真野勇雄訳)「都市工学」 6(5) 1927.5
◇道路占用不許可処分の強制執行に因る抵当権設定家屋の損害請求(一柳幸永)「都市工学」 6(5) 1927.5
◇聖橋設計概要(佐田昌夫)「都市工学」 6(5) 1927.5
◇名古屋に於ける建築警観(2-3)(市街地建築物法実施後の状況)(中沢誠一郎)「都市創作」 3(5) 1927.5
◇過渡期に於ける住宅平面図及び其の成形状態の沿革的考究(2)(前田松韻)「建築雑誌」 41(497) 1927.5
◇高層架構の振動に関する演習(1)(水原旭)「建築雑誌」 41(497) 1927.6
◇大阪市の道路瞥見(近藤博夫)「建築と社会」 10(6) 1927.6
◇欧米港湾に於ける雑貨の荷役(1)(渡部四郎)「港湾」 5(6) 1927.6

◇釧路港に就て(高田庄二)「港湾」 5(6) 1927.6
◇港湾改良計画と其の効果(内務省土木局港湾課)「港湾」 5(6) 1927.6
◇港湾荷役論(3)(加藤吉次郎)「港湾」 5(6) 1927.6
◇新潟港港状況(新潟臨港株式会社)「港湾」 5(6) 1927.6
◇欧洲庭園史(7・完)(岡本茂武)「造園学雑誌」 3(6) 1927.6
◇理想的児童遊園の設計と其の施設(増山田計男)「造園学雑誌」 3(6) 1927.6
◇庭園命名小観(遠山椿吉)「庭園と風景」 9(6) 1927.6
◇並木の樹類とその美(2)(三浦伊八郎)「庭園と風景」 9(6) 1927.6
◇竜安寺の蚯蜴(中村清二)「庭園と風景」 9(6) 1927.6
◇地下線建設に伴ふ地下埋物の整理に就て(2)(ロバート・リッチウェー述,真野勇雄訳)「都市工学」 6(6) 1927.6
◇道路並木の樹種選定に就て(三木謙吾)「都市工学」 6(6) 1927.6
◇日本ポルトランドセメント規格の変更「都市工学」 6(6) 1927.6
◇過渡期に於ける住宅平面図及び其の成形状態の沿革的考察(3)(前田松韻)「建築雑誌」 41(498) 1927.7
◇丸の内ビルヂングの構造と振動(齋田時太郎)「建築雑誌」 41(498) 1927.7
◇連立方程式に依らざる高層架構の新解法(1)(坂静雄)「建築雑誌」 41(498) 1927.7
◇過渡期に於ける住宅平面図及びその成型状態の沿革の考察(4・完)(前田松韻)「建築雑誌」 41(499) 1927.7
◇連立方程式によらざる高層架構の新解法(2)(坂静雄)「建築雑誌」 41(499) 1927.7
◇欧米港湾に於ける雑貨の荷役(2)(渡部四郎)「港湾」 5(7) 1927.7
◇港湾経済学(5)(武若時一郎訳)「港湾」 5(7) 1927.7
◇港湾修築計画に就て(高西謙義)「港湾」 5(7) 1927.7
◇港湾荷役論(4)(加藤吉次郎)「港湾」 5(7) 1927.7
◇大正十五年鹿児島港勢(鹿児島県港務所)「港湾」 5(7) 1927.7
◇特色ある富山湾と魚津港(1)(大瀧白桜)「港湾」 5(7) 1927.7
◇都市発展より見たる港湾の改良(森垣亀太郎)「港湾」 5(7) 1927.7
◇横浜の港湾(1)(原静雄)「港湾」 5(7) 1927.7
◇地下道内通風設備「帝国鉄道協会会報」 28(4) 1927.7
◇欧米各国に於ける道路改良の助成(丹羽七郎)「道路の改良」 9(7) 1927.7
◇巴里の舗装(7)(三浦七郎)「道路の改良」 9(7) 1927.7
◇阪神国道改築工事の回顧(3)(溝口親種)「都市研究」 3(3) 1927.7
◇大和魂と都市建築(1)(古宇田實)「都市研究」 3(3) 1927.7
◇駒形橋工事概要(目黒清雄)「都市工学」 6(7) 1927.7
◇砂利と地質(江畑弘毅)「都市工学」 6(7) 1927.7
◇縦截綿曲線に就て(市営路面電車に採用)(野坂相如)「都市工学」 6(7) 1927.7
◇道路材料試験方法(東京市土木局)「都市工学」 6(7) 1927.7
◇道路拾遺(一柳幸永)「都市工学」 6(7) 1927.7
◇ルーマニヤに於けるフオクサニ附近のミルコプ橋破壊に対する観察(鎌田銓一)「都市工学」 6(7) 1927.7
◇大阪市の地下鉄道計画(岡野文之助)「都市問題」 5(1) 1927.7
◇川崎造船所の整理と神戸市(鈴木武雄)「都市問題」 5(1) 1927.7
◇近世の港(三浦周行)「経済論叢」 25(2) 1927.8
◇アパートメント・ハウス建築の新傾向(葛野壮一郎)「建築と社会」 10(8) 1927.8

◇ガルテンコロニーに就て(大屋霊城)「建築と社会」 10(8) 1927.8
◇尾道港修築計画案(原田貞人,藤井滋香)「港湾」 5(8) 1927.8
◇港湾管理経営問題管見(安川雄之助)「港湾」 5(8) 1927.8
◇港湾荷役論(5)(加藤吉次郎)「港湾」 5(8) 1927.8
◇昭和三年度内務省土木局港湾費予算「港湾」 5(8) 1927.8
◇特色ある富山湾と魚津(2)(大瀧白桜)「港湾」 5(8) 1927.8
◇長崎港の沿革(長崎県庁)「港湾」 5(8) 1927.8
◇横浜の港況(2)(原静雄)「港湾」 5(8) 1927.8
◇列国港湾情勢(三井物産株式会社船舶部)「港湾」 5(8) 1927.8
◇労農露国の港湾管理制度(久保義雄)「港湾」 5(8) 1927.8
◇道路の吋距(小澤久太郎)「道路の改良」 9(8) 1927.8
◇セメント糊状態を塗りたる鋼針粘着強度に就て(吉田徳次郎)「都市工学」 6(8) 1927.8
◇道路材料試験方法(2)「都市工学」 6(8) 1927.8
◇土木工事に於ける機械力応用に就きて(3)(田村民平)「都市工学」 6(8) 1927.8
◇何故に天然アスファルトが石油アスファルトに優れて居るか?(其一)(ゼー・ストロザー・ミラー)「都市工学」 6(8) 1927.8
◇二三の試み(舗装の磨減量)(平山復二郎)「都市工学」 6(8) 1927.8
◇路面破壊調査報告(1)幹線第五十一号線路の内「シートアスファルト」の部(復興局土木部道路課)「都市工学」 6(8) 1927.8
◇児童公園設計の話(狩野力)「都市創作」 3(8) 1927.8
◇名古屋市に於ける建築警観(2・完)(中沢誠一郎)「都市創作」 3(8) 1927.8
◇京浜運河計画(小倉庫次)「都市問題」 5(2) 1927.8
◇バーミンガム地方最近の道路舗装(樫木徹)「都市問題」 5(2) 1927.8
◇サンタフェーの建築(遠藤金之助)「建築雑誌」 41(500) 1927.9
◇連立方程式によらざる高層架構の新解釈(3・完)(坂静雄)「建築雑誌」 41(500) 1927.9
◇関門海峡通航帆船整理に就て(松本健次郎)「港湾」 5(9) 1927.9
◇港湾荷役論(6)(加藤吉太郎)「港湾」 5(9) 1927.9
◇主要港原稿荷役料金公示方法に就て(安川雄之助)「港湾」 5(9) 1927.9
◇ニューオーリンズ港の管理経営(1)(久保義雄)「港湾」 5(9) 1927.9
◇農村飲料水の現状並に是が改善に就て(南崎雄七)「市町村雑誌」 405 1927.9
◇庭園の局部と其の様式(天)(西川浩)「庭園と風景」 9(9) 1927.9
◇並木の樹種と其の美観(3)(三浦伊八郎)「庭園と風景」 9(9) 1927.9
◇道路の改良と建築線の指定(丹羽七郎)「道路の改良」 9(9) 1927.9
◇巴里の舗装(8)(三浦七郎)「道路の改良」 9(9) 1927.9
◇砂礫の分類(江畑弘毅)「都市工学」 6(9) 1927.9
◇道路拾遺(一柳幸永)「都市工学」 6(9) 1927.9
◇何故に天然アスファルトが石油アスファルトに優れて居るか(2)(ゼー・ストロザー・ミラー,野口清訳)「都市工学」 6(9) 1927.9
◇乳剤アスファルト舗装の施行方法(奈良原輝雄)「都市工学」 6(9) 1927.9
◇路面破壊調査報告(2)(復興局土木部道路課)「都市工学」 6(9) 1927.9
◇名古屋市と名古屋港(服部仁蔵)「都市創作」 3(9) 1927.9
◇復興建築助成株式会社の事業に就て(沼田政二郎)「建築雑誌」 41(501) 1927.10

◇公園に於ける建築的施設(加藤善吉)「建築と社会」 10(10) 1927.10
◇京浜運河計画に就て(関毅)「港湾」 5(10) 1927.10
◇港湾経済学(7)(武若時一郎訳)「港湾」 5(10) 1927.10
◇港湾荷役論(7)(加藤吉次郎)「港湾」 5(10) 1927.10
◇上海港の現状(松波仁一郎)「港湾」 5(10) 1927.10
◇ニューオーリンス港の管理経営(2)(久保義雄)「港湾」 5(10) 1927.10
◇博多港修築計画「港湾」 5(10) 1927.10
◇臨時港湾調査委員会「港湾」 5(10) 1927.10
◇伯林市の道路築成事業略史(谷地彦)「都市工学」 6(10) 1927.10
◇路面破壊調査報告(3)(復興局土木部道路課)「都市工学」 6(10) 1927.10
◇公共建築復興工事進捗状況(東京市建築課)「都市公論」 10(10) 1927.10
◇交叉点に於ける歩行者の街路横断に関する一提案(MI生)「都市公論」 10(10) 1927.10
◇岡山城に就て(仁科章夫)「建築雑誌」 41(502) 1927.11
◇現行市街地建築物法は果して完璧か(玉置豊次郎)「建築と社会」 10(11) 1927.11
◇建築士法の制定に就て(池田実)「建築と社会」 10(11) 1927.11
◇尾道港の港勢及地位(坂井善兵衛)「港湾」 5(11) 1927.11
◇港湾設備と荷役能率(武田良太郎)「港湾」 5(11) 1927.11
◇博多港修築案成る(時実秋穂)「港湾」 5(11) 1927.11
◇大阪市の橋梁(1)(大村四郎)「大大阪」 3(11) 1927.11
◇タール舗装に就て(6)(林盛四郎)「帝国瓦斯協会雑誌」 16(6) 1927.11
◇近代的道路の合理的設計に関する研究に就て(1)(藤井真透)「道路の改良」 9(11) 1927.11
◇シートアスファルト混合物に就て(永峰尚次)「道路の改良」 9(11) 1927.11
◇阪神国道改築工事の回顧(4)(溝口親種)「都市研究」 3(5) 1927.11
◇橋梁工学雑論(1)(高橋逸夫)「都市工学」 6(11) 1927.11
◇東京市の橋梁としての飯桁橋(徳善義光)「都市工学」 6(11) 1927.11
◇ジェネバに於けるコンベチション「建築と社会」 10(12) 1927.12
◇大正と昭和の建築と社会(八木幸次郎)「建築と社会」 10(12) 1927.12
◇床板に関する一考察(石井勇)「建築と社会」 10(12) 1927.12
◇六大都市の建築(某特殊銀行調査)「公衆衛生」 45(12) 1927.12
◇海峡道路の将来と函館青森室蘭三港の使命(阿部覺治)「港湾」 5(12) 1927.12
◇港湾経済学(8)(武若時一郎訳)「港湾」 5(12) 1927.12
◇港湾荷役論(8)(加藤吉次郎)「港湾」 5(12) 1927.12
◇統計上より観たる我国の港湾(田中政秋)「港湾」 5(12) 1927.12
◇大阪市の橋梁(2・完)(大村四郎)「大大阪」 3(12) 1927.12
◇港湾の管理経営に関する一考察(阪出鳴海)「大大阪」 3(12) 1927.12
◇見落されたる市街路面軌道構造上の要点(景山質)「都市工学」 6(12) 1927.12
◇石油アスファルトと天然アスファルト(市川良正)「都市工学」 6(12) 1927.12
◇道路材料試験方法(4)「都市工学」 6(12) 1927.12
◇道路舗装に際し既植並木に対する考慮(三木謙吾)「都市工学」 6(12) 1927.12

◇軟弱地盤に於ける建築基礎としての地表(田村与吉)「都市工学」 6(12) 1927.12

◇アストン路面鋪装に就て(橘謙三)「都市創作」 3(12) 1927.12

◇ワッカードライブ(WackerDrive)の由来と効果(小原栄六)「都市創作」 3(12) 1927.12

◇東京市内街灯現況(樫木徹)「都市問題」 5(6) 1927.12

◇昨年中の六大都市の建築(某銀行調査)「建築と社会」 11(1) 1928.1

◇市街地建築物法令及規則に関する改正の意見及希望(日本建築協会)「建築と社会」 11(1) 1928.1

◇大阪港第二次修築計画(横山徳太郎)「港湾」 6(1) 1928.1

◇港湾経済学(9)(武若時一郎)「港湾」 6(1) 1928.1

◇港湾と国家富強の関係(松波仁一郎)「港湾」 6(1) 1928.1

◇港湾荷役論(9)(加藤吉次郎)「港湾」 6(1) 1928.1

◇港湾の管理経営に関する一考察(坂田鳴海)「港湾」 6(1) 1928.1

◇主要港現行荷役料金公示方法に就て(三宅川百太郎)「港湾」 6(1) 1928.1

◇倫敦港の起源及現在(1)(原田武)「港湾」 6(1) 1928.1

◇パリ市メトロポリタン高速鉄道建設工事(エル・ピエット)「調査資料」 9(1) 1928.1

◇造園教育私見(田村剛)「庭園と風景」 10(1) 1928.1

◇欧米に於ける水底隧道附閉門隧道に関する調査(大井上前雄)「帝国鉄道協会会報」 29(1) 1928.1

◇シートアスファルト混合物に就て(2)(永峰尚次)「道路の改良」 10(1) 1928.1

◇シリケート・オブ・ソーダ透入石灰岩砕石道路(1)(高田昭)「道路の改良」 10(1) 1928.1

◇専用自動車道私議(三浦七郎)「道路の改良」 10(1) 1928.1

◇鉄道と道路との交叉問題(1)(佐藤利恭)「道路の改良」 10(1) 1928.1

◇阪神国道の鋪装(1)(井口真造)「道路の改良」 10(1) 1928.1

◇平時に於ける道路の軍事的価値(広瀬寿助)「道路の改良」 10(1) 1928.1

◇専ら自動車交通に充つる特別道路(道路改良会調査部)「道路の改良」 10(1) 1928.1

◇モデル・ロード・テスターに就て(藤井真透)「道路の改良」 10(1) 1928.1

◇吾が路政の回顧と産業道路の助成(丹羽七郎)「道路の改良」 10(1) 1928.1

◇港湾都市としての神戸市(臨港工業地帯造成の急務)(黒瀬弘志)「都市研究」 4(1) 1928.1

◇橋梁工学雑論(第2回)(高橋逸夫)「都市工学」 7(1) 1928.1

◇第五回万国道路会議決議事項「都市工学」 7(1) 1928.1

◇多摩川砂利の品定め(高田昭)「都市工学」 7(1) 1928.1

◇鋪装工学理論に関する研究に就て(1)(藤井真透)「都市工学」 7(1) 1928.1

◇建築法規雑観(菱田厚介)「都市公論」 11(1) 1928.1

◇街路照明の普及改善運動(樫木徹)「都市問題」 6(1) 1928.1

◇海員の見たる清津雄基の築港(川сい豊三)「港湾」 6(2) 1928.2

◇岸和田港の修築計画(丹羽勵彦)「港湾」 6(2) 1928.2

◇港湾経済学(10)(武若時一郎)「港湾」 6(2) 1928.2

◇港湾荷役論(10)(加藤吉次郎)「港湾」 6(2) 1928.2

◇小松島港修築工事概要(山田徳蔵)「港湾」 6(2) 1928.2

◇倫敦港の起源及現在(2)(原田武)「港湾」 6(2) 1928.2

◇大阪港第二次修築計画に就いて(川内槌蔵)「大大阪」 4(2) 1928.2

◇庭園の色彩から見た花卉(前田巳之助)「庭園と風景」 10(2) 1928.2

◇所謂道路の損傷負担に就ての考察(丹羽七郎)「道路の改良」 10(2) 1928.2

◇近代的道路の合理的設計に関する研究に就て(3)(藤井真透)「道路の改良」 10(2) 1928.2

◇鉄道と道路との交叉問題(2)(佐藤利恭)「道路の改良」 10(2) 1928.2

◇巴里の鋪装(9)(三浦七郎)「道路の改良」 10(2) 1928.2

◇橋梁工学雑論(第3回)(高橋逸夫)「都市工学」 [7(2)] 1928.2

◇鋪装工学理論に関する研究に就て(2)(藤井真透)「都市工学」 [7(2)] 1928.2

◇三階橋の構造と架設工事(蜂須賀直昭)「都市創作」 4(2) 1928.2

◇本邦嚆矢の地下鉄道(岡野文之助)「都市問題」 6(2) 1928.2

◇家屋に於ける間取の発生(小倉強)「建築雑誌」 42(507) 1928.3

◇三井合名会社本館新築構財鉄骨架構接合部の実験に就いて(佐野利器,佐藤清)「建築雑誌」 42(507) 1928.3

◇港湾管理経営に関する調査「港湾」 6(3) 1928.3

◇港湾経済学(11)(武若時一郎)「港湾」 6(3) 1928.3

◇港湾荷役論(11)(加藤吉次郎)「港湾」 6(3) 1928.3

◇広島港湾築港計画案(藤井滋香)「港湾」 6(3) 1928.3

◇倫敦港の起原及現在(3)(原田武)「港湾」 6(3) 1928.3

◇近代的道路の合理的設計に関する研究に就て[4](藤井真透)「道路の改良」 10(3) 1928.3

◇鉄道と道路との交叉問題(3)(佐藤利恭)「道路の改良」 10(3) 1928.3

◇道路改良問題の解決に就て(エーチ・ビー・フキリップス)「道路の改良」 10(3) 1928.3

◇巴里の鋪装(10)(三浦七郎)「道路の改良」 10(3) 1928.3

◇阪神国道の鋪装(2)(井口真造)「道路の改良」 10(3) 1928.3

◇都市発展策と港湾の改良(森垣亀一郎)「都市研究」 4(2) 1928.3

◇「アスファルト・エマルジョン」の研究(1)(大道彰)「都市工学」 [7(3)] 1928.3

◇英国道路雑感(江守保平)「都市工学」 [7(3)] 1928.3

◇橋梁工学雑論(第4回)(高橋逸夫)「都市工学」 [7(3)] 1928.3

◇市俄古市に於ける鋪装の研究(前)(小原栄六)「都市創作」 4(3) 1928.3

◇建築芸術に対する一考察(伊東忠太)「建築雑誌」 42(508) 1928.4

◇光弾性学による構造の研究(二見秀雄)「建築雑誌」 42(508) 1928.4

◇鉄筋コンクリート構造の実験的研究に就て(田邊平学)「建築雑誌」 42(508) 1928.4

◇室内装飾としての植物材料(方米治郎)「建築と社会」 11(4) 1928.4

◇露西亜に於ける建築運動(T.adovich)「建築と社会」 11(4) 1928.4

◇青森港拡張計画案(港湾協会調査部)「港湾」 6(4) 1928.4

◇京浜運河開鑿の民営「港湾」 6(4) 1928.4

◇神戸の運河概況(神戸市港湾部)「港湾」 6(4) 1928.4

◇港湾管理経営に関する調査(2)「港湾」 6(4) 1928.4

◇港湾経済学(12・完)(武若時一郎訳)「港湾」 6(4) 1928.4

◇港湾荷役論(12)(加藤吉次郎)「港湾」 6(4) 1928.4

◇「アスファルト・エマルジョン」の研究(2)(大道彰)「都市工学」 [7(4)] 1928.4

◇上野雷門間地下鉄道工事施工法に就て(平田克巳)「都市工学」 [7(4)] 1928.4

◇橋梁工学雑論（第5回）（高橋逸夫）「都市工学」［7（4）］1928.4
◇道路捨遺（一柳幸永）「都市工学」［7（4）］1928.4
◇共同建築雑勧（市来鉄郎）「都市公論」11（4）1928.4
◇市俄古市に於ける舗装の研究（完）（小原栄六）「都市創作」4（4）1928.4
◇街路照明最近の趨勢と其の問題（樫木徹）「都市問題」6（4）1928.4
◇京浜運河私営問題-開鑿事業免許を公有水面埋立法に依って出願した京浜運河株式会社の計画とその経緯（吉山真棹）「都市問題」6（4）1928.4
◇道路照明に関する本野博士の論文に就て（樫木徹）「都市問題」6（4）1928.4
◇大阪の地盤と抗打基礎工事（池田宮彦）「建築と社会」11（5）1928.5
◇建築の色彩（本野精吾）「建築と社会」11（5）1928.5
◇港湾荷役論（13）（加藤吉次郎）「港湾」6（5）1928.5
◇大日本帝国港湾統計要覧（大正十五年、昭和元年）（港湾協会）「港湾」6（5）1928.5
◇東京港修築計画案（永井松次郎）「港湾」6（5）1928.5
◇東京港の現在（田村与吉）「港湾」6（5）1928.5
◇大阪の建築界（波江悌夫）「大大阪」4（5）1928.5
◇パリ南北地下鉄道建設工事「調査資料」9（2）1928.5
◇街路並木の樹種と其の特徴（三木謙吾）「庭園と風景」10（4）1928.5
◇造園の施行と其の図面（前田巳之助）「庭園と風景」10（4）1928.5
◇失業救済土木事業の能率と建築線突出建築物除却の方法による道路の新設拡張（菊池慎三）「道路の改良」10（5）1928.5
◇上野雷門間地下鉄道工事施行法に就て（2）（平田克巳）「都市工学」7（5）1928.5
◇橋梁工学雑論（6）（高橋逸夫）「都市工学」7（5）1928.5
◇コルブロビヤ道路参観記（江守保平）「都市工学」7（5）1928.5
◇万代橋架橋工事コンクリートに就て（正子重三）「都市工学」7（5）1928.5
◇市街地建築物法新指定都市関係官打合会「都市公論」11（5）1928.5
◇道路の立体交叉に就て（Leslie G.Holleran）「都市公論」11（5）1928.5
◇理論的街路計画（1）（磯谷道一）「都市公論」11（5）1928.5
◇港湾都市としての広島（熊平源蔵）「港湾」6（6）1928.6
◇港湾法叢案「港湾」6（6）1928.6
◇長崎港修築工事概要（三好貞七）「港湾」6（6）1928.6
◇仏蘭西港湾法規の研究（1）―港湾行政概輪―（武若時一郎）「港湾」6（6）1928.6
◇「アスファルト・エマルジョン」の研究（3）（大道彰）「都市工学」［7（6）］1928.6
◇上野雷門間地下鉄道工事施行法に就て（3）（平田克巳）「都市工学」7（6）1928.6
◇街路並木の枯損に就いて（其一）（三木謙吾）「都市工学」7（6）1928.6
◇橋梁工学雑論（第7回）（高橋逸夫）「都市工学」7（6）1928.6
◇河川の使用及使用料に就て（武井群嗣）「自治研究」4（9）1928.9
◇郊外電鉄より観たる都市及郊外の連結と其問題（吉山真棹）「都市問題」7（3）1928.9
◇地下鉄建設の工夫（田川大吉郎）「都市問題」7（3）1928.9
◇京浜港振興連絡協議会設立に就て（上平定治）「港湾」6（11）1928.11
◇京浜港に課せらるる重責と其運営（田村与吉）「港湾」6（11）1928.11

◇大阪市の建築物最低限度指定（小倉庫次）「都市問題」7（6）1928.12
◇国の為すべき土木事務の限界（武井群嗣）「自治研究」5（1）1929.1
◇丹羽書記官の「道路法」を読む（田中好）「自治研究」5（1）1929.1
◇仮設建築物着手期限延長反対に関する建議（東京市政調査会）「都市問題」8（4）1929.4
◇セント・ルイス市の街路照明（樫木徹）「都市問題」8（4）1929.4
◇欧洲大都市の路面電車（樫木徹）「都市問題」8（5）1929.5
◇ロンドンの街路照明（樫木徹）「都市問題」8（5）1929.5
◇公会堂及劇場の換気装置に就て（北浦重之）「建築雑誌」43（523）1929.7
◇東京市中に於ける最近の建築（大岡実）「建築雑誌」43（523）1929.7
◇混凝土及鉄筋混凝土舗装（12）（中末郁二）「道路の改良」11（7）1929.7
◇丸の内ガラーヂ「建築雑誌」43（524）1929.8
◇貸家建築の計画に就て（小笠原釧）「建築と社会」12（8）1929.8
◇二十四間道路と建築の関係（1）（岡崎早太郎）「建築と社会」12（8）1929.8
◇港湾および終点施設（細田徳寿）「港湾」7（8）1929.8
◇港湾経営論（9）（武若時一郎訳）「港湾」7（8）1929.8
◇港湾荷役論（20）（加藤吉次郎）「港湾」7（8）1929.8
◇所謂自動車道路の概念（武井群嗣）「自治研究」5（8）1929.8
◇堂島川可動堰工事について（島重治）「大大阪」5（8）1929.8
◇造園に関係のある法規（2）（小山清三郎）「庭園と風景」11（6・7）1929.8
◇帝都の新築家屋（東京市統計課）「統計集誌」578 1929.8
◇橋梁工学雑論（21）（高橋逸夫）「都市工学」8（8）1929.8
◇混凝土道路の伸縮目筋問題（長江了一）「都市工学」8（8）1929.8
◇ベルリン市高架地下鉄道工事一束（3）（山崎慎二）「都市工学」8（8）1929.8
◇港湾経営論（10）（武若時一郎訳）「港湾」7（9）1929.9
◇港湾荷役論（21）（加藤吉次郎）「港湾」7（9）1929.9
◇アスファルト煉瓦舗装に就て（2）（三木栄三）「道路の改良」11（9）1929.9
◇海外道路時事・新鉄道線の在来交通線を横断する場合の構造物（物部長穂）「道路の改良」11（9）1929.9
◇軌条波状磨耗の原因及状況（景山質）「都市工学」8（9）1929.9
◇橋梁工学雑論（22）（高橋逸夫）「都市工学」8（9）1929.9
◇我国庭園の位置（上原敬二）「建築と社会」12（10）1929.10
◇大阪北湾の修築計画「港湾」7（10）1929.10
◇港湾経営論（11）（武若時一郎訳）「港湾」7（10）1929.10
◇港湾荷役論（22）（加藤吉次郎）「港湾」7（10）1929.10
◇屋上庭園の造り方（宮島晨吉）「庭園と風景」11（10）1929.10
◇競技場の設計及び施設（小林政一）「庭園と風景」11（10）1929.10
◇ゴルフ場の設計（1）（館桼児）「庭園と風景」11（10）1929.10
◇明治神宮外苑運動競技場の管理（田ತ美徳）「庭園と風景」11（10）1929.10
◇橋梁工学雑論（23）（高橋逸夫）「都市工学」8（10）1929.10
◇英国に於ける道路の発達と産業革命（野村兼太郎）「三田学会雑誌」23（10）1929.10
◇安価に出来る保熱装置（ア・テロン）「建築と社会」12（11）1929.11

◇汚水浄化装置に就いて(伴秀雄)「建築と社会」 12(11) 1929.11
◇現代的照明(ア・サロモン)「建築と社会」 12(11) 1929.11
◇建築周囲の損失熱量と電気暖房決定法(小原邦雄)「建築と社会」 12(11) 1929.11
◇最近の暖房換気界(大澤一郎)「建築と社会」 12(11) 1929.11
◇欧米に於ける港湾荷役労働問題(1)(矢野剛)「港湾」 7(11) 1929.11
◇港湾経営論(12)(武若時一郎訳)「港湾」 7(11) 1929.11
◇港湾荷役論(23)(加藤吉次郎)「港湾」 7(11) 1929.11
◇塩釜港改築中三大難工事の解決及び当築港(山口十一郎)「港湾」 7(11) 1929.11
◇路面電車の振動調「調査資料」 10(3) 1929.11
◇アスファルト煉瓦舗装に就て(4)(三木栄三)「道路の改良」 11(11) 1929.11
◇路床の性状と舗装(3)(高田昭)「道路の改良」 11(11) 1929.11
◇橋梁工学雑論(24)(高橋逸夫)「都市工学」 8(11) 1929.11
◇ベルリン市高架地下鉄道工事一束(4)(山崎慎二)「都市工学」 8(11) 1929.11
◇区画整理道路考(蜂須賀直昭)「都市創作」 5(11) 1929.11
◇矩形架構の水平振動に就て(武藤清)「建築雑誌」 43(528) 1929.12
◇道路損傷者負担金(岡崎早太郎)「大大阪」 5(12) 1929.12
◇アスファルト煉瓦舗装に就て(5)(三木栄三)「道路の改良」 11(12) 1929.12
◇混凝土及鉄筋混凝土舗装(15)(中末郁二)「道路の改良」 11(12) 1929.12
◇米国道路行政の展望(2)(武井群嗣)「道路の改良」 11(12) 1929.12
◇構造より見たる耐震耐火的建築(2)(田邊平学)「建築と社会」 13(1) 1930.1
◇港湾及海事資源調査規則「港湾」 8(1) 1930.1
◇港湾及終点設備(8)(細田徳寿訳)「港湾」 8(1) 1930.1
◇道路改良基金の設定(武井群嗣)「自治研究」 6(1) 1930.1
◇王朝時代の道路法(瀧川政次郎)「道路の改良」 12(1) 1930.1
◇街路形状に関する新考察(藤井真透)「道路の改良」 12(1) 1930.1
◇共同管溝の法的考察(田中好)「道路の改良」 12(1) 1930.1
◇道路損傷負担金に就て(S・H生)「道路の改良」 12(1) 1930.1
◇道路の過去現在及将来(岡崎早太郎)「道路の改良」 12(1) 1930.1
◇道路法が実施せらるるまで(浅香小兵衛)「道路の改良」 12(1) 1930.1
◇道路問題の統一的考察(田中孝)「道路の改良」 12(1) 1930.1
◇明治時代の道路制度(田中好)「道路の改良」 12(1) 1930.1
◇我国道路の既往と将来を眺めて(佐上信一)「道路の改良」 12(1) 1930.1
◇我国に於ける道路改良の捷径(興椙博英)「道路の改良」 12(1) 1930.1
◇帝都の復興建築/復興帝都の大観(復興展記念特輯)(小田忠夫)「都市問題」 10(1) 1930.1
◇大阪港の発達(関一)「港湾」 8(2) 1930.2
◇港湾及終点設備(9)(細田徳寿)「港湾」 8(2) 1930.2
◇港湾荷役論(24)(加藤吉次郎)「港湾」 8(2) 1930.2
◇大阪府下のビルデイング暖房炉(大阪都市協会調査部)「大大阪」 6(2) 1930.2
◇無軌道電車「調査資料」 11(1) 1930.2
◇最近のドイツの造園界(関口鉎太郎)「庭園と風景」 12(2) 1930.2

◇経済上より見たる道路(松本幹一郎)「道路の改良」 12(2) 1930.2
◇混凝土及鉄筋混凝土舗装(16)(中末郁二)「道路の改良」 12(2) 1930.2
◇道路法中改正私論(武井群嗣)「道路の改良」 12(2) 1930.2
◇「京」の街路樹(寸田務)「都市問題」 10(2) 1930.2
◇帝都計画に於ける建築的施設の基本計画(主として東京の場合)に就て(1)(笠原敏郎)「建築雑誌」 44(531) 1930.3
◇神戸港の将来に就て(森垣亀一郎)「港湾」 8(3) 1930.3
◇港湾及終点設備(10)(細田徳寿訳)「港湾」 8(3) 1930.3
◇自動車専用道路に就て(清水良策)「自治研究」 6(3) 1930.3
◇港湾及終点設備(11)(細田徳寿)「港湾」 8(4) 1930.4
◇港湾荷役論(26)(加藤吉次郎)「港湾」 8(4) 1930.4
◇本邦港湾荷役改善問題意見(1)(港湾協会調査部)「港湾」 8(4) 1930.4
◇大阪の河岸美(方米治郎)「大大阪」 6(4) 1930.4
◇大阪の橋の美(武田五一)「大大阪」 6(4) 1930.4
◇大大阪の街路照明(矢野定三)「大大阪」 6(4) 1930.4
◇美観他区と建築物の最低限度の制限(津田敏雄)「大大阪」 6(4) 1930.4
◇米国現時の研究綱目「帝国鉄道協会会報」 31(4) 1930.4
◇東京近郊電鉄会社の研究「東洋経済新報」 1394 1930.4
◇帝都復興記念号「都市問題」 10(4) 1930.4
　錦糸公園と山下公園の平面図　公私共同の経営努力に成る復興建築助成事業(吉山真悼)　江東方面の盛土工事(福田重義)　小学校の建築復興に就て(渡辺浚郎)　隅田川六大橋の型式　浜町公園と隅田公園の平面図　復興街路費の決定するまで(山田博愛)　復興橋梁に関する一技術家の感想(田中豊)　復興建築論(佐野利器)　復興事業に於ける河川運河(大岡大三)　復興帝都の街路修築に就て(牧彦七)
◇新潟港に於ける水深増加並に維持に伴ふ受益負担に就て(川上国夫)「港湾」 8(5) 1930.5
◇混凝土及鉄筋混凝土舗装(18)(中末郁二)「道路の改良」 12(5) 1930.5
◇道路費用負担者に関する大審院判決を評す(田中好)「道路の改良」 12(5) 1930.5
◇万国工業会議に於ける道路問題(3)(道路改良会調査部)「道路の改良」 12(5) 1930.5
◇米国道路行政の展望(武井群嗣)「道路の改良」 12(5) 1930.5
◇諸官衙建築の震災復旧工事に就て(大熊喜邦)「都市公論」 13(5) 1930.5
◇欧米諸国の道路改良(1)(武井群嗣)「道路の改良」 12(6) 1930.6
◇都市建築音響(1)(佐藤武夫,中野勉)「建築と社会」 13(7) 1930.7
◇木造建築の将来(林豪蔵[ほか])「建築と社会」 13(7) 1930.7
◇港湾及終点設備(13)(細田徳寿訳)「港湾」 8(7) 1930.7
◇港湾荷役論(28)(加藤吉次郎)「港湾」 8(7) 1930.7
◇欧米諸国の道路改良(2)(武井群嗣)「道路の改良」 12(7) 1930.7
◇港湾及終点設備(14)(細田徳寿訳)「港湾」 8(8) 1930.8
◇仏蘭西に於ける自動車専用道路(清水良策)「自治研究」 6(8) 1930.8
◇道路損傷負担に関する調査(大阪市土木部)「大大阪」 6(8) 1930.8
◇欧米諸国の道路改良(3)(武井群嗣)「道路の改良」 12(8) 1930.8
◇簡易舗装に就いて(橋本圭三郎)「道路の改良」 12(8) 1930.8
◇ポルトランドセメントの規格並に試験法に就ての考察(7)(三木栄三)「道路の改良」 12(8) 1930.8
◇路政の研究(1)(田中好)「道路の改良」 12(8) 1930.8

- ◇都市の土木行政(1)(丹羽七郎)「都市研究」 23 1930.8
- ◇台湾に於ける地震と建築(谷口忠)「建築雑誌」 44(537) 1930.9
- ◇最近の耐火建築の燃焼性と被害に就て(尾崎久助)「建築と社会」 13(10) 1930.9
- ◇鉄筋コンクリート造に依る商店建築と其耐震的構法(永田念郎)「建築と社会」 13(10) 1930.9
- ◇都市・建築・音響(3)(佐藤武夫,中野勉)「建築と社会」 13(10) 1930.9
- ◇百パーセントの都市建築(加藤善吉)「建築と社会」 13(10) 1930.9
- ◇港湾及終点設備(15)(細田徳寿)「港湾」 8(9) 1930.9
- ◇河川使用料の徴収(武井群嗣)「自治研究」 6(9) 1930.9
- ◇道路損傷負担金の課燒(元山修二)「地方行政」 38(9) 1930.9
- ◇欧米諸国の道路改良(4)(武井群嗣)「道路の改良」 12(9) 1930.9
- ◇各国に於ける道路事業の近況(物部長穂)「道路の改良」 12(9) 1930.9
- ◇建築統計より見たる帝都(伊藤憲太郎)「都市公論」 13(9) 1930.9
- ◇街路照明に関する神奈川県の取締規則(樫木徹)「都市問題」 11(3) 1930.9
- ◇道路の熱衛生学的研究(富士吉)「都市問題」 11(3) 1930.9
- ◇都市・建築・音響(4)(佐藤武夫,中野勉)「建築と社会」 13(11) 1930.10
- ◇港湾及終点設備(16)(細田徳寿)「港湾」 8(10) 1930.10
- ◇港湾の労働問題(1)(原静雄)「港湾」 8(10) 1930.10
- ◇仏国路政の躍進(清水良策)「地方行政」 38(10) 1930.10
- ◇東京市の地質に就て(清野信雄)「建築雑誌」 44(539) 1930.11
- ◇大都市の建築を見る(1)(松室重光)「建築と社会」 13(12) 1930.11
- ◇港湾及終点設備(17)(細田徳寿)「港湾」 8(11) 1930.11
- ◇東京港拡張計画「港湾」 8(11) 1930.11
- ◇水利権の賦与と現存の権益(武井群嗣)「自治研究」 6(11) 1930.11
- ◇墺太利道路改良事業の現況(物部長穂)「道路の改良」 12(11) 1930.11
- ◇開鑿式地下鉄道路工事支保工順序(道路改良会技術部)「道路の改良」 12(11) 1930.11
- ◇大都市の建築を見る(2)(松室重光)「建築と社会」 13(13) 1930.12
- ◇都市、建築、音響(6)(佐藤武夫,中野勉)「建築と社会」 13(13) 1930.12
- ◇港湾及終点設備(18)(細田徳寿)「港湾」 8(12) 1930.12
- ◇京阪神に於ける鉄道施設(木村芳人)「大大阪」 6(12) 1930.12
- ◇港湾の話(直木倫太郎)「大大阪」 6(12) 1930.12
- ◇地下式軌道工事と損害補償の問題(岡崎早太郎)「大大阪」 6(12) 1930.12
- ◇都市の建築(片岡安)「大大阪」 6(12) 1930.12
- ◇水利組合に就いて(小岩正一)「地方行政」 38(12) 1930.12
- ◇製鉄所式ターバラス鋪装(谷保雄)「道路の改良」 12(12) 1930.12
- ◇都市の土木行政(2)(丹羽七郎)「都市研究」 24 1930.12
- ◇ロンドン地下鉄道の拡張「調査資料」 12(2) 1931.5
- ◇建築法規に関する懇談会「建築雑誌」 45(541) 1931.1
- ◇建築音響学(8)(船越義房)「建築と社会」 14(1) 1931.1
- ◇河川法改正の議(武井群嗣)「自治研究」 7(1) 1931.1
- ◇市俄古に於ける道路の立体交叉計画「帝国鉄道協会会報」 32(1) 1931.1
- ◇簡易鋪装の流行と歩車道の区分(近藤謙三郎)「道路の改良」 13(1) 1931.1
- ◇私設公道論(武井群嗣)「道路の改良」 13(1) 1931.1
- ◇中華民国浙江省の道路(物部長穂)「道路の改良」 13(1) 1931.1
- ◇東京の砂利需給に就て(安倍邦衛)「道路の改良」 13(1) 1931.1
- ◇道路公債発行の急務(中川正左)「道路の改良」 13(1) 1931.1
- ◇道路工事に伴ふ路下埋設物の整理(宮内義則)「道路の改良」 13(1) 1931.1
- ◇道路に関する費用の負担に就て(堀切善次郎)「道路の改良」 13(1) 1931.1
- ◇道路本位か経済本位か(岡崎早太郎)「道路の改良」 13(1) 1931.1
- ◇復興街路瞥見(中島時雄)「道路の改良」 13(1) 1931.1
- ◇鋪装の荷重に就て(山田元)「道路の改良」 13(1) 1931.1
- ◇欧米輓近街路鋪装の概観(宮内義則)「都市公論」 14(1) 1931.1
- ◇現在都市に於ける木造建築の不安(池田実)「建築と社会」 14(2) 1931.2
- ◇耐震耐火建築(片岡安)「建築と社会」 14(2) 1931.2
- ◇港湾及終点設備(19)(細田徳寿)「港湾」 9(2) 1931.2
- ◇港湾開発論(4)(武若時一郎訳)「港湾」 9(2) 1931.2
- ◇港湾及終点設備(細田徳寿訳)「港湾」 9(2) 1931.2
- ◇港湾設備経営業の独占と競争並に其対策(山本五郎)「港湾」 9(2) 1931.2
- ◇港湾に於ける荷役と労働(港湾協会調査部会)「港湾」 9(2) 1931.2
- ◇港湾荷役実務(3)(加藤吉次郎)「港湾」 9(2) 1931.2
- ◇米国に於ける港湾荷役労働問題に就て(矢野剛)「港湾」 9(2) 1931.2
- ◇我国港湾経営に於ける地方港務機関の重要性に就て(久保義雄)「港湾」 9(2) 1931.2
- ◇社会政策としての公共土木事業の統制(熊田克郎)「大大阪」 7(2) 1931.2
- ◇治水政策改訂の議(武井群嗣)「地方行政」 39(2) 1931.2
- ◇建築衛生工事と其取締規則の制定に就て(大沢一郎)「建築と社会」 14(3) 1931.3
- ◇建築衛生施設とその運動に就て(北浦重之)「建築と社会」 14(3) 1931.3
- ◇都市・建築・音響(7)(佐藤武夫,中野勉)「建築と社会」 14(3) 1931.3
- ◇港湾及終点設備(20)(細田徳寿)「港湾」 9(3) 1931.3
- ◇港湾開発論(5)(武若時一郎)「港湾」 9(3) 1931.3
- ◇治水政策改訂の議(承前)(武井群嗣)「地方行政」 39(3) 1931.3
- ◇無軌道電車の研究「調査資料」 12(1) 1931.3
- ◇道路の分布現象に関する考察(細井一六)「地理学評論」 7(3) 1931.3
- ◇ゴム・ブロック鋪装の試み「帝国鉄道協会会報」 32(3) 1931.3
- ◇福岡県営大濠公園新設工事概要(木村尚文)「都市公論」 14(3) 1931.3
- ◇貨物運送路としての東京市内河川運河(河田四郎)「地理学評論」 7(4) 1931.4
- ◇道路と自動車税(藤原俊雄)「道路の改良」 13(4) 1931.4
- ◇道路鋪装の新傾向(2)(岩沢忠恭)「道路の改良」 13(4) 1931.4
- ◇港湾及終点設備(21)(細田徳寿)「港湾」 9(5) 1931.5
- ◇東京市路面鋪装普及の概況(近新三郎)「道路の改良」 13(5) 1931.5
- ◇鋪装の意味に就て(江守保平)「道路の改良」 13(5) 1931.5
- ◇日本標準規格(建築)「建築雑誌」 45(546) 1931.6
- ◇建築費指数(石田曾次)「建築と社会」 14(6) 1931.6

- ◇都市、建築、音響(9)(佐藤武夫,中野勉)「建築と社会」 14(6) 1931.6
- ◇英国国内運河の過去及現在「港湾」 9(6) 1931.6
- ◇港湾及終点設備(22)(細田徳寿)「港湾」 9(6) 1931.6
- ◇港湾荷役実務(6)(加藤吉次郎)「港湾」 9(6) 1931.6
- ◇自由港論(2)(ロイ・エス・マツケルウイー)「港湾」 9(6) 1931.6
- ◇東京港勢と経済的不況(田村与吉)「港湾」 9(6) 1931.6
- ◇日本運河資料(1)(港湾協会調査部)「港湾」 9(6) 1931.6
- ◇港湾附属設備の本質と其の使用料(1)(元山修二)「地方行政」 39(6) 1931.6
- ◇米国に於ける賃取橋の変換「帝国鉄道協会会報」 32(6) 1931.6
- ◇自動車交通事業法と道路の改善(増井幸雄)「道路の改良」 13(6) 1931.6
- ◇名県令と島根の道路(路政僧)「道路の改良」 13(6) 1931.6
- ◇ソビエト連邦に於ける路政「道路の改良」 11(6) 1931.6
- ◇欧州の高層建築熱/欧米都市建築ニュース(平野真三)「都市問題」 12(6) 1931.6
- ◇米国の窓の無い建物/欧米都市建築ニュース(平野真三)「都市問題」 12(6) 1931.6
- ◇建築工事の計画と実施(2)(海辺圭吾)「建築と社会」 14(7) 1931.7
- ◇新興建築概説(伊藤正文)「建築と社会」 14(7) 1931.7
- ◇都市、建築、音響(佐藤武夫,中野勉)「建築と社会」 14(7) 1931.7
- ◇港湾及終点設備(23)(細田徳寿)「港湾」 9(7) 1931.7
- ◇港湾開発論(7)(武若時一郎)「港湾」 9(7) 1931.7
- ◇日本の運河資料(2)(港湾協会調査部)「港湾」 9(7) 1931.7
- ◇人の出入りより見た東京湾の現在(田村与吉)「港湾」 9(7) 1931.7
- ◇港湾附属設備の本質と其の使用料(元山修二)「地方行政」 39(7) 1931.7
- ◇特種な横浜市の児童遊園(井本政信)「都市公論」 14(7) 1931.7
- ◇世界最大賃取可動橋(物部長穂)「道路の改良」 13(8) 1931.8
- ◇地方道の舗装幅員に就て(山田元)「道路の改良」 13(8) 1931.8
- ◇恩賜の名古屋城(大岩勇夫)「都市公論」 14(8) 1931.8
- ◇海外都市造園時報写真物語「都市公論」 14(8) 1931.8
- ◇観賞植物園計画書(木村尚文)「都市公論」 14(8) 1931.8
- ◇全国都市造園時報(昭和五年度)「都市公論」 14(8) 1931.8
- ◇庭園の移転補償額算定に関する私見(井本政信)「都市公論」 14(8) 1931.8
- ◇東京市公園建設の跡を顧みて(井下清)「都市公論」 14(8) 1931.8
- ◇東京市最初の町立公園(市川政司)「都市公論」 14(8) 1931.8
- ◇都市・建築・音響(12)(佐藤武夫)「建築と社会」 14(9) 1931.9
- ◇復興東京の技術的観察並に建築の変遷(北澤五郎)「建築と社会」 14(9) 1931.9
- ◇港湾開発論(9)(武若時一郎)「港湾」 9(9) 1931.9
- ◇臨港線の営業開始と開拓されし東京港のヒンターランド(田村与吉)「港湾」 9(9) 1931.9
- ◇無軌道電車の世界的流行「帝国鉄道協会会報」 32(9) 1931.9
- ◇伊太利に於ける自動車道路の概況(武井群嗣)「道路の改良」 13(9) 1931.9
- ◇公共用自動車の使命と性質より観る道路改良維持修繕並警察(1)(菅健次郎)「道路の改良」 13(9) 1931.9
- ◇支那の道路改良と中華全国道路建設協会(水野錬太郎)「道路の改良」 13(9) 1931.9
- ◇東京市郊外道路の改良概況(高沢義智)「道路の改良」 13(9) 1931.9
- ◇大阪市高速電気軌道工事概況(清水熙)「都市公論」 14(9) 1931.9
- ◇都市建築行政運用に関する改良意見の二三(内山新之助)「都市公論」 14(9) 1931.9
- ◇港湾及終点設備(25)(細田徳寿)「港湾」 9(10) 1931.10
- ◇港湾開発論(10)(武若時一郎)「港湾」 9(10) 1931.10
- ◇大阪府の道路交通調査(丹波浪人)「道路の改良」 13(10) 1931.10
- ◇完成したる道路の利用状況を見て道路改良の急を痛感す(渋江武)「道路の改良」 13(10) 1931.10
- ◇公共用自動車の使命と性質より観たる道路改良維持修繕並警察([2]・完)(菅健次郎)「道路の改良」 13(10) 1931.10
- ◇最近道路工学の趨勢に就て(藤井真透)「道路の改良」 13(10) 1931.10
- ◇東京市街路の誇り(藤原俊雄)「道路の改良」 13(10) 1931.10
- ◇昇降機速度に就て(長野文一)「建築雑誌」 45(551) 1931.11
- ◇港湾及終点設備(26)(細田徳寿)「港湾」 9(11) 1931.11
- ◇ロンドン港とマルセーユ港(松波仁一郎)「港湾」 9(11) 1931.11
- ◇大阪府自動車道路網改良計画の確立(渋江武)「道路の改良」 13(11) 1931.11
- ◇高層建築物を繞ぐる細菌群(井上康治)「都市問題」 13(5) 1931.11
- ◇鋳鉄舗装道路「帝国鉄道協会会報」 32(12) 1931.12
- ◇モスクワの地下鉄道計画「帝国鉄道協会会報」 32(12) 1931.12
- ◇道路警戒標と道路方向標(大阪府土木部道路課)「道路の改良」 13(12) 1931.12
- ◇橋梁美について(大野諌)「エンジニアー」 11(1) 1932.1
- ◇警視庁に於ける建築線指定の状況(伊東五郎)「建築雑誌」 46(553) 1932.1
- ◇近代建築形態の趨勢(武田五一)「建築と社会」 15(1) 1932.1
- ◇経済的観察を主としたる将来の高層建築(村山長擧)「建築と社会」 15(1) 1932.1
- ◇建築物の高さの制限に就て(吉田信武)「建築と社会」 15(1) 1932.1
- ◇高層建築は何処まで伸るか(田邊平学)「建築と社会」 15(1) 1932.1
- ◇ニューヨーク市及びシアトル市の地域条令に於ける建築物の高さ制限規定(内藤亮一)「建築と社会」 15(1) 1932.1
- ◇沼津港修築計画案(瀧澤協会調査部)「港湾」 10(1) 1932.1
- ◇道路の使用に関する法規の整備(武井群嗣)「自治研究」 8(1) 1932.1
- ◇道路通行規制に就いて(玉置彌造)「市町村雑誌」 457 1932.1
- ◇英国道路物語(1)(山下定文)「道路の改良」 14(1) 1932.1
- ◇外客誘致と道路の清掃(新井堯爾)「道路の改良」 14(1) 1932.1
- ◇自動車運送より観たる橋梁、道路の構造(1)(菅健次郎)「道路の改良」 14(1) 1932.1
- ◇自動車交通網の完成に就て(中川正左)「道路の改良」 14(1) 1932.1
- ◇自動車道路の築造に就て(楢崎敏雄)「道路の改良」 14(1) 1932.1
- ◇東京府における橋梁工概事要(来島良亮)「道路の改良」 14(1) 1932.1
- ◇日本の道路計画の一部として(田川大吉郎)「道路の改良」 14(1) 1932.1
- ◇高層建築物後退規程の提唱(近藤謙三郎)「都市公論」 15(1) 1932.1
- ◇交叉街路に於ける剪除長(蜂須賀直照)「エンジニアー」 11(2) 1932.2

土木・道路・港湾

◇市街地建築物法施行規則の改正に就て(菱田厚介)「建築雑誌」 46(554) 1932.2
◇市街地建築物法施行細則の改正に就て(北澤五郎)「建築雑誌」 46(554) 1932.2
◇市街地建築物法令の改正に就て(菱田厚介)「建築雑誌」 46(554) 1932.2
◇港湾の利用と臨港地域制(大岩勇夫)「港湾」 10(2) 1932.2
◇八戸港大観(神田重雄)「港湾」 10(2) 1932.2
◇改正された市街地建築物法「大大阪」 8(2) 1932.2
◇欧米に於ける鉄道電化に就て(鶴田正路)「帝国鉄道協会会報」 33(2) 1932.2
◇古代都市の道路計画(野村兼太郎)「道路の改良」 14(2) 1932.2
◇道路改良と其経済的根拠(増井幸雄)「道路の改良」 14(2) 1932.2
◇橋梁美について(1)(大野謙)「エンジニアー」 11(3) 1932.3
◇昭和六年度における東京港(田村与吉)「港湾」 10(3) 1932.3
◇一九三一年に於る米国の道路事業(物部長穂)「道路の改良」 14(3) 1932.3
◇路政閑話(武井群嗣)「道路の改良」 14(3) 1932.3
◇建物に対する日光決定の捷法(ホクード・テイ・フイツシヤー)「建築と社会」 15(4) 1932.4
◇低建築か高建築か(ヴアイルテル・グロピウス)「建築と社会」 15(4) 1932.4
◇一目で判るビルデイング営業費の記録(ジヨン・ダブルユー・ポーリー)「建築と社会」 15(4) 1932.4
◇ビルデイング管理人用諸図表「建築と社会」 15(4) 1932.4
◇ビルデイングに於ける損失防止法(ダブルユー・アール・キースト)「建築と社会」 15(4) 1932.4
◇摩天楼には必ず利用性を構成せしむべし(レイモンド・フツド)「建築と社会」 15(4) 1932.4
◇四日市港の現状と将来に就て(1)(名古屋鉄道局)「港湾」 10(4) 1932.4
◇恒続分区園に就て(關口鎮太郎)「造園学雑誌」 4 1932.4
◇東京港の外貌を描く(森田三郎)「都市公論」 15(4) 1932.4
◇東京府の橋梁概観(宮崎正夫)「都市公論」 15(4) 1932.4
◇街路費の合理化に関する一考察(東後琢三郎)「都市問題」 14(4) 1932.4
◇再び高層建築物を繞る細菌群に就て(井上康治)「都市問題」 14(4) 1932.4
◇市街地建築物法施行規則改正に就て(松井清之助)「建築と社会」 15(5) 1932.5
◇市街地建築物法施行令改正に就て(玉置豊次郎)「建築と社会」 15(5) 1932.5
◇市街地建築物法施行令並に同規則の改正に就て(津田敏雄)「建築と社会」 15(5) 1932.5
◇城東線電化高架改築工事の概要(齊藤飾)「大大阪」 8(5) 1932.5
◇産業振興のためにする土木事業(湯澤三千男)「地方行政」 40(5) 1932.5
◇道路の建設改良保守と自動車税(菅健次郎)「道路の改良」 14(5) 1932.5
◇道路問題を鳥瞰して其施設を論ず(藤原俊雄)「道路の改良」 14(5) 1932.5
◇航空港施設の計画基準(末森猛雄)「都市公論」 15(5) 1932.5
◇道路損傷負担金制の運用に関する研究(吉山真棹)「都市問題」 14(5) 1932.5
◇軌条の波状磨耗理論(1)(前橋俊一)「エンジニアー」 11(6) 1932.6
◇両国橋改築工事(坪田正造)「エンジニアー」 11(6) 1932.6

◇欧洲を巡りて(新興建築)(武田五一)「建築雑誌」 46(558) 1932.6
◇都市建築物内空気の汚染状態及び其措置に関する制度に就きて(日本建築協会法制委員会)「建築と社会」 15(6) 1932.6
◇混凝土鋪装及膠石鋪装に対する使用水量に就て(今川豊次郎)「エンジニアー」 11(7) 1932.7
◇興隆日本の建築(佐野利器)「建築雑誌」 46(559) 1932.7
◇時勢に応ずる港湾(1)(松波仁一郎)「港湾」 10(7) 1932.7
◇休養林間歩道の現代的設計に対する評価(柳下鋼造)「造園研究」 5 1932.7
◇社会生活と道路(野村兼太郎)「道路の改良」 14(7) 1932.7
◇道路に関することを(池本泰児)「道路の改良」 14(7) 1932.7
◇米国の道路に対する観察(藤井真透)「道路の改良」 14(7) 1932.7
◇併用軌道の過当なる義務負担に就て(多田純二)「道路の改良」 14(7) 1932.7
◇東京市に港湾を設置すべし(田村与吉)「港湾」 10(8) 1932.8
◇農村対策と土木事業(唐澤俊樹)「自治研究」 8(8) 1932.8
◇我国港湾改良政策の一進展(松村光磨)「自治研究」 8(8) 1932.8
◇番地界の形態及び番地界図に依る新旧道路の識別(村田貞蔵)「地理学評論」 8(8) 1932.8
◇東京市内に於ける施設外児童遊園の現況(昭和七年四月現在)(東京市公園課)「庭園と風景」 14(8) 1932.8
◇道路改良費は何処へ行く(伊藤大三)「道路の改良」 14(8) 1932.8
◇御茶ノ水・両国間高架線工事に就て(平井喜久松)「土木学会誌」 18(8) 1932.8
◇国産鋪装用瀝青乳剤の性質に就て(西川栄三)「土木学会誌」 18(8) 1932.8
◇地下鉄道建設方法に就て(小野諒兄)「土木学会誌」 18(8) 1932.8
◇軌条の磨耗(前橋俊一)「エンジニアー」 11(9) 1932.9
◇「日本橋の地下鉄工事」を訊く「エンジニアー」 11(9) 1932.9
◇四日市築港計画時代の追憶並名古屋港と対立したる四日市港に就ての所感(原靜雄)「港湾」 10(9) 1932.9
◇輓近道路行政の趨向(武井群嗣)「自治研究」 8(9) 1932.9
◇自動車運送と道路の材料(4)(菅健次郎)「道路の改良」 14(9) 1932.9
◇窮迫せる京浜ビルデング界の救済(藤原俊雄)「都市公論」 15(9) 1932.9
◇十三橋工事報告(三輪周蔵)「土木学会誌」 18(9) 1932.9
◇路面洗滌作業(斉藤長利)「エンジニアー」 11(10) 1932.10
◇古代社会と建築様式(原澤東吾)「建築雑誌」 46(562) 1932.10
◇大美野田園都市住宅設計図案「建築と社会」 15(10) 1932.10
◇最近十箇年に於ける四日市港の躍進(戸野周二郎)「港湾」 10(10) 1932.10
◇最近十年間に於ける名古屋港々勢(奥田助七郎)「港湾」 10(10) 1932.10
◇最近十年間に於ける博多港(久世庸夫)「港湾」 10(10) 1932.10
◇自動車運送と道路の材料(菅健次郎)「道路の改良」 14(10) 1932.10
◇道路に関する事を(池本泰児)「道路の改良」 14(10) 1932.10
◇吾国に於けるコンクリート道路(江守保平)「エンジニアー」 11(11) 1932.11
◇東京市に於ける簡易鋪装道路の現況並其の成績(武富美春)「エンジニアー」 11(11) 1932.11
◇橋にするか隧道にするか?(F.H.Frankland)「エンジニアー」 11(11) 1932.11
◇耐震木造建築への一考察(巽純一)「建築雑誌」 46(563) 1932.11

◇東京下町各区地層の建築学的考察(北澤五郎)「建築雑誌」 46(563) 1932.11
◇港心圏群開発論(山岸貞一)「港湾」 10(11) 1932.11
◇東京港の発展と横浜港(田村与吉)「港湾」 10(11) 1932.11
◇造園と土地計画(田村剛)「造園研究」 6 1932.11
◇軌条標準長に就ての調査(堀越一三,星野陽一)「土木学会誌」 18(11) 1932.11
◇早田成雄氏に街路標識を訊く「エンジニアー」 11(12) 1932.12
◇輓近コンクリート道路の発達と其の将来(折坂理五郎)「エンジニアー」 11(12) 1932.12
◇英国道路物語(山下定文)「道路の改良」 14(12) 1932.12
◇自動車の道路損傷に就て(菅健次郎)「道路の改良」 14(12) 1932.12
◇東京市域拡張に伴ふ道路管理の問題(高沢義智)「道路の改良」 14(12) 1932.12
◇道路改良公債を本として一般公債事業に就て(田川大吉郎)「道路の改良」 14(12) 1932.12
◇昭和八年度の道路改良事業に就て(唐沢俊樹)「道路の改良」 14(12) 1932.12
◇世界の建築様式の傾向(武田五一)「建築と社会」 16(1) 1933.1
◇時局匡救土木事業に就て(唐澤俊樹)「自治研究」 9(1) 1933.1
◇道路経済序論(武井群嗣)「自治研究」 9(1) 1933.1
◇道路及街路計画(戸坂修訳)「造園学雑誌」 7 1933.1
◇都市が整形街路樹植栽を必要とする理由(吉田定輔訳)「造園学雑誌」 7 1933.1
◇明治神宮旧苑(小寺駿吉)「造園学雑誌」 7 1933.1
◇道路受益者負担の軽減問題(岡崎早太郎)「大大阪」 9(1) 1933.1
◇列国港政紀要(上)(ローマイヤー研究室訳)「都市問題」 16(1) 1933.1
◇垂直曲線と視距(坂田生)「エンジニアー」 12(2) 1933.2
◇神戸港の振興策に就て(森垣亀一郎)「港湾」 11(2) 1933.2
◇国策上より見たる門司下関両港の統一(中野真吾)「港湾」 11(2) 1933.2
◇簡易舗装の維持に就いての座談「エンジニアー」 12(3) 1933.3
◇交通による道路の振動(星野市郎)「エンジニアー」 12(3) 1933.3
◇港湾合理化と荷役協同組合(山岸貞一)「港湾」 11(3) 1933.3
◇昭和七年度の東京港と問題となつた拡張計画(田村与吉)「港湾」 11(3) 1933.3
◇東京港修築計画の適当なる規模(原靜雄)「港湾」 11(3) 1933.3
◇福岡市上水道拡張工事概況(上田研介)「水道協会雑誌」 3 1933.3
◇時局匡救土木事業の概要(武井群嗣)「地方行政」 41(3) 1933.3
◇自動車運送と道路の建設並に維持(島田孝一)「道路の改良」 15(3) 1933.3
◇宝塚自動車専用道路を視る(江守保平)「道路の改良」 15(3) 1933.3
◇道路維持座談会(内務省東京土木出張所)「道路の改良」 15(3) 1933.3
◇道路と電信電話線との関係に就て(1)(氷川比路志)「道路の改良」 15(3) 1933.3
◇道路の今昔(藤原俊雄)「道路の改良」 15(3) 1933.3
◇ターマック舗装(奈良原輝雄)「エンジニアー」 12(4) 1933.4
◇道路観の発達(野村兼太郎)「道路の改良」 15(4) 1933.4
◇都市に於ける道路の設計(上)-欧米都市の研究一節(中村与資平)「都市問題」 16(4) 1933.4
◇二木雄三君の質問を中心に語る(アスファルト舗装体の嫌湿性について)「エンジニアー」 12(5) 1933.5

◇歩道と撒水(星野市郎)「エンジニアー」 12(5) 1933.5
◇京浜及阪神両大港経営方針に就て(田村与吉)「港湾」 11(5) 1933.5
◇港費の統制と合理化の必要(田村与吉)「港湾」 11(5) 1933.5
◇地下鉄工事困難の種々相(橋本敬之)「大大阪」 9(5) 1933.5
◇府県市町村より見たる道路事業(1)(平井良成)「道路の改良」 15(5) 1933.5
◇我国道路政策の欠陥(楢崎敏雄)「道路の改良」 15(5) 1933.5
◇都市に於ける道路の設計(下)-欧米都市の研究一節(中村与資平)「都市問題」 16(5) 1933.5
◇地盤軟弱なる大阪港に於ける繋船岸壁及防波堤工事の特種工法に就て(松田健作)「土木学会誌」 19(5) 1933.5
◇道路受益者負担の改正に就て(大塚辰治)「大大阪」 9(6) 1933.6
◇通信電柱の移設に就ての一考察「道路の改良」 15(6) 1933.6
◇道路と電信電話線に就て氷川氏に答ふ(浅見親)「道路の改良」 15(6) 1933.6
◇本邦主力港湾とその特質(田村与吉)「港湾」 11(7) 1933.7
◇公共土木事業に於ける賃金支払の確保に就て(北岡寿逸)「地方行政」 41(7) 1933.7
◇我国に於ける道路隧道「土木学会誌」 19(7) 1933.7
◇百貨店建築規則並アパート建築規則の制定(1)(工藤恒四郎)「警察協会雑誌」 397 1933.8
◇海運都市神戸の片貌(宮本長治)「建築と社会」 16(8) 1933.8
◇横浜市に於ける港湾都市としての特殊計画に就て(丸山照六)「建築と社会」 16(8) 1933.8
◇港湾法制定に対する私見(1)(加藤清)「港湾」 11(8) 1933.8
◇港湾の法律上の地位(1)(唐澤俊樹)「地方行政」 41(8) 1933.8
◇神戸市の玄関を飾る建築(置塩章)「都市研究」 29 1933.8
◇舗装路面の横断曲線に関する理論(久野重一郎)「土木学会誌」 19(8) 1933.8
◇街路管理に関する収支関係(菊池慎三)「道路の改良」 15(9) 1933.9
◇吾妻橋旧橋井筒爆破作業と圧搾空気潜函工事概要(有元岩鶴)「土木学会誌」 19(9) 1933.9
◇地盤軟弱なる大阪港に於ける繋船岸壁及防波堤工事の特殊工法に就て(山内喜之助)「土木学会誌」 19(9) 1933.9
◇Antwerp市Schelde河の水底隧道(S.A.Thoresen)「土木学会誌」 19(9) 1933.9
◇ペリクレスの大工事に就きての社会経済史的考案(高橋誠一郎)「三田学会雑誌」 27(9) 1933.9
◇瀝青乳剤舗装号「エンジニアー」 12(10) 1933.10
◇建築物内炭酸ガスの新定量法(平山嵩)「建築雑誌」 47(576) 1933.10
◇杭を以て築造されたる防波堤の実例(土井正中)「港湾」 11(10) 1933.10
◇大都市地先港湾の汚染と其防止方法の研究(田村与吉)「港湾」 11(10) 1933.10
◇日本海に於ける満蒙の大玄関(川村豊三)「港湾」 11(10) 1933.10
◇列国港湾事情(ヂヤーナル・オヴ・コンマース,リヴァプール港湾協会訳)「港湾」 11(10) 1933.10
◇洪水と森林(山本徳三郎)「水利と土木」 6(10) 1933.10
◇中小河川の改良計画を確立せよ(松村光磨)「水利と土木」 6(10) 1933.10
◇府県土木部の増設に就て(路政僧)「道路の改良」 15(1) 1933.10
◇シンシナチ新停車場(大石重威)「土木学会誌」 19(10) 1933.10
◇東京市に於ける道路舗装普及に就て(堀信一)「エンジニアー」 12(11) 1933.11

◇満洲の建築界を顧みて内地の建築家に望む(岡大路)「建築と社会」 16(11) 1933.11

◇四会連合建築大会と満鮮の見学(松室重光)「建築と社会」 16(11) 1933.11

◇伏木港の現状と将来に就て(1)(名古屋鉄道局)「港湾」 11(11) 1933.11

◇河川改修工事計画並に監督に就て(三宅忠八)「水利と土木」 6(11) 1933.11

◇渓流下流部の砂防工事例(赤木正雄)「水利と土木」 6(11) 1933.11

◇砂浜に於ける河口の維持(宮本武之輔)「水利と土木」 6(11) 1933.11

◇土木会議の成立とその経過(1)(内務省土木局)「水利と土木」 6(11) 1933.11

◇吾が治水事業の過去と現在と将来(松村光磨)「水利と土木」 6(11) 1933.11

◇関西地方に於けるコンクリート舗装(江守保平)「道路の改良」 15(11) 1933.11

◇自動車交通事業法(道路の改良附録)(道路改良会訳)「道路の改良」 15(11) 1933.11

◇省営自動車と道路(日浅寛)「道路の改良」 15(11) 1933.11

◇道路政策改訂論(唐沢俊樹)「道路の改良」 15(11) 1933.11

◇楢崎博士の現代道路論を読む(田中好)「道路の改良」 15(11) 1933.11

◇路面改良の対策(与田喜知蔵)「道路の改良」 15(11) 1933.11

◇飛行場の設計(末森猛雄)「都市公論」 16(11) 1933.11

◇ドイツに於ける建築費指数(猪間驥一)「都市問題」 17(5) 1933.11

◇レイモンド・アンイン博士の講演「建築家の貢献」(黒谷了太郎)「都市問題」 17(5) 1933.11

◇下水道に於ける雨水流集量(板倉誠)「土木学会誌」 19(11) 1933.11

◇自動車勾配の合理化(大石重成)「土木学会誌」 19(11) 1933.11

◇電気抵抗によるコンクリート養生試験(藤芳義男)「土木学会誌」 19(11) 1933.11

◇東京市下水道芝浦喞筒場拡張工事(土木学会)「土木学会誌」 19(11) 1933.11

◇擁壁と橋台の簡単な補強方法(沼田政矩)「土木学会誌」 19(11) 1933.11

◇欧米の道路を視て(林盛四郎)「エンジニアー」 12(12) 1933.12

◇舗装技術者の観たる油母頁岩(市川良正)「エンジニアー」 12(12) 1933.12

◇自動車路用緩和曲線としての"Spirale"二種に就て(丹羽美)「建築雑誌」 47(578) 1933.12

◇地方鉄道の建設費(藤川福衛)「工業経済研究」 5 1933.12

◇現代的港湾業態(1)(デー・ロス・ジヨンソン,酒井厚訳)「港湾」 11(12) 1933.12

◇港湾事業工事と漁業権者並に埋立権者(田村与吉)「港湾」 11(12) 1933.12

◇東京港に与へられたる二つの宿題(大須賀巌)「港湾」 11(12) 1933.12

◇第三次治水計画の概要(松村光磨)「自治研究」 9(12) 1933.12

◇国道系統の一考察(江守保平)「道路の改良」 15(12) 1933.12

◇道路大会議事「道路の改良」 15(12) 1933.12

◇土木会議を覗いて(丹波浪人)「道路の改良」 15(12) 1933.12

◇舗装用瀝青乳剤の規格並に試験の比較(西川栄三)「道路の改良」 15(12) 1933.12

◇水道用各種鉄管規格に就て(西岡義男)「土木学会誌」 19(12) 1933.12

◇道路損傷負担金に対する若干の考察(坂口軍司)「法律時報」 5(12) 1933.12

◇仰角と方位角とを用ひて採光率を求むる方法(長倉謙介)「建築雑誌」 48(580) 1934.1

◇国立公園の話(田村剛)「建築雑誌」 48(580) 1934.1

◇最近の欧米博物館に就て(秋保安治)「建築雑誌」 48(580) 1934.1

◇港湾国策樹立の急務(三橋信三)「港湾」 12(1) 1934.1

◇港湾都市の海員福利施設に就て(浅野平二)「港湾」 12(1) 1934.1

◇港湾の防塞(山田乙三)「港湾」 12(1) 1934.1

◇昭和八年度我が港湾界の管見(田村与吉)「港湾」 12(1) 1934.1

◇道路改良計画の改訂(武井群嗣)「自治研究」 10(1) 1934.1

◇土木国策論(唐澤俊樹)「自治研究」 10(1) 1934.1

◇我国港湾改良策上に於ける一転機(雪澤千代治)「自治研究」 10(1) 1934.1

◇京都市上水道第二期拡張工事概要(高田景)「水道協会雑誌」 8 1934.1

◇維新前の土木事業に就て(坂本一平)「水利と土木」 7(1) 1934.1

◇欧羅巴大陸の運河(矢野剛)「水利と土木」 7(1) 1934.1

◇ゴム輪の発達と舗装の簡易化(島野貞三)「道路の改良」 16(1) 1934.1

◇道路使用理論の序説(坂口軍司)「道路の改良」 16(1) 1934.1

◇歩道幅員の決め方に就て(久野重一郎)「道路の改良」 16(1) 1934.1

◇ニュー・ヨーク市の新埠頭工事(原田忠次)「土木学会誌」 20(1) 1934.1

◇阪神電鉄神戸地下線工事概要(高橋三省,泉谷平次郎)「土木学会誌」 20(1) 1934.1

◇岡隆一氏の「耐震設計の床荷重算定に就て」を読みて(瀧本義一)「建築雑誌」 48(581) 1934.2

◇朝鮮慶尚北道達城郡、永川郡及び義城郡に於ける新羅時代建築に就て(藤島亥治郎)「建築雑誌」 48(581) 1934.2

◇東京市庁舎建築設計計画案懸賞募集規定(東京市役所)「建築雑誌」 48(581) 1934.2

◇含ニッケル合金(石川純一郎)「建築と社会」 17(2) 1934.2

◇コンクリート調合表に就いて(浜田稔)「建築と社会」 17(2) 1934.2

◇労銀より見たる石材採掘場の調査(鈴木忠五郎)「建築と社会」 17(2) 1934.2

◇静岡市水道布設工事概要「水道協会雑誌」 9 1934.2

◇河川の改修工事と廃川敷地処分(安田正鷹)「水利と土木」 7(2) 1934.2

◇支那の運河(1)(矢野剛)「水利と土木」 7(2) 1934.2

◇水利制度の史的考察(1)(坂井申生)「水利と土木」 7(2) 1934.2

◇土木会議の二大決議(武井群嗣)「地方行政」 42(2) 1934.2

◇英国に於ける道路費問題(光岡徹)「道路の改良」 16(2) 1934.2

◇市街地建築物法改正に於る二要点に就て(本多次郎)「都市公論」 17(2) 1934.2

◇ビルディングの光度(内務省・都市計画課)「都市公論」 17(2) 1934.2

◇丁抹クラインネルベルト海峡の道路鉄道併用橋に就て(富田恵吉)「土木学会誌」 20(2) 1934.2

◇道路曲線部の片勾配に関する理論(久野重一郎)「土木学会誌」 20(2) 1934.2

◇欧米住宅建築界の新傾向(岡孝男)「建築と社会」 17(3) 1934.3

◇照明器具とグリル(吉田信武)「建築と社会」 17(3) 1934.3

◇日本修船渠の現状及其対策に就て(1)(鮫島茂)「港湾」 12(3) 1934.3

◇室蘭水陸連絡設備計画（札幌鉄道局）「港湾」 12（3） 1934.3
◇広島県に於ける火力発電工事に就て（山口十一郎）「水利と土木」 7（3） 1934.3
◇私の杭（金森誠之）「水利と土木」 7（3） 1934.3
◇道路使用料問題点描（坂口軍司）「道路の改良」 16（3） 1934.3
◇道路法改正私論（1）（田中好）「道路の改良」 16（3） 1934.3
◇大船渡港修築工事概要（上野節夫）「土木学会誌」 20（3） 1934.3
◇釜石港修築工事概要（上野節夫）「土木学会誌」 20（3） 1934.3
◇下田港修築工事概要（木村憲七郎）「土木学会誌」 20（3） 1934.3
◇沼津港修築工事概要（木村憲七郎）「土木学会誌」 20（3） 1934.3
◇日本に於ける道路舗装の将来（牧彦七）「エンジニアー」 13（4） 1934.4
◇住宅各部の配列に関する統計的研究（今和次郎）「建築雑誌」 48（584） 1934.4
◇鹿島港修築と太田川改修の価値（伊藤貞次）「港湾」 12（4） 1934.4
◇水道鉄管塗装用瀝青試験の方法に就いて（志満津明生）「水道協会雑誌」 11 1934.4
◇福岡市上水道第一期拡張工事概要「水道協会雑誌」 11 1934.4
◇土木法制資料「水利と土木」 7（4） 1934.4
◇街頭事故の統計的研究（矢野定三）「大大阪」 10（4） 1934.4
◇港湾法制定に就いて（1）（加藤清）「地方行政」 42（4） 1934.4
◇道路の範囲空中にも地底にも（田川大吉郎）「道路の改良」 16（4） 1934.4
◇フランスの道路行政（1）（武若時一郎）「道路の改良」 16（4） 1934.4
◇ソビエート・ロシアの道路問題（カール・クリューゲル）「エンジニアー」 13（5） 1934.5
◇日光照明の屋内への利用（木村幸一郎）「建築雑誌」 48（585） 1934.5
◇水道用給水管の低温試験に就いて（塩見勉, 小野健二）「水道協会雑誌」 12 1934.5
◇鶴岡市上水道工事概要「水道協会雑誌」 12 1934.5
◇道路上に於ける自動車の運用に就て（島田孝一）「道路の改良」 16（5） 1934.5
◇フランス道路の最近情況（江守保平）「道路の改良」 16（5） 1934.5
◇宇部港修築工事概要（関谷新造）「土木学会誌」 20（5） 1934.5
◇萩港修築工事概要（関谷新造）「土木学会誌」 20（5） 1934.5
◇東岩瀬港修築工事概要（荒木栄二）「土木学会誌」 20（5） 1934.5
◇ライヒマン報告書に現れたる支那に於ける道路建設問題「外国鉄道調査資料」 8（6） 1934.6
◇警視庁調査による昭和八年中に竣功せる建築工事の統計（佐野清助）「建築雑誌」 48（586） 1934.6
◇川崎鶴見海岸に於ける揚炭設備の展望（松田和三）「港湾」 12（6） 1934.6
◇問題化した関門海峡連絡に関する研究（田村与吉）「港湾」 12（6） 1934.6
◇大阪市水道用鋳鉄管の今昔（大阪市水道部給水課）「水道協会雑誌」 13 1934.6
◇時局匡救港湾改良事業の概要（鶴岡貞雄）「地方行政」 42（6） 1934.6
◇道路行政の発展過程（坂口軍司）「道路の改良」 16（6） 1934.6
◇道路の風致問題（田村剛）「道路の改良」 16（6） 1934.6
◇山地街路と芸術的街路の設計（中村与資平）「都市問題」 18（6） 1934.6
◇地方自治と道路の管理制度（坂口軍司）「都市問題」 18（6） 1934.6
◇無軌道電車の車輛及諸機器（2・完）（樫木徹）「都市問題」 18（6） 1934.6

◇唐津港修築計画概要「土木学会誌」 20（6） 1934.6
◇コンクリートの発熱温度に関する研究（諸家）「エンジニアー」 13（7） 1934.7
◇東京港湾勢から見た統計の価値（田村与吉）「港湾」 12（7） 1934.7
◇水利制度の史的考察（板井申生）「水利と土木」 7（7） 1934.7
◇土木法制資料「水利と土木」 7（7） 1934.7
◇吾が治水事業の過去と現在と将来（松村光磨）「水利と土木」 7（7） 1934.7
◇大阪高架駅の全貌（高橋末次郎）「大大阪」 10（7） 1934.7
◇水道用鋼管に就て（1）：東京市水道局への報告（遠藤彦造）「水道協会雑誌」 15 1934.8
◇港大阪（山本五郎）「大大阪」 10（8） 1934.8
◇水辺の散歩道路について（野村兼太郎）「道路の改良」 16（8） 1934.8
◇伯林建築条例に就て（吉田安三郎）「都市公論」 17（8） 1934.8
◇地下鉄道建設新方法に就て（小野諒兄）「土木学会誌」 20（8） 1934.8
◇新潟港拡張計画案概要「土木学会誌」 20（8） 1934.8
◇米国桑港に於ける労働争議「労働時報」 11（8） 1934.8
◇欧米に於ける建築照明の最近の傾向（門倉則之）「建築雑誌」 48（589） 1934.9
◇運動場建築の発達と新傾向（小林政一）「建築と社会」 17（9） 1934.9
◇良港（大阪港）の今昔（山本五郎）「港湾」 12（9） 1934.9
◇浜町公園に於ける庭園照明に就て（井上武男）「庭園と風景」 16（9） 1934.9
◇遊園地の造園（高村弘平）「庭園と風景」 16（9） 1934.9
◇朝鮮鎮南浦港石炭船積施設（斎藤固）「土木学会誌」 20（9） 1934.9
◇天神橋改築工事概要（堀威夫）「土木学会誌」 20（9） 1934.9
◇道路曲線部の片勾配に関する理論（久野重一郎）「土木学会誌」 20（9） 1934.9
◇医院建築の諸問題（大倉三郎）「建築と社会」 17（10） 1934.10
◇病院建築に就いて考へる（塩原三郎）「建築と社会」 17（10） 1934.10
◇病院建築の近代的傾向（武田五一）「建築と社会」 17（10） 1934.10
◇地方港湾改良に対する一つの感想（暁星）「港湾」 12（10） 1934.10
◇地方港湾改良費国庫補助に対する再陳情「港湾」 12（10） 1934.10
◇統営運河と海底道路-東洋一の二大工事（山口精）「港湾」 12（10） 1934.10
◇伏木港拡張計画概要（港湾協会調査部）「港湾」 12（10） 1934.10
◇伏見港調査（京都府土木部）「港湾」 12（10） 1934.10
◇本邦港湾利用者の徴せらるる入港料と使用料（田村与吉）「港湾」 12（10） 1934.10
◇羅津港概要（満鉄羅津建設事務所）「港湾」 12（10） 1934.10
◇我国港湾経営に関する考察（都築藤一郎）「港湾」 12（10） 1934.10
◇S港修築埋立地に「埋立免租年期」許可否に関する私見（柳義治）「税」 12（10） 1934.10
◇都市発展の統制と市街地建築物法の改善（武居高四郎）「大大阪」 10（10） 1934.10
◇第四回全国都市問題会議記念特輯「都市問題」 19（4） 1934.10 街路幅員に関する研究（栗山寛） 建築物の突出部に就て（井上武） 市街地建築物法と土地相隣者間の法律関係（葛西奥羽之亮） 都市私道の統制（伊東五郎） 日本庭園の保存と都市（吉永義信）
◇軌条の座屈に就て（堀越一三）「土木学会誌」 20（10） 1934.10
◇家を建てる人へ（北澤五郎）「建築雑誌」 48（591） 1934.11
◇壱岐、対馬の建築（藤島亥治郎）「建築雑誌」 48（591） 1934.11

◇将来の学校建築（災害対策）（中沢誠一郎）「建築と社会」 17(11) 1934.11

◇非常時の都市と重要建築（波江悌夫）「建築と社会」 17(11) 1934.11

◇新京水道給水塔設計計算（満鉄地方部工事課）「水道協会雑誌」 18 1934.11

◇河川法及附属命令の改正に就て（沢重民）「水利と土木」 7(11) 1934.11

◇道路構造に関する細則第十二条の理論的考察（久野重一郎）「道路の改良」 16(11) 1934.11

◇袋装について（野村兼太郎）「道路の改良」 16(11) 1934.11

◇我国内地に於ける各種道路の延長「道路の改良」 16(11) 1934.11

◇我国の空港（御田綱男）「都市公論」 17(11) 1934.11

◇大阪港の復興と国庫補助（小川市太郎）「大大阪」 10(12) 1934.12

◇港湾行政の統制に就いて（近藤博夫）「大大阪」 10(12) 1934.12

◇都市と街路（蜂須賀直昭）「都市公論」 17(12) 1934.12

◇空港に就いて（原田碧）「土木学会誌」 20(12) 1934.12

◇舗装道路に於ける自動車スリップ試験（江守保平）「土木学会誌」 20(12) 1934.12

◇羅津築港の概要（桑原利英）「土木学会誌」 20(12) 1934.12

◇我国に於ける圧搾空気作業（正子重三）「土木学会誌」 20(12) 1934.12

◇市街地建築物法施行令中改正「内務時報」 784 1934.12

◇ランドシャフト法の改正（楠見一正）「経済時報」 6(10) 1935.1

◇最近の派出所建築に就て（岡山覚太郎）「警察協会雑誌」 414 1935.1

◇メートル法と建築（佐野利器）「建築雑誌」 49(594) 1935.1

◇尾張湾の高潮誌(1)（水谷鏘）「水利と土木」 8(1) 1935.1

◇河川法制定当時の回想(1)（牧田修）「水利と土木」 8(1) 1935.1

◇砂防事業の今昔（武井群嗣）「水利と土木」 8(1) 1935.1

◇治水事業費の沿革(2)（安田正鷹）「水利と土木」 8(1) 1935.1

◇土木監督官制度の必要を提唱す（宮本武之輔）「水利と土木」 8(1) 1935.1

◇土木法政資料(12)「水利と土木」 8(1) 1935.1

◇水―フランス法の梗概(8)（武若時一郎）「水利と土木」 8(1) 1935.1

◇朝鮮の道路(3)（三浦磐雄）「道路の改良」 17(1) 1935.1

◇道路改良計画是認の標準に就て（増井幸雄）「道路の改良」 17(1) 1935.1

◇マンロー都市行政と道路(1)（武若時一郎）「道路の改良」 17(1) 1935.1

◇建築物の環境所置並に形態と風害（十代田三郎）「建築雑誌」 49(595) 1935.2

◇風害に対する建築物の物理的批評（長岡半太郎）「建築雑誌」 49(595) 1935.2

◇大阪港復興計画書（大阪市港湾部）「港湾」 13(2) 1935.2

◇尾張湾の高潮誌(2)（水谷鏘）「水利と土木」 8(2) 1935.2

◇河川法制定当時の回想(2)（牧田修）「水利と土木」 8(2) 1935.2

◇森林法は山に拠り砂防法は山を下り河川法は遡る―治水の陣容整ふ（山本徳三郎）「水利と土木」 8(2) 1935.2

◇治水事業の沿革(3)（安田正鷹）「水利と土木」 8(2) 1935.2

◇土木沿革略史(1)（田中政秋）「水利と土木」 8(2) 1935.2

◇土木法政資料(13)「水利と土木」 8(2) 1935.2

◇北海道に於ける河川愛護運動に就て（大石角治）「水利と土木」 8(2) 1935.2

◇水―フランス法の梗概(9)（武若時一郎）「水利と土木」 8(2) 1935.2

◇マンロー都市行政と道路(2)（武若時一郎）「道路の改良」 17(2) 1935.2

◇鋳鉄管に於ける流量に就て（池田篤三郎）「土木学会誌」 21(2) 1935.2

◇福岡都市計画事業道路新設拡築受益者負担に関する件（省令）「内務時報」 791 1935.2

◇千葉都市計画事業道路新設拡築受益者負担に関する件（省令）「内務時報」 792 1935.2

◇市街地建築物法令の改正(1)（中島清二）「警察研究」 6(3) 1935.3

◇運河論（矢野剛）「港湾」 13(3) 1935.3

◇現代的港湾業態(8)（酒井厚訳）「港湾」 13(3) 1935.3

◇港祭直前の東京港現況を一瞥して（田村与吉）「港湾」 13(3) 1935.3

◇港湾荷役実務(13)（加藤吉次郎）「港湾」 13(3) 1935.3

◇港湾より見たる日満関係（原田武）「港湾」 13(3) 1935.3

◇我国港湾費用負担制度に対する若干の考察「港湾」 13(3) 1935.3

◇国立公園と建築（船越義房）「国立公園」 7(3) 1935.3

◇開城府水道布設工事概要「水道協会雑誌」 22 1935.3

◇拡張工事中の木浦府水道「水道協会雑誌」 22 1935.3

◇鋳鉄管に於ける流量に就て(1)（池田篤三郎）「水道協会雑誌」 22 1935.3

◇尾張湾の高潮誌(3)（水谷鏘）「水利と土木」 8(3) 1935.3

◇災害工事と土木監督官制度（宮本武之輔）「水利と土木」 8(3) 1935.3

◇土木沿革略史(2・完)（田中政秋）「水利と土木」 8(3) 1935.3

◇土木法制資料(14)明治六年―大蔵省の部「水利と土木」 8(3) 1935.3

◇水―フランス法の梗概(10)（武若時一郎）「水利と土木」 8(3) 1935.3

◇関門架橋よ何処へ行く（田中好）「道路の改良」 17(3) 1935.3

◇更生的大調査の時代―道路の改良を基調とせよ「道路の改良」 17(3) 1935.3

◇水道鉄管破裂の復旧作業と所要時間に就て（岩崎富久）「土木学会誌」 21(3) 1935.3

◇岡崎都市計画事業道路新設拡築受益者負担に関する件「内務時報」 793 1935.3

◇熊本都市計画事業道路新設拡築受益者負担に関する件「内務時報」 793 1935.3

◇市街地建築物法令の改正に付て(2)（中島清二）「警察研究」 6(4) 1935.4

◇市街地建築物法施行細則（大阪府）に就て（松井清之助）「建築と社会」 18(4) 1935.4

◇市街地建築物法施行細則（京都府）の改正に就て（板井公威）「建築と社会」 18(4) 1935.4

◇市街地建築物法施行細則（兵庫県）に就て（本田林八）「建築と社会」 18(4) 1935.4

◇市街地建築物法令並に関係命令の改正に就て（玉置豊次郎）「建築と社会」 18(4) 1935.4

◇京浜両港の位置と其将来（田村与吉）「港湾」 13(4) 1935.4

◇横浜港発展策の一考察（原田武）「港湾」 13(4) 1935.4

◇横浜港（大西一郎）「港湾」 13(4) 1935.4

◇朝鮮裡里上水道工事の実施設計「水道協会雑誌」 23 1935.4

◇土木法制資料(15)「水利と土木」 8(4) 1935.4

◇水―フランス法の梗概(11)（武若時一郎）「水利と土木」 8(4) 1935.4

◇道路社会学（奥井復太郎）「道路の改良」 17(4) 1935.4

◇道路と公共照明(武若時一郎)「道路の改良」 17(4) 1935.4
◇道路損傷に関する検討(高橋幸枝)「都市公論」 18(4) 1935.4
◇鋳鉄管の強さに就て(池田篤三郎)「土木学会誌」 21(4) 1935.4
◇坂路に於けるコンクリート舗装(金子柾,佐野俊男)「土木学会誌」 21(4) 1935.4
◇浦和都市計画事業道路新設拡築受益者負担に関する件「内務時報」 797 1935.4
◇大阪府知事執行都市計画事業防潮堤新設受益者負担に関する件「内務時報」 799 1935.4
◇西宮都市計画精道村下水道事業受益者負担ニ関スル件「内務時報」 799 1935.4
◇兵庫県知事執行尼崎都市計画事業運河新設拡築受益者負担ニ関スル件「内務時報」 799 1935.4
◇兵庫県知事執行尼崎都市計画事業道路新設拡築受益者負担ニ関スル件「内務時報」 799 1935.4
◇兵庫県知事執行西宮都市計画事業防潮堤新設受益者負担ニ関スル件「内務時報」 799 1935.4
◇桂離宮の建築に就いて(川上邦基)「建築雑誌」 49(599) 1935.5
◇東京港に就て(牛塚虎太郎)「港湾」 13(5) 1935.5
◇東京の港(東京市役所)「港湾」 13(5) 1935.5
◇水フランス法の梗概(12)(武若時一郎)「水利と土木」 8(5) 1935.5
◇道路行政圏の拡大(田川大吉郎)「道路の改良」 17(5) 1935.5
◇都市の苦悩と集中か分散か(1)(藤田宗光)「道路の改良」 17(5) 1935.5
◇室内の日照(ルトウキッヒ・ヒルベルザイメル)「都市公論」 18(5) 1935.5
◇都市美構に於けるルネッサンス技法の展開(石川栄耀)「都市公論」 18(5) 1935.5
◇最近に於ける支那全国経済委員会建設の公路(自動車路)概況「外国鉄道調査資料」 9(6) 1935.6
◇日本港湾経済地誌(1)(中島愁畔訳)「港湾」 13(6) 1935.6
◇道路経済論(1)(武若時一郎)「自治研究」 11(6) 1935.6
◇仙台市第二期下水道工事竣工概要「水道協会雑誌」 25 1935.6
◇河川堰堤規則の制定(沢重民)「水利と土木」 8(6) 1935.6
◇土木法制資料(17)「水利と土木」 8(6) 1935.6
◇道路用地無償取得説管見(坂口軍司)「道路の改良」 17(6) 1935.6
◇北九州港湾の統制に就て(君島八郎)「都市公論」 18(6) 1935.6
◇洞海湾発達史(徳田文作)「都市公論」 18(6) 1935.6
◇戸畑漁港設備に就て(鶴田豊)「都市公論」 18(6) 1935.6
◇博多港の現在と将来(松尾守治)「都市公論」 18(6) 1935.6
◇土木工事其他に於ける材料費労力費等の割合(伊藤剛)「土木学会誌」 21(6) 1935.6
◇日本の庭(橋本基)「改造」 17(7) 1935.7
◇学校建築と建築家(大須賀巌)「建築と社会」 18(7) 1935.7
◇港湾企業形態に就て(奥野純次)「港湾」 13(7) 1935.7
◇道路経済論(2)(武若時一郎)「自治研究」 11(7) 1935.7
◇広島市水道第三期拡張工事概要(広島市水道部)「水道協会雑誌」 26 1935.7
◇T.V.A.(沢重民)「水利と土木」 8(7) 1935.7
◇自転車道の創設及その設計に就て(藤井真透)「道路の改良」 17(7) 1935.7
◇道路改良計画の基礎としての交通量調査に就て(増井幸雄)「道路の改良」 17(7) 1935.7
◇都市美構に於けるルネッサンス技法の展開(石川栄耀)「都市公論」 18(7) 1935.7

◇水道鉄管破裂の復旧作業と所要時間に就て(島崎孝彦,岩崎富久)「土木学会誌」 21(7) 1935.7
◇耐火建築上今後特に注目すべき点に就て(尾崎久助)「建築雑誌」 49(602) 1935.8
◇新建築構造法に就て(内藤多仲)「建築と社会」 18(8) 1935.8
◇神戸港の現在及将来(山内喜之助)「港湾」 13(8) 1935.8
◇道路経済論(3)(武若時一郎)「自治研究」 11(8) 1935.8
◇岡崎市上水道工事概要(石井多三)「水道協会雑誌」 27(8) 1935.8
◇水利使用料の徴収に就て(吉岡斗之助)「水利と土木」 8(8) 1935.8
◇土木法制資料(19)「水利と土木」 8(8) 1935.8
◇ドイツ自動車道路(塚本義隆)「道路の改良」 17(8) 1935.8
◇道路美私見(田村剛)「道路の改良」 17(8) 1935.8
◇都市の苦悩と集中か分散か(3)(藤田宗光)「道路の改良」 17(8) 1935.8
◇フランス道路法制史(1)(武若時一郎)「道路の改良」 17(8) 1935.8
◇現代の航空港「都市公論」 18(8) 1935.8
◇急速濾過池の水理に関する考察(松見三郎)「土木学会誌」 21(8) 1935.8
◇清水港に於ける震災状況報告(島野貞三)「土木学会誌」 21(8) 1935.8
◇水道管に於ける水衝圧に就て(池田篤三郎)「土木学会誌」 21(8) 1935.8
◇地下水とコンクリート構造物(中路誠三)「土木学会誌」 21(8) 1935.8
◇鋳鉄管に於ける流量に就て(島崎孝彦,池田篤三郎)「土木学会誌」 21(8) 1935.8
◇長崎港修築工事報告(三好貞七)「土木学会誌」 21(8) 1935.8
◇飛行場舗装其他に関する座談会「エンジニアー」 14(9) 1935.9
◇丸の内地盤沈下と大建築(北澤五郎)「改造」 17(9) 1935.9
◇丸の内地盤沈下に関する二三の資料(北澤五郎)「建築雑誌」 49(603) 1935.9
◇港湾陸上設備としての上屋(2)(長岡秀国)「港湾」 13(9) 1935.9
◇上水道水源の海水防止工事に就て(亀田素)「水道協会雑誌」 28(9) 1935.9
◇金原明善翁と治水事業(3)(大石利平)「水利と土木」 8(9) 1935.9
◇水法判例の研究(2)(安田圧鷹)「水利と土木」 8(9) 1935.9
◇バーデン水法(1)(加藤陽三)「水利と土木」 8(9) 1935.9
◇公物(主として道路)の取得時効試論(坂口軍司)「道路の改良」 17(9) 1935.9
◇フランス道路法制史(2)(武若時一郎)「道路の改良」 17(9) 1935.9
◇路政上に横はる二大問題(平井洗民)「道路の改良」 17(9) 1935.9
◇都市建築の諸問題(菱田厚介)「都市公論」 18(9) 1935.9
◇東京市江東方面高潮防禦計画/地盤沈下問題と其対策研究(高木敏雄)「都市問題」 21(3) 1935.9
◇本所,深川方面の土地沈下に就て/地盤沈下問題と其対策研究(宮部直巳)「都市問題」 21(3) 1935.9
◇高速度道路の設計「土木学会誌」 21(9) 1935.9
◇汐留駅改築工事に就て(佐藤輝雄)「土木学会誌」 21(9) 1935.9
◇斜吊材を使用した鉄筋コンクリート拱橋(糸川一郎)「土木学会誌」 21(9) 1935.9
◇資料マイセンに於けるエルベ川の新橋梁(小野良一)「土木学会誌」 21(9) 1935.9
◇世界各国最近の橋梁及他の構造物(福田武雄)「土木学会誌」 21

◇(9) 1935.9
◇敦賀港に於ける各種設備の利用状況(石田武雄)「土木学会誌」 21(9) 1935.9
◇再び鋳鉄管に於ける流量に就て(池田篤三郎)「土木学会誌」 21(9) 1935.9
◇リッチモンド市の興味ある橋梁建設計画の完成(吉藤幸朔)「土木学会誌」 21(9) 1935.9
◇東北地方港湾振興に関する建議(附東北地方港湾振興に関する調査書)「港湾」 13(10) 1935.10
◇日本港湾の経済地誌(4)(中島愁畔)「港湾」 13(10) 1935.10
◇道路経済論(4)(武若時一郎)「自治研究」 11(10) 1935.10
◇河川愛護運動の提唱(高橋嘉一郎)「水利と土木」 8(10) 1935.10
◇河川愛護の強調(武井群嗣)「水利と土木」 8(10) 1935.10
◇バーデン水法(2)(加藤陽三)「水利と土木」 8(10) 1935.10
◇高層建築救助並防禦対策卑見(矢島安雄)「帝都消防」 11(78) 1935.10
◇採算のとれる都市の建設拡張(菊地慎三)「道路の改良」 17(10) 1935.10
◇非命の死と道路行政(田川大吉郎)「道路の改良」 17(10) 1935.10
◇フランス道路法制史(3)(武若時一郎)「道路の改良」 17(10) 1935.10
◇シカゴ市に於ける下水隧道(玉置巌)「土木学会誌」 21(10) 1935.10
◇世界最大の鉄筋コンクリート拱橋(福田武雄)「土木学会誌」 21(10) 1935.10
◇長路の放流渠による下水処理法(竹内正)「土木学会誌」 21(10) 1935.10
◇本管の漏水決定法(玉置巌)「土木学会誌」 21(10) 1935.10
◇警視庁建築出願件数に就て(山本源一郎,佐藤正一)「建築雑誌」 49(605) 1935.11
◇停車場建築「建築と社会」 18(11) 1935.11
◇治水国策の樹立(広瀬久忠)「斯民」 30(11) 1935.11
◇河川法制の整備(武井群嗣)「水利と土木」 8(11) 1935.11
◇治水策の検討(宮本武之輔)「水利と土木」 8(11) 1935.11
◇坪井川改修に就て(1)(小引掌)「水利と土木」 8(11) 1935.11
◇バーデン水法(3)(加藤陽三)「水利と土木」 8(11) 1935.11
◇道路損傷負担金問題に就いて(苦労生)「道路の改良」 17(11) 1935.11
◇フランス道路法制史(4)(武若時一郎)「道路の改良」 17(11) 1935.11
◇下水の機械濾過(松見三郎)「土木学会誌」 21(11) 1935.11
◇工事着手のシカゴ第4下水処理場(傍島湊)「土木学会誌」 21(11) 1935.11
◇シカゴ下水隧道のコンクリートの打ち方(玉置巌)「土木学会誌」 21(11) 1935.11
◇新京吉林国道工事報告(米田正文)「土木学会誌」 21(11) 1935.11
◇新伯林のNordsud-S-Bahnに就て(草間康二)「土木学会誌」 21(11) 1935.11
◇世界各国に於ける最近の橋梁(福田武雄)「土木学会誌」 21(11) 1935.11
◇ベルギーのフィレーンデール結構橋(奥田秋夫)「土木学会誌」 21(11) 1935.11
◇ベルリンの環状道路(五十嵐醇三)「土木学会誌」 21(11) 1935.11
◇満州国国道局の機構(米田正文)「土木学会誌」 21(11) 1935.11
◇綿筵による安価な舗装養生(長瀬新)「土木学会誌」 21(11) 1935.11
◇江東方面の地盤沈下に関する資料(宮部直己)「エンジニアー」 14(12) 1935.12

◇空港建築計画に於ける"Planning chart"の研究(笹間一夫)「建築雑誌」 49(598) 1935.12
◇室内空気の自然対流に関する模型実験(第一報)(谷口吉郎)「建築雑誌」 49(598) 1935.12
◇耐震壁に関する研究(第四報)(田辺平学,勝田千利,東東造)「建築雑誌」 49(598) 1935.12
◇東京下町に於ける杭打地形の研究(第四編杭の荷重試験、第五編杭の沈下曲線)(北澤五郎)「建築雑誌」 49(598) 1935.12
◇木造及びコンクリート住宅の室内気候に就て(宮部宏)「建築雑誌」 49(598) 1935.12
◇都市対空偽装概論(新海悟郎,笹間一夫)「建築雑誌」 49(607) 1935.12
◇建築物法其他に関する討議研究(法制委員会)「建築と社会」 18(12) 1935.12
◇住宅構造座談会記録(住宅委員会)「建築と社会」 18(12) 1935.12
◇大阪港論(森留川)「港湾」 13(12) 1935.12
◇日本港湾の経済地法(5)(中島愁畔)「港湾」 13(12) 1935.12
◇道路経済論(5)(武若時一郎)「自治研究」 11(12) 1935.12
◇横浜市水道第三回拡張第二期工事の概要(藤田弘直)「水道協会雑誌」 31 1935.12
◇江戸川水利統制(展馬謙蔵)「水利と土木」 8(12) 1935.12
◇土木事業の経済化(武井群嗣)「水利と土木」 8(12) 1935.12
◇道路受益者負担制に就て(三浦行雄)「大大阪」 11(12) 1935.12
◇フランス道路法制史(5)(武若時一郎)「道路の改良」 17(12) 1935.12
◇現代の航空港(木村尚文)「都市公論」 18(12) 1935.12
◇瑞典に在る鉄筋コンクリート橋(瀧山糞)「土木学会誌」 21(12) 1935.12
◇地下鉄道線路に於ける線路の間隔及隧道の大さに関する調整々備に就て(安倍邦衛)「土木学会誌」 21(12) 1935.12
◇淀川低水工事(山内喜之助)「土木学会誌」 21(12) 1935.12
◇来夏竣工の紐育トライボロー橋(糸川一郎)「土木学会誌」 21(12) 1935.12
◇ライン河に架かるアドルフヒットラー橋(富田恵吉)「土木学会誌」 21(12) 1935.12
◇タウト氏に答ふ(中村)「建築雑誌」 50(608) 1936.1
◇日本建築の文法(瀧澤真弓)「建築雑誌」 50(608) 1936.1
◇60年来の体験により私は如何なる家に住む可きか(山本治郎平)「建築雑誌」 50(608) 1936.1
◇建築と社会(ブルーノ・タウト)「建築と社会」 19(1) 1936.1
◇港湾施設内容理解の徹底化と道路法に就て(田村与吉)「港湾」 14(1) 1936.1
◇羅津開港工事報告「港湾」 14(1) 1936.1
◇土木行政の刷新(武井群嗣)「自治研究」 12(1) 1936.1
◇位置を中心として大阪港の発展性を論ず(森下二次也)「大大阪」 12(1) 1936.1
◇大阪港論(芝原秀之助)「大大阪」 12(1) 1936.1
◇洋風庭園の構成(2)(田村剛)「庭園」 18(1) 1936.1
◇朝鮮の道路(5)(三浦磐雄)「道路の改良」 18(1) 1936.1
◇フランス道路法制史(6)(武若時一郎)「道路の改良」 18(1) 1936.1
◇満州国国道構造基準に就て(坂田昌亮)「道路の改良」 18(1) 1936.1
◇支那機罐救援会の土木事業成績概要「土木学会誌」 22(1) 1936.1
◇霜害防止の試験道路(本城信治)「土木学会誌」 22(1) 1936.1

- ◇地下鉄道線路に於ける線路の間隔及隧道の大さに関する調整整備に就て（安倍邦衛）「土木学会誌」 22（1） 1936.1
- ◇道路構造令並同細則改正案要綱（内務省土木局）「土木学会誌」 22（1） 1936.1
- ◇道路縦断勾配の路面排水に及ぼす効果に就て（工藤久夫）「土木学会誌」 22（1） 1936.1
- ◇Buchsに於てRhein河に架る新鉄道橋（奥田秋夫）「土木学会誌」 22（1） 1936.1
- ◇市街地建築物法令に関する事務打合会「内務時報」 1（1） 1936.1
- ◇土木会議の概要「内務時報」 1（1） 1936.1
- ◇東京ビルデイング街の発展に関する一調査（奥井復太郎）「三田学会雑誌」 30（1） 1936.1
- ◇広告術に現はれたネオンサイン（亀井幸次郎）「建築と社会」 19（2） 1936.2
- ◇大阪港論（芝原秀之助）「港湾」 14（2） 1936.2
- ◇港湾利用強化と今後の河川法（田村与吉）「港湾」 14（2） 1936.2
- ◇土木法制資料（24）「水利と土木」 9（2） 1936.2
- ◇バーデン水法（5）（加藤陽三）「水利と土木」 9（2） 1936.2
- ◇水の法律関係（1）（安田正鷹）「水利と土木」 9（2） 1936.2
- ◇大阪港論（奥野純次）「大大阪」 12（2） 1936.2
- ◇大阪港論（原田武）「大大阪」 12（2） 1936.2
- ◇大阪港論（松本清）「大大阪」 12（2） 1936.2
- ◇専用軌道と道路占用（徳崎香）「道路の改良」 18（2） 1936.2
- ◇道路経済の研究（武若時一郎）「道路の改良」 18（2） 1936.2
- ◇地下鉄道線路に於ける線路の間隔及隧道の大さに関する調整々備に就て（安倍邦衛）「土木学会誌」 22（2） 1936.2
- ◇鋳鉄管に於ける流量に就て（島崎孝彦）「土木学会誌」 22（2） 1936.2
- ◇常磐線日暮里南千住間線路改築工事概要（内山祥一）「土木学会誌」 22（2） 1936.2
- ◇綿布にて補強せる路面（比田正）「土木学会誌」 22（2） 1936.2
- ◇銅山川分水問題の解決「内務時報」 1（2） 1936.2
- ◇各府県改正市街地建築物法施行細則「建築と社会」 19（3） 1936.3
- ◇高層建築物調査速報抜萃「建築と社会」 19（3） 1936.3
- ◇TVAに依る町の改造計画「建築と社会」 19（3） 1936.3
- ◇函館港の現来（松波仁一郎）「港湾」 14（3） 1936.3
- ◇事業用物品材料の取扱と工事整理事務の改善（片岡義雄麿）「市政研究」 2（2） 1936.3
- ◇道路占用事務の改善（生駒栄俊）「市政研究」 2（2） 1936.3
- ◇道路経済（6）（武若時一郎）「自治研究」 12（3） 1936.3
- ◇大連上水道第五期拡張工事設計概要「水道協会雑誌」 34（3） 1936.3
- ◇河川統制計画に就きて（前川貫一）「水利と土木」 9（3） 1936.3
- ◇東京市の路街庭園（横山専一）「庭園と風景」 18（3） 1936.3
- ◇貨幣と資源としての道路（田川大吉郎）「道路の改良」 18（3） 1936.3
- ◇道路経済の研究（2）（武若時一郎）「道路の改良」 18（3） 1936.3
- ◇都市に於ける建築経営の経済的研究（吉村辰夫, 香坂茂三）「都市公論」 19（3） 1936.3
- ◇シユツトガルト市の小住宅建築奨励策（幸島礼吉）「都市問題」 22（3） 1936.3
- ◇シールドに依る下水隧道の建設（村山朔郎）「土木学会誌」 22（3） 1936.3
- ◇Rhein河に架した新街路橋「土木学会誌」 22（3） 1936.3
- ◇小河内貯水池計画に関し多摩川水利上の係争問題に就て（小野基樹）「水道協会雑誌」 35 1936.3
- ◇新政綱と土木国策（武井群嗣）「水利と土木」 9（4） 1936.4
- ◇水利使用を中心とする内務通信の関係（1）（牧田修）「水利と土木」 9（4） 1936.4
- ◇台湾の道路（2）（三浦磐雄）「道路の改良」 18（4） 1936.4
- ◇道路経済の研究（3・完）（武若時一郎）「道路の改良」 18（4） 1936.4
- ◇都市に於ける建築経営の経済的研究（吉村辰夫, 香坂茂三）「都市公論」 19（4） 1936.4
- ◇浦戸港口漂砂問題研究及び港口計画論（山本時雄）「土木学会誌」 22（4） 1936.4
- ◇コロンビヤCartagena港の新港湾施設（比田正）「土木学会誌」 22（4） 1936.4
- ◇仏国Cherbourg港の新旅客設備（比田正）「土木学会誌」 22（4） 1936.4
- ◇最少限住宅に於ける衛生学的研究とその批判（和田登）「建築と社会」 19（5） 1936.5
- ◇住宅に最適の「温床煖房」（中島彦六）「建築と社会」 19（5） 1936.5
- ◇下田港拡張計画概要（港湾協会）「港湾」 14（5） 1936.5
- ◇躍進日本の経済的実相と地方港湾改良の必要（内務省土木局）「港湾」 14（5） 1936.5
- ◇小河内貯水池計画に関し多摩川水利上の係争問題に就て（続）（小野基樹）「水道協会雑誌」 36 1936.5
- ◇河川協会の創立（武井群嗣）「水利と土木」 9（5） 1936.5
- ◇所謂時局の認識と道路改良（田川大吉郎）「道路の改良」 18（5） 1936.5
- ◇近世に於ける道路管理の実際に就て（和田篤憲）「道路の改良」 18（5） 1936.5
- ◇台湾の道路（3）（三浦磐雄）「道路の改良」 18（5） 1936.5
- ◇道路の使用に関する学説に就て（武井群嗣）「道路の改良」 18（5） 1936.5
- ◇東岩瀬港の概要（佐渡伝二）「都市公論」 19（5） 1936.5
- ◇伏木港概説（大島太郎）「都市公論」 19（5） 1936.5
- ◇コンクリート舗装の進歩（平尾修一）「土木学会誌」 22（5） 1936.5
- ◇東京湾の設備増進「港湾」 14（6） 1936.6
- ◇米国に於ける治水と発電の総合計画（内務省土木局河川課）「水利と土木」 9（6） 1936.6
- ◇自動車の道路使用に関する一考察（小田元吉）「大大阪」 12（6） 1936.6
- ◇台湾の道路（其4）（三浦磐雄）「道路の改良」 18（6） 1936.6
- ◇道路技術と政治（奥井復太郎）「道路の改良」 18（6） 1936.6
- ◇最近の大阪港に就て（内山新之助）「都市公論」 19（6） 1936.6
- ◇府県道改良費並に水道費国庫補助「内務時報」 1（6） 1936.6
- ◇フランス道路小史（山中謙二）「経済時報」 8（4） 1936.7
- ◇明治前期に於ける営繕事務官制の変遷（田中義次）「建築雑誌」 50（614） 1936.7
- ◇神戸港築港史（7）（柳澤米吉）「港湾」 14（7） 1936.7
- ◇道路経済論（7）：第十四道路交通の幅輳（武若時一郎）「自治研究」 12（7） 1936.7
- ◇横浜港の仲仕労働事情（林寿）「統計集誌」 661 1936.7
- ◇台湾の道路（其5）（三浦磐雄）「道路の改良」 18（7） 1936.7
- ◇道路の最大利用に就て（増井幸雄）「道路の改良」 18（7） 1936.7
- ◇新京浜国道に就て「内務時報」 1（7） 1936.7
- ◇道路改良事業の概要「内務時報」 1（7） 1936.7
- ◇大阪市の道路に就て（福留並喜）「エンジニアー」 15（8） 1936.8
- ◇大阪の道路を語る会「エンジニアー」 15（8） 1936.8

◇拾周年を迎へた東京港と今後の対策（田村与吉）「港湾」　14(8)　1936.8

◇神戸港拡張計画「港湾」　14(9)　1936.8

◇大東京の偉観と世界制覇を目指す東京港（長澄英也）「港湾」　14(9)　1936.8

◇道路経済論(8)：第十五交通整理（武若時一郎）「自治研究」　12(8)　1936.8

◇土木事業の企画整理（武井群嗣）「水利と土木」　9(8)　1936.8

◇英国道路改良の近状に就て(1)（楢崎敏雄）「道路の改良」　18(8)　1936.8

◇独逸に於ける自転車道（本城信治）「土木学会誌」　22(8)　1936.8

◇支那に於ける公路の建設と農民経済「外国鉄道調査資料」　10(9)　1936.9

◇ボストン幹線道路計画「区画整理」　2(9)　1936.9

◇大阪長屋建築瞥見（松森修太）「建築と社会」　19(9)　1936.9

◇建築と広告との接触面（山口正威）「建築と社会」　19(9)　1936.9

◇京都市山科浄水場新設工事に就いて（山本興一郎）「水道協会雑誌」　40　1936.9

◇多摩川筋にける大貯水池堰堤地点に関する比較研究（小野基樹）「水道協会雑誌」　40　1936.9

◇英国道路改良の近状に就て(2)（楢崎敏雄）「道路の改良」　18(9)　1936.9

◇台湾の道路（其6）（三浦磐雄）「道路の改良」　18(9)　1936.9

◇道路改良の経済的効果に就て(1)（守屋秋太郎）「道路の改良」　18(9)　1936.9

◇道路法制定以後に於ける本邦道路事業の発達（遠藤貞一）「道路の改良」　18(9)　1936.9

◇都市町農村の道路政策(1)（藤田宗光）「道路の改良」　18(9)　1936.9

◇同潤会に於て実施せるメートル整数による住宅建築の報告書に就て（メートル法實施促進委員会）「建築雑誌」　50(618)　1936.10

◇京浜運河と京浜二大港湾（田村与吉）「港湾」　14(10)　1936.10

◇南京港(2)（庄司得二）「港湾」　14(10)　1936.10

◇運河（安田正鷹）「水利と土木」　9(10)　1936.10

◇最近に於ける米国の治水問題（物部長穂）「水利と土木」　9(11)　1936.10

◇水利の統制に就て（野間海造）「水利と土木」　9(11)　1936.10

◇道路改良の経済的効果に就て(2)（守屋秋太郎）「道路の改良」　18(10)　1936.10

◇都市町農村の道路政策(2)（藤田宗光）「道路の改良」　18(10)　1936.10

◇全国都市問題会議第五回総会記念号「都市問題」　23(4)　1936.10　学校建築とその敷地の問題／都市の保健施設に関する一人一研究-第五回全国都市問題会議総会第二議題関係研究報告の要旨（古茂田甲午郎）　小学校建築に関する私見／都市の保健施設に関する一人一研究-第五回全国都市問題会議総会第二議題関係研究報告の要旨（有本邦太郎）　壁面の位置の指定に依る住宅地の道路計画／都市の保健施設に関する一人一研究-第五回全国都市問題会議総会第二議題関係研究報告の要旨（都市計画北海道地方委員会）

◇水理協議会の設置に就いて「内務時報」　1(10)　1936.10

◇建築統計資料（建築統計連合委員会）「建築雑誌」　50(619)　1936.11

◇日本建築の様式に関する座談会「建築雑誌」　50(619)　1936.11

◇日本的建築と合理主義（市浦健）「建築雑誌」　50(619)　1936.11

◇南京港(3)（庄司得二）「港湾」　14(11)　1936.11

◇台湾の道路（其7）（三浦磐雄）「道路の改良」　18(11)　1936.11

◇道路改良の経済的効果に就て(3)（守屋秋太郎）「道路の改良」　18(11)　1936.11

◇都市町農村の道路政策(3)（藤田宗光）「道路の改良」　18(11)　1936.11

◇港湾修築の概況「内務時報」　1(11)　1936.11

◇市街地建築物法主任官会議「内務時報」　1(11)　1936.11

◇治水の根本策に就て「内務時報」　1(11)　1936.11

◇特殊建築物規則の要旨「内務時報」　1(11)　1936.11

◇ベルリン国立運動競技場（ライヒスシユポルトフエルト）に於けるオリムピック建築「外国鉄道調査資料」　10(12)　1936.12

◇都市工学に於ける抽象論の結実（宮田秀穂）「建築と社会」　19(12)　1936.12

◇京浜運河計画と沿岸埋立地の現況（落合林吉）「港湾」　14(12)　1936.12

◇"Port"、"Harbour"の異同を弁じ港湾立法を望む（關口四郎）「港湾」　14(12)　1936.12

◇道路改良の経済的効果に就て(4)（守屋秋太郎）「道路の改良」　18(12)　1936.12

◇昭和9、10年全国各地方異常潮位及昭和10年利根川、木会川大出水調査資料に就て（伊undo剛）「土木学会誌」　22(12)　1936.12

◇第8回国際道路会議の議題に就て（藤井真透）「土木学会誌」　22(12)　1936.12

◇Darsmstadts道路研究所の研究事項（長瀬新）「土木学会誌」　22(12)　1936.12

◇San Francisco港概況（比田正）「土木学会誌」　22(12)　1936.12

◇千葉県水道管の電触調査報告（電触防止水道専門委員会）「水道協会雑誌」　53　1937.1

◇河水統制の急務（水谷鐇）「水利と土木」　10(10)　1937.1

◇河水統制の目標（安田正鷹）「地方行政」　45(1)　1937.1

◇災害防除対策と砂防工事（赤木正雄）「地方行政」　45(1)　1937.1

◇宇部市の道路事業（早田成雄）「道路の改良」　19(1)　1937.1

◇台湾の道路(8)（三浦磐雄）「道路の改良」　19(1)　1937.1

◇道路改良の経済的効果に就て(5)（守屋秋太郎）「道路の改良」　19(1)　1937.1

◇土木会議の概要「内務時報」　2(1)　1937.1

◇米国に於ける高速度列車に対する信号設備に就て「外国鉄道調査資料」　11(2)　1937.2

◇市街地建築物法問答(3)（中村綱）「区画整理」　3(2)　1937.2

◇特殊建築物規則について(1)（雪沢千代治）「警察研究」　8(2)　1937.2

◇建築統計資料（建築統計連合委員会）「建築雑誌」　51(623)　1937.2

◇1936年内外建築界の展望(2)：設計及び意匠界の動向（市浦健）「建築雑誌」　51(623)　1937.2

◇関門両港の統一「港湾」　15(2)　1937.2

◇天下の視聴を集めた川崎市大師地先埋立問題の全貌（根津熊次郎）「港湾」　15(2)　1937.2

◇東京港(5)（庄司得二）「港湾」　15(2)　1937.2

◇アメリカの「ダム」会議と視察行脚(2)（小野基樹）「水道協会雑誌」　45　1937.2

◇水道工事と道路占用手続に就て（高橋六郎）「水道協会雑誌」　45　1937.2

◇建築統計に就いて(2・完)（川澄巳知雄）「統計集誌」　668　1937.2

◇台湾の道路(9)（三浦磐雄）「道路の改良」　19(2)　1937.2

◇道路体系に於ける社会性の認識（奥井復太郎）「道路の改良」　19(2)　1937.2

◇宇部市の道路事業（早田成雄）「都市公論」　20(2)　1937.2

◇循環式交叉点に就いて（中村清照）「都市公論」　20(2)　1937.2

◇ドイツの高速道路（長瀬新）「土木学会誌」　23(2)　1937.2

◇昭和十年港湾統計概要「内務時報」　2(2)　1937.2

◇特殊建築物規則について(2)(雪沢千代治)「警察研究」　8(3)　1937.3
◇ナチス独逸の建築一色化とは(岸田日出刀)「建築雑誌」　51(624)　1937.3
◇丸ノ内地盤沈下の研究(北沢五郎)「建築雑誌」　51(624)　1937.3
◇大阪港拡張計画(内山新之助)「建築と社会」　20(3)　1937.3
◇建築家としての法律常識(山口儀三郎)「建築と社会」　20(3)　1937.3
◇大分港修築計画概要(内務省下関土木出張所)「港湾」　15(3)　1937.3
◇大阪築港の側面史(松波仁一郎)「港湾」　15(3)　1937.3
◇港湾使用料徴収に就て(飯山治作)「港湾」　15(3)　1937.3
◇明治時代の港湾を語る(1)(鈴木信恭)「港湾」　15(3)　1937.3
◇森林治水事業と地方自治(田中八百八)「斯民」　32(3)　1937.3
◇独墺に於ける最近の水法に就て(加藤陽三)「水利と土木」　10　1937.3
◇小庭園の平面計画と其意匠(永見健一)「庭園」　19(3)　1937.3
◇支那の園林(後藤朝太郎)「庭園」　19(3)　1937.3
◇愛知県名古屋・清洲間国道12号改築工事並に其の経済的効果について(高橋敏五郎,山口十一郎)「土木学会誌」　23(3)　1937.3
◇第三回世界動力会議並第二回国際大堰堤会議及視察旅行報告(石井頴一郎)「土木学会誌」　23(3)　1937.3
◇名古屋市の経営的地位と名古屋港の将来(大岩勇夫)「港湾」　15(4)　1937.4
◇商店街の位置形状長さ及街路の構成(川上為治)「商業組合」　3(4)　1937.4
◇河川法と道路法との関係につきて(安田正鷹)「水利と土木」　10(4)　1937.4
◇道路改良の経済的効果に就て(7)(守屋秋太郎)「道路の改良」　19(4)　1937.4
◇都市農村の土木政策の推移(1)(藤田宗光)「道路の改良」　19(4)　1937.4
◇米国道路建設連邦補助に関する法令(2)(檜垣正男)「道路の改良」　19(4)　1937.4
◇市街地建築物法問答(完)(中村綱)「区画整理」　3(5)　1937.5
◇建築工事の季節的変動(広瀬初夫)「建築と社会」　20(5)　1937.5
◇川崎港を中心とする京浜港湾統制問題(根津熊次郎)「港湾」　15(5)　1937.5
◇河川行政の基礎概念(安田正鷹)「地方行政」　45(5)　1937.5
◇街路美の原理(奥井復太郎)「道路の改良」　19(5)　1937.5
◇道路改良綜合計画協議会の誕生(細田徳寿)「道路の改良」　19(5)　1937.5
◇都市農村の土木政策の推移(2)(藤田宗光)「道路の改良」　19(5)　1937.5
◇米国道路建設連邦補助に関する法令(3)(檜垣正男)「道路の改良」　19(5)　1937.5
◇6000万弗の倫敦港改修計画(比田正)「土木学会誌」　23(5)　1937.5
◇昭和十二年度土木費補助及国道改良工事「内務時報」　2(5)　1937.5
◇日本折衷主義と我国の建築運動(西山夘三)「建築と社会」　20(6)　1937.6
◇日本のインターナショナル建築運動(中尾保)「建築と社会」　20(6)　1937.6
◇三田尻港修築計画概要(港湾協会調査部)「港湾」　15(6)　1937.6
◇御堂筋線概要(大阪市役所土木部)「大大阪」　13(7)　1937.6
◇六大都市道路協議会「道路の改良」　19(6)　1937.6
◇建築統計(汐見三郎)「経済論叢」　45(1)　1937.7

◇蘇連黒海諸港誌(1)(富多川早菊)「港湾」　15(7)　1937.7
◇道路改良の経済的効果に就て(9)(守屋秋太郎)「道路の改良」　19(7)　1937.7
◇北門の商港「小樽市」(板谷宮吉)「都市公論」　20(7)　1937.7
◇欧米の橋梁を見て(堀威夫)「土木学会誌」　23(7)　1937.7
◇建築線指定標準とその解説(中村綱)「区画整理」　3(8)　1937.8
◇警視庁管下に於ける建築に関する統計(石井桂)「建築雑誌」　51(629)　1937.8
◇建築統計に就て(森数樹)「建築雑誌」　51(629)　1937.8
◇商工省建築統計に就て(川澄巳知雄)「建築雑誌」　51(629)　1937.8
◇木造平屋建築家屋の火事温度(都市防空委員会)「建築雑誌」　51(629)　1937.8
◇朝鮮の住宅(鳥井捨蔵)「建築と社会」　20(8)　1937.8
◇独逸重要港に於ける港湾管理と経営(1)(田北隆美)「港湾」　15(8)　1937.8
◇徳山港一斑(徳山市)「港湾」　15(8)　1937.8
◇徳山港調査座談会「港湾」　15(8)　1937.8
◇水利組合費の課徴問題(中西秀峰)「税」　15(8)　1937.8
◇水底の小河内村(大宅壮一)「中央公論」　52(8)　1937.8
◇安全網領十七箇条(2)(細田徳寿)「道路の改良」　19(8)　1937.8
◇道路改良の経済的効果に就て(10)(守屋秋太郎)「道路の改良」　19(8)　1937.8
◇京浜運河埋立計画「土木学会誌」　23(8)　1937.8
◇ニューヨークに於る立体交叉構造物「土木学会誌」　23(8)　1937.8
◇満洲建築の防寒養生試験報告(松浦助)「建築雑誌」　51(630)　1937.9
◇蘇連黒海諸港誌(3)(富多川早菊)「港湾」　15(9)　1937.9
◇独逸重要港に於ける港湾管理と経営(2)(田北隆美)「港湾」　15(9)　1937.9
◇土木工事用セメントに関する最近の傾向に就て(1)(永井彰一郎)「水道協会雑誌」　52　1937.9
◇水利組合法上の諸問題(加藤俊夫)「東京地方改良協会会報」　74　1937.9
◇道路照明設計上の新傾向(島田八郎)「道路の改良」　19(9)　1937.9
◇南北アメリカを縦走する汎アメリカ大幹線道路に就て(藤森謙一)「道路の改良」　19(9)　1937.9
◇街路設計上の二、三の問題(奥田教朝)「土木学会誌」　23(9)　1937.9
◇国有自動車道路に於ける鉄筋コンクリート連続桁(河合宏海)「土木学会誌」　23(9)　1937.9
◇上海港に就て(国分正胤)「土木学会誌」　23(9)　1937.9
◇蘇連黒海諸港誌(2)(富多川早菊)「港湾」　15(10)　1937.10
◇倫敦港庁論(サー・オウエン)「港湾」　15(10)　1937.10
◇我が国に於ける市営運河事業の成立と其背景(竹中龍雄)「市政研究」　3(6)　1937.10
◇土木工事用セメントに関する最近の傾向に就て(2)(永井彰一郎)「水道協会雑誌」　53　1937.10
◇道路改良の経済的効果に就いて(11)(守屋秋太郎)「道路の改良」　19(10)　1937.10
◇アメリカの道路調査(中村清照)「土木学会誌」　23(10)　1937.10
◇大阪駅構内地下鉄道築造工事報告(江藤智)「土木学会誌」　23(10)　1937.10
◇共同住宅設計図案「建築雑誌」　51(632)　1937.11
◇港湾労働統制会社の創立を提唱す(1)(有貝賦)「港湾」　15(11)　1937.11
◇遊水地に依る支那黄河の洪水の調査(物部長穂)「水利と土木」　10

◇(11)　1937.11
◇ルーズヴェルトの河水統制計画案（安田正鷹）「水利と土木」　10 (11)　1937.11
◇最近に於ける我国建築情況に就て（川澄巳知雄）「統計集誌」　677　1937.11
◇道路と社会的距離（古野清人）「道路の改良」　19(11)　1937.11
◇道路と道徳の関係（井上弘道）「道路の改良」　19(11)　1937.11
◇道路標識の改正に就て（谷口松雄）「道路の改良」　19(11)　1937.11
◇一九三七年巴里万国博覧会に於ける独逸館の建築（山田正男）「土木学会誌」　23(11)　1937.11
◇米国土木工学の発達（小俣弘通）「土木学会誌」　23(11)　1937.11
◇満洲に於ける寒中コンクリート工事の一報告（真鍋筒好）「土木学会誌」　23(11)　1937.11
◇建築行政に関する研究調査機関を要望す（錦田直一）「建築行政」　1(4)　1937.12
◇建築行政の転換期と研究企画期間設置の急務（大枝千秋）「建築行政」　1(4)　1937.12
◇戦時体制と建築行政（井上武）「建築行政」　1(4)　1937.12
◇転換期に於ける建築行政（伊藤憲太郎）「建築行政」　1(4)　1937.12
◇非常時立法と建築行政（江口見登留）「建築行政」　1(4)　1937.12
◇適地とその限界性（高橋寿男）「建築と社会」　20(12)　1937.12
◇道路経済に関する一研究紹介（田村秀文）「交通研究」　20　1937.12
◇上海港と事変（BTⅡ生）「港湾」　15(12)　1937.12
◇北支港湾開発論（田北隆美）「港湾」　15(12)　1937.12
◇我国の港湾政策に就て（三橋信三）「港湾」　15(12)　1937.12
◇道路教育論（1）（井上弘道）「道路の改良」　19(19)　1937.12
◇明日の街路（梅津善四郎訳）「都市公論」　20(12)　1937.12
◇コンクリート道路に於ける地盤の隆起（谷藤正三）「土木学会誌」　23(12)　1937.12
◇東海道線東京品川間線路増設工事概要（松下秀樹）「土木学会誌」　23(12)　1937.12
◇揚子江河口の浚渫（比田正）「土木学会誌」　23(12)　1937.12
◇FinlandのHelsingfors港（比田正）「土木学会誌」　23(12)　1937.12
◇建築家の再認識（山口儀三郎）「建築と社会」　21(1)　1938.1
◇北支港湾に対する連雲港の将来と北方大港の計画に就て（田北隆美）「港湾」　16(1)　1938.1
◇北支中心港湾問題（八木常三郎）「港湾」　16(1)　1938.1
◇道路管理者の軌道経営者に対する監督権（泉清）「市政研究」　4(1)　1938.1
◇帝都に於ける鑿井の進出状況に就いて（梶原二郎）「水道協会雑誌」　56　1938.1
◇国民精神総動員運動としての道路愛護運動（細田徳寿）「道路の改良」　20(1)　1938.1
◇千葉県道路愛護運動（宮崎正夫）「道路の改良」　20(1)　1938.1
◇道路教育論（2）（井上弘道）「道路の改良」　20(1)　1938.1
◇大阪地方地盤の沈下について（福留並喜）「都市公論」　20(1)　1938.1
◇アスファルト舗装に於ける品質の改良（竹崎忠雄）「土木学会誌」　24(1)　1938.1
◇上海港と其将来（1）（田北隆美）「港湾」　16(2)　1938.2
◇満州国営口港に就て（原口出次郎）「港湾」　16(2)　1938.2
◇昭和十一年港湾統計概要「内務時報」　3(2)　1938.2
◇再び建築生産の合理化につて（市浦健）「建築雑誌」　52(636)　1938.3
◇上海港と将来（2）（田北隆美）「港湾」　16(3)　1938.3

◇相模川河水統制事業の概要「水道協会雑誌」　58　1938.3
◇北支河水統制の一私案（松田全弘）「水利と土木」　11(3)　1938.3
◇水利組合費の租税性（村田勝延）「税」　16(3)　1938.3
◇英国道路改良の原動力たる英国道路改良会活動の現況（佐上信一）「道路の改良」　20(3)　1938.3
◇道路改良の経済的効果に就て（13）（守屋秋太郎）「道路の改良」　20(3)　1938.3
◇欧州に於ける自動車専用道路（ダフマン・カフタン）「都市公論」　21(3)　1938.3
◇名古屋港第五期拡張計画「土木学会誌」　24(3)　1938.3
◇小丸川河水統制計画「内務時報」　3(3)　1938.3
◇天津港と白河改修の経緯（田北隆美）「港湾」　16(4)　1938.4
◇北支港湾改良意見「港湾」　16(4)　1938.4
◇河水統制区域決定に就て（水谷鑛）「水利と土木」　11(4)　1938.4
◇北支河川改修私案（津野好）「水利と土木」　11(4)　1938.4
◇水利組合費の租税性（村田勝延）「税」　16(4)　1938.4
◇最近一ヶ年の建築統計「統計集誌」　682　1938.4
◇道路に対する認識の是正（奥井復太郎）「道路の改良」　20(4)　1938.4
◇土木省設置の必要（野中八郎）「土木学会誌」　24(4)　1938.4
◇フランスの国道建設に関する現今の問題（山田正男）「土木学会誌」　24(4)　1938.4
◇欧米の木造建築近況（十代田三郎）「建築雑誌」　52(638)　1938.5
◇青島港の使命に就て（1）（田北山）「港湾」　16(5)　1938.5
◇名古屋港修築計画要「港湾」　16(5)　1938.5
◇北支経済建設と土木事業（安藤狂四郎）「水利と土木」　11(5)　1938.5
◇倫敦湾の発展（比田正）「土木学会誌」　24(5)　1938.5
◇市街地防火設備の必要に就て（一ノ瀬正）「建築行政」　2(2)　1938.6
◇土木建築請負業取締と市街地建築物法との連絡関係に就て（古崎星雄）「建築行政」　2(2)　1938.6
◇満州建築の防寒養生報告（松浦助）「建築雑誌」　52(639)　1938.6
◇青島港の使命に就て（2）（田北隆美）「港湾」　16(6)　1938.6
◇揚子江流域諸港の近状（1）（田北郷山）「港湾」　16(6)　1938.6
◇北支に於ける灌漑工事の進捗（永富勘四郎）「水利と土木」　11(6)　1938.6
◇市街地建築物法の改正に就て（1）（井上新二）「区画整理」　4(7)　1938.7
◇武装都市建築方法に就て（古塚正治）「建築と社会」　21(7)　1938.7
◇広東港の将来に就て（1）（田北隆美）「港湾」　16(7)　1938.7
◇スエズ運河を語る（藤田亀太郎）「港湾」　16(7)　1938.7
◇隅田川河口附近に於ける地勢の変化（大瀧白桜）「港湾」　16(7)　1938.7
◇揚子江流域諸港の近状（2）：九江-漢口（田北郷山）「港湾」　16(7)　1938.7
◇沿道者の道路一般使用を論ず（伊藤武）「市政研究」　4(4)　1938.7
◇黄河の治水及利水（富永正義）「水利と土木」　11(7)　1938.7
◇水制工に就て（2）（三橋寛之）「水利と土木」　11(7)　1938.7
◇建築線活用の妙味（中村綱）「都市公論」　21(7)　1938.7
◇市街地建築物法の改正に就て（2）（井上新二）「区画整理」　4(8)　1938.8
◇戦争・建築・生活・住宅（市浦健）「建築と社会」　21(8)　1938.8
◇広東港の将来に就て（2）（田北隆美）「港湾」　16(8)　1938.8
◇上海港と自由港（上田長太郎）「港湾」　16(8)　1938.8

◇台港中部商港計画「港湾」 16(8) 1938.8
◇揚子江流域諸港の近況(3)(田北郷山)「港湾」 16(8) 1938.8
◇大阪市の地盤沈下に就て(別所史郎)「大大阪」 14(8) 1938.8
◇舗装道路の急がれ(田川大吉郎)「道路の改良」 20(8) 1938.8
◇独逸に於ける大都市と自動車道路との連絡「都市公論」 21(8) 1938.8
◇台湾建築行政見たまま(佐野源四郎)「建築行政」 2(3) 1938.9
◇国都新京建設の概要(建築学会新京支部)「建築雑誌」 52(642) 1938.9
◇上海港(1)「港湾」 16(9) 1938.9
◇独逸ライン・マイン・ダニューブ水路(富多川早菊)「港湾」 16(9) 1938.9
◇揚子港流域諸港の近状(4)(田北郷山)「港湾」 16(9) 1938.9
◇水利権論(安田正鷹)「水道協会雑誌」 64 1938.9
◇黄河の治水と水利(3)(富永正義)「水利と土木」 11(9) 1938.9
◇米国1938年救済及土木事業支出許容法「調査月報(大蔵省)」 28(9) 1938.9
◇最近の航空港の問題「都市公論」 21(9) 1938.9
◇大阪内港問題(三輪周蔵)「土木学会誌」 24(9) 1938.9
◇上海港(2)「港湾」 16(10) 1938.10
◇揚子江流域諸港の近況(5・完)(田北郷山)「港湾」 16(10) 1938.10
◇黄河の治水(辰馬鎌蔵)「水利と土木」 11(10) 1938.10
◇道路の保護に就て(増井幸雄)「道路の改良」 20(10) 1938.10
◇米国に於る画期的道路及交通調査並道路改良計画(1)(永富勘四郎)「道路の改良」 20(10) 1938.10
◇東京保健道路計画/都市計画の基本問題に就て(第六回全国都市問題会議総会主輯)(都市計画東京地方委員会)「都市問題」 27(4) 1938.10
◇中支那土木事業に就て(鉄道)(橋本敬之)「土木学会誌」 24(10) 1938.10
◇市街地建築物法施行細則の改正に就て(1)(津田敏雄)「建築と社会」 21(11) 1938.11
◇耐震構造上の諸説(1)(佐野利器)「建築と社会」 21(11) 1938.11
◇道路と住宅(都市問題の一考察)(植原祖一郎)「建築と社会」 21(11) 1938.11
◇米国の小住宅に使用せる家具の種類及び価格の実例(樋口辰太郎)「建築と社会」 21(11) 1938.11
◇高松港港勢(高松市)「港湾」 16(11) 1938.11
◇香港事情(1)(田北郷山)「港湾」 16(11) 1938.11
◇南支那海港並河港都市事情(1)(T・T・生)「港湾」 16(11) 1938.11
◇土木工事用セメントに関する最近の傾向に就て(3)(永井彰一郎)「水道協会雑誌」 54 1938.11
◇河水統制の目標(安田正鷹)「地方行政」 45(11) 1938.11
◇土木建築工場安全及衛生規則に就て(高橋敬一)「地方行政」 45(11) 1938.11
◇米国に於る画期的道路及交通調査並道路改良計画(2)(永富勘四郎)「道路の改良」 20(11) 1938.11
◇大阪市内地盤沈下及その対策(福留並喜)「土木学会誌」 24(11) 1938.11
◇耐震構造上の諸説(2)(佐野利器)「建築と社会」 21(12) 1938.12
◇港湾とヒンターランド(TBH)「港湾」 16(12) 1938.12
◇港湾法の制定を長期建設の機に望む(関口四郎)「港湾」 16(12) 1938.12
◇長期建設に対応すべき港湾政策に就て(笹生亨)「港湾」 16(12) 1938.12

◇香港事情(2)(田北郷山)「港湾」 16(12) 1938.12
◇南支那海港並河港都市事情(2)(T・T・生)「港湾」 16(12) 1938.12
◇大阪城内配水池改造工事に就て(大阪市水道部)「水道協会雑誌」 55 1938.12
◇土木工事用セメントに関する最近の傾向に就て(4・完)(永井彰一郎)「水道協会雑誌」 55 1938.12
◇北支に於ける土木事業(1)(辰馬鎌蔵)「水利と土木」 10(12) 1938.12
◇北支土木事業に就て(新井栄吉)「土木学会誌」 24(12) 1938.12
◇北支土木事業に就て(大河戸宗治)「土木学会誌」 24(12) 1938.12
◇転換期に於ける土木政策(加藤清)「自治研究」 15(1) 1939.1
◇市街地建築物法施行令及同法施行規則の改正(日本都市年鑑編纂室)「都市問題」 28(2) 1939.2
◇阪神大築港計画案(日本都市年鑑編纂室)「都市問題」 28(4) 1939.4
◇港湾行政統一問題(日本都市年鑑編纂室)「都市問題」 28(6) 1939.6
◇満州国大東港の建設(日本都市年鑑編纂室)「都市問題」 29(1) 1939.7
◇水利組合及北海道土功組合の廃地分合(郡祐一)「自治研究」 15(8) 1939.8
◇堺市に於ける中二階に就て(森口清)「建築行政」 3(12) 1939.12
◇満洲国に於ける建築行政概況(牧野正巳)「建築行政」 3(12) 1939.12
◇木造建物建築統制規則の施行と今後の問題(伊藤憲太郎)「建築行政」 3(12) 1939.12
◇労務者向集団住宅地計画懸賞当選図案「建築雑誌」 53(657) 1939.12
◇東京の橋(東京市土木局)「市政週報」 36 1939.12
◇関門海峡綜合改良計画案要綱の決定(日本都市年鑑編纂室)「都市問題」 29(6) 1939.12
◇木造建物建築統制規則の実施(日本都市年鑑編纂室)「都市問題」 29(6) 1939.12
◇東京港の沿革に就て(森田三郎)「土木学会誌」 25(12) 1939.12
◇新浦より連雲港を見る(塩原三郎)「区画整理」 6(1) 1940.1
◇東京港と開港問題(藤井陽二)「市政研究」 6(1) 1940.1
◇道路費の生れるまで(KA生)「道路の改良」 22(1) 1940.1
◇建築家と都市構築(実崎靖)「建築と社会」 23(2) 1940.2
◇建築家と都市構築(菅陸二)「建築と社会」 23(2) 1940.2
◇地方都市と建築行政(中村俊一)「建築と社会」 23(2) 1940.2
◇満洲国建築展望(渡辺雄)「建築と社会」 23(2) 1940.2
◇和蘭のロッテルダム港(2)(富多川早菊)「港湾」 18(2) 1940.2
◇八戸港修築計画概要「港湾」 18(2) 1940.2
◇小河内貯水池工事の近況(小河内貯水池建設事務所)「市政週報」 45 1940.2
◇瑞西に於ける道路制度に就て(四国三郎)「道路の改良」 22(2) 1940.2
◇新浦より連雲港を見る(塩原三郎)「区画整理」 6(3) 1940.3
◇大阪近郊の市街化形態(中沢誠一郎)「建築学会論文集」 17 1940.3
◇地盤沈下の機構に就て(北沢五郎)「建築学会論文集」 17 1940.3
◇関門海峡総合改良計画に就いて(2)(膳立之助)「港湾」 18(3) 1940.3
◇我国の築港投資額(嵯峨根達雄)「港湾」 18(3) 1940.3
◇庭園劇場(1)(Dr.クローンフエルト,針ヶ鐘吉訳)「造園研究」 32 1940.3
◇江戸湊から東京港へ(1)(泉本祐治)「東京港」 4(2) 1940.3

◇東京港と荷設の機械化に就いて(1)(保坂順一)「東京港」 4(2) 1940.3
◇地方国道改良の設計に関する予備知識(和田庄蔵)「道路の改良」 22(3) 1940.3
◇大阪の地盤沈下に就て(岡部三郎)「土木学会誌」 26(3) 1940.3
◇ナチスの建築活動(谷口吉郎)「建築雑誌」 54(661) 1940.4
◇時局港湾都市事情(1)(田北郷山)「港湾」 18(4) 1940.4
◇トリエスト港の港湾設備(蝦夷海南)「港湾」 18(4) 1940.4
◇白耳義の安土府϶(2)(富多川早菊)「港湾」 18(4) 1940.4
◇水利の統制問題(野間海造)「水道協会雑誌」 83 1940.4
◇江戸湊から東京港へ(2)(泉ömaro佑治)「東京港」 4(3) 1940.4
◇東京港と荷設の機械化に就いて(2)(保坂順一)「東京港」 4(3) 1940.4
◇伊太利のゼノア港(富多川早菊)「港湾」 18(5) 1940.5
◇鉛直壁面を有する防波堤体の構造に関する研究(2)(松尾春雄訳)「港湾」 18(5) 1940.5
◇昭和十三年度港湾改良事業(内務省土木局)「港湾」 18(5) 1940.5
◇支那主要港概観(1)(山本行衛)「財政」 5(6) 1940.5
◇地下埋設鋼管用耐蝕性材質の探求(1):各種鋼材の耐蝕性比較試験(遠藤彦造,筑前甚七)「水道協会雑誌」 84 1940.5
◇堤防論(安芸皎一)「水利と土木」 13(5) 1940.5
◇江戸湊から東京港へ(3)(泉祐治)「東京港」 4(4) 1940.5
◇東京港と荷設の機械化に就いて(3)(保坂順一)「東京港」 4(4) 1940.5
◇東京港躍進論(1)(落合林吉)「東京港」 4(4) 1940.5
◇貨物自動車による道路工事の土運搬に就て(和田庄蔵)「道路の改良」 22(5) 1940.5
◇全国里程表の作製を望む(江口見登留)「道路の改良」 22(5) 1940.5
◇ナチス・ドイツに於ける道路法制(1)(永守義忠)「道路の改良」 22(5) 1940.5
◇複式「ロータリー」整理と将来性(渡辺徳松)「道路の改良」 22(5) 1940.5
◇建築上より見たる我国現代住宅規準(住宅問題研究-特に質の問題に就く)(山田守)「都市問題」 30(5) 1940.5
◇水利組合会議員選挙と事実上の立候補者の地位「行政裁判所判決録」 51(2) 1940.6
◇防火改修事業施行の状況(秋山正寿)「建築行政」 4(13) 1940.6
◇防空建築規則の成果(池口凌[ほか])「建築行政」 4(13) 1940.6
◇現代支那の建築文化相(佐藤武夫)「建築雑誌」 54(663) 1940.6
◇建築統計に現れた過去3年の建築動態に就て(1)(昭和12年-同14年)(加藤幸雄)「建築雑誌」 54(663) 1940.6
◇住宅建築と都市構築(池口凌)「建築と社会」 23(6) 1940.6
◇秋田県号「港湾」 18(6) 1940.6
◇支那主要港概観(2)(山本行衛)「財政」 5(7) 1940.6
◇河川工事と砂防工事の分界に就て(金子源一郎)「水利と土木」 13(6) 1940.6
◇利根川増補計画(13)(冨永正義)「水利と土木」 13(6) 1940.6
◇天王洲の由来(泉祐治)「東京港」 4(5) 1940.6
◇東京港躍進論(2):懸賞二等論文集(日比谷栄蔵)「東京港」 4(5) 1940.6
◇ロンドン港務庁制度(東京市港湾局)「東京港」 4(5) 1940.6
◇青森県の都計実施工事(酒井信男)「道路」 2(6) 1940.6
◇道路舗装に於ける最近の新傾向並に之が実施試験に就て(1)(目黒清雄,二階堂雲清)「道路」 2(6) 1940.6
◇名古屋市の補助道路の計画と事業(荒井又太郎)「道路」 2(6) 1940.6

1940.6
◇砂利道の築造に就て(和田庄蔵)「道路の改良」 22(6) 1940.6
◇ナチス・ドイツに於ける道路法制(2)(永守義忠)「道路の改良」 22(6) 1940.6
◇満洲国の道路(1)(西芳雄)「道路の改良」 22(6) 1940.6
◇歴史的に見たる高知県の道路(瀧口利太郎)「道路の改良」 22(6) 1940.6
◇韓国土木事業調査並に道路工事施行の思出記(片山貞松)「土木学会誌」 26(6) 1940.6
◇建築統計に現はれた過去3年の建築動態に就て(2):昭和12年-同14年(加藤幸雄)「建築雑誌」 54(664) 1940.7
◇建築の風圧問題とその耐風対策樹立の要望(谷口吉郎)「建築雑誌」 54(664) 1940.7
◇第三回全国都市美協議会に出席して(錦田直一)「建築と社会」 23(7) 1940.7
◇地下鉄内に於ける防毒実験の一感想(増井敏克)「建築と社会」 23(7) 1940.7
◇都市美増進への規定とその組織(井上新二)「建築と社会」 23(8) 1940.7
◇道路の占用に就て(1)(佐々木惣一)「公法雑誌」 6(7) 1940.7
◇英国ブリストル港(富多川早菊)「港湾」 18(7) 1940.7
◇岸壁の荷役能力に就て(福島三七治)「港湾」 18(7) 1940.7
◇事変と我が港湾事業の将来(田村与吉)「港湾」 18(7) 1940.7
◇昭和13年度港湾改良工事(2):関門海峡改良工事(内務省土木局)「港湾」 18(7) 1940.7
◇ダンジョン仏蘭西海法要論(26)(武若時一郎)「港湾」 18(7) 1940.7
◇支那主要港概観(3)(山本行衛)「財政」 5(8) 1940.7
◇猪苗代湖を繞る行政訴訟の回顧(7)(国分理)「水利と土木」 13(7) 1940.7
◇利根川増補計画(14)(冨永正義)「水利と土木」 13(7) 1940.7
◇東京港躍進論(3)(日比谷栄蔵)「東京港」 4(6) 1940.7
◇ニューヨーク港務庁制度(東京市港湾局)「東京港」 4(6) 1940.7
◇道路と国有鉄道との平面交叉除却に関する鉄道内務両省協定の解説決る(大久保生)「道路の改良」 22(7) 1940.7
◇満洲国の道路(2)(西芳雄)「道路の改良」 22(7) 1940.7
◇歴史的に見たる高知県の道路(2)(瀧口利太郎)「道路の改良」 22(7) 1940.7
◇歴代内務土木局長と其時代(5)—水野錬太郎氏(1)—(清水生)「道路の改良」 22(7) 1940.7
◇西南大鉄橋、即黄沙鉄橋建設に関する資料(新居春一)「土木学会誌」 26(7) 1940.7
◇天竜川上流改良工事の効果に就て(楠仙之助)「土木学会誌」 26(7) 1940.7
◇水利組合費滞納処分と其の(市町村への)委任「行政裁判所判決録」 51(6) 1940.8
◇台湾中部の築港と区画整理-新高港のこと(小柳直治)「区画整理」 6(8) 1940.8
◇欽県の建築に就て(木村美雄)「建築と社会」 23(8) 1940.8
◇電力制限の建築に及ぼした影響に就いて(久木宣,横見幹,權平国雄)「建築と社会」 23(8) 1940.8
◇秋田港の大延長(近江谷井堂)「港湾」 18(8) 1940.8
◇鉛直壁面を有する防波堤に作用する波力及堤体の構造に関する研究(4)(第16回万国航海会議の報告)(G.リラ,松尾春雄訳)「港湾」 18(8) 1940.8
◇昭和13年度港湾改良工事(3)(内務省土木局)「港湾」 18(8) 1940.8
◇対支時局港湾都市事情(2)(田北郷山)「港湾」 18(8) 1940.8

◇ダンケルク港（富多川早菊）「港湾」 18（8） 1940.8
◇支那主要港概観（4・完）（山本行衛）「財政」 5（9） 1940.8
◇阿讃山地に於ける荒廃状況と砂防計画との関連（柿徳市）「水利と土木」 13（8） 1940.8
◇支那の河川工事用語（4・完）（福田秀夫）「水利と土木」 13（8） 1940.8
◇地方土木主任官事務打合会議概況（内務省土木局）「水利と土木」 13（8） 1940.8
◇利根川増補計画（15）（富永正義）「水利と土木」 13（8） 1940.8
◇土木主任官事務打合会を聴く「道路の改良」 22（8） 1940.8
◇ナチス・ドイツに於ける道路法制（3）（永守義忠）「道路の改良」 22（8） 1940.8
◇歴代内務土木局長と其時代（6）―水野錬太郎氏（2）―（清水生）「道路の改良」 22（8） 1940.8
◇大東港市建設事業と緑地（横山光雄）「都市公論」 23（8） 1940.8
◇北韓三港の再検討（川上胤三）「大阪商工会議所月報」 400 1940.9
◇台湾の建築行政の特色に就て（佐野源四郎）「建築行政」 4（14） 1940.9
◇朝鮮と建築行政（鳥井捨蔵）「建築行政」 4（14） 1940.9
◇民族性と現代都市建築との関連性（亀井幸次郎）「建築と社会」 23（9） 1940.9
◇満洲の住宅と庭園（笠原敏郎）「公園緑地」 4（9） 1940.9
◇昭和13年度港湾改良工事（4）（内務省土木局）「港湾」 18（9） 1940.9
◇新時局と港湾法制定の急務（田村与吉）「港湾」 18（9） 1940.9
◇ダンジョン仏蘭西海法要論（27）（武若時一郎）「港湾」 18（9） 1940.9
◇長崎港修築計画概要（港湾協会調査部）「港湾」 18（9） 1940.9
◇仏印重要港の港勢検討（田北隆美）「港湾」 18（9） 1940.9
◇孟買港（富多川早菊）「港湾」 18（9） 1940.9
◇戦争と路面電車（電気庁）「市政週報」 74 1940.9
◇木造建物建築統制規則（1）「商工通報」 7 1940.9
◇猪苗代湖を繞る行政訴訟の回顧（8）（国分理）「水利と土木」 13（9） 1940.9
◇堰神社の由来（高橋嘉一郎）「水利と土木」 13（9） 1940.9
◇群馬県河水統制事業計画に就て（熊田隆治）「水利と土木」 13（9） 1940.9
◇水文の学理と水文調査の拡充に就て（水谷鐐）「水利と土木」 13（9） 1940.9
◇貯水池の洪水調節（1）「水利と土木」 13（9） 1940.9
◇利根川増補計画（16）（富永正義）「水利と土木」 13（9） 1940.9
◇皇紀二千六百年と神宮御幸道路沿革に就て（古郡哲爾）「道路の改良」 22（9） 1940.9
◇独逸モーター化の発展過程「道路の改良」 22（9） 1940.9
◇道路愛護作業への一提案（鈴木進一郎）「道路の改良」 22（9） 1940.9
◇道路の性格（多田基）「道路の改良」 22（9） 1940.9
◇歴史的に見たる高知県の道路（3・完）（瀧口利太郎）「道路の改良」 22（9） 1940.9
◇歴代内務土木局長と其時代（7）―久保田政周氏と下岡忠治氏―（清水生）「道路の改良」 22（9） 1940.9
◇幹線鉄道電化の動向と国鉄電化の将来（林誠一）「汎交通 帝国鉄道協会誌」 41（9） 1940.9
◇街路計画標準に就て（桜井英記）「区画整理」 6（10） 1940.10
◇建築関係手続願届に就て（非常時法規調査委員会）「建築雑誌」 54（667） 1940.10

◇郷土建築特輯号「建築と社会」 23（10） 1940.10
◇鉛直壁面を有する防波堤に作用する波力及堤体の構造に関する研究（5）（松尾春雄訳）「港湾」 18（10） 1940.10
◇甲谷陀港（富多川早菊）「港湾」 18（10） 1940.10
◇港湾修築政策の思想（鈴木雅次）「港湾」 18（10） 1940.10
◇昭和13年度港湾改良工事（5）（内務省土木局）「港湾」 18（10） 1940.10
◇船腹の激減と港湾整備の関係（田村与吉）「港湾」 18（10） 1940.10
◇ダンジョン仏蘭西海法要論（28）（武若時一郎）「港湾」 18（10） 1940.10
◇仏印重要港の港勢検討（2）（田北隆美）「港湾」 18（10） 1940.10
◇八代修築計画概要（港湾協会調査部）「港湾」 18（10） 1940.10
◇蘭領印度事情と開港場（1）（田北郷山）「港湾」 18（10） 1940.10
◇木造建物建築統制規則（2）「商工通報」 7 1940.10
◇木造建築物建築統制規則（3）「商工通報」 8 1940.10
◇猪苗代湖を繞る行政訴訟の回顧（9）（国分理）「水利と土木」 13（10） 1940.10
◇河川と国土計画（沢重民）「水利と土木」 13（10） 1940.10
◇吉備台地の渓流砂防に就て（柿徳市）「水利と土木」 13（10） 1940.10
◇貯水池の洪水調節（2）「水利と土木」 13（10） 1940.10
◇利根川増補計画（17）（富永正義）「水利と土木」 13（10） 1940.10
◇独逸モーター化の新しき進路（MT生）「道路の改良」 22（10） 1940.10
◇「道路と鉄道との交叉方式並に費用分担に関する内務、鉄道両省協定」の運用に就て（齋藤兵吉）「道路の改良」 22（10） 1940.10
◇ナチス・ドイツに於ける道路法制（4・完）（永守義忠）「道路の改良」 22（10） 1940.10
◇歴代内務土木局長と其時代（8）―小橋一太氏―（清水生）「道路の改良」 22（10） 1940.10
◇物資統制の時局下に於ける建築行政に就て（河野高次）「建築行政」 4（15） 1940.11
◇変革に直面した我が国建築行政（内藤亮一）「建築行政」 4（15） 1940.11
◇無筋コンクリート造建物設計例（第一報）（災害強度委員会）「建築と社会」 23（11） 1940.11
◇鉛直壁面を有する防波堤に作用する波力及提体の構造に関する研究（6）（松尾春雄訳）「港湾」 18（11） 1940.11
◇清水港拡張計画概要（港湾協会調査部）「港湾」 18（11） 1940.11
◇昭和十三年度港湾改善工事（6）（内務省土木局）「港湾」 18（11） 1940.11
◇ダンジョン仏蘭西海法要論（29）（武若時一郎）「港湾」 18（11） 1940.11
◇都市と港湾（森田三郎）「港湾」 18（11） 1940.11
◇蘭貢港（富多川早菊）「港湾」 18（11） 1940.11
◇蘭領印度事情と開港場（2）（田北郷山）「港湾」 18（11） 1940.11
◇木造建築物建築統制規則（4・完）「商工通報」 9 1940.11
◇日満に於ける分流式下水排除方式（山田武治）「水道協会雑誌」 90 1940.11
◇防空並に経済的立場より隧道式排水池に就て（井深功）「水道協会雑誌」 90 1940.11
◇猪苗代湖を繞る行政訴訟の回顧（10）（国分理）「水利と土木」 13（11） 1940.11
◇黄河水利の話（中田一幸）「水利と土木」 13（11） 1940.11
◇貯水池の洪水調節（3）「水利と土木」 13（11） 1940.11
◇利根川増補計画（18）（富永正義）「水利と土木」 13（11） 1940.11
◇市営港和蘭ロッテルダム港（北村薩雄）「東京港」 4（9） 1940.11

◇東京港躍進論(4)(芝田潤三)「東京港」 4(9) 1940.11
◇静岡県の道路愛護事業概況(1)(海野彌之助)「道路の改良」 22(11) 1940.11
◇大日本土木協会を設立せよ(中川幸太郎)「道路の改良」 22(11) 1940.11
◇歴代内務土木局長と其時代(9)―堀田貢氏(清水生)「道路の改良」 22(11) 1940.11
◇戦時に於ける鉄道管区の復旧に就て(エス・ゼムプリーノフ)「外国鉄道調査資料」 14(12) 1940.12
◇バグダッド鉄道建設小史「外国鉄道調査資料」 14(12) 1940.12
◇都市建築群体の疎開(宮田秀穂)「建築と社会」 23(12) 1940.12
◇道路の占用について(2・完)(佐々木惣一)「公法雑誌」 6(12) 1940.12
◇鉛直壁面を有する防波堤に作用する波力及堤体の構造に関する研究(7・完)(松尾春雄訳)「港湾」 18(12) 1940.12
◇古倫母港(富多川早菊)「港湾」 18(12) 1940.12
◇昭和十三年度港湾改良工事(7)(内務省土木局)「港湾」 18(12) 1940.12
◇ダンジョン仏蘭西海法要論(30)(武若時一郎)「港湾」 18(12) 1940.12
◇地方港湾の活用と鉄道(渥美誠吾)「港湾」 18(12) 1940.12
◇山口県下の港湾に就て(港湾協会調査部)「港湾」 18(12) 1940.12
◇利根川増補計画(19・完)(富永正義)「水利と土木」 13(12) 1940.12
◇現行史蹟名勝天然紀念物保存制度批判(小寺駿吉)「造園雑誌」 7(3) 1940.12
◇明治神宮環境管理(石神甲子郎)「造園雑誌」 7(3) 1940.12
◇開港関係法規より見たる東京港の現状(藤井陽二)「東京港」 4(10) 1940.12
◇東京港基本計画成る(森野三郎)「東京港」 4(10) 1940.12
◇東京港躍進論(5)(川又一博)「東京港」 4(10) 1940.12
◇大阪市の道路について(福留並善)「道路の改良」 22(12) 1940.12
◇京都市の道路(牧野雅楽之丞)「道路の改良」 22(12) 1940.12
◇神戸と道路「道路の改良」 22(12) 1940.12
◇時局下に於ける道路舗装の新工法(藤井真透)「道路の改良」 22(12) 1940.12
◇東京市の道路発達の経路(今井哲)「道路の改良」 22(12) 1940.12
◇道路改良会事績概要「道路の改良」 22(12) 1940.12
◇道路の改良と維持「道路の改良」 22(12) 1940.12
◇道路法制と道路行政「道路の改良」 22(12) 1940.12
◇名古屋市道路発達の概要「道路の改良」 22(12) 1940.12
◇ナチス土木事業の偉観―独逸自動車専用道路―(F.トット,多田基訳)「道路の改良」 22(12) 1940.12
◇北海道道路発達の概要(鈴木喜久治)「道路の改良」 22(12) 1940.12
◇本邦道路技術の進歩の回顧と将来への進歩に対する待望(牧彦七)「道路の改良」 22(12) 1940.12
◇横浜市道路の概況(横浜市道路課)「道路の改良」 22(12) 1940.12
◇歴代内務土木局長と其時代(10)―長谷川久一氏―(清水生)「道路の改良」 22(12) 1940.12
◇路政座談会「道路の改良」 22(12) 1940.12
◇道路網の充実(独逸)「汎交通 帝国鉄道協会誌」 41(12) 1940.12
◇港湾行政統一問題「大阪商工会議所月報」 404 1941.1
◇京浜港の動向(春木節郎)「港湾」 19(1) 1941.1
◇ケープタウン港(富多川早菊)「港湾」 19(1) 1941.1
◇港湾統制論(三橋信三)「港湾」 19(1) 1941.1

◇港湾荷役の現地視祭(1)(柏原兵太郎)「港湾」 19(1) 1941.1
◇上海港(1)(内田一郎訳)「港湾」 19(1) 1941.1
◇松尾芭蕉翁と神田上水道工事(村高幹博)「水道協会雑誌」 92 1941.1
◇水利調整委員会制度の提唱「水利と土木」 14(1) 1941.1
◇土木局沿革史(1)(田中政秋)「水利と土木」 14(1) 1941.1
◇渡良瀬川水源足尾山地の煙害砂防に就いて(柿ır市)「水利と土木」 14(1) 1941.1
◇神崎川改修工事を回顧して(山田正弘)「水利と土木」 14(7) 1941.1
◇開港関係法規より見たる東京港の現状(藤井陽二)「東京港」 5(1) 1941.1
◇東京港躍進論(6)(川又一博)「東京港」 5(1) 1941.1
◇英国道路網の利用価値に就いて(MT生)「道路の改良」 23(1) 1941.1
◇静岡県の道路愛護事業概況(2)(海野彌之助)「道路の改良」 23(1) 1941.1
◇戦争と道路(多田基)「道路の改良」 23(1) 1941.1
◇歴代内務土木局長と其時代(11)-長岡隆一郎氏-(清水生)「道路の改良」 23(1) 1941.1
◇大阪市の地盤沈下に就て(1)(福留並喜)「都市公論」 24(1) 1941.1
◇建築偽装指針に就て(星野昌一)「建築雑誌」 55(671) 1941.2
◇庶民住宅の技術的研究(住宅問題委員会)「建築雑誌」 55(671) 1941.2
◇アパート談義(新名種夫)「建築と社会」 24(2) 1941.2
◇アパートメント設計覚え書(酒井清一)「建築と社会」 24(2) 1941.2
◇共同住宅計画の技術的基礎概念(山口吾郎)「建築と社会」 24(2) 1941.2
◇官幣大社橿原神宮境域拡張整備史(田阪美徳)「公園緑地」 5(2) 1941.2
◇英領ボルネオ事情と開港場(1)(田北隆美)「港湾」 19(2) 1941.2
◇港湾荷役の現地視察(2)(柏原兵太郎)「港湾」 19(2) 1941.2
◇上海港(2)(内田一郎訳)「港湾」 19(2) 1941.2
◇紐育港(太田尾広治)「港湾」 19(2) 1941.2
◇メルボルン港(富多川早菊)「港湾」 19(2) 1941.2
◇河川法第三条を中心として(AO生)「水利と土木」 14(2) 1941.2
◇土木局沿革史(2)(田中政秋)「水利と土木」 14(2) 1941.2
◇造園の意義と特性(内田桂一郎)「造園研究」 35 1941.2
◇大阪の建築五十年(新名種夫)「大大阪」 17(2) 1941.2
◇東京港躍進論(7)(川又一博)「東京港」 5(2) 1941.2
◇土木建築請負業統制私案(中川幸太郎)「道路の改良」 23(2) 1941.2
◇フランスに於ける道路の歴史的変遷(MT生)「道路の改良」 23(2) 1941.2
◇歴代内務土木局長と其時代(12)-堀切善次郎氏-(清水生)「道路の改良」 23(2) 1941.2
◇大阪市の地盤沈下に就て(2・完)(福留並喜)「都市公論」 24(2) 1941.2
◇都市防空の貧困(堀良吉)「建築と社会」 24(3) 1941.3
◇防火改修事業当面の問題(中沢誠一郎)「建築と社会」 24(3) 1941.3
◇木造家屋の防火改修(巽純一)「建築と社会」 24(3) 1941.3
◇官幣大社橿原神宮並畝傍山東北陵を中心とせる紀元2600年紀年事業工事概要(田阪美徳)「公園緑地」 5(3) 1941.3
◇青森工業港修築計画概要(港湾協会調査部)「港湾」 19(3) 1941.3

◇ウエリントン港(富多川早菊)「港湾」 19(3) 1941.3
◇英領ボルネオ事情と開港場(2)(田北隆美)「港湾」 19(3) 1941.3
◇港湾荷役の現地視察(3・完)(柏原兵太郎)「港湾」 19(3) 1941.3
◇上海港(3)(内田一郎訳)「港湾」 19(3) 1941.3
◇国立公園山岳道路の新工法(加藤誠平)「国立公園」 13(2) 1941.3
◇横浜市水道第四回拡張第二期工事計画に就いて(藤田弘直)「水道協会雑誌」 94 1941.3
◇黄河の氾濫の歴史(1)(福田秀夫)「水利と土木」 14(3) 1941.3
◇水法の対象たる水(安田正鷹)「水利と土木」 14(3) 1941.3
◇臨時農地等管理令施行に伴ふ土木に関する事務取扱に就て(安岡九十九)「水利と土木」 14(8) 1941.3
◇満洲国に於ける満鉄の地方税相当額負担に就て(浜田健治)「地方行政 日文版」 8(3) 1941.3
◇伊太利の自動車専用道路(多田基)「道路の改良」 23(3) 1941.3
◇独逸自動車専用道路の給油所に就いて(M・T生)「道路の改良」 23(3) 1941.3
◇歴代内務土木局長と其時代(13)-次田大三郎氏(清水生)「道路の改良」 23(3) 1941.3
◇街路の用途勢力に関する分析的研究(森口清)「都市公論」 24(3) 1941.3
◇ドイツに於ける国家的土木事業-ドイツ科学界の現勢展望(山本峰雄)「日本評論」 16(3) 1941.3
◇国土と建築(藤島亥治郎)「汎交通 帝国鉄道協会誌」 42(3) 1941.3
◇爆撃による殺傷数推定の計算方法について(藤田金一郎)「建築学会論文集」 21 1941.4
◇市街地建築法施行二十周年記念号「建築行政」 4(16) 1941.4
◇北支の気象及気象に関する事項の調査(平山嵩)「建築雑誌」 55(673) 1941.4
◇家族の生長と住宅規準(諌早信夫)「建築と社会」 24(4) 1941.4
◇住宅基本空間に対する一考察(西山夘三)「建築と社会」 24(4) 1941.4
◇庶民住宅の一試案(大下順三郎)「建築と社会」 24(4) 1941.4
◇防火改修問題(板井公威)「建築と社会」 24(4) 1941.4
◇コペンハーゲン港(富多川早菊)「港湾」 19(4) 1941.4
◇上海港(4)(内田一郎)「港湾」 19(4) 1941.4
◇黄河の氾濫の歴史(2)(福田秀夫)「水利と土木」 14(4) 1941.4
◇土木局沿革史(3)(田中政秋)「水利と土木」 14(4) 1941.4
◇伏流水論(大軒栄)「水利と土木」 14(4) 1941.4
◇水と所有権との関係(安田正鷹)「水利と土木」 14(4) 1941.4
◇市営港湾設備使用料に関する一考察(坂井順二)「東京港」 5(4) 1941.4
◇ソ連最近の鉄道と道路「道路の改良」 23(4) 1941.4
◇歴代内務土木局長と其時代(14)(宮崎通之助氏)(清水生)「道路の改良」 23(4) 1941.4
◇デフォウ時代のイギリス道路(富永祐治)「経済学雑誌」 8(5) 1941.5
◇石狩工業港計画具体化「港湾」 19(5) 1941.5
◇上海港(5)(内田一郎)「港湾」 19(5) 1941.5
◇ダーバン港(富多川早菊)「港湾」 19(5) 1941.5
◇「東京港開港記念」特輯「市政週報」 110 1941.5
◇黄河の氾濫の歴史(3)(福田秀夫)「水利と土木」 14(5) 1941.5
◇土木局沿革史(4)(田中政秋)「水利と土木」 14(5) 1941.5
◇聖ローレンス河の改修問題に就て(鈴木雅次)「水利と土木」 14(5) 1941.5

◇東京港開港記念号「東京港」 5(5) 1941.5
◇歴代内務土木局長と其時代(15)-三辺辰治氏-(清水生)「道路の改良」 23(5) 1941.5
◇北支蒙疆の住居建築の構造調査報告(十代田三郎)「建築雑誌」 55(675) 1941.6
◇阿弗利加諸港誌(3)(富多川早菊)「港湾」 19(6) 1941.6
◇京浜港成る(田村与吉)「港湾」 19(6) 1941.6
◇京浜港の誕生と其の将来(根津熊次郎)「港湾」 19(6) 1941.6
◇浜田港修築計画概要(調査部)「港湾」 19(6) 1941.6
◇地下水(1)(安田正鷹)「水利と土木」 14(6) 1941.6
◇土木局沿革史(5)(田中政秋)「水利と土木」 14(6) 1941.6
◇時局下造園界の諸問題(小寺駿吉)「造園研究」 36 1941.6
◇東京港の回顧(2)(田村与吉)「東京港」 5(6) 1941.6
◇地方土木主任官会議(昭16.5.22)「道路の改良」 23(6) 1941.6
◇中国の近代道路について(麻生平八郎)「道路の改良」 23(6) 1941.6
◇内務技監の今昔(1)(清水生)「道路の改良」 23(6) 1941.6
◇爆風波による窓硝子破壊試験報告(井上新二,亀井幸次郎)「建築雑誌」 55(676) 1941.7
◇北支・蒙疆に於ける日本人の住居建築構造調査報告(十代田三郎)「建築雑誌」 55(676) 1941.7
◇官幣大社橿原神宮境域畝傍山東北陵陵域拡張整備事業に於ける神宮参道及造苑施設に就きて(2)(田阪美徳)「公園緑地」 5(6) 1941.7
◇阿弗利加諸港誌(4)(富多川早菊)「港湾」 19(7) 1941.7
◇現時局に即した港湾技術問題(田村与吉)「港湾」 19(7) 1941.7
◇鈴鹿地砂防計画論(2)「水利と土木」 14(7) 1941.7
◇地下水(2)(安田正鷹)「水利と土木」 14(7) 1941.7
◇中小河川改良事業の緊要性(渡部弥作)「水利と土木」 14(7) 1941.7
◇土木局沿革史(6)(田中政秋)「水利と土木」 14(7) 1941.7
◇水利組合の性質と監督官庁(瓜田達男)「地方改良」 113 1941.7
◇東京港開港記念号(第三号)「東京港」 5(7) 1941.7
◇新空港と道路其他(松葉栄重)「道路の改良」 23(7) 1941.7
◇内務技監の今昔(2)-原田貞介氏-(清水生)「道路の改良」 23(7) 1941.7
◇米国に於ける防水路に就て「外国鉄道調査資料」 15(6) 1941.8
◇航空港に就て(松葉栄重)「経済集志」 14(1) 1941.8
◇独逸に於ける模範的住宅地(早川文夫訳)「建築雑誌」 55(677) 1941.8
◇南方共栄圏の建築(特輯)「建築と社会」 24(8) 1941.8
◇官幣大社橿原神宮境域畝傍山東北陵陵域、拡張整備事業に於ける神宮参道及造苑施設に就きて(3)(田阪実徳)「公園緑地」 5(7) 1941.8
◇阿弗利加諸港誌(5)(富多川早菊)「港湾」 19(8) 1941.8
◇地下水(3)(安田正鷹)「水利と土木」 14(8) 1941.8
◇土木局沿革史(7)(田中政秋)「水利と土木」 14(8) 1941.8
◇艀荷役の改善に就て(荒川敬)「東京港」 5(8) 1941.8
◇内務技監と今昔(3)-市瀬恭次郎氏-(清水生)「道路の改良」 23(8) 1941.8
◇仏印の水路と沿岸都鄙「外国鉄道調査資料」 15(9) 1941.9
◇安心立命(今津重蔵)「建築行政」 5(18) 1941.9
◇建築行政刷新の過程(鈴木和夫)「建築行政」 5(18) 1941.9
◇建築行政に望む(早川文夫)「建築行政」 5(18) 1941.9
◇建築行政の転換期に際して(鳥井捨蔵)「建築行政」 5(18) 1941.9

土木・道路・港湾

◇建築物法の新体制断想(菅陸二)「建築行政」 5(18) 1941.9
◇建築物法はどう改めらるべきか(小宮賢一)「建築行政」 5(18) 1941.9
◇戦時下建築行政の方向(池原眞三郎)「建築行政」 5(18) 1941.9
◇東京市に於ける新築木造共同住宅調査報告(小林隆徳、鈴木和夫)「建築雑誌」 55(678) 1941.9
◇満洲国規格型住宅の制定に就て(笠原敏郎)「建築雑誌」 55(678) 1941.9
◇官幣大社橿原神宮境域畝傍山東北陵境域拡引整備事業に於ける神宮参道及造苑施設に就きて(4)(田阪美徳)「公園緑地」 5(8) 1941.9
◇港湾荷役の新体制(川上胤三)「港湾」 19(9) 1941.9
◇地盤の沈下に就いて(和達清夫)「港湾」 19(9) 1941.9
◇土木局沿革史(8)(田中政秋)「水利と土木」 14(9) 1941.9
◇内務技監と今昔(4)-中川吉造氏-(清水生)「道路の改良」 23(9) 1941.9
◇ナチス独逸の不朽の記念営造物たる国営自動車専用道路(1)(多田基訳)「道路の改良」 23(9) 1941.9
◇庶民住宅の建築学的課題(西山夘三)「建築雑誌」 55(679) 1941.10
◇極小住宅に於ける平面基準の問題(西山夘三)「建築と社会」 24(10) 1941.10
◇これからの住宅を語る座談会「建築と社会」 24(10) 1941.10
◇これからの住宅(市浦健)「建築と社会」 24(10) 1941.10
◇これからの都市住宅(中野順次郎)「建築と社会」 24(10) 1941.10
◇官幣大社橿原神宮境域畝傍山東北陵境域拡張整備事業に於ける神宮参道及造苑施設に就きて(其の五・六)(田阪美徳)「公園緑地」 5(9) 1941.10
◇印度大港誌(1)(富多川早菊)「港湾」 19(10) 1941.10
◇蘇連の抗戦力と港湾に就いて(1)(SS生)「港湾」 19(10) 1941.10
◇東北地方の港湾変遷と聚成人口に就いて(国分浩)「港湾」 19(10) 1941.10
◇小倉市水道第二期拡張工事概要(清水乙吉)「水道協会雑誌」 101 1941.10
◇土木局沿革史(9)(田中政秋)「水利と土木」 14(10) 1941.10
◇京浜港生誕の経緯(関口八太郎)「東京港」 5(10) 1941.10
◇港湾設備の運営第一主義(石野藤太郎)「東京港」 5(10) 1941.10
◇東京港の回顧(4)(田村与吉)「東京港」 5(10) 1941.10
◇ナチス独逸の不朽の記念営造物たる国営自動車専用道路(2)(多田基訳)「道路の改良」 23(10) 1941.10
◇歴代内務土木局長と其時代(16)-故丹羽七郎氏-(清水生)「道路の改良」 23(10) 1941.10
◇北アメリカ合衆国の水路(イング・アー・ハンゼン)「都市公論」 24(10) 1941.10
◇国民住宅懸賞競技設計当選図案「建築雑誌」 55(680) 1941.11
◇運動場の建設補助(石神甲子郎)「公園緑地」 5(10) 1941.11
◇印度大港誌(2)(富多川早菊)「港湾」 19(11) 1941.11
◇此際特に考慮を要する港湾施設の二・三(用村与吉)「港湾」 19(11) 1941.11
◇蘇連の抗戦力に就いて(2)(SS生)「港湾」 19(11) 1941.11
◇豊浜運河計画に就いて(1)(長根助八)「港湾」 19(11) 1941.11
◇現在改修工事の河川に重点主考ありや(橋本甚四郎)「水利と土木」 14(11) 1941.11
◇治水・利水の綜合計画(富永正考)「水利と土木」 14(11) 1941.11
◇土木局沿革史(10)(田中政秋)「水利と土木」 14(11) 1941.11
◇独逸に於ける道路行政(1)(多田基)「道路の改良」 23(11) 1941.11
◇道路随想(島田孝一)「道路の改良」 23(11) 1941.11
◇鳥取県と土木行政(1)(前田豊)「道路の改良」 23(11) 1941.11
◇歴代内務土木局長と其時代(17)-滑沢三千男氏-(清水生)「道路の改良」 23(11) 1941.11
◇建築行政とその中枢機関(大村己代治)「建築行政」 5(19) 1941.12
◇学会の国民住宅競技設計に関連して(森田茂介)「建築雑誌」 55(681) 1941.12
◇印度大港誌(3)(富多川早菊)「港湾」 19(12) 1941.12
◇此際特に考慮を要する港湾施設の二・三(3)(田村与吉)「港湾」 19(12) 1941.12
◇指定港湾に就いて(1)(加藤正晴)「港湾」 19(12) 1941.12
◇豊浜運河計画に就いて(2)(長根助八)「港湾」 19(12) 1941.12
◇土木局沿革史(11)(田中政秋)「水利と土木」 14(12) 1941.12
◇最近内務省に於ける路政関係行政処分例(Y・K生)「道路の改良」 23(12) 1941.12
◇静岡県に於ける道路愛護(1)(海野彌之助)「道路の改良」 23(12) 1941.12
◇道路河川を愛護せよ(池邊晋)「道路の改良」 23(12) 1941.12
◇歴代内務土木局長と其時代(18)-唐沢俊樹氏-(清水生)「道路の改良」 23(12) 1941.12
◇冷害地方救済土木事業助成に関する件(昭16.11.29農林次官)「農林時報」 1(23) 1941.12
◇土木建築工事場附属宿舎規則の制定「労働時報」 18(12) 1941.12
◇河水の規正と使用料の問題(村上正)「河川」 1(1) 1942.1
◇河川行政の指導原理に就て(弘津恭輔)「河川」 1(1) 1942.1
◇北千島学術調査隊建築報告(吉阪隆正)「建築雑誌」 55(682) 1942.1
◇最低限生活の要請と建設住宅の基準(西山夘三)「建築と社会」 25(1) 1942.1
◇此際特に考慮を要する港湾施設の二、三(3)(田村与吉)「港湾」 20(1) 1942.1
◇シンガポール港、ポート・スウェテナム港(富多川早菊)「港湾」 20(1) 1942.1
◇戦時下に於ける土木行政(弘津恭輔)「地方行政」 50(1) 1942.1
◇東京港の回顧(5)(田村与吉)「東京港」 6(1) 1942.1
◇「東京港の施設運営」座談会「東京港」 6(1) 1942.1
◇独逸植民地に於ける道路の建設(多田基)「道路の改良」 24(1) 1942.1
◇鳥取県と土木行政(2)(前田豊)「道路の改良」 24(1) 1942.1
◇歴代内務土木局長と其時代(19)―広瀬久忠氏―(清水生)「道路の改良」 24(1) 1942.1
◇軍港都の使命と其の機構「都市公論」 25(1) 1942.1
◇国民住宅に就て(内田祥文)「建築雑誌」 56(683) 1942.2
◇内南洋方面の建築事情(近藤泰夫)「建築と社会」 25(2) 1942.2
◇大東亜共栄圏と海運・港湾の問題(渥美誠吾)「港湾」 20(2) 1942.2
◇香港、バリクパパン港及サンダカン港(富多川早菊)「港湾」 20(2) 1942.2
◇海務院の誕生と東京港(保坂順一)「東京港」 6(2) 1942.2
◇アスファルト舗装に就て(後藤新平)「道路」 4(2) 1942.2
◇道路の発達と道路費の源泉(麻生平八郎)「道路の改良」 24(2) 1942.2
◇歴代内務土木局長と其時代(20)―岡田文秀氏―(清水生)「道路の改良」 24(2) 1942.2
◇台湾の河川工事(青柳晴一)「土木学会誌」 28(2) 1942.2

◇大東亜縦貫鉄道建設論(湯本昇)「科学主義工業」 6(3) 1942.3
◇昭和十七年度治水事業費及其の他河川関係予算の概要(内務省)「河川」 1(3) 1942.3
◇土木局沿革史(12)(田中政秋)「河川」 1(3) 1942.3
◇独逸の建築行政雑観(伊東五郎)「建築行政」 5(20) 1942.3
◇港湾用語(1)「港湾」 20(3) 1942.3
◇瓜哇、セレベスの主要港(富多川早菊)「港湾」 20(3) 1942.3
◇我が国の屋上庭園「造園雑誌」 9(1) 1942.3
◇アスファルト舗装に就て(後藤新平)「道路」 4(3) 1942.3
◇歴代内務土木局長と其時代(21)―赤松小宣氏―(清水生)「道路の改良」 24(3) 1942.3
◇河相論―主として河相と河川工法との関連性に就ての研究(3)―(安藤皎)「土木学会誌」 28(3) 1942.3
◇東京市の道路舗装に就いて(山本亨)「土木学会誌」 28(3) 1942.3
◇大東亜共栄圏の綜合的港湾計画と大大阪港(神田外茂夫)「大阪商工会議所月報」 419 1942.4
◇山林伐採と洪水(田中省吾)「河川」 1(4) 1942.4
◇治水論(安田正鷹)「河川」 1(4) 1942.4
◇日本河川史話(3)(山田秋甫)「河川」 1(4) 1942.4
◇庶民住宅の住み方に関する研究(第一報)(西山夘三)「建築学会論文集」 25 1942.4
◇普ша木造建物の木材量(藤田金一郎)「建築学会論文集」 25 1942.4
◇環状村落論(山倉強)「建築雑誌」 56(685) 1942.4
◇建築用耐火木材の現状(栗山寛)「建築雑誌」 56(685) 1942.4
◇北支住宅の調査研究(平山嵩)「建築雑誌」 56(685) 1942.4
◇煉瓦造家屋調査報告書(日本建築協会)「建築と社会」 25(4) 1942.4
◇クラ地峡と運河開鑿に就いて(馬来次郎)「港湾」 20(4) 1942.4
◇宮崎港修築計画概要「港湾」 20(4) 1942.4
◇広域経済建設と東京港(清水住之助)「東京港」 6(4) 1942.4
◇港湾価値の変遷(斎藤助堯)「東京港」 6(4) 1942.4
◇築地居留地と運上所(鷹見安二郎)「東京港」 6(4) 1942.4
◇最近内務省に於ける路政関係行政処分例(S・O生)「道路の改良」 24(4) 1942.4
◇鳥取県と土木行政(3)(前田豊)「道路の改良」 24(4) 1942.4
◇歴代内務土木局長と其時代(22)(清水生)「道路の改良」 24(4) 1942.4
◇河相論―主として河相と河川工法との関連性に就ての研究(4)―(安木咬一)「土木学会誌」 28(4) 1942.4
◇治水事業略史(安田正鷹)「河川」 1(5) 1942.5
◇土木沿革史(田中政秋)「河川」 1(5) 1942.5
◇日本河川史話(4)(山田秋甫)「河川」 1(5) 1942.5
◇メートル法専用徹底の急務(経済部金融司銀行科)「建築雑誌」 56(686) 1942.5
◇木造家屋実験報告(大阪府建築課、兵庫県建築課)「建築と社会」 25(5) 1942.5
◇港湾用語(3)(港湾協会研究部)「港湾」 20(5) 1942.5
◇大東亜共栄圏建設と港湾調査の緊要(SS生)「港湾」 20(5) 1942.5
◇列国港湾事情英印半島東岸の形相及其の港湾「港湾」 20(5) 1942.5
◇ロスアンゼルス港(1)(富多川早菊)「港湾」 20(5) 1942.5
◇国土計画から見た利水計画(黒谷了太郎)「水道協会雑誌」 108 1942.5
◇歴代内務土木局長と其時代(23)―狭間茂―(清水生)「道路の改良」 24(5) 1942.5

◇フイリッピンの都市建築(内藤多仲)「都市美」 39 1942.5
◇土木出張所長会議「内務厚生時報」 7(4) 1942.5
◇クラ運河開鑿か間宮海峡埋立か(長谷川久一)「河川」 1(6) 1942.6
◇青島の建築取締り規則に就て(小宮賢一)「建築行政」 6(21) 1942.6
◇北支住宅の調査研究(平山嵩)「建築雑誌」 56(687) 1942.6
◇空軍の特異性と港湾防衛(清水生)「港湾」 20(6) 1942.6
◇列国港湾事情「港湾」 20(6) 1942.6
◇ロス・アンゼルス港(2)(富多川早菊)「港湾」 20(6) 1942.6
◇計画造船の具体化「調査月報(大蔵省)」 32(6) 1942.6
◇道路標識令の制定に就て(大熊貞邦)「道路の改良」 24(6) 1942.6
◇歴代内務土木局長と其時代(24)(清水生)「道路の改良」 24(6) 1942.6
◇日本河川史話(5)(山田秋甫)「河川」 1(7) 1942.7
◇偽装及偽装塗料(木下武昌)「建築と社会」 25(7) 1942.7
◇偽装に就て(古塚正治)「建築と社会」 25(7) 1942.7
◇戦場走路設置とその展開(2・完)(久保田武夫)「公園緑地」 6(6) 1942.7
◇ロス・アンゼルス港(3)(富多川早菊)「港湾」 20(7) 1942.7
◇空軍の特異性と東京港(清水住之助)「東京港」 6(7) 1942.7
◇東京港の財政(江俊夫)「東京港」 6(7) 1942.7
◇関門国道隧道の開通と今後の問題「東洋経済新報」 2030 1942.7
◇関門国道隧道の貫通成る(和泉生)「道路の改良」 24(7) 1942.7
◇最近内務省に於ける路政関係行政処分例(ON生)「道路の改良」 24(7) 1942.7
◇歴代内務土木局長と其時代―成田一郎氏―(1)(清水生)「道路の改良」 24(7) 1942.7
◇関門国道隧道の貫通成る(内務省国土局)「内務厚生時報」 7(7) 1942.7
◇伊太利の水利開発計画(1)「外国鉄道調査資料」 16(8) 1942.8
◇戦時に於ける鉄道作業準備(ウエ・カシニコフ、中野新吾訳)「外国鉄道調査資料」 16(8) 1942.8
◇河川工事一位表(河村協)「河川」 1(7) 1942.8
◇土木局沿革史(14)(田中政秋)「河川」 1(7) 1942.8
◇海外建築グラフ(フィリピン篇)「建築雑誌」 56(689) 1942.8
◇建築技能者の養成及使用制限に就て(建築学会住宅委員会)「建築雑誌」 56(689) 1942.8
◇都市に於ける庭園の意義(ドクター・ノール)「公園緑地」 6(7) 1942.8
◇港湾修築費補助制度論(岡本二雄)「港湾」 20(8) 1942.8
◇列国港湾事情-葡萄牙西南洋諸島の港湾-「港湾」 20(8) 1942.8
◇治水計画の重要性「東洋経済新報」 2036 1942.8
◇東亜経済に於ける自動車及道路(麻生平八郎)「道路の改良」 24(8) 1942.8
◇歴代内務土木局長と其時代―成田一郎氏―(2)―(清水生)「道路の改良」 24(8) 1942.8
◇法律学的に見たる建築法規(池原眞三郎)「建築行政」 6(22) 1942.9
◇大東亜建築特輯「建築雑誌」 56(690) 1942.9
◇広東黄埔築港計画案の経過(1)(田北郷山)「港湾」 20(9) 1942.9
◇大東亜戦下港湾の運営(1)(保坂順一)「港湾」 20(9) 1942.9
◇延岡港修築計画概要(港湾協会調査部)「港湾」 20(9) 1942.9
◇列国港湾事情一、伊太利のフイウメ港一、布哇港庁とスキプス 一、

北西大西洋ベルムダ諸島「港湾」　20（9）　1942.9
◇造園と造園計画序説（永見健一）「造園雑誌」　9（2）　1942.9
◇日本農民建築（石原憲治）「農業と経済」　9（9）　1942.9
◇富士川の治水について（谷口三郎）「河川」　1（10）　1942.10
◇工場建築の歴史的観察（柳瀬駿訳）「建築雑誌」　56（691）　1942.10
◇建国忠霊廟の神域整備に就て（増田増太郎）「公園緑地」　6（9）　1942.10
◇広東黄埔築港計画案の経過（田北郷山）「港湾」　20（10）　1942.10
◇酒田港拡張計画概要（港湾協会調査部）「港湾」　20（10）　1942.10
◇福岡県に於ける港湾の状勢に就て（山口十一郎）「港湾」　20（10）　1942.10
◇我が港湾界二十個年の回顧（田村与吉）「港湾」　20（10）　1942.10
◇新市域と道路の発達（土木局）「市政週報」　180　1942.10
◇河相論―主として河相と河川工法との関連性に就ての研究（4）（鷺尾蟄龍）「土木学会誌」　28（10）　1942.10
◇北支河川の流量並に貯水事業の特性（有坂誠喜）「土木学会誌」　28（10）　1942.10
◇コンクリート造建物の自然温度について（岩崎吉太郎）「建築学会論文集」　27　1942.11
◇熱帯地の気象、住居各面の日射量及日影（西藤一郎）「建築学会論文集」　27　1942.11
◇建築新体制要綱確立の意義（中沢誠一郎）「建築雑誌」　56（692）　1942.11
◇建築新体制要綱（建築連合協議会）「建築雑誌」　56（692）　1942.11
◇大東亜戦下港湾の運営（2）（保坂順一）「港湾」　20（11）　1942.11
◇新潟港拡充計画成る「港湾」　20（11）　1942.11
◇内務技監の今昔（7）―谷口三郎氏―（清水生）「道路の改良」　24（11）　1942.11
◇東京府京浜運河建設工事の現状に就て（内林達一、瀬尾五一）「土木学会誌」　28（11）　1942.11
◇石炭問題と鉄道電化（関四郎）「汎交通 帝国鉄道協会誌」　43（11）　1942.11
◇覚え書-建築の伝統と創造について（前川国男）「建築雑誌」　56（693）　1942.12
◇大東亜共栄圏に於ける新建築様式（土屋純一）「建築雑誌」　56（693）　1942.12
◇大東亜文化建設の意義（樺俊雄）「建築雑誌」　56（693）　1942.12
◇組立住宅の社会性（高木直幹）「建築と社会」　25（12）　1942.12
◇市営港に於ける港湾管理と経営（久保雄太郎）「執務指導通信」　6（2）　1942.12
◇港湾より見たる行政（前田康一郎）「東京港」　6（12）　1942.12
◇道路及河川の愛護奨励に就て（宇都宮静男）「道路の改良」　24（12）　1942.12
◇石炭問題と鉄道電化（2・完）（関四郎）「汎交通 帝国鉄道協会誌」　43（12）　1942.12
◇水の利用増進に関する第一回座談会（1）「河川」　2（1）　1943.1
◇国民庭園に就いて（森脇茂介）「建築雑誌」　57（694）　1943.1
◇井之頭自然文園について（森蘊）「建築雑誌」　57（694）　1943.1
◇大東亜建築グラフ（仏印・泰篇）「建築雑誌」　57（694）　1943.1
◇塩釜港に就て（守屋栄夫）「港湾」　21（1）　1943.1
◇大東亜戦と京浜港（平井良成）「東京港」　7（1）　1943.1
◇東京港の指令（清水住之助）「東京港」　7（1）　1943.1
◇洪水時に於ける那珂川上流に於ける実態とその影響に就て（1）（高橋六郎）「河川」　2（2）　1943.2
◇特殊堤防の史的考察（栗原良輔）「河川」　2（2）　1943.2
◇水の利用増進に関する第一回座談会（2）「河川」　2（2）　1943.2

◇海港立地問題（1）（八木常三郎訳）「港湾」　21（2）　1943.2
◇港湾行政統一の急務（宮内義則）「港湾」　21（2）　1943.2
◇港湾用語集（各国語対照一）（松尾春雄）「港湾」　21（2）　1943.2
◇木造船の計画建造「週刊エコノミスト」　21（6）　1943.2
◇国土計画の基礎調査としての用水（黒谷了太郎）「水道協会雑誌」　117　1943.2
◇河西橋に関する報告及び研究（3）橋体執行状況概要と仮橋用木造構拱に就いて（横道英雄）「土木学会誌」　29（2）　1943.2
◇水の利用増進に関する第一回座談会（3）「河川」　2（3）　1943.3
◇港湾荷役力増強方策の確立「経済毎日」　21（11）　1943.3
◇北支大治水計画の発足「経済毎日」　21（11）　1943.3
◇戦時建築規格原案の作成（中村信治）「建築雑誌」　57（696）　1943.3
◇戦時建築規格の効用と其の性格（藤田金一郎）「建築雑誌」　57（696）　1943.3
◇熱帯地の住居（2）（佐藤武夫、井上一典）「建築雑誌」　57（696）　1943.3
◇我国に於ける規格統一事業の動向と戦時建築規格制定の意義（横山不栄）「建築雑誌」　57（696）　1943.3
◇浮防波堤の活用と其の考案に対する考察（神田重雄）「港湾」　21（3）　1943.3
◇港湾運営全体観（荒川敏）「港湾」　21（3）　1943.3
◇港湾用語集（各国語対照二）（松尾春雄）「港湾」　21（3）　1943.3
◇住ノ江港修築計画概要（港湾協会調査部）「港湾」　21（3）　1943.3
◇荷役増強策としての港湾施設（嵯峨根達雄）「港湾」　21（3）　1943.3
◇ビューモント港とポートアーサー港（附オレンジ港、下）（冨多川早菊）「港湾」　21（3）　1943.3
◇上下水道工事調「水道協会雑誌」　118　1943.3
◇中央亜細亜横断鉄道建設計画の地政学的意義（今井啓一）「地政学」　2（3）　1943.3
◇現下の利水問題（1）（鈴木幹雄）「河川」　2（4）　1943.4
◇天下の耳目を聳動した庄川流水問題八箇年抗争の回顧（1）（大江勘太郎）「河川」　2（4）　1943.4
◇土木局沿革史（15）（田中政秋）「河川」　2（4）　1943.4
◇日本河川史（6）（山田秋甫）「河川」　2（4）　1943.4
◇南方建築指針「建築雑誌」　57（697）　1943.4
◇現下の水利問題（2）（鈴木幹雄）「河川」　2（5）　1943.5
◇洪水時に於ける那珂川上流に於ける実態とその影響に就て（2）（高橋六郎）「河川」　2（5）　1943.5
◇水利事業調整の急務（高橋恵）「河川」　2（5）　1943.5
◇日本河川史（7）（山田秋甫）「河川」　2（5）　1943.5
◇丸の内地盤沈下減少の一原因（北沢五郎）「建築学会論文集」　29　1943.5
◇東京港の福利施設を語る（座談会）「東京港」　7（5）　1943.5
◇直木博士と東京港（田村与吉）「東京港」　7（5）　1943.5
◇改正土地工作物管理使用収用令の解説（1）（岸本喜代治）「道路の改良」　25（5）　1943.5
◇クラ運河に就いて（岩瀬良雄訳）「汎交通 帝国鉄道協会誌」　44（5）　1943.5
◇水の利用増進に関する第二回雑談会速記録（1）（河川協会）「河川」　2（6）　1943.6
◇地方建築行政の行き方に就いて（内藤亮一）「建築行政」　6（24）　1943.6
◇改正土地工作物管理使用収用令の解説（2）（岸本喜代治）「道路の改良」　25（6）　1943.6
◇馬来の道路と自動車（清野謙六郎）「道路の改良」　25（6）　1943.6
◇町名から見た東京港史（1）（鷹見安二郎）「東京港」　7（7）　1943.7

◇改正土地工作物管理使用収用令の解説(3・完)(岸本喜代治)「道路の改良」 25(7) 1943.7
◇道路改良会首脳部と道路問題の推移(清水生)「道路の改良」 25(7) 1943.7
◇大東亜建築の構想(藤島亥治郎)「建築雑誌」 57(701) 1943.8
◇大東亜地理建築学の提唱(須田敦夫)「建築雑誌」 57(701) 1943.8
◇港湾荷役増強運動の成果と東京港(田村与吉)「東京港」 7(8) 1943.8
◇港湾労働者の災害と其の対策(1)(後藤長七郎)「東京港」 7(8) 1943.8
◇町名から見た東京港史(2)(鷹見安二郎)「東京港」 7(8) 1943.8
◇ジヤワの道路及自動車(清野謙六郎)「道路の改良」 25(8) 1943.8
◇空地庭園の決戦態勢(経済局)「都政週報」 4 1943.8
◇都市構成に於ける標準的建築成団と其の建築様態に就いて(吉田安三郎)「建築学会論文集」 30 1943.9
◇東京都の建築行政に期待す(石井桂)「建築行政」 7(25) 1943.9
◇日本内地に於ける標準家族構成について(船越義房)「建築雑誌」 57(702) 1943.9
◇港湾労働者の災害と其の対策(2)(後藤長七郎)「東京港」 7(9) 1943.9
◇町名から見た東京港史(3)(鷹見安二郎)「東京港」 7(9) 1943.9
◇某水路橋に就いて(内海清温)「土木学会誌」 29(9) 1943.9
◇土木建築業統制機構を整備(企業局)「商工通報」 79 1943.10
◇町名から見た東京港史(4)(鷹見安二郎)「東京港」 7(10) 1943.10
◇地下水利用の貯水槽計画に就て(西島丈夫)「水道協会雑誌」 126 1943.11
◇行政機構の改革と港湾行政の一元化(清水桂之助)「東京港」 7(11) 1943.11
◇京浜運河と東京港(土井正中)「東京港」 7(11) 1943.11
◇港湾労働者の災害と其の対策(3)(後藤長七郎)「東京港」 7(11) 1943.11
◇独逸の長距離鉄道と道路(森三郎)「汎交通 帝国鉄道協会誌」 44(11) 1943.11
◇市街地建築物法適用都市一覧(建築行政協会)「建築行政」 7(26) 1943.12
◇大都市疎開に関する建築防空的研究(田邊平学)「人口問題」 6(3) 1943.12
◇仏印の道路及自動車事情(清野謙六郎)「道路の改良」 25(12) 1943.12
◇港湾行政の一元化に就いて(大達茂雄)「港湾」 22(1) 1944.1
◇境港拡張計画概要(港湾協会)「港湾」 22(1) 1944.1
◇地方港湾行政の運営改善(郷占潔)「港湾」 22(1) 1944.1
◇ヒラデルヒア港カムデン港及グラウスター港(2)(富多川早菊)「港湾」 22(1) 1944.1
◇港湾管理法の総合性(細谷庄三郎)「港湾」 22(2) 1944.2
◇昭和十九年度地方港湾予算額調(1)(港湾協会)「港湾」 22(2) 1944.2
◇ヒラデルヒア港カムデン港及グラウスター港(3)(富多川早菊)「港湾」 22(2) 1944.2
◇港湾行政一元化に就いて(平井良成)「東京港」 8(1) 1944.2
◇大東亜経済建設と海運と港湾(上)(清水桂之助)「東京港」 8(1) 1944.2
◇東京港将来の課題(前田康一郎)「東京港」 8(1) 1944.2
◇港湾法案要綱私案(土居通次)「港湾」 22(3) 1944.3
◇上海長江各港碼頭施設概観(清水安治)「港湾」 22(3) 1944.3
◇昭和十九年度地方港湾予算額調(2)(港湾協会)「港湾」 22(3) 1944.3
◇港湾労務と荷役増強「商工経済」 17(3) 1944.3
◇外国の港湾行政と荷役設備(北村薩雄)「東京港」 8(2) 1944.3
◇大東亜経済建設と海運と港湾(下)(清水桂之助)「東京港」 8(2) 1944.3
◇土木建築業整備要綱につき(中川幸太郎)「道路の改良」 26(3) 1944.3
◇伊太利の自動車専用道路(清野謙六郎)「汎交通 帝国鉄道協会誌」 45(3) 1944.3
◇住宅の戦時規格に就いて(極小住宅の量と質に就いて)(市浦健)「建築学会論文集」 33 1944.4
◇丸の内地盤沈下週終憩期の予見(北沢五郎)「建築学会論文集」 33 1944.4
◇港湾法案要綱に対する新構想「港湾」 22(4) 1944.4
◇港湾法案要綱(城戸銷吉)「港湾」 22(4) 1944.4
◇昭和十九年度地方港湾予算額調(3・完)(港湾協会)「港湾」 22(4) 1944.4
◇桑港湾附近小港誌(1)(富多川早菊)「港湾」 22(4) 1944.4
◇港湾言論(關口四郎)「港湾」 22(5) 1944.5
◇港湾法案要綱に対する新構想(続)「港湾」 22(5) 1944.5
◇桑港湾附近小港誌(2・完)(富多川早菊)「港湾」 22(5) 1944.5
◇天津港(2)「港湾」 22(5) 1944.5
◇七尾港拡築計画概要「港湾」 22(5) 1944.5
◇加奈陀ニュー・ブランスウキンク県のセント・ジョン港(富多川早菊)「港湾」 22(6) 1944.6
◇天津港(3)(柳澤米吉)「港湾」 22(6) 1944.6
◇豊橋港修築計画概要「港湾」 22(6) 1944.6
◇カナダのトロンス港(富多川早菊)「港湾」 22(7) 1944.7
◇港湾荷役の超非常対策に就て「港湾」 22(7) 1944.7
◇新港湾荷役増強論(保坂順一)「港湾」 22(7) 1944.7
◇天津港(4)「港湾」 22(7) 1944.7
◇南米太平洋岸の港湾(1)(織田和勝)「港湾」 22(7) 1944.7
◇北陸の港湾(1)(松波仁一郎)「港湾」 22(7) 1944.7
◇ジヤワの港湾(1)(花野富蔵)「東京港」 8(4) 1944.7
◇海港立地問題(2)(八木常三郎)「港湾」 23(8) 1944.8
◇カナダ港湾集(1)(富多川早菊)「港湾」 23(8) 1944.8
◇天津港(5)(柳澤米吉)「港湾」 23(8) 1944.8
◇南米太平洋岸の港湾(2)(織田利勝)「港湾」 23(8) 1944.8
◇福山港修築計画案概要「港湾」 23(8) 1944.8
◇北陸の港湾(2)(松波仁一郎)「港湾」 23(8) 1944.8
◇港湾防衛と東京港(清水桂之助)「東京港」 8(4) 1944.8
◇海港立地問題(3)(八木常三郎訳)「港湾」 22(9) 1944.9
◇カナダ港湾集(2・完)(富多川早菊)「港湾」 22(9) 1944.9
◇最近に於ける港湾経済上の主体機溝変遷とその様相の推移(山本五郎)「港湾」 22(9) 1944.9
◇天津港(6)(柳澤米吉)「港湾」 22(9) 1944.9
◇北陸の港湾(3・完)(松波仁一郎)「港湾」 22(9) 1944.9
◇海港立地問題(4)(八木常三郎訳)「港湾」 22(10) 1944.11
◇天津港(7)(柳沢米吉)「港湾」 22(10) 1944.11
◇白耳義国のガン港(1)(富多川早菊)「港湾」 22(10) 1944.11

【図　書】
◇図解水理真宝 上(市川義方著) 1895.12 1冊 23cm
◇図解水理真宝 下(市川義方著) 1895.12 1冊 23cm

◇大阪築港更正計画書(大阪市役所編) 1896.7 19p 24cm

◇日本城郭誌 巻首(小野清著) 1899.9 3,4,52p 23cm

◇治水論：附 治水費の財源(井上甚太郎著) 1900.2 6,1,115p 22cm

◇東京築港ノ義ニ付稟申 東京築港事業国庫補助ノ義ニ付請願(東京市参事会編) 1900.7 1冊 27cm

◇横浜築港誌(臨時横浜築港局編) 1904.3 5,528p 22cm

◇隅田川口改良意見書(直木倫太郎著) 1904.6 19p 23cm+図2枚

◇東京築港ニ関スル意見書(直木倫太郎著) 1904.6 3,2,150p 23cm

◇本市路面改良ニ関スル意見書(東京市役所編) 1904.7 31p 22cm

◇大阪築港国営論(中橋徳五郎述) 1904.12 47p 26cm

◇横浜税関海面埋立工事報告(臨時税関工事部編) 1906.3 1冊 23cm

◇大阪築港誌(大阪市築港事務所編) 1906.10 2,783,99p 27cm

◇大阪築港誌 図譜(大阪市築港事務所編) 1906.10 82p 28cm

◇港湾調査会議事速記録 第2号(港湾調査会編) 1907 97p 22cm

◇築港 前編 改訂(広井勇著) 丸善 1907.3 6,12,399p 23cm

◇築港 後編 改訂(広井勇著) 丸善 1907.5 14,804,3p 23cm

◇基隆築港説明図(臨時台湾基隆築港局編) 1907.6 2枚 24cm

◇大連築港計画案(内田富吉著,南満州鉄道株式会社編) 1908.1 64p 25cm

◇大連築港計画案：附属図(内田富吉著,南満州鉄道株式会社編) 1908.1 3枚 23cm

◇神戸築港問題沿革誌(神戸市役所編) 1908.3 4,328p 23cm

◇利根川治水考(根岸門蔵(完水)著) 1908.6 1冊 23cm

◇市設備問題資料 第1輯(横浜市役所編) 1909 19p 23cm

◇東京市道路設計書(東京市役所編) 1909 76p 22cm

◇関門両港修築及設備ニ関スル特別委員会報告 1909.8 53p 22cm 港湾調査会議事速記録

◇東京築港ニ関スル調査書(南部光臣著) 1909.8 2,91p 23cm

◇甲斐国治水制度沿革之梗概 1910 10,116p 22cm

◇道路協議会議事速記録 第3号(道路協議会編) 1910 15p 23cm

◇道路協議会議事速記録 第5号(道路協議会編) 1910 49p 23cm

◇道路協議会議事速記録 第6号(道路協議会編) 1910 17p 23cm

◇臨時治水調査会議事速記録 第1号(臨時治水調査会編) 1910 62p 23cm

◇臨時治水調査会第一号議案特別委員会議事速記録 第1号(臨時治水調査会編) 1910 50p 23cm

◇臨時治水調査会第一号議案特別委員会議事速記録 第2号(臨時治水調査会編) 1910 37p 23cm

◇臨時治水調査会第一号議案特別委員会議事速記録 第3号(臨時治水調査会編) 1910 44p 23cm

◇臨時治水調査会第一号議案特別委員会議事速記録 第4号(臨時治水調査会編) 1910 35p 23cm

◇臨時治水調査会第一号議案特別委員会議事速記録 第5号(臨時治水調査会編) 1910 38p 23cm

◇基隆築港説明図(臨時台湾総督府工事部基隆出張所編) 1911.12 1枚 24cm

◇港湾法草案 理由書 1912 1冊 26cm

◇市設備問題資料 第2輯(横浜市役所編) 1912 28p 23cm

◇打狗築港 1912 16p 23cm

◇東京湾築港沿革 1912 1冊 23cm

◇地方ニ於ケル水防状況一斑(内務省土木局編) 1912.9 2,10,618p 23cm

◇東京市建築条例案(建築学会編) 1913.5 57p 23cm+図2枚

◇神戸港勢1班(神戸市役所編) 1913.9 170p 23cm

◇基隆築港沿革(臨時台湾総督府工事部基隆出張所編) 1913.10 5,[61]p 20×26cm

◇都市の美観と建築(黒田朋信著) 趣味叢書発行所 1914.2 16,250p 19cm 趣味叢書

◇敦賀港改良工事誌(内務省大阪土木出張所編) 1914.3 3,99p 27cm

◇路政論(エル・クールセル著,エフ・ブロンスヴィック著,若林栄次郎訳,東京市役所編纂) 1914.12 17,362p 23cm

◇横浜税関新港設備概要(大蔵大臣官房臨時建築課編) 1915.3 5,202,31p 23cm

◇基隆港築港誌(臨時台湾総督府工事部編) 1916.3 41,1182,28p 27cm

◇基隆港築港誌 図譜(臨時台湾総督府工事部編) 1916.3 6,80p 27cm

◇治水方針：附 調査概要(新潟県編) 1916.10 128p 23cm+図2枚

◇治水事業費ニ関スル沿革 手書(内務省編) 1917 [10]p 26cm

◇新潟県治水調査書(新潟県編) 1917.3 1冊 22cm

◇河川改修ノ効果(内務省土木局編) 1917.5 23p 26cm

◇河川改修ノ効果(府県報告)(内務省土木局編) 1917.5 49p 22cm

◇地方ニ於ケル治水調査状況(内務省土木局編) 1917.5 52p 23cm

◇名古屋築港の商工業に及ぼす影響(愛知県名古屋港務所編) 1917.5 59p 22cm

◇東京築港に関する調査報告(東京経済学協会編) 1917.10 30p 22cm

◇地方土木主任官会議要録(内務省土木局編) 1917.11 3,617p 22cm

◇隅田川口改良工事(田村与吉著) [工学会] 1918 156p 26cm 「工学会誌」第409-412巻抜刷

◇名古屋市水道工事概要(名古屋市役所編) 1918.10 42p 22cm

◇道路会議議事速記録 第1号(内務省土木局編) 1919 116p 23cm

◇東京市路面改良計画ニ関スル調査書(道路改良会編) 1919.7 32p 23cm+図1枚

◇地方土木主任官会議に於ける講演集 第2回(内務省土木局編) 1919.9 1,182p 22cm

◇河川改修費国庫補助ニ依ル第2回治水計画 手書(内務省編) 1920 [16]p 28cm

◇東京築港計画書並参考説明書(東京市役所編) 1920 16,65,22p 27cm

◇道路法ノ施行及道路改良計画(内務省編) 1920.1 2,2,94p 23cm

◇帝国の北門敦賀港拡築の急務(福井県編) 1920.4 18p 22cm+図2枚

◇土木誌(青島守備軍民政部土木部編) 1920.5 6,188p 23cm

◇道路法施行後ニ於ケル全国道路改良計画ノ概要(内務省編) 1920.7 3,1,50p 23cm

◇木道に就きて(志賀泰山述) 1920.7 21p 22cm

◇上海埠頭調査報告(南満州鉄道株式会社社長室調査課編) 1922.5 17p 21cm 「調査時報」第2巻第3号附録別冊

◇公有水面埋立関係法令(内務省土木局編) 1922.6 45p 22cm

◇愛宕下,日比谷,丸ノ内附近,浅草,馬道,千束,吉原菊屋橋附近地勢考(高柳光寿著,東京地下鉄道株式会社編) 1922.7 15,4p 23cm

◇新潟港港是調査資料(新潟県編) 1922.8 1冊 27cm

◇京都市三事業概要(京都市役所編) 1922.10 4,54p 22cm

◇港湾行政資料 第1輯(内務省土木局編) 1922.10 99p 19cm

◇名古屋港(名古屋税関編) 1923 12p 23cm

◇自由港に就て(石井徹著) 1923.2 2,53p 23cm

◇築港視察報告(村松恒一郎[ほか]著) 1923.4 28p 23cm+図4枚

◇東京市内外河川航通調査報告書及附図 大正10年3月5日及6日調査（東京市編） 1923.4 81p 23cm 調査課叢書

◇近世住宅（前田松韻著） 大法館 1923.7 1冊 22cm

◇欧米港湾視察報告書（高西敬義著） 内務省神戸土木出張所 1923.9 8,260p 31cm

◇京浜運河並ニ横浜港拡張計画説明書（横浜港調査委員会編） 1923.11 32p 22cm

◇清水港ノ現在及将来（静岡県内務部編） 1923.11 2,22p 22cm

◇都市と建築（片岡安著） 市民叢書刊行会 1923.11 4,7,384p 19cm

◇横浜港より観たる自由港問題（横浜港調査委員会第四部自由港部編） 1923.12 54,36p 23cm

◇建築線指定に依る都市計画の実行（復興部建築部編） 1924 2,80p 22cm 復興建築叢書

◇名古屋市水道拡張工事計画説明書及目論見書（名古屋市水道局編） 1924 39p 26cm

◇函館港（函館市役所港湾課編） 1924 14p 23cm+図1枚

◇下関門司外二港視察報告（入山祐治郎[ほか]著） [東京市] 1924.1 12p 23cm

◇日本の港湾 第1巻（内務省土木局編） 港湾協会 1924.1 4,576p 23cm

◇最近漢口港の港勢（南満州鉄道株式会社庶務部調査課編） 1924.3 4,116p 23cm 満鉄調査資料

◇信濃川改良工事沿革誌（武藤喜一編） 信濃川大河津分水工事竣功式協賛会 1924.3 303p 23cm

◇新市街建築の美に付て（伊東忠太述, 復興局建築部編） 1924.3 14p 23cm 復興建築叢書

◇道路改良計画ノ概要 第4輯（内務省土木局編） 1924.3 116p 23cm

◇商港に於ける海陸連絡設備（鉄道省） 1924.5 5,251p 22cm

◇遼河の改修（南満州鉄道株式会社庶務部調査課編） 1924.6 1,4,71p 22cm 満鉄調査資料

◇区画整理と建築（後藤新平[ほか]述, 東京市役所編） 1924.7 1冊 19cm 帝復興叢書

◇神戸港史（神戸水上警察署辛酉会編） 1924.9 12,375,3p 23cm

◇将来の都市と建築：横浜の復興と建築（片岡安述, 高松政雄述, 復興局建築部編） 1924.9 54p 23cm 復興建築叢書

◇大正大震災記念建造物競技設計図録（東京震災記念事業協会編） 1924.9 8,22p 19cm

◇荒川下流改修工事概要（内務省東京土木出張所） 1924.10 72p 19cm

◇東京地質調査報告 第1回（復興局建築部編） 1924.10 13p 22cm+図1枚

◇京浜運河開鑿理由書：附 京浜間貨物移動之大勢 謄写版（内務省土木局港湾課編） 1925 [40]p 26cm

◇中川運河開鑿事業概要（名古屋市役所編） 1925 12p 20cm+図2枚

◇目黒川改修並埋立工事計画説明書（東京府編） 1925 15p 26cm+図5枚

◇横浜港修築及震災復旧工事概要（横浜市港湾部編） 1925 7,7p 22cm

◇小樽新潟外三港視察報告（入山祐治郎[ほか]著） 1925.1 48p 23cm+図15枚

◇治水事業概要（内務省土木局編） 1925.1 1,4,132p 22cm

◇世界の自由港制度（野波静雄著） 平凡社 1925.2 3,4,240p 23cm

◇神戸都市計画事業第一期道路改設順序（神戸市都市計画部編） 1925.3 1冊 23cm

◇日本建築史：附 全国特別保護建造物年代表（佐藤佐著） 文献堂 1925.3 130,60p 23cm

◇復興帝都と防火建築（吉田茂著） 工政会出版部 1925.3 21p 22cm

◇大正大震災記念建造物競技設計図集（東京震災記念事業協会編） 洪洋社 1925.5 1冊 26cm

◇福島市水道鉄橋工事小誌（福島市役所編） 1925.5 2,62p 22cm

◇東京市上水道拡張事業報告 第5回（東京市水道局拡張工事編） 1925.7 434,135p 27cm+図48枚

◇木造小学校建築耐震上ノ注意（震災予防調査会編） 1925.8 8p 26cm

◇建築士法成立に関する諸家の意見（日本建築士会編） 1925.9 107p 19cm

◇北海道の港湾（鉄道省運輸局編） 1925.9 4,94,89p 22cm

◇京都市水道拡張工事の概況（京都市役所編） 1925.10 22p 19cm

◇日本の港湾 第2巻（内務省土木局編） 港湾協会 1925.10 6,780p 23cm

◇東京の工学的地質研究（岸一太述, 東京市政調査会編） 1925.12 3,34p 26cm

◇琵琶湖治水沿革誌（琵琶湖治水会編） 1925.12 1104p 23cm

◇維納建築条例：1883年発布 手書（建築学会編） 1926 1冊 24cm

◇小樽港大観（小樽市役所編） 1926 2,103p 27cm

◇共同建築組合法案要項 謄写版（東京市政調査会編） 1926 [9]p 26cm

◇共同建築に関する法律問題 謄写版（吉山真棹述, 東京市政調査会編） 1926 13p 26cm 画地問題資料

◇現行伯林府建築条例抜萃 手書（建築学会編） 1926 1冊 24cm

◇水利調査ノ議 手書（内務省編） 1926 [14]p 26cm

◇隅田川口改良第1期工事概要（東京市役所編） 1926 12p 19cm+図2枚

◇東京築港に関する講演集（東京市役所編） 1926 56,[16]p 22cm

◇東京湾運河と東京築港 謄写版（松岡静雄著） 1926 [10]p 26cm

◇道路法関係資料：附 水利法（草）案 1926 1冊 29cm

◇道路法資料 謄写版 1926 114p 27cm

◇土木行政ニ関スル意見 手書（内務省編） 1926 [13]p 26cm

◇白耳義国首府ブルユクセル市建築規則 手書（建築学会編） 1926 1冊 24cm

◇函館港（函館市役所編） 1926 28p 23cm+図1枚

◇花畑運河工事計画書（東京府編） 1926 4p 26cm

◇巴里市建築条例 手書（建築学会編） 1926 1冊 24cm

◇ブタペスト建築条例 手書（建築学会編） 1926 1冊 24cm

◇復興建築株式会社設立案 1926 2,7p 26cm

◇復興建築株式会社法草案：大正12年11月23日ノ要項ニ依ル 第2回 1926 [32]p 26cm

◇ベルン市建築条例 手書（建築学会編） 1926 1冊 24cm

◇ベルン、ブタペスト建築条例要項分類 手書（建築学会編） 1926 1冊 24cm

◇四日市築港工事概要 手書（三重県編） 1926 [8]p 26cm

◇露国聖彼得堡市諸条例全集抜萃 手書（建築学会編） 1926 1冊 24cm

◇淀川左岸水害予防組合誌 前編（淀川左岸水害予防組合編） 1926.6 1冊 23cm+図1枚

◇横浜港ノ現勢（横浜商業会議所編） 1926.7 14,402p 22cm

◇大正十二年関東大地震災害調査報告 第1巻 河川・灌漑・砂防・運河・港湾之部 電気関係土木工事之部（土木学会編） 1926.8 186p 27cm

◇東京府土木概要（東京府編） 1926.11 65p 23cm+図4枚

◇東京府1号国道改修工事概要（東京府土木部編） 1926.11 20p 22cm+図3枚

土木・道路・港湾　都市問題・地方自治　調査研究文献要覧

◇土木行政（田中好編）　常磐書房　1926.11　21,695p 23cm
◇日本築港史（広井勇著）　丸善　1927.5　5,373p 23cm
◇支那の戎克と南満の3港（南満州鉄道株式会社庶務部調査課編）1927.9　2,4,85p 22cm　満鉄調査資料
◇水法参考資料　第3輯（内務省土木局）　1927.11　90p 22cm
◇大正十二年関東大地震震害調査報告　第3巻　橋梁・建築物之部　道路之部（土木学会編）　1927.12　[383]p 27cm
◇水ニ関スル法令並例規（内務省土木局河川課編）　1927.12　21,810p 23cm
◇都市計画と道路行政（菊池慎三著）　崇文堂出版部　1928.2　6,6,500p 23cm
◇建築請負の制度及び法律概論（出浦高介著）　建築学会　1928.3　20p 23cm　建築学会パンフレット
◇本邦道路橋輯覧　増補（内務省土木試験所編）　1928.3　2,4,75p 31cm
◇道路及道路交通（武井群嗣著）　良書普及会　1928.4　2,8,261p 23cm　土木行政要義
◇港湾法制定ニ関スル建議書　港湾法草案　港湾法草案綱要（港湾協会編）　1928.5　1,21,12p 22cm
◇港湾経済論（ブリッソン・カンニンガム著、武若時一郎訳）　港湾協会　1928.9　6,164,8p 22cm
◇治水及利水（武井群嗣著）　良書普及会　1928.11　[278]p 22cm　土木行政要義
◇舗道事業の現在及将来（岡崎早太郎著）　大阪都市協会　1928.12　31p 23cm
◇共同建築の話（市来鉄郎述）　復興局建築部　1929　12p 23cm+図6枚　復興建築叢書
◇市政会館及日比谷公会堂建築工事概要（東京市政調査会編）　1929　[16]p 22cm
◇神戸都市計画事業第二期道路改設大要（神戸市都市計画部編）　1929.3　21p 23cm
◇大阪港（大阪市港湾部編）　1929.4　70p 22cm
◇大阪築港工事概要（大阪市港湾部編）　1929.4　5,157,8p 22cm
◇[神奈川県]建築物ニ関スル調査書（神奈川県警察部建築工場監督課編）　1929.4　17p 26cm
◇土木行政要義（武井群嗣著）　良書普及会　1929.4　22,738p 23cm
◇帝都ノ新築家屋　謄写版（東京市統計課編）　1929.7　10p 26cm　東京市ノ状況
◇道路之改良と関係法（土屋真次郎著）　常磐書房　1929.9　13,438p 20cm
◇事務所建築（石原信之述、復興局建築部編）　1930　54p 23cm　復興建築叢書
◇港湾能率増進問題（港湾協会編）　1930.1　59p 23cm　港湾調査資料
◇家屋新築及び修理に関する耐震構造上の注意書（震災予防評議会編）　1930.2　5p 22cm
◇東京港概要（東京市埠頭事務所）　1930.3　3,43p 19cm+図2枚
◇名古屋市水道第4期拡張工事計画説明書及目論見書（名古屋市水道部編）　1930.3　25p 27cm
◇空に伸び行く東京市　最近エレベーターの発達　謄写版（東京市統計課編）　1930.4　33p 25cm　東京市の状況
◇名古屋港ノ現状ト港湾利用業者（名古屋市産業部編）　1930.4　105p 23cm
◇港政（井上範畝）　港湾協会　1930.5　4,118p 23cm
◇大横浜の未来を語る：横浜支局新築落成記念懸賞論文（東京日日新聞横浜支局編）　1930.6　48p 23cm
◇横浜港荷役調査（港湾協会編）　1930.6　4,155p 23cm　港湾調査資料

◇東京港荷役調査（港湾協会編）　1930.7　3,76p 22cm　港湾調査資料
◇復興帝都に於ける新築家屋　謄写版（東京市統計課編）　1930.7　10p 26cm　東京市ノ状況
◇大連港荷役調査（港湾協会編）　1930.8　4,64p 23cm　港湾調査資料
◇若松築港誌略（若松築港株式会社編）　1930.9　26p 20cm
◇港湾講演集　第3輯（港湾協会編）　1931.2　1冊 23cm
◇住宅の合理化と研究問題片々（堀越三郎著）　建築学会　1931.2　20p 23cm　建築学会パンフレット
◇神戸港の将来に就て（神戸市港湾部編）　1931.3　33p 22cm+図2枚
◇中川運河と建築敷地（名古屋市土木部庶務課編）　1931.5　66p 20cm
◇東京市内山の手及下町に於ける地質構造に関する数例に就きて（西尾銈次郎編）　1931.6　[6]p 22cm　東京市地質調査
◇商港論（矢野剛著）　巌松堂書店（発売）　1931.8　1冊 23cm
◇東京市内に於ける新築家屋　謄写版（東京市統計課編）　1931.9　8p 26cm　東京市の状況
◇松江市水道拡張工事目論見書　謄写版（松江市役所編）　1932　156p 28cm
◇欧洲都市の近代相（蔵田周忠著）　六文館　1932.2　1冊 22cm
◇道路占用並工事施行ニ関スル協定事項（東京市役所編）　1932.2　23p 27cm
◇労銀及主要建築材料価格並指数表（建築業協会編）　1932.3　7p 27cm
◇東京市道路祭記録（東京市道路祭挙行会編）　1932.6　1冊 22cm
◇東京府道路概要　CD-R版（東京府土木部編）　1932.7　CD-R1枚　土木概要
◇神戸港と大阪港（神戸商工会議所編）　1932.9　38p 23cm　調査資料
◇国有鉄道電化発達概要（鉄道省電気局編）　1932.9　24p 30cm
◇京都市三事業概要（京都市役所編）　1932.10　37,95p 22cm
◇日本の住宅（藤井厚二著）　岩波書店　1932.10　2,9,152p 26cm
◇滑り止め舗装会座談会記録（道路研究会編）　1932.11　14p 26cm
◇道路・橋梁（新光社編）　1932.11　377p 26cm　万有科学大系
◇日本土木史料　前編（渡辺俊一編）　土木研究史料編纂会　1932.11　10,84p 22cm　土木研究史料
◇土木行政（田中好著）　常磐書房　1932.12　10,570p 23cm　高等土木工学
◇本邦運河事業ニ関スル調査（東京市政調査会編）　1932.12　5,65p 26cm　公益企業ニ関スル調査報告
◇大阪港案内　昭和8年版（大阪市役所港湾部編）　1933　1枚　78×53cm
◇観光地ニ至ル道路ノ現状ト将来ノ計画（国際観光委員会編）　1933　3,39p 23cm
◇東京築港問題：繁栄大東京の危機（港湾研究会編）　1933.1　30p 19cm
◇東京府道路概要　続編（東京府土木部編）　1933.1　1,2,46p 22cm
◇港湾行政制度の研究（台湾総督官房調査課編）　1933.2　3,299p 22cm　海外調査
◇土木部所管事業概要　昭和7年12月末現在（大阪市土木部編）　1933.3　3,131p 23cm+図1枚
◇現代道路論（楢崎敏雄著）　巌松堂書店　1933.4　1冊 23cm
◇水ニ関スル例規（愛知県河港課編）　1933.4　8,328p 22cm
◇青森港湾史（青森市役所編）　1933.5　6,172p 22cm
◇都市に於ける道路の設計（中村与資平著）　東京市政調査会　1933.6　35p 22cm
◇水利権（安田正鷹著）　松山房　1933.7　14,460p 23cm
◇中川運河（名古屋市役所編）　1933.9　2,32p 19cm

162

◇西部下水道幹線築造工事概要 黒川浚渫並護岸築造工事概要(名古屋市水道部編)　1933.10 8p 19cm

◇建築行政 第60編 建築法規 第61編 都市計画 第62編 住宅経営(常磐書房編)　1933.11 1冊 23cm　高等建築学

◇建築計画 12 温室 葬祭施設 屠場 禽舎 塵芥処理場(増田八郎[ほか]著)　常磐書房　1934.1 1冊 23cm　高等建築

◇横浜港修築計画概要(内務省横浜土木出張所編)　1934.6 17p 23cm

◇我国の土木建築事業(日本土木建築請負業聯合会編)　1934.6 1冊 23cm

◇横浜港(横浜市土木局編)　1934.9 4,82p 22cm

◇横浜港と其修築(内務省横浜土木出張所編)　1934.10 2,2,121p 23cm+図1枚

◇欧洲各国ニ於ケル治水事業ノ現況(農林省山林局編)　砂防協会 1934.12 2,61p 22cm　治水関係資料

◇関西の颱風禍と今後の建築(三浦元秀著)　セメント工業社　1934.12 52p 27cm

◇東京港修築計画書 昭和10年3月更正　謄写版(東京市役所編)　1935 23p 26cm

◇土木会議河川部会特別委員会議事速記録 第1号　1935 49p 22cm

◇土木会議河川部会特別委員会議事速記録 第2号　1935 45p 22cm

◇土木会議港湾部会決録:附 会議提出参考図書 第2輯(昭和10年度)　1935 52p 26cm

◇土木会議港湾部会議事速記録 昭和10年6月13日(第3回)　1935 51p 22cm

◇土木会議港湾部会特別委員会議事速記録 第3号　1935 22p 22cm

◇土木会議港湾部特別委員会議事速記録 第2号　1935 36p 22cm

◇東京市内に於ける各種舗装路面下の地中温度測定(沼倉秀穂著,宮村慶次著)　東京市電気研究所　1935.1 [74]p 27cm　東京市電気研究所研究報告

◇診療所病院浴場興行場の構造設備の話(大脇直徳述,警視庁建築課編)　1935.2 2,30p 19cm　建築パンフレット

◇福岡都市計画事業道路新設拡築受益者負担規程及同施行細則(福岡市編)　1935.2 [2]p 20cm

◇多摩川砂利採掘取締に関する状況(内務省東京土木出張所編)　1935.4 37p 23cm

◇土木現場要規 昭和10年3月現行(東京市土木局庶務課編)　1935.4 10,281p cm

◇河川法論(安田正鷹著)　松山房　1935.5 4,14,392p 23cm

◇京浜国道の現状(道路改良会編)　1935.6 2,18p 23cm

◇大阪港の復興と其の沿革並に現勢(大阪市港湾部編)　1935.7 4,173p 22cm

◇河水統制の提唱(内務省土木局編)　1935.7 9p 26cm

◇沈み行く東京(菊地山哉著)　上田泰文堂　1935.7 5,15,249p 20cm

◇建築の東京:大東京建築祭記念出版(都市美協会編)　1935.8 1冊 31cm

◇「高層建築物」調査速報 昭和10年5月1日調査(東京市監査局統計課編)　1935.8 13p 23cm

◇中小河川改良事業と其の効果(内務省土木局編)　1935.8 19p 26cm

◇朝鮮の道路(朝鮮総督府内務局編)　1935.8 21,4p 22cm+図2枚

◇砂防事業の効果(内務省土木局編)　1935.9 11p 26cm

◇大東京建築祭建築設計競技銀座街共同建築(都市美協会編)　洪洋社 1935.9 23枚 26cm

◇東京港を語る(東京港振興会編)　1935.9 64p 23cm

◇東北地方港湾振興ニ関スル建議書(港湾協会編)　1935.9 3p 26cm

◇東北地方港湾振興ニ関スル報告書(港湾協会編)　1935.9 3,47p 26cm

◇改訂増補上海港(三井物産株式会社上海支店編)　1935.10 1冊 22cm

◇松花江水運と哈爾浜(哈爾浜特別市公署編)　1935.10 2,63p 19cm 調査資料

◇東京みなと祭(東京港振興会編)　1935.10 4,167p 23cm

◇土木行政(武井群嗣著,田中好著)　常磐書房　1935.10 15,593p 22cm　自治行政叢書

◇江戸川水利統制(内務省東京土木出張所編)　1935.11 28p 22cm

◇本邦道路橋輯覧 第3輯(内務省土木試験所編)　1935.11 5,184p 27cm

◇東京市高層建築物調査:昭和10年5月調査(東京市役所編)　1935.12 2,197p 22cm

◇東京市の建物　謄写版(東京市監査局統計課編)　1935.12 [27]p 26cm　東京市の状況

◇東京下町の地層と杭打地形(北沢五郎述,警視庁保安部建築課編)　1936 2,23p 19cm　建築課パンフレット

◇土木会議河川部会議事速記録 昭和11年12月10日(第6回)　1936 16p 22cm

◇土木会議港湾部会決録:附 会議提出参考図書 第3輯(昭和11年度)　1936 66p 26cm

◇土木会議港湾部会議事速記録 昭和11年12月10日(第4回)　1936 65p 21cm

◇本邦港湾荷役一般調査(港湾協会編)　1936 2,33p 23cm

◇大阪港論集:大阪都市協会創立10周年記念懸賞論文(大阪都市協会編)　1936.2 214p 22cm

◇岡山県砂防誌(岡山県経済部編)　1936.3 4,199p 22cm

◇河川法関係法規類集(内務省土木局河川課編)　常磐書房　1936.3 44,810p 23cm

◇失業応急山地開発諏訪山線道路新設工事報告(神戸市土木部編)　1936.3 2,24p 22cm

◇東京府道路要覧(東京府土木部編)　1936.3 2,74p 23cm

◇伸び行く四日市港(四日市市役所編)　1936.3 18p 23cm

◇建築学会50年略史(建築学会編)　1936.4 154p 19cm

◇横浜市営内国貿易地帯概要(横浜市土木局編)　1936.4 1枚 51×65cm

◇東京市土木読本 「土木事業常設委員会報告」(東京市土木常設委員会編)　1936.5 1冊 22cm

◇明治以前日本土木史(土木学会編)　1936.6 1冊 27cm

◇工業港の躍進(内務省土木局編)　1936.8 27p 26cm

◇躍進日本の経済的実相と地方港湾改良の必要(内務省土木局編)　1936.8 31p 26cm

◇道路行政(田中好著)　春秋社　1936.9 7,389p 23cm　鉄道交通全書

◇比較水法論(武井群嗣著)　常磐書房　1936.9 7,371p 23cm

◇帝国議会議事堂建築の概要(大蔵省営繕管財局編)　1936.11 120p 26cm

◇特殊建築物改修ノ実績　謄写版(警視庁編)　1937 28p 28cm

◇博多港と満洲国(福岡市役所産業課編)　1937.2 12,288p 21cm

◇港湾講演集 第4輯(港湾協会編)　1937.3 1冊 23cm

◇道路管理事務指針(東京市役所編)　1937.3 3,32p 19cm　事務改善叢書

◇都市住宅の建築学的研究 1(西山夘三著)　1937.4 30p 31cm　「建築学研究」第84号

◇下関港湾事業及関門隧道の実施に伴ふ都市計画(都市計画山口地方委員会編)　1937.6 13p 22cm

◇千葉都市計画埋立事業概要(都市計画千葉地方委員会編)　1937.7 12p 23cm+図2枚

163

土木・道路・港湾

◇東京港概要　昭和12年版（東京市港湾部編）　1937.8　1枚　23cm

◇港湾講演集　第5輯（港湾協会編）　1937.12　1冊　23cm

◇神戸港　昭和13年（神戸市土木部港湾課編）　1938　1枚　71×111cm

◇相模川河水統制事業計画説明書　昭和13年1月臨時県会可決（神奈川県編）　1938　21p　27cm

◇港湾管理事務指針（東京市役所編）　1938.1　3,28p　19cm　事務改善叢書

◇砂防工事（内務省土木局）　1938.3　19p　26cm

◇東京市の道路（東京市役所編）　1938.3　32p　22cm

◇鋪装要概（東京市土木局道路管理課編）　1938.3　45p　19cm

◇秋田運河計画概要（秋田県編）　1938.4　8p　23cm

◇河水統制事業（安田正鷹著）　常磐書房　1938.4　2,2,300p　23cm

◇四日市港案内（四日市市役所編）　1938.5　1枚　79×55cm

◇東京の港（東京港振興会編）　1938.6　41p　23cm

◇建築物の日当りに関する研究（鶴猛著）　1938.7　19p　26cm　「照明学会雑誌」第22巻第7号抜刷

◇東京港の将来（松永義雄著）　不二屋書房　1938.9　30p　19cm

◇八戸港大観（八戸市役所編）　1938.9　52p　22cm

◇道路と自動車（石井政一述,日本交通協会編）　1938.11　24p　19cm　交通研究資料

◇東京港概要　昭和14年版（東京市土木局港湾部編）　1939　1枚　69×93cm

◇見よ我等の東京港（東京港振興会編）　1939　1枚　23cm

◇横浜市水道拡張工事概要書（横浜市役所編）　1939　32p　22cm

◇建築統制　第1輯　集団統制（伊藤憲太郎著）　工業図書　1939.1　10,225p　22cm

◇森林と治水（諸戸北郎述）　啓明会事務所　1939.2　55,25p　23cm　第88回講演集

◇東京市道路誌（東京市土木局編）　1939.3　4,11,674p　22cm

◇青島港経営私見（中川四朗著）　1939.4　5,31p　19cm

◇博多港と北支亜満洲国錦州熱河両省（福岡市役所産業課編）　1939.4　10,184p　23cm

◇建築行政参考資料（建築行政学会編）　1939.7　[36]p　21cm

◇台湾の道路：附　広東の道路（近藤泰夫著）　日本ポルトランドセメント同業会　1939.10　38p　26cm　セメントコンクリート道路

◇東北地方漁村住宅懸賞募集当選図案集（同潤会編）　1939.10　8,14p　19×26cm

◇第8回万国道路会議報告　上巻　ミュンヘン会議以後セメント系道路鋪装の進歩（日本ポルトランドセメント同業会編）　1939.11　92p　26cm　セメントコンクリート道路

◇東京開港反対陳情書　謄写版（横浜港湾委員会編）　1939.11　5p　26cm

◇東京港開港に関する陳情書（写）（頼母木桂吉編）　1939.11　7p　27cm

◇都市住宅の建築学的研究　3（森田慶一著）　1939.11　19p　31cm　「建築学研究」第94号

◇東京開港反対ニ関スル意見書　謄写版（横浜市会編）　1939.12　5p　26cm

◇欧洲ニ於ケル水利法　1940　8,139p　22cm

◇京浜運河事業に就て（東京府京浜運河建設事務所編）　1940　14p　26cm

◇治水費ノ資源ヲ公債ニ仰クノ議（甲案21ヶ年償還、乙案30ヶ年償還、丙案37ヶ年償還）　手書（内務省編）　1940　[44]p　29cm

◇道路法案　謄写版　1940　[33]p　28cm

◇道路法案修正意見　謄写版（陸軍省編）　1940　[5]p　26cm

◇「水戸運河」開鑿に就て：附　勘十郎堀運河の史的検討（高橋六郎著）　1940　9,15p　23cm　「地方経済」第15巻第7号所載,「土木工学」昭和14年12月号-昭和15年3月号抜刷

◇見よ我等の東京港（東京市港湾局編）　1940　1枚　20×54cm

◇満洲建築の展望（創亜建築聯盟編）　[現代建築社]　1940.1　[28]p　26cm　「現代建築」第8号所載

◇第8回万国道路会議報告　下巻　ミュンヘン会議以後セメント系道路鋪装の進歩（日本ポルトランドセメント同業会道路部編）　1940.2　85p　26cm　セメントコンクリート道路

◇勘十郎堀運河の史的検討　土木工学抜萃（高橋六郎著）　[工業雑誌社]　1940.3　[24]p　26cm

◇千田知事と宇品港（広島県編）　1940.4　3,6,366p　22cm

◇道路編（浅香小兵衛著）　好文館書店　1940.4　8,436p　23cm　土木行政叢書

◇水利権、河水統制編（安田正鷹著）　好文館書店　1940.5　10,302p　23cm　土木行政叢書

◇都市発生土砂の移動とが指導統制に就て　謄写版（野沢静男著）　1940.9　29p　26cm

◇東京府施工のコンクリート系鋪装に就て（目黒清雄著,日本ポルトランドセメント同業会道路部編）　1940.10　24p　26cm　セメントコンクリート道路

◇都市住宅の建築学的研究　4（森田慶一著）　1940.11　24p　31cm　「建築学研究」第98号抜刷

◇米国に於けるソイルセメント道路（日本ポルトランドセメント同業会編）　1940.11　26p　26cm　セメントコンクリート道路

◇長項港計画概要（忠清南道編）　1941　1枚　20cm

◇東京府営京浜運河工業地帯埋立地案内（東京府京浜運河建設事務所編）　1941　1枚　23cm

◇港湾・運河編（細田徳寿著）　好文館書店　1941.1　6,365p　23cm　土木行政叢書

◇東京開港問題に関する河田蔵相村田通相と横浜市会代表者会見顛末（東京開港反対横浜市民同盟編）　1941.2　52p　22cm

◇港湾事務指針（北野秀雄著,神戸市役所調査課編）　1941.3　2,52p　22cm　事務改善叢書

◇農業土木行政（鵜崎多一著）　松山房　1941.3　412,37p　23cm

◇本邦道路隧道輯覧　第1輯（内務省土木試験所編）　1941.3　105p　26cm

◇都市住宅の建築学的研究　5（西山夘三著）　1941.5　30p　31cm　「建築学研究」第100号

◇博多港と中支並大分宮崎両県（福岡市役所商工課編）　1941.5　8,166p　21cm

◇河（鈴木雅次著）　河出書房　1941.7　4,3,300p　19cm　科学新書

◇奈良国道コンクリート鋪装調査（近藤泰夫,小野道人著）　日本ポルトランドセメント同業会　1941.8　99p　26cm　セメントコンクリート道路

◇河川・砂防編（弘津恭輔著）　好文館書店　1941.9　16,264p　22cm　土木行政叢書

◇橋（成瀬勝武著）　河出書房　1941.12　4,3,205p　19cm　科学新書

◇開港記念東京港誌（東京市役所編）　1942.3　1冊　22cm

◇地下水（吉村信吉著）　河出書房　1942.3　3,258p　19cm　科学新書

◇地下水利用権論（武田軍治著）　岩波書店　1942.3　6,353p　22cm

◇新訂道路：附　都市計画（桜井盛男著）　鉄道時報局　1942.8　5,236p　22cm

◇ドイツの河川及び運河交通（藪谷虎芳著）　日独文化協会　1942.9　2,4,63p　21cm

◇土木技術研究所報告　昭和17年度　第1輯（東京市役所編）　1942.10　25p　26cm

◇河川（富永正義著）　岩波書店　1942.11　1冊　19cm

◇水の経済学（安田正鷹著）　松山房　1942.11　16,10,419p　18cm

◇土木技術研究所報告 昭和17年度 第2輯（東京市役所編）　1943.2　19p 26cm
◇大阪港（大阪港記念日協賛会編）　1943.3 2,4,80p 21cm
◇土木技術研究所報告 昭和17年度 第3輯（土木技術研究所編）　1943.3 29p 26cm
◇壁体の室温に及ぼす影響の比較試験報告 第1号　謄写版（住宅営団編）　1943.3 [26]p 25cm
◇国土計画と土木技術（石川栄耀著）　常磐書房　1943.6 2,184p 19cm　国土建設技術新書
◇利根川治水史（栗原良輔著）　官界公論社　1943.7 4,4,331p 22cm
◇土木技術研究所報告 昭和18年度 第1輯（土木技術研究所編）　1943.7 32p 26cm
◇土木技術研究所報告 昭和18年度 第2輯（土木技術研究所編）　1943.8 18p 26cm
◇治水（安芸皎一著）　常磐書房　1943.11 2,124p 19cm　国土建設技術新書
◇品川用水沿革史（品川用水普通水利組合編）　1943.12 3,4,280p 21cm
◇土木技術研究所報告 昭和18年度 第3輯（土木技術研究所編）　1943.12 37p 26cm

交通・通信

【雑　誌】

- ◇海運に於ける競争の運賃に及ぼす影響（小島昌太郎）「経済論叢」20（1）1925.1
- ◇大阪の出入船舶と貨物（大阪市港湾部）「港湾」3（1）1925.1
- ◇混合貨物の荷役設計（エイチ・マクラレン・ハーデキング）「港湾」3（1）1925.1
- ◇アムステルダム市営電車（東京市電気局）「調査資料」6（1）1925.1
- ◇欧洲に於ける市街鉄道乗務員の訓練（東京市電気局）「調査資料」6（1）1925.1
- ◇シヤトル市営電車の現状（東京市電気局）「調査資料」6（1）1925.1
- ◇独逸に於ける自動車取締規則「調査資料」6（1）1925.1
- ◇東京市郊外電車の発達（東京市電気局）「調査資料」6（1）1925.1
- ◇バス経営上より見たる英国の七都市（東京市電気局）「調査資料」6（1）1925.1
- ◇英国鉄道合併の効果（須田博）「帝国鉄道協会会報」26（1）1925.1
- ◇地方鉄道営業成績表（大正十二年度）「帝国鉄道協会会報」26（1）1925.1
- ◇鉄道政策私見　私設鉄道建設会社創立の急務（堀内良平）「帝国鉄道協会会報」26（1）1925.1
- ◇世界海運界の推移と前途「東洋経済新報」1129　1925.1
- ◇鉄道貨物の推移「東洋経済新報」1130　1925.1
- ◇財界の推移と鉄道貨物「東洋経済新報」1131　1925.1
- ◇交通混雑と其の緩和方法（〔森山鋭一〕）「都市公論」8（1）1925.1
- ◇モーター時代に対する交通計画（森山鋭一）「都市公論」8（1）1925.1
- ◇一九二一年海運規則に就いて（田崎愼治）「経済学　商業学　国民経済雑誌」38（2）1925.2
- ◇割合運賃に就て（藤沢勇次）「経済学　商業学　国民経済雑誌」38（2）1925.2
- ◇回復困難な露国交通機関「週刊エコノミスト」3（4）1925.2
- ◇英国都市運輸の傾向「調査資料」6（2）1925.2
- ◇都市の運輸雑沓緩和策（東京市電気局）「調査資料」6（2）1925.2
- ◇巴里の交通事故（東京市電気局）「調査資料」6（2）1925.2
- ◇米人の見たる英仏都市の交通状態（東京市電気局）「調査資料」6（2）1925.2
- ◇北米及加奈陀に於けるバス経営の発展（東京市電気局）「調査資料」6（2）1925.2
- ◇ロンドンのバス近況（東京市電気局）「調査資料」6（2）1925.2
- ◇東京市の道路交通近況に就て（森保次）「道路」4（2）1925.2
- ◇神戸縦貫鉄道問題（丹下良太郎）「都市研究」1（1）1925.2
- ◇世界五大都市に於ける交通機関の概要（1）（小野栄作）「都市研究」1（1）1925.2
- ◇島国交通政策に就て（寺島成信）「港湾」3（3）1925.3
- ◇シティ・エンド・サウス・ロンドン地下鉄道（東京市電気局）「調査資料」6（3）1925.3
- ◇上海及シンガポールの市街電車（東京市電気局）「調査資料」6（3）1925.3
- ◇東京市の交通事故（東京市電気局）「調査資料」6（3）1925.3
- ◇ニューヨークの自動車問題（東京市電気局）「調査資料」6（3）1925.3
- ◇巴里地下鉄道の発達（東京市電気局）「調査資料」6（3）1925.3
- ◇東京市郊外電車の発達「帝国鉄道協会会報」26（2）1925.3
- ◇不景気と鉄道収入「東洋経済新報」1139　1925.3
- ◇倉庫在荷の趨勢「東洋経済新報」1140　1925.3
- ◇東京市の道路交通近況に就て（森保次）「道路」4（3）1925.3
- ◇Scuttling Casesの研究（神原近三）「経済学　商業学　国民経済雑誌」38（4）1925.4
- ◇神戸市街鉄道改築に関する経過「都市研究」1（2）1925.4
- ◇世界五大都市に於ける交通機関の概要（2）（小野栄作）「都市研究」1（2）1925.4
- ◇世界幹線航路の革命と津軽海峡（阿部覺治）「港湾」3（5）1925.5
- ◇大阪郊外電車の優劣「週刊エコノミスト」3（10）1925.5
- ◇国有鉄道収入概算表（大正十四年二月分、三月分）「帝国鉄道協会会報」26（3）1925.5
- ◇東京市高速鉄道速成委員会報告書（池田宏）「帝国鉄道協会会報」26（3）1925.5
- ◇満蒙西伯利亜に対する交通路と港湾（渡辺精吉郎）「帝国鉄道協会会報」26（3）1925.5
- ◇倉庫在荷の増率緩む「東洋経済新報」1149　1925.5
- ◇地下鉄道管見（西勝造）「道路」4（5）1925.5
- ◇東京市電の乗客輸送問題（小林貞吉）「地方行政」33（6）1925.6
- ◇道路交通の諸問題「地方行政」33（6）1925.6
- ◇神戸市の道路網は何時決するか「都市研究」1（3）1925.6
- ◇運輸上より見たる大東京（金谷重義）「都市問題」1（2）1925.6
- ◇内務省用電信協約字表（大正十四年六月）「内務時報」290　1925.6
- ◇陸揚賃の研究（武田正泰）「港湾」3（7）1925.7
- ◇我国の海運に就て（石井徹）「港湾」3（7）1925.7
- ◇交通網を張る大阪郊外電鉄「週刊エコノミスト」3（14）1925.7
- ◇大ロンドンの乗客数統計「調査資料」6（4）1925.7
- ◇フキラデルフキアの運輸統計「調査資料」6（4）1925.7
- ◇北米に於けるバスの将来（John A.Ritche）「調査資料」6（4）1925.7
- ◇本邦貨物の移動は陸運か海運か「港湾」3（8）1925.8
- ◇東京市電の乗客輸送問題（小林貞吉）「地方行政」33（8）1925.8
- ◇地下鉄道と東京市「東洋経済新報」1159　1925.8
- ◇交通行政側面観「道路」4（8）1925.8
- ◇東京市の高速交通機関として高架鉄道と地下鉄道との選択（安倍邦衛）「都市問題」1（4）1925.8
- ◇北米合衆国に於ける自動車課税「都市問題」1（4）1925.8
- ◇本邦物資の移動は陸運か海運か（2・完）「港湾」3（9）1925.9
- ◇大阪に於ける小運送の実状「週刊エコノミスト」3（17）1925.9
- ◇国有鉄道収入概算表（大正十四年六月分、七月分）「帝国鉄道協会会報」26（5）1925.9
- ◇同盟罷業を通じて見たる倫敦の交通問題（大槻信治）「帝国鉄道協会会報」26（5）1925.9
- ◇仏領印度支那の鉄道に就て（岡野昇）「帝国鉄道協会会報」26（5）1925.9

◇英国鉄道のナショナル・プログラムに就て「社会政策時報」　61　1925.10
◇コペンハーゲンのバス「調査資料」　6(5)　1925.10
◇支那に於ける自動車数「調査資料」　6(5)　1925.10
◇世界各国の鉄道運輸比較「調査資料」　6(5)　1925.10
◇東京市の交通事故「調査資料」　6(5)　1925.10
◇ニューヨーク、シカゴ、ワシントンに於けるバス経営の比較「調査資料」　6(5)　1925.10
◇米国電気鉄道概観(1924年の事業成績)(エドモンド・J.マアフキイ)「調査資料」　6(5)　1925.10
◇交通行政統一の必要「東洋経済新報」　1169　1925.10
◇欧米諸都市に於けるバスの発達(金谷重義)「都市公論」　8(10)　1925.10
◇逐年増加の無蓋車「週刊エコノミスト」　3(22)　1925.11
◇不景気来の東京郊外五電鉄「週刊エコノミスト」　3(22)　1925.11
◇省線電車区間持定放客運賃表「帝国鉄道協会会報」　26(6)　1925.11
◇地方鉄道営業成績表(大正十三年度)「帝国鉄道協会会報」　26(6)　1925.11
◇鉄道車両連結器取替に就て(秋山正八)「帝国鉄道協会会報」　26(6)　1925.11
◇東京上野間高架線電車開通「帝国鉄道協会会報」　26(6)　1925.11
◇紐育市及其の附近の道路交通問題(アーネスト・ビー・グッドリッチ,ハロルド・エム・レウイス)「都市公論」　8(11)　1925.11
◇交通混雑と其の緩和方法(復興局計画課)「内務時報」　312　1925.11
◇市街電鉄の乗車賃に関する諸問題「調査資料」　6(6)　1925.12
◇電気動力バスの発達(ヘンリー・S.バルドウイン)「調査資料」　6(6)　1925.12
◇湘南電鉄と将来の大計画「東洋経済新報」　1176　1925.12
◇アメリカに於ける交通上の事故費及び損失(小田垣光之輔)「都市問題」　1(8)　1925.12
◇東京市の電車其他交通運輸機関に対する中等学生の希望「都市問題」　1(8)　1925.12
◇高速度交通機関に就て(角源泉)「大大阪」　2(1)　1926.1
◇大大阪と通信機関(野本正一)「大大阪」　2(1)　1926.1
◇最近に於ける各国鉄道延長哩「帝国鉄道協会会報」　27(1)　1926.1
◇大都市と地方との小運送費研究「帝国鉄道協会会報」　27(1)　1926.1
◇国際交通経済の改善(ジョン・エッチ・ベルンハルト)「港湾」　4(2)　1926.2
◇高速度交通機関に就て(角源泉)「大大阪」　2(2)　1926.2
◇交通取締規則附運転手及歩行者の指導(米国安全協会交通委員によりて採用せらる)「道路」　5(2)　1926.2
◇交通取締(其1)(藤岡長敏)「道路」　5(2)　1926.2
◇大阪市高速交通機関(内山新之助)「都市公論」　9(2)　1926.2
◇高速度鉄道に就て(長沢忠郎)「都市創作」　2(2)　1926.2
◇大名古屋交通系統の模型的図示「都市創作」　2(2)　1926.2
◇満蒙に対する根本的交通策(1)(松尾小三郎)「港湾」　4(3)　1926.3
◇クリーブランドの運輸問題「調査資料」　7(1)　1926.3
◇紐育に於ける運輸現況「調査資料」　7(1)　1926.3
◇米国に於ける電車事故「調査資料」　7(1)　1926.3
◇北米及加奈陀に於ける電鉄のバス兼営現況「調査資料」　7(1)　1926.3
◇北米合衆国に於ける鉄道対自動車問題「帝国鉄道協会会報」　27(2)　1926.3

◇交通取締(其2)(藤岡長敏)「道路」　5(3)　1926.3
◇復興後の街路及び交通に関する二三の考察(竹田武男)「都市公論」　9(3)　1926.3
◇近郊鉄道の歩む道(谷口成之)「都市創作」　2(3)　1926.3
◇高速度鉄道に就て(長沢忠郎)「都市創作」　2(3)　1926.3
◇大ベルリンの交通料金画一問題(小田垣光之輔)「都市問題」　2(3)　1926.3
◇フランクフルトの改正交通規則(小田垣光之輔)「都市問題」　2(3)　1926.3
◇大阪都市計画高速度交通機関路線「内務時報」　333　1926.3
◇裏日本主要港湾重要移輸入品一覧表「港湾」　4(4)　1926.4
◇満蒙に対する根本的交通策(松尾小三郎)「港湾」　4(4)　1926.4
◇欧米に於ける自動車交通整理(鈴木連三)「大大阪」　2(4)　1926.4
◇大阪市の電信利用状況(廣島庄太郎)「大大阪」　2(4)　1926.4
◇上海を中心とする交通区域に就いて(田中薫)「地理学評論」　2(4)　1926.4
◇神戸市と地下鉄道(古宇田実)「都市研究」　2(2)　1926.4
◇交通取締規則其の制定の理由並主旨(警視庁交通課)「都市工学」　5(4)　1926.4
◇交通取締(其3)(藤岡長敏)「都市工学」　5(4)　1926.4
◇満蒙に対する根本的交通策(松尾小三郎)「港湾」　4(5)　1926.5
◇上海を中心とする交通区域に就て(田中薫)「地理学評論」　2(5)　1926.5
◇第十回万国鉄道会議と鉄道百年祝典(伊藤常夫)「帝国鉄道協会会報」　27(3)　1926.5
◇大正十五年度以降鉄道建設費予算年度割表「帝国鉄道協会会報」　27(3)　1926.5
◇大正十五年度に於ける鉄道貨物輸送の革新に就て(中山隆吉)「帝国鉄道協会会報」　27(3)　1926.5
◇京成電軌の前途「東洋経済新報」　1198　1926.5
◇交通取締(第4回)(藤岡長敏)「都市工学」　5(5)　1926.5
◇大阪郊外五電鉄の優劣「週刊エコノミスト」　4(11)　1926.6
◇前途多事の大阪鉄道「週刊エコノミスト」　4(12)　1926.6
◇東京乗合自動車の今期「週刊エコノミスト」　4(12)　1926.6
◇大阪駅前の交通量「大大阪」　2(6)　1926.6
◇倫敦紐育の地下貨物鉄道計画(大都市交通緩和策として立案)「大大阪」　2(6)　1926.6
◇最近欧米に発達せる交通施設の一例(森垣亀一郎)「都市研究」　2(3)　1926.6
◇交通取締(第5回)(藤岡長敏)「都市工学」　5(6)　1926.6
◇名古屋高速度交通機関「都市創作」　2(6)　1926.6
◇ベルリンに於ける交通調査(ルイス・イエーネッケ)「調査資料」　7(3)　1926.7
◇歩行者の潮流について「調査資料」　7(3)　1926.7
◇大阪市の交通機関(関一)「帝国鉄道協会会報」　27(4)　1926.7
◇国有鉄道並地方鉄道軌道営業哩数「帝国鉄道協会会報」　27(4)　1926.7
◇大正十五年度以降鉄道改良費予算年度割表「帝国鉄道協会会報」　27(4)　1926.7
◇交通省の新設は如何「東洋経済新報」　1205　1926.7
◇東京横浜電鉄の第一期成績と目黒蒲田「東洋経済新報」　1206　1926.7
◇交通取締(第6回)(藤岡長敏)「都市工学」　5(7)　1926.7
◇都市交通輻輳の原因に就て(道家斉一郎)「都市工学」　5(7)　1926.7
◇速度に依る交通整理「都市創作」　2(7)　1926.7

◇シカゴ市の新交通整理 (樫木徹)「都市問題」 3(1) 1926.7
◇日本交通労働連盟確立大会「労働時報」 3(7) 1926.7
◇運送取扱人の業務と其使命 (中野金次郎)「港湾」 4(8) 1926.8
◇大阪郊外五電鉄の業績予想「週刊エコノミスト」 4(15) 1926.8
◇一区域内一斉交通整理 (曽根正実)「都市研究」 2(4) 1926.8
◇阪神増設線建設に対する一考案 (制度の欠陥が事業に及ぼす影響)「都市研究」 2(4) 1926.8
◇交通取締 (第七回) (藤岡長敏)「都市工学」 5(8) 1926.8
◇買物時間の長短と交通混雑「都市創作」 2(8) 1926.8
◇駐車整理「都市創作」 2(8) 1926.8
◇統計より見たる東京市の交通 (道家斉一郎)「都市問題」 3(2) 1926.8
◇満蒙に対する根本的交通策を読みて満蒙の為に弁ず (佐藤四郎)「港湾」 4(9) 1926.9
◇交通事故と街路照明 (街路照明の施設は刻下の急務) (木津谷栄三郎)「大大阪」 2(9) 1926.9
◇大都市の交通機関と地下鉄道 (早川徳次)「帝国鉄道協会会報」 27(5) 1926.9
◇地方鉄道現況 (大正十五年十月末調)「帝国鉄道協会会報」 27(5) 1926.9
◇鉄道に関する諸問題 (M.R.Johnson)「帝国鉄道協会会報」 27(5) 1926.9
◇利益増加の乗合自動車「東洋経済新報」 1213 1926.9
◇大阪市の高速度交通機関計画「都市工学」 5(9) 1926.9
◇土運車運搬車に就て (小田切豊吉)「都市創作」 2(9) 1926.9
◇イギリスに於ける無軌道電車事業成績 (樫木徹)「都市問題」 3(3) 1926.9
◇紐育の市街電車問題 (ゲルハード・エム・テール)「調査資料」 7(4) 1926.10
◇狭軌鉄道の不安不経済「東洋経済新報」 1217 1926.10
◇東京市地下鉄道の私営説に就て (松木幹一郎)「都市問題」 3(4) 1926.10
◇東京市の交通問題 (吉村弘義)「都市問題」 3(4) 1926.10
◇ニューヨーク市の路面電車廃止説 (樫木徹)「都市問題」 3(4) 1926.10
◇上町線の乗入問題 (乗入契約の解除と市営主義) (杉村正太郎)「大阪」 2(11) 1926.11
◇欧米都市の交通整理 (三浦周行)「大大阪」 2(11) 1926.11
◇大大阪と航空輸送事業 (安達堅造)「大大阪」 2(11) 1926.11
◇小運送問題の経過 (中山隆吉)「帝国鉄道協会会報」 27(6) 1926.11
◇米国に於ける電気鉄道と乗合自動車との消長「帝国鉄道協会会報」 27(6) 1926.11
◇東京市交通機関の発達と其の変遷 (道家斉一郎)「都市公論」 9(11) 1926.11
◇都市交通機関としての路面電車と乗合自動車 (金谷重義)「都市問題」 3(5) 1926.11
◇大阪市の交通機関 (関一)「大大阪」 2(12) 1926.12
◇鉄道益金の処分「東洋経済新報」 1228 1926.12
◇交通障害と交通事故とに就ての観察 (一柳幸永)「都市工学」 5(12) 1926.12
◇交通力学序説 (「郷土都市」の話になるまでの断章の五) (石川栄耀)「都市創作」 2(12) 1926.12
◇路面電車有能論 (谷口成之訳)「都市創作」 2(12) 1926.12
◇小運送改善に関する国有鉄道施設「帝国鉄道協会会報」 28(1) 1927.1
◇路面利用上から見た今後の都市交通機関 (広瀬秀吉)「都市研究」 3(1) 1927.1

◇都市の発達と交通問題 (シー・デュラヴンス, 真野勇雄訳)「都市工学」 6(1) 1927.1
◇イギリスに於ける電気軌道事業成績 (後藤曠二)「都市問題」 4(1) 1927.1
◇英国の国際海運収入 (小島昌太郎)「経済論叢」 24(2) 1927.2
◇空中威力の国防并に通商運輸に及ぼす影響 (1) (伊藤赳)「建築と社会」 10(2) 1927.2
◇大阪郊外電鉄網一千四百哩「週刊エコノミスト」 5(3) 1927.2
◇大阪郊外五電鉄の今期業績「週刊エコノミスト」 5(4) 1927.2
◇南海鉄道の改善に就て (岡崎早太郎)「大大阪」 3(2) 1927.2
◇交通機関と地価との関係 (ブリトン・アイ・バット)「調査資料」 8(1) 1927.2
◇都市発達の一大要因としての運輸 (デュラヴァンヌ)「調査資料」 8(1) 1927.2
◇北米の電鉄兼営乗合自動車の現状 (ケンネス・エル・マッキー)「調査資料」 8(1) 1927.2
◇ロンドンの乗合自動車の制限「調査資料」 8(1) 1927.2
◇オスローの地下鉄道「調査資料」 8(5) 1927.2
◇前途多事の大阪乗合自動車「週刊エコノミスト」 5(5) 1927.3
◇阪神国道電軌の開業期と前途「週刊エコノミスト」 5(5) 1927.3
◇紐育市街鉄道半公営計画 (大阪都市協会調査係訳)「大大阪」 3(3) 1927.3
◇世界政策の交通地理的概観 (3) (飯本信之)「地理学評論」 3(3) 1927.3
◇郊外電車の地下式市内乗入論を排す (早川徳次)「帝国鉄道協会会報」 28(2) 1927.3
◇最近に於ける欧米各国の飛行機及自動車 (相羽有)「帝国鉄道協会会報」 28(2) 1927.3
◇都市交通の混雑と解決策 (1) (武居高四郎)「都市研究」 3(2) 1927.3
◇「鉄道」と云ふ言葉 (服部生)「都市創作」 3(3) 1927.3
◇関門隧道と門司の貨客 (1) (門司商業会議所)「港湾」 5(4) 1927.4
◇交通の流れに関する二三の考察 (ケンネット・エス・ドット)「都市公論」 10(4) 1927.4
◇街路交通改善上の諸方針 (小田垣光之輔)「都市問題」 4(4) 1927.4
◇海上運輸危険貨物の取扱統一の要旨「港湾」 5(5) 1927.5
◇関門隧道と門司の貨客 (2) (門司商業会議所)「港湾」 5(5) 1927.5
◇都市の路面交通機関 (1) (木村尚一)「大大阪」 3(5) 1927.5
◇地下鉄道の電気設備及エスカレーター「帝国鉄道協会会報」 28(3) 1927.5
◇ベルリンとハンブルヒの交通量 (樫木徹)「都市問題」 4(5) 1927.5
◇京阪神の交通に就いて (村山喜一郎)「建築と社会」 10(6) 1927.6
◇欧米に於ける艀船運搬事業に就て (矢野剛)「港湾」 5(6) 1927.6
◇都市路面交通機関の二大問題 (2) (木村尚一)「大大阪」 3(6) 1927.6
◇交通調査会統計表を見て (大岡大三)「都市工学」 6(6) 1927.6
◇道路交通機関の発達史 (1) (金谷重義)「都市工学」 6(6) 1927.6
◇ベルリンの交通事故 (樫木徹)「都市問題」 4(6) 1927.6
◇独逸に於ける乗合自動車交通「経済論叢」 25(1) 1927.7
◇都市路面交通機関の二大問題 (3) (木村尚一)「大大阪」 3(7) 1927.7
◇国有鉄道貨物運賃等級改正草案に就て (中山隆吉)「帝国鉄道協会会

◇報」28(4) 1927.7
◇自動車界雑感(井出鉄蔵)「帝国鉄道協会会報」 28(4) 1927.7
◇地方鉄道補助成績表(昭和元年度)(鉄道省監督局)「帝国鉄道協会会報」 28(4) 1927.7
◇鉄道線路網図(鉄道同志会)「帝国鉄道協会会報」 28(4) 1927.7
◇道路交通機関の発達史(英国)(金谷重義)「都市工学」 6(7) 1927.7
◇乗合自動車と都市郊外発展の関係に就て(エフ・バン・ゼット・レーン)「都市公論」 10(7) 1927.7
◇交通警察の最近思潮(松井茂)「都市問題」 5(1) 1927.7
◇交通調査の方法(樫木徹)「都市問題」 5(1) 1927.7
◇東北の港湾と背後の交通(神田生)「港湾」 5(8) 1927.8
◇東京郊外十四電鉄の優劣と前途「週刊エコノミスト」 5(16) 1927.8
◇都市の道路交通問題(横溝光暉)「都市公論」 10(8) 1927.8
◇関門海峡渡航帆船交通整理私見(野村政一)「港湾」 5(9) 1927.9
◇都市交通の雑音に就て(2)(織田松太郎)「大大阪」 3(9) 1927.9
◇紐育と欧洲大都市との交通比較(1)(花井又太郎)「大大阪」 3(9) 1927.9
◇乗合自動車の主管省に就て通信省の反省を求め訓令の不遵守を勧告す(田中好)「道路の改良」 9(9) 1927.9
◇米国の交通行政に就て(1)(武井群嗣)「道路の改良」 9(9) 1927.9
◇街路網とその法律的効果(中井光次)「都市研究」 3(4) 1927.9
◇都市交通問題の二面 バスの発達と其の長所(原田仙二郎)「都市創作」 3(9) 1927.9
◇都市と飛行場(武居高四郎)「大大阪」 3(10) 1927.10
◇紐育と欧洲大都市との交通比較(2)(花井又太郎)「大大阪」 3(10) 1927.10
◇ヴエノスアイレス市の運輸状況「調査資料」 8(4) 1927.10
◇カナダに於ける電鉄並乗合自動車の現状「調査資料」 8(4) 1927.10
◇大東京に於ける各交通機関別輸送乗客数並に歩合「調査資料」 8(4) 1927.10
◇東京市営電車の事故調査「調査資料」 8(4) 1927.10
◇ローマの交通問題「調査資料」 8(4) 1927.10
◇郊外電鉄の資金需要「東洋経済新報」 1272 1927.10
◇航空の諸法律関係(楢崎敏雄)「国家学会雑誌」 41(11) 1927.11
◇鉄道予算の更改と新線の建設「週刊エコノミスト」 5(21) 1927.11
◇交通機関の発達と都市混雑の循環(花井又太郎)「大大阪」 3(11) 1927.11
◇都市に於ける食糧品の重複小運送に就て(大迫武雄)「大大阪」 3(11) 1927.11
◇鉄道業と劣後株(佐藤雄能)「帝国鉄道協会会報」 28(6) 1927.11
◇交通の将来と道路の施設(三浦七郎)「道路の改良」 9(11) 1927.11
◇米国の交通行政に就て(2)(武井群嗣)「道路の改良」 9(11) 1927.11
◇交通標識に関する最近の問題(樫木徹)「都市問題」 5(5) 1927.11
◇国有鉄道城東線(岡崎早太郎)「大大阪」 3(12) 1927.12
◇ウキーンに於ける交通の発達「調査資料」 8(5) 1927.12
◇車輛の発達を中心として観たる交通機関の発達「調査資料」 8(5) 1927.12
◇パリ合同運輸会社の乗合自動車経営に関する問答「調査資料」 8(5) 1927.12
◇北米電鉄兼営乗合自動車の現況「調査資料」 8(5) 1927.12
◇北米に於ける路面電車の乗車賃「調査資料」 8(5) 1927.12
◇ベルリン市の交通事情(樫木徹)「都市問題」 5(6) 1927.12
◇交通機関と建築(八木幸次郎)「建築と社会」 11(1) 1928.1
◇青島の港湾状況と対日本海運及貿易関係(1)(小林象平)「港湾」 6(1) 1928.1
◇国有鉄道城東線(2)(岡崎早太郎)「大大阪」 4(1) 1928.1
◇道路運輸経済(1)(山下定二)「道路の改良」 10(1) 1928.1
◇米国の交通行政に就いて(3)(武井群嗣)「道路の改良」 10(1) 1928.1
◇愛知県に於ける地方鉄道の分布(都市計画上注意すべき地方鉄道の副業)(原田仙二郎)「都市創作」 4(1) 1928.1
◇自動車取締令施行細則の改正(樫木徹)「都市問題」 6(1) 1928.1
◇道路運輸経済(2)(山下定二)「道路の改良」 10(2) 1928.2
◇米国の交通行政に就て(4)(武井群嗣)「道路の改良」 10(2) 1928.2
◇街路上に於ける電車軌道の位置に就て(桜井英記)「都市公論」 11(2) 1928.2
◇都市の交通整理(佐藤徳衛)「都市創作」 4(2) 1928.2
◇欧州都市の乗車券(樫木徹)「都市問題」 6(2) 1928.2
◇欧州都市の乗車券(続)(樫木徹)「都市問題」 6(2) 1928.2
◇シドニーの高速鉄道(樫木徹)「都市問題」 6(2) 1928.2
◇神戸、横浜に於ける東神倉庫の新設備(東神倉庫株式会社)「港湾」 6(3) 1928.3
◇神戸生糸上場と二港主義確立「週刊エコノミスト」 6(5) 1928.3
◇欧洲大陸に於ける市外交通機関の乗客案内法(H.W.ブレイク)「調査資料」 9(1) 1928.3
◇シドニーの高速鉄道「調査資料」 9(1) 1928.3
◇デトロイト市に於ける路面高速線「調査資料」 9(1) 1928.3
◇マドリッドの地下鉄道「調査資料」 9(1) 1928.3
◇ロンドンの乗合自動車現状「調査資料」 9(1) 1928.3
◇軌道営業成績表(大正十五年、昭和元年度)「帝国鉄道協会会報」 29(2) 1928.3
◇道路運輸経済(3)(山下定二)「道路の改良」 10(3) 1928.3
◇小運送機関の改善に就て(田村与吉)「都市工学」 [7(3)] 1928.3
◇東京に於ける自動車に就て(関秀雄)「都市工学」 [7(3)] 1928.3
◇小運送機関の改善に就て(田村与吉)「港湾」 6(4) 1928.4
◇自動車取締令施行細則草案「都市工学」 [7(4)] 1928.4
◇土地区画整理組合の創めたバス(山田信治)「都市創作」 4(4) 1928.4
◇国際聯盟と道路交通問題(国際聯盟事務局東京支局)「都市問題」 6(4) 1928.4
◇シカゴの駐車禁止(樫木徹)「都市問題」 6(4) 1928.4
◇自動車前面灯の問題(樫木徹)「都市問題」 6(4) 1928.4
◇私設鉄道の合同整理と日本電鉄の新計画(神戸正雄)「時事経済問題」 70 1928.5
◇世界四大都市に於ける累年人口並に交通機関輸送乗客数統計「調査資料」 9(2) 1928.5
◇独逸諸都市月別乗客数(一九二七)「調査資料」 9(2) 1928.5
◇都市の高速鉄道について「調査資料」 9(2) 1928.5
◇パリの交通機関経営に関する二三の問題「調査資料」 9(2) 1928.5
◇ベルリンに於ける高速鉄道の発達「調査資料」 9(2) 1928.5
◇北米に於ける電鉄事業の諸経費並に乗車賃(A.S.リッチー)「調査資料」 9(2) 1928.5
◇ロンドン交通地域内に於ける交通事業共同経営について「調査資料」

◇交通・通信

◇道路運輸経済 (5)(山下定二)「道路の改良」 10(5) 1928.5
◇電車の区域制均一制(田川大吉郎)「都市問題」 6(5) 1928.5
◇大阪の鉄道軌道(岡崎早太郎)「建築と社会」 11(6) 1928.6
◇都市に於ける小運送問題(田村与吉)「都市問題」 6(6) 1928.6
◇米国都市の電車料金問題(小倉庫次)「都市問題」 6(6) 1928.6
◇郊外電鉄市内乗入問題-京成電車東京市乗入問題の経緯(吉山真樟)「都市問題」 7(2) 1928.8
◇乗合自動車の準公営(丹羽七郎)「自治研究」 4(12) 1928.12
◇省線電車の払下説(後藤曠二)「都市問題」 8(1) 1929.1
◇英国に於ける電車事業(樫木徹)「都市問題」 8(2) 1929.2
◇米国都市に於ける乗車回数の傾向(樫木徹)「都市問題」 8(3) 1929.3
◇ソルト・レーク・シティの無軌道電車(樫木徹)「都市問題」 8(4) 1929.4
◇ドイツ都市の乗車状況(樫木徹)「都市問題」 8(4) 1929.4
◇鉄道営業法の改正要領(嘉安健次郎)「帝国鉄道協会会報」 30(6) 1929.6
◇鉄道と自動車との分野及協調に就て(筧正太郎)「帝国鉄道協会会報」 30(6) 1929.6
◇旅客運輸と乗車賃の関係「帝国鉄道協会会報」 30(8) 1929.6
◇国有鉄道の踏切に於ける自動車事故「帝国鉄道協会会報」 30(7) 1929.7
◇都市交通問題(12)(平山泰治)「道路の改良」 11(7) 1929.7
◇各国都市電車料金一覧(樫木徹)「都市問題」 9(2) 1929.8
◇ロンドンの高速鉄道について(上)(金谷重義)「都市問題」 9(2) 1929.8
◇英京ロンドン港に於ける食肉輸入取締(池田錫)「日本公衆保健協会雑誌」 5(8) 1929.8
◇人口二千万都市の運輸計画(樫木徹)「都市問題」 9(3) 1929.9
◇東京市の地下鉄道計画放棄(岡野文之助)「都市問題」 9(3) 1929.9
◇ロンドンの高速鉄道について(下)(金谷重義)「都市問題」 9(3) 1929.9
◇鉄道における距離比例賃率に就て(増井幸雄)「三田学会雑誌」 23(9) 1929.9
◇明治初年大阪に於ける川船交通(2)(近藤文二)「大大阪」 5(10) 1929.10
◇大阪市内主要街路に於ける交通量調査の一端(内山新之助)「都市公論」 12(10) 1929.10
◇サンフランシスコの歩道交通障碍(樫木徹)「都市問題」 9(4) 1929.10
◇明治初年大阪に於ける川船交通(3)(近藤文二)「大大阪」 5(11) 1929.11
◇都市交通機関としての乗合自動車の価値「調査資料」 10(3) 1929.11
◇省線電車による人の流れ方「東洋経済新報」 1376 1929.11
◇省線電車による人の流れ方「東洋経済新報」 1377 1929.11
◇東京市に於ける交通機関の統制に就て(筧正太郎)「道路の改良」 11(11) 1929.11
◇都市交通問題(16)(平山泰治)「道路の改良」 11(11) 1929.11
◇街路の最大許容交通量に就て(安蔵善之輔)「都市工学」 8(11) 1929.11
◇大阪市内主要街路の交通量はどこ迄許されるか(大阪市土木部計画課)「大大阪」 5(12) 1929.12
◇明治初年大阪に於ける川船交通(4)(近藤文二)「大大阪」 5(12) 1929.12
◇都市交通問題(17)(平山泰治)「道路の改良」 11(12) 1929.12

◇交通の科学的整理(伊藤大二)「都市問題」 9(5) 1929.12
◇自動車の発達と鉄道への影響「週刊エコノミスト」 8(1) 1930.1
◇乗合自動車の将来如何(平塚米次郎)「週刊エコノミスト」 8(1) 1930.1
◇北米合衆国に於ける自動車と鉄道の競争「帝国鉄道協会会報」 31(1) 1930.1
◇交通頻繁なる街路に就て(井口真造)「道路の改良」 12(1) 1930.1
◇復興展に於ける交通運輸通信の諸問題/復興帝都の大観(復興記念特輯)(樫木徹)「都市問題」 10(1) 1930.1
◇大都市及其附近に於ける交通機関について(種田虎雄)「経済論叢」 30(2) 1930.2
◇自動車業法案外一法案の要領「帝国鉄道協会会報」 31(2) 1930.2
◇米国に於ける交通界の趨勢(中川正左)「帝国鉄道協会会報」 31(2) 1930.2
◇交通頻繁なる街路に就て(井口真造)「都市公論」 13(2) 1930.2
◇特殊自動車の取締に就て(原仙吉)「警察協会雑誌」 355 1930.3
◇高速度軌道の停車場周囲(岡崎早太郎)「大大阪」 6(3) 1930.3
◇北米合衆国に於ける鉄道の成績「帝国鉄道協会会報」 31(3) 1930.3
◇交通整理の話(藤岡長敏)「警察協会雑誌」 356 1930.4
◇我国の鉄道資本について(北原信男)「経済論叢」 30(5) 1930.5
◇英国に於ける路面電車及無軌道車の営業成績「調査資料」 11(2) 1930.5
◇電車乗合自動車及無軌道電車の経営費見積比較「調査資料」 11(2) 1930.5
◇パリの地下鉄道近況「調査資料」 11(2) 1930.5
◇米国諸都市の交通発達状態「調査資料」 11(2) 1930.5
◇ベルリンの高速鉄道「調査資料」 11(2) 1930.5
◇路面電車乗合自動車及無軌道電車の比較及其の批評「調査資料」 11(2) 1930.5
◇ロンドン交通事業共同経営問題に対する政府の声明「調査資料」 11(2) 1930.5
◇欧米交通漫談(川口利雄)「帝国鉄道協会会報」 31(5) 1930.5
◇東京市電車事業の統計的観察(杉原太之助)「統計集誌」 587 1930.5
◇東京市電経済の解剖(上)「東洋経済新報」 1399 1930.5
◇都市交通問題(平山泰治)「道路の改良」 12(5) 1930.5
◇都市と飛行場(児玉常雄)「都市公論」 13(5) 1930.5
◇東京郊外諸鉄道の近況 その1 京王電気と武蔵野鉄道(樫木徹)「都市問題」 10(5) 1930.5
◇自動車運送と鉄道及軌道(菅健次郎)「帝国鉄道協会会報」 31(6) 1930.6
◇アメリカ合衆国に於ける交通警察状態(藤岡長敏)「警察協会雑誌」 359 1930.7
◇エーア・ポートの地域選定に就て(ドナルド・ベーカー)「港湾」 8(7) 1930.7
◇車型の軌道事業経済に及ぼす影響に就て(フキリップ・クレメル)「調査資料」 11(3) 1930.7
◇車型と乗務員費「調査資料」 11(3) 1930.7
◇都市交通問題(22)(平山泰治)「道路の改良」 12(7) 1930.7
◇アメリカ合衆国に於ける交通警察(2)(藤岡長敏)「警察協会雑誌」 330 1930.8
◇交通機関市営独占の批判(小島昌太郎)「大大阪」 6(8) 1930.8
◇大大阪に於けるバス網(草刈孟)「大大阪」 6(8) 1930.8
◇ローマ市街交通系統の改正(鈴木連三)「大大阪」 6(8) 1930.8
◇都市交通問題(23)(平山泰治)「道路の改良」 12(8) 1930.8

◇仏国に於ける自動車交通と道路改良との現況(物部長穂)「道路の改良」　12(8)　1930.8
◇都市の交通計画(上)(内山新之助)「都市研究」　23　1930.8
◇都市路面電車の行詰りと営業政策に就て(松井辰之助)「都市研究」　23　1930.8
◇アメリカ合衆国に於ける交通警察状態(藤岡長敏)「警察協会雑誌」　361　1930.9
◇東京郊外諸鉄道の近況 その2 小田原急行・王子電気・池上電気(樫木徹)「都市問題」　11(3)　1930.9
◇大阪郊外電車金の吟味(岡崎早太郎)「大大阪」　6(10)　1930.10
◇最上川の水運と輸送物資に就きて(長井政太郎)「地理学評論」　6(10)　1930.10
◇大阪市交通機関の独占市営(岡崎早太郎)「道路の改良」　12(10)　1930.10
◇独逸に於ける旅客運輸機関としての自動車と鉄道との比較(物部長穂)「道路の改良」　12(10)　1930.10
◇都市交通問題(24)(平山泰治)「道路の改良」　12(10)　1930.10
◇街路交通と其の統制(樫木徹)「都市問題」　11(4)　1930.10
◇街路交通の統制について(金谷重義)「都市問題」　11(4)　1930.10
◇東京郊外諸鉄道の近況 その3 東武鉄道・京浜電気・西武鉄道・其の他(樫木徹)「都市問題」　11(4)　1930.10
◇都市と飛行場(西野恵之助)「都市問題」　11(4)　1930.10
◇高速度軌道の今昔(岡崎早太郎)「建築と社会」　13(12)　1930.11
◇乱暴な東京乗合の資産評価「週刊エコノミスト」　8(22)　1930.11
◇シカゴに於ける交通機関の統一「調査資料」　11(4)　1930.11
◇乗車料金に関する若干の問題(モーリス・パック)「調査資料」　11(4)　1930.11
◇電車と乗合自動車の都市交通機関としての適応性に就て「調査資料」　11(4)　1930.11
◇都市交通機関の合同「調査資料」　11(4)　1930.11
◇ミッテン協働経営体の研究 都市交通機関経営の一様式として「調査資料」　11(4)　1930.11
◇路線新設の場合に於ける電車と乗合自動車の経済比較「調査資料」　11(4)　1930.11
◇市電乗客減少の統計的考察「調査資料」　11(5)　1930.11
◇大東京乗車交通論「調査資料」　11(5)　1930.11
◇山手急行、渋谷急行合併「東洋経済新報」　1424　1930.11
◇東京大電鉄解散「東洋経済新報」　1426　1930.11
◇西武鉄道の前途「東洋経済新報」　1427　1930.11
◇玉川鉄道の実績「東洋経済新報」　1427　1930.11
◇我国主要都市に於ける高速鉄道(安倍邦衛)「都市公論」　13(11)　1930.11
◇一都市内に於ける交通機関の統一経営/街路交通統制に関する論策(広瀬秀吉)「都市問題」　11(5)　1930.11
◇交通緩和策としての交叉点設計案/街路交通統制に関する論策(近藤謙三郎)「都市問題」　11(5)　1930.11
◇最近警視庁に於ける街路交通統制の実際(古川静夫)「都市問題」　11(5)　1930.11
◇優先通行規則の制定/街路交通統制に関する論策(岸本熊太郎)「都市問題」　11(5)　1930.11
◇車道の交通に就いて(1)(石原正治)「大大阪」　6(12)　1930.12
◇都市交通問題(25)(平山泰治)「道路の改良」　12(12)　1930.12
◇都市の交通計画(中)(内山新之助)「都市研究」　24　1930.12
◇大阪交通安全協会の誕生(樫木徹)「都市問題」　11(6)　1930.12
◇「街路交通の統制」を聴く(大岡大三)「都市問題」　11(6)　1930.12

◇交通安全運動に対する期待(阪谷芳郎)「都市問題」　11(6)　1930.12
◇電車乗客収入の最近傾向(樫木徹)「都市問題」　11(6)　1930.12
◇英国勅命委員会の交通問題に関する報告書に就て「調査資料」　12(2)　1931.5
◇英国に於ける無軌道電車の発達「調査資料」　12(2)　1931.5
◇世界大都市に於ける交通機関の研究シカゴデトロイト「調査資料」　12(2)　1931.5
◇米国路面電車の減収状態「調査資料」　12(2)　1931.5
◇ボストン高架鉄道の乗車賃改正「調査資料」　12(2)　1931.5
◇路面電車と乗合自動車の原価比較「調査資料」　12(2)　1931.5
◇乗車料金制度に対する独逸権威者の意見(抄訳)「大大阪」　7(1)　1931.1
◇乗換制廃止と停留場の整理(岡崎早太郎)「大大阪」　7(1)　1931.1
◇欧米交通機関に対する考察(松縄信太)「帝国鉄道協会会報」　32(1)　1931.1
◇自動車事業法案諮問に対する本協会長の意見答申「帝国鉄道協会会報」　32(1)　1931.1
◇交通混雑防止の根本方案(飯沼一省)「道路の改良」　13(1)　1931.1
◇本邦駅制確立に至るまでの二三の考察(長谷川久一)「道路の改良」　13(1)　1931.1
◇陸上交通機関の改良及建設政策の一大変換を望む(近新三郎)「道路の改良」　13(1)　1931.1
◇市電, バス, タクシイ営業の合理化(岡野昇)「都市問題」　12(1)　1931.1
◇交通整理に於ける灯火信号の研究(樫木徹)「都市問題」　12(2)　1931.2
◇円タクの客拾ひ禁止と自動車の駐車場(清水重夫)「警察協会雑誌」　367　1931.3
◇東京地下鉄の前途「週刊エコノミスト」　9(5)　1931.3
◇乗車料金と収入との関係「調査資料」　12(1)　1931.3
◇世界大都市に於ける都市交通機関の研究「調査資料」　12(1)　1931.3
◇戦後に於ける電車料金制度の推移「調査資料」　12(1)　1931.3
◇大阪乗合会社批判「東洋経済新報」　1439　1931.3
◇東京乗合自動車の業績「東洋経済新報」　1440　1931.3
◇交通機関の整備刷新の為(高架人道と二重道路其他)(田川大吉郎)「道路の改良」　13(3)　1931.3
◇自動車運輸の勃興と小運送問題(中野金次郎)「道路の改良」　13(3)　1931.3
◇自動車交通事業法案を評し其一部の修正を望む(小島效)「道路の改良」　13(3)　1931.3
◇大阪郊外電鉄を俎上に(2)「週刊エコノミスト」　9(7)　1931.4
◇古代交通陸線の研究の必要(長谷川久一)「道路の改良」　13(4)　1931.4
◇速度と都市生活(藤田進一郎)「都市問題」　12(4)　1931.4
◇一交通巡査の体験(藤岡長敏)「警察協会雑誌」　369　1931.5
◇大阪郊外電鉄巡記(阪神急行の巻)「週刊エコノミスト」　9(10)　1931.5
◇鬼怒電の収益「週刊エコノミスト」　9(10)　1931.5
◇大阪五大電鉄の決算と前途「東洋経済新報」　1447　1931.5
◇京浜電鉄の近況「東洋経済新報」　1447　1931.5
◇京成電軌の前途「東洋経済新報」　1448　1931.5
◇大阪郊外電鉄巡記「週刊エコノミスト」　9(11)　1931.6
◇大阪郊外電鉄巡記、京阪電鉄(7)「週刊エコノミスト」　9(12)　1931.6
◇東京乗合の欠陥と値下問題「週刊エコノミスト」　9(12)　1931.6

◇不堅実な東武鉄道「週刊エコノミスト」 9(12) 1931.6
◇大阪市臨時交通調査会の総決算(都市協会調査部)「大大阪」 7(6) 1931.6
◇高速鉄道の諸問題(河野資基)「大大阪」 7(6) 1931.6
◇自動車交通事業法に就て(1)(江口巳年)「道路の改良」 13(6) 1931.6
◇交通警察官訓練手記(藤岡長敏)「警察協会雑誌」 371 1931.7
◇交通事故統計に関する二三の考察(武内哲夫)「警察協会雑誌」 371 1931.7
◇大阪郊外電鉄巡記、京阪電鉄(8)「週刊エコノミスト」 9(13) 1931.7
◇大阪郊外電鉄巡記南海鉄道「週刊エコノミスト」 9(14) 1931.7
◇欠損を露出した一小田急「週刊エコノミスト」 9(14) 1931.7
◇問題を起こした九州電軌「週刊エコノミスト」 9(14) 1931.7
◇地下鉄の減配と今後「東洋経済新報」 1456 1931.7
◇東京近郊諸電鉄の収益力低下「東洋経済新報」 1459 1931.7
◇大阪府放射道路の完成と自動車交通に及ぼす画期的効果(渋江武)「道路の改良」 13(7) 1931.7
◇世界に於ける有料道路の現状(物部長穂)「道路の改良」 13(7) 1931.7
◇都市交通機関の統制(藤田進一郎)「都市問題」 13(1) 1931.7
◇浅草乗入許可と京成電車「東洋経済新報」 1461 1931.8
◇東日電の競争熄む「東洋経済新報」 1462 1931.8
◇植民地鉄道政策の意義について(金持一郎)「経済論叢」 33(3) 1931.9
◇外国に於ける街鉄の現状(1)(都市協会調査部)「大大阪」 7(9) 1931.9
◇大都市交通機関行詰り打開と無軌条電車(木村尚一)「大大阪」 7(9) 1931.9
◇大都市に於ける自動車交通の実状とその統制(小田元吉)「大大阪」 7(9) 1931.9
◇大倫敦に於ける電車・バスの競争(都市協会調査部)「大大阪」 7(9) 1931.9
◇道路交通統制権の要求に先んじて(岡崎早太郎)「大大阪」 7(9) 1931.9
◇大軌の業績と不況対策「東洋経済新報」 1465 1931.9
◇ベルリン運輸会社の料金制に関する論争-ギーゼ教授とケムマン博士の意見概要(山口喜一)「都市問題」 13(3) 1931.9
◇無軌条電車に就いて(木村尚一)「都市問題」 13(3) 1931.9
◇交通事故統計に関する二三の考察(3)(武内哲夫)「警察協会雑誌」 374 1931.10
◇都市交通問題(27)(平山泰治)「道路の改良」 13(10) 1931.10
◇ウキン市内鉄道の発達「調査資料」 12(3) 1931.11
◇英国主要都市に於ける市営路面交通機関の実績「調査資料」 12(3) 1931.11
◇乗車距離の軌道事業経済に及ぼす影響「調査資料」 12(3) 1931.11
◇世界大都市に於ける交通機関の研究 1.巴里市の交通 2.ハンブルグの市内交通機関「調査資料」 12(3) 1931.11
◇料金、乗車回数及乗客一人当り収入「調査資料」 12(3) 1931.11
◇路面電車、無軌道電車、及乗合自動車の経営費比較(1)「調査資料」 12(3) 1931.11
◇都市交通問題(佐藤利恭)「都市公論」 14(11) 1931.11
◇交通問題と之に関する都市計画及地方計画上の諸問題(アードラー研究室訳)「都市問題」 13(5) 1931.11
◇都市と運送(中野金次郎)「都市問題」 13(5) 1931.11
◇世界に於ける無軌道電車の現勢「調査資料」 12(4) 1931.12

◇タクシーに関する問題「調査資料」 12(4) 1931.12
◇交通経済と道路の改良(中野金次郎)「道路の改良」 13(12) 1931.12
◇道路交通史上より見たる江戸日本橋の地位(和田篤憲)「道路の改良」 14(1) 1932.1
◇都市と航空港(末森猛雄)「都市公論」 15(1) 1932.1
◇交通問題に関する意見書 英国勅命交通委員会の報告「調査資料」 13(1) 1932.2
◇乗車賃の値下は総収入を増加せしむるや「調査資料」 13(1) 1932.2
◇一九三〇年に於ける伯林の交通情況(ゲオルグ・ホイエル)「調査資料」 13(1) 1932.2
◇都市の発達と交通問題「調査資料」 13(1) 1932.2
◇東京市の地下鉄免許権譲渡問題(吉山真棹)「都市問題」 14(2) 1932.2
◇都市の交通及一般交通整理に就て(柴谷善次郎)「都市問題」 14(2) 1932.2
◇米国ワシントン市都心地域に於ける自動車の駐車問題(1)(金谷重義)「大大阪」 8(3) 1932.3
◇紐育の交通「調査資料」 13(2) 1932.3
◇米国に於ける都市交通事業成績(1931年)「調査資料」 13(2) 1932.3
◇自動車運輸の計画と実際(菅健次郎)「帝国鉄道協会会報」 33(3) 1932.3
◇交通流学に就て(藤井真透)「道路の改良」 14(3) 1932.3
◇自動車交通の発展に就て(楢崎敏雄)「道路の改良」 14(3) 1932.3
◇東京市政調査会創立十周年記念市政論集「都市問題」 14(3) 1932.3
　郊外電車乗入と自治権の擁護/多年市政に関与せられたる長老者の自治政観(西田富三郎)　自動車の統制/都市政策問題/交通(佐野利器)　大都市交通と其の対策/都市政策問題/交通(長尾半平)　大都市交通論/都市政策問題/交通(中川正左)　大都市内府県道の管理者に就て/都市政策問題/交通(武井群嗣)　東京市交通機関の整正に就て/都市政策問題/交通(岡野昇)　都市交通機関と地価との関係/都市政策問題/交通(金谷重義)
◇満鉄株を市町村に持たしめよ(阿部賢一)「週刊エコノミスト」 10(7) 1932.4
◇米国諸都市に於ける飛行場問題(熊田克郎)「大大阪」 8(4) 1932.4
◇三ヶ年延期された大阪市高速鉄道変更計画(橋本啓之)「大大阪」 8(5) 1932.5
◇大阪に於ける灯火管制と飛行場照明(木津谷栄三郎)「都市公論」 15(5) 1932.5
◇各国主要都市飛行場概況(伊勢谷次郎)「都市公論」 15(5) 1932.5
◇航空事業統計「都市公論」 15(5) 1932.5
◇都市と航空問題座談会記録(昭和七年四月四日、内務大臣官邸に於ける)「都市公論」 15(5) 1932.5
◇都市と飛行場(蟻川五郎作)「都市公論」 15(5) 1932.5
◇都市交通機関の料金値下問題(金谷重義)「都市問題」 14(5) 1932.5
◇我国に於ける航路を横断する交通路の将来に就て(岡部三郎)「土木学会誌」 18(5) 1932.5
◇無軌道電車の発達概観(金谷重義)「経済時報」 4(3) 1932.6
◇国有鉄道運輸の近況(日浅寛)「帝国鉄道協会会報」 33(6) 1932.6
◇自動車輸送と道路の材料(1)(菅健次郎)「道路の改良」 14(6) 1932.6
◇名古屋市の海運連絡施設に就て 運河と港湾と鉄道(須藤林七)「都市公論」 15(6) 1932.6
◇名古屋市の交通問題とその対策(石川栄耀)「都市公論」 15(6) 1932.6

◇一路線一営業許可主義と競願(判例批評)(田村豊)「警察研究」 3(7) 1932.7
◇自動車運送の安全性の向上に就て(島田孝一)「交通研究」 10 1932.7
◇東京と比較した大阪の電話(丸山音次郎)「大大阪」 8(7) 1932.7
◇御茶の水・両国間電車開通に就て「帝国鉄道協会会報」 33(7) 1932.7
◇自動車々庫として用ひられる自働昇降機「帝国鉄道協会会報」 33(7) 1932.7
◇交通地獄に現れた白衣の天使(前田松苗)「大大阪」 8(8) 1932.8
◇一九三一年に於けるベルリンの輸送状況(金谷重義)「大大阪」 8(8) 1932.8
◇独逸国有鉄道に於ける新しいガソリン自動車に就て「帝国鉄道協会会報」 33(8) 1932.8
◇最近十五年間に於ける倫敦及巴里の運輸事業の発達(ガストン・カドウー、研究室訳)「都市問題」 15(2) 1932.8
◇大都市の必要とする交通機関の普及程度に関する研究(安倍邦衛)「都市問題」 15(2) 1932.8
◇英国道路交通法(4)(増田甲子七)「道路の改良」 14(9) 1932.9
◇名古屋に於ける交通整理私見(3)(蜂須賀直昭)「都市公論」 15(9) 1932.9
◇大東京圏内に於ける交通機関の現勢(安倍邦衛)「都市問題」 15(3) 1932.9
◇隣接せし町村編入後に於ける京都市の交通機関普及状況(木村尚一)「大大阪」 8(10) 1932.10
◇ロンドンに於ける旅客交通機関の統制(林太郎)「大大阪」 8(11) 1932.10
◇延期された大阪市地下鉄道とその影響(清水凞)「大大阪」 8(12) 1932.11
◇西部アメリカに於ける自動車交通調査(1)(田口二郎)「道路の改良」 14(11) 1932.11
◇名古屋市のバス統制問題に就て(岩井肇)「大大阪」 8(13) 1932.12
◇米国に於けるタクシーの調べ(林太朗)「大大阪」 8(13) 1932.12
◇西部アメリカに於ける自動車交通調査(2)(田口二郎)「道路の改良」 14(12) 1932.12
◇改正自動車取締令案に対する修正意見(樫木徹)「都市問題」 15(6) 1932.12
◇航空運送保険に就て(倉田庫太)「交通研究」 11 1933.1
◇交通の字源及其沿革(笠松愼太郎)「交通研究」 11 1933.1
◇商業航空の本質と新傾向(相וり有)「交通研究」 11 1933.1
◇交通機関の協働(カール・ピラート述)「調査資料」 14(1) 1933.1
◇大東京自動車事故種別表「調査資料」 14(1) 1933.1
◇交通企業として観たる鉄道と自動車(菅健次郎)「道路の改良」 15(1) 1933.1
◇自動車交通に対する経済勾配に就て(藤井真透)「道路の改良」 15(1) 1933.1
◇道路運輸と鉄道水運乃至空輸との間の統制及協力に関する研究(1)(楢崎敏雄)「道路の改良」 15(1) 1933.1
◇大東京交通機関の整備統制に就て(山田博愛)「都市公論」 16(1) 1933.1
◇大東京に於ける鉄道軌道問題研究座談会「都市公論」 16(1) 1933.1
◇京都府交通取締規則の改正(1)(伊藤清)「警察協会雑誌」 390 1933.2
◇住宅地の発達と都市交通事業(A.C.ベーカー)「調査資料」 14(2) 1933.2
◇乗車賃、乗客数、収入の関係(チャーレス・A.スチヴンソン)「調査資料」 14(2) 1933.2

◇タクシー統制問題「調査資料」 14(2) 1933.2
◇ワシントン市のタクシー無統制状態「調査資料」 14(2) 1933.2
◇欧州地下鉄道設備に就て(木原英一)「帝国鉄道協会会報」 34(2) 1933.2
◇交通の発達と社会的理想(江原万里)「経済学論集」 5(3) 1933.3
◇車の走行曲線と自動車庫設計々画への応用に就て(丹羽美)「建築雑誌」 47(568) 1933.3
◇都市交通経済実践論(小田元吉)「大大阪」 9(3) 1933.3
◇東京市に於ける交通機関の現在及将来(立石信郎)「帝国鉄道協会会報」 34(3) 1933.3
◇海陸連絡設備並小運逓に就て(寺島成信)「経済学論集」 3(4) 1933.4
◇郵便料の引上(神戸正雄)「経済論叢」 36(4) 1933.4
◇将来路面電車は都市交通機関としてどうなるか(石原正治)「大大阪」 9(4) 1933.4
◇関東の交通網(飯山敏春,佐々木彦一郎)「地理学評論」 9(4) 1933.4
◇運輸系統の変遷と港湾を中心とする道路(島野貞三)「道路の改良」 15(4) 1933.4
◇交通遮断に因る時間的損失(樫木徹)「都市問題」 16(4) 1933.4
◇国有鉄道の民営化(神戸正雄)「経済論叢」 36(5) 1933.5
◇昭和七年中に於ける陸上交通労働争議概観「現業調査資料」 7(3) 1933.5
◇大阪市高速鉄道の経営(平塚米次郎)「大大阪」 9(5) 1933.5
◇大阪市地下鉄の誕生まで(大阪都市協会調査部)「大大阪」 9(5) 1933.5
◇外国に於ける高速鉄道(長谷川晃一)「大大阪」 9(5) 1933.5
◇地下鉄を生む喜び(清水凞)「大大阪」 9(5) 1933.5
◇地下鉄の涙ぐましい現場の苦心(花井又太郎)「大大阪」 9(5) 1933.5
◇住宅地の発達と都市交通事業「調査資料」 14(3) 1933.5
◇米国都市交通事業概況「調査資料」 14(3) 1933.5
◇ベルリン乗車交通の解剖(ゲオルグ・ホイエル)「調査資料」 14(3) 1933.5
◇無軌条電車に就て(立石信郎)「帝国鉄道協会会報」 34(5) 1933.5
◇都市交通機関の合理的統制(上)(石田太郎)「都市研究」 28 1933.5
◇交通量と人口及び交通量相互の関係-交通量の概念(上)(石川栄耀)「都市問題」 16(5) 1933.5
◇明治前期大阪の陸運業(黒羽兵治郎)「経済時報」 5(3) 1933.6
◇東京市交通機関の統整(田川大吉郎)「道路の改良」 15(6) 1933.6
◇京都市に於ける無軌条電車の回顧(木村尚一)「都市問題」 16(6) 1933.6
◇交通量の概念(下)-交通量の増減、其の他(石川栄耀)「都市問題」 16(6) 1933.6
◇都市高速度鉄道網に就て(特に東京市地下鉄道網に就て)(小野諒兄)「土木学会誌」 19(6) 1933.6
◇鉄道運賃研究(1)(瓜生卓爾)「交通研究」 12 1933.7
◇英国における道路、鉄道会議の収穫「調査資料」 14(4) 1933.7
◇英国路面電車及び無軌条電車事業成績(1931-1932)「調査資料」 14(4) 1933.7
◇1932年における独逸軌道交通の業績概況「調査資料」 14(4) 1933.7
◇1932年の独逸自動車事業成績「調査資料」 14(4) 1933.7
◇ロンドン乗客交通法「調査資料」 14(4) 1933.7
◇ロンドン交通機関の統一(田川大吉郎)「東洋経済新報」 1556 1933.7

◇自動車と交通取締に就て（藤原俊雄）「都市公論」　16(7)　1933.7
◇交通並に通商審議会の設置（蠟山政道）「国家学会雑誌」　47(8)　1933.8
◇大阪地下鉄隧道内温度に就て（清水凞）「大大阪」　9(8)　1933.8
◇交通情勢調査の前期を観て（谷口松雄）「道路の改良」　15(7)　1933.8
◇乗用営業自動車実蹟調査（東京市統計課）「都市公論」　16(8)　1933.8
◇京都市営無軌条電車の実績（下）（木村尚一）「都市問題」　17(2)　1933.8
◇欧米諸国の国民性と交通道徳（1）（松井茂）「警察協会雑誌」　398　1933.9
◇都市の交通施設（伊藤利夫）「建築と社会」　16(9)　1933.9
◇交通の統制（1）（藤田宗光）「道路の改良」　15(9)　1933.9
◇自動車交通事業法施行令其の他に就て（江口巳年）「道路の改良」　15(9)　1933.9
◇大阪市に於ける陸上交通量（上）（酒井利男）「都市問題」　17(3)　1933.9
◇交易の要衝、松阪市（小出三郎）「都市問題」　17(3)　1933.9
◇交通調査の方法に就て（樫木徹）「都市問題」　17(3)　1933.9
◇航空危険に就て（山中謙二）「経済時報」　5(7)　1933.10
◇ロンドン全交通事業の統制まで（金谷重義）「経済時報」　5(7)　1933.10
◇クロノブラン式交通整理信号機（後藤安太郎）「警察協会雑誌」　399　1933.10
◇貨車艀渡に就て（1）（橋本秀三）「港湾」　11(10)　1933.10
◇最近に於ける陸上交通労働事情一斑（一法師章蔵）「社会政策時報」　157　1933.10
◇巴里に於ける電車、乗合自動車及高速鉄道-巴里交通網の教訓（W.マツテルスドルフ）「調査資料」　14(5)　1933.10
◇米国に於けるタクシー取締状態「調査資料」　14(5)　1933.10
◇伯林運輸会社の料金改正「調査資料」　14(5)　1933.10
◇ロンドン交通事業法開設「調査資料」　14(5)　1933.10
◇交通行政の整理と統一（田川大吉郎）「道路の改良」　15(10)　1933.10
◇大東京交通機関の統勢（1）（中村純一）「都市公論」　16(10)　1933.10
◇大阪市に於ける陸上交通量（下）（酒井利男）「都市問題」　17(4)　1933.10
◇自動車取締令の改正（樫木徹）「都市問題」　17(4)　1933.10
◇米国に於ける交通取締規則に就て（1）（樫木徹）「都市問題」　17(4)　1933.10
◇独逸連邦の改正鉄道法抜粋「現業調査資料」　7(6)　1933.11
◇交通上十台なる二大諸問機関の成立と之に対する希望（田村与吉）「港湾」　11(11)　1933.11
◇満洲国の道路と自動車（中川正左）「道路の改良」　15(11)　1933.11
◇近く実施さるる自動車取締新規定「都市問題」　17(5)　1933.11
◇米国に於ける交通取締規則に就て（2・完）（樫木徹）「都市問題」　17(5)　1933.11
◇無軌道電車に関する研究（1）（樫木徹）「都市問題」　17(5)　1933.11
◇自動車災害保険論（木村清司）「法律時報」　5(11)　1933.11
◇都市の交通問題に就いて（早川愼一）「大大阪」　9(12)　1933.12
◇無軌道電車に関する研究（2）（樫木徹）「都市問題」　17(6)　1933.12
◇大阪臨港鉄道の貨物輸送能力に就て（前田積）「港湾」　12(1)　1934.1
◇米国産業復興法と海運（渡辺宗太郎）「港湾」　12(1)　1934.1

◇無軌道電車に関する研究（3）（樫木徹）「都市問題」　18(1)　1934.1
◇自動車交通事業抵当法論考（1）（田口二郎）「道路の改良」　16(2)　1934.2
◇大都市を中心とする交通機関統制の急務（井上篤太郎）「都市公論」　17(2)　1934.2
◇自動車事故と其の防止対策（徳永孝一）「都市問題」　18(2)　1934.2
◇無軌道電車に関する研究（4）（樫木徹）「都市問題」　18(2)　1934.2
◇伯林交通事業統一に関する市会議案「調査資料」　15(1)　1934.3
◇米国に於けるバス輸送の発達に就て（楢崎敏雄）「道路の改良」　16(3)　1934.3
◇自動車交通事業抵当法論考（田口二郎）「道路の改良」　16(4)　1934.4
◇和田倉門前「ロータリー式交通整理」―実験報告への序説―（石川栄耀）「都市公論」　17(4)　1934.4
◇無軌道電車に関する研究（5）（樫木徹）「都市問題」　18(4)　1934.4
◇吾が国道路交通の再認識（江守保平）「道路の改良」　16(5)　1934.5
◇無軌道電車の車輛及諸機器（1）（樫木徹）「都市問題」　18(5)　1934.5
◇都市高速度鉄道網に就て（特に東京地下鉄道網に就て）（安倍邦衞）「土木学会誌」　20(5)　1934.5
◇都市高速度鉄道網に就て（特に東京地下鉄道網に就て）（小野諒兄）「土木学会誌」　20(5)　1934.5
◇本邦航空発達史の一資料（黒羽兵治郎）「経済時報」　6(3)　1934.6
◇アメリカ大陸諸国に於ける内水航行国際法規の研究（1）（国際連盟事務局東京支局）「港湾」　12(6)　1934.6
◇大都市に於ける交通と交通機関（林太郎訳）「大大阪」　10(6)　1934.6
◇私鉄の窮境打開に就いて（佐藤雄能）「交通研究」　14　1934.7
◇昭和八年度に於ける国有鉄道の増収について「交通研究」　14　1934.7
◇満洲国に於ける国際社会の国籍に関する一考察-満洲電信電話株式会社に関連して-（津和野正義）「地方行政」　42(7)　1934.7
◇欧洲大都市に於ける区間料金制「調査資料」　15(2)　1934.7
◇東京地下鉄道の浅草-新橋間開通其の他（岡野文之助）「都市問題」　19(1)　1934.7
◇都市交通機関の職能と之が統制に関する実例（中根武夫）「都市問題」　19(1)　1934.7
◇立法的見地に立ちて諸外国の鉄道対自動車問題の対策を観る（1）「外国鉄道調査資料」　8(8)　1934.8
◇米国に於ける市街電車の危機（金谷重義）「経済時報」　6(5)　1934.8
◇灯火管制時に於ける都市の交通と交通整理（重村誠夫）「大大阪」　10(8)　1934.8
◇循環式交通整理試験―東京和田倉門交叉点に於ける―（佐田昌夫, 肥田木誠介）「都市公論」　17(8)　1934.8
◇名古屋の盛場に於ける交通量姿態（蜂須賀直昭）「都市公論」　17(8)　1934.8
◇東京高速鉄道実相の一端（山本新次郎, 小野諒兄, 安倍邦衞）「土木学会誌」　20(8)　1934.8
◇米国鉄道に於ける集貨配達制度実施による小口扱貨物の増加「外国鉄道調査資料」　8(9)　1934.9
◇現代都市生活と交通傷害救護の意義（石井俊光）「社会事業彙報」　9(6)　1934.9
◇都市交通の統制（武居高四郎）「大大阪」　10(9)　1934.9
◇自動車道の免租に就て（大矢寧明）「道路の改良」　16(9)　1934.9
◇航空発達と航空界の諸問題（金谷重義）「都市問題」　19(3)　1934.9
◇都市交通機関の統制方法と其の主体に就て（中根武夫）「都市問題」　19(3)　1934.9

◇バス統制論（松本繁太郎）「都市問題」 19(3) 1934.9
◇交通標識施設に就て（髙橋猛夫）「エンジニアー」 13(10) 1934.10
◇循環式交通整理に就て（肥田木誠介）「エンジニアー」 13(10) 1934.10
◇米国鉄道の国有化反対論「外国鉄道調査資料」 8(10) 1934.10
◇自動車事故と保険（未完）（柴官六）「警察協会雑誌」 411 1934.10
◇自動車運輸と道路（小田元吉）「大大阪」 10(10) 1934.10
◇世界大都市の交通機関（大阪都市協会）「大大阪」 10(10) 1934.10
◇大都市交通の特異性と高速鉄道（長谷川晃一）「大大阪」 10(10) 1934.10
◇フランスの交通警察（1）（武若時一郎）「道路の改良」 16(10) 1934.10
◇米国に於ける道路交通の二三の問題に就て（楢崎敏雄）「道路の改良」 16(10) 1934.10
◇バス問題を中心として交通統制の必要を論ず（柴田善次郎）「都市公論」 17(10) 1934.10
◇第四回全国都市問題会議記念特輯「都市問題」 19(4) 1934.10 交通緩和及自動車駐車を目的とする建築線後退（遠山正寿） 循環式交通整理に就て（中村絹次郎）
◇仏国に於ける鉄道対自動車問題に対する一考察「外国鉄道調査資料」 8(11) 1934.11
◇英国鉄道に於ける営業成績向上「外国鉄道調査資料」 9(11) 1934.11
◇市電更生と帝都の交通統制（浅川保平）「改造」 16(12) 1934.11
◇修正された米国「鉄道労働法」「現業調査資料」 8(6) 1934.11
◇昭和八年度の鉄道収支一覧「現業調査資料」 8(6) 1934.11
◇道路網の形態学的研究（大久保武彦）「地理学評論」 10(11) 1934.11
◇諸運送機関と航空機の連絡輸送「外国鉄道調査資料」 8(12) 1934.12
◇英国の定期航空（山中謙二）「経済時報」 6(9) 1934.12
◇都市交通機関統制の陳情（六大都市電気局長会議）（大阪市協会）「大大阪」 10(12) 1934.12
◇伯林交通事業の歴史的瞥見（ゲオルグ・ホイエル）「調査資料」 15(3) 1934.12
◇ロンドン交通事業の沿革（ハーバート・モリソン）「調査資料」 15(3) 1934.12
◇倫敦乗客運輸局の一般的解説（フランク・ピック）「調査資料」 15(3) 1934.12
◇倫敦乗客運輸局の性質（ハーバート・モリソン）「調査資料」 15(3) 1934.12
◇倫敦乗客運輸問題の実際（アシュフキールド）「調査資料」 15(3) 1934.12
◇交通企業の経営と交通統制（島田孝一）「道路の改良」 16(12) 1934.12
◇フランスの交通警察（完）（武若時一郎）「道路の改良」 16(12) 1934.12
◇米国に於ける自動車発達に因る社会的並経済的影響「外国鉄道調査資料」 9(1) 1935.1
◇航空に就いて（四王天延孝）「交通研究」 15 1935.1
◇最近航空輸送の情勢（相羽有）「交通研究」 15 1935.1
◇地方鉄道の現況と将来（壺田修）「交通研究」 15 1935.1
◇鉄道速度変遷概観（瓜生卓爾）「交通研究」 15 1935.1
◇都市の発達形態と交通機関の関係（西川由造）「交通研究」 15 1935.1
◇日本の海上労働団体に就いて（米田冨士雄）「交通研究」 15 1935.1
◇大都市に於ける交通機関統制問題一考（一法師章蔵）「社会政策時報」 172 1935.1

◇路面電車の信号と保安（1）（金子禎秀）「道路の改良」 17(1) 1935.1
◇都市交通の特異性に就て（早川徳次）「都市公論」 18(1) 1935.1
◇欧米各国に於ける鉄道と航空輸送との競争及対策「外国鉄道調査資料」 9(2) 1935.2
◇支那に於ける道路運輸管理問題「外国鉄道調査資料」 9(2) 1935.2
◇ソ連邦鉄道のコンテーナーに依る貨物運賃に就て「外国鉄道調査資料」 9(2) 1935.2
◇独逸国有鉄道の大区域及小区域定期乗車券の発達「外国鉄道調査資料」 9(2) 1935.2
◇自動車事故と保険（2）（柴官六）「警察協会雑誌」 415 1935.2
◇交通事故に因る傷害と其の増加の趨勢（吉江勝保）「社会事業」 18(11) 1935.2
◇交通政策特に道路政策研究の現状と将来に就て（楢崎敏雄）「道路の改良」 17(2) 1935.2
◇路面電車の信号と保安（2）（金子禎秀）「道路の改良」 17(2) 1935.2
◇運賃政策との関連に於ける鉄道運輸の実費計算に就いて「外国鉄道調査資料」 9(3) 1935.3
◇米国鉄道に於ける終端駅実費の研究（1）（鉄道省運輸局）「外国鉄道調査資料」 9(3) 1935.3
◇紐育市警視庁管下に於ける交通事故と交通安全競争（中村絹次郎）「警察協会雑誌」 416 1935.3
◇自動車運転手の適性検査に就て（淡路円治郎, 櫛田利彦）「警察研究」 6(3) 1935.3
◇民営乗合自動車事業強制買収権問題（小田元志）「大大阪」 11(3) 1935.3
◇一九三三年に於ける伯林市交通情況「調査資料」 16(1) 1935.3
◇一九二八年二九年倫敦交通統制法案「調査資料」 16(1) 1935.3
◇倫敦交通事業統制に関する各種委員会及審議会「調査資料」 16(1) 1935.3
◇電鉄三一会社の近況「東洋経済新報」 1643 1935.3
◇小運送と小乗物の変遷（上）「東洋経済新報」 1644 1935.3
◇都市行政と交通整理―W.B.Mnnro "Municipal admicistration" より（武若時一郎）「道路の改良」 17(3) 1935.3
◇路面電車の信号と保安（3）（金子禎秀）「道路の改良」 17(3) 1935.3
◇交通統制の経済学的基礎（島田孝一）「都市公論」 18(3) 1935.3
◇大東京市内交通機関の今昔（平井喜久松）「都市公論」 18(3) 1935.3
◇帝都交通問題研究会記録「都市公論」 18(3) 1935.3
◇帝都交通問題の十字路（鈴木栄一郎）「都市公論」 18(3) 1935.3
◇商工会議所案に対する若干の批判-大都市交通統制に関する卑見/東京商工会議所の大東京交通統制案と世論の一班（井上篤太郎）「都市問題」 20(3) 1935.3
◇船舶用油類による海面汚濁防止問題と国際聯盟/東京商工会議所の大東京交通統制案と世論の一班「都市問題」 20(3) 1935.3
◇大東京交通統制への関心（時事新報社説）「都市問題」 20(3) 1935.3
◇大都市交通統制に関する東京商工会議所試案に就て/東京商工会議所の大東京交通統制案と世論の一班（鈴木亀之甫）「都市問題」 20(3) 1935.3
◇大都市の交通統制（東京日日新聞社説）「都市問題」 20(3) 1935.3
◇東京商工会議所の統制意見/東京商工会議所の大東京交通統制案と世論の一班「都市問題」 20(3) 1935.3
◇特に円タク業者の立場より/東京商工会議所の大東京交通統制案と世論の一班（新倉文郎）「都市問題」 20(3) 1935.3
◇判例に現れたる鉄道及び電鉄交通事故―企業者の民事責任の立場よ

◇りみる（舟橋諄一）「法政研究」 5（2） 1935.3
◇運賃政策との関連に於ける鉄道運輸の実費計算に就て「外国鉄道調査資料」 9（4） 1935.4
◇仏国航空輸送会社の現状「外国鉄道調査資料」 9（4） 1935.4
◇一九三四年米国鉄道営業成績概況「外国鉄道調査資料」 9（5） 1935.5
◇大都市交通事業統制資料「調査資料」 16（2） 1935.5
◇アメリカの都市交通（武若時一郎）「道路の改良」 17（5） 1935.5
◇自動車自転車其他諸車増減の状態（N・T生）「道路の改良」 17（5） 1935.5
◇東都交通統制私案（井上篤太郎）「都市問題」 20（5） 1935.5
◇英国鉄道一般旅客運賃割引制度「外国鉄道調査資料」 9（6） 1935.6
◇英国鉄道に於ける貨物終端駅作業の統制に関する一試案「外国鉄道調査資料」 9（6） 1935.6
◇一九三四年度ソ連邦鉄道運輸業績「外国鉄道調査資料」 9（6） 1935.6
◇鉄道経営に於ける費用の構成及性質に就て「外国鉄道調査資料」 9（6） 1935.6
◇仏国鉄道に於ける貨物戸口配達方法としての貨車の路上輸送「外国鉄道調査資料」 9（6） 1935.6
◇米国に於ける自動車取締規則「外国鉄道調査資料」 9（6） 1935.6
◇自動車の発達とその将来（アルフレッド・ソーヴィー）「統計集誌」 648 1935.6
◇交通企業の経営と交通需要の測定（島田孝一）「道路の改良」 17（6） 1935.6
◇北九州各都市交通運輸の現情に就て（深浦龍雄）「都市公論」 18（6） 1935.6
◇北九州に於ける交通機関の経営と其将来（今井要人）「都市公論」 18（6） 1935.6
◇狭軌道を論じ広軌鉄道に及ぶ（小山豊治）「交通研究」 16 1935.7
◇競争の弊害と交通統制の急務（井上篤太郎）「交通研究」 16 1935.7
◇航空日本の現在並に将来（片岡直道）「交通研究」 16 1935.7
◇地方鉄道の強制買収に就て（壺田修）「交通研究」 16 1935.7
◇都市交通機関の運営につきて（瓜生卓爾）「交通研究」 16 1935.7
◇都市交通機関としての市街電車の再吟味（金谷重義）「大大阪」 11（7） 1935.7
◇路面電車の信号と保安（金子禎秀）「道路の改良」 17（7） 1935.7
◇帝都交通統制に就て（岡野昇）「都市問題」 21（1） 1935.7
◇保健防火交通事故防止に対するアメリカ諸都市の懸賞（弓家七郎）「都市問題」 21（1） 1935.7
◇最近十年間のソ連邦鉄道「外国鉄道調査資料」 9（8） 1935.8
◇支那国有鉄道運賃政策と経済政策「外国鉄道調査資料」 9（8） 1935.8
◇州際交通に関する米国連邦政府監督の沿革「外国鉄道調査資料」 9（8） 1935.8
◇独逸鉄道航空連絡小荷物直通輸送及賃率規則「外国鉄道調査資料」 9（8） 1935.8
◇電話料金に就て（竹中龍雄）「経済時報」 7（5） 1935.8
◇京浜交通の繁劇と黔の小運送機関としての価値（田村与吉）「港湾」 13（8） 1935.8
◇一九三三年法に於けるバス事業の買収に関する規定「調査資料」 16（3） 1935.8
◇一九三三年法に基く局及四大鉄道会社間の収入割賦計画協定案「調査資料」 16（3） 1935.8
◇大都市交通事業統制資料「調査資料」 16（3） 1935.8
◇飛行場に関する講演と座談会（東京道路研究会）「エンジニアー」 14（9） 1935.9
◇フランスに於ける鉄道と自動車との分野整理に就て「外国鉄道調査資料」 9（9） 1935.9
◇ライヒスクラフト・ポスト（独逸郵政庁直営自動車運輸）の概況「外国鉄道調査資料」 9（9） 1935.9
◇紐育ニュウジャアシー間自動車交通緩和の計画（比田正）「土木学会誌」 21（9） 1935.9
◇小運送倉庫業概観序論「外国鉄道調査資料」 9（10） 1935.10
◇平面交叉踏切問題に関する見解「外国鉄道調査資料」 9（10） 1935.10
◇交通事故と最近の応用心理学的研究（淡路円治郎，狩野広之）「警察研究」 6（10） 1935.10
◇自動車運転手の取締とその指導（吉江勝保）「警察研究」 6（10） 1935.10
◇大阪市の市内交通機関統制（小田元吉）「大大阪」 11（10） 1935.10
◇大阪通勤等時線図（多久亀重）「大大阪」 11（10） 1935.10
◇都会人と都市近郊—バスのサイトシーイング・ツールス開設を奨む（黒田鵬心）「庭園と風景」 17（10） 1935.10
◇日本交通事業の一環としての自動車事業の現況及其の将来性（佐藤博）「道路の改良」 17（10） 1935.10
◇大都市交通の特質と交通対策-特に市営路面電車に就いて／第九回市民賞論文／三等入選（鳥山進）「都市問題」 21（4） 1935.10
◇英国鉄道に於ける旅客列車に依る客貨輸送の変革「外国鉄道調査資料」 9（11） 1935.11
◇最近に於ける支那の運輸及交通施設の進歩「外国鉄道調査資料」 9（11） 1935.11
◇米国鉄道の貨物輸送量及其の収入の増加策「外国鉄道調査資料」 9（11） 1935.11
◇自動車災害保険の官営（近藤文二）「経済時報」 7（8） 1935.11
◇モールトンの運輸統制論（吉川貫二）「経済論叢」 41（5） 1935.11
◇交通事故と最近の応用心理学的研究（淡路円治郎，狩野広之）「警察研究」 6（11） 1935.11
◇自動車運転者の取締とその指導（吉江勝保）「警察研究」 6（11） 1935.11
◇駅前広場に就て（遠藤金之助）「建築と社会」 18（11） 1935.11
◇欧米に於ける停車場本屋の現況（永田念郎）「建築と社会」 18（11） 1935.11
◇大停車場の計画と大阪駅（酒見佐市）「建築と社会」 18（11） 1935.11
◇地下鉄道停車場（伊藤和夫）「建築と社会」 18（11） 1935.11
◇自動車交通の特色と道路計画の意義（奥井復太郎）「道路の改良」 17（11） 1935.11
◇英国鉄道に於けるコンテーナー運送「外国鉄道調査資料」 9（12） 1935.12
◇高速度列車の原動力に就て「外国鉄道調査資料」 9（12） 1935.12
◇仏国旅客鉄道運賃割引制度概要並に同運賃改正の概要「外国鉄道調査資料」 9（12） 1935.12
◇商店街交通者質の調査（松井辰之助）「経済時報」 7（9） 1935.12
◇交通事故と最近の応用心理学的研究（淡路円治郎，狩野広之）「警察研究」 6（12） 1935.12
◇自動車運転手の業務上の過失に関する新判例の研究（中野善敦）「警察研究」 6（12） 1935.12
◇米国に於けるタクシー問題（東京市電気局庶務課）「調査資料」 16（4） 1935.12
◇帝都交通機関の統制とその方向「東洋経済新報」 1684 1935.12
◇自動車災害保険案について（島田孝一）「道路の改良」 17（12） 1935.12
◇路面電車の信号と保安（金子禎秀）「道路の改良」 17（12） 1935.12

◇交通事故と被害者の救済(吉江勝保)「法律時報」 7(12) 1935.12
◇交通事故に関する刑事判例(吉田克)「法律時報」 7(12) 1935.12
◇自動車災害保険制度に対する自動車交通事業者の意見(中野善敦)「法律時報」 7(12) 1935.12
◇判例より見た自動車事故と民事責任(千種達夫)「法律時報」 7(12) 1935.12
◇循環式交通整理法に就て(柴田兼男)「エンジニアー」 15(1) 1936.1
◇英国鉄道に於ける小口扱貨物運送の特質「外国鉄道調査資料」 10(1) 1936.1
◇ソ連邦民間航空業概況「外国鉄道調査資料」 10(1) 1936.1
◇独逸旅客及手荷物航空鉄道連帯運輸執務規則「外国鉄道調査資料」 10(1) 1936.1
◇ガソリンとタクシーを語る(小田元吉)「大大阪」 12(1) 1936.1
◇企業として見たる大阪市営高速度鉄道(橋本敬之)「都市公論」 19(1) 1936.1
◇地下鉄道法制定の必要(田中好)「都市公論」 19(1) 1936.1
◇ロンドン旅客運輸法の実施に就て(大槻信治)「都市公論」 19(1) 1936.1
◇帝都交通問題研究会記録(都市研究会)「都市公論」 29(1) 1936.1
◇ソ連邦鉄道運送規則「外国鉄道調査資料」 10(2) 1936.2
◇紐育車輛及交通取締法(1934年)(1)(伊場信一)「警察研究」 7(2) 1936.2
◇都市と交通(森忠一)「建築と社会」 19(2) 1936.2
◇支那に於ける運輸問題解決策としての路面列車の採用及びその運営「外国鉄道調査資料」 10(3) 1936.3
◇一九三五年度米国鉄道営業成績概観「外国鉄道調査資料」 10(3) 1936.3
◇諸外国に於ける自動車運転手の勤務時間と休憩時間「現業調査資料」 10(2) 1936.3
◇通信事業序説(2・完)(宮本吉夫)「公法雑誌」 2(3) 1936.3
◇通過交通論(1)(中村絹次郎)「警察研究」 7(4) 1936.4
◇倫敦乗客運輸局第一及第二年度報告書(東京市電気局)「調査資料」 17(1) 1936.4
◇東京市に於けるタクシー営業状態概観(小宮山賢)「東京市産業時報」 2(4) 1936.4
◇統制経済下に於ける交通企業の経営(島田孝一)「道路の改良」 18(4) 1936.4
◇万国寝台車会社並に欧洲諸国に於ける大急行列車「外国鉄道調査資料」 10(5) 1936.5
◇日本経済の特殊性と交通部門改善の指標(武若時一郎)「斯民」 31(5) 1936.5
◇通信事業と料金値上「週刊エコノミスト」 14(14) 1936.5
◇東京市に於けるタクシー営業状態概観(完)(小宮山賢)「東京市産業時報」 2(5) 1936.5
◇簡易舗装と交通経済(用沢伝六)「エンジニアー」 15(6) 1936.6
◇グレート・ブリテン、愛蘭及び北米大陸に於ける一九三年の高速度運転状況「外国鉄道調査資料」 10(6) 1936.6
◇一九三五年英国鉄道営業成績「外国鉄道調査資料」 10(6) 1936.6
◇米国鉄道の旅客基本賃率引下に関する州際交通委員会報告の概要(1)「外国鉄道調査資料」 10(6) 1936.6
◇貨物自動車運送を主とせる東京市に於ける小口運送調査速報(1)(産業局調査掛)「東京市産業時報」 2(6) 1936.6
◇道路交通について(中川正左)「道路の改良」 18(6) 1936.6
◇独逸国有鉄道の運賃政策「外国鉄道調査資料」 10(7) 1936.7
◇独逸、仏蘭西、白耳義、丁抹、波蘭、伊太利諸国に於ける一九三五年の高速度運転状況「外国鉄道調査資料」 10(7) 1936.7

◇交通統制の理論と方法(井上篤太郎)「交通研究」 18 1936.7
◇通過交通論(中村絹次郎)「交通研究」 18 1936.7
◇鉄道と軌道の差異を論ず(交通政策学会々友会)「交通研究」 18 1936.7
◇東京市内の交通機関に就て(早川徳次)「交通研究」 18 1936.7
◇我国航空輸送事業経営の現状「交通研究」 18 1936.7
◇実地監査と通信監査(徳永一之丞)「産業組合」 369 1936.7
◇大阪市電・市バス・地下鉄の交通調査の結果(大阪市電氣局運輸部)「大大阪」 12(7) 1936.7
◇アメリカに於ける交通統制の現況と革新の指標(1)(武若時一郎)「道路の改良」 18(7) 1936.7
◇救護統計より見たる交通傷害(石井俊光)「社会事業」 20(5) 1936.8
◇大阪に於けるタクシー問題(1)(多久龜重)「大大阪」 12(8) 1936.8
◇江戸川橋上に於ける交通調査に就て(幸田清喜)「地理学評論」 12(8) 1936.8
◇アメリカに於ける交通統制の現況と革新の指標(2)(武若時一郎)「道路の改良」 18(8) 1936.8
◇英国鉄道の附帯事業(1)「外国鉄道調査資料」 10(9) 1936.9
◇世界各国に於ける航空事業界の現状(1)「外国鉄道調査資料」 10(9) 1936.9
◇独逸に於ける近代の旅客及貨物運送問題「外国鉄道調査資料」 10(9) 1936.9
◇米国に於ける社内信号の趨勢「外国鉄道調査資料」 10(9) 1936.9
◇自動車の統制と其の実績(吉永信成)「市政研究」 2(5) 1936.9
◇大阪に於けるタクシー問題(2・完)(多久龜重)「大大阪」 12(9) 1936.9
◇英国鉄道の附帯事業(2・完)「外国鉄道調査資料」 10(10) 1936.10
◇英国ロンドン・アンド・ノース・イースターン鉄道に於ける幹線電化計画概要「外国鉄道調査資料」 10(10) 1936.10
◇世界各国に於ける航空事業界の現状(2・完)「外国鉄道調査資料」 10(10) 1936.10
◇ソ連邦鉄道の分割に就いて「外国鉄道調査資料」 10(10) 1936.10
◇北九州交通(就中バス)労働事情(山田正隆)「社会政策時報」 193 1936.10
◇国産自動車の将来に就て(島田孝一)「道路の改良」 18(10) 1936.10
◇全国都市問題会議第五回総会記念号「都市問題」 23(4) 1936.10 外国大都市に於ける交通統制/都市の公益企業に関する一人一研究(菱谷惣太郎) 軌道事業に於る均一料金制の沿革/都市の公益企業に関する一人一研究(竹中竜雄, 森下二次也) 軌道事業料金均一制に就て/都市の公益企業に関する一人一研究(竹中竜雄, 森下二次也) 京都市に於ける無軌条電車採用の体験/都市の公益企業に関する一人一研究(西田徳次郎) 京都市に於ける無軌条電車/都市の公益企業に関する一人一研究(山田民蔵) 港湾事業の経営に就て/公益企業に関する最近の問題に就て(内山新之助) 東京市に於ける交通企業の動向/都市の公益企業に関する一人一研究(入江博) 都市交通事業統制の意義に就て/都市の公益企業に関する一人一研究(山口喜一) 都市の特異性と交通機関の合理化/公益企業に関する最近の問題に就て(金谷重義) 乗合電気自動車に就て/都市の公益企業に関する一人一研究(西田徳次郎) 六大都市営交通事業に就て/公益企業に関する最近の問題に就て(喜安健次郎)
◇最近に於ける世界交通界の動向(4)(大阪商工会議所)「大阪商工会議所月報」 354 1936.11
◇一九三五年に於ける欧米諸国高速度運転の比較「外国鉄道調査資料」 10(11) 1936.11
◇仏国国内商業交通概観(山中謙二)「経済時報」 8(8) 1936.11
◇交通警察上に於ける警察力運用論(1)─住所不明自動車運転者の取締に就て─(吉江勝保)「警察研究」 7(11) 1936.11

◇取残されたる水上小運送改善の必要(田村与吉)「港湾」 14(11) 1936.11

◇省営自動車運輸事業に伴ふ道路費負担に関する内務、鉄道両省協定(中尾光信)「土木学会誌」 22(11) 1936.11

◇交通警察上に於ける警察力運用論(2)―住所不明自動車運転者の取締に就て―(吉江勝保)「警察研究」 7(12) 1936.12

◇交通事故の心理学的検討(淡路圓治郎)「警察研究」 7(12) 1936.12

◇倫敦交通事業統制資料「調査資料」 17(2) 1936.12

◇ライブチヒ市郵組合史(三井高陽)「三田学会雑誌」 30(12) 1936.12

◇ロシア鉄道経営の現状「外国鉄道調査資料」 11(1) 1937.1

◇都市交通事業統制の意義に就て(山口喜一)「交通研究」 19 1937.1

◇伯林に於けるオリムピック交通対策(東京市電気局)「調査資料」 18(3) 1937.1

◇米国都市交通問題(東京市電気局)「調査資料」 18(4) 1937.1

◇自動車運転者行政処分猶予制度論(1)(吉江勝保)「警察研究」 8(2) 1937.2

◇大都市交通企業統制基礎理論(佐藤猛)「市政学会雑誌」 5 1937.2

◇本邦交通統制運動の一研究(小泉又三)「市政学会雑誌」 5 1937.2

◇東京市電、地下鉄、青バス共同経営試案に就て(後藤悌次)「都市問題」 24(2) 1937.2

◇交叉点の交通整理方式(中村清照)「土木学会誌」 23(2) 1937.2

◇空輸問題としての空港の保護(亀井幸次郎)「建築と社会」 20(3) 1937.3

◇我国交通業に於ける労働人口吸収力(左右田武夫)「社会政策時報」 198 1937.3

◇倫敦乗客運輸局第三年度報告書(東京市電気局)「調査資料」 18(1) 1937.3

◇将来交通を考慮せる道路(藤田亀太郎)「土木学会誌」 23(3) 1937.3

◇支那に於ける鉄道と公路「外国鉄道調査資料」 11(4) 1937.4

◇伯林交通事業統制資料(東京市電気局)「調査資料」 18(2) 1937.4

◇都市交通小論(楢崎敏雄)「道路の改良」 19(4) 1937.4

◇頻々たる東京郊外交通産業に於ける賃上要求「内外社会問題調査資料」 316 1937.4

◇都市交通企業の統制形態に就て-最近に於ける世界交通界の動向(6)(大阪商工会議所)「大阪商工会議所月報」 360 1937.5

◇大都市交通の特性(小泉貞三)「経済論叢」 44(5) 1937.5

◇一九三五年五月ロンドン警視庁管下の交通事故数(ABC生)「道路の改良」 19(5) 1937.5

◇顧客に対する鉄道の運賃支払便法の供与「外国鉄道調査資料」 11(6) 1937.6

◇大阪を中心とした鉄道貨物の運輸状態(柏原兵太郎)「港湾」 15(6) 1937.6

◇白耳義に於ける地方鉄道組織に就て「外国鉄道調査資料」 11(7) 1937.7

◇小運送業法概説(附日本通運株式会社法)(堤経長)「法律時報」 9(7) 1937.7

◇米国に於ける現行貨物運賃制度の概要(1)「外国鉄道調査資料」 11(8) 1937.8

◇脅かされた東京市民の足(上)-今春の交通労働不安に関する一管見(近藤操)「都市問題」 25(2) 1937.8

◇米国に於ける現行貨物運賃制度の概要(2)「外国鉄道調査資料」 11(9) 1937.9

◇大東京市内交通量「統計時報」 72 1937.9

◇交通機関の統制問題(1)(楢崎敏雄)「道路の改良」 19(9) 1937.9

◇陸運調整の実際(3)(武若時一郎)「道路の改良」 19(9) 1937.9

◇脅かされた東京市民の足-今春の交通労働不安に関する一管見(近藤操)「都市問題」 25(3) 1937.9

◇鉄道の輸送実費と運賃との問題(1)「外国鉄道調査資料」 11(10) 1937.10

◇リスト「交通政策論の展開」(富永祐治)「経済学雑誌」 1(7) 1937.10

◇改正船員法に就て(田倉八郎)「警察研究」 8(10) 1937.10

◇交通機関の統制問題(2・完)(楢崎敏雄)「道路の改良」 19(10) 1937.10

◇陸運調整の実際(4)(武若時一郎)「道路の改良」 19(10) 1937.10

◇大都市の水底自動車隧道(中村清照)「土木学会誌」 23(10) 1937.10

◇仏鉄道の新旅客貨物賃率に就て「外国鉄道調査資料」 11(11) 1937.11

◇我国交通業に於ける労働人口吸収力(2)(左右田武夫)「社会政策時報」 206 1937.11

◇英国道路交通調査(1)(大國実)「道路の改良」 19(11) 1937.11

◇陸運調整の実際(5)(武若時一郎)「道路の改良」 19(11) 1937.11

◇ベイ・ブリッヂに関する交通問題(山田正男訳)「都市公論」 20(11) 1937.11

◇建設中のポートランド市大飛行場(中谷茂寿)「土木学会誌」 23(11) 1937.11

◇東京附近に於ける国有鉄道の変遷(飯塚博)「土木学会誌」 23(11) 1937.11

◇英国に於ける鉄道・道路運輸会議報告書(1)「外国鉄道調査資料」 11(12) 1937.12

◇戦争と鉄道(瓜生卓爾)「交通研究」 20 1937.12

◇鉄道運賃と距離との関係に就ての研究の一端(山本二郎)「交通研究」 20 1937.12

◇北支経済の開発と交通問題(八木常三郎)「交通研究」 20 1937.12

◇陸運調整の実際(6)(武若時一郎)「道路の改良」 19(12) 1937.12

◇世界大戦と欧州諸国の鉄道「外国鉄道調査資料」 12(1) 1938.1

◇空港概論 -其の設置管理及法制的基礎-(霄金暦訳)「市政研究」 4(1) 1938.1

◇都市とその運輸形態(武若時一郎)「自治研究」 14(1) 1938.1

◇英国道路交通調査(2)(大國實)「道路の改良」 20(1) 1938.1

◇道路交通の経済的効果に就て(12)(守屋秋太郎)「道路の改良」 20(1) 1938.1

◇陸運調整の実際(7)(武若時一郎)「道路の改良」 20(1) 1938.1

◇ドイツに於ける自動車道の実際的効果(谷藤正三)「土木学会誌」 24(1) 1938.1

◇運賃統一と交通政策「外国鉄道調査資料」 12(2) 1938.2

◇英国の道路交通調査(完)(大國実)「道路の改良」 20(2) 1938.2

◇陸運調整の実際(8)(武若時一郎)「道路の改良」 20(2) 1938.2

◇都市と通過交通「都市公論」 21(2) 1938.2

◇Fritz Malcherの定常交通方式「都市公論」 21(2) 1938.2

◇サンフランシスコ地下鉄道計画(中谷茂寿)「土木学会誌」 24(2) 1938.2

◇循環式交通広場の合理的設計(谷藤正三)「土木学会誌」 24(2) 1938.2

◇新船員法を論ず(松波仁一郎)「法学協会雑誌」 56(2) 1938.2

◇瑞西に於ける交通分配法に就て「外国鉄道調査資料」 12(3) 1938.3

◇陸運調整の実際(9)(武若時一郎)「道路の改良」 20(3) 1938.3

◇陸上交通事業調整法案審議会「都市公論」 21(3) 1938.3

◇陸上交通事業調整法案大綱「都市問題」 26(3) 1938.3

◇陸上交通事業調整法案に就て「内務時報」 3(3) 1938.3

◇世界大戦中に於ける米国の鉄道政策を見る(1)「外国鉄道調査資料」 12(4) 1938.4
◇1937年度米国鉄道営業成績概観(鉄道省運輸局)「外国鉄道調査資料」 12(4) 1938.4
◇二千粁の独逸自動車道(ドル)「外国鉄道調査資料」 12(4) 1938.4
◇陸上交通事業調整法案に就て(1)(中島清二)「警察研究」 9(4) 1938.4
◇陸運調整の実際(10)(武若時一郎)「道路の改良」 20(4) 1938.4
◇陸上交通事業調整法案に就て(細田徳寿)「道路の改良」 20(4) 1938.4
◇陸上交通事業調整法解説(壷田修)「都市公論」 21(4) 1938.4
◇陸上交通事業調整法の成立に際して(松村光麿)「都市公論」 21(4) 1938.4
◇世界大戦中に於ける米国の鉄道政策を見る(2)「外国鉄道調査資料」 12(5) 1938.5
◇陸上交通事業調整法案に就て(2・完)(中島清二)「警察研究」 9(5) 1938.5
◇交通事業統制の是非(中川正左)「商工経済」 5(5) 1938.5
◇特殊道路の通行料徴収に就て(1)(細田徳寿)「道路の改良」 20(5) 1938.5
◇陸運調整の実際(11)(武若時一郎)「道路の改良」 20(5) 1938.5
◇陸上交通事業調整法の成立に際して公布「道路の改良」 20(5) 1938.5
◇米国に於ける道路運送の監督に就て(1)「外国鉄道調査資料」 12(6) 1938.6
◇特殊道路の通行料徴収に就て(2)(細田徳寿)「区画整理」 4(6) 1938.6
◇都市の交通安全問題(楢崎敏雄)「区画整理」 4(6) 1938.6
◇大阪市地下鉄道新線に就て(伊藤和夫)「建築と社会」 21(6) 1938.6
◇港湾に於ける日本商品の移動(1)(川口久)「港湾」 16(6) 1938.6
◇交通事業の調整に就て(鈴木清秀)「都市公論」 21(6) 1938.6
◇東京市に於る交通機関の今昔(山脇秀輔)「都市公論」 21(6) 1938.6
◇米国に於ける道路運送の監督に就て(2)「外国鉄道調査資料」 12(7) 1938.7
◇紐育に於ける高速鉄道市営統制問題「調査資料」 19(2) 1938.7
◇米国都市の大衆運送問題(ゴードン)「調査資料」 19(2) 1938.7
◇陸上交通事業調整法解説(壷田修)「調査資料」 19(2) 1938.7
◇現下の農村と交通の問題(今野清人)「道路の改良」 20(7) 1938.7
◇陸運調整の実際(13)(武若時一郎)「道路の改良」 20(7) 1938.7
◇東交解消運動の発展と交総の危機「内外社会問題調査資料」 364 1938.7
◇米国に於ける道路運送の監督に就て(3)「外国鉄道調査資料」 12(8) 1938.8
◇時局と大都市乗客輸送問題(金谷重義)「経済学雑誌」 3(2) 1938.8
◇大阪市高速鉄道計画の概要(清水熙)「建築と社会」 21(8) 1938.8
◇交通事業の調整に就て(壷田修)「交通研究」 21 1938.8
◇交通問題と都市計画「交通研究」 21 1938.8
◇支那に於ける航空輸送事業の現在未来(大久保武雄)「交通研究」 21 1938.8
◇帝都に於ける交通規制に就て(矢木三郎)「交通研究」 21 1938.8
◇輸入緩和の必要と其の対策(原祐三)「商工経済」 6(2) 1938.8
◇ヒットラー自動車専用路の実用上の効果(永富勘四郎)「道路の改良」 20(8) 1938.8
◇陸運調整の実際(14)(武若時一郎)「道路の改良」 20(8) 1938.8

◇陸上交通事業調整法に就て(1)(細田徳寿)「道路の改良」 20(8) 1938.8
◇陸上交通事業調整法の施行に就て(壷田修)「都市公論」 21(8) 1938.8
◇米国に於ける道路運送の監督に就て(4)「外国鉄道調査資料」 12(9) 1938.9
◇貿易上より見たる北支各港と今後の動向(1)(田北隆美)「港湾」 16(9) 1938.9
◇我国自由港区開設論(1)(上田長太郎)「港湾」 16(9) 1938.9
◇交通権拡大化の様相と其動因(井上弘道)「道路の改良」 20(9) 1938.9
◇ヒットラー自動車道の実用上の効果(永富勘四郎)「道路の改良」 20(9) 1938.9
◇陸運調整の実際(15)(武若時一郎)「道路の改良」 20(9) 1938.9
◇陸上交通事業調整法に就て(細田徳寿)「道路の改良」 20(9) 1938.9
◇貿易上より見たる北支各港と今後の動向(2)(田北隆美)「港湾」 16(10) 1938.10
◇北支那新港「連雲港」の経済的重要性如何(T・T・生)「港湾」 16(10) 1938.10
◇我国自由港区開設論(2)(上田長太郎)「港湾」 16(10) 1938.10
◇陸運調整の実際(16)(武若時一郎)「道路の改良」 20(10) 1938.10
◇陸上交通事業調整法に就て(3)(細田徳寿)「道路の改良」 20(10) 1938.10
◇鉄道・軌道の立体化に就て/都市計画の基本問題に就て(第六回全国都市問題会議総会主辦)(都市計画東京地方委員会)「都市問題」 27(4) 1938.10
◇道路運送費の分析と其効用(増井幸雄)「三田学会雑誌」 32(10) 1938.10
◇貿易上より見たる北支各港と今後の動向(3)(田北隆美)「港湾」 16(11) 1938.11
◇我国自由港区開設論(3)(上田長太郎)「港湾」 16(11) 1938.11
◇陸運調整の実際(17)(武若時一郎)「道路の改良」 20(11) 1938.11
◇交通統制と地方自治団体の地位-大阪市の大阪バス買収問題を中心として(坂巻政夫)「都市問題」 27(5) 1938.11
◇定期回数券の提案-市電定期券の改善(布施辰治)「都市問題」 27(5) 1938.11
◇港湾を中心とする米の移動(5・完)(島津寅巳)「港湾」 16(12) 1938.12
◇日本開港場誌(1)(有貝賦)「港湾」 16(12) 1938.12
◇貿易上より見たる北支各港と今後の動向(4)(田北隆美)「港湾」 16(12) 1938.12
◇我国自由港区開設論(4)(上田長太郎)「港湾」 16(12) 1938.12
◇交通規制と地方自治団体の地位(逆巻正夫)「財政」 3(12) 1938.12
◇大阪市に於ける交通労働事情に就て(大阪市社会部)「大大阪」 13(13) 1938.12
◇再び大都市のタクシー問題に就て-大阪交通会社の創立その他(多久亀重)「大大阪」 13(13) 1938.12
◇第二回交通事業調整委員会の経過を見る「道路の改良」 20(12) 1938.12
◇陸運調整の実際(18)(武若時一郎)「道路の改良」 20(12) 1938.12
◇帝都の交通統制と交通事業調整法(近藤操)「都市問題」 28(1) 1939.1
◇東京新地下鉄道の開通(日本都市年鑑編纂室)「都市問題」 28(2) 1939.2
◇大日本航空株式会社法の成立(日本都市年鑑編纂室)「都市問題」

28 (4) 1939.4
◇地方鉄道法及軌道法の改正 (日本都市年鑑編纂室)「都市問題」 28 (4) 1939.4
◇国鉄運賃改正審議会答申案 (日本都市年鑑編纂室)「都市問題」 28 (6) 1939.6
◇東京地方交通統制問題 (日本都市年鑑編纂室)「都市問題」 28 (6) 1939.6
◇東京地方及大阪地方の交通量調査 (日本都市年鑑編纂室)「都市問題」 29 (1) 1939.7
◇貨物運賃制度の全面的改正 (日本都市年鑑編纂室)「都市問題」 29 (2) 1939.8
◇交通事業調整委員会の経過 (日本都市年鑑編纂室)「都市問題」 29 (2) 1939.8
◇省線電車の都市交通統制参加 (近藤操)「都市問題」 29 (3) 1939.9
◇日支連絡運輸の拡充 (日本都市年鑑編纂室)「都市問題」 29 (3) 1939.9
◇東京地方交通事業調整問題其の後の経過 (地方税制改正案批判特輯)「都市問題」 29 (4) 1939.10
◇帝都の交通調整と市有市営 (東京市電気局)「市政週報」 34 1939.11
◇欧米大都市に於ける交通統制の概要「都市問題」 29 (6) 1939.12
◇官公私合同会社による帝都の交通統制案 (近藤操)「都市問題」 29 (6) 1939.12
◇交通統制に関する既往の諸案「都市問題」 29 (6) 1939.12
◇交通統制の企業形態は公法人組織が最良 (石山賢吉)「都市問題」 29 (6) 1939.12
◇帝都交通統制の根本問題 (大槻信治)「都市問題」 29 (6) 1939.12
◇帝都の交通統制と市有市営に就いて (植木寿雄)「都市問題」 29 (6) 1939.12
◇東京下関間新鉄道線増設案 (日本都市年鑑編纂室)「都市問題」 29 (6) 1939.12
◇東京地方交通調整委員会に於ける二具体案 (日本都市年鑑編纂室)「都市問題」 29 (6) 1939.12
◇大阪附近の鉄道改良計画に就て (立花次郎)「土木学会誌」 25 (12) 1939.12
◇財界放談 (交通統制に踊る人々) (吉田義二)「改造」 22 (1) 1940.1
◇大阪市の交通問題 (金谷重義)「経済学雑誌」 6 (1) 1940.1
◇独逸自動車交通政策 (2・完) (今野源八郎)「経済学論集」 10 (1) 1940.1
◇乗用自動車に対する揮発油消費規正の強化に就いて「商工通報」 8 1940.1
◇東京市の交通統制に於る各種企業形態の得失と一の提案 (五島慶太)「都市公論」 23 (1) 1940.1
◇都市交通事業の統制 (喜安健次郎)「都市公論」 23 (1) 1940.1
◇東京港の開港問題 (日本都市年鑑編纂室)「都市問題」 30 (1) 1940.1
◇東京バンコック定期航空の開設 (日本都市年鑑編纂室)「都市問題」 30 (1) 1940.1
◇東京市に於ける高速鉄道の計画に就て (須之内文雄)「土木学会誌」 26 (1) 1940.1
◇帝都交通統制に関する現下の諸問題 (近藤操)「商工経済」 9 (2) 1940.2
◇帝都交通統制問題演説集「調査資料」 21 (1) 1940.3
◇ソ聯邦の自動車運輸 (ハチヤツーロフ)「外国鉄道調査資料」 14 (4) 1940.4
◇独ソ鉄道連絡運輸協定に就て (ホルツ)「外国鉄道調査資料」 14 (4) 1940.4
◇仏国の戦時に於ける一般運輸及運送期間「外国鉄道調査資料」 14 (4) 1940.4

◇仏国に於ける鉄道及道路輸送の調整に関する命令「外国鉄道調査資料」 14 (5) 1940.5
◇労務者の交通調整方策 (越村安太郎)「警察研究」 11 (5) 1940.5
◇高田馬場駅附近交通調査速報 (東京市役所)「市政週報」 56 1940.5
◇華北及び華北交通の将来に関する現地的考察 (加藤祐吉)「中央公論」 55 (5) 1940.5
◇陸上交通事業統制に於ける経営形態瞥見 (小山勝)「道路の改良」 22 (5) 1940.5
◇通信技術と経済-交通技術史の一節- (富永祐治)「経済学雑誌」 6 (6) 1940.6
◇ソヴエートに於ける運輸の近状「道路の改良」 22 (6) 1940.6
◇ソ連邦鉄道貨物賃率規則 (1940年4月1日現行)「外国鉄道調査資料」 14 (7) 1940.7
◇列強の航空輸送事業と貿易港の関係 (SS生)「港湾」 18 (7) 1940.7
◇長江水運の沿革 (藤田元春)「財政」 5 (8) 1940.7
◇交通安全に就いて (G.P.ホフマン氏述)「道路の改良」 22 (7) 1940.7
◇今次大戦に於ける独逸の交通機関と交通需要の規正 (ルードルフ・ホフマン)「外国鉄道調査資料」 14 (8) 1940.8
◇戦時に於ける独逸の自動車対策に就て (迫録)「外国鉄道調査資料」 14 (8) 1940.8
◇ソ連邦に於ける運輸問題の展望 (ヴエ・アブラスツォフ)「外国鉄道調査資料」 14 (8) 1940.8
◇大阪駅前の交通並に施設の再検討を要望す (続) (柴谷善次郎)「大大阪」 16 (8) 1940.8
◇自動車運輸事業に於ける直通運転に就て (鈴木哲夫)「道路の改良」 22 (8) 1940.8
◇戦時下の都市交通問題 (戦時に於ける市民生活) (近藤操)「都市問題」 31 (2) 1940.8
◇鉄道の営業状態 (ソ連) (1)「汎交通 帝国鉄道協会誌」 41 (8) 1940.8
◇仏領印度支那交通現勢「外国鉄道調査資料」 14 (9) 1940.9
◇最近蘇連邦交通事情 (2) (松葉栄重)「経済集志」 13 (2) 1940.9
◇海運統制大綱成る「週刊エコノミスト」 18 (35) 1940.9
◇東亜航空路の現状「週報 官報附録」 206 1940.9
◇大阪駅前の交通並に施設の再検討を要望す (承前) (柴谷善次郎)「大大阪」 16 (9) 1940.9
◇戦時下の都市交通問題 (金谷重義)「大大阪」 16 (9) 1940.9
◇鉄道貨物の推移に見る生産萎縮の反映「東洋経済新報」 1937 1940.9
◇陸上交通事業に於ける独占の推移 (小山勝)「道路の改良」 22 (9) 1940.9
◇海員三団体の解消と海運新体制—「新運報国団」に一元化す—「内外社会問題調査資料」 434 1940.9
◇戦乱前の鉄道運営状態 (瑞典)「汎交通 帝国鉄道協会誌」 41 (9) 1940.9
◇鉄道の営業状態 (ソ連) (2)「汎交通 帝国鉄道協会誌」 41 (9) 1940.9
◇蒋政権下に於ける新「駅通」運動「外国鉄道調査資料」 14 (10) 1940.10
◇本邦に於ける道路交通事故 (増井幸雄)「道路の改良」 22 (10) 1940.10
◇事変下の国鉄貨物輸送 (柏原兵太郎)「汎交通 帝国鉄道協会誌」 41 (10) 1940.10
◇鉄道の営業状態 (ソ連) (3・完)「汎交通 帝国鉄道協会誌」 41 (10) 1940.10
◇道路交通の安全と自動車速度の制限に就いて (増井幸雄)「三田学会

◇雑誌」 34(10) 1940.10
◇水上飛行場に就て(末森猛雄)「港湾」 18(11) 1940.11
◇日支道路と青島港の重要性(立石善次郎)「港湾」 18(11) 1940.11
◇帝都に於ける交通問題(小林千秋)「自治研究」 16(11) 1940.11
◇海運統制の新段階「週刊エコノミスト」 18(43) 1940.11
◇海運統制の躍進(通信省)「週報 官報附録」 214 1940.11
◇東亜広域経済と交通特に道路(楢崎敏雄)「道路の改良」 22(11) 1940.11
◇自動車交通事業法の改正に就て(増井幸雄)「三田学会雑誌」 34(11) 1940.11
◇今次大戦中のフランス鉄道(ヴエルネツケ)「外国鉄道調査資料」 14(12) 1940.12
◇明治二十年代の鉄道論議(冨永祐治)「経済学雑誌」 7(6) 1940.12
◇船員政策の強化-船員に関する三総動員勅令-(通信省)「週報 官報附録」 217 1940.12
◇年末年始の鉄道輸送対策(鉄道省)「週報 官報附録」 217 1940.12
◇集散貨物の動き(1):東京市内昨年中の状況(齋藤慶勇)「東京市産業時報」 6(12) 1940.12
◇ドイツの出帆統制(斎藤秀夫)「日本評論」 15(12) 1940.12
◇戦時旅客抑制と運賃政策(細野日出男)「汎交通 帝国鉄道協会誌」 41(12) 1940.12
◇紐育市交通調整の成立「汎交通 帝国鉄道協会誌」 41(12) 1940.12
◇バグダッド鉄道の現状(1)「汎交通 帝国鉄道協会誌」 41(12) 1940.12
◇ドイツに於ける自動車交通法の改正と義務保険制度の創設-自動車責任法の比較法資料(野田良之)「法学協会雑誌」 58(12) 1940.12
◇戦時下の独ソ鉄道運輸(ホルツ)「外国鉄道調査資料」 15(1) 1941.1
◇ソ連邦の基本的経済課題と鉄道運輸の発展方策(テ・ハチヤツーロフ)「外国鉄道調査資料」 15(1) 1941.1
◇タイ国交通現勢「外国鉄道調査資料」 15(1) 1941.1
◇我国民間航空発達に関する一資料(山中謙二)「経済学雑誌」 8(1) 1941.1
◇浚渫船概史(2)(布施敵一訳)「港湾」 19(1) 1941.1
◇都市交通流形態図-千葉市についての調査(第一報)-(幸田清喜)「地理」 4(1) 1941.1
◇集散貨物の動き(2):東京市内昨年中の状況(齋藤慶勇)「東京市産業時報」 7(1) 1941.1
◇帝都交通統制暫定案成る「東洋経済新報」 1952 1941.1
◇帝都の交通統制(五島慶太)「都市公論」 24(1) 1941.1
◇合衆国各州のトラック規定の回顧(伊藤正一)「汎交通 帝国鉄道協会誌」 42(1) 1941.1
◇シカゴ高速鉄道の発達(1)「汎交通 帝国鉄道協会誌」 42(1) 1941.1
◇第一次欧洲大戦当時の鉄道回顧(英国)「汎交通 帝国鉄道協会誌」 42(1) 1941.1
◇鉄道の運営状態(ブルガリア)「汎交通 帝国鉄道協会誌」 42(1) 1941.1
◇バグダッド鉄道の現状(2)「汎交通 帝国鉄道協会誌」 42(1) 1941.1
◇今次大戦第一年中に於ける独逸戦時交通法令概要-1940年9月1日現在「外国鉄道調査資料」 15(2) 1941.2
◇今次大戦に於ける独逸鉄道の一般運輸-「外国鉄道調査資料」 15(2) 1941.2
◇ソ連邦鉄道運送契約論「外国鉄道調査資料」 15(2) 1941.2
◇土耳古の交通「外国鉄道調査資料」 15(2) 1941.2
◇泰国事情と開港場(田北郷山)「港湾」 19(2) 1941.2

◇世界海運界の動向と日本海運政策の確立(佐々木周一)「週刊エコノミスト」 19(7) 1941.2
◇集散貨物の動き(3):東京市内昨年の状況(齋藤慶勇)「東京市産業時報」 7(2) 1941.2
◇大東京交通調整問題の結論(近藤操)「都市問題」 32(2) 1941.2
◇共通乗車券の提案(布施辰治)「汎交通 帝国鉄道協会誌」 42(2) 1941.2
◇交通の国家的合理化(麻生平八郎)「汎交通 帝国鉄道協会誌」 42(2) 1941.2
◇シカゴ高速鉄道の発達(2・完)「汎交通 帝国鉄道協会誌」 42(2) 1941.2
◇戦時下独逸の自動車交通政策(田中喜一)「汎交通 帝国鉄道協会誌」 42(2) 1941.2
◇鉄道の運営状態(希臘)「汎交通 帝国鉄道協会誌」 42(2) 1941.2
◇紐育に於ける乗合自動車営業の現状「汎交通 帝国鉄道協会誌」 42(2) 1941.2
◇伯林市南北両鉄道線路の接続(1)「汎交通 帝国鉄道協会誌」 42(2) 1941.2
◇戦時下に於ける鉄道と船舶「外国鉄道調査資料」 15(3) 1941.3
◇国土計画と東北の交通運輸(神田重雄)「港湾」 19(3) 1941.3
◇海運共同計算制度「週刊エコノミスト」 19(11) 1941.3
◇交通政策要綱の検討(島田孝一)「週刊エコノミスト」 19(11) 1941.3
◇船舶保護法とは「週報 官報附録」 233 1941.3
◇帝都高速度交通営団法案(石川栄耀)「都市問題」 32(3) 1941.3
◇東京港開港方針は不変(小古間隆蔵)「都市問題」 32(3) 1941.3
◇東京下関間新幹線鉄道に就て(中村謙一)「土木学会誌」 27(3) 1941.3
◇鉄道運賃の値上(英国)「汎交通 帝国鉄道協会誌」 42(3) 1941.3
◇鉄道・航空・河川運輸の現状(ソ連)「汎交通 帝国鉄道協会誌」 42(3) 1941.3
◇伯林市南北両鉄道路の接続(2)「汎交通 帝国鉄道協会誌」 42(3) 1941.3
◇海運団体の統制方式(大橋光雄)「法律時報」 13(3) 1941.3
◇戦時運送評議会の新設(英国)「企画」 4(4) 1941.4
◇交通政策要綱決定(秦満)「都市問題」 32(4) 1941.4
◇国有鉄道奉公運動の体制成る「内外社会問題調査資料」 452 1941.4
◇通信報国会の解消と通信報国団の設立-従業員組織より全職員組織へ発展す-「内外社会問題調査資料」 454 1941.4
◇自動車交通事業法中改正法律施行に関する件依命通牒(22.3.16)「内務厚生時報」 6(4) 1941.4
◇軽便鉄道運営の現状(ドイツ)「汎交通 帝国鉄道協会誌」 42(4) 1941.4
◇山手線共通乗車券の提案(布施辰治)「汎交通 帝国鉄道協会誌」 42(4) 1941.4
◇ロンドン地下鉄道避難者に対する食糧輸送「汎交通 帝国鉄道協会誌」 42(4) 1941.4
◇海運団体の統制方式(2・完)(大橋光雄)「法律時報」 13(4) 1941.4
◇米国に於ける自動車の輸送力に就ての一考察「外国鉄道調査資料」 15(4) 1941.5
◇独逸に於ける交通事業の有機的構成「外国鉄道調査資料」 15(5) 1941.5
◇米国鉄道の輸送施設並に輸送量「外国鉄道調査資料」 15(5) 1941.5
◇運送費と工業立地(1)(加藤生)「港湾」 19(5) 1941.5
◇港湾行政の合理化と交通省の問題に就て(古賀英正)「港湾」 19

(5)　1941.5
◇紐育の交通統制まで(金谷重義)「財政」　6(5)　1941.5
◇国土計画上に於ける水の諸問題(1)(安田正鷹)「水道協会雑誌」96　1941.5
◇バス及トラック交通の発達に就て(楢崎敏雄)「道路の改良」　23(5)　1941.5
◇東京市電バス急行制の実施「都市問題」　32(5)　1941.5
◇合衆国自動車運送人法に就いて(伊藤正一)「汎交通 帝国鉄道協会誌」　42(5)　1941.5
◇自動車事故に関する英米の民事責任法の概観(野田良之)「法学協会雑誌」　59(5)　1941.5
◇交通政策の課題(今野源八郎)「経済学論集」　11(6)　1941.6
◇ピラート「交通と国土計画」(阪谷素男)「経済学論集」　11(6)　1941.6
◇帝国交通統制の現状「週刊エコノミスト」　19(23)　1941.6
◇戦時下の交通調整-特に東京地方について-「週報 官報附録」243　1941.6
◇国土計画上に於ける水の諸問題(2)(安田正鷹)「水道協会雑誌」97　1941.6
◇東京港開港と南洋貿易(安本重治)「東京港」　5(6)　1941.6
◇帝都高速度交通営団法施行令概要「都市問題」　32(6)　1941.6
◇米国における各種国内輸送機関の相対的地位「外国鉄道調査資料」15(7)　1941.7
◇輸送効率と輸送経済「経済学論集」　11(7)　1941.7
◇運送費と工業立地(2)(加藤生)「港湾」　19(7)　1941.7
◇大阪地方に於ける交通統制の問題「国策研究会週報」　3(28)　1941.7
◇東亜交通の新体制(楢崎敏雄)「週刊エコノミスト」　19(27)　1941.7
◇帝都の地下鉄道-帝都高速度交通営団成る-(鉄道省)「週報 官報附録」249　1941.7
◇事変下現地経済の発展(青島、北京)-現地通信特集(1)「東洋経済新報」　1978　1941.7
◇帝都交通統制を巡つて「東洋経済新報」　1979　1941.7
◇事変下現地経済の発展(上海、天津)-現地通信特集-「東洋経済新報」1981　1941.7
◇京浜港の開港「都市問題」　33(1)　1941.7
◇大都市の交通地獄について/都市分散と国土計画(吉田秀夫)「都市問題」　33(1)　1941.7
◇東京の開港と京浜港の性格(磯村英一)「都市問題」　33(1)　1941.7
◇紐育に於ける交通機関の改善「汎交通 帝国鉄道協会誌」　42(7)　1941.7
◇明治39年40年鉄道国有の有義(富永祐治)「汎交通 帝国鉄道協会誌」42(7)　1941.7
◇莫斯科の交通状態「汎交通 帝国鉄道協会誌」　42(7)　1941.7
◇アダム・スミスの交通観(富永祐治)「一橋論叢」　8(1)　1941.7
◇開戦後の独逸鉄道に関する臨時命令(前田陽之助訳)「外国鉄道調査資料」　15(8)　1941.8
◇交通政策による工業立地の受益(ヴエルトナー・トイベルト、尾沢功訳)「外国鉄道調査資料」　15(8)　1941.8
◇交通と国土計画(カール・ピラート、鈴木明訳)「外国鉄道調査資料」15(8)　1941.8
◇四川省交通事情(神田圭造)「外国鉄道調査資料」　15(8)　1941.8
◇英国政府の海運統制「国策研究会週報」　3(34)　1941.8
◇時局と交通新体制(特集)「週刊エコノミスト」　19(29)　1941.8
◇東京港を中心とする貿易座談会「東京港」　5(8)　1941.8
◇帝都高速度交通営団の発足と交通機関の統合「都市問題」　33(2)　1941.8
◇戦時下独逸の陸運政策(志鎌一之)「汎交通 帝国鉄道協会誌」　42(8)　1941.8
◇都市交通と通勤時間の特定「汎交通 帝国鉄道協会誌」　42(8)　1941.8
◇紐育に於ける道路交通の発展「汎交通 帝国鉄道協会誌」　42(8)　1941.8
◇自動車事故に関する英米の民事責任法の概観(2・完)(野田良之)「法学協会雑誌」　59(8)　1941.8
◇アラスカの交通と米国の国防問題(エドウイン・スワーガル)「外国鉄道調査資料」　15(9)　1941.9
◇交通と国土計画(前)(カール・ピラート、鈴木明訳)「外国鉄道調査資料」　15(9)　1941.9
◇シベリヤの鉄道(柄沢貞治郎)「外国鉄道調査資料」　15(9)　1941.9
◇各国民間航空事業の史的考察(1)(松葉栄重)「経済集志」　14(2)　1941.9
◇港湾運送業統制令要綱「都市問題」　33(3)　1941.9
◇シカゴに於ける高速度鉄道-都市交通改善問題「汎交通 帝国鉄道協会誌」　42(9)　1941.9
◇港湾運送業統制令に就て(木村俊夫)「法律時報」　13(9)　1941.9
◇アフリカの鉄道(エム・ザメンゴフ)「外国鉄道調査資料」　15(10)　1941.10
◇イギリス海運政策史上のアメリカ(佐波宣平)「経済論叢」　53(4)　1941.10
◇交通統制の問題(久保威夫)「警察研究」　12(10)　1941.10
◇国防交通に就て(楢崎敏雄)「道路の改良」　23(10)　1941.10
◇戦時下に於ける英国の運輸対策(多田基)「道路の改良」　23(10)　1941.10
◇欧洲に於ける無軌道電車の発達「汎交通 帝国鉄道協会誌」　42(10)　1941.10
◇工業立地の分散と交通政策(パウル・ベルケンコツプフ)「外国鉄道調査資料」　15(11)　1941.11
◇ソ連邦に於ける主要貨物と其の鉄道輸送「外国鉄道調査資料」　15(11)　1941.11
◇大都市交通機関としての高速鉄道(金谷重義)「経済学雑誌」　9(5)　1941.11
◇東亜交通の応戦態勢化「週刊エコノミスト」　19(41)　1941.11
◇海運の国家管理態勢「週報 官報附録」　265　1941.11
◇海運の国家管理と其目標(岡崎幸寿)「商工経済」　12(5)　1941.11
◇鉄道開通前後に於ける新河岸の水運(磯崎優)「地理」　4(4)　1941.11
◇東京港と港湾運送業等統制令(保坂順一)「東京港」　5(11)　1941.11
◇電鉄統制の進展「東洋経済新報」　1995　1941.11
◇交通統制と関西電界「東洋経済新報」　1998　1941.11
◇臨戦態勢と都市財政「都市問題」　33(5)　1941.11
　東京市の交通調査の結果発表　六大都市小運送業の統合
◇独逸の自動車に就いて(佐竹達二)「汎交通 帝国鉄道協会誌」　42(11)　1941.11
◇経済の輸送費負担に対する工業分数の影響(カール・ピラート)「外国鉄道調査資料」　15(12)　1941.12
◇事変四ヶ年と支那新旧両政権下に於ける交通現勢(林長順)「外国鉄道調査資料」　15(12)　1941.12
◇蘇連の全貌と抗戦力と交通問題(2・完)(淡路生)「道路の改良」23(12)　1941.12
◇独逸の運輸状況と欧羅巴新秩序(多田基)「道路の改良」　23(12)　1941.12
◇東京府近年の交通事故(増井幸雄)「道路の改良」　23(12)　1941.12
◇市内電車運営の現状(カナダ・ソ連)「汎交通 帝国鉄道協会誌」　42

(12) 1941.12
◇米国に於ける都市交通機関の公有公営問題(河辺旨訳)「外国鉄道調査資料」 16(1) 1942.1
◇輸送効率と輸送経済(2)(三輪清一郎)「経済学論集」 12(1) 1942.1
◇独逸民間航空の若干の考察(松葉栄重)「経済集志」 14(4) 1942.1
◇工業港の発達を期待す(嶋野貞三)「港湾」 20(1) 1942.1
◇帝都交通統制の臨戦的意義と交通問題の解決(五島慶太)「都市公論」 25(1) 1942.1
◇鉄道運賃の引上げ(戦時欧洲都市事情)「都市問題」 34(1) 1942.1
◇セイロン島の経済及交通(柄沢貞治郎)「外国鉄道調査資料」 16(2) 1942.2
社会学的交通理論の立場(富永祐治)「経済学雑誌」 10(2) 1942.2
独逸の交通取締規則(1)(多田基)「道路の改良」 24(2) 1942.2
◇交通機関一瞥(ソ連)「汎交通 帝国鉄道協会誌」 43(2) 1942.2
◇東亜交通革新私論(菅野義丸)「汎交通 帝国鉄道協会誌」 43(2) 1942.2
◇独逸交通省の沿革及組織(1)(テオドル・キッテル,ウオルフガング・ウエールマン,尾功訳)「外国鉄道調査資料」 16(3) 1942.3
◇帝国交通調整の成るまで(植木寿雄)「市政週報」 151 1942.3
◇帝都高速度交通営団の性格について(松宮武八郎)「執務指導通信」 5(5) 1942.3
◇南方建設と交通問題(楢崎敏雄)「週刊エコノミスト」 20(10) 1942.3
◇鉄道運賃の改正「週報 官報附録」 282 1942.3
◇故阪谷会長の思ひ出「東京港」 6(3) 1942.3
◇海運の南方共栄圏確立の重要性(岡崎幸壽)「統制経済」 4(3) 1942.3
◇共栄圏内の経済開発と交通(2)(HT生)「道路の改良」 24(3) 1942.3
◇独逸の交通取締規則(2)(多田基)「道路の改良」 24(3) 1942.3
◇東京市の交通統制「都市問題」 34(3) 1942.3
◇特定通勤時間制定の利益(米国)「汎交通 帝国鉄道協会誌」 43(3) 1942.3
◇ソ連邦鉄道に於ける貨物輸送計画(中野新吾)「外国鉄道調査資料」 16(4) 1942.4
◇独逸交通省の沿革及組織(2)(テオドル・キッテル,ウオルフガング・ウエールマン,尾功訳)「外国鉄道調査資料」 16(4) 1942.4
◇大東亜共栄圏と香港の仲継貿易港問題(板橋菊松)「経済集志」 14(5) 1942.4
◇我国海運の変貌と港湾(1)(保坂順一)「港湾」 20(4) 1942.4
◇共栄圏内の経済開発と交通(2・完)(HT生)「道路の改良」 24(4) 1942.4
◇南洋開発と交通問題(楢崎敏雄)「道路の改良」 24(4) 1942.4
◇ソ連北極地方に於ける交通問題「外国鉄道調査資料」 16(5) 1942.5
◇大東亜海の性格(1)(城西外史)「港湾」 20(5) 1942.5
◇我国海運の変貌と港湾(2)(保坂順一)「港湾」 20(5) 1942.5
◇鉄道旅客運賃大改正の論拠(細野日出男)「統制経済」 4(5) 1942.5
◇再び共栄圏内の経済状況と交通問題(1)(H・T生)「道路の改良」 24(5) 1942.5
◇南方共栄圏内の鉄道及び道路交通概観「汎交通 帝国鉄道協会誌」 43(5) 1942.5
◇一九三九・四〇年度マニラ鉄道営業報告(2)(河辺旨訳)「外国鉄道調査資料」 16(6) 1942.6
◇近代的交通労働の成立(富永祐治)「経済学雑誌」 10(6) 1942.6

◇大東亜海の性格(2)(城西外史)「港湾」 20(6) 1942.6
◇我国海運の変貌と港湾(3)(保坂順一)「港湾」 20(6) 1942.6
◇大東亜航空政策に就て(山田良秀)「国策研究会週報」 4(24) 1942.6
◇新物動計画の性格「週刊エコノミスト」 20(23) 1942.6
◇再び共栄圏内の経済状況と交通問題(2)(HT生)「道路の改良」 24(6) 1942.6
◇交通上より見たる南方諸都市(南方共栄圏都市)(楢崎敏雄)「都市問題」 34(6) 1942.6
◇小運送の決戦体制(1)(村上義一)「汎交通 帝国鉄道協会誌」 43(6) 1942.6
◇運送需要論(ゴンザック著,吉田登訳,児玉富隆訳)「外国鉄道調査資料」 16(7) 1942.7
◇植民地航空に就て(山中謙二)「経済学雑誌」 11(1) 1942.7
◇交通路の個性(1)(三輪清一郎)「経済学論集」 12(7) 1942.7
◇大東亜海の性格(3)(城西外史)「港湾」 20(7) 1942.7
◇大東亜共栄圏の陸運政策(1)(近藤順二)「国策研究会週報」 4(30) 1942.7
◇本年度の交通動員計画(企画院)「週報 官報附録」 302 1942.7
◇企画性ある交通機関の充実について(島田孝一)「道路の改良」 24(7) 1942.7
◇独逸の交通取締規則(3)(多田基)「道路の改良」 24(7) 1942.7
◇再び共栄圏内の経済状況と交通問題(3・完)(HT生)「道路の改良」 24(7) 1942.7
◇第一回東亜道路会議開かる「都市問題」 35(1) 1942.7
◇小運送の決戦体制(2・完)(村上義一)「汎交通 帝国鉄道協会誌」 43(7) 1942.7
◇濠洲ヴイクトリア州営鉄道一九四〇、四一年度営業報告(2)(北田勝助訳)「外国鉄道調査資料」 16(8) 1942.8
◇ニュージランドの交通(中山平八郎)「外国鉄道調査資料」 16(8) 1942.8
◇大東亜共栄圏の陸運政策(2)(近藤順二)「国策研究会週報」 4(31) 1942.8
◇郵便区と通信地図(下村彦一)「地理学評論」 18(8) 1942.8
◇近畿地方交通調整の問題点「東洋経済新報」 2035 1942.8
◇独逸の交通取締規則(4・完)(多田基)「道路の改良」 24(8) 1942.8
◇国有鉄道一万粁電化の提唱(関四郎)「汎交通 帝国鉄道協会誌」 43(8) 1942.8
◇アラスカ鉄道概況(岩瀬良雄)「外国鉄道調査資料」 16(9) 1942.9
◇人口政策の一課題としての交通事故(金谷重義)「人口問題」 5(1) 1942.9
◇東京港中心の大東亜新航路「東京港」 6(9) 1942.9
◇鉄道七十年を顧る(古谷善亮)「東洋経済新報」 2040 1942.9
◇バス事業統合の意味「東洋経済新報」 2040 1942.9
◇自動車交通と道路問体の一考察(松葉栄重)「道路の改良」 24(9) 1942.9
◇鉄道輸送貨物の繁忙係数に就いて(坂元左馬太)「土木学会誌」 28(9) 1942.9
◇関門海底隧道開通と博多港(畑山四男美)「港湾」 20(10) 1942.10
◇我国に於ける工業港の沿革と将来(岡部三郎)「港湾」 20(10) 1942.10
◇戦時陸運非常体制確立「週刊エコノミスト」 20(39) 1942.10
◇統合に邁進する名古屋鉄道「東洋経済新報」 2045 1942.10
◇ナチス交通機関の計画化に就て(楢崎敏雄)「道路の改良」 24(10) 1942.10
◇都市建設と近隣交通(ラインホールト・ニーマイケル)「都市公論」

◇鉄道線路整備方法の研究(1)(小林勝索)「土木学会誌」 28(10) 1942.10
◇総列車回数と待避設備との関係(2)(山岸輝雄)「汎交通 帝国鉄道協会誌」 43(10) 1942.10
◇仏国鉄道の現状(大柴広哉訳)「外国鉄道調査資料」 16(11) 1942.11
◇戦時陸運の非常体制(鉄道省)「週報 官報附録」 319 1942.11
◇独逸道路交通法人及車輛の道路交通許可令(2)(多田基)「道路の改良」 24(11) 1942.11
◇関門海峡鉄道隧道開通と博多(畑山四男美)「都市公論」 25(11) 1942.11
◇戦時陸運の非常体制確立「都市問題」 35(5) 1942.11
◇陸運統制強化と都市交通(近藤操)「都市問題」 35(5) 1942.11
◇アラスカ鉄道の運営状況(岩瀬良雄)「汎交通 帝国鉄道協会誌」 43(11) 1942.11
◇総列車回数と待避設備との関係(3)(山岸輝雄)「汎交通 帝国鉄道協会誌」 43(11) 1942.11
◇大東亜共栄圏内交通の復旧と発展(2)(マレーの部)(佐々木伝太郎)「汎交通 帝国鉄道協会誌」 43(11) 1942.11
◇米国鉄道軌間小史(岩瀬良雄)「汎交通 帝国鉄道協会誌」 43(11) 1942.11
◇豪州ニュー・サウス・ウェルス州の道路交通及航空(ニュー・サウス・ウェルス州統計及経済局編,河邊旨訳,岩瀬良雄訳)「外国鉄道調査資料」 16(11) 1942.12
◇豪州ニュー・サウス・ウエルス州の鉄道(1)(ニュー・サウス・ウェルス州統計及経済局編,河邊旨訳,岩瀬良雄訳)「外国鉄道調査資料」 16(12) 1942.12
◇交通経済と戦争(1)(カール・ダイル・ヘルム・フェルスター,鈴木明訳)「外国鉄道調査資料」 16(12) 1942.12
◇仏印官営鉄道普通便貨物一般貨率規則(大柴広哉訳)「外国鉄道調査資料」 16(12) 1942.12
◇近世淀川交通の素描(黒羽兵治郎)「経済学雑誌」 11(6) 1942.12
◇伯林の交通発達史(金谷義重)「経済学雑誌」 11(6) 1942.12
◇八戸の重要性と其の将来(1)(神田柳浦)「港湾」 20(12) 1942.12
◇紐育市設飛行場の概要(芦田勲)「市政研究」 2 1942.12
◇運送費用について(安部隆一)「社会政策時報」 267 1942.12
◇大阪小運送統合の社会的意義と満洲労働界の特性に就いて(吉田一彦)「社会政策時報」 267 1942.12
◇戦時経済と海上輸送(清水住之助)「東京港」 6(12) 1942.12
◇独逸道路交通法人及車輛の道路交通許可令(3)(多田基)「道路の改良」 24(12) 1942.12
◇鉄道線路整備方法の研究(2)(小林勝索)「土木学会誌」 28(12) 1942.12
◇総列車回数と待避設備との関係(4・完)(山岸輝雄)「汎交通 帝国鉄道協会誌」 43(12) 1942.12
◇地方鉄道業に於ける仮出金の整理に就いて(中原一哉)「汎交通 帝国鉄道協会誌」 43(12) 1942.12
◇豪州ニュー・サウス・ウエルス州の鉄道(2・完)(ニュー・サウス・ウエルス州統計及経済局編,河邊旨訳,岩瀬良雄訳)「外国鉄道調査資料」 17(1) 1943.1
◇交通経済と戦争(2)(カール・ダイル・ヘルム・フェルスター,鈴木明訳)「外国鉄道調査資料」 17(1) 1943.1
◇交通経済学研究方法の一端(田村秀文)「交通研究」 24 1943.1
◇鉄道一新論(瓜生卓爾)「交通研究」 24 1943.1
◇最近に於ける交通規制の動向(多久亀重)「執務指導通信」 6(3) 1943.1
◇大東亜交通機構の特徴と変貌(1)(山本広治)「地政学」 2(1) 1943.1

◇満鉄調査事業の概要(1)(和泉徳一)「地方行政 日文版」 10(1) 1943.1
◇大東亜共栄圏の重要港(北村薩雄)「東京港」 7(1) 1943.1
◇買収私鉄の解散価値(1)—伊那、三信、鶴見臨港—「東洋経済新報」 2056 1943.1
◇買収私鉄の解散価値(2・完)—豊川鉄道・鳳来寺鉄道—「東洋経済新報」 2057 1943.1
◇最近の貨物自動車運送事業について(島田孝一)「道路の改良」 25(1) 1943.1
◇通信省所管電気通信線路の建設等の為にする道路の占用並に費用の負担等に関する新協定成る(近藤欣一)「道路の改良」 25(1) 1943.1
◇独逸道路交通法人及車両の道路交通許可令(4)(多田基)「道路の改良」 25(1) 1943.1
◇鉄道線路整備方法の研究(3)(小林勝索)「土木学会誌」 29(1) 1943.1
◇鉄道省の行政簡素化に就いて(富山清憲)「汎交通 帝国鉄道協会誌」 44(1) 1943.1
◇アルゼンチンの経済及交通事情(1)(川越八郎訳)「外国鉄道調査資料」 17(2) 1943.2
◇交通経済と戦争(3・完)(カール・ダイル・ヘルム・フエルスター,鈴木明訳)「外国鉄道調査資料」 17(2) 1943.2
◇決戦体制化に於ける海陸交通政策(笠松愼太郎)「交通研究」 25 1943.2
◇続、鉄道一新論(瓜生卓爾)「交通研究」 25 1943.2
◇独逸に於ける自動車道(島田孝一)「交通研究」 25 1943.2
◇我が国造船政策の現段階(田村秀文)「交通研究」 25 1943.2
◇八戸港の重要性と其の将来(2)(神田柳浦)「港湾」 21(2) 1943.2
◇我国交通政策に就て(楢崎敏雄)「財政」 8(2) 1943.2
◇大東亜交通機構の特徴と変貌(2)(山本広治)「地政学」 2(2) 1943.2
◇満鉄調査事業の概要(2)(和泉徳一)「地方行政 日文版」 10(2) 1943.2
◇私鉄買上の一示唆「東洋経済新報」 2061 1943.2
◇独逸道路交通法人及車両の道路交通許可令(5)(多田基)「道路の改良」 25(2) 1943.2
◇ナチスの水路及導路交通に就て(楢崎敏雄)「道路の改良」 25(2) 1943.2
◇鉄道線路整備方法の研究(4)附車両の動揺と軌条踏面との関係(小林勝索)「土木学会誌」 29(2) 1943.2
◇アルゼンチンの経済及交通事情(2・完)(川越八郎訳)「外国鉄道調査資料」 17(3) 1943.3
◇英国鉄道の輸送施設及輸送量(河邊旨)「外国鉄道調査資料」 17(3) 1943.3
◇英国鉄道の輸送施設及輸送量「外国鉄道調査資料」 17(3) 1943.3
◇戦争と都市交通機関(金谷義重)「執務指導通信」 6(4) 1943.3
◇大東亜交通機構の特徴と変貌(3・完)(山本廣治)「地政学」 2(3) 1943.3
◇満鉄調査事業の概要(3)(和泉徳一)「地方行政 日文版」 10(3) 1943.3
◇大東亜共栄圏の重要港(2)(北村薩雄)「東京港」 7(3) 1943.3
◇東京港荷役力増強策(久保義雄)「東京港」 7(3) 1943.3
◇独逸道路交通法人及車両の道路交通許可令(6)(多田基)「道路の改良」 25(3) 1943.3
◇江戸より東京への水運発達史(上)(土井正中)「都市問題」 36(3) 1943.3
◇ソ連邦の鉄道事情(岩瀬良雄)「汎交通 帝国鉄道協会誌」 44(3) 1943.3

◇大東亜共栄圏内交通の復旧と発展(4)(佐々木博太郎)「汎交通 帝国鉄道協会誌」 44(3) 1943.3

◇停車場の変遷(伊藤滋)「建築雑誌」 57(697) 1943.4

◇産業の地方分散と若干の交通問題(島田孝一)「全国都市問題会議会報」 29 1943.4

◇輸送と地域の区分(堀口大八)「全国都市問題会議会報」 29 1943.4

◇独逸道路交通法路面軌道建設及運転に関する法律(1)(多田基)「道路の改良」 25(4) 1943.4

◇立体的道路に関する若干の考察「道路の改良」 25(4) 1943.4

◇世界に於ける国有及民有鉄道の分布(岩瀬良雄)「汎交通 帝国鉄道協会誌」 44(4) 1943.4

◇輸送力増強の構想(島田孝一)「経済毎日」 21(18) 1943.5

◇東京港の福利施設を語る(座談会)(上平正治[ほか])「東京港」 7(5) 1943.5

◇独逸道路交通法路面軌道ノ建設及運転ニ関スル法律(2)(多田基)「道路の改良」 25(5) 1943.5

◇江戸より東京への水運発達史(下)(土井正中)「都市問題」 36(5) 1943.5

◇大都市に於ける交通問題(麻生平八郎)「都市問題」 36(5) 1943.5

◇シドニー市の交通(岩瀬良雄)「汎交通 帝国鉄道協会誌」 44(5) 1943.5

◇戦争と交通(座談会)(楢崎敏雄[ほか])「改造」 25(6) 1943.6

◇本市交通機関市営の淵源(小島誠)「執務指導通信」 7(1) 1943.6

◇交通動員計画問答(企画院)「週報 官報附録」 347 1943.6

◇昭和十八年度東京市港湾経済予算に就て(川崎登)「東京港」 7(6) 1943.6

◇大東亜共栄圏の重要港(3)(北村薩雄)「東京港」 7(6) 1943.6

◇戦時交通政策の基本問題(今野源八郎)「経済学論集」 13(7) 1943.7

◇アラスカの歴史産業交通の概況(上)(H.T生)「道路の改良」 25(7) 1943.7

◇都市と交通(藤岡長敏)「都政週報」 3 1943.7

◇大東亜戦下の交通政策(小川郷太郎)「汎交通 帝国鉄道協会誌」 44(7) 1943.7

◇合衆国海事委員会「アメリカ海運の経済的調査」(佐波宣平)「経済論叢」 57(2) 1943.8

◇アラスカの歴史産業交通の概況(下)(H.T生)「道路の改良」 25(8) 1943.8

◇シベリヤ鉄道論(竹尾弌)「経済毎日」 21(30) 1943.9

◇旧蘭印の自動車交通運輸(清野謙六郎)「汎交通 帝国鉄道協会誌」 44(9) 1943.9

◇戦時交通論序説(山中謙二)「経済学雑誌」 13(4) 1943.10

◇内国旅費規則の改正(福田洌)「斯民」 38(10) 1943.10

◇決戦下の市電輸送(松浦不二夫)「大大阪」 19(10) 1943.10

◇乗合自動車事業の現況(泉賢治郎)「大大阪」 19(10) 1943.10

◇戦時交通動員の変貌(特集)「統制経済」 7(4) 1943.10

◇支那の鉄道(田誠)「汎交通 帝国鉄道協会誌」 44(10) 1943.10

◇ビルマの交通「汎交通 帝国鉄道協会誌」 44(10) 1943.10

◇南方圏の道路交通(山本廣治)「統制経済」 7(5) 1943.11

◇最近六大都市の市電輸送事故に就て(大西謙二)「道路の改良」 25(11) 1943.11

◇東亜蘇連領の植民政策と産業交通の概要「道路の改良」 25(11) 1943.11

◇北アメリカの高速度列車(1)(岩瀬良雄)「汎交通 帝国鉄道協会誌」 44(11) 1943.11

◇ニュージーランドの自動車事情(清野謙六郎)「汎交通 帝国鉄道協会誌」 44(11) 1943.11

◇東印度の歴史、産業、交通の概況(H.T生)「道路の改良」 25(12) 1943.12

◇比島道路交通事情(清野謙六郎)「汎交通 帝国鉄道協会誌」 44(12) 1943.12

◇航空機増産の方法(大河内政敏)「中央公論」 59(1) 1944.1

◇決戦体制下の輸送問題(島田孝一)「都市問題」 38(1) 1944.1

◇決戦輸送の課題(金谷重義)「都市問題」 38(1) 1944.1

◇輸送問題と決戦態勢(楢崎敏雄)「都市問題」 38(1) 1944.1

◇我が国及大陸に於ける陸運転移の解説(好井宏海)「土木学会誌」 30(1) 1944.1

◇運輸通信省の新設に就いて(藪谷虎芳)「汎交通 帝国鉄道協会誌」 45(1) 1944.1

◇現代戦と交通動員(今野源八郎)「経済学論集」 14(2) 1944.2

◇ニューギニアの産業交通の概要-ラバルの全貌(HT生)「道路の改良」 26(2) 1944.2

◇輸送決戦(大槻信治)「都市問題」 38(2) 1944.2

◇濠洲の自動車事情(和田信夫)「汎交通 帝国鉄道協会誌」 45(2) 1944.2

◇印度の歴史産業交通の概況(1)(H.T生)「道路の改良」 26(3) 1944.3

◇大東亜交通政策(下)(田誠)「道路の改良」 26(3) 1944.3

◇戦時に於ける輸送機種の問題(戸川政治)「交通研究」 26 1944.4

◇大都市疎開と交通機関(田村秀文)「交通研究」 26 1944.4

◇当面の交通問題(瓜生卓爾)「交通研究」 26 1944.4

◇横浜を中心としたる自動車に関する事業の考察(島田孝一)「交通研究」 26 1944.4

◇東京港の地政学的意義(泉本祐治)「東京港」 8(3) 1944.4

◇都市疎開(2)「都市問題」 38(4) 1944.4
東京都電の決戦即応策に就て(谷口長太郎)　都市疎開と交通問題(立花次郎)

◇大都市の交通問題(上)大阪市路面電車の場合「東洋経済新報」 2121 1944.5

◇大都市の交通問題(中)名古屋地方の実状と対策「東洋経済新報」 2122 1944.5

◇東京港の地政学的意義(2)(泉本祐治)「東京港」 8(4) 1944.7

◇決戦段階と海上輸送(前田康一郎)「東京港」 8(4) 1944.8

◇水陸一貫輸送上の緊急課題(保坂順一)「港湾」 22(10) 1944.11

【図書】

◇太政官達 国内一般郵便御開の事の神奈川県庁触(神奈川県庁編) 1872.8 1p 23cm

◇帝国大日本電信沿革史(通信省電務局編) 1892.10 5,6,660p 24cm

◇通信史要(通信大臣官房編) 1898.5 7,423p 22cm

◇外国軽便鉄道法集 1899 137p 23cm

◇東京市電気局運転従業員心得(東京市電気局編) 1903 10,128p 14cm

◇電車事業法規類纂(東京市街鉄道株式会社編) 1904.5 2,211p 13cm

◇東京電車案内(玉川謙吉著) 東京電車案内社 1904.10 88p 19cm

◇明治史 第5編 交通発達史(浅田江村編) 博文館 1906.11 251p 26cm 「太陽」臨時増刊 第12巻第15号

◇都市交通機関政策(海老原僚作編) 1906.12 3,228p 19cm

◇東京鉄道株式会社特許命令書集 1907 1冊 19cm

◇軽便鉄道法案及理由書:1908仏国議会 1908 123p 23cm

◇最強度狭軌鉄道ト広軌鉄道トノ比較(鉄道院業務調査会議編) 1909 [17]p 23cm

◇独逸ニ於ケル鉄道ノ特別組織及其財政(後藤新平著) 1909.1 14p 23cm

◇東京市内高架電気鉄道之計画：附 欧米各大都市交通機関ノ大勢（日本高架電気鉄道創立事務所編）　1909.3　6,8,213p　22cm

◇拾年記念日本の鉄道論（鉄道時報局編）　1909.5　2,8,720p　23cm

◇欧州各国鉄道官制及諸規程（鉄道院総務部編）　1909.7　2,249p　22cm

◇鉄道国有始末一班（通信省編）　1909.10　23,1012,66p　26cm

◇京成電気軌道株式会社第一期工事予算書（京成電気軌道株式会社編）　1910　34p　22cm

◇電気鉄道経営論（坪井鹿次郎著）　隆文館　1910.4　3,8,492p　23cm

◇鉄道経済要論（アックウォース著, 十河信二訳, 笠間杲雄訳）　1910.9　241p　23cm

◇広軌鉄道改築準備委員会議事録（広軌鉄道改築準備委員会編）　1911　38,76,70p　22cm

◇広軌鉄道改築準備委員会特別委員会議事録（広軌鉄道改築準備委員会編）　1911　21,61,78p　22cm

◇広軌鉄道改築準備委員会特別委員第1分科会議事録（広軌鉄道改築準備委員会編）　1911　1冊　22cm

◇広軌鉄道改築準備委員会特別委員第2分科会議事録（広軌鉄道改築準備委員会編）　1911　1冊　22cm

◇広軌鉄道改築準備委員会特別委員第3分科会議事録（広軌鉄道改築準備委員会編）　1911　1冊　22cm

◇広軌鉄道改築準備委員会報告書（広軌鉄道改築準備委員会編）　1911.8　1冊　26cm

◇市交通機関統一之利益：京都電鉄　1912　25p　30cm

◇忘年会に於ける後藤総裁の演説（後藤新平述, 鉄道院編）　1912　23p　23cm

◇東京市の電車（東京市電気局編）　1912.1　8p　22cm

◇大市街ノ人衆交通ニ関スル問題及其解決ノ方法（リヒァルド・ベーテルゼン述, 鉄道院訳）　1912.2　54,[28]p　23cm

◇事故之心得（東京市電気局編）　1912.11　3,2,69p　13cm

◇線路案内図 大正2年12月（東京市電気局編）　1913.12　1枚　23cm

◇明治運輸史（宮本源之助編）　運輸日報　1913.12　1冊　26cm

◇東京市街高架鉄道建築概要（鉄道省東京改良事務所編）　1914.12　31p　23cm

◇朝鮮鉄道史（[帝国鉄道協会編]）　1915　3,206,8p　26cm　「帝国鉄道協会々報」第16巻第6号附録

◇東京の交通問題：大正4年9月15日都市協会席上講演草稿（井上敬次郎著）　1915　80p　23cm

◇朝鮮鉄道史（朝鮮総督府鉄道局編）　1915.10　1冊　23cm

◇東京軽便地下鉄道敷設ノ理由　1916　13p　21cm

◇電話事業二十五年小史（通信省通信局編）　1916.2　4,2,108p　23cm

◇本邦鉄道の社会及経済に及ぼせる影響 附図（鉄道院編）　1916.6　1冊　37cm

◇本邦鉄道の社会及経済に及ぼせる影響 上巻（鉄道省編）　1916.6　1冊　23cm

◇本邦鉄道の社会及経済に及ぼせる影響 中巻（鉄道院編）　1916.6　12,19,[775]p　23cm

◇本邦鉄道の社会及経済に及ぼせる影響 下巻（鉄道省編）　1916.6　9,8,[483]p　23cm

◇東京市電気軌道線路特許ニ関スル件及其参考書（東京市役所編）　1917　52p　26cm

◇東京市東京電灯株式会社及日本電灯株式会社ノ間ニ締結セル電気供給区域及料金其他供給契約：第64議案参考書（東京市電気局編）　1917　[115]p　23cm

◇島原鉄道史（島原鉄道株式会社編）　1917.7　1冊　23cm

◇鉄道院電車と帝都近郊運輸（児玉国雄著）　1918　78p　23cm

◇乗合自動車並貨物運輸自動車出願顛末関係書類（東京市電気局編）　1918　60p　23cm

◇乗合自動車ノ許可ニ就テ：附録 市営乗合自動車計画草案（井上敬次郎著）　[東京市電気局]　1918　11,11p　26cm

◇支那ニ於ケル地租制度改革問題 黒竜江航運ニ関スル調査（ダブル・エフ・ウイラビー著, 南満洲鉄道総務部調査課編）　1918.7　54,107,38p　22cm　調査資料

◇内国通運株式会社発達史（内国通運株式会社編）　1918.10　6,154p　23cm

◇東京市内外交通ニ関スル調査書（帝国鉄道協会編, 土木学会編）　1919.6　2,93p　26cm

◇東京市内外交通ニ関スル調査書附図（帝国鉄道協会編, 土木学会編）　1919.6　7枚　26cm

◇東京市電車案内 第3号（東京市電気局編）　1920.4　1枚　23cm

◇東京電車案内 第1号（東京市電気局編）　1920.4　1枚　23cm

◇鉄道危言（笠松慎太郎著）　鉄道青年会　1920.12　3,14,484p　19cm

◇東京市電車案内 第6号（東京市電気局編）　1921.4　1枚　23cm

◇東京市電車案内 第8号（東京市電気局編）　1921.4　1枚　23cm

◇関西地方交通事業視察報告（東京市会交通調査委員編）　1921.5　[2],32p　22cm

◇運輸50年史（運輸日報編）　1921.8　1冊　26cm

◇日本鉄道史 上編（鉄道省編）　1921.8　15,24,973p　23cm

◇日本鉄道史 中編（鉄道省編）　1921.8　32,871p　23cm

◇日本鉄道史 下編（鉄道省編）　1921.8　785,53,181p　23cm

◇東京の地下鉄道と其工事方法（東京地下鉄道株式会社編）　1922.3　4,52,12p　19cm

◇東京地下鉄道品川南千住間地質鑑定意見書（東京地下鉄道株式会社編）　1922.7　29p　23cm

◇紐育の新交通計画に就て（長尾半平訳）　1922.10　22p　19cm

◇郊外終点地方最近の乗客輸送量 交通調査に現はれた震災前後の乗客移動状態（東京市電気局編）　1923　[12]p　28cm

◇省線電車区開時間別及期別乗車人員図表　謄写版（東京市電気局編）　1923　[8]p　26cm

◇第1期乗客運輸実績梗概（大正12年6月7日午前4時半至6時半2時間分）（東京市電気局編）　1923　16p　22cm　東京市電乗客交通調査報告

◇第2期（高潮時）乗客運輸実績梗概（大正12年6月7日午前6時半至9時2時半30分間分）（東京市電気局編）　1923　30p　22cm　東京市電乗客交通調査報告

◇鉄道貨物輸送と東京の小運送に就て（斉藤真澂著）　1923　17p　23cm

◇東京市に於ける乗客運輸上市電と省電との共助関係：附 通勤乗客交通調査概要（小林貞吉著）　東京市電気局　1923　21p　22cm

◇神戸市縦貫高架鉄道ニ関スル諸問題（神戸市都市計画部編）　1923.2　19p　23cm+図2枚

◇交通量調査並ニ電車網（神戸市都市計画部編）　1923.3　2,21,7p　22cm

◇陸上交通改良意見（横浜港調査委員会編）　1923.11　6p　22cm

◇建設費並ニ収支予算説明書（東京地下鉄道株式会社編）　1924　10p　23cm

◇建設費予算並ニ収支概算書（東京地下鉄道株式会社編）　1924　19p　23cm

◇乗客交通調査実績概要（東京市電気局乗客交通調査整理部編）　1924　29p　26cm

◇地方鉄道及軌道震災調 大正12年12月調（鉄道省監督局業務課編）　1924　10p　23cm　「業務研究資料」第12巻第2号抜粋

◇東京市及其附近ニ於ケル小運送ノ現状（鉄道省運輸局編）　1924　4,187p　23cm

◇東京市継続第二電気軌道建設費更正及説明書 自大正7年度至大正20年度（東京市電気局編）　1924　86p　27cm+図2枚

◇東京市電乗客交通大調査実績報告　謄写版（東京市電気局調査課編）
　1924 [51]p 26cm
◇紐育市及其附近ニ於ケル道路交通問題　謄写版（アーネスト・P.グッドリッチ著, ハロルド・M.レウィス著, 内務省都市計画局訳）
　1924 27p 26cm　都市計画参考資料
◇高速度鉄道に就きて（工政会）　1924.2 40,32p 26cm
◇震災ノ影響　其4 運輸 交通（復興局経理部編）　1924.7 6,136p 22cm
◇道路法之概要（佐上信一著）　帝国地方行政学会　1924.7 1冊 20cm
◇将に起工せんとする東京地下鉄道の真相（東京地下鉄道株式会社編）
　1924.9 21p 19cm
◇大阪市内外高速鉄道調査会報告書（帝国鉄道協会編, 土木学会編）
　1924.10 4,68p 26cm
◇大阪市内外高速鉄道調査会報告書：附図（帝国鉄道協会編, 土木学会編）　1924.10 5枚 26cm
◇運輸交通（増井幸雄著）　1925 117p 22cm　通俗経済講座
◇大阪市高速度交通機関計画参考書　大正14年12月　1925 [20]p 28cm
◇大阪市高速度交通機関計画書　大正14年12月　1925 [13]p 28cm
◇大阪市高速度交通機関計画理由書　大正14年12月　1925 [12]p 28cm
◇東京横浜附近交通調査会報告書（帝国鉄道協会編, 土木学会編）
　1925 3,38p 26cm　「帝国鉄道協会会報」第27巻 第3号附録
◇都市の殺人：都市の道路交通問題（復興局長官官房計画課編）
　1925 34p 22cm
◇最近の鉄道政策（八田嘉明著, 後藤佐彦著）　工政会　1925.2 104p 23cm
◇産物と其の移動　上巻（門司鉄道局運輸課編）　1925.2 35,712p 22cm
◇日本交通史論（日本歴史地理学会編）　日本学術普及会　1925.4 5,688p 23cm
◇交通政策概論　上巻（楢崎敏雄著）　南海書院　1925.9 23,468p 23cm
◇都市生活と交通知識（笠木嘉一著）　豊文社　1925.9 1冊 19cm
◇東京市街高架線東京上野間建設概要（鉄道省編）　1925.11 1,35p 23cm+図1枚
◇電車事業経済整理案（東京市電気局編）　1926 39p 26cm
◇東京市継続高速鉄道建設費及説明書　自大正15年至大正27年度（東京市電気局編）　1926 19p 26cm
◇東京市の高速鉄道問題に関し後藤会長並に理事会に対するビーアド博士のsuggestion　[複写], 謄写版（東京市政調査会編）　1926 [4]p 27cm
◇東京地下鉄道資料（東京地下鉄道株式会社編）　1926 8,16,12p 22cm
◇名古屋市電気軌道事業建設改良計画案：附 乗車賃金値上ノ理由（名古屋市電気局編）　1926 2,55p 23cm+図1枚
◇日本全国市町村電話有無調　大正15年3月31日現在　謄写版（柳沢統計研究所編）　1926 [50]p 24cm
◇横浜電鉄経営之現状：附 賃銭整理問題（近藤賢二著）　1926 63p 23cm
◇我国鉄道軌制に関する説明（古川阪次郎著）　1926 45,[5]p 23cm
◇高速度鉄道網計画の基礎たる人口及交通 大ベルリン将来の高速度鉄道網計画（東京市電気研究所編）　1926.3 125p 26cm+図13枚　東京市電気研究所調査報告書
◇産物と其の移動　中巻（門司鉄道局運輸課編）　1926.4 29,668p 22cm
◇大阪ヲ中心トセル客貨運輸ノ概況（神戸鉄道局編）　1926.5 2,63p 23cm+図1枚
◇京阪神ニ於ケル貨物小運送ノ概況（神戸鉄道局編）　1926.5 63,84,129p 23cm
◇大阪市高速度交通機関協議会要領　大正14年10月於内務省（大阪市電気局編）　1926.6 58p 22cm
◇南満洲鉄道株式会社土木十六年史：附属図（南満洲鉄道株式会社編）
　1926.7 1冊 27×38cm
◇南満洲鉄道株式会社土木十六年史（南満洲鉄道株式会社編）　1926.8 2,19,879p 27cm
◇交通整理の科学（ウイリアム・エノー著, 藤岡長敏訳）　自警会図書部　1926.9 1冊 19cm
◇鉄道論（中川正左著）　巌松堂　1926.9 2,8,271p 23cm
◇鉄道財政の話（平山孝著）　鉄道生活社　1926.12 12,363,2p 19cm
◇交通調整ト東京市電気事業外債トノ関係　謄写版（本間喜一述）
　1927 [13]p 26cm
◇産物と其の移動　下巻（門司鉄道局運輸課編）　1927.3 50,820p 22cm
◇紐育市の地下鉄道：欧米大都市に於ける高速度鉄道（東京市電気研究所編）　1927.3 12,213,62p 26cm　東京市電気研究所調査報告
◇四谷御所隧道工事概要（鉄道省東京第二改良事務所編）　1927.6 8p 27cm
◇都市の交通問題（笠木嘉一著）　広林堂書店　1927.8 3,14,350p 23cm
◇江戸の交通運輸組織（復興局長官官房計画課編）　1928 19p 22cm
◇大日本交通史：原名 駅逓志稿（青江秀稿）　朝陽会　1928.2 153,599,115p 26cm
◇通信事業発達史（大阪毎日新聞社編）　1928.3 98,60p 38cm
◇東京市郊外に於ける交通機関の発達と人口の増加（東京市役所編）
　1928.3 4,5,254p 23cm
◇紐育高速鉄道設計基本示方書（紐育市高速鉄道局編, 工業雑誌社訳）
　工業雑誌社　1928.3 2,2,51p 23cm
◇パリー市の地下鉄道：欧米大都市に於ける高速度鉄道（東京市電気研究所編）　1928.3 7,119,21p 26cm　東京市電気研究所調査報告
◇交通総論（増井幸雄著）　丸善　1928.4 3,14,461p 23cm　交通政策
◇帝国鉄道政策論（中川正左著）　鉄道研究社　1928.4 2,4,305p 23cm
◇鉄道運送施設綱要（鉄道省運輸局編）　1928.4 8,20,916p 23cm
◇鉄道運賃論（高橋秀雄著）　鉄道研究社　1928.4 12,20,721p 20cm
◇地下鉄道の話（東京市役所編）　1928.7 42p 22cm　市政叢書
◇市の電車経済はどうなっているか（東京市政調査会編）　1928.8 [4]p 18cm　市政カード
◇都市交通問題研究（東京市電気局編）　電気協会　1928.10 2,6,1398p 23cm
◇全一日系統別乗客潮流密度図表　昭和4年6月13日（木曜）乗客調査（東京市電気局編）　1929 1枚 24cm
◇電車系統乗客潮流密度図表　昭和4年6月13日（木曜）ノ分　謄写版（東京市電気局編）　1929 1冊 23×32cm
◇英国ニ於ケル無軌条電車取締規則　タイプ（京都市電気局編）
　1929.1 15p 28cm
◇交通経済学概論（島田孝一著）　東京泰文社　1929.1 2,12,595p 23cm
◇自働車交通量ノ激増ト円タクノ活躍　謄写版（東京市統計課編）
　1929.2 12p 26cm+図1枚　東京市ノ状況
◇阪神急行電鉄株式会社神戸市内乗入線ニ関スル特別委員会議事速記録　1929.2 29p 23cm
◇市街並に郊外用電車の改良に関する調査資料（東京市電気研究所編）
　1929.4 14,210p 26cm　東京市電気研究所調査報告
◇乗客調査実績概要　昭和3年度（東京市電気局運輸課運輸調査掛編）
　1929.4 3,54p 23cm　東京市電乗客交通調査報告
◇乗合自動車ノ経営ニ関スル調査（横浜市会事務局編）　1929.5 3,63p

22cm

◇九州交通大観（九州時論社編輯局編）　1929.9 1冊 26cm
◇自動車交通に関する調査（東京市統計課編）　1929.10 133p 23cm
◇朝鮮鉄道誌 第1巻（朝鮮総督府鉄道局編）　1929.10 1冊 23cm
◇鉄道統計研究：我国鉄道の経済的観察（瓜生卓爾著）　鉄道生活社　1929.10 6,8,290p 22cm
◇市の関門に於ける自動車交通量の増加　謄写版（東京市統計課編）　1930.1 7p 26cm　東京市の状況
◇欧米大都市の交通問題（東京市役所編）　1930.2 1冊 19cm　市政叢書
◇自動車運転手と過失犯：附 損害賠償問題（佐瀬昌三著）　海文堂出版部　1930.2 1冊 23cm
◇大阪市の交通整理に就て：附 横断道路の制定と交通事故防止（柴谷善次郎著）　1930.3 32p 22cm
◇交通事故と損害賠償（梅原松次郎著, 司法省調査課編）　1930.3 3,295p 22cm　[司法研究]
◇大ロンドンの地下鉄道：欧米大都市に於ける高速度鉄道（東京市電気研究所編）　1930.3 12,170p 26cm　東京市電気研究所調査報告
◇水上小運送調査資料 其1（港湾協会編）　1930.5 2,171p 23cm　港湾調査資料
◇自動車事故の裁判例と其批判（水野豊著）　自動社界社　1930.6 1冊 19cm
◇一九三〇年の交通問題（日本交通協会編）　1930.7 4,13,282p 20cm　交通研究資料
◇新潟港及敦賀港荷役調査（港湾協会編）　1930.8 6,80p 22cm　港湾調査資料
◇無軌条電車に就いて（京都市電気局編）　1930.9 7,48p 23cm
◇水上小運送調査資料 其2（港湾協会編）　1930.12 2,119p 23cm　港湾調査資料
◇帝都の交通事故　謄写版（東京市統計課編）　1930.12 53p 26cm　東京市の状況
◇電車経営論（沢逸与著）　白鳳社　1931.4 2,10,372p 19cm
◇交通事業の経営（日本交通協会編）　1931.5 3,16,352p 20cm　交通研究資料
◇本邦の鉄道会計に就て（青木周三述, 日本経済聯盟会編）　1931.6 32p 23cm
◇江戸時代の交通文化（樋畑雪湖著）　刀江書院　1931.7 13,3,555p 23cm
◇国有鉄道線路ト水害（鉄道省工務局保線課編）　1931.8 2,25p 26cm
◇欧米ニ於ケル放送事業調査報告（中山竜次著）　日本放送協会関東支部　1931.9 5,10,359p 22cm
◇自動車交通事業法（日本交通協会編）　1931.9 1冊 19cm　交通研究資料
◇自動車の踏切事故（鉄道省運輸局編）　1931.9 7p 19cm
◇郊外電車に就て 鉄道の今昔（日本交通協会編）　1931.10 50p 19cm　交通研究資料
◇我国関係に於ける国際海運交通事業に於ける連絡協調（日本交通協会編）　1931.11 44p 19cm　交通研究資料
◇無軌道電車経営資料（電気協会編）　1931.12 57p 26cm　電気事業資料
◇交通ニ関スル統計 省線ノ部　謄写版（都市計画東京地方委員会編）　1932 24p 26cm　都市計画基本調査資料
◇交通ニ関スル統計 市営乗合自動車及市営渡船ノ部　謄写版（都市計画東京地方委員会編）　1932 24p 26cm　都市計画基本調査資料
◇交通ニ関スル統計 市電ノ部　謄写版（都市計画東京地方委員会編）　1932 24p 26cm　都市計画基本調査資料
◇交通ニ関スル統計 地下鉄道ノ部　謄写版（都市計画東京地方委員会編）　1932 7p 26cm　都市計画基本調査資料

◇交通ニ関スル統計 地方鉄道軌道ノ部　謄写版（都市計画東京地方委員会編）　1932 36p 26cm　都市計画基本調査資料
◇米国に於ける自動車運輸業者の規律問題　謄写版（鉄道省監督局陸運課編）　1932 24p 26cm　陸運調査資料
◇我国海運側面観 交通機関と吾等の使命（日本交通協会編）　1932.1 80p 19cm　交通研究資料
◇交通事業の合理化（日本交通協会編）　1932.3 2,18,296p 19cm　交通研究資料
◇省線御茶水両国間開通ガ市営交通事業ニ及ス影響（東京市電気局乗客課編）　1932.3 42p 26cm
◇事業改善論文集（東京市電気局編）　1932.4 2,344p 23cm
◇鉄道経済の話（瓜生卓爾著）　鉄道之日本社　1932.5 6,14,244p 23cm
◇御茶水両国間高架線建設概要（鉄道省編）　1932.6 2,27p 23cm+図1枚
◇最近の交通諸問題（日本交通協会編）　1932.6 65p 19cm　交通研究資料
◇軌道事業整理案要項　謄写版　1932.7 5p 26cm
◇自動車運送の経済学的研究（島田孝一著）　丸善　1932.7 11,361p 23cm
◇大東京区域内ニ於ケル交通機関ノ現勢 昭和7年7月末現在（東京市電気編）　1932.7 10p 26×36cm+図1枚
◇英国労働党の計画せる運輸機関の国有化　謄写版（鉄道省監督局陸運課編）　1932.8 12p 26cm　陸運調査資料
◇自動車運輸の資本経費及運賃　謄写版（鉄道省監督局陸運課編）　1932.8 18p 26cm　陸運調査資料
◇本邦自動車運輸自動車事業ニ関スル調査（東京市政調査会編）　1932.8 4,13,899p 26cm　公益企業ニ関スル調査報告
◇英国鉄道会社道路運輸法（鉄道省監督局編）　1932.9 39p 22cm
◇首都を中心とせる日独国有鉄道電車運転成績比較（昭和5年度）（鉄道省電気局編）　1932.9 13p 26cm　「電気月報」第12巻第4号
◇通信事業経営論（渡辺省二郎著）　交通経済社出版部　1932.9 1冊 19cm
◇米国に於ける州際自動車運輸の規律問題　謄写版（鉄道省監督局陸運課編）　1932.9 16p 26cm　陸運調査資料
◇高速鉄道ト大東京市ノ交通機関（山本新次郎著）　1932.10 36p 22cm+図1枚
◇本邦地方鉄道事業ニ関スル調査（東京市政調査会編）　1932.10 2,7,214p 26cm　公益企業ニ関スル調査報告
◇大東京ニ於ケル交通ニ関スル調査（東京市都市計画部編）　1932.11 2,178p 27cm　都市計画調査資料
◇東京地下鉄道並ニ其ノ実施ニ関スル研究資料（遠藤勇熊編著）　札幌工学同窓会　1932.11 6,194p 22cm
◇本邦軌道事業ニ関スル調査（東京市政調査会編）　1932.11 7,738p 26cm　公益企業ニ関スル調査報告
◇駅名の起源（札幌鉄道局編）　1933 9,118p 19cm
◇大東京に於ける旅客交通機関の価値及統制（日本交通協会編）　1933.2 20p 19cm　交通研究資料
◇欧米諸国に於ける鉄道と自動車との競争及之が対策（鉄道省運輸局編）　1933.3 237p 21cm
◇交通夜話（日本交通協会編）　1933.3 6,164p 19cm　交通関係資料
◇渋谷駅を中心とする交通調査要綱（東京市都市計画部編）　1933.5 9p 26cm
◇交通賃率の研究（島田孝一著）　東京泰文社　1933.6 4,1,340p 23cm
◇乗用営業自動車実績（予備調査として赤坂区に施行）　謄写版（東京市統計課編）　1933.6 19p 26cm　東京市ノ状況
◇交通原論（佐藤敏章著）　森山書店　1933.7 1冊 23cm

◇交通整理標準(照明学会交通整理委員会編) 1933.7 30p 27cm 照明学会雑誌」第17巻第7号抜刷

◇今日の自動車問題(日本交通協会編) 1933.7 86p 19cm 自動車研究資料

◇本邦無軌条電車の実績(木村尚一著) 東京市政調査会 1933.8 42p 22cm 都市問題パンフレット

◇交通整理標準(日本交通協会編) 1933.9 30p 27cm 交通関係資料

◇「自動車交通事業法(勅令及省令)並 施行細則(自動車出版社編) 1933.9 69p 19cm 経営経済「乗合と貨物」 9月号附録

◇省線新宿駅を中心とする交通調査報告書(東京市監査局都市計画課編) 1933.12 2,67,71p 26cm

◇港ニ関スル法規(内務省土木局編) 港湾協会 1933.12 15,660p 19cm

◇循環式交通整理試験:東京、和田倉門交叉点に於ける(佐田昌夫著、肥田木誠介著) 都市研究会 1934 44p 23cm 都市計画叢書

◇東京市電争議関係資料 昭和9年 1934 1冊 26cm

◇世界大都の交通(新聞聯合社編) 1934.1 62p 19cm

◇大阪市ニ於ケルタキシイ新料金制ノ概況 謄写版(東京市電気局編) 1934.3 28p 26cm

◇1933年倫敦乗客運輸法:附 伯林交通事業統一に関する市会議案(東京市電気局編) 1934.3 11,244,20p 23cm 調査資料

◇市営及関係交通事業成績表 謄写版(東京市電気局編) 1934.4 [29]p 26cm

◇省線渋谷駅を中心とする交通調査報告書:昭和8年5月26日執行(東京市監査局都市計画課編) 1934.4 46,36p 26cm

◇東京高速鉄道実相の一端(安倍邦衛著) 1934.4 36p 27cm 「土木学会誌」第20巻第4号抜刷

◇運輸統制理論に於ける構成要素(須永秀弥著、日本交通協会編) 1934.5 51p 19cm 交通研究資料

◇タクシー統制草案 謄写版(東京市電気局編) 1934.5 32p 26cm

◇霞ヶ関官庁街交通調査実績 謄写版(東京市電気局庶務課編) 1934.6 [109]p 26cm

◇自動車事業の経営(日本交通協会編) 1934.6 1冊 19cm 交通研究資料

◇車輌統計表[自昭和2年至昭和7年] 謄写版(都市計画東京地方委員会編) 1934.7 43p 26cm 都市計画基本調査資料

◇大東京市内交通量[昭和9年刊] 謄写版(東京市電気局編) 1934.7 9p 26cm

◇循環式交通整理調査報告(都市計画東京地方委員会編) 1934.8 2,40p 22cm 東京都市計画叢書

◇大阪市内交通機関統制とバス問題(大阪市政協会編) 1934.9 3,74p 23cm

◇交通事故統計表 謄写版(都市計画東京地方委員会編) 1934.9 55p 26cm 都市計画基本調査資料

◇世界に於ける最近の高速鉄道(大阪市電気局編) 1934.10 6,352p 19cm 調査資料

◇大東京交通統制への先決問題たる『円タク』の統制に就て(井上篤太郎著) 1934.10 53p 22cm

◇丸之内附近自動車交通量調査速報 昭和9年11月9日施行 謄写版(東京市監査局都市計画課編) 1934.11 [4]p 26cm

◇タクシー業態調査速報 第3回 昭和10年5月28日調査 謄写版(東京市監査局統計課編) 1935 [11]p 26cm

◇タクシー業態調査速報 第4回 昭和10年5月28日調査 謄写版(東京市監査局統計課編) 1935 13p 26cm

◇航空に就て 都市交通に就て(四王天延孝者、筧正太郎著) 日本交通協会 1935.1 84p 19cm 交通研究資料

◇シカゴ市に於ける交通統制の経過(東京商工会議所編) 1935.1 42p 21cm 商工資料

◇大阪市高速鉄道第1期線工事変更計画設計大要(大阪市役所編) 1935.2 5p 27cm

◇全国交通網調査書(日本交通協会編) 1935.2 9,15p 22cm 日本交通協会会報

◇東都交通統制の急務(井上篤太郎著) 1935.2 24p 23cm

◇行詰れる京浜国道(内務省横浜土木出張所編) 1935.3 2,20p 23cm

◇交通文献解題 昭和9年度(細野日出男著) 1935.3 [54]p 23cm 高岡高等商業学校「研究論集」7巻3号所載

◇自動車に関する統計:付 国産自動車製造工業促進ニ関スル建議(日本交通協会編) 1935.4 31p 19cm 交通関係資料

◇交通事故統計表 謄写版(東京市監査局都市計画課編) 1935.5 [32]p 26cm

◇電気鉄道経営要論(喜多直之助著) 政経書院 1935.5 3,7,452p 23cm 交通論

◇大阪市地下鉄交通調査 昭和10年5月22日 謄写版(大阪商科大学市政科ゼミナール編) 1935.6 30p 26cm

◇タクシー業態調査速報[第1回]昭和10年5月28日調査(東京市監査局統計課編) 1935.7 15p 26cm

◇タクシー業態調査速報 第2回 昭和10年5月28日調査 謄写版(東京市監査局統計課編) 1935.7 9p 26cm

◇交通統制ニ関スル参考文献 其ノ1 謄写版(東京市電気局編) 1935.8 [62]p 26cm

◇自動車経営の理論と実際(日本交通協会編) 1935.9 1冊 19cm 交通研究資料

◇大東京交通統制案 謄写版([東京市電気局]庶務課調査掛編) 1935.9 [14]p 26cm

◇大東京交通統制案参考資料 謄写版(東京市電気局庶務課編) 1935.9 108p 29cm

◇地下鉄道(須之内文雄著) 常磐書房 1935.9 7,474p 23cm

◇貨物交通に於ける鉄道と自動車の競争(野村寅三郎述、神戸商業大学商業研究所編) 1935.11 24p 23cm 商業研究所講演集

◇タクシー発達変遷史(タクシー問題研究会編) 1935.11 2,2,64p 19cm タクシー問題研究叢書

◇鉄道監督法規論(大山秀雄著、壺田修著) 春秋社 1935.11 2,29,459p 23cm 鉄道交通全書

◇タクシー業態調査報告:昭和10年5月調査(東京市役所編) 1935.12 2,91p 23cm

◇タクシーの台所調べ(経営実情)(タクシー問題研究編) 1935.12 2,71p 19cm タクシー問題研究叢書

◇帝都交通問題研究会記録(都市研究会編) 1935.12 48p 22cm

◇鉄道法規論(喜安健次郎著) 春秋社 1935.12 2,18,479p 23cm 鉄道交通全書

◇米国に於けるタクシー問題(東京市電気局庶務課編) 1935.12 6,508p 23cm 調査資料

◇市電・地下鉄・青バス共同経営試案 謄写版([東京市編]) 1936 43p 26cm

◇莫斯科の地下鉄道(帝国鉄道協会編) 1936 80p 22cm 都市交通統制部調査資料

◇交通統制概論(井上篤太郎著) 春秋社 1936.1 1,9,366p 23cm 鉄道交通全書

◇省線大塚駅及池袋駅を中心とする交通調査報告書(東京市監査局都市計画課編) 1936.1 59,69p 26cm

◇大東京市内ニ於ケル乗合自動車事業概観 謄写版([東京市電気局]庶務課調査掛編) 1936.1 [23]p 26cm

◇交通統制ニ関スル参考文献 其ノ2 謄写版(東京市電気局編) 1936.2 [65]p 26cm

◇交通統制論(大槻信治著) 春秋社 1936.2 1冊 23cm 鉄道交通全書

◇小型タクシー論(タクシー問題研究会編) 1936.2 2,2,33p 19cm タクシー問題研究叢書

◇交通原論(中川正左著) 春秋社 1936.3 15,511,10p 23cm 鉄道交通全書

◇タクシー統制論(タクシー問題研究会編) 1936.3 2,2,129p 19cm タクシー問題研究叢書

◇タクシーと料金問題(タクシー問題研究会編) 1936.4 2,2,89p 19cm タクシー問題研究叢書

◇倫敦乗客運輸局第1及第2年度報告書(東京市電気局庶務課編) 1936.4 229p 23cm 調査資料

◇現代交通機関の発達・道路交通について(中川正左述,日本交通協会編) 1936.6 50p 19cm 交通研究資料

◇交通文献解題 昭和10年度(細野日出男) 1936.6 [62]p 23cm 高岡高等商業学校「研究論集」9巻1,2号所載

◇大東京市内交通量[昭和11年刊] 謄写版(東京市電気局編) 1936.6 [12]p 26cm

◇鉄道運輸論(新井堯爾著) 春秋社 1936.6 2,16,523p 23cm 鉄道交通全書

◇統制後ニ於ケル倫敦交通事業成績 謄写版([東京市電気局]庶務課調査掛編) 1936.6 [22]p 26cm

◇航空二十年(相羽有述,日本交通協会編) 1936.8 40p 19cm 交通研究資料

◇交通事業の諸問題(日本交通協会編) 1936.8 5,11,271p 19cm 交通研究資料

◇通信省五十年略史(通信編) 1936.8 8,2,204p 22cm

◇自動車交通経済論(田中喜一著) 巌松堂書店 1936.9 4,8,365p 23cm

◇戦争と交通機関 交通盲目(新井堯爾述,道家斉一郎述,日本交通協会編) 1936.9 48p 19cm 交通研究資料

◇東京市の交通機関に就て:我が国海運の現状と時事問題(早川徳次述,渡辺水太郎述,日本交通協会編) 1936.9 61p 19cm 交通研究資料

◇タクシーと燃料問題(タクシー問題研究会編) 1936.10 2,3,86p 19cm タクシー問題研究叢書

◇独逸の交通制度(東京商工会議所編) 1936.11 4,77p 21cm 商工調査

◇東北の交通(日本交通協会編) 1936.11 3,190p 19cm 交通研究資料

◇大阪地方交通統制に関する報告書 謄写版(大蔵公望著) 1936.12 220p 27cm

◇倫敦交通事業統制資料(東京市電気局庶務課編) 1936.12 1,541p 22cm 調査資料

◇軌道業及兼営事業ニ於ケル益金比較[自昭和10年度至昭和12年度] 謄写版 1937 3枚 26cm

◇省線大井町駅大森駅蒲田駅を中心とする交通調査報告書(東京市監査局都市計画課編) 1937 51,92p 26cm

◇ベルリン交通地獄救済案の研究(エフ・ブレーメ・シュトルップ著,佐田昌夫訳) 都市研究会 1937 15p 22cm 都市計画叢書

◇陸上交通事業調整ニ関スル参考書(鉄道省編) 1937 44p 26cm

◇自動車航空(島田孝一著) 春秋社 1937.1 2,2,459p 23cm 鉄道交通全書

◇大阪市に於けるバス統制に対する意見(坂本行輔著) 1937.3 3,27p 19cm

◇帝都交通統制への道:附 東京市電更生策として生れた後藤試案の有望性(交通問題研究所編) 1937.3 67p 19cm

◇倫敦乗客運輸局第3年度報告書(東京市電気局庶務課編) 1937.3 89p 23cm 調査資料

◇行政区画と通信事業との関係(名古屋逓信局編) 1937.4 17p 23cm

◇朝鮮鉄道誌 第1巻 創始時代(朝鮮総督府鉄道局編) 1937.6 1冊 23cm

◇東京聯合タクシー株式会社案(新倉文郎著) タクシー問題研究会 1937.7 10p 19cm タクシークラブ臨時増刊

◇逓信行政(小池善次郎著) 常磐書房 1937.8 455,104p 23cm 自治行政叢書

◇鉄道運賃論(増井幸雄著) 春秋社 1937.8 3,5,268p 23cm 鉄道交通全書

◇六大都市電車並乗合自動車 昭和元年度以降運輸成績 謄写版(東京市電気局庶務課編) 1937.8 [23]p 26cm

◇小運送論(中野金次郎著) 春秋社 1937.10 9,10,546p 23cm 鉄道交通全書

◇タクシー統制の諸問題(タクシー問題研究会編) 1937.10 92p 19cm

◇米国都市交通問題(東京市電気局庶務課編) 1937.10 5,120p 22cm 調査資料

◇交通文献解題 昭和11年度(細野日出男編) 1937.11 [57]p 23cm 高岡高等商業学校「研究論集」10巻2号所載

◇大阪地方交通統制に関する意見書(帝国鉄道協会編) 1937.12 2,70p 21cm 都市交通統制部調査資料

◇交通論(島田孝一著) 千倉書房 1937.12 2,3,314p 23cm 経営学大系

◇交通事業調整委員会総会議事速記録 第1回(昭和13年9月15日) 1938 37p 21cm

◇交通事業調整委員会総会議事速記録 第2回(昭和13年11月16日) 1938 24p 21cm

◇「交通統制」参考書類 1938 [37]p 26cm

◇交通量調査ニ付テ 謄写版(菱谷惣太郎著) 1938 [19]p 26cm

◇東京駅ヨリ直線距離約30粁ノ駅 謄写版(東京市電気局交通統制調査課編) 1938 [3]p 26cm

◇東京駅ヨリ約1時間ニテ到達スル駅 謄写版(東京市電気局交通統制調査課編) 1938 [3]p 26cm

◇伯林の交通と調整の実情(要綱) 謄写版(吉井政信著) 1938 [14]p 26cm

◇陸上交通事業調整ニ関スル参考書(別冊) 謄写版 1938 8p 30×42cm

◇陸上交通事業調整法関係法規集(鉄道省監督局編) 1938 19p 26cm

◇陸上交通事業の調整に就て 謄写版(壹田修著) 1938 27p 24cm

◇倫敦の交通調整の事情(要綱) 謄写版(古谷善亮著) 1938 [9]p 26cm

◇地上鉄道 路面電車経営論(早川徳次著,後藤悌次著) 春秋社 1938.1 1冊 23cm 鉄道交通全書

◇時局と交通事業(日本交通協会編) 1938.2 47p 19cm 交通研究資料

◇軌道運輸事務指針(東京市役所編) 1938.3 5,285p 19cm 事務改善叢書

◇タクシー統制案:早川徳次提出 1938.6 10p 26cm

◇交通文献解題 昭和12年度(細野日出男編) 1938.7 [60]p 23cm 高岡高等商業学校「研究論集」11巻1号所載

◇伯林及倫敦の交通調整(古谷善亮著) 鉄道同志会 1938.8 4,136p 22cm

◇陸上交通事業調整ニ関スル参考書(鉄道省編) 1938.8 48p 26cm

◇大東京に於ける交通機関の現状と統制問題(社会大衆党市会議員団編) 1938.9 2,60p 19cm

◇経営上より見たる帝都交通統制(社会大衆党市会議員団編) 1938.10 41p 19cm 東京市政調査報告

◇交通事業調整委員会諮問第一号特別委員会議事速記録 第1回 1938.11 41p 21cm

◇伯林交通統制要綱 謄写版(東京市電気局交通統制調査課編) 1938.11 24p 26cm

◇倫敦乗客運輸事業統制要綱　謄写版（東京市電気局交通統制調査課編）　1938.11　26p　26cm
◇運輸改善ニ関スル調査　謄写版（東京市電気局交通統制調査課編）　1938.12　[35]p　26cm
◇交通事業調整委員会諮問第一号特別委員会議事速記録　第2回　1938.12　38p　26cm
◇交通事業調整委員会諮問第一号特別委員会議事速記録　第3回　1938.12　35p　21cm
◇「交通統制」参考資料　1938.12　[13]p　26cm
◇交通統制に関する当選論文集（帝国鉄道協会編）　1938.12　2,2,409p　21cm
◇軌間ノ変更（島安次郎編）　1939　45p　22cm
◇交通事業調整委員会諮問第一号特別委員会小委員会議事速記録　第1回　1939　31p　21cm
◇交通事業調整委員会諮問第一号特別委員会小委員会議事速記録　第2回　1939　30p　21cm
◇交通事業調整委員会諮問第一号特別委員会小委員会議事速記録　第3回　1939　46p　21cm
◇交通事業調整委員会諮問第一号特別委員会小委員会議事速記録　第4回　1939　23p　21cm
◇交通事業調整委員会諮問第一号特別委員会小委員会議事速記録　第5回　1939　52p　21cm
◇交通事業調整委員会諮問第一号特別委員会小委員会議事速記録　第6回　1939　46p　21cm
◇交通調整委員会第4回特別委員会議事経過概要　謄写版（東京市電気局運輸部交通統制調査課編）　1939　17p　26cm
◇東京地方交通調整案：東京市有市営ヲ根幹トスル案　1939　[4]p　26cm
◇航空港建設の基本問題（東京市役所編）　1939.3　2,2,45p　22cm
◇交通統制ニ関スル参考資料　其ノ9　謄写版（東京市電気局交通統制調査課編）　1939.3　39p　26cm
◇交通事業調整委員会諮問第一号特別委員会議事速記録　第4回　1939.4　22p　21cm
◇交通調整ノ方法ニ関スル市会ノ決議セル意見書（写）　謄写版（[東京市編]）　1939.4　[3]p　26cm
◇大東京民営電鉄並バス事業統合経過調　謄写版（東京市電気局交通統制調査課編）　1939.4　35p　25cm
◇亀戸駅を中心とする交通調査報告書（東京市役所編）　1939.5　69p　21cm
◇交通事業調整委員会諮問第一号特別委員会議事速記録　第5回　1939.5　39p　21cm
◇交通事業調整委員会第5回特別委員会説明要旨　謄写版　1939.5　[18]p　26cm
◇交通調整委員会第5回特別委員会議事経過概要　謄写版（東京市電気局運輸部交通統制調査課編）　1939.5　[34]p　26cm
◇各種交通調整案ノ概要及得失ニ付テノ説明要綱　謄写版　1939.8　24p　26cm
◇交通文献解題　昭和13年度（細野日出男編）　1939.9　[68]p　23cm　高岡高等商業学校「研究論文集」第12巻第2号抜刷
◇帝都交通株式会社（仮称）ニ関スル考察（未定稿）　謄写版（東京市電気局）　1939.9　45p　26cm
◇東京市交通統制に対する意見書（石山賢吉著，東京市政革新同盟編）　1939.9　22p　22cm
◇陸海空の交通（日本交通協会編）　1939.9　123p　19cm　交通研究資料
◇交通統制は市電が中心（茂木耕三著）　光文堂　1939.10　2,2,76p　19cm
◇帝都交通統制と輿論（東京市電気局編）　1939.10　3,2,103p　21cm　調査資料

◇東京市交通統制に関する意見書（東京市政革新同盟編）　1939.11　28p　22cm
◇市民の為の交通統制（東京市電気局編）　1939.12　2,6,145p　22cm
◇東京地下鉄道地質調査概況（安倍邦衛著）　1940　14p　22cm
◇陸上交通事業調整ニ関スル参考資料　謄写版（[鉄道省編]）　1940　9p　29cm
◇陸上交通事業調整法案（鉄道省編，内務省編）　1940　6p　26cm
◇帝都交通統制の帰趨（横川四郎著）　議会政治社　1940.1　13p　22cm　「議会政治」第7巻第1号
◇陸上交通統制論（田中喜一著）　巖松堂書店　1940.3　1冊　23cm
◇交通文献解題　昭和14年度（細野日出男編）　1940.7　[63]p　23cm　高岡高等商業学校「研究論文集」第13巻第1号抜刷
◇陸上小運送編（後屋敷保啓著）　好文館書店　1940.7　2,6,309p　23cm　土木行政叢書
◇陸運問題研究（島田孝一著）　丸善　1940.9　2,2,466p　23cm
◇東京高速鉄道計画概要　1941　17p　26cm
◇[東京市及其附近ニ於ケル陸上交通事業ノ調整ニ関スル]説明　謄写版　1941　[8]p　26cm
◇東京市内旅客自動車運輸事業申請路線　謄写版　1941　[6]p　26cm
◇仏国軌道条例　手書　1941　1冊　26cm
◇東京地方交通調整案集（東京市電気局交通調整部編）　1941.3　2,106p　21cm　交調資
◇自動車編（中村豊著）　好文館書店　1941.4　8,402p　22cm　土木行政叢書
◇東京地方ノ高速度交通機関整備拡充ニ関スル建議（帝国鉄道協会編）　1941.4　31p　25cm
◇近世交通経済史論（大山敷太郎著）　国際交通文化協会　1941.6　1冊　22cm
◇戦時経済と交通運輸（長崎惣之助著）　産業経済学会　1941.6　4,8,652p　23cm　戦時経済国策大系
◇国土計画・造船・車輛工業（岩崎松義著）　伊藤書店　1941.8　3,2,309p　19cm
◇運輸事業報告書　昭和17年度（神戸市交通局編）　1942　2,22p　22cm
◇交通政策（島田孝一著）　千倉書房　1942.3　2,4,264p　19cm
◇国防国家と交通（堀口大八著）　東洋堂　1942.6　7,2,299p　19cm
◇日本交通史（大島延次郎著）　四海書房　1942.7　10,400p　19cm　日本経済史全書
◇交通総論（西藤雅夫著）　立命館出版部　1942.8　4,2,295p　21cm
◇本市出入貨物調　謄写版（東京市総務局都市計画課編）　1942.10　46p　26cm　大東京整備計画資料
◇交通政策論（柴田弥一郎著）　商工行政社　1942.11　4,12,366p　19cm　綜合計画経済叢書
◇小運送の決戦体制：今後に残されたる諸問題とその統制方策（村上義一述）　日本交通協会　1942.11　2,42p　18cm
◇運輸事業報告書　昭和18年度（神戸市交通局編）　1943　2,22p　22cm
◇東京地方ノ高速度交通網ニ関スル調査書：都市交通統制部会議案　CD-R版，謄写版（帝国鉄道協会）　1943　CD-R1枚
◇交通統制論：特に陸上交通に就て（大槻信治著）　岩波書店　1943.1　1冊　22cm
◇各国陸上交通統制策（田中喜一著）　岩松堂書店　1943.3　4,16,689p　22cm
◇交通学の生成：交通学説史研究（富永祐治著）　日本評論社　1943.3　527,22p　22cm　大阪商科大学研究叢書
◇交通政策（近藤操著）　ダイヤモンド社　1943.5　3,7,314p　22cm　入門経済学
◇東京市交通調整史　上巻　謄写版（東京市電気局編）　1943.6　14,700p　25cm

191

交通・通信

◇東京市交通調整史 下巻　謄写版（東京市電気局編）　1943.6　8,998p 25cm
◇日本鉄道新論（瓜生卓爾編）　ダイヤモンド社　1943.7　4,11,455p 22cm
◇近世交通史研究（黒羽兵治郎著）　日本評論社　1943.9　4,8,413p 22cm
◇独逸国交通政策（楢崎敏雄著）　恒春閣書房　1944.5　4,4,386p 22cm
◇決戦下の輸送問題（堀口大八著）　国書出版　1944.10　250p 19cm

公益事業・公営企業

【雑　誌】

◇我が国市営事業の現在及将来（入江俊郎）「斯民」　20（1）　1925.1
◇市営自動車の払下問題と其の収支「東洋経済新報」　1132　1925.1
◇東京市営自動車「東洋経済新報」　1132　1925.1
◇受益者負担に関する外国法制及実際に就きて（其1）（復興局計画課）「内務時報」　272　1925.1
◇我が国市営事業の現在及将来（入江俊郎）「斯民」　20（2）　1925.2
◇受益者員担に就て（中山鹿助）「都市研究」　1（1）　1925.2
◇受益者負担の法令に就て（中井光次）「都市研究」　1（1）　1925.2
◇受益者負担制度（1）（William A.Bassett）「都市公論」　8（2）　1925.2
◇公設市場「社会事業」　8（12）　1925.3
◇受益者負担制度（2）（ダブリユー・エー・バセット述, 飯沼一省訳）「都市公論」　8（3）　1925.3
◇本邦市営企業発達史略説（竹中龍雄）「地方行政」　33（4）　1925.4
◇電力国営に可能か「東洋経済新報」　1152　1925.6
◇乗客収入より観たる東京市営電車「調査資料」　6（4）　1925.7
◇受益者負担制度（6）（ウイリアム・エー・バセット述, 飯沼一省訳）「都市公論」　8（7）　1925.7
◇バーミンガムに於ける市営貯蓄銀行の発達（岡野文之助）「都市問題」　1（3）　1925.7
◇横須賀市の市営質屋「都市問題」　1（3）　1925.7
◇市営苗圃の必要と苗木の育成（方米治郎）「建築と社会」　8（9）　1925.9
◇英国に於ける国有化運動の一期（松澤兼人）「社会政策時報」　60　1925.9
◇公営事業概念の行政学的考察（1）（入江俊郎）「自治研究」　1（1）　1925.10
◇公益事業会社の配当制限と資本化（小倉庫次）「都市問題」　1（6）　1925.10
◇受益者負担制度（8）（ウイリアム・エー・バセット述, 飯沼一省訳）「都市公論」　8（11）　1925.11
◇公営事業概念の行政学的考察（2）（入江俊郎）「自治研究」　1（3）　1925.12
◇北米及び加奈陀に於ける市営電鉄の発達「調査資料」　6（6）　1925.12
◇東京市営自動車の営業状況「東洋経済新報」　1176　1925.12
◇公益事業の経済的意義（安井英二）「自治研究」　2（1）　1926.1
◇天六市営質舗の巻（小林峰夫）「大大阪」　2（1）　1926.1
◇中央卸売市場に就て（谷口成之）「都市創作」　2（1）　1926.1
◇公営事業概念の行政学的考察（3）（入江俊郎）「自治研究」　2（2）　1926.2
◇中央卸売市場に就いて（三宅正三）「大大阪」　2（2）　1926.2
◇京都市公同組合の研究「都市問題」　2（2）　1926.2
◇中央卸売市場の売買組織と都市の対策（内池廉吉）「都市問題」　2（2）　1926.2
◇本邦市営質舗の現況（岡野文之助）「都市問題」　2（2）　1926.2
◇公共企業に対する監督（吉野信次）「社会政策時報」　66　1926.3
◇受益者負担の話（伊東俊雄）「大大阪」　2（3）　1926.3
◇北米及加奈陀に於ける市営電気供給事業の発達（トムソン）「調査資料」　7（1）　1926.3

◇ヂェームスタウン市営事業（小倉庫次）「都市問題」　2（3）　1926.3
◇都市の公益事業と信託制度（呉文炳）「都市問題」　2（3）　1926.3
◇英国に於ける公営事業の一班（1）（井上政信）「自治研究」　2（4）　1926.4
◇公営事業論（1）（安井英二）「自治研究」　2（4）　1926.4
◇中央卸売市場に就て（岡野重三郎）「都市研究」　2（2）　1926.4
◇ブリュッセル瓦斯事業レデー・アンテレッセ制度の成績（鈴木武雄）「都市問題」　2（4）　1926.4
◇横浜市電共和会春季大会「労働時報」　3（4）　1926.4
◇公営事業概念の行政学的考察（4）（入江俊郎）「自治研究」　2（5）　1926.5
◇公営事業論（2）（安井英二）「自治研究」　2（5）　1926.5
◇公益事業に対する課税（小倉庫次）「都市問題」　2（5）　1926.5
◇英国に於ける公営事業の一班（2）（井上政信）「自治研究」　2（6）　1926.6
◇中央卸売市場論（永井彰一）「帝国農会報」　16（7）　1926.6
◇受益者負担賦課法の研究（奥中喜代一）「都市研究」　2（3）　1926.6
◇ドイツ、オステラートの市営活動写真館（小田垣光之輔）「都市問題」　2（6）　1926.6
◇バーミムガム市営貯蓄銀行に関するL.C.Cの報告（岡野文之助）「都市問題」　2（6）　1926.6
◇ウキーンの市営住宅（上野伊三郎）「建築と社会」　9（7）　1926.7
◇市営乗合自動車の近況（岡野文之助）「都市問題」　3（1）　1926.7
◇東京市電車事業の財政に就て（豊浦与七）「都市問題」　3（1）　1926.7
◇公営事業論（3）（安井英二）「自治研究」　2（8）　1926.8
◇公益質庫の現勢（藤野恵）「社会事業」　10（5）　1926.8
◇住宅政策は公営主義に改むべし「東洋経済新報」　1210　1926.8
◇神戸中央市場決定の経緯（木村）「都市研究」　2（4）　1926.8
◇受益負担賦課法の研究（2）（奥中喜代一）「都市研究」　2（4）　1926.8
◇公益質庫の現勢（2）（藤野恵）「社会事業」　10（6）　1926.9
◇公共企業に於ける労働問題（上）（岡野文之助）「都市問題」　3（3）　1926.9
◇公営事業論（4）（安井英二）「自治研究」　2（10）　1926.10
◇受益者負担の本質と其地方性（一柳幸永）「都市工学」　5（10）　1926.10
◇公共企業に於ける労働問題（下）（岡野文之助）「都市問題」　3（4）　1926.10
◇公営事業論（5）（安井英二）「自治研究」　2（11）　1926.11
◇市営事業の真意義（西村健吉）「大大阪」　2（11）　1926.11
◇神戸市電の成績（速力、通過、車両、運搬能率）「都市研究」　2（5）　1926.11
◇受益負担賦課法の研究（3）（奥中喜代一）「都市研究」　2（5）　1926.11
◇公園に対する受益負担に就て（上原敬二）「都市問題」　3（5）　1926.11
◇市営事業の真意義（2）（西村健吉）「大大阪」　2（12）　1926.12
◇公益質舗に関する東京市政調査会の法律案「都市問題」　3（6）　1926.12

- ◇電気事業会社の配当制限(神戸正雄)「時事経済問題」 54 1927
- ◇受益者負担論(飯沼一省)「自治研究」 3(1) 1927.1
- ◇公益質屋に就て(樟浦生)「市町村雑誌」 397 1927.1
- ◇紐育の公益事業(紐育市政の研究)(藤田進一郎)「大大阪」 3(2) 1927.2
- ◇東京市瓦斯報償契約改訂問題(小倉庫次)「都市問題」 4(2) 1927.2
- ◇本邦大都市に於ける農産物販売方法の改革運動(六大都市中央卸売市場計画の一欠陥)(2)(福本英男)「都市問題」 4(2) 1927.2
- ◇公益質屋法案に就て(田中市助)「市町村雑誌」 399 1927.3
- ◇公益質屋法案の提出案前後(岡野文之助)「都市問題」 4(3) 1927.3
- ◇東京瓦斯報償契約改訂問題に関する東京市政調査会の意見「都市問題」 4(3) 1927.3
- ◇高知市公益質屋条例「内務時報」 382 1927.3
- ◇公益事業と海陸交通(紐育市政の研究)(藤田進一郎)「大大阪」 3(4) 1927.4
- ◇瓦斯報償契約に於けるスライデング・スケール其他(田川大吉郎)「都市問題」 4(4) 1927.4
- ◇公益質屋法案の反対に対する東京市政調査会の所見「都市問題」 4(4) 1927.4
- ◇公益質屋法「内務時報」 385 1927.4
- ◇公益質屋法に就て(藤野恵)「斯民」 22(5) 1927.5
- ◇公益質屋法の概要(藤野恵)「社会事業」 11(2) 1927.5
- ◇公益団体の課税(神戸正雄)「経済論叢」 25(1) 1927.7
- ◇伊仏独に於ける公益質屋制度(藤野恵)「社会事業」 11(4) 1927.7
- ◇本邦公益質庫の元祖細田村主隈本和平氏を訪ねて(安藤克郎)「社会事業」 11(4) 1927.7
- ◇公益質屋法施行規則「内務時報」 400 1927.7
- ◇京都市の中央卸売市場(福本英男)「都市問題」 5(2) 1927.8
- ◇公益質屋法及外国の公益質屋制度(法理研究会記事)「法学協会雑誌」 45(8) 1927.8
- ◇京都市中央卸売市場(京都市役所)「公衆衛生」 45(9) 1927.9
- ◇巴里の公設質屋(如洗子)「斯民」 22(9) 1927.9
- ◇公益事業の公私共同経営(関一)「大大阪」 3(9) 1927.9
- ◇中央卸売市場の開設と農産物販買組織の改善(勝賀瀬質)「帝国農会報」 17(9) 1927.9
- ◇東京市の電車事業に就て(田川大吉郎)「都市問題」 5(3) 1927.9
- ◇都市高速度鉄道の公営に就て(後藤曠二)「都市問題」 5(3) 1927.9
- ◇再び独逸都市の公私共同経営に就て(関一)「大大阪」 3(10) 1927.10
- ◇公設市場小観(那柯生)「都市創作」 3(10) 1927.10
- ◇市営電気軌道事業成績(後藤曠二)「都市問題」 5(4) 1927.10
- ◇東京市の電車事業に就て田川氏に答ふ(荒木孟)「都市問題」 5(4) 1927.10
- ◇我国主要都市に於ける電気事業報償契約(1)(小倉庫次)「都市問題」 5(4) 1927.10
- ◇東京市中央卸売市場計画の現状(福本英男)「都市問題」 5(5) 1927.11
- ◇我国主要都市に於ける電気事業報償契約(2)(小倉庫次)「都市問題」 5(5) 1927.11
- ◇伊仏独に於ける公益質屋制度(藤野恵)「法学協会雑誌」 45(11) 1927.11
- ◇公営事業に関する一考察(森下碓也)「大大阪」 3(12) 1927.12
- ◇貯蓄銀行市営に関する若干考察(岡野文之助)「都市問題」 5(6) 1927.12
- ◇我国主要都市に於ける電気事業報償契約(3・完)(小倉庫次)「都市問題」 5(6) 1927.12
- ◇市電本年度の成績(名古屋市、昭和二年度)(工富准)「都市創作」 4(1) 1928.1
- ◇世界的最新最大の中央卸売市場(池田錫)「日本公衆保健協会雑誌」 4(1) 1928.1
- ◇日本最初の公営質庫(岡本英太郎)「斯民」 23(2) 1928.2
- ◇街路考とガレーヂ及駐車場の市営考(溝江五月)「大大阪」 4(2) 1928.2
- ◇公益質屋の現況「労働時報」 5(2) 1928.2
- ◇公益質屋の現況(青木秀夫)「斯民」 23(3) 1928.3
- ◇公益質屋条例に就て(青木秀夫)「社会事業」 11(12) 1928.3
- ◇受益者負担賦課法の研究(その4)(奥中喜代一)「都市研究」 4(2) 1928.3
- ◇ドイツ都市公益事業の新傾向(小倉庫次)「都市問題」 6(3) 1928.3
- ◇本邦市営事業に於ける雇傭事情(磯村英一)「社会政策時報」 91 1928.4
- ◇大阪市営バスの経営(草刈孟)「大大阪」 4(4) 1928.4
- ◇中央卸売市場と従来の卸売市場(大迫武雄)「大大阪」 4(4) 1928.4
- ◇公益質物条例に就て(青木秀夫)「地方行政」 36(4) 1928.4
- ◇中川運河受益者負担に就いて(須藤林七)「都市創作」 4(4) 1928.4
- ◇労農ロシアの公営事業に就て(前田多門)「都市問題」 6(4) 1928.4
- ◇公営施設発達過程に於ける公私共同経営(磯村英一)「社会事業」 12(2) 1928.5
- ◇独逸の市営化法案及市営解放運動(関一)「大大阪」 4(5) 1928.5
- ◇神戸市中央卸売市場建設計画並に其経過(岡野重三郎)「都市研究」 4(3) 1928.5
- ◇受益負担賦課法の研究(続)(奥中喜代一)「都市研究」 4(3) 1928.5
- ◇京都市中央卸売市場其後の諸問題(福本英男)「都市問題」 6(5) 1928.5
- ◇各市市営電気事業の成績(小倉庫次)「都市問題」 6(6) 1928.6
- ◇桑港市営事業経営の新制度-市営事業委員会設置案(小倉庫次)「都市問題」 6(6) 1928.6
- ◇市営電車の停電と其善後策(後藤曠二)「都市問題」 7(1) 1928.7
- ◇神戸市電の乗車料金値上(後藤曠二)「都市問題」 7(2) 1928.8
- ◇市営事業の本質(関一)「都市問題」 7(2) 1928.8
- ◇中央卸売市場法適用範囲の拡大(福本英男)「都市問題」 7(2) 1928.8
- ◇東京市の電車経済はどうなっているか-市政カード第二号の発行「都市問題」 7(2) 1928.8
- ◇市営事業特輯「都市問題」 7(4) 1928.10
  アメリカに於ける市営事業/欧米諸国に於ける市営事業概観(岡野文之助) イギリスに於ける市営事業/欧米諸国に於ける市営事業概観(弓家七郎) ウィーン市の市営事業(岡野文之助) 瓦斯事業/本邦市営事業の現況(樫木徹) 公益事業の公私混合経営論(小倉庫次) 市営事業収入の性質及原則(小林丑三郎) 市営事業の経営に於ける収益主義に就て-大阪市長関一博士の所論を評す(蠟山政道) 市営事業の経営に就て(塩沢昌貞) 市営電気事業購入電力料金(後藤曠二) 水道事業/本邦市営事業の現況(樫木徹) 電気軌道及乗合自動車事業/本邦市営事業の現況(岡野文之助) 電気供給事業/本邦市営事業の現況(樫木徹) 電気事業の公営に就て(三宅福馬) 電車市有問題の一齣(小田忠夫) 電灯料金の全国的引下運動(樫木徹) ドイツに於ける市営事業/欧米諸国に於ける市営事業概観(小倉庫次) 東京市電の行詰と其原因(高橋亀吉) 都市会社主義小論(岡野文之助) ベルリンの市営事業会社(小倉庫次) 六大都市の電気瓦斯及水道事業比較(後藤曠二)

◇東京市新財政計画による中央卸売市場計画の変更(福本英男)「都市問題」 7(5) 1928.11
◇市営電車事業に関する高橋亀吉氏の所説に就て(北林賢治郎)「都市問題」 7(5) 1928.12
◇松江,八幡及若松三市の瓦斯市営問題(岡野文之助)「都市問題」 7(6) 1928.12
◇大阪市中央市場其後の状勢(福本英男)「都市問題」 8(1) 1929.1
◇米国に於ける市営電灯電力(樫木徹)「都市問題」 8(1) 1929.1
◇公営事業の経営に就て(安井英二)「自治研究」 5(3) 1929.3
◇横浜市電の総罷業(福本英男)「都市問題」 8(4) 1929.4
◇小樽市の電車市営計画(後藤曠二)「都市問題」 8(5) 1929.5
◇最近東京市電に於ける従業員問題(福本英男)「都市問題」 8(5) 1929.5
◇最近横浜市電労働政策の一齣(福本英男)「都市問題」 9(1) 1929.7
◇瓦斯報償契約破棄論に就て(瓦斯問題特輯)(吉山真棹)「都市問題」 9(1) 1929.7
◇市営アパートメントに就て「建築と社会」 12(8) 1929.8
◇公営住宅経営論(1)(藤野恵)「自治研究」 5(8) 1929.8
◇本邦公益質屋の現勢(1)(藤野恵)「斯民」 24(8) 1929.8
◇中央卸売市場の職能に就て(大迫武雄)「大大阪」 5(8) 1929.8
◇公営事業発達の障碍(蠟山政道)「地方行政」 37(8) 1929.8
◇中央卸売市場断想(野崎保平)「帝国農会報」 19(8) 1929.8
◇市営地下鉄の中止「東洋経済新報」 1360 1929.8
◇再論金解禁の非(矢野恒太)「東洋経済新報」 1364 1929.8
◇大阪市営バスの近況(岡野文之助)「都市問題」 9(2) 1929.9
◇本邦公益質屋の現勢(2)(藤野恵)「斯民」 24(9) 1929.9
◇市営質屋開業に対する抗議(馬島僴)「社会事業」 13(6) 1929.9
◇公営住宅経営論(2)(藤野恵)「自治研究」 5(10) 1929.10
◇市バス両幹線へ乗入る(木村浩)「大大阪」 5(10) 1929.10
◇電灯五十年祭に当り大阪市営事業を顧る(木津谷栄三郎)「大大阪」 5(10) 1929.10
◇ドイツの市営事業市債(小倉庫次)「都市問題」 9(4) 1929.10
◇公設市場物語(小田垣十三)「大大阪」 5(11) 1929.11
◇中央卸売市場業者の単複問題とは(市民講座)(大阪都市協会調査係)「大大阪」 5(11) 1929.11
◇ロンドン府営電車「調査資料」 10(3) 1929.11
◇公営住宅経営論(3)(藤野恵)「自治研究」 5(12) 1929.12
◇公設市場物語(小田垣十三)「大大阪」 5(12) 1929.12
◇六大都市市営住宅施設比較調査「大大阪」 6(1) 1930.1
◇東京市電の労働争議(岡野文之助)「都市問題」 10(1) 1930.1
◇復興記念特輯「都市問題」 10(1) 1930.1
　公営事業の復興状況-上下水道の復興及復旧/復興帝都の大観(安達正太郎)　公営事業の復興状況-中央卸売市場と小売市場/復興帝都の大観(福本英男)　公営事業の復興状況-電気供給事業の変遷/復興帝都の大観(樫木徹)
◇大阪市電の営業成績とその対策(松井辰之助)「大大阪」 6(2) 1930.2
◇市事業の改善(関一)「大大阪」 6(2) 1930.2
◇受益者負担制度運用の実際(高沢義智)「道路の改良」 12(2) 1930.2
◇市営瓦斯事業の現況(樫木徹)「都市問題」 10(2) 1930.2
◇市営バスのお客調べ(樫木徹)「都市問題」 10(2) 1930.2
◇土地区画整理に因る受益者の負担制に就て(大都市制度号)(岡崎早太郎)「都市問題」 10(2) 1930.2

◇大阪市営バスの現況(草刈孟)「大大阪」 6(3) 1930.3
◇中央卸売市場に於ける「収容問題」について(1)(野崎保平)「帝国農会報」 20(3) 1930.3
◇浅草公園仲店使用料値上問題(岡野文之助)「都市問題」 10(3) 1930.3
◇中央卸売市場に於ける「収容問題」について(2・完)(野崎保平)「帝国農会報」 20(4) 1930.4
◇中央卸売市場の復興計画(帝都復興記念号)(小野二郎)「都市問題」 10(4) 1930.4
◇中央卸売市場の卸値と其変動性(大迫武雄)「週刊エコノミスト」 8(9) 1930.5
◇地方公共事業を刷新せよ「週刊エコノミスト」 8(10) 1930.5
◇福田博士と市営事業(関一)「大大阪」 6(6) 1930.6
◇濠洲メルボーン市市電に於ける音響防止施設「帝国鉄道協会会報」 31(6) 1930.6
◇公企業労働問題号「都市問題」 10(6) 1930.6
　各市町の労働争議(岡野文之助)　経営委員会制の適用/公企業に於ける労働問題と其の対策(永尾政治)　健全なる労働組合の公認/公企業に於ける労働問題と其の対策(添田敬一郎)　公営事業と其の従業者(罷業を認めないことにしたい)/公企業に於ける労働問題と其の対策(田川大吉郎)　公営事業の会計状態を明示して理事者と従業員の間に懇談を遂げよ/公企業に於ける労働問題と其の対策(上田貞次郎)　公企業に於ける労働問題と市民/公企業に於ける労働問題と其の対策(菊池勇夫)　公企業に於ける労働問題(永井亨)　公企業の資本主義的組織と労働問題/公企業に於ける労働問題と其の対策(長谷川万次郎)　公企業の有つ社会的意義と公衆の立場/公企業に於ける労働問題と其の対策(荒木孟)　公共事業の労働争議対策/公企業に於ける労働問題と其の対策(北岡寿逸)　公共利用事業に於ける罷業権の限界/公企業に於ける労働問題と其の対策(内藤久寛)　懇談的協調機関を設定せよ/公企業に於ける労働問題と其の対策(磯村豊太郎)　消費者の立場から/公企業に於ける労働問題と其の対策(土屋正三)　ストライキの時と場合/公企業に於ける労働問題と其の対策(北冷吉)　双方の自制自重を促す/公企業に於ける労働問題と其の対策(林癸未夫)　市今次の電車争議に就て(筧正太郎)　東京市電の大罷業(鈴木文四郎)　罷業権・争議調停法・労働委員会/公企業に於ける労働問題と其の対策(前田多門)　本邦市営事業に於ける労働争議の沿革(村山重忠)　理事者と労働者の常設的委員会を組織せよ/公企業に於ける労働問題と其の対策(河原田稼吉)　理事者と従業員と市民との関係と関係当事者の態度/公企業に於ける労働問題と其の対策(安井英二)
◇中央卸売市場の近況(岡野文之助)「都市問題」 11(1) 1930.7
◇市電料金の更改を提議す(西村健吉)「大大阪」 6(8) 1930.8
◇東京市電値上の新案「東洋経済新報」 1414 1930.8
◇煙草元売捌の市町村営化問題(小田忠夫)「都市問題」 11(2) 1930.8
◇公共事業の意義を論ず(竹中龍雄)「大大阪」 6(9) 1930.9
◇下水道及高速度軌道建設に因る受益者負担制(岡崎早太郎)「都市問題」 11(3) 1930.9
◇市営事業の経営に対する一考察(竹中龍雄)「経済時報」 2(7) 1930.10
◇公営事業の起債償還と減価償却(永安百治)「自治研究」 6(10) 1930.10
◇東京市電の電車料金問題(岡野文之助)「都市問題」 11(4) 1930.10
◇東京市内に於ける受益者負担金減免運動(小田忠夫)「都市問題」 11(4) 1930.10
◇中央市場の卸値(大迫武雄)「週刊エコノミスト」 8(21) 1930.11
◇市電減収原因の実証的考察「調査資料」 11(6) 1930.11
◇市電減収とその対策「調査資料」 11(6) 1930.11
◇受益者負担金と他の公課との関係/受益者負担に関する論策(汐見三郎)「都市問題」 11(5) 1930.11
◇受益者負担金の軽減其他/受益者負担制に関する論策(油納平三郎)「都市問題」 11(5) 1930.11

◇受益者負担金賦課上の若干問題/受益者負担制に関する論策（西村輝一）「都市問題」　11(5)　1930.11

◇受益者負担制と其問題（堀切善次郎）「都市問題」　11(5)　1930.11

◇公営住宅管理に関する法律問題(1)（藤野恵）「自治研究」　6(12)　1930.12

◇公営事業の起債償還と減価償却（関一）「大大阪」　6(12)　1930.12

◇公私共同経営論（竹中龍雄）「大大阪」　6(12)　1930.12

◇公共企業に於ける「陳腐」に就て（竹中竜雄）「都市問題」　11(6)　1930.12

◇公営住宅管理に関する法律問題(2)（藤野恵）「自治研究」　7(1)　1931.1

◇中央卸売市場の資本組織（大迫武雄）「大大阪」　7(1)　1931.1

◇受益者負担金に関する法規整備の要（田中広太郎）「道路の改良」　13(1)　1931.1

◇中央市場卸売会社の現物出資償却（大迫武雄）「大大阪」　7(2)　1931.2

◇出現せんとする中央卸売市場に対し農家の奮起を望む（武川由太郎）「帝国農会報」　21(2)　1931.2

◇欧米諸国に於ける公営事業の概観(1)（オスカー・ムーラート、東京市政調査会研究室訳）「都市問題」　12(2)　1931.2

◇瓦斯報償契約の解剖（天利新次郎）「都市問題」　12(2)　1931.2

◇欧米諸国に於ける公営事業の概観(2・完)（オスカー・ムーラート、東京市政調査会研究室訳）「都市問題」　12(3)　1931.3

◇公益企業の概念と之が実証研究上の諸問題（池田宏）「都市問題」　12(3)　1931.3

◇瑞西に於ける公私共同経営（竹中竜雄）「都市問題」　12(3)　1931.3

◇公益質屋事務に関する若干問題（藤野恵）「自治研究」　7(4)　1931.4

◇受益者負担制度に関する一考察（飯沼一省）「地方行政」　39(4)　1931.4

◇横浜中央卸売市場に於ける第一感（武川由太郎）「帝国農会報」　21(4)　1931.4

◇公営企業の余剰利益に就て（クルト・イェーゼリヒ、小田忠夫訳）「都市問題」　12(4)　1931.4

◇東京市電車経済六年度予算案を評す（荒木孟）「都市問題」　12(4)　1931.4

◇二つの公企業経営論（竹中龍雄）「大大阪」　7(5)　1931.5

◇公営児童映画館建設の提唱（権田保之助）「都市問題」　12(5)　1931.5

◇独逸に於ける公私協同経済企業の近情（クルト・イェーゼリヒ、大畑文七訳）「都市問題」　12(5)　1931.5

◇ボーアー博士の公益企業統制論（上）（竹中竜雄）「都市問題」　12(5)　1931.5

◇市営企業の特徴に対する一考察（竹中龍雄）「経済時報」　3(3)　1931.6

◇アメリカ公益事業局の廉価住宅計画「建築と社会」　14(6)　1931.6

◇市電の難局打開の為に（市政カード第11号）「都市問題」　12(6)　1931.6

◇ボーア博士の公益企業統制論（下）（竹中竜雄）「都市問題」　12(6)　1931.6

◇公共団体と報償契約（未完）（塩原有）「地方行政」　39(7)　1931.7

◇「公益企業の経営に関する質疑要項」に対する回示意見の概要（東京市政調査会臨時公益企業調査局）「都市問題」　13(1)　1931.7

◇公企業の経営実相を語る-六大都市の電気局長会議/最近の都市関係諸会議（鬼頭忠一）「都市問題」　13(1)　1931.7

◇公営電車事業の不振と其の対策（永安百治）「自治研究」　7(8)　1931.8

◇公共団体と報償契約(2)（塩原有）「地方行政」　39(8)　1931.8

◇大阪市電当面の諸問題（木村浩）「大大阪」　7(9)　1931.9

◇受難期の大阪市電（三島三郎兵衛）「大大阪」　7(9)　1931.9

◇公共団体と報償契約(3)（塩原有）「地方行政」　39(9)　1931.9

◇公共事業としての瓦斯事業の経営及び監督法（菅谷岳陽）「帝国瓦斯協会雑誌」　20(5)　1931.9

◇市営企業の減債基金と減価償却との関係（竹中竜雄）「都市問題」　13(3)　1931.9

◇公私混合営業（神戸正雄）「経済論叢」　33(4)　1931.10

◇公共団体と報償契約(4)（塩原有）「地方行政」　39(10)　1931.10

◇受益者負担制（西村輝一）「都市公論」　14(10)　1931.10

◇欧米諸国に於ける受益者負担制度（地方財源特輯）（岡野文之助）「都市問題」　13(4)　1931.10

◇公益事業不安の影響「東洋経済新報」　1474　1931.11

◇受益者負担制（中）（西村輝一）「都市公論」　14(11)　1931.11

◇公設市場経営の公益的限界（藤野恵）「自治研究」　7(12)　1931.12

◇中央卸売市場の配給市場に就いて（大迫武雄）「大大阪」　7(12)　1931.12

◇開場直後の大阪中央卸売市場を見て（武川由太郎）「帝国農会報」　21(12)　1931.12

◇地方公益団体の性質と其の財産権の研究（井上澄雄）「都市問題」　13(6)　1931.12

◇省営自動車を論ず（久保田敬一）「道路の改良」　14(1)　1932.1

◇公益企業特輯「都市問題」　14(1)　1932.1
大阪市の港湾事業/公益企業とその整備統制問題-之を実際家に聴く（近藤博夫）　公営電気事業の現勢/公益企業とその整備統制問題-之を実際家に聴く（陣内武）　公益企業たる電気鉄道の使命/公益企業とその整備統制問題-之を実際家に聴く（五島慶太）　公益企業特輯号に就て（東京市政調査会）　公益企業に関する質疑に応えて/公益企業とその整備統制問題-之を学者に聴く（神戸正雄）　公益企業の概念/公益企業とその整備統制問題-之を学者に聴く（蠟山政道）　公益企業の経営に関する質疑に対して/公益企業とその整備統制問題-之を学者に聴く（上田貞次郎）　公益企業の限界/公益企業とその整備統制問題-之を学者に聴く（宇賀田順三）　公益企業一経営に就て/公益企業とその整備統制問題-之を実際家に聴く（石田太郎）　郊外電軌事業の経営に対する実験と抱負/公益企業とその整備統制問題-之を実際家に聴く（井上篤太郎）　公企業の経営形態に就て/公益企業とその整備統制問題-之を学者に聴く（竹中竜雄）　港湾問題所感/公益企業とその整備統制問題-之を実際家に聴く（森垣亀一郎）　財団法人東京市政調査会の公益企業法案/公益企業とその整備統制問題-東京市政調査会の主張（池田宏）　市営交通事業経営難と其の対策/公益企業とその整備統制問題-之を実際家に聴く（中村尚一）　市内路面電車の将来/公益企業とその整備統制問題-之を実際家に聴く（平塚米次郎）　水道事業の経営に就て/公益企業とその整備統制問題-之を実際家に聴く（島崎孝彦）　大都市交通機関論/公益企業とその整備統制問題-之を実際家に聴く（安倍邦衛）　地下鉄事業の現在並に将来/公益企業とその整備統制問題-之を実際家に聴く（野村竜太郎）　電気事業統制私案/公益企業とその整備統制問題-之を実際家に聴く（福沢桃介）　電力統制問題/公益企業とその整備統制問題-之を実際家に聴く（松永安左衛門）　都市交通事業特に市街電車に就て/公益企業とその整備統制問題-之を実際家に聴く（斎藤守圀）　名古屋市電気軌道事業の現在と将来/公益企業とその整備統制問題-之を実際家に聴く（田中鎌太郎）　何よりも統一が急務/公益企業とその整備統制問題-之を学者に聴く（田川大吉郎）　本邦瓦斯事業最近の趨勢/公益企業とその整備統制問題-之を実際家に聴く（水越致和）　横浜市の電車事業に就て/公益企業とその整備統制問題-之を実際家に聴く（永田兵三郎）

◇営造物法人に就て（亀卦川浩）「都市問題」　14(2)　1932.2

◇公営か私営か-公益企業の経営形態上の理論と実際（上）（大畑文七）「都市問題」　14(2)　1932.2

◇公共事業の意義に就て（鹽原有）「地方行政」　40(3)　1932.3

◇東京市政調査会創立十周年記念市政論集「都市問題」　14(3)　1932.3
公営事業に於ける原価計算の意義/都市政策問題/都市経済及財政（竹中竜雄）　東京に於ける受益者負担規定の改正/都市政策問題/都市経済及財政（西村輝一）　都市財政に於ける公企業収入論/都市政策問題/都市経済及財政（岡野文之助）

◇公益企業の特質に就て (竹中龍雄)「経済時報」 4(1) 1932.4
◇公営か市営か-公益企業の経営形態上の理念と実際(下)(大畑文七)「都市問題」 14(4) 1932.4
◇公益企業会計に関する英・蘭の二資料-英国の会計概説と和蘭に於ける会計論(竹中竜雄)「都市問題」 14(4) 1932.4
◇東京市電車経営改善私案-乗車料金の不均一制を提唱す(石山賢吉)「都市問題」 14(4) 1932.4
◇開設されたる中央卸売市場を観みての疑義(勝賀瀬質)「帝国農会報」 22(5) 1932.5
◇アメリカに於ける公益企業財産評価論(上)(山辺六郎)「都市問題」 14(5) 1932.5
◇公益企業クエスショネアに対する海外諸権威の回答(東京市政調査会公益企業調査局)「都市問題」 14(5) 1932.5
◇公益企業統制論-併て「公益企業法案」を評す/「公営企業法案」の建議と之が統制案の主眼に対する世論(蠟山政道)「都市問題」 14(5) 1932.5
◇公益企業の統制/「公営企業法案」の建議と之が統制案の主眼に対する世論(東京朝日新聞社)「都市問題」 14(5) 1932.5
◇公益企業法案とその満州国家に対する待望/「公営企業法案」の建議と之が統制案の主眼に対する世論(道家斉一郎)「都市問題」 14(5) 1932.5
◇公益企業法案に就いて/「公営企業法案」の建議と之が統制案の主眼に対する世論(上田貞次郎)「都市問題」 14(5) 1932.5
◇公益企業法案に付いて/「公営企業法案」の建議と之が統制案の主眼に対する世論(美濃部達吉)「都市問題」 14(5) 1932.5
◇市営事業財政整理の急務とその対策(町田栄)「都市問題」 14(5) 1932.5
◇六大都市電車の経営と成績の検討(岸本熊太郎)「大大阪」 8(6) 1932.6
◇公益企業法案に付て(加藤於菟丸)「自治研究」 8(7) 1932.7
◇食料品価格と中央卸売市場(伊東俊雄)「大大阪」 8(8) 1932.8
◇ドイツに於ける公益企業経営形態概説(竹中龍雄)「大大阪」 8(8) 1932.8
◇六大都市市営バスの成績検討(1)(岸本熊太郎)「大大阪」 8(8) 1932.8
◇アメリカに於ける公益企業財産評価論(下)(山辺六郎)「都市問題」 15(2) 1932.8
◇省営バス・トレーラーの成績(菅健次郎)「帝国鉄道協会会報」 33(9) 1932.9
◇公益質屋について「東京地方改良協会会報」 44 1932.9
◇墺太利に於ける公益企業の統制(岡野文之助)「都市問題」 15(3) 1932.9
◇公営電気事業に於ける電力購入契約(樫木徹)「都市問題」 15(3) 1932.9
◇故ウィルコックス博士の公益企業公営論(上)(竹中竜雄)「都市問題」 15(3) 1932.9
◇時局匡救の為めに生れたる諸法律と産業組合(濱田道之助)「産業組合」 324 1932.10
◇公営技術的事業の合理化(岡崎早太郎)「大大阪」 8(10) 1932.10
◇私営公益企業の給料及び賃銀に対する公的統制権(竹中龍雄)「大大阪」 8(10) 1932.10
◇中央卸売市場の諸問題(1)(伊東俊雄)「大大阪」 8(10) 1932.10
◇最近問題化せる受益者負担金に就て(大塚辰治)「大大阪」 8(11) 1932.10
◇中都市に於ける先駆者 高知中央卸売市場(上)(野崎保平)「帝国農会報」 22(10) 1932.10
◇中都市に於ける先駆者 高知中央卸売市場(中)(野崎保平)「帝国農会報」 22(11) 1932.11
◇市電争議と強制調停(末弘厳太郎)「改造」 14(12) 1932.12
◇時局匡救策としての救療事業概要(高野六郎)「社会事業」 16(9) 1932.12

◇公営公益企業の労働者問題の特質に就て(竹中龍雄)「社会政策時報」 147 1932.12
◇コールの準公企業論(竹中龍雄)「大阪」 8(13) 1932.12
◇「公益企業法案」に対する批評「都市問題」 15(6) 1932.12
◇フランクファーター教授の本会「公益企業クエッショネア」評(フィーリックス・フランクファーター)「都市問題」 15(6) 1932.12
◇故ウィルコックス博士の公益企業公営論(下)(竹中竜雄)「都市問題」 15(6) 1932.12
◇先願か公益か(村上恭一)「自治研究」 9(1) 1933.1
◇北米ミルウオーキー市に於ける公園受益者負担制の一例(永見健一訳)「造園学雑誌」 7 1933.1
◇中央卸売市場に対する販売斡旋所の使命(勝賀瀬質)「帝国農会報」 23(1) 1933.1
◇公営事業の将来と財政(成瀬修一郎)「都市研究」 27 1933.1
◇市電経済と公営事業の本質(島中雄三)「都市問題」 16(1) 1933.1
◇市電争議と調停法の是非(河野平次)「法律時報」 5(1) 1933.1
◇調停法上に於ける市電争議の検討(道家斉一郎)「法律時報」 5(1) 1933.1
◇公企業の合理化に就て(竹中龍雄)「経済時報」 4(12) 1933.2
◇公企業と特別会計(蠟山政道)「国家学会雑誌」 47(2) 1933.2
◇時代思潮と事業公営論(加藤於菟丸)「自治研究」 9(2) 1933.2
◇中央卸売市場の使命と現状(大貝晴彦)「税」 11(2) 1933.2
◇市営事業とその利用者との間の法律関係に就て(竹中龍雄)「大大阪」 9(2) 1933.2
◇時局匡救施設としての公益質屋(清水虎雄)「斯民」 28(3) 1933.3
◇受益者負担制度に就て(1)(岡崎早太郎)「水道協会雑誌」 3 1933.3
◇市営開始十周年を迎ふ電灯事業(木津谷栄三郎)「大大阪」 9(5) 1933.5
◇報償契約に就て(池田宏)「都市問題」 16(5) 1933.5
◇中央卸売市場と単複制問題(産業組合中央会調査部)「産業組合」 332 1933.6
◇函館水電市営買収問題と報償契約確認に関する訴訟事件(坂本森一)「都市問題」 16(6) 1933.6
◇企益企業概念の規定に就て(竹中龍雄)「水道協会雑誌」 5 1933.7
◇独逸公企業の統計的概観(竹中龍雄)「大大阪」 9(7) 1933.7
◇大阪市に於ける瓦斯事業報償契約に就て(関一)「都市問題」 17(1) 1933.7
◇京都市営無軌条電車の実績(上)(木村尚一)「都市問題」 17(1) 1933.7
◇公益企業に於ける「正当なる利潤」に就て(竹中竜雄)「都市問題」 17(1) 1933.7
◇函館水電市買収問題に関する双方の声明書―報償契約訴訟事件の其の後「都市問題」 17(1) 1933.7
◇公益質屋の現況(1)(持永義夫)「自治研究」 9(9) 1933.9
◇現代官公企業の生成とその発展(竹中龍雄)「社会政策時報」 157 1933.10
◇電灯市営十周年を顧みて(関一)「大大阪」 9(10) 1933.10
◇電灯市営十年の成績(平塚米次郎)「大大阪」 9(10) 1933.10
◇大阪市営地下鉄道の開通「調査資料」 14(5) 1933.10
◇受益者負担の新傾向(西村輝一)「都市公論」 16(10) 1933.10
◇企業形態上より観たる独逸公益企業の発達(竹中竜雄)「都市問題」 17(4) 1933.10
◇公益質屋の現況(2)(持永義夫)「自治研究」 9(11) 1933.11
◇私企業に対する地方団体補助金及其の返還金の性質に就て(元山修

二)「自治研究」 9(11) 1933.11

◇中央卸売市場に於ける卸売人の単複問題(荒木孟)「都市問題」 17(5) 1933.11

◇ドイツに於ける公営金融機関(岡野文之助)「都市問題」 17(5) 1933.11

◇公益の観念に関する一二の考察(濱田徳海)「自治研究」 9(12) 1933.12

◇市営企業の統制に就て(竹中龍雄)「地方行政」 41(12) 1933.12

◇イギリスに於ける受益者負担制の変遷(藤谷謙二)「経済時報」 5(10) 1934.1

◇公共団体起業に係る公有水面埋立工事によって生じたる公物所有権の帰属に関する一考察(K・K・生)「港湾」 12(1) 1934.1

◇官公営事業の収益主義的経営に関する多角的批判的考察(竹中龍雄)「水道協会雑誌」 8 1934.1

◇市営企業の限界に就いて(竹中竜雄)「都市問題」 18(1) 1934.1

◇公益事業の綱紀廉正(小汀利得)「東洋経済新報」 1587 1934.2

◇報償契約問題(坂口軍司)「都市問題」 18(2) 1934.2

◇東京中央卸売市場給水設備に就て(仲田聡治郎)「エンジニアー」 13(4) 1934.4

◇公益事業遂行の一形式としての公益信託(1)(浜田徳海)「自治研究」 10(5) 1934.5

◇公益企業概念と統制経済概念(竹中龍雄)「大大阪」 10(5) 1934.5

◇独逸に於ける公共団体の免税特権(奥野純次)「都市問題」 18(5) 1934.5

◇米国公益事業の取締問題(中池彦雄)「都市問題」 18(5) 1934.5

◇公益事業遂行の一形式としての公益信託(2)(濱田徳海)「自治研究」 10(6) 1934.6

◇公営事業に於ける収益主義の限度に就て(北村五良)「水道協会雑誌」 13 1934.6

◇官公有会社に就て(竹中龍雄)「地方行政」 42(6) 1934.6

◇独逸に於ける官公理事業並経営に於ける労働統制法解説「労働時報」 11(6) 1934.6

◇計画経済と官公営事業(竹中龍雄)「経済時報」 6(4) 1934.7

◇公益事業遂行の一形式としての公益信託(3)(濱田徳海)「自治研究」 10(7) 1934.7

◇公益事業の開発料金制-プレンダーガスト氏の研究要旨(中池彦雄)「都市問題」 19(1) 1934.7

◇公益事業遂行の一形式としての公益信託(4)(濱田徳海)「自治研究」 10(8) 1934.8

◇ナチスとその公営事業(宇賀田順三)「大大阪」 10(8) 1934.8

◇公益事業の開発料金制-ナッシュ氏の論旨(中池彦雄)「都市問題」 19(2) 1934.8

◇我国大都市々営交通事業の現状(中根武夫)「都市問題」 19(2) 1934.8

◇公共団体の義務負担に関する監督に就て(元山修二)「自治研究」 10(9) 1934.9

◇(大阪)市営バス問題の経過と真相(大阪都市協会編)「大大阪」 10(9) 1934.9

◇公益質屋の現状と其の問題(岡野文之助)「都市問題」 19(3) 1934.9

◇受益者負担制度(1)(小栗忠七)「地方行政」 42(10) 1934.10

◇中央卸売市場と新生鮮食料品配給組織(野瀬定一)「帝国農会報」 24(10) 1934.10

◇北海道に於ける公益事業の展望(山崎孝一)「都市公論」 17(10) 1934.10

◇第四回全国都市問題会議記念特輯「都市問題」 19(4) 1934.10
公益企業の現状と指導原理(汐見三郎) 我国官公企業行政の合理化に関する準備的一考察(竹中竜雄)

◇市電大罷業批判(麻生久)「改造」 16(12) 1934.11

◇東京市電争議「現業調査資料」 8(6) 1934.11

◇東京市電罷業の終局と市営事業の本質(吉川末次郎)「地方行政」 42(11) 1934.11

◇公益事業の開発料金制-ナッシュ氏の論旨(続)(中池彦雄)「都市問題」 19(6) 1934.12

◇公益の本質(渡辺宗太郎)「公法雑誌」 1(1) 1935.1

◇東京市中央卸売市場収容問題に就て(飯岡清雄)「産業組合」 351 1935.1

◇公益企業証券の需用者所有制度(中池彦雄)「都市問題」 20(2) 1935.2

◇匡救事業の跡始末と災害応急事業(武井群嗣)「斯民」 30(3) 1935.3

◇中央卸売市場と産地の動向(宮森喜久二)「大大阪」 11(3) 1935.3

◇選挙公益法と不在者投票法(古井喜実)「自治研究」 11(4) 1935.4

◇公益質屋概説(中村文彦)「社会事業研究」 23(5) 1935.5

◇失業対策としての公営事業の効果(寺島四郎)「社会事業研究」 23(5) 1935.5

◇東京中央卸売市場と農業生産高(豊原百甫)「産業組合」 356 1935.6

◇マンロー公益事業論(監理)(武若時一郎)「道路の改良」 17(6) 1935.6

◇公益企業の持株会社制度(上)(中池彦雄)「都市問題」 20(6) 1935.6

◇市営事業の無償的経営の前提条件に就て(竹中龍雄)「水道協会雑誌」 26 1935.7

◇企業としての公企業(三浦行雄)「大大阪」 11(7) 1935.7

◇市営後に於ける金沢市瓦斯事業の大要(金沢市電気水道局)「帝国瓦斯協会雑誌」 24(5) 1935.7

◇マンロー公益事業論(武若時一郎)「道路の改良」 17(7) 1935.7

◇公益企業の持株会社制度(下)(中池彦雄)「都市問題」 21(1) 1935.7

◇公設小売市場の運営(上)(山口喬蔵)「東京市産業時報」 1(2) 1935.8

◇国家の職能と公企業(高橋貞三)「公法雑誌」 1(9) 1935.9

◇官公企業の料金決定機関に就て(竹中龍雄)「公法雑誌」 1(10) 1935.10

◇大阪に於ける公益職業紹介事業の回顧(八浜徳三郎)「社会事業研究」 23(10) 1935.10

◇公益質屋市営質庫に就て(1)(松井精一)「大大阪」 11(10) 1935.10

◇本邦大都市中央卸売市場業績の比較(小川勇蔵)「統計集誌」 152 1935.10

◇公益質屋市営質舗について(2・完)(松井精一)「大大阪」 11(11) 1935.11

◇市電広告の最近の発展「大大阪」 11(11) 1935.11

◇松江市営瓦斯事業の概要「帝国瓦斯協会雑誌」 24(7) 1935.11

◇東京市電更生案の批判(西野喜与作)「東洋経済新報」 1682 1935.11

◇近代的大都市の諸特質と統制機能としての公益企業統一公営論/第九回市民賞論文選外佳作(久保雄太郎)「都市問題」 21(5) 1935.11

◇日本実業組合聯合会の公営商品担保質制度案「都市問題」 21(5) 1935.11

◇米国公益企業政策のニューディール(鈴木亀之甫)「都市問題」 21(5) 1935.11

◇市電経済立直しに対する私見(西野喜与作)「都市問題」 21(6) 1935.12

◇全国市長会の電気事業公営建議(岡野文之助)「都市問題」 21(6) 1935.12

◇東京市電更生案を読みて(筧正太郎)「都市問題」 21(6) 1935.12

◇東京市電更生に関する東交案(鈴木茂三郎)「都市問題」 21(6) 1935.12

◇東京市電の更生に関する三策(田川大吉郎)「都市問題」 21(6) 1935.12

◇官公企業の対公衆関係政策に就て(竹中龍雄)「水道協会雑誌」 32 1936.1

◇経済界に於ける政府事業の役割「東洋経済新報」 1690 1936.1

◇電気事業公営に関する上申書概要(全国市長会)「都市公論」 19(1) 1936.1

◇我国電力統制と公営電気事業(田杉競)「都市問題」 22(1) 1936.1

◇昭和十年度公共団体普通事業資金の第二回割当「内務時報」 1(2) 1936.2

◇東京大阪の中央卸売市場に於ける青果状況(山崎磐男)「農業と経済」 3(2) 1936.2

◇日本国家資本の構成(石濱知行)「改造」 18(3) 1936.3

◇中央卸売市場機構の一考察—出仲買人の本質と其の将来—(太田園)「東京市産業時報」 2(3) 1936.3

◇英国公営公益企業発達史(竹中竜雄)「都市問題」 22(4) 1936.4

◇公企業に於ける賠償及補償の考察(木村利夫)「市政研究」 2(3) 1936.5

◇財政上より観たるドイツ公益事業の理論と実際(1)(内田俊夫)「市政研究」 2(3) 1936.5

◇東北振興の為設立せらるる両会社の要綱「内務時報」 1(5) 1936.5

◇最近に於ける公私質屋の業態と市民の利用状況(佐藤正男)「都市問題」 22(6) 1936.6

◇財政上より観たるドイツ公営事業の理論と実際(2)(内田俊夫)「市政研究」 2(4) 1936.7

◇市営後に於ける金沢市瓦斯事業大要(金沢市電気水道局)「帝国瓦斯協会雑誌」 25(4) 1936.7

◇公益企業法制の整備に就て(菊池慎三)「都市問題」 23(1) 1936.7

◇中央卸売市場の国民経済的意義(松田延一)「農業と経済」 3(7) 1936.7

◇合衆国に於ける公共福利行政の調査事務(1)(中野正直)「社会事業研究」 24(8) 1936.8

◇電力国営論の誤謬を指摘す(池尾芳蔵)「週刊エコノミスト」 14(22) 1936.8

◇公、私企業の相互的接近傾向に就て(竹中龍雄)「大大阪」 12(8) 1936.8

◇公設小売市場の諸問題(U生)「大大阪」 12(8) 1936.8

◇中央卸売市場の現状と将来の動向(桑原徹)「市政研究」 2(5) 1936.9

◇中央卸売市場配給所の特殊性に就いて(關口徳雄)「大大阪」 12(9) 1936.9

◇公営企業の収益性に関する実証的観察(吉武久賀)「地方行政」 44(9) 1936.9

◇国有鉄道従事員の勤務方法に就て(林寿)「統計集誌」 663 1936.9

◇公企業論序説(原龍之助)「公法雑誌」 2(10) 1936.10

◇公益企業統制概論(1)(蠟山政道)「国家学会雑誌」 50(10) 1936.10

◇失業対策としての匡救事業に就て(松井詮寿)「職業紹介」 4(10) 1936.10

◇公益企業評価論(1)(武若時一郎)「道路の改良」 18(10) 1936.10

◇全国都市問題会議第五回総会記念号「都市問題」 23(4) 1936.10 英国電業の現状に照して/公益企業に関する最近の問題に就て(田川大吉郎) ガス公営化の是否/公益企業に関する最近の問題に就て(賀田立二) 公益企業概念に於ける公益制に就て/都市の公益企業に関する一人一研究(倉辻平治) 公益企業従業員の命免及待遇特に東京市電従業員の命免及給与に就て/都市の公益企業に関する一人一研究(菅田清治郎) 公益企業特に交通に関する希望/都市の公益企業に関する一人一研究(柴谷善次郎) 公益企業としての中央卸売市場運営の一端/都市の公益企業に関する一人一研究(桑原徹) 公益企業と受益者負担金制度に就て/都市の公益企業に関する一人一研究(笹川慶永) 公益企業と庶政一新統制経済/公益企業に関する最近の問題に就て(菊池慎三) 公益企業に於ける所有と経営との分離問題/公益企業に関する一人一研究(松井辰之助) 都市の公益企業に於ける労働争議の原因並に措置特に東京市電気局労働争議に就て/都市の公益企業に関する一人一研究(花形弘三郎) 公益企業の監査に就て/都市の公益企業に関する一人一研究(金子吉衛) 公益企業の法律的取扱方/公益企業に関する最近の問題に就て(宇賀田順三) 公益企業の論議に就て/公益企業に関する最近の問題に就て(村本福松) 公益食堂の経営/都市の公益企業に関する一人一研究(山岡元) 公企業の統制に就て/都市の公益企業に関する一人一研究(橋中一郎) 公共企業の組織形態研究/都市の公益企業に関する一人一研究(大畑文七) 市営公益企業の財政問題/都市の公益企業に関する一人一研究(岡野文之助) 市内に於ける水力発電所経営の特殊性/都市の公益企業に関する一人一研究(神先藤五郎) 市民の利害と排他的市営独占主義/公益企業に関する最近の問題に就て(小島昌太郎) 将来性大なる都市の企業/公益企業に関する最近の問題に就て(小島憲) 其の他研究報告提出者と其の題目/都市の公益企業に関する一人一研究 地方聯合企業に就て/都市の公益企業に関する一人一研究(小山田小七) 貯蓄銀行の市営に就て/都市の公益企業に関する一人一研究(戸沢盛直) 電力国営に関する疑問/公益企業に関する最近の問題に就て(原口亮平) 電力国営問題に就て/公益企業に関する最近の問題に就て(北村五良) 東京市設貸屋事業の現状/都市の公益企業に関する一人一研究(岡田博之) 都市に於ける公益企業としての住宅経営/都市の公益企業に関する一人一研究(日本建築協会) 都市の公益企業/都市の公益企業に関する一人一研究(千葉弥助) ナチス独逸に於ける公私共同経営に就て/都市の公益企業に関する一人一研究(竹中竜雄) 本邦に於ける都市とその公営企業/公益企業に関する最近の問題に就て(田村与吉) 我国自治法制上より観たる公益企業/都市の公益企業に関する一人一研究(亀卦川浩)

◇都市に於ける公益企業としての住宅経営(日本建築協会)「建築と社会」 19(11) 1936.11

◇公益企業統制概論(2)(蠟山政道)「国家学会雑誌」 50(11) 1936.11

◇合衆国に於ける公共福利行政の調査事務(4)(中野正直)「社会事業研究」 24(11) 1936.11

◇訴訟に現はれたる受益者負担金問題(中平光治)「水道協会雑誌」 42 1936.11

◇公設類似市場問題公設小売市場の諸問題(2)(U生)「大大阪」 12(11) 1936.11

◇公益企業評価論(2)(武若時一郎)「道路の改良」 18(11) 1936.11

◇電力公有公営案提唱(菊池慎三)「都市問題」 23(5) 1936.11

◇公私経営の接近と民有国営事業(向井鹿松)「三田学会雑誌」 30(11) 1936.11

◇公益企業統制概論(蠟山政道)「国家学会雑誌」 50(12) 1936.12

◇官業及び官有財産の研究「週刊エコノミスト」 14(34) 1936.12

◇公設類似市場の諸問題(2・完)(U生)「大大阪」 12(12) 1936.12

◇最近米国での著しい傾向地方団体の共同経営「大大阪」 12(12) 1936.12

◇公益企業評価論(3)(武若時一郎)「道路の改良」 18(12) 1936.12

◇電力国営案に就て(藤井崇治)「都市公論」 19(12) 1936.12

◇水道条例に於ける市町村公営主義の原則-池田、亀山両氏所論の一考察(三川秀夫)「都市問題」 23(7) 1936.12

◇統制方式としての民有国営(有沢広巳)「改造」 19(1) 1937.1

◇公企業の概念(田上穣治)「公法雑誌」 3(1) 1937.1

◇瓦斯報償契約改訂問題の全貌(1)(松本留義)「市政研究」 3(1) 1937.1

◇公企業と道路の使用(平田慶吉)「帝国瓦斯協会雑誌」 26(1) 1937.1

◇中央卸売市場の取引と其の将来(1)(太田園)「東京市産業時報」 3(1) 1937.1

◇公益企業評価論(4)(武若時一郎)「道路の改良」 19(1) 1937.1

◇公企業法人について(竹中龍雄)「大大阪」 13(2) 1937.2

◇公益企業評価論（武若時一郎）「道路の改良」 19(2) 1937.2
◇電力国営関係法案の要綱（岡野文之助）「都市問題」 24(2) 1937.2
◇東京市電「身売案」に対する東京及労協の反対運動「内外社会問題調査資料」 310 1937.2
◇官営事業の価格及料金の決定と国民生活（西野入愛一）「農業と経済」 4(2) 1937.2
◇独逸国有鉄道とオリムピアード「外国鉄道調査資料」 11(3) 1937.3
◇瓦斯報償契約改訂問題の全貌(2)（松本留義）「市政研究」 3(2) 1937.3
◇公益質屋の業務監査に就て（小倉千里）「社会事業」 21(3) 1937.3
◇大阪市中央卸売市場入荷量・取引高（大阪市中央卸売市場）「大大阪」 13(3) 1937.3
◇中央卸売市場の取引と其の将来(2)（太田園）「東京市産業時報」 3(2) 1937.3
◇中央卸売市場の取引と其の将来(3・完)（太田園）「東京市産業時報」 3(3) 1937.3
◇公企業立法の新傾向（竹中龍雄）「公法雑誌」 3(4) 1937.4
◇公益企業評価論(7)（武若時一郎）「道路の改良」 19(4) 1937.4
◇我国に於ける市営瓦斯企業の成立と其背景（竹中竜雄）「都市問題」 24(4) 1937.4
◇瓦斯報償契約改訂問題の全貌(3)（松本留義）「市政研究」 3(3) 1937.5
◇我国に於ける市営企業特別会計の成立に就て（竹中龍雄）「水道協会雑誌」 48 1937.5
◇市制町村制に所謂「受益者負担金」（中西秀峰）「地方行政」 45(5) 1937.5
◇東京市電車事業に就て（岡野昇）「都市問題」 24(5) 1937.5
◇受益者負担制度(2)（小栗忠七）「地方行政」 45(6) 1937.6
◇国家独占企業の法律問題（原龍之助）「経済学雑誌」 1(4) 1937.7
◇最近の国有鉄道労働（富永祐治）「経済学雑誌」 1(4) 1937.7
◇公益企業会社に対する企業統制に就て（畑市次郎）「市政研究」 3(4) 1937.7
◇受益者負担制度(3)（小栗忠七）「地方行政」 45(7) 1937.7
◇我国に於ける市営市街電車企業の成立と其背景（上）（竹中竜雄）「都市問題」 25(1) 1937.7
◇組合への挑戦を防衛して神戸市電従業員の罷業「内外社会問題調査資料」 326 1937.7
◇神戸市電争議打切の経緯「内外社会問題調査資料」 327 1937.7
◇受益者負担金制度に関する一考察（島田孝一）「道路の改良」 19(8) 1937.8
◇本邦市営市街電車企業の経営主義の史的考察（森下二次也）「都市公論」 20(8) 1937.8
◇我国に於ける市営市街電車企業の成立と其背景（下）（竹中竜雄）「都市問題」 25(2) 1937.8
◇公益企業の建設と其の財政（笹川慶永）「市政研究」 3(5) 1937.9
◇法律学上の公企業と行政学上の公企業（竹中龍雄）「大大阪」 13(10) 1937.9
◇港湾経済に於ける公企業論(1)（田北隆美）「港湾」 15(10) 1937.10
◇港湾経済に於ける公企業論(2)（田北隆美）「港湾」 15(11) 1937.11
◇都市の公益企業（上）（岡野文之助）「都市問題」 25(5) 1937.11
◇本邦市営港湾事業の成立に就て（竹中龍雄）「経済学雑誌」 1(9) 1937.12
◇米国政策の公共事業概況（スツケス）「調査月報（大蔵省）」 27(12) 1937.12
◇都市の公益企業（中）（岡野文之助）「都市問題」 25(6) 1937.12

◇公企業の関する若干疑問（北村五良）「公法雑誌」 4(1) 1938.1
◇公企業の公共性（竹中龍雄）「都市公論」 20(1) 1938.1
◇都市の公益企業（続）（岡野文之助）「都市問題」 26(1) 1938.1
◇受益者負担制度(4)（小栗忠七）「地方行政」 46(2) 1938.2
◇都市の公益企業（完）（岡野文之助）「都市問題」 26(2) 1938.2
◇公共財の問題（米原七之助）「経済学研究」 8(1) 1938.3
◇受益者負担制度(5)（小栗忠七）「地方行政」 46(3) 1938.3
◇公企業としての電灯電力事業（北原寅吉）「地方行政」 46(4) 1938.4
◇受益者負担制度(6)（小栗忠七）「地方行政」 46(4) 1938.4
◇公企業特許の性質（原龍之助）「公法雑誌」 4(5) 1938.5
◇公益事業従業員の指導訓練に関する一考察（花形弘三郎）「市政研究」 4(3) 1938.5
◇受益者負担制度(7)（小栗忠七）「地方行政」 46(6) 1938.5
◇Service publicの概念に就て（宮澤俊義）「法学協会雑誌」 56(5) 1938.5
◇受益者負担制度(8)（小栗忠七）「地方行政」 46(7) 1938.6
◇我公益企業分野に於ける報償契約の起源と其の背景（青田龍世、竹中龍雄）「都市公論」 21(6) 1938.6
◇公企業-ドイツに於ける経験（神戸正一）「経済学論集」 8(8) 1938.8
◇公益質屋は何うなるか（増田抱村）「社会福利」 22(7) 1938.8
◇公行政に於ける公営事業並に公企業の地位（竹中龍雄）「水道協会雑誌」 63 1938.8
◇故鶴原大阪市長の市営企業政策（竹中龍雄）「大大阪」 14(9) 1938.9
◇公企業経営首脳者論（竹中龍雄）「経済学雑誌」 3(4) 1938.10
◇公共団体の自主法の根拠と限界 -最近二三の判例を機縁として（田中二郎）「国家学会雑誌」 52(10) 1938.10
◇公企業の概念と其の法律的特色（原龍之助）「経済学雑誌」 3(5) 1938.11
◇国策会社の行政学的研究(1)（蠟山政道）「国家学会雑誌」 52(11) 1938.11
◇公企業の法律的特色（原龍之助）「水道協会雑誌」 66 1938.11
◇大阪市の青バス買収問題解決（坂間棟治[ほか]）「大大阪」 14(11) 1938.11
◇十五年に亘る市バス・青バス闘争史（筒江保介）「大大阪」 14(11) 1938.11
◇中央卸売市場法改正私見（荒木孟）「都市問題」 27(6) 1938.12
◇電気事業の公営に就て（藤井崇治）「自治研究」 15(1) 1939.1
◇公営事業を起せ/時局と都市財政（田川大吉郎）「都市問題」 28(4) 1939.4
◇京都市の新瓦斯報償契約に就て（中村三之助）「都市問題」 28(6) 1939.6
◇中央卸売市場改革に関する六大都市市場協議会の答申（日本都市年鑑編纂室）「都市問題」 29(1) 1939.7
◇大戦年間に於けるドイツ自治体の経済活動概観（倉辻平治）「都市問題」 29(2) 1939.8
◇国営が私営か -米国鉄道の危機打開策としての国有論批判-「外国鉄道調査資料」 13(12) 1939.12
◇市有市営を断行せよ（交通統制市有市営実行委員会）「市政週報」 34 1939.12
◇大阪市営救貧事業の変遷（平田康夫）「経済学雑誌」 6(1) 1940.1
◇支那に於ける「公用事業」と中支の水道(1)（金子吉衛）「市政研究」 6(1) 1940.1
◇公営事業の諸問題（吉岡恵一）「斯民」 35(1) 1940.1
◇中央卸売市場の労働事情と其の社会政策的考察（秋元博）「社会政策

- 時報」　236　1940.5
- ◇公共的企業の統制形式に就て (竹中龍雄)「経済学雑誌」　6(6)　1940.6
- ◇報償契約に於ける若干の疑問-其の法律的一考察- (大塚豊)「大大阪」　16(6)　1940.6
- ◇支那に於ける「公用事業」と中支の水道 (1): 中支視察報告書 (金子吉衛)「市政研究」　6(2)　1940.7
- ◇支那に於ける「公用事業」と中支の水道 (2): 中支視察報告書 (金子吉衛)「市政研究」　6(3)　1940.7
- ◇戦時経済と国策会社 (猪谷善一)「大阪商工会議所月報」　399　1940.8
- ◇アメリカの公共会社について (1) (長浜政寿)「公法雑誌」　6(8)　1940.8
- ◇中央卸売市場の機構と生鮮食料品の配給統制 (堀新一)「財政」　5(9)　1940.8
- ◇ナチス独逸の公企業規則 (竹中龍雄, 堂本信行)「水道協会雑誌」　87　1940.8
- ◇アメリカの公共会社について (2・完) (長浜政寿)「公法雑誌」　6(9)　1940.9
- ◇分担金制度 (1) (吉岡恵一)「自治研究」　16(9)　1940.9
- ◇国策会社の新使命「週刊エコノミスト」　18(36)　1940.9
- ◇分担金制度 (2・完) (吉岡恵一)「自治研究」　16(10)　1940.10
- ◇ナチス公益優先の実践 (小穴毅)「週刊エコノミスト」　18(44)　1940.11
- ◇国策会社を検討す (1) (蒲原生)「産業組合」　422　1940.12
- ◇大都市に於ける経済的機能 (5): 市営市場に関連して (小林千秋)「自治研究」　16(12)　1940.12
- ◇国策会社を検討す (2) (蒲原生)「産業組合」　423　1941.1
- ◇公的事業の経営形態に就て (4) (井手成三)「自治研究」　17(1)　1941.1
- ◇公益配給機構の問題-東米商連の企業合同案の検討を手掛として- (山本秋)「社会事業」　25(1)　1941.1
- ◇国策会社を検討す (3・完) (蒲原生)「産業組合」　424　1941.2
- ◇公的事業の経営形態に就て (5) (井手成三)「自治研究」　17(2)　1941.2
- ◇新体制下に於ける大阪中央卸売市場業績概要 (関口徳雄)「大大阪」　17(2)　1941.2
- ◇公的事業の経営形態に就て (6) (井手成三)「自治研究」　17(3)　1941.3
- ◇大都市に於ける公的事業の企業形態に就て (小林千秋)「自治研究」　17(3)　1941.3
- ◇国策会社の解剖・検討「週刊エコノミスト」　19(13)　1941.4
- ◇営団法に就て (井手成三)「都市問題」　32(4)　1941.4
- ◇三新営団法と公益企業営団案 (吉山真棹)「都市問題」　32(4)　1941.4
- ◇公的事業の経営形態に就て (7) (井手成三)「自治研究」　17(5)　1941.5
- ◇中央卸売市場の機構改革について (生鮮食料品出荷配給統制問題) (荒木孟)「都市問題」　32(5)　1941.5
- ◇公的事業の経営形態に就て (8・完) (井平成三)「自治研究」　17(6)　1941.6
- ◇公企業の財政学的考察に就て (竹中龍雄)「経済学雑誌」　9(1)　1941.7
- ◇国策会社と国家資本 (楠見一正)「経済学雑誌」　9(1)　1941.7
- ◇国策会社と組合制度 (高田源清)「商業組合」　7(7)　1941.7
- ◇公企業の法律学的研究に就て (竹中龍雄)「水道協会雑誌」　98　1941.7
- ◇電力再編成と市営事業 (本協会調査部)「大大阪」　17(7)　1941.7
- ◇国有国営経済の無責任性 (2)「東洋経済新報」　1678　1941.7
- ◇国有国営経済の無責任性 (3)「東洋経済新報」　1679　1941.7
- ◇国有国営経済の無責任性 (4・完)「東洋経済新報」　1681　1941.7
- ◇帝都高速度交通営団法解説 (1) (壹田修)「都市公論」　24(7)　1941.7
- ◇国家資本の性格 (2) (楠見一正)「財政」　6(8)　1941.8
- ◇中央卸売市場制度の検討 (福田敬太郎)「商工経済」　12(2)　1941.8
- ◇国策会社に対する国家信用の支援「東洋経済新報」　1984　1941.8
- ◇帝都高速度交通営団法解説 (2) (壹田修)「都市公論」　24(8)　1941.8
- ◇公企業の政治学的研究と行政学的研究 (竹中龍雄)「水道協会雑誌」　100　1941.9
- ◇公共事業に対する労働奉仕制の意義 (多田基)「道路の改良」　23(9)　1941.9
- ◇営団の性格について (川島武宜)「法律時報」　13(9)　1941.9
- ◇中央卸売市場機構改革の問題 (西村彰一)「斯民」　36(10)　1941.10
- ◇新経営形態・営団の研究 (特集)「週刊エコノミスト」　19(40)　1941.10
- ◇国家資本の諸問題 (谷口吉彦)「経済論叢」　53(5)　1941.11
- ◇再検討を要する国策会社-特に農林関係国策会社を中心として-「国策研究会週報」　3(46)　1941.11
- ◇公益事業の行方 (小林千秋)「自治研究」　17(11)　1941.11
- ◇受益者負担金に関する23の問題 (2) (久保雄太郎)「執務指導通信」　5(4)　1941.11
- ◇電力国策と公営電気事業 (荻田保)「斯民」　36(11)　1941.11
- ◇中央卸売市場の機構改革 (山口俊作)「地理」　4(4)　1941.11
- ◇公益事業の為の使用と公有水面埋立出願の控否 (判例批評) (磯崎辰五郎)「公法雑誌」　7(12)　1941.12
- ◇配電統制による報償契約の再検討 (清水忠隆)「市政研究」　7(5)　1941.12
- ◇配電統制による報償契約の再検討 (清水忠隆)「市政研究」　7(6)　1941.12
- ◇営団法の思想的意義 (牧野英一)「自治研究」　18(1)　1942.1
- ◇産業設備営団法解説 (徳永久次)「法律時報」　14(1)　1942.1
- ◇便利になった市電・市バス「市政週報」　148　1942.2
- ◇受益者負担の性質 (連載・行政法思潮 146) (杉村章三郎)「自治研究」　18(2)　1942.2
- ◇重要物資管理営団法に就て (平井富三郎)「斯民」　37(2)　1942.2
- ◇産業設備営団法の新構想 (大橋光雄)「法学論叢 (京都帝国大学法学会)」　46(2)　1942.2
- ◇営団について (西本辰之助)「三田評論」　531　1942.2
- ◇市電灯部解散記念特輯「市政週報」　155　1942.4
- ◇配電統合後の市営事業 (都市の消費者組織)「都市問題」　34(4)　1942.4
- ◇公営事業と配電統制の問題 (1) (小林千秋)「自治研究」　18(5)　1942.5
- ◇統制会と国策会社の分析「国策研究会週報」　4(25)　1942.6
- ◇公営事業と配電統制の問題 (2) (小林千秋)「自治研究」　18(6)　1942.6
- ◇市営企業の行方 (竹中龍雄)「大大阪」　18(6)　1942.6
- ◇営団債権の市場性「東洋経済新報」　2026　1942.6
- ◇国営農民工場の建設 (赤座光市)「農村工業」　9(6)　1942.6
- ◇公営事業と配電統制の問題 (3) (小林千秋)「自治研究」　18(7)　1942.7
- ◇管理営団の現状と将来「週刊エコノミスト」　20(26)　1942.7
- ◇営団法の文化的意義 (牧野英一)「中央公論」　57(8)　1942.8
- ◇旧蘭領印度に於る国営質屋 (1) (フアーニバル, 神林榊訳)「東京市産

業時報」 8(8) 1942.8
◇独逸国有鉄道の話(アドルフ・ザルテル,テオドル・キツテル)「外国鉄道調査資料」 16(9) 1942.9
◇営団制度批判論考(2)「国策研究会週報」 4(38) 1942.9
◇市営企業と営団制度(竹中龍雄)「執務指導通信」 6(1) 1942.9
◇「営団」体制と活動現況(特集)「週刊エコノミスト」 20(33) 1942.9
◇旧蘭領印度に於ける国営質屋(2)(フアーニバル,神林榊訳)「東京市産業時報」 8(9) 1942.9
◇独逸国有鉄道の話(2)(アドルフ・ザルテル,テオドル・キツテル)「外国鉄道調査資料」 16(10) 1942.10
◇営団制度の行政学的考察(竹中龍雄)「法律時報」 14(11) 1942.11
◇営団の経営経済的性格(山城章)「法律時報」 14(11) 1942.11
◇各営団一覧表「法律時報」 14(11) 1942.11
◇米国の公有会社と営団(竹中龍雄)「経済学雑誌」 11(6) 1942.12
◇公企業の種々相(木村喜一郎)「財政」 7(12) 1942.12
◇中央卸売市場と青果鮮魚類の配給統制(羽田孝義)「執務指導通信」 6(3) 1943.1
◇民営事業国家借上経営案(石橋湛山)「東洋経済新報」 2057 1943.1
◇国策会社の発展と営団(大隈健一郎)「法学論叢(京都帝国大学法学会)」 48(1) 1943.1
◇共栄圏公益体制の基本構想「国策研究会週報」 5(7) 1943.2
◇共栄圏体制に於る交易機関-共栄圏公益体制研究会案「国策研究会週報」 5(9) 1943.2
◇営団法の生理と病理(米谷隆三)「統制経済」 6(2) 1943.2
◇産業設備営団の買受方式(1)「東洋経済新報」 2067 1943.4
◇産業設備営団の買受方式(2・完)「東洋経済新報」 2068 1943.4
◇公企業収入論(藤谷謙二)「経済学雑誌」 12(6) 1943.6
◇交易営団の成立過程とその問題(神野誠治)「統制経済」 6(6) 1943.6
◇濠州に於ける営団の近似形態(竹中龍雄)「水道協会雑誌」 122 1943.7
◇外国に於ける営団の近似形態(竹中龍雄)「商業組合」 9(8) 1943.8
◇独逸に於ける営団の近似形態(竹中龍雄)「水道協会雑誌」 123 1943.8
◇国家資本の動向(鬼頭仁三郎)「統制経済」 7(2) 1943.8
◇交易営団法の構想(大橋光雄)「法学論叢(京都帝国大学法学会)」 49(2) 1943.8
◇営団の使命と現実(特集)「統制経済」 7(3) 1943.9
◇国有鉄道建設秘話(石井満)「汎交通 帝国鉄道協会誌」 4(10) 1943.10
◇営団経済への自覚(杉山清)「統制経済」 7(6) 1943.12
◇営団の基本原則(牧野英一)「統制経済」 8(4) 1944.4
◇営団法の動向―進展か昏迷か―(大橋光雄)「法学論叢(京都帝国大学法学会)」 50(4) 1944.4
◇昭和九年度公共団体普通事業資金に就て(原邦道)「斯民」 39(9) 1944.9

【図　書】
◇伊国都市経営事業法 1903　謄写版　1903 18p 28cm
◇特許命令書：[東京電気鉄道株式会社] 1906 23p 19cm
◇市営と私営(スウザアス著,松居松葉訳) 日高有倫堂 1909.5 2,256p 19cm
◇東京市対鬼怒川水力電気株式会社動力使用契約書 1911 13p 27cm
◇市営事業(社会政策学会編) 同文館 1911.12 20,320p 22cm 社会政策学会論叢
◇電灯計画変遷ノ由来及属表　謄写版(東京市電気局編) 1912 [18]p 26cm
◇東京市営電灯ノ過去及現在　謄写版(東京市電気局編) 1912 [20]p 26cm
◇伯林市街電気鉄道の発展(東京市電気局編) 1912.6 6,194p 23cm
◇市場市営ニ関スル調査報告書(東京市役所勧業課編) 1912.12 148p 22cm
◇電灯料金ニ関スル調査書 第1号　謄写版(東京市電気局編) 1913 [17]p 26cm
◇安藤案電灯料金説明 其2(安藤保太郎述) 1914 [85],35p 23cm
◇市電気事業検査資料 電灯編(市政検査委員会編) 1914 487,208,74p 22cm
◇電灯料金ニ関スル調査書 第3号 第2回及第3回質問ニ対スル回答書(東京市電気局編) 1914 [15]p 26cm
◇市営電灯料金ノ変遷　謄写版(東京市電気局編) 1914.7 [13]p 26cm
◇安藤案電灯料金説明(安藤保太郎述) 1914.9 108p 23cm
◇電灯市営統一意見(後藤武夫著) 帝国興信所 1914.12 51p 23cm
◇電灯統一に関する意見(電灯料金低減聯合会編) 1914.12 16p 23cm
◇市電気事業検査資料 電車編(市政検査委員会編) 1915 11,630p 22cm+図3枚
◇電車賃引上げ賛成の理由：原案賛成有志者 1915 14p 26cm
◇電灯問題の来歴(安藤保太郎) 1915 1冊 23cm
◇[電灯]統一案の計算(安藤保太郎著) 1915.1 28p 23cm
◇電灯統一問題評論(安藤保太郎著) 1915.1 27p 23cm
◇電灯問題考査様式：安藤案 未定稿(安藤保太郎著) 1915.2 40p 23cm
◇電灯問題ニ関スル経過報告(東京市役所編) 1915.2 3,225p 26cm
◇東京市電の実状(安藤保太郎著) 1915.3 20,4p 27cm
◇市長ノ命ニ依リ本局ニ於テ調査シタル電車賃銭(東京市電気局編) 1915.8 9,8,134p 22cm
◇東京の市電と市会 1915.11 1冊 19cm
◇黒須竜太郎氏の電車値上反対之理由に就て 1916 24p 26cm
◇市営電気軌道事業減損填補金算出明細表(東京市電気局編) 1916 1,50p 26cm
◇電灯電力料金ニ就テ　謄写版(東京市電気局編) 1916 [60]p 26cm
◇東京市電気軌道乗車料条例([東京市電気局]編) 1916 10,11,8p 13cm
◇松木前局長ノ弁駁ニ対スル駁論　謄写版 1916 10p 26cm
◇電車賃値上に賛成したる理由(羽田如雲著) 1916.3 12p 20cm
◇電灯料金ノ変動ニ伴フ電灯需用ノ増減(逓信省電気局編) 1916.3 22p 26cm+図18枚
◇第1期水力電気事業沿革誌(宇治川電気株式会社編) 1916.10 8,838p 26cm
◇日本電気事業発達史 前編(加藤木重教著) 電友社 1916.12 728,125p 20cm
◇黒須氏説ニ対スル愚見：[-東京市電電車賃値上問題資料-] 謄写版 1917 [10]p 26cm
◇電気供給区域及料金其他ノ供給条件ニ関スル契約(東京市電気局編) 1917 62p 26cm
◇[電車賃]値上反対之理由(黒須竜太郎述) 1917 42p 20cm
◇瓦斯料金引上ニ関スル調書([東京市]編) 1918 18,[31]p 26cm
◇特許状：横浜電気鉄道株式会社　写本(横浜市電気局編) 1918 1冊 24cm

◇［東京瓦斯株式会社瓦斯料金値上］陳情書（東京瓦斯株式会社編） 1918.10 14p 26cm
◇［東京瓦斯株式会社ノ］瓦斯料金引上承認ニ関スル件（［東京市］編） 1918.12 ［33］p 26cm
◇乗車料改定後ニ於ケル市電軌道事業収支計算予想表及其説明書（東京市電気局編） 1919 2,27p 26cm
◇大正8年瓦斯料金引上ニ関スル調査（大正8年当時ノ調査）（東京市役所編） 1919 34p 22cm 瓦斯問題参考資料
◇本市報償契約問題ノ経過 手書（東京市役所編） 1920 1冊 28cm
◇電気局従業者要求運動ノ顛末概況（東京市電気局編） 1920.3 62p 23cm
◇国有十年：本邦鉄道国有後の施設並成績（鉄道省編） 1920.5 1冊 26cm
◇都市独占事業論（安部磯雄著） 隆文館 1920.9 446p 23cm
◇中央公設市場に関する調査（東京市社会局編） 1920.10 2,43p 22cm 東京市社会局叢書
◇瓦斯報償契約訴訟書類 1921 1冊 24cm
◇公設市場改善ニ関スル地方長官意見摘要 謄写版（内務省社会局編） 1921 ［54］p 27cm
◇現業員に対する市の主張（後藤新平述） 東京市電気局共済組合 1921.1 ［4］p 22cm 「榮電」大正10年1月号のうち
◇東京市電気局十年略史（東京市電気局編） 1921.8 106p 22cm
◇欧米の公設市場（内務省社会局編） 1921.9 67p 22cm
◇瓦斯料金値下意見書（東京市会編，新正会編） 1921.9 14p 23cm
◇六都市公設市場概況：附 全国公設市場一覧（内務省社会局編） 1921.10 7,232p 22cm
◇公設終端市場 謄写版（サイラス・C.ミラー述，農商務省農務局訳） 1921.12 19p 26cm
◇東京市ノ対鬼怒川電気株式会社動力使用契約書 タイプ（東京市電気局編） 1922.2 ［11］p 26cm
◇公設市場設計図及説明（内務省社会局編） 1922.8 6p 23cm
◇電気軌道事業買収顛末（名古屋市電気局編） 1922.12 70p 22cm
◇紐育中央市場（農商務省商務局） 1922.12 1,66p 22cm
◇欧洲の中央市場（京都市社会課編） 1923.6 66p 22cm 京都市社会課叢書
◇欧米の中央市場（大阪市役所商工課編） 1923.9 377p 22cm 大阪市商工時報
◇大阪市営電気軌道沿革誌（大阪市電気局編） 1923.10 362p 23cm
◇県外送電反対運動史（若山甲蔵著） 宮崎県政評論社 1923.10 14, 35,236p 24cm
◇静岡市営事業一斑 大正12年10月現在（静岡市役所編） 1923.10 2, 93p 19cm
◇静岡市電気事業沿革誌（静岡市役所編） 1923.10 33p 23cm
◇九軌鉄二十六年史（塩柄盛義編） 東邦電力株式会社 1923.12 10, 10,291p 23cm
◇中央卸売市場建設案の経過（京都市社会課編） 1923.12 2,100p 22cm 京都市社会課叢書
◇大阪市中央卸売市場指定区域内卸売市場一覧表 謄写版（大阪市役所産業部編） 1924 ［3］p 27cm
◇東京市中央卸売市場位置選定に関する意見（東京市政調査会編） 1924 38p 26cm
◇横浜市中央卸売市場関係資料 謄写版（横浜市商工課編） 1924 1冊 27cm
◇電気料金制の推移：附 家庭用電気に対し綜合料金を設くるの必要（東邦電力株式会社調査部編） 1924.2 14p 19cm 電業資料
◇酒田町営電気事業誌（酒田町役場編） 1924.3 1冊 22cm
◇需用者より見たる電灯料金の改正 謄写版（後藤眤二著） 東京市政調査会 1924.5 20,17p 26cm
◇欧米各国に於ける中央卸売市場（大阪市商工課編） 1924.7 54p 22cm 大阪市商工時報
◇瓦斯料金制度の研究（水越致和著） 帝国瓦斯協会 1924.10 2,42, 13p 23cm
◇京都市中央卸売市場建設資料（京都市市場課編） 1924.11 4,228p 22cm
◇ウェリー氏米国公益企業法私案 謄写版（William Mackay Wherry著, 小川忠恵訳） 1925 66p 26cm
◇特許命令書：愛知馬車鉄道株式会社其他 写本（名古屋市電気局編） 1925 1冊 24cm
◇利益共同団体：独逸ニ於ケル最近ノ新企業組織 ［複写］, 謄写版（東京市政調査会編） 1925 1冊 26cm
◇市営高速度鉄道計画概要（東京市役所編） 1925.1 8p 27cm
◇大阪電灯株式会社沿革史（大阪電灯株式会社編） 1925.2 1冊 23cm
◇東京市電気局震災誌（東京市電気局編） 1925.4 2,6,160p 23cm
◇米国ニ於ケル公設小売市場及公設野天市場（商工省商務局編） 1925.4 2,40p 22cm
◇神戸市中央卸売市場建設資料調査 第2輯 前編（神戸市商工課編） 1925.10 4,355p 22cm
◇神戸市中央卸売市場建設資料調査 第2輯 後編（神戸市商工課編） 1925.11 217p 22cm
◇公設市場の研究（大野勇著） 1925.12 4,10,436p 22cm
◇京都市中央卸売市場業務規程案（京都市市場課編） 1926 12p 22cm
◇京都市中央卸売市場取扱品移入状況調：附 市内各卸売市場運搬車輌数調（京都市市場課編） 1926 138p 22cm+図1枚
◇受益者負担制度（内務省都市計画局編） 1926 1冊 26cm 都市計画参考資料
◇受益者負担ニ関スル外国法制及実際ニ就テ（内務省復興局編） 1926 49p 22cm 復興局調査彙報
◇中央卸売市場と出荷組合（内池廉吉著） ［東京商科大学］ 1926 24p 22cm 「商学研究」第6巻第3号 抜刷
◇電気鉄道敷設契約ニ関スル件（京都市役所編） 1926 2,11,8p 28cm 大正15年9月京都市会議決
◇東京市中央卸売市場神田分場事業計画概要 謄写版（東京市役所編） 1926 ［6］p 26cm
◇東京市中央卸売市場江東分場事業計画概要 謄写版（東京市役所編） 1926 ［6］p 26cm
◇東京市電気供給条例（東京市役所編） 1926 43p 26cm
◇東京府社会事業協会経営公益質業ノ現況 大正15年9月調（［東京府社会事業協会］編） 1926 9p 23cm
◇萩電灯株式会社買収価格評価委員会議録（山口県編） 1926 453p 25cm
◇防府電灯株式会社買収価格評価委員会議録（山口県編） 1926 216p 25cm
◇都城市電気事業買収ニ関スル資料 謄写版（都城市編） 1926 1冊 27cm
◇大桑発電事業誌（犬伏節輔編） 大同電力株式会社 1926.3 1冊 22cm
◇大阪市電気局事業概要（大阪市電気局編） 1926.5 34p 23cm
◇東京市電気局略史（東京市電気局編） 1926.6 5,114p 19cm
◇公益質庫の現勢（内務省社会局編） 1926.7 36,142,12p 22cm
◇京都電鉄乗入問題参考資料 手書（京都市役所編） 1926.9 ［6］p 25cm
◇受益者負担制度（ウキリアム・A.バセット著, 飯沼一省訳） 道路改良会 1926.9 4,149p 23cm 道路改良叢書
◇公益質舗ニ関スル参考法律案（東京市政調査会編） 1926.11 12p

26cm

◇市営事業の真意義（西村健吉著）　1927 23p 22cm　「大大阪」より抜刷

◇東京瓦斯報償契約改訂問題に就て　［複写］,謄写版（東京市政調査会編）　1927 14p 27cm

◇東京瓦斯株式会社沿革及事業略史（東京瓦斯株式会社編）　1927 40p 22cm

◇報償契約ニ関スル諸家ノ意見　手書（東京市政調査会編）　1927 364p 26cm

◇省線電車史綱要（東京鉄道局電車掛編）　1927.3 2,2,117p 27cm

◇公営事業論（安井英二著）　良書普及会　1927.6 3,4,166p 23cm

◇中央卸売市場卸売人の単復問題（大野勇著）　1927.6 3,78p 19cm

◇中央卸売市場ニ対スル陳情書（漁業組合中央会編）　1927.6 6p 27cm

◇京都市中央卸売市場誌 中篇（田中弁之助編）　京報社　1927.8 4,126p 19cm

◇京都市中央卸売市場誌 下篇（田中弁之助編）　京報社　1927.8 7,177p 19cm

◇京都市中央卸売市場誌 上篇（田中弁之助編）　京報社　1927.11 4,223p 19cm

◇市財政の行詰りと電気事業市営の提唱（新潟週報社編）　1927.11 5,51p 22cm

◇中央卸売市場講話（大迫武雄著）　エコノミカル・アドヴァイサー　1927.11 350p 19cm

◇電気事業過去十年間発達史（電気公論社編）　1927.11 20,468,91p 27cm　「電気公論」第11巻第12号

◇公益質屋法要論（藤野恵著）　良書普及会　1927.12 5,343p 23cm

◇十年間の神戸市電気事業（神戸市電気局編）　1927.12 76p 23cm

◇大阪市電気局事業概要 昭和3年10月（大阪市電気局編）　1928 [28]p 19×26cm

◇東京瓦斯の経過及現況（岩崎清七述）　1928 36p 19cm

◇最近に於ける本邦瓦斯事業の趨勢に就て（岡本桜著）　1928.3 20p 23cm

◇東京地方電気料金に関する調査（東京商工会議所編）　1928.4 39p 22cm　商工調査

◇名古屋市の事業と財政（名古屋市役所編）　1928.7 1,56p 22cm+図2枚

◇市営事業の本質（関一著）　東京市政調査会　1928.8 3,38p 22cm　都市問題パンフレット

◇電柱税、電柱敷地使用料並に報償契約に関する運動の経過大要（電気協会編）　1928.9 1,1,51p 23cm

◇社会公共事業に関する諸調査 其1（簡易保険局編）　1928.10 643p 23cm

◇社会公共事業に関する諸調査 其2（簡易保険局編）　1928.10 459p 23cm

◇社会公共事業に関する諸調査 其3（簡易保険局編）　1928.10 504p 23cm

◇電気料金の理論及実際（アイゼンメンガー著,電気事業研究会訳）　1928.10 1冊 22cm

◇我国主要都市に於ける瓦斯事業報償契約（東京市政調査会編）　1928.10 3,3,91p 22cm　市政調査資料

◇我国主要都市に於ける電気事業報償契約（東京市政調査会編）　1928.10 2,3,119p 22cm　市政調査資料

◇大阪市中央卸売市場概要（大阪市産業部編）　1928.11 8p 23cm

◇社会公共事業に関する諸調査 其4（簡易保険局編）　1928.12 627p 23cm

◇農村協同組合と大都市中央卸売市場（東京市政調査会編）　1928.12 20,458,47p 23cm

◇農村協同組合と大都市中央卸売市場（東京市政調査会編）　1928.12 1冊 23cm

◇萩、防府電灯株式会社買収経過誌（山口県編）　1928.12 2,6,1148p 27cm

◇市営乗合自動車乗客調査実績概要 昭和3年度（東京市電気局運輸課編）　1929 3,63p 23cm　東京市電乗客交通調査報告

◇市設質屋案内（東京市役所編）　1929 34p 19cm

◇電気ニ関スル資料（明治44年電気報償契約締結ノ経過）　謄写版（東京市政調査会編）　1929 51p 27cm

◇東京市の妄断と市政調査会の疑問を解明し瓦斯問題の真相を闡明す（東京瓦斯株式会社編）　1929 32p 19cm

◇東京市と東京瓦斯株式会社（東京市役所文書課編）　1929.1 2,2,61p 22cm

◇京城電気株式会社二十年沿革史（京城電気株式会社編）　1929.4 9,163p 23cm

◇電気事業報償契約に就て（後藤昿二述）　［電気協会］　1929.4 4p 26cm　「電気協会々報」第88号抜粋

◇瓦斯料金を徹底的に値下せよ 東京瓦斯会社の暴利独占を糺弾す（瓦斯料金値下期成同盟編）　1929.5 8p 27cm

◇瓦斯の値下と増資問題（東京市政調査会編）　1929.6 [4]p 18cm　市政カード

◇瓦斯問題ニ関スル意見（東京市政調査会編）　1929.6 12p 26cm

◇瓦斯問題ニ就テ　謄写版（商工省工政課編）　1929.6 [18]p 26cm

◇瓦斯料金値下及瓦斯計量器使用料廃止の要求に就いて（東京市役所編）　1929.6 14p 19cm

◇金沢市営電気瓦斯事業の沿革（金沢市電気局編）　1929.6 32,3,47p 22cm

◇［東京瓦斯株式会社ト瓦斯］料金値下ニ関スル交渉　謄写版（［東京市］編）　1929.6 [14]p 26cm

◇瓦斯問題に就て 報償契約廃棄か埋管税の新設か（田川大吉郎著）　市政講究会　1929.7 47p 19cm

◇大正8年東京瓦斯料金値上承認ニ関スル資料 其1　謄写版（東京市政調査会編）　1929.7 112p 27cm

◇東京瓦斯株式会社ノ瓦斯料金下並計量器使用料廃止請願書　謄写版（東京市編）　1929.7 [58]p 26cm

◇山口県営電気事業誌 満5週年記念（山口県電気局編）　1929.7 3,120p 22cm

◇ソ聯邦の都市公益事業利権計画：其他（日露協会編）　1929.8 52p 23cm　日露協会報告

◇中央卸売市場の話（大迫武雄著）　大阪都市協会　1929.8 42,27p 19cm

◇東京瓦斯ニ関スル資料 其2 明治44年瓦斯報償契約締結ノ経過　謄写版（東京市政調査会編）　1929.8 178p 27cm

◇東京市中央卸売市場建設の現状（東京市商工課編）　1929.10 21p 22cm

◇瓦斯事業買収市営論（谷川昇著）　東京市政調査会　1929.11 6,27p 22cm　都市問題パンフレット

◇俵商工大臣に呈す 瓦斯裁定問題の批判と希望（瀬戸崎七之丞著）　1929.11 2,44p 23cm

◇市電減収原因の実証的考察とその対策私見　謄写版（渡辺正夫著）　1930 87p 28cm

◇大都市中央卸売市場生鮮魚卸売人収容問題に就て我等の主張（中部幾次郎著）　1930 35p 22cm

◇大都市公企業比較調査 第1編 電気軌道事業（大都市調査統計協議会編）　1930.3 5,119p 26cm

◇大都市公企業比較調査 第2編 電気供給事業（大都市調査統計協議会編）　1930.3 4,57,89p 26cm

◇大都市公企業比較調査 第3編 乗合自動車事業（大都市調査統計協議会編）　1930.3 4,35,53p 26cm

◇大都市公企業比較調査 第5編 水道事業(大都市調査統計協議会編) 1930.3 4,55,85p 26cm

◇中央卸売市場収容に関する単複問題(東京青果小売商組合編) 1930.4 24p 22cm 中央卸売市場研究

電気料金 其1 米国・独逸(電気協会編) 1930.5 3,98p 23cm 海外電気事業調査

大阪市中央卸売市場収容問題の考察(大阪市魚市場聯合会編) 1930.7 3,86p 22cm

電気料金 其2 英国・仏国・瑞西(電気協会編) 1930.10 5,3,153p 23cm 海外電気事業調査

静岡市電気事業沿革誌(静岡市電気局編) 1930.11 38p 22cm

◇公益企業の経営に関する質疑要項(東京市政調査会[編]) 東京市政調査会 1931 58p 27cm

市設市場周囲1基米以内ニ於ケル世帯数並人口調査表 昭和6年6月現在 謄写版(東京市商工課編) 1931 [24]p 26cm

電車料金制度ニ就テ(木村尚一著) 1931.1 3,27p 22cm

◇受益者負担制総覧(東京市政調査会編) 1931.2 5,187p 22cm 市政調査資料

◇公益企業の概念と其諸問題(池田宏著) 東京市政調査会 1931.3 34p 22cm 都市問題パンフレット

◇公設市場概況([内務省]社会局社会部編) 1931.3 2,760p 22cm

◇大都市公企業比較調査 第4編 瓦斯事業(大都市調査統計協議会編) 1931.3 23,17p 26cm

◇大都市公企業比較調査 第6編 市場(大都市調査統計協議会編) 1931.3 1冊 26cm

◇大都市公企業比較調査 第7編 屠場(大都市調査統計協議会編) 1931.3 4,11,62p 26cm

◇中央卸売市場関係法規及道府県食品市場規則(商工省商務局編) 1931.3 8,305p 22cm

◇東京市産業施設概要(東京市商工課編) 1931.3 3,46,8p 22cm

◇東京市設小売市場要覧(東京市商工課編) 1931.3 3,41p 22cm

◇神戸市中央卸売市場概要(神戸市商工課編) 1931.5 9p 23cm

市電の難局打開の為に(東京市政調査会編) 1931.5 [4]p 18cm 市政カード

創業二十年史(東京市電気局編) 1931.5 14,364p 19cm

◇「公益企業の経営に関する調査票」に対する回示資料の概要 謄写版(東京市政調査会編) 1931.7 230p 24cm

◇公益企業法規集(東京市政調査会編) 1931.7 45,1514p 23cm

◇報償契約無効論(林貞夫述) 林貞夫法律事務所 1931.7 46p 23cm

◇佐世保市市営市場概要(佐世保市役所編) 1931.10 6,91,29p 23cm

◇現行主要公益企業法規要項比較(東京市政調査会編) 1931.12 33p 26cm 公益企業ニ関スル調査報告

◇現行主要公益企業法規要項比較:公益企業法案参照用(東京市政調査会[編]) 東京市政調査会 1931.12 33p 26cm

◇公益企業企業法案理由書(東京市政調査会[編]) 東京市政調査会 1931.12 301p 26cm

◇公益企業ニ関スル調査経過報告(東京市政調査会編) 1931.12 111p 26cm 公益企業ニ関スル調査報告

◇公益企業法案:附 附属命令案(東京市政調査会編) 1931.12 127p 26cm 公益企業ニ関スル調査報告

◇公益企業法案理由書(東京市政調査会編) 1931.12 301p 26cm 公益企業ニ関スル調査報告

◇公益企業法案(東京市政調査会[編]) 東京市政調査会 1931.12 127p 26cm

◇公益企業ニ関スル犯罪調査 筆写(司法省刑事局編) 1932 1冊 27cm

◇名古屋電灯株式会社史 編者未定完私稿(名古屋電灯株式会社編) 1932 258p 22cm

◇中央卸売市場法(小金義照著) 小松印刷所 1932.2 7,5,295p 23cm

◇公営事業調 昭和6年度(社会局社会部編) 1932.3 18p 26cm

◇電気協会十年史(電気協会編) 1932.4 1冊 22cm

◇本会調査「公益企業法案」に対する世論一班(東京市政調査会編) 1932.4 30p 22cm

◇公益企業法案(東京市政調査会編) 1932.5 3,336p 23cm

◇公企業論(ユルゲン・ブランド著,麻生平八郎訳) 章華社 1932.5 2,250p 19cm

◇中央卸売市場の職能に関する一考察:特に仲買人制度を中心として(福田敬太郎述) 神戸商業大学商業研究所 1932.6 23p 23cm 商業研究所講演集

◇公益企業ニ関スル諸家ノ意見(東京市政調査会編) 1932.7 2,2,330p 26cm 公益企業ニ関スル調査報告

◇東京市設魚市場紛争問題梗概(東京市中央卸売市場編) 1932.9 2,57p 22cm

◇報償契約質疑録 1(電気経済研究所編) 1932.9 4,4,322p 20cm 日本電気経済叢書

◇報償契約質疑録 2(電気経済研究所編) 1932.11 4,4,348p 20cm 日本電気経済叢書

朝鮮に於ける電気事業と其の統制(京城電気株式会社編) 1933.1 11,10p 23cm

◇中央卸売市場の機構と卸売人の員数に就て([荒木孟]述) 東京市役所 1933.2 2,21p 23cm

電気事業調査及之ガ買収交渉経過ノ概要(函館市編) 1933.2 35p 19cm

◇報償契約質疑録 3(電気経済研究所編) 1933.2 3,4,312p 20cm 日本電気経済叢書

京都市営電気事業沿革誌(京都市電気局編) 1933.3 2,13,1370p 23cm

◇東京市設小売市場要覧(東京市産業部市場課編) 1933.3 3,40p 22cm

◇東京市電力自給案の内幕(棚橋正長著) 電業時代社 1933.3 26p 19cm

独逸に於ける公団体の経済的活動(東亜経済調査局編) 1933.4 73p 23cm 東亜小冊

中央卸売市場仲買人問題(福田敬太郎著) 宝文館 1933.5 2,90,16p 23cm 神戸商業大学商業研究叢書

◇東京市中央卸売市場区域内に於ける卸売市場に関する調査(東京市中央卸売市場編) 1933.5 6,412p 22cm

日本電力株式会社十年史(日本電力株式会社編) 1933.5 10,585,13p 23cm

◇報償契約に就て(池田宏著) 東京市政調査会 1933.5 21p 22cm 都市問題パンフレット

◇函館市の電気事業買収問題(坂本森一述) 函館市 1933.6 123p 19cm

電気局事業概況(東京市電気局編) 1933.7 21,7p 26cm

◇東京市中央卸売市場業務規程案に関する意見書(買出人組合聯合会陳情書反駁)(東京魚市場組合編) 1933.7 23p 23cm

市営十年(名古屋市電気局編) 1933.10 114p 23cm

市電ノ経営ニ就テ 謄写版(東京市電気局編) 1933.11 6,[114],71p 27cm

◇東京市中央卸売市場概要(東京市役所編) 1933.12 2,26p 19cm

◇東京市中央卸売市場築地本場建設工事概要(東京市役所編) 1933.12 14p 22cm

◇歴史的統計的に観たる電気料金の変動と動向(電気協会関東支部統計調査委員会編) 1934.1 40p 26cm 統計調査委員会報告

◇市営電車に就て(東京市電気局編) 1934.2 82p 23cm

◇日本中央卸売市場文献記(大野勇編) 1934.2 234p 22cm

◇朝鮮に於ける社会公共事業に関する諸調査 其1(朝鮮総督府通信局編) 1934.5 3,343p 23cm

◇東京地下鉄道史 乾(東京地下鉄道株式会社編) 1934.6 6,434,19p 26cm

◇東京地下鉄道史 坤(東京地下鉄道株式会社編) 1934.6 4,390p 26cm

◇「東京市電」更生案資料 其1(東京市電気局編) 1934.8 2,76p 27cm

◇大阪市営バス問題の経過と真相(大阪都市協会編) 1934.9 47p 22cm

◇東京市営電気事業の過去20箇年と其将来(田村与吉著) [工政会] 1934.10 15p 26cm 「工政」第175号別刷

◇東京市電総罷業の渦中から(山下又三郎[ほか]著) [中央公論社] 1934.10 [17]p 23cm 「中央公論」第49年第10号

◇東京市中央卸売市場築地本場・建築図集(東京市役所編) 1934.12 96p 27cm+図2枚

◇東京市電大罷業記念写真帖(東京交通労働組合編) 1934.12 [31]p 31cm

◇東京市中央卸売市場概要(東京市役所編) 1935 2,26p 19cm

◇電灯市営の十年(大阪市電気局編) 1935.1 134p 26cm

◇公益企業に於ける会社法的問題(山田隆一著、高田源清著) 1935.2 46p 23cm 法文論叢

◇公益企業買収に関する調査(京都市庶務部編) 1935.3 3,193p 22cm

◇電気料金の大問題(松下勇太郎著) 電気需用同盟本部 1935.3 34p 19cm

◇東京中央卸売市場開場まで(東京青果小売商組合編) 1935.3 2,6,80p 22cm

◇報償契約に関する諸家の意見書(京都市庶務部編) 1935.3 3,206p 22cm

◇市電甦生策としての円タク権利買収案(本多市郎著) 1935.4 2,13p 19cm

◇公共企業概論(小田桐正一著) 宝文館 1935.5 1冊 23cm

◇専売及官公業論(汐見三郎著) 日本評論社 1935.5 5,320p 18cm 新経済学全集

◇市営交通事業の経営(大阪市電気局編) 1935.9 70p 22cm

◇電気事業統制案(国家経済研究所) 1935.9 4,86p 26cm

◇東京市電気局概要(東京市電気局編) 1935.9 8,243p 22cm

◇東京市電更生案(東京市電更生審議会編) 1935.9 49p 22cm

◇朝鮮に於ける社会公共事業に関する諸調査 其2(朝鮮総督府通信局編) 1935.10 319p 23cm

◇東京瓦斯五十年史(東京瓦斯株式会社編) 1935.10 1冊 27cm

◇官公企業の経営組織に就て(竹中竜雄著) [大阪商科大学経済研究所] 1935.11 [34]p 22cm 「大阪商科大学経済研究所年報」第8号 別刷

◇公益企業の評価問題(山辺六郎著) 1936 40p 22cm 「米国の経営学」抜刷

◇市電問題の合理的解決(後藤悌次著) 1936 16p 23cm

◇六大都市市営電車及乗合自動車ノ年始7日間ニ於ケル業績比較 謄写版(東京市電気局編) 1936.1 15p 26cm

◇函館市対帝国電力株式会社権利関係(報償契約)確認請求訴訟速記録 謄写版(函館市役所編) 1936.3 1冊 27cm

◇都市の公益企業関係参考文献目録(全国都市問題会議編) 1936.5 138p 22cm 全国都市問題会議会報

◇市設質舗の利用状況に関する調査(大阪市社会部庶務課編) 1936.8 52p 22cm 社会部報告

◇東京電灯株式会社開業五十年史(東京電灯株式会社編) 1936.8 15,269,20p 27cm

◇国営と民営(小島精一著) 千倉書房 1936.9 10,8,212p 19cm

◇公益企業法案(東京市政調査会編) 1936.10 2,127p 26cm

◇水産金融機関としての中央卸売市場の利用([日本勧業銀行]編) 1936.10 [38]p 22cm 調査彙報]

◇大阪市民の生鮮副食物:大阪中央卸売市場概観(大阪中央卸売市場編) 1936.11 [22]p 23cm

◇報償契約に期待する電気事業買収交渉の経過(坂本森一述) 函館市 1936.11 162p 22cm

◇大阪中央卸売市場入荷量、取引高の概要 謄写版(大阪市中央卸売市場編) 1936.12 [9]p 26cm

◇我国に於ける市営運河事業の成立と其の背景(竹中竜雄著) 1937 8p 22cm

◇瓦斯報償契約の改訂と其の経過(東京市役所文書課編) 1937.1 84p 22cm

◇東京中央卸売市場昭和11年9月魚争議誌史(小島亀吉著) 東京府魚商組合 1937.2 3,3,176p 23cm

◇市営二十五年(京都市電気局編) 1937.3 7,140p 22cm

◇英国に於ける公共事業政策(マーシャル・E.デイモック著、東邦電力株式会社調査部訳) 1937.4 9,48p 22cm

◇伯林交通事業統制資料(東京市電気局編) 1937.4 5,277p 22cm 調査資料

◇東京市電気局を語る(鉄道青年会本部編) 1937.5 [41]p 22cm 「鉄道青年」第29年3号-5号のうち

◇公益事業特性の研究:狭義公益事業の範疇規定(細野日出男著) [高岡高等商業学校研究会] 1937.6 52p 22cm 高岡高等商業学校「研究論集」第10巻1号抜刷)

◇米国に於ける公共事業の現勢(東邦電力株式会社編) 1937.6 4,74p 22cm

◇市営十五年(名古屋市電気局編) 1937.10 [184]p 22cm

◇東京市電気局概要(東京市電気局編) 1937.10 8,271p 22cm

◇東京市電の更生策(石山賢吉著) 日本交通協会 1937.11 50p 19cm 交通研究資料

◇東京市設質屋概要 謄写版(東京市社会局福利課編) 1937.12 18p 23cm

◇我公益企業分野に於ける報償契約の起源と其背景(青田竜世著,竹中竜雄著) 都市研究会 1938 18p 22cm

◇満洲市場株式会社二十年史(満洲市場株式会社編) 1938.1 8,492p 23cm

◇青森県電気局三週年記念誌(日本電気新聞社編) 1938.2 188p 23cm

◇市場大観(神戸市中央卸売市場編) 1938.4 2,96p 27cm

◇都市の公益企業(岡野文之助著) 東京市政調査会 1938.5 2,123,2p 19cm 市政の基礎知識

◇世界各国に於ける電気料金制(中村和夫著) 電気協会 1938.9 74,5p 26cm 電気事業資料

◇公益企業の経営に関する質疑要項に対する回示意見写 第1冊 自第1至第3 謄写版(東京市政調査会編) 1939 1冊 24cm

◇公益企業の経営に関する質疑要項に対する回示意見写 第2冊 自第4至第6 謄写版(東京市政調査会編) 1939 1冊 24cm

◇公社ノ創設 謄写版(作田荘一著,建国大学研究院編) 1939 21p 22cm 公社企業研究班研究報告

◇高速鉄道ノ運賃制度ニ就テ 1939 34p 26cm

◇高速度鉄道に因る受益者負担に就て(岡崎早太郎著,大阪都市協会編) 1939 19p 23cm

◇報償契約無効論萃集 タイプ(函館市役所編) 1939 1冊 27cm

◇標準消費量料金制に就て:欧洲、特に独逸に於ける最近の電気料金

制の一傾向(中村和夫著)　[日本電気協会]　1939.1 9p 26cm
「電気協会雑誌」第204号抜刷

◇官公企業経営論(竹中竜雄著)　東洋出版社　1939.5 3,307p 23cm

◇日本公企業成立史(竹中竜雄著)　大同書院　1939.5 1冊 23cm
調査彙報

◇京都市の新瓦斯報償契約に就て(中村三之助著)　東京市政調査会
1939.7 24p 22cm　都市問題パンフレット

◇市電改革の急務(東京市政革新同盟編)　1939.7 12p 23cm

◇公益企業における公益性と企業性と料金：統制経済における価格決
定への一寄与(神戸市経済部産業研究所編)　1939.10 4,38p 23cm
産業調査資料

◇中央卸売市場当面の問題と対策(大野勇著)　京都市場新聞社
1939.10 2,2,123p 19cm

◇京都電灯株式会社五十年史(京都電灯株式会社編)　1939.11 1冊
26cm

◇公益企業国策企業 新経済学全集(蠟山政道著)　[日本評論社]
1939.11 4,123p 22cm

◇既設中央卸売市場概要(商工省監理局編)　1940.1 1,40p 22cm

◇企業行政法概論(原竜之助著)　日本評論社　1940.3 3,8,244p
23cm　大阪商科大学研究叢書

◇大阪市中央卸売市場に於ける生鮮食料品の需給関係と価格の動き
(大阪市中央卸売市場編)　1940.4 13p 23cm　調査資料

◇市営バス10年(神戸市電気局編)　1940.9 5,80p 22cm

◇全国都市電気事業瓦斯事業報償契約書集成　CD-R版, 謄写版(東京
市電気局交通調整課編)　1940.9 CD-R1枚

◇横浜市電気局事業誌(多田純二編)　横浜市電気局　1940.11 1冊
23cm

◇東京市電気局三十年史(東京市電気局)　1940.12 1冊 23cm

◇既設中央卸売市場概要(農林省食品局編)　1941.3 40p 22cm

◇三新営団法と公益企業営団案(吉山真棹著, 東京市政調査会編)
1941.4 19p 21cm　都市問題パンフレット

◇静岡市電気事業三十年史(静岡市電気部編)　1941.7 3,12,432p
22cm

◇横浜瓦斯の足跡(横浜市瓦斯局編)　1941.9 33p 27cm

◇公益企業の所有及統制に関する趨勢　謄写版(ジョン・パウエル著,
東京市文書課訳)　1942 11p 26cm　公益企業調査資料

◇独逸に於ける公益企業の統制　謄写版(W.エリック・デビス著, 東
京市文書課訳)　1942 16p 26cm　公益企業調査資料

◇既設中央卸売市場概要(農林省食品局編)　1942.2 1,30p 21cm

◇市営企業と営団制度(竹中竜雄著)　大阪市総務局教養課　1942.9
8p 21cm　「執務指導通信」第6巻第1号抜刷

◇中央卸売市場一班(荒木孟著)　東京市農会　1943 30p 22cm　第1
回東京市農業青年幹部講習会講習録別刷

◇横浜瓦斯史 沿革編(横浜市瓦斯局編)　1943.4 1冊 22cm

◇営団経済の倫理(杉村広蔵著)　大理書房　1943.9 6,2,274p 19cm

◇大阪市電気局四十年史 運輸篇(大阪市電気局編)　1943.9 1冊
26cm

◇公企業論(竹中竜雄著, 日本評論社編)　1944 2,59p 22cm　[新経
済学全集]

衛生・医療・水道・清掃

【雑誌】

◇1929―30年に於ける世界の腸チブス発生状況(国際連盟事務局東京支局)「公衆衛生」 40(5) 1922.5
◇最近に於ける各国結核予防事業(3)(佐藤正)「公衆衛生」 40(9) 1922.9
◇最近に於ける各国結核予防事業(4)(佐藤正)「公衆衛生」 40(10) 1922.10
◇東京市塵芥の組成及塵芥処理(田中芳雄)「公衆衛生」 41(3) 1923.3
◇エローストン国民公園と露営「公衆衛生」 42(8) 1924.8
◇夏季スポーツとしての女子水泳(出口林次郎)「公衆衛生」 42(8) 1924.8
◇古事記に現はれたる衛生思想(亀山孝一)「公衆衛生」 42(8) 1924.8
◇保養地及キヤンプの衛生問題(中越延豊)「公衆衛生」 42(8) 1924.8
◇民族衛生学(11)(氏原佐蔵)「公衆衛生」 42(8) 1924.8
◇イリノイス州花柳病予防法「公衆衛生」 42(12) 1924.12
◇衛生パンフレットやポスターの拵へ方(1)(佐藤正)「公衆衛生」 43(1) 1925.1
◇栄養の概念と日本の栄養問題(大森憲太)「公衆衛生」 43(1) 1925.1
◇和蘭の衛生統計「公衆衛生」 43(1) 1925.1
◇健康乳児の保育問答(エクラゼマン)「公衆衛生」 43(1) 1925.1
◇国際衛生技術官交換視察会議(樫田五郎)「公衆衛生」 43(1) 1925.1
◇シドニー市の衛生状態「公衆衛生」 43(1) 1925.1
◇人乳の商品的取引(デトロイト市)「公衆衛生」 43(1) 1925.1
◇一九二一年に於ける欧洲の死亡率「公衆衛生」 43(1) 1925.1
◇都市衛生(高野六郎)「公衆衛生」 43(1) 1925.1
◇民族衛生学(氏原佐蔵)「公衆衛生」 43(1) 1925.1
◇ロサンゼルス市運動場局の事業(1)(田村剛)「公衆衛生」 43(1) 1925.1
◇ロンドンの衛生状態「公衆衛生」 43(1) 1925.1
◇都市の空気と保健(藤原九十郎)「大大阪」 1(1) 1925.1
◇下水道の速成を図れ「東洋経済新報」 1133 1925.1
◇衛生パンフレットやポスターの拵へ方(2)(佐藤正)「公衆衛生」 43(2) 1925.2
◇独逸の復興と二大運動公園(氏原佐蔵)「公衆衛生」 43(2) 1925.2
◇都市衛生(高野六郎)「公衆衛生」 43(2) 1925.2
◇脳の発達と老衰(下田光造)「公衆衛生」 43(2) 1925.2
◇民族衛生学(氏原佐蔵)「公衆衛生」 43(2) 1925.2
◇ロサンゼルス市運動場局の事業(2)(田村剛)「公衆衛生」 43(2) 1925.2
◇健康保険法の改悪「東洋経済新報」 1134 1925.2
◇ゴミ式塵芥汚物焼却炉に就て(飯村保三)「公衆衛生」 43(3) 1925.3
◇水泳競技場の設備(杉木傳)「公衆衛生」 43(3) 1925.3
◇智利国の新設衛生社省と其の組織(氏原佐蔵)「公衆衛生」 43(3) 1925.3
◇通俗保健衛生教育(ルネ・サン)「公衆衛生」 43(3) 1925.3

◇米国国立公園の概況(米国内務省国立公園局)「公衆衛生」 43(3) 1925.3
◇米国の油に依る海水汚濁禁止法(亀山孝一)「公衆衛生」 43(3) 1925.3
◇ロサンゼルス市運動場局の事業(3)(田村剛)「公衆衛生」 43(3) 1925.3
◇大崎町の塵芥焼却場(鮫島宗吉)「斯民」 20(3) 1925.3
◇世界各国及都市に於ける乳児死亡率(生江孝之)「社会事業」 8(12) 1925.3
◇鉱夫の災害及死傷病者に関する調査(社会局労働課)「内務時報」 278 1925.3
◇公園及休養娯楽施設(其1)(復興局計画課)「内務時報」 280 1925.3
◇石炭山に於ける熱中症又は「あかまる」に就て(南俊治)「内務時報」 280 1925.3
◇一般衛生(高野六郎)「公衆衛生」 43(4) 1925.4
◇英国衛生省に就て(小濱浄鑛)「公衆衛生」 43(4) 1925.4
◇欧洲小児の身長と体重「公衆衛生」 43(4) 1925.4
◇米国国立公園の概況(2)(米国内務省国立公園局)「公衆衛生」 43(4) 1925.4
◇民族衛生学(氏原佐蔵)「公衆衛生」 43(4) 1925.4
◇衛生学上より見れる日本家屋の暖房法(森田公平)「社会学雑誌」 12 1925.4
◇公園及休養娯楽施設(其2)(復興局計画課)「内務時報」 281 1925.4
◇健康保険に就て(社会局第一部健康保険課)「内務時報」 285 1925.4
◇英国に於ける河川汚濁予防法(灘尾弘吉)「公衆衛生」 43(5) 1925.5
◇結核予防の現況(高野六郎)「公衆衛生」 43(5) 1925.5
◇国際連盟保健部(支局打合会議)(加藤源三)「公衆衛生」 43(5) 1925.5
◇米国国立公園の概況(3)(米国内務省国立公園局)「公衆衛生」 43(5) 1925.5
◇東京の遊廓に落つる金と人(道家斉一郎)「都市公論」 8(5) 1925.5
◇ベルリン市の民衆娯楽「都市問題」 1(1) 1925.5
◇恐ろしい蠅を駆除せよ [その1](飯村保三)「内務時報」 288 1925.5
◇恐ろしい蠅を駆除せよ(2・完)(飯村保三)「内務時報」 289 1925.5
◇英国に於ける河川汚濁予防法(2)(灘尾弘吉)「公衆衛生」 43(6) 1925.6
◇国際阿片会議の状況(安香愛二)「公衆衛生」 43(6) 1925.6
◇新設国際阿片中央局の性質(宮島幹之助)「公衆衛生」 43(6) 1925.6
◇米国加州ロスアンゼルスの防鼠規則(亀山孝一)「公衆衛生」 43(6) 1925.6
◇米国国立公園の概況(4)(米国内務省国立公園局)「公衆衛生」 43(6) 1925.6
◇民族衛生学(9)(氏原佐蔵)「公衆衛生」 43(6) 1925.6
◇精神病者検査法に就て(梅谷勝)「社会事業」 9(3) 1925.6
◇東京市内重なる救済機関に於ける施療入院患者調 大正十四年二月末

- ◇日調(済生会救療部)「社会事業」　9(3)　1925.6
- ◇訪問看護婦制度(1)(長谷川良信)「社会事業」　9(3)　1925.6
- ◇サクラメント市営浄水所「都市問題」　1(2)　1925.6
- ◇東京伝染病状況(小田垣光之輔)「都市問題」　1(2)　1925.6
- ◇伝染病患者及死亡者数(大正十四年四月中)「内務時報」　291　1925.6
- ◇採鉱選鉱及製錬の各作業に伴ふ塵埃発生量に就いて(社会局労働課)「内務時報」　292　1925.6
- ◇全国体育デー実施状況調査報告(文部省学校衛生課)「文部時報」　176　1925.6
- ◇精神の衛生(下田光造)「公衆衛生」　43(7)　1925.7
- ◇米国々立公園の概況(5)(米国内務省国立公園局)「公衆衛生」　43(7)　1925.7
- ◇米国の花柳病患者届出数「公衆衛生」　43(7)　1925.7
- ◇米国の分娩による母親の死「公衆衛生」　43(7)　1925.7
- ◇保養地及キヤンプの衛生問題(1)(中越延豊)「公衆衛生」　43(7)　1925.7
- ◇民族衛生学(氏原佐蔵)「公衆衛生」　43(7)　1925.7
- ◇訪問看護婦制度(2)(長谷川良信)「社会事業」　9(4)　1925.7
- ◇東京市の医師及歯科医に就て(道家斉一郎)「都市公論」　8(7)　1925.7
- ◇都市衛生上の諸問題(宮島幹之助)「都市問題」　1(3)　1925.7
- ◇ハノーヴェル市の結核予防「都市問題」　1(3)　1925.7
- ◇ロンドン人の平均寿命率の改善「都市問題」　1(3)　1925.7
- ◇訪問看護婦制度(3)(長谷川良信)「社会事業」　9(5)　1925.8
- ◇大ニューヨークの水道拡張計画(後藤曠二)「都市問題」　1(4)　1925.8
- ◇世界大都市乳児死亡率(小田垣光之輔)「都市問題」　1(4)　1925.8
- ◇防疫行政(其1)(大達茂雄)「内務時報」　299　1925.8
- ◇防疫行政(其2)(大達茂雄)「内務時報」　300　1925.8
- ◇防疫行政(其3)(大達茂雄)「内務時報」　301　1925.8
- ◇防疫行政(其4)(大達茂雄)「内務時報」　302　1925.8
- ◇国民の将来と婦人の健康(氏原佐蔵)「公衆衛生」　43(9)　1925.9
- ◇古事記にあらはれたる衛生思想(亀山孝一)「公衆衛生」　43(9)　1925.9
- ◇世界の四大運動競技場(氏原佐蔵)「公衆衛生」　43(9)　1925.9
- ◇沐浴の新陳代謝に及ぼす影響(栄養研究所)「公衆衛生」　43(9)　1925.9
- ◇健康保険に就て(社会局第二部健康保険課)「社会事業」　9(6)　1925.9
- ◇文化と社会衛生(高野六郎)「社会事業」　9(6)　1925.9
- ◇文化生活と都市衛生(宮島幹之助)「都市公論」　8(9)　1925.9
- ◇名古屋市に於ける公衆浴場の電化(後藤曠二)「都市問題」　1(5)　1925.9
- ◇防疫行政(其5)(大達茂雄)「内務時報」　303　1925.9
- ◇防疫行政(其7)(大達茂雄)「内務時報」　304　1925.9
- ◇防疫行政(其8)(大達茂雄)「内務時報」　305　1925.9
- ◇防疫行政(其9)(大達茂雄)「内務時報」　306　1925.9
- ◇防疫行政(其10)(大達茂雄)「内務時報」　307　1925.9
- ◇権田保之助氏著『労働者家計の一類型』の栄養学的批判(松島周蔵)「労働科学研究」　2(2)　1925.9
- ◇独逸紡績業の衛生(シユミット,大西清治訳)「労働科学研究」　2(2)　1925.9
- ◇労働階級婦人の出産に関する調査報告(暉峻義等)「労働科学研究」　2(2)　1925.9
- ◇汚物塵埋槽及共他(澤部實之介)「建築と社会」　8(10)　1925.10
- ◇結核治療法の進境(田口勝太)「公衆衛生」　43(10)　1925.10
- ◇国民の将来と婦人の健康(氏原佐蔵)「公衆衛生」　43(10)　1925.10
- ◇煤煙の害毒と其取締(氏原佐蔵)「公衆衛生」　43(10)　1925.10
- ◇婦人と衛生保健(金杉英五郎)「公衆衛生」　43(10)　1925.10
- ◇文化と衛生(高野六郎)「公衆衛生」　43(10)　1925.10
- ◇六大都市に於ける「コレラ」病の発生(道家斉一郎)「都市公論」　8(10)　1925.10
- ◇東京市に於ける伝染病特にコレラ(猪間驥一)「都市問題」　1(6)　1925.10
- ◇募債に依らざる上水道の改良(アメリカ)(小倉庫次)「都市問題」　1(6)　1925.10
- ◇防疫行政(其11・完)(大達茂雄)「内務時報」　308　1925.10
- ◇国際連盟主催の国際衛生技術官交換視察会議(加藤源三)「内務時報」　309　1925.10
- ◇衛生統計要覧(其1)(内務省衛生局)「内務時報」　311　1925.10
- ◇花柳病際予防から見た売笑婦に関する所惑(高木乙熊)「日本公衆保健協会雑誌」　1(2)　1925.10
- ◇牛乳衛生上の結核病問題綜覈(畜牛結核病撲滅策)(池田錫)「日本公衆保健協会雑誌」　1(2)　1925.10
- ◇推賞すべき共同炊事(陸壮三郎)「日本公衆保健協会雑誌」　1(2)　1925.10
- ◇英国の非衛生状態取締法「公衆衛生」　43(11)　1925.11
- ◇一九二四年倫敦の衛生状態「公衆衛生」　43(11)　1925.11
- ◇調理場衛生の指針(鉄道省保健課)「公衆衛生」　43(11)　1925.11
- ◇独逸の保健、社会、救済及身体鍛錬博覧会「公衆衛生」　43(11)　1925.11
- ◇乳児の栄養と小児の疾病(鑓目專之助)「公衆衛生」　43(11)　1925.11
- ◇胞衣及産汚物処置市営「公衆衛生」　43(11)　1925.11
- ◇東京市の乳幼児死亡数(区別)「社会事業」　9(8)　1925.11
- ◇英国に於ける煤煙防止に関する法制(内務省都市計画課)「都市公論」　8(11)　1925.11
- ◇衛生統計要覧(其2)(内務省衛生局)「内務時報」　312　1925.11
- ◇衛生統計要覧(其3)(内務省衛生局)「内務時報」　313　1925.11
- ◇衛生統計要覧(其5)(内務省衛生局)「内務時報」　315　1925.11
- ◇温度及湿度の身体的精神的機能に及ぼす影響(1)(海軍省医務局)「労働科学研究」　2(3)　1925.11
- ◇現代作業制の生理学的批判(2)作業場温湿度の問題(石川知福)「労働科学研究」　2(3)　1925.11
- ◇自然歩行に関する統計的研究(石川知福)「労働科学研究」　2(3)　1925.11
- ◇日本社会衛生概観(暉峻義等)「労働科学研究」　2(3)　1925.11
- ◇一般衛生(8)(高野六郎)「公衆衛生」　43(12)　1925.12
- ◇飲食物其他の取締に関する概要(松尾仁)「公衆衛生」　43(12)　1925.12
- ◇英国の非衛生状態取締法(2)「公衆衛生」　43(12)　1925.12
- ◇全国公園調査(内務省)「公衆衛生」　43(12)　1925.12
- ◇諾、瑞、濁、の学童体格比較「公衆衛生」　43(12)　1925.12
- ◇マルセイユに於ける衛生事情(氏原佐蔵)「公衆衛生」　43(12)　1925.12
- ◇学生、生徒、児童身体発育統計(文部大臣官房学校衛生課)「社会事業」　9(9)　1925.12
- ◇学齢児童の健康相談に就て(高田義一郎)「社会事業」　9(9)　1925.12
- ◇社会体育団体に関する調査(文部大臣官房学校衛生課)「社会事業」　9(9)　1925.12

◇人類の幸福と社会衛生 (高野六郎)「社会事業」 9(9) 1925.12
◇仏国に於ける徽毒撲滅運働「社会事業」 9(9) 1925.12
◇米英両国の保健事業(1)(増田抱村)「社会事業」 9(9) 1925.12
◇多治見町の水道事業「地方」 33(12) 1925.12
◇日独首都に於ける自殺手段の変遷 (猪間驥一)「都市問題」 1(8) 1925.12
◇本邦都市下水の設計を論ず (石原房雄)「都市問題」 1(8) 1925.12
◇ミルウォーキーの汚水処分場 (後藤曠二)「都市問題」 1(8) 1925.12
◇国土浄化と便所改造 (其1) (高野六郎)「内務時報」 316 1925.12
◇国土浄化と便所改造 (2) (高野六郎)「内務時報」 318 1925.12
◇紡績女工の疾病 (鯉沼茆吾)「労働時報」 2(12) 1925.12
◇牛乳と国民栄養 (池田鍚)「公衆衛生」 44(1) 1926.1
◇フランクフルト市花柳病婦人相談所「公衆衛生」 44(1) 1926.1
◇東京市に於ける出生数並に死亡敷調査 (齊藤潔)「社会事業」 9(10) 1926.1
◇米英両国の保健事業 (2) (増田抱村)「社会事業」 9(10) 1926.1
◇倫敦市民の発育 (平賀周)「地方」 34(1) 1926.1
◇煤煙防止問題 (後藤曠二)「都市問題」 2(1) 1926.1
◇大宮糞尿処分実験所研究成績 (第1回報告) (高野六郎)「日本公衆保健協会雑誌」 2(1) 1926.1
◇ニュージーランドに於ける乳児死亡率の逓減とその原因 (生江孝之)「公衆衛生」 44(2) 1926.1
◇ブレメン市酒類濫用増加の徵 (氏原佐蔵)「公衆衛生」 44(2) 1926.2
◇米国に於ける社会衛生的施設 (土肥慶三)「公衆衛生」 44(2) 1926.2
◇虚弱児童の保護と結核予防 (紀本参次郎)「社会事業」 9(11) 1926.2
◇朝鮮に於ける乳児死亡率に就て (藤井忠次郎)「社会事業」 9(11) 1926.2
◇東京市内外に於ける私娼の現状 (1) (草間八十雄)「社会事業」 9(11) 1926.2
◇米英両国の保健事業 (増田抱村)「社会事業」 9(11) 1926.2
◇大倫敦市の下水及び塵芥処理 (今村惟善)「都市公論」 9(2) 1926.2
◇伝染病患者及死者数 (大正十四年十二月中)「内務時報」 326 1926.2
◇紡績女工の疾病 (鯉沼茆吾)「内務時報」 326 1926.2
◇娼妓境遇調べ (渡辺菊麿)「日本公衆保健協会雑誌」 2(2) 1926.2
◇水槽便所汚水の衛生学的調査並に其の浄化率に関する考察 (大阪市立衛生試験所)「日本公衆保健協会雑誌」 2(2) 1926.2
◇海外に於ける国立公園の改革と其本質 (田村剛)「公衆衛生」 44(3) 1926.3
◇子供の運動場計画 (中越延豊)「公衆衛生」 44(3) 1926.3
◇最近吾国乳児死亡の大勢「公衆衛生」 44(3) 1926.3
◇新西蘭の乳児死亡率逓減と其の原因討議「公衆衛生」 44(3) 1926.3
◇バーミンガム市結核死亡「公衆衛生」 44(3) 1926.3
◇児童の健康増進に就て (吉田章信)「社会事業」 9(12) 1926.3
◇統計から見た東京市青年の体格 (道家斉一郎)「都市公論」 9(3) 1926.3
◇国際連盟衛生技術官交換視察会議参考資斜 (其1) (内務省衛生局)「内務時報」 330 1926.3
◇国際連盟衛生技術官交換視察会議参考資斜 (其2) (内務省衛生局)「内務時報」 331 1926.3
◇国際連盟衛生技術官交換視察会議参考資料 (其3) (牛乳及乳製品、食肉ノ取締等) (内務省衛生局)「内務時報」 332 1926.3
◇国際連盟衛生技術官交換視察会議参考資料 (其3) (鉱泉、母性及小児保健) (内務省衛生局)「内務時報」 333 1926.3
◇栄養及び体力の数量的評価に就て (八木高次)「労働科学研究」 2(4) 1926.3
◇栄養体力評価方式に関する批判的研究(1)栄養の部 (八木高次)「労働科学研究」 2(4) 1926.3
◇海外に於ける国立公園の沿革と其本質 (田村剛)「公衆衛生」 44(4) 1926.4
◇国際花柳病予防会議報告 (土肥慶蔵)「公衆衛生」 44(4) 1926.4
◇混沌たる米国の禁酒法 (氏原佐蔵)「公衆衛生」 44(4) 1926.4
◇独逸国民衛生思想啓発施設 (氏原佐蔵)「公衆衛生」 44(4) 1926.4
◇東京市及近郊の花柳界「公衆衛生」 44(4) 1926.4
◇都市に於ける保健衛生の施設に就て (菊池慎三)「自治研究」 2(4) 1926.4
◇衛生省を設置せよ (吉岡彌生)「社会事業」 10(1) 1926.4
◇宮内省待医療臨時診療事業に就て (西川文夫)「社会事業」 10(1) 1926.4
◇東京市内に於ける私娼の現状 (草間八十雄)「社会事業」 10(1) 1926.4
◇女工の感冒及胃腸病に関する考察 (古瀬安俊)「社会政策時報」 67 1926.4
◇衛生官教育問題 (今井栄之)「帝国教育」 524 1926.4
◇全国伝染病患者及死者数「内務時報」 336 1926.4
◇大正十五年自二月十四日至三月十三日四週間伝染病患者発生表 (内務省衛生局防疫課)「日本公衆保健協会雑誌」 2(4) 1926.4
◇伝染病予防法第十九条に追加を望む (戸所亀作)「日本公衆保健協会雑誌」 2(4) 1926.4
◇独逸は結核予防に対して財政上幾何の負担をなせるや並に之に関する考察「日本公衆保健協会雑誌」 2(4) 1926.4
◇水の消毒に就て (城島龍三)「日本公衆保健協会雑誌」 2(4) 1926.4
◇健康保険について (長岡隆一郎)「労働時報」 3(4) 1926.4
◇東京市道路衛生従業員組合臨時大会「労働時報」 3(4) 1926.4
◇海外に於ける国立公園の沿革と其本質 (田村剛)「公衆衛生」 44(5) 1926.5
◇各国の衛生思想啓発状況 (氏原佐蔵)「公衆衛生」 44(5) 1926.5
◇巴里に衛生技術官常置派遣の必要 (氏原佐蔵)「公衆衛生」 44(5) 1926.5
◇公娼制度廃止に就て (安部磯雄)「社会事業」 10(2) 1926.5
◇東京市内外に於ける私娼の現状 (草間八十雄)「社会事業」 10(2) 1926.5
◇東京市並に隣接町村に於ける死亡者数及びその男女別並に死因別調「社会事業」 10(2) 1926.5
◇工場作業場内空気の衛生学的試験成績 (社会局労働部)「内務時報」 339 1926.5
◇国際連盟衛生技術官交換視察会議参考資料 (其11) (内務省衛生局)「内務時報」 340 1926.5
◇国際連盟衛生技術官交換視察会議参考資料 (其12) (内務省衛生局)「内務時報」 341 1926.5
◇国際花柳病予防会議報告 (土肥慶蔵)「日本公衆保健協会雑誌」 2(5) 1926.5
◇赤痢恢復者と「バグテリオフアージ」との関係 (村島鉄男)「日本公衆保健協会雑誌」 2(5) 1926.5
◇切迫屠殺に就て (貴島兼志)「日本公衆保健協会雑誌」 2(5) 1926.5
◇大正十五年地方衛生技術官会議々題「日本公衆保健協会雑誌」 2(5) 1926.5
◇腸チフス撲滅策 (山口謹人)「日本公衆保健協会雑誌」 2(5)

1926.5
◆体育運動団体に関する調査（文部大臣官房学校衛生課）「文部時報」　208　1926.5
◆工場の換気に関する研究（大西清治）「労働科学研究」　3（1）　1926.5
◆照明の衛生学的考察（緒方益雄）「労働科学研究」　3（1）　1926.5
◆昼夜転倒作業の生理学的研究（石川知福）「労働科学研究」　3（1）　1926.5
◆海外に於ける国立公園の沿革と其の本質（田村剛）「公衆衛生」　44（6）　1926.6
◆公衆衛生上より見たる公娼制度の是非と其の対策「公衆衛生」　44（6）　1926.6
◆公娼の自由を徹底せしめよ（安部磯雄）「公衆衛生」　44（6）　1926.6
◆日本アルプス登山に就て（延川靖）「公衆衛生」　44（6）　1926.6
◆妊産婦の心得（磐瀬雄一）「公衆衛生」　44（6）　1926.6
◆乳児死亡現象の統計的傾向（堀田抱村）「社会事業」　10（3）　1926.6
◆民族浄化のために（癩予防策の将来）（高野六郎）「社会事業」　10（3）　1926.6
◆花柳病予防策（高田源吉）「大大阪」　2（6）　1926.6
◆市立堀川乳児院の巻（木村浩）「大大阪」　2（6）　1926.6
◆塵芥取集めに関する一事例「都市研究」　2（3）　1926.6
◆国際連盟衛生技術官交換視察会議参考資料（其13）（内務省衛生局）「内務時報」　342　1926.6
◆国際連盟衛生技官交換視察会議参考資料（共済組合及都市計画）（内務省衛生局）「内務時報」　344　1926.6
◆衛生技術官会議「日本公衆保健協会雑誌」　2（6）　1926.6
◆牛乳及屠畜取締主任事務打合会「日本公衆保健協会雑誌」　2（6）　1926.6
◆赤痢予防に就て（村島鉄男）「日本公衆保健協会雑誌」　2（6）　1926.6
◆地方長官会議に於ける衛生問題「日本公衆保健協会雑誌」　2（6）　1926.6
◆腸チブス伝染病経路の著名の実修「日本公衆保健協会雑誌」　2（6）　1926.6
◆公衆衛生と糞便の処置（高野六郎）「公衆衛生」　44（7）　1926.7
◆小児保健所指針（保健衛生調査会）「公衆衛生」　44（7）　1926.7
◆日本に於ける寄生虫学の進歩（宮島幹之助）「公衆衛生」　44（7）　1926.7
◆仏国衛生状態の現在と将来（ルネ・マルシャル）「公衆衛生」　44（7）　1926.7
◆療養所増築と結核予防の趨勢（田沢瞭二）「公衆衛生」　44（7）　1926.7
◆学童衛生に就て（北豊吉、岩原拓）「社会事業」　10（4）　1926.7
◆結核撲滅事業に就て（田澤鐐二）「社会事業」　10（4）　1926.7
◆健康保険法の実施に方りて（湯澤三千男）「社会事業」　10（4）　1926.7
◆豪洲及新西蘭の医療保護施設に就て（生江孝之）「社会事業」　10（4）　1926.7
◆社会衛生に関する各種統計「社会事業」　10（4）　1926.7
◆民族の健康（土肥慶蔵）「社会事業」　10（4）　1926.7
◆癩予防撲滅の話（光田健輔）「社会事業」　10（4）　1926.7
◆衛生官教育問題（今井栄之）「帝国教育」　527　1926.7
◆大正十三年保健事務の梗概（1）（内務省衛生局）「内務時報」　350　1926.7
◆関東軍に於ける花柳病の消長及其の伝染源（関東軍軍医部）「日本公衆保健協会雑誌」　2（7）　1926.7
◆新穀蛆剤蠅止めに就いて（佐々木秀夫）「日本公衆保健協会雑誌」　2（7）　1926.7

◆第二回全国都市衛生主任会議「日本公衆保健協会雑誌」　2（7）　1926.7
◆倫敦に於ける国際衛生官交換会議「日本公衆保健協会雑誌」　2（7）　1926.7
◆狂犬病の予防に就て（警視庁衛生部）「公衆衛生」　44（8）　1926.8
◆壮丁花柳病患者一覧（吉木弥三）「公衆衛生」　44（8）　1926.8
◆無煤燃焼による大空の洗濯（内藤游）「公衆衛生」　44（8）　1926.8
◆乳児死亡現象の統計的傾向（増田抱村）「社会事業」　10（5）　1926.8
◆健康保険法施行命令義解（1）（清水玄）「社会政策時報」　71　1926.8
◆枝川の河水浄化問題（荻野竹四郎）「大大阪」　2（8）　1926.8
◆都市結核相と其防減策（有馬頼吉）「大大阪」　2（8）　1926.8
◆保健都市としての神戸観（伊庭野薫）「都市研究」　2（4）　1926.8
◆小児保健所新設計画（小田垣光之輔）「都市問題」　3（2）　1926.8
◆促進汚泥法に依る下水の処分に就て（長崎謙次）「日本公衆保健協会雑誌」　2（8）　1926.8
◆伝染病患者発生表（大正十五年自六月六日至七月三日四週間）（内務省衛生局）「日本公衆保健協会雑誌」　2（8）　1926.8
◆近代公園と運動場の新傾向（田村剛）「公衆衛生」　44（9）　1926.9
◆米国の結核死亡率激減（氏原佐蔵）「公衆衛生」　44（9）　1926.9
◆ボストン市の小児衛生施設（石原作államス）「公衆衛生」　44（9）　1926.9
◆英国の医師と健康保険（森荘三郎）「国家学会雑誌」　40（9）　1926.9
◆河川港湾の汚染に就て（田村輿吉）「都市工学」　5（9）　1926.9
◆大阪市の枝川浄化計画（猪間驥一）「都市問題」　3（9）　1926.9
◆東京市の牛乳配給事業（福本英男）「都市問題」　3（9）　1926.9
◆都市の結核問題（1）（宮島幹之助）「都市問題」　3（3）　1926.9
◆衛生いろは歌留多に関する件（庁府県長官宛）（内務省衛生局）「内務時報」　357　1926.9
◆大正十三年保健事務関係統計（飲食物）（1）（内務省衛生局）「内務時報」　358　1926.9
◆結核減少の趨勢研究（高野六郎）「日本公衆保健協会雑誌」　2（9）　1926.9
◆埼玉県下に於ける疾病に因る死亡者及帰郷患者状態調（埼玉県調査）「労働時報」　3（9）　1926.9
◆日本の医師及薬剤師数（内務省衛生局）「公衆衛生」　44（10）　1926.10
◆乳礼讃（宮島幹之助）「公衆衛生」　44（10）　1926.10
◆花柳病予防法制定に関する論議と其沿革（1）（栗本庸勝）「社会事業」　10（7）　1926.10
◆癩病同情の先駆者（小林正金）「社会事業」　10（7）　1926.10
◆健康保険法施行命令義解（2）（清水玄）「社会政策時報」　73　1926.10
◆近世大阪に於ける遊所整理（佐古慶三）「大大阪」　2（10）　1926.10
◆我国農村衛生の実状（南崎雄七）「帝国農会報」　16（10）　1926.10
◆フレスノ市水道設備（岩崎富久）「都市工学」　5（10）　1926.10
◆都市の伝染病（道家斉一郎）「都市公論」　9（10）　1926.10
◆防火水道と雑用水道（小川織三）「都市公論」　9（10）　1926.10
◆都市の結核問題（2・完）（宮島幹之助）「都市問題」　3（4）　1926.10
◆大正十三年保健事務関係統計（汚物掃除、屠場及屠畜、精神病者、中毒、埋火葬）（2・完）（内務省衛生局）「内務時報」　360　1926.10
◆大正十三年医薬事務関係統計（内務省衛生局）「内務時報」　361　1926.10
◆伝染病患者及死者数（大正十五年八月）「内務時報」　361　1926.10
◆人口十万以上の都市に於ける結核死亡者調（大正十三年）（内務省衛生局）「日本公衆保健協会雑誌」　2（10）　1926.10
◆学校寄宿舎に発生せる伝染病に関する調査（文部大臣官房学校衛生

◇課)「文部時報」 222 1926.10

◇全国体育デー実施参考(文部大臣官房学校衛生課)「文部時報」 223 1926.10

◇第二回全国体育デー実施状況(文部大臣官房学校衛生課)「文部時報」 223 1926.10

◇結核と其予防施設(氏原佐蔵)「公衆衛生」 44(11) 1926.11

◇都市衛生施設刷新の急務「公衆衛生」 44(11) 1926.11

◇日本に於けるチフス無病地帯(壁島為造)「公衆衛生」 44(11) 1926.11

◇花柳病予防法制定に関する論議と其沿革(2)(栗本庸勝)「社会事業」 10(8) 1926.11

◇最近に於ける各国禁酒運動の概況(2)「社会事業」 10(8) 1926.11

◇下水の処理に就て(1)(島崎孝彦)「大大阪」 2(11) 1926.11

◇保健部の活動(紐育市政の研究)(藤田進一郎)「大大阪」 2(11) 1926.11

◇都市と児童遊園に就いて(森一郎)「都市研究」 2(5) 1926.11

◇神戸市の巡回産婆事業(猪間驥一)「都市問題」 3(5) 1926.11

◇健康保険の医療に関する契約案に付て(内務省社会局保険部長)「内務時報」 367 1926.11

◇芸妓保健組合の設立(戸所亀作)「日本公衆保健協会雑誌」 2(11) 1926.11

◇トラホーム検診成績(大正十四年中)(内務省衛生局)「日本公衆保健協会雑誌」 2(11) 1926.11

◇癩予防策として癩患者隔離方法に関する一私見追加(上川豊)「日本公衆保健協会雑誌」 2(11) 1926.11

◇ガス代謝に及ぼす環境温度の影響に就いて(大西清治)「労働科学研究」 3(3) 1926.11

◇結核と其の予防施設(氏原佐蔵)「公衆衛生」 44(12) 1926.12

◇水道及下水普及の概況(内務省衛生局)「公衆衛生」 44(12) 1926.12

◇戦禍と独逸学童の発育不全歯(豊田実)「公衆衛生」 44(12) 1926.12

◇腸チフス予防と井戸改善(井口乗海)「公衆衛生」 44(12) 1926.12

◇疾病保険制度の現状(森荘三郎)「国家学会雑誌」 40(12) 1926.12

◇児童遊園に対する一つの見方(松前福広)「社会事業」 10(9) 1926.12

◇下水の処理に就て(2)(島崎孝彦)「大大阪」 2(12) 1926.12

◇実費診療所に就て「東洋経済新報」 1227 1926.12

◇アトランチイックシティ水道設備(岩崎富久)「都市工学」 5(12) 1926.12

◇下水処分の今昔(田中寅男)「都市工学」 5(12) 1926.12

◇遊園地見たま丶、聞いたま丶(2)「都市創作」 2(12) 1926.12

◇イギリス諸都市の塵芥処理状況(樫木徹)「都市問題」 3(6) 1926.12

◇最近諸外国並に本邦都市の乳児死亡率(猪間驥一)「都市問題」 3(6) 1926.12

◇小児保健所指針「内務時報」 369 1926.12

◇大正十五年自九月二六日至十月二三日四週間伝染病患者発生表(内務省衛生局防疫課)「日本公衆保健協会雑誌」 2(12) 1926.12

◇鉄塩を含める水の試験並濾過装置に就て(城龍吉)「日本公衆保健協会雑誌」 2(12) 1926.12

◇米国結核予防運動の感銘(高野六郎)「日本公衆保健協会雑誌」 2(12) 1926.12

◇長野県管内適用工場に於ける炊事従業者保有病原体及び寄生虫調査「労働時報」 3(12) 1926.12

◇百貨店式病院の計画(神戸正雄)「時事経済問題」 63 1927

◇独逸小学児童口腔検査の現況(1)(豊田寛)「公衆衛生」 45(1) 1927.1

◇欧米の衛生行政を観て我国衛生省の独立を論ず(井上円治)「社会事業」 10(10) 1927.1

◇花柳病と売淫に就て(山田準次郎)「社会事業」 10(10) 1927.1

◇体育運動の本義に就て(岩原拓)「社会事業」 10(10) 1927.1

◇完備せる保健的施設(紐育市政の研究)(藤田進一郎)「大大阪」 3(1) 1927.1

◇遊園地見たま丶、聞いたま丶(TK生)「都市創作」 3(1) 1927.1

◇名古屋静岡の巡回産婆施設(猪間驥一)「都市問題」 4(1) 1927.1

◇我国諸都市の乳児死亡統計に就て(上)(猪間驥一)「都市問題」 4(1) 1927.1

◇伝染病予防法施行規則中改正の件「内務時報」 374 1927.1

◇白粉試験と使用白粉の統計的観察(中尾源太郎,石原三木)「日本公衆保健協会雑誌」 3(1) 1927.1

◇水道布設前後の腸「チフス」患者数調(内務省衛生局保健課調査)「日本公衆保健協会雑誌」 3(1) 1927.1

◇内務省大宮実験所研究成績「日本公衆保健協会雑誌」 3(1) 1927.1

◇牛乳と乳製品(千々岩泉)「公衆衛生」 45(2) 1927.2

◇警視庁管内チフス保菌者の概況(井口乗海)「公衆衛生」 45(2) 1927.2

◇健康保険の給付(古備安俊)「公衆衛生」 45(2) 1927.2

◇独逸小学児童口腔検査の現況(2)(豊田実)「公衆衛生」 45(2) 1927.2

◇普国通俗衛生講和資料(氏原佐蔵)「公衆衛生」 45(2) 1927.2

◇北米公衆衛生瑣談(高野六郎)「公衆衛生」 45(2) 1927.2

◇児童遊園に於ける「遊び」その他(松前福広)「社会事業」 10(11) 1927.2

◇大阪市の塵芥問題(瀬戸一雄)「大大阪」 3(2) 1927.2

◇我国諸都市の乳児死亡統計に就て(下)(猪間驥一)「都市問題」 4(2) 1927.2

◇医師薬剤師数調(大正十四年十二月末現在)(内務省衛生局保健課)「日本公衆保健協会雑誌」 3(2) 1927.2

◇大正十三、十五年熊本市に於ける爆発性腸「チフス」流行の疫学的観察(1)(川久保定三)「日本公衆保健協会雑誌」 3(2) 1927.2

◇入院娼妓の間食節約に就て(庭瀬信太郎)「日本公衆保健協会雑誌」 3(2) 1927.2

◇本邦結核予防策私議(佐藤正)「日本公衆保健協会雑誌」 3(2) 1927.2

◇各国の母性及小児保健事業比較観察(氏原佐蔵)「公衆衛生」 45(3) 1927.3

◇地方看護事業(シャドウエル)「公衆衛生」 45(3) 1927.3

◇巡回看護に就て(大谷チヤウ)「社会事業」 10(12) 1927.3

◇健康保険実施の総勘定(清水玄)「社会政策時報」 78 1927.3

◇防火水道と雑用水道(小川織三)「大日本消防」 22 1927.3

◇神戸市の屎尿問題対策(伊庭野薫)「都市研究」 3(2) 1927.3

◇神戸市の第二期水道拡張(関源三郎)「都市研究」 3(2) 1927.3

◇遊園地見たま丶、聞いたま丶(TK生)「都市創作」 3(3) 1927.3

◇標準塵芥焼却炉仕様と其試験(後藤曠二)「都市問題」 4(3) 1927.3

◇六大市及び全国早期乳児死亡の推移(猪間驥一)「都市問題」 4(3) 1927.3

◇衛生思想普及と巡回看護婦(1)(紀本参次郎)「日本公衆保健協会雑誌」 3(3) 1927.3

◇学生生徒児童最近十ケ年近視眼累年比較調査「文部時報」 234 1927.3

◇温度及び湿度の身体的精神的機能に及ぼす影響(2)「労働科学研究」 3(4) 1927.3

◇精神行作時の酸素消費量に就て(1)(松島周蔵)「労働科学研究」 3(4) 1927.3
◇地方看護事業(2)(シヤドウエル)「公衆衛生」 45(4) 1927.4
◇地方庁保健衛生調査事業(内務省衛生局)「公衆衛生」 45(4) 1927.4
◇独逸花柳病予防協会「公衆衛生」 45(4) 1927.4
◇独逸小学児童口腔検査の現況(3)(豊田実)「公衆衛生」 45(4) 1927.4
◇南米衛生事情(飯村保三)「公衆衛生」 45(4) 1927.4
◇農村の衰微と農村保健(氏原佐蔵)「公衆衛生」 45(4) 1927.4
◇乳幼児に関する各種統計「社会事業」 11(1) 1927.4
◇乳幼児並小児の発育と社会的環境の関係(瀬川昌世)「社会事業」 11(1) 1927.4
◇妊娠分娩産褥と社会医学的観察(磐瀬雄一)「社会事業」 11(1) 1927.4
◇母性及小児の保健事業の地位(山田準次郎)「社会事業」 11(1) 1927.4
◇我国に於ける母性及乳幼児死亡の統計的観察(亀田豊四郎)「社会事業」 11(1) 1927.4
◇噴煙に因る市民の損害に就て(藤原九十郎)「大大阪」 3(4) 1927.4
◇水道技師の今昔(2)(茂庭忠次郎)「都市工学」 6(4) 1927.4
◇各地に於ける日本赤十字社の妊産婦保護事業(猪間驥一)「都市問題」 4(4) 1927.4
◇花柳病予防法「内務時報」 385 1927.4
◇スポーツの民衆化より生活化へ(伊藤武彦)「公衆衛生」 45(5) 1927.5
◇地方看護事業(3)(シヤドウエル)「公衆衛生」 45(5) 1927.5
◇地方庁保健衛生調査事業(2)(内務省衛生局)「公衆衛生」 45(5) 1927.5
◇独逸小学児童口腔検査の現況(4)(豊田実)「公衆衛生」 45(5) 1927.5
◇独逸前年度(一九二六年)のチブス患者数「公衆衛生」 45(5) 1927.5
◇入院患者面会日制定の急務(磯辺美智)「公衆衛生」 45(5) 1927.5
◇仏国の花柳病予防事業(氏原佐蔵)「公衆衛生」 45(5) 1927.5
◇健康保険に関する若干の問題(氏家貞一郎)「社会政策時報」 80 1927.5
◇遊園地見たまゝ、聞いたまゝ、(6)(T.K.生)「都市創作」 3(5) 1927.5
◇イギリスの都市空中衛生問題(樫木徹)「都市問題」 4(5) 1927.5
◇関西四市の塵芥焼却設備(後藤暽二)「都市問題」 4(5) 1927.5
◇蚊蠅駆除剤としての四塩化炭素の応用に就て(高島研造)「日本公衆保健協会雑誌」 3(5) 1927.5
◇健康保険の給付(2)(古瀬安俊)「公衆衛生」 45(6) 1927.6
◇大正十四年結核性疾患死亡者調(内務省衛生局)「公衆衛生」 45(6) 1927.6
◇東京市にて消費する食品に就て(東京市役所商工課)「公衆衛生」 45(6) 1927.6
◇米国太平洋岸の大運動競技場(氏原佐蔵)「公衆衛生」 45(6) 1927.6
◇閉鎖式便所に於ける蠅の発生(大内恒)「公衆衛生」 45(6) 1927.6
◇人口遊泳場雑感(西川友孝)「造園学雑誌」 3(6) 1927.6
◇医学と教育の握手(三田谷啓)「大大阪」 3(6) 1927.6
◇緊急装置の必要なる機関として死体収容所の設置を望む(中田篤郎)「大大阪」 3(6) 1927.6
◇健康保険に就いて(里村安二郎)「大大阪」 3(6) 1927.6
◇安価にして健全なる牛乳の供給方法「東洋経済新報」 1254 1927.6
◇水道技師の今昔(6)(茂庭忠次郎)「都市工学」 6(6) 1927.6
◇乳幼児及母性保護事業の意義と英国に於ける其の発達(猪間驥一)「都市問題」 4(6) 1927.6
◇健康保険法規疑義事項解釈(承前)(社会局保険部)「内務時報」 394 1927.6
◇伝染病患者及死者数(昭和二年四月中)「内務時報」 394 1927.6
◇製紙工場の廃液に関する研究(渡邊夏彦)「日本公衆保健協会雑誌」 3(6) 1927.6
◇保健衛生調査の既性と将来(栢原直二郎)「日本公衆保健協会雑誌」 3(6) 1927.6
◇学生生徒児童身長体重胸囲二十三ヶ年間平均表(自明治三十三年至大正十二年)(文部大臣官房学校衛生課)「文部時報」 244 1927.6
◇温度及び湿度の身体の精神的機能に及ぼす影響(3)(研究所同人)「労働科学研究」 4(1) 1927.6
◇各地方の医師分布状況(内務省衛生局)「公衆衛生」 45(7) 1927.7
◇シカゴ市の衛生事務成績「公衆衛生」 45(7) 1927.7
◇独逸小学児童口腔検査の現況(完)(豊田実)「公衆衛生」 45(7) 1927.7
◇改良便所の考察(南崎雄七)「市町村雑誌」 403 1927.7
◇健康保険法と市町村の事務(丹木政一)「市町村雑誌」 403 1927.7
◇媚婦の現在及び将来(座談会)「社会事業」 11(4) 1927.7
◇健康保険組合の財源と医療組織に就て(熊谷憲一)「社会政策時報」 82 1927.7
◇健康保険問題と労資双方の主張(1)「東洋経済新報」 1256 1927.7
◇健康保険問題と労資双方の主張(2)「東洋経済新報」 1259 1927.7
◇東京市の牛乳問題(猪間驥一)「都市問題」 5(1) 1927.7
◇体育研究所近況「文部時報」 246 1927.7
◇疾病に因る帰郷女工に関する調査「労働時報」 4(7) 1927.7
◇健康保険法改善意見「健康保険時報」 1(5) 1927.8
◇各国の母性及小児保健事業比較観察(氏原佐蔵)「公衆衛生」 45(8) 1927.8
◇東京中心のキヤムピング好適地(東京鉄道局)「公衆衛生」 45(8) 1927.8
◇普国の乳児死亡率「公衆衛生」 45(8) 1927.8
◇保健衛生上の根本問題(星野鉄男)「公衆衛生」 45(8) 1927.8
◇保健上より考察せる伊国民の現況(ムツソリーニ)「公衆衛生」 45(8) 1927.8
◇衛生模範農村(高野六郎)「斯民」 22(8) 1927.8
◇芸娼妓私娼の実情(1)(草間八十雄)「社会事業」 11(5) 1927.8
◇国民保健上より見たる国立公園問題(氏原佐蔵)「庭園と風景」 9(8) 1927.8
◇騒音を軽減する軌道の構造に就て(佐藤利恭)「道路の改良」 9(8) 1927.8
◇都市の塵芥処分問題(藤原九十郎)「都市問題」 5(2) 1927.8
◇衛生行政振興策(自由論壇)「日本公衆保健協会雑誌」 3(8) 1927.8
◇脚気病予防に関する調査報告(根岸顕蔵)「日本公衆保健協会雑誌」 3(8) 1927.8
◇健康保険大正十五昭和元年度事業成績「健康保険時報」 1(6) 1927.9
◇グラスゴー市乳児死亡率「公衆衛生」 45(9) 1927.9
◇結核牛の乳と結核感染問題(渡邊義政)「公衆衛生」 45(9) 1927.9
◇太平洋国際衛生会議に就て(2)(加藤源三)「公衆衛生」 45(9) 1927.9
◇福島県助産婦会設立経過(渡邊夏彦)「公衆衛生」 45(9) 1927.9

◇疾病保険制度に対する各国政府の意見（森荘三郎）「国家学会雑誌」 41(9) 1927.9
◇芸娼妓私娼の実情(2)（草間八十雄）「社会事業」 11(6) 1927.9
◇健康保険法改正意見輯録（協調会調査課）「社会政策時報」 84 1927.9
◇日本人らしき自殺（村島帰之）「大大阪」 3(9) 1927.9
◇煤煙防止問題、炭化工程の進歩（大阪都市協会調査係訳）「大大阪」 3(9) 1927.9
◇最近に於ける東京市内河川及品川湾の水質汚染程度（廣中一之）「都市工学」 6(9) 1927.9
◇バーミンハム市の塵芥処理（岩橋元亮）「都市工学」 6(9) 1927.9
◇六大都市水道比較（後藤曠二）「都市問題」 5(3) 1927.9
◇我国に於ける妊産婦保護施設（猪間驥一）「都市問題」 5(3) 1927.9
◇日本に於ける脚気と気候風土との関係について（田邊秀穂）「労働科学研究」 4(2) 1927.9
◇健康保険組合に於ける保険料率の統計的考察「健康保険時報」 1(7) 1927.10
◇健康保険昭和二年度(自四月至六月)事業成績「健康保険時報」 1(7) 1927.10
◇健康保険法改善意見「健康保険時報」 1(7) 1927.10
◇衛生上より見たる公園（大屋霊城）「建築と社会」 10(10) 1927.10
◇失明防止に就て（古見嘉一）「公衆衛生」 45(10) 1927.10
◇北米に於ける保健事業の趨勢（宮島幹之助）「公衆衛生」 45(10) 1927.10
◇母性及小児と保健施設（氏原佐蔵）「公衆衛生」 45(10) 1927.10
◇離乳児の自選食餌と成育及乳歯出齦との関係（豊田実）「公衆衛生」 45(10) 1927.10
◇花柳病予防法の公布に就て（関以雄）「市町村雑誌」 406 1927.10
◇都市に於ける乳児死亡に関する一研究（楠原祖一郎）「社会事業」 11(7) 1927.10
◇欧米に於ける防煙取締法と防減会の状況（藤原九十郎）「大大阪」 3(10) 1927.10
◇都市煤煙防止問題(第一編)（辻元謙之助）「大大阪」 3(10) 1927.10
◇煤煙防止石炭節約特許燃焼機の各種に就て(1)（高岡斉）「大大阪」 3(10) 1927.10
◇防疫上より見たる丸の内（井口乗海）「都市公論」 10(10) 1927.10
◇ロスアンジェルスの新設塵芥焼却場（樫木徹）「都市問題」 5(4) 1927.10
◇婦人における生理的週期と作業能(その9)総括及結論（桐原葆見）「労働科学研究」 4(3) 1927.10
◇健康保険制度の改善問題に関する労働保険調査会の議事経過「健康保険時報」 1(8) 1927.11
◇運動園周囲の地価の騰貴（中越延豊）「公衆衛生」 45(11) 1927.11
◇欧洲の社会衛生施設（黒田教慧）「公衆衛生」 45(11) 1927.11
◇北米に於ける保健事業の趨勢(2)（宮島幹之助）「公衆衛生」 45(11) 1927.11
◇水源涵養林補助規則に就て(1)（永松陽一）「自治研究」 3(11) 1927.11
◇煤煙防止石炭節約特許燃焼機の各種に就て(2)（高岡斉）「大大阪」 3(11) 1927.11
◇昭和二年四月及至六月の出生死亡概数「統計集誌」 556 1927.11
◇東京市の水道拡張計画に就て（小野基樹）「都市工学」 6(11) 1927.11
◇一宮市塵芥焼却炉に就て（葛山鉄造）「都市創作」 3(11) 1927.11
◇牛乳販売組合の経営に就て（竹田梅太郎）「日本公衆保健協会雑誌」 3(11) 1927.11

◇米国に於ける公衆衛生の現況及将来(1)（斎藤潔）「日本公衆保健協会雑誌」 3(11) 1927.11
◇運動の血行器に及ぼす影響（砂田恵一）「労働科学研究」 4(3) 1927.11
◇健康保険法改正案に関する社会局参与会議「健康保険時報」 1(9) 1927.12
◇隅田公園（山本良吉）「建築と社会」 10(12) 1927.12
◇国立公園協会の成立「公衆衛生」 45(12) 1927.12
◇巴里の公園（氏原生）「公衆衛生」 45(12) 1927.12
◇御大礼記念事業として結核療養所の設立を提唱す（小林正金）「社会事業」 11(9) 1927.12
◇大都市に於ける煤煙防止（長谷川正五）「大大阪」 3(12) 1927.12
◇都市衛生改善策（吉山真棹）「都市問題」 5(6) 1927.12
◇上水・下水問題（野邊地慶三）「公衆衛生」 46(1) 1928.1
◇バーミンガム市の衛生状態（氏原佐蔵）「公衆衛生」 46(1) 1928.1
◇水源涵養林補助規則に就て(2)（永松陽一）「自治研究」 4(1) 1928.1
◇岡場所発生論（井上吉次郎）「大大阪」 4(1) 1928.1
◇飲食物衛生より見たる都市（結城清）「都市創作」 4(1) 1928.1
◇改良便所築造につきて（高野六郎）「日本公衆保健協会雑誌」 4(1) 1928.1
◇最近英国に於ける国民健康保険費用概況「健康保険時報」 2(2) 1928.2
◇都市の屎尿及び塵芥の処置（高野六郎）「公衆衛生」 46(2) 1928.2
◇明治五年以降の出生及死亡一覧（内務省衛生局）「公衆衛生」 46(2) 1928.2
◇禁酒運動の重要性（小塩完次）「社会事業」 11(11) 1928.2
◇将来の児童遊園（大屋霊城）「社会事業」 11(11) 1928.2
◇都市街路の掃浄と掃浄方法の効率に就て（大阪市都市計畫部調査）「大大阪」 4(2) 1928.2
◇都市の結核施設（今村荒男）「大大阪」 4(2) 1928.2
◇煤煙防止原理の一考察（谷岡龍一）「大大阪」 4(2) 1928.2
◇米国に於ける公衆衛生の現在及其将来(2)（斎藤潔）「日本公衆保健協会雑誌」 4(2) 1928.2
◇米国に於ける公衆衛生の現在及其将来（斎藤潔）「日本公衆保健協会雑誌」 4(2) 1928.2
◇普く学校看護婦の設置を望む（岡田道一）「公衆衛生」 46(3) 1928.3
◇大阪の乳児死亡（氏原佐蔵）「公衆衛生」 46(3) 1928.3
◇第二同母性小児保健講習会要項（内務省衛生局）「公衆衛生」 46(3) 1928.3
◇都市の屎尿及塵芥処置(2)（高野六郎）「公衆衛生」 46(3) 1928.3
◇母性及小児保健施設に関する調査（内務省衛生局）「公衆衛生」 46(3) 1928.3
◇伝染病予防法運用の実際（飯村保三）「市町村雑誌」 411 1928.3
◇大阪市電気局従業員の病傷状況に就て（池口武夫, 中山儀太郎）「大大阪」 4(3) 1928.3
◇都市街路の掃浄と掃浄方法の効率に就て（大阪都市計畫部調査）「大大阪」 4(3) 1928.3
◇列国の都市衛生視察(1) 就中其汚物処分に就て（戸田正三）「大大阪」 4(3) 1928.3
◇煤煙防止の為に瓦斯事業の為せる貢献（エフ・ダブルユー・グデイナフ）「帝国瓦斯協会雑誌」 17(2) 1928.3
◇衛生組合の改善と役員の素質向上（内野總一）「日本公衆保健協会雑誌」 4(3) 1928.3
◇米国に於ける公衆衛生の現在及其将来(3)（斎藤潔）「日本公衆保健協会雑誌」 4(3) 1928.3

◇温度及湿度の身体的精神的機能に及ぼす影響(第4回報告)(石川知福)「労働科学研究」 5(1) 1928.3
◇労働と尿の物理化学的性状との関係について(八木高次,佐々木昌,松原フサ)「労働科学研究」 5(1) 1928.3
◇衛生行政改善の要旨(川村貞四郎)「警察協会雑誌」 332 1928.4
◇大阪の乳児死亡(氏原佐蔵)「公衆衛生」 46(4) 1928.4
◇各国医制の研究資料(亀山孝一)「公衆衛生」 46(4) 1928.4
◇都市衛生行政組織と経費(内務省衛生局)「公衆衛生」 46(4) 1928.4
◇医療の普及と救療の合理化(紀本参次郎)「社会事業」 12(1) 1928.4
◇公娼問題研究会記事「社会事業」 12(1) 1928.4
◇東京市内重なる官公私立病院に於ける施療入院患者に就て(済生会救療部)「社会事業」 12(1) 1928.4
◇丸山鶴吉氏を中心とする私娼問題研究会記事「社会事業」 12(1) 1928.4
◇近代都市娯楽の特質と其社会的施設及び対策(権田保之助)「大大阪」 4(4) 1928.4
◇樹木を愛護して下さい(都市美と保健のため)(椎原兵市)「大大阪」 4(4) 1928.4
◇列国の都市衛生視察(2) 就中都市の汚物処分に就て(戸田正三)「大大阪」 4(4) 1928.4
◇列国の都市衛生視察(戸田正三)「大大阪」 4(4) 1928.4
◇都市衛生行政の重点(下条久馬一)「都市公論」 11(4) 1928.4
◇ボルティモア市の新塵芥焼却場(後藤曠二)「都市問題」 6(4) 1928.4
◇米国に於ける公衆衛生の現在及其将来(4)(斎藤潔)「日本公衆保健協会雑誌」 4(4) 1928.4
◇学校寄宿舎に発生せる伝染病に関する調査(文部大臣官房学校衛生課)「文部時報」 273 1928.4
◇下水処理法の一般及促進汚泥法(英間偉)「公衆衛生」 46(5) 1928.5
◇乳幼児保健問題座談会「社会事業」 12(2) 1928.5
◇ハビットトレイニングクリニックに就いて(定方亀代)「社会事業」 12(2) 1928.5
◇大阪の保健衛生施設と対策(藤原九十郎)「大大阪」 4(5) 1928.5
◇衛生学上より家庭への注文(森田公平)「帝国瓦斯協会雑誌」 17(3) 1928.5
◇妊産婦保護事業と住宅保護事業-諸都市に於ける其廃止と起業(猪間驥一)「都市問題」 6(5) 1928.5
◇米国に於ける公衆保健の現況及其将来(5)(斎藤潔)「日本公衆保健協会雑誌」 4(5) 1928.5
◇朝鮮に於ける阿片モヒ害毒問題(菊池酉治)「社会事業」 12(3) 1928.6
◇大正年間に於ける体育の発展(林博太郎)「帝国教育」 550 1928.6
◇水道メートルの検定実施(後藤曠二)「都市問題」 6(6) 1928.6
◇東京市の水道料金値上(後藤曠二)「都市問題」 6(6) 1928.6
◇プロヴィデンス市の塵芥処分(樫木徹)「都市問題」 6(6) 1928.6
◇屡々変更せる東京市伝染病院計画(猪間驥一)「都市問題」 7(2) 1928.8
◇下水道事業の経済(市営事業特輯)(関一)「都市問題」 7(4) 1928.10
◇カナダ五市の塵芥処分概説(樫木徹)「都市問題」 7(6) 1928.12
◇完備せるシカゴ市の児童保健施設(川本宇之介)「都市問題」 7(6) 1928.12
◇都市の屎尿処分問題(上)(藤原九十郎)「都市問題」 7(6) 1928.12
◇米国諸市に於ける塵芥処分概況(樫木徹)「都市問題」 7(6) 1928.12

◇健康保険法施行令第七条の共済組合の組合員たる健康保険の被保険者数調「健康保険時報」 3(11) 1929.1
◇大阪に於ける空中浄化運動(後藤曠二)「都市問題」 8(1) 1929.1
◇東京市の下水道近況(後藤曠二)「都市問題」 8(1) 1929.1
◇都市の屎尿処分問題(承前)(藤原九十郎)「都市問題」 8(1) 1929.1
◇グラスゴーの塵芥発電所(後藤曠二)「都市問題」 8(2) 1929.2
◇東京市最初の塵芥焼却場(後藤曠二)「都市問題」 8(3) 1929.3
◇松山市の上水道計画(後藤曠二)「都市問題」 8(4) 1929.4
◇イギリス都市の煤塵量(樫木徹)「都市問題」 8(5) 1929.5
◇本邦都市塵芥処分の概況と各市当局の改善意見(樫木徹)「都市問題」 8(5) 1929.5
◇政府の管掌する健康保険の事業状況「健康保険時報」 3(8) 1929.7
◇英国水道法(3)(吉武恵市)「公衆衛生」 47(7) 1929.7
◇大阪市屎尿処理問題(安達将総)「公衆衛生」 47(7) 1929.7
◇健康保険法の改正と市町村(灘尾弘吉)「市町村雑誌」 427 1929.7
◇名古屋市の塵芥及び屎尿処分新設備(樫木徹)「都市問題」 9(1) 1929.7
◇欧米諸国に於ける牛乳衛生取締(池田錫)「日本公衆保健協会雑誌」 5(7) 1929.7
◇汚染料理を介して行はれたる「パラチフス」の流行例(満鉄衛生課)「日本公衆保健協会雑誌」 5(7) 1929.7
◇静岡県学齢児童に於ける肺二口虫病並に中間宿主の研究(西山伊織)「日本公衆保健協会雑誌」 5(7) 1929.7
◇都市に於ける公園新設と受益負担制度(溝江五月)「建築と社会」 12(8) 1929.8
◇英国優生学会の減種法案(衛生局保健課)「公衆衛生」 47(8) 1929.8
◇大阪市屎尿処理問題(安達将総)「公衆衛生」 47(8) 1929.8
◇国立公園と其の使命(氏原佐蔵)「公衆衛生」 47(8) 1929.8
◇大東京の空気(有本邦太郎)「公衆衛生」 47(8) 1929.8
◇米国のヂフテリア予防趨勢(草間良男)「公衆衛生」 47(8) 1929.8
◇保健と経済より見たるラヂオ体操(簡易保険局)「公衆衛生」 47(8) 1929.8
◇本邦市鄙の死亡率に就て(近藤栄蔵)「市町村雑誌」 428 1929.8
◇工場危害予防及衛生規則概説(北岡寿逸)「社会政策時報」 107 1929.8
◇イギリスの公衆浴場(平野真三)「都市問題」 9(2) 1929.8
◇水道使用量から見た日本及欧米市(樫木徹)「都市問題」 9(2) 1929.8
◇都市の水泳場に就て(井下清)「都市問題」 9(2) 1929.8
◇家屋焼却消毒による発疹「チフス」流行の防遏(満鉄衛生課)「日本公衆保健協会雑誌」 5(8) 1929.8
◇牛乳衛生デー実施成績(埼玉県衛生課)「日本公衆保健協会雑誌」 5(8) 1929.8
◇牛乳衛生デー実施要項(埼玉県衛生牛乳組合,埼玉県警察部衛生課)「日本公衆保健協会雑誌」 5(8) 1929.8
◇屠畜検査上より観たる家畜寄生虫の分布(堀安宅)「日本公衆保健協会雑誌」 5(8) 1929.8
◇売笑婦の性病診断成績に就て(石川重吉)「日本公衆保健協会雑誌」 5(8) 1929.8
◇政府の管掌する健康保険の事業状況「健康保険時報」 3(10) 1929.9
◇住宅の裏から覗いた保健衛生的施設(白石登喜男)「建築と社会」 12(9) 1929.9

◇チェッコ・スロヴアキー国民商奨健史(公衆衛生省)「公衆衛生」 47(9) 1929.9
◇独逸国民の健康状態に就て(氏原佐蔵)「公衆衛生」 47(9) 1929.9
◇農村の死亡率と農村保健問題(内館泰三)「統計集誌」 579 1929.9
◇塵芥処理(1)(矢野雅雄)「都市工学」 8(9) 1929.9
◇米国に於ける市乳供給取締(池田錫)「都市問題」 9(3) 1929.9
◇ロンドンの上水道(小倉庫次)「都市問題」 9(3) 1929.9
◇衛生行政の刷新とは(T.K生)「日本公衆保健協会雑誌」 5(9) 1929.9
◇衛生思想の普及(高木義雄)「日本公衆保健協会雑誌」 5(9) 1929.9
◇京城府に於ける「腸チブス」の統計的観察並に昭和三年春の爆発的流行に就て(松岡憲昭)「日本公衆保健協会雑誌」 5(9) 1929.9
◇伝染病患者発生表(内務省衛生局防疫課)「日本公衆保健協会雑誌」 5(9) 1929.9
◇衣服地の衛生学的研究(第1回報告)(大西清治)「労働科学研究」 6(3) 1929.9
◇温度及湿度の身体的精神的機能に及ぼす影響(田辺秀穂,小西与一)「労働科学研究」 6(3) 1929.9
◇邦人の運動体型に関する一考察(八木高次)「労働科学研究」 6(3) 1929.9
◇健康保険課長会議(独逸体育総連盟総主事)「健康保険時報」 3(11) 1929.10
◇昭和四年五月分診察報酬分配状況「健康保険時報」 3(11) 1929.10
◇政府の管掌する健康保険の事業状況「健康保険時報」 3(11) 1929.10
◇政府の管掌する健康保険の保険医及保険薬剤師数調「健康保険時報」 3(11) 1929.10
◇近代都市の公園価値(折下吉延)「公衆衛生」 47(10) 1929.10
◇市民の肺臓都市の窓たる公園「公衆衛生」 47(10) 1929.10
◇都市の清掃行政(1)(氏原佐蔵)「公衆衛生」 47(10) 1929.10
◇倫敦に於ける予防医学(ランセット誌所載)「公衆衛生」 47(10) 1929.10
◇塵芥処理(2)(矢野雅雄)「都市工学」 8(10) 1929.10
◇都市の騒音(樫木徹)「都市工学」 8(10) 1929.10
◇衛生技術官の優遇に就て(軽部修伯)「日本公衆保健協会雑誌」 5(10) 1929.10
◇昭和三年本邦薬品製造数量調(内務省衛生局医務課)「日本公衆保健協会雑誌」 5(10) 1929.10
◇伝染病患者発生表(内務省衛生局防疫課)「日本公衆保健協会雑誌」 5(10) 1929.10
◇加奈陀国立公園規則(内務省衛生局保健課)「公衆衛生」 47(11) 1929.11
◇台所の保健(氏原佐蔵)「公衆衛生」 47(11) 1929.11
◇水に関する法規の整備(武井群扁)「自治研究」 5(11) 1929.11
◇健康保険事業の地方庁移管に就て(兒玉政介)「地方行政」 37(11) 1929.11
◇塵芥処理(3)(矢野雅雄)「都市工学」 8(11) 1929.11
◇閑却すべからず教員の健康を「補習教育」 82 1929.11
◇東京市屎尿処分調査要概(東京市保健局)「公衆衛生」 47(12) 1929.12
◇乳児保健に関する会議報告(国際連盟保健部)「公衆衛生」 47(12) 1929.12
◇大阪市に於ける煤塵に関する調査(世界動力会議提出論文)(藤原九十郎)「大大阪」 5(12) 1929.12
◇煤煙防止座談会「大大阪」 5(12) 1929.12
◇大阪市の細菌的断面(井上康治)「都市問題」 9(5) 1929.12

◇都市空気の汚染に就て(有本邦太郎)「都市問題」 9(5) 1929.12
◇国際連盟保健機関の組織(国際連盟事務局東京支局)「公衆衛生」 48(1) 1930.1
◇大日本私立衛生会と衛生組合(高野六郎)「公衆衛生」 48(1) 1930.1
◇チェッコ・スロヴアキー国民奨健康史(公衆衛生省)「公衆衛生」 48(1) 1930.1
◇欧州諸国に於ける健康保険の保健施設(兒玉政介)「自治研究」 6(1) 1930.1
◇衛生組合法展望(高野六郎)「地方行政」 38(1) 1930.1
◇国民保健の重要性に就て(赤木朝治)「地方行政」 38(1) 1930.1
◇震災復興と保健衛生/復興帝都の大観(復興展記念特輯)(猪間驥一,樫木徹)「都市問題」 10(1) 1930.1
◇英国に於ける母性及小児保健事業(英国衛生省)「公衆衛生」 48(2) 1930.2
◇都市の清掃行政(2)(氏原佐蔵)「公衆衛生」 48(2) 1930.2
◇大阪市に於ける煤煙防止対策(辻元謙之助)「大大阪」 6(2) 1930.2
◇健康保険組合の連合問題(兒玉政介)「地方行政」 38(2) 1930.2
◇都市衛生の進展(高野六郎)「都市公論」 13(2) 1930.2
◇便所はどうすればよいか-都市屎尿問題と改良便所(高野六郎)「都市問題」 10(2) 1930.2
◇英国に於ける母性及小児保健事業(2)(英国衛生省)「公衆衛生」 48(3) 1930.3
◇静岡県伊東町の衛生に就て(1)(鈴木良吉)「公衆衛生」 48(3) 1930.3
◇都市の清掃行政(3)(氏原佐蔵)「公衆衛生」 48(3) 1930.3
◇米国デルウエヤー滅種法改正(内務省衛生局)「公衆衛生」 48(3) 1930.3
◇優生学講話(3)(レオナルルド・ダーウキン)「公衆衛生」 48(3) 1930.3
◇都市の衛生問題(島崎孝彦)「大大阪」 6(3) 1930.3
◇健康保険組合の連合問題(承前)(兒玉政介)「地方行政」 38(3) 1930.3
◇ニューヨーク市の下水処分計画(樫木徹)「都市問題」 10(3) 1930.3
◇便所はどうすればよいか-都市の屎尿問題と改良便所(承前)(高野六郎)「都市問題」 10(3) 1930.3
◇公娼廃止(オ・エヴアルド)「公衆衛生」 48(4) 1930.4
◇丁抹の滅種法(内務省衛生局)「公衆衛生」 48(4) 1930.4
◇都市の清掃行政(4)(氏原佐蔵)「公衆衛生」 48(4) 1930.4
◇本邦気候に対する住居の衛生学的批判(戸田正三)「公衆衛生」 48(4) 1930.4
◇健康保険組合の連合(承前)(兒玉政介)「地方行政」 38(4) 1930.4
◇公娼廃止は風紀上及び衛生上の弊害を助長するや否や(国際連盟事務局東京支局)「公衆衛生」 48(5) 1930.5
◇都市の清掃行政(5)(氏原佐蔵)「公衆衛生」 48(5) 1930.5
◇欧米諸都市に於ける学童保健の施設(生田五郎)「大大阪」 6(5) 1930.5
◇大阪市に於ける法廷伝染病及結核による経済的損失(安達将総)「大大阪」 6(5) 1930.5
◇汚物掃除法私説(高野六郎)「地方行政」 38(5) 1930.5
◇都市塵芥の特性に就て(樫木徹)「都市問題」 10(5) 1930.5
◇汚物掃除法の改正(吉山真棹)「都市問題」 10(6) 1930.6
◇下層階級に於ける黴毒の蔓延状態に関する調査(小宮義孝)「労働科学研究」 7(2) 1930.6
◇狂犬病の予防(3)(近藤正一)「公衆衛生」 48(7) 1930.7

◇京都市の塵芥屎尿処理現状(市川達次郎)「公衆衛生」 48(7) 1930.7
◇ミュンヘン市牛乳取締規則(内務省衛生局保健課)「公衆衛生」 48(7) 1930.7
◇汚物掃除法の改正(山崎豊)「大大阪」 6(7) 1930.7
◇水の衛生(島崎孝彦)「大大阪」 6(7) 1930.7
◇瓦斯暖房装置と衛生に就いて(森田公平)「帝国瓦斯協会雑誌」 19(4) 1930.7
◇都道別に見たる出生死亡率(関森健次)「統計集誌」 589 1930.7
◇欧洲の死産と乳児死亡調査(国際連盟事務局東京支局)「公衆衛生」 48(8) 1930.8
◇名古屋市汚物清掃の状況(金原庄治郎)「公衆衛生」 48(8) 1930.8
◇ミュンヘン市牛乳取締規則(2)(内務省衛生局保健課)「公衆衛生」 48(8) 1930.8
◇都市の噪音は防止出来るか？(樫木徹)「都市問題」 11(2) 1930.8
◇北米合衆国に於ける最近の医事衛生事情(宮島幹之助)「都市問題」 11(2) 1930.8
◇健康保険組合に於ける昭和四年度保険給付費「健康保険時報」 4(10) 1930.9
◇欧洲の死産と乳児死亡調査(2)(国際連盟事務局東京支局)「公衆衛生」 48(9) 1930.9
◇名古屋市汚物掃除の状況(2)(金原庄治郎)「公衆衛生」 48(9) 1930.9
◇北米合衆国最近の医事衛生事情(宮島幹之助)「公衆衛生」 48(9) 1930.9
◇都市の水(中村与資平)「都市公論」 13(9) 1930.9
◇都市の下水問題(島崎孝彦)「都市問題」 11(3) 1930.9
◇温度及湿度の身体的精神的機能に及ぼす影響(第12回報告)(松島周蔵)「労働科学研究」 7(3) 1930.9
◇成人肺結核の要因としての年齢、性及び職業(タイル・カミンス,勝木新次訳)「労働科学研究」 7(3) 1930.9
◇健康保険の実績に依る二三の疾病統計(長瀬恒蔵)「健康保険時報」 4(11) 1930.10
◇名古屋市汚物掃除の状況(3)(金原庄治郎)「公衆衛生」 48(10) 1930.10
◇京都の下水道(木村喬)「都市公論」 13(10) 1930.10
◇欧米の体育観(堀七蔵)「補習教育」 97 1930.10
◇健康保険組合事務打合会を終りて(兒玉政介)「健康保険時報」 4(12) 1930.11
◇欧洲の死産と乳児死亡調査(4)(国際連盟事務局東京支局)「公衆衛生」 48(11) 1930.11
◇名古屋市汚物掃除の状況(4)(金原庄治郎)「公衆衛生」 48(11) 1930.11
◇バーミンガム市衛生と医療事務(氏原佐蔵)「公衆衛生」 48(11) 1930.11
◇大阪市の乳児死亡率逓減と乳児家庭訪問制度(生地憲)「大大阪」 6(11) 1930.11
◇塵の世の中(山崎豊)「大大阪」 6(11) 1930.11
◇日本水道の目論見を評す「東洋経済新報」 1424 1930.11
◇東京市の騒音(佐藤武夫)「都市問題」 11(5) 1930.11
◇昭和三年度健康保険事業要覧「健康保険時報」 4(13) 1930.12
◇下水道の話(島崎孝彦)「大大阪」 6(12) 1930.12
◇公衆衛生施設(2)(稲川鉀一)「公衆衛生」 49(1) 1931.1
◇水道の話(草間偉)「公衆衛生」 49(2) 1931.2
◇都市民の戸外休養施設(氏原佐蔵)「公衆衛生」 49(2) 1931.2
◇都市の娯楽政策(藤田逸一郎)「都市問題」 12(2) 1931.2
◇欧米に於ける観覧施設(森金次郎)「補習教育」 96 1931.2

◇敷地とその保健的条件(野地修左)「建築と社会」 14(3) 1931.3
◇医師産婆の分布と乳児死亡率(森島憲一)「公衆衛生」 49(3) 1931.3
◇国立公園法案提案の理由(安達謙蔵)「国立公園」 3(3) 1931.3
◇国立公園法案「国立公園」 3(3) 1931.3
◇公娼制度は何処へ行く(1)(桑原幹根)「斯民」 26(3) 1931.3
◇救貧防貧の第一義は医療保護(紀本参次郎)「地方行政」 39(3) 1931.3
◇大阪市水道事業の沿革と現況(安川勝太郎)「都市公論」 14(3) 1931.3
◇都市衛生の改善施設としての「ヘルス・センター」(草間良男)「都市問題」 12(3) 1931.3
◇極東阿片吸飲取締調査委員会の報告概要(国際連盟事務局東京支局)「公衆衛生」 49(4) 1931.4
◇国民保健の統計的観察(氏原佐蔵)「公衆衛生」 49(4) 1931.4
◇市販殺蛆剤に就いての批判(野村篤三郎)「公衆衛生」 49(4) 1931.4
◇滅種法案と其の発達の歴史(ブラッカー)「公衆衛生」 49(4) 1931.4
◇大連市の発展と上水道水源の将来(清水本之助)「港湾」 9(4) 1931.4
◇医師の分布状態に就いて(承前)(近藤栄蔵)「市町村雑誌」 448 1931.4
◇欧洲に於ける児童保健施設瞥見(南崎雄七)「社会事業」 15(1) 1931.4
◇乳幼児の保健と日光空気運動との関係(岡田道一)「社会事業」 15(1) 1931.4
◇我国に於ける乳幼児愛護運動(生江孝之)「社会事業」 15(1) 1931.4
◇独逸に於ける疫病保険経済危機対策(1)(児玉政介)「地方行政」 39(4) 1931.4
◇国民保健の統計的観察(2)(氏原佐蔵)「公衆衛生」 49(5) 1931.5
◇輓近に於ける乳幼児の死亡問題(1)(楠原祖一郎)「公衆衛生」 49(5) 1931.5
◇米国に於ける優生学的滅種法(1)(F.オスワルド)「公衆衛生」 49(5) 1931.5
◇保健局の発展(1)(E.G.ウイリアムス)「公衆衛生」 49(5) 1931.5
◇滅種法案と其の発達の歴史(2)(C.P.ブラッカー)「公衆衛生」 49(5) 1931.5
◇独逸に於ける疫病保険経済危機対策(2)(児玉政介)「地方行政」 39(5) 1931.5
◇最近四十年・ロンドン市環境の変化と市民の健康状態(猪間驥一)「都市問題」 12(5) 1931.5
◇最新塵芥処理工場に関する資料(新名種夫)「建築と社会」 14(6) 1931.6
◇輓近に於ける乳幼児の死亡問題(2)(楠原祖一郎)「公衆衛生」 49(6) 1931.6
◇米国に於ける優生学的滅種法(完)(エフ・オスワルド)「公衆衛生」 49(6) 1931.6
◇保健局の発展(2・完)(エニオン・ジー・ウイリアムス)「公衆衛生」 49(6) 1931.6
◇独逸に於ける疫病保険経済危機対策(3)(児玉政介)「地方行政」 39(6) 1931.6
◇名古屋市汚物掃除の状況「都市公論」 14(6) 1931.6
◇下水道経営の自給策と使用料に就いて(平野真三)「都市問題」 12(6) 1931.6
◇衛生組合と其の現状(飯保三)「公衆衛生」 49(7) 1931.7
◇最近に於ける各国結核予防事業(未完)(佐藤正)「公衆衛生」 49(7) 1931.7
◇長崎市に於けるチフスの爆発流行に就いて(飯村生)「公衆衛生」 49

◇(7) 1931.7
◇輓近に於ける乳幼児の死亡問題(3)(楠原祖一郎)「公衆衛生」 49(7) 1931.7
◇癩予防法の改正(高野六郎)「地方行政」 39(7) 1931.7
◇大東京のスポーツ統計(金谷謙義)「都市問題」 13(1) 1931.7
◇某地区に於ける栄養概況と之が改善策(有本邦太郎)「都市問題」 13(1) 1931.7
◇衛生組合の特殊施設呉市択善館と其の沿革「公衆衛生」 49(8) 1931.8
◇衛生組合の特殊施設那須町塵芥焼却場「公衆衛生」 49(8) 1931.8
◇癩の根絶(高野六郎)「公衆衛生」 49(8) 1931.8
◇結核予防対策確立の要(安達謙蔵)「公衆衛生」 49(8) 1931.8
◇結核予防対策要項(赤木朝治)「公衆衛生」 49(8) 1931.8
◇最近に於ける各国結核予防事業(2)(佐藤正)「公衆衛生」 49(8) 1931.8
◇チブスが造った足利の水道「公衆衛生」 49(8) 1931.8
◇所沢長衛生組合と其の現況(田幡新三郎)「公衆衛生」 49(8) 1931.8
◇癩予防法の改正と施行「公衆衛生」 49(8) 1931.8
◇欧米都市の保健施設(藤原九十郎)「大大阪」 7(8) 1931.8
◇大阪市の汚物処理の状況(森本頼平)「大大阪」 7(8) 1931.8
◇上海特別市の衛生設備(沢村幸夫)「大大阪」 7(8) 1931.8
◇都市と花柳病(上村行影)「大大阪」 7(8) 1931.8
◇都市と結核(大縄寿郎)「大大阪」 7(8) 1931.8
◇都市と精神病(小関兆尚)「大大阪」 7(8) 1931.8
◇都市と伝染病(熊谷謙三郎)「大大阪」 7(8) 1931.8
◇都市と病院(土居利三郎)「大大阪」 7(8) 1931.8
◇都市の保健問題と大阪市の施設(安達将総)「大大阪」 7(8) 1931.8
◇無産者診療所について(大林宗嗣)「大大阪」 7(8) 1931.8
◇健康保険の精神(承前)(石原雅二郎)「地方行政」 39(8) 1931.8
◇ゴルフの民衆化(折下吉延)「都市公論」 14(8) 1931.8
◇社会の動的勢力の本源たる都市の慰楽政策(池田宏)「都市公論」 14(8) 1931.8
◇遊覧地日本平(市山義次)「都市公論」 14(8) 1931.8
◇遊覧都市沼津市と千本浜の計画に就て(伊東正一)「都市公論」 14(8) 1931.8
◇六大都市郊外電鉄の遊園地経営「都市公論」 14(8) 1931.8
◇各市各様の夏季保健慰楽施設の展望(三十一市衛生局課長)「都市問題」 13(2) 1931.8
◇蚊と蠅と空地の取締(平野真三)「都市問題」 13(2) 1931.8
◇医療普及と組合的診療の傾向(JY生)「公衆衛生」 49(9) 1931.9
◇国防と結核(高野六郎)「公衆衛生」 49(9) 1931.9
◇東京府下尾久三河島両町に於ける腸「チフス」流行状況並予防措置「公衆衛生」 49(9) 1931.9
◇国立公園法解説(3)(伊藤武彦)「国立公園」 3(9) 1931.9
◇健康保険の精神(承前)(石原雅二郎)「地方行政」 39(9) 1931.9
◇下水改良の促進を切望す(茂庭忠次郎)「都市公論」 14(9) 1931.9
◇水上競技のファン「都市問題」 13(3) 1931.9
◇運動公園設計基礎としての運動場規画図及其補造「建築雑誌」 45(550) 1931.10
◇水泳プールの計画に就て(牧野正巳)「建築雑誌」 45(550) 1931.10
◇国立公園法解説(4)(伊藤武彦)「国立公園」 3(10) 1931.10

◇都市と娯楽施設(滝山良一)「大大阪」 7(10) 1931.10
◇玉川水道の業績「東洋経済新報」 1471 1931.10
◇健康保険訳話(1)(石原雅二郎)「警察研究」 2(11) 1931.11
◇岩手県下の優良衛生組合(東海林豊治)「公衆衛生」 49(11) 1931.11
◇香川県下に於ける優良衛生組合(清水光治)「公衆衛生」 49(11) 1931.11
◇近年に於ける伝染病発生状況一瞥(飯村生)「公衆衛生」 49(11) 1931.11
◇時代の趨向を表徴する北多摩昭和病院の機構(飯村生)「公衆衛生」 49(11) 1931.11
◇優良衛生組合の俤「公衆衛生」 49(11) 1931.11
◇欧米に於ける空中浄化運動(藤原九十郎)「大大阪」 7(11) 1931.11
◇大阪市に於ける煙突噴煙状況の観測(藤原九十郎)「大大阪」 7(11) 1931.11
◇大阪煤煙防止調査委員会の運動経過(安達将総)「大大阪」 7(11) 1931.11
◇空中浄化の反面(大屋霊城)「大大阪」 7(11) 1931.11
◇コットレル除塵について(志賀潔)「大大阪」 7(11) 1931.11
◇煤煙防止と電化(平塚米次郎)「大大阪」 7(11) 1931.11
◇島根県下の優良衛生組合と聯合組織(平松敏雄)「公衆衛生」 49(12) 1931.12
◇東京の売笑婦(加藤寛二郎)「公衆衛生」 49(12) 1931.12
◇国立公園事業の特許(三浦義男)「国立公園」 4(1) 1932.1
◇塵芥焼却場設置に関する技術的考察(1)(三輪松三)「大大阪」 8(1) 1932.1
◇伯林に於ける下水道特別負担金及使用料制に就て(島崎孝彦)「都市公論」 15(1) 1932.1
◇民衆の声に聴く衛生上の不快観念(村島鉄男)「公衆衛生」 50(2) 1932.2
◇健康保険の効果(石原雅二郎)「地方行政」 40(2) 1932.2
◇都市塵介の蒐集に就て(樫木徹)「都市問題」 14(2) 1932.2
◇我が国に於ける衛生費(1)(亀山孝一)「斯民」 27(3) 1932.3
◇健康保険と医業(1)(小泉梧郎)「社会政策時報」 138 1932.3
◇健康保険の批判(石原雅二郎)「地方行政」 40(3) 1932.3
◇東京市政調査会創立十周年記念市政論集「都市問題」 14(3) 1932.3
衛生事務に携わり来つて/多年市政に関与せられたる長老者の自治政観(佐藤儀三郎) 「健康・自覚的去勢・誠意」/多年市政に関与せられたる長老者の自治政観(中倉斉) 東京市の死亡率低減に疑問の余地ありや?-池田宏氏の所説に対する藤原九十郎博士の疑問に対する管見/都市政策問題/都市衛生(猪田騒一) 都市衛生改善の一考察/都市政策問題/都市衛生(宮島幹之助) 都市衛生刷新の新旗織/都市政策問題/都市衛生(高野六郎) 都市衛生の能率増進策-ヘルスセンターの設置/都市政策問題/都市衛生(野辺地慶三) 都市衛生論策/都市政策問題/都市衛生(藤原九十郎) 都市及地方に於ける医療機関の分布/都市政策問題/都市衛生(古見嘉一) 都市の防疫施設に就て/都市政策問題/都市衛生(飯村保三) 良乳供給事業の公営と其の統制/都市政策問題/都市衛生(池田錫) 我国都市衛生行政の発達/都市政策問題/都市衛生(窪田静太郎)
◇農村の飲料水と便所(宮崎太一)「公衆衛生」 50(4) 1932.4
◇プレイグラウンドの利用者数の測定(小坂立夫)「造園学雑誌」 4 1932.4
◇米国一小都市の煤煙取締規則「都市問題」 14(4) 1932.4
◇名古屋市に於ける不衛生地区の整理(宮崎謙太)「建築と社会」 15(6) 1932.6
◇酒の取締に就て(稲田清助)「公衆衛生」 50(6) 1932.6
◇大阪市の公園案内(椎原兵市)「大大阪」 8(6) 1932.6
◇都市に於ける結核予防策と経費と財源(有馬頼吉)「大大阪」 8(6)

1932.6
◇東京市水道和田堀給水池の概要「帝国鉄道協会会報」 33(6) 1932.6
◇汚物清掃処分の問題/汚物処理並汚染防止諸論(玉木絹熙)「都市問題」 14(6) 1932.6
◇空中浄化と煤煙防止(辻元謙之助)「都市問題」 14(6) 1932.6
◇下水汚泥処理法の一班に就て/汚物処理並汚染防止諸論(米元晋一)「都市問題」 14(6) 1932.6
◇下水の完備が都市浄化の第一歩/汚物処理並汚染防止諸論(茂庭忠次郎)「都市問題」 14(6) 1932.6
◇都市汚物処理に就ての考察/汚物処理並汚染防止諸論(柏原直次郎)「都市問題」 14(6) 1932.6
◇都市汚物の発生とその影響/汚物処理並汚染防止諸論(加茂智栄)「都市問題」 14(6) 1932.6
◇都市塵介の処分に就て(樫木徹)「都市問題」 14(6) 1932.6
◇都市に於ける汚物処理に就ての私見/汚物処理並汚染防止諸論(高崎寿市)「都市問題」 14(6) 1932.6
◇都市に於ける汚物の処理/汚物処理並汚染防止諸論(松本栄)「都市問題」 14(6) 1932.6
◇煤煙防止制度と汚物処理策/汚物処理並汚染防止諸論(山崎林太郎)「都市問題」 14(6) 1932.6
◇輓近欧米都市の下水利用策(石原房雄)「都市問題」 14(6) 1932.6
◇神戸市水道上ヶ原緩速濾過池集水渠(植村倉蔵)「土木学会誌」 18(6) 1932.6
◇近代公園当局の役割(西脇安利)「造園研究」 5 1932.7
◇最近に於ける独逸の公園に就て(關口鉄太郎)「大大阪」 8(7) 1932.7
◇婦人公民権問題に関する一資料(健康保険組合に現はれたる選挙実績)(小泉梧郎)「地方行政」 40(7) 1932.7
◇第三回全国都市問題会議主輯「都市問題」 15(1) 1932.7
 市清潔保持問題を囲ぐる都市問題会議の討議/都市に於ける汚物処理並汚染防止問題(神田純一) 都市に於ける屎尿処理/都市に於ける汚物処理並汚染防止問題(高野六郎) 都市の空中浄化問題/都市に於ける汚物処理並汚染防止問題(藤原九十郎) 名古屋市に於ける下水と屎尿処理に就て/都市に於ける汚物処理並汚染防止問題(池田篤三郎)
◇大東京の水道に就て(小野基樹)「エンジニアー」 11(8) 1932.8
◇小公園の必要を論ず(大屋霊城)「大大阪」 8(8) 1932.8
◇大阪都市計画下水処理事業に就て(安川勝太郎)「都市公論」 15(8) 1932.8
◇市町村経営水道事業の民衆化に就て(長崎敏音)「都市公論」 15(8) 1932.8
◇空気汚染の測定を各測候所等にて行ふべし(君島八郎)「都市問題」 15(2) 1932.8
◇下水道改良事業と受益者負担(西村輝一)「都市問題」 15(2) 1932.8
◇水道史上の謎(三川秀夫)「都市問題」 15(2) 1932.8
◇チフス保菌者の新標準数(大庭士郎)「都市問題」 15(2) 1932.8
◇東京市の下水道に就て(高橋甚也)「土木学会誌」 18(8) 1932.8
◇ソヴイエト連邦最近に於ける公衆衛生(未完)(佐藤正)「公衆衛生」 50(9) 1932.9
◇ラヂオ資金に依る結核予防施設静岡県健康増進学校の概況(緑川門彌)「公衆衛生」 50(9) 1932.9
◇国立公園と地方団体との関係(宮崎一)「国立公園」 4(9) 1932.9
◇疾病予防と市町村の負担(宮崎太一)「公衆衛生」 50(10) 1932.10
◇僻陬地の医療施設に就て(緑川門彌)「公衆衛生」 50(10) 1932.10
◇都市生活と公衆衛生(高野六郎)「公民教育」 2(10) 1932.10
◇公衆衛生看護婦の問題(高野六郎)「公衆衛生」 50(11) 1932.11

◇日本放送協会納付金に依る道府県結核予防施設調(内務省衛生局)「公衆衛生」 50(11) 1932.11
◇満洲国の医業社会化(武井一夫)「公衆衛生」 50(11) 1932.11
◇国立公園の使命と保存の精神(大島辰次郎)「地方行政」 40(11) 1932.11
◇空中塵埃の測定(都市工学社調査部)「エンジニアー」 11(12) 1932.12
◇最近十五年間に於ける欧州首都の水道事業(ガストン・カドウー,研究室訳)「都市問題」 15(6) 1932.12
◇大東京の水道に就て(仲田聡治郎)「消防」 59 1933.1
◇噪音の解剖(荻野,堀尾)「大大阪」 9(1) 1933.1
◇都市の噪音防止問題(藤原九十郎)「大大阪」 9(2) 1933.2
◇伝染病院論(飯村保三)「公衆衛生」 51(3) 1933.3
◇急速濾過層の洗滌に就て(島崎孝彦)「水道協会雑誌」 3 1933.3
◇京都市下水処理計画「水道協会雑誌」 3 1933.3
◇弘前市上水道設計概要「水道協会雑誌」 3 1933.3
◇満蒙の水道(大井清一)「水道協会雑誌」 3 1933.3
◇農漁村の衛生当事者に懇ふ(加藤寛二郎)「公衆衛生」 51(4) 1933.4
◇産業組合に依る医療事業に就て(細木武彌)「産業組合」 330 1933.4
◇大阪市に下水処理場が出来たら(1)(藤田弘直)「大大阪」 9(4) 1933.4
◇海嘯惨害予防の提唱(小山倉之助)「地方行政」 41(4) 1933.4
◇医師法及び歯科医師法の改正要旨(1)(大島辰次郎)「警察研究」 4(5) 1933.5
◇飯村博士の「伝染病院論」を読みて(根岸顯蔵)「公衆衛生」 51(5) 1933.5
◇汚物取扱営業取締規則改正要旨(警視庁衛生部)「公衆衛生」 51(5) 1933.5
◇最近世界各国のチフスに関する統計「公衆衛生」 51(5) 1933.5
◇精神病者に対する世人の感想と二三の統計(三宅鑛一)「公衆衛生」 51(5) 1933.5
◇東京市小学児童身体検査成績「公衆衛生」 51(5) 1933.5
◇医療協同組合の展望(加藤普佐次郎)「社会事業」 17(2) 1933.5
◇医療社会化事業の回顧(鈴木梅四郎)「社会事業」 17(2) 1933.5
◇医療の社会化管見(宮島幹之助)「社会事業」 17(2) 1933.5
◇今治市上水道敷設計画概要「水道協会雑誌」 4 1933.5
◇核心媒材を用ふる促進汚泥沈澱新方法(田中寅男)「水道協会雑誌」 4 1933.5
◇地震に由る水道鉄管の被害(今村明恒)「水道協会雑誌」 4 1933.5
◇水道鉄管の震害に対する一考案(岩崎榮吉)「水道協会雑誌」 4 1933.5
◇沈澱池を養魚の目的に使用する可否(酒井檄)「水道協会雑誌」 4 1933.5
◇濾過用砂粒の研究(谷本清)「水道協会雑誌」 4 1933.5
◇改正医師法及歯科医師法略説(1)(池田清志)「地方行政」 41(5) 1933.5
◇米国に於ける医療社会化運動の理論と実際(石田悟)「地方行政」 41(5) 1933.5
◇米国の禁酒問題と麦酒法(松隈秀雄)「税」 11(6) 1933.6
◇大阪市民の体育問題(佐藤信一)「大大阪」 9(6) 1933.6
◇大阪市は何故に水源保護取締を要求するか(大阪市水道部)「水道協会雑誌」 5 1933.7
◇水道水製氷の品質について(藤原九十郎,下田吉人)「水道協会雑誌」 5 1933.7
◇促進汚泥の沈澱時間短縮に関する一研究(柴田三郎)「水道協会雑誌」

衛生・医療・水道・清掃

◇沈澱池を養魚目的に使用の可否に就て(函館市)「水道協会雑誌」 5 1933.7
◇毒ガスに対する水道の処置に就て(渡邊建)「水道協会雑誌」 5 1933.7
◇大阪市保健部の新規事業(右田忠吉)「大大阪」 9(7) 1933.7
◇伝染病院から結核療養所へ(高野六郎)「地方行政」 41(7) 1933.7
◇悪水問題と玉川水道の今期「東洋経済新報」 1556 1933.7
◇慣習法上の公水使用権(美濃部達吉)「法学協会雑誌」 51(7) 1933.7
◇医学上より見たる最適空気条件(竹内松次郎)「建築雑誌」 47(574) 1933.8
◇最近の国民保健状態(1)(大島辰次郎)「地方行政」 41(8) 1933.8
◇下水道施設の急務(奥中喜代一)「都市研究」 29 1933.8
◇都市の美化と煤煙防止問題(南淵芳雄)「都市研究」 29 1933.8
◇上水道の法律統制と之が行政監督-水道条例改正問題の眼目(池田宏)「都市問題」 17(2) 1933.8
◇大成を期すべき我都市公園(田村剛)「建築と社会」 16(9) 1933.9
◇都市生活と国民保健(藤原九十郎)「建築と社会」 16(9) 1933.9
◇都市と騒音(佐藤武夫)「建築と社会」 16(9) 1933.9
◇河川砂利採取の水道に及ぼしたる影響例(岩崎富久)「水道協会雑誌」 6 1933.9
◇上水道水源汚濁に関する調査書(京都市)「水道協会雑誌」 6 1933.9
◇水源保護に関する調査資料(横浜市)「水道協会雑誌」 6 1933.9
◇水中大腸菌に対する常識(富永兼忠)「水道協会雑誌」 6 1933.9
◇水道法案上の水道保護地区制(池田宏)「水道協会雑誌」 6 1933.9
◇玉川水道問題の経過に就いて(柿沼三郎)「水道協会雑誌」 6 1933.9
◇玉川問題に就き需要者並に技術科としての所感(草間偉)「水道協会雑誌」 6 1933.9
◇最近二箇年の死亡統計より見たる大阪市民の死亡消長(里見恭一郎)「大大阪」 9(9) 1933.9
◇医学上より観たる噪音問題(大西孝次郎)「都市問題」 17(3) 1933.9
◇都市に於ける喧騒音とその管理(広瀬錦一)「都市問題」 17(3) 1933.9
◇促進汚泥法の機能に就て(B.C.Lumb)「土木学会誌」 19(9) 1933.9
◇国立公園法施行規則の改正に就いて(久下勝次)「国立公園」 5(1) 1933.10
◇上下水道の計画に就て(茂庭忠次郎)「都市公論」 16(10) 1933.10
◇水源としての地下水の利用に就て(吉田彌七)「土木学会誌」 19(10) 1933.10
◇改正医師法令に現はれたる重要医政問題(1)(大島辰次郎)「警察研究」 4(11) 1933.11
◇我国医療組合運動の現状(賀川豊彦)「社会政策時報」 158 1933.11
◇水源地保護に関する根本対策(奥井復太郎)「水道協会雑誌」 7 1933.11
◇水道事業に就て(池田宏)「水道協会雑誌」 7 1933.11
◇水道条例改正案に於ける根本問題(宇賀田順三)「水道協会雑誌」 7 1933.11
◇水道保護地区設定問題に就て(小山田小七)「水道協会雑誌」 7 1933.11
◇信濃川に於ける沈澱物調査に就て(大島満一)「水利と土木」 6(11) 1933.11
◇大阪市に於ける理髪結髪並に美靴業調査(大林宗嗣)「大大阪」 9(11) 1933.11

◇ドイツ上水供給に関する衛生指導準則--一九三二年プロイセン政府決定案(東京市政調査会研究室)「都市問題」 17(5) 1933.11
◇健康保険法の拡張改正と各方面の意見(小泉梧郎)「法律時報」 5(11) 1933.11
◇牛乳営業取締規則の改正に就て(1)(藤原孝夫)「警察研究」 4(12) 1933.12
◇港湾外に於ける入港水道に対する港湾所有者の責任(加藤清)「港湾」 11(12) 1933.12
◇既往七個年間の大阪市民の自殺者(1)(里見恭一郎)「大大阪」 9(12) 1933.12
◇塵芥手数料問題私見(森本頼平)「大大阪」 9(12) 1933.12
◇本邦乳児死亡率の高き原因其対策(丘村欽治)「統計集誌」 630 1933.12
◇ミルウォーキー促進汚泥法の拡張計画成る(板倉誠)「土木学会誌」 19(12) 1933.12
◇大阪市下水処理事業に就いて(島崎孝彦)「建築と社会」 17(1) 1934.1
◇医療組合運動の台頭と其の社会的意義(梶原司行)「産業組合」 339 1934.1
◇下水道水質試験の意義(1)(柴田三郎)「水道協会雑誌」 8 1934.1
◇神戸市第三回水道拡張計画「水道協会雑誌」 8 1934.1
◇水道条例の改正法案に就て(島崎孝彦)「水道協会雑誌」 8 1934.1
◇水道の普及と衛生的管理(大島辰次郎)「水道協会雑誌」 8 1934.1
◇水道の濾過膜を破壊するユスリカに就て(谷伴夫)「水道協会雑誌」 8 1934.1
◇水道法案を読みて(岡崎早太郎)「水道協会雑誌」 8 1934.1
◇北満及新京の水道(草023偉)「水道協会雑誌」 8 1934.1
◇河川の利用と渇水量調査にて就て(関谷新造)「水利と土木」 7(1) 1934.1
◇我が市民栄養改善の非常時(家原毅男)「大大阪」 10(1) 1934.1
◇町村医療機関の改善(高野六郎)「地方行政」 42(1) 1934.1
◇死因より見たる各国死亡の特性に就て(その1・英国)(H・U生)「統計集誌」 631 1934.1
◇ドイツに於ける井戸取締に関する模範規則(東京市政調査会研究室)「都市問題」 18(1) 1934.1
◇反産運動と医療組合(賀川豊彦)「産業組合」 340 1934.2
◇急速濾過の生物学的調査並に緩急両濾過法に於ける濾水出現生物の比較(大阪市)「水道協会雑誌」 9 1934.2
◇上下水道に対する補助政策に就て(田中好)「水道協会雑誌」 9 1934.2
◇豊橋市水道給水条例の改正事情(丸茂藤平)「水道協会雑誌」 9 1934.2
◇健康保険組合監督論(1)(小林千秋)「地方行政」 42(2) 1934.2
◇工場に於ける保健衛生(外山福男)「地方行政」 42(2) 1934.2
◇児童遊園と指導員(末田ます)「庭園と風景」 16(2) 1934.2
◇医療組合運動の理想並に実際「産業組合」 341 1934.3
◇大阪市下水処理事業概要「水道協会雑誌」 10 1934.3
◇下水道事業財源問題(岡崎早太郎)「水道協会雑誌」 10 1934.3
◇下水道使用料に就て(島崎孝彦)「水道協会雑誌」 10 1934.3
◇防疫より観たる水道問題の考察(井口乗海)「水道協会雑誌」 10 1934.3
◇大都市と地方との死亡率に就いて(華山親義)「地方行政」 42(3) 1934.3
◇本邦死産率の高き原因(丘村欽治)「統計集誌」 633 1934.3
◇芸妓検黴論(鈴木栄二)「警察協会雑誌」 405 1934.4
◇下水道事業とその財源(宇賀田順三)「水道協会雑誌」 11 1934.4
◇竣工せる山口貯水池(小野基樹)「水道協会雑誌」 11 1934.4

◇上下水道の国庫補助廃止(小川市太郎)「水道協会雑誌」　11　1934.4
◇結核予防国策(大島辰次郎)「地方行政」　42(4)　1934.4
◇都市の騒音防止問題(藤原九十郎)「都市問題」　18(4)　1934.4
◇健康保険法の改正と中心問題(小泉梧郎)「警察研究」　5(5)　1934.5
◇医療協同組合の経営(岡本正志)「社会事業」　18(2)　1934.5
◇再び我国医療事業の統制に就いて-社会保険制度の展望-(江草茂)「社会福利」　18(5)　1934.5
◇下水事業の財源論(田川大吉郎)「水道協会雑誌」　12　1934.5
◇下水道事業の財源問題に就て(小山田小七)「水道協会雑誌」　12　1934.5
◇上下水道事業に対する簡易生命保険積立金貸付の最近に於ける実績(森島美之助)「水道協会雑誌」　12　1934.5
◇浄水作業上より見たる水の水素イオン濃度(谷本清)「水道協会雑誌」　12　1934.5
◇水道申込十一万を得て(東京市水道局業務課)「水道協会雑誌」　12　1934.5
◇函館火災と水道(吉谷一次)「水道協会雑誌」　12　1934.5
◇(大阪)市内河川の汚染度に就て(藤原九十郎)「大大阪」　10(5)　1934.5
◇体育衛生の振興と其の効果(岡安覚)「大大阪」　10(5)　1934.5
◇健康保険法の改正に就て(川西実三)「地方行政」　42(5)　1934.5
◇都市に於ける娯楽休養問題(中田俊造)「都市問題」　18(5)　1934.5
◇汚水処理費に就いて(板倉誠)「土木学会誌」　20(5)　1934.5
◇活性汚泥の下水浄化理論研究(柴田三郎)「水道協会雑誌」　13　1934.6
◇八幡市下水道改革概要「水道協会雑誌」　13　1934.6
◇結核予防対策(大島辰次郎)「都市問題」　18(6)　1934.6
◇都市の悪臭防止問題(藤原九十郎)「都市問題」　18(6)　1934.6
◇乳幼児愛護に就て(丹羽七郎)「都市問題」　18(6)　1934.6
◇騒音の生理的影響(鯉沼茆吾)「建築雑誌」　48(587)　1934.7
◇大阪市上水道に於ける原水処理方法の沈殿水水質に及ぼす影響(谷本清)「水道協会雑誌」　14　1934.7
◇神奈川県営水道に就て(神奈川県水道事務所)「水道協会雑誌」　14　1934.7
◇上水道の府県営は変則(藤道進一郎)「水道協会雑誌」　14　1934.7
◇水道協会協定水質試験法と内務省令常水試験法との比較研究(第一報)(中西荘吉,倉田軍一)「水道協会雑誌」　14　1934.7
◇水道と蚯蚓(酒井憾)「水道協会雑誌」　14　1934.7
◇住吉村上水道敷設計画概要「水道協会雑誌」　14　1934.7
◇玉川水道の統合に就て(東京市役所)「水道協会雑誌」　14　1934.7
◇千葉県営水道計画(千葉県)「水道協会雑誌」　14　1934.7
◇都市水泳プールの概況「都市問題」　19(1)　1934.7
◇都市生活と自然環境(長谷川万次郎)「都市問題」　19(1)　1934.7
◇満洲都市に於ける衛生施設に就て(宮島幹之助)「都市問題」　19(1)　1934.7
◇緩速濾過に於て原水混濁時に処する硫酸アルミニウム注加の生物に及ぼす影響に就て-大阪市上水道の生物学的研究第三篇(近藤正義)「水道協会雑誌」　15　1934.8
◇福岡市下水道築造計画「水道協会雑誌」　15　1934.8
◇自動車の騒音防止実施に就て(藤本晟)「都市問題」　19(2)　1934.8
◇都市の伝染病とその予防(飯村保三)「都市問題」　19(2)　1934.8
◇名古屋市に於ける伝染病発生状況の特長-及びその防疫(山口静夫)「都市問題」　19(2)　1934.8
◇本邦都市に於ける伝染病と其の予防救治(池田宏)「都市問題」　19(2)　1934.8

◇水源としての地下水の利用に関する実地研究(吉田彌巳)「土木学会誌」　20(8)　1934.8
◇総合競技場(牧野正巳)「建築と社会」　17(9)　1934.9
◇井の起源と其発達に就て(1)(茂庭忠次郎)「水道協会雑誌」　16　1934.9
◇大阪市水道の集金事務に就て(安川勝太郎)「水道協会雑誌」　16　1934.9
◇水棲菌の研究(第一報)(北沢幸静)「水道協会雑誌」　16　1934.9
◇本邦に於ける公園の発達とその社会的背景(小寺駿吉)「造園研究」　11　1934.9
◇死因より見たる各国死亡率の特性に就て(HU生)「統計集誌」　639　1934.9
◇都市生活の禍害たるべき都市環境に関する考察(中村綱)「都市公論」　17(9)　1934.9
◇都市と農村の保健食物比較論(木村靖二)「都市問題」　19(3)　1934.9
◇日本及支那の公娼制度—国際連盟調査報告(1933年)の紹介及論評—(福田隆次)「法律時報」　6(9)　1934.9
◇加圧空気中に労働する者の疾病に就て(古瀬安俊)「労働時報」　11(9)　1934.9
◇自然療法を中心とする結核診療所の計画(新名種夫)「建築と社会」　17(10)　1934.10
◇国民の医療費負担軽減問題と国民健康保険(川村秀文)「自治研究」　10(10)　1934.10
◇国民健康保険制度に就て(川西実三)「斯民」　29(10)　1934.10
◇公娼制度廃止問題について(谷川貞夫)「社会福利」　18(10)　1934.10
◇公娼廃止後の施設に就いて(野々山緑郎)「社会福利」　18(10)　1934.10
◇公娼廃止・私娼撲滅・結婚奨励(高木武三郎)「社会福利」　18(10)　1934.10
◇公娼廃止に関する疑問(相田良雄)「社会福利」　18(10)　1934.10
◇公娼廃止に就いて(早崎八洲)「社会福利」　18(10)　1934.10
◇公娼廃止問題について(尾形栄造)「社会福利」　18(10)　1934.10
◇公娼廃止問題の動向(早田正雄)「社会福利」　18(10)　1934.10
◇国民健康保険制度案の検討(江草茂)「社会福利」　18(10)　1934.10
◇堕胎に関する考察(榎本勇蔵)「社会福利」　18(10)　1934.10
◇大阪市上水道の生物学的研究(近藤正義)「水道協会雑誌」　17　1934.10
◇緩速濾過池の濾過能率増進に就て(西田精)「水道協会雑誌」　17　1934.10
◇上水道の使用強制に就て(長田貢内)「水道協会雑誌」　17　1934.10
◇生物化学的酸素要求量(B.O.B)-その意義応用及測定法(柴田三郎)「水道協会雑誌」　17　1934.10
◇水戸市旧水道に就て「水道協会雑誌」　17　1934.10
◇国民生活の安定と国民健康保険制度(川村秀文)「地方行政」　42(10)　1934.10
◇第四回全国都市問題会議記念特輯「都市問題」　19(4)　1934.10
都市環境と其改善問題に対する衛生学的批判(戸田正三)　都市の噪音に就て(高田実,有本邦太郎)
◇英私法に於ける騒音・煤煙等に関する法理一斑(田中和夫)「法律時報」　6(10)　1934.10
◇騒音、悪臭、煤煙に関する仏蘭西の法令並に判例(星野辰雄)「法律時報」　6(10)　1934.10
◇騒音、煤煙、汚物、悪臭に関する法規抜粋「法律時報」　6(10)　1934.10
◇騒音防止に関する紐育市の二・三の法規(藤原九十郎)「法律時報」　6(10)　1934.10
◇煤煙防止、特に東京市に於ける取締の実情「法律時報」　6(10)

1934.10
◇活性炭及木炭による水中遊離塩素除去に就て(谷本清)「水道協会雑誌」 18 1934.11
◇金沢辰巳用水に就て「水道協会雑誌」 18 1934.11
◇高知市水道に於ける急速濾過設備に就て(和田友忠)「水道協会雑誌」 18 1934.11
◇実施期迫れる市営屎尿処理案に就て(高橋友忠)「東京市農会報」 10 1934.11
◇都市環境と其改善問題「建築と社会」 17(12) 1934.12
◇東北凶作地学童健康状況を視察して(大西永次郎)「社会事業」 18(9) 1934.12
◇水道生物に関する23の問題(岡田弥一郎)「水道協会雑誌」 19 1934.12
◇水道と電気との交渉事項に就て(密田良太郎)「水道協会雑誌」 19 1934.12
◇水道料金に対する一考察(竹中龍雄)「水道協会雑誌」 19 1934.12
◇文献に現はれたる上水の臭味問題(谷本清)「水道協会雑誌」 19 1934.12
◇死因より見たる各国死亡の特性に就て(11)(H・U生)「統計集誌」 642 1934.12
◇下水汚泥処理に就いて「土木学会誌」 20(12) 1934.12
◇東京市水道山口貯水池堰堤に就いて(小野基樹)「土木学会誌」 20(12) 1934.12
◇東京市淀橋浄水場に於ける濾過速度に就いて(岩崎富久)「土木学会誌」 20(12) 1934.12
◇第二回全国医療利用組合協議会「産業組合」 351 1935.1
◇健康保険法の拡張実施に際して(川西実三)「自治研究」 11(1) 1935.1
◇昭和九年より昭和十年への衛生行政主要問題(岡田文秀)「斯民」 30(1) 1935.1
◇医療事業の新目標(紀本参次郎)「社会福利」 19(1) 1935.1
◇下水汚泥処理に就て(池田篤三郎)「水道協会雑誌」 20 1935.1
◇下水浄化中に於ける窒素化合体の消長に就て(大阪市立衛生試験所)「水道協会雑誌」 20 1935.1
◇財政上より見たる横浜市水道事業(岡野鑑記)「水道協会雑誌」 20 1935.1
◇水の自浄作用に及ぼす空気の影響に就て(大阪市立衛生試験所)「水道協会雑誌」 20 1935.1
◇ローマの水道鉛管とその成分及古代の管二三に就て(遠藤彦造)「水道協会雑誌」 20 1935.1
◇国民健康保険制度に就て(高橋貞三)「公法雑誌」 1(2) 1935.2
◇公娼廃止に関連して(林要)「社会事業研究」 23(2) 1935.2
◇廃娼問題(小島憲)「社会事業研究」 23(2) 1935.2
◇下水汚泥の処理に就て(承前)(池田篤三郎)「水道協会雑誌」 21 1935.2
◇下水管渠の維持管理(田中寅男)「水道協会雑誌」 21 1935.2
◇上水道に於ける濾水中に現はれる生物に就て(1)(近藤正義)「水道協会雑誌」 21 1935.2
◇玉川水道買収問題(西川武雄)「水道協会雑誌」 21 1935.2
◇煤煙防止運動を顧みて(鈴木修蔵)「都市問題」 20(2) 1935.2
◇レニア国立公園「国立公園」 7(3) 1935.3
◇健康保険法令改正の要旨(小林千秋)「社会事業彙報」 8(12) 1935.3
◇現代医療制度の根本問題(紀本参次郎)「社会事業研究」 23(3) 1935.3
◇医療問題と保険組合資料(加藤義一)「社会福利」 19(3) 1935.3
◇上水道に於ける濾水中に現はれる生物に就て(2)(近藤正義)「水道協会雑誌」 22 1935.3

◇水道の断水に就いて(藤原孝夫)「水道協会雑誌」 22 1935.3
◇豊橋市下水道「水道協会雑誌」 22 1935.3
◇都市の煤塵に就て(有本邦太郎)「都市問題」 20(3) 1935.3
◇労働階級に於ける黴毒の蔓延に関する研究(大塚協)「労働科学研究」 12(2) 1935.3
◇乳児死亡率に関する一考案(阪本敦)「社会事業」 19(1) 1935.4
◇細民罹病状況調査成績「社会事業彙報」 9(1) 1935.4
◇上諏訪町水道の水源保護規定に就て「水道協会雑誌」 23 1935.4
◇協定上水試験法中改正を要する点に就て(東京市衛生試験所)「水道協会雑誌」 23 1935.4
◇下水道法の改正を要望す「水道協会雑誌」 23 1935.4
◇衝撃電圧に対する水道給水細管の接地効果に就て(久保進)「水道協会雑誌」 23 1935.4
◇強制買収された玉川水道の今後「東洋経済新報」 1649 1935.4
◇水道買収価格協定の為め為したる申込の性質「行政裁判所判決録」 46(3) 1935.5
◇勤務方法種別より観たる長期の病気欠勤者数に就て「現業調査資料」 9(3) 1935.5
◇細民の罹病状況調査に関する考察若干(1):救療法制定に就いての基本認識(村松義朗)「社会事業」 19(2) 1935.5
◇日本放送協会納付金に依る結核予防施設に就て(浜野規矩雄)「社会事業彙報」 9(2) 1935.5
◇上水汚染の標識に就て(大阪市衛生試験所)「水道協会雑誌」 24 1935.5
◇水道水源林の考案(山本徳三郎)「水道協会雑誌」 24 1935.5
◇水道料金の経営学的一考案(村本福松)「水道協会雑誌」 24 1935.5
◇玉川水道東京市営となる(西川武雄)「水道協会雑誌」 24 1935.5
◇東京市に於ける水道料金徴収制度の変遷並其の現状に就て(仲田聡治郎)「水道協会雑誌」 24 1935.5
◇健康保険組合に於ける保険料率概要「健康保険時報」 9(6) 1935.6
◇細民の罹病状況調査に関する考察若干(完)(村松義朗)「社会事業」 19(3) 1935.6
◇私設癩予防団体の概況(1)(霜崎清)「社会事業」 19(3) 1935.6
◇朝鮮癩予防令「社会事業彙報」 9(3) 1935.6
◇下水道敷設の財源(藤田進一郎)「水道協会雑誌」 25 1935.6
◇下水道法改正案私見(岡野鑑記)「水道協会雑誌」 25 1935.6
◇下水道法改正案に就いて(宇賀田順三)「水道協会雑誌」 25 1935.6
◇上水道に於ける濾膜の生物学的研究第一報緩速濾過汚泥中の生物分布に就いて(近藤正義)「水道協会雑誌」 25 1935.6
◇一九三四年の下水処分を回顧して(訳)(田中寅男)「水道協会雑誌」 25 1935.6
◇東京市板橋、足立両区方面の地質及び地下水に就いて(近藤信興)「水道協会雑誌」 25 1935.6
◇営利的遊園地の進む可き道を論ず(高村弘平)「造園雑誌」 2(2) 1935.6
◇第一回国際リクリエーション会議と今後の問題(真田幸尚)「造園雑誌」 2(2) 1935.6
◇衛生上より見たる街区と家屋群(大平得三)「都市公論」 18(6) 1935.6
◇混合汚泥の消化率(竹内正)「土木学会誌」 21(6) 1935.6
◇医療利用組合の概況「農務時報」 81 1935.6
◇都市環境とその改善に対する衛生的批判(戸田正之)「市町村雑誌」 449 1935.7
◇国民の医療費に関する考察(長瀬恒蔵)「社会事業研究」 23(7) 1935.7
◇下水道使用料に就て(村田和夫)「水道協会雑誌」 26 1935.7

◇大阪市に於ける悪性腫瘍死亡に就て(里見恭一郎)「大大阪」 11(7) 1935.7
◇死因より見たる各国死亡の特性に就て(18)(H・U生)「統計集誌」 649 1935.7
◇学生娯楽問題(権田保之助)「大原社会問題研究所雑誌」 2(8) 1935.8
◇風俗取締の目標に関する一考察(中野善敦)「警察研究」 6(8) 1935.8
◇都市環境とその改善問題に対する衛生的批判(承前)「市町村雑誌」 500 1935.8
◇花柳病予防と公私娼(高野六郎)「社会事業」 19(5) 1935.8
◇公娼制度の経済的基底(大林宗嗣)「社会事業」 19(5) 1935.8
◇取締対象としての公娼(国塩耕一郎)「社会事業」 19(5) 1935.8
◇婦女は公娼問題を如何に見るか(河崎なつ)「社会事業」 19(5) 1935.8
◇東京市貧困結核患者(長田亮)「社会福利」 19(8) 1935.8
◇金沢市水道使用条例改正に就て(尾戸次作)「水道協会雑誌」 27(8) 1935.8
◇水源の保護に就て(岡田文秀)「水道協会雑誌」 27(8) 1935.8
◇都市に於ける児童の夏の野外生活(末田ます)「庭園と風景」 17(8) 1935.8
◇死因より見たる各国死亡の特性に就て(19)(H・U生)「統計集誌」 650 1935.8
◇健康保険の管理に関する共通問題「現業調査資料」 9(5) 1935.9
◇医療組合視察記「産業組合」 359 1935.9
◇医療利用組合の経営上注意すべき二三の点(堤広一)「産業組合」 359 1935.9
◇水道買収制度の研究(吉山真棹)「市政研究」 1(1) 1935.9
◇東京市職員病院建設概要(真田昌孝)「市政研究」 1(1) 1935.9
◇児童虐待の精神病学的考察(金子準二)「社会事業」 19(6) 1935.9
◇市町村水道の行政区域外の給水に就て(塚原政繁)「水道協会雑誌」 28(9) 1935.9
◇昭和十年六月二十九日淀川出水当時の大阪市上水道原水溷濁の状態に就て(谷本清)「水道協会雑誌」 28(9) 1935.9
◇水戸市水道使用条例改正に就て(高橋六郎)「水道協会雑誌」 28(9) 1935.9
◇水源保護問題に関する私見と小評(長田貢内)「水道協会雑誌」 29 1935.9
◇水源保護問題に就て(安川勝太郎)「水道協会雑誌」 29 1935.9
◇ロンドン市上水道の概要「水道協会雑誌」 29 1935.9
◇大阪市に於ける乳児死亡者の現況(里見恭一郎)「大大阪」 11(9) 1935.9
◇死因より見たる各国死亡の特性に就て(20)(H・U生)「統計集誌」 651 1935.9
◇体育運動と国家概念(岩原拓)「文部時報」 525 1935.9
◇水道取入口と其芥除け(今野栄三)「エンジニアー」 14(10) 1935.10
◇医薬行政に於ける衡平の原則(青谷和夫)「公法雑誌」 1(10) 1935.10
◇農村医療施設に就て(本名順平)「社会事業彙報」 9(7) 1935.10
◇患者慰安事業に就て(前田松苗)「社会事業研究」 23(10) 1935.10
◇禁酒廃娼と大阪(林龍太郎)「社会事業研究」 23(10) 1935.10
◇農村医療施設に就て(本名順平)「地方行政」 43(10) 1935.10
◇死因より見たる各国死亡の特性に就て(21)(H・U生)「統計集誌」 652 1935.10
◇牽政主義より放任主義へ-上水道経営方法の合理化/第九回市民賞論文/三等入選(磯田藤吉)「都市問題」 21(4) 1935.10
◇性病・精神病・結核を中心として社会・保健行政を論ず/第九回市民賞論文/三等入選(大久保満彦)「都市問題」 21(4) 1935.10
◇都市騒音の防止に就て(中村絹次郎)「警察研究」 6(11) 1935.11
◇ブラッセルに於ける国際余暇会議「現業調査資料」 9(6) 1935.11
◇医薬行政に於ける衡平の原則(青谷和夫)「公法雑誌」 1(11) 1935.11
◇最近に於ける医療利用組合問題を論ず(蓮池公咲)「産業組合」 361 1935.11
◇疾病保険制度と其将来(1)(川村秀文)「社会事業」 19(8) 1935.11
◇本邦産業衛生学的研究の趨向(石川知福)「社会政策時報」 182 1935.11
◇簡易水道と地方庁の水道管理(高橋六郎)「水道協会雑誌」 30 1935.11
◇住吉村水道施設「水道協会雑誌」 30 1935.11
◇東京市に於ける水の最多使用者調「水道協会雑誌」 30 1935.11
◇土耳古の新帝都に於ける近代的給水施設(抄訳)(梶原二郎)「水道協会雑誌」 30 1935.11
◇本渡町上水道施設「水道協会雑誌」 30 1935.11
◇死因より見たる各国死亡の特性に就て(22)(H・U生)「統計集誌」 653 1935.11
◇塵芥搬出手数料問題の進展(藤田武夫)「都市問題」 21(5) 1935.11
◇第二回国際都市清掃会議(小田忠夫)「都市問題」 21(5) 1935.11
◇労研式塵埃計の構造とその使用法に就て(江田周三,石川知福)「労働科学研究」 12(5) 1935.11
◇都市騒音の防止に就て(中村絹次郎)「警察研究」 6(12) 1935.12
◇加奈陀に於ける健康保険の提案「健康保険時報」 9(12) 1935.12
◇反医療組合運動の社会性(木村靖二)「産業組合」 362 1935.12
◇疾病保険制度と其の将来(2・完)(川村秀文)「社会事業」 19(9) 1935.12
◇女工の健康並将来の幹旋法私見(渡邊美輿治)「職業紹介」 3(12) 1935.12
◇水道管の漏水調査と防止に就て「水道協会雑誌」 31 1935.12
◇広島市水道に就て(大井清一)「水道協会雑誌」 31 1935.12
◇松山市上水道敷設計画(松山市役所)「水道協会雑誌」 31 1935.12
◇死因より見たる各国死亡の特性に就て(23)(H・U生)「統計集誌」 654 1935.12
◇プロシャ都市に於ける清掃事業財政概況(小田忠夫)「都市問題」 21(6) 1935.12
◇合衆国に於ける汚水処理能力(竹内正)「土木学会誌」 21(12) 1935.12
◇沈澄槽の改造「土木学会誌」 21(12) 1935.12
◇浄化の見地より見たる東京市の河川(高木敏雄)「エンジニアー」 15(1) 1936.1
◇国民健康保険法案に就いて(大林宗嗣)「大原社会問題研究所雑誌」 3(1) 1936.1
◇上下水道事業に対する簡易保険積立金の貸付に就て(景山準吉)「水道協会雑誌」 32 1936.1
◇水道事業公債に就て(小山田小七)「水道協会雑誌」 32 1936.1
◇水道事業に於ける損害賠償問題(宇賀田順三)「水道協会雑誌」 32 1936.1
◇水道条例に依る水道と然らざる水道「水道協会雑誌」 32 1936.1
◇横浜水道の胎生時代(河西春海)「水道協会雑誌」 32 1936.1
◇大阪市に於ける除鼠とペストに関する一考察(里見恭一郎)「大大阪」 12(1) 1936.1
◇大阪都市協会主催第五回煤煙防止週間「大大阪」 12(1) 1936.1
◇岩手県に於ける欠食児童根絶策(鈴木重男)「帝国教育」 687

1936.1
◇死因より見たる各国死亡の特性に就て(24)(H・U生)「統計集誌」 655 1936.1
◇乳幼児死亡率の変遷に就て(近藤規文)「統計集誌」 655 1936.1
◇医療制度改革問題の社会的発展-都市と農村を通じて台頭せる医療組合運動(中沢弁次郎)「都市問題」 22(1) 1936.1
◇汚泥の噴霧乾燥(西村義一)「土木学会誌」 22(1) 1936.1
◇Denver市の原水補給(玉置巖)「土木学会誌」 22(1) 1936.1
◇社会保険事業調査会に於ける国民健康保険制度案要綱審議状況「内務時報」 1(1) 1936.1
◇在学者体位の変遷に就て(岩原拓)「文部時報」 537 1936.1
◇風俗営業の複雑化と其の対策(国鹽耕一郎)「警察研究」 7(2) 1936.2
◇農山村部落に於ける医療施設の問題(小野寺五一)「社会事業」 19(11) 1936.2
◇国民健康保険制度に就て(清水玄)「社会政策時報」 185 1936.2
◇下水道使用料徴収に関する法令上の論争と徴収の適否(原田與作)「水道協会雑誌」 33 1936.2
◇上水道に於ける薬品と水との混合装置特にFlocclatorsに就て(廣瀬孝六郎)「水道協会雑誌」 33 1936.2
◇玉川上水福生村水路掘替に関する資料(村高幹博)「水道協会雑誌」 33 1936.2
◇合衆国に於ける保健状態測定の改良方法(W.ウイルコツクス)「統計集誌」 656 1936.2
◇死因より見たる各国死亡の特性に就て(25)(H・U生)「統計集誌」 656 1936.2
◇国民健康保険法案に対する我等の態度(松岡駒吉)「産業組合」 365 1936.3
◇医療組合の研究(真田昌孝)「市政研究」 2(2) 1936.3
◇癩根絶二十ヶ年計画(霜崎清)「社会事業」 19(12) 1936.3
◇水道条例に依らざる水道、特に所謂簡易給水設備の存在に就て(高橋六郎)「水道協会雑誌」 34(3) 1936.3
◇水道と消防(藤田進一郎)「水道協会雑誌」 34(3) 1936.3
◇保険会社及信託会社の上水道事業起債引受の条件調査に就て「水道協会雑誌」 34(3) 1936.3
◇山口市上水道施設概要(山口市役所)「水道協会雑誌」 34(3) 1936.3
◇都市学童の健康を守る(1)(岡篤郎)「大大阪」 12(3) 1936.3
◇我が国医療制度の考察(本荘茂)「大大阪」 12(3) 1936.3
◇非常時局と医療救護(本名順平)「地方行政」 44(3) 1936.3
◇死因より見たる各国死亡の特性に就て(26)(H・U生)「統計集誌」 657 1936.3
◇アメリカに於ける新休養公園計画(弓家七郎)「都市問題」 22(3) 1936.3
◇「模範衛生運動」に就て-その沿革、目的、内容(宮川宗徳)「都市問題」 22(3) 1936.3
◇英国に於ける下水処理の趨勢(西村義一)「土木学会誌」 22(3) 1936.3
◇健康保険事業概要「内務時報」 1(3) 1936.3
◇東京市水道拡張計画たる小河内大貯水池設置問題の解決「内務時報」 1(3) 1936.3
◇農村医療施設に就いて「内務時報」 1(3) 1936.3
◇医師法及歯科医師法の改正「公衆衛生」 54(4) 1936.4
◇国民健康保険制度に就て(川西実三)「自治公論」 8(4) 1936.4
◇日本堕胎閥史考(池末茂樹)「社会福利」 20(4) 1936.4
◇大阪に於ける癩の現状と其の対策に就て(上山善治)「大大阪」 12(4) 1936.4

◇福井市の新しき結核救療制度「都市問題」 22(4) 1936.4
◇汚水量の時間的変化と下水処理操作(松見三郎)「土木学会誌」 22(4) 1936.4
◇Clevelandに於ける新汚水処分場(竹内正)「土木学会誌」 22(4) 1936.4
◇診療所、病院、浴場、興行場の構造設備の話「建築雑誌」 50(612) 1936.5
◇医療利用組合の事務管理及組織(伊藤元美)「産業組合」 367 1936.5
◇農村の医療問題に就て(宮崎太一)「斯民」 31(5) 1936.5
◇救護法中の医療救護の現状並医療政策(松島正儀)「社会事業」 20(2) 1936.5
◇結核予防事業其他特殊救療事業の諸問題(原新太郎)「社会事業」 20(2) 1936.5
◇現代医療機構内に於ける救療事業の本質(谷川貞夫)「社会事業」 20(2) 1936.5
◇臨時時局匡救医療事業の検討と救療国策(牧賢一)「社会事業」 20(2) 1936.5
◇英国協同組合と国民健康保険(山崎勉治)「社会政策時報」 188 1936.5
◇第拾回六大都市水道会議「水道協会雑誌」 36 1936.5
◇死因より見たる各国死亡の特性に就て(27)(H・U生)「統計集誌」 659 1936.5
◇都市煤煙の経済的影響に就て(傍島湊)「土木学会誌」 22(5) 1936.5
◇癩療養施設の現況「内務時報」 1(5) 1936.5
◇医療利用組合の情勢と特色「農務時報」 92 1936.5
◇工場に於ける騒音と聴力障害に就て―日本産業衛生協会第八回総会報告―「労働科学研究」 13(3) 1936.5
◇職業病より観たる死亡原因の統計的研究(1)(阿部利雄)「労働科学研究」 13(3) 1936.5
◇山梨県に於いて昭和十年度中の保険施設として実施せる健康診断状況(1)「健康保険時報」 10(6) 1936.6
◇医療保護の限界(田結宗誠)「社会事業研究」 24(6) 1936.6
◇開業医制度に浮いて(三浦かつみ)「社会事業研究」 24(6) 1936.6
◇農村に於ける医療機関の現況(本名順平)「社会事業研究」 24(6) 1936.6
◇我国芸娼妓解放令発布の事情と其前後(高橋東山)「社会福利」 20(6) 1936.6
◇一宮市水道事業計画概要「水道協会雑誌」 37 1936.6
◇中央及地方に於ける医療施設の普及対策(1)(本名順平)「地方行政」 44(6) 1936.6
◇本邦に於ける結核の蔓延状況と其の予防施設「内務時報」 1(6) 1936.6
◇医療利用組合の監査に就て(蓮池公咲)「産業組合」 369 1936.7
◇結核対策管見(1)(国島貴八郎)「社会事業」 20(4) 1936.7
◇我国芸娼妓解放令発布の事情と其前後(高橋東山)「社会福利」 20(7) 1936.7
◇水道事業会計組織と経理方法の改革に就て「水道協会雑誌」 38(7) 1936.7
◇中央及地方に於ける医療施設の普及対策(本名順平)「地方行政」 44(7) 1936.7
◇欧洲に於ける保健センターの概況(神谷守次)「東京市社会局時報」 1936.7
◇大阪衛生都市に於ける工場調査(都市計畫大阪地方委員会)「建築と社会」 19(8) 1936.8
◇農村生活と国民健康保険(川村秀文)「斯民」 31(8) 1936.8
◇汲取便所新設使用の禁令に就て(警視庁衛生部)「水道協会雑誌」 39 1936.8

◇上下水道事業と長与専斎氏「水道協会雑誌」 39 1936.8
◇水道水源保護取締に関する調査「水道協会雑誌」 39 1936.8
◇大阪市のトラホーム診療に対する一考察(里見恭一郎)「大大阪」 12(8) 1936.8
◇死因より見たる各国死亡の特性に就て(28)(H・U生)「統計集誌」 662 1936.8
◇朝鮮人の年齢別死亡と其原因観(上)(二瓶士子治)「統計集誌」 662 1936.8
◇阪神水道計画の内容と其経過(植村倉蔵)「都市研究」 32 1936.8
◇都市保健問題特輯「都市問題」 23(2) 1936.8
青森市に於ける保健問題/諸都市に於ける保健問題(渡辺金次郎) 英国に於ける地方衛生行政の発達(藤田武夫) 衛生行政の刷新/諸都市に於ける保健問題(五島庄吉) 各市保健現状に関する若干統計(藤田武夫) 京城府に於ける衛生上の諸問題/諸都市に於ける保健問題(荻野正俊) 下水道事業の諸問題とその傾向/最近の都市保健問題と保健施設(池田篤三郎) 国民健康保険策と都市民に就て(清水玄) 最近都市関係会議に現れた保健問題(菅原忠治郎) (埼玉)都市と糞尿問題/府県保健行政の立場より都市を見る(高橋寿市) サウエート聯邦に於ける保健行政(藤田武夫) 市街地建築物法行政と保健問題/最近の都市保健問題と保健施設(北沢五郎) (静岡)都市衛生施設の完備を/府県保健行政の立場より都市を見る(緑川門弥) 小公園の発達/最近の都市保健問題と保健施設(木村英夫) 塵芥容器の整備問題(山崎豊) 仁川府の保健衛生/諸都市に於ける保健問題(仁川府) 仙台市に於ける保健上の諸問題(渋谷徳三郎) 大都市生活に関する若干の考察-その保健事業の新しい観点(暉峻義等) 大都市に於ける労働者階級の衛生状態-都市乳児死亡の分析より見たる(宮本忍) 大連市の特殊環境とその保健問題/諸都市に於ける保健問題(長浜哲三郎) (千葉)都市清掃の問題/府県保健行政の立場より都市を見る(玉木絹郊) 東京市の煤塵に就て(有本邦太郎) 統計に現れたる本邦大都市の保健状態(豊浦浅吉) 都会の人達の栄養/最近の都市保健問題と保健施設(下ната吉人) 都市衛生事業の進路/最近の都市保健問題と保健施設(斎藤潔) 最近都市に於ける保健問題/本邦都市計画に於ける非生産部門の展開を観る(石川栄耀) 都市児童の保健問題(八木高次) 都市生活と青少年保健問題(高田義一郎) 都市と学校衛生/最近の都市保健問題と保健施設(井上善十郎) 都市の運動公園/最近の都市保健問題と保健施設(田村剛) 都市の結核予防に就て(宮島幹之助) 都市の屎尿処理/最近の都市保健問題と保健施設(高野六郎) 都市の住宅衛生/最近の都市保健問題と保健施設(大西清治) 都市の上水道と衛生/最近の都市保健問題と保健施設(茂庭忠次郎) 都市の噪音防止/最近の都市保健問題と保健施設(有本邦太郎) 都市の売淫と性病/最近の都市保健問題と保健施設(草ယ八十雄) 都市の煤塵防止/最近の都市保健問題と保健施設(荻野秀寿) 都市保健行政問題(川村貞四郎) 都市保健事業の財源問題(藤野九十郎) 都市保健と医療組合(木村靖二) 都市民の慰楽休養のためにする鉄道の利用/諸都市に於ける保健問題(木村隆規) 戸畑市の保健行政/諸都市に於ける保健問題(佐々木誠四郎) 豊橋市の保健施設/諸都市に於ける保健問題(渡辺鐘哉) 新潟市に於ける保健上の諸問題/諸都市に於ける保健問題(新潟市衛生課長) 農村を結核禍より擁護せよ(古屋芳雄) 函館市の保健衛生の所見/諸都市に於ける保健問題(坂本森一) 八戸市の保健衛生施設/諸都市に於ける保健問題(八戸市) (広島)改善を要する都市衛生諸施設/府県保健行政の立場より都市を見る(赤松秋太郎) 広島市の汚物処理と農村の肥料問題/諸都市に於ける保健問題(中川滋治) 保健事業と社会事業との関係に就て(紀本参次郎) 保健問題より見たる都市農村(南崎雄七) 木浦府の保健問題/諸都市に於ける保健問題(木浦府公営部) 盛岡市の肺結核患者とその予防撲滅/諸都市に於ける保健問題(宍戸金吾) (山口)都市保健施設を概観して/府県保健行政の立場より都市を見る(松本栄) 米沢市の衛生状態/諸都市に於ける保健問題(米沢市) 陸軍側の衛生省設置案と内務省の保健国策案(編輯室) 緑地/最近の都市保健問題と保健施設(関口鉄太郎) 我国都市保健政策の発展(安田徳太郎)

◇ユーゴースラビアに於ける農村医療組合運動の全貌(3・完)(小林峰二訳)「産業組合」 371 1936.9
◇国際オリムピック大会の組織と都市(富田滋)「市政研究」 2(5) 1936.9
◇水道事業の現状と其の将来(大賓要蔵)「市政研究」 2(5) 1936.9
◇衛生模範村に就て(2・完)(南崎雄七)「斯民」 31(9) 1936.9
◇結核防止政策に関する統計的結果に就て(増田抱村)「社会事業」 20(6) 1936.9

◇最近竣工せる瀬戸市上水道施設「水道協会雑誌」 40 1936.9
◇結核予防の国民運動(本名順平)「地方行政」 44(9) 1936.9
◇大都市及地方に於ける死亡率の比較追補(華山親義)「統計時報」 60 1936.9
◇死因より見たる各国死亡の特性に就て(29)(H・U生)「統計集誌」 663 1936.9
◇朝鮮人の年齢別死亡と其原因観(下)(二瓶士子治)「統計集誌」 663 1936.9
◇農村の衛生医療問題(臼井俊郎)「農業と経済」 3(9) 1936.9
◇医師の責任(2)(中野善敦)「警察研究」 7(10) 1936.10
◇欧洲に於ける疾病保険及其の給付「健康保険時報」 10(10) 1936.10
◇独逸疾病保険の五十年「健康保険時報」 10(10) 1936.10
◇現代医学の社会的反省(村上賢三)「社会事業」 20(7) 1936.10
◇時局を反映せる保健国策(河野通雄)「社会事業研究」 20(10) 1936.10
◇保健国策としての結核救療問題(江草茂)「社会事業研究」 20(10) 1936.10
◇国策としての水道事業(宇賀田順三)「水道協会雑誌」 41 1936.10
◇上水道の諸相に就て(中幡俊秀)「水道協会雑誌」 41 1936.10
◇ヘルス・センターの事業(藤原九十郎)「大大阪」 12(10) 1936.10
◇上水道事業の経営に就て(1)(亀谷錠治)「地方行政」 44(10) 1936.10
◇死因より観たる各国死亡の特性に就て(30)(H・U生)「統計集誌」 664 1936.10
◇全国都市問題会議第五回総会記念号「都市問題」 23(4) 1936.10
運動公園所要面積算定に就て/都市の保健施設に関する一人一研究-第五回全国都市問題会議総会第二議題関係研究報告の要旨(都市計画東京地方委員会) 大阪市に於ける騒音の調査/都市の保健施設に関する一人一研究-第五回全国都市問題会議総会第二議題関係研究報告の要旨(大阪市保健部) 大阪市に於ける胞衣汚物処理事業/都市の保健施設に関する一人一研究-第五回全国都市問題会議総会第二議題関係研究報告の要旨(大阪市保健部) 大阪市の煤煙特に其発生源(工場及び家庭煤煙)に就て/都市の保健施設に関する一人一研究-第五回全国都市問題会議総会第二議題関係研究報告の要旨(大阪市保健部) 街路の清潔保持に就て/都市の保健施設に関する一人一研究-第五回全国都市問題会議総会第二議題関係研究報告の要旨(永井忠兵衛) 河川の浄化に就て/都市の保健施設に関する一人一研究-第五回全国都市問題会議総会第二議題関係研究報告の要旨(大阪市保健部) 工場廃水放流と其の弊毒及び対策/都市の保健施設に関する一人一研究-第五回全国都市問題会議総会第二議題関係研究報告の要旨(三川秀夫) 高層建築の騒音/都市の保健施設に関する一人一研究-第五回全国都市問題会議総会第二議題関係研究報告の要旨(大阪市保健部) 神戸市に於ける保健施設の鳥瞰/都市の保健施設に関する一人一研究-第五回全国都市問題会議総会第二議題関係研究報告の要旨(奥中喜代一) 国営としての上水道水源問題/公益企業に関する最近の問題に就て(藤田弘直) 細民街の死亡状態に就て/都市の保健施設に関する一人一研究-第五回全国都市問題会議総会第二議題関係研究報告の要旨(藤田武夫) 市営火葬場に就て/都市の保健施設に関する一人一研究-第五回全国都市問題会議総会第二議題関係研究報告の要旨(大阪市保健部) 児童遊園設置に関する若干考察/都市の保健施設に関する一人一研究-第五回全国都市問題会議総会第二議題関係研究報告の要旨(奥井復太郎) 上水道下水道施設と汚染防止問題/都市の保健施設に関する一人一研究-第五回全国都市問題会議総会第二議題関係研究報告の要旨(長崎敏吉) 照明を中心とする都市保健問題/都市の保健施設に関する一人一研究-第五回全国都市問題会議総会第二議題関係研究報告の要旨(照明学会) 水道事業に於ける料金徴収制度に関する考察/都市の公益企業に関する一人一研究(星野秀雄) 水道の安全に就て/都市の保健施設に関する一人一研究-第五回全国都市問題会議総会第二議題関係研究報告の要旨(岩崎富久) 其の他研究報告提出者と其の題目/都市の保健施設に関する一人一研究-第五回全国都市問題会議総会第二議題関係研究報告の要旨 炭酸瓦斯に依る処理場流入下水の水素イオン濃度の調整に就て/都市の保健施設に関する一人一研究-第五回全国都市問題会議総会第二議題関係研究報告の要旨(中条都一郎) 東京市町内会の衛生事業と其近代化/都市の保健施設に関する一人一研究-第五回全国都市問題会議総会第二議題関係研究報告の要旨(斎藤昇一) 東京市内の空気汚染調査/都市の保健施設に関する一人一研究-第五回全

国都市問題会議総会第二議題関係研究報告の要旨(有本邦太郎) 東京市に於ける児童遊園の現況と将来/都市の保健施設に関する一人一研究-第五回全国都市問題会議総会第二議題関係研究報告の要旨(末田ます) 東京市に於ける鉄筋「コンクリート」建「アパートメントハウス」に関する衛生学的研究/都市の保健施設に関する一人一研究-第五回全国都市問題会議総会第二議題関係研究報告の要旨(西野陸夫) 東京府に於ける工場の公害問題と之に対する除外施設及保健施設/都市の保健施設に関する一人一研究-第五回全国都市問題会議総会第二議題関係研究報告の要旨(石井桂) 都市衛生上より見たる採光照明問題に就て/都市の保健施設に関する一人一研究-第五回全国都市問題会議総会第二議題関係研究報告の要旨(吉田房雄、川畑愛義) 都市生活と保健問題/都市の保健施設に関する一人一研究-第五回全国都市問題会議総会第二議題関係研究報告の要旨(吉田房雄) 都市と壮丁の体格/都市の保健施設に関する一人一研究-第五回全国都市問題会議総会第二議題関係研究報告の要旨(永島忠夫) 都市の騒音防止策/都市の保健施設に関する一人一研究-第五回全国都市問題会議総会第二議題関係研究報告の要旨(大阪市保健部) 都市美の情操に及ぼす影響/都市の保健施設に関する一人一研究-第五回全国都市問題会議総会第二議題関係研究報告の要旨(板垣鷹穂) 都市保健上より見たる住宅敷地/都市の保健施設に関する一人一研究-第五回全国都市問題会議総会第二議題関係研究報告の要旨(鈴木和夫) 名古屋市に於ける屎尿処分の変遷と現況に就て/都市の保健施設に関する一人一研究-第五回全国都市問題会議総会第二議題関係研究報告の要旨(金原庄治郎) 名古屋市に於ける特別健康地区実施計画に就て/都市の保健施設に関する一人一研究-第五回全国都市問題会議総会第二議題関係研究報告の要旨(金原庄治郎) 煤煙防止運動の効果/都市の保健施設に関する一人一研究-第五回全国都市問題会議総会第二議題関係研究報告の要旨(有本邦太郎) 煤煙防止と地域制/都市の保健施設に関する一人一研究-第五回全国都市問題会議総会第二議題関係研究報告の要旨(鳥井信) 保健と住宅問題/都市の保健施設に関する一人一研究-第五回全国都市問題会議総会第二議題関係研究報告の要旨(平野真三) 保健に関する地域制/都市の保健施設に関する一人一研究-第五回全国都市問題会議総会第二議題関係研究報告の要旨(長谷川金兵衛) 保健問題と社会階級/都市の保健施設に関する一人一研究-第五回全国都市問題会議総会第二議題関係研究報告の要旨(豊浦浅吉) 臨海及林間学校其他児童保護に関する施設/都市の保健施設に関する一人一研究-第五回全国都市問題会議総会第二議題関係研究報告の要旨(加用信憲) 六大都市に於ける年齢別肺結核死亡率の推移/都市の保健施設に関する一人一研究-第五回全国都市問題会議総会第二議題関係研究報告の要旨(猪間驥一)

◇ドイツ健康保険の五十年「内外社会問題調査資料」 299 1936.10
◇結核予防国民運動に就いて「内務時報」 1(10) 1936.10
◇我国医師分布の現況「内務時報」 1(10) 1936.10
◇第二回余暇慰安国際会議「労働時報」 13(10) 1936.10
◇医師の責任(3)(中野善敦)「警察研究」 7(11) 1936.11
◇国民健康保険制度に就いて「健康保険時報」 10(11) 1936.11
◇瑞西に於ける結核保険「健康保険時報」 10(11) 1936.11
◇英国協同組合の国民健康保険(山鹿勉治)「産業組合」 373 1936.11
◇公園墓地事業の現状(東京)(井下清)「市政研究」 2(5) 1936.11
◇国民健康保険制度に就て(賀川豊彦)「社会事業研究」 24(11) 1936.11
◇保健国策と医療の社会化(1)(難波紋吉)「社会政策時報」 194 1936.11
◇上水道と火災保険料に就て(高橋六郎)「水道協会雑誌」 42 1936.11
◇保健衛生国策と上下水道法規の改正問題(杉村章三郎)「水道協会雑誌」 42 1936.11
◇我が国上下水道の沿革と支那に於ける斯業の将来性に就て(茂庭忠次郎)「水道協会雑誌」 42 1936.11
◇大阪市に於ける現行下水道負担規定に就て(中平光治)「大大阪」 12(11) 1936.11
◇児童指導員の要求する遊園設備(内田二郎)「庭園と風景」 18(11) 1936.11
◇死因より見たる各国死亡の特性に就て(31・完)(H・U生)「統計集誌」 665 1936.11
◇医師の責任(4・完)(中野善敦)「警察研究」 7(12) 1936.12

◇保健国策と医療の社会化(2・完)(難波紋吉)「社会政策時報」 195 1936.12
◇大阪市水道急速濾過設備に就て(島崎孝彦)「水道協会雑誌」 43 1936.12
◇函館市大火後に於ける水道配水管増設計画(吉谷一次)「水道協会雑誌」 43 1936.12
◇保健衛生国策と上下水道事業との関係に就て「水道協会雑誌」 43 1936.12
◇濾過の能率に関する研究(廣瀬孝六郎)「水道協会雑誌」 43 1936.12
◇上水道事業の経営に就て(亀谷鋑治)「地方行政」 44(12) 1936.12
◇欧洲に於ける保健センターの概況(神谷守次)「東京市社会局時報」 昭和11年7・8・9月号 1936.12
◇医療組合に対する二、三の考察(真田昌孝)「都市問題」 23(7) 1936.12
◇壮丁の体力より観る都鄙衛生問題に就て(小泉親彦)「都市問題」 23(7) 1936.12
◇「チフスの港」の悪評を解消するまで(大苗代伸成)「都市問題」 23(7) 1936.12
◇独米に於ける結核予防事業の概要と吾が国の対策(岩佐大治郎)「都市問題」 23(7) 1936.12
◇都市花柳病の社会衛生学的観察(佐々木幸四郎)「都市問題」 23(7) 1936.12
◇余暇利用の組織化「内外社会問題調査資料」 306 1936.12
◇国民健康保険制度の必要と其の概要「内務時報」 1(12) 1936.12
◇明治大正の疾病史(入沢達吉)「改造」 19(1) 1937.1
◇農村社会生活と国民健康保険(川村秀文)「警察研究」 8(1) 1937.1
◇欧米各国の運動競技場視察記(1)(北村徳太郎)「公園緑地」 1(1) 1937.1
◇娯楽休養問題と公園緑地施設(山川建)「公園緑地」 1(1) 1937.1
◇都市衛生と緑地(挾間茂)「公園緑地」 1(1) 1937.1
◇保健行政の針路(挾間茂)「斯民」 32(1) 1937.1
◇我国壮丁の体位低下に対する児童保護的対策(小宮山主計)「社会福利」 21(1) 1937.1
◇保健国策に就て(内務省衛生局)「週報 官報附録」 14 1937.1
◇旧神田上水懸通の遺跡(村高幹博)「水道協会雑誌」 44 1937.1
◇下水道事業の振興方策に就て(藤田弘直)「水道協会雑誌」 44 1937.1
◇保健行政に於ける水道の地位(宇賀田順三)「水道協会雑誌」 53 1937.1
◇健康保険制度と其の類似組合(川村秀文)「地方行政」 45(1) 1937.1
◇国民体位の向上(山本厚三)「帝国教育」 699 1937.1
◇罹病統計(田杉競訳)「統計集誌」 667 1937.1
◇東京市政調査会主催、結核防遏問題六大都市協議会「都市問題」 24(1) 1937.1
◇都市衛生問題の特質とその対策(挾間茂)「都市問題」 24(1) 1937.1
◇保健当局の語る都市の結核現状と対策「都市問題」 24(1) 1937.1
◇本邦都市の下水及汚物処分と魚介衛生私見(戸田正三)「都市問題」 24(1) 1937.1
◇六大都市及都鄙に於ける徴兵検査結果の比較「都市問題」 24(1) 1937.1
◇六大都市保健協議会と九州沖縄税務協議会「都市問題」 24(1) 1937.1
◇母子保護法案に就て「内務時報」 2(1) 1937.1
◇健康保険医療の現況(杉田勇)「労働科学研究」 14(1) 1937.1

◇健康保険組合理事者より見たる医療給付に関する一考察(白井勇)「労働科学研究」 14(1) 1937.1
◇農村に於ける乳児死亡と母の生活状態との関係に就て(白井伊三郎,横川つる)「労働科学研究」 14(1) 1937.1
◇インフレ景気に依る結核患者の増発と保健施設(中川義次)「健康保険時報」 11(2) 1937.2
◇欧米各国の運動競技場視察記(2)(北村徳太郎)「公園緑地」 2(2) 1937.2
◇余暇善用運動の歴史(R.L.ダーギン)「公園緑地」 2(2) 1937.2
◇国民健康保険制度と産業組合(三宅正一)「産業組合」 376 1937.2
◇農村に於ける医療問題と国民健康保険制度(伊藤清)「斯民」 32(2) 1937.2
◇壮丁体質の低下とその社会性(吉田秀夫)「週刊エコノミスト」 15(4) 1937.2
◇我国の結核死亡率と乳児死亡率(内閣統計局)「週報 官報附録」 16 1937.2
◇現下水道界の主要問題(長田貢内)「水道協会雑誌」 45 1937.2
◇上水道に於ける濾膜の生物学的研究(第9報)(近藤正義)「水道協会雑誌」 45 1937.2
◇促進汚泥法に依る下水処理の実験的研究(1)(島崎孝彦)「水道協会雑誌」 45 1937.2
◇水の管理(安田正鷹)「水利と土木」 10(2) 1937.2
◇大阪の浮浪癩患者調べ(今谷逸之助)「大大阪」 13(2) 1937.2
◇遊園地を語る(志村厳)「庭園」 19(2) 1937.2
◇塵芥蒐集運搬車輌の運搬距離より見たる経済的限度(豊田与三吉)「都市公論」 20(2) 1937.2
◇結核予防の改正案と保健所法案(平野真三)「都市問題」 24(2) 1937.2
◇東京府結核予防対策私案(草間弘司)「都市問題」 24(2) 1937.2
◇福岡県下の医療互助組合に就て「内務時報」 2(2) 1937.2
◇農村に於ける黴毒の蔓延に関する調査(齋藤一,横川つる)「労働科学研究」 14(2) 1937.2
◇我国公営結核療養所の現状(針谷正作)「建築雑誌」 51(624) 1937.3
◇農村に於ける衛生と其の施設(宮崎太一)「斯民」 32(3) 1937.3
◇公衆衛生訪問看護婦の事業に就て(保良せき)「社会事業」 20(12) 1937.3
◇アメリカのダム会議と視察行脚(3)(小野基樹)「水道協会雑誌」 46 1937.3
◇給水栓流出水量に就て(大沢鍛)「水道協会雑誌」 46 1937.3
◇促進汚泥法に依る下水処理の実験的研究(2)(島崎孝彦)「水道協会雑誌」 46 1937.3
◇都市下水道施設の維持費に就て(薄田清)「水道協会雑誌」 46 1937.3
◇我国に於ける近代的市営水通企業の成立とその背景(前篇)(竹中龍雄)「水道協会雑誌」 46 1937.3
◇学校身体検査規定の改正(平野真三)「都市問題」 24(3) 1937.3
◇国民体力についての論考(暉峻義等[ほか])「教育」 5(4) 1937.4
◇欧米各国の運動競技場視察記(4)(北村徳太郎)「公園緑地」 1(4) 1937.4
◇国立公園と国民保健(南崎雄七)「国立公園」 9(2) 1937.4
◇医療組合に於ける農村診療所の経営(松田善吉,泉清)「産業組合」 378 1937.4
◇保健所の創設に就て(藤懸重次)「自治機関」 446 1937.4
◇保健所創設の意義と其の使命(桜井安右衛門)「斯民」 32(4) 1937.4
◇水道事業の地域的統制(小山田小七)「水道協会雑誌」 47 1937.4
◇我国に於ける近代的市営水道企業の成立とその背景(後篇)(竹中龍雄)「水道協会雑誌」 47 1937.4
◇上水道の経営に就て(2)(亀谷錂治)「地方行政」 45(4) 1937.4
◇保健指導機関に就て(2)(高野六郎)「地方行政」 45(4) 1937.4
◇母子保護法案に就て(中田政美)「地方行政」 45(4) 1937.4
◇昭和十一年中に於ける警視庁管下遊廓の遊興状態「統計集誌」 670 1937.4
◇結核予防国民運動振興実施状況「内務時報」 2(4) 1937.4
◇国民健康保険法案は何を示唆するか(留岡清男)「教育」 5(5) 1937.5
◇我が国民の疾病及死亡に関する統計一班(1)「健康保険時報」 11(5) 1937.5
◇医療組合による農村診療所の経営(2・完)(松田善吉,泉広)「産業組合」 379 1937.5
◇本市水道使用条例に関する一考察(梅本祐治)「市政研究」 3(3) 1937.5
◇全国医療保護施設の量的考察(肥田瀧治郎)「社会福利」 21(5) 1937.5
◇米国濾砂調査委員会報告に就て(岩崎宝吉)「水道協会雑誌」 48 1937.5
◇大阪市民の体位(深山昊)「大大阪」 13(5) 1937.5
◇国民健康保険法案批判(安田徳太郎)「中央公論」 52(5) 1937.5
◇都市と児童の健康に関する統計的調査(内務省都市計画課)「都市公論」 20(5) 1937.5
◇第十回全国都市衛生主任会の概況(藤田武夫)「都市問題」 24(5) 1937.5
◇第八回六大都市保健協議会(平野真三,幸島礼吉)「都市問題」 24(5) 1937.5
◇国民体育館概要(文部大臣官房体育課)「文部時報」 583 1937.5
◇身体検査規程改正の要旨及要点(文部大臣官房体育課)「文部時報」 583 1937.5
◇欧米各国の運動競技場視察記(5)(北村徳太郎)「公園緑地」 1(6) 1937.6
◇下水道・塵芥処理事業の財源と経済化の問題に就て(大畑文七)「水道協会雑誌」 49 1937.6
◇水道協会第6回総会並に部会記事「水道協会雑誌」 49 1937.6
◇横浜市の橘樹水道買収問題の経過(藤田弘直)「水道協会雑誌」 49 1937.6
◇上水道布設費起債に就て(4)(亀谷錂治)「地方行政」 45(6) 1937.6
◇保健衛生問答(本名順平)「地方行政」 45(6) 1937.6
◇詳細なる疾病分類の設定「統計時報」 69 1937.6
◇基隆市の煤煙防止に就て(富士貞吉,柏井他六郎)「都市問題」 24(6) 1937.6
◇第二回都市結核予防協議会(平野真三)「都市問題」 24(6) 1937.6
◇北米合衆国の衛生行政(藤田武夫)「都市問題」 24(6) 1937.6
◇阪神上水道の概況(村山喜一郎)「土木学会誌」 23(6) 1937.6
◇結核予防法第六条に依る結核療養所の設置(1)「内務時報」 2(6) 1937.6
◇青少年体位の推移に就いて(岩原拓)「文部時報」 586 1937.6
◇ソ連邦に於ける国民保健の現状(シエヴエレフ)「月刊 列国政策彙報」 2(7) 1937.7
◇河水統制と水道(河口梅介)「水道協会雑誌」 50 1937.7
◇都市計画より観たる上水道及び下水道(武居高四郎)「水道協会雑誌」 50 1937.7
◇保健省創設問題と本会の要望「水道協会雑誌」 50 1937.7
◇地下水利用統制論(1)(加藤陽三)「水利と土木」 10(7) 1937.7
◇結核撲滅の歴史的段階(安田徳太郎)「中央公論」 52(7) 1937.7

◇函館市の防火水道に就て(吉谷一次)「都市公論」 20(7) 1937.7
◇環境学の方法論(正木正)「教育」 5(8) 1937.8
◇保健社会省の新設(小島憲)「自治機関」 450 1937.8
◇保健社会省に含まれる諸問題(牧賢一)「社会事業」 21(5) 1937.8
◇水道料金に関する実証的考察(金子吉衛)「水道協会雑誌」 51 1937.8
◇八尾町上水道計画概要「水道協会雑誌」 51 1937.8
◇全道一斉河川清掃日に就て(中村忠充)「水利と土木」 10(8) 1937.8
◇地下水利用統制論(2)(加藤陽三)「水利と土木」 10(8) 1937.8
◇イギリスの保健省に就いて(小川市太郎)「大大阪」 13(9) 1937.8
◇医療の社会化に就て(梶原三郎)「大大阪」 13(9) 1937.8
◇医療の社会化理論より見たる健康保険問題(大林宗嗣)「大大阪」 13(9) 1937.8
◇大阪市内の簡易保険健康相談所と診療状況(千葉清七)「大大阪」 13(9) 1937.8
◇大阪市内の健康保険被保険者数及その罹病状況(三井正雄)「大大阪」 13(9) 1937.8
◇大阪市内の工場衛生再検討(助川浩)「大大阪」 13(9) 1937.8
◇大阪市学童の体位(家原毅男)「大大阪」 13(9) 1937.8
◇大阪市の衛生組合の現状(大阪市役所保健部)「大大阪」 13(9) 1937.8
◇大阪市の保健施設(中田善之助)「大大阪」 13(9) 1937.8
◇大阪市民と結核問題(太縄寿郎)「大大阪」 13(9) 1937.8
◇大阪市民の法定伝染病の罹患状況(熊台謙三郎)「大大阪」 13(9) 1937.8
◇大阪市民の罹患状況に就て(小幡亀寿)「大大阪」 13(9) 1937.8
◇徴兵検査の結果に見たる大阪市壮丁体位の考案(第四師団司令部附)「大大阪」 13(9) 1937.8
◇都市に必要な保健行政とその改善(藤原九十郎)「大大阪」 13(9) 1937.8
◇保健社会省の新設に就て「内務時報」 2(8) 1937.8
◇保健社会省の創設(挟間茂)「斯民」 32(9) 1937.9
◇国民保健問題と結核(岡崎文規)「人口問題」 2(2) 1937.9
◇保健社会省と上下水道(赤坂清七)「水道協会雑誌」 52 1937.9
◇濾過の能率に関する研究-緩速砂濾過の均等性に就て-(広瀬孝六郎)「水道協会雑誌」 52 1937.9
◇我国に於ける市営下水道事業の成立と其背景(竹中龍雄)「水道協会雑誌」 52 1937.9
◇地下水利用統制論(3)(加藤陽三)「水利と土木」 10(9) 1937.9
◇上下水道と公衆衛生(宇野周三)「土木学会誌」 23(9) 1937.9
◇促進汚泥法の調節(西村義一)「土木学会誌」 23(9) 1937.9
◇2500m²容量の汚泥消化槽(野中八郎)「土木学会誌」 23(9) 1937.9
◇保健社会省の新設と都市の保健行政問題(藤原九十郎)「都市問題」 25(4) 1937.10
◇各種断面形状下水渠共通勾配式に就て(北澤貞吉)「土木学会誌」 23(10) 1937.10
◇ワシントンの新下水処分施設(野中八郎)「土木学会誌」 23(10) 1937.10
◇健康保険の結核性疾患に関する観察(福井県)「健康保険時報」 11 1937.11
◇医療利用組合と国民健康保険(蓮池公咲)「帝国農会報」 27(11) 1937.11
◇大牟田市疫禍概況「都市公論」 20(11) 1937.11
◇都市衛生と緑地問題(鯉沼茆吾)「公園緑地」 1(12) 1937.12

◇組合医療事業の拡充強化(黒川泰一)「産業組合」 386 1937.12
◇時局下の保健対策を中心とした第十三回六大都市保健協議会(平野真三,幸島礼吉)「都市問題」 25(6) 1937.12
◇都市に於ける汚水灌漑処理法(別所正夫)「土木学会誌」 23(12) 1937.12
◇農民更生・農村保健(小泉丹)「改造」 20(1) 1938.1
◇伊太利、瑞西及羅馬尼亜に於ける結核保険「健康保険時報」 12(1) 1938.1
◇国民体位と生活環境(難波紋吉)「社会政策時報」 208 1938.1
◇事変と国民保健問題(肥田瀧治郎)「社会福利」 22(1) 1938.1
◇大阪市の上下水道事業に就て(島崎孝彦)「水道協会雑誌」 56 1938.1
◇岐阜市下水道使用料に就て(安部源三郎)「水道協会雑誌」 56 1938.1
◇供給量の時間的変化を論じて配水池の容量に及ぶ(岩崎宝吉)「水道協会雑誌」 56 1938.1
◇国防と上水道(宇賀田順三)「水道協会雑誌」 56 1938.1
◇上海南市水道概説(黒田義正)「水道協会雑誌」 56 1938.1
◇水道協会沿革年表「水道協会雑誌」 56 1938.1
◇水道事業経営の主義に就いて(金子吉衛)「水道協会雑誌」 56 1938.1
◇水道事業における若干の法律問題(原龍之助)「水道協会雑誌」 56 1938.1
◇水道事業の経営と公衆政策に就いて(松浦仙逸)「水道協会雑誌」 56 1938.1
◇保健国策の行政的統一(蠟山政道)「水道協会雑誌」 56 1938.1
◇大阪市に於ける銃後の保健施設と其の活動(藤原九十郎)「大大阪」 14(1) 1938.1
◇医療利用組合と国民健康保険(2)(蓮池公咲)「帝国農会報」 28(1) 1938.1
◇事変下の都市保健問題を語る(宮川宗徳)「都市問題」 26(1) 1938.1
◇世界主要都市に於ける呼吸器結核死亡率「都市問題」 26(1) 1938.1
◇都市の騒音防止問題(上)(藤原九十郎)「都市問題」 26(1) 1938.1
◇日独英米仏五箇国結核死亡率「都市問題」 26(1) 1938.1
◇アムステルダム公園競漕場(五十嵐醇三)「土木学会誌」 24(1) 1938.1
◇厚生省の設置「内務時報」 3(1) 1938.1
◇国民の保健更生と魚食(1)(周東英雄)「自治研究」 14(2) 1938.2
◇自1913年至1921年ドイツに於ける死亡に就いて(早崎八洲)「社会福利」 22(2) 1938.2
◇欧米下水道視察印象記(1)(高木敏雄)「水道協会雑誌」 57 1938.2
◇小松町水道概要「水道協会雑誌」 57 1938.2
◇消化汚泥に関する研究概説(柴田三郎)「水道協会雑誌」 57 1938.2
◇我国に於ける市営屎尿処理事業の成立と其の背景(竹中龍雄)「水道協会雑誌」 57 1938.2
◇上水道布設費起債に就いて(5)(亀谷錂治)「地方行政」 46(2) 1938.2
◇第2回病勢調査「統計時報」 77 1938.2
◇都市の騒音防止問題(続)(藤原九十郎)「都市問題」 26(2) 1938.2
◇ニューヨークの新下水処理場(野中八郎)「土木学会誌」 24(2) 1938.2
◇諸外国の任意健康保険の実施状況「内外社会問題調査資料」 344 1938.2
◇注釈付独逸自然保護法及同施行令(2)「公園緑地」 2(3) 1938.3

◇国民の保健衛生と魚食(2・完)(周東英雄)「自治研究」 14(3) 1938.3
◇三井報恩会に於ける深川区罹病調査に就て(横田忠郎)「社会事業」 22(3) 1938.3
◇欧米下水道視察印象記(2)(高木敏雄)「水道協会雑誌」 58 1938.3
◇京都市下水道使用料に就て(中條都一郎)「水道協会雑誌」 58
◇上海閘北水道に就て(茂庭忠次郎)「水道協会雑誌」 58 1938.3
◇南京及び上海の水道を見て(河口協介[ほか])「水道協会雑誌」 58 1938.3
◇南京水道の視察記(岩崎富久)「水道協会雑誌」 58 1938.3
◇水洗便所増加に対する一考察(川井保)「土木学会誌」 24(3) 1938.3
◇玉川水道買収の経過(傍島湊)「土木学会誌」 24(3) 1938.3
◇Covingtonの新浄水場(寺島重雄)「土木学会誌」 24(3) 1938.3
◇Raritan河の浄化計画(別所正夫)「土木学会誌」 24(3) 1938.3
◇健康の保持増進に対する人格的要素(大平得三)「文部時報」 612 1938.3
◇国民健康保険法の運営に就て(川村秀文)「社会事業」 22(1) 1938.4
◇欧米下水道視察印象記(3)(高木敏雄)「水道協会雑誌」 59 1938.4
◇高架水槽計画に就て(国富忠寛, 井深功)「水道協会雑誌」 59 1938.4
◇埼玉県南水道施設概要「水道協会雑誌」 59 1938.4
◇浙江省杭州市水道管見(仲田聡治郎, 岩崎宝吉)「水道協会雑誌」 59 1938.4
◇帝都給水の実態を論ず(梶原二郎)「水道協会雑誌」 59 1938.4
◇医療利用組合と国民健康保険(3・完)(蓮池公咲)「帝国農会報」 28(4) 1938.4
◇火葬を中心としての都市の葬務を説く(井下清)「都市公論」 21(4) 1938.4
◇国民健康保険法(石原武二)「社会政策時報」 212 1938.5
◇大阪市水道施設及び作業成績(島崎孝彦)「水道協会雑誌」 60 1938.5
◇産業会計組織による東京市水道局会計収支決算再観察(金子利八郎)「水道協会雑誌」 60 1938.5
◇上下水道時感(赤坂清七)「水道協会雑誌」 60 1938.5
◇水道用水の諸問題(安田正鷹)「水道協会雑誌」 60 1938.5
◇北京上水道に就て(芝庭忠次郎)「水道協会雑誌」 60 1938.5
◇国民健康保険法の概要(保険院社会保険局)「内務厚生時報」 3(5) 1938.5
◇東京市内某工場地区に於ける結核症蔓延状態に関する調査報告(高橋智広, 上田輝子)「労働科学研究」 15(5) 1938.5
◇国民健康保険法について(1)(川村秀文)「警察研究」 9(6) 1938.6
◇国民健康保険関係法規「健康保険時報」 12(6) 1938.6
◇国民健康保険法の施行に際して(石原武二)「健康保険時報」 12(6) 1938.6
◇国民健康保険法の実地期を迎へて(清水玄)「健康保険時報」 12(6) 1938.6
◇欧米下水道視察印象記(4)(高木敏雄)「水道協会雑誌」 61 1938.6
◇下水道に関する概要調査-昭和十三年三月調「水道協会雑誌」 61 1938.6
◇上下水道事業と東京市区改正条例(三川秀夫)「水道協会雑誌」 61 1938.6
◇水道事業会計制度の改革工作と其の運営に就て(高橋六郎)「水道協会雑誌」 61 1938.6
◇河川計画より見たる我国上下水道(水谷鏘)「水利と土木」 11(6) 1938.6
◇医療保護に就て(田村正)「中央公論」 53(6) 1938.6
◇断種法と世界観(小野清一郎)「中央公論」 53(6) 1938.6
◇上下水道と消化器系伝染病「統計時報」 80 1938.6
◇中支の水道に就て(岩崎富久)「土木学会誌」 24(6) 1938.6
◇工場地帯居住者の乳児死亡率に就て(澤谷寅造)「労働科学研究」 15(6) 1938.6
◇休養慰安の社会化(木弘厳太郎)「改造」 20(7) 1938.7
◇国民健康保険法について(2)(川村秀文)「警察研究」 9(7) 1938.7
◇註釈付独逸自然保護法及同施行令(4)「公園緑地」 2(7) 1938.7
◇水道事業の法律的性質(田上穣治)「水道協会雑誌」 62 1938.7
◇国民体力管理制度に就て(厚生省体力局)「内務厚生時報」 3(7) 1938.7
◇健康保険官署の行政機構に付ての再検討(山川益市)「健康保険時報」 12(8) 1938.8
◇余暇と娯楽休養問題(中田俊造)「公園緑地」 2(8) 1938.8
◇戦時下に於ける農村保健問題(黒川泰一)「社会政策時報」 215 1938.8
◇事変下保健政策の要望(肥田瀧治郎)「社会福利」 22(7) 1938.8
◇水道と撒水の話(田中可長)「大大阪」 14(8) 1938.8
◇衛生行政の新しき出発(池田欽三郎)「警察研究」 9(9) 1938.9
◇討釈付独逸自然保護法及同施行令(6)「公園緑地」 2(9) 1938.9
◇岩手県に於ける医療組合運動(高橋新太郎)「産業組合」 395 1938.9
◇民族衛生と断種法(三宅鉱一)「帝国教育」 719 1938.9
◇医療関係者の職業能力申請制度(厚生省衛生局)「内務時報」 3(9) 1938.9
◇「休養」の社会的意義(大河内一男)「教育」 6(10) 1938.10
◇健康保険経済の瞥見(1)(鈴木武男)「健康保険時報」 12(10) 1938.10
◇公園緑地と都市学童の保健(大西永次郎)「公園緑地」 2(10) 1938.10
◇医療組合発達の前史(黒川泰一)「社会福利」 22(9) 1938.10
◇国民体力と厚生行政(1)(児玉政介)「地方行政」 46(11) 1938.10
◇職員健康保険に就て(進藤誠一)「経済月報」 10(11) 1938.11
◇現代医療保護の一課題-娼婦と性病を中心に-(本名順平)「社会事業」 21(8) 1938.11
◇大戦時に於ける結核死亡率と工業化-特にその独逸に於ける実例を中心に(天沢不二郎, 草473)「社会政策時報」 218 1938.11
◇最近約十年の下水道界展望(田中寅男)「水道協会雑誌」 54 1938.11
◇水源候補地伏流水の汚染有無に関する水質数値の吟味に就て(児玉得三)「水道協会雑誌」 54 1938.11
◇横浜市水道五十年の回顧(藤田弘直)「水道協会雑誌」 54 1938.11
◇水道に関する伝染病流行に就て(野邊地慶三)「水道協会雑誌」 66 1938.11
◇満州及北支の水道事業に就て(大野厳)「水道協会雑誌」 66 1938.11
◇大阪市公設小売市場従業員健康診断成績の概況に就て(里見恭一郎)「大大阪」 13(12) 1938.11
◇保健所の創設と其の使命(宮崎太一)「地方行政」 45(11) 1938.11
◇国民体力と厚生行政(2)(児玉政介)「地方行政」 46(12) 1938.11
◇世界大戦前後に於ける結核死亡と工業化(橋本金太郎訳)「統計集誌」 689 1938.11
◇時局下に於ける都市の厚生(社会・衛生)対策(林信夫)「都市問題」 27(5) 1938.11

衛生・医療・水道・清掃

◇公衆衛生院の概要(厚生省公衆衛生院)「内務厚生時報」 3(11) 1938.11

◇職員健康保険制度に就て(保険院総務局)「内務厚生時報」 3(11) 1938.11

◇技術向上運動実施要綱(大阪市監査部)「水道協会雑誌」 55 1938.12

◇水の滅菌(森慶三郎)「水道協会雑誌」 55 1938.12

◇濾過に関する資料「水道協会雑誌」 55 1938.12

◇大阪市営水道発達史-経営部面を中心として(鵜原健三)「水道協会雑誌」 67 1938.12

◇煤煙防止に就て(殿村繁三郎)「大大阪」 13(13) 1938.12

◇市町村長の精神病者監護義務(本名順平)「地方行政」 45(12) 1938.12

◇第十回六大都市保健協議会の開催(日本都市年鑑編纂室)「都市問題」 28(2) 1939.2

◇下水道使用料に関する市制町村制施行令の改正に就いて(小林千秋)「自治研究」 15(3) 1939.3

◇長期建設と都市保健対策-第四回都市結核予防協議会に聴く「都市問題」 28(3) 1939.3

◇花柳病予防法の改正(日本都市年鑑編纂室)「都市問題」 28(4) 1939.4

◇健康保険法の改正(日本都市年鑑編纂室)「都市問題」 28(4) 1939.4

◇職員健康保険法の制定(日本都市年鑑編纂室)「都市問題」 28(4) 1939.4

◇厚生省分課の改正(日本都市年鑑編纂室)「都市問題」 28(5) 1939.5

◇帝国衛生対策委員会の設置(日本都市年鑑編纂室)「都市問題」 28(5) 1939.5

◇結核予防会の創設準備(日本都市年鑑編纂室)「都市問題」 28(6) 1939.6

◇東京市の下水道使用料徴収(日本都市年鑑編纂室)「都市問題」 29(1) 1939.7

◇都市保健協会の創立(日本都市年鑑編纂室)「都市問題」 29(2) 1939.8

◇医薬制度調査会の審議経過(日本都市年鑑編纂室)「都市問題」 29(5) 1939.11

◇国民体力管理制度の制定準備(日本都市年鑑編纂室)「都市問題」 29(5) 1939.11

◇民族優生制度の立案(日本都市年鑑編纂室)「都市問題」 29(5) 1939.11

◇職員健康保険について(大森英治郎)「経済集志」 12(4) 1939.12

◇健康保険の保健施設と其強化(1)(中川義次)「健康保険時報」 13(12) 1939.12

◇環境欠陥児童の家族関係と心身の状況(大久保満彦)「社会福利」 23(11) 1939.12

◇人口問題と結核(村島帰之)「社会福利」 23(11) 1939.12

◇第十四回六大都市保健協議会(日本都市年鑑編纂室)「都市問題」 29(6) 1939.12

◇浄化下水を利用したる一給水計画に就て(板倉誠)「土木学会誌」 25(12) 1939.12

◇大阪市水道部の運営目標(竹中龍雄)「経済学雑誌」 6(1) 1940.1

◇米国諸都市に於ける下水道使用料徴収の実際(山本光造)「市政研究」 6(1) 1940.1

◇保健館の話(東京市特別衛生地区保健館)「市政週報」 42 1940.1

◇欧洲戦争に於ける軍用水道に就いて(島崎孝彦)「水道協会雑誌」 80 1940.1

◇霞ヶ浦の水量に就て(仲田聡治郎)「水道協会雑誌」 80 1940.1

◇給水の合理化(武藤麒駿郎)「水道協会雑誌」 80 1940.1

◇国民保健上より見たる米穀の消費節約(佐伯矩)「帝国農会報」 30(1) 1940.1

◇昭和14年度実施せる乳幼児診査成績に就て(厚生省体力局)「内務厚生時報」 20(2) 1940.1

◇民族優生制度案要綱に就て(床次徳二)「警察研究」 11(2) 1940.2

◇水源林の話(東京市水道局)「市政週報」 43 1940.2

◇医療制度改正案の前途(紀本参次郎)「社会福利」 24(2) 1940.2

◇乳幼児の死亡率の問題(丸山博)「社会福利」 24(2) 1940.2

◇水洗便所の普及に就て(杉戸清)「水道協会雑誌」 81 1940.2

◇水道事業運営上の基本問題として財政の根幹を為す使用料収入の内部構成に就て(梶原二郎)「水道協会雑誌」 81 1940.2

◇水道事業と兼営公企業(竹中龍雄)「水道協会雑誌」 81 1940.2

◇水道事業の経営費用に関する一考察(鵜原健造)「水道協会雑誌」 81 1940.2

◇水道条例発布関係資料「水道協会雑誌」 81 1940.2

◇水道条例発布前に於ける大阪市の史料(大阪市水道部)「水道協会雑誌」 81 1940.2

◇水道条例発布前に於ける横浜水道の回顧(藤田弘直)「水道協会雑誌」 81 1940.2

◇封建都市の病理学(内藤勝)「都市公論」 23(2) 1940.2

◇時局下産業労務者の体力保護-第五回都市結核予防協議会に聴く「都市問題」 30(2) 1940.2

◇京都市上水道原水取入問題と将来に対する考察(山本与一郎)「土木学会誌」 26(2) 1940.2

◇優生法制定可否論(田口英太郎)「警察研究」 11(3) 1940.3

◇註釈付独逸自然保護法同施行令(10・完)「公園緑地」 4(3) 1940.3

◇横浜市の紀元二千六百年記念事業組合運動場に就いて(村田登見)「公園緑地」 4(3) 1940.3

◇厚生行政の回顧(秋葉保広)「社会政策時報」 234 1940.3

◇米国都市に於ける下水道使用料の実際(山本光造)「水道協会雑誌」 82 1940.3

◇隅田川浄化計画に就て(平野厳)「水利と土木」 13(3) 1940.3

◇米国の結核予防状況を見る(田辺定義)「都市問題」 30(3) 1940.3

◇民族優生制度案要綱に就て(田口英太郎)「法律時報」 12(3) 1940.3

◇健康保険に於ける巡回看護婦の機能(2)「健康保険時報」 14(4) 1940.4

◇台北市全学童に於けるマントー氏反応調査成績(杉江四郎)「健康保険時報」 20(4) 1940.4

◇国民体力管理制度に就いて(佐々木芳遠)「斯民」 35(4) 1940.4

◇大阪市水道浄水設備(完)(宮北敏夫)「水道協会雑誌」 83 1940.4

◇我国之医療国策(趙万斌)「地方行政 日文版」 4(4) 1940.4

◇東京市西部井荻天沼地下水堆「地理学評論」 16(4) 1940.4

◇結核予防模範地区の設定(日本都市年鑑編纂室)「都市問題」 30(4) 1940.4

◇国民体力法の制定(日本都市年鑑編纂室)「都市問題」 30(4) 1940.4

◇国民優生法案議会を通過(日本都市年鑑編纂室)「都市問題」 30(4) 1940.4

◇優生法制定可否論(2)(田口英太郎)「警察研究」 11(5) 1940.5

◇「保険者の代位の法則」第五講(1)(朝倉幸治)「健康保険時報」 14(5) 1940.5

◇衛生技術員養成機関に就て(野辺地慶三)「厚生科学」 1(1) 1940.5

◇結核死の年齢分布に就て(久保秀史)「厚生科学」 1(1) 1940.5

◇沈殿活性汚泥中に於けるチフス菌の生存期間に就て(岡本啓, 橋内

実)「厚生科学」 1(1) 1940.5
◇ツベルクリン反応検査方法に就て(第1報)(野辺地慶三[ほか])「厚生科学」 1(1) 1940.5
◇農村に於ける小児保健並に栄養改善事業(東北更新会指定村事業視察報告)(齋藤潔)「厚生科学」 1(1) 1940.5
◇負荷重量の生産衛生学的研究(白井伊三郎,土屋弘吉)「厚生科学」 1(1) 1940.5
◇防毒面に関する研究(1)(鈴木幸夫)「厚生科学」 1(1) 1940.5
◇夜業の影響に関する一調査(辻正三)「厚生科学」 1(1) 1940.5
◇乳児死亡対策よりみたる病類別死因統計の価値(1)(水野清司)「社会事業」 24(5) 1940.5
◇旧神田上水御茶の水県樋と水道橋「水道協会雑誌」 84 1940.5
◇広州市(広東)水道応急修理を顧みて(1)(伊藤順三,西村俊春)「水道協会雑誌」 84 1940.5
◇水源と森林の問題(平田徳太郎)「水道協会雑誌」 84 1940.5
◇水道事業の経営経理に就き再検討(高橋六郎)「水道協会雑誌」 85 1940.5
◇工場体育運動の調査「労働時報」 17(5) 1940.5
◇化学工業に於ける視力低下、眼疾、其の他誘発の原因と予防に就いて(2)「健康保険時報」 14(6) 1940.6
◇「保険者の代位の法則」五講(2)(朝倉幸治)「健康保険時報」 14(6) 1940.6
◇本年度の診療契約に就いて-附、健康保険診療契約概況-(引地亮太郎)「健康保険時報」 14(6) 1940.6
◇乳児死亡対策よりみたる病類別死因統計の価値(2)(水野清司)「社会事業」 24(6) 1940.6
◇健康保険法の改正(保険院)「週報 官報附録」 191 1940.6
◇河川浄化に必要なる清水流注量其の他に就て(杉戸清)「水道協会雑誌」 85 1940.6
◇下水試験法解説(1)(柴田三郎)「水道協会雑誌」 85 1940.6
◇広州市(広東)水道応急修理を顧みて(2)(伊藤順三,西村俊春)「水道協会雑誌」 85 1940.6
◇第4回六大都市水道会議「水道協会雑誌」 85 1940.6
◇地下埋設鋼管用耐蝕性材質の探求(2)(遠藤彦造,筑前甚七)「水道協会雑誌」 85 1940.6
◇「保険者の代位の法則」五講(3)(朝倉幸治)「健康保険時報」 14(7) 1940.7
◇公衆衛生問題に関する覚書(1)(鈴木正志)「市政研究」 6(2) 1940.7
◇公衆衛生問題に関する覚書(2)(鈴木正志)「市政研究」 6(3) 1940.7
◇大都市に於ける経済的機能(3):水道事業に関連して(小林千秋)「自治研究」 16(7) 1940.7
◇農村保健政策への一考察(黒川泰一)「社会事業」 24(7) 1940.7
◇下水試験法解説(2)(柴田三郎)「水道協会雑誌」 86 1940.7
◇津守及び海老江下水処理場施設概要(鈴木義一)「水道協会雑誌」 86 1940.7
◇殷賑産業地に於る娯楽施設(座談会)「都市美」 26 1940.7
◇娯楽地域座談会「都市美」 26 1940.7
◇体育委員設置に対する補助金交付に関する件依命通牒(昭和15年6月11日)「内務厚生時報」 5(7) 1940.7
◇健康保険の家族給付と国民健康保険との関係(瀧野好暁)「健康保険時報」 14(8) 1940.8
◇「保険者の代位の法則」五講(4)(朝倉幸治)「健康保険時報」 14(8) 1940.8
◇活性汚泥の解体と爆気度との関係に就て(洞沢勇)「厚生科学」 1(2) 1940.8
◇某化学工場従業員の精密身体検査成績(第1報)(赤塚京治[ほか])

◇「厚生科学」 1(2) 1940.8
◇防毒面に関する研究(2)(鈴木幸夫)「厚生科学」 1(2) 1940.8
◇保健館の概要(齋藤潔)「厚生科学」 1(2) 1940.8
◇国民体力法と国民優生法とに就いて(1)(中谷敬寿)「公法雑誌」 6(8) 1940.8
◇大都市に於ける経済的機能(4):水道事業に関連して(続)(小林千秋)「自治研究」 16(8) 1940.8
◇優生手術について(青木延春)「人口問題研究」 1(5) 1940.8
◇下水試験法解説(3)(柴田三郎)「水道協会雑誌」 87 1940.8
◇河川法準用河川の廃川敷地処分について(辰巳鼎)「水利と土木」 13(8) 1940.8
◇運動場助成所感(石神甲子郎)「都市公論」 23(8) 1940.8
◇戦時下市民衛生の問題(戦時に於ける市民生活)(藤原九十郎)「都市問題」 31(2) 1940.8
◇国民心身鍛錬運動に関する件(昭15.7.12)「内務厚生時報」 5(8) 1940.8
◇国民体力法と国民優生法とに就いて(2・完)(中谷敬寿)「公法雑誌」 6(9) 1940.9
◇下水の活用方法「市政週報」 74 1940.9
◇結核予防は小児から(厚生局)「市政週報」 76 1940.9
◇国民健康保険制度に関する懇談を誌す(杉本三郎)「社会事業」 24(9) 1940.9
◇最近に於ける我が国死亡率の若干の傾向(予報)(1)(舘稔,上田正夫,窪田嘉彰)「人口問題研究」 1(6) 1940.9
◇下水試験法解説(4)(柴田三郎)「水道協会雑誌」 88 1940.9
◇神戸市と時間給水(村山喜一郎)「水道協会雑誌」 88 1940.9
◇福州市上水道の由来(1)(茂庭忠次郎)「水道協会雑誌」 88 1940.9
◇北支三都市(北京、天津、青島)に於ける水道事業概況(長谷川文人)「水道協会雑誌」 88 1940.9
◇戦時下に於ける市民娯楽の問題(都市の人事行政)(権田保之助)「都市問題」 31(3) 1940.9
◇日本産業衛生協会の産業結核予防対策に就て(1)「健康保険時報」 14(10) 1940.10
◇私娼調査の断片-国民教育問題の一資料として-(高田兵二)「社会事業」 24(10) 1940.10
◇下水試験法解説(5)(柴田三郎)「水道協会雑誌」 89 1940.10
◇下水利用の淡水養魚-ミュンヘン市の施設-(津田松苗)「水道協会雑誌」 89 1940.10
◇福州市上水道の由来(2)(茂庭忠次郎)「水道協会雑誌」 89 1940.10
◇「興亜厚生大会」記念特輯号「大大阪」 16(10) 1940.10
◇工場危害予防及衛生規則施行標準に関する件依命通牒(昭15.10.8)「内務厚生時報」 5(10) 1940.10
◇国民体力審議会答申(昭15.9.30)(厚生省体力局)「内務厚生時報」 5(10) 1940.10
◇国民体力法の施行に関する件依命通牒(昭和15.10.3)「内務厚生時報」 5(10) 1940.10
◇住居に関する衛生学的基準に就いて(内田早苗)「労働科学」 17(10) 1940.10
◇日本産業衛生協会の産業結核予防対策に就て(2)「健康保険時報」 14(11) 1940.11
◇児童運動場の助成(石神甲子郎)「公園緑地」 4(11) 1940.11
◇国民体力の諸問題(厚生局)「市政週報」 85 1940.11
◇最近に於ける我死亡率の若干の傾向(予報)(2)(舘稔,上田正夫,窪田嘉彰)「人口問題研究」 1(8) 1940.11
◇下水試験法解説(6)(柴田三郎)「水道協会雑誌」 90 1940.11
◇札幌市上水道施設に就いて(井口定一)「水道協会雑誌」 90 1940.

◇支那大陸に於ける奇妙なる水道水源の実例の考察(岡崎文吉)「水道協会雑誌」 90 1940.11
◇水道事業の経済学的研究の助成に就て(竹中龍雄)「水道協会雑誌」 90 1940.11
◇興亜厚生大会の概況(日本都市年鑑編纂室)「都市問題」 31(5) 1940.11
◇労務者の栄養指導に関する方針「内外社会問題調査資料」 439 1940.11
◇医業制度調査会答申(昭15.10.28)(厚生省衛生局)「内務厚生時報」 5(11) 1940.11
◇第一回国民健康保険全国大会(昭15.10.9)「内務厚生時報」 5(11) 1940.11
◇労務者栄養指導に関する件通牒(昭和15.11.4)「内務厚生時報」 5(11) 1940.11
◇産業結核対策委員会報告「労働科学」 17(11) 1940.11
◇産業労務者の結核対策(暉峻義等)「労働科学」 17(11) 1940.11
◇大阪市の厚生施設(竹内政治)「建築と社会」 23(12) 1940.12
◇大阪市の煤煙防止運動(下田吉人)「建築と社会」 23(12) 1940.12
◇都市と厚生施設(田村剛)「建築と社会」 23(12) 1940.12
◇屎尿の行方は?「市政週報」 90 1940.12
◇放置し難き無医村問題(加藤於菟丸)「斯民」 35(12) 1940.12
◇戦時下に於ける国民保険と栄養改善の問題(島村俊彦)「人口問題」 3(3) 1940.12
◇下水試験法解説(7)(柴田三郎)「水道協会雑誌」 91 1940.12
◇下水道の使用と私設下水道及び水洗便所に就て(山本光造)「水道協会雑誌」 91 1940.12
◇地盤沈下が下水道に及ぼす影響(東京市下水局下水課)「水道協会雑誌」 91 1940.12
◇新体制に於ける水道国営論(宇賀田順三)「水道協会雑誌」 91 1940.12
◇河川汚濁と浄化対策に就いて(西義一)「水利と土木」 13(12) 1940.12
◇京城の都市清掃と処分問題(稲垣恭一郎)「土木学会誌」 26(12) 1940.12
◇商工省の鉱山労働者結核撲滅策実施要項「内外社会問題調査資料」 442 1940.12
◇国民体力向上及健全娯楽施設応急措置に関する件依命通牒(昭15.11.25厚生次官)「内務厚生時報」 5(12) 1940.12
◇社団法人日本産業衛生協会紀元二千六百年奉祝大会号「労働科学」 17(12) 1940.12
◇水道使用関係の法律的管見(根本武文)「市政研究」 7(1) 1941.1
◇河川の浄化(土木局)「市政週報」 93 1941.1
◇黴毒蔓延状況の地方別観察(横田年)「人口問題研究」 2(1) 1941.1
◇共用栓の一研究「水道協会雑誌」 92 1941.1
◇下水試験法解説(8)(柴田三郎)「水道協会雑誌」 92 1941.1
◇東京市三河島及芝浦汚水処分場に於ける活性汚泥生物相に就て(洞澤勇)「水道協会雑誌」 92 1941.1
◇蒙疆張家口水道事業に就て(中田忠孝)「水道協会雑誌」 92 1941.1
◇国民体力法の施行に就て(承前)(財津吉方)「地方行政」 49(1) 1941.1
◇性病予防法案要綱の決定-国民体力審議会答申-(厚生省体力局)「内務厚生時報」 6(1) 1941.1
◇結婚と同時に渡満移住せる内地婦人に就いての産婦人科学的統計研究(其の二完)(柚木祥三郎)「労働科学」 18(1) 1941.1
◇改正健康保険法令に依る執務要項追補に関する件牒「健康保険時報」 15(2) 1941.2

◇「保険者の代位の法則」五講(5)(朝倉幸治)「健康保険時報」 15(2) 1941.2
◇東京市の結核について(鈴木正志)「市政研究」 7(3) 1941.2
◇市民体育を語る(1)「市政週報」 92 1941.2
◇市民体育を語る(2)「市政週報」 93 1941.2
◇市民体育を語る(3)「市政週報」 94 1941.2
◇保健婦関係資料「社会事業」 25(2) 1941.2
◇保健婦事業論の鳥瞰(天達忠雄)「社会事業」 25(2) 1941.2
◇下水試験法解説(9)(柴田三郎)「水道協会雑誌」 93 1941.2
◇公益優先思想の変遷と水道条令発布の意議(三川秀夫)「水道協会雑誌」 93 1941.2
◇支那に於ける水道の話(堀江勝巳)「水道協会雑誌」 93 1941.2
◇労働者の食糧及栄養確保方策「内外社会問題調査資料」 448 1941.2
◇健康保険法の改正に就て(亀井光)「健康保険時報」 15(3) 1941.3
◇現物給与の標準価格に関する件「健康保険時報」 15(3) 1941.3
◇「保険者の代位の法則」五講(6)(朝倉幸治)「健康保険時報」 15(3) 1941.3
◇非常時局下の工場労務者の災害並に疾病(武居繁彦)「厚生科学」 1(3) 1941.3
◇満洲に於ける保健運動に就て(原新太郎)「社会事業」 25(3) 1941.3
◇社会環境が乳幼児の発育に及ぼす影響に関する一考察(笠間尚武)「人口問題研究」 2(3) 1941.3
◇下水試験法解説(10)(柴田三郎)「水道協会雑誌」 94 1941.3
◇国土計画と水道事業(竹中龍雄)「水道協会雑誌」 94 1941.3
◇療養に関する処置命令並に療養の指導に関する件依命通牒(昭16.2.25厚生次官)「内務厚生時報」 6(3) 1941.3
◇予防法学的見地よりする身分法改正問題の一考察(1)(末弘厳太郎)「法律時報」 13(3) 1941.3
◇産業労務者、結核撲滅対策、産業保健関係者動員大会記録「労働科学」 18(3) 1941.3
◇日本産業衛生協会年次大会記録「労働科学」 18(3) 1941.3
◇健康保険法の改正に就て「労働時報」 18(3) 1941.3
◇第3回全国産業組合保健協議会「産業組合」 426 1941.4
◇医療保護法解説(高橋敏雄)「自治研究」 17(4) 1941.4
◇アメリカに於ける保健事業計画の背景(天達忠雄)「社会事業」 25(4) 1941.4
◇米国に於ける保健事業(滋賀秀俊)「社会事業」 25(4) 1941.4
◇諸外国に於ける職員健康保険概説(1)(内野仙一郎)「社会保険時報」 15(4) 1941.4
◇制定された大日本厚生体操「週報 官報附録」 234 1941.4
◇体力検査後の措置と昭和16年度体力検査について「週報 官報附録」 235 1941.4
◇厚生省衛生局の公医依託養成制度の制定「人口問題研究」 2(4) 1941.4
◇下水試験法解説(11・完)(柴田三郎)「水道協会雑誌」 95 1941.4
◇国防国家建設と我国の水道(島崎孝彦)「水道協会雑誌」 95 1941.4
◇水源雑感(平田徳太郎)「水道協会雑誌」 95 1941.4
◇防空壕内の便所の処置「水道協会雑誌」 95 1941.4
◇産報の労務者娯楽計画(倉田和四生)「都市問題」 32(4) 1941.4
◇健康増進運動実施に関する件牒(昭16.4.4厚生次官)「内務厚生時報」 6(4) 1941.4
◇昭和16年度乳幼児体力向上指導に関する件通牒(昭16.4.1体力局長)「内務厚生時報」 6(4) 1941.4
◇神谷秀夫「上下水道」篇について(三川秀夫)「法律時報」 13(4)

1941.4
◇日本産業衛生協会緊急理事会決議「労働科学」 18(4) 1941.4
◇日本産業衛生協会満洲地方会第2回総会満人労働者保健衛生委員会第1回報告(特集)「労働科学」 18(4) 1941.4
◇市民慰安事業について「市政週報」 111 1941.5
◇二つの無医村対策(加藤於菟丸)「自治研究」 17(5) 1941.5
◇諸外国に於ける職員健康保険概説(2)(内野仙一郎)「社会保険時報」 15(5) 1941.5
◇療養所の利用並に療養状況-健康保険組合連合会に於ける-「社会保険時報」 15(5) 1941.5
◇太都市に於ける給水計画人口に関する一考察(梶原二郎)「水道協会雑誌」 96 1941.5
◇公立癩療養所国立移管に就て(本名順平)「地方行政」 49(5) 1941.5
◇無医村に対する医療機関設置に関する件(昭16.3.15衛生局長)「地方行政」 49(5) 1941.5
◇汚物掃除法施行規則の改正方針「都市問題」 32(5) 1941.5
◇市町村職員医療共済施設と国民健康保険組合との調整に関する件通牒(昭16.4.24地方局長・社会保険局長)「内務厚生時報」 6(5) 1941.5
◇神奈川県下工業界に於ける保健衛生施設の現況と将来の諸問題(栗原操)「厚生科学」 2(2) 1941.6
◇諸外国に於ける職員健康保険概説(3):ドイツの部(内野仙一郎)「社会保険時報」 15(6) 1941.6
◇国民優生法解説「週報 官報附録」 244 1941.6
◇医薬品の配給機構整備に就て(徳永正純)「商業組合」 7(6) 1941.6
◇川口市下水道計画に就いて(気駕修次)「水道協会雑誌」 97 1941.6
◇下水道の築造と国有財産法第5条(山本光造)「水道協会雑誌」 97 1941.6
◇都市清掃衛生に於ける最近の問題(1)(神谷秀夫)「都市公論」 24(6) 1941.6
◇汚物掃除法施行規則中改正に関する件依命通牒(昭16.5.29衛生局長)「内務厚生時報」 6(6) 1941.6
◇昭和十六年度国民体力向上条練会実施に関する件通牒(昭16.5.23体力局長)「内務厚生時報」 6(6) 1941.6
◇衛生行政に於ける指導体系(加藤於菟丸)「斯民」 36(7) 1941.7
◇国民優生連盟の結成「社会事業」 25(7) 1941.7
◇諸外国に於ける職員健康保険概説(4):フランスの部(内野仙一郎)「社会保険時報」 15(7) 1941.7
◇東京市水道の第三拡張計画(1)(高木敏雄)「水道協会雑誌」 98 1941.7
◇大阪市に於ける法定伝染病の統計的観察(里見恭一郎)「大大阪」 17(7) 1941.7
◇国民優生法に於て(床次徳二)「地方行政」 49(7) 1941.7
◇都市清掃衛生に於ける最近の問題(2)(神谷秀夫)「都市公論」 24(7) 1941.7
◇都市化と結核の問題/都市分散と国土計画(古屋芳雄)「都市問題」 33(1) 1941.7
◇水を中心とした都市問題(三川秀夫)「都市問題」 33(1) 1941.7
◇大阪府の労務者食中毒並伝染病予防対策「内外労働週報」 465 1941.7
◇国民栄養の確保改善に関する件依命通牒(昭16.6.24衛生局長)「内務厚生時報」 6(7) 1941.7
◇国民優生法施行に関する件依命通牒(昭16.9.28予防局長)「内務厚生時報」 6(7) 1941.7
◇体育委員設置に関する件依命通牒(昭和16.7.7)厚生次官「内務厚生時報」 6(7) 1941.7
◇工場公害問題について(井口幸一)「法律時報」 13(7) 1941.7

◇富山市に於ける「塵芥中の有価物活用」と減量運動「自治機関」 498 1941.8
◇汚物掃除法施行規則中改正に就て(神谷秀夫)「自治研究」 17(8) 1941.8
◇健康保険診療方針の改正に就て(引地亮太郎)「社会保険時報」 15(8) 1941.8
◇諸外国に於ける職員健康保険概説(5):フランスの部(内野仙一郎)「社会保険時報」 15(8) 1941.8
◇保養所巡り(1):山陰地方(浅海陸一)「社会保険時報」 15(8) 1941.8
◇保険院に於ける健康保険制度拡充の計画「人口問題研究」 2(8) 1941.8
◇中支那水道紀行(3)(河口協介)「水道協会雑誌」 99 1941.8
◇帝都水道配水機構の改革と配水量是正の一考察(清水音治郎)「水道協会雑誌」 99 1941.8
◇東京市水道の第三拡張計画(2)-奥利根案-(高木敏雄)「水道協会雑誌」 99 1941.8
◇水戸藩に於ける水道維持管理に就て(5)(高橋六郎)「水利と土木」 14(6) 1941.8
◇国民優生法の実施「都市問題」 33(2) 1941.8
◇塵芥減量に関する件(昭16.7.26衛生局長)「内務厚生時報」 6(8) 1941.8
◇東京市特別衛生地区内青年の智能検査成績に就て(井上信夫[ほか])「厚生科学」 2(3) 1941.9
◇都市幼児身体発育に及ぼす生活環境の影響に関する研究(梅沢菊枝)「厚生科学」 2(3) 1941.9
◇諸外国に於ける職員健康保険概説(6)-其の三・英吉利の部-(内野仙一郎)「社会保険時報」 15(9) 1941.9
◇保養所巡り(2)-関東地方-「社会保険時報」 15(9) 1941.9
◇保健院の国民健康保険普及状況調「人口問題研究」 2(9) 1941.9
◇水利資源の計画的利用と其の方法(安田正鷹)「水道協会雑誌」 100 1941.9
◇防空と水道(島崎孝彦)「水道協会雑誌」 100 1941.9
◇法律制度上に於ける上下水道の地位(神谷秀夫)「水道協会雑誌」 100 1941.9
◇東京附近の用水(篠崎四郎)「地方改良」 115 1941.9
◇保健婦規則の公布「都市問題」 33(3) 1941.9
◇医療保護法施行に関する通牒三件「内務厚生時報」 6(9) 1941.9
◇医療利用事業の農林・厚生両省共管について、及び通牒二件「内務厚生時報」 6(9) 1941.9
◇産業組合の診療所開設許可及医療設備の員外利用取扱方に関する件(昭16.8.18)「農林時報」 1(17) 1941.9
◇医学徒無医村派遣の意義と其の効果(川島徳雄)「警察研究」 12(10) 1941.10
◇国家管理となつた医療保護事業(東京市役所)「市政週報」 132 1941.10
◇医療保護法に関連する諸問題(丹羽昇)「社会事業」 25(10) 1941.10
◇戦時下農村に於ける医療保健対策(高橋実)「社会事業」 25(10) 1941.10
◇戦争と母子の栄養問題(大磯敏雄)「社会事業」 25(10) 1941.10
◇改正健康保険法の実施(鈴木武男)「社会保険時報」 15(10) 1941.10
◇健康保険事業の近況(小島砂人)「社会保険時報」 15(10) 1941.10
◇諸外国に於ける職員健康保険概説(7)-英吉利の部-(内野仙一郎)「社会保険時報」 15(10) 1941.10
◇工都川崎市下水道事業計画(川崎市土木課)「水道協会雑誌」 101 1941.10
◇条例に現はれたる各都市の下水道使用料(山本光造)「水道協会雑誌」

衛生・医療・水道・清掃

◇ 101　1941.10
◇水道事業会計制度の運営上に於ける補正手段に於て（高橋六郎）「水道協会雑誌」　101　1941.10
◇中支那水道紀行（2）（河口協介）「水道協会雑誌」　101　1941.10
◇都市民の体力とその向上運動（深山杲）「大大阪」　17(10)　1941.10
◇医薬品及衛生材料の配給統制について（高田法運）「地方行政」　49(10)　1941.10
◇官公職員共済組合と国民健康保険組合との関係（江口見登留）「地方行政」　49(10)　1941.10
◇京都工場保健会の設立とその事業に就て「内外労働週報」　474　1941.10
◇健康保険制度の大改正案来議会提出に決定す「内外労働週報」　476　1941.11
◇水道拡張は何故必要か-第三水道拡張計画に就て(1)「市政週報」　135　1941.11
◇拡張計画に登場した諸案-第三水道拡張計画に就て(2)-「市政週報」　137　1941.11
◇水道水源の保護を語る（北神正）「執務指導通信」　5(4)　1941.11
◇加奈陀及北米都市に於ける保健婦事業（金子光）「社会事業」　25(11)　1941.11
◇保養所巡り(3)-関東地方-「社会保険時報」　15(11)　1941.11
◇本邦母性死亡の統計的観察（笠間尚武）「人口問題研究」　2(11)　1941.11
◇アメリカ水道協会に於ける討議項目「水道協会雑誌」　102　1941.11
◇濃度算式河川浄化の程度並に浄化対策に就て下（杉戸清）「水道協会雑誌」　102　1941.11
◇医療保護法について（高橋敏雄）「地方行政」　49(11)　1941.11
◇官公職員共済組合と国民健康保険組合との問題(2)（江口見登留）「地方行政」　49(11)　1941.11
◇厚生省労働局の工場危害予防緊急対策(1)「内外労働週報」　480　1941.11
◇厚生省労働局の工場危害予防緊急対策(2)「内外労働週報」　481　1941.11
◇厚生省労働局の工場危害予防緊急対策(3・完)「内外労働週報」　482　1941.11
◇一人絹工場女工手の罹病率に就いて（齋藤幸子）「労働科学」　18(11)　1941.11
◇村落に医療文化を探る（安藤玉治）「教育」　9(12)　1941.12
◇鉄道従業員の体力と結核(第1報)「厚生科学」　2(4)　1941.12
◇灯火管制中に於ける某製鋼工場の環境状況の測定（佐藤鑑）「厚生科学」　2(4)　1941.12
◇乳児の健康に影響すべき生物学的並に生活環境因子に関する研究（斉藤清）「厚生科学」　2(4)　1941.12
◇浮遊生物相による都市河川の汚染度判定に就て（洞沢勇）「厚生科学」　2(4)　1941.12
◇奥利根系の全貌-第三水道拡張計画について(2)-「市政週報」　138　1941.12
◇結核対策としての結核保険制度（佐藤正）「社会事業」　25(12)　1941.12
◇諸外国に於ける職員健康保険概説(9)-ソヴィエトの部)-（内野仙一郎）「社会保険時報」　15(12)　1941.12
◇保養所巡り(4)-近畿地方-（浅海陸一）「社会保険時報」　15(12)　1941.12
◇支那事変の乳幼児身体発育状況に及ぼしたる影響に就て（梅沢菊枝）「人口問題研究」　2(12)　1941.12
◇出生率の地域的差異に関する一考察（横田年）「人口問題研究」　2(12)　1941.12
◇下水道使用料賦課標準としての汚水排出量の認定に就て（松浦仙逸）「水道協会雑誌」　103　1941.12
◇防空上上水道に対する所感（浄法寺朝美）「水道協会雑誌」　103　1941.12
◇河水統制の旬年を回顧し将来の指向を論ず「水利と土木」　14(12)　1941.12
◇衛生行政機構の将来（高野六郎）「地方行政」　49(12)　1941.12
◇時局下に於ける国民医療対策（塚原政繁）「地方行政」　49(12)　1941.12
◇厚生省労働局の産業労務者結核予防対策「内外労働週報」　485　1941.12
◇戦時体制下に於ける愛知県内産業員の結核（宮地啓三）「労働科学」　18(12)　1941.12
◇水の資源と記録に就て（坂本丹治）「河川」　1(1)　1942.1
◇島根県に於ける高等女学校保健科並に社会保健婦養成事業（本山政雄）「教育」　10(1)　1942.1
◇簡易生命保険の保健施設に就いて（佐藤重夫）「建築と社会」　25(1)　1942.1
◇体位向上厚生施設に就て（野中駒市）「建築と社会」　25(1)　1942.1
◇日本医療保護事業史考(1)（金光史朗）「厚生事業」　26(1)　1942.1
◇ゴミの減量運動特輯「市政週報」　145　1942.1
◇諸外国に於ける職員健康保険概要(11)（内野仙一郎）「社会保険時報」　16(1)　1942.1
◇水源保全研究特輯号「水道協会雑誌」　104　1942.1
◇水道事業を顧みて（米元晋一）「都市公論」　25(1)　1942.1
◇緑地と体育施設（石神甲子郎）「都市公論」　25(1)　1942.1
◇都市の保健問題（戦時欧洲都市事情）（藤原九十郎）「都市問題」　34(1)　1942.1
◇許可認可等行政事務処理簡捷令に就て（厚生行政関係）「内外労働週報」　489　1942.1
◇今議会提出の健康保険制度拡充案要綱「内外労働週報」　489　1942.1
◇議会に提出された健康保険制度改正法律案「内外労働週報」　490　1942.1
◇産業結核報告大会記録(1)特集「労働科学」　19(1)　1942.1
◇工場結核の疫学的研究（第一報）（染谷四郎）「厚生科学」　3(1)　1942.2
◇農村結核の疫学的研究（野辺地慶三）「厚生科学」　3(1)　1942.2
◇防毒面装着作業時の瓦斯代謝に就て（鈴木幸夫）「厚生科学」　3(1)　1942.2
◇日本医療保護事業史考（未定稿）（金光史朗）「厚生事業」　26(2)　1942.2
◇日本医療団の性格（高橋新太郎）「産業組合」　436　1942.2
◇諸外国に於ける職員健康保険概要(12・完)（内野仙一郎）「社会保険時報」　16(2)　1942.2
◇保養所巡り(5)（浅海陸一）「社会保険時報」　16(2)　1942.2
◇二箇領用水と六郷用水（村島幹博）「水道協会雑誌」　105　1942.2
◇広島市外10都市水道料金比較表「水道協会雑誌」　105　1942.2
◇厚生省当局の戦時下国民栄養指導方策「内外労働週報」　492　1942.2
◇改正後の国民体力法の成文と使用主の義務「内外労働週報」　494　1942.2
◇第七十九回帝国議会提出厚生省所管法律案要綱（厚生大臣官房）「内務厚生時報」　7(2)　1942.2
◇産業結核報告大会記録「労働科学」　19(2)　1942.2
◇健康保険法の改正に就いて「労働時報」　19(2)　1942.2
◇日本医療保護事業史考(3)（金光史朗）「厚生事業」　26(3)　1942.3
◇国民医療法に就て（吉富滋）「自治研究」　18(3)　1942.3
◇保養所巡り(6)（浅海陸一）「社会保険時報」　16(3)　1942.3

◇下関市外26都市水道料金比較表「水道協会雑誌」 106 1942.3
◇水道営団設立論(西松武雄)「水道協会雑誌」 106 1942.3
◇水道事業の経営と戸番制に就て(松浦仙逸)「水道協会雑誌」 106 1942.3
◇水道料金の徴収制度に関する覚書(金子吉衛)「水道協会雑誌」 106 1942.3
◇国民医療法案の成立「都市問題」 34(3) 1942.3
◇都市の保健問題(2)(藤原九十郎)「都市問題」 34(3) 1942.3
◇産業労務者の結核死亡率(真木恂平)「労働科学」 19(2) 1942.3
◇産業衛生に関する諸問題「労働科学」 19(3) 1942.3
◇戦時下産業労務者の栄養問題「労働科学」 19(3) 1942.3
◇健康保険制度の根本的改正(鈴木武男)「厚生問題」 26(4) 1942.4
◇国民医療法について(吉富滋)「厚生問題」 26(4) 1942.4
◇国民健康保険法改正の大要(杉田三朗)「厚生問題」 26(4) 1942.4
◇国民体力法の改正に就て(吉武和)「厚生問題」 26(4) 1942.4
◇第七十九回帝国議会を通過した厚生省関係法律「厚生問題」 26(4) 1942.4
◇厚生省主唱の健民運動と町村(山崎満)「自治公論」 14(4) 1942.4
◇改正健康保険法に就いて(鈴木武男)「社会保険時報」 16(4) 1942.4
◇健康保険法の改正(厚生省)「週報 官報附録」 289 1942.4
◇蒙疆地方に於ける水道対策就にて(川畑愛義)「水道協会雑誌」 104 1942.4
◇水道事業と特殊会社(竹中能雄)「水道協会雑誌」 107 1942.4
◇日本水道の南洋進出 -その文化史的意義(細川亀市)「水道協会雑誌」 107 1942.4
◇拡充される我国社会保険制度(1)―三健康保険法の改正とその意義―「東洋経済新報」 2015 1942.4
◇戦時厚生の理論(竹中勝男)「日本評論」 17(4) 1942.4
◇厚生法の進展(後藤清)「法律時報」 14(4) 1942.4
◇満洲に於ける青少年団栄養に関する調査(安部浅吉)「労働科学」 19(4) 1942.4
◇改正健康保険法(磯部巖)「警察研究」 13(5) 1942.5
◇日本医療保護事業史考(4)(金光史朗)「厚生事業」 26(5) 1942.5
◇民族力増強と結核(宮本忍)「厚生問題」 26(5) 1942.5
◇最近我が国に於ける健民運動(朝原梅一)「公民教育」 12(5) 1942.5
◇国民健康保険法の改正とその大拡充に就て(1)(田口英太郎)「自治研究」 18(5) 1942.5
◇新設日本医療団の性格(加藤於菟丸)「斯民」 37(5) 1942.5
◇健康保険組合の診療機関たる事業主若は組合医局に関する調査(1)(黒田教慧)「社会保険時報」 16(5) 1942.5
◇国民健康保険法の改正(山木幸雄)「社会保険時報」 16(5) 1942.5
◇拡充された国民体力管理制度(厚生省)「週報 官報附録」 291 1942.5
◇水道事業と其の指導監督機関(行徳直誠)「水道協会雑誌」 108 1942.5
◇仏印及泰の給水事業「水道協会雑誌」 108 1942.5
◇湾南上水道の回顧(茂庭忠次郎)「水道協会雑誌」 108 1942.5
◇東北地方農村の栄養調査研究(田所哲太郎)「東北産業研究」 5 1942.5
◇国民体力法施行関係法規と従業者保健対策「内外労働週報」 504 1942.5
◇大東亜戦下に於ける健民運動に就て(厚生省人口局)「内務厚生時報」 7(5) 1942.5
◇医療制度と国民医療法(高橋実)「法律時報」 14(5) 1942.5

◇国民医療法制定の意義(加藤於菟丸)「法律時報」 14(5) 1942.5
◇国民医療法と結核予防(高野六郎)「法律時報」 14(5) 1942.5
◇国民食に於ける蛋白必需品に就ての調査報告(特集)(暉峻義等)「労働科学」 19(5) 1942.5
◇改正健康保険法(磯部巖)「警察研究」 13(6) 1942.6
◇芝区に於ける結核死亡の統計的観察(盆子義教)「厚生科学」 3(3) 1942.6
◇事変下に於ける行旅病人並死亡人の概観(古沢浦蔵)「厚生事業」 26(6) 1942.6
◇小宮村に於ける母性の医学的諸問題(1)(川上輝夫)「厚生問題」 26(6) 1942.6
◇集団生活者の結核予防(近藤宏二)「財政」 7(6) 1942.6
◇健康保険組合の診療機関たる事業主若は組合経営医局に関する調査(2)(黒田教慧)「社会保険時報」 16(6) 1942.6
◇健康保険の標準報酬(1)(小島砂人)「社会保険時報」 16(6) 1942.6
◇昭和十五年度に於ける職員健康保険組合の保健施設に就ての数字的観察(田村二郎,岩佐武雄)「社会保険時報」 16(6) 1942.6
◇大阪市に於ける急速濾過に関する調査(1)(宮北敏夫)「水道協会雑誌」 109 1942.6
◇東海支部水道料金比較表「水道協会雑誌」 109 1942.6
◇水の国土計画(安田正鷹)「水道協会雑誌」 109 1942.6
◇健民運動と都市の保健行政(小川忠恵)「大大阪」 18(6) 1942.6
◇最近我国に於ける健民運政策に就て(朝原梅一)「地方改良」 124 1942.6
◇最近に於ける母子保健問題一斑と大阪市の姙産婦栄養補給規程「都市問題」 34(6) 1942.6
◇都市の保健問題(3)(藤原九十郎)「都市問題」 34(6) 1942.6
◇改正健康保険法(磯部巖)「警察研究」 13(7) 1942.7
◇母体の栄養及労働の死産に及ぼす影響(栃木太郎)「厚生事業」 26(7) 1942.7
◇国民健康保険法の改正とその大拡充に就て(2)(田口英太郎)「自治研究」 18(7) 1942.7
◇日本医療団の誕生(厚生省)「週報 官報附録」 301 1942.7
◇国土計画と水道部門(石川栄耀)「水道協会雑誌」 110 1942.7
◇大都市に於ける急速濾過に関する調査(2)(宮北敏夫)「水道協会雑誌」 110 1942.7
◇東北支部水道料金比較表「水道協会雑誌」 110 1942.7
◇某市公園及び国民学校プールの水質試験と改善す可き諸点(石原房雄)「水道協会雑誌」 110 1942.7
◇水の国土計画(2・完)(安田正鷹)「水道協会雑誌」 110 1942.7
◇産報戦時健康増進運動要綱と其の実施細目「内外労働週報」 513 1942.7
◇簡便応急止血繃帯の製法(鈴木又七郎)「防空事情」 4(7) 1942.7
◇化学工場従業員の身体検査成績(赤塚京治)「厚生科学」 3(4) 1942.8
◇家庭下水および屎尿の有効成分回収(広瀬孝六郎)「厚生科学」 3(4) 1942.8
◇小宮村に於ける母性の医学部諸問題(2)(川上輝夫)「厚生問題」 26(8) 1942.8
◇赤ちゃんの体力検査(人口局)「市政週報」 172 1942.8
◇国民健康保険法の改正とその大拡充に就て(3)(田口英太郎)「自治研究」 18(8) 1942.8
◇結核労務者を対象とする工場建設案(1)(田中義邦)「社会保険時報」 16(8) 1942.8
◇独逸連邦疾病保険法(1):1940年末現在(内野仙一郎)「社会保険時報」 16(8) 1942.8

- ◇改良水道以前に於ける東京の上水料金(金子吉衛)「水道協会雑誌」 111 1942.8
- ◇水道営団に就て(山田敬助)「水道協会雑誌」 111 1942.8
- ◇中国四国支部水道料金比較表「水道協会雑誌」 111 1942.8
- ◇都市の保健問題(4)(藤原九十郎)「都市問題」 35(2) 1942.8
- ◇十六年式防毒面の取扱「防空事情」 4(8) 1942.8
- ◇所謂健康産業人の日常生活に就いて(真木修平)「労働科学」 19(8) 1942.8
- ◇産業労働者の体育に関する研究(1)(石井雄二)「労働科学」 19(8) 1942.8
- ◇改正健康保険法(磯部巖)「警察研究」 13(9) 1942.9
- ◇本市職員健康調査(特に結核に関する)成績報告(小山義作)「執務指導通信」 6(1) 1942.9
- ◇結核の撲滅(武井群鳳)「斯民」 37(9) 1942.9
- ◇人口増殖と結核問題(宮本忍)「人口問題」 5(1) 1942.9
- ◇九州支部水道料金比較表「水道協会雑誌」 112 1942.9
- ◇下水処理概要(丹羽健蔵)「水道協会雑誌」 112 1942.9
- ◇下水の資源的考察特に燐酸に関する研究(塩谷順治)「水道協会雑誌」 112 1942.9
- ◇独軍侵攻に怯ゆる莫斯科の水道(梶原二郎)「水道協会雑誌」 112 1942.9
- ◇名古屋市に於ける簡易水洗便所に就て(磯部光雄)「水道協会雑誌」 112 1942.9
- ◇大阪の河川を科学する(永井豊太郎)「大大阪」 18(9) 1942.9
- ◇大阪の河川浄化問題に就て(佐藤利悲)「大大阪」 18(9) 1942.9
- ◇大阪の河川と市民保健衛生(藤原九十郎)「大大阪」 18(9) 1942.9
- ◇水の大阪を語る座談会(川上暢夫[ほか])「大大阪」 18(9) 1942.9
- ◇医師会及び歯科医師会の改組に就て(厚生省衛生局)「内務厚生時報」 7(9) 1942.9
- ◇結核対策閣議決定に就て(厚生大臣官房文書課)「内務厚生時報」 7(9) 1942.9
- ◇農村保健と住宅(鯉沼茆吾)「農業と経済」 9(9) 1942.9
- ◇健康保険組合管掌被保険者の肺結核調査(黒田教慧)「労働科学」 19(9) 1942.9
- ◇産業と結核(暉峻義等)「労働科学」 19(9) 1942.9
- ◇産業保健指導員の任務(暉峻義等)「労働科学」 19(9) 1942.9
- ◇調査票による産業人結核患者の調査成績(久保田重孝[ほか])「労働科学」 19(9) 1942.9
- ◇某印刷工場の結核蔓延状況と衛生状態(池田忠義)「労働科学」 19(9) 1942.9
- ◇上水道の国土計画的意義(河口協介)「官界公論」 8(88) 1942.10
- ◇改正健康保険法(磯部巖)「警察研究」 13(10) 1942.10
- ◇一農村の近視に関する統計的観察(八束米吉)「厚生科学」 3(5) 1942.10
- ◇東京市内工場地帯一地域に於ける一ヶ年間の全出生児の乳児期間の観察(2)(齋藤潔)「厚生科学」 3(5) 1942.10
- ◇乳児期食品の分析的研究(中川一郎)「厚生科学」 3(5) 1942.10
- ◇某工場従業員、特に鉛作業の身体検査成績(1)(赤塚京治)「厚生科学」 3(5) 1942.10
- ◇医療制度の整備と医療保護事業(丹羽昇)「厚生事業」 26(10) 1942.10
- ◇結核の予防及治療対策に就れ(高橋実)「厚生問題」 26(10) 1942.10
- ◇国民健康保険法の改正とその大拡充に就て(4・完)(田口英五郎)「自治研究」 18(10) 1942.10
- ◇結核労務者を対象とする工場建設案(2)(田中義邦)「社会保険時報」 16(10) 1942.10
- ◇独逸連邦疾病保険法(2)(内野仙一郎)「社会保険時報」 16(10) 1942.10
- ◇下部組織単位に依る水道料金納付制に就て(成瀬薫)「水道協会雑誌」 113 1942.10
- ◇水道事業と営団制度(竹中龍雄)「水道協会雑誌」 113 1942.10
- ◇都市の保健問題(5)(藤原九十郎)「都市問題」 35(4) 1942.10
- ◇陸軍に於ける健兵対策の実情に就いて(三木良英)「厚生科学」 26(11) 1942.11
- ◇現下に於ける我が国保健政策のあり方に就いて(河田弘)「厚生事業」 26(11) 1942.11
- ◇結核対策と社会保険の拡充(末高信)「厚生問題」 26(11) 1942.11
- ◇結核対策に就いて(引地亮太郎)「厚生問題」 26(11) 1942.11
- ◇結核療養所談義(高野六郎)「厚生問題」 26(11) 1942.11
- ◇結核療養所より観た結核問題(加藤ヨイ)「厚生問題」 26(11) 1942.11
- ◇結核労務者を対象とする工場建設案(田中義邦)「厚生問題」 26(11) 1942.11
- ◇産業従業員の結核問題に就て(勝木新次)「厚生問題」 26(11) 1942.11
- ◇農村結核の問題(根本四郎)「厚生問題」 26(11) 1942.11
- ◇農村住宅と結核(竹内芳太郎)「厚生問題」 26(11) 1942.11
- ◇健康保険組合の疾病率と保健施設との関係(1)(田村二郎)「社会保険時報」 16(11) 1942.11
- ◇疾病保険の将来(小島砂人)「社会保険時報」 16(11) 1942.11
- ◇独逸連邦疾病保険法(3)(内野仙一郎)「社会保険時報」 16(11) 1942.11
- ◇第一次育児費調査の施行「人口問題研究」 3(11) 1942.11
- ◇独逸に於ける乳児保護対策(岡崎文規)「人口問題研究」 3(11) 1942.11
- ◇企業会計組織と東京市其他の水道事業収支決算の再検討(高橋六郎)「水道協会雑誌」 114 1942.11
- ◇下水と厨芥との併合処分(野中八郎)「水道協会雑誌」 114 1942.11
- ◇台湾支部水道料金比較表「水道協会雑誌」 114 1942.11
- ◇負傷者の応急処置止血法と三角巾の使ひ方(1)(山口正義)「大日本警防」 16(11) 1942.11
- ◇都市の保健問題(6)(藤原九十郎)「都市問題」 35(5) 1942.11
- ◇健康相談所より見たる満州の結核(小松雄吉)「厚生科学」 3(6) 1942.12
- ◇健康保険組合の疾病率と保健施設との関係(2)(田村二郎)「社会保険時報」 16(12) 1942.12
- ◇独逸連邦疾病保険法(1940年末現在)(4)(内野仙一郎)「社会保険時報」 16(12) 1942.12
- ◇水源保護と北九州遠賀川の問題(川畑愛義)「水道協会雑誌」 115 1942.12
- ◇朝鮮支部水道料金比較表「水道協会雑誌」 115 1942.12
- ◇負傷者の応急処置止血法と三角巾の使ひ方(2)(山口正義)「大日本警防」 16(12) 1942.12
- ◇農村結核の本質と現状(宮本忍)「帝国農会報」 32(12) 1942.12
- ◇経営保健対策の成立(籠山京)「統制経済」 5(6) 1942.12
- ◇第一回六大都市厚生協議会の開催「都市問題」 35(6) 1942.12
- ◇職員健保統合に伴ふ健康保険法施行令の改正「内外労働週報」 536 1942.12
- ◇各種工場地区に於ける栄養調査(有本邦太郎)「労働科学」 19(12) 1942.12
- ◇炭山に於ける栄養調査(有本邦太郎[ほか])「労働科学」 19(12) 1942.12

◇某中小工場地区に於ける栄養調査(有本邦太郎[ほか])「労働科学」 19(12) 1942.12
◇蒙疆の某鉱山に於ける栄養調査(有本邦太郎,中島格二郎)「労働科学」 19(12) 1942.12
◇医師会及歯科医師会の改組に就て(吉富滋)「警察研究」 14(1) 1943.1
◇茨城県下に於ける特殊業態者と性病予防に就て―第一篇賤業婦と性病―(石島績)「厚生科学」 4(1) 1943.1
◇工場に於ける結核対策(小松雄吉)「厚生科学」 4(1) 1943.1
◇乳幼児死亡を支配する因子に関する研究(斎藤潔,本間英武)「厚生科学」 4(1) 1943.1
◇都県別に見たる妊産婦の休養状態(森山豊)「厚生問題」 27(1) 1943.1
◇健平健民と国民健康保険制度(右田鉄四郎)「斯民」 38(1) 1943.1
◇労務者の主食物と伝染病(矢追秀武)「社会政策時報」 268 1943.1
◇集団健康診断実施上の考察(1)(水谷好矩)「社会保険時報」 17(1) 1943.1
◇独逸連邦疾病保険法(5)(内野仙一郎)「社会保険時報」 17(1) 1943.1
◇国家管理の極致形態(竹中龍雄)「水道協会雑誌」 116 1943.1
◇満州支部水道料金比較表「水道協会雑誌」 116 1943.1
◇水の経済問題と行政活動(安田正鷹)「水道協会雑誌」 116 1943.1
◇負傷者の応急処置止血法と三角巾の使ひ方(3)(山口正義)「大日本警防」 17(1) 1943.1
◇結核撲滅と共済制度改正(朝原泰)「地方行政 日文版」 10(1) 1943.1
◇健康保険法施行令中改正の逐上解説(松田盛進)「内外労働週報」 537 1943.1
◇健康保険法施行規則中改正全文と其の要旨「内外労働週報」 538 1943.1
◇健康保険医療徹底運動懇談会記録(1)「内外労働週報」 539 1943.1
◇健康保険医療徹底運動懇談会記録(2)「内外労働週報」 540 1943.1
◇医療保護事業の将来性(丹羽昇)「厚生問題」 27(2) 1943.2
◇東北農村の母性と乳幼児(1)(藤島岳夫)「厚生問題」 27(2) 1943.2
◇決戦下の国民娯楽(吉阪俊蔵)「国策研究会週報」 5(6) 1943.2
◇改正健康保険法概説(1)(長岡篤)「社会保険時報」 17(2) 1943.2
◇集団健康診断実施上の考察(2・完)(水谷好矩)「社会保険時報」 17(2) 1943.2
◇独逸連邦疾病保険法(6)(内野仙一郎)「社会保険時報」 17(2) 1943.2
◇本邦に於ける結核感染状況並に之が結核死亡率との関係(良田圭子)「人口問題研究」 4(2) 1943.2
◇民族優生の目的と方法(1)(横山年)「人口問題研究」 4(2) 1943.2
◇河川浄化に関する覚書(柴田三郎)「水道協会雑誌」 117 1943.2
◇抗戦の首都重慶上水道の概況「水道協会雑誌」 117 1943.2
◇都市汚物及工業廃水等の資源的処理(西原脩三)「水道協会雑誌」 117 1943.2
◇非常時と水道(畠山一清)「水道協会雑誌」 117 1943.2
◇健民総進軍と国民健康保険組合(右田鉄四郎)「地方行政」 51(2) 1943.2
◇糞尿汲取制度(布施辰治)「東洋経済新報」 2058 1943.2
◇健康保険医療徹底運動懇談会記録(3)「内外労働週報」 541 1943.2
◇健康保険医療徹底運動懇談会記録(4・完)「内外労働週報」 542 1943.2
◇第八十一回帝国議会提出の厚生省所管法律案要綱「内務厚生時報」 8(2) 1943.2

◇産業衛生一般に関する研究(1)「労働科学」 20(2) 1943.2
◇産業衛生一般に関する研究(2)「労働科学」 20(2) 1943.2
◇改正健康保険法概説(2)(長岡篤)「社会保険時報」 17(3) 1943.3
◇健康保険の管理事務(1)(小島砂人)「社会保険時報」 17(3) 1943.3
◇独逸連邦疾病保険法(7)(内野仙一郎)「社会保険時報」 17(3) 1943.3
◇決戦下に於ける水道計画と工法について(杉戸清)「水道協会雑誌」 118 1943.3
◇決戦下の水道経済(藤谷謙二)「水道協会雑誌」 118 1943.3
◇上水道と地下水源(1)(武田軍治)「水道協会雑誌」 118 1943.3
◇徳山市上水道概要(野村政一)「水道協会雑誌」 118 1943.3
◇決戦下の塵芥再検討(山崎豊)「大大阪」 19(3) 1943.3
◇昭和一八年度厚生省所管予算の概要「内務厚生時報」 8(3) 1943.3
◇薬事法の制定「内務厚生時報」 8(3) 1943.3
◇薬事法の概要に就て(1)(木村忠二郎)「警察研究」 14(4) 1943.4
◇産業保健掃事業の目標と領域(天達忠雄)「厚生事業研究」 31(4) 1943.4
◇保健婦の問題(川上輝夫)「厚生事業研究」 31(4) 1943.4
◇改正健康保険法概説(3)(長岡篤)「社会保険時報」 17(4) 1943.4
◇結核に関する疾病統計(1)(田村二郎)「社会保険時報」 17(4) 1943.4
◇健康保険の管理事務(2)(小島砂人)「社会保険時報」 17(4) 1943.4
◇国民給養組織に就て(福田敬太郎)「商工経済」 15(4) 1943.4
◇上水道と地下水源(2)(武田軍治)「水道協会雑誌」 119 1943.4
◇経済の能率増進方策及厚生施設に関する意見「内外労働週報」 549 1943.4
◇改正健康保険法執務要項と健康保険組合規約例「内外労働週報」 551 1943.4
◇都市及山村住民の栄養様式と尿酸化商との関係「労働科学」 20(4) 1943.4
◇労務者の栄養と能率(沢井淳)「科学主義工業」 7(5) 1943.5
◇薬事法の概要に就て(2)(木村忠二郎)「警察研究」 14(5) 1943.5
◇都市の結核(春木秀次郎)「市政週報」 208 1943.5
◇都市の結核「市政週報」 208 1943.5
◇国民体力管理の強化(健民局)「市政週報」 212 1943.5
◇厚生政策の本質(広崎真八郎)「社会政策時報」 272 1943.5
◇改正健康保険法概説(4)(長岡篤)「社会保険時報」 17(5) 1943.5
◇結核に関する疾病統計(2)(田村二郎)「社会保険時報」 17(5) 1943.5
◇旧蘭印の水道施設に就て(谷口清治)「水道協会雑誌」 120 1943.5
◇昭南市の上下水道(田中寅男)「水道協会雑誌」 120 1943.5
◇水道使用量について(杉戸清)「水道協会雑誌」 120 1943.5
◇水道の水を都市は如何に消化するか(梶原二郎)「水道協会雑誌」 120 1943.5
◇厚生省五ヶ年の回顧と展望(斎藤邦吉)「地方行政」 51(5) 1943.5
◇都下浴場の現況とその対策(関清)「都市問題」 36(5) 1943.5
◇健康保険組合連合会の創立とその事業計画「内外労働週報」 555 1943.5
◇産業結核特集(2)(久保田重孝,東田敏夫)「労働科学」 20(5) 1943.5
◇薬事法の概要に就て(3)(木村忠二郎)「警察研究」 14(6) 1943.6
◇満洲国民の栄養に関する研究(2):北満農牧民の食品消費に就いて(白井伊三郎)「厚生科学」 4(3) 1943.6

237

◇産業保健婦事業の運営と経費(天達忠雄)「厚生事業研究」 31(6) 1943.6
◇時局下の厚生事業に就て(八浜徳三郎)「厚生事業研究」 31(6) 1943.6
◇大東亜に於ける厚生事業(三田谷啓)「厚生事業研究」 31(6) 1943.6
◇厚生事業営団の構想序説(後藤清)「厚生問題」 27(6) 1943.6
◇厚生事業の基盤・厚生と運営(小沢一)「厚生問題」 27(6) 1943.6
◇厚生問題と労働者政策(藤林敬三)「厚生問題」 27(6) 1943.6
◇水道料金の改正と下水料の新設(水道局)「市政週報」 214 1943.6
◇河川汚染問題と下水道(西村ım)「執務指導通信」 7(1) 1943.6
◇屎尿汲取市営経過(香川健一)「執務指導通信」 7(1) 1943.6
◇結核に関する疾病統計(3)(田村二郎)「社会保険時報」 17(6) 1943.6
◇健康保険の管理事務(3)(小島砂人)「社会保険時報」 17(6) 1943.6
◇娼妓と人口政策(池見猛)「人口問題」 5(4) 1943.6
◇明石市上水道の消費規制に就て(木島精一)「水道協会雑誌」 121 1943.6
◇上水道と地下水源(武田軍治)「水道協会雑誌」 121 1943.6
◇九亀平野の地下水並に溜池の陸水学的研究(河野一夫,森通保)「地理学評論」 19(6) 1943.6
◇健民運動の実施に就て「内務厚生時報」 8(6) 1943.6
◇時局下の牛乳問題(釘本昌二)「農業と経済」 10(6) 1943.6
◇産業結核特集(3)(久保田重孝,東田敏夫)「労働科学」 20(6) 1943.6
◇薬事法の概要に就て(4)(木村忠二郎)「警察研究」 14(7) 1943.7
◇健民運動論(小田倉一)「厚生問題」 27(7) 1943.7
◇健民国民組織論(清水伸)「厚生問題」 27(7) 1943.7
◇東北農村の母性と乳幼児(2・完)(藤森岳夫)「厚生問題」 27(7) 1943.7
◇健康保険に関する諸報告の作製に就いて(田村二郎)「社会保険時報」 17(7) 1943.7
◇結核に関する疾病統計(5)(田村二郎)「社会保険時報」 17(10) 1943.7
◇戦時下に於ける皇国水道の提唱(島崎孝彦)「水道協会雑誌」 122 1943.7
◇マニラ水道に就て(山本興一郎)「水道協会雑誌」 122 1943.7
◇学徒の体育訓練行事に就て(高田通)「文部時報」 793 1943.7
◇新興都市の衛生状態に就て(1)(宮本巌)「労働科学」 20(7) 1943.7
◇薬事法の概要に就て(5)(木村忠二郎)「警察研究」 14(8) 1943.8
◇戦時国民練成と体連緑地計画(石神甲子郎)「公園緑地」 7(6) 1943.8
◇厚生、厚生史(山口正)「厚生事業研究」 31(8) 1943.8
◇結核に関する疾病統計(4)(田村二郎)「社会保険時報」 17(8) 1943.8
◇結核死亡曲線の「日本的特徴」と国民の体力(吉岡博人)「人口問題」 6(1) 1943.8
◇青少年体力の増強施策(藤原九十郎)「人口問題」 6(1) 1943.8
◇戦時下の栄養問題(鈴木梅太郎)「農村工業」 10(8) 1943.8
◇工場鉱山の栄養管理対策について(吉田定子)「労働科学」 20(8) 1943.8
◇薬事法の概要に就て(6・完)(木村忠二郎)「警察研究」 14(9) 1943.9
◇健康保険の管理事務(4)(小島砂人)「社会保険時報」 17(13) 1943.9

◇一宮市水道配水塔に就て(足立藤一)「水道協会雑誌」 124 1943.9
◇戦時下、水道経営の実相(蓮池勇)「水道協会雑誌」 124 1943.9
◇東京市給水条例改正の経過と其の概要(金子吉衛)「水道協会雑誌」 124 1943.9
◇医薬品製造業の整備(厚生省衛生局)「内務厚生時報」 8(9) 1943.9
◇女子体力章検定の実施(厚生省人口局)「内務厚生時報」 8(9) 1943.9
◇男子体力章検定の改正(厚生省人口局)「内務厚生時報」 8(9) 1943.9
◇医育の国営・医療の公営化(紀本参次郎)「厚生事業」 27(9) 1943.10
◇上水道施設の空爆に就て(浄法寺朝美)「水道協会雑誌」 125 1943.10
◇東京都下水道使用量賦課の基準(久保讓)「水道協会雑誌」 125 1943.10
◇武蔵野台地の地下水概観(吉村信吉)「水道協会雑誌」 125 1943.10
◇乳児死亡率につきて(藤本幸太郎)「一橋論叢」 12(4) 1943.10
◇足利地方中小機業に於ける結核と衛生状態(池田忠義)「労働科学」 20(10) 1943.10
◇炭礦労務と結核に関する史的考察(東田敏夫)「労働科学」 20(10) 1943.10
◇東京市内中小機械工場に於ける結核蔓延の実情(池田忠義)「労働科学」 20(10) 1943.10
◇東北地方某金属山の肺結核患者状況及其珪師との関係(井上房江)「労働科学」 20(10) 1943.10
◇某炭礦に於ける結核罹患状況「労働科学」 20(10) 1943.10
◇工場結核対策とB.C.G.予防接種(山岡克巳)「科学主義工業」 7(11) 1943.11
◇都市に於ける結核(村島帰之)「厚生事業研究」 31(11) 1943.11
◇健康保険に於ける黴毒血液検査の成績に就て(2・完)(太田長次郎)「社会保険時報」 17(11) 1943.11
◇結核に関する疾病統計(6・完)(田村二郎)「社会保険時報」 17(12) 1943.11
◇勤労者健康管理論(1)(山口正義)「内外労働週報」 580 1943.11
◇勤労者健康管理論(2)(山口正義)「内外労働週報」 581 1943.11
◇勤労者健康管理論(3)(山口正義)「内外労働週報」 582 1943.11
◇東京計器製作所の交替制に於ける保健対策「内務厚生時報」 581 1943.11
◇理研工業柿崎工場結核対策(3)(小松雄吉)「労働科学」 20(11) 1943.11
◇戦時下の栄養問題(井上兼雄)「科学主義工業」 7(12) 1943.12
◇昭和十七年度庁府県に於て行ひたる各種保健施設実施状況(厚生省保険局)「社会保険時報」 17(19) 1943.12
◇最低基本水量に就て(蓮池勇)「水道協会雑誌」 127 1943.12
◇戦時清掃の様相とその打解点(川畑愛義)「都市問題」 37(6) 1943.12
◇糞尿問題の今昔(2・完)(鷹見安二郎)「都政週報」 23 1943.12
◇勤労者健康管理(4)(山口正義)「内外労働週報」 583 1943.12
◇勤労者健康管理(5・完)(山口正義)「内外労働週報」 584 1943.12
◇各種工場に於ける栄養調査(有本邦太郎,山岸正子)「労働科学」 20(12) 1943.12
◇農村民の栄養摂取状況に就て(有本邦太郎[ほか])「労働科学」 20(12) 1943.12
◇ビタミンCに関する実験(山添三郎)「労働科学」 20(12) 1943.12
◇労働者のビタミンC飽和度に就て(1)(中島格二郎)「労働科学」 20(12) 1943.12

◇水質試験戦時規格に就て(野邊地慶三)「水道協会雑誌」 128 1944.1

◇水道用品戦時規格に就て(草間偉)「水道協会雑誌」 128 1944.1

◇戦時水道衛生対策に就て(川畑愛義)「水道協会雑誌」 128 1944.1

◇厚生省関係許可認可等戦時特例と職権委譲「内外労働週報」 590 1944.1

◇現下の栄養問題とその対策(有本邦太郎)「都市問題」 38(2) 1944.2

◇都市栄養問題(佐伯矩)「都市問題」 38(2) 1944.2

◇都市屎尿処理問題の打解点(川畑愛義)「都市問題」 38(2) 1944.2

◇脇本村に於ける結核の分析(林俊一)「厚生問題」 28(3) 1944.3

◇国民健康保険制度の全都市普及(杉田三朗)「斯民」 39(4) 1944.4

◇給水の即戦態制(武藤麒駿郎)「水道協会雑誌」 131 1944.4

◇大東亜建設途上の水(西川義方)「水道協会雑誌」 131 1944.4

◇生産増強と社会事業—結核療養所京都厚生園の場合—(都築秀夫)「厚生問題」 28(5) 1944.5

◇健康保険制度改正の要点(保険局保険課)「社会保険時報」 18(5) 1944.5

◇水道事業事務管理の簡素化に就て(高橋六郎)「水道協会雑誌」 132 1944.5

◇水道工作の戦時工法特集「水道協会雑誌」 133 1944.6

◇水道水質保全と戦時飲料水対策(川畑愛義)「水道協会雑誌」 134 1944.7

◇大東亜建設途上の水(完)(西川義方)「水道協会雑誌」 134 1944.7

◇結核患者の治療方針に就て(宮本忍)「労働科学」 21(6) 1944.7

◇決戦下保健医療施策の重点(重田定正)「厚生問題」 28(8) 1944.8

◇健康保険の諸問題(友納武人)「社会保険時報」 18(8) 1944.8

◇降雨時の下水処理に関する一研究(杉戸清)「水道協会雑誌」 135 1944.8

◇水道事業の変貌と其の対策(佐々木徳太)「水道協会雑誌」 135 1944.8

◇決戦下都市の保健衛生(藤原九十郎)「都市問題」 39(2) 1944.8

◇自分のことは自分でする(高野六郎)「都市問題」 39(2) 1944.8

◇消費規制を基調とする水道使用規定に就て(高橋六郎)「水道協会雑誌」 136 1944.9

◇屎尿処理作業非常措置(東京都民生局)「都政週報」 54 1944.9

◇上水判定基準の戦時措置私見(相澤金吾)「水道協会雑誌」 137 1944.10

◇地下水系統と地下水面の新表面方法(吉村信吉)「水道協会雑誌」 137 1944.10

◇戦力増強と勤労衛生の基本問題(籠山京)「社会政策時報」 299 1944.11

◇井戸保存と整備拡充方策(高橋六郎)「水道協会雑誌」 138 1944.11

◇「国民運動の指針」を語る(座談会)「東洋経済新報」 2148 1944.11

◇戦時厚生の諸問題(中村佐一)「都政週報」 60 1944.12

◇疎開学童の保健問題(重田定正)「文部時報」 820 1944.12

【図書】

◇東京水道改設之概略(東京府編) 1877.9 71p 21cm

◇国政医論(チーゲル著,三瀦謙三訳校,谷口謙訳) 1879.9 154p 21cm

◇虎列刺予防諭解(内務省衛生局編,内務省社寺局編) 1880.6 30p 15cm

◇明治15年虎列刺病流行紀事附録(内務省衛生局編) 1885.9 396p 22cm

◇日本鉱泉誌 上巻(内務省衛生局編) 1886.2 482p 23cm+図1枚

◇日本鉱泉誌 下巻(内務省衛生局編) 1886.2 396p 23cm+図1枚

◇衛生試験彙報 第1号(内務省衛生局編) 1886.5 131p 22cm

◇清潔法・虎列刺病流行地善後ノ策-同予防消毒実施ノ方法ノ儀答申手書(千葉県長柄上埴生郡役所編) 1887.1 [8]p 26cm

◇長崎水道予算草案 明治21年 1888.1 1冊 23cm

◇衛生試験彙報 第3号(内務省衛生局編) 1888.3 145p 22cm

◇衛生試験彙報 第4号(内務省衛生局編) 1889.4 131p 22cm

◇衛生制度論(後藤新平著) 対育舎 1890.9 15,708p 19cm

◇徹菌図譜(ギユレテル著,後藤新平訳) 1893.10 4,4,12p 26cm

◇衛生試験彙報 第8号(内務省衛生局編) 1894.3 170p 22cm

◇桜島臨時陸軍検疫所避病院報告書:附図([桜島臨時陸軍検疫所]編) 1895 104p 22cm

◇桜島臨時陸軍検疫所報告書:附表([桜島臨時陸軍検疫所]編) 1895 30p 22cm

◇臨時陸軍検疫部報告書摘要(陸軍省臨時陸軍検疫部編) 1896.7 3,252p 27cm

◇帝国衛生法令(飯尾次郎編) 1896.11 763p 20cm

◇神戸市大阪市「ペスト」病調査報告(内務省編) 1900.4 172p 26cm

◇横浜市水道誌(横浜市水道局) 1904.3 8,595p 23cm

◇死亡原因類別調査報告書 再版(内閣統計局編) 1906.12 1冊 26cm

◇東京市下水設計調査報告書(中島鋭治著) [東京市区改正委員会] 1907.3 10,69p 23cm

◇死亡原因第二類別調査報告 再版(内閣統計局編) 1907.5 64,4p 26cm

◇上下水道ニ関スル調査書([内務省衛生局]編) 1908 2,2,332p 22cm

◇万国衛生及民勢学会参列及欧米都市衛生視察復命書(遠山椿吉報告) 東京市 1908.9 140p 23cm

◇台北水道(台湾総督府土木部編) 1910.3 80p 26cm+図2枚

◇東京市水道小誌(東京市水道課編) 1911.3 56,12p 26cm

◇日本国民死亡表:附 各国死亡表(内閣統計局編) 1912.2 9p 31cm

◇新潟市水道誌(新潟市役所編) 1912.3 367,15p 23cm

◇日本疾病史(富士川游著) 吐鳳堂書店 1912.4 302,10p 26cm

◇秋田市水道誌(秋田市役所編) 1912.5 574p 23cm+図10枚

◇東京市下水道沿革誌(東京市役所編) 1913.1 1冊 23cm

◇下水道洗滌及掃除ニ付キテ(米元晋一著) 1913.3 49p 27cm+図4枚

◇下水道調査報告書 其1 [独乙国、仏蘭西国、墺太利国之部](東京市下水改良事務所編) 1913.11 5,2,243p 27cm

◇東京市上水道拡張事業報告 第1回([東京市臨時水道拡張課]編) 1913.12 1冊 26cm+図3枚

◇下水道調査報告書 其2 [英国及米国之部](東京市下水改良事務所編) 1914.5 2,280p 26cm

◇甲府市水道誌(甲府市編) 1914.5 252p 23cm+図19枚

◇東京市下水道沿革誌 [複製] 増補(東京市下水改良事務所総務課編) 1914.8 1冊 23cm+図16枚

◇神奈川県大正二年大正三年「ペスト」流行誌(神奈川県警察部衛生課編) 1915.3 9,320p 27cm

◇大阪市水道拡張誌(大阪市役所編) 1915.6 8,504p 23cm

◇大阪市水道拡張誌:図譜(大阪市役所編) 1915.6 1冊 28×39cm

◇横浜市水道拡張記念[写真帖](横浜市水道局編) 1915.10 1冊 23×31cm

◇上水協議会研究業績集(東京市[ほか]編) 1916.2 15,756p 23cm

◇東京市上水道拡張事業報告 第2回(東京市臨時水道拡張課編) 1916.8 131,36p 26cm+図6枚

衛生・医療・水道・清掃　　都市問題・地方自治　調査研究文献要覧

◇飛田遊廓反対意見（飛田遊廓設置反対同盟会編）　1916.10 6,140p 23cm
◇上水道ノ現況ト吾人ノ希望（遠山椿吉著）　［東京顕微鏡学会］　1917.4 38p 23cm 「東京顕微鏡学会雑誌」第24巻第2号別刷
◇宇都宮市水道誌：附図（宇都宮市役所編）　1917.6［22］枚 23cm
◇東京市水道水源林（東京市役所編）　1918.5 2,58p 26cm
◇東京市京橋区月島ニ於ケル実地調査報告　第1輯（附録ノ1）（内務省衛生局編）　1919 9,254p 23cm
◇東京市京橋区月島ニ於ケル実地調査報告　第1輯（附録ノ2）（内務省衛生局編）　1919 1冊 23cm
◇保健衛生ニ関スル実地調査報告（警視庁衛生部編）　1919.3 104p 23cm
◇横浜市水道第二次拡張誌（横浜市役所編）　1919.3 4,8,1320p 23cm
◇社団法人実費診療所の歴史及事業：創立第十周年記念（実費診療所編）　1920.3 141p 23cm
◇塵芥処理方法調査報告　第1報　都市塵芥と其利用に関する調査（大阪市役所衛生課編）　1920.4 16,355p 23cm
◇短期死亡に就ての医学的統計的観察（為替貯金局編）　1920.4 59p 22cm　簡易生命保険に関する医学的観察
◇衛生要規（東京市役所衛生課編）　1920.7 12,288p 19cm
◇函館区水道小誌（函館区役所編）　1920.8 199p 19cm
◇国家と保健（ウィリアム・ブレンド著）　大日本文明協会　1920.9 288p 19cm
◇布哇に於ける衛生状態（飯島博著,内務省衛生局編）　内務省衛生局　1920.9 164p 23cm
◇英国水道法　謄写版（内務省衛生局保健課編）　1921［93］p 26cm
◇東京市上水道拡張事業報告　第3回（[東京市臨時水道拡張課]編）　1921 1冊 26cm
◇東京府江戸川上水町村組合事業経過概要（江戸川上水町村組合編）　1921 2,63p 23cm
◇沖縄県八重山郡に於ける「マラリヤ」予防ニ関スル調査（内務省衛生局編）　1921.1 36p 22cm
◇静岡県周知郡宇刈村ニ於ケル保健衛生状態実地調査報告（内務省衛生局編）　1921.2 131,138p 23cm
◇保健衛生調査ニ関スル事項（内務省衛生局編）　1921.2 12p 22cm
◇児童衛生展覧会に於ける身体検査成績（内務省衛生局編）　1921.3 2,23,55p 22cm
◇小児疾病調査成績　概要、統計表（内務省衛生局編）　1921.3 2,26,106p 23cm
◇仏、瑞、墺、伊国中央衛生行政機関（氏原佐蔵著,内務省衛生局編）　1921.3 41p 22cm
◇山口県吉敷郡平川村ニ於ケル農村保健衛生状態実地調査報告（内務省衛生局編）　1921.3 249,225p 23cm
◇東京市電気局従業員の従業心理研究及能率調査の方法　第1回報告（高峰博述,東京市電気局調査課編）　1921.5 4,71p 23cm
◇東京市電気局従業員の神経系統に関する調査及び其の従業心理乃至能率に関する研究　第3冊　謄写版（東京市電気局調査課編）　1921.5［88］p 28cm
◇農村保健衛生実地調査標準（内務省衛生局編）　1921.5 5,34p 22cm
◇瑞西の疾病及災害保険（協調会編）　1921.6 62p 22cm　社会政策資料
◇農村保健衛生実地調査指針（内務省衛生局編）　1921.7 30p 22cm
◇京都市上水道概要　大正11年4月調（京都市水道課編）　1922 2,26p 16cm
◇渋谷町上水道小誌（渋谷町役場編）　1922 2,48p 19cm
◇塵芥処理方法調査報告：摘録　2、3報（大阪市衛生課編）　1922 18,12,36p 23cm

◇秋田県山本郡富根村ニ於ケル農村保健衛生状態実地調査報告（内務省衛生局編）　1922.3 143,173p 23cm
◇計量給水制を採用したる理由　謄写版（小川織三著）　1922.3［46］p 26cm
◇神戸市下水道調査概要（神戸市都市計画部編）　1922.3 24p 19cm
◇塵芥試験表　自大正9年6月至大正10年11月（田中芳雄著,[東京市役所]編）　1922.3 36p 31cm
◇東京市汚物処分調査会報告　第1巻（東京市衛生課編）　1922.3 4,2,115p 22cm
◇福井県今立郡粟田部村ニ於ケル農村保健衛生状態実地調査報告（内務省衛生局編）　1922.3 109,165p 23cm
◇神戸市水道拡張誌　上巻（神戸市役所編）　1922.5 3,520p 27cm
◇神戸市水道拡張誌　下巻（神戸市役所編）　1922.5 5,518p 27cm
◇神戸市水道拡張誌　附図（[神戸市役所]編）　1922.5［73］枚 27cm
◇乳幼児死亡率調査（京都市社会課編）　1922.6 59p 22cm　京都市社会課叢書
◇都市計画と汚物処理（町井正路著）　町井式都市汚物処理試験場事務所　1922.8 2,8,70p 19cm
◇愛媛県越智郡清水村ニ於ケル農村保健衛生状態実地調査報告（内務省衛生局編）　1922.11 126,137p 23cm
◇平和記念東京博覧会ニ出品セル衛生統計描画図（内務省衛生局編）　1922.11 1冊 26cm
◇施行中に在る渋谷町水道（渋谷町臨時水道部編）　1922.12 5,12,514p 26cm+図2枚
◇都市計画と汚物処理（町井正路著）　1922.12 53,186p 20cm
◇最近上水道（森慶三郎著）　1923.1 350p 23cm
◇福岡市の上水道（福岡市役所編）　1923.1 40p 19cm
◇塵芥処理研究（自熱低温低圧乾餾瓦斯化試験第2報告）（岸一太著）　東京市役所衛生課　1923.3 5,122p 26cm
◇大正十年に於ける従業員の疾病調査（東京市電気局調査課編）　1923.3 2,9,104p 23cm　能率及保健調査資料
◇東京市汚物処分調査会報告　第2巻（東京市衛生課編）　1923.3 3,90p 22cm
◇東京市上水道拡張事業報告　第4回（東京市役所水道拡張課編）　1923.5 245,43p 27cm+図22枚
◇英国の下水清浄法（宮島幹之助著）　[日本衛生会,大日本私立衛生会]　1923.6［6］p 23cm　「公衆衛生」第41巻6号別冊
◇欧米都市衛生視察報告（斉藤知二著,東京市衛生課編）　1923.6 52p 22cm
◇最近下水道（森慶三郎著）　丸善　1923.6 342p 23cm
◇大正七年初より同九年末に至る従業員の疾病調査（東京市電気局調査課編）　1923.6 2,12,103p 23cm　能率及保健調査資料
◇労働衛生（石原修著）　杉山書店　1923.6 3,4,408p 23cm
◇大阪市下水処理計画（大阪市役所水道部編）　1923.8 187,240p 23cm+図38枚
◇国家衛生原理　［第3版］（後藤新平著）　1923.8 6,6,192p 23cm
◇福岡市上水之栞（福岡市水道課編）　1923.8 25p 18cm
◇神戸市下水道調査（神戸市都市計画部編）　1923.10 3,95p 22cm
◇文明と保健（ウッヅ・ハッチンスン著,大日本文明協会訳）　1924.1 400p 21cm
◇京都の湯屋（京都市社会課編）　1924.2 3,66p 22cm　京都市社会課叢書
◇松本市上水道小誌（松本市役所編）　1924.5 10p 19cm
◇欧洲各国に於ける母性及小児の保健施設（内務省衛生局編）　1924.7 410p 23cm
◇東京市水道震害調査報告書　謄写版（東京市水道局編）　1924.7

30p 27cm

◇門司市水道概要(門司市役所編) 1924.9 34,13p 22cm

◇大阪市第1回下水道改良誌(大阪市役所水道部編) 1924.10 9,400p 23cm+図50枚

◇事業衛生学(吉田章信著) 1924.10 2,6,178p 23cm

◇東京市下水道改良実施調査報告書(東京市役所編) 1924.10 658,11p 23cm+図10枚

◇東京市と伯林市との社会衛生設備の比較(石原房雄著) [社会医学雑誌発行所] 1924.10 13p 26cm 「社会医学雑誌」第453号別刷

◇都市の保健行政組織(東京市政調査会資料課編) 1924.10 2,2,52p 22cm

◇イギリスの保健行政組織(東京市政調査会資料課編) 1924.12 3,5,83p 23cm

佐賀市水道誌(佐賀市役所編) 1924.12 424p 23cm

◇大震火災臨時救療所(恩賜財団済生会編) 1924.12 19,372p 22cm

◇京都市塵芥焼却場新築記念(京都市役所編) 1925 16,[8]p 16×23cm

◇水道計画概要 大正14年1月起工(丸亀市) 1925 3p 20cm

◇水道使用料金比較表 1925 10枚 27cm

◇東京市内に於ける主なる煖房汽缶の現況(商工省燃料研究所編) 1925 3p 26cm

◇福岡市水道給水条例 福岡市水道市外給水条例 福岡市水道給水条例施行細則(福岡市役所編) 1925 55p 15cm

◇性病ノ根源タル接客業婦ノ消長(陸軍軍医団編) 1925.1 18p 22cm 軍医団雑誌

◇東京市の下水を論じ上下水研究所の設立を希望す(石原房雄著) 医事公論社 1925.1 [2]p 30cm 医事公論

◇医制五拾年史(内務省衛生局編) 1925.3 2,3,465p 22cm

◇死因及疾病分類要旨(内閣統計局編) 1925.3 1,1,83p 22cm

◇大東京区域内に於ける上水道に就て(東京市役所) 1925.3 129p 22cm

業務衛生(吉田章信著) 1925.4 2,6,178p 23cm

公衆浴場(建築写真類聚刊行会編) 洪洋社 1925.5 [55]p 19cm 建築写真類聚

郡山町水道誌(郡山市役所編) 1925.6 480p 22cm

◇東京市下水道事業概要(東京市下水課編) 1925.6 3,191p 23cm

◇東京市下水道震害調査報告(東京市下水課編) 1925.7 22p 23cm

◇東京府西多摩郡戸倉村ニ於ケル農村保健衛生実地調査報告(警視庁衛生部編) 1925.7 7,183,135p 22cm

◇水道事業ノ沿革並ニ現況(大阪市水道部編) 1925.8 32p 27cm

◇東京市震災衛生救療誌(東京市衛生課編) 1925.8 349,16p 23cm

◇高崎市水道略誌(高崎市水道部編) 1925.9 2,36p 19cm

◇大阪市立衛生試験所報告 第1輯([大阪市立衛生試験所]編) 1925.10 1冊 22cm

下水道事業ノ沿革並ニ現況(大阪市水道部編) 1925.10 16p 27cm

◇名古屋市下水道調査設計報告(名古屋市役所編) 1925.10 15,294p 27cm

◇横須賀市水道略誌(横須賀市役所編) 1925.10 7,2,62p 19cm

◇飯塚町上水道概要(飯塚町水道事務所編) 1925.11 17p 19cm

◇今後建造さるべきゴミ式焼却炉に対しては自分はも早や何等の責任をも負ひ得ない ゴミ式汚物塵芥焼却に就て(小野俊一著) 1925.11 [2],32p 26cm 「煖房冷蔵協会誌」第24号、第25号 抜刷

◇和歌山市上水道概要(和歌山市役所編) 1925.11 1,15p 22cm

◇英国ニ於ケル煙害防止ニ関スル制度 謄写版(内務省都市計画局編) 1926 18p 26cm 都市計画参考資料

◇衛生上及経済上ヨリ見タル糞尿ノ処置策(宮島幹之助著) 1926 22p 22cm

◇夏季臨海保養成績概要 大正15年度(横浜市夏季臨海保養所編) 1926 22p 22cm

◇花柳病ノ予防:群馬県技師高木乙熊報告([内務省衛生局]編) 1926 8,227p 23cm

◇京都市屎尿応急汲取事業概要(京都市衛生課編) 1926 16p 22cm

◇東京市の汚物処理に対する所感 並屎尿塵芥に関する質問及市当局者の答弁書(三枝禾太郎著) 1926 34p 19cm

◇糞尿処分に就て(カール・ロエウエニヒ述,岸一太訳) 1926 21p 22cm

◇防疫提要:附 伝染病予防法規(警視庁衛生部編) 1926 148p 19cm

◇山形市水道略誌(山形市役所編) 1926 23p 18cm

市町村の水道(亀井重麿著) 早稲田大学出版部 1926.1 7,5,437p 23cm

◇都市鑿泉に就ての地質学的考察(西尾銈次郎著) [資源・素材学会] 1926.2 [10]p 25cm 「日本鉱業会誌」No.490抜刷

◇大阪市ニ於ケル煤塵ニ関スル調査(藤原九十郎著,荻野秀寿著,岡本芳太郎著) [日本予防医学会] 1926.3 [19]p 22cm 都市ノ煤塵ト其ノ防止問題

◇川崎市水道誌(川崎市役所編) 1926.3 115p 22cm

◇神戸市衛生施設大観(神戸市役所衛生課編) 1926.3 12,368p 23cm

◇神戸市脇浜焼芥場新築記念(図集及建設経過梗概)(神戸市役所衛生課編) 1926.3 [12],11p 16×22cm

◇名古屋市下水道(名古屋市役所保健部下水課編) 1926.3 18p 23cm

◇名古屋市水道便覧 謄写版(名古屋市役所編) 1926.4 12p 20cm

◇全国都市衛生状態比較表 大正15年3月調査(神戸市衛生課編) 1926.5 27p 26cm

◇防火水道と雑用水道(小川織三著) 土木学会 1926.6 18p 26cm 「土木学会誌」第12巻第3号抜刷

◇健康保険の話(産業福利協会編) 1926.7 45p 19cm

◇医療の社会化:我国診療機関の現勢(社会医学研究会編) 同人社書店 1926.8 4,2,109p 19cm 社会医学叢書

◇大建築物煖房資料(東京市政調査会資料課編) 1926.8 95,21p 39cm

◇大阪市保健調査成績の概要 第1回報告(藤原九十郎著) 1926.9 20p 22cm

◇都市の結核問題(東京市政調査会編) 1926.10 2,3,44p 23cm 市政調査資料

◇大阪市電車ノ衛生学的研究(大阪市電気局労働課編) 1926.11 3,95p 22cm

◇健康保険講習会速記録(産業福利協会編) 1926.11 1冊 22cm

◇熊本市上水道概要(熊本市役所編) 1926.12 38p 19cm

◇大阪市下水道市岡抽水所促進汚泥法下水処理装置説明書(大阪市水道部編) 1927 15p 27cm

◇東京市主催体育と衛生の展覧会概要(東京市役所編) 1927 2,83p 23cm

◇東京市上水道概要(東京市水道局編) 1927 7p 23cm

◇都市衛生の概論並に其の改善問題(藤原九十郎著) [大阪府衛生会] 1927 67p 22cm 「通俗衛生」別刷

◇都市保健上に緊要なる巡回看護施設 謄写版(宮島幹之助著) [東京市政調査会] 1927 97p 26cm

◇名古屋市下水道事業概要(名古屋市役所下水課編) 1927 13p 23cm

◇名古屋市水道概要 昭和2年11月(名古屋市役所編) 1927 1枚 47×64cm

◇社会衛生学:社会衛生学上に於ける主要問題の論究(暉峻義等著) 吐鳳堂書店 1927.1 5,14,453p 23cm

衛生・医療・水道・清掃　　都市問題・地方自治　調査研究文献要覧

◇大正十二年関東大地震震害調査報告　第2巻　上水道・下水道・瓦斯工事之部　鉄道・軌道之部（土木学会編）　1927.1 ［223］p 27cm

◇本邦都市に於ける屎尿処分の現況と将来（藤原九十郎著）　［日本予防医学会］　1927.1 ［20］p 22cm　「国民衛生」第4巻第5号抜刷

◇健康保険法詳解（熊谷憲一著）　巌松堂書店　1927.2 489,140p 23cm

◇日本ニ於ケル「コレラ」ノ研究（内務省衛生局編）　1927.2 187p 26cm

◇大阪市営屎尿処理施設概況（大阪市保健部編）　1927.3 8p 23cm

◇健康保険法実施の影響（日本工業倶楽部調査課編）　1927.3 3,40p 23cm

◇コレラ流行誌集　第1巻（内務省衛生局編）　1927.3 32,174p 26cm

◇特定区域ニ関スル調査（東京市統計課編）　1927.3 16,86p 23cm

◇トラホーム予防施設の概況（内務省衛生局編）　1927.3 152p 23cm

◇流行性感冒（内務省衛生局編）　1927.3 485p 26cm

◇健康保険実務要鑑（協調会編）　1927.5 3,8,404p 22cm

◇世界大都市の衛生行脚：就中都市の汚物に就て欧洲所見（戸田正三著）　1927.5 1冊 22cm

◇コレラ流行誌集　第2巻（内務省衛生局編）　1927.6 61,188p 27cm

◇コレラ流行誌集　第3巻（内務省衛生局編）　1927.6 24,38,65p 26cm

◇新潟市内少額所得者の衛生状態（新潟市社会課編）　1927.6 7p 22cm　方面時報

◇健康保険法実施状況報告（［内務省］社会局保険部編）　1927.7 2,62p 22cm

◇東京市下水道事業概要（東京市役所編）　1927.7 4,223p 22cm

◇都の保健行政組織　再版（東京市政調査会編）　1927.7 2,2,52p 22cm

◇日傭労働者の疾病傷害に関する調査（東京市社会局編）　1927.7 3,3,69p 23cm

◇健康保険法改正意見並ニ参考資料（東京商工会議所編）　1927.8 6,336p 22cm　商工調査

◇中島工学博士記念日本水道史（中島工学博士記念事業会編）　1927.8 926p 26cm

◇中島工学博士記念日本水道史：附図（中島工学博士記念事業会編）　1927.8 80,30枚 26cm

◇父母の年齢と出生の関係（内閣統計局編）　東京統計協会　1927.8 2,55p 22cm　調査資料

◇局員及其家族ノ健康調査（大阪市電気局労働課編）　1927.9 6,18p 24×30cm

◇鷗外全集　第18巻（森林太郎著）　鷗外全集刊行会　1927.10 8,818p 23cm

◇大阪市立衛生試験所報告　第2輯（［大阪市立衛生試験所］編）　1927.10 1冊 22cm

◇京都市保健状態一覧（京都市役所編）　1928 1枚 21cm

◇帝都に於ける医療施設（東京市保健局編）　1928 45p 22cm

◇大阪市保健施設概要　昭和3年1月（大阪市保健部編）　1928.1 8,93p 23cm

◇東京市立小学校ニ於ケル室内空気（東京市役所編）　1928.1 2,33p 22cm

◇新潟市の乳児死亡に就いて（新潟市社会課編）　1928.1 21p 22cm

◇奉天満鉄附属地塵芥並其処分法の研究（宮島忠雄編）　1928.1 ［70］p 26cm

◇医業国営論（鈴木梅四郎著）　実生活社出版部　1928.2 449p 23cm

◇鹿児島市水道誌（鹿児島市役所編）　1928.3 6,566p 23cm

◇鹿児島市水道誌：附図（鹿児島市役所編）　1928.3 9枚 22cm

◇人口問題と栄養（宮島幹之助著）　食養研究会　1928.4 18p 22cm

◇江戸川上水道誌（東京府江戸川上水町村組合編）　1928.5 9,774p 23cm

◇呉市水道誌（呉市役所編）　1928.6 335p 23cm

◇東京市現住人ノ死亡及其ノ死因　謄写版（東京市統計課編）　1928.7 ［36］p 26cm　東京市ノ状況

◇本市に於ける乳幼児死亡調査（神戸市社会課編）　1928.7 458p 22cm

◇本邦に於ける地方病の分布（内藤和行著, 内務省衛生局編）　1928.7 172p 22cm

◇健康保険法実施状況報告（［内務省］社会局保険部編）　1928.8 2,126p 26cm

◇東京市内ニ於ケル飲食店　謄写版（東京市統計課編）　1928.8 ［18］p 26cm　東京市ノ状況

◇都市の塵芥処分問題（藤原九十郎著）　東京市政調査会　1928.8 37p 22cm　都市問題パンフレット

◇煤煙と経済関係　特に大阪市民のために（辻元謙之助述）　大阪都市協会　1928.9 17p 22cm

◇煤煙と都市（辻元謙之助著）　大阪都市協会　1928.9 8p 19cm

◇下水道事業の経済（関一著）　東京市政調査会　1928.10 26p 22cm　都市問題パンフレット

◇東京市ニ於ケル伝染病並ニ六大都市伝染病　謄写版（東京市統計課編）　1928.10 ［25］p 26cm　東京市ノ状況

◇大阪市立衛生試験所報告　第3輯　昭和3年（［大阪市立衛生試験所］編）　1929 1冊 22cm

◇名古屋市水道事業ノ沿革並ニ現況（名古屋市役所編）　1929 2,20p 20cm

◇神戸市下水道調査設計報告（神戸市都市計画部編）　1929.3 103,52p 26cm

◇都市の屎尿処分問題（藤原九十郎著）　東京市政調査会　1929.3 2,72p 22cm　都市問題パンフレット

◇西宮市水道要覧（西宮市役所編）　1929.3 13p 23cm

◇農村保健衛生実地調査成績（内務省衛生局編）　1929.3 212,349p 26cm

◇前橋市上水道小誌（前橋市臨時水道部編）　1929.3 30p 15×23cm

◇下水道設計標準図（東京市役所編）　1929.4 1冊 23×31cm

◇若松市上水道小誌（福島県若松市役所編）　1929.5 37p 22cm

◇京都府ニ於ケル腸「チフス」予防接種成績並其ノ効果ニ就テ　其1（内務省衛生局編）　1929.6 2,262p 26cm

◇日本内地ノ「ペスト」流行ニ関スル調査（内務省衛生局編, 飯村保三述）　1929.6 61p 27cm

◇日本ニ於ケル「ペスト」ノ疫学ニ関スル綜合的研究（内務省衛生局編, 飯村保三述）　1929.6 110p 27cm

◇全国水道（上水・下水・防火）敷設市町村一覧　昭和4年4月現在（水道社編）　1929.7 78,43p 15cm

◇台北の水道（台北市役所編）　1929.9 3,59p 22cm

◇東京市に於ける伝染病　謄写版（東京市統計課編）　1929.10 17p 26cm　東京市の状況

◇痘瘡予防に関する調査報告（内務省衛生局編, 井口乗海述）　1929.11 476p 27cm

◇汚水浄化装置（米元晋一著）　建築学会　1929.12 71p 22cm　建築学会パンフレット

◇東京市下水完成区域一覧　昭和5年1月現在（土木建築資料新聞社編）　1930 21p 19cm

◇東京市水道の沿革（平野井雷治著）　1930 ［10］p 27cm

◇換気と涼房（関藤国助著）　建築学会　1930.2 44p 22cm　建築学会パンフレット

◇京都市の赤痢発生に関する衛生学的観察（京都府衛生課編）　1930.3 2,148p 26cm

衛生・医療・水道・清掃

◇豊橋市水道誌（豊橋市役所編）　1930.3　794p 23cm

◇姫路市水道誌（姫路市役所編）　1930.4　616p 23cm+図9枚

◇京都府ニ於ケル腸「チフス」予防接種成績並其ノ効果ニ就テ 其2（内務省衛生局編）　1930.6　2,112p 26cm

◇都市と音響展覧会号（大阪市民博物館編）　1930.6　120p 22cm　［市立大阪市民博物館］館報

◇医事法制論（池松重行著）　医薬法令刊行会　1930.8　24,463,50p 19cm

◇市内伝染病に関する調査（8月9月は流行時期）：附 六大都市の伝染病概況　謄写版（東京市統計課編）　1930.8　17p 26cm　東京市の状況

◇水道事業の沿革並に現況（大阪市水道部編）　1930.8　16p 23cm

◇本市に於ける社会病（大阪市社会部編）　1930.8　119p 22cm　社会部報告

◇東京市上水道大要（東京市役所編）　1930.9　2,19p 22cm

◇都市と噪音の取締（清水重夫著）　警察講習所学友会　1930.10　67p 19cm　警察教養資料

◇本邦大都市並に欧米市に於ける下水道事業　謄写版（東京市統計課編）　1930.10　22p 26cm　東京市の状況

◇癩の根絶策（内務省衛生局編）　1930.11　27p 22cm

◇ミユンヘン市下水道使用条例　謄写版（東京市政調査会編）　1931　[10]p 26cm

◇六大都市及東京市近郊水道使用料金比較表（東京市役所編）　1931　9p 26cm

◇衛生組合法案　謄写版　1931.1　1冊 28cm

◇衛生組合法制定ニ関スル参考資料（内務省衛生局編）　1931.1　37p 22cm

◇医事法制概要（丸岩関弥衛）　歯苑社　1931.2　11,342,64p 23cm

◇大連の発展と上水道水源問題に就て（大連商工会議所編）　1931.3　28p 23cm

◇農村衛生状態に就て（内務省衛生局編）　1931.3　1,21,26p 22cm

◇府下腸「チフス」罹患原因（誘因、機会）調査 昭和三年四年（京都府衛生課編）　1931.3　2,64p 26cm

◇公立結核療養所状況（内務省衛生局編）　1931.4　3,49p 22cm

◇全国水道（上水・下水・防火）敷設市町村一覧 昭和6年4月改訂（水道社編）　1931.5　120,17p 16cm

◇宇都宮市水道誌（宇都宮市役所編）　1931.6　372p 23cm

◇名古屋市汚物掃除ノ状況 昭和6年5月（名古屋市保健部編）　1931.6　48p 22cm

◇欧米輓近ノ下水処分方法ニ就テ（殊ニ下水ヨリ肥料及「メタン」瓦斯製作ニ就テ）（石原房雄著）　［日本伝染病学会］　1931.7　14p 24cm　「日本伝染病学会雑誌」第5巻10号別刷

◇京都市の水と伝染病：下水道の完成を望む（加藤雄吉著）　京都府衛生課　1931.9　23p 19cm

◇上水道（木代嘉樹著）　文精社　1931.9　2,5,156p 23cm

◇結核患者収容機関調 昭和6年5月末現在（内務省衛生局編）　1931.10　24p 22cm

◇［大阪市立衛生試験所］創立二十五周年記念業績抄録集（大阪市立衛生試験所編）　1931.11　16,360p 22cm

◇［大阪市立衛生試験所］創立二十五周年記念事業沿革誌（大阪市立衛生試験所編）　1931.11　125p 23cm

◇東京市上水道拡張事業報告 第6回 附図（東京市水道局編）　1931.12　67p 26cm

◇岐阜市下水道計画大要（岐阜市役所編）　1932　19p 26cm

◇上水道の計画及設計（丹羽健蔵著）　太陽社書店　1932.1　4,7,312p 22cm

◇精神病者収容施設調 昭和6年5月20日現在（内務省衛生局編）　1932.1　59p 22cm

◇隣接五郡ニ於ケル伝染病院町村組合調（東京市役所編）　1932.2　2,104p 27cm　市域拡張調査資料

◇疫痢の疫学に関する調査報告（内務省衛生局編, 高木義雄述）　1932.3　8,231p 26cm

◇消化器伝染病及寄生虫病撲滅実験報告（内務省衛生局編）　1932.3　145p 27cm

◇水道使用料金比較表 昭和6年4月1日現在（上水協議会編）　1932.3　163p 23cm

◇水道経済収支概計 自昭和7年度至昭和26年度（東京市水道局編）　1932.4　33p 26cm

◇花柳病予防ニ関スル調 昭和7年4月（内務省衛生局編）　1932.5　2,61p 22cm

◇名古屋市汚物掃除ノ状況 昭和7年4月1日（名古屋市保健部編）　1932.5　44p 22cm

◇名古屋市下水処理事業概要（名古屋市役所編）　1932.5　13p 19cm+図1枚

◇名古屋市水道事業ノ沿革並現況（名古屋市役所編）　1932.5　14p 19cm

◇都市塵芥の処理方策：欧米都市に於ける塵芥処理の概況とその批判（藤原九十郎著）　東京市政調査会　1932.6　2,57p 22cm　都市問題パンフレット

◇都市の空中浄化問題（藤原九十郎著）　東京市政調査会　1932.6　2,65p 22cm　都市問題パンフレット

◇隣接五郡に於ける上水道に関する調査（東京市役所編）　1932.6　6,497p 26cm　市域拡張調査資料

◇上水道水質試験成績特ニ上水中ノ細菌並ニ大腸菌ノ意義ニ就テ（荻野正俊著）　［満鮮之医界社］　1932.7　16p 26cm　「満鮮之医界」第136号別冊

◇市町村併合後ニ於ケル水道経済収支概計　謄写版（東京市水道局編）　1932.8　44p 26cm

◇衛生行政法（亀山孝一著）　松華堂　1932.9　3,6,560p 23cm

◇大阪市立衛生試験所報告 第4輯 昭和4年乃至6年（［大阪市立衛生試験所］編）　1932.10　1冊 22cm

◇大阪市立衛生試験所報告 第5輯 昭和4年乃至6年（［大阪市立衛生試験所］編）　1932.10　1冊 22cm

◇健康保険の説明　改訂増補（産業福利協会編）　1932.10　89p 19cm

◇本邦水道事業ニ関スル調査（東京市政調査会編）　1932.10　5,396,31p 26cm　公益企業ニ関スル調査報告

◇石巻町上水道概要（［石巻町役場］編）　1932.11　16p 23cm

◇下水学大意（茂庭忠次郎著）　常磐書房　1932.12　272,26p 23cm

◇塵芥処理方法調査報告 其1 塵芥ノ終末処分ニ就キテ（東京市［保健局］清掃課編）　1933.2　55p 27cm

◇塵芥処理方法調査報告 其2 塵芥ノ組成ニ就キテ（東京市［保健局］清掃課編）　1933.2　27p 27cm

◇塵芥処理方法調査報告 其3 内外諸都市塵芥事情諸表（東京市［保健局］清掃課編）　1933.2　65p 27cm

◇塵芥処理方法調査報告 其4 本邦塵芥ノ乾餾ニ就キテ 実験ノ1（東京市［保健局］清掃課編）　1933.2　40p 27cm

◇塵芥処理方法調査報告 其6 本邦厨芥ノ通気醱酵ニ就キテ 実験ノ3（東京市［保健局］清掃課編）　1933.2　12p 27cm

◇塵芥処理方法調査報告 其7 塵芥ノ蒐集運搬ニ就キテ（東京市［保健局］清掃課編）　1933.2　37p 27cm

◇岐阜市の下水道事業に就て（岐阜市役所編）　1933.3　22p 19cm

◇最近に於ける各国結核予防事業（内務省衛生局編）　1933.3　3,140p 23cm

◇噪音ノ生体ニ及ボス影響（大西孝次郎著）　日新医学社　1933.4　[46]p 26cm　「日新医学」第22年8号第258冊のうち

◇東京市ニ於ケル塵芥処理事情 中巻（東京市［保健局］編）　1933.4　99p 19cm

衛生・医療・水道・清掃　　　都市問題・地方自治　調査研究文献要覧

◇塵芥処理方法調査報告 其5 本邦塵芥ノ焼却ニ就キテ 実験ノ2（東京市［保健局］清掃課編）　1933.6 25p 27cm

◇水質試験に就て（荻野正俊著）　1933.6 20p 26cm

◇都市塵芥処理ニ関スル比較研究　謄写版（徳島市衛生課編）　1933.6 18p 23cm

◇欧米に於ける塵芥処理事業　第1輯（大阪市保健部清掃課編）　1933.7 116p 23cm

◇健康保険組合要覧　昭和8年6月30日現在（［内務省］社会局保険部編）　1933.7 47p 27cm

◇国都建設局水道給水指示条項（国務院国都建設局編）　1933.7 8p 23cm

◇屎尿扱場調査（東京市保健局清掃課編）　1933.7 29p 22cm

◇東京市（旧市部）屎尿処分調査概要（東京市役所編）　1933.7 35p 23cm

◇東京市に於ける屎尿の農村還元処分法に関する考案（東京市役所編）　1933.7 41p 22cm

◇本市屎尿運搬能率調査報告（東京市役所編）　1933.7 52p 23cm

◇上水道の法律統制（池田宏著）　東京市政調査会　1933.8 36p 22cm　都市問題パンフレット

◇水道事業の沿革と現況（大阪市水道部編）　1933.8 204p 22cm

◇実践上水道　第1巻（アメリカ水道協会著，岡本東一郎訳）　コロナ社　1933.9 4,112p 26cm

◇金沢市水道誌（金沢市電気水道局編）　1933.10 3,7,1014p 27cm

◇下水試験法案（大阪市役所編）　1933.10 16p 22cm

◇国民保健衛生の実際問題（外山福男著）　警察協会山形県支部　1933.10 148p 19cm

◇水道協会各部提出問題回答集（水道協会編）　大阪市役所　1933.10 5,104p 23cm

◇名古屋市屎尿市営ノ沿革（名古屋市保健部編）　1933.10 11,747,23p 23cm

◇［名古屋市］第4期水道拡張事業概要（名古屋市水道部編）　1933.10 4p 19cm

◇日英保健衛生の比較研究（外山福男著）　警察協会山形県支部　1933.10 4,187p 19cm

◇欧米都市に於ける塵芥処理事業　第2輯（大阪市保健部清掃課編）　1933.11 70p 23cm

◇下水道及び汚水処理法　第1巻（H.E.バビット著, 高谷高一訳）　コロナ社　1933.11 114p 27cm

◇人口自然増加率の比較方法に就て 特に訂正人口自然増加率の意義（川人定男著）　日本優生学会　1933.11 2p 23cm　「優生学」第117号別刷

◇水道事業に就て 特に水質水量の問題と其の保護政策並企業経営上の若干問題（池田宏述）　［水道協会］　1933.11 11p 26cm　「水道協会雑誌」第7号別冊

◇名古屋市屎尿市営ノ沿革：附録（名古屋市保健部編）　1933.11 22p 22cm

◇結核防遏対策に関する調査（東京市保健編）　1934 44p 22cm

◇農漁村出身産業労働者のために特殊「サナトリウム」の設置を要望す（岩田穣著）　関西医事社　1934 9p 22cm　「関西医事」第163号, 第164号別刷

◇本邦並に欧米諸国の出生率、死亡率及人口自然増加率の比較考察 其2（川人定男著）　日本優生学会　1934 20p 22cm　「優生学」第11巻9号,10号別冊

◇大阪市立衛生試験所報告　第7輯 第1号（［大阪市立衛生試験所］編）　1934.3 1冊 22cm

◇下水道及び汚水処理法　第2巻（H.E.バビット著, 高谷高一訳, 松見三郎訳）　コロナ社　1934.3 [100]p 27cm

◇下水道及下水処理（田中寅男著）　日本文化協会　1934.3 6,328,29p 23cm

◇大東京市に於ける診療患者数に関する調査（東京市保健局衛生課編）　1934.3 4,44p 23cm

◇厨芥利用による養豚に就て（東京市役所編）　1934.3 16p 23cm

◇東京市ニ於ケル塵芥処理事情 上巻（東京市保健局清掃課編）　1934.3 57p 19cm

◇都市噪音の防止に関する調査資料（東京市電気研究所編）　1934.3 9,145p 26cm　東京市電気研究所調査報告

◇山口貯水池小誌（東京市役所編）　1934.3 150p 23cm

◇東京市塵芥処理概況（東京市保健局清掃課編）　1934.4 2,[34]p 15×23cm

◇実践上水道　第2巻（アメリカ水道協会著, 岡本東一郎訳）　コロナ社　1934.5 [110]p 26cm

◇水戸市水道誌（水戸市役所編）　1934.5 6,741p 27cm

◇大阪市塵芥焼却場要覧（大阪市保健部編）　1934.6 11p 16×23cm

◇大阪市清掃事業概要（大阪市保健部編）　1934.6 54p 22cm

◇大阪市立衛生試験所報告　第7輯 第2号（［大阪市立衛生試験所］編）　1934.6 1冊 22cm

◇大阪市立衛生試験所報告　第7輯 第3号（［大阪市立衛生試験所］編）　1934.6 1冊 22cm

◇下水道及び汚水処理法　第3巻（H.E.バビット著, 高谷高一訳, 松見三郎訳）　コロナ社　1934.7 [121]p 26cm

◇水質試験法に関する研究 其2 有機性窒素定量法に就て（永井豊太郎著）　［大阪醸造学会］　1934.8 [13]p 26cm　「醸造学雑誌」第12巻第8号別冊

◇大都市保健衛生施設に就て（東京市保健局編）　1934.8 10p 19cm

◇玉川上水道起元（[村高幹博謄写]）　1934.8 [52]p 27cm

◇欧米都市に於ける塵芥処理事業　第3輯（大阪市保健部編）　1934.9 2,57p 23cm

◇結核患者数に関する調査（東京市保健局衛生課編）　1934.10 3,25p 23cm

◇実践上水道　第3巻（アメリカ水道協会著, 岡本東一郎訳）　コロナ社　1934.10 [111]p 26cm

◇諸国ニ於ケル健康保険制度（［内務省］社会局保険部編）　1934.10 2,128p 23cm　社会保険調査資料

◇下水道及び汚水処理法　第4巻（H.E.バビット著, 高谷高一訳, 松見三郎訳）　コロナ社　1934.11 6,[79]p 26cm

◇東京市屎尿処理市営に就て（東京市保健局編）　1934.11 15p 23cm

◇大阪市立衛生試験所報告　第7輯 第6号（［大阪市立衛生試験所］編）　1934.12 1冊 26cm

◇東京市保健局事業概要（東京市保健局編）　1934.12 2,160p 23cm

◇岡崎市下水道略誌（岡崎市役所編）　1935 20p 16×23cm

◇生産、死産、死亡統計書 自昭和5年至昭和9年（長野県警察部衛生課編）　1935 33p 23cm

◇本邦並に欧米諸国の出生率、死亡率及人口自然増加率の比較考察（川人定男著）　［日本民族衛生学会］　1935 14p 24cm　「民族衛生」第3巻第3号別冊

◇実践上水道　第4巻（アメリカ水道協会著, 岡本東一郎訳）　コロナ社　1935.1 [70],37p 26cm

◇煤煙防止概説（田中文侑著）　1935.1 23p 26cm　「満洲技術協会誌」第70号別冊

◇列国ノ出生率、死亡率ノ訂正因数（抄録）（川人定男著, 橋爪三郎著）　東洋医学社　1935.1 [5]p 26cm　「満洲医学雑誌」第22巻第1号抜刷

◇社会衛生学（暉峻義等著）　岩波書店　1935.2 286,12,12p 18cm　岩波全書

◇大東京入院救療患者調　謄写版（済生会救療編）　1935.3 [27]p 26cm　救療参考資料

◇厨芥雑芥の分別蒐集に就いて（東京市役所編）　1935.3 16p 22cm

◇市郡ノ人口並医師数(参考資料)　謄写版(済生会救療部編)　1935.4　16p 26cm

◇那覇市水道誌(那覇市役所編)　1935.4 599p 23cm+図11枚

◇岡崎市上水道小誌(岡崎市役所編)　1935.5 68p 23cm

◇京都市に於ける屎尿の処理と近郊農業(橋本元著)　[京都帝国大学農学部農林経済学教室]　1935.5 [142]p 22cm　「京大農業経済論集」第1輯別刷

◇大阪市保健施設概要 昭和10年9月編(大阪市保健部編)　1935.9 6,189p 23cm

◇水道の話(東京市水道局編)　1935.9 22p 15cm

◇下水試験法案(水道協会常設調査委員会下水試験法協定ニ関スル委員会編)　1935.10 12p 26cm

◇塵芥搬出手数料問題　謄写版(大阪市保健部編)　1935.10 26p 23cm

◇水道協会各部会提出問題回答集 第4回(水道協会編)　1935.10 5,139p 22cm

◇満洲主要都市ニ於ケル降下煤塵量(田中文侑著)　[東洋医学社]　1935.10 [14]p 26cm　「満洲医学雑誌」第33巻第4号抜刷

◇京都市に於ける精神病者及その収容施設に関する調査(京都市社会課編)　1935.11 3,77p 23cm　調査報告

◇水道使用料金比較表 昭和10年10月1日現在(水道協会編)　1935.11 71p 22cm

◇大連市ニ於ケル煤塵ニ関スル調査 其1 冬季ニ於ケル降下煤塵量測定成績(田中文侑著,武田守人著)　[東洋医学社]　1935.11 [13]p 26cm　「満洲医学雑誌」第23巻第5号抜刷

◇煤煙防止の話:第5回煤煙防止運動週間記念パンフレット(大阪市保健部編)　大阪都市協会　1935.11 31p 26cm

◇大阪市立衛生試験所報告 第8輯 第1号([大阪市立衛生試験所]編)　1935.12 1冊 22cm

◇大阪市立衛生試験所報告 第8輯 第2号([大阪市立衛生試験所]編)　1935.12 1冊 22cm

◇大阪市立衛生試験所報告 第8輯 第3号([大阪市立衛生試験所]編)　1935.12 1冊 22cm

◇大阪市立衛生試験所報告 第8輯 第4号([大阪市立衛生試験所]編)　1935.12 1冊 25cm

◇開局十周年記念事業誌(東京市保健局編)　1935.12 46p 22cm

◇傷病統計論(長瀬恒蔵著)　健康保険医報社　1935.12 354p 23cm

◇国民健康保険制度案立案の趣旨と其の解説([内務省]社会局保険部編)　1936 2,31p 22cm

◇少年者結核ニ関スル諸統計　謄写版(大阪市保健部編)　1936 [4]p 26cm

◇大連市に於ける降下煤塵量調査成績(田中文侑著,武田守人著)　[衛生工業協会]　1936 [14]p 26cm　「衛生工業協会誌」第10巻第9号別刷

◇玉川水道買収の経過(東京市役所編)　1936 16p 26cm

◇東京市保健局清掃課事業概要 昭和11年度(東京市役所編)　1936 2,24p 26cm

◇六大都市壮丁体格等位 昭和11年度　謄写版([陸軍省衛生課]編)　1936 [6]p 26cm

◇都市衛生展覧会号(日本赤十字社編)　1936.1 154p 23cm　赤十字博物館報

◇花柳病予防ニ関スル調 昭和10年10月(内務省衛生局編)　1936.2 2,66p 21cm

◇結核予防事業ノ実際的考察(警視庁衛生編)　1936.3 144p 22cm

◇東京市内体育運動施設調査 第1報 小学校に於ける体育運動施設の調査(東京市保健局編)　1936.3 2,30p 22cm

◇東京府西多摩郡三田村ニ於ケル保健衛生実地調査報告(警視庁衛生部編)　1936.3 4,66p 22cm

◇東北地方に於ける妊産婦並乳幼児の保健(斎藤潔述,東北生活更新会編)　1936.3 8,4,80p 23cm+図6枚　東北生活更新会指導書

◇煤煙防止 昭和10年版(大連市役所編)　1936.3 163p 26cm

◇大阪市衛生組合概要(大阪市保健部編)　1936.4 126p 23cm

◇小河内貯水池計画に関し多摩川水利上の係争問題に就て(東京市水道局編)　1936.4 50p 26cm

◇社会医学(宮本忍著)　三笠書房　1936.4 298p 17cm　唯物論全書

◇全国都市衛生組合連合会事務報告(京都市衛生組合連合会編)　全国都市衛生組合連合会理事会　1936.4 1,1,212p 22cm

◇全国都市衛生主任会協議事項 第9回(昭和11年)(富山市役所編)　1936.4 5,22p 22cm

◇騒音防止懇談会記事(京城都市計画研究会編)　1936.4 44p 23cm　「工事の友」第7輯第6号所載

◇高田町上水道敷設概要(奈良県北葛城郡高田町役場編)　1936.4 30p 22cm

◇煤煙防止座談会記事 昭和11年2月8日於京城府(京城都市計画研究会編)　1936.4 33p 22cm

◇欧米都市に於ける塵芥処理事業 第4輯(大阪市保健部清掃課編)　1936.6 63p 23cm

◇大阪市保健部清掃事業概説 昭和11年度(大阪市保健部清掃課編)　1936.6 24p 22cm

◇名古屋市清掃事業ノ状況(名古屋市保健部編)　1936.6 49p 23cm

◇堕胎間引の研究(中央社会事業協会社会事業研究所編)　1936.9 8,286p 22cm

◇妊産婦に関する調査(神戸市社会課編)　1936.9 4,57p 23cm

◇煤煙防止の話(大阪市保健部編)　大阪都市協会　1936.9 32p 23cm

◇京都市保健施設概要 昭和11年9月編(京都市保健部衛生課編)　1936.10 110p 23cm+図1枚

◇大阪市立衛生試験所創立30周年記念業績抄録 第2集(自昭和6年至昭和10年)(大阪市立衛生試験所編)　1936.11 18,386p 23cm

◇受難の小河内(小河内村貯水池対策委員会編)　1936.11 124p 19cm

◇全国都市衛生組合連合会総誌 第14回(富山市衛生組合連合会編)　富山市衛生組合連合会　1936.11 170p 23cm

◇西成普通水利組合誌(大阪市水道部編)　1936.11 5,202p 23cm

◇大阪市保健施設概要 昭和11年9月編(大阪市保健部編)　1936.12 16,225p 23cm

◇大阪市立衛生試験所報告 第9輯 第1号([大阪市立衛生試験所]編)　1936.12 1冊 22cm

◇大阪市立衛生試験所報告 第9輯 第2号([大阪市立衛生試験所]編)　1936.12 1冊 22cm

◇大阪市立衛生試験所報告 第9輯 第3号([大阪市立衛生試験所]編)　1936.12 1冊 22cm

◇大阪市立衛生試験所報告 第9輯 第4号([大阪市立衛生試験所]編)　1936.12 1冊 25cm

◇都市の結核予防に就て(宮島幹之助著)　東京市政調査会　1936.12 50p 22cm　都市問題パンフレット

◇英国都市の塵芥処分(宮島幹之助著)　1937 6p 23cm

◇汚物掃除法逐条研究　謄写版(東京市清掃事務研究会編)　1937 72p 27cm　資料

◇国際清掃会議・其他　謄写版([東京市]清掃部事務研究会編)　1937 47p 26cm　[東京市清掃部事務研究会]資料

◇明治初年に於ける私営水道企業と其の統制(竹中竜雄著)　水道社　1937 23p 27cm　「水道」第12巻127,128号抜刷

◇妊産婦並乳幼児保健事業視察報告(東北更新会編)　1937.2 2,28p 22cm+図2枚

◇衛生試験所沿革史(内務省衛生試験所編)　1937.3 9,168p 26cm

◇大阪都市計画第1期第2期下水道事業誌(大阪市水道部編)　1937.3

衛生・医療・水道・清掃　　都市問題・地方自治　調査研究文献要覧

6,238p 23cm

◇健康保険事業沿革史(社会局保険部編)　1937.3 8,356p 22cm

◇栄養学上より見たる国民の保健問題(鈴木梅太郎述)　啓明会事務所　1937.4 41,20p 22cm　第73回講演集

◇東京市結核予防事業要覧(東京市保健局編)　1937.4 232,23p 22cm

◇東京市上下水道事業概要(東京市水道局編)　1937.4 53p 27cm

◇現代保健、医療並救療問題検討(中央社会事業協会社会事業研究所編)　1937.5 258p 23cm

◇全国都市衛生主任会誌 第10回(昭和12年)(名古屋市役所編)　1937.6 115p 23cm

◇帝都市民の生命線小河内貯水池を語る(鴨原和夫著)　中央自治研究会　1937.7 18p 19cm

◇都市児童の健康に関する統計調査(内務省都市計画課編)　1937.7 20p 22cm

◇農村の保健問題(三宅正一著)　社会教育協会　1937.7 43p 19cm　教育パンフレット

◇防疫事務指針(東京市役所編)　1937.7 2,44p 19cm　事務改善叢書

◇横浜市上水道概要(横浜市水道局編)　1937.9 68p 23cm

◇衛生施設概要 昭和12年(堺市役所編)　1937.10 8,118p 23cm

◇結核患者収容施設調 昭和12年5月1日現在(内務省衛生局編)　1937.10 49p 21cm

◇塵芥ヲ有利化セシムル各種実験報告　謄写版(横浜市役所編)　1937.10 [28]p 26cm

◇小河内貯水池は再検討を要す(滝沢七郎著)　1937.11 40p 19cm

◇結核予防事業概要(浜野規矩雄編, 日本結核予防会編)　1937.11 212p 23cm

◇大阪市保健施設要覧 昭和12年12月編(大阪市保健部編)　1937.12 21,274p 23cm

◇大阪市立衛生試験所報告 第10輯 第1号([大阪市立衛生試験所]編)　1937.12 1冊 22cm

◇大阪市立衛生試験所報告 第10輯 第2号([大阪市立衛生試験所]編)　1937.12 1冊 22cm

◇大阪市立衛生試験所報告 第10輯 第3号([大阪市立衛生試験所]編)　1937.12 1冊 22cm

◇京都市保健施設概要 昭和12年10月編(京都市保健部衛生課編)　1937.12 102p 23cm+図1枚

◇国民健康保険法案概要(衆議院事務局調査部編)　1937.12 3,163p 21cm　調査資料

◇事変下に於ける家庭清掃問題(山崎豊著)　[家事と衛生研究会]　1937.12 7p 22cm　「家事と衛生」第13巻第12号別冊

◇汚物関係法令ニ対スル六大府県市ノ規程幷実際ノ比較表　謄写版　1938 15p 27×40cm

◇岐阜市水道関係要規(岐阜市役所編)　1938 97p 13cm

◇京都市に於ける結核死亡調査(京都市保健部編)　1938 16p 22cm

◇京城府清掃事業一斑(京城府編)　1938 15p 23cm

◇水道経営と財政 第1章 水道経営 第1節 公益主義か収益主義か(高橋六郎述)　水道社　1938 4,78p 23cm　「水道」第126号-第132号抜刷

◇地方衛生行政ノ体系ト其実務ノ概要(県政講話)(赤松秋太郎述)　1938 12p 23cm

◇伝染病予防法関係地方令(六大都市府県)調査報告　謄写版　1938 44p 28×40cm

◇浜松市水道計画概要(浜松市役所編)　1938 25p 22cm

◇元久昌寺水道と其の工作(高橋六郎著)　[工業雑誌社]　1938 [15]p 26cm　「土木工学」第7巻第9,10号抜萃

◇笠原水道の史的考察(高橋六郎著)　水戸市水道課　1938.1 36p 26cm

◇欧米都市に於ける塵芥処理事業 第6輯 「塵芥の有償化に関する特輯」(大阪市保健部清掃課編)　1938.2 80p 23cm

◇家庭廃品の利用について(大阪市保健部清掃課編)　1938.2 21p 22cm

◇国際厚生運動に就て(東京市役所文書課編)　1938.2 37p 22cm　オリンピツク資料

◇戦時に於ける保健、医療問題(中央社会事業協会社会事業研究所編)　1938.2 6,82p 22cm

◇衛生事務指針(東京市役所編)　1938.3 27p 19cm　事務改善叢書

◇栄養問題協議会速記録(東京市役所編)　1938.3 32p 23cm

◇結核死亡ノ環境の調査 第1回(警視庁衛生部医務課編)　1938.3 2,3,50p 22cm

◇神戸市背山ノ水源涵養機能ニ関スル研究(山本吉之助著)　神戸市役所産業課　1938.3 52p 27cm+図1枚　産業研究資料

◇東京市壮丁検査統計調査 昭和12年調査(東京市企画局統計課編)　1938.3 2,79p 22cm

◇都市の騒音防止問題(藤原九十郎著)　東京市政調査会　1938.3 2,44p 22cm　都市問題パンフレット

◇我国最古の現存改良下水道：神田下水道(田中寅男編, 上田収司編)　水道社　1938.3 16p 26cm　「水道」第139号抜刷

◇国民生活と国民体位(岡崎文規著)　千倉書房　1938.4 295p 23cm

◇塵芥容器に就て(大阪市保健部清掃課編)　1938.4 8p 22cm

◇大阪市に於ける胚芽米食奨励運動(大阪市保健部編)　1938.5 34p 22cm　保健月報

◇国民体力充実座談会要録 昭和13年5月20日(東京市保健局編)　1938.7 43p 19cm

◇大連市衛生施設概要 昭和13年8月(大連市衛生課編)　1938.8 3,59p 22cm

◇京城府衛生一斑(京城府編)　1938.9 2,28p 23cm

◇朝鮮水道統計表 昭和12年度(京城府編)　1938.9 2,2,[40]p 22cm

◇朝鮮都市の衛生事情に関する若干研究：第6回全国都市問題会議総会特別議題に関する参考文献(京城府編)　1938.10 90p 23cm

◇京都市保健施設概要 昭和13年10月編(京都市保健部衛生課編)　1938.11 104p 23cm+図1枚

◇煤煙防止の話 昭和13年版(大阪市保健部編)　大阪都市協会　1938.11 31p 19cm　第8回煤煙防止運動週間記念パンフレット

◇最近に於ける欧洲都市の清掃事業：第3回国際都市清掃会議ニ出席シテ(山崎豊著)　1938.12 8p 22cm　「執務指導通信」第2巻第5号別冊

◇市民体力向上施設一覧 昭和13年版(東京市役所編)　1938.12 52p 19cm

◇学齢期人口ノ死亡率(文政審議会編)　1939 5p 28cm　参考資料

◇各国死亡率比較(文政審議会編)　1939 11p 28cm　参考資料

◇京都市臨時汚物処分調査会会議録 [第1回(昭和12年), 第2回(昭和13年), 第3回(昭和14年)](京都市保健部清掃課編)　1939 3,48p 22cm

◇私営水道経営と公益性の検討(高橋六郎著)　水道社　1939 27p 22cm　「水道」昭和14年4,5月号抜刷

◇水道経営と財政 第1章 水道経営 第2節 水道資料(高橋六郎著)　水道社　1939 [165]p 23cm　「水道」第133号-第151号抜刷

◇水道工作物の非常防備に就て(高橋六郎著)　水道社　1939 17p 27cm　「水道」第159号, 第160号抜刷

◇第5回都市結核予防会議速記録 昭和14年12月13日　手書　1939 390p 22cm

◇厨芥ノ通気醱酵ニ就テ　謄写版(岩園元亮著)　1939 35p 25cm

◇東京市上下水道事業の近況 昭和14年版(東京市役所編)　1939 74p 23cm

◇巴里市衛生規則　手書(建築学会編)　1939 [92]p 24cm

◇厚生運動概説(磯村英一著)　常磐書房　1939.1 2,6,312p 19cm　社会事業叢書
◇塵芥組成調査　昭和13年自3月至10月(京都市保健部清掃課編)　1939.2 21p 22cm
◇水道事業概要　昭和13年度(大阪市水道部編)　1939.2 93p 22cm
◇都市汚物処理の衛生学的研究　第2編　塵芥堆肥醱酵と防蠅の研究(川畑愛義著,京都市立衛生試験所編)　1939.6 39p 22cm
◇台湾ニ於ケル青少年ノ発育状態並ニ其ノ推移ニ就テ(蔡国蘭著)　[台湾医学会]　1939.8 12p 26cm「台湾医学会雑誌」第38巻第8号別刷
◇京都市保健施設概要　昭和14年10月編(京都市保健部衛生課編)　1939.11 90p 23cm+図1枚
◇保険制度と国民保健(佐藤正著)　保健衛生協会　1939.11 394p 23cm　体力向上講座
◇大阪市立衛生試験所報告　第12輯　第1号([大阪市立衛生試験所]編)　1939.12 14,42p 22cm
◇水道条例発布関係史料:水道条例発布50周年記念(水道協会編)　1940 25p 26cm
◇水道統計と給水人口とに就て(高橋六郎著)　水道社　1940 [11]p 26cm　「水道」第169号抜刷
◇優生制度参考資料(厚生省予防局編)　1940 [66]p 22cm
◇都市と農村の保健施設(南崎雄七著,井村哗全著)　保健衛生協会　1940.1 406p 23cm　体力向上講座
◇一宮市水道誌(一宮市役所編)　1940.3 15,573p 23cm
◇国民優生ニ関スル法律案ノ帝国議会ニ於ケル審議ノ経過(厚生省編)　1940.3 3,800p 21cm
◇環境衛生指導事業概要　昭和14年度(大阪市保健部編)　1940.4 3,48p 22cm
◇医業と国民健康保険(保険院社会保険局編)　1940.5 8p 22cm
◇厨芥通気醱酵試験(加圧試験第1回報告)(神戸市保健部清掃課編)　1940.5 4p 27cm
◇助川城と上水道施設に就て(高橋六郎著)　1940.5 10p 27cm　「土木技術」昭和15年5月号抜刷
◇都市庶民階級の黴毒に関する研究(神戸市保健部編)　1940.5 99p 26cm
◇改訂増補下水道及下水処理(田中寅男著)　日本文化協会　1940.6 6,328,29p 22cm
◇国民優生法概説(厚生省予防局編)　1940.6 20p 21cm
◇県営水道概要　謄写版(神奈川県水道編)　1940.8 [8]p 28cm
◇大連市衛生施設概要　昭和15年8月(大連市衛生課編)　1940.8 4,63p 22cm
◇静岡市衛生組合五十年史(静岡市衛生組合編)　静岡市衛生組合　1940.9 1冊 22cm
◇上下水道編(神谷秀夫著)　好文館書店　1940.11 8,340p 23cm　土木行政叢書
◇大都市に於ける紫外線の分布(福井英一郎著)　[日本学術協会]　1940.11 [4]p 26cm　「日本学術協会報告」第15巻第3号抜刷
◇大阪市立衛生試験所報告　第13輯　第1号([大阪市立衛生試験所]編)　1940.12 1冊 22cm
◇大阪市立衛生試験所報告　第13輯　第2号([大阪市立衛生試験所]編)　1940.12 1冊 25cm
◇花柳病予防ニ関スル調　昭和15年10月(厚生省予防局編)　1940.12 2,81p 22cm
◇京都市保健施設概要　昭和15年10月編(京都市保健部衛生課編)　1940.12 92p 23cm+図1枚
◇栄養立国(佐伯矩述)　[栄養研究所]　1941 2,20p 19cm
◇霞ヶ浦ノ水量ニ就テ(霞ヶ浦ヲ水源トスル東京市第三水道拡張計画参考書)　1941 1,66p 26cm

◇期間満了後の肺結核被保険者に関する若干の考察　謄写版(坂東実三著)　1941 29p 27cm
◇京城府上水道概要(京城府編)　1941 18,30p 26cm
◇神戸市清掃事業概要　昭和15年度(神戸市役所編)　1941 85p 22cm+図2枚
◇国民体力管理制度の概要(厚生編)　1941 1,13p 23cm
◇水道経営と財政　第1章　水道経営　第3節　給水工事(高橋六郎著)　水道社　1941 6,[165]p 22cm　「水道」第151号-第172号抜刷
◇水道事業の職能並に特質と其運営機構(竹中竜雄著)　[大阪商科大学]　1941 [18]p 23cm　「大阪商科大学創立六十周年記念論文集」抜刷
◇水道の用益問題と負担の適正化に就て(高橋六郎著)　[水道社]　1941 [5]p 26cm　「水道」第175号抜刷
◇体力向上施設の話(厚生省体力局編)　1941 44p 21cm
◇体力章検定実施要綱(厚生省編)　1941 20p 18cm
◇伝染病予防要項(東京市役所編)　1941 1枚 26cm
◇東京市尋常小学校給食弁当の栄養調査表　謄写版(東京市衛生試験所編)　1941 22p 26cm
◇日本と栄養(栄養研究所編)　1941 10p 22cm
◇結核予防撲滅ニ関スル建白書(輸血法研究所編)　1941.2 31p 21cm
◇結核予防ニ関スル法規及例規(厚生省予防局編)　1941.3 6,115p 19cm
◇予防衛生ニ関スル法規及例規:附　参考資料(厚生省予防局編)　1941.3 17,449p 21cm
◇火炉を有する工場の現状調査:灯火管制に伴ふ換気対策研究の基礎調査(佐藤鑑著)　厚生科学研究会　1941.4 28p 26cm　厚生科学別刊
◇国民健康保険組合の話(保険院社会保険局編)　1941.4 11p 21cm
◇国民体力法関係法規:附　国民体力法ニ依リ体力検査施行事務取扱細目(厚生省体力局編)　1941.4 55p 18cm
◇都市保健協会会報　第1巻第2号(都市保健協会編)　1941.4 110p 22cm
◇日本医学史(富士川游著)　日新書院　1941.4 812,96,26p 23cm
◇体力向上修錬会実施要綱　昭和16年度(厚生省体力局編)　1941.5 9p 19cm
◇紀元2600年奉祝記念衛生日本の回顧(日本赤十字社編)　大日本出版　1941.6 302,9p 22cm
◇生活の共同化より見たる栄養食餌立材料配給事業(東京市厚生局福利課編)　1941.6 2,40p 18cm　生活改善資料
◇名古屋市清掃事業ノ状況(名古屋市厚生局編)　1941.6 2,50p 21cm
◇結核患者収容施設調　昭和15年5月1日現在(厚生省予防局編)　1941.7 63p 21cm
◇神戸市保健施設概要　昭和16年3月編(神戸市保健部編)　1941.7 115,53p 22cm
◇財団法人日本結核予防協会沿革略誌(日本結核予防協会編)　1941.8 10,279,36p 22cm
◇本邦塵芥ノ焼却炉ニ就キテ　謄写版(岩橋元亮著)　1941.9 142p 26cm
◇花柳病予防ニ関スル調　昭和16年10月(厚生省予防局編)　1941.10 2,80p 21cm
◇清掃事務指針(神戸市役所総務部企画課編)　1941.11 71p 21cm　事務改善叢書
◇大阪市立衛生試験所報告　第14輯([大阪市立衛生試験所]編)　1941.12 1冊 25cm
◇国民優生法ニ関スル法規及例規:附　参考資料(厚生省予防局編)　1941.12 59p 21cm
◇衛生医療ニ関スル調査　謄写版　1942 [106]p 26cm

◇結核集団検診成績 昭和17年中 謄写版(東京府保健課編) 1942 [16]p 26cm

◇国民学校児童ノ結核検診状況ニツイテ 謄写版(松井鳳平編) 1942 [19]p 26cm

◇昭和15年夏期渇水ノ市民ニ及ボシタル影響ニ関スル調査 謄写版(東京市水道局営業課編) 1942 190p 25cm

◇水道事業の統合手段と協力化運動に就て(高橋六郎著) 水道社 1942 [9]p 26cm 「水道」第17巻第186号抜刷

◇体力検査方法 体力検査票体力手帳記載方法(厚生省人口局編) 1942 31p 18cm

◇体力向上修錬会実施要綱 昭和17年度 謄写版(厚生省体力局編) 1942 [16]p 26cm

◇東京市水道課実査 自大正10年1月至同年2月実査 謄写版(茂庭忠次郎著) 1942 [188]p 26cm

◇東京市水道の郡部給水に就て(未定稿) 謄写版(小川織三著) 1942 61p 26cm

◇東京市臨時下水改良課実査 大正9年12月10年1月実査 謄写版(茂庭忠次郎著) 1942 [154]p 26cm

◇地区集団検診による結核蔓延状態調査(東京市厚生局庶務課編) 1942.1 2,47p 21cm

◇都市保健協会会報 第1巻第3号(都市保健協会編) 1942.1 185p 21cm

◇保健所ニ関スル法規及例規(厚生省人口局編) 1942.2 2,51p 21cm

◇医療保護法要覧(東京府学務部社会課編) 1942.3 156p 21cm

◇昭和5年以降男女年齢別主要死因別死亡率に関する調査：附 大正5年以降23箇年間に於ける男女年齢別死亡率(人口問題研究所編) 1942.3 219p 21cm 人口問題資料

◇国民体力法関係法規(厚生省人口局編) 1942.5 2,68p 19cm

◇上下水道(広瀬孝六郎著) 山海堂 1942.5 8,268,13p 22cm

◇国民厚生運動(保科胤著) 栗田書店 1942.6 312p 19cm

◇戦時下労働力保全休養及療病対策(労働科学研究所編) 1942.6 13p 26cm 職場の実践

◇日本医療団関係法令(厚生省衛生局編) 1942.6 49p 21cm

◇水道事業の綜合経営と水道営団問題(高橋六郎著) 水道社 1942.7 18p 26cm 「水道」第191号抜刷

◇国民医療法と医療団(厚生研究所編) 研進社 1942.8 279p 19cm

◇東京市屎尿問題(小俣寅造著) 1942.8 8p 21cm

◇都市住民の生命力(水島治夫著) 東京市政調査会 1942.9 36p 21cm 都市問題パンフレット

◇給水(蓮池勇著) 常磐書房 1942.10 207p 19cm 国土建設技術新書

◇戦時下工業都市及工場地区の保健医療対策(労働科学研究所編) 1942.10 4p 26cm 職場の実践

◇各国人口増殖並に母子保健施設(屋代周二著) 山雅房 1942.11 399p 22cm 綜合医学新書

◇大阪市立生活科学研究所報告 第15輯 第1号([大阪市立生活科学研究所]編) 1942.12 1冊 21cm

◇大阪市立生活科学研究所報告 第15輯 第2号([大阪市立生活科学研究所]編) 1942.12 1冊 24cm

◇都市の保健問題(藤原九十郎著) 東京市政調査会 1942.12 180p 19cm 市政の基礎知識

◇厚生施設(生産工学)(和田隆造著) 河出書房 1943.2 317p 22cm

◇作業災害と救急処置(若月俊一著) 東洋書館 1943.2 9,387p 22cm 労務管理全書

◇集団検診による結核蔓延状態調査(東京市健民局庶務課編) 1943.3 2,77p 21cm

◇塵芥清掃事業に於ける厨芥の利用概況(大阪市保健局作業部編) 1943.3 15p 26cm

◇近代医療保護事業発達史 上巻 総説編(社会事業研究所編) 日本評論社 1943.10 397,29p 21cm

◇都市の医学(湯浅謹而著) 山雅房 1943.10 396p 22cm

◇国民健康保険制度案の要旨(保険院編) 1944 2,35p 22cm

◇旧東京市の出生状態 謄写版(日本医療団総裁室調査部編) 1944.2 21p 26cm 産院設置計画基礎調査

◇東京都に於ける産婦人科取扱病産院施設調査 謄写版(日本医療団総裁室調査部編) 1944.2 69p 26cm 産院設置計画基礎調査

◇乳児死亡の実態：岸和田市に於ける調査(昭和12・13年)(大阪府厚生会館編) 1944.3 176p 21cm 会館叢書

◇戦局と栄養(古武弥四郎述、関西学院大学国民生活科学研究所編) 1944.6 15p 18cm 講演集

◇家庭塵芥の処理(岩橋元亮編) 住宅営団 1944.9 2,2,34p 19cm 住み方指導叢書

◇塵芥と屎尿の科学(川畑愛義著) 河出書房 1944.12 281p 19cm 科学新書

◇再び帝都清掃問題に就いて：屎尿公営後10週年所感(小俣寅造著) 1944.12 19p 23cm

教育・文化・情報

【雑　誌】

◇教育者の生活難(高橋正熊)「社会政策時報」 1 1920.9
◇新聞記者協会の成立(久田作)「社会政策時報」 4 1920.12
◇私立学校幼稚園教員身体検査成績(東京市教育局)「公衆衛生」 40 (10) 1922.10
◇東京市小学校職員及児童死亡調査成績(東京市教育局)「公衆衛生」 40 (10) 1922.10
◇要給食児童の身体状況(東京市教育局)「公衆衛生」 40 (10) 1922.10
◇英国の成人教育(菊池勇夫)「国家学会雑誌」 39 (1) 1925.1
◇社会的適応の原理としての道徳(友枝高彦)「社会政策時報」 52 1925.1
◇都市と近代的図書館事業(毛利宮彦)「大大阪」 1 (1) 1925.1
◇教育の民衆化と富(高山直通)「帝国教育」 509 1925.1
◇国際的教材取扱の一例に就て(大久保龍)「帝国教育」 509 1925.1
◇第十回全国小学校教員会議概況「帝国教育」 509 1925.1
◇第二回全国師範教育改造大会概況「帝国教育」 509 1925.1
◇第八回帝国連合教育会概況「帝国教育」 509 1925.1
◇ダルトン案の近況(沢田勝蔵)「帝国教育」 509 1925.1
◇中等教育協議会概況「帝国教育」 509 1925.1
◇全国特殊教育状況(文部省普通学務局)「文部時報」 160 1925.1
◇補習教育と義務制(江幡辰三郎)「斯民」 20 (2) 1925.2
◇農村婦人の成人教育(石黒成男)「地方行政」 33 (2) 1925.2
◇英国三政党の教育政策(沢柳政太郎)「帝国教育」 510 1925.2
◇児童気質に関する研究の一斑(成瀬滑)「帝国教育」 510 1925.2
◇師範教育改善案に就て(沢柳政太郎)「帝国教育」 510 1925.2
◇残されてある教育行政の問題(松浦茗谷)「帝国教育」 510 1925.2
◇米国初等中学学科課程(中山文雄)「帝国教育」 510 1925.2
◇ジュニア・ハイスクールの調査(文部省普通学務局)「文部時報」 162 1925.2
◇英国のセントラルスクール概況(文部省普通学務局調査室)「文部時報」 163 1925.2
◇メンタル・テストに関する新報告(文部省普通学務局調査室)「文部時報」 164 1925.2
◇音楽の鑑賞教育(北村久雄)「帝国教育」 511 1925.3
◇小学校図画教育課程の建設(稲森蘧之助)「帝国教育」 511 1925.3
◇ダルトン案と図画手工教育の本質的交渉(霜田静志)「帝国教育」 511 1925.3
◇入学試験の二重の機能を論じて学校系統を明にす(鶴藤幾太)「帝国教育」 511 1925.3
◇米国初等中学学科課程(中山文雄)「帝国教育」 511 1925.3
◇米国ミシガン州デトロイド市プラトウン学校(普通教育調査室)「文部時報」 166 1925.3
◇米国大都市に於ける小学校,ジュニア・ハイスクール・ハイスクール教員俸給(一九二三)「文部時報」 167 1925.3
◇国民高等学校に就て(加藤完治)「斯民」 20 (4) 1925.4
◇白耳義の秘密新聞と政府の宣伝組織(小野秀雄)「社会学雑誌」 12 1925.4
◇内的教育の目的(鶴藤幾太)「帝国教育」 512 1925.4

◇米国初等中学学科課程(続)(中山丈雄)「帝国教育」 512 1925.4
◇英国統一党の教育政策「文部時報」 168 1925.4
◇列国の初等教育(内閣統計局調査)「文部時報」 168 1925.4
◇ワシントン市教員俸給表(一九二四.七.一施行)「文部時報」 169 1925.4
◇植民地学校一覧「文部時報」 170 1925.4
◇白国高等普通教育機関(一九二四年九月廿日の規定に拠る)(文部省普通学務調査室)「文部時報」 170 1925.4
◇新宗教と郷土教育(小松雄道)「社会事業」 9 (2) 1925.5
◇アメリカに於ける成人教育(澤田謙)「社会政策時報」 56 1925.5
◇欧米に於ける地方自治研究の趨勢と政治教育としての自治教育(佐上信一)「地方行政」 33 (5) 1925.5
◇教育施設の経済的経営(潮恵之輔)「地方行政」 33 (5) 1925.5
◇教育整理論(小川郷太郎)「地方行政」 33 (5) 1925.5
◇教育に対する地方人士の覚醒と学校の改善「地方行政」 33 (5) 1925.5
◇教育問題管見(末松偕一郎)「地方行政」 33 (5) 1925.5
◇教育問題卑見一束(百済文輔)「地方行政」 33 (5) 1925.5
◇現代教育の弊根と家居就学主義(中村敬次郎)「地方行政」 33 (5) 1925.5
◇公民教育の根本義(松原久人)「地方行政」 33 (5) 1925.5
◇実業教育振興に関し自治体に対する希望(河原春作)「地方行政」 33 (5) 1925.5
◇実業教育の諸問題(矢野貫城)「地方行政」 33 (5) 1925.5
◇小学校の実科教育(山桝儀重)「地方行政」 33 (5) 1925.5
◇将来の教育問題(粟屋謙)「地方行政」 33 (5) 1925.5
◇初等教育に対する諸問題(關屋龍吉)「地方行政」 33 (5) 1925.5
◇政治教育を如何にすべきか(清水澄)「地方行政」 33 (5) 1925.5
◇政治教育では何を教へるか(天野爲之)「地方行政」 33 (5) 1925.5
◇政治教育に初等教育より(齋藤隆夫)「地方行政」 33 (5) 1925.5
◇政治教育に就て(林毅陸)「地方行政」 33 (5) 1925.5
◇政治教育の急務(木村正義)「地方行政」 33 (5) 1925.5
◇政治教育の必要と方法(田子一民)「地方行政」 33 (5) 1925.5
◇政治教育の必要(湯原元一)「地方行政」 33 (5) 1925.5
◇政治教育の普及に就て(島村他三郎)「地方行政」 33 (5) 1925.5
◇東京市と教育問題(岡田忠彦)「地方行政」 33 (5) 1925.5
◇農業教育改善の急務(石田傳吉)「地方行政」 33 (5) 1925.5
◇普選実施後の政治教育(鈴置倉次郎)「地方行政」 33 (5) 1925.5
◇普通選挙と政治教育(山口政二)「地方行政」 33 (5) 1925.5
◇中等学校理科教育主義改善卑見(菅沼市蔵)「帝国教育」 513 1925.5
◇入学難とは何か(1)(高橋勇)「帝国教育」 513 1925.5
◇米国初等中学課程論(中山文雄)「帝国教育」 513 1925.5
◇小学校教育に対する監督官庁の無理解(三浦鉄太郎)「東洋経済新報」 1149 1925.5
◇英国中学校学科課程(一九二二年一二月八日速牒第一二九四号)(文部省普通学務局調査室)「文部時報」 171 1925.5
◇全国私立中学校高等女学校経費に関する調査(大正十三年度)(文部

省普通学務局)「文部時報」 171 1925.5

◇義務教育費国庫負担法第三条前段に依る市町村配当金「文部時報」 172 1925.5

◇公立中学校経費に関する調査(文部省普通学務局)「文部時報」 172 1925.5

◇大正十三年度全国公立高等女学校経費に関する調査(1)(文部省普通学務局)「文部時報」 173 1925.5

◇仏蘭西中学校学科課程改正案(文部省普通学務局調査室)「文部時報」 173 1925.5

◇米国教育会の発達「文部時報」 173 1925.5

◇学校中心の証会施設(生江孝之)「斯民」 20(6) 1925.6

◇米国に於ける異常児特別学校「社会事業」 9(3) 1925.6

◇我国労働教育の現状「週刊エコノミスト」 3(12) 1925.6

◇医学と教育(三田谷啓)「帝国教育」 514 1925.6

◇教育行政機関の改善(沢柳政太郎)「帝国教育」 514 1925.6

◇日本現代の芸術教育とその批判(渡部政盛)「帝国教育」 514 1925.6

◇室伏高信著「土に還る」(沢田謙)「都市問題」 1(2) 1925.6

◇各国学校系統略図(文部省普通学務局調査室)「文部時報」 175 1925.6

◇各国学校系統略図(文部省普通学務局)「文部時報」 175 1925.6

◇高等女学校経費に関する調査(2)(文部省普通学務局)「文部時報」 175 1925.6

◇英国の教育費(文部省普通学務局調査室)「文部時報」 176 1925.6

◇学校生徒児童身体発育統計(文部省学校衛生課)「文部時報」 176 1925.6

◇各国学校系統略図(続)(文部省普通学務局)「文部時報」 176 1925.6

◇教員俸給調「文部時報」 176 1925.6

◇仏蘭西に於ける成人教育(文部省普通学務局調査室)「文部時報」 176 1925.6

◇公民教育の根本義を論ず(澤柳政太郎)「市町村」 1(2) 1925.7

◇思想善導と国史教育(徳富猪一郎)「斯民」 20(7) 1925.7

◇小学校を中心とする農村の開発(田制佐重)「斯民」 20(7) 1925.7

◇社会教育問題(増田抱村)「社会事業」 9(4) 1925.7

◇英国労働者教育協会について(小島幸治)「社会政策時報」 63 1925.7

◇教育と政治(稗方弘毅)「地方行政」 33(7) 1925.7

◇市町立小学校教員年功加俸令について(世良琢磨)「帝国教育」 515 1925.7

◇欧洲教育の新生(1)(船田達也)「帝国教育」 515 1925.7

◇精神的測定の改良(東京帝国大学文学部教育学研究室)「帝国教育」 515 1925.7

◇デンマアク風の国民高等学校とは要するに何か(平井広人)「帝国教育」 515 1925.7

◇米国教会の進化論禁止運動:学校教育から進化論を排斥する目的(高山潔)「帝国教育」 515 1925.7

◇米国に於ける家庭訪問制度(沢柳政太郎)「帝国教育」 515 1925.7

◇都市教育費に関する研究(1)(川本宇之介)「都市問題」 1(3) 1925.7

◇七市に於ける成人教育講座「都市問題」 1(3) 1925.7

◇英国議会に於ける中学校問題討議(文部省普通学務局調査室)「文部時報」 177 1925.7

◇公立私立中学校高等女学校実科女学校数調 大正十四年六月十日現在(文部省普通学務局)「文部時報」 177 1925.7

◇瑞西の統一学校 チューリッヒ(文部省普通学務局)「文部時報」 177 1925.7

◇一九二五年に於ける米国都市小学校教員俸給 最高・平均・最低額(文部省普通学務局)「文部時報」 177 1925.7

◇中等学生の思想調査(文部省社会教育課)「文部時報」 177 1925.7

◇仏蘭西高等小学校教育法令(文部省普通学務局調査室)「文部時報」 177 1925.7

◇墺太利の成人教育(文部省普通学務局)「文部時報」 178 1925.7

◇独逸中間学校(文部省普通学務局調査室)「文部時報」 178 1925.7

◇中学校及高等女学校に於て入学試験に用ひたる精神検査(テスト)に関する調査)(大正十三年度其二)(文部大臣官房学校衛生課)「文部時報」 179 1925.7

◇社会批評家としてのアプトン・シンクレア(彼れの米国教育制度観)(北澤新次郎)「大原社会問題研究所パンフレット」 21 1925.8

◇社会教育問題(増田抱村)「社会事業」 9(5) 1925.8

◇欧洲教育の新生(船田達也)「帝国教育」 516 1925.8

◇ダルトン案の真価(池原憲臣)「帝国教育」 516 1925.8

◇デンマーク風の国民高等学校とは要するに何か(平林広人)「帝国教育」 516 1925.8

◇大阪市の学区問題(平野真三)「都市問題」 1(4) 1925.8

◇都市教育費に関する研究(2・完)(川本宇之介)「都市問題」 1(4) 1925.8

◇英国労働党と教育(社会局第一部)「内務時報」 300 1925.8

◇米国太平洋岸の商業教育(伊藤資生)「文部時報」 180 1925.8

◇実業補習教育概要(文部省実業学務局)「文部時報」 182 1925.8

◇社会教育問題(増田抱村)「社会事業」 9(6) 1925.9

◇労働者教育の組織及経営(中野治雄)「社会事業」 9(6) 1925.9

◇欧洲教育の新生(船田達也)「帝国教育」 517 1925.9

◇米国学校教育(中山文雄)「帝国教育」 517 1925.9

◇我国の労働者教育運動(其の発達及現状)(関根悦郎)「帝国教育」 517 1925.9

◇欧米の都市博覧会(小田垣光之輔)「都市問題」 1(5) 1925.9

◇ドイツに於ける都市知識の普及運動「都市問題」 1(5) 1925.9

◇ベルリン大学の市政図書館新設「都市問題」 1(5) 1925.9

◇労働学校論(ブロンスキー,宮田又兵衞訳)「労働科学研究」 2(2) 1925.9

◇市町村と義務教育費の国庫負担(1)(高橋三郎)「自治研究」 1(1) 1925.10

◇広島県の丁抹国民学校(村田宇一郎)「斯民」 20(10) 1925.10

◇教化事業の革新(片岡源之助)「帝国教育」 518 1925.10

◇地方教育財政調査「帝国教育」 518 1925.10

◇各国教育費の比較(文部省普通学務局調査室)「文部時報」 186 1925.10

◇木造小学校建築耐震上の注意(震災予防調査会)「文部時報」 186附録 1925.10

◇一九二四年度に於ける米国各州の教育施設情況(ジョーン・ヂュー・チーガート)「文部時報」 188 1925.10

◇都市の学校運動施設不備「公衆衛生」 43(11) 1925.11

◇公民教育の基礎観念(関屋龍吉)「自治研究」 1(2) 1925.11

◇市町村と義務教育費の国庫負担(2・完)(高橋三郎)「自治研究」 1(2) 1925.11

◇小学校を中心とする農村の開発(田制佐重)「斯民」 20(11) 1925.11

◇活動写真「フイルム」の検閲「社会事業」 9(8) 1925.11

◇現代活動映画の傾向(田島太郎)「社会事業」 9(8) 1925.11

◇独逸に於ける自由学校組合ワンダーフオーゲルその他「社会事業」 9(8) 1925.11

◇高等小学の改善を中心とする教育問題(平賀周)「地方」 33(11)

1925.11
◇夏季休業中に於ける宿題に関する調査（文部大臣官房学校衛生課）「帝国教育」　519　1925.11
◇火災と教育（沢柳政太郎）「帝国教育」　519　1925.11
◇公民教育に於ける職業の意義（笠原謙蔵）「帝国教育」　519　1925.11
◇最近の教育制度に関する諸問題（龍山義亮）「帝国教育」　519　1925.11
◇視学制度の還元（大島鎮治）「帝国教育」　519　1925.11
◇実業教育に対する世の誤解（津田信良）「帝国教育」　519　1925.11
◇師範学校運動選手に関する調査（文部大臣官房学校衛生課）「帝国教育」　519　1925.11
◇小学校費と全国市町村債額「帝国教育」　519　1925.11
◇農民組合の教育運動（社会局第一部）「内務時報」　315　1925.11
◇英国教育界過去一年の進歩「文部時報」　190　1925.11
◇全国農業学校卒業者現在状態調査（文部省実業学務局農業教育課）「文部時報」　191　1925.11
◇大正十一年度文部統計摘要（文部大臣官房文書課）「文部時報」　191　1925.11
◇自治教育を徹底せしめよ（水野錬太郎）「市町村」　1（6）　1925.12
◇成人教育講座（文部省社会教育課）「社会事業」　9（9）　1925.12
◇米国に於ける児童の義務教育年限「社会事業」　9（9）　1925.12
◇大正十四年の教育（閑及野人）「帝国教育」　520　1925.12
◇男女共学の可否及び範囲並に其理由（竹崎八十雄）「帝国教育」　520　1925.12
◇官立高等学校に志願する人へ（入学者選抜試験に就て）（吉岡郷甫）「文部時報」　192　1925.12
◇ソビエト露国に於ける国民教育事情（文部省普通学務局調査室）「文部時報」　192　1925.12
◇大学入学者選抜方法と中学校（文部省普通学務局調査室）「文部時報」　192　1925.12
◇大正十一年度文部統計摘要（文部大臣官房文書課）「文部時報」　192　1925.12
◇米国教育週間（十一月十六日ヨリ二十二日）に関する大統領グーリッヂ氏の布告（文部省普通学務局調査室）「文部時報」　194　1925.12
◇倫敦デーリーメール紙懸賞小学校男児学科課程（文部省普通学務局調査室）「文部時報」　194　1925.12
◇成人教育の使命と発達（中野治雄）「市町村」　2（1）　1926.1
◇労働者教育協会の組織及び方法（鈴木誠治）「市町村」　2（1）　1926.1
◇丁抹の農村と国民高等学校（松村松盛）「斯民」　21（1）　1926.1
◇公民教育に就て（上島直之）「大大阪」　2（1）　1926.1
◇教育上重要なる問題の提起（沢柳政太郎）「帝国教育」　521　1926.1
◇直轄学校学生徒本籍別調「文部時報」　196　1926.1
◇統計に現はれたる英国中等教育の趨勢（文部省普通学務局調査室）「文部時報」　196　1926.1
◇成人教育の使命と発達（2）（中野治雄）「市町村」　2（2）　1926.2
◇自治と産業と実業補習教育との協同（千葉敬止）「斯民」　21（2）　1926.2
◇農村振興と補習教育（村田宇一郎）「斯民」　21（2）　1926.2
◇各国成人教育概況（1）（中野治雄）「社会事業」　9（11）　1926.2
◇仏国の公民教育（上島直之）「大大阪」　2（2）　1926.2
◇倫敦市民の教育（2）（千賀周）「地方」　34（2）　1926.2
◇女子の高等教育機関に就て（沢柳政太郎）「帝国教育」　522　1926.2
◇入学志願者選抜法（原田長松）「帝国教育」　522　1926.2
◇米国に於ける中等教育の改造と発展（川本宇之介）「帝国教育」　522　1926.2

◇私立学校の体育施設「公衆衛生」　44（3）　1926.3
◇少年団教育の特質と我国少年団の現況（細野浩三）「社会事業」　9（12）　1926.3
◇身体の欠陥児の保護教育に就て（小尾範治）「社会事業」　9（12）　1926.3
◇不良児の感化教育に就て（留岡幸助）「社会事業」　9（12）　1926.3
◇英国の公民教育（上島直之）「大大阪」　2（3）　1926.3
◇大都市に於ける成人教育（中目覺）「大大阪」　2（3）　1926.3
◇文化の犠牲（都市無産生活者の移動案態）（田村克己）「大大阪」　2（3）　1926.3
◇国際平和と教育者の任務（沢柳政太郎）「帝国教育」　523　1926.3
◇青年訓練所是非（渡辺庸一郎）「帝国農会報」　16（3）　1926.3
◇教化事業と活動写真（社会局第二部）「内務時報」　333　1926.3
◇市町村義務教育費国庫負担法中改正法律「内務時報」　333　1926.3
◇高等学校入学者選抜に関する調（文部省専門学務局）「文部時報」　200　1926.3
◇農業学校に於ける蚕糸業上の施設及び概況調査（文部省実業学務局農業教育課）「文部時報」　201　1926.3
◇労働学校論（ブロンスキー、宮田叉兵衛訳）「労働科学研究」　2（4）　1926.3
◇自治公民教育講座（2）（木村正義）「斯民」　21（4）　1926.4
◇青年訓練の本旨及要項略説（文部省社会教育課）「斯民」　21（4）　1926.4
◇各国成人教育概況（中野治雄）「社会事業」　10（1）　1926.4
◇米国の公民教育（上島直之）「大大阪」　2（4）　1926.4
◇所謂入学試験に関する問題（越川彌栄）「帝国教育」　524　1926.4
◇学区に就て研究（世良琢磨）「帝国教育」　524　1926.4
◇教育の根本問題としての教員心理の一顕現（松田友吉）「帝国教育」　524　1926.4
◇第五拾一回帝国議会に於ける教育問題（相沢熙）「帝国教育」　524　1926.4
◇教化事業と活動写真（其2）（橘高広）「内務時報」　334　1926.4
◇教化事業と活動写真（其3・完）（橘高広）「内務時報」　335　1926.4
◇英国の教育統計より（英蘭及威斯一九二二ヨリ一九二三）（文部省普通学務局）「文部時報」　203　1926.4
◇高等学校高等科法制及経済理科数学教授要目（大正十五年三月十七日文部省訓令）「文部時報」　203　1926.4
◇欧米諸学校に於ける語学教授の実際（菱沼平治）「文部時報」　204　1926.4
◇自治公民教育講座（3）（木村正義）「斯民」　21（5）　1926.5
◇欧米大人教育大観（山桝儀重）「社会事業」　10（2）　1926.5
◇各国の成人教育概況（中野治雄）「社会事業」　10（2）　1926.5
◇公私立実業補習学校並に生徒数累年調（文部省調）「社会事業」　10（2）　1926.5
◇成人教育に就て（林博太郎）「社会事業」　10（2）　1926.5
◇青年訓練所に就て「社会事業」　10（2）　1926.5
◇青年団と青年訓練所との関係に就て（丸山鶴吉）「社会事業」　10（2）　1926.5
◇全国図書館数調（大正十四年四月現在文部省調）「社会事業」　10（2）　1926.5
◇地方青年団体に関する一覧表（大正十四年三月末現在社会局調）「社会事業」　10（2）　1926.5
◇我国最初の学校診療院（小川實也）「社会事業」　10（2）　1926.5
◇夏季に於ける体育的施設の状況調査（文部省学校衛生課）「帝国教育」　525　1926.5
◇郡役所廃止後に於ける小学校教員の進退（沢柳政太郎）「帝国教育」　525　1926.5

◇修身教授と現代学生の思想調査(浅野成俊)「帝国教育」 525 1926.5
◇幼稚園の職能に就て(倉橋惣三)「帝国教育」 525 1926.5
◇青年訓練所規定(大正十五年四月二十日文部省令第十六号)「文部時報」 206 1926.5
◇大英国の諸学校(文部省普通学務局)「文部時報」 206 1926.5
◇米国教育局現況(文部省普通学務局調査室)「文部時報」 206 1926.5
◇大英国の諸学校(バラード)「文部時報」 207 1926.5
◇公民意識の涵養(岡實)「産業組合」 248 1926.6
◇活気横溢の実業補習学校を見る(村田宇一郎)「斯民」 21(6) 1926.6
◇自治公民教育講座(4)(木村正義)「斯民」 21(6) 1926.6
◇各国成人教育概況(中野治雄)「社会事業」 10(3) 1926.6
◇欧米の公民教育に関する社会的施設(上島直之)「大大阪」 2(6) 1926.6
◇社会生活と芸術の有機的関係及大阪市へ希望(大国貞藏)「大大阪」 2(6) 1926.6
◇都市の教育に就て(島田牛雄)「大大阪」 2(6) 1926.6
◇成人教育への出発点(平賀周)「地方」 34(6) 1926.6
◇家庭学校論(飯田敏雄)「帝国教育」 526 1926.6
◇青年訓練所の実施に就て(小尾範治)「帝国教育」 526 1926.6
◇低学年齢教育の原理(渡部政盛)「帝国教育」 526 1926.6
◇日本幼稚園制度沿革史(福士末之助)「帝国教育」 526 1926.6
◇米国に於ける中等教育の改造と発展(川本宇之介)「帝国教育」 526 1926.6
◇青年訓練に就て(関屋龍吉)「文部時報」 210 1926.6
◇大英国の諸学校「文部時報」 210 1926.6
◇高等小学国史上巻下巻編纂趣意書「文部時報」 211 1926.6
◇中華民国の教育の進歩(ハロルド・バーム氏)「文部時報」 211 1926.6
◇青年諸君への勧め(学問を常識化せよ)(岡實)「斯民」 21(7) 1926.7
◇小学校教員俸給論(山梛儀重)「帝国教育」 527 1926.7
◇米国に於ける中等教育の改造と発展(川本宇之介)「帝国教育」 527 1926.7
◇独逸学校の現状「文部時報」 212 1926.7
◇特殊教育に関する新思想(エジアー・ドル述)(小尾範治)「文部時報」 213 1926.7
◇漢字の字体整理について(保科孝一)「文部時報」 214 1926.7
◇独逸高等専門学校在学生統計(氏原佐藏)「公衆衛生」 44(8) 1926.8
◇本年度に於ける教育上の新施設(関屋龍吉)「自治研究」 2(8) 1926.8
◇来年度より義務教育延長の必要(末松偕一郎)「市町村雑誌」 392 1926.8
◇各国成人教育概観(中野治雄)「社会事業」 10(5) 1926.8
◇大阪市に於ける公民教育(公民教育に就て)(上島直之)「大大阪」 2(8) 1926.8
◇成人教育に就て(小尾範治)「大大阪」 2(8) 1926.8
◇図書館と公園(紐育市政の研究)(藤田進一郎)「大大阪」 2(8) 1926.8
◇郡視学廃止後に於ける小学校の職責(沢柳政太郎)「帝国教育」 528 1926.8
◇高等小学校図書手工を如何に更正せしむべきか(稲森縋之助)「帝国教育」 528 1926.8
◇高等小学校の手工科と工業科(岡山秀吉)「帝国教育」 528 1926.8
◇成人教育に就て(社会教育調査室)「帝国教育」 528 1926.8
◇成人教育の原理と実際(平賀周)「帝国教育」 528 1926.8
◇都市少年社会教育としての少年団(和田英松)「都市研究」 2(4) 1926.8
◇教員俸給平均額調「文部時報」 215 1926.8
◇公立学校に於ける劣等児童(ミシガン大学教授チャーレス・スコット・ベリ述)「文部時報」 215 1926.8
◇大正十四年壮丁教育成績概況(文部省普通学務局)「文部時報」 217 1926.8
◇教育に関する社会学的問題(蔵内数太)「社会学雑誌」 29 1926.9
◇各国の成人教育概況(6)(中野治雄)「社会事業」 10(6) 1926.9
◇独逸民衆大学の精神(1)(惣田太郎吉)「社会事業」 10(6) 1926.9
◇学校を訪ねて(大ビルディングに伍して日本一の汎愛小学校)「大大阪」 2(9) 1926.9
◇大大阪と総合大学(藤沢穆)「大大阪」 2(9) 1926.9
◇国民的教養の錯誤(長谷川如是閑)「地方」 30(9) 1926.9
◇小学校教員の俸給制度に就て(沢柳政太郎)「帝国教育」 529 1926.9
◇小学校教師の私法上の責任(今井栄之)「帝国教育」 529 1926.9
◇高等諸学校一覧(大正十五年七月)(文部省専門学務局)「文部時報」 218 1926.9
◇岐阜県小学校設備規程「文部時報」 219 1926.9
◇高等諸学校一覧(大正十五年七月)(文部省専門学務局)「文部時報」 219 1926.9
◇支那に於ける学校衛生(文部大臣官房学校衛生課)「文部時報」 219 1926.9
◇児童就学奨励概況(1)(文部省普通学務局)「文部時報」 220 1926.9
◇米国の成人教育の概況(文部省普通学務局)「文部時報」 220 1926.9
◇自治公民教育講座(5)(木村正義)「斯民」 21(10) 1926.10
◇各国成人教育概況(7)(中野治雄)「社会事業」 10(7) 1926.10
◇独逸民衆大学の精神(惣田太郎吉)「社会事業」 10(7) 1926.10
◇欧米に於ける学区の過去と現在(川本宇之介)「大大阪」 2(10) 1926.10
◇大阪市の学区統一に就て(中川望)「大大阪」 2(10) 1926.10
◇学制統一問題に就て(関一)「大大阪」 2(10) 1926.10
◇学区統一は時代の要求だ(日野国明)「大大阪」 2(10) 1926.10
◇学区統一問題とは(西村健吉)「大大阪」 2(10) 1926.10
◇学区統一問題の思出(吉岡哲夫)「大大阪」 2(10) 1926.10
◇学区の存続は時代の精神に反す(横山栄次)「大大阪」 2(10) 1926.10
◇学区の廃止を聞て(沢柳政太郎)「大大阪」 2(10) 1926.10
◇学区廃止か改善か(森下政一)「大大阪」 2(10) 1926.10
◇国民教育は平等なれ(中目覚)「大大阪」 2(10) 1926.10
◇豊崎勤労学校を見る「大大阪」 2(10) 1926.10
◇廃止されんとする大阪市の学区(小畑富記)「大大阪」 2(10) 1926.10
◇猛烈を極めた学区統一運動(村上庸吉)「大大阪」 2(10) 1926.10
◇木崎村事件と将来の農村学校(土田杏村)「地方」 34(10) 1926.10
◇社会思潮と教育(湯原元一)「地方」 34(10) 1926.10
◇教職の問題(沢柳政太郎)「帝国教育」 530 1926.10
◇青年訓練所修身公民科に就て(鈴木武夫)「帝国教育」 530 1926.10
◇教育制度改造論「東洋経済新報」 1219 1926.10
◇大阪市の学区廃止問題(川本宇之介)「都市問題」 3(4) 1926.10

◇都市教育改善に関する運動「都市問題」 3(4) 1926.10
◇高等学校一覧(大正十五年七月)「文部時報」 221 1926.10
◇児童就学奨励概況(2)(文部省普通学務局)「文部時報」 221 1926.10
◇米国の成人教育の概況(文部省普通学務局)「文部時報」 221 1926.10
◇学生の不良行為調査「文部時報」 222 1926.10
◇学校に於ける歯科医に関する調査(文部大臣官房学校衛生課)「文部時報」 223 1926.10
◇成人教育講座の概要(文部省主催)(文部省普通学務局社会教育課)「文部時報」 223 1926.10
◇自治公民教育講座(6)(木村正義)「斯民」 21(11) 1926.11
◇各国成人教育概況(8)(中野治雄)「社会事業」 10(8) 1926.11
◇米国学校図書館考(1)(竹内善作)「市立図書館と其事業」 38 1926.11
◇中央教材園の必要(西村丹三)「造園学雑誌」 2(11) 1926.11
◇学区統一後の教育行政(山桝儀重)「大大阪」 2(11) 1926.11
◇紐育小学校に於ける市民科教授の実際(平賀周)「地方」 34(11) 1926.11
◇改正小学読本と保険の教材(岩切英三)「帝国教育」 531 1926.11
◇教育の社会的地位(甘蔗生規矩)「帝国教育」 531 1926.11
◇国民作法の問題(小学校の立場から)(鹿児島登左)「帝国教育」 531 1926.11
◇小学校児童に宗教的信念の基礎を培養する方法「帝国教育」 531 1926.11
◇義務教育年限延長と農村(東郷実)「帝国農会報」 16(11) 1926.11
◇教育制度改造論(1)「東洋経済新報」 1222 1926.11
◇教育制度改造論(2)「東洋経済新報」 1223 1926.11
◇教育制度改造論(3)「東洋経済新報」 1224 1926.11
◇女子青年団体の指導誘掖に関する訓令「内務時報」 366 1926.11
◇大正十二年度文部統計摘要(学校総観、初等教育及師範教育)「文部時報」 224 1926.11
◇東京市小学校補助学級児童の心身状態に就て(東京市調査)「文部時報」 224 1926.11
◇大正十二年度文部統計摘要(中等教育、高等教育及実業教育)「文部時報」 225 1926.11
◇全国盲学校及聾啞学校に関する諸調査(大正十五年五月一日現在)(文部省普通学務局)「文部時報」 226 1926.11
◇大正十二年度文部統計摘要(其他の教育、図書館、学事関係職員講習、教員免許、教科用書、学校衛生、学位、海外研修員、美術展覧会、医師及薬剤師試験及宗教)「文部時報」 226 1926.11
◇労働学校論(ブロンスキー,宮田又兵衛訳)「労働科学研究」 3(3) 1926.11
◇教育の過重と保健上の危機「公衆衛生」 44(12) 1926.12
◇国民の教化と産業組合(安部賢之助)「斯民」 21(12) 1926.12
◇ソシオロジズムの教育学説(田邊寿利)「社会学雑誌」 32 1926.12
◇公園森林に於ける自然科学の研究施設(永見健一)「造園学雑誌」 2(12) 1926.12
◇設備では日本一の盲学校「大大阪」 2(12) 1926.12
◇大大阪の実業教育に就て(中日覚)「大大阪」 2(12) 1926.12
◇今後の無産者教育(谷本富)「地方」 34(12) 1926.12
◇一市町村内の教育(沢柳政太郎)「帝国教育」 532 1926.12
◇ウィンネッカ・システムに就て(平田華蔵)「帝国教育」 532 1926.12
◇青年訓練所と軍事教育(松本義雄)「帝国教育」 532 1926.12
◇大正十五年の教育概観(相沢熙)「帝国教育」 532 1926.12

◇ディルタイと文化教育学(海後宗臣)「帝国教育」 532 1926.12
◇ニューヨーク市立小学校の教員俸給(川本宇之介)「都市問題」 3(6) 1926.12
◇大正十二年度文部統計摘要(古social寺保存、経費及資産、加俸及恩給、文部職員)「文部時報」 227 1926.12
◇熊本県実業補習学校規定施行細則「文部時報」 228 1926.12
◇民政党の教育費増額論「時事経済問題」 63 1927
◇自治公民教育講座(7)(木村正義)「斯民」 22(1) 1927.1
◇農村小学校の農業施設(村田宇一郎)「斯民」 22(1) 1927.1
◇各国成人教育概況(10)(中野治雄)「社会事業」 10(10) 1927.1
◇学校教育と宗教問題(土屋周作)「帝国教育」 533 1927.1
◇学校経営上と着眼点と学級経営の実際(森与四間)「帝国教育」 533 1927.1
◇教育に於ける宗教心とは何ぞ(吉田熊次)「帝国教育」 533 1927.1
◇農村婦人の勤労教育(野尻重雄)「農業と経済」 12(1) 1927.1
◇学校建築設計研究部(山本良吉)「建築と社会」 10(2) 1927.2
◇政治と教育(木村正義)「自治研究」 3(2) 1927.2
◇自治公民教育講座(8)(木村正義)「斯民」 22(2) 1927.2
◇各国成人教育概況(11)(中野治雄)「社会事業」 10(11) 1927.2
◇ペスタロッチーの教育事業(小林澄兄)「社会事業」 10(11) 1927.2
◇無産階級の娯楽独逸国民劇場運動(白崎享一)「社会政策時報」 77 1927.2
◇露西亜図書館員教養機関(竹内善作)「市立図書館と其事業」 40 1927.2
◇大阪市立師範に望む(1)(橋詰蟬郎)「大大阪」 3(2) 1927.2
◇学校増設論(熊平源蔵)「帝国教育」 534 1927.2
◇高等小学校の改善(沢柳政太郎)「帝国教育」 534 1927.2
◇宗教教育に関する論争(大正十五年十一月十三日より三日間青山師範に開かれたる11全国小学校教員会議に於ける諸案第三号)「帝国教育」 534 1927.2
◇大正年間の教育を追想して(三浦藤作)「帝国教育」 534 1927.2
◇神戸市に於ける学級整理(川本宇之介)「都市問題」 4(2) 1927.2
◇島根県高等小学改善要綱「文部時報」 232 1927.2
◇師範学校中学校高等女学校教員俸給平均調「文部時報」 233 1927.2
◇小学校幼稚園に関する統計「文部時報」 233 1927.2
◇青年訓練所に関する調(文部省普通学務局社会教育課)「文部時報」 233 1927.2
◇文部省直轄学校学生生徒卒業者入学志願者入学調(文部大臣官房文書課)「文部時報」 233 1927.2
◇義務教育費国庫負担金増額問題に就て(福井清通)「斯民」 22(3) 1927.3
◇青年団指導の根本精神(2)(田沢義鋪)「斯民」 22(3) 1927.3
◇フィンランドの国民教育(ラムステット)「社会事業」 10(12) 1927.3
◇ボーイスカウト運動に就て(古田誠一郎)「社会事業」 10(12) 1927.3
◇三田谷治療教育院の創立「社会事業」 10(12) 1927.3
◇廃止される学区制度とその功績(宮島茂次郎)「大大阪」 3(3) 1927.3
◇倫敦の郊外舎(キングス、カネディヤン寄宿野外学校)(木南正宣)「大大阪」 3(3) 1927.3
◇入学難及就職難の緩和策(末松偕一郎)「市町村誌」 400 1927.4
◇幼児教育上に於ける遊戯の価値(和田実)「社会事業」 11(1) 1927.4

教育・文化・情報　都市問題・地方自治　調査研究文献要覧

◇湿気に就て(小谷誠一)「市立図書館と其事業」　41　1927.4

◇将来に於ける図書館建築(今沢慈海)「市立図書館と其事業」　41　1927.4

◇学校教員の恩給上の問題(門田重雄)「帝国教育」　536　1927.4

◇教育学を中等学校以上の正科とせよ(稲毛詛風)「帝国教育」　536　1927.4

◇補助学級と其の教育(鈴木留三郎)「帝国教育」　536　1927.4

◇学制改革中学全廃論(長峰安三郎)「市町村雑誌」　401　1927.5

◇社会的施設としての演劇(横山有策)「社会事業」　11(2)　1927.5

◇市立大学に就て(関一)「大大阪」　3(5)　1927.5

◇英国社会教育運動に於ける近時の傾向と其の批判(1921年まで)(小沢大助)「帝国教育」　537　1927.5

◇全国教員互助組合会費計算の基礎に就て「帝国教育」　537　1927.5

◇体育新論(太田保一郎)「帝国教育」　537　1927.5

◇本年度中学校入学試験批判(昭和二年度)(渡部政盛)「帝国教育」　537　1927.5

◇独逸に於ける活動写真常設館(猪間驥一)「都市問題」　4(5)　1927.5

◇都市人の要求としての宗教(小田垣光之輔)「都市問題」　4(5)　1927.5

◇児童就学奨励概況(文部省普通学務局)「文部時報」　239　1927.5

◇府県教育費予算総額「文部時報」　241　1927.5

◇足利学校(塩谷温)「斯民」　22(6)　1927.6

◇教育と自由の必要なる理由(小原国芳)「社会事業」　11(3)　1927.6

◇農村の社会生活と農村学校(田制佐重)「社会事業」　11(3)　1927.6

◇英国社会教育運動近時の傾向(小沢大助)「帝国教育」　538　1927.6

◇第五十二議会の教育問題「帝国教育」　538　1927.6

◇パッチテストに就いて(清水直三郎)「帝国教育」　538　1927.6

◇我国に於ける映画事業の発達「東洋経済新報」　1251　1927.6

◇昭和二年度府県教育費予算(承前)「文部時報」　242　1927.6

◇昭和二年度文部省成人教育計画概要「文部時報」　242　1927.6

◇各国の成人教育概況(英国)(文部省普通学務局)「文部時報」　243　1927.6

◇各国の成人教育概況(英国)(文部省普通学務局)「文部時報」　244　1927.6

◇師範中学高等女学校に関する統計「文部時報」　244　1927.6

◇女子職業学校による産業労働婦人の教養に就て(エリッヒ・グリュン・ネルト、富山薫訳)「労働科学研究」　4(1)　1927.6

◇大阪商科大学反対論を読みて(村本福松)「大大阪」　3(7)　1927.7

◇大阪の将来と青年訓練(福士末之助)「大大阪」　3(7)　1927.7

◇師範専攻科に就て(白眼生)「帝国教育」　539　1927.7

◇中学校に於ける低学年教育(渡部政盛)「帝国教育」　539　1927.7

◇読書教育の必要を論ず(畠山花城)「帝国教育」　539　1927.7

◇農村教育改善に関する建築案に対する説明(6)(横井時敬)「帝国農会報」　17(7)　1927.7

◇各国の成人教育概況(英国)(文部省普通学務局)「文部時報」　245　1927.7

◇実業学校一覧(昭和二年四月十日現在)(文部省實業学務局)「文部時報」　245　1927.7

◇愛知県教育者子弟奨学金給与程度(県令)「文部時報」　246　1927.7

◇各国の成人教育概況(続)(独逸、諾威、チェッコ・スロバキア及支那)「文部時報」　246　1927.7

◇実業学校一覧(続)(文部省實業学務局)「文部時報」　246　1927.7

◇実業学校等に関する統計(実業学校及実業補習学校教員養成所)(文部大臣官房文書課)「文部時報」　246　1927.7

◇盲聾唖学校及各種学校に関する統計「文部時報」　247　1927.7

◇山形県社会教育映画協会規定「文部時報」　247　1927.7

◇成人教育の必要(末松偕一郎)「市町村雑誌」　404　1927.8

◇豊崎勤労学校調査「職業紹介公報」　46　1927.8

◇「学校経営」の概念と重要なる一、二の問題(齋藤栄治)「帝国教育」　540　1927.8

◇現代の世相と教育(大村桂巌)「帝国教育」　540　1927.8

◇国民教育改造意見(荒川五郎)「帝国教育」　540　1927.8

◇自由学園の教育を観る(小沢恒一)「帝国教育」　540　1927.8

◇倫理的宗教と都市生活(小田垣光之輔)「都市問題」　5(2)　1927.8

◇小学校教授要目案 手工 農業 工業 商業 裁縫(文部省普通学務局)「文部時報」　248　1927.8

◇図書館教員検定学校医に関する統計(文部大臣官房文書課)「文部時報」　248　1927.8

◇文部省在外研究員調(文部省専門学務局)「文部時報」　249　1927.8

◇高等諸学校一覧 昭和二年七月現在(文部省専門学務局)「文部時報」　250　1927.8

◇米国に於ける公衆衛生学校(野邊地慶三)「公衆衛生」　45(9)　1927.9

◇青年団指導の根本精神(3)(田沢義舗)「斯民」　22(9)　1927.9

◇英国の中等教育と労働階級(山田敏一)「社会政策時報」　84　1927.9

◇大都市の教育に顧みて(上田荘太郎)「大大阪」　3(9)　1927.9

◇教育と犯罪(今米栄之)「帝国教育」　541　1927.9

◇新時代と二宮尊徳の創造と教育(佐々井信太郎)「帝国教育」　541　1927.9

◇全国盲唖教育大会概況「帝国教育」　541　1927.9

◇農村社会教育の実際(福士末之助)「帝国教育」　541　1927.9

◇最近に於ける無線電話の発達と其の応用(稲田三之助)「帝国鉄道協会会報」　28(5)　1927.9

◇東京市実業補習学校組織の改造-東京市実業補習学校組織の研究(下)-(川本宇之介)「都市問題」　5(3)　1927.9

◇都市に於ける女子教育上の一問題(小川静子)「都市問題」　5(3)　1927.9

◇ロンドン都市教育費と新事業(川本宇之介)「都市問題」　5(3)　1927.9

◇実業補習教育講習会記(昭和二年七月二十六日より同月三十一日に至る)「補習教育」　55　1927.9

◇小都市の補習教育(鈴木徳司)「補習教育」　55　1927.9

◇水産補習教育の諸問題(伊藤延吉)「補習教育」　55　1927.9

◇補習学校に於ける校外生徒の職業指導に就て(藤田美亮)「補習教育」　55　1927.9

◇高等諸学校一覧 昭和二年七月現在(文部省専門学務局)「文部時報」　251　1927.9

◇高等諸学校一覧 昭和二年七月現在(文部省専門学務局)「文部時報」　252　1927.9

◇全国諸学校並高等及実業教育に関する統計「文部時報」　252　1927.9

◇千葉県小学教育改善施設「文部時報」　252　1927.9

◇学事関係職員講習其の他に関する統計「文部時報」　253　1927.9

◇教育費負担と地租委譲(汐見三郎)「経済論叢」　25(4)　1927.10

◇公民道徳(大島正徳)「斯民」　22(10)　1927.10

◇教育の生活化とは如何なることか(津田信良)「帝国教育」　542　1927.10

◇教育費問題の回顧(三浦藤作)「帝国教育」　542　1927.10

◇小学校長教員の任用に就て(広川捨吉)「帝国教育」　542　1927.10

◇中学校教育の六大機能(臼井規一)「帝国教育」　542　1927.10

◇盲教育の理想(コール・フイールド)「帝国教育」 542 1927.10

◇職業団体並農業教育に関する独逸法制(野間海造訳)「帝国農会報」 17(10) 1927.10

◇明治節家庭行事(江見清風)「補習教育」 57 1927.10

◇全国女子青年団体に関する調査(文部省普通学務局)「文部時報」 255 1927.10

◇大正十五年装丁教育成績概況(文部省普通学務局)「文部時報」 256 1927.10

◇全国市町村町会の教育改善案に就て(田制佐重)「斯民」 22(11) 1927.11

◇社会事業と教育(田制佐重)「社会事業」 11(8) 1927.11

◇ラスキン・カレッヂの概要(協調会教務課)「社会事業」 11(8) 1927.11

◇学生の閲覧図書に関する参考資料 自昭和二年二月至同年四月(牛込図書館)「市立図書館と其事業」 42 1927.11

◇児童は図書館をどう見てるるか「市立図書館と其事業」 42 1927.11

◇図書選択の原則及方法(今沢慈海)「市立図書館と其事業」 42 1927.11

◇大阪市の図書館網(小笹国雄)「大大阪」 3(11) 1927.11

◇入学試験制度改正案批判「帝国教育」 543 1927.11

◇不学の徒を如何にして救ふべきか(椎名龍雄)「帝国教育」 543 1927.11

◇実業補習教育と職業補導の教育(岡篤郎)「補習教育」 57 1927.11

◇水産補習教育の改善(文部省実業学務局)「補習教育」 57 1927.11

◇青年訓練教練指導員の為めに(久保田藤吉)「補習教育」 57 1927.11

◇都市に於ける国民高等学校(小出満二)「補習教育」 57 1927.11

◇高等学校生徒病気休学病気欠席に関する調査「文部時報」 257 1927.11

◇実業教育に関する答申「文部時報」 257 1927.11

◇男子の中等教育に関し改善を要する事項並其方案如何に対する中学校長会議答申「文部時報」 257 1927.11

◇農村教育を改めよ(田中市助)「市町村雑誌」 408 1927.12

◇近代参考及特殊図書館雑攷(竹内善作)「市立図書館と其事業」 43 1927.12

◇本所高等小学校の児童文庫(小谷誠一)「市立図書館と其事業」 43 1927.12

◇大都市の教育に就て(野田義夫)「大大阪」 3(12) 1927.12

◇地方青年の読書傾向(熊谷辰治郎)「帝国教育」 541 1927.12

◇万国教育会議の状況(森信英一)「帝国教育」 541 1927.12

◇教育費問題の回顧(3)「帝国教育」 544 1927.12

◇手工及工業科担任教員の養成に関し師範学校規程の改正を望む(岡山秀吉)「帝国教育」 544 1927.12

◇入学試験制度改正問題批判(2)「帝国教育」 544 1927.12

◇大阪市に於ける学区廃止の経過(川本宇之介)「都市問題」 5(6) 1927.12

◇各府県実業補習教育主事会議、昭和二年十月二十一日より二日間「補習教育」 57 1927.12

◇教育の改善と実業補習教育(伊藤延吉)「補習教育」 58 1927.12

◇公民科教授の一例(岡篤郎)「補習教育」 58 1927.12

◇実業補習教育と水産増殖(徳久三種)「補習教育」 58 1927.12

◇第三回全国実業補習教育大会の記、昭和二年十一月四日ヨリ三日間奈良市ニ開催「補習教育」 58 1927.12

◇博物館事業と補習教育(秋保安治)「補習教育」 58 1927.12

◇英国に於ける農村図書館の実際(文部省社会教育調査)「文部時報」 260 1927.12

◇高等学校試験制度改正に関する件(昭和二年十一月二十二日各地方長官宛)「文部時報」 261 1927.12

◇試験制度改正に関する山崎政務次官の説明要旨(昭和二年十月二十七日全国中学校長会議において)「文部時報」 261 1927.12

◇中等学校試験制度改正に関する件(昭和二年十一月二十二日各地方長官宛)「文部時報」 261 1927.12

◇文部省直轄学校学生生徒卒業者入学志願者入学者(昭和二年九月調)(文部大臣官房文書課)「文部時報」 262 1927.12

◇水産補習教育の改善(岡篤郎)「市町村雑誌」 409 1928.1

◇図書選択の原則及方法(続)(今澤慈海)「市立図書館と其事業」 44 1928.1

◇教育費問題の回顧(4)「帝国教育」 545 1928.1

◇国民教育大会概況「帝国教育」 545 1928.1

◇児童教育上の徴戒に就て(広川捨吉)「帝国教育」 545 1928.1

◇入学試験制度改正問題批判(3)「帝国教育」 545 1928.1

◇各府県教員養成所の状況(多久三雄)「補習教育」 59 1928.1

◇各府県に於ける優良補習学校「補習教育」 59 1928.1

◇近時の教育問題と補習教育(水野錬太郎)「補習教育」 59 1928.1

◇公民教育の二要点(伊東延吉)「補習教育」 59 1928.1

◇実業補習教育の概要(文部省実業学務局)「補習教育」 59 1928.1

◇昭和の実業補習態度(山崎達之助)「補習教育」 59 1928.1

◇庶民の教養(小出満二)「補習教育」 59 1928.1

◇都市実業補習学校の授業時刻問題(松木喜一)「補習教育」 59 1928.1

◇文部省直轄学生生徒卒業者入学志願者入学者(続)(昭和二年九月調)(文部大臣官房文書課)「文部時報」 263 1928.1

◇博士数調「文部時報」 264 1928.1

◇文部省直轄学生生徒卒業者入学志願者入学者(続)(昭和二年九月調)(文部大臣官房文書課)「文部時報」 264 1928.1

◇明治初期における我国の工業教育(塚本靖)「建築雑誌」 42(506) 1928.2

◇水産補習学校の改善(承前)(岡篤郎)「市町村雑誌」 410 1928.2

◇教育の場所としての大大阪(野田義夫)「大大阪」 4(2) 1928.2

◇学科試験廃止問題に就き(大塚武太郎)「帝国教育」 546 1928.2

◇教育費問題の回顧(5)「帝国教育」 546 1928.2

◇沢柳先生のこと「帝国教育」 546 1928.2

◇中等学校試験制度改正案に就て(菊盛永造)「帝国教育」 546 1928.2

◇隠れたる優良補習学校(滋賀県豊椋農業補習学校農業施設)「補習教育」 60 1928.2

◇公民科教授の一例(岡篤郎)「補習教育」 60 1928.2

◇青少年職業教育の発達と其の職業指導(千葉敬止)「補習教育」 60 1928.2

◇青年訓練に施す教練の趣旨(上村弘文)「補習教育」 60 1928.2

◇都市実業補習教育の振興上解決すべき諸問題(松木喜一)「補習教育」 60 1928.2

◇博物館事業と補習教育(秋保安治)「補習教育」 60 1928.2

◇府県別に観たる実業補習教育(菊池良樹)「補習教育」 60 1928.2

◇補習教育の振与と小学教育(福森民次郎)「補習教育」 60 1928.2

◇学校火災に就いて(菅野久一)「建築と社会」 11(3) 1928.3

◇学生の閲覧図書に関する参考統計(自昭和二年五月至十二月)(奥田勝正)「市立図書館と其事業」 45 1928.3

◇公共図書館に於ける和漢諸目録に就て(特に閲覧用目録について)(小谷誠一)「市立図書館と其事業」 45 1928.3

◇児童読物の標準(其二史伝に就いて)(竹内善作)「市立図書館と其事業」 45 1928.3

◇昭和二年下半期に於ける児童図書の閲覧傾向「市立図書館と其事業」　45　1928.3

◇昭和弐年に於ける浅草図書館雑誌閲覧順位表「市立図書館と其事業」　45　1928.3

◇英国の国民性と倫敦の盲教育（宮島茂次郎）「大大阪」　4（3）　1928.3

◇教育費問題の回顧（6）「帝国教育」　547　1928.3

◇中学校一二年の漢文教育に就て（渡部政盛）「帝国教育」　547　1928.3

◇農村教育改善に関する建議案に対する説明（1）（横井時敬）「帝国農会報」　18（3）　1928.3

◇実業補療教育は伝統の殻を脱せよ（岡篤郎）「補習教育」　61　1928.3

◇東京市の実業補習学校巡り所感「補習教育」　61　1928.3

◇米国に於ける補習学校（松本喜一訳）「補習教育」　61　1928.3

◇産業教育展覧会開催趣旨及出品目録「文部時報」　270　1928.3

◇学校火災に就いて（2）（菅野久一）「建築と社会」　11（4）　1928.4

◇大正時代に於ける公民教育の発達（木村正義）「斯民」　23（4）　1928.4

◇英、米、丁抹に於ける成人教育実例（協調会教務課）「社会事業」　12（1）　1928.4

◇教育的セットルメント問答（小島幸治）「社会事業」　12（1）　1928.4

◇市町村歳出額と学校教育費（唯野educ八）「税」　6（4）　1928.4

◇大阪商科大学が出来るまで（小畑富記）「大大阪」　4（4）　1928.4

◇大阪商科大学の開設に当りて（伊藤真雄）「大大阪」　4（4）　1928.4

◇大阪商大の使命に就て（喜多又蔵）「大大阪」　4（4）　1928.4

◇市立商科大学の前途に望む（関一）「大大阪」　4（4）　1928.4

◇沢柳博士追弔記念号「帝国教育」　548　1928.4

◇文部省視学委員復命書抄（教育）（小川正行）「文部時報」　271　1928.4

◇島根県簡易図書館設置勧奨「文部時報」　272　1928.4

◇児童映画問題（橘高広）「警察協会雑誌」　333　1928.5

◇実業教育の改善（神戸正雄）「時事経済問題」　70　1928.5

◇新聞紙の社会的動機とその没却（長谷川萬次郎）「社会学雑誌」　49　1928.5

◇大阪の教育界と其将来（真山桜次）「大大阪」　4（5）　1928.5

◇大正年間日本教育大観（教育行政）「帝国教育」　549　1928.5

◇大正年間日本教育大観（小学校）「帝国教育」　549　1928.5

◇大正年間日本教育大観（大正教育概説）「帝国教育」　549　1928.5

◇大正年間日本教育大観（中学校）「帝国教育」　549　1928.5

◇大正年間日本教育大観（幼稚園）「帝国教育」　549　1928.5

◇大正年間日本教育大観（続）「帝国教育」　550　1928.5

◇近代都市娯楽としての活動写真興行と其社会対策（権田保之助）「都市問題」　6（5）　1928.5

◇米国諸市の音楽奨励費（小幡清金）「都市問題」　6（5）　1928.5

◇米国に於ける補習学校（2）（オーエン・デー・ヴアンス, 松本喜一訳）「補習教育」　63　1928.5

◇優良実業補習学校施設経営の特色（岡篤郎）「補習教育」　63　1928.5

◇ロシヤの実業教育（2）「補習教育」　63　1928.5

◇開放学級について（文部大臣官房学校衛生課）「文部時報」　274　1928.5

◇文部省視学委員復命書（修身）（亘理章三郎）「文部時報」　276　1928.5

◇公立学校職員年功加俸に就いて（2）（広川捨吉）「帝国教育」　550　1928.6

◇新独逸の教育思想（土井竹治）「帝国教育」　550　1928.6

◇ロンドン都の教育の現状と進歩の跡（川本宇之介）「都市問題」　6（6）　1928.6

◇実業補習教育と蚕糸業（石黒忠篤）「補習教育」　64　1928.6

◇青年訓練所令第八条について（千葉敬止）「補習教育」　64　1928.6

◇ペスタロッチ先生と作業教育（北沢種一）「補習教育」　64　1928.6

◇文部省主催全国実業補習教育会議「補習教育」　64　1928.6

◇文部省視学委員復命書抄（米山国蔵）「文部時報」　277　1928.6

◇東京市の児童映画デーと大阪市の映画貸出（小幡清金）「都市問題」　7（1）　1928.7

◇桑港に於ける学校建築計画（弥吉光長）「都市問題」　8（3）　1929.3

◇現行映画興行と教育との関係に関する調査概要（文部省）「文部時報」　317　1929.7

◇昭和二年度文部統計摘要「文部時報」　317　1929.7

◇仏蘭西の視学制度（主として初等教育に関する）（文部省調査部）「文部時報」　317　1929.7

◇文化と階級（承前）（関栄吉）「社会学雑誌」　64　1929.8

◇国定教科用図書の翻刻発行及び販売に関して世論の喚起を促し併せて文政当局に希望す（三浦藤作）「帝国教育」　564　1929.8

◇全国教育大会概況「帝国教育」　564　1929.8

◇丁抹国民高等学校の研究（5）（野田義夫）「帝国教育」　564　1929.8

◇帝都復興展覧会の開催に就て（阪谷芳郎）「都市問題」　9（2）　1929.8

◇欧米に於ける青年訓練（2）（河村薫）「補習教育」　78　1929.8

◇現代教育と職業観念（春山作樹）「補習教育」　78　1929.8

◇実業補習学校に於ける国語教育に就て（岡篤郎）「補習教育」　78　1929.8

◇朝鮮の実業補習教育（菊池良樹）「補習教育」　78　1929.8

◇伊太利に於ける教育の現状「文部時報」　319　1929.8

◇図書館事業と宣伝（神絢一）「市立図書館と其事業」　51　1929.9

◇実業補習教育と地方の改善（1）（岡篤郎）「地方行政」　37（9）　1929.9

◇丁抹国民高等学校の研究（6）（野田義夫）「帝国教育」　565　1929.9

◇実業補習教育を義務制とすべし（寺島善八）「補習教育」　79　1929.9

◇職業教育と映画（1）（谷口政秀）「補習教育」　79　1929.9

◇米国に於ける師範教育の学科課程（文部省調査部）「文部時報」　321　1929.9

◇仏国に於ける女子中等教育「文部時報」　322　1929.9

◇官公私立専門学校及実業専門学校生徒卒業後の状況（文部大臣官房文書課）「文部時報」　323　1929.9

◇頗る合理的な米国都市に於ける教育の緊縮と能率（生田五郎）「大大阪」　5（10）　1929.10

◇教育費の膨脹（戸田吉）「地方行政」　37（10）　1929.10

◇実業補習教育と地方の改善（岡篤郎）「地方行政」　37（10）　1929.10

◇教育記者会の成立（三浦藤作）「帝国教育」　565　1929.10

◇チェッコ・スロバキアの実験学校（西山哲治）「帝国教育」　565　1929.10

◇中等諸学校教科書値下の必要と其の根本的解決私案（三浦藤作）「帝国教育」　565　1929.10

◇教化総動員に就て（下村寿一）「補習教育」　80　1929.10

◇教化関係者諸君に訴ふ（文部省）「文部時報」　325　1929.10

◇独逸に於ける工業の民衆教育（原田蕃）「文部時報」　326　1929.10

◇教化動員の本旨（小尾範治）「地方行政」　37（11）　1929.11

◇教化運動と経済問題（天野時次郎）「帝国教育」　567　1929.11

◇教化総動員に就いて（下村寿一）「帝国教育」　567　1929.11

◇欧米の補習教育及職業指導概観（西山哲治）「補習教育」　81　1929.

◇御大典記念実業補習教育視察報告(山形安)「補習教育」 81 1929.11

◇勤労教育の本質と陶冶の新体系(白土千秋)「補習教育」 81 1929.11

◇実業補習教育概覧(熊本県)「補習教育」 81 1929.11

◇欧米の補習教育及職業指導概観(西山哲治)「補習教育」 82 1929.11

◇公民教育としての職業指導(岡篤郎)「補習教育」 82 1929.11

◇独逸教育漫談(堀七蔵)「補習教育」 82 1929.11

◇独逸に於ける教育改造運動(北沢種一)「補習教育」 82 1929.11

◇小学校教員の健康状況に関する調査(文部大臣官房体育課)「文部時報」 328 1929.11

◇市町村義務教育費国庫負担金配当「文部時報」 329 1929.11

◇小学校と社会事業との関係に就て「社会事業」 13(9) 1929.12

◇日比谷図書館の閲覧概況「市立図書館と其事業」 54 1929.12

◇小学校教育か実業補習教育か(岡篤郎)「地方行政」 37(12) 1929.12

◇大阪に於ける内申問題の真相(相沢煕)「帝国教育」 568 1929.12

◇教育養護運動記録「帝国教育」 568 1929.12

◇教育養護の手段(吉田熊次)「帝国教育」 568 1929.12

◇教化運動と経済問題(天野時次郎)「帝国教育」 568 1929.12

◇小学校教員俸給県費支弁に関する意見(菊地勝之助)「帝国教育」 568 1929.12

◇入学試験問題解決の鍵は乏か？(小沢徳一)「帝国教育」 568 1929.12

◇義務教育費問題の沿革「経済時報」 1(10) 1930.1

◇義務教育費国庫負担金の増額(田中廣太郎)「地方行政」 38(1) 1930.1

◇学区制抽籤法によるの外なし(三浦藤作)「帝国教育」 569 1930.1

◇学校映画について(河島倭喜次)「帝国教育」 569 1930.1

◇復興展を通じて観たる教育施設/復興帝都の大観(復興展記念特輯)(小田忠夫)「都市問題」 10(1) 1930.1

◇独逸に於ける教育改造運動(北沢種一)「補習教育」 83 1930.1

◇都市と学校計画(加藤善光)「建築と社会」 13(2) 1930.2

◇駿河台図書館号「市立図書館と其事業」 55 1930.2

◇成人教育と夜間中学及夜間大学(林博太郎)「帝国教育」 570 1930.2

◇欧米の補習教育及職業指導概観(西山哲治)「補習教育」 84 1930.2

◇小学教育補習教育を基調とせる実業教育の地方化(影沢慶一)「補習教育」 84 1930.2

◇独逸教育漫談(堀七蔵)「補習教育」 84 1930.2

◇伯林市立少年職業相談所に於ける学校諸問票並にリーフレット(豊原又男)「補習教育」 84 1930.2

◇我国学校給食事業の現況(文部大臣官房体育課)「市町村雑誌」 435 1930.3

◇児童教育から青少年教育へ(岡篤郎)「地方行政」 38(3) 1930.3

◇ウインネッカ システム(高橋嘉九平)「帝国教育」 571 1930.3

◇教育博物館問題(棚橋源太郎)「帝国教育」 571 1930.3

◇銀ブラ人(河東汀)「都市問題」 10(3) 1930.3

◇欧米の補習教育及職業指導概観(西山哲治)「補習教育」 85 1930.3

◇女子実業補習教育と工業補習教育について(成瀬洞)「補習教育」 85 1930.3

◇伯林市立少年職業相談所に於ける学校諸問票並にリーフレット(豊原又男)「補習教育」 85 1930.3

◇教員俸給減額問題(末松偕一郎)「市町村雑誌」 436 1930.4

◇児童教育から青少年教育へ(承前)(岡篤郎)「地方行政」 38(4) 1930.4

◇復興せる東京市立図書館(帝都復興記念号)(弥吉光長)「都市問題」 10(4) 1930.4

◇欧米に於ける青年訓練(14)(河村薫)「補習教育」 86 1930.4

◇教育と産業とに関するマルコルム委員会報告抄(文部省調査部)「文部時報」 341 1930.4

◇教育と産業とに関するマルコルム委員会報告抄「文部時報」 342 1930.4

◇我国学校給食事業の現況「文部時報」 342 1930.4

◇義務教育費国庫負担金増額と地方費の膨脹(六笠武生)「地方行政」 38(5) 1930.5

◇公立学校授業料増徴論考察(元山修二)「地方行政」 38(5) 1930.5

◇児童教育から青少年教育へ(承前)(岡篤郎)「地方行政」 38(5) 1930.5

◇恐るべき教員不安時代の出現「帝国教育」 573 1930.5

◇義務教育費国庫負担問題(岡田良平)「帝国教育」 573 1930.5

◇実業学校規定改正の要旨(木村正義)「帝国教育」 573 1930.5

◇公徳もみくちや物語(下村海南)「都市問題」 10(5) 1930.5

◇米国の補習学校に於ける職業指導の一例(三沢房太郎)「補習教育」 87 1930.5

◇剣橋に開催せられたる世界成人教育協会総会(文部省調査部)「文部時報」 344 1930.5

◇教育と産業とに関するマルコルム委員会報告抄「文部時報」 345 1930.5

◇実業教育制度の改正(木村正義)「斯民」 25(6) 1930.6

◇英国に於ける教育セッツルメント(小島幸治)「社会事業」 14(3) 1930.6

◇米国に於ける教育セッツルメント(長部英三)「社会事業」 14(3) 1930.6

◇公立学校授業料増徴論考察(承前)(元山修二)「地方行政」 38(6) 1930.6

◇義務教育費国庫負担金増額論争(山桝儀重)「帝国教育」 574 1930.6

◇義務教育費国庫負担問題に関連して(山下谷次)「帝国教育」 574 1930.6

◇高等女学校改善案、女子高等普通教育制度に関する件(帝国教育会)「帝国教育」 574 1930.6

◇欧米の補習教育及職業指導概観(西山哲治)「補習教育」 88 1930.6

◇実業教育制度の改正(続)(木村正義)「斯民」 25(7) 1930.7

◇都市教育号「都市問題」 11(1) 1930.7
自治調育に関する考察(堀田静) 児童教育の要諦と校舎の解放(中村昇) 小学校に於ける経済教育(浅野しつ江) 小学校に於ける公民教育(熊野絢太) 直密せる復興帝都の教育更新を期待して(植田亀市) 都市教育とその諸問題(川本宇之介) 復興帝都の教育所見(米本卯吉) 「復興帝都の教育」論に就て-第七回市民賞論文を審査して(岡実)

◇社会教育の提唱(池園哲太郎)「都市問題」 11(2) 1930.8

◇独逸労働局職員に対する教育施設「職業紹介公報」 82 1930.9

◇義務教育費国庫負担金増額に依る市町村の負担軽減と実行上の問題(戸田吉)「地方行政」 38(9) 1930.9

◇小学教育の回顧(松下専吉)「帝国教育」 577 1930.9

◇中間集書に就て(今澤慈海)「市立図書館と其事業」 57 1930.10

◇義務教育費国庫負担増額と市町村税(小林千秋)「税」 8(10) 1930.10

◇教育勅語渙発後の四十年を迎へて(藤井忠諒)「帝国教育」 578 1930.10

◇教員組合の提唱(代木多伊知)「帝国教育」 578 1930.10

◇欧米の補習教育及職業指導概観(西山哲治)「補習教育」 92 1930.

◇実業補習教育振展上の諸問題(野尻丈七)「補習教育」 92 1930.10
◇衛生学校長会議に関する報告(ブロワスニッツ)「公衆衛生」 48(11) 1930.11
◇教育の自治(林博太郎)「帝国教育」 579 1930.11
◇現代教育に対する不満(堀切善次郎[ほか])「帝国教育」 579 1930.11
◇国家社会生活と教育(大島正徳)「帝国教育」 579 1930.11
◇世界大戦後の独乙教育(大久保利武)「斯民」 25(12) 1930.12
◇都市に於ける社会教育(岡篤郎)「大大阪」 6(12) 1930.12
◇昭和五年教育界の回顧(林博太郎[ほか])「帝国教育」 530 1930.12
◇誌上図書館「補習教育」 94 1930.12
◇青年教育と政治(五来欣造)「補習教育」 94 1930.12
◇中学教育の改善と実業教育(田村有年)「補習教育」 94 1930.12
◇衛生学校長会議に関する報告(3)(ブロワスニッツ)「公衆衛生」 49(1) 1931.1
◇政治教育の普及徹底(篠原英太郎)「地方行政」 39(1) 1931.1
◇学校争議論(赤井米吉)「帝国教育」 581 1931.1
◇中学校に於ける特殊教育施設調査報告(帝国教育会調査課)「帝国教育」 581 1931.1
◇衛生学校長会議に関する報告(4)(ブロワスニッツ)「公衆衛生」 49(2) 1931.2
◇国民学校案を主張する理由(大島正徳)「帝国教育」 582 1931.2
◇実業補習学校と青年訓練所との関係を改善すべき青年教育の方案(帝国教育会)「帝国教育」 582 1931.2
◇欧米補習教育の実地視察観(鈴木静穂)「補習教育」 96 1931.2
◇実業補習教育の内容の充実改善(野尻丈七)「補習教育」 96 1931.2
◇外国における小学校中学校教員養成に関する制度「文部時報」 372 1931.2
◇栄養不良児童と学校給食(外山福男)「地方行政」 39(3) 1931.3
◇教員俸給不払問題(帝国教育会[ほか])「帝国教育」 583 1931.3
◇郷土教育小言(藤原義文)「帝国教育」 583 1931.3
◇郷土教育批判(渡部政盛)「帝国教育」 583 1931.3
◇国民学校案批判(相沢熙)「帝国教育」 583 1931.3
◇国民学校設置(林博太郎)「帝国教育」 583 1931.3
◇外国に於ける中等教員養成に関する制度「文部時報」 375 1931.3
◇栄養不良児童と学校給食(2)(外山福男)「地方行政」 39(4) 1931.4
◇映画教育の現在及将来(下野宗逸)「帝国教育」 548 1931.4
◇第五十九議会の教育問題(竹博太郎,湯地幸平,山桝儀重)「帝国教育」 584 1931.4
◇特殊教育施設調査(帝国教育会)「帝国教育」 584 1931.4
◇再び教員俸給不払問題に就いて(大島正徳)「帝国教育」 584 1931.4
◇道府県教育会長問題(多田房之輔)「帝国教育」 587 1931.4
◇学生生徒の思想問題(久慈学)「補習教育」 98 1931.4
◇国民教育と工業教育問題(加藤与五郎)「補習教育」 98 1931.4
◇青年教育と政治(五来欣造)「補習教育」 98 1931.4
◇独逸に於ける通俗衛生教育の方法及目的(アダム)「公衆衛生」 49(5) 1931.5
◇栄養不良児童と学校給食(承前)(外山福男)「地方行政」 39(5) 1931.5
◇教員俸給寄附問題の論議に於ける宿命思想と機会均等思想(加藤精三)「地方行政」 39(5) 1931.5

◇実業補習学校教員の資質並待遇の向上(野尻丈七)「補習教育」 99 1931.5
◇実業補習教育とその経営(小出満二)「補習教育」 99 1931.5
◇英独仏米に於ける文部省官制「文部時報」 379 1931.5
◇栄養不良児童と学校給食(承前)(外山福男)「地方行政」 39(6) 1931.6
◇官学法文科廃止是非(星島二郎,高島米峰)「帝国教育」 586 1931.6
◇義務教育の性質と国庫負担問題(林博太郎)「帝国教育」 586 1931.6
◇義務教育費国庫負担問題(山桝儀重,加藤知正)「帝国教育」 586 1931.6
◇教育制度の改善に就て(野尻丈七)「補習教育」 100 1931.6
◇公民教育について(北沢種一)「補習教育」 100 1931.6
◇実業補習教育とその経営(小出満二)「補習教育」 100 1931.6
◇ドイツの補習学校(石中象治)「補習教育」 100 1931.6
◇私は新聞紙学習を斯く見る(岡山光雄)「補習教育」 100 1931.6
◇英独仏米に於ける大学「文部時報」 383 1931.6
◇欧米諸国補習教育の近況と我国教育制度の改善(田尻常雄)「斯民」 26(7) 1931.7
◇小学校教員減俸問題(林博太郎)「帝国教育」 578 1931.7
◇義務教育費国庫負担問題(金生喜造,木村貞雄,今井てつ)「帝国教育」 587 1931.7
◇高等学校改造問題に就て(高山秋月)「帝国教育」 587 1931.7
◇公民教育(4)(ジ・スタンレーホール,渡辺義人訳)「帝国教育」 587 1931.7
◇学生生徒の思想問題(久慈学)「補習教育」 101 1931.7
◇学校に於ける社会的訓練(北沢種一)「補習教育」 101 1931.7
◇市町村義務教育費国庫負担法による特別市町村認定に関し調査票に計上すべき鉱業税の件「文部時報」 385 1931.7
◇教育制度の改革に就て(後藤文夫)「斯民」 26(8) 1931.8
◇学校衛生の欠陥と其の改善(未完)(外山福男)「地方行政」 39(8) 1931.8
◇行詰まれる我国教育の打開策(水野錬太郎)「帝国教育」 588 1931.8
◇思想問題の対策(雨谷菊夫)「帝国教育」 588 1931.8
◇都市公園に対する一要求—公園と社会教育(高田休広)「都市公論」 14(8) 1931.8
◇最近東京市政調査会資料室に入庫の稀少資料「都市問題」 13(2) 1931.8
◇学生生徒の思想問題(久慈学)「補習教育」 102 1931.8
◇学校教育に於ける社会性の原理(北沢種一)「補習教育」 102 1931.8
◇公民教育の指導原理への一考察(蠟山政道)「補習教育」 102 1931.8
◇実業補習教育とその経営(小出満二)「補習教育」 102 1931.8
◇青年教育と現代法律観(2)(三潴信三)「補習教育」 102 1931.8
◇青年教育に関する制度の改善(野尻丈七)「補習教育」 102 1931.8
◇学校衛生の欠陥と其の改善(承前)(外山福男)「地方行政」 39(9) 1931.9
◇学制改革私案(石畑真一)「帝国教育」 589 1931.9
◇学制改革の根本問題(柴田熊蔵)「帝国教育」 589 1931.9
◇学制改革の着眼点(吉田熊次)「帝国教育」 589 1931.9
◇教育制度の根本的革新論(龍山義亮)「帝国教育」 589 1931.9
◇日本現時の学制改革問題(越川弥栄)「帝国教育」 589 1931.9
◇現代都市生活と芸術(伊887部隆輝)「都市問題」 13(3) 1931.9
◇青年教育の振興と社会制度の改善(野尻丈七)「補習教育」 103

◇1931.9
◇我国無産階級新聞雑誌の変遷(8) (生悦住求馬)「警察研究」 2(10) 1931.10
◇学務委員の本質に就て (加藤精三)「自治研究」 7(10) 1931.10
◇社会教育と娯楽 (斉藤藤吉)「大大阪」 7(10) 1931.10
◇我国無産階級新聞雑誌の変遷(9) (生悦住求馬)「警察研究」 2(11) 1931.11
◇町村社会教育委員と町村社会教育主事 (高田休廣)「自治研究」 7(11) 1931.11
◇大都市に於ける実業教育 (木村正義)「大大阪」 7(11) 1931.11
◇作業と学習 (林博太郎)「補習教育」 105 1931.11
◇社会教育の徹底 (原田実)「補習教育」 105 1931.11
◇英国教員組合 (北川真澄訳)「帝国教育」 592 1931.12
◇公民教育の徹底は目下の急務なり (林博太郎)「帝国教育」 592 1931.12
◇公民教育に於ける国家の理念と現実 (三木寿雄)「補習教育」 106 1931.12
◇国民教育の吟味と教育の地方化 (本田正信)「補習教育」 106 1931.12
◇幼児教育の振興に就て (堀七蔵)「帝国教育」 593 1932.1
◇公民科教授細目案 (帝国教育会調査)「帝国教育」 594 1932.1
◇新内閣に望む「帝国教育」 594 1932.1
◇鳩山新文相に望む (三崎文四郎)「帝国教育」 594 1932.1
◇凶作地方に対する義務教育費国庫負担金随時交付「文部時報」 403 1932.1
◇昭和五年度文部省視察委員実業教育視察復命書抄 (村松舜祐)「文部時報」 403 1932.1
◇実業補習教育と実習 (高田青年教育課長)「青年教育」 110 1932.2
◇青年教育の目的に関する一考察 (堀七蔵)「青年教育」 110 1932.2
◇宮崎県の補習教育 (河野一人)「青年教育」 110 1932.2
◇国家の育英制度の必要 (松岡近)「地方行政」 40(2) 1932.2
◇教育映画を語る (石野隆)「帝国教育」 596 1932.2
◇郷土教育の一端 (上) (及川儀三)「帝国教育」 596 1932.2
◇最近農村問題としての小学校教員俸給未払問題の検討 (野尻重雄)「帝国農会報」 22(2) 1932.2
◇青少年指導と町村の振興 (福井清通)「青年教育」 109 1932.3
◇青少労働者の保護と都市補習教育の振興 (野尻丈七)「青年教育」 109 1932.3
◇公民科教授細目案を評す (駒井長二)「帝国教育」 597 1932.3
◇中学校上級生徒思想問題「帝国教育」 597 1932.3
◇教育改革の三大事項 (峯間信吉)「青年教育」 110 1932.4
◇社会民衆党の教育政策 (安部磯雄)「帝国教育」 600 1932.4
◇立憲政友会の教育政策 (安ުか正純)「帝国教育」 600 1932.4
◇我国図書館の不振と指導原理の欠乏 (今沢慈海)「都市問題」 14(4) 1932.4
◇実業補習教育振興に関する緊急協議会 昭和七年六月「青年教育」 113 1932.7
◇ソヴエート連邦に於ける青少年の教育 (藤塚止戈夫)「青年教育」 113 1932.7
◇大阪市小学校児童の通学状況調査 (大阪市教育部教務課調査係)「大大阪」 8(7) 1932.7
◇第十九回全国連合教育会総会概況「帝国教育」 605 1932.7
◇初等教育に於ても我国は世界の三等国である (樋口長市)「帝国教育」 606 1932.7
◇農村の救済と公民教育の任務 (林博太郎)「帝国教育」 606 1932.7
◇小学校に於ける公民教育 (佐々木秀一)「公民教育」 2(8) 1932.8

◇諸科目の教授による公民教育 (真田幸憲)「公民教育」 2(8) 1932.8
◇青年教育と公民科 (長野長廣)「公民教育」 2(8) 1932.8
◇公民学校施設の一端 (内山助次郎)「青年教育」 114 1932.8
◇市町村義務教育費国庫負担法第三条の特例法に就て (武部欽一)「帝国教育」 607 1932.8
◇全国教育互助会職合会委員会補助金下附願提出「帝国教育」 607 1932.8
◇小学校教員俸給未払情況調査 (帝国教育会全国連合教育会)「帝国教育」 608 1932.8
◇農民生活を通して教育事情を報す (及川儀三)「帝国教育」 608 1932.8
◇高等女学校生徒の公民的素養に関する調査 (秋月兼一)「公民教育」 2(9) 1932.9
◇公民科の成績考査に就て (川畑篤郎)「公民教育」 2(9) 1932.9
◇公民教育と宗教の問題 (松原寛)「公民教育」 2(9) 1932.9
◇公民教育と民族主義 (長屋喜一)「公民教育」 2(9) 1932.9
◇明治時代の公民教育 (海後宗臣)「公民教育」 2(9) 1932.9
◇夜間中学校に就て (1) (外山福男)「斯民」 27(9) 1932.9
◇実業補習教育現況「青年教育」 115 1932.9
◇実業補習教育指導奨励に関する各地状況「青年教育」 115 1932.9
◇実業補習教育振興上各地施設と諸調査「青年教育」 115 1932.9
◇義務教育費負担の単行法「帝国教育」 609 1932.9
◇世界連合教育会太平洋部会 (下川兵次郎[ほか])「帝国教育」 609 1932.9
◇私学の諸問題 (浅野孝之)「帝国教育」 610 1932.9
◇市町村立尋常小学校費臨時国庫補助法「帝国教育」 610 1932.9
◇全国学務部長会議に於ける文相訓辞、指示事項、協議事項「帝国教育」 610 1932.9
◇第六十三帝国議会に現はれたる教育問題「帝国教育」 610 1932.9
◇中等教員検定規程改正「帝国教育」 610 1932.9
◇公民科教授の着眼 (及川儀右衛門)「公民教育」 2(10) 1932.10
◇公民科に於ける学習資料の調査蒐集に就いて (松田克三)「公民教育」 2(10) 1932.10
◇公民教育と作業教育 (堀七蔵)「公民教育」 2(10) 1932.10
◇都市生活と公民教育 (前田多門)「公民教育」 2(10) 1932.10
◇都市に於ける公民的教養 (大島正徳)「公民教育」 2(10) 1932.10
◇パレスチナに於ける新青年教育 (三木壽雄)「青年教育」 116 1932.10
◇大阪の青訓生の生活鳥瞰 (湯川光夫)「大大阪」 8(11) 1932.10
◇最近に於ける独逸の教育学 (伏見猛彌)「帝国教育」 611 1932.10
◇第十四回全国小学校教員会議概況「帝国教育」 611 1932.10
◇非常時議会の協賛を経た市町村立尋常小学校費臨時国庫補助法について (武部欽一)「帝国教育」 611 1932.10
◇速に師範教育制度を確立すべし (長谷川乙彦)「帝国教育」 612 1932.10
◇全国師範学校長会議「帝国教育」 612 1932.10
◇教育社会学より見たる公民並に公民教育の意義 (田制佐重)「公民教育」 2(11) 1932.11
◇研究教授に用ひたる公民科教授案 (秋月兼一)「公民教育」 2(11) 1932.11
◇公民科は教育時期全体を通じて課すべきである (野口援太郎)「公民教育」 2(11) 1932.11
◇公民教育と警察 (高橋雄材)「公民教育」 2(11) 1932.11
◇独逸に於ける公民教育運動の現状 (倉澤剛)「公民教育」 2(11) 1932.11

教育・文化・情報

◇学校給食を如何に実施すべきか「社会事業」 16(8) 1932.11
◇貧困児童の給食に就て(椎名龍徳)「社会事業」 16(8) 1932.11
◇青年学校問題に対する識者の意見「青年教育」 117 1932.11
◇多良木町実業公民学校実情(元田丞)「青年教育」 117 1932.11
◇現代に於ける我が国の教育問題(入沢宗寿)「帝国教育」 613 1932.11
◇青年学校問題(村松正員[ほか])「帝国教育」 613 1932.11
◇中等学校に於ける公民教育に就いて(松井驥)「帝国教育」 613 1932.11
◇現代教育思想と公民科教育(川畑篤郎)「公民教育」 2(12) 1932.12
◇公民科に就て(紀平正美)「公民教育」 2(12) 1932.12
◇公民科の歴史と改題(遠藤隆吉)「公民教育」 2(12) 1932.12
◇公民教育の方法と大集団意識の養成(田制佐重)「公民教育」 2(12) 1932.12
◇公民精神の激奨が根本なり(原田實)「公民教育」 2(12) 1932.12
◇立憲政治の将来と政治教育の問題(茗荷房吉)「公民教育」 2(12) 1932.12
◇学校教育と体育(外山福男)「地方行政」 40(12) 1932.12
◇就学奨励及び時局対策としての学校給食(小笠原豊光)「地方行政」 40(12) 1932.12
◇少年団運動に就て(関屋龍吉)「帝国教育」 615 1932.12
◇第二回実業補習学校青年訓練所連合教育大会概況「帝国教育」 615 1932.12
◇高等教育の回顧(塚原政次)「帝国教育」 616 1932.12
◇社会教育の回顧(小尾範治)「帝国教育」 616 1932.12
◇小学校長異動問題(大島正徳)「帝国教育」 616 1932.12
◇昭和七年の教育界を顧る(中重信)「帝国教育」 616 1932.12
◇昭和七年の女子教育界(市川源三)「帝国教育」 616 1932.12
◇女子高等教育の回顧(安井哲)「帝国教育」 616 1932.12
◇初等教育の回顧(高橋嘉九平)「帝国教育」 616 1932.12
◇全国小学校長会議 文部省最初の主催「帝国教育」 616 1932.12
◇中等教育の回顧(西村房太郎)「帝国教育」 616 1932.12
◇特殊教育の回顧(樋口長市)「帝国教育」 616 1932.12
◇盲教育の回顧(秋葉馬治)「帝国教育」 616 1932.12
◇幼児教育の回顧(堀七蔵)「帝国教育」 616 1932.12
◇新聞記事差止論(生悦住求馬)「警察研究」 4(1) 1933.1
◇我校に於ける公民教育の実際(福岡県嘉穂中学校)(矢野酉雄)「公民教育」 3(1) 1933.1
◇公民科教授の実際問題(及川儀右衛門)「公民教育」 3(1) 1933.1
◇公民教育と新聞(有原末吉)「公民教育」 3(1) 1933.1
◇「公民訓練」の提唱と其一例(仙波直心)「公民教育」 3(1) 1933.1
◇小学校教員の思想問題(岡田恒輔)「公民教育」 3(1) 1933.1
◇議会の秘密会と新聞記事の取締(中里喜一)「警察研究」 4(2) 1933.2
◇学校換気法(理論と実際)(大澤一郎)「建築雑誌」 47(567) 1933.2
◇具象と抽象-公民科教授の実際(川竹武人)「公民教育」 3(2) 1933.2
◇公民科に於ける時事問題の取扱(松田克三)「公民教育」 3(2) 1933.2
◇公民教科書読後感(坪内武四郎)「公民教育」 3(2) 1933.2
◇児童生徒に対する郊外生活指導に関する件(文部省社会教育局)「公民教育」 3(2) 1933.2
◇小学校に於ける公民的訓練(岩瀬六郎)「公民教育」 3(2) 1933.2
◇尋常小学校に於ける公民教育に就て(堀田静)「公民教育」 3(2) 1933.2
◇演劇に対する国家又は都市の態度(三島良藏)「地方行政」 41(2) 1933.2
◇公民科の本質と教授指導案の実例(田淵藤蔵)「公民教育」 3(3) 1933.3
◇公民教育に就て(淺賀辰次郎)「公民教育」 3(3) 1933.3
◇公民教育理念の社会哲学的考察-全体的人格の問題に関連して-(早瀬利雄)「公民教育」 3(3) 1933.3
◇小学校に於ける児童融和教育の具体的方法(藤範晃)「公民教育」 3(3) 1933.3
◇政治教育の取扱ひ方に就て(黒田覺)「公民教育」 3(3) 1933.3
◇セツルメントと公民教育(三好豊太郎)「公民教育」 3(3) 1933.3
◇セツルメントに於ける公民教育(谷川貞夫)「公民教育」 3(3) 1933.3
◇農業学校に於ける公民科教授の実際(仙田清吾)「公民教育」 3(3) 1933.3
◇年齢の視角より見たる思想犯人の教化問題(池田克)「警察研究」 4(4) 1933.4
◇「伊太利の教育は如何ですか」に答ふ(岸晃三)「公民教育」 3(4) 1933.4
◇公民科の難点を論じて教育と政治との関係に及ぶ(稲毛金七)「公民教育」 3(4) 1933.4
◇新読本の編纂方針に就いて(芝田徹心)「公民教育」 3(4) 1933.4
◇ソヴイエトに於ける教育(高田信三)「公民教育」 3(4) 1933.4
◇独逸教育の管見(丸山三郎)「公民教育」 3(4) 1933.4
◇小学校舎建築費の起債に就いて(加藤於菟丸)「自治研究」 9(5) 1933.5
◇市町村義務教育費国庫負担法施行令改正に就て(武部欽一)「地方行政」 41(5) 1933.5
◇教育思潮と教育法令(入沢宗寿)「帝国教育」 625 1933.5
◇教育法令と時代思潮(森岡常蔵)「帝国教育」 625 1933.5
◇教育革新私見(相沢熙)「帝国教育」 626 1933.5
◇師範教育の現在及将来(長谷川乙彦)「帝国教育」 626 1933.5
◇地方の教育行政を文部省の手に(多田房之輔)「帝国教育」 626 1933.5
◇家族と国家-公民科の中心教材としての-(倉澤剛)「公民教育」 3(6) 1933.6
◇公民教育の概念と方法(入澤宗壽)「公民教育」 3(6) 1933.6
◇公民教育の使命管見(湯村惣太郎)「公民教育」 3(6) 1933.6
◇公民教育の社会的基礎(高山潔)「公民教育」 3(6) 1933.6
◇公民的訓練の実際(對馬敬吾郎)「公民教育」 3(6) 1933.6
◇私の公民科指導の一面(井原孝一)「公民教育」 3(6) 1933.6
◇学校給食事業実施に鑑みて(朝原梅一)「社会事業」 17(3) 1933.6
◇独逸に於ける自由国民教育制度(大谷英一)「社会政策時報」 153 1933.6
◇独逸教育の理想と国民高等学校(未完)(文部省実業学務局)「青年教育」 124 1933.6
◇在外邦人子弟の教育(山村吉雄)「地方行政」 41(6) 1933.6
◇労働者教育と文部省(菅田清治郎)「地方行政」 41(6) 1933.6
◇実業補習教育四十周年記念大会に於いて(木場貞長)「帝国教育」 627 1933.6
◇第二十回全国連合教育会「帝国教育」 627 1933.6
◇各府県教員互助費現状調査(昭和七年度)「帝国教育」 628 1933.6
◇国家非常時の対策や如何に 各教育団体の計画「帝国教育」 628 1933.6
◇小学校教員赤化の原因とその対策(伊東延吉)「帝国教育」 628

1933.6
◇全国教員互助会連合会第五回総会「帝国教育」 628 1933.6
◇改正図書館令に妄批を加へて東京市図書館制度に及ぶ(今沢慈海)「都市問題」 16(6) 1933.6
◇中等公民教科書にあらはれた宗教の解釈「公民教育」 3(7) 1933.7
◇ケルシエンシユタイネルの公民教育論(井上稔)「公民教育」 3(8) 1933.8
◇公民教育唱道の由来(谷本富)「公民教育」 3(8) 1933.8
◇科学的研究の重要性と研究促進の施設(1)(松井春生)「地方行政」 41(8) 1933.8
◇機械的画一より有機的統制へ(日田権一)「帝国教育」 631 1933.8
◇新学校の自由主義は果して支持さるべきか(田制佐重)「帝国教育」 631 1933.8
◇図書館令改正について(坪谷善四郎)「帝国教育」 632 1933.8
◇公民教育の前提条件と学校及社会教育の改善整備策(川本宇之介)「都市問題」 17(3) 1933.9
◇映画国策に就て(1)(増田甲子七)「警察研究」 4(1) 1933.10
◇公民科教授要旨に関する考察(松本喜一)「公民教育」 3(10) 1933.10
◇公民教育とその背景(野崎泰秀)「公民教育」 3(10) 1933.10
◇政治的国民教育の諸問題(シユプランガー)(未完)(梅根悟)「公民教育」 3(10) 1933.10
◇改正図書館令と東京市立図書館(今沢慈海)「都市問題」 17(4) 1933.10
◇中都市の補習教育に於ける単元制と総合制(野崎廣吉)「青年教育」 129 1933.11
◇教育改造の重心点は何処か(原田長松)「帝国教育」 637 1933.11
◇第五回世界教育連合大会報告「帝国教育」 637 1933.11
◇明治教育界の思ひ出-帝国教育会を中心として-(木場貞長)「帝国教育」 637 1933.11
◇公民教育に関する指導案(梅井千秋)「公民教育」 3(12) 1933.12
◇公民教育の使命と映画の任務(西川幸次郎)「公民教育」 3(12) 1933.12
◇東京市民教育の実際(對馬敬吾郎)「公民教育」 3(12) 1933.12
◇都市小学校の公民教育(山崎博)「公民教育」 3(12) 1933.12
◇米国に於ける公民教育思潮(荒井貞雄)「公民教育」 3(12) 1933.12
◇本校に於ける公民教育の一端(高橋久一)「公民教育」 3(12) 1933.12
◇高等学校廃止問題に就いて(阿刀田令造)「帝国教育」 638 1933.12
◇公民教育と日本精神(長義正)「公民教育」 4(1) 1934.1
◇公民教育による日本精神の涵養(池岡直孝)「公民教育」 4(1) 1934.1
◇昭和九年大学専門学校甲種実業学校卒業生就職状況調査概況「職業紹介」 3 1934.1
◇帝国教育会主催東京府教育疑獄座談会「帝国教育」 641 1934.1
◇東京府教育疑獄雑感(市川住夫)「帝国教育」 641 1934.1
◇実業教育五十周年と産業教育の提唱(中重信)「帝国教育」 659 1934.1
◇実業教育五十年(宮島清)「帝国教育」 659 1934.1
◇公民科の教科書につきて(長谷川乙彦)「公民教育」 4(2) 1934.2
◇公民生活指導の一面としての娯楽及び娯楽機関の統制について(野崎泰秀)「公民教育」 4(2) 1934.2
◇北米合衆国国立公園に於ける教化施設及教化事業(稲垣龍一)「国立公園」 6(2) 1934.2
◇日本農村教育(東郷実)「帝国教育」 643 1934.2

◇農村更生と農村学校(髙橋雅介)「帝国教育」 643 1934.2
◇農村最近の動向と農村教育(那須皓)「帝国教育」 643 1934.2
◇農村の教育(春山作樹)「帝国教育」 643 1934.2
◇農村の現状と農村教育の重心(長瀬貞一)「帝国教育」 643 1934.2
◇農村の将来と農村教育(松井謙吉)「帝国教育」 643 1934.2
◇農村問題と農業教育(菊池豊三郎)「帝国教育」 643 1934.2
◇明日の農村とその教育(松村勝治郎)「帝国教育」 643 1934.2
◇我が農村教育の三大眼目(稲田昌植)「帝国教育」 643 1934.2
◇師範教育改正案修正希望(野間忠雄)「帝国教育」 644 1934.3
◇師範教育制度改革案を評す(関口泰)「帝国教育」 644 1934.3
◇師範教育制度改革の基礎観念(原田実)「帝国教育」 644 1934.3
◇師範大学案批判(東大文学部外諸校並団体)「帝国教育」 644 1934.3
◇世界教育会議の組織と事業について日本農村教育「帝国教育」 644 1934.3
◇出版法中改正法律案其の他批判(土屋正三)「警察研究」 5(4) 1934.4
◇市町村財政に於ける教育費(木村靖二)「地方行政」 42(4) 1934.4
◇青年団の近状大日本連合青年団新年度事業の23(福島繁三)「地方行政」 42(4) 1934.4
◇地方財政より見たる師範教育改善案(竹下美隆)「地方行政」 42(4) 1934.4
◇尋常小学校終身書巻一編纂趣意書(文部省)「帝国教育」 646 1934.4
◇第三回実業補習学校青年訓練所連合教育大会記録「帝国教育」 646 1934.4
◇通信教育の再吟味-国民教育の補充事業として-(志見正次)「帝国教育」 646 1934.4
◇農村小学教育は最大の農村問題なり(岡田温)「帝国教育」 646 1934.4
◇農村と農村教育の認識(田制佐重)「帝国教育」 646 1934.4
◇農村教育は農民本位に(千石興太郎)「帝国教育」 647 1934.4
◇出版法改正の大要(生悦住求馬)「警察研究」 5(5) 1934.5
◇著作権法改正の要点(中里喜一)「警察研究」 5(5) 1934.5
◇青年学校制度の制定に就て(河原春作)「青年教育」 147 1934.5
◇農村振興の中核としての青年学校(岡村精次)「青年教育」 147 1934.5
◇国家的育英事業を提唱す(1)(松田久)「地方行政」 42(5) 1934.5
◇国民教育に関する聖勅を拝して(池田宏)「都市問題」 18(5) 1934.5
◇出版権小論(1)(土屋正三)「警察研究」 5(6) 1934.6
◇教育行政上に於ける宗教教育問題(小関紹夫)「地方行政」 42(6) 1934.6
◇師範教育制度の改正に就て(武部欽一)「地方行政」 42(6) 1934.6
◇世界連合教育会の組織及事業「帝国教育」 650 1934.6
◇新聞記事差止上の実際問題(1)(生悦住求馬)「警察研究」 5(7) 1934.7
◇弱視児童の教育事情(中尾七郎)「帝国教育」 653 1934.7
◇本邦主要労働学校現況一覧(昭和8年度)「大原社会問題研究所雑誌」 1(2) 1934.8
◇我国に於ける労働教育者教育について(森戸辰男)「大原社会問題研究所雑誌」 1(2) 1934.8
◇出版契約の実際-出版権小論補遺-(土屋正三)「警察研究」 5(9) 1934.9
◇公民科教科書批判(未完)(山崎犀二)「公民教育」 4(9) 1934.9
◇我が山形県立国民高等学校の施設と訓育(西垣喜代次)「斯民」 29

教育・文化・情報

◇(9)　1934.9
◇ナチス教育の指導精神(高岡実)「社会政策時報」　168　1934.9
◇学校教育発展の傾向(堀七蔵)「帝国教育」　657　1934.9
◇農民組合の教育運動「労働時報」　11(9)　1934.9
◇昭和八年度壮丁教育調査に於ける公民科の概況「公民教育」　4(10)　1934.10
◇中学校の公民科は如何にすれば更生するや(関田生吉)「公民教育」4(10)　1934.10
◇青年団論(鈴木茂三郎)「週刊エコノミスト」　12(20)　1934.10
◇ラヂオの苦情―関係者に聴く―「法律時報」　6(10)　1934.10
◇小学校舎の災害と其対策(中島清二)「斯民」　29(11)　1934.11
◇世界的経済恐慌と各国の教育費(有浦三男)「帝国教育」　660　1934.11
◇大阪市木造小学校々舎の被害状況(富士岡重一)「建築雑誌」　48(592)　1934.12
◇京都府下小学校々舎の被害報告(十河安雄)「建築雑誌」　48(592)　1934.12
◇映画教育の経験より公民教育を語る(宮崎和男)「公民教育」　4(12)　1934.12
◇公民教育的立場より見たる学級経営(上原務)「公民教育」　4(12)　1934.12
◇人間教育と社会「社会事業研究」　22(12)　1934.12
◇10全国都市実業補習学校長会の概要「青年教育」　142　1934.12
◇独逸農村に於ける国民高等学校(ハンス・フォン・リコブケ)「青年教育」　142　1934.12
◇政治教育計画(佐々木惣一)「改造」　17(1)　1935.1
◇公民科新設の頌(建部遯吾)「公民教育」　5(1)　1935.1
◇公民科と公民道徳(深作安文)「公民教育」　5(1)　1935.1
◇世界の婦人と女子公民科(小泉郁子)「公民教育」　5(1)　1935.1
◇農村の教育(春山作樹)「斯民」　30(1)　1935.1
◇社会事業教育運動としての共同募金(竹内愛二)「社会事業」　18(10)　1935.1
◇社会事業教育の意義と内容と分野(三好豊太郎)「社会事業」　18(10)　1935.1
◇社会事業従事者再教育の必要と其の施設(中村孝太郎)「社会事業」18(10)　1935.1
◇国民高等学校と国民経済(1)(カール・ムース,文部省訳)「青年教育」　143　1935.1
◇ナチスの文化局法(近藤春雄)「地方行政」　43(1)　1935.1
◇学校建築物の営繕並に保全に関する文部省訓令(第十六号)「文部時報」　504　1935.1
◇労働者最低年齢法に対する国民教育上よりの批判(春山作樹)「労働科学研究」　12(1)　1935.1
◇英国に於ける労働者教育(森戸辰男訳)「大原社会問題研究所雑誌」2(2)　1935.2
◇職業再教育に就て(守屋喜之)「社会事業」　18(11)　1935.2
◇身体欠陥児の保護と教育(川本宇之介)「社会事業」　18(11)　1935.2
◇学校給食施設に関する調査概報(昭和八年度)(文部大臣官房体育課)「社会事業彙報」　8(11)　1935.2
◇社会事業と社会教育(城戸幡太郎)「社会事業研究」　23(2)　1935.2
◇昭和九年労働者教育概観(大内経雄)「社会政策時報」　173　1935.2
◇小学校に於ける職業指導と職業紹介所との連絡「職業紹介」　3(2)　1935.2
◇青年学校国庫補助金増額請願並に希望事項(帝国教育会)「帝国教育」667　1935.2
◇青年学校制度案に就て(河原春作)「帝国教育」　667　1935.2
◇列国青年訓練の現状と我青年教育の将来(田尻利雄)「帝国教育」667　1935.2
◇国民高等学校と国民経済(実業学務局)「青年教育」　145　1935.3
◇東京及横浜市に対する通信事業計画の大要(佐谷台二)「都市公論」18(3)　1935.3
◇学校給食施設に関する調査(昭和八年度)概報(文部省体育課)「文部時報」　509　1935.3
◇保育所の社会的意義と教育的意義(生江孝之)「社会事業」　19(1)　1935.4
◇丁抹国民高等学校精神より見たる独逸の国民高等学校運動(アルフレッド・ポフルセン)「青年教育」　146　1935.4
◇義務教育費に対する国家の負担(有浦三男)「帝国教育」　671　1935.4
◇青年学校の困惑「東洋経済新報」　1648　1935.4
◇国有鉄道判任官の教育程度別勤続年数「現業調査資料」　9(3)　1935.5
◇市町村立尋常小学校臨時国庫補助法の改正に就て(河原春作)「斯民」30(5)　1935.5
◇青年学校令「社会事業彙報」　9(2)　1935.5
◇英国労働党の教育政策(高岡実)「社会政策時報」　176　1935.5
◇農村小学校卒業児童はどう考へるか(宮本倫彦)「社会政策時報」176　1935.5
◇工業教育と経済(内田俊一)「工業経済研究」　7　1935.6
◇公民教育の再吟味(相沢秀一)「公法雑誌」　1(6)　1935.6
◇小学校費臨時国庫補助法の改正(末松偕一郎)「市町村雑誌」　498　1935.6
◇最近に於ける英国労働者教育協会(高岡実)「社会政策時報」　177　1935.6
◇欧米に於ける教育放送の進歩(中田俊造)「帝国教育」　675　1935.6
◇帝都教育疑獄の真相と其廓清対策(高山潔)「帝国教育」　675　1935.6
◇都市の小学教育を顧みて(蜂須賀桑太郎)「帝国教育」　675　1935.6
◇美濃部問題の教育的意義(城戸幡太郎)「帝国教育」　675　1935.6
◇教育的観覧施設一覧(昭和九年四月一日現在)(前号続)(文部省社会教育局)「文部時報」　517　1935.6
◇愛国公民読本(11)(アーノルド・フォスター)「公民教育」　5(7)　1935.7
◇憲政振作と公民教育(関口泰)「公民教育」　5(7)　1935.7
◇公民科教授上の疑義を解く(山崎犀二)「公民教育」　5(7)　1935.7
◇公民科指導講座(15)(「公民教育」編集部)「公民教育」　5(7)　1935.7
◇公民科と修身との関係(小野久)「公民教育」　5(7)　1935.7
◇公民教育の主眼点(林毅陸)「公民教育」　5(7)　1935.7
◇国民の教育(西晋一郎述)「公民教育」　5(7)　1935.7
◇神社と公民教育上の一考察(河野省三)「公民教育」　5(7)　1935.7
◇農民道場の現況(竹山祐太郎)「斯民」　30(7)　1935.7
◇セッツルメントに於ける成人教育運動とその動向(谷川貞夫)「社会福利」　19(7)　1935.7
◇英国に於ける国民高等学校運動(ルマンブロイニング・オクタヴォ)「青年教育」　149　1935.7
◇青年学校ところどころ(3)(青木常盤)「青年教育」　149　1935.7
◇青年学校に於ける専任教員を論ず(主幹)「青年教育」　149　1935.7
◇青年教育に対する希望(秋保安治)「青年教育」　149　1935.7
◇独立青年学校の新陣容佐賀県小城公民学校「青年教育」　149　1935.7
◇本村並本校経営の根本態度(熊本県飽託郡田迎青年学校)「青年教育」149　1935.7

- ◇我が校公民訓練上の施設及教練科の教育(佐賀県杵島郡福富青年学校)「青年教育」 149 1935.7
- ◇「役立つ教育」とは何ぞや(山本猛)「帝国教育」 676 1935.7
- ◇少年団訓練と近代郷土博物館機能の利用(吉野楢三)「帝国教育」 677 1935.7
- ◇全国各府県教員互助会現状調査(昭和九年度)「帝国教育」 677 1935.7
- ◇実業教育振興委員会趣旨、規程、職員等「文部時報」 519 1935.7
- ◇当代学生々活の一断面(大内兵衛)「改造」 17(8) 1935.8
- ◇文化統制現象の分析(戸坂潤)「改造」 17(8) 1935.8
- ◇教育会と選挙粛正運動(中尊量)「公民教育」 5(8) 1935.8
- ◇公民科の教育的使命並教授方針(長義正)「公民教育」 5(8) 1935.8
- ◇縦観公民教育修正公民科―選挙粛正公民教育に関する提唱に答へて(上石保数)「公民教育」 5(8) 1935.8
- ◇選挙粛正と公民教育に関する各方面の意見「公民教育」 5(8) 1935.8
- ◇各府県青年学校令施行細則集録「青年教育」 150 1935.8
- ◇サヴィエート連邦の教育政策(1)(文部省実業学務局)「青年教育」 150 1935.8
- ◇教育制度改善案異考―文部省案を評す(尼子止)「帝国教育」 678 1935.8
- ◇反動教育の禍害をどう考へる(渡部政盛)「帝国教育」 678 1935.8
- ◇選挙粛正に関する教育関係者座談会「帝国教育」 679 1935.8
- ◇ドイツ田園学年(Landjahr)の情勢(多田鉄雄)「帝国教育」 679 1935.8
- ◇独逸に於ける教育放送(中田俊造)「帝国教育」 679 1935.8
- ◇蓄音機レコード取締に関する概観(小川近五郎)「警察研究」 6(9) 1935.9
- ◇労働者教育に就て「現業調査資料」 9(5) 1935.9
- ◇国家総動員と青少年の訓練(永田鉄山)「公民教育」 5(9) 1935.9
- ◇選挙粛正と教育教化運動(田制佐重)「公民教育」 5(9) 1935.9
- ◇選挙粛正と公民教育に関する各方面の意見(追加)「公民教育」 5(9) 1935.9
- ◇訂補、国民の教育(西晋一郎)「公民教育」 5(9) 1935.9
- ◇青年学校に於ける訓練問題(野田義夫)「市町村雑誌」 501 1935.9
- ◇青年学校制度の根本精神(朝比奈策太郎)「斯民」 30(9) 1935.9
- ◇教育上より見たる児童虐待防止(城戸幡太郎)「社会事業」 19(6) 1935.9
- ◇昭和十年会社銀行に於ける学校卒業生定期採用状況「職業紹介公報」 142 1935.9
- ◇各府県青年学校令施行細則集録(続)「青年教育」 151 1935.9
- ◇ソヴィエート連邦の教育政策(2)(文部省実業学務局)「青年教育」 151 1935.9
- ◇我立憲政治の将来と政治教育(安部磯雄)「帝国教育」 680 1935.9
- ◇自治制度と選挙粛正(宇賀田順三)「帝国教育」 680 1935.9
- ◇女性と政治教育(三輪田元道)「帝国教育」 680 1935.9
- ◇政治教育の革新―中等教育の実際について(小沢一恒)「帝国教育」 680 1935.9
- ◇政治教育の根本義(長倉矯介)「帝国教育」 680 1935.9
- ◇政治教育の再検討(田川大吉郎)「帝国教育」 680 1935.9
- ◇政治教育の指導精神(奥509寛太郎)「帝国教育」 680 1935.9
- ◇政治教育の方策(小尾範治)「帝国教育」 680 1935.9
- ◇選挙粛正と教育(野口彰)「帝国教育」 680 1935.9
- ◇選挙粛正の根本義と教育(松井驥)「帝国教育」 680 1935.9
- ◇日本精神による政治教育の再吟味(池園直孝)「帝国教育」 680 1935.9
- ◇我国に於ける政治教育について(佐々木惣一)「帝国教育」 680 1935.9
- ◇我国に於ける政治教育の過去及現在(山川建)「帝国教育」 680 1935.9
- ◇選挙粛正運動展望全国各教育会の情勢「帝国教育」 681 1935.9
- ◇中学校年限短縮問題決議、意見書「帝国教育」 681 1935.9
- ◇東北振興と北方教育(中重信)「帝国教育」 681 1935.9
- ◇二宮先生の事業と遺跡(二宮尊徳翁八十年祭記念会)「帝国教育」 681 1935.9
- ◇学制改善の要点(松田源治)「文部時報」 525 1935.9
- ◇文部省沿革略(1)(文部大臣官房文書課)「文部時報」 525 1935.9
- ◇文部省訓令第十九号青年学校に関する件「文部時報」 526 1935.9
- ◇選挙粛正と教育(三辺長治)「文部時報」 527 1935.9
- ◇中学校教育制度並に現状概説(乙黒武雄)「文部時報」 527 1935.9
- ◇年少者の映画観覧状態概観(権田保之助)「大原社会問題研究所雑誌」 2(10) 1935.10
- ◇公民科指数指導講座(17)(「公民教育」編輯部)「公民教育」 5(10) 1935.10
- ◇公民教育の立場より青年学校に就いて(金生喜造)「公民教育」 5(10) 1935.10
- ◇青年学校関係法令「公民教育」 5(10) 1935.10
- ◇選挙粛正と教育(三辺長治)「公民教育」 5(10) 1935.10
- ◇中学校修業年限短縮と公民科(及川儀右衛門)「公民教育」 5(10) 1935.10
- ◇我国に於ける公民教育の本質(八沢宗寿)「公民教育」 5(10) 1935.10
- ◇青年学校制度の根本精神「市町村雑誌」 502 1935.10
- ◇学校給食に就て(中村朝治)「社会事業研究」 23(10) 1935.10
- ◇岩手県立六原青年道場を観る「青年教育」 152 1935.10
- ◇ソヴィエート連邦の教育政策(3)(文部省実業学務局)「青年教育」 152 1935.10
- ◇農村青年学校の施設経営に就て(松永密太郎)「青年教育」 152 1935.10
- ◇ギリシヤで見た学校(瀬川三郎)「帝国教育」 683 1935.10
- ◇高等工業学校が修業年限四ヶ年に延長を必要とする理由項目書(高等工業学校長協会)「帝国教育」 683 1935.10
- ◇中学校四年修了より専門学校連絡を非とする宣言及理由書(全国中学校長協会)「帝国教育」 683 1935.10
- ◇青年学校に関する法令解説(2)(青戸精一)「文部時報」 528 1935.10
- ◇文部省沿革略(2)(文部大臣官房文書課)「文部時報」 528 1935.10
- ◇中学校教育制度並に現状概説(2)(乙黒武雄)「文部時報」 529 1935.10
- ◇文部省告示第三二五号青年学校手帳に関する件「文部時報」 529 1935.10
- ◇青年学校に関する法令解説(3)(青戸精一)「文部時報」 530 1935.10
- ◇勤労学徒の教育特に軍幹部要員の養成に就て(水野桂三)「文部時報」 818 1935.10
- ◇江戸時代末期の教化運動(石川謙)「教育」 3(11) 1935.11
- ◇児童自治に基く学級経営(松永健哉)「教育」 3(11) 1935.11
- ◇「宗教教育答申案」の歴史性(留岡清男)「教育」 3(11) 1935.11
- ◇イギリス初等学校制度の改正(内閣調査局)「月刊 列国政策彙報」 1 1935.11
- ◇社会的成層より見たる職業とその教育的指導(野崎泰秀)「公民教育」 5(11) 1935.11

◇中学校の年限短縮と公民教育(稲毛金七)「公民教育」 5(11) 1935.11
◇中学校四年修了より専門学校連絡を非とする理由に就いて(全国中学校長協会)「公民教育」 5(11) 1935.11
◇立憲政治教育の徹底(田淵藤蔵)「公民教育」 5(11) 1935.11
◇六原青年道場の教育的検討(小沢恒一)「公民教育」 5(11) 1935.11
◇勤労教育の実相(小森俊一)「社会事業研究」 23(11) 1935.11
◇欧米の商業教育の実際を見て(矢野貫城)「青年教育」 153 1935.11
◇市町村に於ける低度実業教育施設に関する私見(福沢泰江)「青年教育」 153 1935.11
◇青年学校経営案(久慈健吉)「青年教育」 153 1935.11
◇青年学校振興策「青年教育」 153 1935.11
◇ソヴィエート連邦の教育系統(文部省実業学務局)「青年教育」 153 1935.11
◇博覧会と造園施設名古屋汎太平洋平和博覧会の開催に際して(野間守人)「庭園と風景」 17(11) 1935.11
◇小学校教員疾病療治給与に関する調査(文部大臣官房体育課)「帝国教育」 684 1935.11
◇世界教育会議に臨みて第七回大会日本開催決定の経緯(大島正徳)「帝国教育」 684 1935.11
◇東京府中等学校保導協会の設立について(二階源市)「帝国教育」 684 1935.11
◇我国に於ける政治教育の過去及現在(承前)(山本健)「帝国教育」 684 1935.11
◇如何にすれば第二国民の視力を保存し得るや(中尾七郎)「帝国教育」 685 1935.11
◇校外取締について(市川源三)「帝国教育」 685 1935.11
◇校外保導上の諸問題(岡田実)「帝国教育」 685 1935.11
◇青年学校実施の状況について(千葉敬止)「帝国教育」 685 1935.11
◇大都市人口の移動性と文化施設の問題-主として大東京に於ける図書館配置の分散化と其の整備に就て/第九回市民賞論文選外佳作(手塚竜麿)「都市問題」 21(5) 1935.11
◇青年学校に於ける法令解説(4)(青戸精一)「文部時報」 531 1935.11
◇中学校教育制度並に現状概説(3)(乙黒武雄)「文部時報」 531 1935.11
◇文部省沿革略(3)(文部大臣官房文書課)「文部時報」 531 1935.11
◇学生生徒の娯楽に関する調査(1)学生生徒の娯楽に関する学校の方針(文部省社会教育局)「文部時報」 532 1935.11
◇教学刷新評議会趣旨及要綱「文部時報」 532 1935.11
◇中学校教育制度並に現状概説(4)(乙黒武雄)「文部時報」 532 1935.11
◇文部省訓令第二十一号,地方社会教育職員制に依る職員の定員に関する件「文部時報」 532 1935.11
◇昭和八年度全国学事統計一覧(文部時報附録)(文部大臣官房文書課)「文部時報」 533 1935.11
◇青年学校に関する法令解説(5)(青戸精一)「文部時報」 533 1935.11
◇学制頒布前に於ける房総の寺子屋教育(鍋田恵吉)「教育」 3(12) 1935.12
◇学制頒布前に於ける房総の寺子屋教育「教育」 3(12) 1935.12
◇宗教教育私見(菅円吉)「教育」 3(12) 1935.12
◇世界教育会議の使命(大島正徳)「教育」 3(12) 1935.12
◇世相と教育(小泉丹)「教育」 3(12) 1935.12
◇我が教育界の一年史(山下徳治)「教育」 3(12) 1935.12
◇公民科関係諸調査(広島高等師範学校附属中学校)「公民教育」 5(12) 1935.12

◇公民科の核心(長倉嬌介)「公民教育」 5(12) 1935.12
◇公民教育と公民科(守内喜一郎)「公民教育」 5(12) 1935.12
◇第十一回中等教育研究会公民科研究会記事(広島高等師範学校附属中学校)「公民教育」 5(12) 1935.12
◇現代教育家の社会的展望(蠟山政道)「青年教育」 154 1935.12
◇青年学校経営の管見(板井利太郎)「青年教育」 154 1935.12
◇五十四の新設実業学校について(斎藤藤吉)「大大阪」 11(12) 1935.12
◇学校放送の経過を顧みて(小尾範治)「帝国教育」 686 1935.12
◇高等小学校の五十年(金成亀次郎)「帝国教育」 686 1935.12
◇昭和十年教育界の回顧及批評(渡部政盛)「帝国教育」 686 1935.12
◇昭和十年の教育界の回顧(龍山義亮)「帝国教育」 686 1935.12
◇全国初等教育者大会記録(帝国教育会)「帝国教育」 686 1935.12
◇恩給法上に於ける準教育職員に就て(大上良作)「文部時報」 534 1935.12
◇学校建物の保存並に管理に就て(柴垣鼎太郎)「文部時報」 534 1935.12
◇文部省沿革略(4)(文部大臣官房文書課)「文部時報」 534 1935.12
◇大阪市小学校の夏季教育施設に就て(近藤祐信)「文部時報」 536 1935.12
◇明治大正昭和教育学説史(海後宗臣)「教育」 4(1) 1936.1
◇明治大正昭和に於ける実業教育政策史(宮島清八)「教育」 4(1) 1936.1
◇修身科と公民科との関係(荻原擴)「公民教育」 6(1) 1936.1
◇新教育と公民教育(野口援太郎)「公民教育」 6(1) 1936.1
◇農村青年学校の生活指導(鈴木静穂)「公民教育」 6(1) 1936.1
◇ラヂオと公民教育(小尾範治)「公民教育」 6(1) 1936.1
◇フランス青年団の「七月九日」方案について(木下半治)「国家学会雑誌」 50(1) 1936.1
◇宗教的情操の涵養に就いて(堀池英一)「自治研究」 12(1) 1936.1
◇農本主義の教育機関(岩松五良)「斯民」 31(1) 1936.1
◇福島県下の小学校教員俸給支払延滞に就いて(松村勝治郎)「社会政策時報」 184 1936.1
◇青年教育と地方振興(三浦利康)「青年教育」 155 1936.1
◇ソヴイエート連邦の教育系統(2)(文部省実業学務部)「青年教育」 155 1936.1
◇大都市における女学生生活を如何に導くべきか(野田義夫)「大大阪」 12(1) 1936.1
◇青年学校教育の動向(武田公明)「地方行政」 44(1) 1936.1
◇意義学の問題(渡部政盛)「帝国教育」 687 1936.1
◇教育国策審議機関の検討(相沢煕)「帝国教育」 687 1936.1
◇教員互助会の将来(高木研)「帝国教育」 687 1936.1
◇輸出活動写真フイルム取締規則の制定並に財団法人大日本映画協会の成立「内務時報」 1(1) 1936.1
◇文部省直轄学校学生生徒本籍別「文部時報」 537 1936.1
◇医学的に見た試験地獄(安田徳太郎)「教育」 4(2) 1936.2
◇窮乏町村貧弱町村と教育財政(菊池慎三)「教育」 4(2) 1936.2
◇試験制度の社会性(法貴慶次郎)「教育」 4(2) 1936.2
◇入学試験と学校制度(関口泰)「教育」 4(2) 1936.2
◇入学試験と就職資格(安積得也)「教育」 4(2) 1936.2
◇入学試験問題座談会「教育」 4(2) 1936.2
◇入学受験準備の問題は解決出来るか(戸坂潤)「教育」 4(2) 1936.2
◇公民科と中学校修業年限短縮問題(近藤恭一郎)「公民教育」 6(2) 1936.2

◇公民科と中学校修業年限問題に関連して(鈴木榮一)「公民教育」 6(2) 1936.2
◇小学校に於ける公民教育について(廣濱嘉雄)「公民教育」 6(2) 1936.2
◇政治、公民教育、教育者(阿部真之助)「公民教育」 6(2) 1936.2
◇本邦人の公民的思想とその背景(川本宇之介)「公民教育」 6(2) 1936.2
◇フランス青年集団の「07.9日」方案に就て(木下半治)「国家学会雑誌」 50(2) 1936.2
◇ソヴイエート連邦の実業教育政策(文部省実業学務局)「青年教育」 156 1936.2
◇寺子屋教育に就いて(小野武夫)「青年教育」 156 1936.2
◇高等小学校の重要性(下川兵次郎)「帝国教育」 688 1936.2
◇健児教育とは如何なるものか(二荒芳徳)「帝国教育」 688 1936.2
◇千葉県中学校小学校職員並に家族医療情況調(千葉県教育会)「帝国教育」 688 1936.2
◇表現学とは何ぞや(渡部政盛)「帝国教育」 688 1936.2
◇実業教育の展開(宮島清)「東京市産業時報」 2(2) 1936.2
◇映画国策に就て「内務時報」 1(2) 1936.2
◇農村教育に於ける陶冶理想に就て(小山静二)「農業と経済」 3(2) 1936.2
◇農村青年学校の問題(菅菊太郎)「農業と経済」 3(2) 1936.2
◇学齢問題シンポジウム「教育」 4(3) 1936.3
◇ソヴイエット連邦に於ける就学前児童の教育諸施設に就て(鈴木舜一)「教育」 4(3) 1936.3
◇「日本精神」と「風土」(秋山謙蔵)「教育」 4(3) 1936.3
◇文化映画の問題(秦豊吉)「教育」 4(3) 1936.3
◇保育案問題を中心に(山下徳治)「教育」 4(3) 1936.3
◇保姆養成の問題(城戸幡太郎)「教育」 4(3) 1936.3
◇幼稚園託児所の諸問題(早崎八洲)「教育」 4(3) 1936.3
◇公民教育最近の趨勢(田制佐重)「公民教育」 6(3) 1936.3
◇公民教育と社会学(早瀬利雄)「公民教育」 6(3) 1936.3
◇公民教育の諸形態と其批判(渡部政盛)「公民教育」 6(3) 1936.3
◇東京市の精神薄弱児学級と其批判(池末茂樹)「社会事業」 19(12) 1936.3
◇構案自学法(大阪府立青年学校教員養成所)「青年教育」 157 1936.3
◇解釈学とは何ぞや(渡部政盛)「帝国教育」 689 1936.3
◇学校に於ける宗教教育(布Н静淵)「帝国教育」 689 1936.3
◇宗教的情操涵養に関する通牒に就て(今岡信一良)「帝国教育」 689 1936.3
◇学校と課税(神戸正雄)「経済論叢」 42(4) 1936.4
◇今次の総選挙と公民教育(小野源蔵)「公民教育」 6(4) 1936.4
◇青年学校修身及公民科の取扱に就いて(山口啓市)「公民教育」 6(4) 1936.4
◇朝鮮に於ける公民教育の特殊相(韓聖壽)「公民教育」 6(4) 1936.4
◇農村青年学校に於ける情操陶冶上考慮すべき具体的方案(石川勝蔵)「青年教育」 158 1936.4
◇大阪市に於ける青年学校の特殊科目に就いて(尾高太郎)「大大阪」 12(4) 1936.4
◇小学校々舎の採光(伊藤正文)「大大阪」 12(4) 1936.4
◇教育の表現学試論(1)(石山脩平)「帝国教育」 690 1936.4
◇教員俸給不払根絶策(杉浦洋)「帝国教育」 690 1936.4
◇師範教育内容批判(牧口常三郎)「帝国教育」 690 1936.4
◇日本公民教育学の建設(池岡直孝)「帝国教育」 690 1936.4

◇労作教育と社会的経済的理念(渡部晶)「帝国教育」 690 1936.4
◇青年学校の現情に就て(山川建)「文部時報」 545 1936.4
◇現行公民科教科書調「公民教育」 6(5) 1936.5
◇公民教育に於ける児童観(中沼郁)「公民教育」 6(5) 1936.5
◇転換期の文化と公民教育の目標―現代公民教育論序説(飯野稲城)「公民教育」 6(5) 1936.5
◇市政紹介機関の統一と拡充―市民自治教育の一翼として―(有元正)「市政研究」 2(3) 1936.5
◇大阪市美術館の開館について(今井貫一)「大大阪」 12(5) 1936.5
◇教育的表現学試論(石山脩平)「帝国教育」 691 1936.5
◇個人、社会人、国民、公民(渡部政盛)「帝国教育」 691 1936.5
◇師範教育改善案(師範教育改善促進連盟)「帝国教育」 691 1936.5
◇女子高等教育の経営問題(1)(女子教育振興会)「帝国教育」 691 1936.5
◇「教育改革」座談会「教育」 4(6) 1936.6
◇教育改革に於ける社会政策的重点(菊池勇夫)「教育」 4(6) 1936.6
◇教育制度の改革と専門教育の改善(谷口吉彦)「教育」 4(6) 1936.6
◇協同組合教育と文部省の反省(宮城孝治)「教育」 4(6) 1936.6
◇財政上より見たる教育問題(鈴木茂三郎)「教育」 4(6) 1936.6
◇地方行政改革と教育改革(関口泰)「教育」 4(6) 1936.6
◇農村更生と教育改革(石黒忠篤)「教育」 4(6) 1936.6
◇文化政策及び統制の問題(青野季吉)「教育」 4(6) 1936.6
◇イタリーの国定教科書「月刊 列国政策彙報」 8 1936.6
◇全国中等学校長協会の教育行政機構改革案「公民教育」 6(6) 1936.6
◇フアッシズムの公民教育(早瀬利雄)「公民教育」 6(6) 1936.6
◇学校卒業者の就職状況調査「社会政策時報」 189 1936.6
◇教育的表現学試論(3)「帝国教育」 692 1936.6
◇女子高等教育の経営問題(2・完)(女子教育振興会)「帝国教育」 692 1936.6
◇世界教育会議の全貌「帝国教育」 692 1936.6
◇「ソ」連の近況と其の教育(上原義雄)「帝国教育」 692 1936.6
◇小学校教育改革私案(小西重直)「日本評論」 11(6) 1936.6
◇道府県並市に於ける教化映画利用状況に関する調査概要(文部省社会教育局)「文部時報」 551 1936.6
◇市町村立小学校教員俸給費経理に関する一考察(岡田計介)「文部時報」 552 1936.6
◇各国義務教育年齢の比較研究(宗像誠也)「教育」 4(7) 1936.7
◇義務教育年限の延長問題に就いて(座談会)(阿部重孝[ほか])「教育」 4(7) 1936.7
◇女子勤労者と教育機関(玉城肇)「教育」 4(7) 1936.7
◇青年学校の基礎工作と義務制(宮島清)「教育」 4(7) 1936.7
◇青年学校論(留岡清男)「教育」 4(7) 1936.7
◇青年団教育の回顧(田沢義鋪)「教育」 4(7) 1936.7
◇蘇連勤労青年の職業教育と余暇の利用に就て(鈴木舜一)「教育」 4(7) 1936.7
◇明治以後教育意識の変遷(三宅雪嶺)「教育」 4(7) 1936.7
◇わが国労働者の教育程度(有沢広巳)「教育」 4(7) 1936.7
◇公民教育は小学校に於てすべし(遠藤隆吉)「公民教育」 8(7) 1936.7
◇市町村立小学校教員俸給費経理に関する一考察「自治公論」 8(7) 1936.7
◇義務教育の延長に就いて(小西重直)「大大阪」 12(7) 1936.7

◇視学制度の欠陥についての考察(野田義夫)「大大阪」　12(7)　1936.7
◇通信従業員運動の現状と郵料益金繰入反対運動「内外社会問題調査資料」　292　1936.7
◇平生文相と文教刷新(関口泰)「日本評論」　11(7)　1936.7
◇各国に於ける義務教育年限と其の延長に関するジユネーヴ国際教育局の調査(一九三四年調)を紹介す(文部省教育調査部)「文部時報」　556　1936.7
◇義務教育年限延長に就て(高島一郎)「文部時報」　556　1936.7
◇義務教育年限延長の教育的考察(篠原助市)「文部時報」　556　1936.7
◇義務教育年限延長の実現を期す(阿部賢一)「文部時報」　556　1936.7
◇義務教育年限延長の問題(海後宗臣)「文部時報」　556　1936.7
◇義務教育年限の延長に就いて(野村盛三)「文部時報」　556　1936.7
◇義務教育の観念に就て―特に年限延長に連関し―(山桝儀重)「文部時報」　556　1936.7
◇国民体位の向上と義務教育の年限延長(大西永次郎)「文部時報」　556　1936.7
◇速に義務教育年限を八箇年に延長すべし(渋谷徳三郎)「文部時報」　556　1936.7
◇国字問題史観(日下部重太郎)「教育」　4(8)　1936.8
◇教育立国―小学校教育の使命と本質(長田新)「公民教育」　6(8)　1936.8
◇フアツシズムの公民教育(早瀬利雄)「公民教育」　6(8)　1936.8
◇私立学校の諸問題(清水芳一)「自治研究」　12(8)　1936.8
◇米国に於ける地方自治体吏員制度の変遷と公民教育(人見植夫)「斯民」　31(8)　1936.8
◇義務教育延長の社会政策的意義(菊池勇夫)「社会事業」　20(5)　1936.8
◇義務教育年限延長問題と其の社会的影響(留岡清男)「社会事業」　20(5)　1936.8
◇国民皆兵制と青年学校(景山鹿造)「青年教育」　162　1936.8
◇延長反対論を検討す(相沢煕)「帝国教育」　694　1936.8
◇昭和十年度各府県教員互助会現状調査「帝国教育」　694　1936.8
◇何故義務教育は今延長しなければならぬか(義務教育延長促進同盟)「帝国教育」　694　1936.8
◇情報委員会の機能について「内務時報」　1(8)　1936.8
◇昭和九年度文部統計摘要(続)(文部大臣官房文書課)「文部時報」　557　1936.8
◇文部省沿革略(10)(文部大臣官房文書課)「文部時報」　557　1936.8
◇昭和九年度学校給食施設に関する調査の概要(文部大臣官房体育課)「文部時報」　559　1936.8
◇「専検」に就て(伊藤亀吉)「文部時報」　559　1936.8
◇義務教育延長と少年の就職状態(鈴木信)「教育」　4(9)　1936.9
◇義務教育年限延長と青年学校(坂本潔)「教育」　4(9)　1936.9
◇義務教育年限延長と中等学校「教育」　4(9)　1936.9
◇勤労青少年と夜間中学校(鈴木舜一)「教育」　4(9)　1936.9
◇生活指導としての青年教育の再検討(小田内通敏)「教育」　4(9)　1936.9
◇我国に於ける教育運動(山下徳治)「教育」　4(9)　1936.9
◇転向期に於ける公民教育(田制佐重)「公民教育」　6(9)　1936.9
◇フアツシズムの公民教育(早瀬利雄)「公民教育」　6(9)　1936.9
◇教育事業の現況と将来(片岡文太郎)「市政研究」　2(5)　1936.9
◇小学校教員俸給の道府県費支弁(三好重夫)「自治研究」　12(9)　1936.9
◇コオペラテイヴ・システム(1)(文部省実業学務局)「青年教育」　163　1936.9
◇明治前期に於ける教育制度構成の精神について(須田三郎)「帝国教育」　659　1936.9
◇義務教育延長の心理学的根拠(田中寛一)「帝国教育」　695　1936.9
◇教育の改造と現代教育指標の批判(野瀬寛顕)「帝国教育」　695　1936.9
◇我国勤労作業教育と独逸に於ける国家労働奉仕の精神(野尻重雄)「文部時報」　561　1936.9
◇文部省の話(堀池英一)「文部時報」　562　1936.9
◇イギリス教育界の近状(原田実)「教育」　4(10)　1936.10
◇イタリアに於ける国民主義的教育運動(渡邊誠)「教育」　4(10)　1936.10
◇欧米に於ける学齢前教育に就いて(早崎八洲)「教育」　4(10)　1936.10
◇カトリック教育運動(細井次郎)「教育」　4(10)　1936.10
◇世界に於ける新教育の動向(伏見猛弥)「教育」　4(10)　1936.10
◇世界に於ける労働者、農民の教育運動(三輪寿壮)「教育」　4(10)　1936.10
◇1932年以降におけるソ連邦教育の変遷(富士辰馬)「教育」　4(10)　1936.10
◇中華民国に於ける学校改革運動(廖鷺揚)「教育」　4(10)　1936.10
◇ナチス政権下のドイツに於ける教育改革運動(梅根悟)「教育」　4(10)　1936.10
◇フランスに於ける最近の学制改革問題(飯田晁三)「教育」　4(10)　1936.10
◇公民科統合的教授細目(2・完)(千年源太)「公民教育」　6(10)　1936.10
◇公民教育の歴史性(海後宗臣)「公民教育」　6(10)　1936.10
◇フアツシズムの公民教育(早瀬利雄)「公民教育」　6(10)　1936.10
◇義務教育延長と小学校教科教材の改新(瀧山義亮[ほか])「帝国教育」　696　1936.10
◇教員給未払の現状と対策(藤井利誉)「帝国教育」　696　1936.10
◇明治前期の教育制度構成の精神について(2)(須田三郎)「帝国教育」　696　1936.10
◇祭田又は祭祀公業(戴炎輝)「法学協会雑誌」　54(10)　1936.10
◇明治初期の学制諸案と辻新次先生(1)(岩垂憲徳)「文部時報」　563　1936.10
◇文部省沿革略(12)(文部大臣官房文書課)「文部時報」　563　1936.10
◇明治初期の学制諸案と辻新次先生(2)(岩垂憲徳)「文部時報」　564　1936.10
◇教員給府県支弁の問題(二荒芳徳)「文部時報」　565　1936.10
◇教員給府県支弁問題を繞つて(為藤五郎)「文部時報」　565　1936.10
◇思想上より見たる小学校教員俸給府県費支弁問題(関屋龍吉)「文部時報」　565　1936.10
◇市町村立小学校教員俸給道府県負担に就いて(堀池英一)「文部時報」　565　1936.10
◇市町村立小学校教員俸給府県支弁に就て(下村寿一)「文部時報」　565　1936.10
◇小学校教員給の道府県負担と教育(藤井利誉)「文部時報」　565　1936.10
◇小学校教員給府県費支払(山桝儀重)「文部時報」　565　1936.10
◇小学校教員給府県費支弁に就て(中沢留)「文部時報」　565　1936.10
◇小学校教員俸給道府県支弁に関して(相野田彌平)「文部時報」　565　1936.10
◇小学校教員俸給道府県費負担案を評す(船田中)「文部時報」　565　1936.10
◇小学校教員俸給の道府県費支弁に就て(三好重夫)「文部時報」　565　1936.10

◇小学校教員俸給費道府県支弁に就いて（武部欽一）「文部時報」 565 1936.10

◇小学校教員俸給費道府県費支弁案に就て（粟屋謙）「文部時報」 565 1936.10

◇教育映画利用状況調査（水谷徳男）「教育」 4(11) 1936.11

◇教育と映画（城戸幡太郎）「教育」 4(11) 1936.11

◇小学校児童に於ける課外読物の一調査（松本金寿、安積すみ江）「教育」 4(11) 1936.11

◇公民教育の徹底と教育制度（北原金司）「公民教育」 6(11) 1936.11

◇青年学校の制度に就て（朝比奈策太郎）「公民教育」 6(11) 1936.11

◇如是我観公民教育（川本宇之介）「公民教育」 6(11) 1936.11

◇小学校教員俸給費道府県負担案に関する疑問（三邊長治）「自治研究」 12(11) 1936.11

◇合衆国に於ける労働者教育（中村正直）「社会福利」 20(11) 1936.11

◇小学校教員俸給の府県費支弁（久保平三郎）「地方行政」 44(11) 1936.11

◇憲法制定史上に於ける教育行政の位置（須田三郎）「帝国教育」 697 1936.11

◇市町村立小学校教員俸給道府県負担に就て（岡田計介）「帝国教育」 697 1936.11

◇社会教育座談会—教育会に期待さるる諸問題—「帝国教育」 697 1936.11

◇小学教員給道府県負担実現のために（島谷真三）「帝国教育」 697 1936.11

◇出版物を通じて見たる最近思想界の動向「内務時報」 1(11) 1936.11

◇農村と義務教育延長問題（高田耘平）「農業と経済」 3(11) 1936.11

◇祭田又は祭祀公業（2・完）（戴炎輝）「法学協会雑誌」 54(11) 1936.11

◇市町村立小学校教員俸給道府県負担に就て（文部省普通学務局）「文部時報」 567 1936.11

◇農村生活特に農村青年と図書館事業（暉峻義等）「文部時報」 567 1936.11

◇明治初期の学校教育に見はれたる皇学漢学の論争（岩垂憲徳）「文部時報」 567 1936.11

◇昭和九年度文部統計摘要(11)（文部大臣官房文書課）「文部時報」 568 1936.11

◇「文部大臣ノ主管ニ属スル法人ノ設立及監督ニ関スル規程」の改正要旨（文部大臣官房文書課）「文部時報」 568 1936.11

◇学校放送に関する教師の意見調査「教育」 4(12) 1936.12

◇教具としてのラヂオ（山下徳治）「教育」 4(12) 1936.12

◇工場とラヂオ（桐原葆見）「教育」 4(12) 1936.12

◇児童文化と放送教育（城戸幡太郎）「教育」 4(12) 1936.12

◇小学生の時間（学校教育とラヂオ）（細谷俊夫）「教育」 4(12) 1936.12

◇農村生活とラヂオ（小出満二）「教育」 4(12) 1936.12

◇ラヂオと青年教育（田沢義鋪）「教育」 4(12) 1936.12

◇ラヂオと農村生活（杉野忠夫）「教育」 4(12) 1936.12

◇ラヂオの機能と制度（吉directed本明光）「教育」 4(12) 1936.12

◇我国学校放送の特色（西本三十二）「教育」 4(12) 1936.12

◇学校教育に於ける宗教教育の問題（中村健三）「公民教育」 6(12) 1936.12

◇昭和十一年の教育年評—公民教育をめぐる一年の回顧—（上田庄三郎）「公民教育」 6(12) 1936.12

◇如是我観公民教育(4)（川本宇之介）「公民教育」 6(12) 1936.12

◇再び公民教育の重点について（稲田正次）「公民教育」 6(12) 1936.12

◇市町村より見たる義務教育年限延長問題(1)（堀池英一）「自治研究」 12(12) 1936.12

◇市町村立小学校教員俸給の道府県負担に就て（山崎犀二）「斯民」 31(12) 1936.12

◇コオペラテイヴ・システム(3)（文部省実業学務局）「青年教育」 166 1936.12

◇義務教育延長と国定教科書の改新（山崎博）「帝国教育」 698 1936.12

◇小学校教員俸給道府県負担「帝国教育」 698 1936.12

◇昭和十一年教育小史（渡部政盛）「帝国教育」 698 1936.12

◇学校建築物の保存に就て（高橋理一郎）「文部時報」 570 1936.12

◇義務教育八年制実施の必要（文部省）「文部時報」 571 1936.12

◇教育者に寄するの言（河合栄治郎）「改造」 19(1) 1937.1

◇寛政異学の禁と其の教育史的効果（石川謙）「教育」 5(1) 1937.1

◇教育史の研究法（城戸幡太郎）「教育」 5(1) 1937.1

◇教育の科学的研究法とその問題（宗像誠也）「教育」 5(1) 1937.1

◇教育方法と合科教授（山下徳治）「教育」 5(1) 1937.1

◇徴兵適齢の再検討（赤坂静也）「教育」 5(1) 1937.1

◇公民教育の最近課題(1)（上石保教）「公民教育」 7(1) 1937.1

◇自由主義の公民教育（早瀬利雄）「公民教育」 7(1) 1937.1

◇如是我観公民教育（川本宇之介）「公民教育」 7(1) 1937.1

◇教員と内申権問題余論（下田三子夫）「市政研究」 3(1) 1937.1

◇最近の実業教育の動向（岩松五良）「斯民」 32(1) 1937.1

◇義務教育年限の延長（文部省）「週報 官報附録」 13 1937.1

◇コオペラテイヴ・システム(4)（文部省実業学務局）「青年教育」 167 1937.1

◇教学刷新について（小沢恒一）「帝国教育」 699 1937.1

◇昭和十一年に於ける社会教育の回顧（小尾範治）「帝国教育」 699 1937.1

◇森有礼の教育制度構成の近代史的意義（須田三郎）「帝国教育」 699 1937.1

◇第七回世界教育会議、各部会報告(2)「帝国教育」 708 1937.1

◇義務教育年限の延長と小学校教科（皇至道）「教育」 5(2) 1937.2

◇教育改革運動の根本義（城戸幡太郎）「教育」 5(2) 1937.2

◇自由主義の公民教育(2)（早瀬利雄）「公民教育」 7(2) 1937.2

◇綜合教育の思想と公民科（龍山義亮）「公民教育」 7(2) 1937.2

◇如是我観公民教育(6)（川本宇之介）「公民教育」 7(2) 1937.2

◇学制改革と町村の新使命（小島憲）「自治公論」 9(2) 1937.2

◇生産学校論(1)（フランツ・ヒルケル）「青年教育」 168 1937.2

◇農村指導者論(1)（小出満二）「青年教育」 168 1937.2

◇義務教育延長の社会的影響-主として大阪市に於ける-（米谷豊一）「大大阪」 13(2) 1937.2

◇教員保健所設立趣旨並に計画要項（文部大臣官房体育課）「帝国教育」 700 1937.2

◇小学教育内容の改善（木下竹次）「帝国教育」 700 1937.2

◇小学校教育内容改善について（野口援太郎）「帝国教育」 700 1937.2

◇小学校教育内容の改善について（入沢宗寿）「帝国教育」 700 1937.2

◇小学校教員の保健と療養施設（加用信憲）「帝国教育」 700 1937.2

◇義務教育年限延長に伴ふ二三の重要問題（生江孝之）「教育」 5(3) 1937.3

◇教育的年齢の問題（城戸幡太郎）「教育」 5(3) 1937.3

教育・文化・情報

◇精神薄弱児の教育問題(奥田三郎)「教育」 5(3) 1937.3

◇未成年者年齢限定の問題(座談会)(赤坂静也[ほか])「教育」 5(3) 1937.3

◇公民教育論に現れたる形式主義と時宜主義について(北原金司)「公民教育」 7(3) 1937.3

◇「社会化された学級」とは果してどんなものか(山本二郎)「公民教育」 7(3) 1937.3

◇自由主義の公民教育(3)(早瀬利雄)「公民教育」 7(3) 1937.3

◇市町村より見たる義務教育年限延長問題(2)(堀池英一)「自治研究」 13(3) 1937.3

◇義務教育延長の科学的根拠(暉峻義等)「社会政策時報」 198 1937.3

◇実際生活と今日の学校(2)(テオドール・マイエル)「青年教育」 169 1937.3

◇都市接続青年学校教育の必要と其の至難(神沢宣武)「青年教育」 169 1937.3

◇大阪市校園の復興振り(上島直之)「大大阪」 13(3) 1937.3

◇教壇より見たる大阪の青年学校(杉本三郎)「大大阪」 13(3) 1937.3

◇学校身体検査規程の改正に就いて(大西永次郎)「帝国教育」 701 1937.3

◇教育映画論(中田俊造)「帝国教育」 701 1937.3

◇教育の内容改善について(大谷徳馬)「帝国教育」 701 1937.3

◇時局と教育に関する座談会(藤井利誉[ほか])「帝国教育」 701 1937.3

◇小学校教科課程改正案(帝国教育会)「帝国教育」 701 1937.3

◇明治前期に於ける教育制度構成の精神(完)(須田三郎)「帝国教育」 701 1937.3

◇独逸に於ける新聞統制(戒能通孝)「法律時報」 9(3) 1937.3

◇我が国に於ける教育財政に就いて(菊池豊三郎)「文部時報」 578 1937.3

◇時局と学生(河合栄治郎)「改造」 19(4) 1937.4

◇各種学校と中等教育政策(宮島清)「教育」 5(4) 1937.4

◇交付金問題と小学校教員俸給府県移管(Q.T.S.)「教育」 5(4) 1937.4

◇中学校の改革案について(城戸幡太郎)「教育」 5(4) 1937.4

◇改正公民科教授目に就いて(飯野稲城)「公民教育」 7(4) 1937.4

◇改正中学校公民科教授要目全文「公民教育」 7(4) 1937.4

◇公民科教授要目改正の趣旨(中村正治)「公民教育」 7(4) 1937.4

◇公民教育指導者の声を聴く(市来鉄郎)「斯民」 32(4) 1937.4

◇日本橋区郊外学校園に就いて(富沢功)「庭園」 19(4) 1937.4

◇保健教育について(馬上孝太郎)「帝国教育」 720 1937.4

◇昭和11年度全国壮丁の教育状況「統計時報」 67 1937.4

◇春と博覧会(菅原忠治郎)「都市問題」 24(4) 1937.4

◇独逸の学校(下村市郎)「文部時報」 580 1937.4

◇教員保養所に就て(田村森次)「文部時報」 582 1937.4

◇師範教育の改革案について(城戸幡太郎)「教育」 5(5) 1937.5

◇第一回教育学会に現はれたる教学論争(野宮達麿)「教育」 5(5) 1937.5

◇東京府新設師範学校の内容(林伝次)「教育」 5(5) 1937.5

◇愛知県下小学校建築の実状(後藤米太郎)「建築雑誌」 51(626) 1937.5

◇米国の大学に於ける防火教育(能美輝一)「建築と社会」 25(5) 1937.5

◇小学校と緑地(後藤米太郎)「公園緑地」 1(5) 1937.5

◇改正公民科教授目の指導精神(作田荘一)「公民教育」 7(5) 1937.5

◇公民科教授事項取扱上の参考(文部省通牒)「公民教育」 7(5) 1937.5

◇中等学校公民科改正教授要目について(長倉矯介)「公民教育」 7(5) 1937.5

◇電気科学館(大阪市立)の誕生(木津谷栄三郎)「大大阪」 13(5) 1937.5

◇電気科学館の経営に就て(川内槌蔵)「大大阪」 13(5) 1937.5

◇電気科学館のプロフィール(広田正次郎)「大大阪」 13(5) 1937.5

◇電気科学館の見方(小畠康郎)「大大阪」 13(5) 1937.5

◇村の家(瀬川清子)「帝国教育」 703 1937.5

◇文部省沿革略(16)(文部大臣官房文書課)「文部時報」 583 1937.5

◇ドイツの職業教育について(河村東洋)「文部時報」 584 1937.5

◇岩手教育をさぐる(その一)(留岡清男)「教育」 5(6) 1937.6

◇教育立地論(城戸幡太郎)「教育」 5(6) 1937.6

◇憲政再吟味と公民教育思潮(承第七十三号)(上石保教)「公民教育」 7(6) 1937.6

◇青年学校教授及訓練要目(1):修身及公民科「公民教育」 7(6) 1937.6

◇公民的教化訓練の急務(1)(松山銑一郎)「自治研究」 13(6) 1937.6

◇小学校建築に新機軸-天王寺第五小学校の新校舎(伊藤正文)「大大阪」 13(7) 1937.6

◇公民科教授要目改正について(清水福市)「帝国教育」 704 1937.6

◇日本教育学の問題(渡部政盛)「帝国教育」 704 1937.6

◇学務部長事務打合会に於ける訓示並に指示「内務時報」 2(6) 1937.6

◇文部省沿革略(17)(文部大臣官房文書課)「文部時報」 586 1937.6

◇校外保導教護施設に就て(龍山義亮)「文部時報」 587 1937.6

◇青年学校制度に就て(朝比奈策太郎)「文部時報」 588 1937.6

◇教師生活に関する調査(第一報告)「教育」 5(7) 1937.7

◇教師論(山下徳治)「教育」 5(7) 1937.7

◇校長論(佐々木秀一)「教育」 5(7) 1937.7

◇視学論(須奈美玄)「教育」 5(7) 1937.7

◇女教師論(市川房枝)「教育」 5(7) 1937.7

◇憲政再吟味と公民教育思潮(上石保教)「公民教育」 7(7) 1937.7

◇青年学校修身及公民科教授及訓練要目「公民教育」 7(7) 1937.7

◇日本教育史研究と報徳(1)(加藤仁平)「斯民」 32(7) 1937.7

◇教学刷新と現代教育学(渡部政盛)「帝国教育」 705 1937.7

◇第七回世界教育会議はどのやうに行はれるか(日本事務局)「帝国教育」 705 1937.7

◇修身及公民科教授及訓練要目制定の方針(朝比奈策太郎)「文部時報」 589 1937.7

◇青年学校教授及訓練要目の制定に就て(山川建)「文部時報」 589 1937.7

◇中等学校公民科新教授要目の趣旨(1)(廣濱嘉雄)「文部時報」 590 1937.7

◇文部省沿革略(18)(文部大臣官房文書課)「文部時報」 590 1937.7

◇中等学校公民科新教授要目の趣旨(2)「文部時報」 591 1937.7

◇内外児童教育相談事業の発達(山下俊郎)「教育」 5(8) 1937.8

◇本市小学校に於ける夏季施設の概況(東京市教育局体育課)「公園緑地」 1(8) 1937.8

◇改正公民科教授要目の考察(稲田正次)「公民教育」 7(8) 1937.8

◇世界教育会議について「公民教育」 7(8) 1937.8

◇独特の憲法政治と公民教育(渡部政盛)「公民教育」 7(8) 1937.8

◇合衆国に於ける社会事業従業員の教育(後藤精二)「社会福祉」 21(8) 1937.8

◇休息時(多田鉄雄訳)「帝国教育」 706 1937.8

◇教育改革同志会の教育制度改革案を読む(長谷川乙彦)「帝国教育」 706 1937.8

◇茗溪会の学校系統改善案を討議する(志垣寛)「帝国教育」 706 1937.8

◇帝国芸術院と教学局に就いて「文部時報」 503 1937.8

◇田園学寮(Landerziehungsheim)(古川尚雄)「文部時報」 593 1937.8

◇中等学校教育新教授要目の趣旨(1)(篠原助市)「文部時報」 594 1937.8

◇独逸教育に於けるヒットラー青少年(Hitler・Jugend)の意義(古川尚雄)「文部時報」 594 1937.8

◇文部省沿革略(19)(文部大臣官房文書課)「文部時報」 594 1937.8

◇校外教育の批判と展望(大林宗嗣)「教育」 5(9) 1937.9

◇児童と図書館・読書指導(今沢慈海)「教育」 5(9) 1937.9

◇児童と博物館其の他の観覧施設(秋保安治)「教育」 5(9) 1937.9

◇社会教育の系統化(城戸幡太郎)「教育」 5(9) 1937.9

◇自由大学運動の経過とその意義-農村青年と社会教育-(高倉テル)「教育」 5(9) 1937.9

◇成人と社会教育(早瀬利雄)「教育」 5(9) 1937.9

◇大衆の体育(暉峻義等[ほか])「教育」 5(9) 1937.9

◇第七回世界教育会議あとさき物語(大島正徳)「教育」 5(9) 1937.9

◇都市青年と社会教育(松本征二)「教育」 5(9) 1937.9

◇日本に於ける社会教育の特質(清水幾太郎)「教育」 5(9) 1937.9

◇婦人・家庭と社会教育(羽仁説子)「教育」 5(9) 1937.9

◇民衆の娯楽・休養と社会教育(大森義太郎)「教育」 5(9) 1937.9

◇公民教育概念の変遷(谷本富)「公民教育」 7(9) 1937.9

◇オリムピック競技場が明治神宮外苑に決定される迄(1)(山崎敬三)「市政研究」 3(5) 1937.9

◇日本教育史研究と報徳(2)(加藤仁平)「斯民」 32(9) 1937.9

◇朝鮮に於る国語教育に就て(井坂圭一良)「週刊エコノミスト」 15(25) 1937.9

◇第七回世界教育会議総会報告「帝国教育」 707 1937.9

◇昭和十年度文部統計摘要(1)(文部大臣官房文書課)「文部時報」 595 1937.9

◇中等学校教育新教授要目の趣旨(2・完)(篠原助市)「文部時報」 595 1937.9

◇昭和十年度文部統計摘要(2)(文部大臣官房文書課)「文部時報」 596 1937.9

◇昭和十年度文部統計摘要(3)(文部大臣官房文書課)「文部時報」 597 1937.9

◇農村に於ける郷土教育の新形態(小田内通敏)「改造」 19(10) 1937.10

◇教育主体としての職能組合(宮島清)「教育」 5(10) 1937.10

◇工業組合の新興教育形態(大内経雄)「教育」 5(10) 1937.10

◇産業組合教育運動の歴史と動向(水野武夫)「教育」 5(10) 1937.10

◇商業組合運動と教育的欠陥(井上貞蔵)「教育」 5(10) 1937.10

◇心学思想の変遷(1)(石川謙)「教育」 5(10) 1937.10

◇オリムピック競技場が明治神宮外苑に決定される迄(2)(山崎敬三)「市政研究」 3(6) 1937.10

◇日本教育史研究と報徳(3)(加藤仁平)「斯民」 32(10) 1937.10

◇小学校の敷地選定に就て(阿部喜之丞)「都市問題」 25(4) 1937.10

◇昭和十年度文部統計摘要(4)(文部大臣官房文書課)「文部時報」 598 1937.10

◇昭和十年度文部統計摘要(5)(文部大臣官房文書課)「文部時報」 599 1937.10

◇教師生活に関する調査(第一報告)(第二報告)-教養生活の質及び量の分析(1)-(編輯部)「教育」 5(11) 1937.11

◇高等女学校と学科課程(海後宗臣)「教育」 5(11) 1937.11

◇支那の教育運動(尾崎秀実)「教育」 5(11) 1937.11

◇女子教育振興運動史(原田実)「教育」 5(11) 1937.11

◇女子と家庭生活(金子しげり)「教育」 5(11) 1937.11

◇女子と職業生活-特に問題の教育的関連に於て(桐原葆見)「教育」 5(11) 1937.11

◇女子と青年団・青年学校(松井翠次郎)「教育」 5(11) 1937.11

◇津田梅子女史(藤田たき)「教育」 5(11) 1937.11

◇蓄音器レコードの演奏と著作権(1)(国塩耕一郎)「警察研究」 8(11) 1937.11

◇昭和十年度文部統計摘要(6)(文部大臣官房文書課)「文部時報」 600 1937.11

◇昭和十年度文部統計摘要(7)(文部大臣官房文書課)「文部時報」 601 1937.11

◇文部省沿革略(20)(文部大臣官房文書課)「文部時報」 601 1937.11

◇昭和十年度文部統計摘要(8)「文部時報」 603 1937.11

◇時局と公民教育の反省(関口泰)「教育」 5(12) 1937.12

◇市町村行政と吏員教育(亀卦川浩)「教育」 5(12) 1937.12

◇心学思想の変遷(2)(石川謙)「教育」 5(12) 1937.12

◇蓄音器レコードの演奏と著作権(2)(国塩耕一郎)「警察研究」 8(12) 1937.12

◇社会正義と公民教育(平実)「公民教育」 7(12) 1937.12

◇戦時体制の青年学校修身及公民科(山崎博)「公民教育」 7(12) 1937.12

◇産業組合教育の徹底に就て(菊田通雄)「産業組合」 386 1937.12

◇公民的教化訓練の急務(2)(松山銑一郎)「自治研究」 13(12) 1937.12

◇満洲国建国大学創立の精神と組織(作田荘一)「文部時報」 604 1937.12

◇アメリカ教育の動向-その社会的原理の把握を中心として(早瀬利雄)「教育」 6(1) 1938.1

◇イギリスの教育の伝統と現状(池田徳真)「教育」 6(1) 1938.1

◇イタリーと時局教育(新明正道)「教育」 6(1) 1938.1

◇教師生活に関する調査(第三報告)-教養生活の質及び量の分析(2)「教育」 6(1) 1938.1

◇時局教育とフランス(重徳泗水)「教育」 6(1) 1938.1

◇事変と農民教育(木村正義)「教育」 6(1) 1938.1

◇戦争と文化政策(吉阪俊蔵)「教育」 6(1) 1938.1

◇ソヴイエトロシアの祖国愛教育(大宮謙)「教育」 6(1) 1938.1

◇対華文化建設の大綱(蔡培火)「教育」 6(1) 1938.1

◇対支文化及び医療政策(入沢達吉)「教育」 6(1) 1938.1

◇対支文化事業の促進に就て(田川大吉郎)「教育」 6(1) 1938.1

◇対支文化事業の半生(清水安三)「教育」 6(1) 1938.1

◇大陸経営と移植民教育(矢内原忠雄)「教育」 6(1) 1938.1

◇貯金と保険-保険教育確立の必要-(川西実三)「教育」 6(1) 1938.1

◇ナチス・ドイツに於ける教育の基本問題(高橋穣)「教育」 6(1) 1938.1

◇修身科と公民科との統合問題(池岡直孝)「公民教育」 8(1)

1938.1
◇都市教育における職業実習の意義(北村孫盛)「市政研究」 4(1) 1938.1
◇戦傷者の職業再教育に就て「社会事業」 21(10) 1938.1
◇大阪市学校教職員生徒児童等の健康状態に就て(深山杲)「大大阪」 14(1) 1938.1
◇価値概念と文化教育学-教育学的価値論(2)(J.ワグネル,田中誓尋訳)「帝国教育」 711 1938.1
◇最近のドイツの教育状況(石中象治)「帝国教育」 711 1938.1
◇支那教育の過去、現在、及未来(岡部平太)「帝国教育」 711 1938.1
◇支那の教育制度(徳田六郎)「帝国教育」 711 1938.1
◇準戦時体制下のソ連教育事情(昇曙夢)「帝国教育」 711 1938.1
◇文化工作により日支は如何にして提携すべきか(相沢煕)「帝国教育」 711 1938.1
◇ムッソリーニ治下のイタリヤの教育(下位春吉)「帝国教育」 711 1938.1
◇教育審議会小学校教育改編イデオロギーの検討(赤井米吉)「帝国教育」 720 1938.1
◇国民学校の組織に就て(小沢恒一)「帝国教育」 720 1938.1
◇国民教育に対する一考察(山田栄)「帝国教育」 720 1938.1
◇都市小学校としての我校(大阪市蘆池尋常高等小学校)経営の一部-体育衛生方面-(石川為蔵)「文部時報」 608 1938.1
◇教育審議会委員に聴く(阿部重孝[ほか])「教育」 6(2) 1938.2
◇教育審議会論(関口泰)「教育」 6(2) 1938.2
◇中等学校入学者選抜方法の変遷及び現状とその解決法(関口隆克)「教育」 6(2) 1938.2
◇公民教育実践としての自治訓練(大内昌雄)「公民教育」 8(2) 1938.2
◇大衆青年教育の振興を訴ふ(三橋節)「大大阪」 14(2) 1938.2
◇教育学的価値(3)(J.ワグネル,田中誓尋訳)「帝国教育」 712 1938.2
◇教育審議会に望む(小林澄兄[ほか])「帝国教育」 712 1938.2
◇青年学校義務制の実施に就て(田代勝之助)「帝国教育」 712 1938.2
◇ナチス党下の教育理論(小川正行)「帝国教育」 712 1938.2
◇文部省沿革略(21)(文部大臣官房文書課)「文部時報」 609 1938.2
◇小学校令施行規則中改正の趣旨(文部省普通学務局)「文部時報」 610 1938.2
◇文部省視学委員復命書抄(1)公民科(戸田貞三[ほか])「文部時報」 610 1938.2
◇文部省視学委員復命書抄(2)公民科(戸田貞三[ほか])「文部時報」 611 1938.2
◇義務制青年学校の修業年限の問題(赤坂静也)「教育」 6(3) 1938.3
◇勤労青年の教育(桐原葆見)「教育」 6(3) 1938.3
◇青年学校義務制とその経営主体(宮島清)「教育」 6(3) 1938.3
◇青年学校教育の義務制と地方財政(三好重夫)「教育」 6(3) 1938.3
◇ソヴイエト連邦の青年教育(鏡呆十)「教育」 6(3) 1938.3
◇転換期に立つドイツの補習教育(細谷俊夫)「教育」 6(3) 1938.3
◇社会的文化変動の形式(米田庄太郎)「経済論叢」 46(3) 1938.3
◇青年学校の義務制について(柴沼直)「自治研究」 14(3) 1938.3
◇教育学的自然主義と価値概念-教育学的価値論(4)(J.ワグネル,田中誓尋訳)「帝国教育」 713 1938.3
◇教育審議会及び文政当局に対する希望(長谷川乙彦)「帝国教育」 713 1938.3

◇教育審議会に要望す(小沢恒一)「帝国教育」 713 1938.3
◇文部省視学委員復命書抄(3)公民科(戸田貞三[ほか])「文部時報」 612 1938.3
◇貴族院に於ける青年学校義務制-二月二十八日の予算委員会の速記録「教育」 6(4) 1938.4
◇小学校教育の根本目標-日本教育の歴史性(飯野亥三郎)「教育」 6(4) 1938.4
◇青年学校義務制に伴う経費に就て(関口泰)「教育」 6(4) 1938.4
◇ソロキンの文化受動形式論(米田庄太郎)「経済論叢」 46(4) 1938.4
◇青年学校義務制実施に伴う具体案(全国聯合青年学校長会)「公民教育」 8(4) 1938.4
◇青年学校義務制と教員の問題(相沢煕)「公民教育」 8(4) 1938.4
◇市町村と国民教育(松浦鎮次郎)「斯民」 33(4) 1938.4
◇青年学校今後の諸問題(鈴木静穂)「帝国教育」 714 1938.4
◇男子青年学校義務制度の前途(片桐佐太郎)「帝国教育」 714 1938.4
◇都市青年学校の諸問題(島崎延吉)「帝国教育」 714 1938.4
◇自治制発布五十周年を迎へて我が地方教育の発達を想ふ(龍山義亮)「文部時報」 616 1938.4
◇児童労働と青年学校義務制の実施(鈴木舜一)「教育」 6(5) 1938.5
◇日本に於ける国民の生活と教育との関係(玉城肇)「教育」 6(5) 1938.5
◇国防国家と公民教育(渡部政盛)「公民教育」 8(5) 1938.5
◇社会教育概念の一考察(不破裕俊)「公民教育」 8(5) 1938.5
◇新要目準拠公民科教授細目集(承前号)(秋月兼一)「公民教育」 8(5) 1938.5
◇青年学校修身及公民科教授及訓練要目解説第二講(池岡直孝)「公民教育」 8(5) 1938.5
◇青年学校の義務制と修身及公民科(鈴木静穂)「公民教育」 8(5) 1938.5
◇中等教育改正公民科教授要目論解 第二講(山崎犀二)「公民教育」 8(5) 1938.5
◇大阪市に於ける児童の智能発達度並分布状態に就て(1)(尼野敬二郎)「大大阪」 14(5) 1938.5
◇小学校令に依る学区の法人格「大審院判例集」 17(3) 1938.5
◇教育学的価値(5)(J.ワグネル,田中誓尋訳)「帝国教育」 715 1938.5
◇国家総動員法と教育(広浜嘉雄)「帝国教育」 715 1938.5
◇支那の文化再認識と支那語教育(岩村成允)「帝国教育」 715 1938.5
◇事変下に於ける壮青年少年団の動向(岡香澄)「日本評論」 13(5) 1938.5
◇都鄙の間に於ける教育の機会均等(橋本伝左衛門)「農業と経済」 5(5) 1938.5
◇自治制発布前に於ける地方教育行政(中山一義)「教育」 6(6) 1938.6
◇植民地における国語教育政策-主として朝鮮語方言化、国語標準語化の問題について(村上広之)「教育」 6(6) 1938.6
◇都市計画は教育機関計画をも包含すべきなり(1)(N.L.エンゲルハート)「建築と社会」 21(6) 1938.6
◇青年学校義務制に伴ふ公民科教員養成の必要(関口泰)「公民教育」 8(6) 1938.6
◇青年学校修身及公民科教授及訓練要目解説(3)(池岡直孝)「公民教育」 8(6) 1938.6
◇中等学校改正公民科教授要目論解(3)(山崎犀二)「公民教育」 8(6) 1938.6
◇大阪市に於ける児童の智能発達並分布状態に就て(2)(尼野敬二

郎)「大大阪」　14(6)　1938.6

◇欧米に於ける戦傷者の再教育(田中寛一)「中央公論」　53(6)　1938.6

◇学齢前児童教育の問題(多田鉄雄)「帝国教育」　716　1938.6

◇東京市に於ける青年学校義務制実施の影響(関口泰)「都市問題」　26(6)　1938.6

◇学務部長事務打合会に於ける訓示並指示「内務厚生時報」　3(6)　1938.6

◇教育審議会と文部省(留岡清男)「教育」　6(7)　1938.7

◇教育と職業との連絡 -職業指導の機構の問題-(宗像誠也)「教育」　6(7)　1938.7

◇青年学校義務制案要綱(教育改革同志会)「教育」　6(7)　1938.7

◇青年学校教育義務制実地法案要綱について(城戸幡太郎)「教育」　6(7)　1938.7

◇公民科と映画教育(野崎泰秀)「公民教育」　8(7)　1938.7

◇青年学校修身及公民科教授及訓練要目解説第四講(池岡直孝)「公民教育」　8(7)　1938.7

◇中等学校改正公民科教授要目論解第四講(山崎犀二)「公民教育」　8(7)　1938.7

◇ナチスの大学(齋藤秀夫)「国家学会雑誌」　52(7)　1938.7

◇文化行政の機構と立法(柳瀬良幹)「国家学会雑誌」　52(7)　1938.7

◇教育学的価値(6)(J.ワグネル,田中誓尋訳)「帝国教育」　717　1938.7

◇1937年独逸の小学校教育状況「統計時報」　82　1938.7

◇教育革新と青年学校義務制(関口泰)「日本評論」　13(7)　1938.7

◇都市青年学校と職業科との関係(藤本幸太郎)「一橋論叢」　2(1)　1938.7

◇就労児童の就学問題(鈴木舜一)「教育」　6(8)　1938.8

◇青年学校教育とラヂオの団体聴取(西本三十二)「教育」　6(8)　1938.8

◇青年学校普通科と高等小学校(関口泰)「教育」　6(8)　1938.8

◇満州移民と青年教育(1):分村計画を立てた村を見る(桜井武雄)「教育」　6(8)　1938.8

◇港湾艀船労働者児童教育問題(有貝賦)「港湾」　16(8)　1938.8

◇昭和十二年度全国壮丁の教育状況(文部省社会教育局)「文部時報」　628　1938.8

◇高等小学校教育に於ける経済思想の養成(細谷俊夫)「教育」　6(9)　1938.9

◇満州移民と青年教育(2)分村計画を立てた村を見る(桜井武雄)「教育」　6(9)　1938.9

◇学校卒業者使用制限に就て -東京市人事制度に関連して(畑市次郎)「市政研究」　4(5)　1938.9

◇教育学的価値論(ワグネル,田中誓尋訳)「帝国教育」　719　1938.9

◇教育者と経済思想(真田幸憲)「帝国教育」　719　1938.9

◇事変下に於ける教育者の経済思想の養成(清水福市)「帝国教育」　719　1938.9

◇事変下に於ける教育者の経済思想(石沢吉麿)「帝国教育」　719　1938.9

◇公民科の精神並其取扱方(1)(樋田豊太郎)「文部時報」　631　1938.9

◇公民科の精神並其取扱方(2)(樋田豊太郎)「文部時報」　632　1938.9

◇図書館と文化政策(竹林熊彦)「教育」　6(10)　1938.10

◇文化映画政策について(稲田達雄)「教育」　6(10)　1938.10

◇文化政策と博物館事業(大羽甼一)「教育」　6(10)　1938.10

◇文化とラヂオ(西本三十二)「教育」　6(10)　1938.10

◇学校庭園を語る(座談会)「公園緑地」　2(10)　1938.10

◇都市の空地政策より見たる学校庭と小公園の関係に就て(北村徳太郎)「公園緑地」　2(10)　1938.10

◇青年学校教員養成問題(千葉敬止)「公民教育」　8(10)　1938.10

◇梧稜浜口儀兵衛の嬰児教育仕法と貧民収容保護施設(太田鼎三)「社会事業」　22(7)　1938.10

◇区財政より見たる学区制度(1)(戸引達)「地方行政」　46(11)　1938.10

◇教育学的価値論(8)(ワグネル,田中誓尋訳)「帝国教育」　720　1938.10

◇公民科の精神並其取扱方(3)(樋田豊太郎)「文部時報」　633　1938.10

◇公民科の精神並其取扱方(4)(樋田豊太郎)「文部時報」　634　1938.10

◇イタリーに於けるファシストの少年教育(1)(福田喜東)「警察研究」　9(11)　1938.11

◇区財政より見たる学区制度(2・完)(戸引達)「地方行政」　46(12)　1938.11

◇教育学的価値論(9)(ワグネル,田中誓尋訳)「帝国教育」　721　1938.11

◇大戦後列国の戦傷者職業再教育(東京府職業課)「帝国教育」　721　1938.11

◇独逸に於ける教育統制(今泉孝太郎)「日本評論」　13(11)　1938.11

◇公民科の精神並其取扱方(5)(樋田豊太郎)「文部時報」　635　1938.11

◇公民科の精神並其取扱方(6)(樋田豊太郎)「文部時報」　636　1938.11

◇イタリーに於けるフアシストの少年教育(2)(福田喜東)「警察研究」　9(12)　1938.12

◇青年学校義務制と地方財政(東次郎)「財政」　3(12)　1938.12

◇技術者教育の刷新(西田博太郎)「中央公論」　53(12)　1938.12

◇教育学的価値論(J.ワグネル,田中誓尋訳)「帝国教育」　710　1938.12

◇長期建設に於ける教育の課題(赤井米吉)「帝国教育」　722　1938.12

◇東京市政調査会公開図書閲覧室に就て「都市問題」　28(1)　1939.1

◇日満支都市の文化的経済的連携に就て(大野緑一郎)「都市問題」　28(1)　1939.1

◇公民的教化訓練の急務(3・完)(松山銑一郎)「自治研究」　15(2)　1939.2

◇映画法の立案(日本都市年鑑編纂室)「都市問題」　28(2)　1939.2

◇国民教育再組織の方策と都市教育問題(上)(川本宇之介)「都市問題」　28(2)　1939.2

◇電話規則の改正(日本都市年鑑編纂室)「都市問題」　28(2)　1939.2

◇国民教育再組織の方策と都市教育問題(下)(川本宇之介)「都市問題」　28(3)　1939.3

◇都鄙壮丁の教育程度比較(日本都市年鑑編纂室)「都市問題」　28(3)　1939.3

◇東亜電気通信強化策(日本都市年鑑編纂室)「都市問題」　28(4)　1939.4

◇青年学校義務制の実施(日本都市年鑑編纂室)「都市問題」　28(5)　1939.5

◇教育審議会整理委員会の中等学校教育刷新案(日本都市年鑑編纂室)「都市問題」　29(2)　1939.8

◇中等学校入学学科試験の全廃(日本都市年鑑編纂室)「都市問題」　29(5)　1939.11

◇青年学校の学務委員設置(山岸祐)「市政研究」　6(1)　1940.1

◇教育勅語渙発の由来を拝察し奉りて(武部欽一)「帝国教育」　744　1940.1

◇就職前児童の職業教育、技術教育(鈴木舜一)「教育」　8(2)　1940.2

教育・文化・情報

- ◇市町村立小学校教員俸給費道府県負担に就いて（伊藤日出登）「斯民」 35(2) 1940.2
- ◇師範大学案（茗渓館）「帝国教育」 736 1940.2
- ◇教化都市の設定（日本都市年鑑編纂室）「都市問題」 30(2) 1940.2
- ◇教員払底と教員待遇改善の指標（留岡清男）「教育」 8(3) 1940.3
- ◇公民科論考(7)（樋田豊太郎）「公民教育」 10(3) 1940.3
- ◇青年学校修身及公民科教授及訓練要目解説 -第22講-「公民教育」 10(3) 1940.3
- ◇教育制度の改革（海後宗臣）「国家学会雑誌」 54(3) 1940.3
- ◇国民学校制実施と教則案の決定（日本都市年鑑編纂室）「都市問題」 30(3) 1940.3
- ◇小学校教員俸給道府県負担に就いて（中野善敦）「文部時報」 683 1940.3
- ◇教員待遇改善策シンポジウム(5)（加藤精三 [ほか]）「教育」 8(4) 1940.4
- ◇新入学考査法検討座談会「教育」 8(4) 1940.4
- ◇地方都市に於ける教師生活の実情（伊丹巳之吉）「教育」 8(4) 1940.4
- ◇東京市小学校教員生活費基本調査（重松鷹泰）「教育」 8(4) 1940.4
- ◇今議会に現れた義務教育問題（清岡雅雄）「公民教育」 10(4) 1940.4
- ◇改正入学試験の跡を顧みて（加藤恂二郎）「斯民」 35(4) 1940.4
- ◇文化行政法小論（佐藤碩）「地方行政 日文版」 4(4) 1940.4
- ◇入学新制度検討座談会記録「帝国教育」 738 1940.4
- ◇わが国産業界の変遷と国民学校（平湯一仁）「帝国教育」 738 1940.4
- ◇小学校教員俸給支弁の道府県移管（日本都市年鑑編纂室）「都市問題」 30(4) 1940.4
- ◇小学校教員の異動状態（高木太郎）「教育」 8(5) 1940.5
- ◇公民科論考(8)（樋田豊太郎）「公民教育」 10(5) 1940.5
- ◇青年学校修身及公民科教授及訓練要目解説 -第24講-（池田道孝）「公民教育」 10(5) 1940.5
- ◇児童文化と国民の文化生活（菅忠道）「社会事業」 24(5) 1940.5
- ◇小学校教員俸給道府県負担について（伊藤日出登）「帝国教育」 739 1940.5
- ◇フランスの国語問題（山田珠樹）「改造」 22(10) 1940.6
- ◇中等学校入学者選抜方法に関する考察（木下芳美）「教育」 8(6) 1940.6
- ◇ナチス・ドイツに於ける教育の刷新（福田喜東）「警察研究」 11(6) 1940.6
- ◇公民科論考(10)：国民経済（樋田豊太郎）「公民教育」 10(6) 1940.6
- ◇青年学校修身及公民科教授及訓練要目解説-第二十五講-（池岡直孝）「公民教育」 10(6) 1940.6
- ◇都市生活と公民教育（平実）「公民教育」 10(6) 1940.6
- ◇都市民の読書生活相（赤座光市）「公民教育」 10(6) 1940.6
- ◇学校給食の実際（文部省）「週報 官報附録」 190 1940.6
- ◇鹿児島県青年学校の現状並に振興策（飯牟礼逸実）「帝国教育」 740 1940.6
- ◇近世学校教育発達史（序説）-教育二千六百年史其五-（武田勘治）「帝国教育」 740 1940.6
- ◇国民学校高等科の問題（寺田次市）「帝国教育」 740 1940.6
- ◇小学校教員俸給道府県負担に関し府県市町村並に小学校よりの希望「帝国教育」 740 1940.6
- ◇青年学校義務教育費国庫負担問題（田代勝之助）「帝国教育」 740 1940.6

- ◇山形市男子青年学校の現状と向上策（山形市男子青年学校）「帝国教育」 740 1940.6
- ◇小学校武道解説(1)（文部大臣官房体育課）「文部時報」 692 1940.6
- ◇学生生徒の旅行に関する件通牒（昭和15年6月20日）「文部時報」 693 1940.6
- ◇小学校武道解説(2)（文部大臣官房体育課）「文部時報」 693 1940.6
- ◇文化旋風の波紋（山下博章）「改造」 22(13) 1940.7
- ◇師範学校改革に対する要望(1)（林健一）「教育」 8(7) 1940.7
- ◇公民科論考(11)：十三産業（樋田豊太郎）「公民教育」 10(7) 1940.7
- ◇農村民の読書生活相(1)（赤座光市）「公民教育」 10(7) 1940.7
- ◇少年工の教育（鈴木舜一）「社会政策時報」 238 1940.7
- ◇中小工業の徒弟教育（大内経雄）「社会政策時報」 238 1940.7
- ◇社会教育理念の考察（大林宗嗣）「社会福利」 24(7) 1940.7
- ◇小学校教員の質と待遇（石丸敬次）「地方行政」 48(7) 1940.7
- ◇昭和15年度帝国教育会通常総会記録「帝国教育」 741 1940.7
- ◇第75議会に於ける教育問題（赤間信義）「帝国教育」 741 1940.7
- ◇国民学校教員講習会実施に関する件通牒（昭和15年6月4日）「文部時報」 694 1940.7
- ◇学生生徒の最近の思想動向に就て（吉田孝一）「文部時報」 695 1940.7
- ◇官公私立の大学高等専門学校の入学試験に於ける身体検査に関する調査（文部大臣官房体育課）「文部時報」 695 1940.7
- ◇教育審議会は何を考へたか(4)教科と科目と-国民学校案論議検討、その三-（大場力）「教育」 8(8) 1940.8
- ◇児童図書館の建設 -学校と勢落常会-（広沢堯雄）「教育」 8(8) 1940.8
- ◇師範学校改革に対する要望(2・完)（林健一）「教育」 8(8) 1940.8
- ◇北海道小学校教員の待遇（寿善次）「教育」 8(8) 1940.8
- ◇明治初年に於ける大学論の一例（田畑忍）「公法雑誌」 6(8) 1940.8
- ◇公民科論考(14)（樋田豊太郎）「公民教育」 10(8) 1940.8
- ◇農村民の読書生活相(2)（赤座光市）「公民教育」 10(8) 1940.8
- ◇中等学校入試問題座談会、大阪市教育会大阪都市協会共同主催（第2回）「大大阪」 16(8) 1940.8
- ◇傷痍軍人尋常小学校本科正教員養成に関する件通牒（昭和5年6月14日）「地方行政」 48(8) 1940.8
- ◇「東亜教育大会記録」号「帝国教育」 742 1940.8
- ◇日本語と漢語漢字の問題（石山徹郎）「日本評論」 15(8) 1940.8
- ◇農民映画論（宮本秀彦）「農業と経済」 7(8) 1940.8
- ◇六諭衍義と其の感化(1)（岩垂憲徳）「文部時報」 697 1940.8
- ◇国民学校教則案説明要領「文部時報」 699 1940.8
- ◇教育科学運動の道標-第2回全国教育科学研究協議会報告-（教育科学研究会事務局）「教育」 8(9) 1940.9
- ◇決定をみた新労務動員計画と教育上の諸問題（鈴木舜一）「教育」 8(9) 1940.9
- ◇時局下教育国策を語る「教育」 8(9) 1940.9
- ◇公民科論考(15)：財政（樋田豊太郎）「公民教育」 10(9) 1940.9
- ◇新政治体制と公民教育（渡部政盛）「公民教育」 10(9) 1940.9
- ◇養護学園の生活（教育局）「市政週報」 76 1940.9
- ◇市町村と小学校教員手当支給問題（小島憲）「自治機関」 487 1940.9
- ◇国民学校の完成と貧困児童及半島人教育（小池藤五郎）「社会事業」 24(9) 1940.9

◇中等学校卒業者の職業指導と就職状況 (鈴木信)「職業時報」 3(9) 1940.9

◇中等学校入試問題座談会-大阪市教育会大阪都市協会共同主催 (第3回)「大大阪」 16(9) 1940.9

◇国内新体制と教育の問題 (渡部政盛)「帝国教育」 743 1940.9

◇師範出身の異彩ある人物 (横山健堂)「帝国教育」 743 1940.9

◇新東亜建設に関する教育の具体的方案-沢柳賞懸賞論文一等当選-(工藤県蔵)「帝国教育」 743 1940.9

◇新体制下注目される青年団運動―青年団解消論の台頭と新活動方針「内外社会問題調査資料」 433 1940.9

◇実業学校卒業程度検定に就いて (関口勉)「文部時報」 700 1940.9

◇六論衍義と其の感化 (2) (岩垂憲徳)「文部時報」 700 1940.9

◇文部省直轄学校学生生徒本籍別 (昭和十四年九月末現在) (文部大臣官房文書課)「文部時報」 701 1940.9

◇戦時学生生徒の生活刷新に関する件 (昭15.8.3)「文部時報」 702 1940.9

◇我が国民の科学的教養と工作 (平松久一)「文部時報」 702 1940.9

◇支那語教育の新体制 (倉石武四郎)「改造」 22(18) 1940.10

◇教育新体制の促進 -国民教育者諸賢に懇ふ-(留岡清男)「教育」 8(10) 1940.10

◇教育団体の再編成 (石附忠平)「教育」 8(10) 1940.10

◇教師再教育論 (山田清人)「教育」 8(10) 1940.10

◇教師の機能と教育の再編成 (重松鷹泰)「教育」 8(10) 1940.10

◇地域団体と教育の再編成 (立石辰夫)「教育」 8(10) 1940.10

◇転換期アメリカの教師調査「教育」 8(10) 1940.10

◇ドイツの転換期と教育 (白根孝之)「教育」 8(10) 1940.10

◇国民学校の国民科 (田中啓爾)「地理」 3(4) 1940.10

◇ナチス・ドイツの文化統制 (齋藤秀夫)「法律時報」 12(10) 1940.10

◇学校関係出版物の印刷用紙節約に関する件通牒 (昭15.9.2)「文部時報」 703 1940.10

◇教育審議会答申及報告 (昭15.9.19)―高等教育に関する件―「文部時報」 703 1940.10

◇高等学校修練組織協議会「文部時報」 703 1940.10

◇戦時学生、生徒、児童の生活刷新に関する通牒に就いて (小田成就)「文部時報」 703 1940.10

◇児童生徒向映画の選定に就て (小田成就)「文部時報」 704 1940.10

◇英語教育と日本精神 (市河三喜)「文部時報」 705 1940.10

◇各種大会総会等の開催並に之に列席する人員制限に関する件「文部時報」 705 1940.10

◇文部省所管職員臨時家族手当支給要項「文部時報」 705 1940.10

◇勤労青少年の文化問題 (鈴木舜一)「教育」 8(11) 1940.11

◇公民教育と日本民俗学 (大藤時彦)「公民教育」 10(11) 1940.11

◇小学校教員の俸給請求権の性質 (連載・行法法思潮 124) (杉村章三郎)「自治研究」 16(11) 1940.11

◇学生生活の新体制 (教学局)「週報 官報附録」 215 1940.11

◇小学校に於ける文法教授の根本問題 (三尾砂)「帝国教育」 745 1940.11

◇大日本青年団組織試案 (文部省社会教育局)「帝国教育」 745 1940.11

◇国防国家の建設と国民学校及音楽教育に就て「防空事情」 2(11) 1940.11

◇国民学校と国民幼稚園 (1) (倉橋惣三)「文部時報」 706 1940.11

◇常会の社会教育的活用並に指導に関する件通牒 (昭15.10.15文部次官)「文部時報」 706 1940.11

◇昭和16年度中等学校等教科書に関する件通牒 (昭15.9.17図書局長、昭15.10.22文部次官)「文部時報」 706 1940.11

◇国民学校と国民幼稚園 (2・完) (倉橋惣三)「文部時報」 707 1940.11

◇軍隊教育に就て (和田盛哉)「文部時報」 708 1940.11

◇中等学校入学改正考査法について (1) (加藤恂二郎、増田幸一)「文部時報」 708 1940.11

◇中等学校入学改正考査法について (2) (加藤恂二郎、増田幸一)「文部時報」 709 1940.11

◇仏国に於ける科学研究の国家的統合「企画」 3(12) 1940.12

◇学生運動について-その歴史を顧みて-(野沢隆一)「教育」 8(12) 1940.12

◇国民政府教員養成所の歴史的解消 (菊沖徳平)「教育」 8(12) 1940.12

◇教育勅語渙発五十年式典、大会号「帝国教育」 746 1940.12

◇工鉱関係学校卒業者の就職調整に関する件通牒 (昭15.11.27厚生、文部両次官)「内務厚生時報」 5(15) 1940.12

◇学校教育と職業指導 (中野善敦)「文部時報」 709 1940.12

◇南洋在住邦人子弟の中等学校入学に関する件通牒 (昭15.11.19文部次官)「文部時報」 709 1940.12

◇国民学校理数科教科書編纂趣旨 (桑木米吉)「文部時報」 710 1940.12

◇中等学校入学改正考査法について (3) (加藤恂二郎、増田幸一)「文部時報」 710 1940.12

◇国民学校音楽鑑賞教育に就いて (下總皖一)「文部時報」 711 1940.12

◇実業学校卒業者の上級学校進学に関する通牒 (昭15.12.9実業学務局長)「文部時報」 711 1940.12

◇学生指導に関する諸問題 (1) (白根孝之)「教育」 9(1) 1941.1

◇機械化国防教育に就いて (清野謙六郎)「教育」 9(1) 1941.1

◇工業生産力拡充と政治教育 (平野宗)「教育」 9(1) 1941.1

◇戦時生活と政治教育 (座談会)「教育」 9(1) 1941.1

◇農村に於ける政治教育 (河野道彦)「教育」 9(1) 1941.1

◇文化、啓蒙、宣伝の機構-独逸と我が国-(宮原誠一)「教育」 9(1) 1941.1

◇垂教聖論の深厚と臣下奉体の至誠 (1):「教育に関する勅語」御下賜五十周年の記念に当りて (鎌塚扶)「公民教育」 11(1) 1941.1

◇産業組合教育の本領 (馬場光三)「産業組合」 423 1941.1

◇実業学校卒業者の上級学校進学について (文部省実業学務局)「週報 官報附録」 224 1941.1

◇大日本青少年団の成立 (文部省)「週報 官報附録」 224 1941.1

◇大阪商科大学六十年小史 (本協会編輯部)「大大阪」 17(1) 1941.1

◇学籍の国民教育化-国民学校案点晴の一方途-(原田実)「帝国教育」 747 1941.1

◇山村青年学校経営の理想とその実際 (久宗壯)「農業と経済」 8(1) 1941.1

◇皇国の道と国民科 (1) (竹下直之)「文部時報」 712 1941.1

◇実業学校卒業者の上級進学取扱に就いて (西崎惠)「文部時報」 712 1941.1

◇理数科教則の精神 (1) (堀七藏)「文部時報」 712 1941.1

◇理数科教則の精神 (2・完) (堀七藏)「文部時報」 713 1941.1

◇独逸科学への展望 (玉蟲文一)「改造」 23(3) 1941.2

◇学生指導に関する諸問題 (2) (白根孝之)「教育」 9(2) 1941.2

◇国民学校令について (野口英三郎)「市政研究」 7(2) 1941.2

◇東京市の学区廃止事情 (立山広士)「市政研究」 7(3) 1941.2

◇中等学校入学考査について (教育局)「市政週報」 95 1941.2

◇現下に於ける教育の性格の其の運営 (宮島清)「斯民」 36(2) 1941.2

教育・文化・情報

◇小学校令の改正に伴ふ他の学区の廃止に関する件通牒(昭16.21地方局長)「地方改良」 108 1941.2
◇重慶の青年教育視察記(リリー・アベック,小野文人訳)「中央公論」 56(2) 1941.2
◇昭和16年度文部省所管予算概要(柴沼直)「帝国教育」 748 1941.2
◇家計調査の結果に現れたる教育費(林壽)「文部時報」 714 1941.2
◇皇国の道と国民科(2・完)(竹下直之)「文部時報」 714 1941.2
◇理数科教則の精神(3)(堀七蔵)「文部時報」 714 1941.2
◇中等学校支那語教科書における諸問題(2)(杉武夫)「文部時報」 715 1941.2
◇機械化国防教育改善に関する意見(機械化国防協会)「教育」 9(3) 1941.3
◇師範生の生活調査報告(安部隆範)「教育」 9(3) 1941.3
◇青少年の不良化傾向とその対策(増淵穣)「教育」 9(3) 1941.3
◇戦時教育と教師の責務(重松鷹泰)「教育」 9(3) 1941.3
◇文化の包括的概念と局限的概念(2・完)(恒藤恭)「経済学雑誌」 8(3) 1941.3
◇新聞紙等掲載制限令解説(国塩耕一郎)「警察研究」 12(3) 1941.3
◇国民学校令に就いて(清水虎雄)「自治研究」 17(3) 1941.3
◇青年学校の躍進「週報 官報附録」 230 1941.3
◇女子教育に関する特輯号「帝国教育」 749 1941.3
◇国民学校令の実施(1)「東洋経済新報」 1963 1941.3
◇初等教員の優遇案決定-警察官,吏員にも臨時手当-(水飼幸之助)「都市問題」 32(3) 1941.3
◇大政翼賛会の地方文化運動方針(倉田和四生)「都市問題」 32(3) 1941.3
◇文部省の大日本青少年団運営方針「内外社会問題調査資料」 451 1941.3
◇教職員共済組合に就て(普通学務局)「文部時報」 717 1941.3
◇国民学校四月教材解説「文部時報」 719 1941.3
◇機械化国防と農村教育(坂本進)「教育」 9(4) 1941.4
◇工業教員の現状並に其対策(山本晴雄)「教育」 9(4) 1941.4
◇国民学校と新教科書(椎野力)「教育」 9(4) 1941.4
◇子供常会の問題(都市の子供と農村の子供との交渉)(山本栄)「教育」 9(4) 1941.4
◇出版新体制展望(藤川覚)「教育」 9(4) 1941.4
◇戦時下教育の当面の研究課題(教育科学研究会)「教育」 9(4) 1941.4
◇戦時教育の課題(2)(留岡清男)「教育」 9(4) 1941.4
◇「防空と教育」座談会「教育」 9(4) 1941.4
◇大阪の実業学校生徒と進学制限問題(北村春雄)「大大阪」 17(4) 1941.4
◇東京市麹町区外三十四区及西多摩郡檜原村南檜原学区に於ける小学校令に依る学区並に青年学校令に依る学区の廃止顛末「地方改良」 110 1941.4
◇教員待遇改善問題(特輯)「帝国教育」 750 1941.4
◇国民学校と少年団その関係(宮本金七)「帝国教育」 750 1941.4
◇国民学校令の実施(2)「東洋経済新報」 1964 1941.4
◇国民学校令の実施(3・完)「東洋経済新報」 1965 1941.4
◇国民学校令の発布(石川栄耀)「都市問題」 32(4) 1941.4
◇国民学校令について(城戸幡太郎)「日本評論」 16(4) 1941.4
◇国民学校の名称に関する件通牒(昭16.3.28普通学務局長)「文部時報」 721 1941.4
◇国民学校令及同施行規則実施に関する件(昭16.3.27文部次官)「文部時報」 721 1941.4

◇学校と宗教教育-明治以降の史的展望-(周郷博)「教育」 9(5) 1941.5
◇「都市文化」特輯号「大大阪」 17(5) 1941.5
◇日本体育の樹立(特輯)「帝国教育」 751 1941.5
◇成人教育要綱案「都市問題」 32(5) 1941.5
◇国民学校の授業料徴収に関し疑義の件通牒(昭16.5.12普通学務局長)「文部時報」 724 1941.5
◇国土計画と公民教育(平実)「公民教育」 11(6) 1941.6
◇子供と時局の認識(中野佐三)「公民教育」 11(6) 1941.6
◇帝都国民学校教育を語る座談会「市政週報」 113 1941.6
◇国民学校に於ける訓練と養護(教育局)「市政週報」 115 1941.6
◇国民学校及青年学校の職員に対する臨時手当支給に関する依命通牒(1941.5.10文部次官)「自治研究」 17(6) 1941.6
◇中等学校に於ける修練組織に関する件通牒(昭16.3.14文部次官)「帝国教育」 752 1941.6
◇高等諸学校教科書認可規程実施の情況に就いて(松尾長造)「文部時報」 426 1941.6
◇国民科修身三年教材の取扱(小池善雄)「文部時報」 426 1941.6
◇教育審議会答申及報告-社会教育に関する件及各種学校其の他の事項に関する件「文部時報」 728 1941.6
◇戦時下独逸に於ける職業教育に就て「企画」 4(7) 1941.7
◇科学技術の新体制と教育(後藤正夫)「教育」 9(7) 1941.7
◇「教育奉公運動」を語る(座談会)「教育」 9(7) 1941.7
◇国民学校と航空教育(清野謙六郎)「教育」 9(7) 1941.7
◇幼年学校の教育(川浦玄智)「教育」 9(7) 1941.7
◇国民学校令の解説「市政週報」 116 1941.7
◇国民学校と社会(教育局)「市政週報」 117 1941.7
◇子供の生活と家庭の教育化-国民学校と家庭教育(1)-(教育局)「市政週報」 118 1941.7
◇社会教育案(教育審議会の答申)「都市問題」 33(1) 1941.7
◇傷痍軍人職業再教育の為にする学資給与に関する件(昭16.3.31軍事保護院)「内務厚生時報」 6(7) 1941.7
◇大日本青少年団員の取扱に関する件通牒(昭和16.6.16社会教育局長)「文部時報」 729 1941.7
◇児童文化と地方文化「教育」 9(8) 1941.8
◇新農村の建設と地方文化(桜井武雄)「教育」 9(8) 1941.8
◇地方文化運動の動向(酒井三郎)「教育」 9(8) 1941.8
◇農村の文化生活(結城哀草果)「教育」 9(8) 1941.8
◇文化映画への教育者の関心(宮下俊彦)「教育」 9(8) 1941.8
◇「社会教育に関する件」答申説明要項「公民教育」 11(8) 1941.8
◇学校報国団更に前進(文部省)「週報 官報附録」 255 1941.8
◇学校に於ける防空教育(岩田恒)「大大阪」 17(8) 1941.8
◇不良青少年の問題(特輯)「帝国教育」 475 1941.8
◇満洲国の社会教育施設(山本晴雄)「帝国教育」 475 1941.8
◇文部省の創設と学政の統一(原田実)「帝国教育」 754 1941.8
◇戦時即応教育の提唱-技能学生を職場に動員せよ-「東洋経済新報」 1984 1941.8
◇昭和十三年度文部統計摘要(1)(文部大臣官房文書課)「文部時報」 732 1941.8
◇昭和十三年度文部統計摘要(2)(文部大臣官房文書課)「文部時報」 733 1941.8
◇学校報国団の隊組織確立並其の活動に関する件(昭16.8.8文部次官)「文部時報」 734 1941.8
◇国民学校訓導奏任官待遇制度の改正に就いて(川上善司)「文部時報」 734 1941.8

◇標準アクセントの選定に就いて(金田一春彦)「文部時報」 734 1941.8
◇学校の教育組織と動員組織(城戸幡太郎)「改造」 23(17) 1941.9
◇新しき人間像(特輯)「教育」 9(9) 1941.9
◇教育制度改革案要綱(教育研究同志会)「教育」 9(9) 1941.9
◇国民学校の成績考査法「市政週報」 127 1941.9
◇豊島第二国民学校の職業実習「市政週報」 127 1941.9
◇師範教育改善問題(特輯)「帝国教育」 755 1941.9
◇大日本産報会の幹部労務者教育実施方針「内外労働週報」 470 1941.9
◇東京府の青年学校生徒校外生活指導方針「内外労働週報」 470 1941.9
◇昭和十三年度文部統計摘要(3)(文部大臣官房文書課)「文部時報」 734 1941.9
◇昭和十三年度文部統計摘要(4)(文部大臣官房文書課)「文部時報」 735 1941.9
◇東洋文化論(森谷克巳)「改造」 23(19) 1941.10
◇戦時下の本市教育(教育局)「市政週報」 128 1941.10
◇学校卒業期繰上の実施(文部省)「週報 官報附録」 263 1941.10
◇臨戦体制と国民学校(野々村運市)「帝国教育」 756 1941.10
◇映画統制の強化「都市問題」 33(4) 1941.10
◇日本少国民文化協会「都市問題」 33(4) 1941.10
◇厚生労働局の職戦教育に関する方針「内外労働週報」 470 1941.10
◇兵庫県に於ける青少年工不良化防止方策「内外労働週報」 481 1941.10
◇塾教育批判(特集)「日本評論」 16(10) 1941.10
◇昭和十三年度文部統計摘要(5)(文部大臣官房文書課)「文部時報」 736 1941.10
◇昭和十三年度文部統計摘要(6)(文部大臣官房文書課)「文部時報」 737 1941.10
◇昭和十三年度文部統計摘要(7)(文部大臣官房文書課)「文部時報」 738 1941.10
◇臨戦 体制下に於ける実業教育(西崎恵)「文部時報」 738 1941.10
◇昭和十三年度文部統計摘要(8)「文部時報」 739 1941.10
◇昭和十三年度文部統計摘要(9)「文部時報」 740 1941.10
◇教育の反省(座談会)(安倍)「改造」 23(21) 1941.11
◇後藤伯爵記念公民館(兼坂治郎)「公園緑地」 5(10) 1941.11
◇中・女学校等の最高学年在学者に対する臨時措置「週報 官報附録」 268 1941.11
◇臨戦段階における文化建設(森戸辰男)「中央公論」 56(11) 1941.11
◇教育審議会概要(船越源一)「帝国教育」 757 1941.11
◇臨戦態勢と都市財政「都市問題」 33(5) 1941.11
教育行政及び財政要綱(教育審議会の答申完了) 師範学校青年学校教員養成所の昇格
◇教育審議会答申案に建議及報告(教育行政ニ財政ニ関スル件並ニ建議ニ関する件)「文部時報」 741 1941.11
◇昭和十三年度文部統計摘要(10)「文部時報」 741 1941.11
◇国民徴用令に依りて徴用せられたる生徒に関する件(昭16.10.21社会教育局長)「文部時報」 742 1941.11
◇昭和十三年度文部統計摘要(11)「文部時報」 742 1941.11
◇中学校学校最高学年在学者に対する臨時措置に関する件(昭16.10.8普通学務局長実業学校局長)「文部時報」 742 1941.11
◇京都舎密局(1)(川崎近太郎)「科学主義工業」 5(12) 1941.12
◇出版新体制について「警察協会雑誌」 499 1941.12
◇新聞新体制について(田中郁吉)「国策研究会週報」 3(49) 1941.12

◇東京市に於ける図書行政の現況(手塚龍麿)「市政研究」 7(5) 1941.12
◇東京市に於ける図書行政の現況(手塚龍麿)「市政研究」 7(6) 1941.12
◇児童文化の問題(特輯)「帝国教育」 758 1941.12
◇東北文化協議会「都市問題」 33(6) 1941.12
◇学校卒業者使用制限令の改正「内務厚生時報」 6(12) 1941.12
◇学校生徒の修業年限の臨時短縮に就いて(有光次郎)「文部時報」 744 1941.12
◇昭和十三年度文部統計摘要(12)「文部時報」 744 1941.12
◇中等学校職業指導に関する件(昭16.11.13普通・実業学務局長)「文部時報」 744 1941.12
◇中等学校職業指導に関する通牒について(増田幸一)「文部時報」 745 1941.12
◇中等学校入学者選抜に関する件(昭16.11.20普通・実業学務局長)「文部時報」 745 1941.12
◇京都舎密局(2)(川崎近太郎)「科学主義工業」 6(1) 1942.1
◇映画教育の現段階(後藤楢根)「教育」 10(1) 1942.1
◇国土計画と教育制度(城戸幡太郎)「教育」 10(1) 1942.1
◇労務動員への計画教育(桐原葆見)「教育」 10(1) 1942.1
◇出版物に対する臨時取締法規(瓜生順良)「警察研究」 13(1) 1942.1
◇本年の中等学校入学者の選抜方法「週報 官報附録」 275 1942.1
◇戦時欧洲都市事情「都市問題」 34(1) 1942.1
学生生徒に対する公民教育(アメリカ) 東京市美術館の設置計画
◇師範学校制度改善に関する件「文部時報」 748 1942.1
◇ソ連の戦時映画政策「企画」 5(2) 1942.2
◇海外教育振興の基本方策(大島正徳)「教育」 10(2) 1942.2
◇大東亜共栄圏の教育(周郷博)「教育」 10(2) 1942.2
◇大東亜時代に応える教育制度の刷新(田原春次)「教育」 10(2) 1942.2
◇言論、出版、集会、結社、等臨時取締法に就て(吉川覚)「警察研究」 13(2) 1942.2
◇新体制に対応する児童教育施設の運用(1)(伊東学位)「厚生事業」 26(2) 1942.2
◇戦時言論の取締(佐々木惣一)「公法雑誌」 8(2) 1942.2
◇大東亜戦争と教育「週報 官報附録」 279 1942.2
◇全国主要都市一人当り平均図書購入高表(決戦態勢と地方行政の改革)「都市問題」 34(2) 1942.2
◇昭和十三年度・文部統計摘要(13)「文部時報」 749 1942.2
◇教育審議会要覧(文部省教育調査部)「文部時報」 750 1942.2
◇部落常会の社会教育に於ける役割(2・完)(石川謙)「文部時報」 751 1942.2
◇フイリツピンの教育(周郷博)「教育」 10(3) 1942.3
◇工場青年学校生徒の趣味娯楽(茂手木元蔵)「公民教育」 12(3) 1942.3
◇躍進途上の青年学校教育(纐纈弥三)「公民教育」 12(3) 1942.3
◇蘭印土着民の文化(三吉朋十)「日本評論」 17(3) 1942.3
◇昭和三十年度文部統計摘要(14)(文部大臣官房文書課)「文部時報」 752 1942.3
◇文部省直轄学校学生生徒本籍別(文部大臣官房文書課)「文部時報」 754 1942.3
◇新体制に対応する児童教育施設の運用(2・完)(伊東学位)「厚生事業」 26(4) 1942.4
◇上杉鷹山と教育(1)(磯崎辰五郎)「公法雑誌」 8(4) 1942.4

教育・文化・情報

◇戦時即応の公民教育（龍山義亮）「公民教育」　12（4）　1942.4
◇大東亜戦争と公民教育者の実践態度（松田克三）「公民教育」　12（4）　1942.4
◇隣組と公民教育の現段階（平林廉人）「公民教育」　12（4）　1942.4
◇新文化の創造に就て（石倉小三郎）「大大阪」　18（4）　1942.4
◇昭和十六年度教化市の指定（既指定都市の教化活動一斑）（都市の消費者組織）「都市問題」　34（4）　1942.4
◇市町村防空講習所（学校）教育綱領「防空時情」　4（4）　1942.4
◇学校教練の刷新進行（羽田隆雄）「文部時報」　755　1942.4
◇国民学校に於ける教科と科目（篠原助市）「文部時報」　755　1942.4
◇昭和十三年度文部統計摘要（15）（文部大臣官房文書課）「文部時報」　755　1942.4
◇昭和十三年度文部統計摘要（16）（文部大臣官房文書課）「文部時報」　756　1942.4
◇国民教育制度の改革（海後宗臣）「改造」　24（5）　1942.5
◇常用漢字の問題について（石原純）「改造」　24（5）　1942.5
◇教育者組織論（1）（橘樸）「教育」　10（5）　1942.5
◇商業教育刷新に関する意見（三商大商業教育調査委員）「経済学雑誌」　10（5）　1942.5
◇上杉鷹山と教育（2）（磯崎辰五郎）「公法雑誌」　8（5）　1942.5
◇国策と教育（倉沢剛）「公民教育」　12（5）　1942.5
◇青年学校の振興方策（浜島敏雄）「斯民」　37（5）　1942.5
◇防空文化と教育（石川栄耀）「帝国教育」　713　1942.5
◇大東亜戦争教育成立の根本条件（周郷博）「帝国教育」　763　1942.5
◇戦時下に於ける文化と生活の問題（岸田国士）「東洋経済新報」　2022　1942.5
◇社会教育局の機構改革に就いて（浜島敏雄）「文部時報」　757　1942.5
◇集団勤労作業の教育的形態（1）（羽田隆雄）「文部時報」　757　1942.5
◇昭和十三年度文部統計摘要（17）（文部大臣官房文書課）「文部時報」　757　1942.5
◇女子教育の過去及び将来（吉田熊次）「文部時報」　757　1942.5
◇集団勤労作業の教育的形態（2）（羽田隆雄）「文部時報」　758　1942.5
◇集団勤労作業の教育的形態（3）（羽田隆雄）「文部時報」　759　1942.5
◇中学校高等女学校数学及理科教授要目解説要項（2）「文部時報」　759　1942.5
◇昭和十三年度小学校卒業者の卒業後の状況（文部大臣官房文書課）「文部時報」　760　1942.5
◇教育者組織論（2）（橘樸）「教育」　10（6）　1942.6
◇上杉鷹山と教育（3）（磯崎辰五郎）「公法雑誌」　8（6）　1942.6
◇公民教育の理念と現実（渡部政盛）「公民教育」　12（6）　1942.6
◇民間習俗の分布と社会心意の地域に就いて（千葉徳爾）「地理」　5（1）　1942.6
◇集団勤労作業の教育的形態（4）（羽田隆雄）「文部時報」　760　1942.6
◇集団勤労作業の教育的形態（5・完）（羽田隆雄）「文部時報」　761　1942.6
◇本年度中等学校入学考査の実施状況に就いて（増田幸一）「文部時報」　762　1942.6
◇本年度中等学校入学者選抜に関する学区制及び総合考査制の実施について（曽我部久）「文部時報」　762　1942.6
◇学校教育革新の具体策（大山健）「教育」　10（7）　1942.7
◇興亜教育の根本問題（2）（藤村作）「教育」　10（7）　1942.7
◇大政翼賛会の改組と青少年団の進路（志村義雄）「教育」　10（7）　1942.7
◇公園緑地と国民学校（阪本一郎）「公園緑地」　6（6）　1942.7
◇上杉鷹山と教育（4・完）（磯崎辰五郎）「公法雑誌」　8（7）　1942.7
◇公民科要目の活用方策（2・完）（倉沢剛）「公民教育」　8（7）　1942.7
◇粛正選挙から見た公民教育的収穫（松原八彦）「公民教育」　8（7）　1942.7
◇標準漢字表（文部省国語審議会）「帝国教育」　765　1942.7
◇主要都市一書店当り人口「都市問題」　35（1）　1942.7
◇新文化の創造（座談会）（長谷川如是閑［ほか］）「日本評論」　17（7）　1942.7
◇学校教育に於ける男女の特性、個性、環境の顧慮（1）（守内喜一郎）「文部時報」　766　1942.7
◇国家と学問（座談会）「改造」　24（8）　1942.8
◇私立中等学校の国営化と工業化（大越貞一）「科学主義工業」　6（8）　1942.8
◇国民錬成論（1）（留岡清男）「教育」　10（8）　1942.8
◇大東亜建設と教育の国家計画（上山顕）「教育」　10（8）　1942.8
◇学校卒業者使用制限令下の就職斡旋と需要先に対する要望（坂静雄）「建築雑誌」　56（689）　1942.8
◇東京府大緑地を視て敢て旧記を再録し東京市国民学校生徒の夏期訓練を望む（中村明人）「公園緑地」　6（7）　1942.8
◇漁村の文化特に青年教育（船山信一）「中央公論」　57（8）　1942.8
◇日本文化の弘通（広瀬嘉雄）「中央公論」　57（8）　1942.8
◇文化性と生存性（長谷川如是閑）「中央公論」　57（8）　1942.8
◇文化の生活基礎（酒枝義旗）「中央公論」　57（8）　1942.8
◇学校教育に於ける男女の特性、個性、環境の顧慮（2・完）（守内喜一郎）「文部時報」　767　1942.8
◇公民科教育の沿革とその問題（木下広居）「文部時報」　768　1942.8
◇漢字制限と仮名遣（沢潟久孝）「改造」　24（9）　1942.9
◇技術教育と生活教育（三井透一）「教育」　10（9）　1942.9
◇青年技能者教育に就いて（座談会）（桐原葆見［ほか］）「教育」　10（9）　1942.9
◇教育機関の地方分散を提唱す「国土計画」　1（2）　1942.9
◇学制改革の基本問題「週刊エコノミスト」　20（34）　1942.9
◇修業年限の短縮について（文部省）「週報 官報附録」　309　1942.9
◇中等学校卒業者等の職業指導並に職業紹介に就て（鈴木信）「職業時報」　5（9）　1942.9
◇学制改革の問題点「東洋経済新報」　2039　1942.9
◇学園の地方分散に就て-東京市に於ける大学専門学校を中心に（吉川末次郎）「都市問題」　35（3）　1942.9
◇大都市の合理的処置と文化の問題（石原純）「都市問題」　35（3）　1942.9
◇学校教育年限に関する沿革に付て（舟越源一）「文部時報」　770　1942.9
◇高等学校中等学校修業年限短縮について（菊地豊三郎）「文部時報」　770　1942.9
◇常用漢字と実際問題（井上満）「改造」　24（10）　1942.10
◇日本文化原理の民族性と世界性（谷川徹三）「改造」　24（10）　1942.10
◇文教政策の新展開（石川謙）「改造」　24（10）　1942.10
◇支那農村の教育の実況（徳田良治）「教育」　10（10）　1942.10
◇少国民文化運動と学校教育（周郷博）「教育」　10（10）　1942.10
◇職域団体の文化運動（田村隆治）「教育」　10（10）　1942.10
◇対戦下ソ連の青少年教育（馬場哲哉）「教育」　10（10）　1942.10
◇市域拡張と学校施設（教育局）「市政週報」　180　1942.10

◇学年短縮と教育の進路(小林高記)「中央公論」 57(10) 1942.10
◇学制改革の問題(特輯)「帝国教育」 768 1942.10
◇修業年限の短縮「都市問題」 35(4) 1942.10
◇教育の刷新(関口泰)「日本評論」 17(10) 1942.10
◇大学の問題―ナチス大学を回想して―(吾妻光俊)「法律時報」 14(10) 1942.10
◇学制七十年史(文部省,海後宗臣)「文部時報」 775 1942.10
◇教育行政はどう変る(関口泰)「教育」 10(11) 1942.11
◇国民学校高等科の問題(1)(三木寿雄)「教育」 10(11) 1942.11
◇実業教育政策史論(細谷俊雄)「教育」 10(11) 1942.11
◇職場に於ける文化と教育(中沢隆夫)「教育」 10(11) 1942.11
◇台湾に於ける旧慣調査事業(1)(和泉徳一)「地方行政 日文版」 9(11) 1942.11
◇新設師範大学の性格と組織(和田英正)「帝国教育」 769 1942.11
◇新理念の確立と言論(座談会)「東洋経済新報」 2047 1942.11
◇学制頒布七十年と今後の教育(海後宗臣)「文部時報」 778 1942.11
◇学制頒布の当時とその前後(林博太郎)「文部時報」 778 1942.11
◇教育塔の精神(永田永次郎)「文部時報」 778 1942.11
◇高等学校生徒勤労協力の現場参観(瀬川良夫)「労働科学」 19(11) 1942.11
◇工業教育革新論(清家正)「科学主義工業」 6(12) 1942.12
◇国民学校高等科の問題(2)(三木寿雄)「教育」 10(12) 1942.12
◇女子教育(特輯)「教育」 10(12) 1942.12
◇共栄圏文化の原理と構造「国策研究会週報」 4(50) 1942.12
◇師範学校教育制度の刷新と本市国民学校教員の問題(野口英三郎)「市政研究」 2 1942.12
◇標準漢字表について(文部省)「週報 官報附録」 324 1942.12
◇台湾に於ける旧慣調査事業(2)(和泉徳一)「地方行政 日文版」 9(12) 1942.12
◇教育と軍務と世務(座談会)(板垣与一[ほか])「中央公論」 57(12) 1942.12
◇学制頒布七十年を回顧して(船越源一)「帝国教育」 770 1942.12
◇国民学校教育振興について(梶山精一郎)「帝国教育」 770 1942.12
◇実業教育の沿革と修業年限(細谷俊夫)「帝国教育」 770 1942.12
◇日綱武蔵製作所の教育と勤労の組織的交流「内外労働週報」 533 1942.12
◇中等学校入学者選抜に関する通牒の趣旨(増田幸一)「文部時報」 780 1942.12
◇文部省映畫行政の現在及将来(三橋逢吉)「文部時報」 780 1942.12
◇ドイツの新しい師範教育(アルフレット・ボイムラー)「教育」 11(1) 1943.1
◇文化運動と教育(白根孝之)「教育」 11(1) 1943.1
◇青年学校生徒採用標準に就て(吉田清一)「厚生科学」 4(1) 1943.1
◇我が国私立大学の一特色とその組織(田畑忍)「公法雑誌」 9(1) 1943.1
◇労務者社会的待遇向上と青年学校改革意見「内外労働週報」 538 1943.1
◇特殊工作所の武道を以てする教育、錬成方針「内外労働週報」 540 1943.1
◇防空教育について(泉浩)「防空事情」 5(1) 1943.1
◇決戦下に於ける学生生徒に対する所感(松谷元三)「文部時報」 781 1943.1
◇京都府の実施した中等学校入学考査法―学区制を加味した総合考査―(田村義雄)「文部時報」 782 1943.1

◇国民学校職業指導の通牒について(増田幸一)「文部時報」 782 1943.1
◇今次の学制改革について(藤野恵)「文部時報」 782 1943.1
◇青年学校教授及訓練の強化徹底に就いて(山本栄喜)「文部時報」 782 1943.1
◇青年学校教授及訓練の強化徹底に就いて(山本榮喜)「文部時報」 782 1943.1
◇標準漢字表について(文部省)「文部時報」 782 1943.1
◇出版文化統制について(伊集院哲)「教育」 11(2) 1943.2
◇ドイツの文化統制(佐藤達夫)「教育」 11(2) 1943.2
◇入学考査と学区制(岩田敏之)「教育」 11(2) 1943.2
◇出版文化統制の動向(金子弘)「経済毎日」 21(5) 1943.2
◇学校教育における勤労体制(野口彰)「帝国教育」 772 1943.2
◇生産教育の理念(稲毛金七)「帝国教育」 772 1943.2
◇中学校・高等女学校教科教授及修練指導要目「文部時報」 784 1943.2
◇決戦下の科学技術体制(座談会)「科学主義工業」 7(3) 1943.3
◇社会教育の計画化-特に読者群の指導組織について-(城戸幡太郎)「教育」 11(3) 1943.3
◇女子青年学校義務制促進論(遠矢一)「教育」 11(3) 1943.3
◇青年学校生徒の読書傾向に就て(大沢盆次郎)「教育」 11(3) 1943.3
◇ソ連の出版統制(馬場哲哉)「教育」 11(3) 1943.3
◇読書教育(特輯)「教育」 11(3) 1943.3
◇読書指導の新方向(小山隆)「教育」 11(3) 1943.3
◇教員補充としての女教員(中川良助)「帝国教育」 773 1943.3
◇戦時教育と女教員(野口彰)「帝国教育」 773 1943.3
◇大東亜戦争と我校教育の実際(上)(稲森縫之助)「帝国教育」 773 1943.3
◇大東亜戦争と我校教育の実際(1)(稲森縫之助)「帝国教育」 773 1943.3
◇明治の家庭教育(吉田昇)「帝国教育」 773 1943.3
◇学制改革の精神(菊地豊三郎)「文部時報」 783 1943.3
◇学制改革と高等学校教育(阿刀田令造)「文部時報」 786 1943.3
◇大学令及び高等学校令の改正に就いて(文部省専門教育局大学教育課)「文部時報」 786 1943.3
◇中等学校令及各学校規定の解説(1)(岡田孝平,曾我部久)「文部時報」 786 1943.3
◇教育と国語国策(1)(柳田国男)「教育」 11(4) 1943.4
◇教育に於ける典型的性格と創造的個性(長谷川如是閑)「教育」 11(4) 1943.4
◇戦時青年教育の基本原理(高橋穣)「教育」 11(4) 1943.4
◇大学教育の反省(高田保馬)「教育」 11(4) 1943.4
◇大東亜建設と青年「国策研究会週報」 5(15) 1943.4
◇戦時計画教育の諸問題(1)(田中正吾)「帝国教育」 774 1943.4
◇勤労緊急対策と教育(富志淑幸)「日本評論」 18(4) 1943.4
◇決戦下の青年学校(菊地豊三郎)「文部時報」 787 1943.4
◇皇国教育の本義(竹下直之)「文部時報」 788 1943.4
◇新制師範学校の歴史的使命(縕纐彌三)「文部時報」 788 1943.4
◇専門学校令改正の要旨(辻田力)「文部時報」 788 1943.4
◇教育と国語国策(2)(柳田国男)「教育」 11(5) 1943.5
◇共栄圏の教育問題(第一輯)「教育」 11(5) 1943.5
◇教員補充を繞る座談会(1)(今井時郎[ほか])「市政週報」 209 1943.5

◇教員補充を繞ぐる座談会(2)(今井時郎[ほか])「市政週報」 210 1943.5
◇学園教育団体の新発足(教育局)「市政週報」 211 1943.5
◇決戦下の東京市学園団体指導要領「市政週報」 211 1943.5
◇文化風土の保全に就て(ユルゲンスマン,刈田喜一郎訳)「都市公論」 26(5) 1943.5
◇教育の根本義と家庭教育(宮瀬睦夫)「文部時報」 785 1943.5
◇中等学校令及各学校規定の解説(2)(岡田孝平,曾我部久)「文部時報」 790 1943.5
◇国民教育の新理念(佐藤得二)「改造」 25(6) 1943.6
◇大阪市公立国民学校児童文庫調査(西藤寿太郎)「教育」 11(6) 1943.6
◇教育と国語国策(3)(柳田国男)「教育」 11(6) 1943.6
◇地政学より見たる文化圏と教育の問題(岩田孝三)「教育」 11(6) 1943.6
◇勤労青年の教育問題(宮原誠一)「国策研究会週報」 5(23) 1943.6
◇植民地の教育制度と移住者収容力(若木禮)「人口問題」 5(4) 1943.6
◇学校教育と懲罰としての退学(1)(松元俊雄)「帝国教育」 776 1943.6
◇戦時計画教育の諸問題(2)(田中正吾)「帝国教育」 776 1943.6
◇高等学校高等科教授及修練要綱「文部時報」 791 1943.6
◇中等学校令及各学校規定の解説(3・完)(岡田孝平,曾我部久)「文部時報」 792 1943.6
◇大学及び研究所の問題(城戸幡太郎)「教育」 11(7) 1943.7
◇比島の教育(三木清)「教育」 11(7) 1943.7
◇仏印に於ける安南人教育の特色と最近の動向(原田種雄)「教育」 11(7) 1943.7
◇学校教育と懲罰としての退学(下)(松元俊雄)「帝国教育」 777 1943.7
◇戦時計画教育の諸問題(3・完)(田中正吾)「帝国教育」 777 1943.7
◇産業戦士と娯楽問題(和田隆造)「都市問題」 37(1) 1943.7
◇学生の方向(小塚新一郎)「日本評論」 18(7) 1943.7
◇国防と農業教育(上原種美)「文部時報」 794 1943.7
◇大東亜戦争完遂に即応すべき教育施設の一方面に就て(西村房太郎)「教育」 11(8) 1943.8
◇地方読書運動の推進と分散工場の協力(大沢盆次郎)「教育」 11(8) 1943.8
◇時局下農村と女子農業教育の重要性(島田多一)「文部時報」 795 1943.8
◇日本学問論(座談会)(杉靖三郎[ほか])「改造」 25(9) 1943.9
◇出版文化機構の基本問題(宗像誠也)「教育」 11(9) 1943.9
◇人口疎開と学校疎散「教育」 11(9) 1943.9
◇中等学校生徒の心状調査(大山健)「教育」 11(9) 1943.9
◇人文科系大学と大学の私立容認制(1)(佐々木惣一)「公法雑誌」 9(9) 1943.9
◇皇国教育体制への道(座談会)(小野清一郎[ほか])「中央公論」 58(8) 1943.9
◇国民学校職員待遇改善と覚悟(河原春作)「帝国教育」 779 1943.9
◇国民学校職員待遇改善に関連して(森田重次郎)「帝国教育」 779 1943.9
◇青年教育と集団組織(吉田昇)「帝国教育」 779 1943.9
◇近江絹糸紡績の実践する教育体系の全貌「内外労働週報」 570 1943.9
◇最近設置された健民修練及厚生施設を観る「内外労働週報」 572 1943.9

◇学校中心農村開発の教育実践態(1)(矢嶋正信)「文部時報」 798 1943.9
◇塾風教育を中心とした学校教育の実際(1)(川村秀雄)「文部時報」 798 1943.9
◇地方青年運動に関する調査報告(瀬川良夫)「労働科学」 20(9) 1943.9
◇科学技術における特別研究生(稲村耕雄)「教育」 11(10) 1943.10
◇女子練成の中心課題(沢英久)「教育」 11(10) 1943.10
◇青年学校生徒の見たる職場の指導者の性格に関する調査(斉藤峻)「教育」 11(10) 1943.10
◇学校中心農村開発の教育実路態(2・完)(矢嶋正信)「文部時報」 800 1943.10
◇教育人口と教育計画(氷室吉平)「教育」 11(11) 1943.11
◇永田前帝国教育会長を憶ふ(武部欽一)「帝国教育」 781 1943.11
◇工場青年学校及工校に関する戦時非常措置「内外労働週報」 580 1943.11
◇決戦下に於ける教育の非常措置(岡部長景)「文部時報」 801 1943.11
◇国内態勢の強化と教育に就て(藤野恵)「文部時報」 801 1943.11
◇国民教育に関する戦時非常措置に就て(岡田孝平)「文部時報」 802 1943.11
◇決戦段階に即応する中等学校教科過程案(大山健)「教育」 11(12) 1943.12
◇戦ふ朝鮮の教育(2)(城戸幡太郎)「教育」 11(12) 1943.12
◇国家的育英制度の創設と大日本育英会(大村清一)「斯民」 38(12) 1943.12
◇教育行政よりみたる都市疎開問題(森田孝)「人口問題」 6(3) 1943.12
◇都市青少年団運動の現実(上井榊)「大大阪」 19(12) 1943.12
◇教育革新の具体的展開(仲新)「帝国教育」 782 1943.12
◇大科学博物館の建設に就て(宮島幹之助)「都市問題」 37(6) 1943.12
◇工場青年学校の教授及訓練臨時措置の開設(渡辺矢三郎)「内外労働週報」 583 1943.12
◇分散疎開に伴ふ生徒児童の取扱ひ(森田孝)「文部時報」 804 1943.12
◇青年教育と青年運動(小澤滋)「教育」 12(1) 1944.1
◇総力戦と計画教育(倉澤剛)「教育」 12(1) 1944.1
◇動員計画教育と大学問題(城戸幡太郎)「教育」 12(1) 1944.1
◇決戦下青年学校の方向(佐孝俊幸)「帝国教育」 783 1944.1
◇分散疎開に伴ふ転学問題(森田孝)「帝国教育」 783 1944.1
◇決戦下の日本教育学の動向(小林澄兄)「文部時報」 805 1944.1
◇青年学校を中心として見たる経営体の類型とその内容との関連(三好豊太郎)「労働科学」 21(1) 1944.1
◇女子動員と生活の協力化(谷野せつ)「教育」 12(2) 1944.2
◇女子の勤労と教育(桐原葆見)「教育」 12(2) 1944.2
◇国土計画と学園の疎開(石川栄耀)「帝国教育」 784 1944.2
◇女子勤労動員の指導(清水福市)「帝国教育」 784 1944.2
◇国民学校教育刷新要領に関する都の方針と実施上の注意(教育局)「都政週報」 31 1944.2
◇理研工業本社の戦時工場教育体制強化方策(内外労働研究所)「内外労働週報」 593 1944.2
◇教育に関する戦時非常措置方策に基く学校整備要領について(斎藤常勝)「文部時報」 807 1944.2
◇決戦下の学校教育(2)我が校の国民精神教育(宮崎県立都城高等女学校)「文部時報」 808 1944.2
◇帝都の営造に見る日本文化の一特質(山根徳太郎)「経済学雑誌」

14(3)　1944.3
◇日本文化と国民生活圏(平実)「経済学雑誌」　14(3)　1944.3
◇教育に於ける「工」の世界認識(清家正)「帝国教育」　785　1944.3
◇時局下の学制改革に就て(龍山義亮)「帝国教育」　785　1944.3
◇第八十四議会と教育問題(森田重次郎)「帝国教育」　785　1944.3
◇明治維新後の教育(藤井甚太郎)「帝国教育」　785　1944.3
◇十九国民学校を転用三九青年学校廃止(戦時教育非常措置)「都政週報」　33　1944.3
◇理研工業○○工場の隊組織に依る青年教育「内外労働週報」　596　1944.3
◇理研工業○○製作所の女子勤労管理と教育「内外労働週報」　596　1944.3
◇教育の決戦態勢(岡部長景)「文部時報」　809　1944.3
◇決戦下の学校教育(3)「文部時報」　809　1944.3
◇大日本育英会法に就て(永井浩)「文部時報」　809　1944.3
◇中等学校教育内容の戦時非常措置(羽田隆雄)「文部時報」　809　1944.3
◇女子専門教育の刷新に就て(1)(川西実三)「文部時報」　810　1944.3
◇学徒勤労と工場道義(宗像誠也)「帝国教育」　786　1944.4
◇人口疎開と専門教育の問題(小沢恒一)「帝国教育」　786　1944.4
◇戦時中等学校教育の非常措置(佐藤和韓鵄)「帝国教育」　786　1944.4
◇大日本育英会法を主題として(広浜嘉雄)「法律時報」　16(4)　1944.4
◇高等女学校教育の戦時非常措置(桜井役)「文部時報」　811　1944.4
◇戦力増強と農業教育(小出満二)「文部時報」　811　1944.4
◇中等学校教育内容の決戦非常措置(羽田隆雄)「文部時報」　812　1944.4
◇決戦非常措置による学校給食(重田定正)「文部時報」　813　1944.5
◇青年師範学校制度について(在原謙蔵)「文部時報」　813　1944.5
◇疎開と教育との問題(福井うの)「厚生問題」　28(6)　1944.6
◇学校の工場化に就いて(藤野恵)「斯民」　39(6)　1944.6
◇国民学校に於ける決戦即応の重点教育(座談会)「大日本教育」　788　1944.6
◇決戦的少年団の新発足「都政週報」　43　1944.6
◇教育的錬成の社会学理論(松本潤一郎)「大日本教育」　789　1944.7
◇文化の地方動員は国民文化の確立を目標とせよ「東洋経済新報」　2132　1944.7
◇青年学校職員の俸給其の他給与の都道府県移管並に待遇改善に就いて(里見富次)「文部時報」　815　1944.7
◇地方社会教育振興に関する諸問題(河原春作)「斯民」　39(9)　1944.9
◇学童集団疎開教育特集「大日本教育」　791　1944.9
◇御製に仰ぐ疎開教育精神「大日本教育」　791　1944.9
◇新教育の創造開拓(中倉愛吉)「大日本教育」　791　1944.9
◇疎開学園の生活教育(赤井米吉)「大日本教育」　791　1944.9
◇疎開教育の援護問題(志垣寛)「大日本教育」　791　1944.9
◇疎開教育の実践方案「大日本教育」　791　1944.9
◇疎開教育の類型と問題―学徒疎開の正しき建設へ―(寺門照彦)「大日本教育」　792　1944.10
◇言論統制と刑法―不穏言論取締を中心として―(木村亀二)「法律時報」　16(10)　1944.10
◇出版文化統制と言論統制法(立花次郎)「法律時報」　16(10)　1944.10
◇国内教育情報(小沼洋夫)「大日本教育」　793　1944.11
◇青年学校総武装(齋藤秀夫)「大日本教育」　793　1944.11
◇疎開地教育と残留教育「大日本教育」　793　1944.11
◇日本生産科学技術と情操(城戸幡太郎)「大日本教育」　793　1944.11
◇学校工場の運営(西村貫一)「大日本教育」　798　1944.11
◇集団疎開学童に対する各種文化財の教育的運営「都政週報」　58　1944.11
◇学童疎開施設を改善「都政週報」　59　1944.11
◇皇国教育と学徒勤労(小沼洋夫)「文部時報」　819　1944.11
◇疎開学童に科学教育の糧を与へよ(富塚清)「大日本教育」　794　1944.12

【図　書】
◇新益古状揃心用大成　1709　1冊　27cm
◇家道訓(1.2 総論3総論4用財 5.6 用財)(貝原篤信編)　1712　1冊　22cm
◇曹大家女誡(鵠磯勝敬天著)　1791　1冊　24cm
◇六諭衍義大意　1799　1冊　26cm
◇卿童制海式目　写本(篠田隆太郎書)　1800　1冊　28cm
◇御江戸年中往来　1801　1冊　19cm
◇実語教童子教　1810　1冊　26cm
◇貞永天下御成敗式目(和朝明道仁議慈訓 平仮名附)　仙鶴堂　1814　1冊　26cm
◇謹身往来(佐藤史鼎著)　1851　1冊　26cm
◇女庭訓往来(松亭主人著)　1855　1冊　23cm
◇大統歌　1859　1冊　23cm
◇頭書絵入謹身往来精注録(藤村秀賀著)　1862　1冊　18cm
◇東京地理学往来(松園主人述)　青山堂　1868.7　1冊　18cm
◇童蒙必読 年号之巻(橋爪貫一著)　青山堂　1870　1冊　23cm
◇地方往来　1870.4　1冊　19cm
◇農業往来　1870.4　1冊　17cm
◇世界商売往来　1871　1冊　18cm
◇世界風俗往来　1872.3　1冊　23cm
◇学制 学制・二編 小学教則(文部省編)　1872.7　43,72,21p　21cm
◇維新御布告往来　1872.9　1冊　19cm
◇維新御布告往来(沖志楼主人著)　1872.9　1冊　22cm
◇日本地理往来 巻之上(柾木正太郎編)　文敬堂　1872.11　1冊　23cm
◇日本地理往来 巻之下(柾木正太郎編)　1872.11　1冊　23cm
◇学制に関する達(新治県編)　1873　[27]p　24cm
◇世界商売往来補遺　1873　1冊　18cm
◇農業往来：附 大日本国尽並改正府県　増訂　1873.2　1冊　19cm
◇学問ノススメ 1編(福沢諭吉著,小幡篤次郎著)　1873.4　1冊　18cm
◇新暦訓蒙(島村泰奉)　1873.4　1冊　23cm
◇農業往来 2編　1873.7　1冊　19cm
◇維新御布告往来 2編　1873.8　1冊　19cm
◇学問ノススメ 2編(福沢諭吉著,小幡篤次郎著)　1873.11　1冊　18cm
◇千葉県岩和田村小学校設立伺書 明治6年　手書(千葉県編)　1873.11　1冊　26cm
◇千葉県小池村小学校設立伺書 明治6年　手書(千葉県編)　1873.11　1冊　25cm
◇学問ノススメ 3編(福沢諭吉著,小幡篤次郎著)　1873.12　1冊　19cm
◇学問ノススメ 4編(福沢諭吉著,小幡篤次郎著)　1874.1　1冊　18cm
◇学問ノススメ 5編(福沢諭吉著,小幡篤次郎著)　1874.1　1冊　19cm
◇新撰地方往来　1874.1　1冊　17cm

◇童蒙必読御布告往来 初篇(橘慎一郎著)　文江堂　1874.4 1冊 18cm

◇熊谷県小学生徒試験表(熊谷県学務課編)　1874.12 37p 22cm

◇埼玉県小学規則(埼玉県編)　1875 29p 23cm

◇広益問答新聞 自第73号 至第89号(四通社編)　1876.12 1冊 17cm

◇広益問答新聞 自第90号 至第99号(四通社編)　1877.1 1冊 17cm

◇広益問答新聞 自第101号 至第113号(四通社編)　1877.3 1冊 17cm

◇広益問答新聞 自第114号 至第123号(四通社編)　1877.4 1冊 17cm

◇広益問答新聞 自第124号 至第139号(四通社編)　1877.5 1冊 17cm

◇広益問答新聞 自第140号 至第151号(四通社編)　1877.7 1冊 17cm

◇広益問答新聞 自第152号 至第162号(四通社編)　1877.8 1冊 17cm

◇日本教育史略 明治10年(文部省編)　1877.8 3,326p 20cm

◇広益問答新聞 自第163号 至第172号(四通社編)　1877.9 1冊 17cm

◇広益問答新聞 自第173号 至第183号(四通社編)　1877.11 1冊 17cm

◇広益問答新聞 自第184号 至第193号(四通社編)　1877.12 1冊 17cm

◇開化勧農往来(鶴田真容編)　1878 1冊 18cm

◇諸願届証書式(鶴田真容編)　1878 1冊 18cm

◇広益問答新聞 自第194号 至第203号(四通社編)　1878.2 1冊 17cm

◇広益問答新聞 自第204号 至第213号(四通社編)　1878.3 1冊 17cm

◇広益問答新聞 自第214号 至第223号(四通社編)　1878.4 1冊 17cm

◇開化諸職往来(鶴田真容編)　1879.6 1冊 18cm

◇生徒必読童子の杖(秩父中述)　1879.6 1冊 23cm

◇神奈川県小学生徒心得(石川治兵衛者)　1879.10 1冊 22cm

◇江湖新報 自第2号 至第24号(四通社編)　1881.1 1冊 17cm

◇江湖新報 自第25号 至第49号(四通社編)　1881.4 1冊 17cm

◇江湖新報 自第50号 至第73号(四通社編)　1881.6 1冊 17cm

◇小学修身書 7(木戸麟編)　1881.7 23p 22cm

◇小学修身書 8(木戸麟編)　1881.7 23p 22cm

◇小学修身書 9(木戸麟編)　1881.7 26p 22cm

◇扶桑雑誌 自第181号 至第190号(共同社編)　1881.9 1冊 17cm

◇小学修身書 11(木戸麟編)　1881.12 29p 22cm

◇小学修身書 12(木戸麟編)　1881.12 23p 22cm

◇大日本投書雑誌 自第1号 至第10号(耳目社編)　1882.4 1冊 23cm

◇小学修身書 10(木戸麟編)　1882.10 27p 22cm

◇東京府布達学事要令(小谷茂実編)　万字堂　1883.9 108p 19cm

◇東京府布達学事要令［正編］(小谷茂実編)　万字堂　1883.9 110p 19cm

◇東京府布達学事要令［続編］(小谷茂実編)　万字堂　1885.5 58,32,13p 19cm

◇日本近世教育概覧　1886 301p 23cm

◇文部大臣森子爵之教育意見(日下部三之介著)　金港堂　1888.2 190,3p 19cm

◇日本教育史資料 1(文部省総務局編)　1890.7 25,878p 26cm

◇日本教育史資料 2(文部省総務局編)　1890.10 927p 26cm

◇日本教育史資料 3(文部省総務局編)　1890.10 13,558p 26cm

◇大木文部大臣ノ演説：明治24年12月10日鹿鳴館ニ於ケル　1891 25p 23cm

◇日本教育史資料 4(文部省総務局編)　1891.5 8,479p 26cm

◇日本教育史資料 5(文部省総務局編)　1891.5 21,714p 26cm

◇府学務官招集記事略　1891.12 19p 23cm

◇府県学務官質疑　1892.1 80p 23cm

◇日本教育史資料 6(文部省総務局編)　1892.5 5,506p 26cm

◇日本教育史資料 7(文部省総務局編)　1892.6 10,990p 26cm

◇日本教育史資料 8(文部省総務局編)　1892.8 3,737p 26cm

◇普通教育事務要書(田中知邦編)　1892.8 6,661p 23cm

◇日本教育史資料 9(文部省総務局編)　1892.9 4,542p 26cm+図3枚

◇維新前東京市私立小学校教育法及維持法取調書(浅岡雄之助編)　大日本教育会　1892.10 10,58,14p 26cm

◇小学教育改良論(加藤弘之著)　哲学書院　1894.4 69p 19cm

◇教育法規類抄 明治28年12月(文部大臣官房文書課編)　1896.5 39,687,33p 22cm

◇藩閥之将来：附 教育之大計(外山正一著)　博文館　1899.12 2,124,20p 23cm

◇高等教育会議決議録 自第1回至第5回(自明治30年7月至明治33年12月)(高等教育会議編)　1901 6,198p 22cm

◇京都小学三十年史(京都市小学校創立三十年記念会編)　1902.1 900p 23cm

◇普通教育制度の沿革：附 明治教育年表(現行教育法附録)(安西鋌次郎編)　青森県教育会　1902.4 226p 19cm

◇日本学制大綱(泰東同文局編)　1902.8 12,322p 23cm

◇公徳養成之実例：附 英人之気風(読売新聞社編)　1903.8 278p 23cm

◇東京府教育会沿革誌(東京教育雑誌発行所編)　1903.12 6,423p 23cm　東京教育雑誌

◇教育史眼(原安馬著)　金港堂　1904.4 2,10,202p 22cm

◇教訓百人一首(後藤新平夫人述,台湾日日新報社編)　1906.9 100p 13cm

◇明治学制沿革史(黒田茂次郎編,土館長言編)　金港堂　1907.1 7,1273,99p 23cm

◇大国民之歌(後藤新平作歌,山田源一郎作曲)　如山堂書店　1909.10 [3]p 30cm

◇処世訓(後藤新平著)　如山堂,郁文舎　1911.5 4,10,227p 23cm

◇世界教育史要(ポール・モンロー著,石田新太郎訳,菅野尋訳)　大日本文明協会　1911.8 4,16,644p 23cm

◇国民教育と家族制度(井上哲次郎[ほか]述,東亜協会研究部編)　目黒書店　1911.9 3,2,232p 22cm

◇東京高等師範学校沿革略志(東京高等師範学校編)　1911.10 1冊 23cm

◇日本教育史 上巻(佐藤誠実編)　文部省　1912 323p 21cm

◇日本教育史 下巻(佐藤誠実編)　文部省　1912 363p 21cm

◇大国民唱歌(後藤新平作歌)　1912.1 30p 19cm

◇青年訓(後藤新平著)　宝文館　1912.3 1冊 23cm

◇教化事業の原理及び実例(中沢忠太郎著)　良明堂書店　1912.9 6,8,398p 22cm

◇天化人育(石田新太郎著)　北文館　1912.9 4,11,394p 23cm

◇日米教育時言(菊池大麓著)　弘道館　1913.1 2,17,358p 23cm

◇社会教育(吉田熊次著)　敬文館　1913.3 4,11,528p 23cm

◇都市教育論(湯原元一著)　1913.5 6,266p 23cm

◇教育と文芸(浅野利三郎著)　啓成社　1913.6 1冊 23cm

◇都市及田園の教育(藤原喜代蔵著)　金港堂　1913.6 16,740p 23cm

◇農村と娯楽(天野藤男著)　洛陽堂　1913.9 12,9,358p 22cm

◇農村教育論(山崎延吉著)　洛陽堂　1914.6 4,10,549p 23cm

◇都市の児童(レジナルド・ブレイ著,留岡幸助訳)　大日本文明協会　1914.7 1冊 23cm

◇小学校を中心としたる青年会の研究(守屋貫雅著)　開発社　1914.10 3,6,304p 22cm

◇東京市立小学校施設事項　第1輯　附 東京市立小学校長会及同各区委員会記事(東京市教育課編)　1915.3 14,333,157p 23cm

◇神戸区教育沿革史(神戸小学校開校三十年記念祝典会編)　1915.5 11,922p 23cm

◇世界の大勢と大正教育の方針(佐々木吉三郎著)　目黒書店　1915.6 12,604p 23cm

◇公民教育の理論及実際(川本宇之介著)　大同館　1915.11 5,6,462p 23cm

◇国民教育論(大隈重信著)　通俗大学会　1915.11 2,4,186p 16cm 通俗大学文庫

◇教育と社会(大日本文明協会編)　1916.5 1冊 20cm

◇ミユンヘン市実業補習学校ノ組織並教程(文部省専門学務局編)　1916.5 13,366p 22cm

◇公民及勤労教育(湯原元一著)　目黒書店(発売)　1916.10 6,384p 23cm

◇教育行政及行政法(織田万著)　富山房　1916.11 10,350p 23cm

◇公民読本(平井良成著)　丁未出版　1916.12 6,4,221p 22cm

◇小学校を中心とする地方改良(田子一民著)　白水社　1916.12 1冊 20cm

◇教育勅語通解(亘理章三郎[ほか]著)　金港堂書籍　1917.5 34p 19cm

◇実業教育ノ改善ニ関スル答申(臨時教育会議編)　1918 6p 26cm

◇女子教育ノ改善ニ関スル答申(臨時教育会議編)　1918 8p 26cm

◇青年団指導(青年団中央部編)　1918.1 17,362p 23cm

◇文部省沿革:文部省編法令彙纂附録(文部省文書課編)　1918.1 166p 21cm

◇日本弘道会四十年志(日本弘道会編)　1918.4 10,816,37p 23cm

◇英国教育改革法案(文部省普通学務局編)　1918.5 72p 23cm

◇高等普通教育ノ改善ニ関スル答申(臨時教育会議編)　1918.5 10p 26cm

◇小学教育ノ改善ニ関スル答申(臨時教育会議編)　1918.5 4p 26cm

◇帝国の青年諸君に警告す(後藤新平述)　富山房　1918.5 [6]p 21cm 「戦後の研究百人一話」抜萃

◇憲法発布勅語通解(亘理章三郎[ほか]著)　金港堂書籍　1918.6 60p 19cm

◇大学教育及専門教育ノ改善ニ関スル答申(臨時教育会議編)　1918.6 26p 26cm

◇季別新教育法要論(下川兵次郎著)　東京宝文館　1918.9 1冊 23cm

◇都市青年団体施設概況(文部省普通学務局編)　1918.12 171p 22cm

◇臨時教育会議要覧　1919 2,197,2p 23cm

◇青年団及処女会(天野藤男著)　丙辰出版　1919.1 20,426p 23cm

◇青年自治読本(田子一民著)　白水社　1919.2 110p 22cm

◇群馬県北甘楽郡教育会史(群馬県北甘楽郡教育会編)　1919.5 1冊 23cm

◇神と人道(板垣退助著)　忠誠堂　1919.12 12,140,29p 23cm

◇地方青年之教養(守屋栄夫著)　帝国青年発行所　1919.12 6,12, 344p 19cm

◇日本教育史(文部省編)　1920.3 2,13,284p 23cm

◇輓近米国農村教育と其施設(水野常吉著)　白水社　1920.5 14,380, 14p 23cm

◇平和条約公布ニ関スル詔書通解(亘理章三郎[ほか]著)　金港堂書籍　1920.6 1冊 18cm

◇神勅通解(亘理章三郎[ほか]著)　金港堂書籍　1920.8 40p 19cm

◇全国青年団之娯楽(文部省普通学務局編)　1920.8 105p 23cm

◇学校寺院を原動力とする社会改良(田子一民著)　白水社　1920.9 8,318p 19cm

◇全国青年団の訓練と体育(文部省普通学務局編)　1920.9 154p 23cm

◇戊申詔書通解(亘理章三郎[ほか]著)　金港堂書籍　1920.11 38p 18cm

◇東京市立小学校教育改善要項並同参考事項(東京市教育課編)　1921.1 5p 22cm

◇文明的の注意(後藤新平述)　東京市電気局共済組合　1921.2 2p 22cm 「紫電」10年2月号

◇校外に於ける児童保護に関する参考資料　第3輯(東京市役所教育課編)　1921.3 72p 23cm

◇市民教育資料　第1輯(東京市教育課編)　東京市役所　1921.3 22p 22cm

◇教学(建部遯吾著)　同文館　1921.5 14,53,1240,17p 23cm

◇全国青年団の実際(文部省普通学務局編)　1921.5 23,35p 23cm

◇全国図書館ニ関スル調査表(文部省普通学務局編)　1921.5 30p 27cm

◇特殊児童保護教育に関する調査(文部省普通学務局編)　1921.5 30p 23cm

◇図書館に関する調査(文部省普通学務局編)　1921.5 33p 23cm

◇民力涵養実行資料　其1-其8(内務省社会局[編])　内務省社会局　1921.5 1冊 22cm

◇文化運動と教育の傾嚮(谷本富著)　同文館　1921.6 4,3,765p 20cm

◇民衆娯楽問題(権田保之助著)　同人社　1921.7 3,361p 20cm

◇教育行政調査会の審議に係る地方教育費整理案に対する意見(大阪市教育会報)　1921.10 11p 22cm

◇児童調査報告　第2輯(東京市学務課編)　1921.10 6,191p 22cm

◇感化教育資料(内務省社会局編)　1921.11 15,[47]p 22cm 武蔵野学院研究報告

◇近代教育運動の基調:附 独逸の国民経済と賠償金問題 物価政策と消費組合の発達(中島久万吉著)　1922 34,44p 23cm

◇大ベルリンの教育(林鎌次郎著)　大同館　1922.1 10,8,360,12p 23cm

◇米国教育行政一斑(文部省実業学務局編)　1922.1 122p 22cm 文部書記官木村正義報告

◇公民道徳(大島正徳著)　青年教育会　1922.2 2,5,152p 22cm

◇晩近思潮学校教育の社会化(田制佐重著)　文教院　1922.2 8,14, 464p 23cm

◇小月小学校外3校学校調査(東京帝大文学部教育学研究室編)　1922.3 2,4,176p 22cm 教育研究叢書

◇少年団体の概況(文部省普通学務局編)　1922.4 100p 22cm

◇学校を中心とする社会教育の概況(文部省普通学務局編)　1922.5 155p 22cm

◇教育行政上の実際問題(渋谷徳三郎著)　1922.5 2,6,228p 18cm

◇教育学汎論(大村桂巌著)　教育研究会　1922.6 8,296p 23cm

◇明治天皇の御事蹟と帝国憲法の制定(藤波言忠著, 金子堅太郎著, 東京市役所編)　1922.7 6,74p 19cm 東京市社会教育叢書

◇日本新聞発達史(小野秀雄著)　大阪毎日新聞社, 東京日日新聞社　1922.8 506,14p 23cm

◇学制五十年史(文部省編)　1922.10 20,428,39p 23cm

◇教育五十年史(国民教育奨励会編)　民友社　1922.10 11,420p 22cm

◇米国に於ける節約運動(内務省社会局編)　1922.10 7p 22cm

◇民衆の教育(松村松盛著)　1922.10 10,15,439p 20cm

◇市民教育資料　第3輯　算術教育号(東京市学務課編)　1922.11 56p

教育・文化・情報　　　　都市問題・地方自治　調査研究文献要覧

22cm

◇市民教育資料 第4輯 補習夜学校 課程案（東京市学務課編）　1922.11 47p 23cm
◇東京市民教育資料並方案（東京市南槇町尋常小学校編）　1922.11 2,11,132p 22cm
◇民衆娯楽の実際研究：大阪市の民衆娯楽調査（大林宗嗣著）　大原社会問題研究所　1922.11 12,380,45p 19cm
◇列強少年の社会教育（奥寺竜渓著）　尚文堂　1923.1 1冊 19cm
◇実業補習公民教育の研究（岡篤郎著）　明治図書　1923.3 14,518p 19cm
◇市民教育資料 第5輯 教育施設と予算号（東京市学務課編）　1923.3 92p 22cm
◇社会教育の研究（乗杉嘉寿著）　同文館　1923.3 7,644p 23cm
◇日本の少年団（小柴博著）　同文館　1923.3 3,15,331p 20cm
◇学校及び公共団体に於ける職業指導（山本勘助著）　培風館　1923.4 6,307p 22cm
◇余暇生活の研究（大阪市社会部調査課編）　1923.4 5,346p 22cm　労働調査報告
◇新聞学：新聞研究講座速記録（新聞研究所編）　1923.5 1冊 26cm
◇帝国の危機と教育の根本的改造：敢て朝野の諸賢に愬ふ（保々隆矣著）　1923.8 48p 22cm
◇震災に関する教育資料 第2輯（文部省普通学務局編）　1923.10 84p 22cm
◇教育と内省（岡部為吉著）　イデヤ書院　1923.11 3,375,52p 23cm
◇公民精神の教育（文教書院編）　1923.11 218,105p 22cm　「教育論叢」第10巻第5号
◇新教育の哲学的基礎（入沢宗寿著）　内外書房　1923.11 2,219,8p 19cm　内外思想叢書
◇震災に関する教育資料 第1輯（文部省普通学務局編）　1923.11 148p 22cm
◇震災に関する教育資料 第3輯 美事善行（文部省普通学務局編）　1923.11 128p 22cm
◇教育思想の研究（小西重直著）　広文堂　1923.12 5,3,431p 23cm
◇教育と道徳（西晋一郎著）　大村書店　1923.12 260p 20cm
◇国民的創作の時代（岡実著）　大阪毎日新聞社，東京日日新聞社　1923.12 4,286p 19cm
◇自治教育ニ関スル調査報告　謄写版（大島正徳報告）　1923.12 1冊 26cm
◇新公民教育の研究（鹿児島登左著）　目黒書店　1923.12 4,8,472p 23cm
◇北米合衆国の教育制度（大山卯次郎著）　1924 28p 23cm
◇臨海教育（八幡市役所編）　1924 56p 16cm
◇教育史概説（入沢宗寿著）　内外書房　1924.1 343p 19cm　内外思想叢書
◇教育の革命時代（土田杏村著）　中文館書店　1924.1 3,7,554p 19cm
◇最新教育学大全 上（谷本富著）　同文館　1924.1 9,25,810p 23cm
◇最新教育学大全 下（谷本富著）　同文館　1924.2 679,40,22p 23cm
◇青少年の社会教育と青少年団の経営（片岡重助著）　日比書院　1924.2 14,708p 20cm
◇全我活動の教育：「プロジェクト・メソット」（松濤泰巌著）　教育研究会　1924.2 8,11,375,6p 19cm
◇帝国の危機と教育の根本的改造（保々隆矣著）　大阪屋号書店（発売）　1924.2 5,6,348p 19cm
◇国民教育の思潮：修身訓練の根本問題（入沢宗寿著）　教育研究会　1924.3 4,290p 20cm
◇自治及修身教育批判（東京市政調査会編）　1924.3 7,5,147p 23cm

◇青年団施設要綱 第1輯（東京市聯合青年団編）　1924.3 132p 22cm
◇最近公民教育大観（教育新潮研究会編）　1924.4 2,4,308p 19cm　教育新潮研究叢書
◇最近補習教育大観（教育新潮研究会編）　中興館　1924.4 5,364p 19cm　教育新潮研究叢書
◇教育学概論（野田義夫著）　1924.5 4,20,856p 23cm
◇近世日本の文化と教育（三浦藤作著）　文化書房　1924.5 2,3,481p 19cm
◇現代欧米教育大観（沢柳政太郎［ほか］著）　同文館　1924.5 5,3,840p 23cm
◇御成婚と精神作興（永田秀次郎［ほか］述，東京市編）　1924.5 158,46p 19cm　帝都復興叢書
◇震災と教育（帝国教育会編）　1924.5 6,492p 22cm　帝国教育臨時号
◇人文主義に基ける補習教育の新研究（大杉謹一訳）　モナス　1924.5 2,6,263p 20cm　世界教育教授新潮叢書
◇ダルトン案の批判的新研究（帝国教育会編）　文化書房　1924.5 2,2,274p 19cm
◇ダルトン案の理論及実際（赤井米吉著）　集成社　1924.5 22,2,477p 19cm
◇林間学校（岡田道一著，竹内嘉兵衛著）　内外出版　1924.7 14,8,208p 19cm
◇露西亜共和国の国民教育（市川倫駅，南満洲鉄道株式会社庶務部調査課編）　1924.7 70p 23cm　露文翻訳 労農露国調査資料
◇大人教育（柳沢泰爾著）　宝文館，帝国書院　1924.8 5,5,363p 19cm
◇欧米の特殊教育（樋口長市著）　1924.9 6,8,302p 19cm
◇少年団体の概況（文部省普通学務局編）　1924.9 72p 22cm
◇娯楽の研究（中田俊造著）　東京宝文館，帝国書院　1924.10 3,7,463p 19cm
◇東京市民読本（東京市役所編）　1924.10 15,231,12p 19cm
◇我国に於ける成人教育の急務（日本成人教育会編）　1924.10 5,61p 19cm
◇足利市小学校教育改善綱領（足利市小学校教育改善調査会編）　1924.11 38p 18cm
◇教師の生命（鈴木春治著）　日本書院　1924.11 1冊 19cm
◇自律主義の教育（フリードリッヒ・ウイルヘルム・フェルスター著，村上瑚磨雄訳）　モナス　1924.11 16,5,628p 19cm
◇実施経験によるダルトン案の批判（広瀬均著）　文化書房　1924.12 3,5,178p 19cm
◇社会教育の理論と実際（植木政次郎著）　新進堂　1924.12 6,370,58p 23cm
◇少年団指導者に与ふ（後藤新平述，少年団日本聯盟編）　1924.12 25p 19cm　少年団日本聯盟パンフレット
◇民衆娯楽（権田保之助著）　東京市役所　1924.12 61p 19cm　東京市公刊図書
◇文部省例規類纂 自明治30年至大正12年（文部大臣官房文書課編）　帝国地方行政学会　1924.12 109,1155p 23cm
◇編入区教育要覧（大阪市教育部編）　1925 16p 23cm
◇学校を中心としたる社会教育の実際（田中七三郎著）　明治図書　1925.2 4,11,428p 19cm
◇土に還る（室伏高信著）　批評社　1925.2 6,272p 20cm　文明の没落
◇罹災小学校ニ於ケル教授養護等ニ関スル施設調査（東京市学務課編）　1925.2 2,23p 23cm
◇欧米教育史（大瀬甚太郎著）　成美堂書店　1925.3 8,691,17p 23cm
◇少年団と健児の社（少年団日本聯盟編）　1925.3 91p 19cm　少年団日本聯盟パンフレット

282

◇大阪毎日新聞社史(小野秀雄著)　大阪毎日新聞社　1925.4 5,194p 19cm

◇堺市教育一班(堺市役所編)　1925.4 8,184p 22cm

◇児童の公民的生活(鹿児島登左著)　天地書房　1925.4 4,10,470p 19cm

◇ボーイ・スカウト訓練の大綱(中野忠八著)　内外出版　1925.4 21p 19cm

◇国際教育(文部省普通学務局編)　帝国書院　1925.5 2,624p 19cm

◇小学校補習学校青年団中心の公民教育(田子一民著)　帝国地方行政学会　1925.5 1冊 20cm

◇震災と教育(横浜市教育研究会編)　1925.5 8,191p 23cm　教育研究紀要特別号

◇非教育者の教育論(二荒芳徳著)　蘆田書店　1925.5 1冊 19cm　空山文集

◇フレーベル氏 人の教育(ハウ訳)　警醒社　1925.5 30,13,562p 20cm

◇大阪市実業補習学校に於ける公民教育教授資料(大阪市教育部編)　1925.6 8,213p 22cm

◇公民教育調査書(大阪市教育部編)　1925.6 9p 23cm

◇成人教育(朝日新聞社編)　1925.6 4,4,247p 19cm　朝日講演集

◇班制教育(少年団日本聯盟編)　1925.6 64,4p 19cm　少年団日本聯盟編パンフレット

◇欧米の公民教育(文部省実業学務局編)　1925.7 254,532p 23cm

◇労働者教育の組織及経営(協調会編)　1925.7 26p 19cm　労働者教育資料

◇欧洲大陸に於ける成人教育(東京市社会局社会教育課編)　東京市役所　1925.8 90p 19cm　社会教育叢書

◇教育の根本概念(吉田熊次著)　都村有為堂　1925.8 2,3,380p 23cm

◇成人労働者教育の主張(協調会編)　1925.8 29p 19cm　労働者教育資料

◇教育哲学(ホルン著,佐藤政太訳)　新教育社　1925.9 1冊 19cm

◇公民教育(木村正義著)　富山房　1925.9 4,8,427p 22cm

◇公民読本述作の趣意(後藤新平著)　宝文館　1925.9 16p 22cm

◇日本商業教育五十年史(佐野善作著)　東京商科大学　1925.9 165p 22cm

◇米国の都市教育組織(東京市政調査会編)　1925.10 2,2,145p 22cm　市政調査資料

◇神戸市三十年の補習教育(大山綱志著)　宝文館　1925.11 3,7,207p 20cm

◇本市高等小学校の組織改善に関する調査案(東京市学務局編)　1925.11 14p 25cm

◇成人教育施策案内(石田新太郎著)　開発社　1925.12 159p 19cm

◇学校衛生婦疾病児童取扱数統計一覧表 大正13年度　謄写版(東京市学務局学校衛生課編)　1926 [1]p 28cm

◇京都市小学校女教員ニ関スル調査 大正9年11月現在(京都市役所編)　1926 12p 19cm

◇佐賀市学齢児童就学奨励資金設置及管理方法ニ関スル規則：附 同給与細則　謄写版(佐賀市役所編)　1926 [6]p 25cm

◇庶民の育成事業(文部省普通学務局編)　1926 105p 23cm

◇壮丁教育成績概況 大正14年(文部省普通学務局編)　1926 31,6p 27cm

◇[東京市立学校生徒身体検査統計表] 大正14年度　謄写版(東京市学務局学校衛生課編)　1926 1冊 28cm

◇東京市立学校体育施設並実施事項調 大正13年度　謄写版(東京市学務局学校衛生課編)　1926 [2]p 28cm

◇東京市立実業補習学校ニ関スル調 大正14年度(東京市学務局編)　1926 37p 23cm

◇東京市立小学校児童最近4ケ年身長・体重・胸囲平均比較表 大正14年12月調　謄写版(東京市学務局学校衛生課編)　1926 [1]p 28cm

◇東京市立小学校児童身体検査統計表 第1表 大正14年度(東京市学務局学校衛生課編)　1926 1枚 40×56cm

◇東京市立小学校児童身体検査統計表 第2表 大正14年度(東京市学務局学校衛生課編)　1926 1枚 40×56cm

◇都市教育改善ニ関スル意見(文部大臣ニ提出ノ分)(東京市政調査会編)　1926 16p 26cm

◇都市教育改善ニ関スル意見(六大市長ニ提出ノ分)(東京市政調査会編)　1926 15p 26cm

◇変災と復興図書展覧会目録 大正15年6月15日ヨリ18日マデ(大橋図書館編)　1926 1枚 48×62cm

◇公民読本 少年の巻(後藤新平著)　東京宝文館　1926.1 10,144,18p 23cm

◇公民読本 青年の巻(後藤新平著)　東京宝文館　1926.1 10,150,24p 23cm

◇公民読本 成人の巻(後藤新平著)　東京宝文館　1926.1 10,160,34p 23cm

◇東京市聯合青年団一覧(東京市聯合青年団編)　1926.1 61p 22cm

◇幼年健児教範：ウルフカブス・ハンドブック(ベーテン・パウエル著,少年団日本聯訳)　1926.1 8,419p 19cm

◇職業指導と職業教育(小山文太郎著)　教育研究会　1926.2 5,10,403p 19cm

◇沿革一班(東京市聯合青年団編)　1926.3 33p 19cm

◇自治三訣処世の心得(後藤新平著)　安国協会　1926.3 38p 19cm

◇新成人労働者教育論(協調会編)　1926.3 24p 19cm　労働者教育資料

◇独逸民衆大学の精神(協調会編)　1926.3 5,22p 19cm　労働者教育資料

◇都市教育の研究(東京市政調査編)　1926.3 7,1040,25p 23cm

◇名古屋市高等小学校公民教育教授資料(名古屋市教育課編)　1926.3 5,144p 22cm

◇近世教育史の諸問題(石川謙著)　文修堂　1926.4 3,2,426p 23cm

◇公民教育講話(岡篤郎著)　東京宝文館　1926.4 6,18,600p 23cm

◇青年と語る(池園哲太郎著)　同文館　1926.4 2,4,259p 20cm

◇内外に於ける輓近の公民教育と其の方法(千葉敬止著)　教育研究会　1926.4 2,8,481p 23cm

◇成人教育(文部省普通学務局編)　帝国書院　1926.5 8,459,155p 19cm

◇市町村民自治読本(武藤栄治郎著)　宝文館　1926.6 4,3,151p 23cm

◇政治教育(池岡直孝著)　東京宝文館　1926.6 2,7,325p 19cm

◇青年健児教範(ベーデン・パウエル著,少年団日本聯訳)　1926.7 2,2,447p 20cm

◇政治教育講話(田沢義鋪著)　新政社　1926.9 2,4,240p 19cm

◇帝国図書館一覧(帝国図書館編)　1926.9 29p 22cm

◇学校図書館建設事業概要(東京市教育局編)　1926.10 37,24p 22cm

◇財団法人日独文化協会設立趣意書(後藤新平著)　1926.10 7p 22cm

◇大牟田市案の教育(大牟田市教育研究会編)　イデア書院　1926.12 14,300p 19cm　新日本の教育叢書

◇社会事業図書館に就て：附 図書目録(神奈川県社会事業協会編)　1926.12 3,207p 23cm

◇都市青年団経営上の実際問題(東京市聯合青年団編)　1926.12 4,73,89p 19cm

◇公民教育資料(真田幸憲著)　目黒書店　1927.1 3,7,687p 23cm

◇自治公民の根本義(大島正徳著)　至文堂　1927.1 3,5,384p 19cm

◇封建制下に於ける民主的傾向の胎生(江戸時代に於ける庶民教育の理念)(石川謙編)　大日本学術協会　1927.1 126p 22cm　「教育学術界」自大正15年至昭和2年1月別冊

◇公民の知識(大島正義著)　教文社　1927.3 38,1100p 19cm

◇支那に於ける新聞発達小史(南満洲鉄道株式会社東亜経済調査局編)　1927.3 56p 22cm　経済資料

◇大正天皇大阪行幸啓関係資料歴代皇室郷土関係資料展覧会誌(大阪市民博物館編)　1927.3 74p 19cm

◇東京市学校調査　第1輯(東京市教育局編)　1927.3 2,6,86p 23cm

◇東京市学校調査　第3輯(東京市教育局編)　1927.3 6,129p 22cm

◇東京市学校調査　第2輯(東京市教育局編)　1927.5 2,233p 22cm

◇保健衛生と学校児童掃除問題(大内惣吉著)　1927.5 50p 22cm

◇壮丁教育成績概況　大正15年(文部省普通学務局編)　1927.7 46p 26cm

◇釜山教育五十年史(釜山教育会編)　1927.7 34,105,41p 20cm

◇東京市聯合青年団一覧(東京市聯合青年団編)　1927.10 63p 22cm

◇系統的実際の社会教育施設の研究(川上武夫著)　帝国教育会出版部　1927.11 7,310p 19cm

◇明治節制定記念明治文化資料展観書目(日比谷図書館編)　1927.11 20p 23cm

◇実業補習教育改善ニ関スル意見(東京市政調査会編)　1928 31p 26cm

◇集会より見たる本市の精神運動(大阪市社会部調査課編)　1928 23p 23cm　社会部報告

◇東京市教育施設一覧図　昭和3年4月1日現在(東京市教育局学務課調)　1928 1枚 27cm

◇現代娯楽の表裏：附 教育映画問題(橘高広著)　大東出版　1928.2 4,165,101p 23cm

◇公民教育研究　上巻　明治以前に於ける自治制度と公民教育(東京市政調査会編)　1928.3 1冊 23cm

◇東京市の実業補習教育(東京市政調査会編)　1928.3 8,7,390p 23cm

◇都市教育行政に関する調査(東京市役所編)　1928.3 1冊 22cm　大都市行政比較調査報告

◇明治国民教育史(町田則文著)　昭和出版　1928.3 6,5,538p 23cm

◇教育学原論(吉田熊次著)　教育研究会　1928.6 2,418p 23cm

◇大阪市の学区廃止と其れに伴ふ施設計画に就て(川本宇之介著)　東京市政調査会　1928.7 58p 23cm　都市問題パンフレット

◇大東京ニ於ケル工場労働者ノ教育程度　謄写版(東京市統計課編)　1928.7 7p 26cm　東京市ノ状況

◇教育社会学の思潮(田制佐重著)　甲子社書房　1928.8 4,13,568p 23cm

◇大阪市に於ける自動車学校(大阪市社会部調査課編)　1928.10 54p 22cm　社会部報告

◇道徳学の体系と公民科の原理(伊藤千真三著)　大明堂　1928.12 4,6,320p 23cm

◇教育制度刷新案　謄写版(佐野利器著)　1929 [21]p 26cm

◇後藤伯爵国民訓(後藤新平著)　日本書院　1929.4 2,8,330p 15cm

◇大分市教育史(大分市役所編,大分市教育会編)　1929.5 16,1000p 22cm

◇少年団研究　第6巻第5号 故後藤総裁追悼号(少年団日本聯盟編)　1929.5 41p 26cm

◇教化事業調査会報告　第1輯(中央教化団体聯合会編)　1929.6 2,113p 22cm

◇日本庶民教育史　上巻(乙竹岩造著)　目黒書店　1929.9 4,13,106,856p 23cm

◇日本庶民教育史　中巻(乙竹岩造著)　目黒書店　1929.9 1085p 23cm

◇日本庶民教育史　下巻(乙竹岩造著)　目黒書店　1929.9 1163p 26cm

◇教育費負担金増額と予算問題(松田雪堂著)　財政経済時報社　1929.11 4,10,205p 19cm

◇学齢児童に関する調査(京都市教育部社会課編)　1930.3 66p 23cm　調査報告

◇東京市教育復興誌(東京市役所編)　1930.3 3,14,495p 23cm

◇東京帝国大学学生生計調査報告　昭和4年10月現在(東京帝国大学学生課編)　1930.3 2,54p 23cm

◇公民教育の話(関口泰著)　朝日新聞社　1930.6 2,2,290p 19cm　第二朝日常識講座

◇金沢文庫考(近藤重蔵著,神奈川県編)　1930.8 45p 22cm

◇図書館の社会化(松本喜一著)　市立函館図書館　1931.1 [16]p 23cm　函館図書館叢書

◇清水市教育概要　昭和5年度(清水市教育会編)　1931.2 4,167p 23cm

◇全国農村娯楽状況(文部省社会教育局編)　1931.2 86p 22cm　民衆娯楽調査資料

◇社会教育の体系と施設経営　体系篇(川本宇之介著)　最新教育研究会　1931.3 5,9,417p 20cm　最新教育研究叢書

◇東京市教育革正意見(高山潔著)　1931.3 16p 22cm

◇独逸学生気質(斉藤与一郎著)　市立函館図書館　1931.4 58p 22cm　函館図書館叢書

◇内外教育制度ノ調査　第1輯(文部省調査部編)　1931.4 216p 26cm

◇内外教育制度ノ調査　第2輯(文部省調査部編)　1931.4 212p 26cm

◇欧米諸国補習教育の近況と我国教育制度の改善(田尻常雄著)　啓明会　1931.5 34,14p 23cm　財団法人啓明会講演集

◇欧米に於けるラヂオの国民的及国際的利用(中山竜次著)　日本経済連盟会　1931.5 22p 23cm

◇高等諸学校一覧　昭和6年5月15日現在(文部省専門学務局編)　1931.5 93p 27cm

◇社会教育の体系と施設経営　経営篇(川本宇之介著)　最新教育研究会　1931.6 5,14,546p 20cm　最新教育研究叢書

◇高等諸学校ニ関スル法令(文部省専門学務局編)　1931.8 103p 19cm

◇新制公民科提要　上巻(山内正瞭著,花岡敏夫著)　浩文館　1931.9 2,8,173p 22cm

◇新制公民科提要　下巻(山内正瞭著,花岡敏夫著)　浩文館　1931.9 2,6,165p 22cm

◇我国教育制度の改革に就て(後藤文夫述,新日本同盟編)　1931.9 42p 23cm　新日本同盟パンフレット

◇熊本県教育史　上巻(熊本県教育会編)　1931.11 6,9,805p 23cm

◇熊本県教育史　中巻(熊本県教育会編)　1931.11 12,831p 23cm

◇熊本県教育史　下巻(熊本県教育会編)　1931.11 1284,45p 23cm

◇最新公民教科提要　後篇(河田嗣郎著)　東京開成館　1931.11 2,198,9p 23cm

◇改訂公民教科書　上巻(河津暹著,井上貞蔵著)　育英書院　1931.12 2,8,186p 22cm

◇改訂公民教科書　下巻(河津暹著,井上貞蔵著)　育英書院　1931.12 6,184p 22cm

◇最新公民科資料精説(文部省編)　1931.12 4,1087p 23cm

◇新制中等公民教科書　上巻(坂田増太郎著)　富山房　1931.12 2,4,197p 23cm

◇新制中等公民教科書　下巻(坂田増太郎著)　富山房　1931.12 2,5,196p 23cm

◇学区設置ニ関スル調査書　謄写版(東京市役所編)　1932 1冊 26cm+図2枚　市域拡張調査資料

◇文部省所管官立学校学生生徒卒業者入学志願者入学者 昭和6年9月30日調(文部大臣官房文書課編) 1932.1 4,86p 27cm

◇現代商業公民教科書 上巻(戸田貞三著) 中文館 1932.2 3,5,226p 23cm

◇現代商業公民教科書 下巻(戸田貞三著) 中文館 1932.2 3,5,211p 23cm

◇中等新公民教科書 上巻(高田保馬著, 森口繁治著) 三省堂 1932.2 2,202p 23cm

◇中等新公民教科書 下巻(高田保馬著, 森口繁治著) 三省堂 1932.2 2,185p 23cm

◇道府県及び都市に於ける教育映画利用状況 昭和5年度(文部省社会教育局編) 1932.3 62p 22cm 教育映画研究資料

◇内外教育制度の調査 第3輯(文部省調査部編) 1932.3 6,425,123p 23cm

◇内外教育制度の調査 第4輯(文部省調査部編) 1932.3 6,123p 23cm

◇産業組合及農会の教育的活動(協調会編) 1932.4 94p 19cm

◇教育史雑考(三浦藤作編) 秀山堂 1932.5 3,178,116p 22cm

◇公民科教育の本質とその教授概説(原房孝著) 目黒書店 1932.5 4,229p 19cm

◇市町村立小学校教育費問題精義(加藤精三著) 南光社 1932.5 2,417p 23cm

◇小学校教育の財政的基礎(加藤精三著) 南光社 1932.5 230p 23cm

◇米国内各博物館の教育事業に就いて(星合正治著) 科学博物館事業後援会 1932.6 89p 22cm 東京科学博物館報告

◇産業組合教育宣伝事業に関する調査(産業組合中央会編) 1932.7 2,177p 22cm 産業組合調査資料

◇東京市教育施設復興図集(東京市役所編) 勝田書店 1932.7 4,352p 26cm

◇現代公民教科書 下巻(戸田貞三著) 中文館 1932.9 3,5,210p 22cm 附録条文[とも]

◇最新公民科・公民科教授の方法(真田幸憲著) 目黒書店 1932.9 2,3,248p 19cm

◇学校給食(原徹一著) 1932.10 6p 22cm

◇公私月報 甲 自第1号至第25号(宮武外骨編) 1932.10 1冊 27cm 明治新聞雑誌文庫

◇新撰公民教科書 下巻(穂積重遠著, 四宮茂著) 三省堂 1932.10 6,206p 23cm

◇青少年の映画観覧状況調査概要 下(文部省社会教育局編) 1932.10 6,85p 22cm 教育映画研究資料

◇異常児教育三十年(脇田良吉著) 日及丸会 1932.11 4,6,304p 23cm

◇公民科教科書 下巻(上田貞次郎著) 大正洋行出版部 1932.11 1冊 22cm

◇東京帝国大学五十年史 上冊(東京帝国大学編) 1932.11 10,12,1429p 23cm

◇東京帝国大学五十年史 下冊(東京帝国大学編) 1932.11 14,1333p 23cm

◇農村問題と教育との一考察(山本良吉述) 啓明会 1932.11 33,18p 23cm 紀要

◇公民教育大系:昭和7年度夏期講習会講演集(文部省普通学務局, 文部省実業学務局編) 1932.12 1冊 23cm

◇学校給食調査(東京府学務部社会課編) 1933 59p 22cm

◇中等公民科教科書 上巻(木村正義著) 富山房 1933.1 4,6,229p 22cm

◇中等公民科教科書 下巻(木村正義著) 富山房 1933.1 1冊 22cm

◇学制改革案:調査報告(帝国教育会編) 1933.2 12,9p 19cm

◇実際的各科別小学校の公民教育(岩瀬六郎著) 東洋図書 1933.2 16,489p 23cm

◇新制朝鮮公民科提要(松月秀雄著, 清宮四郎著) 朝鮮印刷 1933.3 3,218,29p 23cm

◇壮丁教育調査概況 昭和7年度(文部省社会教育局編) 1933.3 96p 26cm

◇道府県及び都市に於ける教育映画利用状況 昭和6年度(文部省社会教育局編) 1933.3 66p 22cm 教育映画研究資料

◇教育行政撮要(下村寿一著) 岩波書店 1933.4 5,187,12p 20cm

◇我が国実業教育法令の沿革:稿本(文部省実業学務局編) 1933.4 346,30p 26cm

◇佐賀市民読本(佐賀市教育会編) 1933.5 2,104p 23cm

◇実業補習学校ニ関スル諸調査[昭和7年度](文部省社会教育局編) 1933.5 27p 26cm

◇農村に於ける特色ある教育機関(協調会編) 1933.5 2,4,276p 22cm

◇郷土教育講演集(文部省普通学務局編) 1933.7 3,317p 23cm

◇男女青年団体ニ関スル調査[昭和7年4月末現在](文部省社会教育局編) 1933.7 36p 26cm

◇全国農山漁村娯楽状況 下(文部省社会教育局編) 1933.8 4,91p 22cm 民衆娯楽調査資料

◇新聞法制論(榛村専一著) 日本評論社 1933.11 51,665p 23cm

◇小学校に於ける栄養給食趣意書(東京市渋谷区編) 1934 7p 23cm

◇全国農山漁村娯楽状況 上(文部省社会教育局編) 1934.3 6,106p 22cm 民衆娯楽調査資料

◇男女青年団体ニ関スル調査[昭和8年4月末現在](文部省社会教育局編) 1934.3 36p 27cm

◇東京市労務者輔導学級事業概況 昭和8年度(東京市教育局社会教育課編) 1934.3 39p 23cm

◇道府県及び都市に於ける教育映画利用状況 昭和7年度(文部省社会教育局編) 1934.3 134p 22cm 教育映画研究資料

◇都市実業補習教育調査協議会答申(文部省社会教育局編) 1934.3 11p 26cm

◇本邦一般社会ニ於ケル主ナル体育運動場調(文部省体育課編) 1934.3 48p 26cm

◇本邦ニ於ケル水泳プールニ関スル調査(文部省体育課編) 1934.3 47p 26cm

◇近世社会教育史の研究(石川謙著) 章華社 1934.4 5,20,542p 23cm

◇村の教育入出村読本(静岡県浜名郡入出村役場編) 1934.4 2,99,13p 23cm

◇公民科新講(山崎犀二著) 東洋図書 1934.5 3,14,747p 23cm

◇村塾教育の時代的使命(小野武夫述, 啓明会編) 1934.6 64,18p 23cm 紀要

◇オリンピックを東京へ(寺部頼助著) 市政講究会 1934.7 174p 20cm

◇教育行政(高田休広著, 小笠原豊光著) 常磐書房 1934.7 8,316p 23cm 自治行政叢書

◇公民教育実施状況 昭和8年度(文部省社会教育局編) 1934.7 2,124p 21cm

◇本邦ニ於ケル体育運動団体ニ関スル調査(文部大臣官房体育課編) 1934.8 114p 26cm

◇教育勅語渙発以前に於ける小学校修身教授の変遷(吉田熊次著, 海後宗臣著) 日本文化協会 1934.10 83p 26cm

◇実業教育五十年史(文部省実業学務局編) 1934.10 2,6,522p 22cm

◇農村に於ける塾風教育(協調会編) 1934.10 5,460p 22cm

◇各国の労務者教育概況 其ノ1(文部省社会教育局編) 1934.11 32p 22cm 社会教育叢書

◇公私月報 乙 自第26号至第50号(宮武外骨編) 1934.11 1冊 27cm

教育・文化・情報

明治新聞雑誌文庫

◇幕末明治新聞全集 第2巻 文久より慶応まで(尾佐竹猛編) 大誠堂 1934.11 4,23,452p 19cm

◇新聞集成明治編年史 第1巻 維新大変革期(新聞集成明治編年史編纂会編) 財政経済学会 1934.12 30,522p 27cm

◇幕末明治新聞全集 第1巻 文久より慶応まで(尾佐竹猛編) 大誠堂 1934.12 8,12,450p 19cm

◇幕末明治新聞全集 第3巻 慶応4年、明治元年(尾佐竹猛編) 大誠堂 1934.12 6,16,430p 23cm

◇第一東京市立高等女学校生徒健康調査(東京市教育局体育課編) 1935 23p 22cm

◇幕末明治新聞全集 第4巻 慶応4年より明治3年まで(尾佐竹猛編) 大誠堂 1935.1 6,21,427p 19cm

◇小学校教育行政法規精義(船越源一郎著) 東洋図書 1935.2 2,20,1142p 23cm

◇新聞集成明治編年史 第2巻 民論勃興期(新聞集成明治編年史編纂会編) 財政経済学会 1935.2 36,578p 27cm

◇青少年の映画興業観覧状況調査概況(文部省社会教育局編) 1935.2 65p 22cm 教育映画研究資料

◇幕末明治新聞全集 第5巻 明治元年より明治3年まで(尾佐竹猛編) 大誠堂 1935.2 21,394p 19cm

◇学生生徒の娯楽に関する調査(文部省社会教育局編) 1935.3 6,128p 22cm 民衆娯楽調査資料

◇教育制度の調査 第6輯(文部省教育調査部編) 1935.3 10,676p 22cm

◇熊本市民読本 上巻(熊本市教育会編) 1935.3 112p 22cm

◇熊本市民読本 中巻(熊本市教育会編) 1935.3 130p 22cm

◇熊本市民読本 下巻(熊本市教育会編) 1935.3 105p 22cm

◇実業補習学校ニ関スル諸調査 [昭和9年度](文部省社会教育局編) 1935.3 29p 27cm

◇市立小学校児童遠足旅行に関する調査報告 自昭和6年度至同8年度 CD-R版(東京市監査局都市計画課編) 1935.3 CD-R1枚 東京緑地計画参考資料

◇壮丁教育調査概況 昭和9年度(文部省社会教育局編) 1935.3 98p 27cm

◇男女青年団体ニ関スル調査 [昭和9年4月末現在](文部省社会教育局編) 1935.3 36p 27cm

◇東京帝国大学学生生活調査報告 昭和9年11月現在(東京帝国大学学生課編) 1935.3 2,66p 23cm

◇関東聯合教育会沿革概要 第1回-第30回(自明治35年至昭和10年)(群馬県教育会編) 1935.4 24p 23cm

◇新聞集成明治編年史 第3巻 西隆擾乱期(新聞集成明治編年史編纂会編) 財政経済学会 1935.4 36,488p 27cm

◇労務者教育実施概要 昭和9年度(文部省社会教育局編) 1935.4 3,204p 22cm

◇信濃教育会五十年史(信濃教育会編) 1935.5 1冊 23cm

◇新聞集成明治編年史 第4巻 国会開設運動期(新聞集成明治編年史編纂会編) 財政経済学会 1935.6 40,516p 27cm

◇公民教育実施概況 昭和9年度(文部省社会教育局編) 1935.7 3,127p 21cm

◇各国学校系統概表(文部省教育調査部編) 1935.8 126p 26cm

◇新聞集成明治編年史 第5巻 民権大弾圧期(新聞集成明治編年史編纂会編) 財政経済学会 1935.8 40,570p 27cm

◇新聞学(小山栄三著) 三省堂 1935.9 1冊 23cm

◇大阪市教育概説 昭和10年度(大阪市役所教育部編) 1935.10 4,20p 22cm

◇新聞集成明治編年史 第6巻 欧化政治期(新聞集成明治編年史編纂会編) 財政経済学会 1935.10 40,556p 27cm

◇青年学校関係法令(文部省社会教育局編) 1935.10 6,241p 19cm

◇東京市立図書館の閲覧利用状況調査(東京市役所編) 1935.10 16p 23cm

◇農村更生の礎石としての農村女塾(笠森伝繁述) 啓明会 1935.10 4,116,19p 22cm

◇夜間実業教育(文部省実業学務局編) 1935.10 7,5,181p 19cm

◇教育国策の諸問題(関口泰著) 岩波書店 1935.11 7,4,346p 19cm

◇新聞集成明治編年史 第7巻 憲法発布期(新聞集成明治編年史編纂会編) 財政経済学会 1935.11 37,538p 27cm

◇青年学校経営資料大系:教育原理と経営の実際(仙波直心著) 秋文堂 1935.11 2,8,228p 19cm

◇勤労者教育中央会要覧(勤労者教育中央会編) 1936.1 16p 19cm

◇新聞集成明治編年史 第9巻 日清戦争期(新聞集成明治編年史編纂会編) 財政経済学会 1936.1 36,484p 27cm

◇学制改革ニ関スル諸案 謄写版(内閣調査編) 1936.2 45p 26cm

◇小学校教育ノ改善ニ関スル具体方策 謄写版(池田宏著) 1936.2 47p 26cm

◇新聞集成明治編年史 第10巻 東洋問題多難期(新聞集成明治編年史編纂会編) 財政経済学会 1936.2 30,484p 27cm

◇青年団の大勢(大日本聯合青年団編) 日本青年館 1936.2 83p 19cm

◇江戸時代末期に於ける教化の観念と其の理念(文部省編) 1936.3 27p 21cm 社会教育叢書

◇教育的観覧施設一覧 昭和10年4月1日現在(文部省社会教育局編) 1936.3 22p 26cm

◇校外生活指導と少年団運動(宮本金七述, 文部省社会教育局編) 1936.3 40p 19cm 児童生徒校外生活指導叢書

◇社会教育要覧 昭和10年度(東京府編) 1936.3 3,105p 22cm

◇少年の社会性と其の指導に就て(青木誠四郎述, 文部省社会教育局編) 1936.3 48p 19cm 児童生徒校外生活指導叢書

◇新聞集成明治編年史 第11巻 北清事変期(新聞集成明治編年史編纂会編) 財政経済学会 1936.3 32,508p 27cm

◇青年学校関係法令 追録(文部省社会教育局編) 1936.3 47p 19cm

◇青年学校制度解説(文部省社会教育局編) 1936.3 5,164,27p 19cm

◇男女青年団体ニ関スル調査 [昭和10年4月末現在](文部省社会教育局編) 1936.3 35p 27cm

◇東京市立各小学校に於ける教育研究状況の調査報告 第1輯(東京市教育局庶務課教育調査室編) 1936.3 3,158p 26cm

◇道府県及び都市に於ける教育映画利用状況 昭和9年度(文部省社会教育局編) 1936.3 90p 22cm 教育映画研究資料

◇都市衛生とその教化(井口乗海述, 中央教化団聯合会編) 1936.3 2,56p 19cm 都市教化の諸問題

◇都市教化概論(加藤咄堂述, 中央教化団聯合会編) 1936.3 3,114p 19cm 都市教化の諸問題

◇都市教化と婦人(下村寿一述, 中央教化団体聯合会編) 1936.3 29p 19cm 都市教化の諸問題

◇都市教化と民衆娯楽(権田保之助述, 中央教化団体聯合会編) 1936.3 38p 19cm 都市教化の諸問題

◇都市商人と社会教化(高島米峰述, 中央教化団体聯合会編) 1936.3 3,57p 19cm 都市教化の諸問題

◇都市生活の裏面考察(草ार八十雄述, 中央教化団体聯合会編) 1936.3 34p 19cm 都市教化の諸問題

◇都市に於ける公民的教養(大島正徳述, 中央教化団聯合会編) 1936.3 2,50p 19cm 都市教化の諸問題

◇都市に於ける社会教育の諸問題(松尾長造述, 中央教化団聯合会編) 1936.3 41p 19cm 都市教化の諸問題

◇都市に於ける社会事業(矢吹慶輝述, 中央教化団聯合会編) 1936.

3 30p 19cm 都市教化の諸問題
◇都市の生活費（猪間驥一述,中央教化団体聯合会編） 1936.3 45p 19cm 都市教化の諸問題
◇本邦教育ノ概況（文部大臣官房文書課編） 1936.3 6,79p 22cm
◇文部省表彰優良男女青年団施設経営概況（文部省社会教育局） 1936.3 5,497p 21cm
◇我国体と地方自治（松井茂述,中央教化団体聯合会編） 1936.3 8,92p 19cm 都市教化の諸問題
◇若者制度の研究：若者条目を通じて見たる若者制度（大日本聯合青年団編） 1936.3 3,4,508p 19cm
◇新聞集成明治編年史 第12巻 日露戦争期（新聞集成明治編年史編纂会編） 財政経済学会 1936.4 34,556p 27cm
◇新聞集成明治編年史 第13巻 戦後国勢膨張期（新聞集成明治編年史編纂会編） 財政経済学会 1936.5 30,534p 27cm
◇義務教育年限延長ニ関スル調査 謄写版（東京市教育局編） 1936.6 35p 28cm
◇新聞集成明治編年史 第14巻 日韓合邦期（新聞集成明治編年史編纂会編） 財政経済学会 1936.6 30,606p 27cm
◇社会教育概論（小尾範治著） 大日本図書 1936.7 2,2,327p 18cm
◇青年団発達年表（大日本聯合青年団編） 日本青年館 1936.8 97p 19cm
◇我国に於ける公民教育の沿革（内務省地方局編） 1936.8 2,208p 26cm
◇学校施設に関する根本策に就いて（全国私立中等学校聯合会幹事会編） 1936.10 2,51p 22cm
◇教化と余暇施設（中田俊造著） 社会教育協会 1936.10 42p 19cm 社会教育パンフレット
◇公民の書（前田多門著） 選挙粛正中央連盟 1936.10 101p 22cm
◇年表 我国に於ける郷土博物館の発展（稿）（大日本聯合青年団編） 1936.10 40p 19cm
◇報徳会三十五年史（宗匠実平編） 報徳会総務所 1936.10 2,12,1142p 23cm
◇義務教育年限延長の教育的基礎：新高等小学校の教育的使命とカリキュラム構造の基準（高山潔著） 1936.11 27p 26cm 「教育研究」第454-456号別刷
◇新聞集成明治編年史 第15巻 全巻索引（新聞集成明治編年史編纂会編） 財政経済学会 1936.12 5,614p 27cm
◇今川になぞらへて自をいましむる制詞の条々 1937 1冊 26cm
◇御江戸名所方角書 1937 1冊 18cm
◇女実語教操鏡 1937 1冊 21cm
◇女小学宝文庫 1937 1冊 23cm
◇御家百姓往来（晋松堂主人書） 1937 1冊 18cm
◇自遺往来 1937 1冊 23cm
◇続江戸往来 1937 1冊 19cm
◇庭訓往来絵抄 前（槐亭賀全著） 1937 1冊 17cm
◇庭訓往来絵抄 後（槐亭賀全著） 1937 1冊 17cm
◇東京市立日比谷図書館一覧 自昭和11年至昭和12年（東京市立日比谷図書館編） 東京市役所 1937 24p 22cm
◇農家用文章大全（高井蘭山著） 1937 1冊 23cm
◇学校教育と宗教（矢吹慶輝著） 社会教育協会 1937.1 42p 19cm 教育パンフレット
◇現今に於ける米国の教育（樺山愛輔述） 啓明会 1937.1 24,20p 22cm 紀要
◇公私月報 丙 自第51号至第75号（宮武外骨編） 1937.1 1冊 23cm 明治新聞雑誌文庫
◇都市青年団経営論・青年と青年運動（中里民平著,池園哲太郎著） 東京市聯合青年団 1937.1 4,112p 19cm

◇私立図書館と税制（私立図書館懇話会編） 1937.2 24p 23cm 私立図書館懇話会パンフレット
◇伊太利少年少女団教範（文部省社会教育局） 1937.3 2,151p 19cm 児童生徒校外生活指導叢書
◇学務事務指針（東京市役所編） 1937.3 38p 19cm 事務改善叢書
◇教育的観覧施設一覧 昭和11年4月1日現在（文部省社会教育局編） 1937.3 22p 26cm
◇視学事務指針（東京市役所編） 1937.3 6,96p 19cm 事務改善叢書
◇社会教育事務指針（東京市役所編） 1937.3 4,59p 19cm 事務改善叢書
◇青年を対象とする公民教育（広浜嘉雄著） 大日本連合青年団 1937.3 161p 19cm
◇体育事務指針（東京市役所編） 1937.3 4,60p 19cm 事務改善叢書
◇男女青年団体ニ関スル調査［昭和11年4月末現在］（文部省社会教育局） 1937.3 35p 26cm
◇独逸青少年団運動（文部省社会教育局編） 1937.3 140p 19cm 児童生徒校外生活指導叢書
◇道府県、市に於ける利用映画に関する調査（文部省社会教育局） 1937.3 79p 21cm 教育映画研究資料
◇図書館事務指針（東京市役所編） 1937.3 48p 19cm 事務改善叢書
◇青年学校関係法令 追録（文部省社会教育局編） 1937.5 2,153p 19cm
◇二部教授の児童成績に及ぼす影響の調査 謄写版（[東京市教育局庶務課]教育調査部編） 1937.5 56p 25cm
◇岩手県学校給食自給施設実施録 上巻（岩手県編） 1937.6 11,5,573p 26cm
◇教化町村概況（中央教化団体聯合会編） 1937.7 2,104p 23cm
◇小学校、中等諸学校に於ける映画利用状況（文部省社会教育局） 1937.7 57p 22cm 教育映画研究資料
◇東京市の教育（東京市役所編） 1937.7 4,142p 24cm
◇壮年団中央協会事業概要 昭和11年度（壮年団中央協会） 1937.9 160p 23cm
◇日本教育史資料集 自第1輯至第5輯（国民精神文化研究所編） 北海出版 1937.9 [1958] 23cm
◇岩手県学校給食自給施設実施録 下巻（岩手県編） 1937.10 5,148,88p 26cm
◇北秋田郡教育会五十年史（北秋田教育会編） 1937.10 31,4p 22cm
◇道府県及び都市に於ける教育映画利用状況 昭和10年度（文部省社会教育局） 1937.10 87p 21cm 教育映画研究資料
◇技術教育と職業実習（日本技術教育協会編） 扶桑閣 1937.12 4,240p 19cm
◇高等諸学校一覧 昭和13年9月30日現在（文部省専門学務局編） 1938 96p 26cm
◇映画国策に就て（杉本寿二述） 文明社 1938.1 18p 22cm
◇オリンピックと東京市（東京市役所文書課編） 1938.1 5,5,245p 22cm オリンピック資料
◇都市と農村の娯楽教育（上田久七著） 太白書房 1938.1 3,11,275p 20cm
◇教育的観覧施設一覧 昭和12年4月1日現在（文部省社会教育局） 1938.2 25p 26cm
◇本邦学校給食施設の概要（文部省体育課編） 1938.2 363p 23cm
◇運動競技場に関する調査 昭和12年調査（東京市役所編） 1938.3 14,22,36p 22cm
◇今後の我が国実業教育（東京商工会議所編） 1938.3 54p 21cm 商工資料
◇時局と公共図書館の新使命：国策に協力して図書費を大増額せよ（﨑崎東助著） 愛市連盟 1938.3 15p 23cm

◇時局と娯楽問題（権田保之助著，文部省社会教育局編） 1938.3 34p 22cm

◇時局に対処すべき実業教育（東京商工会議所編） 1938.3 52p 21cm　商工資料

◇尋常小学校卒業者ノ動向ニ関スル調査（文部省教育調査部編） 1938.3 85p 22cm

◇男女青年団体ニ関スル調査［昭和12年4月末現在］（文部省社会教育局編） 1938.3 36p 26cm

◇東京市の学校建設事業（東京市役所） 1938.3 93,15,662p 27cm

◇福島郷土読本（福島県教育会福島市部会編）　金田屋書店　1938.3 3,112,22p 22cm

◇本邦映画教育の発達（文部省社会教育局編） 1938.3 73p 22cm　教育映画研究資料

◇財団法人勤労者教育中央会要覧（勤労者教育中央会） 1938.4 21p 19cm

◇全国青年団銃後活動の概要　第2輯　昭和13年3月末現在（大日本聯合青年団編） 1938.4 231p 22cm

◇津市文教史要（津市教育会編） 1938.5 8,374,22p 23cm

◇日本に於ける学術の発達（桜井錠二述，啓明会編） 1938.5 28,22p 22cm　第78回講演集

◇青年学校教育義務制に関する資料（衆議院調査部編） 1938.6 392p 21cm　調査資料

◇明治以降教育制度発達史　第1巻（教育史編纂会編） 1938.7 3,4,894p 23cm

◇明治以降教育制度発達史　第2巻（教育史編纂会編） 1938.7 4,646p 23cm

◇高等学校生徒体位ノ推移ニ関スル調査（文部省体育課編） 1938.8 55p 21cm　在学者体位調査

◇財団法人中央教化団体聯合会要覧　昭和13年（中央教化団体聯合会編） 1938.8 4,183p 21cm

◇明治以降教育制度発達史　第3巻（教育史編纂会編） 1938.9 4,1106p 23cm

◇銃後の護り（東京市役所編） 1938.10 2,12,241p 19cm

◇日本教育統計（権田保之助著）　巌松堂　1938.10 11,335,20p 23cm

◇日本に於ける学校調査の批判的研究（岡部教育研究室編） 1938.10 4,196,45p 22cm　調査報告

◇東京府青年教育施設概況（東京府学務部社会教育課編） 1938.11 2,60p 22cm　社会教育資料

◇東京府青年教育指導要項（東京府学務部社会教育課編） 1938.11 4,116p 21cm　社会教育資料

◇明治以降教育制度発達史　第4巻（教育史編纂会編） 1938.11 4,1124p 23cm

◇全国青年団銃後活動の概況　第3輯（大日本聯合青年団編） 1938.12 218p 22cm

◇各国義務教育制度概況（文部省普通学務局編） 1939 8p 26cm

◇義務教育制度ニ関スル調査　英・米・独・仏以外ノ諸国ノ部（文部省普通学務局編） 1939 20p 26cm

◇義務教育制度ニ関スル調査　英国ノ部（文部省普通学務局編） 1939 16p 26cm

◇義務教育制度ニ関スル調査　独逸ノ部（文部省普通学務局編） 1939 17p 26cm

◇義務教育制度ニ関スル調査　仏国ノ部（文部省普通学務局編） 1939 16p 26cm

◇義務教育制度ニ関スル調査　米国ノ部（文部省普通学務局編） 1939 44p 26cm

◇高等諸学校一覧　昭和14年9月30日現在（文部省専門学務局編） 1939 63p 26cm

◇日本青年団発達年表：附 諭令通牒　1939 35p 22cm

◇無線放送に対する予が抱負（後藤新平述） 1939 9p 19cm

◇明倫大学（後藤新平著，明倫大学校友会編） 1939 32p 22cm

◇第12回オリンピック東京大会組織委員会報告書（第12回オリンピック東京大会組織委員会編） 1939.1 439p 27cm

◇明治以降教育制度発達史　第5巻（教育史編纂会編） 1939.1 3,1240p 23cm

◇時局と青年教育（関口泰著）　巌松堂　1939.2 4,8,356p 19cm

◇小学校教員疾病療治料給与に関する調査（文部省体育課編） 1939.2 6p 23cm

◇大学の革新（吉川末次郎著） 1939.2 7p 22cm

◇明治以降教育制度発達史　第6巻（教育史編纂会編） 1939.2 2,854p 23cm

◇教育的観覧施設一覧　昭和13年4月1日現在（文部省社会教育局編） 1939.3 27p 26cm

◇第12回オリンピック東京大会東京市報告書（東京市紀元二千六百年記念事業部編）　東京市役所　1939.3 379p 27cm

◇明治以降教育制度発達史　第7巻（教育史編纂会編） 1939.3 2,1074p 23cm

◇［佐賀県］社会教育概要　昭和14年4月（佐賀県編） 1939.4 3,77p 23cm

◇青年会館、宿泊施設調査（大日本青年団編） 1939.4 129,10p 26cm

◇明治以降教育制度発達史　第8巻（教育史編纂会編） 1939.4 2,1104p 23cm

◇大橋図書館中堅会作業報文 其1（大橋図書館編） 1939.5 50p 19cm　図書館作業叢書

◇全国市立図書館大会要録（東京市教育局編） 1939.5 9p 22cm

◇明治以降教育制度発達史　第9巻（教育史編纂会編） 1939.5 2,932p 23cm

◇学生と学園（河合栄治郎著）　日本評論社　1939.6 3,4,612p 19cm

◇実業学校一覧　昭和14年4月現在（文部省実業学務局編） 1939.6 163p 26cm

◇ソ聯邦図書館事情 1（竹内正一著，満鉄哈爾賓図書館編） 1939.6 36p 22cm　哈爾賓図書館叢刊

◇布施市住民の生活（文化）（布施市役所編） 1939.6 4,275p 23cm　社会経済統計資料

◇明治以降教育制度発達史　第10巻（教育史編纂会編） 1939.6 4,1194p 23cm

◇映画法の教育的任務（水谷徳男著）　社会教育協会　1939.7 44p 19cm　教育パンフレット

◇明治以降教育制度発達史　第11巻（教育史編纂会編） 1939.7 6,1516p 23cm

◇学生の生活調査　昭和13年11月調（東京帝国大学学生課編）　安田信託　1939.8 26p 19cm

◇明治以降教育制度発達史　第12巻（教育史編纂会編） 1939.8 5,976p 23cm

◇教育審議会紀要（文部省調査部編） 1939.9 78p 21cm　「文部時報」第670号附録

◇ナチス・ドイツの教育政策、文化政策、社会政策（外務省調査部編） 1939.9 10,208p 22cm　防共協定国情調査

◇瀬戸読本（瀬戸市教育会編） 1939.10 4,109p 22cm

◇東洋文庫十五年史（東洋文庫編） 1939.11 14,883p 22cm

◇少年団運動ノ使命（後藤新平述，少年団日本聯盟編） 1940 7p 18cm

◇再び小学校に庖厨設置の緊急なる所以を述べ実施の方策に言及す（加田信憲著）　［医海時報社］　1940 15p 22cm　「医海時報」第2092号抜刷

◇1923年英国教育条令　第5編　盲聾欠陥並ニ癲癇性児童（厚生省社会局編） 1940 13p 22cm　児童保護参考資料

◇国民学校案の研究(初等教育研究会編)　1940.1　240p　26cm　教育研究

◇名古屋市青年団発達史(名古屋市青年団本部編)　1940.1　154p　23cm

◇公民の元服式：いかに公民奉告祭を開くか(選挙粛正中央聯盟編)　1940.2　36p　19cm

◇女学生の娯楽調査：特に映画について(竹中玉一述, 社会教育協会編)　1940.2　43p　19cm　教育パンフレット

◇教育制度の調査　第11輯(文部省教育調査部編)　1940.3　6,460p　22cm

◇男女青年団体ニ関スル調査［昭和14年4月末現在］(文部省社会教育局編)　1940.3　36p　26cm

◇海外国立図書館の概況(満洲帝国国立図書館籌備処編)　1940.5　120p　22cm

◇呉軍部教育及保健施設事業急施事由書(呉市編)　1940.6　[41]p　27cm

◇北支に於ける教育政策(朝比奈策太郎述, 社会教育協会編)　1940.7　46p　19cm　教育パンフレット

◇江戸時代の家庭教育(石川謙著, 社会教育協会編)　1940.8　46p　19cm　教育パンフレット

◇教育制度の発達と其の要因：第98回講演集(吉田熊次述, 啓明会編)　1940.8　56,25p　22cm

◇実業学校一覧　昭和15年4月現在(文部省実業学務局編)　1940.8　171p　26cm

◇第2回日本厚生大会会誌　昭和14年自11月10日至11月13日(名古屋市編)　1940.8　235p　22cm

◇新聞集成明治編年史　第8巻　国会揺籃期(明治編年史刊行会編)　1940.9　32,508p　27cm

◇革新時に於ける科学教育(竹内時男述, 社会教育協会編)　1940.10　46p　19cm　教育パンフレット

◇教育勅語渙発関係資料集　第1巻(国民精神文化研究所編)　1940.10　1冊　23cm　国民精神文化文献

◇教育勅語渙発関係資料集　第2巻(国民精神文化研究所編)　1940.10　1冊　23cm　国民精神文化文献

◇教育勅語渙発関係資料集　第3巻(国民精神文化研究所編)　1940.10　1冊　23cm　国民精神文化文献

◇学校給食　謄写版(岡山県総社保健所編)　1941　[13]p　26cm

◇教育的観覧施設一覧　昭和15年4月1日現在(文部省社会教育局編)　1941　25p　26cm

◇市民生活新体制運動資料(大阪市役所編)　1941　1冊　26cm

◇明治大学専門部(1部)学生生活調査報告　昭和16年7月現在(明治大学報国政経学会編)　1941　45p　21cm

◇商業学校に於ける家塾教育：東京府立第一商業学校田園家塾(実業教育振興中央会編)　1941.1　47p　18cm　実業教育資料

◇東京市教育研究所要覧　昭和16年1月現在(東京市教育局教育研究所編)　1941.1　54p　18cm

◇市民生活新体制運動(大阪市編)　1941.2　24p　18cm

◇国民学校教育資料　第2輯(東京市教育局教育研究所編)　1941.3　120p　21cm　調査研究報告

◇国民学校経営研究　第1輯(東京市教育局教育研究所編)　1941.3　2,116p　21cm

◇児童生活と校外生活指導(青木誠四郎述)　文部省社会教育局　1941.3　25p　19cm　児童生徒校外生活指導叢書

◇男女青年団体ニ関スル調査［昭和15年4月末現在］(文部省社会教育局編)　1941.3　36p　26cm

◇日本諸学振興委員会研究報告　第9篇　第2回経済学(文部省教学局編)　内閣印刷局　1941.4　4,3,303p　21cm

◇日本諸学振興委員会研究報告　第10篇　第2回教育学(文部省教学局編)　内閣印刷局　1941.5　3,346p　21cm

◇礼法要項：文部省新制(社会教育協会編)　1941.5　86p　18cm　教育パンフレット

◇社会教育の基礎としての学生の生活調査(海後宗臣述)　社会教育協会　1941.6　46p　18cm　教育パンフレット

◇新体制実践科に就て(中田豊衛著)　実業教育振興中央会　1941.6　56p　19cm　実業教育資料

◇日本諸学振興委員会研究報告　第11篇　第2回歴史学(文部省教学局編)　内閣印刷局　1941.6　3,317p　21cm

◇青少年の心理と其指導(社会教育協会編)　1941.7　46p　18cm　教育パンフレット

◇青年学校関係法令(文部省社会教育局編)　1941.7　90p　21cm

◇道府県市町村及び学校に於ける映画普及状況　昭和15年度(文部省社会教育局編)　1941.7　7,123p　21cm　教育映画研究資料

◇日本諸学振興委員会研究報告　第5篇(文部省教学局編)　内閣印刷局　1941.8　1冊　21cm

◇時局下青少年の性格教育(牛島義友述)　社会教育協会　1941.9　46p　18cm　教育パンフレット

◇日本諸学振興委員会研究報告　第1篇　教育学(文部省教学局編)　内閣印刷局　1941.9　7,4,356p　21cm

◇「臣民の道」解説(大串兎代夫述)　社会教育協会　1941.10　78p　18cm　教育パンフレット

◇日本諸学振興委員会研究報告　第4篇　歴史学(文部省教学局編)　内閣印刷局　1941.11　9,4,309p　21cm

◇高等諸学校一覧　昭和16年11月30日現在(文部省専門学務局編)　1941.12　67p　26cm

◇後藤伯爵記念公民館(読売新聞社編)　1941.12　28p　22cm

◇市民読本　巻1(名古屋市役所編)　1941.12　2,56p　21cm

◇市民読本　巻2(名古屋市役所編)　1941.12　2,24p　21cm

◇市民読本　巻3(名古屋市役所編)　1941.12　2,36p　21cm

◇市民読本　巻4(名古屋市役所編)　1941.12　1,48p　21cm

◇市民読本　巻5(名古屋市役所編)　1941.12　2,32p　21cm

◇社会教育要覧　昭和16年12月(東京府学務部社会教育課編)　1941.12　3,98p　21cm

◇生活と文化(岸田国士著)　青山出版社　1941.12　2,3,347p　19cm

◇日本諸学振興委員会研究報告　第7篇　法学(文部省教学局編)　内閣印刷局　1941.12　1冊　21cm

◇高等諸学校一覧　昭和17年10月30日現在(文部省専門学務局編)　1942　68p　26cm

◇[大政翼賛会]文化部事業報告　昭和17年7月現在(大政翼賛会実践局文化部編)　1942　2,36p　21cm

◇北海道文化協議会議案　第1回(大政翼賛会編)　1942　[4,66]p　21cm

◇九州地方文化協議会会議録　第1回(大政翼賛会組織局文化部編)　1942.1　2,96p　21cm

◇国民学校教育論(吉田熊次著)　教育研究会　1942.2　4,2,262p　18cm

◇勤労者文化の現状と其の諸問題(教育研究同志会事務局編)　1942.4　35p　21cm　資料

◇大東亜の文化建設(社会教育協会編)　1942.5　[48]p　19cm　国民講座

◇大日本青年団史(桜井庄太郎著, 大日本青年団編)　1942.8　1冊　22cm

◇町会文庫：その行き方と経営法(大阪市役所市民局文化課編)　1942.8　68p　18cm

◇大橋図書館四十年史(坪谷善四郎著)　博文館　1942.9　1冊　22cm

◇実業学校一覧　昭和17年4月現在(文部省実業学務局編)　1942.9　196p　26cm

◇青少年社会生活の研究：日本青少年教育研究所研究報告（青木誠四郎編）　朝倉書店　1942.9　2,3,330p 22cm

◇学制七十年史（海後宗臣著）　帝国地方行政学会　1942.10 2,305p 21cm　「文部時報」第775号

◇財団法人大日本育英会創設の趣旨及び昭和18年度奨学生貸費要綱と其解説（財団法人大日本育英会編）　1943　16p 18cm

◇文部省普通学務局初等教育課関係資料　謄写版（文部省普通学務局初等課編）　1943　1冊 24cm

◇戦時下勤労青少年教育の革新（朝比奈策太郎述）　1943.1　15p 21cm　「青年指導」第9巻第2号抜刷

◇学生生活調査（海後宗臣著，吉田昇著）　日本評論社　1943.3　2,2,312p 19cm

◇近世日本文庫史（竹林熊彦著）　大雅堂　1943.6　436p 19cm

◇文化統制の研究（大久保純一郎著）　東洋書館　1943.6　5,233p 22cm

◇日本諸学研究報告 特輯第3篇 経済学（文部省教学局編）　内閣印刷局　1943.8　4,2,221p 21cm

◇学徒戦時動員体制に関する官民懇談会（日本経済聯盟会編）　1943.9　2,47p 21cm

◇学校令に現れたる皇国教学の目的（松月秀雄著）　修文館　1943.9　9,483p 22cm

◇日本諸学研究報告 特輯第7篇 法学（文部省教学局編）　内閣印刷局　1943.9　2,155,3p 21cm

◇日本諸学研究報告 第14篇 法学（文部省教学局編）　内閣印刷局　1943.9　3,339p 21cm

◇独逸教育制度史（皇至道著）　柳原書店　1943.12　5,7,480p 22cm

◇欧米通俗教育の実際（湯原元一著）　1944　6,667p 23cm

◇大日本育英会の事業に就て：附 大日本育英会法（大村清一述，財団法人大日本育英会編）　1944　31p 18cm

◇名古屋市東山動物園概要（名古屋市役所編）　1944　1枚 19cm

◇財団法人大日本育英会概要（財団法人大日本育英会編）　1944.1　64p 21cm

◇日本諸学研究報告 第18篇 教育学（文部省教学局編）　印刷局　1944.1　2,303p 21cm

◇日本諸学研究報告 特輯第10篇 教育学（文部省教学局編）　印刷局　1944.3　2,175,3p 21cm

◇日本新少年団（牧野靖史著）　隆文堂大進社　1944.3　4,5,316p 19cm

◇国家的育英制度に就て（大村清一述）　大日本育英会　1944.7　32p 18cm

◇文教維新の綱領（文政研究会編）　新紀元社　1944.9　15,358,81p 21cm

◇明治初期教育思想の研究（稲富栄次郎著）　創元社　1944.12　20,3,426p 22cm　教育史研究

社会・社会問題・社会福祉

【雑誌】

◇一九二四年独逸社会政策学会大会(梅田政勝)「経済学 商業学 国民経済雑誌」 38(1) 1925.1
◇ビオ・ソシヤル仮設の意義(米田庄太郎)「経済論叢」 20(1) 1925.1
◇社会思想としての民主々義(永井亨)「社会学雑誌」 9 1925.1
◇ワオードのスペンサー批評(田邊壽利)「社会学雑誌」 9 1925.1
◇社会過程(綿貫哲雄)「社会政策時報」 52 1925.1
◇プラーグの社会政策国際会議「社会政策時報」 53 1925.2
◇社会学の本質(今井時郎)「社会学雑誌」 11 1925.3
◇米国社会学の発展(1)(山口正)「社会学雑誌」 11 1925.3
◇カッセル「理論的社会経学」の研究(1)(高嶋佐一郎)「経済学 商業学 国民経済雑誌」 38(4) 1925.4
◇タイヤル人の社会編制(内藤吉之助)「社会学雑誌」 12 1925.4
◇米国社会学の発展(2)(山口正)「社会学雑誌」 12 1925.4
◇利益的社会関係に就て(小松堅太郎)「社会学雑誌」 12 1925.4
◇街頭社会観(今井時郎)「社会政策時報」 55 1925.4
◇現代国民性の比較研究(永井亨)「社会政策時報」 55 1925.4
◇マルサスの社会政策観(1)(伊東乃)「社会政策時報」 55 1925.4
◇自殺に関する考察(杉田直樹)「社会学雑誌」 13 1925.5
◇貧富別及職業別より観たる出生率及婚姻年齢の研究(古山利雄)「社会学雑誌」 13 1925.5
◇国民性の研究と史観論(永井亨)「社会政策時報」 56 1925.5
◇マルサスの社会政策観(2・完)(伊東乃)「社会政策時報」 56 1925.5
◇マルクスの価値論に対するべ小泉教授の批評(河上肇)「社会問題研究」 62 1925.5
◇修正派社会主義概論(金原賢之助)「三田学会雑誌」 19(5) 1925.5
◇社会学法より見たる法律と道徳との関係(高柳賢三)「社会科学」 1(1) 1925.6
◇唯物史観に於けるテレオロギー(平野義太郎)「社会科学」 1(1) 1925.6
◇スペングラーの社会主義観(稲垣守克)「社会政策時報」 57 1925.6
◇ブランキズムとマルクシズム(小泉信三)「社会政策時報」 57 1925.6
◇社会主義の自由王国(新明正道)「社会科学」 1(2) 1925.7
◇社会学方法上の論争に就て(レーデラー)「社会学雑誌」 15 1925.7
◇我国のトーデミズムの考察(中山太郎)「社会学雑誌」 15 1925.7
◇英国社会思想の変遷と労働政策(末本とし枝)「社会政策時報」 59 1925.8
◇公民の社会学的考察(深作安文)「社会学雑誌」 18 1925.10
◇露西亜の基本的社会制度としての「ミール」(今井時郎)「社会学雑誌」 18 1925.10
◇社会科学について(高田保馬)「社会学雑誌」 20 1925.12
◇社会起源に関する諸学説(本田喜代治)「社会学雑誌」 20 1925.12
◇社会の意織と意識の社会性(城戸幡太郎)「社会学雑誌」 20 1925.12
◇ホッブハウスの社会学説(松本潤一郎)「社会学雑誌」 20 1925.12
◇階級概念に就て(蔵内数太)「社会学雑誌」 21 1926.1

◇階級的内婚制に就て(戸田貞三)「社会学雑誌」 21 1926.1
◇現代に於ける階級的区画(松本潤一郎)「社会学雑誌」 21 1926.1
◇日本古代の社会階級(三浦周行)「社会学雑誌」 21 1926.1
◇マックスアドラー「階級とは何か」(平野義太郎訳)「社会学雑誌」 21 1926.1
◇レーニンの辯証法(デポーリン)(2)(河上肇)「社会問題研究」 68 1926.1
◇階級的内婚制に就て(戸田貞三)「社会学雑誌」 22 1926.2
◇個人と社会(岩井龍海)「社会学雑誌」 22 1926.2
◇社会起源に関する諸学説(本田喜代治)「社会学雑誌」 22 1926.2
◇社会政策の歴史観(永井亨)「社会政策時報」 65 1926.2
◇レーニンの弁証法(河上肇)「社会問題研究」 69 1926.2
◇労働の生産力の発展と資本蓄積との衝突(河上肇)「社会問題研究」 69 1926.2
◇社会関係の根本に関する二三の問題(小松堅太郎)「社会学雑誌」 23 1926.2
◇社会起源に関する諸学説(本田喜代治)「社会学雑誌」 23 1926.3
◇明治社会学史資料(2)(下出隼吉)「社会学雑誌」 23 1926.3
◇ギディングス門下の社会学徒達(岩崎卯一)「社会学雑誌」 24 1926.4
◇一九二五年に於ける米国の社会学(ハリー・エルマー・バーンズ)「社会学雑誌」 24 1926.4
◇米国に於ける社会発達の概観(小林郁)「社会学雑誌」 24 1926.4
◇資本蓄積の行き詰まり(河上肇)「社会問題研究」 70 1926.4
◇群現象と社会結合(長谷川萬次郎)「社会学雑誌」 25 1926.5
◇形式社会学の発展(井森陸平)「社会学雑誌」 25 1926.5
◇濠洲に於ける賃金制度と移民問題(生江孝之)「社会事業」 10(3) 1926.6
◇社会思想の研究及取締(永井亨)「社会政策時報」 70 1926.7
◇社会学研究とは何ぞや(遠藤隆吉)「社会学雑誌」 29 1926.9
◇アダム・スミスの社会哲学とその思想的背景(1)(沢柳泰爾)「社会学雑誌」 32 1926.12
◇日本社会学の意義(若宮卯之助)「社会学雑誌」 32 1926.12
◇アダム・スミスの社会哲学とその思想的背景(柳沢泰爾)「社会学雑誌」 34 1927.2
◇社会学研究に於ける図式的方法と純型的方法(小松隆太郎)「社会学雑誌」 34 1927.2
◇唯物史観に関する自己清算(河上肇)「社会問題研究」 77 1927.2
◇教育的社会学の現状(田制佐重)「社会学雑誌」 35 1927.3
◇唯物史観に関する自己清算(2)(河上肇)「社会問題研究」 78 1927.3
◇教育的社会学の現状(承前)(田制佐重)「社会学雑誌」 36 1927.4
◇唯物史観に関する自己清算(3)(河上肇)「社会問題研究」 79 1927.4
◇官僚と職業政治家(永井亨)「社会学雑誌」 38 1927.6
◇現実の集団分類の一企図(松本潤一郎)「社会学雑誌」 38 1927.6
◇唯物史観に関する自己清算(4)(河上肇)「社会問題研究」 80 1927.6
◇行動の体系としての社会(1)(長谷川萬次郎)「社会学雑誌」 39 1927.7

◇母権支配の経済的基礎 (玉城肇)「社会学雑誌」 39 1927.7
◇唯物史観に関する自己清算 (5) (河上肇)「社会問題研究」 81 1927.7
◇英米に於ける社会調査とその文献 (磯村英一)「社会学雑誌」 40 1927.8
◇閥の社会的性質 (戸田貞三)「社会学雑誌」 40 1927.8
◇社会政策の基調としての都市人口の周流 (磯村英一)「社会政策時報」 83 1927.8
◇唯物史観に関する自己清算 (6) (河上肇)「社会問題研究」 82 1927.8
◇唯物史観に関する自己清算 (7) (河上肇)「社会問題研究」 83 1927.8
◇通俗保健衛生教育 (内務省衛生局保健課)「社会事業」 12(1) 1928.4
◇唯物史観に関する自己清算 (8) (河上肇)「社会問題研究」 85 1928.6
◇英国労働党の社会主義 (河田嗣郎)「経済時報」 1(4) 1929.7
◇サン・シモンの欧洲社会改造論 (小泉順三)「三田学会雑誌」 23(8) 1929.8
◇講壇社会主義論攷 (奥井復太郎)「三田学会雑誌」 25(3) 1931.3
◇社会政策の地方化 (守屋栄夫)「地方行政」 39(8) 1931.8
◇社会政策学会の成立とシュモーラーの社会政策原理 (奥井復太郎)「三田学会雑誌」 25(10) 1931.10
◇変革期の社会政策 (石川興二)「経済論叢」 35(2) 1932.8
◇瑞典に於ける社会政策「東京市社会局時報」 14 [1932.9]
◇都市社会学の一考察 (奥井復太郎)「三田学会雑誌」 26(10) 1932.10
◇旧社会政策の没落-新社会政策論序説 (奥井復太郎)「三田学会雑誌」 27(3) 1933.3
◇最近に於ける社会学の問題相 (新明正道)「公民教育」 3(4) 1933.4
◇米国都市社会学の特殊性 (奥井復太郎)「都市問題」 16(4) 1933.4
◇最も穏健なる社会主義綱領の批判 (クルト・ジンガー)「経済学論集」 3(6) 1933.6
◇社会政策より観たるマルキシズム (川口正太郎)「社会政策時報」 154 1933.7
◇「社会党鎮圧法」の社会政策的意味 (大河内一男)「社会政策時報」 154 1933.7
◇我国社会政策の前途 (北岡寿逸)「社会政策時報」 154 1933.7
◇社会政策の立場とマルキシズム (住谷悦治)「社会政策時報」 155 1933.8
◇技術の社会科学的諸研究に関する若干の新刊書 (藤林敬三)「三田学会雑誌」 27(8) 1933.8
◇ゲッデス教授一派の都市社会の基本調査に就て (星野辰雄)「都市問題」 17(4) 1933.10
◇都市社会学に就て (山口正太郎)「大大阪」 9(12) 1933.12
◇国民革命途上のドイツ社会学 (新明正道)「法律時報」 6(3) 1934.2
◇経済統制運動の一環としての社会政策の高度化と社会事業の組織化 (木田徹郎)「社会福利」 18(4) 1934.4
◇ギュルヴィッチの社会法の理念と労働協約 (1) (後藤清)「社会政策時報」 167 1934.8
◇都市問題に関する社会学的一考察 (災害防備自治済美特輯) (高田保馬)「都市問題」 19(5) 1934.11
◇アフタリオン氏の社会主義否定論 (中野善敦)「警察研究」 6(2) 1935.2
◇社会政策及び事業の根基としての社会連帯思想 (星野辰雄)「社会事業研究」 23(2) 1935.2
◇社会学とケース・ウォークとの関係の史的考察 (竹内愛二)「社会事業研究」 23(6) 1935.6
◇最近に於ける各国重要社会政策 (稲葉秀三)「社会政策時報」 178 1935.7
◇ナチスの社会政策 (南岩男)「社会福利」 19(12) 1935.12
◇大阪府下織物工場に於ける就業時間の統制「労働時報」 12(12) 1935.12
◇マルクス価値概念に関する一考察 (櫛田民蔵)「大原社会問題研究所雑誌」 3(1) 1936.1
◇理論家としてのレーニン (久留間鮫造訳)「大原社会問題研究所雑誌」 3(1) 1936.1
◇我国に於ける社会政策発生の背景 (風早八十二)「社会政策時報」 189 1936.6
◇社会政策と福利施設 (大河内一男)「経済学論集」 6(7) 1936.7
◇学生街の社会学的考察 (奥井復太郎)「都市問題」 23(1) 1936.7
◇現代社会学の動向 (本田喜代治)「改造」 18(9) 1936.9
◇社会と闘争 (黒川純一)「社会事業研究」 24(11) 1936.11
◇新興独逸の社会政策 (1) (東京府社会課訳)「社会福利」 21(3) 1937.3
◇新興独逸の社会政策 (2) (東京府社会課訳)「社会福利」 21(4) 1937.4
◇「日本型社会政策」の基調 (本荘茂)「社会福利」 21(4) 1937.4
◇社会政策の形而上学 (大河内一男)「経済学論集」 7(5) 1937.5
◇都市社会学の生成とその発展 (大久保満彦)「市政研究」 3(3) 1937.5
◇経済段階の推移と社会政策の役割変化 (高橋亀吉)「社会政策時報」 200 1937.5
◇個別観的社会政策と全体観的社会政策 (河田嗣郎)「社会政策時報」 200 1937.5
◇最近に於ける我国産業労働事情の変遷と社会政策の効果に就て (1) (美濃口時次郎、稲葉秀三)「社会政策時報」 200 1937.5
◇産業と社会政策 (森田良雄)「社会政策時報」 200 1937.5
◇独逸社会政理論の動向に就て (鈴木規一)「社会政策時報」 200 1937.5
◇日本に於ける社会政策の本質 (風早八十二)「社会政策時報」 200 1937.5
◇日本の社会政策の既往、現在及将来 (永井亨)「社会政策時報」 200 1937.5
◇労働行政の将来と社会政策 (谷口明三)「社会政策時報」 200 1937.5
◇我国人口発展の動向と其将来社会政策に及ぼす影響 (左右田武夫)「社会政策時報」 200 1937.5
◇我国に於ける社会政策と労働組合の将来に就て (南岩男)「社会政策時報」 200 1937.5
◇新興独逸の社会政策 (3) (東京府社会課訳)「社会福利」 21(5) 1937.5
◇最近に於ける我国産業労働事情の変遷と社会政策の効果に就て (2) (美濃口時次郎、稲葉秀三)「社会政策時報」 201 1937.6
◇新興独逸の社会政策 (4) (東京府社会課訳)「社会福利」 21(6) 1937.6
◇最近に於ける我国産業労働事情の変遷と社会政策の効果に就いて (3) (美濃口時次郎、稲葉秀三)「社会政策時報」 202 1937.7
◇新興独逸の社会政策 (5) (東京府社会課訳)「社会福利」 21(7) 1937.7
◇ナチス独逸の社会政策「内外社会問題調査資料」 325 1937.7
◇最近に於ける我国産業労働事情の変遷と社会政策の効果に就て (4・完) (美濃口時次郎、稲葉秀三)「社会政策時報」 203 1937.8
◇新興独逸の社会政策 (6) (東京府社会課訳)「社会福利」 21(8) 1937.8
◇社会政策の現段階 (風早八十二)「国家学会雑誌」 51(9) 1937.9

◇社会政策の形而上学(2)(大河内一男)「経済学論集」 7(10) 1937.10

◇社会政策と民衆(永井亨)「社会事業」 21(7) 1937.10

◇社会政策強化の法律的意義(宇賀田順三)「社会政策時報」 205 1937.10

◇社会政策に於ける若干の類型(風早八十二)「社会政策時報」 205 1937.10

◇新興独逸の社会政策(7)(東京府社会課訳)「社会福利」 21(10) 1937.10

◇新興独逸の社会政策(8)(東京府社会課訳)「社会福利」 21(11) 1937.11

◇最近の独逸に於ける就業並に失業対策「内外社会問題調査資料」 338 1937.11

◇社会政策の形而上学(3・完)(大河内一男)「経済学論集」 7(12) 1937.12

◇社会政策上より見たる人口問題(永井亨)「人口問題」 2(3) 1937.12

◇日本に於ける社会政策への反省(新刊批評)(大河内一男)「経済学論集」 8(1) 1938.1

◇新興独逸の社会政策(10)(東京府社会課訳)「社会福利」 22(1) 1938.1

◇新興独逸の社会政策(東京府社会課)「社会福利」 22(2) 1938.2

◇英国の社会政策と経費「内外社会問題調査資料」 348 1938.3

◇新興独逸の社会政策(13)(東京府社会課訳)「社会福利」 22(4) 1938.4

◇社会政策の本質への反省(風早八十二)「社会政策時報」 213 1938.6

◇新興独逸の社会政策(東京府社会課訳)「社会福利」 22(6) 1938.7

◇風早八十二「日本社会政策史」(大河内一男)「国家学会雑誌」 52(8) 1938.8

◇新興独逸の社会政策(16)(東京府社会課訳)「社会福利」 22(7) 1938.8

◇モーニエ教授、社会集団論(4)(浅野研真)「社会福利」 22(7) 1938.8

◇社会政策と統制経済(大河内一男)「改造」 20(9) 1938.9

◇社会政策の方法論的特性及び事業形態に就いて(増田抱村)「社会事業」 22(6) 1938.9

◇新興独逸の社会政策(東京府社会課訳)「社会福利」 22(8) 1938.9

◇カール・メンガーの社会政策学批判(月形庄一郎)「経済論叢」 47(4) 1938.10

◇新興独逸の社会政策(東京府社会課訳)「社会福利」 22(9) 1938.10

◇産業組合に関する集団社会政策の先駆的範例的理論(増田抱村)「社会事業」 22(8) 1938.11

◇社会政策論に於ける生産と分配-社会政策の構造に関する23の考察(大河内一男)「社会政策時報」 218 1938.11

◇新興独逸の社会政策(東京府社会課訳)「社会福利」 22(10) 1938.11

◇モーニエ教授社会集団論(浅野研真)「社会福利」 22(10) 1938.11

◇ナチス独逸の国際社会政策(金熙明)「社会福利」 24(2) 1940.2

◇我国社会政策当面の課題(北岡寿逸)「商工経済」 9(2) 1940.2

◇戦時社会政策への反省(大河内一男)「経済学論集」 10(4) 1940.4

◇1841年3月22日法成立史-フランス社会政策史の一節(岡本博之)「経済学雑誌」 6(5) 1940.5

◇独逸社会政策史に関する最近の資料(大河内一男)「経済学論集」 10(5) 1940.5

◇フイヒテに於ける社会主義の理論(2)(南原繁)「国家学会雑誌」 54(5) 1940.5

◇社会政策の理論構造に就て(北岡寿逸)「経済学論集」 10(6) 1940.6

◇都市文化の過去と現在-特に我国の特徴について(長谷川万次郎)「都市問題」 30(6) 1940.6

◇都市社会の研究「都市問題」 30(6) 1940.6
都市集団の心理的性格(松本潤一郎) 都市社会学の諸問題(米林富男) 都市社会学の方法論的考察(新明正道)

◇フランス社会主義政策の展開(山中篤太郎)「国家学会雑誌」 54(7) 1940.7

◇フランツ・ゼルテ「1933年より1938年に至る第三国家に於ける社会政策」(武field隆夫)「経済学論集」 11(2) 1941.2

◇国防国家と社会政策の動向(服部英太郎)「改造」 23(15) 1941.8

◇臨戦国民生活と社会政策の展相(服部英太郎)「改造」 23(18) 1941.9

◇日本学術振興会編「時局と社会政策」(後藤清)「法律時報」 14(1) 1942.1

◇社会政策と生産力-「経営社会政策」のための序説-(大河内一男)「社会政策時報」 258 1942.3

◇戦時社会政策と経済=勤労新体制(服部英太郎)「商工経済」 13(3) 1942.3

◇テュルゴの社会進歩の理論(出口勇蔵)「経済論叢」 54(5) 1942.5

◇統計学より観たる自殺考(越田久松)「社会保険時報」 16(6) 1942.6

◇皇室と社会政策(今里勝彦)「地方行政」 50(7) 1942.7

◇社会政策の再検討(藤林敬三)「三田学会雑誌」 36(10) 1942.10

◇戦争の社会政策(星野周一郎)「経済学雑誌」 11(6) 1942.12

◇経営社会政策(特集)「統制経済」 5(6) 1942.12

◇経営社会政策の法制(津曲蔵之丞)「統制経済」 5(6) 1942.12

◇メヨ・スミス「統計学と社会学」(4)(河野和彦)「人口問題」 5(3) 1943.2

◇消費論と社会政策(大河内一男)「社会政策時報」 276 1943.9

◇統制経済と社会政策(北岡寿逸)「社会政策時報」 278 1943.11

◇メヨ・スミス著「統計学と社会学」(5)(河野和彦訳)「人口問題」 6(2) 1943.11

◇戦争と社会政策(末高信)「厚生事業研究」 31(12) 1943.12

◇近隣集団の基礎理論(弓家七郎)「都市問題」 39(6) 1944.12

【図 書】

◇日本之下層社会(横山源之助著) 教文館 1899.4 1冊 22cm

◇社会政策二論(大日本文明協会著) 1909.1 1冊 23cm

◇日本之社会(戸田海市著) 博文館 1911.6 3,5,606p 23cm

◇欧米ニ於ケル社会政策ノ研究 第2款 各論(小野義一著) 1912.12 21,946p 24cm

◇群集論(樋口秀雄著) 中央書院 1913.9 11,301p 23cm

◇社会科学の帰化 1-8(岡実著) [東京日日新聞社] 1914.1 [9]p 26cm 「東京日日新聞」大正3年1月の切抜

◇社会学原理と応用(ジェームスキール・ディレー著,山崎直三訳) 二松堂書店 1915.5 2,7,403p 23cm

◇現代社会心理(マクスウェル) 大日本文明協会 1916.10 422p 20cm

◇農村社会学(小河原忠三郎著) 洛陽堂 1917.6 530p 23cm

◇すとっくほるむ社会党万国会議ノ講和運動(外務省政務局編) 1917.12 2,7,163p 22cm 外事秘報

◇社会進化論(アルバート・ケラー著,志水義暲訳) 大日本文明協会 1918.7 382p 20cm

◇露国革命記(布施勝治著) 文雅堂 1918.11 1冊 19cm

◇日本に於ける社会政策の基礎(鈴木梅四郎著) 実生活社出版部 1919.3 1冊 22cm

◇民族と歴史 第2巻第1号 特殊部落研究号(喜田貞吉[ほか]著) 日

本学術普及会　1919.7　326,4p 23cm

◇過激主義批判（内務省警保局編）　1919.11 2,82p 22cm

◇現代の社会的進歩（フレデリック・アウスチン・オッグ著, 柳田泉訳, 宮沢末男訳）　大日本文明協会　1919.11 522p 20cm

◇社会改造の原理（バートランド・ラッセル著, 松本悟朗訳）　日本評論社出版部　1919.12 1冊 18cm

◇米と社会政策（ラビット著, 宇野木忠訳）　東京宝文館　1920.4 205p 23cm

◇大調査機関設立ノ議（後藤新平著）　1920.5 12,4,35p 23cm

◇マルクスかカントか（シュルツェ・ゲーヴァニッツ著, 佐野学訳）　大鐙閣　1920.5 1冊 19cm

◇岐路に立つデモクラシー（F.J.C.ハーンショー著, 田制佐重訳, 大日本文明協会編）　1920.7 1冊 20cm

◇社会の心理的解剖（グラハム・ウァーラス著, 大島居棄三訳）　大日本文明協会　1921.7 376p 21cm

◇土地国有論：労資問題解決（秋守常太郎著）　1921.9 58,168p 22cm

◇特殊部落の解放（岡本弥著）　警醒社書店　1921.11 14,360p 19cm

◇社会極致論（白井新太郎著）　博文館（発売）　1921.12 3,17,322p 23cm

◇日本民族性概論（佐藤正著）　大京堂書店　1921.12 364p 22cm

◇社会政策資料展覧品解説（協調会編）　1922 3,158p 23cm

◇財産制度の発達（ポール・ラファルグ著, 藤田敬三訳）　中外文化協会　1922.3 276,24p 20cm

◇社会遺伝（ベンジャミン・キッド著, 田制佐重訳）　大日本文明協会　1922.4 314p 21cm

◇家族・私有財産及国家の起源 リュイス・エチ・モルガンの研究に因みて　れしな荘版（フリードリヒ・エンゲルス著, 内藤吉之助訳）　1922.5 380p 20cm

◇社会主義の限界　再版（協調会編）　1922.6 2,2,316p 22cm　社会政策資料

◇部落改善の概況（内務省社会局編）　1922.6 382p 22cm

◇国際社会史論（T.J.ローレンス著, 今村源三郎訳）　大日本文明協会　1922.7 262p 21cm

◇近代英国社会主義史（マックス・ベーア著, 小島幸治訳）　大日本文明協会　1922.9 334p 21cm

◇社会主義批判（ウィリアム・ハロル・マロック著, 尾原亮太郎訳）　大日本文明協会　1922.9 18,340p 21cm

◇資本主義のために（ハートレー・ウィザース著, 田中義一郎訳）　中外文化協会　1922.11 12,223p 19cm　中外文化協会定期刊行書

◇産業立憲の研究（永井亨著）　巌松堂書店　1922.12 2,5,377p 19cm

◇ギルド社会主義の理論と政策　再販（コール著, 白川威海訳, 土田杏村解説）　内外出版　1923.3 1冊 19cm

◇社会学体系論（パウル・バルト著, 波多野鼎訳）　大鐙閣　1923.3 3,4,441p 23cm

◇社会学的研究（高田保馬著）　宝文館　1923.3 2,2,496p 23cm

◇階級考（高田保馬著）　聚英閣　1923.5 2,2,392p 20cm

◇心理学的社会学（チャールズ・エルウッド著, 宮崎市八訳）　而立社　1923.5 1冊 23cm　社会科学大系

◇欧洲戦後の社会運動（桑田熊蔵著）　有斐閣　1923.6 6,8,479p 23cm

◇産業民主制論 上巻（シドニー・ウエッブ著, ベアトリス・ウエッブ著, 高野岩三郎訳, 大原社会問題研究所編）　1923.6 332p 23cm

◇続外来思想批判　9版（深作安文著）　右文館　1923.7 3,4,140p 19cm

◇近世社会主義（ツガン・バラノウスキー著, 安倍浩訳）　而立社　1923.8 1冊 23cm　社会科学大系

◇社会政策綱領（井上亨著）　巌松堂書店　1923.11 1冊 23cm

◇欧洲思想大観（金子馬治著）　東京堂書店　1923.12 382p 20cm　思想叢書

◇社会思想史研究　第1巻（河合栄治郎著）　岩波書店　1923.12 1冊 23cm

◇英国産業革命史論　6版（上田貞次郎著）　同文館　1924.1 5,2,320p 20cm

◇社会学原理　第5版（高田保馬著）　岩波書店　1924.1 1冊 23cm

◇社会組織と社会革命に関する若干の考察　8版（河上肇著）　弘文堂書房　1924.1 5,9,590p 23cm

◇社会と国家（高田保馬著）　岩波書店　1924.1 3,4,277p 23cm

◇社会政策　3版（田中貢著）　明治大学出版部　1924.2 2,4,365p 23cm

◇日本社会史（本庄栄治郎著）　改造社　1924.2 7,270,15p 23cm

◇国民精神と社会思想（永井亨著）　巌松堂書店　1924.3 4,2,197p 19cm

◇社会学概論　再版（小林郁著）　巌松堂書店　1924.3 5,360p 23cm

◇社会政策と階級闘争　23版（福田徳三著）　改造社　1924.3 1冊 20cm

◇現代社会批判　6版（長谷川万次郎著）　弘文堂書房　1924.4 3,11,619p 20cm

◇新社会の建設　増補7版（北沢新次郎著）　同人社書店　1924.4 1冊 20cm

◇土地国有論（安部磯雄著）　科学思想普及会　1924.4 2,2,109p 19cm

◇有閑階級論（ソーシタイン・ヴェブレン著, 大野信三訳）　而立社　1924.5 1冊 23cm　社会科学大系

◇インティエリゲンツィヤ（イワノーフ・ラズームニク著, 三宅賢訳）　大日本文明協会　1924.7 384p 21cm

◇社会主義か資本主義か：英国議会決議案大論戦（郡山幸男訳）　東西社　1924.7 1冊 19cm

◇社会統計論綱（財部静治著）　巌松堂　1924.11 2,27,694p 23cm

◇新社会主義の批判　4版（ルロワ・ボーリユ著）　春陽堂　1924.11 16,40,824p 20cm

◇日本社会変動史観　再版（町田辰次郎著）　十日会出版部　1924.11 1冊 20cm

◇社会主義に対する諸観察（オスワルト・スペングラー著, 阿部秀助訳）　中外文化協会　1924.12 2,220p 20cm

◇水平運動批判（佐野一男著）　敬愛会　1924.12 6,217p 19cm

◇貧乏人根絶論（吉田只次著）　凡人社　1924.12 18,9,271p 19cm

◇社会政策：総論（[Ottovon Zwiedineck-Sudenhorst], 波多野鼎訳）　弘文堂書房　1925.1 1冊 22cm

◇新カント派の社会主義観（横浜社会問題研究所編）　岩波書店　1925.2 4,2,250p 23cm　社会問題研究叢書

◇法律に於ける階級闘争：同盟罷業権に関する若干の基礎的考察（平野義太郎著）　改造社　1925.3 6,12,324p 23cm

◇階級及第三史観（高田保馬著）　改造社　1925.6 7,4,370p 23cm

◇社会政策論（戸田海市著）　弘文堂書房　1925.7 2,2,385p 23cm

◇日本社会運動史観（渡辺幾治郎著）　大日本文明協会事務所　1925.8 4,8,382p 21cm

◇産業自治論（ジョージ・ダグラス・ハワード・コール著, 浮田和民訳）　大日本文明協会　1925.9 362p 21cm

◇日本及日本人の道（大川周明著）　行地社出版部　1926.2 14,4,144p 19cm

◇支那の社会運動（南満洲鉄道株式会社東亜経済調査局編）　1926.3 300p 22cm　経済資料

◇支那の社会組織（南満洲鉄道株式会社東亜経済調査局編）　1926.3 1,6,294p 22cm　経済資料

◇ボルシェヴィズム評論（マウトナー著, 岩城忠一訳）　弘文堂書房

1926.3 496p 23cm
◇社会運動及社会学説（グスターフ・マイエル著,稲田秀吉訳）　中外文化協会　1926.5 1,5,324p 19cm　中外文化協会定期刊行書
◇社会改造と企業（上田貞次郎著）　同文館　1926.9 5,2,508p 19cm
◇日本農民史（日本歴史地理学会編）　日本学術普及会　1926.9 373p 23cm
◇日本民族の将来（田中寛一著）　培風館　1926.9 1冊 19cm
◇農村社会の研究（レウリン・マックガル著,杉野忠夫訳）　刀江書院　1926.9 8,351p 20cm　農政叢書
◇中世に於ける社寺と社会との関係（平泉澄著）　至文堂　1926.11 4,4,374p 23cm　国史研究叢書
◇法と宗教と社会生活（田中耕太郎著）　改造社　1927.1 8,383p,11p 21cm
◇マルキシズムの擁護（カール・カウツキー著,安部浩訳）　新潮社　1927.1 3,2,346p 20cm　マルクス思想叢書
◇我等の使命（守屋栄夫述）　中央融和事業協会　1927.1 51p 19cm　融和資料
◇西洋社会運動史　改訂増補（石川三四郎著）　大鐙閣　1927.4 1150p 23cm
◇日本村落史考　増訂（小野武夫著）　刀江書院　1927.7 23,544p 20cm　農政叢書
◇農村社会史論講（小野武夫著）　巌松堂書店　1927.7 2,14,335p 23cm
◇在神半島民族の現状（神戸市社会課編）　1927.10 6,259p 22cm
◇社会政策新原理（林癸未夫著）　早稲田大学出版部　1928.2 5,10,390p 23cm
◇近世社会学成立史（加田哲二著）　岩波書店　1928.3 2,9,296p 23cm
◇日本思想16講（高須芳次郎著）　新潮社　1928.3 1冊 20cm
◇露国に於けるボリシェヴィズム発達史　上巻（スピリドーウィチ著,南満洲鉄道株式会社訳）　大阪毎日新聞社,東京日日新聞社　1928.3 1冊 23cm　露亜経済調査叢書
◇近世封建社会の研究（本庄栄治郎著）　改造社　1928.4 315,12p 19cm
◇社会思想全集　第30巻（島中雄三編）　平凡社　1928.4 718p 20cm
◇露国に於けるボリシェヴィズム発達史　下巻（スピリドーウィチ著,南満洲鉄道株式会社訳）　大阪毎日新聞社,東京日日新聞社　1928.4 1冊 23cm　露亜経済調査叢書
◇形式社会学論（新明正道著）　巌松堂書店　1928.5 2,674,14p 23cm
◇社会学研究法（エミール・デュルケム著,田辺寿利訳）　刀江書院　1928.6 4,327p 21cm
◇社会思想全集　第6巻（島中雄三編）　平凡社　1928.6 684p 20cm
◇新社会の基調（新生協会同人編）　日本評論社　1928.6 2,424p 19cm
◇社会思想全集　第11巻（島中雄三編）　平凡社　1928.8 645p 20cm
◇農村問題の社会学的基礎（土田杏村著）　ロゴス書院　1928.9 136p 23cm
◇社会思想全集　第9巻（島中雄三編）　平凡社　1928.10 597p 20cm
◇日本古代社会（西村真次著）　ロゴス書院　1928.11 4,12,416p 23cm
◇我国現時の危険思想並過激運動に関する対策（日本社会学院編）　1928.12 40p 23cm　日本社会学院調査報告
◇所有と社会主義：国家的-私人的経済組織の基礎付け（南満洲鉄道株式会社東亜経済調査局）　1929.4 122,20p 23cm　経済資料
◇江戸社会史（呉文炳著）　啓明社　1929.6 3,338p 23cm
◇社会学（新明正道著）　岩波書店　1929.6 2,290,22p 20cm　続哲学叢書
◇日本思想論：国家思想より社会思想へ（永井亨著）　早稲田大学出版部　1929.6 3,14,417p 19cm
◇日本社会史（滝川政次郎著）　刀江書院　1929.12 7,377,14p 23cm
◇最近の社会運動：創立五十周年記念出版（協調会編）　1930.2 78,1422,79p 29cm
◇各国の社会政策（協調会調査課編）　1930.3 31,892p 20cm
◇国家より社会へ：世相その日その日（永井亨著）　早稲田大学出版部　1930.4 4,11,335p 19cm
◇社会政策通論（［内務省］社会保険部編）　1931.6 3,127p 22cm　社会保険調査資料
◇社会政策の理論と施設（下条康麿著）　日本評論社　1931.9 3,16,649p 23cm
◇社会構造の理論（小松堅太郎著）　日本評論社　1932.3 3,5,501p 23cm
◇明治社会思想研究（下出隼吉著）　浅野書店　1932.8 3,3,410p 23cm
◇昭和七年に於ける社会運動の情勢　増補訂正版（協調会編）　1933.4 2,3,163p 23cm
◇団体学（レオポルト・フォン・ヴィーゼ著,黒川純一訳）　森山書店　1933.5 10,457,4p 23cm
◇日本資本主義発達史講座　2　第2部　資本主義発達史［上］（岩波書店編）　1933.8 1冊 23cm
◇日本資本主義発達史講座　3　第2部　資本主義発達史［下］（岩波書店編）　1933.8 1冊 23cm
◇日本資本主義発達史講座　4　第3部　帝国主義日本の現状（岩波書店編）　1933.8 1冊 23cm
◇日本資本主義発達史講座　5　第4部　日本資本主義発達史資料解説　索引（岩波書店編）　1933.8 1冊 23cm
◇日本資本主義発達史講座　(1)第1部　明治維新史（岩波書店編）　1933.9 1冊 23cm
◇中国近代社会史解剖（朱其華著）　上海新新出版社　1933.10 3,559p 22cm
◇社会調査（戸田貞三著）　時潮社　1933.12 3,3,437p 19cm
◇実用都市社会学（邱致中著）　有志書屋　1934 2,14,196p 22cm　都市社会学叢書
◇社会法と市民法（橋本文雄著）　岩波書店　1934.3 13,368p,28p 23cm
◇日本資本主義社会の機構：史的過程よりの究明（平野義太郎著）　岩波書店　1934.4 6,10,388p 23cm
◇都市社会学原理（邱致中著）　有志書屋　1934.6 2,8,270p 22cm　都市社会学叢書
◇集団社会学原理（円谷弘著）　同文館　1934.9 4,9,245p 23cm
◇社会政策原論（河田嗣郎著）　有斐閣　1934.10 2,289,8p 23cm
◇都市社会史（邱致中著）　有志書屋　1934.11 4,206p 22cm　都市社会学叢書
◇桑田熊蔵遺稿集（桑田一夫編）　1934.12 36,742,110p 23cm
◇日本道徳統計要覧（賀川豊彦著,安藤政吉著）　改造社　1934.12 46,515,17p 23cm
◇社会法の研究（橋本文雄著）　岩波書店　1935.4 6,362p 23cm
◇社会政策要論（森耕二郎著）　弘文堂書房　1935.8 2 502,6p 23cm
◇明治思想史（鳥井博郎著）　三笠書房　1935.9 2,3,261p 17cm　唯物論全書
◇社会学　第3輯　自然と社会（日本社会学会編）　岩波書店　1935.12 363p 23cm
◇日本農本主義（桜井武雄著）　白揚社　1935.12 4,9,315p 23cm
◇社会学研究　第2輯（東京社会学研究会編）　良書普及会　1936.1 396p 23cm
◇米国社会経済組織の変革（仁宮武夫調査,外務省調査部編）　日本国際協会　1936.1 2,5,216p 22cm　日本国際協会叢書

◇市民社会史(カール・アウグスト・ヴィットフォーゲル著,新島繁訳) 叢文閣 1936.2 1冊 23cm

◇シュパン社会・経済学説体系：ファシズムの思想的根拠(阿部源一著) 立命館出版部 1936.2 4,9,381p 23cm

◇独逸社会政策思想史(大河内一男著) 日本評論社 1936.2 1冊 23cm

◇科学及産業の発展を基調とせる社会政策の提唱(石井悦郎著) 桂文閣 1936.5 3,3,197p 22cm

◇古代社会史(早川二郎著) 三笠書房 1936.5 4,4,278p 17cm 唯物論全書

◇日本イデオロギー論：現代日本に於ける日本主義・ファッシズム・自由主義思想の批判(戸坂潤著) 白揚社 1936.5 3,3,400p 22cm

◇独逸社会事業の社会的経済的研究(カール・ポップ著,淵上博訳,武井才剛訳,橋本一郎訳) 中央社会事業協会社会事業研究所 1936.6 3,120p 22cm

◇都市社会政策(邱致中著) 有志書屋 1936.9 2,6,241p 22cm 都市社会学叢書

◇司法処分を通じて見たる最近社会運動情勢(平野利述,東京商工会議所編) 1936.11 1,41p 21cm 商工資料

◇社会学 第4輯 都市と農村(日本社会学会編) 岩波書店 1936.12 4,434p 23cm

◇都市社会進化史(邱致中著,今里勝雄訳) 日本農村問題研究所 1937.4 1冊 22cm

◇現代社会思想講話(蠟山政道著) 高陽書院 1937.5 4,8,323p 20cm

◇社会学 第5輯(春季号)(日本社会学会編) 岩波書店 1937.5 186p 23cm

◇集団社会学原理(松本潤一郎編) 弘文堂書房 1937.5 3,6,435p 23cm

◇朝鮮社会法制史研究(京城帝国大学法学会編) 岩波書店 1937.5 530,4p 23cm 京城帝国大学法学会論集

◇都市社会学原理(邱致中著,米林富男訳) 日本農村問題研究所 1937.5 229p 22cm

◇明治初期社会経済思想史(加田哲二著) 岩波書店 1937.6 2,10,916p 23cm

◇社会運動思想史(新島繁著) 三笠書房 1937.7 12,3,323p 17cm 唯物論全書

◇日本社会政策(河田嗣郎著) 千倉書房 1937.8 2,3,546p 23cm

◇戦時社会経済体制(小浜重雄著) 松山房 1937.9 1冊 23cm

◇社会行政(藤野恵著,持永義夫著) 常磐書房 1937.10 4,423p 23cm 自治行政叢書

◇日本社会学(松本潤一郎著) 時潮社 1937.10 2,1,162p 16cm

◇戦争と社会政策 謄写版([内務省]社会局庶務課編) 1937.12 25p 26cm 事変対策資料

◇日本社会政策史(風早八十二著) 日本評論社 1937.12 11,497,13p 23cm

◇農村社会学研究(池田善長著) 刀江書院 1938.3 1冊 23cm

◇社会学 第5輯(秋季号) 社会規範(日本社会学会編) 岩波書店 1938.4 4,383p 23cm

◇村落社会の研究法(村落社会学会編) 刀江書院 1938.6 2,1,263p 22cm

◇集団社会政策学(円谷弘著) 有斐閣 1938.7 2,3,427p 23cm

◇社会問題と社会政策(河津暹著) 有斐閣 1938.10 8,396,4p 23cm 経済政策体系

◇支那社会の科学的研究(ウィットフォーゲル著,平野義太郎訳,宇佐美誠次郎訳) 岩波書店 1939.1 2,192,11p 18cm 岩波新書

◇時局下の新社会政策(美濃口時次郎著) 社会教育協会 1939.6 44p 19cm 教育パンフレット

◇ナチス社会政策の研究(中川与之助著) 有斐閣 1939.8 5,11,409p 23cm

◇社会学 第7輯(日本社会学会編) 岩波書店 1940.1 4,463p 23cm

◇日本資本主義発達史(成瀬秀雄著,仁藤潔著) 三笠書房 1940.1 218p 17cm 日本歴史全書

◇青森県下に於ける特殊なる社会経済制度の研究(横山武夫著,青森県企画課編) 1940.7 83p 23cm 経済更生資料

◇現代日本文明史 第11巻 社会史(加田哲二著) 東洋経済新報社 1940.8 2,13,493p 23cm

◇東洋的社会の理論(ウィットフォーゲル著,森谷克巳訳,平野義太郎訳) 日本評論社 1940.10 1冊 23cm

◇戦時社会政策 ドイツ篇(協調会編) 1940.11 6,1,360p 23cm 社会政策研究資料

◇明治社会政策史：士族授産の研究(我妻東策著) 三笠書房 1940.11 315p 17cm 現代学芸全書

◇戦時社会政策論(大河内一男著) 時潮社 1940.12 3,3,375p 23cm

◇民族の共栄(シドニー・ウェッブ著,立花士郎訳) 中和書院 1940.12 6,228p 20cm

◇独逸社会政策と労働戦線(大原社会問題研究所編) 栗田書店 1941.3 14,1,364p 23cm

◇民族と文化(小松堅太郎著) 理想社出版部 1941.3 4,338p 22cm

◇日本村落史考(小野武夫著) 刀江書院 1941.4 25,538p 19cm

◇徳川封建社会の研究(野村兼太郎著) 日光書院 1941.5 1冊 22cm

◇ナチス社会建設の原理(中川与之助著) 冨山房 1941.6 221p 19cm 新経済体制叢書

◇職業社会学(尾高邦雄著) 岩波書店 1941.7 5,4,497p 22cm

◇技術と社会政策(鶴田三千夫著) 光書房 1941.8 9,264p 22cm

◇時局と社会政策 1(日本学術振興会第4小委員会編) 日本評論社 1941.9 3,6,568p 19cm 日本学術振興会第4小委員会報告

◇壮丁思想調査概況 昭和15年度(文部省社会教育局編) 1941.9 2,174p 26cm

◇社会政策の理想(ウェルナー・ゾムバルト著,戸田武雄訳) 有斐閣 1941.12 137p 22cm 経済学名著翻訳叢書

◇日本人の生活史(増沢淑著) 日本書房 1942.2 1冊 19cm

◇民族論(高田保馬著) 岩波書店 1942.3 4,5,226p 22cm

◇支那の社会と経済(矢野仁一著,西山栄久著) 目黒書店 1942.4 389p 19cm アジア歴史叢書

◇日本農村社会学原理(鈴木栄太郎著) 時潮社 1942.4 5,11,695p 22cm

◇両大戦間に於ける独・仏・英の社会政策(ドイツ労働戦線労働科学研究所編,三浦正訳) 世界経済調査会 1942.4 2,187p 22cm

◇社会地理学(井上良太郎著) 神田書房 1942.5 2,4,373p 22cm

◇東亜社会経済研究(田村市郎編) 教育図書 1942.5 5,5,378p 22cm

◇日本国家主義運動史論(津久井竜雄著) 中央公論社 1942.5 2,4,214p 19cm

◇文化社会学(佐藤慶二著) 育生社弘道閣 1942.5 2,3,225p 22cm

◇民族主義：其の生成と発展(王室国際問題研究所編,平貞蔵監訳) 東洋書館 1942.5 1冊 22cm

◇吾が闘争 上巻(アードルフ・ヒトラー著,真鍋良一訳) 興風館 1942.5 1冊 19cm

◇社会政策概論(北岡寿逸著) 有斐閣 1942.6 4,9,434p 22cm

◇社会本質論(新明正道著) 弘文堂書房 1942.7 4,8,404p 22cm

◇生活と社会：国民生活史研究(中村孝也編) 小学館 1942.7 408p 22cm

◇民族・国家・経済・法律 増補訂正版(フリードリッヒ・フォン・ゴットル・オットリリエンフェルト著,金子弘訳) 白揚社 1942.7 11,331p 19cm

◇社会組織と社会政策(河田嗣郎著)　日本評論社　1942.8　2,2,227p 22cm

◇日本民族理想　10版(西村真次著)　東京堂　1942.8　17,321p 22cm

◇吾が闘争　下巻(アードルフ・ヒトラー著,真鍋良一訳)　興風館　1942.8　8,496p 19cm

◇社会の基本概念:共同社会と結合社会(重松俊明著)　弘文堂書房　1942.11　7,2,407p 19cm

◇国民の起源:その形成に関する社会学的考察(ウォルター・バジョット著,大道安次郎訳)　慶応書房　1942.12　4,1,272p 22cm

◇日本社会学原理(河合弘道著)　昭森社　1943.1　4,15,472p 22cm

◇印度支那民族誌(満鉄東亜経済調査局編)　1943.3　1冊　22cm　経済資料

◇民族の理論(小松堅太郎著)　日本評論社　1943.3　3,2,332p 22cm

◇ゲマインシャフト　新版(新明正道著)　刀江書院　1943.4　7,327p 18cm

◇農村の社会と生活:農村社会学的研究(井森陸平著)　時代社　1943.6　10,458p 19cm　時代選刊

◇太平洋民族の原始経済:古制社会に於ける交換の形式と理由(マルセル・モース著,山田吉彦訳)　日光書院　1943.7　1冊 21cm

◇文化社会学:日本の社会と文化(蔵内数太著)　培風館　1943.9　10,8,456p 22cm

◇時局と社会政策　2(日本学術振興会第4小委員会編)　日本評論社　1943.10　2,4,246p 19cm　日本学術振興会第4小委員会報告

◇社会哲学(シュパン著,秋沢修二訳)　白揚社　1943.11　5,8,466p 19cm

◇大東亜の社会と経済(慶応義塾高等部学術研究会編)　北隆館　1943.11　2,8,472p 22cm

◇東亜社会研究　第1輯(東亜社会研究会編)　生活社　1943.12　2,3,380p 21cm

◇社会政策の基本問題(大河内一男著)　日本評論社　1944.1　20,603p 22cm

◇決戦下の社会諸科学(高野岩三郎[ほか]著)　栗田書店　1944.4　4,262p 22cm

◇支那社会の研究:社会学的考察(清水盛光著)　岩波書店　1944.5　3,5,422p 21cm

社会・社会問題

【雑　誌】
- ◇サボタージュの由来（芳賀栄造）「社会政策時報」　1　1920.9
- ◇我国に於ける工場委員会制度「社会政策時報」　1　1920.9
- ◇我国に於ける八時間労働の現状（島崎一郎）「社会政策時報」　1　1920.9
- ◇失業問題及我国現時の失業状態（田野奎治）「社会政策時報」　2　1920.10
- ◇米国労働団体の教育（山田敏一）「社会政策時報」　3　1920.11
- ◇硝子工場職工事情「社会政策時報」　4　1920.12
- ◇ボイコット発達史（芳賀栄造）「社会政策時報」　4　1920.12
- ◇職工移動問題と労働手牒（福馬謙造）「社会政策時報」　5　1921.1
- ◇製糸工場に於ける女工事情「社会政策時報」　5　1921.1
- ◇不景気襲来と失業問題（宇都宮治郎）「社会政策時報」　5　1921.1
- ◇倫敦暴動の因由（山田敏一）「社会政策時報」　5　1921.1
- ◇製綿職工事情「社会政策時報」　6　1921.2
- ◇労働組合法問題（福田敬太郎）「経済学 商業学 国民経済雑誌」　38（1）　1925.1
- ◇日傭労働者問題に就ての一考察（山口正）「社会学雑誌」　9　1925.1
- ◇耕作権の保障と小作組合法（太田利一）「社会政策時報」　52　1925.1
- ◇国際労働機関の新傾向（田中盛枝）「社会政策時報」　52　1925.1
- ◇労働組合の法律上の資格（永井亨）「社会政策時報」　52　1925.1
- ◇工場労働者はどの位働くか「週刊エコノミスト」　3（1）　1925.1
- ◇中央職業紹介所の巻（小林峰夫）「大大阪」　1（1）　1925.1
- ◇小作争議の社会的変遷（太田利一）「地方行政」　33（1）　1925.1
- ◇労働階級の世帯人員（1）「統計集誌」　522　1925.1
- ◇北露カムチヤツカに於ける労働状況（社会局労働課）「内務時報」　269　1925.1
- ◇労働者募集取締令について（河原田稼吉）「内務時報」　269　1925.1
- ◇国際労働機関の新傾向（田中盛枝）「社会政策時報」　53　1925.2
- ◇立法上より見たる労働組合の機能「社会政策時報」　53　1925.2
- ◇労働移動の統計的研究（前田一）「社会政策時報」　53　1925.2
- ◇労働争議頻出の新記録「週刊エコノミスト」　3（3）　1925.2
- ◇露国労働界の推移「週刊エコノミスト」　3（4）　1925.2
- ◇「労務出資者の配当所得に就て」を読みて（鶴真吾）「税」　3（2）　1925.2
- ◇失業者の増加に伴ふ公立職業紹介所活動の必要（末松偕一郎）「地方行政」　33（2）　1925.2
- ◇社会問題の史的考察（浅野成俊）「帝国教育」　510　1925.2
- ◇欧洲大戦中に於ける英国婦人労働者の賃銀（1）（福永義正）「統計集誌」　523　1925.2
- ◇本邦に於ける官公吏教員及会社員の生活費（1）（榊原平八）「統計集誌」　523　1925.2
- ◇労働階級の世帯人員（2・完）「統計集誌」　523　1925.2
- ◇失業者示威運動「東洋経済新報」　1135　1925.2
- ◇東京市に於ける自由労働者問題（本城俊明）「社会事業」　8（12）　1925.3
- ◇ソヴイエット、ロシアの労働組合（久保田明光）「社会政策時報」　54　1925.3
- ◇本邦印刷工業労働事情（草間時光）「社会政策時報」　54　1925.3
- ◇労働移動の統計的研究（前田一）「社会政策時報」　54　1925.3
- ◇社会問題の史的考察（浅野成俊）「帝国教育」　511　1925.3
- ◇欧洲大戦中に於ける英国婦人労働者の賃銀（2・完）（福永義正）「統計集誌」　524　1925.3
- ◇本邦に於ける官公吏教員及会社員の生活費（2・完）（榊原平八）「統計集誌」　524　1925.3
- ◇一九二六年国際労働総会（社会局労働課）「内務時報」　278　1925.3
- ◇自由労働者の近況（一月十日現在）（社会局労働課）「内務時報」　279　1925.3
- ◇婦人児童売買問題経過（社会局第二部）「内務時報」　279　1925.3
- ◇最近労働事情（其2）（社会局統計課）「内務時報」　280　1925.3
- ◇比律賓の労働事情（社会局労働課）「内務時報」　280　1925.3
- ◇独逸の小作法（沢村康）「国家学会雑誌」　39（4）　1925.4
- ◇自由労働者の失業問題（三好豊太郎）「社会事業」　9（1）　1925.4
- ◇労働者募集取締令に就て（河原田稼吉）「社会事業」　9（1）　1925.4
- ◇赤色及黄色共同戦線（水上鉄次郎）「社会政策時報」　55　1925.4
- ◇本邦印刷工業労働事情（3）（草間時光）「社会政策時報」　55　1925.4
- ◇労働協約の研究（5）（安井英二）「社会政策時報」　55　1925.4
- ◇全国労働者約四百万人「週刊エコノミスト」　3（7）　1925.4
- ◇英国に於ける労働者企業参加「週刊エコノミスト」　3（8）　1925.4
- ◇社会問題の史的孝察（続）（浅野成俊）「帝国教育」　512　1925.4
- ◇我国今日の社会問題と国民の労働教育（大西友太）「帝国教育」　512　1925.4
- ◇失業統計調査に就て（布川孫市）「統計集誌」　525　1925.4
- ◇不景気と失業者の著増「東洋経済新報」　1142　1925.4
- ◇英国の一九二三年に於ける登録労働組合の会員数、収入、支出及基金（社会局統計課）「内務時報」　281　1925.4
- ◇最近労働事情（其3）（社会局統計課）「内務時報」　281　1925.4
- ◇職業紹介事業概況（大正十四年一月分）（中央職業紹介事務局）「内務時報」　281　1925.4
- ◇筑豊炭山坑内の湿度及温度に就て（社会局労働課）「内務時報」　281　1925.4
- ◇最近労働事情（其4）（社会局統計課）「内務時報」　282　1925.4
- ◇最近労働事情（其5）（社会局統計課）「内務時報」　283　1925.4
- ◇米国労働連合会の年会（社会局第一部）「内務時報」　283　1925.4
- ◇最近労働事情（其6）（社会局統計課）「内務時報」　284　1925.4
- ◇職業紹介事業概況（大正十四年二月分）（中央職業紹介事務局）「内務時報」　284　1925.4
- ◇第六回全露労働組合会議（社会局第一部）「内務時報」　284　1925.4
- ◇最近労働事情（8）（社会局統計課）「内務時報」　285　1925.4
- ◇職業紹介事業の趨勢（中央職業紹介事務局）「内務時報」　285　1925.4
- ◇同盟罷業諸統計（自大正三年至大正十三年）（社会局第一部）「内務時報」　285　1925.4
- ◇失業者統計概説（財部静治）「経済論叢」　20（5）　1925.5
- ◇東京市職業補導会事業経過概要「社会事業」　9（2）　1925.5
- ◇カナダの一九二四年労働争議「社会政策時報」　56　1925.5
- ◇ドイツの労働時間「社会政策時報」　56　1925.5

◇ブルガリアの労働運動近況「社会政策時報」 56 1925.5
◇本邦酒造工業労働事情(1)(吉田寧)「社会政策時報」 56 1925.5
◇労働協約の研究(6)(安井英二)「社会政策時報」 56 1925.5
◇ロシアの職業紹介制度改正「社会政策時報」 56 1925.5
◇我国の人陸関係と労働者階級(出井盛之)「社会政策時報」 56 1925.5
◇引張凧の職業婦人と其境遇「週刊エコノミスト」 3(9) 1925.5
◇増加一方の失業者を何うする「週刊エコノミスト」 3(10) 1925.5
◇失業と生産過剰(1)(安積十太夫)「統計集誌」 526 1925.5
◇現在の我が失業者の数「東洋経済新報」 1146 1925.5
◇失業者の増加「東洋経済新報」 1146 1925.5
◇International Labour Office,European Housing Problems since the War,1914-1923,1924(弓家七郎)「都市問題」 1(1) 1925.5
◇最近労働事情(9)(社会局統計課)「内務時報」 286 1925.5
◇最近労働事情(10)(社会局統計課)「内務時報」 287 1925.5
◇最近労働事情(11)(社会局統計課)「内務時報」 288 1925.5
◇職業紹介事業概況(大正十四年三月分)(中央職業紹介事務局)「内務時報」 288 1925.5
◇英克蘭の小作法(1)(沢村康)「国家学会雑誌」 39(6) 1925.6
◇東京に於ける中産階級者生活状態調(東京府調査)「社会事業」 9(3) 1925.6
◇寄子生活の内面観(1)(草間八十雄)「社会事業」 9(3) 1925.6
◇国際労働機関の近状「社会政策時報」 57 1925.6
◇ドイツ社会主義運動の近況(水上鉄次郎)「社会政策時報」 57 1925.6
◇本邦印刷工業労働事業(4)(草間時光)「社会政策時報」 57 1925.6
◇本邦造酒工業労働事情(2・完)(吉田寧)「社会政策時報」 57 1925.6
◇労働協約の研究(7)(安井英二)「社会政策時報」 57 1925.6
◇少年求職者の悲哀「週刊エコノミスト」 3(12) 1925.6
◇失業と生産過剰(2・完)(安積十太夫)「統計集誌」 527 1925.6
◇欧米諸都市に於ける実質労賃指数(小幡清金)「都市問題」 1(2) 1925.6
◇工場法令違反について(社会局第一部)「内務時報」 290 1925.6
◇職業紹介事業概況 大正十四年四月分(中央職業紹介事務局)「内務時報」 292 1925.6
◇英国の職業紹介制度(其1)(社会局第二部)「内務時報」 293 1925.6
◇我国主要労働団体一覧(社会局第一部労働課)「内務時報」 293 1925.6
◇英克蘭の小作法(2)(沢村康)「国家学会雑誌」 39(7) 1925.7
◇新潟県に於ける小作争議に就て「斯民」 20(7) 1925.7
◇寄子生活の内面観(草間八十雄)「社会事業」 9(4) 1925.7
◇英国労働組合運動史(ネストリープケ)「社会政策時報」 58 1925.7
◇支那に於ける最近の労働問題(濱野末太郎)「社会政策時報」 58 1925.7
◇本邦印刷工業労働事情「社会政策時報」 58 1925.7
◇本邦使用者団体の現状(1)(森田良雄)「社会政策時報」 58 1925.7
◇労働者募集取締令概論(1)(木村清司)「社会政策時報」 58 1925.7
◇海外労働事情「社会政策時報」 64 1925.7
◇男子の領域を侵す職業婦人「週刊エコノミスト」 3(13) 1925.7
◇吾国現時に於ける失業問題と失業統計「統計集誌」 528 1925.7
◇大正十三年工場鉱山労働者数「統計集誌」 528 1925.7
◇英国の職業紹介制度(其2)(社会局第二部)「内務時報」 294 1925.7
◇自由労働者の近況(社会局労働課)「内務時報」 294 1925.7
◇英国に於ける労働者の非職業的教育(社会局労働課)「内務時報」 295 1925.7
◇英国の職業紹介制度(其3)(社会局第二部)「内務時報」 295 1925.7
◇職業紹介事業概況(五月分)(中央職業紹介事務局)「内務時報」 295 1925.7
◇英国の職業紹介制度(其4)(社会局第二部)「内務時報」 296 1925.7
◇大正十四年労働争議統計(工場鉱山五月十六日調)(社会局第一部)「内務時報」 296 1925.7
◇I.F.T.U.の会員(社会局第一部)「内務時報」 296 1925.7
◇英国の職業紹介制度(其5)(社会局第二部)「内務時報」 297 1925.7
◇労働者募集従事者許可氏名(其2)(社会局第一部)「内務時報」 297 1925.7
◇英国の職業紹介制度(其6)(社会局第二部)「内務時報」 298 1925.7
◇全国に於ける官民営工場及鉱山数並労働者数(大正十三年十月十日現在)(社会局統計課)「内務時報」 298 1925.7
◇労働者募集従事者許可氏名(其3)(社会局第一部)「内務時報」 298 1925.7
◇英克蘭の小作法(3)(沢村康)「国家学会雑誌」 39(8) 1925.8
◇東京市に於ける自由労働着問題(松下吉衛)「社会事業」 9(5) 1925.8
◇各国労働組合運動史(フランスの部)(ネストリープケ)「社会政策時報」 59 1925.8
◇カナダ労働組合員数「社会政策時報」 59 1925.8
◇本邦製糖業労働事情(廣池千英)「社会政策時報」 59 1925.8
◇労働者募集取締令概論(木村清司)「社会政策時報」 59 1925.8
◇失業救済事業と財界「東洋経済新報」 1163 1925.8
◇英国の職業紹介制度(其7)(社会局第二部)「内務時報」 299 1925.8
◇東洋諸国及布哇の労働事情(社会局第一部)「内務時報」 299 1925.8
◇労働者募集従事者許可氏名(其4)(社会局第一部)「内務時報」 299 1925.8
◇英国の職業紹介制度(其8)(社会局第二部)「内務時報」 300 1925.8
◇職業紹介事業概況(大正十四年六月分)(中央職業紹介事務局)「内務時報」 300 1925.8
◇日本労働総同盟革新同盟大会(社会局第一部)「内務時報」 300 1925.8
◇労働者募集従事者許可氏名(其5)(社会局第一部)「内務時報」 300 1925.8
◇恐慌特に失業防止に対する社会責任(其1)(社会局第二部)「内務時報」 301 1925.8
◇国際労働組合連合会の活動(社会局第一部)「内務時報」 301 1925.8
◇最近小作運動に就て注意すべき事例(社会局第一部)「内務時報」 301 1925.8
◇恐慌特に失業防止に対する社会責任(其2)(社会局第二部)「内務時報」 302 1925.8
◇第七回国際労働総会(其1)(社会局第一部)「内務時報」 302 1925.8
◇英克蘭の小作法(4)(沢村康)「国家学会雑誌」 39(9) 1925.9
◇知識階級の失業問題「社会事業」 9(6) 1925.9
◇各国労働組合運動史(ネストリープケ)「社会政策時報」 60 1925.9

社会・社会問題

◇一九二五年に於ける英国炭坑争議の意義（水上鉄次郎）「社会政策時報」 60 1925.9
◇第七回国際労働総会と日本（国際労働局）「社会政策時報」 60 1925.9
◇米国に於ける労働組合の銀行経営運動（長岡保太郎）「社会政策時報」 60 1925.9
◇本邦製糖業労働事情調査（廣池千英）「社会政策時報」 60 1925.9
◇労働調査機関の現状「週刊エコノミスト」 3(17) 1925.9
◇十三都市賃銀概況（商工省）「統計集誌」 530 1925.9
◇英国に於ける失業者統計「東洋経済新報」 1167 1925.9
◇恐慌特に失業防止に対する社会責任（其3）（社会局第二部）「内務時報」 303 1925.9
◇第七回国際労働総会（其2）（社会局第一部）「内務時報」 303 1925.9
◇第七回国際労働総会（社会局第一部）「内務時報」 304 1925.9
◇英国失業保険費（社会局第一部）「内務時報」 306 1925.9
◇英国に於ける罷業及失業に於ける損失時間の比較（社会局第一部）「内務時報」 306 1925.9
◇労働団体機関紙調（社会局第一部）「内務時報」 306 1925.9
◇独逸一般抱禾的労働協約（社会局第一部）「内務時報」 307 1925.9
◇仏国労働者の労働報告書並労働市場報告書（社会局第一部）「内務時報」 307 1925.9
◇英克蘭の小作法(5)（沢村康）「国家学会雑誌」 39(10) 1925.10
◇失業統計に就て（松田泰二郎）「社会学雑誌」 18 1925.10
◇各国労働組合員統計「社会政策時報」 61 1925.10
◇本邦製糖業労働事情（廣池千英）「社会政策時報」 61 1925.10
◇労働者募集取締令概論（木村清司）「社会政策時報」 61 1925.10
◇失業者の激増と労働運動者の対策「週刊エコノミスト」 3(19) 1925.10
◇独逸少年職業紹介施設(2)「職業紹介公報」 24 1925.10
◇明治初年の小作法（小野武夫）「地方」 33(10) 1925.10
◇都市手工教育の発展と手工中央教室（岡山秀吉）「帝国教育」 518 1925.10
◇労働組合法と企業家「東洋経済新報」 1168 1925.10
◇米国労働者の月刊労働評論（社会局第一部）「内務時報」 308 1925.10
◇香川県下伏石事件（小作争議に関して起りし刑事々件）（社会局第一部）「内務時報」 310 1925.10
◇我国に於ける労働組合数及労働組合員数（社会局第一部）「内務時報」 310 1925.10
◇英国炭坑労働紛議要領（社会局第一部）「内務時報」 311 1925.10
◇大正十四年自一月至六月同盟罷業発生件数調（社会局第一部）「内務時報」 311 1925.10
◇失業問題と対策(1)（遊佐敏彦）「方面時報」 2(6) 1925.10
◇労働調査（東京市社会局に於て調査したる状況大正十四年九月八日現在）「方面時報」 2(6) 1925.10
◇英国に於ける少年労役問題（文部省普通学務局調査室）「文部時報」 187 1925.10
◇露西亜に於ける失業「社会事業」 9(8) 1925.11
◇失業対策と国庫剰余金（土方成美）「社会政策時報」 62 1925.11
◇本邦醬油工業労働事情（吉田寧）「社会政策時報」 62 1925.11
◇労働者有給休日制の研究（前田一）「社会政策時報」 62 1925.11
◇カフエー女給調査概要（中央職業紹介事務局）「内務時報」 312 1925.11
◇他道府県へ出稼者調（中央職業紹介事務局）「内務時報」 312 1925.11

◇工場作業に於ける触覚識閾の変化（桐原葆見）「労働科学研究」 2(3) 1925.11
◇婦人に於ける生理的週期と作業能(1)（桐原葆見）「労働科学研究」 2(3) 1925.11
◇工場鉱山等に於ける労働者総数調（大正十四年六月末現在調）「内務時報」 316 1925.12
◇鉱夫に関する諸調査（社会局第一部）「内務時報」 316 1925.12
◇本邦に於ける労働問題の趨勢（長岡隆一郎）「内務時報」 317 1925.12
◇営利職業紹介事業取締規則ニ付テ（守屋栄夫）「内務時報」 319 1925.12
◇英国同盟罷業統計（社会局第一部）「内務時報」 320 1925.12
◇東京府下の自由労働者に関する調査（大正十四年十一月二十日）「労働時報」 2(12) 1925.12
◇我国労働組合運動の分野「東洋経済新報」 1182 1926.1
◇英国労働組合会議（社会局第一部）「内務時報」 321 1926.1
◇第八回及第九回国際労働総会議事項に関する質問書（社会局第一部）「内務時報」 322 1926.1
◇国際労働立法協会と国際社会進歩協会の組織（社会局第一部）「内務時報」 323 1926.1
◇独逸労働組合総同盟大会（社会局第一部）「内務時報」 323 1926.1
◇労働者に関する当断の諸問題（アー・ヴアリヒス）「市町村」 2(2) 1926.2
◇英国最近の失業状態「東洋経済新報」 1184 1926.2
◇大正十四年失業統計調査の結果に就て(1)（猪間驥一）「都市問題」 2(2) 1926.2
◇独逸婦人と労働組合（社会局第一部）「内務時報」 326 1926.2
◇東京府下の自由労働者に関する調査（社会局第一部）「内務時報」 326 1926.2
◇失業問題に就て(其1)（大野緑一郎）「内務時報」 327 1926.2
◇失業問題に就て（大野緑一郎）「内務時報」 328 1926.2
◇知識階級の失業問題(其1)（守屋栄夫）「内務時報」 328 1926.2
◇労働組合と月給取階級（河田嗣郎）「経済論叢」 22(3) 1926.3
◇少年職業指導の一考察（三澤房太郎）「社会事業」 9(12) 1926.3
◇オーウエンの失業問題対策（北野大吉）「社会政策時報」 66 1926.3
◇二十世紀初頭の英国労働組合法（上田貞次郎）「社会政策時報」 66 1926.3
◇本邦製鉄業労働事情概説（橋本能保利）「社会政策時報」 66 1926.3
◇少年の職業指導について（福井宗二郎）「大大阪」 2(3) 1926.3
◇ロンドン・ゼネラル・オムニバス会社従業員の訓練法「調査資料」 7(1) 1926.3
◇英国失業統計概説（高田太一）「統計集誌」 536 1926.3
◇大正十四年失業統計調査の結果に就て(2)（猪間驥一）「都市問題」 2(3) 1926.3
◇知識階級の失業問題(其2・完)（守屋栄夫）「内務時報」 329 1926.3
◇英国に於ける労働組合の現勢（社会局第一部）「内務時報」 330 1926.3
◇米国労働連盟第四十五回年次大会概況（社会局第一部）「内務時報」 331 1926.3
◇官業労働総同盟大会（社会局第一部）「内務時報」 333 1926.3
◇職業指導に就て(其1)（中央職業紹介事務局）「内務時報」 333 1926.3
◇合衆国に於ける労働科学研究の現況（ウイルソン述, 富山薫訳）「労働科学研究」 2(4) 1926.3
◇作業面高問題に就て（大西清治）「労働科学研究」 2(4) 1926.3
◇欧米諸国に於ける労働争議統計（協調会調査課）「社会政策時報」

67　1926.4
◇工場法第十三条（木村清司）「社会政策時報」　67　1926.4
◇小作料減免に関する慣行調査「帝国農会報」　16(4)　1926.4
◇旧幕府領の小作騒擾（小野武夫）「帝国農会報」　16(5)　1926.4
◇小作争議概要（農林省農務局）「帝国農会報」　16(5)　1926.4
◇小作調停概要（司法省民事局調査）「帝国農会報」　16(5)　1926.4
◇知識階級失業救済答申案「東洋経済新報」　1192　1926.4
◇英国の失業状態「東洋経済新報」　1194　1926.4
◇大正十四年失業統計調査の結果に就て（3・完）（猪間驥一）「都市問題」　2(4)　1926.4
◇職業指導に就て（其2）（中央職業紹介事務局）「内務時報」　334　1926.4
◇職業指導に就て（其3・完）（中央職業紹介事務局）「内務時報」　335　1926.4
◇婦人職業の考察（天谷健二、小田切謙）「内務時報」　335　1926.4
◇英国勅命炭業調査委員報告書概要「労働時報」　3(4)　1926.4
◇労働時間制条約案に関する五国労働大臣会議「労働時報」　3(4)　1926.4
◇閑時指導に就て（原泰一）「社会事業」　10(2)　1926.5
◇現代婦人の要求（久布白落實）「社会事業」　10(2)　1926.5
◇第五十一議会に提出されたる労働問題関係諸法案「社会政策時報」　68　1926.5
◇賃銀及労働時間の統計（水谷良一）「統計集誌」　538　1926.5
◇大阪市の知識階級失業者と失業労働者（猪間驥一）「都市問題」　2(5)　1926.5
◇職業選択に於ける統計的見地（マクス・フレイド,風早徹課）「労働科学研究」　3(1)　1926.5
◇婦人に於ける生理的週期と作業能（桐原葆見）「労働科学研究」　3(1)　1926.5
◇英国の総同盟罷業（意義と原因と解決策）（河田嗣郎）「経済論叢」　22(6)　1926.6
◇国際労働運動の一転機としての英国炭坑争議（水上鉄次郎）「社会政策時報」　69　1926.6
◇本邦製鉄業労働事情概説（橋本能保利）「社会政策時報」　69　1926.6
◇小作争議の社会性（太田利一）「地方」　34(6)　1926.6
◇小作法草案解説（田中長茂）「帝国農会報」　16(6)　1926.6
◇昭和元年中小作調停概況（農林省農務局）「帝国農会報」　16(6)　1926.6
◇工場法の実施と其影響「東洋経済新報」　1202　1926.6
◇第一回職業紹介事業講習会開催（自六月廿二日至二十九日）「内務時報」　345　1926.6
◇英蘭徒弟制度の変遷（野村兼太郎）「三田学会雑誌」　20(6)　1926.6
◇米国生活費と賃金と教員俸給との増加率（一九一三年と一九二五年との比較）「文部時報」　210　1926.6
◇一九二二年のロシア労働法（末川博）「経済論叢」　23(1)　1926.7
◇本邦製鉄業労働事情概説（橋本能保利）「社会政策時報」　70　1926.7
◇英国炭坑争議に関する二問題（林癸未夫）「地方」　34(7)　1926.7
◇労働運動と家計調査（高田太一）「統計集誌」　540　1926.7
◇小作争議の原因と其解決策「東洋経済新報」　1206　1926.7
◇小作争議の原因と其解決策「東洋経済新報」　1207　1926.7
◇名古屋市諸労働賃金「都市創作」　2(7)　1926.7
◇大正十四年十二月末現在工場鉱山等に於ける労働者総数（社会局労働部）「内務時報」　347　1926.7
◇職業紹介事業概況（大正十五年四月分）（中央職業紹介事務局）「内務時報」　348　1926.7

◇大正十四年労働者募集年報（社会局労働部）「内務時報」　349　1926.7
◇大正十五年五月中小作争議統計「労働時報」　3(7)　1926.7
◇大正十五年六月中労働争議統計（工場鉱山）「労働時報」　3(7)　1926.7
◇第八回国際労働総会「労働時報」　3(7)　1926.7
◇労働争議調停法大意「労働時報」　3(7)　1926.7
◇都市労銀生活者の生計調査（ロウントリー）「公衆衛生」　44(8)　1926.8
◇農村婦人の教養（村田宇一郎）「斯民」　21(8)　1926.8
◇労働争議調停法に就て（1）（北原安衛）「社会政策時報」　71　1926.8
◇我国に於ける労働委員会の現状（1）（広池千英）「社会政策時報」　71　1926.8
◇小作制度の経済的改造（有元英夫）「地方」　34(8)　1926.8
◇各国に於ける生活費の統計（2・完）（藤田友作）「統計集誌」　541　1926.8
◇賃金調査に就て（1）（森数樹）「統計集誌」　541　1926.8
◇第九回国際労働総会「労働時報」　3(8)　1926.8
◇豪州に於ける産業並労働状態（生江孝之）「社会事業」　10(6)　1926.9
◇七月一日より実施されたる労働諸法制「社会政策時報」　72　1926.9
◇労働争議調停法に就て（2）（北原安衛）「社会政策時報」　72　1926.9
◇我国に於ける労働委員会の現状（2）（広池千英）「社会政策時報」　72　1926.9
◇米国労働組合の銀行経済「週刊エコノミスト」　4(18)　1926.9
◇賃金調査に就て（森数樹）「統計集誌」　542　1926.9
◇小作調停法の成績「東洋経済新報」　1214　1926.9
◇都市社会行政の根本方針（三好豊太郎）「都市問題」　3(3)　1926.9
◇労働争議調停法の精神（河原田嗣吉）「内務時報」　355　1926.9
◇我国に於ける労働組合数労働組合員数「労働時報」　3(9)　1926.9
◇工場法の改正に就て（1）（北岡寿逸）「国家学会雑誌」　40(10)　1926.10
◇国際労働会議の問題となれる日本の婦人労働状態（浅利順四郎）「国家学会雑誌」　40(10)　1926.10
◇小作争議の概要（農林省農務局）「斯民」　21(10)　1926.10
◇季節的失業問題対策（増田抱村）「社会事業」　10(7)　1926.10
◇第八回国際労働会議（国際労働局）「社会政策時報」　73　1926.10
◇労働争議調停法に就て（3）（北原安衛）「社会政策時報」　73　1926.10
◇地方の生活から見た女工問題（永井亨）「地方」　34(10)　1926.10
◇英国に於ける農村労働運動と其対策（田邊勝正）「帝国農会報」　16(10)　1926.10
◇伊国労働時間の延長と経済調節「労働時報」　3(10)　1926.10
◇一九二五年に於ける英国の同盟罷業及工場閉鎖「労働時報」　3(10)　1926.10
◇大正十五年九月中発生労働争議一覧「労働時報」　3(10)　1926.10
◇工場法の改正に就て（2）（北岡寿逸）「国家学会雑誌」　40(11)　1926.11
◇小作法に対する根本的態度（太田利一）「社会政策時報」　74　1926.11
◇第九回国際労働会議（国際労働局）「社会政策時報」　74　1926.11
◇知識階級の失業問題に就て（遊佐敏彦）「社会政策時報」　74　1926.11
◇抬頭せる地主組合運動「週刊エコノミスト」　4(22)　1926.11
◇新潟県木崎村小作争議の経緯「帝国農会報」　16(11)　1926.11
◇英米独に於ける賃金調査方法（猪熊兼幹）「統計集誌」　544　1926.11

◇水道従業員労働争議(岡野文之助)「都市問題」 3(5) 1926.11
◇工場法規に関する質疑応答(続)(内務省社会局)「内務時報」 367 1926.11
◇生産曲線に関する研究(3)日時曲線に就て(八木高次)「労働科学研究」 3(3) 1926.11
◇工場法施工後に於ける累年職工数並適用工場数「労働時報」 3(11) 1926.11
◇最近に於ける我国主要小作人組合並地主組合の状況「労働時報」 3(11) 1926.11
◇一九二五年英国工場監督年報梗概「労働時報」 3(11) 1926.11
◇独逸に於ける労働者の余暇善用施設「労働時報」 3(11) 1926.11
◇兵庫県に於ける工場監督特別調査「労働時報」 3(11) 1926.11
◇労働争議統計(大正十五年十月中)「労働時報」 3(11) 1926.11
◇工場法の改正に就て(3)(北岡寿逸)「国家学会雑誌」 40(12) 1926.12
◇小作法案要綱(答申案)(小作調査会)「斯民」 21(12) 1926.12
◇失業及その救済策(富田愛次郎)「社会学雑誌」 32 1926.12
◇職業児童に対する時代の要求(生江孝之)「社会事業」 10(9) 1926.12
◇1925年に於ける英国労働争議(山上弁蔵)「社会政策時報」 75 1926.12
◇独逸の雇主組合(山本浩)「社会政策時報」 75 1926.12
◇炭坑争議以来の英国労働界「週刊エコノミスト」 4(23) 1926.12
◇都市建設の新興勢力としての労働(1)(田坂茂忠)「大大阪」 2(12) 1926.12
◇小作争議概要(農林省農務局)「帝国農会報」 16(12) 1926.12
◇小作法の問題(2・完)(東浦庄治)「帝国農会報」 16(12) 1926.12
◇大正十五年上半期小作争議統計(社会局労働部)「帝国農会報」 16(12) 1926.12
◇我国失業者の失業原因(松田泰二郎)「統計集誌」 545 1926.12
◇六大都市の失業状態(福本英男)「都市問題」 3(6) 1926.12
◇アメリカに於ける初期の労働組合と労働争議(一七八六年より一八二七年まで)(園乾治)「三田学会雑誌」 20(12) 1926.12
◇第三回国際労働統計家会議「労働時報」 3(12) 1926.12
◇大正十五年自七月至九月工場法令違反調「労働時報」 3(12) 1926.12
◇労働団体に対する使用者連盟(神戸正雄)「時事経済問題」 52 1927
◇紐育の労働長屋(藤田進一郎)「建築と社会」 10(1) 1927.1
◇工場法の改正に就て(4)(北岡寿逸)「国家学会雑誌」 41(1) 1927.1
◇使用者組合論(目崎憲司)「国家学会雑誌」 41(1) 1927.1
◇女子青年団体の将来(田子一民)「斯民」 22(1) 1927.1
◇日本家族制度の特質(新見吉治)「社会学雑誌」 33 1927.1
◇各国労働組合及政党統計「社会政策時報」 76 1927.1
◇1925年米国官庁雇傭婦人の状況(杉本文子訳)「職業紹介公報」 39 1927.1
◇独逸に於ける精神労働者(Geistige Arbeiter)の失業救済状況(木田徹郎訳)「職業紹介公報」 39 1927.1
◇米国に於ける1914年以来の雇傭状態「職業紹介公報」 39 1927.1
◇都市建設の新興勢力としての労働(2)(田坂茂忠)「大大阪」 3(1) 1927.1
◇各国に於ける失業統計(上條勇)「統計集誌」 546 1927.1
◇労働統計の領域(水谷良一)「統計集誌」 546 1927.1
◇株主重役及備考の所得比較調査「東洋経済新報」 1231 1927.1
◇昭和十九年の戦局・生産・食糧・労務・金融「東洋経済新報」 2153 1927.1
◇戦争と農村女性の勤労(美濃口時次郎)「農業と経済」 12(1) 1927.1
◇英国炭坑争議の発展(堀江帰一)「三田学会雑誌」 21(1) 1927.1
◇英国に於ける労働組合、労働組合連合団体及職業評議会の数と其の会員数「労働時報」 4(1) 1927.1
◇米国労働組合及組合員数「労働時報」 4(1) 1927.1
◇全国平均小作料「公衆衛生」 45(2) 1927.2
◇工場法の改正に就て(5)(北岡寿逸)「国家学会雑誌」 41(2) 1927.2
◇我国工業労働者の消費組合運動(村山重忠)「産業組合」 256 1927.2
◇社会問題と産業医学上の考察(吉阪俊蔵)「社会事業」 10(11) 1927.2
◇大正十五年に於ける職業紹介事業の回顧と躍進(神戸市)(緒方庸雄)「社会事業」 10(11) 1927.2
◇大正十五年度日本労働運動概観(内藤義弘)「社会政策時報」 77 1927.2
◇教育と職業(城本三男)「職業紹介公報」 40 1927.2
◇婦人と職業心「職業紹介公報」 40 1927.2
◇調停物語(大金益次郎)「大大阪」 3(2) 1927.2
◇官業労働総同盟の第九回大会「労働時報」 4(2) 1927.2
◇一九二五年に於けるロシアの労働監督状況「労働時報」 4(2) 1927.2
◇労働争議の調停及仲裁「労働時報」 4(2) 1927.2
◇英国炭坑争議が他種産業の職業状態に及ぼせし影響に就いて(家永茂訳)「職業紹介公報」 41 1927.3
◇独逸少年職業紹介施設(1)「職業紹介公報」 41 1927.3
◇調停物語(大金益次郎)「大大阪」 3(3) 1927.3
◇我国に於ける労働者の生計費(榊原平八)「統計集誌」 548 1927.3
◇一週五日四十時間制の意味「東洋経済新報」 1238 1927.3
◇作業確度に及ぼす作業時の速さと重量について(上野義雄)「労働科学研究」 3(4) 1927.3
◇作業能率に関する実験的研究(坐高三角法による椅坐対机作業)(豊田順爾)「労働科学研究」 3(4) 1927.3
◇京浜電気鉄道株式会社労働争議「労働時報」 4(3) 1927.3
◇昭和二年二月中発生労働争議統計「労働時報」 4(3) 1927.3
◇一九二四年チェッコ・スロバキヤ工場監督状況「労働時報」 4(3) 1927.3
◇大正十四年工場監督年報概況「労働時報」 4(3) 1927.3
◇自然環境と社会生活との関係に就いての一研究(今井慶郎)「社会学雑誌」 36 1927.4
◇失業問題の要約的研究(1)(コールの所論の紹介)(浅野研真)「社会事業」 11(1) 1927.4
◇国際労働期間より見たる最近欧洲労働問題(前田多門)「社会政策時報」 79 1927.4
◇最近ロシアの失業状態「社会政策時報」 79 1927.4
◇ファシスト・サンヂカリスム並に其労働団体法(森口繁治)「社会政策時報」 79 1927.4
◇都会生活と婦人(山桝儀重)「大大阪」 3(4) 1927.4
◇各国に於ける失業統計(4・完)(上條勇)「統計集誌」 549 1927.4
◇労働階級の覚醒とフィラデルフィアに於ける生活運動(園乾治)「三田学会雑誌」 21(4) 1927.4
◇改正工場法適用工場数及職工数「労働時報」 4(4) 1927.4
◇小作調停法に就て(広沢吉平)「産業組合」 259 1927.5
◇「義理」に就ての一二の考察(福場保洲)「社会学雑誌」 37 1927.5

◇朝鮮及朝鮮人を正しく理解するに必要なる若干の基礎的事実 (山口正)「社会学雑誌」 37 1927.5
◇失業問題の要約的研究(2)(浅野研真)「社会事業」 11(2) 1927.5
◇独逸労働裁判所法(後藤清)「社会政策時報」 80 1927.5
◇女子職業問題の考察(大林宗嗣)「大大阪」 3(5) 1927.5
◇我国大都市の失業政策(福本英男)「都市問題」 4(5) 1927.5
◇失業問題の要約的研究(3・完)(コールの所論の紹介)(浅野研真)「社会事業」 11(3) 1927.6
◇如何にして英国労働運動組合は「労働組合会議」の成立に到達したか(山中篤太郎)「社会政策時報」 81 1927.6
◇濠洲ニューサウス ウエールス州に於ける最低賃金と家庭扶助法(生江孝之)「社会政策時報」 81 1927.6
◇第五十二議会に提出せられたる労働問題関係諸法案「社会政策時報」 81 1927.6
◇法定最低賃金制度に於ける「最低」決定の基準原則(吉田藤)「社会政策時報」 81 1927.6
◇北米合衆国に於ける農家の社会的状況と生活費(高岡熊雄)「社会政策時報」 81 1927.6
◇十三都市賃銀表(昭和二年五月)(商工省)「職業紹介公報」 44 1927.6
◇少年職業指導協議会(文部省意見)「職業紹介公報」 44 1927.6
◇日銀の発表した我国の労働統計(2)「東洋経済新報」 1254 1927.6
◇東京市の智識階級失業対策(福本英男)「都市問題」 4(6) 1927.6
◇大正十五年度中工場法令違反調「内務時報」 396 1927.6
◇工場食の研究(1)(松島周蔵,田中達雄)「労働科学研究」 4(1) 1927.6
◇婦人に於ける生理的週期と作業能(6)(桐原葆見)「労働科学研究」 4(1) 1927.6
◇婦人労働者選択の生理的標準に関する研究(1)(小西與一)「労働科学研究」 4(1) 1927.6
◇印度工場法施行の実績「労働時報」 4(6) 1927.6
◇我国の前途を瞬めて知識階級失業問題に及ぶ(遊佐敏彦)「社会事業」 11(4) 1927.7
◇上海に於ける昨年度の同盟罷工(岡野一朗)「社会政策時報」 82 1927.7
◇団結及罷業の自由に関する一考察(森田良雄)「社会政策時報」 82 1927.7
◇独逸に於ける徒弟制度(石本雅男)「社会政策時報」 82 1927.7
◇法定最低賃金制度に於ける「最低」決定の基準原則(2)(吉田藤)「社会政策時報」 82 1927.7
◇俸給生活者職業紹介事業概況「職業紹介公報」 45 1927.7
◇ミネアポリスセントポール両市牛乳生産者組合(勝賀瀬質)「帝国農会報」 17(7) 1927.7
◇年齢別及熟練程度別に依る瑞西失業労働者の分布(小川雅次)「統計集誌」 552 1927.7
◇少年職業指導協議会成案「社会事業」 11(5) 1927.8
◇丁抹に於ける徒弟法 1921年5月6日(社会局監督課)「社会事業」 11(5) 1927.8
◇徒弟制度に就いて、徒弟の意義と其の歴史(生江孝之)「社会事業」 11(5) 1927.8
◇徒弟の保護(吉阪俊蔵)「社会事業」 11(5) 1927.8
◇日本郵船株式会社司厨部労働争議事情(矢次一夫)「社会政策時報」 83 1927.8
◇我国における小作権に就て(松村勝治郎)「社会政策時報」 83 1927.8
◇恐慌と労働需給状態の悪化「東洋経済新報」 1262 1927.8
◇失業救護都市事業会議「東洋経済新報」 1263 1927.8
◇東京市に於ける職業分布と補習学校-東京市実業補習学校組織の研究(上)-(川添誠一)「都市問題」 5(2) 1927.8
◇内務省所管工場労働統計実地調査手続「内務時報」 405 1927.8
◇第十回国際労働総会概況「労働時報」 4(8) 1927.8
◇南海鉄道株式会社労働争議「労働時報」 4(8) 1927.8
◇負傷後障害を残し又は死亡したる職工に関する調査「労働時報」 4(8) 1927.8
◇小作調停法に就て(3・完)(広沢吉平)「産業組合」 263 1927.9
◇支那労働者生活費の研究(岡野一朗)「社会政策時報」 84 1927.9
◇第十回国際労働総会と日本(国際労働局)「社会政策時報」 84 1927.9
◇昭和二年八月賃銀概況(商工省調査)「職業紹介公報」 47 1927.9
◇米国に於ける知識階級の職業紹介(1)「職業紹介公報」 47 1927.9
◇今秋施行の労働統計調査「統計集誌」 554 1927.9
◇生体に於ける筋の堅さの研究(1)その産業疲労の測定方法としての価値(暉峻義等,江田周三)「労働科学研究」 4(2) 1927.9
◇婦人に於ける生理的週期と作業能(桐原葆見)「労働科学研究」 4(2) 1927.9
◇社会運動と市町村(横溝光暉)「自治研究」 3(10) 1927.10
◇川崎造船所の職工解雇及失業救済状況(1)(橋本能保利)「社会政策時報」 85 1927.10
◇我国に於ける小作権に就て(2)(松村勝治郎)「社会政策時報」 85 1927.10
◇職業指導講話資料(1)「職業紹介公報」 48 1927.10
◇独逸少年職業紹介施設(続)「職業紹介公報」 48 1927.10
◇米国に於ける知識階級の職業紹介(2)「職業紹介公報」 48 1927.10
◇本邦農民美街運動の回顧の展望(渡邊進)「帝国農会報」 17(10) 1927.10
◇家計調査結果速報「統計集誌」 555 1927.10
◇東京市傭労働者争議(岡野之助)「都市問題」 5(4) 1927.10
◇国際労働組合巴里大会「労働時報」 4(10) 1927.10
◇最近に於ける独逸の労働協約「労働時報」 4(10) 1927.10
◇日本俸給生活者組合連盟第三回大会「労働時報」 4(10) 1927.10
◇日本労働総同盟昭和年度全国大会「労働時報」 4(10) 1927.10
◇社会運動と市町村(2)(横溝光暉)「自治研究」 3(11) 1927.11
◇第十回国際労働総会に就て(北原安衛)「社会事業」 11(8) 1927.11
◇英国労働運動の産業平和論(水上鉄次郎)「社会政策時報」 86 1927.11
◇川崎造船所の職工解雇及失業救済状況(2)(橋本能保利)「社会政策時報」 86 1927.11
◇支那の職業紹介事情(岡野一朗)「社会政策時報」 86 1927.11
◇支那の労働争議(1)(宮脇賢之介)「社会政策時報」 86 1927.11
◇本邦都市に於ける少年雇傭事情(1)(磯村英一)「社会政策時報」 86 1927.11
◇大阪地方出稼女工概況(2)「職業紹介公報」 49 1927.11
◇家計調査速報に表はれた労働者及給料生活者の生活「東洋経済新報」 1274 1927.11
◇本邦都市社会行政の現在及将来(磯村英一)「都市問題」 5(5) 1927.11
◇工場食の研究(その2)特に脚気発生との関係に就て(松島周蔵)「労働科学研究」 4(3) 1927.11
◇英国労働組合会議「労働時報」 4(11) 1927.11
◇俸給者及労働者の生計(神戸正雄)「時事経済問題」 65 1927.12
◇所謂親子心中の実相(生江孝之)「社会事業」 11(9) 1927.12
◇親子心中に関する諸家の意見「社会事業」 11(9) 1927.12

◇近時の流行親子心中の惨事（原胤昭）「社会事業」　11(9)　1927.12
◇本邦海上労働運動の現勢（長谷孝之）「社会政策時報」　87　1927.12
◇本邦都市に於ける少年雇傭事情（磯村英一）「社会政策時報」　87　1927.12
◇少年職業指導に就て（守屋榮夫）「職業紹介公報」　50　1927.12
◇昭和二年の職業紹介事業概況（守屋榮夫）「職業紹介公報」　50　1927.12
◇職業指導の目的と本質(1)（三澤房太郎）「職業紹介公報」　50　1927.12
◇東京市の冬季失業救済計画（福本英男）「都市問題」　5(6)　1927.12
◇社会的生活条件と知能の発達（第2報）（桐原葆見）「労働科学研究」　4(4)　1927.12
◇労働科学研究所考案作業計測器解説（江田周三）「労働科学研究」　4(4)　1927.12
◇専売類似の仕法に基づく百姓一揆（黒正巌）「経済論叢」　26(1)　1928.1
◇工場法適用工場の拡張案（神戸正雄）「時事経済問題」　66　1928.1
◇我国国民の労働能率（神戸正雄）「時事経済問題」　66　1928.1
◇アメリカ雇主組合の労働対策（山本浩）「社会政策時報」　88　1928.1
◇英国に於ける労資協調機関(1)（水上鉄次郎）「社会政策時報」　88　1928.1
◇最近一ヶ年間に於ける欧洲の失業状況（美濃口時次郎）「社会政策時報」　88　1928.1
◇本邦電車従業員労働事情（廣池千英）「社会政策時報」　88　1928.1
◇大阪市に於ける工場労働者余暇生活（酒井利男）「大大阪」　4(1)　1928.1
◇大都市電車事業に於ける少年労働（福本英男）「都市問題」　6(1)　1928.1
◇少年職業指導に就いて（守屋栄夫）「補習教育」　59　1928.1
◇児童生徒の個性学童及職業指導に関する訓令及通牒要旨略説（文部省普通学務局）「文部時報」　234　1928.1
◇支那に於ける労働組合運動「労働時報」　5(1)　1928.1
◇英国に於ける新労働組合法（小川五郎）「社会政策時報」　89　1928.2
◇英国に於ける労資協調機関(2)（水上鉄次郎）「社会政策時報」　89　1928.2
◇賃銀支払の確保を目的とする模範法案（吉野信次）「社会政策時報」　89　1928.2
◇本邦電車従業員労働事情(2)（廣池千英）「社会政策時報」　89　1928.2
◇大阪市に於ける工場労働者余暇生活の実際（承前）（酒井利男）「大大阪」　4(2)　1928.2
◇昭和二年中小作争議関係調査（昭和三年一月十七日現在）（農林省農務局）「帝国農会報」　18(2)　1928.2
◇職工整理による実収賃銀の増加「東洋経済新報」　1286　1928.2
◇家計調査の結果（高城仙次郎）「三田学会雑誌」　22(2)　1928.2
◇伯林各区別の社会の階級「公衆衛生」　46(3)　1928.3
◇第十一回国際労働総会に議せらるべき問題に就て（吉阪俊蔵）「社会事業」　11(12)　1928.3
◇英国に於ける労資協調機関(2・完)（水上鉄次郎）「社会政策時報」　90　1928.3
◇改良派インターナショナル加盟団体統計「社会政策時報」　90　1928.3
◇炭山労働者生計の特異性（前田一）「社会政策時報」　90　1928.3
◇労働法上の産業福利施設の観念に就て（木村清司）「社会政策時報」　90　1928.3
◇都市生活の理想（勝本鼎一）「大大阪」　4(3)　1928.3
◇英国の小作問題（Y・F・生）「帝国農会報」　18(3)　1928.3
◇小作争議概要（農林省農務局）「帝国農会報」　18(3)　1928.3
◇米国に於ける労働立法不振の法律的原因（宮本英雄）「法学論叢（京都帝国大学法学会）」　19(3)　1928.3
◇官立工場に於ける工場法施行状況（大正十五年昭和元年）「労働時報」　5(3)　1928.3
◇台湾の小作制度（河田嗣郎）「経済論叢」　26(4)　1928.4
◇少年職業指導に就て（三澤房太郎訳）「社会事業」　12(1)　1928.4
◇小作地返還面積に現れたる小作争議の影響「東洋経済新報」　1294　1928.4
◇労働統計に現れたる事業界の不振「東洋経済新報」　1295　1928.4
◇台湾の小作制度（河田嗣郎）「経済論叢」　26(5)　1928.5
◇労働統計に表はれたる諸兆候（神戸正雄）「時事経済問題」　70　1928.5
◇社会事件事業に就て（菅野精一）「社会事業」　12(2)　1928.5
◇支那の労働法制（岡野一朗）「社会政策時報」　92　1928.5
◇独逸失業保険の被保険者及保険給付（大本利一）「社会政策時報」　92　1928.5
◇ハンガリーの労働法制（吉田蕘）「社会政策時報」　92　1928.5
◇「大大阪」と労働組合運動（鈴木文治）「大大阪」　4(5)　1928.5
◇労働運動の中心としての大阪（村島歸之）「大大阪」　4(5)　1928.5
◇英国に於ける小作問題（5・完）（Y・F・生）「帝国農会報」　18(5)　1928.5
◇職業指導の将来と雇傭証明交附制度（三沢房太郎）「補習教育」　63　1928.5
◇社会事件事業に就て（2）（菅野精一）「社会事業」　12(3)　1928.6
◇職業指導と職業調査（豊原又男）「補習教育」　64　1928.6
◇富山の電気争議（後藤曠二）「都市問題」　7(3)　1928.9
◇自治体労働政策の経済原理（福本英男）「都市問題」　7(6)　1928.12
◇我邦都市従業員と団結権公認問題（上）（福本英男）「都市問題」　8(3)　1929.3
◇強訴徒党竹槍急席旗のモダーン型頻出に対して（菊池慎三）「自治研究」　5(4)　1929.4
◇我邦都市従業員と団結権公認問題（下）（福本英男）「都市問題」　8(4)　1929.4
◇統計に表はれた我国の職業別死亡率（関森健次）「統計集誌」　577　1929.7
◇失業問題と都市政策(5)（時任一成）「都市創作」　5(7)　1929.7
◇失業対策管見（山口正太郎）「経済時報」　1(5)　1929.8
◇瑞西婦人労働者の経済的地位に就て「経済時報」　1(5)　1929.8
◇米国に於ける労働協約（秋山斧助）「社会政策時報」　107　1929.8
◇失業問題と都市政策（時任一成）「都市創作」　5(8)　1929.8
◇失業対策「時事経済問題」　86　1929.9
◇失業対策としての賃銀問題（増田抱村）「社会事業」　13(6)　1929.9
◇イギリス労働党の失業対策（佐々弘雄）「社会政策時報」　108　1929.9
◇最近ドイツ経済史上の失業（石浜知行）「社会政策時報」　108　1929.9
◇職業別人口の変遷を通じて見たる失業問題（土方成美）「社会政策時報」　108　1929.9
◇本邦都市を中心とする失業問題の帰趨（磯村英一）「社会政策時報」　108　1929.9
◇我国現在の失業問題の性質と其重点（高橋亀吉）「社会政策時報」　108　1929.9
◇我国失業状態の観測（福原誠三郎）「社会政策時報」　108　1929.9
◇小作法案の制定とその重点「週刊エコノミスト」　7(18)　1929.9
◇政府の失業対策要綱「週刊エコノミスト」　7(18)　1929.9
◇失業問題と其の観方（大野緑一郎）「地方行政」　37(9)　1929.9

◇東京地方就職難深刻化の一断面(猪間驥一)「都市問題」　9(3)　1929.9
◇作業姿勢に関する研究(杉浦一雄)「労働科学研究」　6(3)　1929.9
◇失業対策について(三好豊太郎)「社会学雑誌」　66　1929.10
◇失業救済の対策如何(各名士)「週刊エコノミスト」　7(20)　1929.10
◇筋肉労働階級を中心として(都市を襲ふ失業問題)(上山善治)「大大阪」　5(10)　1929.10
◇知識階級を中心として(都市を襲ふ失業問題)(山口正太郎)「大大阪」　5(10)　1929.10
◇東京市に於ける知識階級の就職難(猪間驥一)「都市問題」　9(4)　1929.10
◇全国労働組合の崩壊と1873年の恐慌(園乾治)「三田学会雑誌」　23(10)　1929.11
◇英国に於ける失業対策の発展「週刊エコノミスト」　7(21)　1929.11
◇最近の全国失業概況「週刊エコノミスト」　7(21)　1929.11
◇失業対策樹立の根本方針(高野岩三郎)「週刊エコノミスト」　7(21)　1929.11
◇深刻化せる俸給生活者問題「週刊エコノミスト」　7(21)　1929.11
◇大阪市内の職業紹介状況(大阪市中央職業紹介所)「大大阪」　5(11)　1929.11
◇能率の立場より見たる事務(上野陽一)「大大阪」　5(11)　1929.11
◇瀕死の丁稚制度(村島帰之)「大大阪」　5(11)　1929.11
◇農漁村の労働力移動状況調査(農村省農務局)「帝国農会報」　19(11)　1929.11
◇労働組合法と労働協約条項(山口正太郎)「経済時報」　1(9)　1929.12
◇農村復興と小作法制定(末松偕一郎)「市町村雑誌」　432　1929.12
◇独逸の生産的失業救済制度(安積得也)「社会事業」　13(9)　1929.12
◇朝鮮人労働者大阪渡来の一原因(酒井利男)「大大阪」　5(12)　1929.12
◇失業保険(1)(ヂエー・エル・コーエン,東京市職業課労務掛抄訳)「東京市社会局時報」　3　[1929.12]
◇都市生活の安定策に就て(岡崎早太郎)「建築と社会」　13(1)　1930.1
◇大阪市に於ける借地借家争議概観(酒井利男)「大大阪」　6(1)　1930.1
◇陣痛十年に亘る小作法案(松村勝治郎)「地方行政」　38(1)　1930.1
◇社会問題と思想(石原雅二郎)「地方行政」　38(2)　1930.2
◇陣痛十年に亘る小作法案(承前)(松村勝治郎)「地方行政」　38(2)　1930.2
◇都市生活の解放(1)(楠原祖一郎)「都市創作」　6(2)　1930.2
◇職業指導上に立つて入学試験方法を評す(谷口政秀)「補習教育」　84　1930.2
◇第二回全国職業指導協議会の状況(三沢房太郎)「補習教育」　84　1930.2
◇最近に於ける我国農民運動の概観(富田愛次郎)「斯民」　25(3)　1930.3
◇英米独国の失業情勢「週刊エコノミスト」　8(5)　1930.3
◇世上の失業対策(永井亨)「週刊エコノミスト」　8(8)　1930.3
◇小作争議の概要(農林省農務局)「帝国農会報」　20(4)　1930.4
◇婦人の職業指導に就て(小野磐彦)「補習教育」　86　1930.4
◇採炭方法の変化と児童雇傭——英国児童労働史の一齣——(高村象平)「三田学会雑誌」　24(4)　1930.4
◇合理化と失業(河田嗣郎)「経済時報」　2(2)　1930.5
◇勤労階級の生活——住宅費に対する一考察「週刊エコノミスト」　8(9)　1930.5
◇失業対策概観(安部磯雄)「都市問題」　10(5)　1930.5
◇失業問題は何処へ行く?(猪間驥一)「都市問題」　10(5)　1930.5
◇医学上より見たる職業指導(1)(豊原又男)「補習教育」　87　1930.5
◇サラリーメンと都市(藤田進一郎)「大大阪」　6(6)　1930.6
◇地方を忘れぬ失業対策(川西実三)「地方行政」　38(6)　1930.6
◇労働組合法の反対論に就て(1)「東洋経済新報」　1403　1930.6
◇労働組合法の反対論に就て(2)「東洋経済新報」　1404　1930.6
◇労働組合法の反対論について(3)「東洋経済新報」　1405　1930.6
◇六大都市に於ける失業救済事業(磯村英一[ほか])「社会政策時報」　118　1930.7
◇失業問題の実相と其対策「週刊エコノミスト」　8(14)　1930.7
◇失業問題(平賀周)「地方行政」　38(7)　1930.7
◇失業と賃銀と労働時間(河田嗣郎)「経済時報」　2(5)　1930.8
◇公企業に於ける労働問題(森戸辰男)「大大阪」　6(8)　1930.8
◇大阪市に於ける失業救済事業(島重治)「都市公論」　13(8)　1930.8
◇失業救済の事業(河田嗣郎)「経済時報」　2(6)　1930.9
◇都市生活の合理化(山田準次郎)「都市問題」　11(4)　1930.10
◇仏蘭西に於ける最近二三の社会問題(平田隆夫)「経済時報」　2(8)　1930.11
◇失はれたる公民生活(蠟山政道)「斯民」　25(11)　1930.11
◇労働者団結権の保障に関する諸国立法例(浅利順四郎)「社会政策時報」　122　1930.11
◇世界的失業の原因は何か——国際統計会議の討論「週刊エコノミスト」　8(21)　1930.11
◇統計から見た大阪市職業紹介事業最近の傾向(上村種夫)「大大阪」　6(11)　1930.11
◇失業問題とその対策(楠原祖一郎)「地方行政」　38(11)　1930.11
◇職業指導適性検査の研究(安藤謹次郎)「帝国教育」　579　1930.11
◇米国の不況継続と失業救済「東洋経済新報」　1423　1930.11
◇実質賃金と雇傭数との関係(1)「東洋経済新報」　1424　1930.11
◇実質賃金雇傭数との関係「東洋経済新報」　1426　1930.11
◇英国綿業に於ける家内労働者(野村兼太郎)「三田学会雑誌」　24(11)　1930.11
◇英蘭教区徒弟制度管見(高村象平)「三田学会雑誌」　24(11)　1930.11
◇職業指導の実地問題(豊原又男)「補習教育」　94　1930.12
◇仏蘭西に於ける最近二三の社会問題(平田隆夫)「経済時報」　2(10)　1931.1
◇土木営繕行政と失業問題(1)(蠟山政道)「国家学会雑誌」　45(1)　1931.1
◇人小賢うして失業絶えず(川西実三)「自治研究」　7(1)　1931.1
◇一九三〇年に於ける英国失業保険法の改正(石井通則)「社会事業」　14(10)　1931.1
◇失業の増加とその対策(大野緑一郎)「週刊エコノミスト」　9(2)　1931.1
◇冬季の職業紹介状況(中央職業紹介事務局)「週刊エコノミスト」　9(2)　1931.1
◇東京市の失業対策(東京市社会局)「週刊エコノミスト」　9(2)　1931.1
◇東京府の失業救済事業(東京府社会課)「週刊エコノミスト」　9(2)　1931.1
◇俸給被傭者の労働問題(長谷川透)「地方行政」　39(1)　1931.1
◇近世初期の失業対策と就業権論(高橋誠一郎)「三田学会雑誌」　25(1)　1931.1

◇仏蘭西に於ける最近二・三の社会問題(3・完)(平田隆夫)「経済時報」 2(11) 1931.2
◇労働組合法に就て(河田嗣郎)「経済時報」 2(11) 1931.2
◇熟練労働者の失業救済対策(楠原祖一郎)「地方行政」 39(2) 1931.2
◇土地区画整理に伴ふ小作争議に就て(町田保)「都市公論」 14(2) 1931.2
◇職業指導の実地問題(豊原又男)「補習教育」 96 1931.2
◇明治初年に於ける侍階級の騒擾(黒正巌)「経済論叢」 32(3) 1931.3
◇米国の失業救済修路事業(武井群嗣)「自治研究」 7(3) 1931.3
◇恐慌と賃銀運動「週刊エコノミスト」 9(5) 1931.3
◇小作法の内容と批判「週刊エコノミスト」 9(5) 1931.3
◇失業救済と道路計画(大和生夫)「地方行政」 39(3) 1931.3
◇最近に於ける労働争議の傾向「東洋経済新報」 1439 1931.3
◇土木営繕行政と失業問題(2)(蠟山政道)「国家学会雑誌」 45(4) 1931.4
◇大阪市の少年職業紹介近況(福井宗二郎)「大大阪」 7(4) 1931.4
◇農業恐慌下の小作争議の傾向「東洋経済新報」 1445 1931.4
◇土木営繕行政と失業問題(3・完)(蠟山政道)「国家学会雑誌」 45(5) 1931.5
◇雇傭関係の解約告知に関するドイツの法制(後藤清)「社会政策時報」 127 1931.5
◇生活必需品の消費調査「週刊エコノミスト」 9(10) 1931.5
◇工場法下の工場と職工(1)「東洋経済新報」 1449 1931.5
◇工場法下の工場と職工(2)「東洋経済新報」 1450 1931.5
◇工場法下の工場と職工(3・完)「東洋経済新報」 1451 1931.5
◇大阪市内工場通勤者距離表(吉田信武)「建築と社会」 14(6) 1931.6
◇失業救済事業として選ばれた道路改良事業(清水良策)「斯民」 26(6) 1931.6
◇俸給生活者はどうなる(向坂逸郎)「週刊エコノミスト」 9(11) 1931.6
◇英国に於ける失業問題対策(津島寿一)「斯民」 26(7) 1931.7
◇失業救済としての土木事業(武井群嗣)「地方行政」 39(7) 1931.7
◇家計調査質疑解答集「統計集誌」 601 1931.7
◇少年の就職難問題と其対策(豊原又男)「補習教育」 101 1931.7
◇賃銀支給制度研究(小島栄次)「三田学会雑誌」 25(7) 1931.7
◇長野県下の農村不況と小作料問題「帝国農会報」 21(8) 1931.8
◇賃銀値下と東京乗合「東洋経済新報」 1461 1931.8
◇少年の就職難問題と其対策(豊原又男)「補習教育」 102 1931.8
◇第十九世紀末に於けるアメリカ労働運動の概観(園乾治)「三田学会雑誌」 25(8) 1931.8
◇労働協約問題特集「社会政策時報」 132 1931.9
◇職業紹介法施行満十年に際して(川西実三)「斯民」 26(10) 1931.10
◇独逸における失業救済事業(小笠平太)「社会事業」 15(7) 1931.10
◇大学教授は罷業する「東洋経済新報」 1473 1931.10
◇小作争議の最近傾向・特徴(村岡穀)「週刊エコノミスト」 9(21) 1931.11
◇簡易で経済な竈(長谷川正五)「大大阪」 7(11) 1931.11
◇国際労働会議雑感(大野緑一郎)「地方行政」 39(11) 1931.11
◇社会問題の解決(未完)(宮内弥)「地方行政」 39(11) 1931.11
◇英蘭児童労働史研究上の一寄与(高村象平)「三田学会雑誌」 25(11) 1931.11

◇明治二十年代における労働者問題観(加田哲二)「三田学会雑誌」 25(11) 1931.11
◇労働組合立法問題に関する一考察(君島清吉)「警察研究」 2(12) 1931.12
◇失業対策に関する一考察(石丸敬次)「地方行政」 39(12) 1931.12
◇失業問題の解決へ(池田宏)「都市問題」 13(6) 1931.12
◇独逸の実業団体と労働組合の不況打開策「市町村雑誌」 457 1932.1
◇大阪市の試みんとする失業保険案(大阪市社会部調査課)「大大阪」 8(1) 1932.1
◇大阪市の失業保険案吟味(寺島四郎)「大大阪」 8(2) 1932.2
◇改正せられたる濠洲調停及仲裁法「労働時報」 9(2) 1932.2
◇大阪市の失業保険案に就て(平田隆夫)「経済時報」 3(12) 1932.3
◇国際労働会議と世界不況打開策(栗本勇之助)「社会政策時報」 139 1932.4
◇利潤分配制度の考案(後藤清)「社会政策時報」 139 1932.4
◇失業対策(長谷川透)「地方行政」 40(5) 1932.5
◇独逸工場労働者の近状(平田隆夫)「経済時報」 4(3) 1932.6
◇負担重圧の危機を蔵する大都市社会の環境(池田宏)「都市問題」 14(6) 1932.6
◇勤労所得分配の実証的研究(毛里英於菟)「経済論叢」 35(1) 1932.7
◇少年職業指導に就て(1)(外山福男)「自治研究」 8(8) 1932.8
◇大都市児童の動き(山口孝治)「大大阪」 8(8) 1932.8
◇我国に於ける小作料対策(2・完)(田辺勝正)「地方行政」 40(9) 1932.9
◇天津生活費指数の改正と最近支那生活費指数(山田保治)「統計集誌」 615 1932.9
◇少年職業指導に就て(2)(外山福男)「自治研究」 8(10) 1932.10
◇職業紹介に関する民間事業の規制(木村忠次郎)「地方行政」 40(10) 1932.10
◇最近十年間に於けるアメリカの労働階級運動(園乾治)「三田学会雑誌」 26(10) 1932.10
◇支那労働組合法の歴史一斑(及川恒忠)「三田学会雑誌」 26(10) 1932.10
◇現代学生生活の一例(星野周一郎)「経済時報」 4(8) 1932.11
◇現行職業紹介制度に対する一考察(山口泉)「地方行政」 40(11) 1932.11
◇社会問題より見たる琉球(石川興二)「経済論叢」 35(6) 1932.12
◇少年職業指導に就て(3)(外山福男)「自治研究」 8(12) 1932.12
◇都市路上を中心とせる市民交観生活の変遷(上)(石川栄耀)「都市公論」 15(12) 1932.12
◇独逸に於ける最近の失業対策(幸島礼吉)「都市問題」 15(6) 1932.12
◇都市の寄生的職業者の統制(伊福部隆輝)「都市問題」 15(6) 1932.12
◇賃銀保護法に就いて(長谷孝之)「法律時報」 4(12) 1932.12
◇独占組織の発達と社会的対策(大塚一朗)「工業経済研究」 3 1933.1
◇英吉利並に豪洲連邦に於ける労働争議調停制度(谷口明三)「法律時報」 5(1) 1933.1
◇第一回強制調停の結果に学ぶ(大坪保雄)「法律時報」 5(1) 1933.1
◇ドイツに於ける労働争議調停制度(津曲蔵之丞)「法律時報」 5(1) 1933.1
◇米国及加奈陀に於ける労働争議調停制度(長谷川公一)「法律時報」 5(1) 1933.1
◇労働争議調停法の改正問題-企業の社会的機能と調停の社会経済的機

- ◇能（菊池勇夫）「法律時報」 5(1) 1933.1
- ◇第一回英帝国労働会議（矢内原忠雄）「経済学論集」 5(2) 1933.2
- ◇失業救済事業としての大阪市の公園設備工事（椎原兵市）「庭園と風景」 15(2) 1933.2
- ◇小作争議の概要「農務時報」 53 1933.2
- ◇社会運動取締の一線に立ちて（安倍源基）「警察研究」 4(3) 1933.3
- ◇農業恐慌の進行過程より見たる小作争議（和田博雄）「自治研究」 9(3) 1933.3
- ◇英国失業保険の産業に及ぼす影響（子安浩）「社会政策時報」 150 1933.3
- ◇大阪市に於ける労働者の家計調べ(1)（酒井利男）「大大阪」 9(3) 1933.3
- ◇最近に於ける各国の労働協約の概況「労働時報」 10(3) 1933.3
- ◇有料職業紹介所に関する条約案及勧告草案「労働時報」 10(3) 1933.3
- ◇家族制度と国民道徳（池岡直孝）「公民教育」 3(4) 1933.4
- ◇我国中間階級の展望（松本悟朗）「社会政策時報」 151 1933.4
- ◇長野県に於ける小作料滞納の状況（丸山啓治）「帝国農会報」 23(4) 1933.4
- ◇地主小作人組合の概況「農務時報」 55 1933.4
- ◇昭和七年中に於ける農民運動の概況「労働時報」 10(4) 1933.4
- ◇昭和七年中に於ける労働争議の概況「労働時報」 10(4) 1933.4
- ◇所謂「見えざる」失業に就て（大河内一男）「経済学論集」 3(5) 1933.5
- ◇裁判に現はれたる労働協約の効力（谷口明三）「警察研究」 4(5) 1933.5
- ◇国有鉄道男子従業員の給料別人員とその平均給「現業調査資料」 7(3) 1933.5
- ◇知識階級失業対策（堀田健男）「社会政策時報」 152 1933.5
- ◇東京市に於ける第三回労働統計実地調査の景況（佐藤正男）「統計集誌」 623 1933.5
- ◇労働科学に就いて（藤林敬三）「三田学会雑誌」 27(5) 1933.5
- ◇ガン市失業救済基金制度の成立状態（平田隆夫）「社会政策時報」 153 1933.6
- ◇強制労働廃止問題の進展（牧内正男）「社会政策時報」 153 1933.6
- ◇景気転換と労働者階級（平尾弥五郎）「社会政策時報」 153 1933.6
- ◇社会問題の双面（関栄吉）「経済時報」 5(4) 1933.7
- ◇家族制度の改造（戸田貞三）「社会政策時報」 154 1933.7
- ◇小作問題を中心に観たる農民思想（松村勝治郎）「社会政策時報」 154 1933.7
- ◇最近の思想運動（内藤義弘）「社会政策時報」 154 1933.7
- ◇思想問題と労働政策（長谷川公一）「社会政策時報」 154 1933.7
- ◇失業問題の原因及対策に関する考察（長谷川透）「社会政策時報」 154 1933.7
- ◇ナチス政権化に於ける労働法の転向（後藤清）「社会政策時報」 154 1933.7
- ◇中間階級問題の一考察（加田哲二）「三田学会雑誌」 27(7) 1933.7
- ◇第十七回国際労働総会概況（其の1）「労働時報」 10(7) 1933.7
- ◇メキシコに於ける労働法典の制定「労働時報」 10(7) 1933.7
- ◇英国失業保険委員会の第一報告書（平田隆夫）「経済時報」 5(5) 1933.8
- ◇失業応急事業に使用する労働者の就労統制に就て（齋藤亮）「社会事業」 17(5) 1933.8
- ◇我が国に於ける仏国労働法の価値（石崎政一郎）「社会政策時報」 155 1933.8
- ◇失業救済内務省案を評す「週刊エコノミスト」 11(15) 1933.8
- ◇都市生活と女性（山口正）「大大阪」 9(8) 1933.8
- ◇インテリー層の失業と就職難（外山福男）「地方行政」 41(8) 1933.8
- ◇大都市に蝟集する知識階級に就いての統計（奥井復太郎）「三田学会雑誌」 27(8) 1933.8
- ◇英国失業保険委員会の最終報告書（平田隆夫）「経済時報」 5(6) 1933.9
- ◇労働の供給について（高田保馬）「経済論叢」 37(3) 1933.9
- ◇女子の給料生活者問題（井上貞藏）「社会政策時報」 157 1933.10
- ◇物価低落期の家計調査「東洋経済新報」 1570 1933.10
- ◇大都市に於ける知識階級の地域的研究（東京及大阪を中心とする統計的研究）（奥井復太郎）「三田学会雑誌」 27(10) 1933.10
- ◇亜米利加労働組合制度と社会保険「現業調査資料」 7(6) 1933.11
- ◇最低賃銀決定の基準「現業調査資料」 7(6) 1933.11
- ◇ソヴィエート鉄道従業員に関する新制度「現業調査資料」 7(6) 1933.11
- ◇第三次米国鉄道労働賃銀争議の解決「現業調査資料」 7(6) 1933.11
- ◇求職婦人の近代的傾向（鈴木舜一）「社会事業」 17(8) 1933.11
- ◇経済政策としての労働時間短縮及賃金引上（北岡寿逸）「社会政策時報」 158 1933.11
- ◇職業分類の基礎的考究（友安亮一）「社会政策時報」 158 1933.11
- ◇全農全国会議派の転向に就て（下河部良作）「社会政策時報」 158 1933.11
- ◇反産運動に対する批判（千石興太郎）「週刊エコノミスト」 11(22) 1933.11
- ◇職業紹介事業と失業対策（長谷川透）「職業紹介」 1 1933.11
- ◇職業紹介法概論（天谷健二）「職業紹介」 1 1933.11
- ◇職業紹介法施行規則改正要旨「職業紹介」 1 1933.11
- ◇我国公益職業紹介制度の再検討（酒井勇）「社会事業」 17(9) 1933.12
- ◇職業紹介所の国営問題（三澤房太郎）「社会政策時報」 159 1933.12
- ◇ソヴエート連邦の労働政策（中島仁之助）「社会政策時報」 159 1933.12
- ◇ナチスの失業対策に就いて（磯崎俊次）「社会政策時報」 159 1933.12
- ◇職業指導に於ける心理学的施設の貢献（鈴木信）「職業紹介」 2 1933.12
- ◇製糸女工紹介に就て（那須時夫）「職業紹介」 2 1933.12
- ◇土木建築労働者生活状態調査概要「職業紹介」 2 1933.12
- ◇失業応急事業の選択計画及施行に就いて（長谷川透）「地方行政」 41(12) 1933.12
- ◇サラリーマンの就職状況は好化「東洋経済新報」 1578 1933.12
- ◇我国の日傭労働者に関する若干の考察（園乾治）「三田学会雑誌」 27(12) 1933.12
- ◇俸給生活者問題（河津暹）「経済学論集」 4(1) 1934.1
- ◇相談機関の社会的必要性（及川常平）「社会事業」 17(10) 1934.1
- ◇九州地方労働市場の現況（川島幸助）「社会政策時報」 160 1934.1
- ◇豪洲に於ける賃銀統制に就て（長沼弘毅）「社会政策時報」 160 1934.1
- ◇独裁政権下の労働争議と其解決（桂泉）「社会政策時報」 160 1934.1
- ◇農民運動沈滞期に於ける小作争議の態様（山本厳）「社会政策時報」 160 1934.1
- ◇監獄部屋の研究(1)（河村静観）「社会福利」 18(1) 1934.1
- ◇欧米失業対策の最近の傾向（安積得也）「職業紹介」 3 1934.1
- ◇失業応急事業に就て（山本高雄）「職業紹介」 3 1934.1

- ◇少年の職業に就ての一統計的観察（堀田健男）「職業紹介」 3 1934.1
- ◇大阪市の第四回労働統計実地調査の結果（大阪市社会部労働課）「大大阪」 10(1) 1934.1
- ◇我国に於ける労働委員会の概況「労働時報」 11(1) 1934.1
- ◇昭和八年度小作争議概観（山本厳）「社会政策時報」 161 1934.2
- ◇昭和八年度に於ける農民運動の回顧（下河部良佐）「社会政策時報」 161 1934.2
- ◇昭和八年に於ける労働組合運動（内藤義弘）「社会政策時報」 161 1934.2
- ◇昭和八年の労働争議（藤沢朝世）「社会政策時報」 161 1934.2
- ◇1933年海外労働運動の概観（水上鉄次郎）「社会政策時報」 161 1934.2
- ◇米国失業問題（葛岡常治）「社会福利」 18(2) 1934.2
- ◇少年の紹介及就職に就いて（三沢房太郎）「常会」 4 1934.2
- ◇少年就労事情（石原義治）「職業紹介」 4 1934.2
- ◇婦人の職業的進出に就いて（富田愛次郎）「職業紹介」 4 1934.2
- ◇国民革命途上の労働協約‥過度期に於けるドイツの一立法（後藤清志）「地方行政」 42(2) 1934.2
- ◇英国失業者減少の経過と様相「東洋経済新報」 1585 1934.2
- ◇家計調査に現れた各国労働者の生活状態（上）（猪間驥一）「都市問題」 18(2) 1934.2
- ◇小作争議の概要「農務時報」 65 1934.2
- ◇伊太利に於ける労働争議調停制度と其の運用の概況「労働時報」 11(2) 1934.2
- ◇昭和七年工場監督年報概況「労働時報」 11(2) 1934.2
- ◇資本家的企業圏と農村経済圏との労働力需給関係（渡邊信一）「経済学論集」 4(3) 1934.3
- ◇我国に於ける労働委員会の概況「現業調査資料」 8(2) 1934.3
- ◇人口と失業（山口正）「社会福利」 18(3) 1934.3
- ◇炭鉱労働者紹介に関する基本問題（山口泉）「職業紹介」 5 1934.3
- ◇土工部屋改善と職業紹介機関の使命（河村静視）「職業紹介」 5 1934.3
- ◇昭和八年中に於ける工場法令違反調「労働時報」 12(3) 1934.3
- ◇独逸国民労働統制法「労働時報」 12(3) 1934.3
- ◇労働者退職手当制の改革（大塚一朗）「経済論叢」 38(4) 1934.4
- ◇ナチス・ドイツの新労働法の建設-その第一歩としての労働秩序法-（後藤清）「国家学会雑誌」 48(5) 1934.4
- ◇ナチスの新労働憲章に就いて（磯崎俊次）「社会政策時報」 163 1934.4
- ◇現代家内工業労働の社会的考察（山口正）「社会政策時報」 175 1934.4
- ◇英国職業紹介所改善意見(1)：王立失業保険委員会最終報告「職業紹介」 6 1934.4
- ◇失業の型（山口正）「職業紹介」 6 1934.4
- ◇上京希望女中求職者連絡取扱並其の輔導施設に就いて（田中法善）「職業紹介」 6 1934.4
- ◇離村女子と公益職業紹介機関（天谷健二）「地方行政」 42(4) 1934.4
- ◇家計調査に現れた各国労働者の生活状態（下）（猪間驥一）「都市問題」 18(4) 1934.4
- ◇地主小作人組合の概況「農務時報」 67 1934.4
- ◇昭和八年中に於ける農民運動の概況「労働時報」 11(4) 1934.4
- ◇昭和八年中に於ける労働組合運動の概況「労働時報」 11(4) 1934.4
- ◇昭和八年中に於ける労働争議の概況「労働時報」 11(4) 1934.4
- ◇米国鉄道労働賃金協定会議(1)「現業調査資料」 8(3) 1934.5
- ◇我国労働状態と之を規定する各種特殊事情（高橋亀吉）「社会政策時報」 164 1934.5
- ◇岡山市職業紹介所に於ける少年職業相談の結果に就て(1)（阿部利雄）「職業紹介」 7 1934.5
- ◇失業応急事業に於ける労働紹介型式について(1)（漆葉見龍）「職業紹介」 7 1934.5
- ◇大都市の職業紹介事業（林清）「職業紹介」 7 1934.5
- ◇僻地に於ける職業紹介事業（橋本秀治）「職業紹介」 7 1934.5
- ◇「家」を中心とせる身分法の成立史（平野義太郎）「法律時報」 6(5) 1934.5
- ◇家と家団（末弘厳太郎）「法律時報」 6(5) 1934.5
- ◇家族制度と家族生活（長沼弘宥）「法律時報」 6(5) 1934.5
- ◇伊太利職団法「労働時報」 11(5) 1934.5
- ◇昭和九年度メーデー「労働時報」 11(5) 1934.5
- ◇第十八回国際労働総会議題に関する条約案勧告乃至決議の草案「労働時報」 11(5) 1934.5
- ◇日本労働祭と愛国勤労祭「労働時報」 11(5) 1934.5
- ◇構成的失業について（馬場克三）「経済学研究」 4(2) 1934.6
- ◇労働概念の吟味（森耕二郎）「経済学研究」 4(2) 1934.6
- ◇国勢調査に現はれたる我国民の職業(1)（上田貞次郎, 小田橋貞寿）「社会政策時報」 165 1934.6
- ◇本邦失業と技術の進歩（三好豊太郎）「社会福利」 18(6) 1934.6
- ◇失業応急事業の規範測定に就いて（漆葉見龍）「職業紹介」 8 1934.6
- ◇各国労働争議統計(1919-1933)「労働時報」 11(6) 1934.6
- ◇年齢別より見たる国有鉄道男子従事員の人員、配偶関係及平均給調「現業調査資料」 8(4) 1934.7
- ◇失業者、ルンペン、要保護者の区別（下村桂馬）「社会事業」 18(4) 1934.7
- ◇日本現下の失業は如何にして発生したか（美濃口時次郎）「社会政策時報」 166 1934.7
- ◇米国に於ける労働管理の一面観（永野賀成）「社会政策時報」 166 1934.7
- ◇独逸失業問題（葛岡常治）「社会福利」 18(7) 1934.7
- ◇職業指導上より見たる職業実習（鈴木信）「職業紹介」 9 1934.7
- ◇仏蘭西児童労働法の成立過程（下田博）「三田学会雑誌」 28(7) 1934.7
- ◇熟練機械工に関する座談会「職業紹介」 10 1934.8
- ◇最近に於ける小作争議、調停及組合の情勢（長沼弘毅）「農務時報」 71 1934.8
- ◇英国に於ける労働争議(1933年)「労働時報」 11(8) 1934.8
- ◇高・低労賃政策の理論（森耕二郎）「経済学研究」 4(3) 1934.9
- ◇労働管理官の職能に就いて（大塚一朗）「経済論叢」 39(3) 1934.9
- ◇社会的集団としての家族（谷川貞夫）「社会事業」 16(8) 1934.9
- ◇大都市に於ける日雇労働者問題（林清）「社会事業」 16(8) 1934.9
- ◇都市社会事業と都市群集社会学（今井時郎）「社会事業」 18(6) 1934.9
- ◇豪洲に於ける賃銀統制に就て「社会政策時報」 168 1934.9
- ◇欧米各国職業紹介制度（一）（齋藤亮）「職業」 1(1) 1934.9
- ◇職業指導の社会的目的（ヘンリ・エム・ブッシュ, 水谷守一訳）「職業」 1(1) 1934.9
- ◇昭和八年発生小作争議一覧表「農務時報」 72 1934.9
- ◇我国の家族制度の特徴（中島玉吉）「法学論叢（京都帝国大学法学会）」 31(3) 1934.9
- ◇英国同盟罷業統計「労働時報」 11(9) 1934.9
- ◇大正十四年九月中発生労働争議一覧表「労働時報」 11(9) 1934.9

◇諸威に於ける労働争議に関する法令（パールベルヒ）「労働時報」11(9)　1934.9

◇独逸労働奉仕制度「社会福利」　18(10)　1934.10

◇英国及び米国に於ける労働争議調停制度「労働時報」　11(10)　1934.10

◇国用製糸工場の賃銀算出方法の改善「労働時報」　11(10)　1934.10

◇第十九回国際労働総会の議題に関する質問書「労働時報」　11(10)　1934.10

◇東京市電気局労働争議の概況「労働時報」　11(10)　1934.10

◇労働組合の組織状況「労働時報」　11(10)　1934.10

◇現代知識階級の困惑（大森義太郎）「改造」　16(12)　1934.11

◇労働争議調停法と罷業の最小化（中野善敦）「警察研究」　5(11)　1934.11

◇国有鉄道男子従業員の家族人員調「現業調査資料」　8(6)　1934.11

◇独逸に於ける労働事情―失業対策と強制交代規則―「現業調査資料」　8(6)　1934.11

◇東京市電気局労働争議経過（内藤義弘）「社会政策時報」　170　1934.11

◇東京市電労働争議に於ける賃銀問題（長谷孝之）「社会政策時報」　170　1934.11

◇独逸労働奉仕制度に関する諸資料（東京府社会課）「社会福利」　18(11)　1934.11

◇独逸就業規制法について（西脇多喜雄）「職業」　1(3)　1934.11

◇好化せる労働階級の状態「東洋経済新報」　1629　1934.11

◇最近に於ける小作争議、調停及組合の情勢「農務時報」　74　1934.11

◇本邦に於ける小作委員会の概要「農務時報」　74　1934.11

◇農村窮乏下に於ける小作争議（田邊勝正）「法律時報」　6(11)　1934.11

◇労働争議調停法改正に関する各方面の意見「法律時報」　6(11)　1934.11

◇明治初年に於ける諸職人の労働事情（高村象平）「三田学会雑誌」　28(11)　1934.11

◇第三回労働統計実地調査工場労働者の賃銀（昭和五年）「大原社会問題研究所雑誌」　1(6)　1934.12

◇「国民的労賃」―労賃の国際的比較の問題「経済学研究」　4(4)　1934.12

◇社会的勢力の分析（高田保馬）「経済論叢」　39(6)　1934.12

◇朝鮮に於ける鉱山労働事情（桜井義之）「社会政策時報」　171　1934.12

◇昭和八年三月卒業児童就職後の勤続調査に現はれたる状況「職業紹介公報」　133　1934.12

◇ロンドン、ゼネラル、ストライキの思出「調査資料」　15(3)　1934.12

◇各地方小作調停事務協議会の概要「農務時報」　75　1934.12

◇伊太利に於ける労働争議の解決「労働時報」　11(2)　1934.12

◇昭和八年鉱山監督状況概要「労働時報」　11(12)　1934.12

◇昭和八年工場鉱山等労働者募集概況「労働時報」　11(12)　1934.12

◇米国の新失業救済法（平田隆夫）「経済時報」　6(10)　1935.1

◇現行労働争議調停法の欠陥と矛盾（中野善敦）「警察研究」　6(1)　1935.1

◇失業者金銭的生活保障論(1)（安積得也）「社会政策時報」　172　1935.1

◇ドイツ労働奉仕団（水上鉄次郎）「社会政策時報」　172　1935.1

◇ビゲー教授の失業理論（中山伊知郎）「社会政策時報」　172　1935.1

◇失業保険金に関する最近の判例（寺島四郎）「職業紹介」　3(1)　1935.1

◇知識階級の職業指導に就て（仲井真一郎）「職業紹介」　3(1)　1935.1

◇婦人労働者最低年齢に就て（紡績方面より見たる）（鷲野甚之助）「労働科学研究」　12(1)　1935.1

◇労働者最低年齢法に対する医学上よりの批判（暉峻義等）「労働科学研究」　12(1)　1935.1

◇労働者最低年齢法に対する心理学上よりの批判（桐原葆見）「労働科学研究」　12(1)　1935.1

◇労働法制上より見たる労働者の最低年齢問題（桜井安右衛門）「労働科学研究」　12(1)　1935.1

◇東京交通労働組合昭和九年度大会「労働時報」　12(1)　1935.1

◇所謂不良求職者の問題に関連して（村川敬蔵）「社会事業研究」　23(2)　1935.2

◇就職と年齢との関係に就て（松村義太郎）「社会事業研究」　23(2)　1935.2

◇昭和九年社会行政の回顧（木village清司）「社会政策時報」　173　1935.2

◇昭和九年度小作争議の一般情勢（山本嚴）「社会政策時報」　173　1935.2

◇昭和九年度に於ける農民運動の展望（下河部良作）「社会政策時報」　173　1935.2

◇昭和九年の労働組合運動（内藤義弘）「社会政策時報」　173　1935.2

◇昭和九年の労働争議（藤沢房世）「社会政策時報」　173　1935.2

◇一九三四年各国労働運動の概況（水上鉄次郎）「社会政策時報」　173　1935.2

◇職業婦人と家庭を論ず（池川清）「社会福利」　19(2)　1935.2

◇ルーズヴェルトの強制失業保険制度設置の提案に際して―失業保険否認批判の一齣―（大久保満彦）「社会福利」　19(2)　1935.2

◇人夫供給請負業の実情を探る（前承）「職業」　2(2)　1935.2

◇各国に於ける少年職業紹介事業「職業紹介」　3(2)　1935.2

◇小都市に於ける少年職業紹介「職業紹介」　3(2)　1935.2

◇少年職業紹介最近の傾向「職業紹介」　3(2)　1935.2

◇少年職業紹介十年の回顧（三沢房太郎）「職業紹介」　3(2)　1935.2

◇地主小作人組合の概要「農務時報」　77　1935.2

◇母をして常盤御前たらしむるなかれ（穂積重遠）「法律時報」　7(2)　1935.2

◇アメリカに於ける失業補償運動（園乾治）「三田学会雑誌」　29(2)　1935.2

◇伊国に於ける労働時間一週四十時間制「労働時報」　12(2)　1935.2

◇瑞典及び諾威に於ける労働協約（一九三三年末）「労働時報」　12(2)　1935.2

◇賃銀不払に関する調「労働時報」　12(2)　1935.2

◇大阪市に於ける一般労働者失業保険（平田隆夫）「経済時報」　6(12)　1935.3

◇亜米利加カンサス州に於ける労働立法(1)「現業調査資料」　9(2)　1935.3

◇蘇連邦に於ける労働組合「現業調査資料」　9(2)　1935.3

◇不況が米国鉄道従業員の家族に及ぼした影響(4)「現業調査資料」　9(2)　1935.3

◇労働事情調査に就いて（鈴木傴吉）「社会事業」　18(12)　1935.3

◇構成助失業（山口正）「職業紹介」　3(3)　1935.3

◇東北振興と農村職業紹介所の整備（渡辺信一）「地方行政」　43(3)　1935.3

◇インフレ下の労働問題を語る（座談会）（三井寛爾〔ほか〕）「東洋経済新報」　1645　1935.3

◇小作争議の概要「農務時報」　78　1935.3

◇英法に於ける雇用契約と営業制限の法理（清水金三郎）「法学論叢（京都帝国大学法学会）」　32(3)　1935.3

◇伊太利に於ける労働争議調停制度「労働時報」　12(3)　1935.3

社会・社会問題

◇労働組合以外の労働者団体の状況「労働時報」 12(3)　1935.3
◇カナダ失業問題(葛岡常治)「社会福利」 19(4)　1935.4
◇社会問題としての自動車事故の将来と対策(金山勝之)「社会福利」 19(4)　1935.4
◇少年職業抄(早崎八洲)「社会福利」 19(4)　1935.4
◇婦人労働条件の或る断面(村山敬蔵)「社会福利」 19(4)　1935.4
◇婦人の職業について(磯部勇)「職業」 2(4)　1935.4
◇職業紹介法施行規則改正に就いて(百瀬富寿雄)「職業紹介」 3(4)　1935.4
◇職業相談と諸科学(松井詮寿)「職業紹介」 3(4)　1935.4
◇知識階級就職難の原因及び其の対策に就いての一考察(音堂由太郎)「職業紹介」 3(4)　1935.4
◇小作調停法に依る調停の概要「農務時報」 79　1935.4
◇伊太利に於ける最近の職業組合及び職団「労働時報」 12(4)　1935.4
◇現代小ブルヂョア層論(向坂逸郎)「改造」 17(5)　1935.5
◇ベルン市失業保険の成立前史(平田隆夫)「経済時報」 7(2)　1935.5
◇労賃の国際的差異について(名和統一)「経済時報」 7(2)　1935.5
◇アメリカ、カンサス州に於ける労働立法「現業調査資料」 9(3)　1935.5
◇伊太利に於ける最近の職業組合及び職団「現業調査資料」 9(3)　1935.5
◇一九三四年のアメリカ合衆国に於ける労働組合及組合員数「現業調査資料」 9(3)　1935.5
◇ドイツに於ける労働前衛隊「現業調査資料」 9(3)　1935.5
◇不況が米国鉄道従業員の家族に及ぼした影響「現業調査資料」 9(3)　1935.5
◇労働組合以外の労働者団体の状況「現業調査資料」 9(3)　1935.5
◇授産並職業補導事業概要調査(内務省社会局職業課)「社会事業彙報」 9(2)　1935.5
◇職業婦人と失業問題(石原義治)「社会事業研究」 23(5)　1935.5
◇婦人問題の概念(楠原祖一郎)「社会事業研究」 23(5)　1935.5
◇我国情と中産主義(河田嗣郎)「社会政策時報」 175　1935.5
◇失業者金銭的生活保障論(2・完)(安積得也)「社会政策時報」 176　1935.5
◇蘇連邦に於ける熟練工技術者の養成(大内経雄)「社会政策時報」 176　1935.5
◇職業生活に於ける婦人の問題(石原義治)「社会福利」 19(5)　1935.5
◇雇傭と保証の問題(藤田保夫)「職業紹介」 3(5)　1935.5
◇年少者の失業問題「職業紹介」 3(5)　1935.5
◇昭和十年度メーデー「労働時報」 12(5)　1935.5
◇第十九回国際労働総会の議題に関する諮問事項乃至条約案草案及決議案「労働時報」 12(5)　1935.5
◇大阪市に於ける要救済失業労働者と其の就労状況(安田辰馬)「社会事業研究」 23(6)　1935.6
◇ドイツの任意労働奉仕制度(林癸未夫)「社会事業研究」 23(6)　1935.6
◇名古屋市の失業保険制度に就て(平田隆夫)「社会事業研究」 23(6)　1935.6
◇合衆国労働組合運動の発展(水上鉄次郎)「社会政策時報」 177　1935.6
◇徒科制度に関する最近の問題(中田三郎)「社会福利」 19(6)　1935.6
◇諸指標に現れた日本勤労層の実質と全貌(1)(笠井秀夫)「統計集誌」 648　1935.6

◇生計調査に現れた勤労者の生活状態「東洋経済新報」 1660　1935.6
◇失業対策としての労働時間短縮の実情―各国の失業及び失業対策(4)「内外社会問題調査資料」 255　1935.6
◇臨時工問題と労働組合(上) 最近の臨時工状態及解雇手当問題「内外社会問題調査資料」 255　1935.6
◇失業救済公共事業とその財源の問題(上)「内外社会問題調査資料」 256　1935.6
◇臨時工問題の帰趨(北岡寿逸)「法律時報」 7(6)　1935.6
◇臨時職工及人夫に関する調査(社会局労働部)「法律時報」 7(6)　1935.6
◇本邦紡績業に於ける労働者(山田文雄)「経済学論集」 5(7)　1935.7
◇英国に於ける新労資調停機関「現業調査資料」 9(4)　1935.7
◇倫敦に於ける書記従業員の賃銀及勤務条件「現業調査資料」 9(4)　1935.7
◇ナチス失業救済法に於ける労働力の分配(後藤清)「公法雑誌」 1(7)　1935.7
◇小作争議の概要「市町村雑誌」 449　1935.7
◇英国失業保険の状態(一野喜三郎)「社会政策時報」 178　1935.7
◇出稼女工の家庭調査(高岡実)「社会政策時報」 178　1935.7
◇東京印刷株式会社の労働争議(飯田北理)「社会政策時報」 178　1935.7
◇労働不安と臨時工問題(鈴木茂三郎)「週刊エコノミスト」 13(20)　1935.7
◇諸指標に現れたる日本勤労層の実質と全貌(2)(笠井秀夫)「統計集誌」 649　1935.7
◇失業救済公共事業とその財源の問題(下)「内外社会問題調査資料」 257　1935.7
◇総連合の綱領改正と最近の日本主義労働運動「内外社会問題調査資料」 257　1935.7
◇年少者の失業問題とその対策「内外社会問題調査資料」 258　1935.7
◇第十九回国際労働総会概況(其1)「労働時報」 12(7)　1935.7
◇仏蘭西に於ける団体協約「労働時報」 12(7)　1935.7
◇小作争議の概要「市町村雑誌」 500　1935.8
◇現代結婚難と風紀問題(石井満)「社会事業」 19(5)　1935.8
◇米国に於ける失業救済事業の近状(北沢新次郎)「社会事業研究」 23(8)　1935.8
◇社会問題の研究について(池川清)「社会福利」 19(8)　1935.8
◇内燃しつゝ深刻化する小作争議「週刊エコノミスト」 13(23)　1935.8
◇諸指標に現れた日本勤労層の実質と全貌(3)(笠井秀夫)「統計集誌」 650　1935.8
◇工業徒弟教育普及振興の急務(西田博太郎)「東洋経済新報」 1667　1935.8
◇臨時工問題判決と臨時工を繞る労働争議「内外社会問題調査資料」 260　1935.8
◇日本主義労働組合の臨時工問題其他に対する態度「内外社会問題調査資料」 261　1935.8
◇米国の「労働大憲章」ワグナー労働法全文「内外社会問題調査資料」 261　1935.8
◇八木清信著、労働契約の研究に就て(紹介)(川島武宜)「法学協会雑誌」 53(8)　1935.8
◇学生の日常生活に於ける「働き」の調査(奥井復太郎)「三田学会雑誌」 29(8)　1935.8
◇アメリカ鉄道雇用人の所得に及ぼした不況の影響「現業調査資料」 9(5)　1935.9
◇独逸国有鉄道従業員の待遇「現業調査資料」 9(5)　1935.9
◇小作問題に就て(1)(黒河内透)「斯民」 30(9)　1935.9

◇顧られない徒弟(遊佐敏彦)「社会事業」 19(6) 1935.9
◇現代徒弟制度と労働法(1)(後藤清)「社会政策時報」 180 1935.9
◇独逸に於ける職業紹介事業及職業紹介法制の沿革の梗概(東京市社会局庶務課調査掛)「東京市社会局時報」 昭和10年7・8・9月号 1935.9
◇ウキンに於ける職業別家族構成員数に関する一研究(舘稔)「統計集誌」 651 1935.9
◇労働人員指数低下の意味「東洋経済新報」 1672 1935.9
◇英国婦人労働者の両番制採用問題「内外社会問題調査資料」 262 1935.9
◇最近の左翼労働組合運動「内外社会問題調査資料」 263 1935.9
◇コミンテルンの新方針と各国労働運動への影響「内外社会問題調査資料」 264 1935.9
◇ナチス独逸に於ける給料附休暇制の現状「内外社会問題調査資料」 264 1935.9
◇労働組合より見たる退職積立金法案(菊川忠雄)「法律時報」 7(9) 1935.9
◇在米邦人労働者の組織並に活動(加藤勘十)「改造」 17(10) 1935.10
◇出生率の減退と失業問題「経済論叢」 41(4) 1935.10
◇職業紹介事業の過去と現在(遊佐敏彦)「社会事業研究」 23(10) 1935.10
◇女中の社会的地位の問題と組合運動に就て(田中法善)「社会福利」 19(10) 1935.10
◇就職戦線の近状「週刊エコノミスト」 13(30) 1935.10
◇諸指標に現れた日本勤労層の実質と全貌(4・完)(笠井秀夫)「統計集誌」 652 1935.10
◇総連合の戦線統一運動と労働陣営整備の動向「内外社会問題調査資料」 266 1935.10
◇岐路に立つ労働組合運動(加藤勘十)「法律時報」 7(10) 1935.10
◇昭和十年月末に於ける労働組合の組織状況「労働時報」 12(10) 1935.10
◇東京交通労働組合年度大会「労働時報」 12(10) 1935.10
◇米国に於ける全国労働関係法(ワグナー法案)「労働時報」 12(10) 1935.10
◇ドイツに於ける婦人労働の動向とナチスの婦人労働対策(編集室訳)「大原社会問題研究所雑誌」 2(11) 1935.11
◇最近小作争議の発展(岡田宗司)「改造」 17(11) 1935.11
◇徒弟教育と商店法(井上貞蔵)「教育」 3(11) 1935.11
◇農村職業紹介所の発達(渡辺信一)「経済学論集」 5(11) 1935.11
◇アメリカ新鉄道退職法解説(外国資料)「現業調査資料」 9(6) 1935.11
◇英国鉄道の雇傭人員と平均週給「現業調査資料」 9(6) 1935.11
◇賃銀の現在及将来(外国資料)「現業調査資料」 9(6) 1935.11
◇農民の政治運動(松村勝治郎)「産業組合」 361 1935.11
◇一般職業紹介所の設備と職員定数に就て(上村種男)「社会事業研究」 23(11) 1935.11
◇最近に於ける紡績女工の募集事情(穂積軍一)「職業紹介」 3(11) 1935.11
◇少年職業紹介の問題私見(園原太郎)「職業紹介」 3(11) 1935.11
◇労働者居住地型「地理学評論」 11(11) 1935.11
◇労働組織の整理統一運動「東洋経済新報」 1683 1935.11
◇ニュー・ディール下の米国労働階級の状態「内外社会問題調査資料」 269 1935.11
◇職業指導に就て(1)(水野常吉)「文部時報」 532 1935.11
◇照明の作業能率に及ぼす影響(柴山安太郎)「労働科学研究」 12(5) 1935.11

◇英国労働組合及組合連合「労働時報」 12(11) 1935.11
◇失業救済諸事業「月刊 列国政策彙報」 2 1935.12
◇智的労働者の失業問題「市町村雑誌」 504 1935.12
◇経済都市に於ける商工徒弟の史的研究(坂内憲策)「社会事業研究」 23(12) 1935.12
◇小作法制定の急務(松村勝治郎)「社会政策時報」 183 1935.12
◇小作法立法の問題(野間海造)「社会政策時報」 183 1935.12
◇朝鮮に於ける小作問題と其対策(田辺勝正)「社会政策時報」 183 1935.12
◇独逸に於ける最近の職業紹介の国営に関する法律に就て「東京市社会局時報」 昭和10年10・11・12月号 1935.12
◇産業別組合主義を続る米国労働運動の内部対立 米国労働総同盟年次大会の概況「内外社会問題調査資料」 272 1935.12
◇各地方小作調停事務協議会の概要「農務時報」 87 1935.12
◇職業指導に就て(2)(水野常吉)「文部時報」 534 1935.12
◇昭和九年工場山等労働者募集概況「労働時報」 12(12) 1935.12
◇仏国に於ける労働組合の統一運動「労働時報」 12(12) 1935.12
◇千八百七十年代の英国労働界(河合栄治郎)「経済学論集」 6(1) 1936.1
◇亜米利加鉄道に於ける低賃金被傭者と長時間勤務者の調査「現業調査資料」 10(1) 1936.1
◇昭和十年度労務統計実地調査に就て「現業調査資料」 10(1) 1936.1
◇中国鉄路工人の待遇と施設「現業調査資料」 10(1) 1936.1
◇賃銀の現在及将来「現業調査資料」 10(1) 1936.1
◇ドイツ国有鉄道従業員の待遇「現業調査資料」 10(1) 1936.1
◇ドイツ国有鉄道労働者執務給与規則「現業調査資料」 10(1) 1936.1
◇職業行政の確立(挾間茂)「自治研究」 12(1) 1936.1
◇技術的に見たる職業紹介事業(安田辰馬)「社会事業」 19(10) 1936.1
◇「全労」「総同盟」の合同に就て(兒玉兼道)「社会政策時報」 184 1936.1
◇我国に於ける生計費と実質賃銀(井口東輔)「社会政策時報」 184 1936.1
◇二大労働組合の合同と幹部の経営態度「東洋経済新報」 1690 1936.1
◇失業応急事業費補助「内務時報」 1(1) 1936.1
◇職業紹介制度改正に関する中央職業紹介委員会の答申「内務時報」 1(1) 1936.1
◇退職積立金制度に関する失業対策委員会の決議「内務時報」 1(1) 1936.1
◇新興大衆運動に於ける基督教的勢力の復興(森戸辰男)「大原社会問題研究所雑誌」 3(2) 1936.2
◇統一運動に現れた労働者大衆の生長(猪俣津南雄)「改造」 18(2) 1936.2
◇昭和十年の海外労働運動(水上鉄次郎)「社会政策時報」 185 1936.2
◇昭和十年の小作組合運動小作争議(山本嚴)「社会政策時報」 185 1936.2
◇昭和十年の社会行政(長谷川六一)「社会政策時報」 185 1936.2
◇昭和十年の労働組合運動(兒玉兼道)「社会政策時報」 185 1936.2
◇昭和十年の労働争議(飯田北理)「社会政策時報」 185 1936.2
◇少年工業労働問題の再吟味(尾上輝造)「社会福利」 20(2) 1936.2
◇店員の需給状況に就て(石原義治)「職業紹介」 4(2) 1936.2
◇独逸に於ける職業指導(鈴木信)「職業紹介」 4(2) 1936.2
◇「三田」に関する社会調査(奥井復太郎)「都市問題」 22(2)

社会・社会問題　都市問題・地方自治　調査研究文献要覧

1936.2
◇米国の賃銀奨励制 主要なる九個の形態(1)「内外社会問題調査資料」 277 1936.2
◇昭和十年度失業応急事業低金利資金の融通「内務時報」 1(2) 1936.2
◇独逸国労働奉仕法について(平田隆夫)「経済時報」 7(12) 1936.3
◇最近に於ける労働運動及労働争議の状況(加藤祐三郎)「警察協会雑誌」 430 1936.3
◇スイス連邦鉄道従業員の待遇「現業調査資料」 10(2) 1936.3
◇賃銀の現在及将来(エム・ミットニツキー)「現業調査資料」 10(2) 1936.3
◇失業救済事業に投ぜられたる新しき一石(安積得也)「斯民」 31(3) 1936.3
◇一九三五年各国労働運動の概況(2・完)(水上鉄次郎)「社会政策時報」 186 1936.3
◇職業紹介統計の一考察(1)(平松弘)「職業紹介」 4(3) 1936.3
◇日傭労働者と職業分類に就て(藤田保夫)「職業紹介」 4(3) 1936.3
◇英国に於ける産業団体の職業教育(文部省実業学務局)「青年教育」 157 1936.3
◇英国に於ける登録労働組合(1934年)「労働時報」 13(3) 1936.3
◇我が国特有の社会問題としての融和問題(山本美越乃)「経済論叢」 42(4) 1936.4
◇産業復興法の下に於ける児童労働(鈴木偓吉訳)「社会福利」 20(4) 1936.4
◇北九州工場労働考察(河島幸助)「職業紹介」 4(4) 1936.4
◇炭礦労働者の吸引圏と其の干渉(山口彌一郎)「人口問題」 1(3) 1936.4
◇英国に於ける産業団体の職業教育(文部省実業学務局)「青年教育」 158 1936.4
◇昭和十年小作争議概要「帝国農会報」 26(4) 1936.4
◇職業上の地位の向上に関する統計学的研究の一方法(舘稔)「統計集誌」 658 1936.4
◇最近我国の労働運動の趨向「内務時報」 1(4) 1936.4
◇各国に於ける労働争議統計(1919・1935)「労働時報」 13(4) 1936.4
◇米国に於ける労働争議(1934)「労働時報」 13(4) 1936.4
◇日本に於けるメーデー「大原社会問題研究所雑誌」 3(5) 1936.5
◇最近に於ける小作争議の動向と小作立法(八木芳之助)「経済論叢」 42(5) 1936.5
◇工場法の適用を受くる現業従業員の移動状態調「現業調査資料」 10(3) 1936.5
◇1934年に於ける米国汽船乗組員の賃銀(外国資料)「現業調査資料」 10(3) 1936.5
◇賃銀稼得者及低俸給労働者の支出調査(外国資料)「現業調査資料」 10(3) 1936.5
◇職業紹介における信用保証制度に就て(牧野耐一郎)「市政研究」 2(3) 1936.5
◇台湾に於ける家族制度の一考察(原忠明)「社会事業研究」 24(5) 1936.5
◇米国に於ける最近の社会事情(W.M.ヴオーリズ)「社会事業研究」 24(5) 1936.5
◇工場行政の現在及将来(鈴木宗正)「社会政策時報」 188 1936.5
◇英国に於ける収入調査の問題(早崎八洲)「社会福利」 20(5) 1936.5
◇英国に於ける失業者訓練施設(寺島四郎)「職業紹介」 4(5) 1936.5
◇失業救済事業に投ぜられたる新しき一石(安積得也)「職業紹介」 4(5) 1936.5

◇東京市労働紹介所に於ける労働移動紹介に就て(柴田三郎)「職業紹介」 4(5) 1936.5
◇英国に於ける産業団体の職業教育(文部省実業学務局)「青年教育」 159 1936.5
◇現代我国の小作立法問題(沢村康)「農業と経済」 3(5) 1936.5
◇地主小作人組合の概要「農務時報」 92 1936.5
◇生産能率と工場気候(勝木新次)「労働科学研究」 13(3) 1936.5
◇最近に於ける我国労働者状態(森耕二郎)「経済学研究」 6(2) 1936.6
◇失業問題と小作問題(1)(渡邊信一)「経済学論集」 6(6) 1936.6
◇小作問題と商業思想(齋藤榮一)「社会政策時報」 189 1936.6
◇職業紹介法施行前に於ける職業紹介機関に依る地方的労務需給調節計画—長野県の事例—(鈴木偓吉)「職業紹介」 4(6) 1936.6
◇英国に於ける産業団体の職業教育(4)(文部省実業学務局)「青年教育」 160 1936.6
◇家番号制度の創設に就いて(1)(多田保次郎)「大大阪」 12(6) 1936.6
◇職業の社会学(林恵海)「東京市産業時報」 2(6) 1936.6
◇十市家計調査の新結果-顕著なる米価暴騰の圧迫(猪間驥一)「都市問題」 22(6) 1936.6
◇最近の世界諸国の失業状態「内外社会問題調査資料」 288 1936.6
◇小作法案の沿革(仲原善一)「農業と経済」 3(6) 1936.6
◇自主的小作法の主要問題(小林巳智次)「法律時報」 8(6) 1936.6
◇職能立法としての小作法(大槻正男)「法律時報」 8(6) 1936.6
◇警視庁管下に於ける最近の臨時職工「労働時報」 13(6) 1936.6
◇勤労大衆の生活に於ける生活享楽費の問題(權田保之助)「大原社会問題研究所雑誌」 3(7) 1936.7
◇失業問題と小作問題(渡邊信一)「経済学論集」 6(7) 1936.7
◇国有鉄道従業員の分析「現業調査資料」 10(4) 1936.7
◇職業紹介事業に於ける都市と農村の連繋(三澤房太郎)「社会事業」 20(4) 1936.7
◇職業紹介法の改正に就て(武島一義)「社会事業」 20(4) 1936.7
◇婦人労働の社会的並経済的変革(川越弘)「社会福利」 20(7) 1936.7
◇英国に於ける産業団体の職業教育「青年教育」 161 1936.7
◇東京市内の女中に関する調査「東京市社会局時報」 1936.7
◇英国国営労働紹介事業発達の概観(川越雑弘)「東京市社会局時報」 昭和11年1・2・3月号 1936.7
◇米国に於ける地域的社会圏の再編成(喜多野清一)「都市問題」 23(1) 1936.7
◇失業者更生訓練施設の助成について「内務時報」 1(7) 1936.7
◇昭和十年中に於ける労働組合運動の概況「労働時報」 13(7) 1936.7
◇昭和十年中に於ける労働争議調停の概況「労働時報」 13(7) 1936.7
◇昭和十年中に於ける労働争議の概況「労働時報」 13(7) 1936.7
◇米国に於ける労働争議(1935年)「労働時報」 13(7) 1936.7
◇我国に於ける社会主義運動と基督教との交渉(森戸辰男)「大原社会問題研究所雑誌」 3(8) 1936.8
◇最近労働問題の検討(鈴木宗正)「警察研究」 7(8) 1936.8
◇職業紹介法の国際立法的意義の考察(齋藤衞)「社会事業研究」 24(8) 1936.8
◇英国に於ける産業団体の職業教育(6)(文部省実業学務局)「青年教育」 162 1936.8
◇独逸国の小作人負債整理命令「農務時報」 95 1936.8
◇最近に於ける我国労働者状態(森耕二郎)「経済学研究」 6(3)

◇1936.9
◇四十時間労働週制と列国の態度「月刊 列国政策彙報」 11 1936.9
◇国有鉄道従業員の分析「現業調査資料」 10(5) 1936.9
◇権限争議(1)(村上恭一)「自治研究」 12(9) 1936.9
◇失業経済論の転向(中山伊知郎)「社会事業研究」 24(9) 1936.9
◇婦人労働に於ける技術的変化の影響(廣崎真八郎)「社会政策時報」 192 1936.9
◇市町村営職業紹介所の弊害と当面の刷新案(薗田嘉三)「職業紹介」 4(9) 1936.9
◇仏蘭西に於ける小作法制(其の2)「農務時報」 96 1936.9
◇労働立法と工場監督制度(菊池勇夫[ほか])「法律時報」 8(9) 1936.9
◇独逸国労働行政の機構「月刊 列国政策彙報」 12 1936.10
◇権限争議(2)(村上恭一)「自治研究」 12(10) 1936.10
◇九州地方に於ける農民運動小作争議の概観(山本巌)「社会政策時報」 193 1936.10
◇九州地方の労働運動(中川賢一)「社会政策時報」 193 1936.10
◇最近十年間の九州地方に於ける労働争議の概観(坂井隆治)「社会政策時報」 193 1936.10
◇炭坑地方の労務管理(宗近鵬介)「社会政策時報」 193 1936.10
◇炭鉱業に於ける労働事情(福岡鑛山監督局)「社会政策時報」 193 1936.10
◇八幡製鉄所の労働事情(日本製鉄株式会社八幡製鉄所)「社会政策時報」 193 1936.10
◇職業紹介法の改正に就て(武島一義)「地方行政」 44(10) 1936.10
◇第五回労働統計実地調査の準備調査結果概要「統計時報」 61 1936.10
◇米国の労資関係政策の最近の傾向 N.I.C.B.の調査報告「内外社会問題調査資料」 300 1936.10
◇回顧十五年(倉敷労働科学研究所)(暉峻義等)「労働科学研究」 13(5) 1936.10
◇労働行政より見たる国民生活安定策(1)(鈴木宗正)「警察研究」 7(11) 1936.11
◇世界に於ける児童労働法の分析(2)(尾上輝造)「社会事業」 20(8) 1936.11
◇婦人労働市場の発達と婦人職業問題(2・完)(石原義治)「社会事業研究」 24(11) 1936.11
◇職業行政概観覚書—失業問題より職業問題へ—(安積得也)「職業紹介」 4(11) 1936.11
◇職業紹介所の運営(箕浦多一)「職業紹介」 4(11) 1936.11
◇労役制度の考察(1)(安田正鷹)「地方行政」 44(11) 1936.11
◇東京交通労働組合大会—政治方針の討議と其の見透し—「内外社会問題調査資料」 302 1936.11
◇米国鋼鉄産業の労働組合に関する労資の見解「内外社会問題調査資料」 303 1936.11
◇海事労働総会に就て「内務時報」 1(11) 1936.11
◇第二十一回及第二十二回国際労働総会概況(1)「労働時報」 13(11) 1936.11
◇銀山に於ける近代的労働者の萌芽(遠藤正男)「経済学研究」 6(4) 1936.12
◇ナチスの労働法に就て(平田隆夫)「経済時報」 8(9) 1936.12
◇権限争議(3)(村上恭一)「自治研究」 12(12) 1936.12
◇世界に於ける児童労働法の分析(完)(尾上輝造)「社会事業」 20(9) 1936.12
◇労働時間制限と例外許容の意義(後藤清)「社会政策時報」 195 1936.12
◇筑豊炭田に於ける炭礦労働者の吸引(山口弥一郎)「人口問題」 1(4) 1936.12

◇東京市内の女中に関する調査「東京市社会局時報」 昭和11年7・8・9月号 1936.12
◇英国に於ける職業別死亡の諸問題(1)(アドニー・コール)「統計集誌」 666 1936.12
◇朝鮮の小作問題(仲磯三)「農業と経済」 3(12) 1936.12
◇昭和10年受理小作調停事件一覧表「農務時報」 99 1936.12
◇昭和10年発生小作争議一覧表「農務時報」 99 1936.12
◇職能代表の問題(五十嵐豊作)「法律時報」 8(12) 1936.12
◇技術の進歩と失業(藤林敬三)「三田学会雑誌」 30(12) 1936.12
◇労働組合法問題をめぐる二つの経済思想(櫛田民蔵)「大原社会問題研究所雑誌」 4(1) 1937.1
◇労働者及小額俸給生活者の家計状態比較(權田保之助)「大原社会問題研究所雑誌」 4(1) 1937.1
◇イギリスに於けるサラリーマンの地位(大内兵衛)「経済学論集」 7(1) 1937.1
◇明治初期に於ける労働力の集積(鈴木正志)「市政研究」 3(1) 1937.1
◇給料生活者の観たる給料生活(星野周一郎)「社会政策時報」 196 1937.1
◇東京府に於ける水上労働者事情(西村肇)「社会政策時報」 196 1937.1
◇名古屋市に於ける内職(杉山兼二)「社会政策時報」 196 1937.1
◇労働科学と労働政策(風早八十二)「社会政策時報」 196 1937.1
◇樺太に職業紹介法施行の必要に就て(森川梅雄)「職業紹介」 5(1) 1937.1
◇朝鮮人登録労働者の生活(村田幸達)「職業紹介」 5(1) 1937.1
◇熟練工養成と徒弟制度(大内経雄)「職業紹介」 5(10) 1937.1
◇(前編)熟練工の意義並に之が養成に関する諸問題(阿部利雄)「職業紹介」 5(10) 1937.1
◇独逸に於ける雇傭創設政策(1)(鬼丸勝之)「職業紹介」 5(10) 1937.1
◇除隊者の職業紹介に就て(河島幸助)「地方行政」 45(1) 1937.1
◇労働市場の発展と小作関係(明治後期)(渡邊信一)「農業と経済」 4(1) 1937.1
◇社会倫理学概説(4)(松本潤一郎)「社会事業」 20(11) 1937.2
◇海外労働運動(水上鉄次郎)「社会政策時報」 197 1937.2
◇小作組合運動・小作争議(山本巌)「社会政策時報」 197 1937.2
◇産業労働界(池田安夫[ほか])「社会政策時報」 197 1937.2
◇労働争議(坂井隆治)「社会政策時報」 197 1937.2
◇世界に於ける労働供給の方法(東京府社会課訳)「社会福利」 21(2) 1937.2
◇労役制度の考察(2)(安田正鷹)「地方行政」 45(2) 1937.2
◇英国に於ける職業別死亡の諸問題(2)(アドニー・コール)「統計集誌」 668 1937.2
◇ナチス・ドイツに於ける労働法制と労働者の状態(小椋廣勝)「法律時報」 9(2) 1937.2
◇労働組合法問題の史的考察(風早八十二)「法律時報」 9(2) 1937.2
◇身分構成に現はれた地域性(奥井復太郎)「三田学会雑誌」 31(2) 1937.2
◇昭和十年中工場監督年報概況「労働時報」 14(2) 1937.2
◇少年労働時間調査(鈴木舜一)「教育」 5(3) 1937.3
◇職業人の採用・資格検定規則の条件分析(留岡清男)「教育」 5(3) 1937.3
◇スタハノフ運動「経済論叢」 44(3) 1937.3
◇労働行政より見たる国民生活安定策(2)(鈴木宗正)「警察研究」 8(3) 1937.3

社会・社会問題

◇労働行政法の研究(津曲蔵之丞)「公法雑誌」 3(3) 1937.3
◇日本に於ける失業とその対策(1)(風早八十二)「国家学会雑誌」 51(3) 1937.3
◇昭和十一年の労働運動(2)(中川賢一)「社会政策時報」 198 1937.3
◇最近に於ける日傭労働市場に就て(津戸徳治)「社会福利」 21(3) 1937.3
◇社会法の史的観察(1)(野口正男)「社会福利」 21(3) 1937.3
◇失業応急事業の回想と将来に就て(薄田清)「職業紹介」 5(3) 1937.3
◇中小企業の経済界に於ける地位と職業紹介(音堂由太郎)「職業紹介」 5(3) 1937.3
◇労働者更生訓練道場創設後の三ヶ月「職業紹介」 5(3) 1937.3
◇東京市登録労働者副業調査「東京市社会局時報」 昭和11年10・11・12月号 1937.3
◇東京市に於ける夜間中等学校生徒の職業事情調査「東京市社会局時報」 昭和11年10・11・12月号 1937.3
◇第五回労働統計実地調査結果の概要「統計時報」 66 1937.3
◇第五回労働統計実地調査結果の概要「統計集誌」 669 1937.3
◇賃銀労働者及小額給料生活者の購買品費用指数の修正(合衆国労働省労働統計局)「統計集誌」 669 1937.3
◇新京に於ける工夫市労働者に関する調査(安松康司)「内務資料月報」 1(3) 1937.3
◇世帯構成に現はれた地域性(奥井復太郎)「三田学会雑誌」 31(3) 1937.3
◇墺太利に於ける職団組織及仲裁制度「労働時報」 14(3) 1937.3
◇日本に於ける失業とその対策(2)(風早八十二)「国家学会雑誌」 51(4) 1937.4
◇栄養と必要最低賃銀(永野順造)「社会政策時報」 199 1937.4
◇1936年のアメリカ新労働法(高橋貞三)「社会政策時報」 199 1937.4
◇農業者と都市労働者の生活費に関する比較研究(桃山直市)「社会政策時報」 199 1937.4
◇我国の職業別並地方別労力移動序説(1)(中島仁之助)「社会政策時報」 199 1937.4
◇社会法の史的観察(2)(野口正男)「社会福利」 21(4) 1937.4
◇地方中心都市の職業紹介所としての弘前市職業紹介所の現状と将来(小林寅男)「職業紹介」 5(4) 1937.4
◇東京市従業員の賃銀値上要求運動「内外社会問題調査資料」 316 1937.4
◇待遇改善運動に東西両都市従業員呼応す「内外社会問題調査資料」 317 1937.4
◇工場内労働者教育事業の目的(大塚一朗)「経済論叢」 44(5) 1937.5
◇日本に於ける失業とその対策(3)(風早八十二)「国家学会雑誌」 51(5) 1937.5
◇窮乏化の勤労市民の生活(佐々木唯遠)「市政研究」 3(3) 1937.5
◇来るべき労働立法の時代(1)(鮎沢巌)「社会政策時報」 200 1937.5
◇失業対策の将来の動向(安積得也)「社会政策時報」 200 1937.5
◇労働者教育の再検討(大内経雄)「社会政策時報」 200 1937.5
◇我国の職業別並地方別労力移動序説(中島仁之助)「社会政策時報」 200 1937.5
◇戦時に於ける英国職業紹介所の活動(1)(豊原又男)「職業紹介」 5(5) 1937.5
◇家計調査結果概要(自昭和10年9月至昭和11年8月)「統計時報」 68 1937.5
◇家計調査に現れた各地方の生活態様(林壽)「統計集誌」 671 1937.5

◇大阪市電交通労働組合結成大会「内外社会問題調査資料」 319 1937.5
◇東京市従業員の待遇改善問題解決の経緯「内外社会問題調査資料」 319 1937.5
◇東京市関係従業員の労働争議「内務時報」 2(5) 1937.5
◇職業構成に現れた地域性(奥井復太郎)「三田学会雑誌」 31(5) 1937.5
◇各国労働争議統計(1919―1936)「労働時報」 14(5) 1937.5
◇第二十三回国際労働総会の議題に関する諮問事項条約案又は勧告の草案「労働時報」 14(5) 1937.5
◇近世の町方奉公人と賃労働(遠藤正男)「経済学研究」 7(2) 1937.6
◇労働奉仕制度(宮沢俊義)「警察研究」 8(6) 1937.6
◇社会法の史的観察(3・完)(野口正男)「社会福利」 21(6) 1937.6
◇職業行政(1)(安積得也)「職業紹介」 5(6) 1937.6
◇戦時に於ける英国職業紹介所の活動(2)(豊原又男)「職業紹介」 5(6) 1937.6
◇最近に於ける小作問題と農地法案(杉山元治郎)「帝国農会報」 27(6) 1937.6
◇東京市に於ける労働地帯「統計時報」 69 1937.6
◇英国に於ける職業別死亡の諸問題(アドニー・コール)「統計集誌」 671 1937.6
◇独逸の新労働手帳制度(平田隆夫)「経済学雑誌」 1(4) 1937.7
◇商店法から徒弟法まで(遊佐敏彦)「社会事業」 21(4) 1937.7
◇熟練工養成問題(大内経雄)「社会政策時報」 202 1937.7
◇職業行政(2)(安積得也)「職業紹介」 5(7) 1937.7
◇求職婦人に関する調査概要「東京市社会局時報」 1937.7
◇社会課長、職業課長事務打合会「内務時報」 2(7) 1937.7
◇労務需給の趨勢と当面の問題「内務時報」 2(7) 1937.7
◇職業の意義と問題特にマックス・ウエーバーについて(沢崎堅造)「経済論叢」 45(2) 1937.8
◇「週間」の整理と国民心身鍛錬運動(横溝光暉)「自治研究」 13(8) 1937.8
◇準戦時体制下に於ける職業紹介事業(河島幸助)「社会事業」 21(5) 1937.8
◇最近に於ける労働争議の諸傾向(坂井隆治)「社会政策時報」 203 1937.8
◇生産力拡先と労働力培養(南謹二)「社会政策時報」 203 1937.8
◇ナチス労働時間規則の体系的考察(天沢不二郎)「社会政策時報」 203 1937.8
◇職業行政(3)(安積得也)「職業紹介」 5(8) 1937.8
◇職業紹介事業を国営にすべし(豊原又男)「職業紹介」 5(8) 1937.8
◇大阪市に於ける登録労働者に関する調査「統計時報」 71 1937.8
◇クッチンスキイの賃銀統計論「統計時報」 71 1937.8
◇東京市に於ける登録労働者の副業調査「統計時報」 71 1937.8
◇英国に於ける労働争議(1936年)「労働時報」 14(8) 1937.8
◇神戸市電気局の労働争議「労働時報」 14(8) 1937.8
◇明治初期の労働者と労働問題(遠藤正男)「経済学雑誌」 1(6) 1937.9
◇ナチスの労働時間規則の体系的考察(2・完)(天沢不二郎)「社会政策時報」 204 1937.9
◇本年の国際労働総会と日本の問題(北岡寿逸)「社会政策時報」 204 1937.9
◇労働市場に於ける中小企業(種林純二)「職業紹介」 5(9) 1937.9
◇我が国に於ける女子の職業と配偶関係に就て(湯川旭)「統計集誌」 675 1937.9

◇熟練工養成に関する海外事情 (山口貫一)「教育」 5 (10) 1937.10
◇労働組合における教育活動の再検討 (風早八十二, 相馬亨吉)「教育」 5 (10) 1937.10
◇ウイスコンシン州強制失業補償制度 (1) (平田隆夫)「社会政策時報」 205 1937.10
◇来るべき労働立法の時代 (2) (鮎沢厳)「社会政策時報」 205 1937.10
◇ソヴェート連邦労働組合の現勢 (秋山憲夫)「社会政策時報」 205 1937.10
◇都市社会問題に就て (大村清一)「都市公論」 20 (10) 1937.10
◇欧米の職業紹介制度の近情に就て (磯村英一)「都市問題」 25 (4) 1937.10
◇就職指導職員の設置に就て「内務時報」 2 (10) 1937.10
◇現下国民の能力問題―特に農民労働力を中心として―(暉峻義等)「農業と経済」 4 (10) 1937.10
◇欧洲大戦当時の英国に於ける軍需品工場の労働時間状況に就て (池田欽三郎)「警察研究」 8 (11) 1937.11
◇ウイスコンシン州強制失業補償制度 (2) (平田隆夫)「社会政策時報」 206 1937.11
◇鉱山労務者の住宅問題 (三好豊太郎)「社会政策時報」 206 1937.11
◇軍需労務要員充足の取扱に就て「内務時報」 2 (11) 1937.11
◇支那事変と労働運動の趨向「内務時報」 2 (11) 1937.11
◇熟練工養成の必要は予見出来なかつたか (豊原又男)「教育」 5 (12) 1937.12
◇明治初期に於る労働者の状態 (遠藤正男)「経済学研究」 7 (4) 1937.12
◇熟練工欠乏問題に関して (藤田敬三)「経済学雑誌」 1 (9) 1937.12
◇支那事変と労働運動 (金井元彦)「警察研究」 8 (12) 1937.12
◇世界大戦後の平和期 (ナチス政権確立まで) に於ける独逸の労働配置及失業者保護 (ジルプ)「社会福利」 21 (12) 1937.12
◇独逸に於ける職業指導及少年紹介 (ワルター・シュテーツ)「社会福利」 21 (12) 1937.12
◇昭和十一年の職業市場回顧 (川野温興)「職業紹介」 5 (12) 1937.12
◇諸外国に於ける職業紹介制度概要 (社会局職業課)「職業紹介」 5 (12) 1937.12
◇独逸に於ける雇備創設政策 (3) (鬼丸勝之)「職業紹介」 5 (12) 1937.12
◇独逸四ヶ年計画に於ける労働配置 (有坂左久治)「職業紹介」 5 (12) 1937.12
◇英国労働組合及組合聯合 (1936年末)「労働時報」 14 (12) 1937.12
◇支那事変と労働運動「労働時報」 14 (12) 1937.12
◇仏蘭西に於ける最近の労働組合「労働時報」 14 (12) 1937.12
◇時局と職業行政 (山崎厳)「教育」 6 (1) 1938.1
◇農山漁村に於ける勤労奉仕 (農林省経済更生部)「自治公論」 10 (1) 1938.1
◇戦争と国民の生産力維持増進問題 (西村彰一)「斯民」 33 (1) 1938.1
◇職業紹介所国営の必然性 (近藤壌太郎)「社会政策時報」 208 1938.1
◇職業紹介所国営の必要に就て (砂野仁)「社会政策時報」 208 1938.1
◇職業紹介制度の国営化について (菊池勇夫)「社会政策時報」 208 1938.1
◇支那事変と登録労働者の動向 (津戸徳治)「社会福利」 22 (1) 1938.1
◇戦争と職業紹介 (池川清)「社会福利」 22 (1) 1938.1
◇大阪市に於ける労働者の斡旋に就て (有家広治)「職業紹介」 6 (1) 1938.1

◇入営者職業保障法中改正法律成立経過 (厚生省学務調整課)「職業紹介」 6 (1) 1938.1
◇非常時下に於ける労働問題の様相 (山本高雄)「職業紹介」 6 (1) 1938.1
◇労働移動を通じて見たる労働力強化の段階 (三好豊太郎)「人口問題」 3 (1) 1938.1
◇英国に於ける労働者階級の家計調査「統計時報」 76 1938.1
◇昭和十三年臨時労働統計実施調査要綱「統計時報」 76 1938.1
◇最近アメリカに於ける失業補償法について (高橋貞三)「公法雑誌」 4 (2) 1938.2
◇宮崎県に於ける勤労倍加運動の展開 (上田秀雄)「斯民」 33 (2) 1938.2
◇熟練工養成に対する組合の活動 (山口貫一)「社会政策時報」 209 1938.2
◇農業保険法案批判-小作料減免の問題に関連して (大槻正男)「社会政策時報」 209 1938.2
◇労働時間問題の再検討 (鮎沢厳)「社会政策時報」 209 1938.2
◇欧米に於ける熟練工問題に対する方策 (2) (山口貫一)「職業紹介」 6 (2) 1938.2
◇組織としての労働移動 (4) (木田徹郎)「職業紹介」 6 (2) 1938.2
◇独逸に於ける退営者に対する職業保護 (有坂左久治)「職業紹介」 6 (2) 1938.2
◇事変と職業紹介 (池川清)「大大阪」 14 (2) 1938.2
◇家計調査結果概要「統計時報」 77 1938.2
◇パリ市従業員龍業と新労働政策の動向「内外社会問題調査資料」 344 1938.2
◇神戸市電労働組合解体問題及東交解消運動「内外社会問題調査資料」 345 1938.2
◇米国の失業救済事業 (1)「内外社会問題調査資料」 345 1938.2
◇陸軍当局の戦時労働対策「内外社会問題調査資料」 346 1938.2
◇農民生活の一断面 (松村勝治郎)「農業と経済」 5 (2) 1938.2
◇名子賦役と刈分小作 (小池基之)「三田学会雑誌」 32 (2) 1938.2
◇欧州大戦当時に於る英仏独の労働争議調整に関するほう法令「労働時報」 15 (2) 1938.2
◇戦時に於ける女子労働「経済論叢」 46 (3) 1938.3
◇労働市場分析の一例 (菊田太郎)「経済論叢」 46 (3) 1938.3
◇英吉利職業法制の発展と復員問題 (1) (増田抱村)「社会事業」 21 (12) 1938.3
◇戦争と労働法 (後藤清)「社会事業」 21 (12) 1938.3
◇昭和十二年産業労働 (宮本倫彦)「社会政策時報」 210 1938.3
◇昭和十二年無産政党、労働組合運動 (1) (中川賢一)「社会政策時報」 210 1938.3
◇昭和十二年労働者教育 (今井俊介)「社会政策時報」 210 1938.3
◇昭和十二年労働争議 (坂井隆治)「社会政策時報」 210 1938.3
◇求職婦人に関する調査概要「東京市社会局時報」 昭和12年7・8・9・10・11・12月号 1938.3
◇英国に於ける被備者利潤分配制度 (1936年)「労働時報」 15 (3) 1938.3
◇欧州に於る最近の労働協約法「労働時報」 15 (3) 1938.3
◇改正職業紹介法に就いて「労働時報」 15 (3) 1938.3
◇戦時に於ける労働力問題 (豊島清)「経済学論集」 8 (4) 1938.4
◇職分と職業 -ルーテル職業観の特質-(沢崎堅造)「経済論叢」 46 (4) 1938.4
◇青少年運動 (藤懸重次)「自治機関」 458 1938.4
◇入営者職業保障法改正に就て (林喜代一)「社会事業」 22 (1) 1938.4

◇工場の利潤分配制度と高賃銀対策(鈴木宗正)「社会政策時報」 211 1938.4
◇出稼聚落の機構(田中館秀三,山口弥一郎)「社会政策時報」 211 1938.4
◇独逸に於ける職業指導及少年職業紹介(2)(厚生省職業課)「職業紹介」 6(4) 1938.4
◇職業紹介法改正法律案に就て(中田政美)「地方行政」 46(4) 1938.4
◇英国市営事業労働組合と事業協力委員会「内外社会問題調査資料」 350 1938.4
◇米国太平洋岸港湾仲仕争議(1)(有貝賦)「港湾」 16(5) 1938.5
◇英国戦後の復員事業-英吉利職業法制の発展と復員問題(完)(増田抱村)「社会事業」 22(2) 1938.5
◇改正職業紹介法の要点(新国康彦)「社会政策時報」 212 1938.5
◇独逸に於ける使用人運動に就て(井上貞蔵)「社会政策時報」 212 1938.5
◇組織としての労働移動(7)(木田徹郎)「職業紹介」 6(5) 1938.5
◇入営者職業保障法の改正に就て(厚生省職業部)「職業紹介」 6(5) 1938.5
◇事変下の小作問題と対策(沢村康)「帝国農会報」 28(5) 1938.5
◇職業部の設置に就て(厚生省職業部)「内務厚生時報」 3(5) 1938.5
◇消費節約の問題(高田保馬)「経済論叢」 46(6) 1938.6
◇米国太平洋岸港湾仲仕争議(2)(有貝賦)「港湾」 16(6) 1938.6
◇最近におけるアメリカ労働者の状態(1)(早瀬利雄)「社会政策時報」 213 1938.6
◇戦時下の労働配置(藤本喜八)「社会政策時報」 213 1938.6
◇戦時下の労働問題(美濃口時次郎)「中央公論」 53(6) 1938.6
◇本邦小作料決定の素因とこれが騰落の趨勢(1)(田邊勝正)「帝国農会報」 28(6) 1938.6
◇独逸に於ける労働調整「統計時報」 80 1938.6
◇1936年の南阿連邦家計調査「統計時報」 81 1938.6
◇独逸国労働奉仕制度の現状(平田隆夫)「経済学雑誌」 3(1) 1938.7
◇ナチス労働法の基本原則(遠藤清)「国家学会雑誌」 52(7) 1938.7
◇独英仏各国に於ける国民登録制度概要(厚生省職業部)「職業紹介」 6(7) 1938.7
◇本邦小作料決定の素因と之が騰落の趨勢(2・完)(田邊勝正)「帝国農会報」 28(7) 1938.7
◇事変下の生計費指数「統計時報」 82 1938.7
◇ボンベーの家計調査(1932-33年)「統計時報」 82 1938.7
◇物資動員による転業及失業対策「内外社会問題調査資料」 361 1938.7
◇国営職業紹介所の開設に就て(厚生省職業部)「内務厚生時報」 3(7) 1938.7
◇昭和12年中に於ける農民運動の概況「労働時報」 15(7) 1938.7
◇昭和12年中に於ける労働組合運動の概況「労働時報」 15(7) 1938.7
◇昭和12年中に於ける労働争議の概要「労働時報」 15(7) 1938.7
◇天津に於ける鉄道従業員の生活程度研究「外国鉄道調査資料」 12(7) 1938.8
◇仏蘭西に於ける新労働立法について(沖津順方)「社会政策時報」 215 1938.8
◇慣行小作権に就いて(田邊勝正)「帝国農会報」 28(8) 1938.8
◇我国に於ける馬小作(栗原藤七郎)「帝国農会報」 28(8) 1938.8
◇転業及失業防止対策「内外社会問題調査資料」 353 1938.8
◇官公省及社会運動団体の転失業対策「内外社会問題調査資料」 362 1938.8
◇独逸の労働動員法の概要と其の実施「内外社会問題調査資料」 362 1938.8
◇労働力の維持培養と勤労者福利施設(厚生省労働局)「内務厚生時報」 3(8) 1938.8
◇職業紹介事業の運営に就て(新国康彦)「法律時報」 10(8) 1938.8
◇都市生活論(奥井復太郎)「三田学会雑誌」 32(9) 1938.8
◇物資動員による失業問題と其対策「労働時報」 15(8) 1938.8
◇労資関係調整方策と之に対する労資団体の態度「労働時報」 15(8) 1938.8
◇ナチス労働奉仕概観「企画」 1(7) 1938.9
◇事変下の失業問題(玉柳実)「財政」 3(9) 1938.9
◇本市に於ける職業紹介国営移管に就て(遠藤薫)「市政研究」 4(5) 1938.9
◇物資動員による失業の対策(熊谷憲一)「斯民」 33(9) 1938.9
◇時局下の労働力需給問題(美濃口時次郎)「商工経済」 6(3) 1938.9
◇事変下の失業とその対策(厚生省)「職業時報」 1(1) 1938.9
◇生活の公共化に就て(河田嗣郎)「大大阪」 14(9) 1938.9
◇東京市及近接町村勤労階級生活費調査「統計時報」 82 1938.9
◇アーメダバッドの家計調査(1933年-35年)「統計時報」 84 1938.9
◇米国の新労働法公正労働標準の概要「内外社会問題調査資料」 366 1938.9
◇労働組合再検討論の擡頭と其の動向「内外社会問題調査資料」 366 1938.9
◇中央失業対策委員会の答申(厚生省職業部)「内務時報」 3(9) 1938.9
◇大正十年以降に於ける小作事情の変化(奥谷松治)「農業と経済」 5(9) 1938.9
◇生産力拡充と自給自足(大河内正敏)「農村工業」 5(9) 1938.9
◇物資党員計画に伴ふ転業問題「財政」 3(10) 1938.10
◇長野県に於る生徒児童の勤労奉仕並労力補給施設に就て(米沢俊一)「斯民」 33(10) 1938.10
◇村々の勤労奉仕(田中農夫[ほか])「斯民」 33(10) 1938.10
◇物資動員計画と失業問題(美濃口時次郎)「社会事業」 22(7) 1938.10
◇時局と最低賃銀法(後藤清)「社会政策時報」 217 1938.10
◇戦時英国の婦人労働及其対策(2)(千田太郎)「社会政策時報」 217 1938.10
◇独逸の「労働関係法案」に就て(天沢不二郎)「社会政策時報」 217 1938.10
◇独逸労働手帳制度(有坂左久治)「社会政策時報」 217 1938.10
◇1937年及1938年春季に於ける主要諸国の失業及経済の情勢(厚生省職業部)「職業時報」 1(2) 1938.10
◇独逸に於ける現行失業対策(厚生省失業対策部)「職業時報」 1(2) 1938.10
◇強力統制下の労働問題(風早八十二)「中央公論」 53(10) 1938.10
◇1931年丁抹の家計調査「統計時報」 85 1938.10
◇物資動員に依る失業対策施設(厚生省失業対策部厚生省社会局)「内務厚生時報」 3(10) 1938.10
◇労資調整問題(厚生省労働局)「内務厚生時報」 3(10) 1938.10
◇ナチス労働政策の新展開(野村恒安)「警察研究」 9(11) 1938.11
◇国民登録制と港湾労働者登録制度-荷役能力と請負業者の統制一元化(有貝賦)「港湾」 16(11) 1938.11
◇時局下に於ける転業問題と其の対策(吉田悌二郎)「斯民」 33(11) 1938.11
◇物資動員による失業者の転職(引田重夫)「斯民」 33(11) 1938.11

◇国民生活に於ける世帯の大きさ(1)(永野順造)「社会政策時報」 218 1938.11
◇事変下に於ける職業の問題(倉橋定)「職業時報」 1(3) 1938.11
◇世界大戦後に於ける独逸の失業対策(厚生省失業対策部)「職業時報」 1(3) 1938.11
◇独逸に於ける雇傭創設政策(2)(鬼丸勝之)「職業紹介」 5(11) 1938.11
◇独逸の労働手帳制度(有坂左久治)「職業紹介」 5(11) 1938.11
◇労働市場統制に就て(磯畑譲)「職業紹介」 5(11) 1938.11
◇不動産取得税の課税問題検討(中西秀峰)「税」 15(11) 1938.11
◇都市に於ける戦時労働統制を繞る諸問題-「労働力不足」の実情とその対応策-(本荘茂)「大大阪」 13(12) 1938.11
◇昭和十一年小作争議概要(農林省経済更生部)「帝国農会報」 27(11) 1938.11
◇小作争議の概要「農務時報」 122 1938.11
◇小作調停法に依る調停の概要「農務時報」 122 1938.11
◇安定原理の労働政策と労働法(末弘厳太郎)「法律時報」 10(11) 1938.11
◇時局と労働法(菊池勇夫)「法律時報」 10(11) 1938.11
◇労働立法の重点は何処に置かるべきか(後藤清)「法律時報」 10(11) 1938.11
◇戦時に於ける労働時間、賃銀、生計費に就て(協調会調査部)「社会政策時報」 207 1938.12
◇百貨店従業員労働条件の実証的研究(後藤清)「社会政策時報」 207 1938.12
◇我国最近の労働市場に就て(美濃口時次郎)「社会政策時報」 207 1938.12
◇労働力の諸問題(暉峻義等)「商工経済」 6(6) 1938.12
◇独逸に於ける労働配置に関する諸法規(厚生省職業部)「職業時報」 1(3) 1938.12
◇失業と転業(大河内一男)「日本評論」 13(13) 1938.12
◇諸外国に於ける相当小作料(田邊623正)「農業と経済」 5(12) 1938.12
◇国民登録制の実施(日本都市年鑑編纂室)「都市問題」 28(2) 1939.2
◇労働統制の強化(日本都市年鑑編纂室)「都市問題」 28(5) 1939.5
◇知識階級に属する職業紹介成績 自大正九年六月至昭和二年四月(中央職業紹介事務局)「内務時報」 4(5) 1939.5
◇労働統計の毎月実地調査(日本都市年鑑編纂室)「都市問題」 28(6) 1939.6
◇都鄙労働力の需給調整(木村靖二)「都市問題」 29(3) 1939.9
◇失業状況並対策(厚生省失業対策部)「転失業対策時報」 7 1939.11
◇転業対策実施状況(商工省振興部)「転失業対策時報」 7 1939.11
◇日支事変下に於ける人的資源の増強策(松村松盛)「社会事業」 23(9) 1939.12
◇部落団体と協議費(齋木秀次郎)「地方改良」 94 1939.12
◇第2次欧洲大戦と労働問題(2)(国際労働局)「内外社会問題調査資料」 408 1939.12
◇第2次欧洲大戦と労働問題(3・完)(国際労働局)「内外社会問題調査資料」 409 1939.12
◇労務動態調査の実施(厚生省職業部)「内務厚生時報」 4(12) 1939.12
◇ナチス社会主義に於る労働観(中川与之助)「経済論叢」 50(1) 1940.1
◇賃金臨時措置令及会社職員給与臨時措置令に就て(3)(井手成三)「警察研究」 11(1) 1940.1
◇労務動態調査について(武藤文雄)「警察研究」 11(1) 1940.1
◇小作料統制令について(土屋正三)「自治研究」 16(1) 1940.1

◇労務動員計画の基本的考察(山田弁信)「社会福利」 24(1) 1940.1
◇女子未経験労働者初給賃金の基準決定(厚生省労働局)「週報 官報附録」 207 1940.1
◇賃金統制令について(厚生省)「週報 官報附録」 211 1940.1
◇ベッガー氏労働市場政策(4)(豊原又男)「職業時報」 3(1) 1940.1
◇満州国職能登録制度について(坂井忠一)「職業時報」 3(1) 1940.1
◇各国に於ける労務徴用制度(栗栖幸男)「職業時報」 3(10) 1940.1
◇職業行政の分野に於ける立地論の役割(1)(福原徹)「職業時報」 3(10) 1940.1
◇戦時経済下の国民生活―座談会記事―「東洋経済新報」 1902 1940.1
◇軍需品工場に於ける従業員欠勤率情況「内外社会問題調査資料」 410 1940.1
◇小作料統制令に付いて(戸嶋芳雄)「法律時報」 12(1) 1940.1
◇大戦と英国の労働立法「労働時報」 17(1) 1940.1
◇支那の小作制度(八木芳之助)「経済論叢」 50(2) 1940.2
◇求職票に現はれたる職業婦人(1)(岡崎文規)「社会政策時報」 233 1940.2
◇労務統制法(原龍之助)「経済学雑誌」 6(3) 1940.3
◇会社職員給与臨時措置令に就いて(下村治)「警察研究」 11(3) 1940.3
◇青少年雇入制限令に就て(木村忠二郎)「警察研究」 11(3) 1940.3
◇青少年雇入制限令の実施(内藤寛一)「斯民」 35(3) 1940.3
◇産業労働(永野順造)「社会政策時報」 234 1940.3
◇労働組合運動(中川賢一)「社会政策時報」 234 1940.3
◇労働争議の概観(西実)「社会政策時報」 234 1940.3
◇労働者教育概観(相原義夫)「社会政策時報」 234 1940.3
◇職業紹介法の改正に就いて(齋藤邦吉)「職業時報」 3(3) 1940.3
◇大阪市立労働訓練所健康調査を中心としての考察(黒田誠治)「大大阪」 16(3) 1940.3
◇岐路に立つ日本労働政策(風早八十二)「中央公論」 53(3) 1940.3
◇労務者向集団住宅計画の一私案(内田祥文)「都市公論」 23(3) 1940.3
◇昭和十四年中の生計費指数(日本都市年鑑編纂室)「都市問題」 30(3) 1940.3
◇青少年雇入制限令の施行(厚生省職業部)「内務厚生時報」 5(3) 1940.3
◇大戦と英国の失業対策「労働時報」 17(3) 1940.3
◇国民生活の論理(大河内一男)「教育」 8(4) 1940.4
◇青少年雇入制限令に就て(2)(木村忠二郎)「警察研究」 11(4) 1940.4
◇独逸史に於けるユダヤ人問題(2・完)(朧谷峻嶺)「公法雑誌」 6(4) 1940.4
◇国民生活問題の検討(正井敬次)「財政」 5(4) 1940.4
◇欧洲大戦時独仏英の労働政策(氷室吉平)「社会政策時報」 235 1940.4
◇職業紹介法の改正に就いて(浜田政人)「地方行政」 48(4) 1940.4
◇事変下に於ける家計収支の変動に就いて(高津英雄)「統計時報」 97 1940.4
◇東京市勤労報国会の結成と市従の解消「内外社会問題調査資料」 418 1940.4
◇戦時下仏国に於ける婦人労働「内外社会問題調査資料」 420 1940.4
◇全体主義的職業教育観(高砂恒三郎)「社会政策時報」 236 1940.5
◇東京市に於ける少年少女工の状態「週刊エコノミスト」 18(15)

317

1940.5
◇稲作作業別労働に関する調査(昭和14年)(帝国農会経済部)「帝国農会報」 30(5) 1940.5
◇労働力の維持増進に関する労務管理調査委員会の答申(日本都市年鑑編纂室)「都市問題」 30(5) 1940.5
◇八時間労働論と労働時間最適限論の台頭(藤林敬三)「三田学会雑誌」 34(5) 1940.5
◇賃金統制令施行状況「労働時報」 17(5) 1940.5
◇賃金臨時措置令施行状況「労働時報」 17(5) 1940.5
◇仏国鉄道に於ける服務規則制定に関する命令「外国鉄道調査資料」 14(6) 1940.6
◇戦争と労働市場 -dilutionの問題を中心として(大河内一男)「経済学論集」 10(6) 1940.6
◇郊外生活片言(木村浩)「建築と社会」 23(6) 1940.6
◇ナチス独逸に於ける労働者の新組織原理(1)(中川与之助)「財政」 5(6) 1940.6
◇戦時経済と労働力の維持培養(風早八十二)「社会政策時報」 237 1940.6
◇線路作業員に対する智能並に特性検査報告(石田武雄)「土木学会誌」 26(6) 1940.6
◇転失業問題(山中篤太郎)「一橋論叢」 5(6) 1940.6
◇青少年雇入制限令(三川克己)「法律時報」 12(6) 1940.6
◇英国に於ける戦時労働時間と賃金「労働時報」 17(6) 1940.6
◇独逸に於ける戦時労働時間と賃金「労働時報」 17(6) 1940.6
◇仏蘭西に於ける戦時労働時間と賃金「労働時報」 17(6) 1940.6
◇独逸労働戦線の本質とその戦時下に於ける活躍(橋本文夫)「改造」 22(13) 1940.7
◇独逸に於ける戦時労働力の確保とその保護-独逸の戦時総動員体制(4)「企画」 3(7) 1940.7
◇産業報国運動の動向と本質(三好豊太郎)「経済集志」 13(1) 1940.7
◇ナチス独逸に於ける労働者の新組織原理(2・完)(中川与之助)「財政」 5(8) 1940.7
◇労働統計実地調査より見たる最近の労働事情に就て(増田富夫)「社会政策時報」 238 1940.7
◇満洲建設勤労奉仕隊(文部省)「週報 官報附録」 194 1940.7
◇昭和15年度労務動員計画について(企画院)「週報 官報附録」 197 1940.7
◇戦時国民生活 消費規正(岸本誠二郎)「商工経済」 10(1) 1940.7
◇労働者就業人員、就業時間、賃銀指数(昭和12年7月基準)(労働統計毎月実地調査令に依る調査)「統計集誌」 709 1940.7
◇労働者の一日平均賃銀実額(労働統計毎月実地調査に依る調査)「統計集誌」 709 1940.7
◇労働余暇善用運動の積極化傾向「内外社会問題調査資料」 429 1940.7
◇労務動員計画と職業紹介機関の活動方針「内外社会問題調査資料」 429 1940.7
◇国民職業能力検査規則施行に関する件通牒(昭和15年6月18日)「内務厚生時報」 5(7) 1940.7
◇第二期(昭和15年度)労務者住宅供給計画に関する件通牒(昭和15年7月1日)「内務厚生時報」 5(7) 1940.7
◇満洲に於ける労働統制(菊池勇夫)「法政研究」 10(2) 1940.7
◇大阪市電従業員組合及大阪市電交通労働組合の解散「労働時報」 17(7) 1940.7
◇昭和15年上半期に於ける労働争議概況「労働時報」 17(7) 1940.7
◇東京交通労働組合の解散「労働時報」 17(7) 1940.7
◇日本労働総同盟の解散「労働時報」 17(7) 1940.7
◇未経験労働者初給賃金基準の改訂「労働時報」 17(7) 1940.7

◇ナチスの戦時労働立法(平田隆夫)「経済学雑誌」 7(2) 1940.8
◇戦時態勢下における労務の徴用(1)(武藤文雄)「警察研究」 11(8) 1940.8
◇満洲国の「労務対策綱領案」に就て(二木正)「健康保険時報」 14(8) 1940.8
◇消費者組合の発展に就いて(山村喬)「産業組合」 418 1940.8
◇東京交通労働組合の解消について(電気局)「市政週報」 72 1940.8
◇時局下に於ける小作問題の進展開(田辺勝正)「斯民」 35(8) 1940.8
◇英国労働運動の戦時態勢(水上鉄次郎)「社会政策時報」 239 1940.8
◇産業報国運動の進展と労働組合の解消(西実)「社会政策時報」 239 1940.8
◇朝鮮に於ける巨大地主の農民支配 -特にその小作条件を中心として-(久間健一)「社会政策時報」 239 1940.8
◇半島人の移入と其の労務管理(広崎真八郎)「社会政策時報」 239 1940.8
◇中等学校卒業者の職業指導及職業紹介方針「内外社会問題調査資料」 430 1940.8
◇労働者移動の原因と雇入制限令強化策「内外社会問題調査資料」 430 1940.8
◇新産業労働体制の目標―産業報国会に対する期待―「内外社会問題調査資料」 431 1940.8
◇総同盟解散後の東京製綱産業報国会「内外社会問題調査資料」 431 1940.8
◇季節労務取扱要項に関する件(昭15.7.10)「内務厚生時報」 5(8) 1940.8
◇国民職業能力検査に就て(厚生省職業部)「内務厚生時報」 5(8) 1940.8
◇初給賃金の改訂に伴ふ賃金臨時措置令の運用に関する件依命通牒(昭15.7.12)「内務厚生時報」 5(8) 1940.8
◇中央賃金委員会(厚生省労働局)「内務厚生時報」 5(8) 1940.8
◇中等学校卒業者の職業指導並に職業紹介に関する件(昭15.7.31)「内務厚生時報」 5(8) 1940.8
◇賃金統制令の運用に関する件(昭和15.7.12)「内務厚生時報」 5(8) 1940.8
◇道府県職業主務課長事務打合会(厚生省職業部)「内務厚生時報」 5(8) 1940.8
◇抗日支那の労働問題(鈴木舜一)「日本評論」 15(8) 1940.8
◇ドイツ戦時労働法(後藤清)「法律時報」 12(8) 1940.8
◇加奈陀に於ける戦時労働対策に関する原則「労働時報」 17(8) 1940.8
◇賃金臨時措置令施行状況「労働時報」 17(8) 1940.8
◇新西蘭の戦時労働対策と同盟罷業の禁止「労働時報」 17(8) 1940.8
◇労務管理調査委員会総会第三回総会と其の答申「労働時報」 17(8) 1940.8
◇「社会的ドイツへの憎悪」(服部英太郎)「改造」 22(15) 1940.9
◇生計費指数計算の一方法(中川友長)「経済学論集」 10(9) 1940.9
◇戦時態勢下における労務の徴用(2)(武藤文雄)「警察研究」 11(9) 1940.9
◇苦力生活より視たる満洲労働事情(桑原英治)「建築行政」 4(14) 1940.9
◇消費者組織の問題 -消費規正と生活の協同化-(山本秋)「社会政策時報」 240 1940.9
◇朝鮮に於ける労働行政の進展に就て(石原義治)「社会福利」 24(9) 1940.9
◇婦人職業道(山田弁信)「社会福利」 24(9) 1940.9
◇転業対策 -有限会社定款例「商工通報」 5 1940.9

◇製糸労働の研究(4)(穂積軍一)「職業時報」 3(9) 1940.9

◇独逸に於ける労働予備軍の動員「職業時報」 3(9) 1940.9

◇青森県上磯地方田植人夫斡旋事情(1)(稲村文夫)「帝国農会報」 30(9) 1940.9

◇昭和15年度労務動員計画と農村労力問題の進展(三宅川賢二)「帝国農会報」 30(9) 1940.9

◇米、味噌、砂糖炭等の平均消費調査(東京市統計課)「東京市産業時報」 6(9) 1940.9

◇大都市の人件費に関する若干の考察(都市の人事行政)(林清)「都市問題」 31(3) 1940.9

◇新体制下の労働問題「内外社会問題調査資料」 432 1940.9

◇賃金統制令改正案要綱試案「内外社会問題調査資料」 432 1940.9

◇東交解体後の東京市電産業報国会「内外社会問題調査資料」 432 1940.9

◇労管調査委員会答申の産業報国会運営方策—青少年労務者を中心とする対策「内外社会問題調査資料」 432 1940.9

◇女子未経験労働者の初級賃金決定基準「内外社会問題調査資料」 433 1940.9

◇中央賃金委員会中の賃金統制方策要綱「内外社会問題調査資料」 434 1940.9

◇傷痍軍人職業輔導に関する件通牒(昭15.8.13)「内務厚生時報」 5(9) 1940.9

◇小学校卒業者の職業紹介に関する件(昭15.7.8)「内務厚生時報」 5(9) 1940.9

◇職業紹介業務規定の改正に関する件(昭15.7.18)「内務厚生時報」 5(9) 1940.9

◇労務管理委員会答申(厚生省労働局)「内務厚生時報」 5(9) 1940.9

◇産業報国運動の使命と現状(松崎正躬)「法律時報」 12(9) 1940.9

◇蒙古に於ける家族制度の慣行(千種達夫)「法律時報」 12(9) 1940.9

◇工場精神と労務管理(藤林敬三)「三田学会雑誌」 34(9) 1940.9

◇英国に於ける労働争議「労働時報」 17(9) 1940.9

◇英国に於ける労務需給対策と失業者「労働時報」 17(9) 1940.9

◇昭和13年工場法施行状況概要(除官業)「労働時報」 17(9) 1940.9

◇昭和13年労働関係鉱業法規施行状況概要「労働時報」 17(9) 1940.9

◇米国に於ける労働争議「労働時報」 17(9) 1940.9

◇最近に於ける家族制度の発達(近藤文二)「経済学雑誌」 7(4) 1940.10

◇躍進する部落協同体制確立運動-愛媛県-(児玉甚三郎)「産業組合」 420 1940.10

◇時局下労働事情の労働政策に及ぼした影響(平野宗)「社会政策時報」 241 1940.10

◇適正小作料基準公式案に就て(附、凶作時に於ける減免公式案)(鎌田正忠)「社会政策時報」 241 1940.10

◇賃銀統制の改正問題「週刊エコノミスト」 18(38) 1940.10

◇製糸労働の研究(5・完)(穂積軍一)「職業時報」 3(10) 1940.10

◇新潟県の出稼女工供給地域(第一報)(合田栄作)「地理」 3(4) 1940.10

◇転失業対策の重要性「東洋経済新報」 1643 1940.10

◇新賃金統制令の役割「東洋経済新報」 1942 1940.10

◇ソ連の戦時労働政策「東洋経済新報」 1943 1940.10

◇中央賃金委員会答申(昭15.9.5)(厚生省社会局)「内務厚生時報」 5(10) 1940.10

◇賃金臨時措置令の疑義の件回答(昭和15.9.6)「内務厚生時報」 5(10) 1940.10

◇新体制下に於ける労働秩序(三輪壽壯)「法律時報」 12(10) 1940.10

◇労働者政策の基本問題(藤林敬三)「三田学会雑誌」 34(10) 1940.10

◇労務管理に関する若干の考察(小高泰雄)「三田学会雑誌」 34(10) 1940.10

◇賃金統制令に就いて「労働時報」 17(10) 1940.10

◇ナチス労働奉仕の原理(中川与之助)「経済論叢」 51(5) 1940.11

◇賃金統制令に就て(1)(弘津恭輔)「警察研究」 11(11) 1940.11

◇部落組織化運動の苦心を語る(山口県)「産業組合」 421 1940.11

◇青年国民登録について(総務局)「市政週報」 83 1940.11

◇勤労慰安事業の実施(近藤春雄)「市政週報」 84 1940.11

◇転失業問題と帰農対策(野田哲五郎)「斯民」 35(11) 1940.11

◇欧洲大戦と少年労働の保護及び輔導(氷室吉平)「社会事業」 24(11) 1940.11

◇国防経済における賃銀(鈴木規一)「社会政策時報」 242 1940.11

◇時局と労務者の生活に就て(和田隆造)「社会政策時報」 242 1940.11

◇転失業問題を街に拾ふ「週刊エコノミスト」 18(43) 1940.11

◇従業者移動防止令の解説(1)(厚生省)「週報 官報附録」 215 1940.11

◇海上勤労新体制の発足(逓信省)「週報 官報附録」 216 1940.11

◇従業者移動防止令の解説(2)(厚生省)「週報 官報附録」 216 1940.11

◇従業者移動防止令の実施に就て(三川克巳)「職業時報」 3(11) 1940.11

◇独逸に於ける労働者移動制限制の概要(山口喜雄)「職業時報」 3(11) 1940.11

◇転失業対策展開図 -帰農対策と満洲開拓-(秦満)「地方行政」 48(11) 1940.11

◇青森県上磯地方田植人夫斡旋事情(2・完)(稲村文夫)「帝国農会報」 30(11) 1940.11

◇戦時下独逸の労働対策「東洋経済新報」 1945 1940.11

◇ソ連労働力の新計画「東洋経済新報」 1949 1940.11

◇東方会の失業対策と経済革新基本要綱「内外社会問題調査資料」 438 1940.11

◇勤労新体制の確立を期し産報運動再出発「内外社会問題調査資料」 439 1940.11

◇賃金規則の「準則」の記載心得「内外社会問題調査資料」 440 1940.11

◇賃金統制令改正勅令施行に関する件依命通牒(昭15.10.19)「内務厚生時報」 5(11) 1940.11

◇扶養家族ある労務者に対し手当支給方に関する件依命通牒(昭15.10.23)「内務厚生時報」 5(11) 1940.11

◇昭和14年農作備賃銀の状況「農務時報」 146 1940.11

◇独逸に於ける労働関係の統制(吾妻光俊)「一橋論叢」 6(5) 1940.11

◇賃金統制令(弘津恭輔)「法律時報」 12(11) 1940.11

◇最近に於ける労務統制の進展に就いて(1)(宮前憲三)「警察研究」 11(12) 1940.12

◇賃金統制令に就て(2)(弘津恭輔)「警察研究」 11(12) 1940.12

◇労働者募集規則の改正に就て(1)(木村忠二郎)「警察研究」 11(12) 1940.12

◇国民生活の提案(旗咲平)「建築と社会」 23(12) 1940.12

◇独逸労働戦線の本質及び沿革(1)(中川与之助)「財政」 5(13) 1940.12

◇転失業問題の発展(山中篤太郎)「社会政策時報」 243 1940.12

◇ナチスの戦時労働時間法(平田隆夫)「社会政策時報」 243 1940.12

◇経済再編成と転失業問題（原戸英治）「商工経済」　10(6)　1940.12
◇転失業問題の解決方向（原祐三）「商工経済」　10(6)　1940.12
◇時局下に於ける東北地方労働力需給の一般的考察（石川湊）「人口問題」　3(3)　1940.12
◇世帯と生活（永野順造）「人口問題」　3(3)　1940.12
◇明治初年に於ける士族失業の過程（菊田貞雄）「人口問題」　3(3)　1940.12
◇工員月給制度に就いて（渡部旭）「東京市産業時報」　6(12)　1940.12
◇大日本産業報国会の創立大会「内外社会問題調査資料」　441　1940.12
◇青少年を中心とする産業報国運動「内外社会問題調査資料」　442　1940.12
◇賃金規則改正に関する件通牒（昭和15.11.14労働局長）「内務厚生時報」　5(12)　1940.12
◇扶養家族ある労務者に対し手当支給方に関する件依命通牒（昭15.11.30労働局長）「内務厚生時報」　5(12)　1940.12
◇転失業対策座談会（毛里英於菟［ほか］）「日本評論」　15(12)　1940.12
◇増産と適正小作料（仲原善一）「農業と経済」　7(12)　1940.12
◇勤労新体制確立要綱「労働時報」　17(12)　1940.12
◇工場、鉱山に於ける賃金形態(1)「労働時報」　17(12)　1940.12
◇昭和14年中に於ける産業報国運動の概況「労働時報」　17(12)　1940.12
◇昭和14年中に於ける農民運動の概況「労働時報」　17(12)　1940.12
◇昭和14年中に於ける労働組合運動の概況「労働時報」　17(12)　1940.12
◇昭和14年中に於ける労働争議の概況「労働時報」　17(12)　1940.12
◇西班牙に於ける週休及賃銀制に関する新法制「労働時報」　17(12)　1940.12
◇道府県産業報国連合会の改組「労働時報」　17(12)　1940.12
◇羅馬尼亜に於ける緊急労働法制「労働時報」　17(12)　1940.12
◇独逸労働戦線と産業報国運動-その本質及任務に関する一考察-（森戸辰男）「改造」　23(4)　1941.1
◇勤労新体制と職業転換問題(1)（武藤文雄）「警察研究」　12(1)　1941.1
◇労働者募集規則の改正に就いて(2)（木村忠二郎）「警察研究」　12(1)　1941.1
◇独逸労働戦線の本質及沿革(2)（中川与之助）「財政」　6(1)　1941.1
◇中小工業労務者の生活状態に就て（森喜一）「社会事業」　25(1)　1941.1
◇半島労務者の内地移動（河村静観）「社会事業」　25(1)　1941.1
◇青少年労働問題の所在と労務管理（広崎真八郎）「社会政策時報」　244　1941.1
◇生活必需品の確保と科学技術「週報 官報附録」　222　1941.1
◇転業対策と金融問題（福田喜策）「商業組合」　7(1)　1941.1
◇営利職業紹介事業規則、労働供給事業規則及労務者募集規則の改正（厚生省職業局）「職業時報」　4(1)　1941.1
◇鉱山労働者職業紹介に就て（岸逸郎）「職業時報」　4(1)　1941.1
◇就職者事情調査（年齢、学歴及前職調）（小幡佐七）「職業時報」　4(1)　1941.1
◇独逸に於ける労働予備軍の動員（承前）「職業時報」　4(1)　1941.1
◇優を充足の基礎条件（新国康彦）「職業時報」　4(1)　1941.1
◇労務者募集広告の規制に就て（木村忠二郎）「地方行政」　49(1)　1941.1
◇所謂転失業問題「東京市産業時報」　7(1)　1941.1
◇産業報国運動再出発の態勢成る「内外社会問題調査資料」　444　1941.1
◇賃金統制令の適用除外に関する件通牒（昭15.12.5労働局長）「内務厚生時報」　6(1)　1941.1
◇国民生活の革新（大河内一男）「日本評論」　16(1)　1941.1
◇海上労働に関する法的規整の発達(1)（石井照久）「法律時報」　13(1)　1941.1
◇従業者移動防止令解設-国家聡動員法解説(6)-（三川克己）「法律時報」　13(1)　1941.1
◇産業労働者に対する人工太陽浴の効果に就て（真木脩平）「労働科学」　18(1)　1941.1
◇工場鉱山に於ける賃金形態(2)「労働時報」　18(1)　1941.1
◇昭和15年6月末労働組合組織状況「労働時報」　18(1)　1941.1
◇大日本産業報国会中央本部事務局規程「労働時報」　18(1)　1941.1
◇大日本産業報国会の生拡協力委員会新設「労働時報」　18(1)　1941.1
◇物動下の労働力新編成（内藤勝）「科学主義工業」　5(2)　1941.2
◇ナチス労働配置の原理(1)（中川与之助）「経済論叢」　52(2)　1941.2
◇最近に於ける労務統制の進展に就いて(2)：総動員勅令を中心として（宮前憲三）「警察研究」　12(2)　1941.2
◇ナチス・ドイツに於ける転癈業対策とこれに関連する労働問題（福田喜東）「警察研究」　12(2)　1941.2
◇労務者募集規則の改正に就て(3・完)（木村忠二郎）「警察研究」　12(2)　1941.2
◇労働者年金法案に就て（花沢武夫）「国策研究会週報」　3(8)　1941.2
◇部落組織の整備状況に就て（資料）「産業組合」　424　1941.2
◇部落団体の分化と綜合（小船清）「産業組合」　424　1941.2
◇転失業問題に就て（高久謙次郎）「市政研究」　7(2)　1941.2
◇市民生活の改善方策について（三好明治）「市政研究」　7(3)　1941.2
◇職業局の使命に就て（内藤寛一）「斯民」　36(2)　1941.2
◇戦時労働組織の歴史的性格（中林貞男）「社会政策時報」　245　1941.2
◇都市労働力の需給状況に関する一考察（小幡徹）「社会政策時報」　245　1941.2
◇労働組織の再編成(1)：勤労新体制の推進について（菊池勇夫）「社会政策時報」　245　1941.2
◇独逸の労働及賃銀制度（淺井一彦）「週刊エコノミスト」　19(5)　1941.2
◇消費者組織の基本問題（山本秋）「商工経済」　11(2)　1941.2
◇転失業問題と労力の再編成（美濃口時次郎）「商工経済」　11(2)　1941.2
◇職業指導の諸問題「職業時報」　4(2)　1941.2
◇多産家計調査報告（第1回）（横山年）「人口問題研究」　2(2)　1941.2
◇遼陽県に於ける職員調査に就て（地方処教養科）「地方行政 日文版」　8(2)　1941.2
◇支那青年運動の性格（谷水真澄）「中央公論」　56(2)　1941.2
◇地方産業報国会の改組及事業概況「内外社会問題調査資料」　446　1941.2
◇鉱山労働者確保強調運動の実施（厚生省職業局）「内務厚生時報」　6(2)　1941.2
◇国民職業指導所庶務細則に関する件通牒（昭和16.1.20職業局長）「内務厚生時報」　6(2)　1941.2
◇職能代表の理論と実際（佐藤立夫）「日本評論」　16(2)　1941.2
◇北支農村に於ける小作様式（柏祐賢）「農業と経済」　8(2)　1941.2
◇海上労働に関する法的規整の発達(2・完)（石井照久）「法律時報」

13(2)　1941.2
◇家族制度と法律(廣濱嘉雄)「法律時報」　13(2)　1941.2
◇支那家族法と其の変遷(仁井田陞)「法律時報」　13(2)　1941.2
◇民法に於ける「家」(中川善之助)「法律時報」　13(2)　1941.2
◇欧洲諸国に於ける労務者徴用制度の概要「労働時報」　18(2)　1941.2
◇欧米諸国に於ける不当労働時間の制限「労働時報」　18(2)　1941.2
◇工場鉱山に於ける賃金形態(3)「労働時報」　18(2)　1941.2
◇戦時下ドイツの労働生理学「科学主義工業」　5(3)　1941.3
◇従業者移動防止令解説(1)(三川克巳)「警察研究」　12(3)　1941.3
◇米穀配給機構一元化を繞る労働政策上の諸問題「国策研究会週報」　3(12)　1941.3
◇小作料の増産に及ぼす影響(仲原善一)「産業組合」　425　1941.3
◇離職転業者職業補導座談会(1)「市政週報」　99　1941.3
◇離職転業者職業補導座談会(2)「市政週報」　101　1941.3
◇最近の労働者の状態(大森秀雄)「社会政策時報」　246　1941.3
◇産業労働総観(中島仁之助)「社会政策時報」　246　1941.3
◇昭和15年に於ける社会運動概観(畑中正寿)「社会政策時報」　246　1941.3
◇1940年に於ける英仏の労働政策(水上鉄次郎)「社会政策時報」　246　1941.3
◇統制下の賃銀現象とその諸問題(寺田一)「社会政策時報」　246　1941.3
◇農民運動・小作争議の回顧(山木厳)「社会政策時報」　246　1941.3
◇労働者教育(高岡実)「社会政策時報」　246　1941.3
◇労働者の生活(永野順造)「社会政策時報」　246　1941.3
◇労働争議の趨勢(西実)「社会政策時報」　246　1941.3
◇大戦と労働力の問題(1)(L.フレイマン)「週刊エコノミスト」　19(9)　1941.3
◇大戦と労働力の問題(2)(L.フレイマン)「週刊エコノミスト」　19(10)　1941.3
◇大戦と労働力の問題(3・完)(L.フレイマン)「週刊エコノミスト」　19(11)　1941.3
◇大正九年に於ける職工永続策論(安田辰馬)「職業時報」　4(3)　1941.3
◇加賀鳶の勤務方法(津田義雄)「大日本警防」　15(3)　1941.3
◇新潟県の出稼女工供給地域(第2報)(合田栄作)「地理学評論」　17(3)　1941.3
◇平均は偽瞞するか-実収賃銀指数に就いて(高津英雄)「統計集誌」　717　1941.3
◇事業の整理統合に伴ふ賃金及退手法運用方針「内外社会問題調査資料」　450　1941.3
◇大日本産業報国会の整備と活動状況「内外社会問題調査資料」　450　1941.3
◇生産拡充強化方策と日満労務対策「内外社会問題調査資料」　451　1941.3
◇産業報国青年隊結成に関する件依命通牒(昭16.3.3労働局長)「内務厚生時報」　6(3)　1941.3
◇産業報国連合会改組に関する件通牒(昭15.12.24)「内務厚生時報」　6(3)　1941.3
◇賃金統制令について(川島武宜)「法学協会雑誌」　59(3)　1941.3
◇吾国に於ける労働調移動の研究(藤林敬三)「三田学会雑誌」　35(3)　1941.3
◇国民労務手帳法の制定に就て「労働時報」　18(3)　1941.3
◇産業報国青年隊の結成「労働時報」　18(3)　1941.3
◇昭和十五年労働情勢概況(厚生省労働局)「労働時報」　18(3)　1941.3

◇昭和14年工場法施行状況概要「労働時報」　18(3)　1941.3
◇昭和14年労働関係鉱業法規施行状況概要「労働時報」　18(3)　1941.3
◇勤労新体制と職業転換(2)(武藤文雄)「警察研究」　12(4)　1941.4
◇最近に於ける労務統制の進展に就いて(3):総動員勅令を中心として(宮前憲三)「警察研究」　12(4)　1941.4
◇国民職業の再編成(中島清二)「財政」　6(4)　1941.4
◇1940年に於ける英仏の戦時労働政策(2)(水上鉄次郎)「社会政策時報」　247　1941.4
◇労働協同体と忠信関係(法史的考察を基礎として)(後藤清)「社会政策時報」　247　1941.4
◇労働人口と労働統計(孝橋正一)「社会政策時報」　247　1941.4
◇労働組織の再編成(2):勤労新体制の推進について(菊池勇夫)「社会政策時報」　247　1941.4
◇転失業問題の理念と方針(稲川宮雄)「商業組合」　7(4)　1941.4
◇英国戦時労務動員の全貌(杉山二郎)「職業時報」　4(4)　1941.4
◇職業調査に就いて(松本洋)「職業時報」　4(4)　1941.4
◇労働者の移動(黒田安雄)「職業時報」　4(4)　1941.4
◇ナチス転業対策について(雪山慶正)「人口問題研究」　2(4)　1941.4
◇新潟県の出稼女工地域(2)(合田栄作)「地理学評論」　17(4)　1941.4
◇職業構成の変化と地域調査の課題(ゲルハルト・イーゼンベルク)「都市公論」　24(4)　1941.4
◇工場鉱山労務者生計費の支出内容に就て(1)「内外社会問題調査資料」　452　1941.4
◇道府県に於ける産業報国会財団設立方針「内外社会問題調査資料」　452　1941.4
◇工場鉱山労務者生計費の支出内容に就て(2・完)「内外社会問題調査資料」　453　1941.4
◇産報青年隊の組織指導方針と現状「内外社会問題調査資料」　453　1941.4
◇鉱業報国連合会の改組及事業調整方針「内外社会問題調査資料」　454　1941.4
◇厚生省労働局の賃金形態調査に就て-指定九十二工場の五・六・七月に於ける賃金実状に就て調査-「内外社会問題調査資料」　454　1941.4
◇産報青年隊準則並に其の組織方針決定「内外社会問題調査資料」　454　1941.4
◇独逸に於ける婦人労働の状態「内外社会問題調査資料」　454　1941.4
◇養成令に依る技能者養成教授細目決定「内外社会問題調査資料」　454　1941.4
◇企業の整理統合に伴ふ賃金統制令並退職積立金及退職手当法の運用に関する件通牒(昭16.3.20労働局長)「内務厚生時報」　6(4)　1941.4
◇道府県産業報国会の資産の維持管理に関する件通牒(昭16.3.31労働局長)「内務厚生時報」　6(4)　1941.4
◇新国民組織への道(蠟山政道)「日本評論」　16(4)　1941.4
◇家族制度をめぐる基礎的諸問題(1)(橋浦泰雄)「法律時報」　13(4)　1941.4
◇道府県産業報国会の資産維持管理方針「労働時報」　18(4)　1941.4
◇最近に於ける労務統制の進展に就て(4・完)(武藤文雄)「警察研究」　12(5)　1941.5
◇従業者移動防止令解説(2)(三川克巳)「警察研究」　12(5)　1941.5
◇夜間作業の身体的機能に及ぼす影響(鈴木武夫[ほか])「厚生科学」　2(1)　1941.5
◇戦時下ドイツの賃金政策(天沢不二郎)「社会政策時報」　248　1941.5
◇満洲の労務情勢と華工の問題(吉田鯉郷)「社会政策時報」　248

社会・社会問題

1941.5

◇戦時下のアメリカ労働政策（アメリカ政治経済研究会）「中央公論」 56(5) 1941.5

◇東京市に於ける生活必需品消費量調査「統計集誌」 719 1941.5

◇工場労働者延就業時間に見る最近の生産活動「東洋経済新報」 1970 1941.5

◇大阪府下工場の不就業手当金支給問題に就て「内外社会問題調査資料」 455 1941.5

◇産報国青年隊の事業細目決定す「内外社会問題調査資料」 455 1941.5

◇戦時下英国に於ける労働問題の推移「内外社会問題調査資料」 455 1941.5

◇東京製綱月給制の採用を決定す「内外社会問題調査資料」 455 1941.5

◇炭鉱勤労報国隊供出の成果と各方面の意見「内外社会問題調査資料」 456 1941.5

◇召集解除・除隊服務勤労者の移動抑制強化「内外社会問題調査資料」 457 1941.5

◇未経験工労務者最高初給賃金及最低賃金案「内外社会問題調査資料」 457 1941.5

◇家族制度をめぐる基礎的諸問題(2)（橋浦泰雄）「法律時報」 13(5) 1941.5

◇わが国における労務配置の進展（武藤文雄）「法律時報」 13(5) 1941.5

◇賃銀算定に関する労働科学的見解（暉峻義等）「労働科学」 18(5) 1941.5

◇昭和15年中に於ける工場法令違反状況「労働時報」 18(5) 1941.5

◇賃金臨時措置令施行状況「労働時報」 18(5) 1941.5

◇生活新体制（特輯）「教育」 9(6) 1941.6

◇戦時下の英国失業保険と失業扶助（平田隆夫）「経済学雑誌」 8(6) 1941.6

◇従業者移動防止令解説(3・完)(三川克巳)「警察研究」 12(6) 1941.6

◇高温度条件環境下労働に関する調査（石川知福[ほか]）「厚生科学」 2(2) 1941.6

◇労働技術統計調査「市政週報」 112 1941.6

◇工場労務者の農繁期集団勤労奉仕（三沢房太郎）「社会政策時報」 249 1941.6

◇繊維労務の供出に就て-知多半島に於ける供出対策-（西村譲）「職業時報」 4(6) 1941.6

◇敗戦フランスの失業対策「職業時報」 4(6) 1941.6

◇労務管理に就て（武田晴爾）「東京市産業時報」 7(6) 1941.6

◇東京市に於ける生活必需品消費量調査「統計集誌」 720 1941.6

◇職業紹介統計より見たる労務需給状態「東洋経済新報」 1977 1941.6

◇警視庁の女子補助労務要員保護方針「内外労働週報」 458 1941.6

◇きしろ発動機の産報懇談会運営状況「内外労働週報」 459 1941.6

◇石炭鉱業連合会の労務対策に対する要望「内外労働週報」 459 1941.6

◇中等学校卒業者の職業指導及紹介方針「内外労働週報」 459 1941.6

◇職業適性研究調査及職業調査の活用方針「内外労働週報」 460 1941.6

◇賃金統制令に基く賃金規正案決定す-中央賃金委員会決定の画期的賃金制度-「内外労働週報」 460 1941.6

◇兵庫県に於ける産報青年隊結成促進運動「内外労働週報」 460 1941.6

◇革新陣営の労務者組織対策と防衛運動「内外労働週報」 461 1941.6

◇全国職業課長会議の内容及指示事項-労務需要緊迫化に対する職業行政方針「内外労働週報」 461 1941.6

◇労力配置機構強化に関する関東産連の意見「内外労働週報」 461 1941.6

◇従業者移動防止令第二条第一号の事業指定の追加に関する件通牒（昭16.5.30職業局長）「内務厚生時報」 6(6) 1941.6

◇中等学校卒業者の職業指導並に職業紹介に関する件通牒（昭16.6.3厚生・文部両次官）「内務厚生時報」 6(6) 1941.6

◇独逸新賃金差押令（小野木常）「法学論叢（京都帝国大学法学会）」 44(6) 1941.6

◇家族制度をめぐる基礎的諸問題(3)（橋浦泰雄）「法律時報」 13(6) 1941.6

◇労働と音楽（兼常清佐）「労働科学」 18(6) 1941.6

◇労働の疲労と作業時間（古沢一夫）「科学主義工業」 5(7) 1941.7

◇国民労務手帳制の実施に就て（山口喜雄）「警察研究」 12(7) 1941.7

◇労働者生活事情に就て（木村直作, 増田富夫）「社会政策時報」 250 1941.7

◇生活必需品読本(1)：米「週報 官報附録」 249 1941.7

◇国民学校卒業生の配置に就いて（倉田五郎）「職業時報」 4(7) 1941.7

◇新規中等学校卒業者の就職統制「職業時報」 4(7) 1941.7

◇戦時下国民生活費の検討（草間良男）「中央公論」 56(7) 1941.7

◇戦時下の学生生活（海後宗臣）「中央公論」 56(7) 1941.7

◇就業状況から見た最近の生産活動「東洋経済統計月報」 3(7) 1941.7

◇大阪産報能率研究会の賃銀統制に対する意見-賃金統制の進展に示唆する各種の研究題目-「内外労働週報」 462 1941.7

◇京都府下工場に於ける労務管理刷新の具体例-産業報国運動強化に依る労務管理機構の改革「内外労働週報」 462 1941.7

◇鉱山労務管理改善に対する福鉱局の答申「内外労働週報」 462 1941.7

◇石炭金属増産夏場勤労報国隊実施計画「内外労働週報」 464 1941.7

◇大日本産業報国会の生活指導網決定す「内外労働週報」 464 1941.7

◇高岳製作所の常備日給制の採用に就て「内外労働週報」 465 1941.7

◇職工の最低賃銀及最高初給賃金決定に関する件依命通牒（昭16.6.28厚生次官）「内務厚生時報」 6(7) 1941.7

◇家と群生活-家族制度をめぐる基礎的諸問題(4)-（橋浦泰雄）「法律時報」 13(7) 1941.7

◇労働者の賃銀とその食費との関係（暉峻義等, 藤本武）「労働科学」 18(7) 1941.7

◇満洲国に於ける生活必需物資に関する諸問題「大阪商工会議所月報」 411 1941.8

◇ナチス労働保護政策の原理（中川与之助）「経済論叢」 53(2) 1941.8

◇現代満洲の労働政策とその課題（岸本英太郎）「社会政策時報」 251 1941.8

◇支那小作制度の現状(1)（田邊勝正）「社会政策時報」 251 1941.8

◇生活必需品読本(3)：雑穀「週報 官報附録」 252 1941.8

◇生活必需品読本(6)：食用油「週報 官報附録」 255 1941.8

◇勤労婦人問題（特輯号）「職業時報」 4(8) 1941.8

◇職業紹介事業叢談(1)（豊原又男）「職業時報」 4(8) 1941.8

◇日満両国に於ける労務問題の基本的性格（遠藤行信）「東京市産業時報」 7(8) 1941.8

◇初期に於ける家計研究史（真崎幸治）「統計集誌」 722 1941.8

◇産報本部の地方産報補助及財団設立方針「内外労働週報」 466

◇東京市電産報会の質的発展と、能率増進の実績「内外労働週報」 466 1941.8
◇最低賃金及最高初給賃金実施内容の解説「内外労働週報」 467 1941.8
◇各方面の労務対策研究機関と其の要望事項「内外労働週報」 468 1941.8
◇最高初給賃金の除外の許可に関する通牒「内外労働週報」 468 1941.8
◇東京及名古屋市に於ける遊休労力活用状況「内外労働週報」 468 1941.8
◇労働統制の生産能率に及ぼす影響に就て(1)「内外労働週報」 468 1941.8
◇鉱山関係団体の労務根本対策に関する意見「内外労働週報」 469 1941.8
◇産業報国運動拡充・発展の為の重要意見「内外労働週報」 469 1941.8
◇大日本産報の産報組織整備方針と運動目標「内外労働週報」 469 1941.8
◇労働統制の生産能率に及ぼす影響に就て(2)「内外労働週報」 469 1941.8
◇家族制度をめぐる基礎的諸問題(5・完)-年齢集団と氏神-(橋浦泰雄)「法律時報」 13(8) 1941.8
◇工場管理の合理性に関する若干の問題(小高泰雄)「三田学会雑誌」 35(8) 1941.8
◇吾国工鉱業に於ける労働移動の研究-特に世界大戦後満洲事変の勃発に至る迄-(藤林敬三)「三田学会雑誌」 35(8) 1941.8
◇戦時に於ける婦人の労働時間及休憩時間の規制に就て(テオドール・バウエル、岡安眞一訳)「労働科学」 18(8) 1941.8
◇昭和十六年上半期に於ける労働争議の概況「労働時報」 19(8) 1941.8
◇戦時下に於けるナチス労務動員「大阪商工会議所月報」 412 1941.9
◇戦争と労働(中川与之助)「改造」 23(18) 1941.9
◇産業報国運動と警察(川口正次郎)「警察協会雑誌」 496 1941.9
◇産報運動の現段階「国策研究会週報」 3(36) 1941.9
◇支那小作制度の現状(2)(田邊勝正)「社会政策時報」 252 1941.9
◇臨戦態勢と労働統制の推進-官僚的統制より国民的労働統制へ-(森戸辰男)「社会政策時報」 252 1941.9
◇生活必需品読本(7)：畜製品「週報 官報附録」 258 1941.9
◇臨戦下の労務対策「週報 官報附録」 259 1941.9
◇商組中央本部の勤労奉仕要綱「商業組合」 7(9) 1941.9
◇全国半転業運動の展開と其の意義(1)(兼岩鉅)「商業組合」 7(9) 1941.9
◇半転業者問題(藤林敬三)「商業組合」 7(9) 1941.9
◇移動労務者の一考察(鶴崎嘉八)「職業時報」 4(9) 1941.9
◇カナダの戦時労務動員(1)(杉山二郎)「職業時報」 4(9) 1941.9
◇職業紹介事業叢談(2)(豊原又男)「職業時報」 4(9) 1941.9
◇青少年工輔導の諸問題(桐原葆見)「職業時報」 4(9) 1941.9
◇戦時労働力に関する研究(1)-主として女子工業労働者の問題に就て-(小幡佐七)「職業時報」 4(9) 1941.9
◇高度国防国家と労働体制の進路(服部英太郎)「中央公論」 56(9) 1941.9
◇夕張炭礦にて-労務手帳のことなど-(杉山英樹)「中央公論」 56(9) 1941.9
◇岩手県名子刈分制度調査報告(1)(渡部牧)「帝国農会報」 31(9) 1941.9
◇近代に於ける家計研究史(1)(真崎幸治)「統計集誌」 723 1941.9

◇勤労総動員と労務管理(廣崎眞八郎)「統制経済」 3(3) 1941.9
◇戦時経済と労務者の生活(山田節男)「統制経済」 3(3) 1941.9
◇労働統制組織と指導者原理「統制経済」 3(3) 1941.9
◇英国インフレの新展開-問題となる賃銀統制-「東洋経済新報」 1989 1941.9
◇京都府産報堀川支部の部会制運営を観る-中小工場の合理的産業報国運動推進強化方策-「内外労働週報」 471 1941.9
◇鉱山労務者の移動欠勤防止審査会に就て「内外労働週報」 471 1941.9
◇国民皆労を目標とする勤労報国運動の現情「内外労働週報」 471 1941.9
◇労務統制の生産能率に及ぼす影響に就て(3)「内外労働週報」 471 1941.9
◇産報組織整備要綱解説と新目標活動の進展「内外労働週報」 472 1941.9
◇臨戦労務態勢確立に関する四勅令案の内容「内外労働週報」 472 1941.9
◇労務統制の生産能率に及ぼす影響に就て(4・完)「内外労働週報」 472 1941.9
◇鉱業報国及鉱山隣組出勤奨励期間の成績「内外労働週報」 473 1941.9
◇厚生省労働局の工場労務者健康管理要綱「内外労働週報」 473 1941.9
◇女子を男子に代替せしむべき職性に就て「内外労働週報」 473 1941.9
◇青少年工の適正配置と輔導方針に就て「内外労働週報」 473 1941.9
◇野村製鋼株式会社の労務者月給制の内容「内外労働週報」 473 1941.9
◇平均時間割賃金の運用に関する労働局長通牒「内外労働週報」 473 1941.9
◇労務配置と性格錬成「労働科学」 18(9) 1941.9
◇工場に於ける就業時間の状況「労働時報」 18(9) 1941.9
◇昭和十六年六月末産業別労働者数調「労働時報」 18(9) 1941.9
◇昭和十六年六月末に於ける労働組合「労働時報」 18(9) 1941.9
◇昭和十六年六月末農民団体及加盟員改調「労働時報」 18(9) 1941.9
◇臨戦下に於ける産業報国運動の新目標「労働時報」 18(9) 1941.9
◇国民生活の再編成(特輯)「教育」 9(10) 1941.10
◇職掌結合論(渡辺宗太郎)「公法雑誌」 7(10) 1941.10
◇労働統制の新段階と配置機構「国策研究会週報」 3(40) 1941.10
◇重要事業場労働管理令に就て(大橋武夫)「国策研究会週報」 3(42) 1941.10
◇労務臨戦態勢の整備に就いて(齋藤邦吉)「自治公論」 13(10) 1941.10
◇厚生・国民生活の安定・生活科学(後藤清)「社会政策時報」 253 1941.10
◇全国半転業運動の展開と其の意義(兼岩鉅)「商業組合」 7(10) 1941.10
◇職業紹介事業叢談(3)(豊原又男)「職業時報」 4(10) 1941.10
◇職業紹介事業二十年の回想(特輯)「職業時報」 4(10) 1941.10
◇臨戦的態勢下に於ける労務対策(職業局)「職業時報」 4(10) 1941.10
◇労務行政機構を如何に改善すべきか(小幡佐七)「職業時報」 4(10) 1941.10
◇列国の生計費及飲食料費指数「人口問題研究」 2(10) 1941.10
◇岩手県名子刈分制度調査報告(2・完)(渡部牧)「帝国農会報」 31(10) 1941.10
◇近代に於ける家計研究史(2)(真崎幸治)「統計集誌」 724 1941.10

社会・社会問題

◇婦人労働者の進出とその質的変化「東洋経済新報」 1994 1941.10
◇労賃収入の増加と其の実相「東洋経済統計月報」 3(10) 1941.10
◇産報の単位組織再編成「都市問題」 33(4) 1941.10
◇労務統制の強化と国民勤労報国隊「都市問題」 33(4) 1941.10
◇新設の労務統制委員会官制と委員及幹事「内外労働週報」 474 1941.10
◇青少年工の生活指導情況の調査に就て「内外労働週報」 474 1941.10
◇前途多難なる大阪府産業報国会厚生院事業「内外労働週報」 474 1941.10
◇大日本産業報国会の婦人労務者の技能対策「内外労働週報」 474 1941.10
◇中小工業に於ける模範的労務管理を観る「内外労働週報」 474 1941.10
◇鉱山労務者の生活情態と労務管理への希望-福岡地方鉱山部会の労務者希望調査に観る-「内外労働週報」 475 1941.10
◇隣組を基礎とする千代田製靴の産報懇談会「内外労働週報」 475 1941.10
◇労務手帳法の留置の範囲に関する事業指定「内外労働週報」 475 1941.10
◇沖の山炭坑に於ける半島人労務管理を観る「内外労働週報」 476 1941.10
◇国民学校修了者の職業指導に関する方針(職業局長普通学務局長の通牒)「内外労働週報」 476 1941.10
◇大鉱管下の鉱業報国会改組方針決定「内外労働週報」 476 1941.10
◇東京府下に於ける日傭労務者の賃金協定「内外労働週報」 476 1941.10
◇労務供給事業者の労務報国会結成促進運動「内外労働週報」 476 1941.10
◇大阪府下に於ける日傭労務者の賃金規制「内外労働週報」 477 1941.10
◇産報生活指導協議会に提出された主なる意見「内外労働週報」 477 1941.10
◇男子青少年を制限し女子を使用すべき職種に関する件(昭16.10.16職業・労働局長)「内外労働週報」 477 1941.10
◇労務供給事業規則及労務者募集規則の改正「内外労働週報」 477 1941.10
◇産報中央本部の産報部の準則成る「内外労働週報」 480 1941.10
◇冬季鉱山勤労報国隊供出要綱通牒さる「内外労働週報」 481 1941.10
◇十二月一日より実施の国民勤労報国協力令「内外労働週報」 482 1941.10
◇最近の産報運動の概況(1)「内務厚生時報」 6(9) 1941.10
◇生活の再編成(後藤清)「日本評論」 16(10) 1941.10
◇労務緊急対策と労働体制の問題(服部英太郎)「法律時報」 13(10) 1941.10
◇国民登録制の改正に就いて「労働時報」 18(10) 1941.10
◇大日本産業報国会安全委員会の設置「労働時報」 18(10) 1941.10
◇国民生活の革新(座談会)(大河内一男[ほか])「科学主義工業」 5(11) 1941.11
◇労働政策と文化政策(1)「警察研究」 12(11) 1941.11
◇中小商工業再編過程に於ける労務諸問題「国策研究会週報」 3(48) 1941.11
◇労務統制の進展と其の問題(木田徹郎)「斯民」 36(11) 1941.11
◇支那の小作(1)(木下彰)「社会政策時報」 254 1941.11
◇生活必需品読本(11):特免綿製品「週報 官報附録」 267 1941.11
◇欧州に於ける戦時労務動員に対する一考察(杉山孝次)「商業組合」 7(11) 1941.11

◇国民生活組織及その受給機能に就て(藤島俊)「商業組合」 7(11) 1941.11
◇労務動員と商業者(安本浩)「商業組合」 7(11) 1941.11
◇職業紹介事業叢談(4)(豊原又男)「職業時報」 4(11) 1941.11
◇戦時労働力に関する研究(2)-主として女子工業労働者の問題について-(小幡佐七)「職業時報」 4(11) 1941.11
◇米国の婦人労働状態に就て(2)「人口問題研究」 2(11) 1941.11
◇労働緊急対策の概貌(浜田成人)「地方行政」 49(11) 1941.11
◇労務問題の基底としての農業(矢富二郎)「地方行政 日文版」 8(11) 1941.11
◇臨戦下国民生活の構造(特輯)「中央公論」 56(11) 1941.11
◇生活環境と児童性の一面(千葉徳爾)「地理」 4(4) 1941.11
◇中小企業と転業問題(渡邊栄)「東京市産業時報」 7(11) 1941.11
◇近代に於ける家計研究史(3)(真崎幸治)「統計集誌」 725 1941.11
◇事変下労働政策の進展「東洋経済新報」 1998 1941.11
◇事変後の労務統制と賃銀政策「東洋経済統計月報」 3(11) 1941.11
◇第十九回総動員審議会の諸答申(臨戦態勢と都市財政)「都市問題」 33(5) 1941.11
◇戦時労働法の理論(菊池勇夫)「法律時報」 13(11) 1941.11
◇臨戦態勢と労務動員の強化(武藤武雄)「法律時報」 13(11) 1941.11
◇労務管理監督令要綱に就いて(富樫総一)「法律時報」 13(11) 1941.11
◇労働移動の概念に就いて(藤林敬三)「三田学会雑誌」 35(11) 1941.11
◇化学繊維工場に於ける工場食に就て(2)「労働科学」 18(11) 1941.11
◇工場食の批判(1)「労働科学」 18(11) 1941.11
◇海軍工員勤労興国組合連盟の解散「労働時報」 18(11) 1941.11
◇国民勤労報国隊制度の概要「労働時報」 18(11) 1941.11
◇生活規正の課題(特輯)「改造」 23(23) 1941.12
◇戦時国民最低生活の基準(特輯)「科学主義工業」 5(12) 1941.12
◇支那の二五減租問題(八木芳之助)「経済論叢」 53(6) 1941.12
◇ナチス労働時間保護の原理(中川与之助)「経済論叢」 53(6) 1941.12
◇勤労奉仕的作業に於ける尿のドナギオ-佐藤反応並に比重及びPHに就て(斎藤重雄)「厚生科学」 2(4) 1941.12
◇産報運動推進途上の三問題(小畑忠良)「国策研究会週報」 3(51) 1941.12
◇給料論(星野周一郎)「社会政策時報」 255 1941.12
◇支那の小作(2)(木下彰)「社会政策時報」 255 1941.12
◇臨戦態勢下の勢力配置と労務管理(増田富夫)「社会政策時報」 255 1941.12
◇生活必需品読本(12):服「週報 官報附録」 269 1941.12
◇米国の婦人労働状態に就て(3)(大月照江)「人口問題研究」 2(12) 1941.12
◇労務問題の基底としての農業(2・完)(矢富二郎)「地方行政 日文版」 8(12) 1941.12
◇近代に於ける家計研究史(4)(真崎幸治)「統計集誌」 726 1941.12
◇本格化する国民勤労報国隊の活動「東洋経済新報」 2001 1941.12
◇大政翼賛会の都市戦時生活体制確立意見「都市問題」 33(6) 1941.12
◇国民勤労報国協力令施行規則公布さる「内外労働週報」 483 1941.12
◇国民勤労報国協力令の解説(武藤文雄)「内外労働週報」 484 1941.12

◇労働統制画時的強化を期する労務調整令「内外労働週報」 484 1941.12
◇国民勤労報国協力令の実施要綱通牒さる「内外労働週報」 485 1941.12
◇勤労動員の完璧を期し国民徴用令改正さる「内外労働週報」 486 1941.12
◇産報中央本部懇談機関の運営指針を指示す「内外労働週報」 486 1941.12
◇労働調整令施行規則と従業者規則の限界「内外労働週報」 486 1941.12
◇国民勤労報国協力令「内務厚生時報」 6(12) 1941.12
◇最近の産業報国運動の概要(2)「内務厚生時報」 6(12) 1941.12
◇若き労働者の立場(座談会)(野口豊次郎[ほか])「日本評論」 16(12) 1941.12
◇労務調整令に就て「労働時報」 18(12) 1941.12
◇戦時生活の課題(大河内一男)「科学主義工業」 6(1) 1942.1
◇米国に於ける戦時労働対策「企画」 5(1) 1942.1
◇大原社会問題研究所編(日本労働年鑑)(第二十一輯)(藤林敬三)「厚生問題」 26(1) 1942.1
◇決戦下の国民生活(特輯)「厚生問題」 26(1) 1942.1
◇最低国民生活確保具体策 -戦時国民生活対策委員会第一回報告に就て-「国策研究会週報」 4(1) 1942.1
◇戦時下労働力の保全に就て(三好豊太郎)「国策研究会週報」 4(2) 1942.1
◇甲種の勤労所得の申告・申請(田口卯一)「財政」 7(1) 1942.1
◇労働者政策の革新性(藤林敬三)「財政」 7(1) 1942.1
◇半転業労働者と労働法適用の研究(平野宗)「社会政策時報」 256 1942.1
◇生活必需品消費規定の基本問題(本田実)「商業組合」 8(1) 1942.1
◇労務調整令に就いて「職業時報」 5(1) 1942.1
◇労働人口の集中と分散(1)(孝橋正一)「人口問題」 4(3) 1942.1
◇近代に於ける家計研究史(5)(真崎幸治)「統計集誌」 727 1942.1
◇東北地方に於ける出稼労働に関する調査「東北産業研究」 4 1942.1
◇国民徴用に依る生活扶助制度確立さる「内外労働週報」 487 1942.1
◇労務調整令の技能者及指定事業の告示「内外労働週報」 487 1942.1
◇株式会社間組の半島人労務管理を観る「内外労働週報」 488 1942.1
◇職業紹介業務規定に代る職業紹介規定「内外労働週報」 488 1942.1
◇労務調整令に就いて(新井茂司)「内外労働週報」 488 1942.1
◇工場の自衛警備上必須なる緊急実施事項「内外労働週報」 489 1942.1
◇日傭労務者の最高最低及標準賃金案成る「内外労働週報」 490 1942.1
◇生活科学の課題(大河内一男)「日本評論」 17(1) 1942.1
◇昭和十六年下半期中発生労働争議統計「労働時報」 19(1) 1942.1
◇昭和十六年下半期中労働争議調停資「労働時報」 19(1) 1942.1
◇職業紹介規定の制定「労働時報」 19(1) 1942.1
◇労務対策の進展と産報運動(中島仁之助)「科学主義工業」 6(2) 1942.2
◇東京府下社会事業施設「職業婦人調査」(1)「厚生事業」 26(2) 1942.2
◇国民の最低生活費(安藤政吉)「厚生問題」 26(2) 1942.2
◇労働者生活状態の分析「国策研究会週報」 4(6) 1942.2
◇南方労働事情懇談会「国策研究会週報」 4(7) 1942.2
◇蘭領ボルネオ農園労働者に就て(近藤緑郎)「国策研究会週報」 4(9) 1942.2
◇国民練成への労務管理(桐原葆見)「社会政策時報」 257 1942.2
◇適正小作料公式の検討(鎌田正忠)「社会政策時報」 257 1942.2
◇労務管理の基本的課題 -勤労管理への発展過程-(広崎真八郎)「社会政策時報」 257 1942.2
◇支那奥地の労働問題「週刊エコノミスト」 20(7) 1942.2
◇労務調整令の実施「週報 官報附録」 278 1942.2
◇最近に於ける労働市場の動向に就て -求人求職の職別地域別構成の変化に就て-(石原義治)「職業時報」 5(2) 1942.2
◇職業紹介事業叢談(7)(豊原又男)「職業時報」 5(2) 1942.2
◇近代に於ける家計研究史(6)(真崎幸治)「統計集誌」 728 1942.2
◇工場労働者の家計はどうなつてゐるか「東洋経済新報」 2009 1942.2
◇労務対策の新傾向と労働能率低下の因由「東洋経済新報」 2010 1942.2
◇労務調整令の公布と国民徴用令の改正(決戦態勢と地方行政の改革)「都市問題」 34(2) 1942.2
◇防衛等手当支給と賃金統制の関係に就て「内外労働週報」 491 1942.2
◇恩給制を実施する天野製作所の労務管理「内外労働週報」 492 1942.2
◇国民職業指導所監査規程と職業口調の通牒「内外労働週報」 492 1942.2
◇再び防衛等手当と賃金統制令の関係に就て「内外労働週報」 492 1942.2
◇工場法施行規則の改正と労務者保健対策「内外労働週報」 493 1942.2
◇大日本婦人会の結成に就て(軍事保護院)「内務厚生時報」 7(2) 1942.2
◇労務調整令について(厚生省職業局)「内務厚生時報」 7(2) 1942.2
◇南方労働問題(鈴木舜一)「日本評論」 17(2) 1942.2
◇明治前期に於ける婚姻法の成立(2・完)(高柳真三)「法律時報」 14(2) 1942.2
◇日傭労務者の賃金公定に就いて「労働時報」 19(2) 1942.2
◇東京付下社会事業施設「職業婦人調査」(2)「厚生事業」 26(3) 1942.3
◇英領マレーに於ける労働事情(永丘智太郎)「国策研究会週報」 4(10) 1942.3
◇ニューギニアパプアの労働事情 -共栄圏労働事情解説(2)-(永丘智太郎)「国策研究会週報」 4(11) 1942.3
◇本会の戦時国民生活対策試案「国策研究会週報」 4(11) 1942.3
◇共栄圏労働事情解説(3) -東印度の労働事情-(永丘智太郎)「国策研究会週報」 4(12) 1942.3
◇決戦下に於ける能率・生活・賃金(安藤政吉)「社会政策時報」 258 1942.3
◇戦時下の労働能率(徳田吉松)「社会政策時報」 258 1942.3
◇戦時労働統制の展開と「能率」問題(服部英太郎)「社会政策時報」 258 1942.3
◇能率と賃金との関連について(高橋重之)「社会政策時報」 258 1942.3
◇労働移動防止と生産性の昂揚(後藤清)「社会政策時報」 258 1942.3
◇労働生産性と戦時労働者政策の方向転換(藤林敬三)「社会政策時報」 258 1942.3
◇労働生産性と労働強度(上林貞治郎)「社会政策時報」 258 1942.3
◇神戸市商店街所属商店の労務構成の態様と時局下の動向(多田順一)

「職業時報」 5(3) 1942.3
◇戦時労働力に関する研究(3)(木幡佐七)「職業時報」 5(3) 1942.3
◇労務調整令と職業紹介事業(鈴木傺吉)「職業時報」 5(3) 1942.3
◇労務調整令について(木村忠二郎)「地方行政」 50(3) 1942.3
◇勤労組織の基底(孝橋正一)「統制経済」 4(3) 1942.3
◇半島労務移入の問題(中山督)「統制経済」 4(3) 1942.3
◇労働移動の根本問題(鈴木舜一)「統制経済」 4(3) 1942.3
◇労働生産性増大の科学的基準(藤林敬三)「統制経済」 4(3) 1942.3
◇労務配置の現段階(富樫総一)「統制経済」 4(3) 1942.3
◇工場・鉱山労務者の家族手当制度の改正「東洋経済新報」 2011 1942.3
◇重要事業場労務管理令に就いて(富樫総一)「内外労働週報」 495 1942.3
◇東部国民勤労訓練所第一回入所者訓練状況「内外労働週報」 496 1942.3
◇産報中央本部の本年度訓練体制確立要綱「内外労働週報」 497 1942.3
◇大日本産業報告会の本年度予算決定す「内外労働週報」 497 1942.3
◇重要事業場労務管理令について「労働時報」 19(3) 1942.3
◇昭和十六年十二月末産業別労働者数「労働時報」 19(3) 1942.3
◇労働生活状態調査結果概要(2)「労働時報」 19(3) 1942.3
◇南方労働力の再検討(研究会)(永丘智太郎[ほか])「科学主義工業」 6(4) 1942.4
◇東京府下社会事業施設(職業婦人調査)(4)(東京府社会事業協会連絡部)「厚生事業」 26(4) 1942.4
◇共栄圏労働事情解説(4)-フイリッピンの労働事情(永丘智太郎)「国策研究会週報」 4(14) 1942.4
◇仏印に於ける労働事情-南方労働事情解説(5)(永丘智太郎)「国策研究会週報」 4(15) 1942.4
◇労務管理の新しき方向(宮尾武男)「国策研究会週報」 4(15) 1942.4
◇泰国の労働事情-南方労働事情解説(6)-(永丘智太郎)「国策研究会週報」 4(16) 1942.4
◇重要事業場労務管理令(後藤清)「社会政策時報」 259 1942.4
◇戦時繊維産業の労務配置と保全問題(内藤知周)「社会政策時報」 259 1942.4
◇賃銀統制の展開を繞る諸問題(増田富夫)「社会政策時報」 259 1942.4
◇戦争生活読本(特輯)「週報 官報附録」 286 1942.4
◇重要事業場労務管理令解説(富樫総一)「職業時報」 5(4) 1942.4
◇職業紹介事業叢談(9)(豊原又男)「職業時報」 5(4) 1942.4
◇近代に於ける家計研究史(7)(真崎幸治)「統計集誌」 730 1942.4
◇都市生計費指数-昭和十七年一月(都市の消費者組織)「都市問題」 34(4) 1942.4
◇大阪府に於ける各種日傭労務者公定賃金「内外労働週報」 499 1942.4
◇東京府に於ける日傭労務者の公定賃金決定「内外労働週報」 501 1942.4
◇日本の労働科学(高谷茂木)「労働科学」 19(4) 1942.4
◇国民生活確保の根本問題(鶴田三千夫)「改造」 24(5) 1942.5
◇少年工教育の課題-新勤労観の確立-(谷市良)「科学主義工業」 6(5) 1942.5
◇ビルマの労働事情―共栄圏労働事情(7)(永丘智太郎)「国策研究会週報」 4(18) 1942.5

◇インド労働問題(吹田周郎)「社会政策時報」 260 1942.5
◇外国の労務問題(明石二郎)「社会政策時報」 260 1942.5
◇濠洲の労働問題(伊藤敬)「社会政策時報」 260 1942.5
◇大東亜建設と労務問題(美濃口時次郎)「社会政策時報」 260 1942.5
◇南方共栄圏における日本人の適応性(川本邦雄)「社会政策時報」 260 1942.5
◇南方圏の労働移民(出井盛之)「社会政策時報」 260 1942.5
◇南方労働政策の基調(矢内原忠雄)「社会政策時報」 260 1942.5
◇南方労働問題概観(水上鉄次郎)「社会政策時報」 260 1942.5
◇南方労働問題特輯「社会政策時報」 260 1942.5
◇ビルマの労働問題(蓮池清)「社会政策時報」 260 1942.5
◇フイリッピン労働問題(法貴三郎)「社会政策時報」 260 1942.5
◇仏領印度支那の労働問題(逸見重雄)「社会政策時報」 260 1942.5
◇マレーの労働問題(井出季和太)「社会政策時報」 260 1942.5
◇蘭印の労働問題(浜田恒一)「社会政策時報」 260 1942.5
◇職業紹介事業叢談(10)(豊原又男)「職業時報」 5(5) 1942.5
◇戦時下各国に於ける職業補導(1)(氷室吉平)「職業時報」 5(5) 1942.5
◇労働調整令施行規則中一部改正(厚生省職業局)「職業時報」 5(5) 1942.5
◇重要事業場労務管理に就て(富樫総一)「地方行政」 50(5) 1942.5
◇近代に於ける家計研究史(8)(真崎幸治)「統計集誌」 731 1942.5
◇生産合理化の新課題(木村禧八郎)「統制経済」 4(5) 1942.5
◇神奈川県産報の労務者移動防止対策「内外労働週報」 24(10) 1942.5
◇兵庫県に於ける傷夷軍人職業輔導状況「内外労働週報」 504 1942.5
◇重要事業場労務管理令運用方針「内外労働週報」 505 1942.5
◇大阪府下に於ける転職業者の職種決定に就て「内外労働週報」 506 1942.5
◇兵庫県の請負賃金制に関する運用方針「内外労働週報」 507 1942.5
◇南方労働事情(南方経済研究会)「日本評論」 17(5) 1942.5
◇「経営社会政策」の基本問題―労務管理令のために―(大河内一男)「法律時報」 14(5) 1942.5
◇不可避的労働移動に関する一考察(藤林敬三)「三田学会雑誌」 36(5) 1942.5
◇幼少年工指導に就ての指示(1)(奥井復太郎)「三田評論」 534 1942.5
◇商業報国会中央本部の改組と昭和十七年度事業計画「労働時報」 19(5) 1942.5
◇昭和十六年第四期労務者一時間平均賃金調「労働時報」 19(5) 1942.5
◇昭和十六年第四期労務者一時間平均賃金統計「労働時報」 19(5) 1942.5
◇労働管理の基本問題(安藤政吉)「科学主義工業」 6(6) 1942.6
◇少年工生活調査報告(1)(国民厚生研究会)「厚生問題」 26(6) 1942.6
◇企業整備と転業対策(豊田雅孝)「公民教育」 12(6) 1942.6
◇現段階に於る労働能率の増進を語る(座談会)「国策研究会週報」 4(24) 1942.6
◇昭和十七年度の国民動員計画(亀山孝一)「斯民」 37(6) 1942.6
◇ナチスの俘虜労働配置政策(平田隆夫)「社会政策時報」 261 1942.6
◇労働配置の基本課題(中島仁之助)「社会政策時報」 261 1942.6
◇労務配置の重点化「週刊エコノミスト」 20(22) 1942.6

◇昭和十七年度の国民動員計画に就いて「週報 官報附録」 295 1942.6
◇職業紹介事業叢談(11)(豊原又男)「職業時報」 5(6) 1942.6
◇戦時下各国に於ける職業補導(2)(氷室吉平)「職業時報」 5(6) 1942.6
◇賃金統制発展の経過及現行法規の概要(花岡幹雄)「職業時報」 5(6) 1942.6
◇労働能率増進方策に就て(片岡清一)「職業時報」 5(6) 1942.6
◇大東亜戦と大阪市給料生活者の家計(松川一夫)「大大阪」 18(6) 1942.6
◇北京に於ける邦人生活(小栗宏)「地理」 5(1) 1942.6
◇小作問題の現段階的意義(稲村順三)「帝国農会報」 32(6) 1942.6
◇近代に於ける家計研究史(9)(真崎幸治)「統計集誌」 732 1942.6
◇産報強化に関する単位産報指導者の意見(3)「内外労働週報」 508 1942.6
◇産報強化に関する単位産報指導者の意見(4)「内外労働週報」 509 1942.6
◇大阪府に於ける日傭労務者の公定手間賃決定「内外労働週報」 510 1942.6
◇賃金統制令施行に関する最近の諸問題「内外労働週報」 511 1942.6
◇戦時労働力と生産力(服部英太郎)「日本評論」 17(6) 1942.6
◇幼少年工指導に就ての一指示(2)(奥井復太郎)「三田評論」 535 1942.6
◇独逸の戦時賃金統制令について(平田隆夫)「経済学雑誌」 11(1) 1942.7
◇ナチスの賃銀保護政策の原理(中川与之助)「経済論叢」 55(1) 1942.7
◇少年工生活調査報告(2・完)(国民厚生研究会)「厚生問題」 26(7) 1942.7
◇労務管理の底的勘案(村本福松)「社会政策時報」 262 1942.7
◇労務配置の基本課題(2)(中島仁之助)「社会政策時報」 262 1942.7
◇戦時労務統制の展開(三好豊太郎)「週刊エコノミスト」 20(28) 1942.7
◇生活必需物資動員計画とは何か「週報 官報附録」 300 1942.7
◇職業事業叢談(13)(豊原又男)「職業時報」 5(7) 1942.7
◇労働人口の集中と分散(2・完)(孝橋正一)「人口問題」 4(4) 1942.7
◇近代に於ける家計研究史(10)(真崎幸治)「統計集誌」 733 1942.7
◇最低生活算定の諸問題(榊原平八)「統制経済」 5(1) 1942.7
◇生産力昂揚と国民生活の確保(鈴木規一)「統制経済」 5(1) 1942.7
◇所謂「開眼手術」の及す休止労働力の復活に就て(岩田穣)「都市問題」 35(1) 1942.7
◇東印度都市の社会構造(平野義太郎)「都市問題」 35(1) 1942.7
◇職業協会の労務動員協力員設置要綱の内容「内外労働週報」 512 1942.7
◇中等学校卒業者等の職業指導並紹介方針「内外労働週報」 512 1942.7
◇東京中央国民職業指導所の少年工輔導方策「内外労働週報」 515 1942.7
◇北支の小作―その性格とその法律関係(磯田進)「法学協会雑誌」 60(7) 1942.7
◇社会生活と社会規範(2)(戒能通孝)「法律時報」 14(7) 1942.7
◇筑波村農地繁期共同作業中学徒隊指導に関する記録(瀬川良夫)「労働科学」 19(7) 1942.7
◇昭和十七年上半期中に於ける労働争議の概況「労働時報」 19(7) 1942.7

◇昭和十七年上半期中発生労働争議統計「労働時報」 19(7) 1942.7
◇昭和十七年上半期中労働争議調停調「労働時報」 19(7) 1942.7
◇大日本産業報告会の勤労協議会設置「労働時報」 19(7) 1942.7
◇大日本産業報告会の産業部会設置「労働時報」 19(7) 1942.7
◇戦争と婦人労務者(座談会)(美濃口時次郎[ほか])「科学主義工業」 6(8) 1942.8
◇工業配分と労務配置に就いて(根岸情治)「官界公論」 8(86) 1942.8
◇近代的生産における技術及労働力の発達過程(上林貞治郎)「経済学雑誌」 11(2) 1942.8
◇労働者生活の基本問題(籠山京)「社会政策時報」 263 1942.8
◇戦争と国民生活(特集)「週刊エコノミスト」 20(29) 1942.8
◇職業紹介事業叢談(13)(豊原又男)「職業時報」 5(8) 1942.8
◇家族統合の国民結合(柳田謙十郎)「中央公論」 57(8) 1942.8
◇大東亜に於ける勤労体系(服部英太郎)「中央公論」 57(8) 1942.8
◇明日の勤労文化(鈴木舜一)「中央公論」 57(8) 1942.8
◇近代に於ける家計研究史(11)(真崎幸治)「統計集誌」 734 1942.8
◇米国の労働力不足問題「東洋経済新報」 2032 1942.8
◇改正中等学校卒業者等の職業紹介取扱要領「内外労働週報」 516 1942.8
◇計画造船関係労務対策要綱実施方策決定す「内外労働週報」 516 1942.8
◇所定就業時間外作業に対する歩増の調査(1)「内外労働週報」 516 1942.8
◇移入朝鮮人労務者役付者処遇に関する通謀「内外労働週報」 517 1942.8
◇所定就業時間外作業に対する歩増の調査(2・完)「内外労働週報」 517 1942.8
◇国民動員連絡委員制度実施方針と執務心得「内外労働週報」 518 1942.8
◇社会生活と社会規範(3)「法律時報」 14(8) 1942.8
◇作業労働に於ける協同形態について(小高泰雄)「三田学会雑誌」 36(8) 1942.8
◇経営内に於ける産業報告会の運営状況(藤井次郎, 近藤修吾)「労働科学」 19(8) 1942.8
◇工場役付労務者の役付手当調査結果概要「労働時報」 19(8) 1942.8
◇昭和十七年上半期小作争議統計「労働時報」 19(8) 1942.8
◇労務動員実施計画に依る移入朝鮮人労務者の役付者処遇に就いて「労働時報」 19(8) 1942.8
◇官吏待遇改善と給与の合理化(小島憲)「自治機関」 511 1942.9
◇事変後に於ける大阪市労働者の家計(松川一夫)「執務指導通信」 6(1) 1942.9
◇経営労働者政策(藤林敬三)「社会政策時報」 264 1942.9
◇産報国運動と勤労管理の新構造(広崎真八郎)「社会政策時報」 264 1942.9
◇労働者生活の基本問題(籠山京)「社会政策時報」 264 1942.9
◇労働生産力と新労務管理(平田富太郎)「社会政策時報」 264 1942.9
◇企業整備に於ける労働力再分布について(粟屋義純)「商業組合」 8(9) 1942.9
◇労務問題の現状(1)(田村仙定)「地方行政 日文版」 9(9) 1942.9
◇共同作業・移動労力の実際面(鈴木清)「中央公論」 57(9) 1942.9
◇近代に於ける家計研究史(12)(真崎幸治)「統計集誌」 735 1942.9
◇尾崎製鉄株式会社の半島労働者訓練に就て「内外労働週報」 520 1942.9
◇経連の賃金及内部監査制度に関する意見「内外労働週報」 520

◇主要六統制会の労務専門委員会と運営方針「内外労働週報」 520 1942.9
◇改正された国民学校修了者職業紹介要領「内外労働週報」 521 1942.9
◇国民職業能力答申令第二条第六号中の改正「内外労働週報」 521 1942.9
◇日本鋼管株式会社の半島人労務者訓練要綱「内外労働週報」 522 1942.9
◇経連の消費生活と産業能率増進に関する意見「内外労働週報」 523 1942.9
◇産報中央本部の経営責任者陣頭指揮運動要綱「内外労働週報」 523 1942.9
◇ナチス労働法学の使命と進歩─ヒユック教授の論文の紹介─（和田夙雅）「法政研究」 12（2） 1942.9
◇社会生活と社会規範（4・完）（戒能通孝）「法律時報」 14（9） 1942.9
◇幼少年工指導に就ての一指示（3）（奥井復太郎）「三田評論」 537 1942.9
◇昭和十七年六月末産業別労働者数調「労働時報」 19（9） 1942.9
◇戦時生活と最低生活（横川四郎）「科学主義工業」 6（10） 1942.10
◇伊太利労働体制の特徴（大塚一朗）「経済論叢」 55（4） 1942.10
◇国民共同勤労施設に就て（寺西要）「職業時報」 5（9） 1942.10
◇欧米各国に於ける技能検査制度（続）（藤本喜八）「職業時報」 5（10） 1942.10
◇本邦職業行政年表（続）（厚生省職業局）「職業時報」 5（10） 1942.10
◇労務問題の現状（2・完）（田村仙定）「地方行政 日文版」 9（10） 1942.10
◇国民生活計画化に関する一考察（木下保雄）「統制経済」 5（4） 1942.10
◇労務配置方法と企業新体制（中川一郎）「統制経済」 5（4） 1942.10
◇最近の独逸労働政策「東洋経済新報」 2041 1942.10
◇中支工業合作社運動に就て-上海地方計画の参考（石川栄耀）「都市問題」 35（4） 1942.10
◇全川崎産業報告連盟及単位組織の改組成る「内外労働週報」 524 1942.10
◇労務報告会設立に関する関係当局の諸通謀「内外労働週報」 525 1942.10
◇大日本産報大阪勤労協議会の活動状況（1）「内外労働週報」 528 1942.10
◇幼少年工指導に就ての一指示（4・完）（奥井復太郎）「三田評論」 538 1942.10
◇大東亜戦争下生産労務の建設的改革案（暉峻義等）「労働科学」 19（10） 1942.10
◇足利中小染織業と婦人労働（三瓶孝子）「労働時報」 19（10） 1942.10
◇昭和十七年第一期労務者一時間平均賃金統計表「労働時報」 19（10） 1942.10
◇昭和十七年第一期労務者実収賃金就業時間及就業日数指数「労働時報」 19（10） 1942.10
◇年次別工場鉱山等労働者数調「労働時報」 19（10） 1942.10
◇濠洲戦時労働諸問題「大阪商工会議所月報」 426 1942.11
◇能率と労働心理（藤林敬三）「科学主義工業」 6（11） 1942.11
◇支那事変後に於ける労務統制の発展（三川克己）「警察研究」 13（11） 1942.11
◇勤労報国隊に就て（1）（水谷駿一）「公園緑地」 6（10） 1942.11
◇現下炭鉱労働に関する基本問題（柳瀬徹）「社会政策時報」 266 1942.11

◇生産力増強の根本問題（関未代策）「週刊エコノミスト」 20（43） 1942.11
◇国民勤労訓練所の性格と現況（白瀬懋）「商業組合」 8（11） 1942.11
◇近代に於ける家計研究史（13・完）（真崎幸治）「統計集誌」 736 1942.11
◇満洲労務問題管見（硲正夫）「統制経済」 5（5） 1942.11
◇大阪府の賃金相談に現れた賃金統制の諸様相「内外労働週報」 530 1942.11
◇国民学校職業指導実施要綱と職業相談要綱「内外労働週報」 530 1942.11
◇大阪府労務者給食施設連合会設立さる「内外労働週報」 531 1942.11
◇勤労管理機構の確立に関する各方面の意見「内外労働週報」 532 1942.11
◇産報技術者会議提出の労務者技術指導方策「内外労働週報」 532 1942.11
◇労働移動問題に対する明治末期に於ける吾が国政府の関心に就いて（藤林敬三）「三田学会雑誌」 36（11） 1942.11
◇濠州戦時労働諸問題（2・完）（倉橋実）「大阪商工会議所月報」 427 1942.12
◇勤労体制の強化（座談会）（田坂政養［ほか］）「科学主義工業」 6（12） 1942.12
◇戦時下独逸の労働者栄養問題（平田隆夫）「経済学雑誌」 11（6） 1942.12
◇第二次大戦直前に於けるイギリス庶民生活の窮状（天達忠雄）「厚生問題」 26（12） 1942.12
◇国民徴用制に就いて（中川一郎）「社会政策時報」 267 1942.12
◇独逸労働戦線の思想的指導について（森戸辰男）「社会政策時報」 267 1942.12
◇南方労務政策（向井梅次）「社会政策時報」 267 1942.12
◇生産力拡充の基本問題（郷古潔）「週刊エコノミスト」 20（45） 1942.12
◇転業問題の現実と理想（座談会）（豊田雅孝［ほか］）「週刊エコノミスト」 20（48） 1942.12
◇勤労行政機構の改正に就て（厚生省勤労局）「職業時報」 5（12） 1942.12
◇英国戦時動員の窮乏性（増田抱村）「人口問題」 5（2） 1942.12
◇企業経営体に於ける勤労管理機構（小池卯一郎）「統制経済」 5（6） 1942.12
◇転換する労務管理（宮尾武男）「統制経済」 5（6） 1942.12
◇統制経済における労務管理（菊池勇夫）「統制経済」 5（6） 1942.12
◇満洲国土着資本動員の指導原理（藤原泰）「統制経済」 5（6） 1942.12
◇朝鮮労働の再認識「東洋経済新報」 2052 1942.12
◇労務対策を語る（座談会）（鈴木舜一）「東洋経済新報」 2052 1942.12
◇産報技術者会議に於ける各部会の決議事項「内外労働週報」 533 1942.12
◇産報中央本部の生産力増強総進軍運動解説「内外労働週報」 533 1942.12
◇日立所属工場の見習生、役付工、転業者教育「内外労働週報」 533 1942.12
◇大阪地方勤協の徴用工具欠勤防止対策要綱「内外労働週報」 534 1942.12
◇日本無線産報の特色ある福利施設運営情況「内外労働週報」 534 1942.12
◇発送電産報の生産増強総進軍運動実施要綱「内外労働週報」 535 1942.12
◇勤労行政への発足（富志淑幸）「日本評論」 17（12） 1942.12

◇総力戦と国民生活（座談会）（大熊信行［ほか］）「日本評論」17(12) 1942.12
◇北支の小作—その性格とその法律関係—（磯田進）「法学協会雑誌」60(12) 1942.12
◇菊地勇夫著「日本労働立法の発展」（藤林敬三）「三田学会雑誌」4(12) 1942.12
◇某中小工場地区に於ける労務者の食餌に就て（有本邦太郎）「労働科学」19(12) 1942.12
◇生産戦に於ける労務管理の意義（後藤清）「大阪商工会議所月報」428 1943.1
◇生産増強勤労緊急対策「勤労時報」20(1) 1943.1
◇北支の物納小作制度（八木芳之助）「経済論叢」56(1) 1943.1
◇米・英に於ける国民動員状況（内藤勝）「警察研究」14(1) 1943.1
◇戦時経済が勤労階級の生活に及ぼした影響に就て（工藤善助）「厚生問題」27(1) 1943.1
◇原地との関連性より見たる半島人の勤労管理（広崎真八郎）「社会政策時報」268 1943.1
◇国民皆働体制と労務給源の開拓（吉武恵市）「社会政策時報」268 1943.1
◇少年労力の計画配置に就いて（伊藤博）「社会政策時報」268 1943.1
◇女子労務の問題（古沢嘉夫）「社会政策時報」268 1943.1
◇徴用をめぐる諸問題（乗富丈夫）「社会政策時報」268 1943.1
◇決戦下の勤労問題（厚生省）「週報 官報附録」236 1943.1
◇戦ふ国の労務戦線-交戦諸国の労務動員「週報 官報附録」326 1943.1
◇退死蔵物資と遊休労働力の動員強化（大西邦敏）「商工経済」15(1) 1943.1
◇職場配置の経験（狩野広之）「職業時報」6(1) 1943.1
◇北京の市民生活（今村鴻明）「地方行政 日文版」10(1) 1943.1
◇第三回東京市協力会議に現れた戦時生活確立の問題（東京市戦時生活局庶務課調査部）「東京市産業時報」9(1) 1943.1
◇戦時衣料生活の簡易化（座談）（白須二琅［ほか］）「東洋経済新報」2057 1943.1
◇工場及鉱山日傭労務者の公定賃金案決定す「内外労働週報」537 1943.1
◇大阪勤労の産報運動の本質に就ての意見「内外労働週報」539 1943.1
◇工場鉱山日傭労務者の賃金公定に関する通牒「内外労働週報」539 1943.1
◇勤労緊急対策と青少年輔導緊急対策要綱「内外労働週報」540 1943.1
◇経連及日商の戦時労務対策に関する意見「内外労働週報」540 1943.1
◇大日本産業報国会の機構及人事の改革成る「内外労働週報」540 1943.1
◇工場管理論序説（小高泰雄）「三田学会雑誌」37(1) 1943.1
◇工場形態と生産量増進論（小高泰雄）「三田評論」540 1943.1
◇生産能率高揚への方途（暉峻義等）「労働科学」20(1) 1943.1
◇炭鉱労務者の体位に就て（伊康金三郎）「労働科学」20(1) 1943.1
◇頭部戦傷の職業能力障礙に就て（小沼十寸穂）「労働科学」20(1) 1943.1
◇頭部戦傷の職業能力障礙に就て（小沼十寸穂）「労働科学」20(1) 1943.1
◇勤労配置と国民徴用（中野正幸）「科学主義工業」7(2) 1943.2
◇昭和十七年下半期中発生小作争議統計「勤労時報」20(2) 1943.2
◇昭和十七年第二期一時間平均賃金統計「勤労時報」20(2) 1943.2
◇昭和十七年第二期労務者実収賃金就業時間指数「勤労時報」20(2) 1943.2
◇大日本産業報国会中央本部の改組「勤労時報」20(2) 1943.2
◇東京兵庫外十三県に於ける労務報国会の結成「勤労時報」20(2) 1943.2
◇米国労務動員の現状「経済毎日」21(5) 1943.2
◇交戦国の労務対策（特輯）「経済毎日」21(8) 1943.2
◇賃金問題に就て（原田章）「警察研究」14(2) 1943.2
◇職業戦線に配置する国民学校修了者の一群に就て（丸山博）「厚生問題」27(2) 1943.2
◇転業者現状調査（竹林庄太郎、織田熊一）「産業組合」9(2) 1943.2
◇労務政策の回顧とその課題（菊池勇夫）「社会政策時報」269 1943.2
◇生産増強勤労緊急対策要綱に就て（富樫総一）「職業時報」6(3) 1943.2
◇遊休未働力の所在と其の利用法（宮出秀雄）「人口問題」5(3) 1943.2
◇賃金規制に含まざる手当指定の告示及通牒「内外労働週報」541 1943.2
◇東京、大阪、兵庫の強情日傭労務者公定賃金「内外労働週報」541 1943.2
◇厚生省の賃金統制令施行に関する指導要領「内外労働週報」542 1943.2
◇賃金統制の除外及緩和諸事項の運用方針通牒「内外労働週報」542 1943.2
◇勤労青少年輔導緊急対策要綱に基く実施要綱「内外労働週報」543 1943.2
◇日傭労務関係一体の東京労務報国会の結成「内外労働週報」543 1943.2
◇労務関係の行政簡素化に関する省令の内容「内外労働週報」543 1943.2
◇学卒者使用制限令の申請書様式及告示の改正「内外労働週報」544 1943.2
◇工場鉱山日傭労務者の賃金公定（厚生省勤労局）「内務厚生時報」8(2) 1943.2
◇生産力増強勤労緊急対策要綱、勤労青少年補導緊急対策要綱（厚生省勤労局）「内務厚生時報」8(2) 1943.2
◇現下勤労政策の現実面（富樫総一）「一橋論叢」11(2) 1943.2
◇徴用の国民的倫理（乗富丈夫）「科学主義工業」7(3) 1943.3
◇勤労行政事務の簡素化と勤労関係法令の改正「勤労時報」20(3) 1943.3
◇最高初給賃金適用期間の短縮「勤労時報」20(3) 1943.3
◇労務者の家族手当支給状況「勤労時報」20(3) 1943.3
◇遊休可戦力の禍害（鈴木憲久）「経済毎日」21(11) 1943.3
◇生産増強と勤労対策（吉武恵市）「警察研究」14(3) 1943.3
◇厚生勤労に於ける調査統計に就いて（石原義治）「厚生事業」27(3) 1943.3
◇戦時下における婦人労務動員の進展（氷室吉平）「厚生事業研究」31(3) 1943.3
◇勤労者厚生の緊急問題（中込友美）「厚生問題」27(3) 1943.3
◇戦時市民生活指導の応急対策（磯村英一）「厚生問題」27(3) 1943.3
◇勤労顕功章受賞者座談会「商工通報」65 1943.3
◇日傭労務者の賃金公定に就て（原田章）「職業時報」6(2) 1943.3
◇重要事業場労務管理令、労務調整令、学校卒業者使用制限令各施行規則等の改正に就いて（厚生省勤労局）「職業時報」6(3) 1943.3
◇決戦下の国民生活実践理念（吉田隆）「東京市産業時報」9(3) 1943.3
◇労力遊休化と労力不足(1)「東洋経済新報」2064 1943.3

◇労力遊休化と労力不足（2・完）「東洋経済新報」 2064 1943.3
◇適正小作料の検討「東洋経済新報」 2065 1943.3
◇大阪地方勤協の勤労者体練確立他四建議「内外労働週報」 545 1943.3
◇警視庁及兵庫県の工場日傭公定賃金実施指導方針「内外労働週報」 545 1943.3
◇大阪府及兵庫県の賃金統制特別措地実施方針「内外労働週報」 546 1943.3
◇新規徴用工員の生活管理及輔導対策に就て「内外労働週報」 546 1943.3
◇全国鉱山監督局管下日傭労務者公定賃金「内外労働週報」 546 1943.3
◇大阪府産報の勤労者に対する庶民金庫斡旋状況「内外労働週報」 547 1943.3
◇近時の本邦労務問題「経済毎日」 21(14) 1943.4
◇勤労能率の障碍とその対策（大塚一朗）「経済論叢」 56(4) 1943.4
◇米国労務動員の現況（寺西五郎）「国策研究会週報」 5(15) 1943.4
◇転業者現況調査（竹林庄太郎、織田熊一）「商業組合」 9(4) 1943.4
◇小作機械製造上に於ける中小工場協力形態と連合工作（小野徳太郎）「商工経済」 15(4) 1943.4
◇総合労務配置論「職業時報」 6(4) 1943.4
◇綜合労務配置論（栗栖幸男）「職業時報」 6(4) 1943.4
◇国民徴用令改正私論（後藤清）「統制経済」 6(4) 1943.4
◇生産拡充の為の労働給源に就いて（興梠友兼）「統制経済」 6(4) 1943.4
◇兵庫県日傭労務者登録制を四月一日より実施す「内外労働週報」 549 1943.4
◇産報中央本部の少年産業戦 士輔導週間要綱「内外労働週報」 552 1943.4
◇福岡勤協の欠勤防止並に出勤奬励対策要綱「内外労働週報」 553 1943.4
◇勤労体制の再吟味（座談会）（桐原葆見[ほか]）「日本評論」 18(4) 1943.4
◇決戦生活の方向（本位田祥男）「日本評論」 18(4) 1943.4
◇国民労働秩序法について：ドイツ勤労の根本法（吾妻光俊）「法律時報」 15(4) 1943.4
◇労働憲章：労働の社会的義務を中心として（風間鶴寿）「法律時報」 15(4) 1943.4
◇交戦諸国の女子動員（内藤勝）「警察研究」 14(5) 1943.5
◇公義務の新展開（特に勤労奉公制について）（高橋貞三）「公法雑誌」 9(5) 1943.5
◇生活新体制確立の基準と其の方向「国策研究会週報」 5(18) 1943.5
◇新国民動員計画の編成方針（鶴島瑞夫）「国策研究会週報」 5(19) 1943.5
◇勤労者生活の実態を探る（藤田敬三）「国策研究会週報」 5(20) 1943.5
◇徴用工問題と勤労管理（佐藤正義）「国策研究会週報」 5(20) 1943.5
◇新産業整備と労務の再編成に就て（山田栄一）「国策研究会週報」 5(21) 1943.5
◇勤労の新理念と生産増強課題の充足（後藤清）「社会政策時報」 272 1943.5
◇航空機工業の労務事情と勤労施策（富沢喜一）「社会政策時報」 272 1943.5
◇皇国勤労観と経営労働者政策（藤林敬三）「社会政策時報」 272 1943.5
◇生産増強と勤労政策（持永義夫）「社会政策時報」 272 1943.5
◇生産増強と勤労配置政策（鶴島瑞夫）「社会政策時報」 272 1943.5

◇生産増強と賃金（鈴木規一）「社会政策時報」 272 1943.5
◇炭鉱に於ける勤労対策の重点（坂田進）「社会政策時報」 272 1943.5
◇徴用の法的意義（中川一郎）「社会政策時報」 272 1943.5
◇鉄鋼業労務事情（鱸平亮）「社会政策時報」 272 1943.5
◇旧英領マライに於ける民族別産業労働事情に就いて（雪山慶正）「人口問題研究」 4(5) 1943.5
◇重工業工場の半島人労務者訓練並に管理状況「内外労働週報」 554 1943.5
◇転業労務の活用に関する重産協の協力方針「内外労働週報」 554 1943.5
◇転業の特殊性より観たる勤労管理刷新方策「内外労働週報」 555 1943.5
◇財団法人国民徴用援護会の設立と其の役員「内外労働週報」 557 1943.5
◇大日本労務報国会の登録及動員配置規定成る「内外労働週報」 557 1943.5
◇日傭労務者の手帳制及就労統制に関する通牒「内外労働週報」 557 1943.5
◇昭和十八年度国民動員実施計画に就て「内務厚生時報」 8(5) 1943.5
◇国民動員の諸問題（美濃口時次郎）「汎交通 帝国鉄道協会誌」 44(5) 1943.5
◇国民組織の基本問題（細川亀市）「科学主義工業」 7(6) 1943.6
◇今次企業整備に伴ふ労務転換への一考察（調査部）「国策研究会週報」 5(25) 1943.6
◇生活費は何処まで切下ぐべきか（戦時生活局）「市政週報」 214 1943.6
◇国民職業指導所常任連絡委員制に就いて「職業時報」 6(6) 1943.6
◇労務配置統制に関する一つの判決（後藤清）「職業時報」 6(6) 1943.6
◇大量生産達成の方途（特集）「東洋経済新報」 2076 1943.6
◇学校卒業者使用制限に関する事務取扱要綱「内外労働週報」 558 1943.6
◇学校卒業者使用制限に関する事務取扱要綱（内外労働研究所）「内外労働週報」 558 1943.6
◇総動員法労務関係六勅令改正案要綱決定す（内外労働研究所）「内外労働週報」 558 1943.6
◇総動員法労務関係六勅令改正案要綱決定す「内外労働週報」 558 1943.6
◇改正労災扶助責任保険法の全面的実施に就いて「内外労働週報」 559 1943.6
◇大日本労務報国会の創立とその事業計画「内外労働週報」 559 1943.6
◇大日本労務報国会の創立と其の事業計画（内外労働研究所）「内外労働週報」 559 1943.6
◇勤労報国隊の刷新強化に関する関係当局の通牒（内外労働研究所）「内外労働週報」 560 1943.6
◇勤労報国隊の刷新強化に関する関係当局の通牒「内外労働週報」 560 1943.6
◇某重要工場の工員従業規則及給与関係規定（内外労働研究所）「内外労働週報」 560 1943.6
◇某重要工場の行員従業規則及給与関係規程「内外労働週報」 560 1943.6
◇工場法戦時特例関係令及就業時間制限令の廃止（内外労働研究所）「内外労働週報」 561 1943.6
◇勤労関係総動員法勅令の改正に就て「内務厚生時報」 8(6) 1943.6
◇財団法人国民徴用援護会の設立に就いて「内務厚生時報」 8(6) 1943.6

◇国民動員の新段階(山内隆一)「科学主義工業」 7(7) 1943.7
◇国民動員の強化と徴用援護(持永義夫)「斯民」 38(7) 1943.7
◇工鉱業労働者の労働最適年齢に関する若干の研究(籠山京)「社会政策時報」 274 1943.7
◇女子労務動員問題に関する懇談会「商工経済」 16(1) 1943.7
◇勤労力の集中と分散に就て(石原義治)「職業時報」 6(7) 1943.7
◇賃金統制令及国民勤労報国令中改正勅令「内外労働週報」 562 1943.7
◇労務調整令中改正に関する勅令と其の解説「内外労働週報」 562 1943.7
◇賃金統制令施行規則の改正と運用方針「内外労働週報」 563 1943.7
◇産報中央本部の企業整備協力要綱の内容「内外労働週報」 564 1943.7
◇統制会に対する勤労行政職権委譲関係「内外労働週報」 564 1943.7
◇労務供給事業の請負料の公定と違反防止方策「内外労働週報」 564 1943.7
◇労務調整令施行規則中改正省令と其の解説「内外労働週報」 564 1943.7
◇勤労行政職権委譲令期に基く指示通牒案「内外労働週報」 565 1943.7
◇戦時衣生活簡素化実施要綱について(厚生省生活局)「内務厚生時報」 8(7) 1943.7
◇大日本労務報国会の創立(厚生省生活局)「内務厚生時報」 8(7) 1943.7
◇統制会に対する勤労行政職権委譲に就て(厚生省勤労局)「内務厚生時報」 8(7) 1943.7
◇食糧増産と学徒動員「農林時報」 3(13) 1943.7
◇法定推定家督相続順位と家の観念(於保不二雄)「法学論叢(京都帝国大学法学会)」 49(1) 1943.7
◇家族制度と家族主義(1)(戒能通孝)「法律時報」 15(7) 1943.7
◇勤労根本法と雇傭契約概念(後藤清)「法律時報」 15(7) 1943.7
◇戦力増強の労務動員体制(菊池勇夫)「法律時報」 15(7) 1943.7
◇明治二十年代に於けるわが紡績業労働者の移動現象に就いて(藤林敬三)「三田学会雑誌」 37(7) 1943.7
◇学徒戦時動員体制について(岡部長景)「文部時報」 794 1943.7
◇学徒の集団勤労作業について(高橋貞照)「文部時報」 794 1943.7
◇決戦下の労務動員(特集)「経済毎日」 21(26) 1943.8
◇戦争と女子勤労者の進出に就て(石原義治)「厚生事業」 27(7) 1943.8
◇ブルガリアの労働奉仕制度「厚生事業研究」 31(8) 1943.8
◇勤労管理上緊急施策を要すべき工場厚生施設(乗富丈夫)「厚生問題」 27(8) 1943.8
◇重要産業に於ける勤労者用物資配給問題「国策研究会週報」 5(33) 1943.8
◇学徒動員の現況並にその将来「国策研究会週報」 5(35) 1943.8
◇勤労管理に於ける意志疎通(後藤清)「社会政策時報」 275 1943.8
◇第八十二議会に於ける労務問題「職業時報」 6(8) 1943.8
◇労働力の増産と厚生問題(松村勝治郎)「人口問題」 6(1) 1943.8
◇勤労報国隊の運営及指導に関する関係当局通牒「内外労働週報」 566 1943.8
◇産報中央本部の勤労隊組織運営方針決定す「内外労働週報」 566 1943.8
◇勤労行政職権委譲等に関する勤労局長通牒「内外労働週報」 567 1943.8
◇国民徴用令中改正令の主要点と改正条項「内外労働週報」 567 1943.8

◇国民勤労報国協力令施行規則中改正と作業の標準案「内外労働週報」 568 1943.8
◇国民徴用令施行規則及同関係省令中の改正「内外労働週報」 569 1943.8
◇企業整備と生活の切替(籠山京)「日本評論」 18(8) 1943.8
◇企業整備と労務対策(田中精一)「日本評論」 18(8) 1943.8
◇勤労新体制と企業新体制(桂泉)「日本評論」 18(8) 1943.8
◇産業報国運動の本義(小畑忠良)「日本評論」 18(8) 1943.8
◇家族制度と家族主義(2・完)(戒能通孝)「法律時報」 15(8) 1943.8
◇在満其鉄道工場に於ける電気熔接作業の職業性障害調査(松井毅[ほか])「労働科学」 20(8) 1943.8
◇戦時国民生活の簡素化(特集)「経済毎日」 21(30) 1943.9
◇国民徴用の進展(内藤勝)「警察研究」 19(9) 1943.9
◇決戦下国民生活の課題(大久保満彦)「厚生事業研究」 31(9) 1943.9
◇部落に於ける兼業収入について(片岡誠)「厚生問題」 27(9) 1943.9
◇勤労者用物資配給の経緯と中央機関設置の問題「国策研究会週報」 5(38) 1943.9
◇決戦衣料生活の確立へ(繊維局)「商工通報」 77 1943.9
◇勤労行政職権委譲について(厚生省勤労局)「職業時報」 6(9) 1943.9
◇大政翼賛会の勤労報国隊運営要領決定す「内外労働週報」 570 1943.9
◇川崎航空機明石工場に於ける勤労管理の実例「内外労働週報」 571 1943.9
◇徴用工員に対する表彰及懲罰に関する意見「内外労働週報」 571 1943.9
◇国民徴用援護会の補給規定取扱心得の内容「内外労働週報」 572 1943.9
◇大政翼賛会の勤労青少年輔導練成調査報告書「内外労働週報」 573 1943.9
◇管理工場事業主の徴用と応徴者の服務紀律(厚生省)「内務厚生時報」 8(9) 1943.9
◇青少年労務者組織に関する調査報告(瀬川良夫)「労働科学」 20(9) 1943.9
◇適性検査による職場配置の研究(2)(化学工業)(金子秀彬)「労働科学」 20(9) 1943.9
◇適性検査による職場配置の研究(2)(機械工業)(鈴木達也)「労働科学」 20(9) 1943.9
◇決戦生産動員(座談会)(野田信夫[ほか])「科学主義工業」 7(10) 1943.10
◇法文経系学徒の動員方策(藤沢威雄)「教育」 11(10) 1943.10
◇国民徴用の現断面「経済毎日」 21(32) 1943.10
◇産業報国運動論(三輪壽壯)「経済毎日」 21(32) 1943.10
◇決戦 勤労態勢の確立「経済毎日」 21(33) 1943.10
◇国民動員の徹底強化とその実践上の諸問題「国策研究会週報」 5(42) 1943.10
◇決戦勤労体制確立への推進(特輯)「国策研究会週報」 5(43) 1943.10
◇戦時日傭労務者対策(堤市則)「社会政策時報」 277 1943.10
◇決戦勤労態勢の確立(情報局)「週報 官報附録」 364 1943.10
◇国民動員の徹底へ(小泉親彦)「職業時報」 6(10) 1943.10
◇男子従業等禁止職種質疑応答集(厚生省勤労局)「職業時報」 6(10) 1943.10
◇男子従業禁止職種及女子勤労動員促進方針「内外労働週報」 574 1943.10

◇賃金形態小論 (上) (金子美雄)「内外労働週報」 574 1943.10

◇勤労根本法廷に関する各地方勤協の答申「内外労働週報」 575 1943.10

◇男子従業等禁止制限職能の具体的事例の支持「内外労働週報」 575 1943.10

◇賃金形態小論 (中) (金子美雄)「内外労働週報」 575 1943.10

◇賃金形態小論 (下) (金子美雄)「内外労働週報」 576 1943.10

◇大阪及兵庫両当局の男子従業等禁止制限運用方針「内外労働週報」 577 1943.10

◇戦時勤労管理機構論 (上) (小川孝)「内外労働週報」 577 1943.10

◇女子職場配置の研究と職員・労務者の比率「内外労働週報」 578 1943.10

◇戦時勤労管理機構論 (下) (小川孝)「内外労働週報」 578 1943.10

◇男子就業の制限禁止と女子労務員の推進に就いて (厚生省)「内務厚生時報」 8(10) 1943.10

◇学徒勤労報国隊 (菊池麟平)「科学主義工業」 7(11) 1943.11

◇独英両国の労務動員「経済毎日」 21(34) 1943.11

◇朝鮮人労務者内地移動の原因に就て (坪内庄次)「人口問題」 6(2) 1943.11

◇女の勤労動員と勤労管理の使命 (中西実)「地方行政」 51(11) 1943.11

◇某社川崎工場の改正賃金制度と工員従業規則「内外労働週報」 581 1943.11

◇厚生省勤労局作成の女子の勤労管理の指針 (内外労働研究所)「内外労働週報」 582 1943.11

◇女子勤労動員の促進に関する具体的実施綱目「内務厚生時報」 8(11) 1943.11

◇生活物資局の創設 (生活物資局)「農商時報」 3(21) 1943.11

◇女子動員と進出作業分野 (調査)「経済毎日」 21(38) 1943.12

◇雇の性質 (佐々木惣一)「公法雑誌」 9(12) 1943.12

◇敵米・英の女子動員の現状「国策研究会週報」 5(50) 1943.12

◇決戦生産体制と賃金政策の課題 (大橋静市)「社会政策時報」 279 1943.12

◇男子就業禁止と女子代替 (本多松平)「社会政策時報」 279 1943.12

◇交戦各国の国民動員の概況と我が総動員態勢 (船田中)「商工経済」 16(6) 1943.12

◇ドイツの現行法規より見たる軍務応召の場合に於ける従業員の労務関係 (田川定)「商工経済」 16(6) 1943.12

◇企業整備と労務対策 (奥村忠雄)「統制経済」 7(6) 1943.12

◇徴用推進上の諸問題「東洋経済新報」 2101 1943.12

◇産報組合組織機能強化方策に関する代表的意見 (森田良雄 [ほか])「内外労働週報」 583 1943.12

◇女子勤労挺身隊を中心とする勤労管理の具体策「内外労働週報」 585 1943.12

◇某社の職員従業規則及職員給与関係諸規定「内外労働週報」 586 1943.12

◇学徒の集団勤労作業に就て (高橋真照)「文部時報」 804 1943.12

◇某鉱山における食生活調査並に指導報告 (近藤とし子)「労働科学」 20(12) 1943.12

◇生産増強と厚生問題：戦時労務者厚生の諸問題 (竹中勝男)「厚生事業研究」 32(1) 1944.1

◇応徴士の指導に就て (村上虎雄)「厚生問題」 28(1) 1944.1

◇女子勤労管理指針 (1) (厚生省勤労管理課)「厚生問題」 28(1) 1944.1

◇労務定員制確立の提唱 (山田栄一)「国策研究会週報」 6(3) 1944.1

◇戦時下の国民生活を語る (河合良成 [ほか])「国策研究会週報」 217 1944.1

◇多量生産と勤労統制問題 (後藤清)「社会政策時報」 280 1944.1

◇労務管理機構に就いて (大塚好)「社会政策時報」 280 1944.1

◇国民動員強化と女子勤労挺身隊の結成 (森田孝)「帝国教育」 783 1944.1

◇経済協同体への労務管理 (森戸辰男)「統制経済」 8(1) 1944.1

◇労務管理の実情を視る (1) 関西地方「東洋経済新報」 2105 1944.1

◇戦時下都民生活と都民の覚悟 (桜井安右衛門)「都市公論」 27(1) 1944.1

◇軍需会社法施行令規と軍需会社徴用規則「内外労働週報」 587 1944.1

◇新潟鉄工所○○工場の女子事務員訓育状況―女子の特性に即応し配置の適正化と教養の工場を期す―(内外労働研究所)「内外労働週報」 587 1944.1

◇東京地方勤労協議会成案の健康管理要綱「内外労働週報」 589 1944.1

◇緊急国民及学徒勤労動員方策要綱決定す「内外労働週報」 590 1944.1

◇女子勤労挺身隊の派遣及受入に関する手続方法「内外労働週報」 590 1944.1

◇生活の戦力化 (座談会) (鈴木舞一 [ほか])「日本評論」 19(1) 1944.1

◇資材労務の節約と科学技術 (大河内正敏)「科学主義工業」 8(2) 1944.2

◇徴用制度の基礎と運用 (河野密)「科学主義工業」 8(2) 1944.2

◇労働の本義と徴用問題 (本位田祥男)「科学主義工業」 8(2) 1944.2

◇女子勤労挺身隊の記録 (畑田清之助)「教育」 12(2) 1944.2

◇戦時国民生活の意義 (住田正一)「経済毎日」 22(4) 1944.2

◇決戦下における女子勤労動員の進展 (氷室吉平)「厚生問題」 28(2) 1944.2

◇女子勤労管理指針 (2) (厚生省勤労局管理課)「厚生問題」 28(2) 1944.2

◇勤労問題と国民生活問題の論点「国策研究会週報」 6(8) 1944.2

◇知識階級の徴用問題 (国民動員問題大阪座談会) (荒川貞次郎 [ほか])「国策研究会週報」 221 1944.2

◇徴用問題の現段階と今後 (座談会) (秋田実 [ほか])「国策研究会週報」 221 1944.2

◇徴用問題の新展開 (乗富丈夫)「社会政策時報」 281 1944.2

◇賃金問題の帰趨 (藤林敬三)「社会政策時報」 281 1944.2

◇生産増強と労働生産性 (岸本誠二郎)「社会保険時報」 18(2) 1944.2

◇厚生省勤労局の労務者生活状態調査の概要「内外労働週報」 592 1944.2

◇厚生省勤労局調査の労務者収入と消費者生活 (細川福次)「内外労働週報」 594 1944.2

◇国民職業能力申告令改正に伴ふ関係令規及告示「内外労働週報」 594 1944.2

◇衆議院予算委員会に於ける勤労問題の論議 (中)「内外労働週報」 594 1944.2

◇緊急国民勤労動員方策要綱決定に就いて (内務省厚生省)「内務厚生時報」 9(2) 1944.2

◇僧侶勤労動員実施に就て (内務省厚生省)「内務厚生時報」 9(2) 1944.2

◇戦争と組織労働 (山中篤太郎)「一橋論叢」 13(2) 1944.2

◇決戦生活論 (蜷川虎三)「改造」 26(3) 1944.3

◇決戦的労務再配置問題 (特輯)「経済毎日」 22(5) 1944.3

◇交替操業制実施の現状と労務の再配置 -特に航空関係工業を中心として-(国策研究会調査部)「国策研究会週報」 6(13) 1944.3

◇ドイツ労働関係法草案 (1) (後藤清)「社会政策時報」 282 1944.3

◇応徴援護の諸問題(加藤精三)「商工経済」 17(3) 1944.3

◇ドイツに於ける外国人非農労務者の配置問題(田川定)「商工経済」 17(3) 1944.3

◇国民登録の一元的確立について(氷室吉平)「職業時報」 7(3) 1944.3

◇女子勤労挺身隊の出動(栗栖幸男)「職業時報」 7(3) 1944.3

◇戦時下独逸賃金政策の発展(其の2)「東洋経済統計月報」 6(3) 1944.3

◇衆議院予算委員会に於ける勤労問題の論議(3・完)「内外労働週報」 595 1944.3

◇警視庁の地域別女子勤労挺身隊の結成並に動員要綱「内外労働週報」 597 1944.3

◇重産協の徴用制度及女子挺身隊に関する意見「内外労働週報」 597 1944.3

◇勤労昂揚方策と女子挺身隊強化方策要綱「内外労働週報」 599 1944.3

◇緊急学徒勤労動員方策要綱に就て(中根秀雄)「文部時報」 809 1944.3

◇労務管理の焦点(毎日新聞社)「経済毎日」 22(8) 1944.4

◇現下の労務対策と管理上の諸問題(国策研究会)「国策研究会週報」 6(8) 1944.4

◇勤労者用食糧配給の現状と其の問題点(本会調査部)「国策研究会週報」 6(15) 1944.4

◇職階制の確立と運用の諸問題(国策研究会)「国策研究会週報」 6(16) 1944.4

◇生産増強と勤労動員(平田富太郎)「社会政策時報」 283 1944.4

◇ドイツ労働関係法草案(後藤清)「社会政策時報」 283 1944.4

◇戦争経済体制と労務政策の課題(奥村忠雄)「商工組合」 1(3) 1944.4

◇軍需会社徴用規則解説「職業時報」 7(4) 1944.4

◇決戦勤労動員の基本問題「職業時報」 7(4) 1944.4

◇国民勤労動員署の設置について「職業時報」 7(4) 1944.4

◇学徒動員と教育(大室貞一郎)「帝国教育」 786 1944.4

◇学徒動員要綱に基く学校別学徒動員基準(内外労働研究所)「内外労働週報」 600 1944.4

◇東洋ベアリングの女子勤労管理態勢の全貌(1)(内外労働研究所)「内外労働週報」 601 1944.4

◇経連の企業整備労務対策に関する意見(下)(内外労働研究所)「内外労働週報」 603 1944.4

◇女子挺身隊制度の強化に就て「内務厚生時報」 9(4) 1944.4

◇戦時最低生活費(調査)(鈴木鴻一郎)「日本評論」 19(4) 1944.4

◇決戦下の学徒動員(岡部長景)「文部時報」 811 1944.4

◇学徒動員の基準(中根秀雄)「文部時報」 812 1944.4

◇学徒の非常動員に就て(藤野恵)「文部時報」 812 1944.4

◇某化学工場に於ける賃金並に生活事情調査報告(1)(安藤政吉[ほか])「労働科学」 21(3・4) 1944.4

◇某化学工場に於ける賃金並に生活事情調査報告(2)(安藤政吉[ほか])「労働科学」 21(3・4) 1944.4

◇某化学工場に於ける賃金並に生活事情調査報告(3)(安藤政吉[ほか])「労働科学」 21(3・4) 1944.4

◇某化学工場に於ける賃金並に生活事情調査報告(4)(安藤政吉[ほか])「労働科学」 21(3・4) 1944.4

◇適正配置論(藤本喜八)「改造」 3(5) 1944.5

◇勤労統率組織論(清水伸)「科学主義工業」 8(5) 1944.5

◇決戦生産と勤労統率組織(佐藤富治)「科学主義工業」 8(5) 1944.5

◇工員月給制の吟味(生産指標)(山本春男)「科学主義工業」 8(5) 1944.5

◇女子勤労の指導(桐原葆見)「科学主義工業」 8(5) 1944.5

◇勤労と生産管理(山城章)「経済毎日」 22(9) 1944.5

◇勤労衛生対策の重点と生活指導(籠山京)「厚生問題」 28(5) 1944.5

◇独逸戦時労働政策の発展「国策研究会週報」 237 1944.5

◇勤労統計調査の趣旨と範囲(林寿)「統計集誌」 753 1944.5

◇勤労統計の新発足(中山照夫)「統計集誌」 753 1944.5

◇勤労統計調査の内容とその意義「東洋経済新報」 2121 1944.5

◇新規徴用一時停止の建議「東洋経済新報」 2123 1944.5

◇被徴用者等勤労援護強化要綱について(厚生省勤労局)「内務厚生時報」 9(5) 1944.5

◇高次勤労動員と職階制(平田富太郎)「日本評論」 19(5) 1944.5

◇戦時最低生活費(調査)(鈴木鴻一郎)「日本評論」 19(5) 1944.5

◇女子挺身隊に寄する談(内藤濯)「一橋論叢」 13(5) 1944.5

◇学徒動員の実施要領(中根秀雄)「文部時報」 313 1944.5

◇決戦 食生活(杉靖三郎)「改造」 3(6) 1944.6

◇総力戦の現段階と勤労問題(大橋静市)「科学主義工業」 8(6) 1944.6

◇労学一体の構想(乗富丈夫)「科学主義工業」 8(6) 1944.6

◇勤労昂揚方策とその基礎条件—経営社会政策の重要性と限界に関する若干の考察(森戸辰男)「厚生問題」 28(6) 1944.6

◇勤労昂揚方策に於ける生活の問題(藤林敬三)「厚生問題」 28(6) 1944.6

◇工場労務者の住み方の実状に就て(駒田榮子)「厚生問題」 28(6) 1944.6

◇女子動員の展開過程(1)-女子動員強化と女子労働の特質「国策研究会週報」 6(23) 1944.6

◇女子挺身隊の動員強化-女子勤労動員の展開過程(3)「国策研究会週報」 6(25) 1944.6

◇勤労女性指導訓育の重点-女子勤労動員の展開過程(2)「国策研究会週報」 6(26) 1944.6

◇勤労動員の現段階と其の限界(美濃口時次郎)「国土計画」 3(2) 1944.6

◇生産者と消費者(紀平正美)「財政」 9(6) 1944.6

◇決戦勤労管理の構造(廣崎真八郎)「社会政策時報」 285 1944.6

◇賃金制の否定と給与制の確立(中川一郎)「社会政策時報」 285 1944.6

◇学徒の勤労動員及び配置(木田徹郎)「職業時報」 7(5) 1944.6

◇女子挺身隊制度強化方策要綱「職業時報」 7(5) 1944.6

◇「ナチス労務配置政策の発展」及「労働者政策基本問題」(後藤清)「職業時報」 7(5) 1944.6

◇緊急学徒勤労動員方策要綱/皇国勤労体制参考資料「都市問題」 38(6) 1944.6

◇緊急国民勤労動員方策要綱/皇国勤労体制参考資料「都市問題」 38(6) 1944.6

◇勤労化新体制と集団構成(松本潤一郎)「都市問題」 38(6) 1944.6

◇勤労新体制確立要綱/皇国勤労体制参考資料「都市問題」 38(6) 1944.6

◇決戦非常措置要綱に基く学徒動員実施要綱/皇国勤労体制参考資料「都市問題」 38(6) 1944.6

◇決戦非常措置要綱(抜粋)/皇国勤労体制参考資料「都市問題」 38(6) 1944.6

◇女子勤労動員の促進に関する件/皇国勤労体制参考資料「都市問題」 38(6) 1944.6

◇女子勤労動員の問題(河野密)「都市問題」 38(6) 1944.6

◇女子挺身隊制度強化方策要綱/皇国勤労体制参考資料「都市問題」 38(6) 1944.6

◇勤労統計調査に就て「都政週報」 44 1944.6
◇学徒動員の諸問題(生産指標)(山本春男)「科学主義工業」 8(7) 1944.7
◇技術組織と勤労組織(中林貞男)「科学主義工業」 8(7) 1944.7
◇現場技術の隘路打開と職制組織の推進(渡邊泰造)「科学主義工業」 8(7) 1944.7
◇現有設備と現有労務活用の急務(河野道男)「科学主義工業」 8(7) 1944.7
◇生産能率と労務管理(相沢次郎)「科学主義工業」 8(7) 1944.7
◇学徒動員をめぐる諸問題(2):学徒勤労動員の基本動向(2)「国策研究会週報」 6(27) 1944.7
◇家庭婦人動員と隣組工場-女子勤労動員の展開処理(5)「国策研究会週報」 6(28) 1944.7
◇調査研究の総動員(金森徳次郎)「国策研究会週報」 6(28) 1944.7
◇生計費の推定―配給量を基礎とする―(近藤直人)「財政」 9(7) 1944.7
◇決戦下の勤労問題(座談会)「社会政策時報」 286 1944.7
◇戦力増強と女子勤労(美濃口時次郎)「社会政策時報」 286 1944.7
◇工場食の確立(山岸晟)「商工経済」 17(7) 1944.7
◇女子挺身隊による勤労協力に関する勅令要綱「職業時報」 7(6) 1944.7
◇被徴用者等勤労援護強化要綱について「職業時報」 7(6) 1944.7
◇リヒタアの労働統計汎論(郡菊之助)「大日本統計協会雑誌」 1 1944.7
◇女子労務者の健康管理(所輝夫)「労働科学」 21(6) 1944.7
◇学徒と挺身隊の運用方策(福永健司)「科学主義工業」 8(8) 1944.8
◇家庭工場化の問題を廻つて(山本一雄)「厚生問題」 28(8) 1944.8
◇決戦生産態勢確立の緊急課題「国策研究会週報」 6(32) 1944.8
◇戦ふ朝鮮の労務問題(永丘智太郎)「国策研究会週報」 6(32) 1944.8
◇学徒勤労管理論(近藤文二)「社会政策時報」 287 1944.8
◇大陸労働者問題について(小泉幸之輔)「社会政策時報」 287 1944.8
◇受入側から見た学徒の勤労協力(野田信夫)「大日本教育」 790 1944.8
◇学徒動員と厚生施設(三好豊太郎)「大日本教育」 790 1944.8
◇学徒動員の成果とその諸問題(寺中作雄)「大日本教育」 790 1944.8
◇賃銀統計の取扱ひに就て(米澤治文,針岡信男)「大日本統計協会雑誌」 2 1944.8
◇戦時最低賃金と国民生活論(森耕二郎)「経済学研究」 12(2) 1944.8
◇戦時労務行政機構の改革(原龍之助)「経済学雑誌」 15(3) 1944.9
◇学徒動員半年の反省「国策研究会週報」 6(39) 1944.9
◇大阪府潜在労力発揚中の現状「国策研究会週報」 6(40) 1944.9
◇日傭労務者の賃金統制(奥谷松治)「社会政策時報」 288 1944.9
◇国民徴用制度改革の必要「東洋経済新報」 2138 1944.9
◇女子挺身勤労の強化「東洋経済新報」 2139 1944.9
◇全国要員制実施の具体策「東洋経済新報」 2140 1944.9
◇勤労動員体制の強化―学徒勤労令・女子挺身勤労令並各庁職員勤労動員令の解説(津曲蔵之丞)「法律時報」 16(9) 1944.9
◇勤労動員と国民運動の新展開(三輪寿壮)「法律時報」 16(9) 1944.9
◇決戦勤労動員の相貌(富樫總一)「法律時報」 16(9) 1944.9
◇国民徴用制度と勤労動員(後藤清)「法律時報」 16(9) 1944.9

◇労務配置に於ける当面の問題(菊池勇夫)「法律時報」 16(9) 1944.9
◇学徒勤労の反省(中根秀雄)「文部時報」 817 1944.9
◇給与制度に関する新しき構想(暉峻義等)「労働科学」 21(7) 1944.9
◇日本的給与制度細目(安藤政吉)「労働科学」 21(7) 1944.9
◇日本的給与制度大綱(安藤政吉)「労働科学」 21(7) 1944.9
◇日傭労務者の問題「経済毎日」 22(10) 1944.10
◇戦時英国の労働不安(水上鉄次郎)「社会政策時報」 289 1944.10
◇学徒勤労の現状と課題(座談会)(大河内一男[ほか])「日本評論」 19(10) 1944.10
◇学徒勤労令に就て(田中二郎)「法学協会雑誌」 62(10) 1944.10
◇学徒勤労令解説(寺中作雄)「文部時報」 818 1944.10
◇日傭労務者の実情と対策の方向「国策研究会週報」 6(47) 1944.11
◇決戦勤労政策の課題(大橋静市)「国策研究会週報」 6(48) 1944.11
◇賃金及び労務の統制「東洋経済新報」 2147 1944.11
◇勤労関係の体制的把握(吾妻光俊)「法律時報」 16(11) 1944.11
◇港湾荷役と日傭労務(蒲章)「法律時報」 16(11) 1944.11
◇日傭労務者の特異点―荷役作業労務面からの触目―(喜多壮一郎)「法律時報」 16(11) 1944.11
◇日傭労務者の問題(河野密)「法律時報」 16(11) 1944.11
◇日傭労務対策に就て(江下孝)「法律時報」 16(11) 1944.11
◇勤労学徒の生活指導(三橋逢吉)「文部時報」 819 1944.11
◇勤労学徒の保健衛生「文部時報」 819 1944.11
◇女子勤労動員と生活管理(広崎真八郎)「日本評論」 19(12) 1944.12

【図　書】
◇太政官達 店賃給金等相対ニテ取極ノ事ノ神奈川県庁触(神奈川県庁編) 1872.9 1p 23cm
◇社会問題解釈法(安部磯雄著)　東京専門学校出版部 1901.4 4,12,454p 23cm　早稲田叢書
◇庁府県工場及職工取締ニ関スル規則(農商務省商工局編) 1902.12 9,316p 22cm
◇鉱夫待遇事例([農商務省]編) 1908.1 2,270p 26cm
◇鉄道院職員救済組合詳説(鉄道院保健課編) 1909.6 92,42p 23cm
◇東京学(石川天崖著)　育成会 1909.6 24,541p 23cm
◇労働者保護法論(関一著)　隆文館 1910.3 2,6,472p 23cm　最近経済問題
◇婦人問題(河田嗣郎著)　隆文館 1910.9 4,2,502p 23cm　最近経済問題
◇白耳義国労働者ノ生計状態(生産調査会編) 1912.1 3,2,192p 22cm
◇消費組合ノ調査(東京高等商業学校編) 1912.4 2,2,103p 23cm 調査部第2回報告
◇米国労働者ノ生計状態(生産調査会編) 1912.6 1冊 23cm
◇労働組合ニ就テ　謄写版(東亜経済調査局編) 1913 2,30p 26cm
◇普国官営労働者植民概要(台湾総督府民政部殖産局編) 1914.3 3,34p 22cm　殖産局出版
◇労働問題及サンディカリズム(安部磯雄訳,大日本文明協会編) 1914.6 1冊 23cm
◇帝国労働自衛協会設立趣意書:附 提唱、会則(後藤新平著) 1916.9 9,26p 19cm
◇独逸戦時に於ける地方労力の分配(内務省地方局編) 1917.3 2,3,205p 22cm　戦時列国地方資料
◇貧乏物語　改訂第16版(河上肇著)　弘文堂書房 1918.6 9,324p

19cm
◇独乙ノ職業組織(ゲオルグ・ノイハウス著,岡田甲子之助訳)　大日本文明協会事務所　1918.11 1冊 19cm
◇協調会要覧(協調会編)　1919 72p 15cm
◇失業保護問題要領(内務省地方局編)　1919 4,31p 19cm
◇社会問題(エヅラ・セーヤー・タウン著,堀江朔訳,大日本文明協会編)　1919.1 1冊 20cm
◇社会問題管見　9版(河上肇著)　弘文堂書房　1919.1 3,452p 20cm
◇社会問題及社会運動　3版(河田嗣郎著)　岩波書店　1919.6 1冊 23cm
◇日本社会及都市問題(田尻稲次郎著)　明治出版社　1919.11 11,284p 24cm
◇欧米労働問題(窪田文三著)　丁未出版社　1919.12 39,786p 23cm
◇支那労働者研究(小山清次著)　東亜実進社　1919.12 9,22,456p 22cm　続支那研究叢書
◇失業保護ニ関スル施設要綱(内務省地方局編)　1920 57p 19cm
◇労働組合運動史(シドニー・ウエッブ著,ビアトリス・ウエッブ著,荒畑勝三訳,山川均訳)　叢文閣　1920.2 526p 23cm
◇労働問題概況(大阪府警察研究会編)　1920.2 106,30p 22cm　研究資料
◇各国労働組合法及労働争議取締法(内務省警保局編)　1920.3 2,6,180p 22cm
◇国際労働会議報告書　第1回(外務省編)　1920.4 9,311,60p 26cm
◇労働問題研究(河合栄治郎著)　岩波書店　1920.4 648,95p 23cm
◇欧洲最近の社会問題(桑田熊蔵著)　有斐閣　1920.5 1冊 23cm
◇生理学上より観たる労働者問題(Frederic S.Lee,暉峻義等訳)　大鐙閣　1920.6 1冊 20cm
◇労使協調の鍵(クアパウ著,下条康麿訳)　清水書店　1920.6 1冊 20cm
◇米国諸工場に於ける福利増進施設(協調会編)　1920.7 6,141p 22cm
◇消費組合論(トトミアンツ著)　大日本文明協会事務局　1920.11 1冊 20cm
◇労働者の待遇　国家と労働問題(ゲーリ述,南満洲鉄道株式会社総務部調査課訳)　1920.11 3,61p 22cm
◇職業紹介要覧(東京市社会局編)　1921 2,40p 23cm
◇職業上の地位内容例示　大正10年8月3日会議決定(主として国勢調査関係のものに適用)　謄写版(内閣統計局編)　1921 [254]p 27cm
◇国史上の社会問題　第3版(三浦周行著)　大鐙閣　1921.1 5,12,364p 22cm
◇国際労働会議報告書　第2回(外務省編)　1921.3 4,188,27p 26cm
◇賃金表　自明治33年 至大正9年上半期(農商務大臣官房統計課編)　1921.3 68p 26cm
◇府下各工場ニ於ケル職工ノ福利増進施設概要　大正10年2月15日現在(東京府商工課編)　1921.3 14,204p 23cm
◇英国工場委員会制度の実例(協調会編)　1921.5 4,143p 19cm　社会政策資料
◇内職に関する調査(東京市社会局編)　1921.5 2,8,74p 19cm
◇労働組合及使用者組合の法律上の責任(協調会編)　1921.6 4,79p 19cm　社会政策資料
◇労働調査報告　第9輯(大阪市社会部編)　1921.6 7,272p 22cm
◇労働調査　第1 鉱業労働ニ関スル調査(台湾総督府殖産局編)　1921.7 3,72p 22cm　殖産局出版
◇職工解雇ノ場合ニ於ケル待遇要(東京府商工課編)　1921.9 2,10,62p 22cm
◇全国処女婦人会の概況(内務省社会局[編])　内務省社会局 1921.10 2,5,380p 19cm

◇失業問題(アーサー・セシル・ピグー著,玉井茂訳)　有斐閣　1921.11 6,2,257p 19cm
◇米国工場被傭者福利増進事業(協調会編)　1921.11 2,202p 19cm　社会政策資料
◇英国賃銀協定局の活動(協調会編)　1921.12 5,2,125p 19cm　社会政策資料
◇欧米最近の労働問題(永井亨著)　1922 46p 23cm
◇米国職業紹介事業概況(中央職業紹介局編)　1922 4,130,18p 23cm　職業紹介資料
◇産業民主主義運動(林癸未夫著)　同人社書店　1922.3 3,8,480p 20cm
◇労働災害(村田岩次郎著)　中外文化協会　1922.3 1冊 20cm
◇社会運動と労銀制度　8版(福田徳三著)　改造社　1922.6 1冊 19cm
◇国際労働総会報告書　第3回(外務省編)　1922.7 10,312,55p 26cm
◇国際労働会議と最近各国立法(協調会編)　1922.8 4,5,45p 19cm　社会政策資料
◇職業指導資料　第1輯　智能検査ニ関スル報告(東京市社会局編)　1922.8 79p 22cm
◇米国失業調査会議報告(協調会編)　1922.9 344p 19cm　社会政策資料
◇紹介営業に関する調査(東京市社会局編)　1922.10 1冊 23cm
◇鉄道労働事情概要(協調会編)　1922.10 2,45p 23cm　労働事情調査報告
◇産業福利問題(永井亨著)　嚴松堂書店　1922.12 2,2,200p 19cm
◇戦後の失業問題(永井亨著)　嚴松堂書店　1922.12 2,4,251p 19cm
◇婦人及児童の夜業問題及児童の最低年齢(協調会編)　1922.12 41p 19cm　社会政策資料
◇労働問題と労働運動(永井亨著)　嚴松堂書店　1922.12 4,5,250p 19cm
◇消費組合論(黒川小六編)　協調会　1923.2 2,6,290p 19cm　社会政策資料
◇細民生計状態調査([内務省]社会局第二部編)　1923.3 6,117,18p 22cm
◇自由労働者に関する調査(東京市社会局編)　1923.3 5,3,172p 23cm
◇失業統計に就て(柳沢保恵著)　1923.4 18p 23cm
◇社会問題の研究(山田準次郎著)　南郊社　1923.5 2,7,468p 20cm
◇協調会事業一班(協調会編)　1923.6 7,7,147p 19cm
◇職業指導資料　第2輯　少年智能検査法ニ関スル研究報告(東京市社会局編)　1923.6 6,85p 22cm
◇夜間通学青少年労務者生活状態(名古屋市社会課編)　1923.6 2,78,8p 23cm　調査報告
◇労働問題帰趣　3版(藤原銀次郎著)　博文館　1923.7 1冊 23cm
◇会社及工場に於ける労働者の調査(朝鮮総督府内務局社会課編)　1923.8 1,2,62p 23cm
◇最近経済及社会問題之協調的解釈(神戸正雄著)　弘文堂書房　1923.10 5,3,263p 19cm
◇常備労働者生活状態(名古屋市社会課編)　1923.11 2,104,3p 23cm　調査報告
◇労働者問題　9版(ブレンターノ著,森戸辰男訳)　岩波書店　1923.11 7,5,375p 20cm
◇工場法研究　解釈論　前編　第4版(松沢清著)　有斐閣　1923.12 1冊 23cm
◇職工ノ福利増進施設概要(東京府編)　1923.12 2,8,205p 22cm
◇労資問題解決(秋守常太郎著)　東洋経済新報社出版部　1923.12 3,4,234p 19cm
◇大正12年労働委員会概況大正12年労働運動概況補遺附総目録:大正

◇13年1月調 謄写版([[内務省]社会局第一部編) 1924 23,7,46p 27cm
◇大正12年労働運動概況:大正13年1月調 第1冊 労働団体編 謄写版([[内務省]社会局第一部編) 1924 128p 26cm
◇大正12年労働運動概況:大正13年1月調 第2冊 労働争議編 謄写版([[内務省]社会局第一部編) 1924 217p 26cm
◇大正12年労働運動概況:大正13年1月調 第3冊 小作運動編 謄写版([[内務省]社会局第一部編) 1924 268p 26cm
◇食糧と社会(河田嗣郎著) 弘文堂書房 1924.1 2,5,323p 20cm
◇ツェントロサユーズ(全露消費組合中央聯合会)最近の業績(南満洲鉄道株式会社哈爾賓事務所調査課編) 1924.1 1冊 22cm 哈資料
◇最新社会問題十二講 47版(生田長江著,本間久雄著) 新潮社 1924.2 9,401,14p 20cm
◇英仏に於ける労働事情 中(協調会編) 1924.3 145p 22cm
◇関東大震災に於ける職業紹介成績(中央職業紹介事務局編) 1924.3 7,240p 26cm
◇商業労働ニ関スル調査(東京府産業部商工課編) 1924.3 18p 22cm
◇常備労働者生計費調査(名古屋市社会課編) 1924.3 18,75,67p 22cm 調査報告
◇震災ノ影響 其3 労銀(復興局経理部編) 1924.3 2,2,66p 22cm
◇独逸労働紹介法(中央職業紹介事務局編) 1924.3 2,42p 22cm
◇日傭労働者問題(大阪市社会部調査課編) 弘文堂書房 1924.3 4,324p 22cm
◇国際労働会議と日本(朝日新聞社編) 1924.4 16,501p 19cm
◇朝鮮人労働者問題(大阪市社会部調査課編) 弘文堂 1924.4 2,124p 22cm 労働調査報告
◇労働経済論 改訂5版(北沢新次郎著) 厳松堂書店 1924.4 1冊 23cm
◇ロバアト・オウエンより労働内閣までの英国労働史(沢田謙著) 大同洋行出版部 1924.4 5,6,457p 19cm
◇欧洲諸国ニ於ケル家族賃銀制度(鉄道省大臣官房現業調査課編) 1924.5 87p 18cm
◇工業:職名解説 第2(東京市中央職業紹介所編) 1924.6 38p 22cm 職業紹介事業ニ関スル参考資料
◇ナショナル・ギルド賃金制度及其全廃の研究(協調会編) 1924.6 3,3,504p 20cm
◇産業福利施設概要(協調会編) 1924.7 4,41p 22cm
◇職業指導 上巻(社会教育研究会編) 1924.7 2,8,322p 19cm
◇職業指導 下巻(社会教育研究会編) 1924.7 2,5,327p 19cm
◇東京に於ける機械工業の熟練職工とその仕上工並に旋盤工の賃金調査報告(北沢新次郎著) 大原社会問題研究所 1924.7 3,74p 22cm
◇阪神・京浜地方の朝鮮人労働者(朝鮮総督府編) 1924.7 2,66p 22cm 調査資料
◇職工名別解説 第3(東京市中央職業紹介所編) 1924.8 41p 22cm 職業紹介事業ニ関スル参考資料
◇露国に於ける労働需給関係(ミンツ著,戸泉憲溟訳,小山猛男訳,南満洲鉄道株式会社庶務部調査課編) 1924.8 1冊 22cm 露文翻訳 労農露国調査資料
◇本邦労働団体規約集(協調会情報課編) 1924.9 3,135p 19cm
◇労働運動の研究(安井英二著) 日本大学 1924.9 2,1,410p 23cm
◇職業指導(前田謹一郎著) 同文館 1924.10 4,8,207p 20cm
◇職工名別解説 第4(東京市中央職業紹介所編) 1924.11 41p 22cm 職業紹介事業ニ関スル参考資料
◇農村問題と社会理想(那須皓著) 岩波書店 1924.11 2,5,412p 20cm
◇労働組合運動(大阪市社会課編) 弘文堂 1924.11 386p 22cm
◇職業紹介法関係法規(中央職業紹介事務局編) 1924.12 3,97p 22cm
◇職業婦人に関する調査(東京市社会局編) 1924.12 4,3,270p 22cm
◇生活苦と職業問題:失業者に直面して(安田亀一著) 文省社 1924.12 1冊 20cm
◇全国自由労働者共済施設に関する調査(中央職業紹介事務局編) 1924.12 29p 22cm
◇労働法総論(孫田秀春著) 改造社 1924.12 6,8,325p 23cm
◇購買組合の経営(左子清道著) 1925 66p 22cm 産業組合講習録
◇国公有林従業林業労働者調 大正14年度(青森営林局編) 1925 2,130p 22cm
◇常備労働者生活調査(京都市社会課編) 1925 82p 23cm 調査報告
◇市立職業紹介所利用工場の一例(大阪市社会部調査課編) 1925 14p 23cm 労働調査報告
◇労働政論(大阪市電気局編) 1925 4,7,317p 22cm [大阪市電気局]参考資料
◇労働問題と労働政策(堀江帰一著) 日本評論社 1925 106p 22cm 「通俗経済講座」第7-12輯抜刷
◇乳児死亡の社会的原因(名古屋市社会課編) 1925.1 2,34,56p 22cm 調査報告
◇府下産業労働者福利増進施設調査概要(京都府工業聯合会編) 1925.1 336p 22cm
◇硝子製造従業者の労働と生活(大阪市社会部調査課編) 1925.2 116p 22cm 労働調査報告
◇支那に於ける労働争議調 1(南満州鉄道株式会社庶務部調査課編,中沢博則調) 1925.2 2,2,160p 26cm 調査報告書
◇主要工場就業規則集 大正14年版(協調会編) 1925.2 2,3,592p 22cm
◇職業紹介事業要覧 大正11年,大正12年(東京市中央職業紹介所編) 1925.2 2,4,86p 22cm
◇婦人自立の道(東京市社会局編) 1925.2 4,3,266p 22cm 東京市公刊図書
◇英国の職業紹介制度(内務省社会局第二部編) 1925.3 2,92p 23cm
◇失業経済(J.A.ホブソン著,今村源三郎訳) 大日本文明協会 1925.3 326p 21cm
◇社会問題体系 第1巻(河田嗣郎著) 有斐閣 1925.3 1冊 23cm
◇職業婦人生活状態調査(名古屋市社会課編) 1925.4 73,87p 22cm 調査報告
◇世界の脅威支那労働者及労働運動(長野朗著) 燕塵社 1925.4 6,404p 22cm
◇労働問題の見方(下田将美著) 日本評論社 1925.4 3,8,302p 18cm 通俗財政経済大系
◇社会問題研究 改訂(小泉信三著) 岩波書店 1925.5 2,2,582p 23cm
◇消費組合運動(シドニ・ウェッブ著,ビアトリス・ウェッブ著,山村喬訳) 同人社 1925.5 4,9,547p 23cm
◇消費組合発達史論:英国協同組合運動(ビアトリス・ポッター(ビアトリス・ウェッブ)著,久留間鮫造訳) 同人社書店 1925.5 330,13p 19cm
◇産業及職業分類の方法:国際労働統計会議(1923年自10月29日至11月2日)参考用トシテ作製シタル報告ノ翻訳(内閣統計局編) 1925.6 106p 22cm
◇欧洲社会問題の発達(フェルジナンド・テンニース著,安倍浩訳) 中外文化協会 1925.7 4,298p 19cm 中外文化協会定期刊行書
◇市街地購買組合に関する調査(産業組合中央会編) 1925.7 92p 23cm 産業組合調査資料
◇支那労働問題(宇高寧) 国際文化研究会 1925.8 4,744p 23cm
◇婦人問題研究(永井亨著) 岩波書店 1925.8 12,544p 23cm
◇刷子製造従業者の労働と生活(大阪市社会部調査課編) 1925.8

90p 22cm 労働調査報告
◇小学教育に現はれたる労働問題の扱ひ方(堀江弘之著) 紅玉堂書店 1925.9 1冊 20cm
◆本邦消費組合の現況(後藤貞治著) 1925.9 64,8p 22cm 大原社会問題研究所アルヒーフ
◇労働法案ニ関スル意見書(日本工業倶楽部編) 1925.9 [20]p 26cm
◇工場委員制度研究(南満州鉄道株式会社東亜経済調査局編) 1925.10 2,121,20p 23cm 経済資料
◇電車ストライキ 増補版(桑田次郎著) クラルテ社 1925.10 10,830p 19cm
◇労働運動と小作運動(那須皓著) 日本評論社 1925.10 11p 22cm 「通俗経済講座」第12輯抜刷
◆在支那紡績争議(内藤順太郎著) 東亜社 1925.11 2,249p 19cm
◇事業経営と労働(大阪市電気局編) 1925.11 1冊 22cm [大阪市電気局]参考資料
◇社会問題体系 第2巻(河田嗣郎著) 有斐閣 1925.11 1冊 23cm
◇新時代の工場監督者(協調会編) 1925.11 2,3p 19cm 福利施設資料
◇ウォード博士社会問題講演集(東京市編) 1925.12 127p 19cm
◇満洲ニ於ケル労働運動対策(二村光三著,南満洲鉄道株式会社庶務部社会課編) 1925.12 58p 23cm
◇労働統計実地調査 名古屋市結果概要 上編 事業票に依る分(名古屋市教育部社会課編) 1925.12 36,27p 22cm
◇我国ニ於ケル失業状態 謄写版(東京市統計課編) 1925.12 [26]p 26cm 東京市ノ状況
◇欧米各国ノ労働時間 第1(鉄道大臣官房現業調査編) 1926 1冊 19cm
◇欧米各国ノ労働時間 第2(鉄道大臣官房現業調査編) 1926 392p 19cm
◇大阪市労働共済会健康信用共済規程(大阪市労働共済会編) 1926 [10]p 26cm
◇大原社会問題研究所(大原社会問題研究所編) 1926 6,4p 19cm
◇鐘ヶ淵紡績株式会社東京転居ノ職工ニ対スル待遇(東京府編) 1926 11p 23cm
◇工場法 同改正法案 国際労働条約案 対照表 現行最低年齢ニ関スル規程 工業労働者最低年齢法案 国際労働条約案 対照表 1926 14,4p 26cm
◇小作調停ノ実績 謄写版(農林省農務局農政課編) 1926.1 6p 26cm
◇内職に関する調査(東京市社会局編) 1926.2 2,4,107p 22cm
◇1925年イギリス炭坑争義の意義(協調会編) 1926.3 58p 19cm
◇一九二五年に於ける各国労働界の情勢(協調会編) 1926.3 5,202p 19cm
◇給料生活者生活状態(広島市社会課編) 1926.3 4,71p 22cm 社会調査
◇国際労働総会報告書 第7回(外務省編) 1926.3 9,554,[72]p 22cm
◇最近上海に於ける労働運動風潮(南満洲鉄道株式会社調査課編) 1926.3 2,153p 22cm 満鉄調査資料
◇社会問題体系 第3巻(河田嗣郎著) 有斐閣 1926.3 1冊 23cm
◇労働統計実地調査 名古屋市結果概要 下編 労働票に依る分(名古屋市教育部社会課編) 1926.3 155p 22cm
◇労働運動と労働銀行(木村秀太郎著) 銀行問題研究会 1926.4 2,2,230p 19cm
◇社会問題講座 自第1巻至第3巻(新潮社編) 1926.5 1冊 22cm
◇消費組合巡礼(本位田祥男著) 日本評論社 1926.6 6,9,331p 19cm

◇家族の研究(戸田貞三著) 弘文堂書房 1926.6 14,1,374p 19cm
◇交通労働運動の過現(長尾桃郎著,桑田次郎著) クラルテ社 1926.6 8,9,654p 19cm
◇労働者雇傭状態(大阪市社会部調査課編) 弘文堂書房 1926.6 4,244p 22cm
◇少年職業指導顛末報告(京都市社会課編) 1926.7 49p 22cm
◇ソヴェート・ロシヤの労働賃金制度(スミルガ著,日露協会訳) 1926.7 2,124p 23cm 日露協会報告
◇松原炭礦従業員紛糾の真相(志田義忠著) 1926.7 2,38p 19cm
◇1925年イギリス炭坑争議の意義(協調会編) 1926.7 58p 19cm
◇1926年英国炭坑争議の経過(協調会調査課編) 1926.7 42p 22cm
◇産業別労働組合主義：其の米国に於ける発展(マリオン・ダットン・サヴェージ著,松沢兼人訳) 同人社書店 1926.8 10,491p 20cm
◇社会問題講座 自第4巻至第6巻(新潮社編) 1926.8 1冊 22cm
◇タクシー経営と其の雇傭状態(大阪市社会部調査課編) 1926.8 107p 22cm 労働調査報告
◇日本労働組合法案研究(山中篤太郎著) 岩波書店 1926.8 302,39p 23cm 社会問題研究叢書
◇労働関係法規([内務省]社会局) 産業福利協会 1926.8 116,79,15p 19cm
◇支那の労働運動(南満洲鉄道株式会社東亜経済調査局編) 1926.9 4,310,14p 22cm 経済資料
◇夜間通学青少年労務者生活状態 大正15年7月(広島市役所社会課編) 1926.9 3,106,29p 22cm 社会調査
◇工場鉱山図書閲覧施設並教科書概況(協調会編) 1926.10 2,123p 22cm 福利施設資料
◇小作料の理論と実際(協調会農村課編) 1926.10 3,5,206p 19cm
◇英国に於ける産業平和維持策の現勢(協調会調査課編) 1926.11 92p 22cm
◇社会問題講座 自第7巻至第9巻(新潮社編) 1926.11 1冊 22cm
◇消費組合論(ジード著,広瀬円一郎訳) 清水書店 1926.11 2,18,346p 23cm
◇ロシアに於ける労働者状態(新経済政策実施以後のロシア経済中)(南満洲鉄道株式会社東亜経済調査局編) 1926.11 117,23p 23cm 経済資料
◇改正工場法論(吉阪俊蔵著) 大東出版社 1926.12 6,274,85p 23cm
◇工場労働者採用条件及募集方法(大阪市社会部編) 1926.12 52p 22cm 労働調査報告
◇国際労働総会報告書 第8回(社会局編) 1926.12 5,227,[16]p 22cm
◇成人労働者教育と輔導学級(協調会編) 1926.12 2,4,68p 19cm 労働者教育資料
◇新潟市職業分類表(新潟市社会課編) 1926.12 10p 22cm
◇文化の特質と社会問題(小島憲著) 有斐閣 1926.12 4,4,508p 23cm
◇本邦産業福利施設要(協調会編) 1926.12 2,209p 22cm
◇労働組合法論(永井亨著) 日本評論社 1926.12 5,4,336p 19cm
◇我国に於ける労働委員会制度(協調会編) 1926.12 5,145p 22cm
◇全国主要電鉄労働状態(運輸従業員之部) 昭和2年9月調査(大阪市電気局労働課編) 1927 41p 24×30cm
◇智識階級職業紹介基礎的調査資料 手書(横浜市中央職業紹介所編) 1927 [9]p 28cm
◇労働組合法案修正意見(藤原銀次郎著) 1927 38p 23cm
◇各国労働組合及無産政党統計(協調会調査課編) 1927.1 18p 22cm
◇国際労働総会報告書 第9回(社会局編) 1927.1 5,381,[64]p 22cm

◇社会経済体系 自第1巻至第3巻(日本評論社編) 1927.1 1冊 22cm
◇生活標準問題研究 国際的に見たる生活標準問題 下(南満洲鉄道株式会社東亜経済調査局編) 1927.1 71,21p 22cm 経済資料
◇バラック居住朝鮮人の労働と生活(大阪市社会部調査課編) 1927.1 24p 22cm 社会部報告
◇サイモン氏の英国総罷業に関する演説梗概(大阪市社会部調査課編) 1927.2 61p 23cm 社会部報告
◇家内工業ニ於ケル労働事情([内務省]社会局編) 1927.3 7,244p 22cm
◇管内各県下に於ける労働事情(名古屋地方職業紹介事務局編) 1927.3 14,280p 22cm
◇小作料改訂ニ関スル企画ト其成績(兵庫県内務部編) 1927.3 156p 22cm
◇社会問題概論 6版(安部磯雄著) 早稲田大学出版部 1927.3 3,7,838p 20cm
◇労働統計小報 第5回(日本銀行調査局編) 1927.3 43p 23cm
◇1926年英国炭坑争議の終結(協調会調査課編) 1927.3 35p 22cm
◇小作法に関する参考資料(帝国農会編) 1927.4 1,2,74p 19cm
◇社会経済体系 自第4巻至第6巻(日本評論社編) 1927.4 1冊 22cm
◇商工徒弟に関する調査 1(京都市社会課編) 1927.5 49,71p 22cm 調査報告
◇商工徒弟に関する調査 2(京都市社会課編) 1927.5 41,63p 22cm 調査報告
◇職業婦人に関する調査(京都市社会課編) 1927.5 122,49p 23cm 調査報告
◇満洲労働問題の数的一考察(南満洲鉄道株式会社東亜経済調査局編) 1927.5 2,79,35p 22cm 経済資料
◇露領極東に於ける職業組合の組成(南満洲鉄道株式会社編) 大阪毎日新聞社, 東京日日新聞社 1927.5 1,4,378p 23cm 露亜経済調査叢書
◇欧洲に於ける労働問題の趨勢(前田多門述) 啓明会事務所 1927.6 53,9p 22cm 啓明会第20回講演集
◇小作料の減免に関する慣行調査(帝国農会編) 1927.6 154p 22cm
◇社会問題講座 自第10巻至第13巻(新潮社編) 1927.6 1冊 22cm
◇労働行政綱要(河原田稼吉著) 巌松堂書店 1927.6 5,7,530p 23cm
◇社会経済体系 自第7巻至第9巻(日本評論社編) 1927.7 1冊 22cm
◇生活問題と農村問題(田中穂積著) 実業之日本社 1927.7 2,4,283p 19cm
◇新潟市に於ける住込徒弟(新潟市社会課編) 1927.7 36p 22cm 方面時報
◇国際労働(前田多門著) 岩波書店 1927.8 2,2,299p 20cm
◇失業問題と救済施設(緒方庸雄著) 巌松堂書店 1927.8 296p 23cm
◇出稼者調査 大正14年(中央職業紹介事務局編) 1927.8 2,55p 23cm
◇社会問題体系 第4巻(河田嗣郎著) 有斐閣 1927.9 1冊 23cm
◇岡谷製糸労働争議の真相(堀江三五郎著) 信濃毎日新聞 1927.10 2,2,219p 19cm
◇各国労働組合規約要項集(協調会調査課編) 1927.10 34p 22cm
◇協調会大阪支所創設五週年記念最近労働組合運動史(協調会大阪支所編) 1927.10 12,607p 23cm
◇小作法と自作農創定法(沢村康著) 改造社 1927.10 12,785p 23cm
◇社会経済体系 自第10巻至第12巻(日本評論社編) 1927.10 1冊 22cm
◇[東京市電気局]傭員、共済組合及健康保険組合関係規程集(東京市電気局編) 1927.10 6,625p 19cm

◇英国消費組合発達史(産業組合中央会編) 1927.11 5,307,7p 23cm 産業組合調査資料
◇小作法制定上規定スベキ事項ニ関スル要綱 謄写版(小作調査会編) 1928 [10]p 24cm
◇上海特別市工資指数之試編(上海特別市政府社会局編) 1928 1冊 26cm
◇英米独仏の雇主組合(協調会調査課編) 1928.2 2,158p 22cm
◇社会経済体系 自第13巻至第15巻(日本評論社編) 1928.2 1冊 22cm
◇職業指導(名古屋地方職業紹介事務局編) 1928.2 2,91p 23cm
◇本邦製糸業労働事情(中央職業紹介事務局編) 1928.2 4,198p 22cm 職業別労働事情
◇1927年英国労働争議及労働組合法に就て(日本工業倶楽部調査課編) 1928.2 46p 23cm 調査報告
◇英国労働運動の現勢(大阪市社会部調査課編) 1928.3 109p 23cm 社会部報告
◇国際労働総会報告書 第10回(社会局編) 1928.3 8,607,[50]p 22cm
◇小作争議の概況(農林省農務局編) 1928.3 37p 19cm
◇社会的に観たる産業上の団結に対する監督(日本工業倶楽部調査課編) 1928.3 38p 19cm 調査報告
◇東京市職業紹介所紹介成績(東京市社会局編) 1928.3 31p 23cm
◇日傭労働者の日記(東京市社会局編) 1928.3 6,173p 19cm
◇労働統計小報 第6回(日本銀行調査局編) 1928.3 55p 23cm
◇福利施設費に関する調査:株主・重役及被傭者の所得に関する調査(日本工業倶楽部調査課編) 1928.4 2,44p 22cm 調査報告
◇我国ニ於ケル産業災害予防ノ概況(産業福利協会編) 1928.4 3,205p 22cm
◇各国に於ける最近の賃銀変動状態及其の傾向に就て(日本工業倶楽部調査課編) 1928.5 42p 19cm 調査報告
◇社会経済体系 自第16巻至第18巻(日本評論社編) 1928.5 1冊 22cm
◇婦人問題の原理(田崎仁義著) 大鐙閣 1928.5 316,7p 20cm 経済生活研究
◇米国に於ける工場労働者の職業教育(協調会編) 1928.5 4,47p 19cm 労働者教育資料
◇英国に於ける労資協調機関(協調会調査課編) 1928.6 37p 22cm
◇給料生活者労働者の生計費に関する資料 謄写版(東京市統計課編) 1928.6 [22]p 26cm 東京市ノ状況
◇社会問題体系 第5巻(河田嗣郎著) 有斐閣 1928.6 1冊 23cm
◇労働者教化の実例(協調会編) 1928.6 4,135p 19cm 労働者教育資料
◇海員労働争議調査報告(日本工業倶楽部調査課編) 1928.7 3,51p 22cm 調査報告
◇職業紹介所利用の実例 第1輯(中央職業紹介事務局編) 1928.7 3,79p 22cm
◇大東京ニ於ケル工場労働者ノ出生地 謄写版(東京市統計課編) 1928.7 [8]p 24cm 東京市ノ状況
◇我国労働時間季節的調節案:我国工場法改正の必要(実業同志会調査部編) 1928.7 56p 22cm 実業調査資料
◇工場に於ける日用品配給施設(大阪市社会部調査課編) 1928.8 85p 23cm 社会部報告
◇失業問題叢書 第3巻 人口問題集(失業労働者同盟編, 失業対策同志会編) 失業問題叢書刊行会 1928.8 4,238p 19cm
◇地主小作人組合運動の概要(農林省農務局編) 1928.8 4,101p 22cm
◇消費組合運動概観(山崎勉治著) 文明協会 1928.8 2,4,176p 20cm

◇独逸に於ける鉄鋼労働争議(日本工業倶楽部調査課編)　1928.8　2,30p　22cm　調査報告

◇本邦に於ける労働団体農民団体の事業概況([内務省]社会局労働部編)　1928.8　4,258p　22cm

◇労働法原理(山口正太郎著)　日本評論社　1928.9　3,4,220p　19cm

◇英国に於ける産業平和運動(日本工業倶楽部調査課編)　1928.10　3,38p　22cm　調査報告

◇国際労働総会報告書　第11回(米窪満亮[ほか]著)　1928.10　3,4,166p　23cm

◇社会経済体系　自第19巻至第20巻(日本評論社編)　1928.10　1冊　22cm

◇農村社会問題(那須皓著)　日本評論社　1928.10　4,5,304p　20cm　農村問題大系

◇無産者運動と婦人の問題(山川均著, 山川菊栄著)　白揚社　1928.10　308p　20cm

◇小作争議地に於ける農村事情の変化(協調会農村課編)　1928.11　5,155p　22cm

◇北海道鰊漁業労働事情(東京地方職業紹介事務局)　1928.11　210p　22cm

◇失業問題叢書　第4集　各国対策集(失業労働者同盟編, 失業対策同志会編)　失業問題叢書刊行会　1928.12　6,382p　19cm

◇少年就労事情調査(東京地方職業紹介事務局)　1928.12　2,164p　22cm

◇野田大労働争議(松岡駒吉著)　改造社　1928.12　2,8,405p　19cm

◇本市に於ける薬業商店員の生活と労働(大阪市社会部調査課編)　1928.12　102p　23cm　社会部報告

◇満鉄各箇所使役華工調査報告　1(南満洲鉄道株式会社臨時経済調査委員会編)　1928.12　4,200p　22cm　資料

◇労働法論　巻の2　各論　上(孫田秀春著)　日本評論社　1929.1　6,17,394p　23cm

◇国際労働総会報告書　第11回(社会局編)　1929.2　8,623,[28]p　22cm

◇社会問題と地方行政(長岡隆一郎著)　帝国地方行政学会　1929.2　2,428p　20cm

◇紡績労働婦人調査(中央職業紹介事務局編)　1929.2　2,71p　22cm　職業別労働事情

◇本市に於ける朝鮮人の生活概況(大阪市社会部調査課編)　1929.2　29p　23cm　社会部報告

◇東京市労働統計実地調査職業名鑑(東京市編)　1929.3　12,424,15p　19cm

◇農村社会に於ける主要問題(太田利一著)　中西書店　1929.3　2,3,128p　19cm

◇1928年独逸に於ける鉄鋼労働争議(日本工業倶楽部調査課編)　1929.3　3,33p　22cm　調査報告

◇工場危害予防及衛生規則要案要綱並同案趣旨説明書及施行内規案：附工場附属寄宿舎規則改正案要綱(日本工業倶楽部調査課編)　1929.4　39p　22cm

◇在京朝鮮人労働者の現状(東京府社会課編)　1929.4　4,162p　23cm　社会調査資料

◇内職及副業調査(堺市役所編, 堺商工会議所編, 堺社会事業協会編)　1929.4　3,201,59p　23cm

◇産業委員会法案に対する意見並参考資料(日本工業倶楽部調査課編)　1929.5　2,217p　22cm　調査報告

◇米国の小工場に於ける労働施設(日本工業倶楽部調査課編)　1929.5　3,92p　19cm　調査報告

◇労働組合法の生成と変転：英国(山中篤太郎著)　同文館　1929.5　611,40,21p　23cm

◇労働統計小報　第7回(昭和3年)(日本銀行調査局編)　1929.5　3,55,14p　23cm

◇深夜業禁止問題(平田隆夫著)　大阪商科大学経済研究所　1929.6　124,8p　22cm　大阪商科大学経済研究所調査彙報

◇神戸港内に於ける艀乗組員並に其の家族の生活状態調査(神戸市社会課編)　1929.9　8,22,116p　23cm

◇少年労務者ニ関スル調査(東京市社会局編)　1929.9　47p　22cm

◇西野田方面に於ける居住者の生活状況(大阪市社会部調査課編)　1929.9　90p　22cm　社会部報告

◇本邦工場鉱山職長制度概要(協調会編)　1929.9　158p　19cm　労働者教育資料

◇工場鉱山労働法規([内務省]社会局編)　産業福利協会　1929.10　2,153p　19cm

◇小作問題(気賀勘重編)　日本評論社　1929.10　3,2,340p　19cm　農村問題大系

◇労働法通義(孫田秀春著)　日本評論社　1929.12　2,13,376p　23cm

◇各国に於ける雇傭制限約款に関する調査(日本工業倶楽部調査課編)　1930.1　45p　22cm　調査報告

◇国際労働総会報告書　第12回(社会局編)　1930.1　9,750,[98]p　22cm

◇社会問題体系　第6巻(河田嗣郎著)　有斐閣　1930.1　1冊　23cm

◇派出婦及附添婦に関する調査(大阪市社会部)　1930.1　42p　23cm　社会部報告

◇労働法規施行上の異議審査機関問題に関する調査(日本工業倶楽部調査課編)　1930.1　87p　23cm　調査報告

◇給料被傭者の就業時間問題に関する資料(日本工業倶楽部調査課編)　1930.2　102p　23cm　調査報告

◇名古屋市の家庭副業(名古屋市産業部編)　1930.2　4,62p　22cm

◇協同組合運動の実証的研究(福本英男著)　立教大学商学研究室　1930.3　67p　23cm　「商学論叢」第1号抜刷

◇国際労働総会報告書　第13回(社会局編)　1930.3　6,340p　22cm

◇失業救済事業概要　自大正14年度至昭和3年度(事業調節委員会編)　1930.3　226p　22cm

◇小作争議の行衛(山田武雄編)　酒井書店　1930.4　402p　19cm

◇給料被傭者就業時間に就いて(大阪市社会部編)　1930.5　47p　23cm　社会部報告

◇失業問題関係事務参考資料([内務省]社会局社会部編)　1930.5　2,77p　22cm

◇市内商工業者実情調査　前篇　営業者の分布状態に関する調査(東京市商工課編)　1930.5　38p　22cm

◇労働組合法案に関する実業団体の意見(日本工業倶楽部調査課編)　1930.5　3,8,91p　22cm

◇労働手帳に就て(大阪市社会部調査課編)　1930.5　22p　22cm　社会部報告

◇英国労働争議法(日本工業倶楽部調査課編)　1930.6　10p　22cm

◇各国労働組合の法規と其の現勢(東京商工会議所編)　1930.6　3,115p　22cm　商工調査

◇購買組合に関する調査(東京商工会議所編)　1930.6　2,131p　22cm　商工調査

◇産業組織と失業問題(W.H.ベヴァリッジ著, 遊佐敏彦訳)　開拓社　1930.6　349p　23cm

◇仏蘭西職業組合法(日本工業倶楽部調査課編)　1930.6　6p　22cm

◇労働組合に関する各国法制摘要(日本工業倶楽部調査課編)　1930.6　19p　22cm　調査報告

◇労働統計実地調査の話　謄写版(東京市統計課編)　1930.7　24p　26cm　東京市ノ状況

◇神戸市在住朝鮮人の現状(神戸市社会課編)　1930.8　4,94p　22cm

◇東京市電気局共済組合十年誌(東京市電気局共済組合編)　1930.8　2,2,32p　19cm

社会・社会問題

◇マッチ工業従事女エノ生活状態調査(神戸市社会課編) 1930.10 13,262p 22cm

◇我国情に適せざる労働組合法案(日本工業倶楽部労働問題調査委員会編) 1930.10 2,52p 24cm

◇倉敷労働科学研究所概要(倉敷労働科学研究所編) 1930.11 34p 19cm

◇我国に於ける団体交渉及団体協約(協調会労働課編) 1930.11 16, 286p 19cm

◇大会議案並報告書 昭和6年度(東京交通労働組合編) 1931 6, [66]p 19cm

◇国際労働総会報告書 第14回(社会局編) 1931.1 7,650, [100]p 22cm

◇最近に於ける労働争議の事例 其2(日本工業倶楽部調査課編) 1931.1 113p 23cm 調査報告

◇新潟市に於ける失業事情(新潟市役所社会課編) 1931.2 33p 22cm

◇労働組合法案に関する実業団体の共同意見(日本工業倶楽部調査課編) 1931.2 2,1,50p 23cm

◇解雇手当に関する調査(東京商工会議所編) 1931.3 2,55p 21cm 商工調査

◇共同住宅居住者生活調査 (第1回)昭和5年7月1日現在(同潤会編) 1931.3 4,3,63p 23cm

◇筋肉労働者に対する基礎賃率の決定(東京商工会議所編) 1931.3 42p 21cm 産業合理化資料

◇失業救済事業概要 昭和4年度([内務省]社会局社会部編) 1931.3 2,104p 23cm

◇無産戦線を攪乱する者は誰か?(赤松克麿著,小池四郎著,吉川末次郎著) クララ 1931.3 54p 19cm

◇工業以外の職業に於ける児童の最低年齢(大阪市社会部編) 1931.4 34p 23cm 社会部報告

◇産業上の適職選択(東京商工会議所編) 1931.4 2,82p 21cm 産業合理化資料

◇東京市及市附近に於ける消費組合(東京市商工課編) 1931.4 4, 135p 22cm

◇最近に於ける労働争議の事例 其3(日本工業倶楽部編) 1931.5 60p 21cm 調査報告

◇海外消費組合事情 第1輯 1931年版(産業組合中央会編) 1931.7 6, 201p 19cm

◇名古屋市の副業(名古屋商工会議所編) 1931.7 48p 22cm 経済資料

◇本市に於ける朝鮮人の生計(大阪市社会部調査課編) 1931.7 27p 23cm 社会部報告

◇常時失業者とその率(大阪市社会部編) 1931.8 30p 22cm 社会部報告

◇職業婦人の調査 速報 其1 家庭関係 謄写版(東京市統計課編) 1931.8 [19]p 24cm 東京市の状況

◇名古屋生活費指数の作成について(名古屋商工会議所編) 1931.8 26p 23cm 経済資料

◇不景気が労働に及ぼす影響を最少にする方法(東京商工会議所編) 1931.8 71p 21cm 産業合理化資料

◇職業婦人の調査 速報 其2 生計関係 謄写版(東京市統計課編) 1931.9 [22]p 24cm 東京市の状況

◇職業婦人の調査 速報 其3 勤務関係 謄写版(東京市統計課編) 1931.9 25p 24cm 東京市の状況

◇職業婦人の調査 速報 其4 雇主側の調査 謄写版(東京市統計課編) 1931.9 21p 24cm 東京市の状況

◇米国の失業救済策(名古屋商工会議所編) 1931.9 37p 23cm 経済資料

◇本市に於ける浴場労働者の生活と労働(大阪市社会部調査課編) 1931.10 38p 23cm 社会部報告

◇労働児童調査 第1部(東京府学務部社会課編) 1931.10 3,98p 22cm 社会調査資料

◇失業問題関係事務参考資料([内務省]社会局社会部編) 1931.11 5,144p 22cm

◇大商店ニ於ケル就業時間休日等ニ関スル調査概要([内務省]社会局編) 1931.11 3,51p 22cm

◇東京市在職者生計調査 速報其1 収入編 謄写版(東京市統計課編) 1931.11 36p 25cm 東京市ノ状況

◇仏蘭西労働組合法制(全国産業団体聯合会事務局編) 1931.11 4, 64p 21cm 産業経済資料

◇求職婦人の環境調査(東京府社会課編) 1931.12 2,74p 22cm 社会調査資料

◇東京市在職者生計調査 速報其2 支出編 謄写版(東京市統計課編) 1931.12 20p 25cm 東京市ノ状況

◇東京府下5郡に於ける小商業者の現在並其開廃状態に関する調査(東京府社会課編) 1931.12 4,70p 23cm 社会調査資料

◇県下ニ於ケル生活態様調査概況(神奈川県学務部社会教育課編) 1932.1 7,172p 19cm 社会教育資料

◇東京市労務者共済会規程 謄写版(東京市労務者共済会編) 1932.1 100p 19cm

◇婦人職業戦線の展望(東京市役所編) 白鳳社 1932.1 10,315, 166p 22cm

◇大阪市の失業保護施設(大阪市社会部編) 1932.2 29p 23cm 社会部報告

◇国際労働総会報告書 第15回(社会局編) 1932.2 8,464, [26]p 22cm

◇失業者数の推定に就いて(大阪市社会部労働課編) 1932.2 13p 23cm 社会部報告

◇水上生活者の社会施設調査(大阪市社会部労働課編) 1932.2 89p 23cm 社会部報告

◇英国の危機と労働組合(全国産業団体聯合会編) 1932.3 71p 21cm 産業経済資料

◇学校卒業者の就職状況調査(東京府学務部社会課編) 1932.3 3, 135p 23cm 社会調査資料

◇共同住宅居住者生活調査 (第2回)昭和6年7月1日現在(同潤会編) 1932.3 4,2,46p 22cm

◇最近ニ於ケル独逸ノ失業対策([内務省]社会局社会部編) 1932.3 2,29p 22cm

◇職業紹介所を通じて観たる求職者の実相(京都市教育部社会課編) 1932.3 48p 23cm

◇職業紹介所設置に関する参考(東京地方職業紹介事務局編) 1932.3 2,38p 19cm

◇都市街上に於ける児童労働([内務省]社会局労働部編) 1932.3 3, 178p 22cm

◇有料職業紹介所の廃止([内務省]社会局社会部編) 1932.3 7,233p 23cm

◇日傭労働者共済保険制度に関する調査(京都市教育部社会課編) 1932.4 5,127p 23cm 調査報告

◇京都市に於ける授産事業に関する調査(京都市社会課編) 1932.6 5,53p 23cm 調査報告

◇登録日傭労働者の就労状況調査(大阪市社会部労働課編) 1932.7 23p 22cm 社会部報告

◇米国に於ける雇主団体(全国産業団体聯合事務局編) 1932.7 2,22p 21cm 産業経済資料

◇失業と成人教育(大阪市社会部労働課編) 1932.8 15p 22cm 社会部報告

◇米国労働争議に対する裁判所の禁止命令制限法に付いて(全国産業団体聯合事務局編) 1932.8 3,63p 21cm 産業経済資料

◇我国に於ける解雇手当制度の現状(全国産業団体聯合事務局編) 1932.8 105p 21cm 産業経済資料

◇京都市に於ける消費組合に関する調査（京都市社会課編） 1932.9 2,67p 22cm 調査報告

◇失業補償論（森田良雄著） 章華社 1932.9 2,6,352p 23cm

◇労働法原理（津曲蔵之丞著） 改造社 1932.9 13,13,503p 23cm

◇労働法 上巻 改訂第6版（ポール・ピック著，協調会訳） 1932.9 18,33,916p 23cm

◇職業紹介事業の概要（東京地方職業紹介事務局編） 1932.10 15p 22cm

◇賃銀保護に関する外国法制（[内務省]社会局労働部編） 1932.10 3,53p 22cm 労働保護資料

◇福利施設費に関する調査（日本工業倶楽部調査課編） 1932.10 45p 21cm 調査報告

◇労働者消費組合運動の過去及現在：東京市電従業員を中心とする消費組合運動（東京市電気局労働部編） 1932.10 3,149p 23cm

◇当局財政更生計画樹立に因る労働争議経過（東京市電気局労働部編） 1932.11 106p 22cm

◇日本労働組合会議の沿革と現勢（全国産業団体聯合会事務局編） 1932.11 4,71p 21cm 産業経済資料号外

◇農村社会運動の動向（協調会編） 1932.11 6,218p 19cm

◇不況時の俸給及賃銀政策（日本工業倶楽部調査課編） 1932.11 2,47p 21cm 調査報告

◇海外消費組合事情 第2輯 1932年版（産業組合中央会編） 1932.12 6,208p 19cm

◇購買組合に対する反対意見を批評す（産業組合中央会） 1932.12 2,29p 22cm

◇東京地方職業紹介委員会答申（東京地方職業紹介事務局編） 1932.12 8p 22cm

◇日本消費組合運動史（山崎勉治著） 日本評論社 1932.12 8,6,406p 23cm 協同組合叢書

◇我国に於ける労務者退職手当制度の現状（全国産業団体聯合事務局編） 1932.12 2,162p 21cm 産業経済資料

◇神戸市労働事情 昭和7年度 謄写版（神戸市社会課編） 1933 [17]p 26cm

◇職業調査に関する若干の問題（彦根高等商業学校調査課編） 1933 51p 22cm 調査研究

◇商店法に関する調査（全国産業団体聯合会事務局編） 1933.1 5,179p 21cm 産業経済資料

◇小作争議調停及地主小作人組合の概要（農林省農務局編） 1933.2 43p 22cm

◇職業紹介法審議録（滑川豊水編） 平野書房 1933.2 85p 23cm

◇東京地方職業紹介事務局沿革概要：職業紹介法施行十周年記念（東京地方職業紹介事務局編） 1933.2 2,120p 23cm

◇名古屋市の副業（名古屋商工会議所編） 1933.2 45p 23cm 経済資料

◇大阪市第1次家計調査報告（大阪市社会部労働課編） 1933.3 42p 23cm 社会部報告

◇共同住宅居住者生活調査 第3回 不良住宅地区改良後の居住者の生活事情 昭和7年7月1日現在（同潤会編） 1933.3 1冊 23cm

◇京都市に於ける失業者生活状態調査 昭和7年9月-11月（京都市社会課編） 1933.3 6,84,55p 22cm 調査報告

◇京都市に於ける土木建築労働者生活状態調査（京都市庶務部社会課編） 1933.3 7,116p 22cm 調査報告

◇工場及鉱山に於ける労働状況調査（朝鮮総督府学務課社会課編） 1933.3 3,258p 23cm

◇国際労働総会報告書 第16回（社会局編） 1933.3 8,672,[76]p 22cm

◇失業者生活状態の調査報告書（大阪市社会部労働課編） 1933.3 19p 23cm 社会部報告

◇職業紹介法施行拾年（中央職業紹介事務局編） 1933.3 4,147p 23cm

◇労働法 下巻 改訂第6版（ポール・ピック著，協調会訳） 1933.3 27,729,75p 23cm

◇失業対策に関する諸資料（東京府学務部社会課編，東京地方失業防止委員会編） 1933.4 12,561p 22cm

◇昭和7年中に於ける陸上交通労働争議（東京市電気局労働部編） 1933.4 14p 26cm 資料

◇水上生活者の生活現状（東京府社会課編） 1933.4 5,163p 23cm 社会調査資料

◇生計費の研究（青木福太郎著） 宝文館 1933.4 2,2,175p 23cm

◇労働時間と失業（全国産業団体聯合会事務局編） 1933.4 4,162p 21cm 産業経済資料

◇本邦産業に於ける職員退職手当制度（日本工業倶楽部調査課編） 1933.5 3,2,101p 21cm 調査報告

◇我国共済組合の現状（協調会編） 1933.5 6,525p 19cm

◇英国職業紹介制度（中央職業紹介事務局編） 1933.6 4,18p 22cm

◇工場鉱山労働者解雇手当調 自昭和4年度至昭和6年度（[内務省]社会局社会部編） 1933.6 5,71p 22cm 失業問題調査資料

◇最近に於ける労働条件の動向（日本工業倶楽部調査課編） 1933.6 [7]p 30cm 調査報告

◇社会問題体系 第7巻（河田嗣郎著） 有斐閣 1933.6 1冊 23cm

◇労働者保護法規概説（北岡寿逸著） 労働立法研究所 1933.6 3,53p 19cm 労働立法パンフレット

◇職業紹介所の設備（中央職業紹介事務局編） 1933.7 4,49p 23cm

◇職業調査 第1輯 ［商業篇］（東京府学務部社会課編） 1933.7 3,116p 22cm

◇職業統計問題研究（岡崎文規著） 日本評論社 1933.7 7,4,359p 23cm

◇下層階級に於ける生活及思想状態調査（平壌府編） 1933.8 2,4,80p 19cm 社会調査資料

◇失業問題関係事務参考資料（[内務省]社会局社会部編） 1933.8 5,182p 22cm

◇朝鮮人労働者の近況（大阪市社会部労働課編） 1933.8 73p 22cm 社会部報告

◇東京交通労働組合最近の情勢（東京市電気局労働課編） 1933.8 24p 26cm 資料

◇人事管理に就て（全国産業団体聯合会事務局編） 1933.9 2,110p 21cm 産業経済資料

◇労働統計実地調査該当工場及労働者 謄写版（東京市監査局統計課編） 1933.9 25p 26cm 東京市の状況

◇労働保護法規並解釈例規 昭和8年9月6日現行（[内務省]社会局労働部編） 産業福利協会 1933.9 3,624p 19cm

◇購買組合販売組合問題ニ関スル日本商工会議所ノ運動経過（東京商工会議所編） 1933.10 31p 21cm

◇給料生活者問題（社会立法協会編） 1933.11 220p 22cm

◇電話交換作業従事者の適性に就いて（大阪地方職業紹介事務局編） 1933.11 77p 23cm 職業の適性に関する調査

◇本市に於ける共済組合の現状（大阪市社会部労働課編） 1933.11 87p 22cm 社会部報告

◇職業調査 第2輯 ［商業篇］（東京府学務部社会課編） 1933.12 5,243p 22cm

◇日本現下の失業量の測定（協調会調査課編） 1933.12 28p 22cm

◇職業婦人の社会的進出について（大阪市社会部労働課編） 1934.1 35p 22cm 社会部報告

◇中小商工業死活の問題：商権擁護の主張（渡辺鉄蔵著） 千倉書房 1934.2 3,141p 19cm

◇京都市に於ける工場労働者に関する調査（京都市庶務部社会課編）

社会・社会問題　都市問題・地方自治　調査研究文献要覧

1934.3 5,104p 22cm　調査報告
- ◇京都市に於ける知識階級失業者生活状態調査（京都市庶務部社会課編）　1934.3 3,5,227p 22cm　調査報告
- ◇工場鉱山の福利施設調査　第2 経済施設（[内務省]社会局労働部編）　1934.3 4,160,35p 22cm
- ◇国際労働総会報告書 第17回（社会局編）　1934.3 7,797,[222]p 22cm
- ◇失業応急事業及就労統制概要（名古屋市社会部編）　1934.3 6,92p 22cm
- ◇東京市電気局共済組合事業概況 昭和7年度（東京市電気局共済組合編）　1934.3 2,89p 22cm
- ◇東京市に於ける消費組合の概況（東京市役所編）　1934.3 1,78p 22cm
- ◇名古屋港に於ける仲仕労働調査（名古屋地方職業紹介事務局編）　1934.3 52p 22cm
- ◇本邦日傭労働者失業共済施設現況（[内務省]社会局社会部編）　1934.3 3,105p 22cm
- ◇満洲国移民に関する資料（東京地方失業防止委員会, 東京府学務部社会課編）　1934.4 6,134p 23cm　失業対策資料
- ◇解雇・退職・手当請求権の理論と実際（奈良正路著）　法曹閣　1934.5 4,2,238p 22cm
- ◇作業に就いての興味（全国産業団体聯合会事務局編）　1934.7 2,39p 21cm　産業経済資料
- ◇職業調査 第3輯 [商業篇]（東京府学務部社会課編）　1934.8 6,356p 22cm
- ◇職員の負傷疾病等に対する救済施設（全国産業団体聯合会事務局編）　1934.9 3,95p 21cm　産業経済資料
- ◇女中の需給状況について（大阪市社会部労働課編）　1934.9 40p 22cm　社会部報告
- ◇本市における社会の負担について（大阪市社会部労働課編）　1934.9 25p 22cm　社会部報告
- ◇小作争議地に於ける農村事情（協調会編）　1934.10 4,173p 22cm
- ◇東京市電大争議史：附 東交1ケ年活動誌（東京交通労働組合編）　1934.12 100p 23cm
- ◇日本家族制度批判（玉城肇著）　福田書房　1934.12 4,2,340p 23cm
- ◇風水害の社会的影響（大阪市社会部労働課編）　1934.12 56p 22cm　社会部報告
- ◇大戦の労働賃銀に及ぼせる影響 賃率収歛の統計的研究（猪間驥一著）　1935 77p 22cm　「経済研究」第2巻第1号別刷
- ◇本市に於ける家内工業の労働事情：セルロイド加工（大阪市社会部庶務課編）　1935 63p 22cm　社会部報告
- ◇関西風水禍罹災者就職斡旋本部事業誌（罹災者就職斡旋本部編）　1935.1 5,197,77p 23cm
- ◇求人事情調査（京都市庶務部社会課編）　1935.3 115p 22cm　調査報告
- ◇失業救済事業概要 昭和7年度・昭和8年度（[内務省]社会局社会部編）　1935.3 6,371p 22cm
- ◇消費組合問題考察（奉天商工会議所編）　1935.3 2,47p 23cm　奉天経済調査彙纂
- ◇東北地方北海道農山漁村職業紹介の問題：青森地方職業紹介委員会答申報告書（青森地方職業紹介事務局編）　1935.3 1冊 22cm
- ◇年少者の失業問題（[内務省]社会局編）　1935.3 40p 22cm
- ◇有給休日制問題（社会局労働部編）　1935.3 90p 22cm
- ◇学校卒業生未就職状況調査　謄写版（東京市役所編）　1935.4 20p 22cm
- ◇職業調査 第4輯 [商業篇]（東京府学務部社会課編）　1935.4 6,358p 22cm
- ◇共同住宅居住者生活調査：附録 日暮里不良住宅地区居住者統計表 昭和8年7月1日現在 第4回（同潤会編）　1935.6 1冊 23cm
- ◇東京市電気局共済組合事業概況 昭和8年度（東京市電気局共済組合編）　1935.6 2,89p 22cm
- ◇余剰労力消化ニ関スル方策（秋田営林局編）　1935.6 362p 22cm　経済更生資料
- ◇臨時工問題に関する参考資料（全国産業団体聯合会事務局編）　1935.6 54p 22cm　産業経済資料
- ◇労働協約理論史（後藤清著）　有斐閣　1935.6 4,3,368p 23cm
- ◇労力供給請負業に関する調査（大阪地方職業紹介事務局編）　1935.7 2,5,331p 23cm
- ◇英国に於ける労働災厄賠償制度の研究（水島密之亮著）　三省堂　1935.8 1冊 23cm
- ◇職業紹介事業関係史料（大阪市社会部編）　1935.8 4,122p 22cm　社会部報告
- ◇職業指導の理論と実際（三沢房太郎著）　香川書店　1935.9 181,12p 23cm
- ◇私設社会事業従事員待遇調査（全日本私設社会事業聯盟）　1935.10 20p 22cm
- ◇社会問題体系 第8巻（河田嗣郎著）　有斐閣　1935.10 1冊 23cm
- ◇退職手当制度について（森田良雄述, 全国産業団体聯合会編）　1935.10 34p 18cm　産聯パンフレット
- ◇婦人職業の分野に就いて（大阪市社会部庶務課編）　1935.10 86p 22cm　社会部報告
- ◇南千住六丁目特定地域住民生活状況保健状況調査報告書（東京市保健局衛生課編）　1935.10 2,56p 23cm
- ◇知識階級就職に関する資料 昭和10年度（中央職業紹介事務局編）　1935.11 3,80p 22cm
- ◇職業調査 第5輯 [工業篇] [1]（東京府学務部社会課編）　1935.12 4,362p 22cm
- ◇有給休日ニ関スル質問書及其ノ説明（[内務省]社会局編）　1935.12 36,4p 22cm
- ◇労働人口の構成とその移動（大阪市社会部庶務課編）　1935.12 68p 23cm　社会部報告
- ◇職工事情：附録 1 謄写版（農商務省商工局編）　1936 2,160p 23cm
- ◇職工事情：附録 2 謄写版（農商務省商工局編）　1936 229p 23cm
- ◇生徒生計調査書 昭和11年度（山口高等商業学校東亜経済研究所編）　1936 4,48p 21cm
- ◇労働者に関する調査 第1輯 昭和11年1月1日現在　謄写版（福岡地方職業紹介事務局編）　1936 16p 26cm
- ◇労働者に関する調査 第2輯 昭和11年1月1日現在　謄写版（福岡地方職業紹介事務局編）　1936 25p 26cm
- ◇労働統計実地調査に関する質疑解答集 第1輯（内閣統計局編）　1936 33p 21cm
- ◇職業紹介所利用者の分布状況（大阪市社会部編）　1936.1 109p 22cm　社会部報告
- ◇都市社会問題（邱869中著）　有志書屋　1936.1 2,8,246p 23cm　都市社会学叢書
- ◇京都市に於ける俸給生活者に関する調査 第2部 俸給生活者医療状況調査（京都市社会課編）　1936.3 2,91p 22cm　調査報告
- ◇国際労働総会報告書 第19回（社会局編）　1936.3 10,770,46p 22cm
- ◇失業救済事業概要 昭和9年度（[内務省]社会局編）　1936.3 6,256p 23cm
- ◇就職者勤続状況調査：京都市に於ける職業紹介に関する調査 第2部（京都市社会課編）　1936.3 3,170p 22cm　調査報告
- ◇就労少年少女労働事情調査 昭和10年3月（中央社会事業協会社会事業研究所編）　1936.3 1冊 22cm　社会事業研究所報告
- ◇女子労務者の臨時雇傭紹介に就いて（大阪市社会部庶務課編）　1936.3 54p 22cm　社会部報告

◇名古屋市の家庭副業(名古屋市産業部編) 1936.3 5,4,119p 22cm
◇共同住宅居住者生活調査 第5回 不良住宅地区改良後に於ける居住者の生活事情 昭和9年7月1日現在(同潤会編) 1936.4 1冊 23cm
◇知識労働者の失業問題(東京府学務部社会課編) 1936.4 2,92p 23cm 失業対策資料
◇共同住宅居住者生活調査 第6回 不良住宅地区改良後に於ける居住者の生活事情統計 昭和10年7月1日現在(同潤会編) 1936.6 1冊 23cm
◇在京朝鮮人労働者の現状(東京府社会課編) 1936.6 3,217p 23cm 社会調査資料
◇職業調査 第6輯[工業篇][2](東京府学務部社会課編) 1936.6 5,326p 22cm
◇中国農村経済的透視(朱其華著) 上海中国研究書店 1936.6 3,672p 22cm 中国社会問題学会叢書
◇学校卒業者の就職状況調査(東京府学務部社会課編) 1936.7 3,86p 26cm 社会調査資料
◇婦人と職業に関する調査(東京府学務部社会課編) 1936.7 3,166p 22cm 社会調査資料
◇不良児童と職業との関係(三好豊太郎著, 中央社会事業協会社会事業研究所編) 1936.7 1,1,105p 22cm
◇東京港を中心とする海上生活者調査(東京市社会局編) 1936.8 4,114p 23cm
◇各種従業員戸内使用人事故調査(神戸市社会課編) 1936.9 3,2,43p 23cm
◇退職積立金及び退職手当法問答(社会大衆党労働委員会編) 1936.9 27p 19cm 社会大衆パンフレット
◇ナチス労働法(協調会編) 1936.9 2,6,336p 22cm
◇生糸織物職工事情 謄写版(農商務省商工局編) 雄松堂書店 1936.10 1冊 23cm
◇知識階級求職者に対する人物詮衡の一例(東京府職業紹介所編) 1936.10 16p 22cm
◇東京府職業紹介所事業概要(東京府職業紹介所編) 1936.10 1枚 22cm
◇職員福利施設調査資料(単身生活者ニ関スル調査)(東京市役所編) 1936.11 20p 23cm
◇諸工業職工事情 謄写版, 明治36年3月刊行ノ覆刻本ナリ(農商務省商工局編) 雄松堂書店 1936.11 1冊 23cm
◇朝鮮人の生活状態調査(神戸市社会課編) 1936.11 4,60p 23cm
◇山口市学生生計調査書 昭和11年11月2日施行(山口高等商業学校東亜経済研究所編) 1936.11 34p 22cm
◇共同住宅居住者生活調査 第7回 不良住宅地区改良後に於ける居住者の生活事情統計 昭和11年7月1日現在(同潤会編) 1936.12 1冊 23cm
◇綿糸紡績職工事情 謄写版(農商務省商工局編) 雄松堂書店 1936.12 197p 23cm
◇退職積立金及退職手当法に就て(神戸市産業課編) 1937 39p 23cm 産業研究資料
◇東京及び大阪に於ける公務下級従業者の生活状態(猪間驥一著) 1937 [46]p 22cm
◇規模の大小より観たる本市商工業労働事情(大阪市社会部庶務課編) 1937.1 105p 22cm 社会部報告
◇市内在住朝鮮出身者に関する調査(京都市社会課編) 1937.1 177p 22cm 調査報告
◇工場人事管理自己診断書(大阪能率研究会編) 1937.2 9p 26cm
◇京都市に於ける俸給生活者生活状況調査(京都市社会課編) 1937.3 94p 22cm 調査報告
◇国際労働総会報告書 第20回(社会局編) 1937.3 13,685,32p 22cm
◇国際労働総会報告書 第21・22回(社会局編) 1937.3 10,591,52p 22cm

◇失業救済事業概要 昭和10年度([内務省]社会局社会部編) 1937.3 3,150p 23cm
◇職業調査 第7輯[工業篇][3](東京府学務部社会課編) 1937.3 5,4,349p 22cm
◇住込小店員・少年工調査(東京市社会局編) 1937.3 59p 22cm 職業紹介参考資料
◇東京市内に於ける棄児の調査(東京市社会局編) 1937.3 2,2,74p 22cm
◇登録労働者に関する調査(大阪市社会部庶務課編) 1937.3 109p 22cm 社会部報告
◇各工場及び店舗に於ける福利施設雇傭条件調査(神戸市社会課編) 1937.4 62p 23cm 調査報告
◇俸給生活者待遇状況調査(東京市役所編) 1937.4 45p 22cm
◇京都市に於ける女中に関する調査(京都市社会課編) 1937.5 3,85p 22cm 調査報告
◇本邦工場栄養食の概況([内務省]社会局労働部編) 1937.6 2,52p 23cm 労働保護資料
◇福利事務指針(東京市役所編) 1937.7 6,52p 19cm 事務改善叢書
◇公設職業紹介所に於ける求職者の面接(東京府学務部職業課編) 1937.8 3,41p 22cm 職業問題参考資料
◇職業婦人に関する調査(神戸市社会課編) 1937.8 3,74p 23cm 調査報告
◇知識階級就職に関する資料 昭和11年度([内務省]社会局社会部編) 1937.8 3,82p 22cm
◇労資関係調整方策(協調会時局対策委員会編) 1938 13p 22cm
◇本市に於ける交通労働調査(大阪市社会部編) 1938.1 31,129p 22cm 社会部報告
◇労働統計論(水谷良一著) 東洋出版社 1938.2 8,408p 23cm 統計学全集
◇飲食店従業員調査(東京市社会局編) 1938.3 53,88p 23cm 職業紹介参考資料
◇共同住宅居住者生活調査 第8回 不良住宅地区改良後に於ける居住者の生活事情統計 昭和12年7月1日現在(同潤会編) 1938.3 1冊 23cm
◇国際労働総会報告書 第23回(厚生省労働局編) 1938.3 10,844,84p 22cm
◇少年少女職業指導講話(東京市役所編) 1938.3 2,2,177p 22cm
◇少年労働事情調査(東京市役所編) 1938.3 117p 22cm 職業紹介参考資料
◇職業紹介並授産事務指針 上(東京市役所編) 1938.3 2,110p 19cm 事務改善叢書
◇職業紹介並授産事務指針 下(東京市役所編) 1938.3 3,135p 19cm 事務改善叢書
◇職業婦人に関する調査(大阪市社会部編) 1938.3 218p 23cm 社会部報告
◇世界大戦の英国産業及労働市場に及ぼせる影響 謄写版(厚生省文書課編) 1938.3 21p 26cm 事変対策資料
◇東京市中央職業紹介所事業要覧(東京市中央職業紹介所編) 1938.3 76p 22cm
◇昭和12年度職業講習実施概況:附 職業紹介関係事業一覧(大阪市社会部編) 1938.4 10,21p 22cm 社会部報告
◇新日本の産業労働(暉峻義等述) 社会教育協会 1938.5 44p 19cm 教育パンフレット
◇東京市内小学校卒業児童就職事情調査(東京市社会局編) 1938.7 42,35p 23cm
◇能率賃金ヲ実施シタ実例 改訂増補版(上田武人著) 日本能率連合会 1938.7 23p 26cm
◇生産と労働(暉峻義等著) 科学主義工業社 1938.9 8,5,316p 19cm

343

社会・社会問題　　都市問題・地方自治　調査研究文献要覧

◇大会議案並報告書　第2年度(昭和13年)(交総相互扶助会編)　1938.10　79p　22cm

◇大会議案並報告書　昭和13年度(日本交通労働総同盟東京交通労働組合編)　1938.10　14,41p　22cm

◇労働能力調査　宿泊所居住者(大阪市社会課編)　1938.10　75,45p　22cm　社会部報告

◇職業指導と労務輔導(桐原葆見著)　千倉書房　1938.11　3,5,344p　23cm

◇農村青少年労力需給ニ関スル資料　謄写版(農林大臣官房企画課編)　1938.11　[26]p　29cm

◇現下の職業問題(熊谷憲一述)　啓明会　1938.12　35,22p　22cm　第87回講演集

◇戦時体制下の職業対策(社会教育協会編)　1938.12　44p　19cm　教育パンフレット

◇大阪市労働訓練所　第1回訓練概要(大阪市社会部編)　1939　20p　19cm　社会部報告

◇ロンツリー労働婦人に関する調査　手書(B.S.Rowntree編, 磯村英一訳)　1939　[100]p　27cm

◇独逸労働関係法案に就て(全国産業団体聯合会編)　1939.1　38p　18cm　産聯パンフレット

◇労働の理論と政策(風早八十二著)　時潮社　1939.1　4,6,292p　19cm

◇各種職業従業員の就業経過調査(東京府学務部職業課編)　1939.2　2,40p　22cm　職業問題参考資料

◇国民登録制度解説：附　関係条文　施行細則　諸手続　申告記載例(職業研究会編)　1939.2　4,210,36p　19cm

◇大阪市近郊農村人口の構成と労働移動に関する調査　第1部(橋本伝左衛門著, 帝国農会編)　1939.3　130p　23cm

◇大阪市近郊農村人口の構成と労働移動に関する調査　第2部(橋本伝左衛門著, 帝国農会編)　1939.3　233p　23cm

◇大阪市職業紹介事業史(大阪市社会部編)　1939.3　240p　22cm　社会部報告

◇共同住宅居住者生活調査　第9回　不良住宅地区改良後に於ける居住者の生活事情統計　昭和13年7月1日現在(同潤会編)　1939.3　1冊　22cm

◇職業紹介所便覧　昭和14年3月15日現在(厚生省職業部編)　1939.3　26,3p　18cm

◇東京市に於ける転業幹旋事業の概要(東京市役所編)　1939.3　19p　22cm

◇営利職業紹介業に関する調査(東京府学務部職業課編)　1939.4　3,6,76p　22cm　職業問題参考資料

◇家族と村落　第1輯(戸田貞三編, 鈴木栄太郎編)　日光書院　1939.4　4,323p　22cm

◇地方より上京せる少年少女就職状況調査(東京府学務部職業課編)　1939.4　2,31p　22cm　職業問題参考資料

◇中小工場の経営事情と徒弟の労働事情調査　第1部　経営事情調査(東京府学務部職業課編)　1939.4　86p　22cm　職業問題参考資料

◇中小工場の経営事情と徒弟の労働事情調査　第2部　徒弟の労働事情調査(東京府学務部職業課編)　1939.4　2,216p　22cm　職業問題参考資料

◇名古屋市内商店に於ける小店員雇傭関係の現状(名古屋商工会議所編)　1939.4　64p　22cm　時局経済調査及研究

◇日本産業労働機構と戦時労働政策(協調会大阪支所編)　1939.4　1冊　22cm　社会問題調査資料

◇登録者実状調査(神戸市社会部編)　1939.5　4,258p　22cm　調査報告

◇国民徴用関係法令集(厚生省労働局編)　1939.7　54p　21cm

◇工場就業時間制限令の解説：附　青年学校令に依り就学せしめらるべき者の就業時間に関する法律の解説(厚生省労働局編)　1939.9　2,53p　22cm

◇独逸労働関係法案(独逸法律学士院編, 全国産業団体聯合会調査課訳)　1939.9　4,61p　21cm　産業経済資料

◇時局下ニ於ケル人事問題座談会(大阪能率研究会編)　日本能率連合会　1939.10　[28]p　26cm　「産業能率」第12巻第10号抜刷

◇大会議案並報告書　昭和14年度(東京交通労働組合編, 交総相互扶助会編)　1939.10　80,69p　23cm

◇第25回国際労働総会概況(厚生省労働局編)　1939.10　1,60p　22cm

◇長期建設期に於ける我国労働政策：昭和研究会労働問題研究会中間報告(昭和研究会編)　東洋経済出版部　1939.10　2,7,252p　23cm

◇商店法及商店員の福利施設等に関する座談会(東京市役所編)　1939.12　30p　22cm　中小商工業振興調査会資料

◇労働力調達上より見たる東北地方(東北産業科学研究所編)　1939.12　30p　21cm　「東北地方に於ける企業条件に関する調査」抜刷

◇特殊形態工場の実例(大阪市社会部調査課編)　1940　40p　22cm　労働調査報告

◇授産場従業員ニ関スル調査(東京府学務部編)　1940.3　66p　22cm　職業問題参考資料

◇生活改善に関する座談会(東京市厚生局編)　1940.3　95p　19cm　生活改善資料

◇物資動員に因る離職者勤務状況調査(東京府学務部職業課編)　1940.3　2,78p　22cm　職業問題参考資料

◇本市に於ける内職調査(大阪市社会部編)　1940.4　6,239p　26cm　社会部報告

◇昭和14年度に於ける各婦人団体の業績(婦人団体業績発表会(第5回)編)　婦女新聞社　1940.5　4,2,137p　19cm

◇知識階級就職に関する資料　昭和14年度(厚生省職業部編)　1940.5　4,86p　22cm

◇勤労少年の指導(社会教育協会編)　1940.6　44p　19cm　教育パンフレット

◇工場、鉱山に於ける賃金形態(厚生省労働局編)　1940.6　1,46p　26cm

◇労働力の再編成(暉峻義等著)　科学主義工業社　1940.7　3,288p　19cm

◇職業対策(木田徹郎著)　常磐書房　1940.9　204,31p　19cm　社会事業叢書

◇生活改善の実践を語る座談会(東京市厚生局福利課編)　1940.9　7,38p　19cm　生活改善資料

◇賃金統制令解説(厚生省労働局編)　1940.10　72p　26cm

◇現代労働政策(江森盛弥著)　三笠書房　1940.12　231p　17cm　現代学芸全書

◇賃金統制令解説(内閣情報部編)　1940.12　2,126p　18cm　週報叢書

◇欧米諸国に於ける鉄道職員の給料及生活費の比較研究　1941　92p　23cm

◇大阪市労働共済会の事業と其の沿革(大阪市労働共済会編)　1941　42p　19cm

◇国民勤労報国協力令に就て(武藤文雄述, 東京市商工貿易組合協会編)　1941　26p　21cm

◇知識階級の失業対策：社会局長谷川職業課長私案　謄写版(時局対策委員会編)　1941　5p　23cm　失業問題参考資料

◇東京市当局の労働政策：赤色労働組合の転向を如何に善導すべきか　謄写版(小島政治経済研究所編)　1941　31,17p　26cm

◇労働組合の組織と労働組合法(田子一民編)　1941　416p　19cm

◇従業者移動防止令解説(情報局編)　内閣印刷局　1941.1　4,60p　18cm　週報叢書

◇共同住宅居住者生活調査　第11回　不良住宅地区改良後に於ける居住者の生活実情統計　昭和15年7月1日現在(同潤会編)　1941.3　1冊　21cm

◇京都市に於ける陶磁器業とその従事者に関する調査(京都市社会部編)　1941.3　150p　21cm　調査報告

◇「市民生活指導の方向」研究会記録（東京市厚生局福利課編）　1941.3　2,60p　19cm　生活改善資料

◇東京市立小学校教職員生活調査資料　第1輯（東京市教育局教育研究所編）　1941.3　2,53p　21cm

◇労務動態調査提要（厚生省編）　1941.3　2,41p　18cm

◇共同住宅居住者生活調査：附　欧米諸国の不良住宅地区改良事業概観　昭和14年7月1日　第10次（同潤会編）　1941.4　4,4,128p　26cm

◇戦時生活相談所報告書　第1輯　昭和15年6月より同年11月末日に至る相談案件について（戦時生活相談所編）　1941.4　1冊　21cm

◇産業報国青年隊組織方針要綱（大日本産業報国会編）　1941.5　24p　21cm　大日本産業報国会指導資料

◇時局と中等学校に於ける職業指導（愛知県学務部職業課編）　職業協会愛知県支会　1941.5　29p　18cm

◇満洲の労働と労働政策（武居郷一著）　巌松堂書店　1941.5　2,6,252p　22cm

◇国民労務手帳法関係規程（厚生省職業局編）　1941.6　75p　21cm

◇産報青年隊組織の諸問題：京浜地区官民懇談会速記録（大日本産業報国会編）　1941.6　55p　21cm　産報指導資料

◇愛国婦人会四十年史（愛国婦人会編）　1941.7　1冊　22cm

◇愛国婦人会四十年史：附録（愛国婦人会編）　1941.7　2,331p　22cm

◇会社事業場に於ける日用品購買施設に関する調査（関東産業団体聯合会事務所編）　1941.7　48p　21cm　労務管理資料

◇時局と労務動員（厚生省職業局編）　職業協会　1941.7　2,77p　18cm　労務動員叢書

◇日本の労務管理（広崎真八郎著）　東洋書館　1941.7　4,18,773p　22cm

◇産業報国運動関係通牒（大日本産業報国会編）　1941.8　6,95p　21cm　産報指導資料

◇中小工業の厚生施設（大日本産業報国会編）　1941.8　4,119p　21cm　産報指導資料

◇労務者標準生活：勤労者一般に就いて（榊原平八著）　東洋書館　1941.8　1冊　22cm

◇労務統制法（武藤文雄著）　日本評論社　1941.8　12,577p　19cm　解釈法令叢書

◇公定最低賃金・最高初給賃金及初給賃金標準額（厚生省労働局編）　1941.9　24p　21cm

◇最低賃金と最高初給賃金（大橋武夫述）　大日本産業報国会　1941.9　7,174p　21cm

◇支那農村厚生問題（言心哲著、李廷安著、呉至信著、藤田実訳）　人文閣　1941.9　2,5,349p　22cm

◇産業報国会組織整備要綱解説（大日本産業報国会編）　1941.10　16p　21cm　産報指導資料

◇戦時生活相談所報告書　第2輯　昭和15年12月より昭和16年5月末日に至る相談案件について（戦時生活相談所編）　1941.10　6,129p　21cm

◇規律訓練教範要綱（大日本産業報国会編）　1941.11　6,25p　21cm

◇工員月給制度について（大日本産業報国会編）　1941.11　55p　21cm　産報指導資料

◇中小商工業の整備と転失業対策に付て（吉田正雄述、日本商工会議所編）　1941.11　19p　21cm　調査資料

◇賃金総額制限と賃金台帳（大橋武夫述,大日本産業報国会編）　1941.11　1冊　22cm

◇「規律訓練教範要綱」註解（大日本産業報国会編）　1941.12　16p　21cm　産報指導資料

◇国民勤労報国協力令解説（厚生省職業局編）　職業協会　1941.12　4,112p　18cm　労務動員叢書

◇産業福利施設（大塚好著）　東洋書館　1941.12　2,12,373p　22cm

◇労働者政策と労働科学（藤林敬三著）　有斐閣　1941.12　1冊　22cm　労働科学叢書

◇労務調整令関係法規（厚生省職業局編）　1941.12　79p　21cm

◇国民勤労奉公制度とは　何謂国民勤労奉公制度：附　国民勤労奉公法・奉公隊編成令（［満洲国］国民勤労奉公局編）　1942　2,70p　19cm

◇国民勤労奉公法施行規則説明書（［満洲国］国民勤労奉公局編）　1942　32p　19cm

◇勤労を中心として観たる小工業経営の人的構成に関する調査（労働科学研究所編）　1942.1　46p　26cm　労働科学研究所報告

◇勤労文化（鈴木舜一著）　東洋書館　1942.2　5,9,354p　22cm　労務管理全書

◇労働の理念（秋沢修二著）　白揚社　1942.2　2,3,350p　22cm

◇労働配置（狩野広之著）　東洋書館　1942.2　4,17,292p　22cm　労務管理全書

◇失業問題研究（北岡寿逸著）　有斐閣　1942.3　1冊　22cm

◇重要事業場労務管理令及同施行規則（川崎商工会議所編）　1942.3　18p　21cm　調査資料

◇転業者及其補導に関する調査：転業過程の分析と対策（労働科学研究所編）　1942.3　2,85p　26cm　労働科学研究所報告

◇労務調整令の解説（寺田勤著）　朝日新聞社　1942.3　118p　18cm

◇労務輔導（伊藤博著、村中兼松著）　東洋書館　1942.3　3,12,441p　22cm　労務管理全書

◇北支労務対策に関する調査（労働科学研究所編）　1942.4　104p　26cm　労働科学研究所報告

◇小工場に於ける福利施設の概況（大阪市社会部庶務課編）　1942.5　25p　21cm　社会部報告

◇日本労働立法の発展（菊池勇夫著）　有斐閣　1942.5　1冊　22cm　社会・経済法論集

◇満洲に於ける北支労働者及労働統制に就て（横浜正金銀行調査部編）　1942.5　1,2,45p　21cm　調査報告

◇勤労青少年調査報告：勤労青少年の就労状況に関する研究　第1報（労働科学研究所編）　1942.6　50p　26cm　労働科学研究所報告

◇最低生活費の研究：生活必需物件の分析的決定とその綜合とに基く算定（労働科学研究所編）　1942.6　3,2,97p　26cm　労働科学研究所報告

◇産業福利施設（大塚好著）　東洋書館　1942.6　2,12,373p　22cm　労務管理全書

◇支那家族の構造（清水盛光著）　岩波書店　1942.6　2,4,582p　22cm

◇南方労働力の研究（鈴木舜一著）　東洋書館　1942.6　298p　22cm

◇産業保健管理（勝木新次著）　東洋書館　1942.7　281p　22cm　労務管理全書

◇転業省及び女子労務輔導（伊藤博著、村中兼松著）　東洋書館　1942.7　323p　22cm　労務管理全書

◇家族と村落　第2輯（戸田貞三編、鈴木栄太郎編）　日光書院　1942.8　2,1,345p　21cm

◇戦時下中小工場厚生施設対策（労働科学研究所編）　1942.8　7p　26cm　職場の実践

◇勤労の新理念（Johannes Gerhardt著、栗原佑訳）　栗田書店　1942.9　1冊　19cm　新世界観輯系

◇職業論（西牟田重雄著）　大同印書館　1942.9　4,2,395p　21cm

◇戦時英国の労働政策（労働科学研究所編）　1942.9　54p　26cm　労働科学研究所報告　第3部

◇工場安全（上野義雄著）　東洋書館　1942.10　230p　22cm　労務管理全書

◇工場鉱山産業報国会の組織と運営（佐々木正制著）　東洋書館　1942.10　3,5,340p　22cm　労務管理全書

◇労務統制法（後藤清著）　東洋書館　1942.11　317p　22cm　労務管理全書

◇労務配置論（佐伯敏男著）　商工行政社　1942.11　3,6,487p　19cm　綜合計画経済叢書

- ◇家族手当支給状況調査（名古屋工業研究会編）　1942.12　10p　21cm
- ◇勤労と厚生（竹中勝男著）　教育図書　1942.12　4,4,289p　19cm
- ◇国民勤労奉公制関係要綱要領集　謄写版（［満洲国］国民勤労奉公局編）　1942.12　64p　22cm
- ◇智能段階に依る職種配分基準（労働科学研究所編）　1942.12　6p　26cm　職場の実践
- ◇家計調査要綱及関係法規　昭和18年用（内閣統計局編）　1943　3,52p　21cm
- ◇職業紹介事業の変遷（豊原又男著）　職業協会　1943.1　4,4,306p　21cm
- ◇婦人労務者保護（古沢嘉夫著）　東洋書館　1943.1　216p　22cm　労務管理全書
- ◇勤労配置行政関係法令集（厚生省勤労局編）　職業協会　1943.2　10,925p　18cm
- ◇国民勤労奉公制度問答（［満洲国］国民勤労奉公局編）　1943.2　2,28p　19cm
- ◇国民勤労奉公法　国民勤労奉公法施行規則（［満洲国］国民勤労奉公局編）　1943.3　33p　19cm
- ◇重要事業場労務管理令解説（川崎商工会議所編）　1943.3　28p　22cm　調査資料
- ◇生計調査とその仕方（安藤政吉著）　労働科学研究所　1943.3　17p　26cm　職場の実践
- ◇戦時勤労管理（大日本産業報国会編）　東華堂　1943.3　328p　22cm
- ◇賃金と労務者指導（富沢喜一著）　大日本雄弁会講談社　1943.3　6,9,306p　22cm
- ◇賃銀論（増地庸治郎著）　千倉書房　1943.3　4,7,458p　22cm
- ◇労働・生活・労働科学（労働科学同攻会編）　長門屋書房　1943.3　3,352p　26cm　労働科学同攻会報告
- ◇川崎市に於ける工場給食事情調査の概報　謄写版（川崎商工会議所編）　1943.5　18p　22cm
- ◇戦時生活相談所報告書　第3輯　昭和16年6月ヨリ17年5月ニ至ル相談案件（戦時生活相談所編）　1943.6　3,107p　21cm
- ◇労務者の生活（田中令三著）　第一公論社　1943.6　230p　18cm　青少年教養文庫
- ◇国民生活の構造（籠山京著）　長門屋書房　1943.7　4,3,247p　22cm
- ◇戦時労働政策の諸問題（増田富夫著）　聖紀書房　1943.7　9,6,369p　22cm
- ◇労働法の主要問題（菊池勇夫著）　有斐閣　1943.7　26,486,12p　21cm　社会・経済法論集
- ◇国民生活の課題（大河内一男編）　日本評論社　1943.8　3,441p　21cm
- ◇日本工業労働力論（美濃口時次郎著）　甲文堂書店　1943.8　2,2,195p　18cm
- ◇労務管理実情調査概要　謄写版（名古屋市経済局庶務課編）　1943.8　20p　26cm
- ◇新勤労管理の実際（野田経済研究所編）　1943.9　12,362p　22cm　勤労管理叢書
- ◇生計費調査に現れたる戦時最低生活（戦時生活相談所編）　1943.9　86p　21cm　別表　生計費調査表
- ◇労働論（西牟田重雄著）　大同印書館　1943.9　2,313p　22cm
- ◇賃金算定に関する労働科学的見解（暉峻義等編）　大阪屋号書店　1943.10　131p　19cm　労働科学叢書
- ◇改正労務調整令実務詳解：男子就業禁止に関する具体的解明（黒田安雄著）　労働事情研究所　1943.11　11,589p　18cm
- ◇最低生活研究（B.S.ラウントリイ著,長沼弘毅訳）　高山書院　1943.12　1冊　22cm
- ◇最低生活費の研究（暉峻義等編）　大阪屋号書店　1943.12　4,4,174p　19cm　労働科学叢書
- ◇ナチス労務配置政策の発展（フリードリッヒ・ジールプ著,木田徹郎訳）　東洋書館　1943.12　4,15,278p　22cm
- ◇国民生活費の研究（安藤政吉著）　酒井書店　1944.1　4,11,434p　22cm
- ◇日本工業労働力論序説（森喜一著）　伊藤書店　1944.1　3,2,306p　21cm
- ◇統制法の課題（山崎英雄［ほか］著）　現行法規出版社　1944.2　68,42,40p　18cm　統制法令研究会研究叢書
- ◇重工業の賃金と生活（森喜一著）　民族科学社　1944.4　1,154p　21cm
- ◇企業整備労務問題に関する官民懇談会　第1回（日本経済聯盟編）　1944.6　2,2,46p　21cm
- ◇企業整備労務問題に関する官民懇談会　第2回（日本経済聯盟編）　1944.7　2,2,51p　21cm
- ◇請取賃金制度論（大矢三郎著）　ダイヤモンド社　1944.11　8,8,301p　22cm
- ◇賃金制度（大西清治著,滝本忠男著）　東洋書館　1944.11　2,10,402p　22cm　労務管理全書

住宅・宅地

【雑誌】

◇ベルギーに於ける住宅問題(小濱浄鑛)「公衆衛生」 42(8) 1924.8
◇東京に於ける貸家貸間の需給趨勢「東洋経済新報」 1132 1925.1
◇東京市に於ける住居調(東京市統計課)「都市公論」 8(1) 1925.1
◇都市住宅問題(1)(池田宏)「都市公論」 8(1) 1925.1
◇都市所有権制度の発達に就て(楠原祖一郎)「都市公論」 8(1) 1925.1
◇都市住宅問題(2)(池田宏)「都市公論」 8(2) 1925.2
◇住宅組合設立許可調(大正十四年一月現在)「社会事業」 8(12) 1925.3
◇都市住宅問題(3)(池田宏)「都市公論」 8(3) 1925.3
◇社会経済から見た中流アパートメントハウス(森本厚吉)「建築雑誌」 39(471) 1925.6
◇ウィーン市に於ける住宅政策「斯民」 20(6) 1925.6
◇大正十三年度住宅資金決定「社会事業」 9(3) 1925.6
◇佐野利器著「住宅論」(小倉庫次)「都市問題」 1(2) 1925.6
◇財団法人同潤会同潤啓成社事業要覧「社会事業」 9(4) 1925.7
◇関一著「住宅問題と都市計画」と渡辺鉄蔵著「都市計画及住宅政策」(沢田謙)「都市問題」 1(3) 1925.7
◇英国皇帝と住宅問題「都市問題」 1(4) 1925.8
◇農民住宅の考察(淡路素元)「建築と社会」 8(9) 1925.9
◇ウィーン市の住宅政策(小濱浄鑛)「公衆衛生」 43(9) 1925.9
◇産業住宅問題(沢田謙)「都市問題」 1(5) 1925.9
◇東西の住宅問題(川上英一郎)「東洋経済新報」 1168 1925.10
◇大阪市営月賦住宅の応募状況(大阪市役所都市計画部庶務課)「都市問題」 1(6) 1925.10
◇住宅問題の相関々係(宇治伊之助)「建築と社会」 8(12) 1925.12
◇英国に於ける住宅問題の近況(波江悌夫)「大大阪」 2(1) 1926.1
◇不良家屋、不衛生地区要覧抄沢(中)(菱田厚介)「都市研究」 2(1) 1926.1
◇英国の不良住宅及不衛生地区改善(内務省社会局)「公衆衛生」 44(2) 1926.2
◇第四回家賃調査報告(榊原平八)「社会政策時報」 65 1926.2
◇英国に於ける住宅問題の近況(2・完)(波江悌夫)「大大阪」 2(2) 1926.2
◇総計の上から見たる住宅建築の傾向(松本儀八)「建築と社会」 9(3) 1926.3
◇英国の不良住宅及不衛生地区改善(内務省社会局)「公衆衛生」 44(3) 1926.3
◇英国の不良住宅及不衛生地区改善(内務省社会局)「公衆衛生」 44(4) 1926.4
◇住居と家屋の一般的注意(横手千代之助)「公衆衛生」 44(4) 1926.4
◇住宅問題(増田抱村)「社会事業」 10(1) 1926.4
◇郊外住宅の発展と庭園的設備(井本政信)「都市研究」 2(2) 1926.4
◇英国の不良住宅及不衛生地区改善(内務省社会局)「公衆衛生」 44(5) 1926.5
◇大戦後の住宅難と新住宅群の建築(2)中欧の建築界に就て(上野伊三郎)「建築と社会」 9(6) 1926.6

◇フランス都市の土地政策と住宅問題(フランソア・ラトゥール)「都市問題」 2(6) 1926.6
◇住宅の美学(小野田秀作)「建築と社会」 9(7) 1926.7
◇住宅問題と建築技術家(片岡安)「建築と社会」 9(7) 1926.7
◇英国三十年間の家屋「都市創作」 2(7) 1926.7
◇英国に於ける住宅政策(1)(河合栄治郎)「都市問題」 3(1) 1926.7
◇不衛生地区の改修と不良住宅の取締(弓家七郎)「都市問題」 3(1) 1926.7
◇英国の不良住宅及不衛生地区改善(5)(内務省社会局)「公衆衛生」 44(8) 1926.8
◇細民の家(田村克己)「大大阪」 2(8) 1926.8
◇米国の不良住宅改造計画(制定されたる紐育の新住宅法)「大大阪」 2(8) 1926.8
◇密集住宅地区の研究(不良住宅地区改善の諸力)(志賀志那人)「大大阪」 2(8) 1926.8
◇労働者住宅に就て(大林宗嗣)「大大阪」 2(8) 1926.8
◇神戸市の新川住宅改善案「都市研究」 2(4) 1926.8
◇英国に於ける住宅政策(2)(河合栄治郎)「都市問題」 3(2) 1926.8
◇住宅事務講習会開催に際する長岡社会局長官訓示「内務時報」 351 1926.8
◇製糸工場に於ける寄宿舎の改善及労働時間の短縮と其の効果「労働時報」 3(8) 1926.8
◇下層階級住宅政策の確立(紫安新九郎)「建築と社会」 9(9) 1926.9
◇英国の不良住宅及不衛生地区改善(6)(内務省社会局)「公衆衛生」 44(9) 1926.9
◇英国に於ける住宅政策(3・完)(河合栄治郎)「都市問題」 3(3) 1926.9
◇ニューヨーク州の新住宅法(弓家七郎)「都市問題」 3(3) 1926.9
◇我国に於ける工場寄宿舎の現況「労働時報」 3(9) 1926.9
◇英国の不良住宅及不衛生地区改善(7)(内務省社会局)「公衆衛生」 44(10) 1926.10
◇工場附属寄宿舎規則案要綱(社会局私案)「労働時報」 3(10) 1926.10
◇英国の不良住宅及不衛生地区改善(8)(内務省社会局)「公衆衛生」 44(11) 1926.11
◇住宅低利資金の供給は無用なり「東洋経済新報」 1225 1926.11
◇イギリス最近の住宅政策(弓家七郎)「都市問題」 3(5) 1926.11
◇密集住宅の研究(楠原祖一郎)「建築雑誌」 40(490) 1926.12
◇英国に見る住宅の大変化(小川市太郎)「建築と社会」 10(1) 1927.1
◇現代文化住宅の煩悶(村野藤吾)「建築と社会」 10(1) 1927.1
◇住宅建築衛生の話(伴秀雄)「建築と社会」 10(1) 1927.1
◇住宅建築の敷地選定に就て(池田)「建築と社会」 10(1) 1927.1
◇住宅進化の話(古塚正治)「建築と社会」 10(1) 1927.1
◇住宅設計上の考察(松本儀八)「建築と社会」 10(1) 1927.1
◇住宅に於ける汚物処理法(沢部実之介)「建築と社会」 10(1) 1927.1
◇住宅の構造について(酒井勇三郎)「建築と社会」 10(1) 1927.1

◇住宅の採暖(徳政金吾)「建築と社会」 10(1) 1927.1
◇洋風小住宅の室内装飾(永山美樹)「建築と社会」 10(1) 1927.1
◇我国将来の住宅(片岡安)「建築と社会」 10(1) 1927.1
◇大都市の不良住宅街改善(木村義吉)「都市研究」 3(1) 1927.1
◇東京府南葛飾郡小松川町町営住宅使用料条例「市町村雑誌」 398 1927.2
◇不良住宅地区改良法「内務時報」 384 1927.3
◇農村住宅に就て(2)(山田醇)「庭園と風景」 9(4) 1927.4
◇ドイツの住宅不足(大島正言)「都市問題」 4(4) 1927.4
◇不良住宅地域改良計画(弓家七郎)「都市問題」 4(4) 1927.4
◇工場附属寄宿舎規則「内務時報」 385 1927.4
◇工場附属寄宿舎規則「労働時報」 4(4) 1927.4
◇不良住宅地区改良法解説(1)(藤野恵)「自治研究」 3(5) 1927.5
◇工場附属寄宿舎規則義解(1)(北岡寿逸)「社会政策時報」 80 1927.5
◇都市住宅衛生に就いて(時任一成)「都市創作」 3(5) 1927.5
◇住宅の不良化(藤田進一郎)「建築と社会」 10(6) 1927.6
◇不良住宅地区改良法解説(2)(藤野恵)「自治研究」 3(6) 1927.6
◇不良住宅地区改良法の要旨(藤野恵)「社会事業」 11(3) 1927.6
◇都市と住宅問題(堺市に就て)(磯village達)「建築と社会」 10(8) 1927.8
◇理想的文化住宅 アパートメントに就て(小山秀雄)「建築と社会」 10(8) 1927.8
◇不良住宅地区改良法解説(3)(藤野恵)「自治研究」 3(8) 1927.8
◇不良住宅地区改良問題(岡崎early太郎)「建築と社会」 10(9) 1927.9
◇不良住宅地区の保健状況と改良問題(藤原九十郎)「建築と社会」 10(9) 1927.9
◇八事懐顧(八事山は名古屋市郊外に於ける高層住宅地帯)(木島死馬)「都市創作」 3(10) 1927.10
◇住宅展覧会に就て(伊藤錠太郎)「都市創作」 3(11) 1927.11
◇欧米諸都市の住宅問題(伊部貞吉)「都市問題」 6(1) 1928.1
◇ロンドンの不良住宅地区改良(小倉庫次)「都市問題」 6(1) 1928.1
◇将来の日本の住宅(懸賞論文)「建築と社会」 11(2) 1928.2
◇警視庁令第三号を基とせる長屋研究(中原賢次)「社会事業」 11(11) 1928.2
◇不良住宅及不良住宅地区に関する法律(木戸鈑三郎)「都市公論」 11(2) 1928.2
◇住宅の工業的製造「建築と社会」 11(3) 1928.3
◇住宅ホテル(紐育の新摩天楼)(藤田進一郎)「大大阪」 4(3) 1928.3
◇大阪府に於ける工場附属寄宿舎取締状況「労働時報」 5(3) 1928.3
◇警視庁令第三号を基とせる長屋研究(2)(中原賢次)「社会事業」 12(2) 1928.5
◇家屋賃貸価格の調査に就て(元山修二)「自治研究」 5(1) 1929.1
◇パリ市の住宅建設(小倉庫次)「都市問題」 8(3) 1929.3
◇ニューヨーク州住宅改良法案(安達正太郎)「都市問題」 8(4) 1929.4
◇家屋賃貸価格の評定標準に就て(永安百治)「自治研究」 5(6) 1929.6
◇アパートメントハウスの実例(1)(葛野壮一郎)「建築と社会」 12(8) 1929.8
◇アパートメント論(松成信夫)「建築と社会」 12(8) 1929.8
◇現代集合住宅観——米国に於ける集合住宅に就て(池田谷久吉)「建築と社会」 12(8) 1929.8

◇最近世界の住居運動——インターナショナル住居協会の活動——(伊藤正文)「建築と社会」 12(8) 1929.8
◇市営住宅をこゝろみて(大須賀巌)「建築と社会」 12(8) 1929.8
◇スリー・フアミリー・アパートメント・ハウス(小川安一郎)「建築と社会」 12(8) 1929.8
◇倫敦の不良住宅地区改良其の他(岡本彰一)「大大阪」 5(8) 1929.8
◇アパートメントハウスの実例(2)(葛野壮一郎)「建築と社会」 12(9) 1929.9
◇アパートメント・ハウスの実例(3)(葛野壮一郎)「建築と社会」 12(10) 1929.10
◇日本に於ける住宅問題の一研究(1)(楠原祖一郎)「都市創作」 5(10) 1929.10
◇ウィーン市の住宅政策(藤野恵)「都市問題」 9(4) 1929.10
◇アパートメント・ハウスの実例(4)(葛野壮一郎)「建築と社会」 12(11) 1929.11
◇日本に於ける住居問題の一研究(2)(楠原祖一郎)「都市創作」 5(11) 1929.11
◇家屋の賃貸価格調査に就て(唯野喜八)「自治研究」 6(1) 1930.1
◇英国に於ける「家賃制限法」に就て(鈴木幸治郎訳)「大大阪」 6(1) 1930.1
◇欧米都市の住宅政策(弓家七郎)「大大阪」 6(1) 1930.1
◇大阪市住宅設備の現況(大阪市社会部調査課)「大大阪」 6(1) 1930.1
◇大阪市の家屋敷(大阪都市協会調査部)「大大阪」 6(1) 1930.1
◇大阪市の宅地開発(内山新之助, 川内槌蔵)「大大阪」 6(1) 1930.1
◇在阪朝鮮人の住宅問題について(三木正一)「大大阪」 6(1) 1930.1
◇児童の環境としての不良住宅(志賀志那人)「大大阪」 6(1) 1930.1
◇借家受難期の一面相(瀧山良一)「大大阪」 6(1) 1930.1
◇借家法制の改良すべき諸点(古野周蔵)「大大阪」 6(1) 1930.1
◇住宅衛生の智識(藤原九十郎)「大大阪」 6(1) 1930.1
◇住宅政策としての「家賃」統制に就て(磯村英一)「大大阪」 6(1) 1930.1
◇住宅不良化の予防(藤田進一郎)「大大阪」 6(1) 1930.1
◇住宅問題の三点(木南正宜)「大大阪」 6(1) 1930.1
◇深刻となつた家賃問題(小川庄太郎)「大大阪」 6(1) 1930.1
◇文化生活と住宅改造(片岡安)「大大阪」 6(1) 1930.1
◇家賃値下運動から家賃モラトリウムへ(布施辰治)「大大阪」 6(1) 1930.1
◇家賃値下を中心とする住宅問題資料(山口正)「大大阪」 6(1) 1930.1
◇我国に於ける都市住宅の帰向(波江悌夫)「大大阪」 6(1) 1930.1
◇全国都市の家賃値下運動(小田忠夫)「都市問題」 10(1) 1930.1
◇家屋賃貸価格調査令(岡田周造)「自治研究」 6(2) 1930.2
◇本邦大都市に於ける住宅と人口(遠藤盛)「社会政策時報」 114 1930.2
◇六大都市に於ける宅地の売買及賃貸価格(伊藤盛)「東洋経済新報」 1384 1930.2
◇集団住宅設計技巧と経済効果(上)(石川栄耀)「都市創作」 6(2) 1930.2
◇大阪市に於ける住宅問題(松井辰之助)「経済時報」 1(12) 1930.3
◇市有地の賃貸料について(岡島松次郎)「大大阪」 6(3) 1930.3
◇家屋賃貸価格調査会に対する実務的考察(高田三男)「税」 8(4) 1930.4
◇都市美より見たる大阪市不良住宅問題管見(池上久造)「大大阪」 6

◇(4) 1930.4
◇集団住宅地設計技巧と経済効果(完)(石川栄耀)「都市創作」 6(3) 1930.4
◇様式住宅から目的建築へ(中野順次郎)「建築と社会」 13(5) 1930.5
◇ドイツの住宅問題会議(小倉庫次)「都市問題」 10(6) 1930.6
◇大都市の借地借家争議近情(吉山真棹)「都市問題」 11(2) 1930.8
◇家屋賃貸価格の調査並決定に関する諸問題(元山修二)「税」 8(10) 1930.10
◇家屋賃貸価格調査に就て(北嶺嘉十郎)「税」 8(11) 1930.11
◇住宅問題(河田嗣郎)「大大阪」 6(12) 1930.12
◇六大都市宅地売買価格及賃貸価格に就て(遠藤盛)「統計集誌」 593 1930.12
◇バウハウスと住宅問題に就て(水谷武彦)「建築雑誌」 45(542) 1931.2
◇グラスゴー市に於ける住居問題(2)(楠原祖一郎)「公衆衛生」 49(2) 1931.2
◇衛生の住宅目標(山口静夫)「建築と社会」 14(3) 1931.3
◇グラスゴー市に於ける住居問題(楠原祖一郎)「公衆衛生」 49(3) 1931.3
◇生活最小限の住居(山田守)「建築雑誌」 45(544) 1931.4
◇我国住宅政策の近況(中村寛)「建築雑誌」 45(544) 1931.4
◇大阪市の最小アパートメント(富士岡重一)「建築と社会」 14(4) 1931.4
◇京阪神地方住宅の調査概況(酒井勇三郎)「建築と社会」 14(4) 1931.4
◇小住宅と其建築に就て(松本儀八)「建築と社会」 14(4) 1931.4
◇小住宅の研究(葛野壮一郎)「建築と社会」 14(4) 1931.4
◇都市小額収入生活者の住宅問題を中心として(川村種三郎)「建築と社会」 14(4) 1931.4
◇住宅の標準電気設備(伊藤奎二)「建築雑誌」 45(546) 1931.6
◇小住宅の平面計画(芹沢芙二)「港湾」 9(6) 1931.6
◇住宅の間取と構成に就て(川喜田煉七郎)「建築と社会」 14(9) 1931.9
◇住宅の間取に就て(柴谷邦子)「建築と社会」 14(9) 1931.9
◇都市に於ける不良住宅の発生と其の掃蕩(藤野恵)「自治研究」 7(9) 1931.9
◇東京市内の宅地売買価格「都市問題」 13(3) 1931.9
◇米国の住宅政策(吉川末次郎)「都市問題」 13(3) 1931.9
◇住居統計に就て(岡崎文規)「経済叢誌」 33(4) 1931.10
◇住居経営の原則と地域特徴の成因(東木龍七)「地理学評論」 7(10) 1931.10
◇住宅問題最近の傾向(小林政一)「建築雑誌」 45(551) 1931.11
◇大阪市に於ける宅地価の変遷(藤谷謙二)「経済時報」 3(10) 1932.1
◇アパート住ひの便の(中村寛)「建築雑誌」 46(555) 1932.3
◇家賃と地代(伊酒貞吉)「建築雑誌」 46(555) 1932.3
◇本邦都市住宅問題の一考察/都市政策問題/都市社会政策(東京市政調査会創立十周年記念市政論集)(平野真三)「都市問題」 14(3) 1932.3
◇アメリカに於ける住宅地方分譲契約条項の概要(永見健一)「造園学雑誌」 4 1932.4
◇ニューヨーク市共同家屋局(1)(山口正)「大大阪」 8(4) 1932.4
◇住宅建築(土屋純一)「建築雑誌」 46(558) 1932.6
◇実用安価小住宅の研究(渡邊金蔵)「建築と社会」 15(6) 1932.6
◇住宅空地考(淺野繁)「建築と社会」 15(6) 1932.6

◇住宅管-家の管理と活用-(葛野壮一郎)「建築と社会」 15(6) 1932.6
◇小住宅問題雑考(南信)「建築と社会」 15(6) 1932.6
◇生活最小限度の住宅研究(中村義雄)「建築と社会」 15(6) 1932.6
◇不燃質小住宅の新構造法(園田孝男)「建築と社会」 15(6) 1932.6
◇紐育市のヘックシヤー住宅計画(吉川末次郎)「地方行政」 40(6) 1932.6
◇家屋賃貸価格算定上の問題(元山修二)「自治研究」 8(7) 1932.7
◇米国に於ける住宅信用組合(井川忠雄)「産業組合」 324 1932.10
◇家屋賃貸価格調査方法の改正に就て(大村清一)「自治研究」 8(11) 1932.11
◇公営住宅調(昭和七年九月)「都市公論」 15(11) 1932.11
◇工場附属住宅地調(昭和七年十月)「都市公論」 15(11) 1932.11
◇住宅及住宅地問題座談会記録(高野六郎[ほか])「都市公論」 15(11) 1932.11
◇都市住宅の反省(菱田厚介)「都市公論」 15(11) 1932.11
◇住宅の転用性に就きて(前田松韻)「建築雑誌」 43(565) 1932.12
◇家屋賃貸価格調査方法の改正に就いて(東次郎)「税」 10(12) 1932.12
◇米国に於ける住宅信用組合(井川忠雄)「産業組合」 327 1933.1
◇家屋賃貸価格調査方法の改正に就いて(東次郎)「税」 11(1) 1933.1
◇不良住宅地区改良事業(清水虎雄)「社会事業」 16(12) 1933.3
◇改正家屋賃貸価格調査方法の実施に直面して(元山修二)「税」 11(3) 1933.3
◇住宅及土地経営に関する座談会「建築と社会」 16(4) 1933.4
◇住宅経営地に就て(松本儀八)「建築と社会」 16(4) 1933.4
◇住宅経営地の種々相(矢田鉄蔵)「建築と社会」 16(4) 1933.4
◇小住宅プランの研究(1)(岡田孝男)「建築と社会」 16(4) 1933.4
◇土地経営者の見たる住宅(篠原正雄)「建築と社会」 16(4) 1933.4
◇土地経営に於ける分譲住宅地の一現勢(今井英雄)「建築と社会」 16(4) 1933.4
◇住宅政策の諸相とその基本観念(吉川末次郎)「社会政策時報」 151 1933.4
◇改正家屋賃貸価格調査方法の実施に直面して(元山修二)「税」 11(4) 1933.4
◇職工住宅の供給と之に関する基礎調査資料「都市問題」 16(4) 1933.4
◇大阪における宅地整理概況(中沢誠一郎)「都市公論」 16(6) 1933.6
◇都市と不良住宅問題(新名種夫)「建築と社会」 16(8) 1933.8
◇市内居住独身職業婦人住居調査(勤務先産業別)(東京市福利課住宅掛)「東京市社会局時報」 1933.10
◇市内居住独身職業婦人住居調査(勤務先産業別)(東京市福利課住宅掛)「東京市社会局時報」 昭和8年10月号 1933.10
◇英国の住宅法制(前編)(小倉庫次)「都市問題」 17(4) 1933.10
◇家屋の賃貸価格と庭園の価値(村上泰一)「税」 11(11) 1933.11
◇不良住宅対策に就ての管見(中村純一)「都市公論」 16(11) 1933.11
◇英国の住宅法制(後編)(小倉庫次)「都市問題」 17(5) 1933.11
◇三陸地方に於ける住宅適地造成事業(飯沼一省)「自治研究」 9(12) 1933.12
◇住宅統制に社会的基礎(1)(三好豊太郎)「社会福利」 18(1) 1934.1
◇改正勅令に依る家屋賃貸価格の改訂(谷口赤嶺)「税」 12(5) 1934.5
◇借家法第六条の適用(田島順)「法学論叢(京都帝国大学法学会)」

30(5) 1934.5
◇アパート雑想(永戸俊雄)「建築と社会」 17(6) 1934.6
◇ジードルングの概要(山田守)「建築と社会」 17(6) 1934.6
◇集合住宅の将来(奥田譲)「建築と社会」 17(6) 1934.6
◇住宅と防湿防腐に関する座談会「建築と社会」 17(6) 1934.6
◇最近英国の住宅問題(藤本定義)「大大阪」 10(7) 1934.7
◇神戸市新川不良住宅地区の概況と其の住宅改良事業に就て(1)(木村義吉)「社会事業」 16(8) 1934.9
◇住宅に就て(東京市勤労階級家計調査に現はれたる住宅統計)(鈴木一雄)「統計集誌」 639 1934.10
◇住宅地の形態統制に就て(第四回全国都市問題会議記念特輯)(菱田厚介)「都市問題」 19(4) 1934.10
◇住宅の上手な建て方(関根要太郎)「建築雑誌」 48(591) 1934.11
◇ナチス政府下の最初の全独住宅問題会議(幸島礼吉)「都市問題」 19(5) 1934.11
◇レイモンド・アンイン博士の最近の住宅問題観(黒谷了太郎)「都市問題」 19(6) 1934.12
◇不良住宅改良事業の根本方針と不良住宅の家主に関する調査に就て(小島栄次)「三田学会雑誌」 28(12) 1934.12
◇住宅問題に関する一管見-特に家賃に就て(幸島礼吉)「都市問題」 20(1) 1935.1
◇スコットランドに於ける住宅政策概況(幸島礼吉)「都市問題」 20(1) 1935.1
◇仏蘭西に於ける不動産公示制度の価値(柏塚辰雄)「経済時報」 6(11) 1935.2
◇欧州に於けるジードルングの近況(御田綱男)「都市公論」 18(2) 1935.2
◇英国に於ける住宅組合の近況(幸島礼吉)「都市問題」 20(2) 1935.2
◇米国の「自活宅地」運動(東京市社会局庶務課調査掛)「東京市社会局時報」 昭和10年1・2・3月号 1935.3
◇上代住宅建築雑考-万葉集を読みて(葛野壮一郎)「建築と社会」 18(5) 1935.5
◇都市発展に於ける交通機関の地位住宅問題の準備的研究として(和田登)「建築と社会」 18(5) 1935.5
◇プラーグに於ける国際住宅会議(幸島礼吉)「都市問題」 20(5) 1935.5
◇日本労働総同盟の住宅改良運動(東京市社会局庶務課調査掛)「東京市社会局時報」 昭和10年4・5・6月号 1935.6
◇アメリカ六十四都市に於ける住宅調査(幸島礼吉)「都市問題」 20(6) 1935.6
◇英国の新住居標準(幸島礼吉)「都市問題」 20(6) 1935.6
◇ナチス住宅政策の基調(幸島礼吉)「都市問題」 21(1) 1935.7
◇ジードルングス・バウ(ブルーノ・タウト)「建築雑誌」 49(603) 1935.9
◇ロンドンに於ける住宅並にスラム清掃問題(東京府社会課訳)「社会福利」 19(10) 1935.10
◇三四年中独逸住宅建設概況(幸島礼吉)「都市問題」 21(4) 1935.10
◇プラーグ国際住宅会議の状況「建築雑誌」 49(605) 1935.11
◇農村住宅の欠陥と其の改善について(石原憲治)「帝国農会報」 25(11) 1935.11
◇再び東京市住宅政策の改革を論ず(吉川末次郎)「都市問題」 21(5) 1935.11
◇炭山労働者の住宅施設に就て(河島幸助)「社会事業」 19(9) 1935.12
◇アパートメントハウス発達の社会的特質(内藤一郎)「社会福利」 19(12) 1935.12
◇ロンドンに於ける住宅並にスラム清掃問題(東京府社会課訳)「社会福利」 19(12) 1935.12
◇満州における住宅の採煖法に就て(田中進)「建築と社会」 19(1) 1936.1
◇独逸のジードルング事業(Z.W.ルードヴィッチ)「都市公論」 19(1) 1936.1
◇ロンドンに於ける住宅並にスラム清掃問題(東京府社会課訳)「社会福利」 20(2) 1936.2
◇独逸のジードルンク事業(Z.W.ルードウイッチ)「都市公論」 19(2) 1936.2
◇第十四回住宅問題及都市計画国際会議(吉田信武,津田文平)「建築と社会」 19(3) 1936.3
◇ロンドンに於ける住宅並にスラム清掃問題(2)(東京府社会課訳)「社会福利」 20(3) 1936.3
◇金沢市に於けるカード階級者の住宅に就いて(1)(村上賢三,瀧田友生)「社会事業」 20(1) 1936.4
◇ロンドンに於ける住宅並にスラム清掃問題(東京府社会課)「社会福利」 20(4) 1936.4
◇一九三四年度英国住宅組合概況(幸島礼吉)「都市問題」 22(4) 1936.4
◇住宅地計画に於ける日本住宅の特殊性と改善私案(吉田信武)「区画整理」 2(5) 1936.5
◇住宅問題の輿論を測る調査(亀井幸次郎)「建築と社会」 18(5) 1936.5
◇アパート経営に対する経済的考察(香坂茂三)「建築と社会」 19(5) 1936.5
◇今日の都市―明日の住宅(南雲義治)「建築と社会」 19(5) 1936.5
◇標準住居と我国の住居水準(西山夘三)「建築と社会」 19(5) 1936.5
◇法規に現はれたる住居標準(荒木正巳)「建築と社会」 19(5) 1936.5
◇金沢市に於けるカード階級者の住宅に就いて(2)(村上賢三,瀧田友生)「社会事業」 20(2) 1936.5
◇ロンドンに於ける住宅並にスラム清掃問題(東京府社会課訳)「社会福利」 20(5) 1936.5
◇家屋賃貸価格の評定に就て(風間大助)「税」 14(5) 1936.5
◇広田内閣と建築・住宅・住宅問題(大須賀厳)「建築と社会」 19(6) 1936.6
◇金沢市に於けるカード階級の住宅に就いて(3・完)(村上賢三,瀧田友生)「社会事業」 20(3) 1936.6
◇労働の家(佐藤四郎)「建築と社会」 19(7) 1936.7
◇住宅の統計とロットの大さ(竹内佐平治)「都市公論」 19(7) 1936.7
◇嫌はれる住込制度―大阪に於ける少年店員の新傾向(富田幸雄)「大大阪」 12(8) 1936.8
◇ドイツ小定住地奨励規則(2)(小宮一訳)「都市公論」 19(12) 1936.12
◇ドイツの小定住地奨励規則(3)(小宮一訳)「都市公論」 20(1) 1937.1
◇浜松市に於ける新築住宅の統計(竹内佐平治)「都市公論」 20(1) 1937.1
◇住宅供給企業の公益性の認識について(幸島礼吉)「市政学会雑誌」 5 1937.2
◇独逸に於ける住宅並ジードルンクの建設(1)(吉山真棹)「都市公論」 20(2) 1937.2
◇ドイツの小定住地奨励規則(4)(小宮一訳)「都市公論」 20(2) 1937.2
◇住宅共進会開催に依る感想(横田久三郎)「区画整理」 3(3) 1937.3
◇米国の住宅政策(2)(清水虎雄)「社会事業」 21(3) 1937.3
◇本邦に於ける新住宅問題としてのアパート-その発達の過程と将来に

- 残されたる問題-(内藤一郎)「社会福祉」 21(3) 1937.3
- ◇不良住宅地区世帯移動並居住上の希望に関する調査「東京市社会局時報」 昭和11年10・11・12月号 1937.3
- ◇独逸に於ける住宅並ジードルングの建設(2)(吉山真棹)「都市公論」 20(3) 1937.3
- ◇大阪市の住宅政策に希む(加藤善吉)「大大阪」 13(4) 1937.4
- ◇ドイツの小定住地奨励規則(5)(小宮賢一訳)「都市公論」 20(4) 1937.4
- ◇建設されつつある住宅よりみた我国の大都市住居(上)(西山夘三)「都市問題」 24(4) 1937.4
- ◇本邦都市住宅改善の根本問題(平野真三)「建築と社会」 20(5) 1937.5
- ◇米国の住宅政策(1)(清水虎雄)「社会事業」 21(2) 1937.5
- ◇建設されつつある住宅よりみた我国の大都市住居(中)(西山夘三)「都市問題」 24(6) 1937.6
- ◇大阪府下に於ける住宅経営地調査(都市計画大阪地方委員会)「建築と社会」 20(7) 1937.7
- ◇社会省の出現と住宅国策(森健蔵)「社会福祉」 21(7) 1937.7
- ◇不良住宅地区消滅事情調査「東京市社会局時報」 1937.7
- ◇建設されつつある住宅よりみた我国の大都市住居(下)(西山夘三)「都市問題」 25(1) 1937.7
- ◇現下の住宅問題と住宅の質の問題(西山夘三)「建築と社会」 20(8) 1937.8
- ◇住宅施行の合理化(矢田鉄蔵)「建築と社会」 20(8) 1937.8
- ◇ボフーム市の住宅調査(角田順)「東京市社会局時報」 昭和12年1・2・3月号 1937.9
- ◇サー・レイモンド・アンインの住宅地計画に関する講演(黒谷了太郎訳)「都市問題」 25(5) 1937.11
- ◇農村住宅問題の解決(田上善吉)「建築行政」 1(4) 1937.12
- ◇小住宅への課題(伊藤正文)「建築と社会」 21(1) 1938.1
- ◇都市に於ける貸住宅経営の実際(政岡基次)「建築と社会」 21(1) 1938.1
- ◇住宅問題と共同組合(菊田一雄)「産業組合」 387 1938.1
- ◇不良住宅地区消滅事情調査「東京市社会局時報」 昭和12年7・8・9・10・11・12月号 1938.3
- ◇都市郊外地の統制と勤労者への住宅経営-主として一団地の住宅経営に就て(亀井幸次郎)「都市問題」 26(3) 1938.3
- ◇大阪市に於ける半島人の住宅難に就て(岡本重康)「社会福祉」 22(4) 1938.4
- ◇布施市に於ける長屋住宅(川勝健二、松森修太)「建築と社会」 21(6) 1938.6
- ◇ドイツの住宅政策(フランツ・ゼルテ)「都市公論」 21(7) 1938.7
- ◇非常時宅地造成事業(1)(渡邊孝夫)「区画整理」 4(8) 1938.8
- ◇時局に対する大阪市の住宅施設(新名種夫)「建築と社会」 21(8) 1938.8
- ◇『住宅』に関する提言二つ(北沢五郎)「建築と社会」 21(8) 1938.8
- ◇近隣地に於ける住宅対商店の比率に就て(早川文夫)「都市公論」 21(8) 1938.8
- ◇非常時宅地造成事業(2)(渡邊孝夫)「区画整理」 4(9) 1938.9
- ◇健康住宅の根本原則(深山杲)「建築と社会」 21(10) 1938.10
- ◇工場地域に住宅建築の禁止を提唱する(飯田清次郎)「建築と社会」 21(10) 1938.10
- ◇戦争と住宅問題(菊田一雄)「産業組合」 396 1938.10
- ◇借地借家問題に付いて(永田章次郎)「社会福祉」 22(9) 1938.10
- ◇適正なる家賃とは何ぞや(幸島礼吉)「日本評論」 13(10) 1938.10
- ◇ヨーロッパに於ける住宅供給「建築雑誌」 52(644) 1938.11

- ◇不良住宅地区改良法要綱を見て(伊東俊雄)「建築と社会」 21(11) 1938.11
- ◇川崎市の文化住宅建設案(日本都市年鑑編纂室)「都市問題」 28(4) 1939.4
- ◇英国に於ける住宅組合の概況(幸島礼吉)「都市問題」 28(5) 1939.5
- ◇独逸に於ける住宅政策の概観-特に家賃政策に就て(浜野啓一)「都市問題」 29(2) 1939.8
- ◇二つの住宅問題研究会-同潤会「住宅制度調査委員会」と建築学会「住宅問題委員会」(幸島礼吉)「都市問題」 29(2) 1939.8
- ◇労務者住宅供給第一期計画(日本都市年鑑編纂室)「都市問題」 29(3) 1939.9
- ◇英国の家賃政策(浜野啓一)「都市問題」 29(5) 1939.11
- ◇工場従業者の住宅問題座談会「社会政策時報」 232 1940.1
- ◇ナチスの賃貸借法改正草案について(1)(林千衛)「法学協会雑誌」 58(1) 1940.1
- ◇厚生省住宅課の設置と地代家賃の調査(日本都市年鑑編纂室)「都市問題」 30(2) 1940.2
- ◇本邦最初の住居専用地区指定(日本都市年鑑編纂室)「都市問題」 30(2) 1940.2
- ◇ナチスの賃貸借法改正草案について(2)(林千衛)「法学協会雑誌」 58(2) 1940.2
- ◇賃貸借判例法(1)(我妻栄、廣瀬武夫)「法律時報」 12(2) 1940.2
- ◇ナチス住宅政策の原理(中川与之助)「経済論叢」 50(3) 1940.3
- ◇住宅敷地の最小限画地問題(楠瀬正太郎)「都市公論」 23(3) 1940.3
- ◇木造建物建築統制規則の住宅問題との関連性に就て(伊藤憲太郎)「都市公論」 23(3) 1940.3
- ◇東北地方農漁村住宅視察報告(平山嵩)「厚生科学」 1(1) 1940.5
- ◇労務者住宅建設損失補償制度要綱決定(日本都市年鑑編纂室)「都市問題」 30(5) 1940.5
- ◇住宅問題研究-特に質の問題に就て「都市問題」 30(5) 1940.5
  住居法制定の是非(吉川末次郎) 住宅の標準画地(伊部貞吉) 住宅標準管見(平野真三) 戦時英国の住宅問題 戦時独逸の住宅政策 独逸の新公益住宅法(一九四〇年) 東京市に於ける住居建築の趨勢の一斑(鈴木和夫) 都市計画乃至地方計画と住居地域問題(吉村辰夫) 都市住宅の衛生問題(大西清治) 我国住宅問題の特殊性に就て-住居法制定の議論に寄せて(幸島礼吉)
- ◇賃貸借判例法(4)(我妻栄、廣瀬武夫)「法律時報」 12(5) 1940.5
- ◇強力なる住宅政策を魁望す(小林隆徳)「建築と社会」 23(6) 1940.6
- ◇景気変動の住宅企業に及ぼす影響に就いて(小宮賢一)「建築と社会」 23(6) 1940.6
- ◇国民住居の標準(高山英華)「建築と社会」 23(6) 1940.6
- ◇事変下の住宅問題(新居善太郎)「建築と社会」 23(6) 1940.6
- ◇住宅改善問題(菱田厚介)「建築と社会」 23(6) 1940.6
- ◇住宅生産寸論(山田守)「建築と社会」 23(6) 1940.6
- ◇住宅の思ひ出(石井桂)「建築と社会」 23(6) 1940.6
- ◇住宅問題と大阪(瀧山良一)「建築と社会」 23(6) 1940.6
- ◇住宅問題と建築家(中山元晴)「建築と社会」 23(6) 1940.6
- ◇住宅論の社会的性格(奥井復太郎)「建築と社会」 23(6) 1940.6
- ◇台湾に於ける住宅の質の問題(中村綱)「建築と社会」 23(6) 1940.6
- ◇都市住宅の現状と産業住宅地への試み(亀井幸次郎)「建築と社会」 23(6) 1940.6
- ◇満洲に於ける住宅供給の実際(藤原信一)「建築と社会」 23(6) 1940.6
- ◇家賃より見たる不動産価格構成の二法則(小林勝)「建築と社会」 23(6) 1940.6

◇労務者住宅計画に就て(政岡基次)「建築と社会」 23(6) 1940.6
◇労務者住宅建設損失補償制度に就て(加藤陽三)「斯民」 35(6) 1940.6
◇家屋賃貸価格補整余談(児山忠一)「地方財務」 64 1940.6
◇労務者住宅建設損失補償制度に就て(厚生省社会局)「内務厚生時報」 5(6) 1940.6
◇大阪郊外住宅地の生垣(池田綾一)「造園雑誌」 7(2) 1940.7
◇家主組合組織に関する件通牒(昭和15年7月2日)「内務厚生時報」 5(7) 1940.7
◇住宅対策委員会の設置「労働時報」 17(7) 1940.7
◇第二期労務者住宅供給計画に就いて「労働時報」 17(7) 1940.7
◇家屋賃貸価格補整に関する件(昭15.7.11)「内務厚生時報」 5(8) 1940.8
◇住宅委員会(厚生省社会局)「内務厚生時報」 5(8) 1940.8
◇賃貸借判例法(7)(我妻栄,廣瀬武文)「法律時報」 12(8) 1940.8
◇国民住居の提唱(早川文夫)「建築雑誌」 54(666) 1940.9
◇我国に於ける住宅問題管見(熊谷兼雄)「建築雑誌」 54(666) 1940.9
◇都市住宅法の制定(藤田進一郎)「建築と社会」 23(9) 1940.9
◇生活の協同化と都市住宅問題(菊山一雄)「産業組合」 419 1940.9
◇大阪市に於ける保護世帯の住宅問題(岡本精)「社会事業」 24(9) 1940.9
◇住宅難克服に対する住宅委員会の答申「内外社会問題調査資料」 433 1940.9
◇賃貸借判例法(8)(我妻栄,廣瀬武文)「法律時報」 12(9) 1940.9
◇住宅供給(1)(住宅問題研究会訳)「都市公論」 23(10) 1940.10
◇住宅対策及び地代家賃の適正標準に関する答申(日本都市年鑑編纂室)「都市問題」 31(4) 1940.10
◇住宅対策委員会答申(昭和15.9.9)(厚生省社会局)「内務厚生時報」 5(10) 1940.10
◇賃貸借判例法(9)(我妻栄,廣瀬武文)「法律時報」 12(10) 1940.10
◇勤労者住宅に関する法規とその不備(草光実)「労働科学」 17(10) 1940.10
◇工場労働者住宅調査報告(2)—通勤者の工場と住宅の関係に就いて—(石堂正三郎)「労働科学」 17(10) 1940.10
◇住宅調査に於ける評価規準にする一提案—就寝時に利用する部屋の広さ(就寝時有効率)の算出—(桂寅太郎,岡島暢夫)「労働科学」 17(10) 1940.10
◇生計費に於ける住宅費(中村孝俊)「労働科学」 17(10) 1940.10
◇労務者住宅対策について(暉峻義等)「労働科学」 17(10) 1940.10
◇国民住居創造の基本問題(諌早信夫)「建築行政」 4(15) 1940.11
◇住宅課の仕事その他(早川文夫)「建築行政」 4(15) 1940.11
◇宅地建設の価格統制-宅地建物等価格統制令の解説-(商工省)「週報官報附録」 216 1940.11
◇住宅問題と其対策-東京市役所の現制度を評す-(大内修伍)「東京市産業時報」 6(11) 1940.11
◇住宅供給(2)(住宅問題研究会訳)「都市公論」 23(11) 1940.11
◇地代家賃統制令の施行に関する件依命通牒(昭15.10.19)「内務厚生時報」 5(11) 1940.11
◇賃貸借判例法(10)(我妻栄,廣瀬武文)「法律時報」 12(11) 1940.11
◇国民協同住居の構想(図師嘉彦)「中央公論」 55(12) 1940.12
◇深刻化せる住宅難「東洋経済新報」 1950 1940.12
◇住宅供給(3)(住宅問題研究会訳)「都市公論」 23(12) 1940.12
◇「住宅営団」と「貸家組合」(日本都市年鑑編纂室)「都市問題」 31(6) 1940.12

◇賃貸借判例法(11)(我妻栄,廣瀬武文)「法律時報」 12(12) 1940.12
◇住宅問題展望(新名種夫)「建築と社会」 24(1) 1941.1
◇現下の住宅対策に就て(熊谷憲一)「斯民」 36(1) 1941.1
◇賃貸借判例法(12)(我妻栄,廣瀬武文)「法律時報」 13(1) 1941.1
◇宅地建物価格統制令に就いて(長谷川公一)「警察研究」 12(2) 1941.2
◇住宅供給(4)(住宅問題研究会訳)「都市公論」 24(2) 1941.2
◇賃貸借判例法(13)(我妻栄,廣瀬武文)「法律時報」 13(2) 1941.2
◇住宅営団に就て(熊谷憲一)「斯民」 36(3) 1941.3
◇住宅供給(5)(住宅問題研究会訳)「都市公論」 24(3) 1941.3
◇ナチスの人口対策を基本とする住宅政策「内外社会問題調査資料」 450 1941.3
◇賃貸借判例法(14)(我妻栄,廣瀬武文)「法律時報」 13(3) 1941.3
◇住宅対策の進展(1)(加藤陽三)「警察研究」 12(4) 1941.4
◇最近の住宅政策(大村巳代治)「建築と社会」 24(4) 1941.4
◇戦時下に於ける労務者住居の問題(1)(広崎真八郎)「社会政策時報」 247 1941.4
◇住宅供給(6)「都市公論」 24(4) 1941.4
◇寄宿舎に於ける経費並に収容人員調査「内外社会問題調査資料」 453 1941.4
◇地代家賃統制令の疑義に関する件(昭16.2.17社会局長)「内務厚生時報」 6(4) 1941.4
◇賃貸借判例法(15)(我妻栄,廣瀬武文)「法律時報」 13(4) 1941.4
◇住宅対策の進展(2・完)(加藤陽三)「警察研究」 12(5) 1941.5
◇戦時下に於ける労務者住居の問題(2)(広崎真八郎)「社会政策時報」 248 1941.5
◇都市住居の形式について(生鮮食糧品出荷配給統制問題)(西山卯三)「都市問題」 32(5) 1941.5
◇住宅問題解決のための立法(後藤清)「法律時報」 13(5) 1941.5
◇賃貸借判例法(16)(我妻栄,廣瀬武文)「法律時報」 13(5) 1941.5
◇住宅及其の敷地設計基準(住宅営団)「建築行政」 5(17) 1941.6
◇住居の質について(西川卯三)「建築雑誌」 55(675) 1941.6
◇住宅供給(7)「都市公論」 24(6) 1941.6
◇賃貸借判例法(17)(我妻栄,廣瀬武文)「法律時報」 13(6) 1941.6
◇家族政策と住宅問題(諌早信夫)「社会政策時報」 250 1941.7
◇現下の住宅対策(中島賢蔵)「社会政策時報」 250 1941.7
◇建築技術上より見た住宅問題(岡島暢夫)「社会政策時報」 250 1941.7
◇工場寄宿舎設備に就て(佐々木正制)「社会政策時報」 250 1941.7
◇住宅問題と社会衛生(市古釣一)「社会政策時報」 250 1941.7
◇住宅問題と住宅政策(幸島礼吉)「社会政策時報」 250 1941.7
◇戦時に於ける住宅政策「社会政策時報」 250 1941.7
◇低生活環境の整備(坂本金吉)「社会政策時報」 250 1941.7
◇都市住宅地に就て(高山英華)「社会政策時報」 250 1941.7
◇労働事情と住宅問題(平野宗)「社会政策時報」 250 1941.7
◇労務者住居を繞る諸問題(熊谷兼雄)「社会政策時報」 250 1941.7
◇我国住宅問題の全貌(北岡寿逸)「社会政策時報」 250 1941.7
◇住宅営団の建設及経営要項「都市問題」 33(1) 1941.7
◇賃借判例(18)(我妻栄,廣瀬武文)「法律時報」 13(7) 1941.7
◇新住宅建築計画論(宇高濠巩)「労働科学」 18(7) 1941.7
◇貸家組合法に就て(大月敏雄)「地方改良」 114 1941.8
◇住宅営団昭和十六年度事業計画「内務厚生時報」 6(8) 1941.8

◇賃貸借判例法(19)(我妻栄,廣瀬武文)「法律時報」 13(8) 1941.8
◇北支に於ける邦人住宅問題の瞥見(佐藤武夫)「建築雑誌」 55(678) 1941.9
◇住宅営団の建設事業計画「都市問題」 33(3) 1941.9
◇東京市商業街に於ける地代家賃其の他(高橋幸枝)「都市問題」 33(3) 1941.9
◇警視庁の工場附属寄宿舎管理規程準則案「内外労働週報」 471 1941.9
◇賃貸借判例法(20)(我妻栄,廣瀬武文)「法律時報」 13(9) 1941.9
◇住宅問題雑観(川勝健二)「建築と社会」 24(10) 1941.10
◇住宅営団の本年度住宅建設計画に就て(中島賢蔵)「斯民」 36(10) 1941.10
◇愛知県の寺院解放に依る寄宿舎管理方針「内外労働週報」 475 1941.10
◇賃貸借判例法(21)(我妻栄,廣瀬武文)「法律時報」 13(10) 1941.10
◇賃貸借判例法(22)(我妻栄,廣瀬武文)「法律時報」 13(11) 1941.11
◇住宅難と市町村の役割(大塚辰治)「自治機関」 502 1941.12
◇公有家屋の公用公共用限界(土ोंड泊大)「税」 19(12) 1941.12
◇貸家組合に就て(三宅美代治)「大大阪」 17(12) 1941.12
◇戦時下に於ける住宅問題(大濱信泉)「統制経済」 3(6) 1941.12
◇厚生省の住宅調査「都市問題」 33(6) 1941.12
◇最近に於ける東京市内の地価其の他に就て(高橋幸枝)「都市問題」 33(6) 1941.12
◇警視庁の寄宿舎管理規則実施さる「内外労働週報」 483 1941.12
◇賃貸借判例法(23)「法律時報」 13(12) 1941.12
◇住宅営団の使命(宮澤小五郎)「都市公論」 25(1) 1942.1
◇賃貸借判例法(24)(我妻栄,廣瀬武文)「法律時報」 14(1) 1942.1
◇家屋賃貸価格の調査に就て(山本正一)「税」 20(2) 1942.2
◇借家法第一条の適用(田島順)「法学論叢(京都帝国大学法学会)」 46(2) 1942.2
◇賃貸借判例法(25)(我妻栄,廣瀬武文)「法律時報」 14(2) 1942.2
◇労務者住宅の実状と労働能率(岡島暢夫)「社会政策時報」 258 1942.3
◇土ualquer及不良住宅調(厚生局)「調査月報(大蔵省)」 32(3) 1942.3
◇大阪府の工場労務者住宅等に関する調査「内外労働週報」 497 1942.3
◇賃貸借判例法(26)(我妻栄,廣瀬武文)「法律時報」 14(3) 1942.3
◇住宅問題と人口問題に関する一家言(北岡寿逸)「国策研究会週報」 4(15) 1942.4
◇大阪府の工場寄宿舎充足応急措置方策成る「内外労働週報」 5025 1942.4
◇賃貸借判例法(27)(我妻栄,廣瀬武文)「法律時報」 14(4) 1942.4
◇労働者住宅に関する一問題(藤林敬三)「三田評論」 533 1942.4
◇賃貸借判例法(28)(式島栄,広瀬武文)「法律時報」 14(5) 1942.5
◇相模原集団住宅計画に就て(野坂相如)「公園緑地」 6(5) 1942.6
◇大阪市に於ける住宅問題(中野正直)「社会政策時報」 261 1942.6
◇仮設住宅に就て(和田登)「建築と社会」 25(7) 1942.7
◇労務者のための住宅とその供給(福井精一)「職業時報」 5(8) 1942.8
◇大阪府の労務者住宅供給計画施行に就て「内外労働週報」 519 1942.8
◇大都市における労務者住宅建設について(増井敏克)「執務指導通信」 6(1) 1942.9

◇在大陸邦人の住宅問題に就いて(大村巳代治)「建築雑誌」 56(691) 1942.10
◇戦時下の住宅政策(市浦健)「統制経済」 5(4) 1942.10
◇住宅問題解決の方途「東洋経済新報」 2043 1942.10
◇北史に於ける邦人住宅の現状(佐藤武夫,武基雄)「建築学会論文集」 27 1942.11
◇大阪市に於ける住宅新築及び取毀に就て(岡本精)「建築と社会」 25(11) 1942.11
◇ベルリンに於ける労務地と住宅地との諸関係(吉田秀和訳)「都市公論」 25(11) 1942.11
◇東京市に於ける住宅難の現況とその対策(倉繁義信)「都市問題」 35(5) 1942.11
◇医学上より見たる最近の住宅問題(深山杲)「建築と社会」 25(12) 1942.12
◇最近の住宅問題と市営住宅の概況(三宅美代治)「建築と社会」 25(12) 1942.12
◇住宅供給状況に就て(大月敏雄)「地方改良」 130 1942.12
◇ベルリン都心部よりの人口の移動と職場、住宅地間の連絡の将来—続・ベルリンに於ける労務地と居住地との諸関係(2)—(アルベールト・ショル,吉田秀和訳)「都市公論」 25(12) 1942.12
◇住宅問題の研究(矢田鉄蔵)「建築と社会」 26(1) 1943.1
◇勞働務者家族員の居住問題に関する研究(大西雄一)「厚生問題」 27(1) 1943.1
◇日本商工会議所の戦時労働者住宅対策等に関する建議「勤労時報」 20(3) 1943.3
◇勤労者寄宿舎制度に関する諸問題と其の対策(佐々木正制)「厚生問題」 27(3) 1943.3
◇共同住宅の管理に就て(酒井清一)「建築と社会」 26(4) 1943.4
◇生産増強と勤労者の住宅問題(石黒憲治)「国策研究会週報」 5(14) 1943.4
◇生産拡充と住宅営団(石原憲治)「商工経済」 15(5) 1943.5
◇我国大都市に於ける住宅問題(五崎政一)「官界公論」 9(96) 1943.6
◇新日本住宅観について(宮脇泰一)「建築行政」 6(24) 1943.6
◇住宅調査の結果に就いて(早川文夫)「建築雑誌」 57(699) 1943.6
◇住宅政策の方向(松本治彦)「国土計画」 2(2) 1943.6
◇満洲国住宅政策に就いて(笠原敏郎)「都市公論」 26(6) 1943.6
◇戦時下の住宅問題(大塚辰治)「自治機関」 521 1943.7
◇住宅対策の決戦態勢「東洋経済新報」 2081 1943.7
◇住宅の決戦的性格と貸家組合法(玉塚締伍)「建築と社会」 26(8) 1943.8
◇地代家賃統制令に於ける若干の問題(小池隆一)「財政」 8(8) 1943.8
◇川崎市の住宅事情に就て(小井戸岩多)「都市公論」 26(8) 1943.8
◇集団住区制に就いて(秀島乾,秀島乾)「建築学会論文集」 30 1943.9
◇住宅営団の全貌(市浦健)「建築雑誌」 57(702) 1943.9
◇東北地方の住宅(小倉強)「建築雑誌」 57(702) 1943.9
◇満州国住宅政策経過概要(笠原敏郎)「建築雑誌」 57(702) 1943.9
◇満州に於ける住宅の最近の趣向について(荘原信一)「建築雑誌」 57(702) 1943.9
◇熱地住居論(鈴木博高)「建築と社会」 26(9) 1943.9
◇集団移転を対照としての住宅適地の造成計画に就て(国分浩)「区画整理」 9(10) 1943.10
◇戦時下労務者住宅問題に就て(長谷川英三)「都市公論」 26(11) 1943.11
◇決戦下に於ける住宅対策(西山夘三)「厚生問題」 27(12) 1943.12

住宅・宅地　　都市問題・地方自治　調査研究文献要覧

◇大阪府の労務要員住宅供出運動実施方針「内外労働週報」　585　1943.12
◇独逸有鉄道の住宅福利事業(ベツオルド)「汎交通 帝国鉄道協会誌」45(2)　1944.2
◇鳥取市仮設住宅建設報告(京都府假設住宅建設部隊)「建築行政」27　1944.3
◇横浜市某工場工員の居住環境に関する調査報告(佐藤鑑[ほか])「建築学会論文集」33　1944.4
◇勤労社用住宅緊急整備要綱に就て(厚生省勤労局)「内務厚生時報」9(5)　1944.5
◇勤労者用住宅緊急整備要綱について「職業時報」　7(6)　1944.7
◇巨大都市近郊の住宅化(小松幸雄)「経済学雑誌」　15(3)　1944.9
◇決戦下に於ける寄宿舎施策(三好豊太郎)「社会政策時報」　290　1944.11
◇決戦生産と住宅政策(決戦生産と市民生活)(北岡寿逸)「都市問題」40(1)　1945.1

[図　書]

◇芝区宅地価格修正調査書 明治44年　手書([野々山幸吉]著)　1911　1冊 27cm
◇我国の住宅改良第一策(片岡安著)　1918.5 37p 23cm
◇東京市営住宅と其一例:大正8年4月5日建築学会大会講演(福田重義述)　1919 [11]p 26cm
◇欧米ニ於ケル住宅政策　謄写(内務省社会局編)　1921.6 29p 26cm
◇市営住宅建築ニ関スル検査委員意見書(東京市会編)　1921.7 28p 27cm
◇英国住宅政策(通信省簡易保険局編)　1921.11 2,124p 23cm　積立金運用資料
◇独逸国ニ於ケル住宅及内地移住政策 1914年乃至1921([内務省]社会局第二部編)　1922 19,158p 22cm　住宅問題資料
◇住宅問題解決に対する英国ボールンヴィル模範村の成功(朝鮮殖産銀行調査課編)　1922.5 26p 23cm
◇住宅及土地問題(小川市太郎著)　大阪毎日新聞社　1922.8 1冊 19cm
◇東京市ニ於ケル住宅ノ不足数ニ関スル調査(東京市社会局編)　1922.8 68p 22cm
◇共同住宅及ビルディングに関する調査(東京市社会局編)　1923.1 167p 23cm
◇蘇鉄町及下奥田町方面住家状態(名古屋市社会課編)　1923.3 20,43p 22cm　調査報告
◇土地住宅売買と家賃(大阪市社会部編)　1923.3 126p 23cm　労働調査報告
◇東京市内の木賃宿に関する調査(東京市社会局編)　1923.5 1冊 22cm
◇伯林に於ける公益住宅建築事業(通信省簡易保険局編)　1923.5 3,124,110p 22cm　積立金運用資料
◇家屋調査　[複写],謄写版(東京市政調査会編)　1923.8 14p 27cm
◇住宅問題と都市計画(関一著)　弘文堂書房　1923.8 4,4,378p 23cm
◇住宅組合法精髄(井上一著)　帝国地方行政学会　1924.7 12,350,180p 22cm
◇住宅論(佐野利器著)　文化生活研究会　1925.3 1冊 20cm
◇米国を中心とする住宅問題(Carol Aronovici著,簡易保険局訳)　1925.3 242p 22cm　積立金運用資料
◇伯林に於ける公益住宅建築事業(C.Leyser著,簡易保険局訳)　1925.3 3,134,123p 22cm　積立金運用資料
◇国有鉄道現業従事員の家賃調査(鉄道大臣官房現業調査課編)　1925.4 6,[12]p 27cm
◇最近借地借家争議顛末 第1巻(大阪市社会部調査課編)　弘文堂書房　1925.5 2,257p 22cm

◇英国に於ける不良住宅及不衛生地区の改善([[内務省]社会局第二部編)　1925.7 9,87p 22cm+図14枚　住宅問題資料
◇小住宅の研究([[内務省]社会局編)　1925.10 [192]p 27cm　住宅問題資料
◇英国住宅資金補助ニ関スル住宅委員会最終報告書　謄写版　1926 31p 26cm
◇英国政府ノ労働者住宅国営計画　[複写],謄写版(東京市政調査会編)　1926 [5]p 27cm
◇英国ニ於ケル戦後住宅設立計画及之ニ対スル財政方針　[複写],謄写版(東京市政調査会編)　1926 21p 27cm
◇「エナ」市労働者住宅建設及払下契約　謄写版　1926 [12]p 26cm
◇独逸国ニ於ケル住宅資金貸付及補助ニ関スル法令　[複写],謄写版(東京市政調査会編)　1926 46p 27cm
◇地代ニ関スル調査 空家ニ関スル調査(東京府内務部社会課編)　1926.3 2,2,17p 22cm　住宅問題資料
◇最近借地借家争議顛末　第2巻(大阪市社会部調査課編)　弘文堂書房　1926.6 149p 22cm
◇市営住宅 住宅組合　謄写版(新潟市社会課編)　1927 [12]p 26cm
◇英国の住宅政策(東京市政調査会編)　1927.3 5,115p 22cm　市政調査資料
◇東京府郡部(隣接5郡)集団的不良住宅地区図集(東京府学務部社会課編)　1928.1 1冊 26×39cm+図1枚
◇「ソヴィエト・ロシア」に於ける住宅問題([[内務省]社会局社会部編)　1928.2 26p 23cm　住宅問題資料
◇東京府郡部不良住宅地区調査(東京府学務部社会課編)　1928.3 2,99p 26cm
◇東京府郡部不良住宅地区調査概説(東京府学務部社会課編)　1928.5 4,74p 23cm　社会調査資料
◇統計ニ表ハレタル下宿屋ノ種々相 其1　謄写版(東京市統計課編)　1929.1 [9]p 25cm　東京市ノ状況
◇統計ニ表ハレタル下宿屋ノ種々相 其2　謄写版(東京市統計課編)　1929.2 [11]p 25cm　東京市ノ状況
◇不良住宅密集地区図集(京都市教育部社会課編)　1929.8 1冊 26×39cm
◇不良住宅密集地区に関する調査(京都市教育部社会課編)　1929.8 2,118p 26cm　調査報告
◇仮住宅事業報告(同潤会編)　1929.9 9,146p 22cm
◇対東京府住宅協会会費保留声明書(東京府住宅協会七地区聯合編)　1929.11 9p 25cm
◇借家に関する調査(京都市社会課編)　1930.4 31,[40]p 22cm　調査報告
◇東京市内の空家に関する調査(東京市社会局編)　1930.5 85p 26cm
◇東京府郡部に於ける集団的不良住宅地区状況調査(東京府学務部社会課編)　1930.5 4,20,321p 23cm　社会調査資料
◇本市に於ける朝鮮人住宅問題(大阪市社会部調査課編)　1930.7 21,6p 23cm　社会部報告
◇猿江裏町不良住宅地区改良事業報告(同潤会編)　1930.11 193p 23cm　不良住宅地区改良事業報告
◇横浜市住宅組合及住宅建築ヲ目的トスル産業組合要覧(横浜市社会課編)　1930.11 31p 23cm　住宅資料
◇横浜市内に於ける公営宿泊施設(横浜市社会課編)　1930.11 19p 23cm　住宅資料
◇南太田町不良住宅地区改良事業報告(概要)(同潤会編)　1930.12 2,29p 22cm　不良住宅地区改良事業報告
◇大阪市家賃調査(港区)(大阪市社会部編)　1931.3 33p 23cm　社会部報告
◇借地借家争議に関する調査 昭和4年(東京市社会局編)　1931.3 4,112p 23cm

◇建築金融に就いて（大阪市社会部編） 1931.4 26p 23cm 社会部報告

◇「アパート」の調へ 昭和6年4月（大阪市社会部調査課編） 1931.5 36p 22cm 社会部報告

◇[同潤会]事業報告 昭和5年度（同潤会編） 1931.6 3,15,59p 22cm

◇大阪市家賃調査（此花区）（大阪市社会部編） 1931.7 34p 23cm 社会部報告

◇東京市内宅地売買並賃貸価格調：附六大都市 謄写版（東京市統計課編） 1931.7 11p 26cm 東京市ノ状況

◇大阪市家賃調査（西成区）（大阪市社会部編） 1931.12 60p 22cm 社会部報告

◇住宅政策調査資料 第1輯（東京市社会局編） 1931.12 4,130p 23cm

◇大東京に於ける宅地売買並賃貸価格調 謄写版（東京市統計課編） 1932.2 7p 26cm 東京市の状況

◇借地借家争議調査 昭和5年（東京市社会局編） 1932.3 3,102p 22cm

◇[同潤会]事業報告 昭和6年度（同潤会編） 1932.6 3,16,82p 22cm

◇工場労務者の居住事情：職工住宅素人設計懸賞応募者並に応募図案に付き観察したる統計報告（同潤会編） 1933.3 4,36p 23cm

◇住宅政策調査資料 第3輯（東京市社会局編） 1933.3 3,199p 22cm

◇東京府不良住宅地区改良事業報告書（東京府学務部社会課編） 1934.4 4,93p 23cm

◇本市に於ける家賃の推移（大阪市社会部労働課編） 1934.4 42p 23cm 社会部報告

◇同潤会十年史（同潤会編） 1934.5 366,18,49p 23cm

◇[同潤会]事業報告 昭和9年度（同潤会編） 1935.6 4,20,109p 22cm

◇我国最初の都市計画一団地の住宅経営（加藤善吉著） 1936.3 20p 27cm

◇アパートメント・ハウスに関する調査（東京府学務部社会課編） 1936.4 3,148p 22cm 社会調査資料

◇外国に於ける住宅敷地割類例集（岸田日出刀著, 高山英華著, 同潤会編） 1936.4 41,266p 27cm

◇小阪都市計画一団地の住宅経営（大阪府小阪町役場編） 1936.4 16p 27cm

◇[同潤会]事業報告 昭和10年度（同潤会編） 1936.6 4,20,96p 22cm

◇東京府営三河島不良住宅改善の失敗（加藤義一著） 1936.12 13p 21cm

◇秋田山形県農村住宅素人設計懸賞募集当選図案集（同潤会編） 1937.2 7,12,29p 19×26cm

◇改良住宅に於ける居住者の状況（大阪市社会部編） 1937.4 210p 22cm 社会部報告

◇[同潤会]事業報告 昭和11年度（同潤会編） 1937.6 4,22,95p 22cm

◇同潤会経営住宅の業績（同潤会編） 1937.7 2,36p 22cm

◇同潤会東北地方農山漁村住宅改善調査委員会議事録集（同潤会編） 1937.9 1冊 22cm

◇外国に於ける住宅敷地割類例続集（高山英華編, 同潤会編） 1938.3 11,217p 20×27cm

◇世界大戦当時に於ける独逸都市住宅並土地問題（中央社会事業協会社会事業研究所編） 1938.3 2,29p 22cm

◇積雪地方農村住宅の採光に関する調査報告書（木村幸一郎著, 同潤会編） 1938.4 30p 26cm

◇[同潤会]事業報告 昭和12年度（同潤会編） 1938.6 4,23,100p 22cm

◇本市に於ける不良住宅地区図集（大阪市社会部編） 1938.6 115p 26cm 社会部報告

◇家賃制限並借家人保護に関する欧洲諸国の法制（同潤会編） 1938.8 93p 21cm

◇積雪地方農村住宅衛生調査報告書：新潟県南魚沼郡浦佐村（及川周著, 熊谷兼雄著, 同潤会編） 1938.10 219p 19×26cm

◇家賃制限並借家人保護に関する欧洲諸国の法制 追録（同潤会編） 1938.10 40p 21cm

◇家賃地代調査 謄写版（京都市社会課編） 1938.12 24p 25cm

◇本市に於ける借家の調査（家賃地代を中心として）（大阪市社会部庶務課編） 1939.3 76p 22cm 社会部報告

◇欧米諸国に於ける最近の住宅建築補助並金融制度概観（同潤会編） 1939.4 2,90p 21cm

◇紐育市の住宅問題（大阪市社会部庶務課編） 1939.5 67p 22cm 社会部報告

◇本市に於ける不良住宅地区調査（大阪市社会部編） 1939.5 53,151p 27cm 社会部報告

◇[同潤会]事業報告 昭和13年度（同潤会編） 1939.6 3,23,104p 22cm

◇東北地方漁村住宅研究座談会要録（同潤会編） 1939.8 5,48p 22cm

◇時局と住宅 再版（同潤会編） 1939.9 2,51p 22cm

◇安東と吉林の住宅群計画（土浦亀城著） [現代建築社] 1939.10 [9]p 26cm [「現代建築」第5号のうち]

◇地代家賃統制令関係資料（厚生省社会局編） 1939.11 22p 22cm

◇戦時下の労務者住居問題 [「現代建築」第6号のうち]（熊谷兼雄著） [現代建築社] 1939.11 [4]p 26cm

◇日本住宅政策の概観 [「現代建築」第6号のうち]（幸島礼吉著） [現代建築社] 1939.11 [7]p 26cm

◇工場労務者の住宅離問題と一団地の住宅経営 第14輯（東京市総務局都市計画課編） 1939.12 2,2,70p 22cm

◇同潤会例規類集 昭和15年9月1日現在（同潤会編） 1940 1冊 19cm

◇工場従業者の住宅問題座談会（協調会調査部編） 1940.1 30p 21cm 産業労働問題資料

◇「敷金利用組合法」の制定を望む（杉松富士雄著） 1940.3 12p 19cm

◇東北地方農山漁村住宅改善要旨（同潤会編, 東北更新会編） 1940.3 3,25p 21cm

◇日暮里不良住宅地区改良事業報告（同潤会編） 1940.3 81p 22cm 不良住宅地区改良事業報告

◇「敷金利用組合」の提唱（杉松富士雄述） 都市生活改善相互会 1940.4 73p 19cm

◇本市に於ける貸家の状況（大阪市社会部編） 1940.5 106p 22cm 社会部報告

◇[同潤会]事業報告 昭和14年度（同潤会編） 1940.6 3,24,115p 22cm

◇住宅関係法令（厚生省社会局編） 内閣印刷局 1940.7 12,381p 21cm

◇単身労務者の居住状況に関する調査（東京市厚生局庶務課編） 1940.8 2,3,31p 23cm

◇同潤会と其の事業 昭和15年7月現在（同潤会編） 1940.10 24p 23cm

◇地代家賃統制令関係資料（厚生省社会局編） 1940.12 1,46p 22cm

◇住宅営団例規類集（住宅営団編） 1941 2,150p 22cm

◇東京市に於ける健康及不健康者住宅の調査：特に採光状態の調査 謄写版（平山嵩著） 1941.2 28p 27cm

◇欧米の住宅事情と住宅政策 上巻（同潤会編） 1941.3 11,390p 22cm

◇地代家賃統制令解説（情報局編） 内閣印刷局 1941.3 2,98p 18cm 週報叢書

◇住宅経済学（シャルル・ヂード著, 加藤国一郎訳） 高陽書院 1941.3 4,271p 19cm

◇欧米の住居法（同潤会編）　1941.4 4,402p 21cm
◇欧米の住宅事情と住宅政策　下巻（同潤会編）　1941.4 8,338p 22cm
◇住宅営団関係法令（厚生省社会局編）　1941.4 20p 21cm
◇住宅の防暑防寒に対する基礎的研究　謄写版（同潤会編）　1941.4 53p 26cm
◇東北地方農山漁村住宅改善調査報告書　第1巻　農山村現在住宅ノ欠点事項並改善ニ関スル調査研究（日本学術振興会編, 第20小委員会編）　1941.4 14,10,199p 26cm
◇[同潤会]事業報告　昭和15年度（同潤会編）　1941.5 3,24,120p 21cm
◇東北地方農山漁村住宅改善調査報告書　第2巻　農山村住宅標準設計並説明書（日本学術振興会第20小委員会編）　1941.5 1冊 26cm
◇住宅問題研究会記録（東京市厚生局福利課編）　1941.6 2,2,41p 18cm　生活改善資料
◇東北地方漁村住宅改善要旨（同潤会編, 東北更新会編）　1941.6 3,28p 21cm
◇東北地方農山漁村住宅改善調査報告書　第3巻　漁村現在住宅ノ欠点事項並改善ニ関スル調査研究　標準住宅設計図（日本学術振興会第20小委員会編）　1941.6 1冊 26cm
◇貸家組合法関係資料（厚生省社会局編）　1941.7 90p 21cm
◇住宅問題の解決：住宅営団並貸家組合とは？（厚生行政調査会編）　商工行政社　1941.8 6,4,318p 19cm
◇貸家組合員必携（京都市社会部編）　1941.11 4,273p 21cm
◇厚生住宅（平山嵩著）　河出書房　1941.11 1冊 19cm　科学新書
◇物品無尽業ニヨル住宅企業ニ関スル調査　謄写版（住宅営団研究部調査課編）　1941.11 52p 26cm
◇住宅営団の栞（住宅営団編）　1941.12 2,48p 21cm
◇住み方調査：千住緑町住宅調査報告（住宅営団研究部編）　1942.1 26p 26cm
◇本市重工業労働者の住居並びに通勤事情（大阪市社会部編）　1942.1 103p 21cm　社会部報告
◇神戸市の住宅事情と戦時下の住宅問題（神戸市産業部経済調査室編）　1942.2 2,2,119p 21cm　産業叢書
◇住宅研究資料　第1-5輯（住宅営団住宅研究会編）　1942.3 1冊 26cm
◇住宅事情調査報告　第1輯　謄写版（住宅営団研究部編）　1942.3 68p 26cm
◇朝鮮貸家組合令関係資料（朝鮮総督府厚生局社会課編）　1942.3 97p 21cm
◇日本住宅小史（関野克著）　相模書房　1942.3 161p 19cm　建築新書
◇戦時下労務者住宅及寄宿舎対策（労働科学研究所編）　1942.7 12p 26cm　職場の実践
◇同潤会十八年史（同潤会編）　1942.9 5,221,115p 22cm
◇積雪地方農村家屋衛生調査報告書：新潟県南魚沼郡浦佐村・神立村（住宅営団研究部編）　1942.10 22p 26cm
◇住宅営団概覧（住宅営団編）　1942.11 2,48p 21cm
◇住宅研究資料　第6-10輯（住宅営団住宅研究会編）　1942.11 1冊 26cm
◇住宅問題（西山夘三）　相模書房　1942.12 9,253p 19cm　建築新書
◇1938年独逸公益住宅事業（住宅営団経営局経営課編）　1943.1 101p 23cm　住宅問題海外資料
◇既存住居施設の動員に関する諸問題（西山夘三著）　1943.2 2,41p 18cm
◇宅地建物の価格統制（熊谷典文著）　鱒書房　1943.3 9,367p 19cm
◇東京市建物調査　謄写版（東京市企画部都市計画課編）　1943.3 31p 26cm　大東京整備計画資料
◇本邦住宅ノ建築状況及新築住宅ノ建築費並地代家賃調査速報　第2号　謄写版（厚生省生活局編）　1943.8 44p 26cm
◇住宅営団研究報告　昭和16年度（住宅営団編）　1943.9 118p 26cm
◇住宅研究資料　第11-17輯（住宅営団住宅研究会編）　1943.10 1冊 26cm
◇住宅地の新体制原理と計画（トーマス・アダムズ著, 亀井幸次郎訳）　日本電建株式会社出版部　1944.3 14,323p 26cm
◇集団的住宅地の計画（亀井幸次郎著, 住宅営団経営局編）　1944.4 53p 25cm　住宅研究叢書
◇都市住宅の居住者構成：主として年齢・性別より見た家族の構造に就て（西山夘三著）　住宅営団　1944.9 36p 26cm　住宅研究叢書
◇決戦下の住宅営団（住宅営団編）　1944.12 8p 21cm

社会福祉

【雑　誌】

◇木賃宿の話(不可見生)「社会政策時報」　1　1920.9
◇苦力の結社(小松敏郎)「社会政策時報」　1　1920.9
◇我国最近の共済組合(芳賀栄造)「社会政策時報」　2　1920.10
◇我国最近に於ける簡易生命保険の現況(大岡直嘉)「社会政策時報」　3　1920.11
◇我国に於ける郵便貯金の現況(島崎一郎)「社会政策時報」　5　1921.1
◇虐待児童保護問題(原胤昭)「社会政策時報」　6　1921.2
◇各地の社会事業(毎号)「社会事業」　8(10)　1925.1
◇教育治療院(三田division啓)「社会事業」　8(10)　1925.1
◇社会教化事業の学術的研究(9)(杵淵義房)「社会事業」　8(10)　1925.1
◇社会事業と人口問題(増田重喜)「社会事業」　8(10)　1925.1
◇露西亜の社会保険(森田良雄)「社会政策時報」　52　1925.1
◇労農露の組合制度「週刊エコノミスト」　3(1)　1925.1
◇労農露国の組合制度「週刊エコノミスト」　3(2)　1925.1
◇簡易保険の損益を明白にせよ「東洋経済新報」　1132　1925.1
◇補導(方面)委員制に就て(熊谷直三郎)「内務時報」　269　1925.1
◇フエビアン協会の政調及び決議(萩原久興)「大原社会問題研究所パンフレット」　18　1925.2
◇寺院中心の社会事業(生江孝之)「斯民」　20(2)　1925.2
◇欧米社会事業の趨勢(小澤一)「社会事業」　8(11)　1925.2
◇救療患者の中間収容機関(紀本参次郎)「社会事業」　8(11)　1925.2
◇社会教化事業の学術的研究(10)(杵淵義房)「社会事業」　8(11)　1925.2
◇社会事業の経営に就て「社会事業」　8(11)　1925.2
◇同潤啓成社事業(1)(益富政助)「社会事業」　8(11)　1925.2
◇人道問題の国際的解決(青木節一)「社会政策時報」　53　1925.2
◇労農露国の組合制度「週刊エコノミスト」　3(3)　1925.2
◇労農露国の組合制度「週刊エコノミスト」　3(4)　1925.2
◇現代社会事業の趨勢(守屋栄夫)「内務時報」　275　1925.2
◇軍事救護「社会事業」　8(12)　1925.3
◇諸国の家族手当制度(社会局労働課)「内務時報」　279　1925.3
◇英国に於ける小児保護施設(古瀬安俊)「公衆衛生」　43(4)　1925.4
◇欧米の社会事業を視て(藤田俱治郎)「斯民」　20(4)　1925.4
◇大阪に於ける木賃宿街「社会事業」　9(1)　1925.4
◇組織社会事業とその原則(小澤一)「社会事業」　9(1)　1925.4
◇同潤啓成社事業(2)不具者再就業教育施設(益富政助)「社会事業」　9(1)　1925.4
◇日本に於けるセツルメントに就いて(内片孫一)「社会事業」　9(1)　1925.4
◇不良婦人問題(増田抱村)「社会事業」　9(1)　1925.4
◇浮浪者と野宿の実態に就て(草間八十雄)「社会事業」　9(1)　1925.4
◇本邦刑獄制度の歴史的研究(社会教化事業の学術的研究第12)(杵淵義房)「社会事業」　9(1)　1925.4
◇プロレタリアの家庭保護に就て(菊池愼三)「社会政策時報」　55　1925.4

◇欧米の社会事業を視て(2)(藤田俱治郎)「斯民」　20(5)　1925.5
◇大阪府在住朝鮮人生活調査「社会事業」　9(2)　1925.5
◇本邦刑獄制度の歴史的研究(社会教化事業の学術的研究第13)(杵淵義房)「社会事業」　9(2)　1925.5
◇欧米に於けるセツルメント事業(1)(平賀周)「地方行政」　33(5)　1925.5
◇社会保険と私法上の保険(社会局第二部健康保険課)「内務時報」　286　1925.5
◇社会保険と国際労働総会(社会局第二部健康保険課)「内務時報」　287　1925.5
◇社会保険に於ける家族手当に関する根本原則(社会局第一部健康保険課)「内務時報」　288　1925.5
◇社会事業統計一班(大正十一年調)(其1)(社会局第二部)「内務時報」　289　1925.5
◇船員の悪行に関する研究(2)(和田正義)「経済学 商業学 国民経済雑誌」　38(6)　1925.6
◇欧米の社会事業を視て(3)(藤田俱治郎)「斯民」　20(6)　1925.6
◇ロバートオーエンとシスモンデーの比較(猪谷善一)「社会科学」　1(1)　1925.6
◇英国労働児童保護法制定(増田抱村)「社会事業」　9(3)　1925.6
◇大阪市民館の設立に就て「社会事業」　9(3)　1925.6
◇全国感化院長曽議　大正十四年五月十八・十九日「社会事業」　9(3)　1925.6
◇多摩少年院「社会事業」　9(3)　1925.6
◇大規模の英国新社会保険「週刊エコノミスト」　3(11)　1925.6
◇大都市と社会事業の発達(三好豊太郎)「都市問題」　1(2)　1925.6
◇社会事業統計一班(大正十一年調)(其2)(社会局第二部)「内務時報」　290　1925.6
◇社会事業統計一班(大正十一年調)(其3)(社会局第二部)「内務時報」　291　1925.6
◇社会事業統計一班(其4)(社会局第二部)「内務時報」　292　1925.6
◇我が海上保険の萌芽時代(2)(森荘三郎)「国家学会雑誌」　39(7)　1925.7
◇欧米の社会事業を視て(藤田俱治郎)「斯民」　20(7)　1925.7
◇農村社会事業の発達を希ふ(益富政助)「社会事業」　9(4)　1925.7
◇鄰保事業の中心的特長と中心人物(三好豊太郎)「社会事業」　9(4)　1925.7
◇欧米に於けるセツルメント事業(2)(平賀周)「地方行政」　33(7)　1925.7
◇社会事業の上より見たる警察の三大変遷(松井茂)「地方行政」　33(7)　1925.7
◇恩給制度問題に就て(高松清次郎)「統計集誌」　528　1925.7
◇社会事業統計一班(其6)(社会局第二部)「内務時報」　294　1925.7
◇社会事業統計一班(其7)(社会局第二部)「内務時報」　295　1925.7
◇社会事業統計一班(其8)(社会局第二部)「内務時報」　296　1925.7
◇社会事業統計一班(其9)(社会局第二部)「内務時報」　297　1925.7
◇社会事業統計一班(其10)(社会局第二部)「内務時報」　298　1925.7
◇東京市の社会事業(三輪爲一)「市町村」　1(3)　1925.8
◇副業に関する優良組合事例(築地村養豚養鶏組合)「市町村」　1(3)　1925.8

社会福祉

◇欧米の社会事業を視て(5)(藤田倶治郎)「斯民」 20(8) 1925.8
◇財団法人浴風会の事業「社会事業」 9(5) 1925.8
◇醵出制度年金法案(イギリス)「社会政策年報」 59 1925.8
◇社会事業統計一班(其11)(社会局第二部)「内務時報」 299 1925.8
◇英国加奈陀及北米合衆国に於ける有給公休日問題(社会局第一部)「内務時報」 300 1925.8
◇社会事業統計一班(其12)(社会局第二部)「内務時報」 300 1925.8
◇簡易保険積立金は如何に運用されつゝありや「市町村」 1(4) 1925.9
◇副業に関する優良組合事例宮城県登米郡上沼村字長根「市町村」 1(4) 1925.9
◇欧米の社会事業を視て(6)(藤田倶治郎)「斯民」 20(9) 1925.9
◇母親給付金に就て(紐育市児童福利司)「社会事業」 9(6) 1925.9
◇労農露西亜に於ける失業問題(社会局第二部)「内務時報」 304 1925.9
◇米国都市の小児保護施設(氏原佐蔵)「公衆衛生」 43(10) 1925.10
◇欧米の社会事業を視て(7)(藤田倶治郎)「斯民」 20(10) 1925.10
◇大正十三年中鉱夫扶助概況(社会局第一部)「内務時報」 310 1925.10
◇恩賜財団済生会救療事業ノ経過(其1)「内務時報」 311 1925.10
◇英国の社会事業組織運動「方面時報」 2(6) 1925.10
◇児童保護事業(竹内薫兵)「方面時報」 2(6) 1925.10
◇米国に於ける内縁関係及私生児に対する方面施設「方面時報」 2(6) 1925.10
◇我が海上保険の萌芽時代(森荘三郎)「国家学会雑誌」 39(11) 1925.11
◇市町村営造物の相互火災保険(森荘三郎)「自治研究」 1(2) 1925.11
◇自治行政と社会事業(三好豊太郎)「市町村」 1(5) 1925.11
◇東京市の社会事業(三輪爲一)「市町村」 1(5) 1925.11
◇欧米の社会事業を視て(8)(藤田倶治郎)「斯民」 20(11) 1925.11
◇大阪社会事業連盟創立協議会「社会事業」 9(8) 1925.11
◇児童保護センターの提唱(三田谷啓)「社会事業」 9(8) 1925.11
◇司法保護に就て(岩村通世)「社会事業」 9(8) 1925.11
◇独逸に於ける貧困の産婦救助「社会事業」 9(8) 1925.11
◇東京府下に於ける児童保護夏季特別施設一覧「社会事業」 9(8) 1925.11
◇方面委員制度の社会的機能に就て(小澤一)「社会事業」 9(8) 1925.11
◇恩賜財団済生会救療事業ノ経過(其2)「内務時報」 312 1925.11
◇恩賜財団済生会救療事業ノ経過(其3)「内務時報」 313 1925.11
◇児童調査事業とその方法(1)(社会局第二部)「内務時報」 313 1925.11
◇児童調査事業とその方法(其3)(社会局第二部)「内務時報」 315 1925.11
◇社会事業と社会学の関係(梗概)「方面時報」 2(7) 1925.11
◇水銀取扱工場並に職工の中毒症状(参考資料)(鯉沼茆吾)「労働科学研究」 2(3) 1925.11
◇欧米の社会事業を視て(9)(藤田倶治郎)「斯民」 20(12) 1925.12
◇英米の方面委員(増田拘村)「社会事業」 9(9) 1925.12
◇各国の法制に於ける社会保険の適用範囲(1)(社会局第二部)「社会事業」 9(9) 1925.12
◇共同宿泊所調査表(内務省社会局調)「社会事業」 9(9) 1925.12
◇共同浴場調査表(内務省社会局調)「社会事業」 9(9) 1925.12
◇釈放者保護事業の方面(齋藤渉)「社会事業」 9(9) 1925.12

◇大阪市に於ける失業保険の試み(大阪市社会部庶務課)「都市問題」 1(8) 1925.12
◇日普都市の社会事業費(小田忠夫)「都市問題」 1(8) 1925.12
◇児童調査事業とその方法(其4)(社会局第二部)「内務時報」 316 1925.12
◇児童調査事業とその方法(其5)(社会局第二部)「内務時報」 317 1925.12
◇不具廃疾者の現状(社会局監督課調査)「内務時報」 318 1925.12
◇方面委員事業に関係ある法規(上)(藤野恵)「方面時報」 2(8) 1925.12
◇ブレーユ点字沿革の概要(東京盲学校)「文部時報」 193 1925.12
◇英米の方面委員事業(増田拘村)「社会事業」 9(10) 1926.1
◇各国の法制に於る社会保険の適用範囲(2)「社会事業」 9(10) 1926.1
◇基督教社会事業の現状(大井蝶五郎)「社会事業」 9(10) 1926.1
◇事前保護(プロベーション)制度の提唱(原泰一)「社会事業」 9(10) 1926.1
◇児童保護法の先駆少年法の活用(植田玉代)「社会事業」 9(10) 1926.1
◇全国戦公傷病軍人調査表(1)(大正十二年七月三十一日調)(内務省社会局)「内務時報」 322 1926.1
◇全国戦公傷病軍人調査表(2)「内務時報」 323 1926.1
◇一町村一事業主義に就て(根岸顕蔵)「日本公衆保健協会雑誌」 2(1) 1926.1
◇浮浪するドン底の『プロレタリア』「市町村」 2(2) 1926.2
◇民間社会事業運動の考察(三好豊太郎)「社会学雑誌」 22 1926.2
◇各国の法制に於ける社会保険の適用範囲「社会事業」 9(11) 1926.2
◇濠洲の児童保護鳥瞰(生江孝之)「社会事業」 9(11) 1926.2
◇トインビーホールの蔦薇より(原泰一)「社会事業」 9(11) 1926.2
◇方面委員事業立法化の考察(三好豊太郎)「社会事業」 9(11) 1926.2
◇本邦方面委員制度要論(1)(藤野恵)「社会事業」 9(11) 1926.2
◇今宮共同宿泊所の巻(小林峰夫)「大阪」 2(2) 1926.2
◇大正十四年の社会事業を顧みて(守屋栄夫)「内務時報」 326 1926.2
◇産業廃人の保護(河原田稼吉)「内務時報」 327 1926.2
◇大正十四年の社会事業を顧みて(守屋栄夫)「内務時報」 328 1926.2
◇方面委員事業に関係ある法規(下)(藤野恵)「方面時報」 3(1) 1926.2
◇大正14年の社会事業を顧みて(1)(守屋栄夫)「自治研究」 2(3) 1926.3
◇救貧事業に就て(原泰一)「社会事業」 9(12) 1926.3
◇児童と法制(末弘厳太郎)「社会事業」 9(12) 1926.3
◇児童保護に関する各種統計資料「社会事業」 9(12) 1926.3
◇児童保護の諸問題(原泰一)「社会事業」 9(12) 1926.3
◇児童保護法の制定に直面して(富田愛次郎)「社会事業」 9(12) 1926.3
◇児童保護法の要望「社会事業」 9(12) 1926.3
◇少年労働保護問題(1)(吉阪俊蔵)「社会事業」 9(12) 1926.3
◇精神異常児の検査に就て(三宅鑛一)「社会事業」 9(12) 1926.3
◇低能児及劣等児の保護教養(青木誠四郎)「社会事業」 9(12) 1926.3
◇範とすべき乳児保護施設(新西蘭母子保健協会に就て)(生江孝之)「社会事業」 9(12) 1926.3
◇被虐待児の保護に就て(原胤昭)「社会事業」 9(12) 1926.3

◇幼児保護の年齢的考察(倉橋惣三)「社会事業」 9(12) 1926.3
◇我国児童保護事業概観(小澤一)「社会事業」 9(12) 1926.3
◇社会事業巡礼市立本庄産院の巻(小林峰夫)「大大阪」 2(3) 1926.3
◇大正十四年の社会事業を顧みて(守屋榮夫)「斯民」 21(4) 1926.4
◇欧米のセットルメントに就て(賀川豊彦)「社会事業」 10(1) 1926.4
◇少年労働保護問題(吉阪俊藏)「社会事業」 10(1) 1926.4
◇阪神社会事業行脚記(佐野恵作)「社会事業」 10(1) 1926.4
◇方面委員事業立法化の考察(三好豊太郎)「社会事業」 10(1) 1926.4
◇本邦方面委員制度要論(2)(藤野恵)「社会事業」 10(1) 1926.4
◇綿糸紡績工場に於ける職工共済組合(片山早苗)「社会政策時報」 67 1926.4
◇海上保険に於ける堪航(太田康平)「国家学会雑誌」 40(5) 1926.5
◇大正14年の社会事業を顧みて(2)(守屋栄夫)「自治研究」 2(5) 1926.5
◇行刑制度の進歩と保護事業(泉二新熊)「社会事業」 10(2) 1926.5
◇社会教化に関する各種統計「社会事業」 10(2) 1926.5
◇社会教化に関する諸機関「社会事業」 10(2) 1926.5
◇少年労働保護問題(吉阪俊藏)「社会事業」 10(2) 1926.5
◇セットルメント歴訪記「社会事業」 10(2) 1926.5
◇大正十四年の教化事業(守屋榮夫)「社会事業」 10(2) 1926.5
◇新西蘭の酒精問題附我邦の酒禁問題に対する希望数項(生江孝之)「社会事業」 10(2) 1926.5
◇物価問題と社会事業(増田抱村)「社会事業」 10(2) 1926.5
◇本邦方面委員制度要論(3)(藤野恵)「社会事業」 10(2) 1926.5
◇精神薄弱児童の教育とその養護(三田谷啓)「帝国教育」 525 1926.5
◇恩賜財団済生会記事「内務時報」 339 1926.5
◇世界戦争と濁逸の保険制度(寺田四郎)「国家学会雑誌」 40(6) 1926.6
◇社会事業関係諸法規の制度を前にして(原泰一)「社会事業」 10(3) 1926.6
◇大正十四年の社会事業を顧みて(守屋榮夫)「社会事業」 10(3) 1926.6
◇本邦方面委員制度要論(4)(藤野恵)「社会事業」 10(3) 1926.6
◇労働保険の試み(神戸労働保険組合の状況)(緒方庸雄)「社会事業」 10(3) 1926.6
◇綿糸紡績工場に於ける職工共済組合(片山早苗)「社会政策時報」 69 1926.6
◇救貧制度の改正「東洋経済新報」 1200 1926.6
◇備人扶助令中改正「内務時報」 346 1926.6
◇キヤンプに就て(日本赤十字社夏季児童保養所施設概況)(小林省三)「社会事業」 10(4) 1926.7
◇細民地区から(馬島間)「社会事業」 10(4) 1926.7
◇綿糸紡績工場に於ける職工共済組合(片山早苗)「社会政策時報」 70 1926.7
◇恩賜財団済生会記事「内務時報」 348 1926.7
◇北海道夕張郡由仁村有給吏員退隠料退職給与金遺族扶助料条例「内務時報」 348 1926.7
◇山形県米沢市吏員退隠料退職給与金死亡給与金及遺族扶助料条例「内務時報」 349 1926.7
◇育児事業従事者諸氏の意見「社会事業」 10(5) 1926.8
◇岡山孤児院解散の報道より育児事業の将来へ(原泰一)「社会事業」 10(5) 1926.8

◇東京市並横浜市に於ける窮民救助施設視察の感想(内務省社会局保護課)「社会事業」 10(5) 1926.8
◇我国大都市に於ける労働組合(鈴木武雄)「都市問題」 3(2) 1926.8
◇恩賜財団済生会記事(内務省衛生局)「内務時報」 351 1926.8
◇岩手県紫波郡徳田村に於ける妊産婦保護施設の大要「日本公衆保健協会雑誌」 2(8) 1926.8
◇ロシヤの産業組合保険事業「産業組合」 251 1926.9
◇友子同盟の研究(大山彦一)「社会学雑誌」 29 1926.9
◇工場内に於ける児童保護施設(高伊三郎)「社会事業」 10(6) 1926.9
◇最近欧米社会事業概況(山室軍平)「社会事業」 10(6) 1926.9
◇都市社会事業の根本方針(三好豊太郎)「社会事業」 10(6) 1926.9
◇郵便年金制度の実施に就て(生田武夫)「社会事業」 10(6) 1926.9
◇友子同盟の研究(2・完)(大山彦一)「社会学雑誌」 30 1926.10
◇神戸労働保険組合事業概況「社会事業」 10(7) 1926.10
◇ジョセフ・トインビーに就て(1)(小島幸治)「社会事業」 10(7) 1926.10
◇保育事業運営の新傾向(生江孝之)「社会事業」 10(7) 1926.10
◇街頭の小供を如何にするか(志賀志那人)「大大阪」 2(10) 1926.10
◇児童自宅扶助制度に就て(内務省社会局保護課)「社会事業」 10(8) 1926.11
◇大学セットルメントの創業時代(ウッヅ氏の「英国社会運動」を読む)(小島幸治)「社会事業」 10(8) 1926.11
◇自由労働者の救済と神戸労働保険組合(石野為之介)「社会政策時報」 74 1926.11
◇警視庁管内に於ける工場小児保護施設に関する調査(大正十五年六月末日調)「労働時報」 3(11) 1926.11
◇救療機関制度革新の一転機(紀本参次郎)「社会事業」 10(9) 1926.12
◇浮浪者問題と其対策(増田抱村)「社会事業」 10(9) 1926.12
◇和辻哲郎氏よりの寄書並にこれに対する私の所感(河上肇)「社会問題研究」 76 1926.12
◇市民と社会事業(山口正)「大大阪」 2(12) 1926.12
◇第一次保険調査成績に就て(2)(藤原九十郎)「大大阪」 2(12) 1926.12
◇土木事業従業員共済組合規則中改正ノ件「内務時報」 371 1926.12
◇社会事業の大勢(1)(守屋栄夫)「斯民」 22(1) 1927.1
◇社会事業の基礎的現象に関する若干考察「社会事業」 1927.1
◇第一回全国児童保護事業会議に就て(武田真量)「社会事業」 10(10) 1927.1
◇大学セットルメントの創業時代(3)(ウッヅ氏の「英国社会運動」を読む)(小島幸治)「社会事業」 10(10) 1927.1
◇農村社会事業に就て(守屋栄夫)「社会事業」 10(10) 1927.1
◇浮浪問題と其対策(2)(増田抱村)「社会事業」 10(10) 1927.1
◇隣保事業の新傾向に対する一考察(1)(田制佐重)「社会事業」 10(10) 1927.1
◇恩賜財団済生会記事「内務時報」 374 1927.1
◇社会事業の大勢(2)(守屋栄夫)「斯民」 22(2) 1927.2
◇隣保事業の新傾向に対する一考察(2)(田制佐重)「社会事業」 10(11) 1927.2
◇独逸労働者保護法案「労働時報」 4(2) 1927.2
◇社会事業の大勢(3)(守屋栄夫)「斯民」 22(3) 1927.3
◇社会事業と公設市場(増田抱村)「社会事業」 10(12) 1927.3
◇社会事業の現在及び将来(松平外与麿)「社会事業」 10(12)

社会福祉

1927.3
◇ロバート・オーウェン略伝（小島幸治）「社会事業」 10(12) 1927.3
◇遊芸場（坪内士行）「大大阪」 3(3) 1927.3
◇英国の年金保険法（森荘三郎）「国家学会雑誌」 41(4) 1927.4
◇本邦都市に於ける社会事業調査機関とその文献（磯村英一）「社会学雑誌」 36 1927.4
◇社会事業と劇場（増田抱村）「社会事業」 11(1) 1927.4
◇児童保護問題(1)（上島直之）「大大阪」 3(4) 1927.4
◇工場法施行令身体障害の程度に関する標準「内務時報」 385 1927.4
◇身体障害の程度の標準制定「労働時報」 4(4) 1927.4
◇社会保険による独逸経済界の負担「健康保険時報」 1(2) 1927.5
◇社会事業の大勢(4)（守屋栄夫）「斯民」 22(5) 1927.5
◇恤救規則の改正に就て（生江孝之）「社会事業」 11(2) 1927.5
◇職業婦人と牛乳社会事業（増田抱村）「社会事業」 11(2) 1927.5
◇独逸に於ける救貧制度（山崎巌）「社会事業」 11(2) 1927.5
◇セッツルメントの教育的職能（松沢兼人）「社会政策時報」 80 1927.5
◇金一銭に身を喰はれたる街の児（田村克巳）「大大阪」 3(5) 1927.5
◇社会保険の範囲について（園乾治）「三田学会雑誌」 21(5) 1927.5
◇社会事業の大勢(5)（守屋栄夫）「斯民」 22(6) 1927.6
◇英国に於ける貧民法発達の初期 特に貧民救護連盟に就いて（谷文一）「社会学雑誌」 38 1927.6
◇貧民法制の比較研究(1)（海野幸徳）「社会事業」 11(3) 1927.6
◇注目すべき米国預金者保護制度「週刊エコノミスト」 5(12) 1927.6
◇児童保護問題(2)（上島直之）「大大阪」 3(6) 1927.6
◇米国に於ける各種社会事業団体の協働（宮島幹之助）「都市問題」 4(6) 1927.6
◇社会保険の給付に就いて（園乾治）「三田学会雑誌」 21(6) 1927.6
◇英国に於ける貧民法発達の初期 特に貧民救護連盟に就いて（谷文一）「社会学雑誌」 39 1927.7
◇貧民法制の比較研究(2)（海野幸徳）「社会事業」 11(4) 1927.7
◇我国に於ける感化院の起原及び「感化」の語源に就て（生江孝之）「社会事業」 11(4) 1927.7
◇児童保護問題(3)（上島直之）「大大阪」 3(7) 1927.7
◇社会事業の大勢(6)（守屋栄夫）「斯民」 22(8) 1927.8
◇禁酒社会事業と私（青木庄蔵）「社会事業」 11(5) 1927.8
◇貧民法制の比較研究(3)（海野幸徳）「社会事業」 11(5) 1927.8
◇帝都に於ける乞食の研究(1)（吉田英雄）「社会政策時報」 83 1927.8
◇同盟罷業保険の現状（近藤文二）「経済論叢」 25(3) 1927.9
◇社会事業の経営私観（遠水祐四郎）「社会事業」 11(6) 1927.9
◇十九世紀に於けるセッルメント運動と其の発展（牧賢一訳）「社会事業」 11(6) 1927.9
◇栃木県に於ける木賃宿止宿者の実情に就て（戸恒風外）「社会事業」 11(6) 1927.9
◇貧民法制の比較研究(4)（海野幸徳）「社会事業」 11(6) 1927.9
◇不良児童保護制度に関する諸問題(1)（山崎巌）「社会事業」 11(6) 1927.9
◇六大都市社会事業協議会記事「社会事業」 11(6) 1927.9
◇帝都に於ける乞食の研究(2)（吉田英雄）「社会政策時報」 84 1927.9
◇独逸に於ける老齢使用人の保護（後藤清）「社会政策時報」 84 1927.9
◇無産階級と児童保護(1)（生江孝之）「社会政策時報」 84 1927.9
◇六大都市の社会事業統制計画（福本英男）「都市問題」 5(3) 1927.9
◇社会事業概念の限定(1)（海野幸徳）「社会学雑誌」 42 1927.10
◇財団法人中央社会事業協会共済組合の概要「社会事業」 11(7) 1927.10
◇転換期に直面せる本邦都市に於ける公営社会事業（磯村英一）「社会事業」 11(7) 1927.10
◇不良児童保護制度に関する諸問題(2)（山崎巌）「社会事業」 11(7) 1927.10
◇方面委員総会の懸案（海野幸徳）「社会事業」 11(7) 1927.10
◇帝都に於ける乞食の研究(3・完)（吉田英雄）「社会政策時報」 85 1927.10
◇無産階級と児童保護(2)（生江孝之）「社会政策時報」 85 1927.10
◇大阪乳幼児保護の社会的施設（大阪乳幼児保護協会）「公衆衛生」 45(11) 1927.11
◇社会事業概念の限定(2)（海野幸徳）「社会学雑誌」 43 1927.11
◇小石川養生所(1)（迫田静雄）「社会事業」 11(8) 1927.11
◇トインビーの父、英国に於ける十九世紀前半期の時代精神に就て（小島幸治）「社会事業」 11(8) 1927.11
◇貧民法制の比較研究(6)（海野幸徳）「社会事業」 11(8) 1927.11
◇社会事業から見た淋しき魂の諸相（上山善治）「大大阪」 3(11) 1927.11
◇大大阪における寡婦生活の実情（金岡信道）「大大阪」 3(11) 1927.11
◇各都市貧民数の一標準（猪間驥一）「都市問題」 5(5) 1927.11
◇簡易生命保険積立金の運用状況（武田泰郎）「斯民」 22(12) 1927.12
◇社会事業概念の限定(2・完)（海野幸徳）「社会学雑誌」 44 1927.12
◇クリスマス・シール・セールに就て（山本良登）「社会事業」 11(9) 1927.12
◇小石川養生所(2)（迫田静雄）「社会事業」 11(9) 1927.12
◇貧民法制の比較研究(7)（海野幸徳）「社会事業」 11(9) 1927.12
◇社会事業から見た淋しき魂の諸相（上山善治）「大大阪」 3(12) 1927.12
◇丁抹に於ける児童の保護施設（南雄七）「市町村雑誌」 409 1928.1
◇独逸に於ける社会保険「健康保険時報」 2(2) 1928.2
◇活動写真の危害に対する小児の保護（イショック）「公衆衛生」 46(2) 1928.2
◇方面委員制度に就いて（守屋榮夫）「自治研究」 4(2) 1928.2
◇英国救貧法と失業問題（増田抱村）「社会事業」 11(11) 1928.2
◇画期的躍進を期待せらるゝ育児事業（原泰一）「社会事業」 11(11) 1928.2
◇私生子に関する一研究（楠原祖一郎）「社会事業」 11(11) 1928.2
◇社会事業と社会政策の区別に関する学説一斑（桑田熊蔵）「社会事業」 11(11) 1928.2
◇貧民法制の比較研究(8)（海野幸徳）「社会事業」 11(11) 1928.2
◇文芸復興以後に於ける慈善事業の変革に関する一考察（生江孝之）「社会事業」 11(11) 1928.2
◇職業指導と就職後の保護補導（豊原又男）「補習教育」 60 1928.2
◇不良少年少女の救済と其対策（飯島三安）「警察協会雑誌」 331 1928.3
◇伊太利に於ける社会保険「健康保険時報」 2(3) 1928.3
◇英米の社会事業概念限定（海野幸徳）「社会学雑誌」 47 1928.3
◇イデオロギーとしての社会事業（磯村英一）「社会事業」 11(12)

社会福祉

◇1928.3
◇十八世紀英国博愛事業の特徴を論じて現代日本社会事業の精神に及ぶ(小島幸治)「社会事業」 11(12) 1928.3
◇貧民階級を救ふ各国のL.A事業(古花国雄)「社会事業」 11(12) 1928.3
◇貧民法制の比較研究(9)(海野幸徳)「社会事業」 11(12) 1928.3
◇我が国の水上生活者問題に関する私見(1)(鈴木英男)「社会事業」 11(12) 1928.3
◇簡易生命保険に就て(岡崎文規)「社会政策時報」 90 1928.3
◇大阪へ何故児童保護の中央機関を産まないのか(田村克己)「大大阪」 4(3) 1928.3
◇独逸社会保険の概念及び本質(3)(水島密之亮)「法学論叢(京都帝国大学法学会)」 19(3) 1928.3
◇不良少年少女の救済と其の対策(飯島三安)「警察協会雑誌」 332 1928.4
◇自殺防止標語「社会事業」 12(1) 1928.4
◇社会事業概論の方針に就て(海野幸徳)「社会事業」 12(1) 1928.4
◇社会政策と社会事業との差別に関して桑田博士の教へを乞ふ(林癸未夫)「社会事業」 12(1) 1928.4
◇貧民法制の比較研究(10)(海野幸徳)「社会事業」 12(1) 1928.4
◇我が国の水上生活者問題に関する私見(2)(鈴木英男)「社会事業」 12(1) 1928.4
◇公私社会事業の財源に就て(生江孝之)「大大阪」 4(4) 1928.4
◇児童相談所の窓口より(廣瀬興)「社会事業」 12(2) 1928.5
◇貧民法制の比較研究(11)(海野幸徳)「社会事業」 12(2) 1928.5
◇母性及び婦人問題座談会「社会事業」 12(2) 1928.5
◇我が国の水上生活者問題に関する私見(3)(鈴木英男)「社会事業」 12(2) 1928.5
◇仏蘭西に於ける家族手当支給組合(手塚壽郎)「社会政策時報」 92 1928.5
◇仏蘭西に於ける社会保険法案(齋田藤吉)「社会政策時報」 92 1928.5
◇大阪を中心とする社会事業(大林宗嗣)「大大阪」 4(5) 1928.5
◇欧米都市に於ける社会施設について(楠原祖一郎)「地方行政」 36(5) 1928.5
◇発達顕著なる簡易生命保険の成績「東洋経済新報」 1299 1928.5
◇独逸社会保険の概念及び本質(5・完)(水島密之亮)「法学論叢(京都帝国大学法学会)」 19(5) 1928.5
◇社会過程に於ける救済観念の変遷(磯村英一)「社会事業」 12(3) 1928.6
◇「少年法と感化法に関する諸問題」座談会「社会事業」 12(3) 1928.6
◇貧民法制の比較研究(12)(海野幸徳)「社会事業」 12(3) 1928.6
◇無産階級の進出と社会事業の転向(永井亨)「社会事業」 12(3) 1928.6
◇我が国の水上生活者問題に関する私見(4)(鈴木英男)「社会事業」 12(3) 1928.6
◇第二回六大都市社会事業協議会(猪間驥一)「都市問題」 6(6) 1928.6
◇東京市社会事業一面観(猪間驥一)「都市問題」 6(6) 1928.6
◇市民賞文当選者を中心とする社会事業懇談会(猪間驥一)「都市問題」 7(1) 1928.7
◇東京市に於ける医療保護事業に就て(紀本参次郎)「都市問題」 7(1) 1928.7
◇東京市に於ける社会事業の一般を批判し其のセツルメント事業を論ず(牧賢一)「都市問題」 7(1) 1928.7
◇東京市の方面委員事業を論ず(村松義郎)「都市問題」 7(2) 1928.8

◇都市社会の特質より見たる帝都社会事業の批判(磯村英一)「都市問題」 7(2) 1928.8
◇都市貧困生活に関する調査記録-東京市内貧困生活調査の一部(上)(竹中多計)「都市問題」 8(1) 1929.1
◇都市貧困生活に関する調査記録(承前)-東京市内貧困生活調査の一部(下)(竹中多計)「都市問題」 8(3) 1929.3
◇死亡統計より見たる乳幼児保護(氏原佐蔵)「公衆衛生」 47(7) 1929.7
◇労働者の健康保護に就て(鯉沼九吾)「公衆衛生」 47(7) 1929.7
◇都市と市民の保険(氏原佐蔵)「公衆衛生」 47(8) 1929.8
◇育児の社会的保護について(秋葉馬治)「社会事業」 13(5) 1929.8
◇支那に於ける社会施設について(生江孝之)「社会事業」 13(5) 1929.8
◇聾者の社会的保護を論ず(川本宇之介)「社会事業」 13(5) 1929.8
◇救護法制定に関する諸問題(1)(山崎巌)「自治研究」 5(9) 1929.9
◇救護法の精神(富田愛次郎)「斯民」 24(9) 1929.9
◇院内救助事業の理論と実際(1)(小澤一)「社会事業」 13(6) 1929.9
◇英国イースト・ロンドンの印象(1)(井上増吉)「社会事業」 13(6) 1929.9
◇社会事業に於けるトラスト化(松澤兼人)「社会事業」 13(6) 1929.9
◇社会事業の証券化(中島千枝)「社会事業」 13(6) 1929.9
◇東京に於ける浮浪者に就いて(草880八十雄)「社会事業」 13(6) 1929.9
◇都市社会事業経営の中心問題(幹島志郎)「社会事業」 13(6) 1929.9
◇英国に於ける失業問題と救貧法(山崎巌)「社会政策時報」 108 1929.9
◇船員保険法案要綱「健康保険時報」 3(11) 1929.10
◇労働保険調査会に於ける船員保険法案要綱審議の状況「健康保険時報」 3(11) 1929.10
◇救護法制定に関する諸問題(2)(山崎巌)「自治研究」 5(10) 1929.10
◇失業に関する保険制度と基金制度(大野緑一郎)「自治研究」 5(10) 1929.10
◇社会事業の将来(富田愛次郎)「地方行政」 37(10) 1929.10
◇我国に於ける生命保険業の首唱と先駆(三浦周行)「経済論叢」 29(5) 1929.11
◇救護法制定に関する諸問題(3)(山崎巌)「自治研究」 5(11) 1929.11
◇浅草公園に於ける浮浪者の調査報告「社会事業」 13(8) 1929.11
◇院内救助事業の論理と実際(小沢一)「社会事業」 13(8) 1929.11
◇英国救世軍婦人社会事業部の働きに就て(山室民子)「社会事業」 13(8) 1929.11
◇英国救貧法と他の社会立法との関係に就て(山崎巌)「社会事業」 13(8) 1929.11
◇救護法の実施と方面委員制度の統制に就て(村松義朗)「社会事業」 13(8) 1929.11
◇救護法より社会保険法に(片山哲)「社会事業」 13(8) 1929.11
◇ケース・ウアークの調査標準要項(メアリ・リッチモンド)「社会事業」 13(8) 1929.11
◇ドイツの救護制度と委員制度(小島幸治)「社会事業」 13(8) 1929.11
◇無産階級の立場より救護法を批判す(杉山元治郎)「社会事業」 13(8) 1929.11
◇福利事業の概観(1)(藤野恵)「補習教育」 82 1929.11

◇紐育市を中心として見たる米国印刷業労使団体の沿革及組織（小島栄次）「三田学会雑誌」 23(11) 1929.11
◇救護法制定に関する諸問題(4)（山崎巖）「自治研究」 5(12) 1929.12
◇社会事業家の資格と訓練（妹尾恒子）「社会事業」 13(9) 1929.12
◇ゼネヴアの社会施設と我が京都（柴田義彦）「社会事業」 13(9) 1929.12
◇怠惰児の研究（松宮一也）「社会事業」 13(9) 1929.12
◇我国の救護制度「経済論叢」 30(1) 1930.1
◇明治初年千葉県に於ける育児令（山崎佐）「公衆衛生」 48(1) 1930.1
◇地方社会事業費に関する若干問題(1)（藤野恵）「自治研究」 6(1) 1930.1
◇大震災後の社会事業施設/復興帝都の大観（復興展記念特輯）（猪間驥一）「都市問題」 10(1) 1930.1
◇救護法制定に関する諸問題(5)（山崎巖）「自治研究」 6(2) 1930.2
◇各都市の失業救済起債（岡野文之助）「都市問題」 10(2) 1930.2
◇市営社会事業の将来（関一）「大大阪」 6(3) 1930.3
◇児童保護と娯楽場問題について（楠原祖一郎）「帝国教育」 571 1930.3
◇実施されたる俸給生活者簡易貸付制（小田忠夫）「都市問題」 10(3) 1930.3
◇社会事業の奨励（小倉庫次）「都市問題」 10(3) 1930.3
◇福利事業の概観(2)（藤野恵）「補習教育」 85 1930.3
◇ヴエツクスの社会事業論「経済時報」 2(1) 1930.4
◇地方社会事業費に関する若干問題(2)（藤野恵）「自治研究」 6(4) 1930.4
◇社会事業関係書目（西里信夫）「市立図書館と其事業」 56 1930.4
◇帝都社会事業の復興（帝都復興記念号）（安井誠一郎）「都市問題」 10(4) 1930.4
◇アドルフ・ウエバーの救貧事業論（平田隆夫）「経済時報」 2(2) 1930.5
◇救護法制定に関する諸問題(6)（山崎巖）「自治研究」 6(5) 1930.5
◇都市の失業現象と農村過剰人口の圧力（中沢弁次郎）「都市問題」 10(5) 1930.5
◇国際セツツルメント運動とその思潮（浅野研真）「社会事業」 14(3) 1930.6
◇社会事業に於けるセツツルメントの地位（大林宗嗣）「社会事業」 14(3) 1930.6
◇セツツルメント事業の形態（志賀志那人）「社会事業」 14(3) 1930.6
◇セツツルメント事業の対象（吉田源治郎）「社会事業」 14(3) 1930.6
◇セツツルメント事業の方法（内片孫一）「社会事業」 14(3) 1930.6
◇仏蘭西に於ける救貧法制（川井章加）「社会事業」 14(3) 1930.6
◇地方社会事業費に関する若干問題(3)（藤野恵）「自治研究」 6(7) 1930.7
◇失業救済事業の起債範囲拡張（小田忠夫）「都市問題」 11(1) 1930.7
◇救護法制定に関する諸問題(7)（山崎巖）「自治研究」 6(9) 1930.9
◇木賃宿に関する調査（東京市役所）「東京市社会局時報」 6 [1930.9]
◇救護法制定に関する諸問題(8)（山崎巖）「自治研究」 6(10) 1930.10
◇地方社会事業費に関する若干問題(4)（藤野恵）「自治研究」 6(10) 1930.10

◇社会事業監督制度に就て（小島幸治）「社会事業」 14(7) 1930.10
◇少年労働の保護に就て（北岡寿逸）「社会事業」 14(5) 1930.11
◇児童保護事業に関する参考資料「社会事業」 14(8) 1930.11
◇児童保護施設概要（生江孝之）「社会事業」 14(8) 1930.11
◇俸給被傭者保護法案（小池四郎）「社会政策時報」 122 1930.11
◇救護法制定に関する諸問題(9)（山崎巖）「自治研究」 6(12) 1930.12
◇英国に於ける一九三〇年実施の新救貧法（小田垣光之輔）「社会事業」 14(9) 1930.12
◇独逸社会事業の体系（山口正）「社会事業」 14(9) 1930.12
◇要保護世帯の環境(1)（東京市保護課調査掛）「東京市社会局時報」 7 [1930.12]
◇我国保険会社の資金運用（楠見一正）「経済時報」 2(10) 1931.1
◇保護関税の合理化（神戸正雄）「経済論叢」 32(1) 1931.1
◇方面委員制度と救護法（山崎巖）「斯民」 26(1) 1931.1
◇社会事業の現代的様相と其の解釈（大林宗嗣）「社会事業」 14(10) 1931.1
◇社会事業の統制に関する一考察（生江孝之）「社会事業」 14(10) 1931.1
◇第二囘児童保険事業会議決議大要「社会事業」 14(10) 1931.1
◇倫敦の細民窟除去事業の今昔(1)（大阪都市協会調査部）「大大阪」 7(2) 1931.2
◇新に制定せられんとする船員保険（承前）（石原雅二郎）「地方行政」 39(2) 1931.2
◇家族手当制度の研究（氏家貞一郎）「社会政策時報」 126 1931.3
◇退職手当制度の現状（長谷孝之）「社会政策時報」 126 1931.3
◇新に制定せられんとする船員保険（承前）（石原雅二郎）「地方行政」 39(3) 1931.3
◇ナイツ・オブ・レーバーの構成と其勢の消長（園乾治）「三田学会雑誌」 25(3) 1931.3
◇仏蘭西社会保険法解説(3)「健康保険時報」 5(4) 1931.4
◇救療事業の経営(3)（海野幸徳）「社会事業」 15(1) 1931.4
◇大阪市と救貧事業（井上厚三郎）「大大阪」 7(4) 1931.4
◇細民階級の乳幼児多死に就ての一研究（三浦かつみ）「都市問題」 12(4) 1931.4
◇創設時代の方面委員制度三、四に就て（平田隆夫）「経済時報」 3(2) 1931.5
◇軍事救護法改正の要点（山崎巖）「自治研究」 7(5) 1931.5
◇昭和六年度六大都市社会事業予算の比較（磯村英一）「社会事業」 15(2) 1931.6
◇救護法施行と地方当局者の任務（山崎巖）「斯民」 26(6) 1931.6
◇救護法の実施と市町村（藤野恵）「地方行政」 39(6) 1931.6
◇救護法実施に際し社会事業化方面委員の要望（諸家）「社会事業」 15(4) 1931.7
◇児童保護の立場より見たる養老院収容者の幼少年時代に於ける環境並に生活状況（芹沢威夫）「社会事業」 15(4) 1931.7
◇ルンペン・プロレタリア存在の根拠に就て（金田日出男）「社会事業」 15(4) 1931.7
◇恩給法をどう改正すべきか「週刊エコノミスト」 9(14) 1931.7
◇和蘭に於ける社会保険（平田基一）「経済時報」 3(5) 1931.8
◇英国貧民統計の史的概観（小島幸治）「社会事業」 15(5) 1931.8
◇救護法運用の基本問題（小沢一）「社会事業」 15(5) 1931.8
◇ロンドン救貧行政の変換（小島幸治）「社会政策時報」 131 1931.8
◇都市と母性及児童保護の問題（余田忠吾）「大大阪」 7(8) 1931.8
◇恩給法よりは保険法によれ（保険制度改革の一私案）「東洋経済新報」 1463 1931.8

- ◇恩給の改革(神戸正雄)「経済論叢」 33(3) 1931.9
- ◇方面委員制度の社会的使命(松山鉄一郎)「斯民」 26(9) 1931.9
- ◇全国救護事業協議会に於ける救護法実施準備に関する決議に就て(中村孝太郎)「社会事業」 15(6) 1931.9
- ◇米国社会事業費金募集運動と我が社会事業の実状に就て(宮坂喆宗)「社会事業」 15(6) 1931.9
- ◇解雇手当に就て(山口正太郎)「経済時報」 3(7) 1931.10
- ◇社会事業の現状に鑑みて(山崎巌)「斯民」 26(10) 1931.10
- ◇社会事業の職業化問題(古俣明詮)「社会事業」 15(7) 1931.10
- ◇超過保険防遏に関する座談会(大日本消防協会)「消防」 5(10) 1931.10
- ◇救護法施行命令解説(1)(山崎巌)「自治研究」 7(11) 1931.11
- ◇救護法の実施に就いて(松本学)「地方行政」 39(11) 1931.11
- ◇独逸に於ける救護法の改正(平田隆夫)「経済時報」 3(9) 1931.12
- ◇救護法施行命令解説(2)(山崎巌)「自治研究」 7(12) 1931.12
- ◇昭和六年度以降普通失業救済事業総括表「都市問題」 13(6) 1931.12
- ◇地方庁回報に依る各府県市の失業状況及び失業救済事業概要「都市問題」 13(6) 1931.12
- ◇我国失業状況と其の対策,就中失業救済事業に就て(松本学)「都市問題」 13(6) 1931.12
- ◇救護法の施行と将来の展望(大野緑一郎)「自治研究」 8(1) 1932.1
- ◇地方庁回報に依る各道府県市の失業状況及び失業救済事業概要(続)「都市問題」 14(2) 1932.2
- ◇救貧制度と財政問題(1)(山崎巌)「自治研究」 8(3) 1932.3
- ◇市町村に於ける窮民救助(藤野恵)「地方行政」 40(3) 1932.3
- ◇都市と救貧問題/都市政策問題/都市社会政策(東京市市政調査会創立十周年記念市政論集)(富田愛次郎)「都市問題」 14(3) 1932.3
- ◇救貧制度と財政問題(2)(山崎巌)「自治研究」 8(4) 1932.4
- ◇弘済会の事業と拡張計画(上山善治)「大大阪」 8(5) 1932.5
- ◇保護少年の特質と大阪の徒弟制度の幣(古谷新太郎)「大大阪」 8(5) 1932.5
- ◇軍事救護の制度とその運用(藤野恵)「地方行政」 40(5) 1932.5
- ◇感化事業管見(外山福男)「地方行政」 40(6) 1932.6
- ◇救護法実施の半歳(藤野恵)「自治研究」 8(7) 1932.7
- ◇救貧制度体系論(1)(山崎巌)「自治研究」 8(7) 1932.7
- ◇細民に対する公民的訓練(清水虎雄)「公民教育」 2(9) 1932.9
- ◇俸給者年金保険制の提唱(清水玄)「週刊エコノミスト」 10(18) 1932.9
- ◇託児所に於ける傍系的事業(田中法善)「社会事業」 16(7) 1932.10
- ◇科学と社会事業(小島栄次)「三田学会雑誌」 26(10) 1932.10
- ◇救貧制度体系論(2)(山崎巌)「自治研究」 8(11) 1932.11
- ◇恩給制改正の目標「週刊エコノミスト」 10(22) 1932.11
- ◇福祉事業経営に於ける経済性に就て(奥野純次)「大大阪」 8(13) 1932.12
- ◇ウキン社会事業施設の発達と組織「東京市社会局時報」 15 [1932.12]
- ◇児童虐待防止法の制定と共に其の事業の興起を望む(原泰一)「法律時報」 4(12) 1932.12
- ◇恩給問題の二三(樋貝詮三)「自治研究」 9(1) 1933.1
- ◇社会事業従事者の待遇に就て(山口正)「社会事業」 16(10) 1933.1
- ◇都市における社会社会事業統制問題の展望(磯村英一)「社会事業」 16(10) 1933.1

- ◇妊産婦保護法規程改正に関する決議(日本産業衛生協会)「労働科学研究」 8(1) 1933.1
- ◇部落費に就て(山口磊吉)「自治研究」 9(2) 1933.2
- ◇社会事業交換に関する問題一二(津田正夫)「社会事業」 16(11) 1933.2
- ◇社会事業の町総代会への進出(大石三良)「社会事業」 16(11) 1933.2
- ◇町村社会事業促進の急務とその指導に就て(賀來才二郎[ほか])「社会事業」 16(11) 1933.2
- ◇地方社会事業費に関する再検討(1)(藤野恵)「自治研究」 9(3) 1933.3
- ◇スラムの発生原因と其の防止策(大林宗嗣)「社会事業」 16(12) 1933.3
- ◇公的救護機関の組織と管理に就いて「東京市社会局時報」 16 [1933.3]
- ◇恩給法改正要綱(1)(樋貝詮三)「自治研究」 9(4) 1933.4
- ◇恩給法改正の眼目(樋貝詮三)「地方行政」 41(4) 1933.4
- ◇恩給法改正要綱(2)(樋貝詮三)「自治研究」 9(5) 1933.5
- ◇地方社会事業費に関する再検討(2)(藤野恵)「自治研究」 9(5) 1933.5
- ◇救療事業と開業医問題(高野六郎)「社会事業」 17(2) 1933.5
- ◇救療事業の欠陥とその改善策(紀本参次郎)「社会事業」 17(2) 1933.5
- ◇失業共済施設の助長を望む(岸正一)「社会事業」 17(2) 1933.5
- ◇救護法に関する若干問題-全国方面委員大会の論議を中心として(幸島礼吉)「都市問題」 16(5) 1933.5
- ◇大阪市に於ける日傭労働者傷害保険の現状(平田隆夫)「経済時報」 5(3) 1933.6
- ◇児童虐待防止法の解説(藤野恵)「法律時報」 5(6) 1933.6
- ◇少年教護法に就て(灘尾弘吉)「法律時報」 5(6) 1933.6
- ◇社会事業補助金問題(佐々木元三)「社会事業」 17(4) 1933.7
- ◇思想対策としての社会保険(清水玄)「社会政策時報」 154 1933.7
- ◇地方社会事業の展望(楠原祖一郎)「地方行政」 41(7) 1933.7
- ◇極貧世帯の日米比較研究(關島久雄)「社会事業」 17(5) 1933.8
- ◇公私社会事業の分野論に関連して(灘尾弘吉)「地方行政」 41(8) 1933.8
- ◇方面委員制度と救護法の委員に就て(1)(杉田三朗)「地方行政」 41(8) 1933.8
- ◇解雇手当に関する若干の考察(森田良雄)「法律時報」 5(8) 1933.8
- ◇児童虐待防止の概要(1)(藤野恵)「自治研究」 9(9) 1933.9
- ◇児童虐待防止法(犬丸實)「社会事業」 17(6) 1933.9
- ◇本市に於ける方面委員事業後援団体の現況(東京市保護課調査掛)「東京市社会局時報」 昭和8年9月号 1933.9
- ◇児童虐待防止法の解説(1)(杉田三朗)「公民教育」 3(10) 1933.10
- ◇児童虐待防止の概要(2)(藤野恵)「自治研究」 9(10) 1933.10
- ◇英国貧民保護委員制度管見(小島幸治)「社会事業」 17(7) 1933.10
- ◇独逸に於ける救貧施設としての委員制度(山口正)「社会事業」 17(7) 1933.10
- ◇恩給法改正の地方に及ぼす影響(樋貝詮三)「地方行政」 41(10) 1933.10
- ◇児童虐待防止法の実施に就いて(富田愛次郎)「地方行政」 41(10) 1933.10
- ◇現業委員会規定改正事情「現業調査資料」 7(6) 1933.11
- ◇一八三四年の英国救貧法改正条令(山田節男)「社会事業」 17(8) 1933.11

◇第四回全国方面委員大会(幸島礼吉)「都市問題」 17(5) 1933.11
◇社会事業と社会政策との関係(山口正)「社会事業」 17(9) 1933.12
◇保育事業の一推移(津田正夫)「社会事業」 17(9) 1933.12
◇本邦救済事業概観(多田貞久)「社会事業」 17(9) 1933.12
◇朝鮮のルンペン-半島に於けるルンペン生活の特相-(櫻井義之)「社会政策時報」 159 1933.12
◇大阪に蠢くルンペンの素性(酒井利男)「大大阪」 9(12) 1933.12
◇本邦社会事業の趨勢(丹波七郎)「地方行政」 41(12) 1933.12
◇救療事業の連絡統制に就て(紀本参次郎)「社会事業」 17(1) 1934.1
◇米国に於けるコムミュニティーセンター運動-市民館事業の一年考資料-(東京市庶務課調査掛)「社会事業」 17(1) 1934.1
◇救護法施行状況に関する一考察(小沢一)「社会事業」 17(10) 1934.1
◇法制上の児童保護(山口正)「社会事業」 17(10) 1934.1
◇我国に於ける法律扶助事業の現状(野間繁)「社会事業」 17(10) 1934.1
◇社会事業の概念(山口正)「社会福利」 18(1) 1934.1
◇我国救撫事業の統制問題に就て(村松義朗)「社会福利」 18(1) 1934.1
◇全国救護事業協議会(幸島礼吉)「都市問題」 18(1) 1934.1
◇航空危険と保険者(山中謙二)「経済時報」 5(11) 1934.2
◇社会事業と地方行政(灘尾弘吉)「自治研究」 10(2) 1934.2
◇国民社会事業論序説(大久保満彦)「社会福利」 18(2) 1934.2
◇都市に於ける被虐待児童保護の諸問題(賀来才二郎)「大大阪」 10(2) 1934.2
◇貧困の研究(1)(東京市庶務課調査係)「東京市社会局時報」 昭和9年2月号 1934.2
◇道路経費負担上の一考察及人命救護上の施設(田川大吉郎)「道路の改良」 16(2) 1934.2
◇第二回全国私設社会事業家大会(幸島礼吉)「都市問題」 18(2) 1934.2
◇日傭労働者失業共済施設奨励案に関する論議(幸島礼吉)「都市問題」 18(2) 1934.2
◇感化院の現状(菊池俊諦)「法律時報」 6(2) 1934.2
◇多摩少年院に関する資料「法律時報」 6(2) 1934.2
◇仏国の再保険官方案の顛末(森荘三郎)「経済学論集」 4(3) 1934.3
◇団体生命保険の官営問題(小島昌太郎)「経済論叢」 38(3) 1934.3
◇少年教護法の要旨(藤野恵)「自治研究」 10(3) 1934.3
◇共同募金論の批判的考察(牧賢一)「社会事業」 17(12) 1934.3
◇社会改造の一翼としての社会事業の位置(三好豊太郎)「社会福利」 18(3) 1934.3
◇社会保険分類に関する一考察(平田隆夫)「経済時報」 6(1) 1934.4
◇軍人扶助制度の運用に付いて(藤野恵)「自治研究」 10(4) 1934.4
◇社会事業の対象となる人の職業に関する一考案(早田正雄)「社会福利」 18(4) 1934.4
◇伊太利の「ドーポラボーロ」運動(吉川末次郎)「地方行政」 42(4) 1934.4
◇都市経済生活の発展を通じて観たる細民街の研究(一井修)「都市公論」 17(4) 1934.4
◇ルンペンの過去、現在、未来「経済時報」 6(2) 1934.5
◇社会事業施設分類の技術考(金熙明)「社会福利」 18(5) 1934.5
◇国体保険制度の誕生「週刊エコノミスト」 12(9) 1934.5
◇廃兵院法中改正法律(傷兵院法)の要旨(杉本三郎)「地方行政」 42(5) 1934.5
◇六大都市社会事業協議会「都市問題」 18(5) 1934.5
◇感化教育の科学的進歩と少年救護法(菊池俊諦)「社会事業」 18(3) 1934.6
◇少年救護法の要旨(犬丸実)「社会事業」 18(3) 1934.6
◇公営社会事業の経費と財源(山口正)「社会政策時報」 165 1934.6
◇社会事業の意義・範囲・種類等に就て-女子公民教科書に現れた社会事業概念の検討-(村松義朗)「社会福利」 18(6) 1934.6
◇セツルメントを語りて提案の一つ(安達正太)「社会福利」 18(6) 1934.6
◇英伊の乳児保護運動(1):恩賜財団「愛育会」のために(吉川末次郎)「地方行政」 42(6) 1934.6
◇昭和八年鉱夫扶助概要「労働時報」 11(6) 1934.6
◇救護法実施の経験と被救護者の問題(中村孝太郎)「社会事業」 18(4) 1934.7
◇社会事業対象の範囲(大林宗嗣)「社会事業」 18(4) 1934.7
◇社会事業の科学的体系に於ける対象論の分野(三好豊太郎)「社会事業」 18(4) 1934.7
◇社会統計より見たる貧困現象(布川静淵)「社会事業」 18(4) 1934.7
◇生計調査に現はれたる貧困世帯収支費用の分析(牧賢一)「社会事業」 18(4) 1934.7
◇要保護世帯の標準に就て(大野木克彦)「社会事業」 18(4) 1934.7
◇近代社会事業の生成と其の特質-「国民社会事業論序説」其の33(大久保満彦)「社会福利」 18(7) 1934.7
◇少年救護法の使命(朝原梅一)「社会福利」 18(7) 1934.7
◇日本精神に依る社会事業の再検討(1)(尾形栄造)「社会福利」 18(7) 1934.7
◇貧困に関する若干の考察(池川清)「社会福利」 18(7) 1934.7
◇少年救護法に就て(富田愛次郎)「地方行政」 42(7) 1934.7
◇家族生活の維持と母子扶助の問題(長沼宏有)「社会事業」 18(5) 1934.8
◇社会事業といふ言葉は、いつ頃から本邦に於て使用されたか(1)(桑原清起)「社会事業」 18(5) 1934.8
◇母子を対象とする社会施設の一考察(田中法善)「社会事業」 18(5) 1934.8
◇無視された母と子の地位-家庭法制改正の必要-(片山哲)「社会事業」 18(5) 1934.8
◇団体生命保険に就て(1)(膳桂之助)「社会政策時報」 167 1934.8
◇義倉と社会(1):農村社会事業より見たる(賀川豊彦)「地方行政」 42(8) 1934.8
◇海員保護に関する一法運動(1)(石井照久)「法学協会雑誌」 52(8) 1934.8
◇「アイ、ダブルユー・ダブルユー」の成立(園乾治)「三田学会雑誌」 28(8) 1934.8
◇金沢市に於ける第一種カード階級者(居宅救護)の生活状況調査(1)(村上賢三,瀧田友生)「社会事業」 16(8) 1934.9
◇都市財政と社会事業費「社会事業」 16(8) 1934.9
◇都市の膨張に伴ふ社会施設の分布調査(松橋基彦)「社会事業」 16(8) 1934.9
◇都市隣保事業の進路(藤野井行仁)「社会事業」 16(8) 1934.9
◇大都市社会事業と地方社会事業(賀来才二郎)「社会事業」 18(6) 1934.9
◇大都市社会事業の機構(山口正)「社会事業」 18(6) 1934.9
◇都市財政と社会事業費(酒井利男)「社会事業」 18(6) 1934.9
◇加奈陀トロント市に於ける社会奉仕連盟とその活動(谷川貞夫)「社会福利」 18(9) 1934.9

◇救療事業の本質に就ての一考察-ケースワークの一部門として(紀本参次郎)「社会福利」 18(9) 1934.9

◇都市を中心としたる貧困現象(池川清)「社会福利」 18(9) 1934.9

◇農村問題と都市社会事業(高木武三郎)「社会福利」 18(9) 1934.9

◇再び区社会課の使命を論ず(磯村英一)「社会福利」 18(9) 1934.9

◇隣保事業対象の組合化に就いて(松本征二)「社会福利」 18(9) 1934.9

◇支那ギルド制度を母体とせる満洲の苦力及苦力帮に就て(福原徹)「職業紹介」 11 1934.9

◇時局匡救事業の展望(1)(元山修二)「地方行政」 42(9) 1934.9

◇官営団体生命保険と社会政策(近藤文二)「経済時報」 6(7) 1934.10

◇育児事業施設標準設定の予備的考察(1)(小沢一)「社会事業」 18(7) 1934.10

◇育児事業と異常児問題(暉峻隆範)「社会事業」 18(7) 1934.10

◇育児事業に於ける院内保護と院外保護(水野博之)「社会事業」 18(7) 1934.10

◇社会事業に於ける育児事業の地位(生江孝之)「社会事業」 18(7) 1934.10

◇ブレーシング・アウト・システム(牧野虎次)「社会事業」 18(7) 1934.10

◇本邦育児事業の鳥瞰(早崎八洲)「社会事業」 18(7) 1934.10

◇明治初年に於ける育児事業(1)(山崎佐)「社会事業」 18(7) 1934.10

◇時局匡救事業の展望(2)(元山修二)「地方行政」 42(10) 1934.10

◇天災と農村社会事業の発達(1)(賀川豊彦)「地方行政」 42(10) 1934.10

◇一九三三年に於ける伊多利の団体協会「労働時報」 11(10) 1934.10

◇第八期現業委員の統計的観察(1)「現業調査資料」 8(6) 1934.11

◇関東大震災に因る社会事業の打撃とその復興(1)(岡弘毅)「社会事業」 18(8) 1934.11

◇都市児童相と児童保護事業層(早田正雄)「社会福利」 18(11) 1934.11

◇児童虐待防止法施行状況-東京府下に於ける一ヶ年-(朝原梅一)「帝国教育」 660 1934.11

◇企業集中機構としての再保険(馬場克三)「経済学研究」 4(4) 1934.12

◇凶作に対処して農村社会事業は何をなすべきか(照沼哲之介)「社会事業」 18(9) 1934.12

◇社会事業といふ用語に就て(布川静淵)「社会事業」 18(9) 1934.12

◇社会事業の名辞の起源に関する釈名と疑問(山口正)「社会事業」 18(9) 1934.12

◇社会事業概念構成の基準に関する一研究(竹中勝男)「社会事業研究」 22(12) 1934.12

◇社会事業の研究について(山口正)「社会事業研究」 22(12) 1934.12

◇方面委員制度の沿革及其現況(杉浦信資)「社会事業研究」 22(12) 1934.12

◇方面委員制度より方面家族制度へ(中村孝太郎)「社会事業研究」 22(12) 1934.12

◇少年救護法に就て(菊池俊諦)「帝国教育」 662 1934.12

◇母子扶助法に就いて(東京市社会局庶務課調査掛)「東京市社会局時報」 昭和9年10・11・12月号 1934.12

◇江東に於ける法律相談-帝大セツルメント法律相談部の十年一(市川猛雄)「法律時報」 6(12) 1934.12

◇近世社会事業思想の一展望(竹中勝男)「大原社会問題研究所雑誌」 2(1) 1935.1

◇海外に於ける社会事業家養成機関(内片孫一)「社会事業」 18(10) 1935.1

◇社会事業従事者に必要なる科学的知識に就て(小島栄次)「社会事業」 18(10) 1935.1

◇社会政策としての団体生命保険(根津熊次郎)「社会事業」 18(10) 1935.1

◇方面委員の社会事業的訓練に就て(手塚明明)「社会事業」 18(10) 1935.1

◇幼児保育事業の機能(1)(小沢一)「社会事業」 18(10) 1935.1

◇社会科学の社会事業への交錯(池川清)「社会事業研究」 23(1) 1935.1

◇社会事業基本概念の吟味(中村孝太郎)「社会事業研究」 23(1) 1935.1

◇社会事業復興(渡辺一高)「社会事業研究」 23(1) 1935.1

◇社会事業法と社会法体系(菊池勇夫)「社会事業研究」 23(1) 1935.1

◇独逸に於ける労働保護に就いて(山崎孝一)「社会事業研究」 23(1) 1935.1

◇東北凶作への諸対策について(新明正道)「社会事業研究」 23(1) 1935.1

◇本邦饑饉年表(1)(桑原清起)「社会事業研究」 23(1) 1935.1

◇現代社会事業の諸原則(山口正)「社会福利」 19(1) 1935.1

◇古代印度の仏教社会事業(浅野研真)「社会福利」 19(1) 1935.1

◇昭和九年に於ける社会事業論文(谷川貞夫)「社会福利」 19(1) 1935.1

◇昭和十年から九年の社会事業を覗く(三谷此治)「社会福利」 19(1) 1935.1

◇大都市社会事業の動向(早田正雄)「社会福利」 19(1) 1935.1

◇乳幼児保育事業の新目標(朝原梅一)「社会福利」 19(1) 1935.1

◇母性保護運動と母性観念(宇井彦一)「社会福利」 19(1) 1935.1

◇肢体不自由児治療二十年の験得より(高木憲次)「社会事業」 18(11) 1935.2

◇肢体不自由者の教養に就て(結城捨次郎)「社会事業」 18(11) 1935.2

◇日本に於けるクリュッペルに就て(竹沢さだめ)「社会事業」 18(11) 1935.2

◇不具児童発生の原因に関する考察(金子魁一)「社会事業」 18(11) 1935.2

◇幼児保育事業の機能(2)(小沢一)「社会事業」 18(11) 1935.2

◇労働災害に対する保護制度(櫻井安右衛門)「社会事業」 18(11) 1935.2

◇救護法関係の統計表「社会事業彙報」 8(11) 1935.2

◇救済対象の更正、自立に対する指導計画(下松桂馬)「社会事業研究」 23(2) 1935.2

◇社会事業の本義(太田義夫)「社会事業研究」 23(2) 1935.2

◇都市隣保事業の趨向(上野光規)「社会事業研究」 23(2) 1935.2

◇北米合衆国に於ける貧困問題(森武夫)「社会政策時報」 173 1935.2

◇社会事業に於ける公私共同経営論―特に公営社会事業行詰の打開策として(磯村英一)「社会福利」 19(2) 1935.2

◇社会事業復興時代(牧賢一)「社会福利」 19(2) 1935.2

◇都市社会学の発展と社会事業(三好豊太郎)「社会福利」 19(2) 1935.2

◇少年救護費国庫補助に関する取扱方(通牒)「内務時報」 791 1935.2

◇米国に於ける母子扶助法(津田正夫)「法律時報」 7(2) 1935.2

◇母子扶助法の制定を急げ(金子しげり)「法律時報」 7(2) 1935.2

◇団体費と寄附の整理(小山田小七)「経済時報」 6(12) 1935.3

社会福祉

◇少年教護法の実施に就いて（藤野恵）「自治研究」 11(3) 1935.3
◇救護法に於ける被救護者の調査（早崎八洲）「社会事業」 18(12) 1935.3
◇社会事業計画と社会調査（大野木克彦）「社会事業」 18(12) 1935.3
◇計画経済と社会事業―農村社会事業の将来性―（津田正夫）「社会事業彙報」 8(12) 1935.3
◇社会生活と社会事業（岩井龍海）「社会事業研究」 23(3) 1935.3
◇大都市に於ける社会事業の動向（早田正雄）「社会事業研究」 23(3) 1935.3
◇日本社会事業第三期の動向と見透（磯村英一）「社会事業研究」 23(3) 1935.3
◇媒体としての社会事業（隅田満）「社会事業研究」 23(3) 1935.3
◇救療券より見たる東都の救療（川崎弥三郎）「社会福利」 19(3) 1935.3
◇児童保護の諸問題及児童保護施設（朝原梅一）「社会福利」 19(3) 1935.3
◇社会事業の指導精神（榎本勇蔵）「社会福利」 19(3) 1935.3
◇東京市方面事務の隣保事業化と民間隣保事業（谷川貞夫）「社会福利」 19(3) 1935.3
◇欧州に於ける乳幼児保護事業の一班（谷口清一）「大大阪」 11(3) 1935.3
◇海外に於ける乳幼児保護事業（谷口清一）「社会事業」 19(1) 1935.4
◇凶作と乳幼児保護対策（西野陸夫）「社会事業」 19(1) 1935.4
◇欠食幼童の保護施設（大窪峻）「社会事業」 19(1) 1935.4
◇児童保護の文化的考察（尾高豊作）「社会事業」 19(1) 1935.4
◇社会立法としての児童保護法制（菊池勇夫）「社会事業」 19(1) 1935.4
◇都市に於ける児童保護施設（木村義吉）「社会事業」 19(1) 1935.4
◇晩近児童保護事業の進展とその体系（山口正）「社会事業」 19(1) 1935.4
◇母性及乳幼児の法的保護（長沼宏有）「社会事業」 19(1) 1935.4
◇虚弱児童保護の運動（朝原梅一）「社会事業研究」 23(4) 1935.4
◇クリンツベル救護事業の本質に就いて（西野陸夫）「社会事業研究」 23(4) 1935.4
◇死亡率より観察したる国民保険（南岩雄七）「社会事業研究」 23(4) 1935.4
◇母子保護運動の立法化と施設化に関する序説（小宮山主計）「社会事業研究」 23(4) 1935.4
◇家内工業労働の保護立法（菊池勇夫）「社会政策時報」 175 1935.4
◇社会事業資金の統制に就いて（磯村英一）「社会福利」 19(4) 1935.4
◇紐育市現今の社会事業（金子秀吉）「社会福利」 19(4) 1935.4
◇江戸時代に於ける社会教化資料（1）（文部省社会教育局）「文部時報」 510 1935.4
◇基督教社会事業の進展（生江孝之）「社会事業」 19(2) 1935.5
◇基督教の社会哲学と社会事業（竹中勝男）「社会事業」 19(2) 1935.5
◇社会事業に於ける宗教的要素（牧野虎次）「社会事業」 19(2) 1935.5
◇宗教の社会性と社会事業への進出（赤神良譲）「社会事業」 19(2) 1935.5
◇天理教と社会事業「社会事業」 19(2) 1935.5
◇日本社会事業史上に於ける仏教の地位（谷山恵林）「社会事業」 19(2) 1935.5
◇仏教社会事業の展望（浅野研真）「社会事業」 19(2) 1935.5
◇本邦に於けるミッション社会事業に就て（谷川貞夫）「社会事業」 19(2) 1935.5
◇第六回全国方面委員大会概況「社会事業彙報」 9(2) 1935.5
◇社会事業と経験社会学（小山隆）「社会事業研究」 23(5) 1935.5
◇全国私設社会事業統制協議会に於ける諸問題（谷川貞夫）「社会事業研究」 23(5) 1935.5
◇乳幼児愛護運動に対する二三の提唱（生江孝之）「社会事業研究」 23(5) 1935.5
◇再び社会事業統計に就て（早崎八洲）「社会事業研究」 23(5) 1935.5
◇救療法制定に就いての基本認識（江草茂）「社会福利」 19(5) 1935.5
◇児童の保護に就いて（高橋敬一）「社会福利」 19(5) 1935.5
◇社会事業論に於ける「貧困」国民社会事業論序説第五齣（大久保満彦）「社会福利」 19(5) 1935.5
◇独逸に於ける公務員の保護（恩給並に遺族扶助料）「社会福利」 19(5) 1935.5
◇幼稚園及び託児所の歴史（山戸をり江）「社会福利」 19(5) 1935.5
◇隣保事業に於ける成人教育について（谷川貞夫）「社会福利」 19(5) 1935.5
◇ソヴィエト連邦に於ける社会保険制度の改革（1）「健康保険時報」 9(6) 1935.6
◇水上隣保事業に就て（中村遙）「社会事業」 19(3) 1935.6
◇セツルメントに於ける指導者並に共働者の問題（1）（吉田源治郎）「社会事業」 19(3) 1935.6
◇セルツメントの一部門としての法律相談（市川猛雄）「社会事業」 19(3) 1935.6
◇総合的社会施設としての隣保事業（田中法善）「社会事業」 19(3) 1935.6
◇転換期にある隣保事業の機能に就て（牧賢一）「社会事業」 19(3) 1935.6
◇明治初年に於ける育児事業（完）（山崎佐）「社会事業」 19(3) 1935.6
◇隣保事業経営管見（笠島角次郎）「社会事業」 19(3) 1935.6
◇隣保事業と方面事業の近接（松本征二）「社会事業」 19(3) 1935.6
◇隣保事業の地域的適応（谷川貞夫）「社会事業」 19(3) 1935.6
◇社会事業の農村的振興（山口正）「社会事業研究」 23(6) 1935.6
◇農村社会事業とその将来（津田正夫）「社会事業研究」 23(6) 1935.6
◇農村社会事業不振の原因とその対策（木村堯）「社会事業研究」 23(6) 1935.6
◇農村の方面委員制度に就て（浜田修蔵）「社会事業研究」 23(6) 1935.6
◇農村隣保事業の一形態（中村孝太郎）「社会事業研究」 23(6) 1935.6
◇社会学者、社会事業家の着手点（ハワード・ダブルユー・オデューム）「社会事業」 19(6) 1935.6
◇社会事業資金調達方法としての富籤（本谷久二）「社会福利」 19(6) 1935.6
◇社会事業対象再認識の重要性に就て（村松義朗）「社会福利」 19(6) 1935.6
◇児童調査所に就て（東京市社会局庶務課調査掛）「東京市社会時報」 昭和10年4・5・6月号 1935.6
◇部落協議費の研究（汐見三郎）「経済論叢」 41(1) 1935.7
◇英国に於ける団体交渉機関とその実際「現業調査資料」 9(4) 1935.7
◇産業の保護調整（長峰安三郎）「市町村雑誌」 499 1935.7
◇細民階級の多産現象と対策（早田正雄）「社会事業」 19(4) 1935.7
◇セツルメントに於ける指導者並に共働者の問題（吉田源治郎）「社

◇会事業」19(4) 1935.7
◇救護法当面の問題(持永義夫)「社会事業彙報」 9(4) 1935.7
◇ウイリアム・ブース(葛岡常治)「社会事業研究」 23(7) 1935.7
◇慈善事業、社会事業及公益事業(仲井真一郎)「社会事業研究」 23(7) 1935.7
◇社会学と社会事業の関係(川上賢叟)「社会事業研究」 23(7) 1935.7
◇社会事業に於ける思想と施設(村川敬蔵)「社会事業研究」 23(7) 1935.7
◇日本社会事業に於ける封建思想の批判(磯村英一)「社会事業研究」 23(7) 1935.7
◇米国に於ける社会事業の傾向(ジェローム・デビス)「社会事業研究」 23(7) 1935.7
◇隣保事業の運行と実績を述べて理論に及ぶ(大田兼一)「社会事業研究」 23(7) 1935.7
◇フランスに於ける最近の工場福利事業(広崎真八郎)「社会政策時報」 178 1935.7
◇夏季に於ける社会事業の諸問題(大林宗嗣)「社会福利」 19(7) 1935.7
◇水上社会事業の現状と将来を語る(鈴木英男)「社会福利」 19(7) 1935.7
◇チョウセンサラムと社会事業(金熙明)「社会福利」 19(7) 1935.7
◇母性愛と社会事業(生江孝之)「社会福利」 19(7) 1935.7
◇我国最古の救貧立法と其流派(小島幸治)「社会福利」 19(7) 1935.7
◇退職積立金制の立法化「東洋経済新報」 1663 1935.7
◇退職積立金法案要綱と無産・資本家団体の意見「内外社会問題調査資料」 258 1935.7
◇各国に於ける退職(解雇)手当立法「内外社会問題調査資料」 259 1935.7
◇身元保険に関する法的考察(中川一郎)「法学論叢(京都帝国大学法学会)」 33(1) 1935.7
◇ソヴィエート連邦に於ける社会保険制度の改革(完)「健康保険時報」 9(8) 1935.8
◇公私娼の社会事業的保護(山室民子)「社会事業」 19(5) 1935.8
◇海上生活者の衛生状態とその救護状況(小田俊三)「社会事業研究」 23(8) 1935.8
◇水上生活者愛護に関する根本問題に就て(中村遙)「社会事業研究」 23(8) 1935.8
◇水上生活者の社会的保護(下松桂馬)「社会事業研究」 23(8) 1935.8
◇水上生活者の社会的保護問題(伊藤伝)「社会事業研究」 23(8) 1935.8
◇貧民政策の主要体系(解説)(小島幸治)「社会福利」 19(8) 1935.8
◇幼少年浮浪性の社会経済的基礎ワルシャワー市の研究の紹介(池川清)「社会福利」 19(8) 1935.8
◇退職積立金法案と全産連の態度(北岡寿逸)「週刊エコノミスト」 13(22) 1935.8
◇退職積立金法案と全産連(森田良雄)「週刊エコノミスト」 13(24) 1935.8
◇退職手当制度の本質と其立法化の諸問題(氏家貞一郎)「東洋経済新報」 1668 1935.8
◇甦生独逸の福利施設(独逸福利時報,官房保険課訳)「現業調査資料」 9(5) 1935.9
◇デンマークに於ける社会事業の改革「健康保険時報」 9(9) 1935.9
◇ウィーン市営保険制度(茂木幸三郎)「市政研究」 1(1) 1935.9
◇英国救貧法制解義(1)(小島幸治)「社会事業」 19(6) 1935.9

◇虐待児童の発見及保護に就いて(朝原梅一)「社会事業」 19(6) 1935.9
◇ケース・ウォークとしての虐待児童の保護(竹内愛二)「社会事業」 19(6) 1935.9
◇児童虐待防止法実施の跡を顧みて(浜田修蔵)「社会事業」 19(6) 1935.9
◇児童虐待防止法に就て思ひ出ます、(中沢文道)「社会事業」 19(6) 1935.9
◇児童虐待防止法の運用に対する若干の考察(岸田到)「社会事業」 19(6) 1935.9
◇児童虐待防止法の運用は他の社会法令の発動を必要とす(江口清彦)「社会事業」 19(6) 1935.9
◇児童虐待防止法の趣旨とその社会的効果(菊池勇夫)「社会事業」 19(6) 1935.9
◇少年救護より見たる児童虐待(菊池俊諦)「社会事業」 19(6) 1935.9
◇東京府に於ける児童虐待防止法施行状況(池末茂樹)「社会事業」 19(6) 1935.9
◇都市に於ける児童保護事業体系(中田政吉)「社会事業」 19(6) 1935.9
◇救護費激増対策に就て(杉山兼二)「社会事業彙報」 9(6) 1935.9
◇英国に於ける児童保護事業(アーサー・スタンリ)「社会福利」 19(9) 1935.9
◇救療社会事業の展望(早田正雄)「社会福利」 19(9) 1935.9
◇居宅救護是非の問題(山田節男)「社会福利」 19(9) 1935.9
◇現代救療事業の質的再々吟味(村松一見)「社会福利」 19(9) 1935.9
◇退職手当の法制化と全産連(河上丈太郎)「週刊エコノミスト」 13(26) 1935.9
◇英国の退職者恩給制度(上)「内外社会問題調査資料」 262 1935.9
◇解雇、退職手当制度の立法的確立(後藤清)「法律時報」 7(9) 1935.9
◇退職積立金法案を廻りて見たる労働立法難(北岡寿逸)「法律時報」 7(9) 1935.9
◇退職積立金法案に関する資料(社会局)「法律時報」 7(9) 1935.9
◇退職積立金法案批判(長谷孝之)「法律時報」 7(9) 1935.9
◇諸国に於ける解雇手当制度「労働時報」 12(9) 1935.9
◇独伊両国に於ける強制的雇傭手帳制度「労働時報」 12(9) 1935.9
◇事業と退職積立金制(木村喜一郎)「経済時報」 7(7) 1935.10
◇独逸社会保険制度の改革「健康保険時報」 9(10) 1935.10
◇現時の社会事業界の問題(小沢一)「社会事業」 19(7) 1935.10
◇最近十年間に於ける救療事業の変遷(紀本参次郎)「社会事業」 19(7) 1935.10
◇私営社会事業に望む(菊池慎三)「社会事業」 19(7) 1935.10
◇社会事業現業の調査に就て(小島栄次)「社会事業」 19(7) 1935.10
◇社会事業大会の回顧(相田良雄)「社会事業」 19(7) 1935.10
◇社会事業に於ける技術化の問題(松沢兼人)「社会事業」 19(7) 1935.10
◇社会事業に於ける研究と現業との関連(谷川貞夫)「社会事業」 19(7) 1935.10
◇社会事業の研究と現業(池川清)「社会事業」 19(7) 1935.10
◇社会状勢の変化に対処する社会事業の機能(大林宗嗣)「社会事業」 19(7) 1935.10
◇社会的疾患と社会事業の役割(志賀志那人)「社会事業」 19(7) 1935.10
◇米国社会事業大会の組織と態度に就て(牧賢一)「社会事業」 19(7) 1935.10

社会福祉

◇大阪少年審判所回顧録(古谷新太郎)「社会事業研究」 23(10) 1935.10
◇大阪に於ける救護事業の史的発展(上山善治)「社会事業研究」 23(10) 1935.10
◇救済保護事業の発展(山口正)「社会事業研究」 23(10) 1935.10
◇社会事業としての沐浴制度の研究(木林宗嗣)「社会事業研究」 23(10) 1935.10
◇宿泊保護の大要(中村三徳)「社会事業研究」 23(10) 1935.10
◇少年救護事業の将来(菊池俊諦)「社会事業研究」 23(10) 1935.10
◇取り残された社会事業(岩崎佐一)「社会事業研究」 23(10) 1935.10
◇融和運動の展望(前田宇治郎)「社会事業研究」 23(10) 1935.10
◇我国社会事業の将来に対する一管見(生江孝之)「社会事業研究」 23(10) 1935.10
◇救護法の諸問題(山田節男)「社会政策時報」 181 1935.10
◇英国に於ける児童保護事業(アーサー・スタンリ)「社会福祉」 19(10) 1935.10
◇貧民政策の主要体系(続)(小島幸治)「社会福祉」 19(10) 1935.10
◇運用を誤った簡保積立金(石浜知行)「週刊エコノミスト」 13(30) 1935.10
◇妊産婦保険の現状について(平田隆夫)「経済時報」 7(8) 1935.11
◇諸国に於ける解雇手当制度(外国資料)「現業調査資料」 9(6) 1935.11
◇独逸連邦に於ける「社会保険の組織に関する法律」「健康保険時報」 9(11) 1935.11
◇社会事業の指導原理に関する二三の考察(福田秀雄)「市政研究」 1(2) 1935.11
◇英国救貧法制解義(2)(小島幸治)「社会事業」 19(8) 1935.11
◇社会的欠陥と社会事業の役割との一考察(杉山兼二)「社会事業」 19(8) 1935.11
◇第八回全国社会事業大会概況「社会事業」 19(8) 1935.11
◇児童家庭委託制度(小澤一)「社会事業研究」 23(11) 1935.11
◇変革過程にある寺院仏教と社会事業(馬場明男)「社会事業研究」 23(11) 1935.11
◇山鹿素行の社会事業思想(山口正)「社会事業研究」 23(11) 1935.11
◇幼稚園と託児所(池川清)「社会事業研究」 23(11) 1935.11
◇国民社会事業の成立(大久保満彦)「社会福祉」 19(11) 1935.11
◇第三回国際社会事業大会に於ける協議事項(谷川貞夫)「社会福祉」 19(11) 1935.11
◇大東京救療事業の現況に就て(紀本参次郎、川崎弥三郎)「社会福祉」 19(11) 1935.11
◇紐育市に於けるセツルメント「社会福祉」 19(11) 1935.11
◇三千万国民を救護する米国の「社会保障法」「内外社会問題調査資料」 268 1935.11
◇児童保護に於ける文政型と恤救型(留岡清男)「教育」 3(12) 1935.12
◇独逸に於ける少年福祉保護法(藤田忠)「教育」 3(12) 1935.12
◇多数子女の家庭に対する保護立法(ルベルト・ワアイテルマン)「月刊 列国政策彙報」 2 1935.12
◇英国救貧法制解義(3)(小島幸治)「社会事業」 19(9) 1935.12
◇繰替救護費制度に関する一考察(池川清)「社会事業」 19(9) 1935.12
◇第八回社会事業大会雑感数則(生江孝之)「社会事業」 19(9) 1935.12
◇第八回社会事業大会に於ける児童保護問題について(武田真量)「社会事業」 19(9) 1935.12

◇第八回全国社会事業大会第二部会協議の検討と将来の希望(小澤一)「社会事業」 19(9) 1935.12
◇中央社会事業協会創立の事情と其後の推移(窪田靜太郎)「社会事業」 19(9) 1935.12
◇王道と社会施設(小島憲)「社会事業研究」 23(12) 1935.12
◇荻生徂徠の社会事業思想「社会事業研究」 23(12) 1935.12
◇社会事業の危期「社会事業研究」 23(12) 1935.12
◇社会事業の社会学的論理(難波紋吉)「社会事業研究」 23(12) 1935.12
◇生児遺棄の史的研究(竹中多計)「社会事業研究」 23(12) 1935.12
◇救貧行政を中心とせる英国社会事業(小島幸治)「社会福祉」 19(12) 1935.12
◇紐育に於ける隣保事業概観(寺島四郎)「大大阪」 11(12) 1935.12
◇仏、白、伊に於ける強制家族手当制の成績「内外社会問題調査資料」 272 1935.12
◇「退職積立金法案」論戦を聴く(芝川仲平)「法律時報」 7(12) 1935.12
◇米国に於ける会社組合「労働時報」 12(12) 1935.12
◇児童の公的扶養問題(高田愼吾)「大原社会問題研究所雑誌」 3(1) 1936.1
◇ニユー・ラナーク講話-ロバート・オーウエン原著(大林宗嗣訳)「大原社会問題研究所雑誌」 3(1) 1936.1
◇戦前戦後の独逸社会事業(中川与之助)「経済論叢」 42(1) 1936.1
◇合衆国の社会保護法「現業調査資料」 10(1) 1936.1
◇墺太利新社会保険法(1)「健康保険時報」 10(1) 1936.1
◇異常児保護の精神的要素と技術的要素(久保寺保久)「社会事業」 19(10) 1936.1
◇院内及院外救護の技術的損失(蘆澤威夫)「社会事業」 19(10) 1936.1
◇英国救貧法制解義(4)(小島幸治)「社会事業」 19(10) 1936.1
◇救護事業の技術と院内及院外救護(水野博之)「社会事業」 19(10) 1936.1
◇救療事業に於ける社会事業の技術(田結宗誠)「社会事業」 19(10) 1936.1
◇社会事業技術としてのケースワーク及びグループワーク(川上賢俊)「社会事業」 19(10) 1936.1
◇社会事業技術の内容と特異性(竹中勝男)「社会事業」 19(10) 1936.1
◇社会事業と技術との問題(三好豊太郎)「社会事業」 19(10) 1936.1
◇社会事業に於ける技術性の確立と従業者の問題(布川静淵)「社会事業」 19(10) 1936.1
◇社会事業に於ける技術の発展と従業者の問題(松本征二)「社会事業」 19(10) 1936.1
◇社会事業に於ける理念の変遷と技術の重視(中村孝太郎)「社会事業」 19(10) 1936.1
◇社会事業の理念と其技術性に就て(大林宗嗣)「社会事業」 19(10) 1936.1
◇精神異常児保護に於ける技術問題(樋渡静男)「社会事業」 19(10) 1936.1
◇保育事業に於ける技術的研究(小宮山主計)「社会事業」 19(10) 1936.1
◇方面事業に於ける技術の問題(大久保満彦)「社会事業」 19(10) 1936.1
◇理念としての社会事業と技術としての社会事業(古坂明詮)「社会事業」 19(10) 1936.1
◇理念としての社会事業(山口正)「社会事業」 19(10) 1936.1
◇社会事業とコムユニテイ(山口正)「社会事業研究」 24(1) 1936.1
◇北米合衆国の社会事業雑感(打尾忠治)「社会事業研究」 24(1)

1936.1
◇解雇手当制度の意義(寺島四郎)「社会政策時報」 184 1936.1
◇救貧行政を中心とせる英国社会事業フランス内相宛アナトール・ウエーベル調査報告解説(小松幸治)「社会福利」 20(1) 1936.1
◇児童保護の経済的基礎(高田愼吾)「大原社会問題研究所雑誌」 3(2) 1936.2
◇ユダヤ人問題(カール・マルクス,久留間鮫造訳)「大原社会問題研究所雑誌」 3(2) 1936.2
◇フェビアン社会主義序論(河合栄治郎)「経済学論集」 6(2) 1936.2
◇農村社会事業(小松幸雄)「経済時報」 7(11) 1936.2
◇英国救貧法制解義(5)(小島幸治)「社会事業」 19(11) 1936.2
◇社会事業政治学(早田正雄)「社会事業」 19(11) 1936.2
◇社会事業の拡大強化と政治的進出(中島千枝)「社会事業」 19(11) 1936.2
◇社会事業の強化拡大と政治的進出(小林橘川)「社会事業」 19(11) 1936.2
◇社会事業の原理的認識(新明正道)「社会事業」 19(11) 1936.2
◇大都市社会の環境の変化と社会事業(1)(大久保満彦)「社会事業」 19(11) 1936.2
◇方面委員と政治関与の問題(鈴木慶四郎[ほか])「社会事業」 19(11) 1936.2
◇救護の運用に関する二三の考案(河村舜應)「社会事業研究」 24(2) 1936.2
◇児童虐待防止法に現はれたる児童保護思想の研究(小宮山主計)「社会事業研究」 24(2) 1936.2
◇社会事業背景の推移(布川静淵)「社会事業研究」 24(2) 1936.2
◇スラム改善後に於ける居住者の生活状況に就て(宇野辰雄)「社会事業研究」 24(2) 1936.2
◇方面事業発展の三要点(中村孝太郎)「社会事業研究」 24(2) 1936.2
◇大都市に於ける被収容救護者の研究(大久保満彦)「社会福利」 20(2) 1936.2
◇保険国営問題(近藤文二)「週刊エコノミスト」 14(4) 1936.2
◇昭和九年中工場監督の概況「労働時報」 13(2) 1936.2
◇貧民層とルンペン(草間八十雄)「改造」 18(3) 1936.3
◇各国社会保険綱要「現業調査資料」 10(2) 1936.3
◇仏蘭西社会保険の事業成績「健康保険時報」 10(3) 1936.3
◇社会事業第一線の倫理化(高橋貞次)「市政研究」 2(2) 1936.3
◇ベルリン市職員疾病保険と死亡給与制度(茂木耕三郎)「市政研究」 2(2) 1936.3
◇古代支那の仏教社会事業(淺野研真)「社会事業」 19(12) 1936.3
◇司法保護と授産事業(巖城靜政)「社会事業」 19(12) 1936.3
◇少年不良化の姿態と其対策の吟味(池川清)「社会事業」 19(12) 1936.3
◇幼少年労働者保護問題(楠原祖一郎)「社会事業」 19(12) 1936.3
◇ルーズヴエルトの社会保障計画(小島精一)「社会政策時報」 186 1936.3
◇救貧行政を中心とせる英国社会事業(小島幸治)「社会福利」 20(3) 1936.3
◇退職積立金法案要綱「労働時報」 13(3) 1936.3
◇独逸国労働奉仕者の家族扶助令(平田隆夫)「経済時報」 8(1) 1936.4
◇児童、病者、老廃者、失業者等に対する英国社会立法と救貧法との関係(1)(小島幸治)「社会事業」 20(1) 1936.4
◇社会事業と都市農村の協調策(1)(吉川末次郎)「社会事業」 20(1) 1936.4

◇日本の社会事業を見学して(李命動)「社会事業」 20(1) 1936.4
◇国際社会事業会議の沿革「社会事業彙報」 10(1) 1936.4
◇社会事業行政形態の整備に就て(三谷此治)「社会事業研究」 24(4) 1936.4
◇社会事業の指導精神の史的概観(2)(森川正雄)「社会事業研究」 24(4) 1936.4
◇隣保事業の社会価値に就いて(古山義孝)「社会事業研究」 24(4) 1936.4
◇協調会の新方針に就いて(河原田稼吉)「社会政策時報」 187 1936.4
◇全国私設社会事業協議会に於ける諸問題(谷川貞夫)「社会福利」 20(4) 1936.4
◇社会保険の本質とその効果(中川与之助)「経済論叢」 42(5) 1936.5
◇退職積立金及退職手当法案に就て「現業調査資料」 10(3) 1936.5
◇ベルギー、フランス及イタリーに於ける家族手当の強制支払(外国資料)「現業調査資料」 10(3) 1936.5
◇国際労働機関と社会保険(1)「健康保険時報」 10(5) 1936.5
◇社会保険の改正(独逸連邦)「健康保険時報」 10(5) 1936.5
◇現金取扱職員の信用保険制度に就て(妹尾茂喜)「市政研究」 2(3) 1936.5
◇退隠料及遺族扶助料条例改正概要(平井義太郎)「市政研究」 2(3) 1936.5
◇救療事業実施諸方策の研究批判(村山益治)「社会事業」 20(2) 1936.5
◇救療事業の連絡統制(岡弘毅)「社会事業」 20(2) 1936.5
◇現下の時局に於ける国民生活の安定と救療事業の問題(中島千枝)「社会事業」 20(2) 1936.5
◇済生会事業の現状並将来への考察若干(村松義朗)「社会事業」 20(2) 1936.5
◇児童、病者、老廃者、失業者等に対する英国社会立法と救貧法との関係(2)(小島幸治)「社会事業」 20(2) 1936.5
◇社会事業と都市農村の協調策(2・完)(吉川末次郎)「社会事業」 20(2) 1936.5
◇社会事業の基礎的部門としての救療事業(鉄谷長太郎)「社会事業」 20(2) 1936.5
◇都市に於ける救療形態の経験的批判(江草茂)「社会事業」 20(2) 1936.5
◇農漁山村の生活者と救療事業(船本數江)「社会事業」 20(2) 1936.5
◇我国救療事業統計の統計学的考察(早崎八洲)「社会事業」 20(2) 1936.5
◇ナチスと社会保険の統制(近藤文二)「社会事業研究」 24(5) 1936.5
◇スラム生活の一素描(工藤英一)「社会政策時報」 188 1936.5
◇児童保護問題の時代的意義(松島正儀)「社会福利」 20(5) 1936.5
◇社会事業の環境論(森健藏)「社会福利」 20(5) 1936.5
◇社会事業の行詰りとその真因(中野正直)「社会福利」 20(5) 1936.5
◇退職積立金及退職手当法案と労資の修正意見「内外社会問題調査資料」 286 1936.5
◇退職積立金法案を繞る政府及労資の論争 衆議院に於ける論戦及各政党の修正案「内外社会問題調査資料」 287 1936.5
◇昭和十年度道府県市町村社会事業費予算額調「内務時報」 1(5) 1936.5
◇無産階級の国策(河野密)「日本評論」 11(5) 1936.5
◇労働力の刑法的保護(後藤清)「法律時報」 8(5) 1936.5
◇退職積立金及退職手当法「労働時報」 13(5) 1936.5
◇児童、病者、老廃者、失業者等に対する英国社会立法と救貧法との

- ◇関係(3)(小島幸治)「社会事業」 20(3) 1936.6
- ◇社会事業に於ける国際的課題(小島栄次)「社会事業」 20(3) 1936.6
- ◇窮迫せる農村と司法保護(苅屋公正)「社会事業研究」 24(6) 1936.6
- ◇社会事業国策としての救療事業とその統制(牧賢一)「社会事業研究」 24(6) 1936.6
- ◇議会に上程されたる退職積立金法案(長谷孝之)「社会政策時報」 189 1936.6
- ◇救貧行政を中心とせる英国社会事業(小島幸治)「社会福利」 20(6) 1936.6
- ◇我が国の現行救護制度に就いて(安達銀市)「社会福利」 20(6) 1936.6
- ◇退職積立金法案の修正成立と貴衆両院に於ける論戦「内外社会問題調査資料」 288 1936.6
- ◇退職積立金及退職手当法の制定「内務時報」 1(6) 1936.6
- ◇退職積立金及退職手当法の略説「労働時報」 13(6) 1936.6
- ◇退職積立金及退職手当法の解説(1)(沼越正巳)「警察研究」 7(7) 1936.7
- ◇社会事業法制の整備に関する考察(丸山貞二)「市政研究」 2(4) 1936.7
- ◇児童、病者、老廃者、失業者等に対する英国社会立法と救貧法との関係(4)(小島幸治)「社会事業」 20(4) 1936.7
- ◇社会事業要因の一考察(米谷豊一)「社会事業研究」 24(7) 1936.7
- ◇第三回国際社会事業大会に於ける研究項目に就て(谷川貞夫)「社会事業研究」 24(7) 1936.7
- ◇退職積立金退職手当法の成立(南謹二)「社会政策時報」 190 1936.7
- ◇融和問題の現状批判と其の対策(高橋元一郎)「社会福利」 20(7) 1936.7
- ◇退職積立金及退職手当法の運用に就て(鈴木義男)「法律時報」 8(7) 1936.7
- ◇退職積立金及退職手当法の成立(赤松小寅)「法律時報」 8(7) 1936.7
- ◇退職積立金及退職手当法批判「国家学会雑誌」 50(8) 1936.8
- ◇児童、病者、老廃者、失業者等に対する英国社会立法と救貧法との関係(5・完)(小島幸治)「社会事業」 20(5) 1936.8
- ◇ソヴイエット連邦に於ける託児所施設(鈴木舜一)「社会事業」 20(5) 1936.8
- ◇農村社会事業と都市社会事業の提携(中島千枝)「社会事業研究」 24(8) 1936.8
- ◇退職積立金及退職手当法の命令事項に関する諮問に就いて(赤松小寅)「社会政策時報」 191 1936.8
- ◇救貧行政を中心とせる英国社会事業(小島幸治)「社会福利」 20(8) 1936.8
- ◇仏国社会保険法に於ける農業労働疾病保険と出産保険及び積立金運用について(石坂忠之)「帝国農会報」 26(8) 1936.8
- ◇退職積立金法施行命令案に対する労資団体の答申意見「内外社会問題調査資料」 294 1936.8
- ◇社会事業調査会の答申「内務時報」 1(8) 1936.8
- ◇1935年10月28日・30日法律仏国社会保険(1)「現業調査資料」 10(5) 1936.9
- ◇社会事業の基調と将来(大野木克彦)「市政研究」 2(5) 1936.9
- ◇東京市救療事業に対する若干の考察(牧賢一)「市政研究」 2(5) 1936.9
- ◇英国の私生子問題とその保護対策(2・完)(池末茂樹)「社会事業」 20(6) 1936.9
- ◇コミユニテイ・センターに就て(中野正直)「社会事業」 20(6) 1936.9
- ◇市民館と方面委員(米谷豊一)「社会事業」 20(6) 1936.9
- ◇第三回国際社会事業会議開催状況(森岡正陽)「社会事業」 20(6) 1936.9
- ◇都市隣保事業を反省する(森健蔵)「社会事業」 20(6) 1936.9
- ◇農村に於ける総合的社会施設としての隣保事業(河東田教美)「社会事業」 20(6) 1936.9
- ◇東京大阪両市の救護状況の比較考察(米谷豊一)「社会事業研究」 24(9) 1936.9
- ◇収容救護の統計的研究(米谷豊一)「社会福利」 20(9) 1936.9
- ◇独逸私生子問題の展望(1)(池末茂樹)「社会福利」 20(9) 1936.9
- ◇救護事業に映じたる大都市の特異性(米谷豊一)「大大阪」 12(9) 1936.9
- ◇商店従業員の保護(井上貞蔵)「社会事業」 20(7) 1936.10
- ◇経済更生と社会事業(蜷川虎三)「社会事業研究」 20(10) 1936.10
- ◇我が国に於ける社会事業の権輿(山口正)「社会事業研究」 20(10) 1936.10
- ◇合衆国に於ける児童保護の現状(承前)(中野正直)「社会福利」 20(10) 1936.10
- ◇農村社会事業私見(中川幽芳)「社会福利」 20(10) 1936.10
- ◇明治以前の民間社会事業家(1)(伊藤擧位)「社会福利」 20(10) 1936.10
- ◇救療事業に就て(1)(本名順平)「地方行政」 44(10) 1936.10
- ◇我が国に於ける「社会事業」の実際的概念(中川与之助)「経済論叢」 43(5) 1936.11
- ◇一九三五年にける職員に対する独逸連邦保険機関「健康保険時報」 10(11) 1936.11
- ◇社会事業の本質の把握(小澤一)「社会事業」 20(8) 1936.11
- ◇社会事業より見たる満洲移民(高木武三郎)「社会事業」 20(8) 1936.11
- ◇第三回日満社会事業大会の概況(木村盛)「社会事業」 20(8) 1936.11
- ◇満洲及び満洲の社会事業を語る「社会事業」 20(8) 1936.11
- ◇アメリカ社会事業発達情勢(四ツ橋實)「社会事業研究」 24(11) 1936.11
- ◇警察社会事業論(牧賢一)「社会福利」 20(11) 1936.11
- ◇退職積立金及手当法の解説(沼越正巳)「地方行政」 44(11) 1936.11
- ◇米国社会保障法実施一ヶ年の成績「内外社会問題調査資料」 302 1936.11
- ◇俸給被傭者の回顧予告退職手当「内外社会問題調査資料」 304 1936.11
- ◇方面委員制度の概況と方面委員令の制定「内務時報」 1(11) 1936.11
- ◇新聞社の社会事業(西村真琴,庄崎俊夫,小林橘川)「社会事業」 20(9) 1936.12
- ◇農村社会事業振興計画実施状況(長野県社会課,滋賀県社会課)「社会事業」 20(9) 1936.12
- ◇国民保険国策に就て(太田義夫)「社会事業研究」 24(12) 1936.12
- ◇社会事業基礎理論の貧困(大久保満彦)「社会福利」 20(12) 1936.12
- ◇セツツルメントと現代社会(中野正直)「社会福利」 20(12) 1936.12
- ◇隣保事業座談会「社会福利」 20(12) 1936.12
- ◇救療事業に就て(本名順平)「地方行政」 44(12) 1936.12
- ◇方面委員制度と其の法制化(林敬三)「地方行政」 44(12) 1936.12
- ◇軍人援護事業について(6)(松本貞水)「地方行政」 49(12) 1936.12
- ◇退職積立金及退職手当法施行令及施行規則「労働時報」 13(12) 1936.12

社会福祉

◇私生子問題に就て（高田愼吾）「大原社会問題研究所雑誌」 4(1) 1937.1
◇セツツルメントの思想史的背景（大林宗嗣）「大原社会問題研究所雑誌」 4(1) 1937.1
◇都市社会事業の基礎理論（大久保満彦）「市政研究」 3(1) 1937.1
◇方面委員制度の法制化（山崎巌）「自治研究」 13(1) 1937.1
◇諸外国に於ける母子扶助実施状況（佐野常光）「社会事業」 20(10) 1937.1
◇農村の社会事業(2)（岸田到）「社会事業」 20(10) 1937.1
◇方面委員制度の法制化に就て（山崎巌）「社会事業」 20(10) 1937.1
◇方面委員令と方面事業の実際（中村孝太郎）「社会事業」 20(10) 1937.1
◇方面委員令と方面事業（高谷九一郎）「社会事業」 20(10) 1937.1
◇方面事業発達史瞥見（柴田敬次郎）「社会事業」 20(10) 1937.1
◇母子扶助法制定促進運動史（金子しげり）「社会事業」 20(10) 1937.1
◇退職積立金及退職手当法令解説（赤松小寅）「法律時報」 9(1) 1937.1
◇「退職積立金及退職手当積立金」の会計（陶山誠太郎）「経済時報」 8(11) 1937.2
◇ナチスと生命保険統制（近藤文二）「経済時報」 8(11) 1937.2
◇保険共済施設と産業組合（宮城孝治）「産業組合」 376 1937.2
◇隣保団結と自治(1)（松井驥）「斯民」 32(2) 1937.2
◇愛知県に於ける研究所指導村の現況に付て（宇佐美毅）「社会事業」 20(11) 1937.2
◇英国に於けるガアヂアン制度に就いて（篠崎篤三）「社会事業」 20(11) 1937.2
◇救癩精神の闡明と救癩国策の遂行に就いて（横田忠郎）「社会事業」 20(11) 1937.2
◇農村と社会事業(3)（岸田到）「社会事業」 20(11) 1937.2
◇方面委員制度発達史瞥見（完）（柴田敬次郎）「社会事業」 20(11) 1937.2
◇生命保険利用の金融に対する一提案（岩崎国治郎）「商業組合」 3(2) 1937.2
◇待望の母子扶助の法制化（藤懸重次）「自治機関」 445 1937.3
◇隣保団結と自治(2)（松井驥）「斯民」 32(3) 1937.3
◇日本社会事業の史的発展（山口正）「社会事業」 20(12) 1937.3
◇学生社会事業連盟に就て（高山賢照）「社会事業」 21(3) 1937.3
◇社会事業団関係官公吏への期待（上山善治, 高木武三郎）「社会事業」 21(3) 1937.3
◇第八回全国方面委員大会雑話（柴田敬次郎）「社会事業」 21(3) 1937.3
◇地方社会事業指導者の責務と矜持（山口正）「社会事業」 21(3) 1937.3
◇英国社会運動の近況（高戸義太郎）「社会政策時報」 198 1937.3
◇貧困人口構成の一考察（米谷豊一）「社会政策時報」 198 1937.3
◇国民社会事業の概念（大久保満彦）「社会福利」 21(3) 1937.3
◇ドイツ郷土保護に関する一訓令「都市公論」 20(3) 1937.3
◇農村と社会事業（岸田到）「社会事業」 21(1) 1937.4
◇現代社会事業理論の協力的樹立への一提唱（村松義朗, 牧賢一）「社会福利」 21(4) 1937.4
◇母子保護法の概説（持永義夫）「自治研究」 13(5) 1937.5
◇母子保護法の話（持永義夫）「斯民」 32(5) 1937.5
◇救護法の改正に就て（三井矢作）「社会事業」 21(2) 1937.5
◇軍事救護法の改正に就て（鍋田光一）「社会事業」 21(2) 1937.5
◇社会事業の実践-理論及技術の根柢（小沢一）「社会事業」 21(2) 1937.5
◇母子保護法の成立（船本数江）「社会事業」 21(2) 1937.5
◇維新後に於ける社会施設発展の契機（山口正）「社会政策時報」 200 1937.5
◇大都市社会事業行政の分野とその技術性（大久保満彦）「社会福利」 21(5) 1937.5
◇軍事救護法の改正に就て（三井矢作）「地方行政」 45(5) 1937.5
◇ソ連邦における社会保険「月刊 列国政策彙報」 2(6) 1937.6
◇軍事救護法の改正に就て（持永義夫）「自治研究」 13(6) 1937.6
◇愛知県下に於ける隣保事業組合を観る（池末茂樹）「社会福利」 21(6) 1937.6
◇独逸救護費賠償義務免除に関する法律「社会福利」 21(6) 1937.6
◇欧米諸国の社会事業統制機関と社会保健省の組織（海野幸徳）「社会事業」 21(4) 1937.7
◇時局認識と社会事業の質的変化の認識（中村孝太郎）「社会事業」 21(4) 1937.7
◇イギリス社会事業概説（池川清訳）「社会福利」 21(7) 1937.7
◇年少労働生活者問題(1)（石原義治）「社会福利」 21(7) 1937.7
◇方面委員施行状況に就て（水野六郎）「地方行政」 45(7) 1937.7
◇英国公的社会事業の概観「東京市社会局時報」 1937.7
◇セツルメント概説「東京市社会局時報」 1937.7
◇独逸に於ける傷痍軍人及出征軍人遺家族救護「東京市社会局時報」 1937.7
◇東京市内浮浪者調査「東京市社会局時報」 1937.7
◇救護法の改正に就て（持永義夫）「自治研究」 13(8) 1937.8
◇軍事扶助の実際的活動（島村陽来）「社会事業」 21(5) 1937.8
◇準戦時体制下に於ける社会事業の動向（中島千枝）「社会事業」 21(5) 1937.8
◇イギリスの社会事業概況(2)（池川清訳）「社会福利」 21(8) 1937.8
◇年少労働生活者問題(2・完)（石原義治）「社会福利」 21(8) 1937.8
◇大阪市の母性及乳児保護問題(1)（余田忠吾）「大大阪」 13(9) 1937.8
◇東京市内要保護世帯に於ける出生・死産並に乳幼児死亡事情に関する調査「統計時報」 71 1937.8
◇再保険学説の発展(1)（佐波宣平）「経済論叢」 45(3) 1937.9
◇米国社会保護法の実績「現業調査資料」 11(5) 1937.9
◇日支事変と軍事扶助事業（大村清一）「公民教育」 7(9) 1937.9
◇更正訓練と東京市江戸川労働修練道場（田口敏郎）「市政研究」 3(5) 1937.9
◇佐藤信淵の社会救済論（篤田恵吉）「社会事業」 21(6) 1937.9
◇事変社会事業の理念と機能（三好豊太郎）「社会事業」 21(6) 1937.9
◇社会事業大衆化とその対策（赤神良諒）「社会事業」 21(6) 1937.9
◇社会事業に於ける協同主義（松沢兼人）「社会事業」 21(6) 1937.9
◇軍事扶助事業機能と拡充に就て（中川函芳）「社会福利」 21(9) 1937.9
◇社会事業思潮に於ける個人主義と国民主義（大久保満彦）「社会福利」 21(9) 1937.9
◇日支事変下に於ける軍事扶助事業（谷川貞夫）「社会福利」 21(9) 1937.9
◇東京市昭和十二年度被救護者世帯調査「東京市社会局時報」 昭和12年1・2・3月号 1937.9
◇戦時に於ける軍事扶助の企画統制（山田節男）「教育」 5(10) 1937.10

社会福祉

◇再保険学説の発展(2)(佐波宣平)「経済論叢」 45(4) 1937.10

◇司法保護委員制度に就て(森山武市郎)「警察研究」 8(10) 1937.10

◇北海道旧土人保護法の改正に就て(林敬三)「自治研究」 13(10) 1937.10

◇社会事業の経営組織観(中島千枝)「社会事業」 21(7) 1937.10

◇母子保護施設経営に関する一考察(岡弘毅)「社会事業」 21(7) 1937.10

◇隣保集団の理論と実際(今井時郎)「社会事業」 21(7) 1937.10

◇隣保相扶精神に於ける「日本的なるもの」に就て(脇坂作次郎)「社会事業」 21(7) 1937.10

◇我国社会事業の非常時体制(海野幸徳)「社会事業」 21(7) 1937.10

◇応召兵士家族扶助後援の実情(協調会調査部)「社会政策時報」 205 1937.10

◇1935年-1936年に於ける諸国の社会保険(8)「健康保険時報」 11(11) 1937.11

◇罹災救助基金の話(篠田孝雄)「財政」 2(12) 1937.11

◇応召軍人並に其の家族に対する雇傭主の処置に就て(大阪市社会部)「大大阪」 13(11) 1937.11

◇ナチス政策と独逸社会保険の改革(中川与之助)「経済論叢」 45(6) 1937.12

◇1935-1936年に於ける諸国の社会保険(9)「健康保険時報」 11(12) 1937.12

◇産業組合保険と組合金融(京野正樹)「産業組合」 386 1937.12

◇ナチスの社会事業原理(池川清)「社会事業」 21(9) 1937.12

◇大阪市に於ける無宿者の近況(米谷豊一)「社会福利」 21(12) 1937.12

◇世界大戦後独逸に於ける傷痍軍人に対する就職保護(東京府社会課訳)「社会福利」 21(12) 1937.12

◇方面委員と政治(松岡二郎)「社会福利」 21(12) 1937.12

◇英国下院傷痍軍人教育及雇傭に関する委員会報告書観告案「東京市社会局時報」 1937.12

◇母子保護法の施行に就て「内務時報」 2(12) 1937.12

◇救貧法改正案に対する私見(高田慎吾)「大原社会問題研究所雑誌」 5(1) 1938.1

◇戦争と幼児保育事業(早崎八洲)「教育」 6(1) 1938.1

◇銃後施設の展望(木村清一)「斯民」 33(1) 1938.1

◇救療法制度要望の主旨(紀本参次郎)「社会事業」 21(10) 1938.1

◇伊太利に於ける母子保護(1)(中野正直)「社会福利」 22(1) 1938.1

◇非常時局の隣保事業に及ぼす影響(中村孝太郎)「社会福利」 22(1) 1938.1

◇平安時代の慈善救済事業(高橋東山)「社会福利」 22(1) 1938.1

◇欧州大戦後各国に於ける傷痍軍人強制雇傭制度概要(社会局労務調整課)「職業紹介」 6(1) 1938.1

◇長期戦と学童保育並に少年保護(1)(藤村成助)「大大阪」 14(1) 1938.1

◇電気供給料金の改正に際して大阪市の高燭の料金引下と特別救護規定の設定(川内槌蔵)「大大阪」 14(1) 1938.1

◇母子保護法の施行命令に就て(中田政美)「地方行政」 46(1) 1938.1

◇臨時軍事援護部の設置(浜田政人)「地方行政」 46(1) 1938.1

◇支那事変に対する東京市の銃後後援事業(牧賢一)「東京市社会局時報」 昭和12年4・5・6月号 1938.1

◇[東京市]要救護世帯及之に準ずる世帯の調査「東京市社会局時報」 昭和12年4・5・6月号 1938.1

◇要保護母子調査(東京市)(川本半三郎)「東京市社会局時報」 昭和12年4・5・6月号 1938.1

◇フランスの責任保険法(1)(野田良之)「法学協会雑誌」 56(1) 1938.1

◇欧米各国に於ける傷兵保護対策(三好豊太郎)「社会事業」 21(11) 1938.2

◇厚生省の新設と児童課の使命(伊藤清)「社会事業」 21(11) 1938.2

◇私設社会事業の非常時編成(海野幸徳)「社会事業」 21(11) 1938.2

◇戦時並に戦後に於ける託児所の経営に就て(朝原梅一)「社会事業」 21(11) 1938.2

◇母子保護の徹底と婦人方面委員(脇坂作次郎)「社会事業」 21(11) 1938.2

◇救護法の社会的影響(米谷豊一)「社会福利」 22(2) 1938.2

◇東京府に於ける母子保護法概要(朝原梅一)「社会福利」 22(2) 1938.2

◇英国に於ける傷痍軍人の雇備状態(益田裕治)「大大阪」 14(2) 1938.2

◇少年労働時間調査(第二報告)(鈴木舜一)「教育」 6(3) 1938.3

◇社会保険に於ける妊産婦保護「健康保険時報」 12(3) 1938.3

◇銃後の後援(広瀬久忠)「自治公論」 10(3) 1938.3

◇欧米各国に於ける傷兵保護対策(2)(三好豊太郎)「社会事業」 21(12) 1938.3

◇非常時農村社会事業の編成難(1)(海野幸徳)「社会事業」 21(12) 1938.3

◇現代社会事業拡充に関する一試論(藤田寛)「社会事業」 22(3) 1938.3

◇私設社会事業の諸問題(谷川卓夫)「社会事業」 22(3) 1938.3

◇事変下社会事業当面の諸問題(今野駿)「社会事業」 22(3) 1938.3

◇我国最近に於ける社会事業の動向(森長英三郎)「社会事業」 22(3) 1938.3

◇大阪市の出征軍人遺族授産講習事業概要(川上賢叟)「大大阪」 14(3) 1938.3

◇長町変遷の跡を顧る(1)(前田貞治)「大大阪」 14(3) 1938.3

◇社会事業法案に就て(水野六郎)「地方行政」 46(3) 1938.3

◇英国下院傷痍軍人教育及雇傭に関する委員会報告書観告案「東京市社会局時報」 昭和12年7・8・9・10・11・12月号 1938.3

◇英国公的社会事業の概観「東京市社会局時報」 昭和12年7・8・9・10・11・12月号 1938.3

◇セツルメント概説「東京市社会局時報」 昭和12年7・8・9・10・11・12月号 1938.3

◇独逸に於ける傷痍軍人及出征軍人遺家族救護「東京市社会局時報」 昭和12年7・8・9・10・11・12月号 1938.3

◇東京市内浮浪者調査「東京市社会局時報」 昭和12年7・8・9・10・11・12月号 1938.3

◇社会事業法案要綱「都市問題」 26(3) 1938.3

◇都市融和事業協議会(幸島良吉)「都市問題」 26(3) 1938.3

◇入営者職業保障法の改正「労働時報」 15(3) 1938.3

◇恩給法の改正(慶徳庄意)「財政」 3(4) 1938.4

◇欧米各国に於ける傷兵保護対策(3)(三好豊太郎)「社会事業」 22(1) 1938.4

◇協和事業に就て(未完)(武田行雄)「社会事業」 22(1) 1938.4

◇フランスに於ける救貧行政の進化(篠崎篤三)「社会事業」 22(1) 1938.4

◇伊太利ドポラボロ事業の概要-厚生運動の国家的施設(安明孝正)「社会福利」 22(4) 1938.4

◇デンマークに於ける公私救護事業の協力(大久保満彦)「社会福利」 22(4) 1938.4

◇政府の軍治援護及労働者保護方針-地方長官会議に示された政府の対策「内外社会問題調査資料」 351 1938.4
◇フランスの責任保険法(4・完)(野田良之)「法学協会雑誌」 56(4) 1938.4
◇市町村職員の信用保険に就て(鈴木重光)「自治研究」 14(5) 1938.5
◇社会事業法に就て(山崎厳)「自治研究」 14(5) 1938.5
◇時局の進展と之に対処する社会事業(池末茂樹)「社会事業」 22(2) 1938.5
◇事変下に於る貧困階級の状況(米谷豊一)「社会事業」 22(2) 1938.5
◇社会事業に於ける「国家的」と「社会的」(山口正)「社会事業」 22(2) 1938.5
◇非常時農村社会事業の編成難(2)(海野幸徳)「社会事業」 22(2) 1938.5
◇傷痍軍人保護事業の概要(傷兵保護院)「職業紹介」 6(5) 1938.5
◇傷痍軍人保護対策に就て(池田徳真)「地方行政」 46(6) 1938.5
◇戦争と復員問題(鶴島瑞夫)「帝国農会報」 28(5) 1938.5
◇傷兵保護院の設置に就て(傷兵保護院)「内務厚生時報」 3(5) 1938.5
◇都市に於ける児童労働の現状(1)(鈴木舜一)「教育」 6(6) 1938.6
◇日露戦役当時岡山地方に於ける戦時保育事業(磯崎龍子郎,磯部厳)「教育」 6(6) 1938.6
◇傷痍軍人保護施設(岡田文秀)「斯民」 33(6) 1938.6
◇ドボラボロ事業の概要(安明孝正)「社会福利」 22(5) 1938.6
◇傷痍軍人保護対策としての職業問題(鈴木信)「中央公論」 53(6) 1938.6
◇傷痍軍人保護対策(私の感想と着想)(中川望[ほか])「中央公論」 53(6) 1938.6
◇東京市に於ける要保護母子調査「統計時報」 81 1938.6
◇厚生省の労資関係調査方策及民間団体の対策「内外社会問題調査資料」 356 1938.6
◇都市に於ける児童労働の現状(2)(鈴木舜一)「教育」 6(7) 1938.7
◇社会事業法と私設社会事業(松原正儀)「社会事業」 22(4) 1938.7
◇社会事業法の運営に就て(灘尾弘吉)「社会事業」 22(4) 1938.7
◇社会事業法の基本問題と運用(小沢一)「社会事業」 22(4) 1938.7
◇社会事業法の実地にせらるゝ迄(福原徹)「社会事業」 22(4) 1938.7
◇不遇児童とその社会環境(大久保満彦)「社会事業」 22(7) 1938.7
◇戦争と厚生事業(大久保満彦)「社会福利」 22(6) 1938.7
◇我国に於ける職業紹介所の紹介による日傭労働者の共済施設概要(1)(市田久太郎)「職業紹介」 6(7) 1938.7
◇社会事業施行に関する勅令に就て(厚生省社会局)「内務厚生時報」 3(7) 1938.7
◇銃後後援事業の一年を顧みて(臨時軍事援護部傷兵保護院)「内務厚生時報」 3(7) 1938.7
◇非常時局に於ける都市児童保護の認識(立木勝)「農業と経済」 5(7) 1938.7
◇関東州及び満州国に於る保険法令及び保険事業の沿革(森荘三郎)「経済学論集」 8(8) 1938.8
◇近時方面事業の動向-第九回全国方面委員大会決議事項を中心として(柴田敬太郎)「社会事業」 22(5) 1938.8
◇事変下に於ける国民生活安定と救護法の強化について(米谷豊一)「社会事業」 22(5) 1938.8
◇社会事業の綜合組織化に関する一方策(土屋亮直)「社会事業」 22(5) 1938.8
◇我国に於ける社会事業の現在及将来-社会事業と社会政策の関係を中心に(大河内一男)「社会事業」 22(5) 1938.8
◇ドボラボロ事業の概要(安明孝正)「社会福利」 22(7) 1938.8
◇我邦救貧法令運用上に於ける原則と例外(米谷豊一)「社会福利」 22(7) 1938.8
◇スラム街長町変遷の跡を顧る(3)(前田貞次)「大大阪」 14(8) 1938.8
◇ドイツに於ける最近の社会厚生施設(広瀬興)「日本評論」 13(8) 1938.8
◇貯蓄奨励と生命保険(近藤文二)「経済学雑誌」 3(3) 1938.9
◇時局下の農村社会事業と産業組合(山本正男)「社会事業」 22(5) 1938.9
◇新しき貧困者に就て(柏木太四郎)「社会事業」 22(6) 1938.9
◇社会事業法を通じて我国社会事業の運営指針を展望す(中村孝太郎)「社会事業」 22(6) 1938.9
◇社会事業法に就て(灘尾弘吉)「社会福利」 22(8) 1938.9
◇戦時及戦後に於ける社会事業の動向並体制座談会(加藤咄堂[ほか])「社会福利」 22(8) 1938.9
◇公園と児童の厚生補導問題について(松井正一)「大大阪」 14(9) 1938.9
◇簡易生命保険事業の躍進と法令の整備(保険院簡易保険局)「内務時報」 3(9) 1938.9
◇戦時に於ける土幕民に就て(高木春太郎)「区画整理」 4(10) 1938.10
◇非常時立法としての改正商法(牧野英一)「警察研究」 9(10) 1938.10
◇社会事業と社会政策(風早八十二)「社会事業」 22(7) 1938.10
◇銃後社会事業雑感(中島千枝)「社会事業」 22(7) 1938.10
◇司法保護事業の制度化(山田秀光)「社会福利」 22(9) 1938.10
◇大阪市に於ける銃後の活動とその施設(その1)社会施設と軍治援護(田坂茂忠)「大大阪」 14(10) 1938.10
◇銃後大阪府の施設と諸活動(大阪府情報局)「大大阪」 14(10) 1938.10
◇朝鮮市特殊細民の処置に就て/都市計画の基本問題に就て(第六回全国都市問題会議総会主輯)(長郷衛二)「都市問題」 27(4) 1938.10
◇失明傷痍軍人保護対策に就て(傷兵保護院)「内務厚生時報」 3(10) 1938.10
◇戦没軍人遺族の保護(厚生省臨時軍事援護部)「内務厚生時報」 3(10) 1938.10
◇学生の見た社会事業(高山賢照[ほか])「社会事業」 21(8) 1938.11
◇社会事業の研究と学生への希望(竹中勝男)「社会事業」 21(8) 1938.11
◇母子保護施設経営に関する一考察(続)(岡弘毅)「社会事業」 21(8) 1938.11
◇農村に於ける隣保相扶性(鈴木栄太郎)「社会事業」 22(8) 1938.11
◇農村に於ける隣保相扶の種々相(松田甚次郎)「社会事業」 22(8) 1938.11
◇隣保相扶の精神的構造(山口正)「社会事業」 22(8) 1938.11
◇初期資本主義時代の社会改良運動(大久保満彦)「社会福利」 21(11) 1938.11
◇大阪市に於ける銃後の社会施設とその活動(志賀志那人)「大大阪」 13(12) 1938.11
◇銃後後援の全貌-出征から帰還迄「帝国教育」 721 1938.11
◇世界大戦後の列国傷痍軍人保護対策(傷兵保護院)「帝国教育」 721 1938.11
◇国民生活の安定と国家的保険制度の将来(川村秀文)「法律時報」 10(11) 1938.11

◇朝鮮に於る土幕民に就て(2)(高本春太郎)「区画整理」 4(12) 1938.12
◇恩賜財団軍人援護会の設立(日本都市年鑑編纂室)「都市問題」 28(2) 1939.2
◇銃後奉公会の設置(日本都市年鑑編纂室)「都市問題」 28(2) 1939.2
◇中央社会事業協会の改組(日本都市年鑑編纂室)「都市問題」 28(2) 1939.2
◇融和事業最近の動向に就て(漆葉見竜)「都市問題」 28(4) 1939.4
◇時局下に於ける融和問題と族称欄廃止(武鳥一義)「自治研究」 15(6) 1939.6
◇第十三回六大都市社会事業協議会(日本都市年鑑編纂室)「都市問題」 29(2) 1939.8
◇満支社会事業座談会「社会事業」 23(8) 1939.11
◇満洲国社会事業の現状とその将来(渋谷弥五郎)「社会事業」 23(8) 1939.11
◇工場に於ける厚生運動の現況(土屋保男)「社会事業」 23(9) 1939.12
◇時局下全国児童保護大会の成果(小沢一)「社会事業」 23(9) 1939.12
◇時局と社会事業の再検討(山田節男)「社会事業」 23(9) 1939.12
◇生産的意義に於ける社会事業の再検討(大林宗嗣)「社会事業」 23(9) 1939.12
◇農作物霜害保険論(柴崎芳之助)「帝国農会報」 29(12) 1939.12
◇戦時農村社会事業の役割と動向(池田善長)「社会事業」 24(1) 1940.1
◇時局と浮浪者(草間八十雄)「社会福利」 24(1) 1940.1
◇支那社会事業に対する日本の立場(高木武三郎)「社会福利」 24(1) 1940.1
◇貧困原因の調査に就て(本荘茂)「社会福利」 24(1) 1940.1
◇母子保護法と犯罪者の家族に就て(古沢浦蔵)「社会福利」 24(1) 1940.1
◇銃後問題特輯「週報 官報附録」 209 1940.1
◇工場保育所並哺乳所の現状「労働時報」 17(1) 1940.1
◇家族手当制度論(北岡寿逸)「経済学論集」 10(2) 1940.2
◇大阪市の工場の余暇善導施設に就て(岡本精)「社会政策時報」 233 1940.2
◇社会事業理論の基礎としての全体社会「社会福利」 24(2) 1940.2
◇産業組合の保険事業を中心として(有馬頼寧)「公民教育」 10(3) 1940.3
◇幼少年保護所の話(東京市厚生局)「市政週報」 51 1940.3
◇事変下収容救護施設の諸問題(大久保満彦)「社会事業」 24(3) 1940.3
◇社会事業再組織に於る諸問題(門脇光男)「社会事業」 24(3) 1940.3
◇社会事業の本質に関する若干の考察(都築秀夫)「社会事業」 24(3) 1940.3
◇現下保育事業の諸問題(渡辺史)「社会福利」 24(3) 1940.3
◇公衆娯楽業及巡回商業に於ける労働児童の保護に関する諸外国の立法例(尾上輝造)「社会福利」 24(3) 1940.3
◇転換期の社会事業観(栃折好一)「社会福利」 24(3) 1940.3
◇東京の浮浪者について(大久保満彦)「社会福利」 24(3) 1940.3
◇政府職員共済制度之概要(国務院総務庁人事処)「地方行政 日文版」 4(3) 1940.3
◇支那事変と我国社会事業再組織(海野幸徳)「社会事業」 24(4) 1940.4
◇事変の影響と社会事業への示唆(布川静淵)「社会事業」 24(4) 1940.4

◇社会事業の時局への再適応(松沢兼人)「社会事業」 24(4) 1940.4
◇社会事業の小吟味(早崎八洲)「社会事業」 24(4) 1940.4
◇社会事業法の生成、分化、発展(後істерий清)「社会事業」 24(4) 1940.4
◇社会事業本質の再検討(菊池勇夫)「社会事業」 24(4) 1940.4
◇社会事業目標と地域協同体の構成(三好豊太郎)「社会事業」 24(4) 1940.4
◇人的資源と社会事業(美濃口時次郎)「社会事業」 24(4) 1940.4
◇新東亜建設に於ける社会事業(大林宗嗣)「社会事業」 24(4) 1940.4
◇戦時社会事業に於ける生活必需品共同購入活動の提唱(工藤善助)「社会事業」 24(4) 1940.4
◇長期建設期に於ける社会事業について(城戸幡太郎)「社会事業」 24(4) 1940.4
◇転換期に於る社会事業行政機構の再検討(野口正男)「社会事業」 24(4) 1940.4
◇日本社会事業の再編成(大久保満彦)「社会事業」 24(4) 1940.4
◇本邦社会事業の再検討(竹中勝男)「社会事業」 24(4) 1940.4
◇要救護性についての覚書(堀秀彦)「社会事業」 24(4) 1940.4
◇賀川豊彦氏の社会事業(村島帰之)「社会福利」 24(4) 1940.4
◇戦時下社会事業理論の動向(磯村英一)「社会福利」 24(4) 1940.4
◇労働児童の保護立法例(尾上輝造)「社会福利」 24(4) 1940.4
◇保険制度に依る購買力の吸収(末高信)「商工経済」 9(4) 1940.4
◇墨西哥の新社会保険法案「健康保険時報」 14(5) 1940.5
◇恩給法の改正に就て(平塚量三)「財政」 5(6) 1940.5
◇育児施設の経営問題(安江正一)「社会事業」 24(5) 1940.5
◇時局下に於ける児童の就労事情(鈴木舜一)「社会事業」 24(5) 1940.5
◇「要救護性」の問題について(天達忠雄)「社会事業」 24(5) 1940.5
◇農村問題と厚生行政(石原武二)「社会政策時報」 236 1940.5
◇西班牙及ハンガリーに於ける家族手当(北岡寿逸)「人口問題研究」 1(2) 1940.5
◇政府職員共済制度に就て(国務院総務庁人事処)「地方行政 日文版」 4(5) 1940.5
◇通信従業員組合連合会及通信従業員同盟の解消と通信報国会の結成「労働時報」 17(5) 1940.5
◇イタリアに於ける母子保護事業(丸弘)「教育」 8(6) 1940.6
◇保険の生産性-特にウエツデイゲンの所説を中心として(近藤丈二)「経済学雑誌」 6(6) 1940.6
◇厚生運動の技術分野に於て(伊藤正文)「建築と社会」 23(6) 1940.6
◇欧洲に於ける厚生運動の要素と動機 -ウィア原著「ヨーロッパに於ける厚生運動と公園緑地問題」(金子九郎)「公園緑地」 4(6) 1940.6
◇社会事業再編成に処する私設社会事業(松島正儀)「社会事業」 24(6) 1940.6
◇統制初期に於ける社会事業の形態(磯村英一)「社会事業」 24(6) 1940.6
◇被救護扶助世帯の環境調査 -東京市一方面地区に於ける-(工藤善助)「社会事業」 24(6) 1940.6
◇伊太利の母子保護事業(早田正雄)「社会福利」 24(6) 1940.6
◇救護法最近の動向(光ун豊一)「社会福利」 24(6) 1940.6
◇愛国労働農民同志会の解散「労働時報」 17(6) 1940.6
◇産業報国会の福利厚生事業の事例「労働時報」 17(6) 1940.6
◇東電職員同志会の解散「労働時報」 17(6) 1940.6
◇近世日本社会事業史に於ける山室軍平の足跡-その人、思想、事業

◇(竹中勝男)「社会事業」 24(7) 1940.7
◇社会事業従事者の年金組合「社会事業」 24(7) 1940.7
◇人口問題より見たる乳児保護(岡崎文規)「社会事業」 24(7) 1940.7
◇私設社会事業の新使命(高木武三郎)「社会福利」 24(7) 1940.7
◇総同盟解散全国代表会議と残務整理方針「内外社会問題調査資料」 429 1940.7
◇紀元2600年記念全国社会事業大会開催に関する件通牒「内務厚生時報」 5(7) 1940.7
◇社会事業研究の目標と方法(小沢一)「社会事業」 24(8) 1940.8
◇東京市に於ける要保護者(要扶援者)認定標準の改正「社会事業」 24(8) 1940.8
◇方面委員事業の技術的再編成(竹内愛二)「社会事業」 24(8) 1940.8
◇方面委員制度に就て -特に済世顧問制度との関係に就ての所見-(守屋茂)「社会事業」 24(8) 1940.8
◇国民厚生に就て(山口正)「社会政策時報」 239 1940.8
◇救護費負担分論(米谷豊一)「社会福利」 24(8) 1940.8
◇児童保護物語(小宮山主計)「社会福利」 24(8) 1940.8
◇大日本農民組合の解散「労働時報」 17(8) 1940.8
◇新体制下に於ける日本社会事業の再編成に就いて(牧賢一)「社会事業」 24(9) 1940.9
◇精神と物の境(早島八洲)「社会事業」 24(9) 1940.9
◇労務管理上より観たる傷痍軍人対策(山田正喜)「社会政策時報」 240 1940.9
◇現代保育事業の将来性-児童保護事業の時代的考察-(中川唯日路)「社会福利」 24(9) 1940.9
◇戦歿者遺族保護の一問題-短期母子寮の出現と其後に来るべきもの(牧野修二)「社会福利」 24(9) 1940.9
◇社会事業宣言-近代社会事業精神の形成序章-(水芦紀陸郎)「社会福利」 28(9) 1940.9
◇スロヴァキアの政治経済、独逸保護国とし存立「週刊エコノミスト」 18(32) 1940.9
◇時局と司法保護(司法省)「週報 官報附録」 204 1940.9
◇特色のある各種福祉施設の概況—産業報国会の事業として経営—「内外社会問題調査資料」 433 1940.9
◇道府県立少年救護院職員年功加俸施行に関する件依命通牒(昭15.8.31)「内務厚生時報」 5(9) 1940.9
◇昭和13年退職積立金及退職手当法施行状況概要「労働時報」 17(9) 1940.9
◇昭和13年労働災者害扶助扶助法施行状況概要(民業)「労働時報」 17(9) 1940.9
◇東京府社会事業大会記録特輯号「厚生事業」 24(10) 1940.10
◇部落振興施設助成に関する件(昭和15.9.11内務次官依命通牒)「斯民」 35(10) 1940.10
◇中部日本社会事業連絡協議会「社会事業」 24(10) 1940.10
◇農村と文化の問題-農村社会事業への一課題として-(鈴木衛)「社会事業」 24(10) 1940.10
◇貧窮現象定量化の理論(小島勝治)「社会事業」 24(10) 1940.10
◇我が国に於ける外人の社会事業物語(4)(大畑忠一)「社会事業」 28(10) 1940.10
◇労働者年金保険制度案要綱「内外社会問題調査資料」 436 1940.10
◇中央社会事業委員会答申(昭15.9.16)(厚生省社会局)「内務厚生時報」 5(10) 1940.10
◇社会保険婦事業の構造(天達忠雄)「厚生事業」 24(11) 1940.11
◇戦歿者寡婦教育並に幼稚園保姆養成事業概況(関根隆)「厚生事業」 24(11) 1940.11

◇日本社会事業新体制要綱 -国民厚生事業大綱-「厚生事業」 24(11) 1940.11
◇臨時家族手当支給方に関する件通牒(昭15.10.15)「斯民」 35(11) 1940.11
◇小河博士の持つた一つの面(篠崎篤三)「社会事業」 24(11) 1940.11
◇現下我国社会事業の帰趨(社会事業研究所)「社会事業」 24(11) 1940.11
◇中央社会事業委員会答申(昭15.9.16)「社会事業」 24(11) 1940.11
◇労働者年金保険制度の立案(日本都市年鑑編纂室)「都市問題」 31(5) 1940.11
◇労働者年金制に対する福岡鎮山局の答申「内外社会問題調査資料」 438 1940.11
◇水平社の解消決意と大和報国運動の出発「内外社会問題調査資料」 439 1940.11
◇労働者年金保険制度要綱「内務厚生時報」 5(11) 1940.11
◇米国盲人社会事業視察記(澤田慶治)「文部時報」 706 1940.11
◇工場生施設と厚生運動(大塚好)「建築と社会」 23(12) 1940.12
◇日本社会事業新体制要綱(2)：国民厚生事業大綱「厚生事業」 24(12) 1940.12
◇アメリカ全国社会事業大会に就いて-その組織と1940年大会の概況-(頼順生)「社会事業」 24(12) 1940.12
◇地方に聴く現下社会事業の諸問題「社会事業」 24(12) 1940.12
◇独逸の厚生事業と人口政策(大月照江)「人口問題研究」 1(9) 1940.12
◇労働者年金保険制度要綱に対する保険制度調査会の修正並に希望決議「人口問題研究」 1(9) 1940.12
◇政府職員共済組合の要綱(日本都市年鑑編纂室)「都市問題」 31(6) 1940.12
◇東京府の傷痍軍人雇用方針「内外社会問題調査資料」 441 1940.12
◇労働者年金保険制度に対する修正意見「内外社会問題調査資料」 441 1940.12
◇保険制度調査会の労働者年金保険制度案修正要綱「内外社会問題調査資料」 442 1940.12
◇労働手帳制度の概要「内外社会問題調査資料」 443 1940.12
◇方面委員の銓衡に関する件依命通牒(昭16.11.27社会局長)「内務厚生時報」 5(12) 1940.12
◇保険院保険制度調査会答申—労働者年金保険制度要綱—(保険院総務局)「内務厚生時報」 5(12) 1940.12
◇臨時家族手当支給準則に就て「内務厚生時報」 5(12) 1940.12
◇英独仏其の他各国の軍務に召集されたる労務者の家族に対する扶助「労働時報」 17(12) 1940.12
◇工場事業場に於ける福利施設費に就いて「労働時報」 17(12) 1940.12
◇蘇連に於ける労働時間の延長及転退職の禁止「労働時報」 17(12) 1940.12
◇新体制下に於ける農村社会事業-農村社会事業の範囲並にその形態)(谷川定夫)「厚生事業」 25(1) 1941.1
◇日本児童保護事業史考(未定稿1)(金光見朗)「厚生事業」 25(1) 1941.1
◇農村協同体制下生産力培養と厚生運動(座談会)「産業組合」 423 1941.1
◇軍人援護の強化徹底方策に関する件通牒(昭15.12.4)「斯民」 36(1) 1941.1
◇社会事業の本質への反省-再編成途上に於て-(福岡文芳)「社会事業」 25(1) 1941.1
◇労務者福利施設の規制と積極化-経理統令と福利施設の関係-「内外社会問題調査資料」 444 1941.1
◇軍事扶助法に依る扶助費用限度に関する件依命通牒(昭15.12.9軍事

社会福祉

- 保護院副総裁)「内務厚生時報」 6(1) 1941.1
- ◇工場事業場に於ける福利施設費に関する件(昭15.12.14労働局長)「内務厚生時報」 6(1) 1941.1
- ◇ホフナー「家族手当立法の発展」(戸矢雅彌)「法政研究」 11(1) 1941.1
- ◇労働者年金保険の使命と皇国社会保険の将来(川村秀文)「法律時報」 13(1) 1941.1
- ◇伊太利に於ける民間企業の社会保険への参加について(草光実)「労働科学」 18(1) 1941.1
- ◇社会事業新体制の理解と其の方向(牧賢一)「厚生事業」 25(2) 1941.2
- ◇所謂厚生運動とは(大塚辰治)「自治機関」 492 1941.2
- ◇臨時家族手当支給準則に就て(1)(江口見登留)「斯民」 36(2) 1941.2
- ◇時局下に於ける保護世帯の生活実相(善座好伸)「社会政策時報」 245 1941.2
- ◇労働者年金保険について「週報 官報附録」 227 1941.2
- ◇戦没者遺族の精神指導に関する件依命通牒(昭16.1.11軍事保護院援護局長)「内務厚生時報」 6(2) 1941.2
- ◇戦没者寡婦教員及幼稚園保姆養成事業に関する件通牒(昭16.1.22援護局長、普通学務局長)「内務厚生時報」 6(2) 1941.2
- ◇店員の精神的待遇の一考察(大森英治郎)「経済集志」 13(5) 1941.3
- ◇日本児童保護事業史考(2)(金光史朗)「厚生事業」 25(3) 1941.3
- ◇臨時家族手当支給準則に就て(2)(江口見登留)「斯民」 36(3) 1941.3
- ◇ケースウオークに関する基礎的考察(大河内弘介)「社会事業」 25(3) 1941.3
- ◇満洲帝国道徳会の社会事業(岳興華)「社会事業」 25(3) 1941.3
- ◇独逸に於ける軍人及其の家族の保護(1)(松山銑一郎)「地方行政」 49(3) 1941.3
- ◇昭和14年退職積立金及退職手当法施行状況概要「労働時報」 18(3) 1941.3
- ◇退職積立金及退職手当法の運用に関する件通牒(昭16.3.5.労働局長)「労働時報」 18(3) 1941.3
- ◇労働者年金保険制度の創設「労働時報」 18(3) 1941.3
- ◇児童強化事業としての子供隣組(伊東学位)「厚生事業」 25(4) 1941.4
- ◇日本児童保護事業史考(3)(金光史朗)「厚生事業」 25(4) 1941.4
- ◇双児・三児保護に関する厚生省通牒「社会事業」 25(4) 1941.4
- ◇貧困と救済の民俗(1)(小島勝治)「社会事業」 25(4) 1941.4
- ◇戦争と社会保険(1)(亀井光)「社会保険時報」 15(4) 1941.4
- ◇地方庁に於て取扱ふ船員保険事務に就て(1)「社会保険時報」 15(4) 1941.4
- ◇国兵恩給法の概要及恩給制度改正の概要(西川定吉)「地方行政 日文版」 8(4) 1941.4
- ◇東京府下三鷹町に於ける中小工場厚生組合の結成(幸島礼吉)「都市問題」 32(4) 1941.4
- ◇ドイツに於ける労働手帳制度の概要(1)「内外社会問題調査資料」 452 1941.4
- ◇傷痍軍人の就職斡旋対策と要望「内外社会問題調査資料」 453 1941.4
- ◇ドイツに於ける労働手帳制度の概要(2・完)「内外社会問題調査資料」 453 1941.4
- ◇青少年工の不良防止に関する対策-川崎少年工保導協会設立さる「内外社会問題調査資料」 454 1941.4
- ◇季節保育所設置助成に関する件依命通牒(昭16.3.24厚生次官)「内務厚生時報」 6(4) 1941.4
- ◇爆音と聴覚の保護(田口泗三郎)「防空事情」 3(4) 1941.4
- ◇労働者年金保険法について(花沢武夫)「警察研究」 12(5) 1941.5
- ◇欧洲の厚生施設に就いて(出口林次郎)「建築雑誌」 55(674) 1941.5
- ◇国民厚生運動について(保科胤)「建築雑誌」 55(674) 1941.5
- ◇児童と母性保護座談会「厚生事業」 25(5) 1941.5
- ◇日本児童保護事業史考(4)(金光史朗)「厚生事業」 25(5) 1941.5
- ◇簡易生命保険法及郵便年金法の外地施行について(1)(青谷和夫)「公法雑誌」 7(5) 1941.5
- ◇年金保険の理念と労働者年金保険法(末高信)「社会政策時報」 248 1941.5
- ◇戦争と社会保険(2)(亀井光)「社会保険時報」 15(5) 1941.5
- ◇独逸に於ける軍人及其の家族の保護(松山銑一郎)「地方行政」 49(5) 1941.5
- ◇工場鉱山に於ける福利施設費の支出状況「内外社会問題調査資料」 455 1941.5
- ◇地方鉱山部運用に関する厚生省の方針「内外社会問題調査資料」 456 1941.5
- ◇簡易生命保険法及郵便年金法の外地施行について(2・完)(青谷和夫)「公法雑誌」 7(6) 1941.6
- ◇児童保育施設研究第一回概況報告「社会事業」 25(6) 1941.6
- ◇職員健康保険組合に於ける家族給付及延長給付に就て(仲田良夫)「社会保険時報」 15(6) 1941.6
- ◇戦争と社会保険(3)(亀井光)「社会保険時報」 15(6) 1941.6
- ◇地方庁に於て取扱ふ船員保険事務に就て(3)「社会保険時報」 15(6) 1941.6
- ◇不良児は如何に保護されるか-少年教護事業の話-(厚生省)「週報 官報附録」 245 1941.6
- ◇協同厚生施設としての城西厚生組合の内容「内外労働週報」 459 1941.6
- ◇内海紡織の「勤報団体保険」の内容と其の成績「内外労働週報」 459 1941.6
- ◇救護計画と実際(服部彌二郎)「防空事情」 3(6) 1941.6
- ◇炭坑従業員に見らる、脳黴毒の統計的観察(尾中正春)「労働科学」 18(6) 1941.6
- ◇日本救護事業史考(未定稿1)(金光史朗)「厚生事業」 26(7) 1941.7
- ◇産業労務者の保健状態と福利施設(井上信夫)「社会事業」 25(7) 1941.7
- ◇社会事業と産業福利施設(山田節男)「社会事業」 25(7) 1941.7
- ◇戦時女子労働者保護(1)(渡邊多恵子)「社会事業」 25(7) 1941.7
- ◇中小工業労働者の福利施設(大内経雄)「社会事業」 25(7) 1941.7
- ◇戦争と社会保険(4)(亀井光)「社会保険時報」 15(7) 1941.7
- ◇地方庁に於て取扱ふ船員保険事務に就て(4・完)「社会保険時報」 15(7) 1941.7
- ◇我国の社会保険制度と諸政策(長瀬恒蔵)「社会保険時報」 15(7) 1941.7
- ◇軍人援護事業について(2)(松永貞水)「地方行政」 49(7) 1941.7
- ◇青少年の不良化防止に関する官民の対策「内外労働週報」 464 1941.7
- ◇社会保険に於ける最近の改正に就いて(保険院社会保険局)「内務厚生時報」 6(7) 1941.7
- ◇日本救護事業史考(2)(金光史朗)「厚生事業」 25(28) 1941.8
- ◇職員健康両保険の改正と社会保険拡充の方向「国策研究会週報」 3(32) 1941.8
- ◇社会事業の職能及組織と再編成(小沢一)「社会事業」 25(8) 1941.8
- ◇戦時女子労働者保護(2)(渡邊多恵子)「社会事業」 25(8) 1941.8
- ◇貧困と救済の民俗(2・完)(小島勝治)「社会事業」 25(8) 1941.8

◇戦争と社会保険(5)(亀井光)「社会保険時報」 15(8) 1941.8
◇母性保護の課題(白木正博,瀬木三雄)「人口問題」 4(1) 1941.8
◇非常時国家の母性保護に就いて(2)「大大阪」 17(8) 1941.8
◇軍人援護事業について(3)(松本貞水)「地方行政」 49(8) 1941.8
◇全国主要工場の夏季福利厚生施設に就て「内外労働週報」 467 1941.8
◇大阪府の青少年工不良化防止に関する方策「内外労働週報」 469 1941.8
◇退積及退手法の運用に関する件通牒(昭16.6.26労働局長)「内務厚生時報」 6(7) 1941.8
◇社会事業従事者の養成(特輯)「社会事業」 25(9) 1941.9
◇戦争と社会保険(6)(亀井光)「社会保険時報」 15(9) 1941.9
◇少年輔導調査(印具昭夫)「職業時報」 4(9) 1941.9
◇独逸に於ける児童扶助金制度の改正と最近各国の強制家族手当制度の概観(本多龍雄)「人口問題研究」 2(9) 1941.9
◇模範部落(島木健作)「中央公論」 56(9) 1941.9
◇銃後奉公強化運動実施大綱に関する件(昭16.8.28文部次官)「文部時報」 736 1941.9
◇大阪市職員厚生団(森一雄)「公園緑地」 5(9) 1941.10
◇日本救護事業史考(3)(金光史朗)「厚生事業」 26(10) 1941.10
◇戦争と社会保険(7)(亀井光)「社会保険時報」 15(10) 1941.10
◇社会保険と購買力吸収(末高信)「商工経済」 12(4) 1941.10
◇最近各国の強制家族手当制度の概観(追補)(本多龍雄)「人口問題研究」 2(10) 1941.10
◇軍人援護事業について(4)(松本貞水)「地方行政」 49(10) 1941.10
◇戦時下英国の幼児保護に就て(田代元弥)「帝国教育」 756 1941.10
◇労働者生活状態調査結果概要(1)「労働時報」 18(10) 1941.10
◇日本救護事業史考(未定稿 4)(金光史朗)「厚生事業」 26(11) 1941.11
◇養育院創立秘話-渋沢院長の高風-(養育院)「市政週報」 133 1941.11
◇人口問題と社会事業(中馬馨)「執務指導通信」 5(4) 1941.11
◇イタリーに於ける家族手当制度(伊佐忠一)「社会事業」 25(11) 1941.11
◇設立当初の東京感化院に関する一史料(磯野誠一)「社会事業」 25(11) 1941.11
◇独英における戦時婦人の奉仕活動(氷室吉平)「社会事業」 25(11) 1941.11
◇戦争と社会保険(8・完)(亀井光)「社会保険時報」 15(11) 1941.11
◇軍人援護事業について(5)(松永貞水)「地方行政」 49(11) 1941.11
◇第一回社会事業発表会の開催(臨戦態勢と都市財政)「都市問題」 33(5) 1941.11
◇日本救護事業史考(未定稿 5・完)(金光史朗)「厚生事業」 26(12) 1941.12
◇社会事業の連絡統制に就いて(大久保徳五郎)「社会事業」 25(12) 1941.12
◇第一回社会事業研究発表会結果概括報告「社会事業」 25(12) 1941.12
◇隣組と方面委員の活動に就て(守屋茂)「社会事業」 25(12) 1941.12
◇国民徴用扶助制度に就いて「労働時報」 18(12) 1941.12
◇戦争保険臨時措置法に就て(木下忍)「斯民」 37(1) 1942.1
◇人事行政より見たる帰還軍人対策(三宅太郎)「社会政策時報」 256 1942.1
◇労働者年金保険制度展望(1)(花沢武夫)「社会保険時報」 16(1) 1942.1

◇労働者年金保険法の施行令及施行規則「内外労働週報」 487 1942.1
◇労働者年金保険法及施行関係法規の解説(花澤武美)「内外労働週報」 488 1942.1
◇国民徴用扶助制度に就て(厚生省職業局)「内務厚生時報」 7(1) 1942.1
◇部民と奴婢(今中次麿)「法政研究」 12(1) 1942.1
◇労働者年金保険施行令及同法施行規則の分布「労働時報」 19(1) 1942.1
◇仙台・会津両藩に於ける児童保護史実(高橋東山)「厚生事業」 26(2) 1942.2
◇家舟生活者の生活と習俗(亀川信人)「厚生問題」 26(2) 1942.2
◇厚生事業体制確立の根拠(小沢一)「厚生問題」 29(2) 1942.2
◇労働者年金保険制度展望(2)(花沢武夫)「社会保険時報」 16(2) 1942.2
◇国民徴用扶助規則実施に関する件(昭16.12.24 職業局長)「職業時報」 5(2) 1942.2
◇国民徴用扶助制度に就て(緒方孝三郎)「職業時報」 5(2) 1942.2
◇家族手当制度の拡充方針決定(決戦態勢と地方行政の改革)「都市問題」 34(2) 1942.2
◇社会保険の報酬算定及諸手続統一さる(1)「内外労働週報」 491 1942.2
◇社会保険の報酬算定及諸手続統一さる(2・完)「内外労働週報」 492 1942.2
◇厚生省の工場に於ける短期勤労者保護指導方策「内外労働週報」 493 1942.2
◇戦時保険臨時措置法(川出千速)「法律時報」 14(2) 1942.2
◇ナチス社会保険の経営原理(中川与之助)「経済論叢」 54(3) 1942.3
◇戦時母性保護対策(瀬木三雄,白木正博)「厚生問題」 26(3) 1942.3
◇労働者年金保険制度展望(3)(花沢武夫)「社会保険時報」 16(3) 1942.3
◇生命保険事業と資本及労働力の供出(末高信)「商業組合」 8(3) 1942.3
◇日本発送電応召者給与及銃後後援規定を改正す「内外労働週報」 496 1942.3
◇少年保護事業に於ける二三の問題(菊池省三)「教育」 10(4) 1942.4
◇少年保護制度の現状と若干問題(森山武市郎)「厚生問題」 26(4) 1942.4
◇軍人援護と教化(松山銑一郎)「地方行政」 50(4) 1942.4
◇拡充される我国社会保険制度(2)「東洋経済新報」 2015 1942.4
◇都市生命保険組合を起せ(都市の消費者組織)(竹森一則)「都市問題」 34(4) 1942.4
◇日本発送電及東京製綱の改正家族手当制度の内容「内外労働週報」 5025 1942.4
◇綜力戦下に於ける厚生事業への問題(谷川貞夫)「厚生事業」 26(5) 1942.5
◇労働者年金保険制度展望(4)(花沢武夫)「社会保険時報」 16(4) 1942.5
◇独逸社会保険構成法(湯目薫)「社会保険時報」 16(5) 1942.5
◇児童保護事業に関する予算に就いて(朝原梅一)「地方改良」 123 1942.5
◇軍人援護と教化(松山銑一郎)「地方行政」 50(5) 1942.5
◇独逸の社会事業組合及之と類似の施設(グロート博士)「東洋経済新報」 2021 1942.5
◇大阪府当局の改正家族手当支給の審査方針「内外労働週報」 504 1942.5

◇日本社会教化事業史考 (金光史朗)「厚生事業」 26(6) 1942.6
◇全体主義経済と社会保険 (末高信)「社会政策時報」 261 1942.6
◇労働者年金保険制度展望 (5)(花沢武夫)「社会保険時報」 16(5) 1942.6
◇諸国の社会保険関係近況 (内野仙一郎)「社会保険時報」 16(6) 1942.6
◇厚生省の産業労務者衛生対策実施指導方針「内外労働週報」 508 1942.6
◇労働者年金保険特別会計事務取扱規則「内外労働週報」 511 1942.6
◇労働者年金保険法の実施に就て (保険院)「内務厚生時報」 7(6) 1942.6
◇恩給法附則の適用範囲「行政裁判所判決録」 52(5) 1942.7
◇社会事業協会の二十五年 (三谷此治)「厚生事業」 26(7) 1942.7
◇社会事業の分類に就いて (齋藤純雄)「厚生事業」 26(7) 1942.7
◇東亜共栄圏に於ける厚生問題 (大林宗嗣)「厚生問題」 26(7) 1942.7
◇戦争保険とは及び其の対策 (木下忍)「財政」 7(7) 1942.7
◇小工場に於ける福利施設の概況 (岡本精)「社会政策時報」 262 1942.7
◇職員の教養資料に就いて (1)(山口栄吉)「社会保険時報」 16(7) 1942.7
◇労働者年金保険制度展望 (6)(花沢武夫)「社会保険時報」 16(7) 1942.7
◇軍人援護と教化 (松山銑一郎)「地方行政」 50(7) 1942.7
◇民族研究所の設置「都市問題」 35(1) 1942.7
◇労働者年金保険法の実施「都市問題」 35(1) 1942.7
◇厚生事業所体制の課題 (牧賢一)「厚生問題」 26(8) 1942.8
◇厚生事業の系譜 (中野正直)「厚生問題」 26(8) 1942.8
◇国家施設としての補綴としての隣保組織 (山崎勉治)「厚生問題」 26(8) 1942.8
◇職員の教養資料に就いて (2)(山口栄吉)「社会保険時報」 16(8) 1942.8
◇大阪市に於ける市民館事業 (平賀五男)「大大阪」 18(8) 1942.8
◇戦時下の市民館の動き「大大阪」 18(8) 1942.8
◇ナチスドイツに於ける市民館的厚生事業に就て (大林宗嗣)「大大阪」 18(8) 1942.8
◇保険における主体性 (近藤文二)「経済学雑誌」 11(3) 1942.9
◇厚生事業新体制の課題 (完)(牧賢一)「厚生問題」 26(9) 1942.9
◇厚生問題の重点 (菊山勇夫)「厚生問題」 26(9) 1942.9
◇職域厚生施設の地域化 (相原葆見)「厚生問題」 26(9) 1942.9
◇本邦保育施設に関する調査概況 (社会事業研究所, 愛育研究所)「厚生問題」 26(9) 1942.9
◇ナチス・ドイツの経営保護法 (和田夙雅)「社会政策時報」 264 1942.9
◇援護施設の概況 (軍事保護院)「週報 官報附録」 312 1942.9
◇軍人援護と教化 (1)(松山銑一郎)「地方行政」 50(9) 1942.9
◇大東亜戦争下に於ける軍人援護 (本庄繁)「地方行政」 50(9) 1942.9
◇日本針布の福利施設と産業報告会の運営「内外労働週報」 520 1942.9
◇文化運動を通じての社会事業社会化の問題 (横山定雄)「厚生事業」 26(10) 1942.10
◇厚生施設の経営に就て (三浦三郎)「厚生問題」 26(10) 1942.10
◇厚生事業の体系及び範囲について (菊池勇夫)「厚生問題」 26(10) 1942.10

◇戦時保育施設標準設定のために (浦辺史)「厚生問題」 26(10) 1942.10
◇都市厚生施設の地域組織に就て (重田信一)「厚生問題」 26(10) 1942.10
◇物質統制の厚生事業に及ぼす影響に就て (水野博之, 堀文次)「厚生問題」 26(10) 1942.10
◇救護対象論 (米谷豊一)「自治機関」 512 1942.10
◇職員の教養資料に就いて (3)(山口栄吉)「社会保険時報」 16(10) 1942.10
◇労働者年金保険制度展望 (7)(花沢武夫)「社会保険時報」 16(10) 1942.10
◇大阪府下中堅工場の福利厚生施設を観る (2)「内外労働週報」 525 1942.10
◇大阪府下中堅工場の福利厚生施設を観る (3)「内外労働週報」 526 1942.10
◇三菱重工名古屋発動機の工員福利施設概要「内外労働週報」 528 1942.10
◇労務者の家族手当に就て「勤労時報」 19(11) 1942.11
◇婦人問題の文献的考察 (川上輝夫)「厚生事業」 26(11) 1942.11
◇救護経費論 (米谷豊一)「自治機関」 513 1942.11
◇戦争と青少年工の不良化問題 (河野為雄)「職業時報」 5(11) 1942.11
◇銃後奉公会の運営 (渡部英三郎)「地方行政」 50(11) 1942.11
◇保険に対する認識の発展と保険学の性格的変化 (小島昌太郎)「経済論叢」 55(6) 1942.12
◇最近に於ける厚生事業の動向「厚生科学」 26(12) 1942.12
◇会社経理統制の家族手当に関する規定の改正 (磯野正俊)「財政」 7(12) 1942.12
◇幼稚園と託児所 (岡本精)「執務指導通信」 6(2) 1942.12
◇標準報酬の改定其他 (鈴木武男)「社会保険時報」 15(12) 1942.12
◇戦時下労働者の厚生問題 (大塚好)「統制経済」 5(6) 1942.12
◇勤労青少年輔導緊急対策「勤労時報」 20(1) 1943.1
◇隣保相扶の習俗考 (1)(東京府厚生課)「厚生事業」 27(1) 1943.1
◇我国経済保護事業史考 (1)(金光史朗)「厚生事業」 27(1) 1943.1
◇厚生事業実践体の動向 (谷川貞夫)「厚生事業研究」 31(1) 1943.1
◇厚生事業論壇と事業界 (大林宗嗣)「厚生事業研究」 31(1) 1943.1
◇厚生事業論展望 (村川敬蔵)「厚生事業研究」 31(1) 1943.1
◇厚生の理念と政策 (竹中勝男)「厚生事業研究」 31(1) 1943.1
◇社会事業から厚生事業へ (大久保直穆)「厚生事業研究」 31(1) 1943.1
◇社会事業論壇の三十年 (上山善治)「厚生事業研究」 31(1) 1943.1
◇戦争生活と厚生事業 (磯村英一)「厚生事業研究」 31(1) 1943.1
◇大阪市に於ける施設保育事業の現況 (岡本精)「厚生問題」 27(1) 1943.1
◇経連の応召入営其他の被召集者待遇基準案「内外労働週報」 538 1943.1
◇工場防疫の実際 (牧亮吉)「労働科学」 20(1) 1943.1
◇隣保相扶の習俗考 (2)(東京府厚生課)「厚生事業」 27(2) 1943.2
◇我国経済保護事業史考 (2)(金光史朗)「厚生事業」 27(2) 1943.2
◇戦時厚生事業の新しき途 (牧賢一)「厚生事業研究」 31(2) 1943.2
◇戦時国民生活と保険 (末高信)「財政」 8(2) 1943.2
◇軍事扶助法中改正法律案要綱に就て (杉山俊郎)「自治研究」 19(2) 1943.2
◇国民徴用扶助並援護に就いて (長谷川澄)「職業時報」 6(2) 1943.2
◇協同組合の原基形態 (五島茂)「経済学雑誌」 12(3) 1943.3
◇ビヴアリッヂ社会保険法案「経済毎日」 21(12) 1943.3

◇戦時下保育事業に望むもの(伊東学位)「厚生事業」 27(3) 1943.3
◇隣保相扶の習俗考(3)(東京府厚生課)「厚生事業」 27(3) 1943.3
◇戦時下都市厚生事業施設の動向(1)(社会事業研究所)「厚生問題」 27(3) 1943.3
◇方面委員と厚生事業(守屋茂)「厚生問題」 27(3) 1943.3
◇日立精機足立工場の教養及厚生、体育計画「内外労働週報」 545 1943.3
◇勤労者の保険問題(富志淑幸)「日本評論」 18(3) 1943.3
◇救護の心(松本喜代美)「防空事情」 5(3) 1943.3
◇産業保険掃事業の目標と領域(天達忠雄)「厚生事業研究」 31(4) 1943.4
◇社会事業の量的及質的変化(井関孝雄)「厚生事業研究」 31(4) 1943.4
◇東北地方に於ける農繁期生活共同施設の現状(2・完)(社会事業研究所)「厚生問題」 27(4) 1943.4
◇生計費中に占める主食費の地位「国策研究会週報」 5(17) 1943.4
◇改正された軍事扶助法「週報 官報附録」 340 1943.4
◇改正健康保険に関係ある事業主の須知事項「内外労働週報」 550 1943.4
◇産報中央本部青年隊指導本部の使命と事業「内外労働週報」 550 1943.4
◇勤労青少年輔導委員会並に協議会設置及組織要綱「内外労働週報」 551 1943.4
◇産報中央本部の少年産業戦士輔導週間要綱「内外労働週報」 552 1943.4
◇厚生省所管警察及経済両部長会議の指示事項「内外労働週報」 553 1943.4
◇戦争危険保険体制の確立(椎名幾三郎)「経済学雑誌」 12(5) 1943.5
◇救護機関論(米谷豊一)「厚生事業研究」 27(4) 1943.5
◇厚生適用保護性の問題(竹中勝男)「厚生問題」 27(5) 1943.5
◇時局と旧、新社会事業(松本潤一郎)「厚生問題」 27(5) 1943.5
◇改正恩給法解説(平塚量三)「財政」 8(5) 1943.5
◇英国の「社会保障憲章」問題(水上鉄次郎)「社会政策時報」 272 1943.5
◇生産増強と社会保険(近藤文二)「社会政策時報」 272 1943.5
◇地主制度と部落制度の関係(我妻東策)「帝国農会報」 33(5) 1943.5
◇改正労働者災害扶助責任保険法施行令の実施に就て「内務厚生時報」 8(5) 1943.5
◇厚生技術としての青少年工の生活指導(竹内愛二)「厚生事業研究」 31(6) 1943.6
◇救護開発論(米谷豊一)「自治機関」 520 1943.6
◇戦時生活館開設に際して(岩本準二)「執務指導通信」 7(1) 1943.6
◇分増区に伴ふ方面区域の改変に就て(河野通雄)「執務指導通信」 7(1) 1943.6
◇ツァーン「多子家族と保険」-Kinderiche Familien Verucbernng, Friedrich Zahn(林茂)「人口問題研究」 4(6) 1943.6
◇軍人援護と教化(松山銑一郎)「地方行政」 51(6) 1943.6
◇社会保険数学論序説(上)(松本浩太郎)「統計集誌」 744 1943.6
◇改正労災扶助責任法の全面的実施に就いて(内外労働研究所)「内外労働週報」 559 1943.6
◇生活扶助論(米谷豊一)「厚生事業」 27(6) 1943.7
◇隣保相扶の習俗考(4)(東京府厚生課)「厚生事業」 27(6) 1943.7
◇厚生事業の範囲と構造(小澤一)「厚生事業」 27(7) 1943.7
◇宗教団体と厚生事業(吉田孝一)「厚生問題」 27(7) 1943.7

◇社会保険数学論序説(中)(松本浩太郎)「統計集誌」 745 1943.7
◇日本における近代的保険企業の成立(近藤文二)「経済学雑誌」 13(2) 1943.8
◇少年教護事業の徹底に就て(相田良雄)「厚生問題」 27(8) 1943.8
◇共済制度拡充の深義(松本浩太郎)「社会政策時報」 275 1943.8
◇社会保険数学論序説(下)(松本浩太郎)「統計集誌」 746 1943.8
◇決戦期の青少年保護の問題(吉田三郎)「改造」 25(9) 1943.9
◇隣保相扶の習俗考(5)(東京都厚生課)「厚生事業」 27(8) 1943.9
◇厚生の認識とその考察方法(山口正)「厚生問題」 27(9) 1943.9
◇大都市に於ける生活の協同化と隣保団体(上)(森村勝)「都市問題」 37(3) 1943.9
◇隣保相扶の習俗考(6)(東京都厚生課)「厚生事業」 27(9) 1943.10
◇大阪府戦時厚生事業連絡協議会第一回委員総会記録「厚生事業研究」 31(10) 1943.10
◇革新政治で於ける厚生事業の使命と役割(渡部英三郎)「厚生問題」 27(10) 1943.10
◇華北社会事業の実質と批判(生江孝之)「厚生問題」 27(10) 1943.10
◇建国保険の管理事務(5)(小島砂人)「社会保険時報」 17(10) 1943.10
◇工場労務者生活施設(平岡正夫)「建築と社会」 26(11) 1943.11
◇隣保相扶の習俗考(7)(東京都厚生課)「厚生事業」 27(10) 1943.11
◇厚生事業団体整備問題(牧賢一)「厚生事業」 28(10) 1943.11
◇決戦態勢に即応する保険体系の整備(佐藤公一)「厚生問題」 27(11) 1943.11
◇最近に於ける要教護少年の動向とその対策(森健蔵)「厚生問題」 27(11) 1943.11
◇市町村と方面委員(米谷豊一)「自治機関」 525 1943.11
◇傷病手当金制度の研究(1)(田村二郎)「社会保険時報」 17(18) 1943.11
◇大都市に於ける生活の協同化と隣保団体(下)(戦時下都市財政対策)(森村勝)「都市問題」 37(5) 1943.11
◇労働者年金保険福祉施設資金融通規程公布さる「内外労働週報」 581 1943.11
◇国内態勢強化に伴ふ厚生省及軍事保護院機構整備(厚生大臣官房)「内務厚生時報」 8(11) 1943.11
◇隣保相扶の習俗考(8)(東京都厚生課)「厚生事業」 27(11) 1943.12
◇戦争と厚生事業―昭和十八年社会事業の動向(牧賢一)「厚生問題」 27(12) 1943.12
◇兵庫県に於ける戦時厚生事業の動向(平塚道雄)「厚生問題」 27(12) 1943.12
◇傷病手当金制度の研究(2)(田村二郎)「社会保険時報」 17(2)0 1943.12
◇決戦厚生事業態勢の課題:生産増強の問題を中枢として(谷川貞夫)「厚生事業研究」 32(1) 1944.1
◇厚生事業に於ける常時的なものと戦時的なもの(後藤清)「厚生事業研究」 32(1) 1944.1
◇生産増強と厚生問題:厚生問題の本質的意義(藤林敬三)「厚生事業研究」 32(1) 1944.1
◇生産増強と厚生問題(廣崎真八郎)「厚生事業研究」 32(1) 1944.1
◇戦時厚生事業の展望(牧賢一)「厚生事業研究」 32(1) 1944.1
◇戦時厚生政策と社会保険(近藤文二)「厚生事業研究」 32(1) 1944.1
◇生産増強と名古屋市の社会事業(大庭正)「厚生問題」 28(1) 1944.1

◇戦時厚生事業の性格と任務(後藤清)「厚生問題」 28(1) 1944.1
◇町村吏員恩給組合基礎計算概説(1)(折尾伊勢太)「斯民」 39(1) 1944.1
◇傷病手当金制度の研究(3)(田村二郎)「社会保険時報」 18(2) 1944.2
◇労働者年金保険福祉施設資金の融通に就て(1)(保険局年金課)「社会保険時報」 18(2) 1944.2
◇議会提出の労働者年金保険法改正法律案「内外労働週報」 591 1944.2
◇決戦下社会保険制度の整備と体系(近藤文二)「厚生問題」 28(3) 1944.3
◇町村吏員恩給組合基礎計算概説(折尾伊勢太)「斯民」 39(3) 1944.3
◇傷病手当金制度の研究(4)(田村二郎)「社会保険時報」 18(3) 1944.3
◇保険料算定方法の改正に就て(小林譽三郎)「社会保険時報」 18(3) 1944.3
◇労働者年金保険福祉施設資金の融通に就て(2・完)(厚生省保険局年金課)「社会保険時報」 18(3) 1944.3
◇労働者年金保険の改正に就て(厚生省)「内務厚生報」 9(3) 1944.3
◇決戦下に於ける東京都の厚生事業(谷川貞夫)「厚生問題」 28(4) 1944.4
◇静岡県の厚生事業について(村松義朗)「厚生問題」 28(4) 1944.4
◇生産増強と長野県の厚生事業(中野不二男)「厚生問題」 28(4) 1944.4
◇富山県に於ける戦時厚生事業の動向(打尾忠治)「厚生問題」 28(4) 1944.4
◇福岡県厚生事業現地報告(角銅利生)「厚生問題」 28(4) 1944.4
◇愛媛県に於ける厚生事業の動向(須田透)「厚生問題」 28(5) 1944.5
◇勝利の条件としての厚生事業(山手光)「厚生問題」 28(5) 1944.5
◇福島県に於ける戦時厚生事業の動向(根元貞治)「厚生問題」 28(5) 1944.5
◇英・ビヴァリッチ社会保障計画通覧(2・完)(内野仙一郎)「社会保険時報」 18(5) 1944.5
◇社会保険と保険技術(近藤文二)「経済学雑誌」 14(6) 1944.6
◇化学繊維工場紡糸室の換気に就いて(勝木新次)「労働科学」 21(5) 1944.6
◇決戦措置としての厚生事業疎開問題(磯村英一)「厚生問題」 28(7) 1944.7
◇厚生事業施設の疎開問題(丹羽昇)「厚生問題」 28(7) 1944.7
◇特別指定厚生村に関する調査報告(1)(三野亮)「厚生問題」 28(7) 1944.7
◇厚生年金保険の概要(1)(石關曄)「社会保険時報」 18(7) 1944.7
◇戦時下の工場給食(有本邦太郎)「商工経済」 17(7) 1944.7
◇特別指定厚生村に関する調査報告(2)(三野亮)「厚生問題」 28(8) 1944.8
◇各国の家族手当制度に就て(内野仙一郎)「社会保険時報」 18(8) 1944.8
◇厚生年金保険の概要(石關曄)「社会保険時報」 18(8) 1944.8
◇最低生活確保とその具体策(安藤政吉)「科学主義工業」 8(9) 1944.9
◇全国養老事業協会概要「厚生問題」 28(9) 1944.9
◇戦力増強と川口市の厚生事業(稲岡学順)「厚生問題」 28(9) 1944.9
◇北海道に於ける戦時厚生事業の動向(石倉豊太)「厚生問題」 28(9) 1944.9
◇少年救護法の実施(大橋武夫)「斯民」 39(9) 1944.9
◇独逸失業保険制度の概要(湯目薫)「社会保険時報」 18(10) 1944.10

【図　書】

◇育児規則(附録共)[千葉県]編) 1873.10 9,8,3p 23cm
◇独逸、瑞西、其他欧洲諸国労働者保険制度 1(後藤新平編) 1897.3 1冊 23cm
◇日本赤十字社台湾支部長後藤新平閣下演説筆記(後藤新平述,日本赤十字社台湾支部編) 1905 38p 18cm
◇感化救済小観 其1(内務省地方局編) 1908.10 3,16,197p 22cm
◇救済制度要義(井上有一著) 博文館 1909.3 28,550p 23cm
◇賑恤救済小史・我国慈済事業・感化救済観(内務省地方局編) 1909.3 1冊 23cm
◇工場法と労働保険(桑田熊蔵著) 隆文館 1909.12 2,438p 23cm 最近経済問題
◇明治42年大阪市大火救護誌(大阪市役所編) 1910.4 280,102p 23cm
◇欧米自治救済小鑑(内務省地方局編) 1910.10 3,8,218p 23cm
◇感化救済小観(内務省地方局編) 1910.10 3,8,160p 23cm
◇泰西社会事業視察記(田中太郎著) 1911.7 2,9,516p 23cm
◇篤志看護婦人会事業に就て(後藤新平述) 1912 28p 18cm
◇社会保険(郵便貯金局編) 1912.1 2,132,64p 23cm
◇独米国民保険事業論(郵便貯金局編) 1912.1 2,124p 23cm
◇欧米視察細民と救済(生江孝之著) 博文館 1912.3 1冊 22cm
◇泰西の細民調査方法(内務省地方局編) 1912.3 88p 23cm
◇地方叢書 泰西資料(内務省地方局編) 1912.3 13,485p 22cm
◇東京市養育院概況(東京市養育院編) 1913 9p 19cm
◇済世之本義(ミュンステルベルヒ著,岡本芳次郎訳,樋口秀雄訳) 二松堂 1913.1 1冊 22cm
◇火災保険業より見たる東京市(恩田長蔵著,半名亀次著) 巌松堂 1913.7 7,162,31p 23cm
◇東京市養育院概況(東京市養育院編) 1914 44p 19cm
◇国民共済策(シドニ・ウェップ著,ビアトリス・ウェップ著,平瀬竜吉訳) 大日本文明協会事務所 1914.2 1冊 23cm
◇東京市感化救済事業図表(東京市庶務課編) 1914.6 [16]p 26cm
◇感化救済講演集 第8回(内務省地方局編) 1916.7 29,478,35p 23cm
◇廃兵並軍人遺家族の救護(内務省地方局編) 1917.9 2,5,311p 22cm 戦時列国地方資料
◇大阪慈恵事業の栞(大阪府共済事業研究会編) 1917.10 12,387p 23cm
◇戦時列国地方資料 第12輯(内務省地方局編) 1919.7 2,5,208p 22cm
◇大阪市社会事業概要(大阪市役所編) 1920.1 108,18p 22cm
◇非少年法案論(小河滋次郎著) 1920.1 3,36p 22cm
◇大阪社会事業要覧(大阪府社会課編) 1920.6 13,462p 23cm
◇東京市内細民の入質に関する調査(東京市社会局編) 1921.3 4,83p 22cm 東京市社会局叢書
◇大阪府方面委員事業年報 大正9年(大阪府内務部社会課編) 1921.4 4,368p 23cm
◇大阪市社会施設概要(大阪市編) 1921.10 4,156p 22cm
◇大阪府方面委員事業年報 大正10年(大阪府社会課編) 1922.3 4,104,326p 23cm
◇本邦社会事業(柞淵義房著) 冬夏社 1922.3 61,402p 20cm
◇少年裁判及監視制度(帰一協会編) 博文館 1922.4 8,6,268p 23cm 帰一協会叢書
◇東京府社会事業観 第2輯 管内防貧的施設ノ部(平和記念東京博覧

会出品記念)(東京府社会事業協会編)　1922.9　2,47,199p 22cm

◇六大都市の貧民窟(井上貞蔵編)　1922.10　48p 22cm

◇東京市養育院創立五十周年記念回顧五十年(東京市養育院編)　1922.11　1冊　22cm

◇東京府社会事業概観　第3輯　管内児童保護施設ノ部(平和記念東京博覧会出品記念)(東京府社会事業協会編)　1923.1　2,372p 22cm

◇細民集団地区調査(内務省社会局編)　1923.3　2,82p 22cm

◇児童保護事業に関する調査　第1(東京市社会局編)　1923.3　141p 22cm

◇浮浪者及残食物に関する調査(東京市社会局編)　1923.3　145p 23cm

英国失業保険制度梗概([内務省]社会局第二部編)　1923.6　43,5,104p 23cm

貧民窟と少数同胞(井上貞蔵著)　巌松堂　1923.6　110p 23cm

◇感化院収容児童鑑別調査報告附表([内務省]社会局)　1923.8　30p 22cm

◇社会法令集(帝国地方行政学会編輯局編)　1923.9　1冊(加除式)　23cm

震災被害状況並救護施設概要　大正12年9月19日調(臨時震災救護事務局編)　1923.9　32p 23cm

震災被害状況並救護施設概要　大正12年10月10日調(臨時震災救護事務局総務部編)　1923.10　2,100p 23cm

臨時震災救護事務局嘱託協議会報告書([臨時震災救護事務局嘱託協議会]編)　1923.10　2,110p 23cm

地震約款論(三浦義道著)　巌松堂書店　1923.11　42p 19cm

震災被害状況並救護施設概要　大正12年11月30日調(臨時震災救護事務局編)　1923.11　2,149p 22cm

◇社会事業　10版(田子一民著)　帝国地方行政学会　1924.1　2,296,21p 19cm

◇震災後に於ける児童保護事業概況(東京市社会局)　1924.1　21p 22cm

◇復興と児童問題(馬渡俊雄著,三田谷啓著,東京市編)　1924.1　2,134p 19cm　帝都復興叢書

◇復興と経済　3版(財政経時報社編)　1924.2　1冊 19cm　財政経済時報通俗叢書

◇震災後に於ける児童保護事業概況　其2(東京市社会局)　1924.3　4,30p 22cm

◇社会事業史(大阪市社会部庶務課編)　1924.4　258p 22cm

◇授産事業に関する調査(東京市社会局編)　1924.4　1,2,56p 22cm

◇労農露国の社会保険(パエフスキー著,芝田五郎訳,南満洲鉄道株式会社庶務部調査課編)　1924.4　1冊 22cm　露文翻訳　労農露国調査資料

◇洛北名物里子の話(京都府社会課編)　1924.5　60p 22cm

◇大阪市社会事業梗概(大阪市社会部編)　1924.7　3,42,39p 22cm

◇輓近の社会事業(海野幸徳著)　内外出版　1924.7　5,23,492p 23cm

◇児童保護問題(海野幸徳著)　内外出版　1924.9　2,14,251p 19cm　内外社会叢書

◇社会事業と方面委員制度(小河滋次郎著)　巌松堂書店　1924.9　2,2,197p 23cm

◇児童栄養食供給事業概況:附 東京市御殿場夏期林間学校成績(東京市社会局編)　1924.10　2,115p 22cm+図8枚

◇京都市社会事業概要(京都市社会課編)　1924.11　1冊 22cm

◇児童社会史(増田抱村著)　厚生閣　1924.11　7,302p 23cm

◇貧困的生活状態(名古屋市社会課編)　1924.12　43,7,58p 22cm　調査報告

◇欧米各国児童保護ニ関スル法規(社会局編)　1925.3　2,28,527p 22cm

◇児童調査事業とその方法([内務省]社会局第二部編)　1925.4　2,45,22p 23cm　児童保護調査資料

◇児童の社会問題(増田抱村著)　同文館　1925.5　1,202,4p 23cm

◇東京市ニ於ケル乳児ノ栄養ト発音ニ関スル調査研究(東京市社会局編)　1925.7　25p 22cm

◇全国社会事業一覧　大正13年12月末現在調(大原社会問題研究所編)　1925.9　99p 23cm

◇保護児童の教育的研究(菊池俊諦著)　太陽堂　1925.11　3,6,551p 23cm

◇京都市施設社会事業概要(京都市社会課編)　1925.12　132p 22cm

◇英国貧民救済法(衆議院議員選挙法調査会編)　1926　3,32p 26cm

桑港震災ト地震約款　謄写版　1926　[17]p 26cm

◇不良青少年少女ニ対スル参考表　大正15年6月末日現在(大阪府警察部刑事課編)　1926　18p 27cm

◇方面委員制度(愛知県社会課編)　1926　2,67,11p 19cm

◇セッツルメントの研究(大林宗嗣著)　同人社書店　1926.2　3,7,285p 20cm

◇乳・幼・児童死亡率及乳児死亡の社会的原因　大正15年1月(広島市社会課)　1926.2　5,53p 23cm　社会調査

◇夏期林間託児場ニ於ケル児童身体検査成績(東京市社会局編)　1926.3　2,54p 22cm

◇浮浪者に関する調査(東京市統計課編)　1926.3　2,4,100p 22cm

◇本府に於けるフィールド・ワークとしての児童保護事業　第1部　不良浮浪児童の部(東京府内務部社会課編)　1926.3　172p 22cm　社会調査資料

◇五人組制度とセツツルメント(松井豊吉[著])　1926.4　14p 22cm

◇現代の社会事業(大連市社会課編)　1926.5　40p 19cm

◇名古屋市社会事業概要　大正15年5月(名古屋市教育部社会課編)　1926.5　91,29p 22cm

◇乳児死亡率に関する調査　自大正13年5月至大正14年4月(東京市社会局編)　1926.5　6,354p 22cm

◇独墺救貧制度及救貧統計(社会局社会部保護課編)　1926.6　4,180p 22cm　救貧資料

◇本邦社会事業概要([内務省]社会局社会部編)　1926.6　2,14,227p 22cm

◇児童保護員制度(愛知県社会課編)　1926.7　28p 19cm

◇児童保護員制度に就て(愛知県社会課編)　1926.7　1枚　20×54cm

◇東京市内細民の出産率に関する調査　第1編　従来の研究　謄写版(東京市社会局編)　1926.8　[57]p 26cm

◇東京市内細民の出産率に関する調査　第2編　予備調査　謄写版(東京市社会局編)　1926.9　34p 26cm

◇東京市内及近接町村内社会事業施設要覧(東京市社会局庶務課編)　1926.11　2,191p 17cm

◇隣保事業と融和問題(海野幸徳述)　中央融和事業協会　1926.11　65p 19cm　融和資料

◇大阪市域別乳幼児死亡　大阪乳幼児保護協会小児保健所設置計画(大阪乳幼児保護協会編)　1927　2枚　23×28cm

◇[京都市]社会事業要覧　昭和2年(京都市編)　1927　3,93p 17cm

◇細民ノ出産ニ関スル調査　昭和2年調査　謄写版(東京市社会局編)　1927　[34]p 27cm

◇社会政策としての幼児保護(大林宗嗣著)　1927　[5]p 23cm

◇乳幼児保護に於ける社会的施設の最低標準:付 小児保健所設置計画(大阪乳幼児保護協会編)　1927　10p 22cm

◇乳幼児保護の必要と其方針に就て(大久保直穆述)　大阪乳幼児保護協会　1927　2,38p 19cm

◇方面委員制度要覧(新潟市役所編)　1927　50p 19cm

社会福祉

◇質屋公営論（前田稔靖著） 1927.1 33p 19cm 自治制研究

◇名古屋市の盗難分布と其の防禦施設（名古屋市編） 1927.3 57p 22cm+図1枚 調査彙報

◇都市社会事業関係規定類集（東京市社会局編） 1927.7 8,129p 22cm

◇社会事業に於ける融和事業の地位（生江孝之述） 中央融和事業協会 1927.8 41p 19cm 融和資料

◇児童保護（中央社会事業協会編） 1927.12 306p 22cm

◇［京都市］社会事業要覧 昭和3年（京都市編） 1928 4,97p 15cm

◇融和促進（喜田貞吉述） 中央融和事業協会 1928.1 65p 19cm 融和資料

◇都市に於ける妊産婦保護事業（東京市政調査会編） 1928.2 8,356,6p 22cm

◇東京市内及近接村町内社会事業施設要覧 謄写版（東京市社会局編） 1928.3 9,5,72p 27cm

◇東京市四谷区深川区方面地区に於ける児童調査（東京市役所編） 1928.3 53p 23cm

◇名古屋市私営社会事業概要（名古屋市社会部編） 1928.3 4,169p 22cm

◇名古屋市社会事業概要 昭和3年3月（名古屋市社会部編） 1928.3 135,39p 23cm

◇浮浪者と売笑婦の研究（草間八十雄述） 文明書院 1928.5 5,134p 20cm

◇融和事業の精神（守屋栄夫述） 中央融和事業協会 1928.5 36p 19cm 融和資料

◇六大都市社会事業協議会記録 第2回 謄写版（大阪市社会部編） 1928.5 17p 23cm

◇維新前後に於ける解放運動（三好伊平次述） 中央融和事業協会 1928.6 53p 19cm 融和資料

◇大阪市私設社会事業便覧（大阪市社会部調査課編） 1928.7 81p 23cm 社会部報告

◇社会保険（石丸優三著） 有斐閣 1928.7 3,6,474p 23cm

◇東京市社会事業批判（東京市政調査会編） 1928.11 7,8,297p 23cm 後藤子爵記念市民賞論文集

◇鶴橋中本方面に於ける居住者の生活状況（大阪市社会部調査課編） 1928.12 96p 23cm 社会部調査報告

◇貧民政策の研究（海野幸徳著） 内外出版印刷 1928.12 4,10,484p 23cm

◇ロバート・オウエン七十年記念論文集（中央社会事業協会編） 1928.12 152,32p 22cm 「社会事業」11月号別冊

◇京都市社会事業要覧 昭和4年版（京都市教育部社会課編） 1929 74p 19cm

◇東京市方面委員取扱実例集（東京市社会局編） 1929.2 3,128p 19cm

◇社会事業国際大会報告（日本赤十字社編） 1929.3 39p 23cm

◇都市社会事業の諸問題 改版（山口正著） 丸善大阪支店 1929.3 2,212p 19cm

◇名古屋市社会事業概要 昭和4年3月（名古屋市社会部編） 1929.3 65,75,57p 22cm

◇浮浪者に関する調査 児童連行の乞食に関する調査（東京市編） 1929.3 1冊 23cm

◇泉尾三軒家方面に於ける居住者の生活状況（大阪市社会部調査課編） 1929.4 82p 23cm 社会部報告

◇大阪市社会事業概要（大阪市社会部編） 1929.5 235,71p 23cm

◇大阪市社会事業綱要（大阪市社会部調査課編） 1929.6 12p 22cm 社会部報

◇東京市社会事業施設年表 昭和4年7月（東京市役所編） 1929.7 2,97p 19cm

◇善き隣人：方面委員の足跡（村島帰之著） 大阪府方面委員後援会 1929.7 5,315p 19cm

◇共同募金調査（東京府社会事業協会編） 1929.8 2,140,29p 22cm

◇自明治41年至大正11年日本赤十字社史続稿 上巻（日本赤十字社編） 1929.10 22,22,1456p 23cm

◇自明治41年至大正11年日本赤十字社史続稿 下巻（日本赤十字社編） 1929.10 23,1042,225p 23cm

◇社会事業ト社会看護婦（日本赤十字社編） 1929.10 11,108p 22cm

◇本市に於ける社会的診療機関の現況（大阪市社会部調査課編） 1929.10 58p 22cm 調査部報告

◇社会局関係事務概要（［内務省］社会局庶務課編） 1929.11 4,220p 23cm

◇全国社会事業概況（中央社会事業協会編） 1929.12 12,312p 23cm

◇東京市内保険会社事業概況 昭和5年 謄写版（東京市統計課編） 1930 31p 26cm

◇赤十字社聯合ト市町村看護（日本赤十字社編） 1930.1 42p 22cm

◇国民保健政策（簡易保険局編） 1930.2 149p 23cm 被保険者福祉問題資料

◇昭和4年社会事業概観（社会局社会部編） 1930.3 148p 22cm

◇保護少年に関する調査（京都市教育部社会課編） 1930.6 53,151p 23cm 調査報告

◇本府に於ける児童保護事業の概況（東京府学務部社会課編） 1930.6 85p 22cm 社会調査資料

◇浴風園調査研究紀要（浴風会編） 1930.7 1,122p 22cm

◇最近に於ける自殺の展望 謄写版（東京市統計課編） 1930.8 22p 26cm 東京市の状況

◇独逸及其他諸国失業保険及失業救済（岡田甲子之助著） 川口印刷所出版部 1930.9 222p 23cm

◇英独仏児童虐待防止制度概観 謄写版（［内務省］社会局保護課編） 1930.12 13p 26cm

◇欧洲諸国ニ於ケル社会保険制度概要（［内務省］社会局保険部編） 1930.12 458p 23cm 社会保険調査資料

◇釈放者の調査（大阪市社会部編） 1930.12 54p 23cm 社会部報告

◇浮浪者の種々相 謄写版（東京市統計課編） 1930.12 [17]p 26cm 東京市ノ状況

◇財団法人東京府社会事業協会事務報告 昭和5年（東京府社会事業協会編） 1931 2,38p 22cm

◇大阪の新聞売子（大阪市社会部編） 1931.1 30p 23cm 社会部報告

◇児童保護論（菊池俊諦著） 玉川学園出版部 1931.1 7,432p 19cm 玉川叢書

◇児童保護に関する調査（京都市教育部社会課編） 1931.3 104p 22cm 調査報告

◇社会局事務概要（［内務省］社会局庶務課編） 1931.3 4,230p 22cm

◇東京市内外社会事業施設一覧 昭和6年3月（東京市社会局編） 1931.3 2,125p 19cm

◇米国に於ける恩給制度の研究：全米商業会議所製造工場部編（東京商工会議所） 1931.3 2,64p 21cm 産業合理化資料

◇大塚市民館事業要覧 昭和5年度（東京市役所編） 1931.4 41p 22cm

◇東京府管内社会事業施設便覧（東京府社会事業協会編） 1931.4 28,133p 15cm

◇内外大都市に於ける犯罪統計 謄写版（東京市統計課編） 1931.4 26p 26cm 東京市ノ状況

◇今宮保護所の記録（大阪市社会部編） 1931.5 21p 23cm 社会部報告

◇無料宿泊所止宿者に関する調査：浮浪者に関する調査資料（東京府学務部社会課編） 1931.5 3,114p 22cm 社会調査資料

◇社会保険批判（［内務省］社会局保険部編） 1931.6 2,71p 23cm

社会保険調査資料

◇台湾社会事業施設要（台湾総督府編）　1931.6　4,56p　21cm

◇米国に於ける失業手当制度（日本工業倶楽部調査課編）　1931.6　2,79p　21cm　調査報告

◇社会保険の余弊と其の改善の道（[内務省]社会局保険部編）　1931.7　2,128p　23cm　社会保険調査資料

◇全国季節託児所概況（[内務省]社会局社会部）　1931.7　19p　22cm

◇浮浪者の種々相（東京市編）　1931.8　3,67p　22cm

◇救護法の説明（[内務省]社会局社会部）　1931.10　13,104p　19cm

◇東京救護委員会報告書（東京救護委員会編）　1931.10　32p　22cm

◇大阪府方面委員事業年報　昭和5年（大阪府社会課編）　1931.11　3,172,406p　22cm

◇京都市児童院概要（京都市教育部社会課編）　1931.11　35p　22cm

◇児童虐待防止制度資料　謄写版（[内務省]社会局保護課編）　1931.11　7p　26cm

◇要救護者に関する調査（京都市教育部社会課編）　1931.11　7,100p　22cm　調査報告

◇英、独失業保険法とその実施状態（東京市商工会議所編）　1931.12　58p　21cm　商工調査

◇財団法人東京府社会事業協会事務報告　昭和6年（東京府社会事業協会編）　1932　2,43p　22cm

◇堺市社会事業概況（堺市役所編）　1932.3　104p　19cm

◇失業保険及各種失業者扶助（[内務省]社会局社会部編）　1932.3　8,372p　22cm　失業問題調査資料

◇嘉義市社会事業概要並同施設分布図（嘉義市役所編）　1932.4　1枚　36×46cm

◇大阪市社会施設分布図（大阪市社会部編）　1932.9　1枚　22cm

◇救貧制度に就て（松村市太郎述）　和歌山県社会課　1932.9　52p　19cm　社会事業叢書

◇方面事業に就て（岡本秀雄述）　和歌山県社会課　1932.9　36p　19cm　社会事業叢書

◇罹災救助基金法改正経過概要（全日本私設社会事業聯盟編）　1932.10　84,66p　22cm

◇大阪府方面委員事業年報　昭和6年（大阪府社会課編）　1932.11　4,219,344p　22cm

◇浴風会事業概要（浴風会編）　1932.12　87p　19cm

◇京都市社会事業要覧　昭和8年版（京都市庶務部社会課編）　1933　112p　22cm

◇社会事業関係法規類集（大阪市社会部労働課編）　1933.1　9,360,7p　20cm　社会部報告

◇社会保険要論（清水玄著）　日本評論社　1933.2　2,4,294p　23cm

◇英国失業保険法：附　自1920年至1930年英国失業保険法概要　自1923年至1930年（[内務省]社会局社会部編）　1933.3　114p　23cm　失業問題調査資料

◇大阪市細民街の出生及死産調査（大阪市産業部編）　1933.3　4,66,28p　22cm

◇救護状況報告　昭和7年（京都市社会課編）　1933.3　114p　22cm　調査報告

◇社会問題と社会事業（安井誠一郎著）　三省堂　1933.3　7,311p　23cm

◇本邦社会事業概要（[内務省]社会局社会部編）　1933.3　16,270p　22cm

◇養育院六十年史（東京市養育院編）　1933.3　24,682,90p　23cm

◇労働児童調査　第2部（東京市学務部社会課編）　1933.3　2,4,124p　22cm　社会調査資料

◇近代社会事業と方面・救護の実際（財部叶著）　盛進社書房　1933.4　9,272,65p　23cm

◇東京市内外社会事業施設一覧　昭和8年4月（東京市社会局編）　1933.4　2,157p　19cm

◇東京市内外社会事業施設概要　昭和8年（東京市社会局編）　1933.4　17,301p　22cm

◇東京府管内児童保護事業一覧（東京府学務部社会課編）　1933.4　2,44p　19cm

◇救護法と失業保険（山岡竜次著）　厳松堂書店　1933.5　3,4,184p　23cm

◇名古屋市社会事業概要　昭和8年4月（名古屋市社会部編）　1933.5　4,171p　22cm+図1枚

◇済生会概況（済生会編）　1933.7　40p　23cm

◇事業概況（東京府社会事業協会編）　1933.8　32p　19cm

◇米国に於ける失業準備金制度（全国産業団体聯合事務局編）　1933.8　17p　21cm　産業経済資料

◇朝鮮の社会事業（朝鮮総督府学務局編）　1933.9　123,121p　19cm

◇四谷市民館を中心とする環境調査（東京市社会局保護課編）　1933.9　24p　22cm　社会事業参考資料

◇英国救貧史研究（小島幸治著）　1933.10　3,75,17p　23cm　紀要

◇愛知県方面委員制度十年史（愛知県社会課編）　1933.11　4,547p　23cm

◇京都市社会事業要覧　昭和9年版（京都市庶務部社会課編）　1934　129p　22cm

◇救護事業指針：救貧の理論と実際（小沢一著）　厳松堂書店　1934.1　8,397p　23cm

◇屑物と拾ひ屋（大阪市社会部労働課編）　1934.1　27p　22cm　社会部報告

◇社会事業研究（山口正著）　日本評論社　1934.1　4,3,417p　23cm

◇東京市学校給食改善案（東京市教育局体育課編）　1934.3　[20]p　22cm

◇本市に於ける優生相談所に関する資料（大阪市社会部労働課編）　1934.3　62p　22cm　社会部報告

◇要給食児童調査　社会事業参考資料（東京市社会局編）　1934.3　24p　22cm

◇児童給食保護の概況　昭和8年度（日本栄養協会編）　1934.4　11p　22cm

◇東京府管内社会事業施設便覧（東京府学務部社会課編）　1934.4　54,252p　19cm

◇東京府管内社会事業施設要覧（東京府学務部社会課編）　1934.4　14,242p　22cm

◇東京市内外社会事業施設一覧　昭和9年6月（東京市社会局編）　1934.6　2,237p　19cm

◇児童福利センター（小児保健所）に関する資料（東京市社会局編）　1934.9　2,95p　22cm

◇本邦社会事業施設要覧（中央社会事業協会編）　1934.10　4,285p　22cm

◇無産者救護制度体系（野間繁著）　章華社　1934.10　3,9,808p　23cm

◇大阪府方面委員事業年報　昭和8年（大阪府編）　1934.12　7,249,317p　22cm

◇都市失業保険の成立過程　上巻（平田隆夫著）　大阪商科大学経済研究所　1934.12　7,389,27p　23cm　調査彙報

◇児童保護関係法規（[内務省]社会局社会部編）　1935.2　3,71p　22cm

◇紙芝居に関する調査（東京市社会局編）　1935.3　66p　22cm

◇京都市に於ける医療保護事業に関する調査（京都市庶務部社会課編）　1935.3　3,176p　22cm　調査報告

◇細民罹病状況調査成績　昭和9年自1月1日至12月末日　謄写版（済生会編）　1935.3　11p　26cm

◇東京市内外社会事業施設概要（東京市設ヲ除ク）（東京市社会局編）　1935.3　13,18,203p　22cm

社会福祉

◇東京府管内児童保護施設一覧(東京府学務部社会課編)　1935.3 2, 47p 19cm

◇方面委員制度概況　昭和8年度(社会局社会部編)　1935.3 2,242p 22cm

◇要給食児童調査　昭和9年11月現在(東京市社会局編)　1935.3 23p 23cm　社会事業参考資料

◇要保護世帯に於ける乳幼児の生活状態　自昭和9年7月1日至昭和9年10月31日(東京市社会局編)　1935.3 4,89p 22cm

◇児童関係法規集(東京府学務部社会課編)　1935.5 8,220,15p 22cm　社会事業資料

◇六大都市社会事業協議会議事録　第9回(名古屋市役所編)　1935.5 4,52p 22cm

◇紙屑拾ひ(バタヤ)調査(東京市社会局編)　1935.7 2,1,53p 22cm

◇名古屋市社会事業概要　昭和10年9月(名古屋市社会部編)　1935.9 90p 23cm

◇欠食児童保護の概況：御寄附に対する報告(日本栄養協会編)　1935.10 14p 23cm

◇財団法人中央社会事業協会三十年史(中央社会事業協会編)　1935.10 3,368p 23cm

◇第8回全国社会事業大会関係資料(全国社会事業大会編)　1935.10 1冊 22cm

◇当面の社会事業諸問題(山田節男著)　明治書房　1935.10 4,106p 23cm

◇社会事業ヲ目的トスル公益法人調：昭和9年5月末日現在(内務省社会局保護課編)　1935.11 111p 26cm

◇社会事業関係法規類纂(神戸市社会課編)　1935.12 10,410,8p 19cm

◇要保護世帯に関する調査(岡山市社会課編)　1935.12 42p 22cm

◇浴風会十周年記念誌(浴風会編)　1935.12 1,6,918p 23cm

◇財団法人東京府社会事業協会事務報告　昭和10年(東京府社会事業協会編)　1936 2,27p 22cm

◇全国養老事業調査　第1回(全国養老事業協会編)　1936.2 53p 22cm

◇寺島市民館を中心とする環境調査(東京市社会局編)　1936.2 22p 22cm　社会事業参考資料

◇東京市方面事業要覧(東京市社会局編)　1936.2 3,182p 19cm

◇都市失業保険の成立過程　下巻(平田隆夫著)　大阪商科大学経済研究所　1936.2 14,[474],16p 23cm　調査彙報

◇京都市社会事業要覧　昭和11年版(京都市庶務部社会課編)　1936.3 132p 23cm

◇市設宿泊所宿泊人の就労地区に就いて(大阪市社会部庶務課編)　1936.3 38p 22cm　社会部報告

◇慈悲無尽の創始者三浦梅園(篠崎篤三著,中央社会事業協会社会事業研究所編)　1936.3 2,104p 22cm　社会事業研究所報告

◇社会局事務概要([内務省]社会局編)　1936.3 4,226p 22cm

◇少年教護法要覧(東京府学務部社会課編)　1936.3 2,60p 19cm

◇特色ある貧民部落板橋区岩の坂(板橋区役所編)　1936.3 60p 22cm

◇日本社会事業大年表(社会事業研究所編)　刀江書院　1936.3 1冊 26cm

◇紐育に於けるセツルメント(大阪市社会部庶務課編)　1936.3 85p 22cm　社会部報告

◇部落解放と弾直樹の功績(高橋梵仙著,中央社会事業協会社会事業研究所編)　1936.3 2,65p 22cm　社会事業研究報告

◇本市に於ける授産事業に関する調査(大阪市社会部庶務課編)　1936.3 121p 22cm　社会部報告

◇要給食児童調査　昭和10年11月5日現在(東京市社会局編)　1936.3 23p 22cm　社会事業参考資料

◇隣保事業の本質と内容(三好豊太郎著)　基督教出版　1936.3 2, 118p 19cm

◇砂町市民館を中心とする環境調査(東京市社会局編)　1936.4 24p 23cm　社会事業参考資料

◇大阪市社会事業一覧(大阪市社会部編)　1936.5 1枚　21×70cm

◇海外社会事業論文集(中央社会事業協会社会事業研究所編)　1936.5 1,2,117p 22cm

◇社会事業大綱(三好豊太郎著)　章華社　1936.6 17,399p 23cm

◇貧困原因に関する調査研究資料(中央社会事業協会社会事業研究所編)　1936.6 2,3,175p 22cm

◇母性年金及び家族手当制度に関する調査(中央社会事業協会社会事業研究所編)　1936.6 2,108p 22cm

◇六大都市社会事業協議会議事録　第10回(神戸市社会課編)　1936.6 38p 22cm

◇社会事業と仏教(辻善之助述,啓明会編)　1936.7 52,20p 23cm　第65回講演集

◇救済制度要義(井上友一著)　昭森社　1936.8 28,550,14p 23cm

◇市設食堂経営策に関する調査：附　東京市設食堂改革意見(東京市社会局編)　1936.9 1,3,98p 23cm

◇名古屋市社会事業概要　昭和11年版(名古屋市社会部編)　1936.9 85p 23cm

◇未刊惻隠余情(鈴木之徳著,中央社会事業協会社会事業研究所編)　1936.9 56p 22cm

◇医療救護施設概況　昭和10年度(東京府学務部衛生課編)　1936.10 102p 22cm

◇カード者の食費調査(衆善会編)　1936.10 2,88p 23cm　衆善会パンフレット

◇本市に於ける救護状況調査(大阪市社会部編)　1936.10 454p 22cm　社会部報告

◇慶福会事業概要　昭和10年度(慶福会編)　1936.12 147p 22cm

◇日本基督教婦人矯風会五十年史(守屋東編)　日本基督教婦人矯風会　1936.12 6,123p 19cm

◇深川区平井町方面保護事業概要　謄写版(深川区平井方面館編)　1937 19p 26cm

◇奉天同善堂要覧　康徳4年(奉天同善堂)　1937 33p 19cm

◇社会事業綱要　10版(生江孝之著)　巌松堂書店　1937.2 2,14, 523p 23cm

◇医療経営と其社会化(鶴岡操著)　巌松堂書店　1937.3 1冊 19cm

◇毛馬・都島両橋間に於ける家舟居住者の生活状況(大阪市社会部庶務課編)　1937.3 46p 22cm　社会部報告

◇東京市内外社会事業施設概要(東京市設ヲ除ク)(東京市社会局編)　1937.3 14,21,223p 22cm

◇本市に於ける隣保事業(大阪市社会部編)　1937.3 117p 22cm　社会部報告

◇要給食児童調査　昭和11年11月10日現在(東京市社会局編)　1937.3 25p 22cm　社会事業参考資料

◇要保護世帯に於ける出生、死産並に乳幼児死亡事情に関する調査(東京市社会局編)　1937.3 7,161p 22cm

◇恩賜財団済生会志：創立25周年記念出版(済生会編)　1937.4 5, 251p 23cm

◇東京市の社会事業(東京市役所編)　1937.5 20p 22cm

◇東京市養育院と松平楽翁公(東京市養育院編)　1937.5 [4]p 23cm [東京市養育院時報]

◇京都市社会事業要覧　昭和12年版(京都市庶務部社会課編)　1937.6 139p 23cm

◇救護事務提要(大阪市救護事務協議会編)　1937.7 36,602p 22cm

◇社会事業関係法規類纂　補遺(神戸市社会課編)　1937.7 4,92p 19cm　調査報告

◇少年と社会関係の異常性(中央社会事業協会社会事業研究所編)　1937.7 160p 22cm

◇東京市養育院概要（東京市養育院編） 1937.8 20p 22cm

◇養老年金制及一般養老施設資料（中央社会事業協会社会事業研究所編） 1937.8 2,3,210p 22cm

◇軍人遺家族援護の栞（大阪市役所編） 1937.9 30p 19cm

◇支那事変に対する東京市の銃後後援事業 第1輯（東京市社会局編） 1937.9 60p 22cm

◇東京市に於ける銃後の援護事業手引き（東京市社会局庶務課編） 1937.9 15p 22cm

◇応召兵士家族扶助後援の実情（協調会調査部編） 1937.10 2,42p 22cm 社会問題資料

◇支那事変に対する東京市の銃後後援事業 第2輯（東京市社会局編） 1937.10 2,144p 22cm

◇社会保険金庫の結核撲滅運動への参加（社会局保険部編） 1937.10 64p 22cm 社会保険調査資料

◇東京市の社会事業（東京市社会局編） 1937.10 22p 22cm

◇支那事変応召者の待遇其他の取扱問題（協調会労務管理研究会編） 1937.11 121p 23cm 労務管理資料

◇応召軍人及その家族に対する処遇並に物価騰貴対策に就いて（大阪市社会部庶務課編） 1937.12 59p 22cm 社会部報告

◇慶福会事業概要 昭和11年度（慶福会） 1937.12 124p 22cm

◇国民保健制度に関する研究報告（国策研究会編） 1937.12 12p 22cm 報告書

◇傷痍軍人及軍人遺族の保護制度概要（社会局臨時軍事援護部編） 1937.12 3,31p 22cm

◇世界大戦時に於ける列国の採れる戦傷者並遺家族保護対策の概要（[内務省]社会局臨時軍事援護部編） 1937.12 4,51p 22cm

◇傷痍軍人対策（協調会時局対策委員会編） 1938 28p 22cm

◇名古屋市社会事業概要 昭和13年版（名古屋市社会部編） 1938 45,24p 22cm

◇合衆国に於ける社会事業教育に就て（大阪市社会部庶務課編） 1938.1 78p 22cm 社会部報告

◇市内会社工場商店に於ける出動軍人並遺家族援護状況（神戸市社会課編） 1938.1 33p 22cm 調査報告

◇戦時及び戦後の社会施設概要（衆議院調査部編） 1938.1 2,174p 21cm 調査資料

◇軍人遺家族援護事務提要（大阪市役所編） 1938.2 8,121,9p 22cm

◇銃後援護事業参考資料（神戸市社会課編） 1938.2 10,104p 22cm 調査報告

◇東京市内外社会事業施設一覧 昭和13年2月（東京市社会局編） 1938.2 2,274p 19cm

◇一般取扱実話：方面委員取扱（全日本方面委員聯盟編） 1938.3 2,2,84p 19cm 方面叢書

◇収容救護事務指針（養育院事務）（東京市役所編） 1938.3 2,75p 19cm 事務改善叢書

◇生業扶助実話：方面委員取扱（全日本方面委員聯盟編） 1938.3 2,74p 19cm 方面叢書

◇世界大戦時に於ける英吉利傷痍軍人並遺家族保護対策（中央社会事業協会社会事業研究所編） 1938.3 1,3,125p 22cm

◇戦時に於ける保護事業（中央社会事業協会社会事業研究所編） 1938.3 35p 22cm

◇戦傷者及戦死傷遺家族の扶助 謄写版（厚生省文書課編） 1938.3 69p 26cm 事変対策資料

◇内地在住半島人問題と協和事業（国策研究会編） 1938.3 40p 22cm 研究資料

◇甘露園ニ於ケル社会調査（一条秀美著） 甘露園 1938.4 173p 23cm

◇京都市に於けるカード階級医療状況調査（京都市社会課編） 1938.4 3,2,95p 22cm 調査報告

◇社会事業関係法規類集（大阪市社会部編） 1938.4 9,349p 22cm 社会部報告

◇米国に於けるスラムと其の対策（大阪市社会部庶務課編） 1938.4 65p 23cm 社会部報告

◇授産並輔導施設要覧（東京府学務部職業課編） 1938.5 4,121p 23cm 職業問題参考資料

◇東京府軍事援護事業概要（東京府編） 1938.5 2,6,410p 22cm

◇軍事扶助制度の発生（中央社会事業協会社会事業研究所編） 1938.9 2,28p 22cm

◇京城府社会事業要覧（京城府編） 1938.9 1,25p 23cm

◇京城府土幕民調査書 謄写版（京城府編） 1938.9 23,8p 29cm＋図2枚

◇最近制定の社会関係法規集録（東京市社会局編） 1938.9 4,226p 19cm

◇四恩瓜生会要覧 創立40周年記念（三輪政一著） 四恩瓜生会 1938.9 33p 22cm

◇日本社会事業の発展（山口正著） 甲文堂書店 1938.9 2,208p 23cm

◇全国養老事業調査 第2回（全国養老事業協会編） 1938.10 107p 22cm

◇経済保護事業（武島一義著） 常磐書房 1938.11 2,6,360p 19cm 社会事業叢書

◇社会事業史（山口正著） 常磐書房 1938.12 170,8p 19cm 社会事業叢書

◇社会事業法に就て：附 社会事業法（厚生省社会局編） 1939 12p 22cm

◇東京市社会事業施設一覧 昭和14年1月現在（東京市社会局編） 1939.1 23p 13×19cm

◇市内浮浪者調査（東京市社会局編） 1939.2 145p 23cm

◇恩賜財団済生会要録（済生会編） 1939.3 34p 23cm

◇京都市社会事業要覧 昭和13年版（京都市庶務部社会課編） 1939.3 46p 22cm

◇厚生法（後藤清著） 三笠書房 1939.3 247p 17cm 法律学全書

◇児童保護事業（伊藤清著） 常磐書房 1939.3 2,4,319p 19cm 社会事業叢書

◇東京市社会事業施設年表 昭和14年1月（東京市社会局編） 1939.3 2,146p 19cm

◇東京市内外社会事業施設一覧 昭和14年2月（東京市社会局編） 1939.3 2,304p 19cm

◇東京市保護事業要覧（東京市社会局編） 1939.3 11,392p 19cm

◇日本慈善救済史之研究 第1分冊（高橋梵仙編） 中央社会事業協会社会事業研究所 1939.3 3,4,94p 22cm

◇横浜市応召商工業者営業援護事業に就て（横浜市産業部厚生課編） 1939.3 7p 22cm

◇軍事援護事業概要（上平正治著） 常磐書房 1939.5 2,7,385p 19cm 社会事業叢書

◇隣保相扶の習俗考（東京府学務部社会課編） 1939.5 2,2,200p 19cm 社会調査資料

◇社会事業精義（三好豊太郎著） 三省堂 1939.6 2,22,733p 23cm

◇託児所に関する調査：弁当と発育状況を中心として（大阪市社会部庶務課編） 1939.6 34p 26cm 社会部報告

◇［京都市会地区改善促進ニ関スル委員会］報告書（京都市会地区改善促進ニ関スル委員会編） 京都市会事務局 1939.7 58p 22cm

◇軍事援護事業参考資料（神戸市社会部編） 1939.7 9,136p 22cm 調査報告

◇社会教化事業概観（生江孝之著） 常磐書房 1939.7 2,10,304p 19cm 社会事業叢書

◇支那事変ニ依ル戦歿者遺族生活状態調査 謄写版（神戸市社会部編）

社会福祉

1939.8 2,16p 24cm

◇蒙疆に於ける質業と其の業態：所謂当舗業に就いて（蒙疆銀行調査課編） 1939.8 2,34p 22cm 蒙疆金融調査資料

◇神戸市に於ける軍事援護実施状況 統計之部（神戸市社会部編） 1939.10 3,40p 22cm

◇戦時独逸の軍事保護対策（金熙明編） 日本社会事業研究会 1939.11 20p 22cm 日社研研究資料

◇日本慈善救済史之研究 第2分冊（高橋梵仙著） 中央社会事業協会社会事業研究所 1939.12 3,2,[49]p 22cm

◇大阪市営救貧事業の変遷（平田隆夫著） 大阪市東区役所 1940.1 17p 22cm 大阪市東区史紀要

◇京都市に於ける社会事業（京都市社会課） 1940.1 2,26p 18cm

◇京都市に於ける乳幼児保育事業に関する調査（京都市社会課編） 1940.1 84p 22cm 調査報告

◇社会事業行政（灘尾弘吉著） 常磐書房 1940.1 2,2,281p 19cm 社会事業叢書

◇京都市に於ける軍事援護事業の概要（京都市軍事援護課編） 1940.2 6,34p 22cm

◇東京市の厚生事業（東京市役所編） 1940.3 61p 22cm

◇世界に於ける組合組織に依る保険事業の発達：産業組合事業の拡充と保険事業との関連（J.P.ジョーンズ著,更級学訳） 産業組合中央会 1940.4 22p 19cm 産業組合宣伝叢書

◇京都市社会事業要覧 昭和14年版（京都市社会課編） 1940.5 4,183p 21cm

◇昭和13年度方面委員会施行状況及方面事業後援団体状況（厚生社会局保護課編） 1940.5 32p 26cm

◇出征軍人遺家族精神援護事業実施概況 昭和14年度（大阪市社会部軍事援護課編） 1940.6 2,37p 22cm

◇方面委員取扱進展実例集（全日本方面委員聯盟編） 1940.6 2,64p 22cm 方面叢書

◇歴史から見た大阪の社会事業（山口正著,大阪府社会事業聯盟編） 1940.6 89p 18cm 「社会事業研究」第28巻第6号附録

◇六大都市社会事業協議会議事録 第14回（大阪市社会部編） 1940.6 10,148p 23cm

◇日本慈善救済史之研究 第3分冊（高橋梵仙著） 中央社会事業協会社会事業研究所 1940.7 1,5,[131]p 22cm

◇名古屋市社会事業概要 昭和15年度版（名古屋市社会部編） 1940.8 54,32p 22cm

◇日本社会事業ノ再編成要綱（日本社会事業研究会編） 1940.8 11p 27cm

◇ナチス国民厚生事業の概観（ヘルマン・アルトハウス著,独逸文化研究会訳,保科胤編） 日光書院 1940.10 7,62p 19cm

◇ファッショ・イタリヤの社会事業（下位春吉著） 1940.10 3,2,67p 19cm

◇救護事業（堀田健男著） 常磐書房 1940.11 2,4,275p 19cm 社会事業叢書

◇道府県傷痍軍人職業再教育事業概要（軍事保護院編） 1940.12 227p 21cm

◇児童保育施設研究概況報告 第1回（中央社会事業協会社会事業研究所編） 1941 28p 21cm

◇現代社会事業要論（牧賢一著,谷川貞夫著） 常磐書房 1941.1 3,288p 19cm 社会事業叢書

◇紙屑拾ひ（バタヤ）調査報告書 謄写版（東京市厚生局編） 1941.3 60p 22cm

◇京都府方面委員制度二十年史（京都府学務部社会課編） 1941.3 2,5,479p 22cm

◇収容救護に於ける被救護者の社会調査（東京市養育院在院者調査）昭和14年11月（東京市養育院編） 1941.3 3,56p 21cm

◇東京市内浮浪者の社会的並精神医学的調査（東京市養育院編）1941.3 19,6p 21cm

◇農村隣保施設に就て（厚生省社会局編） 1941.3 64p 21cm

◇方面事業（原泰一著） 常磐書房 1941.3 3,2,267p 19cm 社会事業叢書

◇隣保制度概説：隣保共助読本（桑原三郎著） 二見書房 1941.3 225p 21cm

◇司法保護事業概説（森山武市郎著） 常磐書房 1941.4 2,7,267p 19cm 社会事業叢書

◇児童保護の重要性に就て：附 参考資料（厚生省社会局編） 1941.5 7,2,59p 21cm

◇農村隣保施設一覧 昭和15年度設置助成（厚生省社会局編） 1941.5 76p 21cm

◇神戸市に於ける軍事援護事業の手引（神戸市時局部軍事課編） 1941.6 7,81,5p 18cm

◇社会事業団体実地調査一覧表 昭和15年度概況 謄写版（愛知県社会課編） 1941.6 [14]p 26cm

◇日本社会事業史料 第1 自崇神天皇7年11月至元明天皇和銅3年3月（中央社会事業協会社会事業研究所編） 1941.6 14,103p 21cm

◇奉祝紀元二千六百年並創立二十年記念（呉同済義会編） 1941.8 43p 22cm

◇呉市社会事業概要（呉市社会課編） 1941.9 77p 22cm

◇紀元二千六百年記念全国社会事業大会報告書 自昭和15年10月10日至昭和15年10月12日（紀元二千六百年記念全国社会事業大会事務局編） 1941.10 5,678p 21cm

◇京都市社会部関係事業要覧 昭和16年版（京都市社会部編） 1941.11 7,54p 21cm

◇第2回厚生事業研究発表会要綱（中央社会事業研究会社会事業研究所編） 1942 194p 21cm

◇要保護世帯の生活実情調査（大阪市社会部庶務課編） 1942.2 21p 21cm 社会部報告

◇私設保育所受託児童に関する調査：附 東京市内私設保育所の概況 昭和16年（東京市厚生局庶務課編） 1942.3 1冊 21cm

◇六大都市社会事業協議会議事録 第15回（東京市厚生局編） 1942.3 160p 21cm

◇労働者年金保険について（花沢武夫述,全国産業団体聯合会事務局編） 1942.4 22p 26cm

◇応召入営及び被徴用者待遇調査報告 昭和16年11月13日現在（日本経済聯盟編） 1942.5 107p 21cm

◇厚生事業概要（名古屋市厚生局編） 1942.9 2,69p 21cm

◇日本社会事業の発達（富田愛次郎著） 巌松堂書店 1942.12 1冊 22cm

◇労働者年金保険法論（後藤清著,近藤文二著） 東洋書館 1942.12 1冊 22cm 労務管理全書

◇都市社会事業に関する研究（中央社会事業協会社会事業研究所編） 1943.3 2,1,269p 21cm

◇本邦保育施設に関する調査（中央社会事業協会社会事業研究所編,愛育会愛育研究所編） 1943.3 1,18,585p 21cm

◇養育院七十年史（東京市養育院編） 1943.3 6,83p 22cm

◇神戸市厚生施設概要 昭和18年3月編（神戸市厚生局編） 1943.6 5,168p 21cm

◇農業保険（下山一二著） 成美堂 1943.8 1冊 22cm

◇保健婦事業の現状：第4回日本保健婦大会より（藤井峰子著,日本医療団調査部編） 1943.11 20p 26cm

◇ドイツの健民政策と母子保護事業（瀬木三雄著） 北光書房 1944.12 303p 22cm

財政

【雑　誌】

◇科学的関税概論(1)(小林行昌)「経済学 商業学 国民経済雑誌」 38(1) 1925.1
◇日本公債史論(6)(鈴木平吉)「経済学 商業学 国民経済雑誌」 38(1) 1925.1
◇物価論の一考察(田中金司)「経済学 商業学 国民経済雑誌」 38(1) 1925.1
◇ライプチヒ商科大学に於ける「税務研究所」(平井泰太郎)「経済学 商業学 国民経済雑誌」 38(1) 1925.1
◇地租と営業税との対立に関する考察(神戸正雄)「経済論叢」 20(1) 1925.1
◇朝鮮の農業金融組織(河田嗣郎)「経済論叢」 20(1) 1925.1
◇英国物価対策の効果「週刊エコノミスト」 3(2) 1925.1
◇小売物価は卸売物価を上廻る「週刊エコノミスト」 3(2) 1925.1
◇根本にふれた我国物価調節策「週刊エコノミスト」 3(2) 1925.1
◇成功せる米国の物価調節策「週刊エコノミスト」 3(2) 1925.1
◇東西両市の物価ご労働の変化「週刊エコノミスト」 3(2) 1925.1
◇波瀾激しき我国の物価「週刊エコノミスト」 3(2) 1925.1
◇印紙税管見(藤塚林平)「税」 3(1) 1925.1
◇営業税の申告の仕方「税」 3(1) 1925.1
◇共同生活観念と租税(穂積重遠)「税」 3(1) 1925.1
◇消費税と生産及社会政策(2・完)(門脇黙一)「税」 3(1) 1925.1
◇相続税法の大要「税」 3(1) 1925.1
◇地租と営業税とどちらが重い「税」 3(1) 1925.1
◇地方税講話(4)(矢島慶次郎)「税」 3(1) 1925.1
◇内国税比較表「税」 3(1) 1925.1
◇日本に四つしかない無税村(石田傳吉)「税」 3(1) 1925.1
◇通貨の購買力に就て(1)(土方成美)「統計集誌」 522 1925.1
◇物価指数算式論(2)(三浦福七)「統計集誌」 522 1925.1
◇英国卸売物価指数表「東洋経済新報」 1129 1925.1
◇円価下落は重大問題(武藤山治)「東洋経済新報」 1129 1925.1
◇各国卸売物価指数表「東洋経済新報」 1129 1925.1
◇各国生活費指数表「東洋経済新報」 1129 1925.1
◇貨幣法の改正は不可(菊川早三)「東洋経済新報」 1129 1925.1
◇国際卸売物価指数表「東洋経済新報」 1129 1925.1
◇国際物価の趨勢と其内容「東洋経済新報」 1129 1925.1
◇支那卸売物価指数表「東洋経済新報」 1129 1925.1
◇震災以来の外資輸入と政府支出「東洋経済新報」 1129 1925.1
◇一九二四年の英国財界「東洋経済新報」 1129 1925.1
◇一九二四年の米国財界「東洋経済新報」 1129 1925.1
◇日英米物価指数比較「東洋経済新報」 1129 1925.1
◇紐育対外為替相場表「東洋経済新報」 1129 1925.1
◇米国卸読売物価指数表「東洋経済新報」 1129 1925.1
◇横浜正金建値為替相場「東洋経済新報」 1129 1925.1
◇倫敦対外為替相場表「東洋経済新報」 1129 1925.1
◇世界の信用膨脹時代「東洋経済新報」 1130 1925.1
◇内示の新予算「東洋経済新報」 1130 1925.1
◇日銀利下論「東洋経済新報」 1130 1925.1
◇保証拡張問題「東洋経済新報」 1130 1925.1
◇明年度予算綱要「東洋経済新報」 1130 1925.1
◇英国の物価騰貴「東洋経済新報」 1131 1925.1
◇財政的通貨膨脹「東洋経済新報」 1131 1925.1
◇財政に対する三個の提議「東洋経済新報」 1131 1925.1
◇物価の前途「東洋経済新報」 1131 1925.1
◇金輸出解禁に財政上よりも亦急要「東洋経済新報」 1132 1925.1
◇国際物価の位地「東洋経済新報」 1132 1925.1
◇独逸物価と引下策「東洋経済新報」 1132 1925.1
◇土地増税に関する田川氏の疑義に就いて「東洋経済新報」 1132 1925.1
◇土地増税に就て(矢島慶次郎)「東洋経済新報」 1132 1925.1
◇米国物価の前途「東洋経済新報」 1132 1925.1
◇保証準備拡張と日銀の改造「東洋経済新報」 1132 1925.1
◇目下の貨幣問題に就いて「東洋経済新報」 1132 1925.1
◇大阪財界の近況「東洋経済新報」 1133 1925.1
◇購買力平価の計算とその意味「東洋経済新報」 1133 1925.1
◇明年度募債計画と郵便貯金「東洋経済新報」 1133 1925.1
◇露国金融の改善「東洋経済新報」 1133 1925.1
◇欧洲三大都市市債に関する調査(菊池慎三)「内務時報」 269 1925.1
◇ケインスの「幣制改革論」(大内兵衛)「大原社会問題研究所パンフレット」 18 1925.2
◇最近阪神地方に表れたる破産及和議を中心として(1)(齋藤常三郎)「経済学 商業学 国民経済雑誌」 38(2) 1925.2
◇貨幣の対内及び対外価値の変動ご貿易並びに為替との関係を論ず(1)(谷田吉彦)「経済論叢」 20(2) 1925.2
◇相続税の能力原則上の弱点(神戸正雄)「経済論叢」 20(2) 1925.2
◇物価指数の意味(蛭川虎三)「経済論叢」 20(2) 1925.2
◇改善されたる戦後の米国財政「週刊エコノミスト」 3(3) 1925.2
◇危機を脱した独逸財政「週刊エコノミスト」 3(3) 1925.2
◇国債の大膨脹と整理問題「週刊エコノミスト」 3(3) 1925.2
◇五大強国の課税状態「週刊エコノミスト」 3(3) 1925.2
◇整理に成功せる英国戦後の財政策「週刊エコノミスト」 3(3) 1925.2
◇戦痕尚癒えぬ伊太利の財政「週刊エコノミスト」 3(3) 1925.2
◇地方財政膨脹の趨勢「週刊エコノミスト」 3(3) 1925.2
◇徹底的整理を見ぬ我国の財政「週刊エコノミスト」 3(3) 1925.2
◇普通収入の趨勢と税制整理「週刊エコノミスト」 3(3) 1925.2
◇仏国財政の整理に努む「週刊エコノミスト」 3(3) 1925.2
◇幣制の回復に苦心する露国「週刊エコノミスト」 3(4) 1925.2
◇労農本国及極東の金融「週刊エコノミスト」 3(4) 1925.2
◇露国財政漸良の傾向「週刊エコノミスト」 3(4) 1925.2
◇伊太利の税制整理「税」 3(2) 1925.2
◇営業税法に於ける営業の基礎概念(松原昌治)「税」 3(2) 1925.2
◇財政的に見たる陸軍新像算(川崎克)「地方行政」 33(2) 1925.2

◇地方財政税制問題「地方行政」 33(2) 1925.2
◇通貨の購買力に就て(2)(土方成美)「統計集誌」 523 1925.2
◇物価指数算式論(3)(三浦福七)「統計集誌」 523 1925.2
◇支那の物価の騰貴「東洋経済新報」 1134 1925.2
◇正貨払下方法の不公平「東洋経済新報」 1134 1925.2
◇大正十四年度以降歳入歳出予算概要「東洋経済新報」 1134 1925.2
◇独逸の新帝国銀行「東洋経済新報」 1134 1925.2
◇東京及東京以外の金融「東洋経済新報」 1134 1925.2
◇特別会計の計算を明かにすべし(1)「東洋経済新報」 1134 1925.2
◇日銀改造の要目「東洋経済新報」 1134 1925.2
◇米国の銀行牧益「東洋経済新報」 1134 1925.2
◇米国の金融政策「東洋経済新報」 1134 1925.2
◇預金部資金運用の内容「東洋経済新報」 1134 1925.2
◇限外税の引下説「東洋経済新報」 1135 1925.2
◇特別会計の計算を明かにすべし(2)「東洋経済新報」 1135 1925.2
◇英国金本位問題「東洋経済新報」 1136 1925.2
◇昨年下半季の銀行決算と我財界「東洋経済新報」 1136 1925.2
◇中央銀行制度私案(金融制度研究会)「東洋経済新報」 1136 1925.2
◇低利資金供給策「東洋経済新報」 1137 1925.2
◇土地増価税と特別税との関係(田川大吉郎)「東洋経済新報」 1137 1925.2
◇日銀資産債表の変化と金融市場の推移「東洋経済新報」 1137 1925.2
◇仏国為替公債暴落「東洋経済新報」 1137 1925.2
◇仏国財政状態「東洋経済新報」 1137 1925.2
◇連合国の債務関係「東洋経済新報」 1137 1925.2
◇都市財政(田中広太郎)「都市公論」 8(2) 1925.2
◇墺国貨幣制安定経過概要(鈴木平吉)「経済学 商業学 国民経済雑誌」 38(3) 1925.3
◇会計より観たる物価と経営との関係に就いて(原口亮平)「経済学 商業学 国民経済雑誌」 38(3) 1925.3
◇為替相場の決定について「経済学 商業学 国民経済雑誌」 38(3) 1925.3
◇最近阪神地方に表れたる破産及和議を中心として(2)(齋藤常三郎)「経済学 商業学 国民経済雑誌」 38(3) 1925.3
◇課税に於ける家族事情の考慮(神戸正雄)「経済論叢」 20(3) 1925.3
◇フランスの財政状態と相続税(小川福太郎)「経済論叢」 20(3) 1925.3
◇住宅低利資金融通額調「社会事業」 8(12) 1925.3
◇移動関税と停止関税の研究(柴田義彦)「税」 3(3) 1925.3
◇実現即ち取得しない利益も法人所得の基本たる益金となるか(永山善之助)「税」 3(3) 1925.3
◇税制整理の根本方策(和田矩之)「税」 3(3) 1925.3
◇租税収入の解剖(能勢貞治)「税」 3(3) 1925.3
◇地方税に於ける奢移課税総攬「税」 3(3) 1925.3
◇取引所の概念(長満欽司)「税」 3(3) 1925.3
◇米国の所得税公園問題「税」 3(3) 1925.3
◇地方税沿革の概要(2・完)(唯ホ喜八)「地方行政」 33(3) 1925.3
◇通貨の購買力に就て(3・完)(土方成美)「統計集誌」 524 1925.3
◇外資輸入流行の原因「東洋経済新報」 1138 1925.3
◇公社債利廻の低下「東洋経済新報」 1138 1925.3
◇日本銀行物価指数に現れたるモスリン騰落の考察(三浦豊吉)「東洋経済新報」 1138 1925.3

◇六大都市の金融推移「東洋経済新報」 1138 1925.3
◇通貨会議招集議「東洋経済新報」 1139 1925.3
◇仏国歳計状態「東洋経済新報」 1139 1925.3
◇吾が主要銀行の収支計算「東洋経済新報」 1139 1925.3
◇英国現時の通貨問題「東洋経済新報」 1140 1925.3
◇欧洲為替回復跡「東洋経済新報」 1140 1925.3
◇関東州特別恵関税「東洋経済新報」 1140 1925.3
◇金解禁の目的「東洋経済新報」 1140 1925.3
◇信託会社の業態「東洋経済新報」 1140 1925.3
◇追加予算と十四年度総予算「東洋経済新報」 1140 1925.3
◇東京大中小銀行預金貸出移動「東洋経済新報」 1140 1925.3
◇輸入税撤発運動興起の意味「東洋経済新報」 1140 1925.3
◇英国教育費国庫補助割合「文部時報」 167 1925.3
◇日本公債史論(7)(鈴木平吉)「経済学 商業学 国民経済雑誌」 38(4) 1925.4
◇日銀物価指数の研究(汐見三郎)「経済論叢」 20(4) 1925.4
◇物価と租税の不公平(神戸正雄)「経済論叢」 20(4) 1925.4
◇租税の課率(田中廣太郎)「斯民」 20(4) 1925.4
◇向上せる労働階級の貯金熱「週刊エコノミスト」 3(7) 1925.4
◇預金都改革法成る「週刊エコノミスト」 3(8) 1925.4
◇移動関税と停止関税の研究(柴田義彦)「税」 3(4) 1925.4
◇印紙税管見(2・完)(藤塚林平)「税」 3(4) 1925.4
◇国民の信頼し得るやうに税務機関を改善せよ(内野音三)「税」 3(4) 1925.4
◇税に関する行政裁判所判決例「税」 3(4) 1925.4
◇租税収入の解剖(4)(能勢貞治)「税」 3(4) 1925.4
◇地方税に於ける奢移課税総攬「税」 3(4) 1925.4
◇日本に四つしか無い無税村(2)(石川傳吉)「税」 3(4) 1925.4
◇遊興税は税民衆化の象徴(落合春平)「税」 3(4) 1925.4
◇金解禁の討論「東洋経済新報」 1142 1925.4
◇十四年度成立総予算「東洋経済新報」 1142 1925.4
◇日銀利益の源泉と納付金利「東洋経済新報」 1142 1925.4
◇物価の現状と前途「東洋経済新報」 1142 1925.4
◇英国財界の基礎的地位「東洋経済新報」 1143 1925.4
◇金融改善の前途「東洋経済新報」 1143 1925.4
◇東京市新年度予算「東洋経済新報」 1143 1925.4
◇仏国の財政難「東洋経済新報」 1143 1925.4
◇米国財界の新位置「東洋経済新報」 1143 1925.4
◇英米物価の下落「東洋経済新報」 1144 1925.4
◇政府の特殊銀行偏護策を排す「東洋経済新報」 1144 1925.4
◇地方別預金率の変遷「東洋経済新報」 1144 1925.4
◇物価の安定か引下か「東洋経済新報」 1144 1925.4
◇米金流入と金融「東洋経済新報」 1144 1925.4
◇地方財政の困難「東洋経済新報」 1145 1925.4
◇特殊銀行整理の要諦「東洋経済新報」 1145 1925.4
◇日銀利下と各市場に現れた影響「東洋経済新報」 1145 1925.4
◇日銀利下と為替策「東洋経済新報」 1145 1925.4
◇日銀利下の意義如何「東洋経済新報」 1145 1925.4
◇米国連邦準備加盟銀行の変遷「東洋経済新報」 1145 1925.4
◇信託法理及信託法制概論(5)(細矢祐治)「法学協会雑誌」 43(4) 1925.4

◇手形関係の本質(4)(田中耕太郎)「法学協会雑誌」 43(4) 1925.4
◇律令の土地租税制度と其家人奴碑との関係(瀧川政次郎)「法学協会雑誌」 43(4) 1925.4
◇銀行制度に於ける兼営主義と分営主義との接近(1)(田中金司)「経済学 商業学 国民経済雑誌」 38(5) 1925.5
◇金利に関する一研究(蜷川虎三)「経済論叢」 20(5) 1925.5
◇預金部預金法「経済論叢」 20(5) 1925.5
◇地方財政史観(平井良成)「市町村」 1(1) 1925.5
◇地方財政と自治(市來乙彦)「市町村」 1(1) 1925.5
◇米国地方経費の現勢(2・完)「斯民」 20(5) 1925.5
◇不動産金融の現状と其改善「週刊エコノミスト」 3(9) 1925.5
◇第五十回帝国議会税に関する事項の議了経過「税」 3(5) 1925.5
◇地方税制整理と府県会の現状「税」 3(5) 1925.5
◇東西十六大銀行の預金と貸出「東洋経済新報」 1146 1925.5
◇日銀利下後の財界「東洋経済新報」 1146 1925.5
◇不労所得課税の目的を以て地税を改革せよ「東洋経済新報」 1146 1925.5
◇英国債変化「東洋経済新報」 1147 1925.5
◇英国新財政策「東洋経済新報」 1147 1925.5
◇日銀再利下の必要「東洋経済新報」 1147 1925.5
◇欧洲戦後設立せられた十一中央銀行の組織「東洋経済新報」 1148 1925.5
◇期待を裏切る預金部資金運用会「東洋経済新報」 1148 1925.5
◇金利と電力料「東洋経済新報」 1148 1925.5
◇地方財政緊縮の余地なし「東洋経済新報」 1148 1925.5
◇物価整理の内容「東洋経済新報」 1148 1925.5
◇米国生糸金融の発達(ホフマン)「東洋経済新報」 1148 1925.5
◇仏国財界近況「東洋経済新報」 1149 1925.5
◇仏国財界の前途「東洋経済新報」 1149 1925.5
◇貿易と国際物価「東洋経済新報」 1149 1925.5
◇東西銀行の位地「東洋経済新報」 1150 1925.5
◇企業形態としての都市とその本質的理念としての財政権(沢田謙)「都市問題」 1(1) 1925.5
◇大正十四年度道府県歳入歳出予算(其3)(内務省地方局)「内務時報」 289 1925.5
◇英国文部省予算並タイムスの論評(文部省普通学務局調査室)「文部時報」 172 1925.5
◇日本公債史論(9)(鈴木平吉)「経済学 商業学 国民経済雑誌」 38(6) 1925.6
◇労働者所得に対する特別課税(神戸正雄)「経済論叢」 20(6) 1925.6
◇普選実施と税制整理(志村源太郎)「斯民」 20(6) 1925.6
◇税制整理の帰趨(阿部賢一)「税」 3(6) 1925.6
◇租税収入の解剖(5)(能勢貞治)「税」 3(6) 1925.6
◇通俗関税講話(柴田義彦)「税」 3(6) 1925.6
◇府県税の非課税物件に就て(唯野喜八)「税」 3(6) 1925.6
◇物価指数算式論(4)(三浦福七)「統計集誌」 527 1925.6
◇普通銀行の収支及差益「東洋経済新報」 1151 1925.6
◇市町村に地租営業税を移譲すべし「東洋経済新報」 1153 1925.6
◇独逸財政の近況「東洋経済新報」 1153 1925.6
◇今年の入超と国際貸借「東洋経済新報」 1154 1925.6
◇政府に歳入予算の見積法を改むべし「東洋経済新報」 1154 1925.6
◇インフレーションの意義並に其標準に就て(小川福太郎)「経済論叢」 21(1) 1925.7

◇国債利子及官吏俸給の免税(神戸正雄)「経済論叢」 21(1) 1925.7
◇地方財政史観(平井良成)「市町村」 1(2) 1925.7
◇通貨の購買力と其測定(土方成美)「社会科学」 1(2) 1925.7
◇失業対策としての金融政策「社会政策時報」 58 1925.7
◇課税と物価(關口健一郎)「税」 3(7) 1925.7
◇災害免租地又に震災免租地に対する地租附加税賦課に就て(菊池慎三)「税」 3(7) 1925.7
◇全国都市に於ける納税奨励規程「税」 3(7) 1925.7
◇相続制度と相続税(村山重忠)「税」 3(7) 1925.7
◇地租委譲論の裏表(和田矩之)「税」 3(7) 1925.7
◇通信関税講話(柴田義彦)「税」 3(7) 1925.7
◇通信地方税講話(5)(矢島慶次郎)「税」 3(7) 1925.7
◇日本に四つしかない無税村(3)「税」 3(7) 1925.7
◇財政緊縮と地方経済(田川大吉郎及其他)「地方行政」 33(7) 1925.7
◇物価指数算式論(三浦福七)「統計集誌」 528 1925.7
◇英国戦後の財政整理「東洋経済新報」 1155 1925.7
◇入超対策と日銀利下「東洋経済新報」 1155 1925.7
◇仏国通貨膨張策「東洋経済新報」 1155 1925.7
◇両税委譲と中央財政「東洋経済新報」 1155 1925.7
◇負担軽微なる相続税等「東洋経済新報」 1156 1925.7
◇物価の前途如何「東洋経済新報」 1156 1925.7
◇公設市場物価と市内小売物価「都市問題」 1(3) 1925.7
◇市内電車通行税の都市委譲問題(小田忠夫)「都市問題」 1(3) 1925.7
◇物価の変動と従量税(汐見三郎)「経済論叢」 21(2) 1925.8
◇セーヌ県立市町村貸附金庫(アンリー・セリエー)「斯民」 20(8) 1925.8
◇失業と物価の相関々係(圓地與四松)「社会学雑誌」 16 1925.8
◇大蔵省案に依る税制整理「週刊エコノミスト」 3(15) 1925.8
◇間接国税整理私見「税」 3(8) 1925.8
◇租税制度「税」 3(8) 1925.8
◇税制整理に就て(馬場鍈一)「地方行政」 33(8) 1925.8
◇地租委譲論の検討(唯野喜八)「地方行政」 33(8) 1925.8
◇税制整理案内容「東洋経済新報」 1160 1925.8
◇地方税整理案「東洋経済新報」 1161 1925.8
◇所得税一元論「東洋経済新報」 1162 1925.8
◇地租免税点設置の当否(水谷松三郎)「東洋経済新報」 1163 1925.8
◇都市財政改革の要諦(小林丑三郎)「都市問題」 1(4) 1925.8
◇間接税負担の地方別研究(汐見三郎)「経済論叢」 21(3) 1925.9
◇地方財政史観(平井良成)「市町村」 1(4) 1925.9
◇失業と物価の相関々係(圓地與四松)「社会学雑誌」 17 1925.9
◇地方税制整理案の内容と欠陥「週刊エコノミスト」 3(18) 1925.9
◇関税講話(柴田義彦)「税」 3(9) 1925.9
◇租税収入の解剖(能勢貞治)「税」 3(9) 1925.9
◇地租付加税の賦課に就て(唯野喜八)「税」 3(9) 1925.9
◇十三都市卸売物価概況「統計集誌」 530 1925.9
◇国民の財政負担(列国との比較)「東洋経済新報」 1165 1925.9
◇我国物価の安定「東洋経済新報」 1167 1925.9
◇庶民銀行の本質とその問題(小幡清金)「都市問題」 1(5) 1925.9
◇都市財源としての土地課税(1)(小川市太郎)「都市問題」 1(5) 1925.9

◇ロンドンの財産評価表作製(弓家七郎)「都市問題」　1(5)　1925.9
◇地方税制整理方針及地方税制整理大綱「内務時報」　303　1925.9
◇市町村収入役と市町村金庫(大塚辰治)「自治研究」　1(1)　1925.10
◇地方税制整理案に就て(1)(田中廣太郎)「自治研究」　1(1)　1925.10
◇英国の家屋税「斯民」　20(10)　1925.10
◇地方財政の刷新(阿部賢一)「地方」　33(10)　1925.10
◇地方税制整理案に就て(末松偕一郎)「地方」　33(10)　1925.10
◇地方税制の刷新(宇都宮鼎)「地方」　33(10)　1925.10
◇農村の金融(西垣恒矩)「地方」　33(10)　1925.10
◇外債抑圧策の観点「東洋経済新報」　1168　1925.10
◇砂糖関税の根本的改正の必要「東洋経済新報」　1169　1925.10
◇都市財源としての土地課税(2・完)(小川市太郎)「都市問題」　1(6)　1925.10
◇金貨本位へ復帰の経路(藤沢利喜太郎)「国家学会雑誌」　39(11)　1925.11
◇地方税制整理案に就て(2)(田中廣太郎)「自治研究」　1(2)　1925.11
◇市町村の財政「市町村」　1(5)　1925.11
◇地方財政史観(平井良成)「市町村」　1(5)　1925.11
◇地方税制の刷新と実現難(田中廣太郎)「斯民」　20(11)　1925.11
◇失業と物価の相関々係(圓地與四松)「社会学雑誌」　19　1925.11
◇支那の質屋(満鉄東亞経済調査局)「社会事業」　9(8)　1925.11
◇各特殊銀行の業績内容「週刊エコノミスト」　3(22)　1925.11
◇北米合衆国の財政改革(勝正憲)「税」　3(11)　1925.11
◇地方財政の税制批判(千葉了)「地方」　33(11)　1925.11
◇税制整理の正体「東洋経済新報」　1175　1925.11
◇地方財政膨張の内容的考察(小田忠夫)「都市問題」　1(7)　1925.11
◇等級別に見たる全国都市の歳出(小幡清金)「都市問題」　1(7)　1925.11
◇都市下層金融制としての質屋考(1)(岡野文之助)「都市問題」　1(7)　1925.11
◇英国に於ける地方教育費の補助(1)(高橋三郎)「自治研究」　1(3)　1925.12
◇地方税制整理案に就て(3・完)(田中廣太郎)「自治研究」　1(3)　1925.12
◇地租委譲の問題(千葉了)「地方」　33(12)　1925.12
◇都市下層金融制としての質屋考(2・完)(岡野文之助)「都市問題」　1(8)　1925.12
◇英国に於ける地方教育費の補助(2)(高橋三郎)「自治研究」　2(1)　1926.1
◇地方税体系論(田中廣太郎)「自治研究」　2(1)　1926.1
◇仏国国庫直隷出納官の制(編集部摘訳)「自治研究」　2(1)　1926.1
◇地方財政(田中廣太郎)「斯民」　21(1)　1926.1
◇ロムバルデイー貯蓄銀行の慈善事業(チラオロ)「社会事業」　9(10)　1926.1
◇十五年度予算案の解説「週刊エコノミスト」　4(2)　1926.1
◇所得税法施行細則第一条に就て(建石徳雄)「税」　4(1)　1926.1
◇第一次保険調査成績に就いて(1)(藤原九十郎)「大大阪」　2(1)　1926.1
◇自治体税制の欠点「東洋経済新報」　1180　1926.1
◇本邦財政経済の現状(其1)(井上準之助)「内務時報」　321　1926.1
◇本邦財政経済の現状(其2・完)(井上準之助)「内務時報」　322　1926.1
◇特定行為に対する地方税(田中廣太郎)「自治研究」　2(2)　1926.2

◇社会政策上より瞥見したる大正十五年度の予算と税制整理(紀本参次郎)「社会事業」　9(11)　1926.2
◇下屠階級保護と庶民金融政策(松崎寿)「社会政策時報」　65　1926.2
◇大阪市の家屋税改正に就て(内藤晴三郎)「大大阪」　2(2)　1926.2
◇復旧復興予算改訂年度割「東洋経済新報」　1183　1926.2
◇国庫剰余金調「東洋経済新報」　1185　1926.2
◇整理後の諸税収入「東洋経済新報」　1185　1926.2
◇地方税制の改悪案(戸数割と家屋税)「東洋経済新報」　1185　1926.2
◇税制案修正可決「東洋経済新報」　1186　1926.2
◇都市財政上の経費論(小林丑三郎)「都市問題」　2(2)　1926.2
◇都会庶民金融機関「方面時報」　3(1)　1926.2
◇独逸の労働者銀行(楠見一正)「経済論叢」　23(3)　1926.3
◇第五十一議会と港湾予算「港湾」　4(3)　1926.3
◇英国地方税一斑(入江俊郎)「自治研究」　2(3)　1926.3
◇地方税制限法改正案解説(田中廣太郎)「自治研究」　2(3)　1926.3
◇地方税整と社会政策(千葉了)「斯民」　21(3)　1926.3
◇十四年地方財政「週刊エコノミスト」　4(6)　1926.3
◇税制整理後年度別「週刊エコノミスト」　4(6)　1926.3
◇国税整理案に対する大蔵大臣の訓明「税」　4(3)　1926.3
◇所得税雑話(勝正憲)「税」　4(3)　1926.3
◇税の実務、土地に関する実際の取扱方に就て(唯野喜八)「税」　4(3)　1926.3
◇政友会の地租委譲案「税」　4(3)　1926.3
◇政友本党の税制整理関係法案「税」　4(3)　1926.3
◇地方税法律案に謝する内務大臣の説明「税」　4(3)　1926.3
◇大阪市の家屋税改正に就て(内藤晴三郎)「大大阪」　2(3)　1926.3
◇米国新年度の予算案と資本家本位の減税案「東洋経済新報」　1187　1926.3
◇米国諸都市の一般財産税(小幡清金)「都市問題」　2(3)　1926.3
◇地方税に関する法律(法律第二十四号)「内務時報」　333　1926.3
◇大正十五年度歳入歳出総予算竝大正十五年度各特別会計歳入歳出予算「内務時報」　333附録　1926.3
◇予算外国庫の負担となるべき契約(市内水道費補助、長崎、大阪、那覇港修築費補助等)「内務時報」　333附録　1926.3
◇不在者課税論(神戸正雄)「経済論叢」　23(4)　1926.4
◇新地方税たるべき特別地税(1)(田中廣太郎)「自治研究」　2(4)　1926.4
◇議会を通過した予算案と終済関係法案「週刊エコノミスト」　4(8)　1926.4
◇国税整理要項「税」　4(4)　1926.4
◇国税納期制限表「税」　4(4)　1926.4
◇国税地租の破綻(土地賃貸価額調査法を評す)「東洋経済新報」　1193　1926.4
◇地方税制整理問題の経過(鈴木武雄)「都市問題」　2(4)　1926.4
◇地方財政の現況(内務省地方局)「内務時報」　334　1926.4
◇地方財政(田中廣太郎)「斯民」　21(5)　1926.5
◇庶民金融改善の要(岩崎尚夫)「週刊エコノミスト」　4(9)　1926.5
◇ラジオ課税問題(永安百治)「税」　4(5)　1926.5
◇農村金融と産業組合(有元英夫)「地方」　34(5)　1926.5
◇我国財政の概観(1)「東洋経済新報」　1196　1926.5
◇我国財政の概観(2)「東洋経済新報」　1197　1926.5
◇我国財政の概観(3・完)「東洋経済新報」　1198　1926.5
◇フランスの地方資金貸付金庫法案(鈴木武雄)「都市問題」　2(5)

1926.5
◇大正十四年度地方財政概要「内務時報」 339 1926.5
◇英国の教育費(一九二六ヨリ二七)「文部時報」 207 1926.5
◇資本利子税の欠点(神戸正雄)「経済論叢」 22(6) 1926.6
◇家屋税の本質(神戸正雄)「経済論叢」 23(6) 1926.6
◇英国地方税一斑(2)(入江俊郎)「自治研究」 2(6) 1926.6
◇新地方税たる特別地税(2)(田中廣太郎)「自治研究」 2(6) 1926.6
◇予算に就て(清水澄)「自治研究」 2(6) 1926.6
◇予備費に就て(大塚辰治)「自治研究」 2(6) 1926.6
◇収入経費及所得「税」 4(6) 1926.6
◇税制断片(和田矩之)「税」 4(6) 1926.6
◇世界各国所得税展覧会「税」 4(6) 1926.6
◇第二次税制整理と間接国税「税」 4(6) 1926.6
◇信用組合の報告に映じたる農村金融(豊田久和保)「地方」 34(6) 1926.6
◇農業金融機関改善の一方面としての借入申込所の普遍化(梶原仲治)「帝国農会報」 16(7) 1926.6
◇預金部運用計画「東洋経済新報」 1200 1926.6
◇英国新予算成立「東洋経済新報」 1201 1926.6
◇金解禁準備としての通貨緊縮政策「東洋経済新報」 1201 1926.6
◇地方財政の現況(田中広太郎)「都市公論」 9(6) 1926.6
◇信託小話(黒川一治)「都市創作」 2(6) 1926.6
◇都市起債制度の改革(西村健吉)「都市問題」 2(6) 1926.6
◇我国財政の季節的変動(汐見三郎)「経済論叢」 23(1) 1926.7
◇地方税法間の関係(田中廣太郎)「自治研究」 2(7) 1926.7
◇改正税制の概要(石渡荘太郎)「斯民」 21(7) 1926.7
◇新地方税制の輪郭(1)(田中廣太郎)「斯民」 21(7) 1926.7
◇自作農地租免除法について(氏家保壽)「税」 4(7) 1926.7
◇仏国の財政「東洋経済新報」 1208 1926.7
◇年金事業と信託会社(細矢祐治)「国家学会雑誌」 40(8) 1926.8
◇特別地税及附加税の課徴方法(田中広太郎)「自治研究」 2(8) 1926.8
◇改正地方税制に就て(2)(大塚辰治)「市町村雑誌」 392 1926.8
◇新地方税制の輪郭(2)(田中廣太郎)「斯民」 21(8) 1926.8
◇地方財政の実相(千葉了)「斯民」 21(8) 1926.8
◇地方税法の梗概(戸田吉)「税」 4(8) 1926.8
◇特別地税及同附加税(氏家生)「税」 4(8) 1926.8
◇土地増価税に就て(田中正之)「税」 4(8) 1926.8
◇都市金融機関の改造(星野章)「大大阪」 2(8) 1926.8
◇東京市仏貨公債訴訟と正義衡平(豊浦与七)「都市問題」 3(2) 1926.8
◇都市庶民金融改善に関する運動「都市問題」 3(2) 1926.8
◇地方教育財政一斑「文部時報」 216 1926.8
◇地方教育財政一斑(続)「文部時報」 217 1926.8
◇1925年に於ける英国地方税法の改正(入江俊郎)「自治研究」 2(9) 1926.9
◇地方債に対する非募債主義(田中広太郎)「自治研究」 2(9) 1926.9
◇特別地税の賦課に就て(唯野喜八)「自治研究」 2(9) 1926.9
◇改正税制の概要(2)(石渡荘太郎)「斯民」 21(9) 1926.9
◇新地方税制の輪郭(3)(田中広太郎)「斯民」 21(9) 1926.9
◇同族会社の課税と法人の営業収益税(和田矩之)「税」 4(9) 1926.9
◇地方税制整理と大阪市(加々美俊夫)「大大阪」 2(9) 1926.9
◇改正税制の概要(3)(石渡荘太郎)「斯民」 21(10) 1926.10
◇営業収益税法施行規則に就て(志達定太郎)「税」 4(10) 1926.10
◇新税法と会社の会計(竹内恒吉)「税」 4(10) 1926.10
◇地方鉄道会社の会計と所得税との関係「税」 4(10) 1926.10
◇剰余金を一掃し公債を償還せよ「東洋経済新報」 1217 1926.10
◇十六年度予算編制の方法「東洋経済新報」 1218 1926.10
◇東京組合銀行貸借と特銀及普銀の位地「東洋経済新報」 1219 1926.10
◇普通銀行制度改善案「東洋経済新報」 1220 1926.10
◇東京市外債条件「都市公論」 9(10) 1926.10
◇アメリカの地方税(入江俊郎)「自治研究」 2(11) 1926.11
◇地方税に関する法律に就て(1)(田中広太郎)「自治研究」 2(11) 1926.11
◇失業対策としての金融対策(長岡保太郎)「社会政策時報」 74 1926.11
◇金融調査会と普通銀行制度案「週刊エコノミスト」 4(21) 1926.11
◇第二次税制整理の内容「週刊エコノミスト」 4(21) 1926.11
◇登録税法の改正(木村洪涛)「税」 4(11) 1926.11
◇特別地税制度の事務的考究(元山修二)「税」 4(11) 1926.11
◇国利民福に合致する金融制度(1)(西原亀三)「東洋経済新報」 1223 1926.11
◇国利民福に合致する金融制度(2)(西原亀三)「東洋経済新報」 1224 1926.11
◇家屋税調査委員は何うしたか「東洋経済新報」 1225 1926.11
◇国利民福に合致する金融制度(3)(西原亀三)「東洋経済新報」 1225 1926.11
◇国利民福に合致する金融制度(4)(西原亀三)「東洋経済新報」 1226 1926.11
◇地方税に関する法律に就て(2)(田中広太郎)「自治研究」 2(12) 1926.12
◇地方税制改正に就て(4)(大塚辰治)「市町村雑誌」 396 1926.12
◇国債政策の改善(堀江帰一)「週刊エコノミスト」 4(23) 1926.12
◇財政行詰の新予算「週刊エコノミスト」 4(23) 1926.12
◇明年度(昭和二年)予算と財政の根本的政策(大口喜六)「週刊エコノミスト」 4(23) 1926.12
◇家屋税雑考(宮下三次郎)「税」 4(12) 1926.12
◇問題の土地増価税(三谷軹秀)「大大阪」 2(12) 1926.12
◇国利民福に合致する金融制度(5)(西原亀三)「東洋経済新報」 1227 1926.12
◇国利民福に合致する金融制度(6)(西原亀三)「東洋経済新報」 1228 1926.12
◇日銀保証発行制限額を撤すべし「東洋経済新報」 1228 1926.12
◇国利民福に合致する金融制度(7)(西原亀三)「東洋経済新報」 1229 1926.12
◇庶民金融の真諦(小林丑三郎)「都市問題」 3(6) 1926.12
◇地方債義務不履行の始末問題(神戸正雄)「時事経済問題」 55 1927
◇二年度の予算(神戸正雄)「時事経済問題」 58 1927
◇我国未曾有の金融大恐慌(神戸正雄)「時事経済問題」 59 1927
◇家屋税と営業収益税との苦情(神戸正雄)「時事経済問題」 62 1927
◇最近の国債と預金部「時事経済問題」 62 1927
◇租税に関する通俗観(特に人頭税水道税又は使用料)(神戸正雄)「時

事経済問題」 64 1927
◇地方税に関する法律施行勅令解説(1)(田中広太郎)「自治研究」 3(1) 1927.1
◇地方税に関する法律に就て(唯野喜八)「自治研究」 3(1) 1927.1
◇府県及市町村の改正財務規程(大塚辰治)「自治研究」 3(1) 1927.1
◇戸数割の改正(田中広太郎)「斯民」 22(1) 1927.1
◇財界統制策としての割引政策(松崎寿)「社会政策時報」 76 1927.1
◇昭和二年度予算の解説「週刊エコノミスト」 5(2) 1927.1
◇営業収益税の前途(渡邊善堂)「税」 5(1) 1927.1
◇会社の営業収益税と改正所得税(矢部俊雄)「税」 5(1) 1927.1
◇誰にもわかる営業収益税の話(山本貞作)「税」 5(1) 1927.1
◇1927年度の紐育市予算(都市協会調査係)「大大阪」 3(1) 1927.1
◇外債公債の研究「東洋経済新報」 1230 1927.1
◇金解禁国の研究「東洋経済新報」 1230 1927.1
◇国利民福に合致する金融制度(8)(西原亀三)「東洋経済新報」 1230 1927.1
◇国利民福に合致する金融制度(9)(西原亀三)「東洋経済新報」 1231 1927.1
◇国利民福に合致する金融制度(10)(西原亀三)「東洋経済新報」 1232 1927.1
◇国利民福に合致する金融制度(11)(西原亀三)「東洋経済新報」 1233 1927.1
◇船舶課税と市域(平野真三)「都市問題」 4(1) 1927.1
◇東京市の官有地課税と地所別概況(小田忠夫)「都市問題」 4(1) 1927.1
◇印紙税廃止論(神戸正雄)「経済論叢」 24(2) 1927.2
◇英国労働党の銀行国有論(谷口吉彦)「経済論叢」 24(2) 1927.2
◇独逸帝国銀行の発券制度(汐見三郎)「経済論叢」 24(2) 1927.2
◇地方税に関する法律施行勅令解説(2)(田中広太郎)「自治研究」 3(2) 1927.2
◇電気事業の発展とその金融問題「週刊エコノミスト」 5(4) 1927.2
◇国利民福に合致する金融制度(12)(西原亀三)「東洋経済新報」 1234 1927.2
◇支那の物価と銀価(過去七年間の上海物価指数)「東洋経済新報」 1234 1927.2
◇内地向諸物価の低落「東洋経済新報」 1234 1927.2
◇支那の物価と金貨国の物価「東洋経済新報」 1235 1927.2
◇昨年に於ける米国の金融観「東洋経済新報」 1237 1927.2
◇新地方税制の失敗「東洋経済新報」 1237 1927.2
◇日銀指数利用の一指標(蛭川虎三)「経済論叢」 24(3) 1927.3
◇地方税に関する法律施行勅令解説(3)(田中広太郎)「自治研究」 3(3) 1927.3
◇特別税電柱条例(大阪府南河内郡野田村)「自治研究」 3(3) 1927.3
◇府県税の賦課減免に就て(唯野喜八)「自治研究」 3(3) 1927.3
◇高知県安芸郡安芸町特別所得税条例「市町村雑誌」 399 1927.3
◇地方税制改正に就て(大塚辰治)「市町村雑誌」 399 1927.3
◇議会に発表の財政資料「週刊エコノミスト」 5(5) 1927.3
◇銀行合同の趨勢と前途「週刊エコノミスト」 5(5) 1927.3
◇零細資金の蒐集と運用「週刊エコノミスト」 5(5) 1927.3
◇寄付行為と法人所得税(福田清)「税」 5(3) 1927.3
◇町村実務者より見たる地方税法(瀧谷嘉十郎)「税」 5(3) 1927.3
◇バーミンハム市営銀行(大阪都市協会調査係)「大大阪」 3(3) 1927.3
◇正貨政策の沿革(木村清四郎)「東洋経済新報」 1238 1927.3
◇大正十五年度地方財政概要「内務時報」 382 1927.3
◇大正十五年度地方財政概要(続)「内務時報」 383 1927.3
◇倶楽部税論(神戸正雄)「経済論叢」 24(4) 1927.4
◇金融市場に関する二三の研究(柳田誠二郎)「国家学会雑誌」 41(4) 1927.4
◇地方税に関する法律施行勅令解説(4)(田中広太郎)「自治研究」 3(4) 1927.4
◇改正地方税制に就て(6)(大塚辰治)「市町村雑誌」 400 1927.4
◇印紙税は撤廃する方がよい(田中正之)「税」 5(4) 1927.4
◇大阪に於ける銀行の発達(永田仁助)「大大阪」 3(4) 1927.4
◇地方主義と金融制度(村上浩)「地方」 35(4) 1927.4
◇金解禁政策の失敗と明治十四年後紙幣整理始末の回顧「東洋経済新報」 1244 1927.4
◇国債の発行額とその起債目的別「東洋経済新報」 1244 1927.4
◇不景気挽回策(利下と国債償還を行へ)「東洋経済新報」 1244 1927.4
◇国債の借換差増額と手取金額「東洋経済新報」 1245 1927.4
◇市電新線財源としての受益者負担(名古屋市)(戴浜散史)「都市創作」 3(4) 1927.4
◇震災被害者に対する租税の免除猶予等に関する件「内務時報」 385 1927.4
◇大正十五年度地方財政概要(続)「内務時報」 385 1927.4
◇大正十五年度地方財政概要(続)「内務時報」 386 1927.4
◇内務省主管歳入科目表(昭和二年度)「内務時報」 386 1927.4
◇勤勉奨励目的の課税(神戸正雄)「経済論叢」 24(5) 1927.5
◇貴族院予算委員の審査期間に就て(小野塚喜平次)「国家学会雑誌」 41(5) 1927.5
◇地方税に関する法律施行勅令解説(5)(田中広太郎)「自治研究」 3(5) 1927.5
◇改正地方税制に就いて(7)(大塚辰治)「市町村雑誌」 401 1927.5
◇放漫なる国有財産の管理運用「週刊エコノミスト」 5(9) 1927.5
◇独逸の貯蓄金庫(1)(大阪都市協会調査係訳)「大大阪」 3(5) 1927.5
◇金融制度は二大系統に整理せよ(1)「東洋経済新報」 1248 1927.5
◇金融制度は二大系統に整理せよ(2)「東洋経済新報」 1249 1927.5
◇手形交換に現はれた金融恐慌の影響「東洋経済新報」 1249 1927.5
◇有価証券信託に関する諸問題(呉文炳)「東洋経済新報」 1250 1927.5
◇帝都復興予算の改定(関口泰)「都市問題」 4(5) 1927.5
◇大正十五年度地方財産現況(承前)「内務時報」 392 1927.5
◇所得申告遺漏の補修方法(神戸正雄)「経済論叢」 24(6) 1927.6
◇金融恐慌に関する若干の考察(河津暹)「国家学会雑誌」 41(6) 1927.6
◇本邦最初の質屋業組合「産業組合」 260 1927.6
◇純農業銀行設立の提唱(田中由助)「市町村雑誌」 402 1927.6
◇改正地方税制の実施に際して(1)(田中広太郎)「斯民」 22(6) 1927.6
◇地方財政概要(大正十五年)「税」 5(6) 1927.6
◇独逸の貯蓄金庫(2)(大阪都市協会調査係訳)「大大阪」 3(6) 1927.6
◇速に内債の買入償還を行へ「東洋経済新報」 1251 1927.6
◇一九〇七年の米国の金融恐慌「東洋経済新報」 1251 1927.6
◇コール・ブローカーの窮状とその転換策「東洋経済新報」 1252

◇1927.6
◇一九〇七年の米国の金融恐慌「東洋経済新報」 1252 1927.6
◇一九〇七年の米国の金融恐慌「東洋経済新報」 1254 1927.6
◇政友会内閣の地租委譲論(鈴木武雄)「都市問題」 4(6) 1927.6
◇岸和田市特別税電柱税条例「内務時報」 396 1927.6
◇東京市特別税戸別割条例「内務時報」 396 1927.6
◇精神労働者と独逸所得税法(汐見三郎)「経済論叢」 25(1) 1927.7
◇税源の配分(田中広太郎)「自治研究」 3(7) 1927.7
◇賦課期日の研究(入江俊郎)「自治研究」 3(7) 1927.7
◇改正地方税制の実施に際して(2)(田中広太郎)「斯民」 22(7) 1927.7
◇地方税施行に関する法律一覧「税」 5(7) 1927.7
◇地方税としての広告税(元山修二)「税」 5(7) 1927.7
◇大阪の市税に就て(市民講座)(池川大次郎)「大大阪」 3(7) 1927.7
◇地租委譲に対する批判(小川市太郎)「大大阪」 3(7) 1927.7
◇地租委譲の可否は財源の如何に依る(清瀬一郎)「大大阪」 3(7) 1927.7
◇地租委譲論(東浦庄治)「帝国農会report」 17(7) 1927.7
◇一九〇七年の米国の金融恐慌「東洋経済新報」 1255 1927.7
◇普通銀行の外国為替取扱高「東洋経済新報」 1255 1927.7
◇一九〇七年の米国の金融恐慌「東洋経済新報」 1256 1927.7
◇一九〇七年の米国金融恐慌(7)「東洋経済新報」 1257 1927.7
◇一九〇七年の米国金融恐慌(8)「東洋経済新報」 1258 1927.7
◇恐慌後に於ける通貨の推移「東洋経済新報」 1259 1927.7
◇街路網計画実行の財源(神戸市)(奥中喜代一)「都市研究」 3(3) 1927.7
◇市政改善の基礎要件としての地租改革(北岡寿逸)「都市問題」 5(1) 1927.7
◇地租委譲論を評す(小林丑三郎)「都市問題」 5(1) 1927.7
◇東京市十五区民所得の階級別構成(小田忠夫)「都市問題」 5(1) 1927.7
◇昭和二年のパニック(其経過と対策)(堀江帰一)「三田学会雑誌」 21(7) 1927.7
◇内国債の発行方法(向井鹿松,内藤蔚彦)「三田学会雑誌」 21(7) 1927.7
◇営業税の課税標準(神戸正雄)「経済論叢」 25(2) 1927.8
◇一九二六年度における英国銀行界(道上清治)「経済論叢」 25(2) 1927.8
◇地方税制上の小問題(1)(田中広太郎)「自治研究」 3(8) 1927.8
◇賦課期日の研究(2)(入江俊郎)「自治研究」 3(8) 1927.8
◇改正地方税制の実施に際して(3)(田中広太郎)「斯民」 22(8) 1927.8
◇恐慌による資金分布の大変化「週刊エコノミスト」 5(16) 1927.8
◇恐慌後に於ける手形交換高の推移「東洋経済新報」 1261 1927.8
◇農村金融状況「東洋経済新報」 1261 1927.8
◇地租委譲の方法に就て「東洋経済新報」 1262 1927.8
◇重ねて地租の市町村委譲に就て「東洋経済新報」 1263 1927.8
◇物価と関税率「東洋経済新報」 1263 1927.8
◇公園経営の財源と自営策(井下清)「都市問題」 5(2) 1927.8
◇ニューヨーク市の財政近況(岡野文之助)「都市問題」 5(2) 1927.8
◇郵便貯金の地方還元と地方債整理問題(小田忠夫)「都市問題」 5(2) 1927.8
◇物価と月並的変動(高城仙次郎)「三田学会雑誌」 21(8) 1927.8

◇営業税の課税物件の地方分別難(神戸正雄)「経済論叢」 25(3) 1927.9
◇地方財政と累進税比例税(汐見三郎)「経済論叢」 25(3) 1927.9
◇地方財政権の開放と地方財政の信用及金融の統一改善に就て(菊池慎三)「自治研究」 3(9) 1927.9
◇地方税制上の小問題(2)(田中広太郎)「自治研究」 3(9) 1927.9
◇地租委譲と政府案の欠陥(小川市太郎)「週刊エコノミスト」 5(18) 1927.9
◇市営貯蓄銀行問題に就て(八代則彦)「大大阪」 3(9) 1927.9
◇市町村事業費の財源の種類(玉井助四郎)「地方行政」 35(9) 1927.9
◇国庫歳入歳出現計「統計集誌」 554 1927.9
◇恐慌後の銀行研究「東洋経済新報」 1264 1927.9
◇恐慌後の全国普通銀行勘定「東洋経済新報」 1264 1927.9
◇剰余金の涸渇最も喜ぶべし「東洋経済新報」 1264 1927.9
◇地租の道府県附加税は廃止すべし「東洋経済新報」 1264 1927.9
◇日銀は断然利下げを行ふべし「東洋経済新報」 1264 1927.9
◇物価低落の底「東洋経済新報」 1264 1927.9
◇恐慌後の金融制度改善案「東洋経済新報」 1265 1927.9
◇地方税制全般の改正を行ふべし「東洋経済新報」 1265 1927.9
◇銀行合同の盛行「東洋経済新報」 1266 1927.9
◇印度の綿糸関税引上「東洋経済新報」 1267 1927.9
◇金融恐慌後の労働界「東洋経済新報」 1267 1927.9
◇金輸出解禁問題の前途「東洋経済新報」 1267 1927.9
◇都市と其の財源の独立性に就て(阿南常一)「都市公論」 10(9) 1927.9
◇地租委譲問題の経過(小田忠夫)「都市問題」 5(3) 1927.9
◇東京市内信用組合の分布状態(小幡清金)「都市問題」 5(3) 1927.9
◇土地課税権の委譲(藤田進一郎)「都市問題」 5(3) 1927.9
◇地方税制上の小問題(3)(田中広太郎)「自治研究」 3(10) 1927.10
◇地方税制改正に就て(12)(大塚辰治)「市町村雑誌」 406 1927.10
◇改正地方税制の実施に際して(4)(田中広太郎)「斯民」 22(10) 1927.10
◇五大銀行の実績とその優劣「週刊エコノミスト」 5(19) 1927.10
◇東西六大取引所の今期業績「週刊エコノミスト」 5(19) 1927.10
◇市営貯蓄銀行か市街地信用組合か(志賀志那人)「大大阪」 3(10) 1927.10
◇恐慌後の全国銀行勘定の変動「東洋経済新報」 1268 1927.10
◇日銀と中小銀行 統制機能喪失の根因「東洋経済新報」 1268 1927.10
◇金融市場の分裂「東洋経済新報」 1269 1927.10
◇銅関税撤廃論(阿部利雄)「東洋経済新報」 1272 1927.10
◇戦後戦前の欧洲財政(汐見三郎)「経済論叢」 25(5) 1927.11
◇租に於ける家計(神戸正雄)「経済論叢」 25(5) 1927.11
◇明治維新より地方税規則制定迄での地租附加税に就て(唯野喜八)「自治研究」 3(11) 1927.11
◇地方税制改正に就て(13)(大塚辰治)「市町村雑誌」 407 1927.11
◇改正地方税制の実施に際して(5)(田中広太郎)「斯民」 22(11) 1927.11
◇地方財務監督の話(向陵生)「斯民」 22(11) 1927.11
◇財源調達成れる新予算「週刊エコノミスト」 5(21) 1927.11
◇大銀行専制の金融政策(堀江帰一)「週刊エコノミスト」 5(21) 1927.11

◇利下げ後の金融市場「週刊エコノミスト」 5(21) 1927.11
◇予算編成方針の決定と財源調べ「週刊エコノミスト」 5(22) 1927.11
◇市営貯蓄銀行創設可否論(野村徳七)「大大阪」 3(11) 1927.11
◇本邦六大都市財政の考察(関一)「大大阪」 3(11) 1927.11
◇銀行制度の改革とレシーヴアー制「東洋経済新報」 1273 1927.11
◇中小銀行に於ける恐慌の打撃「東洋経済新報」 1273 1927.11
◇信託の市債引受「東洋経済新報」 1274 1927.11
◇公社債借換による払込金の激増「東洋経済新報」 1275 1927.11
◇地租委譲延期の罪を軽くするの道「東洋経済新報」 1275 1927.11
◇政府予算の編成難と復興費(鈴木武雄)「都市問題」 5(5) 1927.11
◇地租委譲に就て(田川大吉郎)「都市問題」 5(5) 1927.11
◇都市財政より観たる地租委譲と教員俸給全額国庫負担の比較(小田忠夫)「都市問題」 5(5) 1927.11
◇昭和三年度港湾修築費予算案「港湾」 5(12) 1927.12
◇市街地信用組合に対する要望(大野龍太)「産業組合」 266 1927.12
◇京都市債の六朱平価(神戸正雄)「時事経済問題」 65 1927.12
◇金融の好化及改善(神戸正雄)「時事経済問題」 65 1927.12
◇財政と農業(神戸正雄)「時事経済問題」 65 1927.12
◇信託会社の東京市債引受(神戸正雄)「時事経済問題」 65 1927.12
◇登録税に関する評価機関(神戸正雄)「時事経済問題」 65 1927.12
◇地方税制上の小問題(4)(田中廣太郎)「自治研究」 3(12) 1927.12
◇地方税制改正に就て(14)(大塚辰治)「市町村雑誌」 408 1927.12
◇改正地方税制の実施に際して(6)(田中廣太郎)「斯民」 22(12) 1927.12
◇銀行合同運動とその諸問題「週刊エコノミスト」 5(23) 1927.12
◇盛況を示した下期の起債市「週刊エコノミスト」 5(23) 1927.12
◇大阪市昭和信用組合に就て(富田幸雄)「大大阪」 3(12) 1927.12
◇市営貯蓄銀行創設可否論(2)(野村徳七)「大大阪」 3(12) 1927.12
◇地方税改正について政府の黙考を望む「東洋経済新報」 1278 1927.12
◇地租委譲延期の顛末(小田忠夫)「都市問題」 5(6) 1927.12
◇昭和二年度大正十五年度道府県予算対照「内務時報」 421 1927.12
◇昭和二年度道府県歳入歳出予算「内務時報」 422 1927.12
◇法人に関する重複課税の問題(神戸正雄)「経済論叢」 26(1) 1928.1
◇三年度予算計画(神戸正雄)「時事経済問題」 66 1928.1
◇貴族院多額納税者議員互選制度に関する事務の考察(元山修二)「自治研究」 4(1) 1928.1
◇地方税制と人物税(田中廣太郎)「自治研究」 4(1) 1928.1
◇地方税制の運用に就て(1)(外山福男)「自治研究」 4(1) 1928.1
◇明治維新以後営業税法制定迄の船税に就て(唯野喜八)「自治研究」 4(1) 1928.1
◇我国金融界現下の二大問題(青木得三)「斯民」 23(1) 1928.1
◇現内閣の財政計画とその解説「週刊エコノミスト」 6(2) 1928.1
◇小商工資金融通案「週刊エコノミスト」 6(2) 1928.1
◇家屋税実施上の諸問題(戸田吉)「税」 6(1) 1928.1
◇地方財政の根本問題(山本貞作)「税」 6(1) 1928.1
◇都市社会政策と労働組合経営銀行(山口正太郎)「大大阪」 4(1) 1928.1
◇昭和三年の金融界(山室宗文)「東洋経済新報」 1281 1928.1
◇勧業銀行の建築調査「東洋経済新報」 1283 1928.1

◇銀行国営論(1)(田川大吉郎)「東洋経済新報」 1283 1928.1
◇準国税滞納処分に対する行政上の救済(村上恭一)「都市公論」 11(1) 1928.1
◇一九二七年度モスクワ市予算(小幡清金)「都市問題」 6(1) 1928.1
◇地租委譲案の要綱決定(小田忠夫)「都市問題」 6(1) 1928.1
◇営業収益税の改正法案(汐見三郎)「経済論叢」 26(2) 1928.2
◇朝鮮の庶民金融(山根譲)「産業組合」 268 1928.2
◇不動産金融と中下層金融(神戸正雄)「時事経済問題」 25 1928.2
◇三年度公債発行計画(神戸正雄)「時事経済問題」 67 1928.2
◇新銀行法の実施(神戸正雄)「時事経済問題」 67 1928.2
◇国費地方費の区分と地租委譲(田中廣太郎)「自治研究」 4(2) 1928.2
◇既成振与各政党の財政経済社会策比較「週刊エコノミスト」 6(4) 1928.2
◇歩一税の話(森下確也)「大大阪」 4(2) 1928.2
◇銀行国営論(2)(田川大吉郎)「東洋経済新報」 1284 1928.2
◇銀行国営論(3)(田川大吉郎)「東洋経済新報」 1285 1928.2
◇準備銀行と金融市場「東洋経済新報」 1285 1928.2
◇地方債調(昭和三年一月調)「都市公論」 11(2) 1928.2
◇我国に於ける都市計画事業の財源(上)(小幡清金)「都市問題」 6(2) 1928.2
◇委任経理に就いて(楠見一正)「経済論叢」 26(3) 1928.3
◇営業税と営業収益税(汐見三郎)「経済論叢」 26(3) 1928.3
◇相続税の逋税(神戸正雄)「経済論叢」 26(3) 1928.3
◇昭和二年金融恐慌と産業組合に関する其後の経過(調査部)「産業組合」 269 1928.3
◇地方農村金融と質屋制度(岡野文之助)「産業組合」 269 1928.3
◇農村の金利(白濱和夫)「産業組合」 269 1928.3
◇金融界の近状と諸問題(神戸正雄)「時事経済問題」 68 1928.3
◇最近の地方債(神戸正雄)「時事経済問題」 68 1928.3
◇昨年中の投資と信託の現状(神戸正雄)「時事経済問題」 68 1928.3
◇所得税法施行規則第一条(神戸正雄)「時事経済問題」 68 1928.3
◇家屋税廃すべきか(田中廣太郎)「自治研究」 4(3) 1928.3
◇市町村話(大塚辰治)「市町村雑誌」 411 1928.3
◇現行所得税法の不公平「税」 6(3) 1928.3
◇今後に於ける相続税「税」 6(3) 1928.3
◇辰年と租税(2・完)「税」 6(3) 1928.3
◇税制改正後に於ける地方税の現況(戸田吉)「税」 6(3) 1928.3
◇大阪市民租税負担の真相(1)(森下確也)「大大阪」 4(3) 1928.3
◇独逸に於ける小作金融法(藤村忠)「帝国農会報」 18(3) 1928.3
◇物価の国際的地位「東洋経済新報」 1290 1928.3
◇金輸出解禁の必要と其の方法「東洋経済新報」 1291 1928.3
◇金融統制上における金の不必要(1)「東洋経済新報」 1292 1928.3
◇都市財政特輯「都市問題」 6(3) 1928.3
アメリカに於ける都市財政組織/欧米諸国の都市財政(岡野文之助) イギリスに於ける都市財政組織/欧米諸国の都市財政(弓家七郎) 各政党の地方財政政策(鈴木武雄) 各都市の昭和三年度予算案(猪間驥一) 社会党市ウィーンの財政近況(岡野文之助) ドイツに於ける都市財政組織/欧米諸国の都市財政(岡野文之助) 都市財政の根本改善(小林丑三郎) ファシスティ治下の地方財政制度/欧米諸国の都市財政(小田垣光之輔) フランスの都市財政/欧米諸国の都市財政(鈴木武雄) 六大都市の財政比較(小田忠夫) ロンドンの一九二七-八年度予算(小倉庫次) 我国都市財政の膨張 我国に於ける都市計画事業の財源(下・完)(小幡清金)
◇委任経理について(楠見一正)「経済論叢」 26(4) 1928.4

◇相続税の補完としての贈与課税（神戸正雄）「経済論叢」 26（4） 1928.4
◇公債公募並に通貨調節策と債券市場（神戸正雄）「時事経済問題」 69 1928.4
◇土地家屋会社に対する営業収益税の分割課税（神戸正雄）「時事経済問題」 69 1928.4
◇税制整理前後の地方税（田中廣太郎）「自治研究」 4（4） 1928.4
◇地方税制の運用に就て（2）（外山福男）「自治研究」 4（4） 1928.4
◇大正年代に於ける市町村財政の変遷（田中廣太郎）「斯民」 23（4） 1928.4
◇各政党の租税政策「税」 6（4） 1928.4
◇地租委譲案に関する若干の考察（元山修二）「税」 6（4） 1928.4
◇大阪市民租税負担の真相（2・完）（森下確也）「大大阪」 4（4） 1928.4
◇戸数割賦課方法に関する判例に就て（窪田靜太郎）「地方行政」 36（4） 1928.4
◇法人に対する市町村の課税（田中廣太郎）「地方行政」 36（4） 1928.4
◇金融統制上における金の不必要（2）「東洋経済新報」 1293 1928.4
◇庭園空地の脱税防止法「東洋経済新報」 1293 1928.4
◇金融統制上に於ける金の不必要（完）「東洋経済新報」 1294 1928.4
◇利上後の米国金融界「東洋経済新報」 1295 1928.4
◇農業信用と普通銀行（成瀬義春）「三田学会雑誌」 22（4） 1928.4
◇政実協定に依る税制の改革（神戸正雄）「時事経済問題」 70 1928.5
◇市町村の法人特別課税方法に就て（田中廣太郎）「自治研究」 4（5） 1928.5
◇大嘗祭の斎田と租税の免除（上）（能勢貞治）「自治研究」 4（5） 1928.5
◇地方税制限に関する法律第3条の適用方に就て（唯野喜八）「自治研究」 4（5） 1928.5
◇所謂年度繰越予算に関連して（大塚辰治）「斯民」 23（5） 1928.5
◇戸数割賦課方法に関する判例について（窪田靜太郎）「税」 6（5） 1928.5
◇市町村特別税（1）（戸田吉）「税」 6（5） 1928.5
◇地方税制整理の跡を顧みて（1）（大塚辰治）「税」 6（5） 1928.5
◇法人に対する地方課税の問題（元山修二）「税」 6（5） 1928.5
◇今は如何なるインフレーションか「東洋経済新報」 1296 1928.5
◇英国昨年度予算の実績「東洋経済新報」 1298 1928.5
◇イギリスに於ける貯蓄銀行市営反対論（岡野文之助）「都市問題」 6（5） 1928.5
◇租税に於ける強者の専横（神戸正雄）「経済論叢」 26（6） 1928.6
◇中央・地方財政に於ける租税配分（金川與之助）「経済論叢」 26（6） 1928.6
◇戸数割の課税標準（神戸正雄）「時事経済問題」 71 1928.6
◇家屋税の賦課方法に就て（田中廣太郎）「自治研究」 4（6） 1928.6
◇大嘗祭の斎田と租税の免除（2）（能勢貞治）「自治研究」 4（6） 1928.6
◇地方税制の運用に就て（3）（外山福男）「自治研究」 4（6） 1928.6
◇都市財務機関の構成に就て（1）（大塚辰治）「自治研究」 4（6） 1928.6
◇信託会社の勢力増大と其使命「東洋経済新報」 1302 1928.6
◇資産状況の算定方法（田中廣太郎）「自治研究」 4（7） 1928.7
◇地方税制の運用に就て（4）（外山福男）「自治研究」 4（7） 1928.7
◇都市の土地課税問題（田中広太郎）「都市問題」 7（1） 1928.7
◇大嘗祭の斎田と租税の免除（下）（能勢貞治）「自治研究」 4（8） 1928.8

◇地方税附加税の沿革に就て（1）（唯野喜八）「自治研究」 4（8） 1928.8
◇特別所得税（田中廣太郎）「自治研究」 4（8） 1928.8
◇都市財務機関の構成に就て（2）（大塚辰治）「自治研究」 4（8） 1928.8
◇諸都市の財政調査会-特に名古屋市の財政調査会に就て（岡野文之助）「都市問題」 7（2） 1928.8
◇六大市の特別税制度と東京市の新税計画説（小田忠夫）「都市問題」 7（2） 1928.8
◇我国地方税制度小史（上）（岡野文之助）「都市問題」 7（2） 1928.8
◇鉱業に対する地方税（田中廣太郎）「自治研究」 4（9） 1928.9
◇地方税制の運用に就て（5）（外山福男）「自治研究」 4（9） 1928.9
◇京都府の三部経済制廃止（吉山真棹）「都市問題」 7（3） 1928.9
◇地方財政調査会の設置と地方財務監督制度の創設（岡野文之助）「都市問題」 7（3） 1928.9
◇東京市の雇傭員簡易金融制（福本英男）「都市問題」 7（3） 1928.9
◇我国地方税制度小史（下）（岡野文之助）「都市問題」 7（3） 1928.9
◇漁業税に関する研究（1）（外山福男）「自治研究」 4（10） 1928.10
◇重複課税（田中廣太郎）「自治研究」 4（10） 1928.10
◇市予算決算等の公表に関する建議の反響（吉山真棹）「都市問題」 7（4） 1928.10
◇地方税附加税の沿革に就て（2）（唯野喜八）「自治研究」 4（11） 1928.11
◇臨時少額の府県費の分賦（田中廣太郎）「自治研究」 4（11） 1928.11
◇漁業税に関する研究（2）（外山福男）「自治研究」 4（12） 1928.12
◇土地課税の禁止規定に就て（田中廣太郎）「自治研究」 4（12） 1928.12
◇人口等級別に依る都市歳入概観（小田忠夫）「都市問題」 7（6） 1928.12
◇地租及営業収益税委譲後の地方税整理案要綱（小田忠夫）「都市問題」 7（6） 1928.12
◇独・墺・米・瑞に於ける中央・地方財政負担の調整（中川与之助）「都市問題」 7（6） 1928.12
◇漁業税に関する研究（3）（外山福男）「自治研究」 5（1） 1929.1
◇地方税制構成上の原則に就て（田中廣太郎）「自治研究」 5（1） 1929.1
◇地方税附加税の沿革に就て（3）（唯野喜八）「自治研究」 5（1） 1929.1
◇中小商工業金融問題に就いて（1）（植野勲）「自治研究」 5（1） 1929.1
◇預金部地方資金の貸付方法に就て（1）（大竹虎雄）「自治研究」 5（1） 1929.1
◇新地方税法案大綱と地方税負担問題（小田忠夫）「都市問題」 8（1） 1929.1
◇漁業税に関する研究（4）（外山福男）「自治研究」 5（2） 1929.2
◇戸数割に関する最近の一判例に就て（田中廣太郎）「自治研究」 5（2） 1929.2
◇中小商工業金融問題に就いて（2）（植野勲）「自治研究」 5（2） 1929.2
◇預金部地方資金の貸付方法に就て（2）（大竹虎雄）「自治研究」 5（2） 1929.2
◇新地方税法案に就て（田中廣太郎）「自治研究」 5（3） 1929.3
◇地方税附加税の沿革に就て（4）（唯野喜八）「自治研究」 5（3） 1929.3
◇中小商工業金融問題に就いて（3・完）（植野勲）「自治研究」 5（3） 1929.3
◇在外正貨の補充問題（松崎寿）「経済時報」 1（1） 1929.4

◇新地方税制と地方税体系（田中廣太郎）「自治研究」 5（4） 1929.4
◇地租及営業収益税委譲案最近の経過（小田忠夫）「都市問題」 8（4） 1929.4
◇大阪市財政膨脹の趨勢に就て（藤谷謙二）「経済時報」 1（2） 1929.5
◇英国に於ける地方財政制度の改革問題（1）（山崎巖）「自治研究」 5（5） 1929.5
◇法律と予算と牴触したる場合につきて（清水澄）「自治研究」 5（5） 1929.5
◇両税委譲に関する論議の23（1）（田中廣太郎）「自治研究」 5（5） 1929.5
◇英国に於ける地方財政制度の改革問題（2）（山崎巖）「自治研究」 5（6） 1929.6
◇納税義務の継承（入江俊郎）「自治研究」 5（6） 1929.6
◇両税委譲に関する論議23（2）（田中廣太郎）「自治研究」 5（6） 1929.6
◇ケネーの租税理論「経済論叢」 29（1） 1929.7
◇最近英国における予算の実績（中川与之助）「経済論叢」 29（1） 1929.7
◇消費税の目的及物件（神戸正雄）「経済論叢」 29（1） 1929.7
◇プロイセンの地方税制（安田元七）「経済論叢」 29（1） 1929.7
◇労銀の理論（高田保馬）「経済論叢」 29（1） 1929.7
◇英国に於ける地方財政制度の改革問題（3）（山崎巖）「自治研究」 5（7） 1929.7
◇地方税制と所謂社会政策的税制（田中廣太郎）「自治研究」 5（7） 1929.7
◇復興貯蓄債券に就て（1）（大竹虎雄）「自治研究」 5（7） 1929.7
◇我国民の貯蓄と消費の調査「週刊エコノミスト」 7（14） 1929.7
◇我国における公社債の分布状態（神戸正雄）「東洋経済新報」 1354 1929.7
◇英国労働党内閣の関税政策（富永祐治）「経済時報」 1（5） 1929.8
◇国際決済銀行の設立（楠見一正）「経済時報」 1（5） 1929.8
◇事業財政上の一合理化（松井辰之助）「経済時報」 1（5） 1929.8
◇清涼飲料税論（神戸正雄）「経済論叢」 29（2） 1929.8
◇労銀の理論（高田保馬）「経済論叢」 29（2） 1929.8
◇関に関する最近の若干問題（神戸正雄）「時事経済問題」 85 1929.8
◇在外正貨補充策（神戸正雄）「時事経済問題」 85 1929.8
◇最近の地方債（神戸正雄）「時事経済問題」 85 1929.8
◇新内閣の財政経済立直し政策（神戸正雄）「時事経済問題」 85 1929.8
◇道府県財政及営業税雑種税の内容（神戸正雄）「時事経済問題」 85 1929.8
◇英国に於ける地方財政制度の改革問題（4）（山崎巖）「自治研究」 5（8） 1929.8
◇漁業税に関する研究（5・完）（外山福男）「自治研究」 5（8） 1929.8
◇戸数割納税義務の相続（田中廣太郎）「自治研究」 5（8） 1929.8
◇東京市財政の根本整理に就て（末松偕一郎）「市町村雑誌」 428 1929.8
◇金解禁の実証的研究「週刊エコノミスト」 7（15） 1929.8
◇実行予算と地方緊縮訓令「週刊エコノミスト」 7（16） 1929.8
◇紐育市の予算局（2）――市政中心機関の構成と機能――（藤進一郎）「大大阪」 5（8） 1929.8
◇地方財政の膨脹に就て（承前）（戸田吉）「地方行政」 37（8） 1929.8
◇地方財政の膨張（戸田吉）「地方行政」 37（8） 1929.8

◇独逸に於ける国、地方の財源分配法（安田元七）「地方行政」 37（8） 1929.8
◇東三省財政制度（2）（松田雪堂）「東洋経済新報」 1360 1929.8
◇東三省財政制度（3）（松田雪堂）「東洋経済新報」 1361 1929.8
◇東三省財政制度（松田雪堂）「東洋経済新報」 1362 1929.8
◇金解禁問題について（武藤山治）「東洋経済新報」 1364 1929.8
◇都市の新税創設に関する考察（上）（石原市三郎）「都市問題」 9（2） 1929.8
◇金解禁を巡る産業及金融界（神戸正雄）「時事経済問題」 86 1929.9
◇銀行預金及郵便貯金の変遷「時事経済問題」 86 1929.9
◇節約財政の解剖（神戸正雄）「時事経済問題」 86 1929.9
◇鉄関税「時事経済問題」 86 1929.9
◇家屋に対する不均一課税（田中廣太郎）「自治研究」 5（9） 1929.9
◇復興貯蓄債券に就て（2）（大竹虎雄）「自治研究」 5（9） 1929.9
◇夫役現品論（元山修二）「税」 7（9） 1929.9
◇地方財政の整理緊縮に就て（次田大三郎）「地方行政」 37（9） 1929.9
◇地方財政の膨脹に就て（承前）（戸田吉）「地方行政」 37（9） 1929.9
◇道府県財政整理の一案（元山修二）「地方行政」 37（9） 1929.9
◇都市の新税創設に関する考察（下）（石原市三郎）「都市問題」 9（3） 1929.9
◇浜口内閣の地方財政緊縮指令（小田忠夫）「都市問題」 9（3） 1929.9
◇井上蔵相の緊縮節約論に就て（松崎寿）「経済時報」 1（7） 1929.10
◇緊縮政策と経済生活の整理（松井辰之助）「経済時報」 1（7） 1929.10
◇地租の改正を論ず（汐見三郎）「経済論叢」 29（4） 1929.10
◇独立財源の意義について（中川與之助）「経済論叢」 29（4） 1929.10
◇地方財政の現況（次田大三郎）「斯民」 24（10） 1929.10
◇我国々際貸借の現状とその改善策「週刊エコノミスト」 7（19） 1929.10
◇金解禁と財政の緊縮（勝正憲）「税」 7（10） 1929.10
◇地方税制改正論批判（戸田吉）「税」 7（10） 1929.10
◇府県条例と府県税の賦課徴収（東次郎）「税」 7（10） 1929.10
◇地方債の整理緊縮（坂千秋）「地方行政」 37（10） 1929.10
◇独逸に於ける国、地方財源分配法（安田元七）「地方行政」 37（10） 1929.10
◇道府県財政整理の一案（元山修二）「地方行政」 37（10） 1929.10
◇営業税に於ける累進課税（神戸正雄）「経済論叢」 29（5） 1929.11
◇独逸信用組合の近状（楠見一正）「経済論叢」 29（5） 1929.11
◇産業組合金融の系統機関関係に就て（林久四郎）「産業組合」 289 1929.11
◇金解禁を前にしての諸準備及現象（神戸正雄）「時事経済問題」 88 1929.11
◇銀行信託及郵貯の情勢（神戸正雄）「時事経済問題」 88 1929.11
◇本年度の地方財政予算（附）地方債不始末（神戸正雄）「時事経済問題」 88 1929.11
◇民生党内閣の税制対策（神戸正雄）「時事経済問題」 88 1929.11
◇地方税制の単純化と複雑化（田中廣太郎）「自治研究」 5（11） 1929.11
◇復興貯蓄債券に就て（3）（大竹虎雄）「自治研究」 5（11） 1929.11
◇地方財政緊縮の実績（岡田周造）「斯民」 24（11） 1929.11
◇財政緊縮物語（2・完）「週刊エコノミスト」 7（21） 1929.11

◇漁業税改正論(元山修二)「税」 7(11) 1929.11
◇所得税の根本問題(関口健一郎訳)「税」 7(11) 1929.11
◇所得税法の税率を論ず(田中勝次郎)「税」 7(11) 1929.11
◇大阪市税の発達(武田長太郎)「大大阪」 5(11) 1929.11
◇紐育市の予算局(4)(藤田進一郎)「大大阪」 5(11) 1929.11
◇地方財政の膨脹(承前)(戸田吉)「地方行政」 37(11) 1929.11
◇地方費の緊縮と各種試験場の整理(諸橋襄)「地方行政」 37(11) 1929.11
◇旧平価解禁論者の財界整理論「東洋経済新報」 1373 1929.11
◇所得相続の両税を増徴せよ「東洋経済新報」 1373 1929.11
◇兌換券発行高と物価指数の関係(上)「東洋経済新報」 1374 1929.11
◇金本位制度の世界大戦前に於ける普及とその前後における復興(金原賢之助)「三田学会雑誌」 23(11) 1929.11
◇地租に於ける累進(神戸正雄)「経済論叢」 29(6) 1929.12
◇地方不動産取得税(安田元七)「経済論叢」 29(6) 1929.12
◇地方財政改革の重点(1)(宇賀田順三)「国家学会雑誌」 43(12) 1929.12
◇地方税の滞納と之が矯正並整理に就て(永安百治)「自治研究」 5(12) 1929.12
◇地方費の根本的整理(田中廣太郎)「自治研究」 5(12) 1929.12
◇復興貯蓄債券に就て(4)(大竹虎雄)「自治研究」 5(12) 1929.12
◇紐育市の予算局(市政中心機関の構成と機能)(藤田進一郎)「大大阪」 5(12) 1929.12
◇地方財政の膨脹に就て(承前)(戸田吉)「地方行政」 37(12) 1929.12
◇地方債の統制(入江俊郎)「地方行政」 37(12) 1929.12
◇我国の所得税に関する若干の考察(成瀬義春)「三田学会雑誌」 23(12) 1929.12
◇所得税に於ける累進率(神戸正雄)「経済論叢」 30(1) 1930.1
◇六大都市特に大阪市の租税負担(汐見三郎)「経済論叢」 30(1) 1930.1
◇アメリカに於ける都市歳入の分類(安田元七)「自治研究」 6(1) 1930.1
◇所謂歳入欠陥に依る地方財政紊乱の根本原因を尋ねて(菊池愼三)「自治研究」 6(1) 1930.1
◇金解禁と地方財政の整理緊縮(三好重夫)「自治研究」 6(1) 1930.1
◇地方団体間の税源の配分(田中廣太郎)「自治研究」 6(1) 1930.1
◇地方債に就て(1)(大竹虎雄)「斯民」 25(1) 1930.1
◇各国の軍費と国民所得比率「週刊エコノミスト」 8(2) 1930.1
◇昭和五年度予算概評(大口喜六)「週刊エコノミスト」 8(2) 1930.1
◇昭和五年度予算の解説「週刊エコノミスト」 8(2) 1930.1
◇新予算案の長所と短所「週刊エコノミスト」 8(2) 1930.1
◇通貨法の制定(山崎覚次郎)「週刊エコノミスト」 8(2) 1930.1
◇財政と富の集中(坊成美)「税」 8(1) 1930.1
◇雑種税考察(元山修二)「税」 8(1) 1930.1
◇地租法の改正(渡邊善蔵)「税」 8(1) 1930.1
◇地方税国税附加税の制限(東次郎)「税」 8(1) 1930.1
◇歳入欠陥に因る地方財政の紊乱に就て(菊池愼三)「地方行政」 38(1) 1930.1
◇金解禁の先例と影響の研究「東洋経済新報」 1380 1930.1
◇我国金本位制の研究「東洋経済新報」 1381 1930.1
◇国税地租の課税標準(神戸正雄)「経済論叢」 30(2) 1930.2

◇フランスにおける庶民銀行について「経済論叢」 30(2) 1930.2
◇歳入予算の効力(永安百治)「自治研究」 6(2) 1930.2
◇府県財政に於ける歳入欠陥に就て(1)(三好重夫)「自治研究」 6(2) 1930.2
◇地方債に就て(2)(大竹虎雄)「斯民」 25(2) 1930.2
◇緊縮下の府県会展望(栗林貞一)「地方行政」 38(2) 1930.2
◇東京市市政救済策(藤原俊雄)「都市公論」 13(2) 1930.2
◇船税及び車税に就て(藤谷謙二)「経済時報」 1(12) 1930.3
◇関税引上権政府委任の是非(富永祐治)「経済時報」 2(1) 1930.3
◇商品券並にその課税問題の社会的考察(松井辰之助)「経済時報」 2 1930.3
◇資本利子税及第二種所得税の地方附加税禁止規定(神戸正雄)「経済論叢」 30(3) 1930.3
◇女給税について(羽根盛一)「経済論叢」 30(3) 1930.3
◇地方債に就て(3)(大竹虎雄)「斯民」 25(3) 1930.3
◇わが正貨流出入の情勢「週刊エコノミスト」 8(5) 1930.3
◇下谷区における不均課税(川島完)「税」 8(3) 1930.3
◇町村財源を求むるの記(小林千秋)「税」 8(3) 1930.3
◇明治初年の大阪市街地と地租改正(黒羽兵治郎)「大大阪」 6(3) 1930.3
◇秋田県財政の整理顛末(菊池愼三)「地方行政」 38(3) 1930.3
◇家屋税の課税標準調査に就て(田中廣太郎)「地方行政」 38(3) 1930.3
◇社会政策と財源関係(豊田光雄)「地方行政」 38(3) 1930.3
◇地方財政整理緊縮の実績に就て(戸田吉)「地方行政」 38(3) 1930.3
◇自動車に対するガソリン税の論評「帝国鉄道協会会報」 31(3) 1930.3
◇金解禁前後の銀行信託研究「東洋経済新報」 1389 1930.3
◇ドイツ中小都市の租税収入(小倉庫次)「都市問題」 10(3) 1930.3
◇ニューヨーク市財政最近の推移(小田忠夫)「都市問題」 10(3) 1930.3
◇市民は新増税の負担に堪へ得べきか/帝都の予算を評す(都市予算号)(野々山幸吉)「都市問題」 10(3) 1930.3
◇租税犠牲説と功利主義哲学(永田清)「三田学会雑誌」 24(3) 1930.3
◇地方予算(昭和五年度)「文部時報」 340 1930.3
◇金解禁後の物価及金利問題(松崎寿)「経済時報」 2(1) 1930.4
◇独逸都市に於ける不動産金融「経済時報」 2(1) 1930.4
◇都市財政と地租(藤谷謙二)「経済時報」 2(1) 1930.4
◇家屋税の課税標準(神戸正雄)「経済論叢」 30(4) 1930.4
◇府県財政と小学校教員恩給(永安百治)「自治研究」 6(4) 1930.4
◇府県財政に於ける歳入欠陥に就て(2)(三好重夫)「自治研究」 6(4) 1930.4
◇府県財政に於ける歳入欠陥に就て(三好重夫)「自治研究」 6(4) 1930.4
◇地方債に就て(4)(大竹虎雄)「斯民」 25(4) 1930.4
◇誤れる我国近時の平価切下論(大島堅造)「週刊エコノミスト」 8(7) 1930.4
◇昭和五年度一般特別両会計実行予算「週刊エコノミスト」 8(8) 1930.4
◇遊興税論(完)(元山修二)「税」 8(4) 1930.4
◇家屋税の課税標準調査(田中廣太郎)「地方行政」 38(4) 1930.4
◇東京市の家屋税不均一課税に就て(亀山誠)「都市公論」 13(4) 1930.4
◇ピグー、ダルトンの資本課税論―附、コルウイン委員会報告書―

◇(高木壽一)「三田学会雑誌」 24(4) 1930.4
◇昭和五年度地方費予算「文部時報」 343 1930.4
◇プロイセンの市街地金融組合(柏塚辰雄)「経済時報」 2(2) 1930.5
◇米国洲、地方団体に於ける税源配分問題(藤谷謙二)「経済時報」 4(2) 1930.5
◇地租改正案に於ける若干問題(神戸正雄)「経済論叢」 30(5) 1930.5
◇独逸に於けるFinanzausgleichの理論(中川與之助)「経済論叢」 30(5) 1930.5
◇仏蘭西の地方財政(武田長太郎)「経済論叢」 30(5) 1930.5
◇地方税の間接税(田中廣太郎)「自治研究」 6(5) 1930.5
◇府県財政に於ける歳入欠陥に就て(3)(三好重夫)「自治研究」 6(5) 1930.5
◇市町村財政の調節(長峰安三郎)「市町村雑誌」 437 1930.5
◇地方債に就て(5)(大竹虎雄)「斯民」 25(5) 1930.5
◇国有財産の整理「週刊エコノミスト」 8(10) 1930.5
◇財政整理の眼目「週刊エコノミスト」 8(10) 1930.5
◇地方財政の緊縮「週刊エコノミスト」 8(10) 1930.5
◇特別会計の整理「週刊エコノミスト」 8(10) 1930.5
◇膨脹せる国債をどう縮めるか「週刊エコノミスト」 8(10) 1930.5
◇預金部資金流用問題の正体「週刊エコノミスト」 8(10) 1930.5
◇地方財政の状況と其整理(戸田吉)「税」 8(5) 1930.5
◇大都市の財政に就て(小川市太郎)「大大阪」 6(5) 1930.5
◇家屋税の課税標準調査に就て(承前)(田中廣太郎)「地方行政」 38(5) 1930.5
◇過年度収入の整理に就て(三好重夫)「地方行政」 38(5) 1930.5
◇地方財政の状況(2)(内務省地方局調)「地方行政」 38(5) 1930.5
◇新予算より観た地方財政の緊縮と都市新施設(吉山真棹)「都市問題」 10(5) 1930.5
◇ベルリン市財政の窮乏(小田忠夫)「都市問題」 10(5) 1930.5
◇独逸に於ける不動産証券化の一例(柏塚辰雄)「経済時報」 2(3) 1930.6
◇配当金総合課税反対論に関する疑問(松崎寿)「経済時報」 2(3) 1930.6
◇米国関税委員会の組織と活動(富永祐治)「経済時報」 2(3) 1930.6
◇モル教授の社会所得課税論(藤谷謙二)「経済時報」 2(3) 1930.6
◇租税負担の地方比較と人口割法(中川與之助)「経済論叢」 30(6) 1930.6
◇チェッコスロバキアに於ける生計調査と租税負担(村川達三)「経済論叢」 30(6) 1930.6
◇商品切手発行税(田中廣太郎)「自治研究」 6(6) 1930.6
◇地方税収入の激減に対する善後措置の急務(菊池慎三)「斯民」 25(6) 1930.6
◇貨幣法と兌換条例改正私見「週刊エコノミスト」 8(11) 1930.6
◇町村財政批判(小林千秋)「税」 8(6) 1930.6
◇俸給生活者金融と都市銀行(熊田克郎)「大大阪」 6(6) 1930.6
◇銀行と事業会社との関係(1)「東洋経済新報」 1404 1930.6
◇納税一割減の運動若し起らば(田川大吉郎)「東洋経済新報」 1404 1930.6
◇銀行と事業会社との関係(2)「東洋経済新報」 1405 1930.6
◇教育費国庫負担金の増額(資料課)「都市問題」 10(6) 1930.6
◇戸数割における調査(神戸正雄)「経済論叢」 31(5) 1930.7
◇広告税(田中廣太郎)「自治研究」 6(7) 1930.7

◇地方財務規程の改正(永安百治)「自治研究」 6(7) 1930.7
◇深刻な財政難時代「週刊エコノミスト」 8(13) 1930.7
◇財務規程の改正と市町村決算の完成(大塚昌治)「税」 8(7) 1930.7
◇商品切手税の賦課に就て(唯野喜八)「税」 8(7) 1930.7
◇東京市における租税の研究(高橋之也)「税」 8(7) 1930.7
◇教育費の増額と地方税の軽減(次田大三郎)「地方行政」 38(7) 1930.7
◇地方債の逓増(田中廣太郎)「地方行政」 38(7) 1930.7
◇地方財務規程の改正に就て(戸田吉)「地方行政」 38(7) 1930.7
◇新地租法制定に関する意見(帝国農会)「帝国農会報」 (20)7 1930.7
◇銀行と事業会社との関係(完)「東洋経済新報」 1406 1930.7
◇シカゴ市に於ける教育財政の危機(都市教育号)(弥吉光長)「都市問題」 11(1) 1930.7
◇ソヴエートロシアの地方財政(藤谷謙二)「経済時報」 2(5) 1930.8
◇段別割論(神戸正雄)「経済論叢」 31(2) 1930.8
◇神戸博士の「戸数割に於ける調整」に就て(田中廣太郎)「自治研究」 6(8) 1930.8
◇地方財政の危機(菊池慎三)「自治研究」 6(8) 1930.8
◇中小商工業金融と地方自治団体(1)(外山福男)「自治研究」 6(8) 1930.8
◇世界的不況の実態と其諸国「週刊エコノミスト」 8(16) 1930.8
◇独乙道路築造の財政策(玉井猛)「大大阪」 6(8) 1930.8
◇基本財産主義に就て(古井喜実)「東京地方改良協会会報」 28 1930.8
◇地租附加税と段別割に就て(熊野生)「東京地方改良協会会報」 28 1930.8
◇世界的物価下落と金本位貨幣制度「東洋経済新報」 1411 1930.8
◇都市財政に関する新刊二書「市町村予算の見方」-西野喜与作著「都市財政論」-羽根盛一訳著(岡野文之助)「都市問題」 11(2) 1930.8
◇最近に於ける二三の金融問題(松崎寿)「経済時報」 2(6) 1930.9
◇国家経費の転嫁について(小山田小七)「経済論叢」 31(3) 1930.9
◇ソウエートロシヤの都市財政(大谷政敬)「経済論叢」 31(3) 1930.9
◇法人配当源泉課税の長短(神戸正雄)「経済論叢」 31(3) 1930.9
◇財政窮乏に対する独逸の新立法(入江俊郎)「自治研究」 6(9) 1930.9
◇歳入欠陥と地方税制(1)(田中廣太郎)「自治研究」 6(9) 1930.9
◇中小商工業金融と地方自治団体(2)(外山福男)「自治研究」 6(9) 1930.9
◇府県財政に於ける歳入欠陥に就て(4)(三好重夫)「自治研究」 6(9) 1930.9
◇地方財政時事問題(大村清一)「斯民」 25(9) 1930.9
◇地方財政に於ける継続の整理(三好重夫)「斯民」 25(9) 1930.9
◇地方予算の編成に就て(岡田周造)「斯民」 25(9) 1930.9
◇明年度予算編成の難関「週刊エコノミスト」 8(18) 1930.9
◇四年度国庫現計が語る我財政の行詰(阿部賢一)「週刊エコノミスト」 8(18) 1930.9
◇複雑となつた東京市の家屋税(今村為与)「税」 8(9) 1930.9
◇繰替金と繰替払に就て(鹽野崎一)「地方行政」 38(9) 1930.9
◇忘れられた土地増価税(田中廣太郎)「地方行政」 38(9) 1930.9
◇東京市に於ける租税延納運動(小田忠夫)「都市問題」 11(3) 1930.9
◇墺太利の租税制度(藤谷謙二)「経済時報」 2(7) 1930.10

◇予算に依る経営統制の範囲に就て(村本福松)「経済時報」 2(7) 1930.10
◇戸数割に於ける資産状況による資力算定方法(安田元七)「経済論叢」 31(4) 1930.10
◇戸数割に於ける矛盾(神戸正雄)「経済論叢」 31(4) 1930.10
◇独逸旧税制の崩壊と税制調整法(1)(中川與之助)「経済論叢」 31(4) 1930.10
◇歳入欠陥と地方税制(2)(田中廣太郎)「自治研究」 6(10) 1930.10
◇財政政策上の失業問題(3)(増田抱村)「社会事業」 14(7) 1930.10
◇金輸出再禁止(武藤山治)「週刊エコノミスト」 8(19) 1930.10
◇減税は可能か(安田卯八郎)「税」 8(10) 1930.10
◇新税実施の成債(東京)(今村為与)「税」 8(10) 1930.10
◇地方自治団体の課税権の拡充(玉井助四郎)「税」 8(10) 1930.10
◇忘れられた土地増価税(3)(田中廣太郎)「地方行政」 38(10) 1930.10
◇六大都市財政上の市債並に租税の地位(遠藤盛)「統計集誌」 592 1930.10
◇独逸旧税制の崩壊と財政調査法(中川與之助)「経済論叢」 31(5) 1930.11
◇遊興税の若干問題(神戸正雄)「経済論叢」 31(5) 1930.11
◇歳入欠陥と地方税制(3)(田中廣太郎)「自治研究」 6(11) 1930.11
◇租税徴収権の優先的地位(1)(藤塚林平)「自治研究」 6(11) 1930.11
◇過去二十五年の地方財政と其将来(田中廣太郎)「斯民」 25(11) 1930.11
◇新平価解禁論是非(阿部賢一)「週刊エコノミスト」 8(21) 1930.11
◇新平価論の実体検討「週刊エコノミスト」 8(21) 1930.11
◇平価切下論の理論的基礎(荒木光太郎)「週刊エコノミスト」 8(21) 1930.11
◇明年度予算査定案「週刊エコノミスト」 8(22) 1930.11
◇家屋税調査委員会議に於ける質疑事項と今後の調査に就て(工藤松蔵)「税」 8(11) 1930.11
◇家屋税の賦課と行政救済(東次郎)「税」 8(11) 1930.11
◇家屋税の免税規程の研究(宮下三次郎)「税」 8(11) 1930.11
◇所得調査員に望む「税」 8(11) 1930.11
◇相続税改正私案(小山田小七)「税」 8(11) 1930.11
◇何を減税するか「税」 8(11) 1930.11
◇伯林市の財政問題(山口正)「大大阪」 6(11) 1930.11
◇府県の財務に関して(三好重夫)「地方行政」 38(11) 1930.11
◇忘れられた土地増価税(田中廣太郎)「地方行政」 38(11) 1930.11
◇静岡地方に於ける物価賃金の動き(実藤豊吉)「統計集誌」 592 1930.11
◇窮道を極める地方銀行「東洋経済新報」 1427 1930.11
◇銀行秘密の維持と所得税(神戸正雄)「経済論叢」 31(6) 1930.12
◇金と物価との関係に就て(一谷春一郎)「経済論叢」 31(6) 1930.12
◇利子に於ける勢力の作用(高田保馬)「経済論叢」 31(6) 1930.12
◇歳入欠陥と地方税制(4)(田中廣太郎)「自治研究」 6(12) 1930.12
◇租税徴収権の優先的地位(2)(藤塚林平)「自治研究」 6(12) 1930.12
◇中小商工業金融と地方自治団体(3)(外山福男)「自治研究」 6(12) 1930.12

◇地方財政時事問題(2)(大村清一)「斯民」 25(12) 1930.12
◇昭和六年度予算概評(大口喜六)「週刊エコノミスト」 8(23) 1930.12
◇明年度予算案成る「週刊エコノミスト」 8(23) 1930.12
◇営業税の免税規程の研究(宮下三次郎)「税」 8(12) 1930.12
◇家屋税調査委員会議における質疑事項と今後の調査について(今村為与)「税」 8(12) 1930.12
◇減税は可能か(安田卯八郎)「税」 8(12) 1930.12
◇源泉課税か総合課税か(勝正憲)「税」 8(12) 1930.12
◇都市財政(関一)「大大阪」 6(12) 1930.12
◇都市の庶民金融制度(松崎寿)「大大阪」 6(12) 1930.12
◇市町村の公金費消対策と金庫制度(鹽野崎一)「地方行政」 38(12) 1930.12
◇府県財務改善上の実際問題(元山修二)「地方行政」 38(12) 1930.12
◇忘れられた土地増価税(続)(田中廣太郎)「地方行政」 38(12) 1930.12
◇大蔵省預金部の濫用を警む「東洋経済新報」 1429 1930.12
◇金に対する迷信(河田嗣郎)「経済時報」 2(10) 1931.1
◇政府及地方自治体と中小商工業金融(松崎寿)「経済時報」 2(10) 1931.1
◇独逸公法的金融機関の発行債権に就て(柏塚辰雄)「経済時報」 2(10) 1931.1
◇租税滞納の統計的観察(中川与之助)「経済論叢」 32(1) 1931.1
◇南満洲における我租税制度(汐見三郎)「経済論叢」 32(1) 1931.1
◇ウイーン労働者銀行の七年間「産業組合」 303 1931.1
◇第八回全国市街地信用組合協議会「産業組合」 303 1931.1
◇地方財務検査の制度(入江俊郎)「自治研究」 7(1) 1931.1
◇府県財政に於ける歳入欠陥に就て(5)(三好重夫)「自治研究」 7(1) 1931.1
◇不在地主に対する課税(田中廣太郎)「自治研究」 7(1) 1931.1
◇経済界の不況と町村財政(永安百治)「斯民」 26(1) 1931.1
◇予算の話(1)(大竹虎雄)「斯民」 26(1) 1931.1
◇社会的施設としての庶民金融機関概説(藤野恵)「社会事業」 14(10) 1931.1
◇新予算案の検討「週刊エコノミスト」 9(2) 1931.1
◇減税案を評す(中津海知方)「税」 9(1) 1931.1
◇戸数割叢談(窪田静太郎)「税」 9(1) 1931.1
◇戸数割に関する諸問題「税」 9(1) 1931.1
◇昭和六年度予算評「税」 9(1) 1931.1
◇租税史から見た未年「税」 9(1) 1931.1
◇地方税の負担と国家の統制(勝正憲)「税」 9(1) 1931.1
◇難局に立てる地方財政(戸田吉)「税」 9(1) 1931.1
◇府県制第百八条の歩合協定について(今村為与)「税」 9(1) 1931.1
◇地方債の管理と其方法(蠟山政道)「地方行政」 39(1) 1931.1
◇地方分権の財政的一考察(田中広太郎)「地方行政」 39(1) 1931.1
◇国定則委員会の上海生活費指数に就て(山田保治)「統計集誌」 595 1931.1
◇地方財政と経済不況の影響(小田忠夫)「都市問題」 12(1) 1931.1
◇朝鮮の地方財政に就て(上)(鈴木武雄)「都市問題」 12(1) 1931.1
◇都市税制改善の三大要点(田中広太郎)「都市問題」 12(1) 1931.1
◇都市不動産金融改善と抵当証券法(吉山真棹)「都市問題」 12(1) 1931.1

財政

◇独逸公法的金融機関の発行債券に就て (2)(柏塚辰雄)「経済時報」2(11) 1931.2
◇貿易関税統計資料(2) 独逸「経済時報」 2(11) 1931.2
◇新地租方案を論ず(汐見三郎)「経済論叢」 32(2) 1931.2
◇段別割の存在理由(安田元七)「経済論叢」 32(2) 1931.2
◇不動産貸営業の地方間課税(神戸正雄)「経済論叢」 32(2) 1931.2
◇昭和六年度予算計上港湾費と其対策(田村与吉)「港湾」 9(2) 1931.2
◇地方税制限に関する法律に就て(唯野喜八)「自治研究」 7(2) 1931.2
◇法人に対する市町村の特別課税(田中廣太郎)「自治研究」 7(2) 1931.2
◇地方税制の改正(次田大三郎)「斯民」 26(2) 1931.2
◇予算の話(2)(大竹虎雄)「斯民」 26(2) 1931.2
◇減債政策の崩壊「週刊エコノミスト」 9(4) 1931.2
◇町村税の軽減と其方策(玉井助四郎)「税」 9(2) 1931.2
◇都会地に於ける戸数割と家屋税(坂本豊次)「税」 9(2) 1931.2
◇無税市への道程(星四郎)「税」 9(2) 1931.2
◇府県に於ける制限外課税制度の不合理(三好重夫)「地方行政」 39(2) 1931.2
◇府県予算審議上に於ける新傾向(元山修二)「地方行政」 39(2) 1931.2
◇独逸政府の財政難「東洋経済新報」 1435 1931.2
◇預金部資金運用計画と其財源難「東洋経済新報」 1436 1931.2
◇濠洲財政整理案「東洋経済新報」 1438 1931.2
◇朝鮮の地方財政に就て(2)(鈴木武雄)「都市問題」 12(2) 1931.2
◇所得税の不公平(神戸正雄)「経済論叢」 32(3) 1931.3
◇国港経営合理化上港務より税関を分離する必要に就て(久保義雄)「港湾」 9(3) 1931.3
◇学校特別会計論(1)(高田休広)「自治研究」 7(3) 1931.3
◇地租附加税の改正に就て(田中廣太郎)「自治研究」 7(3) 1931.3
◇地方債の発行流通と償還(菊池慎三)「自治研究」 7(3) 1931.3
◇東京市仏貨公債訴訟事件に就て(大竹雄助)「自治研究」 7(3) 1931.3
◇都市の大小と歳出との関係に就いて(飯沼一省)「自治研究」 7(3) 1931.3
◇補助費奨励費の整理(三好重夫)「自治研究」 7(3) 1931.3
◇地方財政閑話(田中広太郎)「斯民」 26(3) 1931.3
◇恐慌議会に於ける財政論戦(鈴木武雄)「週刊エコノミスト」 9(5) 1931.3
◇「銀問題」の本質(斯波仙三)「週刊エコノミスト」 9(5) 1931.3
◇減税法案大要(志達定太郎)「税」 9(3) 1931.3
◇市町村税の滞納防止(大塚辰治)「税」 9(3) 1931.3
◇租税滞納整理の方策(元山修二)「税」 9(3) 1931.3
◇地方税諸方案概要(戸田吉)「税」 9(3) 1931.3
◇明治大正地租史(能勢貞治)「税」 9(3) 1931.3
◇市町村の予算編成に関する二考察(塩崎一)「地方行政」 39(3) 1931.3
◇地方税改正法案を評す(田中広太郎)「地方行政」 39(3) 1931.3
◇府県税滞納整理に関する一考察(三好重夫)「地方行政」 39(3) 1931.3
◇英国の財政に就て(租税)(岡田正雄)「統計集誌」 579 1931.3
◇金本位本来の効用と戦後に於けるその喪失「東洋経済新報」 1440 1931.3
◇税制改正と都市財政(田中広太郎)「都市公論」 14(3) 1931.3

◇地租改正と六大都市に於ける土地負担の状況に就て(東次郎)「都市公論」 14(3) 1931.3
◇東京市普通経済財政の現状と昭和六年度予算案の編成に就て(菊池慎三)「都市問題」 12(3) 1931.3
◇独逸中小工業金融と私法的工事金融組合の実績(楠見一正)「経済時報」 3(1) 1931.4
◇国税滞納処分の差押調書に於ける収税官吏の署名(村上恭一)「自治研究」 7(4) 1931.4
◇国費と地方費(1)(大竹虎雄)「自治研究」 7(4) 1931.4
◇災害地地租附加税の免除に就て(田中廣太郎)「自治研究」 7(4) 1931.4
◇貧弱町村財政の救済策(永安百治)「自治研究」 7(4) 1931.4
◇軍事費の見方(成田篤)「週刊エコノミスト」 9(6) 1931.4
◇浜口内閣の財政政策「週刊エコノミスト」 9(8) 1931.4
◇人格なき社団に対する家屋税の賦課(工藤松蔵)「税」 9(4) 1931.4
◇町村税の軽減とその方策(玉井助四郎)「税」 9(4) 1931.4
◇地方財政理念を再審す(千葉了)「地方行政」 39(4) 1931.4
◇地方財務監督上に於ける若干の問題(元山修二)「地方行政」 39(4) 1931.4
◇地方税改正法案を評す(田中広太郎)「地方行政」 39(4) 1931.4
◇国際連盟金委員会報告「東洋経済新報」 1446 1931.4
◇朝鮮の地方財政に就て(3)(鈴木武雄)「都市問題」 12(4) 1931.4
◇地方費予算「文部時報」 378 1931.4
◇地租附加税の改正(藤谷謙二)「経済時報」 3(2) 1931.5
◇日本関税政策年表(富永祐治)「経済時報」 3(2) 1931.5
◇仏蘭西不動産銀行の不動産証券化(柏塚辰雄)「経済時報」 3(2) 1931.5
◇人税物税の分界並特徴(神戸正雄)「経済論叢」 32(5) 1931.5
◇都市公企業の財政的意義(大谷政敬)「経済論叢」 32(5) 1931.5
◇地租改正に付て(石渡荘太郎)「自治研究」 7(5) 1931.5
◇地方税改正経過規定の解説(1)(永安百治)「自治研究」 7(5) 1931.5
◇地方税制改正の本旨(岡田周造)「自治研究」 7(5) 1931.5
◇改正地方税制の大意(1)(三好重夫)「斯民」 26(5) 1931.5
◇地租の改正(石渡荘太郎)「斯民」 26(5) 1931.5
◇国税徴収法改正の大要(岡田直策)「税」 9(5) 1931.5
◇雑種税の免税規定に現はれた地方色(宮下三次郎)「税」 9(5) 1931.5
◇税制改正に関する資料(日本経済連盟会)「税」 9(5) 1931.5
◇地方税法改正の大要(戸田吉)「税」 9(5) 1931.5
◇町村税の未納整理に伴ふ諸問題(坂部真一郎)「税」 9(5) 1931.5
◇府県税務出張所に就て(元山修二)「税」 9(5) 1931.5
◇明治大正地租史(能勢貞治)「税」 9(5) 1931.5
◇ドイツの地方税制(都市協会調査部)「大大阪」 7(5) 1931.5
◇地方財政と教員整理問題其の他(三好重夫)「地方行政」 39(5) 1931.5
◇地方税制改正の大要(永安百治)「地方行政」 39(5) 1931.5
◇地方税制の整理(田中広太郎)「地方行政」 39(5) 1931.5
◇第五十九議会と鉄道軌道関係の法律の予算決算「帝国鉄道協会会報」 32(5) 1931.5
◇朝鮮の地方財政に就て(4)(鈴木武雄)「都市問題」 12(5) 1931.5
◇印度に於ける道路費財源問題(藤谷謙二)「経済時報」 3(3) 1931.6
◇新制定の金融法規に就て(松崎寿)「経済時報」 3(3) 1931.6

◇日本関税政策年表(2)(富永祐治)「経済時報」　3(3)　1931.6
◇仏領印度支那との関税戦(浅香末起)「経済時報」　3(3)　1931.6
◇地方税に於ける貧者過重負担傾向(神戸正雄)「経済論叢」　32(6)　1931.6
◇都市公企業の財政的意味(大谷政敬)「経済論叢」　32(6)　1931.6
◇国費と地方費(2)(大竹虎雄)「自治研究」　7(6)　1931.6
◇市町村税制に関する美濃部博士の説に就て(田中廣太郎)「自治研究」　7(6)　1931.6
◇地方税改正経過規定の解説(2)(永安百治)「自治研究」　7(6)　1931.6
◇改正地方税制の大意(2)(三好重夫)「斯民」　26(6)　1931.6
◇英国の関税問題(浜田哲九郎)「税」　9(6)　1931.6
◇戸数割賦課上の二問題(坂部真一郎)「税」　9(6)　1931.6
◇税制改正に関する参考資料(日本経済連盟会)「税」　9(6)　1931.6
◇地方財政の現況に関する統計的考察(元山修二)「税」　9(6)　1931.6
◇名古屋市の商品切手発行(小谷正一)「税」　9(6)　1931.6
◇明治大正地租史(能勢貞治)「税」　9(6)　1931.6
◇歳入欠陥と起債(小岩一)「地方行政」　39(6)　1931.6
◇地方制度及地方財政の整理改善に就て(菊池慎三)「地方行政」　39(6)　1931.6
◇農村の現況と地方税制(田中広太郎)「地方行政」　39(6)　1931.6
◇農会負債調査(帝国農会調査部)「帝国農会報」　21(6)　1931.6
◇日英米中央銀行金利史「東洋経済新報」　1453　1931.6
◇朝鮮の地方財政に就て(5・完)(鈴木武雄)「都市問題」　12(6)　1931.6
◇米国関税と世界の不況(尾形繫之)「経済時報」　3(4)　1931.7
◇米国に於ける小額貸付会社の実績調査(楠見一正)「経済時報」　3(4)　1931.7
◇新地租の不公平と其匡正(神戸正雄)「経済論叢」　33(1)　1931.7
◇税率論(汐見三郎)「経済論叢」　33(1)　1931.7
◇財政調整交付金制度の提唱(三好重夫)「自治研究」　7(7)　1931.7
◇租税徴収権の優先的地位(3)(藤塚林平)「自治研究」　7(7)　1931.7
◇地方税改正経過規定の解説(3)(永安百治)「自治研究」　7(7)　1931.7
◇改正地方税制の大意(3)(三好重夫)「斯民」　26(7)　1931.7
◇賠償戦債の猶予問題「週刊エコノミスト」　9(13)　1931.7
◇女給税の賦課に就て(工藤松蔵)「税」　9(7)　1931.7
◇税制整理に対する私見(花田才造)「税」　9(7)　1931.7
◇明治大正地租史(能勢貞治)「税」　9(7)　1931.7
◇地方行財税政整理の基調(三好重夫)「地方行政」　39(7)　1931.7
◇農村の現況と地方税制(田中広太郎)「地方行政」　39(7)　1931.7
◇府県費の法律的考案(未完)(古井喜実)「地方行政」　39(7)　1931.7
◇列国財界大勢一覧(三井銀行考査課)「統計集誌」　601　1931.7
◇総合課税か源泉課税か「東洋経済新報」　1457　1931.7
◇貸借対照表の回顧の目的(山田正夫)「三田学会雑誌」　25(7)　1931.7
◇所得税の税率の改正(汐見三郎)「経済論叢」　33(2)　1931.8
◇特別会計の整理(神戸正雄)「経済論叢」　33(2)　1931.8
◇明治初年御用金の負担者について(本庄栄治郎)「経済論叢」　33(2)　1931.8
◇国費地方費の負担区分に関する若干の考察(三好重夫)「自治研究」　7(8)　1931.8

◇国費と地方費(3)(大竹虎雄)「自治研究」　7(8)　1931.8
◇新地租法の説明(1)(唯野喜八)「自治研究」　7(8)　1931.8
◇改正地方税制の大意(4)(三好重夫)「斯民」　26(8)　1931.8
◇家屋税移管論是非(三好重夫)「税」　9(8)　1931.8
◇税制整理に関する私見(花田才造)「税」　9(8)　1931.8
◇租税制度に就て(泉至剛)「税」　9(8)　1931.8
◇法人と個人の加税の権衡(善堂生)「税」　9(8)　1931.8
◇予算に現れた町村苦(小林千秋)「税」　9(8)　1931.8
◇大阪市の市税収入(武田長太郎)「大大阪」　7(8)　1931.8
◇府県費の法律的考察(2)(古井喜実)「地方行政」　39(8)　1931.8
◇本邦六大都市並に欧米大都市に於ける財政の統計的考察(遠藤盛)「統計集誌」　602　1931.8
◇地方行政及財政整理問題号「都市問題」　13(2)　1931.8
　地方財政体系に対する若干の基礎的考察(大畑文七)　地方税負担の重圧と地方税制/地方行財税制を整理の俎上に-東京市政調査会研究室同人の一人一策(小田忠夫)　地方費補助論/地方行財税制を整理の俎上に-東京市政調査会研究室同人の一人一策(田辺定義)　中央税地方税を共に国税としたし/地方行財税制整理に関する諸家の論策(田川大吉郎)　本邦直接税負担に関する考察-特に都市に於ける直接税負担に就て(小田忠夫)
◇家屋税の累進(神戸正雄)「経済論叢」　33(3)　1931.9
◇最近の独逸財政(大谷政敬)「経済論叢」　33(3)　1931.9
◇信用拡張と銀行流動性(中谷実)「経済論叢」　33(3)　1931.9
◇災害地に対する地方税の不課税(岡田周造)「自治研究」　7(9)　1931.9
◇新地租法の説明(2)(唯野喜八)「自治研究」　7(9)　1931.9
◇地方税源配分に関する問題(1)(田中広太郎)「自治研究」　7(9)　1931.9
◇町村の資力と財政(未完)(外山福男)「自治研究」　7(9)　1931.9
◇行財政整理と参事会の存廃(大塚辰治)「市町村雑誌」　453　1931.9
◇改正地方税制の大意(5)(三好重夫)「斯民」　26(9)　1931.9
◇地方税整理の重心(永安百治)「斯民」　26(9)　1931.9
◇現行国税徴収法は果して時代後れか(原田孝一)「税」　9(9)　1931.9
◇雑種税に関する若干の実際問題(元山修二)「税」　9(9)　1931.9
◇生産主義による租税制度の改革(土方成美)「税」　9(9)　1931.9
◇租税制度に就て(泉至剛)「税」　9(9)　1931.9
◇明治大正地租史(能勢貞治)「税」　9(9)　1931.9
◇府県費の法律的考察(3)(古井喜実)「地方行政」　39(9)　1931.9
◇「両税委譲」の行方(田中広太郎)「地方行政」　39(9)　1931.9
◇伯林市民の財産(金谷重義)「統計集誌」　603　1931.9
◇政府預金の急放出・我国財界の不安「東洋経済新報」　1465　1931.9
◇英国金本位停止と我財界「東洋経済新報」　1468　1931.9
◇英国金融の前途・来多経済悲観論「東洋経済新報」　1565　1931.9
◇特別所得税及戸数割に就て(永安百治)「都市公論」　14(9)　1931.9
◇独逸信用銀行の小額金融に於ける地位(楠見一正)「経済時報」　3(7)　1931.10
◇国費と地方費(4)(大竹虎雄)「自治研究」　7(10)　1931.10
◇地方税源配分に関する問題(2)(田中広太郎)「自治研究」　7(10)　1931.10
◇改正地方税制の大意(6)(三好重夫)「斯民」　26(10)　1931.10
◇金融恐慌後の大銀行「週刊エコノミスト」　9(19)　1931.10
◇財政難と募債論の擡頭「週刊エコノミスト」　9(19)　1931.10
◇全国町村長会の税制整理案を読む(元山修二)「税」　9(10)　1931.10

◇第一種所得税の納税義務に就て(平田芳造)「税」 9(10) 1931.10
◇地方税の不課税に関する説明(東次郎)「税」 9(10) 1931.10
◇明治大正地税史(能勢貞治)「税」 9(10) 1931.10
◇野球課税問題の可否(坂部真一郎)「税」 9(10) 1931.10
◇地方財政を視る眼(三好重夫)「地方行政」 39(10) 1931.10
◇府県費の法律的考察(4)(古井喜実)「地方行政」 39(10) 1931.10
◇本邦六大都市並に欧米大都市に於ける財政の統計的考察(遠藤盛)「統計集誌」 604 1931.10
◇五年度現計による緊縮財政の正体「東洋経済新報」 1471 1931.10
◇為替相場と金本位制度「東洋経済新報」 1472 1931.10
◇世界恐慌裡の銀行及信託会社「東洋経済新報」 1472 1931.10
◇地方財源特輯「都市問題」 13(4) 1931.10
イギリスの補助金制度(弓家七郎) 欧州諸国及日本に於ける国及地方団体の直接税並間接税収入(猪間驥一) 改正を要する現行地方課税/地方財源に対する諸家の意見(石原市三郎) 各政党の綱領政策に現れたる地方財制(小倉庫次) 国と共に忍国と共に進む 市町村の不動産担保融通策は如何(田川大吉郎) 高額所得者の人口及所得の国際的比較(猪間驥一) 広告税に就ての若干資料 国税偏重主義と大都市/地方財源に対する諸家の意見(藤田進一郎) 小所得階級に重課の地方税制/地方財源に対する諸家の意見(小山田小七) 市町村税体系私案/地方財源に対する諸家の意見(成瀬義春) 市町村特別税一覧 諸外国に於ける目的税(小幡清金) 新財源としての差額地価税(神戸正雄) 税外収入と新税/地方財源に対する諸家の意見(四方田敏郎) 全国町村長会の地方税制整理意見(小倉庫次) 全国都市問題会議と財政関係の議題について(田辺定義) 租税収入と租税外収入の財政上に於ける要一租税財又は無産的財政の資本的又は資本的政の財政の一考察(大畑文七) 財政に代はる新財源/地方財源に対する諸家の意見(井藤半弥) 地方議会に現れたる財源に関する意見並に地方団体の目論む廃減税及び代り財源 地方財源と独占事業(安部磯雄) 地方財源に対する提議/地方財源に対する諸家の意見(小島憲) 地方財源の整理と新税源 財産税及分類所得税の新設を提唱す/地方財源に対する諸家の意見(北崎進) 地方財源観(田中廣太郎) 地方財源論を吟味する前に-地方経費問題を中心として(池田宏) 地方財源難とは!/地方財源に対する諸家の意見(織本倪) 地方債論(岡野文之助) 地方自治体の財源問題/問題とその解説(西野喜与作) 地方税源の普遍化に努めよ/地方財源に対する諸家の意見(岡野鑑記) 地方税制管見/地方財源に対する諸家の意見(鈴木憲久) 地方税は応益課税独立課税主義に/地方財源に対する諸家の意見(松田雪堂) 地方政費は財産税に依拠せよ/地方財源に対する諸家の意見(矢野恒太) 地方費の節減が第一/地方財源に対する諸家の意見(石山賢吉) 徴税方法の改革/地方財源に対する諸家の意見(高橋亀吉) 庭園税の新設/地方財源に対する諸家の意見(高城仙次郎) 道府県営業税一覧 道府県雑種税一覧 独・墺に於ける財政調整制度(岡野文之助) 我が国に現はれたる地方財制(小倉庫次) 都市新財源の一としてポスター広告柱(上村忠蔵) 入市税の設定は如何/地方財源に対する諸家の意見(西村健吉) ほんの一言/地方財源に対する諸家の意見(大内兵衛) まづ不合理性から脱却せしめよ/地方財源に対する諸家の意見(塚田一甫) 問題の新税 累年の膨脹の地方費-地方歳出総覧 我が地方税改造論の一端として/地方財源に対する諸家の意見(宇都宮鼎)
◇英国金融覇権の失墜と世界経済(松崎寿)「経済時報」 3(8) 1931.11
◇財政収入としての関税(富永祐治)「経済時報」 3(8) 1931.11
◇地方税制整理に就て(小山田小七)「経済時報」 3(8) 1931.11
◇モスカウ庶民銀行に就て(平実)「経済時報」 3(8) 1931.11
◇英国金本位停止の影響(中村重夫)「警察研究」 2(11) 1931.11
◇銀行貯蓄に対する営業収益税加附税の課税標準(宿利英治)「自治研究」 7(11) 1931.11
◇国と地方費(5)(大竹虎雄)「自治研究」 7(11) 1931.11
◇新地租法の説明(3)(唯野喜八)「自治研究」 7(11) 1931.11
◇地方税源配分に関する問題(3)(田中広太郎)「自治研究」 7(11) 1931.11
◇貯蓄銀行に対する営業収益税附加税の課税標準(宿利英治)「自治研究」 7(11) 1931.11
◇改正地方税制の大意(7)(三好重夫)「斯民」 26(11) 1931.11

◇地方税制の改正と貧弱団体(永安百治)「斯民」 26(11) 1931.11
◇英金本位停止と世界経済の動向(芝五朗)「週刊エコノミスト」 9(21) 1931.11
◇体をなさぬ税整案「週刊エコノミスト」 9(21) 1931.11
◇世界金融恐慌の深化(阿部勇)「週刊エコノミスト」 9(21) 1931.11
◇独逸財政の統計的観察(岡田正雄)「統計集誌」 605 1931.11
◇英国金本位停止と金本位制の破壊「東洋経済新報」 1447 1931.11
◇最近における各国幣制の変化「東洋経済新報」 1477 1931.11
◇ガソリン税の創設(武井群綱)「道路の改良」 13(11) 1931.11
◇新財源と廃減税-地方財源特輯号の資料追補「都市問題」 13(5) 1931.11
◇都市関係会議に現れたる地方財税制(続)(小倉庫次)「都市問題」 13(5) 1931.11
◇景気政策としての金輸出禁止政策(豊崎稔)「経済時報」 3(9) 1931.12
◇統一物価計算制度に就て(陶山誠太郎)「経済時報」 3(9) 1931.12
◇家屋税移管問題(神戸正雄)「経済論叢」 33(6) 1931.12
◇税制整理を論ず(汐見三郎)「経済論叢」 33(6) 1931.12
◇財政と景気変動(土方成美)「国家学会雑誌」 45(12) 1931.12
◇第九回市街地信用組合協議会「産業組合」 314 1931.12
◇地方債の目的に関する若干問題(三好重夫)「自治研究」 7(12) 1931.12
◇地方税源配分に関する問題(4)(田中廣太郎)「自治研究」 7(12) 1931.12
◇不在地主課税問題の検討(永安百治)「自治研究」 7(12) 1931.12
◇金再禁の各事業別影響検討「週刊エコノミスト」 9(23) 1931.12
◇「金準備」を論ず(カッセル)「週刊エコノミスト」 9(23) 1931.12
◇営業税附加税論(成清民二)「税」 9(12) 1931.12
◇全国町村長会の税制整理案を読む(元山修二)「税」 9(12) 1931.12
◇動力税に就て「税」 9(12) 1931.12
◇独逸信用銀行の業績に現はれたる戦後の変化に就て(1)(楠見一正)「経済時報」 3(10) 1932.1
◇英米の所得税(汐見三郎)「経済論叢」 34(1) 1932.1
◇国費と地方費(6)(大竹虎雄)「自治研究」 8(1) 1932.1
◇戸数割代税制度論(永安百治)「自治研究」 8(1) 1932.1
◇新地租法の説明(4)(唯野喜八)「自治研究」 8(1) 1932.1
◇地方税法に於ける制限率の意義(三好重夫)「自治研究」 8(1) 1932.1
◇再び不在地主課税に就て(田中廣太郎)「自治研究」 8(1) 1932.1
◇信託の歴史と事業(呉文炳)「市町村雑誌」 457 1932.1
◇犬養内閣の予算案「週刊エコノミスト」 10(2) 1932.1
◇賠償戦債問題「週刊エコノミスト」 10(2) 1932.1
◇営業収益税附加税賦課に関する一考案(關口健一郎)「税」 10(1) 1932.1
◇金融業者の要望する国税徴収法の改正に関する意見(馬場鉄一)「税」 10(1) 1932.1
◇金輸出再禁止と税制整理(大口喜六)「税」 10(1) 1932.1
◇増税可否論(永山善之助)「税」 10(1) 1932.1
◇金輸出再禁止と大阪市政(町田榮)「大大阪」 8(1) 1932.1
◇資金集積の趨勢(1)「東洋経済新報」 1482 1932.1
◇金本位停止と購買力の増進(石橋湛山)「東洋経済新報」 1483 1932.1

◇破綻に瀕せる中国の財政状態「東洋経済新報」 1484 1932.1
◇金輸出再禁止後の財界と財政(汐見三郎)「経済論叢」 34(2) 1932.2
◇国費と地方費(7)(大竹虎雄)「自治研究」 8(2) 1932.2
◇町村の資力と財政(2)(外山福男)「自治研究」 8(2) 1932.2
◇地方議会の予算修正権に関する若干の考察(元山修二)「斯民」 27(2) 1932.2
◇再禁止後の財政政策「週刊エコノミスト」 10(3) 1932.2
◇フランの価値低落とその対策(美濃部亮吉)「週刊エコノミスト」 10(3) 1932.2
◇英国所得税法の理論と実際(青木哲彌)「税」 10(2) 1932.2
◇給仕人課税制度に関する若干の考察(元山修二)「税」 10(2) 1932.2
◇設置されんとする歓興税(成清民二)「税」 10(2) 1932.2
◇大東京に於ける租税負担調(東京市統計課)「都市公論」 15(2) 1932.2
◇都市民と農村民の租税負担過程(中沢弁次郎)「都市問題」 14(2) 1932.2
◇米国の官庁会計に対する一研究(竹中竜雄)「都市問題」 14(2) 1932.2
◇通貨制度の将来(松崎寿)「経済時報」 3(12) 1932.3
◇近時に於ける交付公債の増加について(大内兵衛)「国家学会雑誌」 46(3) 1932.3
◇営業税及雑種税の混合並分離(永安百治)「自治研究」 8(3) 1932.3
◇国費と地方費(8)(大竹虎雄)「自治研究」 8(3) 1932.3
◇新地租法の説明(5)(唯野喜八)「自治研究」 8(3) 1932.3
◇税制整理の根本(渡邊善藏)「税」 10(3) 1932.3
◇地方税整理に関する一案(元山修二)「税」 10(3) 1932.3
◇大阪市昭和七年予算案成る(関一)「大大阪」 8(3) 1932.3
◇転貸資金の話(櫻木太郎)「地方行政」 40(3) 1932.3
◇東京市政調査会創立十周年記念市政論集「都市問題」 14(3) 1932.3
恐慌と都市財政政策/都市政策問題/都市経済及財政(塚田一甫) 公設貯蓄銀行(市市政整理の一策として)/都市政策問題/都市経済及財政(下村宏) 地方新財源としての財産税に就て/都市政策問題/都市経済及財政(北崎進) 中央・地方間に於ける税源分配問題に就て/都市政策問題/都市経済及財政(小田忠夫) 徴税上の家と戸籍上の家の観念の錯覚/多年市政に関与せられたる長老の自治政観(松山太郎) 都市財政政策小論/都市政策問題/都市経済及財政(大谷政敬) 都市財政政策/都市政策問題/都市経済及財政(小幡清金) 都市財政の推移と勤労大衆/都市政策問題/都市経済及財政(織本倪) 都市の長期財政計画/都市政策問題/都市経済及財政(鈴木武雄)
◇印度に於ける市街地信用組合(平實)「経済時報」 4(1) 1932.4
◇会計術語の統一について(木村и三郎)「経済時報」 4(1) 1932.4
◇デイーチエルの公債論(鹽見真澄)「経済論叢」 34(4) 1932.4
◇動的資本と課税(神戸正雄)「経済論叢」 34(4) 1932.4
◇何故家賃は物価に追随出来ぬか「建築と社会」 15(4) 1932.4
◇地租附加税の不均一賦課に関する勅令解説(永安百治)「自治研究」 8(4) 1932.4
◇インフレーションはドイツ経済社会にどう影響したか(1)(有澤廣巳)「週刊エコノミスト」 10(7) 1932.4
◇市町村税の滞納整理と防止(鈴木富太郎)「税」 10(4) 1932.4
◇滞納整理策私見(川島宏)「税」 10(4) 1932.4
◇地租附加税の不均一賦課(東武)「税」 10(4) 1932.4
◇東北六県租税負担の研究(外山福男)「税」 10(4) 1932.4
◇ラヂオ税を斯く見る(安藤徳器)「税」 10(4) 1932.4
◇紐育市の予算二十八億円を突破す(大阪都市協会調査部)「大大阪」 8(4) 1932.4
◇農村租税負担の実際調査(外山福男)「地方行政」 40(4) 1932.4
◇都市財政総覧(昭和6年度)(東京市政調査会研究室)「都市問題」 14(4) 1932.4
◇フランスに於ける地方財政改革案(小田忠夫)「都市問題」 14(4) 1932.4
◇イギリスの経済国難と新関税法(尾形繁之)「経済時報」 4(2) 1932.5
◇独逸銀行界の改造とライヒの援助(楠見一正)「経済時報」 4(2) 1932.5
◇相続税重課の大勢と其方法(神戸正雄)「経済論叢」 34(5) 1932.5
◇新地租法の説明(6)(唯野喜八)「自治研究」 8(5) 1932.5
◇貯蓄銀行に対する営業収益税附加税の課税標準に就て(宿利英治)「自治研究」 8(5) 1932.5
◇ガソリン税の創設に就て(坂部真一郎)「税」 10(5) 1932.5
◇個人と法人との負担の権衡(志達定太郎)「税」 10(5) 1932.5
◇税制整理の根本(地方税の問題)(渡邊善藏)「税」 10(5) 1932.5
◇相続税の文化的意義(池田武)「税」 10(5) 1932.5
◇貯蓄銀行に対する営業収益税附加税の課税標準について(宿利英治)「税」 10(5) 1932.5
◇インフレーションへ導く七年度予算「東洋経済新報」 1498 1932.5
◇辛くも収支の均衡を保持/昭和七年度都市予算の展望(中村淑人)「都市問題」 14(5) 1932.5
◇観光施設費の計上/昭和七年度都市予算の展望(山田珠一)「都市問題」 14(5) 1932.5
◇行政の経済化をモットーに/昭和七年度都市予算の展望(関一)「都市問題」 14(5) 1932.5
◇極度の緊縮予算/昭和七年度都市予算の展望(大西一郎)「都市問題」 14(5) 1932.5
◇減税主義と歳入見積の正確化/昭和七年度都市予算の展望(森本仁平)「都市問題」 14(5) 1932.5
◇歳入自然減に対する対策/昭和七年度都市予算の展望(大井鉄丸)「都市問題」 14(5) 1932.5
◇商業学校の新設と社会事業施設の完整へ/昭和七年度都市予算の展望(守屋松之助)「都市問題」 14(5) 1932.5
◇止むなき所得税附加税の増徴/昭和七年度都市予算の展望(大岩勇夫)「都市問題」 14(5) 1932.5
◇二割八分の緊縮予算/昭和七年度都市予算の展望(後藤多喜藏)「都市問題」 14(5) 1932.5
◇偏重偏軽なき諸施設/昭和七年度都市予算の展望(橋本正治)「都市問題」 14(5) 1932.5
◇租税賦課機関の問題(神戸正雄)「経済論叢」 34(6) 1932.6
◇耐火構造家屋の諸税率に関する意見(日本建築協会法制委員会)「建築と社会」 15(6) 1932.6
◇家屋税附加税の法人重課否認判例に就て(永安百治)「自治研究」 8(6) 1932.6
◇新地租法の説明(7)(唯野喜八)「自治研究」 8(6) 1932.6
◇貯蓄銀行に於ける営業収益税の附加税に就て(渡邊善藏)「自治研究」 8(6) 1932.6
◇相続分と相続税(窪田好秋)「税」 10(6) 1932.6
◇頼母子講の現在及将来(小西俊夫)「帝国農会報」 22(6) 1932.6
◇英国政府の為替統制政策「東洋経済新報」 1503 1932.6
◇窮迫を示せる七年度地方予算「東洋経済新報」 1503 1932.6
◇自治体の起債を急速に認可せよ「東洋経済新報」 1504 1932.6
◇平價切下運とインフレーション政策「東洋経済新報」 1504 1932.6
◇インフレーション公債の償還財源「東洋経済新報」 1505 1932.6
◇(明石)新規事業は一切計画見合せ/昭和七年度都市予算の展望(承

◇(前)(磯野鶴太郎)「都市問題」 14(6) 1932.6
◇(宇治山田)神都予算に付て/昭和七年度都市予算の展望(承前)(福地由厳)「都市問題」 14(6) 1932.6
◇(大垣)特別戸数割の減税/昭和七年度都市予算の展望(承前)(東島卯八)「都市問題」 14(6) 1932.6
◇(岡崎)堅実第一主義/昭和七年度都市予算の展望(承前)(堀内宗治)「都市問題」 14(6) 1932.6
◇(小樽)港湾修築と臨港鉄道の完成を急ぐ/昭和七年度都市予算の展望(承前)(木田川奎彦)「都市問題」 14(6) 1932.6
◇合衆国都市財政概覧(猪間驥一)「都市問題」 14(6) 1932.6
◇(京都)三部制廃止と大京都建設の善後措置/昭和七年度都市予算の展望(承前)(森田茂)「都市問題」 14(6) 1932.6
◇(桐生)水道完成第一年の予算/昭和七年度都市予算の展望(承前)(関口義慶二)「都市問題」 14(6) 1932.6
◇(釧路)市税予算の大半を占むる市債償還策/昭和七年度都市予算の展望(承前)(佐藤国司)「都市問題」 14(6) 1932.6
◇(甲府)救助医療等の新規事業/昭和七年度都市予算の展望(承前)(新海栄治)「都市問題」 14(6) 1932.6
◇自治体財政権の独立(島中雄三)「都市問題」 14(6) 1932.6
◇所得税の都会税としての意義(小田忠夫)「都市問題」 14(6) 1932.6
◇(高田)工業科の増設と歳出増加の抑制/昭和七年度都市予算の展望(承前)(川合直次)「都市問題」 14(6) 1932.6
◇(高松)下水道の布設計画/昭和七年度都市予算の展望(承前)(杉原権四郎)「都市問題」 14(6) 1932.6
◇地租移譲の行途/藤谷謙二氏著「我国最近の地租問題」を読む(岡野文之助)「都市問題」 14(6) 1932.6
◇(千葉)税収入の増と税外収入の減/昭和七年度都市予算の展望(承前)(神谷良平)「都市問題」 14(6) 1932.6
◇(津)一貫せる緊縮節約/昭和七年度都市予算の展望(承前)(津市役所)「都市問題」 14(6) 1932.6
◇(富山)歳入著減の対策/昭和七年度都市予算の展望(承前)(上埜安太郎)「都市問題」 14(6) 1932.6
◇(長岡)緊縮整理あるのみ/昭和七年度都市予算の展望(承前)(木村清三郎)「都市問題」 14(6) 1932.6
◇(長崎)五ケ年計画に依る道路改修/昭和七年度都市予算の展望(承前)(草間秀雄)「都市問題」 14(6) 1932.6
◇(長野)税収入一戸当二・二八円の減額/昭和七年度都市予算の展望(承前)(丸山寿三郎)「都市問題」 14(6) 1932.6
◇(八戸)凶歉の影響を受けた財政難/昭和七年度都市予算の展望(承前)(神田重雄)「都市問題」 14(6) 1932.6
◇(浜松)緊縮方針を若干緩和/昭和七年度都市予算の展望(承前)(中村陸平)「都市問題」 14(6) 1932.6
◇(福島)家政女学校と工手学校の創設/昭和七年度都市予算の展望(承前)(佐藤沢)「都市問題」 14(6) 1932.6
◇(前橋)産業都市の財政難/昭和七年度都市予算の展望(承前)(田中稲一)「都市問題」 14(6) 1932.6
◇(松江)大火災後の復興計画/昭和七年度都市予算の展望(承前)(石倉俊寛)「都市問題」 14(6) 1932.6
◇(松本)宅地租附加税の不均一賦課/昭和七年度都市予算の展望(承前)(小里頼永)「都市問題」 14(6) 1932.6
◇(丸亀)観覧税の廃止/昭和七年度都市予算の展望(承前)(高木季熊)「都市問題」 14(6) 1932.6
◇(水戸)三割二分の削減予算/昭和七年度都市予算の展望(承前)(鈴木文次郎)「都市問題」 14(6) 1932.6
◇(米沢)市立診療所と火葬場の新設/昭和七年度都市予算の展望(承前)(登坂又蔵)「都市問題」 14(6) 1932.6
◇六大都市市民の租税負担(汐見三郎)「都市問題」 14(6) 1932.6
◇大阪市中の民費に就て(黒羽兵治郎)「経済時報」 4(4) 1932.7

◇独逸地方団体収益財産の財政的意義(高砂恒三郎)「経済時報」 4(4) 1932.7
◇米国諸州の分与税に就いて(藤谷謙二)「経済時報」 4(4) 1932.7
◇金融機関としての預金銀行の地位(中谷實)「経済論叢」 35(1) 1932.7
◇租税と公益(神戸正雄)「経済論叢」 35(1) 1932.7
◇重ねて貯蓄銀行に対する営業収益税附加税の課税標準に就て(宿利英治)「自治研究」 8(7) 1932.7
◇府県に於ける経費経理の改善に就て(元山修二)「地方行政」 40(7) 1932.7
◇金委員会最終報告と世界恐慌匡救策(1)「東洋経済新報」 1507 1932.7
◇第三回全国都市問題会議主輯「都市問題」 15(1) 1932.7 (旭川)税収入の著減/昭和七年度都市予算の展望(承前)(奥田千春) (岐阜)薬学専門学校の設置と遊覧ホテルの建設/昭和七年度都市予算の展望(承前)(松尾国松) 戸数割代税の現状と其改正/市町村民の負担並市町村の税制問題(承前)(佐世保)防空演習費の新設/昭和七年度都市予算の展望(承前)(御厨規三) 市町村税制の改正に就て/市町村民の負担並市町村の税制問題(神戸正雄) (高岡)市民負担の軽減不如意/昭和七年度都市予算の展望(承前)(早苗西蔵) 負担並税制問題に関する都市問題会議の論争/市町村民の負担並市町村の税制問題(藤岡兵一) (八幡)塵介焼却炉の新築と救護機関増設/昭和七年度都市予算の展望(承前)(図師兼弐)
◇財政の社会学的根本類型(大谷政敬)「経済論叢」 35(2) 1932.8
◇斉藤内閣の財政政策(汐見三郎)「経済論叢」 35(2) 1932.8
◇満洲国の財政及財政策(神戸正雄)「経済論叢」 35(2) 1932.8
◇英国に於ける国庫交付金制度(1)(三好重夫)「自治研究」 8(8) 1932.8
◇地方財政調整交付金制度要綱案「自治研究」 8(8) 1932.8
◇納税成績の向上と改善(外山福男)「税」 10(8) 1932.8
◇昭和五年度市町村農会予算に関する調査(帝国農会調査部)「帝国農会報」 22(8) 1932.8
◇地方税負担の不均衡と租税収入の分与制度(藤谷謙二)「都市問題」 15(2) 1932.8
◇大阪市中の区町費に就て(黒羽兵治郎)「経済時報」 4(6) 1932.9
◇ズルタン氏の国家収入論(大谷政敬)「経済論叢」 35(3) 1932.9
◇満洲国税制及其批判(神戸正雄)「経済論叢」 35(3) 1932.9
◇英国に於ける国庫交付金制度(2)(三好重夫)「自治研究」 8(9) 1932.9
◇地方財政調整交付金制度の意義(安井英二)「自治研究」 8(9) 1932.9
◇法人特別課税の限度(永安百治)「自治研究」 8(9) 1932.9
◇地方財政調整交付金制度(永安百治)「斯民」 27(9) 1932.9
◇英国所得税法の理論と実際(青木哲彌)「税」 10(9) 1932.9
◇商品切手発行税雑考(伊藤準)「税」 10(9) 1932.9
◇税制整理に関する若干の問題(志達定太郎)「税」 10(9) 1932.9
◇不動産取得税の課税客体(元山修二)「税」 10(9) 1932.9
◇都市及農村の相関的金融問題(中沢弁次郎)「都市問題」 15(3) 1932.9
◇ゴールドシャイドの財政学説と其批判(米原七之助)「経済学研究」 2(2) 1932.10
◇売上税に依る奢侈課税(神戸正雄)「経済論叢」 35(4) 1932.10
◇地方債許可暫行特例に就て(加藤於菟丸)「自治研究」 8(10) 1932.10
◇カルテルの拡大強化と物価政策「週刊エコノミスト」 10(20) 1932.10
◇空前の予算編成難「週刊エコノミスト」 10(20) 1932.10
◇増税論(青木得三)「週刊エコノミスト」 10(20) 1932.10
◇大蔵省予金部の大拡張(田谷一郎)「税」 10(10) 1932.10

◇小売業対百貨店の租税負担の軽重問題(小杉榮一)「税」 10(10) 1932.10
◇国税徴収法改正要望に対する私見(岡田直策)「税」 10(10) 1932.10
◇所得再分配と相続税(古澤磯次郎)「税」 10(10) 1932.10
◇我が国の国債史概観(1)(古川利雄)「税」 10(10) 1932.10
◇英国の地方債制度(1)(友田嘉人)「大大阪」 8(10) 1932.10
◇ケインズ氏の通貨統制案(石橋湛山)「東洋経済新報」 1519 1932.10
◇インフレーションの本質と恐慌の現段階に於けるそれの意義(金原賢之助)「三田学会雑誌」 26(10) 1932.10
◇蘭領東印度の財政事情(藤谷謙二)「経済時報」 4(8) 1932.11
◇多収手段としての酒税(神戸正雄)「経済論叢」 35(5) 1932.11
◇我国の市町村義務費に就いて(1)(小山田小七)「経済論叢」 35(5) 1932.11
◇非常時内閣の財政政策(高木壽一)「週刊エコノミスト」 10(21) 1932.11
◇本格的高物価時代来る「週刊エコノミスト」 10(21) 1932.11
◇我国軍事費の研究「週刊エコノミスト」 10(22) 1932.11
◇地方財政救済策としての税源問題(池田武)「税」 10(11) 1932.11
◇英国五分利付軍事公債の借替に関する調査(其1)「調査月報(大蔵省)」 22(11) 1932.11
◇英国一九三二年財政法第四編為替平衡会計「調査月報(大蔵省)」 22(11) 1932.11
◇八年度予算の分析「東洋経済新報」 1526 1932.11
◇満洲国の財政「東洋経済新報」 1526 1932.11
◇危機予算とインフレーション(阿部賢一)「改造」 14(12) 1932.12
◇銅及銅合金の関税(富永祐治)「経済時報」 4(9) 1932.12
◇明治十年代に於ける租税不納処分法(黒羽兵治郎)「経済時報」 4(9) 1932.12
◇第十回市街地信用組合協議会「産業組合」 326 1932.12
◇赤字公債の検討(永安百治)「自治研究」 8(12) 1932.12
◇国費と地方費(9)(大竹虎雄)「自治研究」 8(12) 1932.12
◇新地租法の説明(8)(唯野喜八)「自治研究」 8(12) 1932.12
◇大満洲国の財政(神田孝一)「税」 10(12) 1932.12
◇非常時課税の提案(古澤磯次郎)「税」 10(12) 1932.12
◇府県制百八条に依る附加税の賦課事務(元山修二)「税」 10(12) 1932.12
◇我財界最近の位地と前途「東洋経済新報」 1528 1932.12
◇回顧の損益計算に於ける先見的要素-フイツシヤーの貸借対照表価値論(山田正夫)「三田学会雑誌」 26(12) 1932.12
◇本邦財政の必然的動向と累進課税の経済的作用に就て(高木壽一)「三田学会雑誌」 26(12) 1932.12
◇公債九十億-その経済的意義(大内兵衛)「改造」 15(1) 1933.1
◇銀行制度改正問題(河津暹)「経済学論集」 5(1) 1933.1
◇地方財政調整交付金案に就いて(藤谷謙二)「経済時報」 4(10) 1933.1
◇独逸恐慌対策と独逸国割引銀行の活動(楠見一正)「経済時報」 4(10) 1933.1
◇ブルガリア農業銀行と協同組合(平實)「経済時報」 4(10) 1933.1
◇地方財政の改革(汐見三郎)「経済論叢」 36(1) 1933.1
◇中小工業金融概況(岸信介)「工業経済研究」 3 1933.1
◇国税徴収法及其の附属法令の改正に就いて(藤塚林平)「自治研究」 9(1) 1933.1
◇昭和七年地方財政の回顧(大村清一)「自治研究」 9(1) 1933.1

◇農家の公租負担の現状より見たる税制整理問題(重政誠之)「自治研究」 9(1) 1933.1
◇現行消費税制度(藤塚林平)「税」 11(1) 1933.1
◇雑種税として船税に就て(伊藤準)「税」 11(1) 1933.1
◇所得税の免税点(渡邊善藏)「税」 11(1) 1933.1
◇農業動産質の設定-農業金融改善問題(北村三郎)「地方行政」 41(1) 1933.1
◇農村資金の都市集中現象(中沢弁次郎)「都市問題」 16(1) 1933.1
◇為替相場とインフレーションとの関係に関する若干の考察(金原賢之助)「三田学会雑誌」 27(1) 1933.1
◇物価論上に於ける一論争(小高泰雄)「三田学会雑誌」 27(1) 1933.1
◇ブルガリアに於ける庶民銀行(平實)「経済時報」 4(11) 1933.2
◇農業者と商工業者との租税負担の均衡(神戸正雄)「経済論叢」 36(2) 1933.2
◇国費と地方費(10)(大竹虎雄)「自治研究」 9(2) 1933.2
◇地方財政調整交付金制度に就て(永安百治)「自治研究」 9(2) 1933.2
◇最近(昭和七年度)の地方予算(大村清一)「斯民」 28(2) 1933.2
◇市町村の財政と税制に就て(鈴木五郎)「税」 11(2) 1933.2
◇所得税調査委員の選挙に就いて(1)(忠佐市)「税」 11(2) 1933.2
◇非常時と税制改革(小山田小七)「税」 11(2) 1933.2
◇府県制第百八条に依る附加税の賦課事務(元山修二)「税」 11(2) 1933.2
◇仏蘭西の国債借換に関する調査「調査月報(大蔵省)」 23(2) 1933.2
◇米国禁酒法撤廃の財政経済的効果「調査月報(大蔵省)」 23(2) 1933.2
◇戦時公債には利子を附するな(田川大吉郎)「東洋経済新報」 1537 1933.2
◇コルムの財政学節の吟味(米原七之助)「経済学研究」 3(1) 1933.3
◇大阪市に於ける庶民金融機関発達の概要(黒羽兵治郎)「経済時報」 4(12) 1933.3
◇一九三二年後半期の我国物価と景気(飯田繁)「経済時報」 4(12) 1933.3
◇地方財政最近の動向(藤谷謙二)「経済時報」 4(12) 1933.3
◇地方財政調整交付金を批判す(汐見三郎)「経済論叢」 36(3) 1933.3
◇法人所得の累進課税(神戸正雄)「経済論叢」 36(3) 1933.3
◇官公金の亡失に対する賠償責任(菊池慎三)「自治研究」 9(3) 1933.3
◇受取書に関する印紙税論(木村藤作)「税」 11(3) 1933.3
◇為替問題と財政(北村三郎)「税」 11(3) 1933.3
◇国税徴収法第十二条の解釈(岡田直策)「税」 11(3) 1933.3
◇所得税の話(藤井吉隆)「税」 11(3) 1933.3
◇製鉄業奨励法に依る地方税の免除に就て(三ヶ尻義雄)「税」 11(3) 1933.3
◇税法解釈論(桂川史)「税」 11(3) 1933.3
◇生命保険と相続税(島海一郎)「税」 11(3) 1933.3
◇地方税制革新私見「税」 11(3) 1933.3
◇独逸と仏蘭西の所得税(柏井象雄)「税」 11(3) 1933.3
◇満洲国の財政(小田橋貞寿)「税」 11(3) 1933.3
◇留保財産と相続税の課税(窪田好秋)「税」 11(3) 1933.3
◇大阪市昭和八年度予算案成る(関一)「大大阪」 9(3) 1933.3
◇家屋税と営業税に就て(1)(工藤松蔵)「東京地方改良協会会報」

◇英国現下の貨幣金融政策主動向(高島佐一郎)「東洋経済新報」 1541 1933.3
◇管理通貨制優越の再強調(高島佐一郎)「東洋経済新報」 1542 1933.3
◇第六十四議会を通過せる八年度予算の概貌「東洋経済新報」 1543 1933.3
◇アメリカ「統制的インフレーション」の潰滅(田中精一)「経済学論集」 3(4) 1933.4
◇インフレーション基礎理論としての主観主義貨幣学説(荒木光太郎)「経済学論集」 3(4) 1933.4
◇インフレーションに於ける通貨、物価為替と所謂心理的な貨幣理論(橋爪明男)「経済学論集」 3(4) 1933.4
◇戦後に於けるフランスの公債政策とインフレーション(岩野晃次郎)「経済学論集」 3(4) 1933.4
◇大阪に於ける質屋組合の推移(黒羽兵治郎)「経済時報」 5(1) 1933.4
◇地方財政調整問題(高砂恒三郎)「経済時報」 5(1) 1933.4
◇マルクスに於ける平均利潤率(高田保馬)「経済論叢」 36(4) 1933.4
◇新地租法の説明(9・完)(唯野喜八)「自治研究」 9(4) 1933.4
◇租税、公債に代る新財政形態(井藤半彌)「週刊エコノミスト」 11(7) 1933.4
◇租税公債に代る新財政形態(井藤半彌)「週刊エコノミスト」 11(7) 1933.4
◇興業税に就て(伊藤準)「税」 11(4) 1933.4
◇公債の低利借替も就て(水上源次郎)「税」 11(4) 1933.4
◇所得税調査委員の選挙に就いて(忠佐市)「税」 11(4) 1933.4
◇増税か募債か(青木得三)「税」 11(4) 1933.4
◇地方財政調整交付金制度に伴ふ増税に就て(坂部真一郎)「税」 11(4) 1933.4
◇弗買とその利益に対する法人の課税(下村才彌)「税」 11(4) 1933.4
◇満洲国の財政(小田橋貞寿)「税」 11(4) 1933.4
◇遊興税に就て(唯野喜八)「税」 11(4) 1933.4
◇留保財産と相続税の課税(窪田好秋)「税」 11(4) 1933.4
◇通信特別会計に就て(内海朝次郎)「地方行政」 41(4) 1933.4
◇インフレーションの必然と租税政策の動向(高島佐一郎)「東洋経済新報」 1545 1933.4
◇軍事費の膨張とインフレーションの効果「東洋経済新報」 1545 1933.4
◇国際通貨経済会議議題「東洋経済新報」 1547 1933.4
◇庶民金融統制問題とモリス・プラン(島田徳)「法律時報」 5(4) 1933.4
◇貨幣に対する社会的信認(萩原吉太郎)「三田学会雑誌」 27(4) 1933.4
◇通信事業特別会計に就て(竹中龍雄)「経済時報」 5(2) 1933.5
◇英米両国所得税の特徴(佐伯玄洞)「経済論叢」 36(5) 1933.5
◇昭和八年度予算より観たる財政計画(小川郷太郎)「経済論叢」 36(5) 1933.5
◇所謂公認競馬に対する地方税の賦課-競馬法第八条第五項の解決に就て-(三好重夫)「自治研究」 9(5) 1933.5
◇独逸市町村金融事情(武島一義)「自治研究」 9(5) 1933.5
◇昭和八年度内務省所管時局匡救予算に就て(入江誠一郎)「斯民」 28(5) 1933.5
◇現下の財政諸問題(神戸正雄)「週刊エコノミスト」 11(9) 1933.5
◇財政インフレの基本問題(高木壽一)「週刊エコノミスト」 11(9) 1933.5

◇現下の財政経済問題(大口喜六)「週刊エコノミスト」 11(10) 1933.5
◇世界経済会議と関税問題(エム・スチュワト)「週刊エコノミスト」 11(10) 1933.5
◇所謂「新財政形態」に依って財政は立直せるか(池田富美夫)「税」 11(5) 1933.5
◇学区費賦課に関する疑点(成清民二)「税」 11(5) 1933.5
◇興業税に就て(伊藤準)「税」 11(5) 1933.5
◇財政実証研究の危険性(井藤半彌)「税」 11(5) 1933.5
◇財政的インフレーションの行方(服部文四郎)「税」 11(5) 1933.5
◇第六十四議会を通過したる租税関係の法律(河沼高輝)「税」 11(5) 1933.5
◇地方税制に関する地方団体の意向に就いて(外山福男)「税」 11(5) 1933.5
◇独逸に於ける租税法規独立の傾向(田中勝次郎)「税」 11(5) 1933.5
◇フアッシストイタリアの財政(1)(堀真琴)「地方行政」 41(5) 1933.5
◇経済界の不況と地方財政(鈴木嘉寿一)「東京地方改良協会会報」 49 1933.5
◇インフレーション下の法律生活(勝本正晃)「法律時報」 5(5) 1933.5
◇財政社会学の最近の傾向(米原七之助)「経済学研究」 3(2) 1933.6
◇ボーズの為替理論(大森研造)「経済学研究」 3(2) 1933.6
◇潜税(隠然たる租税)に就きて(神戸正雄)「経済学論集」 3(6) 1933.6
◇明治初年の注目すべき地租改正論-若山儀一の革税大意-(土屋喬雄)「経済学論集」 3(6) 1933.6
◇農業金融の現況と農業動産信用法(周東英雄)「自治研究」 9(6) 1933.6
◇昭和八年度預金部地方資金の融通に就て「斯民」 28(6) 1933.6
◇地方財政に関する資料(内務省地方局調査)「斯民」 28(6) 1933.6
◇税制整理の目標「週刊エコノミスト」 11(11) 1933.6
◇地方財政の破綻切迫「週刊エコノミスト」 11(11) 1933.6
◇織物輸移出戻税の理論(1)(桂川史)「税」 11(6) 1933.6
◇貸座敷業に於ける法人営業収益税と賦金(星野誠)「税」 11(6) 1933.6
◇危機に立つ中国財政(高倉貞雄)「税」 11(6) 1933.6
◇税制整理の根本と其将来(伊藤準)「税」 11(6) 1933.6
◇世界経済会議と関税問題(牧内正男)「税」 11(6) 1933.6
◇世界経済会議に於ける関税問題(阿部賢一)「税」 11(6) 1933.6
◇地方税の輪郭(關口健一郎)「税」 11(6) 1933.6
◇徴収金の交付要求に就て(大西俊司)「税」 11(6) 1933.6
◇電柱税及遊興税に於ける賦課の制限に就て(元山修二)「税」 11(6) 1933.6
◇独逸に於ける租税法規独立の傾向(田中勝次郎)「税」 11(6) 1933.6
◇督促手数料増額問題(岡田直策)「税」 11(6) 1933.6
◇無租地及地租減免地一覧表に就いて「税」 11(6) 1933.6
◇大阪市社会部予算(山口正)「大大阪」 9(6) 1933.6
◇課税原則-最少犠牲か、均等犠牲か(關口健一郎)「地方行政」 41(6) 1933.6
◇地方財政整理に於ける問題(元山修二)「地方行政」 41(6) 1933.6
◇地方財政は如何に整理すべきか(大川三郎)「地方行政」 41(6) 1933.6
◇非常時と市町村予算の動向(田原恒雄)「地方行政」 41(6) 1933.6

◇膨大予算が地方財政に均霑するか（永田得二）「地方行政」 41(6) 1933.6
◇匈牙利共同組合金融の一駒（平實）「経済時報」 5(4) 1933.7
◇郵便貯金の小口集中と利子政策（楠見一正）「経済時報」 5(4) 1933.7
◇予算制度の改善（小山田小七）「経済時報」 5(4) 1933.7
◇我国現在のインフレーションの特質（小島昌太郎）「経済論叢」 37(1) 1933.7
◇英国に於ける国庫交付金制度(3)（三好重夫）「自治研究」 9(7) 1933.7
◇昭和八年度道府県予算に就て（大村清一）「斯民」 28(7) 1933.7
◇関税戦激化と其の本質「週刊エコノミスト」 11(12) 1933.7
◇期待を裏切られた増税計画「週刊エコノミスト」 11(12) 1933.7
◇社債改善の能否について（戸澤芳樹）「週刊エコノミスト」 11(12) 1933.7
◇一九二三-一九三三年の各国関税改訂及び貿易諸政策記録「週刊エコノミスト」 11(12) 1933.7
◇「通貨独裁権案」について（カーター・グラス）「週刊エコノミスト」 11(12) 1933.7
◇悶ゆる仏国金本位（波多野鼎）「週刊エコノミスト」 11(12) 1933.7
◇関税戦争と最恵国条款（小林行昌）「週刊エコノミスト」 11(13) 1933.7
◇織物輸移出戻税の理論（桂川史）「税」 11(7) 1933.7
◇会社の所得税は果して軽いか（下村才彌）「税」 11(7) 1933.7
◇家屋税の課税標準と敷地の関係に就て（元山修二）「税」 11(7) 1933.7
◇九年度予算の編成と増税問題（北村三郎）「税」 11(7) 1933.7
◇差金収得税の創設に就て（坂部真一郎）「税」 11(7) 1933.7
◇市営貯蓄銀行論(1)（横畠正彦）「税」 11(7) 1933.7
◇税制整理の要点（青木哲彌）「税」 11(7) 1933.7
◇増税に就て（伊藤準）「税」 11(7) 1933.7
◇相続税の賦課税（窪田好秋）「税」 11(7) 1933.7
◇租税収入の増加に関する考察（泉至剛）「税」 11(7) 1933.7
◇地方税制改正に関する趨勢（成清民二）「税」 11(7) 1933.7
◇地方税の輪郭（關口健一郎）「税」 11(7) 1933.7
◇徴収権に対する先取権（大西俊司）「税」 11(7) 1933.7
◇麦酒税法を改正したい（木村藤作）「税」 11(7) 1933.7
◇満洲国の租税制度管見（木村増太郎）「税」 11(7) 1933.7
◇最近に於ける我国銀行業の状況（上山英三）「地方行政」 41(7) 1933.7
◇時局匡救事業による八年度地方財政の逼迫「東洋経済新報」 1554 1933.7
◇予算争奪の弊を如何にして防ぐべきか「東洋経済新報」 1554 1933.7
◇台頭せる増税論の検討「東洋経済新報」 1555 1933.7
◇九年度歳出の予想「東洋経済新報」 1559 1933.7
◇維新以後における大阪の金銀貸付業（黒羽兵治郎）「経済時報」 5(5) 1933.8
◇サヴエート連邦に於ける統一財政計画に就て（名和統一）「経済時報」 5(5) 1933.8
◇府県の中小商工業金融損失補償制度（吉田悌二郎）「工業経済研究」 4 1933.8
◇英国に於ける国庫交付金制度(4)（三好重夫）「自治研究」 9(8) 1933.8
◇課税所得としての一時の所得（石渡荘太郎）「自治研究」 9(8) 1933.8

◇国債の低利借替「週刊エコノミスト」 11(15) 1933.8
◇明度予算方針と赤字財政「週刊エコノミスト」 11(15) 1933.8
◇金融政策より見たる地方銀行と大銀行支店「週刊エコノミスト」 11(16) 1933.8
◇売上税の種々相（小山田小七）「税」 11(8) 1933.8
◇売上税論（關口健一郎）「税」 11(8) 1933.8
◇織物輸移出戻税の理論（桂川史）「税」 11(8) 1933.8
◇瓦斯課税論者も多い（木村藤作）「税」 11(8) 1933.8
◇歓興税は果して悪税か（川島宏）「税」 11(8) 1933.8
◇危機に立つ中国財政（高倉貞雄）「税」 11(8) 1933.8
◇個人貸座敷業に対する営業収益税と賦金の二重負担に就て（都築重作）「税」 11(8) 1933.8
◇個人所得の計算と前年度の損失金（田中勝次郎）「税」 11(8) 1933.8
◇市営貯蓄銀行論（横畠正彦）「税」 11(8) 1933.8
◇信託と諸税（細矢祐治）「税」 11(8) 1933.8
◇税制整理の要点（青木哲彌）「税」 11(8) 1933.8
◇増税実行上の著眼に就いて（永山善之助）「税」 11(8) 1933.8
◇相続税改造の一案（神戸正雄）「税」 11(8) 1933.8
◇租税回避と其の否認権（片岡政一）「税」 11(8) 1933.8
◇地方税整理管見（成清民二）「税」 11(8) 1933.8
◇地方税の制限率及制限規定に関する若干の問題（元山修二）「税」 11(8) 1933.8
◇地方税負担の均衡（勝正憲）「税」 11(8) 1933.8
◇米国の地方債制度(1)（友田嘉一）「大大阪」 9(8) 1933.8
◇地方財政難対策に関する若干の考察（元山修二）「地方行政」 41(8) 1933.8
◇家屋税附加税の不均一賦課に就て（鈴木嘉寿一）「東京地方改良協会会報」 51 1933.8
◇大阪市債の発達（藤谷謙二）「経済時報」 5(6) 1933.9
◇大阪における質屋営業方法の研究（黒羽兵治郎）「経済時報」 5(6) 1933.9
◇公企業債の償還年限の決定に就て（竹中龍雄）「経済時報」 5(6) 1933.9
◇織物消費税に就きて（神戸正雄）「経済論叢」 37(3) 1933.9
◇市町村負債整理委員会に就て（周東英雄）「自治研究」 9(9) 1933.9
◇地方税制の改革に就て（中島賢蔵）「自治研究」 9(9) 1933.9
◇現行租税制度の欠陥「週刊エコノミスト」 11(17) 1933.9
◇公債暴騰と起債市場「週刊エコノミスト」 11(17) 1933.9
◇増税か公債か（勝正憲）「週刊エコノミスト」 11(17) 1933.9
◇個人と法人との税制の相違点（小杉榮一）「税」 11(9) 1933.9
◇財産税の形態（井藤半彌）「税」 11(9) 1933.9
◇財政統計の重要性に就て（井手田巧）「税」 11(9) 1933.9
◇市町村特別税論（成清民二）「税」 11(9) 1933.9
◇酒造税法第十二条の免税の意義(1)（桂川史）「税」 11(9) 1933.9
◇準国税滞納処分に対する行政上の救済(1)（村上泰一）「税」 11(9) 1933.9
◇信託と其の税制(1)（濱田徳海）「税」 11(9) 1933.9
◇租税の免除及附加税に就て（町田美一郎）「税」 11(9) 1933.9
◇租税法制の総合統一について（藤塚త平）「税」 11(9) 1933.9
◇地方団体に於ける督促手数料に就て（元山修二）「税」 11(9) 1933.9
◇都市財政論(1)（横畠正彦）「税」 11(9) 1933.9

財政

◇非常時局と納税施設(1)(臼井鼎)「税」 11(9) 1933.9
◇法人合併による印紙税問題(木村藤作)「税」 11(9) 1933.9
◇免税法人より受くる配当金(渡邊雄)「税」 11(9) 1933.9
◇英国現下の財政々策地方財政整理論「地方行政」 41(9) 1933.9
◇金融から見た日本経済の展望(石橋湛山)「東洋経済新報」 1569 1933.9
◇瑞典に於ける物価政策とその成果(1)「東洋経済新報」 1569 1933.9
◇フランスのインフレーションとデバリュエーションの財政的効果(大内兵衛)「経済学論集」 3(10) 1933.10
◇地方財政調整から観た両税及所得税委譲問題(高砂恒太郎)「経済時報」 5(7) 1933.10
◇最近のコール市場(明石照男)「経済論叢」 3(10) 1933.10
◇官房学者の租税論に於ける国庫収入主義企業と租税負担(汐見三郎)「経済論叢」 37(4) 1933.10
◇地租改造の一案(神戸正雄)「経済論叢」 37(4) 1933.10
◇地方税の徴収義務者の責任-歓興税を機縁として-(宮澤俊義)「自治研究」 9(10) 1933.10
◇国防予算の左右前後(太田正孝)「週刊エコノミスト」 11(19) 1933.10
◇米価と物価(東畑精一)「週刊エコノミスト」 11(19) 1933.10
◇国税徴収法第三条の改正に関する意見(唯野喜八)「税」 11(10) 1933.10
◇時効と租税(宮澤政行)「税」 11(10) 1933.10
◇市町村特別税の種類に就て(山口民二)「税」 11(10) 1933.10
◇所得税法の住居所と納税地(倉持春吉)「税」 11(10) 1933.10
◇信託と其の税制(濱田徳海)「税」 11(10) 1933.10
◇租税賦課徴収制度の改善(外山福男)「税」 11(10) 1933.10
◇米国一九三三年銀行法「調査月報(大蔵省)」 23(10) 1933.10
◇大都市財政難局打開策に関する六大都市財務関係者協議会(小倉庫次)「都市問題」 17(4) 1933.10
◇農村及都市の負担並財政状況調査の概要(其の1)「農務時報」 61 1933.10
◇ソヴェート租税政策概説(高木壽一)「三田学会雑誌」 27(10) 1933.10
◇営業収益税改造の一案(神戸正雄)「経済論叢」 37(5) 1933.11
◇潜在偏向性の我がインフレーション(小島昌太郎)「経済論叢」 37(5) 1933.11
◇労銀と利子(高田保馬)「経済論叢」 37(5) 1933.11
◇第十一回全国市街地信用組合協議会(産業組合中央会)「産業組合」 337 1933.11
◇欧州金本位国の財政的弱点「週刊エコノミスト」 11(22) 1933.11
◇家屋税附加税の累進課税に就て(佐藤信彦)「税」 11(11) 1933.11
◇合併と買収とは課税上如何なる差異があるか(町田美一郎)「税」 11(11) 1933.11
◇現行税法に現はれたる信託関係税法(渡邊辰雄)「税」 11(11) 1933.11
◇神戸博士の「相続税改造の一案」を読む(河沼高輝)「税」 11(11) 1933.11
◇最近に於ける独逸財政(1)(阿佐健)「税」 11(11) 1933.11
◇税制の画一主義緩和に関する考察(永山善之助)「税」 11(11) 1933.11
◇地方団体の収入する延滞金に就て(元山修二)「税」 11(11) 1933.11
◇米価問題と財政(内池廉吉)「税」 11(11) 1933.11
◇米国連邦預金保険会社の機能解説(大蔵省理財局訳)「調査月報(大蔵省)」 23(11) 1933.11
◇企業金融上より観たる我社債制度(1)(板橋菊松)「東洋経済新報」 1576 1933.11
◇ジ・ベ・セイの租税論(増井幸雄)「三田学会雑誌」 27(11) 1933.11
◇地租改正前後の農民運動(小池基之)「三田学会雑誌」 27(11) 1933.11
◇米国に於ける戦債帳消論(町田義一郎)「三田学会雑誌」 27(11) 1933.11
◇租税原則論の一考察(米原七之助)「経済学研究」 3(4) 1933.12
◇投機と為替市場(大森研造)「経済学研究」 3(4) 1933.12
◇再び地方財政調整交付金制度について(藤谷謙二)「経済時報」 5(9) 1933.12
◇仏蘭西に於ける消費組合課税問題(平實)「経済時報」 5(9) 1933.12
◇企業と所得税負担(汐見三郎)「経済論叢」 37(6) 1933.12
◇所得税改造の一案(神戸正雄)「経済論叢」 37(6) 1933.12
◇再び地方財政調整交付金制度に就いて(永安百治)「自治研究」 9(12) 1933.12
◇指導原理を欠く米国の通貨政策(1)(荒木光太郎)「週刊エコノミスト」 11(23) 1933.12
◇ドル暴落の事情とその諸影響「週刊エコノミスト」 11(23) 1933.12
◇減価鎮却準備金の課否に関する諸税の瞥見(星野誠)「税」 11(12) 1933.12
◇試掘鉱区税の徴収方に就て(唯野喜八)「税」 11(12) 1933.12
◇時効と租税(宮澤政行)「税」 11(12) 1933.12
◇シトロバ事件と同族会社の逋税行為(田中勝次郎)「税」 11(12) 1933.12
◇諸税の滞納より見たる農村(川崎秀男)「税」 11(12) 1933.12
◇信託と其の税制(濱田徳海)「税」 11(12) 1933.12
◇滞納処分の社会的妥当性(藤江福雄)「税」 11(12) 1933.12
◇地租に於ける農村と都会の公平の問題(桂川史)「税」 11(12) 1933.12
◇地方税務に於ける宿幣に就て(元山修二)「税」 11(12) 1933.12
◇犯則酒類の査定時間問題(木村藤作)「税」 11(12) 1933.12
◇法人所得の特異性に就て(町田美一郎)「税」 11(12) 1933.12
◇旅費に就て(吉田長市)「税」 11(12) 1933.12
◇我が国税制度と資本利子税(泉至爾)「税」 11(12) 1933.12
◇米国の本位貨政策に関する調査(全篇)「調査月報(大蔵省)」 23(12) 1933.12
◇不良の傾向を現せる新年度予算「東洋経済新報」 1578 1933.12
◇贅沢品関税の経済社会に及ぼせる影響(土方成美)「経済学論集」 4(1) 1934.1
◇地主金融組合抵当証券制度と土地投機(柏塚辰雄)「経済時報」 5(10) 1934.1
◇社債制度の改善に就て(三木純吉)「経済時報」 5(10) 1934.1
◇中央銀行兌換準備検討(松岡孝児)「経済論叢」 38(1) 1934.1
◇免税点以下の小額所得者(汐見三郎)「経済論叢」 38(1) 1934.1
◇英国一般国庫補助金制度の運用状況(永安百治)「自治研究」 10(1) 1934.1
◇鉱産税附加税の分割に就て(唯野喜八)「自治研究」 10(1) 1934.1
◇昭和8年地方財政の回顧(1)(大村清一)「自治研究」 10(1) 1934.1
◇地方債の許可権限に関する改正勅令解説(加藤於菟丸)「自治研究」 10(1) 1934.1
◇地方団体の予算と経界予測の問題(中島清二)「自治研究」 10(1) 1934.1

◇農村金融統制に関する一考察(黒河内透)「自治研究」 10(1) 1934.1
◇昭和九年度予算(小川郷太郎)「週刊エコノミスト」 12(1) 1934.1
◇会計年度問題(前田美稲)「税」 12(1) 1934.1
◇欠損法人と地方税及営業収益税(岩出作造)「税」 12(1) 1934.1
◇減価償却準備金の可課税的理論(星野誠)「税」 12(1) 1934.1
◇個人所得税の免税点(勝正憲)「税」 12(1) 1934.1
◇昭和九年の税界を観望す(志達定太郎)「税」 12(1) 1934.1
◇昭和地方税の点評(谷口赤嶺)「税」 12(1) 1934.1
◇租税予算(谷口恒二)「税」 12(1) 1934.1
◇納税義務原因論(桂川史)「税」 12(1) 1934.1
◇非常時九年度予算の特異性「税」 12(1) 1934.1
◇法人税問題(青木哲弥)「税」 12(1) 1934.1
◇満洲国税制の特異性(松隈秀雄)「税」 12(1) 1934.1
◇地方債解説講座起債手続より許可まで(1)(小原正樹)「地方行政」 42(1) 1934.1
◇地方財政改革論の基調(元山修二)「地方行政」 42(1) 1934.1
◇国費の増減と財界の好不況(ホートレイ)「調査月報(大蔵省)」 24(1) 1934.1
◇米国人の所得と消費「調査月報(大蔵省)」 24(1) 1934.1
◇農村地方税軽減問題(高砂恒三郎)「経済時報」 5(11) 1934.2
◇印紙税に就きて(神戸正雄)「経済論叢」 38(2) 1934.2
◇肥料金融に関する調査(産業組合中央会)「産業組合」 340 1934.2
◇産業組合中央金庫特別融通及損失補償法の実績を見て(周東英雄)「自治研究」 10(2) 1934.2
◇昭和8年地方財政の回顧(2・完)(大村清一)「自治研究」 10(2) 1934.2
◇市町村の国税取扱に関する交付金制度(未完)「地方行政」 42(2) 1934.2
◇郵便貯金から社会を覗く(1)(猪熊貞治)「地方行政」 42(2) 1934.2
◇都市財政改善の基礎的要件としての予算式改正(菊池慎三)「都市問題」 18(2) 1934.2
◇財政学の社会理論(永田清)「三田学会雑誌」 28(2) 1934.2
◇砂糖消費税に就きて(神戸正雄)「経済論叢」 38(3) 1934.3
◇ロシアに於ける所得税の発達(伊丹武夫)「経済論叢」 38(3) 1934.3
◇資本主義経済体系内に於ける産業組合金融制度(稲垣玄喜)「産業組合」 341 1934.3
◇地方財政の正しき認識の為に(菊池慎三)「自治研究」 10(3) 1934.3
◇租税より観たる東北地方(左右田武夫)「社会政策時報」 174 1934.3
◇東北六県に於ける地方財政の窮乏(荒木孝男)「社会政策時報」 174 1934.3
◇印紙税の沿革(1)(宮沢政行)「税」 12(3) 1934.3
◇巨額公債の対策としての特別課税(ピグウ)(関口健一郎)「税」 12(3) 1934.3
◇地方税とはどんなものか(佐東陳由)「税」 12(3) 1934.3
◇貯蓄銀行の市営に就て(畑市次郎)「税」 12(3) 1934.3
◇純漁村の経営と其金融(諸橋襄)「地方行政」 42(3) 1934.3
◇金融大緩慢の実相と見透「東洋経済新報」 1593 1934.3
◇信用の統制(橋爪明男)「経済学論集」 4(4) 1934.4
◇明治初年の官営と金融(土方成美)「経済学論集」 4(4) 1934.4
◇ヘンゼルの地方税制論(藤谷謙二)「経済時報」 6(1) 1934.4

◇租税経済の発展限度(大畑文七)「経済論叢」 38(4) 1934.4
◇取引所取引税に就きて(神戸正雄)「経済論叢」 38(4) 1934.4
◇予算議案の単一性に付て(金森徳次郎)「自治研究」 10(4) 1934.4
◇家屋税制度に就て(谷口赤嶺)「税」 12(4) 1934.4
◇歳入体系中に於ける租税の地位(多田喜一)「税」 12(4) 1934.4
◇市税としての特別所得税(坂部真一郎)「税」 12(4) 1934.4
◇朝鮮に於ける国税制度(藤本修三)「税」 12(4) 1934.4
◇貯蓄銀行の市営に就て(畑市次郎)「税」 12(4) 1934.4
◇独逸財政の現状と其の将来(阿佐健)「税」 12(4) 1934.4
◇東京市の二新税(伊藤重治郎)「税」 12(4) 1934.4
◇特別税に対する一所見(島津涕晨)「税」 12(4) 1934.4
◇朝鮮の税制整理実施に就て(林繁蔵)「地方行政」 42(4) 1934.4
◇米国の本位貨政策に関する調査(大蔵省理財局)「調査月報(大蔵省)」 24(4) 1934.4
◇千葉県の負債整理組合(諸橋襄)「帝国農会報」 24(4) 1934.4
◇庶民金融の改善を論ず(濱島勝)「東洋経済新報」 1597 1934.4
◇金銭債務臨時停法の実績(辻朔郎)「法律時報」 6(4) 1934.4
◇判例消費貸借法(勝本正晃)「法律時報」 6(4) 1934.4
◇無尽本質論(楠本一正)「経済時報」 6(2) 1934.5
◇相続税と登録税との交錯(神戸正雄)「経済論叢」 38(5) 1934.5
◇相続税の本質(三谷道磨)「経済論叢」 38(5) 1934.5
◇米国に於ける経済不況は如何なる影響を地方財政に及ぼしたか(人見植夫)「斯民」 30(5) 1934.5
◇財政建直し策「週刊エコノミスト」 12(9) 1934.5
◇印紙税の沿革(宮沢政行)「税」 12(5) 1934.5
◇巨額公債の対策としての特別課税(関口健一郎)「税」 12(5) 1934.5
◇主要各国に於ける税制の推移(田中豊)「税」 12(5) 1934.5
◇新種に於ける課税権所在の問題(元山修二)「税」 12(5) 1934.5
◇税制行政の重要性と統計的観察(臼井鼎)「税」 12(5) 1934.5
◇地租法の事務的方面より見たる改正意見(唯野喜八)「税」 12(5) 1934.5
◇嚊税というもの(北川城哲)「税」 12(5) 1934.5
◇日本財政改善の跡(青木得三)「税」 12(5) 1934.5
◇電気局予算組織の改正について(秋元保一)「大大阪」 10(5) 1934.5
◇最近地方金融界の趨勢(永田得二)「地方行政」 42(5) 1934.5
◇英国昨年度の財政・財政改善の主要因「東洋経済新報」 1599 1934.5
◇一九三四―三五年度、英国予算の解剖「東洋経済新報」 1601 1934.5
◇通信事業特別会計の成立経過と其の内容(牧野良三)「東洋経済新報」 1601 1934.5
◇大久保公と土木公債(伊藤仁太郎)「土木学会誌」 20(5) 1934.5
◇不動産の登録税に就きて(神戸正雄)「経済論叢」 38(6) 1934.6
◇物価と失業の一般的考察(山口正)「職業紹介」 8 1934.6
◇勤労の遊芸人税に対する一考察(工藤松蔵)「税」 12(6) 1934.6
◇国債利子に第二種所得税課税に就て(唯野喜八)「税」 12(6) 1934.6
◇国民負担問題に関する一二の考察(奈良梵夫)「税」 12(6) 1934.6
◇雑種税附加税に制限に就て(谷口赤嶺)「税」 12(6) 1934.6
◇租税と手数料の関係(桂川史)「税」 12(6) 1934.6
◇租税の原則体系と其の歴史(二宮重雄)「税」 12(6) 1934.6

- ◇滞納処分に於ける債権差押（竹下美隆）「税」 12(6) 1934.6
- ◇地方財政の認識に就て（元山修二）「税」 12(6) 1934.6
- ◇地方税は何処へ行くか（川島宏）「税」 12(6) 1934.6
- ◇市町村の教育費負担と臨時国庫補助に就て（窪田潔）「地方行政」 42(6) 1934.6
- ◇ソヴィエト・ロシアの租税対策（高倉貞雄）「地方行政」 42(6) 1934.6
- ◇地方税制に就て（1）（木村清一）「地方行政」 42(6) 1934.6
- ◇低金利の地方債に及ぼしたる影響（常松弥重）「地方行政」 42(6) 1934.6
- ◇輓近の欧洲諸国穀物関税並其の制度概要（沖田武雄）「帝国農会報」 24(6) 1934.6
- ◇戸数割賦課の実例（竹内虎雄）「東京地方改良協会会報」 56 1934.6
- ◇衆議院可決の地方財政補整交付金法案に就て（熊野生）「東京地方改良協会会報」 56 1934.6
- ◇昭和九年度道府県予算の展望（小田忠夫）「都市問題」 18(6) 1934.6
- ◇無尽の団制度に就いて（楠見一正）「経済時報」 6(4) 1934.7
- ◇狩猟免許税に就きて（神戸正雄）「経済論叢」 39(1) 1934.7
- ◇独逸財政調整法（1）（吉岡恵一）「自治研究」 10(7) 1934.7
- ◇跛行的景気と地方財政調整の必要度（永安百治）「自治研究」 10(7) 1934.7
- ◇負担軽減の応急一方策（横溝光暉）「自治研究」 10(7) 1934.7
- ◇ドイツの対外債務支払停止に就て（十亀盛次）「週刊エコノミスト」 12(13) 1934.7
- ◇満洲国康徳元年度の総予算「週刊エコノミスト」 12(14) 1934.7
- ◇公債に依る相続税代納制度（長沼弘毅）「税」 12(7) 1934.7
- ◇国際二重税問題解決の一資料（関口健一郎）「税」 12(7) 1934.7
- ◇国税徴収法第十四条の本質（柳瀬渉）「税」 12(7) 1934.7
- ◇砂糖消費税論（木村藤作）「税」 12(7) 1934.7
- ◇市町村財政-特に市税に就て（加藤操）「税」 12(7) 1934.7
- ◇税と輸出貿易「税」 12(7) 1934.7
- ◇税法と資本維持会計との関連性（星野誠）「税」 12(7) 1934.7
- ◇租税に於ける時効の利益の放棄（1）（忠佐市）「税」 12(7) 1934.7
- ◇大整理後の営業税と新種税（谷口赤嶺）「税」 12(7) 1934.7
- ◇土地増価税に就いて（齋藤義家）「税」 12(7) 1934.7
- ◇ナーチスの財政政策（小田忠夫）「税」 12(7) 1934.7
- ◇府県制第百八条の賦課歩合標準の公定に就て（元山修二）「税」 12(7) 1934.7
- ◇前橋市の特別税所得割に就て（今田秀雄）「税」 12(7) 1934.7
- ◇永年作物を担保に目的とする農業金融（野間海造）「帝国農会報」 24(7) 1934.7
- ◇ナーチスの地方財政政策（小田忠夫）「都市問題」 19(1) 1934.7
- ◇無尽業者の資金運用方法に就て（松崎寿）「経済時報」 6(5) 1934.8
- ◇金物価と貨幣価値安定（松岡孝児）「経済論叢」 39(2) 1934.8
- ◇骨牌税に就きて（神戸正雄）「経済論叢」 39(2) 1934.8
- ◇本邦企業に於ける結合と社債金融に就て（栗栖赳夫）「工業経済研究」 6 1934.8
- ◇我国価格政策に現はれた矛盾（北村正次）「社会政策時報」 167 1934.8
- ◇家屋税賦課異議に対する行政訴訟の大要（鬼武十郎）「税」 12(8) 1934.8
- ◇現行地方税制に対する与論（谷口赤嶺）「税」 12(8) 1934.8
- ◇国防税論（元山修二）「税」 12(8) 1934.8
- ◇市町村の地租の不均一賦課並所得税賦課税に就て（唯野喜八）「税」 12(8) 1934.8
- ◇信託と其の税制（浜田徳海）「税」 12(8) 1934.8
- ◇地方税滞納問題に対する一考察（川島宏）「税」 12(8) 1934.8
- ◇地方税に関する知識（氏家保寿）「税」 12(8) 1934.8
- ◇デンマルクの不動産課税（関口健一郎）「税」 12(8) 1934.8
- ◇不動産信託に於ける営造物使用料処理に就て（小西三郎）「税」 12(8) 1934.8
- ◇災害の重圧を受くる地方財政（武井群嗣）「地方行政」 42(8) 1934.8
- ◇昭和九年度道府県予算に就て（1）（谷口赤嶺）「地方行政」 42(8) 1934.8
- ◇公債低利借替研究座談会（大内教授［ほか］）「東洋経済新報」 1164 1934.8
- ◇取引所制度改善案諮問に対する答申「法律時報」 6(8) 1934.8
- ◇テレオロギーの財政学（永田清）「三田学会雑誌」 28(8) 1934.8
- ◇英国の為替政策（1）「経済月報」 6(8) 1934.9
- ◇公式に依る累進に就いて（柏井象雄）「経済論叢」 39(3) 1934.9
- ◇所得の総合累進課税に就きて（神戸正雄）「経済論叢」 39(3) 1934.9
- ◇露国に就て最近行はれた所得税率の変更「現業調査資料」 8(5) 1934.9
- ◇増税論批判（青木得三）「週刊エコノミスト」 12(18) 1934.9
- ◇一時的所得の課税関係に就て（堀文之助）「税」 12(9) 1934.9
- ◇財政行政と大蔵大臣の素質（服部文四郎）「税」 12(9) 1934.9
- ◇市町村財政-特に市税に就て（加藤操）「税」 12(9) 1934.9
- ◇市町村戸数割制度に就て（谷口赤嶺）「税」 12(9) 1934.9
- ◇税法上同族会社とは何ぞや（村上恭一）「税」 12(9) 1934.9
- ◇租税滞納の矯情（伊藤人史）「税」 12(9) 1934.9
- ◇地方財政調整交付金と増税の理論（高田三男）「税」 12(9) 1934.9
- ◇地方債と地方税（小原正樹）「税」 12(9) 1934.9
- ◇デンマルクの不動産課税（関口健一郎）「税」 12(9) 1934.9
- ◇特別相続税設定反対論（柳義治）「税」 12(9) 1934.9
- ◇地方財政調整問題に就いて（藤谷謙二）「大大阪」 10(9) 1934.9
- ◇東北地方と北海道農村財政比較研究（外山福男）「地方行政」 42(9) 1934.9
- ◇独逸通貨政策の動向に関する一考察「調査月報（大蔵省）」 24(9) 1934.9
- ◇仏国に於ける平価切下論の擡頭（秋元輝雄）「東洋経済新報」 1168 1934.9
- ◇最近に於ける独逸の金融恐慌と為替政策「経済月報」 6(10) 1934.10
- ◇鉱業税に就きて（神戸正雄）「経済論叢」 39(4) 1934.10
- ◇アメリカ合衆国に於ける連邦信用組合法の制定「産業組合」 348 1934.10
- ◇地方段別割に就て（大村清一）「自治研究」 10(10) 1934.10
- ◇独逸財政調整法（2）（吉岡恵一）「自治研究」 10(10) 1934.10
- ◇東京市の新特別税（1）（能勢貞治）「自治研究」 10(10) 1934.10
- ◇市町村債の議決に就て（岩瀬森次）「斯民」 29(10) 1934.10
- ◇農村金融統制に関する一考察（周東英雄）「斯民」 29(10) 1934.10
- ◇赤字財政の持続性と限度「週刊エコノミスト」 12(19) 1934.10
- ◇鉱産税附加税に関する東京市の主張是非（佐賀徹二郎）「税」 12(10) 1934.10
- ◇公民権と税（元山修二）「税」 12(10) 1934.10
- ◇市町村特別税の考察（大塚辰治）「税」 12(10) 1934.10

◇社債較差損金の一考察(星野誠)「税」 12(10) 1934.10
◇諸車船税の前納制度樹立の提唱(今村為与)「税」 12(10) 1934.10
◇地方税制度の研究(唯野喜八)「税」 12(10) 1934.10
◇中国地租の一瞥(成宗定夫)「税」 12(10) 1934.10
◇東京市の増税と新税に就て(鈴木嘉寿一)「税」 12(10) 1934.10
◇土地に対する租税に就て(河北道夫)「税」 12(10) 1934.10
◇前橋市の特別税所得割に就て(今田秀雄)「税」 12(10) 1934.10
◇累進課税と限界利用学説(井塚半弥)「税」 12(10) 1934.10
◇国庫予備金に就て(井手田巧)「地方行政」 42(10) 1934.10
◇良好なりし八年度の国庫収入「東洋経済新報」 1622 1934.10
◇悪性インフレ問題座談会「東洋経済新報」 1625 1934.10
◇農村及都市の租税負担状況「農務時報」 73 1934.10
◇藤井蔵相と予算(鈴木茂三郎)「改造」 16(12) 1934.11
◇仏蘭西に於ける抵当公示制度(柏塚辰雄)「経済時報」 6(8) 1934.11
◇資本利子税に就きて(神戸正雄)「経済論叢」 39(5) 1934.11
◇独逸の本位制度(島木融)「経済論叢」 39(5) 1934.11
◇配賦税制度に於ける配分標準に就て -特に租税組合に於ける配分標準に就て-(佐伯玄洞)「経済論叢」 39(5) 1934.11
◇戸数割通税手段たる会社の設立(永安百治)「自治研究」 10(11) 1934.11
◇地方財政概要の改正(汐見三郎)「自治研究」 10(11) 1934.11
◇東京市の新特別税(2)(能勢貞治)「自治研究」 10(11) 1934.11
◇特別利得税問題「週刊エコノミスト」 11(23) 1934.11
◇袋小路に入った「健全財政」(阿部賢一)「週刊エコノミスト」 12(24) 1934.11
◇臨時利得税の難点「週刊エコノミスト」 12(24) 1934.11
◇市町村特別所得税設定に就て(唯野喜八)「税」 12(11) 1934.11
◇租税目的の時代相(多田喜一)「税」 12(11) 1934.11
◇地方財政調整交付金について(勝正憲)「税」 12(11) 1934.11
◇船に於ける課税権所在の問題(元山修二)「税」 12(11) 1934.11
◇主義に就て誤れる臨時利得税の計画「東洋経済新報」 1629 1934.11
◇道路に関する公債支出の回収に就て(菊池愼三)「道路の改良」 16(11) 1934.11
◇農村及都市の財政状況調査の概要「農務時報」 74 1934.11
◇株式の債権性と其価格の維持(1)(松田二郎)「法学協会雑誌」 52(11) 1934.11
◇現代租税制度に於ける一般取引税の地位と其本質(高木壽一)「三田学会雑誌」 28(11) 1934.11
◇増税論(鈴木茂三郎)「改造」 15(13) 1934.12
◇財政の性質(米原七之助)「経済学研究」 4(4) 1934.12
◇租税と特別課徴との区別について(藤谷謙二)「経済時報」 6(9) 1934.12
◇増税とインフレーション(小島昌太郎)「経済論叢」 39(6) 1934.12
◇地方税としての酒税(神戸正雄)「経済論叢」 39(6) 1934.12
◇臨時利得税を論ず(汐見三郎)「経済論叢」 39(6) 1934.12
◇会計検査の拡充を期す(川崎秀男)「自治研究」 10(12) 1934.12
◇地方財政概要の改正説に就て(大村清一)「自治研究」 10(12) 1934.12
◇独逸財政調整法プロイセン施行法(吉岡恵一)「自治研究」 10(12) 1934.12
◇東京市の新特別税(3)(能勢貞治)「自治研究」 10(12) 1934.12

◇漸く纏った明年度予算「週刊エコノミスト」 12(25) 1934.12
◇藤井財政の総決算(高木壽一)「週刊エコノミスト」 12(26) 1934.12
◇満洲国関税改正と日満ブロック経済の再吟味(猪谷善一)「週刊エコノミスト」 12(26) 1934.12
◇仮登記の効力と国税滞納処分に関する若干の考察(黒石一三)「税」 12(12) 1934.12
◇最近に於ける地方税改正の動向(谷口赤嶺)「税」 12(12) 1934.12
◇財政強制権と市町村特別税(中西秀峰)「税」 12(12) 1934.12
◇市町村税賦課と異議申立期間に就て(小岩正一)「税」 12(12) 1934.12
◇相続税開始前一年内の贈与と相続税(窪田好秋)「税」 12(12) 1934.12
◇地方税賦課に関する最近の判例(川島宏)「税」 12(12) 1934.12
◇臨時利得税の解剖(久保平三郎)「税」 12(12) 1934.12
◇臨時利得税の検討(阿部通一)「税」 12(12) 1934.12
◇六大都市の市税徴収状況(鈴木富次郎)「税」 12(12) 1934.12
◇漁業金融の特殊性(小坂三郎)「地方行政」 42(12) 1934.12
◇地方財政に於ける自治に欠陥(高島省三)「地方行政」 42(12) 1934.12
◇「悪性インフレ」が来る迄(猪俣津南雄)「中央公論」 49(13) 1934.12
◇健全財政への転向-藤井増税案を評す(牧野輝智)「中央公論」 49(13) 1934.12
◇増税を弄ぶ勿れ(太田正孝)「中央公論」 49(13) 1934.12
◇金弗の平価切下に因る米国々庫の益金(1)「調査月報(大蔵省)」 24(12) 1934.12
◇九年度追加予算を論じて十年度予算に及ぶ(大口喜六)「東洋経済新報」 1633 1934.12
◇受益者負担金賦課方法に関する一考察(高橋幸枝)「都市公論」 17(12) 1934.12
◇地方自治体の財務監査制度(岡野文之助)「都市問題」 19(6) 1934.12
◇現金の流通と預金の増減(小島昌太郎)「経済論叢」 40(1) 1935.1
◇私経済との比較による財政の本質(中川与之助)「経済論叢」 40(1) 1935.1
◇酒税の改正(汐見三郎)「経済論叢」 40(1) 1935.1
◇免税点以下の小所得者への地方課税(神戸正雄)「経済論叢」 40(1) 1935.1
◇低利資金の話(米沢恒雄)「産業組合」 351 1935.1
◇昭和9年地方財政の回顧(1)(大村清一)「自治研究」 11(1) 1935.1
◇農山漁村の金融と産業組合(1)(南正樹)「自治研究」 11(1) 1935.1
◇不動産貸営業に対する地方課税権(永安百治)「自治研究」 11(1) 1935.1
◇租税物納の研究(永安百治)「斯民」 30(1) 1935.1
◇本邦国債の増加について(青木一男)「斯民」 30(1) 1935.1
◇郷倉の建設並に備荒貯蓄制度(榎本勇蔵)「社会事業研究」 23(1) 1935.1
◇北米合衆国連邦準備銀行体制の改革問題(小島清一)「社会政策時報」 172 1935.1
◇所謂悪性インフレの発現段階(有沢広巳)「週刊エコノミスト」 13(1) 1935.1
◇公債の消化力問題(阿部賢一)「週刊エコノミスト」 13(1) 1935.1
◇国税徴収状況と市町村の協力(臼井鼎)「税」 13(1) 1935.1
◇昭和十年度の租税課題(関口健一郎)「税」 13(1) 1935.1

◇増税の使命(鈴木憲久)「税」 13(1) 1935.1
◇地方財政調整交付金の財源に就て(松田朝陽)「税」 13(1) 1935.1
◇大阪市更生復興予算案成る「大大阪」 11(1) 1935.1
◇非常時財政と大阪(菅野和太郎)「大大阪」 11(1) 1935.1
◇十年度予算に於ける軍事費の膨張と公債の問題(山本敏行)「地方行政」 43(1) 1935.1
◇米国現行通貨制度「調査月報(大蔵省)」 25(1) 1935.1
◇米国の銀立法の効果(ベリッヂ)「調査月報(大蔵省)」 25(1) 1935.1
◇東北農村と租税負担問題(東浦庄治)「帝国農会報」 25(1) 1935.1
◇市町村税制限外課税に就いて(竹内虎雄)「東京地方改良協会会報」 58 1935.1
◇昭和十年度東京府予算解説(井戸田春一)「東京地方改良協会会報」 58 1935.1
◇最近の財政論金融論主流の瞥見(高島佐一郎)「東洋経済新報」 1636 1935.1
◇米国に於けるガソリン税の実状(1)(伊藤大三)「道路の改良」 17(1) 1935.1
◇ナチスの税制改革と地方自治体(小田忠夫)「都市問題」 20(1) 1935.1
◇代金納は現物年貢の仮装なりや(櫛田民蔵)「大原社会問題研究所雑誌」 2(2) 1935.2
◇独逸税制改革と財政調整「経済時報」 6(11) 1935.2
◇物品給付無尽業に就て(松崎寿)「経済時報」 6(11) 1935.2
◇公債制度の社会的条件に就て(島恭彦)「経済論叢」 40(2) 1935.2
◇増税は景気の芽を摘むか(高田保馬)「経済論叢」 40(2) 1935.2
◇地方間課税に於ける住所対財源(神戸正雄)「経済論叢」 40(2) 1935.2
◇地方財政調整指数(汐見三郎)「経済論叢」 40(2) 1935.2
◇フランスの独立償還金庫に就いて(松岡孝児)「経済論叢」 40(2) 1935.2
◇予算議定権の特異性(1)(刑部荘)「国家学会雑誌」 49(2) 1935.2
◇低利資金の話(米沢恒雄)「産業組合」 352 1935.2
◇国際金融問題の転機(宮内乾)「自治研究」 11(2) 1935.2
◇昭和9年地方財政の回顧(2)(大村清一)「自治研究」 11(2) 1935.2
◇地方債詮議の迅速化と地方当局者の協力(加藤於菟丸)「自治研究」 11(2) 1935.2
◇地方財政調整交付金制度の確立を喫緊とする事由の概要「自治公論」 7(2) 1935.2
◇「金条項」問題「週刊エコノミスト」 13(4) 1935.2
◇日銀の通貨統制と金利「週刊エコノミスト」 13(5) 1935.2
◇所得税附加税に関する若干の問題(元山修二)「税」 13(2) 1935.2
◇本邦植民地に於る税制改革(中村渉)「税」 13(2) 1935.2
◇市町村予算編成雑観(中西秀峰)「地方行政」 43(2) 1935.2
◇地方財政に於ける不公平(小山田小七)「地方行政」 43(2) 1935.2
◇地方債の運用と地方財政緩和に就て(岩瀬森次)「地方行政」 43(2) 1935.2
◇地方税論をめぐる三つの思想(小村秀夫)「地方行政」 43(2) 1935.2
◇地方農村財政の動向(木村靖二)「地方行政」 43(2) 1935.2
◇中央財政に於ける諸問題「地方行政」 43(2) 1935.2
◇農村其他応急事業地方債許可特例に就て(小原正樹)「地方行政」 43(2) 1935.2
◇英国に於ける国債利子仕払と其の国民経済上の意義に就いて(其1)「調査月報(大蔵省)」 25(2) 1935.2

◇世界小邦並植民地国の現行貨幣制度摘要(其1)「調査月報(大蔵省)」 25(2) 1935.2
◇独逸信用制度法要領(メリンガー)「調査月報(大蔵省)」 25(2) 1935.2
◇独逸の信用制度に関する新法律に就いて(ワーゲマン)「調査月報(大蔵省)」 25(2) 1935.2
◇公債発行限度の研究「東洋経済新報」 1638 1935.2
◇米国の大膨張赤字予算「東洋経済新報」 1640 1935.2
◇信用循環論(波多野鼎)「経済学研究」 5(1) 1935.3
◇鉱産税附加税の課税権者(神戸正雄)「経済論叢」 40(3) 1935.3
◇預金の積極性と消極性(小島昌太郎)「経済論叢」 40(3) 1935.3
◇農山漁村の金融と産業組合(2)(南正樹)「自治研究」 11(3) 1935.3
◇昭和十年道府県予算額調(内務省地方局)「斯民」 30(3) 1935.3
◇頼母子講の現状及その整理方法に就て(後藤駒吉)「斯民」 30(3) 1935.3
◇地方財政の窮状「週刊エコノミスト」 13(9) 1935.3
◇全国滞納状況通覧「税」 13(3) 1935.3
◇大都市の財政より見たる滞納問題「税」 13(3) 1935.3
◇滞納宿弊の再吟味「税」 13(3) 1935.3
◇滞納整理請負制度其他に就て(臼井鼎)「税」 13(3) 1935.3
◇滞納整理の要領「税」 13(3) 1935.3
◇滞納累積の原因と対策「税」 13(3) 1935.3
◇大阪市昭和十年予算案成る(加々美武夫)「大大阪」 11(3) 1935.3
◇町村合併の財政的効果の再検討(中正秀峰)「地方行政」 43(3) 1935.3
◇英国に於ける国債利子仕払と其の国民経済上の意義に就いて(続)「調査月報(大蔵省)」 25(3) 1935.3
◇英国の特殊公債に関する調査「調査月報(大蔵省)」 25(3) 1935.3
◇長野県に於る銀行土地所有増大の傾向(長瀬勇)「帝国農会報」 25(3) 1935.3
◇農村に於ける頼母子講の問題(山本豊)「帝国農会報」 25(3) 1935.3
◇市区町村の決算様式について(竹内虎雄)「東京地方改良協会会報」 59 1935.3
◇昭和十年度東京府予算解説(井戸田春一)「東京地方改良協会会報」 59 1935.3
◇東京府々税賦課条例逐条略解(8)(工藤松蔵)「東京地方改良協会会報」 59 1935.3
◇イタリアに於ける地方財政改革(1)(岡野文之助)「都市問題」 20(3) 1935.3
◇地方財政統計の改善に就いて(藤谷謙二)「経済時報」 7(1) 1935.4
◇蘇連国の工業金融制度に就て(大塚一朗)「経済論叢」 40(4) 1935.4
◇地方財政の不均衡と其の対策(汐見三郎)「経済論叢」 40(4) 1935.4
◇累進税率決定に関する一方法について(柏井象雄)「経済論叢」 40(4) 1935.4
◇地方財政の調整(永安百治)「自治研究」 11(4) 1935.4
◇大阪市に於ける中小商工業金融問題(楠見一正)「社会政策時報」 175 1935.4
◇課税相続財産と課税外財産(窪田好秋)「税」 13(4) 1935.4
◇資本と課税関係(星野誠)「税」 13(4) 1935.4
◇臨時利得税会社税金の計算方(久保平三郎)「税」 13(4) 1935.4
◇産業組合に於ける金融の問題(木村靖二)「地方行政」 43(4)

1935.4
◇町村財政と小学校建築費の経済化(藤田三郎)「地方行政」 43(4) 1935.4
◇理想的町村財政系体論「地方行政」 43(4) 1935.4
◇独逸信用機構概説「調査月報(大蔵省)」 25(4) 1935.4
◇米国大審院の金約款事件に関する判決「調査月報(大蔵省)」 25(4) 1935.4
◇地方負担の現況と調整交付金の必要「帝国農会報」 25(4) 1935.4
◇市町村財政窮乏の匡救策を論ず(土岐安一)「東京地方改良協会報」 60 1935.4
◇英国の新予算と政局「東洋経済新報」 1648 1935.4
◇一九三五年度のソヴェート連邦の財政計画(A.スアコフ)「東洋経済新報」 1648 1935.4
◇米国に於けるガソリン税の実状([2]・完)(伊藤大三)「道路の改良」 17(4) 1935.4
◇政府貸付金処理に関する法律「内務時報」 797 1935.4
◇普遍主義の財政学アンドレエを中心として見たる(永田清)「三田学会雑誌」 29(4) 1935.4
◇普遍主義の財政学(永田清)「三田学会雑誌」 29(4) 1935.4
◇商工中央金庫の設立可否(松崎寿)「経済時報」 7(2) 1935.5
◇傭人税に就きて(神戸正雄)「経済論叢」 40(5) 1935.5
◇利子の社会的説明(高田保馬)「経済論叢」 40(5) 1935.5
◇東京市仏価公債問題の展望(能勢貞治)「自治研究」 11(5) 1935.5
◇臨時利得税に就て(松隈秀雄)「自治研究」 11(5) 1935.5
◇昭和十年度内務省予算に就て(入江誠一郎)「斯民」 30(5) 1935.5
◇地方財政資料(10):国家事費に就て(内務省地方局)「斯民」 30(5) 1935.5
◇起債条件逆転の兆候「週刊エコノミスト」 13(4) 1935.5
◇本邦物価指数の現状と改善(1)(森田優三)「週刊エコノミスト」 13(14) 1935.5
◇金庫制度と出張徴収に就いて(高橋六郎)「水道協会雑誌」 24 1935.5
◇個人所得税の社会政策的意義(宮沢政行)「税」 13(5) 1935.5
◇納税の告知(塩田権吉)「税」 13(5) 1935.5
◇臨時利得税法の解説「税」 13(5) 1935.5
◇地方財政に於ける反省(畑市次郎)「地方行政」 43(5) 1935.5
◇地方財政の窮乏とその救済(太田勇)「地方行政」 43(5) 1935.5
◇一九三三年調査各国別銀の貨幣の用途(其1)「調査月報(大蔵省)」 25(5) 1935.5
◇イタリアに於ける地方財政改革(2・完)(岡野文之助)「都市問題」 20(5) 1935.5
◇金融機関統制の可能性・妥当性(田辺忠男)「経済学論集」 5(5・6) 1935.6
◇芸術家と課税(神戸正雄)「経済論叢」 40(6) 1935.6
◇フランスに於ける平価切下論に就いて(松岡孝児)「経済論叢」 40(6) 1935.6
◇東京市仏貨公債問題の展望(2)(能勢貞治)「自治研究」 11(6) 1935.6
◇農山漁村の金融と産業組合(3)(南正樹)「自治研究」 11(6) 1935.6
◇産業組合中央金庫の特別融通に就て(南正樹)「斯民」 30(6) 1935.6
◇地方財政資料を観て(財部共作)「斯民」 30(6) 1935.6
◇農家経済上に於ける租税公課負担(柏祐賢)「社会政策時報」 177 1935.6
◇独逸帝国主義と其財政負担「週刊エコノミスト」 13(16) 1935.6

◇欧州戦雲と列国財政(1)「週刊エコノミスト」 13(17) 1935.6
◇ソヴィエト財政の発展「週刊エコノミスト」 13(17) 1935.6
◇明年度の予算編成「週刊エコノミスト」 13(17) 1935.6
◇インフレ補助機関としての預金部「週刊エコノミスト」 13(18) 1935.6
◇沈静期における財政金融「週刊エコノミスト」 13(18) 1935.6
◇財務監査官の設置を望む(小岩正一)「地方行政」 43(6) 1935.6
◇納税組合の話(臼井鼎)「地方行政」 43(6) 1935.6
◇英国大蔵大臣チェンバーレン氏の一九三五年度予算演説「調査月報(大蔵省)」 25(6) 1935.6
◇英国一九三五〜一九三六年度財政説明書「調査月報(大蔵省)」 25(6) 1935.6
◇英国と印度との財政関係一般「調査月報(大蔵省)」 25(6) 1935.6
◇米国政府歳入の見積に就て「調査月報(大蔵省)」 25(6) 1935.6
◇財政膨脹の上限と収縮の下限「東洋経済新報」 1658 1935.6
◇諸都市十年度予算の概要と編成方針(大岩勇夫)「都市問題」 20(6) 1935.6
◇ベルリン市の一九三五年度予算(小田忠夫)「都市問題」 20(6) 1935.6
◇イギリス補助金制度の端初期(藤谷謙二)「経済時報」 7(4) 1935.7
◇無尽の概念と無尽業法改正の必要(楠見一正)「経済時報」 7(4) 1935.7
◇デイーチェル公債論の発展(島恭彦)「経済論叢」 41(1) 1935.7
◇市制町村制に於ける不在地主課税説の成立と可能に就て(奈良正路)「公法雑誌」 1(7) 1935.7
◇市街地信用組合に就て(1)(大竹虎雄)「自治研究」 11(7) 1935.7
◇地方財政調整法の検討(岡田喜久治)「自治公論」 7(7) 1935.7
◇欧州戦備と列国財政(2・完)「週刊エコノミスト」 13(19) 1935.7
◇貨幣価値の変動と財政「週刊エコノミスト」 13(20) 1935.7
◇国債消化力の限界は何か(色川俊次郎)「週刊エコノミスト」 13(20) 1935.7
◇中央地方を通ずる根本的財政建直し(小川郷太郎)「週刊エコノミスト」 13(21) 1935.7
◇神社及宗教用土地建物の地方税免除「税」 13(7) 1935.7
◇地方税の収入区分(森川茂)「税」 13(7) 1935.7
◇督促手続(塩田権吉)「税」 13(7) 1935.7
◇現行租税制度の行くべき途(斎藤義家)「地方行政」 43(7) 1935.7
◇地方財政調整の社会的基礎(千代間豊)「地方行政」 43(7) 1935.7
◇英国地方貸付基金制度の改正「調査月報(大蔵省)」 25(7) 1935.7
◇小農経済より観たる農村財政「帝国農会報」 25(7) 1935.7
◇第六十七議会に提案された地方財政補整法案に就て(助川啓四郎)「帝国農会報」 25(7) 1935.7
◇地方財政交付金の問題(牧野輝智)「帝国農会報」 25(7) 1935.7
◇地方自治制度と財政調整交付金(柏祐賢)「帝国農会報」 25(7) 1935.7
◇農業者と営業者の租税公課負担比較調査(帝国農会調査部)「帝国農会報」 25(7) 1935.7
◇英国に於ける市営貯蓄銀行(1)「東京市産業時報」 1(1) 1935.7
◇何故私は我財界を楽観するか(2)(石橋湛山)「東洋経済新報」 1661 1935.7
◇財政膨脹の上限と収縮の下限(3)「東洋経済新報」 1662 1935.7
◇何故私は我財界を楽観するか(3)(石橋湛山)「東洋経済新報」 1662 1935.7

◇何故私は我財界を楽観するか(4・完)(石橋湛山)「東洋経済新報」 1663　1935.7
◇イギリスに於ける地方自治体の会計監査制度(岡野文之助)「都市問題」　21(1)　1935.7
◇東京市に於ける税制整理問題(川島宏)「都市問題」　21(1)　1935.7
◇米国の増税問題とその前途「内外社会問題調査資料」　259　1935.7
◇日本財政は如何に転換するか(石浜知行)「改造」　17(8)　1935.8
◇イギリス補助金制度の発達(藤谷謙二)「経済時報」　7(5)　1935.8
◇最近における産業組合金融の動向(八木芳之助)「経済論叢」　41(2)　1935.8
◇寺院と課税(神戸正雄)「経済論叢」　41(2)　1935.8
◇産業組合金融の統制(南正樹)「自治研究」　11(8)　1935.8
◇金融市場統制と起債界「週刊エコノミスト」　13(22)　1935.8
◇財源としての消費税「週刊エコノミスト」　13(22)　1935.8
◇地方財政の窮乏と其対策「週刊エコノミスト」　13(22)　1935.8
◇金融の現状と銀行の態度(菊本直次郎)「週刊エコノミスト」　13(23)　1935.8
◇物価変動の測定と幾何平均指数(森田優三)「週刊エコノミスト」　13(23)　1935.8
◇軌道税論(元山修二)「税」　13(8)　1935.8
◇納税をきらふ種々相(関口健一郎)「税」　13(8)　1935.8
◇大阪市債訴訟問題の真相(森下政一)「大大阪」　11(8)　1935.8
◇都市財政に就ての一考察(畑市次郎)「地方行政」　43(8)　1935.8
◇本年度地方予算の概要(谷口寿太郎)「地方行政」　43(8)　1935.8
◇英国地方財政に対する国庫交付金制度「調査月報(大蔵省)」　25(8)　1935.8
◇市町村農会予算に関する調査(帝国農会調査部)「帝国農会報」　25(8)　1935.8
◇地方財政均衡と農家負担の是正(渡辺庸一郎)「帝国農会報」　25(8)　1935.8
◇英吉利に於ける市営貯蓄銀行(2)(戸沢盛直)「東京市産業時報」　1(2)　1935.8
◇軍事費十億円確保論「東洋経済新報」　1667　1935.8
◇地方財政改善策特輯「都市問題」　21(2)　1935.8
英国地方税制の検討(小川市太郎)　各種団体の地方財政改善に関する主張要望(菅原忠治郎)　各政党の綱領政策に現れたる地方財政(東京市政調査会編輯室)　景気政策も疑問である(三宅晴暉)　現下の財政に於ける地方債の意義(永田清)　国家・地方財政の社会経済的作用(高木寿一)　最近アメリカの地方財政政策(弓家七郎)　最近に於ける独逸地方財政対策(小田忠夫)　財政調整の基準(大畑文七)　小学校の建直し-地方財政改善の一策(下村海南)　人口の移動と地方教育費問題(上田貞次郎)　頭寒足熱の財政-地租委譲を主張す(田川大吉郎)　税外収入に注目せよ(独占企業の官有化の提唱)(安部磯雄)　多難の地方財政(藤谷謙二)　地方財政改革の焦点(汐見三郎)　地方財政改革の立場(河西太一郎)　地方財政改革問題に於ける地方行政改革問題の地位(八木沢善次)　地方財政改善策特輯号列に就て(岡野昇)　地方財政改善私見(長野朗)　地方財政改善上の実際観(元山修二)　地方財政改善と産業(大口喜六)　地方財政改善とその前提(織本倜)　地方財政改善に対する感想二三(西野喜作)　地方財政改善の基調(千葉了)　地方財政改善の諸問題(森田雪亀)　地方財政改善の前提策(船田中)　地方財政改善問題に関する新聞紙最近の論調(東京市調査会編輯室)　地方財政調整問題(高砂恒三郎)　地方財政に於ける内在的諸問題-農村財政の特異性を中心として(木村靖二)　地方財政の一般的救済は無用である。特定地方に適切なる対策を講ずべきである(菊池慎三)　地方財政の改善と新財源(小島憲)　地方財政の観点に就て(福沢泰江)　地方財政の欠陥と不労増加税・弾力的交付金の組織化(高島佐一郎)　地方財政の再検討(早川金十郎)　地方税の歴史性より国税地方税の相関性を観る(北崎進)　都市財政の現状とその打開(大塚辰治)　都市財政難と市営保険事業(中野有光)　農村経済と地方財政(内池廉吉)　農村財政調整の位置(東畑精一)　府県財政管見(一戸二郎)　横浜市財源を中心とする一考察(岡野鑑記)　余剰労働力の生産化と地方経済の再建設(久保田明光)　歴代内閣の地方財政対策-地方財政改善方策の沿革的研究(猪間驥一)　我国地方財政の現状(岡野文之助)

◇昭和十年度帝国農会及道府県農会予算概要「農務時報」　83　1935.8
◇庶民金融より見たる無尽業の改善(松崎寿)「法律時報」　7(8)　1935.8
◇経済週期平均によって見る物価及び生産の発展(笠信太郎)「大原社会問題研究所雑誌」　2(9)　1935.9
◇市町村の担税力(汐見三郎)「経済論叢」　41(3)　1935.9
◇神社と課税(神戸正雄)「経済論叢」　41(3)　1935.9
◇ナチスの所得税政策(柏井象雄)「経済論叢」　41(3)　1935.9
◇昭和十年度予算に就て(原田与作)「市政研究」　1(1)　1935.9
◇市街地信用組合に就て(2)(大竹虎雄)「自治研究」　11(9)　1935.9
◇地方財政に関する参考資料「自治公論」　7(9)　1935.9
◇無税村白浜が何故有税村になったか(飯田平治)「自治公論」　7(9)　1935.9
◇地方財政調整の本義(永安百治)「斯民」　30(9)　1935.9
◇農村経済更生と農村金融(1)(周東英雄)「斯民」　30(9)　1935.9
◇赤字財政と悪性インフレの可能性(青木得三)「週刊エコノミスト」　13(25)　1935.9
◇預金利下問題と金融資本の対立「週刊エコノミスト」　13(25)　1935.9
◇地方財政交付金案の可否「週刊エコノミスト」　13(26)　1935.9
◇市税調定額拡充の必要(土井信夫)「税」　13(9)　1935.9
◇滞納処分の引継(塩田権吉)「税」　13(9)　1935.9
◇納税組合法の制定に就て(唯野喜八)「税」　13(9)　1935.9
◇地方財政の救済とその私案(竹下美隆)「地方行政」　43(9)　1935.9
◇地方税賦課後の意義(細田義安)「地方行政」　43(9)　1935.9
◇中央地方財政改革問題(大川三郎)「地方行政」　43(9)　1935.9
◇英国の為替政策(前編)「調査月報(大蔵省)」　25(9)　1935.9
◇氷川村の地租付加税「東京地方改良協会会報」　62　1935.9
◇明治初年の地方税制(鈴木嘉寿一)「東京地方改良協会会報」　62　1935.9
◇漸く本格化せる自然増収「東洋経済新報」　1672　1935.9
◇人口別に見たる我国都市財政の不均衡(藤田武夫)「都市問題」　21(3)　1935.9
◇地方財政整理論の種々相-地方財政改善方策に関する沿革的研究(続)(猪間驥一)「都市問題」　21(3)　1935.9
◇地方財政調整交付金制度案の批判(中川与之助)「都市問題」　21(3)　1935.9
◇地方財政調整制度の本旨(永安百治)「都市問題」　21(3)　1935.9
◇明年度予算の特異性(牧野輝智)「改造」　17(10)　1935.10
◇我国金融市場の最近の動向(明石照男)「経済学論集」　5(10)　1935.10
◇今世紀初頭に於けるイギリス国庫補助金問題(藤谷謙二)「経済時報」　7(7)　1935.10
◇地方税としての営業税(神戸正雄)「経済論叢」　41(4)　1935.10
◇日本に於ける金為替本位制の濫觴(1)(松岡孝児)「経済論叢」　41(4)　1935.10
◇農山漁村財政の標準形態(汐見三郎)「経済論叢」　41(4)　1935.10
◇市町村戸数割の賦課要件に就て―戸数割納税義務者の範囲―(中谷敬寿)「公法雑誌」　1(10)　1935.10
◇市街地信用組合に就て(3)(大竹虎雄)「自治研究」　11(10)　1935.10
◇東京市の新特別税(4)(能勢貞治)「自治研究」　11(10)　1935.10
◇農村は何故に財政調整交付金を要望するか(小林千秋)「斯民」　30(10)　1935.10

◇地方財政調整交付金の配分標準に就て(柏祐賢)「社会政策時報」181 1935.10
◇抵金利基調は不変(山室宗文)「週刊エコノミスト」 13(28) 1935.10
◇低金利の波及範囲(飯田清三)「週刊エコノミスト」 13(28) 1935.10
◇所得税に於ける自由裁量の限界(池田武)「税」 13(10) 1935.10
◇地方教育費をめぐりて「地方行政」 43(10) 1935.10
◇英国の為替政策(後編)最後より最近まで「調査月報(大蔵省)」 25(10) 1935.10
◇可能の範囲で(阿部賢一)「東洋経済新報」 1678 1935.10
◇公債の消化力を論ず(平沢平一郎)「東洋経済新報」 1678 1935.10
◇公債の消化力を論ず(中村伊)「東洋経済新報」 1678 1935.10
◇増収のための新租税体系の理想と実現可能性(高島佐一郎)「東洋経済新報」 1678 1935.10
◇増税とその前提(河上丈太郎)「東洋経済新報」 1678 1935.10
◇増税の対象と余地(鈴木憲久)「東洋経済新報」 1678 1935.10
◇増税方法論(青木得三)「東洋経済新報」 1678 1935.10
◇増税問題管見(西野喜与作)「東洋経済新報」 1678 1935.10
◇増税よりも経済的根本政策の樹立が先決問題(大口喜六)「東洋経済新報」 1678 1935.10
◇増税論一班(田川大吉郎)「東洋経済新報」 1678 1935.10
◇中央、地方財政整理改善問題(高木寿一)「東洋経済新報」 1678 1935.10
◇非常時予算と増税(阿部勇)「東洋経済新報」 1678 1935.10
◇地方財政制度改正の副作用と悪影響と真の永続的効果(菊池慎三)「都市問題」 21(4) 1935.10
◇公債政策と金融統制(美濃部亮吉)「改造」 17(11) 1935.11
◇財政調整から観た団体補助金整理問題「経済時報」 7(8) 1935.11
◇所得税に関する若干の問題(柏井象雄)「経済論叢」 41(5) 1935.11
◇中小商工業者税負担の問題(神戸正雄)「経済論叢」 41(5) 1935.11
◇一九三四年の仏国租税改革(外国政策彙報)「月刊 列国政策彙報」 1 1935.11
◇新鉄道退職法と課税法(外国資料)「現業調査資料」 9(6) 1935.11
◇首府に対する特別国庫補助金に関する調査(磯村英一)「市政研究」 1(2) 1935.11
◇地方財政調整標準(永安百治)「自治研究」 11(11) 1935.11
◇農山村財政の検討(小林千秋)「自治研究」 11(11) 1935.11
◇政府は速に財政的計画を明かにすべし(大口喜六)「週刊エコノミスト」 13(31) 1935.11
◇内審の地方財政改善策「週刊エコノミスト」 13(32) 1935.11
◇(支那)幣制改革の目標と影響(熊田克郎)「週刊エコノミスト」 13(33) 1935.11
◇明年度の自然増収「週刊エコノミスト」 13(33) 1935.11
◇共通商品券に就て(1)(池田徳次郎)「商業組合」 1(2) 1935.11
◇現行法文上に於ける租税の意義(阪東太郎)「税」 13(11) 1935.11
◇租税の最終の負担者は誰か(高倉貞雄)「税」 13(11) 1935.11
◇租税より視たる地積表示の変遷(小松牧夫)「税」 13(11) 1935.11
◇地方税営業税に就て(細田義安)「税」 13(11) 1935.11
◇都市財政健全性の保障(藤田進一郎)「大大阪」 11(11) 1935.11
◇地方財政窮乏の実相(1)(谷口嘉鶴多)「地方行政」 43(11) 1935.11
◇町村基本財産の将来を想ふ(中西秀峰)「地方行政」 43(11) 1935.11

◇列強と其の財政「調査月報(大蔵省)」 25(11) 1935.11
◇農村租税負担と地方財政の改善(小島憲)「帝国農会報」 25(11) 1935.11
◇不健全なる農村財政(土方成美)「東洋経済新報」 1681 1935.11
◇地方財政調整交付金制度の生誕-地方財政改善方策に関する沿革的研究(続)(猪間驥一)「都市問題」 21(5) 1935.11
◇農村及都市の租税負担状況「農務時報」 86 1935.11
◇予算編成の難点(香月保)「改造」 17(12) 1935.12
◇貨幣に関する基本的諸問題(田辺忠男)「経済学論集」 5(12) 1935.12
◇最近の財政改革論争(神戸正一)「経済学論集」 5(12) 1935.12
◇車税の基本的問題(神戸正雄)「経済論叢」 41(6) 1935.12
◇ドイツの財政政策(フォン・クロージック)「月刊 列国政策彙報」 2 1935.12
◇例一の戦時財政(フランツ・ルップ)「月刊 列国政策彙報」 2 1935.12
◇窮迫せる町村財政の確立と其の指導(1)(渡正監)「自治研究」 11(12) 1935.12
◇昭和十年地方財政の回顧(1)(永安百治)「自治研究」 11(12) 1935.12
◇最近の独逸地方財政(人見植夫)「斯民」 30(12) 1935.12
◇軍事費の単価問題(鈴木茂三郎)「週刊エコノミスト」 13(24) 1935.12
◇明年度予算と公債政策(高木寿一)「週刊エコノミスト」 13(35) 1935.12
◇明年度予算と公債消化力の両検討「週刊エコノミスト」 13(36) 1935.12
◇金融問題特に預金部資金に就て(1)(館野重助)「商業組合」 1(3) 1935.12
◇市町村税の納税義務消滅(中西秀峰)「税」 13(12) 1935.12
◇地方税賦課の意義と争訟との関係(村田勝延)「税」 13(12) 1935.12
◇地方団体の徴収権に就て(谷口嘉鶴多)「税」 13(12) 1935.12
◇農村財政管見(外山福男)「税」 13(12) 1935.12
◇地方財政窮乏の実相(2)(谷口嘉鶴多)「地方行政」 43(12) 1935.12
◇英国の財政現況「調査月報(大蔵省)」 25(5) 1935.12
◇過当なる地方財政援助と地方自治破壊の傾向(菊池慎三)「都市問題」 21(6) 1935.12
◇多数講存在地方に於ける頼母子講の概況「農務時報」 87 1935.12
◇支那鉄道の財政状態及負債整理に関する論策「外国鉄道調査資料」 10(1) 1936.1
◇貨幣に関する瑣談数項(山崎覚次郎)「経済学論集」 6(1) 1936.1
◇クレデイー・モビリエーの設立と歴史(中西寅雄)「経済学論集」 6(1) 1936.1
◇支仏猶予令と物価(土方成美)「経済学論集」 6(1) 1936.1
◇国庫補助金の諸形態(藤谷謙二)「経済時報」 7(10) 1936.1
◇臨時地方財政補整金法案批判(高砂恒三郎)「経済時報」 7(10) 1936.1
◇恩給年金賞与の課税(神戸正雄)「経済論叢」 42(1) 1936.1
◇中欧諸国に於ける農民の債務軽減「月刊 列国政策彙報」 3 1936.1
◇主要必需品より見た物価の状勢(内国資料)「現業調査資料」 9(6) 1936.1
◇昭和10年地方財政の回顧(2)(永安百治)「自治研究」 12(1) 1936.1
◇租税に依る富の再分配(松隈秀雄)「自治研究」 12(1) 1936.1
◇町村民の負担軽減に関する考察(唯野喜八)「自治研究」 12(1) 1936.1

- ◇都市及農村の租税負担状況「市町村雑誌」 505 1936.1
- ◇現下の農村経済事情と其の金融改善(西村彰一)「斯民」 31(1) 1936.1
- ◇地方財政の現状と改善策(永安百治)「斯民」 31(1) 1936.1
- ◇所謂健全財政の不健全性(大口喜六)「週刊エコノミスト」 14(1) 1936.1
- ◇現段階に於ける軍事費(前芝確三)「週刊エコノミスト」 14(1) 1936.1
- ◇地租・土地増価税と自治体の基本財源(鈴木茂三郎)「週刊エコノミスト」 14(1) 1936.1
- ◇膨張一途の財政(阿部賢一)「週刊エコノミスト」 14(1) 1936.1
- ◇康徳三年度満洲国予算(横田高明)「週刊エコノミスト」 14(2) 1936.1
- ◇市制第百十六条の課税権に就て(齋藤義家)「税」 14(1) 1936.1
- ◇自然増収と税制改革(小山田小七)「税」 14(1) 1936.1
- ◇地方財政の窮乏と其の調整(永安百治)「税」 14(1) 1936.1
- ◇地方財政の実状と国家財政の強化(有馬英治)「税」 14(1) 1936.1
- ◇臨時利得税と地方財政(佐藤信彦)「税」 14(1) 1936.1
- ◇支那の通貨改革と我が対支貿易への影響(井村薫雄)「大大阪」 12(1) 1936.1
- ◇受益者負担金の性質と登録税(小栗忠七)「地方行政」 44(1) 1936.1
- ◇非常時財政の転機(島山泉太郎)「地方行政」 44(1) 1936.1
- ◇本年度地方予算の概要―昭和十年度市町村財政―(谷口嘉鶴多)「地方行政」 44(1) 1936.1
- ◇米国の財政現況「調査月報(大蔵省)」 26(1) 1936.1
- ◇物価変動の測定([2]・完)(エー・フラックス)「統計集誌」 655 1936.1
- ◇軍事費の確定と増税の好機「東洋経済新報」 1688 1936.1
- ◇明治最初の地方税法案と其財政史的意義-明治十一年「地方公費賦課法」案に就て(藤田武夫)「都市問題」 22(1) 1936.1
- ◇昭和十年度に於ける地方財政の概況「内務時報」 1(1) 1936.1
- ◇内閣審議会の地方財政改善に関する中間報告の概要「内務時報」 1(1) 1936.1
- ◇財政健全化へのただ一歩(神戸正雄)「日本評論」 11(1) 1936.1
- ◇財政の建て直しと増税論(土方成美)「日本評論」 11(1) 1936.1
- ◇地方財政調整交付金制度案に就て(野尻義道)「農業と経済」 3(1) 1936.1
- ◇農村経済更生特別助成と地方財政の調整(渡辺庸一郎)「農業と経済」 3(1) 1936.1
- ◇農家の主要生活必需品購入状況及農家の消費税負担状況調査「農務時報」 88 1936.1
- ◇農村及都市の財政状況「農務時報」 88 1936.1
- ◇日本のインフレーションの型について(1)(笠信太郎)「大原社会問題研究所雑誌」 3(2) 1936.2
- ◇日本インフレーション第二期金融部門から瞥見(笠信太郎)「改造」 18(2) 1936.2
- ◇最近の財政改革論争(2・完)(神戸正一)「経済学論集」 6(2) 1936.2
- ◇所得概念より見た租税論(島恭彦)「経済論叢」 42(2) 1936.2
- ◇仏国の一九三五年度財政並金融概観「月刊 列国政策彙報」 4 1936.2
- ◇窮迫せる町村財政の確立と其の指導(2)(渡正監)「自治研究」 12(2) 1936.2
- ◇臨時町村財政補給金制度概説(小林千秋)「自治研究」 12(2) 1936.2
- ◇臨時町村財政補給金制度(政務調査部)「自治公論」 8(2) 1936.2

- ◇農村及都市の租税負担状況「市町村雑誌」 506 1936.2
- ◇経済不況時に於ける米国地方財政(人見植夫)「斯民」 31(2) 1936.2
- ◇地方財政調整に就ての若干の随想(小林千秋)「斯民」 31(2) 1936.2
- ◇軍縮会議脱退と財政の将来「週刊エコノミスト」 14(4) 1936.2
- ◇実業予算の編成「週刊エコノミスト」 14(5) 1936.2
- ◇支那国債の強制借替案「週刊エコノミスト」 14(5) 1936.2
- ◇楽観されぬ米国財政「週刊エコノミスト」 14(5) 1936.2
- ◇組合金融の基礎概念(井關孝雄)「商業組合」 2(2) 1936.2
- ◇租税の滞納処分と抵当権実行(元山修二)「税」 14(2) 1936.2
- ◇地方税負担の軽重比較(菊池慎三)「税」 14(2) 1936.2
- ◇特別税戸数割の賦課徴収(中西秀峰)「税」 14(2) 1936.2
- ◇臨時町村財政補給金制度に就て(小林千秋)「地方行政」 44(2) 1936.2
- ◇英国減債基金制度の変遷(前編)「調査月報(大蔵省)」 26(2) 1936.2
- ◇蘇連邦の通貨「調査月報(大蔵省)」 26(2) 1936.2
- ◇仏国最近の財政問題「調査月報(大蔵省)」 26(2) 1936.2
- ◇利子率低下傾向とその将来(グレゴリー)「東洋経済新報」 1691 1936.2
- ◇米国に於ける自動車関係の諸税に就て(楢崎敏雄)「道路の改良」 18(2) 1936.2
- ◇臨時町村財政補給金案の配分標準に関する疑問(猪間驥一)「都市問題」 22(2) 1936.2
- ◇臨時町村財政補給金制度案を評す(松田雪堂)「都市問題」 22(2) 1936.2
- ◇昭和十年度高利債(五分五厘以上)借換資金の割当「内務時報」 1(2) 1936.2
- ◇臨時町村財政補給金制度要綱「内務時報」 1(2) 1936.2
- ◇財政社会学の展開(永田清)「三田学会雑誌」 30(2) 1936.2
- ◇日本のインフレーションの型について(2)(笠信太郎)「大原社会問題研究所雑誌」 3(3) 1936.3
- ◇路線価説明並計算例(荒牧亀雄)「区画整理」 2(3) 1936.3
- ◇アメリカに於ける銀行集中(今野源八郎)「経済学論集」 6(3) 1936.3
- ◇1929年英国国庫補助金制度の改善(藤谷謙二)「経済時報」 7(12) 1936.3
- ◇ソ連一九三六年度国家予算「月刊 列国政策彙報」 5 1936.3
- ◇今日の経済事情と租税制度の転向(齋藤義家)「市政研究」 2(2) 1936.3
- ◇財政資力の正しい見方(菊池慎三)「市政研究」 44(3) 1936.3
- ◇フランス最近の財政状態「週刊エコノミスト」 14(8) 1936.3
- ◇市町村及府県の夫役現品制度(谷口鶴齢)「税」 14(3) 1936.3
- ◇市町村税財政の概況(神吉樹郎)「税」 14(3) 1936.3
- ◇市町村税参考資料(岩見俊一)「税」 14(3) 1936.3
- ◇市町村税徴課権に対する時効検討(村田勝延)「税」 14(3) 1936.3
- ◇市町村税務の諸問題点見(多島菊一)「税」 14(3) 1936.3
- ◇市町村税の内容概観(山本菊夫)「税」 14(3) 1936.3
- ◇市町村税逋税に対する罰則の適用(下野家小五郎)「税」 14(3) 1936.3
- ◇市町村独立税の諸問題点見(宮本隆)「税」 14(3) 1936.3
- ◇市町村の賦課処分に対する救済(星島一平)「税」 14(3) 1936.3
- ◇市町村附加税の諸問題点見(中西秀峰)「税」 14(3) 1936.3
- ◇フランスに於ける財政独裁法と租税改正(長沼弘毅)「税」 14(3) 1936.3

◇臨時町村財政補給金の交付標準(角田臥平)「税」 14(3) 1936.3

◇大阪市新予算早わかり(大阪都市協会調査部)「大大阪」 12(3) 1936.3

◇大阪市本年度新予算案成る(加々美武夫)「大大阪」 12(3) 1936.3

◇独逸国財政状況「調査月報(大蔵省)」 26(3) 1936.3

◇農村財政と都市財政との性格的相違(柏祐賢)「帝国農会報」 26(3) 1936.3

◇地方財政の現況(熊野秋津郎)「東京地方改良協会会報」 65 1936.3

◇今後の財政経済政策「東洋経済新報」 1696 1936.3

◇馬場蔵相の財政経済政策「東洋経済新報」 1697 1936.3

◇イギリスに於ける都市財政の発達(小田忠夫)「都市問題」 22(3) 1936.3

◇大阪市校園復興の其後(上島直之)「都市問題」 22(3) 1936.3

◇都市の財政(その1)/第2講(岡野文之助)「都市問題」 22(3) 1936.3

◇明治十一年の地方税規則に就て(藤田武夫)「都市問題」 22(3) 1936.3

◇英国に於ける一般国庫交付金制度の概要「内務時報」 1(3) 1936.3

◇独逸に於ける財政調整交付金制度の概要「内務時報」 1(3) 1936.3

◇支那新弊制の類型とその障害(高垣寅次郎)「日本評論」 11(3) 1936.3

◇昭和十一年度農林省施設予算(不成立予算)の概要(周東英雄)「農業と経済」 3(3) 1936.3

◇地方財政の調整と全体主義の提唱(西野入愛一)「農業と経済」 3(3) 1936.3

◇貨幣的景気理論上に於ける金利の地位に就て(山本登)「三田学会雑誌」 30(3) 1936.3

◇現代国家財政の類型(高木壽一)「三田学会雑誌」 30(3) 1936.3

◇農家の消費税負担状況(鈴木鴻一郎)「大原社会問題研究所雑誌」 3(4) 1936.4

◇馬場財政の立場―高橋財政の修正としての(阿部賢一)「改造」 18(4) 1936.4

◇我国現下の財政問題(講演)(大内兵衛)「経済月報」 8(4) 1936.4

◇売上税の一側面「経済論叢」 42(4) 1936.4

◇税制改革の具体案(汐見三郎)「経済論叢」 42(4) 1936.4

◇フランスに於ける通貨構成変動の意義(松岡孝児)「経済論叢」 42(4) 1936.4

◇質屋利子に就いて(国鹽耕一郎)「警察研究」 7(4) 1936.4

◇附加税賦課歩合協定に就て(入江俊郎)「自治研究」 12(4) 1936.4

◇我国に於ける附加税賦課率の不平等(淺見信次良)「自治公論」 8(4) 1936.4

◇強力国家の財政々策と其の発展傾向(高木壽一)「週刊エコノミスト」 14(10) 1936.4

◇支那の公債借換と財政の前途(2・完)(木村増太郎)「週刊エコノミスト」 14(10) 1936.4

◇世界の軍拡と其財政経済影響「週刊エコノミスト」 14(10) 1936.4

◇伊太利戦時財政の検討「週刊エコノミスト」 14(11) 1936.4

◇所謂健全財政の「健全性」(松山茂二郎)「週刊エコノミスト」 14(11) 1936.4

◇金融統制の現段階と見透「週刊エコノミスト」 14(11) 1936.4

◇三億増税不可能でない「週刊エコノミスト」 14(11) 1936.4

◇所得税単税主義で行け(矢野恒太)「週刊エコノミスト」 14(11) 1936.4

◇増税と専売強化問題「週刊エコノミスト」 14(11) 1936.4

◇市町村所得税附加税論(宮本隆)「税」 14(4) 1936.4

◇地方税制史(1)(谷口鶴齢)「税」 14(4) 1936.4

◇町村税の不均一賦課能力(村田勝延)「税」 14(4) 1936.4

◇特別税戸数割の賦課徴収(中西秀峰)「税」 14(4) 1936.4

◇納税組合の法律上の性質(細田義安)「税」 14(4) 1936.4

◇大阪市本年度の市税と起債(森下政一)「大大阪」 12(4) 1936.4

◇町村長期借換資金の融通について(岩瀬森次)「地方行政」 44(4) 1936.4

◇農村金融に関する若干の考察(元山修二)「地方行政」 44(4) 1936.4

◇躍進日本の財政々策と農業金融の将来(馬場鍈一)「地方行政」 44(4) 1936.4

◇英国減債基金制度の変遷(中編)「調査月報(大蔵省)」 26(4) 1936.4

◇国家会計監督制度改革に就て(海東陸男)「東洋経済新報」 1700 1936.4

◇東京市昭和十一年度予算の概観(西野喜与作)「東洋経済新報」 1700 1936.4

◇最近の時局と我財政及経済の前途「東洋経済新報」 1701 1936.4

◇昭和十年度地方財政の特徴「東洋経済新報」 1701 1936.4

◇独逸売上税の概要と地方財政に於ける意義(柏井象雄)「都市問題」 22(4) 1936.4

◇都市の財政(その2)/第3講(岡野文之助)「都市問題」 22(4) 1936.4

◇臨時町村財政補給金案の配分標準に関する疑問(続)(猪間驥一)「都市問題」 22(4) 1936.4

◇馬場財政の登場(香月保)「日本評論」 11(4) 1936.4

◇高橋財政より馬場財政へ(大内兵衛)「改造」 18(5) 1936.5

◇馬場財政と軍事費(鈴木茂三郎)「改造」 18(5) 1936.5

◇ジェームズ・ミルの恐慌論と、その現代的意義(田中精一)「経済学論集」 6(5) 1936.5

◇税制改革私案(神戸正雄)「経済学論集」 6(5) 1936.5

◇医と課税(神戸正雄)「経済論叢」 42(5) 1936.5

◇合衆国の直接税と間接性との移動(チアースルズ・マーツ)「月刊 列国政策彙報」 7(5) 1936.5

◇地方財政調整交付金の実行について(福澤泰江)「産業組合」 367 1936.5

◇国費地方費の負担区分並財源論(1)(小林千秋)「自治研究」 12(5) 1936.5

◇町村財政補給金の配分標準に就て(永安百治)「自治研究」 12(5) 1936.5

◇新財政課の設置に就て(井田完二)「斯民」 31(5) 1936.5

◇救療事業の財源問題(紀本参次郎)「社会事業」 20(2) 1936.5

◇軍事費地方分散問題(1)「週刊エコノミスト」 14(15) 1936.5

◇独逸に於ける保証協会に就て(工藤恒四郎)「商業組合」 2(5) 1936.5

◇畜犬税に関する若干の考察(山下盛光)「税」 14(5) 1936.5

◇地方税制史(2)(谷口鶴齢)「税」 14(5) 1936.5

◇特別税戸数割の賦課徴収(中西秀峰)「税」 14(5) 1936.5

◇家屋税の話(辻本健吉)「大大阪」 12(5) 1936.5

◇最近地方財政の動向(島山泉太郎)「地方行政」 44(5) 1936.5

◇地方財政に於ける公営企業収入に就て(吉武久賀)「地方行政」 44(5) 1936.5

◇瑞典の通貨政策「調査月報(大蔵省)」 26(5) 1936.5

◇昭和十一年度道府県財政概要「内務時報」 1(5) 1936.5

◇内務省所管昭和十一年度実行予算概要「内務時報」 1(5) 1936.5

- ◇財政政策の新基調（井藤半彌）「日本評論」 14(5) 1936.5
- ◇イギリスの財政（大阪商工会議所訳）「大阪商工会議所月報」 349 1936.6
- ◇コペルニクスの貨幣論「経済学論集」 6(6) 1936.6
- ◇税制整理の目標と其実現（土方成美）「経済学論集」 6(6) 1936.6
- ◇資産者と課税（神戸正雄）「経済論叢」 42(6) 1936.6
- ◇節約投資の均衡と中立貨幣（中谷実）「経済論叢」 42(6) 1936.6
- ◇行政技術としての財政計画（蠟山政道）「国家学会雑誌」 50(6) 1936.6
- ◇現代租税政策の支配的条件（高木壽一）「週刊エコノミスト」 14(16) 1936.6
- ◇増税問題検討（勝正憲）「週刊エコノミスト」 14(18) 1936.6
- ◇産業組合中央金庫法に就て（吉野信次）「商業組合」 2(6) 1936.6
- ◇地方税制史(3)（谷口鶴齢）「税」 14(6) 1936.6
- ◇道府県営業税に対する市町村附加税論（岡田吉光）「税」 14(6) 1936.6
- ◇特別議会に提出の税務関係法律案概観（河沼高輝）「税」 14(6) 1936.6
- ◇特別税戸数割の賦課徴収（中西秀峰）「税」 14(6) 1936.6
- ◇不動産取得税免税規定の改正（松田吏一）「税」 14(6) 1936.6
- ◇低金利と地方債証券発行に就て（岩瀬森次）「地方行政」 44(6) 1936.6
- ◇英国減債基金制度の変遷（後編）「調査月報（大蔵省）」 26(6) 1936.6
- ◇昭和十二年度東京府予算の解説(4)（井戸田春一）「東京地方改良協会会報」 73 1936.6
- ◇法人の不動産収入（土地家屋の賃貸収入）を対象とする場合に於ける営業収益税附加税の賦課取扱方に関する考察（工藤松蔵）「東京地方改良協会会報」 73 1936.6
- ◇臨時町村財政補給金（一般及特別補給金）交付調（東京府）「東京地方改良協会会報」 73 1936.6
- ◇臨時町村財政補給金中特別補給金の使途調（東京府）「東京地方改良協会会報」 73 1936.6
- ◇臨時町村税補給金に依る戸数割軽減調（東京府）「東京地方改良協会会報」 73 1936.6
- ◇統制経済と増税問題討論会（汐見三郎［ほか］）「東洋経済新報」 1710 1936.6
- ◇中小商工業金融の分析（木村靖二）「都市問題」 22(6) 1936.6
- ◇都市の財政（その3・完）／第3講（岡野文之助）「都市問題」 22(6) 1936.6
- ◇昭和十一年度第二号追加予算概要「内務時報」 1(6) 1936.6
- ◇地方財政に直接関係を有する新法律「内務時報」 1(6) 1936.6
- ◇「国民負担の是正」より見た大衆課税（阿部勇）「日本評論」 11(6) 1936.6
- ◇税制改革の批判（汐見三郎）「日本評論」 11(6) 1936.6
- ◇農林省予算の概要（周東英雄）「農業と経済」 3(6) 1936.6
- ◇昭和十一年度帝国農会及道府県農会予算の概要「農務時報」 93 1936.6
- ◇農業金融立法批判(1)（野間海造）「法律時報」 8(6) 1936.6
- ◇欲望論の財政学（永田清）「三田学会雑誌」 30(6) 1936.6
- ◇国家全一的社会政策と地方財政調整（高砂恒三郎）「経済時報」 8(4) 1936.7
- ◇地方税に適当なる税種（神戸正雄）「経済論叢」 43(1) 1936.7
- ◇建築費予算漫語（高村勝）「建築と社会」 19(7) 1936.7
- ◇割賦払貸付金の監査に就て（木村国治）「産業組合」 369 1936.7
- ◇市街地信用組合の監査に就て（岸喜二雄）「産業組合」 369 1936.7
- ◇国費地方費の負担区分並財源論(2)（小林千秋）「自治研究」 12(7) 1936.7
- ◇我国に於ける附加税課率の不平等（完）（淺見信次良）「自治公論」 8(7) 1936.7
- ◇赤字財政の将来「週刊エコノミスト」 14(19) 1936.7
- ◇財産税並に家屋税と税制改正の要諦（大口喜六）「週刊エコノミスト」 14(19) 1936.7
- ◇地方税源と中央統制「週刊エコノミスト」 14(20) 1936.7
- ◇商業組合金融の特質（岩崎松義）「商業組合」 2(7) 1936.7
- ◇雑種税の整理と不動産取得税（細田義安）「税」 14(7) 1936.7
- ◇所得税附加税廃止論（上野四郎）「税」 14(7) 1936.7
- ◇税制改革の基本問題（元山修二）「税」 14(7) 1936.7
- ◇地方税制史(4)（谷口鶴齢）「税」 14(7) 1936.7
- ◇電車に対する車税賦課論（谷口嘉鶴多）「税」 14(7) 1936.7
- ◇大阪実連融資部の現況（中山太一）「大大阪」 12(7) 1936.7
- ◇無条理な家屋税の国税移管（小川市太郎）「大大阪」 12(7) 1936.7
- ◇英国国債減債制度の意義「調査月報（大蔵省）」 26(7) 1936.7
- ◇米国第七十四議会第二会期の成績（予算関係）「調査月報（大蔵省）」 26(7) 1936.7
- ◇資本蓄積（経済的生長）と租税制度（桑原博隆）「東京市産業時報」 2(7) 1936.7
- ◇昭和十年度中に於ける主務大臣の地方債許可の状況「内務時報」 1(7) 1936.7
- ◇農村経済より観たる馬場財政を論ず（汐見三郎）「農業と経済」 3(1) 1936.7
- ◇財政インフレの金融的断面（波多野鼎）「改造」 18(8) 1936.8
- ◇農村に於ける租税外の公課は過重ではないか（大内兵衛）「改造」 18(8) 1936.8
- ◇統制経済と地方財政調整（高砂恒三郎）「経済時報」 8(5) 1936.8
- ◇地方税としての住居税（神戸正雄）「経済論叢」 43(2) 1936.8
- ◇農業金融近時の問題（南正樹）「自治研究」 12(8) 1936.8
- ◇馬場増税計画の輪郭「週刊エコノミスト」 14(22) 1936.8
- ◇クレヂット・アツソーシエーション（井關孝雄）「商業組合」 2(8) 1936.8
- ◇現行各種地方税の制限（宮本隆）「税」 14(8) 1936.8
- ◇雑種税の整理と不動産取得税（細田義安）「税」 14(8) 1936.8
- ◇市町村税の癌たる特別税戸数割の賦課徴収（中西秀峰）「税」 14(8) 1936.8
- ◇地方税制改正の動向（三好重夫）「税」 14(8) 1936.8
- ◇地方税制史(5)（谷口鶴齢）「税」 14(8) 1936.8
- ◇「地方税に関する法律」逐条検討（村田勝延）「税」 14(8) 1936.8
- ◇地方税の癌は人の問題「税」 14(8) 1936.8
- ◇名称其儘の府県雑種税（岡田吉光）「税」 14(8) 1936.8
- ◇地方団体の会計年度変更論瞥見（村田勝延）「地方行政」 44(8) 1936.8
- ◇伊太利国財政（上）「調査月報（大蔵省）」 26(8) 1936.8
- ◇オットー・ニイマイヤー氏の印度財政調査報告「調査月報（大蔵省）」 26(8) 1936.8
- ◇増税計画の進展（野崎龍七）「日本評論」 11(8) 1936.8
- ◇昭和十一年度地方費予算（続）（文部大臣官房文書課）「文部時報」 557 1936.8
- ◇戦費調達上の租税主義（井手文雄）「経済学研究」 6(3) 1936.9
- ◇租税の排転に就て（米原七之助）「経済学研究」 6(3) 1936.9
- ◇独占財に対する租税の影響に就て（栗村雄吉）「経済学研究」 6(3) 1936.9
- ◇脱税防止と自然増収（小山田小七）「経済時報」 8(6) 1936.9

◇地方財政調整に関する二三の問題(藤谷謙二)「経済時報」 8(6) 1936.9
◇家屋税移管問題(汐見三郎)「経済論叢」 43(3) 1936.9
◇不動産取得税に就きて(神戸正雄)「経済論叢」 43(3) 1936.9
◇翻訳的な産業組合課税説(齋藤龍治)「産業組合」 371 1936.9
◇都市農村対立と地方税制改革(菊池慎三)「市政研究」 2(5) 1936.9
◇税制改正と地方財政の整理緊縮(小島憲)「自治公論」 8(9) 1936.9
◇税制改革の動向(汐見三郎)「斯民」 31(9) 1936.9
◇地方財政及税制改革の諸問題に就て(田中重之)「斯民」 31(9) 1936.9
◇独逸に於ける地方税制(1)(宮前憲三)「斯民」 31(9) 1936.9
◇管理可変金本位制(鈴木武雄)「週刊エコノミスト」 14(27) 1936.9
◇市場操作の統制化と公債消化の難点「週刊エコノミスト」 14(27) 1936.9
◇市町村税の癌たる特別税戸数割の賦課徴収(中西秀峰)「税」 14(9) 1936.9
◇私鉄線路に対する地方税の賦課(宮本隆)「税」 14(9) 1936.9
◇森林租税の研究(外山福男)「税」 14(9) 1936.9
◇地方税制史(6)(谷口鶴齢)「税」 14(9) 1936.9
◇文化の集中傾向と税制(片岡政一)「税」 14(9) 1936.9
◇家屋税移管問題管見(藤谷謙二)「大大阪」 12(9) 1936.9
◇市債と税務当局をめぐる経過利子課税問題とは「大大阪」 12(9) 1936.9
◇地方債に関する若干の問題(岩瀬森次)「地方行政」 44(9) 1936.9
◇農家の金融的断面「地方行政」 44(9) 1936.9
◇府県特別女給税の賦課に就て(佐野呉朔)「地方行政」 44(9) 1936.9
◇東京市に於ける金融施設附信用保証制度(小島寿男)「東京市産業時報」 2(9) 1936.9
◇家屋税移管と自治権の擁護/家屋税の中央移管問題を中心として(大塚辰治)「都市問題」 23(3) 1936.9
◇家屋税移管問題に就きて/家屋税の中央移管問題を中心として(神戸正雄)「都市問題」 23(3) 1936.9
◇家屋税中央移管に反対す-国家官僚の自治政治破壊の前提/家屋税の中央移管問題を中心として(鈴木茂三郎)「都市問題」 23(3) 1936.9
◇家屋税に於ける自治的意義/家屋税の中央移管問題を中心として(宇賀田順三)「都市問題」 23(3) 1936.9
◇家屋税の国税移管問題/家屋税の中央移管問題を中心として(岡野文之助)「都市問題」 23(3) 1936.9
◇我市町村税制の本来的性格に就て-明治二十一年に於ける市町村税制度の確立(藤田武夫)「都市問題」 23(3) 1936.9
◇地方財政改革問題展望-地方税源分布の不均衡は税制の立案運用の欠陥に基く/家屋税の中央移管問題を中心として(菊池慎三)「都市問題」 23(3) 1936.9
◇地方税改革の必要と方法/家屋税の中央移管問題を中心として(中村継男)「都市問題」 23(3) 1936.9
◇地方税制改革管見/家屋税の中央移管問題を中心として(西野喜与作)「都市問題」 23(3) 1936.9
◇地方税地方交付金の調整と地方債の全面的低利借替/家屋税の中央移管問題を中心として(高島佐一郎)「都市問題」 23(3) 1936.9
◇地方税の根本的改善/家屋税の中央移管問題を中心として(勝正憲)「都市問題」 23(3) 1936.9
◇地方税の整理に就て/家屋税の中央移管問題を中心として(福沢泰江)「都市問題」 23(3) 1936.9
◇馬場財政と地方税/家屋税の中央移管問題を中心として(汐見三郎)「都市問題」 23(3) 1936.9
◇負担の公平と税源の確立/家屋税の中央移管問題を中心として(船田中)「都市問題」 23(3) 1936.9
◇昭和十二年度道府県予算の編成方針に就て「内務時報」 1(9) 1936.9
◇地方財政調整交付金制度とは如何なるものか(三好重夫)「農業と経済」 3(9) 1936.9
◇今次の税制改革要綱に就て(中村継男)「経済月報」 8(10) 1936.10
◇社会費と娯楽税(神戸正雄)「経済論叢」 43(4) 1936.10
◇低金利と資金の動向(小島昌太郎)「経済論叢」 43(4) 1936.10
◇市町村徴税交付金の改正(安藤明道)「財政」 1(1) 1936.10
◇租税罰の理論と実践(田中二郎)「財政」 1(1) 1936.10
◇我国税法の特色(松隈秀雄)「財政」 1(1) 1936.10
◇信用組合の監督制度変更の問題(村松文蔵)「産業組合」 372 1936.10
◇国税徴収法の改正(濱田徳海)「自治研究」 12(10) 1936.10
◇地方税制改革の重点(三好重夫)「自治研究」 12(10) 1936.10
◇臨時町村財政補給金の使途並に町村監督(小林千秋)「自治研究」 12(10) 1936.10
◇税制改正案の検討(福井清通)「自治公論」 8(10) 1936.10
◇我国地方財政に於ける税外収入の変遷(淺見信次良)「自治公論」 8(10) 1936.10
◇国税徴収法の改正(柳瀬渉)「斯民」 31(10) 1936.10
◇地方財政及税制改革要綱に就て(田中重之)「斯民」 31(10) 1936.10
◇臨時町村財政補給金交付町村の監督に就て(小林千秋)「斯民」 31(10) 1936.10
◇税整の考察「週刊エコノミスト」 14(30) 1936.10
◇中小商業金融に就て(寶來市松)「商業組合」 2(13) 1936.10
◇雑種税の整理に就て(元山修二)「税」 14(10) 1936.10
◇税制改革案の検討「税」 14(10) 1936.10
◇税制改革と納税道徳(黒川三郎)「税」 14(10) 1936.10
◇税制改革の予審調書(小山田小七)「税」 14(10) 1936.10
◇地方税制史(7)(谷口鶴齢)「税」 14(10) 1936.10
◇特別税戸数割の賦課徴収(中西秀峰)「税」 14(10) 1936.10
◇納税組合の組織(齋藤義家)「税」 14(10) 1936.10
◇臨時町村財政補給金規則の概説(小林千秋)「地方行政」 44(10) 1936.10
◇伊太利国の財政(下)「調査月報(大蔵省)」 26(10) 1936.10
◇英国一九三六-三七年度予算「調査月報(大蔵省)」 26(10) 1936.10
◇英国一九三六年度国防費予算(下)「調査月報(大蔵省)」 26(10) 1936.10
◇仏国の独立償還金庫業績「調査月報(大蔵省)」 26(10) 1936.10
◇社大党の税制整理案に対する闘争方針「内外社会問題調査資料」 300 1936.10
◇地方財政及税制改革案に就いて「内務時報」 1(10) 1936.10
◇公債と増税を語る(石橋湛山)「日本評論」 11(10) 1936.10
◇財政学の政治的性格(永田清)「三田学会雑誌」 31(10) 1936.10
◇赤字公債とインフレーション(美濃部亮吉)「改造」 18(11) 1936.11
◇税制改革案の本質(有澤廣巳)「改造」 18(11) 1936.11
◇税制整理案と資本家階級(鈴木茂三郎)「改造」 18(11) 1936.11
◇戦時財政への準備段階(猪俣津南雄)「改造」 18(11) 1936.11

◇「増税」の大衆転嫁(河上丈太郎)「改造」 18(11) 1936.11

◇地方財政は如何に調整されるか(阿部賢一)「改造」 18(11) 1936.11

◇税制改革問題に就て(土方成美)「経済月報」 8(11) 1936.11

◇1929年イギリス補助金制度改正の内容(藤谷謙二)「経済時報」 8(8) 1936.11

◇売上税を論ず(汐見三郎)「経済論叢」 43(5) 1936.11

◇貨幣経済論的立場より見たる財産税(中谷実)「経済論叢」 43(5) 1936.11

◇地方税賦課の方法(神戸正雄)「経済論叢」 43(5) 1936.11

◇利子歩合の決定(高田保馬)「経済論叢」 43(5) 1936.11

◇庶民金融課の新設(岸喜二雄)「財政」 1(2) 1936.11

◇同族会社税額加算規定と普通所得の意義(河沼高輝)「財政」 1(2) 1936.11

◇市税滞納処分の一考察(永田八四郎)「市政研究」 2(5) 1936.11

◇労銀支払形態に就て(新村一夫)「市政研究」 2(5) 1936.11

◇地方税制改革と自治観念の転換(大塚辰治)「自治機関」 441 1936.11

◇税制改革の要領(松隈秀雄)「自治研究」 12(11) 1936.11

◇地方財政及税制改革案と地方自治(三好重夫)「自治研究」 12(11) 1936.11

◇地方財政及地方税制改革案に就て(大村清一)「自治研究」 12(11) 1936.11

◇地方税制改革に関する若干の問題に就て(田中重之)「自治研究」 12(11) 1936.11

◇中小産者と税制の改革及金融の改善(西村彰一)「自治研究」 12(11) 1936.11

◇地方財政及税制改革の重心に就て(大村清一)「自治公論」 8(11) 1936.11

◇地方財政及税制改革要綱に就て(田中重之)「自治公論」 8(11) 1936.11

◇道府県町村長会長会と税制改革問題「自治公論」 8(11) 1936.11

◇地方財政及び税制改革と所謂弾力性(三好重夫)「斯民」 31(11) 1936.11

◇税制整理と国民生活(汐見三郎)「社会政策時報」 194 1936.11

◇農村財政の一事例(柏井象雄)「社会政策時報」 194 1936.11

◇消費税か納付金か「週刊エコノミスト」 14(32) 1936.11

◇売上税新設の是否(小山田小七)「税」 14(11) 1936.11

◇戸数割の廃止(三好重夫)「税」 14(11) 1936.11

◇雑種税整理の具体策を提議す「税」 14(11) 1936.11

◇税制改革と国債消化力(瀬尾昭)「税」 14(11) 1936.11

◇税制改革と産業組合(岩塚源也)「税」 14(11) 1936.11

◇税制改革の根本義(山田龍雄)「税」 14(11) 1936.11

◇地方税改革案の批判(井explore半彌)「税」 14(11) 1936.11

◇地方税制改革に就て(大村清一)「税」 14(11) 1936.11

◇都市の立場から見た税制整理案(齋藤義家)「税」 14(11) 1936.11

◇農村側から見た税制整理案(川田金造)「税」 14(11) 1936.11

◇農村と税制改革(元山修二)「税」 14(11) 1936.11

◇家屋税移管と戸数割廃止の是非「地方行政」 44(11) 1936.11

◇地方財政税制改革案の概要(谷口壽太郎)「地方行政」 44(11) 1936.11

◇補助又は奨励費の整理に就て(谷口赫嶺)「地方行政」 44(11) 1936.11

◇戸割削のを何故廃止するか(谷口寿太郎)「地方財務」 21 1936.11

◇昭和十一年度市歳入歳出予算概要「地方財務」 21 1936.11

◇地方財政及税制改革と明年度(谷口寿太郎)「地方財務」 21 1936.11

◇国民政府民国二十五年度予算「調査月報(大蔵省)」 26(11) 1936.11

◇米国最近の信用統制措置「調査月報(大蔵省)」 26(11) 1936.11

◇白耳義幣制第二改革と其経過「調査月報(大蔵省)」 26(11) 1936.11

◇税制改革案に伴ふ農家租税負担関係の変化(帝国農会経済部)「帝国農会報」 26(11) 1936.11

◇税制改革と農家負担軽減(東浦庄治)「帝国農会報」 26(11) 1936.11

◇府下町村に於ける滞納町村税の現況(深大生)「東京地方改良協会会報」 69 1936.11

◇府下町村に於ける予算概要(竹内虎雄)「東京地方改良協会会報」 69 1936.11

◇増税と外務一部の関係(田川大吉郎)「道路の改良」 18(11) 1936.11

◇広田内閣の地方財政及税制改革案「都市問題」 23(5) 1936.11

◇地方財税制改革案特輯「都市問題」 23(6) 1936.11
改革案運用上の危険/地方税制改革案の検討(井藤半弥) 改革案に於ける反自治制に就て/地方財税制改革案の検討(有本健三郎) 改革案に関する若干の疑問(高砂恒三郎) 改革案に関する若干の問題(藤谷謙二) 交付金を目標として/地方税制改革案の検討(田川大吉郎) 交付金制度は自治精神の破壊/地方財税制改革案の検討(加藤鐐五郎) 戸数割の改正と地租及家屋税の地方移譲/地方財税制改革案の検討(東島卯八、鈴木利太) 自治権擁護と国民生活安定/地方財税制改革案の検討(風早八十二) 自治破壊の地方財政及税制改革案を修正せよ(菊池慎三) 市町村団体に薄い改革案/地方税制改革案の検討(松田雪堂) 市町村の立場よりする改革案の検討(大塚辰治) 準戦時的機構への進出と応能主義の高度化/地方財税制改革案の検討(元山修二) 諸団体の対地方税制改革案意見 新税制案の含む矛盾に就いて(小田忠夫) 新税制改革案に対する一部の検討(福沢泰江) 新地方税体系と戦争(河上丈太郎) 税制案の実効如何-税制案は地方自治を破壊するか(船田中) 税制改革案小言から地方自治体財源強化策へ(高島佐一郎) 税制改革案と二三の問題/地方財税制改革案の検討(福井清通) 税制改革案の地方財政上に於ける意義/地方財税制改革案の検討(永田清) 税制改革案の要領(内務省) 税制改革案の弾力性(小山田小七) 税制改革案と農業者負担(木村靖二) 税制改革と農/地方財税制改革案の検討(横堀惣三郎) 税制改革に依る人口階級別十二市町村市政影響 税制改革に依る六大都市市政影響 税制改革の要領(大蔵省主税局) 弾力性から見た税整案の批判(阿部賢一) 地方財政及税制改革案の要綱(内務省) 地方財政及税制改革(内務省地方局) 地方財政及税制の改革案を前にして(池田宏) 地方財政及税制の再建設(汐見三郎) 地方税制改革案と新聞紙の論評(編輯室) 地方税制改革案要綱の数字的検討(猪間驥一) 地方財政並税制改革案と都市/地方税制改革案の検討(三木敏蔵) 地方税改革と地方民負担及地方財政/地方税制改革案の検討(中村継男) 地方税財政改革と自治の伸張/地方税制改革案の検討(秋元保一) 地方税制改革案と農/地方財税制改革案の検討(長野朗) 地方税制改革案に関する断想(岡野文之助) 地方税制改革案の批判(北脇進) 地方税制改革案批判(東浦庄治、川田金造) 地方税制改革の後に来るもの(織本侃) 地方税制改革問題検討(高木寿一) 地方税整理の根拠と其の矛盾/地方税制改革案の検討(塚田一甫) 中央地方財政の統制に就て/地方税制改革案の検討(菅原通敬) 横の均衡と縦の均衡/地方税制改革案の検討(小幡清金) 臨時増刊「地方財税制改革案特輯」号発刊に就て(岡野昇)

◇大衆の負担より見たる税制整理案(阿部勇)「日本評論」 11(11) 1936.11

◇税制改革と農村経済(喜多逸郎)「農業と経済」 3(11) 1936.11

◇農村よりの税制改革批判(入沢文明)「農業と経済」 3(11) 1936.11

◇信用組合に於ける金利の状況「農務時報」 98 1936.11

◇税制改革と資本・労働(四方田敏郎)「法律時報」 8(11) 1936.11

◇税制改革論(1)「大阪商工会議所月報」 355 1936.12

◇明日の貨幣問題(荒木光太郎)「改造」 18(12) 1936.12

◇資本維持と金融統制(一谷藤一郎)「経済論叢」 43(6) 1936.12

◇地方税としての土地家屋税(神戸正雄)「経済論叢」 43(6) 1936.12
◇改革の岐路に立つ地方税(谷口寿太郎)「財政」 1(3) 1936.12
◇国家収入の経済的諸性格(柏井象雄)「財政」 1(3) 1936.12
◇市町村財政の一考察(井上義海)「財政」 1(3) 1936.12
◇住居税の提唱(栗本金定)「財政」 1(3) 1936.12
◇預金部資金の融通手続(高雄時夫)「財政」 1(3) 1936.12
◇列国為替管理法令に就て(長谷川安次郎)「財政」 1(3) 1936.12
◇税制改革と産業組合(座談会)「産業組合」 374 1936.12
◇税制改革と土地問題(鞍田純)「産業組合」 374 1936.12
◇国税の免税点改正と地方税(富永文保)「自治機関」 442 1936.12
◇収益税等の国税存置(三好重夫)「自治研究」 12(12) 1936.12
◇地方財政調整交付金の配分に就て(郡祐一)「自治研究」 12(12) 1936.12
◇税制改革案による町村財政の変動状況(全国町村長会)「自治公論」 8(12) 1936.12
◇税制改革と農村及び地方自治(助川啓四郎)「自治公論」 8(12) 1936.12
◇町村理事者より観たる税制改革論(全国町村長会)「自治公論」 8(12) 1936.12
◇地方税制改革の話(大村清一)「斯民」 31(12) 1936.12
◇独逸に於ける地方税制(4)(宮前憲三)「斯民」 31(12) 1936.12
◇関税改正案の批判(小林行昌)「週刊エコノミスト」 14(34) 1936.12
◇十二年度予算案と政策(大口喜六)「週刊エコノミスト」 14(34) 1936.12
◇増税早わかり「週刊エコノミスト」 14(34) 1936.12
◇税制改革の概要(松隈秀雄)「商業組合」 2(12) 1936.12
◇改革後の地方税体系(三好重夫)「地方行政」 44(12) 1936.12
◇注意を要すべき明年度地方予算の編成(谷口寿太郎)「地方行政」 44(12) 1936.12
◇法貨平価切下を繞る三国通貨協定「調査月報(大蔵省)」 26(12) 1936.12
◇税制改革案と産業組合(辻誠)「帝国農会報」 26(12) 1936.12
◇税制改革と農村(山田龍雄)「帝国農会報」 26(12) 1936.12
◇農村及都市の租税負担状況調査の概要「農務時報」 99 1936.12
◇軍事予算の自己相剋(笠信太郎)「改造」 19(1) 1937.1
◇財政と国民の心理(小山田小七)「経済時報」 8(10) 1937.1
◇金融の動きと銀行勘定の増減(小島昌太郎)「経済論叢」 44(1) 1937.1
◇地方営業税の課税標準(神戸正雄)「経済論叢」 44(1) 1937.1
◇税制改革案に就て(松材章三郎)「国家学会雑誌」 51(1) 1937.1
◇所謂一県一行主義の原理(小宮陽)「財政」 2(1) 1937.1
◇地方財政に於ける村の負担と家の負担(小野武雄)「財政」 2(1) 1937.1
◇税制改革と農村(助川啓四郎)「産業組合」 375 1937.1
◇税制改革と農村(三宅正一)「産業組合」 375 1937.1
◇税制改革と市場に於ける地方債への反響(沢柳政義)「市政研究」 3(1) 1937.1
◇昭和11年地方財政の回顧(1)(木村清司)「自治研究」 13(1) 1937.1
◇庶政一新予算と国民生活の安定(西村彰一)「自治研究」 13(1) 1937.1
◇税制の改革に関する二三の考察(1)(浜田徳海)「自治研究」 13(1) 1937.1
◇地方財政及税制改革案の目標(三好重夫)「自治研究」 13(1) 1937.1
◇地方財政調整交付金配分に関する若干の問題(郡祐一)「斯民」 32(1) 1937.1
◇大衆の立場より観た尨大予算(阿部勇)「社会政策時報」 196 1937.1
◇財政計画の将来と新規財源「週刊エコノミスト」 15(2) 1937.1
◇低金利政策と金融の前途(山室宗文)「週刊エコノミスト」 15(2) 1937.1
◇売上税の批判(安藤春夫)「週刊エコノミスト」 15(3) 1937.1
◇金融基礎国民経済基礎からみた公債消化力とその限界(高島佐一郎)「商工経済」 3(1) 1937.1
◇金融基調と公債消化力の将来(高橋亀吉)「商工経済」 3(1) 1937.1
◇課税の分化と高額勤労所得(近江春夫)「税」 15(1) 1937.1
◇自動車税に就て(齋藤義家)「税」 15(1) 1937.1
◇昭和十二年度予算案の特色(藤山幹助)「税」 15(1) 1937.1
◇税制改革に就て(川崎克)「税」 15(1) 1937.1
◇税の民衆化と税務機関の拡大(勝正憲)「税」 15(1) 1937.1
◇地方債私議(木村清司)「税」 15(1) 1937.1
◇明治大正昭和税制改革小史(久保平三郎)「税」 15(1) 1937.1
◇地方債と関係法規の研究(岡田吉光)「地方行政」 45(1) 1937.1
◇公債二百億円への難路(阿部賢一)「中央公論」 52(1) 1937.1
◇新増税胸算用(太田正孝)「中央公論」 52(1) 1937.1
◇増税六億、減税三億-その国民的意義(大内兵衛)「中央公論」 52(1) 1937.1
◇大衆課税の重圧(河上丈太郎)「中央公論」 52(1) 1937.1
◇各国国債の変遷「調査月報(大蔵省)」 27(1) 1937.1
◇市町村農会予算に関する調査「帝国農会報」 27(1) 1937.1
◇昭和十二年度東京府予算の解説(1)(井戸田春一)「東京地方改良協会会報」 70 1937.1
◇町村の予算編成に就て(竹内虎雄)「東京地方改良協会会報」 70 1937.1
◇税制改革案と地方債の前途(鈴木武雄)「都市問題」 24(1) 1937.1
◇新予算と国民経済(土方成美)「日本評論」 12(1) 1937.1
◇尨大予算とその対策としての統制強化(飯田清三)「日本評論」 12(1) 1937.1
◇重要農村国策と昭年十二年度予算(西村彰一)「農業と経済」 4(1) 1937.1
◇税制改革と農家購入品の関係(山路通雄)「農業と経済」 4(1) 1937.1
◇農村側より観たる税制整理(橋本伝左衛門)「農業と経済」 4(1) 1937.1
◇英国戦時財政の二ヶ年(長谷田泰三)「経済学集」 7(2) 1937.2
◇準戦型財政と資本蓄積過程(豊崎稔)「経済時報」 8(11) 1937.2
◇税制改革と地方税負担の軽減(藤谷謙二)「経済時報」 8(11) 1937.2
◇税制整理案を論ず(汐見三郎)「経済論叢」 44(2) 1937.2
◇相続税の高さ(神戸正雄)「経済論叢」 44(2) 1937.2
◇独逸財政学と租税転嫁論(島恭彦)「経済論叢」 44(2) 1937.2
◇各国輸出税の話(酒井俊彦)「財政」 2(3) 1937.2
◇戸数割廃止理由の検討(細野巳市)「財政」 2(3) 1937.2
◇酒税改革の理論と実際(浜田徳海)「財政」 2(3) 1937.2
◇税制と資本形成(土方成美)「財政」 2(3) 1937.2
◇取引税の理論的根拠(島本融)「財政」 2(3) 1937.2
◇貿易業者より観たる輸出統制税と貿易統制税(田村顕三)「財政」 2

(3)　1937.2

◇満洲国の財政(星野直樹)「財政」　2(3)　1937.2
◇輸出統制税及貿易統計税の可否(小林行昌)「財政」　2(3)　1937.2
◇輸出統制税と貿易統制とに就て(柴田銀次郎)「財政」　2(3)　1937.2
◇英国に於ける一般国庫補助金配分方法(藤谷謙二)「市政学会雑誌」　5　1937.2
◇改正地方税法の概要(氏家保寿)「自治機関」　444　1937.2
◇家屋税法案に就て(松隈秀雄)「自治研究」　13(2)　1937.2
◇昭和11年地方財政の回顧(2)(木村清司)「自治研究」　13(2)　1937.2
◇税制の改革に関する二三の考察(2)(浜田徳海)「自治研究」　13(2)　1937.2
◇地方税法案要綱(三好重夫)「自治研究」　13(2)　1937.2
◇ソ連財政と国防費(松山茂二郎)「週刊エコノミスト」　15(6)　1937.2
◇日銀物価指数の改正(森田優三)「週刊エコノミスト」　15(6)　1937.2
◇国民生活の安定より見たる尨大予算(阿部勇)「税」　15(2)　1937.2
◇産業組合課税反対論の検討(神戸弘)「税」　15(2)　1937.2
◇特別所得税及戸別税創設の提唱(元山修二)「税」　15(2)　1937.2
◇明治、大正、昭和税制改革小史(1)(久保平三郎)「税」　15(2)　1937.2
◇納税方法改正私案(田中秀吉)「大大阪」　13(2)　1937.2
◇道府県農会経費予算に関する調査(帝国農会経済部)「帝国農会報」　27(2)　1937.2
◇「庶民銀行」は如何に利用されてゐるか-昭和十年度市街地信用組合業況-(東京市監査局統計課)「東京市産業時報」　3(2)　1937.2
◇錯雑せる車税の内容に就て(猪間驥一)「都市問題」　24(2)　1937.2
◇「地方信用金庫」創設論(鈴木武雄)「都市問題」　24(2)　1937.2
◇地方税法案-附、府県制、市制、町村制中改正法律案(岡野文之助)「都市問題」　24(2)　1937.2
◇ドイツに於ける市町村財政積立金制度の概観(小田忠夫)「都市問題」　24(2)　1937.2
◇昭和十一年度地方予算の概況「内務時報」　2(2)　1937.2
◇第七十回議会提出昭和十二年度内務省予算概要「内務時報」　2(2)　1937.2
◇税制改革と農村自営(阪本平一郎)「農業と経済」　4(2)　1937.2
◇独逸に於ける財産税と財産評価「農務時報」　101　1937.2
◇米穀を出資する無尽・頼母子講の概要「農務時報」　101　1937.2
◇結城財政の全貌(鈴木茂三郎)「改造」　19(3)　1937.3
◇地方財政改革案主要問題批判(高砂恒三郎)「経済時報」　8(12)　1937.3
◇売上税の課税方法(神戸正雄)「経済論叢」　44(3)　1937.3
◇貸借対照表の問題(蜷川虎三)「経済論叢」　44(3)　1937.3
◇昭和11年地方財政の回顧(3)(木村清司)「自治研究」　13(3)　1937.3
◇地方財政調整金の横顔(三好重夫)「自治研究」　13(3)　1937.3
◇林内閣の増税案に就て(松隈秀雄)「自治研究」　13(3)　1937.3
◇臨時全国村長大会(地方財政調整交付金制度の必要)「自治公論」　9(3)　1937.3
◇昭和十一年度地方予算の概況(主計貞二)「斯民」　32(3)　1937.3
◇独逸金融財政政策概要(鈴木規一)「社会政策時報」　198　1937.3
◇結城税制早わかり(1)「週刊エコノミスト」　15(7)　1937.3
◇結城財政の特殊性(高木壽一)「週刊エコノミスト」　15(8)　1937.3
◇結城税制早わかり(2)「週刊エコノミスト」　15(8)　1937.3

◇地方財政交附金問題「週刊エコノミスト」　15(9)　1937.3
◇臨時増税暗に関する若干の考察(高瀬千波)「商工経済」　3(3)　1937.3
◇外国租税制度解説(藤原正久,内田俊夫)「税」　15(3)　1937.3
◇結城財政下の地方財政(菊池慎三)「税」　15(3)　1937.3
◇結城財政と国民生活(春山毅一)「税」　15(3)　1937.3
◇結城税整を検討す「税」　15(3)　1937.3
◇臨時租税増徴法案が齎らす影響の種々相(能勢貞治)「税」　15(3)　1937.3
◇昭和十二年度大阪市新予算早わかり「大大阪」　13(3)　1937.3
◇昭和十二年度新予算案成る(大阪市)(坂間棟治)「大大阪」　13(3)　1937.3
◇結城財政の辿る道(笠信太郎)「中央公論」　52(3)　1937.3
◇営業収益税附加税賦課に関する疑義(工藤松蔵)「東京地方改良協会会報」　71　1937.3
◇昭和十二年度東京府予算の解説(2)(井戸田春一)「東京地方改良協会会報」　71　1937.3
◇地方税制改革案に関する六大都市の申合と東京市の意見「都市問題」　24(3)　1937.3
◇結城財政の特質と動向(山崎靖純)「日本評論」　12(3)　1937.3
◇我国財政計画和税計画と国民経済(高島佐一郎)「日本評論」　12(3)　1937.3
◇林内閣に於ける財政・税制と農村(橋本伝左衛門)「農業と経済」　4(3)　1937.3
◇結城蔵相に望む(大内兵衛)「農業と経済」　4(3)　1937.3
◇農村及都市の財政状況調査の概要「農務時報」　102　1937.3
◇結城増税案要綱「大阪商工会議所月報」　359　1937.4
◇日本銀行改組の意義(美濃部達吉)「改造」　19(4)　1937.4
◇結城財政と農村(黒田寿雄)「改造」　19(4)　1937.4
◇最近独逸に於ける公債政策(島恭彦)「経済論叢」　44(4)　1937.4
◇生産設備拡充資金の供給と赤字公債の消化(小島昌太郎)「経済論叢」　44(4)　1937.4
◇臨時租税増徴と税制整理(神戸正雄)「経済論叢」　44(4)　1937.4
◇イタリーの租税政策(山村章)「財政」　2(5)　1937.4
◇市町村税制限外課税の手続(氏家保寿)「財政」　2(5)　1937.4
◇フランスの租税政策「財政」　2(5)　1937.4
◇新装の増税案を読む(1)(近江春али)「自治機関」　446　1937.4
◇謬れる地方財政論若干(三好重夫)「自治研究」　13(4)　1937.4
◇ヨハネス・ポピッツ『財政調整』(1)(田中重之)「自治研究」　13(4)　1937.4
◇我国地方財政に於ける税外収入の変遷(2)(浅見信次良)「自治公論」　9(4)　1937.4
◇昭和十二年度内務省予算の概要(入江誠一郎)「斯民」　32(4)　1937.4
◇地方財政所見(坂千秋)「斯民」　32(4)　1937.4
◇地方財政資料(17):昭和十二年度道府県一般会計議決予算額調並解説(内務省地方局)「斯民」　32(4)　1937.4
◇議会の財政論争から(藤山幹助)「税」　15(4)　1937.4
◇交付金問題管見(藤谷謙二)「税」　15(4)　1937.4
◇暫定的増税案が齎らす影響の種々相(能勢貞治)「税」　15(4)　1937.4
◇市町村税制限外課税事務手続回顧(中西秀峰)「税」　15(4)　1937.4
◇地方税に関する若干問題に就て(氏家保寿)「税」　15(4)　1937.4
◇伯林市税に就て(内田俊夫)「税」　15(4)　1937.4
◇明治、大正、昭和税制改革小史(3)(久保平三郎)「税」　15(4)

1937.4
◇一億円の臨時地方財政補給金に就て(谷口寿太郎)「地方行政」　45(4)　1937.4
◇地方債と関係法規の研究(3)(岡田吉光)「地方行政」　45(4)　1937.4
◇日銀改革と生産力の拡大(高垣寅次郎)「中央公論」　52(4)　1937.4
◇農村を見放した結城財政(稲村隆一)「中央公論」　52(4)　1937.4
◇昭和十二年度東京府予算の解説(3)(井戸田春一)「東京地方改良協会会報」　72　1937.4
◇昭和十一年度に於ける臨時町村財政補給金の交付状況「内務時報」　2(4)　1937.4
◇昭和十二年度内務省予算の概要「内務時報」　2(4)　1937.4
◇赤字公債の消化(小島昌太郎)「経済論叢」　44(5)　1937.5
◇現段階に於ける租税体系(土方成美)「経済論叢」　44(5)　1937.5
◇財政学者の鉄道経済に関する研究論著に就いて(武藤長蔵)「経済論叢」　44(5)　1937.5
◇財政学と経済政策論との交流(島恭彦)「経済論叢」　44(5)　1937.5
◇財政学の基本問題(大谷政敬)「経済論叢」　44(5)　1937.5
◇シユレーデルの王室金庫論「経済論叢」　44(5)　1937.5
◇昭和の税制改革(汐見三郎)「経済論叢」　44(5)　1937.5
◇租税の農業に及ぼす影響(山岡亮一)「経済論叢」　44(5)　1937.5
◇主要国税制度の傾向(平田敬一郎)「財政」　2(6)　1937.5
◇都市府県財政に於ける跛行的現象(大塚辰治)「財政」　2(6)　1937.5
◇明治初年の外国負債(関山直太郎)「財政」　2(6)　1937.5
◇臨時町村財政補給金の配分状況(谷口寿太郎)「財政」　2(6)　1937.5
◇都市信用組合の第二次計画(今泉三七)「産業組合」　379　1937.5
◇経理事務の諸改善に就て(坂本栄一)「市政研究」　3(3)　1937.5
◇独逸に於ける公経営に対する課税問題(茂木幸三郎)「市政研究」　3(3)　1937.5
◇物価騰貴と吏員の生活方針改組考(一法師章蔵)「市政研究」　3(3)　1937.5
◇預金部地方資金の現況(大竹虎雄)「自治研究」　13(5)　1937.5
◇ヨハネス・ポピッツ『財政調整』(2)(田中重之)「自治研究」　13(5)　1937.5
◇臨時地方財政補給金の配分標準(三好重夫)「自治研究」　13(5)　1937.5
◇新税法の施行に就て(松隈秀雄)「斯民」　32(5)　1937.5
◇地方財政補給金概説(三好重夫)「斯民」　32(5)　1937.5
◇結城税制早わかり(6)「週刊エコノミスト」　15(13)　1937.5
◇季節と物価と求人に就きて「職業紹介」　5(5)　1937.5
◇次期税制改革に対する希望(根津嘉一郎[ほか])「税」　15(5)　1937.5
◇税制改革の針路(十亀盛次)「税」　15(5)　1937.5
◇税制整理に関する要点(鈴木憲久)「税」　15(5)　1937.5
◇明治、大正、昭和税制改革小史(4)(久保平三郎)「税」　15(5)　1937.5
◇臨時租税増徴法が齎らす影響の種々相(能勢貞治)「税」　15(5)　1937.5
◇地方債と関係法規の研究(岡田吉光)「地方行政」　45(5)　1937.5
◇大都市信用組合に於ける社団性と組合性(柳沢定法郎)「東京市産業時報」　3(5)　1937.5
◇物価騰貴と中央卸売市場(小川勇蔵)「統計誌」　671　1937.5
◇大戦後に於けるフランスの地方財政改革概観-国と地方団体間の財政関係の変化に就て(小田忠夫)「都市問題」　24(5)　1937.5

◇都市の経費に関する考察(亀卦川浩)「都市問題」　24(5)　1937.5
◇昭和十二年度道府県予算の概要「内務時報」　2(5)　1937.5
◇戸数割悪作用論(大槻正男)「農業と経済」　4(5)　1937.5
◇地方交付金制度の史的発展と今後(喜多逸郎)「農業と経済」　4(5)　1937.5
◇財政と経済的過程(永田清)「三田学会雑誌」　31(5)　1937.5
◇本年度予算を繞る諸問題(小山田小七)「経済学雑誌」　1(3)　1937.6
◇財政税制改革問題とその可能性(大畑文七)「財政」　2(7)　1937.6
◇整税と共に望む(小山田小七)「財政」　2(7)　1937.6
◇地方財政補給金に依る減税(三好重夫)「財政」　2(7)　1937.6
◇次の税制改革(神戸正雄)「財政」　2(7)　1937.6
◇ドイツに於ける価格統制の概観(美濃部亮吉)「財政」　2(7)　1937.6
◇ナチス財政政策の片貌(田畑為彦)「財政」　2(7)　1937.6
◇税制の改革に関する二三の考察(3)(浜田徳海)「自治研究」　13(6)　1937.6
◇調整金談義(三好重夫)「自治研究」　13(6)　1937.6
◇ヨハネス・ポピッツ『財政調整』(3)(田中重之)「自治研究」　13(6)　1937.6
◇庶民金融を論ず(鈴木武雄)「社会政策時報」　201　1937.6
◇物価騰貴と賃銀対策(長谷孝之)「社会政策時報」　201　1937.6
◇「物価」及び「物価政策」の本質とその帰趨(東井金平)「週刊エコノミスト」　15(16)　1937.6
◇資本家的物価対策(河上丈太郎)「週刊エコノミスト」　15(17)　1937.6
◇昭和十二年度道府県税予算を見て(松下吏一)「税」　15(6)　1937.6
◇税制改革の根本問題(小山田小七)「税」　15(6)　1937.6
◇租税の本質と負担力の限度(齋藤義家)「税」　15(6)　1937.6
◇地方税制改革の目標(秋元保一)「税」　15(6)　1937.6
◇地方団体の納税奨励施設の概況(米沢道雄)「税」　15(6)　1937.6
◇巴里市税に就て(樋元和一)「税」　15(6)　1937.6
◇明治大正昭和税制改革小史(久保平三郎)「税」　15(6)　1937.6
◇結城財政の転換(阿部勇)「税」　15(6)　1937.6
◇結城税制改革案の基本観念に就て(元山修二)「税」　15(6)　1937.6
◇地方財政読本第一講(三好重夫)「地方行政」　45(6)　1937.6
◇地方債と関係法規の研究(5)(岡田吉光)「地方行政」　45(6)　1937.6
◇米国ルーズヴエルト大統領の1938年度改訂予算「調査月報(大蔵省)」　27(5)　1937.6
◇物価の変動より観たる労働者の家計「統計時報」　69　1937.6
◇財政経済政策に就て―増税並臨時地方財政補給金に依る地方負担の増減―(結城豊太郎)「都市公論」　20(6)　1937.6
◇地方団体の経費における予算額と決算額(亀卦川浩)「都市問題」　24(6)　1937.6
◇取引税の一論拠(柏井象雄)「経済論叢」　45(1)　1937.7
◇物価騰貴と賃銀問題(鈴木宗正)「警察研究」　8(7)　1937.7
◇1936-37年度英国国家歳計綜覧「月刊 列国政策彙報」　2(7)　1937.7
◇使用料徴収法規に関する考察(児山忠一)「財政」　2(8)　1937.7
◇庶民金融改善の指標より観たる若干の問題(岸喜二雄)「財政」　2(8)　1937.7
◇クルト・イエゼリツヒ氏の地方財政学(里村春高)「市政研究」　3(4)　1937.7
◇租税法の独立性(細田義安)「市政研究」　3(4)　1937.7

◇地方債制度の基礎的諸問題を論ず(真田昌孝)「市政研究」 3(4) 1937.7

◇ヨハネス・ポピッツ『財政調整』(4)(田中重之)「自治研究」 13(7) 1937.7

◇昭和十二年度特別税戸数割を賦課せざる市町村に就て(米沢道雄)「自治公論」 9(7) 1937.7

◇農林省歳出予算中に計上せられたる補助金の現況(1)(周東英雄)「斯民」 32(7) 1937.7

◇独逸に於ける物価対策に就て(鈴木規一)「社会政策時報」 202 1937.7

◇物価騰貴下の収入階級別生活費(1)(永野順造)「社会政策時報」 202 1937.7

◇物価騰貴と生活安定平衡論(高木友三郎)「社会政策時報」 202 1937.7

◇米国に於けるインフレーション問題(市川泰次郎)「社会政策時報」 202 1937.7

◇明年度予算編成方針「週刊エコノミスト」 15(20) 1937.7

◇所謂悪性インフレーションと公債消化の関係に就いて(友岡久雄)「商工経済」 4(1) 1937.7

◇物価騰貴下の租税及租税政策(高瀬千波)「商工経済」 4(1) 1937.7

◇物価騰貴と社会問題(町田辰次郎)「商工経済」 4(1) 1937.7

◇物価騰貴と大衆生活(河上丈太郎)「商工経済」 4(1) 1937.7

◇昭和十二年度道府県税予算を見て(松田吏一)「税」 15(7) 1937.7

◇巴里市税に就いて(樋元和一)「税」 15(7) 1937.7

◇明治・大正・昭和税制改革小史(6)(久保平三郎)「税」 15(7) 1937.7

◇臨時租税増徴と附加税(細野巳市)「税」 15(7) 1937.7

◇地方財政読本 第二講(三好重夫)「地方行政」 45(7) 1937.7

◇地方税の滞納整理と処分の中止に就て(中西秀峰)「地方行政」 45(7) 1937.7

◇売買請負其他諸費約の改善(谷口赫嶺)「地方行政」 45(7) 1937.7

◇独逸に於ける協同組合課税「調査月報(大蔵省)」 27(6) 1937.7

◇生産力拡充と物価問題(小島精一)「農業と経済」 4(7) 1937.7

◇本邦最初の地券銀行運動(八木澤善次)「農業と経済」 4(7) 1937.7

◇昭和十二年度地方費予算(3)(文部大臣官房文書課)「文部時報」 589 1937.7

◇準戦時財政と国民生活(阿部勇)「改造」 19(8) 1937.8

◇営業税の課税標準と売上税の課税方法(神戸正雄)「経済論叢」 45(2) 1937.8

◇純損益概念に関する若干の基本問題について(熊本吉郎)「経済論叢」 45(2) 1937.8

◇山村の財政経済事情(田杉競)「財政」 2(9) 1937.8

◇失業救済事業と地方財政(横山照夫)「財政」 2(9) 1937.8

◇政府予算に伴ふ物資需要調査に就て(前田克己)「財政」 2(9) 1937.8

◇ヨハネス・ポピッツ『財政調整』(5)(田中重之)「自治研究」 13(8) 1937.8

◇臨時地方財政補給金に依る雑種税の軽減に就て(三好重夫)「自治研究」 13(8) 1937.8

◇預金部資金の融通に就て(1)(高雄時夫)「斯民」 32(8) 1937.8

◇臨時地方財政補給金配分の算定に就て(三好重夫)「斯民」 32(8) 1937.8

◇準戦型物価対策の帰趨(飯田繁)「社会政策時報」 203 1937.8

◇物価騰貴下の収入階級別生活費(2)(永野順造)「社会政策時報」 203 1937.8

◇愈実行期に入つた地租委譲問題(吉田豊治)「税」 15(8) 1937.8

◇朝鮮の税制「税」 15(8) 1937.8

◇巴里市税に就て(樋元和一)「税」 15(8) 1937.8

◇明治・大正・昭和税制改革小史(7)(久保平三郎)「税」 15(8) 1937.8

◇臨時租税増徴法と附加税(津々良渉)「税」 15(8) 1937.8

◇地方財政読本(3)(三好重夫)「地方行政」 45(8) 1937.8

◇物価騰貴と予算(河上丈太郎)「中央公論」 52(8) 1937.8

◇財政政策に関する考察(ペーデルセン)「調査月報(大蔵省)」 27(7) 1937.8

◇東京信用保証協会に就て(市村辰之介)「都市問題」 25(2) 1937.8

◇臨時地方財政補給金配分案(岡野文之助)「都市問題」 25(2) 1937.8

◇臨時地方財政補給金に就て「内務時報」 2(8) 1937.8

◇重圧をうけた財政、経済の動向(鈴木茂三郎)「改造」 19(9) 1937.9

◇財政の比較研究方法を論ず(三田村一郎)「経済学研究」 7(3) 1937.9

◇銀行による信用創設の限界(田中精一)「経済学論集」 7(9) 1937.9

◇産業組合への政策と課税問題(本位田祥男)「経済学論集」 7(9) 1937.9

◇国防経済と財政政策(柏井象雄)「経済論叢」 45(3) 1937.9

◇支払準備金の構成(上野淳一)「経済論叢」 45(3) 1937.9

◇昭和十二年度予算を論ず(汐見三郎)「経済論叢」 45(3) 1937.9

◇物価指数の意味に関する一考察「経済論叢」 45(3) 1937.9

◇北支事件特別税(神戸正雄)「経済論叢」 45(3) 1937.9

◇独逸の兵役税(附、瑞西及仏国の兵役税)「月刊 列国政策彙報」 2(9) 1937.9

◇北支事件特別税法案に就いて(石渡荘太郎)「公民教育」 7(9) 1937.9

◇所得税・営業収益税附加歩合の取扱方(鳥居伝一)「財政」 2(10) 1937.9

◇公経済に於ける経費膨脹に関する一考察(井口忠彦)「市政研究」 3(5) 1937.9

◇北支事件特別税の梗概(1)(河沼高輝)「自治機関」 451 1937.9

◇地方財政補給金と地方自治(三好重夫)「自治研究」 13(9) 1937.9

◇北支事件特別税と中小商工業者(浜田徳海)「自治研究」 13(9) 1937.9

◇北支事件特別税法解説(松隈秀雄)「自治研究」 13(9) 1937.9

◇ヨハネスポピッツ『財政調整』(6)(田中重之)「自治研究」 13(9) 1937.9

◇北支事件特別税に就て(松隈秀雄)「斯民」 32(9) 1937.9

◇預金部資金の融通に就て(2)(高雄時夫)「斯民」 32(9) 1937.9

◇臨時地方財政補給金に就て(坂千秋)「斯民」 32(9) 1937.9

◇北支事変の財政問題(阿部勇)「週刊エコノミスト」 15(24) 1937.9

◇資金調整法案の意義「週刊エコノミスト」 15(25) 1937.9

◇戦時財政の発展過程(高木壽一)「週刊エコノミスト」 15(27) 1937.9

◇国民貯蓄の研究(1)「週刊エコノミスト」 15(28) 1937.9

◇税制調査会と其の使命(中村建城)「税」 15(9) 1937.9

◇増税の当然性(勝正憲)「税」 15(9) 1937.9

◇直接税負担額比較表「税」 15(9) 1937.9

◇府県税としての自動車税(唯野喜八)「税」 15(9) 1937.9

◇北支事件特別税法に就いて(石渡荘太郎)「税」 15(9) 1937.9

◇北支事変出征家族に対する地方税減免(中西登幾継)「税」 15(9)

◇臨時地方財政補給金制度詳解(三好重夫)「地方行政」 45(9) 1937.9

◇戦時態勢下の財政(林要)「中央公論」 52(9) 1937.9

◇独逸国の兵役税新設「調査月報(大蔵省)」 27(9) 1937.9

◇昭和十一年度町村財政の概観(湊光一)「東京地方改良協会報」 74 1937.9

◇事変の影響と予算消化策(阿部勇)「日本評論」 12(10) 1937.9

◇物価騰貴の農村に及ぼせる影響(喜多正治)「農業と経済」 4(9) 1937.9

◇財政と景気政策―財政動態に関する一研究(永田清)「三田学会雑誌」 31(9) 1937.9

◇公債の増発と資金統制の役割(美濃部亮吉)「改造」 19(10) 1937.10

◇資金とその量定(小島昌太郎)「経済論叢」 45(4) 1937.10

◇大都市近郊の農村 -大阪府農村における財政経済事情-(田杉競)「経済論叢」 45(4) 1937.10

◇チュルゴーの租税論(1)(島恭彦)「経済論叢」 45(4) 1937.10

◇住宅税に就て(大場達三)「市政研究」 3(6) 1937.10

◇北支事件特別税の梗概(2)(河沼高輝)「自治機関」 452 1937.10

◇市町村財政補給金中一般補給金の配分の迹を顧みて(荻田保)「自治研究」 13(10) 1937.10

◇支那事変従軍将兵に対する租税の減免に就て(松隈秀雄)「自治研究」 13(10) 1937.10

◇明年度地方予算の編成に就て(三好重夫)「自治研究」 13(10) 1937.10

◇戦時体制下の地方財政と地方債の抑制(木村清司)「斯民」 32(10) 1937.10

◇近代戦争に於ける戦費と財源調達(1)「週刊エコノミスト」 15(29) 1937.10

◇国民貯蓄の研究(2)「週刊エコノミスト」 15(29) 1937.10

◇持分及損失金の塡補(安藤豊作)「商業組合」 3(10) 1937.10

◇信託税制論(完)(元山修二)「税」 15(10) 1937.10

◇戦時体制下の地方財政と地方債の抑制(木村清司)「地方行政」 45(10) 1937.10

◇地方財政読本(三好重夫)「地方行政」 45(10) 1937.10

◇補給金に依り軽減した税の明年度予算編成上の措置(荻田保)「地方行政」 45(10) 1937.10

◇米国に於ける売上税「調査月報(大蔵省)」 27(10) 1937.10

◇戦時財政とその農村経済への影響(阿部勇)「帝国農会報」 27(10) 1937.10

◇戦時財政下に於ける地方債―地方債抑制と昭和13年度地方予算編成方針(木村清司)「都市公論」 20(10) 1937.10

◇都市と地方債(日比野襄)「都市公論」 20(10) 1937.10

◇戦争と地方財政(岡野文之助)「都市問題」 25(4) 1937.10

◇地方人税改革問題(高砂恒三郎)「都市問題」 25(4) 1937.10

◇日本地方税制に於ける自治性-制度史的観点より(藤田武夫)「都市問題」 25(4) 1937.10

◇青森県行財政の実施監査に於ける準備書類「内務時報」 2(10) 1937.10

◇戦争の経済と財政(土方成美)「日本評論」 12(11) 1937.10

◇臨時資金調整法と農村金融(西村彰一)「農業と経済」 4(10) 1937.10

◇戦時価格統制と価格標準(有沢広巳)「経済学論集」 7(11) 1937.11

◇戦時財政問題と所在 -「戦争の神経」とは何か-(難波田春夫)「経済学論集」 7(11) 1937.11

◇税制整理の基調(汐見三郎)「経済論叢」 45(5) 1937.11

◇チュルゴーの租税論(2)(島恭彦)「経済論叢」 45(5) 1937.11

◇日清日露及世界大戦に於ける我が戦時財政(大蔵大臣官房財政経済調査課)「財政」 2(12) 1937.11

◇市街地信用組合の第二次計画に就て(渡邊八十吉)「産業組合」 385 1937.11

◇日支事変と地方財政(小島憲)「自治機関」 453 1937.11

◇支那事変と我が財政経済(大竹虎雄)「自治研究」 13(11) 1937.11

◇補給金雑談(三好重夫)「自治研究」 13(11) 1937.11

◇臨時財政補給金に依る負担軽減に就て(荻田保)「自治研究」 13(11) 1937.11

◇近代戦争における戦費と財源調達(2・完)「週刊エコノミスト」 15(31) 1937.11

◇戦時財政の諸問題(塚田一甫)「週刊エコノミスト」 15(31) 1937.11

◇戦時資金調整の意義と運用(金原賢之助)「週刊エコノミスト」 15(31) 1937.11

◇ソ連最近の財政状態「週刊エコノミスト」 15(31) 1937.11

◇戦時経済と公債消化問題(金原賢之助)「週刊エコノミスト」 15(32) 1937.11

◇金融緩和と増税論争(高木壽一)「週刊エコノミスト」 15(33) 1937.11

◇外国会社の所得税(木村鍵治)「税」 15(11) 1937.11

◇税に対する市民の声(山本貞作)「税」 15(11) 1937.11

◇戦時財政に於ける公債政策の役割(高木壽一)「中央公論」 52(11) 1937.11

◇戦費財源としての増税及公債(アエアラ・スミス)「調査月報(大蔵省)」 27(11) 1937.11

◇物価政策の原理(ワーゲマン)「調査月報(大蔵省)」 27(11) 1937.11

◇戦費調達の根本問題(仲矢虎夫)「改造」 19(12) 1937.12

◇戦費二十五億五千万円(石浜知行)「改造」 19(12) 1937.12

◇戦果全収と財政調整(阿部賢一)「改造」 19(14) 1937.12

◇減価償却の一吟味(馬場克三)「経済学研究」 7(4) 1937.12

◇国税の部分的改正(汐見三郎)「経済論叢」 45(6) 1937.12

◇国家経費の不生産論に就て(岩野晃次郎)「財政」 2(13) 1937.12

◇税関の犯則(高峰竹雄)「財政」 2(13) 1937.12

◇地方財務雑話-特別産業法規と地方税賦課の制限(木村清司)「財政」 2(13) 1937.12

◇特別会計の話(徳弘益吉)「財政」 2(13) 1937.12

◇物売指数信ずべきや(柴田銀次郎)「財政」 2(13) 1937.12

◇特別補給金要綱解説(荻田保)「自治研究」 13(12) 1937.12

◇市町村財政補給金中特別補給金に就て(坂千秋)「斯民」 32(12) 1937.12

◇戦時予算と税制整理「週刊エコノミスト」 15(34) 1937.12

◇組合員の加入脱退に関する会計「商業組合」 3(12) 1937.12

◇大戦中に於ける各国専売並消費税の趨勢「調査月報(大蔵省)」 27(12) 1937.12

◇市財政の現況を展望―昭和十二年度市歳入出予算より―(阿久津稔)「都市公論」 20(12) 1937.12

◇大戦時の独逸財政問題(難波田春夫)「日本評論」 12(1)3 1937.12

◇大戦中に於けるフランス財政(関口猛夫)「日本評論」 12(1)3 1937.12

◇大戦に於ける英国の戦費と財源(岡野鑑記)「日本評論」 12(1)3 1937.12

◇戦費に就いて(小山田小七)「経済学雑誌」 2(1) 1938.1

◇重農派租税論の基礎問題(島恭彦)「経済論叢」 46(1) 1938.1

◇最近に於ける預金部資金の運用に就て(広瀬豊作)「財政」 3(1) 1938.1
◇市町村金庫の性質(北原寅吉)「財政」 3(1) 1938.1
◇昭和十三年度予算に就て(谷口恒二)「財政」 3(1) 1938.1
◇税法改正問題の帰趨(松隈秀雄)「財政」 3(1) 1938.1
◇地方債抑制の実際-地方財務雑話(5)(木村清司)「財政」 3(1) 1938.1
◇税に関する問題若干の展望(元山修二)「自治機関」 455 1938.1
◇昭和十二年地方債の問題(1)(木村清司)「自治研究」 14(1) 1938.1
◇地方財政及税制の根本改革の延期(荻田保)「自治研究」 14(1) 1938.1
◇地方財政の回顧と展望(三好重夫)「自治研究」 14(1) 1938.1
◇昭和十二年度地方財政概況(内務省)「斯民」 33(1) 1938.1
◇戦時に於ける金の重要性と各国の金集中政策に就て(梅北末初)「斯民」 33(1) 1938.1
◇預金部資金及損失補償制度(猪熊信二)「商業組合」 4(1) 1938.1
◇金子氏の所税につき同士の示教を俟つ(高橋六郎)「水道協会雑誌」 56 1938.1
◇戦費支弁臨時増税の限度(齋藤義家)「税」 16(1) 1938.1
◇第三次増税の可否(小林一三[ほか])「税」 16(1) 1938.1
◇注目すべき税収入の増大(西野喜与作)「税」 16(1) 1938.1
◇遊漁税の廃止(三好重夫)「税」 16(1) 1938.1
◇臨時軍事費と増税(青木得三)「税」 16(1) 1938.1
◇昭和十三年度東京市各特別経済予算の輪郭(2)(湊光一)「地方改良」 80 1938.1
◇地方財政読本 第六講(三好重夫)「地方行政」 46(1) 1938.1
◇地方債と関係法規の研究(6)(岡田吉光)「地方行政」 46(1) 1938.1
◇工場誘致と市町村税の免除(中西登幾継)「地方財務」 44 1938.1
◇戸数割の資力算定の標準たる俸給給料等の所得額の算定に就て(村田勝延)「地方財務」 44 1938.1
◇昭和十三年度道府県予算編成に就て(佐野五作)「地方財務」 44 1938.1
◇地方財務行政振興の一観察(北原寅吉)「地方財務」 44 1938.1
◇戦時財政の進展と生活(阿部眞一)「中央公論」 53(1) 1938.1
◇向上せる町村税の収納成績(深大生)「東京地方改良協会会報」 76 1938.1
◇昭和10年国税調査結果の概要(山梨県・徳島県)「統計時報」 76 1938.1
◇農村及都市の租税負担状況「農務時報」 112 1938.1
◇広東省財政考察の一資料(安坪義一)「改造」 20(2) 1938.2
◇ブルクハイザー「国家信用の限界」(神戸正一)「経済学論集」 8(2) 1938.2
◇昭和十三年度の増税(汐見三郎)「経済論叢」 46(2) 1938.2
◇国内資金調査規則に就て(酒井俊彦)「財政」 3(2) 1938.2
◇戸数割の新実例(中西登幾継)「財政」 3(2) 1938.2
◇税制今昔物語(片岡政一)「財政」 3(2) 1938.2
◇戦時税制の行方(汐見三郎)「財政」 3(2) 1938.2
◇ドイツに於ける財政調整問題の変遷(藤谷謙二)「財政」 3(2) 1938.2
◇市街地信用組合運営の階級的考察(須郷力三)「産業組合」 388 1938.2
◇昭和十二年地方債の回顧(2・完)(木村清司)「自治研究」 14(2) 1938.2
◇相続税法中改正法律案に就て(松隈秀雄)「自治研究」 14(2) 1938.2

◇フランスに於ける地方財政改革問題(平田敬一郎)「自治研究」 14(2) 1938.2
◇アメリカに於ける史財政の現勢(人見植夫)「斯民」 33(2) 1938.2
◇増税と地方財政補給金(荻田保)「斯民」 33(2) 1938.2
◇地方財政資料(18)(内務省地方局調査)「斯民」 33(2) 1938.2
◇我国最近の物価騰貴諸相 -特に事変前との比較-(中野英夫)「商工経済」 8(2) 1938.2
◇時局増税への管見(笠信太郎)「税」 16(2) 1938.2
◇収入役補助者の税金受領権に就いて(中西秀峰)「税」 16(2) 1938.2
◇戦費調達としての増税政策(今村忠男)「税」 16(2) 1938.2
◇増税と公債消化問題(岩崎英恭)「税」 16(2) 1938.2
◇大阪市財政に関するお話(秋元保一)「大大阪」 14(2) 1938.2
◇大阪府昭和十三年度新予算案成る(池田清)「大大阪」 14(2) 1938.2
◇地方財政調整問題の解説(藤谷謙二)「大大阪」 14(2) 1938.2
◇下水渠事業と地方財政補塡策(笹川慶永)「地方行政」 46(2) 1938.2
◇昭和10年国税調査結果の概要(茨城県、静岡県、鳥取県)「統計時報」 77 1938.2
◇大分県行財政の実地監査に於ける準備書類「内務時報」 3(2) 1938.2
◇事変第二年の財界予想(原祐三)「日本評論」 13(2) 1938.2
◇昭和十三年度予算と増税(土方成美)「日本評論」 13(2) 1938.2
◇上海の通貨政策試案(由比又雄)「改造」 20(3) 1938.3
◇地方税の配分原則に就いて(藤谷謙二)「経済学雑誌」 2(3) 1938.3
◇資本の国際移動と物価(油本豊吉)「経済学論集」 8(3) 1938.3
◇信用理論の一研究(1)(豊島清)「経済学論集」 8(3) 1938.3
◇恩給金庫法及恩給法中改正法律案に就て(高木三郎)「警察研究」 9(3) 1938.3
◇国税徴収上の日満共助(竹内新平)「財政」 3(3) 1938.3
◇支那事変特別税法案の新税(田中豊)「財政」 3(3) 1938.3
◇支那事変特別法案と臨時租税措置法案(松隈秀雄)「財政」 3(3) 1938.3
◇新増税の大綱(大矢半次郎)「財政」 3(3) 1938.3
◇税制今昔物語(片岡政一)「財政」 3(3) 1938.3
◇地方公共団体の税金出納手続(木村清司)「財政」 3(3) 1938.3
◇地方読本(日比野襄)「財政」 3(3) 1938.3
◇日露戦争当時の非常時別税(能勢貞治)「財政」 3(3) 1938.3
◇部分的改正と増税(浜田徳海)「財政」 3(3) 1938.3
◇北支関税改正と日満支関関税(秋元順朝)「財政」 3(3) 1938.3
◇臨時利得税法の改正(志達定太郎)「財政」 3(3) 1938.3
◇庶民金庫法案について(長沼弘毅)「財政」 6(2) 1938.3
◇金融支払事務について(伊di磯吉)「市政研究」 4(2) 1938.3
◇支那事変特別税法案及臨時租税措置法案と地方税(三好重夫)「自治研究」 14(3) 1938.3
◇税制の部分的改正の法律案に就いて(浜田徳海)「自治研究」 14(3) 1938.3
◇増税並に減税に関する法律案の解説(松隈秀雄)「自治研究」 14(3) 1938.3
◇支那事変増税案の概要(松隈秀雄)「斯民」 33(3) 1938.3
◇物価騰貴と下級サラリーマンの生計(1)(金熙明)「社会事業」 21(12) 1938.3
◇支那事変増税案に就て(高瀬千波)「商工経済」 5(3) 1938.3

- ◇運動競技と特別入場税(岩原拓)「税」 16(3) 1938.3
- ◇拡大さるる大衆課税(小山田小七)「税」 16(3) 1938.3
- ◇支那事変増増税法案の概要(志達定太郎)「税」 16(3) 1938.3
- ◇事変下の新増税案(大矢半次郎)「税」 16(3) 1938.3
- ◇事変特別税所感(矢野庄太郎)「税」 16(3) 1938.3
- ◇第三階梯への準備(永田清)「税」 16(3) 1938.3
- ◇独逸地方税制度に就いて(長谷川喜千平)「税」 16(3) 1938.3
- ◇英国地方財政調査管見(1)(高砂恒三郎)「大大阪」 14(3) 1938.3
- ◇地方財政読本(7)(三好重夫)「地方行政」 46(3) 1938.3
- ◇地方債と関係法規の研究(7・完)(岡田吉光)「地方行政」 46(3) 1938.3
- ◇インフレへの警戒 -増税と公債政策の検討(石橋湛山)「中央公論」 53(3) 1938.3
- ◇増税と公債消化(阿部賢一)「中央公論」 53(3) 1938.3
- ◇増税と大衆負担(牧野輝智)「中央公論」 53(3) 1938.3
- ◇米国に於ける自動車関係課税問題「調査資料」 19(1) 1938.3
- ◇地租軽減運動と信用組合法案(池田美代二)「帝国農会報」 28(3) 1938.3
- ◇戦時体制下の本市財政(小橋一太)「東京市町会時報」 2(7)
- ◇昭和十二年度市区町村(東京府)の予算概要(深大生)「東京地方改良協会会報」 77 1938.3
- ◇昭和10年国税調査結果の概要(岩手県)「統計時報」 78 1938.3
- ◇昭和10年国税調査結果の概要(滋賀県)「統計時報」 78 1938.3
- ◇農村及都市の租税負担状況「統計時報」 78 1938.3
- ◇昭和十二年度地方財政関係諸表「内務時報」 3(3) 1938.3
- ◇昭和十二年度地方財政の概況「内務時報」 3(3) 1938.3
- ◇増税問題を繞つて(土方成美)「日本評論」 13(3) 1938.3
- ◇非常時財政と農村(汐見三郎)「農業と経済」 5(3) 1938.3
- ◇農村及都市の財政状況「農務時報」 114 1938.3
- ◇昭和13年度の予算(小山田小七)「経済学雑誌」 2(4) 1938.4
- ◇税制整理と増税(汐見三郎)「経済学論集」 8(4) 1938.4
- ◇近代に於ける戦費調達方法の史的概観「経済月報」 10(4) 1938.4
- ◇関税の部分的改正(木谷忠蔵)「財政」 3(4) 1938.4
- ◇康徳五年度の予算及租税制度(星野直樹)「財政」 3(4) 1938.4
- ◇砂糖消費税の改正並織物消費税の臨時措置(夫馬一)「財政」 3(4) 1938.4
- ◇支那に於ける統税の概要(小淵将玄)「財政」 3(4) 1938.4
- ◇酒税と取引所税の改正(上川名義雄)「財政」 3(4) 1938.4
- ◇所得税及臨時利得税の改正(片岡政一)「財政」 3(4) 1938.4
- ◇相続税登録税地租鉱業税(野口軍一郎)「財政」 3(4) 1938.4
- ◇租税法案に対する議会の修正に就て(松隈秀雄)「財政」 3(4) 1938.4
- ◇地方債読本(日比野襄)「財政」 3(4) 1938.4
- ◇通行税解説(渡邉喜久造)「財政」 3(4) 1938.4
- ◇入場税及特別入場税(氏家保寿)「財政」 3(4) 1938.4
- ◇物品税運用の指針(脇坂実)「財政」 3(4) 1938.4
- ◇臨時増税及負担軽減に関する臨時措置と地方税(1)(氏家保寿)「自治機関」 458 1938.4
- ◇昭和十三年度道府県一般会計予算概要(木村清司)「自治研究」 14(4) 1938.4
- ◇地方税制の五十年(1)(三好重夫)「自治研究」 14(4) 1938.4
- ◇地方税の課税禁止(萩田保)「自治研究」 14(4) 1938.4
- ◇入場税の創設に就て(松隈秀雄)「自治研究」 14(4) 1938.4
- ◇物価勝貴と下級サラリーマンの生計(2)(金熙明)「社会事業」 22(1) 1938.4
- ◇朝鮮に於る金融組合制度(2)(大熊良一)「商業組合」 4(4) 1938.4
- ◇戦費と社会的租税(古見盈)「税」 16(4) 1938.4
- ◇地方税の新実例に就て(中西秀峰)「税」 16(4) 1938.4
- ◇独逸地方税制度に就いて(長谷川喜千平)「税」 16(4) 1938.4
- ◇臨時増税及臨時措置と地方税との関係(氏家保寿)「税」 16(4) 1938.4
- ◇英国地方財政調査管見(2)(高砂恒三郎)「大大阪」 14(4) 1938.4
- ◇大阪市昭和十二年度新予算案成る(坂間棟治)「大大阪」 14(4) 1938.4
- ◇物価昇騰と大阪市民生活の実状(大阪市社会部)「大大阪」 14(4) 1938.4
- ◇物価対策市民生活座談会(大阪都市協会)「大大阪」 14(4) 1938.4
- ◇地方財政読本第八講(三好重夫)「地方行政」 46(4) 1938.4
- ◇預金通貨の数量及回転速度に関する調査「統計時報」 79 1938.4
- ◇米国に於ける公園財政(都市計画東京地方委員会調査部)「都市公論」 21(4) 1938.4
- ◇物価騰貴に対応して賃銀増額の要望「内外社会問題調査資料」 351 1938.4
- ◇賀屋財政と増税問題(井藤半彌)「日本評論」 13(4) 1938.4
- ◇事変増税の性格(野崎龍七)「日本評論」 13(4) 1938.4
- ◇全体戦争財政論(高木寿一)「日本評論」 13(4) 1938.4
- ◇現代財政の新しき性格(永田清)「改造」 20(5) 1938.5
- ◇物価委員会資料「経済月報」 10(5) 1938.5
- ◇物価勝貴と消費節約(谷口吉彦)「経済論叢」 46(5) 1938.5
- ◇国税の改正と地方税(松田吏一)「財政」 3(5) 1938.5
- ◇国民貯蓄奨励に就いて(賀屋興宣)「財政」 3(5) 1938.5
- ◇戦時経済下の物価と労賃(豊崎稔)「財政」 3(5) 1938.5
- ◇日露戦争前後に於ける我国の貯蓄組合(浜村正三郎)「財政」 3(5) 1938.5
- ◇地方債より見たる最近の金融起債事情(真田昌孝)「市政研究」 4(3) 1938.5
- ◇地方税制の五十年(2)(三好重夫)「自治研究」 14(5) 1938.5
- ◇日満国税徴収事務共助法(連載・行政法思潮 64)(杉村章三郎)「自治研究」 14(5) 1938.5
- ◇地方税の一部改正に就て(三好重夫)「斯民」 33(5) 1938.5
- ◇社会金融としての庶民金庫法に就いて(増田抱村)「社会政策時報」 212 1938.5
- ◇起債市場と其の近況(栗栖赳夫)「商工経済」 5(5) 1938.5
- ◇「商店金融」の研究範囲(井関孝雄)「商工経済」 5(5) 1938.5
- ◇消費節約の強化と貯蓄奨励運動(原戸英治)「商工経済」 5(5) 1938.5
- ◇我国物価指数の構成品目に就て(1)(中野英夫)「商工経済」 5(5) 1938.5
- ◇改正税法及増税に就いて(大矢半次郎)「税」 16(5) 1938.5
- ◇巨額公債の経済的影響(安藤春夫)「税」 16(5) 1938.5
- ◇国税の増徴に伴ふ地方税の改正(村田勝延[ほか])「税」 16(5) 1938.5
- ◇事変下の増税と其の影響(能勢貞治)「税」 16(5) 1938.5
- ◇増税関係法律の概要(志達定太郎)「税」 16(5) 1938.5
- ◇増税公債インフレエション(永田清)「税」 16(5) 1938.5
- ◇増税と税務行政(石渡荘太郎)「税」 16(5) 1938.5

財政

◇英国地方財政調査管見(3・完)(高砂恒三郎)「大大阪」 14(5) 1938.5
◇地方財政読本第九講(完)(三好重夫)「地方行政」 46(6) 1938.5
◇銀行業に対する附加税賦課歩合の協議について(北原寅吉)「地方財務」 39 1938.5
◇第二種所得税の控除と所得税附加税(村田勝延)「地方財務」 39 1938.5
◇日露戦役当時の地方財政及税制(萩田保)「地方財務」 39 1938.5
◇事変下予算の消化と物価の調整(牧野輝智)「中央公論」 53(5) 1938.5
◇価格公定政策の実施(J.バツクマン)「調査月報(大蔵省)」 28(5) 1938.5
◇戦時超過利得税論(F.スミス)「調査月報(大蔵省)」 28(5) 1938.5
◇支那事変下農村関係物価の調査-附日露戦争及欧州大戦時代の物価指数(帝国農会農政部)「帝国農会報」 28(5) 1938.5
◇戦時財政政策と現段階の特殊性(高木寿一)「帝国農会報」 28(5) 1938.5
◇戦時物価対策と農村(西野入愛一)「帝国農会報」 28(5) 1938.5
◇非常時金融と農村金融(小平権一)「帝国農会報」 28(5) 1938.5
◇戦時財政経済と都市(太田正孝)「都市公論」 21(5) 1938.5
◇臨時地方財政補給金と市(萩田保)「都市公論」 21(5) 1938.5
◇昭和十三年度道府県予算概要(内務省地方局)「内務厚生時報」 3(5) 1938.5
◇府県税徴収制度に就て(内務省地方局)「内務厚生時報」 3(5) 1938.5
◇第七十三回議会の租税立法(杉村章三郎)「法律時報」 10(5) 1938.5
◇第七十三議会における金融関係法規(戒能通孝)「法律時報」 10(5) 1938.5
◇新政府の財政的基礎(土井章)「改造」 20(6) 1938.6
◇独逸四ヶ年計画に於ける価格統制「企画」 1(6) 1938.6
◇ホツプスの租税論とその周囲(島恭彦)「経済論叢」 46(6) 1938.6
◇臨時税法の整理(汐見三郎)「経済論叢」 46(6) 1938.6
◇生活関係物価の対策(本郷寿次)「警察研究」 9(6) 1938.6
◇公債消化力の淵源(小島昌太郎)「財政」 3(6) 1938.6
◇古代大蔵省の名義と其の職制(田中光雄)「財政」 3(6) 1938.6
◇重要物産免税規定の改正(志達定太郎)「財政」 3(6) 1938.6
◇地方団体の財務偶感(中西登幾継)「財政」 3(6) 1938.6
◇日満国税徴収事務共助法(伊地知辰夫)「財政」 3(6) 1938.6
◇入場税徴収高計算書の調理(柳登)「財政」 3(6) 1938.6
◇臨時資金調整法の施行経過(迫水久常)「財政」 3(6) 1938.6
◇救護法の市町村財政に及ぼす影響に就ての理論的考察(米谷豊一)「自治機関」 460 1938.6
◇重要物産製造業免税規定の改訂に就て(松隈秀雄)「自治研究」 14(6) 1938.6
◇地方税制の五十年(3・完)(三好重夫)「自治研究」 14(6) 1938.6
◇地方税に関する制度の一部改正(萩田保)「自治研究」 14(6) 1938.6
◇庶民金融と恩給金庫(岸喜二雄)「斯民」 33(6) 1938.6
◇臨時地方財政補給金配分資料調査に就て(村田勝延)「斯民」 33(6) 1938.6
◇シヤハトの新金融政策(小穴毅)「商工経済」 5(6) 1938.6
◇戦時増税の景気政策的機能(安藤春夫)「商工経済」 5(6) 1938.6
◇国税の増徴に伴ふ地方税の改正(村田勝延)「税」 16(6) 1938.6
◇事変下の増税と其の影響(能勢貞治)「税」 16(6) 1938.6
◇賃貸価格の改訂と地方財政(氏家保寿)「税」 16(6) 1938.6
◇通行税に於ける二、三の問題(雪岡重喜)「税」 16(6) 1938.6
◇臨時地方財政補給金配分資料の調査(村田勝延)「地方行政」 46(7) 1938.6
◇演劇興行業に対する営業税の賦課(村田勝延)「地方財務」 40 1938.6
◇府県税の徴収委任に就て(田沢要雄)「地方財務」 40 1938.6
◇臨時地方財政補給金配分資料の調査(藤井巳之助)「地方財務」 40 1938.6
◇支那内債史「調査月報(大蔵省)」 28(6) 1938.6
◇戦時物価問題とその対策(小島精一)「東京市産業時報」 4(6) 1938.6
◇預金協定利率と貯金利率の府県別比較「統計時報」 81 1938.6
◇昭和十三年度道府県予算の概況に就て「都市公論」 21(6) 1938.6
◇支那法幣は崩れるか(浅川謙次)「日本評論」 13(6) 1938.6
◇百二十億予算と物価の帰結(三宅晴輝)「日本評論」 13(6) 1938.6
◇インフレーション対策(武村忠雄)「三田学会雑誌」 32(6) 1938.6
◇池田戦時財政の性格(野田豊)「改造」 20(7) 1938.7
◇フランスの財政状態(シヤールリスト)「企画」 1(7) 1938.7
◇トーマス国民共同経済に於ける国家財政(神戸正一)「経済学論集」 8(7) 1938.7
◇継続費の変更と起債許可(児玉忠一)「財政」 3(7) 1938.7
◇時局と地方財政(小林千秋)「財政」 3(7) 1938.7
◇地方財政に於ける補給金制度の発展(田杉競)「財政」 3(7) 1938.7
◇租税法定主義の沿革及概念(細田義安)「市政研究」 4(4) 1938.7
◇府県税滞納処分の委任制度の可否(藤懸重次)「自治機関」 461 1938.7
◇昭和13年度補給金制度梗概(1)(三好重夫)「自治研究」 14(7) 1938.7
◇庶民金融と地方公共団体(岸喜二雄)「自治研究」 14(7) 1938.7
◇増税と減価償却(松隈秀雄)「自治研究」 14(7) 1938.7
◇昭和13年度臨時地方財政補給金要綱解説(萩田保)「斯民」 33(7) 1938.7
◇世界不況以降の英国財政(高瀬千波)「商工経済」 6(1) 1938.7
◇我国物価指数の構成品目に就て(2)(中野英夫)「商工経済」 6(1) 1938.7
◇セリグマンの公共収入分類、特に所謂公価格(Public price)に就いて(藤谷謙二)「水道協会雑誌」 62 1938.7
◇増税と物価との関係を論ず(青木得三)「税」 16(7) 1938.7
◇地方税制限に関する法律第三条の解釈(尾崎坊豊秋)「税」 16(7) 1938.7
◇賃貸価格の改訂と地方財政(氏家保寿)「税」 16(7) 1938.7
◇通行税に於ける二、三の問題(雪岡重喜)「税」 16(7) 1938.7
◇収入役の賠償責任について(中西登幾継、藤井貞夫)「地方財政」 41 1938.7
◇演劇興行業に対する営業税の賦課(村田勝延)「地方財政」 41 1938.7
◇地方の納税成績と滞納整理の指導(北原寅吉)「地方財務」 41 1938.7
◇地方長官会議に見る地方財政改善及処理方法(児山忠一)「地方財務」 41 1938.7
◇昭和十三年度東京市各特別経済予算の輪郭(1)(湊光一)「東京地方改良協会会報」 78 1938.7
◇現下の物価問題と農山漁村(片柳真吉)「農業と経済」 16(7) 1938.7
◇価格公定と配給機構の変革(村本福松)「経済学雑誌」 3(2)

1938.8
◇ドイツ統制経済に於ける価格政策(柳川昇)「経済学論集」 8(8) 1938.8
◇増税のも一つの意義(高田保馬)「財政」 3(8) 1938.8
◇日本財政学の想念(大熊信行)「財政」 3(8) 1938.8
◇満州国に於ける省地方費(東次郎)「財政」 3(8) 1938.8
◇物価変動と農村購買力(後藤義夫)「産業組合」 394 1938.8
◇昭和13年度補給金制度梗概(2)(三好重夫)「自治研究」 14(8) 1938.8
◇地方財政調査交付金制に就て(高砂恒三郎)「社会政策時報」 215 1938.8
◇物価対策私見(住田正一)「商工経済」 6(2) 1938.8
◇我国物価指数の構成品目に就て(3)(中野英夫)「商工経済」 6(2) 1938.8
◇国税の増徴に伴ふ地方税の改正(村田勝延)「税」 16(8) 1938.8
◇租税主体の限界(村上金十郎)「税」 16(8) 1938.8
◇臨時保険税を起すべし(竹森一則)「税」 16(8) 1938.8
◇応召軍人の地租軽減と其手続(窪田好秋)「地方行政」 46(9) 1938.8
◇昭和十三年度地方財政補給金制度大意(三好重夫)「地方行政」 46(9) 1938.8
◇予算より見たる六大都市産業行政と其の新規事業(加藤徳)「東京市産業時報」 4(8) 1938.8
◇池田財政に望む(大口喜六)「日本評論」 13(8) 1938.8
◇経済戦線を守る貯蓄と物の節約(木内四郎)「農業と経済」 5(8) 1938.8
◇戦時財政経済政策と農村(西野入愛一)「農業と経済」 5(8) 1938.8
◇労働振興策と経済的意義-経済構造と財政支出に関する1研究(永田清)「三田学会雑誌」 32(8) 1938.8
◇ドイツ統制経済に於ける価格政策(柳川昇)「経済学論集」 8(9) 1938.9
◇昭和十三年度予算を論ず(汐見三郎)「経済論叢」 47(3) 1938.9
◇物価騰貴抑制と国民生活(宗藤圭三)「財政」 3(9) 1938.9
◇昭和13年度補給金制度梗概(3・完)(三好重夫)「自治研究」 14(9) 1938.9
◇戦時下今後の地方予算の編成並び施行に就て(1)(小林千秋)「自治研究」 14(9) 1938.9
◇戦時増税の意義(1)(平田敬一郎)「自治研究」 14(9) 1938.9
◇市町村財政補給金の使途に就いて(荻田保)「斯民」 33(9) 1938.9
◇公債発行と株式取引所の機能(上林正矩)「商工経済」 6(3) 1938.9
◇我国為替政策の発展と其の戦時経済に於ける意義(金原賢之助)「商工経済」 6(3) 1938.9
◇我国最近の物価対策(中野英夫)「商工経済」 6(3) 1938.9
◇間接税の地位と戦時財政(松野賢吾)「税」 16(9) 1938.9
◇国税の増徴に伴ふ地方税の改正(村田勝延)「税」 16(9) 1938.9
◇地方税制組成税種に就て(高砂恒三郎)「大大阪」 14(9) 1938.9
◇「庶民金庫」の話(長沼弘毅)「地方行政」 46(10) 1938.9
◇昭和十三年度臨時地方財政補給金制度解説「地方財務」 42 1938.9
◇収入役の賠償責任について(中西登幾継)「地方財務」 43 1938.9
◇地方債の抑制に就て(江野木甚四郎)「地方財務」 43 1938.9
◇長期戦下に於ける地方財政(東次郎)「地方財務」 43 1938.9
◇独逸に於ける信用保証協会の現状(本間喜一,本間幸作)「東京市産業時報」 4(9) 1938.9
◇府県予算の様式と其の現状(内務省地方局)「内務時報」 3(9) 1938.9

1938.9
◇明治政府の「銀行会社及人民貸」(沢村正三郎)「日本評論」 13(9) 1938.9
◇戦時財政の恒久化と増税問題「経済月報」 10(10) 1938.10
◇起債増税比較論(汐見三郎)「経済論叢」 47(4) 1938.10
◇臨時地方財政補給金の一考察(田杉競)「経済論叢」 47(4) 1938.10
◇地方税法の諸問題(杉村章三郎)「国家学会雑誌」 52(10) 1938.10
◇ドイツ型予算理論の一側面(1)(宮沢俊義)「国家学会雑誌」 52(10) 1938.10
◇戦時財政経済政策(井上貞蔵)「財政」 3(10) 1938.10
◇戦時増税論(小幡清金)「財政」 3(10) 1938.10
◇戦争と財政問題(神戸正一)「財政」 3(10) 1938.10
◇戦争と租税(小山田小七)「財政」 3(10) 1938.10
◇満州国に於ける地方税(東次郎)「財政」 3(10) 1938.10
◇家屋税附加税不均一賦課(三好重夫)「自治研究」 14(10) 1938.10
◇戦時下今後の地方予算の編成並に執行に就いて(2・完)(小林千秋)「自治研究」 14(10) 1938.10
◇公債消費力の軍需生産力(安藤春夫)「税」 16(10) 1938.10
◇国税の増徴に伴ふ地方税の改正(村田勝延)「税」 16(10) 1938.10
◇戦時下の予算編成と増税問題(西野喜与作)「税」 16(10) 1938.10
◇船税賦課上の若干問題(細田義安)「税」 16(10) 1938.10
◇地方税の還付取扱に就いて(中西秀峰)「税」 16(10) 1938.10
◇仏国財政経済緊急立法と国防公債の発行(2)「調査月報(大蔵省)」 28(10) 1938.10
◇戦時物価問題と農村経済(綿谷越夫)「帝国農会報」 28(10) 1938.10
◇第六回全国都市問題会議総会主輯「都市問題」 27(4) 1938.10 「会議費」を続けて/都市の経費問題に就て(滝山良一) 経費の吟味と米国市債/都市の経費問題に就て(大谷政892) 経費問題管見/都市の経費問題に就て(亀掛川浩) 公企業の行政能率の測定に就て/都市の経費問題に就て(竹中竜雄) 公債費漸増の傾向と之が対策/都市の経費問題に就て(藤井貞夫) 市域拡張と経費合理化問題/都市の経費問題に就て(菅原忠治郎) 自治体人件費の近況-プロイセンの一例/都市の経費問題に就て(倉辻平治) 地方行財政に対する事変体制下の通牒(続) 地方財政調整交付金と国政事務/都市の経費問題に就て(藤田武夫) 道路の経費/都市の経費問題に就て(中村武夫) 「都市経費と都市人口」に関する諸研究に就て/都市の経費問題に就て(藤谷謙二) 都市経費の基準算定に就て/都市の経費問題に就て(梶山浅次郎) 都市経費の配分問題/都市の経費問題に就て(安井大吉) 都市の経費膨張と其の若干対策/都市の経費問題に就て(木村利夫)
◇大分県に於ける財務事務の刷新改善と財務協会の設立(内務省地方局)「内務厚生時報」 3(10) 1938.10
◇戦時統制経済と物価政策(中西寅雄)「経済学論集」 8(11) 1938.11
◇ドイツ型予算理論の一側面(2・完)(宮沢俊義)「国家学会雑誌」 52(11) 1938.11
◇事変下の我が財政経済政策(池田成彬)「財政」 3(11) 1938.11
◇町村の国庫交付金と直接国税(細野巳市)「財政」 3(11) 1938.11
◇戦時下の地方財政(小林千秋)「財政」 8(11) 1938.11
◇地方団体中央金庫設置の提唱(三好重夫)「自治研究」 14(11) 1938.11
◇地方歳出総額及地方税総額の通観(村田勝延)「斯民」 33(11) 1938.11
◇特別補給金に就いて(荻田保)「斯民」 33(11) 1938.11
◇預金部地方資金に就て(冠木四郎)「斯民」 33(11) 1938.11
◇地方税の不課税と減免若は納税延期(村田勝延)「税」 15(11) 1938.11

◇減価償却費の税務的考察(小西彦太郎)「税」 16(11) 1938.11
◇戦時下の増税と税制(大谷政敬)「税」 16(11) 1938.11
◇大阪市債訴訟事件概説-発端より第一審市の勝訴まで-(本協会調査部)「大大阪」 13(12) 1938.11
◇事変と大阪市財政(秋元保一)「大大阪」 13(12) 1938.11
◇補給金は如何にして配分せられたか(山崎千治郎)「地方改良」 81 1938.11
◇地方財政読本(三好重夫)「地方行政」 45(11) 1938.11
◇地方予算の編成形式と其の特異性(児山忠一)「地方行政」 47(12) 1938.11
◇統制経済と租税政策(河上丈太郎)「中央公論」 53(11) 1938.11
◇ソ連邦1938年度予算「調査月報(大蔵省)」 28(11) 1938.11
◇支那の財政と農民生活(石田達夫)「帝国農会報」 27(11) 1938.11
◇経費の合理性と必要性(菊池慎三)「都市問題」 27(5) 1938.11
◇都市経費の実証的考察(森下政一)「都市問題」 27(5) 1938.11
◇国民貯蓄推奨方策に関する地方庁の意見(1)(内務省地方局)「内務厚生時報」 3(11) 1938.11
◇池田財政と租税イデオロギーの革新(土方成美)「日本評論」 13(11) 1938.11
◇国民貯蓄四十七億円の分析(鬼頭仁三郎)「一橋論叢」 2(5) 1938.11
◇租税滞納処分の議員当選又は議員の資格に及ぼす影響(美濃部達吉)「法学協会雑誌」 56(11) 1938.11
◇支那事変下に於ける我が国物価対策の若干問題(金原賢之助)「三田学会雑誌」 32(11) 1938.11
◇投資節約の均等について(高田保馬)「経済論叢」 47(6) 1938.12
◇日本銀行の国債引受と財政経済(深井英五)「経済論叢」 47(6) 1938.12
◇財政と金融との関係(田中金司)「財政」 3(12) 1938.12
◇戦時統制経済と物価指数改正の動向(宗藤圭三)「財政」 3(12) 1938.12
◇戦時増税の意義(2)(平田敬一郎)「自治研究」 14(12) 1938.12
◇地方税制読本(三好重夫)「自治研究」 14(12) 1938.12
◇道府県市町村歳出の通観(村田勝延)「斯民」 33(12) 1938.12
◇英国の戦時増税と経緯(高瀬千波)「商工経済」 6(6) 1938.12
◇増税の必然性とその影響(大山謙吉)「税」 15(12) 1938.12
◇電柱税の課徴問題(中西秀峰)「税」 15(12) 1938.12
◇独逸の国防税に就て(山崎源太郎)「税」 15(12) 1938.12
◇ニューヨーク市税(特別税)(成田四郎)「税」 15(12) 1938.12
◇最近に於ける地方税非課税規定の傾向(柳登)「税」 16(12) 1938.12
◇税制改革問題と其の根本観(島田辰造)「税」 16(12) 1938.12
◇地方税負担合理化の一考察(村田勝延)「税」 16(12) 1938.12
◇遊興税に関する諸問題(友実庄市)「税」 16(12) 1938.12
◇特別補給金要綱解説(三好重夫)「地方行政」 45(12) 1938.12
◇兵役税論(和田日出吉)「中央公論」 52(12) 1938.12
◇戦時物価問題と農村経済(綿谷赳夫)「帝国農会報」 28(12) 1938.12
◇統制経済と食料品の物価対策(野宗英一郎)「東京市産業時報」 4(12) 1938.12
◇長期経済建設に対応する租税政策の発展(高木寿一)「日本評論」 13(13) 1938.12
◇最近における独逸財政調和法の改正(田口豊)「自治研究」 15(1) 1939.1
◇地方財政の窮乏に関する若干の資料(荻田保)「自治研究」 15(1) 1939.1

◇地方予算の戦時体制(小林千秋)「自治研究」 15(1) 1939.1
◇明年度市町村予算の編成に就て(三好重夫)「自治研究」 15(1) 1939.1
◇日本戦時財政の前途(永田清)「中央公論」 55(1) 1939.1
◇ドイツ財政調整制度の現状(岡野文之助)「都市問題」 28(1) 1939.1
◇民費の研究(藤田武夫)「都市問題」 28(1) 1939.1
◇昭和14年度道府県予算瞥見(小林千秋)「自治研究」 15(2) 1939.2
◇生産力拡充と租税政策(松隈秀雄)「自治研究」 15(2) 1939.2
◇地方財政の回顧と展望(三好重夫)「自治研究」 15(2) 1939.2
◇昭和十三年度全国都市予算概要(日本都市年鑑編纂室)「都市問題」 28(2) 1939.2
◇建築税並に遊興飲食税の概要(松隈秀雄)「自治研究」 15(3) 1939.3
◇増税案及び臨時租税措置案の概要(平田敬一郎)「自治研究」 15(3) 1939.3
◇フランスに於ける財経全権委任法の増税(脇坂実)「自治研究」 15(3) 1939.3
◇満州国地方財政の瞥見(東次郎)「都市問題」 28(3) 1939.3
◇分与税制創設の提唱(三好重夫)「自治研究」 15(4) 1939.4
◇現下の地方教育財政の問題(大畑文七)「都市問題」 28(4) 1939.4
◇時局施設費と其の財源問題/時局と都市財政(有本健三郎)「都市問題」 28(4) 1939.4
◇時局の進展と都市財政/時局と都市財政(菊池慎三)「都市問題」 28(4) 1939.4
◇支那事変下に於ける地方税の諸相/時局と都市財政(河上丈太郎)「都市問題」 28(4) 1939.4
◇支那事変の都市財政に及ぼせる影響-特に遊興飲食税の国移管に付て(小田忠夫)「都市問題」 28(4) 1939.4
◇事変下に於ける都市財政の諸問題/時局と都市財政(藤谷謙二)「都市問題」 28(4) 1939.4
◇生産力拡充と都市財政/時局と都市財政(田中精一)「都市問題」 28(4) 1939.4
◇中央物価委員会の改組(日本都市年鑑編纂室)「都市問題」 28(4) 1939.4
◇長期建設と節約/時局と都市財政(小山田小七)「都市問題」 28(4) 1939.4
◇独逸公民税に就て(高砂恒三郎)「都市問題」 28(4) 1939.4
◇遊興税の国税移管問題(日本都市年鑑編纂室)「都市問題」 28(4) 1939.4
◇災害被害者に対する租税の減免、徴収猶予等に関する法律に就て(松隈秀雄)「自治研究」 15(5) 1939.5
◇地方税制読本(三好重夫)「自治研究」 15(5) 1939.5
◇経費と租税(米原七之助)「経済学研究」 1(2) 1939.6
◇地方税制読本(三好重夫)「自治研究」 15(6) 1939.6
◇税制調査会の税制改正方針(日本都市年鑑編纂室)「都市問題」 28(6) 1939.6
◇昭和14年度に於ける補給金制度の改正点(三好重夫)「自治研究」 15(7) 1939.7
◇地方税制読本(三好重夫)「自治研究」 15(7) 1939.7
◇時局下に於ける地方税収入の跛行性に就て(西野喜与作)「都市問題」 29(1) 1939.7
◇臨時地方財政補給金要綱(日本都市年鑑編纂室)「都市問題」 29(1) 1939.7
◇地方税制読本(三好重夫)「自治研究」 15(8) 1939.8
◇市町村民税(荻田保)「自治研究」 15(9) 1939.9
◇地方税制改正案要綱に就て(三好重夫)「自治研究」 15(9) 1939.9

◇地方税制読本(三好重夫)「自治研究」 15(9) 1939.9
◇地方税制改正案と税制調査会(日本都市年鑑編纂室)「都市問題」 29(3) 1939.9
◇地方税制の沿革(1)(藤田武夫)「都市問題」 29(3) 1939.9
◇地方税制読本(三好重夫)「自治研究」 15(10) 1939.10
◇直接国税体系の改正案に就て(平田敬一郎)「自治研究」 15(10) 1939.10
◇独逸の官吏銀行に就いて(宇治伊之助)「自治研究」 15(10) 1939.10
◇地方税制改正案批判特輯「都市問題」 29(4) 1939.10
革新性なき地方税革案(津久井竜雄) 隠れたる「戸数割」の問題/地方税制改革案要綱を評す(川田金造) 気魄を欠く/地方税制改革案要綱を評す(中沢弁次郎) 財政調整より観たる地方税制の改革案(中川与之助) 三税の地方独立財源化賛成/地方税制改革案要綱を評す(小島憲) 自治擁護の立場から/地方税制改革案要綱を評す(近藤操) 市町村民税の意義/地方税制改革案要綱を評す(島中雄三) 人税の尊重と農村計画税の創設/地方税制改革案要綱を評す(元山惣二) 税革案の大都市に対する認識(大塚辰治) 税革の地方自治観/地方税制改革案要綱を評す(千葉了) 税制改正と農村/地方税制改革案要綱を評す(木村靖二) 増収が主、機構は従/地方税制改革案要綱を評す(北崎進) 大体妥当な税制改革案(阿部賢一) 断行こそ肝要/地方税制改革案要綱を評す(村田勝延) 地方財政を抑制せよ/地方税制改革案要綱を評す(玉木懿夫) 地方税法改革を検討する(小幡清金) 地方税改正案評(神戸正雄) 地方税制改革案に対する私見(小田忠夫) 地方税制改革案に対する大都市の希望(森下政一) 地方税制改革の根本問題(岡崎勉) 地方税制改正案を批判す(岡野文之助) 地方税制改正案の吟味(藤田武夫) 地方税制改正案の備考に就いて(小山田小七) 地方税制改正案要綱(内務省地方局)附、国税各税に関する改正案要綱(大蔵省主税局) 地方税制改正案要綱に就て(堀切善次郎) 地方税制改正に関する若干統計 地方税制改正に関する諸団体の意見(編輯室) 地方税制改正問題と新聞の論調 地方税制と自治制(田川大吉郎) 地方税制の沿革(2)(藤田武夫) 地方税制の改正で地方財政の立直しはむづかしい/地方税制改革案要綱を評す(島田晋作) 地方税制の現状(岡野文之助) 地方税制の新目標/地方税制改革案要綱を評す(松田雪堂) 地方税の適否は運用の如何に在り/地方税制改革案要綱を評す(中村繼男) 地方団体の財政的独立(頼母木桂吉) 独逸に於ける財政調整制度(岡野文之助) 練り足らぬ市町村民税・独逸公民税の沿革と現状(高砂恒三郎) 農村の希望容れらる/地方税制改革案要綱を評す(横尾惣三郎) 卑見二、三/地方税制改革案要綱を評す(白井潔) 非社会政策的な改革案/地方税制改革案要綱を評す(菊池慎三) 非常時認識不足の税革案/地方税制改革案要綱を評す(桑原博隆) 物税の課税標準/地方税制改革案要綱を評す(藤田進一郎) 分与税制度の適正化と地方財政の確立/地方税制改革案要綱を評す(笹川慶永) 分与税制と物税本位制(西野喜与作) 分与税制度への新危惧/地方税制改革案要綱を評す(内池廉吉) 米国の分与税制度(藤谷謙二) 問題の多い地方税制改正案(田沼征) 遊興飲食税の地方税移管と住民税の問題/地方税制改革案要綱を評す(川島安)
◇営業収益税より見た納税人口(東京市総務局)「市政週報」 34 1939.11
◇地租、家屋税及営業税の賦課方法に付いて(荻田保)「自治研究」 15(11) 1939.11
◇地方税制改正案に関する若干問題(三好重夫)「自治研究」 15(11) 1939.11
◇地方税制読本(三好重夫)「自治研究」 15(11) 1939.11
◇税制調査会の地方税制審議経過(日本都市年鑑編纂室)「都市問題」 29(5) 1939.11
◇地方税制改正案の梗要(挾間茂)「都市問題」 29(5) 1939.11
◇地方税制の沿革(3・完)(藤田武夫)「都市問題」 29(5) 1939.11
◇貧弱弱乏の地方税制案(菊池慎三)「都市問題」 29(5) 1939.11
◇金本位制離脱後の通貨政策 -深井英五氏の著書を読む-(舞出長五郎)「経済学論集」 9(11) 1939.11
◇銀行監査に就いて(松浦嘉俊)「経済集志」 12(4) 1939.12
◇産業組合金融統計「産業組合」 410 1939.12
◇市街地信組と余裕金問題(三宅大無)「産業組合」 410 1939.12
◇庶民金融と市街地信用組合(坂口芳久)「産業組合」 410 1939.12

◇負担金に就て(東京市財務局)「市政週報」 36 1939.12
◇所得税附加税の廃止(荻田保)「自治研究」 15(12) 1939.12
◇地方税制読本(三好重夫)「自治研究」 15(12) 1939.12
◇日本に於ける物価と賃銀(風見八十二)「社会政策時報」 231 1939.12
◇現行地方税制欠陥の現状(阿久津稔)「地方財務」 58 1939.12
◇税制改革と其の影響「東洋経済新報」 1901 1939.12
◇現行財政経済の打開策(久原房之助)「改造」 22(1) 1940.1
◇インフレーションと財政(木村禧八郎)「改造」 22(3) 1940.1
◇大阪市の収入に就いて(藤谷謙二)「経済学雑誌」 6(1) 1940.1
◇独逸価格政策序説(荒木光太郎)「経済学論集」 10(1) 1940.1
◇価格等統制令通解(1)(本郷寿次)「警察研究」 11(1) 1940.1
◇間接税制度の改正(山田義見)「財政」 5(1) 1940.1
◇昭和14年に於ける大蔵省預金部活動の回顧(広瀬豊作)「財政」 5(1) 1940.1
◇税制改正の方針(大矢半次郎)「財政」 5(1) 1940.1
◇地方税制改正案概粳(三好重夫)「財政」 5(1) 1940.1
◇直接国税の改正(田中豊)「財政」 5(1) 1940.1
◇人事、職制、税制を語る「市政研究」 6(1) 1940.1
◇明年度地方予算の編成(横山照夫)「自治機関」 479 1940.1
◇税制改革案の概要(1)(田中豊)「自治研究」 16(1) 1940.1
◇地方税制読本(三好重夫)「自治研究」 16(1) 1940.1
◇分与税制に就て(三好重夫)「自治研究」 16(1) 1940.1
◇昭和15年度道府県予算の展望(小林千秋)「斯民」 35(1) 1940.1
◇税制改正案の確立(松隈秀雄)「斯民」 35(1) 1940.1
◇地方税制改正案の要綱(三好重夫)「斯民」 35(1) 1940.1
◇戦時物価の上昇と国民生活安定化の問題(小島精一)「社会政策時報」 232 1940.1
◇インフレと株式取引所(松本信次)「週刊エコノミスト」 18(1) 1940.1
◇主要国のインフレ対策「週刊エコノミスト」 18(1) 1940.1
◇戦時インフレの新展開(飯田繁)「週刊エコノミスト」 18(1) 1940.1
◇通貨膨脹と為替対策(大島堅造)「週刊エコノミスト」 18(1) 1940.1
◇膨脹財政下の悪性インフレ回避策(永田清)「週刊エコノミスト」 18(1) 1940.1
◇銀行等資金運用令について(大蔵省)「週報 官報附録」 211 1940.1
◇新段階に於ける金融機構の再検討(木村禧八郎)「商工経済」 9(1) 1940.1
◇物価統制とカルテルの機能(国弘人)「商工経済」 9(1) 1940.1
◇税制の一般的改正(田中豊)「税」 18(1) 1940.1
◇日英戦時財政比較論評(青木得三)「税」 18(1) 1940.1
◇明年度予算と増税問題(西野喜与作)「税」 18(1) 1940.1
◇判例租税滞納処分法(10)(堀五之介)「地方改良」 95 1940.1
◇市町村税及其の賦課徴収条例準則「地方改良」 104 1940.1
◇省地方費法の改正に就て(渡辺文兵衛)「地方行政 日文版」 4(1) 1940.1
◇昭和15年度地方予算の編成(横山照夫)「地方財務」 59 1940.1
◇地方債の回顧(中西金幾継)「地方財務」 59 1940.1
◇地方税制改正の要領(荻田保)「地方財務」 59 1940.1
◇地方財務事務の強化(篠原忠則)「地方財務」 68 1940.1
◇昭和15年度財政の全貌「東洋経済新報」 1904 1940.1

財政

◇満洲国の康徳7年度予算「東洋経済新報」 1905 1940.1
◇地方税制改正要綱の決定(日本都市年鑑編纂室)「都市問題」 30(1) 1940.1
◇地方税制改正案要綱(閣議決定)(市制府県制改正案批判特輯)「都市問題」 30(1) 1940.1
◇税制改革と負担均衡問題(橋本伝左衛門)「農業と経済」 7(1) 1940.1
◇北支物価の特殊性と法幣レートへの依存関係(高橋泰蔵)「一橋論叢」 5(1) 1940.1
◇町村制第8条第6項の租税と水利組合費「行政裁判所判決録」 50(11) 1940.2
◇英国財政史上に於ける御料地の意義(長谷田泰三)「経済学論集」 10(2) 1940.2
◇租税制度改革批判(神戸正雄)「経済論叢」 50(2) 1940.2
◇時局下に於ける起債の調整(栗栖赳夫)「財政」 5(2) 1940.2
◇昭和15年予算に就て(谷口恒二)「財政」 5(2) 1940.2
◇家屋税附加税の不均一賦課に就て(1)(遠藤源六)「自治研究」 16(2) 1940.2
◇税制改正案の概要(2・完)(田中豊)「自治研究」 16(2) 1940.2
◇昭和14年度地方財政概況(内務省地方局)「斯民」 35(2) 1940.2
◇内務省所管昭和15年度予算の概要(灘尾弘吉)「斯民」 35(2) 1940.2
◇今回の税制改革の本質と国民生活(汐見三郎)「社会政策時報」 233 1940.2
◇雑種税の整理(三好重夫)「税」 18(2) 1940.2
◇地方税制改革案の具体化(谷口嘉鶴多)「税」 18(2) 1940.2
◇判例租税滞納処分法(2)(堀五之介)「地方改良」 96 1940.2
◇説省地方費之修正(1)(渡辺文兵衛)「地方行政 日文版」 4(2) 1940.2
◇市町村の隣保協同組織の完整と納税組合の組織(児山忠一)「地方財務」 60 1940.2
◇昭和十四年度地方予算の概要(安岡弘一)「地方財務」 60 1940.2
◇地方団体の国債保有問題(横山照夫)「地方財務」 60 1940.2
◇英国の強制貯蓄論「調査月報(大蔵省)」 30(2) 1940.2
◇開戦前後の独逸国債及税収状況「調査月報(大蔵省)」 31(2) 1940.2
◇税制改革案に就いて(桑原博隆)「東京市産業時報」 6(2) 1940.2
◇物価政策の行詰りと其根本的打開策(根津知好)「東京市産業時報」 6(2) 1940.2
◇物価指数に於ける弾力性法(山田勇)「統計集誌」 704 1940.2
◇独逸租税証券制停止の意義「東洋経済新報」 1906 1940.2
◇税制改革と新租税制度の構成「東洋経済新報」 1909 1940.2
◇税制改革と地方自治体(汐見三郎)「農業と経済」 7(2) 1940.2
◇五億増税(河上丈太郎)「改造」 22(5) 1940.3
◇政府に望む財経政策(栗本勇之助)「改造」 22(5) 1940.3
◇仏国戦争財政の基調「企画」 3(3) 1940.3
◇物価統制法(谷口知平)「経済学雑誌」 6(3) 1940.3
◇地方税制の改革を論ず(汐見三郎)「経済論叢」 50(3) 1940.3
◇現下の我国財政経済(桜内幸雄)「財政」 5(3) 1940.3
◇ナチス戦争財政の大綱(小穴毅)「財政」 5(3) 1940.3
◇昭和十五年東京市予算概要(東京市財務局)「市政週報」 47 1940.3
◇国税附加税の制限率廃止(荻田保)「自治研究」 16(3) 1940.3
◇地方税法案要綱(三好重夫)「自治研究」 16(3) 1940.3
◇地方分与税法案要綱(三好重夫)「斯民」 35(3) 1940.3

◇通貨三十億円の諸問題「週刊エコノミスト」 18(7) 1940.3
◇ドイツの戦時物価政策(1)(小穴毅)「週刊エコノミスト」 18(7) 1940.3
◇ドイツの戦時物価政策(2・完)(小穴毅)「週刊エコノミスト」 18(8) 1940.3
◇物価生産対策の建直し「週刊エコノミスト」 18(8) 1940.3
◇画期的税制改革案の検討(野津高次郎)「商工経済」 9(3) 1940.3
◇地方税制改正案の具体化(2)(谷口嘉鶴多)「税」 18(3) 1940.3
◇地方税法案の要綱(荻田保)「税」 18(3) 1940.3
◇昭和十五年度大阪市予算案成る(坂間棟治)「大大阪」 16(3) 1940.3
◇地方税制の簡易化(三好重夫)「地方行政」 48(3) 1940.3
◇康徳7年度街村予算編成要領(西豊県公署)「地方行政 日文版」 4(3) 1940.3
◇地方税制改正案の大綱(安岡弘一)「地方財務」 61 1940.3
◇税制改革当面の二課題(野津高次郎)「中央公論」 53(3) 1940.3
◇物価の危機(笠信太郎)「中央公論」 53(3) 1940.3
◇独逸価格政策の三年「調査月報(大蔵省)」 30(3) 1940.3
◇来年度予算にあらはれた文部省の新規計画(曾根松太郎)「帝国教育」 737 1940.3
◇物価法令運用上の諸問題(金澤良雄)「東洋経済新報」 1964 1940.3
◇事変下に於ける産業組合金融(窪田角一)「経済集志」 12(5) 1940.4
◇物価対策(神戸正雄)「経済論叢」 50(4) 1940.4
◇現段階における物価対策の根本問題(宗藤圭三)「財政」 5(4) 1940.4
◇日本地方税制度の成立(藤田武夫)「財政」 5(4) 1940.4
◇物価統制機構の改革(岩崎松義)「財政」 5(4) 1940.4
◇兵役税に就て(小山田小七)「財政」 5(4) 1940.4
◇我国財政に関する若干の考察(島田孝一)「財政」 5(4) 1940.4
◇改正地方税制解説(1)(荻田保)「自治研究」 16(4) 1940.4
◇家屋税附加税の不均一賦課に就て(2・完)(遠藤源六)「自治研究」 16(4) 1940.4
◇地方税制の改正と地方自治(三好重夫)「自治研究」 16(4) 1940.4
◇昭和十四年度地方債概況(小林千秋)「斯民」 35(4) 1940.4
◇戦時物価政策の遂行と配給機構の整備(1)(美濃部洋次)「商業組合」 6(5) 1940.4
◇インフレ防止と特殊預金制度(正井敬次)「商工経済」 9(4) 1940.4
◇衆議院に於る税改修正の是非(齋藤栄三郎)「税」 18(4) 1940.4
◇判例租税滞納処分法(13)(堀五之介)「地方改良」 98 1940.4
◇今議会に現われたる地方起債中央金庫創設問題(岡田光蔵)「地方行政」 48(4) 1940.4
◇地方費予算概論(渡辺文兵衛)「地方行政 日文版」 4(4) 1940.4
◇地方費の国策への協力(児玉忠一)「地方財務」 62 1940.4
◇昭和十五年度地方予算の執行に就て(横山照夫)「地方財務」 62 1940.4
◇本格的インフレ下に於ける株価(完)(瀬戸健助)「東洋経済新報」 1912 1940.4
◇予算改審の議(田川大吉郎)「東洋経済新報」 1915 1940.4
◇インフレ下の金融動向「東洋経済新報」 1918 1940.4
◇昭和十四年度全国都市予算の概要(日本都市年鑑編纂室)「都市問題」 30(4) 1940.4
◇地方税制改革法案を繞る六大都市の動向(日本都市年鑑編纂室)「都市問題」 30(4) 1940.4

◇我国財政の根本諸問題(神戸正雄)「日本評論」 15(4) 1940.4
◇昭和15年度の予算(小山田小七)「経済学雑誌」 6(5) 1940.5
◇ジョセフ・サイクス「英国地方財政研究」(神戸正一)「経済学論集」 10(5) 1940.5
◇予算経済の意義(永田清)「経済学論集」 10(5) 1940.5
◇120億貯蓄の門出に際して(山住克巳)「財政」 5(5) 1940.5
◇外国為替管理法の改正と円紙幣の輸入(伴野清)「財政」 5(6) 1940.5
◇新税法の議会に於ける修正に付て(田中豊)「財政」 5(6) 1940.5
◇政府出資特別会計法の概要(松隈秀雄)「財政」 5(6) 1940.5
◇報国債権の発行に就て -臨時資金調整法改正解説-「財政」 5(6) 1940.5
◇新税制の概要(東京市財務局)「市政週報」 57 1940.5
◇改正地方税制解説(2)(荻田保)「自治研究」 16(5) 1940.5
◇勤労所得に対する源泉課税の要領(1)(平田敬一郎)「自治研究」 16(5) 1940.5
◇独立税の改正(三好重夫)「自治研究」 16(5) 1940.5
◇家屋税法に就て(松隈秀雄)「斯民」 35(5) 1940.5
◇府県財政五十年史(仮称)(小林千ények)「斯民」 35(5) 1940.5
◇府県税制の五十年(三好重夫)「斯民」 35(5) 1940.5
◇法幣の危機、原因と影響「週刊エコノミスト」 18(17) 1940.5
◇公債三百億円「週刊エコノミスト」 18(18) 1940.5
◇法幣価値維持政策の回顧と前胆(十亀盛次)「週刊エコノミスト」 18(18) 1940.5
◇新税制はどうなつてるか「週報 官報附録」 186 1940.5
◇低物価と利潤統制(陸軍省経理局)「週報 官報附録」 188 1940.5
◇戦時物価政策の遂行と配給機構の整備(2)(美濃部洋次)「商業組合」 6(5) 1940.5
◇欧洲戦争の拡大と我財界(木村孫八郎)「商工経済」 9(5) 1940.5
◇強制貯蓄論(金原賢之助)「商工経済」 9(5) 1940.5
◇我国物価政策の課題(中野秀夫)「商工経済」 9(5) 1940.5
◇判例租税滞納処分法(14)(堀五之介)「地方改良」 69 1940.5
◇一時借入金に就て(田沢要雄)「地方財務」 63 1940.5
◇旱害対策の諸事業と市町村債の手続(横山照夫)「地方財務」 63 1940.5
◇地方分与税法の概要(藤井巳之助)「地方財務」 63 1940.5
◇米国の政府投資特別会計論「調査月報(大蔵省)」 30(5) 1940.5
◇地方財政の近況「東洋経済統計月報」 2(5) 1940.5
◇都市計画税制の改革(青木得三)「道路の改良」 22(5) 1940.5
◇物価委員会の改組(日本都市年鑑編纂室)「都市問題」 30(5) 1940.5
◇税制の全面的改革と其の概観(杉山章三郎)「法律時報」 12(5) 1940.5
◇愛知県産報連の予算並事業計画「労働時報」 17(5) 1940.5
◇最近の通貨膨張並びに物価騰貴に就て「経済月報」 12(6) 1940.6
◇価格に於ける歴史的伝統性(桑原晋)「経済論叢」 50(6) 1940.6
◇価格等統制令通解(東郷寿次)「警察研究」 11(6) 1940.6
◇家計簿から見た国民貯蓄の状況(高津英雄)「財政」 5(7) 1940.6
◇地方税の解説(第1講)(主税局国税課)「財政」 5(7) 1940.6
◇低物価と利潤統制(陸軍省経理局)「財政」 5(7) 1940.6
◇物価問題より観たる利潤統制(岩崎松義)「財政」 5(7) 1940.6
◇利潤統制に於ける問題(村本福松)「財政」 5(7) 1940.6
◇改正地方税制解説(3)(荻田保)「自治研究」 16(6) 1940.6

◇勤労所得に対する源泉課税の要領(2)(平田敬一郎)「自治研究」 16(6) 1940.6
◇判例租税滞納処分法(15)(堀五之介)「地方改良」 100 1940.6
◇地方税法研究(曹連挙)「地方行政 日文版」 4(6) 1940.6
◇地方費予算概論(承前)(渡辺文兵衛)「地方行政 日文版」 4(6) 1940.6
◇営業税の分割に就て(安岡弘一)「地方財政」 64 1940.6
◇府県財政の回顧(1)(横山照夫)「地方財務」 64 1940.6
◇和蘭の戦時財政経済「調査月報(大蔵省)」 30(6) 1940.6
◇昭和十五年度東京市産業関係予算に就いて(1)(太田和男)「東京市産業時報」 6(6) 1940.6
◇中小金融の新基調(高橋鉄也)「東京市産業時報」 6(6) 1940.6
◇「物価統制大綱」から「利潤統制」まで(藪孝平)「農業と経済」 7(6) 1940.6
◇昭和15年度道府県産業報国連合会予算「労働時報」 17(6) 1940.6
◇英国戦時財政政策(ケインズ、岡田宗司訳)「改造」 22(13) 1940.7
◇戸数割賦課処分不服と差押の違法「行政裁判所判決録」 51(5) 1940.7
◇戦時通貨問題の種々相(竹島富三郎)「経済学雑誌」 7(1) 1940.7
◇ナチス・ドイツの財政計画について(1)(福田喜東)「警察研究」 11(7) 1940.7
◇賞与支給期に於ける徴収高計算書の記載方に就て「財政」 5(8) 1940.7
◇日本租税制度の構成(平田敬一郎)「財政」 5(8) 1940.7
◇物価政策と切符制度(岩崎松義)「財政」 5(8) 1940.7
◇法人所得の解説 -新税法誌上講座第二講-(主税局)「財政」 5(8) 1940.7
◇改正地方税制解説(4)(荻田保)「自治研究」 16(7) 1940.7
◇改正地方税制講話(1)(三好重夫)「斯民」 35(7) 1940.7
◇ドイツ戦備の基本問題其の二―金融的耐戦力(1)「週刊エコノミスト」 18(24) 1940.7
◇ドイツ戦備の基本問題其の二―金融的耐戦力(2・完)「週刊エコノミスト」 18(25) 1940.7
◇本年度の資金統制計画(企画院)「週報 官報附録」 198 1940.7
◇法幣の現段階(石浜知行)「商工経済」 10(1) 1940.7
◇徴税事務の学易化につき主税局長通牒(昭和15年7月10日)「地方改良」 101 1940.7
◇判例租税滞納処分法(16)(堀五之介)「地方改良」 101 1940.7
◇戦時下金融の諸問題(日本戦時経済研究 4)(経済問題研究会)「中央公論」 55(7) 1940.7
◇米国通貨監督官1940年分報告「調査月報(大蔵省)」 30(7) 1940.7
◇農業生産力拡充と低物価政策(平実)「帝国農報」 30(7) 1940.7
◇昭和十五年度東京市産業関係予算に就いて(2)(太田和男)「東京市産業時報」 6(7) 1940.7
◇物価対策審議会の答申(日本都市年鑑編纂室)「都市問題」 31(1) 1940.7
◇地方税法並に同法施行に関する命令の実施に関する件通牒(昭和15年7月20日)「内務厚生時報」 5(7) 1940.7
◇民国初期の兌換券 -特に中国銀行の発券事項について-(徳永清行)「経済論叢」 51(2) 1940.8
◇円域に於ける通貨並に貿易問題(中井省三)「財政」 5(9) 1940.8
◇外国為替基金制度の現状(野田卯一)「財政」 5(9) 1940.8
◇家屋税法の施行に就いて(氏家保寿)「財政」 5(9) 1940.8
◇法人所得の解説 -新税法誌上講座-(主税局)「財政」 5(9) 1940.8
◇地方団体金融機関整備の急務(小島憲)「自治機関」 486 1940.8

◇改正地方税制解説(5)(荻田保)「自治研究」 16(8) 1940.8

◇家屋税について(田中豊)「自治研究」 16(8) 1940.8

◇勤労所得に対する源泉課税の要領(3・完)(平田敬一郎)「自治研究」 16(8) 1940.8

◇改正地方税制講話(2)(三好重夫)「斯民」 35(8) 1940.8

◇地方団体の起債設定に就いて(小林千秋)「斯民」 35(8) 1940.8

◇新体制下の金融統制「週刊エコノミスト」 18(31) 1940.8

◇補助金、奨励金、助成金の概要(2・完)「商工通報」 3(4) 1940.8

◇砂防法に依る地租其の他の公課減免に就て(齋藤新一)「水利と土木」 13(8) 1940.8

◇最近に於ける徴収関係規定の改正三題(1)(松江章人)「税」 18(8) 1940.8

◇「支那事変の為従軍したる軍人及軍属に対する租税の減免徴収猶予等に関する法律」の改正法令に就て(鈴木保雄)「税」 18(8) 1940.8

◇審査請求、訴願、訴訟等の救済手続に就て(松井静郎)「税」 18(8) 1940.8

◇税法雑輪(2)(田中勝次郎)「税」 18(8) 1940.8

◇法人納税手続の概要(吉田鹿之助)「税」 18(8) 1940.8

◇我国税読本(1)(河沼高輝)「税」 18(8) 1940.8

◇地方団体の起債計画設定に就て(多摩生)「地方改良」 102 1940.8

◇財勢余談(児山忠一)「地方財務」 66 1940.8

◇地方分与税法施行命令の解説(安岡弘一[ほか])「地方財務」 66 1940.8

◇道府県徴収交付金制度の改正に就て(1)(横山照夫)「地方財務」 66 1940.8

◇独逸ライヒスバンク最近の業況「調査月報(大蔵省)」 30(8) 1940.8

◇不況の本質と対策「東洋経済新報」 1933 1940.8

◇大陸に於ける物価騰貴「東洋経済統計月報」 2(8) 1940.8

◇起債計画並に起債許可稟書に関する件依命通牒(15.7.20)「内務厚生時報」 5(8) 1940.8

◇最近に於ける農村金融の概況「農務時報」 143 1940.8

◇「低物価策としての利潤統制」批判(飯田繁)「経済学雑誌」 7(3) 1940.9

◇独逸戦時財政に関する論文若干(神戸正一)「経済学論集」 10(9) 1940.9

◇経済変動と財政(汐見三郎)「経済論叢」 51(3) 1940.9

◇統制組織と間屋金融(田杉競)「経済論叢」 51(3) 1940.9

◇ナチス・ドイツの財政計画について(2)(福田喜東)「警察研究」 11(9) 1940.9

◇英国の戦時為替政策(野田卯一)「財政」 5(10) 1940.9

◇円域に於ける通貨並に貿易問題(2)(中井省三)「財政」 5(10) 1940.9

◇戦時物価の性格(宗藤圭三)「財政」 5(10) 1940.9

◇恩給金庫とその事業(完)-恩給年金生活者の為めに-(富川広体)「自治機関」 487 1940.9

◇改正地方税制解説(6)(荻田保)「自治研究」 16(9) 1940.9

◇市町村民税(三好重夫)「自治研究」 16(9) 1940.9

◇不動産の競落と家屋税の賦課(連載・行政法思潮 121)(杉村章三郎)「自治研究」 16(9) 1940.9

◇市町村民税に就て(荻田保)「自治公論」 12(9) 1940.9

◇改正地方税制講話(3)(三好重夫)「斯民」 35(9) 1940.9

◇低利金融事業を通じて見たる従業員の負債状況(小林健一郎)「社会政策時報」 240 1940.9

◇日銀勘定から観た上期金融情勢の特色「週刊エコノミスト」 18(32) 1940.9

◇金融情勢の特徴と六大銀行の最近業績「週刊エコノミスト」 18(35) 1940.9

◇皇道主義に立つ道義租税観の作興に就いて(川島密)「税」 18(9) 1940.9

◇最近に於ける徴収関係規定の改正三題(2)(松江章人)「税」 18(9) 1940.9

◇時局と間接税(浅井曙)「税」 18(9) 1940.9

◇七・七禁令と物品税(二上由太郎)「税」 18(9) 1940.9

◇新国税読本(2)(河沼高輝)「税」 18(9) 1940.9

◇税統制の進展と地方税制の改革(元山修二)「税」 18(9) 1940.9

◇地方分与税法施行規則略解(1)(荻田保)「税」 18(9) 1940.9

◇法人税に於ける税金及び税引当金に就いて(磯部政治)「税」 18(9) 1940.9

◇法人納税手続の概要(続)(吉田鹿之助)「税」 18(9) 1940.9

◇税制改革に伴ふ本府(東京府)追加更正予算に就て(草野逸人)「地方改良」 103 1940.9

◇地方税法逐条解説(1)(荻田保)「地方行政」 48(9) 1940.9

◇起債計画並に起債許可稟請書に関する通牒に就て(杉本繁次郎)「地方財務」 67 1940.9

◇地方分与税法施行命令の解説(2)(安岡弘一[ほか])「地方財務」 67 1940.9

◇道府県徴収交付金制度の改正に就て(2・完)(横山照夫)「地方財務」 67 1940.9

◇臨時地方財政補給金交付に伴ふ国債購入状況「地方財務」 67 1940.9

◇英国戦時財政の過去と現在-独紙の批評-(A.ウイスラー)「調査月報(大蔵省)」 30(9) 1940.9

◇米国の国防費予算(1)「調査月報(大蔵省)」 30(9) 1940.9

◇15年度東京市産業関係予算に就いて(4)(太田和男)「東京市産業時報」 6(9) 1940.9

◇属地主義と個人主義(長澤好晃)「統計集誌」 711 1940.9

◇市税条例の立案に就て(谷口壽太郎)「都市公論」 23(9) 1940.9

◇昭和16年度地方予算の編成に関する件依命通牒(昭15.9.5)「内務厚生時報」 5(9) 1940.9

◇地方税制改正に因る負担の軽減に伴ふ国際購入運動実施に関する件依命通牒(昭15.8.3)「内務厚生時報」 5(9) 1940.9

◇補助金論(長谷田泰三)「経済学論集」 10(10) 1940.10

◇ナチス・ドイツの財政計画について(3・完)(福田喜東)「警察研究」 11(10) 1940.10

◇新体制下の金融問題(室谷賢治郎)「財政」 5(11) 1940.10

◇貯蓄奨励の方向(栗原修)「財政」 5(11) 1940.10

◇法人所得の解説-新税法誌上講座(主税局)「財政」 5(11) 1940.10

◇改正地方税制解説(7)(荻田保)「自治研究」 16(10) 1940.10

◇道府県配布税(1)(三好重夫)「自治研究」 16(10) 1940.10

◇改正地方税制講話(4)(三好重夫)「斯民」 35(10) 1940.10

◇財政再編成の出発点―明年度予算問題―(高木壽一)「週刊エコノミスト」 18(38) 1940.10

◇新情勢下の予算編成(小林千秋)「週刊エコノミスト」 18(38) 1940.10

◇預金部資金の融資問題「週刊エコノミスト」 18(38) 1940.10

◇前進する戦時金融政策(特集)「週刊エコノミスト」 18(39) 1940.10

◇三品(大阪三品取引所)遂ひに閉鎖す「週刊エコノミスト」 19(38) 1940.10

◇営業税額の分割に関する届出に就て(柳登)「税」 18(10) 1940.10

◇昭和16年度予算と国民経済の位置(岩崎英恭)「税」 18(10) 1940.10

◇新国税読本(3)(河沼高輝)「税」 18(10) 1940.10
◇税法雑話(3)(田中勝次郎)「税」 18(10) 1940.10
◇特別法人税に就て(1)(小林長谷雄)「税」 18(10) 1940.10
◇法人の合併解散と清算税に就て(明里長太郎)「税」 18(10) 1940.10
◇地方分与税法施行命令の解説(3・完)(安岡弘一[ほか])「地方財務」 68 1940.10
◇通貨量と生計費との関係―日満、独、英に関する実証的研究―「東洋経済統計月報」 2(10) 1940.10
◇アメリカに於ける建築金融組合(藤村忠)「都市問題」 31(4) 1940.10
◇苦境に立つ市財政/新地方税制下の財務問題(高知市)「都市問題」 31(4) 1940.10
◇市民税に関して/新地方税制下の財務問題(小浦総平)「都市問題」 31(4) 1940.10
◇新地方税制下に於ける東京府の財政/新地方税制下の財務問題(中村四郎)「都市問題」 31(4) 1940.10
◇税制改正と財政問題/新地方税制下の財務問題(迫静吾)「都市問題」 31(4) 1940.10
◇税制改正に依る群馬県財政の管見/新地方税制下の財務問題(山田武雄)「都市問題」 31(4) 1940.10
◇地方税制改革の理念と今後の問題(元山修二)「都市問題」 31(4) 1940.10
◇農村及都市の負担並に財政状況調査の概要(1)(農務局農政課)「農務時報」 145 1940.10
◇財政学の理論的課題―財政学の自己反省のために―(永田清)「三田学会雑誌」 34(10) 1940.10
◇新体制の指導原理と貨幣、金融体制(竹島富三郎)「経済学雑誌」 7(5) 1940.11
◇金融公営論の一根拠(中谷実)「経済論叢」 51(5) 1940.11
◇財産増価税(小山田小七)「財政」 5(12) 1940.11
◇法人所得の解説-新税法誌上講座-(主税局)「財政」 5(12) 1940.11
◇営業税附加税及所得税附加税等の本税額の決定に就いて(氏家保寿)「自治機関」 489 1940.11
◇税制の改正に伴つて(大塚辰治)「自治機関」 489 1940.11
◇改正地方税制解説(8)(荻田保)「自治研究」 16(11) 1940.11
◇道府県配布税(2)(三好重夫)「自治研究」 16(11) 1940.11
◇市町村民税賦課に就き要望(佐藤光蔵)「自治公論」 12(11) 1940.11
◇改正地方税制講話(5・完)(三好重夫)「斯民」 35(11) 1940.11
◇賃銀統制の展開―ナチス賃銀政策の教ふるもの―(服部英太郎)「社会政策時報」 242 1940.11
◇適正賃銀を繞る三つの座談会「社会政策時報」 242 1940.11
◇適正賃金に就て(河野密)「社会政策時報」 242 1940.11
◇我国賃金統制の発展過程(長谷孝之)「社会政策時報」 242 1940.11
◇わが国の物価と賃金(野田信夫)「社会政策時報」 242 1940.11
◇新国税読本(4)(河沼高輝)「税」 18(11) 1940.11
◇生命保険料の控除に就て(岩本巌)「税」 18(11) 1940.11
◇地方税分与税法施行規則略解(2)(荻田保)「税」 18(11) 1940.11
◇特殊保税工場に就て(1)(鈴木憲三)「税」 18(11) 1940.11
◇特別法人税に就て(2)(小林長谷雄)「税」 18(11) 1940.11
◇入場税の免除に就て(山口善右衛門)「税」 18(11) 1940.11
◇元山氏の税制批判を偶観して(輝久美根夫)「税」 18(11) 1940.11
◇地方税法逐条解説(2)(荻田保)「地方行政」 48(11) 1940.11
◇道府県税徴収取扱費交付金交付率一覧表「地方行政」 48(11) 1940.11

◇昭和16年度地方予算編成方針に就て(横山照夫)「地方財務」 69 1940.11
◇英国大蔵大臣サー・キングスレー・ウッドの1940-41年度改訂予算演説「調査月報(大蔵省)」 30(11) 1940.11
◇独逸信用制度法の改正(野中調)「調査月報(大蔵省)」 30(11) 1940.11
◇流動資金貸出調整案の検討「東洋経済新報」 1946 1940.11
◇最近に於ける金融梗塞の原因と対策(工藤昭四郎)「東洋経済新報」 1949 1940.11
◇産組金融の国策順応態勢「東洋経済新報」 1949 1940.11
◇農村及都市の財政状況(農務局農政課)「農務時報」 146 1940.11
◇銀行等資金運用令(舟山正吉)「法律時報」 12(11) 1940.11
◇物価政策遂行上の諸問題(1)(渡部光明)「経済集志」 13(3) 1940.12
◇経済変動と租税政策(汐見三郎)「経済論叢」 51(6) 1940.12
◇地方分与税制の創設について(中谷敬寿)「公法雑誌」 6(12) 1940.12
◇事変債権の使命と消化の状況に就て(村井信雄)「財政」 5(13) 1940.12
◇年末賞与と源泉課税に於ける精算還付の取扱手続(大蔵省主税局)「財政」 5(13) 1940.12
◇法人所得の解説-新税法誌上解説-(主税局)「財政」 5(13) 1940.12
◇信用組合資金の統制(後藤駒吉)「産業組合」 422 1940.12
◇営業税附加税及所得税附加税等の本税額の決定に就いて(承前)(氏家保寿)「自治機関」 490 1940.12
◇改正地方税制解説(9)(荻田保)「自治研究」 16(12) 1940.12
◇道府県配布税(3)(三好重夫)「自治研究」 16(12) 1940.12
◇昭和16年度道府県予算の展望(小林千秋)「斯民」 35(12) 1940.12
◇ドイツの戦時産業金融「週刊エコノミスト」 18(45) 1940.12
◇明年度予算の動向「週刊エコノミスト」 18(46) 1940.12
◇明年度予算編成の諸問題(汐見三郎)「週刊エコノミスト」 18(47) 1940.12
◇事変後の財政発展と将来(安藤春夫)「週刊エコノミスト」 18(48) 1940.12
◇新国税読本(5)(河沼高輝)「税」 18(12) 1940.12
◇「税制の進展と地方税制の改革」に就いて-輝久美根夫氏の批判に答ふ-(元山修二)「税」 18(12) 1940.12
◇税法雑話(4)(田中勝次郎)「税」 18(12) 1940.12
◇相続税の年賦延納に就て(4)(甲斐芙蓉)「税」 18(12) 1940.12
◇特殊保税工場に就いて(2)「税」 18(12) 1940.12
◇配布税交付後の市町村財政の運営に就て(中西登幾継)「税」 18(12) 1940.12
◇昭和15年通常府会に於ける長官の予算説明「地方改良」 106 1940.12
◇地方税法逐条解説(3)(荻田保)「地方行政」 48(12) 1940.12
◇米国の国防予算(2)「調査月報(大蔵省)」 30(12) 1940.12
◇金融市場の梗塞と緩和策「東洋経済統計月報」 2(12) 1940.12
◇財政理論の発足(1)-財政学の理論的課題続稿-(永田清)「三田学会雑誌」 34(12) 1940.12
◇独逸に於ける価格の推移(2・完)(荒木光太郎)「経済学論集」 11(1) 1941.1
◇法人所得の解説-新税法誌上講座-(主税局)「財政」 6(1) 1941.1
◇法幣の対蹠たる通貨としての匯画(小島昌太郎)「財政」 6(1) 1941.1

◇市民税質疑応答（財務局）「市政週報」 92 1941.1
◇地方予算の編成方針に就て（元山修二）「自治機関」 491 1941.1
◇改正地方税制解説（10・完）（荻田保）「自治研究」 17(1) 1941.1
◇銀行等資金運用令について（福田久雄）「自治研究」 17(1) 1941.1
◇第二次欧洲大戦と各国の増税（脇坂実）「自治研究」 17(1) 1941.1
◇道府県配付税（4・完）（三好重夫）「自治研究」 17(1) 1941.1
◇国民更生金庫に就いて（松隈秀雄）「斯民」 36(1) 1941.1
◇営業税の意義（前尾繁三郎）「税」 19(1) 1941.1
◇会社経理統制令と税務（田中豊）「税」 19(1) 1941.1
◇新国税読本（6）（河沼高輝）「税」 19(1) 1941.1
◇制限令下の業界の様相と物品税の消長に就て（二上由太郎）「税」 19(1) 1941.1
◇特殊保税工場に就て（3・完）（鈴木憲三）「税」 19(1) 1941.1
◇納保組合の本質と隣保組織（児山忠一）「税」 19(1) 1941.1
◇地方税法逐条解説（4）（荻田保）「地方行政」 49(1) 1941.1
◇地方費予算概論（七の二）（渡邊文兵衛）「地方行政 日文版」 5(1) 1941.1
◇国防財政論（永田清）「中央公論」 56(1) 1941.1
◇米国の国防予算（補遺）「調査月報（大蔵省）」 31(1) 1941.1
◇戦時インフレ下の国民所得の趨勢「国策研究会週報」 3(5) 1941.2
◇会計検査院機構問題（清水至）「財政」 6(2) 1941.2
◇支那租税制度の特質（大津衛）「財政」 6(2) 1941.2
◇昭和16年度予算に就て（谷口恒二）「財政」 6(2) 1941.2
◇日銀発券改革とインフレエション防止策（高島佐一郎）「財政」 6(2) 1941.2
◇法人所得の解説-新税法誌上講座-（主税局）「財政」 6(2) 1941.2
◇補整的財政政策に就いて（有井治）「財政」 6(2) 1941.2
◇地方債の概況と東京市債（中野彰）「市政研究」 7(3) 1941.2
◇昭和16年度東京市予算に就いて（大久保留次郎）「市政週報」 96 1941.2
◇市町村配付税（1）（三好重夫）「自治研究」 17(2) 1941.2
◇相続税の物納制度に就て（田中豊）「自治研究」 17(2) 1941.2
◇昭和16年度配付税の増額並に道府県分市町村分の割合の改訂（荻田保）「斯民」 36(2) 1941.2
◇町村に対する預金部既融通資金の償還条件変更に関する件通牒（1940.12.26地方局長）「斯民」 36(2) 1941.2
◇内務省所管昭和16年度予算の概要（三好重夫）「斯民」 36(2) 1941.2
◇金融緩慢の本質と最近の金融諸事情「週刊エコノミスト」 19(7) 1941.2
◇団体郵便年金と会社経理統制令（楠瀬熊彦）「商業組合」 7(2) 1941.2
◇改正税法に於ける看做配当と清算所得（1）（岩本厳）「税」 19(2) 1941.2
◇間接税の租税政策的意義（松野賢吾）「税」 19(2) 1941.2
◇新国税読本（7）（河沼高輝）「税」 19(2) 1941.2
◇相続税の物納に就て（野口軍一郎）「税」 19(2) 1941.2
◇地方税の人税と雑税に就て（輝久美根夫）「税」 19(2) 1941.2
◇法人税法研究（5）（税法雑話改題）（田中勝次郎）「税」 19(2) 1941.2
◇地方税法逐条解説（5）（荻田保）「地方行政」 49(2) 1941.2
◇康徳8年度省地方費予算の展望（赤塚亘三郎）「地方行政 日文版」 8(2) 1941.2
◇国有財産法講義（4）（山田春雄）「地方行政 日文版」 8(2) 1941.2

◇地方費予算概論（9・完）（渡邊文兵衛）「地方行政 日文版」 8(2) 1941.2
◇経済新体制と国民更生金庫の使命（大口喜六）「東洋経済新報」 1959 1941.2
◇高度国防を反映する16年度の予算「東洋経済統計月報」 3(2) 1941.2
◇市（区）町村財政制度成立の過程（上）-日本地方財政制度の特殊性に就て（藤田武夫）「都市問題」 32(2) 1941.2
◇満洲地方財政の確立-中央依存の域を脱す-「都市問題」 32(2) 1941.2
◇地方費支弁の職員に対する臨時家族手当支給に関する件依命通牒（昭15.12.23地方局長）「内務厚生時報」 6(2) 1941.2
◇経済過程の前提-財政金融体制の基本方向-（永田清）「日本評論」 16(2) 1941.2
◇農村の負債整理と無尽頼母子講の解消-長野県下の実例-（夏目博臣）「農業と経済」 8(2) 1941.2
◇金融統制と戦時経済の推移（金原賢之助）「三田学会雑誌」 35(2) 1941.2
◇新興コンツェルンを圧迫する金融資本（和井和衛）「科学主義工業」 5(3) 1941.3
◇英国に於ける改正補助金制度の実績（藤谷謙二）「経済学雑誌」 8(3) 1941.3
◇支那の統税について（小林幾次郎）「経済集志」 13(5) 1941.3
◇経費支出の季節的調節（汐見三郎）「経済論叢」 52(3) 1941.3
◇コツホ、戦時租税政策（柏井象雄）「経済論叢」 52(3) 1941.3
◇大戦勃発後に於ける各国の増税（脇坂実）「財政」 6(3) 1941.3
◇法人所得の解説（新税法講座）（主税局）「財政」 6(3) 1941.3
◇市町村配付税（2・完）（三好重夫）「自治研究」 17(3) 1941.3
◇財政計画の示すもの（高木壽一）「週刊エコノミスト」 19(9) 1941.3
◇国策金融の機構と動態「週刊エコノミスト」 19(13) 1941.3
◇制定された国民貯蓄組合法「週報 官報附録」 231 1941.3
◇組合会計とについて（笠原千鶴）「商業組合」 7(3) 1941.3
◇改正税法に於ける看做配当と清算所得（2）（岩本厳）「税」 19(3) 1941.3
◇戸数割の回顧（1）（川崎秀雄）「税」 19(3) 1941.3
◇新国税読本（8）（河沼高輝）「税」 19(3) 1941.3
◇超過利潤税論（青木得三）「税」 19(3) 1941.3
◇法人税法研究（6）（税法雑話改題）（田中勝次郎）「税」 19(3) 1941.3
◇地方債読本（1）（小林千秋）「地方行政」 49(3) 1941.3
◇国有財産法講義（山田春雄）「地方行政 日文版」 8(3) 1941.3
◇英米独ソの戦時財政「東洋経済新報」 1964 1941.3
◇康徳8年度満洲国財政の分析「東洋経済新報」 1964 1941.3
◇昭和15年度、都市配付税分与額調「都市公論」 24(3) 1941.3
◇市（区）町村財政制度成立の過程（中）-日本地方財政制度の特殊性に就て（藤田武夫）「都市問題」 32(3) 1941.3
◇大日本産業報国会の本年度予算「内外社会問題調査資料」 451 1941.3
◇厚生省所管昭和16年度一般会計予算要領「内務厚生時報」 6(3) 1941.3
◇昭和16年度、内務省予算の概要「内務厚生時報」 6(3) 1941.3
◇管理米及政府買入米に対する金融等に関する件「農林時報」 1(5) 1941.3
◇農林省所管昭和16年度重要事項関係予算概要「農林時報」 1(5) 1941.3
◇大日本産業報国会会費規程及予算「労働時報」 18(3) 1941.3

◇高物価・増産論の再検討(木村禧八郎)「科学主義工業」　5(4)　1941.4
◇戦時財政の地位(永田清)「経済学論集」　11(4)　1941.4
◇所得の分配と累進税(汐見三郎)「経済論叢」　52(4)　1941.4
◇地方費支弁の職員に対する臨時家族手当支給に関する件依命通牒(1940.12.23地方局長)「警察研究」　12(4)　1941.4
◇国庫説の歴史的発展(1)(公法の私法よりの分化)(山内一夫)「国家学会雑誌」　55(4)　1941.4
◇英・米・仏に於ける相続税の物納制度(脇坂実)「財政」　6(4)　1941.4
◇災害被害者に対する租税の減負等に就て(明里長太郎)「財政」　6(4)　1941.4
◇財政政策と景気回復(一谷藤一郎)「財政」　6(4)　1941.4
◇法人所得の解説-新税法誌上講座(主税局)「財政」　6(4)　1941.4
◇第76議会に於ける国税関係の立法に就て(1)(平田敬一郎)「自治研究」　17(4)　1941.4
◇地方分与税法中改正に就て(荻田保)「自治研究」　17(4)　1941.4
◇昭和16年度配付税に就て(荻田保)「自治公論」　13(4)　1941.4
◇昭和15年度に於ける預金部資金の運用(式村義雄)「斯民」　36(4)　1941.4
◇地方税の納税状況「斯民」　36(4)　1941.4
◇相続税法の改正「週報 官報附録」　237　1941.4
◇ナチス価格統制の発展(杉本三郎)「商業組合」　7(4)　1941.4
◇米国最近の財政(野津高次郎)「商工経済」　11(4)　1941.4
◇物価対策懇談会(東京の部)「商工通報」　19　1941.4
◇戸数割の回顧(2)(川崎秀男)「税」　19(4)　1941.4
◇新国税読本(9)(河沼高輝)「税」　19(4)　1941.4
◇地方分与税改正の理由(末松偕一郎)「税」　19(4)　1941.4
◇物品税と公定価格の問題(二上由太郎)「税」　19(4)　1941.4
◇法人税法研究(7)(田中勝次郎)「税」　19(4)　1941.4
◇地方債読本(2)(小林千秋)「地方行政」　49(4)　1941.4
◇地方税法逐条解説(6)(荻田保)「地方行政」　49(4)　1941.4
◇北満の一農村に於ける物価事情「帝国農会報」　31(4)　1941.4
◇東北地方銀行勘定の変化に就て(石川湊)「東北産業研究」　1　1941.4
◇政府資金に依る金融市場操作「東洋経済新報」　1965　1941.4
◇市(区)町村財政制度成立の過程(下)-日本地方財政制度の特殊性に就て(藤田武夫)「都市問題」　32(4)　1941.4
◇農村に於ける貯蓄累増の背景について(桑原正信)「農業と経済」　8(4)　1941.4
◇産業組合の余裕金管理運用方法としての金銭信託に関する件通牒(昭16.3.22.総務局長銀行局長)「農林時報」　1(6)　1941.4
◇将来我が国の増税方針(井learn半彌)「一橋論叢」　7(4)　1941.4
◇地租改正と入会権(1)(戒能通孝)「法学協会雑誌」　59(4)　1941.4
◇短期公債論(長谷川泰三)「経済学論集」　11(5)　1941.5
◇支那財政改革運動(柏井象雄)「財政」　6(5)　1941.5
◇昭和16年度国民貯蓄奨励実施要目「財政」　6(5)　1941.5
◇人口政策と租税政策(関山直太郎)「財政」　6(5)　1941.5
◇地方税の解説(税法講座)(主税局)「財政」　6(5)　1941.5
◇第76議会に於ける国税関係の立法に就て(2)(平田敬一郎)「自治研究」　17(5)　1941.5
◇インフレ問題の現段階(特集)「週刊エコノミスト」　19(17)　1941.5
◇物価問題の再燃と対策(特集)「週刊エコノミスト」　19(18)　1941.5
◇昭和15年度の国民貯蓄の実績「週報 官報附録」　241　1941.5
◇昭和16年度昭和17年度配付税分与資料の調査に就て(谷口寿太郎)「税」　19(5)　1941.5
◇新国税読本(10)(河沼高輝)「税」　19(5)　1941.5
◇法人税法研究(8)(田中勝次郎)「税」　19(5)　1941.5
◇村長の金員借入行為と民法百十条の適用「大審院判例集」　20(5)　1941.5
◇地方債読本(3)(小林千秋)「地方行政」　49(5)　1941.5
◇戦時インフレーション対策-新合理化運動の提唱-(岩崎英恭)「中央公論」　56(5)　1941.5
◇東京信用保証協会の業務拡張案に就て(小川正令)「東京市産業時報」　7(5)　1941.5
◇ナチス財政政策の八年(フリッツ・ラインハルト)「東洋経済新報」　1970　1941.5
◇ソ連経済に於ける財政と信用「東洋経済新報」　1972　1941.5
◇如何に増税すべきか(特集)「東洋経済新報」　1973　1941.5
◇地租改正と入会権(2)(戒能通孝)「法学協会雑誌」　59(5)　1941.5
◇予算の効力(大西芳雄)「法学論叢(京都帝国大学法学会)」　44(5)　1941.5
◇強制貯蓄の必要とその方法-ケトンズの強制貯蓄案-(千種義人)「三田学会雑誌」　35(5)　1941.5
◇財政政策の基盤(永田清)「科学主義工業」　5(6)　1941.6
◇重慶政府の戦時物価政策「経済論叢」　52(6)　1941.6
◇仏印幣制論(松岡孝児)「経済論叢」　52(6)　1941.6
◇関金徴収制度の解-説税法講座-(主税局)「財政」　6(6)　1941.6
◇個人企業の合同と課税に就て(岩本厳)「財政」　6(6)　1941.6
◇昭和十五年度地方財政の瞥見(小林千秋)「斯民」　36(6)　1941.6
◇増税問題の新展開(特集)「週刊エコノミスト」　19(21)　1941.6
◇物価対策機構の発展「週刊エコノミスト」　19(21)　1941.6
◇補助金政策の再検討「週刊エコノミスト」　19(23)　1941.6
◇国民更生金庫はどんな仕事をやつてゐるか(大蔵省)「週報 官報附録」　245　1941.6
◇所得税雑見(高橋諦)「税」　19(6)　1941.6
◇新国税読本(11)(河沼高輝)「税」　19(6)　1941.6
◇新税制初年度の地方財政の概況(谷口寿太郎)「地方行政」　49(6)　1941.6
◇地方債読本(4)(小林千秋)「地方行政」　49(6)　1941.6
◇地方税法逐条解説(7)(荻田保)「地方行政」　49(6)　1941.6
◇戦時金融政策の転進(黒田哲夫)「中央公論」　56(6)　1941.6
◇増税を巡る諸問題(汐見三郎)「東洋経済新報」　1974　1941.6
◇独逸戦時財政の推移「東洋経済新報」　1976　1941.6
◇躍進する商工組合中央金庫の貸出「東洋経済新報」　1976　1941.6
◇新税制下の地方財政とその問題-税収入を中心として(藤田武夫)「都市問題」　32(6)　1941.6
◇東京市最近の財政(下)-十六年度予算の概要(大竹虎雄)「都市問題」　32(6)　1941.6
◇東京産業報国会の労務者貯蓄奨励運動「内外労働週報」　459　1941.6
◇預金部普通地方資金の割当事務一部委任に報する件通牒(昭16.4.24内務大蔵・厚生三次官)「内務厚生時報」　6(6)　1941.6
◇農産物価格吊上観念に就いて(藤井俊治)「農業と経済」　8(6)　1941.6
◇滞在中の帰還軍人に対する戸数割の賦課、(判例批評)(美濃部達吉)「法学協会雑誌」　59(6)　1941.6
◇公債とインフレーション-フランスに於ける経験-(永田清)「三田学会雑誌」　35(6)　1941.6

◇国税徴収制度の解説 -誌上講座-「財政」 6(7) 1941.7
◇財産税の提唱(清水至)「財政」 6(7) 1941.7
◇地租法の解説-税法誌上講座-(主税局)「財政」 6(7) 1941.7
◇税制改正実施初年度に於ける地方財政回顧(小林千秋)「自治研究」 17(7) 1941.7
◇国民更生金庫の業務について(阪田泰二)「斯民」 36(7) 1941.7
◇不動産取得税賦課に関する件通牒(昭16.6.6地方局長)「斯民」 36(7) 1941.7
◇戦時四年貿易・物価の足跡「週刊エコノミスト」 19(25) 1941.7
◇各国の戦費及戦時財政(特集)「週刊エコノミスト」 19(27) 1941.7
◇財政金融基本国策の内容(特集)「週刊エコノミスト」 19(28) 1941.7
◇国民貯蓄組合法に依る免税(田口卯一)「税」 19(7) 1941.7
◇新国税読本(12)(河沼高輝)「税」 19(7) 1941.7
◇税務計算の特例に関する大蔵省令-帝国高速度交通営団法等の規定に依る-(鈴木保雄)「税」 19(7) 1941.7
◇町内会に於ける納税部の組織と運営(児山忠一)「税」 19(7) 1941.7
◇一時借入金に就て(安福生)「地方改良」 113 1941.7
◇地方債読本(5)(小林千秋)「地方行政」 49(7) 1941.7
◇地方税法逐条解説(8・完)(荻田保)「地方行政」 49(7) 1941.7
◇増税の前提条件「東洋経済新報」 1979 1941.7
◇注目すべき庶民金庫の現況「東洋経済新報」 1980 1941.7
◇支那事変以来に於ける国家財政の月別実績「東洋経済統計月報」 3(7) 1941.7
◇貯蓄組合法に依る工場鉱山に於ける実行方法「内外労働週報」 464 1941.7
◇昭和十六年度道府県産業報国会及地方鉱山部会予算「労働時報」 18(7) 1941.7
◇支那銀行の畸形的推移(徳永清行)「経済論叢」 53(2) 1941.8
◇国債消化と銀行(塚越虎男)「国策研究会週報」 3(32) 1941.8
◇村会の決議を超ゆる村長の金員借入行為の村に対する効力(判例批評)(美濃部達吉)「国家学会雑誌」 55(8) 1941.8
◇国税徴収制度の解説 -誌上講座-「財政」 6(8) 1941.8
◇国民貯蓄組合法による分類所得税の免除(小林長谷雄)「財政」 6(8) 1941.8
◇国民貯蓄組合法の施行に際して(多田喜一)「財政」 6(8) 1941.8
◇支那事変発生以来の国債消化状況(塚越虎雄)「財政」 6(8) 1941.8
◇第76議会に於ける国税関係の立法に就て(3・完)(平田敬一郎)「自治研究」 17(8) 1941.8
◇地方予算の編成と起債の抑制(元山修二)「自治公論」 13(8) 1941.8
◇地方分与税法施行規則中改正に就て(荻田保)「斯民」 36(8) 1941.8
◇独英の戦時財政と税制(平田敬一郎)「斯民」 36(8) 1941.8
◇財政基本方策の理論(高木壽一)「週刊エコノミスト」 19(29) 1941.8
◇低物価と生産増強-第四回物価対策審議会決定-「週報 官報附録」 254 1941.8
◇経済的安定と財政手段の作用(高木寿一)「商工経済」 12(2) 1941.8
◇国策会社株式論-戦時金融政策の一提題として(小野清造)「商工経済」 12(2) 1941.8
◇市町村民税の増額意見(荻田保)「税」 19(8) 1941.8
◇新国税読本(14)(河沼高輝)「税」 19(8) 1941.8

◇戦時下に於ける庶民金融(鷲野芳三)「地方行政」 49(8) 1941.8
◇地方債読本(6)(小林千秋)「地方行政」 49(8) 1941.8
◇物価機構の再建設「東洋経済新報」 1982 1941.8
◇日銀利益著増と其の背景「東洋経済新報」 1986 1941.8
◇支那事変開始以来の公債発行及消化状況「東洋経済統計月報」 3(8) 1941.8
◇注目すべき株式時価総額の減価「東洋経済統計月報」 3(8) 1941.8
◇国民更生金庫法施行令並に施行規則の公布「都市問題」 33(2) 1941.8
◇家屋税の客体と公益の用に供する家屋(判例批評)(美濃部達吉)「法学協会雑誌」 59(8) 1941.8
◇地租改正と入会権(3・完)(戒能通孝)「法学協会雑誌」 59(8) 1941.8
◇昭和十六年度地方費予算(1)(文部大臣官房文書課)「文部時報」 732 1941.8
◇昭和十六年度地方費予算(2)(文部大臣官房文書課)「文部時報」 733 1941.8
◇アメリカ戦時経済の検討(塩野谷九十九)「改造」 23(17) 1941.9
◇英国は如何に戦費を賄ひつつあるか-世界戦時財政の分析(1)-(石川英夫)「改造」 23(18) 1941.9
◇ソ連国民経済構造の特質「企画」 4(9) 1941.9
◇日本金融統制の基礎工作(鈴木憲久)「経済集志」 14(2) 1941.9
◇支那の田賦整理(八木芳之助)「経済論叢」 53(3) 1941.9
◇埋立地に関する価格統制に就て「港湾」 19(9) 1941.9
◇国税徴収制度の解説(誌上講座)(主税局)「財政」 6(9) 1941.9
◇日銀国税代理店制定の創設(丸木数登)「財政」 6(9) 1941.9
◇朝鮮金融組合の現在及将来(大熊良一)「産業組合」 431 1941.9
◇地方分与税法施行規則の改正に就て(川村正雄)「自治機関」 499 1941.9
◇昭和十七年度地方予算の編成方針に就て(齋藤昇)「自治研究」 17(9) 1941.9
◇配付税分与額の決定に伴ふ財政の運用に関する件通牒(1941.8.2地方局長)「自治研究」 17(9) 1941.9
◇本年度配付税に就て(荻田保)「自治研究」 17(9) 1941.9
◇事変と納税成績の向上(大竹虎雄)「斯民」 36(9) 1941.9
◇昭和十七年度地方予算の編成と本年度予算の実行に就て(齋藤昇)「斯民」 36(9) 1941.9
◇公債を以て支弁すべき歳出の種類を論ず(青木得三)「商工経済」 12(3) 1941.9
◇所得税雑見(高橋諦)「税」 19(9) 1941.9
◇新国税読本(15)(河沼高輝)「税」 19(9) 1941.9
◇地方分与税法施行規則の改正(小林千秋)「税」 19(9) 1941.9
◇物動計画と増税(中井四郎)「税」 19(9) 1941.9
◇法人税法研究(11)(田中勝次郎)「税」 19(9) 1941.9
◇配付税分与額に伴ふ財政の運用と地方予算の編成実行に関する通牒(東京府総務部長)「地方改良」 115 1941.9
◇地方債読本(7)(小林千秋)「地方行政」 49(9) 1941.9
◇分与税制度と地方財政(1)(渡邊文兵衛)「地方行政 日文版」 8(9) 1941.9
◇開戦以来の独逸戦時財政経済政策「調査月報(大蔵省)」 31(9) 1941.9
◇日用品物価を繞る二・三の問題(1)(太田園)「東京市産業時報」 7(9) 1941.9
◇国防国家と財政計画(高木壽一)「統制経済」 3(3) 1941.9
◇国民貯蓄と国民生活(多田喜一)「統制経済」 3(3) 1941.9

◇十五年度国庫最終現計に見る歳出節減の実情と増税の結果「東洋経済新報」　1987　1941.9
◇事変公債の民間直接消化状況「東洋経済新報」　1990　1941.9
◇戦中戦後に於ける各国の国債費と国民所得「東洋経済統計月報」　3(9)　1941.9
◇財政金融基本方策要綱の決定「都市問題」　33(3)　1941.9
◇嘱託に因る県税滞納処分に対する訴願の審理庁(判例批評)(美濃部達吉)「法学協会雑誌」　59(9)　1941.9
◇昭和十六年度地方費予算(3)(文部大臣官房文書課)「文部時報」　734　1941.9
◇昭和十六年度地方費予算(4)(文部大臣官房文書課)「文部時報」　735　1941.9
◇増税問題の理論(高木寿一)「改造」　23(19)　1941.10
◇戦時財政を行く-戦争経済討議(2)-(永田清[ほか])「改造」　23(20)　1941.10
◇ソ連邦戦時財政批判(安平哲二)「改造」　23(20)　1941.10
◇カールブルクハイザー「戦時財政の源泉と方法」(神戸正一)「経済学論集」　11(10)　1941.10
◇地租法の解説(誌上講座)(主税局)「財政」　6(10)　1941.10
◇戸数割に関する若干の資料(荻田保)「自治研究」　17(10)　1941.10
◇時局下に於ける市町村財政の監督(現地報告)「斯民」　36(10)　1941.10
◇地方財政に関する23の出来事(荻田保)「斯民」　36(10)　1941.10
◇ドイツ物価政策の現段階「社会政策時報」　253　1941.10
◇独英戦時補償法の検討「週刊エコノミスト」　19(39)　1941.10
◇米国の臨戦財政「週刊エコノミスト」　19(39)　1941.10
◇新国税読本(十四講)(河沼高輝)「税」　19(10)　1941.10
◇増税に関する一考察(鈴木憲久)「税」　19(10)　1941.10
◇法人税法研究(12)(田中勝次郎)「税」　19(10)　1941.10
◇郵便年金と所得税(雲岡重喜)「税」　19(10)　1941.10
◇列強の戦費と増税(1)(長崎五郎)「税」　19(10)　1941.10
◇市町村独立税の設定に就いて(山崎千治郎)「地方改良」　116　1941.10
◇地方債読本(8)(小林千秋)「地方行政」　49(10)　1941.10
◇分与税制度と地方財政(承前)(渡邊文兵衛)「地方行政 日文版」　8(10)　1941.10
◇我が国地方債の現状に就て(1)(木村貞一)「地方行政 日文版」　8(10)　1941.10
◇戦時財政当面の重要対策(岩崎英恭)「中央公論」　56(10)　1941.10
◇米国インフレーションと増税問題「調査月報(大蔵省)」　31(10)　1941.10
◇日用品物価を繞る二・三の問題(2)(太田園)「東京市産業時報」　7(10)　1941.10
◇物価対策の回顧と展望(1)(岡田一郎)「東京市産業時報」　7(10)　1941.10
◇農村物価の新局面「東洋経済新報」　1991　1941.10
◇米国の租税貯蓄証券「東洋経済新報」　1991　1941.10
◇事変下質屋業の動向「東洋経済新報」　1993　1941.10
◇郵貯増勢減退下の預金部資金運用状況「東洋経済新報」　1993　1941.10
◇英・独・米の戦時増税「東洋経済新報」　1994　1941.10
◇短期政府証券と金融市場「東洋経済統計月報」　3(10)　1941.10
◇更生金庫の利用拡大方針「都市問題」　33(4)　1941.10
◇昭和十七年度地方予算編成方針「都市問題」　33(4)　1941.10
◇地方税施行令第六条の規定に依る税の指定に関する件依命通牒(昭16.9.17地方局長・主税局長)「内務厚生時報」　6(10)　1941.10

◇地方税法施行令中改正に関する件依命通牒(昭16.9.17地方長・主税局長)「内務厚生時報」　6(10)　1941.10
◇財政社会学の発展(木村元一)「一橋論叢」　8(4)　1941.10
◇昭和十六年度地方費予算(5)(文部大臣官房文書課)「文部時報」　736　1941.10
◇昭和十六年度地方費予算(6)(文部大臣官房文書課)「文部時報」　737　1941.10
◇昭和十六年度地方費予算(7)(文部大臣官房文書課)「文部時報」　738　1941.10
◇昭和十六年度地方費予算(8)「文部時報」　739　1941.10
◇昭和十六年度全国地方費予算総額「文部時報」　740　1941.10
◇米国国防財政の動向(西村光夫)「改造」　23(22)　1941.11
◇独逸に於ける配当高率課税「企画」　4(11)　1941.11
◇戦費論(神戸正一)「経済学論集」　11(11)　1941.11
◇改正価格統制令解説(1)(石井幸一)「警察研究」　12(11)　1941.11
◇所得税法に所謂年金と郵便年金(青谷和夫)「公法雑誌」　7(11)　1941.11
◇家屋税の創設事情(安藤春夫)「財政」　6(11)　1941.11
◇国税徴収制度の解説 -誌上講座-「財政」　6(11)　1941.11
◇仏印の財政及金融事情(1)(長谷川安次郎)「財政」　6(11)　1941.11
◇経費支出の限界に就て(1)(平田敬一郎)「自治研究」　17(11)　1941.11
◇臨戦体制下に於ける本市(大阪市)財政の動向(土井一徳)「執務指導通信」　5(4)　1941.11
◇昭和十六年度配付税の分与を終りて(小林千秋)「斯民」　36(11)　1941.11
◇賀屋財政の性格と進路「週刊エコノミスト」　19(41)　1941.11
◇事変財政を分析す「週刊エコノミスト」　19(42)　1941.11
◇東条内閣の財政政策(高木壽一)「週刊エコノミスト」　19(42)　1941.11
◇画期的増税とその影響(特集)「週刊エコノミスト」　19(43)　1941.11
◇増税断行の意義(汐見三郎)「週刊エコノミスト」　19(44)　1941.11
◇臨時増税案について「週報 官報附録」　266　1941.11
◇経済社会に於ける金融統制の役割(一谷藤一郎)「商業組合」　7(11)　1941.11
◇企業合同と課税「税」　19(11)　1941.11
◇災害被害者に対する租税の減免等に就いて(岩本厳)「税」　19(11)　1941.11
◇新国税読本(十四講)(河沼高輝)「税」　19(11)　1941.11
◇地方税務行政の機構と其の職能(臼井鼎)「税」　19(11)　1941.11
◇配当利子課税の不均衡(青木得三)「税」　19(11)　1941.11
◇列強の戦費と増税(2)(長崎五郎)「税」　19(11)　1941.11
◇市町村独立税の設定に就いて(2)(山崎千治郎)「地方改良」　117　1941.11
◇昭和十六年度村配付税調「地方改良」　117　1941.11
◇地方債読本(9)(小林千秋)「地方行政」　49(11)　1941.11
◇分与税制度と地方財政(続)(渡邊文兵衛)「地方行政 日文版」　8(11)　1941.11
◇我国地方債の現状(続・完)(木村貞一)「地方行政 日文版」　8(11)　1941.11
◇米国財政の変質動向に就て「調査月報(大蔵省)」　31(11)　1941.11
◇投資信託制度の創設「東洋経済新報」　1996　1941.11
◇発展顕著な営業無尽「東洋経済新報」　1996　1941.11
◇予算追加後の本年度財政「東洋経済新報」　1999　1941.11

◇臨戦態勢と都市財政「都市問題」33(5) 1941.11
　国費地方費の負担区分(荻田保)　昭和十七年度地方予算の編成に就て(小林千秋)　新税源(小山田小七)　地方財政に関する文献目録　都市の新財源に就て(藤田武夫)　臨戦態勢下に於ける大都市財政の実情と対策(夏秋義太郎)　臨戦体制下に於ける名古屋市の財政(三樹樹三)　臨戦体制下の大都市財政(森下政一)　臨戦態勢下の地方財政策(岡野文之助)　臨戦態勢と都市財政(宇賀田順三)　臨戦態勢と都市財政の動向(藤谷謙二)
◇戦争と増税(土屋喬雄)「改造」23(23) 1941.12
◇増税問題に就いて(小山田小七)「経済学雑誌」9(6) 1941.12
◇愛知県毛織物工業における金融(田杉競)「経済論叢」53(6) 1941.12
◇普通銀行の金融機構に於ける機能とその統制(川島昌太郎)「経済論叢」53(6) 1941.12
◇物価統制と物品税等の増徴(山路八郎)「警察研究」12(12) 1941.12
◇国税予納制度の研究(川田三郎)「財政」6(12) 1941.12
◇地租法の解説(誌上講座)「財政」6(12) 1941.12
◇年末賞与と源泉課税(小林長谷雄)「財政」6(12) 1941.12
◇標準超過課税許可等の簡易化に就て(小川達雄)「財政」6(12) 1941.12
◇租税徴収に関する一考察(齋藤実)「市政研究」7(5) 1941.12
◇租税徴収に関する一考察(齋藤実)「市政研究」7(6) 1941.12
◇地方分与税法中改正其の他に就て(荻田保)「自治研究」17(12) 1941.12
◇酒税等の増徴等に関する法律に就て(松隈秀雄)「斯民」36(12) 1941.12
◇地方分与税法中改正に就て(荻田保)「斯民」36(12) 1941.12
◇決戦経済と170億貯蓄「週刊エコノミスト」19(47) 1941.12
◇購買力の徹底的抑制-間接税の内容をさぐる-「週刊エコノミスト」19(47) 1941.12
◇対米英決戦財政を具現「週刊エコノミスト」19(47) 1941.12
◇米国の物価問題「週刊エコノミスト」19(48) 1941.12
◇家屋税の課税免除に就て(1)(後藤清)「税」19(12) 1941.12
◇企業合同と課税(2)(外山福男)「税」19(12) 1941.12
◇国民貯蓄組合法と分類所得税法(小林長谷雄)「税」19(12) 1941.12
◇新国税読本(十五講)(河沼高輝)「税」19(12) 1941.12
◇増税問題の解釈(高木寿一)「税」19(12) 1941.12
◇市町村独立税に就いて(3)(山崎千治郎)「地方改良」118 1941.12
◇独逸に於ける国債の激増と無証券国債の発行及取引「調査月報(大蔵省)」31(11) 1941.12
◇米国予算節減の可能性-米国予算報告-「調査月報(大蔵省)」31(12) 1941.12
◇地方分与税法の改正に就て「内務厚生時報」6(12) 1941.12
◇日本農村財政の課題-財政と国民生活に関する研究(1)-(永田清)「三田学会雑誌」35(12) 1941.12
◇所得税と物価(米原七之助)「経済学研究」10(1) 1942.1
◇独逸財政政策(門田昱平)「経済学論集」12(1) 1942.1
◇税率の整理(汐見三郎)「経済論叢」54(1) 1942.1
◇普通銀行の特性とその金融統制(小島昌太郎)「経済論叢」54(1) 1942.1
◇戦時と財政(佐々木惣一)「公法雑誌」8(1) 1942.1
◇日銀の改組に就て(飯田清治)「国策研究会週報」4(2) 1942.1
◇国防財政と租税国家の再確立(井手文雄)「財政」7(1) 1942.1
◇地租法の解説(誌上講座)(主税局)「財政」7(1) 1942.1
◇仏印の財政金融事情(長谷川安次郎)「財政」7(1) 1942.1

◇財政の膨張と国民の自覚(細野孝一)「自治研究」18(1) 1942.1
◇市町村民税の賦課状況に就て(荻田保)「自治研究」18(1) 1942.1
◇酒税等の増徴等に関する法律に就て(平田敬一郎)「自治研究」18(1) 1942.1
◇非常時金融対策に就いて(山際正道)「斯民」37(1) 1942.1
◇資金集積と国民生活(沖中恒幸)「社会政策時報」256 1942.1
◇英国戦争金融の弱点「週刊エコノミスト」20(4) 1942.1
◇大東亜戦と増税問題(高木壽一)「週刊エコノミスト」20(4) 1942.1
◇物品税増徴に伴ふ諸般の注意「商工通報」37 1942.1
◇時局と課税方針(松山宗治)「税」20(1) 1942.1
◇新税法詳解(特輯)「税」20(1) 1942.1
◇市町村に於ける起債の手引(1)(瓜田達男)「地方改良」119 1942.1
◇本年度道府県財政(谷口寿太郎)「地方行政」50(1) 1942.1
◇米国防増税法案の成立「調査月報(大蔵省)」32(1) 1942.1
◇農産物価と経営規模(稲村順三)「帝国農会報」32(1) 1942.1
◇大東亜戦争と日本財政(高石末吉)「東京市産業時報」8(1) 1942.1
◇戦費と増税(神戸正雄)「統制経済」4(1) 1942.1
◇物価政策とインフレ問題の変質(郷司浩平)「統制経済」4(1) 1942.1
◇中央銀行の創設を迎へるタイ国の運賃と金融「東洋経済新報」2006 1942.1
◇間接税増徴法(杉村章三郎)「法律時報」14(1) 1942.1
◇増税と国民生活(野崎龍七)「改造」24(2) 1942.2
◇東京府大緑地予算報告(上村為人)「公園緑地」6(2) 1942.2
◇新体制下の租税理念と租税原則(土方成美)「財政」7(2) 1942.2
◇戦時金融金庫法案要綱に就て(田中豊)「財政」7(2) 1942.2
◇増税等に関する法律に就て(松隈秀雄)「財政」7(2) 1942.2
◇地租法の解説「財政」7(2) 1942.2
◇日本銀行制度の改正に就て(山際正道)「財政」7(2) 1942.2
◇蘭領東印度に於ける金融及財政事情(長谷川安次郎)「財政」7(2) 1942.2
◇昭和十六年地方財政回顧(小林千秋)「自治研究」18(2) 1942.2
◇増税等に関する法律案に就て(松隈秀雄)「斯民」37(2) 1942.2
◇地方分与税法中改正法律案要旨(荻田保)「斯民」37(2) 1942.2
◇内務省所管昭和十七年度予算の概要(澤重民)「斯民」37(2) 1942.2
◇東亜通貨体制につく「週刊エコノミスト」20(5) 1942.2
◇日銀改革と管理通貨制(新庄博)「週刊エコノミスト」20(8) 1942.2
◇改正物品税の内容に就て(第一種物品を中心として(二上由太郎)「税」20(2) 1942.2
◇家屋税の課税免除に就て(2)(後藤清)「税」20(2) 1942.2
◇財産と租税(前尾繁三郎)「税」20(2) 1942.2
◇新国税読本(十七講)-第六章綜合所得税(続)(河沼高輝)「税」20(2) 1942.2
◇市町村独立税の設定に就いて(4)(山崎千治郎)「地方改良」120 1942.2
◇市町村における起債の手引(2)(瓜田達男)「地方改良」120 1942.2
◇地方分与税現地報告(児山忠一)「地方行政」50(2) 1942.2
◇地方分与税法中改正法律案について(荻田保)「地方行政」50(2) 1942.2

◇占領地通貨工作論(関嘉彦)「中央公論」 57(2) 1942.2
◇新日本銀行法の制定と其意義(高石末吉)「東京市産業時報」 8(2) 1942.2
◇戦時財政に於る租税と公債(奥村時蔵)「東京市産業時報」 8(2) 1942.2
◇新日本銀行法座談会(1)「東洋経済新報」 2008 1942.2
◇新日本銀行法座談会(2・完)「東洋経済新報」 2009 1942.2
◇地方財政の再編成/決戦態勢と地方行政の改革に就て(決戦態勢と地方行政の改革)(藤田武夫)「都市問題」 34(2) 1942.2
◇注目すべき兵庫県の工場貯蓄増強方策「内外労働週報」 493 1942.2
◇農村金融の概況「農林時報」 2(4) 1942.2
◇南支に於ける通貨問題(銀屋義)「一橋論叢」 9(2) 1942.2
◇近代化過程下満洲国金融界の特性(藤原泰)「経済学雑誌」 10(3) 1942.3
◇金融新体制の広域国家的統制化について(竹島富三郎)「経済学雑誌」 10(3) 1942.3
◇戦時保険の課題(近藤文二)「経済学雑誌」 10(3) 1942.3
◇中支通貨工作の現段階(小泉計太郎)「経済学雑誌」 10(3) 1942.3
◇戦費負担の分配について(神戸正一)「経済学論集」 12(3) 1942.3
◇銭荘業の機構(徳永清行)「経済論叢」 54(3) 1942.3
◇金融統制団体に関する勅令案要綱及び金融事業の整備に関する勅令案要綱に就て(櫛田光男)「財政」 7(3) 1942.3
◇地租法の解説(誌上講座)(主税局)「財政」 7(3) 1942.3
◇大東亜戦下の組合金融「産業組合」 437 1942.3
◇昭和十七年度の東京市予算編成方針(大久保留次郎)「市政週報」 150 1942.3
◇経済政策の立場より見たる今回の増税案に就て(村山達雄)「自治研究」 18(3) 1942.3
◇通貨管理の戦時方策(森川太郎)「週刊エコノミスト」 20(10) 1942.3
◇建設戦開始と金融体制(特集)「週刊エコノミスト」 20(11) 1942.3
◇日本銀行制度の改正「週報 官報附録」 284 1942.3
◇専廃業者の共助金に対する国庫補助に就て(高橋幸司)「商業組合」 8(3) 1942.3
◇改正前後に於ける所得税の負担額(大蔵省国税課第一係)「税」 20(3) 1942.3
◇家屋税課税免除に就て(3)(後藤清)「税」 20(3) 1942.3
◇地方分与税の改正に就て(小林千秋)「税」 20(3) 1942.3
◇昭和十四年度市町村歳入出決算額調「地方改良」 121 1942.3
◇建設財政の新段階(井手文雄)「中央公論」 57(3) 1942.3
◇財産税論(野津高次郎)「中央公論」 57(3) 1942.3
◇総合物価対策の新局面「東洋経済新報」 2012 1942.3
◇昭和十七年度厚生省所管予算の概要(厚生大臣官房会計課)「内務厚生時報」 7(3) 1942.3
◇昭和十七年度内務省予算の概要(内務大臣官房会計課)「内務厚生時報」 7(3) 1942.3
◇支那の物価問題「企画」 5(4) 1942.4
◇新日本銀行の性格 -日本銀行法の諸問題-(荒木光太郎)「経済学論集」 12(4) 1942.4
◇為替管理(永田鉄三)「経済集志」 14(5) 1942.4
◇増税と物価及国民所得(小林行昌)「財政」 7(4) 1942.4
◇地租税の解説(完)(主税局)「財政」 7(4) 1942.4
◇南方諸地域の関税制度(1)(秋元順朝)「財政」 7(4) 1942.4
◇日本銀行法の概観と日銀統制力の拡充(高島佐一郎)「財政」 7(4) 1942.4
◇仏印の庶民金融機関(井関孝雄)「財政」 7(4) 1942.4
◇市町村民税の性格について(池田三峰)「市政研究」 7(4) 1942.4
◇租税政策の展開(伊藤二郎)「市政研究」 7(4) 1942.4
◇臨戦物価政策と価格等統制令(外村福男)「自治機関」 506 1942.4
◇直接税を中心とする増税に就て(1)(平田敬一郎)「自治研究」 18(4) 1942.4
◇南方圏の通貨制度(特集)「週刊エコノミスト」 20(14) 1942.4
◇改正税法詳解(特輯)(大蔵省主税局)「税」 20(4) 1942.4
◇市町村に於ける起債の手引(瓜田達男)「地方改良」 122 1942.4
◇地方債市場の動向(中野彰)「地方改良」 122 1942.4
◇分与制度と地方財政(4)(渡辺文兵衛)「地方行政 日文版」 8(12) 1942.4
◇地方財務管見(真貝四郎)「地方行政 日文版」 9(2) 1942.4
◇地方税の増税に就て(浜田健治)「地方行政 日文版」 9(2) 1942.4
◇分与制度と地方財政(5)(渡辺文兵衛)「地方行政 日文版」 9(2) 1942.4
◇分与制度と地方財政(6)(渡辺文兵衛)「地方行政 日文版」 9(3) 1942.4
◇市民税とは如何なる税か(浜田健治)「地方行政 日文版」 9(4) 1942.4
◇独逸税制改正、利潤統制、貯蓄政策、広域経済又は占領地経済政策等に関する報告「調査月報(大蔵省)」 32(4) 1942.4
◇財政政策の基本方向(志賀重義)「東京市産業時報」 8(4) 1942.4
◇戦時及び戦後に於ける独逸財政(フリッツ・ラインハルト)「東洋経済新報」 2016 1942.4
◇大東亜戦下の金融動向(特集)「東洋経済新報」 2018 1942.4
◇昭和十七年度一般会計予算における内務関係経費(都市の消費者組織)「都市問題」 34(4) 1942.4
◇公債原則の動態理論(松野賢吾)「一橋論叢」 9(4) 1942.4
◇金融機構革新・整備の立法(実方正雄)「法律時報」 14(4) 1942.4
◇第七十九議会を通過した租税関係諸法律(杉村章三郎)「法律時報」 14(4) 1942.4
◇吾国物価の季節的変動(歳川満雄)「大阪商工会議所月報」 420 1942.5
◇戦費負担の分配について(2)(神戸正一)「経済学論集」 12(5) 1942.5
◇税制改革後の租税統計(汐見三郎)「経済論叢」 54(5) 1942.5
◇印度、濠洲及新西蘭に於ける租税概観(1)(北川城哲)「財政」 7(5) 1942.5
◇昭和十七年度予算に就て(木内四郎)「財政」 7(5) 1942.5
◇南方諸地域の関税制度(2)(秋元順朝)「財政」 7(5) 1942.5
◇臨戦物価政策と価格等統制令(佐野利器)「自治機関」 507 1942.5
◇直接税を中心とする増税に就て(2)(平田敬一郎)「自治研究」 18(5) 1942.5
◇金融統制団体の設立(山際正道)「斯民」 37(5) 1942.5
◇金融統制会の構成内容(特集)「週刊エコノミスト」 20(17) 1942.5
◇大東亜戦後の物価政策(特集)「週刊エコノミスト」 20(19) 1942.5
◇家屋税の課税免除に就て(4)(後藤清)「税」 20(5) 1942.5
◇税革第二年度の地方予算(谷口寿太郎)「税」 20(5) 1942.5
◇改組された日本銀行(1)「東洋経済新報」 2019 1942.5
◇改組された日本銀行(2)「東洋経済新報」 2020 1942.5
◇改組された日本銀行(3)「東洋経済新報」 2021 1942.5
◇各都市の銀行本支店数と資本の大都市集中(小古間隆蔵)「都市問題」

34(5)　1942.5
◇新税制下の大都市収入-東京・大阪両市の税収入を中心として(藤田武夫)「都市問題」　34(5)　1942.5
◇六大都市の昭和十七年度予算「都市問題」　34(5)　1942.5
◇昭和十七年度地方費予算(1)(文部大臣官房文書課)「文部時報」　759　1942.5
◇昭和十七年度地方費予算(2)(文部大臣官房文書課)「文部時報」　760　1942.5
◇儲蓄銀行の課題(徳永清行)「経済論叢」　54(6)　1942.6
◇本年度資金計画並に貿易計画に就て(松田令輔)「公民教育」　12(6)　1942.6
◇共栄圏建設と通貨政策(原祐三)「国策研究会週報」　4(25)　1942.6
◇物価政策の現状と今後(木村禧八郎)「国策研究会週報」　4(25)　1942.6
◇印度、濠洲及新西蘭に於ける租税概観(2)(北川城哲)「財政」　7(6)　1942.6
◇家族数と消費税負担との関係(関山直太郎)「財政」　7(6)　1942.6
◇勤労所得の源泉課税解説(主税局)「財政」　7(6)　1942.6
◇地方財政上の問題(小林千秋)「財政」　7(6)　1942.6
◇南方諸地域の関税制度(3)(秋元順朝)「財政」　7(6)　1942.6
◇戦時下の組合金融に就て(荷見安)「産業組合」　440　1942.6
◇臨戦物価政策と価格等統制令(外山福男)「自治機関」　508　1942.6
◇直接税を中心とする増税に就て(3・完)(平田敬一郎)「自治研究」　18(6)　1942.6
◇臨時資金調整法の改正(大蔵省)「週報 官報附録」　296　1942.6
◇本年度の資金統制計画(企画院)「週報 官報附録」　297　1942.6
◇国民更正金庫懇談会懇談要綱(杉山省三)「商業組合」　8(6)　1942.6
◇日本公債拡大の現段階と将来(高島佐一郎)「商業組合」　8(6)　1942.6
◇所得税の非課税と免税と軽減(田口卯一)「税」　20(6)　1942.6
◇戦争と物品税法(二上由太郎)「税」　20(6)　1942.6
◇法人課税の沿革と其の負担状況(由本恵)「税」　20(6)　1942.6
◇市町村に於ける起債の手引(4)(瓜田達男)「地方改良」　124　1942.6
◇地方公共団体の発行する交付公債(中野彰)「地方改良」　124　1942.6
◇分与税制度と地方財政(渡辺文兵衛)「地方行政 日文版」　9(6)　1942.6
◇印度を中心として観たる東洋関係英国予算「調査月報(大蔵省)」　32(5)　1942.6
◇改組された日本銀行(5)「東洋経済新報」　2024　1942.6
◇改組された日本銀行(6)「東洋経済新報」　2025　1942.6
◇金融調整当面の問題「東洋経済新報」　2025　1942.6
◇中支幣制の新段階「東洋経済新報」　2025　1942.6
◇庶民金庫の貸付状況と其の問題点「東洋経済新報」　2026　1942.6
◇日本税制の現段階(高島佐一郎)「日本評論」　17(6)　1942.6
◇昭和十七年度地方費予算(3)(文部大臣官房文書課)「文部時報」　761　1942.6
◇昭和十七年度地方費予算(4)(文部大臣官房文書課)「文部時報」　762　1942.6
◇南方金融工作の方向(熊田克郎)「大阪商工会議所月報」　422　1942.6
◇財政学に於ける倫理の問題-特に租税原則学説を中心として(永田清)「国家学会雑誌」　56(7)　1942.7
◇勤労所得の源泉課税解説(主税局)「財政」　7(7)　1942.7

◇南方諸地域の関税制度(4)(秋元順朝)「財政」　7(7)　1942.7
◇国債債権の隣組消化(動員局)「市政週報」　170　1942.7
◇臨戦物価政策と価格等統制令(外山福男)「自治機関」　509　1942.7
◇昭和十七年度配付税の分与(吉岡恵一)「斯民」　37(7)　1942.7
◇物価政策の新基準(飯田繁)「週刊エコノミスト」　20(25)　1942.7
◇ソ連の軍事公債「週刊エコノミスト」　20(26)　1942.7
◇満洲物価と配給機構の問題(今村武雄)「商工経済」　14(1)　1942.7
◇昭和十七年度配布税の分与額算定に就いて(谷口寿太郎)「税」　20(7)　1942.7
◇所得税の非課税と軽減免税(田口卯一)「税」　20(7)　1942.7
◇地方公共団体の発行する交付公債(2)(中野彰)「地方改良」　125　1942.7
◇開拓用地税当措置法解説(浜田健治)「地方行政 日文版」　7(7)　1942.7
◇共栄圏金融対策の基底「東洋経済新報」　2028　1942.7
◇補助金政策の検討(1)―特集―「東洋経済新報」　2030　1942.7
◇補助金政策の検討(2)―特集―「東洋経済新報」　2031　1942.7
◇本年度配付税の分与に就て(谷口寿太郎)「都市公論」　25(7)　1942.7
◇日本銀行法について(櫛田光男)「法律時報」　14(7)　1942.7
◇昭和十七年度地方費予算(5)(文部大臣官房文書課)「文部時報」　763　1942.7
◇昭和十七年度地方費予算(6)(文部大臣官房文書課)「文部時報」　764　1942.7
◇昭和十七年地方費予算(7)(文部大臣官房文書課)「文部時報」　766　1942.7
◇大東亜工鉱電力、金融財政交易方策「国策研究会週報」　4(31)　1942.7
◇アンシャン・レジーム下のフランス財政(1)(天沼紳一郎)「財政」　7(8)　1942.8
◇勤労所得の源泉課税解説(3)(主税局)「財政」　7(8)　1942.8
◇南方諸地域の関税制度(5)(秋元順朝)「財政」　7(8)　1942.8
◇預金者貯蓄組合に就て(小栗銀三)「財政」　7(8)　1942.8
◇救護法と市町村財政(米谷豊一)「自治機関」　510　1942.8
◇昭和十七年度配布税に就いて(川村正雄)「自治機関」　510　1942.8
◇臨戦物価政策と価格等統制令(外山福男)「自治機関」　510　1942.8
◇負担区分論(1)(小林千秋)「自治研究」　18(8)　1942.8
◇昭和十八年度地方予算編成方針(吉岡恵一)「斯民」　37(8)　1942.8
◇国民更正金庫の事業概況に就いて「商工通報」　51　1942.8
◇地方分与税に関する資料「地方改良」　126　1942.8
◇地方分与税法施行規則改正等に就て(1)(畠田正義)「地方改良」　126　1942.8
◇昭和十七年度に於ける地方財源の附与に就いて(杉本繁次郎)「地方行政」　50(8)　1942.8
◇所得概念の諸相(木村元一)「一橋論叢」　10(2)　1942.8
◇戦時財政論の方法と課題(井藤半弥)「一橋論叢」　10(2)　1942.8
◇金融統制会の成立(新庄博)「法律時報」　14(8)　1942.8
◇昭和十七年地方費予算(8)(文部大臣官房文書課)「文部時報」　767　1942.8
◇昭和十七年全国地方費予算総額(文部大臣官房文書課)「文部時報」　768　1942.8
◇仏印官営鉄道急行便及普通通貨物一般賃率規則(大柴広哉訳)「外国鉄道調査資料」　16(9)　1942.9
◇物価の乖離性(飯田繁)「経済学雑誌」　11(3)　1942.9
◇アンシャン・レジーム下のフランス財政(2)(天沼紳一郎)「財政」　7(9)　1942.9

◇勤労所得の源泉課税解説(主税局)「財政」 7(9) 1942.9
◇南方地域の関税制度(6)(秋元順朝)「財政」 7(9) 1942.9
◇昭和18年度地方予算の編成方針(小林千秋)「自治研究」 18(9) 1942.9
◇負担区分論(2)(小林千秋)「自治研究」 18(9) 1942.9
◇市民税課税標準の一部改正について(大塚泰二)「執務指導通信」 6(1) 1942.9
◇納税義務者の所在不明調査について(森盆三)「執務指導通信」 6(1) 1942.9
◇大東亜戦争の証明する財政理論(高木壽一)「週刊エコノミスト」 20(36) 1942.9
◇東京市の市税(大竹虎雄)「税」 20(9) 1942.9
◇財政計画と国民生活(特集)「統制経済」 5(3) 1942.9
◇アメリカに於ける住宅金融法制の発展(藤村忠)「都市問題」 35(3) 1942.9
◇昭和十八年度地方予算の編成方針「都市問題」 35(3) 1942.9
◇新税制下の都市財政力-芦屋市の税収入を中心として(藤田武夫)「都市問題」 35(3) 1942.9
◇農村予算と農林機構(永井純一郎)「農業と経済」 9(9) 1942.9
◇占領地の通貨問題(荒木光太郎)「経済学論集」 12(10) 1942.10
◇仏領印度支那の関税問題(河野健二)「経済論叢」 55(4) 1942.10
◇戦費を規定する国民所得(安藤圭一)「財政」 7(10) 1942.10
◇地方分与税法施行規則の改正(主税局)「財政」 7(10) 1942.10
◇昭和十七年の災害被害者に対する租税の減免等に就て(松隈秀雄)「斯民」 37(10) 1942.10
◇中支の地方税制調査に使して(1)(時田吉雄)「斯民」 37(10) 1942.10
◇補助金と価格政策「週刊エコノミスト」 20(39) 1942.10
◇課税に依る最高生活費の制限(鈴木憲久)「税」 20(10) 1942.10
◇南方圏の財政と税制(井関孝雄)「税」 20(10) 1942.10
◇地方分与税法施行規則改正等に就て(畠田正義)「地方改良」 127 1942.10
◇東京市の中小金融施設(高橋鉄也)「東京市産業時報」 8(10) 1942.10
◇戦時下庶民金融の一断面「東洋経済新報」 2044 1942.10
◇新予算と増税問題(汐見三郎)「経済論叢」 55(5) 1942.11
◇大東亜戦争勃発後の上海の金融界(小島昌太郎)「経済論叢」 55(5) 1942.11
◇金融の循環体系とその基本方程式(越村信三郎)「財政」 7(11) 1942.11
◇南方諸地域の関税制度(6)(秋元順朝)「財政」 7(11) 1942.11
◇臨戦物価政策と価格等統制令(外山福男)「自治機関」 513 1942.11
◇経費支出の限界に就て(2・完)(平田敬一郎)「自治研究」 18(11) 1942.11
◇自治財政月評:10月の地方財政(谷口壽太郎)「自治研究」 18(11) 1942.11
◇中支の地方税制調査に使して(2)(時田吉雄)「斯民」 37(11) 1942.11
◇円系通貨制度の確立(高橋泰蔵)「週刊エコノミスト」 20(42) 1942.11
◇円系通制の現段階(特集)「週刊エコノミスト」 20(42) 1942.11
◇最近の税務行政に就て(前尾繁三郎)「税」 20(11) 1942.11
◇所得の非課税と軽免・免除(田口卯一)「税」 20(11) 1942.11
◇大阪市国民貯蓄組合の現況(大阪市市民局町会課)「大大阪」 18(11) 1942.11
◇地方債の近況と其消化状況(西野喜与作)「都市問題」 35(5) 1942.11

◇勤労者金融に対する庶民金庫と産報本部の申合「内外労働週報」 532 1942.11
◇金庫及び営団の研究(竹中龍雄)「一橋論叢」 10(5) 1942.11
◇戦時金融の機構(鬼頭仁三郎)「一橋論叢」 10(5) 1942.11
◇投資誘因と所得問題(米原七之助)「経済学研究」 11(1) 1942.12
◇所謂戦費負担の転嫁に就いて(藤谷謙二)「経済学雑誌」 11(6) 1942.12
◇仏領印度支那の関税改正(河野健二)「経済論叢」 55(6) 1942.12
◇価格統制と隔地者間の取引(牧野英一)「警察研究」 13(12) 1942.12
◇産業再編成の金融的側面(田杉競)「財政」 7(12) 1942.12
◇第一次世界大戦後のインフレに対する独逸税制上の諸対策(野津高次郎)「財政」 7(12) 1942.12
◇自治財政月評:11月の地方財政(谷口壽太郎)「自治研究」 18(12) 1942.12
◇昭和十七年度配付税の分興を了りて(小林千秋)「自治研究」 18(12) 1942.12
◇戦時財政と増税(安затев春夫)「週刊エコノミスト」 20(45) 1942.12
◇インフレと公債政策(松野賢吾)「週刊エコノミスト」 20(47) 1942.12
◇戦時財政の現段階と特性(高木壽一)「週刊エコノミスト」 20(48) 1942.12
◇昭和十八年度一般会計予算の概貌(大蔵省)「週報 官報附録」 324 1942.12
◇物価統制における協力体制(飯田繁)「商業組合」 8(12) 1942.12
◇甲種勤労所得税の申告申請に就て(小沢栄豊)「税」 20(12) 1942.12
◇所得税の非課税と軽減・免除(田口卯一)「税」 20(12) 1942.12
◇満洲国金融統制の動向(呉金川)「統制経済」 5(6) 1942.12
◇戦時下都市財政政策の基調(藤谷謙二)「都市問題」 35(6) 1942.12
◇中支幣制の新発足(坂根哲夫)「一橋論叢」 10(6) 1942.12
◇戦時財政の重大性と国民の覚悟(藤岡啓)「大阪商工会議所月報」 428 1943.1
◇金融統制と普通銀行改組問題(永田鉄三)「経済志」 15(1) 1943.1
◇東亜共栄圏通貨制度の根本観(青木孝義)「経済集志」 15(1) 1943.1
◇マイルネスにおける貨銀の理論(加藤一雄)「経済集志」 15(1) 1943.1
◇均衡過程と価格統制(中谷実)「経済論叢」 56(1) 1943.1
◇貨幣政策の基調(中村佐一)「財政」 8(1) 1943.1
◇銀行戦争保険制度に就て(相馬敏夫)「財政」 8(1) 1943.1
◇昭和十八年度概算に就て(植木庚子郎)「財政」 8(1) 1943.1
◇戦争財政経済に於ける預金部の使命(松田令輔)「財政」 8(1) 1943.1
◇自治財政月評:12月の地方財政(谷口壽太郎)「自治研究」 19(1) 1943.1
◇中支の地方税制調査に使して(3)(時田吉雄)「斯民」 38(1) 1943.1
◇銀行合同の最高段階「週刊エコノミスト」 21(2) 1943.1
◇取引所制度の改革(上林正矩)「週刊エコノミスト」 21(2) 1943.1
◇戦時財政に於ける租税の地位(松隈秀雄)「税」 21(1) 1943.1
◇国家総力戦と配分原理(大熊信行)「中央公論」 58(1) 1943.1
◇戦時産業金融と金融統制会(岡庭博)「統制経済」 6(1) 1943.1
◇新年度の増税問題(勝正憲)「東洋経済新報」 2053 1943.1
◇増税と税制整理(汐見三郎)「東洋経済新報」 2053 1943.1

◇増税の必然性と其方向（藤谷謙二）「東洋経済新報」　2053　1943.1
◇増税観の転換（井藤半彌）「東洋経済新報」　2053　1943.1
◇断乎大増税を行へ（中島彌團次）「東洋経済新報」　2053　1943.1
◇株式取引所の改組と運営（座談会）（田中豊[ほか]）「東洋経済新報」　2054　1943.1
◇地方取引所存発の基準（特集）「東洋経済新報」　2055　1943.1
◇明治初年に於けるインフレーション（土屋喬雄）「汎交通 帝国鉄道協会誌」　44(1)　1943.1
◇公債の国民負担を軽易ならしむる方法（神戸正雄）「経済論叢」　56(2)　1943.2
◇国家財政の戦争協力（宗藤圭三）「財政」　8(2)　1943.2
◇第八十一回帝国会議提出増税案による税率一覧表（大津衞）「財政」　8(2)　1943.2
◇市町村予算の単純化（神代武夫）「自治機関」　625　1943.2
◇自治財政月評（谷口壽太郎）「自治研究」　19(2)　1943.2
◇間接税を中心とする増税案（松隈秀雄）「斯民」　38(2)　1943.2
◇中支の地方税制調査に使して(4)（時田吉雄）「斯民」　38(2)　1943.2
◇内務省所管昭和十八年度予算の概要（沢重民）「斯民」　38(2)　1943.2
◇新増税案解説（大蔵省）「週報 官報附録」　329　1943.2
◇十八年予算の概要（大蔵省）「週報 官報附録」　333　1943.2
◇今次の増税案に就て（泉至剛）「税」　21(2)　1943.2
◇田賦附加税の沿革「税」　21(2)　1943.2
◇税制改正に対処する町村財政運営方策論文に就て（児玉忠一）「地方行政」　51(2)　1943.2
◇十八年度予算の全貌「東洋経済新報」　2061　1943.2
◇藤田武夫著「日本地方財政制度の成立」（永田清）「三田学会雑誌」　37(2)　1943.2
◇昭和十八年度河川関係予算案を中心として（鈴木幹雄）「河川」　2(3)　1943.2
◇貨幣の形態的変遷と金融意義の発展（小島昌太郎）「経済論叢」　56(3)　1943.3
◇国民更生金庫の近況（栃内礼二）「国策研究会週報」　5(13)　1943.3
◇戦時増税と国民の生活態度（関未代策）「財政」　8(3)　1943.3
◇東京市昭和十八年度の決算予算「市政週報」　203　1943.3
◇自治財政月評（谷口壽太郎）「自治研究」　19(3)　1943.3
◇戦費充足の諸源泉と財政政策の結合関係（高木嘉一）「商工経済」　15(3)　1943.3
◇米英の戦時財政展望（高瀬千波）「商工経済」　15(3)　1943.3
◇最近発表の地方財政概要（谷口嘉太郎）「地方行政」　51(3)　1943.3
◇大東亜総合物価対策と為替比率決定問題（市川正義）「統制経済」　6(3)　1943.3
◇間接税中心の増税案成る「東洋経済新報」　2057　1943.3
◇日銀十七年下期事業概況「東洋経済新報」　2062　1943.3
◇株式取引所の日本的再編成「東洋経済新報」　2063　1943.3
◇現下の都市財政問題とその対策-第八回都市問題会議の報告討議に関聯して（藤田武夫）「都市問題」　36(3)　1943.3
◇産報中央本部の昭和十八年度予算の内容「内外労働週報」　547　1943.3
◇昭和十八年度厚生省所管予算の概要「内務厚生時報」　8(3)　1943.3
◇日本金融経済の構造的変化（小島慶）「一橋論叢」　11(3)　1943.3
◇財政の源泉に関する考察（永田清）「三田学会雑誌」　37(3)　1943.3
◇緊急物価対策に関し業界の要望を聴く（座談会）（大屋敦[ほか]）「国策研究会週報」　5(17)　1943.4

◇第八十一帝国議会成立財務関係法律解説「財政」　8(4)　1943.4
◇時局下財務事務の改善刷新に関する具体的方策（安達喜次郎）「市政研究」　3　1943.4
◇今次増税に就て(1)（平田敬一郎）「自治研究」　19(4)　1943.4
◇自治財政月評（谷口壽太郎）「自治研究」　19(4)　1943.4
◇第八十一帝国議会と地方財政（小林千秋）「自治研究」　19(4)　1943.4
◇中支の地方税制調査に使して(5)（時田吉雄）「斯民」　38(4)　1943.4
◇戦時金融と中小商工業（田杉競）「社会政策時報」　271　1943.4
◇決戦市予算の概要（大阪都市協会調査部）「大大阪」　19(4)　1943.4
◇国家総力戦と財政（迫水久常）「東洋経済新報」　2068　1943.4
◇「エード」に就いて（フランス旧制度下の間接税）（下田博）「三田学会雑誌」　37(4)　1943.4
◇決戦増産と物価政策（特輯）「経済毎日」　21(17)　1943.5
◇決戦物価の構成と課題（飯田繁）「経済毎日」　21(17)　1943.5
◇独逸財政と価格政策「経済毎日」　21(18)　1943.5
◇間接税の増徴と価格統制との関係に付て（真野英一）「警察研究」　14(5)　1943.5
◇財政経済資料集「財政」　8(5)　1943.5
◇大東亜財政金融政策の理念と経済法則（中村佐一）「財政」　8(5)　1943.5
◇日満地方税徴収事務共助法に就て（加納勝巳）「自治機関」　519　1943.5
◇納税施設法に就て（池田博明）「自治機関」　519　1943.5
◇今次増税に就て(2)（平田敬一郎）「自治研究」　19(5)　1943.5
◇自治財政月評（谷口壽太郎）「自治研究」　19(5)　1943.5
◇中支の地方税制度に使して(6・完)（時田吉雄）「斯民」　38(5)　1943.5
◇負担区分の確立と昭和十八年度地方財政（小林千秋）「斯民」　38(5)　1943.5
◇緊急物価対策要綱及価格報奨制度（物價局）「商工通報」　70　1943.5
◇政治資金の運用統一に関する大蔵・通信両省の協定「地方行政」　51(5)　1943.5
◇戦時物価政策の再建「東洋経済新報」　2070　1943.5
◇英国国民所得及び財政の近況（白書）「東洋経済統計月報」　5(5)　1943.5
◇戦争財政の支柱（永田清）「日本評論」　18(5)　1943.5
◇緊急物価対策に就て（総務局）「農林時報」　3(10)　1943.5
◇最近における銀行合同問題の意義（山木茂）「一橋論叢」　11(5)　1943.5
◇第八一議会の資金、金融立法「法律時報」　15(5)　1943.5
◇第八十一議会の資金、金融立法（西原寛一）「法律時報」　15(5)　1943.5
◇戦費の問題（藤田武夫）「改造」　25(6)　1943.6
◇大陸物価の動向と対策（橋本秀一）「経済学論集」　13(6)　1943.6
◇ベッテイの「租税論」（白杉庄一郎）「経済論叢」　56(6)　1943.6
◇企業整備とインフレーション対策の課題（木村禧八郎）「国策研究会週報」　5(24)　1943.6
◇決戦下インフレ対策強化策の方法（太田正孝）「国策研究会週報」　5(26)　1943.6
◇過剰購買力吸収作の諸相（一谷藤一郎）「財政」　8(6)　1943.6
◇市街地信用組合法解説（市川晃）「財政」　8(6)　1943.6
◇昭和十八年度東京市国民貯蓄増加目標額「市政週報」　214　1943.6
◇自治財政月評（谷口壽太郎）「自治研究」　19(6)　1943.6

◇納税施設法解説(1)(池田勇人)「自治研究」 19(6) 1943.6
◇金解禁問題当時を回顧して(渡邊鉄蔵)「商工経済」 15(6) 1943.6
◇昭和十八年度改正税法詳解号(大蔵省主税局)「税」 21(6) 1943.6
◇上海金融機溝と銭荘(上)(入江伝)「統制経済」 6(6) 1943.6
◇緊急物価対策の進路(岸本誠二郎)「日本評論」 18(6) 1943.6
◇公債理論の基本問題—メナールトの批判的研究に対する吟味—(田中祐之)「一橋論叢」 12(6) 1943.6
◇日本証券取引所の法的構造(實方正雄)「経済学雑誌」 13(1) 1943.7
◇満州金融機構の整備「経済毎日」 21(23) 1943.7
◇企業整備に関する臨時租税措置法の改正(池田勇人)「財政」 8(7) 1943.7
◇トッド図並にナチス技術連盟(立花次郎)「財政」 8(7) 1943.7
◇自治財政月評(谷口壽太郎)「自治研究」 19(7) 1943.7
◇地方税に関する不課税と減免とに就て(小林千秋)「自治研究」 19(7) 1943.7
◇財政の合理的運営強化の要(小林千秋)「斯民」 38(7) 1943.7
◇国民生産力と国家財政(島恭彦)「統制経済」 7(1) 1943.7
◇上海金融機溝と銭荘(下)(入江伝)「統制経済」 7(1) 1943.7
◇地方経費の構成変化(上)-戦時下地方行財政の発展(藤田武夫)「都市問題」 37(1) 1943.7
◇緊急物価対策概説(伊原隆)「法律時報」 15(7) 1943.7
◇大陸物価の動向と対策(2・完)(橋本秀一)「経済学論集」 13(8) 1943.8
◇購買力封鎖対策(特集)「経済毎日」 21(25) 1943.8
◇ドイツの資金吸収と購買力封鎖「経済毎日」 21(25) 1943.8
◇地方財政論への接近(2・完)「国家学会雑誌」 57(8) 1943.8
◇日本証券取引所の発足と価買取引及び取引員制度の整備に就て(1)(森永貞一郎)「財政」 8(8) 1943.8
◇酒税、清涼飲料税(平田敬一郎)「財政」 8(8) 1943.8
◇臨時租税措置法の規定に依る大蔵大臣の指定事業に就て「財政」 8(8) 1943.8
◇自治財政月評(谷口壽太郎)「自治研究」 19(8) 1943.8
◇納税施設法解説(2・完)(池田勇人)「自治研究」 19(8) 1943.8
◇預金部資金中小商工業者金融疎通資金に就いて(近藤直人)「商業組合」 9(8) 1943.8
◇企業整備と増税の指導理念(鈴木憲久)「税」 21(8) 1943.8
◇昭和十七年度に於ける地方財源の附与に就て(杉本繁次郎)「地方行政」 50(8) 1943.8
◇農産物価格の統制(白石信夫)「統制経済」 7(2) 1943.8
◇地方経費の構成変化(下)-戦時下地方行財政の発展(藤田武夫)「都市問題」 37(2) 1943.8
◇昭和十九年度予算編成方針案「都政週報」 6 1943.8
◇公共投資の理論—公共投資の問題(1)—(永田清)「経済学論集」 13(9) 1943.9
◇株式取引所限月問題(永田鉄三)「経済集志」 16(1) 1943.9
◇戦時工業金融の諸問題(大沼健吉)「経済集志」 16(1) 1943.9
◇株式取引所限月問題(永田鉄三)「経済集志」 16(2) 1943.9
◇戦時工業金融の諸問題(大沼健吉)「経済集志」 16(2) 1943.9
◇株式取引所限月問題(永田鉄三)「経済集志」 16(3) 1943.9
◇戦時工業金融の諸問題(大沼健吉)「経済集志」 16(3) 1943.9
◇資金面より見た貯蓄状況「経済毎日」 21(29) 1943.9
◇貯蓄機構の整備拡充「経済毎日」 21(29) 1943.9
◇租税処罰法の現在及び将来(杉村章三郎)「国家学会雑誌」 57(9) 1943.9

◇起債計画運営の実情と将来への課題(川瀬保)「財政」 8(9) 1943.9
◇自由主義経済の難点と公債の役割(松野賢吾)「財政」 8(9) 1943.9
◇戦時納税貯蓄制度の概要(林修三)「財政」 8(9) 1943.9
◇日本証券取引所の発足と価買取引及び取引員制度の整備に就て(2・完)(森永貞一郎)「財政」 8(9) 1943.9
◇今次増税に就て(3)(平田敬一郎)「自治研究」 19(9) 1943.9
◇自治財政月評(谷口壽太郎)「自治研究」 19(9) 1943.9
◇考査役論(黒瀬光雄)「執務指導通信」 7(2) 1943.9
◇納税施設法の解説(大西孝一)「執務指導通信」 7(2) 1943.9
◇決戦下に於ける租税と国民生活(池田勇人)「税」 21(9) 1943.9
◇文治費膨張の必然性(植木庚子郎)「東洋経済新報」 2038 1943.9
◇明年度増税の重点(1)(勝正憲, 青木得三)「東洋経済新報」 2090 1943.9
◇明年度増税の重点(2)(勝正憲, 青木得三)「東洋経済新報」 2091 1943.9
◇公共投資の実践的意義—公共投資の問題(2・完)—(永田清)「経済学論集」 13(10) 1943.10
◇支那事変軍票論(除野信逆)「経済学論集」 13(10) 1943.10
◇戦費と戦債(大島堅造)「財政」 8(10) 1943.10
◇日本関税沿革史略(1)(伊藤八郎)「財政」 8(10) 1943.10
◇日本的租税観(土方成美)「財政」 8(10) 1943.10
◇自治財政月評(谷口壽太郎)「自治研究」 19(10) 1943.10
◇明年度地方財政の運営に就て(谷口寿太郎)「地方行政」 51(10) 1943.10
◇昭和十八年上期、本邦主要銀行会社業績調査(日本興業銀行調査部)「調査月報(大蔵省)」 33(10) 1943.10
◇桐生足利織物業に於ける金融(田杉競)「経済論叢」 57(5) 1943.11
◇昭和一九年度の増税(汐見三郎)「国策研究会週報」 5(48) 1943.11
◇貯蓄増強と国民標準生活の確立(岩崎英恭)「財政」 8(11) 1943.11
◇企業整備租税減免の概要(1)(平田敬一郎)「自治研究」 19(11) 1943.11
◇自治財政月評(谷口壽太郎)「自治研究」 19(11) 1943.11
◇時局化地方財政・税制の確立(兵庫県町村会)「自治公論」 15(11) 1943.11
◇北安省に於ける県財政人口の決定(北安省財務科)「地方行政 日文版」 10(11) 1943.11
◇米国産業金融論(2・完)(日本興業銀行調査部)「調査月報(大蔵省)」 33(11) 1943.11
◇戦時下都市財政対策「都市問題」 37(5) 1943.11 所謂負担区分論に於ける若干の基本問題(藤谷謙二) 産業再編成と都市財政-都市財政の新しい動向(藤田武夫) 市民財の改正(秋元保一) 都市財政と市民税に就て(岩瀬森次) 都市財政の現状及将来とその対策-都市問題会議第二研究委員会研究報告
◇昭和十八年国債・国債貯金並債券消化状況一覧(民生局調査)「都政週報」 20 1943.11
◇物価局の創設と決戦物価行政の進展(物価局)「農商時報」 3(21) 1943.11
◇営団金庫法研究資料(新法令研究会)「法学協会雑誌」 61(11) 1943.11
◇強制及び観誘貯蓄の体系(小島昌太郎)「経済論叢」 57(6) 1943.12
◇増税問題(汐見三郎)「経済論叢」 57(6) 1943.12
◇自治財政月評(谷口壽太郎)「自治研究」 19(12) 1943.12
◇市町村財務規定の改正に就て(奥野誠亮)「自治研究」 19(12)

◇物価政策再検討の必要「東洋経済新報」 2101 1943.12
◇「行政機構改革に伴ふ物価政策の運営に関する件」に就て(物価局)「農商時報」 3(23) 1943.12
◇戦費の計算方法(井藤半彌)「一橋論叢」 12(6) 1943.12
◇営団金庫法研究資料(新法令研究会)「法学協会雑誌」 61(12) 1943.12
◇決戦 増税と浮動購買力(特集)「経済毎日」 22(4) 1944.1
◇決戦下の財政金融諸問題(田中豊)「国策研究会週報」 6(4) 1944.1
◇決戦下の金融問題(山際正道)「財政」 9(1) 1944.1
◇国民貯蓄と体系(小島昌太郎)「財政」 9(1) 1944.1
◇戦時下金融の諸問題について(田中豊)「財政」 9(1) 1944.1
◇企業整備租税減免の概要(平田敬一郎)「自治研究」 20(1) 1944.1
◇明年度町村予算編成方針に就いて(橋本敏雄)「自治公論」 16(1) 1944.1
◇市町村財務規程の改正(奥野誠亮)「斯民」 39(1) 1944.1
◇金融市場並に株式市場(日本興行銀行調査部)「調査月報(大蔵省)」 34(1) 1944.1
◇最近の財政金融問題(賀屋興宣)「東洋経済新報」 2105 1944.1
◇大増税と問題点「東洋経済新報」 2107 1944.1
◇戦時増税の基本目標(藤谷謙二)「経済学雑誌」 14(2) 1944.2
◇増税とインフレ問題(中島弥団次)「国策研究会週報」 6(9) 1944.2
◇物価政策の発展的解消(原祐三)「国策研究会週報」 6(9) 1944.2
◇戦費と国民負担(小島憲)「自治機関」 528 1944.2
◇市町村税民拡充論議(奥野誠亮)「自治研究」 20(2) 1944.2
◇所得税等増徴法律案に就て(松隈秀雄)「斯民」 39(2) 1944.2
◇内務省所管昭和十九年度予算の概要(副田洌)「斯民」 39(2) 1944.2
◇軍需省論(日下藤吾)「商工組合」 1(1) 1944.2
◇地方財源拡充強化に就て(谷口寿太郎)「地方行政」 51(12) 1944.2
◇昭和十九年度予算と戦費の調達に就て(日本興業銀行調査部)「調査月報(大蔵省)」 34(2) 1944.2
◇予算に見る決戦年度の様相「東洋経済新報」 2109 1944.2
◇営団金庫法研究資料(新法令研究会)「法学協会雑誌」 62(2) 1944.2
◇増税と決戦生活(安藤政吉)「厚生問題」 28(3) 1944.3
◇昭和十九年度朝鮮及台湾に於ける港湾予算(海野幸次郎)「港湾」 22(3) 1944.3
◇企業整備租税減免の概要(3・完)(平田敬一郎)「自治研究」 20(3) 1944.3
◇今次決戦下の増税に就て(池田勇人)「自治研究」 20(3) 1944.3
◇昭和十九年度地方財源拡充措置(奥野誠亮)「斯民」 39(3) 1944.3
◇昭和十九年度州庁予算の展望(地方監察課)「地方行政 日文版」 1(3) 1944.3
◇現段階のインフレ対策と金融界の責務の重大化(木村禧八郎)「国策研究会週報」 6(15) 1944.4
◇今次決戦下の増税に就て(2・完)(池田勇人)「自治研究」 20(4) 1944.4
◇第八十四議会と地方財政(1)(奥野誠亮)「自治研究」 20(4) 1944.4
◇昭和十九年度市街庄予算の展望(地方監察課)「地方行政 日文版」 1(4) 1944.4
◇貯蓄増強の積極策(東洋経済新報社)「東洋経済新報」 2116 1944.4

◇貯蓄増強の根本策としての国民投資金庫案(西崎義夫)「東洋経済新報」 2120 1944.4
◇物価統制会の日備労務者賃金統制強化方策(内外労働研究所)「内外労働週報」 603 1944.4
◇戦時金融統制法の進展-生産力拡充資金の確保措置を中心として(石井照久)「法律時報」 16(4) 1944.4
◇東亜的金融経済の建設(新庄博)「経済毎日」 22(10) 1944.5
◇『女子金労動員の進展とその特性を語る』座談会(国策研究会)「国策研究会週報」 6(19) 1944.5
◇第八十四議会と地方財政(2・完)(奥野誠亮)「自治研究」 20(5) 1944.5
◇生産増強と物価対策(木村孫八郎)「商工組合」 1(4) 1944.5
◇戦時金融金庫の状況と将来「東洋経済新報」 2123 1944.5
◇昭和十八年度都下国債々券消化状況一覧(東京都民生局)「都政週報」 40 1944.5
◇産業金融一体化と金融統制機構(高橋泰蔵)「日本評論」 19(5) 1944.5
◇戦時国債の性格と之に適応したる国債の形態(神戸正雄)「経済論叢」 58(6) 1944.6
◇決戦非常措置と租税の減免(平田敬一郎)「財政」 9(6) 1944.6
◇財政金融非常対策の強化(特集)「財政」 9(6) 1944.6
◇戦時災害時金融対策の整備強化(山際正道)「財政」 9(6) 1944.6
◇貯蓄と生活基準(大河内一男)「財政」 9(6) 1944.6
◇昭和十九年度配付税の分与と将来の動向(入倉勇一)「自治機関」 532 1944.6
◇特別法人税の改正(鈴木保雄)「商工組合」 1(5) 1944.6
◇物価の問題—撒布資金と貯蓄との関係—(高田保馬)「東洋経済新報」 2128 1944.6
◇統制化の金利(中山伊知郎)「一橋論叢」 13(6) 1944.6
◇物価問題の緊急課題(中西寅雄)「経済毎日」 13(6) 1944.7
◇戦時貯蓄の諸方式・効果「経済毎日」 22(14) 1944.7
◇非常金融対策の達成点「国策研究会週報」 6(30) 1944.7
◇金融機関、金融統制、金融人(山際正道)「財政」 9(7) 1944.7
◇戦時非常金融対策の整備(山際正道)「斯民」 39(7) 1944.7
◇戦時非常金融整備要綱「東洋経済新報」 2129 1944.7
◇中支に於ける物価と経済統制(新宮健二)「経済学雑誌」 15(2) 1944.8
◇国民更生基金制度私案要綱(矢次一夫)「国策研究会週報」 6(33) 1944.8
◇現下の財政経済に関する所感・所見(中村三之丞,神戸正雄,船田中)「財政」 9(8) 1944.8
◇皇国租税と理念(志田延義)「財政」 9(8) 1944.8
◇租税負担の国際的比較(井藤半彌)「財政」 9(8) 1944.8
◇独逸の戦時財政(小栗銀三)「財政」 9(8) 1944.8
◇我国貯蓄政策の体系(今井一男)「財政」 9(8) 1944.8
◇昭和二十年度地方予算の編成方針(奥野誠亮)「斯民」 39(8) 1944.8
◇貯蓄の生活理論(大河内一男)「日本評論」 19(8) 1944.8
◇米英戦時財政の暗躍(特集)「経済毎日」 22(17) 1944.9
◇インフレの現段階と対策上の問題点「国策研究会週報」 6(27) 1944.9
◇市町村財政の実態と国費地方費の負担区分(1)(奥野誠亮)「自治研究」 20(9) 1944.9
◇二宮先生負債整理法の研究(2)(松井驥)「斯民」 39(9) 1944.9
◇無税村白浜村の概要(財部共作)「斯民」 39(9) 1944.9
◇政府の資金撒布と国民貯蓄(塩野谷九十九)「東洋経済新報」 2139

1944.9
◇インフレーションの根本的防止策(石橋湛山)「東洋経済新報」 2142 1944.9
◇青果物価格操作実施案大要(石黒武重)「農商時報」 4(9) 1944.9
◇官業租税比較の若干問題(井藤半彌)「一橋論叢」 14(3) 1944.9
◇インフレ対策新論「経済毎日」 22(19) 1944.10
◇国民貯蓄の実践と批判「経済毎日」 22(19) 1944.10
◇米国のインフレ問題(寺西五郎)「国策研究会週報」 6(42) 1944.10
◇市町村財政の実体と国費地方費の負担区分(2・完)(奥野誠亮)「自治研究」 20(10) 1944.10
◇決戦物価政策の進路(鮫島龍行)「日本評論」 19(10) 1944.10
◇臨軍費の決戦的性格(野崎義七)「日本評論」 19(10) 1944.10
◇戦費の今昔(戦争の表情)「経済毎日」 22(22) 1944.11
◇交戦国の戦費調達状況に就て(1)(平田敬一郎)「自治研究」 20(11) 1944.11
◇石橋湛山氏の「インフレーションの抜本的防止策」に就いて(田中金司)「東洋経済新報」 2150 1944.11
◇物価問題の背景「日本評論」 19(11) 1944.11
◇決戦議会の食糧緊急増産予算「農業と経済」 11(6) 1944.11
◇インフレ対策の生産的側面(土屋清)「国策研究会週報」 6(50) 1944.12
◇石橋湛山氏の「インフレーションの抜本的防止案」に就いて(高島佐一郎)「東洋経済新報」 2151・2152 1944.12
◇第八四議会と農村財政―主として三収益税の増税について―(大内力)「農業と経済」 11(7) 1944.12

【図　書】
◇税法之定(東京府編) 1870.8 5p 26cm
◇町費出金方ニ関スル相達書 明治5年(東京府編) 1872.7 10p 22cm
◇太政官達 新紙幣寸法摺色の事の神奈川県庁触(神奈川県庁編) 1872.8 1p 23cm
◇太政官達洋銀算数の事の神奈川県庁触(神奈川県庁編) 1872.8 1p 23cm
◇地租改正法(大蔵省編) 1873.7 23p 26cm
◇地租改正御布告類(熊谷県) 1876 1冊 26cm
◇明治8年ヨリ同10年マデ民費金取調書　手書(第一大区九小区茨城郡竹原村・竹原新田編) 1877.10 18p 26cm
◇財政論 地方税ノ部(ポリコー著,田尻稲次郎訳) 1880.1 112p 20cm
◇地租改正事務局別報 第130号-第141号,第155号,第156号 1880.2 1冊 19cm
◇明治自13年7月至14年6月地方税精算報告書(埼玉県編) 1881 205p 19cm
◇大隈君財政要覧:附 大隈君小伝並退職始末(木滝清頼著) 1881.11 72p 19cm
◇地方税経済ニ関スル土地坪数表 明治16年1月(内務省地理局編) 1884.3 4p 24cm
◇現行大日本租税規則全書(弾舜平編) 官令出版社 1885.9 1冊 15cm
◇地租便覧(大蔵省主税局) 1886.1 141p 21cm
◇租税論 下巻 再版(ポール・レルワ・ボリュー著) 博聞社 1886.5 39,661p 19cm
◇地租便覧附録(大蔵省主税局編) 1886.5 3,114p 21cm
◇地方税戸数割町村費戸数割等差之儀ニ付答申　手書(千葉県長柄上埴生郡編) 1887.2 7p 26cm
◇伊太利国会計法(大蔵省報告課訳) 1887.3 53p 22cm
◇売上金額人員其他ノ儀ニ付内申　手書(千葉県長柄上埴生郡編) 1887.7 4p 26cm
◇地方税支出予算議案内訳明細書 明治21年度([栃木県]編) 1888 54p 23cm
◇明治17,18年[千葉県]長柄上埴生両郡協議費取調表扣　手書(千葉県長柄上埴生両郡編) 1888 11p 22cm
◇明治22年度営業税雑種税中町村賦課額(山形県編) 1889 114p 20cm 山形県報
◇山形県地方税収入予算及賦課方法 明治21年度(山形県編) 1889 74p 20cm 山形県報
◇財政学 再版(コッサ著,町田忠治訳) 博文堂 1889.8 4,12,296p 19cm
◇市町村税論(関澄蔵纂訳) 中近堂 1889.9 6,183p 19cm
◇地方財政学(ラートゲン述,中根重一訳) 日本書籍会社 1889.10 1冊 20cm
◇日本財政史 主権論(萩野由之著,高槻純之助著) 博文館 1890.10 1冊 19cm 政治学経済学法律学講習全書
◇地価修正ニ対スル会津人ノ意見(生江孫太夫著) 1891.2 31p 22cm
◇減租参考一班(天春文衛著,東尾平太郎著,脇栄太郎著) 1891.10 64p 22cm
◇大日本帝国25期間財政始末(阿部興人著) 博聞社 1891.11 1冊 22cm
◇地価修正要論(角利助著) 東洋社 1892.4 110p 19cm
◇日本財政総覧 第1輯(細川雄二郎編) 1892.5 1冊 31cm
◇歳計予算論(曽禰荒助著) 丸善商社書店 1892.11 188p 23cm
◇明治財政要鑑(細川雄二郎編) 茗北文庫 1892.11 87p 23cm
◇地価修正地租軽減併行論:附 地租と山林の大関係(津田敬之著) 博聞社 1893.12 55,2p 19cm
◇各税徴収費取調表 明治25年度(大蔵省主税局編) 1894.2 6,101,3p 25cm
◇岡山県税務一斑(岡山県収税部編) 1894.5 2,115p 24cm
◇地方自治財政論(石塚剛毅著) 博文館 1894.6 6,4,160p 19cm
◇通常千葉県会決議録 明治29年度(千葉県編) 1895.12 116p 24cm
◇公債論(アダムス著,小野英二郎訳) 経済雑誌社 1896.4 17,11,550p 23cm
◇会計検査院史(会計検査院編) 1896.10 5,505p 27cm
◇田租沿革要記及石高考(幸田思成著) 1896.12 31p 22cm 大日本租税志
◇財政通論 上編 再版(添田寿一著) 金港堂書籍 1897.10 1冊 22cm
◇増税得失論(石塚剛毅著) 誠之堂書店,有斐閣書店,経済雑誌社 1897.12 1冊 22cm
◇財政通論 下編 3版(添田寿一著) 金港堂書籍 1898.10 10,300,5p 22cm
◇公債論(田尻稲次郎編) 有斐閣書房 1898.11 4,612p 23cm
◇明治三十年幣制改革始末概要(大蔵省編) 1899.5 27,4,628p 27cm
◇国債沿革略 明治33年調([大蔵省理財局]編) 1900 23,613p 27cm
◇地租史(大蔵省主税局編) 1901.2 58p 22cm
◇欧洲諸国に於ける地方団体の課税制度(内務省地方編) 1902.3 127p 22cm
◇地方経済一班(大和田広治著) 1902.7 4,10,226p 23cm
◇財政整理案 3版(円城寺清著) 哲学書院 1903 246p 19cm
◇本邦地方財政ノ現況(東京税務監督局編) 1903.3 524,297p 23cm 内国税彙纂
◇税制改正要議(加藤政之助著) 1903.4 19p 22cm
◇27,8年戦役後之財政及経済(塩島仁吉編,柳沢泰爾編) 経済雑誌社 1903.10 2,12,826p 19cm

財政

◇明治財政史：一名松方伯財政事歴　第1巻（明治財政史編纂会編）　丸善　1904.4　1冊　26cm
◇明治財政史：一名松方伯財政事歴　第2巻（明治財政史編纂会編）　丸善　1904.5　3,745,436p　26cm
◇明治財政史：一名松方伯財政事歴　第4巻（明治財政史編纂会編）　丸善　1904.8　5,936p　26cm
◇明治財政史：一名松方伯財政事歴　第3巻（明治財政史編纂会編）　丸善　1904.10　10,1240p　26cm
◇明治財政史：一名松方伯財政事歴　第5巻（明治財政史編纂会編）　丸善　1904.11　3,1039p　26cm
◇明治財政史：一名松方伯財政事歴　第6巻（明治財政史編纂会編）　丸善　1904.11　5,843p　26cm
◇明治財政史：一名松方伯財政事歴　第7巻（明治財政史編纂会編）　丸善　1904.11　5,803p　26cm
◇明治財政史：一名松方伯財政事歴　第8巻（明治財政史編纂会編）　丸善　1904.12　14,928p　26cm
◇明治財政史：一名松方伯財政事歴　第9巻（明治財政史編纂会編）　丸善　1904.12　9,747p　26cm
◇明治財政史：一名松方伯財政事歴　第11巻（明治財政史編纂会編）　丸善　1905.1　4,986p　26cm
◇明治財政史：一名松方伯財政事歴　第10巻（明治財政史編纂会編）　丸善　1905.2　6,918p　26cm
◇明治財政史：一名松方伯財政事歴　第12巻（明治財政史編纂会編）　丸善　1905.2　7,962p　26cm
◇明治財政史：一名松方伯財政事歴　第13巻（明治財政史編纂会編）　丸善　1905.2　6,1002p　26cm
◇明治財政史：一名松方伯財政事歴　第14巻（明治財政史編纂会編）　丸善　1905.2　5,1000p　26cm
◇戦時ニ於ケル地方財政経済ノ概況（大蔵省主税局編）　1905.3　2,3,129p　23cm　主税局報告
◇明治財政史：一名松方伯財政事歴　第15巻（明治財政史編纂会編）　丸善　1905.4　1冊　26cm
◇比較財政学　上巻（小林丑三郎著）　同文館　1905.6　2,15,920p　22cm
◇比較財政学　下巻（小林丑三郎著）　同文館　1905.7　12,[700]p　22cm
◇泰西学家と二宮尊徳翁［日本の信用組合及其創立者　ドロッパース，ガレット　日本信用組合の歴史　プドール，ハインリッヒ］　1905.11　57p　22cm
◇財政原論（高野岩三郎著）　有斐閣書房　1906.5　2,12,416p　23cm
◇税法整理審査会審査要録（税法整理審査会編）　1907　1冊　26cm
◇税法整理論（松崎蔵之助著）　有斐閣書房　1908.2　102,22p　23cm
◇日本財政総覧　第2輯　乾　苓北文庫蔵版（細川雄二郎編）　1908.9　1冊　31cm
◇日本財政総覧　第2輯　坤　苓北文庫蔵版（細川雄二郎編）　1908.9　53,784,262p　31cm
◇日本財政総覧　第2輯　附録　苓北文庫蔵版（細川雄二郎編）　1908.9　1冊　31cm
◇国債調査（東京交換所編）　1908.12　254,17p　23cm
◇予算詳解（武富時敏著）　三省堂書店　1908.12　1冊　23cm
◇財政と金融　訂正増補17版（田尻稲次郎著）　同文館　1909.2　1冊　23cm
◇明治金融史　増訂改版（東洋経済新報社編）　1909.4　198p　26cm
◇国債（工藤重義著）　博文館　1909.5　4,270p　23cm　帝国百科全書
◇財政便覧（武富時敏著）　三省堂書店　1909.9　1冊　23cm
◇日本財政史論（渡辺万蔵著）　有斐閣書房　1909.10　1冊　23cm
◇国家財政史（小林丑三郎著）　宝文館　1910　4,242p　23cm　経済

附論
◇税制整理論（田中穂積著）　隆文館　1910.2　1冊　22cm　［最近経済問題］
◇予算制度論（工藤重義著）　隆文館　1910.2　2,474p　22cm　最近経済問題
◇東京府税務全書　4版（鷲見金三郎編）　若松活版所　1910.7　1冊　20cm
◇財政概論（神戸正雄著）　隆文館　1910.8　1冊　22cm　最近経済問題
◇不動産銀行特設に関する卑見（木村桼市著）　1910.8　43p　26cm
◇鉄道予算内容説明書及参考書　明治44年度（［鉄道院］編）　1911　1冊　23cm＋図1枚
◇鉄道予算内容説明書及参考書　明治44年度（［鉄道院］編）　1911　7,91p　27cm
◇44年度鉄道予算内容ニ就キテ（後藤新平著）　1911.1　56p　22cm
◇富と貯蓄（下村宏著）　同文館　1911.5　2,8,599p　23cm
◇明治財政史綱（東洋経済新報社編）　1911.5　3,6,336p　22cm
◇地方財政問題（本多精一著）　隆文館　1911.6　4,442p　23cm　最近経済問題叢書
◇新潟租法沿革（新潟市住宅地賃貸価格調査委員編）　1911.7　72p　23cm
◇明治37,8年戦時財政整理報告（大蔵省編）　1911.8　20,911p　27cm
◇租税論（エドウィン・ロバート・アンダーソン・セリグマン著，三上正毅訳）　大日本文明協会　1911.12　2,6,558p　23cm
◇日本信用組合論（宇佐美力著）　隆文館　1911.12　6,430p　23cm　最近経済問題
◇郵便貯金局年金恩給事務史（郵便貯金局編）　1911.12　1冊　26cm
◇営業税種種税課目額議案　明治19年度（茨城県編）　1912　28p　24cm
◇欧洲市町村税概論　謄写版　1912　18p　26cm
◇大蔵大臣財政経済演説　自明治41年至明治44年　1912　124,48p　26cm
◇家屋税問題国際仲裁裁判事件帝国政府陳弁書　（訳文）　1912　1冊　23cm
◇財政私議　謄写版　1912　24p　26cm
◇戦後財政整理概要　1912　26p　27cm
◇地租改正例規沿革撮要：地租改正報告附録　1912　1冊　19cm
◇地租人員其他取調ノ儀ニ付内申　手書（千葉県長柄上埴生郡編）　1912　6p　26cm
◇［千葉県］長柄上埴生両郡自明治17年度至19年度地方税収否一覧表　手書（千葉県長柄上埴生郡編）　1912　3p　26cm
◇東京府下河岸地貸下料実収額報告　手書　1912　1冊　27cm
◇府県地租改正紀要　上（［大蔵省］編）　1912　1冊　27cm
◇府県地租改正紀要　中（［大蔵省］編）　1912　1冊　27cm
◇府県地租改正紀要　下（［大蔵省］編）　1912　1冊　27cm
◇普国市町村税法改革　謄写版　1912　28p　26cm
◇明治37,8年戦時財政始末報告（大蔵省編）　1912　30,1055p　27cm
◇明治39年度地方税予算　謄写版　1912　19p　26cm
◇財政整理論（小林丑三郎著）　経済雑誌社　1912.2　1冊　19cm
◇小商工業者ノ資金融通ノ状況ニ関スル調査（農商務省商務局編）　1912.3　4,172p　26cm
◇地方財政学　再版（小林丑三郎著）　明治大学出版部　1912.3　1冊　23cm
◇東京市財政現状調査報告　明治44年現（東京市編）　1912.8　42p　26cm
◇土地増価税論（神戸正雄著）　京都法学会　1912.9　12,345p　23cm　法律学経済学研究叢書

◇兵役税論(東京税務監督局編) 1912.10 44p 22cm 内国税彙纂
◇粛堂遺稿財政論(乗竹孝太郎著) 経済雑誌社 1912.11 1冊 23cm
◇市町村費整理意見ノ一:市町村教育費ノ整理(市町村教育施ノ改善)(江木千之述) 1912.12 82p 23cm
◇京都市財政状況(京都市編) 1913.2 25p 31cm
◇奉天省財政一斑:宣統三年度奉天省予算案説明書(南満洲鉄道調査課編) 1913.5 13,135p 26cm
◇庶民金融談(小林丑三郎著) 明治大学出版部 1914.4 6,284,80p 22cm
◇財政経済と生活問題 再版(実業之世界社編) 1914.7 9,6,498p 22cm
◇本邦地租の沿革(有尾敬重述,毎月会(日本勧業銀行内)編) 1914.12 7,2,151p 19cm
◇年金恩給金融業者担保貸付ニ関スル調査([通信省]為替貯金局編) 1915.1 2,68p 23cm
◇大日本地方財政史(中島信虎著) 宝文館 1915.9 2,2,199p 23cm 経済全書
◇帝国歳計沿革史(鈴木敬義編) 麒麟閣 1915.11 1冊 23cm
◇東京市財政之現状(宮川鉄次郎著) 1915.11 56p 26cm
◇欧洲戦時財政の一斑(山崎覚次郎述) 1916 24p 22cm
◇本邦市街地ニ於ケル信用組合実例 第1輯(産業組合中央会編) 1916.1 78p 23cm
◇各府県納税施状況調(新潟県内務部編) 1916.3 209p 22cm
◇社会政策より見たる税制問題(社会政策学会編) 同文館 1916.4 1冊 23cm 社会政策学会論叢
◇東京市内ニ於ケル小商工業者ト信用組合(東京府編) 1916.10 13p 22cm
◇国債沿革略 第1巻(大蔵省理財局編) 1917.3 1冊 26cm
◇減債基金問題論文集(玉木薫蔵編) 1917.4 5,2,357p 22cm
◇帝国国有財産総覧(沢米太郎著) 沢政務調査所 1917.4 1冊 23cm
◇市町村財務便覧:附 東京府市例規 改版(白鳥徳之助著) 良書普及会 1917.6 2,30,658p 20cm
◇庶民銀行概観(大蔵省銀行局編) 1917.6 6,2,762p 22cm
◇最近財政之研究(工藤重義著) 有斐閣書房 1917.11 4,10,580p 23cm
◇戦時列国地方資料 第5輯(内務省地方局編) 1917.11 2,4,258p 22cm
◇市町村財政の実際と其理論(田子一民著) 白水社 1918.2 7,12,434p 22cm
◇国債沿革略 第2巻(大蔵省理財局編) 1918.3 21,912p 26cm
◇英吉利及独逸ニ於ケル土地増価税法(内務大臣官房都市計画課編) 1918.10 104p 23cm
◇台湾税務史 上巻(税務職員共慰会(台湾総督府民生部財務局税務課内)編) 1918.12 1冊 23cm
◇台湾税務史 下巻(税務職員共慰会(台湾総督府民生部財務局税務課内)編) 1918.12 1冊 23cm
◇神戸区有財産沿革史(神戸市神戸区編) 1919.3 4,183p 23cm
◇土地増価税ニ関スル調査(内務省地方局編) 1919.4 1,1,165p 23cm
◇勤倹貯蓄ニ関スル資料(内務省地方局[編]) 内務省地方局 1919.6 9,5,192p 23cm
◇宮城県名取郡部落財産統一顛末(宮城県名取郡編) 1919.7 5,140p 23cm
◇戦時及戦後ニ於ケル物価騰貴ノ趨勢(内閣統計局編) 1919.11 17p 26cm
◇朝鮮ノ土地制度及地税制度調査報告書(朝鮮総督府編) 1920.2 7,21,890p 23cm

◇社会問題と財政(小川郷太郎著) 帝国地方行政学会 1920.4 1冊 19cm
◇所得税の改正を論じ其反対説を駁す(小川郷太郎著) 1920.7 44p 22cm
◇最新租税学(泉至剛著) 岩波書店 1920.8 3,26,1020p 23cm
◇帝国歳計沿革史 第2巻(鈴木敬義編) 麒麟閣 1920.10 1冊 23cm
◇納税要論(堀内正作著) 西尾友文堂 1920.11 1冊 23cm
◇地方財政ノ概況(日本銀行調査局編) 1920.12 61p 23cm
◇農業金融に関する調査 其1 米国に於ける農業地金融(帝国農会編) 1921.3 2,67p 22cm
◇自動車税制改革私案(森四郎著) 1921.6 93p 22cm
◇世外侯事歴維新財政談 上巻(沢田章編) 1921.9 1冊 23cm
◇世外侯事歴維新財政談 中巻(沢田章編) 1921.9 9,[164]p 23cm
◇世外侯事歴維新財政談 下巻(沢田章編) 1921.9 9,[160]p 23cm
◇大阪府大阪市下水道改良費 第2回 自大正11年度至大正13年度(大阪市編) 1922 12,2p 28cm
◇租税研究 第1巻 3版(神戸正雄著) 弘文堂書房 1922.2 4,17,561p 23cm
◇租税研究 第3巻(神戸正雄著) 弘文堂書房 1922.3 2,12,368p 23cm
◇米国物価引下策ニ関スル調査(八代則彦編) 1922.6 72p 22cm
◇臨時財政経済調査会答申税制整理案(臨時財政経済調査会編) 1922.7 28,2,212p 23cm
◇世界安定の暗礁と外国眼にて視たる我物価問題(松方幸次郎著) 1922.8 121p 22cm
◇信用組合論(佐藤寛次著) 産業組合中央会 1922.9 3,11,746p 23cm
◇地方税戸数割 3版(田中広太郎著) 良書普及会 1922.10 2,8,266p 23cm
◇家屋税改正案調査 謄写版,未定稿(小林丑三郎著) 東京市政調査会 1922.11 1冊 28cm
◇現行地方税要覧 改訂増補5版(上島精二著) 良書普及会 1922.12 6,14,412p 19cm
◇税制調査委員会書類 大正12年(大蔵省主税局編) 1923 4,587p 23cm
◇都市財政 タイプ(マンロー著,小幡清金訳) 1923 1冊 28cm
◇市町村税制限外課税(東京地方改良協会編) 良書普及会 1923.1 100p 19cm 地方事務叢書
◇独逸に於ける税務(嶺田丘造著) 1923.1 2,162p 23cm
◇主要国財政経済要覧 大正12年3月調(大蔵省理財局臨時調査課編) 1923.3 3,129p 22cm
◇租税研究 第4巻(神戸正雄著) 弘文堂書房 1923.4 1冊 23cm
◇戦時及戦後各国ノ制定シタル租税法ノ綱要(大蔵省主税局編) 1923.5 21,25,361p 22cm
◇銀行及金融(松崎寿著) 文雅堂 1923.6 4,10,516p 23cm
◇地税委譲絶対反対論:地租問題より税制整理に及ぶ(菅原通敬著) 巌松堂 1923.8 5,98p 22cm
◇税制整理論(小川郷太郎著) 内外出版 1923.9 8,13,669p 23cm
◇財政学 巻1 財政総論 再訂増補6版(小川郷太郎著) 内外出版,有斐閣(発売) 1923.10 1冊 23cm
◇改正諸税法規(東京税務監督局編) 巌松堂書店 1923.11 1冊 19cm
◇財政学評論 第4版(小林丑三郎著) 明治大学出版部 1923.11 1冊 23cm
◇震火災減免税便覧(時事新報社編) 1923.11 6,88p 19cm
◇現行租税法規集(日本租税学会編) 大阪屋号書店 1923.12 1冊(加除式) 16cm

財政　　　　　　　　　　　　都市問題・地方自治　調査研究文献要覧

◇最新財政学綱要　4版（宇都宮鼎著）　巌松堂書店　1923.12　1冊　23cm
◇郵便貯金十億円記念講演集（［逓信省］貯金局編）　1923.12　73p　19cm
◇大阪府大阪市下水道改良費　第3回　自大正13年度至大正15年度（大阪市編）　1924　41p　25cm
◇市街地信用組合論（広瀬豊作著）　産業組合中央会　1924　146p　22cm
◇主要都市ニ於ケル中産階級以下ノ金融機関利用ノ状況（愛知県産業部編）　1924　25p　22cm
◇東京府荏原郡大崎町下水道第2期計画説明書（大崎町役場編）　1924　21p　26cm
◇米国ニ於ケル信用組合：米国駐在財務官報告（大蔵省銀行局貯蓄銀行課編）　1924　105p　23cm
◇財政学　改訂増補14版（堀江帰一著）　宝文館　1924.1　2,22,1098p　23cm
◇租税研究　第2巻　3版（神戸正雄著）　弘文堂書房　1924.2　3,11,316p　23cm
◇稿本租税論講義（土方成美著）　有斐閣　1924.3　2,4,505p　23cm
◇日本財政経済史料　第1巻　改版（復興版）（大蔵省編）　財政経済学会　1924.5　1冊　23cm
◇復興経済財政及金融（細矢祐治著）　文雅堂　1924.5　4,302p　20cm
◇金融及金融機関（堀江帰一著）　1924.6　6,237p　23cm　銀行叢書
◇市町村特別税之栞（水谷平吉著）　帝国地方行政学会　1924.6　1冊　19cm
◇資本主義と物価問題（カール・カウツキー著、中川正一訳）　早稲田泰文社　1924.6　7,4,210p　19cm
◇小額信用制度の研究（東京市政調査会編）　1924.6　69p　22cm　市政調査資料
◇中央の税収政費及債務（中山四郎訳、南満洲鉄道株式会社庶務部調査課編）　1924.6　34p　23cm　パンフレット
◇府県市執行復興事業一覧（復興局編）　1924.6　[10]p　26cm
◇復興追加予算説明書：附 復興事業ノ梗概（復興局編）　1924.6　45p　26cm
◇日本財政経済史料　第2巻　改版（復興版）（大蔵省編）　財政経済学会　1924.7　8,52,1388p　23cm
◇英国予算制度論（石黒利吉著）　八洲社　1924.8　1,6,253p　23cm
◇市町村税特別税　再版（近藤行太郎著）　良書普及会　1924.9　5,201p　19cm　地方事務叢書
◇震災ノ影響　其5　金融（復興局経理部編）　1924.9　4,145p　22cm
◇秩禄処分参考書（大蔵省理財局編）　1924.9　10,17,350p　19cm
◇貯蓄銀行市営ニ就テ　謄写版（大阪市編）　1924.9　32p　26cm
◇日本財政経済史料　第3巻　改版（復興版）（大蔵省編）　財政経済学会　1924.9　4,38,1160p　23cm
◇実務参考所得税法詳解　増訂6版（武本宗重郎著）　東京税務調査会　1924.11　1冊　23cm
◇地方財政研究（船田中著）　日本大学　1924.11　1冊　23cm
◇地方財政提要　再版（田中広太郎著）　良書普及会　1924.11　2,4,119p　19cm　地方事務叢書
◇日本財政経済史料　第4巻　改版（復興版）（大蔵省編）　財政経済学会　1924.11　8,52,1329p　23cm
◇ウィーン市財政事情（東京市政調査会資料課編）　1924.12　3,6,120p　23cm
◇金融六十年史（東洋経済新報社編）　1924.12　4,4,630p　22cm
◇市町村財務規程　再版（大塚辰治著）　良書普及会　1924.12　1冊　22cm　地方事務叢書
◇土地増価税と土地未改良価格税の研究（東京市政調査会編）　1924.12　5,8,186p　22cm

◇日本財政経済史料　第5巻　改版（復興版）（大蔵省編）　財政経済学会　1924.12　1冊　23cm
◇[大阪市]都市計画事業費歳入出決算 自大正10年度至大正13年度（大阪市都市計画部編）　1925　[32]p　28cm
◇大阪府大阪市都市計画事業費継続年期及支出方法 自大正14年度至大正22年度（大阪市都市計画部編）　1925　95p　26cm
◇国民生活と物価問題（下田将美著）　日本評論社　1925　95p　22cm　通俗経済講座
◇信用組合事業の経営（佐藤寛次著）　1925　86p　22cm　産業組合講習録
◇道府県営業税課税率調　大正14年度（内務省地方局編）　1925　4,273p　22cm
◇物価指数の問題（三菱合資会社資料課編）　1925　134p　22cm　資料彙報
◇現行国税地方税総覧（藤沢弘著）　日本租税学会　1925.1　2,12,364p　19cm
◇地方予算と地方税の見方（森田久著）　日本評論社　1925.1　2,7,303p　18cm　通俗財政経済大系
◇日本財政経済史料　第6巻　改版（復興版）（大蔵省編）　財政経済学会　1925.1　6,42,1144p　23cm
◇財政上の実際智識（田川大吉郎著）　白揚社　1925.2　4,4,400p　19cm
◇税の判例（原金吾著）　白鳳社　1925.2　1冊　19cm
◇東京物価指数 自明治33年10月至大正13年12月（日本銀行調査局編）　1925.2　50p　23cm
◇日本財政経済史料　第7巻　改版（復興版）（大蔵省編）　財政経済学会　1925.2　2,42,1340p　23cm
◇財政学要論（神戸正雄著）　弘文堂書房　1925.3　2,14,350p　22cm
◇市制実施以来鳥取市財政一覧表：附 人口・戸数（鳥取市編）　1925.3　1枚　17cm
◇日本財政経済史料　第8巻　改版（復興版）（大蔵省編）　財政経済学会　1925.3　4,46,1466p　23cm
◇物価問題に就て（河津暹著）　東京銀行集会所　1925.3　6,156p　22cm　銀行叢書
◇国民予算論　11版（太田正孝著）　報知新聞社出版部　1925.4　296,72p　19cm
◇財政学　再版（阿部賢一著）　明善社　1925.4　1冊　23cm
◇都市財政に於ける特別賦課問題（東京市政調査会編）　1925.4　4,65p　23cm　市政調査資料
◇日本財政経済史料　第9巻　改版（復興版）（大蔵省編）　財政経済学会　1925.4　4,44,1346p　23cm
◇経費論講義（土方成美著）　岩波書店　1925.5　2,194,50p　23cm
◇日本財政経済史料　第10巻　改版（復興版）（大蔵省編）　財政経済学会　1925.5　1冊　23cm
◇税制整理に就て（小林丑三郎述）　全国経済調査機関連合会　1925.6　42p　23cm
◇地租委譲反対論（根本正述）　1925.7　24p　22cm
◇土地増価税論　再版（前田稔靖著）　帝国地方行政学会　1925.7　3,3,285p　23cm
◇日本財政経済史料　索引（大蔵省編）　財政経済学会　1925.7　1冊　23cm
◇米国に於ける農業地金融に関する調査　大正14年7月（帝国農会編）　1925.7　67p　22cm
◇京都金融史（高橋真一著）　京華日報社　1925.8　12,314p　19cm
◇租税研究　第6巻（神戸正雄著）　弘文堂書房　1925.8　2,12,358p　23cm
◇貴族富豪ニ媚ビテ無資産者ヲ虐ゲル税制整理ハ社会政策ニ反ス（川上栄太郎著）　1925.9　19p　19cm

◇都市金融の概況(東京市政調査会編) 1925.10 4,2,122p 22cm 都市庶民金融に関する調査

◇不当廉売取締に関する各国の法令並資料(工政会編) 1925.10 101p 22cm

◇市街地信用組合の現況(東京市政調査会編) 1925.11 4,356,6p 22cm 都市庶民金融に関する調査

◇納税の苦痛比較に就ての考察(アルバート・ピレリ述) 日本経済聯盟会 1925.11 11p 23cm 国際商議関係書類

◇市設貯蓄銀行(東京市政調査会編) 1925.12 4,344,6p 22cm 都市庶民金融に関する調査

◇欧米に於ける財界並労働問題(塩沢昌貞述) 東京商業会議所 1926 2,90p 22cm

◇大阪都市計画事業費及財源調書 謄写版(大阪市編) 1926 4p 26cm

◇国税地方税整理案ヲ評ス(勝正憲述) 1926 10p 19cm

◇三部会府県府県費其他負担調 大正15年4月調(東京、京都、大阪、神奈川、兵庫、愛知、広島) 1926 29p 26cm

◇時局の財政経済に就て 鉄道延長の財源に就て 税制整理・地方経済・鉄道延長(井上角五郎著) 1926 18p 26cm

◇譲租問題に関する石坂農学博士、土方経済学博士の論文(祖国同志会調査部編) 1926 40p 23cm

◇税制改革に就きて(矢野恒太著) 1926 38p 22cm

◇税制整理ニ関スル意見書 大正15年発表(日本経済聯盟編) 1926 16p 26cm

◇税制整理に関する主張(三土忠造著) 1926 30p 19cm

◇税制整理に就て(菅原通敬述) 1926 61p 23cm

◇政友会の地租委譲を評す(小川郷太郎著) 1926 2,37p 19cm

◇地方税制ニ関スル件 手書(内務省編) 1926 13p 26cm

◇地方復興事業費国庫補助及貸付指令集覧[大正15年1月31日現在]([復興局長官官房計画課]編) 1926 5,210p 23cm

◇独逸国地方税法 [複写],謄写版(東京市政調査会訳) 1926 28p 27cm

◇道府県歳出比較表:附 警察費其ノ他重要費目(神奈川県編) 1926 3,8p 27cm

◇都市及農村に区別したる抵当債務設定高 大正15年4月(日本勧業銀行調査課編) 1926 81p 23cm 農業及不動産金融制度調査資料

◇都市庶民金融改善ニ関スル意見(東京市政調査会編) 1926 5p 26cm

◇土地増価税 [複写],謄写版(フレデリック・シー・ホウエ著,東京市政調査会訳) 1926 27p 27cm

◇日本国財政概論 謄写版(東亜経済調査局編) 1926 144p 24cm

◇紐育救済貸付協会(1894年-1919年) 謄写版([東京市政調査会]編) 1926 [17]p 26cm

◇紐育救済貸付協会(1894年-1919年) [複写],謄写版([東京市政調査会]編) 1926 [17]p 27cm

◇北海道地方税収入予算及決算表 自明治34年度至大正15年度(北海道庁編) 1926 21p 23cm 地方税制調査資料

◇北海道地方税歳入歳出予算及決算表 自明治34年度至大正15年度(北海道庁編) 1926 44p 23cm

◇モーリス案産業銀行組織 謄写版(マール・クローウエル著,[東京市政調査会]訳) 1926 [32]p 26cm

◇モーリス案産業銀行組織 [複写],謄写版(マール・クローウエル著,[東京市政調査会]訳) 1926 [32]p 27cm

◇租税の理念と其分配原理(阿部賢一著) 早稲田大学出版部 1926.1 5,448p 23cm

◇農村市街地信用組合金融事情調査 第1回(産業組合中央金庫編) 1926.1 41p 23cm

◇復興予算年度割一覧(復興局編) 1926.1 55p 26cm

◇市街地信用組合の精神とその事業:都市庶民銀行(森徳久著) 産業組合時報社 1926.2 16p 19cm 信用組合叢書

◇新税制整理論:附 各政党税制整理案文並日本経済聯盟会意見書(松田雪堂編著) 誠文堂 1926.2 1冊 19cm

◇政府ノ税制整理案ニ対スル批判ノ概要(武藤金吉著) 1926.2 33p 19cm

◇地方税の判例(原金吾著) 白鳳社 1926.2 2,4,245p 19cm

◇英国の国債に関する調査(大蔵省理財局編) 1926.3 2,6,678p 22cm

◇公設質舗(東京市政調査会編) 1926.3 4,400,9p 22cm 都市庶民金融に関する調査

◇農業金融論(井関孝雄著) 二松堂書店 1926.3 8,433p 19cm

◇会計制度要論 第3版(西野元著) 日本評論社 1926.4 1冊 23cm

◇予算概論(西野元著) 日本評論社 1926.5 2,6,213p 23cm

◇1924年米国歳入法ニ規定セラレタル所得税規則:附 1926年ノ改正点(日本経済聯盟会編) 1926.5 3,60p 22cm

◇改正個人所得税解説(吉成忠誠著) 日本租税学会 1926.6 4,134,70p 19cm

◇新税制批判(小林丑三郎著) 章華社 1926.6 140,35p 23cm

◇税から見た日本の政治(福間成章編) 1926.6 1枚 77×110cm

◇第2次税制整理ニ関スル各会議所意見(商業会議所聯合会編) 1926.6 20p 22cm

◇仏蘭西に於ける農業金融制度 大正15年7月(日本勧業銀行調査課編) 1926.7 100p 23cm 農業及不動産金融制度調査資料

◇租税研究 第7巻(神戸正雄著) 弘文堂書房 1926.9 2,12,339p 23cm

◇新地方税制の輪廓(田中広太郎著) 中央報徳会 1926.10 2,60p 19cm

◇農村市街地信用組合金融事情調査 第2回(産業組合中央金庫編) 1926.10 55p 23cm

◇物価安定論(アービング・フイツシアー著,文明協会訳編) 1926.10 414p 21cm

◇資本の動きと金融資本の独裁(ヒルファディング著,林要訳) 弘文堂 1926.11 4,2,301p 23cm 金融資本論

◇東京市財政に関する参考諸表 [複写],謄写版(東京市政調査会編) 1926.11 9,[347]p 26cm

◇日本財政史(本庄栄治郎著) 改造社 1926.11 3,6,285p 23cm

◇財政読本(下村宏著) 日本評論社 1926.12 8,16,312p 22cm

◇大日本租税志 第1冊 前篇(大蔵省編) 朝陽会 1926.12 35,27,532p 23cm

◇市会計法規摘要 昭和2年3月現行(東京市会計課編) 1927 1冊 20cm

◇税制整理後の市町村税に就て:昭和2年1月市町村長打合会に於ける説明要旨(岡山県地方課編) 1927 16p 22cm

◇地租関係法規(大蔵省主税局編) 1927 10,293p 22cm

◇地租関係法規(大蔵省主税局編) 1927 10,293p 23cm

◇地方税ニ関スル法令(北海道庁編) 1927 66p 23cm 地方税制調査資料

◇金輸出解禁問題ニ関スル参考資料(東京商業会議所編) 1927.1 3,82p 22cm [商工調査 第1号]

◇東京市財政統計諸表(東京市政調査会編) 1927.1 8,204p 22cm

◇全国農工銀行発達史 改訂増補(杉本正幸著) 全国農工銀行発達史刊行会 1927.2 19,990,161p 23cm

◇大日本租税志 第2冊 中篇(大蔵省編) 朝陽会 1927.2 9,1013p 23cm

◇本邦卸売物価指数の綜観(名古屋高等商業学校産業調査室編) 1927.2 34p 22cm 調査報告

◇東京市十五区の財政に関する調査 謄写版(東京市政調査会編)

451

- ◇東京市十五区の財政に関する調査 [複写],謄写版(東京市政調査会編) 1927.3 102p 26cm
- ◇日本金融経済史の研究(栗栖越夫著) 清水書店 1927.3 2,4,252p 23cm
- ◇租税論 上巻 租税総論 改訂増補5版(小川郷太郎著) 内外出版 1927.4 1冊 23cm
- ◇大日本租税志 第3冊 後篇及雑篇(大蔵省編) 朝陽会 1927.4 6,868,2p 23cm
- ◇恐慌と帝国主義(ヒルファディング著,林要訳) 弘文堂 1927.5 3,2,[298]p 23cm 金融資本論
- ◇会計法規通論 昭和改版(武藤栄治郎著) 東京宝文館 1927.6 1冊 23cm
- ◇諸外国銀行監督及預金者保護に関する法制参考資料(実業同志会調査部編) 1927.6 3,22p 22cm
- ◇新税法詳解(中外商業新報社編) 1927.6 6,320,53p 19cm
- ◇帝国歳計予算の話(河田烈著) 朝陽会 1927.6 3,102p 23cm
- ◇特別税戸数割の話(岡山県地方課編) 1927.6 128p 19cm 市町村行政資料
- ◇露国農民の課税及其他負担重度の研究(南満洲鉄道株式会社編) 大阪毎日新聞社,東京日日新聞社 1927.6 1冊 23cm 露亜経済調査叢書
- ◇昭和金融恐慌史(銀行問題研究会編) 1927.7 2,310,20p 22cm 「銀行論叢」第9巻臨時増刊
- ◇東京市予算案管見 昭和2年度(東京市政調査会資料課編) 1927.7 2,4,122p 22cm
- ◇各国に於ける貯蓄金庫事業(大阪市社会部調査課編) 1927.8 96p 23cm 社会部報告
- ◇金融恐慌卜其影響(東京商業会議所) 1927.8 3,101p 22cm
- ◇農村財政 再版(清水長郷著) 日本評論社 1927.9 4,8,283p 20cm
- ◇税制整理の根本批判:総選挙政戦の争点(小林丑三郎著) 日本評論社 1927.10 2,140p 22cm
- ◇ソヴェート聯邦民の租税負担に関する研究:其他 上(ルゼヴースキー著,日露協会訳) 1927.10 74p 22cm 日露協会報告
- ◇地方税制講話 増補改冊(田中広太郎著) 良書普及会 1927.11 2,10,484p 23cm
- ◇農村市街地信用組合金融事情調査 第3回(産業組合中央金庫編) 1927.11 62p 23cm
- ◇ソヴェート聯邦民の租税負担に関する研究:其他 下(ルゼヴースキー著,日露協会訳) 1927.12 54p 22cm 日露協会報告
- ◇租税研究 第8巻(神戸正雄著) 弘文堂書房 1927.12 1冊 23cm
- ◇地租委譲に就て(添田寿一著) 1927.12 24p 22cm
- ◇中小商工業ノ金融窮迫ニ関スル資料(東京商業会議所) 1927.12 16p 22cm 商工調査
- ◇明治大正財政史(小林丑三郎著,北崎進著) 巌松堂書店 1927.12 2,7,454p 23cm
- ◇地租(矢野悦次郎述) 名古屋市税務監督局 1928 7,277p 23cm
- ◇那覇市水道計画書(那覇市編) 1928 4,116p 26cm
- ◇那覇市水道敷設工事単価表(那覇市編) 1928 58p 26cm
- ◇福岡県戸畑市上水道敷設目論見書(戸畑市編) 1928 1冊 27cm
- ◇市町村の予算 3版(大塚辰治著) 良書普及会 1928.1 1冊 22cm 地方事務叢書
- ◇地租委譲論(松田雪堂述) 財政経済政策学会 1928.1 54p 19cm
- ◇東京市の区財政に関する調査(東京市政調査会編) 1928.1 3,8,362p 24cm
- ◇農業信用の大原則に付て(産業組合中央金庫編) 1928.1 2,61p 22cm
- ◇租税研究 第5巻 再版(神戸正雄著) 弘文堂書房 1928.2 3,10,354p 23cm
- ◇電気事業者の負担する租税其他公納金に関する調査 第2輯(電気協会編) 1928.2 22p 26cm 電気事業資料
- ◇都市及び農村に於ける抵当債務設定高(日本勧業銀行調査課編) 1928.3 4,55p 23cm 農業及不動産金融制度調査資料
- ◇本市に於ける工場労働者の貯蓄金(大阪市社会部調査課編) 1928.3 4,182p 22cm 社会部報告
- ◇預金部秘史(中津海知方著) 東洋経済新報出版部 1928.3 4,16,343p 20cm
- ◇金融制度調査会議事速記録 第1巻 普通銀行制度ニ関スル調査 金融機関検査充実ニ関スル調査(大蔵省銀行局) 1928.4 6,530p 23cm
- ◇金融制度調査会議事速記録 第2巻 公益質庫制度ニ関スル調査 兌換銀行券制理ニ関スル調査(大蔵省銀行局) 1928.4 2,98p 23cm
- ◇最新地方財政要綱(田中広太郎著) 良書普及会 1928.4 4,115p 19cm
- ◇政府の中小商工業者に対する運転資金融通に関する調査:附録 中小商工業者運転資金府県配布額表(東京商工会議所) 1928.4 13p 22cm 商工調査
- ◇東京市の予算:昭和3年4月から1年間の東京市の収入と支出の見積(東京市政調査会編) 1928.4 1枚 17cm 市政カード
- ◇遊興税沿革史:遊興税実施10年記念(三宅孤軒著) 全国同盟料理新聞社 1928.4 476p 18cm
- ◇季節金融に関する調査(日本勧業銀行調査課編) 1928.5 69p 23cm
- ◇京都市公債便覧 [昭和3年4月](京都市総務部理財課編) 1928.5 9,215p 22cm
- ◇財政物語(西野喜与作著) 実業之日本社 1928.5 2,12,436p 19cm
- ◇物価指数論(郡菊之助著) 同文館 1928.5 6,6,648p 23cm
- ◇財政学講義 上巻(土方成美著) 日本評論社 1928.6 4,398p 23cm
- ◇日本国債論(青木得三著) 日本評論社 1928.6 2,4,205p 23cm
- ◇昭和3年度東京市予算案を評す(鈴木武雄著) 東京市政調査会 1928.7 2,64p 22cm 都市問題パンフレット
- ◇都市財政の根本的改善(小林丑三郎著) 東京市政調査会 1928.7 26p 22cm 都市問題パンフレット
- ◇市予算決算等ノ積極的公表ニ関スル建議(東京市政調査会編) 1928.8 8p 26cm
- ◇不動産金融問題(財政経済時報編輯部編) 1928.8 2,2,94p 22cm
- ◇岡山市財政史(尾形惣三郎著) 岡山市役所 1928.9 176p 23cm
- ◇地方税研究(田中広太郎著) 帝国地方行政学会 1928.11 1冊 23cm
- ◇農村市街地信用組合金融事情調査 第4回(産業組合中央金庫編) 1928.11 62p 23cm
- ◇不動産金融に関する調査(日本商工会議所編) 1928.11 2,215p 23cm 調査資料
- ◇東京市公債条例集 [東京市]編 1929 5,283p 22cm
- ◇特別負担制度論(復興局長官官房計画課編) 1929 17p 22cm
- ◇租税研究 第9巻(神戸正雄著) 弘文堂書房 1929.1 4,10,345p 23cm
- ◇[東京市各経済財政計画整理案](東京市編) 1929.1 1冊 26cm
- ◇最近日本財政史(鈴木憲久著) 東洋経済新報社 1929.2 1083p 22cm
- ◇税制並に町村制改正に関する意見(全国町村長会編) 1929.2 12p 22cm
- ◇地租及営業収益税委譲問題ニ関スル調査報告(昭和倶楽部地租及営業収益税委譲問題調査委員会編) 1929.2 42p 22cm
- ◇東京市財政ノ現状並財政援助運動ノ経過(東京市編) 1929.2 18p 26cm

◇旧鳥取県の租法と明治初期の改革(鳥取県内務部編) 1929.3 87p 23cm

◇日本金融制度発達の研究(栗栖越夫著) 啓明社 1929.3 4,218p 23cm

◇我国市町村財政と無産階級(織本倪著) 新興科学社 1929.3 3,154p 19cm

◇地租法解説(唯野喜八著) 日本法律研究会 1929.4 7,8,513p 22cm

◇開国後の財政一瞥(土方成美述) 日本銀行集会所 1929.7 4,221p 23cm 銀行叢書

◇大阪の物価(大阪市産業部編) 1929.8 195,31p 22cm 大阪市産業叢書

◇興業税及観覧税に関する調査(東京商工会議所編) 1929.8 2,113p 23cm 商工調査

◇帝都経済復興と不動産金融問題(東京商工会議所編) 1929.8 4,105p 22cm 商工調査

◇地方財政論(松永義雄著) クララ社 1929.10 151p 19cm 民衆政治講座

◇日本金融資本戦(大阪毎日新聞社エコノミスト部編, 東京日日新聞社エコノミスト部編) 日本評論社 1929.10 10,493p 19cm

◇都市及農村に於ける不動産抵当起債高(日本勧業銀行調査課編) 1929.11 5,127p 23cm

◇減税の解説:国民経済行詰りの打開策(西野喜与作著) 秀文閣書房 1929.12 3,4,156p 19cm

◇昭和4年度地方財政整理緊縮ノ状況(内務省地方局編) 1930.1 2,18p 22cm

◇財政現象の研究(中川与之助著) 日本評論社 1930.2 3,3,274p 23cm

◇市内質屋に関する調査 謄写版(東京市統計課編) 1930.2 54p 26cm 東京市ノ状況

◇地方財政(田中広太郎著) 日本評論社 1930.2 1,2,212p 19cm 時事問題講座

◇都市財政論(A.E.Buck著, 羽根盛一訳) 日乃出書店(発売) 1930.2 2,8,332p 20cm

◇市町村公債 改訂版(水谷平吉著) 巌松堂書店 1930.3 2,14,318p 23cm 地方事務叢書

◇市町村予算の見方(西野喜与作著) 秀文閣書房 1930.3 10,282p 20cm

◇東京市普通経済財政計画(東京市編) 1930.3 1冊 27cm

◇税制(及負担軽減民力涵養)産業振興及産業金融ニ関スル建議事項総覧 自大正15年(昭和元年)至昭和5年4月(日本商工会議所編) 1930.4 4,70p 22cm

◇配当課税問題に関する参考資料(東京商工会議所編) 1930.4 3,70p 22cm 商工調査

◇現行税制特に所得税及営業収益税に就て(神戸正雄述) 日本経済連盟会 1930.5 42p 23cm

◇税制整理ニ関スル建議事項総覧 自大正12年5月至昭和5年5月(日本商工会議所編) 1930.5 5,83p 21cm

◇租税研究 第10巻(神戸正雄著) 弘文堂書房 1930.5 5,11,363p 23cm

◇東京市に於ける物価と賃銀 謄写版(東京市統計課編) 1930.5 29p 26cm 東京市の状況

◇不動産金融論(杉本正幸著) 巌松堂書店 1930.6 2,37,1033p 23cm

◇税の解説:納税者の心得(朝日新聞政治経済部編) 1930.7 1,2,202p 19cm 朝日政治経済叢書

◇地方税研究 第2巻(田中広太郎著) 帝国地方行政学会 1930.7 3,285,64p 23cm

◇改正市町村財務規程 改訂8版(大塚辰治著) 良書普及会 1930.8 6,24,448p 23cm

◇税制改革論:財界立直しの一策(矢野恒太述) 1930.8 60p 22cm

◇東京市公債条例集[昭和5年5月31日現在](東京市財務局主計課編) 1930.8 8,303p 22cm

◇列国の財政恢復と財政論考(田村謙治郎著) 日本評論社 1930.9 1冊 23cm

◇予算統制の研究(長谷川安兵衛編) 森山書店 1930.10 4,120p 19cm

◇六大都市財政上に於ける市債並に租税に就て 謄写版(東京市統計課編) 1930.10 17p 26cm 東京市の状況

◇財政統計(汐見三郎編) 日本評論社 1930.11 153,5p 18cm 社会科学叢書

◇社会的財政学(大畑文七著) 丁酉出版社 1930.11 3,8,432p 23cm

◇国民負担軽減方案(経済攻究会編) 1930.12 77p 22cm

◇市町村税制限外課税(光川逸平著) 1931 47p 22cm

◇市予算制度(張鋭著) [天津市] 1931 23,9p 27cm

◇日本地方財政 [複写](織本倪著) [誠文堂] 1931 42p 22cm 「社会科学講座 第10巻」のうち

◇プロレタリア財政学 [複写](織本倪著) [誠文堂] 1931 36p 22cm 「社会科学講座 第8巻」のうち

◇無産者金融機関としての質屋の研究(東京市編) 1931.2 139p 19cm

◇京城府税務要覧 謄写版(京城府編) 1931.3 48p 25cm

◇府県地租改正紀要抄録(大阪営林局編) 1931.3 4,110p 22cm

◇財政合理化大阪市学区問題:地方行政財政合理化の主張(高砂恒三郎著) 大同書院 1931.5 2,5,77p 22cm

◇明治前期財政経済史料集成 第1巻(大内兵衛編, 土屋喬雄編) 改造社 1931.5 14,12,655p 23cm

◇現代の財政(鈴木宇一著) 社会書房 1931.6 3,11,491p 20cm

◇地方財政の実際問題(三好重夫著) 良書普及会 1931.6 9,2,261p 23cm

◇銀行・金融変動史(岡田純夫著) 田口書店 1931.7 2,6,253p 23cm

◇第五十九回帝国議会ノ協賛ヲ経タル財政及経済関係ノ法律並其立法要旨(日本銀行調査局編) 1931.7 5,229,13p 23cm

◇明治前期財政経済史料集成 第18巻(大内兵衛編, 土屋喬雄編) 改造社 1931.8 13,4,870p 23cm

◇所得と消費税負担との関係 第4輯(内閣統計局編) 1931.9 22p 22cm 調査資料

◇東京市仏貨公債訴訟事件関係書類 昭和6年度(東京市電気局編) 1931.9 1冊 23cm

◇東京市仏貨公債訴訟事件の経過(東京市電気局編) 1931.9 27p 22cm

◇明治前期財政経済史料集成 第17巻(大内兵衛編, 土屋喬雄編) 改造社 1931.9 11,765p 23cm

◇財政学原理:財政々策総論(井藤半弥著) 巌松堂書店 1931.10 3,4,375p 23cm

◇現行税制及其整理(神戸正雄著) 日本評論社 1931.11 2,255p 23cm

◇市街地信用組合経営事例 第2輯(産業組合中央会編) 1931.11 2,240p 22cm 産業組合調査資料

◇大東京に於ける租税負担調 謄写版(東京市統計課編) 1931.11 21p 26cm 東京市ノ状況

◇最近地方税問題(神戸正雄著) 日本評論社 1931.12 2,228,4p 23cm

◇長崎市に於ける小商工業者の金融状態(長崎市役所編) 1931.12 33p 19cm 市政調査資料

◇日本金融論(高橋亀吉著) 東洋経済出版部 1931.12 6,8,642p 23cm

◇横浜市市債一覧表 昭和7年3月31日現在(横浜市編) 1932 17p

◇財政学（小川郷太郎著, 汐見三郎著）　有斐閣　1932.1　2,20,692p　23cm

◇地方税の賦課と徴収　第2版（長井有親著）　税務懇話会　1932.1　1冊　23cm

◇中小商工業者金融機関の研究:不動貯金銀行の社会性（岡崎公宏著）　天人社　1932.1　6,194p　19cm

◇東京府三部経済制度ニ関スル調査:附 大阪府・神奈川県・広島県・京都府ニ於ケル三部経済制度廃止情況調（東京市［臨時市域拡張部］編）　1932.2　8,205p　27cm　市域拡張調査資料

◇租税講話（青木得三著）　改造社　1932.3　1冊　20cm

◇中小商工農資金融通に関する座談会記録（東京府編）　1932.3　1,61p　22cm

◇富山県ノ市・町村債 昭和7年3月現在（富山県内務部編）　1932.3　14p　23cm

◇明治前期財政経済史料集成　第11巻（大内兵衛編, 土屋喬雄編）　改造社　1932.3　13,728p　23cm

◇我国最近の地租問題（大阪商科大学経済研究所編）　1932.3　1冊　22cm　調査彙報

◇京都市に於ける庶民金融に関する調査（京都市教育部編）　1932.4　168p　22cm　調査報告

◇財政学:批判的・理論的解説（ナヒムソン著, 阿部勇訳）　鉄塔書院　1932.4　1冊　23cm

◇帝国歳計予算の話（河田烈述）　財政経済学会　1932.4　3,142p　22cm

◇明治前期財政経済史料集成　第4巻（大内兵衛編, 土屋喬雄編）　改造社　1932.4　6,641p　23cm

◇中小商工業金融及中央銀行の研究（倉持徳久著）　有斐閣　1932.5　343p　23cm

◇中小商工業金融改善策に関する資料（日本商工会議所編）　1932.5　4,162p　21cm　調査資料

◇名古屋市市政一斑 昭和7年度（名古屋市庶務部編）　1932.5　28p　19cm

◇金融亡国論（斯波武著）　一元社　1932.6　590p　19cm

◇世界戦後の国家財政（高木寿一著）　同文館　1932.6　4,6,313p　19cm　世界経済問題叢書

◇明治前期財政経済史料集成　第2巻（大内兵衛編, 土屋喬雄編）　改造社　1932.6　10,4,583p　23cm

◇大阪市中の民費に就て（黒羽兵治郎著, 大阪市編）　1932.7　14p　22cm　明治大正大阪市史紀要

◇財政経済二十五年誌　第1巻 政治篇 上（高橋亀吉編著）　実業之世界社　1932.7　8,16,952p　23cm

◇京都市公債便覧［昭和7年5月］（京都市財務部理財課編）　1932.8　10,310p　22cm

◇財政経済二十五年誌　第6巻 財界篇 上（高橋亀吉編著）　実業之世界社　1932.8　2,23,1078p　23cm

◇明治前期財政経済史料集成　第12巻（大内兵衛編, 土屋喬雄編）　改造社　1932.8　7,681p　23cm

◇大阪市中の区町費に就て（黒羽兵治郎著, 大阪市編）　1932.9　15p　23cm　明治大正大阪市史紀要

◇財政経済二十五年誌　第7巻 財界篇 下（高橋亀吉編著）　実業之世界社　1932.9　2,18,1062p　23cm

◇財政経済二十五年誌　第2巻 政治篇 中（高橋亀吉編著）　実業之世界社　1932.10　2,14,1118p　23cm

◇非常時財政の解剖:増補訂正昭和7年度予算の解説（大蔵省編）　1932.10　66,18p　22cm

◇明治前期財政経済史料集成　第5巻（大内兵衛編, 土屋喬雄編）　改造社　1932.10　446p　23cm

◇赤字時代の財政諸問題（神戸正雄著）　立命館出版部　1932.11　11,2,260p　23cm

◇財政経済二十五年誌　第3巻 政治篇 下（高橋亀吉編著）　実業之世界社　1932.11　2,28,1070p　23cm

◇財政経済二十五年誌　第4巻 政策篇 上（高橋亀吉編著）　実業之世界社　1932.11　2,45,944p　23cm

◇地方税改革問題（神戸正雄著）　立命館出版部　1932.11　5,107p　23cm

◇中小商工業資金ニ就イテ:中小商工業資金融通損失補償要綱（横浜市役所編）　1932.11　21p　19cm

◇日本国債法論（笹原正志著）　奎文社　1932.11　4,22,506p　23cm

◇公益質屋の実例（社会局社会部編）　1932.12　3,63p　22cm　公益質屋資料

◇財政経済二十五年誌　第5巻 政策篇 下（高橋亀吉編著）　実業之世界社　1932.12　2,22,886p　23cm

◇財政経済二十五年誌　第8巻 年誌・年表・索引（高橋亀吉編著）　実業之世界社　1932.12　1冊　23cm

◇明治前期財政経済史料集成　第6巻（大内兵衛編, 土屋喬雄編）　改造社　1932.12　546p　23cm

◇予算統制の実証的研究（長谷川安兵衛著）　森山書店　1932.12　1,8,174p　23cm

◇地方財政関係事項集録　第64議会（内務省地方局）　1933　4,486p　22cm

◇横浜市市債一覧表 昭和8年12月31日現在（横浜市編）　1933　21p　27cm

◇大阪の商品券調査（大阪市産業部調査課編）　1933.1　2,83,13p　22cm　大阪市産業叢書

◇赤字財政とその将来（日本財政批判会編）　暁書院　1933.2　4,6,290p　20cm

◇財政学概論（青木得三著）　賢文館　1933.2　3,7,366p　23cm

◇財政講話（岡野文之助著）　南郊社　1933.2　2,11,273p　23cm

◇大阪市に於ける庶民金融機関発達の概要（黒羽兵治郎著）　1933.3　10p　22cm

◇大阪府下市町村財政概要（大阪市ヲ除ク）昭和7年度（大阪市監査部編）　1933.3　83p　26cm

◇公益質屋の設置と経営（福岡県学務部社会課編）　1933.3　197p　19cm

◇地方財政改革論（三好重夫著）　良書普及会　1933.3　13,2,220p　23cm

◇地方財政調整論（永安百治著）　良書普及会　1933.3　2,3,167p　23cm

◇明治前期財政経済史料集成　第7巻（大内兵衛編, 土屋喬雄編）　改造社　1933.3　5,478p　23cm

◇税の過・現・未（田中秀吉著）　甲文堂書店　1933.4　9,534p　19cm

◇非常時財政と財界（西野喜与作著）　高瀬書房　1933.4　5,9,215p　19cm

◇戸数割ニ関スル調査:附 部落協議費, 水利費　謄写版（帝国農会農業経営部［編］）　帝国農会農業経営部　1933.5　40p　22cm

◇非常時財政の内容 昭和8年度予算の解説（大蔵省編）　日本評論社　1933.5　77p　22cm

◇北海道地方税提要 昭和8年4月1日現在（北海道内務部編）　1933.5　197p　15cm

◇明治前期財政経済史料集成　第8巻（大内兵衛編, 土屋喬雄編）　改造社　1933.5　7,605p　23cm

◇我国金融制度改善ニ関スル意見書（日本経済聯盟会編）　1933.6　13p　26cm

◇地方税滞納処分詳解（藤塚林平著）　日本法律研究会　1933.7　10,376p　23cm

◇明治前期財政経済史料集成　第19巻（大内兵衛編, 土屋喬雄編）　改造社　1933.8　469p　23cm

◇地方税研究　第3巻（田中広太郎著）　良書普及会　1933.9　3,513p

◇非常時の財源問題（神戸正雄著）　立命館出版部　1933.9　7,2,276p　23cm

◇地方税実例総攬（山口民二著）　帝国地方行政学会　1933.10　1冊　19cm

◇価格統制論（河合良成著）　改造社　1933.11　21,284p　23cm　日本統制経済全集

◇神戸市公債便覧（神戸市編）　1933.11　1冊（加除式）　23cm

◇明治前期財政経済史料集成　第20巻（大内兵衛編, 土屋喬雄編）　改造社　1933.11　2,709p　23cm

◇[東京]市庁舎建設費財源ニ関スル調書（[東京市]財務局編）　1933.12　1冊　28cm

◇日本財政論　租税（阿部勇著）　改造社　1933.12　1冊　23cm

◇明治前期財政経済史料集成　第9巻（大内兵衛編, 土屋喬雄編）　改造社　1933.12　8,350p　23cm

◇地方財政関係事項集録　第65議会（内務省地方局編）　1934　4,711p　22cm

◇横浜市市債一覧表　昭和9年12月31日現在（横浜市編）　1934　23p　27cm

◇膨脹財政の建設的役割（小島経済研究所編）　千倉書房　1934.1　4,7,272p　19cm

◇芝区税務の現状：附 税の手引と届書の要点（東京市芝区編）　1934.2　69p　19cm

◇産業組合中央金庫十年誌（産業組合中央金庫編）　1934.3　6,507p　26cm

◇通貨信用統制批判（笠信太郎著）　改造社　1934.3　2,6,432p　23cm　日本統制経済全集

◇財政学（藤江利雄著）　明治大学出版部　1934.4　2,10,423p　23cm

◇財政経済総説（宮崎力蔵著）　青木学堂　1934.4　2,257p　19cm

◇金融経済総論（森川太郎著）　甲文堂書店　1934.5　4,11,502p　23cm

◇明治前期財政経済史料集成　第3巻（大内兵衛編, 土屋喬雄編）　改造社　1934.5　391p　23cm

◇我国に於ける銀行合同の大勢（金融研究会編）　1934.5　240,155p　22cm　調査

◇各国所得税制論（汐見三郎[ほか]著）　有斐閣　1934.7　1冊　23cm　財政金融研究会紀要

◇増税問題の実証的検討：わが財政・税制の解剖（清水伸著）　森山書店　1934.7　1冊　19cm

◇東京市の財政　[昭和9年度]（東京市編）　1934.7　80p　27cm

◇明治前期財政経済史料集成　第13巻（大内兵衛編, 土屋喬雄編）　改造社　1934.7　553p　23cm

◇京都市公債便覧　昭和8年度末現在（京都市財務部理財課編）　1934.8　8,396p　22cm

◇地方財政の理論（青木得三著）　巌松堂書店　1934.9　2,3,152p　20cm

◇租税国家論（大畑文七著）　有斐閣　1934.10　4,9,356p　23cm

◇直営工事と請負工事に就いて：失業救済事業の工法に関する研究（大阪市社会部編）　1934.10　46p　23cm　社会部報告

◇負担均衡ニ関スル参考資料（帝国農会調査部編）　1934.10　52p　22cm

◇大阪市に於ける中小商工業金融調査　上巻　第1分冊（楠見一正著, 大阪商科大学経済研究所編）　1934.11　377p　22cm　調査彙報

◇最新 地租法要義（柳義治著）　森山書店　1934.11　13,338p　23cm

◇市民は如何に質屋を利用するか（昭和八年質屋業調査結果概報）　謄写版（東京市監査局統計課編）　1934.11　4p　26cm　東京市の状況

◇東京市新特別税解説：特別所得税・倶楽部税・法人特別所得税・傭人税（恩河朋健著）　東京記帳能率研究会　1934.11　123p　19cm

◇明治前期財政経済史料集成　第14巻（大内兵衛編, 土屋喬雄編）　改造社　1934.11　423p　23cm

◇官庁会計（花田七五三著）　東洋出版社　1934.12　2,9,469p　23cm

◇明治財政の基礎的研究：維新当初の財政（沢田章著）　宝文館　1934.12　11,389,17p　23cm

◇大阪府損失補償制度ニ依ル中小商工業及罹災復興資金金融通状況調　昭和10年10月末日現在（大阪府編）　1935　28p　27cm

◇大阪府損失補償制度ニ依ル中小商工業資金金融通状況調：昭和10年3月末日現在（大阪府編）　1935　8p　27cm

◇中小商工業者の金融問題：金融機関から見たる（東京市役所編）　1935　48p　21cm　中小商工業振興調査会資料

◇負担金提要（東京市財務局収納課編）　1935　4,139p　19cm

◇我国に於ける銀行合同の大勢　追加（金融研究会編）　1935　[19]p　22cm　調査

◇財務行政　下（松隈秀雄著）　常磐書房　1935.2　20,430p　23cm　自治行政叢書

◇物価指数の理論と実際（森田優三著）　東洋出版社　1935.2　381,112p　23cm　統計学全集

◇小売金融機関ニ就テ（商工省商務局編）　1935.3　49p　21cm　小売業改善資料

◇朝鮮ニ於ケル税制整理経過概要（朝鮮総督府財務局編）　1935.3　4,320p　23cm

◇東北地方西南地方北海道港湾修築費国庫負担比較　謄写版（港湾協会編）　1935.3　24p　23cm　東北地方振興港湾修築資料

◇富山県ノ市・町村債　昭和10年3月31日現在（富山県地方課編）　1935.3　14p　23cm

◇横浜市市債一覧表　昭和10年3月31日現在（横浜市編）　1935.3　23p　27cm

◇公益企業会計（竹中竜雄著）　東洋出版社　1935.4　5,6,396p　23cm　会計学全集

◇公益質屋金融特ニ東京府社会事業協会経営公益質屋ノ実情ニ就テ（商工省商務局編）　1935.4　32p　21cm　小売業改善資料

◇支那の経済恐慌に関する調査　第1巻　金融及国際貸借（東京商工会議所編）　1935.4　2,41p　21cm　商工調査

◇貯蓄銀行ニ依ル小売金融殊ニ不動貯金銀行ニニコニコ貸付ノ実際ニ就テ（商工省商務局編）　1935.4　20p　21cm　小売業改善資料

◇明治前期財政経済史料集成　第15巻（土屋喬雄著, 大内兵衛編）　改造社　1935.4　21,491p　23cm

◇臨時利得税法綱要（東京商工会議所編）　1935.4　33p　21cm　商工資料

◇小売金融特ニ日本興業銀行ニ於ケル其ノ取扱事情ニ就テ（商工省商務局編）　1935.5　42p　21cm　小売業改善資料

◇臨時利得税法釈義（河沼高輝著）　政治教育協会　1935.5　1冊　23cm

◇大阪市に於ける中小商工業金融調査　上巻　第2分冊（楠見一正著, 大阪商科大学経済研究所編）　1935.6　[251]p　22cm　調査彙報

◇財政学原理（土方成美著）　東洋出版社　1935.6　2,5,538p　23cm　基礎経済学全集

◇農業者ト営業者ノ租税公課負担比較調査（帝国農会編）　1935.6　2,25p　23cm

◇国税徴収法精義 地方税徴収解説（塩田権吉著, 中西登幾継著）　東洋出版社　1935.7　541p　23cm　最新租税実務全集

◇最近ニ於ケル農村負担ノ変遷ニ関スル調査（農林省農務編）　1935.7　99p　23cm

◇甲府市の財政概要　昭和10年度（甲府市編）　1935.8　61p　22cm

◇財政経済政策に対する理論的検討：附 農村金融問題（馬場鍈一述）　新日本同盟　1935.8　26p　22cm

◇地方税通義（谷口寿太郎著）　東洋出版社　1935.8　36,530p　23cm　最新租税実務全集

◇再び市の郵便貯金を比較す（貯金局編）　1935.8　44p　22cm

455

財政　　　　　　　　　　　　　　　都市問題・地方自治　調査研究文献要覧

◇明治前期財政経済史料集成　第10巻(大内兵衛著,土屋喬雄著)　改造社　1935.8 9,398p 23cm

◇財政学　改訂増補(神戸正雄著)　日本評論社　1935.9 1,21,594p 23cm　経済学体系

◇市ノ会計事務(関達三述)　市政人社　1935.9 50p 22cm

◇東京市の財政 [昭和10年度](東京市編)　1935.9 74p 27cm

◇秘書類纂 財政資料 上巻(伊藤博文編)　秘書類纂刊行会　1935.9 5,648,5p 23cm

◇営業収益税法臨時利得税法精義(久保平三郎著)　東洋出版社　1935.10 2,14,597p 23cm　最新租税実務全集

◇大阪市に於ける中小商工業金融調査 上巻 第3分冊(楠見一正著,大阪商科大学経済研究所編)　1935.10 [584]p 22cm 調査彙報

◇国家財政概論(井藤半弥著)　巌松堂書店　1935.10 1,10,250p 23cm

◇増税及整税論(神戸正雄著)　立命館出版部　1935.10 5,377p 23cm

◇租税原則学説の構造と生成：租税政策原理(井藤半弥著)　巌松堂書店　1935.10 2,9,654p 23cm

◇中小商工業者の金融問題：業者側から見た(東京市産業局編)　1935.10 50p 21cm　中小商工業振興調査会資料

◇町村の郵便貯金を府県別に比較す(貯金局編)　1935.10 38p 22cm

◇明治前期財政経済史料集成 第16巻(大内兵衛著,土屋喬雄著)　改造社　1935.10 444p 23cm

◇市町村税釈義(谷口寿太郎著)　東洋出版社　1935.11 31,571p 23cm 最新租税実務全集

◇独逸財産税論(国政研究会編)　巌松堂書店　1935.11 2,6,156p 19cm

◇日本銀行と金融市場(三村称平著)　森山書店　1935.11 3,10,556p 23cm

◇市町村税の賦課徴収事務(大塚辰治著)　自治館　1935.12 3,23,607p 19cm

◇地方債参考書 第68回帝国議会([大蔵省]理財局地方債課編)　1935.12 4,116p 26cm

◇地方財政調整問題(高砂恒三郎著)　甲文堂書店　1935.12 1冊 23cm

◇秘書類纂 財政資料 中巻(伊藤博文編)　秘書類纂刊行会　1935.12 5,631,6p 23cm

◇横浜市市債一覧表 昭和10年12月31日現在(横浜市編)　1935.12 24p 27cm

◇六十年間に於ける郵便貯金経済史観([通信省]貯金局編)　1935.12 1180p 22cm

◇地方財政及税制改革ニ就テ 昭和11年9月29日　謄写版(大村清一述)　内務省地方局　1936 12p 26cm

◇地方財政調整制度論評輯　謄写版(内務省地方局財政課編)　1936 146,4p 26cm

◇横浜市市債一覧表 昭和11年3月31日現在(横浜市編)　1936 24p 27cm

◇歴代市長の予算説明(東京市財務局主計課編)　1936 2,175p 26cm

◇一宮市財政概要(一宮市編)　1936.1 9p 22cm

◇外国大都市租税制度 其の1(東京市財務局収納課編)　1936.1 4,260p 22cm 外国大都市税制調査資料

◇税制整理ニ関スル建議事項総覧 自大正13年11月至昭和10年12月 [複製](日本商工会議所編)　1936.1 118p 21cm 税制調査会資料

◇農村及都市の負担並財政状況調査の概要 昭和9年度(農林省農務局編)　1936.1 37p 22cm

◇大阪市に於ける中小商工業金融調査 上巻 第4分冊(楠見一正著,大阪商科大学経済研究所編)　1936.2 [386]p 22cm 調査彙報

◇信用組合に関する調査([日本勧業銀行]編)　1936.2 [27]p 22cm [調査彙報]

◇秘書類纂 財政資料 下巻(伊藤博文編)　秘書類纂刊行会　1936.2 4,614,2p 23cm

◇明治前期財政経済史料集成 第21巻(大内兵衛編,土屋喬雄編)　改造社　1936.2 616p 23cm

◇地方財政改善ニ関スル内閣審議会中間報告(内閣調査局編)　1936.3 8,226p 26cm

◇1929年英国地方行政法中第5章課税物件ノ評価査定及第6章国庫補助金其他ノ財政条項(農林省文書課編)　1936.3 2,51p 21cm

◇税制改革の一考察(中村継男述)　1936.5 70p 18cm 経済研究叢書

◇明治大正財政史 第11巻 国債 上(大蔵省編)　財政経済学会　1936.5 22,1240p 27cm

◇税務事務提要 再版(東京市財務局収納課編)　1936.6 41,541p 23cm

◇税制改正並地方税財政調整交付金制度ニ関スル意見書 謄写版(全国町村会編)　1936.7 7p 26cm

◇大阪市に於ける中小商工業金融調査 下巻(楠見一正著,大阪商科大学経済研究所編)　1936.8 830p 22cm 調査彙報

◇市税ノ大要(京都市財務部編)　1936.8 36p 19cm

◇東京市の財政 [昭和11年度](東京市財務局主計課編)　1936.8 105p 27cm

◇都市の繁栄と地方財政の窮乏(宮下正一郎著)　丸善札幌出張所(発売)　1936.8 18,192p 23cm

◇明治大正財政史 第2巻 会計制度(大蔵省編)　財政経済学会　1936.8 12,1356p 27cm

◇最近の物価政策と景気(飯田繁著,大阪商科大学経済研究所編)　1936.9 530p 22cm 調査彙報

◇税制改革論(神戸正雄著)　立命館出版部　1936.9 2,5,259p 23cm

◇税制整理改革ノ概要　謄写版(松隈秀雄述)　1936.9 9p 26cm

◇都下に於ける営業無尽の業況　謄写版(東京市監査局統計課編)　1936.9 [21]p 26cm 産業統計速報

◇外国大都市租税制度 其の2(東京市財務局主税課編)　1936.10 4,178p 22cm 外国大都市税制調査資料

◇庶民銀行は如何に利用されているか：昭和十年度市街地信用組合業況 謄写版(東京市監査局統計課編)　1936.10 [21]p 26cm 産業統計速報

◇税制改革案の解剖(時事新報社編輯局編)　1936.10 73p 19cm

◇独逸に於ける財産税関係法律に就いて(農林省文書課編)　1936.10 91p 21cm

◇産業組合課税に絶対反対す(千石興太郎述)　産業組合中央会　1936.11 15p 19cm

◇税制改革と産業組合(産業組合中央会編)　1936.11 15p 22cm

◇中小商工業金融の改善策(東京商工会議所編)　1936.11 70p 21cm 商工資料

◇明治大正財政史 第9巻 専売 上(大蔵省編)　財政経済学会　1936.11 12,854p 27cm

◇大阪市公債条例集 昭和11年版(大阪市財務部公債課編)　1936.12 6,587p 23cm

◇税制改革(社会大衆党編)　1936.12 18p 22cm 社会大衆党国策叢書

◇税制改革案一覧(日本経済聯盟会編)　1936.12 14p 23×31cm

◇税制改革と其の影響(牧野輝智著)　社会教育協会　1936.12 39p 19cm 社会教育パンフレット

◇地方財政改善策(船田中述,助川啓四郎述)　国政一新会　1936.12 10,177p 19cm 国政一新論叢

◇東京市財政史略稿 第1輯　謄写版(東京市財務局主計課編)　1936.12 78p 27cm

◇都市の財政(岡野文之助著)　東京市政調査会　1936.12 77p 19cm 市政の基礎知識

◇財政計画書 昭和12年度改(山口県編) 1937 61p 26cm
◇地方税法案 1937 57p 26cm
◇横浜市市債一覧表 昭和11年12月31日現在(横浜市編) 1937 28p 27cm
◇横浜市市債一覧表 昭和12年3月31日現在(横浜市編) 1937 28p 27cm
◇増税案に就て 地方税制の改革に就て(山田竜雄述,木村清一述,新日本同盟編) 1937.1 69p 19cm
◇中小商工業金融に関する答申(東京市役所編) 1937.1 31p 22cm 中小商工業振興調査会資料
◇日本財政論:税制改革と国民生活 第2版(大谷政敬著) 銀行問題研究会 1937.1 2,10,274p 22cm
◇販売税と其社会的影響(東京商工会議所編) 1937.1 4,51p 21cm 商工調査
◇法人企業重複課税論(玉木懿夫述) 東洋経済出版部 1937.1 2,60p 19cm 東洋経済パンフレット
◇明治大正財政史 第10巻 専売 下(大蔵省編) 財政経済学会 1937.1 12,1000p 27cm
◇現代財政学の理論:既成体系の批判と反省(永田清著) 岩波書店 1937.2 4,5,385p 23cm
◇租税制度論(東京商工会議所編) 1937.2 2,67p 21cm 商工調査
◇租税法の再検討(田中秀吉著) 宝文館 1937.2 4,127p 23cm
◇地方税制研究(神戸正雄著) 良書普及会 1937.2 2,14,381p 23cm
◇金融論集:松崎寿遺稿(松崎博士記念事業実行委員会編) 1937.3 542p 23cm
◇財務行政 上(木村清司著) 常磐書房 1937.3 9,587p 23cm 自治行政叢書
◇東京市公債条例集[昭和12年3月1日現在](東京市財務局公債課編) 1937.3 6,288p 22cm
◇東京市財政史略稿 第2輯 謄写版(東京市財務局主計課編) 1937.3 [108]p 27cm
◇明治大正財政史 第5巻 歳計 下(大蔵省編) 財政経済学会 1937.3 8,924p 27cm
◇金庫制度ニ関スル調査 謄写版([東京市]財務局会計課編) 1937.4 16,143p 26cm
◇東京市財政史略稿 第3輯 謄写版(東京市財務局主計課編) 1937.4 [106]p 27cm
◇都市の財政 3版(岡野文之助著) 東京市政調査会 1937.4 77p 19cm 市政の基礎知識
◇日本財政論 公債篇 改訂(大内兵衛著) 改造社 1937.4 291,131p 20cm
◇林内閣増税及新税綱要(東京商工会議所編) 1937.5 110p 21cm 商工資料
◇明治大正財政史 第4巻 歳計 中(大蔵省編) 財政経済学会 1937.5 8,1180p 27cm
◇公債条例関係償還年次表集(東京市財務局公債課編) 1937.6 15,341p 22cm
◇東京市火災共済金現況報告 第27回(東京市編) 1937.6 20p 22cm
◇物価騰貴ニ対スル増給並臨時手当支給ニ就テ 謄写版(東京市財務局主計課編) 1937.6 9p 26cm
◇税務事務提要 追補(東京市財務局主計課編) 1937.7 44,51p 23cm
◇地方財政及税制の改革(三好重夫著) 良書普及会 1937.7 425,93p 23cm
◇物価問題に関する座談会記録 第1回 物価問題参考資料 1(東京商工会議所編) 1937.7 2,78p 21cm 商工資料
◇明治大正財政史 第6巻 内国税 上(大蔵省編) 財政経済学会 1937.7 11,1236p 27cm
◇盛岡市区有財産沿革小誌:附 池野祐寿紀徳碑 同歌稿(池野藤兵衛著) 1937.7 142p 24cm

◇「地方信用金庫」創設論(鈴木武雄著) 東京市政調査会 1937.8 2,32p 22cm 都市問題パンフレット
◇東京市の財政[昭和12年度](東京市財務局主計課編) 1937.8 108p 27cm
◇公債事務指針(東京市編) 1937.9 2,7,128p 19cm 事務改善叢書
◇戦争と国家財政(豊崎稔編著) 大同書院 1937.9 145p 18cm 戦争経済叢書
◇地方債と其の手続(岡田吉光著,亀谷鋹治著) 常磐書房 1937.9 1,4,605p 23cm
◇暴利取締令執務提要(商工省商務局編) 1937.9 79p 19cm
◇明治大正財政史 第12巻 国債 下(大蔵省編) 財政経済学会 1937.9 16,800p 27cm
◇支那事変減免事務必携(京都市財務部編) 1937.10 38p 19cm
◇地方財政窮乏ノ現状ト其ノ原因(南満洲鉄道株式会社産業部東京出張所編) 1937.10 4,412p 21cm
◇独占資本と物価(セレブリャーコフ著,堀江邑一訳,団迫政夫訳) 清和書店 1937.10 473p 22cm
◇非常時財政経済に対する国民の協力に就て(大蔵省編,商工省編) 1937.10 48p 21cm 国民精神総動員資料
◇明治・大正及昭和財政要覧(国политика研究会編) 1937.10 70p 26cm
◇[福岡県]市町村戸口及予算[昭和12年刊](福岡県総務部統計課編) 1937.11 45p 27cm
◇負担金提要(東京市財務局主税課編) 1937.11 2,6,209p 19cm
◇物価の理論と実際(牧野輝智述) 啓明会事務所 1937.11 48,20p 22cm 第76回講演集
◇明治大正財政史 第14巻 銀行 上(大蔵省編) 財政経済学会 1937.11 7,968p 27cm
◇世界戦争各国戦費及財源要覧(大蔵省大臣官房財政経済調査課編) 1937.12 5,2,179p 21cm
◇日清日露両戦役及世界大戦に於ける我が戦時財政(大蔵省大臣官房財政経済調査課編) 千倉書房 1937.12 2,155p 19cm
◇日本財政論(風早八十二著) 三笠書房 1937.12 3,5,203p 17cm 唯物論全書
◇六大都市予算調査資料 昭和12年度 謄写版(東京市財務局主計課編) 1937.12 226p 26cm
◇京都市公債便覧[昭和11年](京都市編) 1938 1冊(加除式) 23cm
◇都市学校営繕費と建築規格の問題:第4回全国都市計画協議会報告(古茂田甲午郎著) 1938 15p 22cm
◇町奉行所の財政(鷹見安二郎著) 1938 23p 22cm 「市政研究」第3巻第6号(昭和12年11月)のうち
◇横浜市市債一覧表 昭和12年12月31日現在(横浜市編) 1938 30p 27cm
◇大阪市公債条例集 昭和12年版(大阪市財務部公債課編) 1938.1 6,638p 23cm
◇日本財政策(汐見三郎著) 千倉書房 1938.1 3,10,495p 23cm
◇明治大正財政史 第7巻 内国税 下(大蔵省編) 財政経済学会 1938.1 22,1262p 27cm
◇日本税制改革史(勝正憲著) 千倉書房 1938.2 2,12,395p 23cm
◇今次の増税に就ての諸問題(中村継男述,東京商工会議所編) 1938.3 22p 21cm 商工資料
◇米国に於ける自動車関係課税問題(東京市電気局編) 1938.3 6,206p 23cm 調査資料
◇横浜市市債一覧表 昭和13年3月31日現在(横浜市編) 1938.3 30p 22cm
◇日本物価政策(高橋亀吉著) 千倉書房 1938.4 3,13,445p 23cm

◇明治大正財政史 第3巻 歳計 上（大蔵省編） 財政経済学会 1938.4 8,932p 27cm
◇歳入歳出詳論（青木得三著） 巖松堂書店 1938.5 2,6,301p 23cm
◇中央物価委員会総会議事速記録 第1回（商工省商務局編） 1938.5 1,46p 21cm 物価調整資料
◇物価委員会ニ関スル参考資料 其ノ1（商工省商務局編） 1938.5 14p 21cm 物価調整資料
◇物価騰貴抑制ノ為採ルベキ具体的方策ニ対スル中央物価委員会ノ答申 其ノ1（商工省商務局編） 1938.5 6p 21cm 物価調整資料
◇国有財産制度論（多田喜一著） 大蔵財務協会 1938.6 1冊 23cm
◇戦時物価対策に関する意見（国策研究会編） 1938.6 78p 22cm 研究資料
◇物価騰貴の実状 消費経済生活の鋏差状態（厚生省社会局福利課編） 1938.6 30p 22cm 物価調査資料
◇物価騰貴抑制ノ為採ルベキ具体的方策ニ対スル中央物価委員会ノ答申 其ノ2（商工省商務局編） 1938.6 26p 21cm 物価調整資料
◇事変下の予算と経済（小笠原三九郎著） 立命館出版部 1938.7 1冊 23cm
◇増税実施後の状況に就て（東京商工会議所編） 1938.7 20p 21cm 商工資料
◇地方財政読本（三好重夫著） 良書普及会 1938.7 5,227,55p 23cm
◇物価委員会ニ関スル参考資料 其ノ1 改訂版（商工省商務局編） 1938.7 12p 21cm 物価調整資料
◇物価騰貴抑制ノ為採ルベキ具体的方策ニ対スル中央物価委員会ノ答申 其ノ3（商工省商務局編） 1938.7 26p 21cm 物価調整資料
◇物価騰貴抑制ノ為採ルベキ具体的方策ニ対スル中央物価委員会ノ答申 其ノ4（商工省商務局編） 1938.7 8p 21cm 物価調整資料
◇米貨公債篇（伊藤太郎著） 1938.7 23p 19cm 横浜市政研究叢書
◇明治大正財政史 第15巻 銀行 中（大蔵省編） 財政経済学会 1938.7 12,1070p 27cm
◇物価騰貴抑制ノ為採ルベキ具体的方策ニ対スル中央物価委員会ノ答申 其ノ5（商工省商務局編） 1938.8 11p 26cm 物価調整資料
◇京城府の財政（京城府編） 1938.9 2,21p 23cm
◇[福岡県]市町村戸口及予算［昭和13年刊］（福岡県総務部統計課編） 1938.9 30p 27cm
◇物価騰貴抑制ノ具体的方策：中央物価委員会ノ答申（日本経済聯盟会編） 1938.9 4,94p 22cm 調査彙報
◇物価騰貴抑制ノ為採ルベキ具体的方策ニ対スル中央物価委員会ノ答申 其ノ6（商工省商務局編） 1938.9 36p 21cm 物価調整資料
◇物価騰貴抑制ノ為採ルベキ具体的方策ニ対スル中央物価委員会ノ答申 其ノ7（商工省商務局編） 1938.9 23p 21cm 物価調整資料
◇明治大正財政史 第8巻 関税（大蔵省編） 財政経済学会 1938.9 9,840p 27cm
◇物価騰貴抑制ノ為採ルベキ具体的方策ニ対スル中央物価委員会ノ答申 其ノ8（商工省商務局編） 1938.10 28p 21cm 物価調整資料
◇物価騰貴抑制ノ為採ルベキ具体的方策ニ対スル中央物価委員会ノ答申 其ノ9（商工省商務局編） 1938.10 16p 21cm 物価調整資料
◇近世租税思想史（島恭彦著） 有斐閣 1938.11 4,6,391p 23cm
◇区財政の研究：主として予算審議の研究（橘莞爾著） 1938.11 97p 23cm
◇地方債権論（奥田孝一著） 有斐閣 1938.11 1冊 23cm
◇東京府公定価格一覧：附 関係法令 1（東京商工会議所編） 1938.11 2,62p 21cm 商工資料
◇大阪に於ける青蓮院名目金貸付について（寺尾宏二著、昭和高等商業学校編） 1938.12 24p 22cm 昭和高商学報
◇明治大正財政史 第16巻 銀行 下（大蔵省編） 財政経済学会 1938.12 16,922p 27cm

◇京城府税政一斑（京城府編） 1939 60p 23cm
◇[税制改革ニ対スル六大都市]陳情書 1939 10p 26cm
◇租税制度改革意見（財政研究会編） 1939 2,17p 26cm
◇大戦当初独逸の取れる戦時財政経済方策：独逸帝国公文書要訳（大蔵省財政経済調査課編） 1939 9,89p 21cm 戦時財政経済参考資料
◇遊興税移管ニ関スル陳情書 其1,2 謄写版（東京市[ほか]編） 1939 7p 26cm
◇横浜市市債一覧表 昭和13年12月31日現在（横浜市編） 1939 31p 23cm
◇横浜市市債一覧表 昭和14年3月31日現在 謄写版（横浜市編） 1939 35p 22cm
◇公定価格表（東京府経済部編） 1939.1 213p 15cm
◇増税論（神戸正雄著） 第一書房 1939.1 180p 19cm
◇明治大正財政史 第18巻 外地財政 上（大蔵省編） 財政経済学会 1939.2 16,894p 27cm
◇遊興税国税移管ニ関スル意見書並対策要綱他（東京市会編） 1939.2 18p 26cm
◇経費作用の二形態（米原七之助著） 九州帝国大学経済学会 1939.3 [30]p 22cm ［「経済学研究」8巻3号抜刷］
◇財政学序説（大畑文七著） 有斐閣 1939.3 1冊 23cm
◇東京府公定価格一覧 2（東京商工会議所編） 1939.3 2,36p 21cm 商工資料
◇大蔵省預金部の話（大蔵省預金部資金局編） 1939.5 48p 21cm
◇財政経済篇（伊藤太郎著） 私設横浜市政研究室 1939.5 24p 19cm 横浜市政研究叢書
◇地方財政改革問題（高砂恒三郎著,山根守道著） 良書普及会 1939.5 8,396p 23cm
◇現行国税要覧（全国町村会編） 1939.6 29p 26cm
◇東京市の財政［昭和14年度］（東京市財務局企画課編） 1939.6 95p 27cm
◇東京府公定価格一覧 3（東京商工会議所編） 1939.6 2,105p 21cm 商工資料
◇一般公債篇（伊藤太郎著） 私設横浜市政研究室 1939.8 16p 19cm 横浜市政叢書
◇大阪両替商瞥見（黒羽兵治郎著） 大阪市東区 1939.8 19p 23cm 大阪市東区史紀要
◇税制改革案に対する意見（生産拡充研究会編） 1939.8 29p 23cm
◇明治大正財政史 第20巻 雑纂（大蔵省編） 財政経済学会 1939.8 15,1176p 27cm
◇租税制度改正案（政治経済研究会編,財政税調委員会編） 1939.9 18p 26cm
◇中央地方を通ずる税制整理案要綱に就て（大矢半次郎述,日本商工会議所編） 1939.9 28p 21cm 税制調査委員会資料
◇中央地方ヲ通ズル税制整理ニ関スル各地商工会議所ノ意見 1（日本商工会議所編） 1939.9 215p 23cm 税制調査委員会資料
◇農業金融の理論と実際（河田嗣郎著） 有斐閣 1939.9 2,2,214p 21cm 日本学術振興会第21小委員会報告
◇物価統制実施要綱：昭和14年8月30日第29回中央物価委員会決定（物価編） 内閣印刷局 1939.9 3,33p 21cm
◇物価問題に関する資料（衆議院調査部編） 1939.9 3,441p 21cm 調査資料
◇税制改正案要項（主税局地方局試案）（大蔵省主税局編,内務省地方局編） 1939.10 29p 26cm
◇中央地方を通ずる税制整理案要綱 税制調査会に提出せられたる大蔵、内務両当局試案（日本商工会議所編） 1939.10 22p 21cm 税制調査委員会資料
◇中央地方ヲ通ズル税制整理ニ関スル各地商工会議所ノ意見 2（日本商工会議所編） 1939.10 44p 24cm 税制調査委員会資料

◇特殊会社案ト市債償還方法　謄写版（東京市電気局編）　1939.10　47p 26cm

◇9・18臨時調査大阪市に於ける物価並に労賃関係（大阪商工会議所編）　1939.11 2,2,66p 21cm　物価資料

◇公益質屋の利用状況其他に関する調査（京都市社会課編）　1939.11 6,2,79p 22cm　調査報告

◇財政学体系の研究（大谷政敬著）　立命館出版部　1939.11 1冊 23cm

◇新税制案の概貌：その特徴と問題点 改正要綱並びに関係資料（野村証券株式会社調査部編）　1939.11 23p 27cm

◇地方税制改革に関する経過並対策（小原正樹述）　1939.11 16p 19cm

◇明治大正財政史 第13巻 通貨 預金部資金（大蔵省編）　財政経済学会　1939.11 28,1062p 27cm

◇税制改正に関する資料（衆議院調査部編）　1939.12 4,469p 21cm　調査資料

◇戦時財政経済と国民貯蓄（東京市編）　1939.12 32p 22cm　東京市国民精神総動員資料

◇地方税制改正案の梗要（挾間茂著）　東京市政調査会　1939.12 20p 22cm　都市問題パンフレット

◇東京府公定価格一覧 4（東京商工会議所編）　1939.12 2,185p 21cm　商工資料

◇明治初年の東京府雑税　［複製］,謄写版（東京市財務局主計課編）　1939.12 152p 25cm　東京市財政史稿

◇現行法令対照地方税法案　1940 83p 26cm

◇財政及び租税（ワルター・ブリュミッヒ著, 岡野文之助訳）　1940 173p 22cm　「新独逸国家大系」別刷

◇市税課率調 昭和13年度当初課率（内務省地方局編）　1940 27p 26cm

◇田畑所得, 配当所得, 営業所得及勤労所得者ノ負担比較調　謄写版　1940 3p 26cm

◇地方税法案　1940 53p 26cm

◇地方税法案関係命令案要綱　謄写版　1940 7p 26cm

◇地方分与税法案　1940 37p 26cm

◇地方分与税法案に対する質問案（横浜市）　1940 7p 26cm

◇東京市遊興税観興税累年比較調　謄写版（東京市編）　1940 5p 26cm

◇道府県税課率調（昭和14年当初課率）（内務省地方局編）　1940 4p 26cm

◇土地三税案評論（新税選定之件）未定稿　手書（小林丑三郎著）　1940 29p 26cm

◇再ビ国税地方税整理ヲ評ス（勝正憲著）　1940 21p 19cm

◇北海道地方費法中改正案ト現行法トノ対照　1940 2p 26cm

◇横浜市市債一覧表 昭和14年12月31日現在　謄写版（横浜市編）　1940 48p 23cm

◇横浜市市債一覧表 昭和15年3月31日現在　謄写版（横浜市編）　1940 44p 23cm

◇戦時下列強の財政経済（渡辺鉄蔵著, 社会教育協会編）　1940.1 43p 19cm　教育パンフレット

◇地方税制の沿革（藤田武夫著）　東京市政調査会　1940.1 2,131,2p 19cm　市政の基礎知識

◇明治大正財政史 第19巻 外地財政 下（大蔵省編）　財政経済学会　1940.1 20,1174p 27cm

◇生業資金貸付に関する調査（東京市厚生局編）　1940.2 6,3,72p 22cm

◇地方税関係改正法律案 第75回帝国議会提出　1940.2 51p 22cm

◇東京府公定価格一覧 5（東京商工会議所編）　1940.2 2,246p 21cm　商工資料

◇物価統制関係法規・解説並資料（東京商工会議所編）　1940.2 16,297p 21cm　商工資料

◇我国物価騰貴の様相と物価対策（三井合名会社調査部編）　1940.2 52p 21cm

◇税制改革案概要（三井合名会社調査部編）　1940.3 57p 21cm

◇地方税制改正案及小学校教員給道府県負担反対ニ関スル決議並要望事項（六大都市税制改革並小学校教育擁護実行委員連合会編）　1940.3 25p 26cm

◇地方税法案及地方分与税法案其ノ他関係法案中修正ヲ要スル条項　1940.3 23p 26cm

◇明治初年に於ける東京府経費と共有金　［複製］,謄写版（東京市財務局主計課編）　1940.3 119p 25cm　東京市財政史稿

◇税（勝正憲著）　千倉書房　1940.4 3,19,563p 19cm

◇地方税制読本（三好重夫著）　良書普及会　1940.4 5,291p 22cm

◇東京府公定価格一覧 6（東京商工会議所編）　1940.4 4,169p 21cm　商工資料

◇［物価対策審議会］総会議事要録 第1回（物価対策審議会編）　1940.4 28p 21cm

◇明治大正財政史 第17巻 金融（大蔵省編）　財政経済学会　1940.4 10,866p 27cm

◇改正税法概説（大阪市産業部編）　1940.5 37p 22cm　産業部調査資料

◇協定価格ニ関スル調査（［商工省］物価局編）　1940.5 2,54p 21cm

◇税制改革の概要：戦争財政と増税（野村証券株式会社調査部編）　1940.5 26p 27cm　証券情報

◇東京市火災共済金現況報告 第30回（東京市編）　1940.5 23p 22cm

◇明治大正財政史 第1巻 総説 財政機関（大蔵省編）　財政経済学会　1940.5 1冊 27cm

◇東京府公定価格一覧 7（東京商工会議所編）　1940.6 2,168p 21cm　商工資料

◇［物価対策審議会］総会議事要録 第2回（物価対策審議会編）　1940.6 22p 21cm

◇改正暴利行為等取締規則解説（中央物価統制協力会議編）　日本評論社　1940.7 30p 21cm

◇公認協定価格ニ関スル調査 第2冊（［商工省］物価局編）　1940.7 2,61p 21cm

◇逐条示解地方税法精義（谷口寿太郎［ほか］著）　文精社　1940.8 21,23,1043p 23cm

◇各条附属令規参照地方税制（地方税法地方分与税法）全書（石川県編）　1940.9 131,64p 15cm

◇財政学（永田清著）　ダイヤモンド社　1940.9 2,8,243p 23cm　入門経済学

◇税制改正ニ関スル参考資料（和歌山県総務部地方課編）　1940.9 22p 23cm

◇改正税法概説（神戸市経済部産業課分室産業研究所編）　1940.10 3,82p 22cm

◇税制改正と京都市の市税大要（京都市財政部税務課編）　1940.10 71p 19cm

◇税務必携（京都市編）　1940.10 208p 15cm

◇地方税規則後の東京府税制 その1　［複製］,謄写版（東京市財務局主計課編）　1940.10 195p 25cm　東京市財政史稿

◇東京府公定価格一覧 8（東京商工会議所編）　1940.10 7,512p 23cm　商工資料

◇現代日本文明史 第6巻 財政史（土方成美著）　東洋経済新報社　1940.11 3,3,595p 23cm

◇基本財産河岸地貸地料次期改定増額案ニ附近民有地地料トノ比較表 昭和12年10月調　謄写版（東京市財務局地理課編）　1941 ［33］p 26cm

◇国債整理資金ト鉄道資金トノ関係(目賀田種太郎著) 1941 15p 22cm

◇時事財政問題体系 謄写版(本所区役所税務研究会編) 1941 142p 27cm 本所区役所税務研究会資料

◇質屋の火災保険契約(大高始著) 1941 22p 22cm

◇税制改革に依る人口階級別12市町村財政影響調 謄写版 1941 12p 26cm

◇税制改革に依る六大都市財政影響調 謄写版 1941 11p 26cm

◇租税全廃論(谷口守雄著) 1941 14p 19cm

◇横浜市市債一覧表 昭和15年12月31日現在 謄写版(横浜市編) 1941 46p 23cm

◇横浜市市債一覧表 昭和16年3月31日現在 謄写版(横浜市編) 1941 46p 23cm

◇横浜市市債一覧表 昭和16年5月31日現在 謄写版(横浜市編) 1941 48p 21cm

◇財政学大綱 全訂(神戸正雄著) 日本評論社 1941.2 20,588p 23cm

◇市町村独立税設定之研究(地方事務研究会編) 文精社 1941.2 11,226p 18cm

◇東京府公定価格一覧 9(東京商工会議所編) 1941.2 20,580p 21cm 商工資料

◇公定価格品目一覧表 昭和16年1月31日現在(中央物価統制協力会議編) 1941.3 188,14p 21cm

◇事変下の予算と経済 昭和16年版(小笠原三九郎著) 立命館出版部 1941.3 4,141p 18cm

◇明治初年に於ける東京府の税外収入 [複製],謄写版(東京市財務局主計課編) 1941.3 211p 25cm 東京市財政史稿

◇国家財政と国民経済:経費の国民経済的機能に関する理論的及び実証的研究(青木得三著,山口忠夫著) 有斐閣 1941.4 4,10,368p 22cm

◇戦時財政講話 増補8版(井藤半弥著) 巌松堂書店 1941.5 230p 19cm

◇公定価格品目一覧表 追録1(中央物価統制協力会議編) 1941.6 116,5p 21cm

◇東京府公定価格一覧 10(東京商工会議所編) 1941.6 9,501p 21cm 商工資料

◇[物価対策審議会]総会議事要録 第3回(物価対策審議会編) 1941.6 56p 21cm

◇公定価格品目一覧表 追録2(中央物価統制協力会議編) 1941.7 93,6p 21cm

◇東京市火災共済金現況報告 第31回(東京市編) 1941.7 23p 21cm

◇東京府時代の事業 自明治11年至明治22年 [複製,謄写版(東京市財務局主計課編) 1941.7 139p 25cm 東京市財政史稿

◇兵庫県三部経済制度廃止促進運動記録(兵庫県町村長会編) 1941.7 4,566p 23cm

◇地方税規則後の東京府税制 其の2 戸数税、家屋税、地価割 [複製],謄写版(東京市財務局主計課編) 1941.8 125p 25cm 東京市財政史稿

◇[物価対策審議会]総会議事要録 第4回(物価対策審議会編) 1941.8 117p 21cm

◇本邦税制改正後の実施状況並に欧米各国戦時租税増徴状況(松隈秀雄述,日本経済聯盟会編) 1941.8 51p 21cm 経済聯盟講演

◇公定価格品目一覧表 追録3(中央物価統制協力会議編) 1941.9 86,7p 21cm

◇財政金融の新体制:財政金融基本方策要綱解説(銀行研究社編) 文雅堂書店 1941.9 2,7,256p 22cm

◇日本財政・税制の構成(高木寿一著) ダイヤモンド社 1941.9 18,7,370p 22cm

◇[物価対策審議会]総会議事要録 第5回(物価対策審議会編) 1941. 10 30p 21cm

◇国民貯蓄組合法解説(情報局編) 内閣印刷局 1941.11 10,259p 18cm 週報叢書

◇対価統制の研究(小田垣光之輔著) 高山書院 1941.11 1冊 22cm

◇東京府経費 自明治12年度至明治21年度 [複製],謄写版(東京市財務局主計課編) 1941.11 275p 25cm 東京市財政史稿

◇物価問題と国民生活(久門英夫著) 朝日新聞社 1941.11 102p 18cm

◇公定並協定価格品目一覧 1 自昭和16年1月至昭和16年6月(東京商工会議所編) 1941.12 19p 22cm 商工資料

◇中小商工業金融問題の再認識:附 中小商工業金融関係統計資料神戸信用保証協会設立計画ニ就テ(神戸市産業部経済調査室編) 1941.12 100p 21cm 産業叢書

◇日本地方財政制度の成立(藤田武夫著) 岩波書店 1941.12 1冊 22cm

◇家屋税改正案調査(東京市政調査会編) 1942 80p 26cm

◇大都市協定予算資料 昭和17年度 謄写版(横浜市財務部主計課編) 1942 30p 26cm

◇横浜市市債一覧表 昭和17年12月31日現在 謄写版(横浜市編) 1942 40p 21cm

◇金融・財政の再編成(高橋亀吉著) 千倉書房 1942.1 4,7,364p 22cm

◇財政学の展開(永田清著) 日本評論社 1942.1 9,4,487p 22cm

◇東京市税制 1 特別市制時代 [複製],謄写版(東京市財務局主計課編) 1942.1 134p 25cm 東京市財政史稿

◇公定価格品目一覧表 追録4(中央物価統制協力会議編) 1942.2 145,10p 21cm

◇財政理論入門(E.ワーゲマン著,中屋則義訳) 八元社 1942.2 7,6,172p 22cm

◇新増税と株式公社債等負担均衡問題(日本経済聯盟会調査課編) 1942.2 8p 18cm 調査彙報

◇大増税による租税負担率の変化:公社債・株式並に法人課税に就いて(野村証券株式会社調査部編) 1942.2 10p 26cm

◇価格決定及び審議機構と其の活動状況(日本経済聯盟会調査課編) 1942.4 20p 18cm 調査彙報

◇近代支那財政史(柏井象雄著) 教育図書 1942.4 1冊 22cm

◇戦時財政論(ホルスト・イェヒト著,日独文化協会訳) 1942.4 1冊 18cm

◇特別市制時代の事業及び公債 [複製],謄写版(東京市財務局主計課編) 1942.4 107p 25cm 東京市財政史稿

◇公定価格品目一覧表 追録5(中央物価統制協力会議編) 1942.5 99,8p 21cm

◇所得税等ノ増税ニ関スル資料(東京商工会議所編) 1942.5 5,239p 21cm 商工資料

◇税 昭和17年版 再版(勝正憲著) 千倉書房 1942.5 3,8,782p 19cm

◇東京市税制 2(自明治32年至明治45年) [複製],謄写版(東京市財務局主計課編) 1942.6 161p 25cm 東京市財政史稿

◇臨時資金調整法解説 昭和17年3月改正(銀行問題研究会編) 1942.6 2,84p 21cm

◇公定価格品目一覧表 追録6(中央物価統制協力会議編) 1942.8 111,9p 21cm

◇所得税及法人税 昭和17年版(勝正憲著) 千倉書房 1942.8 14,487p 19cm

◇神戸市金融要覧 昭和17年版(神戸市経済局経済調査室編) 1942.10 4,84p 21cm

◇東京市の経費 1 特別市制時代 [複製],謄写版([東京市]市長室企画部予算課編) 1942.10 161p 25cm 東京市財政史稿

◇川崎市税務要覧 昭和17年度版(川崎市編) 1942.11 25,4p 22cm

◇公定価格品目一覧表 追録7(中央物価統制協力会議編)　1942.11 1冊 21cm

◇公債論(安藤春夫著)　日本評論社　1943 4,120p 22cm　[新経済学全集]

◇特別会計の適合性(高橋六郎著)　水道社　1943 7p 26cm　「水道」第18巻第205号抜刷

◇財政学原理 5版(青木得三著)　朝倉書店　1943.1 3,6,300p 22cm

◇不動産価格制の基礎理論：統制理念と統制技術とに関する実証的研究(花島得二著)　改造社　1943.1 4,10,294p 22cm

◇財政政策論(島恭彦著)　河出書房　1943.2 4,4,270p 19cm

◇日本財政の発展：日本財政と国防(土方成美著)　図南書房　1943.2 3,3,546p 19cm

◇昭和金融政策史(矢尾板正雄著)　皇国青年教育協会　1943.3 4,8,741p 22cm

◇租税転嫁論(松野賢吾著)　巖松堂書店　1943.3 2,7,461p 22cm

◇独逸に於ける戦時財政経済事情(世界経済調査会編)　大蔵省総務局　1943.3 22,995p 21cm

◇流通経済の貨幣的機構：正統派経済学を中心とする一般物価水準の理論的研究 改訂版(山口茂著)　巖松堂書店　1943.3 1冊 22cm

◇公定価格品目一覧表 追録8(中央物価統制協力会議編)　1943.5 103,8p 21cm

◇税 昭和18年版(勝正憲著)　千倉書房　1943.6 4,24,616p 18cm

◇営団・金庫要覧(日本経済聯盟会調査課編)　経済図書　1943.8 2,5,445p 21cm

◇戦争財政の経済理論(高木寿一著)　北隆館　1943.8 2,7,298p 22cm

◇納税団体制度の解説(大蔵省主税局編)　1943.8 61p 21cm

◇間接税ヲ主トスル増税ニ関スル資料 第81帝国議会(東京商工会議所編)　1943.9 2,4,251p 21cm　商工資料

◇総力戦財政の基本的要請(西川清治著)　昭和高等商業学校　1943.9 25p 21cm　「昭和高商学報」第29附録

◇地方財政(小林千秋著)　良書普及会　1943.9 3,6,307p 22cm　地方行政全書

◇解説市街地信用組合(尾山万次郎著)　天泉社　1943.10 17,108,111p 18cm

◇日本賦税史研究(寺尾宏二著)　光書房　1943.10 6,425p 22cm

◇日本地方財政論(藤田武夫著)　霞ヶ関書房　1943.12 406p 22cm

◇明治維新財政経済史考(神長倉真民著)　東邦社　1943.12 1冊 22cm

◇横浜市市債一覧表 昭和19年5月31日現在　謄写版(横浜市編)　1944 38p 21cm

◇ソウィエトに於ける物価(ハッパート著,土方成美訳)　三井本社調査部研究室　1944.7 2,2,9op 21cm　翻

◇増税等ニ関スル資料 第84帝国議会(東京都商工経済会編)　1944.11 4,468p 21cm　商工資料

◇東京都公債概要 昭和19年度([東京都]長官官房財務課編)　1944.11 6,209p 25cm

経済・産業

【雑誌】

◇産業集中に就てのマルクス説の謬想(田島錦治)「経済論叢」　20(1)　1925.1

◇資本の社会的性質(河上肇)「経済論叢」　20(1)　1925.1

◇日本農民の発育に就て(氏原佐蔵)「公衆衛生」　43(1)　1925.1

◇現代社会に於ける資本の構成(出井盛之)「社会政策時報」　52　1925.1

◇資本主義の社会とは何ぞや(河上肇)「社会問題研究」　58　1925.1

◇マルクス資本論略解(河上肇)「社会問題研究」　58　1925.1

◇マルクスの価値概念に関する一考察(櫛田民蔵氏の同問題の論文を読みて)(河上肇)「社会問題研究」　59　1925.1

◇アダム・スミスの想源(3)(竹内謙二)「統計集誌」　522　1925.1

◇東電の業績と東都復興程度「東洋経済新報」　1132　1925.1

◇露国の産業界「東洋経済新報」　1133　1925.1

◇最近の巴里大学並に仏蘭西経済学界の一班(江藤誠之)「経済学 商業学 国民経済雑誌」　38(2)　1925.2

◇倫理と経済との関係(財部静治)「経済論叢」　20(2)　1925.2

◇日本農民の発育に就て(氏原佐蔵)「公衆衛生」　43(2)　1925.2

◇正価論と労働価値説(高橋誠一郎)「社会政策時報」　53　1925.2

◇フランスの全国経済会議案(水上鉄次郎)「社会政策時報」　53　1925.2

◇マルクス資本論略解(河上肇)「社会問題研究」　59　1925.2

◇外国(米、英、仏、濁、伊、露)経済事情「週刊エコノミスト」　3(3)　1925.2

◇改善に向へる露国農業状態「週刊エコノミスト」　3(4)　1925.2

◇労農経済政策の変遷「週刊エコノミスト」　3(4)　1925.2

◇電気用気働制動機に就て(東京市電気局)「調査資料」　6(2)　1925.2

◇アダム・スミスの想源(4)(竹内謙二)「統計集誌」　523　1925.2

◇大正十三年米の需給高「統計集誌」　523　1925.2

◇重役賞与と使用人待遇基金「東洋経済新報」　1135　1925.2

◇支離減裂の経済政策「東洋経済新報」　1136　1925.2

◇何ぞ穀物専売に進まざる「東洋経済新報」　1136　1925.2

◇英国産業保護法案「東洋経済新報」　1137　1925.2

◇産業社会の進化と産業組合製糸の変遷(早川直瀬)「経済学 商業学 国民経済雑誌」　38(3)　1925.3

◇日本米は高いか安いか(沢川徳蔵)「経済学 商業学 国民経済雑誌」　38(3)　1925.3

◇英国経済学発展の一大観(財部静治)「経済論叢」　20(3)　1925.3

◇日本農村住民の発育に就て(9)(氏原佐蔵)「公衆衛生」　43(3)　1925.3

◇経済危機の社会心理的観察(川邊喜三郎)「社会学雑誌」　11　1925.3

◇大戦中に於ける露国の協同組合運動(国際労働局東京支局)「社会政策時報」　54　1925.3

◇マルクス資本論略解(河上肇)「社会問題研究」　60　1925.3

◇アダム・スミスの想源(5・完)(竹内謙二)「統計集誌」　524　1925.3

◇渇水と電力供給制限「東洋経済新報」　1138　1925.3

◇顕著なる電気事業の発展「東洋経済新報」　1139　1925.3

◇財界の改善と其弱点の反映「東洋経済新報」　1139　1925.3

◇米国産業界推移「東洋経済新報」　1140　1925.3

◇米国農業界活況「東洋経済新報」　1140　1925.3

◇経済的予見の発達と目的(福田敬太郎)「経済学 商業学 国民経済雑誌」　38(4)　1925.4

◇再び大西教授の経済学業績を顧みる(高嶋佐一郎)「経済学 商業学 国民経済雑誌」　38(4)　1925.4

◇リカアドーに関する若干の側面観「経済学 商業学 国民経済雑誌」　38(4)　1925.4

◇英国食肉取締規則(亀山孝一)「公衆衛生」　43(4)　1925.4

◇日本農村住民の発育に就て(10)(氏原佐蔵)「公衆衛生」　43(4)　1925.4

◇英国産業組合連合機関(辻誠)「産業組合」　234　1925.4

◇都会地附近の農業の危機(佐藤寛次)「斯民」　20(4)　1925.4

◇農産物の価格に関する政策(矢作榮蔵)「斯民」　20(4)　1925.4

◇ソヴィエット、ロシアに於ける協同組合運動(国際労働局東京支局)「社会政策時報」　55　1925.4

◇事業界の整理「週刊エコノミスト」　3(8)　1925.4

◇農家負担の史的考察(松村勝治郎)「地方行政」　33(4)　1925.4

◇英国産業界近況「東洋経済新報」　1142　1925.4

◇普選と新経済政策(1)(高橋亀吉)「東洋経済新報」　1143　1925.4

◇J.M.Keynes氏は其姓を自身では何と発音するか(山崎覚次郎)「東洋経済新報」　1143　1925.4

◇普選と新経済政策(2)(高橋亀吉)「東洋経済新報」　1144　1925.4

◇普選と新経済政策(3)(高橋亀吉)「東洋経済新報」　1145　1925.4

◇独逸に於ける暴利取締令の一問題(栗生武夫)「法学論叢(京都帝国大学法学会)」　13(4)　1925.4

◇マルクス剰余価値学説史(第一分冊)「大原社会問題研究所パンフレット」　19　1925.5

◇景気予報の実理(1)(津田武二)「経済学 商業学 国民経済雑誌」　38(5)　1925.5

◇英国食肉取締規則(2)「公衆衛生」　43(5)　1925.5

◇外国に於ける婦人の産業組合運動「産業組合」　235　1925.5

◇各国(チェツコスロヴァキア、グレート・ブリテン、アイルランド、ウエールス、イタリー)産業組合状況「産業組合」　235　1925.5

◇農村問題概観(本城俊明)「社会事業」　9(2)　1925.5

◇外国経済事情(米、英、仏、独、支)「週刊エコノミスト」　3(10)　1925.5

◇商業敏育振興に就て(小林行昌)「地方行政」　33(5)　1925.5

◇普選と新経済政策(4・完)(高橋亀吉)「東洋経済新報」　1146　1925.5

◇我が産業の土地費負担「東洋経済新報」　1146　1925.5

◇不景気の積極策「東洋経済新報」　1147　1925.5

◇米国の生糸消費「東洋経済新報」　1148　1925.5

◇日露経済関係の好望「東洋経済新報」　1149　1925.5

◇重要商品需給統計月報「東洋経済新報」　1150　1925.5

◇世界財界の位地転換「東洋経済新報」　1150　1925.5

◇需要者側より見たる電灯料金の改正(後藤曠二)「都市問題」　1(1)　1925.5

- ◇カッセル『理論的社会経済学』の研究(2)(高嶋佐一郎)「経済学 商業学 国民経済雑誌」 38(6) 1925.6
- ◇貨幣経済発展極致としての振替及支払現象(谷田義一)「経済学 商業学 国民経済雑誌」 38(6) 1925.6
- ◇景気予報の実理(2)(津田武二)「経済学 商業学 国民経済雑誌」 38(6) 1925.6
- ◇ケルゼンのマルクス主義批評(平野常治)「経済学 商業学 国民経済雑誌」 38(6) 1925.6
- ◇米価と関税との関係(1)(河田嗣郎)「経済論叢」 20(6) 1925.6
- ◇産業組合法発布二十五局年に際して(千石興太郎)「斯民」 20(6) 1925.6
- ◇我国近世の農民問題(本庄栄治郎)「社会科学」 1(1) 1925.6
- ◇農村問題概観(2)(本城俊明)「社会事業」 9(3) 1925.6
- ◇アダム・スミスの婦人論(永井亨)「社会政策時報」 57 1925.6
- ◇産業組合の現勢(河村正)「地方行政」 33(6) 1925.6
- ◇東京瓦斯の募債と業況「東洋経済新報」 1151 1925.6
- ◇排日と対支事業発展の対策「東洋経済新報」 1152 1925.6
- ◇我国養蚕業発達の趨勢「東洋経済新報」 1152 1925.6
- ◇経済界の位置を如何に観るべきか(1)「東洋経済新報」 1153 1925.6
- ◇本邦投資の方向「東洋経済新報」 1153 1925.6
- ◇英国経済位地の根本的変化と産業政策「東洋経済新報」 1154 1925.6
- ◇加奈陀の産業争議調停法は憲法違反なり(社会局第一部)「内務時報」 291 1925.6
- ◇米価と関税との関係(2)(河田嗣郎)「経済論叢」 21(1) 1925.7
- ◇仏国の町村と消費組合の新傾向「斯民」 20(7) 1925.7
- ◇英国古典学派の利潤論(山口正太郎)「社会科学」 1(2) 1925.7
- ◇農村問題概観(本城俊明)「社会事業」 9(4) 1925.7
- ◇資本論膀胼の交句とマルクスの価値法則(河上肇)「社会問題研究」 63 1925.7
- ◇資本論膀胼の交句とマルクスの価値法則(河上肇)「社会問題研究」 64 1925.7
- ◇産業立国と農村の将来(高橋清吾)「地方行政」 33(7) 1925.7
- ◇英国の電力発達「調査資料」 6(4) 1925.7
- ◇独乙の電力問題「調査資料」 6(4) 1925.7
- ◇自然的地理的環境の経済学的考察(伊藤秀一)「三田学会雑誌」 19(7) 1925.7
- ◇近世農村の性質(本庄栄治郎)「経済論叢」 21(2) 1925.8
- ◇我国近世の農民政策(本庄栄治郎)「社会政策時報」 59 1925.8
- ◇憂慮すべき山林と天与の水産「週刊エコノミスト」 3(16) 1925.8
- ◇本邦に於ける主要途電系統(多田源二郎)「地方行政」 33(8) 1925.8
- ◇米価の大勢と農業政策(上)「東洋経済新報」 1159 1925.8
- ◇米価の大勢と農業政策(下)「東洋経済新報」 1160 1925.8
- ◇共和独逸農業改革の基本的法制(1)(伊藤兆司)「法学論叢(京都帝国大学法学会)」 14(2) 1925.8
- ◇産業予備軍と農村の都市流入(小泉信三)「三田学会雑誌」 19(8) 1925.8
- ◇統計上より見たる我国の産業組合運動(河村正)「産業組合」 239 1925.9
- ◇都市燃料問題(辻元謙之助)「都市問題」 1(5) 1925.9
- ◇モスクワ市の瓦斯事業「都市問題」 1(5) 1925.9
- ◇共和独逸農業改革の基本的法制(2・完)(伊藤兆司)「法学論叢(京都帝国大学法学会)」 14(3) 1925.9
- ◇野菜の取扱に就いての心得(警視庁衛生部)「公衆衛生」 43(10) 1925.10
- ◇群馬県下養蚕業概況(2)(東京地方職業紹介事務局調)「職業紹介公報」 24 1925.10
- ◇産業組合の本質及現勢(林癸未夫)「地方」 33(10) 1925.10
- ◇農村と産業組合(荷見安)「地方」 33(10) 1925.10
- ◇ベルリンの電力需給状況と発電所計画「都市問題」 1(6) 1925.10
- ◇倫理と経済との関係(財部静治)「経済論叢」 20(11) 1925.11
- ◇我国食糧の独立(石川潔太)「公衆衛生」 43(11) 1925.11
- ◇燃料政策確立の急務(秦邁助)「市町村」 1(5) 1925.11
- ◇本邦製糖労勇事情(廣池千英)「社会政策時報」 62 1925.11
- ◇会社資本より見たる我産業の位置「東洋経済新報」 1174 1925.11
- ◇規模の大小より見たる我国産業の位地「東洋経済新報」 1174 1925.11
- ◇職工数より見たる我国産業の位地「東洋経済新報」 1174 1925.11
- ◇生産高より見たる各種産業の消長「東洋経済新報」 1174 1925.11
- ◇生産高より見たる我産業の位地「東洋経済新報」 1174 1925.11
- ◇我国に於ける食料品の需給状態「東洋経済新報」 1174 1925.11
- ◇市町村の混合企業に就て(小山田小七)「経済論叢」 21(6) 1925.12
- ◇農家の住宅(岡田温)「斯民」 20(12) 1925.12
- ◇消費組合の研究(材山重忠)「地方」 33(12) 1925.12
- ◇マルクス剰余価値学説史(価格は労賃及利潤に分解するか)(森戸久留間訳)「大原社会問題研究所パンフレット」 24 [1926]
- ◇自作農創定反対論に対する一考察(田中長茂)「自治研究」 2(1) 1926.1
- ◇農村社会政策としての農業相互保険制度の創設を望む(小平権一)「斯民」 21(1) 1926.1
- ◇東電帝電合併と今後の電力戦「週刊エコノミスト」 4(2) 1926.1
- ◇イギリスに於ける電気供給事業の成績(後藤曠二)「都市問題」 2(1) 1926.1
- ◇独逸消費組合中央会の発生と其後の発達概況(篠田七郎)「産業組合」 244 1926.2
- ◇仏国の農村(田中廣太郎)「自治研究」 2(2) 1926.2
- ◇欧米に於ける産業政策の趨向と新事相(藍澤昌貞)「斯民」 21(2) 1926.2
- ◇南予農村社会施設(相田良雄)「斯民」 21(2) 1926.2
- ◇農村文化の時代化(中川壽照)「斯民」 21(2) 1926.2
- ◇農村問題と地主階級の覚醒(伊藤悌蔵)「斯民」 21(2) 1926.2
- ◇大阪市に於ける電気需用量(雨宮春雄)「大大阪」 2(2) 1926.2
- ◇国民文化の農業的基礎(有元英夫)「地方」 34(2) 1926.2
- ◇商工業の発達に適応すべき新農業政策(矢作栄蔵)「帝国農会報」 16(2) 1926.2
- ◇電気供給事業の改善に関する考察(後藤曠二)「都市問題」 2(2) 1926.2
- ◇日本農民組合第五回全国大会「労働時報」 3(2) 1926.2
- ◇英国消費組合視察記(本位田祥男)「産業組合」 245 1926.3
- ◇我国の農業補助と穀物関税(土方成美)「自治研究」 2(3) 1926.3
- ◇農民の思想と分配問題(太田利一)「斯民」 21(3) 1926.3
- ◇農民の倫理(橘田丑吾)「斯民」 21(3) 1926.3
- ◇民間の経済調査機関(主なる発表物の内容)「週刊エコノミスト」 4(6) 1926.3
- ◇都市附近の耕地整理と小作農業(横山芳介)「地方」 34(3) 1926.3
- ◇日本農村の地位の自覚(若宮卯之助)「地方」 34(3) 1926.3
- ◇農村青年の当面せる一段階(青野季吉)「地方」 34(3) 1926.3
- ◇農民の経済的地位と其の自覚(中澤辨次郎)「地方」 34(3) 1926.3

経済・産業

◇英国労働党の農業政策要綱(天明郁夫)「帝国農会報」 16(3) 1926.3
◇穀物関税政策の転向(東浦庄治)「帝国農会報」 16(3) 1926.3
◇小作保護政策を論ず(有元英夫)「帝国農会報」 16(3) 1926.3
◇小麦生産費調査(帝国農会経営部)「帝国農会報」 16(3) 1926.3
◇農村に於ける新興勢力(太田利一)「帝国農会報」 16(3) 1926.3
◇米一石当生産費内容比較(帝国農会経営部)「帝国農会報」 16(3) 1926.3
◇米国に於ける農民政治運動の一断面(鶴見祐輔)「帝国農会報」 16(3) 1926.3
◇我国に於ける電気事業の成績(後藤曠二)「都市問題」 2(3) 1926.3
◇自作農創定に関する東欧諸国戦後の施設(桑田熊蔵)「国家学会雑誌」 40(4) 1926.4
◇滅び行く農村(三輪爲一)「市町村」 2(4) 1926.4
◇欧洲に於ける消費組合の勢力(本位田祥男)「社会政策時報」 67 1926.4
◇我国最近の産業別組合合同運動(松澤兼人)「社会政策時報」 67 1926.4
◇欧米に於ける都市瓦斯製造の近状に就て(佐藤憲治)「帝国瓦斯協会雑誌」 15(4) 1926.4
◇瓦斯コークスの性質に就て(大島義清)「帝国瓦斯協会雑誌」 15(4) 1926.4
◇戦後に於けるイギリスの農業政策(天明郁夫)「帝国農会報」 16(4) 1926.4
◇我が小農に対する農業教育観(横井時敬)「帝国農会報」 16(4) 1926.4
◇自作農創定の見地より見たる土地国有論(大塚潔)「帝国農会報」 16(5) 1926.4
◇農業倉庫業法の改正に就て(1)(湯河元威)「自治研究」 2(5) 1926.5
◇好成績を挙げた農業共同経営(村田宇一郎)「斯民」 21(5) 1926.5
◇共同社会と利益社会の総合としての消費組合制度(平野常治)「社会学雑誌」 25 1926.5
◇我国最近の産業別組合合同運動(松澤兼人)「社会政策時報」 68 1926.5
◇和蘭の農業(松岡静雄)「地方」 34(5) 1926.5
◇消費組合の限界問題に就て(村山重忠)「地方」 34(5) 1926.5
◇農家経済の表裏(岡田豊治)「地方」 34(5) 1926.5
◇農村副業振興に就て(南正樹)「地方」 34(5) 1926.5
◇瓦斯メートルの新使命(豊島愛明)「帝国瓦斯協会雑誌」 15(5) 1926.5
◇二部瓦斯料金制「帝国瓦斯協会雑誌」 15(5) 1926.5
◇最近の企業界「東洋経済新報」 1198 1926.5
◇産業の台湾(志村源太郎)「東洋経済新報」 1199 1926.5
◇農村の住宅(内務省衛生局)「内務時報」 338 1926.5
◇新経済政策とロシア労働立法(ソヴイエト、ロシアの労働法)(末川博)「経済論叢」 22(6) 1926.6
◇英国労働党の農政方針(河田嗣郎)「経済論叢」 23(6) 1926.6
◇最近の露国組合運動(岩城忠一)「経済論叢」 23(6) 1926.6
◇領主擁護の農民運動(黒正巌)「経済論叢」 23(6) 1926.6
◇ロシアにおける農政改革とその効果(吉川秀造)「経済論叢」 23(6) 1926.6
◇各国産業組合の概況「産業組合」 248 1926.6
◇産業に関する各種の組合に就て(上田貞次郎)「産業組合」 248 1926.6
◇大戦後の伊太利産業組合の分裂(辻誠)「産業組合」 248 1926.6

◇農業倉庫業法の改正に就て(2)(湯河元威)「自治研究」 2(6) 1926.6
◇恵まれざる日本農村(田子一民)「斯民」 21(6) 1926.6
◇ドイツに於ける資本主義の発達(石濱知行)「社会政策時報」 69 1926.6
◇資本論略解(河上肇)「社会問題研究」 72 1926.6
◇伊太利の共同耕作組合を訪ふ(横尾惣三郎)「地方」 34(6) 1926.6
◇耕地の組合管理(豊福保二)「地方」 34(6) 1926.6
◇中部農民組合の現勢(中澤辨次郎)「地方」 34(6) 1926.6
◇農村振興策の根本問題(伊福部隆輝)「地方」 34(6) 1926.6
◇大正十四年農作傭賃金統計(農林省統計課)「帝国農会報」 16(6) 1926.6
◇下層農民に対する金融の重要(橋本伝左衛門)「帝国農会報」 16(7) 1926.6
◇農業信用の大原則に就て(小平権一)「帝国農会報」 16(7) 1926.6
◇農村金利低下と産業組合の任務(有元英夫)「帝国農会報」 16(7) 1926.6
◇農民運動と普通選挙(永井亨)「帝国農会報」 16(7) 1926.6
◇江東の電力戦と需要家の態度「東洋経済新報」 1201 1926.6
◇農村金融改善案「東洋経済新報」 1201 1926.6
◇電力の供給過剰と六大電気会社「東洋経済新報」 1202 1926.6
◇三十四年間に於ける食料品輸入の増進と波瀾「東洋経済新報」 1203 1926.6
◇農民の体格(内務省衛生局)「内務時報」 344 1926.6
◇農業倉庫業法の改正に就て(3)(湯河元威)「自治研究」 2(7) 1926.7
◇中部日本農民組合の現勢(中澤辨次郎)「地方」 34(7) 1926.7
◇農業生産に於ける組合運動(有元英夫)「地方」 34(7) 1926.7
◇農村政策に対する一つの見方(半澤耕貫)「地方」 34(7) 1926.7
◇仏蘭西に於ける石油問題(高橋純一)「地理学評論」 2(7) 1926.7
◇瓦斯応用の冷蔵装置(永井謙吉)「帝国瓦斯協会雑誌」 15(7) 1926.7
◇瓦斯事業と新燃料(大島義清)「帝国瓦斯協会雑誌」 15(7) 1926.7
◇瓦斯事業発達の略歴(渡邊千代三郎)「帝国瓦斯協会雑誌」 15(7) 1926.7
◇伯林市瓦斯供給の状況「帝国瓦斯協会雑誌」 15(7) 1926.7
◇ポーゼン(ポートランド)に於ける無水槽式瓦斯溜爆発の真相(アルフレト・フューラッチ)「帝国瓦斯協会雑誌」 15(7) 1926.7
◇六大電気会社の未働資本減少と業績「東洋経済新報」 1206 1926.7
◇耕地立入禁止問題(小野武夫)「社会政策時報」 71 1926.8
◇発電燃料としての塵芥の価値(青木忠次郎)「大大阪」 2(8) 1926.8
◇新しい農村(横尾惣三郎)「地方」 34(8) 1926.8
◇農産物の商品化と其社会的意義(阿部賢一)「地方」 34(8) 1926.8
◇農村問題に関する評論の鑑識(小野武夫)「地方」 34(8) 1926.8
◇英国農業労働者小史(フォルダム,対馬俊治訳)「帝国農会報」 16(8) 1926.8
◇鬼怒電の利益増加と其将来「東洋経済新報」 1212 1926.8
◇東電の電力の過剰と信越電力の前途「東洋経済新報」 1212 1926.8
◇米国都市に於ける配電並街路照明施設概況(小川栄次郎)「都市創作」 2(8) 1926.8
◇電力統一問題と各方面の意見(後藤曠二)「都市問題」 3(2) 1926.8
◇東京市の生野菜供給状況(福本英男)「都市問題」 3(2) 1926.8
◇労農露西亜に於ける農民問題(小泉信三)「三田学会雑誌」 20(8) 1926.8

◇農業倉庫業法の改正に就て(4)(湯河元威)「自治研究」 2(9) 1926.9
◇士魂を基とせる丁抹の農民道(平林広人)「斯民」 21(9) 1926.9
◇英国に於ける産業平和維持策の現勢(吉田蕨)「社会政策時報」 72 1926.9
◇島根県下の剰過米制限(梅原千松)「帝国農会報」 16(9) 1926.9
◇電力戦圏外に立つ九州水力「東洋経済新報」 1213 1926.9
◇北海道電灯の増資決定と前途「東洋経済新報」 1214 1926.9
◇都市産業教育論(佐久間虎雄)「都市問題」 3(3) 1926.9
◇農産物市場に就て(高岡熊雄)「産業組合」 252 1926.10
◇仏国の農村(田中広太郎)「自治研究」 2(10) 1926.10
◇自作農の創定(西垣恒矩)「地方」 34(10) 1926.10
◇日本農民運動の現勢(中沢弁次郎)「地方」 34(10) 1926.10
◇農村振興の根本要件(気賀勘重)「地方」 34(10) 1926.10
◇農村と政治運動についての雑考(青野季吉)「地方」 34(10) 1926.10
◇農村における経済運動の現在及将来(有元英夫)「地方」 34(10) 1926.10
◇我が農村経済の三大欠陥と其の克服(高橋亀吉)「地方」 34(10) 1926.10
◇自作農民の創定(大塚潔)「帝国農会報」 16(10) 1926.10
◇台湾農業概観(中浦庄治)「帝国農会報」 16(10) 1926.10
◇農業保険の大原則に就て(小平権一)「帝国農会報」 16(10) 1926.10
◇米国に於ける穀物集散所運動「帝国農会報」 16(10) 1926.10
◇成功せるタコマ市の電気供給事業(弓家七郎)「都市問題」 3(4) 1926.10
◇日本農民党結党式「労働時報」 3(10) 1926.10
◇農業倉庫業法の改正に就て(5)(湯河元威)「自治研究」 2(11) 1926.11
◇欧州の経済同盟運動と米国「週刊エコノミスト」 4(22) 1926.11
◇農民心理と農村団体(増田昇一)「帝国農会報」 16(11) 1926.11
◇消費経済論(1)(中島久万吉)「統計集誌」 544 1926.11
◇米の新精白方法(長命米式精米法に就て)(吉木弥三)「日本公衆保健協会雑誌」 2(11) 1926.11
◇消費組合連盟大会「労働時報」 3(11) 1926.11
◇農産物販売組合の将来(佐藤寛次)「産業組合」 254 1926.12
◇農村の現状に鑑みて(唯野喜八)「自治研究」 2(12) 1926.12
◇欧州産業同盟の頻出とその内容「週刊エコノミスト」 4(24) 1926.12
◇地方主義と経済機関(村上浩)「地方」 34(12) 1926.12
◇穀物市場論(永井彰一)「帝国農会報」 16(12) 1926.12
◇農家の家計(4)(井出皓)「統計集誌」 545 1926.12
◇農業利潤は決して低率ならず「東洋経済新報」 1227 1926.12
◇瓦斯料金引下問題(岡野文之助)「都市問題」 3(6) 1926.12
◇Liber Albusに現はれたる倫敦の経済生活(野村兼太郎)「三田学会雑誌」 20(12) 1926.12
◇農会の前途(神戸正雄)「時事経済問題」 53 1927
◇伊太利の産業組合「産業組合」 255 1927.1
◇農村問題対策と産業組合の使命(中沢弁次郎)「産業組合」 255 1927.1
◇副業奨励の施設に就て(南正樹)「自治研究」 3(1) 1927.1
◇欧米農村の精神文明(2)(福沢泰江)「斯民」 22(1) 1927.1
◇耕地面積及米収穫表「税」 5(1) 1927.1
◇瓦斯工学問答(三浦宙里)「帝国瓦斯協会雑誌」 16(1) 1927.1

◇瓦斯燠炉に於て吾人の最も快感を感ずる瓦斯量の決定(浅田恒彦)「帝国瓦斯協会雑誌」 16(1) 1927.1
◇市俄古市瓦斯会社の業績「帝国瓦斯協会雑誌」 16(1) 1927.1
◇東京瓦斯株式会社四十年の回顧(天王山房主人)「帝国瓦斯協会雑誌」 16(1) 1927.1
◇内地殖民による自作農創設事業の一例(渡邊庸一郎)「帝国農会報」 17(1) 1927.1
◇農林省の自作農創設維持補助規則に就て(沢村康)「帝国農会報」 17(1) 1927.1
◇米国財界の情況「東洋経済新報」 1231 1927.1
◇基底産業の決戦体制「東洋経済新報」 2153 1927.1
◇非常生産への要締「東洋経済新報」 2153 1927.1
◇イギリスに於ける瓦斯工業と煤煙防止問題(樫木徹)「都市問題」 4(1) 1927.1
◇ミラノ市の食料品価格調節施設(小田垣光之輔)「都市問題」 4(1) 1927.1
◇時局農村の任務を語る(座談会)「農業と経済」 12(1) 1927.1
◇戦時下食糧増産と水田裏作の問題(2)特に麦作と紫雲英作との作付割合について(森和男)「農業と経済」 12(1) 1927.1
◇産業組合中央金庫の三年(岡本善太郎)「産業組合」 256 1927.2
◇枕崎町の養豚事業と産業組合(山本秀一)「産業組合」 256 1927.2
◇ロンドン消費組合の大膨張「産業組合」 256 1927.2
◇大正十五年農村問題概況(協調会農村課)「社会政策時報」 77 1927.2
◇農業倉庫発達の現状と前途「週刊エコノミスト」 5(3) 1927.2
◇東京電灯東京電力の競争と業績「週刊エコノミスト」 5(4) 1927.2
◇農業生活と土地問題(豊福保二)「地方」 35(2) 1927.2
◇農民離村の社会的影響(有元英夫)「地方」 35(2) 1927.2
◇英国瓦斯事業法改正の要望(木越致和)「帝国瓦斯協会雑誌」 16(2) 1927.2
◇大正十五年度帝国瓦斯協会技術会第一部主査報告(江口鶴雄)「帝国瓦斯協会雑誌」 16(2) 1927.2
◇帝国瓦斯協会技術会第四部研究事項一部報告(杉野為吉)「帝国瓦斯協会雑誌」 16(2) 1927.2
◇最近に於ける米価の趨勢(勝وي瀬質)「帝国農会報」 17(2) 1927.2
◇我農業に及ぼせる世界戦争の影響「東洋経済新報」 1234 1927.2
◇我国瓦斯事業の趨勢(後藤瞰二)「都市問題」 4(2) 1927.2
◇邦訳リカアドオ原論解題(小泉信三)「三田学会雑誌」 21(2) 1927.2
◇日本農民組合第六回全国大会「労働時報」 4(2) 1927.2
◇長週期景気循環に関する一研究(菊田太郎)「経済論叢」 24(3) 1927.3
◇露西亜の新経済政策と農業(2・完)(河田嗣郎)「経済論叢」 24(3) 1927.3
◇海外に於ける消費組合運動最近の概観(緒方清)「産業組合」 257 1927.3
◇既設購買組合と新興消費組合の対立(大沢八十松)「産業組合」 257 1927.3
◇消費組合の現勢及び将来(岡実)「産業組合」 257 1927.3
◇万国産業組合連盟(小浜八弥)「産業組合」 257 1927.3
◇本邦消費組合の発達及現状(丸岡重堯)「産業組合」 257 1927.3
◇英国農村の研究(2):特にコミュニティーの起源及消長に就て(高橋三郎)「自治研究」 3(3) 1927.3
◇農業倉庫業法の改正に就て(6)(湯河元威)「自治研究」 3(3) 1927.3
◇地方都市と農村の調和(平林広人)「斯民」 22(3) 1927.3

◇農業経営の改善と報徳（矢作栄蔵）「斯民」 22（3） 1927.3
◇経済史料としての記紀神化篇（林癸未夫）「社会学雑誌」 35 1927.3
◇米国の農業救済問題「週刊エコノミスト」 5（5） 1927.3
◇法人の所得と営業純益（木村鍵治）「税」 5（3） 1927.3
◇農用住宅に就いて（1）（山田醇）「庭園と風景」 9（3） 1927.3
◇需要者器具の検査並維持に就いて（水越致和）「帝国瓦斯協会雑誌」 16（3） 1927.3
◇米国マンチャスター市の配給組織「帝国瓦斯協会雑誌」 16（3） 1927.3
◇六大都市と鶏卵「都市問題」 4（3） 1927.3
◇産業労働者の睡眠に関する調査報告（1）（石川知福）「労働科学研究」 3（4） 1927.3
◇産業組合と自治（岡実）「斯民」 22（4） 1927.4
◇農村振興と農村生活改善の急務（伊藤悌蔵）「斯民」 22（4） 1927.4
◇農村問題発展の方向と対策（太田利一）「斯民」 22（4） 1927.4
◇農繁託児事業の現状（生江孝之）「斯民」 22（4） 1927.4
◇農業委員会制度の特質（太田利一）「社会政策時報」 79 1927.4
◇市民農園の使命（仲野市也）「大大阪」 3（4） 1927.4
◇食料品の集散と消費（大阪市産業部調査）「大大阪」 3（4） 1927.4
◇墺太利瓦斯事業の発達「帝国瓦斯協会雑誌」 16（4） 1927.4
◇勘定外瓦斯減少の方法（XYZ生）「帝国瓦斯協会雑誌」 16（4） 1927.4
◇合成燃料研究の趨勢（栗原鑑司）「帝国瓦斯協会雑誌」 16（4） 1927.4
◇石炭瓦斯原料炭の撰択に「アソープス」石炭試験を提唱す（内藤燃料研究所）「帝国瓦斯協会雑誌」 16（4） 1927.4
◇無水式瓦斯溜に就て（岡山実）「帝国瓦斯協会雑誌」 16（4） 1927.4
◇メタン瓦斯の研究（織田経二）「帝国瓦斯協会雑誌」 16（4） 1927.4
◇京浜の経済的提携（小田忠夫）「都市問題」 4（4） 1927.4
◇分配論の性質（高田保馬）「経済論叢」 24（5） 1927.5
◇九州の産業と海陸連絡設備（吉田浩）「港湾」 5（5） 1927.5
◇本邦消費組合運動について（浜口道之助）「産業組合」 259 1927.5
◇農業倉庫業法の改正に就て（7）（湯河元威）「自治研究」 3（5） 1927.5
◇帝国瓦斯協会技術会第三部中間報告（杉浦道超）「帝国瓦斯協会雑誌」 16（5） 1927.5
◇倫敦瓦斯ライト・エンド・コーク会社の事業概況「帝国瓦斯協会雑誌」 16（5） 1927.5
◇小作地分配状況に就て（東浦庄治）「帝国農会報」 17（5） 1927.5
◇第五十二帝国議会農政関係議案一覧「帝国農会報」 17（5） 1927.5
◇財界救済二法案「東洋経済新報」 1248 1927.5
◇レシーヴァー制設立の急要「東洋経済新報」 1250 1927.5
◇マルクスの農業経済観（河田嗣郎）「経済論叢」 24（6） 1927.6
◇自作農創設維持助成の施設（小平権一）「斯民」 22（6） 1927.6
◇米国企業経営の新精神たるフォーデイズ（川崎勇）「社会政策時報」 81 1927.6
◇大阪市の「市民農園」（猪間驥一）「都市問題」 4（6） 1927.6
◇六大都市の電力料金比較（後藤曠二）「都市問題」 4（6） 1927.6
◇食糧問題と墓地の整理（K.T.）「日本公衆保健協会雑誌」 3（6） 1927.6
◇我国に於ける農業団体及団員数「労働時報」 4（6） 1927.6
◇本邦の食料に就て（菊池貢）「公衆衛生」 45（7） 1927.7
◇水力電気の国有（桑田熊蔵）「斯民」 22（7） 1927.7
◇食糧問題調査事項略定（農林省）「社会事業」 11（4） 1927.7

◇恐慌後の財界整理とレシーバー制「東洋経済新報」 1255 1927.7
◇川崎問題に対する三無産党の声明書「東洋経済新報」 1256 1927.7
◇公用瓦斯と電気料金割引率（後藤曠二）「都市問題」 5（1） 1927.7
◇私企業都市経営化の動機論（岡野文之助）「都市問題」 5（1） 1927.7
◇リストの経済思想の背景（山田正夫）「三田学会雑誌」 21（7） 1927.7
◇リカアドの労賃論とマルサスの人口原則（森耕二郎）「経済論叢」 25（2） 1927.7
◇不良牛乳問題管見（伊藤武彦）「社会事業」 11（5） 1927.8
◇勃興した電気事業の統制問題「週刊エコノミスト」 5（16） 1927.8
◇国際経済の現勢調査（1）「東洋経済新報」 1260 1927.8
◇恐慌後の財界は経過極めて順調「東洋経済新報」 1261 1927.8
◇国際経済の現勢調査（2）「東洋経済新報」 1261 1927.8
◇国際経済の現勢調査（3）「東洋経済新報」 1262 1927.8
◇東京瓦斯の前途「東洋経済新報」 1262 1927.8
◇国際経済の現勢調査（4）「東洋経済新報」 1263 1927.8
◇東京市近郊の瓦斯供給計画（岡野文之助）「都市問題」 5（2） 1927.8
◇板船権及平田船補償問題に就て（東京市政調査会）「都市問題」 5（2） 1927.8
◇独墺社会民主党の農政綱領「経済論叢」 25（3） 1927.9
◇英国協同組合（8・完）（尾上四郎）「産業組合」 263 1927.9
◇漁村及水産業の電化に就て（児玉誠）「市町村雑誌」 405 1927.9
◇農産物販買物組合と其指導（田中市助）「市町村雑誌」 405 1927.9
◇米国に於ける消費組合経営事業の現状（美濃口時次郎）「社会政策時報」 84 1927.9
◇繭糸価維持策と其影響「週刊エコノミスト」 5（18） 1927.9
◇肥料需給の大勢と助成策案「週刊エコノミスト」 5（18） 1927.9
◇市民農園（ラウベン、コロニー）（青鹿四郎）「帝国農会報」 17（9） 1927.9
◇製糖界動揺の国民経済的意味「東洋経済新報」 1264 1927.9
◇国際経済の現勢調査「東洋経済新報」 1265 1927.9
◇国際経済の現勢調査「東洋経済新報」 1266 1927.9
◇リカアド原論の本文（小泉信三）「三田学会雑誌」 21（9） 1927.9
◇地方学事経済に関する統計「文部時報」 251 1927.9
◇産業労働者の睡眠に関する調査報告（2・完）（石川知福）「労働科学研究」 4（2） 1927.9
◇農業税論（神戸正雄）「経済論叢」 25（4） 1927.10
◇明治初年に於ける村の人格（1）（中田薫）「国家学会雑誌」 41（10） 1927.10
◇青果取引機関の充実に就て産業組合に望む（池田憲司）「産業組合」 264 1927.10
◇第五回全国市街地信用組合協議会記事「産業組合」 264 1927.10
◇ロシア消費組合運動の現勢（2・完）（美濃口時次郎）「産業組合」 264 1927.10
◇国際経済会議に於ける農業に関する決議（佐藤寛次）「斯民」 22（10） 1927.10
◇新興農民の生活信条（小野武夫）「斯民」 22（10） 1927.10
◇消費者協同組合の世界的発達「週刊エコノミスト」 5（19） 1927.10
◇不徹底な自作農創設維持案「週刊エコノミスト」 5（19） 1927.10
◇英国農村政策（1）（村上龍太郎訳）「帝国農会報」 17（10） 1927.10
◇食糧関係施設概要（農林省）「帝国農会報」 17（10） 1927.10
◇競争会社の出現と東京瓦斯「東洋経済新報」 1272 1927.10

◇リカアドオの死後(小泉信三)「三田学会雑誌」 21(10) 1927.10
◇第二十三回全国産業組合大会記事「産業組合」 265 1927.11
◇農村金融に就て(馬場由雄)「斯民」 22(11) 1927.11
◇富民協会設立に際し所懐を述ぶ 協会の目的と今後の計画(本山彦一)「週刊エコノミスト」 5(21) 1927.11
◇模範農場日本デンマーク(1)「週刊エコノミスト」 5(21) 1927.11
◇実用上より観たる燃料について(大島義清)「帝国瓦斯協会雑誌」 16(6) 1927.11
◇東京瓦斯に就て(岩崎清七)「帝国瓦斯協会雑誌」 16(6) 1927.11
◇料金決定の為にする瓦斯財産の評価に就て(水越致和)「帝国瓦斯協会雑誌」 16(6) 1927.11
◇英国農村政策(2・完)(村上龍太郎訳)「帝国農会報」 17(11) 1927.11
◇我国農工及商業者数の推計(中川友長)「統計集誌」 556 1927.11
◇東京市郊外の瓦斯問題(岡野文之助)「都市問題」 5(5) 1927.11
◇市街地信用組合と経営者の責任(高橋武美)「産業組合」 266 1927.12
◇消費者の産業組合(米国労働省労働統計局調査)「産業組合」 266 1927.12
◇農村の衛生施設(高野六郎)「斯民」 22(12) 1927.12
◇農業団体と農民政治運動(協調会農村課)「社会政策時報」 87 1927.12
◇景気循環論(青木得三)「税」 5(12) 1927.12
◇大阪市民の沢庵消費額(永市壽一)「大大阪」 3(12) 1927.12
◇山林、農村の美化と森林公園(本多静六)「庭園と風景」 9(12) 1927.12
◇自作農地の創設及維持(河田嗣郎)「経済論叢」 26(1) 1928.1
◇農村社会問題(1)(矢作榮藏)「斯民」 23(1) 1928.1
◇英国瓦斯事業最近の状況(X.Y.Z生)「帝国瓦斯協会雑誌」 17(1) 1928.1
◇瓦斯用原料炭の評価に就て(T.K生)「帝国瓦斯協会雑誌」 17(1) 1928.1
◇瓦斯料金の構成に関する亜米利加瓦斯協会の報告に就いて(水越致和)「帝国瓦斯協会雑誌」 17(1) 1928.1
◇石炭より液体燃料の製造に就いて(Y.K.生)「帝国瓦斯協会雑誌」 17(1) 1928.1
◇東京瓦斯株式会社四十年の回顧 用途篇(天王山房主人)「帝国瓦斯協会雑誌」 17(1) 1928.1
◇系統農会史(1)(菅野鉱次郎)「帝国農会報」 18(1) 1928.1
◇自作農創定問題に関する参考資料(帝国農会調査部)「帝国農会報」 18(1) 1928.1
◇昭和三年経済界の予想「東洋経済新報」 1280 1928.1
◇昭和三年財界図史「東洋経済新報」 1280 1928.1
◇英国消費組合の近況「産業組合」 268 1928.2
◇協同組合百年史(シャルル・ジード)「産業組合」 268 1928.2
◇万国産業組合連盟の事業「産業組合」 268 1928.2
◇電気事業に於ける合同気運(神戸正雄)「時事経済問題」 68 1928.2
◇総選挙と産業組合の中立性(佐藤寛次)「斯民」 23(2) 1928.2
◇農村計画に就て(東浦庄治)「斯民」 23(2) 1928.2
◇産業組合及農業倉庫に於いて取扱ふ主要食糧品に関する調査(農林省農務局)「帝国農会報」 18(2) 1928.2
◇自作農地法案「帝国農会報」 18(2) 1928.2
◇新経済政策後のロシア農業(栗原藤七郎)「帝国農会報」 18(2) 1928.2
◇都市人の論ずる農村問題(宮川栄一)「帝国農会報」 18(2) 1928.2
◇瓦斯の標準圧力及熱量の公認(後藤曠二)「都市問題」 6(2) 1928.2

◇大東京電力供給協定案に就て(後藤曠二)「都市問題」 6(2) 1928.2
◇リカアドの労賃論(堀経夫)「経済論叢」 26(3) 1928.3
◇産業組合及産業組合連合会数調(昭和二年末)(農林省農務局)「産業組合」 269 1928.3
◇産業組合及農業倉庫に於いて取扱ふ主要食糧品に関する調査(昭和元年度)(農林省農務局)「産業組合」 269 1928.3
◇農村衛生の現状と其の改善(3)(氏原佐藏)「斯民」 23(3) 1928.3
◇農村社会問題(3・完)(矢作榮藏)「斯民」 23(3) 1928.3
◇産業労働者の疲労の研究(若林米吉)「社会政策時報」 90 1928.3
◇支那の産業組合運動(岡野一朗)「社会政策時報」 90 1928.3
◇消費組合運動の根本相(篠田七郎)「社会政策時報」 90 1928.3
◇都市経済の理想と合理化(勝田貞次)「大大阪」 4(3) 1928.3
◇瓦斯溜容量と其量定要素たる製造能力の意義を論ず(米花伊太郎)「帝国瓦斯協会雑誌」 17(2) 1928.3
◇興味ある裁判判決(合衆国瓦斯事業)「帝国瓦斯協会雑誌」 17(2) 1928.3
◇石炭瓦斯乾燥に就いて(冨次亮)「帝国瓦斯協会雑誌」 17(2) 1928.3
◇石炭より液体燃料の製造に就いて(2)(Y.K.生)「帝国瓦斯協会雑誌」 17(2) 1928.3
◇東京瓦斯株式会社拡張計画の年限短縮「帝国瓦斯協会雑誌」 17(2) 1928.3
◇国際経済会議に就て(志立鉄次郎)「帝国鉄道協会会報」 29(2) 1928.3
◇新経済政策後のロシア農業(栗原藤七郎)「帝国農会報」 18(3) 1928.3
◇近年に於ける我国民所得の増減「東洋経済新報」 1290 1928.3
◇全国瓦斯料金比較(後藤曠二)「都市問題」 6(3) 1928.3
◇消費組合運動の本質を論ず(篠田七郎)「産業組合」 270 1928.4
◇独逸に於ける産業組合と近時の傾向(1)(吉田潔)「産業組合」 270 1928.4
◇ロシア産業組合に対する国際産業組合連盟の態度「産業組合」 270 1928.4
◇電力の限産計画(神戸正雄)「時事経済問題」 69 1928.4
◇労農露西亜遊行断片(前田多門)「社会事業」 12(1) 1928.4
◇埼玉県に於ける農業委員会制度概要(小島利太郎)「社会政策時報」 91 1928.4
◇本邦工業労働者消費組合運動の概観(村山重忠)「社会政策時報」 91 1928.4
◇事業界の欠陥調査「週刊エコノミスト」 6(7) 1928.4
◇学窓と市民の経済往来(白川朋吉)「大大阪」 4(4) 1928.4
◇地方振興経済会議の提唱(村上浩)「地方行政」 36(4) 1928.4
◇北海道瓦斯の拡張と前途「東洋経済新報」 1295 1928.4
◇英国に於ける瓦斯料金と発熱量(後藤曠二)「都市問題」 6(4) 1928.4
◇板船権補償問題-其の後の与論の帰趨と市会に於ける審議の経緯(吉山真棹)「都市問題」 6(4) 1928.4
◇本年上四半季の経済界(神戸正雄)「時事経済問題」 70 1928.5
◇農村衛生の現状と其の改善(4)(氏原佐藏)「斯民」 23(5) 1928.5
◇労農ロシアの社会施設二三(前田多門)「斯民」 23(5) 1928.5
◇独逸経営協議会法の改正(美濃口時次郎)「社会政策時報」 92 1928.5
◇経済都市としての大阪(下田將美)「大大阪」 4(5) 1928.5
◇日本経済に於ける大阪財界の地歩(勝田貞次)「大大阪」 4(5) 1928.5

経済・産業

◇英国瓦斯公示熱量の概要「帝国瓦斯協会雑誌」 17(3) 1928.5

◇瓦斯事業に関係ある最近の判決「帝国瓦斯協会雑誌」 17(3) 1928.5

◇瓦斯事業の過去現在及将来(バターフィルド,水越致和訳)「帝国瓦斯協会雑誌」 17(3) 1928.5

◇最近に於ける本邦瓦斯事業の趨勢に就て(岡本桜)「帝国瓦斯協会雑誌」 17(3) 1928.5

◇産業組合及産業組合連合会数調(農林省)「帝国農会報」 18(5) 1928.5

◇農家経済調査(大正十四年度)(農林省農務局)「帝国農会報」 18(5) 1928.5

◇ロシア農民経済事情(東浦庄治)「帝国農会報」 18(5) 1928.5

◇会社企業の業態(4)「東洋経済新報」 1298 1928.5

◇東京瓦斯の拡張 その前途と株価「東洋経済新報」 1298 1928.5

◇浮動米からみた米価の位置「東洋経済新報」 1298 1928.5

◇電車料金値上問題(岡野之之助)「都市問題」 6(5) 1928.5

◇農村衛生の現状と其の改善(5)(氏原佐蔵)「斯民」 23(6) 1928.6

◇残存米を基調とする米価の一考察(上田文三郎)「東洋経済新報」 1301 1928.6

◇経済生学の研究方法に就て(勝田貞次)「三田学会雑誌」 22(6) 1928.6

◇東京瓦斯の郊外料金値下(後藤曠二)「都市問題」 7(2) 1928.8

◇神戸市電力戦(後藤曠二)「都市問題」 7(3) 1928.9

◇板船権問題と東京市市場行政の刷新改善に就て(市営事業特輯)(菊池慎三)「都市問題」 7(4) 1928.10

◇板船権問題と其善後処置(船田中)「都市問題」 7(5) 1928.11

◇東京市に於ける電灯数の変遷(後藤曠二)「都市問題」 7(6) 1928.12

◇農村における社会教育の現状と其の振興の方策に就て(佐上信一)「自治研究」 5(1) 1929.1

◇東京市の一万キロ汽力発電所(後藤曠二)「都市問題」 8(1) 1929.1

◇全国都市の瓦斯使用状況(後藤曠二)「都市問題」 8(2) 1929.2

◇東京市の新買電契約を評す(後藤曠二)「都市問題」 8(3) 1929.3

◇米価調節問題是非(河田嗣郎)「経済時報」 1(1) 1929.4

◇金沢市の瓦斯及び電気料金値下(後藤曠二)「都市問題」 8(4) 1929.4

◇名古屋市の電灯料金値下(後藤曠二)「都市問題」 8(4) 1929.4

◇東京瓦斯の料金値下問題(小倉庫次)「都市問題」 8(5) 1929.5

◇再び東京市の買電契約を評す(後藤曠二)「都市問題」 8(5) 1929.5

◇我国民経済の実相(山村宗文)「経済論叢」 29(1) 1929.7

◇我国農村の地位と衛生施設(氏原佐蔵)「公衆衛生」 47(7) 1929.7

◇四大電力の収益と建設費比較「週刊エコノミスト」 7(14) 1929.7

◇農業調査に就て(下条康麿)「帝国農会報」 19(7) 1929.7

◇生糸の価格と消費量との相関々係「東洋経済新報」 1357 1929.7

◇瓦斯問題の紛糾と合理的解決策「東洋経済新報」 1358 1929.7

◇瓦斯問題特輯「都市問題」 9(1) 1929.7
瓦斯会社経営の責任者たる立場から/瓦斯問題と其批判(鈴木寅彦) 瓦斯問題に関する意見(東京市政調査会) 瓦斯問題に関する若干資料·東京瓦斯会社の参考資料その他(後藤曠二) 瓦斯問題の展望/瓦斯問題と其批判(畠中雄三) 瓦斯問題の紛糾を絶たんには/瓦斯問題と其批判(田川大吉郎) 首都の瓦斯事業に就て/瓦斯問題と其批判(水越致和) ドイツ大都市の瓦斯消費量(1925年度)(樫木徹) 東京瓦斯の値下及増資問題経緯(小倉庫次) 当面の瓦斯問題と其善後策/瓦斯問題と其批判(深川豊太郎)

◇限界経済学と制度経済学(米田庄太郎)「経済論叢」 29(2) 1929.8

◇シュピイトホフの景気循環論(静田均)「経済論叢」 29(2) 1929.8

◇米国に於ける独占運動の展開(小島精一)「国家学会雑誌」 43(8) 1929.8

◇家畜保険法概説(1)(三浦一雄)「自治研究」 5(8) 1929.8

◇我国産業補助の実状「週刊エコノミスト」 7(15) 1929.8

◇我国の企業支配者「週刊エコノミスト」 7(15) 1929.8

◇産業組合に於ける生産者と消費者の連携(承前)(井関善一)「地方行政」 37(8) 1929.8

◇農産物販売政策の世界的展望(1)(八木沢善次)「帝国農会報」 19(8) 1929.8

◇農業政策一転の期「東洋経済新報」 1364 1929.8

◇イギリスに於ける広告看板取締運動(弓家七郎)「都市問題」 9(2) 1929.8

◇瓦斯事業の買収市営問題を中心にして(谷川昇)「都市問題」 9(2) 1929.8

◇瓦斯問題其の後の経過(小倉庫次)「都市問題」 9(2) 1929.8

◇ベルリンの瓦斯事情(小倉庫次)「都市問題」 9(2) 1929.8

◇ソヴエート連邦消費組合最近の発展「産業組合」 287 1929.9

◇農村の問題(長谷川久一)「自治研究」 5(9) 1929.9

◇英国瓦斯会社の共同株主制度及利益分配制度概要「帝国瓦斯協会雑誌」 18(5) 1929.9

◇英国瓦斯事業法の改正(水越致和)「帝国瓦斯協会雑誌」 18(5) 1929.9

◇供給瓦斯品質改善の急務と熱料金制(米花伊太郎)「帝国瓦斯協会雑誌」 18(5) 1929.9

◇小瓦斯工場の今昔(金子留吉)「帝国瓦斯協会雑誌」 18(5) 1929.9

◇北米合衆国に於ける水性瓦斯製造法の発達に就て(清島対吉)「帝国瓦斯協会雑誌」 18(5) 1929.9

◇横浜市瓦斯供給条例「帝国瓦斯協会雑誌」 18(5) 1929.9

◇農産物販売政策の世界的展望(2)(八木沢善次)「帝国農会報」 19(9) 1929.9

◇瓦斯問題最近の経過(小倉庫次)「都市問題」 9(3) 1929.9

◇米価問題根本解決策(河田嗣郎)「経済時報」 1(7) 1929.10

◇産業組合に関する法律問題「産業組合」 288 1929.10

◇家畜保険法概説(2)(三浦一雄)「自治研究」 5(10) 1929.10

◇プロレタリヤ経済学(2)(河上肇)「社会問題研究」 98 1929.10

◇大阪市電力購入契約の改訂期来る(村上愛治)「大大阪」 5(10) 1929.10

◇農村娯楽とその対策(笠森傳繁)「地方行政」 37(10) 1929.10

◇耕地増減とその経済的諸因子(1)(太田嘉作)「帝国農会報」 19(10) 1929.10

◇農産物需要の発達(栗原藤七郎)「帝国農会報」 19(10) 1929.10

◇木会岬新田の干拓小作権(2)(中沢弁次郎)「帝国農会報」 19(10) 1929.10

◇会社の借金と金解禁による打撃「東洋経済新報」 1369 1929.10

◇我国事業会社資本構成の変化「東洋経済新報」 1371 1929.10

◇神戸市の新制電灯料金(樫木徹)「都市問題」 9(4) 1929.10

◇景気変動と日本資本主義の成立(谷口吉彦)「経済論叢」 29(5) 1929.11

◇米穀政策に関する諸案(神戸正雄)「時事経済問題」 88 1929.11

◇農業経営の改善(永松鴻一)「地方行政」 37(11) 1929.11

◇英国瓦斯事業累年比較表「帝国瓦斯協会雑誌」 18(6) 1929.11

◇英国に於ける石炭瓦斯製造の考査と諸問題(ウオルター・テー・ダン)「帝国瓦斯協会雑誌」 18(6) 1929.11

◇本邦瓦斯事業の概観(三輪震一)「帝国瓦斯協会雑誌」 18(6) 1929.11

◇耕地増減とその経済的諸因子(2・完)(太田嘉作)「帝国農会報」

◇鮮米の統制と朝鮮の農民（東浦庄治）「帝国農会報」 19(11) 1929.11
◇我国に於ける産業合理化問題（吉野信次）「東洋経済新報」 1374 1929.11
◇我国に於ける産業合理化問題（吉野信次）「東洋経済新報」 1375 1929.11
◇我国に於ける産業合理化問題（吉野信次）「東洋経済新報」 1376 1929.11
◇我国に於ける産業合理化問題（吉野信次）「東洋経済新報」 1377 1929.11
◇農村の都会化と職業指導（谷口政秀）「補習教育」 82 1929.11
◇事業の所有と経営の分離と云ふことに就て（村本福松）「経済時報」 1(9) 1929.12
◇家畜保険組合の任務（南正樹）「自治研究」 5(12) 1929.12
◇大阪市に於ける校園用品倉庫と現品配給制度（本城亀夫）「大大阪」 5(12) 1929.12
◇瓦斯問題の裁定と今後の問題（小倉庫次）「都市問題」 9(5) 1929.12
◇資源調査法令義解（松井春生）「自治研究」 6(1) 1930.1
◇諸外国に於ける農作物収穫保険に就て(1)（重政誠之）「自治研究」 6(1) 1930.1
◇京都ガスの料金引下と今後「週刊エコノミスト」 8(1) 1930.1
◇電鉄経営の更新を要す（上田寧）「週刊エコノミスト」 8(1) 1930.1
◇独米瓦斯界の近況（参木録郎）「帝国瓦斯協会雑誌」 19(1) 1930.1
◇本邦農村電化の概況（久谷福次郎）「帝国農会報」 20(1) 1930.1
◇金解禁後の産業政策「東洋経済新報」 1380 1930.1
◇大阪市対大同の電力料改訂問題「東洋経済新報」 1382 1930.1
◇復興展記念特輯「都市問題」 10(1) 1930.1
　経済界に及ぼしたる震災の影響／関東大震火災と其被害（福本英男）産業組合、復興状況-附、震災前後に於ける産業組合／復興帝都の大観（小幡清金、福本英男）
◇家畜保険法概説(3)（三浦一雄）「自治研究」 6(2) 1930.2
◇大阪市の電力購入契約訂交渉開始から仲裁人選定まで（村上愛治）「大大阪」 6(2) 1930.2
◇我観農家消費経済（笠森傳繁）「地方行政」 38(2) 1930.2
◇大阪市購入電力の料金改訂問題（樫木徹）「都市問題」 10(2) 1930.2
◇軍需会社法について(2)（大隅健一郎）「法学論叢（京都帝国大学法学会）」 50(2) 1930.2
◇労働者消費組合の組織及経営に就て（大澤八十松）「産業組合」 293 1930.3
◇諸外国に於ける農作物収穫保険に就て(2)（重政誠之）「自治研究」 6(3) 1930.3
◇中小産業と産業組合（馬場由雄）「斯民」 25(3) 1930.3
◇犠牲となる農村―都市企業偏重政策の圧迫「週刊エコノミスト」 8(6) 1930.3
◇英国サーム制度の沿革（水越致和）「帝国瓦斯協会雑誌」 19(2) 1930.3
◇瓦斯熱量単位販売制度に就て（東邦瓦斯株式会社）「帝国瓦斯協会雑誌」 19(2) 1930.3
◇配給機関としての消費組合と小売商間に於ける闘争「経済時報」 2(1) 1930.4
◇我産業合理化の二大重点（吉野信次）「週刊エコノミスト」 8(7) 1930.4
◇産業合理化の目的と技術（暉峻義等）「週刊エコノミスト」 8(7) 1930.4
◇農産物流通面に於る合理化（山田勝次郎）「週刊エコノミスト」 8(7) 1930.4
◇五大ガス会社の優劣観「週刊エコノミスト」 8(8) 1930.4
◇諸外国における農作物収穫保険に就て(3)（重政誠之）「自治研究」 6(5) 1930.5
◇大阪市民の所得の構成（汐見三郎）「大大阪」 6(5) 1930.5
◇最近の農村諸相私観（承前）（川村芳次）「地方行政」 38(5) 1930.5
◇英国に於る瓦斯中毒に依る死亡に就て「帝国瓦斯協会雑誌」 19(3) 1930.5
◇欧米瓦斯事業管見（池田増太郎）「帝国瓦斯協会雑誌」 19(3) 1930.5
◇副産物収入の瓦斯料金に対する影響（水越致和）「帝国瓦斯協会雑誌」 19(3) 1930.5
◇大阪市電力問題の裁定（樫木徹）「都市問題」 10(5) 1930.5
◇農業セツツルメントの諸問題（三好豊太郎）「社会事業」 14(3) 1930.6
◇浜口内閣の経済的行詰（高橋亀吉）「週刊エコノミスト」 8(12) 1930.6
◇検定統計上より観たる瓦斯「メートル」に就て（橘川司亮）「帝国瓦斯協会雑誌」 19(臨時増刊号) 1930.6
◇都市の経済的概念と本質（大谷政敬）「経済論叢」 31(1) 1930.7
◇産業組合の指導（川村芳次）「地方行政」 38(7) 1930.7
◇消費組合と教員組合（中重信）「帝国教育」 575 1930.7
◇系統農会史(28)（菅野鉱次郎）「帝国農会報」 20(7) 1930.7
◇昭和四年度農業調査の結果より見たる市町村別耕地分布状況（鈴木覚四郎）「帝国農会報」 20(7) 1930.7
◇農業倉庫及連合農業倉庫概況（昭和5年3月）（農務省）「帝国農会報」 20(7) 1930.7
◇米の諸問題(2)（佐伯矩）「公衆衛生」 48(8) 1930.8
◇諸外国における農作物収穫保険に就て(4)（重政誠之）「自治研究」 6(8) 1930.8
◇不景気打開と国産品愛用（俵一）「市町村誌」 440 1930.8
◇市町村産業是の確立「帝国農会報」 20(8) 1930.8
◇農家負債調査中間報告（帝国農会）「帝国農会報」 20(8) 1930.8
◇夜の盛り場の種々相（石川栄耀）「都市問題」 11(2) 1930.8
◇消費組合指導原理の新傾向（平実）「経済時報」 2(6) 1930.9
◇中小企業の合理化と自主的共同方策（松井辰之助）「経済時報」 2(6) 1930.9
◇消費経済の合理化と其対策「週刊エコノミスト」 8(18) 1930.9
◇瓦斯事業の合理化に就て(1)（水越致和）「帝国瓦斯協会雑誌」 19(5) 1930.9
◇農村不況打開に関する道府県農会長会議決議「帝国農会報」 20(9) 1930.9
◇不景同対策の検討（石橋湛山）「東洋経済新報」 1415 1930.9
◇電灯、電力料金値下運動（岡野文之助）「都市問題」 11(3) 1930.9
◇夜の盛り場の種々相（承前）（石川栄耀）「都市問題」 11(3) 1930.9
◇農家の負債整理（河田嗣郎）「経済時報」 2(7) 1930.10
◇諸外国に於る農作物収穫保険に就て(5)（重政誠之）「自治研究」 6(10) 1930.10
◇誤れる政友会の新経済政策（田昌）「週刊エコノミスト」 8(19) 1930.10
◇瓦斯事業――事業固資膨張と利潤低下――「週刊エコノミスト」 8(19) 1930.10
◇非常時に処する経済政策（三土忠造）「週刊エコノミスト」 8(19) 1930.10
◇電気バスの話（齊藤人兆）「大大阪」 6(10) 1930.10

◇農産経済の統制（河田嗣郎）「経済時報」 2（8） 1930.11
◇大都市消費組合懇談会「産業組合」 301 1930.11
◇市町村公企業権に関する二三の法律問題（狭間茂）「斯民」 25（11） 1930.11
◇国際経済のブロック的対立「週刊エコノミスト」 8（21） 1930.11
◇低利資金問題の吟味「週刊エコノミスト」 8（22） 1930.11
◇農家負担軽減の必要を提唱す（東浦庄治）「帝国農会報」 20（11） 1930.11
◇急反発した電力株「東洋経済新報」 1424 1930.11
◇東邦瓦斯の業績「東洋経済新報」 1424 1930.11
◇発展性に富む瓦斯事業「東洋経済新報」 1426 1930.11
◇帝国農会の農家負債調（上）「東洋経済新報」 1427 1930.11
◇発展性に富む瓦斯事業（下）「東洋経済新報」 1427 1930.11
◇京都市に於ける消費組合（谷口吉彦）「経済論叢」 31（6） 1930.12
◇所得分配統計の研究方法（汐見三郎）「経済論叢」 31（6） 1930.12
◇事業資金難の分析「週刊エコノミスト」 8（23） 1930.12
◇農会の農村不況打開運動経緯（増田昇一）「帝国農会報」 20（12） 1930.12
◇米価基準解説（新井睦治）「帝国農会報」 20（12） 1930.12
◇帝国農会の農家負債調（下）「東洋経済新報」 1428 1930.12
◇東京の瓦斯料金値下問題（小倉庫次）「都市問題」 11（6） 1930.12
◇蘇連新々経済政策以降（小泉信三）「三田学会雑誌」 24（12） 1930.12
◇台湾に於ける米穀問題（西沢基一）「経済時報」 2（10） 1931.1
◇不正競争防止法案所感（村本福松）「経済時報」 2（10） 1931.1
◇正米相場と期米相場との関係（谷口吉彦）「経済論叢」 32（1） 1931.1
◇家畜保険組合の計算（1）（南正樹）「自治研究」 7（1） 1931.1
◇農村の自救と副業（1）（永松陽一）「自治研究」 7（1） 1931.1
◇昭和六年内外経済の展望「週刊エコノミスト」 9（1） 1931.1
◇一九三一年の世界経済（有澤廣巳）「週刊エコノミスト」 9（1） 1931.1
◇日本資本主義の前途（猪俣津南雄）「週刊エコノミスト」 9（1） 1931.1
◇農業恐慌の展望（河西太一郎）「週刊エコノミスト」 9（1） 1931.1
◇都市に於ける農業地域（飯沼一省）「地方行政」 39（1） 1931.1
◇家庭燃料に就て（水越致和）「帝国瓦斯協会雑誌」 20（1） 1931.1
◇倫敦市に於ける瓦斯供給事業（楠原祖一郎）「帝国瓦斯協会雑誌」 20（1） 1931.1
◇米の最低価格を公定補償する法（荒川五郎）「帝国農会報」 21（1） 1931.1
◇農家負債の整理と新年度の農業経営計画（渡辺庸一郎）「帝国農会報」 21（1） 1931.1
◇農村生活の検討（永井彰一）「帝国農会報」 21（1） 1931.1
◇東京大阪株式座談会「東洋経済新報」 1430 1931.1
◇農業恐慌と農家経済の破綻「東洋経済新報」 1433 1931.1
◇電気料金値下論の考検（山崎林太郎）「都市問題」 12（1） 1931.1
◇本邦最初の熱量制瓦斯料金（小倉庫次）「都市問題」 12（1） 1931.1
◇砂糖価格に対する若干の観察（西沢基一）「経済時報」 2（11） 1931.2
◇消費組合による米の配給（谷口吉彦）「経済論叢」 32（2） 1931.2
◇家畜保険組合の計算（2）（南正樹）「自治研究」 7（2） 1931.2
◇最近の景気学説（シュムペーター）「週刊エコノミスト」 9（4） 1931.2
◇産業行詰の主因「週刊エコノミスト」 9（4） 1931.2

◇農村と農家の公税負担状況（農林省）「税」 9（2） 1931.2
◇増資と料金引下後の大阪瓦斯「東洋経済新報」 1437 1931.2
◇瓦斯事業管理論（石倉已吉）「都市公論」 14（2） 1931.2
◇正米相場と期米相場との異動関係（谷口吉彦）「経済論叢」 32（3） 1931.3
◇農村の自救と副業（2）（永松陽一）「自治研究」 7（3） 1931.3
◇米露独景気研究の方法「週刊エコノミスト」 9（5） 1931.3
◇料金構成委員会の報告「帝国瓦斯協会雑誌」 20（2） 1931.3
◇昭和五年産米玄米一石当生産費「帝国農会報」 21（3） 1931.3
◇料金値下と東京瓦斯「東洋経済新報」 1439 1931.3
◇瓦斯値下の全国的傾向（小倉庫次）「都市問題」 12（3） 1931.3
◇米穀生産費調査の必要と其困難（河田嗣郎）「経済時報」 3（1） 1931.4
◇金と恐慌との関係「週刊エコノミスト」 9（7） 1931.4
◇産業統制法―国家社会主義の理論（弘生比羅夫）「週刊エコノミスト」 9（7） 1931.4
◇東邦電力今後の諸問題「週刊エコノミスト」 9（7） 1931.4
◇米の産地消費地間の取引（車恒吾）「帝国農会報」 21（4） 1931.4
◇外客誘致と都市施設（平野真三）「都市問題」 12（4） 1931.4
◇都市経済と農村経済の相関性と反撥性（中沢弁次郎）「都市問題」 12（4） 1931.4
◇米の生産地と消費地との対立（谷口吉彦）「経済論叢」 32（5） 1931.5
◇カルテル運動の概観「週刊エコノミスト」 9（10） 1931.5
◇東邦ガスの一批判「週刊エコノミスト」 9（10） 1931.5
◇瓦斯事業法の改正（都市協会調査部）「大大阪」 7（5） 1931.5
◇電気事業法の改正（福村貞一）「大大阪」 7（5） 1931.5
◇瓦斯製造中熱量の変化を容易に知る試験火の一考察（野田一太郎）「帝国瓦斯協会雑誌」 20（3） 1931.5
◇瓦斯配給方式の新傾向（米花伊太郎）「帝国瓦斯協会雑誌」 20（3） 1931.5
◇公益事業としての瓦斯事業とその料金問題（楠原祖一郎）「帝国瓦斯協会雑誌」 20（3） 1931.5
◇本邦瓦斯事業者の料金本体（富岡惟中）「帝国瓦斯協会雑誌」 20（3） 1931.5
◇本邦瓦斯事業の概観（昭和四年度）（三輪震一）「帝国瓦斯協会雑誌」 20（3） 1931.5
◇神戸瓦斯の成績と市営問題「東洋経済新報」 1448 1931.5
◇関西電灯電鉄会社の研究「東洋経済新報」 1451 1931.5
◇ピグウ教授の産業変動論（小高泰雄）「三田学会雑誌」 25（5） 1931.5
◇大都市に於ける所得の集積と分散（武田長太郎）「経済論叢」 32（6） 1931.6
◇農村の自救と副業（3）（永松陽一）「自治研究」 7（6） 1931.6
◇独逸財界と賠償問題（小島精一）「週刊エコノミスト」 9（11） 1931.6
◇一独逸村の見聞其儘（笹森伝繁）「地方行政」 39（6） 1931.6
◇瓦斯メートルの器差の起る原因と改善方法に就て（豊島愛明）「帝国瓦斯協会雑誌」 20（増刊号） 1931.6
◇自記熱量計に就て（中込浩次）「帝国瓦斯協会雑誌」 20（増刊号） 1931.6
◇知多営業所熱量販売の実績に就て（藤本憲治）「帝国瓦斯協会雑誌」 20（増刊号） 1931.6
◇天然瓦斯の効用及利用（松沢伝太郎）「帝国瓦斯協会雑誌」 20（増刊号） 1931.6
◇天然瓦斯の利用に就て（大河内正敏）「帝国瓦斯協会雑誌」 20（増

刊号) 1931.6
◇北米瓦斯販売近況(大森毅)「帝国瓦斯協会雑誌」 20(増刊号) 1931.6
◇本邦瓦斯事業の興業費に就て(三輪震一)「帝国瓦斯協会雑誌」 20(増刊号) 1931.6
◇重要産業統制法案を論ず(矢作栄蔵)「帝国農会報」 21(6) 1931.6
◇農業団体の統制と農会の事業進展について(石黒忠篤)「帝国農会報」 21(6) 1931.6
◇負担軽減問題の考察(水口正一)「帝国農会報」 21(6) 1931.6
◇合理化された瓦斯の販売制(三橋斗機雄)「都市問題」 12(6) 1931.6
◇上半期経済の収穫(有澤廣巳)「週刊エコノミスト」 9(13) 1931.7
◇東京ガスの増資減配問題「週刊エコノミスト」 9(13) 1931.7
◇農家負債調査(帝国農会調査部)「帝国農会報」 21(7) 1931.7
◇昭和四年府県別生産額調(宮藤豊吉)「統計集誌」 601 1931.7
◇近郊農業地域の関係的地位-都市農会論(上)(青鹿四郎)「都市問題」 13(1) 1931.7
◇注目すべき大阪瓦斯の庶民料金(小倉庫次)「都市問題」 13(1) 1931.7
◇産業に於ける人的要素に関する研究(暉峻義等)「労働科学研究」 8(2) 1931.7
◇生産制限と砂糖価格(西沢基一)「経済時報」 3(5) 1931.8
◇独逸経済に於ける外国化問題に就て(名和統一)「経済時報」 3(5) 1931.8
◇経済的変動の分析(高田保馬)「経済論叢」 33(2) 1931.8
◇農業関係の保険に就て(南正樹)「地方行政」 39(8) 1931.8
◇農村不況と農家の覚悟(村上竜太郎)「地方行政」 39(8) 1931.8
◇小農の商品生産化と資本の小農支配(東浦庄治)「帝国農会報」 21(8) 1931.8
◇東京電灯の再解剖「東洋経済新報」 1460 1931.8
◇英国マクミラン委員会の報告「東洋経済新報」 1462 1931.8
◇英米の新投資と独逸の対外負債「東洋経済新報」 1462 1931.8
◇長期波動について(高田保馬)「経済論叢」 33(3) 1931.9
◇農家における米の販売(谷口吉彦)「経済論叢」 33(3) 1931.9
◇米穀を通じて見たる朝鮮と内地との関係(八木芳之助)「経済論叢」 33(3) 1931.9
◇英国政変の経済背景「週刊エコノミスト」 9(18) 1931.9
◇乱暴な米専売計画「週刊エコノミスト」 9(18) 1931.9
◇農漁村の将来と副業(未完)(永松陽一)「地方行政」 39(9) 1931.9
◇英国瓦斯事業会社の従業員利益金分配制度(今井生)「帝国瓦斯協会雑誌」 20(5) 1931.9
◇瓦斯事業法の改正実施に就て「帝国瓦斯協会雑誌」 20(5) 1931.9
◇瓦斯熱量計附属の瓦斯メートルの誤差測定に就て(稲見慎一)「帝国瓦斯協会雑誌」 20(5) 1931.9
◇最近に於ける英国瓦斯事業業績「帝国瓦斯協会雑誌」 20(5) 1931.9
◇東京市郊外に対する瓦斯経営の出願と其の不許不処分に就て(郊外散史)「帝国瓦斯協会雑誌」 20(5) 1931.9
◇英独仏三ヶ国に於ける産業組合の数字的調査「産業組合」 312 1931.10
◇農村の自救と副業(4)(永松陽一)「自治研究」 7(10) 1931.10
◇水力電気国有に就て(安部磯雄)「税」 9(10) 1931.10
◇農漁村の将来と副業(2)(永松陽一)「地方行政」 39(10) 1931.10
◇中小資本の恐慌対策の一例(野崎保平)「帝国農会報」 21(10) 1931.10

◇米穀専売資料「帝国農会報」 21(10) 1931.10
◇我等の提唱する米穀専売案(胎中楠右衛門)「帝国農会報」 21(10) 1931.10
◇企業価値を減じ行く私設鉄道及軌道「東洋経済新報」 1471 1931.10
◇産業合理化に就て(向井鹿松)「建築雑誌」 45(551) 1931.11
◇空中浄化と電力問題(小畠康郎)「大大阪」 7(11) 1931.11
◇燃料の焚き方(辻元謙之助)「大大阪」 7(11) 1931.11
◇無煙燃焼と経済関係(辻元謙之助)「大大阪」 7(11) 1931.11
◇農漁村の将来と副業(承前)(永松陽一)「地方行政」 39(11) 1931.11
◇標準瓦斯供給規程の制定に就て「帝国瓦斯協会雑誌」 20(6) 1931.11
◇市町村農会費の滞納処分に関する農会法及勅令の改正に就て(村上竜太郎)「帝国農会報」 21(11) 1931.11
◇小農の商品生産化と資本の農業支配(東浦庄治)「帝国農会報」 21(11) 1931.11
◇恐慌開始後の日英米株価「東洋経済新報」 1474 1931.11
◇恐慌論上におけるシスモンデーとフォンキルシュマン(小高泰雄)「三田学会雑誌」 25(11) 1931.11
◇欧州農村に於ける死亡率の変遷(未完)(ケー・ストゥーマン)「公衆衛生」 49(12) 1931.12
◇農村の自救と副業(5)(永松陽一)「自治研究」 7(12) 1931.12
◇ミルウォーキーに於ける週間パス並に料金改正「調査資料」 12(4) 1931.12
◇福島県における農村負担調査の成績(吉田吉郎左衛門)「帝国農会報」 21(12) 1931.12
◇農業地域制及都市農会設定の必要-都市農会論(下)(青鹿四郎)「都市問題」 13(6) 1931.12
◇農業政策の基調(田中長茂)「自治研究」 8(1) 1932.1
◇農業保険としての火災保険(1)(南正樹)「自治研究」 8(1) 1932.1
◇重要産業統制法に就て(吉野信次)「社会政策時報」 136 1932.1
◇世界経済の展望「週刊エコノミスト」 10(1) 1932.1
◇瓦斯製造所の発生能力の算定に就て(1)「帝国瓦斯協会雑誌」 21(1) 1932.1
◇本邦瓦斯事業の近況「帝国瓦斯協会雑誌」 21(1) 1932.1
◇農業保険としての火災保険(2)(南正樹)「自治研究」 8(2) 1932.2
◇農村の自救と副業(6)(永松陽一)「自治研究」 8(2) 1932.2
◇農家負債整理意見(箭内名左衛門)「帝国農会報」 22(2) 1932.2
◇経済封鎖問題座談会(植村甲午郎[ほか])「東洋経済新報」 1478 1932.2
◇蚕種製造業の現況に就て(西澤基一)「経済時報」 3(12) 1932.3
◇国家社会主義下の農民経済とその窮乏(木村靖二)「帝国農会報」 22(3) 1932.3
◇農産物販売斡旋関係機関乱立の弊(勝賀瀬質)「帝国農会報」 22(3) 1932.3
◇農業保険としての火災保険(3)(南正樹)「自治研究」 8(4) 1932.4
◇輓近の農村社会施設概要(高橋雅介)「社会政策時報」 139 1932.4
◇都市園芸十二ケ月(衣笠、福井)「大大阪」 8(4) 1932.4
◇産業団体立法最近の傾向(1)(諸橋襄)「地方行政」 40(4) 1932.4
◇日本に於ける商業的農業に就て(内ヶ崎虔二郎)「帝国農会報」 22(4) 1932.4
◇農業不況調査(帝国農会調査部)「帝国農会報」 22(4) 1932.4
◇全国府県及市の生産物価額(猪間驥一)「都市問題」 14(4) 1932.4

経済・産業

- ◇配給経営に現はれたる最近の傾向に就て（村本福松）「経済時報」 4(2) 1932.5
- ◇農業保険としての火災保険(4)（南正樹）「自治研究」 8(5) 1932.5
- ◇アメリカ財界の近状と動向「週刊エコノミスト」 10(10) 1932.5
- ◇農家負債の整理（笠森傳繁）「地方行政」 40(5) 1932.5
- ◇瓦斯事業の評価に就て（浅川隆実）「帝国瓦斯協会雑誌」 21(3) 1932.5
- ◇兼営、投資と瓦斯料金（富岡惟中）「帝国瓦斯協会雑誌」 21(5) 1932.5
- ◇米穀政策其他に就て「帝国農会報」 22(5) 1932.5
- ◇世界恐慌の諸要因と将来「東洋経済新報」 1500 1932.5
- ◇電気事業の概観「東洋経済新報」 1501 1932.5
- ◇電気事業連盟に就て（林安繁）「東洋経済新報」 1501 1932.5
- ◇電気統制問題の由来及び帰結（松永安左衛門）「東洋経済新報」 1501 1932.5
- ◇電力連盟規約による統制に就て（内藤熊喜）「東洋経済新報」 1501 1932.5
- ◇電力連盟と其将来（小林一三）「東洋経済新報」 1501 1932.5
- ◇電力連盟の精神を尊重せよ（増田次郎）「東洋経済新報」 1501 1932.5
- ◇電力連盟の批判「東洋経済新報」 1501 1932.5
- ◇独逸に於けるカルテル法「経済時報」 4(3) 1932.6
- ◇国民所得の公配の型を論ず（汐見三郎）「経済論叢」 34(6) 1932.6
- ◇養蚕恐慌の実勢とその対策（森泰吉郎）「週刊エコノミスト」 10(11) 1932.6
- ◇産業団体の法律上の性質に就て（未完）（諸橋襄）「地方行政」 40(6) 1932.6
- ◇瓦斯溜に対する新規考案施設（豊島愛明）「帝国瓦斯協会雑誌」 21（臨時増刊号） 1932.6
- ◇瓦斯に関する研究の重点（大島義清）「帝国瓦斯協会雑誌」 21（臨時増刊号） 1932.6
- ◇農村救済の陳情を聴く（北信不況対策会代表）「東洋経済新報」 1504 1932.6
- ◇日本農業恐慌の解剖「東洋経済新報」 1505 1932.6
- ◇農村経済改善策と米の専売制度「東洋経済新報」 1505 1932.6
- ◇農家の負債整理（河田嗣郎）「経済時報」 4(4) 1932.7
- ◇貨幣の主観価値に就て（柴田敬）「経済論叢」 35(1) 1932.7
- ◇恐慌打開策としての「購買力補給案」（谷口吉彦）「経済論叢」 35(1) 1932.7
- ◇金数量説の発展に就いて（松岡孝兒）「経済論叢」 35(1) 1932.7
- ◇経済統制の理論的根拠（作田莊一）「経済論叢」 35(1) 1932.7
- ◇改正電気事業法の経済的考案（澁澤元治）「工業経済研究」 2 1932.7
- ◇電気事業の統制に就て（平澤要）「工業経済研究」 2 1932.7
- ◇産業土木五箇年計画の展望（田中好）「自治研究」 8(7) 1932.7
- ◇米の流れ（大阪に於ける米穀移入の季節変動）（西澤基一）「大大阪」 8(7) 1932.7
- ◇満蒙の資源と大阪の産業（高岡齊）「大大阪」 8(7) 1932.7
- ◇国家的農村計画経済（古澤磯次郎）「地方行政」 40(7) 1932.7
- ◇瓦斯事業の強制買収に就て（谷口守雄）「帝国瓦斯協会雑誌」 21(5) 1932.7
- ◇合衆国に於ける瓦斯供給事業の統計資料(1)（楠原祖一郎）「帝国瓦斯協会雑誌」 21(5) 1932.7
- ◇経済に於ける勢力（高田保馬）「経済論叢」 35(2) 1932.8
- ◇『購買力補給案』の諸問題（谷口吉彦）「経済論叢」 35(2) 1932.8
- ◇総体経済と個別経済（大塚一朗）「経済論叢」 35(2) 1932.8
- ◇農業恐慌と統制経済（重政誠之）「自治研究」 8(8) 1932.8
- ◇農村の自力更生と産業組合の使命（小平權一）「自治研究」 8(8) 1932.8
- ◇農民負担の軽減問題（小田橋貞寿）「税」 10(8) 1932.8
- ◇農家負担の軽減問題（三好重夫）「地方行政」 40(8) 1932.8
- ◇米穀専売を施行するとせば予め研究を要する事項（岡田温）「帝国農会報」 22(8) 1932.8
- ◇所得級別及職業別に依る負担関係（汐見三郎）「都市問題」 15(2) 1932.8
- ◇一九三一年に於ける独逸金融恐慌と農業信用組合（平實）「経済時報」 4(6) 1932.9
- ◇農産物統制販売に就いて（小松幸雄）「経済時報」 4(6) 1932.9
- ◇農村救済対策の懐古（菅野和太郎）「経済時報」 4(6) 1932.9
- ◇時差説覧書（高田保馬）「経済論叢」 35(3) 1932.9
- ◇漁船の資金化（南正樹）「自治研究」 8(9) 1932.9
- ◇農村に於ける法律の敗北（中島賢蔵）「自治研究」 8(9) 1932.9
- ◇農村の自力更生と家畜保険(1)（永松陽一）「自治研究」 8(9) 1932.9
- ◇恐慌下における産業組合の役割「週刊エコノミスト」 10(18) 1932.9
- ◇統制経済と価格公定（武田鼎一）「週刊エコノミスト」 10(18) 1932.9
- ◇瓦斯事業は強制買収すべきに非ず（水越致和）「帝国瓦斯協会雑誌」 21(6) 1932.9
- ◇瓦斯料金の学理的基礎の応用「帝国瓦斯協会雑誌」 21(6) 1932.9
- ◇世界各国の瓦斯事業の大勢「帝国瓦斯協会雑誌」 21(6) 1932.9
- ◇瓦斯事業の強制買収に就て（水越致和）「都市問題」 15(3) 1932.9
- ◇最近十五年間に於ける倫敦巴里伯林の瓦斯電気事業の発達（ガストン・カドゥー、研究室訳）「都市問題」 15(3) 1932.9
- ◇貨幣理論の発展（大森研造）「経済学研究」 2(2) 1932.10
- ◇供給函数論（栗村雄吉）「経済学研究」 2(2) 1932.10
- ◇満洲国重要産業統制と独占的混合経営（高砂恒三郎）「経済時報」 4(7) 1932.10
- ◇所得に関する疑義（汐見三郎）「経済論叢」 35(4) 1932.10
- ◇産業組合関係法規の改正及び産業組合中央金庫特別融通及損失補償法制定の主旨「産業組合」 324 1932.10
- ◇農村経済更正と産業組合法の改正（小平權一）「自治研究」 8(10) 1932.10
- ◇今後の米価問題（島津秀藏）「青年教育」 116 1932.10
- ◇債務調停法の話（池田埒吾）「青年教育」 116 1932.10
- ◇パリ配電会社の料金制度（木津谷栄三郎）「大大阪」 8(10) 1932.10
- ◇所得統計より見たる不況の打撃（黒瀬光雄）「大大阪」 8(11) 1932.10
- ◇養蚕経営に関する調査資料（帝国農会農業経営部）「帝国農会報」 22(10) 1932.10
- ◇所謂る農村問題の実態（氣賀勘重）「三田学会雑誌」 26(10) 1932.10
- ◇精神技術学の危機-ソヴエート・ロシヤに於ける精神技術学に就いて（藤林敬三）「三田学会雑誌」 26(10) 1932.10
- ◇ソヴイエト五箇年計画概論（小泉信三）「三田学会雑誌」 26(10) 1932.10
- ◇統制経済と計画経済（向井鹿松）「三田学会雑誌」 26(10) 1932.10
- ◇安定期経済学と変革期経済学（石川興二）「経済論叢」 35(5) 1932.11
- ◇農村の自力更生と家畜保険(2)（永松陽一）「自治研究」 8(11)

◇1932.11
◇米穀統制計画の前景「週刊エコノミスト」 10(21) 1932.11
◇国家による産業統制策の進展「週刊エコノミスト」 10(22) 1932.11
◇国家による産業統制「週刊エコノミスト」 10(22) 1932.11
◇農村救済私案(松岡正男)「週刊エコノミスト」 10(22) 1932.11
◇大阪市の電力料金改定の内容(大阪市電氣局)「大大阪」 8(12) 1932.11
◇開放したる室内に放出せる灯用瓦斯中毒に関する鑑定例(荒木治義, 河原忠男)「帝国瓦斯協会雑誌」 21(7) 1932.11
◇瓦斯事業及瓦斯事業法論(1)(水越致和)「帝国瓦斯協会雑誌」 21(7) 1932.11
◇昭和六年度瓦斯事業概況「帝国瓦斯協会雑誌」 21(7) 1932.11
◇独逸に於ける大規模高圧瓦斯配給の進歩(郊外生)「帝国瓦斯協会雑誌」 21(7) 1932.11
◇小作地返還面積に関する調査「帝国農会報」 22(11) 1932.11
◇米穀政策の中枢(岡田温)「帝国農会報」 22(11) 1932.11
◇米専売制の弱点(神戸正雄)「経済論叢」 35(6) 1932.12
◇有限責任佐賀市瓦斯利用組合(産業組合中央会調査部)「産業組合」 326 1932.12
◇農村の自力更生と家畜保険(3)(永松陽一)「自治研究」 8(12) 1932.12
◇事業界の高度独占化傾向「週刊エコノミスト」 10(23) 1932.12
◇大阪市学園における物品配給の統制(川口由太郎)「大大阪」 8(13) 1932.12
◇国民所得の配分と其の一般繁栄に対する効果(A.H.ギブスン)「調査月報(大蔵省)」 22(12) 1932.12
◇最近に於ける米穀政策に就て(荷見安)「帝国農会報」 22(12) 1932.12
◇米専売の理論的根拠(東武)「帝国農会報」 22(12) 1932.12
◇恐慌論と修正主義(町田義一郎)「三田学会雑誌」 26(12) 1932.12
◇国民所得について(統計的研究序論)(高橋正雄)「経済学論集」 5(1) 1933.1
◇国民経済的連鎖店組織是認論(竹林庄太郎)「経済時報」 4(10) 1933.1
◇製造企業に於ける配給政策の重要性(坂本重關)「工業経済研究」 3 1933.1
◇農民窮乏に関する一考察(井出梓)「公民教育」 3(1) 1933.1
◇漁村の進歩と漁村の施設(1)(南正樹)「自治研究」 9(1) 1933.1
◇農村負担軽減問題(永安百治)「自治研究」 9(1) 1933.1
◇米穀統制問題に就て(梶原茂嘉)「自治研究」 9(1) 1933.1
◇転向せる財界対策(大野龍太)「地方行政」 41(1) 1933.1
◇米穀統制計画に就て(荷見安)「地方行政」 41(1) 1933.1
◇瓦斯事業の負荷に就て(郊外生)「帝国瓦斯協会雑誌」 22(1) 1933.1
◇経済更正計画と農会の職能(青鹿四郎)「帝国農会報」 23(1) 1933.1
◇世界を支配する新経済運動 統制経済の意義とその将来(藤岡啓)「帝国農会報」 23(1) 1933.1
◇再び都市の公課と農村の公課に就て(熊野生)「東京地方改良協会会報」 47 1933.1
◇電気事業経済に就て(石田太郎)「都市研究」 27 1933.1
◇梅園、万里及び福沢先生の経済論(高橋誠一郎)「三田学会雑誌」 27(1) 1933.1
◇我国民所得の構成と景気変動(土方成美)「経済学論集」 3(2) 1933.2
◇商工業の発達と農業の経営(矢作栄蔵)「経済学論集」 5(2) 1933.2

◇米国の投資トラスト(渡邊鉄蔵)「経済学論集」 5(2) 1933.2
◇蓄積理論の修正(高田保馬)「経済論叢」 36(2) 1933.2
◇漁船の進歩と漁村の施設(2)(南正樹)「自治研究」 9(2) 1933.2
◇インフレーションと農村経済「週刊エコノミスト」 11(3) 1933.2
◇インフレションと農民(河西太一郎)「週刊エコノミスト」 11(3) 1933.2
◇産業団体の監督に就て(諸橋襄)「地方行政」 41(2) 1933.2
◇経済史の意義について(野村兼太郎)「三田学会雑誌」 27(2) 1933.2
◇ケインズの貨幣理論(高橋雄)「経済学研究」 3(1) 1933.3
◇独占価格の理論(栗田雄吉)「経済学研究」 3(1) 1933.3
◇企業統制と危険負担(馬場敬治)「経済学論集」 5(3) 1933.3
◇自由共産村落の研究(本位田祥男)「経済学論集」 5(3) 1933.3
◇丁株農家負債に就いて(小林幸雄)「経済時報」 4(12) 1933.3
◇純生産力について(高田保馬)「経済論叢」 36(3) 1933.3
◇経済民主々義の諸問題「社会政策時報」 150 1933.3
◇資本主義と経済闘争(溜島武雄)「社会政策時報」 150 1933.3
◇独逸カルテル法論(小島精一)「社会政策時報」 150 1933.3
◇瓦斯料金制の分類(今井生)「帝国瓦斯協会雑誌」 22(2) 1933.3
◇基礎料金制度の審査に就て(郊外生)「帝国瓦斯協会雑誌」 22(2) 1933.3
◇我国瓦斯の創始(続篇)(野風荘主人)「帝国瓦斯協会雑誌」 22(2) 1933.3
◇農会産業組合協同論(田中長茂)「帝国農会報」 23(3) 1933.3
◇農家収入の実状より観たる副業の重要性(内海一雄)「帝国農会報」 23(3) 1933.3
◇農産物の販売統制問題について(竹山祐太郎)「帝国農会報」 23(3) 1933.3
◇農村経済更正計画樹立に就いて(那須皓)「帝国農会報」 23(3) 1933.3
◇農村経済更正事例「帝国農会報」 23(3) 1933.3
◇農村憲法としての農村更正計画の樹て方(三宅発士郎)「帝国農会報」 23(3) 1933.3
◇農村更正計画と生活改善(渡辺侹治)「帝国農会報」 23(3) 1933.3
◇農村の経済更正に就て(橋本伝左衛門)「帝国農会報」 23(3) 1933.3
◇農村負債整理組合法案に就て(周東英雄)「帝国農会報」 23(3) 1933.3
◇米穀統制法案に就て(高島一郎)「帝国農会報」 23(3) 1933.3
◇農家負債整理の概要「農務時報」 54 1933.3
◇産業組合法制定当初と五ヵ年計画の社会経済的根拠(高田俊一郎)「法律時報」 5(3) 1933.3
◇ドイツ国民社会主義の経済観(加田哲二)「三田学会雑誌」 27(3) 1933.3
◇我国農業に於ける封建的性質について(小池基之)「三田学会雑誌」 27(3) 1933.3
◇アルベルト・ハアンの信用理論(難波田春夫)「経済学論集」 3(4) 1933.4
◇インフレーションと景気変動(田中金司)「経済学論集」 3(4) 1933.4
◇インフレーションに関するケインズの理論(今野源八郎)「経済学論集」 3(4) 1933.4
◇インフレーションの我農民への影響(本位田祥男)「経済学論集」 3(4) 1933.4
◇ヴイーザーの「帰属計算論」に就て(有澤廣巳)「経済学論集」 3(4) 1933.4
◇クラアクの競争並に独占理論(油本豊吉)「経済学論集」 3(4)

1933.4
◇シユンペーターの貨幣理論（木村健康）「経済学論集」　3（4）　1933.4
◇ヒルフアーデイング（戸田武雄）「経済学論集」　3（4）　1933.4
◇フイッシヤーの通貨安定策（安井琢磨）「経済学論集」　3（4）　1933.4
◇明治大正に於ける恐慌原因の一研究（土方成美）「経済学論集」　5（2）　1933.4
◇漁船の進歩との漁村の施設（3）（南正樹）「自治研究」　9（4）　1933.4
◇農村負債整理組合法案に就て（周東英雄）「自治研究」　9（4）　1933.4
◇繭検定取引の問題（石井英之助）「自治研究」　9（4）　1933.4
◇産業組合運動の動向（金子鷹之助）「社会政策時報」　151　1933.4
◇日本経済十年評（高橋龜吉）「週刊エコノミスト」　11（7）　1933.4
◇農村負債整理組合法案に就て（周東英雄）「地方行政」　41（4）　1933.4
◇経済更正と農業者の自覚（岡本英太郎）「帝国農会報」　23（3）　1933.4
◇欧米に於ける農業ラヂオ放送の状況と其重要性（柳井省三）「帝国農会報」　23（4）　1933.4
◇昭和七年度米生産費調査資料（帝国農会）「帝国農会報」　23（4）　1933.4
◇農家生産物の輸出促進に就て（吉岡荒造）「帝国農会報」　23（4）　1933.4
◇農業保険制度に就て（小浜八彌）「帝国農会報」　23（4）　1933.4
◇開墾地移住奨励制度の概況「農務時報」　55　1933.4
◇不況が農家経済に及ぼしたる影響「農務時報」　55　1933.4
◇フイジオクラアト以前の重農思想（下田博）「三田学会雑誌」　27（4）　1933.4
◇経済計画化の基本要求（村本福松）「経済時報」　5（2）　1933.5
◇独占産業組織の社会的影響（大塚一朗）「経済論叢」　36（5）　1933.5
◇平均利潤率再論（柴田敬）「経済論叢」　36（5）　1933.5
◇ナギス経済政策批判（河田嗣郎）「週刊エコノミスト」　11（9）　1933.5
◇農村経済とインフレーション（東畑精一）「週刊エコノミスト」　11（9）　1933.5
◇世界恐慌の原因としての農村問題（小平権一）「週刊エコノミスト」　11（10）　1933.5
◇世界経済と国家生活（土成成美）「週刊エコノミスト」　11（10）　1933.5
◇町村経済更正計画批判（外山福男）「地方行政」　41（5）　1933.5
◇日本製鉄株式会社法に就て（新倉利廣）「地方行政」　41（5）　1933.5
◇東京に於ける瓦斯創始当時の話、附由利公正子のこと（野風荘主人）「帝国瓦斯協会雑誌」　22（3）　1933.5
◇電気事業会計規程の制定と瓦斯事業会計（木村彌蔵）「帝国瓦斯協会雑誌」　22（4）　1933.5
◇生産者に支払はる、価格と消費者の支払ふ価格の開き（徳田六郎）「帝国農会報」　23（5）　1933.5
◇第六十四議会で討議された農産物販売に関する問題（吉岡荒造）「帝国農会報」　23（5）　1933.5
◇米穀統制法解説（村上富士太郎）「帝国農会報」　23（5）　1933.5
◇世界経済会議への我が重要主張（高島佐一郎）「東洋経済新報」　1549　1933.5
◇農村負債整理組合法の要旨（小平権一）「法律時報」　5（5）　1933.5
◇ケインズの貨幣理論（高橋正雄）「経済学研究」　3（2）　1933.6
◇準独占双方独占及補完独占に於ける価格理論（栗村雄吉）「経済学研究」　3（2）　1933.6

◇世界経済会と金銀問題（松崎寿）「経済時報」　5（3）　1933.6
◇ソヴイエット共営農業運動の展望（澤田喬雄）「社会政策時報」　153　1933.6
◇農業恐慌と自力更生の限界（島岡七郎）「社会政策時報」　153　1933.6
◇明治二十六年の農村計画（齋藤榮一）「社会政策時報」　153　1933.6
◇最近景気観測に現はれたる理論と統計の折衷的傾向に就て（小高泰雄）「三田学会雑誌」　27（6）　1933.6
◇経済政策の根本義（神戸正雄）「経済論叢」　37（1）　1933.7
◇経済本質論（石川興二）「経済論叢」　37（1）　1933.7
◇不況時に於ける中小企業の適応能力（大塚一朗）「経済論叢」　37（1）　1933.7
◇世界経済会議の批判的記録「週刊エコノミスト」　11（13）　1933.7
◇大阪市内の変電所配電設備に対する最近の傾向（久保田常次郎）「大大阪」　9（7）　1933.7
◇農漁村と軍隊需品の供給（森武夫）「地方行政」　41（7）　1933.7
◇クレンネ式無水槽瓦斯溜に就て（大坪清人）「帝国瓦斯協会雑誌」　22（6）　1933.7
◇函館市に於ける電気事業（1）（坂本森一）「都市問題」　17（1）　1933.7
◇六大都市電気局長会議と調査統計会議（小倉庫次）「都市問題」　17（1）　1933.7
◇産業組合の現況（農林省農務局）「農務時報」　58　1933.7
◇自作農地創設維持者の組織する組合の概況「農務時報」　58　1933.7
◇世界の統一的世界観の経済生活に於ける表現（本位田祥男）「経済学論集」　3（8）　1933.8
◇農業経済と労働市場との関連を中心とする若干の資料（渡邊信一）「経済学論集」　3（8）　1933.8
◇アメリカの農産物生産制限案（小松幸雄）「経済時報」　5（5）　1933.8
◇同業組合の価格協定問題に現れたる経済統制権力作用（松井辰之助）「経済時報」　5（5）　1933.8
◇漁船の進歩と漁村の施設（4）（南正樹）「自治研究」　9（8）　1933.8
◇米国農業救済に関する法律の制定「調査月報（大蔵省）」　23（8）　1933.8
◇アメリカに於ける農業経営組織調整プログラム（帝国農会調査部）「帝国農会報」　23（8）　1933.8
◇農村経済更正運動進展のために（内ケ崎虔二郎）「帝国農会報」　23（8）　1933.8
◇農村経済更正計画実現途上の諸問題（渡辺庸一郎）「帝国農会報」　23（8）　1933.8
◇農村更正計画（岡田温）「帝国農会報」　23（8）　1933.8
◇福岡県に於ける炭鉱業が農村に及ぼす諸影響（井口貞夫）「帝国農会報」　23（8）　1933.8
◇米穀の直接取引の実際（原田実三）「帝国農会報」　23（8）　1933.8
◇北米合衆国に於ける農業エクステンション（平田信行）「帝国農会報」　23（8）　1933.8
◇大阪市の市民農園（森脇龍雄）「東京市農会報」　1（4）　1933.8
◇市民小農園の企画に際して（井下清）「東京市農会報」　1（4）　1933.8
◇米価変動の統計的研究「東洋経済新報」　1563　1933.8
◇最近物価低落期に於ける大阪市労働者家計支出の変化（上）（猪間驥一）「都市問題」　17（2）　1933.8
◇函館市に於ける電気事業（2）（坂本森一）「都市問題」　17（2）　1933.8
◇新井白石の経済論（野村兼太郎）「三田学会雑誌」　27（8）　1933.8
◇米国に於ける産業争議（1916-1932）「労働時報」　10（8）　1933.8
◇一般均衡理論に於ける交換方程式の取扱に就て（栗村雄吉）「経済学

研究」 3(3) 1933.9
◇為替相場と貨幣数量説(大森研造)「経済学研究」 3(3) 1933.9
◇産業組合の本質(八木芳之助)「経済論叢」 37(3) 1933.9
◇米国産業復興法の研究「週刊エコノミスト」 11(17) 1933.9
◇農業動産信用法と国税徴収法(岡田直策)「税」 11(9) 1933.9
◇瓦斯事業の買収に関する調査(1)(帝国瓦斯協会)「帝国瓦斯協会雑誌」 22(5) 1933.9
◇熱量販売制度実施後の経過に就て(笹尾儀助)「帝国瓦斯協会雑誌」 22(5) 1933.9
◇白耳義に於ける瓦斯製造及供給の集中に就て「帝国瓦斯協会雑誌」 22(5) 1933.9
◇生産者に支払はるる価格と消費者の支払ふ価格間の開き(徳田六郎)「帝農会報」 23(9) 1933.9
◇農産物商品化の発展(木村靖二)「帝国農会報」 23(9) 1933.9
◇農村更正計画の批判(三宅発士郎)「帝国農会報」 23(9) 1933.9
◇最近物価低落期に於ける大阪市労働者家計支出の変化(下)(猪間驥一)「都市問題」 17(3) 1933.9
◇函館市に於ける電気事業(3)(坂本森一)「都市問題」 17(3) 1933.9
◇米国に於ける農業救済法「農務時報」 60 1933.9
◇両本位実現の可能性(ヨハネス・クラウス)「経済学論集」 3(10) 1933.10
◇販売組合に於ける価格の決定方法(吉本信)「経済論叢」 37(4) 1933.10
◇米穀統制法に就て(永井彰一)「自治研究」 9(10) 1933.10
◇米国産業復興法の特色(池田安夫)「社会政策時報」 158 1933.10
◇大阪市の電気供給設備に就て(吉川忠)「大大阪」 9(10) 1933.10
◇大阪に於ける電灯関係功労者(浪岡具雄)「大大阪」 9(10) 1933.10
◇電灯部の組織と其の制度一般(木津谷栄三郎)「大大阪」 9(10) 1933.10
◇米国産業快復法「調査月報(大蔵省)」 23(10) 1933.10
◇電気事業の公営論と民営論に就て(坂本森一)「都市問題」 17(4) 1933.10
◇電灯料金の綜合定額制(樫木徹)「都市問題」 17(4) 1933.10
◇都市農耕地の地力衰耗対応策としての厨芥肥料化案(吉山真棹)「都市問題」 17(4) 1933.10
◇新マーカンチリズム-仏蘭西資本主義起源考(下田博)「三田学会雑誌」 27(10) 1933.10
◇最近に於ける世界主要国の通商政策の概況「経済月報」 5(11) 1933.11
◇米作減反案是非「経済時報」 5(8) 1933.11
◇米穀統制法に就て(永井彰一)「自治研究」 9(11) 1933.11
◇加賀鳶の由来(1)(後藤松吉郎)「大日本消防」 7(11) 1933.11
◇米国N・R・Aの組織(大蔵省理財局)「調査月報(大蔵省)」 23(11) 1933.11
◇瓦斯事業将来の問題に就て(山田昊)「帝国瓦斯協会雑誌」 22(6) 1933.11
◇青果物の配給統制に対する所見(石上数雄)「帝国農会報」 23(11) 1933.11
◇町村是設定より農村経済更正計画への発展(石橋幸雄)「帝国農会報」 23(11) 1933.11
◇配給統制の最高標(青木専吉)「帝国農会報」 23(11) 1933.11
◇英国小園地法及小園地菜園法の要旨(永見健一)「都市公論」 16(11) 1933.11
◇都市と農村の経済的新対立-都市中小商工業者の反省運動(中沢弁次郎)「都市問題」 17(5) 1933.11

◇自作農創設維持事業成績概要(農林省農務局)「農務時報」 62 1933.11
◇農業動産信用法釈義(石田文次郎)「法律時報」 5(11) 1933.11
◇農業保険に就て(安田誠三)「法律時報」 5(11) 1933.11
◇価格決定機構に於ける貨幣流通速度(栗274雄吉)「経済学研究」 3(4) 1933.12
◇ジョン・スチュアト・ミルの恐慌理論(谷口吉彦)「経済学研究」 3(4) 1933.12
◇所謂「経済学」と「経済学以前」(難波田春夫)「経済学論集」 3(12) 1933.12
◇購買力の幻想 -米国の新経済政策に対する一批判-「経済月報」 5(12) 1933.12
◇アリストテレスの価値論(白杉庄一郎)「経済論叢」 37(6) 1933.12
◇国際経済諸問題に対する国際商議の提案と国際経済会議成果との対照「経済論叢」 37(6) 1933.12
◇反利子思想の対内性(高橋誠一郎)「経済論叢」 37(6) 1933.12
◇戦時荒廃産業の統制(森武夫)「工業経済研究」 5 1933.12
◇農村負債整理制度の概念(向山朝知)「産業組合」 338 1933.12
◇農民負担問題に就いて(和田博雄)「自治研究」 9(12) 1933.12
◇日本におけるネオ重農主義(長谷川如是閑)「週刊エコノミスト」 11(23) 1933.12
◇経済更生と産業組合革新の要諦(石田伝吉)「地方行政」 41(12) 1933.12
◇北米合衆国国民所得の費途(井上謙二)「統計集誌」 630 1933.12
◇農村及都市の各種団体負担状況「農務時報」 63 1933.12
◇株式会社発生史の理論(大塚久雄)「経済学論集」 4(1) 1934.1
◇貨幣需要と貨幣の流通速度(中谷実)「経済論叢」 38(1) 1934.1
◇恐慌と蓄積と殖民(谷口吉彦)「経済論叢」 38(1) 1934.1
◇漁村更生策に於ける問題(蜷川虎三)「経済論叢」 38(1) 1934.1
◇経営学の基礎概念たる資本、企業及経営(小島昌太郎)「経済論叢」 38(1) 1934.1
◇資本蓄積率の差異と固定資本(柴田敬)「経済論叢」 38(1) 1934.1
◇農業生産に於ける水平的分化と垂直的分化(八木芳之助)「経済論叢」 38(1) 1934.1
◇米国の対玖馬投資とその影響(長田三郎)「経済論叢」 38(1) 1934.1
◇労銀に於ける社会的なるもの -「勢力と経済法則」について(木村健康)「経済論叢」 38(1) 1934.1
◇昭和八年農業界の回顧(佐藤寛次)「産業組合」 339 1934.1
◇旧商法草案に於ける農業保険法に就て(1)(湯河元威)「自治研究」 10(1) 1934.1
◇農業動産信用法の施行に就て(山本豊)「自治研究」 10(1) 1934.1
◇農業用動産抵当登記の概況(奥野健一)「自治研究」 10(1) 1934.1
◇農産物販売の自治化(田中長茂)「自治研究」 10(1) 1934.1
◇農村更正の一端(川崎秀男)「自治研究」 10(1) 1934.1
◇欧洲大戦後の農村産業組合の動向(辻誠)「社会政策時報」 160 1934.1
◇漁村社会経済事情(宮本倫彦)「社会政策時報」 160 1934.1
◇最近世界の農業と農業政策(1)(内ヶ崎虔二郎)「社会政策時報」 160 1934.1
◇社会不安の根元としての農村問題(杉山元治郎)「社会政策時報」 160 1934.1
◇重要農村問題管見(松村勝治郎)「社会政策時報」 160 1934.1
◇昭和五年国勢調査にあらはれたる日本農業(喜多野清一)「社会政策時報」 160 1934.1

◇戦後に於ける農村人口の推移(小倉正平)「社会政策時報」 160 1934.1
◇ソヴィエート連邦に於ける農民問題(1)(中島仁之助)「社会政策時報」 160 1934.1
◇日満ブロックと吾農村問題(森武夫)「社会政策時報」 160 1934.1
◇日本農業の社会的生産の地位並にその発展の方向(角田藤三郎)「社会政策時報」 160 1934.1
◇農家小組合について(近藤康男)「社会政策時報」 160 1934.1
◇農業恐慌下に於ける農民組合の動き(下河部良佐)「社会政策時報」 160 1934.1
◇農村社会政策座談会「社会政策時報」 160 1934.1
◇ファシスト・イタリーに於ける農業政策の梗概(岩田百合治)「社会政策時報」 160 1934.1
◇山口岡山両県下の農家負債整理状況(勝岡田清一)「社会政策時報」 160 1934.1
◇農村負担軽減論(元山修二)「税」 12(1) 1934.1
◇牛乳営業取締規則の改正と農家産乳との関係(1)(久下勝次)「地方行政」 42(1) 1934.1
◇反産運動の問題(細矢祐治)「地方行政」 42(1) 1934.1
◇市民農園の経営に就て(椎原兵市)「庭園と風景」 16(1) 1934.1
◇独逸クラインガルテン法と英国アロットメント法の特質を論ず(永見健一)「庭園と風景」 16(1) 1934.1
◇独逸に於けるクラインガルテンの沿革(森脇龍雄)「庭園と風景」 16(1) 1934.1
◇分区小園の再検討(井下清)「庭園と風景」 16(1) 1934.1
◇最低米価の意義と生産費の扱い方(岡田温)「帝国農会報」 24(1) 1934.1
◇昭和八年農業界の回顧農政界を顧みて(高島一郎)「帝国農会報」 24(1) 1934.1
◇戦時の食糧問題(森武夫)「帝国農会報」 24(1) 1934.1
◇米穀統制法に於ける最低価格及最高価格の算定方法に就て(森種吉)「帝国農会報」 24(1) 1934.1
◇農村更生と地方計画(大須賀巌)「都市公論」 17(1) 1934.1
◇経済更生計画実行監励状況「農務時報」 64 1934.1
◇地方小作官及自作農創設維持主任会議の概要「農務時報」 64 1934.1
◇農業動産信用法の施行に就いて「農務時報」 64 1934.1
◇農家の自家用蔬菜果実に関する調査報告(勝木新次,木村孝夫)「労働科学研究」 11(1) 1934.1
◇価格変動と損益の評価-それに於けるシュマーレンバッハとマールベルグ-(中西寅雄)「経済学論集」 4(2) 1934.2
◇経済動態論の構造(中山伊知郎)「経済学論集」 4(2) 1934.2
◇昭和六年に於ける我国国民所得-「国民所得の構成」補遺-(土方成美)「経済学論集」 4(2) 1934.2
◇英国消費組合と所得税賦課問題(平実)「経済月報」 6(2) 1934.2
◇一九三三年の世界経済概観「経済月報」 6(2) 1934.2
◇独逸に於ける農産物輸入割当問題(1)(四宮恭二)「経済時報」 5(11) 1934.2
◇農業問題の昨今(河田嗣郎)「経済時報」 5(11) 1934.2
◇配給経営の批判に就て(村本福松)「経済時報」 5(11) 1934.2
◇購買力(小島良太郎)「経済論叢」 38(2) 1934.2
◇資本蓄積率変化論補遺(柴田敬)「経済論叢」 38(2) 1934.2
◇チャーマーズの恐慌理論(谷口吉彦)「経済論叢」 38(2) 1934.2
◇農村経済更生運動の目標(八木芳之助)「経済論叢」 38(2) 1934.2
◇米国に於ける新産業政策の一断面(大塚一朗)「経済論叢」 38(2) 1934.2

◇農業政策の担当者産業組合(東浦庄治)「産業組合」 340 1934.2
◇反産運動の展望と若干の批判(浜田道之助)「産業組合」 340 1934.2
◇農村負担軽減問題(永安百治)「自治研究」 10(2) 1934.2
◇昭和八年の主要農政問題を顧みて(齋藤栄一)「社会政策時報」 161 1934.2
◇英国に於ける瓦斯事業の商業的発達(水越致和)「帝国瓦斯協会雑誌」 23(2) 1934.2
◇瓦斯事業強制買収の法的要綱(山田)「帝国瓦斯協会雑誌」 23(2) 1934.2
◇本邦瓦斯事業の概観(三輪震一)「帝国瓦斯協会雑誌」 28(2) 1934.2
◇青果類配給の合理化-消費者価格引下げの諸問題(木村靖二)「都市問題」 18(2) 1934.2
◇米穀統制法の概要「農務時報」 65 1934.2
◇本邦に於ける農村電化の概要(1)「農務時報」 65 1934.2
◇限界生産力説の吟味(栗村雄吉)「経済学研究」 4(1) 1934.3
◇勢力なくして利子なしと云う理論(高田保馬)「経済学研究」 4(1) 1934.3
◇ハイエクの景気学説(米原七之助)「経済学研究」 4(1) 1934.3
◇近代産業秩序の下に於ける企業原理(油本豊吉)「経済学論集」 4(3) 1934.3
◇産業に於ける諸職能(馬場敬治)「経済学論集」 4(3) 1934.3
◇昭和五年の我国の国富を論ず(汐見三郎)「経済学論集」 4(3) 1934.3
◇合衆国の産業復興政策の実績「経済月報」 6(3) 1934.3
◇古典派に於ける恐慌論と動態論との関係(谷口吉彦)「経済論叢」 38(3) 1934.3
◇米国産業復興行政に関する法律問題(五十子巻三)「現業調査資料」 8(2) 1934.3
◇旧商法草案に於ける農業保険法に就て(2)(湯河元威)「自治研究」 10(3) 1934.3
◇農村負担軽減案の検討(1)(永安百治)「自治研究」 10(3) 1934.3
◇都市と農村の「負担」比較(木村靖二)「地方行政」 42(3) 1934.3
◇米国に於ける「ニューデール」の概観「調査月報(大蔵省)」 24(3) 1934.3
◇独逸瓦斯事業の研究(1)(水越致和)「帝国瓦斯協会雑誌」 23(3) 1934.3
◇郷蔵制度の変遷(小林平左衛門)「帝国農会報」 24(3) 1934.3
◇農村経済更生運動の諸動向と現段階(石橋幸雄)「帝国農会報」 24(3) 1934.3
◇米穀統制法と専売法(岡田温)「帝国農会報」 24(3) 1934.3
◇市民農園事業の計画に就て(吉山真棹)「東京市農会報」 2(7) 1934.3
◇東京市に於ける水産経済調査(遠藤盛)「統計集誌」 633 1934.3
◇農村は果して弾力性を快復するか(有澤廣巳)「東洋経済新報」 1590 1934.3
◇我が国民所得の研究(井上謙二)「東洋経済新報」 1593 1934.3
◇農村負債整理事業の状況「農務時報」 66 1934.3
◇米国政府農業匡救施設「農務時報」 66 1934.3
◇戦時経済統制法規に就て(森武夫)「法律時報」 6(3) 1934.3
◇ソヴィエート5ヶ年計画とその技術論(藤林敬三)「三田学会雑誌」 28(3) 1934.3
◇帰属理論と限界生産力説-純粋経済学の二問題(安井琢磨)「経済学論集」 4(4) 1934.4
◇産業経営に於ける能率及び標準なる語の意義に就て(馬場敬治)「経済学論集」 4(4) 1934.4

◇長期的景気波動と資本蓄積の機構-併せてコンドラチェフ長期的景気波動論の批判-(田中精一)「経済学論集」 4(4) 1934.4
◇通商政策の最近に於ける動向「経済月報」 6(4) 1934.4
◇株式所有の公開と非公開(村本福松)「経済時報」 6(1) 1934.4
◇景気対策の意義と限度(飯島繁)「経済時報」 6(1) 1934.4
◇農産物のプーリングに就いて(八木芳之助)「経済論叢」 38(4) 1934.4
◇ベエムの利子生産力説(高田保馬)「経済論叢」 38(4) 1934.4
◇レスキユウルの長期的景気変動論(松岡孝児)「経済論叢」 38(4) 1934.4
◇産業組合に於ける法人格(佐藤百喜)「産業組合」 349 1934.4
◇統制経済の本質(松井春生)「自治研究」 10(4) 1934.4
◇農村負担軽減案の検討(2)(永安百治)「自治研究」 10(4) 1934.4
◇我国に於ける最近の産業組合運動(1)(大竹虎雄)「自治研究」 10(4) 1934.4
◇秋田県西目村の新経済政策と其実績(松村勝治郎)「社会政策時報」 163 1934.4
◇ナチス独裁政府の農業政策(1)(美濃部亮吉)「社会政策時報」 163 1934.4
◇産業資本及生産の大膨張は将来どんな動きを見せるか「週刊エコノミスト」 12(7) 1934.4
◇世界経済の近状打診「週刊エコノミスト」 12(7) 1934.4
◇大膨張期の我が経済界の究明「週刊エコノミスト」 12(7) 1934.4
◇日本生糸への脅威支那生糸の改良(波多江種一)「週刊エコノミスト」 12(7) 1934.4
◇膨張経済の裏に潜むもの「週刊エコノミスト」 12(7) 1934.4
◇ポンドは世界を支配するか?―イギリス景気回復に基礎(阿部勇)「週刊エコノミスト」 12(7) 1934.4
◇農村に於ける金融問題(中沢弁次郎)「地方行政」 42(4) 1934.4
◇第六十五議会と農政問題(高島一郎)「帝国農会報」 24(4) 1934.4
◇ハンガリーの農家負債救済策(八木沢善次)「帝国農会報」 24(4) 1934.4
◇都会と農村との分類に就て(寺尾琢磨)「三田学会雑誌」 28(4) 1934.4
◇ハイエクの景気理論-新しき貨幣的景気理論を批評して自己の立場を明かにす(高田保馬)「経済学論集」 4(5) 1934.5
◇明治十八年茨城県小作慣行調査書「経済学論集」 4(5) 1934.5
◇拡張再生産式について(柴田敬)「経済論叢」 38(5) 1934.5
◇景気観測について(祭原光太郎)「経済論叢」 38(5) 1934.5
◇節約の矛盾について-ハイエクの節約讃美論に対する疑問-(高田保馬)「経済論叢」 38(5) 1934.5
◇リカルドオの比較生産費説について(朴克采)「経済論叢」 38(5) 1934.5
◇農会法改正解説(1)(平川守)「自治研究」 10(5) 1934.5
◇農家経済調査に就て(五十子巻三)「自治研究」 10(5) 1934.5
◇我国に於ける最近の産業組合運動(2)(大竹虎雄)「自治研究」 10(5) 1934.5
◇農村栄養改善指導の方法論的考察(山田真三)「社会事業」 18(2) 1934.5
◇農村金融と公益質屋(清水虎雄)「社会事業」 18(2) 1934.5
◇商品進出の陰に潜む農村の役割(齋藤栄一)「社会政策時報」 164 1934.5
◇邦品の世界的進出と賃銀問題(宮田保郎)「社会政策時報」 164 1934.5
◇労働者の観たる日本商品の海外進出問題(米窪満亮)「社会政策時報」 164 1934.5
◇原蚕種管理法概説(井野碩哉)「地方行政」 42(5) 1934.5

◇農業倉庫業法改正の要旨(片柳真吉)「地方行政」 42(5) 1934.5
◇米穀政策に関する新法律に就て(荷見安)「地方行政」 42(5) 1934.5
◇輸出水産物取締法の制定に就て(倉上晃)「地方行政」 42(5) 1934.5
◇独逸国民経済一般の現勢(1)「調査月報(大蔵省)」 24(5) 1934.5
◇瓦斯事業最近の進歩(1)(帝国瓦斯協会訳)「帝国瓦斯協会雑誌」 23(5) 1934.5
◇郷蔵制度の変遷(小林平左衛門)「帝国農会報」 24(5) 1934.5
◇大阪を中心として見たる日本の景気(飯島清三)「東洋経済新報」 1600 1934.5
◇ドイツに於けるクライン・ガルテン法(永見健一)「都市問題」 18(5) 1934.5
◇ドイツのクラインガルテン(森欸之助)「都市問題」 18(5) 1934.5
◇都市と農村の負担均衡化問題の考察(中沢弁次郎)「都市問題」 18(5) 1934.5
◇朝鮮農地令「農務時報」 68 1934.5
◇貨幣の限界効用と価格一般-附柴田敬学士に答ふ(栗村雄吉)「経済学研究」 4(2) 1934.6
◇経済不況と支那「経済月報」 6(6) 1934.6
◇伊太利の農地開墾・改良政策(四宮恭二)「経済時報」 6(3) 1934.6
◇新労銀基金説について-ストリグルの試みに対する批評(高田保馬)「経済論叢」 38(6) 1934.6
◇生産増加と貨幣需要(中谷実)「経済論叢」 38(6) 1934.6
◇米国倉庫界に於ける産業復興運動(加藤吉次郎)「港湾」 12(6) 1934.6
◇トーマス・アクィナス経済思想の特質、就中社会職分の原則と其の労働義務論との関係(上田辰之助)「国家学会雑誌」 48(6) 1934.6
◇農業倉庫の発達と最近の同法改正に付て(柴田等)「自治研究」 10(6) 1934.6
◇精神と経済一統制経済主義の基礎付け(難波田春夫)「社会政策時報」 165 1934.6
◇N・R・Aの動向と勤労者(小島精一)「社会政策時報」 165 1934.6
◇法人の清算所得を論ず(町田美一郎)「税」 12(6) 1934.6
◇米の専売制度を排す(東恒吉)「帝国農会報」 24(6) 1934.6
◇米穀政策管見(岡田温)「帝国農会報」 24(6) 1934.6
◇農家経済調査(昭和六年度)(1)「農務時報」 69 1934.6
◇第六十五回帝国議会を通過したる重要産業立法(岸信介)「法律時報」 6(6) 1934.6
◇統制経済諸立法の一断面(戒能通孝)「法律時報」 6(6) 1934.6
◇米穀統制に関する諸法律の概説(荷見安)「法律時報」 6(6) 1934.6
◇貝原益軒の社会経済思想(野村兼太郎)「三田学会雑誌」 28(6) 1934.6
◇昭和五年の我が国民所得を論ず(汐見三郎)「経済論叢」 39(1) 1934.7
◇生産力の問題(高田保馬)「経済論叢」 39(1) 1934.7
◇農会法改正解説(2)(平川守)「自治研究」 10(7) 1934.7
◇養蚕恐慌対策と恒久対策(森本宋)「地方行政」 42(7) 1934.7
◇改正英国瓦斯事業法案に就て(白川生)「帝国瓦斯協会雑誌」 23(7) 1934.7
◇家庭用瓦斯需要開拓の方策(今井一郎)「帝国瓦斯協会雑誌」 23(7) 1934.7
◇無水槽瓦斯溜の安全性(帝国瓦斯協会抄訳)「帝国瓦斯協会雑誌」 23(7) 1934.7
◇産業組合の産繭処理問題(千坂高興)「帝国農会報」 24(7) 1934.7

◇蚕糸業の現状と更生の方途(井野碩哉)「帝国農会報」 24(7) 1934.7

◇世界に於ける米穀需給の現状(江畑元一郎)「帝国農会報」 24(7) 1934.7

◇農業動産信用法施行後五箇月間の実績を観て(周東英雄)「帝国農会報」 24(7) 1934.7

◇米価対策と郷蔵制度の復興(田村浩)「帝国農会報」 24(7) 1934.7

◇米国に於ける農業信用会社に就て(平実)「帝国農会報」 24(7) 1934.7

◇蚕糸業の根本的安定策は繭の政府管理以外になし(1)「東洋経済新報」 1608 1934.7

◇独逸世襲農場法の大要(上山英二郎)「東洋経済新報」 1608 1934.7

◇独逸経済界の展望「東洋経済新報」 1609 1934.7

◇市民農園と学校植物園-大阪市城北公園の新施設に就て(椎原兵市)「都市問題」 19(1) 1934.7

◇ナチス治下に於ける市町村の経済活動(樫原敬三)「都市問題」 19(1) 1934.7

◇コンツエルン形成と株式会社法上の諸問題(1)(大隈健一郎)「法学論叢(京都帝国大学法学会)」 31(1) 1934.7

◇社会法の見地より観たる不正競業法(橋本文雄)「法律時報」 6(7) 1934.7

◇朝鮮農地令解説(塩田正洪)「法律時報」 6(7) 1934.7

◇不正競業法論の基調(牧野英一)「法律時報」 6(7) 1934.7

◇不正競争防止法に就て(有馬忠三郎)「法律時報」 6(7) 1934.7

◇不正競争防止法の理論及び適用(勝本正晃)「法律時報」 6(7) 1934.7

◇N・R・A法律観(高柳賢三)「法律時報」 6(7) 1934.7

◇アダム・スミスの廉価即豊富論(白杉庄一郎)「経済論叢」 39(2) 1934.8

◇供給曲線の性質(高田保馬)「経済論叢」 39(2) 1934.8

◇「代用の弾力性」(Elasticity of Substitution)に関する覚書 分配理論の最新用具について(安井琢磨)「経済論叢」 39(2) 1934.8

◇協定割当比率に就て(玉置敬三)「工業経済研究」 6 1934.8

◇米国に於けるトラスト禁止法(吉野信次)「工業経済研究」 6 1934.8

◇我国に於けるカルテルの発達と其の現状の概観(吉田悌二郎)「工業経済研究」 6 1934.8

◇NRAと米国憲法(高柳賢三)「国家学会雑誌」 48(8) 1934.8

◇農家経済の価格経済参加及び価格関係の農家経済の及ぼせる影響(桝山直市)「社会政策時報」 167 1934.8

◇恐慌と農村階級の分化(武藤太郎)「週刊エコノミスト」 12(16) 1934.8

◇重要産業統制法改正への期待「週刊エコノミスト」 12(16) 1934.8

◇蚕糸業衰退の原因と其対策眼目(石橋治郎八)「東洋経済新報」 1613 1934.8

◇産業組合の現況「農務時報」 71 1934.8

◇マンチェスターに於ける社会・経済的調査(野村兼太郎)「三田学会雑誌」 28(8) 1934.8

◇信用と景気変動の問題 -シュムペーターの理論の吟味-(波多野鼎)「経済学研究」 4(3) 1934.9

◇所謂「社会的原価」と「企業家的原価」(馬場敬治)「経済学論集」 4(3) 1934.9

◇貨幣の将来効用について(高田保馬)「経済論叢」 39(3) 1934.9

◇農業生産過程に於ける協同化(八木芳之助)「経済論叢」 39(3) 1934.9

◇遊資の増加とその帰趨(小島昌太郎)「経済論叢」 39(3) 1934.9

◇昭和五年国勢調査にあらはれたる日本農業(喜多野清一)「社会政策時報」 168 1934.9

◇農家経済の自給並に購入の実態と改善(高橋雅介,勝間田清一)「社会政策時報」 168 1934.9

◇米国に於ける会社組合運動の動向(七戸賛三)「社会政策時報」 168 1934.9

◇農民負担軽減論の吟味(1)(野間繁隆)「税」 12(9) 1934.9

◇朝鮮農地令の概要(渡邊忍)「帝国農会報」 24(9) 1934.9

◇農家経済と労働市場との接触面(渡邊信一)「帝国農会報」 24(9) 1934.9

◇農業に於ける経済計画化(帝国農会調査部)「帝国農会報」 24(9) 1934.9

◇農山漁村共同作業場と其の実績「帝国農会報」 34(9) 1934.9

◇産業組合運動の近況(東洋経済新報社編)「東洋経済新報」 1618 1934.9

◇本邦農業共同経営の概要「農務時報」 72 1934.9

◇我国農業に於ける外的自発的条件(小池基之)「三田学会雑誌」 28(9) 1934.9

◇The rural exodus in Germany(寺尾琢磨)「三田学会雑誌」 28(9) 1934.9

◇米国に於ける産業争議「労働時報」 11(9) 1934.9

◇昭和六年に於ける我国主要労働者消費組合の概況(齋藤廣)「大原社会問題研究所雑誌」 1(4) 1934.10

◇ドイツ強制経済への途(1):輸入統制の展開を中心として(有沢広巳)「経済学論集」 4(10) 1934.10

◇一九三三年度上半期米国諸経済統計(桑港日本商品陳列所)「経済月報」 6(10) 1934.10

◇ブルクドエルファー「農業国への復帰か」(小松幸雄)「経済時報」 6(7) 1934.10

◇米穀生産費に関する問題(河田嗣郎)「経済時報」 6(7) 1934.10

◇ヴイクゼルの自然利子率(1)(青山秀夫)「経済論叢」 39(4) 1934.10

◇経営形態としての共販会社 -カルテルのトラスト化-(小島昌太郎)「経済論叢」 39(4) 1934.10

◇不全競争について(高田保馬)「経済論叢」 39(4) 1934.10

◇米穀の自主的統制に就て(八木芳之助)「産業組合」 348 1934.10

◇現下の農村情勢と農村政策の確立(永井彰一)「斯民」 29(10) 1934.10

◇養蚕製糸業の自首繁栄策「週刊エコノミスト」 12(19) 1934.10

◇農家負担軽減の吟味(野間繁隆)「税」 12(10) 1934.10

◇林子平の政治経済論(高峰五郎)「地方行政」 42(10) 1934.10

◇ロシア農業共同経営の組織に就いて(栗原藤七郎)「帝国農会報」 24(10) 1934.10

◇凶作下の農村購買力(2)「東洋経済新報」 1624 1934.10

◇我国経済界の最近の位地(石橋湛山)「東洋経済新報」 1625 1934.10

◇農村経済更生中央委員会の概要「農務時報」 73 1934.10

◇米穀対策調査会に提出せる諸参考案「農務時報」 73 1934.10

◇今年の米の問題(猪俣津南雄)「改造」 16(12) 1934.11

◇消費組合と農業生産組合の直接連繋(平実)「経済時報」 6(8) 1934.11

◇独逸に於ける農業カルテル化の問題(四宮恭二)「経済時報」 6(8) 1934.11

◇カルテル活動の分析(田杉競)「経済論叢」 39(5) 1934.11

◇経済理論に於ける勢力の地位(高田保馬)「経済論叢」 39(5) 1934.11

◇産業組合に於ける最近の組織問題に就て(金井満)「産業組合」 349 1934.11

- ◇農村とラヂオ (外山福男)「斯民」 29(11) 1934.11
- ◇NRAの改造問題 (小島精一)「社会政策時報」 170 1934.11
- ◇中小生産者と組合組織 (蜷川虎三)「週刊エコノミスト」 12(24) 1934.11
- ◇所得調査委員会の責務 (河沼高輝)「税」 12(11) 1934.11
- ◇東京市農業事情の変遷に就て (山崎平吉)「東京市農会報」 10 1934.11
- ◇リフレーション景気の現段階「東洋経済新報」 1626 1934.11
- 門戸開放問題座談会「東洋経済新報」 1628 1934.11
- ◇農村負債整理組合法の一ヶ年 (周東英雄)「法律時報」 6(11) 1934.11
- ◇農民と差押 (三輪寿壮)「法律時報」 6(11) 1934.11
- ◇米穀統制法をめぐる諸見批判 (澤村康)「法律時報」 6(11) 1934.11
- ◇カール・ムースのカルテルと景気運動との関係に就ての研究 (小高泰雄)「三田学会雑誌」 28(11) 1934.11
- ◇維新前後の日本農業に於ける賃労働 (土屋喬雄)「改造」 16(13) 1934.12
- ◇ケインズの貨幣理論 (8) (高橋正雄)「経済学研究」 4(4) 1934.12
- ◇信用循環論—景気循環は信用循環である (ホオトレー) (1) (波多野鼎)「経済学研究」 4(4) 1934.12
- ◇経済学方法論の為に—経済学対象の規定— (田辺忠男)「経済学論集」 4(12) 1934.12
- ◇世界経済と各国景気政策 (豊崎稔)「経済時報」 6(12) 1934.12
- ◇経営信任会の構成に就いて (大塚一朗)「経済論叢」 39(6) 1934.12
- ◇産業組合精神に就て (細木志雄)「公民教育」 4(12) 1934.12
- ◇産業組合拡充五ヶ年計画第二年度の検討と批判 (濱田道之助)「産業組合」 350 1934.12
- ◇昭和九年の農業界を回顧して (佐藤寛次)「産業組合」 350 1934.12
- ◇低利資金の解説 (1) (米沢恒雄)「産業組合」 350 1934.12
- ◇農村資金の都市流出問題に関する一考察 (黒河内透)「自治研究」 10(12) 1934.12
- ◇東北地方の凶作と其対策 (松村勝治郎)「社会事業」 18(9) 1934.12
- ◇岐路に立つ我が農業政策 (内ヶ崎虔二郎)「社会政策時報」 171 1934.12
- ◇農村離村の問題に関する若干の考察 (半沢耕貫)「社会政策時報」 171 1934.12
- ◇米穀統制法の存廃 (沢村康)「社会政策時報」 171 1934.12
- ◇内地購買力の調査「週刊エコノミスト」 12(25) 1934.12
- ◇農村窮乏理論としての人口論 (三上直策)「地方行政」 42(12) 1934.12
- ◇優良更生農村視察記「地方行政」 42(12) 1934.12
- ◇零細農と共同経営 (長尾修一)「地方行政」 42(12) 1934.12
- ◇経済統制と統計の問題 (蜷川虎三)「中央公論」 49(13) 1934.12
- ◇朝鮮の農業と農民 (東畑精一)「中央公論」 49(13) 1934.12
- ◇農村其の他応急事業に関する地方債許可「内務時報」 784 1934.12
- ◇チェッコスロヴァキア共和国に於ける穀物専売の概要「農務時報」 75 1934.12
- ◇農村及都市の各種団体負担状況「農務時報」 75 1934.12
- ◇米国労働法に於けるN・R・Aの意義 (菊池勇夫)「法政研究」 5(1) 1934.12
- ◇農村救済策としての米価政策の価値 (河田嗣郎)「経済時報」 6(10) 1935.1
- ◇漁村経済調査論 (蜷川虎三)「経済論叢」 40(1) 1935.1
- ◇経営信任会の効果に就て (大塚一朗)「経済論叢」 40(1) 1935.1
- ◇勢力関係の性質 (高田保馬)「経済論叢」 40(1) 1935.1
- ◇農業政策の担当者としての産業組合 (八木芳之助)「経済論叢」 40(1) 1935.1
- ◇明治末期の消費組合勃興時代「産業組合」 351 1935.1
- ◇英国に於ける農業団体の活動 (外山福男)「自治研究」 11(1) 1935.1
- ◇資源の開発と産業の分布 (松井春生)「自治研究」 11(1) 1935.1
- ◇農村災害と農村更生 (小平権一)「自治研究」 11(1) 1935.1
- ◇最近の農村社会事情 (協調会農村課)「社会政策時報」 172 1935.1
- ◇昭和十年の農村問題 (小岩井浄)「週刊エコノミスト」 13(1) 1935.1
- ◇ナチス統制経済の発展 (1) (美濃部亮吉)「週刊エコノミスト」 13(2) 1935.1
- ◇農村窮乏団体 (来多武六)「地方行政」 43(1) 1935.1
- ◇英国瓦斯事業法の改正「帝国瓦斯協会雑誌」 24(1) 1935.1
- ◇英国に於ける瓦斯普及計画に就て (水越致和)「帝国瓦斯協会雑誌」 24(1) 1935.1
- ◇小需用家瓦斯販売器増加対策「帝国瓦斯協会雑誌」 24(1) 1935.1
- ◇テンネッシイ・ヴレイ事件の真相 (1)「帝国瓦斯協会雑誌」 24(1) 1935.1
- ◇本邦瓦斯事業の近況「帝国瓦斯協会雑誌」 24(1) 1935.1
- ◇農政上より見たる第六十六臨時議会 (高島一郎)「帝国農会報」 25(1) 1935.1
- ◇満州の食品市場管見 (石川武彦)「帝国農会報」 25(1) 1935.1
- ◇昭和十年経済界の予想と資本主義 (石橋湛山)「東洋経済新報」 1637 1935.1
- ◇最近六年間東京市勤労階級家計の変化 (猪間驥一)「都市問題」 20(1) 1935.1
- ◇自昭和元年度至昭和七年度自作農創設維持事業成績概要「農務時報」 76 1935.1
- ◇日本農業の概要「農務時報」 76 1935.1
- ◇東北凶作地方の娘身売 (豊原又男)「法律時報」 7(1) 1935.1
- ◇資本制社会に於ける恐慌の必然性 (宇野弘蔵)「改造」 17(2) 1935.2
- ◇産繭処理統制案に関する資料「経済月報」 7(2) 1935.2
- ◇一九三四年に於ける世界主要国の経済概観「経済月報」 7(2) 1935.2
- ◇米穀自治管理案に関する資料「経済月報」 7(2) 1935.2
- ◇農業労働者失業保険に就て (平田隆夫)「経済時報」 6(11) 1935.2
- ◇臨時産業合理局確定稿「損益計算書」に就て (陶山誠太郎)「経済時報」 6(11) 1935.2
- ◇貨幣自体の限界効用 (1) (正井敬次)「経済論叢」 40(2) 1935.2
- ◇小農経済理論より見たる地代 (山岡亮一)「経済論叢」 40(2) 1935.2
- ◇昭和九年産業労働界概観 (長谷孝之)「社会政策時報」 173 1935.2
- ◇ドイツ産業統制法令 (稲葉秀三)「社会政策時報」 173 1935.2
- ◇議会提出の経済法案「週刊エコノミスト」 13(4) 1935.2
- ◇蚕糸業体系の改造問題「週刊エコノミスト」 13(4) 1935.2
- ◇米穀の根本対策問題「週刊エコノミスト」 13(5) 1935.2
- ◇米国ニュー・デイールに依る諸機関と其の職能 (其1)「調査月報 (大蔵省)」 25(2) 1935.2
- ◇強制管理人の選定は経済人たるを要す (武蔵野鉄道送電制限)「東洋経済新報」 1638 1935.2
- ◇米穀自治統制案を巡る諸対立「東洋経済新報」 1639 1935.2
- ◇農産物消費市場としての六大都市の地位 (木村靖二)「都市問題」 20(2) 1935.2

経済・産業

◇自作農組合の概要「農務時報」　77　1935.2

◇二重組織（Doppelgesellschaft）に就て（大隈健一郎）「法学論叢（京都帝国大学法学会）」　32(2)　1935.2

◇ケインズの貨幣理論(9)（高橋正雄）「経済学研究」　5(1)　1935.3

◇十九世紀末世界農業恐慌(1)（田中定）「経済学研究」　5(1)　1935.3

◇ロッシャーに関する基礎的研究（田中精一）「経済学論集」　5(3)　1935.3

◇産業組合の民衆化と産業組合法制改正の諸問題「産業組合」　353　1935.3

◇都市消費大衆化の状況（笠原千鶴）「産業組合」　353　1935.3

◇農産物販売統制の将来（近藤康男）「産業組合」　353　1935.3

◇農産物販売統制の将来（八木芳之助）「産業組合」　353　1935.3

◇産業の合理化と法律の合理化（牧野英一）「自治研究」　11(3)　1935.3

◇新潟及山形県地方に於ける青田売買の実状を視て（山本英喜）「自治研究」　11(3)　1935.3

◇農山漁村経済更生計画樹立の必要に付て(1)（永松陽一）「自治研究」　11(3)　1935.3

◇独逸に於ける農業統制団体に関する立法(1)（加藤陽三）「斯民」　30(3)　1935.3

◇米穀の自治的管理に就て（荷見安）「斯民」　30(3)　1935.3

◇農村に於ける社会調査（鈴木栄太郎）「社会事業」　18(12)　1935.3

◇最近の原料騰貴傾向「週刊エコノミスト」　13(8)　1935.3

◇鮮ъより見たる米穀自治管理法案（鄭然圭）「週刊エコノミスト」　13(9)　1935.3

◇農村景気の受益者は？「週刊エコノミスト」　13(9)　1935.3

◇英国瓦斯事業法の改正(2)（水越致和）「帝国瓦斯協会雑誌」　24(2)　1935.3

◇昭和九年度米生産費調査資料（帝国農会農業経営部）「帝国農報」　25(3)　1935.3

◇肥料問題について（近藤康男）「帝国農報」　25(3)　1935.3

◇米穀自治管理法案に対する意見（帝国農会）「帝国農報」　25(3)　1935.3

◇矢作川に於ける農業水利と発電水利との協調「帝国農報」　25(3)　1935.3

◇謂ゆる談合行為の可罰性可罰性並に其の侵害法益に就て（小野清一郎）「法学協会雑誌」　53(3)　1935.3

◇持株会社の基本的考察（高宮晋）「経済学論集」　5(4)　1935.4

◇利子論序説（高田保馬）「経済論叢」　40(4)　1935.4

◇統制経済(1)（濱田徳海）「自治研究」　11(4)　1935.4

◇農山漁村経済更生計画樹立の必要に付て(2)（永松陽一）「自治研究」　11(4)　1935.4

◇反産運動の問題（蜷川虎三）「社会事業研究」　23(4)　1935.4

◇朝鮮景気の解剖(1)「週刊エコノミスト」　13(10)　1935.4

◇軍需農業の勃興（近藤憲一）「地方行政」　43(4)　1935.4

◇経済更生策としての漁村協同組合（小坂三郎）「地方行政」　43(4)　1935.4

◇大英帝国に於ける農産物販売統制計画（帝国農会調査部訳）「帝国農会報」　25(4)　1935.4

◇東北地方の米生産費と稲作経営の特質「帝国農会報」　25(4)　1935.4

◇仏蘭西農業恐慌の前途「帝国農会報」　25(4)　1935.4

◇英国の経済機構と農業（其の1）「農務時報」　79　1935.4

◇経済政策学の可能性（気賀健三）「三田学会雑誌」　29(4)　1935.4

◇支那の農業恐慌と農民の状態(1)（支那経済調査科）「大原社会問題研究所雑誌」　2(5)　1935.5

◇経済法則の具体的把握（杉本栄一）「改造」　17(5)　1935.5

◇現下漁村の種々相（蜷川虎三）「改造」　17(5)　1935.5

◇産業統制法是非「経済時報」　7(2)　1935.5

◇サン・シモンとその協同組合思想への影響「経済時報」　7(2)　1935.5

◇ロッシャーに於ける国民経済の意義（白杉庄一郎）「経済論叢」　40(5)　1935.5

◇談合行為と詐欺罪の成立（牧野英一）「警察研究」　6(5)　1935.5

◇独逸経済の信用量と最近の信用政策「調査月報（大蔵省）」　25(5)　1935.5

◇米国民の経済生活保障の必要「調査月報（大蔵省）」　25(5)　1935.5

◇ナチス政権下に於ける統制原理「調査資料」　16(2)　1935.5

◇東北地方の米生産費と稲作経営の特質（石橋幸雄）「帝国農会報」　25(5)　1935.5

◇農業立国と都市政策（大須賀巌）「都市公論」　18(5)　1935.5

◇農村計画に就て(1)（山上善吉）「都市公論」　18(5)　1935.5

◇ナチスの擡頭及びその経済政策の社会経済的基礎（加田哲二）「三田学会雑誌」　29(5)　1935.5

◇支那の農業恐慌と農民の状態(2・完)（支那経済調査科）「大原社会問題研究所雑誌」　2(6)　1935.6

◇経済法則の具体的把握（杉本栄一）「改造」　17(6)　1935.6

◇家族的農業経営に於ける収益の概念（渡辺信一）「経済学論集」　5(5・6)　1935.6

◇ドイツ強制経済への途(3)（有沢広巳）「経済学論集」　5(5・6)　1935.6

◇経営分析と経営統計「経済論叢」　40(6)　1935.6

◇農産物の生産調整に就て（八木芳之助）「経済論叢」　40(6)　1935.6

◇経済政策に関する価値論的解明と技術論的解明（馬場敬治）「工業経済研究」　7　1935.6

◇統制経済(2)（濱田徳海）「自治研究」　11(6)　1935.6

◇ドイツ統制経済と労働組合（稲葉秀三）「社会政策時報」　177　1935.6

◇産業組合の政治進出説とその経済的背景「週刊エコノミスト」　13(16)　1935.6

◇大都市と農業地（今川正彦）「造園雑誌」　2(2)　1935.6

◇自作農組合の概況（農林省農務局）「地方行政」　43(6)　1935.6

◇内閣調整局に電力国営の研究を奨む「東洋経済新報」　1658　1935.6

◇電気事業経営の改革（小林一三）「東洋経済新報」　1660　1935.6

◇米国NIRA違憲判決の詳報「内外社会問題調査資料」　255　1935.6

◇ナチス世襲農場法関係法令(1)（西村勉）「法学協会雑誌」　53(6)　1935.6

◇経済史学上の「日本」探究（服部之総）「改造」　17(7)　1935.7

◇現代景気政策の行衛—国家と経済との関連について（有沢広巳）「改造」　17(7)　1935.7

◇支配集中（古賀英正）「経済学論集」　5(7)　1935.7

◇統制経済思想と産権擁護（木村増太郎）「経済月報」　7(7)　1935.7

◇ソヴェート連邦に於ける産業及職業雇傭人数「現業調査資料」　9　1935.7

◇産業組合主義実習教授の実例（稲葉豊次郎）「公民教育」　5(7)　1935.7

◇産業組合状勢報告（千石興太郎）「産業組合」　357　1935.7

◇産業組合大会審議委員会記事「産業組合」　367　1935.7

◇北米合衆国に於ける農産物大規模販売組合(1)（外山福男）「自治研究」　11(7)　1935.7

◇米国の「生活農場」計画（吉川末次郎）「社会政策時報」　178

1935.7
◇「農村対策」のメカニズム（戸坂潤）「週刊エコノミスト」　13(20)　1935.7
◇わが農村経済の実相（全国経済調査機関聯合会）「青年教育」　149　1935.7
◇恐慌下の救農政策（鈴木達夫）「地方行政」　43(7)　1935.7
◇ガス熱の利用に就て（三橋斗機雄）「帝国瓦斯協会雑誌」　24(4)　1935.7
◇導管より漏洩瓦斯の検出法に就て（柳田松太郎）「帝国瓦斯協会雑誌」　24(4)　1935.7
◇道府県勧業費について（大下稔）「帝国農会報」　25(7)　1935.7
◇農家負担の問題（松村謙三）「帝国農会報」　25(7)　1935.7
◇農家負担問題に就て（湯河元威）「帝国農会報」　25(7)　1935.7
◇農業者と営業者の負担不均衡に就て（高島一郎）「帝国農会報」　25(7)　1935.7
◇農村振興の体系（伊豆富人）「帝国農会報」　25(7)　1935.7
◇各種組合普通事業資金に就て（舘野重助）「東京市産業時報」　1(1)　1935.7
◇産業行政に関する若干の問題（高橋亀吉）「東京市産業時報」　1(1)　1935.7
◇自治団体に於ける経済政策の限界（白石幸三郎）「東京市産業時報」　1(1)　1935.7
◇都市産業行政に関する一管見（西野入愛一）「東京市産業時報」　1(1)　1935.7
◇ライプチヒ見本市略史「東京市産業時報」　1(1)　1935.7
◇先づ五大電力の発電・送電を国有とせよ「東洋経済新報」　1663　1935.7
◇山崎農相縦談（石橋湛山）「東洋経済新報」　1663　1935.7
◇産業組合の政治的進出と政府の態度「東洋経済新報」　1664　1935.7
◇農村計画に就て(2)（田上善吉）「都市公論」　18(7)　1935.7
◇旧慣に拠る用水組合の概要「農務時報」　82　1935.7
◇ナチス世襲農場法関係法令（西村剋）「法学協会雑誌」　53(7)　1935.7
◇大隈健一郎氏著「企業合同法の研究」に就て（戒能通孝）「法律時報」　7(7)　1935.7
◇アドルフ・ワーグナーに関する研究「経済学論集」　5(8)　1935.8
◇スコラ経済思想に於ける秩序と進歩（上田辰之助）「経済学論集」　5(8)　1935.8
◇中小経営の弾力性に就て（岡倉伯士）「経済論叢」　41(2)　1935.8
◇フランス帝国経済会議（松岡孝児）「経済論叢」　41(2)　1935.8
◇海外に於ける産業組合の政治運動（本位田祥男）「産業組合」　358　1935.8
◇購買組合の系統的活動と事業の進展について（村松俊一）「産業組合」　358　1935.8
◇産業組合と政治運動（岡田温）「産業組合」　358　1935.8
◇産業組合の資金借入と府県の保証又は損失保障（窪田角一）「産業組合」　358　1935.8
◇産業組合の政治運動（蠟山政道）「産業組合」　358　1935.8
◇産業組合の政治的進出に就て（有馬頼寧）「産業組合」　358　1935.8
◇産業組合の政治的進出（関口泰）「産業組合」　358　1935.8
◇産業組合の中立性（高須虎六）「産業組合」　358　1935.8
◇二三の資料より見たる最近に於ける産業組合運動の政治的動向「産業組合」　358　1935.8
◇農村産業組合協会の経過並現況「産業組合」　358　1935.8
◇北米合衆国に於ける農産物大規模販売組合(2)（外山福男）「自治研究」　11(8)　1935.8
◇農会の使命と改造問題（沢村康）「市町村雑誌」　500　1935.8

◇産業統制機関論(1)「週刊エコノミスト」　13(23)　1935.8
◇東京瓦斯営業成績順調「週刊エコノミスト」　13(23)　1935.8
◇農民の階級構成調査（鈴木茂三郎）「週刊エコノミスト」　13(23)　1935.8
◇満州農業移民の状況（帝国在郷軍人会本部）「青年教育」　150　1935.8
◇わが農村経済の実相（全国経済調査機関合会）「青年教育」　150　1935.8
◇農村経済統制としての産業組合（近藤憲一）「地方行政」　43(8)　1935.8
◇米国国民経済の富と負債「調査月報（大蔵省）」　25(8)　1935.8
◇青果価格に影響する要素（山岸七之丞）「帝国農会報」　25(8)　1935.8
◇東北農業経営の成立条件（川原仁左衛門）「帝国農会報」　25(8)　1935.8
◇農村と農民教育（岩松五良）「帝国農会報」　25(8)　1935.8
◇反産運動と産業組合活動の概貌「東洋経済新報」　1666　1935.8
◇ロイド・ジョージの景気政策是非「東洋経済新報」　1667　1935.8
◇産業組合の現況「農務時報」　83　1935.8
◇ナチス世襲農場法関係法令（西村剋）「法学協会雑誌」　53(8)　1935.8
◇東北農村に於ける自然経済の崩壊（小池基之）「三田学会雑誌」　29(8)　1935.8
◇戸畑鋳物株式会社木津川工場に於ける臨時職工解雇手当問題の判決「労働時報」　12(8)　1935.8
◇土地制度の様式と農業人口の離脱（田中定）「経済学研究」　5(3)　1935.9
◇労働力の配給組織と農村（渡辺信一）「経済学論集」　5(9)　1935.9
◇飛躍日本を代表する六大産業都市と其地先港湾の消長（田村与吉）「港湾」　13(9)　1935.9
◇全国農村産業組合協会の政治に対する態度「産業組合」　359　1935.9
◇農山漁村経済更生計画樹立の必要に付て(3)（永松陽一）「自治研究」　11(9)　1935.9
◇我農村経済の実相（西岡実太）「市町村雑誌」　501　1935.9
◇農家負債に関する実地調査報告（太田敏兄）「社会政策時報」　180　1935.9
◇N・R・Aの転向と中小企業及び労働者（平尾弥五郎）「社会政策時報」　180　1935.9
◇産業統制機関論(2・完)「週刊エコノミスト」　13(25)　1935.9
◇米穀自給管理案の行方「週刊エコノミスト」　13(27)　1935.9
◇揺ぐ米国農業政策「週刊エコノミスト」　13(27)　1935.9
◇瓦斯供給停止権に就て（水越生）「帝国瓦斯協会雑誌」　24(6)　1935.9
◇支那農村経済の頽廃（岡野一朗）「帝国農会報」　25(9)　1935.9
◇農山村と林野の推移（遠藤安太郎）「帝国農会報」　25(9)　1935.9
◇農民の自主的肥料対策「帝国農会報」　25(9)　1935.9
◇電力事業の将来は依然有望「東洋経済新報」　1671　1935.9
◇東京市電気事業更生審議会の誕生（岡野文之助）「都市問題」　21(3)　1935.9
◇ロイドジョージの景気恢復策と地方自治体（弓家七郎）「都市問題」　21(3)　1935.9
◇長野県に於ける水力発電の概況（馬場宗光）「土木学会誌」　21(9)　1935.9
◇産業組合の政治的進出と無産派の産業組合対策「内外社会問題調査資料」　262　1935.9
◇昭和八年度養蚕経営調査(其の1)「農務時報」　84　1935.9

◇利用差別に見たる農業動産抵当貸附状況「農務時報」 84 1935.9

◇ナチス世襲農場法関係法令(西村勉)「法学協会雑誌」 53(9) 1935.9

◇農村給水問題に就て(勝木新次)「労働科学研究」 12(4) 1935.9

◇N・R・A産業法典に於ける労働規定の分析(Mr.H.ショウエンフェルド)「労働時報」 12(9) 1935.9

◇協同組合運動の指導原則としてのロッチデール原則(森戸辰男)「大原社会問題研究所雑誌」 2(10) 1935.10

◇太平洋経済と日本「改造」 17(10) 1935.10

◇「日本資本主義分析」に於ける方法論(向坂逸郎)「改造」 17(10) 1935.10

◇最近英国に於ける農業労働者失業保険問題(平田隆夫)「経済時報」 7(7) 1935.10

◇肥料配給統制と産業組合(八木芳之助)「経済論叢」 41(4) 1935.10

◇独逸農業統制の其後(四宮恭二)「週刊エコノミスト」 13(28) 1935.10

◇伊太利の戦時経済統制「週刊エコノミスト」 13(29) 1935.10

◇英国の経済復興(ウイリアム・コーレン)「週刊エコノミスト」 13(29) 1935.10

◇「社会政策」株式会社(戸坂潤)「週刊エコノミスト」 13(29) 1935.10

◇農業保護の進展(リース・ニロス)「週刊エコノミスト」 13(29) 1935.10

◇満州に於ける生鮮食糧品市場(伊東俊雄)「大大阪」 10(10) 1935.10

◇産業組合活動の実績(三上直策)「地方行政」 43(10) 1935.10

◇府県営電気事業の概況(安田正鷹)「地方行政」 43(10) 1935.10

◇国有林の経営と地元産業及農村経済との関係について(三浦一雄)「帝国農会報」 25(10) 1935.10

◇最近農村経済の展望(喜多逸郎)「帝国農会報」 25(10) 1935.10

◇農産物の販売改善と農会(岡本直人)「帝国農会報」 25(10) 1935.10

◇電気料金の認可基準は再び練り直すべし「東洋経済新報」 1674 1935.10

◇農村に於ける組合金融の現勢「東洋経済新報」 1675 1935.10

◇本年農家金銭収入は何れ丈殖えるか(上)「東洋経済新報」 1675 1935.10

◇農業収入は本年幾何殖えるか「東洋経済新報」 1677 1935.10

◇最近に於ける農家経済状況の変遷「農務時報」 85 1935.10

◇昭和八年度養蚕経営調査(其の2・完)「農務時報」 85 1935.10

◇諸類の配給統制に関する件(昭16.9.6農林次官)「農林時報」 1(18) 1935.10

◇農業労働力調整に関する農会の統制実施の件(昭16.9.17)「農林時報」 1(18) 1935.10

◇農地開発事業令の実施について「農林時報」 1(18) 1935.10

◇米穀管理制度実施要綱の改正「農林時報」 1(18) 1935.10

◇ナチス世襲農場法関係法令(西村勉)「法学協会雑誌」 53(10) 1935.10

◇支那農業統計(支那調査課)「大原社会問題研究所雑誌」 2(11) 1935.11

◇消費統制に於ける産業組合運動の新生面(村松俊一)「産業組合」 361 1935.11

◇農家経営に於ける配給の問題(石橋幸雄)「産業組合」 361 1935.11

◇農家の医薬費実地調(太田敏兄)「社会政策時報」 182 1935.11

◇電気料金統制と電力株「週刊エコノミスト」 13(32) 1935.11

◇都市農村の衡平化(吉川末次郎)「地方行政」 43(11) 1935.11

◇府県営電気事業の概要(1)(安田正鷹)「地方行政」 43(11) 1935.11

◇英国瓦斯事業法の改正(完)(水越致和)「帝国瓦斯協会雑誌」 24(7) 1935.11

◇最近に於ける本邦耕地価格及小作料の趨勢について(清水健二郎)「帝国農会報」 25(11) 1935.11

◇農家負担均衡に関する私見(喜多逸郎)「帝国農会報」 25(11) 1935.11

◇東京市水産業調査会に就て(遠藤盛)「統計集誌」 653 1935.11

◇全国模範町村長経済更生座談会「東洋経済新報」 1681 1935.11

◇総合的農村政策確立の必要(松村謙三)「東洋経済新報」 1681 1935.11

◇農家経済を打診して土地改革問題に及ぶ(小野武夫)「東洋経済新報」 1681 1935.11

◇農業政策の科学的考察(久保田明光)「東洋経済新報」 1681 1935.11

◇農村過剰労働力の問題(渡辺信一)「東洋経済新報」 1681 1935.11

◇農村窮乏と資本主義経済(杉山元治郎)「東洋経済新報」 1681 1935.11

◇農村再編成論(中沢弁次郎)「東洋経済新報」 1681 1935.11

◇模範町村長経済更生座談会「東洋経済新報」 1681 1935.11

◇我国農村政策に就て(山崎達之助)「東洋経済新報」 1681 1935.11

◇我国農村問題と其対策(杉山元治郎[ほか])「東洋経済新報」 1681 1935.11

◇農家の窮乏について(鈴木鴻一郎)「大原社会問題研究所雑誌」 2(12) 1935.12

◇戦前及戦後のドイツ経済の展望(米原七之助)「経済学研究」 5(4) 1935.12

◇レーデラー景気理論(波多野鼎)「経済学研究」 5(4) 1935.12

◇配給機構の変革と商業社会政策(井上貞蔵)「経済学論集」 5(11) 1935.12

◇産業組合問題座談会「経済月報」 7(12) 1935.12

◇産業組合製糸と養蚕農家「経済論叢」 41(6) 1935.12

◇イタリー最近の通貨及経済政策(エドアール・バイアン)「月刊 列国政策彙報」 2 1935.12

◇将来の電力経済法(シヤハト)「月刊 列国政策彙報」 2 1935.12

◇経営的に観た我国消費組合(須郷力三)「産業組合」 362 1935.12

◇産業組合の任務と金納小作制の必要(大槻正男)「産業組合」 362 1935.12

◇昭和十年に於ける産業組合中央機関の活動(浜田道之助[ほか])「産業組合」 362 1935.12

◇農山漁村経済更生計画樹立の必要に付て(4)(永松陽一)「自治研究」 11(12) 1935.12

◇農業電化の根本問題(薗村岩雄)「市町村雑誌」 504 1935.12

◇国防と都会と農村(大口喜六)「週刊エコノミスト」 13(24) 1935.12

◇宮城県農学寮見学の記(金井生)「青年教育」 154 1935.12

◇最近農村経済の分析(木村靖二)「地方行政」 43(12) 1935.12

◇府県営電気事業の概要(2)(安田正鷹)「地方行政」 43(12) 1935.12

◇優良更生農村の実情「地方行政」 43(12) 1935.12

◇穀物政策を中心として見たるナチス農業統制(美濃部亮吉)「帝国農会報」 25(12) 1935.12

◇農業動産信用法の実績並其の運用について(山本豊)「帝国農会報」 25(12) 1935.12

◇農村及都市の各種国体負担状況「農務時報」 87 1935.12

◇副業生産品商況調査(長野県・愛媛県)「農務時報」 87 1935.12

◇経済政策の目的論的観察(気賀健三)「三田学会雑誌」 29(12) 1935.12

◇独占段階に於ける動態理論(武村忠雄)「三田学会雑誌」 29(12) 1935.12

◇ドイツ社会民主党の農業綱領について(大内兵衞)「大原社会問題研究所雑誌」 3(1) 1936.1

◇初期資本主義に於ける所謂「独占」に就て(大塚久雄)「経済学論集」 6(1) 1936.1

◇産繭処理問題(八木芳之助)「経済論叢」 42(1) 1936.1

◇イタリー経済の弱点「月刊 列国政策彙報」 3 1936.1

◇農村経済更生運動第5年(小平権一)「自治研究」 12(1) 1936.1

◇北米合衆国に於ける農産物大規模販売組合(3)(外山福男)「自治研究」 12(1) 1936.1

◇最近の米穀事情より見たる米穀自治管理法案(荷見安)「斯民」 31(1) 1936.1

◇産業組合と其の推移(梶原茂嘉)「斯民」 31(1) 1936.1

◇二宮先生と現代(福澤泰江)「斯民」 31(1) 1936.1

◇日本農業に於ける徭役労働の残存と其現代的意義(1)(木下彰)「社会政策時報」 184 1936.1

◇岐路に立つ米国景気(熊田克郎)「週刊エコノミスト」 14(3) 1936.1

◇米国農業調整法の破綻「週刊エコノミスト」 14(3) 1936.1

◇行脚政治と農村打診(杉野忠夫)「地方行政」 44(1) 1936.1

◇農村に於ける有識無産青年(近藤康男)「地方行政」 44(1) 1936.1

◇農村の疲弊とその負担(山本敏行)「地方行政」 44(1) 1936.1

◇農村法案と今議会(山本太郎)「地方行政」 44(1) 1936.1

◇第一回瓦斯事業現業員講習会開催に就て「帝国瓦斯協会雑誌」 25(1) 1936.1

◇本邦瓦斯事業界の趨勢(水越致和)「帝国瓦斯協会雑誌」 25(1) 1936.1

◇農村負債整理事業の現況(後藤駒吉)「帝国農会報」 26(1) 1936.1

◇昭和九年末大阪市会社調査「統計集誌」 655 1936.1

◇世界経済の再検討(有沢広巳)「日本評論」 11(1) 1936.1

◇農村更生政策の根本方針(大槻正男)「農業と経済」 3(1) 1936.1

◇米穀統制法の欠陥と米穀自治管理法案(八木芳之助)「農業と経済」 3(1) 1936.1

◇農林省並所管官衙主管事務要覧「農務時報」 88 1936.1

◇国民主義経済学(高橋誠一郎)「三田学会雑誌」 30(1) 1936.1

◇農村給水問題に就て並に常用水の供給と家事作業(勝木新次,船石幾久)「労働科学研究」 13(1) 1936.1

◇ロバァト・オウエンの文献を通じて見たる当時の経済状態(本位田祥男)「経済学論集」 6(2) 1936.2

◇我国に於ける米の協同販買に就て(渡邊信一)「経済学論集」 6(2) 1936.2

◇独逸電力事業の統制(田杉競)「経済論叢」 42(2) 1936.2

◇小売配給コストの問題(齋藤龍治)「産業組合」 364 1936.2

◇産業組合運動と政治を語る座談会「産業組合」 364 1936.2

◇産業組合経営の指導(南正樹)「自治研究」 12(2) 1936.2

◇北米合衆国に於ける農産物大規模販売組合(4)(外山福男)「自治研究」 12(2) 1936.2

◇世界経済の動向と我国の地位(青木一男)「斯民」 31(2) 1936.2

◇昭和十年の農業国体運動(齋藤榮一)「社会政策時報」 185 1936.2

◇昭和十年の農業問題(宮本伈彥)「社会政策時報」 185 1936.2

◇戦時統制経済と独占の諸組織(前芝確三)「週刊エコノミスト」 14(4) 1936.2

◇農家経済と諸負担(平松邦男)「税」 14(2) 1936.2

◇躍進大大阪の会社調査(大阪市産業部)「大大阪」 12(2) 1936.2

◇産業組合拡充五ヶ年計画(金井滿)「地方行政」 44(2) 1936.2

◇農村負債整理案(助川啓四郎)「地方行政」 44(2) 1936.2

◇本邦瓦斯事業の概況(帝国瓦斯協会)「帝国瓦斯協会雑誌」 25(2) 1936.2

◇沖縄農業の貧困(石橋幸雄)「帝国農会報」 26(2) 1936.2

◇全国農業組合全国大会の概況「農務時報」 89 1936.2

◇日本農民組合総同盟大会の概況「農務時報」 89 1936.2

◇景気変動の必然性(波多野鼎)「経済学研究」 6(1) 1936.3

◇保険料の経済学的性質(馬場克三)「経済学研究」 6(1) 1936.3

◇経済更生指導者研究会に就て「産業組合」 365 1936.3

◇負債整理座談会に就て「産業組合」 365 1936.3

◇株式会社法改正の思想的意義(牧野英一)「自治研究」 12(3) 1936.3

◇産業組合の余裕金運用と固定債権の賃金化の問題(片柳真吉)「斯民」 31(3) 1936.3

◇農産物の価格統制(本位田祥男)「斯民」 31(3) 1936.3

◇日本農業に於ける徭役労働の残存と其現代的意義(木下彰)「社会政策時報」 186 1936.3

◇瓦斯事業法十年の跡「週刊エコノミスト」 14(7) 1936.3

◇最近世界経済界の指数的考察「週刊エコノミスト」 14(7) 1936.3

◇農村景気の再検討「週刊エコノミスト」 14(8) 1936.3

◇中小農組合の問題(三上直次)「地方行政」 44(3) 1936.3

◇農産物販売統制に就て(東浦庄治)「地方行政」 44(3) 1936.3

◇伊太利組合国家の経済的意義「調査月報(大蔵省)」 26(3) 1936.3

◇瓦斯の供給一般と瓦斯漏洩防止(伊藤黎)「帝国瓦斯協会雑誌」 25(2) 1936.3

◇独逸瓦斯事業の趨勢と瓦斯料金(水越致和)「帝国瓦斯協会雑誌」 25(2) 1936.3

◇農家の消費税負担について(土屋四郎)「帝国農会報」 26(3) 1936.3

◇農業者の政治運動(蠟山政道)「帝国農会報」 26(3) 1936.3

◇農村経済更生と農会の使命(藤原正治)「帝国農会報」 26(3) 1936.3

◇市町村と地方産業団体との関係に就て(梅原寅之助[ほか])「東京地方改良協会会報」 66 1936.3

◇経営効率より見た本邦株式会社の近況(上)(笠井秀夫)「統計集誌」 657 1936.3

◇インテリ不景気山(山川均)「日本評論」 11(3) 1936.3

◇独逸に於ける戦前及インフレーション後の農産物及生産手段の価格変動(竹市鼎)「農業と経済」 3(3) 1936.3

◇農家負担過重問題と其対策(仲原善一)「農業と経済」 3(3) 1936.3

◇農業経営の進化に関する調査(1)(吉岡金市)「労働科学研究」 13(2) 1936.3

◇所得論の基礎概念(田邊忠男)「経済学論集」 6(4) 1936.4

◇日本無線電信株式会社に就て(竹中龍雄)「経済時報」 8(1) 1936.4

◇富山県営水力電気事業の概要(小西善次郎)「港湾」 14(4) 1936.4

◇企業法の理論(1)(牧野英一)「自治研究」 12(4) 1936.4

◇農山漁村経済更生計画樹立の必要に付て(5)(永松陽一)「自治研究」 12(4) 1936.4

◇農村経済更生と農事実行組合(小平権一)「斯民」 31(4) 1936.4

◇農村家族構造の分析に就て(喜多野清一)「社会事業研究」 24(4) 1936.4

◇日本農業に於ける徭役労働の残存と其現代的意義(3・完)(木下彰)「社会政策時報」 187 1936.4

◇産業統制の目標と限度「週刊エコノミスト」 14(11) 1936.4
◇独逸経済統制の進展「週刊エコノミスト」 14(11) 1936.4
◇アメリカ合衆国に於ける修正農業政策と其将来(藤岡啓)「帝国農会報」 26(4) 1936.4
◇自大正十三年至昭和八年農業経営成績調査概要(1)(帝国農会)「帝国農会報」 26(4) 1936.4
◇小農経営についての若干の考察(1)(川原仁左衛門)「帝国農会報」 26(4) 1936.4
◇電気事業と農民経済(栗原藤七郎)「帝国農会報」 26(4) 1936.4
◇農家小組合の展望(渡辺侹治)「帝国農会報」 26(4) 1936.4
◇米価及び米価統制問題(八木芳之助)「帝国農会報」 26(4) 1936.4
◇法の切下切迫と世界経済への影響「東洋経済新報」 1700 1936.4
◇電力国営に対する非難に答ふ(出房二郎)「東洋経済新報」 1703 1936.4
◇軍部の要求と今後の経済政策(山崎靖純)「日本評論」 11(4) 1936.4
◇農業政策の跳躍(八木沢善次)「日本評論」 11(4) 1936.4
◇米国農業政策の推移と土地保護割当法(広崎真八郎)「農業と経済」 3(4) 1936.4
◇農山漁村経済更生施設の概要「農務時報」 91 1936.4
◇英国資本主義の成立過程序論(野村兼太郎)「三田学会雑誌」 30(4) 1936.4
◇明治初期社会経済思想史への序論(加田哲二)「三田学会雑誌」 30(4) 1936.4
◇シヤハトの経済政策(結城豊太郎)「経済学論集」 6(6) 1936.5
◇仏蘭西に於ける全国経済会議新法「月刊 列国政策彙報」 7 1936.5
◇近郊農業と産業組合(鞍田純)「産業組合」 367 1936.5
◇配給機構の変遷と中小商業の前途(平賀)「産業組合」 367 1936.5
◇仏蘭西に於ける公私共同経営の発達に就て(竹中龍雄)「市政研究」 2(3) 1936.5
◇企業法の理論(2)(牧野英一)「自治研究」 12(5) 1936.5
◇蚕糸業更生方策と蚕糸関係三法案(1)(楠見義男)「自治研究」 12(5) 1936.5
◇長野県経済更生運動の展望(石丸敬次)「斯民」 31(5) 1936.5
◇農村問題の帰趨(東浦庄治)「斯民」 31(5) 1936.5
◇我国農産物の輸出統制(岡本直人)「斯民」 31(5) 1936.5
◇アメリカ農業政策の新様相(小原敬士)「社会政策時報」 188 1936.5
◇ドイツに於ける労働及経済統制の機構(2)(稲葉秀三)「社会政策時報」 188 1936.5
◇権力的産業統制の進展(前芝確三)「週刊エコノミスト」 14(14) 1936.5
◇砂糖統制案の検討とその実現性「週刊エコノミスト」 14(14) 1936.5
◇大陸政策の発展と我が財界「週刊エコノミスト」 14(14) 1936.5
◇独逸に於ける農業移動労働者問題(鈴木偆吉)「職業紹介」 4(5) 1936.5
◇電力統制案と産業組合(近藤憲一)「地方行政」 44(5) 1936.5
◇農村を巡りて(中西秀峰)「地方行政」 44(5) 1936.5
◇瓦斯事業の経営に就て(稲見慎一)「帝国瓦斯協会雑誌」 25(3) 1936.5
◇自大正十三年至昭和八年農業経営成績調査概要(2・完)(帝国農会)「帝国農会報」 26(5) 1936.5
◇小農経営についての若干の考察(2・完)(川原仁左衛門)「帝国農会報」 26(5) 1936.5
◇フランスの農業労働保険制度(石坂忠之)「帝国農会報」 26(5) 1936.5

◇宮城県下に於ける牧野割替制度「帝国農会報」 26(5) 1936.5
◇富山県電気事業概要(小西善次郎)「都市公論」 19(5) 1936.5
◇山形県に於ける伍什人組復興強化と協同組織の整備拡充「内務時報」 1(5) 1936.5
◇来るべき経済機構の問題(土方成美)「日本評論」 11(5) 1936.5
◇農村振興の具体案(東浦庄治)「日本評論」 11(5) 1936.5
◇経済統制と農村経済(谷口吉彦)「農業と経済」 3(5) 1936.5
◇最近の独逸に於ける食糧問題(松田延一)「農業と経済」 3(5) 1936.5
◇都鄙問題と農村更生計画(錦織英夫)「農業と経済」 3(5) 1936.5
◇農村社会政策の必要に就て(池田善長)「農業と経済」 3(5) 1936.5
◇経済学者としてのジエームズ・ミル(高橋誠一郎)「三田学会雑誌」 30(5) 1936.5
◇世界経済の戦時体制への移行(金原賢之助)「改造」 18(6) 1936.6
◇日本農業と資本主義(小岩井淨)「改造」 18(6) 1936.6
◇日本フアツシズムの経済的基礎(大森義太郎)「改造」 18(6) 1936.6
◇土地所有制と産業組合(高須虎六)「産業組合」 368 1936.6
◇土地所有と産業組合(近藤康男)「産業組合」 368 1936.6
◇土地制度と産業組合(澤村康)「産業組合」 368 1936.6
◇蚕糸業更生方策と蚕糸関係三法案(2・完)(楠見義男)「自治研究」 12(6) 1936.6
◇農村経済更生の進展と社会経済組織(西村彰一)「自治研究」 12(6) 1936.6
◇郷土社会に於ける流動性―農村社会の社会学的調査の必要―「社会事業」 20(3) 1936.6
◇コンミユニテイとしての農村社会(鈴木榮太郎)「社会事業」 20(3) 1936.6
◇農村更生の基礎としての隣保相扶組織の確立(信岡錦一)「社会事業」 20(3) 1936.6
◇ドイツに於ける労働及経済統制の機構(3・完)(稲葉秀三)「社会政策時報」 189 1936.6
◇ナチス治下のドイツ消費組合(村山重忠)「社会政策時報」 189 1936.6
◇産業統制法の改正批評「週刊エコノミスト」 14(16) 1936.6
◇フアツシヨへ通じる労働農村法案(鈴木茂三郎)「週刊エコノミスト」 14(16) 1936.6
◇農業人口の構成と恐慌の投影(木村靖二)「地方行政」 44(6) 1936.6
◇農業労働時間に関する調査「帝国農会報」 26(6) 1936.6
◇昭和九年全国各府県生産額「統計集誌」 660 1936.6
◇産業統制の進展(有沢広巳)「日本評論」 11(6) 1936.6
◇家族制度と農業経営(石橋幸雄)「農業と経済」 3(6) 1936.6
◇独逸の労働奉仕制と農業(黒正巌)「農業と経済」 3(6) 1936.6
◇農業政策の新動向(東浦庄治)「農業と経済」 3(6) 1936.6
◇農村の窮乏と医政の刷新(古屋芳雄)「改造」 18(7) 1936.7
◇統制経済主義と交通並に港湾経済統制論(1)(田北郷山)「港湾」 14(7) 1936.7
◇会計監査制度の展開(平井泰太郎)「産業組合」 369 1936.7
◇会計監査と内部抑制組織「産業組合」 369 1936.7
◇監査制度の必要と方向(本位田祥男)「産業組合」 369 1936.7
◇産業組合監査制度の確立(千石興太郎)「産業組合」 369 1936.7
◇産業組合事業の経営と監査(中島寅之助)「産業組合」 369 1936.7
◇産業組合中央金庫検査課の組織と機能について(永友正雄)「産業組合」 369 1936.7

- ◇産業組合に於ける会計監査(陶山誠太郎)「産業組合」 369 1936.7
- ◇産業組合の会計監査に就いて(東爽五郎)「産業組合」 369 1936.7
- ◇産業組合の自治監査に就いて(森正男)「産業組合」 369 1936.7
- ◇食糧補給事業の経過と今後の対策(三好明治)「市政研究」 2(4) 1936.7
- ◇米穀関係3法律に就て(荷見安)「自治研究」 12(7) 1936.7
- ◇日本資本主義発達史に於ける工場立法の史的役割(風早八十二)「社会政策時報」 190 1936.7
- ◇電力統制案批評「週刊エコノミスト」 14(19) 1936.7
- ◇電力統制の過去、現在「週刊エコノミスト」 14(21) 1936.7
- ◇統制経済展望「週刊エコノミスト」 14(21) 1936.7
- ◇独伊の統制経済「週刊エコノミスト」 14(21) 1936.7
- ◇独逸に於ける電気事業法(玉越勝治)「水利と土木」 9(7) 1936.7
- ◇農民負担軽減の一策(西海武雄)「税」 14(7) 1936.7
- ◇食糧問題と産業組合(水野武夫)「地方行政」 44(7) 1936.7
- ◇ソンプソン氏瓦斯事業会計を読む(木村彌蔵)「帝国瓦斯協会雑誌」 25(4) 1936.7
- ◇瓦斯供給に就て(駒井重威)「帝国瓦斯協会雑誌」 25(5) 1936.7
- ◇東京市近郊に於ける農村の崩壊と農民の移動に就いて(田山貢)「帝国農会報」 26(7) 1936.7
- ◇米穀自治管理法、米穀統制法中改正法律、籾共同貯蔵法の要旨(村上富士太郎)「帝国農会報」 26(7) 1936.7
- ◇産業統計に関する諸懸案(長沢好晃)「統計集誌」 661 1936.7
- ◇電力論争電力統制の落つくところ「東洋経済新報」 1707 1936.7
- ◇産業組合の現況「農務時報」 94 1936.7
- ◇昭和七年以降に於ける我が国民所得(土方成美)「経済学論集」 6(8) 1936.8
- ◇革新原理としての民有国用に就いて(石川興二)「経済論叢」 43(2) 1936.8
- ◇近時に於ける経済観と政策観の変化に就て(河田嗣郎)「経済論叢」 43(2) 1936.8
- ◇土地問題と産業組合「経済論叢」 43(2) 1936.8
- ◇英国電力統制の前進-配電委員会と強制合同の提案-「月刊 列国政策彙報」 10 1936.8
- ◇統制経済主義と交通並港湾経済統制論(2)(田北郷山)「港湾」 14(9) 1936.8
- ◇議会に現はれた産業組合諸問題の動向(森徳久)「産業組合」 370 1936.8
- ◇産繭処理統制法解説(楠見義男)「斯民」 31(8) 1936.8
- ◇兵庫県下の出稼地域農村事情(太田陸郎)「職業紹介」 4(8) 1936.8
- ◇農民負担偏重匡正について(高田耕平)「帝国農会報」 26(8) 1936.8
- ◇我国所得額の変遷(2・完)「統計時報」 59 1936.8
- ◇大都市電気供給事業に対する考察(桐村早太郎)「都市研究」 32 1936.8
- ◇経済部長事務打合会に於ける訓示並に指示、注意「内務時報」 1(8) 1936.8
- ◇現段階に於ける都市と農村(猪俣津南雄)「日本評論」 11(8) 1936.8
- ◇農家小組合に関する調査の概要(其の1)「農務時報」 95 1936.8
- ◇統制経済と国家権力(石濱知行)「改造」 18(9) 1936.9
- ◇電気官営に就て(作田荘一)「経済論叢」 43(3) 1936.9
- ◇独逸国新電力政策に就いて(大塚一朗)「経済論叢」 43(3) 1936.9
- ◇産業組合会計の特殊性に就て(海住實)「産業組合」 371 1936.9
- ◇電気局経営事業の現況(吉田實)「市政研究」 2(5) 1936.9
- ◇都市産業行政と其の刷新に関する若干問題—東京市は産業振興上何を為すべきか—(山下定文)「市政研究」 2(5) 1936.9
- ◇農村負債整理の一方法(石丸敬次)「斯民」 31(9) 1936.9
- ◇満洲農業移民問題と土地政策(4・完)(野間海造)「社会政策時報」 192 1936.9
- ◇各国の協同組合の発達と現勢(川越雅弘)「社会福利」 20(9) 1936.9
- ◇瓦斯事業統制の目標と影響「週刊エコノミスト」 14(25) 1936.9
- ◇農村国策の批判(關根悦郎)「週刊エコノミスト」 14(25) 1936.9
- ◇瓦斯販売増加策として二部料金制度(水越致和)「帝国瓦斯協会雑誌」 25(6) 1936.9
- ◇農民負担重圧の歴史性(木村清二)「帝国農会報」 26(9) 1936.9
- ◇昼間人口に就て見たる六大都市の産業構成(1)「統計時報」 60 1936.9
- ◇産業統計に関する諸懸案(3)(長沢好晃)「統計集誌」 663 1936.9
- ◇電力民有国営案賛否「東洋経済新報」 1725 1936.9
- ◇電力国営問題に対する社大党及各派の態度「内外社会問題調査資料」 297 1936.9
- ◇産業組合監査制度に関する問題(稲垣玄喜)「農業と経済」 3(9) 1936.9
- ◇農家小組合に関する調査の概要(其の2)「農務時報」 96 1936.9
- ◇価値論と計画経済(氣賀健三)「三田学会雑誌」 30(9) 1936.9
- ◇カルテル諸形態の質的高度化過程(武村忠雄)「三田学会雑誌」 30(9) 1936.9
- ◇今年の農村(小岩井淨)「改造」 17(10) 1936.10
- ◇経済統制と国策の一課題(蜷川虎三)「改造」 18(10) 1936.10
- ◇英国に於ける消費組合の発達とその教育事業(稲葉格造)「教育」 4(10) 1936.10
- ◇独占について(青山秀夫)「経済論叢」 43(4) 1936.10
- ◇農村負債整理問題(八木芳之助)「経済論叢」 43(4) 1936.10
- ◇広島県の産業の特色と将来の産業政策(安田元七)「経済論叢」 43(4) 1936.10
- ◇産業組合と報徳(1)(上浦種一)「斯民」 31(10) 1936.10
- ◇ナチスの農村振興策-特に最近の失業対策との関連に於いて—(平田展夫)「社会事業研究」 20(10) 1936.10
- ◇九州の経済地理的考察(田中定,土岐強)「社会政策時報」 193 1936.10
- ◇産業協力運動の理論と実践(伊藤卯四郎)「社会政策時報」 193 1936.10
- ◇農業者と肥料配給改善問題(戸田保忠)「帝国農会報」 25(10) 1936.10
- ◇昼間人口に就て見たる六大都市の産業構成(2)「統計時報」 61 1936.10
- ◇産業統計に関する諸懸案(4)(長沢好晃)「統計集誌」 664 1936.10
- ◇全国都市問題会議第五回総会記念号「都市問題」 23(4) 1936.10 観光事業に関する基礎的の問題に就て/都市の保健施設に関する一人一研究-第五回全国都市問題会議総会第二議題関係研究報告の要旨(水谷駿一) 京都市電気使用料の推移と現状/都市の公益企業に関する一人一研究(山村忠行) 市民農園に関する問題/都市の保健施設に関する一人一研究-第五回全国都市問題会議総会第二議題関係研究報告の要旨(市川政司) 西陣機業の電力利用に就て/都市の公益企業に関する一人一研究(山村忠行)
- ◇東京瓦斯の労資関係「内外社会問題調査資料」 300 1936.10
- ◇電力案反対の渦(荻村龍太郎)「日本評論」 11(10) 1936.10
- ◇電力国営の第三者的批判(清沢洌)「日本評論」 11(10) 1936.10
- ◇電力国営の目標と通信省案(片山哲)「日本評論」 11(10) 1936.10
- ◇農業経営、農企業、純収益及び利潤(大槻正男)「農業と経済」 3(10) 1936.10

◇農村負債整理問題(西村彰一)「農業と経済」 3(10) 1936.10
◇農家小組合に関する調査の概要(其の3)「農務時報」 97 1936.10
◇負債整理組合の概況「農務時報」 97 1936.10
◇鉄道運賃の体系上より見たる農業の特殊意義「外国鉄道調査資料」 10(11) 1936.11
◇郡農会の活動に関する一事例(師岡健四郎)「斯民」 31(11) 1936.11
◇米穀自治管理法並に関係法令解説(2・完)(柴野和喜夫)「斯民」 31(11) 1936.11
◇産業組合の不得息的違法行為と金納小作制(大槻正男)「社会政策時報」 194 1936.11
◇農村負担は果たして軽減されるか「週刊エコノミスト」 14(31) 1936.11
◇電力国営と農業(關根悦郎)「週刊エコノミスト」 14(32) 1936.11
◇満鮮総合主義経済「週刊エコノミスト」 14(33) 1936.11
◇改革案と農業者の負担(細矢祐治)「税」 14(11) 1936.11
◇電力統制問題の経過―電力民有国営案について(浦隆敏)「大大阪」 12(11) 1936.11
◇石炭瓦斯製造の要処(北村彌一郎)「帝国瓦斯協会雑誌」 25(7) 1936.11
◇本邦瓦斯事業の最近の趨勢に就て「帝国瓦斯協会雑誌」 25(7) 1936.11
◇農家経済の現状と農村負担整理の必要(稲葉泰三)「帝国農会報」 26(11) 1936.11
◇本邦に於ける農村電化の状況「帝国農会報」 26(11) 1936.11
◇第八回全国都市農会連合会総会「東京市農会報」 18 1936.11
◇金再禁止後に於ける所謂「日本景気」の統計的分析(上)(笠井秀夫)「統計集誌」 665 1936.11
◇農家小組合に関する調査の概要(その4・完)「農務時報」 98 1936.11
◇電力案の背景と政党(阿部真之助)「改造」 18(12) 1936.12
◇レーデラアの独占論(土岐強)「経済学研究」 6(4) 1936.12
◇農村との関係より観たる我国救済事業の発展(渡邊信一)「経済学論集」 6(12) 1936.12
◇比較生産費説の近代的形態(松井清)「経済論叢」 43(6) 1936.12
◇昭和11年中央機関活動の回顧(濱田道之助[ほか])「産業組合」 374 1936.12
◇昭和11年に於ける産業組合運動の概観(千石興太郎)「産業組合」 374 1936.12
◇最近三十年間に於ける報徳運動の概観(佐々井信太郎)「斯民」 31(12) 1936.12
◇最近に於ける質取引の普遍化現象並に其の機能(米谷豊一)「社会福利」 20(12) 1936.12
◇我が国都市及び農村の依存関係(沢田五郎)「青年教育」 166 1936.12
◇部落有林野統制問題と百姓株(宇都宮太郎)「帝国農会報」 26(12) 1936.12
◇米穀自治管理法の施行について(1)(村上富士太郎)「帝国農会報」 26(12) 1936.12
◇金再禁止後に於ける所謂「日本景気」の統計的分析(2)(笠井秀夫)「統計集誌」 666 1936.12
◇産業統計に関する諸懸案(5)(長澤好晃)「統計集誌」 666 1936.12
◇昭和十一年の農村問題を回顧する(川村利嘉治)「農業と経済」 3(12) 1936.12
◇ソ連邦農業の電化状況(越智庄兵衛)「農業と経済」 3(12) 1936.12
◇農家の経済は果たして好転しつゝありや(柴田等)「農業と経済」 3(12) 1936.12

◇繭の価格と生産数量との相関々係(桃山直市)「農業と経済」 3(12) 1936.12
◇農山漁村に於ける負債額調「農務時報」 99 1936.12
◇ドイツの企業統制組織「大阪商工会議所月報」 366 1937.1
◇本邦に於ける社会経済組織の推移(高野岩三郎)「大原社会問題研究所雑誌」 4(1) 1937.1
◇経営協議会制度の成立「経済論叢」 44(1) 1937.1
◇5ヶ年計画達成年度に於ける全購連の事業状況(蔵川永光)「産業組合」 375 1937.1
◇5ヶ年計画達成年度に於ける中央金庫の活動(山本謙治)「産業組合」 375 1937.1
◇産業組合拡充5ヶ年計画最終年度に於ける産業組合運動(浜田道之助)「産業組合」 375 1937.1
◇自治運営の一考察:特に農村経営を中心として(木戸喜佐登)「自治研究」 13(1) 1937.1
◇東北振興事業の要諦(松井春生)「自治研究」 13(1) 1937.1
◇日本経済の動向「週刊エコノミスト」 15(1) 1937.1
◇瓦斯熱量測定法に就て(宇都宮喜久蔵)「帝国瓦斯協会雑誌」 26(1) 1937.1
◇独逸国に於ける「エネルギー経済使用に関する法律」「帝国瓦斯協会雑誌」 26(1) 1937.1
◇本邦瓦斯事業の概観(昭和十年度)(帝国瓦斯協会)「帝国瓦斯協会雑誌」 26(1) 1937.1
◇ソヴェット連邦に於ける農業集中化の基礎概観(1)(殿村又一)「帝国農会報」 27(1) 1937.1
◇電力国家管理案と農村(島田晋作)「帝国農会報」 27(1) 1937.1
◇産業統計に関する諸懸案(6)(長澤好晃)「統計集誌」 667 1937.1
◇独逸農業の概要(1)「農務時報」 100 1937.1
◇固定資本の性質(高田保馬)「経済論叢」 44(2) 1937.2
◇電気事業経営町村調「自治公論」 9(2) 1937.2
◇農政問題(宮本倫彦)「社会政策時報」 197 1937.2
◇日本準戦経済体制の発展(1)(前芝確三)「週刊エコノミスト」 15(4) 1937.2
◇アメリカ電力政策(未完)(加瀬三郎)「商工経済」 3(2) 1937.2
◇米国農業政策の展望「調査月報(大蔵省)」 27(2) 1937.2
◇英国に於ける瓦斯供給の合理化(ジョーヂ・エベット)「帝国瓦斯協会雑誌」 26(2) 1937.2
◇瓦斯供給一般と瓦斯漏洩防止に就て(1)(坂野国雄)「帝国瓦斯協会雑誌」 26(2) 1937.2
◇小作関係と農業経営(1)(石橋幸雄)「帝国農会報」 27(2) 1937.2
◇ソヴェットロシヤに於ける農業集中化の基礎概観(2・完)(殿村又一)「帝国農会報」 27(2) 1937.2
◇フランスに於ける小麦価格及び販売統制(中村伸)「帝国農会報」 27(2) 1937.2
◇産業統計に関する諸懸案(7)(長澤好晃)「統計集誌」 668 1937.2
◇ドイツ農業の統計的観察(2)(岡田正雄)「統計集誌」 668 1937.2
◇経済と勢力(高田保馬)「日本評論」 12(2) 1937.2
◇現代財産分析(末川博)「日本評論」 12(2) 1937.2
◇景気循環と商品貯蔵量の関係(山本登)「三田学会雑誌」 31(2) 1937.2
◇景気の独占結成に及ぼす作用―独占結成の質量変化の交代過程―(武村忠雄)「三田学会雑誌」 31(2) 1937.2
◇農家経済層に於ける二つの社会的分化(1)(渡邊信一)「経済学論集」 7(3) 1937.3
◇農民の税外負担(柏井象雄)「経済論叢」 44(3) 1937.3
◇統制経済主義と交通並港湾経済統制論(6)(田北郷山)「港湾」 15(3) 1937.3

◇農村負債整理の進展と時弊の匡救(西村彰一)「斯民」 32(3) 1937.3
◇英国第二産業革命史論(酒井正三郎)「社会政策時報」 198 1937.3
◇農村経済更生運動の拡充(沢田喬雄)「社会政策時報」 198 1937.3
◇英国農業と最近の農業政策「調査月報(大蔵省)」 27(3) 1937.3
◇商品生産の進行と過小農経営の自給自足化(稲村順三)「帝国農会報」 27(3) 1937.3
◇インフレーションと農家経済(東浦庄治)「農業と経済」 4(3) 1937.3
◇産業組合運動の新展開(千石興太郎)「農業と経済」 4(3) 1937.3
◇政局転換期に於ける農村の立場(河田嗣郎)「農業と経済」 4(3) 1937.3
◇都会憧憬病に罹れる農村青年(高島米峰)「農業と経済」 4(3) 1937.3
◇農家経済調査(昭和9年度)(1)「農務時報」 102 1937.3
◇農業経済層に於ける二つの社会的分化(2)(渡邊信一)「経済学論集」 7(4) 1937.4
◇全体主義的国民経済学の基礎理論(白杉庄一郎)「経済論叢」 44(4) 1937.4
◇伊太利の農村改良に就て(三井高国)「建築雑誌」 51(625) 1937.4
◇大阪市の貸農園(椎原兵市)「公園緑地」 1(4) 1937.4
◇産業組合の大衆化に就て(蓮池公咲)「産業組合」 378 1937.4
◇瓦斯事業将来の問題(稲見慎一)「帝国瓦斯協会雑誌」 26(4) 1937.4
◇農村に於ける協同労働の慣行(1)(小泉幸一)「帝国農会報」 28(4) 1937.4
◇北米合衆国の国民所得(1936年)「統計時報」 67 1937.4
◇農業政策の前提(高田保馬)「農業と経済」 4(4) 1937.4
◇第十九世紀英国反正統派経済学(高橋誠一郎)「三田学会雑誌」 31(4) 1937.4
◇有業者及び其業態に現れた地域性(奥井復太郎)「三田学会雑誌」 31(4) 1937.4
◇明治初年の官営産業に就いて(堀江保蔵)「経済論叢」 44(5) 1937.5
◇統制経済主義と交通並港湾経済統制論(7)(田北郷山)「港湾」 15(5) 1937.5
◇都市購買組合の第二次計画(藤田逸男)「産業組合」 379 1937.5
◇ナチス・ドイツに於ける農業問題と土地所有(2・完)(青木恵一)「産業組合」 379 1937.5
◇林内閣の農業政策と産業組合(山路通雄)「産業組合」 379 1937.5
◇千葉県に於ける農山漁村振興施設「斯民」 32(5) 1937.5
◇満洲産業統制法の実施「週刊エコノミスト」 15(15) 1937.5
◇国民所得、国民財産及経済の統制「調査月報(大蔵省)」 27(4) 1937.5
◇瓦斯料金調査委員会の報告(水越致和)「帝国瓦斯協会雑誌」 26(5) 1937.5
◇独逸に於ける四箇年計画に対する瓦斯事業の貢献(大竹利郎)「帝国瓦斯協会雑誌」 26(5) 1937.5
◇農産物行商の発生要件(石川定彦)「帝国農会報」 28(5) 1937.5
◇特別助成町村に於ける経済更生計画の概要(2・完)「農務時報」 104 1937.5
◇恐慌の理論(波多野鼎)「経済学研究」 7(2) 1937.6
◇現下の土地問題と農地法案(八木芳之助)「経済論叢」 44(6) 1937.6
◇仏国電気事業概説「月刊 列国政策彙報」 2(6) 1937.6
◇人民戦線政府治下のフランス政治経済状勢(美濃部亮吉)「国家学会雑誌」 51(6) 1937.6

◇金利から見た農村信用組合と市街地信用組合(青木一己)「産業組合」 380 1937.6
◇農村問題と社会立法の新動向(小島憲)「自治機関」 447 1937.6
◇電気事業の多角経営「週刊エコノミスト」 15(16) 1937.6
◇近衛内閣の財経政策「週刊エコノミスト」 15(18) 1937.6
◇東北振興第一期綜合計画の実施(桑原幹根)「地方行政」 45(6) 1937.6
◇米国瓦斯事業と最近の判例「帝国瓦斯協会雑誌」 26(6) 1937.6
◇家族的経営と自作農創設維持施設(坂田英一)「帝国農会報」 27(6) 1937.6
◇現代の土地問題と農地法案(沢村康)「帝国農会報」 27(6) 1937.6
◇朝鮮農地令の概要並に施行情況(塩田正洪)「帝国農会報」 27(6) 1937.6
◇土地政策の根本策と農地法案(横山周次)「帝国農会報」 27(6) 1937.6
◇土地制度改革理論の発生経過と概要(田邊勝正)「帝国農会報」 27(6) 1937.6
◇土地問題と農業経営(石橋幸雄)「帝国農会報」 27(6) 1937.6
◇農業土地問題の焦点(鞍田純)「帝国農会報」 27(6) 1937.6
◇農地政策の理想検討(岡田温)「帝国農会報」 27(6) 1937.6
◇農地法案の趣旨並に其の概要(田中長茂)「帝国農会報」 27(6) 1937.6
◇明治時代の小作事情(土屋喬雄)「帝国農会報」 27(6) 1937.6
◇昭和十年生産額調「統計集誌」 672 1937.6
◇「離村向都」の経済的因に就て(宮出秀雄)「都市問題」 24(6) 1937.6
◇経済地理学的観察の対象としての経済現象に就て(小島栄次)「三田学会雑誌」 31(6) 1937.6
◇農家労働力賃労働化の一階梯として見たる明治前期(渡邊信一)「経済学論集」 7(7) 1937.7
◇会計学に於ける財産及び資本(尾上忠雄)「経済論叢」 45(1) 1937.7
◇ハロッドの景気循環論「経済論叢」 45(1) 1937.7
◇産業組合情勢報告「産業組合」 381 1937.7
◇農業土地問題の解決(沢村康)「斯民」 32(7) 1937.7
◇農地法案批判(小野道雄)「社会政策時報」 202 1937.7
◇賀屋計画経済の目的と正体「週刊エコノミスト」 15(20) 1937.7
◇独逸経済四ヶ年計画の概要(1)(小山雄二)「商業組合」 3(7) 1937.7
◇瓦斯引込管、屋内管及瓦斯器具取付に関する英国の規程(帝国瓦斯協会)「帝国瓦斯協会雑誌」 26(7) 1937.7
◇米国瓦斯事業と最近の判例(2)「帝国瓦斯協会雑誌」 26(7) 1937.7
◇更に認識を更むべき農村負債整理の問題(西村彰一)「農業と経済」 4(7) 1937.7
◇自由主義の経済政策(気賀健三)「三田学会雑誌」 31(7) 1937.7
◇統制経済と景気変動(武村忠雄)「三田学会雑誌」 31(7) 1937.7
◇農業労働力賃労働化の一階梯として見たる明治前期「経済学雑誌」 1(5) 1937.8
◇農業団体統制に関する一試論(小野道雄)「産業組合」 382 1937.8
◇農村人口問題に就て(大村清一)「斯民」 32(8) 1937.8
◇大東京市生産業の展望(鳥居政義)「社会政策時報」 203 1937.8
◇独逸経済四ヶ年計画の概要(2)(小山雄二)「商業組合」 3(8) 1937.8
◇農業人口に関する考察「帝国農会報」 27(8) 1937.8
◇部落の農業団体適格(田口助太郎)「農業と経済」 4(8) 1937.8

◇農業倉庫概要「農務時報」 107 1937.8
◇農業機械論（田中定）「経済学研究」 7(3) 1937.9
◇ケインズの利子理論（高田保馬）「経済論叢」 45(3) 1937.9
◇第二次産業組合拡充三ヶ年計画（八木芳之助）「経済論叢」 45(3) 1937.9
◇暴利取締令に付て（本郷寿次）「警察研究」 8(9) 1937.9
◇事変に対する産業組合の活動事例（産業組合中央会）「産業組合」 383 1937.9
◇第七十一議会に於ける農村問題展望（岩崎源也）「産業組合」 383 1937.9
◇農山漁村に於ける銃後の対策（遠藤三郎）「斯民」 32(9) 1937.9
◇農村負債整理資金特別融通及損失補償法概況（西村彰一）「斯民」 32(9) 1937.9
◇関東州同業組合と消費組合（山村喬）「社会政策時報」 204 1937.9
◇日本経済戦時体制の促進「週刊エコノミスト」 15(24) 1937.9
◇支那全体経済の認識「週刊エコノミスト」 15(26) 1937.9
◇長期戦下の消費統制（伊ід好道）「中央公論」 52(9) 1937.9
◇ロートリー氏算出の新生活標準額（角山順）「東京市社会局時報」 昭和12年1・2・3月号 1937.9
◇阪神間地方の富力（柏井象雄）「都市問題」 25(3) 1937.9
◇北支事変とわが経済（栗本勇之助）「日本評論」 12(10) 1937.9
◇諸外国に於ける産業組合監査法令（鶴川操）「農業と経済」 4(9) 1937.9
◇独逸農業政策概観（田畑為彦）「農業と経済」 4(9) 1937.9
◇春蚕繭価と夏秋繭価の関係（宮出秀雄）「農業と経済」 4(9) 1937.9
◇産業組合の現況「農務時報」 108 1937.9
◇事変関係農山漁村応急対策概要「農務時報」 108 1937.9
◇独逸国世襲農場法について（1）（山田晟）「法学協会雑誌」 55(9) 1937.9
◇統制経済確保のための新立法―貿易調整法・貿易組合法・工業組合法中改正法の解説―（後藤清）「法律時報」 9(9) 1937.9
◇近郊農村の性格（小松幸雄）「経済学雑誌」 1(7) 1937.10
◇経済法則の論理的性質（楠井隆三）「経済学論集」 7(10) 1937.10
◇貨幣本質に関する若干の問題（高田保馬）「経済論叢」 45(4) 1937.10
◇第七十二議会を通過せる戦時農林関係法律（奥原日出男）「斯民」 32(10) 1937.10
◇戦時経済下の財界「週刊エコノミスト」 15(28) 1937.10
◇ソ連邦の軍備及経済力「週刊エコノミスト」 15(29) 1937.10
◇北支経済建設と資源開発「週刊エコノミスト」 15(29) 1937.10
◇経済の国防力（E.ホツホ）「調査月報（大蔵省）」 27(10) 1937.10
◇吾国に於ける統制経済の過程と其の動向について（藤原正治）「帝国農会報」 27(10) 1937.10
◇支那事変の農村に対する影響（稲村順三）「帝国農会報」 27(10) 1937.10
◇世界各国に於ける農家負債と其の整理方策「帝国農会報」 27(10) 1937.10
◇戦時経済下に於ける食糧政策（小浜八弥）「帝国農会報」 27(10) 1937.10
◇独逸国に於ける農業負債整理情況（農林省経済更生部）「帝国農会報」 27(10) 1937.10
◇昭和十二年米第一回予想収穫高「統計集誌」 676 1937.10
◇戦時体制下の農村対策（満川元親）「農業と経済」 4(10) 1937.10
◇北支那農村の社会的経済構造（大上末廣）「農業と経済」 4(10) 1937.10

◇北満農業の開発問題（村越信夫）「農業と経済」 4(10) 1937.10
◇事変に伴ふ農山漁村応急施設概要「農務時報」 109 1937.10
◇農会に関する調査の概要（1）「農務時報」 109 1937.10
◇独逸国世襲農場法について（2・完）（山田晟）「法学協会雑誌」 55(10) 1937.10
◇経済統制立法の発展過程―第七十二議会を中心として―（菊池勇夫）「法律時報」 9(10) 1937.10
◇効果計算と原価計算の関係（小高泰雄）「三田学会雑誌」 31(10) 1937.10
◇昭和九年以降に於ける我国民所得 -「国民所得の構成」第三回追補（土方成美）「経済学論集」 7(11) 1937.11
◇カレツキ「景気循環論」（飯田藤次）「経済論叢」 45(5) 1937.11
◇時局と水産業（蜷川虎三）「経済論叢」 45(5) 1937.11
◇失業と労働 -ケインズ失業論の批評-（高田保馬）「経済論叢」 45(5) 1937.11
◇資本移動と景気変動の問題（松井清）「経済論叢」 45(5) 1937.11
◇第二次産業組合拡充計画と消費組合運動（浜田道之助）「産業組合」 385 1937.11
◇第二次産業組合拡充三ヶ年計画の意義（千石興太郎）「産業組合」 385 1937.11
◇農村に於ける銃後の施設に就て（元山修二）「自治機関」 453 1937.11
◇酒造組合と清酒の生産統制（浜田徳海）「自治研究」 13(11) 1937.11
◇戦時産業統制の発展と国民生活の問題（小島精一）「社会政策時報」 206 1937.11
◇日露戦時の農業政策（1）「社会政策時報」 206 1937.11
◇戦時生産拡充政策「週刊エコノミスト」 15(31) 1937.11
◇戦時の物資配給統制「週刊エコノミスト」 15(32) 1937.11
◇北支経済建設の動向（藤岡啓）「週刊エコノミスト」 15(32) 1937.11
◇故小川市太郎氏を偲ぶ（二十三氏）「大大阪」 13(11) 1937.11
◇中華民国全国経済委員会の経済事業「調査月報（大蔵省）」 27(11) 1937.11
◇耕地分散に関する調査（帝国農会経済部）「帝国農会報」 27(11) 1937.11
◇支那事変と蚕糸問題（千坂高興）「帝国農会報」 27(11) 1937.11
◇農村負債整理資金特別融通及損失補償法について（西村彰一）「帝国農会報」 27(11) 1937.11
◇燃料国策と道路改良との関係（細田徳寿）「道路の改良」 19(11) 1937.11
◇国防経済上より見たる産業立地計画の戦略（熊代幸雄）「農業と経済」 4(11) 1937.11
◇事変と農業経済（喜多逸郎）「農業と経済」 4(11) 1937.11
◇戦時経済と農業問題（向坂逸郎）「農業と経済」 4(11) 1937.11
◇蘇連邦に於けるソフホーズに就て（坂上道）「農業と経済」 4(11) 1937.11
◇第二次産業組合拡充三ヶ年計画（青木一巳）「農業と経済」 4(11) 1937.11
◇東北農村に於ける年雇の労働形態（小池基之）「三田学会雑誌」 31(11) 1937.11
◇統制日本の行衛（向坂逸郎）「改造」 19(12) 1937.12
◇新電力統制案に就て（岡邦雄）「改造」 19(14) 1937.12
◇農業機械論（田中定）「経済学研究」 7(4) 1937.12
◇日本の農業に関する最近の文献中より（渡邊信一）「経済学論集」 7(12) 1937.12
◇明治維新の経済的意義（堀江保蔵）「経済論叢」 45(6) 1937.12

◇事変下に於ける農村漁村経済とその統制(浜田徳海)「財政」 2(13) 1937.12
◇東京に於ける消費組合の展望(坂本通)「産業組合」 386 1937.12
◇戦時下の農村問題「週刊エコノミスト」 15(34) 1937.12
◇時局と生産活動の跛行性「週刊エコノミスト」 15(36) 1937.12
◇対支経済工作の基幹(木村増太郎)「週刊エコノミスト」 15(36) 1937.12
◇第三種所得の変動に就いて「商工経済」 4(6) 1937.12
◇大戦後設立の英国株式会社に関する調査(アンドルース)「調査月報(大蔵省)」 27(12) 1937.12
◇大戦後の米国経済界の動向(スリッチター)「調査月報(大蔵省)」 27(12) 1937.12
◇支那事変の経済的意義(佐藤彌)「農業と経済」 4(12) 1937.12
◇銃後の農村問題(橋本伝左衛門)「農業と経済」 4(12) 1937.12
◇昭和十二年の農界を回顧する(仲原善一)「農業と経済」 4(12) 1937.12
◇農家小組合の再検討(棚橋初太郎)「農業と経済」 4(12) 1937.12
◇昭和十二年度特別町村に於ける経済更生の概要「農務時報」 111 1937.12
◇独逸国に於ける農業負債整理法の概要「農務時報」 111 1937.12
◇農村負債整理関係地方官協議会の概要「農務時報」 111 1937.12
◇農地調整法案要綱「農務時報」 111 1937.12
◇経済統制としての国営(本位田祥男)「経済学論集」 8(1) 1938.1
◇ニコラス・カルドア「資本理論に関する最近の論争」(安井琢磨)「経済学論集」 8(1) 1938.1
◇ハーバラー「好況と不況」(木村健康)「経済学論集」 8(1) 1938.1
◇ブルンナー「強制カルテル」(高宮晋)「経済学論集」 8(1) 1938.1
◇資本主義と戦争「経済論叢」 46(1) 1938.1
◇ナチス主義と経済的自己責任の原則(中川与之助)「経済論叢」 46(1) 1938.1
◇農地自治管理論(八木芳之助)「経済論叢」 46(1) 1938.1
◇戦時禁制品法と封鎖法-大戦前後に於ける変遷(川上敬逸)「公法雑誌」 4(1) 1938.1
◇現下の肥料問題と臨時肥料配給統制法(石井英之助)「自治研究」 14(1) 1938.1
◇消費節約を要する我国重要資源(大竹虎雄)「自治研究」 14(1) 1938.1
◇農村漁村銃後対策施設の概要(井出正孝)「自治研究」 14(1) 1938.1
◇農地政策としての自作農創設維持施設(周東英雄)「斯民」 33(1) 1938.1
◇戦時に於ける消費統制と国民生活(谷口吉彦)「社会政策時報」 208 1938.1
◇日本戦時経済の方向「週刊エコノミスト」 16(1) 1938.1
◇事変下に於ける大阪経済界の動向(武田鼎一)「大大阪」 14(1) 1938.1
◇産業五ヶ年計画と農業政策(小島精一)「帝国農会報」 28(1) 1938.1
◇時局下に於ける農地価格の動向について(高安準一)「帝国農会報」 28(1) 1938.1
◇諸外国に於ける農業保険の概要(3・完)「帝国農会報」 28(1) 1938.1
◇北支に於ける農業構造(1)(木村清二)「帝国農会報」 28(1) 1938.1
◇アメリカ合衆国配給調査の概観(1)「統計時報」 76 1938.1
◇独逸に於ける1934年国民所得「統計時報」 76 1938.1
◇産業センサスと時局(長澤好晃)「統計集誌」 679 1938.1

◇農村問題に於ける明日の課題(近藤康男)「日本評論」 13(1) 1938.1
◇銃後の農村と協同組合(本位田祥男)「農業と経済」 5(1) 1938.1
◇人馬の応召と銃後農村(近藤康男)「農業と経済」 5(1) 1938.1
◇戦時経済と農民層(杉山元治郎)「農業と経済」 5(1) 1938.1
◇日露戦時における農業対策の回顧(濱村正三郎)「農業と経済」 5(1) 1938.1
◇日清戦争を巡る農業事情(前田福太郎)「農業と経済」 5(1) 1938.1
◇農業経営における婦人の地位(石橋幸雄)「農業と経済」 5(1) 1938.1
◇農業保険と農業政策の根本方針(大槻正男)「農業と経済」 5(1) 1938.1
◇我が国の農村社会の構造(鈴木栄太郎)「農業と経済」 5(1) 1938.1
◇地方産業振興に就て(関口八重吉)「農村工業」 5(1) 1938.1
◇ラウタパツハ「世界経済と国際法」(田畑茂二郎)「法学論叢(京都帝国大学法学会)」 38(1) 1938.1
◇統制経済と再生産過程(武村忠雄)「三田学会雑誌」 52(1) 1938.1
◇経済統制の中央機関(本位田祥男)「経済学論集」 8(2) 1938.2
◇ケインズの新学説に関する一覚書(木村健康)「経済学論集」 8(2) 1938.2
◇リーフ以後(紹介)(豊島清)「経済学論集」 8(2) 1938.2
◇支那農業の片影(1)(財部静治)「経済論叢」 46(2) 1938.2
◇欧州の市民農園(三木泰治)「公園緑地」 2(2) 1938.2
◇独逸小菜園の歴史に就て(ウィブキング・ユルゲンスマン)「公園緑地」 2(2) 1938.2
◇米国都市及農村に於ける社会教育としての農業問題(今川正彦)「公園緑地」 2(2) 1938.2
◇伯林市内ニ於ケル小菜園地「公園緑地」 2(2) 1938.2
◇経済古語拾遺(高楯俊)「財政」 3(2) 1938.2
◇報徳式商店経営の体験に基く我国経済生活の批判(2)(矢部善兵衛)「斯民」 33(2) 1938.2
◇非常時局の展開と産業に於ける職業性疾患(石川知福)「社会政策時報」 209 1938.2
◇戦時経済と農民層中小企業(谷口吉彦)「商工経済」 5(2) 1938.2
◇欧州危機の経済的背景(堀江邑一)「中央公論」 53(2) 1938.2
◇電力共同計算制の意味(三宅晴輝)「中央公論」 53(2) 1938.2
◇戦火裡に於ける上海瓦斯工場(J.K.シンプソン)「帝国瓦斯協会雑誌」 27(2) 1938.2
◇満州瓦斯事業概観(梶ヶ谷誠司)「帝国瓦斯協会雑誌」 27(2) 1938.2
◇帝都の産業-東京市の農業に就て(吉山真棹)「東京市産業時報」 4(2) 1938.2
◇戦時体制下の農村問題(丸山幹治)「農業と経済」 5(2) 1938.2
◇農産物生産確保並に開発に関する協議会概要「農務時報」 113 1938.2
◇農地調整法案に就て「農務時報」 113 1938.2
◇独占の法律的意義(林信雄)「法律時報」 10(2) 1938.2
◇農地調整法案要綱を読みて(小林巳智次)「法律時報」 10(2) 1938.2
◇特別企業の監督統制と保護(原龍之助)「経済学雑誌」 2(3) 1938.3
◇所得論の改訂(1)(田邊忠男)「経済学論集」 8(3) 1938.3
◇経済拡張の理論(ルンドベルヒの諸説に関連して)(飯田藤次)「経済論叢」 46(3) 1938.3
◇農地調整法に就いて(八木芳之助)「経済論叢」 46(3) 1938.3

経済・産業

◇生産部門に於ける農業団体の交錯(木村昇)「産業組合」 389 1938.3
◇事変下の農林行政一斑-昭和十三年度農林省所管一般会計予算中新規事業項目に就て(周東英雄)「斯民」 33(3) 1938.3
◇昭和十二年農村社会運動(山本厳)「社会政策時報」 210 1938.3
◇近代都市経済観(上田信三)「週刊エコノミスト」 16(7) 1938.3
◇独逸国民経済に於ける1937年の物の生産消費対照「調査月報(大蔵省)」 28(3) 1938.3
◇戦時に於ける軍需農産物の価格保障に就て(高岡熊雄)「帝国農会報」 28(3) 1938.3
◇戦時に於ける農業経営形態の問題(木下彰)「帝国農会報」 28(3) 1938.3
◇米国農業政策の展望(山岸七之丞)「帝国農会報」 28(3) 1938.3
◇戦時下に於ける経済統計の諸動向(猪間驥一)「東京市産業時報」 4(3) 1938.3
◇アメリカ合衆国配給調査の概観(2)「統計時報」 78 1938.3
◇農家経済調査「統計時報」 78 1938.3
◇電力国要要綱「都市問題」 26(3) 1938.3
◇技術家登庸論(倉橋藤治郎)「日本評論」 13(3) 1938.3
◇電力国家管理案批判(栗本勇之助)「日本評論」 13(3) 1938.3
◇農村負債整理制度の拡充(後藤駒吉)「農業と経済」 5(3) 1938.3
◇農村労働流出の階級性(野尻重雄)「農業と経済」 5(3) 1938.3
◇農地調整法に就いて(小濱八彌)「農業と経済」 5(3) 1938.3
◇農山漁村経済更生施設の経過概要(1)「農務時報」 114 1938.3
◇肥料消費調整協議会の状況「農務時報」 114 1938.3
◇副業生産品商況調査「農務時報」 114 1938.3
◇貨幣と経済的均衡(安井琢磨)「経済学論集」 8(4) 1938.4
◇戦時に於ける経済編成替への一般的過程(田中精一)「経済学論集」 8(4) 1938.4
◇戦時に於る食料品の価格統制(本位田祥男)「経済学論集」 8(4) 1938.4
◇フリッツ・ノイマルク経済政策の新しきイデオロギイ(崎村茂樹)「経済学論集」 8(4) 1938.4
◇貨幣の本質に就て(高田保馬)「経済論叢」 46(4) 1938.4
◇産業法規に於ける設定権処分の所在(平田慶吉)「公法雑誌」 4(4) 1938.4
◇事変下の物資の調整方策(木暮武太夫)「財政」 3(4) 1938.4
◇第73議会に於ける諸法案と産業組合関係法律(浜田道之助)「産業組合」 390 1938.4
◇国民経済の地域的構成に就て(小椋広勝)「社会政策時報」 211 1938.4
◇独新株式会社法における社会的規定(後藤清)「社会政策時報」 211 1938.4
◇米国合衆国に於ける産業施設(2)(高橋乙治)「社会福利」 22(4) 1938.4
◇議会と電力案(長谷川健一)「帝国農会報」 28(4) 1938.4
◇第七十三帝国議会と農村(渡邊忠吾)「帝国農会報」 28(4) 1938.4
◇農地調整法案について(小浜八弥)「帝国農会報」 28(4) 1938.4
◇英国に於ける産業の変化「統計時報」 79 1938.4
◇米生産費調査「統計時報」 79 1938.4
◇企業の機甸性(本位田祥男)「日本評論」 13(4) 1938.4
◇戦時議会と農村(木村孫八郎)「農業と経済」 5(4) 1938.4
◇第七十三議会に於ける農業関係諸法案解説「農業と経済」 5(4) 1938.4
◇ソ連邦に於ける国民経済計画の作成及運営機構に就て「企画」 1(5) 1938.5

◇戦時に於ける食料品の割当て(本位田祥男)「経済学論集」 8(5) 1938.5
◇支那農業の片影「経済論叢」 46(5) 1938.5
◇一斉監査より見たる産業組合の現勢(石黒武重)「産業組合」 391 1938.5
◇農家小組合の概念とその発生期の形態(我妻東策)「産業組合」 391 1938.5
◇農業保険の創設(藤懸重次)「自治機関」 459 1938.5
◇農地調整法の概要(小畑仏)「斯民」 33(5) 1938.5
◇電力国家管理と内務省と府県(安田正鷹)「水利と土木」 11(5) 1938.5
◇印度の英国に対する政治経済問題「調査月報(大蔵省)」 28(5) 1938.5
◇戦時経済に於ける労賃と利潤(抄訳)(Q.シュベルリッヒ)「調査月報(大蔵省)」 28(5) 1938.5
◇時局下の農村に於る労力問題(井出正孝)「帝国農会報」 28(5) 1938.5
◇戦時下の肥料問題(石井英之助)「帝国農会報」 28(5) 1938.5
◇戦時経済関係法令「帝国農会報」 28(5) 1938.5
◇戦時経済政策と農村(島田晋作)「帝国農会報」 28(5) 1938.5
◇戦時社会政策と農村(風早八十二)「帝国農会報」 28(5) 1938.5
◇戦時食料政策(森武夫)「帝国農会報」 28(5) 1938.5
◇長期戦と農村(東浦庄治)「帝国農会報」 28(5) 1938.5
◇日露戦争当時の農業対策(帝国農会)「帝国農会報」 28(5) 1938.5
◇帝都の産業東京市の商店街(吉山真棹)「東京市産業時報」 4(5) 1938.5
◇各国に於ける経済恐慌の発展(ヴルガ)「東洋経済新報」 1811 1938.5
◇電力案の具体化と真使命(大和田俤二)「都市公論」 21(5) 1938.5
◇戦時に於ける農業経営と政策(大槻正男)「農業と経済」 5(5) 1938.5
◇農山漁村経済更生組織及び人(西村彰一)「農業と経済」 5(5) 1938.5
◇農村経済の問題(山中篤太郎)「農村工業」 5(5) 1938.5
◇第七十三回議会の協賛を得たる農村関係法律「農務時報」 115 1938.5
◇農山漁村経済更生施設の経過概要(2)「農務時報」 115 1938.5
◇農山漁村経済事情調査「農務時報」 116 1938.5
◇農村及都市の各種団体負担状況「農務時報」 116 1938.5
◇「制度理論」の経済学的意義(上田辰之助)「一橋論叢」 1(5) 1938.5
◇農地問題の本質と農地調整法(田邊勝正)「法律時報」 10(5) 1938.5
◇経済価値と操業率に関する一考察(小高泰雄)「三田学会雑誌」 32(5) 1938.5
◇日本経済に於ける農村の位置(東畑精一)「改造」 20(6) 1938.6
◇満州農業移民に関する二三の弁妄(永雄策郎)「改造」 20(6) 1938.6
◇米谷教授の「企業法」に就て(北村五良)「公法雑誌」 4(6) 1938.6
◇経済戦と貯蓄奨励運動(山崎源太郎)「財政」 3(6) 1938.6
◇農業保険法について(阿部光寛)「自治研究」 14(6) 1938.6
◇農民の喜・悲・苦に関する調査(太田敏兄)「社会政策時報」 213 1938.6
◇戦時体制と統制団体の組織化「商工経済」 5(6) 1938.6
◇昭和十二年度本邦瓦斯事業概要(帝国瓦斯協会)「帝国瓦斯協会雑誌」 27(6) 1938.6
◇欧州に於ける農業協同組合金融について(窪田角一)「帝国農会報」

◇28(6)　1938.6
◇ソ連邦に於ける綜合農業電化計画(越智庄兵衛)「帝国農会報」　28(6)　1938.6
◇日清戦争前後に於ける農会運動(池田美代二)「帝国農会報」　28(6)　1938.6
◇農村及都市の各種団体負担状況「帝国農会報」　28(6)　1938.6
◇農地調整法の社会経済的含蓄(木村清二)「帝国農会報」　28(6)　1938.6
◇部落の本質と其の農業団体適格(田口助太郎)「帝国農会報」　28(6)　1938.6
◇満州農業移民分村計画について(遠藤三郎)「帝国農会報」　28(6)　1938.6
◇市内養豚業経営の実情(五十嵐泉)「東京市産業時報」　4(6)　1938.6
◇長期戦と日本経済の態勢(高橋亀吉)「東京市産業時報」　4(6)　1938.6
◇1935年英吉利の生産調査「統計時報」　80　1938.6
◇全国農家統計作成の計画「統計時報」　80　1938.6
◇独逸に於ける1936年度国民所得「統計時報」　81　1938.6
◇農家調査の社会経済的意義(長畑健二)「統計集誌」　684　1938.6
◇日本経済学への出発(土方成美)「日本評論」　13(6)　1938.6
◇時局下に於ける農村問題(小浜八弥)「農業と経済」　5(6)　1938.6
◇時局と農山漁村の問題(蜷川虎三)「農業と経済」　5(6)　1938.6
◇電力管理諸法批判(松本烝治)「法律時報」　10(6)　1938.6
◇日本戦時経済の態勢(島田晋作編)「改造」　20(7)　1938.7
◇わが統制経済と「分」のイデー(土方成美)「改造」　20(7)　1938.7
◇伊太利の食糧自給能力「企画」　1(7)　1938.7
◇最近我国国民所得(土方成美)「経済学論集」　8(7)　1938.7
◇北支経済開発の諸問題(岩沢寛)「経済学論集」　8(7)　1938.7
◇ローレイ「共同経済の発達」(高宮晋)「経済学論集」　8(7)　1938.7
◇今月の経済統制法規輯「経済月報」　10(7)　1938.7
◇消費節約に就いて(柴田敬)「経済論叢」　47(1)　1938.7
◇戦時の農業政策(八木芳之助)「経済論叢」　47(1)　1938.7
◇「むすび」の道と統栄経済(作田荘一)「経済論叢」　47(1)　1938.7
◇電力管理に関する法律に就いて(藤井崇治)「警察研究」　9(7)　1938.7
◇独逸経済の職業団体的構成(山田晟)「国家学会雑誌」　52(7)　1938.7
◇農村の都市化現象(中川与之助)「財政」　3(7)　1938.7
◇第33回全国産業組合大会審議委員会記事「産業組合」　393　1938.7
◇農地調整法に就いて(1)(戸嶋芳雄)「自治研究」　14(7)　1938.7
◇政策一元化下の経済動向(飯田清三)「商工経済」　6(1)　1938.7
◇戦時体制と景気変動(波多野鼎)「商工経済」　6(1)　1938.7
◇米国の危機と世界景気の変動(平尾弥五郎)「商工経済」　6(1)　1938.7
◇農村児童の大都市就職に就て(木田修)「職業紹介」　6(7)　1938.7
◇時局の新段階と経済政策(原祐三)「中央公論」　53(7)　1938.7
◇東京市南部の農業・住宅地域に就いて(黒沢和)「地理」　1(2)　1938.7
◇ドイツ農業に於ける労働力の不足と其の対策(山本鍼治)「帝国農会報」　28(7)　1938.7
◇米国に於ける農業調整組織(山岸七之丞)「帝国農会報」　28(7)　1938.7
◇本邦農民経済に於ける自給(1)(深谷進)「帝国農会報」　28(7)　1938.7

◇戦時戦後の経済を語る座談会(大口喜六[ほか])「日本評論」　13(7)　1938.7
◇大陸政策と日本農業(東浦庄治)「農業と経済」　5(7)　1938.7
◇配給統制か配給計画か(福田敬太郎)「一橋論叢」　2(1)　1938.7
◇日本資本主義成立過程に於ける配給組織の変革(岩田侃)「三田学会雑誌」　32(7)　1938.7
◇資本及資本形成理論の二元性(中谷実)「経済論叢」　47(2)　1938.8
◇純粋理論経済学と日本国民主義理論経済学との間の距離(柴田敬)「経済論叢」　47(2)　1938.8
◇ドマンジヨン、村落と田舎共同体(宮本又次)「経済論叢」　47(2)　1938.8
◇日本国民経済の根本政策(石川興二)「経済論叢」　47(2)　1938.8
◇英国における組合的経済秩序の可能性とデ・マエスツの貢献(上田辰之助)「国家学会雑誌」　52(8)　1938.8
◇農村国体の社会的考察(井森陸平)「産業組合」　394　1938.8
◇農地調整法に就いて(2・完)(戸嶋芳雄)「自治研究」　14(8)　1938.8
◇サラリーマンの生活形態について(星野周一郎)「社会政策時報」　215　1938.8
◇ナチス独逸の価格管理法(林龍彦)「商工経済」　6(2)　1938.8
◇市町村の経済活動の限界(田中二郎)「水道協会雑誌」　63　1938.8
◇日清戦争前後に於ける農会運動(池田美代二)「帝国農会報」　28(8)　1938.8
◇農地調整法の社会経済的含蓄(木村靖二)「帝国農会報」　28(8)　1938.8
◇本邦農民経済に於ける自給(2・完)(深谷進)「帝国農会報」　28(8)　1938.8
◇事変の長期戦化と物資需給調整問題(中島徹三)「東京市産業時報」　4(8)　1938.8
◇生産統制に就て(増岡尚士)「東京市産業時報」　4(8)　1938.8
◇明治初年の外国貿易と農家経済(堀江保蔵)「農業と経済」　5(8)　1938.8
◇農家経済調査(昭和10年度)(1)「農務時報」　119　1938.8
◇戦時経済体制の法的整備(高田源清)「法律時報」　10(8)　1938.8
◇戦争と統制経済政策(加田哲二)「三田学会雑誌」　32(8)　1938.8
◇所得論の改訂(田邊忠男)「経済学論集」　8(9)　1938.9
◇都市菜園住宅主張の根拠(丹羽鼎三)「公園緑地」　2(9)　1938.9
◇物資動員計画と使用制限の強化(美濃部洋次)「財政」　3(9)　1938.9
◇購買組合に於ける経費支出の合理化(井関善一)「産業組合」　395　1938.9
◇物資動員と農村(井出正孝)「斯民」　33(9)　1938.9
◇戦時体制下の消費組合とその保健(山本秋)「社会政策時報」　216　1938.9
◇農村に於ける貧富と心身状況(井森陸平)「社会政策時報」　216　1938.9
◇農地調査法の細則(吉沢萬二)「地方行政」　46(10)　1938.9
◇日清戦争前後に於ける農会運動(池田美代二)「帝国農会報」　28(9)　1938.9
◇北支貨幣問題と農村経済(崎村茂樹)「帝国農会報」　28(9)　1938.9
◇北支農業移民に就いて(平野蕃)「帝国農会報」　28(9)　1938.9
◇配給統制に関する諸問題(川上為治)「東京市産業時報」　4(9)　1938.9
◇消費統制と市町村(東井金平)「都市問題」　27(3)　1938.9
◇新興ドイツの農業と農政を顧て(渡邊庸一郎)「農業と経済」　5(7)　1938.9
◇農家経済調査(昭和10年度)(2・完)「農務時報」　120　1938.9

◇国家の経済的制度(高瀬荘太郎)「一橋論叢」 2(3) 1938.9
◇賃銀形態転換の一傾向(増地庸治郎)「一橋論叢」 2(3) 1938.9
◇統制経済と経営統制(酒井正三郎)「一橋論叢」 2(3) 1938.9
◇我国さん行革革命の始期(堀江保蔵)「経済論叢」 47(4) 1938.10
◇事変下の農業労働組織-東北農業を対象として(川俣浩太郎)「帝国農会報」 28(10) 1938.10
◇戦時に於ける農業生産力の維持拡充策(八木芳之助)「農業と経済」 5(10) 1938.10
◇満州農業移民と農村労働力不足の問題(碓氷茂)「農業と経済」 5(10) 1938.10
◇産業組合の現況「農務時報」 121 1938.10
◇カッセルの経済本質論(千種義人)「三田学会雑誌」 32(10) 1938.10
◇ナチス・ドイツに於ける農業統制(本位田祥男)「経済学論集」 8(11) 1938.11
◇経済学の発展と新日本経済学の性格(石川興二)「経済論叢」 47(5) 1938.11
◇戦時経済読本(島本融)「財政」 3(11) 1938.11
◇華北合作社運動の過去現在及未来(康錫祺)「産業組合」 397 1938.11
◇支那に於ける合作社運動(大熊良一訳)「産業組合」 397 1938.11
◇支那に於ける農村合作社の検討(浅岡肇)「産業組合」 397 1938.11
◇中支に於ける合作社の将来(星井輝一)「産業組合」 397 1938.11
◇農事合作社に関する資料(満州国産業部庶無司)「産業組合」 397 1938.11
◇満州国農事合作社事業の動向(五十子巻三)「産業組合」 397 1938.11
◇各国国民性と経済概念の相違(高木友三郎)「商工経済」 6(5) 1938.11
◇諸外国に於ける農業保険の概要(1)(下山一二)「帝国農会報」 27(11) 1938.11
◇世界各国に於ける農家負債とその整理方策(2)(藤村忠)「帝国農会報」 27(11) 1938.11
◇世界大戦当時に於けるドイツ農業労働力の供給(山本鍼治)「帝国農会報」 28(11) 1938.11
◇我国農業の機械化に関する参考資料(帝国農会農政部)「帝国農会報」 28(11) 1938.11
◇強行政策下の価格(本間幸作)「東京市産業時報」 4(11) 1938.11
◇戦時体制下の中小産業(石浜知行)「東京市産業時報」 4(11) 1938.11
◇物資調整の意義及其内容(鈴木直人)「東京市産業時報」 4(11) 1938.11
◇統制経済と道路(野村兼太郎)「道路の改良」 20(11) 1938.11
◇日本革新農村協議会結成大会と其の前途「内外社会問題調査資料」 370 1938.11
◇殷賑産業労働者の銃後生活刷新(厚生省労働局)「内務厚生時報」 3(11) 1938.11
◇戦時統制経済法の行方(峯村光郎)「日本評論」 13(11) 1938.11
◇現下の農山漁村と分村経済更生計画(西村彰一)「農業と経済」 5(11) 1938.11
◇農村労働流出の階級的分析(野尻重雄)「農業と経済」 5(11) 1938.11
◇一つの村に見たる農家負債に就いて(高橋正周)「農業と経済」 5(11) 1938.11
◇統制経済の法律的形態(美濃部達吉)「国家学会雑誌」 52(12) 1938.12
◇戦時下の我が産業組合運動を顧みて(千石興太郎)「産業組合」 398 1938.12

◇長期戦体制と社会経済発展の情勢(平尾弥五郎)「産業組合」 398 1938.12
◇日露戦時の農業政策(2)「社会政策時報」 207 1938.12
◇長期経済建設の原動力と国家総動員法の発動(高木寿一)「商工経済」 6(6) 1938.12
◇配給統制と切符割当制度(深見義一)「商工経済」 6(6) 1938.12
◇日本経済の再編成(笠信太郎)「中央公論」 53(12) 1938.12
◇世界各国に於ける農家負債と其の整理方策(3・完)(藤村忠)「帝国農会報」 27(12) 1938.12
◇世界大戦当時に於けるドイツ農業労働力の供給(3完)(H.フルーマン, 山本鍼治訳)「帝国農会報」 28(12) 1938.12
◇本邦農業機械化の特質(3完)(深谷進)「帝国農会報」 28(12) 1938.12
◇物資調整の意義及其内容(鈴木直人)「東京市産業時報」 4(12) 1938.12
◇米国に於ける資源保全隊と其の組織(山岸七之丞)「都市問題」 27(6) 1938.12
◇町村自治体と産業団体との関係(渡邊宗太郎)「農業と経済」 5(12) 1938.12
◇日満支農業調整と満州移民(松田延一)「農業と経済」 5(12) 1938.12
◇景気変動論前史(武村忠雄)「三田学会雑誌」 32(12) 1938.12
◇農業計画に就て(梶原茂嘉)「自治研究」 15(1) 1939.1
◇農業の長期建設を論ず(井手正孝)「自治研究」 15(1) 1939.1
◇時局と産業更生運動(西村彰一)「自治研究」 15(2) 1939.2
◇国民消費調査要綱の決定(日本都市年鑑編纂室)「都市問題」 28(2) 1939.2
◇日本発送電株式会社事業計画の確定(日本都市年鑑編纂室)「都市問題」 28(2) 1939.2
◇昭和十二年度瓦斯事業概況(日本都市年鑑編纂室)「都市問題」 28(3) 1939.3
◇六大都市時局下産業対策協議会(日本都市年鑑編纂室)「都市問題」 28(3) 1939.3
◇北支経済の概要(小林幾次郎)「経済集志」 12(1) 1939.5
◇我国の水産業について(1)「経済集志」 12(1) 1939.5
◇国民消費調査要綱の細目(日本都市年鑑編纂室)「都市問題」 28(5) 1939.5
◇事変下に於ける都市小額所得者の家計(日本都市年鑑編纂室)「都市問題」 28(5) 1939.5
◇貨幣商品説に就て(1)(青木孝義)「経済集志」 12(2) 1939.6
◇合理的収益に関する研究(宇尾野宗尊)「経済集志」 12(2) 1939.6
◇我国の水産業について(2)「経済集志」 12(2) 1939.6
◇瓦斯需給調整に関する件「帝国瓦斯協会雑誌」 28(6) 1939.6
◇台湾瓦斯事業概況(台湾総督府交通局)「帝国瓦斯協会雑誌」 28(6) 1939.6
◇中小産業調査会の設置(日本都市年鑑編纂室)「都市問題」 28(6) 1939.6
◇貨幣商品説に就て(2)(青木孝義)「経済集志」 12(3) 1939.7
◇我国の水産業について(3)「経済集志」 12(3) 1939.7
◇佐賀県農業論(1)(田中定)「経済学研究」 9(3) 1939.9
◇函館市対帝国電力会社の紛争解決(地方税制改正案批判特輯)「都市問題」 29(4) 1939.10
◇均衡安定の条件について(栗村雄吉)「経済学研究」 9(1) 1939.11
◇佐賀県平垣地帯一農村の分析(田中定)「経済学研究」 9(1) 1939.11
◇欧洲に於ける市民農園運動(木村三郎)「公園緑地」 3(11) 1939.11

◇大都市に於ける農業経営の相貌(宮出秀雄)「都市問題」29(5) 1939.11
◇佐賀県農業論(2・完)(田中定)「経済学研究」9(4) 1939.12
◇経済国家の成長(2・完)(永田清)「経済学論集」9(11) 1939.12
◇支那の経済資源とその開発計画に就て(石本五雄)「経済月報」11(12) 1939.12
◇産業組合の本質と産業組合法(寺内祥一)「経済集志」12(4) 1939.12
◇北支の資源に就て(高橋芳三)「経済集志」12(4) 1939.12
◇統制経済法について(4)(恒藤恭)「公法雑誌」5(12) 1939.12
◇戦時経下に於ける配給業者の使命(井上貞蔵)「産業組合」410 1939.12
◇逝ける岡実博士を偲ぶ(千石興太郎[ほか])「産業組合」410 1939.12
◇我国企業に於ける家族手当の一研究(孝橋正一)「社会政策時報」231 1939.12
◇重要産業の動向(2・完)「週刊エコノミスト」17(36) 1939.12
◇統制経済と職業行政(2)(齋藤邦吉)「職業時報」2(12) 1939.12
◇欧洲大戦後の独逸農業事情(佐藤洋)「帝国農会報」29(12) 1939.12
◇最近に於ける農村金融(後藤駒吉)「帝国農会報」29(12) 1939.12
◇事変第3年に於ける農政問題回顧(木村靖二)「帝国農会報」29(12) 1939.12
◇農業労働資金の調整(三宅川賢二)「帝国農会報」29(12) 1939.12
◇生鮮食料品価格調査上の諸問題(小川勇蔵)「統計集誌」702 1939.12
◇ユーゴスラヴヤに於ける人口増加と農業過剰人口の問題に就て(ミルコウイッチ)「統計集誌」702 1939.12
◇蚕糸対策を批判する(座談会)「東洋経済新報」1901 1939.12
◇米穀統計から見た米穀問題「東洋経済統計月報」1(9) 1939.12
◇戦時経済体制の法律的形態(3・完)(美濃部達吉)「法学協会雑誌」57(12) 1939.12
◇東北地方に於ける農村集落計画一案(建築学会集落計画委員会)「建築雑誌」54(683) 1940.1
◇統制経済法について(恒藤恭)「公法雑誌」6(1) 1940.1
◆本市農家の経済更生(東京市経済局)「市政週報」41 1940.1
◇「新段階」の財経対策「週刊エコノミスト」18(3) 1940.1
◇着々整備するドイツの戦時切符制「週刊エコノミスト」18(3) 1940.1
◇米穀の配給統制について(2):臨時米穀配給統制規則の解説(農林省)「週報 官報附録」207 1940.1
◇会社経理統制令について(大蔵省)「週報 官報附録」210 1940.1
◇価格等統制令の改正(商工省)「週報 官報附録」211 1940.1
◇統制経済と職業行政(3)(齋藤邦吉)「職業時報」3(1) 1940.1
◇時局下に於ける我瓦斯事業の趨勢「帝国瓦斯協会雑誌」29(1) 1940.1
◇食糧自給化、其現段階的意義(山本鉦治)「帝国農会報」30(1) 1940.1
◇大日向村の分村計画について(神谷慶治)「帝国農会報」30(1) 1940.1
◇農業生産補償より見たる加工税(山岸七之丞)「帝国農会報」30(1) 1940.1
◇米穀国家管理の方向(四宮恭二)「帝国農会報」30(1) 1940.1
◇米穀生産と肥料問題(相原茂)「帝国農会報」30(1) 1940.1
◇米穀の増産計画について(土屋正三)「帝国農会報」30(1) 1940.1
◇米穀の増産と資材問題(片柳真吉)「帝国農会報」30(1) 1940.1
◇我国食糧政策上に於ける雑穀の地位(勝賀瀬質)「帝国農会報」30(1) 1940.1
◇米穀問題を中心とする日用品配給価格対策に就て(東京市経済局)「東京市産業時報」6(1) 1940.1
◇我国経済統制の再検討(原祐三)「東京市産業時報」6(1) 1940.1
◇ユーゴスラヴヤに於る人口増加と農業過剰人口の問題(橋本金太郎訳)「統計集誌」703 1940.1
◇四半世紀の世界経済「東洋経済新報」1902 1940.1
◇日本経済学の問題(大熊信行)「日本評論」15(1) 1940.1
◇旧支那農村社会の自治形態とその性格(上上末広)「農業と経済」7(1) 1940.1
◇新農政の課題「逞しき農業」提唱の意義(杉野忠夫)「農業と経済」7(1) 1940.1
◇租界の経済的発展とその意義(太田英一)「一橋論叢」5(1) 1940.1
◇大戦と仏蘭西の労資関係「労働時報」17(1) 1940.1
◇戦争経済の理論と政策「企画」3(2) 1940.2
◇農業協同組合の現段階的意義(平実)「経済学雑誌」6(2) 1940.2
◇農村労働力の不足とその保全(四宮恭二)「経済学雑誌」6(2) 1940.2
◇均衡分析と過程分析(2):ワルラス模索理論の研究(安井琢磨)「経済学論集」10(2) 1940.2
◇ヘンリー・シユルツ「需要の理論及び測定」(杉本栄一)「経済学論集」10(2) 1940.2
◇現下の物資問題特に重要物資の生産拡充について(岸信介)「経済月報」12(2) 1940.2
◇勢力としての価格(高田保馬)「経済論叢」50(2) 1940.2
◇農耕地帯システム(亀井幸次郎)「建築と社会」23(2) 1940.2
◇統制経済法について(6)(恒藤恭)「公法雑誌」6(2) 1940.2
◇産業組合の精神的構造(1)(本荘可宗)「産業組合」412 1940.2
◇戦時統制経済と産業組合(奥原潔)「産業組合」412 1940.2
◇農村生活と慰安休養の問題(早川孝太郎)「産業組合」412 1940.2
◇危機に瀕する関西の電力制限「週刊エコノミスト」18(4) 1940.2
◇切符制採用と其効果─不渡切符の氾濫「週刊エコノミスト」18(4) 1940.2
◇満洲に於ける生活必需品配給問題「週刊エコノミスト」18(4) 1940.2
◇英仏独の切符制度(岩崎松義)「商工行政」3(2) 1940.2
◇満洲経済政策に就いて(池松勝)「地方行政 日文版」4(2) 1940.2
◇時局下に於ける生鮮食料品の生産、配給、消費に関する考察(3・完)(東京市経済局中央市場業務課)「東京市産業時報」6(2) 1940.2
◇配給機構再編製と産業人口(2)(東京市経済局)「東京市産業時報」6(2) 1940.2
◇電力調整令による消費規正方針「内外社会問題調査資料」413 1940.2
◇企業統制法(実方正雄)「経済学雑誌」6(3) 1940.3
◇食料品を中心とする生活必需品の切符制に就て(日本商工会議所)「経済月報」12(3) 1940.3
◇日本経済理論に於ける主体性の発展(石川興二)「経済論叢」50(3) 1940.3
◇統制経済法について(7)(恒藤恭)「公法雑誌」6(3) 1940.3
◇独逸の新案衣類切符制(大江操)「財政」5(3) 1940.3
◇産業組合の精神的構造(2)(本荘可宗)「産業組合」413 1940.3
◇今議会提出の重要経済法案解説「週刊エコノミスト」18(9) 1940.3
◇配給機構の変遷と改革(井上貞蔵)「商業組合」6(6) 1940.3
◇ナチスの戦時経済行政機構(小穴毅)「商工経済」9(3) 1940.3

- ◇戦時経済と国民生活(石橋湛山)「中央公論」 53(3) 1940.3
- ◇独逸の新切符制度(今泉孝太郎)「中央公論」 53(3) 1940.3
- ◇戦時食糧政策の検討(三宅正一)「東京市産業時報」 6(3) 1940.3
- ◇配給機構再編成と産業人口(東京市経済局)「東京市産業時報」 6(3) 1940.3
- ◇興味ある独逸の被服券制度「東洋経済新報」 1910 1940.3
- ◇昭和十三年度瓦斯事業概況(日本都市年鑑編纂室)「都市問題」 30(3) 1940.3
- ◇食糧問題と耕地政策(高月豊一)「農業と経済」 7(3) 1940.3
- ◇価格等統制令に関する諸問題(八木胖)「法律時報」 12(3) 1940.3
- ◇列国の国民所得「企画」 3(4) 1940.4
- ◇経済組合とその配給分野(土屋重隆)「経済集志」 12(5) 1940.4
- ◇産業組合の受動性と能動性 -戦時下に於ける産業組合の機能発揮の角度に就て-(青木一己)「経済集志」 12(5) 1940.4
- ◇時局と経済組合(井上貞蔵)「経済集志」 12(5) 1940.4
- ◇事変下の我国の産業組合(浜田道之助)「経済集志」 12(5) 1940.4
- ◇経済法の性質内容体系に就ての一学説(北村五良)「公法雑誌」 6(4) 1940.4
- ◇統制経済法について(8)(恒藤恭)「公法雑誌」 6(4) 1940.4
- ◇統制経済と産業組合運動(東畑精一)「国家学会雑誌」 54(4) 1940.4
- ◇切符制配給の長短(堀新一)「財政」 5(4) 1940.4
- ◇最近の農村労働移動の分析(野尻重雄)「社会政策時報」 235 1940.4
- ◇欧洲の新事態と日本経済「週刊エコノミスト」 18(14) 1940.4
- ◇欧洲交戦諸国の経済力(今野源八郎)「商工経済」 9(4) 1940.4
- ◇公認協定価格に就て(小田垣光之輔)「商工経済」 9(4) 1940.4
- ◇実験農村設置要綱(産業農務司)「地方行政 日文版」 4(4) 1940.4
- ◇満洲の計画経済(和田日出吉)「中央公論」 55(4) 1940.4
- ◇インフレーションと農業(三宅鹿之助)「帝国農会報」 30(4) 1940.4
- ◇産業革命と農村労力の将来(1)(美濃口時次郎)「帝国農会報」 30(4) 1940.4
- ◇農業機械化の現状とその経済的分析(1)(野間海造)「帝国農会報」 30(4) 1940.4
- ◇農業経営の適正規模(石橋幸雄)「帝国農会報」 30(4) 1940.4
- ◇農業水利法の根本原則に就て(鵜崎多一)「帝国農会報」 30(4) 1940.4
- ◇電害に於ける損害評価の基礎(W.ロールベック,O.シユルムベルゲル,海野東一訳)「帝国農会報」 30(4) 1940.4
- ◇大東京の産業立地的考察(石川栄耀)「東京市産業時報」 6(4) 1940.4
- ◇配給機構の整備と小売商問題の今後「東洋経済新報」 1916 1940.4
- ◇補強される戦時経済体制—新経済法律の意味と効果「東洋経済新報」 1917 1940.4
- ◇ソ連農業の現状と当面の諸問題「東洋経済新報」 1918 1940.4
- ◇昨年下半期に於ける我国主要会社の総合業績「東洋経済統計月報」 2(4) 1940.4
- ◇肥料需給は如何に切迫しているか「東洋経済統計月報」 2(4) 1940.4
- ◇生鮮食料品の配給及価格統制に関する応急対策の決定(日本都市年鑑編纂室)「都市問題」 30(4) 1940.4
- ◇農業再編成の進展と農村問題の動向「内外社会問題調査資料」 420 1940.4
- ◇自昭和12年3月至昭和13年2月農家経済調査「農務時報」 139 1940.4
- ◇米穀の生産計画と其の施設「農務時報」 139 1940.4
- ◇経済社会学への生成過程(高島喜哉)「一橋論叢」 5(4) 1940.4
- ◇戦時下独英の生活必需品切符制度(内田源兵衛)「法律時報」 12(4) 1940.4
- ◇原価の本質を中心とする若干の考察(馬場敬治)「経済学論集」 10(5) 1940.5
- ◇大木秀男著「企業技術学序説」(高宮晋)「経済学論集」 10(5) 1940.5
- ◇限界生産力説と勢力の問題(高田保馬)「経済論叢」 50(5) 1940.5
- ◇国民経済的概念と経営経済的概念(尾上忠雄)「経済論叢」 50(5) 1940.5
- ◇販路説の過剰投資説への発展(青山秀夫)「経済論叢」 50(5) 1940.5
- ◇国家総動員法に基く経済統制概観(原龍之助)「公法雑誌」 6(5) 1940.5
- ◇統制経済法について(9)(恒藤恭)「公法雑誌」 6(5) 1940.5
- ◇米穀の応急処置 -昭和12年法律第9号中改正法律解説-(片柳真吉)「財政」 5(6) 1940.5
- ◇大都市に於ける経済機能(1):食糧及燃料の配給と関連して(小林千秋)「自治研究」 16(5) 1940.5
- ◇米穀の応急措置に関する法律の改正法律解説(片柳真吉)「斯民」 35(5) 1940.5
- ◇日本農業再編成の方向(野尻重雄)「週刊エコノミスト」 18(15) 1940.5
- ◇利潤統制問題の全面的検討「週刊エコノミスト」 18(15) 1940.5
- ◇主要国の戦時統計経済「週刊エコノミスト」 18(16) 1940.5
- ◇本年度米穀需給の検討「週刊エコノミスト」 18(17) 1940.5
- ◇切符制採用の可否とその実施方法「商工行政」 3(5) 1940.5
- ◇統制経済下の組合制度(国弘員人)「商工経済」 9(5) 1940.5
- ◇北辺振興計画概説(岩野見齋)「地方行政 日文版」 4(5) 1940.5
- ◇戦時配給統制論(経済問題研究会)「中央公論」 55(5) 1940.5
- ◇最近海外農業事情(独逸、蘭領印度)(今藤雄訳)「帝国農会報」 30(5) 1940.5
- ◇産業革命と農村労力の将来(2)(美濃口時次郎)「帝国農会報」 30(5) 1940.5
- ◇第75議会と食糧問題(奥谷松治)「帝国農会報」 30(5) 1940.5
- ◇第75議会に於ける肥料問題(伊ної清六)「帝国農会報」 30(5) 1940.5
- ◇農業機械化の現状と其の経済的分析(2)(野間海造)「帝国農会報」 30(5) 1940.5
- ◇農地価格の動向とその構成(仲原善一)「帝国農会報」 30(5) 1940.5
- ◇満洲国農業政策の新動向(横山敏男)「帝国農会報」 30(5) 1940.5
- ◇蘭印の経済及び政治動向「東洋経済新報」 1919 1940.5
- ◇陸軍利潤統制と株式界「東洋経済新報」 1919 1940.5
- ◇各国戦時経済の諸問題(E.ヴァルガ)「東洋経済新報」 1920 1940.5
- ◇過剰生産と物資の問題(井汲卓一)「日本評論」 15(5) 1940.5
- ◇価格停止と季節品(小田垣光之輔)「農業と経済」 7(5) 1940.5
- ◇生産費構成の吟味(大槻正男)「農業と経済」 7(5) 1940.5
- ◇戦時下に於ける農民経済の内部構造(齋藤静雄)「農業と経済」 7(5) 1940.5
- ◇工業地帯近郊に於ける農民層の動揺(長沼正臣)「農業と経済」 7(6) 1940.5
- ◇自昭和12年3月至同13年2月農家経済調査(2)「農務時報」 140 1940.5
- ◇長崎県の農業事情と農地の交換分合計書「農務時報」 140 1940.5
- ◇経済戦争の本質とその変容(赤松要)「一橋論叢」 5(5) 1940.5

◇簡易農園の設置奨励に就いて「労働時報」 17(5) 1940.5
◇主要府県に於ける電力制限による休業手当の支給状況「労働時報」 17(5) 1940.5
◇労働作業衣用綿製品の配給に就いて(通牒)「労働時報」 17(5) 1940.5
◇米の需給と食糧問題(稲村順三)「改造」 22(10) 1940.6
◇利潤統制案の含蓄(岩崎英恭)「改造」 22(10) 1940.6
◇利潤統制の効果(田邊忠男)「改造」 22(10) 1940.6
◇供給に関する考察一束(栗村雄吉)「経済学研究」 9(2) 1940.6
◇クレプス「カルテル」形態と価格形成(高宮晋)「経済学論集」 10(6) 1940.6
◇需要の法則について -スルーツキイ理論の一発展-(安井琢磨)「経済学論集」 10(6) 1940.6
◇ドイツ株式法の損益計算表に関する規定に就いて(2・完)(上野道輔)「経済学論集」 10(6) 1940.6
◇統制経済下に於ける統計と経理(蜷川虎三)「経済論叢」 50(6) 1940.6
◇利潤統制の革新的意義(谷口吉彦)「経済論叢」 50(6) 1940.6
◇統制経済法について(10)(恒藤恭)「公民教育」 10(6) 1940.6
◇木炭配給の調整に就て(蓮他公咲)「財政」 5(7) 1940.6
◇日満支農業調整の基本的考慮(平実)「社会政策時報」 234 1940.6
◇食料品切符制の検討(水野武夫)「週刊エコノミスト」 18(19) 1940.6
◇ソ連の産業情勢(1)(ベルリン景気研究所週報)「週刊エコノミスト」 18(19) 1940.6
◇ドイツ切符制の示唆(小穴毅)「週刊エコノミスト」 18(19) 1940.6
◇統制経済政策の新重点(武村忠雄)「週刊エコノミスト」 18(22) 1940.6
◇綿製品の切符制度「週報 官報附録」 190 1940.6
◇米の配給機構と其の運営(原祐三)「商工経済」 9(6) 1940.6
◇酒の統制機構並に其の運用に就て(伊藤保平)「商工経済」 9(6) 1940.6
◇セメントの統制機構並に其の運用に就て(諸井貫一)「商工経済」 9(6) 1940.6
◇鮮魚及蔬菜の統制機構並に其の運用に就て(船津薪四郎)「商工経済」 9(6) 1940.6
◇鉄鋼統制機構並にその運用(竹内謙二)「商工経済」 9(6) 1940.6
◇肥料統制の機構と其の運用(渡瀬完三)「商工経済」 9(6) 1940.6
◇戦時農業の基本動向(経済問題研究会)「中央公論」 55(6) 1940.6
◇利潤統制と技術の公開(交川有)「中央公論」 55(6) 1940.6
◇埼玉県の農業地理(村本達郎)「地理学評論」 16(6) 1940.6
◇昭和15年下期瓦斯供給計画に就て「帝国瓦斯協会雑誌」 29(6) 1940.6
◇支那農村市場の交易様式-支那農業経済の一齣-(天野元之助)「帝国農会報」 30(6) 1940.6
◇農業機械化政策の諸問題(吉岡金市)「帝国農会報」 30(6) 1940.6
◇農業機械化の現状と其の経済的分析(3)(野間海造)「帝国農会報」 30(6) 1940.6
◇農地価格の動向とその構成(2)(仲原善一)「帝国農会報」 30(6) 1940.6
◇バルカン諸国の農業事情(1)(今藤雄)「帝国農会報」 30(6) 1940.6
◇戦時に於ける縮少再生産と自然的要因(梅井義雄)「帝国農会報」 30(7) 1940.6
◇砂糖燐寸切符制要綱(東京市経済局消費経済課)「東京市産業時報」 6(6) 1940.6

◇大正昭和経済史(加田哲二)「東洋経済新報」 1926 1940.6
◇幕末明治の経済発展(土屋喬雄)「東洋経済新報」 1926 1940.6
◇切符制度の登場(日本都市年鑑編纂室)「都市問題」 30(6) 1940.6
◇ナチス独逸に於ける食糧経済統制(磯辺秀俊)「農業と経済」 7(6) 1940.6
◇農業政策の新展開(勝間田清一)「農村工業」 7(6) 1940.6
◇自昭和12年3月至同13年2月農家経済調査(3・完)「農務時報」 141 1940.6
◇農村景気の実態(経済更生部金融課)「農務時報」 141 1940.6
◇大戦下のドイツ資源外交につきて(米田実)「一橋論叢」 5(6) 1940.6
◇ツンフトとカルテルと協同組合(国弘員人)「一橋論叢」 5(6) 1940.6
◇株式会社に於ける多数決の濫用(5・完)(豊崎光衛)「法学協会雑誌」 58(6) 1940.6
◇特別法を中心とする株式会社法の考察(2)―特に商法の一般規定に対する変更修補について―(石井照久)「法学協会雑誌」 58(6) 1940.6
◇アダム・スミスと国民主義経済学(高橋誠一郎)「三田学会雑誌」 34(6) 1940.6
◇再生産理論の構造変化―国防経済学研究の一節―(武村忠雄)「三田学会雑誌」 34(6) 1940.6
◇ソ連配給制度(大阪商工会議所)「大阪商工会議所月報」 398 1940.7
◇統制経済に於ける倫理と論理(大河内一男)「改造」 22(11) 1940.7
◇経済理論の解剖(原祐三)「改造」 22(13) 1940.7
◇均衡分析と過程分析(4・完):ワルラス模索理論の研究(安井琢磨)「経済学論集」 10(7) 1940.7
◇計算カルテルに就て -カルテルの改革-(高宮晋)「経済学論集」 10(7) 1940.7
◇高田保馬「民族と経済」(難波田春夫)「経済学論集」 10(7) 1940.7
◇トーマス・マンの貿易差額論とブリオニズム-イギリス・マーカンチリズムに関する通説への一批判(張漢裕)「経済学論集」 10(7) 1940.7
◇危機における経済学(山県一雄)「経済集志」 13(1) 1940.7
◇実践学としての日本経済学(谷口吉彦)「経済論叢」 51(1) 1940.7
◇統制経済法について(11)(恒藤恭)「公法雑誌」 6(7) 1940.7
◇第5回全国産業組合大会号「産業組合」 417 1940.7
◇農具配給統制に就いて(細川良平)「斯民」 35(7) 1940.7
◇好転した農家の経済(宮本倫彦)「社会政策時報」 238 1940.7
◇日本製茶輸出に就いて-我国農産物配給組織研究の一齣(堀新一)「社会政策時報」 238 1940.7
◇ドイツ戦備の基本問題(その一食料問題)「週刊エコノミスト」 18(23) 1940.7
◇戦時産業統制の基流「週刊エコノミスト」 18(24) 1940.7
◇独伊新経済圏の解剖「週刊エコノミスト」 18(24) 1940.7
◇大戦と資本主義経済(1)(イエ・ヴァルガ)「週刊エコノミスト」 18(27) 1940.7
◇ドイツの石油ルート「週刊エコノミスト」 18(27) 1940.7
◇食料品切符制実施に伴ふ若干の問題(坂田武雄)「商業組合」 6(7) 1940.7
◇木炭配給機構の整備へ-全国木炭商組関係者協議会(2)「商業組合」 6(7) 1940.7
◇経済統制の強化とその対策(久保田音二郎)「商工経済」 10(1) 1940.7
◇現下の食糧問題に就て(上林正矩)「商工経済」 10(1) 1940.7

経済・産業

◇統制経済の現段階と小売商(深見義一)「商工経済」 10(1) 1940.7
◇農業水利調整令の効果(安田正鷹)「水利と土木」 13(7) 1940.7
◇所得調査委員と収賄罪「大審院判例集」 19(7) 1940.7
◇国防と再生産過程(武村忠雄)「中央公論」 55(7) 1940.7
◇農村に於ける人口問題(4):武蔵野西窪村宗門人別帳の研究(内田寛一)「地理」 3(3) 1940.7
◇農業機械化政策の諸問題(2)(吉岡金市)「帝国農会報」 30(7) 1940.7
◇農業経済に於ける肥料の問題(栗原藤七郎)「帝国農会報」 30(7) 1940.7
◇米穀需給の現状と当面の対策(中島知国)「東京市産業時報」 6(7) 1940.7
◇特別調査=重慶政府の奥地経済建設「東洋経済新報」 1928 1940.7
◇事変下都市の経済活動「都市問題」 31(1) 1940.7
各地の切符制実施の情況　切符制実施と町会の検討(大塚辰治)　食糧品切符制について(志村茂治)　生活必需品問題と各紙の社説(菅原忠治郎)　都市と物資調整(小池輝一)　都市に於ける米穀問題の展開(中沢弁次郎)　物資配給機構に関する諸団体の意見　満州国に於ける主要生活必需品の統制に就て-満州生活必需品株式会社の活動を中心として(山下定文)
◇衛生材料配給統制に関する通牒(昭和15年6月17日)「内務厚生時報」 5(7) 1940.7
◇東北地方農家経済の動向—現金に関する農家経済調査の結果より見たる(小池保)「農業と経済」 7(1) 1940.7
◇戦時下に於ける農民経済の実相(齋藤静雄)「農業と経済」 7(7) 1940.7
◇経済部長事務打合会の概要「農務時報」 142 1940.7
◇純農村地帯に於ける農家の経営面積調査の概要(農務局農政課)「農務時報」 142 1940.7
◇英吉利の戦時物品価格法(田中和夫)「法政研究」 10(2) 1940.7
◇配給統制と札幌市に於ける公区制配給(村本福松)「経済学雑誌」 7(2) 1940.8
◇有限責任会社の利用(増地庸治郎)「経済学論集」 10(8) 1940.8
◇支那の農家負債と農地の抵押(八木芳之助)「経済論業」 51(2) 1940.8
◇経済統制法令の疑義(1)(荻野益三郎)「警察研究」 11(8) 1940.8
◇統制経済法について(12)(恒藤恭)「公法雑誌」 6(8) 1940.8
◇国民再編成と産業組合(座談会)「産業組合」 418 1940.8
◇ナチスの経済指導の原理と機構(F.ヘルフエリヒ)「産業組合」 418 1940.8
◇農業統制と部落農業団体の組織化(川田金造)「産業組合」 418 1940.8
◇切符制問答「市政週報」 70 1940.8
◇時局下に於ける農業労働問題(田辺勝正)「社会政策時報」 239 1940.8
◇経済政策の新構想「週刊エコノミスト」 18(28) 1940.8
◇大戦と資本主義経済(2)(イエ・ヴアルガ)「週刊エコノミスト」 18(28) 1940.8
◇所詮反動景気の賞礼、企業集中愈々激化「週刊エコノミスト」 18(30) 1940.8
◇大戦と経済恐慌の問題―戦争と資本主義経済(3)―(イエ・ヴアルガ)「週刊エコノミスト」 18(30) 1940.8
◇安定農家の適正規模「週刊エコノミスト」 18(31) 1940.8
◇米国経済の世界制覇―大戦と資本主義経済(4)―(イエ・ヴアルガ)「週刊エコノミスト」 18(31) 1940.8
◇肥料統制について(1)(農省)「週報 官報附録」 200 1940.8
◇蔬菜と果実の配給統制-青果物配給統制規則の解説-(農林省)「週報 官報附録」 201 1940.8
◇生鮮食料品の配給統制(商工省)「週報 官報附録」 202 1940.8

◇農業水利臨時調整令の解説(農林省)「週報 官報附録」 202 1940.8
◇統制経済下の企業合同に就いて(向井鹿松)「商業組合」 6(14) 1940.8
◇農村人口移動調査「人口問題研究」 1(5) 1940.8
◇東京府木炭配給統制に就て(渋谷直蔵)「地方改良」 102 1940.8
◇生産力拡充計画の進路(日本戦時経済研究 5)(経済問題研究会)「中央公論」 55(8) 1940.8
◇朝鮮の契(堀新一)「帝国農会報」 30(8) 1940.8
◇適正農業経営規模の問題(1):佐賀県平坦部稲作地帯を中心に(後川英二)「帝国農会報」 30(8) 1940.8
◇農村労働力調整の政策とその実際(須永重光)「帝国農会報」 30(8) 1940.8
◇北支農業経営の停滞性(川上正道)「帝国農会報」 30(8) 1940.8
◇満洲農産物の配給並に価格統制-日満支農業統制の課題-(大上末広)「帝国農会報」 30(8) 1940.8
◇仏蘭西国民経済は出生低下に依り脅威さるるや(1)(フリッツ・フーレ,橋本金太郎訳)「統計集誌」 710 1940.8
◇満洲産業計画圧縮と土建界「東洋経済新報」 1934 1940.8
◇欧洲の食糧不安と英独の見解「東洋経済新報」 1936 1940.8
◇配当制限方法の改訂と影響「東洋経済新報」 1936 1940.8
◇米穀配給機構改革の意義「東洋経済新報」 1936 1940.8
◇農村景気の実情「東洋経済統計月報」 2(8) 1940.8
◇戦時下に於ける英国の燃料油問題「道路の改良」 22(8) 1940.8
◇国民生活の新体制-社説に見る(菅原忠治郎)「都市問題」 31(2) 1940.8
◇都市消費者組織についての産業組合の要綱(日本都市年鑑編纂室)「都市問題」 31(2) 1940.8
◇戦時に於ける市民生活「都市問題」 31(2) 1940.8
切符制と商品の規格-神戸市に於ける地下足袋切符配給制に関する一実例(杉森二郎)　戦時下に於ける都市生計費(鈴木勝太郎)　婦人市民の銃後活動(金子しげり)
◇ナチス独逸に於ける食糧経済統制(2・完)(磯辺秀俊)「農業と経済」 7(8) 1940.8
◇南洋農村経済の一断面(西澤基一)「農業と経済」 7(8) 1940.8
◇農村の苦力―満洲日記抄―(内海義夫)「農業と経済」 7(8) 1940.8
◇分村前の部落経済と分村後の農業経営(宮出秀雄)「農業と経済」 7(8) 1940.8
◇農村工場と電気(2)(大河内治)「農村工業」 7(8) 1940.8
◇地方耕地課長会議の概要「農務時報」 143 1940.8
◇経済法に関する若干の問題(津曲蔵之丞)「法律時報」 12(8) 1940.8
◇経済法に付いて一般的考察(美濃部達吉)「法律時報」 12(8) 1940.8
◇独逸に於ける経済法学説の変遷(吾妻光俊)「法律時報」 12(8) 1940.8
◇朝鮮の経済的性格「大阪商工会議所月報」 400 1940.9
◇「問屋生産」について(安部隆一)「経済学雑誌」 7(3) 1940.9
◇独逸戦時原料経済と戦時企業-第一次欧洲大戦に於ける独逸の経験-(柳川昇)「経済学論集」 19(9) 1940.9
◇経済に於ける統制と体制(高田保馬)「経済論叢」 51(3) 1940.9
◇元史食貨志に見はれたる貨幣思想(穂積文雄)「経済論叢」 51(3) 1940.9
◇満洲大豆の発展(江頭恒治)「経済論叢」 51(3) 1940.9
◇経済統制法令の疑義(2)(荻野益三郎)「警察研究」 11(9) 1940.9
◇統制法令執行面の輔翼の態度(溝淵増巳)「警察研究」 11(9) 1940.9

◇統制経済法について(13)(恒藤恭)「公法雑誌」　6(9)　1940.9
◇進む農村協同体制(現地報告)「産業組合」　419　1940.9
◇農業生産力拡充と団体統制(三宅鹿之助)「産業組合」　419　1940.9
◇農村文化と農村娯楽(権田保之助)「産業組合」　419　1940.9
◇日用品と切符制「市政週報」　77　1940.9
◇町村経済部設置私見(播磨重男)「自治機関」　487　1940.9
◇臨時米穀配給統制規則概説(片柳真吉)「斯民」　35(9)　1940.9
◇農村住宅改善問題-東北更新会指導村を視察して-(佐藤鑑)「社会事業」　24(9)　1940.9
◇新体制胎下に於ける米の切符制(1)(中沢弁次郎)「社会政策時報」　240　1940.9
◇日本農業の進化過程(我妻東策)「社会政策時報」　240　1940.9
◇産業再編成の原理、方法(大野信三)「週刊エコノミスト」　18(32)　1940.9
◇新体制の基底たるべき産業団体整備の方向(本位田祥男)「週刊エコノミスト」　18(32)　1940.9
◇中立諸国の戦争受難―大戦と資本主義経済(5)―(イエ・ヴァルガ)「週刊エコノミスト」　18(32)　1940.9
◇新経済体制の理念(谷口吉彦)「週刊エコノミスト」　18(33)　1940.9
◇転換期の景気情勢「週刊エコノミスト」　18(33)　1940.9
◇機業地の新体制をみる―経済現地報告(両毛の巻)―「週刊エコノミスト」　18(34)　1940.9
◇都市農村の総合編成「週刊エコノミスト」　18(34)　1940.9
◇企画経営の新しき進路「週刊エコノミスト」　18(36)　1940.9
◇九・一八令の更新問題「週刊エコノミスト」　18(36)　1940.9
◇木炭切符制実施「週刊エコノミスト」　18(36)　1940.9
◇進む代用品(商工省)「週報 官報附録」　204　1940.9
◇米穀の配給統制について(1)：臨時米穀配給統制規則の解説(農林省)「週報 官報附録」　205　1940.9
◇本年度の電力動員計画(企画院)「週報 官報附録」　205　1940.9
◇医薬品の配給統制(古海正雄)「商業組合」　6(15)　1940.9
◇食糧配給新体制論(瓜生田岩喜)「商業組合」　6(15)　1940.9
◇日満食糧配給統制の展望(安達巖)「商業組合」　6(15)　1940.9
◇本県(岩手県)内の砂糖自治配給(川村吉五郎)「商業組合」　6(15)　1940.9
◇新製品に就て(小田垣光之輔)「商工経済」　10(3)　1940.9
◇日本市場に於ける満洲産業起債に就て(栗栖越夫)「商工経済」　10(3)　1940.9
◇奢侈品の使用抑制に関する件(昭和15年7月22日)「地方行政」　48(9)　1940.9
◇農村の再編成(1)(後藤駒吉)「地方行政」　48(9)　1940.9
◇自動耕耘機の発展過程-岡山県のそれを中心として-(吉岡金市)「帝国農会報」　30(9)　1940.9
◇東京府下に於ける自動耕耘機の利用(枝吉彦三)「帝国農会報」　30(9)　1940.9
◇農業保険主題論説「帝国農会報」　30(9)　1940.9
◇食糧問題の趨勢(承前完)(中島知至)「東京市産業時報」　6(9)　1940.9
◇我国戦時景気の現段階「東洋経済新報」　1937　1940.9
◇統制強化を示唆する第二四半期の資金調整「東洋経済新報」　1938　1940.9
◇経済諸団体の新体制案を検討す「東洋経済新報」　1940　1940.9
◇都市の人事行政「都市問題」　31(3)　1940.9
生鮮食料品の価格調整と市場行政(内田要之助)　生鮮食料品配給価格統制の決定(日本都市年鑑編纂室)

◇労働資源調査に関する件(昭15.8.12)「内務厚生時報」　5(9)　1940.9
◇南支農村素描「農業と経済」　7(9)　1940.9
◇日本農業再編成の動向―肥料を中心としたる―(須永重光)「農業と経済」　7(9)　1940.9
◇農業再編成の基本としての所謂「適正規模」に就いて(森戸幾也)「農業と経済」　7(9)　1940.9
◇農業保険の社会保険的性格(堀畑正喜)「農業と経済」　7(9)　1940.9
◇農村工場と電気(3)(大河内治)「農村工業」　7(9)　1940.9
◇岩手県に於ける刈取小作慣行改善方策「農務時報」　144　1940.9
◇産業組合の現況「農務時報」　144　1940.9
◇農業水利臨時調整令の概要「農務時報」　144　1940.9
◇国民経済における「自然」(小原敬士)「一橋論叢」　6(3)　1940.9
◇農業水利問題と農業水利臨時調整令(鵜崎多一)「法律時報」　12(9)　1940.9
◇台湾経済の外地的性格(山本登)「三田学会雑誌」　34(9)　1940.9
◇経済再編成とその倫理(瀧沢一郎)「教育」　8(10)　1940.10
◇農業に於ける適正経営規模の問題(四宮恭二)「経済学雑誌」　7(4)　1940.10
◇満洲開発経済政策転換の性格(藤原泰)「経済学雑誌」　7(4)　1940.10
◇明治二十年農事調査に現はれた農家経営の状況(土屋喬雄)「経済学論集」　10(10)　1940.10
◇統制経済法について(14)(恒藤恭)「公法雑誌」　6(10)　1940.10
◇外貨所得と円貨所得(柴田銀次郎)「財政」　5(11)　1940.10
◇切符制度に就て(松好貞夫)「財政」　5(11)　1940.10
◇国民組織経済体の倫理(正井敬次)「財政」　5(11)　1940.10
◇消費経済論の体系(堀新一)「財政」　5(11)　1940.10
◇産業組合の物資配給問題(山崎和勝)「産業組合」　420　1940.10
◇電気局創業三十年記念市電特輯号「市政週報」　79　1940.10
◇経済統制法に於ける許可及び許可に関する二三の問題(田中二郎)「自治研究」　16(10)　1940.10
◇広東に於ける農業労働形態と賃銀(根岸勉治)「社会政策時報」　241　1940.10
◇新体制胎動下に於ける米の切符制(2)：米穀配給部門に現はれたる新動向(中沢弁次郎)「社会政策時報」　241　1940.10
◇三国同盟と新世界経済秩序「週刊エコノミスト」　18(37)　1940.10
◇新経済体制の具現策(諸家論策)「週刊エコノミスト」　18(37)　1940.10
◇三国同盟と日本経済(特集)「週刊エコノミスト」　18(38)　1940.10
◇配電国家管理へ前進「週刊エコノミスト」　18(38)　1940.10
◇ソ連計画経済の基本問題(エス・ヘインマン)「週刊エコノミスト」　18(39)　1940.10
◇最近国際情勢の分析―資本主義世界経済の崩壊―(イエ・ヴァルガ)「週刊エコノミスト」　18(40)　1940.10
◇中小企業の整理対策「週刊エコノミスト」　18(40)　1940.10
◇産業編成替の最終的段階(特集)「週刊エコノミスト」　19(38)　1940.10
◇米穀統制の画期的進展「週刊エコノミスト」　19(38)　1940.10
◇各地に於ける木炭切符制の実状「商工経済」　10(4)　1940.10
◇戦時下ドイツの新経済体制(小穴毅)「商工経済」　10(4)　1940.10
◇木炭の需給対策とその問題(金子有造)「商工経済」　10(4)　1940.10
◇日本経済の構造的変化(経済問題研究会)「中央公論」　50(10)　1940.10

◇灌漑農業に於ける水の意義(梶川重光)「帝国農会報」　30(10)　1940.10

◇旱魃時に於ける稲作の水の経済(近藤万太郎)「帝国農会報」　30(10)　1940.10

◇佐賀県水田農業と灌漑施設(山添善治)「帝国農会報」　30(10)　1940.10

◇水利問題と水田裏作物(岩片磯雄)「帝国農会報」　30(10)　1940.10

◇台湾農業に於ける水の支配過程(川野重任)「帝国農会報」　30(10)　1940.10

◇朝鮮農業に於ける水利問題(久間健一)「帝国農会報」　30(10)　1940.10

◇東亜農業に於ける水の意義(森谷克己)「帝国農会報」　30(10)　1940.10

◇日本水田農業機械化の特質(吉岡金市)「帝国農会報」　30(10)　1940.10

◇農業水利制度概説(鵜崎多一)「帝国農会報」　30(10)　1940.10

◇農業水利臨時調整令に就いて(戸坂芳雄)「帝国農会報」　30(10)　1940.10

◇農業水利臨時調整令の運用に関する基礎問題(伊田通次郎)「帝国農会報」　30(10)　1940.10

◇農業用水権と法令上の制限(河合大治郎)「帝国農会報」　30(10)　1940.10

◇農事用水の不足と小作問題(平川昌三)「帝国農会報」　30(10)　1940.10

◇農村生活と水(柳田国男)「帝国農会報」　30(10)　1940.10

◇農用地下水に就いて(堀田正弘)「帝国農会報」　30(10)　1940.10

◇封建時代の農業水利問題(中村吉治)「帝国農会報」　30(10)　1940.10

◇北海道農業に於ける農業水利担当の様相-土地組合を中心として-(渡部以智四郎)「帝国農会報」　30(10)　1940.10

◇生活必需品需給対策に就いて(2)(田原大千)「東京市産業時報」　6(10)　1940.10

◇戦時下の産業政策(美濃口時次郎)「東京市産業時報」　6(10)

◇大都市の生活必需品配給機構に関する考察(野宗英一郎)「東京市産業時報」　6(10)　1940.10

◇仏蘭西国民経済は出生低下に依り脅威さるるや(2・完)(フリッツ・フーレ、橋本金太郎訳)「統計集誌」　712　1940.10

◇満洲産業開発の再編成「東洋経済新報」　1941　1940.10

◇環境激変と主要産業の今後「東洋経済新報」　1942　1940.10

◇「三国同盟下の日本経済」を語る「東洋経済新報」　1942　1940.10

◇朝鮮経済の戦時前進「東洋経済新報」　1942　1940.10

◇生鮮食料品統制の実施「東洋経済統計月報」　2(10)　1940.10

◇「米」と都市生活(永野順造)「都市問題」　31(4)　1940.10

◇衛生綿配給統制に関する件通牒(昭15.9.21)「内務厚生時報」　5(10)　1940.10

◇静岡県農業再編成の動向(坂本四郎)「農業と経済」　7(10)　1940.10

◇ドイツに於けるクライン・ガルテンの現況(岡崎文彬)「農業と経済」　7(10)　1940.10

◇農業団体統制試案とその基調(満川元親)「農業と経済」　7(10)　1940.10

◇農村工場と電気(4)(大河内冶)「農村工業」　7(10)　1940.10

◇支那事変前と事変下との農家経済概要(経済更生部)「農務時報」　145　1940.10

◇経済の原始的形態(村松恒一郎)「一橋論叢」　6(4)　1940.10

◇利潤統制と社内留保(高瀬荘太郎)「一橋論叢」　6(4)　1940.10

◇ナチス経済団体統合法(渡邊宗太郎)「法学論叢(京都帝国大学法学会)」　43(4)　1940.10

◇新体制と統制経済(加田哲二)「三田学会雑誌」　34(10)　1940.10

◇農業の経営規模について(小池基之)「三田学会雑誌」　34(10)　1940.10

◇蒋政権抗戦三箇年間に於ける経済建設「外国鉄道調査資料」　14(11)　1940.11

◇新経済倫理に就て(村本福松)「経済学雑誌」　7(5)　1940.11

◇経済地域論(Wirtschaftsraum)に関する二著(阪谷素男)「経済学論集」　10(11)　1940.11

◇現下の米穀政策(八木芳之助)「経済論叢」　51(5)　1940.11

◇儒家の経済思想(穂積文雄)「経済論叢」　51(5)　1940.11

◇新体制下の企業とその指導者(大塚一朗)「経済論叢」　51(5)　1940.11

◇経済統制と警禁(溝淵増巳)「警察研究」　11(11)　1940.11

◇ドイツ経済の再建(1)(福田喜東)「警察研究」　11(11)　1940.11

◇建築用物資の配給統制に就て(加藤幸雄)「建築行政」　4(15)　1940.11

◇建築用物資の配給統制に就いて(玉置豊次郎)「建築と社会」　23(11)　1940.11

◇ドイツ戦時経済の法的形態(1)(俣静夫)「公法雑誌」　6(11)　1940.11

◇統制経済法について(15)(恒藤恭)「公法雑誌」　6(11)　1940.11

◇木炭切符制実施さる「市政週報」　84　1940.11

◇農林漁業団体の統合再編成に就て(村上国吉)「斯民」　35(11)　1940.11

◇米穀管理制度の実施に就て(石井英之助)「斯民」　35(11)　1940.11

◇経理統制令の前進「週刊エコノミスト」　18(41)　1940.11

◇農家労働移動の諸形態(野尻重雄)「週刊エコノミスト」　18(41)　1940.11

◇新体制下の農業問題「週刊エコノミスト」　18(42)　1940.11

◇企業整理統合の前進「週刊エコノミスト」　18(44)　1940.11

◇「日満支経済建設要綱」決定す(内閣情報部)「週報 官報附録」　214　1940.11

◇電力統制の躍進-発送電管理の強化と配電国家管理の実施-(電気庁)「週報 官報附録」　215　1940.11

◇木炭の割当配給制(最近に於ける木炭需給事情の解説)(農林省)「週報 官報附録」　215　1940.11

◇七・七禁止令の影響に就て(土肥謹一郎)「商業組合」　6(17)　1940.11

◇事変下支那合作社の役割(石浜知行)「商業組合」　6(17)　1940.11

◇配給機構の変革に就て(1)(岩崎英恭)「商業組合」　6(17)　1940.11

◇瓦斯の消費規正に就いて「商工通報」　9　1940.11

◇独逸戦時犠牲産業及び犠牲者に対する救済制度(財経課)「調査月報(大蔵省)」　30(11)　1940.11

◇岩手県に於ける畑作生産力の展開-最後進農業地域に対する時局の影響-(川原仁左衛門)「帝国農会報」　30(11)　1940.11

◇適正農業経営規模の問題(2・完):佐賀県平坦都稲作地帯を中心に(後川英二)「帝国農会報」　30(11)　1940.11

◇農村資金の吸収と還元-預金部資金を中心として(加藤俊次郎)「帝国農会報」　30(11)　1940.11

◇農村収入の増勢漸く頓挫か「東洋経済新報」　1945　1940.11

◇日本経済の進路「東洋経済新報」　1947　1940.11

◇警戒を要する経済の基礎事情「東洋経済新報」　1949　1940.11

◇高度国防体制農業の確立と満洲農業(八木澤善次)「東洋経済新報」　1949　1940.11

◇本年起債国と特殊会社の位地「東洋経済統計月報」　2(11)　1940.11

◇経済の再編成(太田正孝)「都市問題」 31(5) 1940.11
◇秋田県に於ける農村負債(山本繁)「農業と経済」 7(11) 1940.11
◇職業離村と結婚離村(野尻重雄)「農業と経済」 7(11) 1940.11
◇北満に於ける園芸発達への関心―現地報告に代へて―(永澤勝雄)「農業と経済」 7(11) 1940.11
◇労力の減退と農業の機械化―新潟県の農業地帯別観察を通じて―(榎本善一郎)「農業と経済」 7(11) 1940.11
◇農村工場と電気(5)(大問内治)「農村工業」 7(11) 1940.11
◇農村及都市の各種団体負担状況「農務時報」 146 1940.11
◇会社経理統制令(伊原隆)「法律時報」 12(11) 1940.11
◇米の国家管理を繞る問題(島田日出夫)「改造」 22(12) 1940.12
◇東亜食糧政策の新段階(梨本祐平)「改造」 22(12) 1940.12
◇資本不足と過剰生産 -シュピイトホフの景気理論続稿-(青山秀夫)「経済論叢」 51(6) 1940.12
◇経済統制法令の疑義(3)(荻野益三郎)「警察研究」 11(12) 1940.12
◇ドイツ戦時経済の法的形態(2・完)「公法雑誌」 6(12) 1940.12
◇統制経済法と厚生法(後藤清)「公法雑誌」 6(12) 1940.12
◇統制経済法について(16・完)(恒藤恭)「公法雑誌」 6(12) 1940.12
◇イタリー戦時国家及び経済の組織(1)(安藤春夫)「財政」 5(13) 1940.12
◇砂糖配給統制規則概説(大友朝吉)「財政」 5(13) 1940.12
◇経済倫理と協同組合(平実)「産業組合」 422 1940.12
◇昭和15年の産業組合界回顧(金井満)「産業組合」 422 1940.12
◇切符制早わかり(特輯号)(経済局消費経済部)「市政週報」 87 1940.12
◇町村内各種産業経済団体統制問題「自治公論」 12(12) 1940.12
◇昭和16年度米穀対策に関する件(昭15.10.22農林次官通牒)「斯民」 35(12) 1940.12
◇木炭割当配給制と今後の木炭対策(安田善一郎)「斯民」 35(12) 1940.12
◇満洲経済の最近段階「週刊エコノミスト」 18(45) 1940.12
◇産業団体の再編成「週刊エコノミスト」 18(47) 1940.12
◇農業団体の統合方向「週刊エコノミスト」 18(47) 1940.12
◇企業新体制の方向「週刊エコノミスト」 18(48) 1940.12
◇経済新体制の原則成立「週刊エコノミスト」 18(48) 1940.12
◇経済団体の新体制「週刊エコノミスト」 18(48) 1940.12
◇大戦下の主要国経済情勢「週刊エコノミスト」 18(48) 1940.12
◇燃料の話(2):ガス「週報 官報附録」 219 1940.12
◇計画配給論序説(岡本理一)「商学討究」 15 1940.12
◇産業統制発展史論(室谷賢治郎)「商学討究」 15 1940.12
◇企業合同の意義と方法(泉田久次郎)「商業組合」 6(18) 1940.12
◇企業合同の一年(赤羽幸雄)「商業組合」 6(18) 1940.12
◇配給機構の合理的統合-商工次官通牒(昭和15.11.22)「商業組合」 6(18) 1940.12
◇配給機構の変革に就て(2)(岩崎英恭)「商業組合」 6(18) 1940.12
◇経理統制と資本経営の分離問題(長谷川安兵衛)「商工経済」 10(6) 1940.12
◇全国に於ける企業合同進展の状況(1)「商工経済」 10(6) 1940.12
◇莫大小製品、タオル及足袋の配給制度に就いて「商工報」 11 1940.12
◇銃後農業労働問題(板井申生)「人口問題」 3(3) 1940.12
◇農村の再編成(後藤駒吉)「地方行政」 48(12) 1940.12

◇日ソ経済提携の可能性(浅田萬喜雄)「中央公論」 55(12) 1940.12
◇時局下労働移動農家層とゴルフ離村法則(野尻重雄)「帝国農会報」 30(12) 1940.12
◇農林漁業団体統制に関する資料(帝国農会農政部)「帝国農会報」 30(12) 1940.12
◇農林漁業団体統制要綱批判(沢村康)「帝国農会報」 30(12) 1940.12
◇米穀配給機構改善に関する一考察(中島知至)「東京市産業時報」 6(12) 1940.12
◇深刻なる経済不況化の原因「東洋経済新報」 1950 1940.12
◇盛行する企業合同「東洋経済新報」 1950 1940.12
◇生活必需物資の配給機構整備(日本都市年鑑編纂室)「都市問題」 31(6) 1940.12
◇都市購買組合運動の転質と新活動目標「内外社会問題調査資料」 442 1940.12
◇購買会の利用に関し福鉱局の陳情「内外社会問題調査資料」 443 1940.12
◇農林漁業団体の統合(伊藤清六)「農業と経済」 7(12) 1940.12
◇農林漁業団体の統制と戦時農林国策の実行(西村彰一)「農業と経済」 7(12) 1940.12
◇経済統制違犯の概況(馬場義続)「法律時報」 12(12) 1940.12
◇アダム・スミスに於ける倫理と経済-アダム・スミス研究序説-(大河内一男)「経済学論集」 11(1) 1941.1
◇シユピイトホフの景気理論の批判(青山秀夫)「経済論叢」 52(1) 1941.1
◇我国経済発達の特質に就て(堀江保蔵)「経済論叢」 52(1) 1941.1
◇経済統制法令の疑義(4)(荻野益三郎)「警察研究」 12(1) 1941.1
◇ドイツ経済の再建(2)(福田喜東)「警察研究」 12(1) 1941.1
◇統制経済法違反の性質(牧野英一)「警察研究」 12(1) 1941.1
◇イタリー戦時国家及び経済の組織(2)(安藤春夫)「財政」 6(1) 1941.1
◇生鮮食料品の公定価格と実地監察制度に就いて(経済局消費経済部)「市政週報」 93 1941.1
◇愛知県に於ける中小業対策の実情「自治機関」 491 1941.1
◇経済統制法に於ける許可及び認可の促進方法に就て(田中二郎)「自治研究」 17(1) 1941.1
◇食糧の増産(後藤駒吉)「斯民」 36(1) 1941.1
◇臨時木炭配給割当実施要綱「社会事業」 25(1) 1941.1
◇朝鮮農民の内地移出の必然性(久間健一)「社会政策時報」 244 1941.1
◇零細農民経済に於ける再生産構造(1)-長野県農会「過小農部落経済調査」(昭和12年度)を資料とする一分析(一柳茂次)「社会政策時報」 244 1941.1
◇日本経済情勢の展望「週刊エコノミスト」 19(1) 1941.1
◇高度国防国家建設下の日本産業(1)「週刊エコノミスト」 19(2) 1941.1
◇高度国防国家建設下の日本産業(2・完)「週刊エコノミスト」 19(3) 1941.1
◇農林省官制の改正「週報 官報附録」 225 1941.1
◇生活必需品配給機構の整備に就いて(高橋幸司)「商業組合」 7(1) 1941.1
◇米穀国家管理と米穀業者の行方(1)(瓜生田岩喜)「商業組合」 7(1) 1941.1
◇全国に於ける企業合同進展の状況(2)「商工経済」 11(1) 1941.1
◇燃料問題に関する懇談会(其の二)「商工通報」 14 1941.1
◇農林省経済更生部の安定農家適性規模に関する調査概要「人口問題研究」 2(1) 1941.1
◇米国に於ける火力発電に就て(横田周平訳)「水利と土木」 14(1)

経済・産業

◇綜合的計画経済の前途（土屋清）「中央公論」 56(1) 1941.1

◇産業国家体系論（大熊信行）「中央公論」 59(1) 1941.1

◇昭和14年度に於ける我瓦斯事業の趨勢（帝国瓦斯協会）「帝国瓦斯協会雑誌」 30(1) 1941.1

◇燃料問題に関する懇談会「帝国瓦斯協会雑誌」 30(1) 1941.1

◇最近に於ける農村産業組合（瀧沢一郎）「帝国農会報」 31(1) 1941.1

◇重慶政権地帯中国農村合作社の現勢(1)（山崎勉治）「帝国農会報」 31(1) 1941.1

◇新体制と農業（河西太一郎）「帝国農会報」 31(1) 1941.1

◇農業労働論-特に耕地を中心として-（暉峻義等）「帝国農会報」 31(1) 1941.1

◇福岡県に於ける農業機械化の分析（田中定）「帝国農会報」 31(1) 1941.1

◇切符制縦横譚（菊地淳）「東京市産業時報」 7(1) 1941.1

◇農林水産業調査汎論(1)（加地成雄）「統計集誌」 715 1941.1

◇再編成期の重要産業「東洋経済新報」 1952 1941.1

◇景気循環より見たる我が経済の現段階「東洋経済新報」 1953 1941.1

◇再編成期の日本農業「東洋経済新報」 1955 1941.1

◇プール計算の研究「東洋経済統計月報」 3(1) 1941.1

◇新体制への農業の構成に就いて（渡邊庸一郎）「農業と経済」 8(1) 1941.1

◇農業機械の導入と農業経営（宮出秀雄）「農業と経済」 8(1) 1941.1

◇福岡県に於ける殷賑産業と農業（米倉茂俊）「農業と経済」 8(1) 1941.1

◇昭和15年度経済更生特別助成町村の計画概要「農林時報」 1(1) 1941.1

◇農林計画委員会農林水産団体部会「農林時報」 1(1) 1941.1

◇農林統計改正の趣旨（近藤康男）「農林時報」 1(1) 1941.1

◇経済統制令に於ける強制監査（太田哲三）「一橋論叢」 7(1) 1941.1

◇新体制下の農業法展望(1)（小林巳智次）「法律時報」 13(1) 1941.1

◇産業青年組織の問題（暉峻義等）「労働科学」 18(1) 1941.1

◇富山県産業用品配給統制株式会社の設立「労働時報」 18(1) 1941.1

◇満洲生産力と日満支物動計画(2)（小野儀七郎）「科学主義工業」 5(2) 1941.2

◇伊太利の基礎産業とその戦時対策「企画」 4(2) 1941.2

◇産業立地より見たる満洲国の地域性（別技篤彦）「経済学雑誌」 8(2) 1941.2

◇北満の農業形態（小松幸雄）「経済学雑誌」 8(2) 1941.2

◇満洲国に於ける資本欠乏の問題（飯田繁）「経済学雑誌」 8(2) 1941.2

◇貨幣市場と資本市場（中谷実）「経済論叢」 52(2) 1941.2

◇経済統制法令の疑義(5)（荻野益三郎）「警察研究」 12(2) 1941.2

◇経済新体制問題を繞る財界の現状「国策研究会週報」 3(6) 1941.2

◇農林官界新体制の方向「国策研究会週報」 3(7) 1941.2

◇部落農業団体と部落会（杉谷正夫）「産業組合」 424 1941.2

◇部落農業団体の再編成（桜井武雄）「産業組合」 424 1941.2

◇最近農家労働移動年齢の検討(1)（野尻重雄）「社会政策時報」 245 1941.2

◇零細農民経済に於ける再生産構造(2)-長野県農会「過小農部落経済調査」（昭和12年度）を資料とする一分析（一柳茂次）「社会政策時報」 245 1941.2

◇戦時食糧政策の前進「週刊エコノミスト」 19(5) 1941.2

◇危局に備へる財経工作「週刊エコノミスト」 19(7) 1941.2

◇経済新体制その後の動き「週刊エコノミスト」 19(7) 1941.2

◇日米緊迫と蚕糸業国管「週刊エコノミスト」 19(8) 1941.2

◇臨時農地価格統制令について「週報 官報附録」 222 1941.2

◇臨時農地等管理令について「週報 官報附録」 228 1941.2

◇企業合同と商業会計（安藤豊作）「商業組合」 7(2) 1941.2

◇組合法整備の必要とその方向（稲川宮雄）「商業組合」 7(2) 1941.2

◇配給機構整備要綱に就て（川崎立太）「商業組合」 7(2) 1941.2

◇米穀国家管理と米穀業者の行方(2)（瓜生田岩喜）「商業組合」 7(2) 1941.2

◇全国に於ける企業合同進展の状況(3・完)「商工経済」 11(2) 1941.2

◇燃料問題に関する懇談会（其の3・完）「商工通報」 15 1941.2

◇農業国体の再編成（奥谷松治）「中央公論」 56(2) 1941.2

◇支那に於ける農業と水「帝国農会報」 31(2) 1941.2

◇重慶政権地帯中国農村合作社の現勢(2・完)（山崎勉治）「帝国農会報」 31(2) 1941.2

◇食糧政策の新段階（三宅鹿之助）「帝国農会報」 31(2) 1941.2

◇産業資金借入に関する保証問題（小川正令）「東京市産業時報」 7(2) 1941.2

◇事業経営に見る職域奉公の苦悩（体験記）（福島松男）「東京市産業時報」 7(2) 1941.2

◇米穀の切符制について（菊池淳）「東京市産業時報」 7(2) 1941.2

◇生活必需物資に関する勅令要綱「都市問題」 32(2) 1941.2

◇農林漁業団体統制要綱の決定「都市問題」 32(2) 1941.2

◇経済新体制実施に関する経済諸団体の意見書(1)「内外社会問題調査資料」 446 1941.2

◇経済新体制実施に関する経済諸団体の意見書(2・完)「内外社会問題調査資料」 447 1941.2

◇神戸市附近に於ける農産物行商調査（石川武彦）「農業と経済」 8(2) 1941.2

◇農業新体制を語る「農業と経済」 8(2) 1941.2

◇農業団体の統計上の任務（神崎博愛訳）「農業と経済」 8(2) 1941.2

◇最近に於ける木炭事情（田中啓一）「農林時報」 1(2) 1941.2

◇市街地購買組合（消費組合）の指導方針（昭和15.12.27農林次官通牒）「農林時報」 1(2) 1941.2

◇桑園整転作奨励に関する件通牒（昭16.2.9農林次官）「農林時報」 1(3) 1941.2

◇臨時農地等管理令の質疑に関する回答「農林時報」 1(3) 1941.2

◇会社経理統制令について（鈴木竹雄, 石井照久）「法学協会雑誌」 59(2) 1941.2

◇ライアンその他「政府と経済生活」「法学協会雑誌」 59(2) 1941.2

◇青少年学徒食糧飼料等増産運動に関する件通牒「文部時報」 716 1941.2

◇産業青年組織の問題(2)「労働科学」 18(2) 1941.2

◇我が国民経済の技術的編成（豊崎稔）「改造」 25(5) 1941.3

◇戦後燃料国策の樹立（イギリス）「企画」 4(3) 1941.3

◇アダム・スミスに於ける倫理と経済(2)（アダム・スミス研究序説）（大河内一男）「経済学論集」 11(3) 1941.3

◇経済統制法令の疑義(6)（荻野益三郎）「警察研究」 12(3) 1941.3

◇農業団体統合の経緯と問題点「国策研究会週報」 3(11) 1941.3
◇米穀切符制の採用に就て「国策研究会週報」 3(13) 1941.3
◇米の通帳制(経済局)「市政週報」 102 1941.3
◇医者と慰楽のない農山村(大塚辰治)「自治機関」 493 1941.3
◇部落会及部落農業団体の調整に関する件依命通牒「自治研究」 17(3) 1941.3
◇食糧増産問題に就て(倉上晃)「斯民」 36(3) 1941.3
◇農地開発法の概要「斯民」 36(3) 1941.3
◇協同組合運動(奥谷松治)「社会政策時報」 246 1941.3
◇昭和15年の農業問題(小野勝雄)「社会政策時報」 246 1941.3
◇生活必需品切符制批判「週刊エコノミスト」 19(9) 1941.3
◇食糧問題の解決方策(助川啓四郎)「週刊エコノミスト」 19(11) 1941.3
◇ソ連広域経済圏の特質(G.フュアブリンガ)「週刊エコノミスト」 19(11) 1941.3
◇朝鮮経済の再検討(1)「週刊エコノミスト」 19(11) 1941.3
◇地方経済現地報告-山梨県の巻-「週刊エコノミスト」 19(13) 1941.3
◇米穀応急措置法の改正「週報 官報附録」 232 1941.3
◇魚類配給機構の考察と法の運用に対する要望(村崎正助)「商業組合」 7(3) 1941.3
◇商店企業合同の一般方針に就て(坂田武雄)「商業組合」 7(3) 1941.3
◇富山買薬業の配給機構(1)(向井梅次)「商業組合」 7(3) 1941.3
◇農業生産協同化の技術的合理性(山下粛郎)「商業組合」 7(3) 1941.3
◇企図に施ける企業合同進展の状況(3・完)「商工経済」 11(3) 1941.3
◇近郊農業生産力拡充の諸問題(吉岡金市)「商工経済」 11(3) 1941.3
◇戦時経済と企業集中(高宮晋)「商工経済」 11(3) 1941.3
◇農村好況の停滞(今里勝彦)「地方行政」 49(3) 1941.3
◇臨時農地管理制度の概要(田邊勝正)「地方行政」 49(3) 1941.3
◇燃料問題に関する懇談会(続)「帝国瓦斯協会雑誌」 30(2) 1941.3
◇越後高田地方に於ける貸鍬慣行(石川二郎)「帝国農会報」 31(3) 1941.3
◇農業経営に於ける養蚕の位置(栗原藤七郎)「帝国農会報」 31(3) 1941.3
◇農業配給機構と国策会社(八木沢善次)「帝国農会報」 31(3) 1941.3
◇物資配給統制会社としての日本米穀株式会社(沢田徳蔵)「帝国農会報」 31(3) 1941.3
◇米穀配給機構に就て(中島知至)「東京市産業時報」 7(3) 1941.3
◇農林水産業調査汎論(2)(加он成雄)「統計集誌」 717 1941.3
◇繭作転換の可能性-棉、麻、繭作と農家収入-(五十嵐友幸)「東洋経済新報」 1960 1941.3
◇生活必需品切符制実施費補助に関する件依命通牒(昭16.2.15内務次官)「内務厚生時報」 6(3) 1941.3
◇臨時農地等管理令施行に伴ふ土木に関する事務取扱の件通牒(昭16.2.18土木局長)「内務厚生時報」 6(3) 1941.3
◇和薬並に薬草の配給機構に関する件(昭16.2.18衛生局長)「内務厚生時報」 6(3) 1941.3
◇水分の循環と灌漑排水(高橋一郎)「農業と経済」 8(3) 1941.3
◇戦時下に於ける英国食糧経済(田中功)「農業と経済」 8(3) 1941.3
◇臨時農地等管理令と臨時農地価格統制令「農業と経済」 8(3) 1941.3

◇農村工場と電気(9)(大河内治)「農村工業」 8(3) 1941.3
◇農林省所管重要物資現在高調査の取扱方に関する件通牒(昭16.2.10農林省統計課長)「農林時報」 1(3) 1941.3
◇英国の戦時食糧事情に就て(山口立)「農林時報」 1(4) 1941.3
◇食糧増産と農耕地問題(溝口三郎)「農林時報」 1(4) 1941.3
◇食糧等重要農産物の増産と桑園の整理(坂田英一)「農林時報」 1(4) 1941.3
◇臨時農地価格統制令並に臨時農地等管理令実施に関する件(通牒)「農林時報」 1(4) 1941.3
◇蚕糸業統制法「農林時報」 1(5) 1941.3
◇主要食糧自給強化施設「農林時報」 1(5) 1941.3
◇昭和16年度農村労力調整諸施設実施要領に関する件通牒「農林時報」 1(5) 1941.3
◇青少年学徒食糧飼料増産運動実施に関する件通牒「農林時報」 1(5) 1941.3
◇在支英国経済の構成(内田直作)「一橋論叢」 7(3) 1941.3
◇新体制下の農業法展望(2・完)(小林巳智次)「法律時報」 13(3) 1941.3
◇米穀割当配給制実施に伴ふ工場給食等の取扱に関する件(食糧管理局長官、労働局長)「労働時報」 18(3) 1941.3
◇食糧増産策の根本的確立(倉上晃)「科学主義工業」 5(4) 1941.4
◇経済統制法令違反行為の効力(原龍之助)「経済学雑誌」 8(4) 1941.4
◇経済統制法令の疑義(7)(荻野益三郎)「警察研究」 12(4) 1941.4
◇配電統合具体化に伴ふ課題-近畿ブロックを中心として-「国策研究会週報」 3(17) 1941.4
◇最近農家労働移動年齢の検討(2)(野尻重雄)「社会政策時報」 247 1941.4
◇生鮮食糧配給機構に絡る諸問題(秋元博)「社会政策時報」 247 1941.4
◇経済封鎖戦の戦略的価値「週刊エコノミスト」 19(13) 1941.4
◇米穀通帳配給制度「週刊エコノミスト」 19(14) 1941.4
◇米の前当配給制はなぜ実施されたか「週報 官報附録」 236 1941.4
◇富山買薬業の配給機構(2)(向井梅次)「商業組合」 7(4) 1941.4
◇新体制下の満洲国特産物蒐荷配給機構(桜井芳樹)「帝国農会報」 31(4) 1941.4
◇日本農業の発展段階と肥料問題(齋藤静雄)「帝国農会報」 31(4) 1941.4
◇農業生産力の形成(川俣浩太郎)「帝国農会報」 31(4) 1941.4
◇共同配給組織に関する調査(播久夫)「東京市産業時報」 7(4) 1941.4
◇米の割当覚え帳(菊地淳)「東京市産業時報」 7(4) 1941.4
◇新編米穀史(市川博)「東京市産業時報」 7(4) 1941.4
◇農林水産業調査汎論(3・完)(加成雄)「統計集誌」 718 1941.4
◇東北地方に於ける農家適正化と労働力の析出に就て(須永重光)「東北産業研究」 1 1941.4
◇東北農業論(藤澤真苗)「東北産業研究」 1 1941.4
◇肥料需給の現状と集荷配給部面の諸問題「東洋経済新報」 1966 1941.4
◇電力管理の専門的再検「東洋経済新報」 1968 1941.4
◇部落会と農事実行組合の調整成る(徳田良治)「都市問題」 32(4) 1941.4
◇最近の農機具問題(森周六)「農業と経済」 8(4) 1941.4
◇主要食糧に於ける諸統制の進展(野崎豊一)「農業と経済」 8(4) 1941.4
◇台湾の耕地改良開発(牧隆泰)「農業と経済」 8(4) 1941.4
◇最近の肥料事情(重政誠之)「農林時報」 1(6) 1941.4

◇自給肥料の改良増産・施肥の改善(安樂城敏男)「農林時報」 1(6) 1941.4
◇食糧増産技術動員(国枝益二)「農林時報」 1(6) 1941.4
◇米穀の増産施設(村田朔郎,尾崎三雄)「農林時報」 1(6) 1941.4
◇麦の増産施設(竹内二郎)「農林時報」 1(6) 1941.4
◇甘藷・馬鈴薯の増産と配給統制(古谷謙)「農林時報」 1(7) 1941.4
◇国策会社に対する全購販連其他産業組合等の出資額調(昭和16年2月)「農林時報」 1(7) 1941.4
◇戦争経済学の本質(中山伊知郎)「科学主義工業」 5(5) 1941.5
◇独逸電気供給事業の近状「企画」 4(5) 1941.5
◇ナチス農業労働政策(中川与之助)「経済論叢」 52(5) 1941.5
◇産業従業員の休眠状態について(木村政長,白井伊三郎)「厚生科学」 2(1) 1941.5
◇生活必需品切符制の進展と問題点「国策研究会週報」 3(20) 1941.5
◇時局下の農業構造(木村靖一)「産業組合」 427 1941.5
◇屎尿も切符制「市政週報」 109 1941.5
◇六大都市に於ける米穀割当配給制に就て(片柳真吉)「斯民」 36(5) 1941.5
◇農家の家庭生活に関する調査(太田敏兄)「社会政策時報」 248 1941.5
◇魚介配給機構の整備「週刊エコノミスト」 19(17) 1941.5
◇食糧問題と水産業(特集)「週刊エコノミスト」 19(19) 1941.5
◇戦時下の地方経済-愛知県の巻(1)「週刊エコノミスト」 19(20) 1941.5
◇包括的業種別組合と地区組合(坂田武雄)「商業組合」 7(5)
◇京都大阪両市における切符制事務(服部英一)「地方改良」 111 1941.5
◇東京府に於ける米穀配給統制機構(早池峰生)「地方改良」 111 1941.5
◇満洲国経済建設論(河西太一郎)「中央公論」 56(5) 1941.5
◇昭和16年上半期瓦斯供給計画に就て「帝国瓦斯協会雑誌」 30(3) 1941.5
◇中農主義と適正規模論(清水弘)「帝国農会報」 31(5) 1941.5
◇農業共同作業の発展性に就て(1)(山下肅郎)「帝国農会報」 31(5) 1941.5
◇農業労働に関する若干の問題-農業労働の特質と労働調整方法-(川原仁左衛門)「帝国農会報」 31(5) 1941.5
◇北支に於ける農家生活水準の分析(東出隼一)「帝国農会報」 31(5) 1941.5
◇北海道に於ける農業生産統制(田中孝市)「帝国農会報」 31(5) 1941.5
◇我国農業に於ける雇傭労働(宮崎新一)「帝国農会報」 31(5) 1941.5
◇共同配給組織に関する全国的調査(2)(播久夫)「東京市産業時報」 7(5) 1941.5
◇生活必需品配給機構整備方策(中小商工業振興調査会編)「東京市産業時報」 7(5) 1941.5
◇生鮮食料品配給統制問題の再検(1)(石井孝義)「東京市産業時報」 7(5) 1941.5
◇農林水産業調査に就いて(2)(長畑健二)「統計集誌」 719 1941.5
◇検挙数字に見る経済事犯の諸相「東洋経済新報」 1969 1941.5
◇鴨緑江水域経済視察記(1)「東洋経済新報」 1973 1941.5
◇生鮮食糧品出荷配給統制問題「都市問題」 32(5) 1941.5
魚飢饉と魚類配給機構の問題(草刈孟) 食糧政策に於ける生鮮食糧品問題(福田敬太郎) 青果の生産及び出荷統制(木村靖二) 青果物の生産配給事情と諸問題(天明郁夫) 生鮮食糧品出荷配給統制への私観(安倍小次郎) 鮮魚介配給統制規則の実施 戦時下農林漁業及食品工業協力体制要綱

◇北支農業に於ける労働雇傭(柏祐賢)「農業と経済」 8(5) 1941.5
◇蚕糸業統制法の実施に際して(山添利作)「農林時報」 1(8) 1941.5
◇中央農業協力会の成立に就て(橋本律二)「農林時報」 1(8) 1941.5
◇台湾農業再編成の問題(山本登)「三田学会雑誌」 35(5) 1941.5
◇フリーダ・ウンダーリッヒの労働生産力論(藤林敬三)「三田学会雑誌」 35(5) 1941.5
◇農業労働調査(速報)「労働科学」 18(5) 1941.5
◇企業合同とカクテル(国弘員人)「科学主義工業」 5(6) 1941.6
◇専門生産論(小峰柳多)「科学主義工業」 5(6) 1941.6
◇フランス経済の現状「企画」 4(6) 1941.6
◇現代産業機構の一分析-その動力的基礎の問題を中心として(上林貞治郎)「経済学雑誌」 8(6) 1941.6
◇台湾工業化と農業再編成(平実)「経済学雑誌」 8(6) 1941.6
◇独逸に於けるミルク統制の法律型態-農産物市場統制の典型として(実方正雄)「経済学雑誌」 8(6) 1941.6
◇企業集中の理論(高宮晋)「経済学論集」 11(6) 1941.6
◇支那の農家と田賦附加税(八木芳之助)「経済論叢」 52(6) 1941.6
◇経済違反の性質(溝淵増巳)「警察研究」 12(6) 1941.6
◇経済統制法令の疑義(8)(磯部靖)「警察研究」 12(6) 1941.6
◇食用油配給統制に関する件通牒(昭和16.4.28資材部長)「産業組合」 428 1941.6
◇生産統制を実施する村(現地報告)(中村吉次郎)「産業組合」 428 1941.6
◇農機具共同管理の実際(谷本光好)「産業組合」 428 1941.6
◇特殊需要者用小麦粉及食パンの切符制「市政週報」 115 1941.6
◇農地開発法の実施(戸嶋芳雄)「自治研究」 17(6) 1941.6
◇農地開開計画の全貌(溝口三郎)「斯民」 36(6) 1941.6
◇農村医療保健の組織問題(中楢幸吉)「社会事業」 25(6) 1941.6
◇農村社会施設と人の問題(錦織剛男)「社会事業」 25(6) 1941.6
◇転換期の農村協同組合問題(服部知治)「社会政策時報」 249 1941.6
◇農業適正規模論(田中定)「社会政策時報」 249 1941.6
◇農業の機械化と適正規模(吉岡金市)「社会政策時報」 249 1941.6
◇戦時下の地方経済-愛知県の巻(2・完)「週刊エコノミスト」 19(21) 1941.6
◇ドイツ戦時経済の解剖(特集)「週刊エコノミスト」 19(22) 1941.6
◇英国戦時経済の解剖「週刊エコノミスト」 19(23) 1941.6
◇戦時四年・日本経済の足跡「週刊エコノミスト」 19(24) 1941.6
◇麦類配給統制規則の解説「週報 官報附録」 245 1941.6
◇道府県の生活必需品配給機構整備計画に就いて(高橋幸司)「商業組合」 7(6) 1941.6
◇満洲経済建設政策の転換(樋口弘)「商工経済」 11(6) 1941.6
◇帝都に於ける生活必需品配給機構整備方策に於て(早池峰生)「地方改良」 115 1941.6
◇日本農業技術の構造とその展開(1)(吉岡金市)「帝国農会報」 31(6) 1941.6
◇日本農業電化の性格(永井健造)「帝国農会報」 31(6) 1941.6
◇「農業技術」特輯「帝国農会報」 31(6) 1941.6
◇本邦農具に就て(森周六)「帝国農会報」 31(6) 1941.6

◇計画経済の根本問題(1)「東洋経済新報」　1677　1941.6
◇企業の整理統合と買収資産評価問題「東洋経済新報」　1974　1941.6
◇鴨緑江水域経済視察記(2・完)「東洋経済新報」　1976　1941.6
◇生活必需品の配給機構整備の具体的一般方針「都市問題」　32(6)　1941.6
電力国策実施要綱成る「都市問題」　32(6)　1941.6
◇医薬品及衛生材料生産配給統制規則施行に関する件依命通牒(昭16.5.9厚生次官)「内務厚生時報」　6(6)　1941.6
◇鮮魚介配給統制問題の現在及将来(西村彰一)「農業と経済」　8(6)　1941.6
◇生活必需物資と配給統制(1):-食料油-(三宅川賢二)「農林時報」　1(10)　1941.6
◇戦時下に於ける農機具の利用強化対策(小林正一郎)「農林時報」　1(10)　1941.6
◇農林水産業調査取扱方に関する件通牒(昭16.5.12統計課長)「農林時報」　1(10)　1941.6
◇生活必需物資の配給統制(2):-麦類-(片柳真吉)「農林時報」　1(11)　1941.6
◇戦時食糧増産完遂上部落農業団体に関する実践要綱に関する件(昭16.5.26総務局長)「農林時報」　1(11)　1941.6
◇配給機構整備に関する件通牒(昭16.6.4商工・農林次官)「農林時報」　1(11)　1941.6
◇経済刑法と違法の認識(1)(小野清一郎)「法学協会雑誌」　59(6)　1941.6
◇経済統制違反に於ける違法の認識と商工省告示の性質(判例批評)(小野清一郎)「法学協会雑誌」　59(6)　1941.6
◇経済統制罰に関する法律上の諸問題(1)-判例を中心とする経済統制罰の研究-(田中二郎)「法学協会雑誌」　59(6)　1941.6
◇独逸の産業組合新体制(河田嗣郎)「経済学雑誌」　9(1)　1941.7
◇ナチス経済団体の成立(静田均)「経済論叢」　53(1)　1941.7
◇経済統制法令の疑義(9)(磯部靖)「警察研究」　12(7)　1941.7
◇事変以降に於ける産業情勢の変化と矛盾「国策研究会週報」　3(27)　1941.7
◇米価の現位置とその問題点「国策研究会週報」　3(29)　1941.7
◇電力統制の新段階とその発足を繞る諸問題「国策研究会週報」　3(30)　1941.7
◇支那に対する資本主義勢力の侵入過程とその影響(岡田巧)「財政」　6(7)　1941.7
全国産業組合大会号「産業組合」　429　1941.7
◇暴利取締令の強化「週刊エコノミスト」　18(28)　1941.7
◇九・一八停止令の検討(特集)「週刊エコノミスト」　19(26)　1941.7
◇七・七禁止令の実績「週刊エコノミスト」　19(26)　1941.7
◇統制会の形成過程「週刊エコノミスト」　19(26)　1941.7
◇戦時下の地方経済(愛媛県の巻・2)「週刊エコノミスト」　19(27)　1941.7
◇農業立地の諸問題(伊藤兆司)「週刊エコノミスト」　19(27)　1941.7
◇配給機構整備の基本問題(福田敬太郎)「週刊エコノミスト」　19(27)　1941.7
◇菓子の配給機構改革に就て(徳永元純)「商業組合」　7(7)　1941.7
◇生活必需品配給機構案に就いて-特に東京市案を読みて-(村本福松)「商業組合」　7(7)　1941.7
◇北海道・千葉県に於ける地区組合と配給機構整備の状況「商工経済」　12(1)　1941.7
◇満洲国産業建設の展望(大川彰)「商工経済」　12(1)　1941.7
◇内地西部に於ける苹果配給に就て(国島秀雄)「地理」　4(3)　1941.7

◇インフレーションと米価の問題(石谷正夫)「帝国農会報」　31(7)　1941.7
◇食糧増産と科学的対策(大井上康)「帝国農会報」　31(7)　1941.7
◇生鮮食糧品価格と配給統制(山岸七之丞)「帝国農会報」　31(7)　1941.7
◇南方諸国米作農業の動向(木村靖二)「帝国農会報」　31(7)　1941.7
◇農産物と生産費の価格(稲村順三)「帝国農会報」　31(7)　1941.7
◇満洲に於ける米作発展の諸条件(深谷進)「帝国農会報」　31(7)　1941.7
◇南満洲に於ける水稲の生産事情(横山敏男)「帝国農会報」　31(7)　1941.7
◇重要食糧配給の形態と其の運営(奥原時蔵)「東京市産業時報」　7　1941.7
◇幽霊人口と現行切符制に就て(野宗英一郎)「東京市産業時報」　7　1941.7
◇東北地方凶作と気象との関係(農林水産科)「東北産業研究」　2　1941.7
◇対支経済建設の展望-事変四ヶ年の実績と問題-「東洋経済新報」　1978　1941.7
◇米価是正問題の背景「東洋経済新報」　1980　1941.7
◇重慶地帯の農業生産増進政策「東洋経済新報」　1981　1941.7
◇注目すべき農地面積の減少「東洋経済新報」　1981　1941.7
◇産業都大阪の将来(菅野和太郎)「都市問題」　33(1)　1941.7
◇食料増産部落農業団体実践要綱「都市問題」　33(1)　1941.7
◇全国経済部長会議「都市問題」　33(1)　1941.7
◇東京電灯株式会社の福利厚生施設の概要「内外労働週報」　463　1941.7
◇菓子配給統制に就て(渡邊祥夫)「農林時報」　1(12)　1941.7
◇生活必需物資の配給統制(3):-畜製品-(家治清一)「農林時報」　1(12)　1941.7
◇麦酒選択式切符制に就て(徳安健太郎)「農林時報」　1(12)　1941.7
◇魚類小売配給機構に関する件(昭16.7.7食品局長)「農林時報」　1(13)　1941.7
◇生活必需物資の配給統制(4):-生鮮・魚介類-「農林時報」　1(13)　1941.7
◇鮮魚介の出荷及配給に関する件(昭16.7.8食品局長)「農林時報」　1(13)　1941.7
◇農林水産業取扱方に関する件「農林時報」　1(13)　1941.7
◇経済刑法と違法の認識(2・完)(小野清一郎)「法学協会雑誌」　59(7)　1941.7
◇経済統制罰に関する法律上の諸問題(2)-判例を中心とする経済統制罰の研究-(田中二郎)「法学協会雑誌」　59(7)　1941.7
◇統制経済下の会社法(大隈健一郎)「法律時報」　13(7)　1941.7
◇戦前恐慌の克服(大島清)「科学主義工業」　5(8)　1941.8
◇ソ連邦経済に於ける価格制度(安平哲二)「経済学論集」　11(8)　1941.8
◇経済統制法令の疑義(10)(磯部靖)「警察研究」　12(8)　1941.8
◇内外情勢の急変と産業体制の転換(特輯)「国策研究会週報」　3(31)　1941.8
◇インフレーションと農村(木村禧八郎)「産業組合」　430　1941.8
◇第36回全国産業組合大会審議委員会経過(2・完)「産業組合」　430　1941.8
◇集成キツプの取扱ひ方について(消費経済部)「市政週報」　124　1941.8
◇緊迫時局下の産業整備(特集)「週刊エコノミスト」　19(31)　1941.8
◇生拡と企業の合同・整理「週刊エコノミスト」　19(32)　1941.8

経済・産業

◇青果物の配給統制「週報 官報附録」 253 1941.8
◇商店企業合同の実例(白瀬懋)「商業組合」 7(8) 1941.8
◇書籍雑誌配給機構整備に関する件通牒(昭16.7.24振興部長、繊維局長)「商工通報」 28 1941.8
◇農産物増産蒐荷方策と新穀収買価格に就て(結城清太郎)「地方行政 日文版」 8(8) 1941.8
◇撫順県に於ける農産物蒐貨の措置と実績(和気幹雄)「地方行政 日文版」 8(8) 1941.8
◇北支の農民(1)(加賀耿二)「中央公論」 56(8) 1941.8
◇耕耘整地技術の展開(2)(吉岡金市)「帝国農会報」 31(8) 1941.8
◇長期戦時下に於ける綜合的農業生産計画に就て(高岡熊雄)「帝国農会報」 31(8) 1941.8
◇ナチス・ドイツの農業政策(タールハイム、殿村又一)「帝国農会報」 31(8) 1941.8
◇農業共同作業の発展性に就て(2・完)(山下肅郎)「帝国農会報」 31(8) 1941.8
◇米ソ両国の農業労働生産性(エム・クバーニン、高橋善雄訳)「帝国農会報」 31(8) 1941.8
◇養蚕経営転換の諸問題(栗原藤七郎)「帝国農会報」 31(8) 1941.8
◇食糧増産の必須条件(大内修伍)「東京市産業時報」 7(8) 1941.8
◇会社成績から見た産業界の近状(笠井秀夫)「統計集誌」 722 1941.8
◇野菜出廻り不足の根因「東洋経済新報」 1982 1941.8
◇重要産業団体令の本質を衝く「東洋経済新報」 1983 1941.8
◇米の段当収量の変遷と米穀増産への一示唆「東洋経済新報」 1985 1941.8
◇配電統合と都市の立場「都市問題」 33(2) 1941.8
◇配給統制と都市の経済行政「都市問題」 33(2) 1941.8
　各市生活必需品切符制実施概況　切符制をめぐりて(菊池淳)　神戸市に於ける切符制運営の実情(向井富太郎)　生活必需物資問題に関する諸対策と諸意見　大都市の食糧とその供給圏(宮出秀雄)　高橋亀吉氏の切符制改正意見　東京市の集成切符制案　名古屋市の切符制について(名古屋市消費経済部配給課)　配給機構の整備に関する通牒　配給統制と商工業者問題(村本福松)　隣保組織と消費者組織(山本秋)　割当制度の実施と消費指導の必要(草刈孟)
◇最近の米価問題と農業新体制(奥谷松治)「日本評論」 16(8) 1941.8
◇蚕糸業統制法の規定するもの(1)(大村卓)「農業と経済」 8(8) 1941.8
◇全羅北道に於ける農業経営の諸相(山田龍雄)「農業と経済」 8(8) 1941.8
◇東北農村の一断面-農業労働力の問題を中心として(小池保)「農業と経済」 8(8) 1941.8
◇農業災害の経済的性格(近藤康男)「農業と経済」 8(8) 1941.8
◇食肉等配給統制に関する件(昭16.7.17農林次官)「農林時報」 1(14) 1941.8
◇生活必需物資の配給統制(5):-小麦粉等-「農林時報」 1(14) 1941.8
◇生活必需物資の配給統制(6):-青果物-「農林時報」 1(15) 1941.8
◇英国産業革命の主体的考察-商工企業者及労働者の自己覚醒の過程を中心として-(堀潮)「一橋論叢」 8(2) 1941.8
◇現下の食糧問題(東浦庄治)「改造」 23(18) 1941.9
◇戦争経済(討議)[一生産](永田清[ほか])「改造」 23(18) 1941.9
◇米穀政策の新段階(四宮恭二)「改造」 23(18) 1941.9
◇米国の日本資産凍結と蚕糸業(石井英之助)「改造」 23(18) 1941.9
◇生産力拡充と組織的合理化(高宮晋)「科学主義工業」 5(9) 1941.9

◇日本を繞る北方資源(特輯)「科学主義工業」 5(9) 1941.9
◇農業政策の基本課題(桜井武雄)「科学主義工業」 5(9) 1941.9
◇企業統合体の進展(西島弥太郎)「経済学雑誌」 9(3) 1941.9
◇クロック研究の追補(小山田小七)「経済学雑誌」 9(3) 1941.9
◇戦時物資統制法概観(原龍之助)「経済学雑誌」 9(3) 1941.9
◇統制経済の法的表現集中化(末川博)「経済学雑誌」 9(3) 1941.9
◇農業経済学における地代理論の地位(硲正夫)「経済学雑誌」 9(3) 1941.9
◇戦時統制経済と企業集中(高宮晋)「経済学論集」 11(9) 1941.9
◇ソ連邦経済に於ける価格制度(2)(安平哲二)「経済学論集」 11(9) 1941.9
◇ナチス・ドイツの農業政策(1)(飯田昭夫)「経済集志」 14(2) 1941.9
◇都市菜園座談会「公園緑地」 5(8) 1941.9
◇農村に於ける臨戦態勢(千石興太郎)「国策研究会週報」 3(36) 1941.9
◇生鮮食料品配給機構整備の現段階「国策研究会週報」 3(38) 1941.9
◇統制会の前進を阻むもの「国策研究会週報」 3(39) 1941.9
◇農業協力体制の強化(特輯)「産業組合」 431 1941.9
◇蘭印協同組合発達小史(KM・マルゴー)「産業組合」 431 1941.9
◇青果物の配給統制(小山雄二)「斯民」 36(9) 1941.9
◇衣料配給部門再編成の課題(1)(竹林庄太郎)「社会政策時報」 252 1941.9
◇時局と切符制再検討(深見義一)「週刊エコノミスト」 19(33) 1941.9
◇ドイツの犠牲産業対策「週刊エコノミスト」 19(33) 1941.9
◇応戦価格体制の確立(特集)「週刊エコノミスト」 19(34) 1941.9
◇配給機関整備の新段階「週刊エコノミスト」 19(34) 1941.9
◇北海道の広域経済(2)-地方経済現地報告-「週刊エコノミスト」 19(34) 1941.9
◇経済封鎖と農業増産(特集)「週刊エコノミスト」 19(35) 1941.9
◇消費統制と総合切符制-過渡的な集合切符制-「週刊エコノミスト」 19(35) 1941.9
◇生鮮品配給統制の再出発「週刊エコノミスト」 19(35) 1941.9
◇大陸アウタルキー論(1):第一部総合開発要綱(日下藤吾)「週刊エコノミスト」 19(35) 1941.9
◇米穀生産費の真実性(西村健吉)「週刊エコノミスト」 19(35) 1941.9
◇建設十年・満洲国の成果(特集)「週刊エコノミスト」 19(36) 1941.9
◇戦時下の地方経済-埼玉県の巻-「週刊エコノミスト」 19(36) 1941.9
◇大陸アウタルキー論(2・完)(日下藤吾)「週刊エコノミスト」 19(36) 1941.9
◇肥料増産を検討す「週刊エコノミスト」 19(36) 1941.9
◇経済再編成と営業免許制の確立(原戸英治)「商業組合」 7(9) 1941.9
◇適限経営の問題について(粟屋義純)「商業組合」 7(9) 1941.9
◇青果物需給逼迫の実情「商工経済」 12(3) 1941.9
◇適限経営論(村本福松)「商工経済」 12(3) 1941.9
◇米価対策の意義(利光洋一)「地方行政」 49(9) 1941.9
◇ウクライナの政治経済的価値(本山顕一)「中央公論」 56(9) 1941.9
◇ソ連経済力の地理的配置(九枝季繁)「中央公論」 56(9) 1941.9
◇北支の農民-経営について-(加賀耿二)「中央公論」 56(9) 1941.9

◇支那事変下の農地問題(沢村廉)「帝国農会報」　31(9)　1941.9
◇地方農地問題動向(特輯)「帝国農会報」　31(9)　1941.9
◇道府県農会の特色ある事業の概要(帝国農会政策部編)「帝国農会報」31(9)　1941.9
◇農業の発展と地代形態(栗原百寿)「帝国農会報」　31(9)　1941.9
◇非常時農地立法の動向(平川昌三)「帝国農会報」　31(9)　1941.9
◇国民は何を望み何を欲する乎(協力会議の収穫-配給・切符制)(大内修伍)「東京市産業時報」　7(9)　1941.9
◇独逸産業組織と企業結合「東京市産業時報」　7(9)　1941.9
◇都市自治体の経済機能の変革(小西利雄)「東京市産業時報」　7(9)　1941.9
◇経済戦争を語る(座談会)赤松・永田・美濃部・大熊・常磐・坂垣「統制経済」　3(3)　1941.9
◇戦時国民消費の規準(宗藤圭三)「統制経済」　3(3)　1941.9
◇統制会の問題(静田均)「統制経済」　3(3)　1941.9
◇米国戦時経済の現段階(特集)「東洋経済新報」　1988　1941.9
◇注目すべき農村に於ける託児所の激増「東洋経済新報」　1990　1941.9
◇米の管理機構と米穀証券の役割「東洋経済統計月報」　3(9)　1941.9
◇営業免許制問題「都市問題」　33(3)　1941.9
◇切符制を如何に発展せしむるか(菊池淳)「都市問題」　33(3)　1941.9
◇集成切符の実施発表「都市問題」　33(3)　1941.9
◇大都市の食糧とその供給圏(続)(宮出秀雄)「都市問題」　33(3)　1941.9
◇配電管理統制案成る「都市問題」　33(3)　1941.9
◇満州国に於ける生必物資計画配給「都市問題」　33(3)　1941.9
◇経済臨戦体制(本位田祥男)「日本評論」　16(9)　1941.9
◇米国戦争経済の分析(木村禧八郎)「日本評論」　16(9)　1941.9
◇蚕糸業統制法の規定するもの(2・完)(大村卓)「農業と経済」　8(9)　1941.9
◇集団耕地造成に基く農家移転事象散見(池田義祐)「農業と経済」　8(9)　1941.9
◇食糧増産現地報告「農業と経済」　8(9)　1941.9
◇高原開発に就て「農林時報」　1(16)　1941.9
◇生活必需品の配給統制(7):-藷類-「農林時報」　1(16)　1941.9
◇青果物配給統制規則の運用に関する件(昭16.9.1農林次官)「農林時報」　1(16)　1941.9
◇木炭の配給に就て「農林時報」　1(16)　1941.9
◇家畜商取締規則に就て「農林時報」　1(17)　1941.9
◇食用鮮魚介類高販売価格に関する件(昭16.8.28農林次官)「農林時報」　1(17)　1941.9
◇生活必需物資の配給統制(8):-食肉-「農林時報」　1(17)　1941.9
◇会社経理統制令と自己資金の蓄積(岩田巌)「一橋論叢」　8(3)　1941.9
◇経済統制罰に関する法律上の諸問題(3)(田中二郎)「法学協会雑誌」　59(9)　1941.9
◇流通の対象たる企業と侵害の対象たる企業(鈴木竹雄)「法学協会雑誌」　59(9)　1941.9
◇重要産業団体令に就て(松田道夫)「法律時報」　13(9)　1941.9
◇国民政府治下の経済概観(金原賢之助)「三田学会雑誌」　35(9)　1941.9
◇米国鉄道と重要物資の配給「外国鉄道調査資料」　15(10)　1941.10
◇米価二重制と農民(大川一司)「改造」　23(19)　1941.10
◇官界刷新と戦時産業者の提言(郷古潔)「改造」　23(20)　1941.10
◇産業統制令を繞る諸問題(坂野善郎)「改造」　23(20)　1941.10
◇戦時下配給機構の整備(増地庸治郎)「科学主義工業」　5(10)　1941.10
◇米価対策と食糧増産(東浦庄治)「科学主義工業」　5(10)　1941.10
◇明治十八年埼玉県小作慣行調整書(土屋春駿)「経済学論集」　11(10)　1941.10
◇ナチス経済団体とカルテル(静田均)「経済論叢」　53(4)　1941.10
◇統制法判例研究(1)(田中二郎[ほか])「警察研究」　12(10)　1941.10
◇生活必需品配給・消費機構整備座談会「国策研究会週報」　3(42)　1941.10
◇「統制会設立促進に関する閣議申合せ」の意義(帆足計)「国策研究会週報」　3(42)　1941.10
◇中小企業の統合状態と集中生産の問題「国策研究会週報」　3(43)　1941.10
◇世界各国の国民所得(仙波太郎)「財政」　6(10)　1941.10
◇配電統制令に就て(古池信三)「財政」　6(10)　1941.10
◇移動演劇と農村(伊藤喜朔)「産業組合」　432　1941.10
◇適正なる配給機構への反省附神戸消費組合の経営を示す諸統計(山崎勉治)「産業組合」　432　1941.10
◇電気局の臨戦態勢(電気局)「市政週報」　128　1941.10
◇農林漁業団体統合に当局の慎重さを望む(山崎満)「自治公論」　13(10)　1941.10
◇米穀国家管理の強化(遠藤三郎)「斯民」　36(10)　1941.10
◇銃後農村に於ける生活の協同化「社会事業」　25(10)　1941.10
◇農村人的資源基地の荒廃に就て(山下庸郎)「社会事業」　25(10)　1941.10
◇衣料配給部門再編成の課題(2)(竹林庄太郎)「社会政策時報」　253　1941.10
◇農村部落経済の再編成-秋田県開谷地部落に於ける一事例-(宮出秀雄)「社会政策時報」　253　1941.10
◇時局克服官民座談会「週刊エコノミスト」　19(37)　1941.10
◇四大広域経済圏の強弱点「週刊エコノミスト」　19(37)　1941.10
◇総動員体制の前進と統制経済(特集)-物価・貿易・財政・配給・食糧・交通・統制企業-「週刊エコノミスト」　19(37)　1941.10
◇英国戦時経済の概観(1)(J.F.グリーン)「週刊エコノミスト」　19(39)　1941.10
◇米穀国管強化の目標-食糧臨戦体制の基本措置-「週刊エコノミスト」　19(39)　1941.10
◇英国戦時経済の概観(2・完)(J.F.グリーン)「週刊エコノミスト」　19(40)　1941.10
◇食糧非常時対策確立す「週刊エコノミスト」　19(40)　1941.10
◇米穀管理の強化「週報 官報附録」　260　1941.10
◇欧洲各国の戦時食糧政策「週報 官報附録」　263　1941.10
◇我が国の食糧事情と緊急食糧対策(企画院,農林省)「週報 官報附録」　263　1941.10
◇統制経済豆辞典「週報 官報附録」　264　1941.10
◇帰農対策と高原開発(安達巌)「商業組合」　7(10)　1941.10
◇農村地区の配分構想(鈴木忠志)「商業組合」　7(10)　1941.10
◇ドイツの企業共助制度に就て(内田源兵衛)「商工経済」　12(4)　1941.10
◇特免綿織物配給に関する件(昭16.9.6繊維局長)「商工通報」　31　1941.10
◇米の生産と水の問題(橋本甚四郎)「水利と土木」　14(10)　1941.10
◇農地開発法に就て(弘浦恭輔)「水利と土木」　14(10)　1941.10
◇支那農業労働問題(1)(田邊勝正)「地方行政」　49(10)　1941.10
◇戦時農業と食糧対策座談会(平野義太郎[ほか])「中央公論」　56

経済・産業　　　都市問題・地方自治　調査研究文献要覧

◇(10)　1941.10
◇東亜建設の自給経済体系(森谷克巳[ほか])「中央公論」　56(10)　1941.10
◇北支の農民(完)-その生計について-(加賀耿二)「中央公論」　56(10)　1941.10
◇自昭和十一年度至昭和十四年度農業経営調査概要「帝国農会報」　3(10)　1941.10
◇稲二期作地帯に於ける農繁期雇傭労働に関する研究(田中瀧治)「帝国農会報」　3(10)　1941.10
◇食糧増産の完遂と農業団体の統合(三宅鹿之助)「帝国農会報」　31(10)　1941.10
◇農産物生産費について-稲村君「農産物の生産費と価格」を読みて「帝国農会報」　31(10)　1941.10
◇我国農業経営と適正規模(宮出秀雄)「帝国農会報」　31(10)　1941.10
◇戦時経済統制機構再編成の過程と今後(大和勇三)「東京市産業時報」　7(10)　1941.10
◇パン類と野菜の行列買に就て(中島知至)「東京市産業時報」　7(10)　1941.10
◇独逸戦時経済運営の基本体制「統制経済」　3(4)　1941.10
◇統制会と財閥(1)「東洋経済新報」　1991　1941.10
◇十六年度農村収入の概貌「東洋経済新報」　1994　1941.10
◇青果物配給統制規則の実施「都市問題」　33(4)　1941.10
◇大都市の食糧とその供給圏(続・完)(宮出秀雄)「都市問題」　33(4)　1941.10
◇帝都防衛体制の鞏化と帝都周辺高原の開発(安達巌)「都市問題」　33(4)　1941.10
◇米価問題の幅と深さ(本位田祥男)「日本評論」　16(10)　1941.10
◇滋賀県に於ける農業協同作業に就て(松下健三)「農業と経済」　8(10)　1941.10
◇朝鮮経済の再編成と農業(瀬野周治)「農業と経済」　8(10)　1941.10
◇都市食糧問題と近郊農業(宮出秀夫)「農業と経済」　8(10)　1941.10
◇満洲に於ける企業的水田経営(1)(横山敏男)「農業と経済」　8(10)　1941.10
◇日本農業の指標としての北海道農業(小島慶三)「農村工業」　8(10)　1941.10
◇副業の創始当時を聴く(E・S生)「農村工業」　8(10)　1941.10
◇産業組合指導監督の強化に関する件(昭16.9.30税務局長)「農林時報」　1(19)　1941.10
◇生活必需品物資の配給統制(9):-雑穀-「農林時報」　1(19)　1941.10
◇経済組織法(常盤敏太)「一橋論叢」　8(4)　1941.10
◇経済統制罰に関する法律上の諸問題(4)-判例を中心とする経済統制罰の研究-(田中二郎)「法学協会雑誌」　59(10)　1941.10
◇経済統制法の法律社会学的考察(末弘厳太郎)「法律時報」　13(10)　1941.10
◇経済統制法令に於ける公法と私法(1)(美濃部達吉)「法律時報」　13(10)　1941.10
◇統制法の強化と私法への関心(末川博)「法律時報」　13(10)　1941.10
◇重要産業団体令について「大阪商工会議所月報」　414　1941.11
◇食糧増産(農民の声)「改造」　23(21)　1941.11
◇三井財閥論(樋口弘)「改造」　23(21)　1941.11
◇経済行政機構の革新「改造」　23(22)　1941.11
◇自給東亜圏の確立(戦争経済・第三回)(永田清[ほか])「改造」　23(22)　1941.11

◇南洋パラオ島民の経済単位(渡邊信一)「科学主義工業」　5(11)　1941.11
◇農業技術の基本問題(吉岡金市)「科学主義工業」　5(11)　1941.11
◇満洲農業増産の諸問題(鈴木小兵衛)「科学主義工業」　5(11)　1941.11
◇米生産の地域的分化(小松幸雄)「経済学雑誌」　9(5)　1941.11
◇戦時経済動員(橋爪明男)「経済学論集」　11(11)　1941.11
◇戦時に於ける経済過程-第一次欧洲大戦に於ける独逸を中心として-(柳川昇)「経済学論集」　11(11)　1941.11
◇経済統制法令の疑義(11)(岸盛一)「警察研究」　12(11)　1941.11
◇重要産業団体令について(美濃部洋次)「警察研究」　12(11)　1941.11
◇我国経済統制犯の行政犯的性格について(大石義雄)「公法雑誌」　7(11)　1941.11
◇経営刷新と産業組合の本質(河野道彦)「産業組合」　433　1941.11
◇産業組合経営の基礎問題(青木一己)「産業組合」　433　1941.11
◇政府の産米施設と産業組合(林久一)「産業組合」　433　1941.11
◇台湾産業組合規則の画期的改正(梅原寅之助)「産業組合」　433　1941.11
◇独逸農村の金融機構(田畑為彦)「産業組合」　433　1941.11
◇農業報国連盟の改組に就て(倉上晃)「産業組合」　433　1941.11
◇生鮮食糧品の配給(経済局)「市政週報」　136　1941.11
◇農地開発事業について(戸嶋芳雄)「自治研究」　17(11)　1941.11
◇町内会に依る生活必需品物資配給応急対策要綱(自治振興中央会)「斯民」　36(11)　1941.11
◇国防・食糧・社会事業-アメリカに於ける国防食糧全国大会を一瞥して(天達忠雄)「社会事業」　25(11)　1941.11
◇中国農村金融と事変下農村合作社「社会政策時報」　254　1941.11
◇南方共栄圏と栽植企業形態-地主型栽植企業経営分析-(根岸勉治)「社会政策時報」　254　1941.11
◇新展開する農林行政「週刊エコノミスト」　19(41)　1941.11
◇欧洲諸国の食糧政策「週刊エコノミスト」　19(42)　1941.11
◇生鮮魚配給の混乱「週刊エコノミスト」　19(42)　1941.11
◇ソ連第三次五ヶ年計画の成果「週刊エコノミスト」　19(42)　1941.11
◇ドイツ戦後経済の構想(小次毅)「週刊エコノミスト」　19(43)　1941.11
◇飛躍する中京経済(1)「週刊エコノミスト」　19(43)　1941.11
◇魚の登録配給実施さる「週刊エコノミスト」　19(44)　1941.11
◇支那経済の現段階(特集)「週刊エコノミスト」　19(44)　1941.11
◇飛躍する中京経済(2・完)「週刊エコノミスト」　19(44)　1941.11
◇経済新体制の拠点・重要産業団令(峯村光郎)「商業組合」　7(11)　1941.11
◇配給統制の諸問題(1)(上林正矩)「商工経済」　12(5)　1941.11
◇繊維製品配給機構整備「商工通報」　34　1941.11
◇農村に於ける生活合理化の一面(石川栄耀)「人口問題」　4(2)　1941.11
◇支那農業労働問題(2)(田邊勝正)「地方行政」　49(11)　1941.11
◇篤農家について(杉山英樹)「中央公論」　56(11)　1941.11
◇瓦斯消費規正の影響(水越致和)「帝国瓦斯協会雑誌」　30(6)　1941.11
◇再面せる農業団体統制問題の意考及方向(沢村康)「帝国農会報」　31(11)　1941.11
◇挿秧技術の展開-日本農業技術の構造と其の展開(3)(吉岡金市)「帝国農会報」　31(11)　1941.11
◇部落の構造と部落農業団体性格(鈴木栄太郎)「帝国農会報」　31

506

(11)　1941.11
◇我国農業に於ける雇傭労働(宮崎新一)｢帝国農会報｣　31(11)　1941.11
◇魚菜類の配給登録制に就て(中島知至)｢東京市産業時報｣　7(11)　1941.11
◇戦時下独逸の食糧問題(フレデリック・シユトラウス)｢東京市産業時報｣　7(11)　1941.11
◇続配給雑感(野宗英一郎)｢東京市産業時報｣　7(11)　1941.11
◇農林水産業基本調査標準票式是非(加地成雄)｢統計集誌｣　725　1941.11
◇イタリヤの農業自給政策(大淵彰三)｢統制経済｣　3(5)　1941.11
◇経済統制法の新動向(菊池勇夫)｢統制経済｣　3(5)　1941.11
◇国防国家に於ける産業立地と電力開発(平井寛一郎)｢統制経済｣　3(5)　1941.11
◇産業組合機構の再編成(菊澤謙三)｢統制経済｣　3(5)　1941.11
◇ナチス統制経済の特色(津田蔵之丞)｢統制経済｣　3(5)　1941.11
◇重慶政府の農村貸付と合作金庫｢東洋経済新報｣　1995　1941.11
◇食糧増産と農地拡張｢東洋経済新報｣　1995　1941.11
◇間接税増徴と産業界｢東洋経済新報｣　1996　1941.11
◇配電管理と関西電鉄界｢東洋経済新報｣　1997　1941.11
◇朝鮮の新興産業(2)｢東洋経済新報｣　1999　1941.11
◇朝鮮の新興産業(3)｢東洋経済新報｣　1999　1941.11
◇農業団体統合機運成熟｢東洋経済新報｣　1999　1941.11
◇十六年の農村金銭収入｢東洋経済統計月報｣　3(11)　1941.11
◇緊急食糧対策と農地開拓計画(溝口三郎)｢都市公論｣　24(11)　1941.11
◇臨戦態勢と都市財政｢都市問題｣　33(5)　1941.11
　大政翼賛会の｢中小企業及び配給組織緊急対策要綱｣　半転業の問題
◇筑豊炭田視察記(筑紫聰)｢日本評論｣　16(11)　1941.11
◇甘藷馬鈴薯の配給統制に就て(松岡亮)｢農業と経済｣　8(11)　1941.11
◇支那の農業(田邊勝正)｢農業と経済｣　8(11)　1941.11
◇食糧問題の帰趨(柴田等)｢農業と経済｣　8(11)　1941.11
◇新米価対策と管理制度の強化(野崎豊一)｢農業と経済｣　8(11)　1941.11
◇青果物の配給統制と機構問題(山崎巖)｢農業と経済｣　8(11)　1941.11
◇満洲に於ける企業的水田農業の経営比較(横山敏男)｢農業と経済｣　8(11)　1941.11
◇味噌・醤油の生産並に配給の現状(横山良国)｢農業と経済｣　8(11)　1941.11
◇臨戦体制下に於ける我邦缶詰対策(徳安健太郎)｢農業と経済｣　8(11)　1941.11
◇農業報国連盟の改組に就て｢農林時報｣　1(20)　1941.11
◇農地作付統制規則の実施に当りて｢農林時報｣　1(20)　1941.11
◇指定地域に於ける藷類配給に関する件(昭16.10.31食品局長・農政局長)｢農林時報｣　1(21)　1941.11
◇食肉配給統制規則施行に関する件(昭16.10.1食品局長・農政局長)｢農林時報｣　1(21)　1941.11
◇食肉配給統制規則施行に関する件(昭16.10.1農林次官)｢農林時報｣　1(21)　1941.11
◇戦時食糧対策の具体的施設｢農林時報｣　1(21)　1941.11
◇農林計画委員会農林保険部の設置｢農林時報｣　1(21)　1941.11
◇非常時食糧用缶詰の生産及配給｢農林時報｣　1(21)　1941.11
◇食肉配給統制規則に関する件(昭16.11.7農林次官)｢農林時報｣　4(2)　1941.11

◇蚕糸業統制化史論(森泰吉郎)｢一橋論叢｣　8(5)　1941.11
◇支那固有企業形態合股の起源(根岸佶)｢一橋論叢｣　8(5)　1941.11
◇経済統制法令に於ける公法と私法(2・完)(美濃部達吉)｢法律時報｣　13(11)　1941.11
◇経済統制立法と罪刑法定主義(八木胖)｢法律時報｣　13(11)　1941.11
◇物資統制令に就て(平井富三郎)｢法律時報｣　13(11)　1941.11
◇農業報国連盟の改組｢労働時報｣　18(11)　1941.11
◇都市に於ける生鮮食料品配給の現状に就いて｢大阪商工会議所月報｣　415　1941.12
◇英国の戦後復興計画と産業立地問題の将来(中山平八郎訳)｢外国鉄道調査資料｣　15(12)　1941.12
◇経済統制遂行の一課題-調査機構と調査機関-(蜷川虎三)｢改造｣　23(23)　1941.12
◇総力戦と産業再編成(宮本武之輔)｢科学主義工業｣　5(12)　1941.12
◇ラウル・ソ連の経済的基礎(日下藤吾)｢科学主義工業｣　5(12)　1941.12
◇米国国民所得の変遷｢企画｣　4(12)　1941.12
◇適限経営論に就いて(村本福松)｢経済学雑誌｣　9(6)　1941.12
◇農業経営適正規模論の一例(四宮恭二)｢経済学雑誌｣　9(6)　1941.12
◇改正価格等統制令解説(2・完)(石井幸一)｢警察研究｣　12(12)　1941.12
◇経済統制法令の疑義(12)(岸盛一)｢警察研究｣　12(12)　1941.12
◇統制法判例研究(3)(田中二郎[ほか])｢警察研究｣　12(12)　1941.12
◇戦時下産業資金対策(山住克巳)｢国策研究会週報｣　3(49)　1941.12
◇産業組合の新任務(川俣浩太郎)｢産業組合｣　434　1941.12
◇産業組合の新分野(西川貞一)｢産業組合｣　434　1941.12
◇繊維製品配給機構整備に就て(梶原茂嘉)｢産業組合｣　434　1941.12
◇農村協同組合より農業協同組合へ(服部知治)｢産業組合｣　434　1941.12
◇配給機構整備問題と全購販連(奥原潔)｢産業組合｣　434　1941.12
◇臨戦体制下の産業組合(宮城孝治)｢産業組合｣　434　1941.12
◇漁類の配給登録制｢市政週報｣　141　1941.12
◇農業団体統合と町村自治体(山崎満)｢自治公論｣　13(12)　1941.12
◇帰農とその実際(倉上晃)｢斯民｣　36(12)　1941.12
◇農村に於ける共同作業と厚生施設の諸問題(須永重光)｢社会事業｣　25(12)　1941.12
◇地方都市近郊農家の生活内容(坂本進)｢社会政策時報｣　255　1941.12
◇欧州諸国の農業問題｢週刊エコノミスト｣　19(45)　1941.12
◇タイの協業組合運動｢週刊エコノミスト｣　19(45)　1941.12
◇農業統制の新方向(特集)｢週刊エコノミスト｣　19(45)　1941.12
◇組合統制と会社統制(川端巖)｢週刊エコノミスト｣　19(46)　1941.12
◇経済統制法の体系(1)｢週刊エコノミスト｣　19(46)　1941.12
◇統制会危局を乗切る(特集)｢週刊エコノミスト｣　19(46)　1941.12
◇経済統制法の体系(2・完)｢週刊エコノミスト｣　19(47)　1941.12
◇中小企業整理の焦点(美濃口時次郎)｢週刊エコノミスト｣　19(48)　1941.12
◇米穀生産奨励金の交付方法｢週報 官報附録｣　270　1941.12
◇産業再編成問答(2)｢週報 官報附録｣　273　1941.12
◇計画配要給と消費組織(岡本理一)｢商学討究｣　16　1941.12

◇重要産業団体の法律的構造(実方正雄)「商学討究」 16 1941.12
◇戦争と経済統計学(郡菊之助)「商学討究」 16 1941.12
◇戦争と消費経済(吉田秀夫)「商学討究」 16 1941.12
◇商店整理統合と企業合同(坂田武雄)「商業組合」 7(12) 1941.12
◇臨戦体制下の食料品小売機構の再編成(宮出秀雄)「商業組合」 7(12) 1941.12
◇独逸に於ける衣類切符制「商工経済」 12(6) 1941.12
◇配給統制の諸問題(2・完)(上林正矩)「商工経済」 12(6) 1941.12
◇農業地域(仮称)に関する一二の基礎事項(村本外雄)「造園雑誌」 8(12) 1941.12
◇陸中北部海岸種市、中野、待浜3村の農業経営(1)「地理学評論」 17(12) 1941.12
◇農業統制(特集号)「帝国農会報」 31(12) 1941.12
◇時局下大都市産業事務の動向(1)(清水清)「東京市産業時報」 7(12) 1941.12
◇戦時下産業利潤の諸問題(高垣五一)「統制経済」 3(6) 1941.12
◇ドイツに於ける経済刑法の発展(市川秀雄)「統制経済」 3(6) 1941.12
◇南進政策と蘭印の産業(目崎憲司)「統制経済」 3(6) 1941.12
◇経営上から見た我産業の問題点「東洋経済新報」 2000 1941.12
◇我が国産業技術の回顧と問題(特集)「東洋経済新報」 2000 1941.12
◇魚類青果物配給要綱の通牒「都市問題」 33(6) 1941.12
◇鮮魚類配給統制の現段階及び今後の問題に就ての考察-主として中央市場、小売商、消費者の間に於ける問題の研究(板橋謙吉)「都市問題」 33(6) 1941.12
◇戦争経済と生産力の理論(岸本誠二郎)「日本評論」 16(12) 1941.12
◇時局下農業経営の動向と現段階(石橋幸雄)「農業と経済」 8(12) 1941.12
◇戦時食糧対策概観(細田茂三郎)「農業と経済」 8(12) 1941.12
◇農業界一年の回想(藪孝平)「農業と経済」 8(12) 1941.12
◇農業団体統合問題の吟味(八杉正文)「農業と経済」 8(12) 1941.12
◇明治前期稲作技術の展開過程(藤井信)「農業と経済」 8(12) 1941.12
◇帰農とその実際「農林時報」 1(22) 1941.12
◇作付統制助成金交付に関する件(昭16.10.29農林次官)「農林時報」 1(22) 1941.12
◇食肉配給制規則に関する件(昭16.11.7農林次官)「農林時報」 1(22) 1941.12
◇食肉配給制施行に関する件(昭16.11.食品局長・農政局長)「農林時報」 1(22) 1941.12
◇生活必需品配給機構整備の現況「農林時報」 1(22) 1941.12
◇臨時議会の協賛を経たる食糧対策「農林時報」 1(22) 1941.12
◇農林省分課規程の改正に就て「農林時報」 1(23) 1941.12
◇米穀生産奨励金の交付方法「農林時報」 1(23) 1941.12
◇ドイツに於ける経済相互救済制度について(佐竹達二)「汎交通 帝国鉄道協会誌」 42(12) 1941.12
◇経済学の社会化について(高島善哉)「一橋論叢」 8(6) 1941.12
◇農村に於ける商取引の展開-繭を中心として-(岩田侃)「三田学会雑誌」 35(12) 1941.12
◇農村に於ける小機業と婦人労働(三瓶孝子)「労働科学」 18(12) 1941.12
◇農村労働力補強策(河村愼一)「科学主義工業」 6(1) 1942.1
◇キングスリーと協同組合思想「経済学雑誌」 10(1) 1942.1

◇農家の諸藩疇-統計的調査の現状-(東畑精一)「経済学論集」 12 1942.1
◇支那の農業と水(山崎武雄)「経済論叢」 54(1) 1942.1
◇ナチス経済団体の課題(静田均)「経済論叢」 54(1) 1942.1
◇バグーリエ「印度支那の米穀市場」(河東健二)「経済論叢」 54(1) 1942.1
◇企業許可令の実施に就て(豊田雅孝)「警察研究」 13(1) 1942.1
◇統制法判例研究(昭和十六年度一四)(田中二郎[ほか])「警察研究」 13(1) 1942.1
◇食糧国家管理の進展-食糧営団の創設「国策研究会週報」 4(3) 1942.1
◇南方経営方策の基礎問題「国策研究会週報」 4(4) 1942.1
◇長期決戦と産業組合の課題(柴田和夫)「産業組合」 435 1942.1
◇農業団体統合過程の諸問題(木村昇)「産業組合」 435 1942.1
◇農業団体の統合に就いて(助川啓四郎)「産業組合」 435 1942.1
◇米穀生産奨励金の交付決定す(林久一)「産業組合」 435 1942.1
◇企業許可令による指定事業の報告について「市政週報」 143 1942.1
◇「町村臨戦態勢確立対策要綱に対する産業組合の批判」の批判(全国町村長会)「自治公論」 14(1) 1942.1
◇農業団体統合と部落法認問題(菅原仁志)「自治公論」 14(1) 1942.1
◇決戦体制化の農林行政(倉上晃)「斯民」 37(1) 1942.1
◇焼畑耕作と高原地開発(山口弥一郎)「社会政策時報」 256 1942.1
◇戦時統制経済の現段階(続)「週刊エコノミスト」 20(2) 1942.1
◇大東亜戦下の日本産業(特集)「週刊エコノミスト」 20(2) 1942.1
◇大東亜戦下の日本産業(続)(特集)「週刊エコノミスト」 20(3) 1942.1
◇衣料切符制の実施「週報 官報附録」 276 1942.1
◇味噌・醬油の配給の仕方「週報 官報附録」 277 1942.1
◇産業設備営団について(山本髙行)「商工経済」 13(1) 1942.1
◇綜合切符制への道(深見義一)「商工経済」 13(1) 1942.1
◇大東亜戦争と経済統制機構整備問題(船田中)「商工経済」 13(1) 1942.1
◇重要産業団体令に就いて「商工通報」 38 1942.1
◇農業人口の定有と農業適正規模問題(石橋幸雄)「人口問題」 4(3) 1942.1
◇農家人口に関する一観察(内藤雅夫)「人口問題研究」 3(1) 1942.1
◇食糧統制に関する三つの教訓(利光洋一)「地方行政」 50(1) 1942.1
◇新農業団体の経済的任務(室戸健造)「中央公論」 57(1) 1942.1
◇中部日本に於ける冷地域の農業-飛驒山脈のものに就て(1)「地理学評論」 18(1) 1942.1
◇陸中北部海岸、稲市、中野、侍浜の農業経営(完)(松井勇)「地理学評論」 18(1) 1942.1
◇長期戦下の農民経済(栗原藤七郎)「帝国農会報」 32(1) 1942.1
◇日本農業に於ける中庸経営規模の適正性(田中定)「帝国農会報」 32(1) 1942.1
◇日本肥料政策論(鶴田良雄)「帝国農会報」 32(1) 1942.1
◇農村調査素描(板谷英生)「帝国農会報」 32(1) 1942.1
◇肥料の技術(小池基之)「帝国農会報」 32(1) 1942.1
◇改制米実収高調査値(加地成雄)「統計集誌」 727 1942.1
◇独逸に於る価格引下と利益償還(岩田巌)「統制経済」 4(1) 1942.1
◇農村産業組合の性格と戦時統制経済に於る其任務(久保田明光)「統

制経済」 4(1) 1942.1
◇東北地方会社営業状況調査「東北産業研究」 4 1942.1
◇決戦下に於ける産業再編成（椎名悦三郎）「東洋経済新報」 2002 1942.1
◇超長期戦下の日本経済（特集）「東洋経済新報」 2002 1942.1
◇戦時欧洲都市事情「都市問題」 34(1) 1942.1
　戦時下欧洲の防空と食糧（三浦一雄）　戦争と瓦斯事業（オーストラリア）　電力瓦斯の消費規正　ベルリン市民の経済生活（寺村誠一）
◇稲作労働の生産性（須永重光）「農業と経済」 9(1) 1942.1
◇ウクライナの農業（大熊良一）「農業と経済」 9(1) 1942.1
◇蔬菜園芸に於ける労力節約再検討（加藤裕）「農業と経済」 9(1) 1942.1
◇ナチス世襲農場制の諸問題（磯邊秀俊）「農業と経済」 9(1) 1942.1
◇日満支米穀需給の調整対策（高見成）「農業と経済」 9(1) 1942.1
◇乳婦の配給米量に就て（福井忠孝）「農業と経済」 9(1) 1942.1
◇農業技術の発展段階（吉岡金市）「農業と経済」 9(1) 1942.1
◇大都市に於ける生鮮食糧品の配給機構に就て「農林時報」 2(1) 1942.1
◇農林行政に於ける許可認可事務の簡捷に就いて「農林時報」 2(1) 1942.1
◇企業許可令に就て「農林時報」 2(2) 1942.1
◇水産物の配給統制「農林時報」 2(2) 1942.1
◇農業生産統制令の実施「農林時報」 2(2) 1942.1
◇国家資力と国民所得（中山伊知郎）「一橋論叢」 9(1) 1942.1
◇政治経済学の問題状況（板垣与一）「一橋論叢」 9(1) 1942.1
◇野間海造「日本の人口と経済」（小田橋貞寿）「一橋論叢」 9(1) 1942.1
◇経済統制罰に関する法律上の諸問題—判例を中心とする経済統制罰の研究—（田中二郎）「法学協会雑誌」 60(1) 1942.1
◇ドイツ農業債務整理法について（山田晟）「法学協会雑誌」 60(1) 1942.1
◇一般組織論（宇賀田順三）「法政研究」 12(1) 1942.1
◇松ヶ岡開墾場幹部の苦心（国分剛二）「三田学会雑誌」 36(1) 1942.1
◇利潤思想史概観（高橋誠一郎）「三田学会雑誌」 36(1) 1942.1
◇アメリカ経済の特質（宮川実）「立教経済学研究」 2(1) 1942.1
◇アメリカ独立戦争の経済的背景（鈴木圭介）「立教経済学研究」 2(1) 1942.1
◇カーマン編匿名氏著「アメリカ農業」複刻版（鈴木圭介）「立教経済学研究」 2(1) 1942.1
◇ベアード及スミス共著「オールド・デイールとニユデイール」（神野璋一郎）「立教経済学研究」 2(1) 1942.1
◇大東亜・新しき構想（経済）（平野義太郎［ほか］）「改造」 24(2) 1942.1
◇広域経済論（蜷川虎三）「科学主義工業」 6(2) 1942.2
◇適限経営と戦時増産（村本福松）「科学主義工業」 6(2) 1942.2
◇統制会縦横編（島田晋作）「科学主義工業」 6(2) 1942.2
◇アダム・スミスに於ける倫理と経済 -アダム・スミス研究序説-（3）（大河内一男）「経済学論集」 12(2) 1942.2
◇経済統制法令の疑義（13）（岸盛一）「警察研究」 13(2) 1942.2
◇統制法判例研究（5）（田中二郎［ほか］）「警察研究」 13(2) 1942.2
◇後藤教授の「統制経済法と更生法」を読む（菊池勇夫）「厚生問題」 26(2) 1942.2
◇大東亜共栄圏内の鍍産資源に就て（周東英雄）「国策研究会週報」 4(7) 1942.2

◇英国の最近の経済状況「国策研究会週報」 4(8) 1942.2
◇適限経営と経済変動（村本福松）「財政」 7(2) 1942.2
◇企業許可令と産業組合（松沢二郎）「産業組合」 436 1942.2
◇戦時活動指針に就て（青木一己）「産業組合」 436 1942.2
◇中支合作社運動の重要性（山崎勉治）「産業組合」 436 1942.2
◇南方問題と国内食糧増産（稲村順三）「産業組合」 436 1942.2
◇農業団体統合問題の本質と我等の主張「産業組合」 436 1942.2
◇欧洲各国の衣料キツプ制「市政週報」 146 1942.2
◇食糧国防団の待機「市政週報」 147 1942.2
◇帝都の野菜自給ır「市政週報」 149 1942.2
◇農業生産統制令概説（1）（小船清）「自治研究」 18(2) 1942.2
◇日本農業における生産力発達の概観-明治以降の内地米作生産力展開形態の素描-（舩正夫）「社会政策時報」 257 1942.2
◇大東亜経済建設の基本施設（郷古潔）「週刊エコノミスト」 20(5) 1942.2
◇統制会の進捗状況「週刊エコノミスト」 20(5) 1942.2
◇日本支配下の戦略資源（特集）「週刊エコノミスト」 20(5) 1942.2
◇食糧配給機構の改善「週刊エコノミスト」 20(6) 1942.2
◇水産統制の一元化成る「週刊エコノミスト」 20(6) 1942.2
◇中小企業の国策的編成「週刊エコノミスト」 20(6) 1942.2
◇南方経済建設の構想（特集）「週刊エコノミスト」 20(6) 1942.2
◇繊維業統制会の諸問題当局考案の解説と批評「週刊エコノミスト」 20(7) 1942.2
◇南方企業統合検討「週刊エコノミスト」 20(7) 1942.2
◇衣料品総合切符制批判「週刊エコノミスト」 20(8) 1942.2
◇大東亜圏の民需資源（特集）「週刊エコノミスト」 20(8) 1942.2
◇東亜共栄圏内の農産物「週報 官報附録」 280 1942.2
◇企業許可令に就て（小出栄一）「商業組合」 8(2) 1942.2
◇組合経済の基本的問題-経済団体制度と組合の将来-（国弘員人）「商業組合」 8(2) 1942.2
◇国防経済と配給機構（麻生平八郎）「商業組合」 8(2) 1942.2
◇独逸に於ける経済行政の運営（三宅太郎）「商工経済」 13(2) 1942.2
◇南方経済経営の諸問題（山崎靖純）「商工経済」 13(2) 1942.2
◇衣料品の切符制（特輯）「商工通報」 39 1942.2
◇新産業合理化と職業行政（2）（藤原喜八）「職業時報」 5(2) 1942.2
◇南方共栄圏と大阪（特輯）「大大阪」 18(2) 1942.2
◇産業立地より見た大東亜の経済建設（山田文雄）「中央公論」 57(2) 1942.2
◇中部日本に於ける高冷地域の農業（2・完）（上野福男）「地理学評論」 18(2) 1942.2
◇農業地理より見たる土地利用問題（村本達郎）「地理学評論」 18(2) 1942.2
◇ブツシユ・ドイツ生活圏に於る農業経済地帯（松井勇）「地理学評論」 18(2) 1942.2
◇共同作業の実証的研究（鈴木清）「帝国農会報」 32(2) 1942.2
◇日本農業技術構造と共同作業（1）（栗原百寿）「帝国農会報」 32(2) 1942.2
◇農業共同作業の基本問題（須永重光）「帝国農会報」 32(2) 1942.2
◇農業適正規模論（日紫喜弥）「帝国農会報」 32(2) 1942.2
◇衣料点数制概説「東京市産業時報」 8(2) 1942.2
◇魚類の配給登録制に就て（中島知至）「東京市産業時報」 8(2) 1942.2

◇魚不足と今後の対策「東洋経済新報」 2007 1942.2
◇南方に於ける法人企業「東洋経済新報」 2007 1942.2
◇農業団体と地方自治体「東洋経済新報」 2007 1942.2
◇米麦専売制愈よ完成「東洋経済新報」 2008 1942.2
◇愈々成立する食料営団の内容「東洋経済新報」 2009 1942.2
◇農地価格低落傾向現る「東洋経済新報」 2010 1942.2
◇決戦態勢と地方行政の改革「都市問題」 34(2) 1942.2 塩及び味噌醬油の割当配給制 企業許可令 市民の価格監視(小田垣光之輔) 都市食糧殊に蔬菜確保の基礎調査に就て(岩田穣)
◇占領地の経済再建(ハンス・フランク)「日本評論」 17(2) 1942.2
◇欧洲経済圏の食糧計画—欧洲農業の集約化—(中村蔵)「農業と経済」 9(2) 1942.2
◇作付統制の諸問題(山下肅郎)「農業と経済」 9(2) 1942.2
◇北海道農業経営の性格(川村琢)「農業と経済」 9(2) 1942.2
◇味噌醬油等の配給統制「農林時報」 2(3) 1942.2
◇水産物配給統制規則ノ運用ニ関スル件(昭17.2.2農林次官)「農林時報」 2(4) 1942.2
◇ドイツ農業債務整理法について(2)(山田晟)「法学協会雑誌」 60(2) 1942.2
◇東亜に於ける棉花需要量に就いて(小島栄次)「三田学会雑誌」 36(2) 1942.2
◇占領地経営の基本課題(座談会)「改造」 24(3) 1942.3
◇日本農業論(大槻正男)「改造」 24(3) 1942.3
◇蘭印に於ける住民農業の問題(浅香末起)「改造」 24(3) 1942.3
◇東亜圏に於ける米穀増産の基調(西山浪太郎)「科学主義工業」 6(3) 1942.3
◇大東亜戦争と経済建設(神戸正雄)「経済論叢」 54(3) 1942.3
◇都市蔬菜自給強化に就て(熊津三郎)「公園緑地」 6(2) 1942.3
◇東亜共栄圏内の動力問題に就て(藤井崇治)「国策研究会週報」 4(11) 1942.3
◇中小企業問題(特輯)「国策研究会週報」 4(12) 1942.3
◇東印度を中心とした南方農業事情(鮫島清彦)「国策研究会週報」 4(13) 1942.3
◇南方経済再編成の方式(山田文雄)「国策研究会週報」 4(13) 1942.3
◇経済統制と政治力の問題(矢部貞治)「国家学会雑誌」 56(3) 1942.3
◇経済統制の法的機構(杉村章三郎)「国家学会雑誌」 56(3) 1942.3
◇戦時統制に於ける経済循環(大河内一男)「国家学会雑誌」 56(3) 1942.3
◇新しい集成キップの話「市政週報」 151 1942.3
◇産業体育について(浅野均一)「社会政策時報」 258 1942.3
◇資本主義と能率問題(森戸辰男)「社会政策時報」 258 1942.3
◇増産と農地制度-本邦農地所有形態に関する一つの試論-(鈴木鴻一郎)「社会政策時報」 258 1942.3
◇統制経済と生産力配分(土屋清)「社会政策時報」 258 1942.3
◇ナチス・ドイツにおける産業能率化(鈴木規一)「社会政策時報」 258 1942.3
◇農業と能率-問題の基底としての家族労働-(田中定)「社会政策時報」 258 1942.3
◇零細農耕制の展開形態(小松幸雄)「社会政策時報」 258 1942.3
◇大東亜経済建設の構想(藤原泰)「週刊エコノミスト」 20(9) 1942.3
◇南方圏の経済再編成(特集)「週刊エコノミスト」 20(9) 1942.3
◇東亜圏の食糧自給検討「週刊エコノミスト」 20(10) 1942.3
◇共栄圏建設と電力動員(石川芳次郎)「週刊エコノミスト」 20(11) 1942.3

◇中小企業再編計画成る「週刊エコノミスト」 20(12) 1942.3
◇戦時経済下に於ける国家保障制の意義(長場正利)「商業組合」 8(3) 1942.3
◇大東亜戦争とアメリカ戦時経済の動向(塩野谷九十九)「商工経済」 13(3) 1942.3
◇農家における初婚者の結婚費用(岡崎文規)「人口問題研究」 3(3) 1942.3
◇食糧管理法案解説(利光洋一)「地方行政」 50(3) 1942.3
◇生活必需品切符制の諸問題(1)(五十嵐賢隆)「地方行政 日文版」 9(3) 1942.3.
◇大東亜経済の課題(永田清)「中央公論」 57(3) 1942.3
◇満洲経済建設の現段階(岸本英太郎)「中央公論」 57(3) 1942.3
◇満洲農業の現段階(川俣浩太郎)「中央公論」 57(3) 1942.3
◇雇傭・利子及貨幣に関する一般理論(1)(ジョン・メイナード・ケーンズ、石原周夫訳、杉山知五郎訳)「調査月報(大蔵省)」 32(3) 1942.3
◇東亜広域経済の基礎事情と建設の構想(1)「調査月報(大蔵省)」 32(3) 1942.3
◇抗日支那に於ける食糧政策の展開過程(木下彰)「帝国農会報」 32(3) 1942.3
◇日本農業技術構造と共同作業(2)(栗原百寿)「帝国農会報」 32(3) 1942.3
◇北満一農村最近の実態(横山敏男)「帝国農会報」 32(3) 1942.3
◇経済統制の広域化(桑原晋)「統制経済」 4(3) 1942.3
◇経済法の一考察(小池隆一)「統制経済」 4(3) 1942.3
◇東亜共栄圏の主体としての日本経済の課題(今村武雄)「統制経済」 4(3) 1942.3
◇共栄圏米需給(2)—大東亜共栄圏の産業再編(28)—「東洋経済新報」 2011 1942.3
◇十六年下期総合会社業績悪化す「東洋経済新報」 2012 1942.3
◇仏印経済に於ける華僑の地位「東洋経済新報」 2012 1942.3
◇農業保険の発展状況とその改革問題の背景「東洋経済新報」 2013 1942.3
◇魚類配給は営団化か「東洋経済新報」 2014 1942.3
◇南方資源確保と九州産業の新使命(特集)「東洋経済新報」 2014 1942.3
◇衣料切符制の実施「都市問題」 34(3) 1942.3
◇食糧管理法案要綱「都市問題」 34(3) 1942.3
◇大東亜経済体系の確立(大東亜研究会)「日本評論」 17(3) 1942.3
◇統制経済の能率(中山伊知能)「日本評論」 17(3) 1942.3
◇南方建設の核心(特集)「日本評論」 17(3) 1942.3
◇北上山地北部の凶作に対する若干の考察(山口彌一郎)「農業と経済」 9(3) 1942.3
◇村落発展段階説に就いて(鈴木栄太郎)「農業と経済」 9(3) 1942.3
◇東亜共栄圏の建設と日本農業の将来(我妻東策)「農業と経済」 9(3) 1942.3
◇南方共栄圏と内地米生産の動向(硲正夫)「農業と経済」 9(3) 1942.3
◇農産物生産費に就て(稲村順三)「農業と経済」 9(3) 1942.3
◇満洲農業に於ける日雇労働者(内海義夫)「農業と経済」 9(3) 1942.3
◇道府県水産物配給統制規則制定ニ関スル件(昭17.2.2食品局長)「農林時報」 2(4) 1942.3
◇食糧管理法の概要(遠藤三郎)「農林時報」 2(5) 1942.3
◇経済統制罰に関する法律上の諸問題(6)—判例を中心とする経済統

制罰の研究―(田中二郎)「法学協会雑誌」 60(3) 1942.3
◇企業許可令に就て(小出栄一)「法律時報」 14(3) 1942.3
◇ケインズ利子論概説(千種義人)「三田学会雑誌」 36(3) 1942.3
◇大東亜政策の経済的課題(山本登)「三田学会雑誌」 36(3) 1942.3
◇日本戦時経済の課題(1)(柳瀬徹也)「三田評論」 532 1942.3
◇大東亜経済経営の一考察(岡野清豪)「大阪商工会議所月報」 419 1942.4
◇大東亜共栄圏と産業立地問題(大河内政敏)「科学主義工業」 6(4) 1942.4
◇大東亜に於ける電力開発計画の基本的諸問題(加藤四郎)「科学主義工業」 6(4) 1942.4
◇東亜共栄圏の建設と日本産業の再編成(山田英市)「科学主義工業」 6(4) 1942.4
◇経済表分析上の若干問題(豊崎稔)「経済学雑誌」 10(4) 1942.4
◇政治経済学の日本的基礎課題(松井辰之助)「経済学雑誌」 12(4) 1942.4
◇戦時に於ける原料経済(柳川昇)「経済学論集」 12(4) 1942.4
◇大東亜共栄圏経済建設の基調としての皇道(宇尾野宗尊)「経済集志」 14(5) 1942.4
◇大東亜共栄圏と我国海洋政策(松葉栄重)「経済集志」 14(5) 1942.4
◇東西二大広域経済建設の指導理念(鈴木憲久)「経済集志」 14(5) 1942.4
◇広域経済と広域分業(谷口吉彦)「経済論叢」 54(4) 1942.4
◇配給の諸問題(沖塩正夫)「市政研究」 7(4) 1942.4
◇市町村民の経済参謀本部(大塚辰治)「自治機関」 506 1942.4
◇農業生産統制令概説(2・完)(小船清)「自治研究」 18(4) 1942.4
◇食糧管理法の要旨(遠藤三郎)「斯民」 37(4) 1942.4
◇農業近代化と土地制度(我妻東策)「社会政策時報」 258 1942.4
◇中小企業整理の新段階(稲山宮雄)「週刊エコノミスト」 20(14) 1942.4
◇東亜圏食糧自給策(特集)「週刊エコノミスト」 20(16) 1942.4
◇大東亜共栄圏内の食糧計画(農林省)「週報 官報附録」 290 1942.4
◇企業許可令の批判(小林行昌)「商業組合」 8(4) 1942.4
◇食糧管理法と食糧営団に就て(田中敬一)「商業組合」 8(4) 1942.4
◇経済的必勝論の構造(1)-経済戦論への多面的考察-(原祐三)「商工経済」 13(4) 1942.4
◇都市の蔬菜自給圏の設置について(小松幸雄)「大大阪」 18(4) 1942.4
◇本邦に於ける柑橘栽培限界の農業地誌学的研究(2)(岩崎健吉)「地政学」 1(4) 1942.4
◇生活必需品切符制の諸問題(2)(五十嵐賢隆)「地方行政 日文版」 9(4) 1942.4.
◇日本農業の進む道(筑波村の現実を中心に)(前橋真八郎、高倉テル)「中央公論」 57(4) 1942.4
◇近世小作制度の態様とその変質について(戸谷敏之)「帝国農会報」 32(4) 1942.4
◇現下農業の経済的性格(満川元親)「帝国農会報」 32(4) 1942.4
◇東京府下に於ける動力耕耘機の運営(枝吉啓三)「帝国農会報」 32(4) 1942.4
◇日本農業技術構造と共同作業の意義(栗原百寿)「帝国農会報」 32(4) 1942.4
◇大東亜共栄圏の経済的基礎(仙波清)「東京市産業時報」 8(4) 1942.4
◇大東亜経済の純理的観察(岡田重次)「統制経済」 4(4) 1942.4
◇特殊会社の経済的考察(竹中龍雄)「統制経済」 4(4) 1942.4

◇大東亜共栄圏の産業再編―有り剰る規那(2・完)「東洋経済新報」 2015 1942.4
◇大東亜共栄圏の産業再編(10)―カポック繊維―「東洋経済新報」 2016 1942.4
◇大東亜戦争と共栄圏経済の若干問題(石橋湛山)「東洋経済新報」 2016 1942.4
◇農村労力の減少と農業生産統制令の役割「東洋経済新報」 2016 1942.4
◇改善を要する衣料切符制の問題点「東洋経済新報」 2017 1942.4
◇合理化される電力利用「東洋経済新報」 2017 1942.4
◇大東亜共栄圏の産業再編―過剰する油脂資源―「東洋経済新報」 2017 1942.4
◇電気料金是正の急務(宮川竹馬)「東洋経済新報」 2017 1942.4
◇全国経済保安課長事務打合会(内務省警保局)「内務厚生時報」 7(4) 1942.4
◇東亜農業政策論(桜井武雄)「日本評論」 17(4) 1942.4
◇農家労働移動者の社会的地位に関する諸国の見解(野尻重雄)「農業と経済」 9(4) 1942.4
◇農業増産と生産費―特に小作料改定に就て―(小野武夫)「農業と経済」 9(4) 1942.4
◇大阪市に於ける主要必需品の割当制(大阪市物資調整部)「農林時報」 2(7) 1942.4
◇大東亜共栄圏内の食糧計画(重政誠之)「農林時報」 2(8) 1942.4
◇農地開発法施行令及同施行規則の改正に就て(農政局)「農林時報」 2(8) 1942.4
◇経済統制罰に関する法律上の諸問題(田中二郎)「法学協会雑誌」 60(4) 1942.4
◇第七九議会の営団法・その他の経済法(津曲蔵之丞)「法律時報」 14(4) 1942.4
◇企業許可令に就て(小池隆一)「三田評論」 533 1942.4
◇過去5ヵ年に亘る家計簿より見たる農家の経済生活(A)(三瓶孝子)「労働科学」 19(4) 1942.4
◇ソ連に於ける発電所建設の新傾向-中小発電所の重視-「大阪商工会議所月報」 420 1942.5
◇経済行政機構の改革(美濃部洋次)「改造」 24(5) 1942.5
◇東亜諸通貨の歴史的旋回(堅山利忠)「改造」 24(5) 1942.5
◇科学と生産(相川春喜)「科学主義工業」 6(5) 1942.5
◇共栄圏と南洋経済(村山公三)「科学主義工業」 6(5) 1942.5
◇ソ連邦国防経済の分析-世界戦時経済展望(1)特輯-「科学主義工業」 6(5) 1942.5
◇大東亜に於ける電力開発計画の基本的諸問題(2)(加藤四郎)「科学主義工業」 6(5) 1942.5
◇総力戦の経済機構(1)「企画」 5(5) 1942.5
◇競争と国家指導(実方正雄)「経済学雑誌」 10(5) 1942.5
◇経済統制事犯の特殊性(原龍之助)「経済学雑誌」 10(5) 1942.5
◇アダム・スミスと経済人 -「アダム・スミスに於ける倫理と経済」続稿-(大河内一男)「経済学論集」 12(5) 1942.5
◇経済生活の発達と経済政策(堀江保蔵)「経済論叢」 54(5) 1942.5
◇新経済論理(柴田敬)「経済論叢」 54(5) 1942.5
◇統制経済と保険(小島昌太郎)「経済論叢」 54(5) 1942.5
◇我国国民経済の法制的基盤について(1)(大石義雄)「公法雑誌」 8(5) 1942.5
◇チェーレンの国家の経済的経綸論(金生喜造)「公民教育」 12(5) 1942.5
◇統制経済時代に於る行政の職分(座談会)「国策研究会週報」 4(20) 1942.5
◇フリードリッヒ・リストと生産力(3・完)(調連金融分科会)「国家

経済・産業

都市問題・地方自治　調査研究文献要覧

- 学会雑誌」　56(5)　1942.5
- ◇今年度の燃料割当制(経済局)「市政週報」　158　1942.5
- ◇水産物配給統制(三堀参郎)「斯民」　37(5)　1942.5
- ◇整備令と中小企業(特集)「週刊エコノミスト」　20(20)　1942.5
- ◇企業整備令の施行「週報 官報附録」　293　1942.5
- ◇本年度の物資と生産拡充計画「週報 官報附録」　294　1942.5
- ◇中小企業の整理について(豊田雅孝)「商業組合」　8(5)　1942.5
- ◇経済的必勝論の構造(2・完)(原祐三)「商工経済」　13(5)　1942.5
- ◇大東亜経済圏の通貨(大島堅造)「商工経済」　13(5)　1942.5
- ◇農工調整の問題(溝口三郎)「商工経済」　17(5)　1942.5
- ◇事変後に於ける東北農業の分化道程に関する若干の観察(内藤雅夫)「人口問題研究」　3(5)　1942.5
- ◇南方開発形態論(南方経営研究)(根岸勉治)「中央公論」　57(5)　1942.5
- ◇日本産業の進む道(4)(前橋真八郎,高倉テル)「中央公論」　57(5)　1942.5
- ◇昭和十七年度上半期原料炭割当と瓦斯供給計画「帝国瓦斯協会雑誌」　31(3)　1942.5
- ◇近世小作制度の態様とその変質について(戸谷敏之)「帝国農会報」　32(5)　1942.5
- ◇現下農業の経済的性格(満川元親)「帝国農会報」　32(5)　1942.5
- ◇農業経営調査概要(帝国農会調査部)「帝国農会報」　32(5)　1942.5
- ◇ロシヤに於ける農業及不動産金融制度(1)(藤村忠)「帝国農会報」　32(5)　1942.5
- ◇独逸に於ける割当制「東京市産業時報」　8(5)　1942.5
- ◇企業整備とその経済的基準(山城章)「統制経済」　4(5)　1942.5
- ◇産業の統制と技術の問題(相川春喜)「統制経済」　4(5)　1942.5
- ◇生産力理論の現段階的課題(豊崎稔)「統制経済」　4(5)　1942.5
- ◇繊維製品の配給消費統制(井上貞蔵)「統制経済」　4(5)　1942.5
- ◇地政学よりみたる南方資源(江沢譲爾)「統制経済」　4(5)　1942.5
- ◇南方共栄圏農業の諸問題(小池基之)「統制経済」　4(5)　1942.5
- ◇大東亜共栄圏の産業再編(14)─煙草産業の再編策(1)─「東洋経済新報」　2021　1942.5
- ◇地方経済の実情を見る(座談会)「東洋経済新報」　2022　1942.5
- ◇煙草産業の再編成策(2)―大東亜共栄圏の産業再編(16)―「東洋経済新報」　2023　1942.5
- ◇大都市における食糧品配給の近況「都市問題」　34(5)　1942.5
- ◇切符と貨幣(鬼頭仁三郎)「日本評論」　17(5)　1942.5
- ◇食糧生産確保と米価問題(満川元親)「農業と経済」　9(5)　1942.5
- ◇ナチス民族政策における農民の役割(菊池春雄)「農業と経済」　9(5)　1942.5
- ◇南方農業論(奥田彧)「農業と経済」　9(5)　1942.5
- ◇農業人口の確保(美濃口時次郎)「農業と経済」　9(5)　1942.5
- ◇腐敗性食料品の都市配給費比率と標準購買単位との関係―腐敗性食料品配給費の統計的分析其の一―(岡本清造)「農業と経済」　9(5)　1942.5
- ◇大和民族発展に於ける農民の意義(宗正雄)「農業と経済」　9(5)　1942.5
- ◇横浜市に於ける蔬菜類登録制配給(横浜市中央卸売市場)「農林時報」　2(9)　1942.5
- ◇重要農林水産物増産計画概要(昭和十七年度)「農林時報」　2(10)　1942.5
- ◇増産と土地改良(農政局)「農林時報」　2(10)　1942.5
- ◇自給力の理論(山田勇)「一橋論叢」　9(5)　1942.5
- ◇戦時都市経済論序(奥井復太郎)「三田学会雑誌」　36(5)　1942.5
- ◇戦争経済の現段階的課題(豊崎稔)「改造」　24(6)　1942.6
- ◇共栄経済と国防経済(中山伊知郎)「科学主義工業」　6(6)　1942.6
- ◇ソ連国防経済の展望(2)「科学主義工業」　6(6)　1942.6
- ◇総力戦の経済機構(2)「企画」　5(6)　1942.6
- ◇農村婦人の生活技術指導の拠点(浦辺史)「教育」　10(6)　1942.6
- ◇点数切符制と消費者の選択理論(安井琢磨)「経済学論集」　12(6)　1942.6
- ◇条件統制と需給統制(高田保馬)「経済論叢」　54(6)　1942.6
- ◇東亜資源論の課題(蜷川虎三)「経済論叢」　54(6)　1942.6
- ◇緑地と農地管理令「建築行政」　6(21)　1942.6
- ◇我国国民経済の法制的基盤に就いて(2・完)(大石義雄)「公法雑誌」　8(6)　1942.6
- ◇統制会を繞る最近の諸問題(帆足計)「国策研究会週報」　4(25)　1942.6
- ◇経済統制法の狙ひとその基礎構造(田中二郎)「国家学会雑誌」　56(6)　1942.6
- ◇食糧増産と婦人の活動(耕よし子)「産業組合」　440　1942.6
- ◇泰国協同組合の現況(山田英訳)「産業組合」　440　1942.6
- ◇南信一農村の決戦態勢(調査部)「自治公論」　14(6)　1942.6
- ◇魚類の新配給統制「週刊エコノミスト」　20(22)　1942.6
- ◇資金計画の大綱をみる「週刊エコノミスト」　20(23)　1942.6
- ◇生鮮食料品配給円滑適正化に必要なる施設(有賀禄郎)「商業組合」　8(6)　1942.6
- ◇企業整備令の解説「商工通報」　47　1942.6
- ◇昭和十七年度食糧増産に就て(伊達三郎)「地方改良」　124　1942.6
- ◇本邦に於ける柑橘栽培限界の農地地誌学的研究第二報(岩崎健吉)「地理」　5(1)　1942.6
- ◇関東地区の連播法に就いて(板谷美生)「帝国農会報」　32(6)　1942.6
- ◇東北地方に於けるゆひの分布について(小池保)「帝国農会報」　32(6)　1942.6
- ◇農業生産統制令の意義(小舟清)「帝国農会報」　32(6)　1942.6
- ◇ロシヤに於ける農業及不動産金融制度(藤村忠)「帝国農会報」　32(6)　1942.6
- ◇南方開発と生産拡充(布施祠一)「東京市産業時報」　8(6)　1942.6
- ◇企業統制の技術的場域(宮田喜代蔵)「統制経済」　4(6)　1942.6
- ◇農村負債の現況「東洋経済新報」　2024　1942.6
- ◇統制会の権限委譲について(帆足計)「東洋経済新報」　2026　1942.6
- ◇南方圏の麦酒産業(東亜共栄圏の産業再編17)「東洋経済新報」　2027　1942.6
- ◇大東亜広域自給圏内に於ける我国輸出農産物「東洋経済統計月報」　4(6)　1942.6
- ◇京都近郊農業論(宮出秀雄)「農業と経済」　9(6)　1942.6
- ◇食糧増産政策の理論的検討(満川元親)「農業と経済」　9(6)　1942.6
- ◇腐敗性食料品の都市配給費と小売形態との関係(岡本清造)「農業と経済」　9(6)　1942.6
- ◇企業整備令の実施に当りて「農林時報」　2(11)　1942.6
- ◇独逸衣料総合切符制導入事情覚書(深見義一)「一橋論叢」　9(6)　1942.6
- ◇経済統制罰に関する法律上の諸問題(田中二郎)「法学協会雑誌」　60(6)　1942.6
- ◇自由経済における法と倫理(1)(川島武宜)「法律時報」　14(6)　1942.6
- ◇生産力高揚の日本的課題(服部英太郎)「改造」　24(7)　1942.7
- ◇満洲経済の再認識(中西仁三)「改造」　24(7)　1942.7

◇広域経済を繞る産業立地(横田弘之)「科学主義工業」 6(7) 1942.7
◇国防国家と国民経済(田中次男)「科学主義工業」 6(7) 1942.7
◇大東亜の水力資源と其の構想(後藤曠二)「官界公論」 8(85) 1942.7
◇総力戦の経済機構(3)「企画」 5(7) 1942.7
◇企業論の立場より観たる営団(竹中龍雄)「経済学雑誌」 11(1) 1942.7
◇戦費の経済的性質(藤谷謙二)「経済学雑誌」 11(1) 1942.7
◇統制に於ける需給均衡(高田保馬)「経済学論集」 12(7) 1942.7
◇明治廿一年農事調査に現はれた農業生産の消長(土屋喬雄)「経済学論集」 12(7) 1942.7
◇南方農業に於ける労働力の問題(八木芳之助)「経済論叢」 55(1) 1942.7
◇経済統制法令の疑義(脇田忠)「警察研究」 13(7) 1942.7
◇ドイツの原料政策(内田源兵衛)「警察研究」 13(7) 1942.7
◇女学生の農繁期共同炊事参加記録(古木弘造)「厚生問題」 26(7) 1942.7
◇経済を統制する法(7)「公法雑誌」 8(7) 1942.7
◇民間資本動員の一形態(飯田清三)「国策研究会週報」 4(30) 1942.7
◇大東亜農業の基本問題(沼田征矢雄)「国土計画」 1(1) 1942.7
◇大東亜の農業立地計画(伊藤兆司)「国土計画」 1(1) 1942.7
◇日本の農地開発計画(溝口三郎)「国土計画」 1(1) 1942.7
◇共栄圏内配給の構想(荒木直)「財政」 7(7) 1942.7
◇国民所得論序説(1)(宮沢喜一)「財政」 7(7) 1942.7
◇全国産業組合代表者会(報告特輯)「産業組合」 441 1942.7
◇肥料の公定価格と国家総動員法(連載・行政法潮解 151)(杉村章三郎)「自治研究」 18(7) 1942.7
◇東亜共栄圏と日本農業の方向(栗原藤七郎)「社会政策時報」 262 1942.7
◇我国電気生産の発達過程(豊崎稔)「社会政策時報」 262 1942.7
◇中小企業の新体制(松井辰之助)「週刊エコノミスト」 20(25) 1942.7
◇東亜の食糧自給体制(水野武夫)「週刊エコノミスト」 20(25) 1942.7
◇統制会当面の諸問題(帆足計)「週刊エコノミスト」 20(25) 1942.7
◇配給統制の是正点(上林正矩)「週刊エコノミスト」 20(25) 1942.7
◇衣料切符制の成績批評「週刊エコノミスト」 20(26) 1942.7
◇家庭燃料統制の要訣「週刊エコノミスト」 20(26) 1942.7
◇食糧の自給と統制「週刊エコノミスト」 20(26) 1942.7
◇生鮮食糧需給の計画化「週刊エコノミスト」 20(26) 1942.7
◇統制会と下部組織(円地与四松)「週刊エコノミスト」 20(28) 1942.7
◇満洲国経済建設の軌跡(特集)「週刊エコノミスト」 20(28) 1942.7
◇本年度の電力動員計画(企画院)「週報 官報附録」 301 1942.7
◇大東亜の農林水産業方策(農林省)「週報 官報附録」 303 1942.7
◇法人所得と家庭経費(田中勝次郎)「税」 20(7) 1942.7
◇北海道産業開発計画の諸問題 -北方地政学の覚書-(横田弘之)「地政学」 1(7) 1942.7
◇大東亜経済建設の現実と推進(土屋清)「中央公論」 57(7) 1942.7
◇日本農業の使命(東畑精一)「中央公論」 57(7) 1942.7
◇配給と戦時生活(座談会)「中央公論」 57(7) 1942.7

◇北上の家畜飼養(田辺健一)「地理学評論」 18(7) 1942.7
◇耕境の考案(加用信文)「帝国農会報」 32(7) 1942.7
◇独逸に於ける適正農業規模調査(渡辺侃)「帝国農会報」 32(7) 1942.7
◇ロシヤに於ける農業及不動産金融制度(藤村忠)「帝国農会報」 32(7) 1942.7
◇大東亜経済建設「東京市産業時報」 8(7) 1942.7
◇経済倫理の実践的構造(大塚久雄)「統制経済」 5(1) 1942.7
◇食糧自給と満洲農業の役割(碓氷茂)「統制経済」 5(1) 1942.7
◇青果物統制と農村経済(小島慶三)「統制経済」 5(1) 1942.7
◇統制会機構論(高田源清)「統制経済」 5(1) 1942.7
◇企業整備と地方協議会「東洋経済新報」 2028 1942.7
◇大東亜共栄圏の産業再編(18)―濠洲及新西蘭の麦酒産業―「東洋経済新報」 2028 1942.7
◇大東亜共栄圏の産業再編(19)―南方圏の硬質繊維(1)―「東洋経済新報」 2029 1942.7
◇大東亜共栄圏の産業再編(20)―南方圏の硬質繊維(2)―「東洋経済新報」 2030 1942.7
◇農業保険の改善点「東洋経済新報」 2031 1942.7
◇戦時下の都市食糧問題と蔬菜自給圏-神戸市を中心とする一考察(宮出秀雄)「都市問題」 35(1) 1942.7
◇大東亜経済の基調(座談会)(杉村広蔵[ほか])「日本評論」 17(7) 1942.7
◇伊太利農業とファシスト農政策(大熊良一)「農業と経済」 9(7) 1942.7
◇独逸に於ける農民経済の諸問題(神崎博愛)「農業と経済」 9(7) 1942.7
◇農業経営経済調査統合に関する覚書(齋藤静雄)「農業と経済」 9(7) 1942.7
◇農業人口と農小屋制度(杉本壽)「農業と経済」 9(7) 1942.7
◇南方米問題の経済学的一根拠(俗正夫)「農業と経済」 17(7) 1942.7
◇食糧管理法の施行に就て「農林時報」 2(13) 1942.7
◇経済政策学に於ける目的設定(赤松要)「一橋論叢」 10(1) 1942.7
◇支那農業研究の類型(阿部源一)「一橋論叢」 10(1) 1942.7
◇企業整備令について(田中二郎)「法学協会雑誌」 60(7) 1942.7
◇水産統制令の解説(野田良之)「法学協会雑誌」 60(7) 1942.7
◇自由経済における法と倫理(2・完)(川島武宜)「法律時報」 14(4) 1942.7
◇企業整備令について(大隈健一郎)「法律時報」 14(7) 1942.7
◇現代の統制経済の性格と問題(気賀健三)「三田学会雑誌」 36(7) 1942.7
◇村明細帳と農村の貨幣経済化(野村兼太郎)「三田学会雑誌」 36(7) 1942.7
◇家計簿より見たる農家の経済(B)(三瓶孝子)「労働科学」 19(7) 1942.7
◇秋期農繁期における農村の児童労働について(1)(内海義雄)「労働科学」 19(7) 1942.7
◇食糧管理法実施の意義(四宮恭二)「改造」 24(8) 1942.8
◇東亜経済の構造的特質(松本栄一)「改造」 24(8) 1942.8
◇戦争経済と熟練工問題(大河内正敏)「科学主義工業」 6(8) 1942.8
◇総力戦の経済機構(4)「企画」 5(8) 1942.8
◇国策事業とその企業形態(増地庸治郎)「経済学論集」 12(8) 1942.8
◇全体主義的経済論理(柴田敬)「経済論叢」 55(2) 1942.8
◇企業整備令について(豊田雅孝)「警察研究」 13(8) 1942.8

経済・産業

◇農村厚生と部落農業団体(渡部牧)「厚生問題」 26(8) 1942.8
◇国民所得論序説(2)(宮沢喜一)「財政」 7(8) 1942.8
◇国保代行事業を中心として農村厚生問題を語る(座談会)「産業組合」 442 1942.8
◇食糧営団と産業組合(遠藤三郎)「産業組合」 442 1942.8
◇支部合同社運動の進展(田辺勝正)「社会政策時報」 263 1942.8
◇東亜産業資源論(呉主恵)「社会政策時報」 263 1942.8
◇農業の専業化とその逆をゆくもの(宮本倫彦)「社会政策時報」 263 1942.8
◇飛躍的電気生産の発達過程(2)(豊崎稔)「社会政策時報」 263 1942.8
◇大東亜経済建設策の全貌(特集)「週刊エコノミスト」 20(30) 1942.8
◇農業増産の中心課題(特集)「週刊エコノミスト」 20(32) 1942.8
◇食糧の配給問答(農林省)「週報 官報附録」 307 1942.8
◇計画配給と配給組織(岡本種一)「商学討究」 17 1942.8
◇シュムペーターの「貨幣理論の基礎の基礎方程式」に就て(大野純一)「商学討究」 17 1942.8
◇公正価格と利潤統制(高橋誠一郎)「商業組合」 8(8) 1942.8
◇中小企業整備の基本課題(竹林庄太郎)「商工経済」 14(2) 1942.8
◇本府の農業助成政策に就て(伊達三郎)「地方改良」 126 1942.8
◇ヴュルガッチ・ラウジッツ-下シレジヤハイデの農業地理的構造一般(松井勇)「地理学評論」 18(8) 1942.8
◇共同作業の実証的研究(渡部牧)「帝国農会報」 32(8) 1942.8
◇兼業農家の特質(鈴木徳弥)「帝国農会報」 32(8) 1942.8
◇東亜の農業に於ける水の重要性(吉岡金市)「帝国農会報」 32(8) 1942.8
◇北海道農業経営規模の成立と発展(川村琢)「帝国農会報」 32(8) 1942.8
◇共同作業と食糧増産(稲村順三)「統制経済」 5(2) 1942.8
◇公正価格の基礎問題(岡本広庁)「統制経済」 5(2) 1942.8
◇東亜広域食糧圏の展望(四宮恭二)「統制経済」 5(2) 1942.8
◇統制経済と貨幣経済(鬼頭仁三郎)「統制経済」 5(2) 1942.8
◇青森県に於けるリンゴ経済の発展序説(桜庭一男)「東北産業研究」 6 1942.8
◇東北地方会社営業状況(経済調査科)「東北産業研究」 6 1942.8
◇東北地方に於ける農業機械(機械工業科)「東北産業研究」 6 1942.8
◇大東亜共栄圏の産業再編(21)共栄圏の黄麻自給策(1)「東洋経済新報」 2032 1942.8
◇朝鮮農業事情とその耕地価格の近況「東洋経済新報」 2032 1942.8
◇大東亜共栄圏の産業再編(22)共栄圏の黄麻自給策(2)「東洋経済新報」 2033 1942.8
◇食糧営団の設立と業者への影響「東洋経済新報」 2034 1942.8
◇電灯料金の合理化「東洋経済新報」 2034 1942.8
◇中小企業整備と金融問題「東洋経済新報」 2035 1942.8
◇昭和十六年主要農産物「東洋経済統計月報」 4(8) 1942.8
◇消費の倫理と消費の組織(大河内一男)「都市問題」 35(2) 1942.8
◇購買施設に対する繊維製品配給方法の是正「内外労働週報」 518 1942.8
◇南方農業対策(浜田恒一)「日本評論」 17(8) 1942.8
◇農業政策の方向(小池基之)「日本評論」 17(8) 1942.8
◇満洲農業の課題(桜井武雄)「日本評論」 17(8) 1942.8
◇印度に於ける経済発展と農業政策(市原政治)「農業と経済」 9(8) 1942.8

◇独逸に於ける農民経済の諸問題(神崎博愛)「農業と経済」 9(8) 1942.8
◇農業政策の前途とその課題(柴田和夫)「農業と経済」 9(8) 1942.8
◇米作労働の限界生産性(大川一司)「農業と経済」 9(8) 1942.8
◇特殊会社法論(石井照久)「法学協会雑誌」 60(8) 1942.8
◇産業統制会の沿革と現状(静田均)「法律時報」 14(8) 1942.8
◇統制会の運営を巡る諸問題(帆足計)「法律時報」 14(8) 1942.8
◇統制会の法律的構造と性格(実方正雄)「法律時報」 14(8) 1942.8
◇欄印農地法概要(多田芳雄)「法律時報」 14(8) 1942.8
◇現代経済学理論概況(高橋誠一郎)「三田学会雑誌」 36(8) 1942.8
◇農村労力の現状と労力供出能力(稲村順三)「科学主義工業」 6(9) 1942.9
◇英国食糧供給問題解決の一試案(ジョン・コールドウエル)「企画」 5(9) 1942.9
◇食糧価格統制(エイ・エス・ヂ・エイ・バスター)「企画」 5(9) 1942.9
◇仏領印度支那経済進展の展望「企画」 5(9) 1942.9
◇列強に於ける産業組織の史的考察(上)「企画」 5(9~12) 1942.9 ~12
◇リストの熱帯産業論(藤原泰)「経済学雑誌」 11(3). 1942.9
◇配給機構の整備問題(松本信次)「経済学論集」 12(9) 1942.9
◇理論経済学の若干問題(舞出長五郎)「経済学論集」 12(9) 1942.9
◇松方正義公の経済政論(堀江保蔵)「経済論叢」 55(3) 1942.9
◇経済統制法令の疑義(脇田忠)「警察研究」 13(9) 1942.9
◇ドイツの原料政策(内田源兵衛)「警察研究」 13(9) 1942.9
◇独占理論の再吟味(中山伊知郎)「国家学会雑誌」 56(9) 1942.9
◇経済政策と経営政策(大泉行雄)「財政」 7(9) 1942.9
◇国民所得論序説(3)(宮沢喜一)「財政」 7(9) 1942.9
◇東亜共栄圏経済の構想とその理解(村本福松)「財政」 7(9) 1942.9
◇皇国農業の確立(藤原正治)「産業組合」 443 1942.9
◇国本農家の理念(早川孝太郎)「産業組合」 443 1942.9
◇農業政策の目標(柴田和夫)「産業組合」 443 1942.9
◇食糧営団の設定運営について(遠藤三郎)「斯民」 37(9) 1942.9
◇企業経営の新原理(木村喜一郎)「週刊エコノミスト」 20(35) 1942.9
◇満洲国農業の発展段階(特集)「週刊エコノミスト」 20(36) 1942.9
◇配給機構整備と労務動員(坂田武雄)「商業組合」 8(9) 1942.9
◇戦時経済と営団(竹中竜雄)「商工経済」 14(3) 1942.9
◇配給機構の整備に就て(松本信次)「商工経済」 14(3) 1942.9
◇大東亜の建設と主要食糧計画(重政誠之)「地方行政」 50(9) 1942.9
◇戦時農業における共同作業の位置(石渡貞雄)「中央公論」 57(9) 1942.9
◇大東亜の農業体系(木下彰)「中央公論」 57(9) 1942.9
◇雇傭・利子及貨幣に関する一般理論(2)ジョン・メイナード・ケインズ著(1936年)(石原周夫訳,杉山知五郎訳)「調査月報(大蔵省)」 32(9) 1942.9
◇統制会社に就て「調査月報(大蔵省)」 32(9) 1942.9
◇コークス配給統制規則解説(燃料局)「帝国瓦斯協会雑誌」 31(5) 1942.9
◇所謂農村景気の意義(斎藤静雄)「帝国農会報」 32(9) 1942.9
◇東亜の農業に於ける水の重要性(吉岡金市)「帝国農会報」 32(9) 1942.9

◇農業生産統制と国庫補助金(小泉幸一)「帝国農会報」 32(9) 1942.9
◇大阪府市工会議所の対外経済関係業務の一元化と大阪南方院の創設に就て(中西清太郎)「東京市産業時報」 8(9) 1942.9
◇生産拡充と利潤統制(西野喜与作)「統制経済」 5(3) 1942.9
◇配給機構統制論(荒木直)「統制経済」 5(3) 1942.9
◇南方圏の嗜好物作物(2)―大東亜共栄圏の産業再編(25)「東洋経済新報」 2037 1942.9
◇大東亜戦と食糧政策(井野碩哉)「東洋経済新報」 2039 1942.9
◇共栄圏の米需給―大東亜共栄圏の産業再編(27)「東洋経済新報」 2040 1942.9
◇農業団体の統合「東洋経済新報」 2040 1942.9
◇合衆国電気事業統計「東洋経済統計月報」 4(9) 1942.9
◇大都市の配給問題(沖塩正夫)「都市問題」 35(3) 1942.9
◇問屋資本の混迷-輸送営団の構想(菊池富士雄)「都市問題」 35(3) 1942.9
◇日本経済学の根本問題(相川春喜)「日本評論」 17(9) 1942.9
◇農村部落体制論(須永重光)「日本評論」 17(9) 1942.9
◇独逸に於ける農業計画生産の基本方式―特に価格統制との関連に就て―(磯辺秀俊)「農業経済研究」 18(2) 1942.9
◇北海初期農業発達史の研究(3・完)(南鉄蔵)「農業経済研究」 18(2) 1942.9
◇北海道に於ける農業生産計画に就て(時田民治)「農業経済研究」 18(2) 1942.9
◇わが国農業計画生産の基本課題(渡邊庸一郎)「農業経済研究」 18(2) 1942.9
◇農村共同炊事の実態と今後の希望(森川規矩)「農業と経済」 9(9) 1942.9
◇農村労働統制の現段階(小船清)「農業と経済」 9(9) 1942.9
◇農工調和の本質に対する一私観(斎藤栄一)「農村工業」 9(9) 1942.9
◇食糧営団の運営に就て「農林時報」 2(18) 1942.9
◇統制経済と貨幣理論(小泉明)「一橋論叢」 10(3) 1942.9
◇経済統制法の一般的考察(菊池勇夫)「法政研究」 12(2) 1942.9
◇世界経済新秩序と金の地位(金原賢之助)「三田学会雑誌」 36(9) 1942.9
◇大東亜省と経済建設(土屋清)「改造」 24(10) 1942.10
◇水力発電所設置に伴ふ漁業被害対策(田原次郎)「河川」 1(10) 1942.10
◇英国食糧供給問題解決の一試案(ジョン・コールドウエル)「企画」 5(10) 1942.10
◇食糧価格統制(エイ・エス・ヂ・エイ・バスター)「企画」 5(10) 1942.10
◇仏領印度支那経済進展の展望「企画」 5(10) 1942.10
◇企業の動向(高宮晋)「経済学論集」 12(10) 1942.10
◇資本形成の過程(中谷実)「経済論叢」 55(4) 1942.10
◇企業整備を繞る諸問題(1)(豊田雅孝)「警察研究」 13(10) 1942.10
◇国本農村の建設方策(我妻東策)「国策研究会週報」 4(40) 1942.10
◇大東亜農政研究会の成果たる「大東亜農業政策要綱」に就て「国策研究会週報」 4(44) 1942.10
◇企業の私益性と公益性の調和(山本正雄)「財政」 7(10) 1942.10
◇国本農家の性格とその育成案(我妻東策)「社会政策時報」 265 1942.10
◇新農政と国本農村(小野武夫)「社会政策時報」 265 1942.10
◇東亜共栄圏と日本農業の使命(桜井武雄)「社会政策時報」 265 1942.10

◇東亜的農業の理論(吉岡金市)「社会政策時報」 265 1942.10
◇農業統制法の進展と其の性格(小林巳智次)「社会政策時報」 265 1942.10
◇世界史の転換と東亜経済(杉村広蔵)「週刊エコノミスト」 20(37) 1942.10
◇本年度米作と食糧政策「週刊エコノミスト」 20(39) 1942.10
◇企業整備と適限経営の問題(今村武雄)「商業組合」 8(10) 1942.10
◇国民経済再編成の基準(伊892久秋)「商業組合」 8(10) 1942.10
◇独占配給の弊害と是正策(谷口吉彦)「商業組合」 8(10) 1942.10
◇配給能率の増進(有賀禄郎)「商業組合」 8(10) 1942.10
◇産業経済より見たる大阪市論(金谷重義)「商工経済」 14(4) 1942.10
◇産業経済より見たる名古屋市論(奥野平)「商工経済」 14(4) 1942.10
◇経済統制の発展と行政機構改革(田中二郎)「地方行政」 50(10) 1942.10
◇和平地区産業の概貌「調査月報(大蔵省)」 32(10) 1942.10
◇農村都市の特色としての新潟県水原町(桜井徳太郎)「地理」 5(2) 1942.10
◇支那農業の発展形態(栗原藤七郎)「帝国農会報」 32(10) 1942.10
◇宮城県に於ける特殊小作慣行(津田一之)「帝国農会報」 32(10) 1942.10
◇「ゆひ」慣行の崩壊過程(川原仁左衛門)「帝国農会報」 32(10) 1942.10
◇東京市割当制物資一覧表(東京市戦時生活局配給部配給第一課庶務掛)「東京市産業時報」 8(10) 1942.10
◇配給問題に関する考察(野宗英一郎)「東京市産業時報」 8(10) 1942.10
◇食糧問題と香港「東洋経済新報」 2041 1942.10
◇共栄圏の米需給(2)―大東亜共栄圏の産業再編(29)「東洋経済新報」 2042 1942.10
◇農業共同作業の実態と問題点「東洋経済新報」 2045 1942.10
◇生活必需品の註文制と定期配給制-名古屋市に於ける「米」配給を中心として(太田茂)「都市問題」 35(4) 1942.10
◇最適経営規模の問題(大槻正男)「農業と経済」 9(10) 1942.10
◇産業組合における経営規模の問題(青木一巳)「農業と経済」 9(10) 1942.10
◇農地調整施設補助規則とその運営(農政局)「農林時報」 2(20) 1942.10
◇八郎潟干拓計画概要(秋田県)(師岡政夫)「農林時報」 2(20) 1942.10
◇効用計測理論の発展(久武雅夫)「一橋論叢」 10(4) 1942.10
◇統制的均衡の合理性(中山伊知郎)「一橋論叢」 10(4) 1942.10
◇株式会社に於ける企業自体の思想(1)(大隈健一郎)「法学論叢(京都帝国大学法学会)」 47(4) 1942.10
◇村明細帳に現れたる農村生活(野村乗太郎)「三田学会雑誌」 36 1942.10
◇企業動員の法的形態(清水乗男)「大阪商工会議所月報」 426 1942.11
◇生産力増強の基本問題(松前重義)「改造」 24(11) 1942.11
◇戦時生産体制論(大河内正敏)「科学主義工業」 6(11) 1942.11
◇英国食糧供給問題解決の一試案(ジョン・コールドウエル)「企画」 5(11) 1942.11
◇食糧価格統制(エイ・エス・ヂ・エイ・バスター)「企画」 5(11) 1942.11
◇仏領印度支那経済進展の展望「企画」 5(11) 1942.11

◇企業の歴史的性格に就て(西島弥太郎)「経済学雑誌」 11(5) 1942.11

◇経済統制法の地位と其の特質(原龍之助)「経済学雑誌」 11(5) 1942.11

◇強制カルテル再論(静田均)「経済論叢」 55(5) 1942.11

◇最近に於ける仏印経済の再編成に就いて(松岡孝児)「経済論叢」 55(5) 1942.11

◇企業整備を繞る諸問題(2・完)(豊田雅孝)「警察研究」 13(11) 1942.11

◇経済統制法令の疑義(18)(真野英一)「警察研究」 13(11) 1942.11

◇共栄圏経済体制基本構想の概要「国策研究会週報」 4(46) 1942.11

◇大東亜重要物資高度自給体制の構想「国策研究会週報」 4(47) 1942.11

◇統制経済の再検討(谷口吉彦)「財政」 7(11) 1942.11

◇統制経済の発展(小島昌太郎)「財政」 7(11) 1942.11

◇農業団体統合問題の焦点(野間八十八)「産業組合」 445 1942.11

◇農業団体統合問題の政治性(山崎靖純)「産業組合」 445 1942.11

◇農業団体の統合と国本農村の建設(我妻東策)「産業組合」 445 1942.11

◇生活必需品配給問題に就いて(浜塩正夫)「市政研究」 1 1942.11

◇英国戦時経済の様相(特集)「週刊エコノミスト」 20(41) 1942.11

◇経済会議所の性格(横山五市)「週刊エコノミスト」 20(41) 1942.11

◇イタリヤ戦時経済の分析(特集)「週刊エコノミスト」 20(43) 1942.11

◇農業近代化と技術の地位(石渡貞雄)「週刊エコノミスト」 20(43) 1942.11

◇コンツエルンの帰趨(国弘員人)「週刊エコノミスト」 20(44) 1942.11

◇都市と農村の問題(座談会)(斎藤嚮[ほか])「常会」 4(11) 1942.11

◇産業組合との調整問題(坂田武雄)「商業組合」 8(11) 1942.11

◇北海道地方に於ける配給機構整備状況「商工経済」 14(5) 1942.11

◇物資の偏在を是正重要物資第二次買上げ(総務局)「商工通報」 57 1942.11

◇戦時生活と生産の組織化(菱山辰一)「中央公論」 57(11) 1942.11

◇日本経済戦略論(土屋清)「中央公論」 57(11) 1942.11

◇南部曲家の分布、岩手県下の農家の形態並に経済に関する記録(木内庸蔵,大槻高彦)「地理学評論」 18(11) 1942.11

◇日本の漁業者の分布(小笠原義勝)「地理学評論」 18(11) 1942.11

◇瓦斯事業の期限を顧みて(下村明)「帝国瓦斯協会雑誌」 31(6) 1942.11

◇兼業農家の歴史的性格(三瓶孝子)「帝国農会報」 32(11) 1942.11

◇経済表の成立基底(高橋長太郎)「統制経済」 5(5) 1942.11

◇支那事変後の経済統制と大東亜戦下の経済統制(栂井義雄)「統制経済」 5(5) 1942.11

◇大東亜経済共栄圏に於ける満洲国経済の役割(関口猛夫)「統制経済」 5(5) 1942.11

◇大東亜に於ける電力の基本政策(平井寛一郎)「統制経済」 5(5) 1942.11

◇独逸戦時経済上の最高能率の基礎「統制経済」 5(5) 1942.11

◇東北地方の地質と鉱産(鉱業科)「東北産業研究」 7 1942.11

◇日本農業の再編成と東北農業(苫米地義三)「東北産業研究」 7 1942.11

◇農業雇傭労賃の昂騰とその将来「東洋経済新報」 2046 1942.11

◇不足する小麦粉(1)―大東亜共栄圏の産業再編成(30)―「東洋経済新報」 2046 1942.11

◇生産対策を直言する(座談会)(青木均一[ほか])「東洋経済新報」 2048 1942.11

◇物資配給私見(松浦康秋)「都市公論」 25(11) 1942.11

◇電灯料金の改正とその都市への考慮「都市問題」 35(5) 1942.11

◇六大都市食糧供給圏設定計画「都市問題」 35(5) 1942.11

◇雲原村に於ける耕地集団事業に就いて(1)(田中功)「農業と経済」 9(11) 1942.11

◇チュウネン圏の限界理論(神崎博愛)「農業と経済」 9(11) 1942.11

◇農業人口の確保と移植民政策「農業と経済」 9(11) 1942.11

◇馬来に於ける米の生産事情梗概(鈴木紀男)「農業と経済」 9(11) 1942.11

◇戦時農耕生産力の調整(小峰柳多)「農村工業」 9(11) 1942.11

◇農工調和の立国主義(川端巌)「農村工業」 9(11) 1942.11

◇誘致工場の農村に及ぼせる影響(赤座光市)「農村工業」 9(11) 1942.11

◇主要消費都市に於ける最近の鮮魚介需給状況(食品局)「農林時報」 2(22) 1942.11

◇経済循環と資本収益率の体系(越村信三郎)「一橋論叢」 10(5) 1942.11

◇会社法の発展と営団法(大隈健一郎)「法律時報」 14(11) 1942.11

◇大阪市に於ける鮮魚の需給について(長森清義)「大阪商工会議所月報」 427 1942.12

◇中支経済当面の課題(石浜知行)「改造」 24(12) 1942.12

◇農村の底力(野間海造)「改造」 24(12) 1942.12

◇国防生産と利潤生産(大河内正敏)「科学主義工業」 6(12) 1942.12

◇農地開発計画(溝口三郎)「官界公論」 8(90) 1942.12

◇英国食糧供給問題解決の一試案(ジョン・コールドウエル)「企画」 5(12) 1942.12

◇食糧価格統制(エイ・エス・ヂ・エイ・バスター)「企画」 5(12) 1942.12

◇仏領印度支那経済進展の展望「企画」 5(12) 1942.12

◇昭和十七年六月末農民団体数調「勤労時報」 19(12) 1942.12

◇需要曲線に関するマルシヤクの方法に就いて(栗村雄吉)「経済学研究」 11(1) 1942.12

◇階層思想と経済的生活(福井孝治)「経済学雑誌」 11(6) 1942.12

◇主体主義経済学の基本問題(松井辰之助)「経済学雑誌」 11(6) 1942.12

◇所得の国民経済的測定(豊崎稔)「経済学雑誌」 11(6) 1942.12

◇北支に於ける陸地棉の移植と農家経済の立場(渡邊信一)「経済学論集」 12(12) 1942.12

◇経済の本質について(柴田敬)「経済論叢」 55(6) 1942.12

◇営業禁止に就て-企業許指令の一機能-(小田垣光之輔)「警察研究」 13(12) 1942.12

◇主要食糧の価格統制に付て(脇田忠)「警察研究」 13(12) 1942.12

◇総力戦経済の組織と饗導:各国に於ける戦時産業統制の構造(大野信三)「国策研究会週報」 4(50) 1942.12

◇共栄圏繊維対策要綱案「国策研究会週報」 4(51) 1942.12

◇皇国農村の確立と産業組合(助川啓四郎)「産業組合」 446 1942.12

◇昭和十七年の農政回顧(奥原潔)「産業組合」 446 1942.12

◇専業農家論(国本農村の建設)「産業組合」 446 1942.12

◇配給停止と隣組精神(野原稔)「執務指導通信」 6(2) 1942.12

◇大戦一年、潑剌たる南方建設(特集)「週刊エコノミスト」 20(46) 1942.12

◇経済団体の改組統合（特集）「週刊エコノミスト」 20（47） 1942.12
◇戦後の統制と景気変動（高橋次郎）「商学討究」 17 1942.12
◇東京市に於ける家庭用蔬菜配給要綱「商業組合」 8（12） 1942.12
◇都市に於ける生鮮食糧品配給方法施策（商業組合中央会）「商業組合」 8（12） 1942.12
◇日本農業に於ける労働力擁護の諸問題（林俊一）「帝国農会報」 32（12） 1942.12
◇農業労働力の性格と擁護（特輯）「帝国農会報」 32（12） 1942.12
◇満洲国に於ける生活物資の統制（石黒直男）「統制経済」 5（6） 1942.12
◇大東亜戦争の進展と経済界の前途（石橋湛山）「東洋経済新報」 2050 1942.12
◇農業団体の統合「東洋経済新報」 2050 1942.12
◇大阪市の生鮮食料品配給機構「東洋経済新報」 2051 1942.12
◇生鮮食料品配給問題を語る（座談会）（河合良成［ほか］）「東洋経済新報」 2051 1942.12
◇共栄圏と濠洲小麦＝大東亜共栄圏産業再編（32）＝不足する小麦、小麦粉（2）「東洋経済新報」 2052 1942.12
◇生鮮食料品卸売相場指数（東京市経済局中央卸売市場）「東洋経済統計月報」 4（12） 1942.12
◇大阪市の食糧問題と野菜自給圏（宮出秀雄）「都市問題」 35（6） 1942.12
◇経済会議所法案要綱の決定「都市問題」 35（6） 1942.12
◇帝都で蔬菜登録制の実施「都市問題」 35（6） 1942.12
◇軍事費と日本経済の構造（島恭彦）「日本評論」 17（12） 1942.12
◇生鮮食料品問題の解決（本位田祥男）「日本評論」 17（12） 1942.12
◇華北農業労働に関する研究（鴻麟）「農業経済研究」 18（3） 1942.12
◇中山道に於ける助郷制度の崩壊過程（石川武彦）「農業経済研究」 18（3） 1942.12
◇農家食糧需要の所得弾性：その意義と測定（大川一司）「農業経済研究」 18（3） 1942.12
◇昭和十七年の農業問題を回顧する（満川元親）「農業と経済」 9（12） 1942.12
◇朝鮮農村社会の構造（善生永助）「農業と経済」 9（12） 1942.12
◇離農と農家経済（米倉茂俊）「農業と経済」 9（12） 1942.12
◇日本農業の主体性の確立（日下藤吾）「農村工業」 9（12） 1942.12
◇東京市に於ける家庭用蔬菜の配給（食品局）「農林時報」 2（22） 1942.12
◇中央食糧協力会の設立（総務局）「農林時報」 2（24） 1942.12
◇経済発達の段階よりみたる南方未開民族（平野義太郎）「法律時報」 14（12） 1942.12
◇経済圏支払決済制度に関する若干の考察（金原賢之助）「三田学会雑誌」 36（12） 1942.12
◇現代統制経済政策の理論的分析（気賀健三）「三田学会雑誌」 36（12） 1942.12
◇企業整備と生産拡充（小出栄一）「官界公論」 9（91） 1943.1
◇農業立地論について（小松幸雄）「経済学雑誌」 12（1） 1943.1
◇支那に於ける陸地棉移植普及工作の沿革（渡邊信一）「経済学論集」 13（1） 1943.1
◇高度国防国家と経済政策（河津暹）「経済論叢」 56（1） 1943.1
◇新経済論理の展開（柴田敬）「経済論叢」 56（1） 1943.1
◇明治前期の外資排除に就て（堀江保蔵）「経済論叢」 56（1） 1943.1
◇連関財についての覚書（高田保馬）「経済論叢」 56（1） 1943.1
◇経済統制法令の疑義（19）（真野英一）「警察研究」 14（1） 1943.1
◇経済統制法違反行為の効力（1）（原龍之助）「公法雑誌」 9（1） 1943.1
◇現下生産力増強に関する諸建議及諸案「国策研究会週報」 5（3） 1943.1
◇決戦生産体制を語る-生産体制一元化並に企業形態問題（大屋敦［ほか］）「国策研究会週報」 5（5） 1943.1
◇日本民族の産業的地域配置方針「国策研究会週報」 5（5） 1943.1
◇経済統制法と刑法（牧野英一）「国家学会雑誌」 57（1） 1943.1
◇経済統制法と公法（杉村章三郎）「国家学会雑誌」 57（1） 1943.1
◇経済統制法と商法（鈴木竹雄）「国家学会雑誌」 57（1） 1943.1
◇経済統制法と民法（川島武宜）「国家学会雑誌」 57（1） 1943.1
◇経済統制法と労働法（吾妻光俊）「国家学会雑誌」 57（1） 1943.1
◇公定価格と隔地間の取引（小池隆一）「財政」 8（1） 1943.1
◇東亜に於ける協同組合の動向と指導理念に就て（座談会）（千石興太郎［ほか］）「産業組合」 447 1943.1
◇大東亜戦争と統制経済の強化（外山福男）「自治機関」 515 1943.1
◇戦時経済行政法概観（1）（美濃部達吉）「自治研究」 19（1） 1943.1
◇農業労力調整の指標（小船清）「自治研究」 19（1） 1943.1
◇農村は生活指導力を持て（続）（角田八郎）「自治公論」 15（12） 1943.1
◇農業保険の新体制（利光洋一）「斯民」 38（1） 1943.1
◇米麦国営検査に就て（小山正時）「斯民」 38（1） 1943.1
◇東亜広域経済の研究（特集）「週刊エコノミスト」 21（1） 1943.1
◇東亜広域経済の食糧問題（久保田明光）「週刊エコノミスト」 21（1） 1943.1
◇大戦二年の経済体制整備（特集）「週刊エコノミスト」 21（3） 1943.1
◇ドイツ統制経済の特質（菊池春雄）「週刊エコノミスト」 21（3） 1943.1
◇営団、統制会、統制会社の性格（高田源清）「週刊エコノミスト」 21（4） 1943.1
◇国本たるべき農村の確立（農林省）「週報 官報附録」 326 1943.1
◇生活必需品配給方式の将来（上野陽一）「商業組合」 9（1） 1943.1
◇統制会への権限委譲（総務局）「商工通報」 61 1943.1
◇戦時下食糧確保と大阪食糧営団（中野興吉郎）「大大阪」 19（1） 1943.1
◇セイロン島の政治経済地理（1）（飯本信之）「地政学」 2（1） 1943.1
◇農業、水産団体法案概要「地方改良」 131 1943.1
◇拡大する農業保険（利光洋一）「地方行政」 51（1） 1943.1
◇農地の交換分合（田邊勝正）「地方行政」 51（1） 1943.1
◇生産力増強の前提（田邊忠雄）「中央公論」 58（1） 1943.1
◇農業経営組織による郡の分類-昭和十三年農家調査の分布解析の（1）（松井勇）「地理学評論」 19（1） 1943.1
◇戦時遂行下に於ける瓦斯事業の責務「帝国瓦斯協会雑誌」 32（1） 1943.1
◇大東亜に於ける稲作の技術構造（栗原百寿）「帝国農会報」 33（1） 1943.1
◇中支那農村復興の諸問題（竹村和夫）「帝国農会報」 33（1） 1943.1
◇戦時食糧問題の展開（三木知臣）「東京市産業時報」 9（1） 1943.1
◇中小企業者の戦時生活（三谷越夫）「東京市産業時報」 9（1） 1943.1
◇都市家禽としての鷲に就て（宮崎吉則）「東京市産業時報」 9（1） 1943.1
◇計画経済下の経済団体（向井鹿松）「統制経済」 6（1） 1943.1
◇生産戦争と共栄国各域の経済機構（田中精一）「統制経済」 6（1） 1943.1

経済・産業

◇日本技術の確立と前進(特集)「東洋経済新報」 2053 1943.1

◇戦時国民食の確保(研究会)(榊原平八[ほか])「東洋経済新報」 2056 1943.1

◇産業行政の強化と生産増強の課題「東洋経済新報」 2059 1943.1

◇生産増強の方策を語る(中京産業人座談会)(磯部謙一[ほか])「東洋経済新報」 2503 1943.1

◇農作物収穫高累年比較「東洋経済統計月報」 5(1) 1943.1

◇戦時下大都市の配給問題(戦時都市行政と市民生活)(磯村英一)「都市問題」 36(1) 1943.1

◇朝鮮農地開発営団の制定「内務厚生時報」 8(1) 1943.1

◇産業組合機構に於ける資金構造の分析(1)(桐田啓一)「農業と経済」 10(1) 1943.1

◇大都市蔬菜供給圏の問題(四宮恭二)「農業と経済」 10(1) 1943.1

◇農村信用組合と資金統制(窪田角一)「農業と経済」 10(1) 1943.1

◇農工両全は議論の時に非ず(吉田秀夫)「農村工業」 10(1) 1943.1

◇青果魚類の配給と消費者の協力(田中啓一)「農林時報」 3(1) 1943.1

◇農産食品の需要概観(食品局農産食品課)「農林時報」 3(1) 1943.1

◇農地の開発改良と食糧増産(溝口三郎)「農林時報」 3(1) 1943.1

◇馬産経済実態調査の概況(馬政局)「農林時報」 3(1) 1943.1

◇米麦国営検査に就て(食品管理局)「農林時報」 3(1) 1943.1

◇米麦の国営検査施行に就て(湯河元威)「農林時報」 3(1) 1943.1

◇北海道十勝地方に於ける燕麦作の意義と霜害の防除(大島喜四郎)「農林時報」 3(1) 1943.1

◇食糧管理局機構の改正(大臣官房文書課)「農林時報」 3(2) 1943.1

◇アメリカ産業動員と優先性の問題(馬場啓之助)「一橋論叢」 11(1) 1943.1

◇農業団体統合の積極的意義(柴田和夫)「法律時報」 15(1) 1943.1

◇仏印経済界の変貌「大阪商工会議所月報」 429 1943.2

◇生産の哲学(坂田太郎)「科学主義工業」 7(2) 1943.2

◇戦力増強と能率増進(高嶺明達)「科学主義工業」 7(2) 1943.2

◇ドイツ国防経済の生成(T.ヴィンシュウ)「科学主義工業」 7(2) 1943.2

◇戦時下に於ける発電用水使用の非常措置に就て(高橋恵)「河川」 2(2) 1943.2

◇経済団体の類型的一考察(実方正雄)「経済学雑誌」 12(2) 1943.2

◇統制経済と計画経済について(堀経夫)「経済学雑誌」 12(2) 1943.2

◇アダム・スミスと「経済人」(大河内一男)「経済学論集」 13(2) 1943.2

◇経営について(高宮晋)「経済学論集」 13(2) 1943.2

◇皇国農村確立と人口政策(石渡貞雄)「経済毎日」 21(7) 1943.2

◇価格政策として農業保険の一考察(田村友義)「経済毎日」 21(8) 1943.2

◇兼業農家論(綿谷敏夫)「経済毎日」 21(9) 1943.2

◇計画の経済理論(柴田敬)「経済論叢」 56(2) 1943.2

◇生産理論に於ける商品群の観点(青山秀夫)「経済論叢」 56(2) 1943.2

◇総力戦体制に於ける企業者(大塚一朗)「経済論叢」 56(2) 1943.2

◇大阪府に於ける建築用物資配給に就いて(平山琴治)「建築と社会」 26(2) 1943.2

◇大東亜共栄圏建設への技術の躍進と生産力拡充方策「国策研究会週報」 5(8) 1943.2

◇末端配給機構の整備問題と其の方向 -特に綜合配給制を中心に検討(調査部)「国策研究会週報」 5(9) 1943.2

◇企業合併又は設備等買受の評価理論(沼田嘉穂)「財政」 8(2) 1943.2

◇企業比較の体系(松本雅男)「財政」 8(2) 1943.2

◇産業組合の性格と分野調整(赤倉武)「産業組合」 9(2) 1943.2

◇統制配給機構と適量配給主義(竹島信三郎)「産業組合」 9(2) 1943.2

◇農業団体統合と農村配給問題(古賀久雄)「産業組合」 9(2) 1943.2

◇初期産業組合と報徳社論争(山崎勉治)「産業組合」 448 1943.2

◇農家の特性強化と産業組合(林恵海)「産業組合」 448 1943.2

◇農業団体法案の大綱について(古郡節夫)「産業組合」 448 1943.2

◇皇国農業の確立(戸嶋芳雄)「斯民」 38(2) 1943.2

◇農業団体法案の骨子に就いて(古郡節夫)「斯民」 38(2) 1943.2

◇国営農業への過程と構想(北原金司)「社会政策時報」 269 1943.2

◇産業構造の変移と過小農の動向(柄野晴夫)「社会政策時報」 269 1943.2

◇東亜の繊維対策(井上貞蔵)「商工経済」 15(2) 1943.2

◇特殊鉱配給機構整備「商工通報」 64 1943.2

◇セイロン島の政治経済地理(2・完)(塚本信之)「地政学」 2(2) 1943.2

◇農家戸数増減状況調(昭和十七年)(農林省)「調査月報(大蔵省)」 33(1) 1943.2

◇仏印米に対する若干の考察(平岡謹之助)「帝国農会報」 33(1) 1943.2

◇生産と消費の基本関係(大泉行雄)「統制経済」 6(2) 1943.2

◇統制会への職権の委譲に就いて(柳瀬良幹)「統制経済」 6(2) 1943.2

◇農業団体の統合と全体主義農政の確立(我妻東策)「統制経済」 6(2) 1943.2

◇企業整備令概説「東北産業研究」 8 1943.2

◇津軽リンゴ経済史の展開(桜庭一男)「東北産業研究」 8 1943.2

◇東北地方会社営業状況「東北産業研究」 8 1943.2

◇東北地方食料品統計「東北産業研究」 8 1943.2

◇東北地方に於ける畜産と有畜農業(釘本昌二)「東北産業研究」 8 1943.2

◇東北地方農業の生産諸条件「東北産業研究」 8 1943.2

◇新経済理論の確立(特集)(波多野堯,作田荘一,生島廣治郎)「東洋経済新報」 2059 1943.2

◇新経済学への展望(高木友三郎)「東洋経済新報」 2060 1943.2

◇戦力増強と事業経済形態(座談会)(大河内正敏[ほか])「東洋経済新報」 2060 1943.2

◇没価値性の構成体論(細井孝治)「東洋経済新報」 2061 1943.2

◇魚類の六大都市別一人当消費高「東洋経済統計月報」 5(2) 1943.2

◇東京市の蔬菜と果実の入荷量並一人当消費高「東洋経済統計月報」 5(2) 1943.2

◇統制会への職権委譲特に軌道関係事項に就て(岩澤忠恭)「道路の改良」 25(2) 1943.2

◇生産増強と標準生活(藤田敬三)「日本評論」 18(2) 1943.2

◇大独逸と独逸農民(森三郎)「農業と経済」 10(2) 1943.2

◇農業団体法案の概要(臼井俊郎)「農業と経済」 10(2) 1943.2

◇農作業方法改善の緊要性(吉岡金市)「農業と経済」 10(2) 1943.2

◇産業政策の総合性(田村実)「農村工業」 10(2) 1943.2

◇専業及び兼業別構成(田中定)「農村工業」 10(2) 1943.2

◇大東亜戦下農工矛盾の展開とその克服(中澤辨治郎)「農村工業」 10(2) 1943.2

◇農工調整の重要性(伊藤久秋)「農村工業」　10(2)　1943.2
◇私は日本の産業(工・農)を斯の如くなすべしと主張する(承前)(佐藤富治)「農村工業」　10(2)　1943.2
◇九州地方に於ける雑穀の生産事情(小林政明)「農林時報」　3(3)　1943.2
◇農地の交換分合に就て(田邊政正)「農林時報」　3(3)　1943.2
◇農業労働に於ける協同組織―とくに「ゆひ」及び「むら仕事」について(小池基之)「三田学会雑誌」　37(2)　1943.2
◇仏印経済界の変貌(2・完)(井上猛夫)「大阪商工会議所月報」　430　1943.3
◇企業形態と生産行政(綴研一)「科学主義工業」　7(3)　1943.3
◇経済革新への反省(穂積七郎,難波田春夫)「科学主義工業」　7(3)　1943.3
◇生産力と国民生活(北沢新次郎)「科学主義工業」　7(3)　1943.3
◇「兼業農家」を繞る最近の諸問題(吉田秀夫)「官界公論」　9(93)　1943.3
◇戦争と世界経済(荒木光太郎)「経済学論集」　13(3)　1943.3
◇利潤観念と財産観念(丸山幹治)「経済毎日」　21(9)　1943.3
◇企業統制の方式(松井辰之助)「経済毎日」　21(11)　1943.3
◇企業新体制の進展(特集)「経済毎日」　21(12)　1943.3
◇食糧国内自給政策の経済的論拠(石渡貞雄)「経済毎日」　21(12)　1943.3
◇インテレッセンゲマインシヤフトの概念規定について(静田均)「経済論叢」　56(3)　1943.3
◇再び新経済論理の数式的展開に就て(柴田敬)「経済論叢」　56(3)　1943.3
◇経済統制法令の疑義(20)(脇田忠)「警察研究」　14(3)　1943.3
◇経済を統制する法(15)(佐々木惣一)「公法雑誌」　9(3)　1943.3
◇経済統制法違反行為の効力(2)(原龍之助)「公法雑誌」　9(3)　1943.3
◇ケッドゲン「経済法法源論」(1)(俵静夫)「公法雑誌」　9(3)　1943.3
◇決戦議会と経済体制の確立「国策研究会週報」　5(10)　1943.3
◇生産増強を繞る重要産業部門の動向と其の問題点(2)(国策研究会調査部)「国策研究会週報」　5(10)　1943.3
◇統制経済確立をめぐる諸論議と其の発展の方向(本会調査部)「国策研究会週報」　5(12)　1943.3
◇決戦議会と経済体制の確立「国策研究会週報」　5(13)　1943.3
◇ソ連邦経済立地の諸問題(国土計画研究所編)「国土計画」　2(1)　1943.3
◇新経済と道徳(由良哲次)「財政」　8(3)　1943.3
◇生産増強と総合企業態(猪谷善一)「財政」　8(3)　1943.3
◇生産増強に於ける若干の問題(村本福松)「財政」　8(3)　1943.3
◇プール平準価格制の論理(山下勝治)「財政」　8(3)　1943.3
◇戦時経済行政法概観(2)(美濃部達吉)「自治研究」　19(3)　1943.3
◇農業保険制度の改正「週報 官報附録」　334　1943.3
◇生鮮食糧品配給問題と企業整備(宮出秀雄)「商業組合」　9(3)　1943.3
◇購買力吸収政策の基本的性格(岸本誠二郎)「商工経済」　15(3)　1943.3
◇農業保険と強制の問題(利光洋一)「地方行政」　51(3)　1943.3
◇昭和一八年度上半期瓦斯事業用原料炭割当に対する希望(帝国瓦斯協会)「帝国瓦斯協会雑誌」　32(2)　1943.3
◇馬の使役と形態との関係(菱沼達也)「帝国農会報」　32(3)　1943.3
◇行政区域と配給機構(志賀達)「東京市産業時報」　9(3)　1943.3
◇大東亜産業建設の技術要件(相川春喜)「統制経済」　6(3)　1943.3

◇経済学の革新(柴田敬)「東洋経済新報」　2062　1943.3
◇農民離村の防止を望む「東洋経済新報」　2062　1943.3
◇構成体論的経済学の立場(酒枝義旗)「東洋経済新報」　2063　1943.3
◇五大重点産業推進の方策(座談会)「東洋経済新報」　2063　1943.3
◇朝鮮電力統制の帰趨「東洋経済新報」　2063　1943.3
◇決戦産業立法の意義「東洋経済新報」　2064　1943.3
◇五大重点産業の前進(1)「東洋経済新報」　2064　1943.3
◇自作農創設維持政策の強化「東洋経済新報」　2064　1943.3
◇五大重点産業の前進(2・完)「東洋経済新報」　2065　1943.3
◇特集・企業形態の将来(増地庸治郎,高田源清)「東洋経済新報」　2065　1943.3
◇大阪市の食糧問題と野菜自給圏(2)(宮出秀雄)「都市問題」　36(3)　1943.3
◇東京地方各庁連絡協議会に依る生産力増強運動「内外労働週報」　548　1943.3
◇戦力増強の方式(盛山利忠)「日本評論」　18(3)　1943.3
◇皇国農村の史的課題(藤井信)「農業と経済」　10(3)　1943.3
◇農業に於ける経営目的及び経営目標(喜多正治)「農業と経済」　10(3)　1943.3
◇農工調和について(松村勝治郎)「農業と経済」　10(3)　1943.3
◇水産業団体法解説「農林時報」　3(6)　1943.3
◇農業団体法解説「農林時報」　3(6)　1943.3
◇農業保険制度の改正に就て「農林時報」　3(6)　1943.3
◇資金計画と課題(鬼頭仁三郎)「一橋論叢」　11(2)　1943.3
◇貨幣理論と経済理論の結合(千種義人)「三田学会雑誌」　37(3)　1943.3
◇組織の調整力と組織の諸理念型(馬場敬治)「経済学論集」　13(4)　1943.4
◇特輯・各国経済発展二十年の足跡「経済毎日」　21(13)　1943.4
◇特輯・本邦経済二十年の軌跡(1)「経済毎日」　21(13)　1943.4
◇食糧品配給の現況「経済毎日」　21(15)　1943.4
◇新経済論理の一般均衡(柴田敬)「経済論叢」　56(4)　1943.4
◇ヒックスの生産理論(青山秀夫)「経済論叢」　56(4)　1943.4
◇利子を決定するもの(高田保馬)「経済論叢」　56(4)　1943.4
◇経済を統制する法(16)(佐々木惣一)「公法雑誌」　9(4)　1943.4
◇ケッドゲン「経済法法源論」(2・完)(俵静夫)「公法雑誌」　9(4)　1943.4
◇企業統制の経路と運営を繞る諸条件(寺西五郎)「国策研究会週報」　5(15)　1943.4
◇生産管理方式運用の状況と其の問題点「国策研究会週報」　5(15)　1943.4
◇経済団体の統合方式(船田中)「国策研究会週報」　5(16)　1943.4
◇民間経済中枢機関設置問題(帆足計)「国策研究会週報」　5(16)　1943.4
◇米価の値と米穀増産(三宅鹿之助)「国策研究会週報」　5(17)　1943.4
◇米価の是正と補給金制度(原祐三)「国策研究会週報」　5(17)　1943.4
◇新農業団体の課題(平野力三)「産業組合」　450　1943.4
◇農業団体統合と国策会社(奥原潔)「産業組合」　450　1943.4
◇農村問題と健土国策(黒沢西蔵)「産業組合」　450　1943.4
◇都市と電気(沼倉秀穂)「市政研究」　3　1943.4
◇最近の食糧事情と米穀の供出(遠藤三郎)「斯民」　38(4)　1943.4
◇農村計画に就いて(齋藤栄一)「社会政策時報」　271　1943.4
◇要素的国民経済構造(酒井正三郎)「社会政策時報」　271　1943.4

経済・産業

◇農業団体の統合と国策会社(杉山元治郎)「商業組合」 9(4) 1943.4
◇補助金政策と二重価格制度「商工経済」 15(4) 1943.4
◇農業団体法の解説(古郡節夫)「帝国農会報」 33(4) 1943.4
◇昭和十七年米実収高「統計集誌」 742 1943.4
◇静大量と動大量(高津英雄)「統計集誌」 742 1943.4
◇超重点生産論(土屋清)「統制経済」 6(4) 1943.4
◇国民経済学の課題と方法(豊崎稔)「東洋経済新報」 2067 1943.4
◇国家経済学の生活理論(宮田喜代蔵)「東洋経済新報」 2068 1943.4
◇現代経済学の基本的性格(新経済理論の確立10)(酒井正三郎)「東洋経済新報」 2069 1943.4
◇戦力増強と生産技術「東洋経済新報」 2069 1943.4
◇電力需給の緊急対策「東洋経済新報」 2069 1943.4
◇近郊農業技術に対する一考察(川田信一郎)「農業経済研究」 18(4) 1943.4
◇産業組合機構に於ける資金構造分析(中)(桐田啓一)「農業と経済」 10(4) 1943.4
◇人口問題と適当経営規模(大槻正男)「農業と経済」 10(4) 1943.4
◇新農業団体の性格(渡辺庸一郎)「農業と経済」 10(4) 1943.4
◇生産増強と価格問題(黒正巖)「農業と経済」 10(4) 1943.4
◇統制経済と農家小組合の基調(棚橋初太郎)「農業と経済」 10(4) 1943.4
◇統制経済と農家小組合の基調「農業と経済」 10(4) 1943.4
◇農業経営と経営政策(橋本伝左衛門)「農業と経済」 10(4) 1943.4
◇農village景気の分析(斎藤静雄)「農業と経済」 10(4) 1943.4
◇満州に於ける農業経営方式の立地配置と発展過程(永友繁雄)「農業と経済」 10(4) 1943.4
◇地方計画と産業立地への課題(横田弘之)「農村工業」 10(4) 1943.4
◇地方計画と農工調整への課題(平実)「農村工業」 10(4) 1943.4
◇生鮮食料品価格対策要綱(総務局)「農林時報」 3(8) 1943.4
◇共栄国資金交流の問題(早川泰正)「一橋論叢」 11(4) 1943.4
◇経済統制法の被適用者(1)(金澤良雄)「法学協会雑誌」 61(4) 1943.4
◇ドイツ農業債務整理法について(3)(山田晟)「法学協会雑誌」 61(4) 1943.4
◇生産経済思想史概観(高橋誠一郎)「三田学会雑誌」 37(4) 1943.4
◇南方資源の研究の諸課題(山本登)「三田学会雑誌」 37(4) 1943.4
◇今後の企業経営の方式に就て(村本福松)「大阪商工会議所月報」 432 1943.5
◇生産管理の方式公開二篇(宮島久次郎,坂口磙三)「大阪商工会議所月報」 432 1943.5
◇国家と企業(酒枝義旂)「科学主義工業」 7(5) 1943.5
◇生産力の構造と強化(徳積七郎,難波田春夫)「科学主義工業」 7(5) 1943.5
◇多量生産方式採用の前提条件(神津康人)「科学主義工業」 7(5) 1943.5
◇一九世紀独逸の農業人口移動の諸過程(竹内英夫)「経済学研究」 11(2) 1943.5
◇フランスに於ける社会経済史学の胎動(宮本又次)「経済学研究」 11(2) 1943.5
◇英国の公共トラストと営団(竹中龍雄)「経済学雑誌」 12(5) 1943.5
◇明治十八年鹿児島県小作慣行調査(土屋喬雄)「経済学論集」 13(4) 1943.5
◇決戦農業態勢の相貌「経済毎日」 21(16) 1943.5

◇米価引上げと増産問題(大川一司)「経済毎日」 21(17) 1943.5
◇農産物価格論(石渡貞雄)「経済毎日」 21(18) 1943.5
◇特輯・アメリカ経済の動揺「経済毎日」 21(18) 1943.5
◇朝鮮経済の近代化に就て(堀江保蔵)「経済論叢」 56(5) 1943.5
◇ヒックスの資本理論(青山秀夫)「経済論叢」 56(5) 1943.5
◇東北農村の一小部落に於ける農業と厚生施設―社会事業研究所東北農村調査報告(一)―「厚生問題」 27(5) 1943.5
◇経済を統制する法(17)(佐々木惣一)「公法雑誌」 9(5) 1943.5
◇本年度生拡計画の特質と実施上の重点「国策研究会週報」 5(19) 1943.5
◇生産技術に関する技術対策の要点「国策研究会週報」 5(21) 1943.5
◇独逸の統制経済機構とその運営(飯島正義)「国策研究会週報」 5(21) 1943.5
◇生産性向上への諸問題(今岡賀雄)「国策研究会週報」 5(22) 1943.5
◇皇国農村確立促進方策(山口弘道)「産業組合」 451 1943.5
◇皇国農村確立と産業組合(金井満)「産業組合」 451 1943.5
◇初期農業組合指導者とその思想(山崎勉治)「産業組合」 451 1943.5
◇日本農村の性格に就て(1)(有賀喜左衛門)「産業組合」 451 1943.5
◇経済統制犯の性質(連載・行政法思潮163)(杉村章三郎)「自治研究」 19(5) 1943.5
◇標準農村の設定方策に就いて(齋藤誠)「斯民」 38(5) 1943.5
◇国家計画問答-物資動員計画-(特輯)「週報 官報附録」 314 1943.5
◇工場購買会問題管見(播久夫)「商業組合」 9(5) 1943.5
◇配給の共同責任観とその実践(有賀禄郎)「商業組合」 9(5) 1943.5
◇生鮮食料品に関する懇談会(1)「商工経済」 15(5) 1943.5
◇機動経済の前進(土屋清)「中央公論」 58(5) 1943.5
◇漁業者の分布の由来(小笠原義勝)「地理学評論」 19(5) 1943.5
◇昭和一八年度上半期瓦斯供給計画に就て(帝国瓦斯協会)「帝国瓦斯協会雑誌」 32(3) 1943.5
◇農村生活農業経営及技術史覚書(市川敬三)「帝国農会報」 33(5) 1943.5
◇企業整備の進展(始關伊平)「統制経済」 6(5) 1943.5
◇経済生活の規制原理(宮田喜代蔵)「統制経済」 6(5) 1943.5
◇経済学の真論理(櫻田助作)「東洋経済新報」 2070 1943.5
◇源価計算の目的と国家制(1)「東洋経済新報」 2071 1943.5
◇源価計算の目的と国家制(2・完)「東洋経済新報」 2072 1943.5
◇物資動員計画の機動性「東洋経済新報」 2072 1943.5
◇独逸の戦時企業態勢(飯島正義)「東洋経済新報」 2074 1943.5
◇大阪市の食糧問題と野菜自給圏(3)(宮出秀雄)「都市問題」 36(5) 1943.5
◇産業組合機構に於ける資金構造分析(2)(桐田啓一)「農業と経済」 10(5) 1943.5
◇農機具の技術的進歩(2・完)(西井俊蔵)「農業と経済」 10(5) 1943.5
◇米価引上げと生産面への影響(満川元親)「農業と経済」 10(5) 1943.5
◇農業の有畜機械化とその経済問題(野間海造)「農村工業」 10(5) 1943.5
◇農村計画に就いて(1)(斎藤栄一)「農村工業」 10(5) 1943.5
◇重要農林水産物生産計画概要(昭和十八年度)(総務省)「農林時報」 3(9) 1943.5

◇昭和十八年度産米価格対策の決定 (食糧管理局)「農林時報」 3(9) 1943.5
◇標準農村の設定 (石井英之助)「農林時報」 3(10) 1943.5
◇ドイツ農業債務整理法について (4) (山田晟)「法学協会雑誌」 61(5) 1943.5
◇農業及び水産業団体の統合 (田中二郎)「法律時報」 15(5) 1943.5
◇統制経済における計画 (気賀健三)「三田学会雑誌」 37(5) 1943.5
◇大工場が建設される農村の動き (暉峻義等)「労働科学」 20(4) 1943.5
◇大阪市を中心とせる鮮魚類需給圏の研究 (1) (森山正夫)「大阪商工会議所月報」 433 1943.6
◇大阪市に於ける必需品の割当と配給「大阪商工会議所月報」 433 1943.6
◇生鮮食糧品需給圏問題 (西村彰一)「大阪商工会議所月報」 433 1943.6
◇生鮮食料品の集荷配給に付て (草刈孟)「大阪商工会議所月報」 433 1943.6
◇経済動員計画の前進 (高宮晋)「改造」 25(6) 1943.6
◇アメリカ産業動員計画の全貌 (1) (後藤正夫)「科学主義工業」 7(6) 1943.6
◇国防経済に於ける技術の地位 (藤井栄)「科学主義工業」 7(6) 1943.6
◇大量生産の技術的問題 (丹羽保次郎)「科学主義工業」 7(6) 1943.6
◇千葉県の天然ガス開発 (座談会) (平野真三 [ほか])「官界公論」 9(96) 1943.6
◇国民所得の測定法 (豊崎稔)「経済学雑誌」 12(6) 1943.6
◇近世初期農村の基本的経済構造 -豊後地方の場合- (西岡虎之助)「経済学雑誌」 13(6) 1943.6
◇配給機構の若干問題 (増地庸治郎)「経済学論集」 13(6) 1943.6
◇金庫制度の特質 (竹中龍雄)「経済毎日」 21(19) 1943.6
◇戦時生産の典型的曲線 (横山五市)「経済毎日」 21(19) 1943.6
◇企業統制の方向「経済毎日」 21(21) 1943.6
◇蒙疆経済の展望 (小谷昌毅)「経済毎日」 21(21) 1943.6
◇インテレッセンゲマインシャフトに関する若干の考察 (静田均)「経済論叢」 56(6) 1943.6
◇国家と経済生活 (高田保馬)「経済論叢」 56(6) 1943.6
◇農業団体の統合に就いて (古郡節夫)「警察研究」 14(6) 1943.6
◇経済を統制する法 (18) (佐々木惣一)「公法雑誌」 9(6) 1943.6
◇統制会と司法人性否定の構想 (佐々木惣一)「公法雑誌」 9(6) 1943.6
◇米国経済政策の特質と戦時インフレ (飯田清三)「国策研究会週報」 5(23) 1943.6
◇工作機械の生産増強と技術者不足の問題 (大橋静市)「国策研究会週報」 5(24) 1943.6
◇戦力増強と企業整備を語る (座談会)「国策研究会週報」 5(24) 1943.6
◇食糧政策の転換 (助川啓四郎)「国策研究会週報」 5(26) 1943.6
◇都市と農村の調整について (平実)「国土計画」 2(2) 1943.6
◇決戦下の農村貯蓄 (座談会) (原祐三 [ほか])「産業組合」 452 1943.6
◇国民衣料の確保と自給繊維の活用 (松井孝)「産業組合」 452 1943.6
◇日本農村の性格に就て (2・完) (有賀喜左衛門)「産業組合」 452 1943.6
◇戦時経済行政法概観 (4) (美濃部達吉)「自治研究」 19(6) 1943.6
◇北満大阪村建設計画 (上村種男)「執務指導通信」 7(1) 1943.6

◇皇国企業観の確立 (高田源清)「社会政策時報」 273 1943.6
◇生産力拡充と国民生活 (北沢新次郎)「社会政策時報」 273 1943.6
◇電力動員計画問答 (企画院)「週報 官報附録」 348 1943.6
◇配給従事者の意識と消費者の態度 (井関孝雄)「商業組合」 9(6) 1943.6
◇生鮮食料品に関する懇談会 (2・完)「商工経済」 15(6) 1943.6
◇都市蔬菜の自給問題 (加藤一男)「造園雑誌」 10(1) 1943.6
◇国土と国民生産力 (国松久弥)「地政学」 2(6) 1943.6
◇南方諸地域の電力資源と其若干の地政学的考察 (池田惟徳)「地政学」 2(6) 1943.6
◇農業倉庫制度の提唱 (清原雄吉)「地方行政 日文版」 10(6) 1943.6
◇統制経済と指導者の責任 (田邊忠男)「中央公論」 58(6) 1943.6
◇農業経済より見たる我が内地の地理区分 (1) (松井勇)「地理学評論」 19(6) 1943.6
◇旧藩時代に於ける阿波の農業経営 (戸谷敏之)「帝国農会報」 33(6) 1943.6
◇米生産費の地域性 (岩片磯雄)「帝国農会報」 33(6) 1943.6
◇東北地主譜 (1) (板谷英生)「帝国農会報」 33(6) 1943.6
◇農村生活・農業経営及技術史覚書 (1) (市川敬三)「帝国農会報」 33(6) 1943.6
◇消費統制の基本問題 (大河内一男)「統制経済」 6(6) 1943.6
◇東亜における経済構造交錯の計画化 (北山一雄)「統制経済」 6(6) 1943.6
◇企業整備の展望 (特集)「東洋経済新報」 2076 1943.6
◇特輯・大量生産達成の方途「東洋経済新報」 2076 1943.6
◇企業整備の大前進「東洋経済新報」 2077 1943.6
◇生鮮食料の配給改善「東洋経済新報」 2078 1943.6
◇決戦下企業体制の動向 (高宮晋)「日本評論」 18(6) 1943.6
◇世界機構と東亜機構 (中山伊知郎)「日本評論」 18(6) 1943.6
◇東亜経済建設と日本産業 (鈴木鴻一郎)「日本評論」 18(6) 1943.6
◇米作との関連に於ける養蚕形態と桑園立地 (岩片磯雄)「農業経済研究」 19(1) 1943.6
◇明治前期の小作慣行調査 (戸谷敏之)「農業経済研究」 19(1) 1943.6
◇農村建設とタイ国協同組合 (山田武)「農業と経済」 10(6) 1943.6
◇比律賓に於ける稲作 (鈴木紀男)「農業と経済」 10(6) 1943.6
◇農工労働力の調整と労働所得の問題 (内海義夫)「農村工業」 10(6) 1943.6
◇農村計画に就いて (2・完) (斎藤栄一)「農村工業」 10(6) 1943.6
◇食糧増産応急対策「農林時報」 3(12) 1943.6
◇朝鮮に於ける主要食糧の生産事情「農林時報」 3(12) 1943.6
◇経済統制法の被適用者 (金沢良雄)「法学協会雑誌」 61(6) 1943.6
◇経済統制法の法源に関する一考察 (田中二郎)「法学協会雑誌」 61(6) 1943.6
◇ドイツ農業債務整理法について (山田晟)「法学協会雑誌」 61(6) 1943.6
◇判例を中心とする「経済事犯と財数」の研究 (1) (田中二郎)「法学協会雑誌」 61(6) 1943.6
◇統制組合に就て (畠中壮典)「大阪商工会議所月報」 434 1943.7
◇統制組合法実施に対する希望「大阪商工会議所月報」 434 1943.7
◇アメリカ産業動員計画の全貌 (2) (後藤正夫)「科学主義工業」 7(7) 1943.7
◇生産増強と科学主義 (大河内正敏)「科学主義工業」 7(7) 1943.7
◇近世初期農村の基本的経済構造 (2・完) (西岡虎之助)「経済学論集」

13 (7) 1943.7
◇企業整備の決戦態勢「経済毎日」 21 (22) 1943.7
◇自作農創設と農地価格「経済毎日」 21 (23) 1943.7
◇増満州の地下資源「経済毎日」 21 (23) 1943.7
◇今後の末端配給機構整備の諸問題 (稲川宮雄)「経済毎日」 21 (24) 1943.7
◇グスタフ・ルーランドの農業経済理論 (山岡亮一)「経済論叢」 57 (1) 1943.7
◇戦力増強の理論 (柴田敬)「経済論叢」 57 (1) 1943.7
◇ベッティの経済理論 (1) (白杉庄一郎)「経済論叢」 57 (1) 1943.7
◇経済統制法令の疑義 (21) (真野英一)「警察研究」 14 (7) 1943.7
◇経済を統制する法 (19) (佐々木惣一)「公法雑誌」 9 (7) 1943.7
◇本年度食糧事情と今後の対策 (湯河元威)「国策研究会週報」 5 (28) 1943.7
◇企業整備資金措置法の画期的意義 (谷口恒一)「国策研究会週報」 5 (30) 1943.7
◇配給統制強化の新段階 (向井鹿松)「国策研究会週報」 5 (30) 1943.7
◇企業整備資金措置法に就いて (野田卯一)「財政」 8 (7) 1943.7
◇産業整備と評価問題 (村本福松)「財政」 8 (8) 1943.7
◇産業組合掉尾の歴史を飾る全国産業組合代表者会「産業組合」 453 1943.7
◇「新農業団体の性格」再論 (渡邊庸一郎)「産業組合」 453 1943.7
◇戦時経済行政法概観 (5) (美濃部達吉)「自治研究」 19 (7) 1943.7
◇過小農制の本質 (我妻東策)「社会政策時報」 274 1943.7
◇近世役畜農業の社会経済史的意義 (森嘉兵衛)「社会政策時報」 274 1943.7
◇戦時農業生産構造論 (宮川三千蔵)「社会政策時報」 274 1943.7
◇今後の生活必需品配給問題 (粟屋義純)「商業組合」 9 (7) 1943.7
◇配給問題と中小商業の将来 (秋元博)「商業組合」 9 (7) 1943.7
◇使用推量割当制に依る消費規制に就いて (成瀬薫)「水道協会雑誌」 122 1943.7
◇東北地主譜 (2) (板谷英生)「帝国農会報」 33 (7) 1943.7
◇集計地の電気的計測 (白崎享一)「統計集誌」 745 1943.7
◇企業整備の実施方針 (美濃部洋次)「東洋経済新報」 2081 1943.7
◇農業保険制度の発展「東洋経済新報」 2083 1943.7
◇皇国自給制の確立 (松尾国松)「都市公論」 26 (7) 1943.7
◇特集・時局と林材「農業と経済」 10 (7) 1943.7
◇所謂「職工農家」について (小池基之)「農村工業」 10 (7) 1943.7
◇工員と「農」との結びつき (芹田義郎)「農村工業」 10 (7) 1943.7
◇工場隣接村の過去と現在を聴く「農村工業」 10 (7) 1943.7
◇農工調整問題に対する基本的考察 (藤林敬三)「農村工業」 10 (7) 1943.7
◇食糧増産と飼料対策「農報時報」 3 (13) 1943.7
◇標準農村設定の方案に就て「農林時報」 3 (13) 1943.7
◇雑穀等応急増産計画「農林時報」 3 (14) 1943.7
◇食糧増産応急対策に就いて「農林時報」 3 (14) 1943.7
◇農業勤労動員に就て「農林時報」 3 (14) 1943.7
◇日本内地農業の将来 (阿部源一)「一橋論叢」 12 (1) 1943.7
◇経済事犯の刑事責任に就いて (1) (美濃部達吉)「法学協会雑誌」 61 (7) 1943.7
◇判定を中小とする「経済事犯と罪数」の研究 (2・完) (田中二郎)「法学協会雑誌」 61 (7) 1943.7
◇欧州西北部の農業事情と農業政策 (小島栄次)「三田学会雑誌」 37

(7) 1943.7
◇簿記より見たる農家の経済生活 (三瓶孝子)「労働科学」 20 (7) 1943.7
◇大阪市を中心とせる鮮魚類需給圏の研究「大阪商工会議所月報」 435 1943.8
◇企業整備と資本主義 (西谷彌兵衛)「改造」 25 (8) 1943.8
◇資本主義の問題 (難波田春夫)「改造」 25 (8) 1943.8
◇アメリカ産業動員計画の全貌 (3) (後藤正夫)「科学主義工業」 7 (8) 1943.8
◇戦時企業論 (酒井正三郎)「科学主義工業」 7 (8) 1943.8
◇戦争経済と給料生活者 (星野周一郎)「経済学雑誌」 13 (2) 1943.8
◇水産食品の新統制機構「経済毎日」 21 (26) 1943.8
◇統制経済の運営 (高田保馬)「経済論叢」 57 (2) 1943.8
◇ベッティの経済理論 (2) (白杉庄一郎)「経済論叢」 57 (2) 1943.8
◇明治初期に於ける日本経済への内省 (堀江保蔵)「経済論叢」 57 (2) 1943.8
◇漁村組織と厚生施設 (船山信一)「厚生問題」 27 (8) 1943.8
◇経済を統制する法 (第二十講) -経済統制法と称せらるべき法 (佐々木惣一)「公法雑誌」 9 (8) 1943.8
◇農村決戦態勢の確立 (千石興太郎)「国策研究会週報」 5 (33) 1943.8
◇印度の協同組合運動 (村山重忠)「社会政策時報」 275 1943.8
◇戦時農業生産構造論 (宮川三千蔵)「社会政策時報」 275 1943.8
◇青果物配給と行商の諸問題 (麻生平八郎)「商業組合」 9 (8) 1943.8
◇企業整備の現状と将来 (大口喜六)「商工経済」 16 (2) 1943.8
◇企業整備資金措置法「商工通報」 75 1943.8
◇戦力増強企業整備に就て「商工通報」 75 1943.8
◇我が人口と水産食糧 (白崎享一)「人口問題」 6 (1) 1943.8
◇朝鮮に於ける農業人口の性格 (雪山慶正)「人口問題研究」 4 (8) 1943.8
◇食糧増産方策について (助川啓四郎)「中央公論」 58 (7) 1943.8
◇全産業の戦力化 (特集)「中央公論」 58 (7) 1943.8
◇必勝食糧体制の確立 (湯河元威)「中央公論」 58 (7) 1943.8
◇農業経営組織による我が内地の地域区分 (3・完) (松井勇)「地理学評論」 19 (8) 1943.8
◇自由経済的農業政策と国防国家体制的農業政策 (鈴木安蔵)「帝国農会報」 33 (8) 1943.8
◇西欧に於ける食糧生産 (ピー・ラマーティン・イエーツ, 吉原幸二訳)「帝国農会報」 33 (8) 1943.8
◇農村生活・農業経営及技術史覚書 (5) (市川敬三)「帝国農会報」 33 (8) 1943.8
◇米価と生産費 (岩田信義)「帝国農会報」 33 (8) 1943.8
◇企業整備と評価の問題 (村本福松)「都市問題」 37 (2) 1943.8
◇企業整備の進展 (向井鹿松)「都市問題」 37 (2) 1943.8
◇決戦下の企業整備 (佐々木吉郎)「都市問題」 37 (2) 1943.8
◇関係各省協議決定の労務施設用資材配給要綱「内外労働週報」 569 1943.8
◇都会化と近郊農業の変遷過程 (2・完) —東京都西郊鷺宮を中心として— (山口豊)「農業経済研究」 19 (3) 1943.8
◇隠岐牧畑の衰退と農業経済 (田中豊治)「農業と経済」 10 (8) 1943.8
◇「ナチス農業の建設過程」を読みて (渡辺庸一郎)「農業と経済」 10 (8) 1943.8
◇南方熱帯の農業資源と農業機構 (上) (野間海造)「農業と経済」 10 (8) 1943.8

◇農業増産と農村学徒の総動員（赤座光市）「農業と経済」　10（8）　1943.8
◇食糧政策の綜合観察（稲田昌植）「農村工業」　10（8）　1943.8
◇戦時食糧資源開発特輯「農村工業」　10（8）　1943.8
◇最近に於ける国民所得の研究とその問題（鹽野谷九十九）「一橋論叢」　12（8）　1943.8
◇経済統制法の被適用者（3）（金沢良雄）「法学協会雑誌」　61（8）　1943.8
◇企業整備とその政治・行政的意義（俵静夫）「法律時報」　15（8）　1943.8
◇企業整備に関連する商法的問題（竹内敏夫）「法律時報」　15（8）　1943.8
◇企業整備法綜観（津曲蔵之丞）「法律時報」　15（8）　1943.8
◇農工調整問題の展望（奥井復太郎）「三田学会雑誌」　37（8）　1943.8
◇アメリカ産業動員計画の全貌（4・完）（後藤正夫）「科学主義工業」　7（9）　1943.9
◇小売配給機構の立地的研究（竹林庄太郎）「経済学雑誌」　13（3）　1943.9
◇アダム・スミスと賃銀（大河内一男）「経済学論集」　13（9）　1943.9
◇国民経済有機体観に於ける企業の自律性（宇尾野宗尊）「経済集志」　16（1）　1943.9
◇統制会の任務と権限に就て（永田菊四郎）「経済集志」　16（1）　1943.9
◇国民経済有機体観に於ける企業の自律性（宇尾野宗尊）「経済集志」　16（2）　1943.9
◇統制会の任務と権限に就て（永田菊四郎）「経済集志」　16（2）　1943.9
◇国民経済有機体観に於ける企業の自律性（宇尾野宗尊）「経済集志」　16（3）　1943.9
◇統制会の任務と権限に就て（永田菊四郎）「経済集志」　16（3）　1943.9
◇企業整備と配給機構（平野常治）「経済毎日」　21（28）　1943.9
◇財産疎開提案「経済毎日」　21（28）　1943.9
◇食糧増産と土地改良「経済毎日」　21（29）　1943.9
◇企業の生産性に就て（大塚一朗）「経済論叢」　57（3）　1943.9
◇田村の自然的制約とその克服（立川基）「厚生問題」　27（9）　1943.9
◇経済を統制する法（21）（佐々木惣一）「公法雑誌」　9（9）　1943.9
◇産業組合の回顧と展望（座談会）（千石興太郎）「産業組合」　455　1943.9
◇最近の薪炭事情と其の対策（柴村和喜夫）「斯民」　38（9）　1943.9
◇蔬菜園芸論（小松幸雄）「社会政策時報」　276　1943.9
◇決戦下に於ける配給業者（藤川雅夫）「商業組合」　9（9）　1943.9
◇新興住宅地帯と労務者用物資配給（有賀祿郎）「商業組合」　9（9）　1943.9
◇戦力増強企業整備について（豊田雅孝）「商工経済」　16（3）　1943.9
◇繊維関係企業整備要綱（通牒）「商工通報」　77　1943.9
◇戦力増強企業整備に就いて（企業局）「商工通報」　78　1943.9
◇地下資源緊急開発措置要綱「商工通報」　78　1943.9
◇地方別に観たる農村住民の出産力（横田年）「人口問題研究」　4（9）　1943.9
◇帝国農会経費の変遷（江副仁介）「帝国農会報」　33（9）　1943.9
◇帝国農会の農政運動（尾崎盛信）「帝国農会報」　33（9）　1943.9
◇道府県農会の回顧（道府県農会）「帝国農会報」　33（9）　1943.9
◇農会販売斡旋事業の回顧（天明郁夫）「帝国農会報」　33（9）　1943.9
◇農業経営並農家経済調査事業の概要（石橋幸雄）「帝国農会報」　33（9）　1943.9
◇都会化と近郊農業の変遷過程（1）—東京都西郊鷺宮を中心として—（山口隆）「農業経済研究」　19（2）　1943.9
◇農業経営的組織及び労働力の分配に就て—北海道、北満及び華北を比較して—（王敬亭）「農業経済研究」　19（2）　1943.9
◇自作業創設か、専業農家か（我妻東策）「農業と経済」　10（9）　1943.9
◇農業労働力と農業経営規模（郷田寛三）「農業と経済」　10（9）　1943.9
◇農作物生産圏とチュウネン圏（神崎博愛）「農業と経済」　10（9）　1943.9
◇農業と国民所得（四宮恭二）「農村工業」　10（9）　1943.9
◇農工一元化（鶴谷卓三）「農村工業」　10（9）　1943.9
◇青果物配給統制の現状（食品局農産食品課）「農林時報」　3（17）　1943.9
◇土地改良事業の拡充と食糧の増産「農林時報」　3（18）　1943.9
◇経済事犯の刑事責任に就て（美濃部達吉）「法学協会雑誌」　61（9）　1943.9
◇経済統制法の被適用者（4・完）（金澤良雄）「法学協会雑誌」　61（9）　1943.9
◇株式会社法に於ける企業時体の思想（大隅健一郎）「法学論叢（京都帝国大学法学会）」　49（3）　1943.9
◇統制会社令について（大隅健一郎）「法律時報」　15（9）　1943.9
◇消費経済思想史概要（高橋誠一郎）「三田学会雑誌」　37（9）　1943.9
◇芸能調査より観た産業戦士の趣味に就て（富士山）「労働科学」　20（9）　1943.9
◇決戦 経済と開発産業の課題（津田秀榮）「改造」　25（10）　1943.10
◇女子農村勤労動員（遠矢一）「教育」　11（10）　1943.10
◇経営共同体と其実現（木村喜一郎）「経済学雑誌」　13（4）　1943.10
◇西周の経済学（堀経夫）「経済学雑誌」　13（4）　1943.10
◇特殊会社に就いて（西島彌太郎）「経済学雑誌」　13（4）　1943.10
◇ゴットルに於ける経済と社会（杉原四郎）「経済学雑誌」　57（4）　1943.10
◇コンツェルンに関する覚え書（静田均）「経済学雑誌」　57（4）　1943.10
◇統制経済の諸概念（高田保馬）「経済学雑誌」　57（4）　1943.10
◇米国の軍拡とインフレ（特集）「経済毎日」　21（31）　1943.10
◇産業行政の画期的改革（特集）「経済毎日」　21（33）　1943.10
◇経済道義心の昂揚（天野武一）「警察研究」　14（10）　1943.10
◇東京都内の空地とその生産活用部面（桝本輝義）「公園緑地」　7（8）　1943.10
◇横浜市の肉豚増殖計画の概況（軽部吉久）「公園緑地」　7（8）　1943.10
◇農工調整に関する重要問題（松村勝治郎）「厚生事業研究」　31（10）　1943.10
◇都下-近郊農村に於ける健民生活に関する調査報告（1）（東京都西多摩地方事務所社会事業研究所）「厚生問題」　27（10）　1943.10
◇決戦生産態勢と産業界の要望「国策研究会週報」　5（40）　1943.10
◇農業新団体への要望（東郷実）「国策研究会週報」　5（40）　1943.10
◇戦時農業政策の再検討（我妻東策）「国策研究会週報」　5（41）　1943.10
◇経営内部の資本の動態（松本寿夫）「財政」　8（10）　1943.10
◇農工調整（大塚辰治）「自治機関」　524　1943.10
◇農業人口の定有と大和民族の発展（田邊勝正）「斯民」　38（10）　1943.10
◇農工調整三題（近藤康男）「社会政策時報」　277　1943.10
◇商業と産業の基本関係（福田敬太郎）「商業組合」　9（10）　1943.10
◇繊維各統制会の機能（繊維局）「商工通報」　79　1943.10

◇皇国経済の決戦態勢(座談会)(穂積七郎[ほか])「中央公論」 58(10) 1943.10
◇食糧確保の基調(三浦一雄)「中央公論」 58(10) 1943.10
◇生産の綜合協力体制(松前重義)「中央公論」 58(10) 1943.10
◇統制機構と地方協議会(永野護)「中央公論」 58(10) 1943.10
◇統制経済と企業形態(勝田貞次)「統制経済」 7(4) 1943.10
◇決戦経済態勢の推進(座談会)(本位田祥男)「東洋経済新報」 2066 1943.10
◇在外地特殊会社産業別「東洋経済統計月報」 5(10) 1943.10
◇主務官庁所管別特殊会社一覧「東洋経済統計月報」 5(10) 1943.10
◇決戦食糧体制の確立と土地改良(溝口三郎)「農業と経済」 10(10) 1943.10
◇決戦食糧体制の確立(水野武夫)「農業と経済」 10(10) 1943.10
◇現下の食糧情勢と其の対策(片柳真吉)「農業と経済」 10(10) 1943.10
◇食糧問題に於ける都市と農村(四宮恭二)「農業と経済」 10(10) 1943.10
◇朝鮮及臺湾に於ける食糧増産対策(尾崎治)「農業と経済」 10(10) 1943.10
◇朝鮮に於ける食糧増産問題(伊藤俊夫)「農業と経済」 10(10) 1943.10
◇農業労務委員の新動向(庵原文二)「農業と経済」 10(10) 1943.10
◇人口疎散と農工調整の問題(宮出秀雄)「農村工業」 10(10) 1943.10
◇農工調整図式一斑(小松幸雄)「農村工業」 10(10) 1943.10
◇自作農創設維持事業の整備拡充(西村健次郎)「農林時報」 3(19) 1943.10
◇水産業団体法の施行(西村健次郎)「農林時報」 3(19) 1943.10
◇昭和十八年度標準農村の指定に就て(農林省農政局)「農林時報」 3(20) 1943.10
◇農業団体の統合に就て(農林省総務局)「農林時報」 3(20) 1943.10
◇ソヴェートの企業会計制度概観(片野一朗)「一橋論叢」 12(4) 1943.10
◇田後の海割制と謂はゆる漁村共同体(羽原又吉)「三田学会雑誌」 37(10) 1943.10
◇農業経営に於ける家族労働と雇傭労働(小池基之)「三田学会雑誌」 37(10) 1943.10
◇流動性選択説と信用需要説供給説(千種義人)「三田学会雑誌」 37(10) 1943.10
◇決戦期食糧確保の方途(東浦庄治)「改造」 25(11) 1943.11
◇食糧増産の隘路と土地改良(磯部秀俊)「改造」 25(11) 1943.11
◇決戦行政と生産増強(座談会)(帆足計)「科学主義工業」 7(11) 1943.11
◇戦力増強の根本問題(大河内正敏)「科学主義工業」 7(11) 1943.11
◇共栄経済成立に関する一考察(硲正夫)「経済学雑誌」 13(5) 1943.11
◇戦争経済と配給(柳川昇)「経済学論集」 13(11) 1943.11
◇企業整備と統制会の根本性格(小宮山琢二)「経済毎日」 21(35) 1943.11
◇決戦軍需生産と統制機構(特輯)「経済毎日」 21(35) 1943.11
◇米を中心とする食糧問題(調査)「経済毎日」 21(36) 1943.11
◇需給統制の諸方法(高田保馬)「経済論叢」 57(5) 1943.11
◇新都市と新農家(山田正男)「建築と社会」 26(11) 1943.11
◇「軍需会社」の構造的特質「国策研究会週報」 5(47) 1943.11
◇「軍需会社」の法的性格(石井照久)「国策研究会週報」 5(47) 1943.11

◇経済事犯の連続犯(1)(美濃部達吉)「自治研究」 19(11) 1943.11
◇国民配置の根本問題(日野秋一郎)「自治研究」 19(11) 1943.11
◇時局下の農村現状(田邊勝正)「社会政策時報」 278 1943.11
◇日本統制経済の展開(田沼征)「商業組合」 9(11) 1943.11
◇配給比率の基準に就て(赤司幸雄)「商業組合」 9(11) 1943.11
◇企業の動力(中山伊知郎)「統制経済」 7(5) 1943.11
◇工業生産と農業生産(特集)「統制経済」 7(5) 1943.11
◇食糧増産と統制(大瀧由太郎)「統制経済」 7(5) 1943.11
◇農工調整試論(小松幸雄)「統制経済」 7(5) 1943.11
◇標準農村設定方策に就て(加藤俊次郎)「統制経済」 7(5) 1943.11
◇戦力増強企業整備の現況「東洋経済新報」 2088 1943.11
◇日満食糧需給関係の展望「東洋経済新報」 2100 1943.11
◇現下の食糧事情に就て(湯河元威)「都市公論」 26(11) 1943.11
◇小農優越論(1)(岩田信義)「農業と経済」 10(11) 1943.11
◇食糧増産と緊急土地改良事業(満川元親)「農業と経済」 10(11) 1943.11
◇労働利潤説と其の意義に就て(櫻井豊)「農業と経済」 10(11) 1943.11
◇農商省について(大臣官房文書課)「農商時報」 3(21) 1943.11
◇皇国農村確立と青年指導(西垣喜代次)「農商時報」 3(22) 1943.11
◇皇国農村確立の文化的部面(赤座光市)「農村工業」 10(11) 1943.11
◇職土国と町人国(東京商大予科生のための講演要旨)(上田辰之助)「一橋論叢」 12(5) 1943.11
◇統制契約の形成(米谷隆三)「一橋論叢」 12(5) 1943.11
◇経済統制法の法源に関する一考察(田中二郎)「法学協会雑誌」 61(11) 1943.11
◇公定価格と統制的均衡(氣賀健三)「三田学会雑誌」 37(11) 1943.11
◇家族単位的に観たる優良素質の農家と不良素質の農家との精神能力の比較(高峰博)「労働科学」 20(11) 1943.11
◇列国戦時経済の現状(特輯)(高瀬太郎[ほか])「科学主義工業」 7(12) 1943.12
◇企業及経営の形態学への構想(村本福松)「経済学雑誌」 13(6) 1943.12
◇近代資本主義経済の二つの側面(青山秀夫)「経済論叢」 57(6) 1943.12
◇生活必需物資の配給とその問題点(特輯)-特に食料品の配給を中心に検討-「国策研究会週報」 5(49) 1943.12
◇産業行政決戦下への急展開「国策研究会週報」 5(51) 1943.12
◇経済事犯の連続犯(2):附、牽連犯及び観念的競合犯(美濃部達吉)「自治研究」 19(12) 1943.12
◇決戦下の木材事情(西村彰一)「斯民」 38(12) 1943.12
◇生鮮農産物配給機構の展開過程(栢野晴夫)「社会政策時報」 279 1943.12
◇英国国民経済の構造「東洋経済新報」 2098 1943.12
◇国家企業と国民所得(其の2)(G.C.Means)「東洋経済統計月報」 5(12) 1943.12
◇帝都の必需蔬菜増産計画(経済局)「都政週報」 23 1943.12
◇東亜の農業人口配置(野間海造)「農業経済研究」 19(3) 1943.12
◇農業再編成—労働移動、人口問題との関連—(川俣浩太郎)「農業経済研究」 19(3) 1943.12
◇農業における人口と生産構造(大川一司)「農業経済研究」 19(3) 1943.12

◇農村人口維持の理論的基礎(神崎博愛)「農業経済研究」 19(3) 1943.12
◇小農優越論(中)(岩田信義)「農業と経済」 10(12) 1943.12
◇食糧戦の現段階と対策(渡辺庸一郎)「農業と経済」 10(12) 1943.12
◇農村に於ける興行観覧の選択性(赤座光市)「農業と経済」 10(12) 1943.12
◇台湾に於ける第二次食糧増産対策に就て(河野恒雄)「農商時報」 3(23) 1943.12
◇朝鮮に於ける第二次食糧増産の実施概要(朝鮮總督府農商局)「農商時報」 3(23) 1943.12
◇満州国緊急農地造成計画に就て「農商時報」 3(23) 1943.12
◇農林水産関係統制機関の整備(総務局)「農商時報」 3(24) 1943.
◇「国民所得」概念への反省(都留重人)「一橋論叢」 12(6) 1943.12
◇統制会社会について(鈴木竹雄)「法学協会雑誌」 61(12) 1943.12
◇軍需会社法の理念と構成(西原寛一)「法律時報」 15(12) 1943.12
◇配給概念と商業の本質(鈴木保良)「三田学会雑誌」 37(12) 1943.12
◇満州国経済の再認識(關口猛夫)「改造」 26(1) 1944.1
◇生産決戦と生活動員(座談会)(河野密[ほか])「科学主義工業」 8(1) 1944.1
◇産業運営形態論(竹中龍雄)「経済学雑誌」 14(1) 1944.1
◇経済戦力増強の基本施策(論説特集)(高橋次郎[ほか])「経済毎日」 22(1) 1944.1
◇決戦 日本経済の展望(調査特集)「経済毎日」 22(1) 1944.1
◇軍需会社の運営「経済毎日」 22(2) 1944.1
◇軍需監理官の重大役割「経済毎日」 22(2) 1944.1
◇主要食糧増産の新課題「経済毎日」 22(2) 1944.1
◇蔬菜、果物、鮮魚介「経済毎日」 22(2) 1944.1
◇満州国統制経済の教訓(1)(藤原泰)「経済毎日」 22(2) 1944.1
◇第二種部門整備と企業集団「国策研究会週報」 6(5) 1944.1
◇軍需会社法の思想的意義(牧野英一)「自治研究」 20(1) 1944.1
◇農業団体の統合に付て(明石長助)「自治研究」 20(1) 1944.1
◇決戦下の食糧増産(溝口三郎)「斯民」 39(1) 1944.1
◇筑後川平野の一農業聚落(深谷正秋)「地理学評論」 20(1) 1944.1
◇決戦第三年への日本経済(各部面の回顧と展望)「東洋経済新報」 2104 1944.1
◇米国戦争経済の展望(早瀨利雄)「東洋経済新報」 2105 1944.1
◇決戦下の生活必需品配給問題(粟屋義純)「都市問題」 38(1) 1944.1
◇皇国農家の特性(鈴木栄太郎)「農業と経済」 11(1) 1944.1
◇国家的農の性格(早川孝太郎)「農業と経済」 11(1) 1944.1
◇農家問題総論(橋本伝左衛門)「農業と経済」 11(1) 1944.1
◇民族増強上より観たる農村農家の特質(井швоンкие陸平)「農業と経済」 11(1) 1944.1
◇農工協力体制に就いて(斎藤栄一)「農村工業」 11(1) 1944.1
◇農工調整の戦時的性格(平實)「農村工業」 11(1) 1944.1
◇計画経済と商(深見義一)「一橋論叢」 13(1) 1944.1
◇統制の「程度」について(山田雄三)「一橋論叢」 13(1) 1944.1
◇軍需会社法について(1)(大隈健一郎)「法学論叢(京都帝国大学法学会)」 50(1) 1944.1
◇朝鮮経済「基地的性格」の一断面(山本登)「三田学会雑誌」 38(1) 1944.1
◇農家経済と家計(小松幸雄)「経済学雑誌」 14(2) 1944.2

◇米国経済戦力の再検討(特集)「経済毎日」 22(3) 1944.2
◇満洲国統制経済の成果と教訓(2・完)(藤原泰)「経済毎日」 22(4) 1944.2
◇企業整備資金の措置とその浮動購買力化の防止(小島昌太郎)「経済論叢」 58(2) 1944.2
◇皇国農村確立の基本問題(八木芳之助)「経済論叢」 58(2) 1944.2
◇生産力増強と精神厚生の諸問題(村松常雄)「厚生問題」 28(2) 1944.2
◇現下の電力問題(座談会)(小沢輝[ほか])「国策研究会週報」 6(7) 1944.2
◇食糧自給態勢強化対策に就て(石黒武重)「斯民」 39(2) 1944.2
◇生鮮農産物配給機構の展開過程(栢野晴夫)「社会政策時報」 281 1944.2
◇戦時下の朝鮮農村協同組合(大熊良一)「社会政策時報」 281 1944.2
◇東京都下に於ける生活必需品綜合配給制案(東京都商工経済会)「商工経済」 17(2) 1944.2
◇アメリカ生産力の諸問題(寺西五郎)「統制経済」 8(2) 1944.2
◇航空機増産の技術と経済「統制経済」 8(2) 1944.2
◇食糧問題の対策「東洋経済新報」 2109 1944.2
◇農業団体の使命(奥谷松治)「日本評論」 19(2) 1944.2
◇農工調整の課題と方向(計見良宣)「日本評論」 19(2) 1944.2
◇兼業農家の生産力(櫻井豊)「農村工業」 11(2) 1944.2
◇農工調和食糧資源開発関係(農村工業編輯部)「農村工業」 11(2) 1944.2
◇農村通勤工の勤労管理と農工調整問題(廣崎弘之)「農村工業」 11(2) 1944.2
◇生産力概念の二つの型と戦時生産力の性格(高橋泰蔵)「一橋論叢」 13(2) 1944.2
◇経済統制法に関する一考察(田中二郎)「法学協会雑誌」 62(2) 1944.2
◇経済活動動機思想概観(高橋誠一郎)「三田学会雑誌」 38(2) 1944.2
◇経済表の生成発展(渡邊建)「三田学会雑誌」 38(2) 1944.2
◇兼業農家の労働力不足克服の一方法(労働科学研究所)「労働科学」 21(2) 1944.2
◇秋季農繁期の農業労働に関する調査(1)(労働科学研究所)「労働科学」 21(2) 1944.2
◇秋季農繁期の農業労働に関する調査(2)(労働科学研究所)「労働科学」 21(2) 1944.2
◇農工一体化に関する具体的計画(労働科学研究所)「労働科学」 21(2) 1944.2
◇農村労働力の現状(労働科学研究所)「労働科学」 21(2) 1944.2
◇日満を通ずる食糧自給圏の確立(溝口三郎)「国土計画」 3(1) 1944.3
◇標準農村の形成(松本治彦)「国土計画」 3(1) 1944.3
◇近代的産業・経済の建設過程(土屋喬雄)「国家学会雑誌」 58(3) 1944.3
◇経済事犯の連続犯(3・完):附、牽連犯及び観念的競合犯(美濃部達吉)「自治研究」 20(3) 1944.3
◇戦時農業要員の確保に就て(日野水一郎)「斯民」 39(3) 1944.3
◇配給と必勝国民生活(河合良成)「中央公論」 59(3) 1944.3
◇近時生活必需品配給経済構成考(深見義一)「統制経済」 8(3) 1944.3
◇食料品配給機構の課題(古賀久雄)「統制経済」 8(3) 1944.3
◇水産食糧の配給統制問題(上坂西三)「統制経済」 8(3) 1944.3
◇配給機構整備の諸問題(平野常治)「統制経済」 8(3) 1944.3

◇配給機構の現状と物価問題(室谷賢治郎)「統制経済」　8(3)　1944.3

◇本邦経済統計資料摘要 1.内閣統計局(其の1)「東洋経済統計月報」　6(3)　1944.3

◇大東亜経済力の決戦 結集体制(木村禧八郎)「日本評論」　19(3)　1944.3

◇東亜の食糧問題(土屋清)「日本評論」　19(3)　1944.3

◇斎藤万吉の農家経済調査(上)(奥谷松治)「農業と経済」　11(2・3)　1944.3

◇主食の綜合配給と綜合生産との相関に関する一考察(市原政治)「農業と経済」　11(2・3)　1944.3

◇食糧増産の基調(加用信文)「農業と経済」　11(2・3)　1944.3

◇農工調整の実証的研究(川俣浩太郎)「農業と経済」　11(2・3)　1944.3

◇前大戦に於けるロシアの食糧欠乏問題戦時食糧政策の若干の考察(沢村康)「農業と経済」　11(2・3)　1944.3

◇大阪市に於ける綜合配給制の現状(草刈孟)「農商時報」　4(6)　1944.3

◇熊本県に於ける農工両全計画(西岡太郎)「農村工業」　11(3)　1944.3

◇栃木県農工両全計画(熊岡実)「農村工業」　11(3)　1944.3

◇栃木県穂積村農工両全実施地方針(農村工業協会穂積出張所)「農村工業」　11(3)　1944.3

◇富山県農工増強対策「農村工業」　11(3)　1944.3

◇新潟県農工調整対策「農村工業」　11(3)　1944.3

◇農工調和について(青木猛二)「農村工業」　11(3)　1944.3

◇飛騨地方農工調整の理論と実践(吉田秀夫)「農村工業」　11(3)　1944.3

◇経済指導者に関する一考察(上田辰之助)「一橋論叢」　13(3)　1944.3

◇軍需会社法に就て(3・完)(大隅健一郎)「法学論叢(京都帝国大学法学会)」　50(3)　1944.3

◇英国経済統制に於ける委員会制度(田中和夫)「法政研究」　13(4)　1944.3

◇経済表解註(渡邊建)「三田学会雑誌」　38(3)　1944.3

◇統制経済における価格政策の課題(氣賀健三)「三田学会雑誌」　38(3)　1944.3

◇農業経営適正規模論についての若干の考察(小池基之)「三田学会雑誌」　38(3)　1944.3

◇配給論(磯村英一)「改造」　3(4)　1944.4

◇米国農業の生産機構(宮出秀雄)「経済学論集」　14(4)　1944.4

◇産業戦線の軍隊化(相沢秀一)「経済毎日」　22(7)　1944.4

◇経済変動理論に於ける経過の問題(青山秀夫)「経済論叢」　58(4)　1944.4

◇厚生経済学の基礎問題(木下和夫)「経済論叢」　58(4)　1944.4

◇経済関係罰則の整備に関する法律解説(1)(真野英一)「警察研究」　15(4)　1944.4

◇食糧の増産と耕地対策(1)(田邊勝正)「斯民」　39(4)　1944.4

◇工場給食と食糧配給機構(宮出秀雄)「社会政策時報」　283　1944.4

◇戦時農園の手引(情報局)「週報 官報附録」　392　1944.4

◇綜合配給制の諸問題(村本福松)「商工組合」　1(3)　1944.4

◇労務者配給物資の内容(野田信夫)「商工組合」　1(3)　1944.4

◇経済統制法に於ける法条と法規範(定塚道雄)「統制経済」　8(4)　1944.4

◇支那統制経済の動向(下)(林大作)「統制経済」　8(4)　1944.4

◇食糧の増産と農地政策(田辺勝正)「統制経済」　8(4)　1944.4

◇生活必需品配給統制の問題(福田敬太郎)「統制経済」　8(4)　1944.4

◇経済関係罰則の整備に関する法律について(真野英一)「東洋経済新報」　2119　1944.4

◇食糧増産問題と農業の企業整備(石橋湛山)「東洋経済新報」　2120　1944.4

◇経済連盟の企業整備労務対策に関する意見(1)(内外労働研究所)「内外労働週報」　602　1944.4

◇国民食糧構成の強靭性(井上晴丸)「日本評論」　19(4)　1944.4

◇会社等臨時措置法の解説(斎藤直一)「法律時報」　16(4)　1944.4

◇経済関係罰則の整備強化(田中二郎)「法律時報」　16(4)　1944.4

◇軍需会社と専門生産(大河内正敏)「科学主義工業」　8(5)　1944.5

◇生産企画と基本問題(加藤精一)「科学主義工業」　8(5)　1944.5

◇戦時国民生活と配給問題の解決(松井辰之助)「経済学雑誌」　14(5)　1944.5

◇経済関係罰則の整備に関する法律に就て(磯部靖)「経済毎日」　22(9)　1944.5

◇経済関係罰則の整備に関する法律解説(2)(真野英一)「警察研究」　15(5)　1944.5

◇生鮮食糧品配給責任体制の確立(福田敬太郎)「厚生問題」　28(5)　1944.5

◇食糧の増産と耕地対策(田邊勝正)「斯民」　39(5)　1944.5

◇アメリカ経済の構造分析(酒井正三郎)「社会政策時報」　284　1944.5

◇戦時農業要員の設定について(滿川元親)「社会政策時報」　286　1944.5

◇消費者組織と適正配給(福田敬太郎)「商工組合」　1(4)　1944.5

◇総合配給態勢の在り方(赤羽幸雄)「商工組合」　1(4)　1944.5

◇農工調和の理論(小池基之)「商工経済」　17(5)　1944.5

◇決戦非常措置に基く生鮮食糧品(魚類)の出荷配給の整備強化「農商時報」　4(8)　1944.5

◇決戦非常措置要綱に基く青果物の出荷並配給機構の改正に就て「農商時報」　4(8)　1944.5

◇戦時農業要員制定の創設「農商時報」　4(8)　1944.5

◇農商省分化規定の一部改正に就て「農商時報」　4(8)　1944.5

◇米穀の増産及供出に関する特別措置「農商時報」　4(8)　1944.5

◇人口源泉としての農村人口保持に関する一研究―人口政策の見地より見たる農工調査に関する一つの類型的研究―(第一例)(舘稔)「農村工業」　11(4)　1944.5

◇講の慣行と農村生活―長野県下伊那郡上久堅村の調査―(川島武宜,渡辺洋三)「法学協会雑誌」　62(5)　1944.5

◇疲労と食糧(古澤一夫)「改造」　3(6)　1944.6

◇総力戦に於ける生産体制(沖中恒幸)「科学主義工業」　8(6)　1944.6

◇日本の給与実施の具体案(安藤政吉)「科学主義工業」　8(6)　1944.6

◇量産科学と量産技術(大河内正敏)「科学主義工業」　8(6)　1944.6

◇戦力増強と経済体制問題(竹島富三郎)「経済学雑誌」　14(6)　1944.6

◇総合配給制度序論(竹林庄太郎)「経済学雑誌」　14(6)　1944.6

◇食糧基地満州農業の役割「経済毎日」　22(11)　1944.6

◇経営経理の機械化(2・完)(平井泰太郎)「経済毎日」　22(12)　1944.6

◇国策コンツエルンの形成と構造(静田均)「経済論叢」　58(6)　1944.6

◇国民所得と戦争経済力(岩根達雄)「経済論叢」　58(6)　1944.6

◇経済関係罰則ノ整備ニ関スル法律解説(3)(牧野英一)「警察研究」　15(6)　1944.6

◇農工調整の方式(酉水孜郎)「国土計画」　3(2)　1944.6

◇米穀自給圏試論(松本治彦)「国土計画」 3(2) 1944.6
◇戦時株式政策と非常対策(森永貞一郎)「財政」 9(6) 1944.6
◇米穀の増産及供出に関する特別措置(片柳真吉)「斯民」 39(6) 1944.6
◇アメリカ経済の構造分析(酒井正三郎)「社会政策時報」 285 1944.6
◇栃木県雀宮を中心とする農工一体化の構想について(伊與木茂美)「商工経済」 17(6) 1944.6
◇企業体制刷新の急務(美濃部洋次)「中央公論」 59(6) 1944.6
◇翼壮の指導した広幅式多裁培の成功「東洋経済新報」 2121 1944.6
◇収用価格と臨時農地価格統制令との関係(宇都宮静男)「都市公論」 27(6) 1944.6
◇東京都水産業会の設立(東京都経済局)「都政週報」 43 1944.6
◇家庭用燃料配給の改正(東京都経済局)「都政週報」 44 1944.6
◇最近の農業生産技術に就て―主として畜力除草を中心として―(岩片磯雄)「農村工業」 11(5) 1944.6
◇農工調整と農業経営(渡辺秀俊)「農村工業」 11(5) 1944.6
◇段階理論と体制理論―体制概念の経済社会学的基礎づけ―(髙島善哉)「一橋論叢」 13(6) 1944.6
◇現時農政の動向と農業会の役割(小池基之)「法律時報」 16(6) 1944.6
◇産業行政の行政学的考察(蠟山政道)「法律時報」 16(6) 1944.6
◇地方農業会の整備を繞りて(山田孝次)「法律時報」 16(6) 1944.6
◇農業会を繞る主要問題(小池己智次)「法律時報」 16(6) 1944.6
◇農業会と部落農業団体(河野道彦)「法律時報」 16(6) 1944.6
◇農業団体法と自治制度(小平権一)「法律時報」 16(6) 1944.6
◇農村慣行と農業会(戒能通孝)「法律時報」 19(6) 1944.6
◇戦時食の新形態(木原芳次郎)「科学主義工業」 8(7) 1944.7
◇戦時量産経営論(大河内正敏)「科学主義工業」 8(7) 1944.7
◇ドイツ資源対策の成果(広瀬道次郎)「科学主義工業」 8(7) 1944.7
◇商工立国主義と農工商鼎主義(堀経夫)「経済学雑誌」 15(1) 1944.7
◇職工農家の基本問題(四宮恭二)「経済学雑誌」 15(1) 1944.7
◇主要食糧価格対策の変遷(田邊勝正)「社会政策時報」 286 1944.7
◇北九州並に中国地方諸都市に於ける総合配給制「商工経済」 17(7) 1944.7
◇食糧問題の根本対策(小笠原三九郎)「中央公論」 59(7) 1944.7
◇生産統計徹底の方途(藤山愛一郎)「中央公論」 59(7) 1944.7
◇食品綜合配給制と自由登録性「東洋経済新報」 2129 1944.7
◇食糧問題の核心「東洋経済新報」 2130 1944.7
◇物資の更生活用策(座談会)「東洋経済新報」 2131 1944.7
◇本邦株式会社綜合事業成績「東洋経済統計月報」 6(7) 1944.7
◇本邦経済統計資料摘要(其の5)2.農商省(其の1)「東洋経済統計月報」 6(7) 1944.7
◇生活必需物資の確保・配給「都市問題」 39(1) 1944.7
　食糧配給調整の次の段階(磯村英一)　生鮮食品の確保と現行公定価格制(荒木孟)　地域配給と職域配給との調整(福田敬太郎)　都市生活必需物資の確保と配給機構(平野常治)
◇綜合配給制実施「都政週報」 47 1944.7
◇企業問題の視点(高宮晋)「日本評論」 19(7) 1944.7
◇攻勢生産の企業と技術(相川春喜)「日本評論」 19(7) 1944.7
◇利潤の国家性と非国家性(高橋亀吉)「日本評論」 19(7) 1944.7
◇農工協力方策に就て(酉水孜郎)「農村工業」 11(6) 1944.7
◇農工の結びつきに就て―九州地方の二三の場合(伊与木茂美)「農村工業」 11(6) 1944.7
◇北海道の奥地常盤村の記録(横田弘之)「農村工業」 11(6) 1944.7
◇第一次大戦以後の我国工業化と米穀自給率の地方別変化―農工調整問題の基本的一考察―(阿部源一)「一橋論叢」 14(1) 1944.7
◇経済統制事犯に於ける法と道徳―違法精神の現時的意義―(八木胖)「法律時報」 16(7) 1944.7
◇管理経済の展開(竹中龍雄)「経済学雑誌」 15(2) 1944.8
◇耐戦国民生活確保対策案(国策研究会)「国策研究会週報」 6(35) 1944.8
◇東亜食糧政策と満洲農産の決戦性(古田一彦)「社会政策時報」 289 1944.8
◇本邦経済統計資料摘要(其の6)11.農商省(其の2)「東洋経済統計月報」 6(8) 1944.8
◇戦時経済と私有権の擁護(吾妻光俊)「法律時報」 16(8) 1944.8
◇年雇を使用する事多き地帯に於ける家族労作経営の育成(田中定)「経済学研究」 12(2) 1944.9
◇生鮮食料公価廃止論「経済毎日」 22(17) 1944.9
◇価格等統制令を巡る警権委譲(1)―経済統制法令の質疑(24)―(芦刈直巳)「警察研究」 15(9) 1944.9
◇現下生鮮食糧品確保の問題点-特に大都下蔬菜供給を中心として(1)「国策研究会週報」 6(36) 1944.9
◇現下生鮮食糧品確保の問題点-生鮮魚介の増産・集荷配給対策(2)-「国策研究会週報」 6(37) 1944.9
◇食糧増産必成の方策-農業統制の徹底化と国防農家の創設-(我妻東策)「国策研究会週報」 6(39) 1944.9
◇産業組合に就て(1)(大竹虎雄)「斯民」 39(9) 1944.9
◇朝鮮に於ける農工分離の段階(宇坂禮穂)「社会政策時報」 288 1944.9
◇東亜食糧政策と満洲農産の決戦性(古田一彦)「社会政策時報」 288 1944.9
◇アメリカ戦争経済の構造的変動(早瀬利雄)「東洋経済新報」 2138 1944.9
◇生鮮食料品の価格対策「東洋経済新報」 2140 1944.9
◇戦時下の配給機構に就いて-綜合配制批判(都市戦時行財政対策)(船田中)「都市問題」 39(3) 1944.9
◇斎藤万吉の農家経済調査(下)(奥谷松治)「農業と経済」 11(4) 1944.9
◇小農優越論(下)(岩田信義)「農業と経済」 11(4) 1944.9
◇生鮮食糧品価格特別措置に就て―大都市等食糧事情改善施策の一環として―(農商省物価局農林課)「農商時報」 4(9) 1944.9
◇鮮魚介蒐出荷の整備強化に就て(粟屋良馬)「農商時報」 4(9) 1944.9
◇蔬菜供給圏設定要綱に就て(昌谷孝)「農商時報」 4(9) 1944.9
◇講の慣行と農村生活(2・完)―長野県下伊那郡上久堅村の調査―(川島武宜,渡辺洋三)「法学協会雑誌」 62(9) 1944.9
◇大量生産と生産管理(村尾力太郎)「科学主義工業」 8(10) 1944.10
◇統制経済に於ける法律的操作(末川博)「経済学雑誌」 15(4) 1944.10
◇不当戦時利得禁圧対策への示唆(谷口知平)「経済学雑誌」 15(4) 1944.10
◇総合配給制の重点(竹林庄太郎)「経済毎日」 22(19) 1944.10
◇臨時議会に見る食糧対策「経済毎日」 22(19) 1944.10
◇決戦生産と企業経営の刷新(2)「国策研究会週報」 6(41) 1944.10
◇資金凍結令の適用(田中二郎)「自治研究」 20(10) 1944.10
◇朝鮮に於ける農工分離の段階(宇坂禮穂)「社会政策時報」 289 1944.10
◇欧洲諸国の食糧割当「東洋経済新報」 2143 1944.10

経済・産業

◇粉食政策を推進せよ（下）「東洋経済新報」 2145 1944.10
◇集中生産の現課題（山本正雄）「日本評論」 19(10) 1944.10
◇総武装化の食糧問題（清水宗兵衛）「日本評論」 19(10) 1944.10
◇愛媛と柑橘経済と適正規模（宮出秀雄）「農業と経済」 11(5) 1944.10
◇決戦北海道の農業労働と農家生活（渡辺侃）「農業と経済」 11(5) 1944.10
◇山村の農業経営規模に就て（竹下吉信）「農業と経済」 11(5) 1944.10
◇会社経理制令の改正（鈴木竹雄）「法学協会雑誌」 62(10) 1944.10
◇農業生産統制令及び臨時農地等管理令の改正（加藤一郎）「法学協会雑誌」 62(10) 1944.10
◇富国強兵論の過誤を正し改めて統制経済の要を述ぶ（大河内正敏）「科学主義工業」 8(11) 1944.11
◇日本的生産確立の急務（大和田悌二）「国策研究会週報」 6(48) 1944.11
◇大東亜戦の経済的要因と我国農業の特質（山崎勉治）「社会政策時報」 290 1944.11
◇岐阜県の青果物統制の示唆「東洋経済新報」 2147 1944.11
◇京都の経済関係施設の疎開整備要綱「都政週報」 58 1944.11
◇液体燃料の決戦補給（佐藤武郎美）「日本評論」 19(11) 1944.11
◇国内重要資源の総戦力化（特集）「日本評論」 19(11) 1944.11
◇大都市蔬菜確保の根本方案（中田虎雄）「日本評論」 19(11) 1944.11
◇請負側より見たる農村勤労奉仕の実施状況と観察（上）（大塚長四郎）「農業と経済」 11(6) 1944.11
◇生鮮食糧品価格特別措置に就て「農業と経済」 11(6) 1944.11
◇蓄力利用に就いて（榎本善一郎）「農業と経済」 11(6) 1944.11
◇満洲農業の対日寄与（特輯）「経済毎日」 22(24) 1944.12
◇企業体制問題の論点（土屋清）「日本評論」 19(12) 1944.12
◇決戦企業形態論（長崎英造）「日本評論」 19(12) 1944.12
◇国民食糧再編成の基調（井上晴丸）「日本評論」 19(12) 1944.12
◇統制会の進路（植村甲午郎）「日本評論」 19(12) 1944.12
◇請負側より見たる農村勤労奉仕の実施状況と観察（下）（大塚長四郎）「農業と経済」 11(7) 1944.12
◇戦時下食糧増産と水田裏作の問題（上）―特に麦作と紫雲英作との作付割合について―（森利男）「農業と経済」 11(7) 1944.12
◇農業統制の徹底化について―食糧増産必成の方策―（我妻東策）「農業と経済」 11(7) 1944.12
◇経済統制事犯防遏に於ける三つの要素（八木胖）「法律時報」 16(12) 1944.12
◇統制法の病理現象としての闇―闇対策の一考察―（田中二郎）「法律時報」 16(12) 1944.12
◇決戦生産と市民生活「都市問題」 40(1) 1945.1
決戦下に於ける市民生活の基準（安藤政吉） 主要食糧供出集荷制度の変遷（田辺勝正）

【図　書】
◇経世余論：評点（神田孝平著,土居光華批評） 正栄堂 1879.11 8,182p 19cm
◇日本振農策（エッゲルト著,織田一訳） 博文館 1891.3 4,12,290p 20cm
◇今世農史（農商務省編） 博文館 1891.7 544p 20cm
◇報徳視察日記 明治26年（横山八重吉編） 1893 56p 19cm
◇経済及統計 上巻（経済統計社編） 1894.3 580p 21cm
◇経済及統計 下巻（経済統計社編） 1894.3 334,14p 21cm
◇産業指針農区設定論（井上甚太郎著） 自由党政務調査局 1894.3 130p 22cm

◇農作改良論：一府十二県視察報告（井上甚太郎著） 1894.12 2,3,23p 22cm
◇経済会成蹟（石川理紀之助著） 有隣堂 1895.1 43p 19cm
◇山形県勧業諮問会日誌 明治28年明治29年合本（山形県内務部編） 1897 73,62p 22cm
◇日本米穀之将来及米価変動の原因（岡勇次郎著） 国光社 1897.12,260p 22cm
◇日本森林植物帯論（本多静六著） 1900.3 4,89p 22cm
◇報徳社及産業組合諸表 1905 49p 23cm
◇明治史 第4編 産業史（太陽編輯局編） 博文館 1906.2 256p 26cm 「太陽」臨時増刊 第12巻第3号
◇南足立郡花畑村農事調査：附 村是（東京府農会編） 1906.6 4,93p 22cm 東京府農会会報
◇日本帝国之富力（高橋秀臣著,五十嵐栄吉著） 保険銀行新報社 1906.12 362p 22cm
◇検査法規 第1（明治四十年七月現行） 1907 6,327p 19cm
◇検査法規 第2（明治四十年七月現行） 1907 3,575,16p 19cm
◇奥羽五県之富源（第6回奥羽六県聯合共進会協賛会編） 1908.4 1冊 22cm
◇静岡県報徳社事蹟（静岡県編） 報徳学図書館 1908.5 192,58p 22cm
◇英国産業革新論（アーノルド・トインビー著,吉田巳之吉訳） 大日本文明協会 1908.11 4,10,282p 23cm
◇地主と小作人（農商務省農務局編） 1909.12 12,335p 27cm 農務彙纂
◇水力事業経営ニ関スル現今法制ノ要点（[東亜経済調査局]編） 1909.12 41p 23cm 東亜経済調査局雑纂
◇水力事業独占問題ニ就テ（南満洲鉄道株式会社東亜経済調査局編） 1909.12 14p 23cm 東亜経済調査局雑纂
◇鬼怒川水力電気株式会社起業目論見書（[鬼怒川水力電気株式会社]編） 1910 2,46p 23cm
◇鬼怒川水力電気株式会社水量調査説明書（[鬼怒川水力電気株式会社]編） 1910 15p 23cm
◇電気事業法参考書 謄写版 1910 1冊 26cm 第26回帝国議会提出議案類編
◇水力事業独占問題（[マイル著]） 1910.4 14p 23cm
◇郡市町村農会事例（農商務省農務局編） 1910.6 18,275,70p 26cm 農務彙纂
◇生産調査会録事 第1回（生産調査編） 1910.9 2,340p 22cm
◇鬼怒川水力電気株式会社経営方針（[鬼怒川水力電気株式会社]編） 1910.12 11p 22cm
◇鬼怒川水電工事視察報告概要（波多野友江著,安藤保太郎著） 1911 6p 23cm
◇検査法規 第1（明治四十四年四月一日現行） 1911 7,383p 19cm
◇電気事業特許命令書 1911 41p 27cm
◇発電水力の開発（逓信省編） 1911 7,160p 22cm
◇用水資料（志賀吾郷編） 多田屋本店 1911.5 206p 22cm
◇産業方針 第1冊（生産調査編） 1911.9 776p 26cm
◇産業方針 第2冊（生産調査編） 1911.9 685p 26cm
◇東京瓦斯株式会社の東京市との新契約に対する願書（[千代田瓦斯株式会社]編,[東京瓦斯株式会社]編） 1911.9 [27]p 26cm
◇旱災地租貸与及種秧料救助施行表　手書（[千葉県長柄上埴生郡役所]編） 1912 [4]p 26cm
◇鬼怒川水力電気株式会社土木工事概況：明治45年5月中旬現在（[鬼怒川水力電気株式会社]編） 1912 18p 23cm
◇凶荒予備規則改正案説明　手書（福島県編） 1912 [15]p 26cm

◇東京電灯株式会社要覧（[「東京電灯」編]）　1912.4　[12]p 28cm

◇米界資料（山崎繁次郎著）　山崎商店　1912.4 4,116p 23cm

◇専修学校理財学会講演輯（専修学校編）　1912.7 2,111p 22cm

◇農家副業ニ関スル調査（農商務省農務局編）　1912.9 2,259p 26cm　農務彙纂

◇理想之農村　増訂改版（山田太一郎著）　裳華房　1912.10 402p 23cm

◇スライデングスケールニ関スル実施要案原稿　謄写版　1912.11 [20]p 26cm

◇大阪の電灯問題　1913 40,13p 19cm

◇欧米諸国水力調査報告書要項（米国、墺地利、瑞西、伊太利及「バイエルン」）（臨時発電水力調査局編）　1913.2 89p 31cm

◇米穀経済論（西垣恒矩著）　丸山舎　1913.2 4,238p 23cm

◇請負制度論（ペブロー著，南満洲鉄道株式会社東亜経済調査局訳）[東京市務調査委員会]　1913.3 78p 22cm

◇財海時雨（田尻稲次郎著）　同文館　1913.6 20,609p 23cm

◇北多摩郡農会史（東京府北多摩郡農会編）　1913.7 234p 19cm

◇電気事業公私共同経営論（リチャード・パッサウ著，宮家寿男訳）　工業雑誌社　1914.1 1冊 23cm

◇米界資料（山崎繁次郎著）　山崎商店　1914.2 6,334p 23cm

◇発電水力調査書　第1巻 総論（通信省編）　1914.3 2,312,257p 31cm＋図3枚

◇発電水力調査書　第2巻 詳論（通信省編）　1914.3 4,18,1085p 31cm

◇発電水力調査書　第3巻 流量図表（通信省編）　1914.3 9,332p 31cm

◇東亜共同経済機関設立案（後藤新平著）　1914.8 23p 23cm

◇秋田県勢振興論（秋田県振興会編）　秋田県振興会出版部　1914.10 1冊 23cm

◇和田垣教授在職二十五年記念経済論叢（矢作栄蔵編）　有斐閣書房　1914.11 964,91p 23cm

◇休職電灯部長意見書：付 安藤生意見書（安藤保太郎著）　1915 8,8p 27cm

◇公共団体経営電気供給事業例規集　1915 1冊 22cm

◇農村之経営（山崎延吉著）　裳華房　1915.2 8,6,483p 23cm

◇農村之振興（勝屋英造編）　紅玉社　1915.4 1冊 23cm

◇小農保護問題（社会政策学会編）　同文館　1915.7 250,66p 23cm　社会政策学会論叢

◇京阪地方電気事業視察報告書（市政検査委員）（矢野鉉吉著，鎌田芳太郎著）　1915.8 1冊 22cm

◇東電筆誅録（野依秀一編）　実業之世界社　1915.10 1冊 23cm

◇大典記念帝国農業史要（左子清道著）　帝国農会　1915.11 4,4,193p 22cm

◇農村発展策（横井時敬著）　実業之日本社　1915.11 3,10,353p 23cm

◇日本農村論（横田英夫著）　中興館　1915.12 1冊 20cm　農村研究叢書

◇市営電気供給事業整理案 甲案第1号 新需要取得区域及料金協定案（訂正）（東京市電気局編）　1916 72p 26cm

◇米価調節調査会録事 第1回（米価調節調査会編）　1916.3 1,384p 22cm

◇電気事業及其経営　3版（萩原古寿著）　電気事業叢書刊行会, 丸善　1916.4 1冊 23cm

◇沖縄産業十年計画評（高橋琢也著）　1916.9 3,243p 23cm

◇仙台市営電気事業一斑（仙台市役所編）　1916.9 4,64p 22cm

◇東京市電気供給事業検査報告書　謄写版（東京市政検査委員電気事業実査主査編）　1916.10 19p 26cm

◇市営電気供給事業整理案（東京市役所編）　1916.11 249p 26cm

◇市営電気供給事業整理案提要 市営電灯問題解決案ニ就テ（東京市役所編）　1916.11 12,31p 26cm

◇米価調節調査会録事 第2回（米価調節調査会編）　1916.12 1,435p 22cm

◇発電力水利使用未処分事件調 大正6年2月1日現在　手書（内務省編）　1917 1冊 29cm

◇産業振興ニ関スル調査事項輯録（東京府農商課編）　1917.1 3,90p 23cm

◇資本主義の精髄（ウェーナー・ゾンバルト著，佐久間秀雄訳）　大日本文明協会事務所　1917.1 403p 20cm

◇列国戦時に於ける食料の供給（内務省地方局編）　1917.3 2,5,193p 22cm　戦時列国地方資料

◇農村談叢（道家斉述）　新興之日本社　1917.5 2,6,312p 20cm

◇産業組合ノ趨勢（農商務省農務局編）　1917.6 42p 23cm

◇米価の研究（山田申吾著）　岩波書店　1917.9 307p 27cm

◇水力発電所自営ニ就テ（井上敬次郎著）　1918 22p 26cm

◇米価調節批判（小泉策太郎著）　1918.2 35,16p 22cm

◇経済学考証（福田徳三著）　佐藤出版部　1918.4 5,11,710p 23cm

◇地方民力調査報告 第1回（小林丑三郎著，内務省地方局編）　1918.4 5,289p 23cm

◇露国共同組合の概況（アルカヂイ・ペトロフ著）　1918.8 20p 23cm

◇瓦斯事業法制定ニ関スル意見　謄写版（警保局編）　1919 [47]p 27cm

◇多摩川水力計画草案（井上敬次郎著）　1919 13p 26cm

◇各国ニ於ケル食糧問題（内務省衛生局編）　1919.2 2,124p 25cm

◇南満洲鉄道株式会社十年史（南満洲鉄道株式会社編）　1919.5 955p 26cm

◇我国の米問題（大脇正諄著）　博文館　1919.9 4,6,366p 19cm

◇上杉鷹山公ノ農政（斉藤圭助著）　カメラ会　1920.4 1冊 23cm　経済学農政学研究叢書

◇英国に於ける利益分配制度（協調会編）　1920.9 44p 22cm

◇仮の独逸帝国経済会議（後藤新平著）　1920.10 4,7p 23cm

◇回顧三十年（大阪府立商品陳列所創立三十周年記念協賛会編）　1920.11 4,326p 26cm

◇国民経済講話　改訂増補（福田徳三著）　大鐙閣　1921 6,34,1412p 20cm

◇米穀法施行ノ経過概要 大正10年分（農商務省食糧局編）　1921 8p 22cm

◇社会経済研究（堀江帰一著）　国文堂　1921.1 3,3,520p 19cm

◇経済組織の改革：現代組織の批判と対応策（片岡直温著）　1921.2 3,4,132p 23cm

◇日本経済史の研究 上巻（内田銀蔵著）　同文館　1921.3 6,740p 22cm

◇燃料泥炭（岸一太著）　1921.4 63p 26cm

◇経済学論攷（福田徳三著）　大鐙閣　1921.5 3,674p 23cm

◇日本経済史の研究 下巻（内田銀蔵著）　同文館　1921.7 6,794p 23cm

◇欧米各国に於ける科学的調査研究の趨勢（後藤新平著）　1921.8 24p 23cm

◇「欧米各国に於ける科学的調査研究の趨勢」前書（後藤新平述）　1921.8 1枚 23cm

◇電気事業経営論（三宅福馬著）　法制時報社　1921.9 5,368p 23cm

◇日本経済史原論（本庄栄治郎著）　内外出版　1921.9 7,478,60p 23cm

◇中部日本ニ於ケル水力電気（福沢桃介述，大同電力株式会社編）　1921.10 16p 19cm

経済・産業　　都市問題・地方自治　調査研究文献要覧

◇国富統計調査ニ関スル往復文書写（[[国勢院]編）　1921.12 39p 27cm
◇東京市ニ於ケル燃料及瓦斯供給問題　大正11年4月調　謄写版（大島義清著）　1922 12p 26cm
◇米穀法施行ノ経過概要　大正11年分（農商務省食糧局編）　1922 2,9p 22cm
◇1920年英国瓦斯取締法に依る不燃焼性分調査委員会経過報告書（水越致和訳）　1922.2 143,25p 22cm
◇東京府産業組合一班（産業組合中央会東京支会編）　1922.4 4,648p 19cm
◇農政問題研究（高岡熊雄著）　成美堂書店　1922.7 4,3,692p 23cm
◇汽力（瓦斯燃料使用）発電所ニ関スル調査報文（高橋源治郎報告、東京市衛生課編）　1922.9 92p 22cm
◇公有林野官行造林事務取扱心得（熊本営林局[編]）　熊本営林局　1923 47p 23cm
◇都市に於ける電気事業の経営に就て　[複写]，謄写版（アーレン述、東京市政調査会訳）　1923 [28]p 27cm
◇米穀法施行ノ経過概要　大正12年分（農商務省食糧局編）　1923 2,29p 22cm
◇本邦重要事業史（東洋経済新報社編）　1923 160p 26cm　東洋経済新報
◇経済危機と経済恢復（福田徳三著）　大鐙社　1923.3 5,2,392p 19cm
◇経済統計研究（汐見三郎著）　内外出版　1923.4 7,366,57p 22cm
◇日本事業小史（日本興業銀行調査部編）　1923.5 2,14,428p 23cm
◇東邦電力株式会社名古屋地方ニ於ケル拾年計画（東邦電力株式会社編）　1923.6 9,[33]p 22cm
◇平和記念東京博覧会審査報告　上巻（平和記念東京博覧会編）　1923.8 558p 26cm
◇平和記念東京博覧会審査報告　下巻（平和記念東京博覧会編）　1923.8 [474]p 26cm
◇産業上より観たる名古屋の特長（名古屋市臨時産業研究会編）　1923.9 28p 18cm
◇資本主義経済学の史的発展（河上肇著）　弘文堂　1923.10 16,625p 22cm
◇水力電気の講話　[複写]，謄写版（後藤眈二述）　東京市政調査会　1923.11 18p 27cm
◇農業経済学（河田嗣郎著）　有斐閣　1923.11 3,7,925p 22cm
◇小作制度調査会総会議事録　其1（農商務省農務局編）　1923.12 2,133p 22cm
◇震災経済誌（河田嗣郎著）　大阪毎日新聞社，東京日日新聞社　1923.12 2,231p 19cm　学術叢書
◇震災経済私眼：大正震災経済史と我財界将来の推移（池内幸親著）　小西書店　1923.12 3,8,328p 19cm
◇復興叢書　第1輯（東京商科大学一橋会編）　岩波書店　1923.12 241p 22cm
◇北雷財話（田尻稲次郎著）　日本書院　1923.12 2,9,404p 19cm
◇街路照明と交通人員の関係（東京電気株式会社照明課編）　1924 16p 22cm
◇経済学研究　前編（福田徳三著）　同文館　1924 6,16,1051p 23cm
◇産業組合法（浜田道之助著）　1924 190p 22cm
◇大東京瓦斯供給ニ関スル意見（東京市政調査会編）　1924 6,2,63p 22cm
◇東京市電気供給条例並同施行細則　大正13年4月改正（東京市電気局編）　1924 79p 13cm
◇[東京市]電気事業特許命令書　大正13年11月現在（東京市電気局編）　1924 37p 19cm
◇米穀法施行ノ経過概要　大正13年分（農商務省農務局編）　1924 15p 22cm

◇大震災経済史（時事新報社経済部編）　1924.1 18,643p 19cm
◇復興叢書　第2輯（東京商科大学一橋会編）　岩波書店　1924.1 [203]p 22cm
◇経済学要論（神戸正雄著）　弘文堂　1924.2 14,272p 22cm
◇農民経済史研究（小野武夫著）　巌松堂書店　1924.2 2,14,485p 23cm
◇復興叢書　第3輯（東京商科大学一橋会編）　岩波書店　1924.2 [230]p 22cm
◇農業対商工業の関係　其一　農民と人口の都市集中（協調会農村課編）　1924.3 80p 23cm
◇冷蔵倉庫ニ関スル調査：（附）水産冷蔵奨励規則　中央卸売市場参考資料（神戸市商工課編）　1924.3 64p 22cm
◇経済史研究（本庄栄治郎著）　弘文堂　1924.4 8,14,592p 23cm
◇産業革命史研究（上田貞次郎著）　同文館　1924.4 2,316p 19cm
◇復興叢書　第4輯（東京商科大学一橋会編）　岩波書店　1924.4 [216]p 22cm
◇永小作論（小野武夫著）　農商務省　1924.5 7,3,362p 23cm
◇企業形態論（ロバート・リーフマン著、増地庸治郎訳、槙原覚訳）　同文館　1924.5 6,6,325p 23cm
◇震災ノ影響　其2　農業（復興局経理部編）　1924.5 3,17p 23cm
◇鉄道経済論（国吉省三著）　文雅堂　1924.5 3,4,242p 19cm
◇農村の経済（善生永助著）　丁未出版社　1924.5 4,10,168p 19cm
◇農民生活と小作問題（中沢弁次郎著）　巌松堂書店　1924.5 3,7,389p 23cm
◇復興叢書　第5輯（東京商科大学一橋会編）　岩波書店　1924.5 [177]p 22cm
◇伊太利の農事産業組合（産業組合中央会編）　1924.7 37p 22cm　産業組合調査資料
◇街路照明調査報告（照明学会街路照明委員会編）　1924.7 60p 22cm
◇農業政策（ヴィゴヂンスキー著、山田勝次郎訳、東畑精一訳）　岩波書店　1924.7 8,399p 23cm
◇農村振興に関する一考察（大河内正敏著）　1924.7 34p 23cm
◇復興経済の原理及若干問題（福田徳三著）　同文館　1924.7 16,4,470p 19cm
◇電力大都市集中と超電力聯系並に周波数統一に就て（東京市政調査会編）　1924.8 2,23p 22cm
◇[東京瓦斯株式会社]請願書（[東京瓦斯株式会社]編）　1924.8 6,12p 22cm
◇我が村　8版（森恒太郎著）　自治協会出版部　1924.8 11,289p 19cm
◇経済学研究（高田保馬著）　岩波書店　1924.9 2,2,822p 23cm
◇水力電気の利用に就て　謄写版（後藤眈二著）　東京市政調査会　1924.9 58p 27cm
◇水力電気の利用に就て　[複写]，謄写版（後藤眈二著）　東京市政調査会　1924.9 58p 26cm
◇千九百二十年英国瓦斯取締法及附属省令（水越致和編）　1924.9 39p 22cm
◇電気事業研究（森右作著）　オーム社　1924.9 4,194p 19cm
◇農民離村の研究（有馬頼寧著、稲出昌植著）　巌松堂書店　1924.9 3,3,222p 23cm
◇企業地としての広島（広島商業会議所編）　1924.10 4,86p 18cm
◇経済科学十二講（ボグダーノフ著、赤松克麿訳）　白揚社　1924.10 3,7,525p 19cm
◇とやま（富山商業会議所編）　1924.10 42p 18cm
◇世界各国に於ける電気法制の発達　謄写版（通信省電気局業務課編）

1924.11 52p 27cm 業調

◇農村法律問題(末弘厳太郎著) 改造社 1924.11 5,14,398p 19cm

◇水力調査書 第1巻 綱要(通信省編) 電気協会 1924.12 234,66p 27cm

◇水力調査書 第2巻 本州東部(通信省編) 電気協会 1924.12 671p 27cm

◇水力調査書 第3巻 本州西部(通信省編) 電気協会 1924.12 583p 27cm

◇電気工作物震災予防調査会調査書(電気学会編,電気協会編) 1924.12 228p 27cm

◇独逸産業組合の過去現在及将来(産業組合中央会編) 1924.12 94p 22cm 産業組合調査資料

◇日本の経済的危機(堀江帰一著) アテネ書院 1924.12 3,3,558p 20cm

◇農村事情に関する調査 第2輯(協調会農村課編) 1924.12 2,4,102p 22cm

◇我国水力電気の利用限度に就て(東京市政調査会編) 1924.12 2,51p 22cm

◇ウィルヘルム、ハースと独逸農業的産業組合(戸田保忠著) 1925 6p 22cm 産業組合講習録

◇産業組合概論(竹内可吉著) 1925 15p 22cm 産業組合講習録

◇資本主義経済と社会主義経済(北沢新次郎著) 1925 83p 22cm 通俗経済講座

◇諸国に於ける産業組合発達史(小平権一著) 1925 82p 22cm 産業組合講習録

◇全国購買組合聯合会(千石興太郎著) 1925 22p 22cm 産業組合講習録

◇農村経済問題(山崎延吉著) 1925 112p 22cm 通俗経済講座

◇農村振興の新施設としての農事電化(道家斉著) 1925 20p 22cm

◇米穀法施行ノ経過概要 大正14年分(農商務省農務局編) 1925 2,21p 22cm

◇利用組合の経営(西垣恒矩著) 1925 29p 22cm 産業組合講習録

◇市営発電事業計画概要(東京市役所編) 1925.1 3p 27cm

◇電力大都市集中と超電力聯系並周波数統一に就て 再版(東京市政調査会資料課編) 1925.1 2,22p 22cm

◇日本経済史 1巻 3版(竹越与三郎著) 日本経済史刊行会 1925.1 19,11,705p 23cm

◇諸外国ニ於ケル産業組合ニ関スル法令 上(産業組合中央会編) 1925.1 3,284p 22cm

◇水力調査書 第4巻 九州 北海道(通信省編) 電気協会 1925.2 556p 27cm

◇水力調査書 第5巻 水力地点表 気象表(通信省編) 電気協会 1925.2 356p 27cm

◇水力調査書 第6巻 流量表(通信省編) 電気協会 1925.2 489p 27cm

◇全国街路照明一覧(東京電気株式会社照明課編) 1925.2 40p 22×30cm

◇日本経済史 2巻(竹越与三郎著) 日本経済史刊行会 1925.2 10,693p 23cm

◇神奈川県漁村調査書(神奈川県水産会編) 1925.3 404p 22cm

◇経済原論(田島錦治著) 有斐閣 1925.3 13,564p 23cm

◇経済政策学原理 第1巻 経済政策学の本質並に生産政策原理(那須皓著) 岩波書店 1925.3 3,8,273p 23cm

◇産業組合の経営する製糸事業(産業組合中央会編) 1925.3 188p 22cm 産業組合調査資料

◇産業上より観たる大名古屋市(名古屋市役所編) 1925.3 33p 18cm

◇食糧問題(建部遯吾,日本社会学院調査部編) 同文館 1925.3 8,334p 19cm

◇震災ニ因ル日本ノ損失(東京市編) 1925.3 2,11,184p 22cm

◇日本経済史 5巻(竹越与三郎著) 日本経済史刊行会 1925.3 9,770,7p 23cm

◇諸外国ニ於ケル産業組合ニ関スル法令 下(産業組合中央会編) 1925.4 3,307p 22cm

◇日本経済史 6巻(竹越与三郎著) 日本経済史刊行会 1925.4 10,699p 23cm

◇産業組合(西垣恒矩述) 協調会 1925.5 6,115p 22cm

◇戦後に於ける我国の経済及金融(井上準之助著) 岩波書店 1925.5 2,7,246p 23cm

◇日本経済史 3巻(竹越与三郎著) 日本経済史刊行会 1925.5 7,581p 23cm

◇農村研究(河田嗣郎著) 弘文堂 1925.5 5,394p 22cm

◇農村厚生問題(石坂橘樹著) 二松堂書店 1925.5 2,8,420p 19cm

◇末期の日本資本主義経済と其の転換(高橋亀吉著) 白揚社 1925.5 10,564p 19cm

◇八基村産業基本調査(八基村農会編) 1925.5 14,96p 22cm

◇街路照明が商業に及ぼす影響(東京電気株式会社照明課編) 1925.6 22p 22cm

◇経済生活の歴史的考察(坂西由蔵著) 大鐙閣 1925.6 4,3,351p 23cm

◇日本経済史 4巻(竹越与三郎著) 日本経済史刊行会 1925.6 8,639p 23cm

◇農政四十三講(河田嗣郎著) 改造社 1925.6 4,392p 19cm

◇産業組合法解説(浜田道之助著) 朗伸社 1925.7 24,251,50p 23cm

◇日本経済史 7巻(竹越与三郎著) 日本経済史刊行会 1925.7 10,649p 23cm

◇農村事情に関する調査 第3輯(協調会農村課編) 1925.7 2,2,188p 23cm

◇英国産業組合教育事業(産業組合中央会編) 1925.8 2,97p 22cm 産業組合調査資料

◇沖縄経済事情(田村浩著) 南島社 1925.8 1,4,136p 19cm 南島叢書

◇産業組合の本質と農業に於ける其活動の諸相(産業組合中央会編) 1925.8 102p 22cm 産業組合調査資料

◇都市電気事業経営に就て(芹沢登一述) 1925.8 112p 22cm

◇日本経済史 8巻(竹越与三郎著) 日本経済史刊行会 1925.8 572,77,118p 23cm

◇新産業政策論:各国政党の主義及び政策(永井亨著) 巌松堂 1925.9 5,7,597p 23cm

◇東京市内街路照明の実況(東京電気株式会社編) 1925.9 70p 22cm

◇近世農村問題史論(本庄栄治郎著) 改造社 1925.10 1冊 20cm

◇農会法正義(川崎力三著) 良書普及会 1925.10 16,372,45p 22cm

◇亜東指要(山根倬三著) 東洋協会 1925.11 2160p 19cm

◇大阪市 神戸市 経済便覧 大正14年(阿部直躬著) 商業興信所 1925.11 82p 19cm

◇本邦倉庫の職能に就て(内池廉吉述,神戸高等商業学校商業研究所編) 1925.11 20p 23cm 商業研究所講演集

◇元禄時代の経済学的研究:日本資本主義起源考並経済史上の元禄文学(山本勝太郎著) 東京宝文館 1925.12 10,19,762p 23cm

◇東京市ニ於ケル鶏卵ノ消費状況(東京市商工課編) 1925.12 4,109p 27cm 中央卸売市場建設資料調査

◇岡崎市及其附近ニ於ケル産業及金融ノ状況 カーボン謄写 1926 [82]p 26cm

◇街路照明標準案 謄写版(照明学会街路照明委員会編) 1926 40p 26cm

531

経済・産業　　　　　　　　都市問題・地方自治　調査研究文献要覧

- ◇名古屋市産業組合の趨勢（名古屋市総務部勧業課編）　1926　21p　22cm
- ◇日本産業組合史（産業組合中央会編）　1926　3,396,78p 23cm
- ◇米穀法施行ノ経過概要　大正15年 昭和元年分（農林省農務局編）　1926　2,32p 22cm
- ◇人生と燃料問題（後藤新平著）　［燃料協会］　1926.1　[10]p 26cm　燃料協会雑誌
- ◇[農会]三十年記要（神奈川県農会編）　1926.2　108p 23cm　神奈川県農会報
- ◇日本経済史概論（佐野学著）　早稲田泰文社　1926.3　6,253p 23cm
- ◇経済学研究（河上肇著）　共立社　1926.4　38,10,474p 23cm
- ◇電灯電力供給事業経営方法理想案ニ関スル懸賞論文集（電気協会編）　1926.4　5,2,128p 26cm
- ◇米穀問題（上山満之進著）　日本評論社　1926.4　2,6,291p 19cm　農村問題大系
- ◇法制史上より観たる日本農民の生活　律令時代　上（滝川政次郎著）　同人社　1926.4　4,10,300p 23cm
- ◇経済史研究　第1巻（野村兼太郎著）　叢文閣　1926.5　2,315,9p 23cm
- ◇諸外国ニ於ケル自作農創設事業概要　其1　謄写版（農林省農務局編）　1926.5　89p 23cm
- ◇農家経済の新研究（栗原藤七郎著）　科学思想普及会　1926.5　2,4,116p 19cm
- ◇近世社会経済叢書　第1巻（本庄栄治郎［ほか］編）　改造社　1926.6　322p 23cm
- ◇米国都市の街路照明に就て（小川栄次郎述, 東京電気株式会社編）　1926.6　32p 23cm
- ◇近世社会経済叢書　第2巻（本庄栄治郎［ほか］編）　改造社　1926.7　374p 23cm
- ◇農村制度の改造　再版（横井時敬著）　有斐閣　1926.7　7,5,346p 23cm
- ◇近世社会経済叢書　第3巻（本庄栄治郎［ほか］編）　改造社　1926.8　4,343p 23cm
- ◇我国民経済と財政（土方成美著）　日本評論社　1926.8　3,5,664p 19cm
- ◇近世社会経済叢書　第4巻（本庄栄治郎［ほか］編）　改造社　1926.9　2,273p 23cm
- ◇小作慣行ニ関スル調査資料　大正元年及明治18年（農林省農務局編）　1926.9　157p 26cm
- ◇明治大正農村経済の変遷（東洋経済新報部編）　1926.9　10,292,165p 19cm
- ◇近世社会経済叢書　第5巻（本庄栄治郎［ほか］編）　改造社　1926.10　1,6,324p 23cm
- ◇農村副業問題（小平権一著）　日本評論社　1926.10　5,8,374p 19cm　農村問題大系
- ◇三重・岡山両県下に於ける自作農創設維持資金貸付の概況：附　三重県に於ける小作争議（日本勧業銀行調査編）　1926.10　3,206p 23cm
- ◇近世社会経済叢書　第6巻（本庄栄治郎［ほか］編）　改造社　1926.11　1,4,308p 23cm
- ◇とやま（富山商業会議所編）　1926.11　47p 17cm
- ◇農業共産制史論（黒正巌著）　岩波書店　1926.11　5,302p 20cm
- ◇マツダ街路照明写真帖（東京市・外22市6町）（東京電気株式会社編）　1926.11　[121]p 22×31cm
- ◇近世社会経済叢書　第7巻（本庄栄治郎［ほか］編）　改造社　1926.12　2,14,334p 23cm
- ◇丁抹に於ける農村の更生と教育（協調会編）　1926.12　3,8,126p 19cm　労働者教育資料
- ◇名古屋物産案内（名古屋商業会議所編）　1926.12　113p 18cm

- ◇農民組合による小作農家の現状調査（太田敏兄著）　同人社書店　1926.12　2,83p 23cm　大原社会問題研究所アルヒーフ
- ◇本邦小作慣行（農林省農務局編）　大日本農会　1926.12　157,372,96p 26cm
- ◇事業の経営と組織（松永安左衛門述）　全国経済調査機関聯合会　1927　33p 22cm　彙報別冊
- ◇近世社会経済叢書　第8巻（本庄栄治郎［ほか］編）　改造社　1927.1　1,3,296p 23cm
- ◇近世社会経済叢書　第9巻（本庄栄治郎［ほか］編）　改造社　1927.2　1,2,332p 23cm
- ◇農民問題のテーゼ（ニコライ・レーニン著, ニコライ・ブハーリン著, 広島定吉訳）　白揚社　1927.2　135p 20cm
- ◇旧藩時代ノ耕地拡張改良事業ニ関スル調査（農林省農務局編）　1927.3　33,1189p 26cm
- ◇近世社会経済叢書　第10巻（本庄栄治郎［ほか］編）　改造社　1927.3　1,3,280p 23cm
- ◇重要産業振興策（国産振興会編）　1927.3　244p 23cm　国産振興資料
- ◇戦後諸国の生産状態に関する調査（協調会編）　1927.3　1,96p 19cm
- ◇農村及農家組合の経営（三重県農務課編）　1927.3　64p 22cm
- ◇街路照明論　第1編（東京電気株式会社編）　1927.4　55p 26cm
- ◇近世社会経済叢書　第11巻（本庄栄治郎［ほか］編）　改造社　1927.4　1,3,296p 23cm
- ◇賃貸借と永小作（高落松男著）　大日本地主協会　1927.4　110p 19cm
- ◇電気事業経済講話　上巻（平沢要著）　電気新報社　1927.4　3,354p 23cm
- ◇電気事業経済講話　下巻（平沢要著）　電気新報社　1927.4　4,484p 23cm
- ◇東京近郊に於ける農業経営の研究（青鹿四郎著）　1927.4　65p 22cm
- ◇南満洲鉄道株式会社二十年略史（南満洲鉄道株式会社編）　1927.4　1冊 23cm
- ◇利用組合に関する調査　第1輯（産業組合中央会編）　1927.4　13,290p 22cm　産業組合調査資料
- ◇近世社会経済叢書　第12巻（本庄栄治郎［ほか］編）　改造社　1927.5　1,2,278p 23cm
- ◇財界安定ノ陳情経過（東京商業会議所編）　1927.5　2,82p 22cm
- ◇事業成績書　大正15年、昭和元年度（東京商業会議所編）　1927.7　150p 26cm　「商工月報」第3巻第7号 号外
- ◇動態経済の研究（高島佐一郎著）　同文館　1927.7　15,11,539p 23cm
- ◇農民組合論（荘原達著）　社会評論社　1927.7　2,8,221p 19cm
- ◇我国の熱源及び動力源としての燃料の需給と其の対策（辻元謙之助著）　1927.7　2,72p 27cm
- ◇日本国勢図会　昭和2年版（矢野恒太編）　日本評論社　1927.8　4,11,324p 22cm
- ◇日本農業史論（石坂橘樹著）　巌松堂　1927.8　5,12,624p 23cm
- ◇農会ニ関スル調査（農林省農務局編）　1927.8　8,158p 22cm
- ◇[東京瓦斯拡張計画]上申書（東京瓦斯株式会社編）　1927.9　39p 22cm
- ◇街路照明（東京市政調査会編）　1927.10　2,277p 23cm
- ◇農業と電気（京城電気編）　1927.10　40p 23cm　京電事業資料
- ◇法制史上より観たる日本農民の生活　律令時代　下（滝川政次郎著）　同人社　1927.10　5,465,41p 23cm
- ◇産業組合問題（志村源太郎著）　日本評論社　1927.11　2,5,344p 19cm
- ◇電気事業に於ける減価償却（電気事業研究会編）　1927.11　105p

◇琉球共産村落之研究（田村浩著）　岡書房　1927.11　7,9,520p 23cm
◇社会経済史原論（マックス・ウェーバー著,黒正巌訳）　岩波書店　1927.12 9,14,628p 23cm
◇農業共同経営組合ニ関スル調査（農林省農務局編）　1927.12 322p 23cm
◇農業生産物需給状況並ニ出荷団体調（帝国農会編）　1927.12 6,470p 23cm
◇農業団体と農民の政治運動（協調会農村課編）　1927.12 20p 23cm
◇農村経済（清水長郷著）　日本評論社　1927.12 4,9,363p 19cm
◇産業合理化と社会政策（ラウエツケル著,協調会訳）　1928 1,144p 19cm
◇産業経済地理講話（大塩亀雄著）　白揚社　1928.1 2,14,550p 23cm
◇明治維新経済史（猪谷善一著）　改造社　1928.1 2,4,340p 23cm
◇我国の金融と景気：国際経済及金融と我国民経済の交渉（服部文四郎著）　早稲田大学出版部　1928.2 16,405,12p 23cm
◇経済統計学（小林新著）　ダイヤモンド社　1928.3 10,634p 23cm
◇恐慌と独占（小島精一著）　日本評論社　1928.4 2,5,189p 22cm
◇小農に関する研究（横井時敬著）　丸善　1928.4 7,4,286p 23cm
◇日本経済典籍考（滝本誠一著）　日本評論社　1928.4 3,25,454p 23cm
◇農業社会化運動（河田嗣郎著）　弘文堂書房　1928.4 2,5,265p 19cm
◇農政論考（那須皓著）　岩波書店　1928.4 8,465p 23cm
◇欧洲経済史（滝本誠一著）　丸善　1928.5 16,475p 23cm
◇国際市場に於ける露国協同組合（南満洲鉄道株式会社編）　大阪毎日新聞社,東京日日新聞社　1928.5 1冊 23cm　露亜経済調査叢書
◇日本資本主義：其歴史・機構・改造（猪谷善一著）　日本評論社　1928.5 5,6,379p 23cm
◇農業人口と農民問題の研究（会田甚作著）　厳海堂書店　1928.5 3,140p 20cm
◇欧米各国に於ける電気事業並に其の行政（通信省電気局編）　1928.6 3,76p 26cm
◇大正十三年に於ける国富推計（内閣統計局編）　1928.6 62,4p 23cm
◇東京市内ニ於ケル会社ノ新設及解散　謄写版（東京市統計課編）　1928.6 18p 26cm　東京市ノ状況
◇日本経済研究　上巻（土方成美著）　日本評論社　1928.6 23,827p 26cm
◇日本経済研究　下巻（土方成美著）　日本評論社　1928.6 [549]p 26cm
◇日本経済研究：附録（土方成美著）　日本評論社　1928.6 223,50p 26cm
◇梓川農業水利沿革史　前編（福沢兵七編）　梓川農業水利期成同盟会　1928.7 6,10,629p 23cm
◇農村機構の分裂過程（小野武夫著）　改造社　1928.7 7,267p 20cm
◇南満洲鉄道株式会社第二次十年史（南満洲鉄道株式会社編）　1928.7 41,1352p 26cm
◇ロシアに於ける協同組合（南満洲鉄道株式会社東亜経済調査局編）　1928.7 4,120,32p 22cm　経済資料
◇事業成績書　昭和2年度（東京商工会議所編）　1928.8 4,290p 22cm　「商工月報」第4巻第7号　附録
◇富山電気株式会社供給区域に於ける電気争議に就て　謄写版（渡辺清吾述）　1928.8 136p 24cm
◇日本資本主義発達史（高橋亀吉著）　日本評論社　1928.8 5,10,497p 19cm
◇経済学（高田保馬著）　日本評論社　1928.9 5,229,6p 18cm　社会科学叢書

◇電灯電力事業に関する意見（バアネット・ウオーカー述,東邦電力株式会社編）　1928.10 18,19p 23cm
◇農業・鉱業編（那須皓[ほか]著）　日本評論社　1928.10 1冊 23cm　現代産業叢書
◇日本経済史研究（幸田成友著）　大岡山書店　1928.11 3,854,61p 23cm
◇百姓一揆の研究（黒正巌著）　岩波書店　1928.11 9,474p 23cm
◇英国資本主義成立史（野村兼太郎著）　改造社　1928.12 47,20,583p 23cm
◇日本社会経済編年史（吉田英雄著）　改造社　1928.12 8,10,641p 23cm
◇会社の苦衷を陳べて増資断行の理由を闡明す（鈴木寅彦著）　1929 8p 22cm
◇現下の瓦斯問題に就て：東京瓦斯株式会社臨時株主総会議事速記録（鈴木寅彦述）　1929 25p 19cm
◇水力電気経営ニ関スル件　手書（通信省電気局編）　1929 105p 26cm
◇町営電気事業に就て　其1,其2　手書（東邦電力株式会社査業部調査課編）　1929 24,24p 26cm
◇謹で御得意各位に訴ふ（鈴木寅彦著）　1929 16p 19cm
◇レーニン帝国主義論体系（メシチェリヤコフ編,川内唯彦訳）　希望閣　1929.1 2,347p 20cm　体系別レーニン選集
◇私は瓦斯である：創立満十五週年記念事業懸賞文（帝国瓦斯協会編）　1929.1 1,6,123p 19cm
◇現代丁扶の農村研究（ヒューゴー・ジョンス著,長崎常訳）　文明協会　1929.2 2,2,178p 19cm　[文明協会ライブラリー]
◇明治大正産業発達史（高橋亀吉著）　改造社　1929.2 5,13,763p 22cm
◇明治年間灌漑排水事業資料（農林省農務局編）　1929.2 11,291p 22cm
◇大礼記念京都大博覧会誌（京都市編）　1929.3 6,292,7p 26cm
◇千葉県ノ協行組合（千葉県内務部編）　1929.3 2,266p 22cm
◇農村と協同組合（本位田祥男著）　協同出版組合　1929.3 94p 19cm
◇東春日井郡農会史（愛知県東春日井農会編）　1929.3 1492p 23cm
◇街路照明　増訂再版（東京市政調査会編）　1929.4 3,2,340p 23cm
◇市町村と電気事業（広瀬先一著）　オーム社　1929.6 1冊 23cm
◇[東京瓦斯株式会社ノ]資本増加ニ関スル交渉　謄写版（[東京市]編）　1929.6 13p 26cm
◇日本国勢図会　昭和4年版（矢野恒太編）　日本評論社　1929.6 2,17,424p 22cm
◇上毛産業組合史（産業組合中央会群馬支会編）　1929.7 2,8,732p 23cm
◇街路照明（伊藤奎二[ほか]著）　[電気工学社]　1929.8 23p 26cm　「電気工学」18巻8号のうち
◇企業集中論　増補（小島精一著）　日本評論社　1929.9 4,12,469p 23cm　産業統制史論
◇我国主要産業の諸構成：附　金解禁の影響（野村証券株式会社調査部編）　大同書院　1929.11 4,19,934p 19cm　野村放資研究叢書
◇企業の発展と資本の集積（内閣統計局編）　東京統計協会　1929.12 2,59,39p 22cm　調査資料
◇農家生産物需給並共同出荷状況調査（帝国農会編）　1929.12 2,7,418p 22cm
◇厚生経済学（福田徳三著）　刀江書院　1930.3 14,826,49p 23cm
◇電気並電気施設に関する犯罪に就て（折原泉著,司法省調査課編）　1930.3 3,135p 23cm　「司法研究」第12輯報告書3のうち
◇農会ニ関スル調査（農林省農務局編）　1930.3 8,193p 22cm
◇農家小組合ニ関スル調査（農林省農務局[編]）　農林省農務局　1930.3 1冊 22cm

◇産業合理化を如何に実行すべきか(杉村陽太郎著) 日本経済連盟会 1930.5 33p 22cm

◇最近の日本経済史(高橋亀吉著) 平凡社 1930.6 2,12,581p 19cm 実際経済問題講座

◇本邦工業に於ける利益分配法に類似制度に関する調査(日本工業倶楽部編) 1930.6 2,100p 22cm 調査報告

◇独占資本主義:独占資本の分析と批判(瀬戸健助著) 大同書院 1930.7 2,8,353p 19cm

◇経済学説史(オットマール・シュパン著,鷲野隼太郎訳) 資文堂 1930.8 6,457p 23cm

◇経済国策の提唱:国民繁栄への道(山本条太郎著) 日本評論社 1930.8 5,7,394p 19cm

◇瓦斯事業法概論(水越致和著) 永全社 1930.9 168,72p 23cm

◇産業統制(D.H.ロバートソン著,井上貞蔵訳,大森英治郎訳) 同文館 1930.9 2,6,218p 23cm

◇経営学自体の諸問題・官営及び公営事業(日本経営学会編) 同文館 1930.10 343p 23cm 経営学論集

◇燃料読本(燃料協会編) 1930.10 58p 22cm

◇独逸に於ける合理化運動と独逸産業合理化協会(東京商工会議所編) 1930.11 2,37p 22cm 産業合理化資料

◇農家経済の改善(朝日新聞政治経済部編) 1930.12 2,2,186p 19cm 朝日政治経済叢書

◇農村の崩壊(久保寺三郎著) 大衆公論社 1930.12 3,6,368p 19cm

◇米国に於ける間接費の研究(東京商工会議所編) 1930.12 2,60p 22cm 産業合理化資料

◇日本経済の最近10年(全国経済調査機関聯合会編) 改造社 1931.1 23,1869,24p 27cm

◇我国ニ於ケル産業統制ニ就テ:並ニ商工省臨時産業合理局各種機関ノ内容(大阪府立産業能率研究所編) 1931.1 90p 22cm

◇事務所の騒音防止方法(米国経営協会,東京商工会議所訳) 1931.2 14p 21cm 産業合理化資料

◇浜口内閣の不況及失業対策と地方財政(立憲政友会会報局編) 1931.2 2,6,198p 22cm 経済調査資料

◇本邦瓦斯事業の概観 昭和4年度(三輪震一著) 商工省工務局 1931.2 33p 22cm

◇瓦斯事業法中改正法律案委員会議録:第59帝国議会衆議院(衆議院編) 1931.3 1冊 28cm

◇電気事業法改正法律案委員会議録:第59帝国議会衆議院(衆議院編) 1931.3 1冊 29cm

◇明治初年農民騒擾録(土屋喬雄著,小野道雄著) 南北書院 1931.4 665p 23cm

◇丁抹の共同肥料購買組合(産業組合中央会編) 1931.5 2,106p 22cm 産業組合調査資料

◇公営電気事業の研究 謄写版(電気協会) 1931.6 203p 27cm

◇電気供給事業の規範的勘定科目制(米国鉄道及公共事業委員会協会制定,電気協会訳) 1931.6 59p 27cm 電気事業資料

◇農業経済の諸問題・矢作教授還暦祝賀記念(河津暹著) 日本評論社 1931.6 2,4,589p 23cm

◇農業政策の諸問題・矢作教授還暦祝賀記念(河津暹著) 日本評論社 1931.6 2,4,551p 23cm

◇農村経済講話(中沢弁次郎著) 同文館 1931.6 6,19,599p 19cm

◇産業組合の理想並諸問題(産業組合中央会編) 1931.7 2,4,129p 22cm 産業組合調査資料

◇自作農地購入ニ関スル標準価格表(農林省農務局編) 1931.7 54p 19×27cm

◇日本国勢図会 昭和6年版(矢野恒太編,白崎享一編) 日本評論社 1931.7 5,17,428p 22cm

◇農村の苦境をうつたうる前に農村販売組合の利用にめざめよ!(小平権一著) 産業組合中央会 1931.7 55p 19cm 産業組合宣伝叢書

◇漁村産業組合経営事例(産業組合中央会編) 1931.9 549p 22cm 産業組合調査資料

◇農村購買組合調査(産業組合中央会編) 1931.9 392p 22cm 産業組合調査資料

◇日本更生史:教育勅語煥発四十年記念 産業自治行政発達篇(中沢宇三郎著) 万朝報社調査部内日本更生史編纂局 1931.11 784,129,173p 22cm

◇広島県農会史(広島県農会編) 1931.11 490p 23cm

◇時局の長崎市に及ぼしたる影響(長崎市役所編) 1931.12 31p 19cm 市勢調査資料

◇日本財政経済論(洪純一著,モールトン著) 千倉書房 1931.12 9,372,132p 23cm

◇維新農村社会史論(小野武夫著) 刀江書院 1932.2 15,468,17p 22cm

◇四種兼営産業組合調査(産業組合中央会編) 1932.2 2,390p 22cm 産業組合調査資料

◇明治二年以降農林省統計関係法規輯覧(農林省統計課編) 東京統計協会 1932.3 2,8,880p 22cm

◇吾国過小農問題と共同経営(協調会編) 1932.3 2,5,179p 19cm

◇世界各国に於ける電気事業概況(電気協会編) 1932.4 26p 26cm 電気事業資料

◇満蒙と長崎:附新満洲見聞記(長崎市役所編) 1932.4 3,138,22p 19cm 市政調査資料

◇和歌山経済の基礎知識(堀内弘編著) 南紀芸術社 1932.5 224p 19cm

◇大阪商科大学経済研究年報 第1号(大阪商科大学経済研究会編) 大同書院 1932.6 2,441p 23cm

◇農村の自力改造(松村松盛著) 朝鮮公民教育会 1932.7 6,5,282p 20cm

◇本邦電気供給事業ニ関スル調査(東京市政調査会編) 1932.7 8,709,53p 26cm 公益企業ニ関スル調査報告

◇産業合理化と失業(日本経営学会編) 同文館 1932.9 255p 23cm 経営学論集

◇日本農業恐慌研究(小野道雄[ほか]著) 改造社 1932.9 3,398p 19cm

◇日本農業年報 第1輯 1932年 上半期(日本農業研究会編) 改造社 1932.9 13,542p 19cm

◇農村事情調査(東京市役所編) 1932.9 90p 22cm

◇上田地方産業研究資料集(上田商工会議所編) 1932.10 355p 22cm

◇郷土経済史研究提要(小野武夫著) 浅野書店 1932.10 3,5,285p 22cm

◇経済統制の研究:早稲田大学創立50年記念論文集(早稲田大学商学同攻会編) 1932.10 513p 23cm

◇電気事業概観(高木勝昶著,篠田勇著) 橘書店 1932.10 2,7,302p 19cm

◇大阪商科大学経済研究年報 第2号(大阪商科大学経済研究会編) 大同書院 1932.11 343p 23cm

◇購買組合の受くる寵遇と商工業者の蒙る圧迫(東京商工会議所編) 1932.11 4,30p 21cm

◇日本産業革命論(宇原義豊著) 千倉書房 1932.11 10,330p 23cm

◇農業利用組合の話(有元英夫著) 1932.11 41p 19cm 産業組合宣伝叢書

◇本邦瓦斯事業ニ関スル調査(東京市政調査会編) 1932.11 5,268p 26cm 公益企業ニ関スル調査報告

◇欧洲に於ける農村協同組合(本位田祥男著) 日本評論社 1932.12 6,8,372p 23cm 協同組合叢書

◇国民経済原論(ビックハン著,前田稔靖訳) 九州法学校出版部 1932.12 304p 19cm

◇農業経済学（カウツキー著，向坂逸郎訳）　中央公論社　1932.12　734p 23cm

◇農村実地調査の仕方：附録 農家戸別調査票（協調会農村課編）　1932.12 30p 19cm　農村計画叢書

◇産業の京都 昭和7年（京都市産業部勧業課編）　1933 6,161p 19cm

◇千葉県経済更生計画大観（千葉県編）　1933 71,903p 22cm

◇電気局経済ニ対スル歴代当事者ノ意見（東京市役所編）　1933 59, 28p 26cm

◇国民所得の分配（汐見三郎著）　有斐閣　1933.2 222p 23cm

◇資本主義の計画経済（経済批判会訳編）　叢文閣　1933.2 7,186,3p 20cm　世界経済叢書

◇昭和七年度農村問題概観（協調会農村課編）　1933.2 40p 22cm　農村問題資料

◇インフレーションに関する調査 第1巻 墺国諸産業に及ぼしたるインフレーションの影響（東京商工会議所編）　1933.3 58p 21cm　「商工調査」第48号第1巻

◇電力問題講話（渋沢元治著）　オーム社　1933.3 5,17,363p 23cm

◇東京市民の所得調査（東京市統計課編）　1933.3 3,71,6p 23cm

◇日本社会経済の研究（山中篤太郎著）　森山書店　1933.3 2,219p 23cm

◇農会ニ関スル調査 昭和5年度乃至昭和7年度（農林省農務局編）　帝国農会　1933.3 8,235p 22cm

◇農山漁村経済更生協議会要録（農林省経済更生部編）　1933.3 233p 22cm　経済更生計画資料

◇優良農村計画事例 第1輯（農林省経済更生部編）　1933.3 7,341p 22cm　経済更生計画資料

◇インフレーションに関する調査 第2巻 大戦中独逸に於けるインフレーションの情勢（東京商工会議所編）　1933.4 44,5p 21cm　「商工調査」第48号第2巻

◇日本経済統制論：産業を中心として見たる（高橋亀吉著）　改造社　1933.4 16,474p 23cm　日本統制経済全集

◇反産業組合運動に関する調査（産業組合中央会編）　1933.4 188p 23cm　産業組合調査資料

◇インフレーションに関する調査 第3巻 仏国のインフレーションとフラン貨の安定（東京商工会議所編）　1933.5 247p 21cm　「商工調査」第48号第3巻

◇恐慌と失業 前篇（園乾治著）　春秋社　1933.5 52p 23cm　世界経済問題講座

◇日本古代経済 交換篇 第2冊 市場（西村真次著）　東京堂　1933.5 10,176p 27cm

◇日本農業年報 第2輯［1932年］下半期（日本農業研究会編）　改造社　1933.5 14,516p 19cm

◇農業団体の統制（東浦庄治著）　日本評論社　1933.5 2,4,196p 17cm　農村更生叢書

◇インフレーションに関する調査 第4巻 インフレーション時代に於ける利息配当の方法（東京商工会議所編）　1933.6 25p 21cm　「商工調査」第48号第4巻

◇インフレーションに関する調査 第5巻 貨幣価値下落期に於ける資金調達と価格決定の方法（東京商工会議所編）　1933.6 38p 21cm　「商工調査」第48号第5巻

◇恐慌と失業 後篇（園乾治著）　春秋社　1933.6 56p 23cm　世界経済問題講座

◇国民所得の構成（土方成美著）　日本評論社　1933.6 2,11,391p 23cm

◇第二次四種兼営産業組合に関する調査（産業組合中央会編）　1933.6 3,478p 22cm　産業組合調査資料

◇統制経済原理（向井鹿松著）　改造社　1933.6 2,464p 23cm　日本統制経済全集

◇インフレーションに関する調査 第6巻 仮装利益に対する課税方法（東京商工会議所編）　1933.7 2,95p 21cm　「商工調査」第48号第6巻

◇大阪商科大学経済研究年報 第3号（大阪商科大学経済研究会編）　大同書院　1933.7 278p 23cm

◇統制経済政治機構（土方成美著）　改造社　1933.7 4,312p 23cm　日本統制経済全集

◇農村生活の調査（東京帝国大農学部農政学研究室編）　1933.7 2,92p 22cm

◇漁村経済の研究（東京帝国大学農学部農政学研究室編）　1933.8 5,248p 22cm

◇日満統制経済（小島精一著）　改造社　1933.8 3,10,401p 23cm　日本統制経済全集

◇農山漁村経済更生計画書 昭和7年度選定（滋賀県編）　1933.8 1冊 23cm

◇瓦斯事業に関する調査（日本勧業銀行調査課編）　1933.9 ［50］p 23cm　「調査彙報」第2輯のうち

◇統制経済財政論（井藤半弥著）　改造社　1933.9 2,10,438p 23cm　日本統制経済全集

◇京都、大阪、神戸、明りの名所（大阪市電気局編）　照明学会照明智識普及委員会関西委員会　1933.10 ［65］p 23cm

◇日本国勢図会 昭和8年版（矢野恒太編，白崎享一編）　国勢社　1933.10 5,17,422p 22cm

◇日本農業年報 第3輯 1933年 上半期（日本農業研究会編）　改造社　1933.10 12,531p 19cm

◇山口県農会史（山口県農会編）　1933.10 582p 23cm

◇石川理紀之助翁の農村経済更生計画（農林省経済更生部編）　1933.11 6,2,180p 19cm　経済更生資料

◇インフレーションに関する調査 第7巻 大戦後独逸に於けるインフレーションの概観（東京商工会議所編）　1933.12 59p 21cm　「商工調査」第48号第7巻

◇大阪商科大学経済研究年報 第4号（大阪商科大学経済研究会編）　1933.12 336p 23cm

◇産業組合は中小商業者を圧迫しているか：反産運動の一批判として（全国農村産業組合協会編）　1933.12 47p 23cm

◇反産業組合運動批判 1、反産運動を批判する 2、反産運動に対する批判（全国農村産業組合協会編）　1933.12 37p 19cm

◇本邦瓦斯事業の概観 昭和5、6、7年度（商工省工務局編）　1933.12 38p 21cm　工業調査彙報

◇本邦主要経済団体調査（［内閣］資源局編）　1933.12 ［157］p 22cm

◇昭和更生部落について 改訂（［青森県農政課編］）　［青森県農政課］　1934 41p 23cm　青森県経済更生叢書

◇経済更生計画実状調査 1（農林省経済更生部編）　1934.1 5,332p 22cm　経済更生計画資料

◇統制経済批判（猪俣津南雄著）　改造社　1934.1 328,36p 23cm　日本統制経済全集

◇農地価格論（杉本正幸著）　巌松堂書店　1934.1 542p 23cm

◇農林行政（石黒忠篤著）　日本評論社　1934.1 2,4,224p 17cm　農村更生叢書

◇産業組合と反産運動：都市、農村経済ブロックの対立と其統制（宇原義豊著）　経営研究社　1934.2 263p 19cm

◇統制経済論総観（向坂逸郎著）　改造社　1934.2 305p 23cm　日本統制経済全集

◇経済地域に関する諸問題の研究（内田寛一著）　中興館　1934.3 22,658p 23cm

◇産業組合史観：［宇都宮高等農林学校開校十周年記念論文集］（高須虎六著）　1934.3 ［42］p 26cm

◇産業の川口（川口市役所編）　1934.3 47p 19cm

◇全国都市ニ於ケル主要農産物需給調査 昭和7年現在（農林省農務局編）　1934.3 25,75,107p 26×38cm

◇農山漁村経済更生計画施設概要 第2ノ2 地方庁施設（農林省経済更

535

経済・産業　　　　　　　都市問題・地方自治　調査研究文献要覧

生部編）　1934.3 4,837p 22cm　経済更生計画資料

◇農村人口状態、特に家族構成の変化とその社会的移動に就て：栃木県逆川村農村調査の一節（磯辺秀俊著）　1934.3 [42]p 26cm　[「宇都宮高等農林学校開校十周年記念論文集」]

◇反産運動（岡田貞夫著）　1934.3 [26]p 26cm　[「宇都宮高等農林学校開校十周年記念論文集」のうち]

◇伊太利及ポーランドの農事協同組合（産業組合中央会編）　1934.5 45,2,32p 22cm　産業組合調査資料

◇経済十年史（エコノミスト編）　大村書店　1934.5 10,529p 23cm

◇産業動員計画（有沢広巳著）　改造社　1934.5 2,4,306p 23cm　日本統制経済全集

◇大阪商科大学経済研究年報　第5号（大阪商科大学経済研究会編）　1934.6 371p 23cm

◇独逸に於ける農村産業組合及聯邦租税法（産業組合中央会編）　1934.6 4,100p 22cm　産業組合調査資料

◇日本農業年報　第4輯 1933年 下半期（日本農業研究会編）　改造社　1934.6 2,10,453p 19cm

◇農村変革期の経済（木村靖二著）　白揚社　1934.6 295p 23cm

◇米穀統制法関係法規（農林省米穀部編）　1934.6 131p 22cm

◇産業統制政策（小島精一著）　東洋出版社　1934.8 2,10,394p 23cm　基礎経済学全集

◇米価及米穀日誌 自明治44年11月至昭和9年9月（農林省米穀局編）　1934.9 563p 22cm

◇農山漁村経済更生計画書 昭和8年度撰定（滋賀県編）　1934.10 1冊 23cm

◇江戸と大阪（幸田成友著）　冨山房　1934.11 333p 23cm

◇産業及び経営調査：高松高商開校十周年記念（高松高等商業学校調査課編）　1934.11 8,292p 22cm

◇世界経済の現勢（三菱経済研究所編）　1934.11 17,691p 27cm

◇東北地方ニ於ケル農村経済更生計画実行事例（農林省経済更生部編）　1934.11 75p 22cm

◇本邦瓦斯事業の概観 昭和8年度（商工省工務局編,稲見慎一著）　工政会出版部　1934.11 153p 21cm　工業調査彙報

◇大阪商科大学経済研究年報　第6号（大阪商大経済研究会編）　1934.12 333p 23cm

◇日本農業年報　第5輯 1934年 上半期（日本農業研究会編）　改造社　1934.12 2,10,515p 19cm

◇副業を中心に観たる農村工業化の話（協調会編）　1934.12 8,159p 17cm　農村問題解説叢書

◇満洲に於ける電気事業概説（満洲電業股份有限公司調査課編）　1934.12 9,264p 23cm+図2枚　調査資料

◇電気事業の更生に就て 1（東京市役所編）　1935 19p 27cm

◇産業組合ノ社会的経済的地位ニ関スル調査：全国状況（産業組合中央会編）　1935.1 19p 26cm

◇満洲国内電気企業計画経過概要（満洲電業股份有限公司調査課編）　1935.1 4,122p 23cm　調査資料

◇産業統制研究（日本経営学会関東部会小樽大会編）　同文館　1935.2 262p 23cm　経営学講演集

◇赤字財政下のインフレーション研究：並に各国戦後インフレーションの諸経験（野村証券調査部編）　千倉書房　1935.3 2,13,420p 22cm

◇大津の産業 昭和10年版（大津市役所編）　1935.3 5,99p 19cm

◇全国優良更生農村経済更生計画及ビ其ノ実行状況：群馬県勢多郡北橘村事例（農林省経済更生部編）　1935.3 2,119p 22cm

◇中華民国に於ける電気事業（満洲電業股份有限公司調査課編）　1935.3 3,113p 23cm+図1枚　調査資料

◇東京市域内農業経営の実態（帝国農会編）　1935.3 3,188p 23cm　東京市農業に関する調査

◇東京商品見本市沿革概要（東京商工奨励館編）　1935.3 79p 19cm

◇農家経済調査 昭和7年度（農林省経済更生部編）　1935.3 3,172p 22cm

◇農業問題（櫛田民蔵著）　改造社　1935.3 10,571p 23cm　櫛田民蔵全集

◇農村工業読本（佐藤冨治著）　明文堂　1935.3 258p 23cm

◇協同組合研究（緒方清著）　同文館　1935.5 426p 23cm

◇産業組合問題研究会報告書 第1回（産業組合問題研究会編）　高陽書院　1935.5 2,246p 22cm

◇統制経済と中小工業（木村増太郎述,工業組合中央会東京支部編）　1935.5 25p 21cm

◇農民匡救策の矛盾と商人層の没落（林平馬著）　日本講演通信社　1935.5 90p 19cm

◇北海道第二期拓殖計画実施概要 上（北海道庁編）　1935.5 677p 23cm

◇大阪経済史研究（菅野和太郎著）　甲文堂書店　1935.6 266p 23cm　大阪商科大学研究叢書

◇企業統制の諸問題（目崎憲司著）　同文館　1935.6 267p 23cm

◇都市・農村相関経済論（中沢弁次郎編）　時潮社　1935.6 255p 19cm

◇日本農業年報　第6輯 1934年 下半期（日本農業研究会編）　改造社　1935.6 2,9,431p 19cm

◇農村住居問題の考察（石原憲治著）　[日本女子社会教育会家庭科学研究所]　1935.6 [6]p 22cm　「家庭科学」第3輯別刷

◇農村調査報告書（滋賀県東浅井郡小谷村）：特に村社会経済の構造と機能に就て（京都帝国大学農学部農林経済研究室編）　1935.6 138p 22cm

◇大阪商科大学経済研究年報　第7号（大阪商科大学経済研究会編）　1935.7 320p 23cm

◇支那の経済恐慌に関する調査 第2巻 農業（東京商工会議所編）　1935.8 2,82p 21cm　商工調査

◇日本産業組合史（東浦庄治著）　高陽書院　1935.8 4,5,331p 20cm　産業組合全書

◇国富及国民所得（中川友長著）　東洋出版社　1935.9 2,3,413p 23cm　統計学全集

◇全産聯の使命と事業（膳枝之助述,全国産業団体聯合会編）　1935.9 22p 18cm　産聯パンフレット

◇東北地方に於ける社会並経済上の特異性（協調会東北問題臨時調査委員会編）　1935.9 5,75p 26cm

◇日本農業の展望（農業経済学会編）　岩波書店　1935.9 2,3,826p 23cm

◇山崎延吉全集　第2巻 農村建設篇（山崎延吉著）　山崎延吉全集刊行会　1935.9 594p 23cm

◇産業行政機構の改善と中小工業（小畑源之助述,全国産業団体聯合会編）　1935.10 9p 18cm　産聯パンフレット

◇朝鮮農会の沿革と事業（朝鮮農会編）　1935.10 4,118p 19cm

◇日本国勢図会 昭和10年版（矢野恒太編,白崎亨一編）　国勢社　1935.10 24,468p 22cm

◇釜山の産業 昭和10年（釜山府編）　1935.10 7,146p 19cm

◇財â€¦進化論：共産村落研究（田村浩著）　巌松堂書店　1935.11 2,3,114p 23cm

◇農業経済地理（青鹿四郎著）　叢文閣　1935.11 4,463p 23cm　経済地理学講座

◇懸賞金附前売入場券参考資料（日本万国博覧会協会編）　1935.12 5,133p 22cm

◇工業経済地理（川西正鑑著）　叢文閣　1935.12 417p 23cm　経済地理学講座

◇続大阪経済史研究（菅野和太郎著）　甲文堂書店　1935.12 328p 23cm　大阪商科大学研究叢書

◇日本農業年報　第7輯 1935年 上半期（日本農業研究会編）　改造社

1935.12 3,12,479p 19cm

◇幕末経済史研究(日本経済研究所編) 有斐閣 1935.12 2,8,420p 23cm 日本経済研究所研究叢書

◇幕末の新政策(本庄栄治郎著,日本経済史研究所編) 有斐閣 1935.12 3,6,344p 23cm 日本経済史研究叢書

◇大都市ニ在ル地方設置販売斡旋機関 東京市及大阪市(農林省経済更生部編) 1936.1 2,54p 21cm 農産物販売改善資料

◇都市経済与農村経済(中沢弁次郎著, 邱致中訳) 有志書屋出版 1936.1 233p 22cm 都市社会学叢書

◇日本農業の展開過程(東畑精一著) 東洋出版社 1936.1 2,5,385p 23cm 基礎経済学全集

◇農産物価格変動と農家購入品価格変動との比較検討：農村経済更生に関する一基礎資料(東京帝国大学農学部農政学研究室編) 1936.1 5,105p 22cm

◇本邦瓦斯事業の概観 昭和9年度(稲見慎一著,商工省工務局編) 1936.1 232p 21cm

◇欧洲諸国に於ける産業組合政策(東京商工会議所編) 1936.2 33p 21cm 商工調査

◇青森県電気事業概要(青森県電気局編) 1936.3 71p 23cm

◇大阪商科大学経済研究年報 第8号(大阪商科大学経済研究会編) 1936.3 217p 23cm

◇経済地理学総論(黒正巌著) 叢文閣 1936.3 3,7,232p 23cm 経済地理学講座

◇商店経営及び郷土産業(広島県立広島商業学校実業部編) 1936.3 4,160p 22cm

◇農村及都市に於ける財産の分配状況に関する事項 農村人口に関する事項(農林省文書課編) 1936.3 31p 21cm 農村対策調査

◇本邦瓦斯事業に関する調査：附 五大事業地区市営瓦斯事業成績(京都市庶務課編) 1936.3 1,2,102p 22cm

◇経済地図(辻村太郎著, 山崎禎一著) 叢文閣 1936.4 8,266p 23cm 経済地理学講座

◇庄内田所の農業・農村及び生活(東京帝国大学農学部農政学研究室編) 1936.4 2,7,279p 22cm

◇道府県別農業本業者数及其年齢構成(上田貞次郎著, 人口問題研究会編) 1936.4 66p 22cm 人口問題資料

◇農村産業組合の研究(八木芳之助著) 有斐閣 1936.4 464p 23cm

◇産業組合問題研究会報告書 第2回(産業組合問題研究編) 高陽書院 1936.5 331p 22cm

◇水産経済地理(今田清二著) 叢文閣 1936.5 2,7,319p 23cm 経済地理学講座

◇雪害調査要綱(積雪地方農村経済調査所編) 1936.5 33p 23cm 積雪地方農村経済調査所報告

◇大恐慌とその政治的結果(オイゲン・ヴァルガ著, 経済批判会訳) 叢文閣 1936.5 3,5,367p 19cm

◇欧洲諸国に於ける産業組合政策 2(東京商工会議所編) 1936.6 31p 21cm 商工調査

◇日本農業の展開過程 増訂(東畑精一著) 岩波書店 1936.6 3,11,436p 23cm

◇農村問題(桜井武雄著) 三笠書房 1936.6 4,214p 17cm 唯物論全書

◇明治前期農政史の諸問題(我妻東策著) 壬生院 1936.6 4,4,200p 23cm

◇林業経済地理(市河三禄著) 叢文閣 1936.6 11,400p 23cm 経済地理学講座

◇列国の電力政策(内閣調査局編) 1936.6 15p 21cm

◇上杉鷹山公と其の振興政策(鷹山公研究会編) 巌松堂書店 1936.7 2,4,294p 23cm

◇各国統制経済に関する調査 第1巻 イターリーの統制経済 1(東京商工会議所編) 1936.7 2,46p 21cm 商工調査

◇山村実態調査報告書 第2回(東京帝国大学林政学教室編) 1936.7 22,866p 22cm

◇日本資本主義分析：日本資本主義に於ける再生産過程把握(山田盛太郎著) 岩波書店 1936.7 228p 23cm

◇日本村落史概説(小野武夫著) 岩波書店 1936.7 2,7,483p 20cm

◇日本農業年報 第8輯 1935年 下半期(日本農業研究会編) 改造社 1936.7 3,7,475p 19cm

◇電力国策に関する研究資料(国策研究会編) 1936.8 1冊 22cm 参考資料

◇電力民有国営の検討(池尾芳蔵述) 東洋経済出版部 1936.8 2,56p 19cm 東洋経済パンフレット

◇大阪商科大学経済研究年報 第9号(大阪商科大学経済研究会編) 1936.9 271p 23cm

◇各国統制経済に関する調査 第2巻 イターリーの産業統制 2(東京商工会議所編) 1936.9 2,64p 21cm 商工調査

◇産業調査誌 第1輯(青森県立商業学校編) 1936.9 4,287p 22cm

◇自作農創設維持ノ沿革及現況(農林省農務局[編]) 農林省農務局 1936.9 29p 23cm

◇昭和財政史(朝日新聞経済部編) 1936.9 6,628p 23cm 朝日経済年史臨時特輯

◇統工業経済地理：工業立地論を中心として 1(川西正鑑著) 叢文閣 1936.9 3,8,[421]p 23cm 経済地理学講座

◇頼母木逓信大臣の言説を反駁す：電力の民有国営絶対反対(野依秀市著) 実業之世界社, 帝都日日新聞社 1936.9 99p 19cm

◇電力国策の全貌(奥村喜和男著) 日本講演通信社 1936.9 6,4,176p 19cm

◇電力の民有国営絶対反対：政府側の言ひ分を一々駁撃す(実業之世界社, 帝都日日新聞社編) 1936.9 71p 19cm

◇日本経済の再編成 第1輯 総説篇(経済情報社編) 1936.9 2,14,306p 19cm

◇各国統制経済に関する調査 第3巻 独逸商工経済の団体機構統制(東京商工会議所編) 1936.10 3,84p 21cm 「商工調査」第65号第3巻

◇支那の経済恐慌に関する調査 第4巻 支那経済恐慌の特質(東京商工会議所編) 1936.10 1,45p 21cm 商工調査

◇電力国営(社会大衆党編) 1936.10 60p 22cm 社会大衆党国策叢書

◇電力国営の急務(頼母木桂吉述) 大日本雄弁会講談社 1936.10 6,107p 19cm

◇電力民有国営案を難ず 第2輯(角源泉述, 電気事業従事員聯盟編) 1936.10 55p 22cm

◇日本凶荒史考(西村真琴編, 吉川一郎編) 丸善 1936.10 14,1019,30p 23cm

◇日本経済の再編成 第2輯 財政及金融篇(経済情報社編) 1936.10 2,20,406p 19cm

◇日本経済の再編成 第3輯 産業及貿易篇(経済情報社編) 1936.10 22,414p 19cm

◇日本経済六十年史(中外商業新報社編) 1936.10 2,21,505p 23cm

◇日本農業研究(日本経済研究所編) 改造社 1936.10 4,6,317p 19cm

◇農村更生と農村調査：附 農漁村民の離村と其対策(松村勝治郎著) 青年教育普及会 1936.10 2,2,84p 19cm

◇農民道(黒沢酉蔵著) 北海道酪農義塾 1936.10 26p 27cm

◇山崎延吉全集 第7巻 農村更生篇(山崎延吉著) 山崎延吉全集刊行会 1936.10 600p 23cm

◇産業組合の現勢(産業組合中央会編) 1936.11 1,52p 19cm 産業組合宣伝叢書

◇重要産業国営(社会大衆党編) 1936.11 17p 22cm 社会大衆党国策叢書

経済・産業

◇電力国営の理論的根拠(小柳徳市著)　清風荘出版部　1936.11 3,5,153p 19cm
◇電力国策に関する資料 1(通信省電気局編)　1936.11 68p 22cm
◇農村工業(松村勝治郎著)　日本評論社　1936.11 5,6,247p 23cm　日本農業全書
◇大阪商科大学経済研究年報 第10号(大阪商科大学経済研究会編)　1936.12 294p 23cm
◇続工業経済地理:工業立地論を中心として 2(川西正鑑著)　叢文閣　1936.12 2,9,[274]p 23cm　経済地理学講座
◇電力国策に関する資料 2(通信省電気局編)　1936.12 75p 22cm
◇東京市農業青年幹部講習会講習録 第3回(東京市農会,東京市聯合青年団編)　1936.12 2,1,215p 22cm
◇東京商科大学六十周年記念論文集(東京商科大学一橋会編)　1936.12 3,3,800p 23cm
◇東北振興考査委員会報告(日本学術振興会編)　1936.12 3,279p 26cm
◇計画経済:各国に於ける計画経済の現段階(目崎憲司著)　有斐閣　1937.2 2,3,402p 23cm
◇鉱業経済地理(西尾滋著)　叢文閣　1937.2 3,299p 23cm　経済地理学講座
◇日本資本主義論争(内田穣吉著)　清和書店　1937.2 293p 22cm
◇日本農業年報 第9輯 1936年 上半期(日本農業研究会編)　改造社　1937.2 3,8,454p 19cm
◇釜山の産業 昭和11年(釜山府編)　1937.2 7,102p 19cm
◇米国に於ける電力問題(電気協会編)　1937.2 27p 26cm　電気事業資料
◇各国統制経済に関する調査 第4巻 ナチスの価格統制(東京商工会議所編)　1937.3 60p 21cm　商工調査
◇各国産業分類及職業分類(内閣統計局編)　1937.3 2,197p 23cm
◇産業都市東京 昭和12年版(東京市役所編)　1937.3 [36]p 26cm
◇山村経済実態調査報告書 第3回(全国山林会聯合会編)　1937.3 2,4,506p 22cm
◇本所区の産業に就て　謄写版(大沢正著)　1937.3 44p 26cm　本所区役所税務研究会資料
◇丸亀と産業(丸亀市役所編)　1937.3 54p 19cm
◇農村問題入門(猪俣津南雄著)　中央公論社　1937.4 501p 19cm
◇南満洲鉄道株式会社三十年略史(南満洲鉄道)　1937.4 4,25,733p 23cm+図1枚
◇明治初期経済史研究 第1部(慶応義塾経済史学会編)　巌松堂書店　1937.4 1冊 23cm　慶応義塾経済史学会紀要
◇明治初期経済史研究 第2部(慶応義塾経済史学会編)　巌松堂書店　1937.4 [291]p 23cm　慶応義塾経済史学会紀要
◇京城府勧業施設概況(京城府編)　1937.5 2,46p 22cm
◇独逸に於ける電力国策の現状(東邦電力株式会社編)　1937.5 22,52p 22cm
◇農林行政 上(田中長茂著)　常磐書房　1937.5 3,343p 23cm　自治行政叢書
◇協同組合論(奥谷松治著)　三笠書房　1937.6 3,5,248p 17cm　唯物論全書
◇朝鮮産業経済現勢 昭和12年版(朝鮮商工会議所編)　1937.6 101p 18cm
◇富山県営水力電気事業概要(富山県電気局編)　1937.6 23p 27cm
◇埼玉県下に於ける農業立地の研究(平沢遼著,埼玉県編)　1937.7 57p 23cm
◇電力統制問題に関する研究資料　謄写版(国策研究会編)　1937.7 58p 23cm
◇農業土地問題(農業経済学会編)　岩波書店　1937.7 204p 22cm

農業経済研究
◇本邦瓦斯事業概況一覧 昭和10年度(商工省工務局編)　1937.7 72p 21cm
◇我国に於ける市営電気供給企業の成立と其背景(竹中竜雄編)　[社会経済史学会]　1937.7 [19]p 22cm　「社会経済史学」第7巻第4号別刷
◇英吉利第四回生産調査の要項(内閣統計局編)　1937.8 2,102p 22cm
◇産業組合対策ニ関スル各地商工会議所ノ意見(日本商工会議所編)　1937.9 3,50p 21cm
◇日本資本主義発達史概説(土屋喬雄著,岡崎三郎著)　有斐閣　1937.9 550p 23cm　東亜経済調査局日本経済研究叢書
◇世界経済恐慌史:1848-1935年 第1巻 第1部(ヴァルガ著,永住道雄訳)　慶応書房　1937.10 15,10,206p 23cm
◇第二次産業組合拡充三ヶ年計画(産業組合中央会編)　1937.10 7,3,97p 22cm
◇日本経済講話 第2巻 日本の経済的構造と戦時財政(コンスタンチン・ポポフ著,川田秀訳)　白揚社　1937.10 1,10,289p 22cm
◇日本資本主義の諸問題:資本主義と農村の社会的分化(向坂逸郎著)　育生社　1937.10 2,366p 23cm　日本政治・経済研究叢書
◇日蔭の村(石川達三著)　新潮社　1937.10 302p 20cm
◇世界経済年表(大阪商科大学経済研究所編)　岩波書店　1937.11 368p 20cm
◇戦時国家の経済法(峯村光郎著)　千倉書房　1937.11 4,12,360p 19cm
◇日本農業年報 第10輯 1936年 下半期(日本農業研究会編)　改造社　1937.11 2,8,489p 19cm
◇現下の戦時経済の諸問題とその動向(小島精一述,神戸市産業課編)　1937.12 23p 22cm　産業研究資料
◇戦時体制下に於ける電力国策の確立に就いて(永田耀著)　世界経済情報社　1937.12 21p 23cm
◇再び電力国家管理案の批判(林安繁著)　東邦経済社出版部　1937.12 26p 19cm
◇臨時電力調査会総会議事録(通信省電気局編)　1937.12 319p 22cm
◇欧米重要国に於ける電力政策の近況概要(内閣調査局編)　1938 15p 23cm
◇瓦斯問題に関する資料:京都市対京都瓦斯株式会社(京都市編)　1938 1冊 27cm
◇京都市対京都瓦斯株式会社道路専用継続問題ニ関スル資料　1938 33,57,40p 26cm
◇京城府勧業一斑([京城府]編)　1938 2,32p 23cm
◇全国優良更生農村経済更生計画及其ノ実行状況:長野県小県郡浦里村事例(長野県経済部編)　1938.1 3,310p 22cm
◇電力統制問題に関する資料(衆議院調査部編)　1938.1 1冊 21cm　調査資料
◇農村と産業組合(産業組合中央会編)　1938.1 74p 19cm　産業組合宣伝叢書
◇農村問題(小野武夫著)　選挙粛正中央連盟　1938.1 4,82p 19cm
◇石巻市産業調査 第1輯(石巻商業学校編)　1938.2 21p 22cm
◇紀元二千六百年記念日本万国博覧会概要(日本万国博覧会編)　1938.2 24,39p 26cm
◇電力国策の解説(大和田悌二述)　オーム社(発売)　1938.2 3,45p 23cm
◇日本国勢図会 昭和13年版(矢野恒太編,白崎亨一編)　国勢社　1938.2 24,468p 22cm
◇非常時局下の食糧問題(土岐章述)　東京市保健局　1938.2 21p 22cm
◇栄養食料品配給と産業組合(産業組合中央会編)　1938.3 2,101p 19cm　産業組合宣伝叢書

◇静岡の物産(静岡市編) 1938.3 2,36p 19cm

◇世界大戦当初に於ける英国の経済政策並大戦中の財政及行政機構概要(大蔵大臣官房財政経済調査課編,衆議院調査部編) 1938.3 1冊 21cm 調査資料

◇日本資源政策(松井春生著) 千倉書房 1938.3 2,8,310p 23cm

◇神戸市近郊ノ区分調査ニ就テ(山本吉之助[ほか]) 神戸市産業課 1938.4 65p 27cm 産業調査資料

◇最近に於ける生鮮食料品価格の動き(大阪市中央卸売市場編) 1938.4 16p 22cm 調査資料

◇風致林業実施概要:附説 森林緑地計画(東京府経済部編) 1938.4 53p 22cm

◇市町村と戦時経済(神戸市産業課編) 1938.5 4,45p 22cm 産業調査資料

◇戦時体制下の日本経済(朝日新聞経済部編) 1938.5 9,600p 23cm 朝日経済年史

◇日本農業経済論(静田均著) 巌松堂書店 1938.5 3,4,456p 23cm

◇日本農村人口論(渡辺信一著) 南郊社 1938.5 4,6,482p 23cm

◇世界経済恐慌史:1848-1935年 第1巻 第2部 重要資本主義諸国に於ける恐慌史に関する比較資料(ヴァルガ著,永住道雄訳) 慶応書房 1938.6 18,551,7p 23cm

◇東京に於ける米の配給:取引態様 5版(西田竜八著) 大日本米穀会 1938.6 4,288p 21cm

◇昭和十三年七月五日出水に因る神戸市産業被害とその対策案(神戸市経済部編) 1938.7 55p 23cm 産業調査資料

◇消費統制と市町村(東井金平述,神戸市経済部編) 1938.8 24p 22cm 産業講座資料

◇産業組合問題研究会報告書 第3回(産業組合問題研究会編) 高陽書院 1938.9 2,218p 22cm

◇戦時下の電気事業経営論:電気事業経営経済学(田井外茂男著) 1938.9 8,129p 22cm

◇物資統制と神戸市産業(神戸市産業課編) 1938.9 66,108p 22cm 産業調査資料

◇物資統制ニ関スル法規集 昭和13年9月7日現在(神戸市産業課編) 1938.9 5,182p 22cm 産業調査資料

◇近世初期農政史研究(中村吉治著) 岩波書店 1938.10 3,7,487p 23cm

◇国運の伸展と産業の統制(神戸市産業課編) 1938.10 2,49p 22cm 産業講座資料

◇戦時体制下の農林政策(農林省企画課編) 中央農林協議会 1938.10 3,78p 21cm

◇高田と産業(高田市勧業課編) 1938.10 67p 19cm

◇日本に於ける農村問題(稲村隆一著) 育生社 1938.10 2,6,322p 23cm 日本政治・経済研究叢書

◇労働統計より観たる事変下神戸市産業(神戸市産業課編) 1938.11 65p 22cm 産業調査資料

◇歴史的方法に拠る国家経済学講義要綱(ロッシャー著,山田雄三訳) 岩波書店 1938.12 325p 16cm 岩波文庫

◇瓦斯供給ニ関スル取締法意見 謄写版(大島義清著) 1939 27p 26cm

◇鬼怒川水力電気事業計画ノ目的及ビ経歴、設計ノ概要工事費並ニ収支予算 1939 65p 22cm

◇東京市産業の発展に就て 謄写版([東京市]経済局庶務課編) 1939 13p 26cm

◇都市照明法制定に関する提唱(照明学会編) 1939 12p 26cm

◇米国採光法規(東京電気株式会社販売部照明課訳) 1939 38p 23cm

◇部会又はこれに準ずべき地方指導施設に関する資料(産業組合中央会[編]) 産業組合中央会 1939.1 164p 21cm

◇保健政策と産業組合(黒川泰一著) 三笠書房 1939.1 2,4,261p 17cm 産業組合叢書

◇長期建設と経済統制(中西寅雄述,神戸市経済部編) 1939.2 2,41p 22cm 産業講座資料

◇エコノミスト監修法学博士岡実先生記念論文集(大阪毎日・東京日日新聞社エコノミスト部編) 一元社 1939.3 1冊 23cm

◇災害的雪害調査 昭和12年(積雪地方農村経済調査所編) 1939.3 91p 22cm 積雪地方農村経済調査所報告

◇産業の名古屋(名古屋市産業部編) 1939.3 3,66p 19cm

◇名古屋市農家調査 昭和13年9月1日現在(名古屋市産業部庶務課編) 1939.3 40p 22cm

◇農業共同経営調査書(帝国農会編) 1939.3 2,34,267p 22cm

◇インフレーション問題に関する研究報告(国策研究会編) 1939.4 2,4,41p 22cm 報告書

◇産業組合と商人の活動分野に就て(向井鹿松著,名古屋商工会議所編) 1939.4 32p 21cm 時局経済調査及研究

◇工業立地の研究(川西正鑑著) 日本評論社 1939.5 13,656p 23cm

◇純正計画経済制度論:社会主義的計画経済の批判(伊部政一著) 理想社出版部 1939.5 1冊 23cm

◇全国一千農家の経済近況調査(協調会編) 1939.5 3,300p 22cm

◇物資統制ニ関スル法規集追補 昭和14年4月10日現在(神戸市産業課編) 1939.5 6,230p 22cm 産業調査資料

◇時局と農村 3(河田嗣郎編) 有斐閣 1939.8 7,473p 19cm 日本学術振興会第21小委員会報告

◇大阪市産業部事業要覧[昭和14年刊](大阪市産業部編) 1939.9 5,139p 22cm

◇会社資本の分析(布施市産業課統計係編) 1939.9 16p 22cm 布施市統計彙報

◇計画経済の理論(国弘員人著,日本文化中央聯盟編) 1939.9 167p 23cm 日本諸学研究

◇経済発展の理論:企業者利潤・資本・信用・利子及び景気の回転に関する一研究(ジョセフ・アロイス・シュムペーター著,中山伊知郎訳,東畑精一訳) 岩波書店 1939.9 1冊 23cm

◇大大阪記念博覧会誌(大阪毎日新聞社編) 1939.9 4,13,862p 23cm

◇我が国農家の統計的分析:昭和13年9月1日全国農家一斉調査報告(農林大臣官房統計課編) 1939.9 3,92p 22cm 農林統計調査資料

◇再編成過程の日本経済(朝日新聞社経済部編) 1939.10 8,646p 23cm 朝日経済年史

◇時局下農業経営及び農家経済の動向(帝国農会編) 昭和書房 1939.10 2,8,430p 22cm

◇全国一千農家経済の動向(協調会編) 1939.10 3,300p 22cm

◇電力国策に順応する照明の諸問題(東京芝浦電気株式会社マツダ支社事業部編) 1939.10 94p 21cm 照明資料

◇電力動員と電力管理(電気庁編) 1939.10 29p 22cm

◇統制経済講座 1 戦時経済総論 貿易統制篇(大阪毎日・東京日日新聞社エコノミスト部編) 一元社 1939.10 1冊 22cm

◇統制経済と組合経営(神戸市経済部産業研究所編) 1939.10 3,261p 22cm

◇農政学要論 再版(石坂橘樹著) 叢文閣 1939.10 7,519p 23cm

◇日本農業労働論(吉岡金市著) 時潮社 1939.11 1冊 23cm

◇米穀経済の研究 1(河田嗣郎編,日本学術振興会前第6小委員会) 有斐閣 1939.11 1冊 21cm 日本学術振興会前第6小委員会報告

◇青森県営電気事業概要(青森県電気局編) 1939.12 38p 23cm

◇電力飢饉の批判 第13輯(亜細亜情報社編) 1939.12 23p 22cm

◇電力供給制限は何うなるか(酒井大助編) 1939.12 50p 21cm

◇独逸の大学に於ける経済学の近況一班:国際統計協会と国際統計協会会議(高野岩三郎著) 大原社会問題研究所 1939.12 42p 23cm 社会問題研究資料

経済・産業

◇統制経済下の電力問題：石炭界混乱の飛沫を浴びた電力飢餓（電力問題研究所編） 1939.12 29p 22cm

◇統制経済講座 2 労働統制篇 財政統制篇 上（大阪毎日・東京日日新聞社エコノミスト部編） 一元社 1939.12 1冊 22cm

◇永小作に関する調査 昭和15年現在（農林省農地部編） 1940 2,95p 26cm

◇京都市及附近町村農勢調査 昭和13年 肥料特ニ屎尿ノ配給状況（京都市保健部清掃課編） 1940 40p 22cm

◇昭和十五年度精動資料（東京市編） 1940 2,28p 22cm 東京市国民精神総動員資料

◇統計ニ一表ハレタル日本ノ進歩 謄写版（セール述,東亜経済調査局訳編） 1940 172p 24cm

◇日本経済統制法（清水兼男著） 巖松堂書店 1940.1 1冊 23cm

◇中部地方に於ける電力制限問題の経過並に影響（名古屋商工会議所編） 1940.2 2,48p 21cm 時局経済調査及研究

◇電力調整関係法規（電気庁編） 電気協会 1940.2 2,39p 15cm

◇日本経済革命史（白柳秀湖著） 千倉書房 1940.2 10,25,566p 19cm

◇農家負債と其整理（河田嗣郎著,硲正夫著） 有斐閣 1940.2 3,2,452p 21cm 日本学術振興会第21小委員会報告

◇自作農創設維持事業概要（兵庫県経済部編） 1940.3 17,137p 21cm 農林資料農小

◇戦時動力問題とその対策（電力問題研究所編） 1940.3 52p 22cm

◇農家人口の研究（林恵海著） 日光書院 1940.3 6,4,133p 23cm

◇我が国民経済の変遷と配給制度の変革とに関する一考察（泰松益道著）［駒沢大学人文学会］ 1940.3 [9]p 23cm 「駒沢大学人文学会年報」のうち

◇佐藤寛次博士還暦記念農業経済学論集（近藤康男編） 日本評論社 1940.4 1,2,716p 23cm

◇統制経済講座 3 物価統制篇 財政統制篇 下（大阪毎日・東京日日新聞社エコノミスト部編） 一元社 1940.4 1冊 22cm

◇日本経済史話（本庄栄治郎著） 同文書院 1940.4 2,4,413p 19cm

◇日本経済の再編成（笠信太郎著） 中央公論社 1940.4 6,244p 23cm

◇農業と国土計画（金田甚作著） 泰文館 1940.4 2,8,220p 19cm

◇農林行政 下（田中長茂著） 常磐書房 1940.4 4,550p 23cm 自治行政叢書

◇切符制度に関する参考資料 謄写版（中央物価統制協力会議編） 1940.5 [50]p 26cm

◇産業の名古屋（名古屋市産業部編） 1940.5 72p 19cm

◇中部日本産業経済概観（名古屋市産業部編） 1940.5 48p 22cm

◇電力制限の京都市産業に及ぼせる影響（京都商工会議所編） 1940.5 19p 22cm

◇米穀経済の研究 2（河田嗣郎編,日本学術振興会前第6小委員会編） 有斐閣 1940.5 2,5,367p 21cm 日本学術振興会前第6小委員会報告

◇産業統制機構改善ニ関スル緊急対策意見（日本経済聯盟会編） 1940.6 5p 27cm

◇産業のころも（挙母町編） 1940.7 1枚 18cm

◇時局と農村 2 3版（河田嗣郎編） 有斐閣 1940.7 4,396p 19cm 日本学術振興会第21小委員会報告

◇戦時経済と家庭生活の刷新（太田正孝述,東京市編） 1940.7 20p 22cm 東京市国民精神総動員資料

◇統制経済講座 4 配給統制篇 農業統制篇（大阪毎日・東京日日新聞社エコノミスト部編） 一元社 1940.7 1冊 22cm

◇紀元二千六百年記念富山県産業組合史（産業組合中央会富山県支会編） 1940.8 6,776p 23cm

◇経済と社会（福井孝治著） 日本評論社 1940.8 3,5,480p 23cm

◇産業組合と産業組合教育（青木一巳著） 実業教育振興中央会 1940.8 2,58p 19cm 実業教育資料

◇新政治体制下に於ける産業指導原理とその運営（栗本勇之助著） 政治経済研究会 1940.8 24p 22cm

◇生活必需品切符制度の研究（芳谷有道著） 彦根高等商業学校調査課 1940.8 44p 22cm 調査研究

◇生活必需品消費量調査 謄写版（東京市総務局統計課編） 1940.8 [6]p 26cm

◇事務改善研究会（商工省生産管理委員会編） 日本工業協会 1940.9 20,6p 21cm

◇重要産業統制団体懇談会発会式に於ける演説（重要産業統制団体懇談会編） 1940.9 1,28p 22cm

◇統制経済講座 5 外国為替統制篇 外国経済統制篇（大阪毎日・東京日日新聞社エコノミスト部編） 一元社 1940.9 5,16,303p 22cm

◇民間経済新体制要綱（参考案）（重要産業統制団体懇談会編） 1940.9 12p 26cm

◇インフレーションの統計的研究（ゼイムズ・ハァヴェイ・ロージャーズ著,大原社会問題研究所訳） 栗田書店 1940.10 5,415p 23cm

◇各地中小産業の窮状調査に関する報告 第1輯（国策研究会編） 1940.10 87p 22cm 研究資料

◇重要産業統制団体懇談会設立経過並議事報告（重要産業統制団体懇談会編） 1940.10 1,23p 23cm

◇日本国勢図会 昭和16年版（矢野恒太編,白崎亨一編） 国勢社 1940.10 24,450p 22cm

◇農業再編成と統制法規（渡辺文太郎著） 育成社 1940.10 1冊 19cm

◇時局と農村 4（河田嗣郎編） 有斐閣 1940.11 2,7,526p 19cm 日本学術振興会第21小委員会報告

◇世界情勢と日本統制経済の前途（小島精一述,神戸市経済部産業課編） 1940.11 49p 22cm 産業講座資料

◇戦時食糧問題（宮宮恭二述,神戸市経済部産業課編） 1940.11 37p 22cm 産業講座資料

◇東洋治郷の研究（菅原兵治著） 刀江書院 1940.11 1冊 23cm

◇ナチス経済組織法：「独逸経済ノ有機的構成準備法」並に同施行法文及び解説（中央物価統制協力会議編） 1940.11 2,40p 21cm

◇博多商工会議所五十年史（博多商工会議所紀元二千六百年記念事業委員会編） 1940.11 7,537p 27cm

◇民間経済新組織ニ関スル意見（日本経済聯盟会編） 1940.11 5p 27cm

◇伊太利に於ける統制経済の実情 伊太利ファシスト党領袖フランチェスコ・グロッシイ氏招待懇談会筆録（日本経済聯盟会編） 1940.12 32p 22cm

◇大阪市産業部事業要覧［昭和15年刊］（大阪市産業部編） 1940.12 7,113p 22cm

◇各地中小産業の窮状調査に関する報告 第2輯（国策研究会編） 1940.12 4,62p 23cm 研究資料

◇家庭燃料に関する資料（中央物価協力会議編） 1940.12 2,59p 21cm

◇岐阜商工五十年史（岐阜商工会議所編） 1940.12 6,238p 23cm

◇経済新体制ニ関スル意見書（日本経済聯盟会［ほか］編） 1940.12 8p 27cm

◇経済新体制問題関係資料（和歌山高等商業学校学会編） 1940.12 32p 22cm

◇高度資本主義 1（ウェルネル・ゾムバルト著,梶山力訳） 有斐閣 1940.12 9,392p 22cm

◇地域の経済理論（伊藤久秋著） 叢文閣 1940.12 3,6,494p 23cm

◇独逸に於ける統制経済の実情 独逸ナチス党組織部長クラウス・ゼルツネル氏及び同訓練部長オットー・ゴーデス氏招待懇談会筆録（日本経済聯盟会編） 1940.12 27p 22cm

◇統制経済講座 6 金融統制篇 東亜経済篇（大阪毎日・東京日日新聞社エコノミスト部編） 一元社 1940.12 1冊 22cm

◇部落組織ノ整備状況及地方経済事情ニ関スル調査：第25回地方事情調査報告 謄写版（農林省経済更生部［編］） 農林省経済更生部 1940.12 96p 26cm

◇切符制度ニ関スル参考資料 1941 1冊 28cm

◇農林漁業団体統制ニ関スル資料（農林省） 1941 38p 22cm

◇復興建築助成株式会社関係往復文書（東京市産業局編） 1941 75p 26cm

◇復興建築助成株式会社契約改訂案 1941 21p 26cm

◇経済体制と協同組合：附 新体制と消費組合（産業組合中央会編） 1941.1 31p 21cm

◇宅地建物等価格統制令解説（中央物価統制協力会議編） 日本評論社 1941.1 2,80p 21cm

◇名古屋市米穀販売業に於ける共精共販の実情（名古屋商工会議所編） 1941.1 2,32p 21cm 時局経済調査及研究

◇価格等統制令,宅地建物等価格統制令解説（情報局編） 内閣印刷局 1941.2 4,116p 18cm 週報叢書

◇経済政策の諸問題（日本経済政策学会編） 日本評論社 1941.2 2,4,485p 21cm 日本経済政策学会年報

◇再編成課程の日本中小産業（森喜一著） 八元社 1941.2 2,6,251p 22cm

◇産業団体法案に就いて（椎名悦三郎述） 重要産業統制団体協議会 1941.2 76p 22cm 講演

◇滋賀県士族授産金を繞る問題（寺尾宏二著） 昭和高等商業学校 1941.2 29p 22cm 昭和高商学叢

◇独逸国世襲農場法（農林省農政局編） 1941.2 91p 22cm

◇名古屋商工会議所五十年史（名古屋商工会議所編） 1941.2 2,7,765p 23cm

◇日本戦時経済論（経済問題研究会著,太平洋協会調査部編） 中央公論社 1941.2 4,8,510p 22cm

◇日本農業の統制機構（勝間田清一著） 白揚社 1941.2 9,174p 23cm

◇日本産業発達史の研究（小野晃嗣著） 至文堂 1941.3 2,4,392p 23cm

◇農業経営の新機構（石橋幸雄著） 白揚社 1941.3 10,248p 23cm

◇農業適正規模に関する諸論説（農林省農政局編） 1941.3 228p 22cm

◇農林統計改正要旨（近藤康男著） 日本評論社 1941.3 1冊 22cm

◇現代日本文明史 第9巻 農村史（小野武夫著） 東洋経済新報社 1941.4 3,12,584p 23cm

◇統制経済講座 7 企業統制篇 中小商工統制篇（大阪毎日・東京日日新聞社エコノミスト部編） 一元社 1941.4 1冊 22cm

◇統制経済諸法規逐条解説（長島忠信編） 久野書店, 敬文堂書店 1941.4 2,4,882p 22cm

◇農業災害論（近藤康男著） 日本評論社 1941.4 2,1,106p 22cm ［新経済学全集］

◇優良農事実行組合に関する調査 1（産業組合中央会編） 1941.4 523p 21cm 産業組合調査資料

◇我国統制経済に就いて（竹内可吉述） 金融研究会 1941.4 4,94p 19cm 講演集

◇経済学入門（アルフレッド・マーシャル著,戸田正雄編） 日本評論社 1941.5 1冊 22cm

◇国民経済学の恐慌学説史論（オイゲン・フォン・ベルクマン著,豊崎稔訳,三谷友吉訳） 高陽書院 1941.6 4,5,496p 22cm

◇農林副業資源に関する調査（積雪地方農村経済調査所編） 1941.6 72p 27cm 積雪地方農村経済調査所報告

◇臨時農地価格統制令臨時農地等管理令解説（中央物価統制協力会議編） 1941.6 3,120p 21cm

◇大阪商工会議所史：紀元二千六百年記念（大阪商工会議所編） 1941.7 6,10,740p 22cm

◇概観日本経済思想史（野村兼太郎著） 慶応出版社 1941.7 4,4,508p 22cm

◇経済地理学原論（黒正巌著） 日本評論社 1941.7 3,8,425p 22cm

◇名古屋ノ産業（名古屋商工会議所編） 1941.7 3,88p 18cm

◇嘉永開国以降日本経済年表（青木利三郎編） 啓明会事務所 1941.8 4,165,2p 21cm

◇中小企業整備要綱輯録（東京商工会議所編） 1941.8 2,77p 21cm 商工資料

◇農業近代化の理論（我妻東策著） 三笠書房 1941.8 16,5,270p 19cm

◇農村と鉱工業との関係：労働移動と農村機構（協調会編） 1941.8 2,171p 21cm 新産業平和資料

◇民族と経済（高田保馬著） 有斐閣 1941.8 2,2,294p 22cm 論策

◇経済社会学の根本問題：経済社会学者としてのスミスとリスト（高島善哉著） 日本評論社 1941.9 1冊 22cm

◇公益性と営利性（日本学術振興会第38小委員会編） 日本評論社 1941.9 2,2,307p 18cm 日本学術振興会第38小委員会報告

◇公社企業と現代経営学（山本安次郎著） 建国大学研究院 1941.9 9,9,159p 22cm 各班研究報告

◇国家と経済 第4巻 現代日本経済の基礎構造（難波田春夫著） 日本評論社 1941.9 5,2,450p 22cm

◇中小企業再編成ニ関スル資料（大政翼賛会調査委員会第6委員会報告）（日本商工会議所編） 1941.9 32p 21cm 調査資料

◇統制経済法と厚生法（後藤清著） 東洋館 1941.9 3,5,375p 21cm

◇株式価格統制令・会社所有株式評価臨時措置令解説（中央物価統制協力会議編） 日本評論社 1941.10 45p 21cm

◇日本資本主義の成立（堀江保蔵著） 大同書院 1941.10 4,4,340p 22cm 経済特殊研究叢書

◇改正価格等統制令解説：最近の綜合物対策の強化・修繕料等の統制・九・一八の当分延期（中央物価統制協力会議編） 日本評論社 1941.11 2,23,23p 21cm

◇経済政策の根本問題：政策論及び経済組織論（気賀健三著） 有斐閣 1941.11 7,6,454p 22cm

◇現代農政論考（野間海造著） 東晃社 1941.11 12,8,540p 22cm

◇政治経済学の問題：生活原理と経済原理（大熊信行著） 日本評論社 1941.11 1冊 22cm

◇農地開発法要旨：附 農地開発法関係法令（農林省農政局編） 1941.11 2,58p 19cm

◇経済基本方策要綱（東京商工会議所編） 1941.12 3,208p 21cm 商工資料

◇災害の雪害調査 昭和15年（積雪地方農村経済調査所編） 1941.12 82p 22cm 積雪地方農村経済調査所報告

◇産業組合の基礎理念（平実著） 日本評論社 1941.12 2,6,317p 22cm

◇戦争経済の理論（中山伊知郎著） 日本評論社 1941.12 5,5,300p 22cm

◇綜合切符制の理論と実際（深見義一述） 東京商工会議所商工相談局 1941.12 20p 21cm 配給統制実務講座

◇中小企業整備要綱輯録 2（東京商工会議所編） 1941.12 2,93p 21cm 商工資料

◇東北振興経過概要（内閣東北局編） 1941.12 182p 21cm

◇日本経済史概説（中村吉治著） 日本評論社 1941.12 1冊 22cm

◇農業機械化の基本問題（吉岡金市著） 白揚社 1941.12 1冊 22cm

◇物資配給の割当基準に関する調査（愛知県商工館編） 1941.12 13p 21cm

経済・産業

◇アメリカ合衆国に於ける電灯電力事業特許条件　[複写],謄写版（東京市政調査会編）　1942　3,174p　26cm

◇産業組合に対する各種保護助成の特典と商工業者に対する差別待遇　増訂（全日本商権擁護聯盟編）　1942　27p　21cm　商権擁護運動資料

◇産業組合法制定当時に於ける議会の論議と今日の商権擁護の主張（全日本商権擁護聯盟編）　1942　15p　21cm　商権擁護運動資料

◇統制経済講座　8　米洲経済篇　国策会社篇（大阪毎日・東京日日新聞社エコノミスト部編）　一元社　1942.1　1冊　22cm

◇農業経済の現象形態（伊藤俊夫著）　叢文閣　1942.1　3,7,417p　22cm

◇舟島村に於ける小額所得世帯及村の経済事情に関する調査（茨城県乳幼児保護協会編,中央社会事業協会社会事業研究所）　中央社会事業協会社会事業研究所　1942.1　1冊　21cm

◇企業許可令解説（中央物価統制協力会議編）　1942.2　80p　21cm

◇企業の整備に関する勅令案要綱（川崎商工会議所編）　1942.2　6p　22cm　調査資料

◇現金に関する農家経済調査　昭和14年度（積雪地方農村経済調査所編）　1942.2　91p　21cm　積雪地方農村経済調査所報告

◇国防経済法体制：国家総動員法を中心として（未川博[ほか]著）　有斐閣　1942.2　1冊　19cm　大阪商科大学同経済研究所研究報告

◇食糧切符制度の研究（松藤良二著,灘山日吉著）　食料市場新聞社東京支社　1942.2　2,1,87p　18cm　食糧市場問題研究叢書

◇泰国及仏領印度支那の電気事業（電気協会調査部編）　1942.2　32p　26cm　電気事業資料

◇独逸及英国に於ける衣料切符制（田畑実著）　東京商工会議所　1942.2　42p　21cm　商工調査

◇日本農業概論（東浦庄治著）　岩波書店　1942.2　7,274p　18cm　岩波全書

◇農作業慣行調査　昭和16年度　第1部　北海道・東北編（帝国農会編）　1942.2　410p　25cm

◇農作業慣行調査　昭和16年度　第2部　関東編（帝国農会編）　1942.2　444p　25cm

◇農作業慣行調査　昭和16年度　第3部　北陸・東山編（帝国農会編）　1942.2　428p　25cm

◇農作業慣行調査　昭和16年度　第4部　東海・近畿編（帝国農会編）　1942.2　624p　25cm

◇農作業慣行調査　昭和16年度　第5部　中国・四国編（帝国農会編）　1942.2　524p　26cm

◇農作業慣行調査　昭和16年度　第6部　九州・沖縄編（帝国農会編）　1942.2　508p　26cm

◇米穀経済の研究　3（河田嗣郎編,日本学術振興会前第6小委員会編）　有斐閣　1942.2　2,6,372p　21cm　日本学術振興会前第6小委員会報告

◇大阪市産業部事業要覧［昭和17年刊］（大阪市産業部庶務課編）　1942.3　7,120p　21cm

◇米と繭の経済構造（山田勝次郎著）　岩波書店　1942.3　3,3,201p　22cm

◇滋賀県産業組合史（産業組合中央会滋賀支会編）　1942.3　5,654p　22cm

◇積雪地方に於ける農村工業工場に関する調査　昭和15年度（積雪地方農村経済調査所編）　1942.3　69p　22cm　積雪地方農村経済調査所報告

◇中小企業整備に関する研究報告　研究報告（国策研究会編）　1942.3　6,23p　21cm

◇統制経済の発展構造（石渡貞雄著）　東洋書館　1942.3　12,7,361p　22cm

◇東北地方に於ける農家生活に関する調査（積雪地方農村経済調査所編）　1942.3　4,140p　21cm　積雪地方農村経済調査所報告

◇東北地方農業労働力に関する調査（積雪地方農村経済調査所編）　1942.3　4,149p　21cm　積雪地方農村経済調査所報告

◇農業新機構研究（河田嗣郎編）　日本評論社　1942.3　3,6,476p　22cm　大阪商科大学同経済研究所研究叢書

◇農村政策論（桜井武雄著）　光文房　1942.3　7,260p　22cm

◇営団と統制会：総裁主義社団法理論の展開（高田源清著）　東洋書館　1942.4　3,12,426p　22cm

◇企業集中論（高宮晋著）　有斐閣　1942.4　5,6,495p　22cm

◇経済地理（国松久弥著）　三省堂　1942.4　2,3,248p　22cm

◇構成体論的経済学：その根本問題の把握と展開（酒枝義旗著）　時潮社　1942.4　8,4,397p　22cm

◇神戸市に於ける企業合同の趨勢（神戸市産業部経済調査室編）　1942.4　37p　21cm　産業叢書

◇支那社会経済史研究（玉井是博著）　岩波書店　1942.4　1冊　22cm

◇食糧管理：農産物配給統制論（野崎保平著）　東洋書館　1942.4　4,10,432p　22cm

◇蘭領東印度及比律賓の電気事業（電気協会調査部編）　1942.4　65p　26cm　電気事業資料

◇江戸と大阪　増補（幸田成友著）　富山房　1942.5　445p　22cm

◇大阪市に於ける家庭必需食糧品切符制の実情に就て（大阪商工会議所編）　1942.5　35p　21cm

◇革新的水産体制の構想（岡本正一著）　霞ヶ関書房　1942.5　336p　22cm

◇近代日本産業史序説（信夫清三郎著）　日本評論社　1942.5　1冊　22cm　日本歴史学大系

◇計画経済の神話（フリードリッヒ・フォン・ゴットル・オットリエンフェルト著,金子弘訳,利根川東洋訳）　理想社　1942.5　216p　22cm

◇経済の本質および根本概念（フリードリッヒ・フォン・ゴットル・オットリーリエンフェルト著,中野研二訳）　白揚社　1942.5　3,3,149p　22cm

◇中小企業整備要綱輯録　3（東京商工会議所編）　1942.5　3,139p　21cm　商工資料

◇日本統制経済法（津曲蔵之丞著）　日本評論社　1942.5　6,9,462p　22cm

◇日本農業起源論（小野武夫著）　日本評論社　1942.5　3,8,393p　22cm

◇日本農業の機械化（吉岡金市著）　白揚社　1942.5　11,282,10p　22cm

◇維新経済史（土屋喬雄著）　中央公論社　1942.6　4,277p　22cm

◇近世日本経済発展史講話（土屋喬雄著）　科学主義工業社　1942.6　5,2,205p　19cm

◇計画経済入門（G.D.H.コール著,森島三郎訳）　慶応書房　1942.6　4,2,293p　19cm

◇計画経済理論（オスカー・ランゲ[ほか]著,土屋清訳）　中央公論社　1942.6　5,190p　22cm

◇政治経済学の方法（板垣与一著）　日本評論社　1942.6　4,6,473p　22cm

◇転換期農業政策の指標（平実著）　巌松堂書店　1942.6　6,9,417p　22cm

◇幕末維新（本庄栄治郎著）　竜吟社　1942.6　2,332p　19cm　日本経済史研究所経済史話叢書

◇企業整備令解説（中央物価統制協力会議編）　1942.7　83p　21cm

◇九州経済史研究（遠藤正男著）　日本評論社　1942.7　3,6,331p　22cm

◇京都市圧縮瓦斯供給事業概要（京都市水道局下水課編）　1942.7　10p　19cm

◇経済史研究（本位田祥男著）　三省堂　1942.7　2,7,472p　22cm

◇消費統制と食生活（東京市経済局消費経済部配給第一課編）　1942.7　77p　21cm

◇統制経済学(伊部政一著) 千倉書房 1942.7 4,4,207p 19cm

◇農業を兼業する工業労働者に関する調査報告(労働科学研究所編) 1942.7 2,187p 26cm 労働科学研究所報告 第3部

◇農村の厚生問題(大久保満彦著) 常磐書房 1942.7 2,2,284p 19cm 社会事業叢書

◇江戸時代の食糧問題(小野武夫述) 啓明会事務所 1942.8 61,2p 21cm

◇戦時経済と電力国策(田村謙治郎著) 東亜政経社 1942.8 4,4,638p 22cm 戦時経済国策大系

◇食糧生産の経済的研究(岩片磯雄著) 東洋書館 1942.9 266p 22cm

◇勢力説論集(高田保馬著) 日本評論社 1942.9 5,4,272p 22cm 理論経済学叢書

◇農産物価格論(稲村順三著) 東洋書館 1942.9 318p 22cm

◇農村調査とその方法(杉野忠夫著) 地人書館 1942.9 5,260p 18cm 現代農業叢書

◇変革期日本の政治経済(奥村喜和男著) ささき書房 1942.9 5,7,364p 18cm

◇アメリカ経済地理(H.H.マッカーティ著,横溝直二訳) 生活社 1942.10 1冊 22cm

◇経営経済の諸問題(上田貞次郎博士記念論文集編纂委員会編) 科学主義工業社 1942.10 9,3,564p 22cm 上田貞次郎博士記念論文集

◇経済統計学(道家斉一郎著) 栗田書店 1942.10 2,10,303p 22cm

◇国民経済構造変動論(酒井正三郎著) 日本評論社 1942.10 3,11,537p 22cm

◇最近の経済地理学(佐藤弘著) 古今書院 1942.10 2,7,567p 21cm

◇大正10年府県別小作慣行調査集成 上(土屋喬雄編) 栗田書店 1942.10 11,855p 27cm

◇東亜産業立地の研究(坂入長太郎著) 東洋書館 1942.10 329p 22cm

◇日本産業論(延兼数之助著) 同文館 1942.10 7,3,328p 22cm

◇日本農業経済論(近藤康男著) 時潮社 1942.10 1冊 22cm

◇農業団体統合論(小平忠著) 大貫書房 1942.10 9,9,379p 22cm

◇会社固定資産償却規則解説(伊原隆述) 中央物価統制協力会議 1942.11 87p 21cm

◇近世資本主義 第1巻第1冊(ゾンバルト著,岡崎次郎訳) 生活社 1942.11 1冊 22cm

◇経済基本方策要綱 2(東京商工会議所編) 1942.11 4,218p 21cm 商工資料

◇国民経済の成立 第16版(カール・ビュヒァ-著,権田保之助訳) 栗田書店 1942.11 1冊 22cm

◇総力戦経済の理論(東京商大一橋新聞部編) 日本評論社 1942.11 3,3,397p 22cm

◇中小企業整備要綱輯録 4(東京商工会議所編) 1942.11 3,170p 23cm 商工資料

◇日本経済学会年報 第2輯 昭和17年(日本経済学会編) 日本評論社 1942.11 2,465p 21cm

◇農民離村の実証的研究(野尻重雄著) 岩波書店 1942.11 1冊 22cm

◇イギリス政治経済史:初期王朝と重商主義(矢口孝次郎著) 同文館 1942.12 3,3,231p 22cm

◇衣料切符消費状況に関する調査 昭和17年上半期(東京市戦時生活局配給部第一課編) 1942.12 63p 21cm

◇営団関係法令及定款(東京商工会議所編) 1942.12 4,276p 21cm 商工資料

◇経済学説と政治的要素(グンナー・ミュルダール著,山田雄三訳) 日本評論社 1942.12 1冊 22cm 経済学名著選集

◇再編成過程の農業機構(奥谷松治著) 東洋書館 1942.12 4,11,256p 21cm

◇津藩の義倉積立金(上田藤十郎著) 昭和高等商業学校 1942.12 21p 21cm 昭和高商学報

◇農業経済学序説(硲正夫著) 慶応書房 1942.12 6,2,457p 22cm

◇農村生活の伝統(和田伝著) 新潮社 1942.12 6,229p 18cm 新潮叢書

◇福井藩の荒子組(寺尾宏二著) 昭和高等商業学校 1942.12 26p 21cm 昭和高商学報

◇アジア的生産様式の一類型としての中国都市経済に就て(一井修著) 立命館出版部 1943 [14]p 21cm 「立命館大学論叢」第9輯経済篇 第3号抜刷

◇家庭用燃料量ニ関スル調査報告 第2報 謄写版(大日本生活協会編) 1943 8,86p 21cm

◇協同組合論(渡辺信一著) 日本評論社 1943 1,1,107p 22cm [新経済学全集]

◇資本主義と社会主義(山本勝市著) 日本評論社 1943 94p 21cm 新経済学全集

◇歴史学派(岸本誠二郎著) 日本評論社 1943 2,119p 22cm [新経済学全集]

◇経済科学の構造(柏祐賢著) 弘文堂書房 1943.1 6,2,435p 22cm

◇経済の歴史と理論(上田貞次郎博士記念論文集編纂委員会編) 科学主義工業社 1943.1 9,2,655p 22cm 上田貞次郎博士記念論文集

◇産業経営適正規模論(宮出秀雄著) 日本評論社 1943.1 1冊 22cm

◇戦争と経済政策(日本経済政策学会編) 日本評論社 1943.1 4,497p 21cm 「日本経済政策学会年報」第2輯

◇統制経済理論:統制経済下の理論経済学(波多野堯著) 同文館 1943.1 2,5,382p 22cm 横浜経済研究所研究叢書

◇特殊小作制残存部落の農業経営(渡部牧著) 伊藤書店 1943.1 4,3,126p 21cm 日本学術論叢

◇日本農業の基礎構造(栗原百寿著) 中央公論社 1943.1 1冊 22cm

◇神戸市に於ける家庭生活必需品の配給実情に就て(神戸商工会議所編) 1943.2 12p 21cm

◇国家と経済 第2巻 古典における国家と経済(難波田春夫著) 日本評論社 1943.2 11,2,323p 22cm

◇国家と経済 第5巻 わが国戦争経済の本質(難波田春夫著) 日本評論社 1943.2 3,2,343p 22cm

◇食糧管理と農産倉庫(中野休文著) 帝国産業出版社 1943.2 5,5,441p 19cm

◇生活必需品消費規正(福田敬太郎著,本田実著) 千倉書房 1943.2 2,4,390p 22cm

◇大正10年府県別小作慣行調査集成 下(土屋喬雄著) 栗田書店 1943.2 3,978p 27cm

◇豊橋商工会議所五十年史(豊橋商工会議所編) 1943.2 1,7,1144p 22cm

◇現金に関する農家経済調査 昭和15年度(積雪地方農村経済調査所編) 1943.3 2,91p 21cm 積雪地方農村経済調査所報告

◇災害の雪害調査 昭和16年(積雪地方農村経済調査所編) 1943.3 88p 21cm 積雪地方農村経済調査所報告

◇名古屋市に於ける会社企業の概況とその主なる会社(名古屋市総務部統計課編) 1943.3 42p 21cm

◇名古屋の産業経済 昭和18年(名古屋市戦時経済局編) 1943.3 107p 19cm

◇日本産業機構研究(上林貞治郎著,小山弘健著,北原道貫著) 伊藤書店 1943.3 1冊 22cm

◇山形県行啓記念萩野開墾地に於ける農業経営調査(山形県最上郡萩野村)(積雪地方農村経済調査所編) 1943.3 29p 22cm 積雪地方農村経済調査所報告

◇神戸市の産業活動と港都の建設(神戸市調査室編) 1943.4 48p 21cm 調査資料

◇五十年略史（富山商工会議所編）　1943.4　83p　21cm

◇再編成過程の日本中小産業　改訂増補（森喜一著）　八元社　1943.4　1冊　21cm

◇綜合配給制度に関する調査（東京市編）　1943.4　8,158p　21cm

◇日本経済の基本動向（土屋清著）　中央公論社　1943.4　3,9,487p　22cm

◇明治維新社会経済史研究（吉川秀造著）　日本評論社　1943.4　4,6,363p　22cm

◇ゴットル経済学研究：経済学の革新　改訂版（印南博吉著）　科学主義工業社　1943.5　1冊　21cm

◇日本特殊産業の展相：伊予経済の研究（賀川英夫編）　ダイヤモンド社　1943.5　515p　22cm

◇三つの経済学：経済学の歴史と体系（ヴェルナー・ゾムバルト著, 小島昌太郎訳）　雄風館書房　1943.5　2,14,420p　22cm

◇近世資本主義　第1巻第2冊（ゾンバルト著, 岡崎次郎訳）　生活社　1943.6　2,9,[423]p　22cm

◇広域経済の理論的研究（平尾弥五郎著）　有斐閣　1943.6　6,10,359p　22cm

◇史的研究日本の経済と思想（本庄栄治郎著）　星野書店　1943.6　3,4,536p　19cm

◇都市国家と経済（ヨハンネス・ハーゼブレック著, 原随園訳, 市川文蔵訳）　創元社　1943.6　1冊　19cm　史学叢書

◇都制実施後に於ける現東京市電気局事業の経営形態に関する調査（[東京市]電気局調査課編）　1943.6　233p　26cm

◇日本国勢図会　昭和18年版（矢野恒太編, 白崎享一編）　国勢社　1943.6　3,20,452p　21cm

◇日本庄園制史論（小野武夫著）　有斐閣　1943.6　3,19,555p　21cm　比較土地制度史研究

◇近代日本農史研究（津下剛著）　光書房　1943.7　6,498p　22cm

◇国防生活論（酒枝義旗著, 大河内一男著, 中川友長著）　巌松堂書店　1943.7　6,570p　22cm　国防経済学大系

◇食糧政策論（遠藤三郎著）　商工行政社　1943.7　4,452p　19cm　綜合計画経済叢書

◇統制会体制の進展：附 我が外地統治政策論（円地与四松著）　秀文閣書房　1943.7　3,6,360p　18cm

◇明治初期京都経済年史（寺尾宏二著）　大雅堂　1943.7　4,2,578p　22cm

◇統制経済の原理（杉本栄一著）　日本評論社　1943.8　4,4,217p　22cm

◇維新産業建設史資料　第1巻（土屋喬雄編）　工業資料刊行会　1943.9　1冊　22cm

◇英国産業革命史（アーノルド・トインビー著, 川喜多孝哉[ほか]訳）　高山書院　1943.9　1冊　21cm

◇川崎食糧問題対策案要綱　謄写版（川崎食糧問題研究会編）　1943.9　8p　26cm

◇索引政治経済大年表　索引篇（東洋経済研究所経済年表纂室編）　東洋経済新報社　1943.9　756p　26cm

◇索引政治経済大年表　年表篇（東洋経済研究所経済年表纂室編）　東洋経済新報社　1943.9　11,1080p　26cm

◇蔬菜増産阻害事情の調査：東京を中心とする近在物出荷事情の検討（戦時生活相談所編）　1943.9　2,3,67p　21cm

◇大東亜産業立地計画論（川西正鑑著）　実業之日本社　1943.9　15,669p　22cm

◇大東亜産業立地論（平竹伝三著）　日本放送出版協会　1943.9　2,9,309p　19cm

◇農業会係事業成績概要：創立十周年記念 自昭和8年度至昭和17年度（積雪地方農村経済調査所編）　1943.9　57p　22cm　積雪地方農村経済調査所報告

◇副業及農村工業係事業成績概要：創立十周年記念 自昭和8年至昭和17年度（積雪地方農村経済調査所編）　1943.9　5,49p　22cm　積雪地方農村経済調査所報告

◇農業適正規模（石橋幸雄著）　東洋書館　1943.10　286p　22cm　農業全書

◇農工両全への途 福岡県安徳村調査座談会（東亜農業研究所編）　1943.10　98p　21cm　東農研参考資料

◇北海道に於ける農業と工鉱業との関係研究座談会（東亜農業研究所編）　1943.10　3,4,87p　21cm　東農研参考資料

◇民族と経済　第2集（高田保馬著）　有斐閣　1943.10　2,8,384p　22cm　論策

◇永続農家に関する研究（東亜農業研究所編）　1943.11　1,8,110p　21cm　東農研参考資料

◇近世の大阪（黒羽兵治郎著）　有斐閣　1943.11　4,6,307p　22cm　日本経済史研究所研究叢書

◇統制会の本質と機能（企画院研究会編）　同盟通信社　1943.12　2,5,167p　19cm

◇名古屋市内に於ける会社事業成績概観　昭和18年上期（愛知県商工経済会編）　1943.12　2,44p　21cm　時局経済調査及研究

◇民族農政学（小野武夫著）　朝倉書店　1943.12　4,8,533p　22cm

◇主要食品綜合配給制実施要項（東京都経済局編）　1944　8p　21cm

◇組合経済と配給経済（菊池謙三著）　巌松堂書店　1944.1　4,6,228p　22cm　経営学研究室著作集

◇軍需会社法並関係法規（神奈川県商工経済会川崎支部編）　1944.1　39p　21cm　資料

◇国民所得とその分布（日本統計学会編）　日本評論社　1944.1　2,5,419p　22cm

◇国家資力の問題（山口茂編）　甲文堂書店　1944.1　3,310p　22cm

◇農業生産費論考（大槻正男著）　岩波書店　1944.2　1冊　21cm

◇名古屋市に於ける統制会社の現状（愛知県商工経済会）　1944.3　2,28p　21cm　時局産業経済調査資料

◇永続農家に関する研究　第2輯（東亜農業研究所編）　1944.4　1,162p　21cm　東農研資料

◇営団の比較制度論的研究（竹中竜雄著）　巌松堂書店　1944.4　3,4,295p　22cm

◇会社経理統制令の改正に就て（吉田晴二述）　日本経済聯盟会　1944.4　2,50p　21cm

◇現代日本文明史　第8巻 産業史（土屋喬雄著）　東洋経済新報社　1944.5　2,8,447p　22cm

◇企業の決戦体制は如何なるべきや　謄写版（酒井正三郎著, 三井本社調査部編）　1944.6　18p　21cm　社内参考資料

◇農工調和に関する基本調査報告書（東亜農業研究所編）　農商省総務局　1944.6　2,2,126p　21cm

◇計画経済における貨幣と物価（三井本社調査部研究室編）　1944.7　3,46p　22cm　研余

◇農工調整ニ関スル資料　謄写版（全国商工経済会協議会編）　1944.7　43p　26cm　調査資料

◇農山村経済の基礎的研究（杉本寿著）　弘文社創立事務所　1944.8　7,831p　22cm

◇切符制度の理論と実際（深見義一著）　新紀元社　1944.9　2,6,232p　22cm

◇維新産業建設史資料　第2巻（土屋喬雄編）　丸善出版株式会社創立事務所　1944.10　35,624,2p　22cm

◇九州地方農工協力事情調査報告書　謄写版（東京都商工経済会編）　1944.10　36p　26cm　農工調整資料

◇全体としての経済（岡本広作著）　ダイヤモンド社　1944.10　2,6,321p　21cm

◇統制機構と企業形態：戦時経済立法の課題（実方正雄著）　ダイヤモンド社　1944.10　3,12,261p　22cm

◇日本産業構造の研究（山中篤太郎編）　有斐閣　1944.12　1冊　21cm
　日本学術振興会第23小委員会報告

人口・土地

【雑　誌】

◇ルーマニアに於ける土地国有問題：大地主所有地の買収（G.マント，松村散人訳）「社会政策時報」　3　1920.11

◇東京市に於ける宅地外土地に就て（沢来太郎）「社会政策時報」　4　1920.12

◇生存権対人口法則の問題（南亮三郎）「経済学 商業学 国民経済雑誌」　38(1)　1925.1

◇和蘭に於ける産児制限及び優生学（ドライスデル）「公衆衛生」　43(1)　1925.1

◇大正十二年人口動態統計「統計集誌」　522　1925.1

◇耕地整理地価配賦に関する説明（矢島慶次郎）「税」　3(2)　1925.2

◇土地の話（2・完）（唯野喜八）「税」　3(2)　1925.2

◇農村人口問題「地方行政」　33(3)　1925.3

◇世界の主なる都市人口と月別平均気温「統計集誌」　524　1925.3

◇土地国有に関する諸説概評（1）（田島錦治）「経済論叢」　20(4)　1925.4

◇農民の都会流入と人口の集中（牛澤耕貫）「地方行政」　33(4)　1925.4

◇旭川市の人口に就て（佐々木敬七）「統計集誌」　525　1925.4

◇我国近世土地問題（本庄栄治郎）「経済論叢」　20(5)　1925.5

◇人口増加と社会進歩（高橋誠一郎）「社会政策時報」　56　1925.5

◇農民の都会流入と人口の集中（2・完）（半澤耕貫）「地方行政」　33(5)　1925.5

◇ドイツに於ける人口の都鄙分布状態「都市問題」　1(1)　1925.5

◇東京市の人口と医師「都市問題」　1(1)　1925.5

◇人口学説史上に於けるグローント及びペチィ（高橋誠一郎）「三田学会雑誌」　19(5)　1925.6

◇社会改良策としてのマルサス人口論（南亮三郎）「経済学 商業学 国民経済雑誌」　38(6)　1925.6

◇御結婚満二十五年表彰者調（大正十四年五月十日）「内務時報」　291　1925.6

◇神前結婚に関し地方当局の意見要領（内務省神社局）「内務時報」　291　1925.6

◇独逸大都市の人口動態「公衆衛生」　43(7)　1925.7

◇貧富別及職業別より見たる出生率及婚姻年齢の研究（古山利雄）「社会学雑誌」　15　1925.7

◇低落した地価と地代「週刊エコノミスト」　3(14)　1925.7

◇東西主要土地会社の優劣「週刊エコノミスト」　3(14)　1925.7

◇田畑売買価額及賃貸料調「東洋経済新報」　1155　1925.7

◇土地所有権（中川潤治訳）「帝国農会報」　15(17)　1925.9

◇都鄙別に於る離婚率（岡崎文規）「経済論叢」　21(4)　1925.10

◇受胎調節と和蘭（古瀬安俊）「社会事業」　9(8)　1925.11

◇米国に於ける産児制限勢「社会事業」　9(8)　1925.11

◇無料産院から見た世相「週刊エコノミスト」　3(22)　1925.11

◇人口より見たる我産業の位置「東洋経済新報」　1174　1925.11

◇産児調節論批判（2）（暉峻義等）「労働科学研究」　2(3)　1925.11

◇ロンドンに於ける土地建物会社の近況（小幡清я）「都市問題」　2(2)　1926.2

◇都会の地価を如何せんか（瀧山良一）「大大阪」　2(3)　1926.3

◇産児調節論批評（1）（暉峻義等）「労働科学研究」　2(4)　1926.3

◇英国の出産率減退「公衆衛生」　44(4)　1926.4

◇ルーマニアの土地政策（澤村康）「社会政策時報」　67　1926.4

◇全国各都市に於ける人口増加の趨勢（内務大臣官房都市計画課）「内務時報」　334　1926.4

◇欧洲各国最近の出生率「公衆衛生」　44(5)　1926.5

◇封建制度に於ける婚姻制度に就て（何畏）「社会学雑誌」　25　1926.5

◇ルーマニアの土地政策（澤村康）「社会政策時報」　68　1926.5

◇都市の人口と経費との関係（飯沼一省）「自治研究」　2(6)　1926.6

◇耕地整理地の地租（唯野喜八）「税」　4(6)　1926.6

◇大土地所有の存在理由と其反駁（大塚潔）「地方」　34(6)　1926.6

◇全国地主大会見聞記（緒方宗太郎）「帝国農会報」　16(7)　1926.6

◇産児制限論批判（古屋芳雄）「社会事業」　10(4)　1926.7

◇チェッコ・スロヴァキアに於ける土地政策（国際労働局）「社会政策時報」　70　1926.7

◇耕地整理地の地価配賦（唯野喜八）「税」　4(7)　1926.7

◇日本の地方的特質と人口移動（小田内通敏）「地方」　34(7)　1926.7

◇最近五年間全国各都市人口の変化（猪間驥一）「都市問題」　3(1)　1926.7

◇東京市郊外の土地整理（平野真三）「都市問題」　3(1)　1926.7

◇日英悩憂の人口と食糧問題（粕谷源蔵）「公衆衛生」　44(8)　1926.8

◇我国人口問題の一考察（鶴見左右吉）「斯民」　21(8)　1926.8

◇資本主義末期の一症状としての人口過剰のうめき（河上肇）「社会問題研究」　73　1926.8

◇人口集中論（中橋徳五郎）「東洋経済新報」　1212　1926.8

◇土地売買高（地方別三ヶ年対照）「都市創作」　2(8)　1926.8

◇最近国勢調査による独逸其他諸国の都市並に村落人口（猪間驥一）「都市問題」　3(2)　1926.8

◇産児制限に就て（馬島僩）「社会事業」　10(6)　1926.9

◇最近の人口動態の趨勢（氏原佐蔵）「公衆衛生」　44(10)　1926.10

◇出生二百万を超ゆ「公衆衛生」　44(10)　1926.10

◇田畑売買価格賃貸料調査（日本勧業銀行調査課）「帝国農会報」　16(10)　1926.10

◇土地賃貸価格の調査に就て（大蔵省主税局）「斯民」　21(11)　1926.11

◇都市出産率の低下と細民階級（磯村英一）「社会学雑誌」　31　1926.11

◇アイルランドの土地政策（沢村康）「社会政策時報」　74　1926.11

◇人口食料移民及戦争（若宮卯之助）「地方」　34(11)　1926.11

◇我邦人口の淵源（新藤銀蔵）「公衆衛生」　44(12)　1926.12

◇地主の時代的自覚と協同事業（村田宇一郎）「斯民」　21(12)　1926.12

◇昨年度我国人口の異常増加に就て（猪間驥一）「社会政策時報」　75　1926.12

◇行き悩める日本の人口問題（南亮三郎）「社会政策時報」　75　1926.12

◇人口分布図に就て（麦谷龍次郎）「地理学評論」　2(12)　1926.12

◇最近ドイツの都市人口に就て（竹内武男）「都市公論」　9(12)　1926.12

◇土地国有案の問題（神戸正雄）「時事経済問題」　57　1927

◇一夫多妻制の類型に就て(1)(中川善之助)「社会学雑誌」 33 1927.1
◇夫婦結合分解の傾向に就て(戸田貞三)「社会学雑誌」 33 1927.1
◇人口及食糧政策の根本方針あるや「東洋経済新報」 1232 1927.1
◇戦時人口政策と農村婦人(舘稔)「農業と経済」 12(1) 1927.1
◇一夫多妻制の類型に就て(中川善之助)「社会学雑誌」 34 1927.2
◇夫婦結合分解の傾向に就て(戸田貞三)「社会学雑誌」 34 1927.2
◇青島の土地制度(安部磯雄)「都市問題」 4(2) 1927.2
◇印度各州の人口統計「公衆衛生」 45(3) 1927.3
◇土地賃貸価格調査委員会法に付いて(星野直樹)「自治研究」 3(4) 1927.4
◇大阪市の人口はどうなるか(薄田清)「大大阪」 3(4) 1927.4
◇土地賃貸価格の調査に就て(能勢貞治)「斯民」 22(5) 1927.5
◇世界四十国の人口動態比較(氏原佐蔵)「公衆衛生」 45(7) 1927.7
◇人口問題現時の論点(増田抱村)「社会事業」 11(4) 1927.7
◇大阪市人口の静態動態(2)(大阪市産業部調査課調査)「大大阪」 3(7) 1927.7
◇大正十五年昭和元年日本帝国人口動態統計「統計集誌」 552 1927.7
◇昨年の帝国人口動態概要(下條康麿)「公衆衛生」 45(8) 1927.8
◇人口問題現時の論点(2)(増田抱村)「社会事業」 11(5) 1927.8
◇大正十五年昭和元年帝国人口動態統計梗概「統計集誌」 553 1927.8
◇我国人口増加の趨勢と前途「東洋経済新報」 1260 1927.8
◇昨年の帝国人口動態概要(2)(下條康麿)「公衆衛生」 45(9) 1927.9
◇人口問題現時の論点(3)(増田抱村)「社会事業」 11(6) 1927.9
◇オーストリアの土地政策(沢村康)「社会政策時報」 84 1927.9
◇英国に於ける労働人口の産業別分布「統計集誌」 554 1927.9
◇昭和二年一月及至三月の出生死亡概数「統計集誌」 554 1927.9
◇文化意識の発達と人口減退の諸兆(磯村英一)「社会学雑誌」 42 1927.10
◇地籍法の制定に就て(岡崎早太郎)「大大阪」 3(10) 1927.10
◇最近独逸に於ける土地制度改造論(佐藤達也)「帝国農会報」 17(10) 1927.10
◇我国最近に於ける人口の都市集中傾向(猪間驥一)「統計集誌」 555 1927.10
◇人口論上の階級別産児問題(増田抱村)「社会事業」 11(8) 1927.11
◇オーストリアの土地政策(沢村康)「社会政策時報」 86 1927.11
◇公課算出に使用せらるる戸口の研究(加地成雄)「統計集誌」 557 1927.12
◇都市地の土地の共同利用(直木倫太郎)「建築と社会」 11(1) 1928.1
◇海外移住組合に就て(川西実三)「斯民」 23(1) 1928.1
◇人口問題とその対策(土方成美)「斯民」 23(1) 1928.1
◇自然の人口と人工の人口(戸田貞三)「社会学雑誌」 45 1928.1
◇人口食糧問題と社会制度(矢内原忠雄)「社会学雑誌」 45 1928.1
◇人口と消防組員「消防」 2(1) 1928.1
◇チェコ共和国の土地改革(田辺勝正)「帝国農会報」 18(1) 1928.1
◇チェコ共和国の土地改革(2・完)(田辺勝正)「帝国農会報」 18(2) 1928.2
◇市及び人口三万以上の町に於ける接客業態者調「社会事業」 11(12) 1928.3
◇失業対策より見たる人口問題(木村義吉)「都市研究」 4(2) 1928.3

◇人口問題の分配論的考察(1)(増田抱村)「社会事業」 12(1) 1928.4
◇都市に於ける人口の聚積(NKSK生)「統計集誌」 561 1928.4
◇人口問題の分配論的考察(2)(増田抱村)「社会事業」 12(2) 1928.5
◇都市に於ける土地政策(上)(河田嗣郎)「都市研究」 4(3) 1928.5
◇都市人口の種類に就て(猪間驥一)「都市問題」 7(3) 1928.9
◇六大都市既往人口の推算(猪間驥一)「都市問題」 8(3) 1929.3
◇エストニア共和国の土地改革(2)(田辺勝正)「帝国農会報」 19(8) 1929.8
◇昭和三年度の人口動態統計「時事経済問題」 86 1929.9
◇土地所有関係の都鄙間経済的相互作用に及す影響に就て(井森陸平)「社会学雑誌」 65 1929.9
◇不景気と我国農村の人口問題(東浦庄治)「社会政策時報」 108 1929.9
◇エストニア共和国の土地改革(3)(田辺勝正)「帝国農会報」 19(9) 1929.9
◇大東京の人口(東京市統計課)「統計集誌」 579 1929.9
◇大東京の人口移動(金谷重義)「都市問題」 9(4) 1929.10
◇東京市近郊に於ける土地利用(西水孜郎)「地理学評論」 5(12) 1929.12
◇産児制限に就て(氏原佐蔵)「公衆衛生」 48(1) 1930.1
◇産児制限(杉田直樹)「公衆衛生」 48(1) 1930.1
◇大阪市の周囲部に於ける地代の趨勢(井上登圓)「大大阪」 6(1) 1930.1
◇戸籍講話(原田良実)「地方行政」 38(1) 1930.1
◇大都市の土地政策に就て(安部磯雄)「都市問題」 10(1) 1930.1
◇産児制限是非論(瀬川昌世)「公衆衛生」 48(2) 1930.2
◇大都市の地価騰貴と土地市有政策(1)(谷岡龍一)「大大阪」 6(2) 1930.2
◇戸籍講話(2)(原田良実)「地方行政」 38(2) 1930.2
◇東京市産児制限後聞(猪間驥一)「都市問題」 10(2) 1930.2
◇都市の地価騰貴と土地市有策(2・完)(谷岡龍一)「大大阪」 6(3) 1930.3
◇戸籍講話(3)(原田良実)「地方行政」 38(3) 1930.3
◇ドイツ都市に於ける土地所有の国外流失(猪間驥一)「都市問題」 10(3) 1930.3
◇帝都中心区間人口調査速報(昭和四.一二.五)(東京市統計課)「統計集誌」 586 1930.4
◇六大都市及囲繞町村に於ける人口増加の趨勢(遠藤盛)「統計集誌」 586 1930.4
◇土地評価の方法に就て(帝都復興記念号)(河北一郎)「都市問題」 10(4) 1930.4
◇戸籍講話(5)(原田良実)「地方行政」 38(5) 1930.5
◇人口分布図の調製に関する考察の一端(三沢勝衛)「地理学評論」 6(5) 1930.5
◇帝都中心区間人口調査速報「統計集誌」 587 1930.5
◇六大都市及び囲繞町村に於ける人口の趨勢(中)(遠藤盛)「統計集誌」 587 1930.5
◇六大都市及び囲繞町村に於ける人口の趨勢(下)(遠藤盛)「統計集誌」 588 1930.6
◇昭和三年の本邦人口動態「東洋経済新報」 1403 1930.6
◇東京市中心地区間人口調査について(金谷重義)「経済論叢」 31(1) 1930.7
◇戸籍講話(7)(原田良実)「地方行政」 38(7) 1930.7
◇日本の村落人口並に都市人口の一考察(小田内通敏)「地理学評論」 6(7) 1930.7

- ◇近世の人口について(本庄栄治郎)「経済論叢」 31(3) 1930.9
- ◇戸籍講話(続)(原田良実)「地方行政」 38(9) 1930.9
- ◇市町村の区域と人口(石原雅二郎)「地方行政」 38(9) 1930.9
- ◇職業人口構成より見たる地理区分(佐々木彦一郎)「地理学評論」 6(9) 1930.9
- ◇ベルリン市の土地と人口(山口正)「大大阪」 6(10) 1930.10
- ◇戸籍講話(10)(原田良実)「地方行政」 38(10) 1930.10
- ◇五大市の都市計画区域内人口比較-と欧米首都人口との対照「都市問題」 11(4) 1930.10
- ◇大東京に於ける人口増加の趨勢(東京市統計課発表)「都市問題」 11(4) 1930.10
- ◇本邦都市要覧,附世界主要都市人口「都市問題」 11(4) 1930.10
- ◇朝鮮都市に於ける朝鮮人の移住に就いて(松村義太郎)「大大阪」 6(11) 1930.11
- ◇ベルリンの土地と人口(山口正)「大大阪」 6(11) 1930.11
- ◇戸籍講話(11)(原田良実)「地方行政」 38(11) 1930.11
- ◇大阪市の出生統計に就て(小川勇蔵)「大大阪」 6(12) 1930.12
- ◇戸籍講話(12)(原田良実)「地方行政」 38(12) 1930.12
- ◇人口移動(移民)の季節的変動(3)(池田実一)「統計集誌」 594 1930.12
- ◇最高地価の諸相と地価に依る名古屋市の構造-聚落研究の一節(石川栄耀)「都市問題」 11(6) 1930.12
- ◇階級に対する差別出生率(高田保馬)「経済論叢」 32(1) 1931.1
- ◇都市人口構成要素の基本研究に関する希望(池田宏)「都市問題」 12(1) 1931.1
- ◇昭和五年大阪市現住者出生死亡概要「統計集誌」 596 1931.2
- ◇大東京の人口増加に就て-昭和五年国勢調査都市人口速報補訂(猪間驥一)「都市問題」 12(2) 1931.2
- ◇本邦内地人口の男女構成に就て(勝木新次)「労働科学研究」 8(1) 1931.2
- ◇人口密度と経済生活(汐見三郎)「経済論叢」 32(5) 1931.5
- ◇大都市の土地価格(汐見三郎)「経済論叢」 32(6) 1931.6
- ◇都市と農村を継ぐ人口紐帯及交換紐帯(中沢弁次郎)「都市問題」 12(6) 1931.6
- ◇第一回国勢調査の数字に表はれたる府県人口の社会的移動(6)(鷲尾弘準)「統計集誌」 601 1931.7
- ◇一都市内の地価の研究-聚落研究の一節(石川栄耀)「都市問題」 13(1) 1931.7
- ◇合衆国小都市人口の増加傾向に就て(楠原祖一郎)「統計集誌」 602 1931.8
- ◇過剰人口の測定標準に就て(増田抱村)「社会事業」 15(6) 1931.9
- ◇大都市人口の特異性(益田熊雄)「経済時報」 3(7) 1931.10
- ◇1931年に於ける英国人口「統計集誌」 605 1931.11
- ◇帝都の死亡率減退原因に就ての一考察-池田宏氏の所説に対する疑点(藤原九十郎)「都市問題」 13(5) 1931.11
- ◇都市人口増加率を支配するもの-都市の習性(石川栄耀)「都市問題」 13(5) 1931.11
- ◇マーカンチリズム時代の人口学説(高橋誠一郎)「三田学会雑誌」 25(11) 1931.11
- ◇我が国の都市経費と都市人口(小山田小七)「経済論叢」 34(2) 1932.2
- ◇本邦農業の人口支持力(長畑健二)「帝国農会報」 22(4) 1932.4
- ◇新潟、富山、石川三県に於ける町村面積と地形並に人口密度との関係(竹内常行)「地理学評論」 8(7) 1932.7
- ◇新東京の人口趨勢に就て(遠藤盛)「統計集誌」 613 1932.7
- ◇アダム・スミスの土地保有形態論(田中定)「経済学研究」 2(2) 1932.10
- ◇新境域に依る市町村の人口「統計集誌」 616 1932.10
- ◇人口減退とその経済的意義(寺尾琢磨)「三田学会雑誌」 26(10) 1932.10
- ◇本邦人口増加率概観並に人口増加率と人口密度の関係に就いて(井上修次)「地理学評論」 8(11) 1932.11
- ◇大都市の人口学的考察の限界(奥井復太郎)「三田学会雑誌」 26(11) 1932.11
- ◇ギリシヤ国の土地改革(田辺勝正)「帝国農会報」 23(1) 1933.1
- ◇土地協会聯合会の開催とその議題(小倉庫次)「都市問題」 16(1) 1933.1
- ◇リツアニア国の土地改革(田辺勝正)「帝国農会報」 23(2) 1933.2
- ◇耕地整理賃貸価格配賦手続(武藤正三)「税」 11(3) 1933.3
- ◇アダム・スミスの植民地論(矢内原忠雄)「経済学論集」 3(4) 1933.4
- ◇土地台帳附属地図及地籍図の沿革(木村輿吉)「税」 11(4) 1933.4
- ◇香川県の人口中心と正中点に就て(炭谷恵嗣)「地理学評論」 9(4) 1933.4
- ◇新マルサス運動の先駆者フランシス・プレースと其の時代(寺尾琢磨)「三田学会雑誌」 27(4) 1933.4
- ◇人口増加の推定(左右田武夫)「社会政策時報」 152 1933.5
- ◇近き将来に於ける日本人口の予測(上田貞次郎)「社会政策時報」 152 1933.5
- ◇リツアニア国の土地改革(田辺勝正)「帝国農会報」 23(5) 1933.5
- ◇昭和八年四月一日現在に於ける市の人口「統計集誌」 623 1933.5
- ◇Land Valuation Mapsに就て(陶山誠太郎)「経済時報」 5(3) 1933.6
- ◇耕地整理賃貸価格配賦手続(武藤正三)「税」 11(7) 1933.7
- ◇耕地整理賃貸価格配賦手続(武藤正三)「週刊エコノミスト」 11(8) 1933.8
- ◇土地台帳附属地図及地籍図の沿革(木村輿吉)「税」 11(8) 1933.8
- ◇アダム・スミスの地代論(田中定)「経済学研究」 3(3) 1933.9
- ◇都市人口構成の特殊性に就て(遠藤盛)「統計集誌」 624 1933.9
- ◇我国就業人口と失業並に其将来「社会政策時報」 157 1933.10
- ◇都市農村間の人口移動に関する諸問題(渡辺信一)「帝国農会報」 23(10) 1933.10
- ◇本邦出生率の高き原因と欧州出生率の低き原因(丘村欽治)「統計集誌」 628 1933.10
- ◇南東欧羅巴に於ける土地問題(印東秀)「帝国農会報」 23(11) 1933.11
- ◇都市及農村に於ける出生統計の正確さに就て(ヂエーン・ドーネス)「統計集誌」 629 1933.11
- ◇アダムスミスの地代論(田中定)「経済学研究」 3(4) 1933.12
- ◇独逸に於ける不動産信用の状況(柏塚辰雄)「経済時報」 5(9) 1933.12
- ◇近き将来に於ける日本人口の予測について(上田貞次郎)「社会政策時報」 159 1933.12
- ◇昭和五年国勢調査の結果から見た六大都市の人口(池田実一)「統計集誌」 630 1933.12
- ◇クレルウキアに就いて(若木礼)「経済論叢」 38(1) 1934.1
- ◇植民地時代米国の土地保有制度(堀江保蔵)「経済論叢」 38(1) 1934.1
- ◇殖民の世界史的意義(高田保馬)「経済論叢」 38(1) 1934.1
- ◇人口粗密の原因観(財部静治)「経済論叢」 38(1) 1934.1
- ◇我国に於ける植民政策学の発達(金村一郎)「経済論叢」 38(1) 1934.1
- ◇史的発展の過程に於ける土地所有権の諸型態(石田文次郎)「社会政策時報」 160 1934.1

◇都市及び農村の人口統計より何を学び得るか(上田貞次郎)「社会政策時報」 160 1934.1

ポーランド共和国の農民運動と土地制度の改革(1)(田邊勝正)「社会政策時報」 160 1934.1

◇耕地整理賃貸価格這配賦手続(武藤正三)「税」 12(1) 1934.1

◇日本橋区移入人口調査(戸田貞三)「都市問題」 18(1) 1934.1

◇人口過剰に関する若干の考案(矢内原忠雄)「経済学論集」 4(2) 1934.2

◇阿寒国立公園地帯と人口の推移(黒田新平)「国立公園」 6(2) 1934.2

◇リカアドの地代論「経済学研究」 4(1) 1934.3

◇人口論に於けるマルサスとマルクスの交錯(大内兵衛)「経済学論集」 4(3) 1934.3

◇ブルガリア国の土地制度と土地政策(田邊勝正)「帝国農会報」 24(3) 1934.3

◇日本の人口問題(藤原俊雄)「都市公論」 17(3) 1934.3

◇満蒙移民の可能性に就て(河田嗣郎)「経済時報」 6(1) 1934.4

◇人口問題の解決と小工業問題(長岡保太郎)「社会政策時報」 175 1934.4

◇我が国人口過剰問題の対策(浅成時雄)「東洋経済新報」 1597 1934.4

◇人口政策に関する若干の独逸新立法(幸島礼吉)「都市問題」 18(4) 1934.4

◇不動産競売の実際に就て(上條馨)「法律時報」 6(4) 1934.4

◇人口粗密に原因観(服部静治)「経済論叢」 38(5) 1934.5

◇欧米に於ける人口都市化の現況(幸島礼吉)「都市問題」 18(5) 1934.5

◇現代人口問題の特性(館稔)「自治研究」 10(7) 1934.7

◇最近我国の人口増加と其地方的職業的移動(1)(上田貞次郎)「週刊エコノミスト」 12(13) 1934.7

◇ブラジル国の移民制限問題(蘆沢安平)「地方行政」 42(7) 1934.7

◇大阪市人口増加と在住朝鮮人人口-都市環境改善問題の一考察(上山善治)「大大阪」 10(8) 1934.8

◇人口向都と大都市貧民層の生成(奥井復太郎)「社会事業」 18(6) 1934.9

◇香川県最近12ヶ年間の人口増加率に就て(炭谷恵副)「地理学評論」 10(9) 1934.9

◇鮮人内地移住問題(浅香末起)「経済時報」 6(7) 1934.10

◇本邦人口増加形態に就て(本邦人口増加率研究第二報)(井上修次)「地理学評論」 10(10) 1934.10

◇国勢調査より見たる東京府の産業別人口の動き(笠井秀夫)「統計集誌」 640 1934.10

◇朝鮮人内地渡航に就いて(安藤文司)「社会福利」 18(11) 1934.11

◇内地人口最近の傾向「東洋経済新報」 1629 1934.11

◇マルサスと現代(矢内原忠雄)「改造」 17(1) 1935.1

◇国勢調査より見たる東京府の産業別人口の動き(笠井秀夫)「統計集誌」 643 1935.1

◇土地債務の抽象性について(1)(山田晟)「法学協会雑誌」 53(1) 1935.1

◇最近時における土地所有の移行(櫛田民蔵)「改造」 17(2) 1935.2

◇国際地理学会議と過剰人口委員会(小田内通敏)「人口問題」 1(1) 1935.2

◇人口現象に対する統計的観察に就いて(増田重喜)「人口問題」 1(1) 1935.2

◇配偶関係より見たる死亡率(昭和五年)(館稔)「人口問題」 1(1) 1935.2

◇本邦人口制限に関する史的地方的観察(増田重喜)「人口問題」 1(1) 1935.2

◇マルサス及マルサス後の人口理論(H.G.ダンカン,藤田秀夫訳)「人口問題」 1(1) 1935.2

◇マルサス人口学説と救貧問題(増田重喜)「人口問題」 1(1) 1935.2

◇我が国人口現象の社会学的研究に関する若干の資料(館稔)「人口問題」 1(1) 1935.2

◇我が国人口の再生産力に就いて(左右田武夫)「人口問題」 1(1) 1935.2

◇我が国配偶関係の観察(1)(館稔)「人口問題」 1(1) 1935.2

◇人口現象の要因としての経済現象に関する研究資料(井上謙二)「統計集誌」 645 1935.3

◇リープマン・エルシュの人口学における粗大率の復権(小宮山賢)「統計集誌」 645 1935.3

◇地方交付金配分標準としての人口(神戸正雄)「経済論叢」 40(4) 1935.4

◇南洋群島の土地制度(矢内原忠雄)「経済学論集」 5(5・6) 1935.6

◇人口政策の欠乏(高田保馬)「週刊エコノミスト」 13(16) 1935.6

◇新境域に依る市町村の人口「統計集誌」 648 1935.6

◇国勢調査より見たる横浜市の人口(小田橋貞寿)「都市問題」 20(6) 1935.6

◇独逸法系不動産登記簿の公信力に就て(藤本秀麿)「法学協会雑誌」 53(6) 1935.6

◇郷土的観点よりする人口問題(小田内通敏)「社会事業」 19(4) 1935.7

◇人口現象より見たる東北問題(1)(館稔)「社会事業」 19(4) 1935.7

◇人口問題と救貧問題(山口正)「社会事業」 19(4) 1935.7

◇人口問題と国民健保(1)(南崎雄七)「社会事業」 19(4) 1935.7

◇都市人口の職業構成と之を巡る問題(奥井復太郎)「社会事業」 19(4) 1935.7

◇婦人の職業進出と人口問題への影響(大西清治)「社会事業」 19(4) 1935.7

◇本邦に於ける人口増加の趨勢(小田橋貞寿)「社会事業」 19(4) 1935.7

◇人口現象より見たる東北問題(2・完)(館稔)「社会事業」 19(5) 1935.8

◇人口問題と国民健保(2・完)(南崎雄七)「社会事業」 19(5) 1935.8

◇新境域に依る市町村の人口「統計集誌」 650 1935.8

◇ペンロオズ最適人口理論(小出保治)「統計集誌」 650 1935.8

◇ナチスの人口民族政策(館稔)「人口問題」 1(2) 1935.10

◇我国に於ける婚姻と出生率の低下(左右田武夫)「人口問題」 1(2) 1935.10

◇満州移民の状況(山田武彦)「帝国農会報」 25(10) 1935.10

◇朝鮮人口の出生より見たる社会的移動の実相(二瓶士子治)「統計集誌」 652 1935.10

◇東京市に於ける人口増加と「附帯調査」(苅宿俊風)「都市問題」 21(4) 1935.10

◇支那の土地問題と山西土地国有問題(田中忠夫)「週刊エコノミスト」 13(33) 1935.11

◇西班牙の土地改革と其の帰趨(日高正夫)「帝国農会報」 25(11) 1935.11

◇イギリスの常住人口「統計集誌」 653 1935.11

◇昭和九年人口動態統計「統計集誌」 653 1935.11

◇人口と失業との関係(古屋美貞)「社会事業研究」 23(12) 1935.12

◇昭和十年国勢調査による大阪市人口概数(大阪市臨時国勢調査部)「大大阪」 11(12) 1935.12

◇本邦内地最近人口一万以上市町村に於ける多府県生人口受容率並に

- 其変動「統計集誌」 654 1935.12
- ◇農村人口問題(1)(清水虎雄)「地方行政」 44(1) 1936.1
- ◇朝鮮早婚の由来と近年晩婚の傾向に就て(二瓶士子治)「統計集誌」 655 1936.1
- ◇日本現時の労働人口と問題の無産政党(櫛田民蔵)「大原社会問題研究所雑誌」 3(2) 1936.1
- ◇土地問題に関する一考察(金子正)「地方行政」 44(2) 1936.2
- ◇イギリスの将来人口と其構造(小出保治)「統計集誌」 656 1936.2
- ◇昭和十年四月乃至六月の内地に於ける内地人の出生死亡数「統計集誌」 656 1936.2
- ◇東北地方の人口に関する調査概要「内務時報」 1(2) 1936.2
- ◇満洲国に於ける土地制度確立の企図(我妻栄)「法学協会雑誌」 54(2) 1936.2
- ◇不動産賃借権の排他性(村教三)「法学論叢(京都帝国大学法学会)」 34(2) 1936.2
- ◇室内の日照と人口密度(田中彌一訳)「建築と社会」 19(4) 1936.4
- ◇最適人口の規準に就いて(荒尾博正)「人口問題」 1(3) 1936.4
- ◇1933年人口調査に拠る独逸の家族統計(左右田昇夫)「人口問題」 1(3) 1936.4
- ◇中部日本の人口移動の地域的考察(概報)(小田内通敏)「人口問題」 1(3) 1936.4
- ◇我が国社会保健状態に関する一つの人口統計学的指標—我国死亡率標準化について—(舘稔)「人口問題」 1(3) 1936.4
- ◇夫婦関係継続期間別離婚の研究(上)(豊田保,横江勝美)「統計集誌」 658 1936.4
- ◇来住と大阪市人口構成(青盛右雄)「経済論叢」 42(5) 1936.5
- ◇土地問題の吟味(1)(坂田英一)「斯民」 31(5) 1936.5
- ◇土地制度改革論(喜多逸郎)「帝国農会報」 26(5) 1936.5
- ◇土地利用組合と共同借地組合「帝国農会報」 26(5) 1936.5
- ◇人口密度の性質とシモンの経済的人口密度指数の概念(舘稔)「統計集誌」 659 1936.5
- ◇夫婦関係継続期間別離婚の研究(下)(豊田保,横江勝美)「統計集誌」 659 1936.5
- ◇日本の人口国策(下村海南)「日本評論」 11(5) 1936.5
- ◇マルサスの地代論(田中定)「経済学研究」 6(2) 1936.6
- ◇独逸に於ける人口構成の変化—都市と農村人口の移動—(中川興之助)「社会事業研究」 24(6) 1936.6
- ◇土地賃貸価格改訂法について(氏家保寿)「税」 14(6) 1936.6
- ◇昭和十年十月乃至十二月の内地に於ける内地人の出生、死亡数「統計集誌」 660 1936.6
- ◇一九三三年中独逸に於ける都鄙人口の動態(幸島礼吉)「都市問題」 22(6) 1936.6
- ◇現下の土地問題と自作農創設事業(八木芳之助)「経済論叢」 43(1) 1936.7
- ◇チユーネンの人口論(菊田太郎)「経済論叢」 43(1) 1936.7
- ◇土地賃貸価格の改訂に就て(松隈秀雄)「自治研究」 12(7) 1936.7
- ◇土地問題の吟味(2)(坂田英一)「斯民」 31(7) 1936.7
- ◇職業人口構成の考察(大林宗嗣)「社会事業研究」 24(7) 1936.7
- ◇日本人口の産業並に職業構成と其変化(1)(井口東輔)「社会政策時報」 190 1936.7
- ◇蘇連邦人口の新分布「調査月報(大蔵省)」 26(7) 1936.7
- ◇土地制度の合理化(沢村康)「帝国農会報」 26(7) 1936.7
- ◇内地各市の将来の人口(猪間驥一)「都市問題」 23(1) 1936.7
- ◇日本人口の産業並に職業構成と其変化(2)(井口東輔)「社会政策時報」 191 1936.8
- ◇土地政策の推移(奥谷松治)「地方行政」 44(8) 1936.8

- ◇国勢調査の結果より観たる府県産業別人口の推移「統計時報」 59 1936.8
- ◇ジエ・エス・ミルの地代論(1)(田中定)「経済学研究」 6(3) 1936.9
- ◇最近独逸の住宅並びに国内移住政策(平田隆夫)「経済時報」 8(6) 1936.9
- ◇土地問題の吟味(3)(坂田英一)「斯民」 31(9) 1936.9
- ◇日本人口の産業並に職業構成と其の変化(3・完)(井口東輔)「社会政策時報」 192 1936.9
- ◇土地賃貸価格の改訂について(氏家保寿)「帝国農会報」 26(9) 1936.9
- ◇昭和十一年一月乃至三月の内地に於ける内地人の出生・死亡数「統計集誌」 663 1936.9
- ◇新境域に依る市町村の人口「統計集誌」 663 1936.9
- ◇マーシャル地代論に関する一考察(山岡亮一)「経済論叢」 43(4) 1936.10
- ◇九州に於ける産業労働人口の構成(小田橋貞寿)「社会政策時報」 193 1936.10
- ◇独逸人口の職業構成(有坂左久治)「職業紹介」 4(10) 1936.10
- ◇土地会社に関する一資料(四宮恭二)「経済時報」 8(8) 1936.11
- ◇昭和十一年十月一日現在全国道府県市(区)郡島嶼別推計人口「統計集誌」 665 1936.11
- ◇昭和十一年推計人口「統計集誌」 665 1936.11
- ◇我国の常住人口「統計集誌」 665 1936.11
- ◇現代所有権の分解作用と土地問題(石田文次郎)「農業と経済」 3(11) 1936.11
- ◇満洲大規模移民への転換期(淺香末起)「改造」 18(12) 1936.12
- ◇ジエ・エス・ミルの地代論(田中定)「経済学研究」 6(4) 1936.12
- ◇四国地方の人口に関する若干の考へ(佐々木清治)「人口問題」 1(4) 1936.12
- ◇社会階級別に依る人口生存傾向に関する研究(3)(松本良三)「人口問題」 1(4) 1936.12
- ◇大都市に於ける昼夜間人口移動(三好豊太郎)「人口問題」 1(4) 1936.12
- ◇地方人口研究の一例(小田内通敏)「人口問題」 1(4) 1936.12
- ◇日本現下の人口問題(美濃口時次郎)「人口問題」 1(4) 1936.12
- ◇日本に於ける人口増加と職業の変化(上田貞次郎)「人口問題」 1(4) 1936.12
- ◇非常時と人口問題(井上謙二)「人口問題」 1(4) 1936.12
- ◇北海道の郡別人口分布(川口丈夫)「人口問題」 1(4) 1936.12
- ◇我国人口の地方的増殖力に関する人口統計学的一考察(1)(舘稔)「人口問題」 1(4) 1936.12
- ◇昭和十年人口動態統計「統計集誌」 666 1936.12
- ◇新境域に依る市町村の人口「統計集誌」 666 1936.12
- ◇ナチス人口政策概論(寺尾琢磨)「三田学会雑誌」 30(12) 1936.12
- ◇土地所有の集中と分散(八木芳之助)「経済論叢」 44(1) 1937.1
- ◇土地問題の吟味(坂田英一)「斯民」 32(1) 1937.1
- ◇都市及農村に於ける人口年齢構成の差異(林恵海)「東京市産業時報」 3(1) 1937.1
- ◇昭和十年我国平均婚姻年齢「統計時報」 64 1937.1
- ◇昭和十一年四月乃至六月の内地に於ける内地人の出生、死亡数「統計集誌」 667 1937.1
- ◇近年独逸に於ける都鄙間人口周流の態様(幸島礼吉)「都市問題」 24(1) 1937.1
- ◇昼間移動人口論(青盛左雄)「経済論叢」 44(2) 1937.2
- ◇新境域に依る市町村の人口「統計集誌」 668 1937.2

◇農村過剰人口と土地問題(木下彰)「日本評論」 12(2) 1937.2
◇土地利用組合に関する一資料(八木芳之助)「経済論叢」 44(3) 1937.3
◇主要列国に於ける人口出生及び死亡の変遷(1)「統計時報」 66 1937.3
◇満洲国主要都市戸口数(1)「内務資料月報」 1(3) 1937.3
◇人間の労働並に自然条件より見たる現行耕地賃貸価格に対する批判(吉岡金市)「労働科学研究」 14(3) 1937.3
◇主要列国に於ける人口出生及び死亡の変遷(2)「統計時報」 67 1937.4
◇昭和十一年七月乃至九月の内地に於ける内地人の出生、死亡数「統計集誌」 670 1937.4
◇人口統計に関する報告(汐見三郎)「統計集誌」 670 1937.4
◇満洲国主要都市戸口数(2)「内務資料月報」 1(4) 1937.4
◇国有公用地の取扱(小栗忠七)「地方行政」 45(5) 1937.5
◇実務戸籍法(4)(前田牧郎)「地方行政」 45(5) 1937.5
◇主要列国に於ける人口出生及び死亡の変遷(3)「統計時報」 68 1937.5
◇人口都市集中の指標としてのパレト線の応用に就て(H.W.シンガー)「統計集誌」 671 1937.5
◇日本の人口問題(1)(ジョルジユ・キス,浦上英男訳)「統計集誌」 671 1937.5
◇都市の人口(猪間驥一)「都市問題」 24(5) 1937.5
◇社会階級別に依る人口生存傾向に関する研究(4)(松本良三)「人口問題」 2(1) 1937.6
◇我が国地方別人口増殖力に関する人口統計学的一考察(2)(館稔)「人口問題」 2(1) 1937.6
◇実務戸籍法(5)(前田牧郎)「地方行政」 45(6) 1937.6
◇主要列国に於ける人口、出生及死亡の変遷(4)「統計時報」 69 1937.6
◇昭和十一年十月乃至十二月の内地に於ける内地人の出生死亡数「統計集誌」 672 1937.6
◇ドイツ国の人口構成と人口移動(1)(岡田正雄)「統計集誌」 672 1937.6
◇日本の人口問題(2)(ジョルジユ・キス,浦上英男訳)「統計集誌」 672 1937.6
◇都市の人口(続)(猪間驥一)「都市問題」 24(6) 1937.6
◇人口政策に就いて(高田保馬)「経済論叢」 45(1) 1937.7
◇土地賃貸価格調査委員会に就て(窪田好秋)「税」 15(7) 1937.7
◇実務戸籍法(6)(前田牧郎)「地方行政」 45(7) 1937.7
◇主要列国に於ける人口、出生及び死亡の変遷(5)「統計時報」 70 1937.7
◇昭和十年国勢調査の結果に依る内地常住人口「統計時報」 70 1937.7
◇英国人口の将来(人口問題研究委員会)「統計集誌」 673 1937.7
◇人口問題と国富の形成(フリードリッヒ・ツアーン)「統計集誌」 673 1937.7
◇ドイツ国の人口構成と人口移動(2)(岡田正雄)「統計集誌」 673 1937.7
◇日本の人口問題(3)(ジョルジユ・キス,浦上英男訳)「統計集誌」 673 1937.7
◇都市の人口(続)(猪間驥一)「都市問題」 25(1) 1937.7
◇人口集中の激化と敗残人口の激増(林恵海)「社会事業」 21(5) 1937.8
◇土地賃貸価格決定の方法(善堂生)「税」 15(8) 1937.8
◇アルゼンチンの人口「統計時報」 71 1937.8
◇主要列国に於ける人口、出生及び死亡の変遷(6)「統計時報」 71 1937.8
◇英国人口の将来(2)(人口問題研究委員会)「統計集誌」 674 1937.8
◇ドイツ国の人口構成と人口移動(3)(岡田正雄)「統計集誌」 674 1937.8
◇人口と生活度から観た農村の繁栄度に就て(井森陸平)「人口問題」 2(2) 1937.9
◇日本人口の上に現はれたる経済革命の過程(永井亨)「人口問題」 2(2) 1937.9
◇日本人口の年齢構成の変化-その地域的時間的変化に関する一資料(石田龍次郎)「人口問題」 2(2) 1937.9
◇和蘭に於ける人口算定の新制度「統計時報」 72 1937.9
◇建築界と人口の趨勢「統計時報」 72 1937.9
◇体性及年齢より見たる我府県間の人口移動(4)「統計時報」 72 1937.9
◇日本の人口問題(4)(ジョルジユ・キス,浦上英男訳)「統計集誌」 674 1937.9
◇日本の人口問題(5・完)(ジョルジユ・キス,浦上英男訳)「統計集誌」 675 1937.9
◇仏蘭西人口の危機と対策(寺尾琢磨)「三田学会雑誌」 31(9) 1937.9
◇移住統計法(青盛和雄)「経済論叢」 45(4) 1937.10
◇英吉利人口の年齢構成(1)「統計時報」 73 1937.10
◇体性及年齢より見たる我府県間の人口移動(5)「統計時報」 73 1937.10
◇向都離村人口の統計的分析法(猪間驥一)「統計集誌」 676 1937.10
◇昭和十二年一月乃至三月の内地に於ける内地人の出生、死亡者「統計集誌」 676 1937.10
◇英吉利人口の年齢構成(2)「統計時報」 74 1937.11
◇有業人口統計に関する国際連盟統計専門家委員会の提案(1)「統計時報」 74 1937.11
◇昭和十二年府県別推計人口、市別推計人口「統計集誌」 677 1937.11
◇立地理論の一展開(菊田太郎)「経済論叢」 45(6) 1937.12
◇戸口過小村の研究(1)(丹羽四郎)「斯民」 32(12) 1937.12
◇社会学的・経済学的産児制限論(ヨハネス・クラウス)「人口問題」 2(3) 1937.12
◇人口問題の一断面としての消費経済序説(菊田貞雄)「人口問題」 2(3) 1937.12
◇世界観と人口問題(坂田太郎)「人口問題」 2(3) 1937.12
◇中国地方人口密度の地形的分析(田中館秀三)「人口問題」 2(3) 1937.12
◇日本人口の歴史的研究(高橋梵仙)「人口問題」 2(3) 1937.12
◇日本人口は将来何うなるか(増田重喜)「人口問題」 2(3) 1937.12
◇農村人口流出問題(1)(野間海造)「人口問題」 2(3) 1937.12
◇主要列国に於ける人口、出生及死亡の変遷(7)「統計時報」 75 1937.12
◇体性年齢より見たる我府県間の人口移動(6)「統計時報」 75 1937.12
◇景気と出生率の関係(1)(ローデリッヒ,橋本金太郎訳)「統計集誌」 678 1937.12
◇昭和十一年人口動態統計「統計集誌」 678 1937.12
◇東京市に於ける地価騰貴の趨勢(小峰三千樹)「都市問題」 25(6) 1937.12
◇近代地代理論について(山岡亮一)「経済論叢」 46(1) 1938.1
◇公園住宅地の地価について(木村尚文)「公園緑地」 4(1) 1938.1
◇都市人口の膨張とその将来(1)(豊浦浅吉)「市政研究」 4(1) 1938.1
◇明治初期に於ける職業人口の構成(1)(鈴木正志)「市政研究」 4

人口・土地

(1) 1938.1
◇欧州各国に於る人口政策概観（秋村潔）「人口問題」 3(1) 1938.1
◇支那の就学人口と新聞（飯島幡司）「人口問題」 3(1) 1938.1
◇社会階級別に依る人口生存傾向に関する研究(6)（松本良三）「人口問題」 3(1) 1938.1
◇商業に於ける過剰人口（井上貞蔵）「人口問題」 3(1) 1938.1
◇人口政策の中心点としての家族（ヨハネス・クラウス）「人口問題」 3(1) 1938.1
◇人口の数と質（高野六郎）「人口問題」 3(1) 1938.1
◇農村人口死亡率研究の一例（井森陸平）「人口問題」 3(1) 1938.1
◇農村人口流出問題（野間海造）「人口問題」 3(1) 1938.1
◇本邦都鄙人口の権衡と増加力（林恵海）「人口問題」 3(1) 1938.1
◇明治時代の人口食糧論議(1)（吉田秀夫）「人口問題」 3(1) 1938.1
◇英吉利人口の年齢構成(3・完)「統計時報」 76 1938.1
◇有業人口統計に関する国際連盟統計専門家委員会の提案(3・完)「統計時報」 76 1938.1
◇戸口過少村の研究(2)（丹羽四郎）「斯民」 33(2) 1938.2
◇支那の人口と面積「統計時報」 77 1938.2
◇昭和11年我国平均婚姻年齢「統計時報」 77 1938.2
◇1935年に於ける瑞典の人口「統計時報」 77 1938.2
◇1936年頃に於ける世界総人口「統計時報」 77 1938.2
◇朝鮮に於ける人口動態調査「統計時報」 77 1938.2
◇独逸に於ける妊孕力「統計時報」 77 1938.2
◇景気と出生率の関係(2)（ローデリッヒ，橋本金太郎訳）「統計集誌」 680 1938.2
◇我国の人口と経済（岡崎文規）「統計集誌」 680 1938.2
◇最近に於ける人口（北部アイルランド・新西蘭・ドミニカ共和国・満州国・ラドヴイア）「統計時報」 78 1938.3
◇出産に於ける若干の防止し得るべき死亡「統計時報」 78 1938.3
◇土地評価の統一-評価機関分立の弊害と其改革（吉田亀治）「都市問題」 26(3) 1938.3
◇社会階級別に依る人口生存傾向に関する研究（松本良三）「人口問題」 2(4) 1938.4
◇人口問題の量的方面と質的方面（安部磯雄）「人口問題」 2(4) 1938.4
◇村落居住と人口との関係の一考察（小田内通敏）「人口問題」 2(4) 1938.4
◇都市人口に及ぼしたる経済革命の影響（永井亨）「人口問題」 2(4) 1938.4
◇農村人口流出問題（野間海造）「人口問題」 2(4) 1938.4
◇英国に於ける人口の移動「統計時報」 79 1938.4
◇主要列国に於ける人口出生死亡の変遷（瑞西・8）「統計時報」 79 1938.4
◇人口問題(1)（クチンスキー）「統計時報」 79 1938.4
◇東京府下に於ける戸口調査に依る人口「統計時報」 79 1938.4
◇ブエノス・アイレス市の人口「統計時報」 79 1938.4
◇都市人口膨張とその将来(2)（豊浦浅吉）「市政研究」 4(3) 1938.5
◇明治初期に於ける職業人口の構成(2)（鈴木正志）「市政研究」 4(3) 1938.5
◇土地ノ収用ト其ノ損失補償額算定ノ標準「大審院判例集」 17(6) 1938.6
◇都市内部の人口移動（佐々木清治）「地理学評論」 14(6) 1938.6
◇人口問題(2)（クチンスキー）「統計時報」 80 1938.6
◇1936年独逸に於ける出生概要「統計時報」 81 1938.6

◇人口増加の産業発展に及ぼす影響（E.C.スノー）「統計集誌」 684 1938.6
◇昭和12年人口動態統計「統計時報」 82 1938.7
◇人口増加の産業発展に及ぼす影響(2)（E.C.スノー，寺尾浄人訳）「統計時報」 685 1938.7
◇新境域に依る市町村の人口「統計時報」 83 1938.8
◇人口増加の産業発展に及ぼす影響(3・完)（E.C.スノー，寺尾浄人訳）「統計時報」 686 1938.8
◇最近のイギリス人口論界（南亮三郎）「一橋論叢」 2(2) 1938.8
◇支那事変と人口問題（岡崎文規）「社会政策時報」 216 1938.9
◇我国人口の都市集中に就いて（美濃口時次郎）「社会政策時報」 216 1938.9
◇支那国民政府と土地政策（田邊勝正）「帝国農会報」 28(9) 1938.9
◇東京市大工場敷地に地価地代に関する研究(1)（山下余四郎）「東京市産業時報」 4(9) 1938.9
◇1938年に於ける独逸家族統計と出産力測定の問題「統計時報」 84 1938.9
◇白人の危機と出生率低下（真崎幸治訳）「統計集誌」 687 1938.9
◇ロンドン地方計画地域に於ける人口の移動（林茂）「都市公論」 21(9) 1938.9
◇東京市来住人口の来住年次と来住当時の年齢（松永精之）「都市問題」 27(3) 1938.9
◇人口と国民所得（土方成美）「経済学論集」 8(10) 1938.10
◇東京市大工場敷地の地価・地代に関する研究(2・完)（山下余四郎）「東京市産業時報」 4(10) 1938.10
◇中世以降中欧諸国民間に於ける人口発展の変動（W.アベル，橋本金太郎訳）「統計時報」 688 1938.10
◇第二回人口問題全国協議会計画概要（第六回全国都市問題会議総会主輯）「都市問題」 27(4) 1938.10
◇土地賃貸価格決定後の改訂手続（池田勇人）「税」 15(11) 1938.11
◇昭和13年度県別推計人口・市別推計人口「統計集誌」 689 1938.11
◇都市人口増加の意味-東京市来住人口統計の批判（青盛和雄）「都市問題」 27(6) 1938.12
◇都市人口の体力資源（古屋芳雄）「都市問題」 29(1) 1939.7
◇地代家賃の規制に関する物価委員会の答申（日本都市年鑑編纂室）「都市問題」 29(2) 1939.8
◇地代家賃統制令の施行（日本都市年鑑編纂室）「都市問題」 29(5) 1939.11
◇人口政策上より看たる戦時国民生活の安定（永井亨）「経済集志」 12(4) 1939.12
◇支那に於ける土地制度の変遷（田辺勝正）「帝国農会報」 29(12) 1939.12
◇第三回人口問題全国協議会（日本都市年鑑編纂室）「都市問題」 29(6) 1939.12
◇公共用地の境界査定（東京市財務局）「市政週報」 41 1940.1
◇地代家賃の新統制令解説（厚生省）「週報 官報附録」 212 1940.1
◇米生産費に於る地代の問題(1)（加用信文）「帝国農会報」 30(1) 1940.1
◇支那事変と我国人口問題（上田貞次郎）「一橋論叢」 5(1) 1940.1
◇ハンセンの人口論に就いて（青盛和雄）「経済論叢」 50(2) 1940.2
◇支那土地制度の変遷（田辺勝正）「帝国農会報」 30(2) 1940.2
◇ナチスドイツの土地法「都市公論」 23(2) 1940.2
◇土地価格現象の事実的確定（小村勝）「都市問題」 30(2) 1940.2
◇北支に於る人口の分布と変動（菊田太郎）「経済論叢」 50(3) 1940.3
◇アメリカ合衆国に於ける土地の休養的利用の歴史（関口鎮太郎）「造園研究」 32 1940.3

◇安定人口の計算(中川友長)「人口問題研究」 1(1) 1940.4
◇婚姻表について(岡崎文規)「人口問題研究」 1(1) 1940.4
◇最近各国人口政策概観(北岡寿逸)「人口問題研究」 1(1) 1940.4
◇大正9年、大正14年、昭和5年、昭和10年道府県別及市郡別標準化出生率、死亡率及自然増加率(館稔,上田正夫)「人口問題研究」 1(1) 1940.4
◇支那土地制度の変遷(田辺正勝)「帝国農会報」 30(4) 1940.4
◇新境域に依る市町村の人口「統計時報」 97 1940.4
◇人口性比の三形態(寺尾琢磨)「三田学会雑誌」 34(4) 1940.4
◇日本人口問題の新課題(北岡壽逸)「週刊エコノミスト」 18(18) 1940.5
◇国勢調査間年次に於ける男女年齢別人口の推計(1)(館稔,窪田嘉彰)「人口問題研究」 1(2) 1940.5
◇将来人口の計算に就て(中川友長)「人口問題研究」 1(2) 1940.5
◇1939年独逸国勢調査による現住人口及世帯数(速報)(島村俊彦)「人口問題研究」 1(2) 1940.5
◇婚姻、出生及死亡に現はれたる戦争の影響(1)(エドワード・ロッセ,齋藤靖計)「統計集誌」 707 1940.5
◇最近の土地投機の傾向に就いて(渡辺孝夫)「区画整理」 6(6) 1940.6
◇大都市に於ける経済的機能(2):土地問題に関連して(小林千秋)「自治研究」 16(6) 1940.6
◇外南洋へのわが移植民(川本邦雄)「週刊エコノミスト」 18(22) 1940.6
◇特殊婚姻率算定の基礎としての無配偶人口(岡崎文規)「人口問題研究」 1(2) 1940.6
◇国勢調査間年次に於ける男女年齢別人口の推計(2)(館稔,窪田嘉彰)「人口問題研究」 1(3) 1940.6
◇比律賓移民制限法の成立「人口問題研究」 1(3) 1940.6
◇満洲に於ける移動人口-労働人口としての苦力(1)(小山栄三)「人口問題研究」 1(3) 1940.6
◇日本内地人口の減少地域(佐々木清治)「地理学評論」 16(6) 1940.6
◇婚姻、出生及死亡に現はれたる戦争の影響(2)(エドワード・ロッセ,齋藤靖計)「統計集誌」 708 1940.6
◇勧銀調査による全国市街地地価の概況(日本都市年鑑編纂室)「都市問題」 30(6) 1940.6
◇土地の公定価格(吉田亀治)「都市問題」 30(6) 1940.6
◇ハンセンの人口政策に就いて(青盛和雄)「経済論叢」 51(1) 1940.7
◇国勢調査年次に於ける普通世帯人口及普通世帯数の推計(館稔,窪田嘉彰)「人口問題研究」 1(4) 1940.7
◇満洲に於ける移動人口-労働力としての苦力(2)「人口問題研究」 1(4) 1940.7
◇支那王道土地制度の発生と崩壊(1)(田辺勝正)「帝国農会報」 39(7) 1940.7
◇戸籍法と親族相続法(1)(来栖三郎)「法学協会雑誌」 58(7) 1940.7
◇植民現象の本質(東畑精一)「経済学論集」 10(8) 1940.8
◇昭和10年内地127市標準化出生率、死亡率及自然増加率(予報)(館稔,上田正夫)「人口問題研究」 1(5) 1940.8
◇支那王道土地制度の発生と崩壊(2・完)(田辺勝正)「帝国農会報」 30(8) 1940.8
◇戸籍法と親族相続法(2)(来栖三郎)「法学協会雑誌」 58(8) 1940.8
◇戸籍抄本を御利用下さい(市民局)「市政週報」 75 1940.9
◇スタインワルネル著「北米合衆国の人種政策」(横田年訳)「人口問題研究」 1(6) 1940.9

◇長野県諏訪郡A村及びB村の死産に就て(岡崎文規)「人口問題研究」 1(6) 1940.9
◇本研究所施行出産力調査の結果速報「人口問題研究」 1(6) 1940.9
◇内地在住朝鮮人(有配偶者)出産力調査「統計集誌」 711 1940.9
◇優生学的人口政策の消極面と積極面(寺尾琢磨)「三田学会雑誌」 34(9) 1940.9
◇仏国の人口減退と戦争「企画」 3(10) 1940.10
◇明治維新の土地制度の改革と小作料の変遷(田辺勝正)「社会政策時報」 241 1940.10
◇出産力調査結果の概説(岡崎文規)「人口問題研究」 1(7) 1940.10
◇戸籍法と親族相続法(3・完)(来栖三郎)「法学協会雑誌」 58(10) 1940.10
◇地代家賃統制解説(1)(加藤陽三)「警察研究」 11(11) 1940.11
◇地代の統制と適正化「週刊エコノミスト」 18(42) 1940.11
◇ドイツの人口政策「週刊エコノミスト」 18(44) 1940.11
◇時局推進力としての人口問題「商工経済」 10(5) 1940.11
◇婚姻と出生(中川友長)「人口問題研究」 1(8) 1940.11
◇ツアーン著「家族及び家族政策」「人口問題研究」 1(8) 1940.11
◇人口問題調査会の人口再分配に関する答申(昭15.11.15)「内外社会問題調査資料」 440 1940.11
◇満洲国暫行民籍法に就て(林鳳麟)「法律時報」 12(11) 1940.11
◇地代家賃統制解説(2)(加藤陽三)「警察研究」 11(12) 1940.12
◇国際産児率の減退と人類計画生態論(南亮三郎)「商学討究」 15 1940.12
◇近時世界移民の趨勢(野田良治)「人口問題」 3(3) 1940.12
◇近世初期の伊太利人口思想(増田重喜)「人口問題」 3(3) 1940.12
◇婚姻年齢について(岡崎文規)「人口問題」 3(3) 1940.12
◇殖民協会とその移殖民論(吉田秀夫)「人口問題」 3(3) 1940.12
◇人口と社会問題(宮本宏訳)「人口問題」 3(3) 1940.12
◇人口変動に関する数理的研究法(小野勝次)「人口問題」 3(3) 1940.12
◇知識と出生率との関係(ロ-マ国際人口会議資料)「人口問題」 3(3) 1940.12
◇フアシスト伊太利の人口政策(岩倉具栄)「人口問題」 3(3) 1940.12
◇フアシスト党の人口政策略説(秋村潔)「人口問題」 3(3) 1940.12
◇婚姻統計概説(岡崎文規)「人口問題研究」 1(9) 1940.12
◇人口都市集中の地域的形態に関する一つの資料(都市人口の出生地別構成)(館稔,上田正夫)「人口問題研究」 1(9) 1940.12
◇地代家賃統制令の貸家に及ぼせる影響(岡本精)「社会政策時報」 244 1941.1
◇熱帯の風土的条件と移民適格性の諸問題(小山栄三)「人口問題研究」 2(1) 1941.1
◇増産と土地制度(1)(大槻正男)「農業と経済」 8(1) 1941.1
◇上田先生と日本人口問題(小田橋貞壽)「一橋論叢」 7(1) 1941.1
◇徳川時代の人口と明治時代の人口(上田貞次郎)「一橋論叢」 7(1) 1941.1
◇人口国策の確立(小田橋貞壽)「週刊エコノミスト」 19(6) 1941.2
◇人口問題をどうする(1)(企画院)「週報 官報附録」 227 1941.2
◇人口問題をどうする(2)(企画院)「週報 官報附録」 228 1941.2
◇都市人口補給源としての「仮想的背地」の決定に関する一考察(館稔,上田正夫)「人口問題研究」 2(2) 1941.2
◇熱帯の風土的条件と移民適格性の諸問題(2)(小山栄三)「人口問題研究」 2(2) 1941.2
◇大阪市人口の一考察(北村春雄)「大大阪」 17(2) 1941.2

人口・土地

◇増産と土地制度（2）（大槻正男）「農業と経済」 8（2） 1941.2

◇道府県人口の年齢構成と青年死亡率（勝木新次）「労働科学」 18（2） 1941.2

◇朝鮮に於ける内地人移住者及朝鮮人の出生力に就て（古屋芳雄［ほか］）「厚生科学」 1（3） 1941.2

◇人口国策の重点検討「週刊エコノミスト」 19（11） 1941.3

◇独逸に於ける農林業人口の激減「職業時報」 4（3） 1941.3

◇自由主義的人口政策の全貌-スエ-デン人口委員会の報告に依る家族生活安定計画に就て（森岡正陽）「人口問題」 3（4） 1941.3

◇人口的要素と社会現象との相互関係（布川静淵）「人口問題」 3（4） 1941.3

◇人口の質的転化の過程に関する一考察（暉峻義等）「人口問題」 3（4） 1941.3

◇世界各国別総人口及有業人口統計（林芳郎訳）「人口問題」 3（4） 1941.3

◇農林世帯現住人口論-東京府西多摩郡檜厚村［383戸］農林世帯について-（林恵海）「人口問題」 3（4） 1941.3

◇本邦出生率調査の沿革とその帰納-本邦出産力は何れの社会階級に高きか-（増田重喜）「人口問題」 3（4） 1941.3

◇満洲国少数種族の減退（田口稔）「人口問題」 3（4） 1941.3

◇ドイツ人口の年令別構成（林芳郎）「人口問題」 4（3） 1941.3

◇人口増加と失業との関係に就ての諸説の研究（北岡寿逸）「人口問題研究」 2（3） 1941.3

◇民籍事務の整備に就て（萬歳規矩樓）「地方行政 日文版」 8（3） 1941.3

◇人口政策確立要綱の決定（秦満）「都市問題」 32（3） 1941.3

◇増産と土地制度（3）（大槻正男）「農業と経済」 8（3） 1941.3

◇人口食糧問題と土地開発（1）-その史的展開と将来の見透し-（小野武夫）「農村工業」 8（3） 1941.3

◇土地売買事例調査の結果概観（近藤康男）「農林時報」 1（4） 1941.3

◇蘭領印度土地制度の特色（庄田秀麿）「法律時報」 13（3） 1941.3

◇埼玉県一農山村に於ける家系調査（横山年）「人口問題研究」 2（4） 1941.4

◇初婚者の職業別婚姻年齢（岡崎文規）「人口問題研究」 2（4） 1941.4

◇ナチス民族人口政策摘要（1）（本多龍雄）「人口問題研究」 2（4） 1941.4

◇現代地主論-地主の時局協力のために-（桜井武雄）「中央公論」 56（4） 1941.4

◇興隆ドイツの人口的基礎（F.ブルグデルファー）「東洋経済新報」 1965 1941.4

◇洲計画への基本資料としての人口調査（1）（亀井幸次郎）「都市公論」 24（4） 1941.4

◇人口食糧問題と土地開発（小野武夫）「農村工業」 8（4） 1941.4

◇我が国の人口問題（北岡壽逸）「汎交通 帝国鉄道協会誌」 42（4） 1941.4

◇病癈失業人口の農村逆流現象（野尻重雄）「週刊エコノミスト」 19（19） 1941.5

◇優良多子家庭の表彰について「週報 官報附録」 239 1941.5

◇各国最近の人口状態（2）「人口問題研究」 2（5） 1941.5

◇所得階級による死亡の変動、附・所得階級別出生及婚姻の状況（児山千秋）「人口問題研究」 2（5） 1941.5

◇ナチス民族人口政策の摘要（2）（本多龍雄）「人口問題研究」 2（5） 1941.5

◇人口国策の決定（館稔）「地方行政」 49（5） 1941.5

◇大都市職業人口の移動に関する考察-特に量の整理の問題について-（ロバート・フオン・ケラ，大島重忠訳）「東京市産業時報」 7（5） 1941.5

◇州計画への基本資料としての人口調査（2）（亀井幸次郎）「都市公論」 24（5） 1941.5

◇土地売買の実相「都市問題」 32（5） 1941.5

◇土地法研究への覚書（1）（戒能通孝）「法律時報」 13（5） 1941.5

◇地主の諸範疇（1）（東畑精一）「国家学会雑誌」 55（6） 1941.6

◇夫婦の出産力「週報 官報附録」 246 1941.6

◇独逸に於ける婚姻貸付金の効果に就いて（島村俊彦）「人口問題研究」 2（6） 1941.6

◇布哇に於ける邦人家族の構造に就て「人口問題研究」 2（6） 1941.6

◇土地法研究への覚書（2）（戒能通孝）「法律時報」 13（6） 1941.6

◇出産男女別の統計的研究（青盛和雄）「経済論叢」 53（1） 1941.7

◇地主の諸範疇（2・完）（東畑精一）「国家学会雑誌」 55（7） 1941.7

◇人口問題と満洲移民（野田哲五郎）「斯民」 36（7） 1941.7

◇日本人の進出状況「週報 官報附録」 248 1941.7

◇初婚者の結婚費（岡崎文規，根井當三郎）「人口問題研究」 2（7） 1941.7

◇ナチス人口政策摘用（3・完）（本多龍雄）「人口問題研究」 2（7） 1941.7

◇大阪市人口の現状と将来（奥野純次）「大大阪」 17（7） 1941.7

◇綜合立地計画に於ける人口問題（末包清重）「地方行政 日文版」 8（7） 1941.7

◇ぺり・まりゑつと氏の日本人口統計論（高橋梵仙）「統計集誌」 721 1941.7

◇昭和十五年国勢調査に表はれた東北地方の人口「東北産業研究」 2（7） 1941.7

◇公有地の沿革（中田薫）「法学協会雑誌」 59（7） 1941.7

◇土地法研究への覚書（3・完）（戒能通孝）「法律時報」 13（7） 1941.7

◇東京市人口増加の趨勢について-昭和十五年国勢調査の結果に依る-（総務局）「市政週報」 121 1941.8

◇人口増加と生活費逓減（中川友長）「週刊エコノミスト」 19（23） 1941.8

◇アメリカ社会と人口移動（1）（米林富男）「人口問題」 4（1） 1941.8

◇結核死亡改善が将来人口に及ぼす影響に就いて（島村俊彦）「人口問題」 4（1） 1941.8

◇四国地方八市人口補給地域の算定（館稔, 上田正夫）「人口問題」 4（1） 1941.8

◇人口の心的資質と都市計画（石川栄耀）「人口問題」 4（1） 1941.8

◇人口分散と衛星都市（金谷重義）「人口問題」 4（1） 1941.8

◇北海道の人口と移住者（上原敏三郎）「人口問題」 4（1） 1941.8

◇満洲人口食糧問題の一考察（岩倉具栄）「人口問題」 4（1） 1941.8

◇事変下に於ける我国労働人口構成の移動（雪山慶正）「人口問題研究」 2（8） 1941.8

◇人口政策実施態勢の整備-人口局の設置-（齋藤邦吉）「地方行政」 49（8） 1941.8

◇首都の人口と其の年齢構成（松田泰二郎）「地方行政 日文版」 8（8） 1941.8

◇新生支那の土地問題（藤枝丈夫）「日本評論」 16（8） 1941.8

◇本邦に於ける初生児出生と体格に関する統計的研究（土田哲太郎）「厚生科学」 2（3） 1941.9

◇人口政策実施態勢の整備に就て（齋藤邦吉）「職業時報」 4（9） 1941.9

◇婚姻率の変動（岡崎文規）「人口問題研究」 2（9） 1941.9

◇北米合衆国に於ける人口政策の動向（河野和彦）「人口問題研究」 2（9） 1941.9

◇人口国策に即応する本市の児童生育事業(厚生局)「市政週報」　130　1941.10
◇妻の婚姻年齢と出生との関係に就て(中川友長, 児山千秋)「人口問題研究」　2(10)　1941.10
◇支那人口の動態現象(小田橋貞壽)「統制経済」　3(4)　1941.10
◇人的資源としての学生層(竹中勝男)「日本評論」　16(10)　1941.10
◇台湾に於ける内地人の土地所有「農業と経済」　8(10)　1941.10
◇出生減の原因と対策の基調(寺尾琢磨)「三田学会雑誌」　35(10)　1941.10
◇青壮年国民登録について(総務局)「市政週報」　133　1941.11
◇人口政策と結婚奨励に就て(伊藤清)「斯民」　36(11)　1941.11
◇ナチスの人口政策と母子保護(本多龍雄)「社会事業」　25(11)　1941.11
◇ナチスの保護人口政策-特に母子保護事業に就て(瀬木三雄)「社会事業」　25(11)　1941.11
◇フランスに於ける初産奨励金制度の創設「社会事業」　25(11)　1941.11
◇人口配置の諸問題「週刊エコノミスト」　19(44)　1941.11
◇アメリカ社会と人口移動(2)(光林富男)「人口問題」　4(2)　1941.11
◇英吉利の人口趨勢(林芳郎)「人口問題」　4(2)　1941.11
◇グラース「欧洲に於ける人口政策とその動き」「人口問題」　4(2)　1941.11
◇山村に於ける人口置換現象(山口弥一郎)「人口問題」　4(2)　1941.11
◇新京及奉天の人口構成に就いて(沼田征矢雄)「人口問題」　4(2)　1941.11
◇ズユースミルヒの人口理論に就いて(増田抱村)「人口問題」　4(2)　1941.11
◇戦後の人口問題(高橋次郎)「人口問題」　4(2)　1941.11
◇一つの質的人口研究(1)(渡邊輝一)「人口問題」　4(2)　1941.11
◇兵庫県下の農村人口問題(近藤忠)「人口問題」　4(2)　1941.11
◇ブルグドエルファー「戦争と人口発展」(花島克巳)「人口問題」　4(2)　1941.11
◇前欧洲大戦時に於ける独逸を中心とする諸国の人口情勢(島村俊彦)「人口問題研究」　2(11)　1941.11
◇最近の不動産売買と抵当起債高「東洋経済新報」　1997　1941.11
◇結婚奨励に関する件通牒(昭16.10.27厚生次官)「内務厚生時報」　6(11)　1941.11
◇大阪市人口に就いての一考察(中野正直)「社会政策時報」　255　1941.12
◇マルサスの戦争及移植民論(南亮三郎)「商学討究」　16　1941.12
◇不動産売買著減(勧銀調査)「都市問題」　33(6)　1941.12
◇人口問題と新結婚論(古屋芳雄, 竹中勝男, 舘稔)「日本評論」　16(12)　1941.12
◇諸外国に於ける無子夫婦の調査(1)(赤岡正陽)「人口問題」　4(3)　1942.1
◇バンジャミンフランクリンの人口論(三辺清一郎)「人口問題」　4(3)　1942.1
◇満洲国の人口現象(善生永助)「人口問題」　4(3)　1942.1
◇ミュルダールの人口論(1)(河野和彦)「人口問題」　4(3)　1942.1
◇初婚者結婚費-大阪市に於ける調査の結果について-(根村当三郎)「人口問題研究」　3(1)　1942.1
◇人口減少地域に関する研究(小林重幸)「地政学」　1(1)　1942.1
◇戦時欧洲都市事情「都市問題」　34(1)　1942.1
　第五回人口問題全国協議会　土地工作物管理使用収用令の改正
◇寺尾琢磨訳「マルサス人口論(第六版)改訳版」(南亮三郎)「一橋論叢」　9(1)　1942.1

◇明治前期に於ける婚姻の成立(1)(高柳真三)「法律時報」　14(1)　1942.1
◇家屋台帳の創設とその登録手続(氏家保寿)「財政」　7(2)　1942.2
◇人口再配分計画の基礎として見たる人口増殖力の地域的特情(舘稔)「人口問題研究」　3(2)　1942.2
◇民族立法としての人口政策(1)-23の方法論的省察-(本多龍雄)「人口問題研究」　3(2)　1942.2
◇出生に於ける性比と季節(高津与雄)「統計集誌」　728　1942.2
◇東亜建設の人口学的基礎「東洋経済新報」　2009　1942.2
◇フイリッピンに於ける土地制度(仲原善一)「農業と経済」　9(2)　1942.2
◇ロオドベヘタス地代論の批判若干(柏塚辰雄)「経済学雑誌」　10(3)　1942.3
◇明治前の全国人口(関山直太郎)「財政」　7(3)　1942.3
◇食糧増産と人口増加(吉永要吉)「週刊エコノミスト」　20(10)　1942.3
◇支那事変当初年の婚姻数増大の分析(関山直太郎)「人口問題研究」　3(3)　1942.3
◇多産者家系調査報告(第2回)(横山年)「人口問題研究」　3(3)　1942.3
◇人口減少地域に関する研究(2)(小林重幸)「地政学」　1(3)　1942.3
◇満洲に於ける土地集中の様相(梶原子治)「帝国農会報」　32(3)　1942.3
◇地代の概念(硲正夫)「経済学雑誌」　10(4)　1942.4
◇産業別人口の構成変化と商業人口の地位(竹林庄太郎)「経済学雑誌」　12(4)　1942.4
◇マルサス「人口論」の倫理学的基礎(白杉庄一郎)「経済論叢」　54(4)　1942.4
◇旧蘭印の土地制度(1)(奥田)「国策研究会週報」　4(17)　1942.4
◇人口政策と労働政策(美濃口時次郎)「職業時報」　5(4)　1942.4
◇夫の婚姻年齢と出生との関係に就て「人口問題研究」　3(4)　1942.4
◇人口のロヂスチック曲線について(中川友長)「人口問題研究」　3(4)　1942.4
◇人的資源の統制に関する諸問題(中村彌三次)「統制経済」　4(4)　1942.4
◇南方諸国面積人口一覧表「道路の改良」　24(4)　1942.4
◇我国の人口問題と人口政策確立要綱(厚生省人口局)「都市公論」　25(4)　1942.4
◇都市の消費者組織「都市問題」　34(4)　1942.4
　大東亜および南方諸地方都市人口　横浜市の世帯・人口・空家数
◇マルサス人口論に現はれた南海諸島(寺尾琢磨)「三田学会雑誌」　36(4)　1942.4
◇ジュースミルヒの人口学観(青盛和雄)「経済論叢」　54(5)　1942.5
◇人口政策と家族主義(橘樸)「厚生問題」　26(5)　1942.5
◇人口政策と寺西代官(金沢春友)「厚生問題」　26(5)　1942.5
◇旧蘭印の土地制度(2)(奥田)「国策研究会週報」　4(18)　1942.5
◇国力と人口(美濃口時次郎)「国策研究会週報」　4(20)　1942.5
◇イタリヤの人口政策「週刊エコノミスト」　20(19)　1942.5
◇府県別人口動態の趨勢(岡崎文規)「人口問題研究」　3(5)　1942.5
◇外国人土地法と外国人土地租権整理法とに就て(河東義治)「地方行政　日文版」　9(5)　1942.5
◇欧洲に於ける土地制度(エム・モヅルフ・チエルキンスキー, 川上正道訳)「帝国農会報」　32(5)　1942.5
◇日本植民政策の新しき形態(黒田謙一)「統制経済」　4(5)　1942.5
◇在支那人の人口統計「都市問題」　34(5)　1942.5

- ◇寄留に就いて「市政週報」 163 1942.6
- ◇英国の対印度植民政策(1)(島村俊彦)「人口問題研究」 3(6) 1942.6
- ◇十八歳未満の子女の分布(関山直太郎,祖上鋭夫)「人口問題研究」 3(6) 1942.6
- ◇欧洲に於ける土地制度(エム・モヅルフ・チエルキンスキー,川上正道訳)「帝国農会報」 32(6) 1942.6
- ◇関東州の人口「都市問題」 34(6) 1942.6
- ◇農村人口の保有と強兵(前橋真八郎)「農村工業」 9(6) 1942.6
- ◇都市を中心とする人口再配分政策について(館稔)「国土計画」 1(1) 1942.7
- ◇アメリカ社会と人口移動(3・完)(米林富男)「人口問題」 4(4) 1942.7
- ◇時局下に於ける人口問題(岩倉具栄)「人口問題」 4(4) 1942.7
- ◇諸外国に於ける無子夫婦の調査(2・完)(森岡正陽)「人口問題」 4(4) 1942.7
- ◇人口増加と米穀生産傾向(増田抱村)「人口問題」 4(4) 1942.7
- ◇人口問題より見たる南進論(野間海造)「人口問題」 4(4) 1942.7
- ◇大東亜戦と人口問題(下村宏)「人口問題」 4(4) 1942.7
- ◇南方発展と人口問題(高野六郎)「人口問題」 4(4) 1942.7
- ◇ミュルダールの人口論(2)(河野和彦)「人口問題」 4(4) 1942.7
- ◇男女の割合と婚姻との関係 -特に夫婦年齢差を考慮したる場合の男女の割合に就て-(横山年,良田圭子)「人口問題研究」 3(7) 1942.7
- ◇平均結婚年齢の変化(岡崎文規)「人口問題研究」 3(7) 1942.7
- ◇地代(鈴木鴻一郎)「帝国農会報」 32(7) 1942.7
- ◇マルサス「人口論」の人間観的基礎(白杉庄一郎)「経済論叢」 55(2) 1942.8
- ◇植民概念の要因(東畑精一)「国家学会雑誌」 56(8) 1942.8
- ◇英国の対印度植民政策(2)(島村俊彦)「人口問題研究」 3(8) 1942.8
- ◇性の選択意識より生ずる産児調節の存在に関する統計的観察(笠間尚武)「人口問題研究」 3(8) 1942.8
- ◇房総半島の人口増加率と地域性(1)(水巻武)「地政学」 1(8) 1942.8
- ◇地籍整理とその諸政に及ぼす影響(相良政行)「地方行政 日文版」 9(8) 1942.8
- ◇妊産婦手帳制(厚生省人口局)「内務厚生時報」 7(8) 1942.8
- ◇ロオドベルタス地代概念を回る一論争(柏塚辰雄)「経済学雑誌」 11(3) 1942.9
- ◇東亜共栄圏の人口配置について(館稔)「国土計画」 1(2) 1942.9
- ◇近代的人口減衰の一要因に就いて(増田抱村)「人口問題」 5(1) 1942.9
- ◇最近の農村人口移動に依る職業分散の傾向(野尻重雄)「人口問題」 5(1) 1942.9
- ◇産業構造と労働人口(1)(孝橋正一)「人口問題」 5(1) 1942.9
- ◇人口問題と南方経綸(宮島幹之助)「人口問題」 5(1) 1942.9
- ◇人的資源の増加策(1)(海野幸徳)「人口問題」 5(1) 1942.9
- ◇大東亜共栄圏の人口問題概観(塚原一)「人口問題」 5(1) 1942.9
- ◇大東亜人口政策(岩倉具栄)「人口問題」 5(1) 1942.9
- ◇東印度に於ける人口(秋村潔)「人口問題」 5(1) 1942.9
- ◇都鄙人口の体力と増殖力〔素訳〕(1)(館稔)「人口問題」 5(1) 1942.9
- ◇民族増強策の基本問題(川上理一)「人口問題」 5(1) 1942.9
- ◇昭和十七年七月末現在関東州人口の発表「人口問題研究」 3(9) 1942.9
- ◇地籍整理とその諸政に及ぼす影響(相良政行)「地方行政 日文版」 9(9) 1942.9
- ◇地代(2)(鈴木鴻一郎)「帝国農会報」 32(9) 1942.9
- ◇人口政策の課題「東洋経済新報」 2037 1942.9
- ◇満洲の不在地主に関する一考察(梶原子治)「農業と経済」 9(9) 1942.9
- ◇人口と貿易(尾形繁之)「経済学雑誌」 11(4) 1942.10
- ◇地代の歴史性 -リチヤアド・ジョンズの地代論を中心に-(硲正夫)「経済学雑誌」 11(4) 1942.10
- ◇東亜共栄圏人口略説(暫定稿)(1)(館稔[ほか])「人口問題研究」 3(10) 1942.10
- ◇乳児死亡の家族集積性に関する一考察(笠間尚武)「人口問題研究」 3(10) 1942.10
- ◇房総半島の人口増加率と地域性(2)(水巻武)「地政学」 1(10) 1942.10
- ◇地代(3)(鈴木鴻一郎)「帝国農会報」 32(10) 1942.10
- ◇昭和十六年現在道府県別推計人口「統計集誌」 736 1942.10
- ◇戦争と人口(家城勇次郎)「官界公論」 8(89) 1942.11
- ◇厚生省研究所人口民族部主要調査研究事項の決定「人口問題研究」 3(11) 1942.11
- ◇厚生省研究所人口民族部首要調査研究事項の決定「人口問題研究」 3(11) 1942.11
- ◇厚生省研究所人口民族部の成立「人口問題研究」 3(11) 1942.11
- ◇中華民国在留本邦人人口「東洋経済統計月報」 4(11) 1942.11
- ◇領事館管内別在留本邦人人口「東洋経済統計月報」 4(11) 1942.11
- ◇内地都市の推計人口(河野信子)「都市問題」 35(5) 1942.11
- ◇満州国の国勢調査人口「都市問題」 35(5) 1942.11
- ◇明治初期に於けるマルサス人口論の導入(堀経夫)「経済学雑誌」 11(6) 1942.12
- ◇ロオドベルタス地代論の一考察(柏塚辰雄)「経済学雑誌」 11(6) 1942.12
- ◇都市及農村人口の自然的繁殖力に就て(青盛和雄)「経済論叢」 55(6) 1942.12
- ◇内地人口の職業構成「週刊エコノミスト」 20(46) 1942.12
- ◇クツチンスキー「植民地の人口」(1)(上田正夫,窪田嘉彰)「人口問題」 5(2) 1942.12
- ◇産業構造と労働人口(2・完)(孝橋正一)「人口問題」 5(2) 1942.12
- ◇人口政策と思想的対策(佐藤正)「人口問題」 5(2) 1942.12
- ◇「人口増強」理念の革新と新政策の展開(河合弘道)「人口問題」 5(2) 1942.12
- ◇人口統計に於ける数理的方法の意味について(小野勝次)「人口問題」 5(2) 1942.12
- ◇人的資源の増加策(2)(海野幸徳)「人口問題」 5(2) 1942.12
- ◇調査上より見たる熊本県の実情と人口問題(谷口弥三郎)「人口問題」 5(2) 1942.12
- ◇独逸の人口農本論を巡る諸家の論争(林恵海)「人口問題」 5(2) 1942.12
- ◇都鄙人口の体力と増殖力〔素訳〕(2)(館稔)「人口問題」 5(2) 1942.12
- ◇部分人口推計の誤差について(米沢治文)「人口問題」 5(2) 1942.12
- ◇我国に於けるハンセンの人口学説史的回顧(瀬木三雄)「人口問題」 5(2) 1942.12
- ◇工業規制地人口現象概要(1)(上田正夫)「人口問題研究」 3(12) 1942.12
- ◇昭和十五年国勢調査府県別世帯数及人口「統計集誌」 737 1942.12
- ◇工業規制地域人口現象概要(2・完)(上田正夫)「人口問題研究」 4

(1)　1943.1

◇大東亜の人口政策(南亮三郎)「統制経済」　6(1)　1943.1

◇第六回人口問題全国協議会(河野信子)「都市問題」　36(1)　1943.1

◇都市人口と農村人口(中田理夫)「農村工業」　10(1)　1943.1

◇工業規制地域を繞る人口状態(上田正夫)「官界公論」　9(92)　1943.2

◇支那国民政府の土地政策(田邊勝正)「社会政策時報」　26(9)　1943.2

◇愛知県下二三の小都市及び其の周囲農村に於ける結婚及び出産の推移に関する家族調査「人口問題」　5(3)　1943.2

◇クッチンスキー「植民地の人口」(2)(上田正夫,窪田嘉彰)「人口問題」　5(3)　1943.2

◇人口の都市配置に関する継続委員会設置決議「人口問題」　5(3)　1943.2

◇大東亜建設に処する民族人口政策に関する建議「人口問題」　5(3)　1943.2

◇大都市人口の特殊性と母子問題(苅宿俊風)「人口問題」　5(3)　1943.2

◇中国人口動態に関する二資料(1)(上田正夫,石綱正一)「人口問題」　5(3)　1943.2

◇都鄙人口の体力と増殖力(素訳)(3)(館稔)「人口問題」　5(3)　1943.2

◇大東亜建設に処する民族人口政策に関する建議「人口問題研究」　5(3)　1943.2

◇朝鮮の人口問題に関する資料(1)(鈴木虎次郎)「調査月報(大蔵省)」　33(2)　1943.2

◇我国の人口動態好転す「東洋経済新報」　2060　1943.2

◇東京都の面積人口・世界主要都市との比較(東京都制問題)「都市問題」　36(2)　1943.2

◇自然と人口包容力に関する諸説(木内信蔵)「国土計画」　2(1)　1943.3

◇大都市人口は再生し得るか(青盛和雄)「国土計画」　2(1)　1943.3

◇人口問題管見(藤原九十郎)「執務指導通信」　6(4)　1943.3

◇モンベルトの福祉説に就いて(1)(本多龍雄)「人口問題研究」　4(3)　1943.3

◇不動産資料価格統制判例総評(谷口知平)「統制経済」　6(3)　1943.3

◇土地の問題(1)(E.クノル,吉田秀和訳)「都市公論」　26(3)　1943.3

◇人口政策と結婚問題(増田抱村)「厚生事業研究」　31(4)　1943.4

◇出生率の地域的差異の原因に関する人口生物学的研究—千葉県下に於ける調査(横山年)「人口問題研究」　4(4)　1943.4

◇モンベルトの福祉説に就いて(2・完)(本多龍雄)「人口問題研究」　4(4)　1943.4

◇地代(5)(鈴木鴻一郎)「帝国農会報」　33(4)　1943.4

◇土地の問題(2)(E.クノル,吉田秀和訳)「都市公論」　26(4)　1943.4

◇地代(6)(鈴木鴻一郎)「帝国農会報」　33(5)　1943.5

◇土地の問題(3)(E.クノル,吉田秀和訳)「都市公論」　26(5)　1943.5

◇労時人口対策としての結婚問題に就いて(中村遙)「厚生事業研究」　31(6)　1943.6

◇都市人口構成上より見た蔬菜所要量(入江博)「国土計画」　2(2)　1943.6

◇オイラーの人口理論(森田優三)「人口問題」　5(4)　1943.6

◇クッチンスキー「植民地の人口」(3)(上田正夫,窪田嘉彰)「人口問題」　5(4)　1943.6

◇人口問題と体力練成(柳澤利喜雄)「人口問題」　5(4)　1943.6

◇大東亜建設と農村人口(菊田貞雄)「人口問題」　5(4)　1943.6

◇多子家族と社会生物学的意義(林茂)「人口問題」　5(4)　1943.6

◇都鄙人口の体力と増殖力(4)(館稔訳)「人口問題」　5(4)　1943.6

◇ロシア人口のシベリア移植に就いて(増田抱村)「人口問題」　5(4)　1943.6

◇ブルグドエルファー「独逸統計局の将来人口の予測」に就て(三国一義)「人口問題研究」　4(6)　1943.6

◇台湾に於ける土地利用(川田三郎)「地理学評論」　19(6)　1943.6

◇東独通植民達成の諸条件(高村象平)「三田学会雑誌」　37(6)　1943.6

◇結婚持続期間より見たる女子数別夫婦の分布(岡崎文規)「人口問題研究」　4(7)　1943.7

◇本邦死産率に関する統計的研究(第一報)(金子章)「人口問題研究」　4(7)　1943.7

◇大都市人口の疎散問題「経済毎日」　21(27)　1943.8

◇産科学より観たる結婚適齢期(山田一夫)「厚生事業研究」　31(8)　1943.8

◇戦時人口論者としてのジュースミルヒの「神の秩序」(森戸辰男)「人口問題」　6(1)　1943.8

◇中国人口動態に関する二資料(2・完)(上田正夫,石綱正一)「人口問題」　6(1)　1943.8

◇都鄙人口の体力と増殖力(5・完)(館稔)「人口問題」　6(1)　1943.8

◇農村人口四割定有論(平野力三)「人口問題」　6(1)　1943.8

◇大阪市周辺の人口密度(小松幸雄)「経済学雑誌」　13(3)　1943.9

◇奄美与論島の人口と児童保護(高橋東山)「厚生事業」　27(8)　1943.9

◇人口政策と家族生活指導(竹内愛二)「厚生事業研究」　31(9)　1943.9

◇市部郡部間の人口需給関係(上田正夫)「国土計画」　2(3)　1943.9

◇人口政策と家族生活指導(2・完)(竹内愛二)「厚生事業研究」　31(10)　1943.10

◇妻の職業別出産力調査結果概説(1)(島村俊彦)「人口問題研究」　4(10)　1943.10

◇人口増加の分析(森田優三)「一橋論叢」　12(4)　1943.10

◇コマンゾ・アダムス著「布哇に於ける異人種婚姻」(1)(中山良男訳)「人口問題」　6(2)　1943.11

◇シベリア極東地方人口移植論(増田抱村)「人口問題」　6(2)　1943.11

◇人口研究と国家的性格(須江杢二郎)「人口問題」　6(2)　1943.11

◇美濃口(尾州領)に於ける人口の分布と増減(伊豆川浅吉)「人口問題」　6(2)　1943.11

◇妻の職業別出産力調査結果概説(2)(島村俊彦)「人口問題研究」　4(11)　1943.11

◇江戸の人口疎開問題(東京都編纂室)「都政週報」　17　1943.11

◇増産と土地(土地改良事業の実際・続・座談会)(溝口三郎[ほか])「改造」　25(12)　1943.12

◇医学的立場よりみたる人口疎開問題(宇田川與三郎)「人口問題」　6(3)　1943.12

◇空襲時に於ける妊産婦保護と人口疎開問題(木下正一)「人口問題」　6(3)　1943.12

◇工場の現情生産増強の立場よりみたる人口疎開とその可能性(吉田秀夫)「人口問題」　6(3)　1943.12

◇交通より見たる人口疎開問題とその可能性(立花次郎)「人口問題」　6(3)　1943.12

◇住宅の対策より見たる人口疎開問題とその可能性(石原憲治)「人口問題」　6(3)　1943.12

◇人口疎開と農村の立場(青木猛二)「人口問題」　6(3)　1943.12

◇「人口疎開問題」特集号(人口問題研究会)「人口問題」　6(3)　1943.12

人口・土地

◇人口と食糧(野間海造)「人口問題」 6(3) 1943.12

◇都市行政組織と人口の適度(平野真三)「人口問題」 6(3) 1943.12

◇都市住民の生活実態より見たる人口疎開問題(石川栄耀)「人口問題」6(3) 1943.12

◇防空より見たる人口疎開問題(中澤誠一郎)「人口問題」 6(3) 1943.12

◇妻の職業別出産力調査結果概説(3)(島村俊彦)「人口問題研究」 4(12) 1943.12

◇耕地の所有形態(下)「東洋経済統計月報」 5(12) 1943.12

◇人口疎開と佐藤信淵(松田令輔)「財政」 9(1) 1944.1

◇人口疎散は自発的に早目に(上田誠一)「大大阪」 20(1) 1944.1

◇朝鮮湖南地方の人口増減(浅香幸雄)「地理学評論」 20(1) 1944.1

◇昭和十九年人口調査の基本観念及其の実際に就いて(友安亮一)「統計集誌」 751 1944.1

◇近代戦下の人口と其の問題(舘稔)「地方行政」 51(12) 1944.2

◇日本人口の産業配置(美濃口時次郎)「農村工業」 11(4) 1944.5

◇不動産価格統制の合意(辻誠)「国策研究会週報」 6(23) 1944.6

◇市町村と国民登録事務(氷室含平)「職業時報」 7(6) 1944.7

◇江戸時代の全国的人口調査の回数と其数字の採否基準(高橋梵仙)「大日本統計協会雑誌」 1 1944.7

◇内地人の人口再生産率に就て(關彦健次)「大日本統計協会雑誌」 1 1944.7

◇支那総人口の推定(寺尾琢磨)「三田学会雑誌」 38(7) 1944.7

◇明治初年白河県の育子政策(高橋東山)「厚生問題」 28(8) 1944.8

◇人口動態統計を眺めて想ふ(福永典一郎)「大日本統計協会雑誌」 3 1944.9

◇一九三九年乃至一九四三年に於ける欧洲各国の婚姻出生死亡数(内閣統計局審査課)「大日本統計協会雑誌」 3 1944.9

◇仏蘭西に於ける出産減退と婚姻との関係に就て(塚原仁)「大日本統計協会雑誌」 3 1944.9

【図　書】

◇地券 明治9年改正(山林)([神奈川県編]) 1880.11 1枚 26cm

◇地券 明治9年改正(畑)([神奈川県編]) 1884.9 1枚 26cm

◇東京府下有租地々価一覧表 1887.9 80p 20cm

◇日本移民論(大河平隆光著) 文武社 1905.12 368p 23cm

◇戦後経営人口政策(呉文聰著) 丸善 1906.8 2,94p 22cm

◇国勢調査要談(宮本基著) 西東書房 1907.6 18,307p 23cm

◇東京市土地便覧(東京宏信社編) 1908.6 2,15,750p 27cm

◇市区調査談(柳沢保恵述、風祭甚三郎述) 1908.10 40p 22cm

◇東京市勢調査の沿革(柳沢保恵述) 1908.10 27p 22cm

◇国勢及市勢調査法(高橋二郎著) 民友社出版部 1908.11 278,74p 19cm

◇殖民論策(江木翼著) 聚精堂 1910.6 4,212p 23cm

◇国勢調査参考書(国勢調査準備委員会編) 1911.2 4,639p 27cm

◇東京市及接続郡部地籍台帳(東京市区調査会編) 1912.4 1冊 27×38cm

◇地籍地図(小石川区):附 地籍台帳(東京市区調査会編) 1912.11 192p 26×38cm

◇東京市及接続郡部 地籍地図 上巻(東京市区調査会編) 1912.11 1冊 27×38cm

◇東京市及接続郡部 地籍地図 下巻(東京市区調査会編) 1912.11 1冊 27×38cm

◇朝鮮ニ於ケル土地兼併防遏手段 謄写版(東亜経済調査局編) 1912.12 20p 23cm

◇東京市土地宝典 小石川区 大正2年11月調査(金洪舎編) 1913 1冊 38cm

◇宮城県人口論(内閣統計局編) 1913.3 2,70p 26cm

◇日本植民政策一斑(後藤新平述) 1914 131,4p 22cm

◇紐育市内外の地所(岡本米蔵著) 博文館 1916.1 8,134p 23cm

◇土地経済論(角田啓司編) 成美堂 1916.8 2,2,242p 23cm

◇国勢調査員必携(臨時国勢調査局編) 1920 49p 22cm

◇国勢調査事務経過概要(臨時国勢調査局編) 1920.10 9p 27cm

◇東京市内に於ける宅地外土地(田畑、山林、原野、池沼)調査書 大正9年7月現在(沢政調査所編) 1920.10 60p 22cm

◇北海道ニ於ケル売買地価小作料及労働賃金ニ関スル調査(北海道庁内務部編) 1921.6 33p 26cm

◇関東州土地制度論:関東州土地制度改正に際し慣習法の尊重を望むの論(南満洲鉄道株式会社調査課編) 1922.2 2,7,204p 23cm 満鉄調査資料

◇現代人口問題(米田庄太郎著) 弘文堂 1922.2 4,266p 18cm

◇応用優生学(ポール・ポペノー著,ロスウェル・ヒル・ジョンソン著,照沼哲之助訳) 大日本文明協会 1922.10 346p 21cm

◇人口動態調査関係法規 1923 79p 22cm

◇[北海道各支庁管内及各市]売買地価 小作料及労働賃金調 大正12年度 謄写版([北海道]産業部編) 1923 [7]p 28cm

◇小作制度調査会特別委員会総会議事録 其2(農商務省農務局編) 1924 3,314p 22cm

◇永小作に関する調査 其1(農商務省農務局農政課編) 帝国農会 1924.3 179p 22cm

◇地代論(高畠素之訳,安倍浩訳) 而立社 1924.3 6,381p 23cm 経済学説体系

◇人口「マルサス」説の研究(藤村信雄著) 中屋書店 1924.6 5,6,658p 19cm

◇土地経済論(河田嗣郎著) 共立社 1924.9 4,12,814p 22cm

◇人口の原理に関する一論:ゴッドウィン氏、コンドルセー氏其他諸家の研究に触れて社会将来の改善に対する影響を論ず(トーマス・ロバート・マルサス著,高野岩三郎訳,大内兵衛訳) 同人社 1924.10 4,9,357p 19cm

◇人口論(高畠素之訳,安倍浩訳) 而立社 1924.10 2,5,375p 23cm 経済学説体系

◇本邦人口の現在及び将来(高野岩三郎著) 同人社 1925.4 3,145p 19cm

◇東京市地籍簿:加除自在 日本橋区ノ部(鹿野雅夫編) 地籍簿発行所 1925.7 89,30,12p 27cm

◇組合組織による人口の移植(帝国農会編) 1925.10 48p 22cm

◇人口統計研究(岡崎文規著) 有斐閣 1925.11 5,3,266p 23cm

◇美濃国安八郡名森村大字南条及外善光に於ける地割制度 謄写版、未定稿(奥田彧著,神馬仁太郎著,岐阜高等農林学校農業経済学研究室編) 1927.1 13p 28cm 日本土地割替制度研究資料

◇人口問題批判(河上肇著) 叢文閣 1927.2 64p 20cm

◇美濃国安八郡名森村大字中村区の地割制度 謄写版、未定稿(奥田彧著,五島藤光著,岐阜高等農林学校農業経済学研究室編) 1927.2 7p 28cm 日本土地割替制度研究資料

◇土地国有論(ウオレース著,永井彰一訳,東浦庄治訳) 帝国農会 1927.3 4,5,339p 19cm

◇土地賃貸価格調査委員会法案議事録 第五十二回帝国議会(大蔵省主税局編) 1927.4 4,508p 22cm

◇本邦現行土地割替制度に就て 特に山野割替制度に関する研究の一斑 謄写版(奥田彧著,岐阜高等農林学校農業経済学研究室編) 1927.4 8p 28cm 日本土地割替制度研究資料

◇耕地整理法要論(大石芳平著) 1927.5 6,603,5p 23cm

◇丸ノ内三菱所有地出入自動車に関する調査(三菱合資会社地所部編) 1927.5 45p 19cm

人口・土地

◇労農露国土地法の研究（南満洲鉄道株式会社編）　大阪毎日新聞社　1927.7　2,8,403p　23cm　露亜経済調査叢書
◇朝鮮の土地改良事業（朝鮮総督府土地改良部編）　1927.9　6,130p　22cm
◇人口問題ニ関スル世論（人口食糧問題調査会編）　1928.1　35p　22cm
◇土地問題論（ウイルヘム・リープクネヒト著, 河西太一郎訳）　改造社　1928.1　7,7,331p　19cm
◇産児制限ニ関スル調査（増田重喜著）　人口食糧問題調査会　1928.2　2,72p　22cm
◇人口問題（矢内原忠雄著）　岩波書店　1928.2　2,4,232p　19cm
◇我国人口問題と満蒙（南満洲鉄道株式会社庶務部調査課編）　1928.3　1,4,247p　22cm　満鉄調査資料
◇国勢調査参考書（内閣統計局編）　1928.6　3,189p　26cm
◇人口基礎調査報告　謄写版（人口食糧問題調査会編）　1928.9　1冊　26cm
◇日本人口論（永井亨著）　巖松堂　1929.1　10,4,424p　23cm
◇人口問題の研究（清水静文著）　文啓社書房　1929.6　2,3,287p　23cm
◇国勢調査参考書：産業及職業分類（内閣統計局編）　1929.7　2,220p　22cm
◇茨城・新潟・岩手・奈良・香川・広島・福岡7県人口基礎調査　謄写版（人口食糧問題調査会編）　1929.10　77p　26cm
◇中欧諸国の土地制度及び土地政策（沢村康著）　改造社　1930.2　12,710p　23cm
◇土地賃貸価格調査事業報告書　大正15年4月現在（大蔵省主税局編）　1930.3　4,517p　26cm
◇整地事業ノ調査、研究ト此レガ対策（名古屋整地僚友会編）　1931.7　31p　23cm
◇土地改良事業要覧（北海道庁編）　1931.7　5,98p　22cm+図2枚
◇東京市本所区地籍台帳　全（内山模型製図社出版部編）　1931.10　1冊　27cm
◇東京市小石川区地籍台帳（内山模型製図社編）　1931.11　1冊　27cm
◇都市と田舎とに於ける人口の自然的増減（高岡熊雄著）　北海道帝国大学農学部経済学農政学研究室　1932　52p　22cm　経済学農政学研究資料
◇東北の人口構成に於ける特異性の概観：「附」東北の富及所得（内閣統計局編）　1933　3,58p　26cm
◇日本人口問題研究（上田貞次郎編）　協調会　1933.3　6,2,382p　23cm
◇市街地価格論（杉本正幸著）　巖松堂書店　1933.9　484p　23cm
◇戸籍制度（関忠三郎著）　常磐書房　1933.12　24,581p　23cm　自治行政叢書
◇独乙に於ける出生減退の傾向とヒツトラ政府の対策（飯田茂三郎著）　飯田出版部　1933.12　2,39p　23cm　人口問題研究叢書
◇人口問題講演集　第1輯（人口問題研究会編）　1934.4　87p　22cm　人口問題資料
◇独逸人口問題の一瞥（飯田茂三郎著）　日独文化協会　1934.4　2,43p　22cm
◇不動産の評価（杉本正幸著）　巖松堂書店　1934.4　514p　23cm
◇日本人口問題研究　第2輯（上田貞次郎編）　協調会　1934.10　16,3,495p　22cm
◇人口問題講演集　第2輯（人口問題研究会編）　1934.11　3,90p　22cm　人口問題資料
◇百年忌記念マルサス研究（小樽高等商業学校研究室編）　1934.12　5,3,396p　22cm　商業討究
◇昭和十年国勢調査附帯調査提要（東京市臨時国勢調査部編）　1935　4,139p　23cm
◇大正九年国勢調査に於ける職業分類と昭和五年国勢調査に於ける産業分類との比較方法（内閣統計局編）　1935　20p　22cm
◇各国国勢調査法規（内閣統計局編）　1935.3　4,222p　23cm
◇人口統計論（森数樹著）　東洋出版社　1935.3　414p　23cm　統計学全集
◇東北地方の人口に関する調査（人口問題研究会編）　1935.5　87p　23cm　人口問題資料
◇日本の人口問題（W.R.クロッカー著, 近藤常次訳）　南郊社　1935.5　275p　20cm
◇本邦人口増加の傾向及び数量的変動に就て（人口問題研究会編）　1935.9　212p　22cm　人口問題資料
◇東北地方の産業と人口：第2回人口問題同攻者会合記録（人口問題研究会編）　1935.10　117p　22cm　人口問題資料
◇我国人口問題に関する諸研究：第3回人口問題同攻者会合記録（人口問題研究会編）　1936.3　101p　22cm　人口問題資料
◇都鄙人口に関する諸問題：第4・5回人口問題同攻者会合記録（人口問題研究会編）　1936.8　119p　22cm　人口問題資料
◇人口論発展史：日本に於ける最近十年間の総業績（南亮三郎著）　三省堂　1936.9　5,226,18p　20cm
◇日本の人口問題及工業化問題（佐藤尚武述, 日本国際協会編）　1936.9　24,26p　22cm
◇我国人口問題に就て（宮島幹之助著）　[日本公衆保健協会]　1936.9　7p　26cm　『日本公衆保健協会雑誌』第12巻第9号抜刷
◇基本財産河岸地略図　謄写版　1937　81p　26×36cm
◇人口問題の見地より見たる国民保健問題（人口問題研究会編）　1937.2　53p　23cm　人口問題資料
◇人口問題講演集　第4輯（人口問題研究会編）　1937.4　93p　22cm　人口問題資料
◇人口問題講演集：前会長故柳沢保恵伯爵追悼紀念人口問題講演会記録　第7輯（人口問題研究会編）　1937.4　81p　22cm　人口問題資料
◇日本人口問題研究　第3輯（上田貞次郎編）　協調会　1937.4　5,3,677p　22cm
◇日本人口政策（上田貞次郎著）　千倉書房　1937.7　5,8,356p　23cm
◇独逸一九三三年人口職業及経営調査中経営調査の要項（内閣統計局編）　1937.8　2,118p　22cm
◇個人間不動産抵当貸借状況　昭和12年4月現在（日本勧業銀行編）　1937.9　2,16p　22cm
◇人口・資源・植民地：全体主義思想の一展開（阿部源一著）　巖松堂書店　1937.10　4,15,339p　23cm
◇日本の人口：井上雅二常務理事一九三七年巴里国際人口会議提出報告書（人口問題研究所編）　1937.10　33p　22cm　人口問題資料
◇ヘーデマン土地法要綱（[J.W.Hedemann著]）　満洲帝国協和会地籍整理局分会　1937.10　4,23,331p　23cm
◇我国人口問題に関する諸研究：第7回人口問題同攻者会合記録　第2輯（人口問題研究会編）　1938.4　146p　22cm　人口問題資料
◇「世界人口の動向」並に「生産力拡充と労働人口」：第8回人口問題同攻者会合記録（人口問題研究会編）　1938.9　118p　22cm　人口問題資料
◇土地制度研究（田辺勝正著）　松山房　1938.9　2,14,480p　23cm
◇人口問題全国協議会報告書　第1回（人口問題研究会編）　1938.10　9,828p　22cm　人口問題資料
◇土地及び聚落史上の諸問題（牧野信之助著）　河出書房　1938.10　1冊　23cm
◇土地建物需給状態及価格騰落実情調　謄写版（日本勧業銀行編）　1938.10　4,130p　23cm
◇個人間不動産抵当貸借状況調　昭和13年4月現在（日本勧業銀行調査課編）　1938.12　1,2,20p　21cm
◇融和事業関係地区人口・資源其他の概況（中央融和事業協会編）　1939.2　7,4,181p　23cm

人口・土地

◇中国土地問題之史的発展（磊国青著，勝谷在登訳）　慶応書房　1939.6　267p　23cm

◇市街地価格の推移状況調査　其の1　六大都市に於ける市街地価格の推移状況（日本勧業銀行調査課編）　1939.8　5p　21cm

◇都市の人口（猪間驥一著）　東京市政調査会　1939.8　103p　19cm　市政の基礎知識

◇市街地価格の推移状況調査　其の2　内地都市に於ける市街地価格の推移状況（六大都市を除く）（日本勧業銀行調査課編）　1939.9　5p　21cm

◇人口問題講演集　第11輯（人口問題研究会編）　1939.9　68p　22cm　人口問題資料

◇市街地価格の推移状況調査　其の3　台湾都市に於ける市街地価格の推移状況（日本勧業銀行調査課編）　1939.10　4p　21cm

◇諸外国の人口政策（厚生省予防局編）　1939.10　52p　21cm

◇個人間不動産抵当貸借状況調　昭和14年4月現在（日本勧業銀行調査課編）　1939.12　2,2,22p　21cm

◇人口問題全国協議会報告書　第2回（人口問題研究会編）　1939.12　11,1104p　22cm　人口問題資料

◇山口藩の人口調査と戸籍帳について（上田藤十郎著）　昭和高等商業学校　1939.12　32p　22cm　昭和高商学報

◇戦争と人口問題　日本人口に及ぼす支那事変の影響（永井亨一述）　社会教育協会　1940.1　44p　19cm　教育パンフレット

◇昭和14年臨時国勢調査誌（大阪市編）　1940.2　88,70,33p　22cm

◇人口統計論（塚原仁著）　千倉書房　1940.2　1冊　23cm

◇市街地価格の推移状況調査［昭和14年10月現在］（日本勧業銀行調査課編）　1940.5　7p　21cm

◇人口問題講演集　第13輯（人口問題研究会編）　1940.9　64p　22cm　人口問題資料

◇人口理論と人口政策（南亮三郎著）　千倉書房　1940.9　4,8,365p　23cm

◇個人間不動産抵当貸借状況調　昭和15年4月現在（日本勧業銀行調査課編）　1940.11　2,2,20p　21cm

◇産児制限論の批判（永井潜述）　1941　47p　23cm

◇土地平均価格早見表（側方路線影響価格ノ部）（東京市編）　1941　24p　26cm

◇人口問題全国協議会報告書　第3回（人口問題研究会編）　1941.1　11,957p　22cm　人口問題資料

◇戦争と人口を語る（人口問題研究会編）　1941.1　3,70p　18cm　人口問題資料

◇アウタルキイと人口問題（建林正喜著）　昭和高等商業学校　1941.2　23p　22cm　昭和高商学報

◇人的資源論（美濃口時次郎著）　八元社　1941.3　1冊　23cm

◇新東亜確立と人口対策（岡崎文規著）　千倉書房　1941.3　6,4,280p　23cm

◇日本の人口と経済（野間海造著）　日本評論社　1941.3　11,25,407p　23cm

◇我国の将来人口：昭和35年内地総人口一億に関聯して（人口問題研究会編）　1941.3　66,7p　22cm　人口問題資料

◇国民資質・国民生活：紀元二千六百年記念第4回人口問題全国協議会報告書　下（人口問題研究会編）　1941.5　6,327p　26cm　人口問題資料

◇人口・民族・国土：紀元二千六百年記念第4回人口問題全国協議会報告書　上（人口問題研究会編）　1941.5　6,365p　26cm　人口問題資料

◇不動産賃料と価格の統制（杉本正幸著）　巌松堂書店　1941.5　3,12,552p　22cm

◇市街地価格の推移状況調査　昭和15年度（日本勧業銀行調査課編）　1941.7　11p　21cm

◇人口問題と国土計画（中川友長述）　啓明会事務所　1941.7　44p　21cm　107回講演集

◇人口論（トオマス・ロバート・マルサス著，寺尾琢磨訳）　慶応出版社　1941.7　11,6,847p　22cm

◇日本人口問題（岡崎文規述，興亜教学研究会編）　目黒書店　1941.8　165p　18cm　教学新書

◇結婚と人口（岡崎文規著）　千倉書房　1941.11　3,4,242p　22cm

◇第5回人口問題全国協議会研究意見（要旨）（人口問題研究会編）　1941.11　196p　21cm

◇東北人口：人口問題東北地方協議会報告書（人口問題研究会編）　1941.11　3,5,335p　21cm　人口問題資料

◇日本人口史之研究（高橋梵仙著）　三友社　1941.11　1冊　22cm

◇北海道移民政策史（安田泰次郎著）　生活社　1941.11　1冊　22cm

◇個人間不動産抵当貸借状況調　昭和16年4月現在（日本勧業銀行調査課編）　1941.12　2,2,20p　21cm

◇人口問題（美濃口時次郎著）　羽田書店　1941.12　3,2,218p　19cm　生活の科学新書

◇人口問題講演集　第14（人口問題研究会編）　1941.12　104p　21cm　人口問題資料

◇日本人口史（本庄栄治郎著）　日本評論社　1941.12　2,3,429p　19cm

◇ラテン・アメリカの人口問題（人口問題研究会編）　1941.12　2,70p　21cm　人口問題資料

◇我国の人口問題と人口政策確立要綱（厚生省人口局編）　1942　26p　21cm　人口資料

◇結婚に関する諸問題（人口問題研究会編）　1942.1　74p　21cm　人口問題資料

◇日本人口統計史（高橋梵仙著）　大東出版　1942.2　5,3,227p　19cm　大東名著集

◇土地に関する調査（積雪地方農村経済調査所編）　1942.3　29p　22cm　積雪地方農村経済調査所報告

◇国家と人口学説（増田抱村著）　畝傍書房　1942.6　1冊　22cm

◇日本人口史（関山直太郎著）　四海書房　1942.6　11,261p　19cm　日本経済史全書

◇市街地価格の推移状況調査　昭和16年度（日本勧業銀行調査課編）　1942.8　9p　22cm

◇個人間不動産抵当貸借状況調　昭和17年4月現在（日本勧業銀行調査部編）　1942.10　2,2,24p　21cm

◇人口政策と国土計画（人口問題研究会編）　1942.11　9,369,5p　26cm　人口問題資料

◇民族耐乏（高田保馬著）　甲鳥書林　1942.11　8,327p　19cm

◇我が国人口問題概要（人口問題研究所編）　1943　16p　21cm　人口問題資料

◇満鉄草創記：大衆明治史読本（菊池寛著）［文芸春秋社］　1943.2　［9］p　23cm　「文芸春秋」第13巻第2号のうち

◇東京市内の地価　謄写版（東京市企画部都市計画課編）　1943.3　32p　26cm　大東京整備計画資料

◇人口政策（北岡寿逸著）　日本評論社　1943.4　3,7,251p　18cm　政治全書

◇人口問題と社会政策（グュンナー・ミュルダール著，河野和彦訳）　協和書房　1943.4　6,7,202p　19cm

◇農村人口政策論（川島秀雄著）　光書房　1943.5　6,218p　22cm

◇人口問題説話（舘稔著）　汎洋社　1943.6　1冊　22cm

◇人口及東亜経済の研究（上田貞次郎博士記念論文集編纂委員会編）　科学主義工業社　1943.7　9,2,620p　22cm　上田貞次郎博士記念論文集

◇市街地価格の推移状況調査　昭和17年度（日本勧業銀行調査部編）　1943.10　11p　22cm

◇太平洋地域の人口と土地利用（太平洋問題調査会（紐育）刊，東亜研究所訳）　東亜研究所　1943.10　6,13,466p　21cm　東亜叢書

◇抽出法による工業都市人口調査の手引き　謄写版（建設省建築研究

所編） 1944 53p 25cm
◇人口学研究（青盛和雄著）　敞文館　1944.1 3,6,287p 22cm
◇日本人口論の史的研究（吉田秀夫著）　河出書房　1944.2 4,5,536p 22cm
◇人口増加の分析（森田優三著）　日本評論社　1944.10 1冊 22cm

商工業

【雑　誌】

◇商業学に就て（上田貞次郎）「経済学　商業学　国民経済雑誌」　38(1)　1925.1
◇英国貨物及金銀貿易表「東洋経済新報」　1129　1925.1
◇外国貿易五十六年対照表「東洋経済新報」　1129　1925.1
◇恢復途上の世界国別貿易「東洋経済新報」　1129　1925.1
◇米国貨物及金銀貿易表「東洋経済新報」　1129　1925.1
◇本邦八港貿易旬表「東洋経済新報」　1129　1925.1
◇本邦輸出入国別貿易表「東洋経済新報」　1129　1925.1
◇本邦輸出入重要品別表「東洋経済新報」　1129　1925.1
◇本邦類別輸出入月表「東洋経済新報」　1129　1925.1
◇炎夏横浜神戸両港貿易の変化「東洋経済新報」　1130　1925.1
◇爪哇糖取引事情(1)「東洋経済新報」　1131　1925.1
◇十三年の貿易「東洋経済新報」　1131　1925.1
◇重要商品相場日報「東洋経済新報」　1131　1925.1
◇爪哇糖取引事情(2)「東洋経済新報」　1132　1925.1
◇独逸貿易の趨勢「東洋経済新報」　1132　1925.1
◇我国別貿易の変遷「東洋経済新報」　1132　1925.1
◇過去の日露貿易「東洋経済新報」　1133　1925.1
◇爪哇糖取引事情(3)「東洋経済新報」　1133　1925.1
◇本邦製鉄業の現状「東洋経済新報」　1133　1925.1
◇露国貿易の激増「東洋経済新報」　1133　1925.1
◇輸出促進施設としての瑞典貿易協会（平井泰太郎）「経済学　商業学　国民経済雑誌」　38(2)　1925.2
◇農村の小規模商工業化を論ず（平沼淑郎）「地方行政」　33(2)　1925.2
◇外来の輸出余力「東洋経済新報」　1134　1925.2
◇爪哇糖取引事情(4)「東洋経済新報」　1134　1925.2
◇大正二年の単価に換算せる貿易の観察「東洋経済新報」　1134　1925.2
◇露国外国貿易の組織「東洋経済新報」　1134　1925.2
◇最近毛織物需給の継体的省察（三浦豊吉）「東洋経済新報」　1135　1925.2
◇住居商業及工業地域の指定を見んとするに際して（菊池慎三）「都市公論」　8(2)　1925.2
◇英国石炭生産費「東洋経済新報」　1138　1925.3
◇英国石炭輸出減因「東洋経済新報」　1138　1925.3
◇大阪商工貸付の増加「東洋経済新報」　1139　1925.3
◇重要商品相場日報「東洋経済新報」　1139　1925.3
◇染料工業保護政策の変更「東洋経済新報」　1139　1925.3
◇米国商業界推移「東洋経済新報」　1140　1925.3
◇本邦石油鉱業行詰傾向益顕著「東洋経済新報」　1140　1925.3
◇製糸工業企業形態論（早川直瀬）「経済学　商業学　国民経済雑誌」　38(4)　1925.4
◇鉄鋼業の窮状に現はれたる本邦産業の危機を論ず（小島精一）「国家学会雑誌」　39(4)　1925.4
◇製糸業発展の内容(1)「東洋経済新報」　1142　1925.4
◇独逸貿易の趨勢「東洋経済新報」　1142　1925.4

◇昨年世界貿易大勢「東洋経済新報」　1143　1925.4
◇米国昨年の国別貿易「東洋経済新報」　1144　1925.4
◇商業労働者問題（古瀬安俊）「内務時報」　282　1925.4
◇スツットガートに於ける「輸出商陳列所」（平井泰太郎）「経済学　商業学　国民経済雑誌」　38(5)　1925.5
◇製糸工業企業形態論(2)（早川直瀬）「経済学　商業学　国民経済雑誌」　38(5)　1925.5
◇英蘭及蘇格蘭卸費連合会の発達概況（篠田七郎）「産業組合」　235　1925.5
◇上海邦人紡績罷業の顛末(1)（久留弘三）「社会政策時報」　56　1925.5
◇入超貿易の激減「東洋経済新報」　1147　1925.5
◇世界貿易の変化「東洋経済新報」　1148　1925.5
◇国別貿易の推移「東洋経済新報」　1149　1925.5
◇独逸対外貿易回復の内容「東洋経済新報」　1150　1925.5
◇上海邦人紡績罷業の顛末(2・完)（久留弘三）「社会政策時報」　57　1925.6
◇我専売事業の実績「週刊エコノミスト」　3(11)　1925.6
◇実行の可能性ある麦酒専売「週刊エコノミスト」　3(11)　1925.6
◇障害多き酒の専売制度「週刊エコノミスト」　3(11)　1925.6
◇英国に於けるマーカンテリズムの隆興及衰滅（高橋誠一郎）「社会科学」　1(2)　1925.7
◇下期の対外貿易は好転するか「週刊エコノミスト」　3(13)　1925.7
◇貿易の実数如何（太田正孝）「税」　3(7)　1925.7
◇昨年の世界貿易「東洋経済新報」　1155　1925.7
◇綿糸紡績工場の衛生（其1）（社会局第一部）「内務時報」　297　1925.7
◇綿糸紡績工場の衛生（其2）（社会局第一部）「内務時報」　298　1925.7
◇商業中心地と港湾（山本五郎）「港湾」　3(8)　1925.8
◇主要紡績の資産負債調「週刊エコノミスト」　3(22)　1925.11
◇納税額より見たる大阪市の商工業（大阪市役所都市計画部庶務課）「都市問題」　1(7)　1925.11
◇青物市場改造の急務（鳴鬼喜雄）「市町村」　1(6)　1925.12
◇青物市場改造の急務(2)（鳴鬼喜雄）「市町村」　2(1)　1926.1
◇青物市場改造の急務（鳴鬼喜雄）「市町村」　2(2)　1926.2
◇昨年の我国別貿易の解剖「東洋経済新報」　1186　1926.2
◇我が繊維工業に於ける原料需要の変化「東洋経済新報」　1188　1926.3
◇大阪市と対支貿易（内田壽）「大大阪」　2(4)　1926.4
◇大正十三年工場監督年報概要（社会局労働部）「内務時報」　337　1926.4
◇英国炭鉱業改造案（英国炭鉱委員会報告）「東洋経済新報」　1195　1926.5
◇商工都市と労働救済施設「週刊エコノミスト」　4(12)　1926.6
◇商業地街の街灯に就て「都市研究」　2(3)　1926.6
◇日用品市場制度の改善(1)（平賀周）「斯民」　21(8)　1926.8
◇生産組合「測機舎」の発展と其悩み「東洋経済新報」　1211　1926.8
◇日用品市場制度の改善(2)（平賀周）「斯民」　21(9)　1926.9

◇公設市場論(永井彰一)「帝国農会報」 16(10) 1926.10
◇大正十四年の貿易概況(森本世外)「港湾」 4(12) 1926.12
◇工場疎開と工場規模「東洋経済新報」 2154 1927.1
◇本邦大都市に於ける農産物販売方法の改革運動(六大都市中央卸売市場計画の一欠陥)(1)(福本英男)「都市問題」 4(1) 1927.1
◇ソヴエト露西亜に於ける手工業と個人資本の関係(大竹伝吉)「社会政策時報」 77 1927.2
◇昨年の我国別貿易「東洋経済新報」 1237 1927.2
◇工業分布の問題に就て(竹田武男)「統計集誌」 548 1927.3
◇本邦大都市に於ける農産物販売方法の改革運動(3)(福本英男)「都市問題」 4(3) 1927.3
◇工業分布の問題に就て(2・完)(竹田武男)「統計集誌」 549 1927.4
◇本邦大都市に於ける農産物販売方法の改革運動(4)(福本英男)「都市問題」 4(4) 1927.4
◇支那時局の重大化と大阪市の対支貿易(内021寿)「大大阪」 3(5) 1927.5
◇工業統計の理論及実務(2・完)(長沢柳作)「統計集誌」 550 1927.5
◇為替と輸出貿易「東洋経済新報」 1248 1927.5
◇本邦南洋貿易の発達と現状「東洋経済新報」 1249 1927.5
◇第一、四半期の国別貿易「東洋経済新報」 1250 1927.5
◇本邦大都市に於ける農産物販売方法の改革運動(5)(福本英男)「都市問題」 4(5) 1927.5
◇港湾設備に依る都市商工業の復活(山本五郎)「港湾」 5(6) 1927.6
◇大阪と対支貿易(高柳松一郎)「大大阪」 3(6) 1927.6
◇本邦大都市に於ける農産物販売方法の改革運動(6)(福本英男)「都市問題」 4(6) 1927.6
◇ヘーア氏の所述倫敦の市場(1)其の歴史職分及将来(黒谷了太郎)「都市創作」 3(7) 1927.7
◇ヘーア氏の所述倫敦市場(2)(黒谷杜鵑訳)「都市創作」 3(8) 1927.8
◇湯川寛吉氏の商審提出意見を読む「東洋経済新報」 1267 1927.9
◇ヘーア氏の所述倫敦の市場(3)(黒谷了太郎)「都市創作」 3(9) 1927.9
◇中小工業の金融疎通とカルテル「東洋経済新報」 1268 1927.10
◇地価より観た城北工業地域に就て(林房之丞)「都市創作」 3(10) 1927.10
◇財界の位地と中小商工業「東洋経済新報」 1273 1927.11
◇商工審議会第三回総会の決議に至る迄「東洋経済新報」 1275 1927.11
◇中小商工業の窮状「週刊エコノミスト」 5(24) 1927.12
◇商工審議会第三回総会の決議に至る迄(4)(三浦鉄太郎)「東洋経済新報」 1278 1927.12
◇商工審議会第三回総会の決議に至る迄(5)(三浦鉄太郎)「東洋経済新報」 1279 1927.12
◇ヘーア氏の所述倫敦の市場(4)(黒谷了太郎訳)「都市創作」 4(2) 1928.2
◇米国百貨店売上高の季節的変化「東洋経済新報」 1300 1928.5
◇百貨店に対する小売店の対策(神戸正雄)「時事経済問題」 71 1928.6
◇商業及工業の適性(上)(稲葉幹一)「補習教育」 64 1928.6
◇百貨店の同業組合除外認可問題(小田忠夫)「都市問題」 7(1) 1928.7
◇販売額及市場価格を通じて見たる東京市小売市場(杉原太之助)「都市問題」 8(4) 1929.4
◇販売額及び市場価格を通じて見たる東京市小売市場(杉原太之助)「都市問題」 8(5) 1929.5
◇米国に於ける工業の電化と鉄道の減収「帝国鉄道協会会報」 30(6) 1929.6
◇百貨店の商品券存廃問題(竹島富三郎)「経済時報」 1(4) 1929.7
◇百貨店の商品券問題(神戸正雄)「時事経済問題」 85 1929.8
◇本年上半期貿易(神戸正雄)「時事経済問題」 85 1929.8
◇本邦中小工業の地位とその問題(熊田克郎)「社会政策時報」 107 1929.8
◇七月迄の貿易と貿易の前途「時事経済問題」 86 1929.9
◇中小商工業資金疏通問題(欧米の二三実例)「週刊エコノミスト」 7(18) 1929.9
◇中小商工業金融問題対策-東京商工会議所の建議(内海源男)「都市問題」 9(3) 1929.9
◇欧洲に於ける戦後の自由貿易運動(富永祐治)「経済時報」 1(7) 1929.10
◇大阪市に於けるカフェー改善問題(平田隆夫)「経済時報」 1(7) 1929.10
◇チエイン・ストーアーの発展過程に対する一考察(竹林庄太郎)「経済時報」 1(7) 1929.10
◇百貨店税論(神戸正雄)「経済論叢」 29(4) 1929.10
◇生産ビルシステムの提案(中商工業者の生くべき道)(高岡齊)「大大阪」 5(10) 1929.10
◇同業的縦断と地方的横断の連結(中商工業者の生くべき道)(矢栄匡雄)「大大阪」 5(10) 1929.10
◇和紙(藤井厚二)「建築と社会」 12(11) 1929.11
◇小売商の窮迫と其救済(神戸正雄)「時事経済問題」 88 1929.11
◇小売店問題解決策としての連鎖店組織(竹林庄太郎)「経済時報」 2(1) 1930.4
◇中小商工業者救済の道(河田嗣郎)「経済時報」 2(1) 1930.4
◇最近に於ける中小商工業金融難対策(岡野文之助)「都市問題」 10(5) 1930.5
◇独逸貯蓄銀行と中小商工業金融(楠見一正)「経済時報」 2(3) 1930.6
◇中小商工業問題「週刊エコノミスト」 8(12) 1930.6
◇中小工業の合理化問題(1)「東洋経済新報」 1403 1930.6
◇中小工業の合理化(2)「東洋経済新報」 1404 1930.6
◇中小工業の合理化問題(3)「東洋経済新報」 1405 1930.6
◇中小商工業者金融問題の核心/公企業に於ける労働問題と其の対策(春日井薫)「都市問題」 10(6) 1930.6
◇大東京地域の工場の分布(武見芳二)「地理学評論」 6(7) 1930.7
◇我中小工業合理化の目標(1)「東洋経済新報」 1406 1930.7
◇大阪市場に於ける副産品取引に就て(見坊兼光)「市町村雑誌」 440 1930.8
◇京都市に於ける米の小売相場に就て(谷口吉彦)「経済論叢」 31(3) 1930.9
◇小売市場に関する一考察「週刊エコノミスト」 8(18) 1930.9
◇米の卸売相場と小売相場との関係(谷口吉彦)「経済論叢」 31(5) 1930.11
◇製鉄統制の答申案「東洋経済新報」 1427 1930.11
◇工業と商業との交渉(磯部克一)「経済論叢」 31(6) 1930.12
◇横浜港内市営新工業地(原静雄)「港湾」 9(1) 1931.1
◇平井教授の百貨店説に就て(松井辰之助)「経済時報」 2(11) 1931.2
◇保健と工業(3)(パーソン)「公衆衛生」 49(2) 1931.2
◇卸売商の将来(村本福松)「経済時報」 3(1) 1931.4
◇小売商に寄する一論(松井辰之助)「経済時報」 3(1) 1931.4

◇店舗の営業時間制限に関する問題（桜井安右衛門）「社会政策時報」 127 1931.4

◇主要工業の採算調と最近経済状勢の打診「週刊エコノミスト」 9(7) 1931.4

◇中小商工業問題「社会政策時報」 129 1931.6

◇工場統計の分析(1)「東洋経済新報」 1458 1931.7

◇工場統計の分析(2)「東洋経済新報」 1459 1931.7

◇工場統計の分析（[3]・完）「東洋経済新報」 1460 1931.8

◇最近大阪に現はれたる商業経営形態に就て（村本福松）「経済時報」 3(7) 1931.10

◇ドイツの百貨店（蔵田周忠）「建築と社会」 14(10) 1931.10

◇百貨店建築に就て（毛利泰三）「建築と社会」 14(10) 1931.10

◇百貨店建築の外観と内部（黒田鵬心）「建築と社会」 14(10) 1931.10

◇百貨店の建築（里見能吉）「建築と社会」 14(10) 1931.10

◇百貨店の設計（木水栄太郎）「建築と社会」 14(10) 1931.10

◇百貨店の平面計画に就て（絹川豊重）「建築と社会」 14(10) 1931.10

◇我国百貨店建築の特異性（中村伝治）「建築と社会」 14(10) 1931.10

◇最近五ヶ年に於ける工業の推移（西沢基一）「経済時報」 3(9) 1931.12

◇中小商工業金融に就て（都市として如何に講策すべきか）（牧野元次郎）「都市問題」 13(6) 1931.12

◇百貨店に関する若干の時事問題（村本福松）「経済時報」 3(10) 1932.1

◇理容営業取締規制の統一に就て（三浦義男）「公衆衛生」 50(2) 1932.2

◇各市に於ける百貨店と大百貨店の出張販売（東京市政調査会研究部）「都市問題」 14(2) 1932.2

◇アメリカに於けるTrade Associationに就て（王谷宗市郎）「経済時報」 3(12) 1932.3

◇連鎖店反対運動（谷口吉彦）「経済論叢」 34(5) 1932.5

◇中央市場仲買人の窮乏とその将来（大迫武雄）「大大阪」 8(6) 1932.6

◇大阪市に於ける工業の経営形態並に企業形態の発達（堀江保蔵）「工業経済研究」 2 1932.7

◇吾国の自動車工業の将来と電気自動車（八木常三郎）「交通研究」 10 1932.7

◇米国百貨店の共同配達（伊藤重治郎）「交通研究」 10 1932.7

◇公私設小売市場の調査「産業組合」 322 1932.7

◇小売商対百貨店座談会「東洋経済新報」 1513 1932.8

◇盛り場計画のテキスト 夜の都市計画（石川栄耀）「都市公論」 15(8) 1932.8

◇商品券問題短評（松井辰之助）「経済時報」 4(6) 1932.9

◇中小商工業匡救諸策の検討（松井辰之助）「経済時報」 4(6) 1932.9

◇小売商と百貨店の税金の軽重（北田内蔵司）「週刊エコノミスト」 10(20) 1932.10

◇小売商の税金重きにあらず（北田内蔵司）「税」 10(10) 1932.10

◇商品券問題の経緯（伊藤重治郎）「税」 10(10) 1932.10

◇百貨店負担の考察（小林八百吉）「税」 10(10) 1932.10

◇イギリス帝国特恵関政策の史的発展概観「経済時報」 4(8) 1932.11

◇所謂不当廉売の排撃を困難ならしむる総合価格政策に就て（村本福松）「経済時報」 4(8) 1932.11

◇個人商店の収益税は百貨店に四倍す（相馬愛蔵）「税」 10(11) 1932.11

◇問屋制工業の成立、本質及び最近に於ける変革（諸井貫一）「工業経済研究」 3 1933.1

◇農村工業化について（田中長茂）「自治研究」 9(1) 1933.1

◇本邦諸都市に於ける百貨店の発達と其分布（伊藤重治郎）「都市問題」 16(1) 1933.1

◇最近に於ける独逸手工業の状態（玉谷宗市郎）「経済時報」 4(11) 1933.2

◇百貨店の国民経済上に於ける意義（堀新一）「経済論叢」 36(2) 1933.2

◇阪急百貨店の防火設備に就いて（上田寧）「建築と社会」 16(2) 1933.2

◇百貨店内交通機関の非常時に於ける対策（山本一）「建築と社会」 16(2) 1933.2

◇百貨店の災害防止設備について（中澤誠一郎）「建築と社会」 16(2) 1933.2

◇百貨店の防火消化避難設備に就いて（坪井誠一）「建築と社会」 16(2) 1933.2

◇チエーンストアと消費組合（緒方晴陽）「産業組合」 328 1933.2

◇商業使用人組合論(1)（井上貞蔵）「社会政策時報」 149 1933.2

◇都市盛場機構要素としての飲食店思考（小林隆徳）「都市公論」 16(2) 1933.2

◇商店法案について（北岡寿逸）「法律時報」 5(2) 1933.2

◇女店員を中心とせる百貨店の研究（星野周一郎）「経済時報」 4(12) 1933.3

◇均一値段営業に就て（大塚一朗）「経済論叢」 36(3) 1933.3

◇米国の小売販売税（伊藤重治郎）「税」 11(3) 1933.3

◇商業組合法解説（岩崎弘義）「法律時報」 5(3) 1933.3

◇不富廉売制に就て（河津暹）「経済学論集」 3(4) 1933.4

◇小売商の反連鎖店運動と連鎖店の将来（緒方晴陽）「産業組合」 300 1933.4

◇最近に於ける百貨店対小売商の抗争（産業組合中央会調査部）「産業組合」 300 1933.4

◇商店法案と輿論（北岡寿逸）「社会政策時報」 151 1933.4

◇中心都市に於ける工業集積（菊田太郎）「経済論叢」 36(5) 1933.5

◇東京市商業調査概要速報（東京市商工課）「産業組合」 332 1933.6

◇商業組合法実施状況（大貝晴彦）「地方行政」 41(7) 1933.7

◇都市盛場機構要素としての飲食店考（小林隆徳）「都市公論」 16(7) 1933.7

◇百貨店と専門店（堀新一）「経済論叢」 37(2) 1933.8

◇我国商店法の制定と国際労働立法（星野辰雄）「社会政策時報」 155 1933.8

◇中央市場卸売業務公営論（福田敬太郎）「都市研究」 29 1933.8

◇商店法制定の問題に就て（石井通則）「社会事業」 17(6) 1933.9

◇都市に於ける小売業者問題解決策の一面観（竹林庄太郎）「大大阪」 9(9) 1933.9

◇国際収支勘定により観たる我国民経済の世界大戦後に於ける推移（金原賢之助）「三田学会雑誌」 27(9) 1933.9

◇日英通商問題概観（濱田恒一）「三田学会雑誌」 27(9) 1933.9

◇滝野川鹿島紡績所の創立経営事情 -本邦最初の民設紡績工場-（土屋喬雄）「経済学論集」 3(10) 1933.10

◇出張販売より見たる百貨店対小売店の抗争（堀新一）「経済論叢」 37(4) 1933.10

◇小売商業の競争と分業（谷口吉彦）「経済論叢」 37(5) 1933.11

◇百貨店女子従業員の作業負担及作業配分に関する調査（上野義雄,弓削礼造）「労働科学研究」 10(5) 1933.11

◇百貨店女子従業員の身体的性能の特異性に就て（石川知福）「労働科学研究」 10(5) 1933.11

◇百貨店女子従業員の疲労検査 (勝木新次 [ほか]) 「労働科学研究」 10 (5) 1933.11

百貨店調査報告に就て (暉峻義等) 「労働科学研究」 10 (5) 1933.11

◇商業使用人の就業時間問題 (井上貞蔵) 「経済学論集」 3 (12) 1933.12

◇小売更生策としての自由連鎖店 (谷口吉彦) 「経済論叢」 37 (6) 1933.12

◇ダンピングの経済論 (富岡惟中) 「工業経済研究」 5 1933.12

◇我国中小工業の統計的考案 (勝ого兵助) 「工業経済研究」 5 1933.12

◇税から観た小商工業者の没落 (織本侊) 「社会政策時報」 159 1933.12

◇卸売人員数に関する若干の考察-大阪市場の事例より観たる単一制の功罪/中央市場卸売人の単複制批判 (伊東俊雄) 「都市問題」 17 (6) 1933.12

◇卸売人単複制問題の帰趨/中央市場卸売人の単複制批判 (松井辰之助) 「都市問題」 17 (6) 1933.12

◇卸売人の特殊性と単数制/中央市場卸売人の単複制批判 (加藤木保次) 「都市問題」 17 (6) 1933.12

◇神戸市に於ける単複制問題/中央市場卸売人の単複制批判 (吉村鮫) 「都市問題」 17 (6) 1933.12

◇消費者側と供給者側より観たる単複制/中央市場卸売人の単複制批判 (大迫武雄) 「都市問題」 17 (6) 1933.12

◇消費者と単複制/中央市場卸売人の単複制批判 (市川房枝) 「都市問題」 17 (6) 1933.12

◇単一制卸売会社案と複数制卸売会社案/中央市場卸売人の単複制批判 (鈴木正之助) 「都市問題」 17 (6) 1933.12

◇単複運動の実相と其是非/中央市場卸売人の単複制批判 (近江笛郎) 「都市問題」 17 (6) 1933.12

◇単複制考察の観点/中央市場卸売人の単複制批判 (大野勇) 「都市問題」 17 (6) 1933.12

◇中央市場卸売人の単数化の傾向/中央市場卸売人の単複制批判 (福田敬太郎) 「都市問題」 17 (6) 1933.12

◇我国工業に於ける小企業の残存に関する一研究 (大塚一朗) 「経済学論集」 4 (1) 1934.1

◇各国工業生産の消長 「経済月報」 6 (1) 1934.1

◇酒の専売に就きて (神戸正雄) 「経済論叢」 38 (1) 1934.1

◇農村の工業化から観たる綿織物工業の一事例 (斎藤栄一) 「社会政策時報」 160 1934.1

◇商業地区形成の結果 (中村与資平) 「都市公論」 17 (1) 1934.1

◇老舗料の擬制出資に依る中央市場卸売会社の組織に就て (吉川末次郎) 「都市問題」 18 (1) 1934.1

◇東京市江東市場の貨物集散状況-大都市に於ける青果卸売市場の一研究資料 (近沢定吉) 「都市問題」 18 (1) 1934.1

◇大ロンドン北西部一帯の工業調査 (奥井復太郎) 「三田学会雑誌」 28 (1) 1934.1

◇中小商業者の救済政策 (中沢弁次郎) 「産業組合」 340 1934.2

◇肥料商没落の客観的情勢 (近藤康男) 「産業組合」 340 1934.2

◇商業政策より見たる独逸の過去及現在 (河津暹) 「経済学論集」 4 (3) 1934.3

◇百貨店の植民地進出 (堀新一) 「経済論叢」 38 (3) 1934.3

◇重商主義時代の貿易統制 (本位田祥男) 「経済学論集」 4 (4) 1934.4

◇植民地貿易分析 (富永祐治) 「経済時報」 6 (1) 1934.4

◇名古屋市の中小商工業金融施設に就て (松崎寿) 「経済時報」 6 (1) 1934.4

◇輸入割当制 (Quota system) に就いて (谷口吉彦) 「経済論叢」 38 (4) 1934.4

◇農村に於ける工業化の二つの方向 (齋藤栄一) 「社会政策時報」 163 1934.4

◇挑戦的貿易政策の転向 (竹内謙二) 「週刊エコノミスト」 12 (7) 1934.4

◇副業と農村工業 (五十子巻三) 「帝国農会報」 24 (4) 1934.4

◇スヴェーデン倉庫営業法 (松波港三郎) 「法学論叢 (京都帝国大学法学会)」 30 (4) 1934.4

◇京浜工業地帯研究 (大都市地域的研究の一部) (奥井復太郎) 「三田学会雑誌」 28 (4) 1934.4

◇横浜工業港の潮位 (関重雄) 「港湾」 12 (5) 1934.5

◇貿易調節通商擁護 (谷口恒二) 「自治研究」 10 (5) 1934.5

◇中小工業の統制に就て (入江弘) 「社会政策時報」 164 1934.5

◇輸出統制の現状及将来 (海老根駿) 「社会政策時報」 164 1934.5

◇輸出貿易の振興と労働条件の統制 (長谷川公一) 「社会政策時報」 164 1934.5

◇ソシアルダンピングの検討 「週刊エコノミスト」 12 (9) 1934.5

◇新名古屋市に於ける「総合販売所」の客 「商工経済」 17 (5) 1934.5

◇中小都市に於ける工場誘致の反対問題 (東海道雄) 「地方行政」 42 (5) 1934.5

◇貿易調節及通商擁護に関する法律に就て (尾関将玄) 「地方行政」 42 (5) 1934.5

◇農村工業化の有望性 「東洋経済新報」 1598 1934.5

◇「都市工業の田園分散」批判-警戒すべき農村の工業化 (木村靖二) 「都市問題」 18 (5) 1934.5

◇百貨店出張販売の本質 (堀新一) 「経済論叢」 38 (6) 1934.6

◇植民地都市に於ける百貨店の近情 (堀新一) 「都市問題」 18 (6) 1934.6

◇東京市に於ける工場規模分布の調査 (奥井復太郎) 「三田学会雑誌」 28 (6) 1934.6

◇国際貿易の計画化 「経済月報」 6 (7) 1934.7

◇工場委員会の型の生因 (大塚一朗) 「経済論叢」 39 (1) 1934.7

◇工業に対する農家経済の労働力補給関係 (渡邊信一) 「地方行政」 42 (7) 1934.7

◇日本商品は果して世界市場を席捲せるか 「東洋経済新報」 1610 1934.7

◇市場権と其の内容 (鈴木正之助) 「都市問題」 19 (1) 1934.7

◇我貿易の趨勢を通じて見たるアウタルキー (土方成美) 「経済学論集」 4 (8) 1934.8

◇保護貿易主義発展-其れが発達を阻止する為の具体的方策- 「経済月報」 6 (8) 1934.8

◇大阪港貿易の発展 (尾形繁之) 「経済時報」 6 (5) 1934.8

◇転換期における東京市工業の概貌 (小川信雄) 「社会政策時報」 168 1934.9

◇農村工業化と都市対策 (吉川末次郎) 「社会政策時報」 168 1934.9

◇大阪小売業振興調査会に望む (竹林庄太郎) 「大大阪」 10 (9) 1934.9

◇各国に於ける貿易管理制度と最恵国条款 (始関伊平) 「法律時報」 6 (9) 1934.9

◇百貨店の卸売兼営問題と小売商 (松井辰之助) 「経済時報」 6 (7) 1934.10

◇農村工業化の二範疇 (松本耕介) 「週刊エコノミスト」 12 (19) 1934.10

◇我貿易統制の現状と意義 「東洋経済新報」 1622 1934.10

◇都市観光事業の基礎的考察 (第四回全国都市問題会議記念特輯) (清水照男, 富田滋) 「都市問題」 19 (4) 1934.10

◇ダンピングの概念 (油本豊吉) 「経済学論集」 4 (11) 1934.11

◇商業に関するマルクス説の一批判者 (松井清) 「経済論叢」 39 (5) 1934.11

◇中小商工業の更生と組合活動(谷口吉彦)「経済論叢」　39(5)　1934.11
◇貿易変調の実質と将来「東洋経済新報」　1626　1934.11
◇本年上半期に於ける主要工業団の工業生産状態「経済月報」　6(12)　1934.12
◇中小工業と工業会計に就て(笠原千鶴)「社会政策時報」　171　1934.12
◇ドイツに於ける中小工業保護法に就て(稲葉秀三)「社会政策時報」　171　1934.12
◇我国工場委員会制度の現在及将来「社会政策時報」　171　1934.12
◇日本の輸出伸張と其影響「週刊エコノミスト」　12(25)　1934.12
◇工場地帯に於ける農耕地の脅威(高橋友志)「東京市農会報」　11　1934.12
◇盛り場並主要商店街に対する二三の提案(石川栄耀)「都市問題」　19(6)　1934.12
◇日本経済に於ける中小工業の重大位置(高橋亀吉)「改造」　17(1)　1935.1
◇最近における中小毛織物工業事情(井口東輔)「社会政策時報」　172　1935.1
◇紡績工業に於ける労働需要膨張の吟味(西脇多喜雄)「職業紹介」　3(1)　1935.1
◇オツタワ協定前後の英帝国貿易(シュスタァ)「調査月報(大蔵省)」　25(1)　1935.1
◇製糸業の恐慌克服策(1)(柳川昇)「経済学論集」　5(2)　1935.2
◇農村工業化問題「週刊エコノミスト」　13(4)　1935.2
◇合衆国上院軍需工業査問委員会の経過と結論(1)「東洋経済新報」　1638　1935.2
◇都市工業の地方分散と農村工業(中沢弁次郎)「都市問題」　20(2)　1935.2
◇中小工業に於ける労働条件の適正「労働時報」　12(2)　1935.2
◇中小商業振興対策研究に於ける基本的考慮(村本福松)「経済時報」　6(12)　1935.3
◇「中小商工業存在理由」と対策の検討(2・完)「週刊エコノミスト」　13(9)　1935.3
◇台湾に於ける石炭瓦斯工業と最近業績更生の原因(米花伊太郎)「帝国瓦斯協会雑誌」　24(2)　1935.3
◇盛り場に関する若干考察(都市に於ける中心地域の構成)(奥井復太郎)「三田学会雑誌」　29(3)　1935.3
◇農村工業の問題(小松幸雄)「経済時報」　7(1)　1935.4
◇連鎖店組織の価格政策(竹林庄太郎)「経済時報」　7(1)　1935.4
◇中小工業に於ける労働事情(村山重忠)「社会政策時報」　175　1935.4
◇独逸に於ける家内工業問題(大河内一男)「社会政策時報」　175　1935.4
◇我国に於ける小工業の現在及将来(上田貞次郎)「社会政策時報」　175　1935.4
◇産業組合の使命と中小商工業の問題(小平権一)「地方行政」　43(4)　1935.4
◇工場監督主任官事務打合会議「労働時報」　12(4)　1935.4
◇盛場の研究(石川栄耀)「エンジニアー」　14(5)　1935.5
◇百貨店出張販売存続の条件(1)(堀新一)「経済論叢」　40(5)　1935.5
◇大阪市に於ける青果市場の今昔(木村靖二)「大大阪」　11(5)　1935.5
◇英国に於ける中小商工金融機関としての工業信用会社「調査月報(大蔵省)」　25(5)　1935.5
◇農村工業化に就て(森周六)「帝国農会報」　25(5)　1935.5
◇盛り場研究の吟味(中村綱)「都市公論」　18(5)　1935.5
◇我国中小工業の現段階的意義(森耕二郎)「経済学研究」　5(2)　1935.6

◇大阪市場に於ける朝鮮米(西沢基一)「経済時報」　7(3)　1935.6
◇百貨店出張販売存続の条件(2・完)(堀新一)「経済論叢」　40(6)　1935.6
◇カルテルの商人に及ぼす影響(大山倪爾)「工業経済研究」　7　1935.6
◇動力使用状況より見たる近代的工業(山田秀三)「工業経済研究」　7　1935.6
◇フランスに於ける小工業問題(斎田藤吉)「社会政策時報」　177　1935.6
◇中小工業と工業組合「週刊エコノミスト」　13(17)　1935.6
◇農村工業の重要なる部分としての主要農産加工の概要「農務時報」　81　1935.6
◇ダンピングの分類(1)(油本豊吉)「経済学論集」　5(7)　1935.7
◇中小商工業に於ける使用人問題(竹林庄太郎)「社会政策時報」　178　1935.7
◇工業生産は衰滅しつゝあるか「週刊エコノミスト」　13(19)　1935.7
◇イギリス綿業の社会化計画「東洋経済新報」　1663　1935.7
◇卸売市場論(吉村辰夫)「都市公論」　18(7)　1935.7
◇ベルリンと東京との小売店数の比較(猪間驥一)「都市問題」　21(1)　1935.7
◇全国各都市に於ける商店の夜間営業状況「労働時報」　12(7)　1935.7
◇盛場の価値と技術家の立場(石川栄耀)「エンジニアー」　14(8)　1935.8
◇工業組合法と中小産業の統制「週刊エコノミスト」　13(23)　1935.8
◇中小工業政策の目標とその限界(小島精一)「東京市産業時報」　1(2)　1935.8
◇東京市に於ける最近の貿易状勢(大沼栄八)「東京市産業時報」　1(2)　1935.8
◇商工中央金庫の及ぼす中商工業への効果と限度「東洋経済新報」　1666　1935.8
◇稲川宮雄著「商業組合の理論と実際」の紹介批評(後藤清)「法律時報」　7(8)　1935.8
◇商店の夜間営業時間制限に関する意嚮聴取の為の通牒「労働時報」　12(8)　1935.8
◇小ブルヂョアは没落しないか？　中小工業謳歌論批判(佐多忠隆)「改造」　17(9)　1935.9
◇地下商店街(伊藤和夫)「建築と社会」　18(9)　1935.9
◇工業調査の結果より観たる東京大阪両市の工業比較(1)(前野不二男)「東京市産業時報」　1(3)　1935.9
◇中小商業者更生策としての商業組合の機能(白石幸三郎)「東京市産業時報」　1(3)　1935.9
◇本邦小売商対策としての許可制度を論ず(本間幸作)「東京市産業時報」　1(3)　1935.9
◇微温的な商店法案の制度「東洋経済新報」　1672　1935.9
◇中小工業に於ける労働運動の特殊問題「内外社会問題調査資料」　264　1935.9
◇農業工業奨励上の諸注意及規則「農務時報」　84　1935.9
◇最近百十二年間に亙る工業品価格指数(笠信太郎)「大原社会問題研究所雑誌」　2(10)　1935.10
◇小売商問題への再凝視(松井辰之助)「経済時報」　7(7)　1935.10
◇工業に於ける経営所在地の選定に就いて(大塚一朗)「経済論叢」　41(4)　1935.10
◇貿易の好調と前途の問題(井上治兵衛)「週刊エコノミスト」　13(29)　1935.10
◇商業組合の使命に就て(勝正憲)「商業組合」　1(1)　1935.10

◇中小商業の将来と商業組合の使命(谷口吉彦)「商業組合」 1(1) 1935.10

◇都市に於ける商店員制度改革案(1)(竹林庄太郎)「大大阪」 11(10) 1935.10

◇下請制度改善に関する大工場代表者懇談会(東京市商工相談所)「東京市産業時報」 1(4) 1935.10

◇中小工業の現状並に其の新使命と海外貿易(高橋亀吉)「東京市産業時報」 1(4) 1935.10

◇本邦紡績業の発達とその合理化過程(山田文雄)「経済学論集」 5(11) 1935.11

◇商店年齢に関する考察(村本福松)「経済時報」 7(8) 1935.11

◇商店法案について(谷口吉彦)「経済論叢」 41(5) 1935.11

◇停車場と百貨店(佐竹三吾)「建築と社会」 18(11) 1935.11

◇中小工業金融に於ける普通銀行の地位(楠見一正)「社会政策時報」 182 1935.11

◇商業組合の現勢「商業組合」 1(2) 1935.11

◇産業組合の農村工業(近藤憲一)「地方行政」 43(11) 1935.11

◇小売商人の没落防止/第九回市民賞論文選外佳作(笹原正志)「都市問題」 21(5) 1935.11

◇商工省小売業改善調査会の小売業改善案「都市問題」 21(5) 1935.11

◇中小商業者窮乏の再吟味(木村靖二)「都市問題」 21(5) 1935.11

◇再び商店年齢に就て(村本福松)「経済時報」 7(9) 1935.12

◇商業組合と租税(1)(濱田徳海)「自治研究」 11(12) 1935.12

◇商店法と営業時間(杉山兼二)「社会事業研究」 23(12) 1935.12

◇商業組合の現勢「商業組合」 1(3) 1935.12

◇麦酒工業と農民経済「帝国農会報」 25(12) 1935.12

◇中小商業の窮状と其対策の批判(小林行昌)「都市問題」 21(6) 1935.12

◇製糸業経営の研究(本位田祥男)「経済学論集」 6(1) 1936.1

◇中小商業の将来と商業組合制度(大島永明)「斯民」 31(1) 1936.1

◇名古屋市に於ける商業と少年店員「職業」 3(1) 1936.1

◇大阪市に於ける小売店の寿命に就て(村本福松)「大大阪」 12(1) 1936.1

◇大阪市の試みんとする輸出(追加)補償制度の話(生谷友七)「大大阪」 12(1) 1936.1

◇産業組合の進出と中小商業(高橋栄)「東京市産業時報」 2(1) 1936.1

◇市設小売市場の入場者調査概要(東京市産業局小売市場掛)「東京市産業時報」 2(1) 1936.1

◇中小工業の利益率に関する調査(1)(前野不二男)「東京市産業時報」 2(1) 1936.1

◇中小商工業者の金融機関利用現状と其の金利の問題(井関孝雄)「東京市産業時報」 2(1) 1936.1

◇工業の地方分散の意義と農村救済「東洋経済新報」 1688 1936.1

◇小工業と労働法(末弘厳太郎)「日本評論」 11(1) 1936.1

◇再燃した商店法問題—その回顧と展望—(後藤清)「法律時報」 8(1) 1936.1

◇資本関係を通じて見たる本邦紡績業(山田文雄)「経済学論集」 6(2) 1936.2

◇農業者商工業者の税負担(神戸正雄)「経済論叢」 42(2) 1936.2

◇日、満、独三角貿易の可能性に就て(谷口吉彦)「経済論叢」 42(2) 1936.2

◇商業組合と租税(2)(濱田徳海)「自治研究」 12(2) 1936.2

◇農村工業の新生面(五十子巻三)「斯民」 31(2) 1936.2

◇商店法案と輿論(北岡寿逸)「社会事業」 19(11) 1936.2

◇商業組合の決算手続に就て(芦川章二)「商業組合」 2(2) 1936.2

◇商店街商業組合に関する調査(2・完)(稻川宮雄)「商業組合」 2(2) 1936.2

◇肥料工業に於ける資本の支配(栗原藤七郎)「帝国農会報」 26(2) 1936.2

◇商店経営の欠陥とその匡正(園田理一)「東京市産業時報」 2(2) 1936.2

◇中小工業の利益率に関する調査(完)(前野不二男)「東京市産業時報」 2(2) 1936.2

◇貿易に現れたる我国発展の趨勢(石橋湛山)「東洋経済新報」 1694 1936.2

◇商法改正問題(1)(松本烝治[ほか])「法律時報」 8(2) 1936.2

◇筑豊石炭業に於ける初期会社企業(遠藤正男)「経済学研究」 6(1) 1936.3

◇小売経営困窮対策の急所(村本福松)「経済時報」 7(12) 1936.3

◇外国に於ける現時の商業使用人制度(1)(井上貞藏)「社会政策時報」 186 1936.3

◇香川県自動車運輸商業組合の統制事業に就いて(徳本角一)「商業組合」 2(3) 1936.3

◇商業組合出資金払込をめぐる法律問題(後藤清)「商業組合」 2(3) 1936.3

◇商業組合簿記に関する二三の考察(安藤豊作)「商業組合」 2(3) 1936.3

◇東京薬工品商業組合諸事業の解剖(1)(岡本叢一)「商業組合」 2(3) 1936.3

◇商店街と商業組合(岩崎松義)「東京市産業時報」 2(3) 1936.3

◇連鎖店圧迫立法の批判(竹林庄太郎)「経済時報」 8(1) 1936.4

◇価格構成に於ける商業の作用(1)(堀新一)「経済論叢」 42(4) 1936.4

◇貿易構成の変化(谷口吉彦)「経済論叢」 42(4) 1936.4

◇外国に於ける現時の商業使用人制度(2・完)(井上貞藏)「社会政策時報」 187 1936.4

◇日本工業に於ける機械工業地帯(尾崎雄一郎)「社会政策時報」 187 1936.4

◇最近貿易に見る様相変化「週刊エコノミスト」 14(10) 1936.4

◇商業組合共同施設費助成及査定方針(境井勘一)「商業組合」 2(4) 1936.4

◇商業組合統計切抜帖(廣川辰一)「商業組合」 2(4) 1936.4

◇商業組合の共同仕入事業に就いて(川上爲治)「商業組合」 2(4) 1936.4

◇人口吸収層としての商業階級(谷口吉彦)「商業組合」 2(4) 1936.4

◇国策の転換と農村工業政策の重大性(五十子巻三)「地方行政」 44(4) 1936.4

◇最近の貿易構成の変化について(谷口吉彦)「経済論叢」 42(5) 1936.5

◇工業大都市の都市構築法と経済(元吉勇太郎)「建築と社会」 19(5) 1936.5

◇機械工業に於ける小規模工場の実情(木内譽治)「社会政策時報」 188 1936.5

◇輸出統制の実状「週刊エコノミスト」 14(14) 1936.5

◇商業組合の物的共同施設事業に就て(川上爲治)「商業組合」 2(5) 1936.5

◇富山県の工業と其の将来(宮崎和清)「都市公論」 19(5) 1936.5

◇実際家より観たる商法改正法律案(稲脇修一郎)「法律時報」 8(5) 1936.5

◇商改正法案を評す(長岡治男)「法律時報」 8(5) 1936.5

◇商法改正法案管見(西原寛一)「法律時報」 8(5) 1936.5

◇商法改正法案論評(花岡敏夫)「法律時報」 8(5) 1936.5

◇市内小売業経営並に金融調査(1)(大阪商工会議所)「大阪商工会議所月報」 349 1936.6
◇私設工場委員会と企業(大塚一朗)「経済論叢」 42(6) 1936.6
◇大都市に於ける商店街の構成(谷口吉彦)「経済論叢」 42(6) 1936.6
◇中小工業に於ける共同施設としての炊事組合(村山重忠)「産業組合」 368 1936.6
◇シカゴに於ける家内工業調査(大野木克彦)「社会政策時報」 189 1936.6
◇一千組合の設立完了に除して(大島永明)「商業組合」 2(6) 1936.6
◇商業組合の共同販売並に共同売出事業に就て(川上爲治)「商業組合」 2(6) 1936.6
◇商店街商業組合に就て(石川文吾)「商業組合」 2(6) 1936.6
◇大阪に於ける工場敷地選定の理由を聴く(1)(福富正治)「大大阪」 12(6) 1936.6
◇商工相談取扱事項概観(戸沢盛直)「東京市産業時報」 2(6) 1936.6
◇商工相談に就て(荒木孟)「東京市産業時報」 2(6) 1936.6
◇工場用水と工場廃水に就て(三川秀夫)「都市問題」 22(6) 1936.6
◇仙台市の工業現勢に就て(杉森二郎)「都市問題」 22(6) 1936.6
◇大阪工業の変遷(欧州大戦 前迄)「大阪商工会議所月報」 350 1936.7
◇市内小売業経営並に金融調査(2)(大阪商工会議所)「大阪商工会議所月報」 350 1936.7
◇免許営業の概観「大阪商工会議所月報」 350 1936.7
◇小工業の状勢に関する日本及独逸の統計に就いて—附臨時国勢調査施行の提唱(高野岩三郎)「大原社会問題研究所雑誌」 3(7) 1936.7
◇商業組合の研究調査事項と其方法(松井辰之助)「商業組合」 2(7) 1936.7
◇商業組合の統制事業に就て(1)「商業組合」 2(7) 1936.7
◇独逸に於ける小売商組合に就いて(向井梅次)「商業組合」 2(7) 1936.7
◇集団商業地の二類型-消費分野に於ける都市発展過程に関する一研究(山下余四郎)「都市問題」 23(1) 1936.7
◇東京市に於ける小工業調査(大野木克彦)「社会政策時報」 191 1936.8
◇商業組合自治監査の意義と特質「商業組合」 2(8) 1936.8
◇商業組合の統制事業に就て(2)(川上爲治)「商業組合」 2(8) 1936.8
◇大阪市商業調査に依る店舗概数—商業都市大大阪の全貌—(大阪市産業部)「大大阪」 12(8) 1936.8
◇大阪市の家畜市場を語る—肉食盛んな大阪市民—(山崎豊)「大大阪」 12(8) 1936.8
◇めし屋の研究(瀬田彌太郎)「大大阪」 12(8) 1936.8
◇中小商業と百貨店法制定の問題(1)(上林正矩)「東京市産業時報」 2(8) 1936.8
◇市内小売業の経営並に金融調査(3)「大阪商工会議所月報」 352 1936.9
◇盛場統制論(1)(国鹽耕一郎)「警察研究」 7(9) 1936.9
◇帝都観光事業の将来(豊川弘毅)「市政研究」 2(5) 1936.9
◇中小商工業対策の検討「週刊エコノミスト」 14(26) 1936.9
◇商業組合と産業組合との連繋に就て(胡内郁蔵)「商業組合」 2(9) 1936.9
◇商業組合は商売なり「商業組合」 2(9) 1936.9
◇商店街商業組合の振興繁栄策(白地辨二)「商業組合」 2(9) 1936.9
◇大阪市の中小商業の現状と商業調査(草刈孟)「大大阪」 12(9) 1936.9

◇世界を風靡する大阪商品の前途非常時貿易の素描(1)(生谷友七)「大大阪」 12(9) 1936.9
◇近代小売業の発展傾向(鍋島達)「東京市産業時報」 2(9) 1936.9
◇小売開業資本に関する一考察(小川信雄)「東京市産業時報」 2(9) 1936.9
◇中小商業と百貨店法制定の問題(2)(上林正矩)「東京市産業時報」 2(9) 1936.9
◇わが国に於ける工場監督制度(風早八十二)「法律時報」 8(9) 1936.9
◇市内小売業の経営並に金融調査(4)(大阪商工会議所)「大阪商工会議所月報」 353 1936.10
◇盛場統制論(2)(国鹽耕一郎)「警察研究」 7(10) 1936.10
◇社会問題としての商業使用人問題(後藤清)「社会事業」 20(7) 1936.10
◇北九州工業発展の概況に就て(松本健次郎)「社会政策時報」 193 1936.10
◇北九州に於ける重工業発展の史的考察(小島精一)「社会政策時報」 193 1936.10
◇製鉄所を巡る諸製造工業の発展(波多野鼎)「社会政策時報」 193 1936.10
◇筑豊及九州炭鉱に於ける大手筋と中小企業との関係(菊池勇夫)「社会政策時報」 193 1936.10
◇福岡県に於ける農村工業に就て(安田穣)「社会政策時報」 193 1936.10
◇我が国民経済に於ける北九州重工業の地位(波多野鼎,吉村正晴)「社会政策時報」 193 1936.10
◇商業組合設立前後の会計(安藤豊作)「商業組合」 2(10) 1936.10
◇商業組合の指導研究調査事業に就て(川上爲治)「商業組合」 2(10) 1936.10
◇百貨店法問題の概略(本間幸作)「商業組合」 2(10) 1936.10
◇商業組合法施行四周年を迎へて(吉野信次)「商業組合」 2(13) 1936.10
◇百貨店法と商店法(井上貞蔵)「商業組合」 2(13) 1936.10
◇中小工業と輸出貿易(2)(入江弘)「東京市産業時報」 2(10) 1936.10
◇市内小売業の経営並に金融調査(5)(大阪商工会議所)「大阪商工会議所月報」 354 1936.11
◇盛場統制論(3・完)(国鹽耕一郎)「警察研究」 7(11) 1936.11
◇最近に於ける工業労働力の量並に質の変化(1)(子安浩)「社会政策時報」 194 1936.11
◇我国商業とその労働構成について(1)(稲葉秀三)「社会政策時報」 194 1936.11
◇小売業統制論(伊藤重治郎)「商業組合」 2(11) 1936.11
◇商業組合の金融事業に就て(1)(川上爲治)「商業組合」 2(11) 1936.11
◇商業組合の統制機能とその特徴「商業組合」 2(11) 1936.11
◇売上税の創設と百貨店(安藤信夫)「税」 14(11) 1936.11
◇商店法案に関する若干の考察(1)(本間幸作)「東京市産業時報」 2(11) 1936.11
◇百貨店問題の一節—百貨店営業種目の制限に関して—(堀江亮吉)「東京市産業時報」 2(11) 1936.11
◇百貨店法に就て(井上貞蔵)「法律時報」 8(11) 1936.11
◇市内小売業の経営並に金融調査(6)(大阪商工会議所)「大阪商工会議所月報」 355 1936.12
◇重商主義の国内商業統制(堀新一)「経済学研究」 6(4) 1936.12
◇商店法案の再検討(谷口吉彦)「経済学研究」 6(4) 1936.12
◇事業と臨時工(木村喜一郎)「経済時報」 8(9) 1936.12
◇百貨店法か小売業法か(村本福松)「経済時報」 8(9) 1936.12

◇百貨店法の制定「経済論叢」 43(6) 1936.12
◇現行専売制度の概要(荒井誠一郎)「財政」 1(3) 1936.12
◇最近に於ける工業労働力の量並質の変化(2)(子安浩)「社会政策時報」 195 1936.12
◇我国商業とその労力構成に就て(2)(稲葉秀三)「社会政策時報」 195 1936.12
◇小売商の更生と商業組合(小林行昌)「商業組合」 2(12) 1936.12
◇商業組合に於ける積立金の諸問題(安藤豊作)「商業組合」 2(12) 1936.12
◇商業組合の金融事業に就て(2)(川上為治)「商業組合」 2(12) 1936.12
◇商店法案に関する若干の考察(2)(本間幸作)「東京市産業時報」 2(12) 1936.12
◇盛り場に於ける場力の簡易なる測定法(2)(石川栄耀)「都市公論」 19(12) 1936.12
◇中小商業の振興問題と社会大衆党の市民運動「内外社会問題調査資料」 305 1936.12
◇尾去沢鉱山の惨事と法律問題(平田慶吉)「法律時報」 8(12) 1936.12
◇市内小売業の経営並に金融調査(7)(大阪商工会議所)「大阪商工会議所月報」 356 1937.1
◇貿易と生産、消費との関係(谷口吉彦)「経済論叢」 44(1) 1937.1
◇商業組合金融の特質と長所「商業組合」 3(1) 1937.1
◇商業組合精神の監査(楠瀬常猪)「商業組合」 3(1) 1937.1
◇商業組合中央金庫に就て(小竹茂)「商業組合」 3(1) 1937.1
◇商店経営の基本的考慮に就て(1)(村本福松)「商業組合」 3(1) 1937.1
◇中小商業の振興と商業組合(大島永明)「商業組合」 3(1) 1937.1
◇小売商当面の対策(小林行昌)「商工経済」 3(1) 1937.1
◇諸国に於ける小売商許可制度(田中幸雄)「商工経済」 4(4) 1937.1
◇最近に於ける重工業関係徒弟工に就て(水谷守一)「職業紹介」 5(10) 1937.1
◇最近に於ける東京市工業の展望(東京市統計課)「東京市産業時報」 3(1) 1937.1
◇商店法案に関する若干の考察(3)(本間幸作)「東京市産業時報」 3(1) 1937.1
◇中小商工経営に於ける諸傾向打診(小川信雄)「東京市産業時報」 3(1) 1937.1
◇東京市に於ける中小商工金融実状の一端(高橋鉄也)「東京市産業時報」 3(1) 1937.1
◇配給市場としての小売市場の機能(岡野文之助)「東京市産業時報」 3(1) 1937.1
◇最近の工業労働力の量並に質の変化(2)(子安浩)「社会政策時報」 197 1937.2
◇我国商業と其労力構成に就いて(2)(稲葉秀三)「社会政策時報」 197 1937.2
◇商業組合会計監査(1)(中瀬勝太郎)「商業組合」 3(2) 1937.2
◇商業組合に於ける持分の算定に就て「商業組合」 3(2) 1937.2
◇商店街商業組合の発展性(谷口吉彦)「商業組合」 3(2) 1937.2
◇商店経営の基本的考慮に就て(2)(村本福松)「商業組合」 3(2) 1937.2
◇商店の経営と商店法の制定(井上貞蔵)「商工経済」 3(2) 1937.2
◇中小商工業金融に関する答申書(東京市中小商工業振興調査会)「東京市産業時報」 3(2) 1937.2
◇市内小売業の経営並に金融調査(8)(大阪商工会議所)「大阪商工会議所月報」 358 1937.3
◇大阪東京両市に於ける白米小売商(木村和三郎)「経済時報」 8(12) 1937.3
◇広告審議会の創設と広告統制(村本福松)「経済時報」 8(12) 1937.3
◇任意連鎖店組織と商業組合(竹林庄太郎)「経済時報」 8(12) 1937.3
◇輸入統制の目的(谷口吉彦)「経済論叢」 44(3) 1937.3
◇東京市の商工相談事業に就て(沖塩正夫)「市政研究」 3(2) 1937.3
◇躍進また躍進の工業大阪-昭和十年大阪市工場調査概要-(大阪市産業部)「大大阪」 13(3) 1937.3
◇商店法に関する若干の考察(4)(本間幸作)「東京市産業時報」 3(3) 1937.3
◇東北地方の農村工業と其動向(朝井勇宣)「農業と経済」 4(3) 1937.3
◇工業の地方化の趨勢と現況(2)(斎藤栄一)「農村工業」 4(3) 1937.3
◇下請工業の地方状況「農村工業」 4(3) 1937.3
◇下請による工業地方化と産業組合及工業組合(藤田敬三)「農村工業」 4(3) 1937.3
◇百貨店経営の最近の推移(村本福松)「経済学雑誌」 1(1) 1937.4
◇中小商業者金融調査に就て(荒木光太郎)「経済学論集」 7(4) 1937.4
◇工業化の意義及其指標(田杉競)「社会政策時報」 199 1937.4
◇商業組合の税務(浜田徳海)「商業組合」 3(4) 1937.4
◇中小商業問題に就て(東栄二)「商業組合」 3(4) 1937.4
◇我国経済情勢と中小商業の前途(木村増太郎)「商業組合」 3(4) 1937.4
◇商店法案に関する若干の考察(5・完)(本間幸作)「東京市産業時報」 3(4) 1937.4
◇独立小売商店の窮迫と商店年齢に就て(槙義雄)「東京市産業時報」 3(4) 1937.4
◇軍需工業に於ける生産力拡充と恐慌(渡辺多恵)「日本評論」 12(4) 1937.4
◇東北地方の農村工業と其動向(朝井勇宣)「農業と経済」 4(4) 1937.4
◇工業の地方分散と農村工業の立地論(大河内正敏)「農村工業」 4(4) 1937.4
◇今後の農村工業諸問題(簡野博志)「農村工業」 4(4) 1937.4
◇農村工業障碍に関する若干問題(八木澤善次)「農村工業」 4(4) 1937.4
◇農村工業と産業組合(鞍田純)「農村工業」 4(4) 1937.4
◇農村工業と理想(勝間田清一)「農村工業」 4(4) 1937.4
◇農林工業と産業組合(平實)「農村工業」 4(4) 1937.4
◇中小工業の残存形態と下請制(藤田敬三)「経済学雑誌」 1(2) 1937.5
◇商工組合中央金庫の使命と現況(泉至剛)「財政」 2(6) 1937.5
◇商業組合制度(楠瀬常猪)「商業組合」 3(5) 1937.5
◇商工組合中央金庫の概要(立石信郎)「商業組合」 3(5) 1937.5
◇中小商業と商業組合(谷口吉彦)「商業組合」 3(5) 1937.5
◇小売商統制問題(深見義一)「商工経済」 3(5) 1937.5
◇商業組合と産業組合(平実)「商工経済」 3(5) 1937.5
◇スイスに於ける大規模商業の制圧(田中幸雄)「商工経済」 3(5) 1937.5
◇失業緩和の見地に立脚せる世界繊維工業労働時間短縮準備会議報告書要旨に就て(山本高雄)「職業紹介」 5(5) 1937.5
◇下請工業助成計画要綱(商工省)「農村工業」 4(5) 1937.5
◇農村工業に就て(吉田茂)「農村工業」 4(5) 1937.5

◇商店法案要綱「労働時報」 14(5) 1937.5
◇工産額より観たる主要府県の地位(大阪商工会議所)「大阪商工会議所月報」 361 1937.6
◇国内商業に於ける自由と統制(堀新一)「経済学研究」 7(2) 1937.6
◇商店法案に就て(成田一郎)「経済月報」 9(6) 1937.6
◇商店法に関する資料「経済月報」 9(6) 1937.6
◇農村工業の奨励(内海一雄)「産業組合」 380 1937.6
◇商店法案に就て(吉武恵市)「社会政策時報」 201 1937.6
◇商業組合金融の兼営主義「商業組合」 3(6) 1937.6
◇商業組合経営の話(1)(堺井勘一)「商業組合」 3(6) 1937.6
◇商業経済論(井上貞蔵)「商業組合」 3(6) 1937.6
◇商店街に於ける業者の構成(1)(川上為治)「商業組合」 3(6) 1937.6
◇商業組合と自由連鎖店に就て(上林正矩)「商工経済」 3(6) 1937.6
◇商店法案に関する参考資料「商工経済」 3(6) 1937.6
◇企業規模の大小より観た商工業使用人待遇状況調(大阪市社会部)「職業紹介」 5(6) 1937.6
◇大阪府下に於ける商業組合の現勢(玉置敬三)「大大阪」 13(7) 1937.6
◇商工相談所の設立と実積(加古徹次郎)「大大阪」 13(7) 1937.6
◇乾式脱硫器能力算定基準に関し商工省に答申の件(帝国瓦斯協会)「帝国瓦斯協会雑誌」 26(7) 1937.6
◇小売商の適存数に関する若干の考察(槙義雄)「東京市産業時報」 3(6) 1937.6
◇瑞典の官府小売価格及生計費統計「統計集誌」 672 1937.6
◇商店法案に就て「内務時報」 2(6) 1937.6
◇農村工業と産業組合(千石興太郎)「農村工業」 4(6) 1937.6
◇副業及農村工業奨励に関する協議会要概「農務時報」 105 1937.6
◇商店法改案を評す(井上貞蔵)「法律時報」 3(3) 1937.6
◇新商店法案に就て(末弘厳太郎,戒能通孝)「法律時報」 9(6) 1937.6
◇市内小売業の経営並に金融調査(9)(大阪商工会議所)「大阪商工会議所月報」 362 1937.7
◇工業立地論の根本問題「経済学論集」 7(7) 1937.7
◇神奈川県下に於ける緑化工場報告(十五工場)「公園緑地」 1(7) 1937.7
◇工場緑化座談会(神奈川県)「公園緑地」 1(7) 1937.7
◇工場緑化に於ける諸施設に就て(西春雄)「公園緑地」 1(7) 1937.7
◇工場緑化に関する考察(丹羽鼎三)「公園緑地」 1(7) 1937.7
◇中小商工金融の補助機関としての信用保険制度(井関孝雄)「財政」 2(8) 1937.7
◇商店法案に就て(沼越正巳)「斯民」 32(7) 1937.7
◇商業組合の型(岩崎義義)「商業組合」 3(7) 1937.7
◇商店法の誕生に就いて(武田珊一)「大大阪」 13(8) 1937.7
◇工業の地方分散と農村工業の立地論(2)(大河内正敏)「農村工業」 4(7) 1937.7
◇1909年3月17日の仏国営業財産法に就いて(2・完)(福井勇二郎)「法学協会雑誌」 55(7) 1937.7
◇市内小売業の経営並に金融調査(10)(大阪商工会議所)「大阪商工会議所月報」 363 1937.8
◇工業立地論現実化の諸問題(山田文雄)「経済学雑誌」 1(5) 1937.8
◇中小商工業資金融通損失補償制度の拡張「経済月報」 9(8) 1937.8

◇商業組合精神(大島永明)「商業組合」 3(8) 1937.8
◇商民道場建設の機運(有賀禄郎)「商業組合」 3(8) 1937.8
◇中小商工業資金融通損失補償制度に就いて(魚交晶正蔵)「商業組合」 3(8) 1937.8
◇東京市商業組合の現状と金融問題(長谷川亀蔵)「商業組合」 3(8) 1937.8
◇労働状態より見たる最近の工業の発展(1)(河合勇吉)「商工経済」 4(2) 1937.8
◇英国の鉄鋼業「調査月報(大蔵省)」 27(7) 1937.8
◇小売商の助成と統制(1)(平井泰太郎)「東京市産業時報」 3(8) 1937.8
◇朝鮮に於ける家庭工業調査「統計時報」 71 1937.8
◇市内小売業の経営並に金融調査(11)(大阪商工会議所)「大阪商工会議所月報」 364 1937.9
◇機械工業に於ける下請制の調査(田杉競)「社会政策時報」 204 1937.9
◇軍需工業に於ける下請制を主題として(藤田敬三)「社会政策時報」 204 1937.9
◇商店街に於ける業者の構成(2)(川上為治)「商業組合」 3(9) 1937.9
◇労働状態より見たる最近の工業の発展(2)(河合勇吉)「商工経済」 4(3) 1937.9
◇小売商の助成と統制(2)(平井泰太郎)「東京市産業時報」 3(9) 1937.9
◇商業・工業・輸出組合に関する調査(1)(産業局庶務課調査掛)「東京市産業時報」 3(9) 1937.9
◇東京市に於ける問屋制小工業調査「統計時報」 72 1937.9
◇ドイツ国に於ける工業及手工業(1)(岡田正雄)「統計集誌」 675 1937.9
◇大規模工場の立体的調査に就て(伊東五郎)「都市公論」 20(9) 1937.9
◇瑞西における最近の商事立法(野村次夫)「法律時報」 9(9) 1937.9
◇最近の電気工業情勢(室住熊三)「文部時報」 595 1937.9
◇市内小売業の経営並に金融調査(12)(大阪商工会議所)「大阪商工会議所月報」 365 1937.10
◇原料統制と輸入統制(谷口吉彦)「経済論叢」 45(4) 1937.10
◇時局と商業組合の使命(村瀬直養)「商業組合」 3(10) 1937.10
◇商業組合の真使命(竹林庄太郎)「商業組合」 3(10) 1937.10
◇米国に於ける小売配給の一断面-1935年度商業調査告より-(山口喬蔵)「東京市産業時報」 3(10) 1937.10
◇ドイツ国に於ける工業及手工業(2)(岡田正雄)「統計集誌」 676 1937.10
◇農村の工業と副業(大河内正敏)「農村工業」 4(10) 1937.10
◇白耳義に於ける小売商業統制法案「経済月報」 9(11) 1937.11
◇一欧人の日本工業観(大塚一朗)「経済論叢」 45(5) 1937.11
◇商業組合出資証券の性質(高田源清)「商業組合」 3(11) 1937.11
◇商業組合法改正の要望(稲川宮雄)「商業組合」 3(11) 1937.11
◇商店街に於ける業者の構成(下ノ一)(川上為治)「商業組合」 3(11) 1937.11
◇商業組合の編成替(竹林庄太郎)「商業組合」 4(11) 1937.11
◇独逸の対日対支貿易(オストホールト)「調査月報(大蔵省)」 27(11) 1937.11
◇ドイツ国に於ける工業及手工業(3)(岡田正雄)「統計集誌」 677 1937.11
◇軍事工業動員法概況(松井春生)「法律時報」 9(11) 1937.11
◇輸入統制の及ぼす影響(芹沢彪衛)「改造」 19(12) 1937.12

◇キール「世界経済論誌」の日本工業化号(今野源八郎)「経済学論集」 7(12) 1937.12
◇中小商業者第二回金融調査に就て-中間報告-(荒木光太郎)「経済学論集」 7(12) 1937.12
◇戦時経済下の中小商業(井上貞蔵)「週刊エコノミスト」 15(34) 1937.12
◇商業組合と同業組合との関係に就て(小出栄一)「商業組合」 3(12) 1937.12
◇地区商業組合の経営(志茂雄雄)「商業組合」 3(12) 1937.12
◇輸出入品等に関する臨時処置法に就いて(村瀬直養)「商業組合」 3(12) 1937.12
◇英国小売商業の動向(田中幸雄)「商工経済」 4(6) 1937.12
◇事変化の中小工業(原戸英治)「商工経済」 4(6) 1937.12
◇事変と中小商工業金融(工藤昭四郎)「商工経済」 4(6) 1937.12
◇戦時下の中小商工業及び労働対策―事業主団体及東京市の時局対策―「内外社会問題調査資料」 339 1937.12
◇我国最初の保護貿易論文献「保護税説附録」の紹介(土屋喬雄)「経済学論集」 8(1) 1938.1
◇工場内住居施設に就いて(大塚一朗)「経済論叢」 46(1) 1938.1
◇国際収支均衡の理論(松井清)「経済論叢」 46(1) 1938.1
◇国際収支策としての輸入統制(谷口吉彦)「経済論叢」 46(1) 1938.1
◇戦時下の貿易統制(尾形繁之)「週刊エコノミスト」 16(2) 1938.1
◇事変下の中小商工業対策(本間幸作)「東京市産業時報」 4(1) 1938.1
◇大東京工業の概観-昭和十一年末工場調査速報(東京市統計課)「東京市産業時報」 4(1) 1938.1
◇ドイツ国に於ける工業及手工業(4)(岡田正雄)「統計集誌」 678 1938.1
◇ドイツ国に於ける工業及手工業(5・完)(岡田正雄)「統計集誌」 679 1938.1
◇戦時貿易政策と清算制度(尾形繁之)「経済学雑誌」 2(2) 1938.2
◇英国商店法の展開(井上貞蔵)「経済学論集」 8(2) 1938.2
◇新興化学工業(喜多源逸)「経済論叢」 46(2) 1938.2
◇中小工業と輸出貿易(川端巌)「社会政策時報」 209 1938.2
◇北支の工業立地問題(川西正鑑)「週刊エコノミスト」 16(5) 1938.2
◇和蘭に於ける小売商法「商工経済」 5(2) 1938.2
◇事変と中小商工金融(2)(工藤昭四郎)「商工経済」 5(2) 1938.2
◇小売商更生策(井上貞蔵)「東京市産業時報」 4(2) 1938.2
◇商店法案関係資料「経済月報」 10(3) 1938.3
◇シカゴの緑地計画に対する商業会議所の活動(木村三郎)「公園緑地」 2(3) 1938.3
◇最近に於ける世界貿易趨勢の展望(3・完)(田村与吉)「港湾」 16(3) 1938.3
◇時局下の清酒醸造業対策(黒野勘八)「財政」 3(3) 1938.3
◇輸出入品臨時借置法の改正(大渡順二)「財政」 3(3) 1938.3
◇社会更生と商店法(井上貞蔵)「週刊エコノミスト」 16(8) 1938.3
◇商工行政費に就て(野田沢軍治)「東京市産業時報」 4(3) 1938.3
◇東京商工団体銃後援連盟の事業に就て「東京市産業時報」 4(3) 1938.3
◇銃後商工援護の全国的概況と其の拡充方策(柴田徳雄)「都市問題」 26(3) 1938.3
◇商店法案要綱「都市問題」 26(3) 1938.3
◇商店法の制定「労働時報」 15(3) 1938.3
◇事変下の中小商工業金融問題(荒木光太郎)「改造」 20(4) 1938.4

◇独逸小売商業に於ける水平的結合(上村貞治郎)「経済学雑誌」 2(4) 1938.4
◇戦時工業経済に関する諸問題(高宮晋)「経済学論集」 8(4) 1938.4
◇戦時に於ける貿易及為替問題(岩沢寛)「経済学論集」 8(4) 1938.4
◇ダンピングの理論(1)(岡倉伯士)「経済論叢」 46(4) 1938.4
◇明治初年の国内市場(堀江保蔵)「経済論叢」 46(4) 1938.4
◇何故に如何にして商店法は出来たか(吉武恵市)「社会事業」 22(1) 1938.4
◇中小工業の技術的停滞(佐東和夫)「社会政策時報」 211 1938.4
◇商業組合法中改正法律の解説(1)(小出栄一)「商業組合」 4(4) 1938.4
◇工業化、都市化、及生活程度と生産力との関係に関する一考察(館稔)「人口問題」 2(4) 1938.4
◇応召中小商工業者の営業援護を論ず(1)(本間幸作)「東京市産業時報」 4(4) 1938.4
◇上海港に於る我国最初の貿易(大瀧白桜)「港湾」 16(5) 1938.5
◇外国貿易統計の種類(武井恒夫)「財政」 3(5) 1938.5
◇我国に於ける硫安工業と硫酸アンモニア増産及配給統制法(渡部伍良)「自治研究」 14(5) 1938.5
◇商店法に就て(吉武恵市)「社会政策時報」 212 1938.5
◇商業組合法中改正法律の解説(2)(小出栄一)「商業組合」 4(5) 1938.5
◇商店街商業組合の経営構造に就いて(中村金次郎)「商業組合」 4(5) 1938.5
◇商業組合と配給統制(田中幸雄)「商工経済」 5(5) 1938.5
◇一般商店に於ける店員制度の現状と将来(1)(石原義治)「職業紹介」 6(5) 1938.5
◇商店法に就て(1)(吉武恵市)「職業紹介」 6(5) 1938.5
◇物品税と小売業者の諸問題(安藤信夫)「税」 16(5) 1938.5
◇戦時に於ける販売統制問題(八木芳之助)「帝国農会報」 28(5) 1938.5
◇応召中小商工業者の営業援護を論ず(2・完)(本間幸作)「東京市産業時報」 4(5) 1938.5
◇軍需工業動員に於ける中小工業転換の諸問題(柳沢定治郎)「東京市産業時報」 4(5) 1938.5
◇農村機械工業の現状(増田作太郎)「農村工業」 5(5) 1938.5
◇北支に於ける商人の地位(岩沢寛)「経済学論集」 8(6) 1938.6
◇外国貿易統計の種類(武井恒夫)「財政」 3(6) 1938.6
◇時局と金融-中小商工業金融問題(武田敏信)「財政」 3(6) 1938.6
◇英国の新工場法について-その成立過程と内容とに関する素描(平田隆夫)「社会政策時報」 213 1938.6
◇商工債券の証券的特質(高田清一)「商業組合」 4(6) 1938.6
◇商店の場所の選び方(2)(井関孝雄)「商業組合」 4(6) 1938.6
◇物価昂騰の趨勢と商業組合(稲川宮雄)「商業組合」 4(6) 1938.6
◇技術的見地より観たる工業生産力の拡充問題(奥田寛太郎)「商工経済」 5(6) 1938.6
◇鉄鋼制組織と問屋の問題(小島精一)「商工経済」 5(6) 1938.6
◇日本の工業人口分布(土井長久一)「地理学評論」 14(6) 1938.6
◇統制経済下の同業組合と商業組合(佐々木芳雄)「東京市産業時報」 4(6) 1938.6
◇函館市の商業調査「統計時報」 80 1938.6
◇商店法の概要(厚生省労働局)「内務厚生時報」 3(6) 1938.6
◇農村工業の経済的意義(山口弘道)「農業と経済」 5(6) 1938.6
◇昭和十三年度に於ける農村工業計画(江島次郎[ほか])「農村工業」

5(6) 1938.6
◇農林省に於ける昭和十三年度農村工業奨励施設(名越善雄)「農村工業」 5(6) 1938.6
◇農村工業の概観「農務時報」 117 1938.6
◇問屋制工業の資本主義的性格(堀江英一)「経済論叢」 47(1) 1938.7
◇外国貿易統計の種類(武井恒夫)「財政」 3(7) 1938.7
◇時局下の中小工業金融(岡庭博)「社会政策時報」 214 1938.7
◇時局と中小工業の重要性(佐野卓男)「社会政策時報」 214 1938.7
◇大戦時独逸に於ける家内工業とその対策(賀井善智)「社会政策時報」 214 1938.7
◇中小工業と労働保護(森喜一)「社会政策時報」 214 1938.7
◇物価騰貴と中・小機械器具工業(豊崎稔)「社会政策時報」 214 1938.7
◇量的質的に見る商業徒弟問題(石原義治)「社会福利」 22(6) 1938.7
◇小売市場に関する諸問題(1)(金子有造)「東京市産業時報」 4(7) 1938.7
◇新規開業小売商調査(1)(高橋栄)「東京市産業時報」 4(7) 1938.7
◇農村工業今後の問題(遠藤福松)「農村工業」 5(7) 1938.7
◇農村工業奨励第四年を迎ふるに当りて(野崎正雄)「農村工業」 5(7) 1938.7
◇再び北支農村工業に就て(簡野博志)「農村工業」 5(7) 1938.7
◇公定価格制及販売価格表示制の実施と経済警察(本郷寿次)「警察研究」 9(8) 1938.8
◇綿業個人リンク制と中小工業(川端巖)「商工経済」 6(2) 1938.8
◇上海租界及隣接地域に於ける工場被害状況「調査月報(大蔵省)」 28(8) 1938.8
◇新規開業小売商調査(2)(高橋栄)「東京市産業時報」 4(7) 1938.8
◇農村工業の統制と金融問題(岡庭博)「農村工業」 5(8) 1938.8
◇下請工業の社会的経済的構造(1)(小宮山琢二)「社会政策時報」 216 1938.9
◇中小商業者に及ぼした事変の影響と失業転業対策(瓜生田岩喜)「東京市産業時報」 4(9) 1938.9
◇百貨店法批判(堀新一)「都市問題」 27(3) 1938.9
◇下請工業の社会的経済的構造(2)(小宮山琢二)「社会政策時報」 217 1938.10
◇支那事変と中小商業者階級(竹林庄太郎)「社会政策時報」 217 1938.10
◇小工業及び手工業の組合制度研究(川端巖)「社会政策時報」 217 1938.10
◇工業組合と中小工業(吉田悌二郎)「東京市産業時報」 4(10) 1938.10
◇商店街の照明(2・完)(齋藤慶勇)「東京市産業時報」 4(10) 1938.10
◇工場の原動機馬力数算定の是正(第六回全国都市問題会議総会主報)(井上新二)「都市問題」 27(4) 1938.10
◇下請制工業に対する統制の基調(田杉競)「財政」 3(11) 1938.11
◇中小商工業と統制立法(後藤清)「財政」 3(11) 1938.11
◇下請工業の社会的経済的構造(3)(小宮山琢二)「社会政策時報」 218 1938.11
◇物資需給と諸工業の均等(加田哲二)「商工経済」 6(5) 1938.11
◇大阪の小売店員に就て(大阪市産業部商工課)「大大阪」 13(12) 1938.11
◇日本の工業人口分布(土井喜久一)「地理学評論」 14(11) 1938.11
◇犠牲中小商工業転換の実相と集団的企業単位(東京市商工相談所)「東京市産業時報」 4(11) 1938.11
◇本市商業に及ぼしたる非常時影響調査速報(東京市産業局)「東京市産業時報」 4(11) 1938.11
◇盛り場風土記(石川栄耀)「都市公論」 21(11) 1938.11
◇伯林及マルクブランデンブルグに於ける工業聚落(1)(エム・パンシュミット)「都市公論」 21(11) 1938.11
◇商工業組合の発展と社会大衆党の組織方針「内外社会問題調査資料」 367 1938.11
◇家内工業の振興(国井喜太郎)「農村工業」 5(11) 1938.11
◇日本中小工業の存立形態(小宮山琢二)「一橋論叢」 2(5) 1938.11
◇商品リンク制の発展(谷口吉彦)「経済論叢」 47(6) 1938.12
◇中小工業としての下請制工業(田杉競)「経済論叢」 47(6) 1938.12
◇川口華商と支那事変(生谷友七)「大大阪」 13(13) 1938.12
◇支那事変後に於ける汽缶の発達と我等の覚悟(石谷清一)「大大阪」 13(13) 1938.12
◇小売市場に関する諸問題(2)(金子有造)「東京市産業時報」 4(12) 1938.12
◇商店街の商圏に就て(1)(東京市産業局)「東京市産業時報」 4(12) 1938.12
◇工業の地方分散に就て(大河内正敏)「農村工業」 5(12) 1938.12
◇日満支農村ブロックと農村工業(簡野博志)「農村工業」 5(12) 1938.12
◇我国に於ける小売商問題-配給組織論への理論的反省(岩田匁)「三田学会雑誌」 32(12) 1938.12
◇小売店許可制問題論議(堀新一)「都市問題」 28(2) 1939.2
◇昭和十二年本邦工場統計の概要(日本都市年鑑編纂室)「都市問題」 28(3) 1939.3
◇物資使用制限に伴ふ転失業状況(日本都市年鑑編纂室)「都市問題」 28(3) 1939.3
◇輸出資金前貸損失補償制度の改正(日本都市年鑑編纂室)「都市問題」 28(4) 1939.4
◇独逸に於ける工業金融の発達(柏塚辰雄)「経済学雑誌」 4(5) 1939.5
◇改正商法によりて認められたる後配株に就て(平岡市三)「経済集志」 12(1) 1939.5
◇生鮮食料品共販制の特例:東京魚商業組合両国支部の場合(高田輔)「商工経済」 17(5) 1939.5
◇工業組合法の改正(日本都市年鑑編纂室)「都市問題」 28(5) 1939.5
◇商工会議所機構改革問題(日本都市年鑑編纂室)「都市問題」 28(5) 1939.5
◇北海道に於ける前期商業資本(志村茂治)「経済集志」 12(2) 1939.6
◇輸出品製造資金前貸損失補償制の制定(日本都市年鑑編纂室)「都市問題」 28(6) 1939.6
◇応召中小商工業者営業援護の拡充(日本都市年鑑編纂室)「都市問題」 29(2) 1939.8
◇中小商工業転換資金融通損失補償制度の拡充(日本都市年鑑編纂室)「都市問題」 29(2) 1939.8
◇小売商の免許制度問題(日本都市年鑑編纂室)「都市問題」 29(3) 1939.9
◇全米商業会議所、其の組織、機能、施設(日本商工会議所)「経済月報」 11(10) 1939.10
◇商工省地方工業化委員会の工業地方分散に関する意見(地方税制改正案批判特輯)「都市問題」 29(4) 1939.10
◇プール制商業組合論(松浦誠之)「週刊エコノミスト」 17(36) 1939.12
◇商業組合の自己批判と再整備(松井辰之助)「商業組合」 5(12)

◇日用品不足と小売商問題「東洋経済新報」 1901 1939.12
◇岡実博士を悼む(堀切善次郎)「都市問題」 29(6) 1939.12
◇日本中小工業とその質的規定(山中篤太郎)「一橋論叢」 4(6) 1939.12
◇下請制工業に於る最近の変化(田村鎧)「経済論叢」 50(1) 1940.1
◇商工農両省の行政機構改革に対する処置(増田操)「商業組合」 6(2) 1940.1
◇物資配給機構と中小商業者(妹川武人)「商業組合」 6(2) 1940.1
◇商業小組合の会計(安藤豊作)「商業組合」 6(16) 1940.1
◇商業再編成の基本的方向「商業組合」 6(16) 1940.1
◇商業者は何処へ行く(増田操)「商業組合」 6(16) 1940.1
◇商業利潤の再検討-特に小売業のそれを中心として-(芳谷有道)「商業組合」 6(16) 1940.1
◇白米小売業者の新体制(1)：共精共販企業合同案(川西伊平次)「商業組合」 6(16) 1940.1
◇石炭問題の動向(古田慶三)「商工経済」 9(1) 1940.1
◇時局と小売市場(服部文四郎)「東京市産業時報」 6(1) 1940.1
◇東京市商店街小売店の適限経営に就いて(2・完)(村本福松)「東京市産業時報」 6(1) 1940.1
◇名古屋市に於ける小売業売上高指数の作成(向井鹿松)「東京市産業時報」 6(1) 1940.1
◇ヘルマン・ゲーリング工業都市(倉田宗章)「都市公論」 23(1) 1940.1
◇六大都市の店舗数と其の種別(日本都市年鑑編纂室)「都市問題」 30(1) 1940.1
◇農村工業奨励施設概観(名越善雄)「農村工業」 7(1) 1940.1
◇農村工業より生れたる機械工業の新形態(大河内正敏)「農村工業」 7(1) 1940.1
◇商業調査の概要(東京市総務局)「市政週報」 46 1940.2
◇中小工業の性格的把握と政策(1)(森喜一)「社会政策時報」 233 1940.2
◇封建的商業組織の残存とその合理化(堀新一)「週刊エコノミスト」 18(6) 1940.2
◇商工省新予算の重点「商工行政」 3(2) 1940.2
◇商工省委嘱東京市小売業経営調査「商工経済」 9(2) 1940.2
◇我国之工商業概況(姜英藩)「地方行政 日文版」 4(3) 1940.2
◇工業統計の拡充に就て(竹内信男)「統計集誌」 704 1940.2
◇小売業許可制に関する小売業改善調査委員会の答申(日本都市年鑑編纂室)「都市問題」 30(2) 1940.2
◇科学主義工業の一業績(大河内正敏)「農村工業」 7(2) 1940.2
◇時局下に於ける観光事業(東京市市民局)「市政週報」 50 1940.3
◇小売業改善の諸要点(安田元七)「商業組合」 6(6) 1940.3
◇経済封鎖の強行による独逸貿易への打撃「東洋経済新報」 1912 1940.3
◇応召商工業者営業援護事業の拡充(日本都市年鑑編纂室)「都市問題」 30(3) 1940.3
◇昭和十三年工場統計概観(日本都市年鑑編纂室)「都市問題」 30(3) 1940.3
◇工業地方分散の国土計画的意義(平実)「農村工業」 7(3) 1940.3
◇工業の農村分散と其の現状(増田作太郎)「農村工業」 7(3) 1940.3
◇青果市場の一研究(岩田似)「三田学会雑誌」 34(3) 1940.3
◇商業組合会計に就て(安藤豊作)「経済集志」 12(5) 1940.4
◇商業組合に依る企業合同化傾向(稲川宮雄)「経済集志」 12(5) 1940.4
◇商店街支持力としての都力の問題(石川栄耀)「経済集志」 12(5) 1940.4
◇戦時経済統制と工業組合法の現状と今後の動向(佐野卓男)「経済集志」 12(5) 1940.4
◇工業調査の話(1)(東京市総務局)「市政週報」 55 1940.4
◇小売商連の進展と共同仕入問題(松井辰之助)「商業組合」 6(4) 1940.4
◇商工組合中央金庫の現況と其の機能拡充に就て(北野重雄)「商業組合」 6(4) 1940.4
◇増産と低物価の矛盾調和への途-石炭問題を採上げて-(山下勝治)「商工経済」 9(4) 1940.4
◇東京市工業の展望(東京市経済局)「東京市産業時報」 6(4) 1940.4
◇商業組合法の改正(日本都市年鑑編纂室)「都市問題」 30(4) 1940.4
◇中小商工業再編成の現情と商工組合の活動「内外社会問題調査資料」 420 1940.4
◇国土計画より見たる農村工業(川西正鑑)「農村工業」 7(4) 1940.4
◇英国小売事情(竹林庄太郎)「経済学雑誌」 6(5) 1940.5
◇独逸化学工業政策五十年史(上林貞治郎)「経済学雑誌」 6(5) 1940.5
◇通商擁護法の改正(秋元順朝)「財政」 5(6) 1940.5
◇工業調査の話(2)(東京市総務局)「市政週報」 56 1940.5
◇ドイツの軍需工業「週刊エコノミスト」 18(15) 1940.5
◇欧戦拡大と日本貿易「週刊エコノミスト」 18(18) 1940.5
◇議会を通過せる商工関係法律の全貌(三木秋義[ほか])「商工行政」 3(5) 1940.5
◇危機に立つ中小工業問題(妹川武人[ほか])「商工行政」 3(5) 1940.5
◇産業機構編成と中小工業(1)(楢原勉)「商工行政」 3(5) 1940.5
◇配給機構の改革と中小商業の企業合同体制(松浦誠之)「商工経済」 9(5) 1940.5
◇中小小売業者の金融機関としての信用組合に就て(森下政一)「大大阪」 16(5) 1940.5
◇栃木県に於ける機業の地域分布(川崎敏)「地理学評論」 16(5) 1940.5
◇欧洲大戦勃発直前の欧米石炭工業の情勢(ロヂン,下村生訳)「帝国瓦斯協会雑誌」 29(5) 1940.5
◇13年工場統計から見た我国工業の戦時編成替「東洋経済統計月報」 2(5) 1940.5
◇輸出資金及輸出品製造金融通損失補償法の成立(日本都市年鑑編纂室)「都市問題」 30(5) 1940.5
◇事変、物動、農村工業(八木澤善次)「農村工業」 7(5) 1940.5
◇農村工業に関する総括的考察(藪季光)「農村工業」 7(5) 1940.5
◇石炭の配給統制法解説(人見孝)「法律時報」 12(5) 1940.5
◇石炭配給統制法の法律的解剖(大隈健一郎)「法律時報」 12(5) 1940.5
◇昭和14年度中商店道場実施概要「労働時報」 17(5) 1940.5
◇我国機械工業の発達過程(豊崎稔)「社会政策時報」 237 1940.6
◇戦時貿易の新環境「週刊エコノミスト」 18(22) 1940.6
◇大戦による輸出障害対策(中井省三)「週刊エコノミスト」 18(22) 1940.6
◇石炭統制機構の革命的発展(古田慶三)「商工経済」 9(6) 1940.6
◇物品販売業免許制に対する一考察(上の二)(川上為治)「東京市産業時報」 6(6) 1940.6
◇戦時下の染色加工工業「東洋経済新報」 1927 1940.6
◇輸入原料補償問題「東洋経済新報」 1927 1940.6

商工業

◇軍需工業指導方針の闡明（日本都市年鑑編纂室）「都市問題」 30 (6) 1940.6

◇農村工業の現段階的意義（小田正意）「農村工業」 7 (6) 1940.6

◇農林工業化の根本問題（田村実）「農村工業」 7 (6) 1940.6

◇中小工業の概念と問題（藤田敬三）「経済学雑誌」 7 (1) 1940.7

◇満洲国の貿易行政機構（尾形ongs之）「経済学雑誌」 7 (1) 1940.7

◇軍需品工場の簿記 (1)（川合寿一）「経済集志」 13 (1) 1940.7

◇商工組合中央金庫について（田杉競）「経済論叢」 51 (1) 1940.7

◇中小機械工業者の行くべき途（田杉競）「財政」 5 (8) 1940.7

◇奢侈品の製造販売禁止-奢侈品等製造販売制限規則解説-（商工省物価局）「週報 官報附録」 195 1940.7

◇農林商工所管事務の調整「週報 官報附録」 196 1940.7

◇商業組合法中第二次改正法律の逐条解説 (1)（川上為治）「商業組合」 6 (7) 1940.7

◇商業報国運動に就て（増田操）「商業組合」 6 (7) 1940.7

◇商工中金の近況と当面の問題（門司正信）「商業組合」 6 (7) 1940.7

◇商工動産抵当に関する23の考察 (1)（柳沢定治郎）「東京市産業時報」 6 (7) 1940.7

◇戦時統制下に於ける東京工業の趨勢 (1)（東京市経済局統計課）「東京市産業時報」 6 (7) 1940.7

◇闇取引の発生と其絶滅（石橋信）「東京市産業時報」 6 (7) 1940.7

◇現代盛り場価値論、附―東京の盛り場―（石川栄耀）「都市美」 26 1940.7

◇大阪市金属・機械器具工業の経営事情（日本都市年鑑編纂室）「都市問題」 31 (1) 1940.7

◇支那事変と中小工業の問題（事変下都市の経済活動）（美濃口時次郎）「都市問題」 31 (1) 1940.7

◇山村に於ける地方工業の二事例（樽木昇一）「農村工業」 7 (7) 1940.7

◇北九州工業地帯の発展について-特にその立地的検討-（赤岩勝美）「区画整理」 6 (8) 1940.8

◇求償（相殺）貿易制について（油本豊吉）「経済学論集」 10 (8) 1940.8

◇奢侈品等の製造販売制限に就いて（本郷寿次）「警察研究」 11 (8) 1940.8

◇北海道工業発展策としての工業港と工業地帯の問題（横田弘之）「港湾」 18 (8) 1940.8

◇中小工業の生きる途「週刊エコノミスト」 18 (29) 1940.8

◇小売業の活路打開策「週刊エコノミスト」 18 (31) 1940.8

◇日本重工業の再編成（小峰柳多）「週刊エコノミスト」 18 (31) 1940.8

◇貿易新体制と輸出業（中井省三）「週刊エコノミスト」 18 (31) 1940.8

◇商業報国運動の全国的展開（商工省）「週報 官報附録」 199 1940.8

◇対満支貿易計画（企画院）「週報 官報附録」 199 1940.8

◇商工農林機構の改正に就いて（岸信介）「商業組合」 6 (13) 1940.8

◇商業組合法改正に伴ふ関係法規の制定改正等に就いて（川崎立太）「商業組合」 6 (14) 1940.8

◇商業組合法中第二次改正法律の逐条解説 (2)（川上為治）「商業組合」 6 (14) 1940.8

◇商人職能の変化と商業報国運動（磯部喜一）「商業組合」 6 (14) 1940.8

◇消費者の組織化と商業組合（稲川宮雄）「商業組合」 6 (14) 1940.8

◇配給統制と消費者の組織化、商業組合と公区制に関する報告（本間光雄）「商業組合」 6 (14) 1940.8

◇改正商業組合法の実施に就いて「商工通報」 4 1940.8

◇工業生産減退の現段階―縮小再生産論の検討―「東洋経済新報」 1933 1940.8

◇両毛機業地に見る七・七禁止令の波紋「東洋経済新報」 1934 1940.8

◇英国工業の都市集中対策―工業人口の地理的分布に関する勅命委員会の報告―「都市公論」 23 (8) 1940.8

◇中小工業転業に有限会社制（日本都市年鑑編纂室）「都市問題」 31 (2) 1940.8

◇農村工業風土記（山口県の巻）（岩本右一）「農村工業」 7 (8) 1940.8

◇石炭の黒さについて（火野葦平）「改造」 22 (16) 1940.9

◇イー・ゲー・科学工業コンチェルン分析（上林貞治郎）「経済学雑誌」 7 (3) 1940.9

◇本邦各都市に於ける工場誘致の概況（石川栄耀）「経済集志」 13 (2) 1940.9

◇工業文化と都市 -新興工業都市に贈る-（石川栄耀）「建築と社会」 23 (9) 1940.9

◇昭和製鉄所工場緑化事業（中島洋吉）「公園緑地」 4 (9) 1940.9

◇米国のモーラルエンバーゴー及米国の軍需品輸出許可制「財政」 5 (10) 1940.9

◇輸出統制の改正に就て（主税局）「財政」 5 (10) 1940.9

◇我国石炭配給組織の一側面 -九州若松市に於ける石炭商組織を中心として-（堀新一）「社会政策時報」 240 1940.9

◇新体制下の商業問題「週刊エコノミスト」 18 (32) 1940.9

◇工業人口の大都市集中（小田橋貞壽）「週刊エコノミスト」 18 (34) 1940.9

◇貿易新体制とその機構（中井省三）「週刊エコノミスト」 18 (36) 1940.9

◇商業組合の取上げ方（福田一雄）「商業組合」 6 (15) 1940.9

◇商業再編成と転失業対策 (1)（藤島俊）「商業組合」 6 (15) 1940.9

◇新体制下に於ける商業組合（稲川宮雄）「商業組合」 6 (15) 1940.9

◇朝鮮の中小商工業者と金融組合の活動（大熊良一）「商業組合」 6 (15) 1940.9

◇七・七禁令下の京都染織業界の動向「商工経済」 10 (3) 1940.9

◇工業統計速報（第一回）「商工通報」 6 1940.9

◇日本貿易振興会社に就て「商工通報」 9 1940.9

◇欧洲情勢と大阪市の貿易対策（古久保立次）「大大阪」 16 (9) 1940.9

◇戦時貿易再編成の方式（日本戦時経済研究 6）（経済問題研究会）「中央公論」 55 (9) 1940.9

◇生活必需品の需給対策に就いて (1)（田原大千）「東京市産業時報」 6 (9) 1940.9

◇物品販売免許制に対する一考察（中）（川上為治）「東京市産業時報」 6 (9) 1940.9

◇貿易萎縮の内容と前途「東洋経済新報」 1937 1940.9

◇工作機械工業の再編成「東洋経済新報」 1938 1940.9

◇中支の輸入統制成る「東洋経済新報」 1938 1940.9

◇修正を要する支那貿統計「東洋経済統計月報」 2 (9) 1940.9

◇米国連邦準備局の改訂工鉱生産指数「東洋経済統計月報」 2 (9) 1940.9

◇商業制度の質的転換と消費者組織運動「内外社会問題調査資料」 434 1940.9

◇農村工業史 (13)（斎藤栄一）「農村工業」 7 (9) 1940.9

◇農村工業風土記―富山県の巻（中島敏雄）「農村工業」 7 (9) 1940.9

◇本邦小売商許可制に関する諸論策考（深見義一）「一橋論叢」 6 (3) 1940.9

◇新らしい経済機構から成る古く珍しい工業町村 (1)（吉田勝次）

「自治公論」 12(10) 1940.10

◇中国工業合作運動について(大本武雄)「社会政策時報」 241 1940.10

◇新体制下の工業政策(藤田敬三)「週刊エコノミスト」 18(39) 1940.10

◇繊維工業の活路を探る(特集)「週刊エコノミスト」 18(40) 1940.10

◇商業再編成と転失業対策(2)(藤島俊)「商業組合」 6(16) 1940.10

◇戦時下輸出振興諸施策に就いて(伊地知守彦)「東京市産業時報」 6(10) 1940.10

◇東京市に於ける輸出工業の現状(1):特に玩具、電球、布帛製品に就いて(近藤幹)「東京市産業時報」 6(10) 1940.10

◇七・七禁令による西陣の打撃と対策を訊く「東洋経済新報」 1941 1940.10

◇石炭プールの完成と問題「東洋経済新報」 1943 1940.10

◇三国同盟直前の我が国貿易構成「東洋経済新報」 1944 1940.10

◇当面せる中小商工業対策の要望と運動—国民再編成としての転業対策—「内外社会問題調査資料」 437 1940.10

◇農村工業史(14)(斎藤栄一)「農村工業」 7(10) 1940.10

◇農村工業風土記—和歌山県之巻—(岡田富士男)「農村工業」 7(10) 1940.10

◇専売事業と地方産業(1)(大竹虎雄)「自治研究」 16(11) 1940.11

◇新しい経済機構から成る古く珍らしい工業町村(2)(古田勝次)「自治公論」 12(11) 1940.11

◇中小商工業者の職業転換対策(企画院)「週報 官報附録」 214 1940.11

◇商業再編成と転失業対策(3)(藤島俊)「商業組合」 6(17) 1940.11

◇商業者の職業転換対策案(増田操)「商業組合」 6(17) 1940.11

◇商業者の大陸移住の問題-満洲視察報告-(稲川宮雄)「商業組合」 6(17) 1940.11

◇白米小売業者の新体制(2):共精共販企業合同案(川西伊平次)「商業組合」 6(17) 1940.11

◇石炭品位取締規則の改正に就いて「商工通報」 10 1940.11

◇東京府管内に於ける主要大工場に於ける中等学校卒業者の従事事務について(西川好夫)「職業時報」 3(11) 1940.11

◇七・七禁令と業界の声「東京市産業時報」 6(11) 1940.11

◇東京市に於ける輸出品工業の現状(2):特に電球布帛製品に就て(近藤幹)「東京市産業時報」 6(11) 1940.11

◇有限責任会社に依る中小工業の企業合同(清水清)「東京市産業時報」 6(11) 1940.11

◇中国海関貿易統計の修正について(安藤三郎)「東京の貿易」 3(22) 1940.11

◇中小工業対満移駐の発展性「東洋経済新報」 1945 1940.11

◇円域貿易の頓挫と貿易調整問題「東洋経済新報」 1947 1940.11

◇中小商工業者転業対策の決定(日本都市年鑑編纂室)「都市問題」 31(5) 1940.11

◇中小工業の将来性と其の更生運動「内外社会問題調査資料」 438 1940.11

◇商業報国中央本部の結成と其の再出発「内外社会問題調査資料」 440 1940.11

◇東商の中小商工業者転失業対策建議「内外社会問題調査資料」 440 1940.11

◇農村機械工業を観る—小野上ナット工場見学記—(小田橋貞壽)「農村工業」 7(11) 1940.11

◇農村工業風土記—奈良県の巻—(増市勝治郎)「農村工業」 7(11) 1940.11

◇商法海商編中の改正要綱に就て(鳥賀陽然良)「法学論叢(京都帝国大学法学会)」 43(5) 1940.11

◇支那工業生産の輪郭(木村和三郎)「経済学雑誌」 7(6) 1940.12

◇北支対日貿易の現勢(油本豊吉)「経済学論集」 10(12) 1940.12

◇専売事業と地方産業(2・完)(大竹虎雄)「自治研究」 16(12) 1940.12

◇商工業組合と同業組合の機能的分化(堀新一)「社会政策時報」 243 1940.12

◇中小工業の協同化と合同化(川端巌)「社会政策時報」 243 1940.12

◇中小商業者の転失業問題と其の自主的対策に就て(秋元博)「社会政策時報」 243 1940.12

◇農村産業組合運動の展開と商工業(磯部喜一)「社会政策時報」 243 1940.12

◇円域貿易機構の現状(中井省三)「週刊エコノミスト」 18(47) 1940.12

◇重工業団体の編成替「週刊エコノミスト」 18(47) 1940.12

◇最近中小商業界の趨勢と組合金融(笠原広)「商業組合」 6(18) 1940.12

◇再編成下に悩む中小商工業(妹川武人)「商業組合」 6(18) 1940.12

◇七・七禁令以後の京都織物界-現状と其の後の動向及転換への一考案-(島岡勇之助)「商業組合」 6(18) 1940.12

◇商業組合一年の回顧(坂田武雄)「商業組合」 6(18) 1940.12

◇廃油の再生使用に就いて「商工通報」 11 1940.12

◇工業統計速報(九州)(第三回)「商工通報」 12 1940.12

◇廃油の再生使用に就いて(続き)「商工通報」 12 1940.12

◇職業問題論調(中小商工業職業転換問題)「職業時報」 3(12) 1940.12

◇東京市に於ける輸出品工業の現状(3・完):特に玩具・電球、布帛製品について(近藤幹)「東京市産業時報」 6(12) 1940.12

◇繊維工業の再編成(美濃部洋次)「東洋経済新報」 1950 1940.12

◇中小機業整理方針の指示(日本都市年鑑編纂室)「都市問題」 31(6) 1940.12

◇事変第三年に於ける全国工業の概況「内外社会問題調査資料」 442 1940.12

◇中小商工業者の転業対策積極化す「内外社会問題調査資料」 443 1940.12

◇現下農村工業の悩みと今後の動向—北陸、信越地方農村工業視察を終へて—(樗木昇一)「農村工業」 7(12) 1940.12

◇農村工業史(15)(斎藤栄一)「農村工業」 7(12) 1940.12

◇農村工業と電気(6)(大河内治)「農村工業」 7(12) 1940.12

◇農村工業風土記—石川県の巻(和気薫)「農村工業」 7(12) 1940.12

◇中小商工業者の現実(大河内一男)「改造」 23(4) 1941.1

◇工業人口の分散(E.J.C.ニーブ)「区画整理」 7(1) 1941.1

◇支那海関の貿易統計について(尾形繁之)「経済学雑誌」 8(1) 1941.1

◇下請制工業の国民経済的意義(田杉競)「経済論叢」 52(1) 1941.1

◇ナチスの中小工業政策「国策研究会週報」 3(3) 1941.1

◇新協同体的工業組織論(松井春生)「週刊エコノミスト」 19(3) 1941.1

◇勤労新体制と商業報国運動(増田操)「商業組合」 7(1) 1941.1

◇商業新体制と企業合同(松浦誠之)「商業組合」 7(1) 1941.1

◇商業統計(昭和15年12月上旬調)(坂本真規)「商業組合」 7(1) 1941.1

◇癈油の再生使用に就いて(続き)「商工通報」 13 1941.1

◇工業小組合の現状と共同設備の問題(1)(清水清)「東京市産業時報」 7(1) 1941.1

- ◇「独逸の責務」工業移駐に就て(3・完)(大島重忠)「東京市産業時報」 7(1) 1941.1
- ◇14年工業統計速報より見たる我国工業の再編成「東洋経済新報」 1953 1941.1
- ◇商業地域計画に於ける集約性-主として住居地域との関連に於て(日夏義雄)「都市公論」 24(1) 1941.1
- ◇七・七禁令の農村工業に及ぼせる影響(宮出秀雄)「農村工業」 8(1) 1941.1
- ◇農業工業史(16)(斎藤栄一)「農村工業」 8(1) 1941.1
- ◇農村工業と電気(7)(大河内治)「農村工業」 8(1) 1941.1
- ◇農村工業風土記-福井県の巻-(荒川義治)「農村工業」 8(1) 1941.1
- ◇時局と中小工業の将来性(山中篤太郎)「一橋論叢」 7(1) 1941.1
- ◇天津の買辦制度「大阪商工会議所月報」 405 1941.2
- ◇国内資源の再確認とその活用策(2)(岡田金治)「科学主義工業」 5(2) 1941.2
- ◇満洲鉱業、製鉄業の発達性(豊崎稔)「経済学雑誌」 8(2) 1941.2
- ◇満洲鉱工業労働の性格(硲正夫)「経済学雑誌」 8(2) 1941.2
- ◇桐生織物史(上中下)三巻(柳川昇)「経済学論集」 11(2) 1941.2
- ◇機構整備と中小商業「週刊エコノミスト」 19(5) 1941.2
- ◇営業免許制の再検討(増田操)「商業組合」 7(2) 1941.2
- ◇企業合同と税の関係(芳野国雄)「商業組合」 7(2) 1941.2
- ◇商業組合と租税(平田敬一郎)「商業組合」 7(2) 1941.2
- ◇商業統計(坂本真規)「商業組合」 7(2) 1941.2
- ◇我国に於ける商人免許制の歴史(菅野和太郎)「商業組合」 7(2) 1941.2
- ◇現下の貿易対策(川島信太郎)「商工経済」 11(2) 1941.2
- ◇中小商工業問題の進路(森喜一)「商工経済」 11(2) 1941.2
- ◇中小機業の機構整備に就いて「商工通報」 16 1941.2
- ◇小売市場の新使命(伊東俊雄)「大大阪」 17(2) 1941.2
- ◇工業小組合の現状と共同設備の問題(2・完)(清水清)「東京市産業時報」 7(2) 1941.2
- ◇中小商工業問題の変遷(最近に於ける動向過程の梗概)(近藤幹)「東京市産業時報」 7(2) 1941.2
- ◇戦時下に於ける朝鮮及台湾の貿易(1)(前田潔巳)「東京の貿易」 4(3) 1941.2
- ◇戦時下に於ける朝鮮及台湾の貿易(2)(前田潔巳)「東京の貿易」 4(4) 1941.2
- ◇中小工業の現状と対策「東洋経済新報」 1959 1941.2
- ◇陸海軍関係下請負工業の整備方針「内外社会問題調査資料」 444 1941.2
- ◇中小商工業者に対する対策に関する件通牒(昭15.12.27厚生次官、商工次官)「内務厚生時報」 6(2) 1941.2
- ◇独逸自動車化(山本峰雄)「日本評論」 16(2) 1941.2
- ◇支那再建に関する農村工業の問題(方顕廷, 横田弘之訳)「農村工業」 8(2) 1941.2
- ◇農村工業史(17)(斎藤栄一)「農村工業」 8(2) 1941.2
- ◇農村工業と電気(8)(大河内治)「農村工業」 8(2) 1941.2
- ◇農村工業風土記-岐阜県の巻-(大口鉄九郎)「農村工業」 8(2) 1941.2
- ◇生産性の向上と中小企業(和気中文)「科学主義工業」 5(3) 1941.3
- ◇下請工業の段階的性格(池尻浅夫)「経済学雑誌」 8(3) 1941.3
- ◇農に於ける商業組合(芳谷有道)「産業組合」 425 1941.3
- ◇中小商工業概観(大内経雄[ほか])「社会政策時報」 246 1941.3
- ◇商業組合判例研究(10)(高田源清)「商業組合」 7(3) 1941.3

- ◇商業者転失業問題の特徴(稲山宮雄)「商業組合」 7(3) 1941.3
- ◇世界戦争と商工組合中央金庫の使命(長谷川亀蔵)「商業組合」 7(3) 1941.3
- ◇地区商組と業種別商組の相剋(赤羽幸雄)「商業組合」 7(3) 1941.3
- ◇農村に於ける商業組合(1)(芳谷有道)「商業組合」 7(3) 1941.3
- ◇中小商工業者転廃業対策施設に就て(1)(福原徹)「職業時報」 4(3) 1941.3
- ◇大大阪工業振興策論(奥原正男)「大大阪」 17(3) 1941.3
- ◇中小商工業者の職業転換対策に就いて-国民職業指導所の設置-(浜田政人)「地方行政」 49(3) 1941.3
- ◇今日以後の工業政策-工業の性格規定を続つて-(森喜一)「中央公論」 56(3) 1941.3
- ◇戦時下に於ける朝鮮及台湾の貿易(3・完)「東京の貿易」 4(6) 1941.3
- ◇補強された戦時輸出補償制度「東洋経済新報」 1963 1941.3
- ◇農業労働と工業労働(勝本新次)「農業と経済」 8(3) 1941.3
- ◇農村工業史(18)(斎藤栄一)「農村工業」 8(3) 1941.3
- ◇農村工業と其構成(吉村辰夫)「農村工業」 8(3) 1941.3
- ◇農村工業風土記-高知県之巻-(町田増夫)「農村工業」 8(3) 1941.3
- ◇商店法の閉店時刻に関する件通牒(昭16.3.13労働局長)「労働時報」 18(3) 1941.3
- ◇上海虹口の機械工業を視る(平野義太郎)「科学主義工業」 5(4) 1941.4
- ◇中小工業統制組織の金融問題「経済論叢」 52(4) 1941.4
- ◇輸出向絹織業の確立(堀江英一)「経済論叢」 52(4) 1941.4
- ◇最近に於ける世界貿易趨勢の展望(4)(田村与吉)「港湾」 19(4) 1941.4
- ◇中小機械工業の統制組織(磯部喜一)「社会政策時報」 247 1941.4
- ◇朝鮮工業化の近状(平野長一)「週刊エコノミスト」 15(14) 1941.4
- ◇商業組合事業資金融通に就て(1)(志茂義雄)「商業組合」 7(4) 1941.4
- ◇商業組合法判例研究(2)(高田源清)「商業組合」 7(4) 1941.4
- ◇商業統計(赤羽幸雄)「商業組合」 7(4) 1941.4
- ◇東京府に於ける米穀配給機構の新段階(東京府米穀商業組合の成立)「商工経済」 11(4) 1941.4
- ◇時局下に於ける商工相談所(平野正道)「大大阪」 17(4) 1941.4
- ◇大大阪工業振興策論(2)(奥原正男)「大大阪」 17(4) 1941.4
- ◇新経済体制としての工業協同体体制要綱(工業組合中央統制協議会立案)「東京市産業時報」 7(4) 1941.4
- ◇戦時下の卸売商業概観(東京市に於ける最近の調査)(阿久津源三)「東京市産業時報」 7(4) 1941.4
- ◇統計数字より見たる東北地方工業の趨勢(経済調査科)「東北産業研究」 1 1941.4
- ◇中央卸市場改革問題-魚介類の配給機構整備に関聯して-(森本照夫)「都市問題」 32(4) 1941.4
- ◇農村工業史(19)(斎藤栄一)「農村工業」 8(4) 1941.4
- ◇農村工業風土記(大分県の巻)(馬原忠毅)「農村工業」 8(4) 1941.4
- ◇商業政策の現代的課題-商業の倫理と論理-(岩田侃)「三田学会雑誌」 35(4) 1941.4
- ◇鉱業報国連合会の改組「労働時報」 18(4) 1941.4
- ◇中小工業の生産動員(座談会)(山中篤太郎[ほか])「科学主義工業」 5(5) 1941.5
- ◇農村工業の現状とその将来(1)(雨笠条三郎)「科学主義工業」 5(5) 1941.5

◇北京市商会の同郷性(沢崎堅造)「経済論叢」　52(5)　1941.5
◇中小商工業者転廃業と国民厚生金庫(1)(福田喜東)「警察研究」　12(5)　1941.5
◇最近に於ける世界貿易趨勢の展望(5)(田村与吉)「港湾」　19(5)　1941.5
◇農村映画施設に就て(久尾啓一)「斯民」　36(5)　1941.5
◇支那工業合作社の地位と現状(1)(山崎勉治)「社会政策時報」　248　1941.5
◇日本工業に於ける零細性(1):昭和15年日本中小工業の産業の地方的分布及労働力構成の統計的研究(山中篤太郎)「社会政策時報」　248　1941.5
◇下請工業の現状-機械工業整備案を中心として-「週刊エコノミスト」　19(18)　1941.5
◇商業組合法判例研究(12)(高田源清)「商業組合」　7(5)　1941.5
◇商業者から観た産業組合(座談会)「商業組合」　7(5)　1941.5
◇農村に於ける商業組合(2)(芳谷有道)「商業組合」　7(5)　1941.5
◇東京市内商業者の動向に関する一資料-商店街調査中間報告-「商工経済」　11(5)　1941.5
◇工業組合法施行規則と同訓令の改正に就いて「商工通報」　21　1941.5
◇下請工業指定制度と下請工業の範囲に就いて「商工通報」　21　1941.5
◇中小商工業職業転換問題(特輯)「職業時報」　4(5)　1941.5
◇再編成下の我中小工業(川端巌)「東京市産業時報」　7(5)　1941.5
◇商工省関係補助金の検討「東洋経済新報」　1972　1941.5
◇鉄鋼の特別回収運動「都市問題」　32(5)　1941.5
◇愛知県に於ける中小商工業者の転失業情況「内外社会問題調査資料」　455　1941.5
◇中小商工業の再転機(秋山道雄)「日本評論」　16(5)　1941.5
◇農村工業史(20)(斎藤栄一)「農村工業」　8(5)　1941.5
◇農村工業風土記(大阪府の巻)(若月可直)「農村工業」　8(5)　1941.5
◇昭和十五年秋季鉱工業労務者農業生産参加施設実績「農林時報」　1(8)　1941.5
◇中国綿業概観「大阪商工会議所月報」　409　1941.6
◇鉄鋼統制会の性格と課題(矢野良三)「科学主義工業」　5(6)　1941.6
◇中小商工業者転廃業と国民更生金庫(2・完)(福田喜東)「警察研究」　12(6)　1941.6
◇重慶政府の輸出貿易国営政策(十亀盛次)「財政」　6(6)　1941.6
◇支那工業合作社の地位と現状(山崎勉治)「社会政策時報」　249　1941.6
◇日本工業に於ける零細性(2)(山中篤太郎)「社会政策時報」　249　1941.6
◇国防経済下商業と商業政策(岩田伋)「商業組合」　7(6)　1941.6
◇商業組合事業資金融通に就て(3・完)(志茂義雄)「商業組合」　7(6)　1941.6
◇商組完全プール計算の実際(1)(山田力)「商業組合」　7(6)　1941.6
◇我が国商業の発展策(村上信彦)「商業組合」　7(6)　1941.6
◇東京市内商業者の動向に関する一資料「商工経済」　11(6)　1941.6
◇石炭増産の苦心を語る座談会(特輯)「商工通報」　24　1941.6
◇中小商工業問題(竹内鎌二)「中央公論」　56(6)　1941.6
◇独逸に於ける家内工業問題の発展(杉本三郎)「東京市産業時報」　7(6)　1941.6
◇独逸の戦時工業動員論「東洋経済新報」　1976　1941.6
◇貿易機構の整備と貿易統制会への見透「東洋経済新報」　1976　1941.6
◇中小機械工業整備案(中央物価統制協力会議)「都市問題」　32(6)　1941.6
◇新入青少年工の取扱を如何にするか-社団法人京浜工業協会の指導研究に於ける報告内容-「内外労働週報」　458　1941.6
◇農村工業史(21)(斎藤栄一)「農村工業」　8(6)　1941.6
◇農村工業風土記(神奈川県之巻)(細井勇)「農村工業」　8(6)　1941.6
◇副業・農村工業中央機関強化手記(山中省二)「農村工業」　8(6)　1941.6
◇中国棉業概説(続)「大阪商工会議所月報」　410　1941.7
◇明治初年の諸藩の商社(堀江保蔵)「経済論叢」　53(1)　1941.7
◇転廃業問題「警察研究」　12(7)　1941.7
◇統制令の設立と中小工業者(磯部喜一)「財政」　6(7)　1941.7
◇中小業者の転廃業問題(大塚辰治)「自治機関」　497　1941.7
◇中小機械工業の生産性「週刊エコノミスト」　19(26)　1941.7
◇買占・買惜・抱合せ販売の禁止-暴利行為等取締規則改正の解説-(商工省)「週報 官報附録」　249　1941.7
◇転廃業者の進むべき路「週報 官報附録」　251　1941.7
◇商業再編成と適限経営(高橋幸司)「商業組合」　7(7)　1941.7
◇中小商業発展策(大橋善助)「商業組合」　7(7)　1941.7
◇転換期に於ける商業組合経営(1)(久保田富雄)「商業組合」　7(7)　1941.7
◇転廃業の財産評価に就ての基準(長谷川安兵衛)「商業組合」　7(7)　1941.7
◇富山買薬業の統合(向井梅次)「商業組合」　7(7)　1941.7
◇最高販買価格告示の用語改正に就いて「商工通報」　25　1941.7
◇中小商工業者関係の各種補助施設「商工通報」　26　1941.7
◇観光地としての聖地大和(堀井甚一郎)「地理」　4(3)　1941.7
◇中小機械工業問題の現状(1)(山川三平)「東京市産業時報」　7(7)　1941.7
◇山形県の工業原料資源「東北産業研究」　2　1941.7
◇商工奉仕委員制度の設置「都市問題」　33(1)　1941.7
◇転廃業者の資産評価基準決定「都市問題」　33(1)　1941.7
◇農村工業風土記(鹿児島県の巻)(髙科良二)「農村工業」　8(7)　1941.7
◇台湾工業化問題の検討(山本登)「三田学会雑誌」　35(7)　1941.7
◇勤労を中心として観たる小工業経営の人的構成に関する調査(藤井次郎)「労働科学」　18(7)　1941.7
◇日本工場史(1):日本鋼管の巻(松島喜市郎)「科学主義工業」　5(8)　1941.8
◇金物工業の転形段階-続金属工業調査-(豊崎稔)「経済学雑誌」　9(2)　1941.8
◇中小工業の再編成(1)(福田喜東)「警察研究」　12(8)　1941.8
◇最近の中小工業問題(川端巌)「国策研究会週報」　3(32)　1941.8
◇日本工業労働の特質と将来(1)(美濃口時次郎)「社会政策時報」　251　1941.8
◇繊維工業統制論(井上貞蔵)「週刊エコノミスト」　19(29)　1941.8
◇商業免許制の確立について(向井鹿松)「週刊エコノミスト」　19(30)　1941.8
◇経済封鎖と中小貿易業の活路(上坂西三)「週刊エコノミスト」　19(32)　1941.8
◇国費施設の企画性と中小商工業の維持及び転換(須藤文吉)「商業組合」　7(8)　1941.8
◇商業組合と消費者組織(福田敬太郎)「商業組合」　7(8)　1941.8
◇商業組合法判例研究(13)(高田源清)「商業組合」　7(8)　1941.8

◇商業再編成の当面する諸問題(鈴木忠志)「商業組合」 7(8) 1941.8
◇商組完全プール計算の実際(2)(山田力)「商業組合」 7(8) 1941.8
◇商店適限経営問題(特輯)「商業組合」 7(8) 1941.8
◇転換期に於ける商業組合経営(2)(久保田富雄)「商業組合」 7(8) 1941.8
◇日本繊維業と統制(井上貞蔵)「商工経済」 12(2) 1941.8
◇大大阪工業振興策論(3)(奥原正男)「大大阪」 17(8) 1941.8
◇中小機械工業の現状(2)(山川三平)「東京市産業時報」 7(8) 1941.8
◇独逸手工業の組織と定型(土屋二郎)「東京市産業時報」 7(8) 1941.8
◇中国奥地移遷工業の状況(1)「東洋経済新報」 1985 1941.8
◇中国奥地移遷工業の状況(2)「東洋経済新報」 1986 1941.8
◇統制経済と中小商工業問題(配給統制と都市の経済行政)(増田操)「都市問題」 33(2) 1941.8
◇国土計画に於ける農村工業の位置-その代数的考察-「農村工業」 8(8) 1941.8
◇農村工業史(22)(斎藤栄一)「農村工業」 8(8) 1941.8
◇農村工業風土記(京都の巻)(三野清治)「農村工業」 8(8) 1941.8
◇農村副業並農村工業奨励の第一線に立ちて「農村工業」 8(8) 1941.8
◇繊維工業に従事せる女子労働者の体重及身長に就て(別府義雄[ほか])「労働科学」 18(8) 1941.8
◇季節道場(商店道場)の実施に就いて「労働時報」 19(8) 1941.8
◇日本工場史(2)-日本鋼管の巻-(松島喜市郎)「科学主義工業」 5(9) 1941.9
◇ボオルベルナアルの仏印工業化論(松岡孝児)「経済論叢」 53(3) 1941.9
◇技術者の養成に就て(安井久)「警察研究」 12(9) 1941.9
◇中小工業の再編成(2・完)(福田喜東)「警察研究」 12(9) 1941.9
◇問屋制工業の将来と高岡銅器業(向井梅次)「社会政策時報」 252 1941.9
◇日本工業労働の特質と将来(2)(美濃口時次郎)「社会政策時報」 252 1941.9
◇統制会と商業組合(稲川宮雄)「週刊エコノミスト」 19(34) 1941.9
◇営業免許制の必要と方法(稲川宮雄)「商業組合」 7(9) 1941.9
◇商報運動の意義と活動状況(白瀬懋)「商業組合」 7(9) 1941.9
◇農機具工業の整備(通牒)「商工通報」 30 1941.9
◇六大都市に於ける中小工業の更生施設概観「東京市産業時報」 7(6) 1941.9
◇京浜地帯の工業立地的価値(加藤一)「東京市産業時報」 7(9) 1941.9
◇中小機械工業問題の現状(2・完)(山川三平)「東京市産業時報」 7(9) 1941.9
◇中小商業者問題と満洲(中山克巳)「統制経済」 3(3) 1941.9
◇貿易杜絶と中小輸出工業「東洋経済新報」 1988 1941.9
◇今後の食料品農村工業は、どう行くべきか(川邊長次郎)「農村工業」 8(9) 1941.9
◇農村工業指導方策の検討(赤ూ光市)「農村工業」 8(9) 1941.9
◇本邦陶磁器業に就て(三瓶孝子)「農村工業」 8(9) 1941.9
◇鉄及石炭を中心とする統制会の現状(佐藤清一)「法律時報」 13(9) 1941.9
◇ソ連の工業化政策(丸枝常繁)「科学主義工業」 5(10) 1941.10
◇日本工場史(3・完):日本鋼管の巻(松島喜市郎)「科学主義工業」 5(10) 1941.10
◇新興工業都市人口予想に就て(広瀬可一)「区画整理」 7(10) 1941.10
◇鉄鋼の特別回収に就て「国策研究会週報」 3(41) 1941.10
◇闇取引さまざま(東京市経済局)「市政週報」 132 1941.10
◇民間金属類の特別回収の概要(1)(藤森与作)「自治機関」 500 1941.10
◇民間金属類特別回収に就て(塩原有)「斯民」 36(10) 1941.10
◇合衆国の家内工業と其対策(1)(小針愛子)「社会政策時報」 253 1941.10
◇重要産業団体令と商工業組合制度(小出栄一)「商業組合」 7(10) 1941.10
◇商業の職能国家的適存化と共同販買制の諸方式(松井辰之助)「商業組合」 7(10) 1941.10
◇地区商業組合の運営とその機構(中山忠夫)「商業組合」 7(10) 1941.10
◇中小商業問題の新たなる基調(増田操)「商業組合」 7(10) 1941.10
◇ドイツに於ける手工業免許制(本間幸作)「商業組合」 7(10) 1941.10
◇戦時下に於けるロンドン商業会議所の活動状況「商工経済」 12(4) 1941.10
◇総合経済より見たる我国商業機構の再編成(永村盛一)「統制経済」 3(4) 1941.10
◇岩手県の工業原料資源「東北産業研究」 3 1941.10
◇東北振興と機械工業(宮城音五郎)「東北産業研究」 3 1941.10
◇中川商工業金融現況分析「東洋経済新報」 1991 1941.10
◇財閥と機械工業-統制会と財閥(2)-「東洋経済新報」 1992 1941.10
◇中小工業の最下部・家内工業の特-殊性-(大阪市社会部調査)「東洋経済新報」 1992 1941.10
◇貿易統制会設立を巡る諸問題「東洋経済新報」 1992 1941.10
◇化学工業統制会と財閥-統制会と財閥(3)-「東洋経済新報」 1993 1941.10
◇工業都市川崎市「都市公論」 24(10) 1941.10
◇大阪府下に於ける重工業労務者の貯蓄状況「内外労働週報」 476 1941.10
◇中小工業整理の目標と施策(藤田敬三)「科学主義工業」 5(11) 1941.11
◇ソ連邦工業機構の変遷(沿革篇)(蜂谷吉之助)「企画」 4(11) 1941.11
◇下請制工業と社会的分業(田杉競)「経済論叢」 53(5) 1941.11
◇戦時下における水産業(蜷川虎三)「経済論叢」 53(5) 1941.11
◇中小工業金融の新動向(田杉競)「財政」 6(11) 1941.11
◇民間金属類の特別回収の概要(2)(藤森与作)「自治機関」 501 1941.11
◇「時局と中小工業(1)」(紹介)(森喜一)「社会事業」 25(11) 1941.11
◇石炭増産に関する諸問題(小田正憙)「社会政策時報」 254 1941.11
◇商業組合法判例研究(14)(高田源清)「商業組合」 7(11) 1941.11
◇商業労働力供出問題(竹林庄太郎)「商業組合」 7(11) 1941.11
◇生活必需品商業組合の企業合同と綜合配給所(有賀禄郎)「商業組合」 7(11) 1941.11
◇地区商業組合の運営とその機構(中山忠夫)「商業組合」 7(11) 1941.11
◇組合に依る自主的転廃業対策(神戸市産業部経済調査室)「職業時報」 4(11) 1941.11
◇急激に増加する商業組合「大大阪」 17(11) 1941.11

◇配給機構の再編成と中小工業の将来(猪谷善一)「大大阪」 17(11) 1941.11

◇生産力拡充と中小工業(講演)(美濃口時次郎)「東京市産業時報」 7(11) 1941.11

◇百貨店再編成の一方向(松田愼三)「東洋経済新報」 1995 1941.11

◇国防計画の犠牲となる米国中小商工業「東洋経済新報」 1996 1941.11

◇貿易業再編成と中小輸出業者の地位「東洋経済新報」 1997 1941.11

◇農産工業風土記-新潟県の巻-(町田増夫)「農村工業」 8(11) 1941.11

◇農村問題と農村工業(坂井申生)「農村工業」 8(11) 1941.11

◇臨戦体制と農村工業の重要性(川端巌)「農村工業」 8(11) 1941.11

◇中小工場厚生施設の特異性と対策(三好豊太郎)「労働科学」 18(11) 1941.11

◇中小商工業の整理(小林良正)「改造」 23(23) 1941.12

◇日本工場史-池貝鉄工所-(早坂力)「科学主義工業」 5(12) 1941.12

◇我国に於ける中小工業論の発展(大河内一男)「経済学論集」 11(12) 1941.12

◇支那の工業合作運動について(菊田太郎)「経済論叢」 53(6) 1941.12

◇中小化学工業の振興-東京市化学工業指導所の竣功に当りて-「市政週報」 139 1941.12

◇日本工業の原動機革命(上林貞治郎)「社会政策時報」 255 1941.12

◇日米戦と中川商工業者「週刊エコノミスト」 19(47) 1941.12

◇経済再編下の転廃業者共助制度(久保田富雄)「商業組合」 7(12) 1941.12

◇地区商業組合の運営とその機構(中山忠夫)「商業組合」 7(12) 1941.12

◇転廃業問題と商業組合(安藤春夫)「商業組合」 7(12) 1941.12

◇協力工業の整備「商工通報」 36 1941.12

◇農工業に対する計画「造園雑誌」 8(12) 1941.12

◇大大阪工業振興策論(4)(奥原正男)「大大阪」 17(12) 1941.12

◇中小工業と企業(川端巌)「統制経済」 3(6) 1941.12

◇三菱名古屋発動機の工場委員会改組さる「内外労働週報」 485 1941.12

◇矢島工業株式会社の通勤隣組制度の運営「内外労働週報」 485 1941.12

◇政策の動向と農林工業(小田橋貞壽)「農村工業」 8(12) 1941.12

◇農村工業史(23)(斎藤栄一)「農村工業」 8(12) 1941.12

◇中小商工業再編成交付に関する件(昭16.12.6総務局長)「農林時報」 1(23) 1941.12

◇中小商工業再編成に関する助成金交付に関する件(昭11.11.6農林次官)「農林時報」 1(23) 1941.12

◇地方商業事情察報告「大阪商工会議所月報」 416 1942.1

◇経済の輸送費負担に対する工業分散の影響(2・完)(カール・ピラート、鈴木明訳)「外国鉄道調査資料」 16(1) 1942.1

◇純農山村の工業化(1)-山形県西置賜郡小国本村について-(広瀬可一)「区画整理」 8(1) 1942.1

◇支那工業労働の低生産性(岡部利良)「経済論叢」 54(1) 1942.1

◇陶磁器工業に於ける計画生産と其の協同販売制度「警察研究」 13(1) 1942.1

◇繊維部門に於ける中小工業整理統合実施状況(記内角一)「国策研究会週報」 4(2) 1942.1

◇現下の専売事業(山田鉄之助)「財政」 7(1) 1942.1

◇鉄鋼の総動員特輯(総動員部)「市政週報」 144 1942.1

◇朝鮮工業化と農業生産拡充の指標(平実)「社会政策時報」 256 1942.1

◇国防経済に於ける小売業(沖中恒幸)「商業組合」 8(1) 1942.1

◇商業組合の転換とその改革問題(後藤清)「商業組合」 8(1) 1942.1

◇中小商工業者企業合同と転廃業対策(長谷川亀蔵)「商業組合」 8(1) 1942.1

◇時局下中小工業対策に関する答申「東京市産業時報」 8(1) 1942.1

◇福島県の工業原料資源「東北産業研究」 4 1942.1

◇貿易業者整理の方向「東洋経済新報」 2005 1942.1

◇戦時欧洲都市事情「都市問題」 34(1) 1942.1
商業組合制度の改正案(商業組合中央会の建議) 中小商工業者転業共助金制度に国庫補助

◇中小工業の将来と其の問題(美濃口時次郎)「農村工業」 9(1) 1942.1

◇農村工業史(24)(斎藤栄一)「農村工業」 9(1) 1942.1

◇時局下の小売商問題(鈴木保良)「三田評論」 530 1942.1

◇都市に於ける中小商業者の家計設計「大阪商工会議所月報」 417 1942.2

◇飛行機工業の下請整備方策(見目泰)「科学主義工業」 6(2) 1942.2

◇臨戦ソ連の産業概観「企画」 5(2) 1942.2

◇純農山村の工業化(2)-山形県西置賜郡小国本村について-(広瀬可一)「区画整理」 8(2) 1942.2

◇軽工業に於ける下請性の発展(藤田敬三)「経済学雑誌」 10(2) 1942.2

◇事変下の中小工業と金融-愛知県毛織物工業について-(田杉競)「経済論叢」 54(2) 1942.2

◇転廃業対策と共助制度(野中宏)「財政」 7(2) 1942.2

◇本邦固有の中小工業への反省-本邦漆器工業論の一節-(磯部喜一)「社会政策時報」 257 1942.2

◇蘭印工業の建設過程「週刊エコノミスト」 20(7) 1942.2

◇大東亜戦と中小工業対策「週報 官報附録」 281 1942.2

◇商業組合法判例研究(15)(高田源清)「商業組合」 8(2) 1942.2

◇戦時に於ける小売商取引の構成的変化(大木秀男)「商業組合」 8(2) 1942.2

◇戦時下英国に於ける商業会議所の活動状況「商工経済」 13(2) 1942.2

◇陶磁器工業の整備-附、整備通牒前文-「商工通報」 40 1942.2

◇支那紡績業の過去及現在(2)-日支紡績業の対立を中心として)-「調査月報(大蔵省)」 32(2) 1942.2

◇東亜共栄圏に於ける重工業の任務(木村量平)「統制経済」 4(2) 1942.2

◇尾州毛織工業の再編状況「東洋経済新報」 2007 1942.2

◇中小企業転廃業不振と国民更正金庫「東洋経済新報」 2008 1942.2

◇決戦体制化の食糧対策と食品工業(宮出秀雄)「農村工業」 9(2) 1942.2

◇工場の農村分散問題に関する若干資料(赤座光市)「農村工業」 9(2) 1942.2

◇農村工業史(25)(斎藤栄一)「農村工業」 9(2) 1942.2

◇支那事変と上海商工業「大阪商工会議所月報」 418 1942.3

◇共栄圏経営と馬来工業資源(大沢武男)「科学主義工業」 6(3) 1942.3

◇純農山村の工業化(3)-山形県西置賜郡小国本村について-(広瀬可一)「区画整理」 8(3) 1942.3

◇我国輸出貿易の形態的分析(吉村正晴)「経済学研究」 10(3) 1942.3

◇広域貿易政策と互恵主義(油本豊吉)「経済学論集」　12(3)　1942.3
◇日本綿業確立期に於ける貿易政策(松井清)「経済論叢」　54(3)　1942.3
◇仏領印度支那貿易の性格(河野健二)「経済論叢」　54(3)　1942.3
◇蘭印の工業(目崎憲司)「財政」　7(3)　1942.3
◇工業生産力昂揚と中小工業再編成(奥村忠雄)「社会政策時報」　258　1942.3
◇中小商工業の再編成問題「週報 官報附録」　285　1942.3
◇商業組合と会社組織の適否について(坂田武雄)「商業組合」　8(3)　1942.3
◇日本内地工業人口率(都市別)の分布(木内信蔵)「地理学評論」　18(3)　1942.3
◇農村工業の過渡的推移と新建成(草場栄喜)「農村工業」　9(3)　1942.3
◇国民経済上より見たる商業の地位並に職能(田尻常雄)「文部時報」　752　1942.3
◇中小工業再編成問題について(田杉競)「大阪商工会議所月報」　419　1942.4
◇国防と大東亜重工業立地計画の構想(川西正鑑)「科学主義工業」　6(4)　1942.4
◇商業労働力再編成の検討(竹林庄太郎)「社会政策時報」　259　1942.4
◇小売業の整備について(企画院)「週報 官報附録」　290　1942.4
◇組合統制の進展と其の使命(実方正雄)「商業組合」　8(4)　1942.4
◇組合の理念とその現時的性格(山城章)「商業組合」　8(4)　1942.4
◇商業組合の新使命とこれに伴ふ諸問題(新保民八)「商業組合」　8(4)　1942.4
◇商業再編成と転廃業問題(金田信武)「商業組合」　8(4)　1942.4
◇生活必需品関係小売店舗再配置計画(商業組合中央会)「商業組合」　8(4)　1942.4
◇企業整備下の秩父織物工業(小沢雄次)「商工経済」　13(4)　1942.4
◇大東亜共栄圏に於ける繊維及繊維工業対策覚書(川口佐市)「商工経済」　13(4)　1942.4
◇ソ連邦の工業統計(1)(ロートシュタイン,平岡雅英訳)「統計集誌」　730　1942.4
◇経済統制下に於ける工業管理技術に就いて(二階堂正治)「統制経済」　4(4)　1942.4
◇中小商工業整理策(1)「東洋経済新報」　2018　1942.4
◇都市の消費者組織「都市問題」　34(4)　1942.4
　戦時経済と都市の消費者組織(山崎勉治)　中小商工業再編成の基本方針決定　東京市現行切符制及割当製品目一覧表
◇都市の消費者組織/大都市に於ける消費規正の現状と将来の対策「都市問題」　34(4)　1942.4
　消費規正の現状と将来(向井富太郎)　生活必需品の消費規正と消費者組織(草刈孟)　綜合的配給統制と協同的消費規正の基礎としての配給地区制を中心として(佐々木九兵衛)　配給系統一元化の急務(浜井信三)　割当配給と消費者組織(須田銓造)
◇農村工業史(26)(斎藤栄一)「農村工業」　9(4)　1942.4
◇工場教育の新方途(田坂政養)「科学主義工業」　6(5)　1942.5
◇小売業整備の基本方針(梶原茂嘉)「国策研究会週報」　4(20)　1942.5
◇中小工業整備統合に就て(田杉競)「財政」　7(5)　1942.5
◇小売業整備に就て(梶原茂嘉)「斯民」　37(5)　1942.5
◇カナダ軍需工業の実体「週刊エコノミスト」　20(19)　1942.5
◇大東亜戦下の商人道(福田敬太郎)「週刊エコノミスト」　20(19)　1942.5
◇企業合同及び転廃業と税(坂田武雄)「商業組合」　8(5)　1942.5
◇商業者転廃業と住宅問題(白瀬愨)「商業組合」　8(5)　1942.5

◇戦時下中小商業の動向と転廃業に関する一考察(多田順一)「商業組合」　8(5)　1942.5
◇中小商業者の南方進出と華僑(伊藤健)「商業組合」　8(5)　1942.5
◇転廃業者に対する共助制度(稲川宮雄)「商業組合」　8(5)　1942.5
◇大東亜共栄圏と工業政策の基調(諸井貫一)「商工経済」　13(5)　1942.5
◇商工奉仕委員の活動「商工通報」　46　1942.5
◇工場法施行規則の改正に就いて(山口正義)「職業時報」　5(5)　1942.5
◇本邦モリブデン工業の現状-主としてフエロモリブデン工業に就て-「調査月報(大蔵省)」　32(5)　1942.5
◇中小商工業整理の目的と問題点(小宮山利政)「東京市産業時報」　8(5)　1942.5
◇ソ連邦の工業統計(2)(ロートシュタイン,平岡雅英訳)「統計集誌」　731　1942.5
◇青森県の工業原料資源「東北産業研究」　5　1942.5
◇東北地方の機械器具工業の新展開(米沢治夫)「東北産業研究」　5　1942.5
◇中小商工業整理案(2)「東洋経済新報」　2019　1942.5
◇中小商工業整理案(3)「東洋経済新報」　2020　1942.5
◇中小商工業整理案(4)「東洋経済新報」　2021　1942.5
◇大東亜建設と日本繊維工業—紡績・人絹スフ・蚕糸・羊毛・麻・雑繊維—「東洋経済新報」　2022　1942.5
◇中小商工業整理への示唆(特集)「東洋経済新報」　2022　1942.5
◇栄養保健問題と農村工業(川端巌)「農村工業」　9(5)　1942.5
◇農村工業史(27)(斎藤栄一)「農村工業」　9(5)　1942.5
◇商業と配給(阿部藤造)「大阪商工会議所月報」　421　1942.6
◇我国商業の再編成過程「大阪商工会議所月報」　421　1942.6
◇支那近代工業の様相(平野等)「科学主義工業」　6(6)　1942.6
◇戦時工業政策の当面する諸問題(大久保実)「科学主義工業」　6(6)　1942.6
◇広域経済の貿易理論(谷口吉彦)「経済論叢」　54(6)　1942.6
◇工業規則及工業建設に関する措置に就て(関盛吉雄)「公園緑地」　6(5)　1942.6
◇人口集中の四地域に工場の新増設を制限「公園緑地」　6(5)　1942.6
◇商業労働力再編成の検討(竹林庄太郎)「社会政策時報」　261　1942.6
◇商業報国運動の新展開(喜多壮一郎)「週刊エコノミスト」　20(22)　1942.6
◇小売業整備要綱の解説(振興部)「商工通報」　48　1942.6
◇生活必需品小売機構整備と消費者組織に就て(志村茂治)「商工通報」　48　1942.6
◇中小商工業者の転職指導に就て(海野将親)「職業時報」　5(6)　1942.6
◇工業廃水概説(柴田三郎)「水道協会雑誌」　109　1942.6
◇戦時中小工業問題研究座談会(2)「東京市産業時報」　8(6)　1942.6
◇ソ連邦の工業統計(3)(ロートシュタイン,平岡雅英訳)「統計集誌」　732　1942.6
◇生産力拡充と中小工業(田杉競)「統制経済」　4(6)　1942.6
◇大東亜建設と内地に於ける工業地帯(金森誠之)「統制経済」　4(6)　1942.6
◇中小工業の戦時編成(小出栄一)「統制経済」　4(6)　1942.6
◇小売業整備要綱決定「都市問題」　34(6)　1942.6
◇振興工業都市に関する打合会(厚生省国土局)「内務厚生時報」　7(6)　1942.6
◇高度工業国の確立とその様式(豊崎稔)「日本評論」　17(7)　1942.6

◇農村社会の国家的使命と農村工業(鈴木栄太郎)「農村工業」 9(6) 1942.6
◇東亜共栄圏と貿易理論の展開(岩田侃)「三田学会雑誌」 36(6) 1942.6
◇貿易業整備の進展状況「大阪商工会議所月報」 422 1942.7
◇工業規則地域及工業建設地域に関する暫定措置(編輯部)「官界公論」 8(85) 1942.7
◇盛場の社会的価値を論じ特殊商業地域の指定を望む(山田昌弘)「区画整理」 8(7) 1942.7
◇協力工業の技術的向上と再編成(田杉競)「経済論叢」 55(1) 1942.7
◇工場の灯火管制施設(横見幹)「建築と社会」 25(7) 1942.7
◇工業分布の変化とその影響(菊田太郎)「国土計画」 1(1) 1942.7
◇東亜計画貿易の構想(岩田侃)「週刊エコノミスト」 20(25) 1942.7
◇小売業整備の実況「週刊エコノミスト」 20(26) 1942.7
◇現段階における中小商業の存率条件(田中豊喜)「商業組合」 8(7) 1942.7
◇小売商の将来(福田敬太郎)「商業組合」 8(7) 1942.7
◇商業組合の論理と倫理(竹内敏夫)「商業組合」 8(7) 1942.7
◇中小商工業対策の前進(稲山宮雄)「商業組合」 8(7) 1942.7
◇東京府に於ける織物工業の整備概況(1)「商工経済」 14(1) 1942.7
◇各機械統制会の機能(機械局)「商工通報」 49 1942.7
◇大東亜南方圏の工業政策(浅香末起)「中央公論」 57(7) 1942.7
◇露西亜工業の東方移転(狩野広之)「調査月報(大蔵省)」 32(6) 1942.7
◇本邦自動車工業の現況と其整備の方向「調査月報(大蔵省)」 32(7) 1942.7
◇ソ連邦の工業統計(4)(ロートシュタイン、平岡雅英訳)「統計集誌」 733 1942.7
◇日本重工業の発展過程に於ける労働人口の変動(加藤精一)「統制経済」 5(1) 1942.7
◇工業規制地域の設置「都市問題」 35(1) 1942.7
◇小売業の整備問題(村本福松)「都市問題」 35(1) 1942.7
◇小売業の整理-特に大都市食料品末端配給機構に就て(福田敬太郎)「都市問題」 35(1) 1942.7
◇転換期の農村工業―特に農産物加工業について―(宮出秀雄)「農村工業」 9(7) 1942.7
◇農村工業とその限界(小田橋貞壽)「農村工業」 9(7) 1942.7
◇大東亜戦争下の観光事業(高田寛)「汎交通 帝国鉄道協会誌」 43(7) 1942.7
◇農村から通勤する工業労務者の性格についての考察(三瓶孝子)「労働科学」 19(7) 1942.7
◇季節(商店)道場の実施「労働時報」 19(7) 1942.7
◇大阪府に於ける中小工業の整備「大阪商工会議所月報」 423 1942.8
◇日本工業前史(3)-窯物語、下-(田村栄太郎)「科学主義工業」 6(8) 1942.8
◇友邦郷村工業の課題(平野等)「科学主義工業」 6(8) 1942.8
◇南方貿易の綜合研究(橋本秀一)「経済学論集」 12(8) 1942.8
◇中小機械工業と生産昂揚(経済局)「市政週報」 172 1942.8
◇中小商工業再編成の進展(商工省)「週報 官報附録」 304 1942.8
◇大東亜の鉱業、工業及び電力基本方策(商工省)「週報 官報附録」 305 1942.8
◇広域経済に於ける最恵貿易主義(木曾栄作)「商学討究」 17 1942.8
◇支那近代工業化を繞ぐる諸問題(横田弘之)「商学討究」 17 1942.8

◇小売業整備要綱研究(1)-個人企業態存置論-(坂田武雄)「商業組合」 8(8) 1942.8
◇東京府に於ける織物工業の整備概況(2・完)「商工経済」 14(2) 1942.8
◇買上機械評価基準決定「商工通報」 52 1942.8
◇独逸における小売商の整理保護(長岡隆一郎)「中央公論」 57(8) 1942.8
◇特殊鋼業の整備「調査月報(大蔵省)」 32(8) 1942.8
◇独逸に於ける商業利潤の制限「東京市産業時報」 8(8) 1942.8
◇大東亜に於ける綿業立地の諸問題(浜野恭平)「統制経済」 5(2) 1942.8
◇時局下工業組合の動向「東洋経済新報」 2032 1942.8
◇京都に於ける工業用水の給水計画と基礎調査に就て(小野龍一、小林泰)「土木学会誌」 28(8) 1942.8
◇国土計画と農村工業(日下藤吾)「農村工業」 9(8) 1942.8
◇農村工業成立の立地論的方式(伊藤久秋)「農村工業」 9(8) 1942.8
◇日本重工業経済に於ける生産技術の変動(加藤精一)「一橋論叢」 10(2) 1942.8
◇大阪府に於ける中小工業の整備(2)「大阪商工会議所月報」 424 1942.9
◇大東亜共栄圏と工業塩の自給(大河内正敏)「科学主義工業」 6(9) 1942.9
◇日本工業全史(4)-窯物語、三-(田村栄太郎)「科学主義工業」 6(9) 1942.9
◇満洲鉱工業の現段階(佐藤剛)「科学主義工業」 6(9) 1942.9
◇地方都市工業建設と農業余剰労働力との関係(中田理夫)「官界公論」 8(87) 1942.9
◇統計操作上より見たる北九州工業地帯の特異性(内田正)「官界公論」 8(87) 1942.9
◇中小工業と創造信用(田杉競)「経済論叢」 55(3) 1942.9
◇ソ連邦の工業立地「国策研究会週報」 4(37) 1942.9
◇工業規制地域及工業建設地域に関する暫定措置について(村山道雄)「国土計画」 1(2) 1942.9
◇工業分散と郷土性(松本治彦)「国土計画」 1(2) 1942.9
◇わが工業地帯の振興と工業用水(加藤一)「国土計画」 1(2) 1942.9
◇小売店と百貨店(田中実)「執務指導通信」 6(1) 1942.9
◇中小商工業再編の現状(山本豊)「斯民」 37(9) 1942.9
◇現下の中小商業問題に就て(藤林敬三)「商業組合」 8(9) 1942.9
◇小売業発展の回顧と展望(芳谷有道)「商業組合」 8(9) 1942.9
◇機械工業遊休設備整理準則(機械局)「商工通報」 53 1942.9
◇転廃に対する租税の減免(調査部)「税」 20(9) 1942.9
◇現代小売商論(藤島俊)「中央公論」 59(9) 1942.9
◇共栄圏内交易と海上輸送の能率化(南郷三郎)「統制経済」 5(3) 1942.9
◇大阪府に於ける時局転廃業者の対策を観る「内外労働週報」 523 1942.9
◇農業用動力問題の将来と農村工業(加藤正春)「農村工業」 9(9) 1942.9
◇大阪府に於ける中小工業の整備「大阪商工会議所月報」 425 1942.10
◇北陸地方工場視察(松本亀太郎)「大阪商工会議所月報」 425 1942.10
◇工業動員と中小機械工場(大河内政敏)「科学主義工業」 6(10) 1942.10
◇工業立地と新技術原則(豊崎稔)「科学主義工業」 6(10) 1942.10
◇日本工業全史-窯物語四-(田村栄太郎)「科学主義工業」 6(10)

◇福井人絹織物業における下請制(藤田敬三)「経済学雑誌」 11(4) 1942.10
◇小売業整備の最近段階(稲川宮雄)「週刊エコノミスト」 20(39) 1942.10
◇台湾経済の工業化「週刊エコノミスト」 20(40) 1942.10
◇商業職能論の職能論(松井辰之助)「商業組合」 8(10) 1942.10
◇庶民金庫より見たる中小商業(青木得三)「商業組合」 8(10) 1942.10
◇転職者調査を通じて観た商業労働力(森喜一)「商業組合」 8(10) 1942.10
◇関東地方に於ける林間工場の提唱とナチス・ドイツに於ける工場分散の実際「商工経済」 14(4) 1942.10
◇小売業転廃業考資産評価基準(企業局)「商工経済」 14(4) 1942.10
◇少年工と盛り場(吉村幸雄)「中央公論」 57(10) 1942.10
◇九州地方の工場工業地域について(千葉徳爾)「地理」 5(2) 1942.10
◇英国農村工業の一斑(1)(菊田太郎)「農村工業」 9(10) 1942.10
◇支那の農村手工業(平野等)「農村工業」 9(10) 1942.10
◇農工業併進と農村工業への課題(平実)「農村工業」 9(10) 1942.10
◇共栄圏最適交易量の測定(山田勇)「一橋論叢」 10(4) 1942.10
◇近代産業史研究の成果に就いて―中小工業論の視角から―(豊田四郎)「三田学会雑誌」 36(10) 1942.10
◇工業分散と農村社会(綿谷赳夫)「科学主義工業」 6(11) 1942.11
◇日本工業前史(火薬物語・一)(増実)「科学主義工業」 6(11) 1942.11
◇商品群に対する需要(青山秀夫)「経済論叢」 55(5) 1942.11
◇商工政策の基調と産業人口政策(松井辰之助)「財政」 7(11) 1942.11
◇日本重工業の発展と資本構成の変動(加藤精一)「社会政策時報」 266 1942.11
◇日本石炭資源論(小田正意)「社会政策時報」 266 1942.11
◇我国重工業の経済造構と課題(豊崎稔)「社会政策時報」 266 1942.11
◇朝鮮鉄重化学工業の発展「週刊エコノミスト」 20(42) 1942.11
◇小売業の転廃業資産評価基準に就いて(近江忠次)「商業組合」 8(11) 1942.11
◇戦時商業倫理の綱領(東晋太郎)「商業組合」 8(11) 1942.11
◇中小商工業者と南方(大鷹正次郎)「商工経済」 14(5) 1942.11
◇工業規制地域等の暫定措置をに就て(川上有吉)「水道協会雑誌」 114 1942.11
◇中小工業の将来性(山中篤太郎)「東京市産業時報」 8(11) 1942.11
◇中小工業問題に於ける経済政策と経済政策と社会政策(1)(清水清)「東京市産業時報」 8(11) 1942.11
◇宮城県の工業原料資源「東北産業研究」 7 1942.11
◇香港の工業力「東洋経済新報」 2046 1942.11
◇三徳工業会社の特色ある保健施設と社宅制度「内外労働週報」 531 1942.11
◇英国農村工業の一斑(2・完)(菊田太郎)「農村工業」 9(11) 1942.11
◇国土計画に於ける工業の地方分散と農業との調整(諸井貫一)「農村工業」 9(11) 1942.11
◇国土計画に於ける農工調和と農村工業(宮出秀雄)「農村工業」 9(11) 1942.11
◇農村工業化についての覚書(江沢譲爾)「農村工業」 9(11) 1942.11

◇農村と工業との調和(田沢義鋪)「農村工業」 9(11) 1942.11
◇新生の日本軽工業(西谷弥兵衛)「改造」 24(12) 1942.12
◇中小工業整備問題の重点(橋井真)「科学主義工業」 6(12) 1942.12
◇日本工業前史(火薬物語・二)(田村栄太郎)「科学主義工業」 6(12) 1942.12
◇醱酵ブタノール工業とその立地に関する若干の問題(奥村清喜)「官界公論」 8(90) 1942.12
◇遊休製糸工場の利用価値特に長野県を中心として(吉田秀夫)「官界公論」 8(90) 1942.12
◇工業振興の問題と行政区画に就ての雑惑(多田秀士)「区画整理」 8(12) 1942.12
◇下請発生史の一齣(藤田敬三)「経済学雑誌」 11(6) 1942.12
◇東亜共栄圏建設過程於にける日本繊維工業の在り方(名和統一)「経済学雑誌」 11(6) 1942.12
◇機会及機械工業の戦時経済的意義-主として米国機械工業に就て-(今野源八郎)「経済学集」 12(12) 1942.12
◇中小工業金融市場の構成(田杉競)「経済論叢」 55(6) 1942.12
◇国防経済と大規模小売業(芳谷有道)「財政」 7(12) 1942.12
◇戦時下に於ける自治体商工事務の基本問題(清水清)「市政研究」 2 1942.12
◇転廃業模範地区の設立「週刊エコノミスト」 20(45) 1942.12
◇共励配給と商業組合(播久夫)「商業組合」 8(12) 1942.12
◇転廃小売業の資産評価について(村本福松)「商業組合」 8(12) 1942.12
◇工業に於ける企業整備の諸問題(1)(福田喜策)「商工経済」 14(6) 1942.12
◇中小工業の現状と将来(和久田鉄雄)「商工経済」 14(6) 1942.12
◇福井織物工業と機業整備「商工経済」 14(6) 1942.12
◇昭和十七年度家庭金属類の特別回収(金属局)「商工通報」 60 1942.12
◇本邦ワナヂウム製錬業の現状「調査月報(大蔵省)」 32(12) 1942.12
◇工場を中心として観た農村労力の現状(石井英之助)「帝国農会報」 32(12) 1942.12
◇労働力よりみたる日本農業と工業技術(菊地盛)「帝国農会報」 32(12) 1942.12
◇中小工業問題に於ける経済政策と経済政策と社会政策(2)(清水清)「東京市産業時報」 8(12) 1942.12
◇南方産業発展と内地商工業対策(石橋湛山)「東京市産業時報」 8(12) 1942.12
◇東北農業工業化の一例―山形県西置賜郡小国本村について―「農村工業」 9(12) 1942.12
◇北方工業基地としての勇払工業地帯に就て(西田信一)「官界公論」 9(91) 1943.1
◇商業人口研究に関する一資料(竹林庄太郎)「経済学雑誌」 12(1) 1943.1
◇北京東光における農村工業と其の形態(新宮健二)「経済学雑誌」 12(1) 1943.1
◇工場の灯下管制指針に就いて(佐藤鑑)「建築雑誌」 57(694) 1943.1
◇欧米自動車工業に於ける最近の事情(鵜野金弥)「交通研究」 24 1943.1
◇戦時下専売事業の動向(木内四郎)「財政」 8(1) 1943.1
◇小売業の整備と商店地区(田中実)「執務指導通信」 6(3) 1943.1
◇中小商業者転廃業対策の進展(今村武雄)「社会政策時報」 268 1943.1
◇商業組合改編の根本問題(串本友三郎)「商業組合」 9(1) 1943.1

- ◇地方町村の商業調査(吉岡誠)「商業組合」 9(1) 1943.1
- ◇中小商業再編成管見(宇尾野宗尊)「商業組合」 9(1) 1943.1
- ◇岡山県農機具工業の現況「商工経済」 15(1) 1943.1
- ◇工業に於ける企業整備の諸問題(2・完)(福田喜策)「商工経済」 15(1) 1943.1
- ◇製鉄工場用水に就て(進来要)「水道協会雑誌」 116 1943.1
- ◇瀬戸陶業の発展と構造(1)-単一的中小工業集積都市の一例-(辻本芳郎)「地政学」 2(1) 1943.1
- ◇我国軽工業の現状(佐枝新一)「地方行政 日文版」 10(1) 1943.1
- ◇貿易業の整備と将来の問題(1)(相馬誠作)「東京市産業時報」 9(1) 1943.1
- ◇商工会議所改正案について(船田中)「統制経済」 6(1) 1943.1
- ◇日本機械工業の生産形態(重工業倶樂部)「統制経済」 6(1) 1943.1
- ◇上海に於ける工業動態「東洋経済統計月報」 5(1) 1943.1
- ◇某工業の徴用工調育と行員厚生養計画「内外労働週報」 537 1943.1
- ◇転換期の農村機械工業論(丸之内久)「農村工業」 10(1) 1943.1
- ◇東吾野村に於ける農村工業の現況と其の農村に及ぼせる影響に就いて(石田彌重郎)「農村工業」 10(1) 1943.1
- ◇農工業の全体主義的交流(我妻東策)「農村工業」 10(1) 1943.1
- ◇農村と工業との調整に関する若干問題(奥井復太郎)「農村工業」 10(1) 1943.1
- ◇日本商業の本質を説き百貨店の機能を闡明して其の将来を論ず(山岡富作)「大阪商工会議所月報」 429 1943.2
- ◇皇国工業人養成への提言(田原栄)「科学主義工業」 7(2) 1943.2
- ◇静清工業用水道概要(1)(中西幸男)「河川」 2(2) 1943.2
- ◇商工経済会の出現(高田源清)「官界公論」 9(92) 1943.2
- ◇新興工業都市考(室井勝利)「区画整理」 9(2) 1943.2
- ◇大都市工業立地の様相変化(平実)「経済学雑誌」 12(2) 1943.2
- ◇支那工業に於ける労働場所の所条件(岡部利良)「経済論叢」 56(2) 1943.2
- ◇戦時下商業航空の使命(戸川政治)「交通研究」 25 1943.2
- ◇金物小売商の整備と其の取扱商品に就いて(伊藤進)「産業組合」 9(2) 1943.2
- ◇商業再編成当面の問題(秋元博)「社会政策時報」 269 1943.2
- ◇小売業者の生活実態に関する考察「商工経済」 15(2) 1943.2
- ◇東亜の繊維対策(井上貞蔵)「商工経済」 15(2) 1943.2
- ◇広島県の縫針工業「商工経済」 15(2) 1943.2
- ◇ガラ紡績工業の整備(繊維局)「商工通報」 63 1943.2
- ◇瀬戸陶業の発展と構造(2)(辻本芳郎)「地政学」 2(2) 1943.2
- ◇貿易業の整備と将来の問題(2)(相馬誠作)「東京市産業時報」 9(2) 1943.2
- ◇東北地方に於ける木材統制会社の概要「東北産業研究」 8 1943.2
- ◇繊維工業再編成と衣料対策(座談会)(久村清太[ほか])「東洋経済新報」 2058 1943.2
- ◇某重工業の国民徴用制度強化に関する意見「内外労働週報」 542 1943.2
- ◇完備せる森永製菓塚口工場の特設防衛団施設「内外労働週報」 544 1943.2
- ◇静清工業用水道概要(2・完)(中西幸男)「河川」 2(3) 1943.3
- ◇瀬戸内工業化問題に対する一論(1)(内田正)「官界公論」 9(93) 1943.3
- ◇大東亜戦争勃発後の新設工場の趨向(広瀬可一)「官界公論」 9(93) 1943.3
- ◇単独工場都市に於ける厚生施設について(三好豊太郎)「官界公論」 9(93) 1943.3
- ◇抗戦 支那の工業合作社運動(大津衛)「経済毎日」 21(10) 1943.3
- ◇交易営団の全貌(岩井茂)「経済毎日」 21(11) 1943.3
- ◇交易営団の成立(谷口吉彦)「経済論叢」 56(3) 1943.3
- ◇生産戦と工業地帯造成(加藤一)「国土計画」 2(1) 1943.3
- ◇商店地区設定問題管見(竹林庄太郎)「社会政策時報」 270 1943.3
- ◇日本経済に於ける重工業市場の発展(1)(加藤精一)「社会政策時報」 270 1943.3
- ◇日本工業労働力構成の高度化過程(上林貞治郎)「社会政策時報」 270 1943.3
- ◇商工組合法案について(小出栄一)「商業組合」 9(3) 1943.3
- ◇商工組合法案の概貌とその批判(小林行昌)「商業組合」 9(3) 1943.3
- ◇新商工組合と営団統制会の性格比較(高田源清)「商業組合」 9(3) 1943.3
- ◇商工経済会の新使命(今村武雄)「商工経済」 15(3) 1943.3
- ◇商工省関係第八十一回帝国議会通過各法律解説「商工通報」 66 1943.3
- ◇瀬戸内陶業の発展と構造(3・完):単一的中小商工業集積都市の一例(辻本芳郎)「地政学」 2(3) 1943.3
- ◇繊維工業再編成の動向「調査月報(大蔵省)」 33(3) 1943.3
- ◇貿易業の整備と将来の問題(3)(相馬誠作)「東京市産業時報」 9(3) 1943.3
- ◇重商主義植民地統制の諸原理(1)(張漢裕)「統制経済」 6(3) 1943.3
- ◇中国工人政策前史(遊部久蔵)「統制経済」 6(3) 1943.3
- ◇南方工業化への一考察(森澤元三郎)「統制経済」 6(3) 1943.3
- ◇工業の地方分散と労力問題(根岸情治)「農村工業」 10(3) 1943.3
- ◇戦力増強と工業地方分散方策(加藤一)「農村工業」 10(3) 1943.3
- ◇商工経済会と各方面の希望「大阪商工会議所月報」 431 1943.4
- ◇商工経済会法に関する第八十一議会質疑応答要旨「大阪商工会議所月報」 431 1943.4
- ◇日本経済に於ける重工業市場の発展(2・完)(加藤精一)「社会政策時報」 271 1943.4
- ◇岡山県に於ける共助施設(森本益一)「商業組合」 9(4) 1943.4
- ◇今後の商業者問題(荒木直)「商業組合」 9(4) 1943.4
- ◇最近の中小商業問題に就いて(大越貞一)「商業組合」 9(4) 1943.4
- ◇生産戦と商業経済(井上亀三)「商業組合」 9(4) 1943.4
- ◇工作機械製造上に於ける中小工場協力形態と連合工作(小野徳太郎)「商工経済」 15(4) 1943.4
- ◇商工省関係第八十一回帝国議会通過各法律解説—交易営団法(2・完)—「商工通報」 67 1943.4
- ◇商工省関係第八十一回帝国議会通過各法律解説-商工経済会法(2・完)-「商工通報」 67 1943.4
- ◇重慶工業組合作社運動の動向(大井専三)「地政学」 2(4) 1943.4
- ◇農産物加工業の地域的配置に就いて(森秀男)「地政学」 2(4) 1943.4
- ◇新家内工業方式に依る企業整備、生産増強(研究会)(大河内正敏[ほか])「東洋経済新報」 2066 1943.4
- ◇計画交易の前進と交易営団の将来「大阪商工会議所月報」 432 1943.5
- ◇日本貿易の発展過程(井上貞蔵)「経済学雑誌」 13(5) 1943.5
- ◇本邦重工業の二十年(1)「経済毎日」 21(16) 1943.5
- ◇本邦重工業の二十年(2・完)「経済毎日」 21(17) 1943.5
- ◇遊休設備の活用を続る諸問題「国策研究会週報」 5(22) 1943.5

◇大東亜交易の具体的研究(井上貞蔵)「財政」 8(5) 1943.5
◇神戸市呉服店の整備とその批判(田村市郎)「商業組合」 9(5) 1943.5
◇割当配給制と商業者(山村喬)「商業組合」 9(5) 1943.5
◇行商、買出部隊を巡る諸問題―千葉県の現況を中心として―(瀧澤七郎)「商工経済」 15(5) 1943.5
◇購買力吸収方策に関する意見要目「商工経済」 15(5) 1943.5
◇決戦生産態勢下の下請工場問題(今岡賀雄)「統制経済」 6(5) 1943.5
◇中小工業の再編成と金融問題(門司正信)「統制経済」 6(5) 1943.5
◇わが国固有工業の構造的特徴(磯部喜一)「統制経済」 6(5) 1943.5
◇繊維工業転換の現状(1)「東洋経済新報」 2071 1943.5
◇繊維工業転換の現状(2)「東洋経済新報」 2072 1943.5
◇工業の地方分散と農工調整問題(1)(石橋幸雄)「農村工業」 10(5) 1943.5
◇東北地方工業建設の課題(小岩忠一郎)「農村工業」 10(5) 1943.5
◇商工経済組織法と交易体制の確立(実方正雄)「法律時報」 15(5) 1943.5
◇油脂工業の現況(杉山金太郎)「経済学雑誌」 12(6) 1943.6
◇外地に於ける工業立地条件(田杉競)「経済論叢」 56(6) 1943.6
◇工場従業員と其所要敷地(土波達人)「建築雑誌」 57(699) 1943.6
◇中小機械工業整備の現状と問題の所在点「国策研究会週報」 5(23) 1943.6
◇機械工業に於ける多量生産方式(大内愛七)「国策研究会週報」 5(25) 1943.6
◇電力と工業分布(永井健造)「国土計画」 2(2) 1943.6
◇ドイツ工業分布論(オット・シュリア国土計画研究所編)「国土計画」 2(2) 1943.6
◇商工経済会法とは(商工省)「週報 官報附録」 348 1943.6
◇企業整備と商工経済団体(新関寛夫)「商業組合」 9(6) 1943.6
◇最近の商業者問題(大谷政敬)「商業組合」 9(6) 1943.6
◇転廃業対策の新動向(藤林敬三)「商業組合」 9(6) 1943.6
◇大正年代に於ける東京商業会議所の国際並に国民経済的機能(服部文四郎)「商工経済」 15(6) 1943.6
◇明治経済史に於ける東京商業会議所(土屋喬雄)「商工経済」 15(6) 1943.6
◇金鉄業整備の方向(金属局)「商工通報」 72 1943.6
◇農村工業立地と人口分散の課題(平實)「人口問題」 5(4) 1943.6
◇重慶工業合作社運動の動向(2・完)(大井専三)「地政学」 2(6) 1943.6
◇日本の貿易統制(井上貞蔵)「統制経済」 6(6) 1943.6
◇我国輸出産業の構成的変化(信夫清三郎)「統制経済」 6(6) 1943.6
◇商工経済会と中央機関(猪谷善一)「東洋経済新報」 2077 1943.6
◇ジヤワ農村工業(竹市鼎)「農業と経済」 10(6) 1943.6
◇工業の地方分散と農工調整問題(2・完)(石橋幸雄)「農村工業」 10(6) 1943.6
◇工業分散と農業(山尾三千男)「農村工業」 10(6) 1943.6
◇W.S.ジェヴォンスの「石炭問題」(寺尾琢磨)「三田学会雑誌」 37(6) 1943.6
◇商工組合法の現段階的意義(小出榮一)「大阪商工会議所月報」 434 1943.7
◇商工組合法の実施を前にして(柴垣清郎)「大阪商工会議所月報」 434 1943.7
◇大阪市に於ける小売商店地区設定問題(竹林庄太郎)「経済学雑誌」 13(1) 1943.7
◇工業配置の地政学的意義(平實)「経済学雑誌」 13(1) 1943.7
◇新商工組合制度の理念と運用(豊田雅孝)「警察研究」 14(7) 1943.7
◇企業整備後の商業経済の方向(末松玄六)「商業組合」 9(7) 1943.7
◇決戦体制下商人の進路(磯部喜一)「商業組合」 9(7) 1943.7
◇当面せる工場購買会問題(1)(座談会)(大里忠一)「商業組合」 9(7) 1943.7
◇商工経済会の成立とその使命(神田暹)「商工経済」 16(1) 1943.7
◇重工業労働の特質と問題(美濃口時次郎)「統制経済」 7(1) 1943.7
◇商工経済会と商工組合(清水兼男)「統制経済」 7(1) 1943.7
◇機業地の転換の実情を見る(1)「東洋経済新報」 2082 1943.7
◇工場鉱山勤労関係特例と就業時間制限令廃止の解説「内外労働週報」 562 1943.7
◇工場法の戦時特例に就て(厚生省勤労局)「内務厚生時報」 8(7) 1943.7
◇協力工業特集号「大阪商工会議所月報」 435 1943.8
◇国民的工業序論(俗正夫)「経済学雑誌」 13(2) 1943.8
◇繊維工業整備転換の状態(1)「経済毎日」 21(25) 1943.8
◇繊維工業整備転換の状態(2)「経済毎日」 21(26) 1943.8
◇繊維工業整備転換の状態(3・完)「経済毎日」 21(27) 1943.8
◇都下三小売業種(乾物、医、薬品、洋服)の実態調査概要(1)「商工経済」 16(2) 1943.8
◇石炭配給統制の展開(吉田復太郎)「統制経済」 7(2) 1943.8
◇機業地転換の実情を見る(2)「東洋経済新報」 2084 1943.8
◇織物業の整備方法決る「東洋経済新報」 2085 1943.8
◇機業地転換の実情を見る(3)「東洋経済新報」 2086 1943.8
◇北海道に於ける工業地帯(斎藤静脩)「土木学会誌」 29(8) 1943.8
◇近江絹糸の教育施設と航空工業勤労対策「内外労働週報」 569 1943.8
◇航空工業体制の確立(座談会)(武田次郎, 坂東舞一)「科学主義工業」 7(9) 1943.9
◇協力工業論「経済毎日」 21(29) 1943.9
◇工業定住地の計画に於ける標準的形態と行政措置に関する研究(伊東五郎)「建築学会論文集」 30 1943.9
◇新興工業都市の建築構成(吉田信武)「建築学会論文集」 30 1943.9
◇半田新興工業都市に就いて(田中弥一)「建築学会論文集」 30 1943.9
◇工作機械増産の問題点(大橋静市)「国策研究会週報」 5(37) 1943.9
◇工作機械の飛躍的増産態勢(大内愛七)「国策研究会週報」 5(38) 1943.9
◇工業都市造成の決戦的構想(加藤一)「国土計画」 2(3) 1943.9
◇日本中工業の適正経営(加藤精一)「社会政策時報」 276 1943.9
◇都下三小売業種(乾物、医、薬品、洋服)の実態調査概要(2・完)「商工経済」 16(3) 1943.9
◇金属類回収令の改正に就いて(金属回収本部)「商工通報」 78 1943.9
◇小売業整備の実際と諸問題(高橋幸司)「統制経済」 7(3) 1943.9
◇支那工業の農業的関連性(横田弘之)「農村工業」 10(9) 1943.9
◇中小工業と問屋の機能(田杉競)「経済学雑誌」 57(4) 1943.10
◇軍需工業都市の食糧問題と対策(宮出秀雄)「社会政策時報」 277 1943.10
◇日本重工業の適正経営(加藤精一)「社会政策時報」 277 1943.10

◇小売業整備と商店街(岡本理一)「商業組合」 9(10) 1943.10
◇東京都商工経済会発足について(経済局)「都政週報」 13 1943.10
◇農工業の国民的調和(硲正夫)「農村工業」 10(10) 1943.10
◇農村工業の発展とその性格(村上十一郎)「農村工業」 10(10) 1943.10
◇アルミニウム工業に於ける国産資源と国産技術(金子鷹之助)「科学主義工業」 7(11) 1943.11
◇統制経済の前進と商業人の役割(気賀健三)「商業組合」 9(11) 1943.11
◇下請工場の育成法「東洋経済新報」 2599 1943.11
◇東亜広域圏の工業立地(横田弘之)「農村工業」 10(11) 1943.11
◇工業配置と人口移動分布(平實)「経済学雑誌」 13(6) 1943.12
◇工業都市計画と厚生文化(城戸幡太郎)「厚生事業研究」 31(12) 1943.12
◇工業建設と国民経済(西谷彌兵衛)「商業組合」 9(12) 1943.12
◇小売商の機能と倫理(沖中恒幸)「商業組合」 9(12) 1943.12
◇アメリカの鉄鋼業(嘉治真三)「経済学雑誌」 14(1) 1944.1
◇非常増産態勢の航空機工業「東洋経済新報」 2104 1944.1
◇大阪工機製作所の特色ある全工具日給制度「内外労働週報」 588 1944.1
◇男子商業学校卒業生の臨時機械技能者養生方針「内外労働週報」 588 1944.1
◇某社の転用工場従業員技術教育と適正配置「内外労働週報」 588 1944.1
◇農村工業と生産力(大塚久雄)「農村工業」 11(1) 1944.1
◇商工組合と統制の質的発展(松井辰之助)「商工組合」 1(1) 1944.2
◇北海道に於ける有望工業(横田弘之)「農村工業」 11(2) 1944.2
◇長男を工業に供出せる農家に関する考察(労働科学研究所)「労働科学」 21(2) 1944.2
◇新興工業都市譚(1)(吉留健吉)「区画整理」 10(3) 1944.3
◇名古屋に於ける機業の近代化(堀江保蔵)「経済論叢」 58(3) 1944.3
◇航空機の工業立地に就いて(中村武嘉)「国土計画」 3(1) 1944.3
◇商工組合改組の目標(坂本義照)「商工組合」 1(2) 1944.3
◇商工組合中央会と商工経済会との連携に就いて(齋藤大助)「商工組合」 1(2) 1944.3
◇商工組合中央金庫の近況(吉阪俊蔵)「商工組合」 1(2) 1944.3
◇商工組合・統制会社・営団の立体的性格(高田源清)「商工組合」 1(2) 1944.3
◇商工組合の基本課題(国弘員人)「商工組合」 1(2) 1944.3
◇中小商工業と庶民金庫(青木得三)「商工組合」 1(2) 1944.3
◇工業組合整理の要諦(門多榮男)「東洋経済新報」 2114 1944.3
◇下請工場の再編成「東洋経済新報」 2115 1944.3
◇大陸工業の立地的編成(新庄博)「日本評論」 19(3) 1944.3
◇新興工業都市譚(2)(吉留健吉)「区画整理」 10(4) 1944.4
◇満洲に於ける国防的重工業確立の要請とその基盤(石田与平)「経済論叢」 58(4) 1944.4
◇小売業個人企業態の将来(平野常治)「商工組合」 1(3) 1944.4
◇中小工業と産業報告運動(橋本重遠)「商工組合」 1(3) 1944.4
◇関東地方に於ける工場分散化と産業再配置(美濃島正則)「商工経済」 17(4) 1944.4
◇商業配給と歴史的根本問題(松井辰之助)「統制経済」 8(4) 1944.4
◇協力工業と企業体制(藤田敬三)「日本評論」 19(4) 1944.4
◇現地報告東北軍需工業地帯(紺部俊雄)「日本評論」 19(4) 1944.4

◇決戦 工場論(三好幾久次)「改造」 3(5) 1944.5
◇家庭工場と隣組工場(小峰柳多)「科学主義工業」 8(5) 1944.5
◇近代ドイツ工業技術史 インフレーション下のドイツ工業技術(阿閉吉男)「科学主義工業」 8(5) 1944.5
◇増産と特別法修正 報奨励化の米麦増産 軍需工業と報奨制「経済毎日」 22(12) 1944.6
◇日清戦争後の外資輸入(堀江保蔵)「経済論叢」 58(6) 1944.6
◇航空機工業の立地条件 -発動機及びプロペラ工場の立地に就て-(山中鹿之助)「国土計画」 3(2) 1944.6
◇繊維工業の設備供出「東洋経済新報」 2127 1944.6
◇産業合理化下のドイツ工業技術(位置)(阿閉吉男)「科学主義工業」 8(7) 1944.7
◇工場組織の改善と中小工業の活用(上)(座談会)「東洋経済新報」 2129 1944.7
◇工場組織の改善と中小工業の活用(下)(座談会)「東洋経済新報」 2130 1944.7
◇アルミニウム工業小史(金子應之助)「一橋論叢」 14(1) 1944.7
◇産業合理化のドイツ工業技術2、近代ドイツ工業技術史8(阿閉吉男)「科学主義工業」 8(8) 1944.8
◇機械工業の動energy転換問題(特輯)「国策研究会週報」 6(34) 1944.8
◇自由市場設置の具体策「東洋経済新報」 2135 1944.8
◇大阪中心地域工業配置の動力立地的考察(平實)「経済学雑誌」 15(3) 1944.9
◇産業組合組織に依る農村工業事例(1)(五十子巻三)「斯民」 39(9) 1944.9
◇決戦下の工作機械工業(上)「東洋経済新報」 2138 1944.9
◇決戦下の工作機械工業(下)「東洋経済新報」 2139 1944.9
◇決戦航空機工業の課題(特集)「日本評論」 19(9) 1944.9
◇航空機工業の全貌「日本評論」 19(9) 1944.9
◇第一次四箇年計画下のドイツ工業技術(1)(阿閉吉男)「科学主義工業」 8(10) 1944.10
◇航空機工業の成果と展望「経済毎日」 22(20) 1944.10
◇都市の変貌と商店立地計画(利用末次郎)「社会政策時報」 289 1944.10
◇新興工業地建設と北海道(汐見三郎)「都市公論」 28(9・10) 1944.10
◇家庭工場の組織化(小峰柳多)「科学主義工業」 8(11) 1944.11
◇航空機大量生産論(松浦四郎)「科学主義工業」 8(11) 1944.11
◇独逸手工業の軍需的協力「経済毎日」 22(22) 1944.11
◇航空機工業振興への道「東洋経済新報」 2149 1944.11
◇追撃増産戦に於ける石炭(今井孝三)「日本評論」 19(11) 1944.11
◇鉄鋼生産当面の諸問題(市川弘勝)「日本評論」 19(11) 1944.11
◇礬土頁岩の登場(森島三郎)「日本評論」 19(11) 1944.11
◇農工業労働力調整の基本問題(内海義夫)「農業と経済」 11(6) 1944.11
◇第二次四ヶ年計画化のドイツ工業技術(1)(阿閉吉男)「科学主義工業」 8(12) 1944.12
◇企業集団化の問題とその動向(2)-特に空襲並に集中生産問題との関連に就て-「国策研究会週報」 6(50) 1944.12
◇我国繊維政策の変遷(決戦生産と市民生活)(桧垣好文)「都市問題」 40(1) 1945.1

【図 書】
◇工業篇 第2冊 工業上の労力者問題([シエーンベリヒ]著,後藤新平訳) 1897.12 3,353p 22cm
◇商業的帝国主義実行の三要務(後藤新平述) [博文館] 1905.8 10p 26cm 「実業世界太平洋」第1巻第9号抄刷
◇神田青物果物市場問屋組合規約 1906 19p 19cm

◇明治商工史(横前正輔編)　昭文堂　1913.5　612p　31cm

◇東京ノ石炭供給費低減方法ニ関スル調査書：附 東京ニ於ケル石炭市場概要(東京市商工調査会編)　1914.8　1冊　22cm

◇一般日用品中輸入防圧ニ関スル調査(東京市商工調査編)　1914.10　2,68p　23cm

◇商業経済論(戸田海市著)　弘文堂　1914.10　3,8,608p　22cm

◇英京倫敦魚市場状況(小網源太郎述)　1917.9　2,2,61p　19cm

◇株式会社東京魚市場創設ノ儀ニ付稟請(東京魚市場編)　1918.1　12p　22cm

◇都市ニ於ケル食料品市場経営一班：附 日本橋魚市場移転問題(東京市役所庶務課編)　1918.2　52,8p　22cm

◇小工業問題(社会政策学会編)　同文館　1918.8　265p　23cm　社会政策学会論叢

◇各地方ニ於ケル市場ニ関スル概況(内務省衛生局編)　1919.11　748p　22cm

◇英国の改造と貿易(後藤新平訳)　1920.1　6,2,84p　22cm

◇東京蔬菜果実市場便覧：果実蔬菜業家必携(岩楯忠次著)　紅舎　1920.8　56p　19cm

◇蔬菜及果実ニ関スル調査(農商務省商務局編)　1922.5　3,47p　23cm

◇日本橋魚市場ニ関スル調査(東京市商工課編)　1922.6　5,180p　22cm+図1枚

◇京都市及ビ附近ノ工場 大正11年末調査(京都市都市計画課編)　1923　18p　22cm

◇青物市場調査資料(東京市商工課編)　1923.3　5,320,24p　23cm+図3枚

◇市場の沿革(京都市社会課編)　1923.3　2,68p　22cm　京都市社会課叢

◇商工講演集録(東京市商工課編)　1923.3　224p　22cm

◇京都市で消費する食料品の荷受と分配(京都市社会課編)　1923.7　4,122p　23cm

◇大阪市乾物市場調査(大阪市商工課編)　1923.8　125p　22cm　大阪市食料品卸売市場調査

◇大阪市魚市場調査：全(大阪市役所商工課編)　1923.12　196p　22cm　大阪市食料品卸売市場調査

◇大阪市及其の附近の冷蔵倉庫業：附 製氷業の概況(大阪市商工課編)　1924.2　76p　22cm　大阪市商工時報

◇震災と本邦繊維工業(南満洲鉄道株式会社東亜経済調査局編)　1924.2　4,107p　22cm　経済資料

◇大阪市海産物市場調査(大阪市役所商工課編)　1924.3　225p　22cm　大阪市食料品卸売市場調査

◇震災ノ影響 其1 木材・鉄板・釘・木炭等(復興局経理部編)　1924.3　120p　22cm

◇肉類調査資料(東京市商工課編)　1924.3　120,13p　23cm

◇日本商業会議所と過去及現在(商業会議所聯合会編)　1924.3　7,619p　22cm

◇木材木炭鉄板其他ニ関スル調査(復興局経理部編)　1924.4　77,23p　22cm

◇大阪市蔬菜果物市場調査 全(大阪市役所商工課編)　1924.5　352p　22cm　大阪市食料品卸売市場調査

◇最新工業経済学(三木正一著)　巌松堂　1924.6　2,17,375p　23cm

◇魚類蔬菜果物卸売市場調査(名古屋市勧業課編)　1924.7　160p　23cm

◇六大都市食料品市場取締規則：(附)主要既設市場関係規約(大阪市役所商工課編)　1924.8　8,224p　22cm

◇市場組織論(内池廉吉著)　巌松堂　1924.9　455p　23cm

◇東京市日本橋魚市場組合規約(東京日本橋魚市場組合編)　1924.9　1冊　19cm

◇工業経済論(桑田熊蔵著)　有斐閣　1924.11　4,12,665p　23cm

◇最近の欧米商業会議所(商業会議所連合会編)　1924.11　83p　22cm

◇日本商人五百年史(河瀬蘇北著)　表現社　1924.12　4,11,412p　19cm

◇東京に於ける小売石炭の調査：附 東京入着石炭数量及諸掛調 大正14年10月調(石炭鉱業聯合会編)　1925　45p　22cm

◇内国貿易ニ於ケル横浜港ノ地位(横浜商業会議所編)　1925　12p　22cm　調査資料

◇販売組合の経営(左子清道著)　1925　38p　22cm　産業組合講習録

◇日本商人史(日本歴史地理学会編)　1925.1　2,4,372p　22cm　「歴史地理」第45巻第1号

◇工業経済論(戸田海市著)　弘文堂書房,宝文堂書店　1925.2　2,9,579p　22cm

◇食料品市場及市場館(リヒアルト・シアハナー著,東京市建築局編)　1925.3　4,119p　22cm

◇本邦工鉱業懇話会概要(協調会編)　1925.3　78p　22cm

◇全国主要都市ニ於ケル食料品配給及市場状況 其ノ1 東北及関東地方(商工省商務局編)　1925.4　7,168p　23cm

◇全国主要都市ニ於ケル食料品配給及市場状況 其ノ2 中部地方(商工省商務局編)　1925.4　6,225p　23cm

◇全国主要都市ニ於ケル食料品配給及市場状況 其ノ3 近畿及中国部地方(商工省商務局編)　1925.4　6,229p　22cm

◇東京市魚市場及冷蔵庫例規(東京市魚市場編)　1925.4　28p　15cm

◇名古屋工業大観 大正14年(水谷三郎編,工政会編)　1925.4　129p　26cm

◇欧米中央市場図集(佐野利器著,松井清足著)　1925.5　78枚　27cm

◇都市に於ける石炭の使用法に就て(辻元謙之助著)　燃料協会　1925.5　21p　26cm　「燃料協会誌」第32号

◇木炭ニ関スル経済調査(鉄道省運輸局編)　1925.5　11,197p　23cm

◇明治工業史 化学工業篇(工学会編,啓明会編)　1925.6　12,1160p　26cm

◇実用蔬菜果物取引と大阪市場(宮前義嗣著,永市耕人著)　大阪府農会　1925.7　4,272p　19cm　農産物出荷取引指針

◇明治工業史 造船篇(工学会編,啓明会編)　1925.9　16,454p　26cm

◇欧米魚市場覗記(小網源太郎述)　1925.10　4,14,203p　19cm

◇市場論(内池廉吉著)　東京銀行集会所　1925.12　5,174p　23cm　銀行叢書

◇東京市魚市場概況([東京市役所]編)　1926　9p　22cm

◇東京市魚市場概況(東京市魚市場)　1926　2,14p　22cm

◇東京市魚市場概況(東京市魚市場)　1926　9p　22cm

◇東京商業会議所定款並議事細則部会規定(東京商業会議所編)　1926　76p　19cm

◇ブロンクスノ中央市場ニ就テ　[複写],謄写版(東京市政調査会編)　1926　[12]p　27cm

◇横浜市工業概況(横浜商業会議所調査部編)　1926　1,30p　22cm　調査資料

◇六大都市青果市場聯合大会会議録(名古屋市役所編)　1926　33p　22cm

◇京都魚市場の沿革(奈島藤助編)　1926.1　6,191p　19cm

◇日本橋魚市場ニ関スル調査摘録(東京市商工課編)　1926.1　5,123p　22cm

◇欧米卸売市場概覧 魚類及冷蔵之部(東京市商工課編)　1926.2　24,323p　21cm

◇欧米卸売市場概覧 青果物之部(東京市商工課編)　1926.2　9,313p　22cm

◇灘酒造業と労働事情(大阪地方職業紹介事務局編)　1926.2　48p　19cm

◇全国主要都市ニ於ケル食料品配給及市場状況 其ノ4 九州及四国地方(商工省商務局編) 1926.3 7,306p 22cm

◇日本商業史(横井時冬著) 白揚社 1926.3 6,445p 23cm 横井時冬全集

◇明治工業史 鉄道篇(工学会編, 啓明会編) 1926.5 8,659p 26cm

◇大阪と食料品:大阪市食料品展覧会概要(大阪市産業部編) 1926.6 231p 22cm 大阪市商工時報号外

◇板船権補償の提唱(村上隆吉著) 1927 3,98p 22cm

◇東京市内ニ於ケル商工業者ノ職業、数及納税額ニ関スル調査(東京商業会議所編) 1927.1 31p 22cm 商工調査

◇国際商業会議所に就て(国際商議会議所日本国内委員会編) 1927.3 2,19p 22cm 国際商議関係書類

◇食品市場規則(商工省商務局編) 1927.3 6,211p 23cm

◇製糸金融ニ関スル調査(農林省農務局編) 1927.3 3,75p 22cm

◇東京ニ於ケル屠場調査(東京市商工課編) 1927.3 2,76p 23cm

◇明治工業史 建築篇(工学会編, 啓明会編) 1927.4 39,755p 26cm

◇京都市場株式会社ニ就テ(樋口邦彦著, 伊集院兼知著, 大石栄三郎著) 1927.7 3p 22cm

◇東京に於ける青物市場に関する調査(東京市商工課編) 1927.7 6,346p 22cm

◇獣肉ニ関スル調査(東京市商工課編) 1927.11 3,74p 23cm

◇商取引組織及系統ニ関スル調査 麻織物(商工省商務局編) 1927.12 3,46p 22cm

◇商取引組織及系統ニ関スル調査 木炭(商工省商務局編) 1927.12 5,72,9p 22cm

◇東京に於ける木炭の需給概要(東京市商工課編) 1928.1 2,40p 22cm

◇自由貿易問題(マルクス著, 戸張宏訳) 弘文堂書房 1928.2 3,80p 21cm マルキシズム叢書

◇東京市及ひ其の附近に於ける家内工業の情態(東京商工会議所編) 1928.4 5,102p 22cm 商工調査

◇工業政策(気賀勘重著) 丸善 1928.6 2,809,13p 23cm

◇大東京ニ於ケル産業別工場ノ分布(東京市統計課編) 1928.6 14p 26cm 東京市ノ状況

◇商取引組織及系統ニ関スル調査 人造絹糸(商工省商務局編) 1928.8 2,51p 22cm

◇商取引組織及系統ニ関スル調査 石油(商工省商務局編) 1928.8 4,112p 22cm

◇商取引組織及系統ニ関スル調査 棉花及綿糸(商工省商務局編) 1928.8 3,108p 22cm

◇商取引組織及系統ニ関スル調査 生糸(商工省商務局編) 1928.9 3,115p 22cm

◇東京市設小売市場要覧:附 東京市設小売市場売上高品目別年表 昭和3年中 昭和3年10月(東京市商工課編) 1928.10 3,40p 22cm

◇巴里を中心にして観たる欧米の卸売市場(大野勇著) 1928.10 3,10,240p 22cm

◇明治工業史 電気篇(工学会編, 啓明会編) 1928.10 14,558p 26cm

◇大阪の帽子業(大阪市産業部編) 1928.12 179p 23cm 大阪市産業叢書

◇商取引組織及系統ニ関スル調査 毛糸(商工省商務局編) 1928.12 2,38p 22cm

◇東京市内ニ於ケル日用品販売店 謄写版(東京市統計課編) 1928.12 [17]p 26cm 東京市ノ状況

◇経済的国難来る(米貨の極東猛進に対して如何なる対策あり耶)(後藤新平著) 1929.3 17p 23cm

◇最近に於ける内外貿易と横浜港の地位(横浜商工会議所調査部編) 1929.4 2,38p 22cm 調査資料

◇市場の発生及び発展(福田敬太郎述, 神戸商業大学商業研究所編) 1929.4 22p 23cm 商業研究所講演集

◇商取引組織ニ系統ニ関スル調査 石炭(商工省商務局編) 1929.6 3,89p 22cm

◇大阪のセルロイド工業(大阪市産業部編) 1929.8 219p 22cm 大阪市産業叢書

◇月賦販売制度(東京商工会議所編) 1929.12 4,313p 22cm 商工調査

◇観光学概論(アルトゥル・ボールマン著, [鉄道省]国際観光局訳) 1930 6,6,212p 21cm

◇全国主要都市ニ於ケル食料品配給及市場状況 其ノ5 北海道(商工省商務局編) 1930.1 4,264p 22cm

◇東京青果実業組合聯合会沿革史(東京青果実業組合聯合会編) 1930.2 80,452p 23cm

◇商取引組織及系統ニ関スル調査 砂糖(商工省商務局編) 1930.3 5,95p 22cm

◇商取引組織及系統ニ関スル調査 蔬菜及果実(商工省商務局編) 1930.3 4,106p 22cm

◇商取引組織及系統ニ関スル調査 陶磁器(商工省商務局編) 1930.3 2,56p 22cm

◇商取引組織及系統ニ関スル調査 内地向綿織物(商工省商務局編) 1930.3 2,82p 22cm

◇商取引組織及系統ニ関スル調査 木材(商工省商務局編) 1930.3 2,67p 22cm

◇商取引組織及系統ニ関スル調査 輸入肉及豚肉(商工省商務局編) 1930.3 8,224p 22cm

◇大阪の鈕釦工業(大阪市産業部編) 1930.4 269p 22cm 大阪市産業叢書

◇五大都市市場概観(東京市魚商組合編) 1930.5 12,108p 19cm

◇中央市場卸売人単複問題(福田敬太郎著) 宝文館 1930.5 71,20p 23cm 神戸商業大学商業研究所叢書

◇大阪の琺瑯鉄器工業(大阪市産業部編) 1930.6 228p 22cm 大阪市産業叢書

◇新日本の工業地帯(時事新報社経済部編) 経済知識社 1930.6 6,8,308p 19cm

◇小売市場ニ関スル調査 其ノ1 大阪市、名古屋市、京都市及静岡市(商工省商務局編) 1930.7 11,301p 22cm

◇中央市場建営誌(大野勇著) 宝文館 1930.9 4,244,43p 22cm

◇中小商工業経営の合理化に就て(横浜商工会議所編) 1930.12 14p 19cm

◇中小商工業の話:其の窮乏と改善策(朝日新聞政治経済部編) 1930.12 2,2,196p 19cm 朝日政治経済叢書

◇我国に於ける生産並販売の統制現状(東京商工会議所編) 1930.12 2,84p 22cm 商工調査

◇公私設小売市場一覧:昭和6年6月1日現在 市外之部 謄写版(東京市商工課編) 1931 13p 26cm

◇公私設小売市場一覧:昭和6年5月1日現在 市内之部 謄写版(東京市商工課編) 1931 [4]p 26cm

◇商取引組織及系統ニ関スル調査 清酒(商工省商務局編) 1931.1 2,50p 22cm

◇大分市に於ける営業の種類及び分布(大分高等商業学校商事調査部編) 1931.2 108p 23cm 調査報告

◇商取引組織及系統ニ関スル調査 化粧品(商工省商務局編) 1931.3 2,69p 22cm

◇大阪の刷子工業(大阪市産業部編) 1931.4 333p 22cm 大阪市産業叢書

◇明治工業史 土木篇 再版(日本工学会編, 啓明会編) 1931.4 36,1120p 26cm

◇大阪の莫大小工業(大阪市産業部編) 1931.5 344p 22cm 大阪市

産業叢書
- ◇本邦陶磁器工業の生成と発展:本邦陶磁器工業調査 其1(名古屋高等商業学校産業調査室編) 1931.5 49p 22cm 調査報告
- ◇大阪の小売店調査(大阪市産業部調査課編) 1931.6 40,66p 22cm 大阪市産業叢書
- ◇工業上より観たる東京(東京市統計課編) 1931.6 2,73p 19cm
- ◇私設小売市場ノ増加現象ニ就テ 謄写版(東京市商工課編) 1931.7 6,3p 26cm
- ◇鮮魚歩留ニ関スル調査 昭和6年6月17日調査 謄写版(東京市商工課編) 1931.7 [22]p 26cm
- ◇外人招致に関する施設輯録(神奈川県編) 1931.9 2,2,198p 22cm
- ◇中小商工業問題(日本経営学会編) 同文館 1931.9 281,17p 23cm 経営学論集
- ◇伊勢崎織物同業組合史(伊勢崎織物同業組合編) 1931.11 1冊 23cm
- ◇明治工業史 提要(田辺朔郎編) 1931.12 7,92,24p 26cm
- ◇明治工業史 提要・索引(日本工学会編,啓明会編) 1931.12 11,584p 26cm
- ◇公私設小売市場一覧 市内之部 昭和7年6月1日現在 謄写版(東京市商工課編) 1932 2,8p 26cm
- ◇百貨店ニ対スル課税又ハ制限ニ関スル外国立法例 謄写版(時局対策委員会編) 1932 8p 23cm
- ◇我国一般消費財市場の分析(田村市郎著) 関西学院高等商業学部調査部 1932 [35]p 23cm 調査及資料
- ◇我国自転車市場の分析(田村市郎著) 関西学院高等商業学部調査部 1932 [27]p 22cm 調査及資料
- ◇商取引組織及系統ニ関スル調査 米(商工省商務局編) 1932.2 3,150p 22cm
- ◇東京市に於ける中小商工業者の実際 上編(東京市編) 工政会出版部 1932.2 4,217p 23cm
- ◇大阪の護謨工業(大阪市産業部編) 1932.3 360p 22cm 大阪市産業叢書
- ◇大阪の石鹸工業(大阪市産業部編) 1932.3 272p 22cm 大阪市産業叢書
- ◇市場政策原理(福田敬太郎著) 春陽堂 1932.3 3,5,412p 23cm
- ◇重要工業調査:主として自転車製造工業に就いて 第1輯(東京市商工課編) 1932.3 108p 23cm
- ◇大東京輸出玩具工業(東京市編) 1932.3 4,200p 23cm
- ◇東京市に於ける中小商工業者の実際 中編(東京市編) 工政会出版部 1932.3 7,[324]p 23cm
- ◇問屋制工業調査 第1輯(東京市商工課編) 1932.3 2,393p 23cm
- ◇名古屋市に於ける中小商工業の現状(名古屋商工会議所編) 1932.7 2,83p 22cm 経済資料
- ◇最近の名古屋商品界(名古屋商工会議所編) 1932.9 20p 23cm 経済資料
- ◇東京市に於ける中小商工業者の実際 下編(東京市編) 工政会出版部 1932.9 6,[279]p 23cm
- ◇生鮮食品卸売市場の統制(荒木孟著) 東京市政調査会 1932.10 23p 23cm 都市問題パンフレット
- ◇配給市場論概要(向井梅次著) 同文館 1932.10 2,21,459p 23cm
- ◇設立を記念して(東京青果商信用組合編) 1932.11 61p 23cm
- ◇長崎市の中小工業(長崎市編) 1932.11 5,203p 19cm 市政調査資料
- ◇大阪のアルミニウム工業(大阪市産業部編) 1932.12 236p 22cm 大阪市産業叢書
- ◇屠場に関する講演 謄写版(池田錫松述,東京市産業部編) 1933 33p 22cm
- ◇名古屋地方の毛織物工業(名古屋商工会議所編) 1933.1 35p 23cm 経済資料
- ◇名古屋地方の綿織物工業(名古屋商工会議所編) 1933.2 56p 23cm 経済資料
- ◇和歌山市の小売店調査(和歌山市役所編,和歌山商工会議所編) 1933.2 16p 22cm
- ◇大阪の紙製品工業(大阪市産業部編) 1933.3 13,368p 22cm 大阪市産業叢書
- ◇大阪の自転車工業(大阪市産業部編) 1933.3 242p 22cm 大阪市産業叢書
- ◇組合活躍の跡を顧みて:東京青果小売商組合(岩永重華編) 1933.4 6,4,196p 23cm
- ◇本邦の観光事業に就いて(名古屋商工会議所編) 1933.4 19p 23cm
- ◇三崎町魚市場概要(町営三崎町魚市場編) 1933.5 48p 19cm
- ◇全国観光機関調(国際観光局編) 1933.8 2,26p 22cm
- ◇市場経済と倉庫経済(内池廉吉著) 森山書店 1933.9 1,256p 23cm
- ◇市場権補償問題(福田敬太郎述) 神戸商業大学商業研究所 1933.11 19p 23cm 商業研究講演集
- ◇川口鋳物業実地調査(協調会編) 1933.12 1冊 22cm+図1枚(付別冊索引)
- ◇大風水害ト大阪市設小売市場(大阪市産業部編) 1934 31p 22cm
- ◇百貨店、連鎖店、小売店問題(谷口吉彦著) 日本評論社 1934.2 3,10,288p 19cm
- ◇大阪商業史料集成 第1輯(黒羽兵治郎編) 大阪商科大学経済研究所 1934.3 7,358,12p 22cm
- ◇大阪の皮革製品工業(大阪市産業部調査課編) 1934.3 10,366p 22cm 大阪市産業叢書
- ◇道府県食品市場規則(商工省商務局編) 1934.3 6,477p 21cm
- ◇日本職業大系 1 商業篇(職業紹介事業協会編) 1934.3 2,8,356p 23cm
- ◇市場研究 第1巻(福田敬太郎著) 宝文館 1934.5 1冊 23cm
- ◇商店自栄と百貨店問題(宇原義豊著) 森山書店 1934.9 3,7,225p 19cm
- ◇日本職業大系 2 商業篇(職業紹介事業協会編) 1934.9 6,356p 23cm
- ◇独逸小売商保護法及関係法規(東京商工会議所編) 1934.11 17p 21cm 商工調査
- ◇東京魚市場運送組合の沿革(東京魚市場運送組合編,東京市場運送株式会社編) 1934.12 22p 22cm
- ◇日本セメント工業発展史(諸井貫一述) 東京商工会議所 1934.12 15p 21cm 商工資料
- ◇神戸市商業調査速報 第1報 昭和7年末現在 謄写版(神戸市編) 1935 83,11p 27cm
- ◇神戸市商業調査速報 第2報 昭和7年末現在 謄写版(神戸市編) 1935 103p 27cm
- ◇東京魚市場収容問題 中央市場卸売人は何故単一制でなければならないか 1935 14p 22cm
- ◇大阪商業史料集成 第2輯(黒羽兵治郎編) 大阪商科大学経済研究所 1935.3 14,288,10p 22cm
- ◇割賦販売に関する調査(東京市産業局編) 1935.3 2,151p 27cm
- ◇工業地として観たる富山県(富山県商工水産課編) 富山県対岸貿易拓殖振興会 1935.3 43p 23cm
- ◇小売店問題を語る:小売業者座談会速記録(大阪商工会議所編) 1935.3 19p 22cm
- ◇商工行政(高嶺明達著,津田広著,神田遜著) 常磐書房 1935.3 8,547p 23cm 自治行政叢書
- ◇チエツコスロバキア均一店取締法(商工省商務局編) 1935.3 4p

21cm　小売業改善資料
◇東京市域内生産蔬菜配給状況(帝国農会編)　1935.3 2,190p 22cm　東京市農業に関する調査
◇百貨店の実相(百貨店事業研究会編)　東洋経済新報社　1935.3 2,7,243p 19cm
◇連鎖店及均一店ニ関スル調査(商工省商務局編)　1935.3 3,79p 21cm　小売業改善資料
◇連鎖店特ニ「森永ベルトライン」ニ就テ(商工省商務局編)　1935.3 33p 21cm　小売業改善資料
◇大阪の鉞力製品工業(大阪市産業部調査課編)　1935.4 17,363p 22cm　大阪市産業叢書
◇小売店調査書　昭和10年版(松本市役所編)　1935.4 19p 19cm
◇オーストリア均一店禁止令・百貨店ニ於ケル食料品小売禁止令(商工省商務局編)　1935.5 4p 21cm　小売業改善資料
◇小売業の理論的検討：小売業問題座談会速記録(大阪商工会議所編)　1935.5 31p 22cm
◇小売商工業者の実情調査 1(金沢商工会議所編)　1935.5 23p 21cm
◇日本職業大系 3 商業篇(職業紹介事業協会編)　1935.5 6,358p 23cm
◇東京市設小売市場要覧(東京市役所編)　1935.6 46p 22cm
◇東京貿易振興資料 貿易座談会速記(東京市役所編)　1935.7 43p 21cm　中小商工業振興調査会資料
◇「商店街盛場」の研究及其の指導要項(商工省商務局編)　1935.8 4,95p 21cm　小売業改善資料
◇地方に散在する工場と工業化した町村に関する調査(商工省商務局編)　1935.8 106p 21cm　工業調査彙報
◇独逸ニ於ケル小売業取締等ニ関スル諸法規(商工省商務局編)　1935.9 31p 21cm　小売業改善資料
◇工業統制問題・商業学最近の問題(日本経営学会関西部会山口大会山口高商三十周年記念事業委員編)　同文館　1935.10 1,3,296p 23cm　経営学論集
◇神戸商業大学創立三十周年記念論文集(神戸商業大学編)　大阪宝文館　1935.10 2,3,777p 23cm
◇中小工業者の実情(東京市産業局編)　1935.10 58p 21cm　中小商工業振興調査会資料
◇秘書類纂 実業・工業資料(伊藤博文著)　秘書類纂刊行会　1935.10 340,274p 23cm
◇大阪市内主要商店街小売営業調査表(大阪商工会議所編)　1935.11 [91]p 23×31cm
◇五十年記念論文集 経済商業之部(中央大学編)　1935.11 1冊 23cm
◇支那の経済恐慌に関する調査 第3巻 商工業(東京商工会議所編)　1935.11 2,120p 21cm　商工調査
◇商店法問題資料(大阪商工会議所編)　1935.11 29,22,3p 22cm
◇工業地としての青森市(青森工業港期成同盟会編)　1935.12 4,68p 22cm+図3枚
◇神戸市商店街調査：昭和10年12月(神戸商工会議所編)　1935.12 26p 21cm
◇国際観光事業に就て(田誠述, 日本交通協会編)　1935.12 78p 19cm　交通研究資料
◇商業組合状勢調 昭和10年8月1日現在(商工省商務局編)　1935.12 9p 26cm
◇商店街ニ関スル調査 昭和10年12月10日現在(浜松商工会議所編)　1935.12 24p 21cm
◇配給市場組織：財貨移動の社会的組織 全訂改版(向井鹿松著)　丸善　1935.12 1冊 22cm　資本主義経済組織
◇商店街に関する調査 昭和10年9月末現在(名古屋市産業部編)　1936 54p 26cm
◇商業組合に就て：附 商業組合法及関係法規(川上為治述, 石村幸一郎述, 神戸市商工課編)　1936.1 41,37p 23cm　産業研究資料
◇商業組合概況(商工省商務局編)　1936.1 22p 22cm　商業組合関係資料
◇大阪の電球工業(大阪市産業部編)　1936.2 16,389p 22cm　大阪市産業叢書
◇京都府の商工業(京都府経済部編)　1936.2 7,138p 19cm
◇東京市内商店街ニ関スル調査(東京商工会議所編)　1936.2 2,220p 26cm
◇魚市場ニ関スル調査(帝国水産会編)　1936.3 6,563p 22cm
◇大阪市内商店街ニ関スル調査(商工省商務局編)　1936.3 77p 21cm　小売業改善資料
◇京都市内商店街ニ関スル調査(商工省商務局編)　1936.3 47p 21cm　小売業改善資料
◇現代中小商工業論(高橋亀吉著)　千倉書房　1936.3 436p 22cm
◇工業地として観たる富山県 昭和11年版(富山県編)　1936.3 44p 23cm
◇商店法に関する調査(東京商工会議所編)　1936.3 2,81p 21cm　商工調査
◇清津の工場地帯と資源関係調査(清津府編)　1936.3 122p 19cm
◇名古屋市内商店街ニ関スル調査(商工省商務局編)　1936.3 23p 21cm　小売業改善資料
◇新潟市に於ける小売商店経営事情(新潟商工会議所編)　1936.3 33p 22cm　調査資料
◇横浜市内商店街ニ関スル調査(商工省商務局編)　1936.3 11p 21cm　小売業改善資料
◇京都市に於ける商店街に関する調査(京都商工会議所編)　1936.4 93p 22cm
◇長崎市商店街に関する調査 昭和10年12月10日現在(長崎商工会議所編)　1936.4 48p 23cm　長崎商工会議所経済月報
◇日本職業大系 4 工業篇(職業紹介事業協会編)　1936.5 4,362p 23cm
◇魚市場騒動の真相：暴露された東京中央市場問題(喜多村隆二著)　東京パンフレット通信社　1936.5 51p 19cm
◇京城府商店街調査：昭和11年7月20日現在(京城府編)　1936.8 42p 21cm
◇神戸市内商店街ニ関スル調査(商工省商務局編)　1936.8 65p 21cm　小売業改善資料
◇台北市の食料品市場(赤木猛市著)　台湾経済研究会　1936.8 40p 19cm　「台北経済往来」第5年第5輯別冊
◇室蘭市内主要商店街調査報告 昭和11年4月15日現在(室蘭商工会議所編)　1936.8 12p 21cm
◇工業組合と家内工業(名古屋高等商業学校産業調査室編)　1936.9 55p 22cm　調査報告
◇中央市場法と物価 消費者の利害と重複問題(倉片寛一著)　日本水政新聞社　1936.9 55p 19cm　市場問題叢書
◇百貨店対中小商業問題(東洋経済新報社編)　1936.9 3,106p 19cm
◇百貨店法反対声明書(五島慶太著)　東横百貨店　1936.9 23p 22cm
◇百貨店法反対声明書(小林八百吉著)　日本百貨店商組合　1936.9 29p 22cm
◇工業経営総論(大河内正敏著)　千倉書房　1936.10 2,8,331p 22cm
◇草創時代に於ける札幌の工業(札幌商工会議所編)　1936.10 4,104p 23cm
◇工業立地変動論(川西正鑑著)　中興館　1936.11 4,4,296p 23cm
◇商店街小売店の振興策(谷口吉彦述)　神戸市産業課　1937 46p 22cm　産業研究資料
◇商圏拡張に関する答申(東京市役所編)　1937.1 6p 22cm　中小商工業振興調査会資料
◇名古屋市内小売業の経営調査(名古屋商工会議所編)　1937.1 2,

133p 21cm 経済資料
◇横浜市商店街に関する調査(横浜商工会議所編) 1937.1 2,139p 23cm
◇日本職業大系 5 工業篇 2(職業紹介事業協会編) 1937.2 5,326p 23cm
◇百貨店論(水野祐吉著) 日本評論社 1937.2 15,464p 23cm
◇魚市場ニ関スル調査(帝国水産会編) 1937.3 7,281p 22cm
◇工業組合経営論(川端巌著) 森山書店 1937.3 2,12,359p 23cm
◇全国食料品卸売市場概況調査(商工省商務局編) 1937.3 1,17,237p 26cm
◇電球工業の中心都市集積(菊田太郎著) 昭和高等商業学校 1937.3 8p 23cm 昭和高等商業学校研究紀要
◇東京魚市場ニ関スル調査(帝国水産会編) 1937.3 232p 22cm
◇東京市問屋制小工業調査(東京市社会局編) 1937.3 64p 27cm
◇百貨店問題の研究(堀新一著) 有斐閣 1937.3 553p 23cm
◇工業立地論(川西正鑑著) 千倉書房 1937.5 2,7,370p 23cm
◇百貨店統制の目標(平井泰太郎著) 神戸商業大学商業研究所 1937.5 30p 23cm 商業研究所講演集
◇明治染織経済史:織物業における産業革命(服部之総著,信夫清三郎著) 白揚社 1937.5 7,653,14p 23cm
◇小売商数制限及統制に関する各方面の意見(日本商工会議所編) 1937.6 59p 21cm 小売商業振興委員会資料
◇商店法案要綱ニ関スル各地商工会議所意見並資料(日本商工会議所編) 1937.6 4,177p 21cm
◇商店法に就て(神戸市産業課編) 1937.6 72p 23cm 産業研究資料
◇私設小売市場に関する調査(東京市役所編) 1937.7 57p 22cm
◇地方工業化及下請問題(日本能率聯合会編) 1937.7 28p 26cm N.N.Rパンフレット
◇中小工業に関する答申(東京市役所編) 1937.7 19p 22cm 中小商工業振興調査会資料
◇中小商業に関する答申(東京市役所編) 1937.7 57p 22cm 中小商工業振興調査会資料
◇中小商工業振興調査会組織及審議方法(東京市役所編) 1937.7 11p 22cm 中小商工業振興調査会資料
◇本邦地方工業化の現状及地方工業化の基準(商工省工務局編) 1937.7 41p 26cm 商工省地方工業化委員会調査事項報告
◇第七〇・七一議会政府当局答弁集百貨店法逐条義解(日本百貨店商業組合編) 1937.9 6,118p 22cm
◇大阪市に於ける商店街の顧客分布調査:附 全市大売出し参加小売店の業種別構成(大阪商工会議所編) 1937.10 3,53p 22cm
◇大阪商業史料集成 第3輯(黒羽兵治郎編) 大阪商科大学経済研究所 1937.10 5,418,20p 22cm
◇事変下に於ける平和産業の実情(東京市役所編) 1937.10 39p 22cm 中小商工業振興調査会資料
◇事変下に於ける商業の実情(東京市役所編) 1937.11 47p 22cm 中小商工業振興調査会資料
◇商工業特ニ中小工業ニ及セル事変ノ影響 1 各地商工会議所調査(日本商工会議所編) 1937.11 2,217p 21cm 時局対策資料
◇時局現下ノ商工業特ニ中小商工業対策ニ関スル各地商工会議所意見(日本商工会議所編) 1937.12 3,128p 21cm 時局対策資料
◇商工業特ニ中小工業ニ及セル事変ノ影響 2 各地商工会議所調査 増補再刷(日本商工会議所編) 1937.12 2,357p 21cm 時局対策資料
◇東京廻米問屋組合深川正米市場五十年史(東京廻米問屋組合編) 1937.12 599p 27cm
◇戦時経済体制下に於ける一般産業の振興策に関する答申(東京市役所編) 1938.1 19p 22cm 中小商工業振興調査会資料
◇応召商工業者ノ営業援護ニ対スル各地商工会議所ノ施設状況並意見概要(日本商工会議所編) 1938.2 3,6,95p 21cm 商工相談資料
◇中小工業の振興と産業金融(神戸商工会議所編) 1938.2 30p 25cm
◇百貨店法に関する研究(中西寅雄編) 同文館 1938.2 234p 21cm 小売商問題研究叢書
◇外客は斯く望む:附 日本旅館に外人を迎へるには(国際観光局編) 1938.3 4,55p 21cm
◇事変下の中小商工業の現状と対策(東京商工会議所編) 1938.3 2,55p 21cm 商工資料
◇中小商業助成とその指導(須藤文吉述,神戸商工会議所編) 1938.3 56p 22cm
◇ラヂオ商工業事情概要 謄写版(東京市産業局編) 1938.3 2,1,57p 22cm
◇和蘭・白耳義両国に於ける小売業許可制度:和蘭小企業開設並に白耳義小売統制案(東京商工会議所編) 1938.4 25p 21cm 商工調査
◇工業地としての高松(高松工業振興協会編) 1938.7 49p 22cm
◇市内生産品海外輸移出状況調査(名古屋市産業部庶務課編) 1938.8 32p 22cm
◇支那事変下に於ける中小商工業の現状並に其の対策(衆議院調査部編) 1938.8 4,169p 21cm 調査資料
◇繊維工業統制ニ関スル資料(日本商工会議所編) 1938.8 2,192p 21cm 時局対策資料
◇西陣機業に関する調査 謄写版(京都市社会課編) 1938.8 91p 24cm 調査報告
◇大阪商業史料集成 第4輯(黒羽兵治郎編) 大阪商科大学経済研究所 1938.9 14,291,11p 22cm
◇物資調整ニ伴フ中小工業窮乏打開策ニ関スル答申書(東京市役所編) 1938.10 16p 22cm 中小商工業振興調査会資料
◇京都市観光事業要覧 昭和14年版(京都市産業部観光課編) 1939 65,27p 19cm
◇地方団体購買共同の目的とその事例(神戸市産業課編) 1939.1 42p 22cm 産業調査資料
◇事変下の川口華商(大阪市産業部編) 1939.2 6,152p 23cm 産業部調査資料
◇名古屋市の会社と工場(名古屋市産業部編) 1939.2 31p 22cm
◇布施市に於ける中小商店の実情(布施市役所編) 1939.2 48p 23cm 社会経済統計資料
◇大阪商業史料集成 第5輯(黒羽兵治郎編) 大阪商科大学経済研究所 1939.3 15,322,25p 22cm
◇神戸市における工業、貿易、商業組合(神戸市産業課編) 1939.3 7,2,86p 22cm 産業調査資料
◇名古屋市貿易の綜観(名古屋市産業部編) 1939.3 25p 22cm
◇米穀配給統制法案資料(衆議院調査部編) 1939.3 3,176p 21cm 調査資料
◇小売経営改善策 商工省小売業改善調査委員会決議(名古屋商工会議所編) 1939.6 14p 20cm 「名古屋商工会議所時報」第5号附録
◇公私小売市場の研究(服部文四郎著) 同文館 1939.7 1冊 21cm 小売商問題研究叢書
◇時局の名古屋市工業特に中小工業に及ぼしたる影響:工業、同業、準則、申合え酒造組合を中心としたる調査附名古屋市工業に於ける中小工業の地位(名古屋商工会議所編) 1939.9 2,92p 21cm 時局経済調査及研究
◇参考資料(長野県地方工業化委員会編) 1939.10 2,79p 26cm
◇長野県地方工業化委員会経過概略([長野県地方工業会委員会]編) 1939.10 29p 26cm
◇長野県地方工業化委員会工場招致特別委員会記録(長野県地方工業化委員会編) 1939.10 78p 26cm
◇商業経済統制論(堀新一著) 巌松堂書店 1939.11 5,10,540p 19cm

◇大阪の青昆布製造業（堀江保蔵著）　大阪市東区　1939.12 15p 22cm　大阪市東区史紀要

◇名古屋市に於ける小売業経営の実態（名古屋商工会議所編）　1939.12 3,150p 21cm　時局経済調査及研究

◇配給機構改善に関する座談会 米・雑穀・木炭の部（東京市編）　1939.12 46p 22cm　中小商工業振興調査会資料

◇配給機構改善に関する座談会 生鮮食料品（東京市編）　1939.12 33p 22cm　中小商工業振興調査会資料

◇東北地方に於ける企業条件に関する調査（東北産業科学研究所編）　1940.1 1,5,244p 22cm

◇京鹿の子絞の調査（京都商工会議所編）　1940.2 52p 22cm

◇満洲国に於ける生活必需品の阪給統制について（大阪商工会議所編）　1940.2 26p 21cm　講演資料

◇我国配給機構改革試案（昭和研究会事務局編）　1940.2 2,2,43p 23cm

◇大阪市近郊に於ける工業適地に就て　謄写版（[大阪市]企画部編）　1940.3 96p 26cm

◇大阪商業史料集成 第6輯 北海道荷受問屋組合沿革史（黒羽兵治郎編）　大阪商科大学経済研究所　1940.3 548,21,13p 22cm

◇京友禅に関する調査（京都商工会議所編）　1940.3 66p 22cm

◇本邦地方工業化の現状及地方工業化の基準 第2回報告 商工省地方工業化委員会調査事項報告（商工省振興部編）　1940.3 3,96p 26cm

◇日本中小産業の機構（森喜一著）　白揚社　1940.4 8,443p 22cm

◇ウェーバー工業立地理論の研究（伊藤久秋著）　叢文閣　1940.5 3,6,287p 22cm

◇最近日本工業政策要論（藤野靖著）　叢文閣　1940.6 1冊 22cm

◇大阪市に於ける日用品小売店分布状態（大阪市産業部庶務課調査係編）　1940.7 41p 22cm　産業部調査資料

◇宇治茶の調査（京都商工会議所編）　1940.8 2,92p 22cm　京都産業叢書

◇奢侈品等製造販売制限規則解説（中央物価統制協力会議編）　日本評論社　1940.8 4,71p 21cm

◇奢侈品等製造販売制限規則解説：附 全条文並に関係条文附（神戸市経済部産業課編）　1940.9 72p 22cm

◇観光事業概論（ローベルト・グリュックスマン著,[鉄道省国際観光局]訳）　1940.10 1,5,229p 21cm

◇国際観光事業の概況（国際観光局編）　1941.1 4,77p 22cm

◇神戸市に於ける中小商工業者の現状と転失業問題に対する意見：業者の声に聴く（神戸市経済部産業課編）　産業研究所　1941.3 60p 22cm　産業叢書

◇時局下に於ける配給機構の改善と七・七禁令の対策に関する答申（東京市編）　1941.3 2,24p 22cm　中小商工業振興調査会資料

◇時局と中小工業 1 転失業問題（山中篤太郎著）　有斐閣　1941.3 1冊 21cm　日本学術振興会第23小委員会報告

◇商工業整備要綱　謄写版（大阪市編）　1941.3 74p 21cm

◇新商業組織論（平野常治著）　時潮社　1941.3 3,7,264p 22cm

◇生活必需品ニ関スル配給統制法令集（大阪市物資調整部編）　1941.3 4,78p 21cm

◇青果物配給に関する新たなる機構の研究（松藤良二著）　市場文化協会　1941.3 2,8,156p 19cm　中央市場問題研究叢書

◇時局と中小工業 2 我国繊維工業の輸出伸張力（滝谷善一編）　有斐閣　1941.4 8,5,343p 21cm　日本学術振興会第23小委員会報告

◇三木の金物（三木町役場編）　1941.4 14p 19cm

◇機業再編成の基本問題（繊維需給調整協議会編）　1941.5 98p 19cm　繊協調査部調査資料

◇下請制工業論：経済発展過程における中小工業（田杉競著）　有斐閣　1941.6 3,5,454p 22cm

◇生鮮食糧品出荷配給統制問題（福田敬太郎[ほか]著）　東京市政調査会　1941.6 78p 21cm　都市問題パンフレット

◇鮮魚介配給統制規則解説（中央物価統制協力会議編）　日本評論社　1941.6 66p 21cm

◇配給機構整備資料（伊東岩男編）　伊藤書店　1941.6 4,9,478p 19cm

◇観光事業論（A.J.ノーヴァル著,[鉄道省国際観光局]訳）　1941.7 5,3,315p 21cm

◇経済新体制と工業問題（川崎芳熊述,神戸市産業部経済調査室編）　1941.7 39p 21cm　産業講座資料

◇鮮魚介配給統制関係法規（農林省食品局編）　京浜地区鮮魚配給統制協会　1941.7 2,70p 21cm

◇名古屋市臨時中小商工業対策調査会答申書（名古屋市臨時中小商工業対策調査会編）　1941.7 2,151p 21cm

◇日本中小工業研究（小宮山琢二著）　中央公論社　1941.7 3,8,255p 22cm

◇配給機構整備に付て：商工省堀振興部長講演（堀義臣述）　日本商工会議所　1941.7 30p 21cm　調査資料

◇中小工業論（川端ले著）　千倉書房　1941.8 6,11,401p 22cm

◇生鮮食料品ノ配給ニ関スル各地商工会議所調査並意見　改訂増補（日本商工会議所編）　1941.9 3,182p 21cm　調査資料

◇配給学の基礎研究：商業新体制の理論（荒木直著）　同文館　1941.9 2,12,266p 22cm　横浜経済研究所研究叢書

◇時局下中小工業対策ニ関スル答申書（東京市編）　1941.10 19p 21cm　中小商工業振興調査会資料

◇青果物配給統制関係法規（農林省食品局編）　1941.10 2,95p 21cm

◇青果物配給統制規則解説（中央物価統制協力会議編）　日本評論社　1941.10 71p 21cm

◇仲買小売商に関する転業政策に就ての研究（松藤良二著）　市場文化協会　1941.10 2,3,99p 18cm　中央市場問題研究叢書

◇日本中小商業の構造（竹林庄太郎著）　有斐閣　1941.10 6,5,581p 22cm　大阪商科大学経済研究所調査彙報

◇日本綿業発達史（三瓶孝子著）　慶応書房　1941.10 1冊 22cm

◇商工会議所機構改正ニ関スル各商工会議所聯合会ノ意見（日本商工会議所編）　1941.11 6p 21cm　調査資料

◇商工会議所機構改正ニ関スル資料（日本商工会議所編）　1941.11 19p 21cm　調査資料

◇大消費都市に於ける塩乾魚配給統制の方策（東京塩乾魚貝類卸業組合編）　1941.11 26p 21cm

◇食肉配給統制規則解説（中央物価統制協力会議編）　日本評論社　1941.12 77p 21cm

◇本市ニ於ケル食肉配給並消費ノ現状ト今後ノ対策　謄写版（東京市経済局消費経済部物価課編）　1941.12 52p 26cm

◇近畿主要都市に於ける生鮮食品配給状況　昭和17年11月現在（大阪工会議所編）　1942 8p 21cm

◇工業建設地域調書　謄写版（松本市編）　1942 22p 26cm

◇商権擁護ニ関スル主張（全日本商権擁護聯盟編）　1942 9p 21cm

◇遊休工場調査（岡谷市）　昭和17年6月現在（長野県工業振興会編）　1942 3p 26cm

◇臨時家庭用魚類配給登録制販売施行状況調査報告　謄写版（東京市経済局消費経済部物価課編）　1942.1 38p 26cm

◇重要機械製造事業法及関係法規（川崎商工会議所編）　1942.2 89p 21cm　調査資料

◇商工統計読本（武内信男著）　国勢社　1942.2 2,4,170p 18cm

◇繊維製品ニ関スル調査　謄写版（東京市経済局消費経済部物価課編）　1942.2 46p 26cm

◇最近ニ於ケル青果物配給ノ実情　謄写版（東京市経済局消費経済部物価課編）　1942.3 52p 26cm

◇時局下に於ける中小商業者の動向と転廃業問題に関する一考察：神

商工業

◇戸市内商店街商業調査の報告に基く（神戸市産業部経済調査室編）　1942.3　64p　21cm　産業叢書

◇商店街の変貌：附 都下商店街実情調査（東京商工会議所商工相談所編）　1942.3　56p　21cm

◇水産物配給統制規則解説（中央物価統制協力会議編）　日本評論社　1942.3　38p　21cm

◇時局と中小工業 3 中小工業の将来性（山中篤太郎編）　有斐閣　1942.4　12,7,330p　21cm　日本学術振興会第23小委員会報告

◇食糧配給政策の回顧と神戸市の現状（神戸市産業部経済調査室編）　1942.4　74p　21cm　産業叢書

◇味噌醤油等配給統制規則解説（中央物価統制協力会議編）　1942.5　29p　21cm

◇生活必需品配給機構図　改訂版、謄写版（大阪市産業部庶務課編）　1942.6　[6],98p　20cm　産業部調査資料

◇中小商工業再編成ニ関スル建議並ニ意見資料（日本商工会議所編）　1942.6　2,154p　21cm　調査資料

◇中小商工業対策ニ関スル日本商工会議所建議一覧（日本商工会議所編）　1942.6　4,82p　21cm　調査資料

◇配給政策（平野常治著）　千倉書房　1942.7　2,9,252p　19cm

◇市民生活必需物資配給に関する興論調査［第1輯］（大阪市物資調整部編）　1942.8　17p　21cm

◇市民生活必需物資配給に関する興論調査 第2輯（大阪市物資調整部編）　1942.8　7p　21cm

◇商業組合は何処に向ひつつあるか：神戸市に於ける実情調査から得た一示唆（神戸市経済局経済調査室編）　1942.8　73p　21cm　産業叢書

◇名古屋市に於ける小売業整備の実状（名古屋商工会議所編）　1942.8　2,64p　21cm　時局経済調査及研究

◇重要物資集荷配給系統図（新潟県経済保安課編）　1942.9　3,154p　19×26cm

◇中小商工業再編成ニ関スル資料（広島商工会議所編）　1942.9　62p　21cm　資料

◇金沢商工会議所五十年史（金沢商工会議所編）　1942.10　1冊　22cm

◇工業組合は何処に向ひつつあるか（神戸市経済局経済調査室編）　1942.10　75p　21cm　産業叢書

◇食肉ノ需給調整ニ関スル日本商工会議所建議並各地商工会議所意見（日本商工会議所編）　1942.10　126p　21cm　調査資料

◇東京市配給事務関係例規類集 上巻　謄写版（東京市戦時生活局配給部編）　1942.10　356p　21cm

◇東京市配給事務関係例規類集 下巻　謄写版（東京市戦時生活局配給部編）　1942.10　325p　21cm

◇日本工業史（南種康博著）　地人書館　1942.10　7,419p　18cm　大観日本文化史叢書

◇群馬県小売業整備要綱（群馬県商業報国会本部編）　1942.11　12p　21cm

◇時局と中小工業 5 中小工業統制組織（磯部喜一編）　有斐閣　1942.11　7,10,472p　21cm　日本学術振興会第23小委員会報告

◇帝都蔬菜供給圏に就て（生産部門）　謄写版（宮崎吉則著）　1942.11　65p　26cm

◇現代工業政策論（磯部喜一著）　有斐閣　1942.12　3,17,446p　22cm

◇生鮮食糧品ノ確保並ニ配給ニ関スル資料（日本商工会議所編）　1942.12　248p　21cm　調査資料

◇日本軍需工業発展概史（清水孝次朗著）　昭和高等商業学校　1942.12　15p　21cm　昭和高商学報

◇工業政策（山中篤太郎著）　［日本評論社］　1943　3,272p　21cm　［新経済学全集］

◇事変以来の本邦百貨店（伊藤重治郎著）　専修大学学会　1943　[15]p　21cm　「経済法律論叢」第13巻抜刷

◇商業政策（谷口吉彦著）　日本評論社　1943　8,266p　22cm　［新経済学全集］

◇中小産業と労務問題（美濃口時次郎著）　日本出版社　1943.2　2,6,318p　21cm

◇名古屋市に於ける工業生産の概況とその主なる工場（名古屋市総務部統計課編）　1943.2　2,2,60p　21cm

◇大阪府に於ける中小工業の整備：大阪府下中小企業整備実情調査報告（大阪商工会議所編）　1943.3　191,45p　21cm

◇日本工業構成史（森喜一著）　伊藤書店　1943.3　1冊　22cm

◇統制経済と中小工業（上田貞次郎博士記念論文集編纂委員会編）　科学主義工業社　1943.4　9,2,613p　22cm　上田貞次郎博士記念論文集

◇京城に於ける物品販売業者調査報告 第1分冊　謄写版（京城商工会議所調査課編）　1943.5　33p　26cm　京城商工会議所調査資料

◇工業廃水（柴田三郎著）　青年書房昭光社　1943.5　336p　22cm　水叢書

◇東京市配給事務関係例規類集　追録（東京市戦時生活局配給部編）　1943.5　245p　21cm

◇名古屋市小売業実態調査概要 昭和17年10月実施（名古屋商工会議所編）　1943.5　2,3,96p　21cm　時局経済調査及研究

◇東京市配給事務関係例規類集　追録（東京市戦時生活局配給部編）　1943.6　80p　21cm

◇長崎商工会議所五十年史（長崎商工会議所編）　1943.7　8,10,1055p　22cm

◇時局と中小工業 6 下請制工業（藤田敬三編）　有斐閣　1943.8　9,8,410p　21cm　日本学術振興会第23小委員会報告

◇大都市工業の移設：経済政策的研究（ロバート・フォン・ケラー著、東京商工会議所訳）　1943.8　1冊　22cm　国土計画調査資料

◇日本工業構成論（森喜一著）　民族科学社　1943.8　2,262p　21cm

◇中小工業経済論（山田文雄著）　有斐閣　1943.10　1冊　22cm　中小工業研究

◇京都府工業組合概史（工業組合中央会京都府支部編）　1944.3　9,488p　18cm

政治・行政・法律

【雑　誌】

- ◇マルクス、エンゲルスの国家論（平野常治）「社会学雑誌」　9　1925.1
- ◇世界各国に於ける禁酒立法に関する大勢（社会局第二部）「社会事業」　8(10)　1925.1
- ◇貴族院改革の目標「東洋経済新報」　1132　1925.1
- ◇日露国交回復と将来の希望「東洋経済新報」　1133　1925.1
- ◇各国々民性の史的考察（永井亨）「社会政策時報」　53　1925.2
- ◇貴族院改革と労資問題（五來欣造）「社会政策時報」　53　1925.2
- ◇護憲の二字を裏切る「東洋経済新報」　1137　1925.2
- ◇普選案の提出を枢密院「東洋経済新報」　1137　1925.2
- ◇治警第十七条制定当時の帝国議会（林癸未夫）「社会政策時報」　54　1925.3
- ◇普通選挙と新無産党の将来（高橋清吾）「社会政策時報」　54　1925.3
- ◇貴族院改革案の変遷「東洋経済新報」　1139　1925.3
- ◇議長党籍離脱の件（田川大吉郎）「東洋経済新報」　1140　1925.3
- ◇維新以後神社行政に関する変遷（内務省神社局）「内務時報」　278　1925.3
- ◇一九二一年海牙規則に就て(5)（田崎慎治）「経済学 商業学 国民経済雑誌」　38(4)　1925.4
- ◇濁逸共産党の政策（稲垣守克）「社会政策時報」　55　1925.4
- ◇米国の官僚政治（平賀周）「地方行政」　33(4)　1925.4
- ◇イエリソグを中心としたる土地所有権の限界に関する研究(2)（米川博）「法学論叢（京都帝国大学法学会）」　13(4)　1925.4
- ◇共同戦線問題「社会政策時報」　56　1925.5
- ◇政治的教養の揚所（田川大吉郎）「地方行政」　33(5)　1925.5
- ◇立憲政治の理想と国民の教育（筒篤郎）「地方行政」　33(5)　1925.5
- ◇民事敦愛と弁護士制度(2)（齋藤常三郎）「経済学 商業学 国民経済雑誌」　38(6)　1925.6
- ◇法律社会学より見たる公法の契約（ブツデベルグ）（杉村章三郎）「国家学会雑誌」　39(6)　1925.6
- ◇改正選挙法大意(2)（坂千秋）「斯民」　20(6)　1925.6
- ◇三権分立の現代における意義（鈴木義男）「社会科学」　1(1)　1925.6
- ◇印度セイロン島の政治（古屋野橘衛）「地方行政」　33(6)　1925.6
- ◇神官職の教養問題（佐上信一）「内務時報」　290　1925.6
- ◇モンテスキユーのLes principes des gouvernementsの観念に就て（松平斉光）「法学協会雑誌」　43(6)　1925.6
- ◇国家概念の一考察（黒田覚）「法学論叢（京都帝国大学法学会）」　13(6)　1925.6
- ◇改正選挙法大意(3)（坂千秋）「斯民」　20(7)　1925.7
- ◇国民外交の基礎（森島守人）「斯民」　20(7)　1925.7
- ◇印度セイロン島の政治（古屋野橘衛）「地方行政」　33(7)　1925.7
- ◇貴族院多額納税者議員選規則改正理由書（未定稿）「内務時報」　297　1925.7
- ◇比例代表法の研究(7・完)（森口繁治）「法学論叢（京都帝国大学法学会）」　14(1)　1925.7
- ◇違法処分取消請求の訴「行政裁判所判決録」　36(8)　1925.8
- ◇英国総選挙候補者別選挙費用「市町村」　1(3)　1925.8
- ◇官庁事務管理の原則（金子利八郎）「市町村」　1(3)　1925.8
- ◇多数者政治に於ける二つの根本的現象（高橋清吾）「社会政策時報」　59　1925.8
- ◇本邦主要諸団体の現状「社会政策時報」　59　1925.8
- ◇現代独逸に於ける法律哲学の諸傾向通覧（杉山茂顕）「法学協会雑誌」　43(8)　1925.8
- ◇被選挙の除斥原因としての請負（美濃部達吉）「法学協会雑誌」　43(8)　1925.8
- ◇代議制度の発達と比例代表並に職能代表（森口繁治）「社会政策時報」　60　1925.9
- ◇都市計画の法律問題と都市の法律事務（菊池慎三）「都市問題」　1(5)　1925.9
- ◇無産政党準備委員会（社会局第一部）「内務時報」　306　1925.9
- ◇行政法判例に付て（美濃部達吉）「自治研究」　1(1)　1925.10
- ◇改正選挙法校ของ（坂千秋）「斯民」　20(10)　1925.10
- ◇選挙法校正の要旨（清水澄）「斯民」　20(10)　1925.10
- ◇官庁事務管理の原則（金子利八郎）「市町村」　1(5)　1925.11
- ◇改正選挙法大意（坂千秋）「斯民」　20(11)　1925.11
- ◇ゲルゼンに於けるStaatslehreの地位（堀真琴）「国家学会雑誌」　39(12)　1925.12
- ◇改正選挙法大意(7)（坂千秋）「斯民」　20(12)　1925.12
- ◇普選の話（石井錦樹）「地方」　33(12)　1925.12
- ◇神戸の選挙訴訟に就て（今井嘉幸）「国家学会雑誌」　40(1)　1926.1
- ◇一九二五年度海外政治立法事情「国家学会雑誌」　40(1)　1926.1
- ◇日本憲法の特色（美濃部達吉）「国家学会雑誌」　40(1)　1926.1
- ◇選挙制度を改善して訴訟の因を根絶すべし（菊池慎三）「自治研究」　2(1)　1926.1
- ◇普選の話（石井錦樹）「地方」　34(1)　1926.1
- ◇無産政党問題（社会局第一部）「内務時報」　324　1926.1
- ◇選挙運動の為にする公共営造物使用権(1)（石原雅二郎）「自治研究」　2(2)　1926.2
- ◇政治組織の成立過程と我が憲法（高橋清吾）「社会政策時報」　65　1926.2
- ◇労働党か農民党か（稲田昌植）「帝国農会報」　16(2)　1926.2
- ◇選挙運動の為にする公共営造物使用権(2)（石原雅二郎）「自治研究」　2(3)　1926.3
- ◇不在者投票法解説(1)（坂千秋）「自治研究」　2(3)　1926.3
- ◇暴力行為等処罰に関する法律「内務時報」　331　1926.3
- ◇今期議会こ於ける二三の憲法問題（上杉慎吉）「国家学会雑誌」　40(4)　1926.4
- ◇明治初期政治学関係交献解題(1)（吉野作造）「国家学会雑誌」　40(4)　1926.4
- ◇選挙運動の為にする公共営造物使用権(3)（石原雅二郎）「自治研究」　2(4)　1926.4
- ◇不在者投票法解説(2)（坂千秋）「自治研究」　2(4)　1926.4
- ◇学区統一に直面して行政区統一を提唱す（古畑銀次郎）「大大阪」　2(4)　1926.4
- ◇我国の政治状態と労働農民党の将来（鶴見祐輔）「帝国農会報」　16(4)　1926.4
- ◇改正選挙法に就て(其1)（坂千秋）「内務時報」　336　1926.4
- ◇改正選挙法に就て(其2)（坂千秋）「内務時報」　337　1926.4

政治・行政・法律

◇実費報酬加算制契約に於ける所謂実費の範囲に就て(岡田完一)「建築と社会」 9(5) 1926.5

◇社会民主国家に於ける官吏法(杉村章三郎)「国家学会雑誌」 40(5) 1926.5

◇世界戦争と独逸の保険制度(寺田四郎)「国家学会雑誌」 40(5) 1926.5

◇選挙運動の為にする公共営造物使用権(4)(石原雅二郎)「自治研究」 2(5) 1926.5

◇不在者投票法解説(3)(坂千秋)「自治研究」 2(5) 1926.5

◇支那古代の社会改造思想を通じて見たる文明問題(土田杏村)「地方」 34(5) 1926.5

◇政治的新旧勢力と地方分権主義(安部磯雄)「地方」 34(5) 1926.5

◇露西亜の或る共産村の話(大竹博吉)「地方」 34(5) 1926.5

◇英国炭坑争議と議会政治の破綻「東洋経済新報」 1199 1926.5

◇改正選挙法に就て(其3・完)(坂千秋)「内務時報」 338 1926.5

◇ヤストロヴ「行政学とは何ぞや」(宇治伊之助)「法学論叢(京都帝国大学法学会)」 15(5) 1926.5

◇社会民主国家に於ける官吏法(杉村章三郎)「国家学会雑誌」 40(6) 1926.6

◇日本憲法の特色(美濃部達吉)「国家学会雑誌」 40(6) 1926.6

◇米国大統領の権能と任務(北沢佐雄)「国家学会雑誌」 40(6) 1926.6

◇選挙区の法律的性質と其法定主義(森口繁治)「法学論叢(京都帝国大学法学会)」 15(6) 1926.6

◇選挙運動の費用計理論(1)(石原雅二郎)「自治研究」 2(7) 1926.7

◇不在者投票法解説(4・完)(坂千秋)「自治研究」 2(7) 1926.7

◇婦人参政権の理論(森口繁治)「社会政策時報」 70 1926.7

◇更生無産政党の現況「週刊エコノミスト」 4(14) 1926.7

◇上田博士の新自由主義を評す(永井亨)「国家学会雑誌」 40(8) 1926.8

◇日本憲法の特色(6・完)(美濃部達吉)「国家学会雑誌」 40(8) 1926.8

◇点字の投票問題(坂千秋)「自治研究」 2(8) 1926.8

◇当選者補充に関する新原則(挾間茂)「自治研究」 2(8) 1926.8

◇市町村境界の変更ありたる場合に於ける衆議院議員選挙の施行に関する件「内務時報」 351 1926.8

◇行政法規の総則法制定の必要(清水澄)「自治研究」 2(9) 1926.9

◇新選挙人名簿の研究(1)(挾間茂)「自治研究」 2(9) 1926.9

◇思想上より見たる帝国主義と国際主義(永井亨)「社会学雑誌」 29 1926.9

◇濠州の現行社会立法(生江孝之)「社会政策時報」 72 1926.9

◇衆議院議員選挙法並に附属の勅令及省令等施行に関する件(内務次官)「内務時報」 355 1926.9

◇衆議院議員選挙法同施行令に関する件通牒(庁府県長官宛)「内務時報」 357 1926.9

◇小作地改良に対する有益費用償還請求権(1)(平野義太郎)「法学協会雑誌」 44(9) 1926.9

◇新独逸共和国の法律的性質(美濃部達吉)「国家学会雑誌」 40(10) 1926.10

◇新選挙人名簿の研究(2)(挾間茂)「自治研究」 2(10) 1926.10

◇選挙運動の費用計理論(2)(石原雅二郎)「自治研究」 2(10) 1926.10

◇選挙事務執行上特に注意すべき事項(1)(坂千秋)「自治研究」 2(10) 1926.10

◇小作地改良に基く有益費用償還請求権(2・完)(平野義太郎)「法学協会雑誌」 44(10) 1926.10

◇政治の本質に就て(2)(戸沢鉄彦)「国家学会雑誌」 40(11) 1926.11

◇選挙事務執行上特に注意すべき事項(坂千秋)「自治研究」 2(11) 1926.11

◇普通選挙に際する吾人の覚悟(長峰安三郎)「市町村雑誌」 395 1926.11

◇普通選挙と農民党の考察(1)(遠山信一郎)「斯民」 21(11) 1926.11

◇議会政治と独裁政治(高橋清吾)「地方」 34(11) 1926.11

◇普通選挙に際する吾人の覚悟(長峰安三郎)「市町村雑誌」 396 1926.12

◇行政の実務化(向陵生)「斯民」 21(12) 1926.12

◇普通選挙と農民党の考察(2)(遠山信一郎)「斯民」 21(12) 1926.12

◇日本に於ける勘当義絶及び久離の研究(1)(徳田彦安)「社会学雑誌」 32 1926.12

◇選挙運動の費用計理論(3)(石原雅二郎)「自治研究」 3(1) 1927.1

◇法令の施行(金森徳次郎)「自治研究」 3(1) 1927.1

◇英国労働党の実際政策(北岡寿逸)「社会政策時報」 76 1927.1

◇鳥瞰したる無産政党運動(夏秋拓郎)「帝国農会報」 17(1) 1927.1

◇大東宣言具体化への提言(特集)「東洋経済新報」 2153 1927.1

◇選挙運動の費用計理論(4)(石原雅二郎)「自治研究」 3(2) 1927.2

◇無産政党は何を目標とするか「週刊エコノミスト」 5(4) 1927.2

◇フランスに於ける最近の行政改革「都市問題」 4(2) 1927.2

◇マックイヴアの国家論(加田哲二)「三田学会雑誌」 21(2) 1927.2

◇教徒壇徒信徒調(大正十二年末現在)「文部時報」 232 1927.2

◇国際条約の国法的効力につきて(清水澄)「自治研究」 3(3) 1927.3

◇選挙運動の費用計理論(5)(石原雅二郎)「自治研究」 3(3) 1927.3

◇社会的立法の思想的背景(鈴木義男)「社会政策時報」 78 1927.3

◇無産政党分裂後の離合集散(中沢弁次郎)「地方」 35(3) 1927.3

◇米国大審院の地域制に対する判決(弓家七郎)「都市問題」 4(3) 1927.3

◇選挙運動の費用計理論(6)(石原雅二郎)「自治研究」 3(4) 1927.4

◇日本に於ける勘当義絶及び久離の研究(2)(徳田彦安)「社会学雑誌」 36 1927.4

◇公式令に関する疑義について(清水澄)「国家学会雑誌」 41(5) 1927.5

◇行政行為の適法性確実性及妥当性(挾間茂)「自治研究」 3(5) 1927.5

◇選挙運動の費用計理論(7)(石原雅二郎)「自治研究」 3(5) 1927.5

◇日本に於ける勘当義絶及び久離の研究(3)(徳田彦安)「社会学雑誌」 37 1927.5

◇政友会従来の主義政綱「週刊エコノミスト」 5(10) 1927.5

◇選挙運動の費用計理論(8)(石原雅二郎)「自治研究」 3(6) 1927.6

◇政党の弊を如何にすべきか(長峰安三郎)「市町村雑誌」 402 1927.6

◇司法組織と保護(紐育市政の研究)(藤田進一郎)「大大阪」 3(6) 1927.6

◇行政制度審議会官制「内務時報」 395 1927.6

◇R.Herrnritt,Oestereichisches Varwaltungsrecht.1925(紹介及批評)(杉村章三郎)「国家学会雑誌」 41(7) 1927.7

◇マクス・アドラーの「マルクス主義国家観」(平野常治)「社会学雑誌」 39 1927.7

◇選挙事務関係官事務打合会開催「内務時報」 398 1927.7
◇議員選挙取締に関する省議決定「内務時報」 399 1927.7
◇国家の組織(作田荘一)「経済論叢」 25(2) 1927.8
◇選挙に関する省議決定及主務官会議質疑事項(1):選挙事務主務課長会議及警察部長会議に於けるもの「自治研究」 3(8) 1927.8
◇選挙犯罪の研究(1)(石原雅二郎)「自治研究」 3(8) 1927.8
◇帝国議会に於ける継続委員制(金森徳次郎)「自治研究」 3(8) 1927.8
◇選挙運動費の会計経営(石原雅二郎)「斯民」 22(8) 1927.8
◇選挙運動としての文書戦(横溝光暉)「地方行政」 35(8) 1927.8
◇議員選挙取締に関する決定事項「内務時報」 403 1927.8
◇選挙事務関係官事務打合会質疑応答要旨ノ件「内務時報」 404 1927.8
◇衆議院議員選挙費用の負担に関する件「内務時報」 405 1927.8
◇投票時間に関する件「内務時報」 405 1927.8
◇議員選挙取締に関する内務司法両省合議決定事項「内務時報」 406 1927.8
◇純粋国家(4)(作田荘一)「経済論叢」 25(3) 1927.9
◇選挙に関する省議決定及主務官会議其の他質疑事項(2)「自治研究」 3(9) 1927.9
◇選挙犯罪の研究(2)(石原雅二郎)「自治研究」 3(9) 1927.9
◇英国の補欠選挙一瞥(坂千秋)「斯民」 22(9) 1927.9
◇選挙運動費の会計経理(2)(石原雅二郎)「斯民」 22(9) 1927.9
◇議員候補者又は選挙立会届人出受理時間に関する件「内務時報」 409 1927.9
◇県会議員選挙の為にする供託事務取扱時間に関する件「内務時報」 409 1927.9
◇一八三〇年後のアメリカにおける労働階級の政治運動(園乾治)「三田学会雑誌」 21(9) 1927.9
◇選挙犯罪の研究(3)(石原雅二郎)「自治研究」 3(10) 1927.10
◇選挙法規に関する質疑事項「自治研究」 3(10) 1927.10
◇普通選挙実施の成績(末松偕一郎)「市町村雑誌」 406 1927.10
◇各国議会見聞記(1)(坂千秋)「斯民」 22(10) 1927.10
◇選挙費用の会計経理(3)(石原雅二郎)「斯民」 22(10) 1927.10
◇無産政党の政治経済的勢力「週刊エコノミスト」 5(19) 1927.10
◇行政調査-過去・現在・将来(チャールズ・エー・ビーアド)「都市問題」 5(4) 1927.10
◇英国に於ける中央政府と地方団体との関係(1)(蠟山政道)「国家学会雑誌」 41(11) 1927.11
◇仏国新選挙法に就て(宮澤俊義)「国家学会雑誌」 41(11) 1927.11
◇英国総選挙の思ひ出(1)(武井群嗣)「自治研究」 3(11) 1927.11
◇選挙犯罪の研究(4)(石原雅二郎)「自治研究」 3(11) 1927.11
◇各国議会見聞記(2)(坂千秋)「斯民」 22(11) 1927.11
◇選挙運動費の会計経理(4)(石原雅二郎)「斯民」 22(11) 1927.11
◇大都市人民の政治的関心(恒藤恭)「大大阪」 3(11) 1927.11
◇欧米に於ける行政学研究の現状(蠟山政道)「法学協会雑誌」 45(11) 1927.11
◇英国に於ける中央政府と地方団体との関係(2)(蠟山政道)「国家学会雑誌」 41(12) 1927.12
◇普通選挙制度批判(佐々弘雄)「国家学会雑誌」 41(12) 1927.12
◇英国総選挙の思ひ出(2)(武井群嗣)「自治研究」 3(12) 1927.12
◇行政行為の瑕疵に関する若干の考察(挾間茂)「自治研究」 3(12) 1927.12
◇選挙犯罪の研究(5)(石原雅二郎)「自治研究」 3(12) 1927.12
◇各国議会見聞記(坂千秋)「斯民」 22(12) 1927.12

◇選挙運動費の会計経理(5)(石原雅二郎)「斯民」 22(12) 1927.12
◇反動学派の陣営における窮余の一戦術としての事実の虚構(河上肇)「社会問題研究」 84 1927.12
◇普選第一戦に関する諸考察(赤松克麿)「大大阪」 3(12) 1927.12
◇仏国に於ける行政裁判制度の沿革(3・完)(渡辺宗太郎)「法学論叢(京都帝国大学法学会)」 18(6) 1927.12
◇英国に於ける中央政府と地方団体との関係(3)(蠟山政道)「国家学会雑誌」 42(1) 1928.1
◇選挙訴訟及当選訴訟の研究(1)(美濃部達吉)「国家学会雑誌」 42(1) 1928.1
◇英国総選挙の思ひ出(3)(武井群嗣)「自治研究」 4(1) 1928.1
◇棄権防止の一方法(清水澄)「自治研究」 4(1) 1928.1
◇選挙犯罪の研究(6)(石原雅二郎)「自治研究」 4(1) 1928.1
◇任用制度雑観(金森徳次郎)「自治研究」 4(1) 1928.1
◇最近の仏国に於ける選挙法の改正に就きて(1)(坂千秋)「斯民」 23(1) 1928.1
◇衆議院議員選挙法中質疑「内務時報」 号外 1928.1
◇選挙運動の意義「内務時報」 号外 1928.1
◇英国に於ける中央政府と地方団体との関係(4)(蠟山政道)「国家学会雑誌」 42(2) 1928.2
◇選挙犯罪の研究(7)(石原雅二郎)「自治研究」 4(2) 1928.2
◇最近の仏国に於ける選挙法の改正に就きて(2)(坂千秋)「斯民」 23(2) 1928.2
◇普選と国民の教養(守屋榮夫)「斯民」 23(2) 1928.2
◇普通選挙と愛国心(上杉愼吉)「斯民」 23(2) 1928.2
◇選挙運動費国庫負担論「東洋経済新報」 1284 1928.2
◇多数代表を妨ぐる諸事情(上杉愼吉)「国家学会雑誌」 42(3) 1928.3
◇選挙犯罪の研究(8)(石原雅二郎)「自治研究」 4(3) 1928.3
◇比例代表の概念(1)(坂千秋)「自治研究」 4(3) 1928.3
◇普選初頭の成果(長峰安三郎)「市町村雑誌」 411 1928.3
◇今後起るべき普選法改正問題(蠟山政道)「斯民」 23(3) 1928.3
◇最近の仏国に於ける選挙法の改正に就きて(3・完)(坂千秋)「斯民」 23(3) 1928.3
◇独逸国の内的構成(向井新)「斯民」 23(3) 1928.3
◇普選議会を前に財経社会政策を何う樹べきか「週刊エコノミスト」 6(6) 1928.3
◇選挙犯罪の研究(9)(石原雅二郎)「自治研究」 4(4) 1928.4
◇比例代表の概念(2)(坂千秋)「自治研究」 4(4) 1928.4
◇英、米、独社会行政組織「社会事業」 12(1) 1928.4
◇国民的試練に現はれた諸傾向(西谷淳一郎)「地方行政」 36(4) 1928.4
◇途上哲学(金子白夢)「都市創作」 4(4) 1928.4
◇国家の政治と都市の統制(長谷川万次郎)「都市問題」 6(4) 1928.4
◇選挙犯罪の研究(7)(石原雅二郎)「警察協会雑誌」 333 1928.5
◇選挙犯罪の研究(10):利益誘導の罪(石原雅二郎)「自治研究」 4(5) 1928.5
◇比例代表の概念(3):その発生論的考察に就きて(坂千秋)「自治研究」 4(5) 1928.5
◇選挙犯罪の研究(8)(石原雅二郎)「警察協会雑誌」 334 1928.6
◇比例代表の概念(4)(坂千秋)「自治研究」 4(6) 1928.6
◇現代社会と行政学-個人境涯及び社会集団としての行政職(蠟山政道)「都市問題」 6(6) 1928.6
◇名簿式委譲法に依る比例選挙(2・完)(森口繁治)「法学論叢(京都帝国大学法学会)」 19(6) 1928.6

◇兵事法規の改正に就て(1)(内田銀之助)「補習教育」　64　1928.6
◇選挙犯罪の研究(11)(石原雅二郎)「自治研究」　4(7)　1928.7
◇比例代表の概念(5)(坂千秋)「自治研究」　4(7)　1928.7
◇衆議院議員選挙法中の改正規程につきて(清水澄)「自治研究」　4(8)　1928.8
◇比例代表の概念(6)(坂千秋)「自治研究」　4(8)　1928.8
◇比例代表の概念(7)(坂千秋)「自治研究」　4(9)　1928.9
◇女子公民権賦与に就て(鶴見祐輔)「都市問題」　7(3)　1928.9
◇皇室制度の大意(1)(村上恭一)「自治研究」　4(10)　1928.10
◇比例代表の概念(8)(坂千秋)「自治研究」　4(10)　1928.10
◇皇室制度の大意(2)(村上恭一)「自治研究」　4(11)　1928.11
◇比例代表の概念(9)(坂千秋)「自治研究」　4(11)　1928.11
◇比例代表の概念(10)(坂千秋)「自治研究」　4(12)　1928.12
◇皇室制度の大意(3)(村上恭一)「自治研究」　5(1)　1929.1
◇比例代表の概念(11)(坂千秋)「自治研究」　5(1)　1929.1
◇理事機関の公選(入江俊郎)「自治研究」　5(1)　1929.1
◇近代政治の性質と自治体の堕落(長谷川万次郎)「都市問題」　8(1)　1929.1
◇皇室制度の大意(4)(村上恭一)「自治研究」　5(2)　1929.2
◇比例代表の概念(12)(坂千秋)「自治研究」　5(2)　1929.2
◇比例代表の概念(13)(坂千秋)「自治研究」　5(3)　1929.3
◇皇室制度の大意(5)(村上恭一)「自治研究」　5(4)　1929.4
◇政治上の基礎観念批判(1)(吉江勝保)「自治研究」　5(4)　1929.4
◇比例代表の概念(14)(坂千秋)「自治研究」　5(4)　1929.4
◇理想選挙に就て(田川大吉郎)「都市問題」　8(4)　1929.4
◇支那の工場組織と社会立法(山口正太郎)「経済時報」　1(2)　1929.5
◇政治上の基礎観念批判(2)(吉江勝保)「自治研究」　5(5)　1929.5
◇皇室制度の大意(6)(村上恭一)「自治研究」　5(6)　1929.6
◇衛生行政法の研究(6)(亀山孝一)「公衆衛生」　47(7)　1929.7
◇会議の手続と会議のやり直し(菊池慎三)「自治研究」　5(8)　1929.8
◇議員の発案権に付て(入江俊郎)「自治研究」　5(8)　1929.8
◇英国総選挙の結果に就て(足立収)「地方行政」　37(8)　1929.8
◇人事行政の合理化(入江俊郎)「地方行政」　37(8)　1929.8
◇普選法講話(承前)(石原雅二郎)「地方行政」　37(8)　1929.8
◇衛生行政法の研究(7)(亀山孝一)「公衆衛生」　47(9)　1929.9
◇選挙法判例批評(1)(石原雅二郎)「自治研究」　5(9)　1929.9
◇政党政治と地方官の地位(水野錬太郎)「斯民」　24(9)　1929.9
◇選挙法制(1)(坂千秋)「斯民」　24(9)　1929.9
◇日本政党成立過程の研究(藤井新一)「社会学雑誌」　65　1929.9
◇普選法講話(承前)(石原雅二郎)「地方行政」　37(9)　1929.9
◇衛生行政法の研究(8)(亀山孝一)「公衆衛生」　47(10)　1929.10
◇皇室制度の大意(7)(村上恭一)「自治研究」　5(10)　1929.10
◇選挙法判例批評(2)(石原雅二郎)「自治研究」　5(10)　1929.10
◇比例代表の概念(15)(坂千秋)「自治研究」　5(10)　1929.10
◇マキヴアの国家論(承前)(井上吉次郎)「社会学雑誌」　66　1929.10
◇新農党樹立の歴史的意義(大山郁夫)「社会問題研究」　98　1929.10
◇何故新労農党を支持するか(河上肇)「社会問題研究」　98　1929.10
◇発案権の範囲(五十嵐鑛三郎)「地方行政」　37(10)　1929.10
◇普選法講話(石原雅二郎)「地方行政」　37(10)　1929.10

◇選挙法判例批評(3)(石原雅二郎)「自治研究」　5(11)　1929.11
◇比例代表の概念(16)(坂千秋)「自治研究」　5(11)　1929.11
◇選挙法制(2)(坂千秋)「斯民」　24(11)　1929.11
◇事業調節委員会に就て(川西実三)「地方行政」　37(11)　1929.11
◇普選法講話(承前)(石原雅二郎)「地方行政」　37(11)　1929.11
◇市民的社会と国家(加田哲二)「三田学会雑誌」　23(11)　1929.11
◇選挙法判例批評(4)(石原雅二郎)「自治研究」　5(12)　1929.12
◇比例代表の概念(17)(坂千秋)「自治研究」　5(12)　1929.12
◇選挙法制(3)(坂千秋)「斯民」　24(12)　1929.12
◇官吏減俸問題所感(福澤泰江)「地方行政」　37(12)　1929.12
◇訴願法改正卑見(高瀬五郎)「地方行政」　37(12)　1929.12
◇普選法講話(承前)(石原雅二郎)「地方行政」　37(12)　1929.12
◇衛生行政法の研究(9)(亀山孝一)「公衆衛生」　48(1)　1930.1
◇委員会制度(入江俊郎)「自治研究」　6(1)　1930.1
◇衆議院議員選挙法改正私見(清水澄)「自治研究」　6(1)　1930.1
◇政務官と事務官(金森徳次郎)「自治研究」　6(1)　1930.1
◇1929年英総選挙の解剖(坂千秋)「自治研究」　6(1)　1930.1
◇選挙法判例批評(5)(石原雅二郎)「自治研究」　6(1)　1930.1
◇普通選挙に於ける選挙区域及事務機関制度の改正に就て(元山修二)「自治研究」　6(1)　1930.1
◇法務官と事務官(金森徳次郎)「自治研究」　6(1)　1930.1
◇選挙法改正の要点(田子一民)「斯民」　25(1)　1930.1
◇発案事件議決の効力(五十嵐鑛三郎)「地方行政」　38(1)　1930.1
◇無産政党運動の現在と将来(君島清吉)「地方行政」　38(1)　1930.1
◇政界浄化の根本問題(五来欣造)「補習教育」　83　1930.1
◇選挙運動の為めにする文書図書の取締(小林尋次)「警察協会雑誌」　354　1930.2
◇衛生行政法の研究(10)(亀山孝一)「公衆衛生」　48(2)　1930.2
◇選挙法判例批評(6)(石原雅二郎)「自治研究」　6(2)　1930.2
◇選挙無料郵便制度の概要(1)(藤井崇治)「自治研究」　6(2)　1930.2
◇比例代表の概念(18)(坂千秋)「自治研究」　6(2)　1930.2
◇選挙運動と公立学校設備の使用に就て(服部纉)「地方行政」　38(2)　1930.2
◇選挙公営是非(松村義一)「地方行政」　38(2)　1930.2
◇選挙革正審議会の設置(亀卦川浩)「都市問題」　10(2)　1930.2
◇外遊雑記帖(1)(XYZ)「自治研究」　6(3)　1930.3
◇皇室制度の大意(8)(村上恭一)「自治研究」　6(3)　1930.3
◇選挙法判例批評(7)(石原雅二郎)「自治研究」　6(3)　1930.3
◇選挙無料郵便制度の概要(2)(藤井崇治)「自治研究」　6(3)　1930.3
◇比例代表の概念(19)(坂千秋)「自治研究」　6(3)　1930.3
◇代議政治と国民性(岡実)「補習教育」　85　1930.3
◇棄権率と投票の強制(坂千秋)「斯民」　25(4)　1930.4
◇全国一選挙区比例代表(齊藤隆夫)「地方行政」　38(4)　1930.4
◇無産党の選挙戦績(君島清吉)「地方行政」　38(4)　1930.4
◇外遊雑記帖(2)(XYZ)「自治研究」　6(5)　1930.5
◇皇室制度の大意(9)(村上恭一)「自治研究」　6(5)　1930.5
◇比例代表の概念(20)(坂千秋)「自治研究」　6(5)　1930.5
◇選挙界の革正(後藤文夫)「地方行政」　38(5)　1930.5
◇外遊雑記帖(3)(XYZ)「自治研究」　6(6)　1930.6
◇選挙法の運用に関する一二の問題(古井喜実)「自治研究」　6(6)

1930.6
◇比例代表の概念(21)(坂千秋)「自治研究」 6(6) 1930.6
◇外遊雑記帖(4)(XYZ)「自治研究」 6(7) 1930.7
◇比例代表の概念(22)(坂千秋)「自治研究」 6(7) 1930.7
◇貧困救護と選挙権の関係に就いて(山崎巖)「自治研究」 6(7) 1930.7
◇日米選挙漫談(承前)(玉置彌造)「市町村雑誌」 439 1930.7
◇婦人公民権問題(末松偕一郎)「市町村雑誌」 439 1930.7
◇比例代表の概念(23)(坂千秋)「自治研究」 6(8) 1930.8
◇第一線の行政事務刷新(横溝光暉)「自治研究」 6(9) 1930.9
◇比例代表の概念(24)(坂千秋)「自治研究」 6(9) 1930.9
◇衆議院議員選挙革正調査(五十嵐鑛三郎)「地方行政」 38(9) 1930.9
◇仏蘭西の役所(山崎巖)「地方行政」 38(9) 1930.9
◇我国に行はれたる一般投票の実例(高橋悳一)「地方行政」 38(9) 1930.9
◇比例代表の概念(25)(坂千秋)「自治研究」 6(10) 1930.10
◇無産政党合同運動の展開と全国大衆党の結成(中川賢一)「社会政策時報」 121 1930.10
◇独逸の役所(山崎巖)「地方行政」 38(10) 1930.10
◇比例代表の概念(26・完)(坂千秋)「自治研究」 6(11) 1930.11
◇委任事務よりの解放(大達茂雄)「斯民」 25(11) 1930.11
◇行政実例批判(五十嵐鉱三郎)「地方行政」 38(11) 1930.11
◇皇室制度の大意(10・完)(村上恭一)「自治研究」 6(12) 1930.12
◇比例代表制練習の必要(長谷川久一)「自治研究」 6(12) 1930.12
◇ドイツの政治経済的危機(1)「週刊エコノミスト」 8(23) 1930.12
◇イギリス議会に於ける日常生活(1)(スネル原著,佐藤荘一郎訳)「自治研究」 7(1) 1931.1
◇公法上の婦人の地位の一瞥(金森徳次郎)「自治研究」 7(1) 1931.1
◇自治の基調壮年団の結成(後藤文夫)「地方行政」 39(1) 1931.1
◇婦人公民権の意義(田沢義鋪)「地方行政」 39(1) 1931.1
◇物質技術と行政技術(前田多門)「都市問題」 12(1) 1931.1
◇イギリス議会に於ける日常生活(2)(スネル原著,佐藤荘一郎訳)「自治研究」 7(2) 1931.2
◇選挙革正審議会の答申に就いて(清水澄)「自治研究」 7(2) 1931.2
◇公民権の拡張(長峰安三郎)「市町村雑誌」 447 1931.3
◇参政権とアメリカの婦人(玉置彌造)「市町村雑誌」 447 1931.3
◇選挙法を如何に改正すべきか(水野錬太郎)「地方行政」 39(3) 1931.3
◇国民精神の不作興を齎す勿れ(大島正徳)「帝国教育」 583 1931.3
◇政党政治は何処へ行く(小原新三)「警察協会雑誌」 358 1931.4
◇婦人参政権運動をどう見るか(蠟山政道)「市町村雑誌」 448 1931.4
◇都市関係の新法律(藤田進一郎)「大大阪」 7(5) 1931.5
◇都市と国防(1)(小倉尚)「港湾」 9(6) 1931.6
◇減俸案問題の解剖(佐々弘雄)「週刊エコノミスト」 9(12) 1931.6
◇三制整理の目標「週刊エコノミスト」 9(12) 1931.6
◇英国議会政治の側面観(2・完)(小泉梧郎)「地方行政」 39(7) 1931.7
◇各国国籍法管見(1)(井手成三)「自治研究」 7(8) 1931.8
◇立候補届出前の選挙運動に就いて(三宅正太郎)「警察研究」 2(9) 1931.9
◇温泉に関する立法問題に就て(稲田清助)「公衆衛生」 49(9) 1931.9
◇貴族院組織改正小見―貴族院の構成分子に公共団体の代表を加味せよ(清水澄)「自治研究」 7(9) 1931.9
◇議員選挙に於ける無効投票に就て(玉井助四郎)「市町村雑誌」 453 1931.9
◇非違不当の是非腐敗醜聞の防止を目的とする行政改善と行政整理(菊池慎三)「斯民」 26(9) 1931.9
◇労働党内閣を葬ふ(後藤信男)「週刊エコノミスト」 9(18) 1931.9
◇海の彼方(1)(人見植夫)「地方行政」 39(9) 1931.9
◇選挙運動の意義に関する行政実例及判決例(小林尋次)「警察研究」 2(10) 1931.10
◇行政改革の根本義(岡田文秀)「自治研究」 7(10) 1931.10
◇公務員の地位(金森徳次郎)「自治研究」 7(10) 1931.10
◇注意すべき英国労働党の宣言「東洋経済新報」 1471 1931.10
◇明治廿年前後の社会問題に関する自由党左翼の見解(加田哲二)「三田学会雑誌」 25(10) 1931.10
◇刑法改正の諸問題(1)(牧野英一)「警察研究」 2(11) 1931.11
◇政党の選挙運動(三宅正太郎)「警察研究」 2(11) 1931.11
◇議員選挙の単記移譲式比例代表(藤井新一)「地方行政」 39(11) 1931.11
◇再びアルベルト・モッセ氏について(田辺定義)「都市問題」 13(5) 1931.11
◇投票買収罪に関する行政実例及判決例(小林尋次)「警察研究」 2 1931.12
◇各国国籍法管見(2)(井手成三)「自治研究」 7(12) 1931.12
◇諸機関統制の法理及実際(金森徳次郎)「自治研究」 8(1) 1932.1
◇訴願法改正の議に付て(清水澄)「自治研究」 8(1) 1932.1
◇法律と文化国思想(1)(牧野英一)「自治研究」 8(1) 1932.1
◇政府の営繕購品制度(神戸正雄)「経済論叢」 34(2) 1932.2
◇選挙賭博(坂千秋)「自治研究」 8(2) 1932.2
◇法律と文化国思想(2)(牧野英一)「自治研究」 8(2) 1932.2
◇議会解散と両政党の経済政策「週刊エコノミスト」 10(3) 1932.2
◇選挙革正と区制(戸山三郎)「地方行政」 40(2) 1932.2
◇官吏の俸給(神戸正雄)「経済論叢」 34(3) 1932.3
◇地下鉄と国防(花井又太郎)「建築と社会」 15(3) 1932.3
◇各国国籍法管見(3)(井手成三)「自治研究」 8(3) 1932.3
◇選挙無効の判決の議員辞職に対する公民権停止処分に及ぼす影響(宿利英治)「自治研究」 8(3) 1932.3
◇吏道の頽廃と行政能率の低下(菊池慎三)「斯民」 27(3) 1932.3
◇第三次普選と無産政党(古澤磯次郎)「地方行政」 40(3) 1932.3
◇独逸国粋社会主義労働者党綱領「東洋経済新報」 1492 1932.3
◇独逸ファシストは誰が構成するか「東洋経済新報」 1492 1932.3
◇ファシズム批判座談会(中野正剛[ほか])「東洋経済新報」 1492 1932.3
◇国家委任事務に就て/多年市政に関与せられたる長老者の自治政観(東京市政調査会創立十周年記念市政論集)(坂田徳蔵)「都市問題」 14(3) 1932.3
◇法律と文化国思想(3)(牧野英一)「自治研究」 8(4) 1932.4
◇総選挙と無産政党の将来(三輪壽壯)「社会政策時報」 139 1932.4
◇第三次普選と無産政党(赤松克麿)「社会政策時報」 139 1932.4
◇転換期の無産政党と選挙闘争(吉岡繁吉)「社会政策時報」 139 1932.4
◇満蒙新国家と其の経済建設「週刊エコノミスト」 10(7) 1932.4
◇区制から見た総選挙(戸山三郎)「地方行政」 40(4) 1932.4
◇公務員の停年制(金森徳次郎)「自治研究」 8(5) 1932.5

政治・行政・法律

◇法律と文化国思想(4)(牧野英一)「自治研究」 8(5) 1932.5
◇所謂選挙の廓清(1)(坂千秋)「斯民」 27(5) 1932.5
◇実務家より見たる選挙法改正の急務(玉田助四郎)「地方行政」 40(5) 1932.5
◇衆議院議員選挙法の改正に就て(五十嵐鑛三郎)「地方行政」 40(5) 1932.5
◇ヨーロツパ戦争とアメリカ労働階級(園乾治)「三田学会雑誌」 26(5) 1932.5
◇イギリス議会に於ける日常生活(3)(スネル原著,佐藤荘一郎訳)「自治研究」 8(6) 1932.6
◇単記移譲式比例代表法に就て(古井喜実)「自治研究」 8(6) 1932.6
◇議員選挙の単記移譲式比例代表(藤井新一)「地方行政」 40(6) 1932.6
◇現行選挙法の欠陥と比例選挙法(山田準次郎)「地方行政」 40(6) 1932.6
◇政党と官僚(山口一夫)「地方行政」 40(6) 1932.6
◇新内閣と財界観測討論会「東洋経済新報」 1503 1932.6
◇日本におけるフアツシズムの概観(加田哲二)「三田学会雑誌」 26(7) 1932.7
◇官吏の地位と身分保障法案(田中康夫)「地方行政」 40(8) 1932.8
◇官吏身分保障制度の確立要望(水口正一)「地方行政」 40(8) 1932.8
◇官吏身分保障は児戯(田子一民)「地方行政」 40(8) 1932.8
◇官吏身分保障令と比例代表法の批判(末松偕一郎)「地方行政」 40(8) 1932.8
◇文官身分保障制度(東郷延)「地方行政」 40(8) 1932.8
◇身分保障制と運用の適否(松村義一)「地方行政」 40(8) 1932.8
◇身分保障制度確立の重点(塚本清治)「地方行政」 40(8) 1932.8
◇身分保障と官吏道(加藤久米四郎)「地方行政」 40(8) 1932.8
◇単記移譲式比例代表法の手続(1)(古井喜実)「自治研究」 8(9) 1932.9
◇最近ドイツの政治経済情勢「週刊エコノミスト」 10(18) 1932.9
◇臨時議会決定案の要点「週刊エコノミスト」 10(18) 1932.9
◇多数決制度の倫理的価値(中島清二)「自治研究」 8(10) 1932.10
◇仏蘭西の行政サンヂカリズム(1)(都市協会調査部)「大大阪」 8(11) 1932.10
◇現代日本における国粋的社会思想(加田哲二)「三田学会雑誌」 26(10) 1932.10
◇植民政策と帝国主義(伊藤秀一)「三田学会雑誌」 26(10) 1932.10
◇成立を見た文官身分保障制(1)(入江俊郎)「自治研究」 8(11) 1932.11
◇大臣副署制(金森徳次郎)「自治研究」 8(11) 1932.11
◇単記移譲式比例代表法の手続(2)(古井喜実)「自治研究」 8(11) 1932.11
◇民主党の大勝とその政綱及影響「週刊エコノミスト」 10(22) 1932.11
◇選挙公営案について(清瀬一郎)「改造」 14(12) 1932.12
◇成立を見た文官身分保障制(2)(入江俊郎)「自治研究」 8(12) 1932.12
◇単記移譲式比例代表法の手続(3)(古井喜実)「自治研究」 8(12) 1932.12
◇独逸政治危機の発展「週刊エコノミスト」 10(23) 1932.12
◇所得調査委員の選挙に就いて(忠佐市)「税」 10(12) 1932.12
◇市町村住民の公民権に就て(唯野喜八)「地方行政」 40(12) 1932.12
◇カベエの共産主義体系(平井新)「三田学会雑誌」 26(12) 1932.12

◇最近に於ける日本共産党の活動情勢と其の司法処分概況(池田克)「警察研究」 4(1) 1933.1
◇人事相談事務の概要(及川常平)「公民教育」 3(1) 1933.1
◇イギリス議会に於ける日常生活(4・完)(スネル原著,佐藤荘一郎訳)「自治研究」 9(1) 1933.1
◇議事妨害の一考察(中島清二)「自治研究」 9(1) 1933.1
◇法と其の被違守性(金森徳次郎)「自治研究」 9(1) 1933.1
◇官界情弊の刷新(未完)(横尾惣三郎)「地方行政」 41(1) 1933.1
◇計画経済と行政機構(岡部巌夫)「地方行政」 41(1) 1933.1
◇行政法に於ける法典的立法の傾向(1)(田中二郎)「自治研究」 9(2) 1933.2
◇公民の権利に関する試論(1)(中島賢蔵)「自治研究」 9(2) 1933.2
◇故法学博士桑田熊蔵氏を追悼す(窪田静太郎[ほか])「社会事業」 16(11) 1933.2
◇加俸制度に関する若干の考察(元山修二)「地方行政」 41(2) 1933.2
◇行政法に於ける法典的立法の傾向(2・完)(田中二郎)「自治研究」 9(3) 1933.3
◇公民の権利に関する試論(2・完)(中島賢蔵)「自治研究」 9(3) 1933.3
◇府県会議員選挙訴訟の一判決に就て(村上恭一)「自治研究」 9(3) 1933.3
◇ヒトラア内閣成立の真相(今中次麿)「法政研究」 3(2) 1933.3
◇成り難き選挙法の改正(古井喜実)「自治研究」 9(4) 1933.4
◇国籍と国籍法上の出願手続に就て(未完)(福井祐正)「地方行政」 41(4) 1933.4
◇日本婦選運動は何処へ行く(吉野榮子)「地方行政」 41(4) 1933.4
◇第六十四議会の成果「東洋経済新報」 1546 1933.4
◇ファッショ=イタリアの政治的構成(上)(今中次麿)「都市問題」 16(4) 1933.4
◇我等の目標選挙粛正「都市問題」 16(4) 1933.4
◇英国急進運動第一期概観-その発端よりフランス大革命勃発時まで-(濱田恒一)「三田学会雑誌」 27(4) 1933.4
◇昭和七年中に於ける無産政党運動の概況「労働時報」 10(4) 1933.4
◇国内法としての条約(金森徳次郎)「自治研究」 9(5) 1933.5
◇第六十四議会通過諸法案に対する批判(田中康夫)「地方行政」 41(5) 1933.5
◇ファッショ=イタリアの政治的構成(下)(今中次麿)「都市問題」 16(5) 1933.5
◇法律事務取扱の取締に関する法律(佐藤藤佐)「警察研究」 4(6) 1933.6
◇法律上より観たる報償契約(美濃部達吉)「国家学会雑誌」 47(6) 1933.6
◇永代借地問題(1)(寺嶋廣文)「自治研究」 9(6) 1933.6
◇投票自書主義に就て(1)(古井喜実)「自治研究」 9(6) 1933.6
◇文官休職に関する二三の考察(横溝光暉)「自治研究」 9(6) 1933.6
◇中間機関の設置に就て(香坂昌康)「斯民」 28(6) 1933.6
◇中選挙区単記投票法は何を意味するか(1)(古井喜実)「斯民」 28(6) 1933.6
◇独逸の政情を巡る左右両インターナショナルの統一問題(西本喬)「社会政策時報」 153 1933.6
◇選挙革正の力点(里村禾三)「地方行政」 41(6) 1933.6
◇シドニイ・ウエツブのソウヱト露西亜観(小泉信三)「三田学会雑誌」 27(6) 1933.6
◇法律における技術及び倫理(1)(牧野英一)「警察研究」 4(7)

◇1933.7
◇永代借地問題(2)(寺嶋廣文)「自治研究」 9(7) 1933.7
◇選挙事務に於ける犯罪者の復権調査に就て(伊藤道麿)「自治研究」 9(7) 1933.7
◇政党政治と独裁政治(今中次麿)「社会政策時報」 154 1933.7
◇ファシズムの分析及び批判(1)(杉島孝次郎)「社会政策時報」 154 1933.7
◇権利濫用について(末川博)「法律時報」 5(7) 1933.7
◇国家の更正を目標とする集団生活機構としての都市と村落の分布統制(松室重光)「建築と社会」 16(8) 1933.8
◇永代借地問題(3)(寺嶋廣文)「自治研究」 9(8) 1933.8
◇憲法上二三の問題に就いて(清水澄)「自治研究」 9(8) 1933.8
◇投票自書主義に就て(2)(古井喜実)「自治研究」 9(8) 1933.8
◇現時に於ける社会法の意義(橋本文雄)「社会政策時報」 155 1933.8
◇二大政党の新政策「週刊エコノミスト」 11(15) 1933.8
◇明治法学史に於ける一学派(平野義太郎)「法律時報」 5(8) 1933.8
◇行政行為の無効と其の限界(田中二郎)「国家学会雑誌」 47(9) 1933.9
◇我古典の「部」及び「県」に就て(1)(中田薫)「国家学会雑誌」 47(9) 1933.9
◇請願制度の活用(村上恭一)「自治研究」 9(9) 1933.9
◇単記移譲式比例代表法に関する問題の重心(古井喜実)「自治研究」 9(9) 1933.9
◇英国に於ける行政法の諸問題(澤重民)「自治研究」 9(10) 1933.10
◇法則命令に関する若干の研究(1)(金森徳次郎)「自治研究」 9(10) 1933.10
◇現象学と法律学(尾高朝雄)「法律時報」 5(1) 1933.10
◇現代ドイツ法律哲学の傾向(木村亀二)「法律時報」 5(1) 1933.10
◇法の組織関係規範観と機能主義的考案(中島重)「法律時報」 5(1) 1933.10
◇法則命令に関する若干の研究(2):軍令(金森徳次郎)「自治研究」 9(11) 1933.11
◇国家観と無産政党の将来(吉川末次郎)「社会政策時報」 158 1933.11
◇ファッシスト国家の政治機構(具島兼三郎)「社会政策時報」 158 1933.11
◇法則命令に関する若干の研究(3):委任命令(金森徳次郎)「自治研究」 9(12) 1933.12
◇鍵型比例代表法(德崎香)「地方行政」 41(12) 1933.12
◇尺・貫よりメートルまで(その一)(小金марス照)「地方行政」 41(12) 1933.12
◇リコール制度の概説(河村又介)「法政研究」 4(1) 1933.12
◇選挙粛正同盟会の比例代表案(田沢義舗)「法律時報」 5(12) 1933.12
◇選挙法の改正(ひとつの対話)(宮沢俊義)「法律時報」 5(12) 1933.12
◇単記綜合移譲式比例代表法に就て(斎藤隆夫)「法律時報」 5(12) 1933.12
◇比例代表制概評(河村又介)「法律時報」 5(12) 1933.12
◇比例代表法採用の困難(美濃部達吉)「法律時報」 5(12) 1933.12
◇比例代表法私案に就て(安部磯雄)「法律時報」 5(12) 1933.12
◇比例代表法諸案(資料)「法律時報」 5(12) 1933.12
◇名簿式移譲法による比例代表の提案(森口繁治)「法律時報」 5(12) 1933.12
◇私の比例代表法案(松本忠雄)「法律時報」 5(12) 1933.12

◇ファッシズム・イデオロビーの批判的方面-その自由主義・民主主義・社会主義批判-(加田哲二)「三田学会雑誌」 27(12) 1933.12
◇比例代表法の諸案(美濃部達吉)「国家学会雑誌」 48(1) 1934.1
◇行政に於ける伝統の補強と破壊(金森徳次郎)「自治研究」 10(1) 1934.1
◇公法上の契約否定論(清水澄)「自治研究」 10(1) 1934.1
◇議会及政党の将来(1)(蠟山政道)「週刊エコノミスト」 12(2) 1934.1
◇謹みて 皇儲殿下の御誕生を祝し奉る「都市問題」 18(1) 1934.1
◇買収犯に付ての自首又は自白に因る刑の減免制に就て(1)(古井喜実)「自治研究」 10(2) 1934.2
◇法治か徳治か(村上恭一)「自治研究」 10(2) 1934.2
◇法令外形雑説(金森徳次郎)「自治研究」 10(2) 1934.2
◇昭和八年の国家主義運動(酒井隆治)「社会政策時報」 161 1934.2
◇昭和八年の無産政党運動(中川賢一)「社会政策時報」 161 1934.2
◇独逸に於ける中央集権政治の発展(特にライヒとランデルとの関係について)(小田忠夫)「都市問題」 18(2) 1934.2
◇法と政治(1)—多元性法理論と政治原理の趨向(茂木惣兵衛)「法律時報」 6(2) 1934.2
◇公法上の住所について(杉村章三郎)「自治研究」 10(3) 1934.3
◇買収犯に付ての自首又は自白に因る刑の減免制に就て(2)(古井喜実)「自治研究」 10(3) 1934.3
◇法則命令に関する若干の研究(4):委任命令(続)(金森徳次郎)「自治研究」 10(3) 1934.3
◇現代選挙原論(德崎香)「地方行政」 42(3) 1934.3
◇選挙法改正と比例代表制に就て(森口繁治)「帝国教育」 644 1934.3
◇公法法規から見た独逸の独裁政(杉村章三郎)「法律時報」 6(3) 1934.3
◇ナチスの私法原理とその立法(我妻栄)「法律時報」 6(3) 1934.3
◇ファッシズム独裁国家本質(今中次麿)「法律時報」 6(3) 1934.3
◇政治上の腐敗行為の意義(蠟山政道)「警察研究」 5(4) 1934.4
◇各国に於ける行政学研究の近況(蠟山政道)「国家学会雑誌」 48(4) 1934.4
◇一九三三年英米政治学界瞥見(矢部貞治)「国家学会雑誌」 48(4) 1934.4
◇一九三三年のドイツ政治学界一瞥(五十嵐豊作)「国家学会雑誌」 48(4) 1934.4
◇議院法と選挙法の改正問題-第六十五議会を中心として-(宮沢俊義)「自治研究」 10(4) 1934.4
◇選挙法改正の要旨(坂千秋)「自治研究」 10(4) 1934.4
◇ヒットラー政治の理論と実践(1)(溜島武雄)「社会政策時報」 163 1934.4
◇第六十五議会の都市関係問題(大阪都市協会編)「大大阪」 10(4) 1934.4
◇公務員の地位に就て(川崎秀男)「地方行政」 42(4) 1934.4
◇神社制度の整備に就て(1)(元山修二)「地方行政」 42(4) 1934.4
◇貴族院及衆議院と都市の問題「都市公論」 17(4) 1934.4
◇昭和八年中に於ける無産政党運動の概況「労働時報」 11(4) 1934.4
◇刑法における自由法運動(1)(牧野英一)「警察研究」 5(5) 1934.5
◇候補者連座規定の解説(1)(池田克)「警察研究」 5(5) 1934.5
◇軍国主義、帝国主義、資本主義の相互的関係 -特に軍国主義を中心として一つの素描-(矢内原忠雄)「国家学会雑誌」 48(5) 1934.5
◇帝国憲法改正の限界(清水澄)「国家学会雑誌」 48(5) 1934.5
◇法と法的認識との関係(1)(田中晃)「国家学会雑誌」 48(5)

◇市民の前にソヴィエートロシヤを語る(布施勝治)「大大阪」 10(5) 1934.5
◇選挙法改正の過程(堀部七尋)「地方行政」 42(5) 1934.5
◇自由刑に於ける累進制度(1)(正木亮)「法学協会雑誌」 52(5) 1934.5
◇第六五回帝国議会審議法案一覧表「法学協会雑誌」 52(5) 1934.5
◇ナチス民法理論(我妻栄)「法学協会雑誌」 52(5) 1934.5
◇スイス民法に於ける家、家長、家長権(中川善之助)「法律時報」 6(5) 1934.5
◇第六五回帝国議会審議法案一覧表「法律時報」 6(5) 1934.5
◇大日本国家社会党及勤労日本党の結成「労働報」 11(5) 1934.5
◇行政訴訟の被告に付て(1)(澤田竹治郎)「自治研究」 10(6) 1934.6
◇法則命令に関する若干の研究(5):執行命令(金森徳次郎)「自治研究」 10(6) 1934.6
◇行政訴訟の被告に付て(1)(沢田竹治郎)「地方行政」 42(6) 1934.6
◇ゲマインシャフトの理念(1)法哲学の基本的一理念として(米田庄太郎)「法学論叢(京都帝国大学法学会)」 30(6) 1934.6
◇ゲルマン法に於ける物の概念に就いて(西本頴)「法学論叢(京都帝国大学法学会)」 30(6) 1934.6
◇世界各国憲法の邦訳(天野敬太郎)「法律時報」 6(6) 1934.6
◇明治初年の新旧思想対立への序曲(加田哲二)「三田学会雑誌」 28(6) 1934.6
◇経験的一般法学(広浜嘉雄)「国家学会雑誌」 48(7) 1934.7
◇最近に於ける選挙法改正問題の経過と其の資料(1)(古井喜実)「国家学会雑誌」 48(7) 1934.7
◇真実を語れよ(村上恭一)「自治研究」 10(7) 1934.7
◇「岡田内閣」座談会其成立の意味と国民の要望は何か?「東洋経済新報」 1669 1934.7
◇極東モンロー主義に就て(1)(末廣重雄)「法学論叢(京都帝国大学法学会)」 31(1) 1934.7
◇米国普通法のRestatementの意義(1)(田中係太郎)「法学論叢(京都帝国大学法学会)」 31(1) 1934.7
◇満洲国の統治に就て(牧健二)「法学論叢(京都帝国大学法学会)」 31(1) 1934.7
◇カルル=マンハイムの政治科学方法論(1)(今中次麿)「国家学会雑誌」 48(8) 1934.8
◇国際法と国内法との関係の再検討(1):ヴァルツに依る国際法優位構成の修正(安井郁)「国家学会雑誌」 48(8) 1934.8
◇議会か独裁か(1)(武若時一郎)「自治研究」 10(8) 1934.8
◇行政訴訟の被告に付て(2)(澤田竹治郎)「自治研究」 10(8) 1934.8
◇最近に於ける選挙改正諸論の行方(1)(古井喜実)「自治研究」 10(8) 1934.8
◇法律行為論に関して仏国判例に及ぼせる社会的思想の影響(1)(ド・ラ・モランヂェール)「法学協会雑誌」 52(8) 1934.8
◇権利能力なき社団(石田文次郎)「法学論叢(京都帝国大学法学会)」 31(2) 1934.8
◇英法に於ける無形損害賠償の一班(末延三次)「法律時報」 6(8) 1934.8
◇生命・身体・貞操の価額(千種達夫)「法律時報」 6(8) 1934.8
◇独逸民法に於ける慰藉料金額(戒能通孝)「法律時報」 6(8) 1934.8
◇仏蘭西法に於ける無形損害の賠償額について(石崎政一郎)「法律時報」 6(8) 1934.8
◇無形損害の評価方法について(岩田新)「法律時報」 6(8) 1934.8

◇刑政における三権分立主義の展開(牧野英一)「警察研究」 5(9) 1934.9
◇議会政治と独裁政治(宮沢俊義)「自治研究」 10(9) 1934.9
◇行政訴訟の被告に付て(3)(澤田竹治郎)「自治研究」 10(9) 1934.9
◇最近に於ける選挙改正諸論の行方(2)(古井喜実)「自治研究」 10(9) 1934.9
◇満洲行政を語る座談会(1)「地方行政」 42(9) 1934.9
◇刑法の時に関する効力と刑法改正草案(草野豹一郎)「法学協会雑誌」 52(9) 1934.9
◇裁量処分(渡邊宗太郎)「法学論叢(京都帝国大学法学会)」 21(3) 1934.9
◇一般国家論の諸性格(黒田覚)「法学論叢(京都帝国大学法学会)」 31(3) 1934.9
◇枢密院の改造廃止に就て(朧谷岐嶺)「法学論叢(京都帝国大学法学会)」 31(3) 1934.9
◇日・英憲法成立史の重点の比較(牧健二)「法学論叢(京都帝国大学法学会)」 31(3) 1934.9
◇アリストテレースの生活と其の政治理論(高橋誠一郎)「三田学会雑誌」 28(9) 1934.9
◇最近に於ける選挙革正諸論の行方(3)(古井喜実)「自治研究」 10(10) 1934.10
◇時観数則(金森徳次郎)「自治研究」 10(10) 1934.10
◇近世支那及び台湾の家族共産制(1)(戴炎輝)「法学協会雑誌」 52(10) 1934.10
◇ナチスの判事養成規則(齋藤常三郎)「法学論叢(京都帝国大学法学会)」 31(4) 1934.10
◇蓋の出来ない問題(上田誠人)「法律時報」 6(10) 1934.10
◇最近独逸に於ける法律改正事業と其の思想的背景(大竹武七郎)「警察研究」 5(11) 1934.11
◇議会か独裁か(2)(武若時一郎)「自治研究」 10(11) 1934.11
◇行政訴訟の被告に付て(4)(澤田竹治郎)「自治研究」 10(11) 1934.11
◇「信義誠実の原則」の発展的意義(1)(野津務)「法学協会雑誌」 52(11) 1934.11
◇社会法の限界性(加古祐二郎)「改造」 16(12) 1934.12
◇国家における倫理と技術との結合(牧野英一)「警察研究」 5(12) 1934.12
◇選挙粛正の為の選挙運動取締(1)(小林尋次)「警察研究」 5(12) 1934.12
◇法律の解釈(1)(横田喜三郎)「国家学会雑誌」 48(12) 1934.12
◇綱紀粛正の問題を環りて(佐藤達夫)「自治研究」 10(12) 1934.12
◇住所の観念(濱田徳海)「自治研究」 10(12) 1934.12
◇現代民法の女子の生活権(中川善之助)「中央公論」 49(13) 1934.12
◇ナチス刑法学の一体系(小野清一郎)「法学協会雑誌」 52(12) 1934.12
◇多元的国家論と政治概念(黒田覚)「法学論叢(京都帝国大学法学会)」 31(6) 1934.12
◇司法制度改善に関する諸問題(司法省調査課)「法律時報」 6(12) 1934.12
◇自由主義の論拠(柴田敬)「経済論叢」 40(1) 1935.1
◇政策研究に就て(作田荘一)「経済論叢」 40(1) 1935.1
◇独裁政理論の一定型—M.Adlerの独裁政理論と其社会政治的基礎(田畑忍)「公法雑誌」 1(1) 1935.1
◇行政諸問委員会に付て(金森徳次郎)「自治研究」 11(1) 1935.1
◇行政の刷新と人事(武若時一郎)「自治研究」 11(1) 1935.1
◇憲法と政党(宮澤俊義)「自治研究」 11(1) 1935.1

◇法律における制限機能と促進機能 (牧野英一)「自治研究」 11 (1) 1935.1
◇欧州諸国に於ける政治形態の変動に関する一考案「社会政策時報」 172 1935.1
◇議会政治の革新と選挙法 (小林尋次)「地方行政」 43 (1) 1935.1
◇アイルランド自由国の政治的地位とイギリス (池田栄)「法学論叢 (京都帝国大学法学会)」 32 (1) 1935.1
◇ナチス法律哲学の一斑—ラレンソの新著について—(大塚郷二)「法律時報」 7 (1) 1935.1
◇官吏群の社会的性質—インテリゲンツイヤとしての官吏 (向坂逸郎)「改造」 17 (2) 1935.2
◇新興主義団体の議会政治論 (小島徳雄)「警察研究」 6 (2) 1935.2
◇選挙公報発行に関する一の問題 (古井喜実)「警察研究」 6 (2) 1935.2
◇選挙粛正の為の選挙運動取締 (3) (小林尋次)「警察研究」 6 (2) 1935.2
◇行政に於ける慣習法 (杉村章三郎)「公法雑誌」 1 (2) 1935.2
◇行政理念と行政理想 (田村徳治)「公法雑誌」 1 (2) 1935.2
◇法規国家と法律国家 (牧野英一)「自治研究」 11 (2) 1935.2
◇昭和九年に於ける無産階級の政治運動 (中川賢一)「社会政策時報」 173 1935.2
◇昭和九年の国家主義運動 (坂井隆治)「社会政策時報」 173 1935.2
◇社会大衆党大会の概況「農業時報」 77 1935.2
◇過去十年間に於ける東京・大阪両少年審判所の受理件数の変遷と其の原因 (小野清一郎)「法学協会雑誌」 53 (2) 1935.2
◇旧日本の私法的諸制度に固有なる法律体系に就て—古法の研究に於ける編入主義に対する発見主義の主張—(牧健二)「法学論叢 (京都帝国大学法学会)」 32 (2) 1935.2
◇罪刑法定主義の再検討 (木村亀二)「法律時報」 7 (2) 1935.2
◇選挙粛正の為の選挙運動取締 (4) (小村尋次)「警察研究」 6 (3) 1935.3
◇違憲立法審査権の理論的根拠 (高榊賢三)「国家学会雑誌」 49 (3) 1935.3
◇議会か独裁か (3) (武若時一郎)「自治研究」 11 (3) 1935.3
◇国務大臣の輔弼の態様 (朧谷峻嶺)「法学論叢 (京都帝国大学法学会)」 32 (3) 1935.3
◇刑事訴訟手続の改正に関する私見 (不破武夫)「法律時報」 7 (3) 1935.3
◇司法制度改善に関する学界の意見 (資料)「法律時報」 7 (3) 1935.3
◇司法制度改善に関する諸問題 (斎藤常三郎)「法律時報」 7 (3) 1935.3
◇司法制度改善に対する私見 (安田幹太)「法律時報」 7 (3) 1935.3
◇司法制度改善の思想的意義 (牧野英一)「法律時報」 7 (3) 1935.3
◇選挙虚偽宣言罪 (斎藤悠輔)「警察研究」 6 (4) 1935.4
◇選挙公営法と不在者投票法 (1) (古井喜実)「自治研究」 11 (4) 1935.4
◇法律における権力と規範 (牧野英一)「自治研究」 11 (4) 1935.4
◇現代試験論 (広氏嘉雄)「改造」 17 (5) 1935.5
◇現代に於ける自由主義の効用と限界 (大森義太郎)「改造」 17 (5) 1935.5
◇日本ファッシズムの親展望 (石浜、今井、馬場)「改造」 17 (5) 1935.5
◇帝国憲法制定の歴史 (藤井甚太郎)「公民教育」 5 (5) 1935.5
◇選挙公営法と不在者投票法 (2) (古井喜実)「自治研究」 11 (5) 1935.5
◇法律における抽象的人間と具体的人間 (牧野英一)「自治研究」 11 (5) 1935.5

◇選挙粛正委員会に就て (坂千秋)「斯民」 30 (5) 1935.5
◇世界法に於ける進化的意義 (1) (牧野英一)「法学協会雑誌」 53 (5) 1935.5
◇第六十七回帝国議会審議法案一覧表「法学協会雑誌」 53 (5) 1935.5
◇主権的独裁と主権カールシュミットの研究 (黒田覚)「法学論叢 (京都帝国大学法学会)」 32 (5) 1935.5
◇団体概念と法人格 (2) (西本頴)「法学論叢 (京都帝国大学法学会)」 32 (5) 1935.5
◇ソヴェト憲法の民主化 (山之内一郎)「改造」 17 (6) 1935.6
◇日本的性格の再検討 (長谷川如是閑)「改造」 17 (6) 1935.6
◇行政、行政法、行政学「公法雑誌」 1 (6) 1935.6
◇財務行政法 (佐々木惣一)「公法雑誌」 1 (6) 1935.6
◇プラグマティズムと法律学及政治学との交渉に就て (大西芳雄)「公法雑誌」 1 (6) 1935.6
◇法の本質 (恒藤恭)「公法雑誌」 1 (6) 1935.6
◇法律の進化 (英文) (ジョン・エッチ・ウイグモア)「国家学会雑誌」 49 (6) 1935.6
◇本能の政治に於ける役割に関するウォーラスの見解を顧る (戸沢鉄彦)「国家学会雑誌」 49 (6) 1935.6
◇公法人と私法人の異同 (宮澤俊義)「自治研究」 11 (6) 1935.6
◇法律における理論と実践 (牧野英一)「自治研究」 11 (6) 1935.6
◇内閣調査局の使命「週刊エコノミスト」 13 (18) 1935.6
◇選挙粛正委員会の創設 (弓家七郎)「都市問題」 20 (6) 1935.6
◇世界法に於ける進化的意義 (牧野英一)「法学協会雑誌」 53 (6) 1935.6
◇イギリス国民政府と議会政治 (池田栄)「法学論叢 (京都帝国大学法学会)」 32 (6) 1935.6
◇日本固有の法律体系に於ける公法と私法との関係に就て (牧健二)「法学論叢 (京都帝国大学法学会)」 32 (6) 1935.6
◇法律学と政治学との交渉 (木村亀二)「法律時報」 7 (6) 1935.6
◇法律の進化 (日本訳) (ジョン・H.ウイグモア)「法律時報」 7 (6) 1935.6
◇自由主義の落と法治主義の危機 (末川博)「改造」 17 (7) 1935.7
◇官吏と課税 (神戸正雄)「経済論叢」 41 (1) 1935.7
◇饗応罪の成否に関する問題 (大竹武七郎)「警察研究」 6 (7) 1935.7
◇財務行政法 (佐々木惣一)「公法雑誌」 1 (7) 1935.7
◇政治的なるもの、概念と調整概念 (黒田覚)「公法雑誌」 1 (7) 1935.7
◇法の本質 (恒藤恭)「公法雑誌」 1 (7) 1935.7
◇公民政治及道徳の基調 (2) (上石保教)「公民教育」 5 (7) 1935.7
◇ウイグモア法律の進化 (約) (高柳賢三)「国家学会雑誌」 49 (7) 1935.7
◇佐藤丑次郎氏の「政治学」の紹介 (蠟山政道)「国家学会雑誌」 49 (7) 1935.7
◇内閣調査局の機能 (松井春生)「自治研究」 11 (7) 1935.7
◇法律の軟化現象 (牧野英一)「自治研究」 11 (7) 1935.7
◇選挙とその粛正 (蠟山政道)「斯民」 30 (7) 1935.7
◇内審諮問第一号と軍部「週刊エコノミスト」 13 (19) 1935.7
◇選挙粛正運動概観「週刊エコノミスト」 13 (21) 1935.7
◇六大都市消防官吏の服制統一に就て「大日本消防」 9 (7) 1935.7
◇選挙粛正中央聯盟の活動「都市問題」 21 (1) 1935.7
◇選挙粛正委員会に対する無産・愛国団体の態度「内外社会問題調査資料」 258 1935.7
◇世界法に於ける進化的意義 (牧野英一)「法学協会雑誌」 53 (7)

◇ラウン・デモクラシーに就ての紹介(田中耕太郎)「法学協会雑誌」 53(7) 1935.7

◇団体概念と法人格(西本頴)「法学論叢(京都帝国大学法学会)」 33(1) 1935.7

◇法の発展過程に関する一公式―例外の原則化(石田文次郎)「法学論叢(京都帝国大学法学会)」 33(1) 1935.7

◇婦人参政権運動の歴史と展望(市川房枝)「法律時報」 7(7) 1935.7

◇衆議院議員選挙法第百十二条の二に就て(大竹武七郎)「警察研究」 6(8) 1935.8

◇行政主体の統合に関する原理(田村徳治)「公法雑誌」 1(8) 1935.8

◇財務行政法(佐々木惣一)「公法雑誌」 1(8) 1935.8

◇選挙粛正の運動(佐々木惣一)「公法雑誌」 1(8) 1935.8

◇法の本質(8)(恒藤恭)「公法雑誌」 1(8) 1935.8

◇憲法研究の資料二題(蜷川新)「公民教育」 5(8) 1935.8

◇選挙粛正の方法(松波仁一郎)「公民教育」 5(8) 1935.8

◇大石兵太郎著「政治学論」の紹介(蠟山政道)「国家学会雑誌」 49(8) 1935.8

◇国家の危機と法律の危機(牧野英一)「自治研究」 11(8) 1935.8

◇衆議院議員総選挙の期日と今秋に於ける選挙人名簿の調製(古井喜実)「自治研究」 11(8) 1935.8

◇訴願法の改正に就て(田中二郎)「自治研究」 11(8) 1935.8

◇選挙粛正と選挙行政の改善(蠟山政道)「斯民」 30(8) 1935.8

◇地方に於ける選挙粛正運動の現状(加藤於菟丸)「斯民」 30(8) 1935.8

◇大分県に於ける粛正運動(伊集末尾)「帝国教育」 679 1935.8

◇選挙粛正と国民の覚悟(永田秀次郎)「帝国教育」 679 1935.8

◇牧博士著「日本法制史概論」の紹介批判(細川亀市)「法律時報」 7(8) 1935.8

◇選挙粛正ニ関スル件(文部省訓令第十七号)「文部時報」 523 1935.9

◇選挙粛正運動種々相(関口泰)「改造」 17(9) 1935.9

◇法律現象に於ける「国家の危機」(牧野英一)「改造」 17(9) 1935.9

◇改正衆議院議員選挙法疑義研究(平井彦三郎)「警察協会雑誌」 423 1935.9

◇選挙取締の要諦(小林尋次)「警察協会雑誌」 423 1935.9

◇選挙の浄化とその取締(清水重夫)「警察協会雑誌」 423 1935.9

◇選挙の浄化と取締り(清水重夫)「警察研究」 6(9) 1935.9

◇公訴附帯の当選無効訴訟(斎藤悠輔)「警察研究」 9(6) 1935.9

◇政治の動きと憲法(佐々木惣一)「公法雑誌」 1(9) 1935.9

◇フォッレットのデモクラシー(大石義雄)「公法雑誌」 1(9) 1935.9

◇法の本質(9)(恒藤恭)「公法雑誌」 1(9) 1935.9

◇公民政治及道徳の基調(3)(上石保教)「公民教育」 5(9) 1935.9

◇公法私法の区別に関する論議に就て(宮沢俊義)「国家学会雑誌」 49(9) 1935.9

◇政治的統一の諸理論(蠟山政道)「国家学会雑誌」 49(9) 1935.9

◇フランス政治的行動団体(木下半治)「国家学会雑誌」 49(9) 1935.9

◇選挙粛正運動の実施に就いて(加藤於菟丸)「自治研究」 11(9) 1935.9

◇選挙粛正運動の本義(岡田周造)「自治研究」 11(9) 1935.9

◇選挙粛正を含む一連の問題(金森徳次郎)「自治研究」 11(9) 1935.9

◇選挙粛正の文化国的意義(牧野英一)「自治研究」 11(9) 1935.9

◇選挙の本義(村上恭一)「自治研究」 11(9) 1935.9

◇英国に於ける不正行為排撃の運動(人見植夫)「斯民」 30(9) 1935.9

◇選挙粛正運動の概況(内務省地方局)「斯民」 30(9) 1935.9

◇選挙と土木(武井群嗣)「水利と土木」 8(9) 1935.9

◇都市武装促進事業とその使命(片岡安)「大大阪」 11(9) 1935.9

◇英国に於ける選挙界及政界の浄化の諸原因「帝国教育」 680 1935.9

◇議会政治の革新(関口泰)「帝国教育」 680 1935.9

◇政治小説に現はれたる国会選挙(柳田泉)「帝国教育」 680 1935.9

◇立憲政治か独裁政治か(前田多門)「帝国教育」 680 1935.9

◇我が国の憲法政治とその動向(高橋清吾)「帝国教育」 680 1935.9

◇改正選挙法令大綱(古井喜実)「法律時報」 7(9) 1935.9

◇帝国憲法制定の精神、欧米各国学者政治家の評論(1)(金子堅太郎)「文部時報」 525 1935.9

◇帝国憲法制定の精神、欧米各国学者政治家の評論(2)(金子堅太郎)「文部時報」 526 1935.9

◇選挙粛正の国民的自営(佐々木惣一)「改造」 17(10) 1935.10

◇フランスにおけるファシスト諸団体(大岩誠)「改造」 17(10) 1935.10

◇共和党の擡頭と主君制の危機、西班牙共和革命の考察(宮野省三)「警察研究」 6(10) 1935.10

◇イエリネックに於ける憲法概念(田畑忍)「公法雑誌」 1(10) 1935.10

◇政治の動きと憲法(佐々木惣一)「公法雑誌」 1(10) 1935.10

◇法の本質(恒藤恭)「公法雑誌」 1(10) 1935.10

◇政治的統一の諸理論(蠟山政道)「国家学会雑誌」 49(10) 1935.10

◇渡辺宗太郎、日本行政法(柳瀬良幹)「国家学会雑誌」 49(10) 1935.10

◇政府と政党の関係(1)(宮澤俊義)「自治研究」 11(10) 1935.10

◇法律における政治的要素(牧野英一)「自治研究」 11(10) 1935.10

◇クリューベルの「独逸国法に於ける服従関係」(連載・行政法思潮1)(杉村章三郎)「自治研究」 11(10) 1935.10

◇ニーマン「租税法に於ける確定力の限界」(連載・行政法思潮2)(杉村章三郎)「自治研究」 11(10) 1935.10

◇選挙粛正の方法論(松波仁一郎)「市町村雑誌」 502 1935.10

◇選挙粛正教授案(秋田県教育会募集)「帝国教育」 683 1935.10

◇自由主義を語る(座談会)(長谷川如是閑ほか)「東洋経済新報」 1678 1935.10

◇自由主義と社会行動(ジョン・デューキ)「東洋経済新報」 1678 1935.10

◇イギリス最近の法理学(高柳賢三)「法学協会雑誌」 53(10) 1935.10

◇国体(牧健二)「法学論叢(京都帝国大学法学会)」 33(4) 1935.10

◇国民社会の政治的意味(長浜政寿)「法学論叢(京都帝国大学法学会)」 33(4) 1935.10

◇市風自由の原則(西本頴)「法学論叢(京都帝国大学法学会)」 33(4) 1935.10

◇美濃部博士、法の本質(加古祐二郎)「法律時報」 7(10) 1935.10

◇帝国憲法と皇室典範、帝国憲法の特色、帝国議会の組織及権限(清水澄)「文部時報」 528 1935.10

◇罪刑法定主義の解消(牧野英一)「警察研究」 6(11) 1935.11

◇行政訴訟の要件としての権利の毀損(原龍之助)「公法雑誌」 1(11) 1935.11

◇憲法の国際化(横田喜三郎)「公法雑誌」 1(11) 1935.11

◇法の本質(恒藤恭)「公法雑誌」 1(11) 1935.11
◇公法私法の区別に関する学説判例に就て(鈴木富太郎)「市政研究」 1(2) 1935.11
◇政府と政党の関係(2)(宮澤俊義)「自治研究」 11(11) 1935.11
◇陳情運動を絶滅せよ(村上恭一)「自治研究」 11(11) 1935.11
◇法律と宗教との交渉(牧野英一)「自治研究」 11(11) 1935.11
◇道路保存の暇疵に因る損害賠償責任と大審院の新判例(連載・行政法思潮 3)(杉村章三郎)「自治研究」 11(11) 1935.11
◇選挙観念の是正(穂積重遠)「市町村雑誌」 503 1935.11
◇英国労働党大会の概況党の組織的勢力及び国際政策の討論「内外社会問題調査資料」 269 1935.11
◇指導者国家の理論(木村亀二)「法律時報」 7(11) 1935.11
◇選挙粛正の効果(松原一彦)「法律時報」 7(11) 1935.11
◇選挙粛正の断想(宮沢俊義)「法律時報」 7(11) 1935.11
◇憲法なる成語通用の由来(吉田一枝)「公法雑誌」 1(12) 1935.12
◇政治の動きと憲法(3)(佐々木惣一)「公法雑誌」 1(12) 1935.12
◇法の本質(12)(恒藤恭)「公法雑誌」 1(12) 1935.12
◇トーマスペインの「人権論」に就てバーク研究の一節(五十嵐豊作)「国家学会雑誌」 49(12) 1935.12
◇牧健二、「日本法制史概論の紹介」(高柳真三)「国家学会雑誌」 49(12) 1935.12
◇吉野作造先生追悼記念「政治及政治史研究」の紹介(岡義武)「国家学会雑誌」 49(12) 1935.12
◇政府と政党の関係(3・完)(宮澤俊義)「自治研究」 11(12) 1935.12
◇法律における神秘主義(牧野英一)「自治研究」 11(12) 1935.12
◇独裁制と行政裁判(連載・行政法思潮 4)(杉村章三郎)「自治研究」 11(12) 1935.12
◇府県税の滞納処分権者(連載・行政法思潮 5)(杉村章三郎)「自治研究」 11(12) 1935.12
◇選挙粛正運動の効果(松原一彦)「帝国教育」 686 1935.12
◇第一次選挙粛正運動実績調査の一部(選挙粛正中央連盟)「帝国教育」 686 1935.12
◇私法上の法律行為の要素としての公法行為の欠欠(田中二郎)「法学協会雑誌」 53(12) 1935.12
◇行政犯と刑事犯(須貝脩一)「法学論叢(京都帝国大学法学会)」 33(6) 1935.12
◇フォン・シュウエリン、独逸法制史大綱(西本顕)「法学論叢(京都帝国大学法学会)」 33(6) 1935.12
◇支那侵略(細川嘉六訳)「大原社会問題研究所雑誌」 3(1) 1936.1
◇ドイツ社会党合同の完成(森戸辰男)「大原社会問題研究所雑誌」 3(1) 1936.1
◇議員法遂条示解(1)(有松昇)「警察研究」 7(1) 1936.1
◇司法作用の概念(宮澤俊義)「警察研究」 7(1) 1936.1
◇復古的国体的及び規範的—最近の法律思想に対する概念—(牧野英一)「警察研究」 7(1) 1936.1
◇イギリス総選挙に於ける各陣営の政綱宣言「月刊 列国政策彙報」 3 1936.1
◇組合協同体国家の改造(具島兼三郎)「公法雑誌」 2(1) 1936.1
◇信教の自由とロージヤー・ウイリアムス(野村治一)「公法雑誌」 2(1) 1936.1
◇法の本質(13)(恒藤恭)「公法雑誌」 2(1) 1936.1
◇行政の概念構成に於ける「生活営為」の意義(蠟山政道)「国家学会雑誌」 50(1) 1936.1
◇シユタールの国家理論(中村哲)「国家学会雑誌」 50(1) 1936.1
◇委員会制度の善用(村上恭一)「自治研究」 12(1) 1936.1

◇英吉利の文官制(佐藤達夫)「自治研究」 12(1) 1936.1
◇所有権の観念に関する一考察(1)(牧野英一)「自治研究」 12(1) 1936.1
◇行政裁判所の法令審査権(連載・行政法思潮 6)(杉村章三郎)「自治研究」 12(1) 1936.1
◇似而非なる二重課税(連載・行政法思潮 7)(杉村章三郎)「自治研究」 12(1) 1936.1
◇臨時工の法律学的考察(後藤清)「社会政策時報」 184 1936.1
◇市吏員の眼に映じたる選挙粛正運動「都市問題」 22(1) 1936.1
◇選挙粛正中央聯盟の第二次粛正運動計画「都市問題」 22(1) 1936.1
◇雑誌に表はれたる「新官僚」に関する論調(其の1)「内務時報」 1(1) 1936.1
◇選挙粛正運動概要「内務時報」 1(1) 1936.1
◇選挙取締事務講習会「内務時報」 1(1) 1936.1
◇全国刑事課長会議(選挙取締事務打合)「内務時報」 1(1) 1936.1
◇挙国形態と政党の将来(蠟山政道)「日本評論」 11(1) 1936.1
◇法律学における「学説」(宮沢俊義)「法学協会雑誌」 34(1) 1936.1
◇大明律直解放(1)(花村美樹)「法学協会雑誌」 54(1) 1936.1
◇フランク時代の家族共同体と自由分権の発展(1)(久保正幡)「法学協会雑誌」 54(1) 1936.1
◇安平教授著「国体主義の刑法理論」の紹介(佐伯千仭)「法学論叢(京都帝国大学法学会)」 34(1) 1936.1
◇ナチス学者の指摘した近代法の精神(栗生武夫)「法律時報」 8(1) 1936.1
◇法律学と政治との交渉 法律哲学的考察(木村亀二)「法律時報」 8(1) 1936.1
◇学説の公定(牧野英一)「警察研究」 7(2) 1936.2
◇世界法の本質と其の社会的基礎(恒藤恭)「公法雑誌」 2(2) 1936.2
◇フランス行政裁判制度に就て(高橋貞三)「公法雑誌」 2(2) 1936.2
◇法の本質(14)(恒藤恭)「公法雑誌」 2(2) 1936.2
◇行政裁判制度に就て(清水澄)「国家学会雑誌」 50(2) 1936.2
◇シユタールの国家理論(2)(中村哲)「国家学会雑誌」 50(2) 1936.2
◇所有権の観念に関する一考察(2)(牧野英一)「自治研究」 12(2) 1936.2
◇租税法規の解釈(連載・行政法思潮 8)(杉村章三郎)「自治研究」 12(2) 1936.2
◇選挙粛正の第一線に立つ人々の座談会「斯民」 31(2) 1936.2
◇社会立法と当面の政局(菊池勇夫)「社会事業」 19(11) 1936.2
◇昭和十年の国家主義運動(今井俊介)「社会政策時報」 185 1936.2
◇昭和十年の無産階級政治運動(中川賢一)「社会政策時報」 185 1936.2
◇官庁購買論(1)(桑久保俊次)「週刊エコノミスト」 14(4) 1936.2
◇官庁購買論(2・完)(桑久保俊次)「週刊エコノミスト」 14(5) 1936.2
◇綱紀粛正論(小島憲)「地方行政」 44(2) 1936.2
◇政戦にのぞむ各派の態度「地方行政」 44(2) 1936.2
◇政党よ勇気を持て「東洋経済新報」 1692 1936.2
◇社会大衆党大会の概況「農務時報」 89 1936.2
◇審級制度と上訴の限界(小野清一郎)「法学協会雑誌」 54(2) 1936.2
◇ミルシユ『コールに於ける国家及権威』(長浜政寿)「法学論叢(京都帝国大学法学会)」 34(2) 1936.2

◇刑法に於ける類推 アノソフ教授の所説(木村亀二)「法律時報」 8(2) 1936.2
◇ナチス・ドイツの国際刑法政策(八木胖)「法律時報」 8(2) 1936.2
◇英国に於ける総選挙並に地方選挙の結果「大原社会問題研究所雑誌」 3(3) 1936.3
◇官僚諸君に与ふ(馬場恒吾)「改造」 18(3) 1936.3
◇総選挙雑感(宮澤俊義)「警察研究」 7(3) 1936.3
◇法律に於る概念的と価値的(1)(牧野英一)「警察研究」 7(3) 1936.3
◇仏国議会の比例代表法案「月刊 列国政策彙報」 5 1936.3
◇政治の動きと憲法(佐々木惣一)「公法雑誌」 2(3) 1936.3
◇世界社会の本質とその社会的基礎(恒藤恭)「公法雑誌」 2(3) 1936.3
◇法の本質(15)(恒藤恭)「公法雑誌」 2(3) 1936.3
◇我国に於ける「法律」なる成語使用の起源並に通用の由来(吉田一枝)「公法雑誌」 2(3) 1936.3
◇カントロヴィッツ独裁政(紹介)(宮沢俊義)「国家学会雑誌」 50(3) 1936.3
◇行政の概念構成に於ける生活営為の意義(蠟山政道)「国家学会雑誌」 50(3) 1936.3
◇シユタールの国家理論(中村哲)「国家学会雑誌」 50(3) 1936.3
◇印鑑届出手続に就て(泉美成)「市政研究」 2(2) 1936.3
◇行政行為の取消に関する一考察(田中二郎)「自治研究」 12(3) 1936.3
◇行政法上の損失補償に関する救済手段(連載・行政法思潮 10)(杉村章三郎)「自治研究」 12(3) 1936.3
◇市町村の固有事務と委任事務(連載・行政法思潮 9)(杉村章三郎)「自治研究」 12(3) 1936.3
◇選挙の結果を検討す(川邊真蔵)「週刊エコノミスト」 12(7) 1936.3
◇選挙粛正の総決算(小岩井淨)「週刊エコノミスト」 14(7) 1936.3
◇北支那にある青年学校(堀七蔵)「青年教育」 157 1936.3
◇昭和十一年二月執行の衆議院議員総選奨の結果調「内務時報」 1(3) 1936.3
◇自由主義・フアッシズム・社会主義(戸坂潤)「日本評論」 11(3) 1936.3
◇フアシズム・コンミユニズムと議会制(蠟山政道)「日本評論」 11(3) 1936.3
◇満州国の法院組織法について(小野清一郎)「法学協会雑誌」 54(3) 1936.3
◇行政処分の欠陥(田村徳治)「公法雑誌」 2(4) 1936.4
◇政治の動きと憲法(佐々木惣一)「公法雑誌」 2(4) 1936.4
◇世界法の本質とその社会的基礎(恒藤恭)「公法雑誌」 2(4) 1936.4
◇法的主体より見たる社会法(加古祐二郎)「公法雑誌」 2(4) 1936.4
◇法の本質(恒藤恭)「公法雑誌」 2(4) 1936.4
◇シユタールの国家理論(中村哲)「国家学会雑誌」 50(4) 1936.4
◇民主政の本質とその発顕形態(ゲ・ライプホルツ)「国家学会雑誌」 50(4) 1936.4
◇入会権の性質に関する論争(連載・行政法思潮 11)(杉村章三郎)「自治研究」 12(4) 1936.4
◇最近の衆議院議員総選挙を顧みて(古井喜実)「斯民」 31(4) 1936.4
◇選挙公営実施の状況と其の改善策(坂田喜一郎)「斯民」 31(4) 1936.4
◇選挙公営制度の改革所見(渡正監)「斯民」 31(4) 1936.4

◇選挙公報発行の経過と今後の希望(盛本完)「斯民」 31(4) 1936.4
◇総選挙と無産階級の政治的躍進(中川賢一)「社会政策時報」 187 1936.4
◇新政綱と日本インフレの前景「週刊エコノミスト」 14(10) 1936.4
◇粛正選挙の総決算(大阪都市協会調査部)「大大阪」 12(4) 1936.4
◇東成区投票成績の統計的観察(米谷卯三郎)「大大阪」 12(4) 1936.4
◇棄権率と選挙史観(苅宿俊風)「地方行政」 44(4) 1936.4
◇衆議院議委員総選挙の概況(堀部千尋)「地方行政」 44(4) 1936.4
◇昭和十一年二月執行衆議院議員総選挙の取締概況「内務時報」 1(4) 1936.4
◇昭和十年度に於ける計画の概況「内務時報」 1(4) 1936.4
◇政治に於ける合法性の把握(長谷川如是閑)「日本評論」 11(4) 1936.4
◇科学的自由探究と進化的解釈(牧野英一)「法学協会雑誌」 54(4) 1936.4
◇行政法規解釈論(杉村章三郎)「法学協会雑誌」 54(4) 1936.4
◇刑事補償の実状(下村三郎)「法律時報」 8(4) 1936.4
◇刑事補償法に関する大審院判例の体系的評論(小野清一郎)「法律時報」 8(4) 1936.4
◇実際より観たる刑事補償法(塚崎直義)「法律時報」 8(4) 1936.4
◇衆議院議員総選挙に於ける無産政党並に国家主義政党「労働時報」 13(4) 1936.4
◇社会立法の新動向(末川博)「改造」 18(5) 1936.5
◇英国に於ける組合協同態国家論(貝島兼三郎)「公法雑誌」 2(5) 1936.5
◇貴族院の改革に就て(佐々木惣一)「公法雑誌」 2(5) 1936.5
◇政府なる成語の成文法上の概念(吉田一枝)「公法雑誌」 2(5) 1936.5
◇世界法の本質と其の社会的基礎(恒藤恭)「公法雑誌」 2(5) 1936.5
◇法的主体より見たる社会法(加古祐二郎)「公法雑誌」 2(5) 1936.5
◇法の本質(恒藤恭)「公法雑誌」 2(5) 1936.5
◇英米及ドイツ政治学会の近況(中村哲)「国家学会雑誌」 50(5) 1936.5
◇1935年のドイツ公法学会(田中二郎)「国家学会雑誌」 50(5) 1936.5
◇フランスの公法学会(1935年度)(宮沢俊義)「国家学会雑誌」 50(5) 1936.5
◇民主政の本質とその諸発顕形態(ゲルハルト・ライプホルツ)「国家学会雑誌」 50(5) 1936.5
◇行政に於ける職務の概念「国家学会雑誌」 50(8) 1936.5
◇有給吏員種別改正に就て(木下浩三郎)「市政研究」 2(3) 1936.5
◇ナチスの行政法に於ける公権の特色(連載・行政法思潮 12)(杉村章三郎)「自治研究」 12(6) 1936.5
◇選挙制度の改革—世帯主選挙論の再考—(美樹真臼)「地方行政」 44(5) 1936.5
◇伊太利信用統制法規の制定「調査月報(大蔵省)」 26(5) 1936.5
◇行政制度改革の問題(河村又介)「日本評論」 11(5) 1936.5
◇公法と私法(宮沢俊義)「法学協会雑誌」 54(5) 1936.5
◇西洋法制史研究の方法に就て(西本頴)「法学論叢(京都帝国大学法学会)」 34(5) 1936.5
◇法秩序の統一性と法段階説(紹介)(須貝脩一)「法学論叢(京都帝国大学法学会)」 34(5) 1936.5
◇ナチスと裁判官(亀井秀夫)「法律時報」 8(5) 1936.5

◇社会大衆党の特別議会対策「労働時報」 13(5) 1936.5
◇福沢諭吉の立憲思想(渡邊幾治郎)「改造」 18(6) 1936.6
◇制度と人―各方面の制度改革論について―(宮澤俊義)「警察研究」 7(6) 1936.6
◇英国ファシズムと組合共同体国家(具島兼三郎)「国家学会雑誌」 50(6) 1936.6
◇指導者国家と権力の分立(清宮四郎)「国家学会雑誌」 50(6) 1936.6
◇民族法と世界法と比較法(牧野英一)「自治研究」 12(6) 1936.6
◇水利組合に対する民法第44条の適用(連載・行政法思潮 14)(杉村章三郎)「自治研究」 12(6) 1936.6
◇租税債務と契約に依る変更(連載・行政法思潮 15)(杉村章三郎)「自治研究」 12(6) 1936.6
◇社会大衆党の第六十九議会対策(中川賢一)「社会政策時報」 180 1936.6
◇ソ連邦新憲法草案の重要点(上)「内外社会問題調査資料」 289 1936.6
◇ヒットラーは如何に独逸を改造したか(難波田春夫)「日本評論」 11(6) 1936.6
◇ムッソリニは如何に伊太利を改造したか(三浦逸雄)「日本評論」 11(6) 1936.6
◇膨張日本の異変(猪俣津南雄)「改造」 18(7) 1936.7
◇貴族院の改革に就て(3)(佐々木惣一)「公法雑誌」 2(7) 1936.7
◇英国ファシズムと組合共同体国家(具島兼三郎)「国家学会雑誌」 50(7) 1936.7
◇公物主体の権利の性質に就て(杉村章三郎)「国家学会雑誌」 50(7) 1936.7
◇統制的法律理念と刑法(牧野英一)「自治研究」 12(7) 1936.7
◇警察の概念に関する論争(連載・行政法思潮 16)(杉村章三郎)「自治研究」 12(7) 1936.7
◇選挙粛正中央聯盟第三次粛正運動を計画「都市問題」 23(1) 1936.7
◇特別議会直後に於ける地方長官会議「内務時報」 1(7) 1936.7
◇共産ロシヤの全貌(笠原幸雄[ほか])「日本評論」 11(7) 1936.7
◇イギリス議会への婦人参政権の平面的継承(池田栄)「法学論叢(京都帝国大学法学会)」 35(1) 1936.7
◇第六十九議会の立法総観―解説及概評―(菊池勇夫)「法律時報」 8(7) 1936.7
◇国策遂行に関し人的民力の現状に就て(小泉親彦)「文部時報」 556 1936.7
◇国憲国法の尊厳と自由法(牧野英一)「警察研究」 7(8) 1936.8
◇選挙犯管見―一二三の大審院判決について―(宮澤俊義)「警察研究」 7(8) 1936.8
◇ソ連新憲法草案に対する内外の批判「月刊 列国政策彙報」 10 1936.8
◇選挙粛正の基調たる普選法改正綱案(奈良正路)「公法雑誌」 2(8) 1936.8
◇法の本質(20)(恒藤恭)「公法雑誌」 2(8) 1936.8
◇法治国主義と法律的責任(牧野英一)「自治研究」 12(8) 1936.8
◇行政行為仮説論とナチス思想(連載・行政法思潮 17)(杉村章三郎)「自治研究」 12(8) 1936.8
◇経過規定の一例(連載・行政法思潮 18)(杉村章三郎)「自治研究」 12(8) 1936.8
◇中間行政機関に就て(大塚辰治)「大大阪」 12(8) 1936.8
◇選挙制度の改正に就て(堀部千尋)「地方行政」 44(8) 1936.8
◇総務部長事務打合会に於ける訓示並に指示「内務時報」 1(8) 1936.8
◇ソヴエート連邦憲法草案(山之内一郎)「法律時報」 8(8) 1936.8

◇法の本質(恒藤恭)「公法雑誌」 2(9) 1936.9
◇わが民法と比較法的立場(牧野英一)「自治研究」 12(9) 1936.9
◇外国営利法人の納税義務(連載・行政法思潮 19)(杉村章三郎)「自治研究」 12(9) 1936.9
◇郵便物の受領強制(連載・行政法思潮 20)(杉村章三郎)「自治研究」 12(9) 1936.9
◇行政技術の普遍妥当性に就て(公企業の経営形態に対する考察を中心とせる一例証)(竹中龍雄)「水道協会雑誌」 40 1936.9
◇吏道の振粛と内務人事の刷新(元山修二)「地方行政」 44(9) 1936.9
◇新国民主義の立場(石川興二)「経済論叢」 43(4) 1936.10
◇憲法の比較的・歴史的研究について(宮澤俊義)「警察研究」 7(10) 1936.10
◇自然法の再生と変遷(牧野英一)「警察研究」 7(10) 1936.10
◇政治の動きと憲法(13)(佐々木惣一)「公法雑誌」 2(10) 1936.10
◇選挙に見る青年の政治的関心(松原一彦)「公民教育」 6(10) 1936.10
◇法律学の『貧困』(牧野英一)「自治研究」 12(10) 1936.10
◇独逸市町村に於ける予備金制度(連載・行政法思潮 21)(杉村章三郎)「自治研究」 12(10) 1936.10
◇電話官庁官吏の不法行為に対する国の賠償責任(連載・行政法思潮 22)(杉村章三郎)「自治研究」 12(10) 1936.10
◇選挙粛正と公民道確立の理拠(數藤鉄臣)「斯民」 31(10) 1936.10
◇国策の検討「週刊エコノミスト」 14(28) 1936.10
◇議会政治と共産政治と独裁政治(1)(小川市太郎)「大大阪」 12(10) 1936.10
◇重要国策の諸問題「地方行政」 44(10) 1936.10
◇刑法に於ける因果関係否定論(木村亀二)「法学協会雑誌」 54(10) 1936.10
◇行政機構改革の問題性(蠟山政道)「改造」 18(11) 1936.11
◇国家形態論(黒田覺)「公法雑誌」 2(11) 1936.11
◇政治学の研究方法論(藤井新一)「公法雑誌」 2(11) 1936.11
◇立法の委任に就て(宮澤俊義)「公法雑誌」 2(11) 1936.11
◇政治学の研究対象としての政治(戸沢鉄彦)「国家学会雑誌」 50(11) 1936.11
◇アルベルト・モツセ先生を憶ふ(吉山真棹)「市政研究」 2(6) 1936.11
◇シュランゲ、行政行為の一部無効(連載・行政法思潮 23)(杉村章三郎)「自治研究」 12(11) 1936.11
◇印紙税の課税物件としての受領書(連載・行政法思潮 24)(杉村章三郎)「自治研究」 12(11) 1936.11
◇準戦時体制の内在的矛盾「週刊エコノミスト」 14(32) 1936.11
◇行政監査の根本義(數藤鉄臣)「地方行政」 44(11) 1936.11
◇社大党の政治機構改革案と「軍部案」の反対運動 政治機構改革案(調査部試案)「内外社会問題調査資料」 303 1936.11
◇科学的自由探究と進化的解釈(7)(牧野英一)「法学協会雑誌」 54(11) 1936.11
◇国際私法上の連結点としての住所の概念決定(江川英文)「法学協会雑誌」 54(11) 1936.11
◇社会学的法学の濫觴(広浜嘉雄)「法律時報」 8(11) 1936.11
◇軍部案と議会政治(山川均)「改造」 18(12) 1936.12
◇二・二六事件以後(大森義太郎)「改造」 18(12) 1936.12
◇司法の行政化と行政の司法化(牧野英一)「警察研究」 7(12) 1936.12
◇米国大統領の選挙(宮澤俊義)「警察研究」 7(12) 1936.12
◇行政機構改革問題と市町村の合併(小島憲)「自治機関」 442 1936.12

◇年賀状の発送と選挙運動(連載・行政法思潮 25)(杉村章三郎)「自治研究」 12(12) 1936.12

◇行政犯に於ける犯意(連載・行政法思潮 26)(杉村章三郎)「自治研究」 12(12) 1936.12

◇市吏員の退隠料の性質(連載・行政法思潮 27)(杉村章三郎)「自治研究」 12(12) 1936.12

◇行政機構改革と議会権限の縮小(尾崎行雄)「日本評論」 11(12) 1936.12

◇法人に関する事務提要(文部大臣官房文書課)「文部時報」 571 1936.12

◇ホブソン著帝国主義研究(細川嘉六)「大原社会問題研究所雑誌」 4(1) 1937.1

◇マルクス国家観の誕生(森戸辰男)「大原社会問題研究所雑誌」 4(1) 1937.1

◇国策と情報宣伝(横溝光暉)「警察研究」 8(1) 1937.1

◇国民投票の限界について(大石義雄)「公法雑誌」 3(1) 1937.1

◇行政事件に検する仏法と独逸の対立-殊に公物の概念について(田上穣治)「国家学会雑誌」 51(1) 1937.1

◇公法的所有権制限(鵜飼信成)「国家学会雑誌」 51(1) 1937.1

◇吏員振粛の方策に就て(能勢恒伴[ほか])「市政研究」 3(1) 1937.1

◇行政機構改善論考(金森徳次郎)「自治研究」 13(1) 1937.1

◇法律における理由書と先例(牧野英一)「自治研究」 13(1) 1937.1

◇方面委員制の整備(連載・行政法思潮 28)(杉村章三郎)「自治研究」 13(1) 1937.1

◇行政庁に要求される信義誠実(連載・行政法思潮 29)(杉村章三郎)「自治研究」 13(1) 1937.1

◇世界政治経済観「週刊エコノミスト」 15(1) 1937.1

◇選挙制度改正要綱に就て(堀部千尋)「地方行政」 45(1) 1937.1

◇立憲主義の危機(宮沢俊義)「中央公論」 52(1) 1937.1

◇印ග事務に就て(加藤俊夫)「東京地方改良協会会報」 70 1937.1

◇昭和十二年執行総選挙日「都市問題」 24(1) 1937.1

◇選挙制度改正要綱「内務時報」 2(1) 1937.1

◇ソヴエート新憲法論(スターリン)「日本評論」 12(1) 1937.1

◇維新以前に於ける議会制度の移入について(小早川欣吾)「法学論叢(京都帝国大学法学会)」 36(1) 1937.1

◇議会政と独裁政—最近諸国に於ける政治制度上の傾向—(堀真琴)「法律時報」 9(1) 1937.1

◇憲法政治と独裁政治(鈴木安蔵)「法律時報」 9(1) 1937.1

◇ソ連邦新政治機構論(伊意白一)「法律時報」 9(1) 1937.1

◇民選議院仮規則(落木正文)「法律時報」 9(1) 1937.1

◇此の議会特別の使命(佐々木惣一)「改造」 19(2) 1937.2

◇世論とその指導(本田喜代治)「改造」 19(2) 1937.2

◇選挙制度調査会と其の答申に就て(1)(清水重夫)「警察研究」 8(2) 1937.2

◇判例に現はれたる選挙運動の概念(美濃部達吉)「国家学会雑誌」 51(2) 1937.2

◇行政行為に於ける多数者の参加(1)(佐々木惣一)「自治研究」 13(2) 1937.2

◇恩給請求権の裁判管轄(連載・行政法思潮 30)(杉村章三郎)「自治研究」 13(2) 1937.2

◇ハンス・フランクの行政法序論(連載・行政法思潮 31)(杉村章三郎)「自治研究」 13(2) 1937.2

◇社会行政(熊谷憲一)「社会政策時報」 197 1937.2

◇無産政党運動(中川賢一)「社会政策時報」 197 1937.2

◇フアッシズムの発生理由(清沢洌)「中央公論」 52(2) 1937.2

◇第七十回議会提出内務省関係諸法律案「内務時報」 2(2) 1937.2

◇イギリス自主精神の一考察(池田榮)「法学論叢(京都帝国大学法学会)」 36(2) 1937.2

◇議会の効用の推移(宮沢俊義)「改造」 16(3) 1937.3

◇選挙制度調査会と其の答申に就て(2)(清水重夫)「警察研究」 8(3) 1937.3

◇行政機構についての基礎理論(田村徳治)「公法雑誌」 3(3) 1937.3

◇ソヴエート連邦新憲法に関する若干の資料(山之内一郎)「国家学会雑誌」 51(3) 1937.3

◇特別行政区の観念について(小川有道)「市政研究」 3(2) 1937.3

◇行政行為に於ける多数者の参加(2)(佐々木惣一)「自治研究」 13(3) 1937.3

◇発動機船に対する滞納処分手続としての差押(連載・行政法思潮 32)(杉村章三郎)「自治研究」 13(3) 1937.3

◇ゼンフトレーベンの「国防法体系」(連載・行政法思潮 33)(杉村章三郎)「自治研究」 13(3) 1937.3

◇イギリスに於ける国会議員選挙と地方議会議員選挙(人見植夫)「斯民」 32(3) 1937.3

◇永代借地の課税(谷口寿太郎)「税」 15(3) 1937.3

◇内務省関係第七十回議会提出法律案「内務時報」 2(3) 1937.3

◇「革新政治」下の米国政界(蠟山政道)「日本評論」 12(3) 1937.3

◇西洋文化の没落か復興か(エドワード・シユプランガー)「日本評論」 12(3) 1937.3

◇満洲国の刑法(小野清一郎)「法学協会雑誌」 55(3) 1937.3

◇ケルロイテルの民族的法治国家論(今中次麿)「法政研究」 7(1) 1937.3

◇団結権法認の現時的意義について(風早八十二)「法律時報」 9(3) 1937.3

◇民事事件と行政事件—判例の総合的研究—(田中二郎)「法律時報」 9(3) 1937.3

◇ローズヴエルトの司法改革案(高柳賢三)「法律時報」 9(3) 1937.3

◇五箇条御誓文(藤井甚太郎)「文部時報」 577 1937.3

◇五箇条御誓文に就いて(徳富猪一郎)「文部時報」 577 1937.3

◇五箇条御誓文の由来(金子堅太郎)「文部時報」 577 1937.3

◇選挙制限の改正に就て「自治機関」 446 1937.4

◇法律における技術と国家(牧野英一)「自治研究」 13(4) 1937.4

◇書面による行政行為に存する誤記(連載・行政法思潮 34)(杉村章三郎)「自治研究」 13(4) 1937.4

◇所謂不在者投票事務便覧(2)(大山貞一)「地方行政」 45(4) 1937.4

◇永代借地制度解消取極の条件に就て「内務時報」 2(4) 1937.4

◇第七十回議会通過の内務省関係法律案「内務時報」 2(4) 1937.4

◇今期議会の財政中心問題(川崎克)「日本評論」 12(4) 1937.4

◇一つの自由主義思想史(大塚金之助)「日本評論」 12(4) 1937.4

◇法律の将来(ロスコー・パウンド)「日本評論」 12(4) 1937.4

◇強力政治の現勢分析(新明正道)「改造」 19(5) 1937.5

◇議院法逐条示解(15)(有松昇)「警察研究」 8(5) 1937.5

◇選挙法に関する最近の判例(大竹武七郎)「警察研究」 8(5) 1937.5

◇文書に依る選挙運動と出版法(赤羽穣)「警察研究」 8(5) 1937.5

◇演説又は推薦状に依る選挙運動(1)(美濃部達吉)「国家学会雑誌」 51(5) 1937.5

◇現象学的実在論の立場と国家構造論(尾高朝雄)「国家学会雑誌」 51(5) 1937.5

◇法律学の課題としての『神』(1)(牧野英一)「自治研究」 13(5) 1937.5

◇行政上に於ける個人の不真意表示(連載・行政法思潮 35)(杉村章三郎)「自治研究」 13(5) 1937.5

◇領海と地方団体の区域(連載・行政法思潮 36)(杉村章三郎)「自治研究」 13(5) 1937.5

◇ワイマール憲法の現行法的効力(連載・行政法思潮 37)(杉村章三郎)「自治研究」 13(5) 1937.5

◇所謂不在者投票事務便覧(3)(大山貞一)「地方行政」 45(5) 1937.5

◇永代借地制度の解消問題に就て(谷口寿太郎)「地方行政」 45(5) 1937.5

◇今次選挙粛正運動の概況「内務時報」 2(5) 1937.5

◇昭和十二年四月執行衆議院議員総選挙の概況「内務時報」 2(5) 1937.5

◇昭和十二年四月執行衆議院議員総選挙の結果調「内務時報」 2(5) 1937.5

◇政治と国民の道義観念(佐々木惣一)「日本評論」 12(5) 1937.5

◇新法令解説「法学協会雑誌」 55(5) 1937.5

◇第七十回帝国議会審議法案一覧表「法学協会雑誌」 55(5) 1937.5

◇英国議会の委員会制度(大西芳雄)「法学論叢(京都帝国大学法学会)」 36(5) 1937.5

◇官吏制度と公共性(長濱政寿)「法学論叢(京都帝国大学法学会)」 36(5) 1937.5

◇社会立法とアメリカ連邦憲法修正問題(高橋貞三)「法律報」 9(5) 1937.5

◇第七十議会審議法案一覧表「法律時報」 9(5) 1937.5

◇第七十議会に於ける法律及び法案総覧「法律時報」 9(5) 1937.5

◇第七十議会の協賛を経たる新法律「法律時報」 9(5) 1937.5

◇第七十議会の立法をめぐる座談会「法律時報」 9(5) 1937.5

◇第七十議会の立法概観(末弘厳太郎)「法律時報」 9(5) 1937.5

◇ドイツ法律学の所謂浄化(小林高記)「法律時報」 9(5) 1937.5

◇最近の法治国家論(今中次麿)「公法雑誌」 3(6) 1937.6

◇モンテスキユーの政治的性格(五十嵐豊作)「公法雑誌」 3(6) 1937.6

◇我国社会立法の発達の一瞥(高橋貞三)「公法雑誌」 3(6) 1937.6

◇企画庁の新設と其の機能及構成(企画庁)「公民教育」 7(6) 1937.6

◇演説又は推薦状による選挙運動(美濃部達吉)「国家学会雑誌」 51(6) 1937.6

◇近代行政の発達(1)(蠟山政道)「国家学会雑誌」 51(6) 1937.6

◇進歩的色彩濃厚の選挙法改正「自治機関」 447 1937.6

◇法律学の課題としての『神』(2)(牧野英一)「自治研究」 13(6) 1937.6

◇宥恕について(1)(磯部巌)「自治研究」 13(6) 1937.6

◇司法裁判所の法令審査権(連載・行政法思潮 38)(杉村章三郎)「自治研究」 13(6) 1937.6

◇行政官庁相互間の権限不可侵(連載・行政法思潮 39)(杉村章三郎)「自治研究」 13(6) 1937.6

◇差押調書の有効要件としての収税官吏の自署(連載・行政法思潮 40)(杉村章三郎)「自治研究」 13(6) 1937.6

◇総選挙に於ける愛国・無産両派の戦績(山本厳)「社会政策時報」 201 1937.6

◇所謂不在者投票事務便覧(4)(大山貞一)「地方行政」 45(6) 1937.6

◇知識階級と政治(向坂逸郎)「中央公論」 52(6) 1937.6

◇理想選挙運動の一資料(菅原忠治郎)「都市問題」 24(6) 1937.6

◇各都市選挙戦に於ける社会大衆党の躍進―関西三都市に於ける各派の戦績―「内外社会問題調査資料」 322 1937.6

◇行政事務刷新に関する内務大臣の訓示「内務時報」 2(6) 1937.6

◇下級官吏増俸論(伊藤好道)「日本評論」 12(6) 1937.6

◇法律学の課題としての進化性及び普遍性(牧野英一)「日本評論」 12(6) 1937.6

◇フアシズム治下に於ける選挙制度の変遷(貝島兼三郎)「法律時報」 9(3) 1937.6

◇衆議院議員選挙に於ける無産並に国家主義各派の運動「労働時報」 14(6) 1937.6

◇最近の法治国家論(今中次麿)「公法雑誌」 3(7) 1937.7

◇デイモック「行政の基準と目標」(長浜政寿)「公法雑誌」 3(7) 1937.7

◇我国社会立法の発達の一瞥(高橋貞三)「公法雑誌」 3(7) 1937.7

◇近代行政の発達(2)(蠟山政道)「国家学会雑誌」 51(7) 1937.7

◇選挙の為にする不正の利益の供与又は交付(美濃部達吉)「国家学会雑誌」 51(7) 1937.7

◇フランス人民戦線政府の一年「国家学会雑誌」 51(7) 1937.7

◇基督教の「神の国」とプラトンの国家理念-神政政治思想の批判の為に-(1)(南原繁)「国家学会雑誌」 51(10) 1937.7

◇刑法に於ける法規の解釈(2・完)(牧野英一)「国家学会雑誌」 51(10) 1937.7

◇「官吏待遇者」といふ用語(横溝光暉)「自治研究」 13(7) 1937.7

◇法律的精神の作興(牧野英一)「自治研究」 13(7) 1937.7

◇宥恕について(2)(磯部巌)「自治研究」 13(7) 1937.7

◇行政官府としての企画庁(連載・行政法思潮 41)(杉村章三郎)「自治研究」 13(7) 1937.7

◇市町村金庫の設置の場合に於ける収入役の権限(連載・行政法思潮 42)(杉村章三郎)「自治研究」 13(7) 1937.7

◇社会省成立への追憶(田子一民)「斯民」 32(7) 1937.7

◇第一線行政事務の刷新「都市問題」 25(1) 1937.7

◇国家総動員準備と内務省「内務時報」 2(7) 1937.7

◇内務省分課規程の改正「内務時報」 2(7) 1937.7

◇選挙法の改正(高田保馬)「日本評論」 12(7) 1937.7

◇法律の解釈の無限性―「科学的自由探求と進化的解釈」のレジュメ―(牧野英一)「法学協会雑誌」 55(7) 1937.7

◇英国議会の委員会制度(大西芳雄)「法学論叢(京都帝国大学法学会)」 37(1) 1937.7

◇高利契約判例法(中川善之助)「法律時報」 9(7) 1937.7

◇選挙法改正の経緯とその行方(河村又介)「法律時報」 9(7) 1937.7

◇違法の選挙運動の費用について(佐藤藤佐)「警察研究」 8(8) 1937.8

◇政党独裁政(宮沢俊義)「警察研究」 8(8) 1937.8

◇国家承認の法律的性質(大淵仁右衛門)「公法雑誌」 3(8) 1937.8

◇法の研究の種々の立場(佐々木惣一)「公法雑誌」 3(8) 1937.8

◇ワイデマン「行政に於ける指導者性」(木下丹)「公法雑誌」 3(8) 1937.8

◇契約における自由と統制(1)(牧野英一)「自治研究」 13(8) 1937.8

◇独逸新特許法に就いて(連載・行政法思潮 43)(杉村章三郎)「自治研究」 13(8) 1937.8

◇樺太市制の特色(連載・行政法思潮 44)(杉村章三郎)「自治研究」 13(8) 1937.8

◇選挙法改正の問題(関口泰)「帝国農会報」 27(8) 1937.8

◇台湾統治と高山都市の創建(菊池慎三)「都市問題」 25(2) 1937.8

政治・行政・法律

◇刑事公訴に附帯する当選無効訴訟(美濃部達吉)「法学協会雑誌」 55(8) 1937.8

◇英仏両国の総選挙の印象(矢部貞治)「法律時報」 9(8) 1937.8

◇北陸自由新聞に掲載せられたる私草憲法(林茂)「法律時報」 9(8) 1937.8

◇満洲国新行政機構に於ける各部大臣の法上の地位(大石義雄)「法律時報」 9(8) 1937.8

◇新国策機関の解剖(木下半治)「改造」 19(9) 1937.9

◇改正軍機保護法について(佐藤藤佐)「警察研究」 8(9) 1937.9

◇議院法逐条示解(11)(有松昇)「警察研究」 8(9) 1937.9

◇行政学の研究方法(吉富重夫)「公法雑誌」 3(9) 1937.9

◇国家なる名称の成語について(吉田一枝)「公法雑誌」 3(9) 1937.9

◇東海暁鐘新報に掲載されたる各国対照私考国憲案(林茂)「公法雑誌」 3(9) 1937.9

◇我国憲法の独自性について(1)(佐々木惣一)「公法雑誌」 3(9) 1937.9

◇植木枝盛の憲法私案と所謂立志社案の起草(林茂)「国家学会雑誌」 51(9) 1937.9

◇刑法に於ける法規の解釈(1)(牧野英一)「国家学会雑誌」 51(9) 1937.9

◇フランス人民戦線政府の一年(木下半治)「国家学会雑誌」 51(9) 1937.9

◇第七十一議会に於ける産業組合関係事項に関する質問並答弁書「産業組合」 383 1937.9

◇第一線行政事務の刷新(大塚辰治)「自治機関」 451 1937.9

◇契約における自由と統制(2)(牧野英一)「自治研究」 13(9) 1937.9

◇町村吏員の不法行為責任(連載・行政法思潮 45)(杉村章三郎)「自治研究」 13(9) 1937.9

◇行政裁判所の監督機能(連載・行政法思潮 46)(杉村章三郎)「自治研究」 13(9) 1937.9

◇米国に於ける地方吏員制度改革論(人見植夫)「斯民」 32(9) 1937.9

◇北支事変に際し銃後の後援に就て(大村清一)「斯民」 32(9) 1937.9

◇日本戦時体制の高揚「週刊エコノミスト」 15(26) 1937.9

◇国家総動員の意義と実例「週刊エコノミスト」 15(27) 1937.9

◇衆議院議員候補者得票調「東京地方改良協会会報」 74 1937.9

◇衆議院議員選挙に於ける棄権者数並棄権率累回比較「東京地方改良協会会報」 74 1937.9

◇政治革新を眼目とする選挙制度改革案に就て(菊池慎三)「都市問題」 25(3) 1937.9

◇繰上補充について(宮澤俊義)「法学協会雑誌」 55(9) 1937.9

◇明治天皇の立憲主義と帝国議会の設立(池田榮)「法学論叢(京都帝国大学法学会)」 37(3) 1937.9

◇行政観念の史的発展—セッケンドルフからシュタインまで—(宇賀田順三)「法政研究」 7(2) 1937.9

◇ザンデルの国家主体説排撃論(大森英太郎)「法律時報」 9(9) 1937.9

◇第七十一議会に於ける法律総覧(編輯部)「法律時報」 9(9) 1937.9

◇第七十一回帝国議会審議法案一覧表「法律時報」 9(9) 1937.9

◇満洲国新民法と日本民法(及川徳助)「法律時報」 9(9) 1937.9

◇満洲国民法(総則)を読む(末弘厳太郎)「法律時報」 9(9) 1937.9

◇ナチスに於ける国民共同体の理論(中川与之助)「経済論叢」 45(4) 1937.10

◇全体主義的国家観(宮沢俊義)「警察研究」 8(10) 1937.10

◇第七十二回帝国議会を通過したる法律概説(大竹武七郎)「警察研究」 8(10) 1937.10

◇アメリカ連邦憲法と社会立法(高橋貞三)「公法雑誌」 3(10) 1937.10

◇東海暁鐘新報に掲載されたる-各国対照和考国憲案(2)(林茂)「公法雑誌」 3(10) 1937.10

◇我国の憲法の独自性について(2)(佐々木惣一)「公法雑誌」 3(10) 1937.10

◇世界革命運動と国際法(1)(安井郁)「国家学会雑誌」 51(10) 1937.10

◇ソヴェート連邦最高ソヴェートの選挙に関する規定(山之内一郎、鷹取武夫)「国家学会雑誌」 51(10) 1937.10

◇人事行政に於ける監察制度(加藤徳)「市政研究」 3(6) 1937.10

◇契約における自由と統制(3)(牧野英一)「自治研究」 13(10) 1937.10

◇バーガー教授外10氏共著「イギリス官吏論集」(連載・行政法思潮 47)(杉村章三郎)「自治研究」 13(10) 1937.10

◇営業免許出願人の承継(連載・行政法思潮 48)(杉村章三郎)「自治研究」 13(10) 1937.10

◇夫婦財産制の滞納処分に於ける効用(連載・行政法思潮 49)(杉村章三郎)「自治研究」 13(10) 1937.10

◇「国民精神総動員」運動の輪廓「斯民」 32(10) 1937.10

◇支那事変に当り銃後後援の為政府の執りたる措置(持永義夫)「斯民」 32(10) 1937.10

◇ソ連邦第三次五ヶ年計画の展望(島村辰男)「帝国農会報」 27(10) 1937.10

◇イタリー、ファシスト党の法的地位(長濱政寿)「法学論叢(京都帝国大学法学会)」 37(4) 1937.10

◇ホルストムント「行政、法規及び法源」(渡邊宗太郎)「法学論叢(京都帝国大学法学会)」 37(4) 1937.10

◇共同体的自然法論の意義と価値(木村亀二)「法律時報」 9(10) 1937.10

◇権利本質論への一序説(尾高朝雄)「法律時報」 9(10) 1937.10

◇独裁政と法律思想(1)(高柳賢三)「法律時報」 9(10) 1937.10

◇「民約論」に於ける共同体思想(石川興二)「経済論叢」 45(5) 1937.11

◇議院法逐条示解(12)(有松昇)「警察研究」 8(11) 1937.11

◇軍需工業動員法の適用と国家総動員法制定の要(松井春生)「警察研究」 8(11) 1937.11

◇裁判所及検事局に於ける職員の定員と其の負担事務(下村三郎)「警察研究」 8(11) 1937.11

◇執政長官と参謀職員の一般的職能(吉富重夫)「公法雑誌」 3(11) 1937.11

◇東海暁鐘新報に掲載されたるる各国対照和考国憲案(3)(林茂)「公法雑誌」 3(11) 1937.11

◇プラトー及アリストートルの政治哲学観(1)(藤井新一)「公法雑誌」 3(11) 1937.11

◇我国の憲法の独自性について(3)(佐々木惣一)「公法雑誌」 3(11) 1937.11

◇基督教の「神の国」とプラトンの国家理念-神政政治思想の批判の為に-(2・完)(南原繁)「国家学会雑誌」 51(11) 1937.11

◇司法裁判所の行政事の裁判(佐々木惣一)「国家学会雑誌」 51(11) 1937.11

◇世界革命運動と国際法(2・完)(安井郁)「国家学会雑誌」 51(11) 1937.11

◇否定的表決の諸形式(宮沢俊義)「国家学会雑誌」 51(11) 1937.11

◇吏道振粛の方策に就て(加藤盛雄)「市政研究」 3(7) 1937.11

◇遵法精神の涵養(藤懸重次)「自治機関」 453 1937.11

◇契約における自由と統制(4)(牧野英一)「自治研究」 13(11)

◇プロイセン普通国法の制定精神(連載・行政法思潮 50)(杉村章三郎)「自治研究」 13(11) 1937.11

◇入江・古井両氏著「逐条市制町村制提議」(連載・行政法思潮 51)(杉村章三郎)「自治研究」 13(11) 1937.11

◇国民精神総動員運動地方概況(加藤於菟丸)「斯民」 32(11) 1937.11

◇社会大衆党年次大会(1)「内外社会問題調査資料」 338 1937.11

◇国民精神総動員地方実行委員会の概況「内務時報」 2(11) 1937.11

◇政治学の二大典型(長谷川如是閑)「日本評論」 12(12) 1937.11

◇公務員収賄罪に関する若干の問題(1)(美濃部達吉)「法学協会雑誌」 55(11) 1937.11

◇新法令解話(1)―第七十一議会―(田中二郎[ほか])「法学協会雑誌」 55(11) 1937.11

◇第七十一回帝国議会審議法案一覧表「法学協会雑誌」 55(11) 1937.11

◇ドイツ国民的憲法の成立と国指導法(田畑忍)「法律時報」 9(11) 1937.11

◇独裁政と法律思想(2・完)(高柳賢三)「法律時報」 9(11) 1937.11

◇満洲国民法(債権)を読む(末弘厳太郎)「法律時報」 9(11) 1937.11

◇社会大衆薫第六回全国大会「労働時報」 14(11) 1937.11

◇近代戦と政治(矢部貞治)「改造」 19(12) 1937.12

◇我が内閣制度の特質と将来(鈴木安蔵)「改造」 19(14) 1937.12

◇国民精神総動員運動の指導目標(池田宏)「教育」 5(12) 1937.12

◇議院法逐条示解(二十一)(有松昇)「警察研究」 8(12) 1937.12

◇刑法の三十年(下の六完)(牧野英一)「警察研究」 8(12) 1937.12

◇国家なる名称の成語に就て(吉田一枝)「公法雑誌」 3(12) 1937.12

◇総括的政治型態としての独裁政治(大石兵太郎)「公法雑誌」 3(12) 1937.12

◇東海暁鐘新報に掲載されたる各国対照私考国憲案(4)(林茂)「公法雑誌」 3(12) 1937.12

◇プラトー及アリストートルの政治哲学観(2)(藤井新一)「公法雑誌」 3(12) 1937.12

◇我国の憲法の独自性に就て(4)(佐々木惣一)「公法雑誌」 3(12) 1937.12

◇英米及び独逸憲法学界の近況(佐藤功)「国家学会雑誌」 51(12) 1937.12

◇最近に於けるフランス公法学界(刑部荘)「国家学会雑誌」 51(12) 1937.12

◇委任事務に関する若干問題(三好重夫)「自治研究」 13(12) 1937.12

◇英国独逸に於ける国防税に就て(松隈秀雄)「自治研究」 13(12) 1937.12

◇契約における自由と統制(5・完)(牧野英一)「自治研究」 13(12) 1937.12

◇行政法規不知の例(連載・行政法思潮 52)(杉村章三郎)「自治研究」 13(12) 1937.12

◇ロイス「行政裁判の将来」(連載・行政法思潮 53)(杉村章三郎)「自治研究」 13(12) 1937.12

◇国家総動員組織に於ける軍事扶助(2)(海野幸徳)「社会事業」 21(9) 1937.12

◇社会大衆党年次大会(2・完)「内外社会問題調査資料」 339 1937.12

◇社会大衆薫第六回大会の概況「農務時報」 111 1937.12

◇公務員収賄罪に関する若干の問題(2)(美濃部達吉)「法学協会雑誌」 55(12) 1937.12

◇新法令解話(2・完)(宮澤俊義[ほか])「法学協会雑誌」 55(12) 1937.12

◇推定の本質及び効果について(兼子一)「法学協会雑誌」 55(12) 1937.12

◇最近の行政判例(杉村章三郎)「法律時報」 9(12) 1937.12

◇日露戦争と支那事変-その意義及び戦後経営を中心として(加田哲二)「教育」 6(1) 1938.1

◇絶対国家(作田荘一)「経済論叢」 46(1) 1938.1

◇国家なる名称の成語に就て(吉田一枝)「公法雑誌」 4(1) 1938.1

◇全体主義国家とその二型相(堀豊彦)「公法雑誌」 4(1) 1938.1

◇ヘルマン・ヘラーの憲法概念(伊藤満)「公法雑誌」 4(1) 1938.1

◇イギリス現行法の法源(1)(高柳賢三)「国家学会雑誌」 52(1) 1938.1

◇最近に於ける英米及独逸行政学(辻清明)「国家学会雑誌」 52(1) 1938.1

◇一九三六年-三七年の英米及独逸政治学会(丸山真男)「国家学会雑誌」 52(1) 1938.1

◇朝鮮統治上の二三の問題(矢内原忠雄)「国家学会雑誌」 54(1) 1938.1

◇官史制度問題鳥瞰(金森徳次郎)「自治研究」 14(1) 1938.1

◇契約理論の客観化(牧野英一)「自治研究」 14(1) 1938.1

◇国民精神総動員と行政事務刷新(横溝光暉)「自治研究」 14(1) 1938.1

◇時局と社会行政(山崎巌)「自治研究」 14(1) 1938.1

◇文官任用令の改正問題-その改正方針について(蠟山政道)「自治研究」 14(1) 1938.1

◇帝国学士院編「帝室制度史」(連載・行政法思潮 54)(杉村章三郎)「自治研究」 14(1) 1938.1

◇公共組合の行為と民事訴訟(連載・行政法思潮 55)(杉村章三郎)「自治研究」 14(1) 1938.1

◇フリッツ・フライナー教授の長逝(連載・行政法思潮 56)(杉村章三郎)「自治研究」 14(1) 1938.1

◇行政機構に於ける企画機能(蠟山政道)「商工経済」 5(1) 1938.1

◇「窓口行政の改善」と法律の社会化(北村五良)「水道協会雑誌」 56 1938.1

◇国民精神総動員運動の回顧と将来の展望(小林千秋)「地方行政」 46(1) 1938.1

◇四大都市の選挙事務を視る(久村金次郎[ほか])「東京地方改良協会会報」 76 1938.1

◇東京府の国民精神総動員運動概況「東京地方改良協会会報」 76 1938.1

◇国民精神総動員第二回強調週間決定に就て「内務時報」 3(1) 1938.1

◇最近に於ける共産主義運動と今次検挙の影響「内務時報」 3(1) 1938.1

◇ソヴェト新選挙制度(鷹坂武夫)「日本評論」 13(1) 1938.1

◇公務員収賄罪に関する若干の問題(3)(美濃部達吉)「法学協会雑誌」 56(1) 1938.1

◇所謂具体的秩序思想に就て-カールシュミット「法学的思惟の三個の定型」の紹介を中心として(加藤新平)「法学論叢(京都帝国大学法学会)」 38(1) 1938.1

◇ダイモック政治学の方法(長濱政寿)「法学論叢(京都帝国大学法学会)」 38(1) 1938.1

◇ベッカー「独逸ラントの法的地位」(大西芳雄)「法学論叢(京都帝国大学法学会)」 38(1) 1938.1

◇九州帝大法文学十周年記念法学論文集合評(東北帝国大法文学部教授[ほか])「法律時報」 10(1) 1938.1

◇行政犯罪に対する刑法総則の適用(1)(美濃部達吉)「法律時報」 10(1) 1938.1

政治・行政・法律

◇国家と政治との必至的関連(1)(田畑忍)「公法雑誌」 4(2) 1938.2

◇国家なる名称の成語に就て(吉田一枝)「公法雑誌」 4(2) 1938.2

◇イギリス現行法の法源(2)(高柳賢三)「国家学会雑誌」 52(2) 1938.2

◇ドイツ新官吏法(杉村章三郎)「国家学会雑誌」 52(2) 1938.2

◇文官分限令の改正に就て(元山修二)「自治機関」 456 1938.2

◇国民精神総動員運動概論(小林千秋)「自治研究」 14(2) 1938.2

◇債権法における動的理論(牧野英一)「自治研究」 14(2) 1938.2

◇内閣制度の改革(樋貝詮三)「自治研究」 14(2) 1938.2

◇公共組合の権能(連載・行政法思潮57)(杉村章三郎)「自治研究」 14(2) 1938.2

◇ラフォレット「独逸行政法」(1937年)(連載・行政法思潮58)(杉村章三郎)「自治研究」 14(2) 1938.2

◇東亜ブロックの基本問題「週刊エコノミスト」 16(5) 1938.2

◇第一議会の回顧(小久保喜七)「中央公論」 53(2) 1938.2

◇各市に於ける国民精神総動員運動実施要項概観「都市問題」 26(2) 1938.2

◇傷痍軍人の保護対策-衆議院で明示された政府の方針「内外社会問題調査資料」 344 1938.2

◇支那事変全史 発端より南京陥落まで「日本評論」 13(2) 1938.2

◇公務員収賄罪に関する若干の問題(4)(美濃部達吉)「法学協会雑誌」 56(2) 1938.2

◇満州国の刑事訴訟法について(小野清一郎)「法学協会雑誌」 56(2) 1938.2

◇行政犯罪に対する刑法総則の適用(2)(美濃部達吉)「法律時報」 10(2) 1938.2

◇国家総動員法案に就て(河野密)「改造」 20(3) 1938.3

◇共同体思想の国民的性格(1)(石川興二)「経済論叢」 46(3) 1938.3

◇国家総動員法案に就て(内田源兵衛)「警察研究」 9(3) 1938.3

◇指導者と指導者国家(1)(宮沢俊義)「警察研究」 9(3) 1938.3

◇労働法、経済法、企業法及び社会法(1):法律学の終講の辞(牧野英一)「警察研究」 9(3) 1938.3

◇行政学の体系(吉冨重夫)「公法雑誌」 4(3) 1938.3

◇業務の公的性質(山田準次郎)「公法雑誌」 4(3) 1938.3

◇国家と政治との必至的関連(田畑忍)「公法雑誌」 4(3) 1938.3

◇占領地に於ける私人の法律上の地位(川上太郎)「公法雑誌」 4(3) 1938.3

◇ル・フュユルの自然法論(宮沢俊義)「公法雑誌」 4(3) 1938.3

◇我国の憲法の独自性について(佐々木惣一)「公法雑誌」 4(3) 1938.3

◇憲法発布五十周年を回顧して(金子堅太郎)「公民教育」 8(3) 1938.3

◇イギリス現行法の法源(3)(高柳賢三)「国家学会雑誌」 52(3) 1938.3

◇ゲオルク・ゴットフリート・ケルヴィヌス(1)(奥平武彦)「国家学会雑誌」 52(3) 1938.3

◇官等俸給令の変遷(龍谷笠)「財政」 3(3) 1938.3

◇書記銓衝雑感(立花昌夫)「市政研究」 4(2) 1938.3

◇文官任用制度改正に関する若干の考察(元山修二)「自治機関」 457 1938.3

◇委任命令に就て(佐々木惣一)「自治研究」 14(3) 1938.3

◇内務省令の樺太に於ける効力(連載・行政法思潮59)(杉村章三郎)「自治研究」 14(3) 1938.3

◇財産区の破産適格(連載・行政法思潮60)(杉村章三郎)「自治研究」 14(3) 1938.3

◇昭和十二年社会行政(安積得也)「社会政策時報」 210 1938.3

◇官吏、官僚(杉山平助)「中央公論」 53(3) 1938.3

◇列国の在支権益「統計時報」 78 1938.3

◇国家総動員法案要綱「都市問題」 26(3) 1938.3

◇衆議院に於ける職業紹介所法案の論議「内外社会問題調査資料」 348 1938.3

◇支那に於ける君主制の発達及び共和制採用の適否(副島義一)「日本評論」 13(3) 1938.3

◇公務員収賄罪に関する若干の問題(5・完)(美濃部達吉)「法学協会雑誌」 56(3) 1938.3

◇帝国憲法の最高規範性(佐々木惣一)「改造」 20(4) 1938.4

◇国家総動員法概説(「企画」 1(4) 1938.4

◇共同体思想の国民的性格(2)(石川興二)「経済論叢」 46(4) 1938.4

◇指導者と指導者国家(2)(宮沢俊義)「警察研究」 9(4) 1938.4

◇義務の公的性質(3・完)(山田準次郎)「公法雑誌」 4(4) 1938.4

◇最近社会立法の傾向(1)(高橋貞三)「公法雑誌」 4(4) 1938.4

◇社会契約税と社会連帯税(1):法の基礎理論としての両者の対照(恒藤恭)「公法雑誌」 4(4) 1938.4

◇我国憲法の独自性について(7)(佐々木惣一)「公法雑誌」 4(4) 1938.4

◇我国に於ける公論統治制度史の概説(1)(大石義雄)「公法雑誌」 4(4) 1938.4

◇「具体的共同体」論について-ナチス・政治法理論雑題(矢部貞治)「国家学会雑誌」 52(4) 1938.4

◇スペンサーの正義論と国家の義務(秋永肇)「国家学会雑誌」 52(4) 1938.4

◇ナチス全体主義国家とカトリック教会(堀豊彦)「国家学会雑誌」 52(4) 1938.4

◇府県令の地域的効力(連載・行政法思潮61)(杉村章三郎)「自治研究」 14(4) 1938.4

◇恩給金の受領受任者たる地位の承継に関する効力(連載・行政法思潮62)(杉村章三郎)「自治研究」 14(4) 1938.4

◇出版法第1条に所謂「印刷」の意義(連載・行政法思潮63)(杉村章三郎)「自治研究」 14(4) 1938.4

◇憲法発布と自治制の実施(元田肇)「地方行政」 46(5) 1938.4

◇モッセ氏の追憶(山口享)「地方行政」 46(5) 1938.4

◇時務の本質と革新の動向(蠟山政道)「中央公論」 53(4) 1938.4

◇列国軍事費の内訳「調査月報(大蔵省)」 28(4) 1938.4

◇国家総動員法案の論点(新明正道)「日本評論」 13(4) 1938.4

◇文官制度の改正「日本評論」 13(4) 1938.4

◇明治天皇の聖旨、祭政一致と立憲主義(1)(池田榮)「法学論叢(京都帝国大学法学会)」 38(4) 1938.4

◇オーストリアの議会制度(森順次)「法律時報」 10(4) 1938.4

◇第七十三議会における民事立法概観(末川博)「法律時報」 10(4) 1938.4

◇第七十三議会の経済・社会立法(後藤清)「法律時報」 10(4) 1938.4

◇第七十三帝国議会の協賛を経たる新法律(1)「法律時報」 10(4) 1938.4

◇指導者と指導者国家(3・完)(宮沢俊義)「警察研究」 9(5) 1938.5

◇商店法講話(沼越正巳)「警察研究」 9(5) 1938.5

◇労働法、経済法、企業法及び社会法(牧野英一)「警察研究」 9(5) 1938.5

◇最近社会立法の傾向(高橋貞三)「公法雑誌」 4(5) 1938.5

◇我国に於ける公論統治制度史の概説(2・完)(大石義雄)「公法雑誌」

◇4(5) 1938.5
◇我国の憲法の独自性に就て(佐々木惣一)「公法雑誌」 4(5) 1938.5
◇官史懲戒法(園部敏)「国家学会雑誌」 52(5) 1938.5
◇満州国の行政組織(源田松三)「財政」 3(5) 1938.5
◇荻生徂徠の政談を通じて私見を語る(福田秀雄)「市政研究」 4(3) 1938.5
◇特別銓衡と明朗性との関連に就て(井上盛雄)「市政研究」 4(3) 1938.5
◇行政機構改革の一問題としての内務省の将来(古井喜実)「自治研究」 14(5) 1938.5
◇文化国思想における3個の原理(牧野英一)「自治研究」 14(5) 1938.5
◇府県会の予算議定権に対する限界(連載・行政法思潮65)(杉村章三郎)「自治研究」 14(5) 1938.5
◇官吏に対する懲戒の本質(連載・行政法思潮66)(杉村章三郎)「自治研究」 14(5) 1938.5
◇国家総動員法概説(内田泰玄)「帝国教育」 715 1938.5
◇第七十三回帝国議会審議法案一覧表「法学協会雑誌」 56(5) 1938.5
◇ドイツ官房学的行政学の成立(長濱政寿)「法学論叢(京都帝国大学法学会)」 38(5) 1938.5
◇国家総動員法解説(日高巳緒)「法律時報」 10(5) 1938.5
◇国家総動員法の憲法問題(中野登美雄)「法律時報」 10(5) 1938.5
◇革新政策と政治機構の改革(黒田学)「改造」 20(6) 1938.6
◇政治革新の焦点と画期的意義(蠟山政道)「改造」 20(6) 1938.6
◇我国の古典に於ける国家の型(2)(難波田春夫)「経済学論集」 8(6) 1938.6
◇ウイルヘルム2世とビスマルク(田中直吉)「公法雑誌」 4(6) 1938.6
◇行政法と行政の分類(1)(田村徳治)「公法雑誌」 4(6) 1938.6
◇日本固有法に於ける道徳的規範(2・完)(細川亀市)「公法雑誌」 4(6) 1938.6
◇我国の憲法の独自性について(9)(佐々木惣一)「公法雑誌」 4(6) 1938.6
◇新興独逸の基礎法(杉村章三郎)「国家学会雑誌」 52(6) 1938.6
◇ナチス政治理論概説(矢部貞治)「国家学会雑誌」 52(6) 1938.6
◇ナチス・ドイツ憲法の生成(宮沢俊義)「国家学会雑誌」 52(6) 1938.6
◇ナチス党と国家の関係-ナチス党の法律上の地位(田中二郎)「国家学会雑誌」 52(6) 1938.6
◇フユーラーの地位(田上穣治)「国家学会雑誌」 52(6) 1938.6
◇支那事変に際し招集中の者の選挙権及被選挙権に関する法令解説(郡祐一)「自治研究」 14(6) 1938.6
◇非常時立法の二三の特質(1)(牧野英一)「自治研究」 14(6) 1938.6
◇独墺合邦の法律的形式と其の実質的意義(連載・行政法思潮67)(杉村章三郎)「自治研究」 14(6) 1938.6
◇政治上に於ける全体主義(田制佐重)「帝国教育」 716 1938.6
◇全体主義の歴史的考察(山崎謙)「帝国教育」 716 1938.6
◇ナチス全体主義国家と日本全体主義(渡部政盛)「帝国教育」 716 1938.6
◇官僚コロニー(中山国雄)「日本評論」 13(6) 1938.6
◇伊太利憲法制度に於ける諸権力の組織(アントニオ・カズツリ, 田中耕太郎訳)「法学協会雑誌」 56(6) 1938.6
◇ナチス革命の原理と価格の転換(中川与之助)「経済論叢」 47(1) 1938.7
◇民選議院論争の回顧(1)(宮沢俊義)「警察研究」 9(7) 1938.7

◇監理官制度を論ず(高田源清)「公法雑誌」 4(7) 1938.7
◇行政法と行政の分類(2・完)(田村徳治)「公法雑誌」 4(7) 1938.7
◇刑罰の正当根拠に関するヘーゲルの見解(淵定)「公法雑誌」 4(7) 1938.7
◇ボナールの組合国家論(中神正雄)「公法雑誌」 4(7) 1938.7
◇我国の憲法の独自性について(10)(佐々木惣一)「公法雑誌」 4(7) 1938.7
◇ナチス官吏法(田中二郎)「国家学会雑誌」 52(7) 1938.7
◇非常時立法の特質(牧野英一)「財政」 3(7) 1938.7
◇支那事変に際し召集中の者の選挙権及被選挙権に関する法律解説(播磨重男)「自治機関」 461 1938.7
◇非常時立法の23の特質(2・完)(牧野英一)「自治研究」 14(7) 1938.7
◇義務に適応する裁量(連載・行政法思潮68)(杉村章三郎)「自治研究」 14(7) 1938.7
◇犯則事件に関する税関官吏の管轄権(連載・行政法思潮69)(杉村章三郎)「自治研究」 14(7) 1938.7
◇自然流水に関する水利権の主体(連載・行政法思潮70)(杉村章三郎)「自治研究」 14(7) 1938.7
◇選挙制度に関する参考資料(全国町村長会)「自治公論」 10(7) 1938.7
◇長期戦の特質と大陸政策の方向(和田耕作)「中央公論」 53(7) 1938.7
◇日本民族の将来(古屋芳雄)「中央公論」 53(7) 1938.7
◇米国1938年度大統領の予算教書「調査月報(大蔵省)」 28(7) 1938.7
◇国民精神総動員運動に於ける「実践網」「都市問題」 27(1) 1938.7
◇英米行政法の現発展段階の諸相(高橋貞三)「法律時報」 10(7) 1938.7
◇仁井田博士に民法編纂事情を聴く座談会—民法修正案参考資料(仁井田益太郎, 穂積重遠, 平野義太郎)「法律時報」 10(7) 1938.7
◇民法の変遷-総則編における若干の問題(平野義太郎)「法律時報」 10(7) 1938.7
◇議会制度改革論(高沢俊義)「改造」 20(8) 1938.8
◇仏国戦時国民一般組織(国家総動員)法案「企画」 1(8) 1938.8
◇フランスに於ける官吏任用制度をめぐる論争(1)(福田喜東)「警察研究」 9(8) 1938.8
◇民選議院論争の回顧(2)(宮沢俊義)「警察研究」 9(8) 1938.8
◇行政過程の本質(吉冨重夫)「公法雑誌」 4(8) 1938.8
◇憲法の政治的概念(俵静夫)「公法雑誌」 4(8) 1938.8
◇我国憲法の独自性について(11)(佐々木惣一)「公法雑誌」 4(8) 1938.8
◇憲法御諮詢案の成立過程(1)(稲田正次)「国家学会雑誌」 52(8) 1938.8
◇教養としての法律思想(牧野英一)「自治研究」 14(8) 1938.8
◇南洋群島の地方団体化(連載・行政法思潮71)(杉村章三郎)「自治研究」 14(8) 1938.8
◇選挙権の欠格原因としての被扶助者(連載・行政法思潮72)(杉村章三郎)「自治研究」 14(8) 1938.8
◇漁業権の存続期間更新の要件(連載・行政法思潮73)(杉村章三郎)「自治研究」 14(8) 1938.8
◇仏領印度支那の統治組織(永田安吉)「法律時報」 13(8) 1938.8
◇国家の全体性について(4)(恒藤恭)「経済学雑誌」 3(3) 1938.9
◇躍進独逸の現状(伍堂卓雄)「経済月報」 10(9) 1938.9
◇我国憲法の独自性について(12)(佐々木惣一)「公法雑誌」 4(9) 1938.9

◇憲法御諮詢案の成立過程(2)(稲田正次)「国家学会雑誌」 52(9) 1938.9

◇契約概念の変遷と還元(牧野英一)「自治研究」 14(9) 1938.9

◇普選修正論に関する一考察(1)(鈴木修一)「自治研究」 14(9) 1938.9

◇在満州国大使館令(連載・行政法思潮74)(杉村章三郎)「自治研究」 14(9) 1938.9

◇公園に於ける営業と営業免許(連載・行政法思潮75)(杉村章三郎)「自治研究」 14(9) 1938.9

◇取締法令に違反する法律行為(連載・行政法思潮76)(杉村章三郎)「自治研究」 14(9) 1938.9

◇ドイツ官房的行政学の成立(2)(長濱政寿)「法学論叢(京都帝国大学法学会)」 39(3) 1938.9

◇フランスに於ける官吏任用制度をめぐる論争(2)(福田喜東)「警察研究」 9(10) 1938.10

◇我国の憲法の独自性について(13)(佐々木惣一)「公法雑誌」 4(10) 1938.10

◇契約における公法と私法との交錯(牧野英一)「自治研究」 14(10) 1938.10

◇行政訴訟事項としての営業免許の取消(連載・行政法思潮78)(杉村章三郎)「自治研究」 14(10) 1938.10

◇寺院境内地の賃貸借(連載・行政法思潮79)(杉村章三郎)「自治研究」 14(10) 1938.10

◇選挙改正法に於る重点の変遷(鈴木俊一)「斯民」 33(10) 1938.10

◇議会制度審議会(下村海南)「日本評論」 13(10) 1938.10

◇戦時立法を貫く特異性(末川博)「改造」 20(11) 1938.11

◇東亜共同体の理論(蠟山政道)「改造」 20(11) 1938.11

◇社会立法に付て(1)(高橋貞三)「公法雑誌」 4(11) 1938.11

◇制度と改正と運用の態度(磯崎辰五郎)「公法雑誌」 4(11) 1938.11

◇我国の憲法の独自性について(14)(佐々木惣一)「公法雑誌」 4(11) 1938.11

◇最近発見されたる憲法私案(2・完)(林茂)「国家学会雑誌」 52(11) 1938.11

◇裁判官に依る契約の改訂(1)(牧野英一)「自治研究」 14(11) 1938.11

◇普選修正論に関する一考察(2)(鈴木俊一)「自治研究」 14(11) 1938.11

◇被選資格欠格原因としての租税滞納処分(連載・行政法思潮80)(杉村章三郎)「自治研究」 14(11) 1938.11

◇郵便物の受領義務(連載・行政法思潮81)(杉村章三郎)「自治研究」 14(11) 1938.11

◇ベルリン及ハンブルグの特別市制(連載・行政法思潮82)(杉村章三郎)「自治研究」 14(11) 1938.11

◇中央集権の限界(人見植夫)「斯民」 33(11) 1938.11

◇国家総動員組織に於ける軍事扶助(海野幸徳)「社会事業」 21(8) 1938.11

◇事変と大阪「大大阪」 13(12) 1938.11

◇裁判官に依る契約の改訂(2・完)(牧野英一)「自治研究」 14(12) 1938.12

◇普選修正論に関する一考察(3・完)(鈴木俊一)「自治研究」 14(12) 1938.12

◇試掘権者の鉱業許可に対する優先権(連載・行政法思潮83)(杉村章三郎)「自治研究」 14(12) 1938.12

◇選挙事犯に基く資格喪失の一般性(連載・行政法思潮84)(杉村章三郎)「自治研究」 14(12) 1938.12

◇繰上補充無資格者(連載・行政法思潮85)(杉村章三郎)「自治研究」 14(12) 1938.12

◇国民精神総動員と地方に於ける具体的実践細目(大山貞一)「地方行政」 45(12) 1938.12

◇時局と行政の第一線(横溝光暉)「自治研究」 15(1) 1939.1

◇信義則の新らしき展開(牧野英一)「自治研究」 15(1) 1939.1

◇政治の革新に付ての一般的考察(村上恭一)「自治研究」 15(1) 1939.1

◇市町村収入役の賠償責任(連載・行政法思潮86)(杉村章三郎)「自治研究」 15(1) 1939.1

◇公権の放棄(連載・行政法思潮87)(杉村章三郎)「自治研究」 15(1) 1939.1

◇議会にて闡明された政府の具体的方針「国策研究会週報」 4(7) 1939.2

◇信義則と行政法及び物権法(牧野英一)「自治研究」 15(2) 1939.2

◇昭和13年に於ける主要官制の変遷(連載・行政法思潮88)(杉村章三郎)「自治研究」 15(2) 1939.2

◇官庁の国家代表権(連載・行政法思潮89)(杉村章三郎)「自治研究」 15(2) 1939.2

◇戸籍番号の制定を望む(重藤魯)「都市問題」 28(2) 1939.2

◇信義則と判例法(牧野英一)「自治研究」 15(3) 1939.3

◇水利組合費の性質(連載・行政法思潮90)(杉村章三郎)「自治研究」 15(3) 1939.3

◇国民精神総動員機構の改革(日本都市年鑑編纂室)「都市問題」 28(3) 1939.3

◇行政行為の無効原因たる仮疵(田中二郎)「自治研究」 15(4) 1939.4

◇信義則と賠償理論(牧野英一)「自治研究」 15(4) 1939.4

◇市町村会招集の告知要件(連載・行政法思潮92)(杉村章三郎)「自治研究」 15(4) 1939.4

◇準用河川に於ける水利権の成立(連載・行政法思潮93)(杉村章三郎)「自治研究」 15(4) 1939.4

◇契約概念の転回(牧野英一)「自治研究」 15(5) 1939.5

◇第74議会の行政立法(連載・行政法思潮94)(杉村章三郎)「自治研究」 15(5) 1939.5

◇事実的行為に対する行政訴訟(連載・行政法思潮95)(杉村章三郎)「自治研究」 15(5) 1939.5

◇契約と信義則と判例法(1)(牧野英一)「自治研究」 15(6) 1939.6

◇独逸に於ける大都市の問題(連載・行政法思潮96)(杉村章三郎)「自治研究」 15(6) 1939.6

◇行政事務の嘱託(連載・行政法思潮97)(杉村章三郎)「自治研究」 15(6) 1939.6

◇契約と信義則と判例法(2)(牧野英一)「自治研究」 15(7) 1939.7

◇独逸官吏法瞥見(1)(高辻正巳)「自治研究」 15(7) 1939.7

◇経済事犯に関する23の判例(連載・行政法思潮98)(杉村章三郎)「自治研究」 15(7) 1939.7

◇実際的行政学の建設(上)-故池田宏氏の学問的業績(蠟山政道)「都市問題」 29(1) 1939.7

◇商工省機構の改革(日本都市年鑑編纂室)「都市問題」 29(1) 1939.7

◇契約と信義則と判例法(3)(牧野英一)「自治研究」 15(8) 1939.8

◇学区と所謂自治区(連載・行政法思潮100)(杉村章三郎)「自治研究」 15(8) 1939.8

◇吏員の不法行為に因る市町村の賠償責任(連載・行政法思潮99)(杉村章三郎)「自治研究」 15(8) 1939.8

◇強制投票制度(弓家七郎)「都市問題」 29(2) 1939.8

◇実際的行政学の建設(下)-故池田宏氏の学問的業績(蠟山政道)「都市問題」 29(2) 1939.8

◇契約と信義則と判例法(4)(牧野英一)「自治研究」 15(9) 1939.9

◇アンダーソン教授編『欧州に於ける地方自治制』(連載・行政法思潮101)(杉村章三郎)「自治研究」 15(9) 1939.9

◇ルーマニアの一般行政法(連載・行政法思潮 102)(杉村章三郎)「自治研究」 15(9) 1939.9
◇イギリスにおける選挙粛正運動の沿革(弓家七郎)「都市問題」 29(3) 1939.9
◇外局の機構に就て(村上恭一)「自治研究」 15(10) 1939.10
◇契約と信義則と判例法(5・完)(牧野英一)「自治研究」 15(10) 1939.10
◇仏国の対戦緊急措置に関する主要法令「企画」 2(11) 1939.11
◇契約の前後と信義則(1)(牧野英一)「自治研究」 15(11) 1939.11
◇内閣総理大臣の権限強化(連載・行政法思潮 104)(杉村章三郎)「自治研究」 15(11) 1939.11
◇行政裁判の存否に関するヘルファルト教授の見解(連載・行政法思潮 105)(杉村章三郎)「自治研究」 15(11) 1939.11
◇新民会の役割と活動状況(新民会教化部)「内務資料月報」 3(11) 1939.11
◇満洲国9都市下部行政機構の現況「内務資料月報」 3(11) 1939.11
◇独逸の戦時総動員体制(2)「企画」 2(12) 1939.12
◇大石義雄著「国民投票制度の研究」(田畑忍)「公法雑誌」 5(12) 1939.12
◇公法学覚書、内閣総理大臣の強化を目的とする法制(佐々木惣一)「公法雑誌」 5(12) 1939.12
◇契約の前後と信義則(2・完)(牧野英一)「自治研究」 15(12) 1939.12
◇市町村部落の法律的性格(連載・行政法思潮 106)(杉村章三郎)「自治研究」 15(12) 1939.12
◇宣戦布告前後に於ける仏蘭西都市の防衛行動を見る(田辺定義)「都市問題」 29(6) 1939.12
◇サン・シモンによる産業者政治の制度(高瀬荘太郎)「一橋論叢」 4(6) 1939.12
◇明治初期民法編纂史(星野通)「法学協会雑誌」 57(12) 1939.12
◇独逸の戦時総動員体制(3)「企画」 3(1) 1940.1
◇国家総動員法発動の現段階に就いて(1)(宮前憲三)「警察研究」 11(1) 1940.1
◇ドイツ連邦制度史の概説(大石義雄)「公法雑誌」 6(1) 1940.1
◇衆議院と市会議員選挙有権者数確比「市政週報」 41 1940.1
◇官僚の一角から(知我天)「自治研究」 16(1) 1940.1
◇財産法の革新と新商法(1)(牧野英一)「自治研究」 16(1) 1940.1
◇選挙粛正運動の将来(今松治郎)「自治研究」 16(1) 1940.1
◇独逸大審院と公法上の損害賠償(連載・行政法思潮 107)(杉村章三郎)「自治研究」 16(1) 1940.1
◇今次大戦に於ける欧洲各国の社会立法(門脇光男)「社会事業」 24(1) 1940.1
◇国民構成の恒久的研究(林蘗)「日本評論」 15(1) 1940.1
◇東亜の新秩序と支那経済の旧秩序(吉田政治)「一橋論叢」 5(1) 1940.1
◇契約理論の転化(石田文次郎)「法学論叢(京都帝国大学法学会)」 43(5) 1940.1
◇日本法制二千六百年史(1)(高柳真三)「法律時報」 12(1) 1940.1
◇官吏の財産上の責任(1)(磯崎辰五郎)「公法雑誌」 6(2) 1940.2
◇財産法の革新と新商法(2・完)(牧野英一)「自治研究」 16(2) 1940.2
◇地方団体の区域外権能の限界(連載・行政法思潮 108)(杉村章三郎)「自治研究」 16(2) 1940.2
◇市町村の追加予算(連載・行政法思潮 109)(杉村章三郎)「自治研究」 16(2) 1940.2
◇軍人援護対策審議会の答申(日本都市年鑑編纂室)「都市問題」 30(2) 1940.2

◇日本法制二千六百年史(2・完)(高柳真三)「法律時報」 12(2) 1940.2
◇国家総動員法総論(未川博)「経済学雑誌」 6(3) 1940.3
◇官吏の義務と処罰(園部敏)「公法雑誌」 6(3) 1940.3
◇官吏の財産上の責任(2・完)(磯崎辰五郎)「公法雑誌」 6(3) 1940.3
◇朝鮮の家と氏に就いて(畑一成)「財政」 5(8) 1940.3
◇文官制度改革論雑組(1)(村上恭一)「自治研究」 16(3) 1940.3
◇モンテスキューの250年(牧野英一)「自治研究」 16(3) 1940.3
◇市町村吏員の不法行為に対する損害賠償(連載・行政法思潮 110)(杉村章三郎)「自治研究」 16(3) 1940.3
◇行政訴訟に関する独逸の新立法(連載・行政法思潮 111)(杉村章三郎)「自治研究」 16(3) 1940.3
◇満洲諸都市の民族構成(木内信蔵)「地理学評論」 16(3) 1940.3
◇各国の官吏制度に学ぶ(英、米、独、ソ)「東洋経済新報」 1964 1940.3
◇刑法の革新とナチス刑法綱領(4)(牧野英一)「警察研究」 11(4) 1940.4
◇独逸官吏法瞥見(2)(高辻正巳)「警察研究」 11(4) 1940.4
◇ナチス・ドイツに於ける党と国家官庁組織との関係(福田喜東)「警察研究」 11(4) 1940.4
◇再び我国号について-吉田教授稲田教授大石教授及入山氏の示教を謝す(佐々木惣一)「公法雑誌」 6(4) 1940.4
◇法の立体構造(1)(尾高朝雄)「公法雑誌」 6(4) 1940.4
◇田辺哲学に於ける国家の問題(2・完)(天谷一雄)「国家学会雑誌」 54(4) 1940.4
◇国民精神と正当法(牧野英一)「自治研究」 16(4) 1940.4
◇貴族院議員の資格要件としての住居(連載・行政法思潮 112)(杉村章三郎)「自治研究」 16(4) 1940.4
◇新体制への通路(山口正)「社会事業」 24(4) 1940.4
◇大戦拡大と蘭印の運命「週刊エコノミスト」 18(14) 1940.4
◇仏国家族法典「人口問題研究」 1(1) 1940.4
◇何為満洲国国兵法「地方行政 日文版」 4(4) 1940.4
◇米国大統領の1940年年頭一般教書「調査月報(大蔵省)」 30(4) 1940.4
◇独逸の戦時総動員関係主要法令-第一輯1939年9月至12月分「企画」 3(5) 1940.5
◇非常時局下に於ける日支の態勢(石川与二)「経済論叢」 50(5) 1940.5
◇刑法の革新とナチス刑法綱領(5)(牧野英一)「警察研究」 11(5) 1940.5
◇貴族院の当選争訟の判決について(宮沢俊義)「警察研究」 11(5) 1940.5
◇カール・シュミット:『法律学的体系機構の実例としての「一般的ドイツ国法」』「公法雑誌」 6(5) 1940.5
◇法の立体構造(2)(尾高朝雄)「公法雑誌」 6(5) 1940.5
◇我国行政法理論に於ける信義誠実の原則につい(1)(大石義雄)「公法雑誌」 6(5) 1940.5
◇行政行為の公定力に就て(田中二郎)「国家学会雑誌」 54(5) 1940.5
◇権利思想のある展開(1)(高柳賢三)「国家学会雑誌」 54(5) 1940.5
◇比較法とフォイエルバッハ(牧野英一)「自治研究」 16(5) 1940.5
◇公有水面埋立の免許と公用廃止(連載・行政法思潮 113)(杉村章三郎)「自治研究」 16(5) 1940.5
◇行政庁の不行為に因る権利濫用(連載・行政法思潮 114)(杉村章三郎)「自治研究」 16(5) 1940.5
◇欧洲戦の展開と日本の立場(平尾弥五郎)「商工経済」 9(5)

1940.5
◇投票所の取締と警察官吏「大審院判例集」 19(4) 1940.5
◇黒竜江駐防八旗に就て(山本吉雄)「地方行政 日文版」 4(5) 1940.5
◇蒙古の法律(其の九)(アリンゲ,坂野亀一訳)「地方行政 日文版」 4(5) 1940.5
◇欧洲戦の急展開と日本の立場(高木友三郎[ほか])「東洋経済新報」 1921 1940.5
◇関東州州計画令の構成と特質(長尾滋)「都市問題」 30(5) 1940.5
◇国民精神総動員機構の改組(日本都市年鑑編纂室)「都市問題」 30(5) 1940.5
◇私法の公法化―『ランベール祝賀論文集』より―(吉永栄助)「一橋論叢」 5(5) 1940.5
◇自由権の概念(大西芳雄)「法学論叢(京都帝国大学法学会)」 42(5) 1940.5
◇第七十五議会立法の一般的性格と個別的概要(末川博)「法律時報」 12(5) 1940.5
◇仏国に於ける「徴発」制度の概要(1)「企画」 3(6) 1940.6
◇国家信用の性格と形態(楠見一正)「経済学雑誌」 6(6) 1940.6
◇刑法改正の諸問題-改正刑法仮案各則論評-(牧野英一)「警察研究」 11(6) 1940.6
◇カール・シユミット『法律学的体系構成の実例としての「一般的ドイツ国法」』(2・完)(森順次)「公法雑誌」 6(6) 1940.6
◇政治指導者の機能と社会的環境(大石兵太郎)「公法雑誌」 6(6) 1940.6
◇法の立体構造(3・完):行為規範、強制規範、組織規範(尾高朝雄)「公法雑誌」 6(6) 1940.6
◇満洲国の「国兵法」について(高橋貞三)「公法雑誌」 6(6) 1940.6
◇我国行政理論に於ける信義誠実の原則について(2・完)(大石義雄)「公法雑誌」 6(6) 1940.6
◇行政機構の改革(宮本吉夫)「国家学会雑誌」 54(6) 1940.6
◇権利思想のある展開(2・完)(高柳賢三)「国家学会雑誌」 54(6) 1940.6
◇政治学の対象(3)(戸沢鉄彦)「国家学会雑誌」 54(6) 1940.6
◇比較法とヴィコー(牧野英一)「自治研究」 16(6) 1940.6
◇文官制度改革雑俎(1)(村上恭一)「自治研究」 16(6) 1940.6
◇新税制と納税担保(連載・行政法思潮116)(杉村章三郎)「自治研究」 16(6) 1940.6
◇大戦周辺国の政治経済「週刊エコノミスト」 18(21) 1940.6
◇蒙古の法律(其の9・完)(アリンゲ,坂野亀一訳)「地方行政 日文版」 4(6) 1940.6
◇日本政治の再編成(討論会)「中央公論」 55(6) 1940.6
◇昭和10年度第一次入所青少年義勇軍中身上調査(拓務省東亜第二課)「帝国教育」 740 1940.6
◇精動の地方実践機構要綱(日本都市年鑑編纂室)「都市問題」 30(6) 1940.6
◇国民精神総動員機構の改組に就て(内務省地方局)「内務厚生時報」 5(6) 1940.6
◇憲法十七条の法理的思想内実(2・完)(小野清一郎)「法学協会雑誌」 58(6) 1940.6
◇東亜新秩序と我が国体(牧健二)「法学論叢(京都帝国大学法学会)」 42(6) 1940.6
◇総動員物資使用収用令(富岡輝吉)「法律時報」 12(6) 1940.6
◇調停条項とこれに関する一考察(中島弘道)「法律時報」 12(6) 1940.6
◇政治体制の再編成(細川隆元)「改造」 22(11) 1940.7
◇日本国と蘭領東印度(末広重雄)「経済論叢」 51(1) 1940.7
◇民族主義と帝国主義(高田保馬)「経済論叢」 51(1) 1940.7

◇軍刑法成立の過程(2・完)(塩田保美)「警察研究」 11(7) 1940.7
◇刑法改正の諸問題-改正刑法例案各則論評-(牧野英一)「警察研究」 11(7) 1940.7
◇国家総動員法発動の現段階に就いて(下の一)(宮前憲三)「警察研究」 11(7) 1940.7
◇各省行政機構改革の問題(吉冨重夫)「公法雑誌」 6(7) 1940.7
◇満洲国の行政機構(1)(高橋貞三)「公法雑誌」 6(7) 1940.7
◇文官任用制度並待遇改正案の展望(元山修二)「自治機関」 485 1940.7
◇吏制改革と官公吏待遇問題(小島憲)「自治機関」 485 1940.7
◇改正刑法仮案について(1)(牧野英一)「自治研究」 16(7) 1940.7
◇文官制度改革雑俎(2・完)(村上恭一)「自治研究」 16(7) 1940.7
◇関口議官地方巡察復命書(連載・行政法思潮118)(杉村章三郎)「自治研究」 16(7) 1940.7
◇前途多事の仏印問題「週刊エコノミスト」 18(23) 1940.7
◇英帝国の戦争実力「週刊エコノミスト」 18(25) 1940.7
◇新内閣の性格と政策「週刊エコノミスト」 18(27) 1940.7
◇本年度の物資動員計画(企画院)「週報 官報附録」 195 1940.7
◇新支那読本(3):租界(内閣情報部)「週報 官報附録」 196 1940.7
◇修正新軍備計画と陸軍兵備体系の改正(陸軍省情報部)「週報 官報附録」 198 1940.7
◇官吏制度の改革(日本都市年鑑編纂室)「都市問題」 31(1) 1940.7
◇技術及経済諸団体の政治新体制運動「内外社会問題調査資料」 429 1940.7
◇政治概念について―大石教授及び堀教授の教を乞ふ―(今中次麿)「法政研究」 10(2) 1940.7
◇改正刑法仮案の各則―刑法改正綱領を中心として(瀧川幸辰)「法律時報」 12(7) 1940.7
◇改正刑法仮案「法律時報」 12(7) 1940.7
◇刑法草案各則の比較法的考案(木村亀二)「法律時報」 12(7) 1940.7
◇刑法における道義と政策―改正刑法仮案に対する概括的批判―(小野清一郎)「法律時報」 12(7) 1940.7
◇刑法の改正における妥協と進歩(牧野英一)「法律時報」 12(7) 1940.7
◇社会大衆党の解党「労働時報」 17(7) 1940.7
◇新疆省事情(承前)「大阪商工会議所月報」 399 1940.8
◇仏国に於ける「徴発」制度の概要(2)「企画」 3(8) 1940.8
◇許可の欠欠と法律行為の効力(原龍之助)「経済学雑誌」 7(2) 1940.8
◇刑法改正の諸問題(3):改正刑法例案各則論評(牧野英一)「警察研究」 11(8) 1940.8
◇時事法制二題(宮沢俊義)「警察研究」 11(8) 1940.8
◇各省行政機構改革の問題(2)(吉冨重夫)「公法雑誌」 6(8) 1940.8
◇司法に関する責任(佐々木惣一)「公法雑誌」 6(8) 1940.8
◇社会的規範意識の発達(1):所有権及び統治権の分化と分離(田村徳治)「公法雑誌」 6(8) 1940.8
◇満洲国の行政機構(2・完)(高橋貞三)「公法雑誌」 6(8) 1940.8
◇「大日本帝国憲法義解」成立の経緯(1)(鈴木安蔵)「国家学会雑誌」 54(8) 1940.8
◇法治行政と行政法体系(田上穣治)「国家学会雑誌」 54(8) 1940.8
◇国家信用の機能(楠見一正)「財政」 5(9) 1940.8
◇改正刑法仮案について(2)(牧野英一)「自治研究」 16(8) 1940.8
◇看護婦免許の性質(連載・行政法思潮120)(杉村章三郎)「自治研究」 16(8) 1940.8

- ◇新党問題と社会大衆党の解党(畑中正寿)「社会政策時報」 239 1940.8
- ◇苦悩する米国を剖く「週刊エコノミスト」 18(29) 1940.8
- ◇ドイツ東方兵站基地「週刊エコノミスト」 18(29) 1940.8
- ◇統帥と行政の統合問題「週刊エコノミスト」 18(30) 1940.8
- ◇新内閣の基本国策(第二次近衛内閣)「週報 官報附録」 199 1940.8
- ◇国防国家建設の必要(陸軍省情報部)「週報 官報附録」 201 1940.8
- ◇ライテインゲー著「英国の対独戦争途上に於けるフランスの生物学的並に経済的自殺」(本間龍雄)「人口問題研究」 1(5) 1940.8
- ◇新体制の社会的性格(服部英太郎)「東洋経済新報」 1936 1940.8
- ◇商工農林の行政調整(日本都市年鑑編纂室)「都市問題」 31(2) 1940.8
- ◇陸軍の新軍管区制創設(日本都市年鑑編纂室)「都市問題」 31(2) 1940.8
- ◇都市生活と国民精神総動員(戦時に於ける市民生活)(関口泰)「都市問題」 31(2) 1940.8
- ◇近衛内閣と革新陣営─新政治体制確立に協力せん「内外社会問題調査資料」 403 1940.8
- ◇青年、学生層に於ける新政治体制運動─革新陣営青年層の大同団結運動「内外社会問題調査資料」 430 1940.8
- ◇新政治体制に対応する国民組織の方案─消費者組織を中心とする新体制─「内外社会問題調査資料」 431 1940.8
- ◇憲法義解縁起(1)(宮澤俊義,林茂)「法学協会雑誌」 58(8) 1940.8
- ◇市町村長の不正と民法第44条(判例)(三宅正男)「法学協会雑誌」 58(8) 1940.8
- ◇民法体系に於ける「住所」規定の地位(川島武宜)「法学協会雑誌」 58(8) 1940.8
- ◇合法的改革(1)(西本頴)「法学論叢(京都帝国大学法学会)」 43(2) 1940.8
- ◇ラレンツ「習俗と法」(1)(大西芳雄)「法学論叢(京都帝国大学法学会)」 43(2) 1940.8
- ◇強大国は如何なる領域的基礎を持つべきか─基礎地帯、基礎海洋、国家─(加田哲二)「三田学会雑誌」 34(8) 1940.8
- ◇仏国に於ける「徴発」制度の概要(3・完)(企画)「企画」 3(9) 1940.9
- ◇軍刑法成立の過程(塩田保美)「警察研究」 11(6) 1940.9
- ◇刑法改正の諸問題(4):改正刑法例案各則論評(牧野英一)「警察研究」 11(9) 1940.9
- ◇帝国憲法の外地適用(1)(清宮四郎)「公法雑誌」 6(9) 1940.9
- ◇アメリカン・デモクラシー原理(木下丹)「公法雑誌」 6(9) 1940.9
- ◇各省行政機構改革の問題(3・完)(吉富重夫)「公法雑誌」 6(9) 1940.9
- ◇官吏制度の改革(宮本吉夫)「公法雑誌」 6(9) 1940.9
- ◇議院の会議の公開と議事の報告(佐々木惣一)「公法雑誌」 6(9) 1940.9
- ◇国体、憲法と新体制(稲田正次)「公民教育」 10(9) 1940.9
- ◇執行権の強化(日、独、伊、仏、米)(特輯)「国家学会雑誌」 54(9) 1940.9
- ◇支那の憲政実施運動(松本忠雄)「財政」 5(10) 1940.9
- ◇改正刑法仮案について(3)(牧野英一)「自治研究」 16(9) 1940.9
- ◇独逸に於ける一部事務町村組合(連載・行政法思潮 122)(杉村章三郎)「自治研究」 16(9) 1940.9
- ◇新体制具体化の基本問題「週刊エコノミスト」 18(34) 1940.9
- ◇新体制とは何か(特輯)「週報 官報附録」 203 1940.9
- ◇国防会議論(中村哲)「中央公論」 55(9) 1940.9
- ◇新政治体制要綱試案─政府側と議会側の改革─(板橋菊松)「東洋経済新報」 1938 1940.9

- ◇新体制運動準備委員会会議「都市公論」 23(9) 1940.9
- ◇能率から見た官公吏(都市の人事行政)(上野陽一)「都市問題」 31(3) 1940.9
- ◇完全解決体制を樹立せる全国水平社大会─新政治体制下の国民融和運動「内外社会問題調査資料」 432 1940.9
- ◇独逸国防経済の大貌(2)─如何に国防経済を建設したか─「内外社会問題調査資料」 433 1940.9
- ◇新政治体制と内閣(宮沢俊義)「日本評論」 15(9) 1940.9
- ◇所謂村八分と脅迫罪(判例)(登石登)「法学協会雑誌」 58(9) 1940.9
- ◇憲法義解縁起(2・完)(宮澤俊義,林茂)「法学協会雑誌」 58(9) 1940.9
- ◇昭和14年民法学雑誌論文回顧(川島武宜,来栖三郎)「法学協会雑誌」 58(9) 1940.9
- ◇合法的改革(2・完)(西本頴)「法学論叢(京都帝国大学法学会)」 43(3) 1940.9
- ◇戦時ドイツの政治と行政(長濱政寿)「法学論叢(京都帝国大学法学会)」 43(3) 1940.9
- ◇ラレンツ「習俗と法」(2・完)(大西芳雄)「法学論叢(京都帝国大学法学会)」 43(3) 1940.9
- ◇官吏制度改革問題─その一つの見方─(柳瀬良幹)「法律時報」 12(9) 1940.9
- ◇ドイツに於ける党と国家の関係(五十嵐豊作)「法律時報」 12(9) 1940.9
- ◇寧夏省事情「大阪商工会議所月報」 401 1940.10
- ◇国民組織案の討議(座談会)「改造」 22(18) 1940.10
- ◇新政治体制と憲法(河村又介)「改造」 22(18) 1940.10
- ◇軍隊は如何なる知識を要望するか(清野謙六郎)「教育」 8(10) 1940.10
- ◇刑法における新体制(牧野英一)「警察研究」 11(10) 1940.10
- ◇国家総動員法発動の現段階に就いて(下の二)(宮前憲三)「警察研究」 11(10) 1940.10
- ◇請願権の史的変遷(中村哲)「公法雑誌」 6(10) 1940.10
- ◇肇国と建国(吉田一枝)「公法雑誌」 6(10) 1940.10
- ◇帝国憲法の外地適用(2・完)(清宮四郎)「公法雑誌」 6(10) 1940.10
- ◇比較憲法史の社会学的研究(1)(中島重)「公法雑誌」 6(10) 1940.10
- ◇満洲国憲法雑観(大石義雄)「公法雑誌」 6(10) 1940.10
- ◇政治学の対象(4・完)(戸沢鉄彦)「国家学会雑誌」 54(10) 1940.10
- ◇ナチス独裁政における統帥機関の地位(中村哲)「国家学会雑誌」 54(10) 1940.10
- ◇都市消費者組織の方向-そのための中央機関結成について(山本秋)「産業組合」 420 1940.10
- ◇法律における新体制(1)(牧野英一)「自治研究」 16(10) 1940.10
- ◇官僚機構の改革(新明正道)「週刊エコノミスト」 19(38) 1940.10
- ◇日独伊三国条約締結「週報 官報附録」 207 1940.10
- ◇新体制早わかり(臨時号)(内閣情報部)「週報 官報附録」 208 1940.10
- ◇総動員態勢の強化「週報 官報附録」 210 1940.10
- ◇新政治体制の日本的軌道(佐々木惣一)「中央公論」 55(10) 1940.10
- ◇三国同盟特集号「東洋経済新報」 1941 1940.10
- ◇独逸に於けるナチス党の地位「東洋経済新報」 1942 1940.10
- ◇新体制運動の出発と革新陣営の進退「内外社会問題調査資料」 435 1940.10
- ◇新体制運動に即応し産青連の再出発「内外社会問題調査資料」

◇「世帯主選挙人制」に対する黒竜会の進言「内外社会問題調査資料」 437 1940.10

◇英国の戦時立法二件その他(末延三次)「法学協会雑誌」 58(10) 1940.10

◇ナチス行政の戦時体制—特に戦時に於ける行政裁判制度について—(俵静夫)「法律時報」 12(10) 1940.10

◇国防経済欲求(武村忠雄)「三田学会雑誌」 34(10) 1940.10

◇寧夏省事情(承前完)「大阪商工会議所月報」 402 1940.11

◇独逸の戦時総動員関係主要法令-第二輯、1940年自1月至8月分-「企画」 3(11) 1940.11

◇刑法改正の諸問題(5):改正刑法仮案各則論評(牧野英一)「警察研究」 11(11) 1940.11

◇アメリカに於ける大統領予選投票制について(鵜飼信成)「公法雑誌」 6(11) 1940.11

◇比較憲法史の社会学的研究(2・完)(中島重)「公法雑誌」 6(11) 1940.11

◇福沢諭吉の政治思想(1)(田畑忍)「公法雑誌」 6(11) 1940.11

◇「大日本帝国憲法義解」成立の経緯(2・完)(鈴木安蔵)「国家学会雑誌」 54(11) 1940.11

◇判例行政裁判法(1)(杉村章三郎)「国家学会雑誌」 54(11) 1940.11

◇大政翼賛運動の地方機構に就て(元山修二)「自治機関」 489 1940.11

◇昭和9年改正以降に於ける選挙法改正問題(1)(古井喜実)「自治研究」 16(11) 1940.11

◇法律における新体制(2・完)(牧野英一)「自治研究」 16(11) 1940.11

◇精動の解消の翼賛運動の発足(小泉梧郎)「斯民」 35(11) 1940.11

◇大政翼賛会の地方組織について(大政翼賛会組織部)「斯民」 35(11) 1940.11

◇新体制と生産力拡充(阿部賢一)「週刊エコノミスト」 18(41) 1940.11

◇議会の新体制(高杉孝二郎)「週刊エコノミスト」 18(43) 1940.11

◇大政翼賛会の本質(新明正道)「週刊エコノミスト」 18(43) 1940.11

◇精動運動の回顧(1)(山崎晋道)「地方改良」 105 1940.11

◇如何にして衆議を統裁するか-会議制の活用-(布施辰治)「中央公論」 55(11) 1940.11

◇日清戦争以来の我が政治経済を語る「東洋経済新報」 1947 1940.11

◇南洋に於ける空の争覇「東洋経済新報」 1949 1940.11

◇故小橋氏の行政機構改革意見(SS生)「道路の改良」 22(11) 1940.11

◇委員会等の大量整理決定(日本都市年鑑編纂室)「都市問題」 31(5) 1940.11

◇近衛内閣と地方長官会議(日本都市年鑑編纂室)「都市問題」 31(5) 1940.11

◇大政翼賛運動に就て(古野伊之助)「都市問題」 31(5) 1940.11

◇革新陣営質的転換の大勢と新活動態勢「内外社会問題調査資料」 438 1940.11

◇家長選挙制度の実現を期する愛国陣営の活動「内外社会問題調査資料」 439 1940.11

◇新体制及外交問題に対する国家主義運動「内外社会問題調査資料」 440 1940.11

◇公法関係の意義(田上穣治)「一橋論叢」 6(5) 1940.11

◇おほやけ(公)の理念(牧健二)「法学論叢(京都帝国大学法学会)」 43(5) 1940.11

◇新政治体制の国法学的考察(朧谷峻嶺)「法学論叢(京都帝国大学法学会)」 43(5) 1940.11

◇身分行為に就ての一考察(於保不二雄)「法学論叢(京都帝国大学法学会)」 43(5) 1940.11

◇有機的国家観(大石兵太郎)「法律時報」 12(11) 1940.11

◇国防経済欲求の調達—国防経済の再生産過程—(武村忠雄)「三田学会雑誌」 14(11) 1940.11

◇万民翼賛と一国一党(中村哲)「改造」 22(23) 1940.12

◇刑法改正の諸問題(6):改正刑法仮案各則論評(牧野英一)「警察研究」 11(12) 1940.12

◇国民社会主義ドイツに於ける一般国民の兵役の義務について(大石義雄)「公法雑誌」 6(12) 1940.12

◇福沢諭吉の政治思想(2・完)(田畑忍)「公法雑誌」 6(12) 1940.12

◇公物の法律的構造-特に公物所有権を中心とする公物と税法との関係の素描(田中二郎)「国家学会雑誌」 54(12) 1940.12

◇改正刑法仮案について(4)(牧野英一)「自治研究」 16(12) 1940.12

◇帝国議会開設五十年(宮沢俊義)「自治研究」 16(12) 1940.12

◇胎児の扶助料請求権(連載・行政法思潮 125)(杉村章三郎)「自治研究」 16(12) 1940.12

◇選挙法改正の政治性(河野密)「週刊エコノミスト」 18(47) 1940.12

◇日支条約成立とその影響「週刊エコノミスト」 18(47) 1940.12

◇日華基本条約の締結と日満華共同宣言「週報 官報附録」 217 1940.12

◇臨時中央協力会議について「週報 官報附録」 218 1940.12

◇臨時中央協力会議の経過「週報 官報附録」 220 1940.12

◇精動運動の回顧(2)(山崎晋道)「地方改良」 106 1940.12

◇悠久紀元二千六百年を回顧して(竹内虎雄)「地方改良」 106 1940.12

◇満洲国と協和会(尾崎秀実)「中央公論」 55(12) 1940.12

◇時代錯誤の選挙権縮少「東洋経済新報」 1951 1940.12

◇革新陣営に於ける青年運動の新態勢「内外社会問題調査資料」 441 1940.12

◇当面の事態に対する革新陣営の要望「内外社会問題調査資料」 442 1940.12

◇時局下進展を期する壮年団運動の概観—大政翼賛組織としての将来観—「内外社会問題調査資料」 443 1940.12

◇大政翼賛運動に対する革新陣営の協力方針「内外社会問題調査資料」 443 1940.12

◇英国に於ける「戦区裁判所」の設置その他(末延三次)「法学協会雑誌」 58(12) 1940.12

◇国民総協力としての議会-選挙法改正閣議案に反対-(片山哲)「改造」 23(1) 1941.1

◇大政翼賛運動の合憲法性(黒田学)「改造」 23(1) 1941.1

◇大政翼賛運動の法理的性格(宮沢俊義)「改造」 23(1) 1941.1

◇主婦の政治的自覚(宮本百合子)「教育」 9(1) 1941.1

◇違法の認識と経済事犯(1)(瀧川幸辰)「公法雑誌」 7(1) 1941.1

◇所謂公所有権の観念と我が法制(磯崎辰五郎)「公法雑誌」 7(1) 1941.1

◇議会制度改革の基調(1)(吉富重夫)「公法雑誌」 7(1) 1941.1

◇帝国憲法論の意味(1)(佐々木惣一)「公法雑誌」 7(1) 1941.1

◇ドイツ人の観た日本憲法学の現状(俵静夫)「公法雑誌」 7(1) 1941.1

◇維新前後に於ける横浜共同租界(1)-支那に於けるそれとの比較に於て-(山下正雄)「港湾」 19(1) 1941.1

◇行政新体制特輯「国策研究会週報」 3(2) 1941.1

◇海外政治の動向(特輯)(東亜、ソ連、独、仏、英、米)「国家学会雑誌」 55(1) 1941.1
◇官公吏制度改革の方向(1)(畑市次郎)「市政研究」 7(1) 1941.1
◇昭和9年改正以降に於ける選挙法改正問題(2)(古井喜実)「自治研究」 17(1) 1941.1
◇大政翼賛会議会局選挙制度改革案成る「自治研究」 17(1) 1941.1
◇日本国有法論と経済法論(牧野英一)「自治研究」 17(1) 1941.1
◇新設の国務大臣制(連載・行政法思潮 126)(杉村章三郎)「自治研究」 17(1) 1941.1
◇命令規定に対する違反と契約の効力(連載・行政法思潮 127)(杉村章三郎)「自治研究」 17(1) 1941.1
◇後藤組織局長に翼賛体制を訊く会「斯民」 36(1) 1941.1
◇発展途上の満洲国「週刊エコノミスト」 19(1) 1941.1
◇大政翼賛会中央本部、事務局の各部局解説「週報 官報附録」 221 1941.1
◇文官制度の改正「週報 官報附録」 223 1941.1
◇精神運動の回顧(3)(山崎晋道)「地方改良」 107 1941.1
◇選挙制度の改革(宮沢俊義)「中央公論」 56(1) 1941.1
◇「国内政治の再建」(座談会)「東洋経済新報」 1952 1941.1
◇選挙制度改正に就て(松尾国松)「都市公論」 24(1) 1941.1
◇英国公法の基礎理論(1)(高柳賢三)「法学協会雑誌」 59(1) 1941.1
◇アメリカ新法学の示唆(大西芳雄)「法学論叢(京都帝国大学法学会)」 44(1) 1941.1
◇中華民国現行政治制度(梅思平)「法政研究」 11(1) 1941.1
◇重慶政府の戦時立法の実相(真鍋藤治)「法律時報」 13(1) 1941.1
◇ドイツに於ける指導者制の歴史的研究(三戸壽)「法律時報」 13(1) 1941.1
◇満洲国の文官制度(双川喜文)「法律時報」 13(1) 1941.1
◇大政翼賛会と憲法上の論点(佐々木惣一)「改造」 23(3) 1941.2
◇翼賛議会とは何か(鈴木安蔵)「改造」 23(3) 1941.2
◇風俗犯罪と改正案(牧野英一)「警察研究」 12(2) 1941.2
◇違法の認識と経済事犯(2・完)(瀧川幸辰)「公法雑誌」 7(2) 1941.2
◇議会制度改革の基調(2・完)(吉富重夫)「公法雑誌」 7(2) 1941.2
◇行政犯の性質と其の特色(1)(原龍之助)「公法雑誌」 7(2) 1941.2
◇最近はれた内閣制度の改革について(大石義雄)「公法雑誌」 7(2) 1941.2
◇帝国憲法の由来(2)(佐々木惣一)「公法雑誌」 7(2) 1941.2
◇維新前後に於ける横浜共同租界(2)(山下正雄)「港湾」 19(2) 1941.2
◇「法律による行政」の原理とその修正-ドイツ行政判例に現はれた一の問題-(田中二郎)「国家学会雑誌」 55(2) 1941.2
◇政府職員共済組合に就て(河野一之)「財政」 6(2) 1941.2
◇改正刑法仮案について(5・完)(牧野英一)「自治研究」 17(2) 1941.2
◇時局と選挙法の改正(樋貝詮三)「自治研究」 17(2) 1941.2
◇文官制度改革の成立を迎へて(村上恭一)「自治研究」 17(2) 1941.2
◇官吏制度の改革(連載・行政法思潮 128)(杉村章三郎)「自治研究」 17(2) 1941.2
◇大政翼賛会の政治的性格(中村彌三次)「週刊エコノミスト」 19(5) 1941.2
◇兵役法改正の要点「週報 官報附録」 229 1941.2
◇待遇官吏廃止論(村上恭一)「地方行政」 49(2) 1941.2

◇アメリカ戦時体制研究(2):国防から見たローズベルト施設(アメリカ政治経済研究会)「中央公論」 56(2) 1941.2
◇「家」の性格(中川善之助)「中央公論」 56(2) 1941.2
◇政治と軍部-近衛内閣の改造に関連して-(岩淵辰雄)「中央公論」 56(2) 1941.2
◇米国国防に関する報告(1)「調査月報(大蔵省)」 31(2) 1941.2
◇米合衆国に於ける連邦事業庁の機能(多田基)「道路の改良」 23(2) 1941.2
◇官吏制度改革の実現「都市問題」 32(2) 1941.2
◇大政翼賛会の性格に関する論議「内外社会問題調査資料」 446 1941.2
◇家長選挙を語る(座談会)(船田中[ほか])「日本評論」 16(2) 1941.2
◇「家長選挙」の是非(諸家回答)(小池四郎[ほか])「日本評論」 16(2) 1941.2
◇対物権と対人権の区別に関する史的考察(1)(ジュオン・デ・ロングレー, 福井勇二郎訳)「法学協会雑誌」 59(2) 1941.2
◇憲法第二十七条の一解釈(河村又介)「法政研究」 11(1) 1941.2
◇上海仏租界特区法院の接収と租界問題(南俊文一)「法律時報」 13(2) 1941.2
◇告文・勅語・上諭(5)(井上孚麿)「文部時報」 715 1941.2
◇政治の現実と政治の責任(中村哲)「改造」 23(5) 1941.3
◇立法目的の明示と普通条項の拡大-最近の立法における特異性-(末川博)「経済学雑誌」 8(3) 1941.3
◇国防保安法案(牧野英一)「警察研究」 12(3) 1941.3
◇行政犯の性質と其の特色(2・完)(原龍之助)「公法雑誌」 7(3) 1941.3
◇帝国憲法論の意味(2・完)(佐々木惣一)「公法雑誌」 7(3) 1941.3
◇法と倫理(1)(恒藤恭)「公法雑誌」 7(3) 1941.3
◇維新前後に於ける横浜共同租界(2)(山下正雄)「港湾」 19(3) 1941.3
◇立憲政の防衛(1):第二議会の解散を繞つて(林茂)「国家学会雑誌」 55(3) 1941.3
◇議員の任期延長に関する法律詳解(播磨重男)「自治機関」 493 1941.3
◇衆議院議員及地方議会議員の任期延長(齋藤昇)「自治研究」 17(3) 1941.3
◇新体制下の新法律学(1)(牧野英一)「自治研究」 17(3) 1941.3
◇官吏の不法行為に対する賠償責任(連載・行政法思潮 129)(杉村章三郎)「自治研究」 17(3) 1941.3
◇公益を理由とする課税除外(連載・行政法思潮 130)(杉村章三郎)「自治研究」 17(3) 1941.3
◇選挙法の諸問題(1)(吉岡恵一)「斯民」 36(3) 1941.3
◇社会行政の回顧(北岡寿逸)「社会政策時報」 246 1941.3
◇商工関係法律案に就いて-提案理由と新旧条文対照-「商工通報」 17 1941.3
◇官界新体制の重点とその性格(高橋亀吉)「中央公論」 56(3) 1941.3
◇米国大統領1941年頭一般教書「調査月報(大蔵省)」 31(3) 1941.3
◇戦時立法の新段階「東洋経済新報」 1962 1941.3
◇二つの官界新体制案(水飼幸之助)「都市問題」 32(3) 1941.3
◇衆議院議員並府県会議員・市町村会議員等の任期延長に関する件依命通牒(昭16.2.24内務省地方局長)「内務厚生時報」 6(3) 1941.3
◇衆議院議員・府県会議員・市町村議員等の任期延長に関する法律解説「内務厚生時報」 6(3) 1941.3
◇支那租界の国際法的地位(太平善梧)「一橋論叢」 7(3) 1941.3

政治・行政・法律

◇英国公法の基礎理論(2)(高柳賢三)「法学協会雑誌」 59(3) 1941.3

◇対物権と対人権の区別に関する史的考察(2)(ジュオン・デ・ロングレー, 福井勇二郎訳)「法学協会雑誌」 59(3) 1941.3

◇高等試験令の改正に就て(佐藤達夫)「法律時報」 13(3) 1941.3

◇国民社会主義ドイツ労働党の性格(吉富重夫)「法律時報」 13(3) 1941.3

◇非常時立法としての刑罰法規の強化(牧野英一)「法律時報」 13(3) 1941.3

◇刑法中改正法律(1)(牧野英一)「警察研究」 12(4) 1941.4

◇国防保安法の必要性とその特質(大竹武七郎)「警察研究」 12(4) 1941.4

◇官吏制度の改革(1)(吉富重夫)「公法雑誌」 7(4) 1941.4

◇帝国憲法の由来(4)(佐々木惣一)「公法雑誌」 7(4) 1941.4

◇法と倫理(2)(恒藤恭)「公法雑誌」 7(4) 1941.4

◇元老院の憲法草案について(宮沢俊義)「国家学会雑誌」 55(4) 1941.4

◇立憲制の防衛(2・完):第二議会の解散を繞つて(林茂)「国家学会雑誌」 55(4) 1941.4

◇戸主選挙制(1)(吉岡恵一)「自治研究」 17(4) 1941.4

◇新体制下の新法律学(2)(牧野英一)「自治研究」 17(4) 1941.4

◇臨時措置法の下に於ける各省告示の性質(連載・行政法思潮 131)(杉村章三郎)「自治研究」 17(4) 1941.4

◇選挙法の諸問題(2)(吉岡恵一)「斯民」 36(4) 1941.4

◇ナチス「社会国家」の展望(服部英太郎)「中央公論」 56(4) 1941.4

◇和解主義に立つ裁判-わが近世裁判制度の一面(高柳真三)「中央公論」 56(4) 1941.4

◇米国国防に関する報告(3)「調査月報(大蔵省)」 31(4) 1941.4

◇婦人団体統合問題の経過(河野)「都市問題」 32(4) 1941.4

◇陸軍徴募区の改正(石川栄耀)「都市問題」 32(4) 1941.4

◇米国国防計画を脅す労働争議「内外社会問題調査資料」 452 1941.4

◇国防国家に於ける行政組織(宇賀田順三)「法政研究」 11(3) 1941.4

◇国防国家の概念・政策・構造(今中次麿)「法政研究」 11(3) 1941.4

◇第76議会と憲法(柳瀬良幹)「法律時報」 13(4) 1941.4

◇刑法中改正法律(2)(牧野英一)「警察研究」 12(5) 1941.5

◇官吏制度の改革(2・完)(吉富重夫)「公法雑誌」 7(5) 1941.5

◇社会学的立場より観たる公権力と憲法との関係(中島重)「公法雑誌」 7(5) 1941.5

◇帝国議会の活動の始終(佐々木惣一)「公法雑誌」 7(5) 1941.5

◇法と倫理(3)(恒藤恭)「公法雑誌」 7(5) 1941.5

◇ボールンハック「ワイマール憲法と指導者国家」(1)(中谷敬寿)「公法雑誌」 7(5) 1941.5

◇官民懇談会と官界改革案「国策研究会週報」 3(22) 1941.5

◇戸主選挙制(2・完)(吉岡恵一)「自治研究」 17(5) 1941.5

◇新体制下の新法律学(3)(牧野英一)「自治研究」 17(5) 1941.5

◇納税義務承継者に関する一問題(連載・行政法思潮 133)(杉村章三郎)「自治研究」 17(5) 1941.5

◇選挙法の諸問題(3・完)(吉岡恵一)「斯民」 36(5) 1941.5

◇国防保安法について「週報 官報附録」 240 1941.5

◇首相の権限強化(中野登美雄)「中央公論」 56(5) 1941.5

◇日本国家主義運動史論(1)(津久井龍雄)「中央公論」 56(5) 1941.5

◇米国国防に関する報告(4)「調査月報(大蔵省)」 31(5) 1941.5

◇我官僚の性格に関する若干の史的考察(三浦鋲太郎)「東洋経済新報」 1673 1941.5

◇東方会全国大会と其の国民運動要綱「内外社会問題調査資料」 455 1941.5

◇公法上の物権(1)(美濃部達吉)「法学協会雑誌」 59(5) 1941.5

◇国防保安法の若干の検討(団藤重光)「法律時報」 13(5) 1941.5

◇告文、勅語、上諭-憲法解釈第一の典拠-(井上孚麿)「文部時報」 725 1941.5

◇刑法中改正法律(3・完)(牧野英一)「警察研究」 12(6) 1941.6

◇社会学的立場より観たる公権力と憲法との関係(2)(中島重)「公法雑誌」 7(6) 1941.6

◇帝国議会の議員の義務(森順次)「公法雑誌」 7(6) 1941.6

◇帝国憲法の由来(6)(佐々木惣一)「公法雑誌」 7(6) 1941.6

◇法と倫理(4)(恒藤恭)「公法雑誌」 7(6) 1941.6

◇ボールンハック「ワイマール憲法と指導者国家」(2)(中谷敬寿)「公法雑誌」 7(6) 1941.6

◇行政法通則に関する一資料(1):ヴュルテンベルグ行政法通則の研究(田中二郎, 佐藤功)「自治研究」 17(6) 1941.6

◇新体制下の新法律学(4)(牧野英一)「自治研究」 17(6) 1941.6

◇官民懇談会の官界の新体制案(連載・行政法思潮 134)(杉村章三郎)「自治研究」 17(6) 1941.6

◇日本国家主義運動史論(2)(津久井龍雄)「中央公論」 56(6) 1941.6

◇米国国防に関する報告(5)「調査月報(大蔵省)」 31(6) 1941.6

◇市町村吏員臨時手当補助実施要綱「都市問題」 32(6) 1941.6

◇「大日本帝国憲法」の構想(清水伸)「日本評論」 16(6) 1941.6

◇英国公法の基礎理論(3)(高柳賢三)「法学協会雑誌」 59(6) 1941.6

◇公法上の物権(2)(美濃部達吉)「法学協会雑誌」 59(6) 1941.6

◇アメリカの統制委員会について(長濱政寿)「法学論叢(京都帝国大学法学会)」 44(6) 1941.6

◇大政翼賛をめぐる憲法論(大西芳雄)「法律時報」 13(6) 1941.6

◇新版ジョングランド死亡表に基く「自然的及び政治的諸観察」「三田学会雑誌」 35(6) 1941.6

◇告文・勅語・上諭(7)-憲法解釈第一の典拠-(井上孚麿)「文部時報」 426 1941.6

◇社会学的立場より観たる公権力と憲法との関係(2・完)(中島重)「公法雑誌」 7(7) 1941.7

◇帝国憲法の由来(7)(佐々木惣一)「公法雑誌」 7(7) 1941.7

◇法と倫理(5・完)(恒藤恭)「公法雑誌」 7(7) 1941.7

◇ボールンハック「ワイマール憲法と指導者国家」(3・完)(中谷敬寿)「公法雑誌」 7(7) 1941.7

◇日本憲法制定に対するヘルマン・ロエスレルの奇与(1)(鈴木安蔵)「国家学会雑誌」 55(7) 1941.7

◇ヘーン編著「現代諸外国の行政」(辻清明)「国家学会雑誌」 55(7) 1941.7

◇行政法通則に関する一資料(2・完):ヴュルテンベルグ行政法典草案を中心とする行政法典草案を中心とする行政法通則の研究(田中二郎, 佐藤功)「自治研究」 17(7) 1941.7

◇新体制下の新法律学(5)(牧野英一)「自治研究」 17(7) 1941.7

◇佐々木惣一博士著『憲法行政法演習第1巻』(連載・行政法思潮 135)(杉村章三郎)「自治研究」 17(7) 1941.7

◇公務員の範囲(連載・行政法思潮 136)(杉村章三郎)「自治研究」 17(7) 1941.7

◇官界新体制と監察制度(関口泰)「中央公論」 56(7) 1941.7

◇米国国防に関する報告(6)「調査月報(大蔵省)」 31(7) 1941.7

◇内務報告例中改正に関する件(昭16.6.24文書課長)「内務厚生時報」 6(7) 1941.7
◇台湾に於ける民事調停(後藤清)「法律時報」 13(7) 1941.7
◇戦争被害除去の為の新秩序(ドイツ)「企画」 4(8) 1941.8
◇現行行政機構の諸問題(1)(山崎丹照)「警察研究」 12(8) 1941.8
◇重臣会議(宮沢俊義)「警察研究」 12(8) 1941.8
◇暴利行為等取締規則の改正に関する件通牒(1941.7.10商工、農林、内務三次官)「警察研究」 12(8) 1941.8
◇氏子及崇敬者の法上の地位について(1)(戸谷敬寿)「公法雑誌」 7(8) 1941.8
◇帝国憲法の由来(8)(佐々木惣一)「公法雑誌」 7(8) 1941.8
◇独逸国行政裁判所設立に関する総統令について(杉村章三郎)「国家学会雑誌」 55(8) 1941.8
◇日本憲法制定に対するヘルマン・ロエスレルの寄与(2・完)「国家学会雑誌」 55(8) 1941.8
◇新体制下の新法律学(6)(牧野英一)「自治研究」 17(8) 1941.8
◇営業免許制の一般化(連載・行政法思潮 137)(杉村章三郎)「自治研究」 17(8) 1941.8
◇行政機構の再編成(井上縫三郎)「週刊エコノミスト」 19(30) 1941.8
◇亜露ソ連政権「週刊エコノミスト」 19(31) 1941.8
◇英米攻勢と綿業界「週刊エコノミスト」 19(31) 1941.8
◇日本国家主義運動史論(3・完)(津久井龍雄)「中央公論」 56(8) 1941.8
◇米国国防に関する報告(7)「調査月報(大蔵省)」 31(8) 1941.8
◇第一回中央協力会議の経過「都市問題」 33(2) 1941.8
◇婦人団体統合問題本極り「都市問題」 33(2) 1941.8
◇厚生省行政機構の改革「内務厚生時報」 6(8) 1941.8
◇公法上の物権(3・完)(美濃部達吉)「法学協会雑誌」 59(8) 1941.8
◇村長の違法な金員借入行為と民法110条の適用(判例批評)(川島武宜)「法学協会雑誌」 59(8) 1941.8
◇成文法と生きた法律(オイゲン・エールリッヒ、鳩山秀夫訳)「法律時報」 13(8) 1941.8
◇比律賓コモンウエルスの法律上の地位(松下正壽)「法律時報」 13(8) 1941.8
◇馬来半島に於ける政治機構況概(牧悦三)「法律時報」 13(8) 1941.8
◇蘭領印度の統治機構(竹中均一)「法律時報」 13(8) 1941.8
◇国内体制整備論-内閣の政治力の強化-(宮沢俊義)「改造」 23(17) 1941.9
◇経済刑法に関する若干の問題「警察研究」 12(9) 1941.9
◇現下行政機構の諸問題(2)(山崎丹照)「警察研究」 12(9) 1941.9
◇氏子及崇敬者の法上の地位について(2・完)(戸谷敬寿)「公法雑誌」 7(9) 1941.9
◇帝国憲法の由来(9)(佐々木惣一)「公法雑誌」 7(9) 1941.9
◇立法技術上の用意について(磯崎辰五郎)「公法雑誌」 7(9) 1941.9
◇行政法の基礎理論(1)-柳瀬教授の新著を中心として-(田中二郎)「国家学会雑誌」 55(9) 1941.9
◇日本刑法の歴史的発展(1)(小野清一郎)「国家学会雑誌」 55(9) 1941.9
◇新体制下の新法律学(7)(牧野英一)「自治研究」 17(9) 1941.9
◇家屋税の免税要件としての公益用途(連載・行政法思潮 138)(杉村章三郎)「自治研究」 17(9) 1941.9
◇官公職員共済組合家族給付概況(江口見登留)「斯民」 36(9) 1941.9

◇内務省機構改革に就て(田中省吾)「水利と土木」 14(9) 1941.9
◇イギリス国中央計画の基準「都市公論」 24(9) 1941.9
◇官庁事務再編成方針の決定「都市問題」 33(3) 1941.9
◇産報運動の今日と明日-特にその政治的性格問題について-(富志淑幸)「日本評論」 16(9) 1941.9
◇英国公法の基礎理論(4・完)(高柳賢三)「法学協会雑誌」 59(9) 1941.9
◇行政裁判所五十年史(柳瀬良幹)「法学協会雑誌」 59(9) 1941.9
◇独逸行政法に於ける取消理論の変転(渡辺宗太郎)「法学論叢(京都帝国大学法学会)」 45(3) 1941.9
◇十九世紀に於ける仏国民法学の発達(3・完)(福井勇二郎)「法律時報」 13(9) 1941.9
◇臨戦体制の拠点・総動員法(末川博)「改造」 23(20) 1941.10
◇ナチス独逸の統治組織(1)「企画」 4(10) 1941.10
◇現下行政機構の諸問題(3)(山崎丹照)「警察研究」 12(10) 1941.10
◇戦線の拡散(佐野利器)「建築雑誌」 55(679) 1941.10
◇帝国憲法の由来(第七譜)(佐々木惣一)「公法雑誌」 7(10) 1941.10
◇憲法起草の参考資料について(1)(稲田正次)「国家学会雑誌」 55(10) 1941.10
◇ザイドル「新帝国終末に至る迄の埃及法制史入門」「国家学会雑誌」 55(10) 1941.10
◇第一次大戦後の憲法による議会政の継受(刑部荘)「国家学会雑誌」 55(10) 1941.10
◇新体制下の新法律学(8)(牧野英一)「自治研究」 17(10) 1941.10
◇行政行為に対する適法性の推定(連載・行政法思潮 139)(杉村章三郎)「自治研究」 17(10) 1941.10
◇重要産業団体令に於ける指導者的性格(連載・行政法思潮 140)(杉村章三郎)「自治研究」 17(10) 1941.10
◇内務省機構の再編成(古井喜実)「斯民」 36(10) 1941.10
◇翼賛壮年団の発足「週報 官報附録」 262 1941.10
◇内務厚生両省の新機構「都市問題」 33(4) 1941.10
◇督務班室の設置に就いて「内務厚生時報」 6(10) 1941.10
◇物権契約概念の後退「一橋論叢」 8(4) 1941.10
◇国家総動員法上の勅令(須貝脩一)「法学論叢(京都帝国大学法学会)」 45(4) 1941.10
◇独逸行致法に於ける取消理論の変転(2・完)(渡邊宗太郎)「法学論叢(京都帝国大学法学会)」 45(4) 1941.10
◇帝国憲法の由来(11)(佐々木惣一)「公法雑誌」 7(11) 1941.11
◇憲法起草の参考資料(2・完)(稲田正次)「国家学会雑誌」 55(11) 1941.11
◇日本刑法の歴史的発展(2・完)(小野清一郎)「国家学会雑誌」 55(11) 1941.11
◇新体制下の新法律学(9)(牧野英一)「自治研究」 17(11) 1941.11
◇郵便貯金払戻行為の無効(連載・行政法思潮 141)(杉村章三郎)「自治研究」 17(11) 1941.11
◇チェームス・ハート教授の行政法序論(連載・行政法思潮 142)(杉村章三郎)「自治研究」 17(11) 1941.11
◇公法学に於ける統制法の課題(田上穣治)「統制経済」 3(5) 1941.11
◇国防国家に於ける営業自由の原則の限界「統制経済」 3(5) 1941.11
◇翼賛壮年団結成の基本要綱(臨戦態勢と都市財政)「都市問題」 33(5) 1941.11
◇再建政治原理(特集)「日本評論」 16(11) 1941.11
◇壮年団運動「日本評論」 16(11) 1941.11

政治・行政・法律

◇国防経済と科学(大河内正敏)「農村工業」 8(11) 1941.11
◇続明治民法編纂史(星野通)「法学協会雑誌」 59(11) 1941.11
◇行政学の現実的基礎(1)(長濱政寿)「法学論叢(京都帝国大学法学会)」 45(5) 1941.11
◇行政機構改革の諸問題(柳瀬良幹)「改造」 23(23) 1941.12
◇大臣・次官・局長(田中惣五郎)「改造」 23(23) 1941.12
◇フランス領南太平洋諸島の地政治学的考察(別技篤彦)「経済学雑誌」 9(6) 1941.12
◇現下行政機構の諸問題(4)(山崎丹照)「警察研究」 12(12) 1941.12
◇内務省機構改編について(中沢誠一郎)「建築行政」 5(19) 1941.12
◇国会開設の大昭喚発後前(1)(藤井新一)「公法雑誌」 7(12) 1941.12
◇帝国憲法の由来(12)(佐々木惣一)「公法雑誌」 7(12) 1941.12
◇日米開戦と国内体制の整備「国策研究会週報」 3(50) 1941.12
◇近世日本政治思想に於ける自然と作為(3)(丸山真男)「国家学会雑誌」 55(12) 1941.12
◇許可認可等行政事務処理簡捷令解説(井手成三)「自治研究」 17(12) 1941.12
◇新体制下の新法律学(10)(牧野英一)「自治研究」 17(12) 1941.12
◇行政事務処理簡捷令(連載・行政法思潮143)(杉村章三郎)「自治研究」 17(12) 1941.12
◇兵役法の改正「斯民」 36(12) 1941.12
◇決戦と官界体制の改革(郷古潔)「週刊エコノミスト」 19(48) 1941.12
◇吾が国政治の現段階(木下半治)「統制経済」 3(6) 1941.12
◇官庁事務処理の簡捷化に関する勅令要綱「都市問題」 33(6) 1941.12
◇続明治民法編纂史研究補正(星野通)「法学協会雑誌」 59(12) 1941.12
◇行政学の現実的基礎(2)(長濱政寿)「法学論叢(京都帝国大学法学会)」 45(6) 1941.12
◇行政事務処理の簡捷化(井手成三)「法律時報」 13(12) 1941.12
◇最近一ヶ年の行政判例(杉村章三郎)「法律時報」 13(12) 1941.12
◇第七十七議会の覚書(柳瀬良幹)「法律時報」 13(12) 1941.12
◇泰国概観(鈴木壽高)「建築雑誌」 55(682) 1942.1
◇大石義雄「帝国憲法と国防国家の理論」及び田畑忍「法・憲法及国家」(磯崎辰五郎)「公法雑誌」 8(1) 1942.1
◇国会開設の大詔喚発前法(2)(藤井新一)「公法雑誌」 8(1) 1942.1
◇台湾に於ける特例勅令(園部敏)「公法雑誌」 8(1) 1942.1
◇官民協力に就て金森本会総務委員に聴く「国策研究会週報」 4(1) 1942.1
◇翼賛会の改組徹底と政治の動向(中野登美雄)「国策研究会週報」 4(3) 1942.1
◇海外政治の動向(特輯)「国家学会雑誌」 56(1) 1942.1
◇行政実例の新研究(3)(播磨重男)「自治機関」 503 1942.1
◇津田真道の「泰西国法論」(1)(宮沢俊義)「自治研究」 18(1) 1942.1
◇ゾムメル長官による行政裁判の将来(連載・行政法思潮144)(杉村章三郎)「自治研究」 18(1) 1942.1
◇市町村長の賠償責任の限度(連載・行政法思潮145)(杉村章三郎)「自治研究」 18(1) 1942.1
◇ナチス内務行政の展望(人見植夫)「斯民」 37(1) 1942.1
◇消防官吏・警防団員の職務応援に関する勅令に就て(岡本富三郎)「大日本警防」 16(1) 1942.1

◇現代世界政治の基本的考察(蠟山政道)「中央公論」 57(1) 1942.1
◇長期総力戦意識の結集(研究会)(大河内一男[ほか])「中央公論」 57(1) 1942.1
◇東亜共栄圏確立の基底「東洋経済新報」 2002 1942.1
◇戦時立法の前進―戦保臨時措置法・企業許可令等―「東洋経済新報」 2003 1942.1
◇英国に於ける戦時犯罪(戦時欧洲都市事情)「都市問題」 34(1) 1942.1
◇決戦政治の確立―第五回日本評論時局研究会―「日本評論」 17(1) 1942.1
◇ヴユー・ヴアン・マン「安南古法の典売と不動産質」(福井勇二郎)「法学協会雑誌」 60(1) 1942.1
◇日本民法相続篇の史的素描(原田慶吉)「法学協会雑誌」 60(1) 1942.1
◇不当利得に就いての一考察(2)(磯村哲)「法学論叢(京都帝国大学法学会)」 46(1) 1942.1
◇内閣制度の革新をум す(清水伸)「法律時報」 14(1) 1942.1
◇ドイツの占領地統制方式(海野稔)「改造」 24(2) 1942.2
◇小山弘健著「近代軍事技術史」(上林貞治郎)「経済学雑誌」 10(2) 1942.2
◇国会開設の大詔煥発前後(3・完)(藤井新一)「公法雑誌」 8(2) 1942.2
◇台湾に於ける特例勅令(2・完)(園部敏)「公法雑誌」 8(2) 1942.2
◇現代官吏制度の展開と科学的人事行政(1)(辻清明)「国家学会雑誌」 56(2) 1942.2
◇ソヴエート連邦(山之内一郎)「国家学会雑誌」 56(2) 1942.2
◇ラキス「アメリカ大統領制」(一九四〇年)「国家学会雑誌」 56(2) 1942.2
◇新体制下の新法律学(11・完)(牧野英一)「自治研究」 18(2) 1942.2
◇津田真道の「泰西国法論」(2)(宮沢俊義)「自治研究」 18(2) 1942.2
◇マレーの政治・経済「週刊エコノミスト」 20(5) 1942.2
◇麹町区に於ける「翼賛選挙」(吉川末次郎)「地方行政」 50(2) 1942.2
◇中国共産党批判(橘樸)「中央公論」 57(2) 1942.2
◇大東亜共栄圏確立の具体的構想(特集)「東洋経済新報」 2010 1942.2
◇所謂「翼賛選挙」と其の批判(上)(決戦態勢と地方行政の改革)(吉川末次郎)「都市問題」 34(2) 1942.2
◇大東亜戦争と東亜諸民族の動向(平野義太郎)「汎交通 帝国鉄道協会誌」 43(2) 1942.2
◇日本民法相続篇の史的素描(2)(原田慶吉)「法学協会雑誌」 60(2) 1942.2
◇牧野博士の「非常時立法の発展」を読む(宮澤俊義)「法学協会雑誌」 60(2) 1942.2
◇憲法解釈学の方法雑感(大西芳雄)「法学論叢(京都帝国大学法学会)」 46(2) 1942.2
◇鈴木安蔵著「憲法制定とロエスレル」(小早川欣吾)「法学論叢(京都帝国大学法学会)」 46(2) 1942.2
◇海峡植民地の法(田中和夫)「法律時報」 14(2) 1942.2
◇蘭領東印度に於ける回教徒の法慣習について(笠間杲雄)「法律時報」 14(2) 1942.2
◇蘭領東印度の統治行政の基本政策(平野義太郎)「法律時報」 14(2) 1942.2
◇翼賛運動の現段階(橘樸)「改造」 24(3) 1942.3
◇第二次大戦誌第四号(一九四一六月・十二月)「企画」 5(3) 1942.3
◇国家総動法制の体系(2)(佐々木惣一)「公法雑誌」 8(3) 1942.3

◇ナチス国家の戦時体制(1)(俵静夫)「公法雑誌」 8(3) 1942.3
◇今議会に現れたる諸政策「国策研究会週報」 4(10) 1942.3
◇日本法の精神の比較法的自覚(1)(牧野英一)「自治研究」 18(3) 1942.3
◇行政機構に関する新法律(連載・行政法思潮147)(杉村章三郎)「自治研究」 18(3) 1942.3
◇大東亜戦争完遂翼賛選挙貫徹運動特輯「斯民」 37(3) 1942.3
◇三月限解消の永代借地に就て(谷口寿太郎)「地方行政」 50(3) 1942.3
◇翼賛選挙貫徹運動に就て「地方行政」 50(3) 1942.3
◇大東亜共栄圏建設の針路(石原広一郎)「統制経済」 4(3) 1942.3
◇所謂「翼賛選挙」と其の批判(下)(吉川末次郎)「都市問題」 34(3) 1942.3
◇大東亜戦争完遂翼賛選挙貫徹運動に就て(内務省)「都市問題」 34(3) 1942.3
◇大日本翼賛壮年団と大日本婦人会の誕生「都市問題」 34(3) 1942.3
◇現代政治学の一課題(蠟山政道)「日本評論」 17(3) 1942.3
◇総選挙と国民運動(特集)「日本評論」 17(3) 1942.3
◇西欧文化と近代国家の性格(村松恒一郎)「一橋論叢」 9(3) 1942.3
◇日本民法相続篇の史的素描(3)(原田慶吉)「法学協会雑誌」 60(3) 1942.3
◇行政学の現実的基礎(3)(長濱政寿)「法学論叢(京都帝国大学法学会)」 46(3) 1942.3
◇ナチス・ドイツの世界観(西本頴)「法学論叢(京都帝国大学法学会)」 46(3) 1942.3
◇日本吏道論(1)(長岡彌一郎)「文部時報」 752 1942.3
◇日本吏道論(2)(長岡彌一郎)「文部時報」 753 1942.3
◇日本吏道論(3)(長岡彌一郎)「文部時報」 754 1942.3
◇ソ連邦の極東政策(ロウレンス・K.ロスインガー)「企画」 5(4) 1942.4
◇経済統制令の疑義(岸盛一)「警察研究」 13(4) 1942.4
◇国家総動員法制の体系(3)(佐々木惣一)「公法雑誌」 8(4) 1942.4
◇ナチス国家の戦時体制(2・完)(俵静夫)「公法雑誌」 8(4) 1942.4
◇現代官吏制度の展界と科学的人事行政(2)(辻清明)「国家学会雑誌」 56(4) 1942.4
◇固有事務の概念(1)(宮沢俊義)「国家学会雑誌」 56(4) 1942.4
◇印度、英国間の公法的側面(野木寛)「財政」 7(4) 1942.4
◇官公吏制度改革の方向(2)(畑中次郎)「市政研究」 7(4) 1942.4
◇津田真道の「泰西国法論」(3)(宮澤俊義)「自治研究」 18(4) 1942.4
◇日本法の精神の比較法的自覚(2)(牧野英一)「自治研究」 18(4) 1942.4
◇定置漁業権を対象とする漁業税(連載・行政法思潮148)(杉村章三郎)「自治研究」 18(4) 1942.4
◇東亜圏建設の基本施設(特集)「週刊エコノミスト」 20(3) 1942.4
◇行政機構の整備進む「週刊エコノミスト」 20(16) 1942.4
◇法令(商工関係)目次「商工通報」 43 1942.4
◇総選挙と選挙粛正(小西理三郎)「地方行政」 50(4) 1942.4
◇第七十九議会の展望(村上恭一)「地方行政」 50(4) 1942.4
◇翼賛選挙と国民倫理(黒田覚)「中央公論」 57(4) 1942.4
◇大東亜植民政策の基調(土屋清)「統制経済」 4(4) 1942.4
◇大東亜共栄圏と民族問題(座談会)「東洋経済新報」 2016 1942.4
◇都市の癌永代借地権の消滅(谷口寿太郎)「都市公論」 25(4) 1942.4

◇ナチス国民組織の概観(伊藤満)「法学論叢(京都帝国大学法学会)」 46(4) 1942.4
◇法の基本的機能について(恒藤恭)「経済学雑誌」 10(5) 1942.5
◇国家総動員法制の体系(4)(佐々木惣一)「公法雑誌」 8(5) 1942.5
◇翼賛壮年団の性格について(景山鹿造)「公民教育」 12(5) 1942.5
◇大東亜共栄圏建設の構想(1)(高橋亀吉)「国策研究会週報」 4(20) 1942.5
◇現代官吏制度の展界と科学的人事行政(3)(辻清明)「国家学会雑誌」 56(5) 1942.5
◇固有事務の概念(2)(宮沢俊義)「国家学会雑誌」 56(5) 1942.5
◇衆議院議員選挙投票状況調「市政週報」 160 1942.5
◇日本法の精神の比較法的自覚(3)(牧野英一)「自治研究」 18(5) 1942.5
◇税務代理士制度の特色(連載・行政法思潮149)(杉村章三郎)「自治研究」 18(5) 1942.5
◇南方共栄圏の習俗と行政(西本真次)「社会政策時報」 260 1942.5
◇翼賛選挙の成果分析「週刊エコノミスト」 20(18) 1942.5
◇推薦選挙の理念と実際(高原操)「大大阪」 18(5) 1942.5
◇推薦選挙の理念と実際(宇賀田順三)「大大阪」 18(5) 1942.5
◇衆議院議員総選挙結果調「地方改良」 123 1942.5
◇翼賛選挙貫徹運動基本要綱解説(振興部)「地方改良」 123 1942.5
◇共栄空間の構成体論的把握(酒枝義旗)「中央公論」 57(5) 1942.5
◇大東亜建設の原理(中山伊知郎)「中央公論」 57(5) 1942.5
◇指導者原理の限界と矛盾(秦巌夫)「統制経済」 4(5) 1942.5
◇都市戦時態勢確立対策懇談会(1)「都市公論」 25(5) 1942.5
◇不平等条約の遺物「永代借地権」の撤廃「都市問題」 34(5) 1942.5
◇非常時立法に於ける五種の問題(牧野英一)「日本評論」 17(5) 1942.5
◇経済法と民法(吾妻光俊)「一橋論叢」 9(5) 1942.5
◇日本民法相続篇の史的素描(原田慶吉)「法学協会雑誌」 60(5) 1942.5
◇クライン「ポーランド総督領制度」(長濱政寿)「法学論叢(京都帝国大学法学会)」 46(5) 1942.5
◇蘭印統治と慣習法(福田省三)「法律時報」 14(5) 1942.5
◇現下行政機構の諸問題(山崎丹照)「警察研究」 13(6) 1942.6
◇都市と思想(宮脇泰一)「建築行政」 6(21) 1942.6
◇ラーブル「国家と憲法」(1)(森順次)「公法雑誌」 8(6) 1942.6
◇現代官吏制度の展界と科学的人事行政(4・完)(辻清明)「国家学会雑誌」 56(6) 1942.6
◇固有事務の概念(3・完)(宮沢俊義)「国家学会雑誌」 56(6) 1942.6
◇津田真道の「泰西国法論」(4・完)(宮澤俊義)「自治研究」 18(6) 1942.6
◇日本法的精神の比較法的自覚(4)(牧野英一)「自治研究」 18(6) 1942.6
◇特種会社の納付金の性質(連載・行政法思潮150)(杉村章三郎)「自治研究」 18(6) 1942.6
◇戦果に応ずる国内体制(特集)「週刊エコノミスト」 20(22) 1942.6
◇各省委員制と官界新体制(塚田一甫)「週刊エコノミスト」 20(23) 1942.6
◇行政簡素化を巡つて「週刊エコノミスト」 20(23) 1942.6
◇国民運動の新展開(特集)「週刊エコノミスト」 20(24) 1942.6
◇昭和十七年四月施行衆議院議員総選挙有権者及棄権者等に関する調

政治・行政・法律　　都市問題・地方自治　調査研究文献要覧

「地方行政」　50(6)　1942.6
◇大東亜戦下の選挙を願みて(出羽一郎)「地方行政」　50(6)　1942.6
◇各省委員制の運営「東洋経済新報」　2026　1942.6
◇都市戦時態勢確立対策懇談会(2・完)「都市公論」　25(6)　1942.6
◇今次総選挙についての批判-来るべき地方選挙への示唆(新明正道)「都市問題」　34(6)　1942.6
◇衆議院議員総選挙の結果「都市問題」　34(6)　1942.6
◇第廿一回総選挙の成績と選挙法改正の諸問題(河村又介)「法律時報」　14(6)　1942.6
◇新旧法幣の闘争(十鳴盛次)「大阪商工会議所月報」　422　1942.7
◇日本民族政策の確立(平貞蔵)「改造」　24(7)　1942.7
◇民族政策の二類型(平舘利雄)「改造」　24(7)　1942.7
◇国防国家を背景としての総力戦(平櫛孝)「科学主義工業」　6(7)　1942.7
◇現代思想の変革と都市機能(黒田覇世男)「区画整理」　8(7)　1942.7
◇所謂「政治力」の結集と下情上通(上村健太郎)「警察協会雑誌」　506　1942.7
◇国家総動員法制の体系(6)(佐々木惣一)「公法雑誌」　8(7)　1942.7
◇政治的統一における権力と権威(1)(吉富重夫)「公法雑誌」　8(7)　1942.7
◇ラーブル「国家と憲法」(2)(森順次)「公法雑誌」　8(7)　1942.7
◇大東亜共栄圏建設基本体制要綱(1)「国策研究会週報」　4(28)　1942.7
◇英国東印度会社の対支活動(1)(植田捷雄)「国家学会雑誌」　56(7)　1942.7
◇我が憲法史上に於ける憲法争議(1)(佐藤功)「国家学会雑誌」　56(7)　1942.7
◇行政の簡素協力化(小島憲)「自治機関」　509　1942.7
◇日本法的精神の比較法的自覚(5)(牧野英一)「自治研究」　18(7)　1942.7
◇各道府県に於ける翼賛選挙貫徹運動の成果(1)(地方局振興課)「斯民」　37(7)　1942.7
◇官界新体制の構図(住田正一)「週刊エコノミスト」　20(25)　1942.7
◇東亜共栄圏の法的性格(前原光雄)「週刊エコノミスト」　20(25)　1942.7
◇大東亜共栄圏建設と満洲に就て(富田勇太郎)「商工経済」　14(1)　1942.7
◇1935年印度統治法(全訳)(2)(間順訳)「調査月報(大蔵省)」　32(6)　1942.7
◇行政簡素化と人事課設置「東洋経済新報」　2030　1942.7
◇大政翼賛会の刷新「都市問題」　35(1)　1942.7
◇翼賛政治の確立と推薦選挙(石渡荘太郎)「都市問題」　35(1)　1942.7
◇職業課長会議に闡明された職業行政方針「内外労働週報」　513　1942.7
◇衆議院議員総選挙の概況(内務省警保局)「内務厚生時報」　7(7)　1942.7
◇民族の生命力と日本民族の北拠(村井博介)「農業と経済」　9(7)　1942.7
◇南方共栄圏の政治、経済、地理上の諸問題「汎交通 帝国鉄道協会誌」　43(7)　1942.7
◇独逸国管理責任法(渡邊宗太郎)「法学論叢(京都帝国大学法学会)」　47(7)　1942.7
◇ゲオポリテイクの基本的性格(1)(飯塚浩二)「経済学論集」　12(8)　1942.7
◇現下行政機構の諸問題(山崎丹照)「警察研究」　13(8)　1942.8

◇国家総動員法制の体系(7)(佐々木惣一)「公法雑誌」　8(8)　1942.8
◇政治学の諸学派と研究方法(1)(大石兵太郎)「公法雑誌」　8(8)　1942.8
◇政治的統一における権力と権威(2・完)(吉富重夫)「公法雑誌」　8(8)　1942.8
◇ラーブル「国家と憲法」(3・完)(森順次)「公法雑誌」　8(8)　1942.8
◇勅任官の三割減員と部局の廃合「国策研究会週報」　4(32)　1942.8
◇所謂行政簡素化に期待す(1)(矢次一夫)「国策研究会週報」　4(33)　1942.8
◇所謂行政簡素化に期待す(2)(矢次一夫)「国策研究会週報」　4(34)　1942.8
◇所謂行政簡素化に期待す(3・完)(矢次一夫)「国策研究会週報」　4(35)　1942.8
◇英国東印度会社の対支活動(2)(植田捷雄)「国家学会雑誌」　56(8)　1942.8
◇我が憲法史上に於ける憲法争議(2)(佐藤功)「国家学会雑誌」　56(8)　1942.8
◇日本法の精神の比較法的自覚(6)(牧野英一)「自治研究」　18(8)　1942.8
◇文官制度改善の一端(村上恭一)「自治研究」　18(8)　1942.8
◇公園の設置と土地の賃貸借(連載・行政法思潮 152)(杉村章三郎)「自治研究」　18(8)　1942.8
◇各道府県に於ける翼賛選挙貫徹運動の成果(2・完)(地方局振興課)「斯民」　37(8)　1942.8
◇行政簡素化の具現(井上縫三郎)「週刊エコノミスト」　20(32)　1942.8
◇行政簡素化について「週報 官報附録」　306　1942.8
◇官吏の減員に就いて(村上恭一)「地方行政」　50(8)　1942.8
◇選挙法改正の基本問題(小西理三郎)「地方行政」　50(8)　1942.8
◇東亜共栄圏運動の世界史的意義と満洲国(完)(三輪乙人)「地方行政 日文版」　9(8)　1942.8
◇行政の総力構造(蠟山政道)「中央公論」　57(8)　1942.8
◇独逸欧洲圏に於ける占領地の意義(ヘルムート・ヴォルタート)「東京市産業時報」　8(8)　1942.8
◇大政翼賛会と各種国民運動の統制「都市問題」　35(2)　1942.8
◇大東亜建設審議会新二方策答申「都市問題」　35(2)　1942.8
◇南方共栄圏の政治、経済、地理上の諸問題(2・完)(内田寛一)「汎交通 帝国鉄道協会誌」　43(8)　1942.8
◇地政治学とその方法論(西本頴)「法学論叢(京都帝国大学法学会)」　47(2)　1942.8
◇官民一致行政(小平権一)「改造」　24(9)　1942.9
◇官吏制度改革論(岩淵辰雄)「改造」　24(9)　1942.9
◇行政簡素化(田中悅五郎)「改造」　24(9)　1942.9
◇現下行政機構の諸問題(山崎丹照)「警察研究」　13(9)　1942.9
◇法律における解消的発展(牧野英一)「警察研究」　13(9)　1942.9
◇国際政治の原理(1)(田中直吉)「公法雑誌」　8(9)　1942.9
◇国家総動員法制の体系(8)(佐々木惣一)「公法雑誌」　8(9)　1942.9
◇政治学の諸学派と研究方法(2・完)(大石兵太郎)「公法雑誌」　8(9)　1942.9
◇我が憲法史上に於ける憲法争議(3)(佐藤功)「国家学会雑誌」　56(9)　1942.9
◇日本法的精神の比較法的自覚(7)(牧野英一)「自治研究」　18(9)　1942.9
◇文官制度の諸問題(1):民間智能の活用(井手成三)「自治研究」　18(9)　1942.9

◇自動車営業に関する事務と行政警察(連載・行政法思潮 153)(杉村章三郎)「自治研究」 18(9) 1942.9

◇統制法令たる府県令の罰則と刑法(連載・行政法思潮 154)(杉村章三郎)「自治研究」 18(9) 1942.9

◇南方民族政策の基調(鈴木謙介)「週刊エコノミスト」 20(33) 1942.9

◇新領土統治と後藤新平(伊藤金次郎)「週刊エコノミスト」 20(34) 1942.9

◇行政機構改革問題(柳瀬良幹)「商工経済」 14(3) 1942.9

◇所得調査委員の選挙資格に就て(小沢栄豊)「税」 20(9) 1942.9

◇行政簡素化と官吏待遇改善の決定「都市問題」 35(3) 1942.9

◇大東亜建設の構想全く成る「都市問題」 35(3) 1942.9

◇翼賛政治とその重要課題(蠟山政道)「日本評論」 17(9) 1942.9

◇大東亜政治の基調と展望(蠟山政道)「改造」 24(10) 1942.10

◇所謂内外地行政一元化の問題(山崎丹照)「警察研究」 13(10) 1942.10

◇営造物論(1)(渡辺宗太郎)「公法雑誌」 8(10) 1942.10

◇国際政治の原理(2)(田中直吉)「公法雑誌」 8(10) 1942.10

◇わが国の国家作用の種別(1)(佐々木惣一)「公法雑誌」 8(10) 1942.10

◇協力会議の発展過程と機能の刷新(古沢磁次)「国策研究会週報」 4(40) 1942.10

◇中央協力会議に臨みて(郷古潔)「国策研究会週報」 4(40) 1942.10

◇英国東印度会社の対支活動(3・完)(植田捷雄)「国家学会雑誌」 56(10) 1942.10

◇我が憲法史上に於ける憲法争議(4・完)(佐藤功)「国家学会雑誌」 56(10) 1942.10

◇大東亜建設諸政策(特輯)「財政」 7(10) 1942.10

◇日本法的精神の比較法的自覚(8)(牧野英一)「自治研究」 18(10) 1942.10

◇判例に現われた自由裁量問題(1)(田中二郎,田口英太郎)「自治研究」 18(10) 1942.10

◇文官制度の諸問題(2):行政簡素化(井手成三)「自治研究」 18(10) 1942.10

◇統制法令違反行為の民事上の効力(連載・行政法思潮 155)(杉村章三郎)「自治研究」 18(10) 1942.10

◇植民地政治家としての後藤新平の両面(伊藤金次郎)「週刊エコノミスト」 20(37) 1942.10

◇大東亜共栄圏建設の原理(1)(田尻愛義)「週刊エコノミスト」 20(39) 1942.10

◇大東亜共栄圏建設の原理(2・完)(田尻愛義)「週刊エコノミスト」 20(40) 1942.10

◇国防国家の倫理(黒田覚)「中央公論」 57(10) 1942.10

◇大東亜省創設の含蓄(津久井龍雄)「中央公論」 57(10) 1942.10

◇調査研究聯盟設立「都市問題」 35(4) 1942.10

◇大東亜省設置の意義(本位田祥男)「日本評論」 17(10) 1942.10

◇所有権の観念性—所有と占有(その1)—(川島武宜)「法学協会雑誌」 60(10) 1942.10

◇日本立憲主義の把握(大西芳雄)「法学論叢(京都帝国大学法学会)」 47(4) 1942.10

◇英国製ビルマ憲法の概況(守屋善輝)「法律時報」 14(10) 1942.10

◇営造物論(2・完)(渡辺宗太郎)「公法雑誌」 8(11) 1942.11

◇国際政治の諸原理(3)(田中直吉)「公法雑誌」 8(11) 1942.11

◇陸軍防衛召集規則について(磯崎辰五郎)「公法雑誌」 8(11) 1942.11

◇我が国の国家作用の種別(2)(佐々木惣一)「公法雑誌」 8(11) 1942.11

◇共栄圏政治体制の構想「国策研究会週報」 4(45) 1942.11

◇憲法起草の経過について(1)-伊東伯爵家文書=夏島案、井上毅遂条意見等を中心として-(稲田正次)「国家学会雑誌」 56(11) 1942.11

◇国家総動員法論序説(杉村章三郎)「国家学会雑誌」 56(11) 1942.11

◇明治時代に於ける選挙法の理論及び制度の発達(1)(河村又介)「国家学会雑誌」 56(11) 1942.11

◇行政簡素化に伴ふ改正大蔵省分課規定「財政」 7(11) 1942.11

◇日本法的精神の比較法的自覚(9)(牧野英一)「自治研究」 18(11) 1942.11

◇判例に現れた自由裁量問題(2)(田中二郎)「自治研究」 18(11) 1942.11

◇文官制度の諸問題(3):外局制度の再検討(井手成三)「自治研究」 18(11) 1942.11

◇恩給法に於ける遺族(連載・行政法思潮 156)(杉村章三郎)「自治研究」 18(11) 1942.11

◇内外地行政の一元化(飯島稔)「斯民」 37(11) 1942.11

◇大東亜省の設置「週報 官報附録」 317 1942.11

◇政治的境界の概念と本質(1)(飯本信之)「地政学」 1(11) 1942.11

◇戦時下行政機構の改革(杉村章三郎)「地方行政」 50(11) 1942.11

◇行政機構と経済新体制の関連性(小日山直登)「統制経済」 5(5) 1942.11

◇濠洲の臨時態勢「東洋経済新報」 2047 1942.11

◇第三回中央協力会議「都市問題」 35(5) 1942.11

◇陸軍防衛召集規則創設「都市問題」 35(5) 1942.11

◇行政簡素化実施に伴ふ厚生省機構改革内容「内外労働週報」 530 1942.11

◇厚生行政簡素化の為にする機構改革(厚生省大臣官房)「内務厚生時報」 7(11) 1942.11

◇農林部内の行政簡素化に就て(農林大臣官房文書課)「農林時報」 2(21) 1942.11

◇民法における財産法と身分法(1)(来栖三郎)「法学協会雑誌」 60(11) 1942.11

◇日本民法相続編の史的素描(6・完)(原田慶吉)「法学協会雑誌」 60(11) 1942.11

◇印度支那の仏蘭西官吏制度(須貝脩一)「法学論叢(京都帝国大学法学会)」 47(5) 1942.11

◇濠洲連邦憲法(1)(法学部時局問題研究会)「三田評論」 539 1942.11

◇文部省行政機構改革の要点(寺中作雄)「文部時報」 777 1942.11

◇陸軍防衛召集規則の解説(菅井斌麿)「警察研究」 13(12) 1942.12

◇戦時下国民生活の合理化(渡邊惣蔵)「厚生問題」 26(12) 1942.12

◇南方建設と風教問題(1)(生江孝之)「厚生問題」 26(12) 1942.12

◇国際政治の諸原理(4・完)(田中直吉)「公法雑誌」 8(12) 1942.12

◇法律思想史の概念及性質(中谷敬寿)「公法雑誌」 8(12) 1942.12

◇我が国の国家作用の種別(3)(佐々木惣一)「公法雑誌」 8(12) 1942.12

◇公法人論の吟味(田中二郎)「国家学会雑誌」 56(12) 1942.12

◇国際政治の諸政策(2)(田中直吉)「国家学会雑誌」 56(12) 1942.12

◇明治時代に於ける選挙法の理論及び制度の発達(2)(河村又介)「国家学会雑誌」 56(12) 1942.12

◇日本法的精神の比較法的自覚(10)(牧野英一)「自治研究」 18(12) 1942.12

◇文官制度の諸問題(4):待遇職員制度の整理(1)(井手成三)「自治研究」 18(12) 1942.12

◇借家権の経済的価値(連載・行政法思潮157)(杉村章三郎)「自治研究」 18(12) 1942.12

◇行政簡素化の一視覚「週刊エコノミスト」 20(45) 1942.12

◇大東亜建設の現況(大東亜戦争一周年特輯)「週報 官報附録」 321 1942.12

◇政治的境界の概念と本質(2・完)(飯本信之)「地政学」 1(12) 1942.12

◇大東亜共栄圏建設の倫理性(川原次吉郎)「地政学」 1(12) 1942.12

◇行政機構の必勝態勢確立「都市問題」 35(6) 1942.12

◇大東亜戦争一周年国民運動「都市問題」 35(6) 1942.12

◇イギリス法系の誕生(高柳賢三)「法学協会雑誌」 60(12) 1942.12

◇現代国家と総力戦原理(対談)(大熊信行, 岩井主ус)「科学主義工業」 7(1) 1943.1

◇大東亜支配の思想史的発展(鈴木憲久)「経済集志」 15(1) 1943.1

◇歴史的形成としてのナチス人間像(中川与之助)「経済論叢」 56(1) 1943.1

◇大東亜省の出現(1)(村上恭一)「警察研究」 14(1) 1943.1

◇国家総動員法制の体系(12)(佐々木惣一)「公法雑誌」 9(1) 1943.1

◇判例に現はれた自由裁量問題(3)(田中二郎)「自治研究」 19(1) 1943.1

◇文官制度の諸問題(5):待遇職員制度の整理(2・完)(井手成三)「自治研究」 19(1) 1943.1

◇行政処分の確定(連載・行政法思潮158)(杉村章三郎)「自治研究」 19(1) 1943.1

◇東亜共栄圏の基本的性格(谷口吉彦)「週刊エコノミスト」 21(1) 1943.1

◇第八十一議会の課題(河野密)「週刊エコノミスト」 21(4) 1943.1

◇各省委員制度の機能(松村敬一)「地方行政」 51(1) 1943.1

◇総力戦の哲学(座談会)(高坂正顕)「中央公論」 58(1) 1943.1

◇経済行政機構の改革と統制会(円地与四松)「統制経済」 6(1) 1943.1

◇大東亜建設と民族工作(早瀬利雄)「東洋経済新報」 2055 1943.1

◇一者、コスモス、都市(2)(山内得立)「一橋論叢」 11(1) 1943.1

◇行政機構の改革について(田中二郎)「法学協会雑誌」 61(1) 1943.1

◇「アクチオ法的思惟」と「具体的思惟に就て」(中田淳一)「法学論叢(京都帝国大学法学会)」 48(1) 1943.1

◇民法上の家の意義に就て(於保不二雄)「法学論叢(京都帝国大学法学会)」 48(1) 1943.1

◇濠州連邦憲法(2)(法学部時局問題研究会)「三田評論」 540 1943.1

◇戦争と研究目的(稲村耕雄)「科学主義工業」 7(2) 1943.2

◇大東亜省の出現(2)(村上恭一)「警察研究」 14(2) 1943.2

◇国家総動員法制の体系(13)(佐々木惣一)「公法雑誌」 9(2) 1943.2

◇ドイツ立憲主義に於ける官吏の問題(長浜政寿)「公法雑誌」 9(2) 1943.2

◇南方民族対策の根本原理「国策研究会週報」 5(6) 1943.2

◇行政決戦体制の矼立進展(金森徳次郎)「国策研究会週報」 5(8) 1943.2

◇憲法起草の経過について(2・完)(稲田正次)「国家学会雑誌」 57(2) 1943.2

◇明治時代に於ける選挙法の理論と制度の発達(3・完)(河村又介)「国家学会雑誌」 57(2) 1943.2

◇第八十一回常国会議提出大蔵省関係法律案「財政」 8(2) 1943.2

◇日本法的精神の比較法的自覚(11)(牧野英一)「自治研究」 19(2) 1943.2

◇内閣制度の諸問題:山崎参事官の「内閣制度の研究」(連載・行政法思潮159)(杉村章三郎)「自治研究」 19(2) 1943.2

◇権限委譲の行政学考察(竹中龍雄)「統制経済」 6(2) 1943.2

◇参戦後中国の動向と課題「東洋経済新報」 2061 1943.2

◇国力の再編成(土屋清[ほか])「日本評論」 18(2) 1943.2

◇民族発展の理論(柳田謙十郎)「日本評論」 18(2) 1943.2

◇国際法学に於ける実証主義と機能主義(安井郁)「法学協会雑誌」 61(2) 1943.2

◇民法における財産と身分法(2)(来栖三郎)「法学協会雑誌」 61(2) 1943.2

◇近代所有権概念の変遷について(吉岡正)「法学論叢(京都帝国大学法学会)」 48(2) 1943.2

◇近代法及び近代法学の根本性格について法に於ける倫理的契機と技術的契機(3)(恒藤恭)「法律時報」 15(2) 1943.2

◇大東亜共栄圏構成原理概観(金森徳次郎)「法律時報」 15(2) 1943.2

◇独逸の占領地行政(海野稔)「法律時報」 15(2) 1943.2

◇濠州連邦憲法(3・完)(法学部時局問題研究会)「三田評論」 541 1943.2

◇ゲオポリテイクの基本的性格(2)(飯塚浩二)「経済学論集」 13(3) 1943.3

◇決戦政治の動向(井上縫三郎)「経済毎日」 21(10) 1943.3

◇第八十一議会の収穫(特輯)「経済毎日」 21(10) 1943.3

◇内閣統合化の法律問題(宮澤俊義)「警察研究」 14(3) 1943.3

◇帝国憲法の精神の根源(佐々木惣一)「公法雑誌」 9(3) 1943.3

◇ヒューバー「政治的法律学原理」(2)(大西芳雄)「公法雑誌」 9(3) 1943.3

◇我が国の立憲政治(佐々木惣一)「公法雑誌」 9(3) 1943.3

◇決戦議会の成果(般田中)「国策研究会週報」 5(10) 1943.3

◇決戦議会の成果(般田中)「国策研究会週報」 5(13) 1943.3

◇大東亜建設と民族問題解決の課題(金井章次)「国策研究会週報」 5(13) 1943.3

◇国際政治の諸政策(3・完)(田中直吉)「国家学会雑誌」 57(3) 1943.3

◇ドイツに於ける憲法保障制度とその理論(1)(佐藤功)「国家学会雑誌」 57(3) 1943.3

◇戦時行政特例法(案)、許可認可等臨時措置法(案)及戦時行政職権特例(案)に就て(井手成三)「自治研究」 19(3) 1943.3

◇統制法関係民事判例研究(1)(統制法研究会)「自治研究」 19(3) 1943.3

◇日本法の精神の比較法的自覚(12)(牧野英一)「自治研究」 19(3) 1943.3

◇相手方ある行政行為の効力発生時期(連載・行政法思潮160)(杉村章三郎)「自治研究」 19(3) 1943.3

◇官有地の境界査定処分と司法裁判所(連載・行政法思潮161)(杉村章三郎)「自治研究」 19(3) 1943.3

◇国家論と学問論(座談会)(大串兎代夫[ほか])「日本評論」 18(3) 1943.3

◇政治原理と戦争目的(富永博)「日本評論」 18(3) 1943.3

◇戦時体制の現実と論理(長文連)「日本評論」 18(3) 1943.3

◇総力戦政治の推進(堀真琴)「日本評論」 18(3) 1943.3

◇民法における財産と身分法(3)(来栖三郎)「法学協会雑誌」 61(3) 1943.3

◇政治と法、法学(1)(大西芳雄)「法学論叢(京都帝国大学法学会)」 48(3) 1943.3

◇戦時行政運用の諸問題—その原理と我国の現状—(柳瀬良幹)「法律時報」 15(3) 1943.3

◇戦時行政の性格(辻清明)「法律時報」 15(3) 1943.3
◇戦争と行政(宮澤俊義)「法律時報」 15(3) 1943.3
◇内閣顧問制度の意義(荒井達夫)「経済毎日」 21(14) 1943.4
◇独逸第二帝国時代の社会構造と運営(中川与之助)「経済論叢」 56(4) 1943.4
◇国家総動員法制の体系(14)(佐々木惣一)「公法雑誌」 9(4) 1943.4
◇政府と朝鮮総督及び台湾総督(磯崎辰五郎)「公法雑誌」 9(4) 1943.4
◇ヒューバー「政治的法律学原理」(3)(大西芳雄)「公法雑誌」 9(4) 1943.4
◇憲法の時間的通用範囲(清宮四郎)「国家学会雑誌」 57(4) 1943.4
◇ドイツに於ける憲法保障制度とその理論(2)(佐藤功)「国家学会雑誌」 57(4) 1943.4
◇職権特例の総理大臣の指示権(入江俊郎)「自治研究」 19(4) 1943.4
◇戦時経済行政法概説(3)(美濃部達吉)「自治研究」 19(4) 1943.4
◇公務員の観念(連載・行政法思潮 162)(杉村章三郎)「自治研究」 19(4) 1943.4
◇内務職員共済組合制度の改正(福田冽)「斯民」 38(4) 1943.4
◇兵役法の改正「週報 官報附録」 338 1943.4
◇戦力増強と生鮮技術「東洋経済新報」 2069 1943.4
◇行政の現実的把握(1)(長濱政寿)「法学論叢(京都帝国大学法学会)」 48(4) 1943.4
◇国体政治の伝統(池田榮)「法学論叢(京都帝国大学法学会)」 48(4) 1943.4
◇総力戦の重点遂行-日本総力戦研究四-(矢部貞治[ほか])「改造」 25(5) 1943.5
◇翼賛壮年団論(清水伸)「改造」 25(5) 1943.5
◇ゲオポリテイクの基本的性格(3)(飯塚浩二)「経済学論集」 13(5) 1943.5
◇戦時と戦争と帝国憲法(佐々木惣一)「公法雑誌」 9(5) 1943.5
◇政治新体制再編成試論(上)(矢次一夫)「国策研究会週報」 5(19) 1943.5
◇戦時行政特別令措置法令解説(井手成三)「財政」 8(5) 1943.5
◇帝国憲法と経済学(正井敬次)「財政」 8(5) 1943.5
◇戦時行政特例法、許可認可等臨時措置法及戦時行政職権特例(2)(井手成三)「自治研究」 19(5) 1943.5
◇日本法の精神の比較法的自覚(13)(牧野英一)「自治研究」 19(5) 1943.5
◇東亜共栄圏の理念(田邊勝正)「地方行政」 51(5) 1943.5
◇国家学とは何ぞや(座談会)(大串兎代夫[ほか])「日本評論」 18(5) 1943.5
◇政治と法、法学(2・完)(大西芳雄)「法学論叢(京都帝国大学法学会)」 48(5) 1943.5
◇明治維新と刑法の選定(小林好信)「法学論叢(京都帝国大学法学会)」 48(5) 1943.5
◇明治維新と刑法の選定(小林好信)「法学論叢(京都帝国大学法学会)」 48(5) 1943.5
◇戦時行政の新構想と統制法式の転換(田中二郎)「法律時報」 15(5) 1943.5
◇戦力論(加田哲二)「三田学会雑誌」 37(5) 1943.5
◇比島政治経済の現段階「経済毎日」 21(21) 1943.6
◇ビルマの政治・経済「経済毎日」 21(21) 1943.6
◇国家総動員法制の体系(15)(佐々木惣一)「公法雑誌」 9(6) 1943.6
◇社会の変遷形式とその把握方法(1)(田村徳治)「公法雑誌」 9(6) 1943.6
◇政治的統一に於ける輿論(1)(吉富重夫)「公法雑誌」 9(6) 1943.6
◇ニーマイヤー「国際法と社会構造」(1)(田畑茂二郎)「公法雑誌」 9(6) 1943.6
◇決戦生産の増強と内閣特務庁の設置(松井春生)「国策研究会週報」 5(23) 1943.6
◇南方の現状(増永元也)「汎交通 帝国鉄道協会誌」 44(6) 1943.6
◇戦時下に於ける行刑(中尾文策)「法律時報」 15(6) 1943.6
◇我が家族的国家構造の歴史的考察(細尾猛市郎)「文部時報」 792 1943.6
◇現戦時行政法制の概観(佐々木惣一)「警察研究」 14(7) 1943.7
◇社会の変遷形式とその把握方法(2・完)(田村徳治)「公法雑誌」 9(7) 1943.7
◇政治的統一に於ける輿論(2・完)(吉富重夫)「公法雑誌」 9(7) 1943.7
◇G.ニーマイヤー「国際法と社会構造」(2・完)(田畑茂二郎)「公法雑誌」 9(7) 1943.7
◇刑法に於ける日本的なるものの自覚(1)(佐伯千仭)「法学論叢(京都帝国大学法学会)」 49(1) 1943.7
◇戦力と国民組織(対談)(穂積七郎、難波田春夫)「科学主義工業」 7(8) 1943.8
◇翼壮の社会態度(扇谷正造)「教育」 11(8) 1943.8
◇「法律による行政」の原理と其の推移(原龍之助)「経済学雑誌」 13(2) 1943.8
◇上海再編成の諸問題(松本健吉)「経済毎日」 21(27) 1943.8
◇行政に対する国民的信頼(1)(佐々木惣一)「警察研究」 14(8) 1943.8
◇我が国家総動員体制の歴史的展開(1)(關之)「警察研究」 14(8) 1943.8
◇今次政変とイタリヤ憲法「国策研究会週報」 5(23) 1943.8
◇政治学の本源と其の将来(戸沢鉄彦)「国家学会雑誌」 57(8) 1943.8
◇ドイツに於ける憲法保障制度とその理論(6・完)(佐藤功)「国家学会雑誌」 57(8) 1943.8
◇更新免許の効力(連載・行政法思潮 166)(杉村章三郎)「自治研究」 19(8) 1943.8
◇選挙法改正の基本課題(小西理三郎)「地方行政」 50(8) 1943.8
◇所有権の観念性―所有と占有(その1)―(川島武宜)「法学協会雑誌」 61(8) 1943.8
◇ドイツ国土及び国民の概念(西本頴)「法学論叢(京都帝国大学法学会)」 49(2) 1943.8
◇戦力政策の進展(加田哲二)「三田学会雑誌」 37(8) 1943.8
◇大東亜支配の思想史的発展(1)(鈴木憲久)「経済集志」 16(1) 1943.9
◇大東亜支配の思想史的発展(2)(鈴木憲久)「経済集志」 16(2) 1943.9
◇大東亜支配の思想史的発展(3・完)(鈴木憲久)「経済集志」 16(3) 1943.9
◇ナチスに於ける国家像(中川与之助)「経済論叢」 57(3) 1943.9
◇行政に対する国民的信頼(佐々木惣一)「警察研究」 14(9) 1943.9
◇国民皆兵の精神より見たる我が兵役法制の沿革(田中義男)「警察研究」 14(9) 1943.9
◇戦時行政法について(1)(大石義雄)「公法雑誌」 9(9) 1943.9
◇枢密院制度の創設と史的意義(鈴木安蔵)「国家学会雑誌」 57(9) 1943.9
◇戦時行政特例法、許可認可等臨時措置法及戦時行政職権特例に就て(3・完)(井手成三)「自治研究」 19(9) 1943.9
◇滞納処分に於ける公売と滞納者(連載・行政法思潮 167)(杉村章三

◇（…）郎）「自治研究」 19(9) 1943.9
◇戦時行政法について(2)(大石義雄)「公法雑誌」 9(10) 1943.10
◇統制会と公法人(佐々木惣一)「公法雑誌」 9(10) 1943.10
◇翼賛会・翼壮の改組と今後の国民運動(藤井崇治)「国策研究会週報」 5(44) 1943.10
◇統制法関係民事判例研究(2)(統制法研究會)「自治研究」 19(10) 1943.10
◇判例に現はれた自由裁量問題(4)：自由裁量問題の一資料(田中二郎)「自治研究」 19(10) 1943.10
◇文官制度の諸問題(6)：官名の統合(井手成三)「自治研究」 19(10) 1943.10
◇国家に依る民有地の時効取得(連載・行政法思潮 168)(杉村章三郎)「自治研究」 19(10) 1943.10
◇日本国民運動の新段階(清水伸)「中央公論」 58(10) 1943.10
◇非常体制と帝国憲法(大串兎代夫)「中央公論」 58(10) 1943.10
◇軍需省設置と統制会の進路「東洋経済新報」 2094 1943.10
◇国家と学徒(特集)「日本評論」 18(10) 1943.10
◇国家要員と国家要学(丸山幹治)「経済毎日」 21(34) 1943.11
◇内鮮一体化論(1)(森önig克巳)「経済毎日」 21(34) 1943.11
◇憲法についての組織関係規範観の徹底(中島重)「公法雑誌」 9(11) 1943.11
◇佐々木博士著「我が国憲法の独自性」を読む(2)(磯崎辰五郎)「公法雑誌」 9(11) 1943.11
◇職員たる身分を取得する法(佐々木惣一)「公法雑誌」 9(11) 1943.11
◇生産行政の一元化と民間統制機関の動向「国策研究会週報」 5(45) 1943.11
◇政治学の本源と其の将来(2)(戸沢鉄彦)「国家学会雑誌」 57(11) 1943.11
◇行政訴訟に於ける原告の適格要件(連載・行政法思潮 169)(杉村章三郎)「自治研究」 19(11) 1943.11
◇中央各庁の決戦機構一覧「週報 官報附録」 369 1943.11
◇行政機構整備実施に伴ふ厚生省機構の改革「内外労働週報」 580 1943.11
◇国土防衛座談会(加藤義秀[ほか])「日本評論」 18(11) 1943.11
◇統制行政と自由裁量の理論(原龍之助)「経済学雑誌」 13(6) 1943.12
◇衆議院議員の復職に関する法律の憲法観(1)(佐々木惣一)「公法雑誌」 9(12) 1943.12
◇行政権による立法について -特に行政権による経済統制立法の限界を中心として(田中二郎)「国家学会雑誌」 57(12) 1943.12
◇政治学の本源と其の将来(3・完)(戸沢鉄彦)「国家学会雑誌」 57(12) 1943.12
◇統制法関係民事判例研究(3)(統制法研究會)「自治研究」 19(12) 1943.12
◇議員の応召と其の身分(連載・行政法思潮 170)(杉村章三郎)「自治研究」 19(12) 1943.12
◇国防国家と空権 地政学(2)(秋保一郎)「地政学」 2(12) 1943.12
◇大東亜戦争と国内政治(座談会)(満田巌[ほか])「中央公論」 58(11) 1943.12
◇行政の現実的把握(2・完)(長浜政寿)「法学論叢(京都帝国大学法学会)」 49(6) 1943.12
◇戦時行政の決戦態勢と統制方式の再転換 第八三臨時議会の概観(田中二郎)「法律時報」 15(12) 1943.12
◇戦力増強と栄利主義(難波田春夫)「改造」 26(1) 1944.1
◇行政運営の決戦(2・完)(井手成三)「警察研究」 15(1) 1944.1
◇憲法制定の一過程(尾佐竹猛)「国家学会雑誌」 58(1) 1944.1

◇帝国議会の開設(岡義武)「国家学会雑誌」 58(1) 1944.1
◇内閣制度の樹立 -当時の世論を中心として(辻清明)「国家学会雑誌」 58(1) 1944.1
◇軍需会社と統制法(連載・行政法思潮 171)(杉村章三郎)「自治研究」 20(1) 1944.1
◇都市の要塞化に関する座談会(田坂茂忠[ほか])「大大阪」 20(1) 1944.1
◇行政機構の整備と行政運営の決戦化(田中二郎)「法学協会雑誌」 62(1) 1944.1
◇国家総動員法研究(1)(新法令研究会)「法学協会雑誌」 62(10) 1944.10
◇日本的世界観と家及び宇の精神(牧健二)「法学論叢(京都帝国大学法学会)」 50(1) 1944.1
◇司法制度の確立(団藤重光)「国家学会雑誌」 58(2) 1944.2
◇民法典の編纂(石井良助)「国家学会雑誌」 58(2) 1944.2
◇公法人の観念に付いて(1)(美濃部達吉)「自治研究」 20(2) 1944.2
◇数名の議員候補者と選挙事務長の員数(連載・行政法思潮 172)(杉村章三郎)「自治研究」 20(2) 1944.2
◇市町村雇と有給吏員(連載・行政法思潮 173)(杉村章三郎)「自治研究」 20(2) 1944.2
◇県参事会に対する訴願の宛名(連載・行政法思潮 174)(杉村章三郎)「自治研究」 20(2) 1944.2
◇日本の世界観と家及び宇の精神(2)(牧健二)「法学論叢(京都帝国大学法学会)」 50(2) 1944.2
◇大東亜法秩序の基本構造(1)(小野清一郎)「法律時報」 16(1) 1944.2
◇大東亜法秩序の基本構造(2)(小野清一郎)「法律時報」 16(2) 1944.2
◇国民主義理論の形式(丸山真男)「国家学会雑誌」 58(3) 1944.3
◇法律の錯誤と有責意義(牧野英一)「自治研究」 20(3) 1944.3
◇戦時官吏服務令について(連載・行政法思潮 175)(杉村章三郎)「自治研究」 20(3) 1944.3
◇衆議院特別委員会に於ける年金保険法案の論議「内外労働週報」 595 1944.3
◇決戦非常措置要綱(農商省官房文書課)「農商時報」 4(5) 1944.3
◇農商行政運営の決戦化について(農商省官房文書課)「農商時報」 4(5) 1944.3
◇共益権の本質―松田博士の所説に対する一批判―(鈴木武雄)「法学協会雑誌」 62(3) 1944.3
◇官史の黙秘義務に関する二三の考察(渡辺宗太郎)「法学論叢(京都帝国大学法学会)」 50(3) 1944.3
◇政治史と文化史との連関(堀豊彦)「法政研究」 13(4) 1944.3
◇戦時国家論(野村重臣)「改造」 3(4) 1944.4
◇決戦非常措置の徹底(毎日新聞社)「経済毎日」 22(7) 1944.4
◇『決戦非常措置』実施諸施策一覧(国策研究会)「国策研究会週報」 6(18) 1944.4
◇国民主義理論の形成(2)(丸山真男)「国家学会雑誌」 58(4) 1944.4
◇公法人の観念に付いて(2)(美濃部達吉)「自治研究」 20(4) 1944.4
◇法律の錯誤と有責意義(2・完)(牧野英一)「自治研究」 20(4) 1944.4
◇徴用の効力発生時期(連載・行政法思潮 176)(杉村章三郎)「自治研究」 20(4) 1944.4
◇近代国際法に於ける国家平等の原則について(2)(田畑茂二郎)「法学論叢(京都帝国大学法学会)」 50(4) 1944.4
◇日本の世界観と家及び宇の精神(3・完)(牧健二)「法学論叢(京都帝国大学法学会)」 50(4) 1944.4

◇第八十四議会を通過した新法律の解説(法律時報編集部)「法律時報」 16(4) 1944.4

◇第八十四議会綜観(菊池勇夫)「法律時報」 16(4) 1944.4

◇契約統制の進化と信義則(1)(牧野英一)「自治研究」 20(5) 1944.5

◇非常生産と行政一帯化(座談会)(川瀬一貫[ほか])「日本評論」 19(5) 1944.5

◇明治前期の分家法(石井良助)「法学協会雑誌」 62(5) 1944.5

◇行政職険の委譲について-行政と経済」の融合(俵静夫)「法律時報」 16(5) 1944.5

◇戦時行政の組織と運営-戦時行政組織法の特質と現況(田中二郎)「法律時報」 16(5) 1944.5

◇戦時態勢の内閣制度(辻清明)「法律時報」 16(5) 1944.5

◇戦争指導小観(齋藤忠)「改造」 3(6) 1944.6

◇総力戦の把握(藤田清)「科学主義工業」 8(6) 1944.6

◇戦下論(2・完):ソロモン戦訓(岩井良太郎)「経済毎日」 22(12) 1944.6

◇ナチス独逸の軍事援護とその精神的基調(中川輿之助)「財政」 9(6) 1944.6

◇許可認可等臨時措置令解説(1)(佐藤達夫)「自治研究」 20(6) 1944.6

◇公法人の観念に付いて(3)(美濃部達吉)「自治研究」 20(6) 1944.6

◇決戦 非常措置要綱に基く中央行政官庁の職権委譲に就て(山口喜雄)「斯民」 39(6) 1944.6

◇所有権の観念性—所有と占有(その1)―(川島武宜)「法学協会雑誌」 62(6) 1944.6

◇指導者階層の時局役割(特集)「経済毎日」 22(13) 1944.7

◇総力戦体制確立に関する一試論-特に戦時総力庁(仮称)設置論-(矢次一夫)「国策研究会週報」 6(29) 1944.7

◇許可認可等臨時措置令解説(2・完)(佐藤達夫)「自治研究」 20(7) 1944.7

◇契約統制の進化と信義則(2)(牧野英一)「自治研究」 20(7) 1944.7

◇受益者負担賦課の条件及び標準(連載・行政法思潮 177)(杉村章三郎)「自治研究」 20(7) 1944.7

◇戦争遂行と統制法(座談会)(船田中,吾妻光俊,峯村光郎)「中央公論」 59(7) 1944.7

◇行政機構を生かす途「東洋経済新報」 2132 1944.7

◇新内閣に切望す(座談会)「東洋経済新報」 2133 1944.7

◇違法問題の法律的・経済的及び社会的意義(牧野英一)「法律時報」 16(7) 1944.7

◇交戦 国戦 増強力策の特色「経済毎日」 22(15) 1944.8

◇戦力倍増の具体策「経済毎日」 22(16) 1944.8

◇経済刑法に於ける業務主処罰規定の本質(1)―法人の犯罪能力とも関連して―(八木胖)「警察研究」 15(8) 1944.8

◇官吏の義務と責任(1)(村上恭一)「自治研究」 20(8) 1944.8

◇契約統制の進化と信義則(3・完)(牧野英一)「自治研究」 20(8) 1944.8

◇契約統制の進化の信義則(3・完)(牧野英一)「自治研究」 20(8) 1944.8

◇公法人の観念に付いて(4・完)(美濃部達吉)「自治研究」 20(8) 1944.8

◇文官制度の諸問題(7):官吏の国務外業務従事に就て(井手成三)「自治研究」 20(8) 1944.8

◇過失に因る郵便貯金払出の効力(連載・行政法思潮 178)(杉村章三郎)「自治研究」 20(8) 1944.8

◇公務員の範囲限定要件としての法令(連載・行政法思潮 179)(杉村章三郎)「自治研究」 20(8) 1944.8

◇行政に於ける政治行為(杉村章三郎)「法学協会雑誌」 62(8) 1944.8

◇国法の地域的効果の限界―特殊法域に於ける法形式の研究―(田中二郎)「法学協会雑誌」 62(8) 1944.8

◇経済犯罪と法人制度(2・完)(關之)「警察研究」 15(7) 1944.9

◇経済刑法に於ける業務主処罰規定の本質(2)―法人の犯罪能力とも関連して―(八木胖)「警察研究」 15(9) 1944.9

◇契約に関する比較法的考察(1)(牧野英一)「自治研究」 20(9) 1944.9

◇統制法関係民事判例研究(4):地代増額請求と旧地代家賃統制令(松岡三郎)「自治研究」 20(9) 1944.9

◇イタリヤに於ける下院の改造(人見植夫)「斯民」 39(9) 1944.9

◇国家緊急権の問題(尾高朝雄)「法学協会雑誌」 62(9) 1944.9

◇官吏の義務と責任(2・完)(村上恭一)「自治研究」 20(10) 1944.10

◇契約に関する比較法的考察(2・完)(牧野英一)「自治研究」 20(10) 1944.10

◇統制物資に対する強制執行(眞山鶴彦)「自治研究」 20(10) 1944.10

◇統制法関係民事判例研究(5)(統制法研究會)「自治研究」 20(10) 1944.10

◇臨時議会の成果(柳瀬良幹)「法律時報」 16(10) 1944.10

◇国力総動員と科学技術運動「科学主義工業」 8(11) 1944.11

◇産報運動を論ず(菱山辰一)「科学主義工業」 8(11) 1944.11

◇契約理論と統制契約(1)(牧野英一)「自治研究」 20(11) 1944.11

◇現代戦と量産科学(大河内正敏)「大日本教育」 793 1944.11

◇反枢軸の戦後案(1)(清沢洌)「東洋経済新報」 2147 1944.11

◇内閣顧問制と綜合計画局「東洋経済新報」 2148 1944.11

◇反枢軸の戦後案(2)(清沢洌)「東洋経済新報」 2149 1944.11

◇国内総力戦化と行政措置(野田信夫)「日本評論」 19(11) 1944.11

◇綜合計画局と内閣顧問制(田畑厳穂)「科学主義工業」 8(12) 1944.12

◇契約理論と統制契約(2・完)(牧野英一)「自治研究」 20(12) 1944.12

◇傷病賜金の請求時期(田中二郎)「自治研究」 20(12) 1944.12

◇数人の候補者が共同して一人の選挙事務長を選任し得るか―選挙運動取締規定の違反と当選の効力(宮澤俊義)「自治研究」 20(12) 1944.12

◇町内会長の配給原簿訂正の義務(連載・行政法思潮 180)(杉村章三郎)「自治研究」 20(12) 1944.12

◇市町村長の統制法上の地位とその責務(連載・行政法思潮 181)(杉村章三郎)「自治研究」 20(12) 1944.12

◇フランスに於ける憲法改正問題(人見植夫)「斯民」 39(12) 1944.12

◇職員的国民組織の強化(本位田祥男)「日本評論」 19(12) 1944.12

◇思想としての法律-一橋学園三十年の回顧-(牧野英一)「一橋論叢」 14(6) 1944.12

◇社会規範と統制原理(1)(戒能通孝)「法律時報」 16(12) 1944.12

◇闇の実体とその対策(金澤良雄)「法律時報」 16(12) 1944.12

【図 書】

◇職員録 明治初年 1867 1冊 9×18cm

◇官員録 明治元年 1868 46p 11×15cm

◇太政官日誌 自第1至第12 合本(太政官編) 1868 1冊 18cm

◇何国何郡何村戸籍 何国何郡戸籍 1868 1冊 26cm

◇何処何番組戸籍 1868 21p 26cm

◇他処人来住奉公人雇入仕法書 1869 4p 26cm

◇寺院制法 1869.3 8p 26cm

◇社家制法　1869.6 7p 26cm

◇官途必携 巻之1 (外史局編)　1871.10 63p 23cm

◇官途必携 巻之2 (外史局編)　1871.10 75p 23cm

◇官途必携 巻之3 (外史局編)　1871.10 88p 23cm

◇官途必携 巻之4 (外史局編)　1871.11 68p 23cm

◇官途必携 巻之5 (外史局編)　1872.2 31p 23cm

◇官途必携 巻之6 (外史局編)　1872.3 60p 23cm

◇官途必携 巻之7 (外史局編)　1872.4 37p 23cm

◇官途必携 巻之8 (外史局編)　1872.4 35p 23cm

◇官途必携 巻之9 (外史局編)　1872.5 68p 23cm

◇官途必携 巻之10 (外史局編)　1872.5 52p 23cm

◇官途必携 附録 巻之1 (東京府編)　1872.6 52p 23cm

◇官途必携 附録 巻之2 (東京府編)　1872.6 65p 23cm

◇官途必携 附録 巻之4 (東京府編)　1872.6 32p 23cm

◇官途必携 附録 巻之3 (東京府編)　1872.7 48p 23cm

◇官途必携 附録 巻之5 (東京府編)　1872.8 39p 23cm

◇改訂徴兵令 明治8年 (合本)［陸軍省］　1875 1冊 22cm

◇法例彙纂 民法之部 (史官編)　博聞本社　1875 443,5p 18cm

◇法例彙纂 民法之部 2 (史官編)　博聞本社　1875 17,1216p 18cm

◇民事要録 乙編 (東京裁判所編)　1875.12 1364p 18cm

◇民法撮要 甲編 (東京裁判所編)　1875.12 1226p 18cm

◇元老院会議筆記 自明治9年1月 至明治9年6月 (元老院編)　1876 1冊 19cm

◇元老院会議筆記［自明治9年7月 至明治9年12月］(元老院編)　1876 1冊 19cm

◇内務省達 明治9年 (内務省編)　1876 1冊 19cm

◇法例彙纂 民法之部　第2版 (史官編)　博聞本社　1876 34,1296p 18cm

◇仏蘭西邑法 和蘭陀邑法 (文部省編)　1876.5 88,108p 19cm

◇民事要録 丙編 (東京裁判所編)　1876.8 838p 18cm

◇内務省達 明治10年 (内務省編)　1877 1冊 20cm

◇法例彙纂 民法之部　第3版 (太政官記録掛編)　博聞本社　1877 35,906p 18cm

◇民治改正意見 全国地画概目 市郡制職 郡治官等表 町村吏職制 (手書)　1877 1冊 28cm

◇泰西国法論 (シモン・ヒッセリング著, 津田真一郎訳)　東洋社　1877.1 181p 19cm

◇官員録 明治10年 (日暮忠誠編)　1877.8 174p 8×16cm

◇元老院会議筆記［職制及事務章程類並明治11年5・6月分］(元老院編)　1878 1冊 19cm

◇元老院会議筆記［自明治10年1月 至明治11年4月］(元老院編)　1878 1冊 19cm

◇元老院会議筆記［自明治11年5月 至明治11年12月］(元老院編)　1878 1冊 19cm

◇内政編年録 明治11年 (従1月 至12月) 内閣 (太政官・大蔵省・宮内省) (手書) (川井四郎編, 図書局編)　1878 [300]p 26cm

◇会員必読 (細川潤次郎著)　律書房　1878.3 158p 19cm

◇本朝民鑑 第1篇　第2版 (田中信顕編)　千鐘房　1878.4 107,630p 18cm

◇本朝民鑑 第2篇 上巻　第2版 (田中信顕編)　千鐘房　1878.4 156,1057p 18cm

◇本朝民鑑 第2篇 下巻　第2版 (田中信顕編)　千鐘房　1878.4 139,927p 18cm

◇本朝民鑑 第3篇　第2版 (田中信顕編)　千鐘房　1878.4 81,618p 18cm

◇本朝民鑑 第4篇 第5篇　(合本),第2版 (田中信顕編)　千鐘房　1878.4 95,755p 18cm

◇民事要録 戊編 上巻 (神戸裁判所編)　1878.8 212p 18cm

◇国法汎論 (ブルンチェリ著,加藤弘之訳)　文部省　1878.10 1冊 18cm

◇明治官員録 明治11年 (大崎清重編)　1878.10 210p 9×19cm

◇日本政表 明治8年 警察ノ部 ([内務省]調査局編)　1879.2 36p 25cm

◇日本政表 明治8年 家禄賞典禄之部 ([内務省]調査局編)　1879.3 72p 25cm

◇日本政表 明治8年 府県税及ビ賦金ノ部 ([内務省]調査局編)　1879.3 73p 25cm

◇官令沿革表 (大蔵省記録局編)　1879.4 1冊 25cm

◇本朝民鑑 第6篇　第2版 (福鎌隆彦編)　千鐘房　1879.9 79,597p 18cm

◇英国議院典例 (トマス・オルスキンメイ著, 小池靖一訳)　1879.10 55,35p 23cm

◇官員録 明治13年 (彦根貞編)　博公書院　1880.2 240p 7×16cm

◇自治論：一名人民ノ自由 巻之上 (リーバー著, 林董訳)　1880.2 277p 19cm

◇明治官員録 (大崎清重著)　1880.2 243p 9×19cm

◇本朝政体 (四屋純三郎編)　1880.5 4,122p 19cm

◇本朝民鑑 第7篇　第2版 (福鎌芳隆編)　千鐘房　1880.5 29,347,408p 18cm

◇国憲論編 (山岸文蔵編)　甘泉堂　1880.6 137p 18cm

◇自治論：一名人民ノ自由 巻之下 (リーバー著, 林董訳)　1880.11 220p 19cm

◇文部省達全書 明治15年 ([文部省]編)　1882 3,79p 19cm

◇沿革 類聚法規目録 甲編 (司法省編, 長尾景弼増訂)　1883.2 840,6p 20cm

◇沿革 類聚法規目録 乙編 (司法省編, 長尾景弼増訂)　1883.3 274p 20cm

◇官報 自第1号 至第26号 明治16年7月 (太政官文書局編)　1883.7 1冊 29cm

◇官報 自第27号 至第53号 明治16年8月 (太政官文書局編)　1883.8 1冊 29cm

◇官報 自第54号 至第78号 明治16年9月 (太政官文書局編)　1883.9 1冊 29cm

◇官報 自第79号 至第104号 明治16年10月 (太政官文書局編)　1883.10 1冊 29cm

◇官報 自第105号 至第128号 明治16年11月 (太政官文書局編)　1883.11 1冊 29cm

◇官報 自第129号 至第152号 明治16年12月 (太政官文書局編)　1883.12 1冊 29cm

◇元老院会議筆記［自明治17年2月 至明治17年4月5日］(元老院編)　1884 555p 20cm

◇官報 自第153号 至第174号 明治17年1月 (太政官文書局編)　1884.1 1冊 29cm

◇商法草案 上巻 (ロエスレル立案, 司法省編)　1884.1 9,951p 19cm

◇商法草案 下巻 (ロエスレル立案, 司法省編)　1884.1 5,1061,13p 19cm

◇官報 自第175号 至第198号 明治17年2月 (太政官文書局編)　1884.2 1冊 29cm

◇官報 自第199号 至第223号 明治17年3月 (太政官文書局編)　1884.3 1冊 29cm

◇官報 自第224号 至第248号 明治17年4月 (太政官文書局編)　1884.

◇官報 自第249号 至第275号 明治17年5月（太政官文書局編） 1884.5 1冊 29cm

◇官報 自第276号 至第300号 明治17年6月（太政官文書局編） 1884.6 1冊 29cm

◇官報 自第301号 至第327号 明治17年7月（太政官文書局編） 1884.7 1冊 29cm

◇官報 自第328号 至第353号 明治17年8月（太政官文書局編） 1884.8 1冊 29cm

◇官報 自第354号 至第378号 明治17年9月（太政官文書局編） 1884.9 1冊 29cm

◇条約彙纂 自嘉永七年至明治十七年（外務省記録局編） 1884.9 1216,92p 26cm

◇官報 自第379号 至第404号 明治17年10月（太政官文書局編） 1884.10 1冊 29cm

◇官報 自第405号 至第428号 明治17年11月（太政官文書局編） 1884.11 1冊 29cm

◇官報 自第429号 至第452号 明治17年12月（太政官文書局編） 1884.12 1冊 29cm

◇官報 自第453号 至第473号 明治18年1月（太政官文書局編） 1885.1 1冊 29cm

◇官報 自第474号 至第496号 明治18年2月（太政官文書局編） 1885.2 1冊 29cm

◇官令沿革表 自明治12年至明治17年（大蔵省記録局編） 1885.2 1冊 25cm

◇官報 自第497号 至第521号 明治18年3月（太政官文書局編） 1885.3 1冊 29cm

◇官報 自第522号 至第546号 明治18年4月（太政官文書局編） 1885.4 1冊 29cm

◇明治政覧（細川広世編） 1885.4 4,386p 22cm

◇伊藤特派全権大使復命書（外務省編） 1885.5 1冊 26cm

◇官報 自第547号 至第572号 明治18年5月（太政官文書局編） 1885.5 1冊 29cm

◇官報 自第573号 至第598号 明治18年6月（太政官文書局編） 1885.6 1冊 29cm

◇官報 自第599号 至第625号 明治18年7月（太政官文書局編） 1885.7 1冊 29cm

◇官報 自第626号 至第651号 明治18年8月（太政官文書局編） 1885.8 1冊 29cm

◇官報 自第652号 至第676号 明治18年9月（太政官文書局編） 1885.9 1冊 29cm

◇国憲汎論 上・中・下（小野梓著） 1885.9 915p 21cm

◇官報 自第677号 至第702号 明治18年10月（太政官文書局編） 1885.10 1冊 29cm

◇官報 自第703号 至第725号 明治18年11月（太政官文書局編） 1885.11 1冊 29cm

◇官報 自第726号 至第749号 明治18年12月（内閣官報局編） 1885.12 1冊 29cm

◇官報 自第750号 至第771号 明治19年1月（内閣官報局編） 1886.1 1冊 29cm

◇官報 自第772号 至第794号 明治19年2月（内閣官報局編） 1886.2 1冊 29cm

◇孛国行政法典附録 巻1（フォン・ステンゲル著, 荒川邦蔵訳） 内務省総務局 1886.2 4,164p 23cm

◇孛国行政法典附録 巻2（フォン・ステンゲル著, 荒川邦蔵訳） 内務省総務局 1886.2 102p 23cm

◇孛国行政法典 巻1（フォン・ステンゲル著, 荒川邦蔵訳） 内務省総務局 1886.2 7,11,102p 23cm

◇官報 自第795号 至第821号 明治19年3月（内閣官報局編） 1886.3 1冊 29cm

◇官報 自第822号 至第846号 明治19年4月（内閣官報局編） 1886.4 1冊 29cm

◇新内閣大臣列伝（池田忠五郎編） 金玉堂 1886.4 99p 19cm

◇孛国行政法典附録 巻3（フォン・ステンゲル著, 荒川邦蔵訳） 内務省総務局 1886.4 130p 23cm

◇官報 自第847号 至第872号 明治19年5月（内閣官報局編） 1886.5 1冊 29cm

◇類聚法規 第8編 上（司法省編） 1886.5 12,918p 20cm

◇類聚法規 第8編 下（司法省編） 1886.5 10,896p 20cm

◇類聚法規 第8編 目録（司法省編） 1886.5 36,230,35p 21cm

◇官報 自第873号 至第898号 明治19年6月（内閣官報局編） 1886.6 1冊 29cm

◇官報 自第899号 至第925号 明治19年7月（内閣官報局編） 1886.7 1冊 29cm

◇官報 自第926号 至第951号 明治19年8月（内閣官報局編） 1886.8 1冊 29cm

◇五法類纂（茨城県編） 1886.8 13,307p 21cm

◇明治職官沿革表 附録 歴年官等表（内閣記録局編） 1886.8 1冊 31cm

◇類聚法規 第8編 目録（司法省編） 1886.8 36,230,35p 21cm

◇官報 自第952号 至第976号 明治19年9月（内閣官報局編） 1886.9 1冊 29cm

◇官報 自第977号 至第1002号 明治19年10月（内閣官報局編） 1886.10 1冊 29cm

◇孛国行政法典 巻2（フォン・ステンゲル著, 荒川邦蔵訳） 内務省総務局 1886.10 180p 23cm

◇官報 自第1003号 至第1026号 明治19年11月（内閣官報局編） 1886.11 1冊 29cm

◇日本行政法大意 上編（井阪右三著） 博聞社 1886.11 553p 20cm

◇官報 自第1027号 至第1050号 明治19年12月（内閣官報局編） 1886.12 1冊 29cm

◇官報 自第1051号 至第1073号 明治20年1月（内閣官報局編） 1887.1 1冊 29cm

◇明治職官沿革表 1887.1 2,31p 31cm

◇官報 自第1074号 至第1096号 明治20年2月（内閣官報局編） 1887.2 1冊 29cm

◇孛国行政法典 巻3（フォン・ステンゲル著, 荒川邦蔵訳） 内務省総務局 1887.2 173p 23cm

◇官報 自第1097号 至第1122号 明治20年3月（内閣官報局編） 1887.3 1冊 29cm

◇官報 自第1123号 至第1148号 明治20年4月（内閣官報局編） 1887.4 1冊 29cm

◇例規類纂 第2編（内務省地理局編） 1887.4 870p 21cm

◇例規類纂 第3編（内務省地理局編） 1887.4 14,655p 21cm

◇例規類纂 第4編（内務省地理局編） 1887.4 1,14,568p 21cm

◇例規類纂 第5編（内務省地理局編） 1887.4 15,911p 21cm

◇官報 自第1149号 至第1174号 明治20年5月（内閣官報局編） 1887.5 1冊 29cm

◇官報 自第1175号 至第1200号 明治20年6月（内閣官報局編） 1887.6 1冊 29cm

◇孛国行政法典 巻4（フォン・ステンゲル著, 荒川邦蔵訳） 内務省総務局 1887.6 194p 23cm

◇官報 自第1201号 至第1226号 明治20年7月（内閣官報局編） 1887.7 1冊 29cm

◇官報 自第1227号 至第1253号 明治20年8月（内閣官報局編） 1887.8 1冊 29cm

政治・行政・法律　　都市問題・地方自治　調査研究文献要覧

◇官報　自第1254号　至第1278号　明治20年9月（内閣官報局編）　1887.9　1冊　29cm
◇官報　自第1279号　至第1303号　明治20年10月（内閣官報局編）　1887.10　1冊　29cm
◇官報　自第1304号　至第1327号　明治20年11月（内閣官報局編）　1887.11　1冊　29cm
◇行政学　巻中（ローレンツ・スタイン著，渡辺廉吉訳）　1887.11　20,666p　20cm
◇明治建白革史（戸田十畝著）　顔王堂　1887.11　100p　19cm
◇官報　自第1328号　至第1351号　明治20年12月（内閣官報局編）　1887.12　1冊　29cm
◇孛国行政法典　巻5（フオン・ステンゲル著，荒川邦蔵訳）　内務省総務局　1887.12　226p　23cm
◇裁判粋誌　合本（増島六一郎編）　1888　106,339,337p　23cm　大審院判決例民事集
◇官員録　明治21年（彦根正三編）　1888.1　181p　12×17cm
◇官報　自第1352号　至第1373号　明治21年1月（内閣官報局編）　1888.1　1冊　29cm
◇明治職官沿革表　1888.1　4,80p　31cm
◇官報　自第1374号　至第1397号　明治21年2月（内閣官報局編）　1888.2　1冊　29cm
◇官報　自第1398号　至第1423号　明治21年3月（内閣官報局編）　1888.3　1冊　29cm
◇毎月官員録（大槻銑二朗著）　博弘閣　1888.3　31p　10×14cm
◇官報　自第1424号　至第1447号　明治21年4月（内閣官報局編）　1888.4　1冊　29cm
◇官報　自第1448号　至第1474号　明治21年5月（内閣官報局編）　1888.5　1冊　29cm
◇官報　自第1475号　至第1500号　明治21年6月（内閣官報局編）　1888.6　1冊　29cm
◇官報　自第1501号　至第1526号　明治21年7月（内閣官報局編）　1888.7　1冊　29cm
◇日本行政法大意：下編（井阪右三著）　博聞社　1888.7　22,526,2p　20cm
◇孛国行政法典　巻6（フオン・ステンゲル著，荒川邦蔵訳）　内務省総務局　1888.7　241p　23cm
◇官報　自第1527号　至第1553号　明治21年8月（内閣官報局編）　1888.8　1冊　29cm
◇官報　自第1554号　至第1577号　明治21年9月（内閣官報局編）　1888.9　1冊　29cm
◇例規類纂　第6編（内務省地理局編）　1888.9　13,681p　21cm
◇官報　自第1578号　至第1603号　明治21年10月（内閣官報局編）　1888.10　1冊　29cm
◇行政学　巻上（元老院編）　1888.10　11,440p　20cm
◇官報　自第1604号　至第1627号　明治21年11月（内閣官報局編）　1888.11　1冊　29cm
◇官報　自第1628号　至第1652号　明治21年12月（内閣官報局編）　1888.12　1冊　29cm
◇行政学　巻中（元老院編）　1888.12　20,666p　20cm
◇行政学　巻下（元老院編）　1888.12　6,275p　20cm
◇裁判粋誌　第1巻（増島六一郎編）　1888.12　704p　23cm
◇官報　自第1653号　至第1674号　明治22年1月（内閣官報局編）　1889.1　1冊　29cm
◇官報　自第1675号　至第1697号　明治22年2月（内閣官報局編）　1889.2　1冊　29cm
◇官報　自第1698号　至第1722号　明治22年3月（内閣官報局編）　1889.3　1冊　29cm
◇日本公民論（柿原武熊著）　有朋館　1889.3　111p　19cm

◇孛国行政法典附録所管事務表（フオン・ステンゲル著，荒川邦蔵訳）　内務省総務局　1889.3　5,217p　23cm
◇官報　自第1723号　至第1747号　明治22年4月（内閣官報局編）　1889.4　1冊　29cm
◇官報　自第1748号　至第1774号　明治22年5月（内閣官報局編）　1889.5　1冊　29cm
◇官報　自第1775号　至第1799号　明治22年6月（内閣官報局編）　1889.6　1冊　29cm
◇法典編纂須急論（武山助雄述）　吟松堂　1889.6　48p　19cm
◇官報　自第1800号　至第1826号　明治22年7月（内閣官報局編）　1889.7　1冊　29cm
◇須多因氏講義（海江田信義編）　忠愛社　1889.7　24,596,14p　19cm
◇官報　自第1827号　至第1853号　明治22年8月（内閣官報局編）　1889.8　1冊　29cm
◇官報　自第1854号　至第1877号　明治22年9月（内閣官報局編）　1889.9　1冊　29cm
◇官報　自第1878号　至第1903号　明治22年10月（内閣官報局編）　1889.10　1冊　29cm
◇官報　明治22年8月-10月附録（警視庁東京府公報　自第115号　至第163号）（内閣官報局編）　1889.10　1冊　22cm
◇官報　自第1904号　至第1928号　明治22年11月（内閣官報局編）　1889.11　1冊　29cm
◇国家論（ブルンチェリー著，平田東助訳，平塚定二郎訳）　春陽堂　1889.11　4,4,433p　19cm
◇官報　自第1929号　至第1952号　明治22年12月（内閣官報局編）　1889.12　1冊　29cm
◇例規抄　1890　44p　23cm
◇官報　自第1953号　至第1974号　明治23年1月（内閣官報局編）　1890.1　1冊　29cm
◇日本政体史（秦政次郎著）　1890.1　272p　19cm
◇官報　自第1975号　至第1997号　明治23年2月（内閣官報局編）　1890.2　1冊　29cm
◇官報　自第1998号　至第2022号　明治23年3月（内閣官報局編）　1890.3　1冊　29cm
◇行政学　上巻　内務篇（有賀長雄著）　牧野書房　1890.3　4,21,531p　22cm
◇法典論（穂積陳重著）　哲学書院　1890.3　4,220p　19cm
◇官報　自第2023号　至第2047号　明治23年4月（内閣官報局編）　1890.4　1冊　29cm
◇官報　自第2048号　至第2074号　明治23年5月（内閣官報局編）　1890.5　1冊　29cm
◇官報　自第2075号　至第2099号　明治23年6月（内閣官報局編）　1890.6　1冊　29cm
◇官報　自第2100号　至第2126号　明治23年7月（内閣官報局編）　1890.7　1冊　29cm
◇官報　自第2127号　至第2152号　明治23年8月（内閣官報局編）　1890.8　1冊　29cm
◇官報　自第2153号　至第2177号　明治23年9月（内閣官報局編）　1890.9　1冊　29cm
◇官報　自第2178号　至第2203号　明治23年10月（内閣官報局編）　1890.10　1冊　29cm
◇官報　自第2204号　至第2227号　明治23年11月（内閣官報局編）　1890.11　1冊　29cm
◇日本経国論（藤田一郎著）　1890.11　4,472p　21cm
◇官報　自第2228号　至第2251号　明治23年12月（内閣官報局編）　1890.12　1冊　29cm
◇裁判粋誌（増島六一郎編）　裁判粋誌社　1891　889p　23cm　大審院判決例民事集
◇裁判粋誌（増島六一郎編）　裁判粋誌社　1891　303p　23cm　大審院

判決例民事集
◇官報 自第2252号 至第2274号 明治24年1月（内閣官報局編） 1891.1 1冊 29cm
◇官報 自第2275号 至第2297号 明治24年2月（内閣官報局編） 1891.2 1冊 29cm
◇官報 自第2298号 至第2322号 明治24年3月（内閣官報局編） 1891.3 1冊 29cm
◇官報 自第2323号 至第2347号 明治24年4月（内閣官報局編） 1891.4 1冊 29cm
◇官報 自第2348号 至第2373号 明治24年5月（内閣官報局編） 1891.5 1冊 29cm
◇第一期国会始末（議員集会所編） 博文館 1891.5 4,190p 19cm
◇日本規則全書 上巻（長尾景弼編） 博聞社 1891.5 2,6,1187p 19cm
◇官報 自第2374号 至第2399号 明治24年6月（内閣官報局編） 1891.6 1冊 29cm
◇官報 自第2400号 至第2426号 明治24年7月（内閣官報局編） 1891.7 1冊 29cm
◇官報 自第2427号 至第2452号 明治24年8月（内閣官報局編） 1891.8 1冊 29cm
◇官報 自第2453号 至第2477号 明治24年9月（内閣官報局編） 1891.9 1冊 29cm
◇官報 自第2478号 至第2503号 明治24年10月（内閣官報局編） 1891.10 1冊 29cm
◇官報 自第2504号 至第2526号 明治24年11月（内閣官報局編） 1891.11 1冊 29cm
◇官報 自第2527号 至第2550号 明治24年12月（内閣官報局編） 1891.12 1冊 29cm
◇裁判粋誌（増島六一郎編） 裁判粋誌社 1892 455p 23cm 大審院判決例民事集
◇官報 自第2551号 至第2572号 明治25年1月（内閣官報局編） 1892.1 1冊 29cm
◇官報 自第2573号 至第2596号 明治25年2月（内閣官報局編） 1892.2 1冊 29cm
◇官報 自第2597号 至第2623号 明治25年3月（内閣官報局編） 1892.3 1冊 29cm
◇官報 自第2624号 至第2649号 明治25年4月（内閣官報局編） 1892.4 1冊 29cm
◇行政学（ラートゲン述） 八尾書店 1892.4 4,512p 21cm
◇官報 自第2650号 至第2675号 明治25年5月（内閣官報局編） 1892.5 1冊 29cm
◇私議考案（海江田信義著） 森祐順, 神戸直吉 1892.5 6,111p 22cm
◇民政論（都筑馨六著） 1892.5 57p 22cm
◇官報 自第2676号 至第2701号 明治25年6月（内閣官報局編） 1892.6 1冊 29cm
◇官報 自第2702号 至第2727号 明治25年7月（内閣官報局編） 1892.7 1冊 29cm
◇官報 自第2728号 至第2754号 明治25年8月（内閣官報局編） 1892.8 1冊 29cm
◇官報 自第2755号 至第2779号 明治25年9月（内閣官報局編） 1892.9 1冊 29cm
◇官報 自第2780号 至第2804号 明治25年10月（内閣官報局編） 1892.10 1冊 29cm
◇官報 自第2805号 至第2828号 明治25年11月（内閣官報局編） 1892.11 1冊 29cm
◇官報 自第2829号 至第2852号 明治25年12月（内閣官報局編） 1892.12 1冊 29cm
◇裁判粋誌（増島六一郎編） 裁判粋誌社 1893 636p 23cm 大審院判決例民事集

◇官報 自第2853号 至第2874号 明治26年1月（内閣官報局編） 1893.1 1冊 29cm
◇官報 自第2875号 至第2897号 明治26年2月（内閣官報局編） 1893.2 1冊 29cm
◇官報 自第2898号 至第2923号 明治26年3月（内閣官報局編） 1893.3 1冊 29cm
◇官報 自第2924号 至第2947号 明治26年4月（内閣官報局編） 1893.4 1冊 29cm
◇官報 自第2948号 至第2974号 明治26年5月（内閣官報局編） 1893.5 1冊 29cm
◇官報 自第2975号 至第3000号 明治26年6月（内閣官報局編） 1893.6 1冊 29cm
◇官報 自第3001号 至第3026号 明治26年7月（内閣官報局編） 1893.7 1冊 29cm
◇官報 自第3027号 至第3053号 明治26年8月（内閣官報局編） 1893.8 1冊 29cm
◇官報 自第3054号 至第3078号 明治26年9月（内閣官報局編） 1893.9 1冊 29cm
◇官報 自第3079号 至第3103号 明治26年10月（内閣官報局編） 1893.10 1冊 29cm
◇官報 自第3104号 至第3127号 明治26年11月（内閣官報局編） 1893.11 1冊 29cm
◇官報 自第3128号 至第3152号 明治26年12月（内閣官報局編） 1893.12 1冊 29cm
◇官報 自第3153号 至第3174号 明治27年1月（内閣官報局編） 1894.1 1冊 29cm
◇官報 自第3175号 至第3198号 明治27年2月（内閣官報局編） 1894.2 1冊 29cm
◇官報 自第3199号 至第3223号 明治27年3月（内閣官報局編） 1894.3 1冊 29cm
◇警視庁史稿（警視庁編） 1894.3 1冊 25cm
◇官報 自第3224号 至第3247号 明治27年4月（内閣官報局編） 1894.4 1冊 29cm
◇官報 自第3248号 至第3274号 明治27年5月（内閣官報局編） 1894.5 1冊 29cm
◇行政裁判例（村上文郎編） 帝国出版協会 1894.5 1冊 19cm
◇官報 自第3275号 至第3300号 明治27年6月（内閣官報局編） 1894.6 1冊 29cm
◇日本政体史（秦政治郎著） 博文館 1894.6 4,272p 19cm 社会文庫
◇監獄学（小河滋次郎著） 警察監獄学会東京支会 1894.7 9,946p 23cm
◇官報 自第3301号 至第3326号 明治27年7月（内閣官報局編） 1894.7 1冊 29cm
◇官報 自第3327号 至第3353号 明治27年8月（内閣官報局編） 1894.8 1冊 29cm
◇官報 自第3354号 至第3378号 明治27年9月（内閣官報局編） 1894.9 1冊 29cm
◇官報 自第3379号 至第3404号 明治27年10月（内閣官報局編） 1894.10 1冊 29cm
◇官報 自第3405号 至第3428号 明治27年11月（内閣官報局編） 1894.11 1冊 29cm
◇官報 自第3429号 至第3452号 明治27年12月（内閣官報局編） 1894.12 1冊 29cm
◇官報 自第3453号 至第3474号 明治28年1月（内閣官報局編） 1895.1 1冊 29cm
◇官報 自第3475号 至第3497号 明治28年2月（内閣官報局編） 1895.2 1冊 29cm
◇官報 自第3498号 至第3522号 明治28年3月（内閣官報局編） 1895.3 1冊 29cm

政治・行政・法律

◇官報 自第3523号 至第3547号 明治28年4月（内閣官報局編） 1895.4 1冊 29cm

◇官報 自第3548号 至第3574号 明治28年5月（内閣官報局編） 1895.5 1冊 29cm

◇官報 自第3575号 至第3599号 明治28年6月（内閣官報局編） 1895.6 1冊 29cm

◇官報 自第3600号 至第3626号 明治28年7月（内閣官報局編） 1895.7 1冊 29cm

◇官報 自第3627号 至第3653号 明治28年8月（内閣官報局編） 1895.8 1冊 29cm

◇官報 自第3654号 至第3677号 明治28年9月（内閣官報局編） 1895.9 1冊 29cm

◇官報 自第3678号 至第3703号 明治28年10月（内閣官報局編） 1895.10 1冊 29cm

◇官報 自第3704号 至第3728号 明治28年11月（内閣官報局編） 1895.11 1冊 29cm

◇官報 自第3729号 至第3752号 明治28年12月（内閣官報局編） 1895.12 1冊 29cm

◇官報 自第3753号 至第3774号 明治29年1月（内閣官報局編） 1896.1 1冊 29cm

◇官報 自第3775号 至第3798号 明治29年2月（内閣官報局編） 1896.2 1冊 29cm

◇官報 自第3799号 至第3823号 明治29年3月（内閣官報局編） 1896.3 1冊 29cm

◇官報 自第3824号 至第3848号 明治29年4月（内閣官報局編） 1896.4 1冊 29cm

◇官報 自第3849号 至第3874号 明治29年5月（内閣官報局編） 1896.5 1冊 29cm

◇官報 自第3875号 至第3900号 明治29年6月（内閣官報局編） 1896.6 1冊 29cm

◇官報 自第3901号 至第3927号 明治29年7月（内閣官報局編） 1896.7 1冊 29cm

◇官報 自第3928号 至第3953号 明治29年8月（内閣官報局編） 1896.8 1冊 29cm

◇官報 自第3954号 至第3978号 明治29年9月（内閣官報局編） 1896.9 1冊 29cm

◇官報 自第3979号 至第4004号 明治29年10月（内閣官報局編） 1896.10 1冊 29cm

◇官報 自第4005号 至第4027号 明治29年11月（内閣官報局編） 1896.11 1冊 29cm

◇行政法大意（穂積八束著） 八尾新助 1896.11 4,11,312p 22cm

◇官報 自第4028号 至第4051号 明治29年12月（内閣官報局編） 1896.12 1冊 29cm

◇官報 自第4052号 至第4073号 明治30年1月（内閣官報局編） 1897.1 1冊 29cm

◇官報 自第4074号 至第4094号 明治30年2月（内閣官報局編） 1897.2 1冊 29cm

◇官報 自第4095号 至第4120号 明治30年3月（内閣官報局編） 1897.3 1冊 29cm

◇官報 自第4121号 至第4145号 明治30年4月（内閣官報局編） 1897.4 1冊 29cm

◇官報 自第4146号 至第4171号 明治30年5月（内閣官報局編） 1897.5 1冊 29cm

◇官報 自第4172号 至第4197号 明治30年6月（内閣官報局編） 1897.6 1冊 29cm

◇官報 自第4198号 至第4224号 明治30年7月（内閣官報局編） 1897.7 1冊 29cm

◇第十回帝国議会衆議院委員会議録及両院協議会議事録（衆議院事務局編） 1897.7 10,1036p 22cm

◇阿片事項調査書（台湾総督府製薬所編） 1897.8 3,221p 23cm

◇官報 自第4225号 至第4250号 明治30年8月（内閣官報局編） 1897.8 1冊 29cm

◇官報 自第4251号 至第4275号 明治30年9月（内閣官報局編） 1897.9 1冊 29cm

◇官報 自第4276号 至第4301号 明治30年10月（内閣官報局編） 1897.10 1冊 29cm

◇註釈 民法理由 中巻 物権編（岡松参太郎著） 有斐閣 1897.10 584p 23cm

◇註釈 民法理由 下巻 債権編（岡松参太郎著） 有斐閣 1897.10 542,504p 23cm

◇官報 自第4302号 至第4325号 明治30年11月（内閣官報局編） 1897.11 1冊 29cm

◇官報 自第4326号 至第4349号 明治30年12月（内閣官報局編） 1897.12 1冊 29cm

◇司法省顧問カークード氏緬甸錫倫報告（[モレテーグ・カークード]著，台湾総督府官房文書課編） 1897.12 114,116p 26cm

◇衆議院先例彙纂 自第1回議会至第10回議会（衆議院事務局編） 1897.12 15,216p 23cm

◇註釈 民法理由 上巻 総則編（岡松参太郎著） 有斐閣 1897.12 2,453p 23cm

◇官報 自第4350号 至第4371号 明治31年1月（内閣官報局編） 1898.1 1冊 29cm

◇法規類抄 下巻 訂正増補（内務大臣官房秘書課編） 1898.1 16,403p 21cm

◇官報 自第4372号 至第4394号 明治31年2月（内閣官報局編） 1898.2 1冊 29cm

◇官報 自第4395号 至第4421号 明治31年3月（内閣官報局編） 1898.3 1冊 29cm

◇仏国新領地アルゼリニ於ケル行政・独逸エルサス・ロートリンゲン制度要領・印度ノ行政及財政（貴族院事務局編） 1898.3 184,58,37p 22cm

◇官報 自第4422号 至第4447号 明治31年4月（内閣官報局編） 1898.4 1冊 29cm

◇官報 自第4448号 至第4473号 明治31年5月（内閣官報局編） 1898.5 1冊 29cm

◇官報 自第4474号 至第4499号 明治31年6月（内閣官報局編） 1898.6 1冊 29cm

◇法典修正案参考書 商法同施行法（法典質疑会編） 1898.6 1冊 23cm

◇民法修正案参考書 親族編相続編（八尾新助編） 八尾商店，八尾書店 1898.6 1冊 25cm

◇官報 自第4500号 至第4525号 明治31年7月（内閣官報局編） 1898.7 1冊 29cm

◇台湾事情一班 下巻（台湾事務局編） 1898.7 249p 23cm

◇官報 自第4526号 至第4552号 明治31年8月（内閣官報局編） 1898.8 1冊 29cm

◇官報 自第4553号 至第4577号 明治31年9月（内閣官報局編） 1898.9 1冊 29cm

◇官報 自第4578号 至第4602号 明治31年10月（内閣官報局編） 1898.10 1冊 29cm

◇ルーカス氏英国殖民誌（台湾総督府民政部訳） 1898.10 4,514p 27cm

◇官報 自第4603号 至第4636号 明治31年11月（印刷局編） 1898.11 1冊 29cm

◇第十二回帝国議会衆議院委員会会議録（衆議院事務局編） 1898.11 6,531p 22cm

◇官報 自第4627号 至第4649号 明治31年12月（印刷局編） 1898.12 1冊 29cm

◇官報 自第4651号 至第4672号 明治32年1月（印刷局編） 1899.1 1冊 29cm

◇官報 自第4673号 至第4695号 明治32年2月（印刷局編） 1899.2 1冊 29cm

◇官報 自第4696号 至第4721号 明治32年3月（印刷局編） 1899.3 1冊 29cm

◇官報 自第4722号 至第4745号 明治32年4月（印刷局編） 1899.4 1冊 29cm

◇官報 自第4746号 至第4772号 明治32年5月（印刷局編） 1899.5 1冊 29cm

◇官報 自第4773号 至第4798号 明治32年6月（印刷局編） 1899.6 1冊 29cm

◇明治法制史（清浦奎吾著） 明法堂 1899.6 8,10,614p 23cm

◇類聚 明治法令索引 自慶応3年10月至明治32年3月（今西幹一郎編） 大日本図書 1899.6 1087p 19cm

◇官報 自第4799号 至第4824号 明治32年7月（印刷局編） 1899.7 1冊 29cm

◇官報 自第4825号 至第4851号 明治32年8月（印刷局編） 1899.8 1冊 29cm

◇官報 自第4852号 至第4876号 明治32年9月（印刷局編） 1899.9 1冊 29cm

◇官報 自第4877号 至第4901号 明治32年10月（印刷局編） 1899.10 1冊 29cm

◇官報 自第4902号 至第4925号 明治32年11月（印刷局編） 1899.11 1冊 29cm

◇官報 自第4926号 至第4949号 明治32年12月（印刷局編） 1899.12 1冊 29cm

◇官報 自第4950号 至第4971号 明治33年1月（印刷局編） 1900.1 1冊 29cm

◇官報 自第4972号 至第4995号 明治33年2月（印刷局編） 1900.2 1冊 29cm

◇官報 自第4996号 至第5021号 明治33年3月（印刷局編） 1900.3 1冊 29cm

◇官報 自第5022号 至第5045号 明治33年4月（印刷局編） 1900.4 1冊 29cm

◇官報 自第5046号 至第5071号 明治33年5月（印刷局編） 1900.5 1冊 29cm

◇官制沿革略史（東京帝国大学文科大学編） 1900.6 132,158,170p 23cm

◇官報 自第5072号 至第5097号 明治33年6月（印刷局編） 1900.6 1冊 29cm

◇官報 自第5098号 至第5123号 明治33年7月（印刷局編） 1900.7 1冊 29cm

◇帝国議会衆議院委員会議録及両院協議会議事録 第14回（衆議院事務局編） 1900.7 10,1003p 22cm

◇法規提要 上巻（明治元年ヨリ明治32年至ル）（内閣法制局編） 1900.7 35,1541p 23cm

◇官報 自第5124号 至第5150号 明治33年8月（印刷局編） 1900.8 1冊 29cm

◇官報 自第5151号 至第5175号 明治33年9月（印刷局編） 1900.9 1冊 29cm

◇官報 自第5176号 至第5201号 明治33年10月（印刷局編） 1900.10 1冊 29cm

◇法規提要 下巻（明治元年ヨリ明治32年ニ至ル）（内閣法制局編） 1900.10 58,1298p 23cm

◇官報 自第5202号 至第5225号 明治33年11月（印刷局編） 1900.11 1冊 29cm

◇官報 自第5226号 至第5249号 明治33年12月（印刷局編） 1900.12 1冊 29cm

◇衆議院議員選挙法改正顛末報告書（斉藤己三郎著） 全国各市連合会事務所 1900.12 212p 23cm

◇官報 自第5250号 至第5271号 明治34年1月（印刷局編） 1901.1 1冊 29cm

◇官報 自第5272号 至第5294号 明治34年2月（印刷局編） 1901.2 1冊 29cm

◇官報 自第5295号 至第5319号 明治34年3月（印刷局編） 1901.3 1冊 29cm

◇官報 自第5320号 至第5344号 明治34年4月（印刷局編） 1901.4 1冊 29cm

◇官報 自第5345号 至第5371号 明治34年5月（印刷局編） 1901.5 1冊 29cm

◇官報 自第5372号 至第5396号 明治34年6月（印刷局編） 1901.6 1冊 29cm

◇政党及議員政治ノ弊 謄写版（ポビドノスチェツフ著） 1901.6 14p 26cm

◇官報 自第5397号 至第5423号 明治34年7月（印刷局編） 1901.7 1冊 29cm

◇官報 自第5424号 至第5450号 明治34年8月（印刷局編） 1901.8 1冊 29cm

◇国法学 上巻（有賀長雄著） 東京専門学校出版部 1901.8 4,16,692p 23cm

◇官報 自第5451号 至第5474号 明治34年9月（印刷局編） 1901.9 1冊 29cm

◇官報 自第5475号 至第5500号 明治34年10月（印刷局編） 1901.10 1冊 29cm

◇獄事談（小河滋次郎著） 東京書院 1901.10 3,954p 22cm

◇官報 自第5501号 至第5524号 明治34年11月（印刷局編） 1901.11 1冊 29cm

◇官報 自第5525号 至第5548号 明治34年12月（印刷局編） 1901.12 1冊 29cm

◇帝国議会史 第1篇（工藤武重著） 有斐閣 1901.12 9,8,672p 23cm

◇官報 自第5549号 至第5570号 明治35年1月（印刷局編） 1902.1 1冊 29cm

◇官報 自第5571号 至第5593号 明治35年2月（印刷局編） 1902.2 1冊 29cm

◇官報 自第5594号 至第5618号 明治35年3月（印刷局編） 1902.3 1冊 29cm

◇官報 自第5619号 至第5643号 明治35年4月（印刷局編） 1902.4 1冊 29cm

◇官報 自第5644号 至第5670号 明治35年5月（印刷局編） 1902.5 1冊 29cm

◇清国公文一斑（関口隆正著） 村田直景 1902.5 1冊 23cm

◇官報 自第5671号 至第5695号 明治35年6月（印刷局編） 1902.6 1冊 29cm

◇行政裁判例類纂（山口弥一郎編） 1902.6 5,424p 22cm

◇官報 自第5696号 至第5722号 明治35年7月（印刷局編） 1902.7 1冊 29cm

◇国法学 下巻（有賀長雄著） 東京専門学校出版部 1902.7 13,526p 23cm

◇官報 自第5723号 至第5748号 明治35年8月（印刷局編） 1902.8 1冊 29cm

◇行政法論綱（岡実著） 有斐閣書房 1902.8 5,19,966p 22cm

◇官報 自第5749号 至第5773号 明治35年9月（印刷局編） 1902.9 1冊 29cm

◇官報 自第5774号 至第5799号 明治35年10月（印刷局編） 1902.10 1冊 29cm

◇官報 自第5800号 至第5823号 明治35年11月（印刷局編） 1902.11 1冊 29cm

◇衆議院要覧 編訂（衆議院事務局編） 1902.11 2,4,506p 15cm

◇官報 自第5824号 至第5848号 明治35年12月（印刷局編） 1902.12 1冊 29cm

◇官報 自第5849号 至第5871号 明治36年1月（印刷局編） 1903.1 1冊 29cm

◇官報 自第5872号 至第5894号 明治36年2月（印刷局編） 1903.2 1冊 29cm

◇官報 自第5895号 至第5920号 明治36年3月（印刷局編） 1903.3 1冊 29cm

◇官報 自第5921号 至第5945号 明治36年4月（印刷局編） 1903.4 1冊 29cm

◇行政法論叢（法治協会編） 1903.4 6,434p 22cm

◇政治学大綱 上巻（小野塚喜平次著） 博文館 1903.4 4,4,164p 23cm

◇法制論纂（国学院編） 大日本図書 1903.4 25,8,1446p 23cm

◇官報 自第5946号 至第5971号 明治36年5月（印刷局編） 1903.5 1冊 29cm

◇官報 自第5972号 至第5997号 明治36年6月（印刷局編） 1903.6 1冊 29cm

◇官報 自第5998号 至第6024号 明治36年7月（印刷局編） 1903.7 1冊 29cm

◇東陲民権史（関戸覚蔵編） 養勇館 1903.7 2,4,596p 22cm

◇官報 自第6025号 至第6050号 明治36年8月（印刷局編） 1903.8 1冊 29cm

◇官報 自第6051号 至第6075号 明治36年9月（印刷局編） 1903.9 1冊 29cm

◇貴族院事務局報告 第17回及第18回帝国議会（貴族院事務局編） 1903.9 1,8,270p 22cm

◇官報 自第6076号 至第6101号 明治36年10月（印刷局編） 1903.10 1冊 29cm

◇帝国議会貴族院委員会会議録 第18回（貴族院事務局編） 1903.10 2,240p 22cm

◇官報 自第6102号 至第6124号 明治36年11月（印刷局編） 1903.11 1冊 29cm

◇官報 自第6125号 至第6149号 明治36年12月（印刷局編） 1903.12 1冊 29cm

◇政治学大綱 下巻（小野塚喜平次著） 博文館 1903.12 6,178p 23cm

◇日本法制史（有賀長雄述） 1904 347p 22cm

◇官報 自第6150号 至第6171号 明治37年1月（印刷局編） 1904.1 1冊 29cm

◇法制論纂 続編（国学院編） 大日本図書 1904.1 6,914p 23cm

◇明治史 第1編 議会史（博文館編） 1904.1 264p 26cm 「大陽」臨時増刊 第10巻第2号

◇官報 自第6172号 至第6195号 明治37年2月（印刷局編） 1904.2 1冊 29cm

◇官報 自第6196号 至第6221号 明治37年3月（印刷局編） 1904.3 1冊 29cm

◇大清律（東亜同文会訳） 1904.3 21,412p 23cm

◇官報 自第6222号 至第6242号 明治37年4月（1）（印刷局編） 1904.4 1冊 29cm

◇官報 自第6243号 至第6247号 明治37年4月（2）（印刷局編） 1904.4 1冊 29cm

◇官報 自第6248号 至第6273号 明治37年5月（1）（印刷局編） 1904.5 1冊 29cm

◇官報 明治37年5月附録 明治37年5月（2）（印刷局編） 1904.5 1冊 29cm

◇官報 自第6274号 至第6299号 明治37年6月（印刷局編） 1904.6 1冊 29cm

◇官報 自第6300号 至第6325号 明治37年7月（印刷局編） 1904.7 1冊 29cm

◇官報 自第6326号 至第6352号 明治37年8月（印刷局編） 1904.8 1冊 29cm

◇官報 自第6353号 至第6377号 明治37年9月（印刷局編） 1904.9 1冊 29cm

◇官報 自第6378号 至第6402号 明治37年10月（印刷局編） 1904.10 1冊 29cm

◇官報 自第6403号 至第6426号 明治37年11月（印刷局編） 1904.11 1冊 29cm

◇衛生行政法釈義（小原新三著） 金港堂書籍 1904.12 622,90p 23cm

◇官報 自第6427号 至第6451号 明治37年12月（印刷局編） 1904.12 1冊 29cm

◇現行律令類別調 1904.12 29p 23cm

◇官報 自第6452号 至第6473号 明治38年1月（印刷局編） 1905.1 1冊 29cm

◇官報 自第6474号 至第6496号 明治38年2月（印刷局編） 1905.2 1冊 29cm

◇官報 自第6497号 至第6522号 明治38年3月（印刷局編） 1905.3 1冊 29cm

◇官報 自第6523号 至第6539号 明治38年4月（1）（印刷局編） 1905.4 1冊 29cm

◇官報 自第6540号 至第6546号 明治38年4月（2）（印刷局編） 1905.4 1冊 29cm

◇官報 自第6547号 至第6565号 明治38年5月（1）（印刷局編） 1905.5 1冊 29cm

◇官報 自第6566号 至第6573号 明治38年5月（2）（印刷局編） 1905.5 1冊 29cm

◇官報 自第6574号 至第6591号 明治38年6月（1）（印刷局編） 1905.6 1冊 29cm

◇官報 自第6592号 至第6599号 明治38年6月（2）（印刷局編） 1905.6 1冊 29cm

◇官報 自第6600号 至第6618号 明治38年7月（1）（印刷局編） 1905.7 1冊 29cm

◇官報 自第6619号 至第6625号 明治38年7月（2）（印刷局編） 1905.7 1冊 29cm

◇光栄之日本（シダコツフ著, 田原禎次郎訳） 博文館 1905.7 144p 23cm

◇殖民行政組織改革論（ヘルフェリッヒ著, 森孝三訳） 博文館 1905.7 3,1,113p 23cm

◇官報 自第6626号 至第6648号 明治38年8月（1）（印刷局編） 1905.8 1冊 29cm

◇官報 自第6649号 至第6652号 明治38年8月（2）（印刷局編） 1905.8 1冊 29cm

◇官報 自第6653号 至第6678号 明治38年9月（印刷局編） 1905.8 1冊 29cm

◇帝国議会貴族院委員会会議録 第21回（貴族院事務局編） 1905.9 8,788p 22cm

◇東京騒擾画報 第66号（国木田哲夫編） 近事画報社 1905.9 1冊 31cm 戦時画報

◇官報 自第6679号 至第6696号 明治38年10月（1）（印刷局編） 1905.10 1冊 29cm

◇官報 自第6697号 至第6703号 明治38年10月（2）（印刷局編） 1905.10 1冊 29cm

◇現行法規提要 明治38年9月1日現行（内閣法制局編） 1905.10 36,1069p 22cm

◇官報 自第6704号 至第6722号 明治38年11月（1）（印刷局編） 1905.11 1冊 29cm

◇官報 自第6723号 至第6726号 明治38年11月（2）（印刷局編） 1905.11 1冊 29cm

◇貴族院事務局報告 第21回帝国議会（貴族院事務局編） 1905.11 1,4,562p 22cm

◇官報 自第6727号 至第6751号 明治38年12月（1）（印刷局編） 1905.12 1冊 29cm

◇官報 明治38年12月附録 明治38年12月（2）（印刷局編） 1905.12 1冊 29cm

◇東洋法制史序論（広池千九郎著） 早稲田大学出版部 1905.12 3,300,19p 23cm 早稲田叢書

◇旧普国下院議員選挙法（衆議院議員選挙法調査会編） 1906 30p 26cm

◇官報 自第6752号 至第6773号 明治39年1月（印刷局編） 1906.1 1冊 29cm

◇殖民地統治策（パウル・ラインシユ著, 台湾慣習研究会訳） 台湾慣習研究会 1906.1 3,2,292p 23cm

◇官報 自第6774号 至第6797号 明治39年2月（印刷局編） 1906.2 1冊 29cm

◇台湾永代借地立法資料（台湾総督府） 1906.2 8,149p 22cm

◇比較殖民制度（竹越与三郎著） 読売新聞社 1906.2 7,243p 22cm

◇官報 自第6798号 至第6823号 明治39年3月（印刷局編） 1906.3 1冊 29cm

◇官報 自第6824号 至第6847号 明治39年4月（印刷局編） 1906.4 1冊 29cm

◇官報 自第6848号 至第6874号 明治39年5月（1）（印刷局編） 1906.5 1冊 29cm

◇官報 明治39年5月附録 明治39年5月（2）（印刷局編） 1906.5 1冊 29cm

◇官報 自第6875号 至第6900号 明治39年6月（印刷局編） 1906.6 1冊 29cm

◇官報 自第6901号 至第6926号 明治39年7月（印刷局編） 1906.7 1冊 29cm

◇普魯西内国殖民制度（高岡熊雄著） 台湾日日新報社 1906.7 241p 23cm

◇官報 自第6927号 至第6953号 明治39年8月（1）（印刷局編） 1906.8 1冊 29cm

◇官報 明治39年8月附録 明治39年8月（2）（印刷局編） 1906.8 1冊 29cm

◇官報 自第6954号 至第6977号 明治39年9月（1）（印刷局編） 1906.9 1冊 29cm

◇官報 明治39年9月附録 明治39年9月（2）（印刷局編） 1906.9 1冊 29cm

◇行政法大意：清国行政法 前編（織田万編） 1906.9 84p 23cm

◇帝国議会貴族院委員会会議録 第22回（貴族院事務局編） 1906.9 6,752p 23cm

◇官報 自第6978号 至第7003号 明治39年10月（1）（印刷局編） 1906.10 1冊 29cm

◇官報 明治39年10月附録 明治39年10月（2）（印刷局編） 1906.10 1冊 29cm

◇帝国議会史 第3編（工藤武重著） 有斐閣 1906.10 26,536p 22cm

◇官報 自第7004号 至第7027号 明治39年11月（1）（印刷局編） 1906.11 1冊 29cm

◇官報 明治39年11月附録 明治39年11月（2）（印刷局編） 1906.11 1冊 29cm

◇比較国会論（斉藤隆夫著） 渓南書院 1906.11 6,7,294p 23cm

◇官報 自第7028号 至第7052号 明治39年12月（印刷局編） 1906.12 1冊 29cm

◇旧墺太利帝国下院議員選挙法（衆議院議員選挙法調査会編） 1907 36p 26cm

◇官報 自第7053号 至第7074号 明治40年1月（印刷局編） 1907.1 1冊 29cm

◇官報 自第7075号 至第7097号 明治40年2月（印刷局編） 1907.2 1冊 29cm

◇明治史 第6編 政党史（太陽編輯局編） 博文館 1907.2 255p 26cm 「太陽」臨時増刊

◇官報 自第7098号 至第7122号 明治40年3月（印刷局編） 1907.3 1冊 29cm

◇官報 自第7123号 至第7147号 明治40年4月（印刷局編） 1907.4 1冊 29cm

◇官報 自第7148号 至第7174号 明治40年5月（印刷局編） 1907.5 1冊 29cm

◇官報 自第7175号 至第7199号 明治40年6月（印刷局編） 1907.6 1冊 29cm

◇官報 自第7200号 至第7226号 明治40年7月（印刷局編） 1907.7 1冊 29cm

◇官報 自第7227号 至第7253号 明治40年8月（印刷局編） 1907.8 1冊 29cm

◇官報 自第7254号 至第7277号 明治40年9月（印刷局編） 1907.9 1冊 29cm

◇征韓論実相（煙山専太郎著） 早稲田大学出版部 1907.9 9,8,310p 23cm

◇帝国議会貴族院委員会会議録 第23回（貴族院事務局編） 1907.9 7,858p 22cm

◇官報 自第7278号 至第7303号 明治40年10月（印刷局編） 1907.10 1冊 29cm

◇官報 自第7304号 至第7328号 明治40年11月（印刷局編） 1907.11 1冊 29cm

◇貴族院事務局報告 第23回帝国議会（貴族院事務局編） 1907.11 1,4,498p 22cm

◇官報 自第7329号 至第7353号 明治40年12月（印刷局編） 1907.12 1冊 29cm

◇官報 自第7354号 至第7376号 明治41年1月（印刷局編） 1908.1 1冊 29cm

◇官報 自第7377号 至第7400号 明治41年2月（印刷局編） 1908.2 1冊 29cm

◇官報 自第7401号 至第7425号 明治41年3月（印刷局編） 1908.3 1冊 29cm

◇明治職官表 明治40年（内閣書記官室記録課編） 三省堂書店 1908.3 1冊 23cm

◇官報 自第7426号 至第7450号 明治41年4月（印刷局編） 1908.4 1冊 29cm

◇官報 自第7451号 至第7476号 明治41年5月（印刷局編） 1908.5 1冊 29cm

◇官報 自第7477号 至第7502号 明治41年6月（印刷局編） 1908.6 1冊 29cm

◇官報 自第7503号 至第7529号 明治41年7月（印刷局編） 1908.7 1冊 29cm

◇官報 自第7530号 至第7555号 明治41年8月（印刷局編） 1908.8 1冊 29cm

◇官報 自第7556号 至第7580号 明治41年9月（印刷局編） 1908.9 1冊 29cm

◇欧洲現代立憲政治一班（小野塚喜平次著） 博文館 1908.10 5,280p 23cm

◇官報 自第7581号 至第7606号 明治41年10月（印刷局編） 1908.10 1冊 29cm

◇官報 自第7607号 至第7629号 明治41年11月（印刷局編） 1908.11 1冊 29cm

◇行政執行法要義（法曹閣書院編） 三書楼 1908.11 210p 19cm

◇板垣伯岐阜遭難録（岩田徳義著） 対山書店 1908.12 4,8,158p 19cm

◇官報 自第7630号 至第7654号 明治41年12月（印刷局編） 1908.12 1冊 29cm

◇横浜外国人永代借地権所有者総会会議ノ顛末 謄写版 1909 1冊

政治・行政・法律　　　都市問題・地方自治　調査研究文献要覧

27cm　明治42年4月27日横浜外字新聞記事翻訳

◇官報　自第7655号　至第7676号　明治42年1月（印刷局編）　1909.1　1冊　29cm

◇英国殖民発展史（エチ・イ・エヂアトン著、永井柳太郎訳）　早稲田大学出版部　1909.2　366p　23cm　早稲田叢書

◇官報　自第7677号　至第7699号　明治42年2月（印刷局編）　1909.2　1冊　29cm

◇官報　自第7700号　至第7726号　明治42年3月（印刷局編）　1909.3　1冊　29cm

◇行政裁判所判例要旨類集　明治22年-同41年3月（行政裁判所編）　1909.3　8,2297,199p　23cm

◇官報　自第7727号　至第7751号　明治42年4月（印刷局編）　1909.4　1冊　29cm

◇第二十五回帝国議会議事日誌　手書（通信省編）　1909.4　[295]p　27cm

◇官報　自第7752号　至第7777号　明治42年5月（印刷局編）　1909.5　1冊　29cm

◇清国行政法汎論（臨時台湾旧慣調査会編）　金港堂書籍　1909.5　4,24,814p　23cm

◇官報　自第7778号　至第7803号　明治42年6月（印刷局編）　1909.6　1冊　29cm

◇官報　自第7804号　至第7830号　明治42年7月（印刷局編）　1909.7　1冊　29cm

◇官報　自第7831号　至第7856号　明治42年8月（印刷局編）　1909.8　1冊　29cm

◇官報　自第7857号　至第7881号　明治42年9月（印刷局編）　1909.9　1冊　29cm

◇行政裁判所判例全集（自治館編輯局編）　1909.9　105,813p　21cm

◇殖民地組織法大全（臨時台湾旧慣調査会編）　1909.9　3,912p　23cm

◇官報　自第7882号　至第7907号　明治42年10月（印刷局編）　1909.10　1冊　29cm

◇官報　自第7908号　至第7931号　明治42年11月（印刷局編）　1909.11　1冊　29cm

◇衆議院要覧　改訂（衆議院事務局編）　1909.11　490,138p　15cm

◇官報　自第7932号　至第7956号　明治42年12月（印刷局編）　1909.12　1冊　29cm

◇清国地方状況（鉄道院鉄道調査所編）　1909.12　9,483p　26cm

◇日本ノ植民地ニ於ケル土民政策　謄写版（ヴェルトハイメル著、東亜経済調査局訳）　1910　1冊　24cm

◇官報　自第7957号　至第7979号　明治43年1月（印刷局編）　1910.1　1冊　29cm

◇官報　自第7980号　至第8002号　明治43年2月（印刷局編）　1910.2　1冊　29cm

◇殖民政策（ホール・エス・ランチ著、松岡正男訳、田宮弘太郎訳）　同文館　1910.2　450p　23cm

◇官報　自第8003号　至第8028号　明治43年3月（印刷局編）　1910.3　1冊　29cm

◇自由党史　上巻（宇田友猪編、和田三郎編、板垣退助監修）　五車楼　1910.3　728p　23cm

◇自由党史　下巻（宇田友猪編、和田三郎編、板垣退助監修）　五車楼　1910.3　10,690p　23cm

◇欧米小感（床次竹二郎述）　加藤虎吉　1910.4　2,4,267p　20cm

◇官報　自第8029号　至第8054号　明治43年4月（印刷局編）　1910.4　1冊　29cm

◇後藤総裁ノ訓示（後藤新平著）　1910.4　20p　22cm

◇日本法制史（三浦菊太郎著）　博文館　1910.4　10,324p　22cm　帝国百科全書

◇官報　自第8055号　至第8080号　明治43年5月（印刷局編）　1910.5　1冊　29cm

◇官報　自第8081号　至第8106号　明治43年6月（印刷局編）　1910.6　1冊　29cm

◇官報　自第8107号　至第8132号　明治43年7月（印刷局編）　1910.7　1冊　29cm

◇官報　自第8133号　至第8159号　明治43年8月（印刷局編）　1910.8　1冊　29cm

◇官報　自第8160号　至第8184号　明治43年9月（印刷局編）　1910.9　1冊　29cm

◇官報　自第8185号　至第8209号　明治43年10月（印刷局編）　1910.10　1冊　29cm

◇官報　自第8210号　至第8233号　明治43年11月（印刷局編）　1910.11　1冊　29cm

◇官報　自第8234号　至第8258号　明治43年12月（印刷局編）　1910.12　1冊　29cm

◇憲法提要　上巻（穂積八束著）　有斐閣　1910.12　29,389p　23cm

◇憲法提要　下巻（穂積八束著）　有斐閣　1910.12　[565]p　23cm

◇官報　自第8259号　至第8280号　明治44年1月（印刷局編）　1911.1　1冊　29cm

◇官報　自第8281号　至第8303号　明治44年2月（印刷局編）　1911.2　1冊　29cm

◇官報　自第8304号　至第8329号　明治44年3月（印刷局編）　1911.3　1冊　29cm

◇官報　自第8330号　至第8353号　明治44年4月（印刷局編）　1911.4　1冊　29cm

◇官報　自第8354号　至第8380号　明治44年5月（印刷局編）　1911.5　1冊　29cm

◇官報　自第8381号　至第8406号　明治44年6月（印刷局編）　1911.6　1冊　29cm

◇官報　自第8407号　至第8432号　明治44年7月（印刷局編）　1911.7　1冊　29cm

◇官報　自第8433号　至第8459号　明治44年8月（印刷局編）　1911.8　1冊　29cm

◇官報　自第8460号　至第8485号　明治44年9月（印刷局編）　1911.9　1冊　29cm

◇官報　自第8486号　至第8510号　明治44年10月（印刷局編）　1911.10　1冊　29cm

◇官報　自第8511号　至第8534号　明治44年11月（印刷局編）　1911.11　1冊　29cm

◇官報　自第8535号　至第8559号　明治44年12月（印刷局編）　1911.12　1冊　29cm

◇官僚政治（オルツエスキー著、後藤新平訳）　冨山房　1911.12　3,368p　22cm

◇改正条約ニ基キ横浜外国人居留地整理ニ関スル意見書　1912　1冊　27cm

◇行政法講義（薩埵正邦述）　1912　13,488p　18cm

◇第二十八回帝国議会議事日誌　謄写版（通信省編）　1912　1冊　27cm

◇審政問題ニ関スル取調書：持地参事官復命（台湾総督府編）　1912　86p　22cm

◇法令全書　第一、二類（中華民国印鋳局編）　1912　18,10,126p　27cm

◇法令全書　第三、四、五類（中華民国印鋳局編）　1912　4,32,104p　27cm

◇法令全書　第六類（中華民国印鋳局編）　1912　216p　27cm

◇法令全書　第七、八、九、十類（中華民国印鋳局編）　1912　1冊　27cm

◇法令全書　第十一、十二類（中華民国印鋳局編）　1912　122,64p　27cm

◇法令全書　第十三類（中華民国印鋳局編）　1912　144p　27cm

◇法令全書　第十四、十五、十六、十八類（中華民国印鋳局編）　1912　1冊　27cm

◇法令全書 第十九, 二十類(中華民国印鋳局編) 1912 27,52p 27cm

◇明治拾一年三新令令達謄本 1912 6,68p 23cm

◇明治職官沿革表 巻第2 職官部下 1912 256p 31cm

◇明治職官沿革表 巻第3 官廰部上 1912 4,180p 31cm

◇官報 自第8560号 至第8581号 明治45年1月(印刷局編) 1912.1 1冊 29cm

◇日本法制史(池辺義象著) 博文館 1912.1 5,24,1022p 23cm

◇官報 自第8582号 至第8606号 明治45年2月(印刷局編) 1912.2 1冊 29cm

◇官報 自第8607号 至第8631号 明治45年3月(印刷局編) 1912.3 1冊 29cm

◇徳川時代と武蔵本庄(諸井六郎著) 学海指針社 1912.3 8,344p 23cm

◇日本民法総論(川名兼四郎著) 金刺芳流堂 1912.3 8,321,27p 23cm

◇官報 自第8632号 至第8656号 明治45年4月(印刷局編) 1912.4 1冊 29cm

◇後藤男爵訳 官僚政治,永井柳太郎君に答ふ,後藤男爵の答弁を読む (永井柳太郎[著],後藤新平[著]) [富山房] 1912.4 [10]p 27cm 「新日本」第2巻2号-4号のうち,後藤新平

◇官報 自第8657号 至第8683号 明治45年5月(印刷局編) 1912.5 1冊 29cm

◇官報 自第8684号 至第8708号 明治45年6月(印刷局編) 1912.6 1冊 29cm

◇行政法講義(織田万著) 有斐閣書房,宝文館 1912.6 37,946p 23cm

◇官報 自第8709号 至第8734号,第1号 明治45年大正1年7月(印刷局編) 1912.7 1冊 29cm

◇官報 自第2号 至第28号 大正1年8月(印刷局編) 1912.8 1冊 29cm

◇官報 自第29号 至第50号 大正1年9月(印刷局編) 1912.9 1冊 29cm

◇政党と代議制(フリードリッヒ・パウルゼン著,後藤新平訳) 冨山房 1912.9 2,220p 19cm

◇官報 自第51号 至第76号 大正1年10月(印刷局編) 1912.10 1冊 29cm

◇最近思潮国家道徳論(江木衷著) 博文館 1912.10 6,1,200p 23cm

◇支那の将来(山本唯三郎著) 実業之日本社 1912.10 472,42p 23cm

◇二十世紀ニ於ケル露国ノ使命(クロパトキン著,参謀本部第四部訳) 東京偕行社 1912.10 3,3,960p 20cm

◇官報 自第77号 至第101号 大正1年11月(印刷局編) 1912.11 1冊 29cm

◇帝国議会貴族院委員会会議録 第28回(貴族院事務局編) 1912.11 4,1046p 22cm

◇官報 自第102号 至第126号 大正1年12月(印刷局編) 1912.12 1冊 29cm

◇貴族院事務局報告 第28回帝国議会(貴族院事務局編) 1912.12 4,424p 22cm

◇衆議院要լ 改訂(衆議院事務局編) 1912.12 4,486p 16cm

◇普選準備委員諸君に申す(後藤新平述) 1912.12 1枚 19×54cm

◇旧独逸帝国議会議員選挙法(衆議院議員選挙法調査会編) 1913 20p 26cm

◇朝鮮居留民団ノ廃止 大正2年度 第21号 謄写版(東亜経済調査局編) 1913 40p 23cm

◇朝鮮ニ於ケル行政区画ノ変更ニ就テ 大正2年度 第11号 謄写版(東亜経済調査局編) 1913 18p 24cm

◇朝鮮ニ於ケル日本ノ施政ニ就テ 謄写版(東亜経済調査局編) 1913 48p 22cm

◇立憲同志会員諸君ニ質ス(後藤新平著) 1913 16p 23cm

◇一九〇九年設立 独国ハンザ同盟大要(後藤新平著) 1913 28,6p 22cm

◇官報 自第127号 至第150号 大正2年1月(印刷局編) 1913.1 1冊 29cm

◇官報 自第151号 至第173号 大正2年2月(印刷局編) 1913.2 1冊 29cm

◇官報 自第174号 至第198号 大正2年3月(印刷局編) 1913.3 1冊 29cm

◇日本憲政本論:国体擁護(加藤房蔵著) 良明堂 1913.3 5,299p 23cm

◇明治民権史論(中野正剛著) 有倫堂 1913.3 4,9,502p 23cm

◇官報 自第199号 至第223号 大正2年4月(印刷局編) 1913.4 1冊 29cm

◇南満洲ニ於ケル帝国ノ権利(蜷川新編) 清水書店 1913.4 106p 23cm

◇立憲同志会退会始末大要(後藤新平著) 1913.4 15p 23cm

◇官報 自第224号 至第250号 大正2年5月(印刷局編) 1913.5 1冊 29cm

◇官報 自第251号 至第275号 大正2年6月(印刷局編) 1913.6 1冊 29cm

◇官報 自第276号 至第301号 大正2年7月(印刷局編) 1913.7 1冊 29cm

◇興国策論(中橋徳五郎著) 政教社 1913.7 20,770,4p 23cm

◇官報 自第302号 至第327号 大正2年8月(印刷局編) 1913.8 1冊 29cm

◇行政法原理 第4版(市村光恵著) 東京宝文館 1913.8 2,17,1196p 23cm

◇官報 自第328号 至第352号 大正2年9月(印刷局編) 1913.9 1冊 29cm

◇官報 自第353号 至第377号 大正2年10月(印刷局編) 1913.10 1冊 29cm

◇政党社会学(大日本文明協会編) 1913.10 8,14,490p 23cm

◇官報 自第378号 至第402号 大正2年11月(印刷局編) 1913.11 1冊 29cm

◇貴族院事務局報告 第29回及第30回帝国議会(貴族院事務局編) 1913.11 4,404p 22cm

◇官報 自第403号 至第427号 大正2年12月(印刷局編) 1913.12 1冊 29cm

◇貴族院要լ 増訂 乙(貴族院事務局編) 1913.12 1,2,428p 15cm

◇大日本政党史(若林清者) 市町村雑誌社 1913.12 7,598p 23cm

◇帝国議会貴族院委員会議録 第29回及第30回(貴族院事務局編) 1913.12 4,802p 22cm

◇ユ帝欽定羅馬法学提要(末松謙澄訳) 帝国学士院 1913.12 4,501p 23cm

◇オルターネーティヴ・ヴォート及其効果(衆議院議員選挙法調査会編) 1914 23p 26cm

◇明治憲政史 上巻(工藤武重著) 中央大学 1914 4,40,636p 23cm

◇樺太殖民政策(谷口英三郎著) 拓殖新報社 1914.1 8,13,627p 23cm

◇官報 自第428号 至第451号 大正3年1月(印刷局編) 1914.1 1冊 29cm

◇立憲同志会員諸君ニ質ス 立憲同志会退会始末大要(後藤新平著) 1914.1 31p 23cm

◇官報 自第452号 至第474号 大正3年2月(印刷局編) 1914.2 1冊 29cm

◇官報 自第475号 至第499号 大正3年3月(印刷局編) 1914.3 1冊 29cm

◇支那論(内藤虎次郎著) 文会堂 1914.3 14,7,397p 23cm

政治・行政・法律　　都市問題・地方自治　調査研究文献要覧

◇陪審制度論（大場茂馬著）　中央大学　1914.3 258p 23cm　刑事政策叢書

◇官報 自第500号 至第524号 大正3年4月（印刷局編）　1914.4 1冊 29cm

◇官報 自第525号 至第548号 大正3年5月（印刷局編）　1914.5 1冊 29cm

◇大正政戦史（半沢玉城著）　国民時報社　1914.5 4,10,410p 22cm

◇官報 自第549号 至第574号 大正3年6月（印刷局編）　1914.6 1冊 29cm

◇官報 自第575号 至第600号 大正3年7月（印刷局編）　1914.7 1冊 29cm

◇官報 自第601号 至第625号 大正3年8月（印刷局編）　1914.8 1冊 29cm

◇近代立法の精神（ジェスロ・ブラウン著,佐久間秀雄訳）　大日本文明協会　1914.8 4,6,436p 23cm

◇台湾民事令,台湾親族相続令,台湾親族相続令施行令,台湾不動産登記令,台湾競売法,台湾非訟事件手続令,台湾人事訴訟手続令,台湾祭祀公業令,台湾合股令改正案（臨時台湾旧慣調査会編）　1914.8 1冊 22cm

◇官報 自第626号 至第650号 大正3年9月（印刷局編）　1914.9 1冊 29cm

◇台湾農業殖民論（東郷実著）　富山房　1914.9 4,11,722p 23cm

◇破産法講義（加藤正治著）　巌松堂　1914.9 8,612,26p 23cm

◇官報 自第651号 至第675号 大正3年10月（印刷局編）　1914.10 1冊 29cm

◇膠洲湾ノ占領ト樺太ノ占領（蜷川新著）　清水書店　1914.10 2,14,308p 23cm

◇選挙法大意（美濃部達吉著）　三省堂　1914.10 6,242,7p 18cm

◇官報 自第676号 至第699号 大正3年11月（印刷局編）　1914.11 1冊 29cm

◇刑法総論 上巻（大場茂馬著）　中央大学　1914.11 20,411p 23cm

◇帝国議会貴族院委員会会議録 第31回、第32回及第33回（貴族院事務局編）　1914.11 6,1214p 22cm

◇官報 自第700号 至第724号 大正3年12月（印刷局編）　1914.12 1冊 29cm

◇貴族院事務局報告 第31回第32回第33回帝国議会（貴族院事務局編）　1914.12 1,9,623p 22cm

◇日本法制史 謄写版（宮崎道三郎述）　1915 4,357p 22cm

◇1909年設立独国ハンザ同盟大要（後藤新平著）　1915 29,10p 15cm

◇官報 自第725号 至第747号 大正4年1月（印刷局編）　1915.1 1冊 29cm

◇官報 自第748号 至第770号 大正4年2月（印刷局編）　1915.2 1冊 29cm

◇隠居論（穂積陳重著）　有斐閣　1915.3 10,34,783p 24cm

◇各国之政党（外務省政務局編）　1915.3 38,1211p 23cm

◇官報 自第771号 至第796号 大正4年3月（印刷局編）　1915.3 1冊 29cm

◇支那法制史論（東川徳治著）　臨時台湾旧慣調査会　1915.3 4,12,423p 23cm

◇党派一覧 党派ノ趨勢 大正4年3月調（衆議院事務局編）　1915.3 1枚 188×19cm　衆議院議員党籍録附録

◇官報 自第797号 至第821号 大正4年4月（印刷局編）　1915.4 1冊 29cm

◇衆議院議員党籍録 第1回議会乃至第35回議会（衆議院事務局編）　1915.4 587,44p 23cm

◇政治と民意（ハンス・デルブリュック著,後藤新平訳）　有斐閣　1915.4 26,5,275p 23cm

◇官報 自第822号 至第847号 大正4年5月（印刷局編）　1915.5 1冊 29cm

◇貴族院要覧 甲 増訂（貴族院事務局編）　1915.5 223p 15cm

◇憲法及政治論集（斉藤隆夫述）　渓南書院　1915.5 176,48p 23cm

◇衆議院委員会先例彙纂 大正4年4月増補（衆議院事務局編）　1915.5 485p 23cm

◇衆議院先例彙纂 大正4年4月増補（衆議院事務局編）　1915.5 673,166p 22cm

◇官報 自第848号 至第873号 大正4年6月（印刷局編）　1915.6 1冊 29cm

◇官報 自第874号 至第899号 大正4年7月（印刷局編）　1915.7 1冊 29cm

◇穂積先生還暦祝賀論文集（牧野英一編）　有斐閣書房　1915.7 1186p 23cm

◇官治比較 自治行政法論（島村他三郎著）　自治館　1915.8 610p 23cm

◇官報 自第900号 至第924号 大正4年8月（印刷局編）　1915.8 1冊 29cm

◇衆議院議員総選挙一覧 上巻（衆議院事務局編）　1915.8 4,118p 27cm

◇衆議院議員総選挙一覧 下巻（衆議院事務局編）　1915.8 2,4,80p 27cm

◇官報 自第925号 至第949号 大正4年9月（印刷局編）　1915.9 1冊 29cm

◇日本植民論（後藤新平述）　公民同盟出版部　1915.9 102p 15cm　公民同盟叢書

◇官報 自第950号 至第975号 大正4年10月（印刷局編）　1915.10 1冊 29cm

◇官報 自第976号 至第999号 大正4年11月（印刷局編）　1915.11 1冊 29cm

◇貴族院要覧 乙 増訂（貴族院事務局編）　1915.11 1,2,466p 15cm

◇現代の政治（吉野作造著）　実業之日本社　1915.11 5,359p 23cm

◇上海に於ける日本及日本人の地位（外務省通商局編）　1915.11 102p 26cm

◇起テ沖縄男子（高橋琢也著）　1915.11 249p 23cm

◇官報 自第1000号 至第1024号 大正4年12月（印刷局編）　1915.12 1冊 29cm

◇衆議院議員選挙法改正調査会議事速記録 第1号　1916 16p 23cm

◇衆議院議員選挙法改正調査会議事速記録 第2号　1916 72p 23cm

◇衆議院議員選挙法改正調査会議事速記録 第4号　1916 38p 23cm

◇衆議院議員選挙法改正調査会議事速記録 第5号　1916 39p 23cm

◇官報 自第1025号 至第1047号 大正5年1月（印刷局編）　1916.1 1冊 29cm

◇官報 自第1048号 至第1071号 大正5年2月（印刷局編）　1916.2 1冊 29cm

◇湖南事件と大浦庇護事件：憲政の危機と刑政の廃頽（大場茂馬著）　1916.2 4,6,187p 23cm

◇日本膨脹論（後藤新平著）　通俗大学会　1916.2 9,9,232p 16cm

◇官報 自第1072号 至第1097号 大正5年3月（印刷局編）　1916.3 1冊 29cm

◇大正政局史論（徳富猪一郎著）　民友社　1916.3 8,403,11p 22cm

◇帝国議会史 第2篇（工藤武重著）　有斐閣　1916.3 17,372p 22cm

◇満洲概要（満洲会編）　1916.3 186,58p 19cm

◇民政史鑑（岩田衛著）　富山房　1916.3 12,378p 23cm

◇官報 自第1098号 至第1121号 大正5年4月（印刷局編）　1916.4 1冊 29cm

◇倚楸論集（鵜沢総明著）　春秋社　1916.4 7,977p 23cm

◇台湾植民発達史（東郷実著,佐藤四郎著）　晃文館　1916.4 8,488p 23cm

◇官報 自第1122号 至第1148号 大正5年5月(印刷局編)　1916.5 1冊 29cm

◇新朝鮮(朝鮮研究会編)　1916.5 3,284p 23cm

◇官報 自第1149号 至第1174号 大正5年6月(印刷局編)　1916.6 1冊 29cm

◇国体憲法及憲政(上杉慎吉著)　有斐閣　1916.6 4,550p 23cm

◇時局に関する意見の大要(後藤新平著)　1916.6 41p 19cm

◇欧洲現代政治及学説論集(小野塚喜平次著)　博文館　1916.7 3,6,436p 23cm

◇官報 自第1175号 至第1200号 大正5年7月(印刷局編)　1916.7 1冊 29cm

◇帝国議会貴族院委員会議録 第37回(貴族院事務局編)　1916.7 7,1020p 22cm

◇官報 自第1201号 至第1226号 大正5年8月(印刷局編)　1916.8 1冊 29cm

◇官報 自第1227号 至第1251号 大正5年9月(印刷局編)　1916.9 1冊 29cm

◇議会政党及政府(上杉慎吉著)　有斐閣　1916.9 4,615p 23cm

◇官報 自第1252号 至第1275号 大正5年10月(印刷局編)　1916.10 1冊 29cm

◇官報 自第1276号 至第1299号 大正5年11月(印刷局編)　1916.11 1冊 29cm

◇高松事件之顛末：前衆議院書記官長林田亀太郎氏関係(雲梯会編)　1916.11 2,3,535p 23cm

◇日本憲法淵源論：東洋法制史余論之内(広池千九郎著)　1916.11 206p 23cm

◇日本民権発達史(植原悦二郎著)　政教社　1916.11 12,10,653p 23cm

◇官報 自第1300号 至第1324号 大正5年12月(印刷局編)　1916.12 1冊 29cm

◇後藤内務大臣ノ訓示(大正6年1月第10回地方改良講習会開会式ニ於テ)(内務省地方局編)　1917 13p 23cm

◇官報 自第1325号 至第1347号 大正6年1月(印刷局編)　1917.1 1冊 29cm

◇上院論(水野錬太郎著)　清水書店　1917.1 77p 23cm

◇官報 自第1348号 至第1371号 大正6年2月(印刷局編)　1917.2 1冊 29cm

◇政党政策と道徳(パウルゼン著, 後藤新平訳)　通俗大学会　1917.2 111p 15cm

◇官報 自第1372号 至第1397号 大正6年3月(印刷局編)　1917.3 1冊 29cm

◇憲政会ノ前身ト欽定憲法：附 本問題ニ関スル桂公手翰(後藤新平著)　1917.3 21p 19cm

◇憲政大意(穂積八束著, 上杉慎吉編)　穂積八束博士遺稿憲政大意発行所　1917.3 19,337,14p 25cm

◇総選挙記：附 隈閣選挙干渉赤裸々観(上田外男著)　健行社出版部　1917.3 4,397p 19cm

◇官報 自第1398号 至第1421号 大正6年4月(印刷局編)　1917.4 1冊 29cm

◇祖先祭祀ト日本法律(穂積陳重著, 穂積巌夫訳)　有斐閣　1917.4 14,311,13p 23cm

◇官報 自第1422号 至第1448号 大正6年5月(印刷局編)　1917.5 1冊 29cm

◇欧洲交戦諸国ノ陸軍ニ就テ 増補再版(陸軍省編)　1917.6 2,134p 23cm

◇欧洲戦争ノ概要(臨時軍事調査委員編)　1917.6 24p 22cm

◇官報 自第1449号 至第1474号 大正6年6月(印刷局編)　1917.6 1冊 29cm

◇政党論(内田嘉吉著)　1917.6 23p 22cm

◇官報 自第1475号 至第1499号 大正6年7月(印刷局編)　1917.7 1冊 29cm

◇投票用紙事件の表裏(牧野良三編)　1917.7 44,464,49p 23cm

◇日本民族の膨脹(後藤新平著)　皇道会　1917.7 [4]p 26cm　「皇道」第4巻第42号ノ中

◇官報 自第1500号 至第1525号 大正6年8月(印刷局編)　1917.8 1冊 29cm

◇支那革命小史(吉野作造著)　万朶書房　1917.8 185,72p 23cm

◇官報 自第1526号 至第1549号 大正6年9月(印刷局編)　1917.9 1冊 29cm

◇刑法各論 上巻(大場茂馬著)　中央大学　1917.9 10,13,921p 23cm

◇官報 自第1550号 至第1574号 大正6年10月(印刷局編)　1917.10 1冊 29cm

◇刑法総論 下巻(大場茂馬著)　中央大学　1917.10 38,[1022]p 23cm

◇官報 自第1575号 至第1599号 大正6年11月(印刷局編)　1917.11 1冊 29cm

◇官報 自第1600号 至第1624号 大正6年12月(印刷局編)　1917.12 1冊 29cm

◇貴族院事務局報告 第38回・第39回帝国議会(貴族院事務局編)　1917.12 3,4,401p 22cm

◇貴族院要 乙 増訂(貴族院事務局)　1917.12 1,2,482p 15cm

◇帝国議会貴族院委員会議録 第38回及第39回(貴族院事務局編)　1917.12 5,510p 22cm

◇日本政党発達史(斉藤熊蔵著)　博愛館　1917.12 56,11,926p 23cm

◇英国改正選挙法：1918年2月6日(衆議院議員選挙法調査会編)　1918 43p 26cm

◇英国新選挙法ニ依ル選挙資格：1918年国民代表法(衆議院議員選挙法調査会編)　1918 50p 26cm

◇独墺共和国憲法制定国民議会議員選挙法：1918年12月18日(衆議院議員選挙法調査会編)　1918 17p 27cm

◇官報 自第1625号 至第1647号 大正7年1月(印刷局編)　1918.1 1冊 29cm

◇官報 自第1648号 至第1670号 大正7年2月(印刷局編)　1918.2 1冊 29cm

◇官報 自第1671号 至第1695号 大正7年3月(印刷局編)　1918.3 1冊 29cm

◇板垣遭難自由の碧血(武藤貞一著)　岐阜日々新聞社, 西濃印刷会社岐阜支店　1918.4 4,230p 22cm

◇官報 自第1696号 至第1720号 大正7年4月(印刷局編)　1918.4 1冊 29cm

◇官報 自第1721号 至第1747号 大正7年5月(印刷局編)　1918.5 1冊 29cm

◇鹿児島県政党史(薩藩史料調査会編)　1918.6 24,485,26p 20cm

◇官報 自第1748号 至第1772号 大正7年6月(印刷局編)　1918.6 1冊 29cm

◇官報 自第1773号 至第1798号 大正7年7月(印刷局編)　1918.7 1冊 29cm

◇衆議院議員党籍録 第1回議会乃至第40回議会(衆議院事務局編)　1918.7 190,13p 27cm

◇翠軒余滴(繁田武平著)　古谷喜十郎　1918.7 10,5,211p 23cm

◇白耳義ニ於ケル独逸ノ行政(外務省臨時調査部編)　1918.7 78p 22cm

◇千九百十七年七月独逸政変(帝国宰相「ベートマン・ホルウェツヒ」ノ更迭)前後ニ於ケル独逸内政関係概要(外務省政務局編)　1918.7 2,3,533p 23cm　外事秘報

◇官報 自第1799号 至第1824号 大正7年8月(印刷局編)　1918.8 1冊 29cm

◇官報 自第1825号 至第1848号 大正7年9月(印刷局編)　1918.9 1冊

政治・行政・法律

◇官報 自第1849号 至第1873号 大正7年10月（印刷局編） 1918.10 1冊 29cm

◇官報 自第1874号 至第1898号 大正7年11月（印刷局編） 1918.11 1冊 29cm

◇官報 自第1899号 至第1923号 大正7年12月（印刷局編） 1918.12 1冊 29cm

◇貴族院事務局報告 第40回帝国議会（貴族院事務局編） 1918.12 1,4,470p 22cm

◇貴族院要覧 乙 増訂（貴族院事務局編） 1918.12 1,2,502p 15cm

◇帝国議会貴族院委員会会議録 第40回（貴族院事務局編） 1918.12 7,926p 22cm

◇伊太利選挙法：1919年9月2日（衆議院議員選挙法調査会編） 1919 68p 26cm

◇衆議院議員選挙法（衆議院議員選挙法調査会編） 1919 115p 26cm

◇瑞西選挙法（衆議院議員選挙法調査会編） 1919 25p 26cm

◇選挙法ニ関スル参考書（衆議院議員選挙法調査会編） 1919 60p 26cm 参考資料

◇被選挙権ニ関スル調査資料（衆議院議員選挙法調査会編） 1919 36p 26cm

◇仏国選挙法（衆議院議員選挙法調査会編） 1919 35p 26cm

◇官報 自第1924号 至第1947号 大正8年1月（印刷局編） 1919.1 1冊 29cm

◇ビスマルク演説集 上巻（森孝三編, 後藤新平監修） ビスマルク演説集刊行会 1919.1 18,3,643p 23cm

◇官報 自第1948号 至第1970号 大正8年2月（印刷局編） 1919.2 1冊 29cm

◇官報 自第1971号 至第1995号 大正8年3月（印刷局編） 1919.3 1冊 29cm

◇官報 自第1996号 至第2020号 大正8年4月（印刷局編） 1919.4 1冊 29cm

◇ビスマルク演説集 中巻（森孝三編, 後藤新平監修） ビスマルク演説集刊行会 1919.4 3,23,[698]p 23cm

◇明治憲政経済史論：国家学会創立満三十年記念（国家学会編） 1919.4 16,431p 23cm

◇官報 自第2021号 至第2046号 大正8年5月（印刷局編） 1919.5 1冊 29cm

◇官報 自第2047号 至第2071号 大正8年6月（印刷局編） 1919.6 1冊 29cm

◇ビスマルク演説集 下巻（森孝三編, 後藤新平監修） ビスマルク演説集刊行会 1919.6 10,4,[719]p 23cm

◇官報 自第2072号 至第2096号 大正8年7月（印刷局編） 1919.7 1冊 29cm

◇官報 自第2097号 至第2122号 大正8年8月（印刷局編） 1919.8 1冊 29cm

◇国体新論（物集高見著） 広文庫刊行会 1919.8 17,22,539p 23cm

◇一代華族論（板垣退助著） 忠誠堂 1919.9 4,210p 23cm

◇官報 自第2123号 至第2147号 大正8年9月（印刷局編） 1919.9 1冊 29cm

◇官報 自第2148号 至第2172号 大正8年10月（印刷局編） 1919.10 1冊 29cm

◇官報 自第2173号 至第2197号 大正8年11月（印刷局編） 1919.11 1冊 29cm

◇同盟及聯合国ト独逸国トノ平和条約並議定書（外務省編） 1919.11 378p 28cm

◇同盟及聯合国ト独逸国トノ平和条約並議定書概要：附 波蘭国ニ関スル条約概要（外務省編） 1919.11 173p 28cm

◇官報 自第2198号 至第2222号 大正8年12月（印刷局編） 1919.12 1冊 29cm

◇貴族院要覧 乙 増訂（貴族院事務局編） 1919.12 1,2,512p 15cm

◇大理院解釈例要旨匯覧 第1巻（[大理院総輯処]編） 1919.12 132p 26cm

◇大理院解釈例要旨匯覧 第2巻（[大理院総輯処]編） 1919.12 8,298p 26cm

◇大理院判例要旨匯覧 第1巻（中華民国大理院編） 1919.12 1冊 26cm

◇大理院判例要旨匯覧 第2巻（中華民国大理院編） 1919.12 1冊 26cm

◇帝国議会貴族院委員会会議録 第41回（貴族院事務局編） 1919.12 7,1060p 22cm

◇衆議院議員選挙違犯者調（衆議院議員選挙法調査会編） 1920 23p 26cm 参考資料

◇選挙権ニ関スル調査資料（衆議院議員選挙法調査会編） 1920 65p 26cm

◇僧侶被選挙権獲得運動状況（衆議院議員選挙法調査会編） 1920 10p 26cm 参考資料

◇独逸選挙法：1920年4月27日（衆議院議員選挙法調査会編） 1920 10p 26cm

◇普国選挙法：1920年12月3日（衆議院議員選挙法調査会編） 1920 10p 26cm

◇江戸時代制度の研究 上巻（松平太郎著） 武家制度研究会 1920.1 30,1100p 23cm

◇官報 自第2223号 至第2246号 大正9年1月（印刷局編） 1920.1 1冊 29cm

◇貴族院事務局報告 第41回帝国議会（貴族院事務局編） 1920.1 1,4,312p 22cm

◇官報 自第2247号 至第2269号 大正9年2月（印刷局編） 1920.2 1冊 29cm

◇憲法之真髄（北野豊治郎著） 日本大学法制学会出版部 1920.2 2,29,466p 23cm

◇政治の理想 第3版（バートランド・ラッセル著, 松本悟朗訳） 日本評論社出版部 1920.2 1,6,212p 19cm

◇官報 自第2270号 至第2296号 大正9年3月（印刷局編） 1920.3 1冊 29cm

◇皇民自治本義（権藤成卿著） 富山房 1920.3 30,502p 23cm

◇官報 自第2297号 至第2321号 大正9年4月（印刷局編） 1920.4 1冊 29cm

◇官報 自第2322号 至第2347号 大正9年5月（印刷局編） 1920.5 1冊 29cm

◇明治七年生蕃討伐回顧録（落合泰蔵著） 1920.5 203p 22cm

◇官報 自第2348号 至第2373号 大正9年6月（印刷局編） 1920.6 1冊 29cm

◇官報 自第2374号 至第2399号 大正9年7月（印刷局編） 1920.7 1冊 29cm

◇立国の大本（板垣退助著） 1920.7 2,8,172p 23cm

◇官報 自第2400号 至第2424号 大正9年8月（印刷局編） 1920.8 1冊 29cm

◇官報 自第2425号 至第2449号 大正9年9月（印刷局編） 1920.9 1冊 29cm

◇国法学 第2編 行政篇（清水澄著） 清水書店 1920.9 31,1833p 22cm

◇支那共和史（平川清風著） 春申社 1920.9 27,868p 23cm

◇ルーズヴェルト氏の日本観（渋沢栄一編） 1920.9 1,52,42p 23cm

◇官報 自第2450号 至第2475号 大正9年10月（印刷局編） 1920.10 1冊 29cm

◇官報 自第2476号 至第2499号 大正9年11月（印刷局編） 1920.11 1冊 29cm

◇官報 自第2500号 至第2524号 大正9年12月（印刷局編） 1920.12 1

冊 29cm

◇国勢調査評議会[経過概要及報告]（[国勢調査評議会]編） 1920.12 407p 22cm

◇朝鮮統治論（上田務著） 1920.12 127p 22cm

◇帝国議会貴族院委員会会議録 第42回及第43回（貴族院事務局編） 1920.12 11,924p 22cm

◇小学校教員被選挙権要望運動状況（衆議院議員選挙法調査会編） 1921 3p 26cm 参考資料

◇官報 自第2525号 至第2547号 大正10年1月（印刷局編） 1921.1 1冊 29cm

◇官報 自第2548号 至第2570号 大正10年2月（印刷局編） 1921.2 1冊 29cm

◇貴族院事務局報告 第42回・第43回帝国議会（貴族院事務局編） 1921.2 8,777p 22cm

◇官報 自第2571号 至第2596号 大正10年3月（印刷局編） 1921.3 1冊 29cm

◇識者の見たる普通選挙（永井柳太郎編） 自由活版所 1921.3 18,322p 23cm

◇第三革命後の支那（吉野作造著） 内外出版 1921.3 3,5,323p 19cm 政治研究ノ3

◇欧洲政治思想史（高橋清吾編述） 早稲田大学出版部 1921.4 5,14,682p 23cm 新早稲田叢書

◇官報 自第2597号 至第2622号 大正10年4月（印刷局編） 1921.4 1冊 29cm

◇現代支那（波多野乾一著） 支那問題社 1921.4 15,1334p 19cm

◇支那対列国条約関係批判（南満洲鉄道調査課編, 刁敏謙（T.Z.Tyau）著） 1921.4 340p 22cm 満鉄調査資料

◇天誅事件と改造政治（松高元治著） 立憲少壮改進党 1921.4 223p 19cm

◇無党派聯盟ノ大要（後藤新平著） 1921.4 4p 22cm

◇官報 自第2623号 至第2648号 大正10年5月（印刷局編） 1921.5 1冊 29cm

◇官報 自第2649号 至第2674号 大正10年6月（印刷局編） 1921.6 1冊 29cm

◇官報 自第2675号 至第2699号 大正10年7月（印刷局編） 1921.7 1冊 29cm

◇官報 自第2700号 至第2725号 大正10年8月（印刷局編） 1921.8 1冊 29cm

◇官報 自第2726号 至第2750号 大正10年9月（印刷局編） 1921.9 1冊 29cm

◇日本行政法論 総論（佐々木惣一著） 有斐閣 1921.9 41,966p 22cm

◇官報 自第2751号 至第2774号 大正10年10月（印刷局編） 1921.10 1冊 29cm

◇刑法要論（岡田庄作著） 明治大学出版部 1921.10 17,385p 23cm

◇国家新論（上杉慎吉著） 敬文館 1921.10 3,6,166p 18cm

◇五人組法規集（穂積陳重著） 有斐閣 1921.10 8,695p 23cm

◇日本植民政策一斑（後藤新平述） 拓殖新報社 1921.10 4,2,147p 23cm

◇猶太研究（北満洲特務機関著） 1921.11 200p 23cm

◇官報 自第2775号 至第2799号 大正10年11月（印刷局編） 1921.11 1冊 29cm

◇契約解除論（神戸寅次郎著） 巌松堂 1921.11 4,263p 23cm

◇五十年間 内閣更迭史論（弘田直衛著） 沢藤出版部 1921.11 31,828p 23cm

◇官報 自第2800号 至第2824号 大正10年12月（印刷局編） 1921.12 1冊 29cm

◇貴族院要覧 甲 増訂（貴族院事務局編） 1921.12 247p 15cm

◇貴族院要覧 乙 増訂（貴族院事務局編） 1921.12 1,2,584p 15cm

◇英国上院改造調査会報告書（ブライス リポート）：附 1922年英国上院に提出せられたる改造決議案（黒田長和訳） 1922 65p 22cm

◇日支間並支那ニ関スル日本及多国間ノ条約（日本商工会議所編） 1922 393p 22cm

◇明治憲政史 下巻（工藤武重著） 岡野奨学会 1922 46,615p 23cm

◇ラトヴィア共和国憲法：1922年（衆議院議員選挙法調査会編） 1922 12p 26cm

◇リスアニア共和国憲法：1922年8月6日（衆議院議員選挙法調査会編） 1922 17p 26cm

◇欧洲諸国戦後の新憲法（美濃部達吉訳） 有斐閣 1922.1 7,256p 20cm

◇官報 自第2825号 至第2847号 大正11年1月（印刷局編） 1922.1 1冊 29cm

◇政党政治の将来（エス・ラフエテイ著, 小寺謙吉訳） 広文館 1922.1 228p 19cm

◇帝国議会貴族院委員会会議録 第44回（貴族院事務局編） 1922.1 11,1534p 22cm

◇官報 自第2848号 至第2870号 大正11年2月（印刷局編） 1922.2 1冊 29cm

◇官報 自第2871号 至第2896号 大正11年3月（印刷局編） 1922.3 1冊 29cm

◇日本行政法 総論（美濃部達吉著） 有斐閣 1922.3 16,631p 23cm

◇日本憲法論（稲田周之助著） 有斐閣 1922.3 5,300p 22cm

◇大隈侯論集（大隈重信著, 相馬由也編） 実業之日本社 1922.4 780p 23cm

◇官報 自第2897号 至第2920号 大正11年4月（印刷局編） 1922.4 1冊 29cm

◇貴族院事務局報告 第44回帝国議会（貴族院事務局編） 1922.4 4,749p 22cm

◇中華民国第十年史（南満洲鉄道調査課編） 1922.4 2,3,480p 23cm 満鉄調査資料

◇日本憲法論 第1巻（美濃部達吉） 有斐閣 1922.4 7,549p 23cm

◇千九百二十一年対支通商条例 公司条例 銀両と銀元との勢力比較（南満洲鉄道調査課編） 1922.4 157p 22cm 満鉄調査資料

◇官報 自第2921号 至第2947号 大正11年5月（印刷局編） 1922.5 1冊 29cm

◇官報 自第2927号 至第2947号 大正11年5月（印刷局編） 1922.5 1冊 29cm

◇国家論（平松市蔵著） 国本社 1922.5 4,196p 23cm

◇日本行政法 各論 上巻（美濃部達吉著） 有斐閣 1922.5 14,762p 23cm

◇法学通論（中村進午著） 巌松堂書店 1922.5 19,489p 23cm

◇官報 自第2948号 至第2973号 大正11年6月（印刷局編） 1922.6 1冊 29cm

◇官報 自第2974号 至第2999号 大正11年7月（印刷局編） 1922.7 1冊 29cm

◇官報 自第3000号 至第3025号 大正11年8月（印刷局編） 1922.8 1冊 29cm

◇ビーアド氏政治科学（チャーレス・エ・ビーアド著, 高橋清吾訳） 巌松堂 1922.8 102,20p 19cm

◇改正刑事訴訟法：附 少年法 矯正院法（有斐閣編） 1922.9 185p 13cm

◇官報 自第3026号 至第3049号 大正11年9月（印刷局編） 1922.9 1冊 29cm

◇官報 自第3026号 至第3051号 大正11年9月（印刷局編） 1922.9 1冊 29cm

◇新人の日本へ（小林正勝著） 極光社 1922.9 5,154p 19cm

政治・行政・法律

◇米国憲法要論（エドワード・コーウィン著，大石熊吉訳）　広文館　1922.9 4,6,155p 19cm

◇官報　自第3052号　至第3075号　大正11年10月（印刷局編）　1922.10 1冊 29cm

◇日本行政法論 各論 通則 警察行政法（佐々木惣一著）　有斐閣　1922.10 14,429p 22cm

◇家長選挙論：純日本的普通選挙（後藤武夫著）　日本魂社　1922.11 138p 20cm

◇官報　自第3076号　至第3100号　大正11年11月（印刷局編）　1922.11 1冊 29cm

◇選挙ノ方法ニ関スル調査資料（衆議院議員選挙法調査会編）　1922.11 3,191p 27cm

◇各国選挙事情（衆議院議員選挙法調査会編）　1922.12 3,97p 26cm

◇官報　自第3101号　至第3125号　大正11年12月（印刷局編）　1922.12 1冊 29cm

◇帝国議会貴族院委員会会議録 第45回（貴族院事務局編）　1922.12 9,1364p 22cm

◇極東に於ける政治経済関係（1923年2月27日独逸工業全国連合会講演）（ルードルフ・アスミス述）　1923 48p 27cm

◇後藤子爵メルクーロフ氏の来翰に答ふ：附 メルクーロフ氏書翰（後藤新平述）　1923 7,16p 21cm

◇後藤内務大臣訓示要旨（大正12年11月13日）（後藤新平述）　1923 8p 25cm

◇対露質問十箇条に対する露国極東全権ヨッフエ氏の回答（[アドルフ・ヨッフエ][著]，[鈴木正吾][ほか編]）　1923 42p 28cm

◇土耳古選挙法：1923年4月3日（衆議院議員選挙法調査会編）　1923 2p 26cm

◇メルクーロフ氏の来翰に答ふ：附 メルクーロフ氏書翰（参照）（後藤新平著）　1923 7,16p 22cm

◇露西亜承認問題（ウイリアム・イ・ボラー述，後藤新平訳）　1923 78p 22cm

◇官報　自第3126号　至第3148号　大正12年1月（印刷局編）　1923.1 1冊 29cm

◇官報　自第3149号　至第3172号　大正12年2月（印刷局編）　1923.2 1冊 29cm

◇貴族院事務局報告 第45回帝国議会（貴族院事務局編）　1923.2 4,660p 22cm

◇日露関係に就ての所見：ヨッフエ氏来遊の情由（後藤新平著）　1923.2 48p 23cm

◇露国最近ノ政情 過激主義ノ変遷（後藤新平著）　1923.2 9p 26cm

◇会社法原論（片山義勝著）　中央大学　1923.3 13,673p 23cm

◇官報　自第3173号　至第3198号　大正12年3月（印刷局編）　1923.3 1冊 29cm

◇官報　自第3199号　至第3222号　大正12年4月（印刷局編）　1923.4 1冊 29cm

◇現代国家批判（長谷川万次郎著）　弘文堂書房　1923.4 4,9,585p 19cm

◇台湾匪誌（秋沢次郎著）　杉田書店　1923.4 340p 20cm

◇日露国民的交渉の正系（後藤新平著）　1923.4 11p 23cm

◇日本国体の研究（田中巴之助著）　天業民社　1923.4 8,22,994p 20cm

◇官報　自第3223号　至第3249号　大正12年5月（印刷局編）　1923.5 1冊 29cm

◇日露内交渉の顛末（後藤新平著）　1923.5 19p 22cm

◇ヨッフエ君に訓ふる公開状：露西亜自らの承認権放棄（北一輝著）　1923.5 24p 23cm

◇官報　自第3250号　至第3275号　大正12年6月（印刷局編）　1923.6 1冊 29cm

◇上杉博士対美濃部博士最近憲法論（星島二郎編）　真誠堂　1923.7 6,2,486p 23cm

◇官報　自第3276号　至第3300号　大正12年7月（印刷局編）　1923.7 1冊 29cm

◇帝国憲法論（市村光恵著）　有斐閣　1923.7 12,1009p 22cm

◇官報　自第3301号　至第3325号　大正12年8月（印刷局編）　1923.8 1冊 29cm

◇官報　自第3301号　至第3326号　大正12年8月（印刷局編）　1923.8 1冊 29cm

◇国体論（遠藤隆吉著）　巌松堂　1923.8 10,310,78p 19cm

◇日露予備交渉或問（後藤新平著）　1923.8 42p 22cm

◇労農西伯利の近情（南満洲鉄道株式会社哈爾賓事務所調査課編）　1923.8 37p 23cm　哈調資料

◇露西亜社会主義聯邦「ソウエート」共和国民法（南満洲鉄道株式会社哈爾賓事務所調査課編）　1923.8 91p 23cm　哈調資料

◇官報　自第3327号　至第3332号　大正12年9月（印刷局編）　1923.9 1冊 29cm

◇官報（抄録）　号外 自第1号　至第26号　大正12年9月（帝国地方行政学会編）　1923.9 1冊 29cm

◇国法学 第1編 憲法篇（清水澄著）　清水書店　1923.9 28,1452p 22cm

◇官報　自第3333号　至第3357号　大正12年10月（印刷局編）　1923.10 1冊 29cm

◇現代支那研究（矢野仁一著）　弘文堂書房　1923.10 8,351p 23cm

◇天災ノ関係新法令（田中幾三郎著）　暁星社　1923.10 16p 22cm

◇官報　自第3358号　至第3382号　大正12年11月（印刷局編）　1923.11 1冊 29cm

◇東支鉄道附属地及松黒両江航行に関する支那法権回収事情（遠東外交研究会編，浜岡福松訳）　南満洲鉄道株式会社哈爾賓事務所調査課　1923.11 63p 22cm　哈調資料

◇巴里会議後の欧洲外交（芦田均著）　小西書店　1923.11 9,607p 19cm

◇普選問題統体観（江木衷著）　無我山房　1923.11 82p 22cm

◇官報　自第3383号　至第3407号　大正12年12月（印刷局編）　1923.12 1冊 29cm

◇貴族院改革資料（堀切善次郎著）　巌松堂書店　1923.12 3,304p 22cm

◇災後の法律問題（牧野英一[ほか]著）　牛久書店　1923.12 196p 22cm

◇借家法及借地法（三潴信三著）　有斐閣　1923.12 8,155p 19cm

◇新令借地法借家法註釈（沼田照義著，犀川長作編）　大文堂書店　1923.12 206p 19cm

◇東支鉄道附属地問題概要（南満洲鉄道株式会社哈爾賓事務所調査課編）　1923.12 49p 22cm　哈調資料

◇日本債権法 総論（鳩山秀夫著）　岩波書店　1923.12 10,405,4p 23cm

◇政治の倫理化を提唱して：全国の青年諸君に告ぐ（後藤新平著）　1924 19p 22cm

◇官報　自第3408号　至第3429号　大正13年1月（印刷局編）　1924.1 1冊 29cm

◇憲法撮要（美濃部達吉著）　有斐閣　1924.1 14,568p 23cm

◇日本民法総論 上巻（鳩山秀夫著）　岩波書店　1924.1 6,265p 23cm

◇法律上から見た焼跡借地借家権（借家人同盟会本部編）　自然社　1924.1 2,138p 19cm

◇官報　自第3430号　至第3453号　大正13年2月（印刷局編）　1924.2 1冊 29cm

◇日本債権法各論 上巻　増訂（鳩山秀夫著）　岩波書店　1924.2 5,389p 23cm

◇ビスマルク公外交機略（フォン・ブラウエル述，森孝三訳）　拓殖新報社　1924.2　42p　22cm

◇比例代表の話（江木翼著）　報知新聞社出版部　1924.2　156p　19cm

羅馬法に於ける慣習法の歴史及理論（恒藤恭著）　弘文堂　1924.2　3,225p　23cm

官報　自第3454号　至第3478号　大正13年3月（印刷局編）　1924.3　1冊　29cm

借地法借家法論（薬師寺志光著）　清水書店　1924.3　12,258p　23cm

◇政治心理論（稲田周之助著）　巌松堂　1924.3　3,4,229p　23cm

◇帝国議会貴族院委員会会議録　第46回（貴族院事務局編）　1924.3　7,1182p　22cm

官報　自第3479号　至第3503号　大正13年4月（印刷局編）　1924.4　1冊　29cm

◇国難来（後藤新平著）　内観社　1924.4　34p　22cm

◇借地法・借家法：附 借地借家調停法　謄写版（巌松堂編）　1924.4　24p　23cm

◇政治の倫理化と青年の覚醒（後藤新平著）　政教社　1924.4　[10]p　26cm　「日本及日本人」第46号ノ中

◇日本債権法各論 下巻　増訂（鳩山秀夫著）　岩波書店　1924.4　9,562p　23cm

官報　自第3504号　至第3530号　大正13年5月（印刷局編）　1924.5　1冊　29cm

◇行政法要論（島村他三郎著）　巌松堂書店　1924.5　25,662p　23cm

◇松花江航行権問題の研究（南満洲鉄道哈爾賓事務所調査課編）　1924.5　3,5,244p　23cm　哈調資料

◇新法令：附第四十七・四十八回帝国議会史（博文館編）　1924.5　200,24p　26cm　「太陽」増刊　第30巻第6号

◇世界の平和は東方より（後藤新平述）　人間味社　1924.5　16p　17cm　「人間味」大正13年5月号ノ中

◇帝国憲法　第1編 国家　第2編 国体（上杉慎吉著）　有斐閣　1924.5　730p　22cm

◇日露問題に就て（後藤新平述）　1924.5　46p　23cm

◇日本制裁法規（井上円三編）　清水書店　1924.5　33,2092p　15cm

◇立憲政友会史　第1巻 伊藤総裁時代（小林雄吾編）　立憲政友会史出版局　1924.5　4,303p　23cm

◇労農露国政治年表（自1917年至1922年）（南満洲鉄道株式会社哈爾賓事務所調査課編）　1924.5　73p　22cm　哈調資料

英法研究（宮本英雄著）　弘文堂書房　1924.6　498p　23cm

欧州社会制度発達史（高橋清吾著）　早稲田大学出版部　1924.6　433p　23cm

官報　自第3531号　至第3555号　大正13年6月（印刷局編）　1924.6　1冊　29cm

◇貴族院改革問題と貴族制度の研究（沢田実編）　一匡社　1924.6　4,216,24p　19cm

◇行政法撮要（美濃部達吉著）　有斐閣　1924.6　17,458p　23cm

◇ケルゼン国家概念研究（堀真琴訳）　春陽堂　1924.6　7,400p　22cm

◇時局に関し訪者の質疑に答ふ（後藤新平述）　1924.6　10p　23cm

◇衆議院委員会先例彙纂：全　大正13年6月改訂（衆議院事務局編）　1924.6　256,80p　22cm

◇衆議院先例彙纂：全　大正13年6月改訂（衆議院事務局編）　1924.6　10,708,262p　22cm

◇立憲主義の議会政治（森口繁治著）　大阪毎日新聞社　1924.6　3,316p　19cm　学術叢書

官報　自第3556号　至第3581号　大正13年7月（印刷局編）　1924.7　1冊　29cm

◇行政裁判所判例要旨類集　第1回追録（行政裁判所編）　帝国地方行政学会　1924.7　11,15,251p　23cm

◇新稿 憲法述義（上杉慎吉著）　有斐閣　1924.7　11,704,42p　23cm

◇対露交渉と日露協会：大正12年3月上旬総裁宮殿下に上陳の趣旨（後藤新平著）　1924.7　37p　23cm

◇帝国国防に関する私見（後藤新平述）　1924.7　54p　23cm

◇一九二四年米国移民法制定及之ニ関スル日米交渉経過（外務省編）　1924.7　172,37p　25cm

◇一九二四年米国移民法制定及之ニ関スル日米交渉経過（外務省編）　1924.7　268p　25cm　附：別冊 同公文書英文附属書

官報　自第3582号　至第3607号　大正13年8月（印刷局編）　1924.8　1冊　29cm

◇借地借家臨時処理法註解：附 借地借家調停法修正註釈（林増之丞著）　中央社　1924.8　55,14p　19cm

◇露国の統治組織及機関　第4巻　露西亜共和国の中央統治機関（南満洲鉄道株式会社庶務部調査課編）　1924.8　66p　22cm　露文翻訳 労農露国調査資料

◇露国の統治組織及機関　第5巻　露西亜共和国の中央統治機関（南満洲鉄道株式会社庶務部調査課編）　1924.8　62p　22cm　露文翻訳 労農露国調査資料

◇露国の統治組織及機関　第6巻　露西亜共和国の中央統治機関（南満洲鉄道株式会社庶務部調査課編）　1924.8　57p　22cm　露文翻訳 労農露国調査資料

官報　自第3608号　至第3632号　大正13年9月（印刷局編）　1924.9　1冊　29cm

◇軍人の見たる排日と対米策（赤松寛美著）　日進堂　1924.9　176p　19cm

◇国難来（後藤新平著）　内観社　1924.9　34p　22cm

◇支那法制史研究（東川徳治著）　有斐閣　1924.9　438p　23cm

◇借地借家臨時処理法講話（長島毅著）　巌松堂書店　1924.9　107p　19cm

◇日本膨張論（後藤新平著）　大日本雄弁会　1924.9　7,9,210p　16cm

◇復興局公報　自第18号　至第40号　大正13年5月-9月（復興局編）　1924.9　1冊　25cm

◇普魯西王国貴族院令改正法案（後藤新平編）　1924.9　50p　22cm

◇法窓夜話（穂積陳重著）　有斐閣　1924.9　12,385p　20cm

◇立憲政友会史　第2巻（小林雄吾編）　立憲政友会史出版局　1924.9　5,590p　23cm

◇労農露国に於ける民族問題（南満洲鉄道株式会社庶務部調査課編）　1924.9　88p　22cm　露文翻訳 労農露国調査資料

官報　自第3633号　至第3657号　大正13年10月（印刷局編）　1924.10　1冊　29cm

◇国家の形而上学的学説（レオナルド・ホブハウス著，鈴木栄太郎訳）　不及社　1924.10　10,426p　20cm　社会学研究叢書

◇朝鮮人の政治（松田雪堂著）　平和思想協会　1924.10　7,8,127p　19cm

◇法律に於ける進化と進歩（牧野英一著）　有斐閣　1924.10　3,4,261p　23cm

◇労農露国に於ける外国人の法律的地位（デ・エム・レーキン著，内山彼得訳，南満洲鉄道株式会社庶務部調査課編）　1924.10　116p　22cm　露文翻訳 労農露国調査資料

◇労農露国の軍事（露国陸海軍人民委員部編，鈴木尚三，佐藤有二訳，南満洲鉄道株式会社庶務部調査課編）　1924.10　119p　22cm　露文翻訳 労農露国調査資料

◇露国の統治組織及機関　第7巻　露西亜共和国の地方統治組織（南満洲鉄道株式会社庶務部調査課編）　1924.10　52p　22cm　露文翻訳 労農露国調査資料

◇英独仏三国に於ける普通選挙制度の沿革（満鉄東亜経済調査局編）　1924.11　58,22p　22cm　経済資料

◇各国議院法規 仏国ノ部（衆議院事務局編）　1924.11　3,76p　22cm　参考叢書

政治・行政・法律　　都市問題・地方自治　調査研究文献要覧

◇官報 自第3658号 至第3682号 大正13年11月（印刷局編）　1924.11 1冊 29cm

◇行政裁判所判例要旨類集（行政裁判所編）　帝国地方行政学会　1924.11 20,45,996p 22cm

◇日本民法総論 下巻（鳩山秀夫著）　岩波書店　1924.11 7,[374],15p 23cm

◇各国議院法規 白国ノ部（衆議院事務局編）　1924.12 4,98p 22cm 参考叢書

◇各国議院法規 米国ノ部（衆議院事務局編）　1924.12 5,106p 22cm 参考叢書

◇官報 自第3683号 至第3707号 大正13年12月（内閣印刷局編）　1924.12 1冊 29cm

◇復興局公報 自第41号 至第54号 大正13年9月-12月（復興局編）　1924.12 1冊 25cm

◇民法概説（三淵忠彦著）　東京堂書店　1924.12 10,492p 23cm

◇露国の各聯盟共和国概要（エコノミーチエスカヤ・ジーズニ社編、高橋克己訳、南満洲鉄道株式会社庶務部調査課編）　1924.12 71p 22cm 露文翻訳 労農露国調査資料

◇露国の自治共和国及自治州（エコノミーチエスカヤ・ジーズニ社編、高橋克己訳、南満洲鉄道株式会社庶務部調査課編）　1924.12 91p 22cm 露文翻訳 労農露国調査資料

◇露農国家と教会（露国司法人民委員部編、小川猛男訳、南満洲鉄道株式会社庶務部調査課編）　1924.12 47p 22cm 露文翻訳 労農露国調査資料

◇植民政策と異民族統治策（東郷実著）　1925 46p 22cm 通俗経済講座

◇文官任用令問題意見集（工政会編）　1925 40p 27cm

◇労農露国現行重要法令集 増訂（外務省欧米局第1課編）　1925 19,569p 22cm

◇官報 自第3708号 至第3731号 大正14年1月（内閣印刷局編）　1925.1 1冊 29cm

◇普選以後に備へよ（後藤新平述）　1925.1 8p 22cm

◇法律進化論 第1冊（穂積陳重著）　岩波書店　1925.1 7,26,368p 23cm

◇KKKに就て（山桝儀重述，東京市編）　1925.1 29p 19cm 東京市公刊図書

◇官報 自第3732号 至第3754号 大正14年2月（内閣印刷局編）　1925.2 1冊 29cm

◇貴族院改革と国民の態度（永田秀次郎述）　敬文館　1925.2 40p 19cm

◇世界各国憲法：日本憲法比較対照（土橋友四郎著）　有斐閣　1925.2 315,1042p 20cm

◇帝国議会貴族院委員会会議録 第47回,第48回及第49回（貴族院事務局編）　1925.2 9,490p 22cm

◇日露復交と太平洋政策の確立：「東洋の日本」「世界の日本」より「日本の世界」へ（後藤新平著）　外交時報社　1925.2 [11]p 22cm 「外交時報」第41巻第4号 1925年2月15日号［のうち］

◇日露復交と太平洋政策の確立（後藤新平著）　1925.2 [11]p 22cm 「外交時報」第41巻第4号 抜萃

◇比例代表制度論：附各国選挙の現状（井関忠正訳，大日本文明協会編）　大日本文明協会　1925.2 4,356p 21cm

◇露西亜の見方（茂森唯士著）　日本評論社　1925.2 392p 18cm 国際知識学大系

◇新らしき露西亜（東京市編）　1925.3 50p 19cm

◇官報 自第3755号 至第3779号 大正14年3月（内閣印刷局編）　1925.3 1冊 29cm

◇政治学の任務と対象（蠟山政道著）　巌松堂書店　1925.3 19,543p 23cm

◇法制講話（森荘三郎著）　改造社　1925.3 9,424p 19cm

◇法律に於ける意識的と無意識的（牧野英一著）　有斐閣　1925.3 5,377p 23cm

◇官報 自第3780号 至第3804号 大正14年4月（内閣印刷局編）　1925.4 1冊 29cm

◇復興局公報 自第55号 至第70号 大正14年1月-4月（復興局編）　1925.4 1冊 25cm

◇官報 自第3805号 至第3829号 大正14年5月（内閣印刷局編）　1925.5 1冊 29cm

◇行政学と法律学（田村徳治著）　弘文堂書房　1925.5 154,56p 23cm

◇現代日本の政治過程及びその将来への展開（大山郁夫著）　改造社　1925.5 82,272p 20cm

◇通俗 普通選挙法詳解（佐伯平造著）　共楽社　1925.5 3,4,274p 19cm

◇独逸新憲法に表はれたる社会的思想（山田準次郎著）　巌松堂書店　1925.5 3,119p 22cm

◇法理学概論（中島重著）　更生閣　1925.5 8,150p 23cm

◇立憲政友会史 第3巻 西園寺総裁時代後編（小林雄吾編）　立憲政友会史出版局　1925.5 7,909p 23cm

◇類集評論：行政法判例（美濃部達吉著）　有斐閣　1925.5 10,251p 18cm

◇類集評論：行政法判例（美濃部達吉著）　有斐閣　1925.5 42,1400p 20cm

◇官報 自第3830号 至第3855号 大正14年6月（内閣印刷局編）　1925.6 1冊 29cm

◇衆議院議員選挙法改正理由書（内務省編）　1925.6 295,36p 22cm

◇人性論より見たる日本国体論（佐々木四方志著）　武田芳進堂　1925.6 2,335p 23cm

◇官報 自第3856号 至第3881号 大正14年7月（内閣印刷局編）　1925.7 1冊 29cm

◇行政法判例：類集評論 第2分冊（美濃部達吉著）　有斐閣　1925.7 13,428p 19cm

◇普選義解：国民要覧（小山松寿著）　名古屋新聞社出版部　1925.7 42,450,211p 19cm

◇運送行政（喜安健次郎著）　巌松堂書店　1925.8 526p 23cm

◇官報 自第3882号 至第3906号 大正14年8月（内閣印刷局編）　1925.8 1冊 29cm

◇刑事政策学（山岡万之助著）　日本大学　1925.8 2,8,608p 23cm

◇電気事業関係判例集 第1輯（甘糟法律事務所編）　パンフレット社　1925.8 70p 23cm

◇普選の取締と罰則（芳谷武雄著）　帝国地方行政学会　1925.8 29,521,40p 19cm

◇復興局公報 自第71号 至第87号 大正14年5月-8月（復興局編）　1925.8 1冊 25cm

◇法窓閑話（末弘厳太郎著）　改造社　1925.8 4,406p 19cm

◇官報 自第3907号 至第3931号 大正14年9月（内閣印刷局編）　1925.9 1冊 29cm

◇行政法判例：類集評論 第3分冊（美濃部達吉著）　有斐閣　1925.9 21,720p 20cm

◇中華民国政党史（原田政治著）　事業之日本社出版部　1925.9 7,132p 19cm

◇官報 自第3932号 至第3956号 大正14年10月（内閣印刷局編）　1925.10 1冊 29cm

◇上海事件に関する報告（南満洲鉄道調査課編）　1925.10 196,93p 22cm 満鉄調査資料

◇統法制史之研究（三浦周行著）　岩波書店　1925.10 1563p 23cm

◇帝国議会貴族院委員会会議録 第50回（貴族院事務局編）　1925.10 9,1072p 22cm

◇［日露協会］講演会速記録（当時後藤新平会頭）（日露協会編）　1925.10 59p 22cm

◇恩給法通解（高木三郎著）　自治館　1925.11 8,524p 23cm
◇官報　自第3957号　至第3980号　大正14年11月（内閣印刷局編）　1925.11 1冊 29cm
◇自第一回議会至第五十回議会貴族院先例録（貴族院事務局編）1925.11 6,29,308p 22cm
◇衆議院委員会先例彙纂：全　大正14年11月改訂（衆議院事務局編）1925.11 276,93p 22cm
◇衆議院先例彙纂：全　大正14年11月改訂（衆議院事務局編）　1925.11 9,718,211p 22cm
◇大日本国旗（山口正勝著）　大日本国旗会　1925.11 52p 23cm
◇法制史之研究（三浦周行著）　岩波書店　1925.11 1174,19p 23cm
◇維新前後に於ける立憲思想（尾佐竹猛著）　文化生活研究会　1925.12 698,17p 19cm
◇官報　自第3981号　至第4005号　大正14年12月（内閣印刷局編）1925.12 1冊 29cm
◇電気事業関係判例集　第2輯（甘糟法律事務所編）　パンフレット社　1925.12 62p 23cm
◇比例代表法の研究（森口繁治著）　有斐閣　1925.12 14,622p 23cm
◇復興局公報　自第88号　至第105号　大正14年9月-12月（復興局編）1925.12 1冊 25cm
◇我が労働党（小野清秀著）　大興社　1925.12 16,466p 19cm
◇英国投票法：1872年7月18日（衆議院議員選挙法調査会編）1926 32p 26cm
◇各国選挙法罰則（衆議院議員選挙法調査会編）　1926 3,155p 26cm
◇衆議院議員選挙法罰則対照調（衆議院議員選挙法調査会編）1926 15p 26cm　参考資料
◇女子政社並政談集会参加制限撤廃運動（衆議院議員選挙法調査会編）1926 5p 26cm　参考資料
◇政治の倫理化とは何ぞ（後藤新平述）　1926 1枚 20×54cm
◇選挙運動方法ノ取締ニ関スル調査資料（衆議院議員選挙法調査会編）1926 2,109p 26cm
◇選挙施行方法改良要点　［複写］，謄写版（東京市政調査会編）1926 [23]p 27cm
◇選挙訴訟及当選訴訟ニ関スル大審院判決要旨（衆議院議員選挙法調査会編）　1926 31p 26cm
◇地租営業税ノ地方委譲ニ依ル衆議院議員選挙失権見込者数調（衆議院議員選挙法調査会編）　1926 10p 26cm　参考資料
◇普選準備会会員章の制定並に佩用の意義　1926 1枚 19×32cm
◇白耳義選挙法（衆議院議員選挙法調査会編）　1926 2,119p 26cm
◇官職要解　全　修訂（和田英松著）　明治書院　1926.1 372,32,45p 23cm
◇官報　自第4006号　至第4028号　大正15年1月（内閣印刷局編）1926.1 1冊 29cm
◇現行支那行政（宇高寧著）　冨山房　1926.1 7,614p 23cm
◇自第一回議会至第五十回議会貴族院委員会先例録（貴族院事務局編）1926.1 18,170p 22cm
◇内憂外患の諸相を直視せよ（後藤新平述）　東亜同志会　1926.1 8p 19cm
◇立法一元論　上巻　貴族院無用論（野間五造著）　白揚社　1926.1 8,368p 23cm
◇官報　自第4029号　至第4051号　大正15年2月（内閣印刷局編）1926.2 1冊 29cm
◇古代法律（ヘンリー・サムナー・メーン著，小泉鉄訳）　岡書院　1926.2 2,386p 23cm
◇日本制度通（萩野由之編，小中村義象編）　六合館　1926.2 268p 20cm
◇民衆政治の実際：普通選挙詳覧（山口好恵著）　国民政治教育普及会　1926.2 6,382p 19cm
◇官報　自第4052号　至第4078号　大正15年3月（内閣印刷局編）1926.3 1冊 29cm
◇静岡県政党沿革誌（静岡県警察部編）　1926.3 36,101p 23cm
◇法制史論集　第1巻　親族法 相続法（中田薫著）　岩波書店　1926.3 9,738,21p 23cm
◇官報　自第4079号　至第4103号　大正15年4月（内閣印刷局編）1926.4 1冊 29cm
◇帝国在郷軍人会概要（帝国在郷軍人会編）　1926.4 19p 23cm
◇電気事業関係判例集　第3輯（甘糟法律事務所編）　パンフレット社　1926.4 56p 23cm
◇復興局公報　自第106号　至第122号　大正15年1月-4月（復興局編）1926.4 1冊 25cm
◇王道天下の研究（田崎仁義著）　内外出版　1926.5 8,17,675p 23cm
◇官報　自第4104号　至第4129号　大正15年5月（内閣印刷局編）1926.5 1冊 29cm
◇新法令：附第五十一回帝国議会史（博文館編）　1926.5 272p 26cm「太陽」第32巻第6号
◇政治の社会的基礎：国家権力を中心とする社会闘争の政治学的考察（大山郁夫著）　同人社　1926.5 22,499p 23cm
◇普選に直面して政治の倫理化を提唱す（後藤新平著）　1926.5 53p 22cm
◇官報　自第4130号　至第4155号　大正15年6月（内閣印刷局編）1926.6 1冊 29cm
◇貴族院事務局報告　第50回帝国議会（貴族院事務局編）　1926.6 3,374p 22cm
◇帝国議会貴族院議事経過報告書　第51回（研究会審査部編）　1926.6 151,35p 22cm
◇普選に直面して政治の倫理化を提唱す：政治倫理化運動の第一声（後藤新平述）　普選準備会　1926.6 69p 19cm
◇普通選挙と自治（後藤新平述）　1926.6 50p 13cm　大衆の前にノ中
◇満鉄を中心とする外交：東亜に於ける日米衝突の基調（南満洲鉄道株式会社東亜経済調査局編）　1926.6 2,150,31p 23cm　経済資料
◇官報　自第4156号　至第4181号　大正15年7月（内閣印刷局編）1926.7 1冊 29cm
◇新体 六法全書（巌松堂書店編輯部編）　1926.7 1冊 19cm
◇新法令理由：商事調停法 労働争議調停法 健康保険法 工場法 暴力行為処罰法 府県制 市町村制 産業組合法 農業倉庫業法 民事訴訟法理由書 衆議院議員選挙法 青年訓練所法規 以上諸法令施行法規（中央社編輯部編）　1926.7 1冊 19cm
◇民法と無産階級（アントン・メンガア著，井上登訳）　弘文堂書房　1926.7 7,387p 19cm
◇明治文化史としての日本陪審史（尾佐竹猛著）　邦光堂書店　1926.7 4,176,32p 23cm
◇明治二十七・八年戦役とヨーロッパ強国の外交（立作太郎著）1926.7 2,2,128p 23cm
◇官報　自第4182号　至第4206号　大正15年8月（内閣印刷局編）1926.8 1冊 29cm
◇将来の植民政策（ヴエー・ハー・ゾルフ著，長田三郎訳）　有斐閣　1926.8 198p 23cm
◇復興局公報　自第123号　至第140号　大正15年5月-8月（復興局編）1926.8 1冊 25cm
◇関東庁施設二十年史（関東庁編）　1926.9 46,1025p 26cm＋図2枚
◇官報　自第4207号　至第4231号　大正15年9月（内閣印刷局編）1926.9 1冊 29cm
◇現代政治の科学的観測（高橋清吾著）　早稲田大学出版部　1926.9 368,26p 23cm
◇政界革新教化運動 普選準備会綱要（後藤新平著）　普選準備会　1926.9 24p 18cm

◇政治の倫理化(後藤新平著)　大日本雄弁会　1926.9 114p 19cm

◇町村関係新法令全集(全国町村長会編)　中央報徳会　1926.9 4,426p 20cm

◇官報 自第4232号 至第4256号 大正15年10月(内閣印刷局編)　1926.10 1冊 29cm

◇選挙法の理論と運用(坂千秋著)　良書普及会　1926.10 1,8,303p 23cm

◇官報 自第4257号 至第4281号 大正15年11月(内閣印刷局編)　1926.11 1冊 29cm

◇現代政治の諸研究(小野塚喜平次著)　岩波書店　1926.11 6,619,15p 23cm

◇現代の国家及ひ社会(アルフレッド・フィーヤカント著,安倍浩訳)　中外文化協会　1926.11 291p 20cm　中外文化協会定期刊行書

◇普選に備へよ(後藤新平述)　1926.11 8p 22cm

◇官報 自第4282号 至第4303号 自第1号 至第3号 大正15年12月 昭和1年12月(内閣印刷局編)　1926.12 1冊 29cm

◇国民政治時代(板倉卓造著)　大岡山書店　1926.12 24,12,450p 20cm

◇支那に於ける治外法権撤廃問題(南満洲鉄道調査課編)　1926.12 6,225p 22cm　満鉄調査資料

◇帝国議会貴族院委員会会議録 第51回(貴族院事務局編)　1926.12 9,1148p 22cm

◇復興局公報 自第141号 至第157号 大正15年9-12月(復興局編)　1926.12 1冊 25cm

◇帝国在郷軍人会規約 大正14年3月改正(帝国在郷軍人会編)　1927 50p 19cm

◇官報 自第4号 至第26号 昭和2年1月(内閣印刷局編)　1927.1 1冊 29cm

◇貴族院事務局報告 第51回帝国議会(貴族院事務局編)　1927.1 3,453p 22cm

◇実業政治参考資料(武藤山治著)　日本評論社　1927.1 2,182,52p 23cm

◇昭和の新時代を迎へて国民に愬ふ(後藤新平著)　政教社　1927.1 [4]p 26cm　「日本及日本人」第116号ノ中

◇高橋清吾教授著「現代政治の科学的観測」に関する植原悦二郎氏対吉村正氏の論争について(政治科学研究会編)　1927.1 35p 22cm

◇中国国民史概説 1(汪精衛述)　中央軍事政治学校政治部宣伝科　1927.1 36p 19cm　政治叢書

◇法律進化論 第2冊(穂積陳重著)　岩波書店　1927.1 30,432,26p 23cm

◇倫理化運動と政党関係(後藤新平著)　1927.1 17p 23cm

◇欧米政界の新潮流(水野錬太郎著)　政治教育協会　1927.2 5,298,30p 23cm　政治ライブラリー

◇官報 自第27号 至第47号 昭和2年2月(内閣印刷局編)　1927.2 1冊 29cm

◇帝国公法大意 第2分冊 行政法(清水澄著)　清水書店　1927.2 11,253p 23cm

◇官報 自第48号 至第73号 昭和2年3月(内閣印刷局編)　1927.3 1冊 29cm

◇国有財産法及国有林野法(高山三平著)　法制時報社　1927.3 295p 23cm

◇商店法律顧問(吉山真棹著)　三益出版社　1927.3 12,152p 19cm

◇古い政治の新しい観方(吉野作造著)　文化生活研究会　1927.3 10,417p 20cm

◇法律進化論 第3冊(穂積陳重著)　岩波書店　1927.3 28,448,22p 23cm

◇冷灰全集 第1巻(江木衷著)　冷灰全集刊行会　1927.3 8,17,806p 23cm

◇露国復興策(ベ・ウエ・オストロウモフ著,鈴木尚三,高橋克巳訳,南満洲鉄道株式会社庶務部調査課編)　1927.3 55p 23cm　パンフレット

◇官報 自第74号 至第98号 昭和2年4月(内閣印刷局編)　1927.4 1冊 29cm

◇国民革命の現勢 其3 国民革命軍(南満洲鉄道株式会社調査課編)　1927.4 108p 22cm　満鉄調査資料

◇日本農民党政策解説(三和一男著)　日本農民党出版部　1927.4 60p 19cm　日本農民党パンフレット

◇普選の実況:附録 普通選挙関係法令全部(野崎昌寿著)　大学書房　1927.4 136,99,102p 19cm

◇復興局公報 自第2号 至第17号 昭和2年1月-4月(復興局編)　1927.4 1冊 25cm

◇米国政党政治の観測(藤井新一著)　早稲田大学出版部　1927.4 5,472p 23cm

◇冷灰全集 第2巻(江木衷著)　冷灰全集刊行会　1927.4 24,896p 23cm

◇官報 自第99号 至第124号 昭和2年5月(内閣印刷局編)　1927.5 1冊 29cm

◇新法令 第五十二回帝国議会史(博文館編)　1927.5 392p 22cm　「太陽」臨時増刊 第33巻第6号

◇新法令理由及要綱(第52・53回帝国議会通過)(中央社編)　1927.5 1冊 19cm

◇大日本憲政史 第1巻(大津淳一郎著)　宝文館　1927.5 14,8,912p 23cm

◇日本政党史 上巻(林田亀太郎著)　大日本雄弁会　1927.5 15,506p 19cm

◇冷灰全集 第3巻(江木衷著)　冷灰全集刊行会　1927.5 7,860p 23cm

◇官報 自第125号 至第150号 昭和2年6月(内閣印刷局編)　1927.6 1冊 29cm

◇政治倫理化運動の一周年(後藤新平述)　政教社　1927.6 34p 22cm

◇大日本憲政史 第2巻(大津淳一郎著)　宝文館　1927.6 10,870p 23cm

◇帝国議会貴族院議事経過報告書 第52回第53回(研究会審査部編)　1927.6 236,13p 22cm

◇冷灰全集 第4巻(江木衷著)　冷灰全集刊行会　1927.6 8,994p 23cm

◇官報 自第151号 至第176号 昭和2年7月(内閣印刷局編)　1927.7 1冊 29cm

◇大正外交十五年史(信夫淳平著)　国際連盟協会　1927.7 13,253,11p 19cm　国際連盟協会パンフレット

◇官報 自第177号 至第203号 昭和2年8月(内閣印刷局編)　1927.8 1冊 29cm

◇大日本憲政史 第3巻(大津淳一郎著)　宝文館　1927.8 10,846p 23cm

◇復興局公報 自第18号 至第35号 昭和2年5月-8月(復興局編)　1927.8 1冊 25cm

◇例規判例 選挙法規(良書普及会編)　1927.8 241p 14cm

◇官報 自第204号 至第228号 昭和2年9月(内閣印刷局編)　1927.9 1冊 29cm

◇選挙運動に関する届出(石原雅二郎著)　良書普及会　1927.9 84p 23cm　普選法研究

◇大日本憲政史 第4巻(大津淳一郎著)　宝文館　1927.9 12,850p 23cm

◇満洲読本 昭和2年版(南満洲鉄道東亜経済調査局編)　1927.9 283p 23cm

◇官報 自第229号 至第253号 昭和2年10月(内閣印刷局編)　1927.10 1冊 29cm

◇普通選挙心得(大阪朝日新聞社編)　1927.10 47p 20cm　「朝日年鑑」昭和3年版附録

政治・行政・法律

◇無産政党の地方自治体に於ける地位(吉川末次郎著)　1927.10 20p 22cm

◇官報　自第254号　至第277号　昭和2年11月(内閣印刷局編)　1927.11 1冊 29cm

◇最近政治外交史　上巻(坪井九馬三著)　富山房　1927.11 7,22,742p 23cm

◇最近政治外交史　中巻(坪井九馬三著)　富山房　1927.11 18,665p 23cm

◇昭和の新理想と世界美化(中柴末純著)　宝文館　1927.11 13,610p 23cm

◇選挙法講話(挾間茂著)　良書普及会　1927.11 20,409p 20cm

◇大日本憲政史　第5巻(大津淳一郎著)　宝文館　1927.11 12,862p 23cm

◇中国国民党の思想的根拠(南満洲鉄道株式会社庶務部調査課編)　1927.11 19p 22cm　パンフレット

◇官報　自第278号　至第302号　昭和2年12月(内閣印刷局編)　1927.12 1冊 29cm

◇貴族院事務局報告　第52回・第53回帝国議会(貴族院事務局編)　1927.12 7,427p 22cm

◇大日本憲政史　第6巻(大津淳一郎著)　宝文館　1927.12 12,840p 23cm

◇道徳国家と政治倫理(後藤新平著)　政教社　1927.12 15,149p 22cm

◇日本政党論(永井亨著)　日本評論社　1927.12 2,281p 23cm

◇復興局公報　自第36号　至第52号　昭和2年9月-12月(復興局編)　1927.12 1冊 25cm

◇露西亜大観(チヤールス・サロリー著,浮田和民訳,文明協会編)　1927.12 12,588p 21cm

◇政治の倫理化(後藤新平述)　1928 1枚 23×31cm

◇全国の有権者に檄す(後藤新平述)　1928 1枚 23×50cm

◇官報　自第303号　至第325号　昭和3年1月(内閣印刷局編)　1928.1 1冊 29cm

◇衆議院議員総選挙参考書(衆議院事務局編)　1928.1 379p 28cm

◇法の精神　上巻(モンテスキユー著,宮沢俊義訳)　岩波書店　1928.1 443p 16cm　岩波文庫

◇官報　自第326号　至第349号　昭和3年2月(内閣印刷局編)　1928.2 1冊 29cm

◇総選挙に直面して：2月16日放送講演速記(後藤新平述)　1928.2 11p 19cm

◇大日本憲政史　第7巻(大津淳一郎著)　宝文館　1928.2 10,878p 23cm

◇普選ポスター集：朝日新聞社募集(朝日新聞社編)　1928.2 1冊 26cm

◇官報　自第350号　至第375号　昭和3年3月(内閣印刷局編)　1928.3 1冊 29cm

◇政界茶のみ話(楚水明著)　宝文館　1928.3 2,6,260p 19cm

◇入関後に於ける奉天派(南満洲鉄道庶務部調査課編)　1928.3 2,6,213p 22cm　パンフレット

◇ロシアより帰りて(後藤新平述,前田多門述)　東京朝日新聞　1928.3 49p 19cm　朝日民衆講座

◇官報　自第376号　至第399号　昭和3年4月(内閣印刷局編)　1928.4 1冊 29cm

◇日本帝国憲法講話(副島義一述)　明善社　1928.4 9,387p 23cm

◇官報　自第400号　至第426号　昭和3年5月(内閣印刷局編)　1928.5 1冊 29cm

◇支那の国民革命と国民政府　第1編(台湾総督官房調査課編)　1928.5 5,238p 22cm　南支那及南洋調査

◇ソヴエート聯邦の国内状態：其他(日露協会編)　1928.5 97p 22cm　日露協会報告

◇大日本憲政史　第8巻(大津淳一郎著)　宝文館　1928.5 12,880p 23cm

◇満蒙に於ける露国の現勢力(南満洲鉄道調査課編)　1928.5 202p 23cm　満鉄調査資料

◇医師の権利義務　改版(市村光恵著)　宝文館　1928.6 3,14,535p 23cm

◇官報　自第427号　至第452号　昭和3年6月(内閣印刷局編)　1928.6 1冊 29cm

◇国際航空公私法の研究(安達堅造著)　有斐閣　1928.6 7,7,120p 19cm

◇ソヴエート聯邦の民族共和国及自治州：其他　上(日露協会編)　1928.6 110p 23cm　日露協会報告

◇長野県政党史　上巻(丸山福松著)　信濃毎日新聞　1928.6 6,13,729p 20cm

◇ビザンチン期に於ける親族法の発達(栗生武雄著)　弘文堂　1928.6 4,9,208p 23cm

◇満洲問題の実相(長野朗著)　支那問題研究所　1928.6 2,3,184p 20cm

◇官報　自第453号　至第478号　昭和3年7月(内閣印刷局編)　1928.7 1冊 29cm

◇ソヴエート聯邦の民族共和国及自治州：其他　下(日露協会編)　1928.7 96p 23cm　日露協会報告

◇官報　自第479号　至第505号　昭和3年8月(内閣印刷局編)　1928.8 1冊 29cm

◇大日本憲政史　第9巻(大津淳一郎著)　宝文館　1928.8 14,1034p 23cm

◇長野県政党史　下巻(丸山福松著)　信濃毎日新聞　1928.8 17,771p 20cm

◇官報　自第506号　至第530号　昭和3年9月(内閣印刷局編)　1928.9 1冊 29cm

◇政治学に於ける方法二元論(今中次麿著)　ロゴス書院　1928.9 5,371p 23cm

◇政治学要論(今中次麿著)　ロゴス書院　1928.9 3,283p 18cm　ロゴス叢書

◇大日本憲政史　第10巻(大津淳一郎著)　宝文館　1928.9 14,1238p 23cm

◇日本民法史：民法を通じて見たる明治大正思想史(岩田新著)　同文館　1928.9 3,331p,22p 23cm

◇本市を中心とする無産政党運動(大阪市社会部調査課編)　1928.9 124p 23cm　社会部報告

◇類集評論：続行政法判例(美濃部達吉著)　有斐閣　1928.9 29,539p 20cm

◇官報　自第531号　至第556号　昭和3年10月(内閣印刷局編)　1928.10 1冊 29cm

◇最近政治外交史　下巻(坪井九馬三著)　富山房　1928.10 13,650p 23cm

◇政党の表裏(加藤正造著)　批評社　1928.10 7,233p 19cm

◇官報　自第557号　至第578号　昭和3年11月(内閣印刷局編)　1928.11 1冊 29cm

◇借地法学説実例総覧(水本信夫著)　大同書院　1928.11 32,501p 23cm

◇総選挙読本：普通総選挙の第1回(藤沢利喜太郎著)　岩波書店　1928.11 8,382p 23cm

◇労農聯邦研究(社会思想社編)　1928.11 2,394,13p 19cm　社会思想研究叢書

◇官報　自第579号　至第602号　昭和3年12月(内閣印刷局編)　1928.12 1冊 29cm

◇政治思想の変遷(高橋清吾著)　章華社　1928.12 7,691p 19cm

◇[特別諸法規に関する判例等研究](岩淵彰郎著,司法省調査課編)　1928.12 32,535p 22cm　報告書集

◇陪審講座(東京朝日新聞社社会部編)　1928.12　7,216,164p 18cm

◇普選から婦選へ(関口泰著)　ロゴス書院　1928.12 249p 20cm

◇復興局公報　自第53号　至第104号　昭和3年1月-12月(復興局編)　1928.12　1冊 25cm

◇大調査機関と国家の二大急要問題(後藤新平著)　1929 49p 22cm

◇官報　自第603号　至第625号　昭和4年1月(内閣印刷局編)　1929.1　1冊 29cm

◇ソヴイエット憲法(ア・ロシユテーン著, 佐田弘雄訳)　上野書店　1929.1 3,173p 19cm　労農ロシア叢書

◇各国労働党・社会党・共産党(藤井悌著)　日本評論社　1929.2 248p 18cm　社会科学叢書

◇官報　自第626号　至第648号　昭和4年2月(内閣印刷局編)　1929.2　1冊 29cm

◇ギールケの団体法論(石田文次郎著)　ロゴス書院　1929.2 4,317p 20cm

◇日本政党の現勢(茗荷房吉著)　日本評論社　1929.2 8,394p 19cm

◇官報　自第649号　至第673号　昭和4年3月(内閣印刷局編)　1929.3　1冊 29cm

◇選挙事務提要　昭和4年版(東京地方改良協会編)　1929.3 902p 22cm　地方事務叢書

◇物権法　下巻 第1分冊(末弘厳太郎著)　有斐閣　1929.3 6,[263]p 20cm

◇新しき主義の民法：匈牙利民法改正草案と我が民法(斎藤常三郎述, 神戸商業大学商業研究所編)　1929.4 74p 22cm　商業研究所講演集

◇官報　自第674号　至第697号　昭和4年4月(内閣印刷局編)　1929.4　1冊 29cm

◇官報　自第698号　至第724号　昭和4年5月(内閣印刷局編)　1929.5　1冊 29cm

◇官報　自第725号　至第749号　昭和4年6月(内閣印刷局編)　1929.6　1冊 29cm

◇実例手続　借地借家 商事 小作 労働 調停法総欖(水本信夫著)　大同書院　1929.6 29,433p 23cm

◇日支交渉論(吉野作造著)　警醒社書店　1929.6 3,5,288p 22cm

◇復興局公報　自第105号　至第129号　昭和4年1月-6月(復興局編)　1929.6　1冊 25cm

◇宮崎先生 法制史論集(中田薫編)　岩波書店　1929.6 5,3,766p 23cm

◇官報　自第750号　至第776号　昭和4年7月(内閣印刷局編)　1929.7　1冊 29cm

◇官報　自第777号　至第803号　昭和4年8月(内閣印刷局編)　1929.8　1冊 29cm

◇帝国議会貴族院議事経過報告書　第54回55回56回(自昭和2年 至昭和4年)(研究会審査部編)　1929.8 2,5,383p 22cm

◇日本無産政党論：附 学生と思想犯(吉野作造著)　一元社　1929.8 6,6,365p 20cm

◇官報　自第804号　至第827号　昭和4年9月(内閣印刷局編)　1929.9　1冊 29cm

◇米国人の観たる満洲問題(新渡戸稲造編, 太平洋問題調査会編)　1929.9 3,130p 19cm　太平洋問題叢書

◇満洲問題研究(新渡戸稲造編, 太平洋問題調査会)　1929.9 3,4,252p 19cm　太平洋問題叢書

◇官報　自第828号　至第852号　昭和4年10月(内閣印刷局編)　1929.10　1冊 29cm

◇官報　自第853号　至第877号　昭和4年11月(内閣印刷局編)　1929.11　1冊 29cm

◇選挙の取締と選挙犯罪(川村貞四郎著, 星野武雄著)　警眼社　1929.11 6,413p 19cm　高等警察論

◇物権法　上巻(末弘厳太郎著)　有斐閣　1929.11 445p 19cm

◇邦家之光(野崎末吉著)　大日本国旗会　1929.11 108p 23cm

◇官報　自第878号　至第901号　昭和4年12月(内閣印刷局編)　1929.12　1冊 29cm

◇官報　自第902号　至第925号　昭和5年1月(内閣印刷局編)　1930.1　1冊 29cm

◇警察と政治(ベルンハルト・ワイス著, 富田健治訳)　良書普及会　1930.1 14,205p 23cm

◇判例を中心としたる普選法(奈良正路著)　日本評論社　1930.1 8,550p 23cm

◇官報　自第926号　至第948号　昭和5年2月(内閣印刷局編)　1930.2　1冊 29cm

◇現代憲政の運用(吉野作造著)　一元社　1930.2 8,483p 20cm

◇現代憲政評論：選挙革正論其の他(美濃部達吉著)　岩波書店　1930.2 5,439p 19cm

◇政党の話(野村秀雄著)　朝日新聞社　1930.2 6,303p 19cm　第二朝日常識講座

◇復興局公報　自第130号　至第164号　昭和4年7月-昭和5年2月(復興局編)　1930.2　1冊 25cm

◇官報　自第949号　至第973号　昭和5年3月(内閣印刷局編)　1930.3　1冊 29cm

◇社会運動取締関係法規便覧(井沢実猛編)　立興社　1930.3 324p 19cm

◇社会問題と民事裁判(室谷慶一著, 司法省調査課編)　1930.3 62p 22cm　報告書集

◇官報　自第974号　至第997号　昭和5年4月(内閣印刷局編)　1930.4　1冊 29cm

◇衆議院議員選挙革正審議会総会議事速記録　第1回(昭和5年4月)(衆議院議員選挙革正審議会編)　1930.4 28p 22cm

◇衆議院議員総選挙概況　昭和5年2月20日執行 普選第2回(名古屋市編)　1930.4 34p 19cm

◇内閣更迭五十年史(弘田直衛著)　春陽堂　1930.4 3,739p 19cm

◇官報　自第998号　至第1024号　昭和5年5月(内閣印刷局編)　1930.5　1冊 29cm

◇近代民主政治　第3巻(ブライス著, 松山武訳)　岩波書店　1930.5 328p 16cm　岩波文庫

◇衆議院議員選挙革正審議会総会議事速記録　第2回(昭和5年5月)(衆議院議員選挙革正審議会編)　1930.5 52p 22cm

◇民法総則(我妻栄著)　岩波書店　1930.5 27,653,13p 23cm

◇無産政党論(蝋山政道編著)　日本評論社　1930.5 15,502p 23cm　現代政治学全集

◇官報　自第1025号　至第1049号　昭和5年6月(内閣印刷局編)　1930.6　1冊 29cm

◇衆議院議員選挙革正審議会総会議事速記録　第3回(昭和5年6月)(衆議院議員選挙革正審議会編)　1930.6 28p 22cm

◇日本憲政史(尾佐竹猛著)　日本評論社　1930.6 5,408p 22cm　現代政治学全集

◇官報　自第1050号　至第1076号　昭和5年7月(内閣印刷局編)　1930.7　1冊 29cm

◇新制法令集　昭和5年版(三省堂編輯所編)　1930.7 550p 23cm

◇政治学概論(戸沢鉄彦著)　日本評論社　1930.7 3,311p 22cm　現代政治学全集

◇官報　自第1077号　至第1102号　昭和5年8月(内閣印刷局編)　1930.8　1冊 29cm

◇現代の政党(高橋清吾著)　日本評論社　1930.8 4,520p 23cm　現代政治学全集

◇官報　自第1103号　至第1127号　昭和5年9月(内閣印刷局編)　1930.9　1冊 29cm

◇近世外交史(信夫淳平著)　日本評論社　1930.9 16,449,6p 23cm　現代政治学全集

◇私法を中心として(京城帝国大学法文学会編) 1930.9 731p 22cm 京城帝国大学法文学会 第1部論集

◇官報 自第1128号 至第1153号 昭和5年10月(内閣印刷局編) 1930.10 1冊 29cm

◇行政組織論(蠟山政道著) 日本評論社 1930.10 14,429p 22cm 現代政治学全集

◇衆議院議員選挙革正審議会総会議事速記録 第4回(昭和5年10月)(衆議院議員選挙革正審議会編) 1930.10 111p 22cm

◇比例代表法と多数本位代表法(山崎又次郎著) 丸善 1930.10 234p 20cm 政治学特殊研究

◇伊藤博文秘録 続(平塚篤編) 春秋社 1930.11 7,183,254p 23cm

◇官報 自第1154号 至第1177号 昭和5年11月(内閣印刷局編) 1930.11 1冊 29cm

◇議会制度論(美濃部達吉編) 日本評論社 1930.11 7,457p 22cm 現代政治学全集

◇婦人参政権の話(朝日新聞政治経済部編) 1930.11 173p 19cm 朝日政治経済叢書

◇官報 自第1178号 至第1201号 昭和5年12月(内閣印刷局編) 1930.12 1冊 29cm

◇衆議院議員選挙革正審議会総会議事速記録 第5回(昭和5年12月)(衆議院議員選挙革正審議会編) 1930.12 60p 22cm

◇衆議院議員選挙革正審議会総会議事速記録 第6回(昭和5年12月)(衆議院議員選挙革正審議会編) 1930.12 24p 22cm

◇日本会社法論(松本烝治著) 巌松堂書店 1930.12 46,689,10p 23cm

◇比例代表の話(朝日新聞政治経済部編) 1930.12 2,2,189p 19cm 朝日政治経済叢書

◇第58議会参考書([内務省]地方局編) 1931 [572]p 28cm

◇官報 自第1202号 至第1225号 昭和6年1月(内閣印刷局編) 1931.1 1冊 29cm

◇官報 自第1226号 至第1248号 昭和6年2月(内閣印刷局編) 1931.2 1冊 29cm

◇官報 自第1249号 至第1273号 昭和6年3月(内閣印刷局編) 1931.3 1冊 29cm

◇高速度交通機関に因る犯罪定型(蘆田宅市著,司法省調査課編) 1931.3 964,500p 22cm 報告書集

◇選挙制度論(森口繁治著) 日本評論社 1931.3 440,10p 22cm 現代政治学全集

◇官報 自第1274号 至第1297号 昭和6年4月(内閣印刷局編) 1931.4 1冊 29cm

◇大審院行政裁判所土木判例要旨総覧:附 関係法規(土木判例調査会編) 1931.4 16,137p 22cm

◇官報 自第1298号 至第1323号 昭和6年5月(内閣印刷局編) 1931.5 1冊 29cm

◇官報 自第1324号 至第1349号 昭和6年6月(内閣印刷局編) 1931.6 1冊 29cm

◇官報 自第1350号 至第1376号 昭和6年7月(内閣印刷局編) 1931.7 1冊 29cm

◇官報 自第1377号 至第1402号 昭和6年8月(内閣印刷局編) 1931.8 1冊 29cm

◇行政法講義 各論(渡辺宗太郎著) 弘文堂書房 1931.8 8,209p 24cm

◇官報 自第1403号 至第1427号 昭和6年9月(内閣印刷局編) 1931.9 1冊 29cm

◇官報 自第1428号 至第1453号 昭和6年10月(内閣印刷局編) 1931.10 1冊 29cm

◇官報 自第1454号 至第1476号 昭和6年11月(内閣印刷局編) 1931.11 1冊 29cm

◇判例と理論(京城帝国大学法文学会編) 刀江書院 1931.11 666p 22cm 京城帝国大学法文学会論集

◇官報 自第1477号 至第1500号 昭和6年12月(内閣印刷局編) 1931.12 1冊 29cm

◇官報目録 自第303号 至第1500号 昭和3年1月-昭和6年12月(印刷局編) 1931.12 1冊 29cm

◇支那近代の政治経済(日華実業協会編) 1931.12 12,1042,14p 27cm

◇法政論纂(京城帝国大学法文学会編) 刀江書院 1931.12 457,30p 22cm 京城帝国大学法文学会論集

◇官報 自第1501号 至第1523号 昭和7年1月(内閣印刷局編) 1932.1 1冊 29cm

◇選挙法質疑並判決例:附 関係法令(内務省警保局編) 1932.1 250,76p 15cm

◇官報 自第1524号 至第1547号 昭和7年2月(内閣印刷局編) 1932.2 1冊 29cm

◇官報 自第1548号 至第1572号 昭和7年3月(内閣印刷局編) 1932.3 1冊 29cm

◇普選総選挙大観:附 衆議院議員名簿 第3回(朝日新聞社編) 1932.3 211p 19cm

◇官報 自第1574号 至第1597号 昭和7年4月(内閣印刷局編) 1932.4 1冊 29cm

◇議会政治の改革案:附 議会政治改革懇談会の各意見(新日本同盟編,選挙粛正同盟編) 1932.4 40p 22cm

◇帝国議会解散史(笹原正志著) 内外社 1932.4 10,437p 23cm

◇穂積陳重遺文集 第1冊(穂積重遠編) 岩波書店 1932.4 6,10,652p 23cm

◇官報 自第1598号 至第1623号 昭和7年5月(内閣印刷局編) 1932.5 1冊 29cm

◇政治科学原論(高橋清吾著) 有斐閣 1932.5 5,739p 23cm

◇官報 自第1624号 至第1649号 昭和7年6月(内閣印刷局編) 1932.6 1冊 29cm

◇憲法提要 上巻(野村淳治著) 有斐閣 1932.6 11,456p 24cm

◇満洲建国諸法令(外務省情報部編) 1932.6 70p 22cm

◇官報 自第1650号 至第1675号 昭和7年7月(内閣印刷局編) 1932.7 1冊 29cm

◇官報 自第1676号 至第1702号 昭和7年8月(内閣印刷局編) 1932.8 1冊 29cm

◇法制審議会総会議事速記録 第10回 諮問第2号選挙法改正(法制審議会編) 1932.8 28p 22cm

◇官報 自第1703号 至第1727号 昭和7年9月(内閣印刷局編) 1932.9 1冊 29cm

◇法制審議会主査委員会議事速記録:諮問第2号選挙法改正 自第1回 至第4回(法制審議編) 1932.9 120p 23cm

◇法制審議会主査委員会議事速記録:諮問第2号選挙法改正 自第5回 至第8回(法制審議編) 1932.9 144p 23cm

◇官報 自第1728号 至第1752号 昭和7年10月(内閣印刷局編) 1932.10 1冊 29cm

◇法制審議会主査委員会議事速記録:諮問第2号選挙法改正 自第9回 至第12回(法制審議会編) 1932.10 72p 21cm

◇官報 自第1753号 至第1776号 昭和7年11月(内閣印刷局編) 1932.11 1冊 29cm

◇法学論纂(京城帝国大学法文学会編) 1932.11 1冊 22cm 京城帝国大学法文学会 第1部論集

◇官報 自第1777号 至第1801号 昭和7年12月(内閣印刷局編) 1932.12 1冊 29cm

◇衆議院議員選挙革正審議会要覧(内閣編) 1932.12 46p 26cm

◇日本モンロー主義と満洲(金子堅太郎述) 啓明会 1932.12 20,18,15p 23cm 紀要

◇穂積陳重遺文集 第2冊(穂積重遠編) 岩波書店 1932.12 8,10,638p 23cm

649

政治・行政・法律　　都市問題・地方自治　調査研究文献要覧

◇回想録(片岡直温著)　百子居文庫　1933.1 436p 20cm
◇官報 自第1802号 至第1824号 昭和8年1月(内閣印刷局編)　1933.1 1冊 29cm
◇官報 自第1825号 至第1847号 昭和8年2月(内閣印刷局編)　1933.2 1冊 29cm
◇日本政治動向論(蠟山政道著)　高陽書院　1933.2 12,554p 23cm
◇入会権公権論：附 公物観念の批判(佐藤百喜著)　常磐書房　1933.3 540,123p 23cm
◇官報 自第1848号 至第1873号 昭和8年3月(内閣印刷局編)　1933.3 1冊 29cm
◇ソヴイエト社会主義共和国聯邦民法関係法令(外務省欧米局第一課編)　1933.3 19,422p 22cm 「ソヴイエト」社会主義共和国聯邦法令集
◇北海道に於ける法制史(安西光雄著)　1933.3 20,728p 22cm
◇官報 自第1874号 至第1895号 昭和8年4月(内閣印刷局編)　1933.4 1冊 29cm
◇行政法撮要 下巻(美濃部達吉著)　有斐閣　1933.4 13,718p 23cm
◇日本憲法講話(浅井清著)　春秋社　1933.4 3,236,9p 19cm
◇日本法制史(滝川政次郎著)　有斐閣　1933.4 36,616p 23cm
◇不法行為並に権利濫用の研究(末川博著)　岩波書店　1933.4 7,374p 23cm
◇官報 自第1896号 至第1922号 昭和8年5月(内閣印刷局編)　1933.5 1冊 29cm
◇憲法撮要 改訂5版(美濃部達吉著)　有斐閣　1933.5 10,626p 23cm
◇政治学説史大要(カスパリー著, 藤本直訳)　刀江書院　1933.5 242p 22cm
◇逐条 憲法精義(美濃部達吉著)　有斐閣　1933.5 18,739,13p 23cm
◇官報 自第1923号 至第1948号 昭和8年6月(内閣印刷局編)　1933.6 1冊 29cm
◇行政法撮要 上巻(美濃部達吉著)　有斐閣　1933.6 6,648p 23cm
◇憲法の歴史的研究(鈴木安蔵著)　大畑書店　1933.6 20,482p 22cm
◇帝国憲法要綱(金森徳次郎著)　厳松堂　1933.6 14,343p 23cm
◇法学協会五十周年記念論文集 第1部(田中耕太郎編)　法学協会　1933.6 4,643p 23cm
◇法学協会五十周年記念論文集 第2部(田中耕太郎編)　法学協会　1933.6 4,684p 23cm
◇官報 自第1949号 至第1974号 昭和8年7月(内閣印刷局編)　1933.7 1冊 29cm
◇官報 自第1975号 至第2001号 昭和8年8月(内閣印刷局編)　1933.8 1冊 29cm
◇官報 自第2002号 至第2026号 昭和8年9月(内閣印刷局編)　1933.9 1冊 29cm
◇現代独裁政治論(堀真琴著)　日本評論社　1933.9 5,421p 23cm 現代政治学全集
◇満洲国法令集 第1編(拓務大臣官房文書課編)　1933.9 8,350p 23cm
◇官報 自第2027号 至第2051号 昭和8年10月(内閣印刷局編)　1933.10 1冊 29cm
◇官報 自第2052号 至第2075号 昭和8年11月(内閣印刷局編)　1933.11 1冊 29cm
◇日本法制史(牧健二著)　国史講座刊行会　1933.11 9,389p 22cm 国史講座
◇日本法令年表(中村宗雄編)　早稲田大学法学部　1933.11 1冊 23cm 早稲田法学 別冊
◇伊太利政治経済研究(田畑為彦著)　立命館出版部　1933.12 11,450p 22cm
◇改正恩給法精解：附 旧法令解説(上原秋三著)　岩波書店　1933.12

11,893,25p 23cm
◇官報 自第2076号 至第2099号 昭和8年12月(内閣印刷局編)　1933.12 1冊 29cm
◇憲法学(山崎又次郎著)　丸善　1933.12 14,993p 23cm
◇日本憲政成立史(鈴木安蔵著)　学芸社　1933.12 4,501p 22cm
◇日本憲法要論(佐々木惣一著)　金刺芳流堂　1933.12 16,708p 22cm
◇日本政党罪悪史(立花宗幸著)　大日社　1933.12 3,289p 19cm
◇法制審議会主査委員会議事速記録：諮問第2号選挙法改正 自第20回 至第25回(法制審議会編)　1933.12 116p 23cm
◇法制審議会総会議事速記録 第14回 諮問第2号選挙法改正(法制審議会編)　1933.12 11p 22cm
◇官報 自第2100号 至第2122号 昭和9年1月(内閣印刷局編)　1934.1 1冊 29cm
◇政治思想(五来欣造著, 広瀬哲士著)　日本評論社　1934.1 196,107p 22cm 現代政治学全集
◇穂積陳重遺文集 第3冊(穂積重遠編)　岩波書店　1934.1 6,8,680p 23cm
◇官報 自第2123号 至第2146号 昭和9年2月(内閣印刷局編)　1934.2 1冊 29cm
◇憲法資料 上巻(伊藤博文編)　憲法資料刊行会　1934.2 4,672,5p 23cm
◇神社行政(児玉九一著)　常磐書房　1934.2 6,342p 23cm 自治行政叢書
◇独逸政治経済研究(田畑為彦著)　立命館出版部　1934.2 15,439p 22cm
◇官報 自第2147号 至第2172号 昭和9年3月(内閣印刷局編)　1934.3 1冊 29cm
◇憲法資料 中巻(伊藤博文編)　憲法資料刊行会　1934.3 6,560,6p 23cm
◇官報 自第2173号 至第2195号 昭和9年4月(内閣印刷局編)　1934.4 1冊 29cm
◇軍事行政(池田純久著)　常磐書房　1934.4 12,429p 23cm 自治行政叢書
◇支那ニ於ケル立憲工作ト憲法草案初稿(村上貞吉著)　1934.4 7,6,341p 23cm
◇昭和九年三月三日施行島根県県会議員総選挙ニ於ケル 選挙粛正運動の梗概(島根県選挙粛正委員会編)　1934.4 44p 19cm
◇仏蘭西政治経済研究(田畑為彦著)　立命館出版部　1934.4 12,436p 22cm
◇英吉利政治経済研究(田畑為彦著)　立命館出版部　1934.5 9,433p 23cm
◇官報 自第2196号 至第2222号 昭和9年5月(内閣印刷局編)　1934.5 1冊 29cm
◇憲法資料 下巻(伊藤博文編)　憲法資料刊行会　1934.5 2,501p 23cm
◇独逸聯邦世襲農場法(農林省農務局編)　1934.5 67p 22cm
◇法令索引総覧 1 ア-シ(増島六一郎著)　湯川弘文社　1934.5 1050p 27cm
◇法令索引総覧 2 シ-ワ(増島六一郎著)　湯川弘文社　1934.5 925,25p 27cm
◇官報 自第2223号 至第2248号 昭和9年6月(内閣印刷局編)　1934.6 1冊 29cm
◇憲法と政党(美濃部達吉著)　日本評論社　1934.6 235p 20cm 国法学資料
◇神戸市防護団警護班防火班交通整理班編成服務要領(兵庫県編)　1934.6 51p 19cm
◇日本憲法学の生誕と発展(鈴木安蔵著)　叢文閣　1934.6 6,234p 23cm

◇官報 自第2249号 至第2274号 昭和9年7月（内閣印刷局編） 1934.7 1冊 29cm

◇官報 自第2275号 至第2301号 昭和9年8月（内閣印刷局編） 1934.8 1冊 29cm

◇官報 自第2302号 至第2325号 昭和9年9月（内閣印刷局編） 1934.9 1冊 29cm

◇国家の研究 第1（京城帝国大学法学会編） 刀江書院 1934.9 481p 23cm 京城帝国大学法学会論集

◇大正昭和政治史の一断面：続回想録（片岡直温著） 西川百子居文庫 1934.9 18,752,78p 23cm

◇秘書類纂 法制関係資料 上巻（伊藤博文編） 秘書類纂刊行会 1934.9 4,615,8p 22cm

◇米国の新断面ラケット（日高見国著） 丸之内出版社 1934.9 7,271p 19cm

◇穂積陳重遺文集 第4冊（穂積重遠編） 岩波書店 1934.9 608,23p 23cm

◇明治史研究（渡辺幾治郎著） 楽浪書院 1934.9 410p 23cm

◇官報 自第2326号 至第2351号 昭和9年10月（内閣印刷局編） 1934.10 1冊 29cm

◇国と階級（高田保馬著） 岩波書店 1934.10 4,396p 23cm

◇秘書類纂 法制関係資料 下巻（伊藤博文編） 秘書類纂刊行会 1934.10 4,573p 22cm

◇米国政治経済研究（田畑為彦著） 立命館出版部 1934.10 8,405p 23cm

◇伊太利ニ於ケル公衆販売業並行商取締ニ関スル法規（東京商工会議所編） 1934.11 33p 21cm 商工調査

◇官報 自第2352号 至第2375号 昭和9年11月（内閣印刷局編） 1934.11 1冊 29cm

◇秘書類纂 帝国議会資料 上巻（伊藤博文編） 秘書類纂刊行会 1934.11 6,590p 22cm

◇官報 自第2376号 至第2399号 昭和9年12月（内閣印刷局編） 1934.12 1冊 29cm

◇公法学上の諸問題：美濃部教授還暦記念 第1巻（織田万編） 有斐閣 1934.12 472p 23cm

◇公法学上の諸問題：美濃部教授還暦記念 第2巻（織田万編） 有斐閣 1934.12 488,25p 23cm

◇第67回帝国議会参考資料（[内務省]警保局高等課編） 1934.12 [167]p 28cm

◇直接民主政治（河村又介著） 日本評論社 1934.12 6,450p 23cm 現代政治学全集

◇秘書類纂 帝国議会資料 下巻（伊藤博文編） 秘書類纂刊行会 1934.12 5,488p 23cm

◇選挙粛正運動の概況 昭和十年選挙粛正資料（奈良県編） 1935 5,104p 23cm

◇選挙粛正ポスター集：昭和十年府県会議員総選挙（内務編） 1935 66p 26cm

◇第一次選挙粛正運動実績調査の一部 謄写版（選挙粛正中央聯盟編） 1935 18p 26cm

◇官報 自第2400号 至第2422号 昭和10年1月（内閣印刷局編） 1935.1 1冊 29cm

◇官報 自第2423号 至第2445号 昭和10年2月（内閣印刷局編） 1935.2 1冊 29cm

◇官報 自第2446号 至第2470号 昭和10年3月（内閣印刷局編） 1935.3 1冊 29cm

◇政治科学原論 改訂（高橋清吾著） 有斐閣 1935.3 5,743p 22cm

◇選挙犯罪の研究：特に買収犯罪に就て（平田奈良太郎著） 司法省調査課 1935.3 1147p 22cm 報告書集

◇立憲民政党史 前篇（斯波貞吉編） 立憲民政党史編纂局 1935.3 7,526p 27cm

◇立憲民政党史 後篇（斯波貞吉編） 立憲民政党史編纂局 1935.3 7,[511]p 27cm

◇官報 自第2471号 至第2494号 昭和10年4月（内閣印刷局編） 1935.4 1冊 29cm

◇官報 自第2495号 至第2521号 昭和10年5月（内閣印刷局編） 1935.5 1冊 29cm

◇帝国憲法講義（佐藤丑次郎著） 有斐閣 1935.5 10,330,3p 23cm

◇日本行政法（清水澄著） 松華堂書店 1935.5 8,362p 23cm

◇日本行政法 上（渡辺宗太郎著） 弘文堂書房 1935.5 8,609p 23cm

◇奉天省瀋陽県事情（満洲帝国大同学院編） 大同印書館 1935.5 132p 22cm 満洲国地方事情H

◇一票汚れて国汚る（松井茂述） 中央報徳会 1935.6 32p 19cm

◇大分県に於ける選挙粛正運動（伊藤末尾著） 選挙粛正中央連盟 1935.6 61p 19cm

◇官報 自第2522号 至第2546号 昭和10年6月（内閣印刷局編） 1935.6 1冊 29cm

◇財団抵当法の研究（江口最著） 文雅堂 1935.6 14,334p 23cm

◇日本は挑戦する（アプトン・クローズ著,菊地守之介訳） 白揚社 1935.6 3,456p 19cm

◇立憲的忠君愛国論（大島正徳著） 選挙粛正同盟会 1935.6 37p 19cm

◇官報 自第2547号 至第2573号 昭和10年7月（内閣印刷局編） 1935.7 1冊 29cm

◇ケルゼン学説の批判（美濃部達吉著） 日本評論社 1935.7 2,192p 23cm 美濃部達吉論文集

◇選挙粛正と改正選挙法（関口泰著） 一匡社 1935.7 74p 19cm

◇選挙は粛正出来るか？（永田秀次郎述） 選挙粛正中央連盟 1935.7 48p 19cm

◇朝鮮行政法 全訂（萩原彦三著） 松山房 1935.7 4,23,334p 23cm

◇秘書類纂 官制関係資料（伊藤博文著） 秘書類纂刊行会 1935.7 5,614,4p 23cm

◇法の本質（美濃部達吉著） 日本評論社 1935.7 4,209p 23cm 美濃部達吉論文集

◇官報 自第2574号 至第2600号 昭和10年8月（内閣印刷局編） 1935.8 1冊 29cm

◇公法判例評釈 昭和8年度（美濃部達吉著） 有斐閣 1935.8 8,190p 22cm

◇公法判例評釈 昭和9年度（美濃部達吉著） 有斐閣 1935.8 6,168p 22cm

◇選挙粛正に就て（仁保亀松述, 三重県編） 三重県 1935.8 17p 18cm

◇選挙粛正ノ方策（信濃教育会編） 1935.8 8p 23cm

◇帝国憲法制定の精神 欧米各国学者政治家の評論：憲法教育資料（金子堅太郎述,文部省編） 1935.8 55p 21cm

◇秘書類纂 兵制関係資料（伊藤博文著） 秘書類纂刊行会 1935.8 473,195,6p 23cm

◇例規判例 選挙法規 改訂加除（良書普及会編） 1935.8 252p 15cm

◇改正法令の下に於ける選挙事務と選挙粛正運動（古井喜実著） 良書普及会 1935.9 8,210p 23cm

◇官報 自第2601号 至第2624号 昭和10年9月（内閣印刷局編） 1935.9 1冊 29cm

◇行政法大綱 改訂版（野村信孝著） 巌松堂書店 1935.9 20,591p 23cm

◇中央教化団体聯合会と選挙粛正運動（中央教化団体聯合会編） 1935.9 81p 19cm

◇日本官職制度沿革史（小中村清矩者） 東学社 1935.9 4,11,358p 23cm

◇日本国体（西晋一郎述,文部省編） 1935.9 88p 21cm 憲法教育

政治・行政・法律　都市問題・地方自治　調査研究文献要覧

資料

◇官報 自第2625号 至第2650号 昭和10年10月(内閣印刷局編) 1935.10 1冊 29cm

◇選挙粛正運動ノ実績ニ関スル調 其ノ1(内務省地方局編) 1935.10 110p 26cm

◇選挙粛正運動ノ実績ニ関スル調 其ノ3(内務省地方局編) 1935.10 2,283p 26cm

◇選挙粛正運動ノ実績ニ関スル調 其ノ4(内務省地方局編) 1935.10 2,73p 26cm

◇選挙粛正運動ノ実績ニ関スル調 其ノ5・6(内務省地方局編) 1935.10 3,64p 26cm

◇帝国憲法の歴史的基礎:憲法教育資料(牧健二述,文部省編) 1935.10 72p 21cm

◇日本封建制度成立史(牧健二著) 弘文堂書房 1935.10 5,526,11p 23cm

◇官報 自第2651号 至第2674号 昭和10年11月(内閣印刷局編) 1935.11 1冊 29cm

◇公法と私法(美濃部達吉著) 日本評論社 1935.11 10,268p 23cm 美濃部達吉論文集

◇施政二十五年史(朝鮮総督府編) 1935.11 986p 26cm

◇衆議院議員選挙法中改正法律制定過程:我が国に於ける法律制定過程の一例 昭和9年6月22日公布(藤沢正則著) 1935.11 2,202p 19cm

◇政治及政治史研究:吉野作造先生追悼記念(蠟山政道編) 岩波書店 1935.11 2,575p 23cm

◇選挙粛正第二次運動計画の大要:附、創立以後に於ける本聯盟の運動経過(選挙粛正中央聯盟編) 1935.11 20p 22cm

◇日本法制史大綱 上巻(細川亀市著) 時潮社 1935.11 232p 23cm

◇陸奥外交:日清戦争の外交史的研究(信夫清三郎著) 叢文閣 1935.11 8,8,617p 23cm

◇ルッソー民約論(木村亀二著) 岩波書店 1935.11 5,185p 19cm 大思想文庫

◇官報 自第2675号 至第2698号 昭和10年12月(内閣印刷局編) 1935.12 1冊 29cm

◇官報目録 自第1501号 至第2698号 昭和7年1月-昭和10年12月(印刷局編) 1935.12 1冊 29cm

◇明治政治史研究 第1輯 憲法研究特輯(大竹博吉編) ナウカ 1935.12 200p 22cm

◇昭和十一年施行衆議院議員選挙 調査図表解説(選挙粛正中央聯盟編) 1936 1枚 79×54cm

◇昭和十一年二月二十日執行衆議院議員総選挙 職業及年齢別有権者並棄権者数調(神戸市編) 1936 4枚 32×46cm

◇選挙粛正運動の概況 昭和11年選挙粛正資料(奈良県編) 1936 137p 22cm

◇選挙粛正棄権防止ポスター集:昭和十一年衆議院議員総選挙(内務省編) 1936 93p 26cm

◇選挙粛正必携(東京府選挙粛正実行部編) 1936 60p 19cm

◇選挙粛正要録 第2編(熊本県編) 1936 6,148p 27cm

◇第1次選挙粛正運動日報 自第1号 至第45号 縮刷(東京府選挙粛正実行部編) 1936 46p 22cm

◇第69議会参考書([内務省]地方局編) 1936 [202]p 26cm

◇仏国軍需工業国有法令(企画院編) 1936 16p 19cm

◇イギリス近代政治研究 第1巻(池田栄著) 弘文堂 1936.1 6,253,11p 23cm

◇官報 自第2699号 至第2722号 昭和11年1月(内閣印刷局編) 1936.1 1冊 29cm

◇選挙読本(関口泰著) 日本評論社 1936.1 2,6,325p 23cm

◇ドイツ・ファシズム論(ピアトニツキー著,吉田栄一訳) 叢文閣 1936.1 4,235p 20cm

◇東京市並各区選挙粛正運動経過並計画要綱 昭和11年1月15日現在 謄写版(東京市選挙粛正部編) 1936.1 64p 26cm

◇比較憲法論:議会政治と独裁政治(弓家七郎著) 興文社 1936.1 2,12,420p 23cm

◇秘書類纂 雑纂 其1(伊藤博文編) 秘書類纂刊行会 1936.1 372,224p 23cm

◇官報 自第2723号 至第2746号 昭和11年2月(内閣印刷局編) 1936.2 1冊 29cm

◇行政司法選挙判例総覧:行政救済と其手続(川崎秀男著) 自治刊行社 1936.2 12,674p 23cm

◇憲法解釈資料:大日本帝国憲法発布当時の一般憲法思想を窺ふべき逐条憲法解釈文献(明治政治史研究会編) ナウカ 1936.2 7,5,489p 23cm

◇三民主義 続篇(孫中山著,金井寛三訳) 改造社 1936.2 291p 15cm 改造文庫 第1部

◇衆議院議員名鑑:昭和11年総選挙(国民新聞社編) 1936.2 61p 19cm

◇選挙粛正運動概要(香川県編) 1936.2 110p 22cm

◇大日本帝国憲法と制定の由来(金子堅太郎述,東京市編) 1936.2 6,26p 22cm

◇日本行政法 下巻(1)(渡辺宗太郎著) 弘文堂書房 1936.2 8,238p 23cm

◇日本法制史大綱 下巻(細川亀市著) 時潮社 1936.2 400p 23cm

◇秘書類纂 台湾資料(伊藤博文著) 秘書類纂刊行会 1936.2 7,474,8p 23cm

◇官報 自第2747号 至第2771号 昭和11年3月(内閣印刷局編) 1936.3 1冊 29cm

◇衆議院議員総選挙ニ関スル調 昭和11年2月執行(東京府選挙粛正実行部編) 1936.3 135p 27cm

◇昭和十年度に於ける選挙粛正運動の概況(内務省地方局編) 1936.3 1,81p 26cm

◇選挙粛正運動ノ概要(愛媛県編) 1936.3 111p 22cm

◇続法窓夜話(穂積陳重著) 岩波書店 1936.3 10,340p 19cm

◇第二次選挙粛正運動ノ経過及計画(内務省編) 1936.3 2,269p 26cm

◇官報 自第2772号 至第2795号 昭和11年4月(内閣印刷局編) 1936.4 1冊 29cm

◇近世政治史(吉村宮男著) 内外書籍 1936.4 6,302,17p 20cm 新日本史叢書

◇選挙粛正運動概録 第2輯(栃木県編) 1936.4 130p 23cm

◇総選挙闘争報告(社会大衆党編) 1936.4 48p 19cm 社会大衆党パンフレット

◇東京府第一次選挙粛正運動の経過概要 自昭和10年7月10日 至昭和11年2月20日(東京府選挙粛正実行部編) 1936.4 4,167p 27cm

◇比較憲法史(鈴木安蔵著) 三笠書房 1936.4 4,6,296p 17cm 唯物論全書

◇官報 自第2796号 至第2821号 昭和11年5月(内閣印刷局編) 1936.5 1冊 29cm

◇選挙粛正運動概要 2(岐阜県編) 1936.5 103p 22cm

◇第一次選挙粛正運動概要(横浜市選挙粛正部編) 1936.5 105,60p 22cm

◇官報 自第2822号 至第2847号 昭和11年6月(内閣印刷局編) 1936.6 1冊 29cm

◇行政機構改善ニ関スル意見書(内務省編) 1936.6 284p 21cm

◇故弁護士法学博士岸清一訴訟記録集 民事篇 第3輯 報償契約事件(堀江専一郎編) 巌松堂 1936.6 24,504p 23cm

◇衆議院議員総選挙ニ関スル調 昭和11年2月執行(大阪府総務部編) 1936.6 79p 27cm

◇選挙粛正中央聯盟事業概要 昭和10年度（選挙粛正中央聯盟編） 1936.6 267p 22cm

◇選挙粛正読本 続（愛媛県編） 1936.6 32p 22cm

◇第二次選挙粛正の諸批判（選挙粛正中央聯盟編） 1936.6 5,161p 19cm

◇中世政治外交史（佐藤三郎著） 内外書籍 1936.6 12,292,13p 20cm 新日本史叢書

◇官報 自第2848号 至第2874号 昭和11年7月（内閣印刷局編） 1936.7 1冊 29cm

◇公法判例評釈 昭和10年度（美濃部達吉著） 有斐閣 1936.7 10,397p 23cm

◇国政一新の綱領と政策（船田中編） 言海書房 1936.7 9,5,167p 19cm 国政一新論叢

◇社会大衆党特別議会闘争報告：第六十九特別議会（社会大衆党編） 1936.7 6,187p 23cm

◇昭和十年・地方議会選挙粛正運動の実績調査：（附）普選第4回衆議院議員総選挙概観其他（選挙粛正中央聯盟編） 1936.7 72,26p 26cm

◇選挙制度調査会議事速記録 第1回（選挙制度調査会編） 1936.7 26p 21cm

◇選挙法改正意見中間報告：昭和11年7月20日調査 謄写版（選挙粛正中央聯盟編） 1936.7 18p 25cm

◇日本ファシズム（木下半治著） ナウカ 1936.7 3,8,267p 19cm

◇官報 自第2875号 至第2900号 昭和11年8月（内閣印刷局編） 1936.8 1冊 29cm

◇議院法改正経過概要（衆議院事務局編） 1936.8 4,1379p 21cm

◇近代民主政治 第1巻（ブライス著, 松山武訳） 岩波書店 1936.8 322p 16cm 岩波文庫

◇組合議員の選挙粛正（選挙粛正中央聯盟編） 1936.8 69p 19cm

◇選挙粛正運動実施要綱 第1輯（滋賀県編） 1936.8 46p 26cm

◇選挙制度調査会議事速記録 第2回（選挙制度調査会編） 1936.8 56p 21cm

◇選挙制度調査会議事速記録 第3回（選挙制度調査会編） 1936.8 38p 21cm

◇選挙制度調査会特別委員会議事速記録 第1,2号（選挙制度調査会編） 1936.8 53p 21cm

◇選挙制度調査会特別委員会議事速記録 第3号（選挙制度調査会編） 1936.8 49p 21cm

◇二・二六事件（山本三生編） 改造社 1936.8 159p 19cm 「改造」18巻8号 別冊附録

◇日本行政法 下巻（2）（渡辺宗太郎著） 弘文堂書房 1936.8 336,27p 23cm

◇官報 自第2901号 至第2925号 昭和11年9月（内閣印刷局編） 1936.9 1冊 29cm

◇選挙粛正運動の概況（千葉県編） 1936.9 5,272p 22cm

◇選挙制度調査会特別委員会議事速記録 第4号（選挙制度調査会編） 1936.9 46p 21cm

◇選挙制度調査会特別委員会議事速記録 第5号（選挙制度調査会編） 1936.9 27p 21cm

◇選挙制度調査会特別委員会議事速記録 第6号（選挙制度調査会編） 1936.9 66p 21cm

◇選挙制度調査会特別委員会議事速記録 第7号（選挙制度調査会編） 1936.9 28p 21cm

◇東京府第二次選挙粛正運動の概況 自昭和11年4月1日 至昭和11年6月10日（東京府選挙粛正実行部編） 1936.9 5,8,338p 27cm

◇土地総有権史論（石田文次郎著） 岩波書店 1936.9 19,669p 23cm

◇関東局施政三十年史（関東局編） 1936.10 1109p 27cm

◇官報 自第2926号 至第2951号 昭和11年10月（内閣印刷局編） 1936.10 1冊 29cm

◇行政学原論 第1分冊（蠟山政道著） 日本評論社 1936.10 3,9,238p 22cm

◇選挙制度調査会特別委員会議事速記録 第8号（選挙制度調査会編） 1936.10 58p 21cm

◇選挙制度調査会特別委員会議事速記録 第9号（選挙制度調査会編） 1936.10 38p 21cm

◇選挙制度調査会特別委員会議事速記録 第10号（選挙制度調査会編） 1936.10 57p 21cm

◇治外法権撤廃の実績 課税権篇（国務院総務庁編） 1936.10 5,156p 19cm

◇中華民国憲法確定草案（宮沢俊義著, 田中二郎著） 中華民国法制研究会 1936.10 13,393,7p 23cm

◇日本政治史大綱（今中次麿著） 南郊社 1936.10 8,470,25p 23cm

◇法の基本問題（恒藤恭著） 岩波書店 1936.10 2,7,478p 23cm

◇官報 自第2952号 至第2974号 昭和11年11月（内閣印刷局編） 1936.11 1冊 29cm

◇現代支那批判（尾崎秀実著） 中央公論社 1936.11 383p 19cm

◇財団法人中央報徳会事業沿革（中央報徳会編） 1936.11 30p 19cm

◇選挙制度調査会特別委員会議事速記録 第11号（選挙制度調査会編） 1936.11 50p 21cm

◇選挙制度調査会特別委員会議事速記録 第12号（選挙制度調査会編） 1936.11 31p 21cm

◇選挙制度調査会特別委員会議事速記録 第13号（選挙制度調査会編） 1936.11 38p 21cm

◇総選挙 衆議院議員当選回数調 第1回乃至第19回（衆議院事務局編） 1936.11 3,279p 21cm

◇理想的行政機構改革案（三森議逸著, 梅原喜宗著） 大衆国策建議会 1936.11 40p 22cm

◇列国議会同盟並日本議員団概要（衆議院事務局編） 1936.11 114p 22cm

◇官報 自第2975号 至第2998号 昭和11年12月（内閣印刷局編） 1936.12 1冊 29cm

◇国家構造論（尾高朝雄著） 岩波書店 1936.12 8,535,4p 23cm ［京城帝国大学法学会叢刊］

◇時局政治学（関口泰著） 中央公論社 1936.12 8,500p 19cm

◇政治機構改革（社会大衆党編） 1936.12 19p 23cm 社会大衆党国策叢書

◇選挙制度調査会議事速記録 第4回（選挙制度調査会編） 1936.12 37p 21cm

◇選挙制度調査会特別委員会議事速記録 第14,15号（選挙制度調査会編） 1936.12 46p 21cm

◇選挙制度調査会特別委員会議事速記録 第16号（選挙制度調査会編） 1936.12 24p 21cm

◇担保物権法（我妻栄著） 岩波書店 1936.12 8,348,18p 23cm 民法講義

◇治外法権撤廃の実績 産業行政篇（国務院総務庁編） 1936.12 8,285p 19cm

◇転回期の政治（宮沢俊義著） 中央公論社 1936.12 5,401p 19cm

◇日本行政法（美濃部達吉著） 有斐閣 1936.12 29,1040p 23cm

◇選挙粛正参考資料集（内務省編） 1937 8,113p 26cm

◇選挙と政党論の思ひ出（渡辺鉄蔵著） 1937 76p 19cm

◇官報 自第2999号 至第3021号 昭和12年1月（内閣印刷局編） 1937.1 1冊 29cm

◇法の変動（栗生武夫著） 岩波書店 1937.1 8,448p 23cm

◇官報 自第3022号 至第3044号 昭和12年2月（内閣印刷局編） 1937.2 1冊 29cm

◇六法全書：事項索引及参照条文附（末川博編） 岩波書店 1937.2 1

◇改正選挙法と新判例(中田義孝著)　厳松堂　1937.3 291,256p 15cm
◇官報　自第3045号　至第3071号　昭和12年3月(内閣印刷局編)　1937.3 1冊 29cm
◇戸籍事務指針(東京市役所編)　1937.3 7,192p 19cm　事務改善叢書
◇所謂「総務庁」問題に関する研究資料(国策研究会編)　1937.4 16p 22cm　会報
◇官報　自第3072号　至第3094号　昭和12年4月(内閣印刷局編)　1937.4 1冊 29cm
◇「ソ」聯邦新憲法概観(外務省調査部編)　1937.4 53p 22cm　調
◇土地所有権論(吉田久著)　厳松堂　1937.4 5,402p 23cm
◇立憲自治の本義：選挙粛正の考へ方(宇賀田順三著)　清水書店　1937.4 2,316,6p 23cm
◇官報　自第3095号　至第3120号　昭和12年5月(内閣印刷局編)　1937.5 1冊 29cm
◇行政法要綱(渡辺宗太郎著)　松華堂　1937.5 29,541p 23cm
◇昭和十二年四月執行衆議院議員総選挙調査図表解説(選挙粛正中央聯盟編)　1937.5 1枚 79×119cm
◇官報　自第3121号　至第3146号　昭和12年6月(内閣印刷局編)　1937.6 1冊 29cm
◇公法判例評釈　昭和11年度(美濃部達吉著)　有斐閣　1937.6 9,302p 23cm
◇公論統治原理(大石義雄著)　日本評論社　1937.6 2,148p 19cm
◇満洲建国五年小史(国務院総務庁編)　1937.6 10,8,272p 19cm
◇水野博士古稀記念論策と随筆(松波仁一郎編)　水野錬太郎先生古稀祝賀会事務所　1937.6 3,7,928p 23cm
◇官報　自第3147号　至第3173号　昭和12年7月(内閣印刷局編)　1937.7 1冊 29cm
◇冀東綜覧　改訂増補(東洋事情研究会編)　1937.7 8,432p 23cm　北支経済資料
◇行政法総論　上巻(野村淳治著)　日本評論社　1937.7 5,19,546p 23cm
◇憲政五十年史(天野良和著)　日本学芸研究会　1937.7 4,30,386p 20cm
◇国家学論集：国家学会五十周年記念(蠟山政道編)　有斐閣　1937.7 1冊 23cm
◇衆議院議員総選挙概況　昭和12年4月30日執行(神奈川県編)　1937.7 207p 22cm
◇衆議院議員総選挙概況　昭和12年4月30日執行(名古屋市役所編)　1937.7 55p 19cm
◇官報　自第3174号　至第3199号　昭和12年8月(内閣印刷局編)　1937.8 1冊 29cm
◇近代民主政治　第4巻(ブライス著,松山武訳)　岩波書店　1937.8 308,5p 16cm　岩波文庫
◇北支事情綜覧(南満洲鉄道株式会社総務部資料課編)　1937.8 11,392p 22cm　満鉄調査資料
◇官報　自第3200号　至第3224号　昭和12年9月(内閣印刷局編)　1937.9 1冊 29cm
◇近代民主政治　第2巻(ブライス著,松山武訳)　岩波書店　1937.9 314p 16cm　岩波文庫
◇現代政治の諸問題(高橋清吾著)　有斐閣　1937.9 2,2,586p 23cm
◇選挙粛正運動の概況　第20回(昭和12年4月執行)衆議院議員総選挙(東京府選挙粛正実行部編)　1937.9 9,272p 26cm
◇選挙罰則の研究(美濃部達吉著)　良書普及会　1937.9 12,485p 23cm
◇中国に於ける外国人の地位(入江啓四郎著)　日華関係法律事務所　1937.9 706,41p 23cm
◇日本憲政史論集(尾佐竹猛著)　育生社　1937.9 3,385p 23cm　日本政治・経済研究叢書
◇法学論文集：十周年記念(九州帝国大学法文学部編)　岩波書店　1937.9 1冊 23cm
◇満洲建国の真意義(国務院総務庁編)　1937.9 2,170p 19cm
◇官報　自第3225号　至第3250号　昭和12年10月(内閣印刷局編)　1937.10 1冊 29cm
◇現代憲政の諸問題(鈴木安蔵著)　泰山房　1937.10 2,4,316p 19cm
◇国民精神総動員参考資料(東京市国民精神総動員実行部編)　1937.10 40p 22cm
◇国民精神総動員中央聯盟声明書：附　結成経過・規約・加盟団体・役員一覧(国民精神総動員中央聯盟編)　1937.10 25p 21cm
◇東京市国民精神総動員実行委員会記録　第1回(東京市国民精神総動員実行部編)　1937.10 29p 23cm
◇伊藤博文公修正憲法稿本(秘書類纂刊行会編)　1937.11 1冊 27cm
◇外国人ノ対支経済活動ノ法的根拠　第1巻(斉藤良衛著)　外務省通商局　1937.11 448p 23cm
◇外国人ノ対支経済活動ノ法的根拠　第2巻(斉藤良衛著)　外務省通商局　1937.11 814p 23cm
◇外国人ノ対支経済活動ノ法的根拠　第3巻(斉藤良衛著)　外務省通商局　1937.11 7,9,447p 23cm
◇外国人ノ対支経済活動ノ法的根拠　第4巻(斉藤良衛著)　外務省通商局　1937.11 13,492,7p 23cm
◇外国人ノ対支経済活動ノ法的根拠　第5巻(斉藤良衛著)　外務省通商局　1937.11 7,9,552p 23cm
◇官報　自第3251号　至第3274号　昭和12年11月(内閣印刷局編)　1937.11 1冊 29cm
◇国家論及世界政策(吉川末次郎著)　社会大衆党国際部　1937.11 44p 19cm
◇日本憲法制定史講(渡辺幾治郎著)　千倉書房　1937.11 2,6,423p 23cm
◇官報　自第3275号　至第3298号　昭和12年12月(内閣印刷局編)　1937.12 1冊 29cm
◇官吏制度改正に関する中間報告(国策研究会編)　1937.12 12p 22cm　報告書
◇貴族院制度改革に関する研究報告(国策研究会編)　1937.12 21p 22cm　報告書
◇行政機構改革意見書：道長官設置論(国策研究会編)　1937.12 18p 22cm　研究資料
◇国民精神総動員参考資料　改訂(東京市国民精神総動員実行部編)　1937.12 43p 23cm
◇三民主義(孫中山著,金井寛三訳)　改造社　1937.12 288p 16cm　改造文庫
◇選挙法改正問題について(堀切善次郎述)　国策研究会　1937.12 39,8p 19cm　国策研究会パンフレット
◇法の精神　下巻(モンテスキユー著,宮沢俊義訳)　岩波書店　1937.12 450p 16cm　岩波文庫
◇伊太利国家総動員法(企画院編)　1938 4p 19cm
◇国民精神総動員大阪市実施概況　第1輯(自昭和12年10月至昭和12年12月)(大阪市編)　1938 57p 23cm
◇国家総動員法案参考法規(企画院編)　1938 31p 19cm
◇国家総動員法案参考法令(企画院編)　1938 93p 22cm
◇国家総動員法案ト現行法令トノ関係一覧表(企画院編)　1938 15p 26×36cm
◇世界大戦に於ける英国国家総動員事例(企画院編)　1938 132p 21cm
◇列国に於ける国家総動員に関する法制及施設の概要(企画院編)

1938 27p 21cm

◇官報 自第3299号 至第3321号 昭和13年1月(内閣印刷局編) 1938.1 1冊 29cm

◇官報 自第3322号 至第3344号 昭和13年2月(内閣印刷局編) 1938.2 1冊 29cm

◇現代政治学(五来欣造著) 明文堂 1938.2 2,12,316p 20cm

◇国家総動員法案資料(衆議院調査部編) 1938.2 4,189p 21cm 調査資料

◇東京市国民精神総動員実行委員会記録 第2回(東京市役所編) 1938.2 50p 22cm

◇日本憲法制定史要(尾佐竹猛著) 育生社 1938.2 2,6,297p 23cm

◇明治政治史点描(尾佐竹猛著) 育生社 1938.2 2,4,306p 23cm 日本政治・経済研究叢書

◇官庁制度に関する研究報告(国策研究会編) 1938.3 19p 22cm 報告書

◇官報 自第3345号 至第3370号 昭和13年3月(内閣印刷局編) 1938.3 1冊 29cm

◇行政機構の基礎原理(田村徳治著) 弘文堂書房 1938.3 6,7,260p 23cm

◇国家総動員法案に就て(横山勇述) 国策研究会 1938.3 32,8p 19cm 国策研究会パンフレット

◇対支文化工作に関する論調(衆議院調査部編) 1938.3 4,422p 21cm 調査資料

◇日本政治の革新(奥村喜和男著) 育生社 1938.3 2,6,253p 23cm

◇法律における思想と理論:牧野先生還暦祝賀論文集(小林高記編) 有斐閣 1938.3 2,569p 23cm

◇官報 自第3371号 至第3394号 昭和13年4月(内閣印刷局編) 1938.4 1冊 29cm

◇官報 自第3395号 至第3420号 昭和13年5月(内閣印刷局編) 1938.5 1冊 29cm

◇官報 自第3421号 至第3446号 昭和13年6月(内閣印刷局編) 1938.6 1冊 29cm

◇英国の極東政策に関する論調(衆議院調査部編) 1938.7 4,172p 21cm 調査資料

◇官報 自第3447号 至第3472号 昭和13年7月(内閣印刷局編) 1938.7 1冊 29cm

◇厚生省読本:厚生行政の知識(沼代隆次編) 解説行政読本全書刊行会 1938.7 433p 23cm 解説行政読本全書

◇支那事変を中心とする現時の国際情勢:附東京市政改革案(松本忠雄述,東京市会革正会編) 1938.7 44,21p 22cm 革正会市政調査叢書

◇支那事変と半島同胞(朝鮮総督府編) 1938.7 153p 21cm

◇蘇聯邦の極東政策に関する論調(衆議院調査部編) 1938.7 4,314p 21cm 調査資料

◇官報 自第3473号 至第3499号 昭和13年8月(内閣印刷局編) 1938.8 1冊 29cm

◇官報 自第3500号 至第3524号 昭和13年9月(内閣印刷局編) 1938.9 1冊 29cm

◇公法判例評釈 昭和12年度(美濃部達吉著) 有斐閣 1938.9 10,343p 23cm

◇第七十三帝国議会新法律の解説:附録 新法令条文(我妻栄編) 法学協会 1938.9 258,231p 23cm

◇野村教授還暦祝賀公法政治論集(刑部荘編) 有斐閣 1938.9 2,816p 23cm

◇明治初年の立憲思想(鈴木安蔵著) 育生社 1938.9 2,4,354p 23cm 日本政治・経済研究叢書

◇官報 自第3525号 至第3548号 昭和13年10月(内閣印刷局編) 1938.10 1冊 29cm

◇商工省要覧 昭和13年版 増補訂正版(商工行政調査会編) 高山書店 1938.10 402p 19cm

◇官報 自第3549号 至第3572号 昭和13年11月(内閣印刷局編) 1938.11 1冊 29cm

◇武漢陥落と長期建設に関する論調(衆議院調査部編) 1938.11 3,306p 21cm 調査資料

◇官報 自第3573号 至第3597号 昭和13年12月(内閣印刷局編) 1938.12 1冊 29cm

◇厚生行政要覧 昭和13年(厚生省編) 1938.12 11,410p 21cm

◇滄浪閣残筆:伊藤博文遺稿(伊藤博精編) 八洲書房 1938.12 12,463p 20cm

◇法制史論集 第2巻 物権法(中田薫著) 岩波書店 1938.12 11,1106,21p 23cm

◇衆議院議員選挙法規改正意見書 謄写版(選挙粛正中央聯盟編) 1939 [10]p 28cm

◇政治倫理及政治教育 謄写版(フリードリッヒ・ウィルヘルム・フェルシュター著,東京市政調査会訳) 1939 [300]p 26cm

◇政治倫理及政治教育 謄写版,[複写](フリードリッヒ・ウィルヘルム・フェルシュター著,東京市政調査会訳) 1939 [300p] 26cm

◇官報 自第3598号 至第3620号 昭和14年1月(内閣印刷局編) 1939.1 1冊 29cm

◇議員候補者銓衡協議会の開き方(選挙粛正中央聯盟編) 1939.1 24p 19cm

◇常設委員会制度:議会制度の一研究(大西芳雄著) 有斐閣 1939.1 4,4,302p 23cm

◇官報 自第3621号 至第3643号 昭和14年2月(内閣印刷局編) 1939.2 1冊 29cm

◇選挙粛正中央聯盟事業概要 昭和12年度(選挙粛正中央聯盟編) 1939.2 8,320p 22cm

◇日本憲政基礎史料(議会政治社編) 1939.2 6,10,486p 23cm

◇官報 自第3644号 至第3669号 昭和14年3月(内閣印刷局編) 1939.3 1冊 29cm

◇新国体論:国体の社会学的開明(永井亨著) 有斐閣 1939.3 660p 23cm

◇新支那論(池崎忠孝著) モダン日本社 1939.3 25,286p 19cm

◇官報 自第3670号 至第3691号 昭和14年4月(内閣印刷局編) 1939.4 1冊 29cm

◇行政刑法概論(美濃部達吉著) 岩波書店 1939.4 3,4,195p 23cm

◇新法律の要旨 第74回帝国議会(衆議院調査部編) 1939.4 9,98p 21cm 調査資料

◇地方総動員会議講演集(東京府国民精神総動員実行部編) 1939.4 2,306p 19cm

◇法治国家論:法治国家の機能と限界(原田鋼著) 有斐閣 1939.4 467p 23cm

◇官報 自第3692号 至第3718号 昭和14年5月(内閣印刷局編) 1939.5 1冊 29cm

◇公務員賄賂罪の研究(美濃部達吉著) 岩波書店 1939.5 2,3,183p 23cm

◇第七十四議会の協賛を経たる新法律(法律時報編輯部編) 日本評論社 1939.5 136p 21cm 「法律時報」第11巻 第5号 別冊附録

◇ファシスト伊太利の政治組織とその運用並に反対派勢力(外務省調査部編) 1939.5 7,161p 22cm 防共協定国国情調査

◇官報 自第3719号 至第3744号 昭和14年6月(内閣印刷局編) 1939.6 1冊 29cm

◇在支列国権益概説(植田捷雄著) 厳松堂書店 1939.6 455,82p 23cm

◇時局小観(武田貞之助著) 選挙粛正中央連盟 1939.6 20p 21cm

◇事変関係法令集(衆議院調査部編) 1939.6 17,278p 21cm 調査資料

◇選挙粛正中央聯盟事業概要 昭和13年度（選挙粛正中央聯盟編）1939.6 4,136p 21cm

◇官報 自第3745号 至第3770号 昭和14年7月（内閣印刷局編） 1939.7 1冊 29cm

◇新独逸国家大系 第1巻 政治篇1（二荒芳徳編） 日本評論社 1939.7 444p 23cm

◇帝室制度史 第3巻 第1編 天皇 第2章 皇位継承（帝国学士院編） 1939.7 558p 23cm

◇官報 自第3771号 至第3797号 昭和14年8月（内閣印刷局編） 1939.8 1冊 29cm

◇公法判例評釈 昭和13年度（美濃部達吉著） 有斐閣 1939.8 9,346p 23cm

◇国民投票制度の研究（大石義雄著） 日本評論社 1939.8 5,6,397p 23cm

◇新独逸国家大系 第9巻 経済篇1 経済の構成（二荒芳徳編） 日本評論社 1939.8 1冊 23cm

◇帝室制度史 第1巻 第1編 天皇 第1章 国体（帝国学士院編） 1939.8 2,356p 23cm

◇官報 自第3798号 至第3823号 昭和14年9月（内閣印刷局編） 1939.9 1冊 29cm

◇国家総動員法関係法規集（大阪商工会議所編） 1939.9 2,3,193p 21cm 法規集

◇上海共同租界と工部局：附・土地章程並附則（野口謹次郎著，渡辺義雄著） 日光書院 1939.9 5,187p 19cm

◇新独逸国家大系 第11巻 経済篇3 社会政策・労働政策（二荒芳徳編） 日本評論社 1939.9 1冊 23cm

◇大日本政治思想史 上巻（佐藤清勝著） 大日本政治思想史刊行会 1939.9 5,4,418p 23cm

◇大日本政治思想史 下巻（佐藤清勝著） 大日本政治思想史刊行会 1939.9 4,417p 23cm

◇官報 自第3824号 至第3847号 昭和14年10月（内閣印刷局編） 1939.10 1冊 29cm

◇議会制度改革資料（立憲政友会政務調査会編） 1939.10 82p 19cm 政友叢書

◇独墺に於ける伊藤博文の憲法取調と日本憲法（清水伸著） 岩波書店 1939.10 2,12,442p 23cm

◇日本国家主義運動史（木下半治著） 慶応書房 1939.10 3,14,557p 19cm

◇官報 自第3848号 至第3871号 昭和14年11月（内閣印刷局編） 1939.11 1冊 29cm

◇新独逸国家大系 第3巻 政治篇3 国法的基礎・国防軍（二荒芳徳編） 日本評論社 1939.11 1冊 23cm

◇官報 自第3872号 至第3895号 昭和14年12月（内閣印刷局編） 1939.12 1冊 29cm

◇官報目録 自第2699号 至第3895号 昭和11年1月-昭和14年12月（印刷局編） 1939.12 1冊 29cm

◇新独逸国家大系 第2巻 政治篇2 教育・文化（二荒芳徳編） 日本評論社 1939.12 1冊 23cm

◇衆議院議員選挙法（内務省地方局編） 1940 2,295p 25cm

◇独逸殖民地ニ於ケル教育制度 謄写版（東亜経済調査局編） 1940 63p 24cm

◇一九二一年英国鉄道法 1940 8,102p 22cm ヂオーヂ第5世法律第11号及第12号

◇各国政党の政策、綱領及領袖一覧（立憲政友会政務調査会編） 1940.1 219p 19cm 政友叢書

◇官報 自第3896号 至第3918号 昭和15年1月（内閣印刷局編） 1940.1 1冊 29cm

◇官報 自第3919号 至第3943号 昭和15年2月（内閣印刷局編） 1940.2 1冊 29cm

◇新独逸国家大系 第10巻 経済篇2 経済政策（二荒芳徳編） 日本評論社 1940.2 1冊 23cm

◇朝鮮に氏制度を施行したる理由（朝鮮総督府法務局編） 1940.2 28p 19cm

◇法と政治の諸問題（京城帝国大学法学会編） 岩波書店 1940.2 392,5p 23cm 京城帝国大学法学会論集

◇欧洲外交の史的考察と現勢（林毅陸述） 啓明会 1940.3 68,25p 22cm

◇官報 自第3944号 至第3968号 昭和15年3月（内閣印刷局編） 1940.3 1冊 29cm

◇新独逸国家大系 第12巻 経済篇4 財政・金融（二荒芳徳編） 日本評論社 1940.3 1冊 23cm

◇今までの法律とこれからの法律（穂積重遠述，社会教育協会編） 1940.4 44p 19cm 教育パンフレット

◇官報 自第3969号 至第3991号 昭和15年4月（内閣印刷局編） 1940.4 1冊 29cm

◇官報 自第3992号 至第4018号 昭和15年5月（内閣印刷局編） 1940.5 1冊 29cm

◇衆議院附帯決議及希望条項 自第62回議会至第75回議会（衆議院調査部編） 1940.5 68p 21cm 調査資料

◇新独逸国家大系 第5巻 法律篇1 民法・強制執行（二荒芳徳編） 日本評論社 1940.5 1冊 23cm

◇戦時の政治と公法（中野登美雄著） 東洋経済出版部 1940.5 2,20,414p 23cm

◇第七十五議会の新法律（法律時報編集部編） 日本評論社 1940.5 7,88p 22cm 「法律時報」第12巻第5号 別冊附録

◇官報 自第4019号 至第4043号 昭和15年6月（内閣印刷局編） 1940.6 1冊 29cm

◇政治機構改新大綱（昭和研究会編） 1940.6 43p 20cm

◇選挙粛正中央聯盟事業概要 昭和14年度（選挙粛正中央聯盟編） 1940.6 6,250p 21cm

◇法令集（衆議院調査部編） 1940.6 21,710p 21cm 調査資料

◇官報 自第4044号 至第4070号 昭和15年7月（内閣印刷局編） 1940.7 1冊 29cm

◇現代日本文明史 第2巻 政治史（蝋山政道著） 東洋経済新報社 1940.7 2,8,476p 23cm

◇厚生行政要覧 昭和15年（厚生省文書課編） 1940.7 14,594p 21cm

◇公法判例評釈 昭和14年度（美濃部達吉著） 有斐閣 1940.7 6,254p 23cm

◇新支那中央政権に関する論調（衆議院調査部編） 1940.7 5,282p 21cm 調査資料

◇総動員法体制（末川博編） 有斐閣 1940.7 420p 19cm

◇官報 自第4071号 至第4097号 昭和15年8月（内閣印刷局編） 1940.8 1冊 29cm

◇官報 自第4098号 至第4121号 昭和15年9月（内閣印刷局編） 1940.9 1冊 29cm

◇行政法に於ける全体と個人（渡辺宗太郎著） 有斐閣 1940.9 2,8,399p 23cm

◇衆議院議員選挙法改正意見要項（選挙粛正中央聯盟編） 1940.9 9p 27cm

◇新独逸国家大系 第4巻 政治篇4 ナチスの政治組織（二荒芳徳編） 日本評論社 1940.9 1冊 23cm

◇第七十五帝国議会新法律の解説：附 新法律条文（我妻栄編） 法学協会 1940.9 298,211p 23cm

◇明治法制史論 公法之部 上巻（小早川欣吾著） 巌松堂書店 1940.9 3,5,551p 23cm

◇官報 自第4122号 至第4146号 昭和15年10月（内閣印刷局編） 1940.10 1冊 29cm

◇施政三十年史（朝鮮総督府編） 1940.10 932,66p 27cm

- ◇新体制は何うなる(阿部真之助述,社会教育協会編) 1940.10 46p 19cm 教育パンフレット
- ◇仏領印度支那:政治・経済(太平洋協会編) 河出書房 1940.10 511,55p 23cm
- ◇官報 自第4147号 至第4171号 昭和15年11月(内閣印刷局編) 1940.11 1冊 29cm
- ◇紀元二千六百年記念新東亜建設東京懇談会特別論文集(東京市役所編) 1940.11 190p 23cm
- ◇新体制の理論:政治・経済・文化・東亜の新原理(谷口吉彦著) 千倉書房 1940.11 3,11,352p 22cm
- ◇新独逸国家大系 第6巻 法律篇 2 商法・経済法・社会保険(二荒芳徳編) 日本評論社 1940.11 1冊 23cm
- ◇対外交易の史的回顧(村上直次郎述,啓明会編) 1940.11 71,26p 22cm 啓明会第100回講演集
- ◇帝国憲法制定会議(清水伸著) 岩波書店 1940.11 4,8,688p 23cm
- ◇帝室制度史 第2巻 第1編 天皇 第1章 国体(帝国学士院編) 1940.11 727p 23cm
- ◇帝室制度史 第4巻 第1編 天皇 第2章 皇位継承(帝国学士院編) 1940.11 488p 23cm
- ◇官報 自第4172号 至第4195号 昭和15年12月(内閣印刷局編) 1940.12 1冊 29cm
- ◇新体制の指導原理:我国体に基く現代の革新(石川興二著) 有斐閣 1940.12 6,10,360p 23cm
- ◇新独逸国家大系 第7巻 法律篇 3 刑法・民事訴訟法・労働法(二荒芳徳編) 日本評論社 1940.12 1冊 23cm
- ◇明治法制史論 公法之部 下巻(小早川欣吾著) 巌松堂書店 1940.12 9,[842],28p 23cm
- ◇官僚主義トハ何ゾヤ 謄写版(東亜経済調査局編) 1941 39p 23cm
- ◇上院論(ハンス・グメリン著) 1941 12p 22cm
- ◇上院論(ハンス・グメリン著) 1941 12p 23cm
- ◇台湾北部土匪投誠顛末 手書 1941 31p 25cm
- ◇日本ノ政治経済及社会の生活ニ就テノ所感 謄写版([チース]著,東亜経済調査局編) 1941 59p 23cm
- ◇官報 自第4196号 至第4219号 昭和16年1月(内閣印刷局編) 1941.1 1冊 29cm
- ◇官報 自第4220号 至第4242号 昭和16年2月(内閣印刷局編) 1941.2 1冊 29cm
- ◇新独逸国家大系 第8巻 法律篇 4 行政法・家族及び遺産法(二荒芳徳編) 日本評論社 1941.2 1冊 23cm
- ◇法と統制経済(峯村光郎著) 東洋書館 1941.2 5,278p 22cm
- ◇御触書天保集成 下(高柳真三編,石井良助編) 岩波書店 1941.3 6,10,930p 23cm
- ◇官報 自第4243号 至第4267号 昭和16年3月(内閣印刷局編) 1941.3 1冊 29cm
- ◇行政機構改革論(吉富重夫著) 日本評論社 1941.3 3,4,268p 22cm
- ◇行政裁判所五十年史(行政裁判所編) 1941.3 5,512p 22cm
- ◇行政新体制に関する研究報告(国策研究会編) 1941.3 27p 22cm 報告書
- ◇大政翼賛の真意(松前重義述,社会教育協会編) 1941.3 46p 19cm 教育パンフレット
- ◇第七十六回帝国議会ニ於ケル大政翼賛会ニ関スル論議(貴族院調査課編) 1941.3 1,880p 21cm 貴族院彙報附録
- ◇内務省並地方庁歴代長官(自治振興中央会編) 1941.3 5,214p 21cm 府県制度資料附録
- ◇日本法制史研究(滝川政次郎著) 有斐閣 1941.3 790p 22cm
- ◇改正国家総動員法・国防保案法解説(国策研究会編) 1941.4 2,126p 18cm 研究資料
- ◇華士族秩禄処分の研究(深谷博治著) 高山書院 1941.4 6,414p 21cm
- ◇官報 自第4268号 至第4290号 昭和16年4月(内閣印刷局編) 1941.4 1冊 29cm
- ◇国防国家の理論と政策(八重樫運吉著) 日本評論社 1941.4 432p 21cm
- ◇官報 自第4291号 至第4317号 昭和16年5月(内閣印刷局編) 1941.5 1冊 29cm
- ◇官吏制度改革問題に関する資料(東京商工会議所編) 1941.5 117p 21cm [商工資料]
- ◇新法律の要旨 第76回帝国議会(衆議院調査部編) 1941.5 7,146p 21cm 調査資料
- ◇大政翼賛運動資料(和歌山市編) 1941.5 10p 21cm
- ◇第七十六議会の新法律(法律時報編輯部編) 日本評論社 1941.5 8,99p 21cm 「法律時報」第13巻 第5号 別冊附録
- ◇太平洋問題の再検討(太平洋協会編) 朝日新聞社 1941.5 351p 21cm
- ◇日本憲法史概説(鈴木安蔵著) 中央公論社 1941.5 11,502p 22cm
- ◇法と民族(木村亀二著) 日本評論社 1941.5 3,459p 22cm
- ◇満洲民法 債権総論(石田文次郎著,岩井万亀著) 有斐閣 1941.5 10,220,6p 22cm
- ◇翼賛議会の総決算:第七十六回帝国議会便覧(情報局編) 内閣印刷局 1941.5 10,642p 18cm 週報叢書
- ◇官報 自第4318号 至第4342号 昭和16年6月(内閣印刷局編) 1941.6 1冊 29cm
- ◇現代日本文明史 第3巻 外交史(清沢洌著) 東洋経済新報社出版部 1941.6 578p 23cm
- ◇商工省要覧(商工行政調査会編) 商工行政社 1941.6 11,361p 18cm
- ◇選挙粛正中央聯盟事業概要 昭和15年度(選挙粛正中央聯盟) 1941.6 6,187p 21cm
- ◇東亜民族結合と外国勢力(尾崎秀実著) 中央公論社 1941.6 102p 19cm 東亜新書
- ◇改正 国家総動員法解説(内務省情報編) 1941.7 2,136p 18cm 週報叢書
- ◇官報 自第4343号 至第4369号 昭和16年7月(内閣印刷局編) 1941.7 1冊 29cm
- ◇行政機構改革問題に関する資料(東京商工会議所編) 1941.7 129p 21cm 行政機構改革問題資料
- ◇行政法(渡辺宗太郎著) ダイヤモンド社 1941.7 3,8,294p 19cm 新法学講話
- ◇現代国家学説(大串兎代夫著) 文理書院 1941.7 8,426p 22cm
- ◇第七十六議会法律全集:附 第七十六議会日誌(小畑虎之助編) 農村経済調査局 1941.7 4,139p 21cm
- ◇戦ふ国民の覚悟(陸軍省報道部編) 社会教育会 1941.7 46p 19cm 教育パンフレット
- ◇民法の基本問題 第5編 契約の本質に関する若干の考察(牧野英一著) 有斐閣 1941.7 10,544p 21cm
- ◇官報 自第4370号 至第4395号 昭和16年8月(内閣印刷局編) 1941.8 1冊 29cm
- ◇公法判例評釈 昭和15年度(美濃部達吉著) 有斐閣 1941.8 8,345p 21cm
- ◇官報 自第4396号 至第4420号 昭和16年9月(内閣印刷局編) 1941.9 1冊 29cm
- ◇支那に於ける租界の研究(植田捷雄著) 巌松堂書店 1941.9 16,919p 22cm
- ◇官報 自第4421号 至第4445号 昭和16年10月(内閣印刷局編) 1941.10 1冊 29cm
- ◇第七十六帝国議会新法律の解説:附 法律条文(我妻栄編) 法学協

政治・行政・法律　都市問題・地方自治　調査研究文献要覧

会　1941.10　291,108p　23cm

◇中央協力会議議事録　第1回　第2巻　経済篇　食糧篇（大政翼賛会宣伝部編）　1941.10　10,375p　22cm

◇日本行政法　下巻（美濃部達吉著）　有斐閣　1941.10　29,1375p　22cm

◇官報　自第4446号　至第4469号　昭和16年11月（内閣印刷局編）　1941.11　1冊　29cm

◇経済官庁と経済団体（高田源清著）　東洋書館　1941.11　6,120p　22cm

◇国防国家の綱領（企画院研究会編）　新紀元社　1941.11　3,298p　21cm

◇中央協力会議議事録　第1回　第3巻　教育文化篇　国民生活篇（大政翼賛会宣伝部編）　1941.11　6,211,12p　22cm

◇独逸史（新独逸国家大系刊行会編,上原専禄訳,小林良正訳）　1941.11　22,418p　22cm

◇官報　自第4470号　至第4493号　昭和16年12月（内閣印刷局編）　1941.12　1冊　29cm

◇国防保安法（大竹武七郎著）　羽田書店　1941.12　7,443p　22cm

◇世界政治研究（世界政治研究会編）　中央公論社　1941.12　2,362p　22cm

◇第七十七帝国議会新法律の解説：附　新法律条文（我妻栄編）　法学協会　1941.12　47,14p　23cm

◇第七十六議会新法令解説（中川善之助編）　朝日新聞社　1941.12　559p　19cm

◇中央協力会議議事録　第1回　第1巻　国体観念・翼賛運動・興亜国民運動篇　国民組織篇　行政機構篇（大政翼賛会宣伝部編）　1941.12　8,320p　22cm

◇蒙古人民共和国（石田喜与司著）　中央公論社　1941.12　7,187p　19cm　東亜新書

◇第廿一回衆議院議員総選挙各種統計総覧（選挙粛正中央聯盟編）　1942　1枚　62×80cm

◇官報　自第4494号　至第4517号　昭和17年1月（内閣印刷局編）　1942.1　1冊　29cm

◇憲法制定とロエスレル：日本憲法諸原案の起草経緯と其の根本精神（鈴木安蔵著）　1942.1　4,440,7p　22cm

◇大政翼賛運動資料（和歌山市編）　1942.1　38p　22cm

◇日本国防国家建設の史的考察（土屋喬雄著）　科学主義工業社　1942.1　2,334p　19cm

◇日本国家科学大系　第6巻　法律学　2（孫田秀春編）　実業之日本社　1942.1　15,482p　22cm

◇日本政治の再編成（古田徳次郎著）　高田書院　1942.1　366p　19cm

◇官報　自第4518号　至第4540号　昭和17年2月（内閣印刷局編）　1942.2　1冊　29cm

◇官報　自第4541号　至第4565号　昭和17年3月（内閣印刷局編）　1942.3　1冊　29cm

◇実定法秩序論（尾高朝雄著）　岩波書店　1942.3　10,583p　22cm　京城帝国大学法学会叢刊

◇支那現行法律体系（郭衛著,真鍋藤治訳註,郡司弘訳註）　大同印書館　1942.3　162p　22cm

◇戦時下の言論統制：言論統制法規の綜合的研究（平出禾著）　中川書房　1942.3　188p　19cm

◇宣戦の大詔（徳富猪一郎著）　東京日日新聞社,大阪毎日新聞社　1942.3　5,209p　19cm

◇第七十八帝国議会新法律の解説：附　新法律条文（我妻栄編）　法学協会　1942.3　9,52,5p　23cm

◇泰・仏印の研究：現地調査報告（国際経済学会編）　刀江書院　1942.3　273p　22cm

◇官報　自第4566号　至第4588号　昭和17年4月（内閣印刷局編）　1942.4　1冊　29cm

◇議員候補者の推薦制度（弓家七郎著,東京市政調査会編）　1942.4　27p　21cm　都市問題パンフレット

◇借地法・借家法の主要問題（後藤清著）　日本評論社　1942.4　4,288,8p　22cm

◇衆議院議員総選挙概況　昭和17年4月30日執行（名古屋市編）　1942.4　33p　21cm

◇衆議院議員　府会議員市会議員　選挙関係法規集（大阪市役所編）　1942.4　14,452p　21cm　区政操典

◇第七十九議会の新法律（法律時報編輯部編）　日本評論社　1942.4　8,88p　21cm　「法律時報」第14巻　第4号　別冊附録

◇第二十一回衆議院議員総選挙に於ける大東亜戦争完遂翼賛選挙貫徹運動の概要（内務省地方局編）　1942.4　7,154p　21cm

◇日本国家科学大系　第14巻　国防論及世界新秩序論　2（孫田秀春編）　実業之日本社　1942.4　14,486p　22cm

◇官報　自第4589号　至第4614号　昭和17年5月（内閣印刷局編）　1942.5　1冊　29cm

◇経済統制法判例年鑑　昭和16年度（伊藤由三郎編）　銀行問題研究会　1942.5　17,225,5p　21cm

◇憲法・行政法演習　第2巻（佐々木惣一著）　日本評論社　1942.5　4,404p　19cm

◇帝室制度史　第5巻　附図（帝国学士院編）　1942.5　1冊　22cm

◇帝室制度史　第5巻　第1編　天皇　第3章　神器（帝国学士院編）　1942.5　662p　22cm

◇日本国家科学大系　第7巻　法律学　3（孫田秀春編）　実業之日本社　1942.5　20,492p　22cm

◇官報　自第4615号　至第4640号　昭和17年6月（内閣印刷局編）　1942.6　1冊　29cm

◇新独逸法令集（荒木時次訳編）　ダイヤモンド社　1942.6　6,491p　22cm

◇第七十七・八両臨時議会　議会展望：大東亜戦下の時局と政策の動向（東洋経済新報社編）　1942.6　5,254p　19cm

◇第80回帝国議会（衆議院）報告書（翼賛政治編）　1942.6　60p　21cm

◇帝国憲法と金子伯（藤井新一著）　大日本雄弁会講談社　1942.6　13,14,774p　22cm

◇翼賛政治会の結成まで（翼賛政治会編）　1942.6　48p　21cm

◇官報　自第4641号　至第4667号　昭和17年7月（内閣印刷局編）　1942.7　1冊　29cm

◇選挙粛正中央聯盟事業概要　昭和16・7年度（選挙粛正中央聯盟編）　1942.7　10,230p　21cm

◇法律による行政（田上穣治著）　有斐閣　1942.7　4,382p　22cm

◇官界新体制の諸問題（重要産業協議会編）　1942.8　8,273p　18cm　重産協議彙報

◇官報　自第4668号　至第4693号　昭和17年8月（内閣印刷局編）　1942.8　1冊　29cm

◇非常時立法の発展（牧野英一著）　有斐閣　1942.8　5,274,6p　22cm　民法の基本問題

◇官報　自第4694号　至第4718号　昭和17年9月（内閣印刷局編）　1942.9　1冊　29cm

◇憲法・行政法演習　第1巻（佐々木惣一著）　日本評論社　1942.9　4,403p　19cm

◇憲法略説（宮沢俊義著）　岩波書店　1942.9　8,304p　22cm

◇国民総常会誌 -第3回中央協力会議総常会会議録-（昭和17年9月26日至29日於大東亜会館）（大政翼賛会編）　1942.9　20,763p　26cm

◇第七十九・八十帝国議会新法律の解説：附　法律条文（我妻栄編）　法学協会　1942.9　291,87,26p　23cm

◇大東亜建設法の理念と構造（岩田新著）　巌松堂書店　1942.9　6,336p　22cm

◇内閣制度の研究(山崎丹照著) 高山書院 1942.9 5,424,28p 22cm

◇日本国家科学大系 第3巻 国家学及政治学 1(孫田秀春編) 実業之日本社 1942.9 17,449p 21cm

▽判例民法の理論的研究 第1巻(末川博著) 日本評論社 1942.9 4,444p 22cm

◇官報 自第4719号 至第4743号 昭和17年10月(内閣印刷局編) 1942.10 1冊 29cm

◇日本国家科学大系 第10巻 経済学 3(孫田秀春編) 実業之日本社 1942.10 13,452p 21cm

◇官報 自第4744号 至第4766号 昭和17年11月(内閣印刷局編) 1942.11 1冊 29cm

◇国民運動要綱(大政翼賛会編) 1942.11 30p 21cm

◇日本法制史(金沢理康著) 三笠書房 1942.11 259p 19cm 新法律学全書

◇明治維新政治史:現代日本の誕生(鈴木安蔵著) 中央公論社 1942.11 458,39p 22cm

◇官報 自第4767号 至第4790号 昭和17年12月(内閣印刷局編) 1942.12 1冊 29cm

◇国家科学への道(大熊信行著) 東京堂 1942.12 18,15,520p 22cm

◇戦時独逸法令集(荒木時次編訳) ダイヤモンド社 1942.12 10,528p 22cm

◇戦時立法 第一年 昭和17年(中川善之助) 河出書房 1942.12 245p 18cm

◇日本国家科学大系 第8巻 経済学 1(孫田秀春編) 実業之日本社 1942.12 11,470p 21cm

◇第84回帝国議会参考資料([内務省]地方局総務課編) 1943 [348]p 26cm

◇官報 自第4791号 至第4813号 昭和18年1月(内閣印刷局編) 1943.1 1冊 29cm

◇法律社会学の諸問題(戒能通孝著) 日本評論社 1943.1 21,23,450p 22cm

◇官報 自第4814号 至第4836号 昭和18年2月(内閣印刷局編) 1943.2 1冊 29cm

◇公法判例評釈 昭和16年度(美濃部達吉著) 有斐閣 1943.2 6,251p 21cm

◇国家的・法律的・人間的(牧野英一著) 有斐閣 1943.2 6,384p 21cm

◇日本国家科学大系 第4巻 国家学及政治学 2(孫田秀春編) 実業之日本社 1943.2 11,474p 21cm

◇明治維新と独逸思想(大塚三七雄著) 日独出版協会 1943.2 320p 19cm

◇イギリス帝国主義史論(矢口孝次郎著) 甲文堂書店 1943.3 330p 19cm

◇官報 自第4837号 至第4863号 昭和18年3月(内閣印刷局編) 1943.3 1冊 29cm

◇官報 自第4864号 至第4886号 昭和18年4月(内閣印刷局編) 1943.4 1冊 29cm

◇米国戦時行政論(一原有常著) 刀江書院 1943.4 4,348p 18cm

◇官報 自第4887号 至第4912号 昭和18年5月(内閣印刷局編) 1943.5 1冊 29cm

◇推進の提要(大政翼賛会和歌山市支部編) 1943.5 54p 21cm

◇第八十一議会の新法律(法律時報編輯部編) 日本評論社 1943.5 8,179p 21cm 「法律時報」第15巻第5号 別冊附録

◇第81回帝国議会 衆議院報告書(翼賛政治会編) 1943.5 2,160p 21cm

◇官報 自第4913号 至第4938号 昭和18年6月(内閣印刷局編) 1943.6 1冊 29cm

◇国家総動員法勅令解説(企画院研究会編) 1943.6 8,554p 22cm

◇法制史論集 第3巻 債権法及雑編(中田薫著) 岩波書店 1943.6 21,1581,32p 22cm

◇外地統治機構の研究(山崎丹照著) 高山書院 1943.7 8,7,412p 22cm

◇官報 自第4939号 至第4965号 昭和18年7月(内閣印刷局編) 1943.7 1冊 29cm

◇国民総常会誌:第4回中央協力会議議録(昭和18年7月14・5・6日於大東亜会館)(大政翼賛会編) 1943.7 9,523p 26cm

◇官報 自第4966号 至第4991号 昭和18年8月(内閣印刷局編) 1943.8 1冊 29cm

◇行政法に於ける公法と私法(柳瀬良幹著) 有斐閣 1943.8 158p 22cm 公法叢書

◇決戦議会の成果(船田中述,川崎商工会議所編) 1943.8 31p 18cm 戦時産業叢書

◇固有事務と委任事務の理論(宮沢俊義著) 有斐閣 1943.8 133p 21cm 公法叢書

◇政治学説史 第2巻(ダンニング著,古賀鶴松訳) 人文閣 1943.8 7,464p 21cm

◇中国国民党通史(波多野乾一著) 大東出版社 1943.8 4,629p 22cm

◇入会の研究(戒能通孝著) 日本評論社 1943.9 32,496p 22cm

◇入会の歴史:其他(栗生武夫著) 日本評論社 1943.9 3,194p 19cm 法学叢書

◇官報 自第4992号 至第5016号 昭和18年9月(内閣印刷局編) 1943.9 1冊 29cm

◇権利構造論序説(風間鶴寿著) 昭和高等商業学校 1943.9 34p 21cm 昭和高商学報

◇政治学説史 第1巻(ダンニング著,古賀鶴松訳) 人文閣 1943.9 6,403p 21cm

◇官報 自第5017号 至第5041号 昭和18年10月(内閣印刷局編) 1943.10 1冊 29cm

◇日本国家科学大系 第5巻 法律学 1(孫田秀春編) 実業之日本社 1943.10 11,375p 22cm

◇仏印行政制度概説(満鉄東亜経済調査局編) 1943.10 21,361p 21cm 経済資料通巻

◇英帝国:其の領土と憲法(アーサー・ハリデール・キース著,東亜研究所特別第一調査委員会訳) 1943.11 91p 25cm 資料丙

◇官報 自第5042号 至第5065号 昭和18年11月(印刷局編) 1943.11 1冊 29cm

◇戦時立法 第二年 昭和18年(中川善之助編) 河出書房 1943.11 372p 18cm

◇ナチス行政法理論:国家観の推移と其の展開(渡辺宗太郎著) 有斐閣 1943.11 5,379p 21cm

◇関西大学研究論集 第14号 法律・政治篇(関西大学学会編) 1943.12 207p 21cm

◇官報 自第5066号 至第5089号 昭和18年12月(印刷局編) 1943.12 1冊 29cm

◇新判例と行政法の諸問題(杉村章三郎著) 良書普及会 1943.12 11,327p 21cm

◇朝鮮の決戦態勢(鈴木武雄著) 朝日新聞社 1943.12 64p 18cm

◇官報 自第5090号 至第5112号 昭和19年1月(印刷局編) 1944.1 1冊 29cm

◇憲法・行政法演習 第3巻(佐々木惣一著) 日本評論社 1944.1 4,408p 19cm

◇日本国家科学大系 第9巻 経済学 2(孫田秀春編) 実業之日本社 1944.1 10,452p 21cm

◇官報 自第5113号 至第5136号 昭和19年2月(印刷局編) 1944.2 1冊 29cm

◇日本国家の法理的考察(日本法理研究会編) 1944.2 2,105p 18cm

政治・行政・法律

日本法理叢書

◇官報 自第5137号 至第5162号 昭和19年3月（印刷局編）　1944.3　1冊　29cm

◇決戦国策の展開（神戸市役所企画課編）　1944.3　20,590p　21cm

◇現代日本文明史 第5巻 法律史（中川善之助著, 宮沢俊義著）　東洋経済新報社　1944.3　4,256p　23cm

◇続明治法制叢考（小早川欣吾著）　山口書店　1944.3　2,444,10p　21cm

◇官報 自第5163号 至第5184号 昭和19年4月（印刷局編）　1944.4　1冊　29cm

◇第八十四議会の新法律 「法律時報」第16巻 第4号 別冊附録（法律時報編輯部編）　日本評論社　1944.4　5,63p　21cm

◇官報 自第5185号 至第5211号 昭和19年5月（印刷局編）　1944.5　1冊　29cm

◇太政官制と内閣制（鈴木安蔵著）　昭和刊行会　1944.5　6,235p　21cm

◇官報 自第5212号 至第5237号 昭和19年6月（印刷局編）　1944.6　1冊　29cm

◇官報目録 自第3896号 至第5237号 昭和15年1月-昭和19年6月（印刷局編）　1944.6　1冊　29cm

◇五人組法規集 続編 上（穂積重遠編）　有斐閣　1944.6　33,960p　22cm

◇五人組法規集 続編 下（穂積重遠編）　有斐閣　1944.6　908,55p　22cm

◇米国戦時行政機構論（一原有常著）　国民科学社　1944.6　179p　18cm

◇官報 自第5238号 至第5263号 昭和19年7月（印刷局編）　1944.7　1冊　29cm

◇官報 自第5291号 至第5315号 昭和19年9月（印刷局編）　1944.9　1冊　29cm

◇官報 自第5316号 至第5340号 昭和19年10月（印刷局編）　1944.10　1冊　29cm

◇官報 自第5341号 至第5388号 昭和19年11・12月（印刷局編）　1944.12　1冊　29cm

◇現代日本法の理解：欧洲法を通して欧洲法の上に（米谷隆三著）　ダイヤモンド社　1944.12　6,114p　19cm

◇日本植民政策一斑：日本膨脹論（後藤新平著, 中村哲解題）　日本評論社　1944.12　3,252p　19cm　明治文化叢書

地方政治・地方行政

【雑　誌】

◇自治と消防(松井茂)「地方行政」　33(1)　1925.1
◇自治の運用に就て(山口作太郎)「市町村雑誌」　373　1925.2
◇地方自治と女子参政権(植原悦二郎)「地方行政」　33(2)　1925.2
◇英国市町村の模範的事務報告書(菊池慎三)「斯民」　20(4)　1925.4
◇海外自治資料米国地方経費の現勢「斯民」　20(4)　1925.4
◇上海の自治制(古屋野橘衛)「斯民」　20(4)　1925.4
◇自治制に於ける婦人参政の必要及欧米の実績(末松偕一郎)「地方行政」　33(4)　1925.4
◇市町村会議員の選挙に就て(清水澄)「地方行政」　33(4)　1925.4
◇地方自治の発達に就て(小橋一太)「地方行政」　33(4)　1925.4
◇紐育州の行政費と教育費「文部時報」　169　1925.4
◇自治体の立場から(近藤駿介)「地方行政」　33(5)　1925.5
◇全国各市長一覧(大正十四年四月一日現在)「都市公論」　8(5)　1925.5
◇赤間町の経済自治(村田宇一郎)「斯民」　20(6)　1925.6
◇郡役所廃止問題(1)(末松偕一郎)「斯民」　20(6)　1925.6
◇地方自治の革新と郷邑制(横井時敬)「斯民」　20(6)　1925.6
◇自治制に於ける婦人参政の必要及欧米の実績(2・完)(末松偕一郎)「地方行政」　33(6)　1925.6
◇府県三部制の存廃に就て「地方行政」　33(6)　1925.6
◇地方自治制と市町村「東洋経済新報」　1151　1925.6
◇英国の市町村はどんなことをして居るか(菊池慎三)「内務時報」　291　1925.6
◇イギリスの地方自治(弓家七郎)「市町村」　1(2)　1925.7
◇欧米自治消息(弓家七郎)「市町村」　1(2)　1925.7
◇郡制廃止後は総て自治体を以てせよ(2)(横井時敬)「市町村」　1(2)　1925.7
◇自治体の連合組織に就て(菊池慎三)「市町村」　1(2)　1925.7
◇郡役所廃止問題(2・完)(末松偕一郎)「斯民」　20(7)　1925.7
◇支那の自治行政に就て(李鑽華)「地方行政」　33(7)　1925.7
◇イギリスの地方自治(弓家七郎)「市町村」　1(3)　1925.8
◇欧米自治消息(弓家七郎)「市町村」　1(3)　1925.8
◇形式監督主義の弊害「市町村」　1(3)　1925.8
◇自治体の連合組織に就て(菊池慎三)「市町村」　1(3)　1925.8
◇町村事務処理に就て(平井良成)「市町村」　1(3)　1925.8
◇我国旧時の○治制度(小島憲)「市町村」　1(3)　1925.8
◇独逸の地方制度「斯民」　20(8)　1925.8
◇英国の地方行政行脚(松村松盛)「地方行政」　33(8)　1925.8
◇郡役所存置すべし(平賀周)「地方行政」　33(8)　1925.8
◇市町村会議員選挙の新意義(安部磯雄)「地方行政」　33(8)　1925.8
◇イギリスの地方自治(弓家七郎)「市町村」　1(4)　1925.9
◇公民権の拡張と自治監督(挾間茂)「自治研究」　1(1)　1925.10
◇自治の科学的研究(潮恵之輔)「自治研究」　1(1)　1925.10
◇地方議会の会議の道徳と法規に就て(菊池慎三)「自治研究」　1(1)　1925.10
◇独逸の農村自治(田中廣太郎)「自治研究」　1(1)　1925.10

◇普通選挙法と市町村長の職務(1)(坂千秋)「自治研究」　1(1)　1925.10
◇「我」に即したる自治の本義(二荒芳徳)「自治研究」　1(1)　1925.10
◇自治体成者の根本研究(田中庸茂)「斯民」　20(10)　1925.10
◇町村自治行政上の諸問題(挾間茂)「斯民」　20(10)　1925.10
◇自治政振興の根本義(俵孫一)「都市公論」　8(10)　1925.10
◇フランス、セエヌ県会議員選挙と左傾派の台頭(小田垣光之輔)「都市問題」　1(6)　1925.10
◇市町村会議員総選挙に於ける労働者並小作人の運動(社会局第一部)「内務時報」　310　1925.10
◇自治権の自由法的解釈に関する考察(1)(挾間茂)「自治研究」　1(2)　1925.11
◇独逸の農村自治(2)(田中廣太郎)「自治研究」　1(2)　1925.11
◇普通選挙法と市町村長の職務(2)(坂千秋)「自治研究」　1(2)　1925.11
◇イギリスの地方自治(弓家七郎)「市町村」　1(5)　1925.11
◇郡役所廃止々善用せよ(中野保一)「斯民」　20(11)　1925.11
◇地方主義の展開(若宮卯之助)「地方」　33(11)　1925.11
◇自治権の限界に関する新見地に付て(菊池慎三)「自治研究」　1(3)　1925.12
◇自治権の自由法的解釈に関する考察(2)(挾間茂)「自治研究」　1(3)　1925.12
◇選挙運動と市町村吏員(石原雅二郎)「自治研究」　1(3)　1925.12
◇独逸の農村自治(3)(田中廣太郎)「自治研究」　1(3)　1925.12
◇普通選挙法と市町村長の職務(3)(坂千秋)「自治研究」　1(3)　1925.12
◇イギリスの地方自治(弓家七郎)「市町村」　1(6)　1925.12
◇郡役所廃止及善後策(末松偕一郎)「地方」　33(12)　1925.12
◇自治教育に就て(潮恵之輔)「自治研究」　2(1)　1926.1
◇自治訓練と成人教育(関屋龍吉)「自治研究」　2(1)　1926.1
◇自治契約及自治協定論(挾間茂)「自治研究」　2(1)　1926.1
◇町村の自治について(守屋栄夫)「自治研究」　2(1)　1926.1
◇普通選挙法と市町村長の職務(4)(坂千秋)「自治研究」　2(1)　1926.1
◇イギリスの地方自治(弓家七郎)「市町村」　2(1)　1926.1
◇欧米自治消息(弓家七郎)「市町村」　2(1)　1926.1
◇Autonomieの語源及語義に付て(坂千秋)「自治研究」　2(2)　1926.2
◇何をか地方名誉職員に期待する(菊池慎三)「自治研究」　2(2)　1926.2
◇イギリスの地方自治(弓家七郎)「市町村」　2(2)　1926.2
◇欧米自治消息(弓家七郎)「市町村」　2(2)　1926.2
◇町村行政の任務(水野錬太郎)「市町村」　2(2)　1926.2
◇地方行政と人事行政(菊地慎三)「斯民」　21(2)　1926.2
◇郡役所廃止と町村当局者の素質改善に就て(佐上信一)「地方」　34(2)　1926.2
◇自治体の行政事業は実務なりや(高橋清吾)「地方」　34(2)　1926.2
◇農村自治の一基調(横井時敬)「地方」　34(2)　1926.2
◇自ら治むる自信(田川大吉郎)「地方」　34(2)　1926.2

◇ファシスティ、イタリア町村の自治を奪はんとす(小田垣光之輔)「都市問題」 2(2) 1926.2
◇地方自治体の一構成員として(島村他三郎)「地方」 34(3) 1926.3
◇地方制度の改正に就て(若槻礼次郎)「都市公論」 9(3) 1926.3
◇地方制度改正案と現行法との対照並改正要網「内務時報」 329附録 1926.3
◇地方議会に於ける選挙権及被選挙権の拡張(1)(挾間茂)「自治研究」 2(4) 1926.4
◇イギリスの地方自治(弓家七郎)「市町村」 2(4) 1926.4
◇自治体の執行機関(水野錬太郎)「市町村」 2(4) 1926.4
◇英国地方自治制度の特質(上)(小川市太郎)「都市問題」 2(4) 1926.4
◇改正地方制度概要(挾間茂選)「斯民」 21(5) 1926.5
◇地方官公選論(田川大吉郎)「地方」 34(5) 1926.5
◇地方青年の都市憧憬に就て(平林初之輔)「地方」 34(5) 1926.5
◇英国地方自治制度の特質(中)(小川市太郎)「都市問題」 2(5) 1926.5
◇地方制度の改正(小倉庫次)「都市問題」 2(5) 1926.5
◇リージョンの政治組織(トマス・エィチ・リード,弓家七郎訳)「都市問題」 2(5) 1926.5
◇地方官官制改正法律「内務時報」 339 1926.5
◇地方議会に於ける選挙権及被選挙権の拡張(2)(挾間茂)「自治研究」 2(6) 1926.6
◇改正地方制度梗要(挾間茂)「斯民」 21(6) 1926.6
◇町村の整理改善に就て(荒川五郎)「斯民」 21(6) 1926.6
◇地方制度に於ける直接税と間接税「税」 4(6) 1926.6
◇地方官会議を回想して(田川大吉郎)「地方」 34(6) 1926.6
◇郡役所廃止後の町村(荒川五郎)「帝国農会報」 16(7) 1926.6
◇英国地方自治制度の特質(下)(小川市太郎)「都市問題」 2(6) 1926.6
◇地方議会に於ける選挙権及被選挙権の拡張(3・完)(挾間茂)「自治研究」 2(7) 1926.7
◇府県沿革概要(1)(大竹虎雄)「自治研究」 2(7) 1926.7
◇郡役所廃止と町村自治の振興(木村正義)「斯民」 21(7) 1926.7
◇地方主義の展開(吉川季治郎)「斯民」 21(7) 1926.7
◇地方自治体と党派(高橋清吾)「地方」 34(7) 1926.7
◇府県沿革概要(2)(大竹虎雄)「自治研究」 2(8) 1926.8
◇第五十一議会に於ける地方制度改正案意見(小橋一太)「市町村」 2(8) 1926.8
◇改正地方制度梗要(挾間茂)「斯民」 21(8) 1926.8
◇自治精神と政治の倫理化(後藤新平)「大大阪」 2(8) 1926.8
◇郡役所廃止後の農村(横井時敬)「地方」 34(8) 1926.8
◇地方制度の改正に就て(平賀周)「地方」 34(8) 1926.8
◇市町村会議員及府会議員の選挙権(末松偕一郎)「市町村雑誌」 393 1926.9
◇地方自治瑣談(山崎延吉)「斯民」 21(9) 1926.9
◇行政訴訟より見たる地方庁の態度(村上恭一)「自治研究」 2(10) 1926.10
◇市町村会及府県会議員の選挙権被選挙権(2)(永松偕一郎)「市町村雑誌」 394 1926.10
◇改正地方制度概要(4)(挾間茂)「斯民」 21(10) 1926.10
◇民衆政治の確立と地方行政の新原則(千葉了)「地方」 30(9) 1926.10
◇郡役所廃止後の農村(岡田温)「地方」 34(10) 1926.10
◇府県沿革概要(3)(大竹虎雄)「自治研究」 2(11) 1926.11

◇愛媛県上浮穴郡久万町電気使用料条例「市町村雑誌」 395 1926.11
◇改正地方制度概要(5)(挾間茂)「斯民」 21(11) 1926.11
◇地方長官公選論の根拠(横尾惣三郎)「地方」 34(11) 1926.11
◇日本農民組合と町村会議員選挙(松村勝治郎)「地方」 34(11) 1926.11
◇町村会議員改選と農民国民の態度(松村勝治郎)「帝国農会報」 16(11) 1926.11
◇自治制上の時事問題(1)(挾間茂)「自治研究」 2(12) 1926.12
◇地方議会の会議法規の改善に就て(菊池慎三)「自治研究」 2(12) 1926.12
◇改正地方制度概要(6・完)(挾間茂)「斯民」 21(12) 1926.12
◇地方青年の自治教育(橋田丑吾)「斯民」 21(12) 1926.12
◇新地方制度と其の展開(千葉了)「地方」 34(12) 1926.12
◇北海道六市の普選(松本延雄)「地方」 34(12) 1926.12
◇六大都市に於ける無産政党(鈴木武雄)「都市問題」 3(6) 1926.12
◇町村会議員選挙に付法令の疑義に関する件「内務時報」 371 1926.12
◇英国地方議会比例代表法案(入江俊郎)「自治研究」 3(1) 1927.1
◇自治制上の時事問題(2)(挾間茂)「自治研究」 3(1) 1927.1
◇普選後に於ける政界の分野を論じて地方議会に及ぶ(田沢義鋪)「斯民」 22(1) 1927.1
◇市民協会の米国地方行政に及ぼせる影響「大大阪」 3(1) 1927.1
◇イギリスの地方議員選挙と労働党(小田垣光之輔)「都市問題」 4(1) 1927.1
◇支那に於ける地方自治制度の変遷(小田垣光之輔)「都市問題」 4(1) 1927.1
◇英国地方議会比例代表法案(2)(入江俊郎)「自治研究」 3(2) 1927.2
◇指名推選の法律的性質に就て(永安百治)「自治研究」 3(2) 1927.2
◇朝鮮面書記の村治見学(宮崎県地方課)「自治研究」 3(2) 1927.2
◇永安氏の所説に答ふ(挾間茂)「自治研究」 3(2) 1927.2
◇府県知事公選論の是非(村上恭一)「自治研究」 3(2) 1927.2
◇市民協会の米国地方行政に及ぼせる影響(2)(大阪都市協会調査係)「大大阪」 3(2) 1927.2
◇地方自治に於ける政党政派の将来(吉川季治郎)「大大阪」 3(2) 1927.2
◇一月二九日選奨せられたる優良村の事績概要「内務時報」 378 1927.2
◇東京府西巣鴨町の選挙(樟浦生)「市町村雑誌」 399 1927.3
◇郡役所廃止後に於ける町村の実状(琴渓生)「斯民」 22(3) 1927.3
◇大正地方行政年譜(1)(木村黙笑)「地方」 35(3) 1927.3
◇米国地域条例比較研究(本多次郎訳)「都市公論」 10(3) 1927.3
◇庁府県分課一覧「内務時報」 383 1927.3
◇自治と其の保障(松井春生)「自治研究」 3(4) 1927.4
◇地方議会に於ける不信任決議に就て(菊池慎三)「自治研究」 3(4) 1927.4
◇東京府西巣鴨町の選挙(2)(樟浦生)「市町村雑誌」 400 1927.4
◇英国の地方制度(1)(向陵生)「斯民」 22(4) 1927.4
◇大正地方行政年譜(2)(木村黙笑)「地方」 35(4) 1927.4
◇英国の地方制度(2)(向陵生)「斯民」 22(5) 1927.5
◇全国町村長大会の記「地方」 35(5) 1927.5
◇大正地方行政年譜(3)(木村黙笑)「地方」 35(5) 1927.5
◇地方自治制改造論(船越源一)「地方」 35(5) 1927.5
◇地方自治制の将来に就いて(島村三郎[ほか])「地方」 35(5)

1927.5
◇田中首相は地方分権論を解せりや「東洋経済新報」 1250 1927.5
◇議員改選後の市町村会に於ける所謂無産者の勢力と地方自治「労働時報」 4(5) 1927.5
◇自治制上の時事問題(3):地方会議と其の発案権(挾間茂)「自治研究」 3(6) 1927.6
◇自治体の信用低下と募債方法の改善(武島一義)「自治研究」 3(6) 1927.6
◇自治の趨勢(潮恵之輔)「斯民」 22(6) 1927.6
◇地方自治への無産大衆の侵入「東洋経済新報」 1252 1927.6
◇地方長官会議開催「内務時報」 397 1927.6
◇自治制上の時事問題(4):府県会議員総選挙に関連する若干の新法律問題(挾間茂)「自治研究」 3(7) 1927.7
◇大地方行政区画設置につきて(清水澄)「自治研究」 3(7) 1927.7
◇府県会議員選挙権者に要望す(野田千太郎)「市町村雑誌」 403 1927.7
◇亜米利加自治雑話「斯民」 22(7) 1927.7
◇議員改選後の市町村に於ける所謂無産者の勢力と地方自治(社会局労働課)「斯民」 22(7) 1927.7
◇地方官の更迭と自治体(山崎延吉)「斯民」 22(7) 1927.7
◇府県会議員総選挙(挾間茂)「斯民」 22(7) 1927.7
◇府県会議員総選挙(2)(挾間茂)「斯民」 22(8) 1927.8
◇今様赤毛布譚(1)(新帰朝生)「自治研究」 3(9) 1927.9
◇地方分権論の発生的考察(安井英二)「自治研究」 3(9) 1927.9
◇地方に於ける観業上の欠点(山崎延吉)「斯民」 22(9) 1927.9
◇地方分権に関する諸家の意見「斯民」 22(9) 1927.9
◇府県会議員総選挙に際して(2)(挾間茂)「斯民」 22(9) 1927.9
◇露国の地方制度(向陵生)「斯民」 22(9) 1927.9
◇地方議会の普通選挙(今井嘉幸)「大大阪」 3(9) 1927.9
◇政友会は地方分権主義に徹底せよ「東洋経済新報」 1266 1927.9
◇英国自治制度の歴史的考察(上)(小川市太郎)「都市問題」 5(3) 1927.9
◇行政制度審議会の地方自治権拡充案(小倉庫次)「都市問題」 5(3) 1927.9
◇府県議戦に対する無産政党の政綱(吉川末次郎)「都市問題」 5(3) 1927.9
◇市町村農会総代総選挙に於ける小作人及び地主の運動(社会局労務課)「斯民」 22(10) 1927.10
◇地方監督の革正が急務(中川望)「斯民」 22(10) 1927.10
◇地方分権について(田子一民)「斯民」 22(10) 1927.10
◇地方分権の現代的意義(大内兵衛)「斯民」 22(10) 1927.10
◇地方分権は基本的研究が先決問題(島村三郎[ほか])「斯民」 22(10) 1927.10
◇地方分権は先づ地方庁の形体を改むるにあり(阪本釤之助)「斯民」 22(10) 1927.10
◇各無産政党の府県会選挙政綱(丸岡重堯)「社会事業」 11(7) 1927.10
◇英国に於ける自治体の監督(1)(小川市太郎)「大大阪」 3(10) 1927.10
◇地方議会総改選に就て(山本彦三郎)「都市公論」 10(10) 1927.10
◇英国自治制度の歴史的考察(中)(小川市太郎)「都市問題」 5(4) 1927.10
◇庁府県社会課長会議「内務時報」 414 1927.10
◇明治初年に於ける村の人格(2)(中田薫)「国家学会雑誌」 41(11) 1927.11
◇今様赤毛布譚(2)(新帰朝生)「自治研究」 3(11) 1927.11

◇所謂地方自治体の経済化に就て(菊池慎三)「自治研究」 3(11) 1927.11
◇自治制上の時事問題(5)(挾間茂)「自治研究」 3(11) 1927.11
◇自治精神に生きよ(高橋龍雄)「市町村雑誌」 407 1927.11
◇府県会議員選挙に就ての座談会「斯民」 22(11) 1927.11
◇英国に於ける自治体の監督(2)(小川市太郎)「大大阪」 3(11) 1927.11
◇英国自治制度の歴史的考察(下)(小川市太郎)「都市問題」 5(5) 1927.11
◇地方議会選挙の棄権に関する観察(小田垣光之輔)「都市問題」 5(5) 1927.11
◇普選法規の改正を必要とする諸点(上)-府県会選挙の結果を見て(関口泰)「都市問題」 5(5) 1927.11
◇明治初年に於ける村の人格(3・完)(中田薫)「国家学会雑誌」 41(12) 1927.12
◇自治制上の時事問題(6):行政行為の瑕疵に関する若干の考察(挾間茂)「自治研究」 3(12) 1927.12
◇農村自治管見(1)(安井英二)「自治研究」 3(12) 1927.12
◇地方行政の危機(末松偕一郎)「市町村雑誌」 408 1927.12
◇自治を愛育せんとする心(挾間茂)「斯民」 22(12) 1927.12
◇自治事業に就て(山崎延吉)「斯民」 22(12) 1927.12
◇地方制度に現はれた日本の民衆政治(澤田謙)「大大阪」 3(12) 1927.12
◇府県議戦に於ける無産政党の活動とその批評(吉川末次郎)「大大阪」 3(12) 1927.12
◇英国自治制度の歴史的考察(下の2)(小川市太郎)「都市問題」 5(6) 1927.12
◇普選法規の改正を必要とする諸点(下)-府県会選挙の結果を見て(関口泰)「都市問題」 5(6) 1927.12
◇今様赤毛布譚(3)(新帰朝生)「自治研究」 4(1) 1928.1
◇自治権保障の実証的考察(挾間茂)「自治研究」 4(1) 1928.1
◇市町村自治の補完機関(1)(大塚辰治)「自治研究」 4(1) 1928.1
◇地方自治体の構成要素に就て(菊池慎三)「自治研究」 4(1) 1928.1
◇農村自治管見(2)(安井英二)「自治研究」 4(1) 1928.1
◇仏国の地方制度(1)(川崎勇)「自治研究」 4(1) 1928.1
◇北米合衆国地方制度小史(1)(入江俊郎)「自治研究」 4(1) 1928.1
◇自治の経済化に関する座談会「斯民」 23(1) 1928.1
◇我邦地方行政制度の沿革(1)(中川望)「斯民」 23(1) 1928.1
◇イギリス新地方議会に労働党の一蹐(小田垣光之輔)「都市問題」 6(1) 1928.1
◇農村自治管見(3)(安井英二)「自治研究」 4(2) 1928.2
◇我邦地方行政制度の沿革(2)(中川望)「斯民」 23(2) 1928.2
◇近代英国自治制度の発達(小川市太郎)「都市問題」 6(2) 1928.2
◇市町村自治の補完機関(2)(大塚辰治)「自治研究」 4(3) 1928.3
◇地方議会活動の諸原則に関する考察(1)(挾間茂)「自治研究」 4(3) 1928.3
◇農村自治管見(4)(安井英二)「自治研究」 4(3) 1928.3
◇北米合衆国地方制度小史(2)(入江俊郎)「自治研究」 4(3) 1928.3
◇我邦地方行政制度の沿革(3)(中川望)「斯民」 23(3) 1928.3
◇自治体と党弊(西浦健吉)「大大阪」 4(3) 1928.3
◇総選挙と大阪市(小川市太郎)「大大阪」 4(3) 1928.3
◇市町村監督の改善(玉井助四郎)「地方行政」 36(3) 1928.3
◇普選と地方政策(高井良恭輔)「地方行政」 36(3) 1928.3

◇変更せらるべき市町村行政上の行政規則（元山修二）「地方行政」 36（3） 1928.3
◇地方議会活動の諸原則に関する考察（2）（挾間茂）「自治研究」 4（4） 1928.4
◇農村自治管見（5）（安井英二）「自治研究」 4（4） 1928.4
◇仏国の地方制度（2）（川崎勇）「自治研究」 4（4） 1928.4
◇自治改造の秋（瀧正雄）「斯民」 23（4） 1928.4
◇自治観念の徹底（床次竹二郎）「斯民」 23（4） 1928.4
◇自治制改正に関する意見数項（末松偕一郎）「斯民」 23（4） 1928.4
◇自治制実施四十年に際して（水野錬太郎）「斯民」 23（4） 1928.4
◇市町村自治の展望（潮恵之輔）「斯民」 23（4） 1928.4
◇将来は真の地方分権へ（岡田忠彦）「斯民」 23（4） 1928.4
◇地方自治と政党（小橋一太）「斯民」 23（4） 1928.4
◇地方自治の動き（安井英二）「斯民」 23（4） 1928.4
◇地方政治の改造（田子一民）「斯民」 23（4） 1928.4
◇我邦地方行政制度の沿革（4）（中川望）「斯民」 23（4） 1928.4
◇我国独特の自治制へ（東郷實）「斯民」 23（4） 1928.4
◇これからの地方政策（中澤辨次郎）「地方行政」 36（4） 1928.4
◇地方自治と政党（小橋一太）「地方行政」 36（4） 1928.4
◇地方議会活動の諸原則に関する考察（3）（挾間茂）「自治研究」 4（5） 1928.5
◇外国の県の話（向陵生）「斯民」 23（5） 1928.5
◇自治制実施四十年間の回顧（清水澄）「斯民」 23（5） 1928.5
◇我邦地方行政制度の沿革（5）（中川望）「斯民」 23（5） 1928.5
◇政治上から見たる大阪（田川大吉郎）「大大阪」 4（5） 1928.5
◇明治初年自治制発達の経路（藤井甚太郎）「地方行政」 36（5） 1928.5
◇農村自治管見（6）（安井英二）「自治研究」 4（6） 1928.6
◇再び地方自治体の構成要素に就て（1）（菊池慎三）「自治研究」 4（6） 1928.6
◇北米合衆国地方制度小史（3）（入江俊郎）「自治研究」 4（6） 1928.6
◇外国の県の話（向陵生）「斯民」 23（6） 1928.6
◇地方行政雑感（得能佳吉）「斯民」 23（6） 1928.6
◇地方自治発達史論（1）（挾間茂）「自治研究」 4（7） 1928.7
◇再び地方自治体の構成要素に就て（2）（菊池慎三）「自治研究」 4（7） 1928.7
◇地方自治発達史論（2）（挾間茂）「自治研究」 4（8） 1928.8
◇農村自治管見（7）（安井英二）「自治研究」 4（8） 1928.8
◇今様赤毛布譚（4）（新帰朝生）「自治研究」 4（9） 1928.9
◇自治団体機能論（1）（入江俊郎）「自治研究」 4（9） 1928.9
◇地方自治発達史論（3）（挾間茂）「自治研究」 4（9） 1928.9
◇地方自治発達の障碍（佐上信一）「自治研究」 4（9） 1928.9
◇自治制なき自治：小笠原島行幸を偲びまつりて（横溝光暉）「自治研究」 4（10） 1928.10
◇地方自治発達史論（4）（挾間茂）「自治研究」 4（10） 1928.10
◇農村自治管見（8）（安井英二）「自治研究」 4（10） 1928.10
◇自治団体機能論（2）（入江俊郎）「自治研究」 4（11） 1928.11
◇湘南漫筆（菊池慎三）「自治研究」 4（11） 1928.11
◇地方自治発達史論（5）（挾間茂）「自治研究」 4（11） 1928.11
◇自治制なき自治（2）（横溝光暉）「自治研究」 4（12） 1928.12
◇自治団体機能論（3）（入江俊郎）「自治研究」 4（12） 1928.12
◇農村自治管見（9）（安井英二）「自治研究」 4（12） 1928.12

◇地方自治権雑観（挾間茂）「自治研究」 5（1） 1929.1
◇独逸の地方行政（1）（石原雅二郎）「自治研究」 5（1） 1929.1
◇農村自治管見（10）（安井英二）「自治研究」 5（1） 1929.1
◇地方制度改正案（小倉庫次）「都市問題」 8（1） 1929.1
◇自治団体機能論（4）（入江俊郎）「自治研究」 5（2） 1929.2
◇地方制度改正案に就て（亀卦川浩）「都市問題」 8（2） 1929.2
◇自治団体機能論（5・完）（入江俊郎）「自治研究」 5（3） 1929.3
◇独逸の地方行政（2）（石原雅二郎）「自治研究」 5（3） 1929.3
◇無産階級地方政治研究の基礎（吉川末次郎）「都市問題」 8（3） 1929.3
◇英国の地方行政（1）（古井喜実）「自治研究」 5（4） 1929.4
◇デンマークの自治制（亀卦川浩）「都市問題」 8（4） 1929.4
◇自治の本義から市町村の区域に付て（菊池慎三）「自治研究」 5（5） 1929.5
◇地方行政庁に於ける産業行政に就て（佐上信一）「自治研究」 5（5） 1929.5
◇地方制度改正大意（1）（挾間茂）「自治研究」 5（5） 1929.5
◇地方制度改正をめぐる議会の論議（亀卦川浩）「都市問題」 8（5） 1929.5
◇英国の地方行政（2）（古井喜実）「自治研究」 5（6） 1929.6
◇地方制度改正大意（2）（挾間茂）「自治研究」 5（6） 1929.6
◇改正地方制度関係諸勅令解説（安井英二）「自治研究」 5（7） 1929.7
◇自治政と党派（高橋清吾）「都市問題」 9（1） 1929.7
◇英国於ける地方行政制度の改革（1）（佐藤達夫）「自治研究」 5（8） 1929.8
◇地方自治制度の改正要旨（2）（安井英二）「斯民」 24（8） 1929.8
◇原案執行の制限について（水口正一）「地方行政」 37（8） 1929.8
◇支那地方官吏の心理（後藤朝太郎）「地方行政」 37（8） 1929.8
◇地方制度考（11）（安井英二，齋藤昇）「地方行政」 37（8） 1929.8
◇地方分権寸論（田中広太郎）「地方行政」 37（8） 1929.8
◇明治十六年の地方巡察復命書（3）（高橋雄豺）「地方行政」 37（8） 1929.8
◇市町村の監督に関する基本的問題（1）（古井喜実）「自治研究」 5（9） 1929.9
◇地方議会議員の発案に因る議決の効力に就て（長峰安三郎）「市町村雑誌」 429 1929.9
◇地方自治制度の改正要旨（3）（安井英二）「斯民」 24（9） 1929.9
◇地方制度考（12）（安井英二，齋藤昇）「地方行政」 37（9） 1929.9
◇明治十六年の地方巡察復命書（4）（高橋雄豺）「地方行政」 37（9） 1929.9
◇英国に於ける地方行政制度の改革（2）（佐藤達夫）「自治研究」 5（10） 1929.10
◇市町村の監督に関する基本的問題（2）（古井喜実）「自治研究」 5（10） 1929.10
◇支那の地方自治（後藤朝太郎）「地方行政」 37（10） 1929.10
◇地方自治と政党（後藤文夫）「地方行政」 37（10） 1929.10
◇地方制度考（安井英二，齋藤昇）「地方行政」 37（10） 1929.10
◇無産政党運動と地方議会（君島清吉）「地方行政」 37（10） 1929.10
◇英国地方制度の改革（小川市太郎）「都市問題」 9（4） 1929.10
◇地方議会の選挙に消極投票を認むるの提唱（長谷川久一）「自治研究」 5（11） 1929.11
◇地方制度に関する疑義事項（1）「自治研究」 5（11） 1929.11
◇英国地方議会議員の選挙資格と被選挙資格（齋藤昇）「地方行政」 37（11） 1929.11

◇地方制度考(14)(安井英二,齋藤昇)「地方行政」 37(11) 1929.11
◇市町村の監督に関する基本的問題(3)(古井喜実)「自治研究」 5(12) 1929.12
◇地方制度に関する疑義事項(2)「自治研究」 5(12) 1929.12
◇政党と地方自治団体(植原悦二郎)「斯民」 24(12) 1929.12
◇地方制度考(15)(安井英二,齋藤昇)「地方行政」 37(12) 1929.12
◇自治能力進展の道程(長谷川久一)「自治研究」 6(1) 1930.1
◇自治と分権(高橋清吾)「地方行政」 38(1) 1930.1
◇支那に於ける地方行政(安倍源基)「地方行政」 38(1) 1930.1
◇地方憲政史話(池田邦夫)「地方行政」 38(1) 1930.1
◇地方自治の本質(蠟山政道)「地方行政」 38(1) 1930.1
◇地方制度考(16)(安井英二,齋藤昇)「地方行政」 38(1) 1930.1
◇地方団体の社会的使命に就て(豊田光雄)「地方行政」 38(1) 1930.1
◇明治維新直後の地方民政閃影(藤井甚太郎)「地方行政」 38(1) 1930.1
◇輿論と自治(後藤文夫)「地方行政」 38(1) 1930.1
◇自治と地方政党(北原亨)「地方行政」 38(2) 1930.2
◇地方憲政史話(2)(池田邦夫)「地方行政」 38(2) 1930.2
◇地方制度考(17)(安井英二,齋藤昇)「地方行政」 38(2) 1930.2
◇輿論と自治(承前)(後藤文夫)「地方行政」 38(2) 1930.2
◇地方制改革の重点(2)(宇賀田順三)「国家学会雑誌」 44(3) 1930.3
◇産業組合に対する地方行政の研究(馬場光三)「産業組合」 293 1930.3
◇歴代内相の調令訓示に現はれたる政党と地方行政との関係に就て(1)(菊池愼三)「自治研究」 6(3) 1930.3
◇英国に於ける地方自治問題(廣橋真光)「地方行政」 38(3) 1930.3
◇地方憲政史話(3)(池田邦夫)「地方行政」 38(3) 1930.3
◇地方制度考(18)(安井英二,齋藤昇)「地方行政」 38(3) 1930.3
◇地方団体の区域(入江俊郎)「地方行政」 38(3) 1930.3
◇地方自治の本質(1)(渡辺宗太郎)「法学論叢(京都帝国大学法学会)」 23(3) 1930.3
◇自治の源流(1)(石原雅二郎)「自治研究」 6(4) 1930.4
◇地方制度判例批評(1)(永安百治[ほか])「自治研究」 6(4) 1930.4
◇歴代内相の調令訓示に現はれたる政党と地方行政との関係に就て(2)(菊池愼三)「自治研究」 6(4) 1930.4
◇自治と地方政党(承前)(北原亨)「地方行政」 38(4) 1930.4
◇自治と人(石原雅二郎)「地方行政」 38(4) 1930.4
◇地方憲政史話(4)(池田邦夫)「地方行政」 38(4) 1930.4
◇地方制度考(安井英二,齋藤昇)「地方行政」 38(4) 1930.4
◇地方制改革の重点(3・完)(宇賀田順三)「国家学会雑誌」 44(5) 1930.5
◇自治組織の根本問題(石原雅二郎)「地方行政」 38(5) 1930.5
◇地方憲政史話(5)(池田邦夫)「地方行政」 38(5) 1930.5
◇地方制度考(20)(安井英二,齋藤昇)「地方行政」 38(5) 1930.5
◇朝鮮地方制度改正と台湾の自治制促進運動(亀卦川浩)「都市問題」 10(5) 1930.5
◇最近に於ける英国地方行政の改革(1)(蠟山政道)「国家学会雑誌」 44(6) 1930.6
◇地方制度判例批評(2)(諸家)「自治研究」 6(6) 1930.6
◇知識階級の地方還元(一戸二郎)「地方行政」 38(6) 1930.6
◇地方憲政史話(5)(池田邦夫)「地方行政」 38(6) 1930.6

◇地方自治体に於ける行政組織(1)(蠟山政道)「地方行政」 38(6) 1930.6
◇地方制度管見(石原雅二郎)「地方行政」 38(6) 1930.6
◇地方制度考(安井英二,齋藤昇)「地方行政」 38(6) 1930.6
◇朝鮮の地方自治(未完)(入江俊郎)「地方行政」 38(6) 1930.6
◇地方自治の本質に関する学説の研究(2・完)(渡辺宗太郎)「法学論叢(京都帝国大学法学会)」 23(6) 1930.6
◇地方自治団体より観たる昭和五年度簡易保険積立金運用計画(武田泰郎)「自治研究」 6(7) 1930.7
◇地方職員人事雑感(金森徳次郎)「自治研究」 6(7) 1930.7
◇地方団体の連合(入江俊郎)「自治研究」 6(7) 1930.7
◇町村行政合理化に先立つて(小林千秋)「税」 8(7) 1930.7
◇地方憲政史話(7)(池田邦夫)「地方行政」 38(7) 1930.7
◇地方自治閑話(4)(狹間茂)「地方行政」 38(7) 1930.7
◇地方自治体の内部行政機関(蠟山政道)「地方行政」 38(7) 1930.7
◇地方制度考(22)(安井英二,齋藤昇)「地方行政」 38(7) 1930.7
◇地方分権の精神(石原雅二郎)「地方行政」 38(7) 1930.7
◇朝鮮の地方自治(続)(入江俊郎)「地方行政」 38(7) 1930.7
◇我国自治制功労者 アルベルト・モツセ氏とその遺族(田辺定義)「都市問題」 11(1) 1930.7
◇最近に於ける英国地方行政の改革(2・完)(蠟山政道)「国家学会雑誌」 44(8) 1930.8
◇自治の黎明期(長谷川久一)「自治研究」 6(8) 1930.8
◇地方制度判例批評(3)(諸家)「自治研究」 6(8) 1930.8
◇ドイツに於ける自治制改革問題(鬼頭忠一)「都市問題」 11(2) 1930.8
◇英国の地方行政(3)(古井喜実)「自治研究」 6(9) 1930.9
◇町村自治監督に於ける目的意識(狹間茂)「斯民」 25(9) 1930.9
◇地方憲政史話(9)(秦満)「地方行政」 38(9) 1930.9
◇地方自治と原案執行(千葉了)「地方行政」 38(9) 1930.9
◇地方制度考(24)(安井英二,齋藤昇)「地方行政」 38(9) 1930.9
◇朝鮮の地方政治(続)(入江俊郎)「地方行政」 38(9) 1930.9
◇英国の地方行政(4)(古井喜実)「自治研究」 6(10) 1930.10
◇地方自治に於ける社会性の認識(1)(狹間茂)「自治研究」 6(10) 1930.10
◇行政官の身分保障と知事公選論(打出濱夫)「地方行政」 38(10) 1930.10
◇昭和地方行政年譜(1)(木村黙笑)「地方行政」 38(10) 1930.10
◇地方行政士の一障害(末松偕一郎)「地方行政」 38(10) 1930.10
◇地方憲政史話(10)(池田邦夫)「地方行政」 38(10) 1930.10
◇地方自治と原案執行(承前)(千葉了)「地方行政」 38(10) 1930.10
◇地方制度考(25)(安井英二,齋藤昇)「地方行政」 38(10) 1930.10
◇自治監督の特質(渡辺宗太郎)「法学論叢(京都帝国大学法学会)」 24(4) 1930.10
◇地方制度判例批評(4)(諸家)「自治研究」 6(11) 1930.11
◇自治振興の要諦(木村正義)「斯民」 25(11) 1930.11
◇市町村の特別事務(入江俊郎)「斯民」 25(11) 1930.11
◇昭和地方行政年譜(2)(木村黙笑)「地方行政」 38(11) 1930.11
◇地方憲政史話(11)(池田邦夫)「地方行政」 38(11) 1930.11
◇地方自治閑話(狹間茂)「地方行政」 38(11) 1930.11
◇地方制度考(26)(安井英二,齋藤昇)「地方行政」 38(11) 1930.11
◇府県論序説(入江俊郎)「地方行政」 38(11) 1930.11

◇米国の州知事会議(武井群嗣)「地方行政」 38(11) 1930.11
◇地方自治と政党(後藤文夫)「市町村雑誌」 144 1930.12
◇昭和地方行政年譜(3)(木村黙笑)「地方行政」 38(12) 1930.12
◇地方憲政史話(12)(池田邦夫)「地方行政」 38(12) 1930.12
◇地方制度考(27)(安井英二,齋藤昇)「地方行政」 38(12) 1930.12
◇府県論序説(2)(入江俊郎)「地方行政」 38(12) 1930.12
◇我国地方自治の精神と公民(池田宏)「都市問題」 11(6) 1930.12
◇地方制度判例批評(5)(諸家)「自治研究」 7(1) 1931.1
◇地方選挙制度改正管見(村上恭一)「自治研究」 7(1) 1931.1
◇大分県政略史(池田邦夫)「地方行政」 39(1) 1931.1
◇地方官会議と元老院(尾佐竹猛)「地方行政」 39(1) 1931.1
◇府県論序説(入江俊郎)「地方行政」 39(1) 1931.1
◇大分県政治略史(続)(池田邦夫)「地方行政」 39(2) 1931.2
◇昭和地方行政年譜(3)(木村黙笑)「地方行政」 39(2) 1931.2
◇地方制度考(28)(安井英二,齋藤昇)「地方行政」 39(2) 1931.2
◇府県論序説(4)(入江俊郎)「地方行政」 39(2) 1931.2
◇六年度の府県会大観(栗林貞一)「地方行政」 39(2) 1931.2
◇自治に対する婦人の協力(池田宏)「都市問題」 12(2) 1931.2
◇地方議会と婦人(前田多門)「都市問題」 12(2) 1931.2
◇選挙法及婦人公民権を主とする地方制度の改正(末松偕一郎)「地方行政」 39(3) 1931.3
◇地方憲政史話(15)(池田邦夫)「地方行政」 39(3) 1931.3
◇地方制度考(29)(安井英二,齋藤昇)「地方行政」 39(3) 1931.3
◇地方制度の改正に就て(安達謙蔵)「地方行政」 39(3) 1931.3
◇自治統制論(入江俊郎)「自治研究」 7(4) 1931.4
◇府県三部制の廃止に関する問題(元山修二)「自治研究」 7(4) 1931.4
◇新に選奨せられた優良村(1)(西尾武夫)「地方行政」 39(4) 1931.4
◇地方憲政史話(16)(池田邦夫)「地方行政」 39(4) 1931.4
◇地方制度考(30)(安井英二,齋藤昇)「地方行政」 39(4) 1931.4
◇府県論序説(5)(入江俊郎)「地方行政」 39(4) 1931.4
◇一般投票制/地方自治の済美へ(小倉庫次)「都市問題」 12(4) 1931.4
◇拡充を要する地方自治費/地方自治の済美へ(岡野文之助)「都市問題」 12(4) 1931.4
◇確保を要する理者の地位/地方自治の済美へ(吉山真棹)「都市問題」 12(4) 1931.4
◇市政内容の公開/地方自治の済美へ(猪間驥一)「都市問題」 12(4) 1931.4
◇自治政上の責任内閣制/地方自治の済美へ(鬼頭忠一)「都市問題」 12(4) 1931.4
◇自治精神の総動員-自治制発布記念日設定論(池田宏)「都市問題」 12(4) 1931.4
◇市町村制上に於ける租税の観念/地方自治の済美へ(小田忠夫)「都市問題」 12(4) 1931.4
◇指導力の組織/地方自治の済美へ(弓家七郎)「都市問題」 12(4) 1931.4
◇制度改善上の用意/地方自治の済美へ(亀卦川浩)「都市問題」 12(4) 1931.4
◇徹底せよ自治の教育/地方自治の済美へ(平野真三)「都市問題」 12(4) 1931.4
◇物的技術の進歩/地方自治の済美へ(樫木徹)「都市問題」 12(4) 1931.4
◇新に選奨せられた優良村(2)(西尾武夫)「地方行政」 39(5) 1931.5
◇地方憲政史話(17)(池田邦夫)「地方行政」 39(5) 1931.5
◇地方制度考(31)(安井英二,齋藤昇)「地方行政」 39(5) 1931.5
◇府県論序説(6)(入江俊郎)「地方行政」 39(5) 1931.5
◇昭和地方行政年譜(4)(木村黙笑)「地方行政」 39(6) 1931.6
◇地方憲政史話(18)(池田邦夫)「地方行政」 39(6) 1931.6
◇地方制度考(32)(安井英二,齋藤昇)「地方行政」 39(6) 1931.6
◇府県論序説(7)(入江俊郎)「地方行政」 39(6) 1931.6
◇自治の精神(公民科)(鹿児島登左)「補習教育」 100 1931.6
◇英国の地方行政(5・完)(古井喜実)「自治研究」 7(7) 1931.7
◇地方制度判側批評(6)(永安百治,三好重夫,中田政美)「自治研究」 7(7) 1931.7
◇地方官身分保障制小論(千葉了)「地方行政」 39(7) 1931.7
◇地方憲政史話(19)「地方行政」 39(7) 1931.7
◇地方制度考(33)(安井英二,齋藤昇)「地方行政」 39(7) 1931.7
◇府県論序説(8)(入江俊郎)「地方行政」 39(7) 1931.7
◇地方自治概論(1)(挾間茂)「自治研究」 7(8) 1931.8
◇府県会議員総選挙への反省(挾間茂)「斯民」 26(8) 1931.8
◇英仏地方行政の比較研究(2・完)(都市協会調査部)「大大阪」 7(8) 1931.8
◇地方議戦迫る(栗林貞一)「地方行政」 39(8) 1931.8
◇地方憲政史話(20)(池田邦夫)「地方行政」 39(8) 1931.8
◇地方制度考(34)(安井英二,齋藤昇)「地方行政」 39(8) 1931.8
◇府県論序説(9)(入江俊郎)「地方行政」 39(8) 1931.8
◇市町村農会総代選挙に関する調査(帝国農会調査部)「帝国農会報」 21(8) 1931.8
◇地方行政及財政整理問題号「都市問題」 13(2) 1931.8
秋田県行財政整理の素描/地方行財税制整理に関する諸家の論策(稗方弘毅) 画一市制を排す/地方行財税制整理に関する諸家の論策-東京市政調査会研究室同人の一人一策(小倉庫次) 学務部廃止は反対/地方行財税制整理に関する諸家の論策(井上孝哉) 旧套を蝉脱せよ/地方行財税制整理に関する諸家の論策(阪本釤之助) 行政財及税制整理案一覧-政府筋の期待,各方面の具体案,並之に関する公案(東京市政調査会研究室) 行政整理論(池田宏) 行政組織及財税制整理の要点/地方行財税制整理に関する諸家の論策(小柳牧衛) 許可認可事項の整理/地方行財税制整理に関する諸家の論策(吉川一太郎) 根本的整理の必要/地方行財税制整理に関する諸家の論策(山脇春樹) 財政調整/地方行財税制を整理の俎上に-東京市政調査会研究室同人の一人一策(岡野文之助) 自治権の拡張/地方行財税制整理に関する諸家の論策(松尾鼎次) 自治体から観た行政整理/地方行財税制整理に関する諸家の論策(石倉俊寛) 市長選挙の合理化/地方行財税制を整理の俎上に-東京市政調査会研究室同人の一人一策(平野真三) 市町村委任事務の拡張及縮減/地方行財税制整理に関する諸家の論策(戸野周二郎) 市町村経済活動の発展/地方行財税制を整理の俎上に-東京市政調査会研究室同人の一人一策(樫木徹) 市町村の経済活動に対する法制上の基礎(オスカー・ムーラート) 市の行政組織と吏員の待遇問題/地方行財税制整理に関する諸家の論策(荒木孟) 整理は積極的に/地方行財税制整理に関する諸家の論策(加藤久米四郎) 全国市長会の主張/地方行財税制整理に関する諸家の論策(福地由廉) 地方議会の改革/地方行財税制を整理の俎上に-東京市政調査会研究室同人の一人一策(弓家七郎) 地方行政改善上の二眼目/地方行財税制整理に関する諸家の論策(有吉忠一) 地方行政財政整理としての急務 特に大都市に於ける特別制度設定に就て/地方行財税制整理に関する諸家の論策(関一) 地方行政組織と財政問題/地方行財税制整理に関する諸家の論策(田寺俊信) 地方行政の経済化論/地方行財税制を整理の俎上に-東京市政調査会研究室同人の一人一策(吉山真棹) 地方税制整理に対する二三の希望/地方行財税制整理に関する諸家の論策(川合直次) 地方政治の根本的改革/地方行財税制整理に関する諸家の論策(湯沢三千男) 地方体制等改正之議(1) 大久保内務卿ガ太政官ニ上申シタル明治政府最初ノ地方分権的行政組織案 地方統計の規格統一/地方行財税制を整理の俎上に-東京市政調査会研究室同人の一人一策(猪間驥一) 地方費の削減と地方行財政整理案/地方行財税制整理に関する諸家の論策(志立鉄次郎) 独逸の地方行政合理化運動/地方行

財税制を整理の俎上に-東京市政調査会研究室同人の一人一策(鬼頭忠一)　府県市町村間の事務の分配/地方行財税制を整理の俎上に-東京市政調査会研究室同人の一人一策(亀卦川浩)

◇府県会議員総選挙と選挙運動及其の費用の取締(小林尋次)「警察研究」　2(9)　1931.9

◇市町村長選挙又は議員の発案に係る事件の為の町村会の招集及事件の予告期間(宿利英治)「自治研究」　7(9)　1931.9

◇地方自治概論(2)(挾間茂)「自治研究」　7(9)　1931.9

◇邑面制評解(承前)「市町村雑誌」　453　1931.9

◇知事公選問題(山田準次郎)「斯民」　26(9)　1931.9

◇地方憲政史話(21)(池田邦夫)「地方行政」　39(9)　1931.9

◇地方制度考(35)(安井英二, 齋藤昇)「地方行政」　39(9)　1931.9

◇朝野両党の攻防―府県会議員選挙前哨戦展望―(中西秀雄)「地方行政」　39(9)　1931.9

◇府県会議員選挙を前にして(守屋栄夫)「地方行政」　39(9)　1931.9

◇府県議戦と無産戦線(古沢次郎)「地方行政」　39(9)　1931.9

◇府県論序説(10)(入江俊郎)「地方行政」　39(9)　1931.9

◇府県議戦をいかに戦ふべきか(清廉一郎)「都市問題」　13(3)　1931.9

◇府県議戦を前にして(茗荷房吉)「都市問題」　13(3)　1931.9

◇府県議戦のスローガン「都市問題」　13(3)　1931.9

◇私の府県会議員総選挙観(池田宏)「都市問題」　13(3)　1931.9

◇海の彼方(2)危機に直面する独逸の地方団体(人見植夫)「地方行政」　39(10)　1931.10

◇昭和地方行政年譜第二(木村黙笑)「地方行政」　39(10)　1931.10

◇地方議会議員の発案権に就て(高橋敬一)「地方行政」　39(10)　1931.10

◇地方憲政史話(22)(池田邦夫)「地方行政」　39(10)　1931.10

◇地方制度考(36)(安井英二, 齋藤昇)「地方行政」　39(10)　1931.10

◇道府県手数料の考察(未完)(元山修二)「地方行政」　39(10)　1931.10

◇府県会議員選挙に於ける事務改善の一案(元山修二)「斯民」　26(11)　1931.11

◇昭和地方行政年譜第二(承前)(木村黙笑)「地方行政」　39(11)　1931.11

◇1915年以来の米国の州知事(海の彼方三)(人見植夫)「地方行政」　39(11)　1931.11

◇地方憲政史話(23)(池田邦夫)「地方行政」　39(11)　1931.11

◇地方政戦の跡(中西秀雄)「地方行政」　39(11)　1931.11

◇地方制度考(37)(齋藤昇)「地方行政」　39(11)　1931.11

◇町村の国家事務の整理(水口正一)「地方行政」　39(11)　1931.11

◇道府県手数料の考察(承前)(元山修二)「地方行政」　39(11)　1931.11

◇府県会議員選挙の後に(守屋栄夫)「地方行政」　39(11)　1931.11

◇全国府県会議員総選挙結果概観(亀卦川浩)「都市問題」　13(5)　1931.11

◇地方自治概論(3)(挾間茂)「自治研究」　7(12)　1931.12

◇今秋行はれたる府県会議員総選挙概観(小林尋次)「斯民」　26(12)　1931.12

◇自治の恩人井上博士を偲ぶ(長谷川久一)「地方行政」　39(12)　1931.12

◇新に選奨された優良村(佐藤達夫)「地方行政」　39(12)　1931.12

◇地方体制等改正之議(2・完)(東京市政調査会)「都市問題」　13(6)　1931.12

◇地方自治と警察(渡辺宗太郎)「法学論叢(京都帝国大学法学会)」　26(6)　1931.12

◇カリホルニヤ州地方制(1)(佐藤達夫)「自治研究」　8(1)　1932.1

◇自治団体と倫理的職分(高田休廣)「自治研究」　8(1)　1932.1

◇地方自治管見(1)(石原雅二郎)「自治研究」　8(1)　1932.1

◇乱雑極まる英国の地方行政組織(小川市太郎)「大大阪」　8(1)　1932.1

◇地方自治管見(2)(石原雅二郎)「自治研究」　8(2)　1932.2

◇地方自治と憲法(1)(古井喜実)「自治研究」　8(2)　1932.2

◇新に選奨された優良町村(佐藤達夫)「地方行政」　40(2)　1932.2

◇知事公選問題(山田準次郎)「地方行政」　40(2)　1932.2

◇地方自治管見(3)(石原雅二郎)「自治研究」　8(3)　1932.3

◇地方自治と憲法(2)(古井喜実)「自治研究」　8(3)　1932.3

◇優良村と地方自治功労者(富山県東礪波郡佃村)(村田福次郎)「青年教育」　109　1932.3

◇伊豆七島の地方制度改正(未完)(岡田包義)「地方行政」　40(3)　1932.3

◇地方行政機構の改善に就て(未完)(元山修二)「地方行政」　40(3)　1932.3

◇小笠原島の地方制度に就て(岡田包義)「自治研究」　8(4)　1932.4

◇カリホルニヤ州地方制(2)(佐藤達夫)「自治研究」　8(4)　1932.4

◇地方自治と憲法(3)(古井喜実)「自治研究」　8(4)　1932.4

◇地方団体の区域(古井喜実)「斯民」　27(4)　1932.4

◇地方自治管見(4)(石原雅二郎)「自治研究」　8(5)　1932.5

◇フアシズムと地方行政「大大阪」　8(5)　1932.5

◇地方自治概論(4)(挾間茂)「自治研究」　8(6)　1932.6

◇地方自治管見(5)(石原雅二郎)「自治研究」　8(6)　1932.6

◇自治と神社(石田馨)「斯民」　27(6)　1932.6

◇昭和地方行政年譜第二(木村黙笑)「地方行政」　40(6)　1932.6

◇地方憲制史話(池田邦夫)「地方行政」　40(6)　1932.6

◇地方自治管見(6)(石原雅二郎)「自治研究」　8(7)　1932.7

◇地方官の大更迭を難じて文官の身分保障に及ぶ(村上恭一)「自治研究」　8(8)　1932.8

◇満洲国に於ける自治行政の展望(蠟山政道)「地方行政」　40(8)　1932.8

◇府会議員選挙調(昭和七年六月)「東京地方改良協会会報」　44　1932.9

◇東京市と伊豆諸島の地方制度改正問題(菊地愼三)「地方行政」　40(11)　1932.11

◇郡役所復活問題と諸家の意見(諸家)「地方行政」　40(12)　1932.12

◇地方議会の職能に関する再吟味(元山修二)「地方行政」　40(12)　1932.12

◇三新法の制定と其の前後(1)(入江俊郎)「自治研究」　9(1)　1933.1

◇市町村行政改革の必要と其の基調(松村光磨)「自治研究」　9(1)　1933.1

◇地方行政を語る座談会(未完)(諸家)「地方行政」　41(1)　1933.1

◇三新法の制定と其の前後(2)(入江俊郎)「自治研究」　9(2)　1933.2

◇地方団体吏員の諸問題(蠟山政道)「自治研究」　9(2)　1933.2

◇三新法の制定と其の前後(3)(入江俊郎)「自治研究」　9(3)　1933.3

◇府県会議員選挙訴訟の一判決に就いて(村上恭一)「自治研究」　9(3)　1933.3

◇英国の地方吏員の問題(1)「大大阪」　9(3)　1933.3

◇崩壊に行く英国の地方制度(1)「大大阪」　9(3)　1933.3

◇近世地方行政物語 長州の巻(安藤徳器)「地方行政」　41(3)　1933.3

地方政治・地方行政

◇自治監督の手段（渡辺宗太郎）「法学論叢（京都帝国大学法学会）」 29(3) 1933.3
◇三新法の制定と其の前後(4)（入江俊郎）「自治研究」 9(4) 1933.4
◇四月十七日-自治記念日（池田宏）「都市問題」 16(4) 1933.4
◇地方自治体の吏員制度に就て(1)（佐藤達夫）「自治研究」 9(5) 1933.5
◇各県紹介-滋賀県の巻「地方行政」 41(5) 1933.5
◇国外通交と自治立制（權籐成卿）「地方行政」 41(5) 1933.5
◇地方行政の再診断(1)（亀井貫一郎）「地方行政」 41(5) 1933.5
◇地方自治体の吏員制度に就て(2)（佐藤達夫）「自治研究」 9(6) 1933.6
◇自治の修正（中島賢蔵）「斯民」 28(6) 1933.6
◇各県紹介-茨城県の巻「地方行政」 41(6) 1933.6
◇近世地方行政物語 岩国の巻（安藤徳器）「地方行政」 41(6) 1933.6
◇朝鮮の地方自治制度（牛島省三）「都市問題」 16(6) 1933.6
◇プロイセン地方議会の改選（小田忠夫）「都市問題」 16(6) 1933.6
◇地方自治の危機（渡辺宗太郎）「法学論叢（京都帝国大学法学会）」 29(6) 1933.6
◇地方行政の改正（宇賀田順三）「国家学会雑誌」 47(7) 1933.7
◇地方議会議員及名誉職参事会員の辞職手続に関する若干の問題（元山修二）「自治研究」 9(7) 1933.7
◇地方自治体の財務行政（蠟山政道）「自治研究」 9(7) 1933.7
◇地方自治体の吏員制度に就て(3)（佐藤達夫）「自治研究」 9(7) 1933.7
◇地方自治の再建（入江俊郎）「斯民」 28(7) 1933.7
◇ムツソリーニ治下の地方行政改革（ア・リーンハルト）「大大阪」 9(7) 1933.7
◇各県紹介-岡山県の巻「地方行政」 41(7) 1933.7
◇近世地方行政物語-薩州の巻（安藤徳器）「地方行政」 41(7) 1933.7
◇自治政の浄化と罷免請求制（佐藤達夫）「地方行政」 41(7) 1933.7
◇各県紹介 富山県の巻「地方行政」 41(8) 1933.8
◇近世地方行政物語 長岡の巻（安藤徳器）「地方行政」 41(8) 1933.8
◇地方行政と政党(1)（小橋一太）「地方行政」 41(8) 1933.8
◇町村の行政組織に就て(1)（成清民二）「地方行政」 41(8) 1933.8
◇明治初期の地方官会議と其地方議会論(1)（東京市政調査会）「自治研究」 9(9) 1933.9
◇各県紹介 島根県の巻「地方行政」 41(9) 1933.9
◇台湾の地方制度（小浜浄鉱）「都市問題」 17(3) 1933.9
◇明治初期の地方官会議と其地方議会論(上)（東京市政調査会）「都市問題」 17(3) 1933.9
◇英国に於ける地方自治体の会計監査（佐藤達夫）「自治研究」 9(10) 1933.10
◇地方制度改革の基調（蠟山政道）「自治研究」 9(10) 1933.10
◇各県紹介 青森県の巻「地方行政」 41(10) 1933.10
◇近世地方行政物語 水戸の巻（未完）（安藤徳器）「地方行政」 41(10) 1933.10
◇明治初期の地方官会議と其地方議会論(下)（東京市政調査会）「都市問題」 17(4) 1933.10
◇自治体吏員の養成・訓練（佐藤達夫）「自治研究」 9(11) 1933.11
◇地方自治制度改革の動向（中島賢蔵）「自治研究」 9(11) 1933.11
◇地方自治体の選挙制度論（弓家七郎）「都市問題」 17(5) 1933.11
◇地方行政に於ける一部制の発展（宇賀田順三）「法学協会雑誌」 4(1) 1933.12
◇農村国策と地方行政（蠟山政道）「自治研究」 10(1) 1934.1
◇各県紹介広島県の巻「地方行政」 42(1) 1934.1
◇近世地方行政物語土佐の巻（安藤徳器）「地方行政」 42(1) 1934.1
◇地方選挙権の変遷(1)（高橋清吾）「地方行政」 42(1) 1934.1
◇地方自治への社会的関心(1)（松山銕一郎）「地方行政」 42(2) 1934.2
◇地方国体の組織作用（渡邊宗太郎）「法学論叢（京都帝国大学法学会）」 30(2) 1934.2
◇府県自治事務の府令に就て（元山修二）「自治研究」 10(3) 1934.3
◇各県紹介栃木県の巻「地方行政」 42(3) 1934.3
◇民政史実の調査検討（菊池慎三）「地方行政」 42(3) 1934.3
◇移植民奨励と地方行政（蘆沢安平）「地方行政」 42(4) 1934.4
◇地方行政組織の一元化政策(1)（中村弥三次）「地方行政」 42(4) 1934.4
◇本邦地方議会構成に関する制度の変遷(1)（亀卦川浩）「都市問題」 18(4) 1934.4
◇近世地方行政物語-広島の巻（安藤徳器）「地方行政」 42(5) 1934.5
◇第六十五議会に提出の請願を通じて地方行政刷新の要望を観る（仁志賀鶴生）「地方行政」 42(5) 1934.5
◇ナーチスの自治体論とプロイセンの自治制改革（小田忠夫）「都市問題」 18(5) 1934.5
◇本邦地方議会構成に関する制度の変遷(2)（亀卦川浩）「都市問題」 18(5) 1934.5
◇府県参事会の考察（武若時一郎）「自治研究」 10(6) 1934.6
◇斎藤内閣第三次の地方長官会議（長谷実馬）「地方行政」 42(6) 1934.6
◇第六十五議会の建議を通じて観た地方行政改善の要望(1)（仁志賀鶴生）「地方行政」 42(6) 1934.6
◇地方制度発達史講座(1)：原始の巻（木村靖二）「地方行政」 42(6) 1934.6
◇名古屋市に開催された全国町村長大会記事「地方行政」 42(6) 1934.6
◇府県参事会の考察（武若時一郎）「地方行政」 42(6) 1934.6
◇北海道制の制定を要望す（村上恭一）「地方行政」 42(6) 1934.6
◇本邦地方議会構成に関する制度の変遷(3・完)（亀卦川浩）「都市問題」 18(6) 1934.6
◇地方自治改善の諸問題(1)（松山銕一郎）「自治研究」 10(7) 1934.7
◇地方制度の改正に関する若干の問題（元山修二）「地方行政」 42(7) 1934.7
◇我国郷土振興の全貌(1)（井上一）「地方行政」 42(8) 1934.8
◇地方名誉職員費用弁償並報酬支給の現状（東京市政調査会研究室）「都市問題」 19(2) 1934.8
◇地方自治改善の諸問題(2)（松山銕一郎）「自治研究」 10(9) 1934.9
◇今秋執行の所得調査委員の選挙（河沼高輝）「税」 12(9) 1934.9
◇地方行政の刷新に就て（小岩正一）「地方行政」 42(9) 1934.9
◇地方吏員の地位（村上恭一）「地方行政」 42(9) 1934.9
◇所得調査委員の選挙に関する若干の考察（松本繁太郎）「税」 12(10) 1934.10
◇佐藤信淵の地方行政論（花岡淳二）「地方行政」 42(10) 1934.10
◇地方制度改革の一考察（加藤久米四郎）「地方行政」 42(10) 1934.10
◇地方団体の政治組織の刷新に就て（第四回全国都市問題会議記念特輯）（中島賢蔵）「都市問題」 19(4) 1934.10

◇昭和八年度町村会議員総選挙に於ける小作人側当選概況「農務時報」 73 1934.10
◇地方自治改善の諸問題(3)(松山銑一郎)「自治研究」 10(11) 1934.11
◇農山漁村に於ける地方自治体の機能(加藤於菟丸)「斯民」 29(11) 1934.11
◇満洲国の地方行政(山口民二)「東京地方改良協会会報」 57 1934.11
◇プロイセンの新市町村制(1)(杉村章三郎)「国家学会雑誌」 48(12) 1934.12
◇地方自治機構の改革(永安百治)「自治研究」 10(12) 1934.12
◇自治の要素に就いて(宇賀田順三)「法政研究」 5(1) 1934.12
◇選挙公報発行に関する地方長官の責任(佐藤藤佐)「警察研究」 6(1) 1935.1
◇市町村の事務と機関(演習)(佐々木惣一)「公法雑誌」 1(1) 1935.1
◇町村自治の新基調(小島憲)「自治公論」 7(1) 1935.1
◇町村行政行詰り打開に就て(小林千秋)「斯民」 30(1) 1935.1
◇市町村会議員選挙法の改正(松山銑一郎)「地方行政」 43(1) 1935.1
◇地方自治体の精神と形式(小池四郎)「地方行政」 43(1) 1935.1
◇地方自治の新認識(阿部賢一)「地方行政」 43(1) 1935.1
◇臨時議会に於ける地方対策「地方行政」 43(1) 1935.1
◇我国民性より観たる地方自治制度(亀卦川浩)「都市問題」 20(1) 1935.1
◇地方官々制改正に就て(田中重之)「自治研究」 11(2) 1935.2
◇地方行政官の任免制度の改正に関する短見(田中長茂)「自治研究」 11(2) 1935.2
◇地方官官制改正に就いて(田中重之)「斯民」 30(2) 1935.2
◇地方団体の政治組織の刷新に就て(中島賢蔵)「斯民」 30(2) 1935.2
◇町村自治組織の再検討(那須皓)「斯民」 30(2) 1935.2
◇地方官々の改正に就て(田中重之)「地方行政」 43(2) 1935.2
◇地方自治制度改革意見としてのリベラリズムとファッシズム(上)-第四回全国都市問題会議に於ける渡辺、大島、中島氏等の所説に就いて(吉川末次郎)「都市問題」 20(2) 1935.2
◇転換期の地方行政(蠟山政道)「自治公論」 7(3) 1935.3
◇地方行政機構の改革による府県統計課の斉成と事務充整に対する私見(加193地成雄)「統計集誌」 645 1935.3
◇地方自治制度改革意見としてのリベラリズムとファッシズム(続)-第四回全国都市問題会議に於ける渡辺、大島、中島氏等の所説に就いて(吉川末次郎)「都市問題」 20(3) 1935.3
◇地方制度に関する諸法律の改正(古井喜実)「斯民」 30(4) 1935.4
◇六十七議会の地方対策「地方行政」 43(4) 1935.4
◇府県制北海道会法改正の概要(守岡瀧雄)「地方行政」 43(5) 1935.5
◇内務省の自治監察制度「東洋経済新報」 1654 1935.5
◇内審会と地方制度改革「週刊エコノミスト」 13(17) 1935.6
◇台湾地方制度の改正に関して(一番ヶ瀬徳雄)「地方行政」 43(6) 1935.6
◇地方制度に関する改正法律の大綱(竹内虎雄)「東京地方改良協会会報」 61 1935.6
◇地方行政機構の改革による府県統計課の斉成と事務充整に対する私見(下)(加地成雄)「統計集誌」 648 1935.6
◇地方行政監察(弓家七郎)「都市問題」 20(6) 1935.6
◇我国の自治体政治の不良性に就て(長谷川万次郎)「都市問題」 20(6) 1935.6
◇仏国地方議会選挙に左翼連合進出す「内外社会問題調査資料」 225 1935.6

◇地方議会議員選挙の取締規定及罰則の改正(小林尋次)「警察研究」 6(7) 1935.7
◇改正法の下に於ける地方議会議員選挙人名簿の調製(古井喜実)「自治研究」 11(7) 1935.7
◇自治団結と神社崇敬(2・完)(松井驥)「斯民」 30(7) 1935.7
◇自治小話(橘佳日子)「地方行政」 43(7) 1935.7
◇地方行政の整理と充実(関口泰)「帝国農会報」 25(7) 1935.7
◇公吏の身元保証に就て(根津熊次郎)「都市問題」 21(1) 1935.7
◇我国自治政治の不良性の真因(大須賀巌)「都市問題」 21(1) 1935.7
◇地方議会議員選挙の取締規定及罰則の改正(小林尋次)「警察研究」 6(8) 1935.8
◇地方制度改正後の府県会議員選挙(1)(坂本晃)「地方行政」 43(8) 1935.8
◇内閣審議会の地方対策(小林利雄)「地方行政」 43(8) 1935.8
◇地方議会議員選挙の取締規定及罰則の改正(小林尋次)「警察研究」 6(9) 1935.9
◇選挙粛正運動と府市民の自覚(安井英二)「大大阪」 11(9) 1935.9
◇地方制度改正後の府県会議員選挙(2・完)(坂本晃)「地方行政」 43(9) 1935.9
◇北九州の現状と現行法の関係(東後琢三郎)「都市公論」 18(9) 1935.9
◇イギリス自治政関係者の栄誉(弓家七郎)「都市問題」 21(3) 1935.9
◇昭和十年朝鮮地方選挙概観-主として選挙に現はれた内鮮人の比率について(松岡修太郎)「都市問題」 21(3) 1935.9
◇全国各市に於ける選挙粛正運動概況(東京市政調査会)「都市問題」 21(3) 1935.9
◇米国に於ける自治監督(人見植夫)「斯民」 30(10) 1935.10
◇地方制度改正後の市町村会議員選挙(坂本晃)「地方行政」 43(10) 1935.10
◇地方制度の改正と税務への影響(大塚辰治)「地方行政」 43(10) 1935.10
◇全国各市に於ける選挙粛正運動概況(続)(東京市政調査会)「都市問題」 21(4) 1935.10
◇渡辺宗太郎、地方自治の本質(宇賀田順三)「法律時報」 7(10) 1935.10
◇府県会選挙と無産党の地位(喜入虎太郎)「改造」 17(11) 1935.11
◇自治体吏員の国家的地位に就て(芦田勲)「市政研究」 1(2) 1935.11
◇優良町村経済更生事例「自治公論」 7(11) 1935.11
◇粛正運動下の府県会選挙「斯民」 30(11) 1935.11
◇粛正の観点より見たる府県会選挙(蠟山政道)「都市問題」 21(5) 1935.11
◇市吏員の選挙粛正観-選挙粛正調査に対する一部回答の要旨「都市問題」 21(5) 1935.11
◇大都市に於ける自治教育に就て/第九回市民賞論文選外佳作(小山清太郎)「都市問題」 21(5) 1935.11
◇府県会選挙の結果(関口泰)「都市問題」 21(5) 1935.11
◇地方団体の監督に於ける地方法院(宇賀田順三)「法政研究」 6(1) 1935.11
◇府県会議員選挙取締の回顧(清水重夫)「警察研究」 6(12) 1935.12
◇府県会議員選挙概観(東京市政調査会研究室)「都市問題」 21(6) 1935.12
◇自治体の運用と委員会制度(蠟山政道)「自治研究」 12(1) 1936.1
◇地方自治再建の或る指標(入江俊郎)「自治研究」 12(1) 1936.1

◇町村自治の新機構を空想す（古井喜実）「自治研究」 12(1) 1936.1
◇町村報及其の発行手続に就て（政務調査部）「自治公論」 8(1) 1936.1
◇地方更生への一所見（狭間茂）「斯民」 31(1) 1936.1
◇町村自治再建の問題（古井喜実）「斯民」 31(1) 1936.1
◇地方自治と我が国民性（小島憲）「地方行政」 44(1) 1936.1
◇農村自治改善卑見（松山銃一郎）「地方行政」 44(1) 1936.1
◇台湾地方制度の改正に就て-附、市会議員街庄協議会員選挙の結果（小浜浄鉱）「都市問題」 22(1) 1936.1
◇府県会議員選挙取締の総決算「内務時報」 1(1) 1936.1
◇府県会議員選挙取締の総決算（清水重夫）「警察協会雑誌」 429 1936.2
◇府県会議員選挙に関する資料「産業組合」 364 1936.2
◇朝鮮地方制度とその現状に就て（今井田清徳）「大大阪」 12(2) 1936.2
◇全国市町村農会総代選挙の状況「農務時報」 89 1936.2
◇全国自治記念日の設定を提唱す（木村利夫）「市政研究」 2(2) 1936.3
◇アメリカに於ける州組織改造論（人見植夫）「斯民」 31(3) 1936.3
◇新に選奨された模範村と地方功労者（阪本寅男）「斯民」 31(3) 1936.3
◇台湾の地方制度とその現状（平塚廣義）「大大阪」 12(3) 1936.3
◇自治体吏員の優遇に就て（芦田勲）「地方行政」 44(3) 1936.3
◇選奨された模範村と地方功労者（阪本寅男）「地方行政」 44(3) 1936.3
◇最近選奨せられたる村長と村「内務時報」 1(3) 1936.3
◇改正法に基く市町村農会総代選挙の状況（渡辺侹治）「農業と経済」 3(3) 1936.3
◇英本国の地方行政庁(1)（宮内乾）「自治研究」 12(4) 1936.4
◇最近選奨せられたる村長と村（内務省地方局）「自治公論」 8(4) 1936.4
◇ナチスの自治政策（人見植夫）「斯民」 31(4) 1936.4
◇英国地方行政の百年祭（小林秀夫）「地方行政」 44(4) 1936.4
◇広田内閣成立直後に於ける地方長官会議「内務時報」 1(4) 1936.4
◇新しき自治への発足（古井喜実）「自治研究」 12(5) 1936.5
◇地方議会選挙制度改革意見（市村高彦）「自治公論」 8(5) 1936.5
◇地方自治行政機構の基本的構成に就て（福澤泰江）「自治公論」 8(5) 1936.5
◇町村会議議員選挙制度改革に関する若干の問題（元山修二）「自治公論」 8(5) 1936.5
◇地方行政に関する一二の考察（大村清一）「斯民」 31(5) 1936.5
◇優良町村を視る(1)（堀部千尋）「斯民」 31(5) 1936.5
◇各国地方自治制の諸形態(1)（小村秀夫）「地方行政」 44(5) 1936.5
◇地方行政上の論争をみる「地方行政」 44(5) 1936.5
◇優良町村視察記その一（堀部千尋）「地方行政」 44(5) 1936.5
◇自治確立への道（片岡清一）「東京地方改良協会会報」 67 1936.5
◇府会議員選挙譚「東京地方改良協会会報」 67 1936.5
◇高岡市の概説（堀豊）「都市公論」 19(5) 1936.5
◇富山県の市町村行政を顧みて（西尾森太郎）「都市公論」 19(5) 1936.5
◇地方制度改革特輯「都市問題」 22(5) 1936.5
明日の地方自治（入江俊郎） アメリカの地方制度（弓家七郎） 画一行政の打破／地方自治制度の欠陥と其の改革（土屋正三） 画一制度の打破／地方自治制度の欠陥と其の改革（中村弘） 各政党の政綱政策に現れた地方行政問題 行政制度審議会の州庁設置案 公民自治制の確立／地方自治制度の欠陥と其の改革（鈴木義伸） 根本は財政改革の問題／地方自治制度の欠陥と其の改革（濱田道之助） 自治制度改革の根本問題（宇賀田順三） 自治制としては部落と市町村を／地方自治制度の欠陥と其の改革（佐藤達夫） 自治制度創始前後に現れた若干の意見（亀卦川浩） 自治体の経済化と経済の地方分権（船田中） 凡ては府県合同より／地方自治制度の欠陥と其の改革（下村海南） 政治機構と人心（鈴木安蔵） 制度改革の精神と其の要綱／地方自治制度の欠陥と其の改革（中沢弁次郎） 制度より人物／地方自治制度の欠陥と其の改革（赤坂清七） 選挙制度の改正／地方自治制度の欠陥と其の改革（菊竹淳） 選挙法の改正／地方自治制度の欠陥と其の改革（山本喜平） ソウェート・ロシアの地方制度（小田忠夫） 第一に逆上の引下げ／地方自治制度の欠陥と其の改革（近藤操） 大学街の美化行政／地方自治制度の欠陥と其の改革（中村弥三次） 大都市制度の確立（小川市太郎） 地方行政改革を悲観する（菊池慎三） 地方行政機構改革の重点（加藤久米四郎） 地方行政機構と地方税制の改正／地方自治制度の欠陥と其の改革（中村継男） 地方自治行政機構の根本的構成に就て（福沢泰江） 地方自治制度刷新の基調／地方自治制度の欠陥と其の改革（外山福男） 地方自治と公民教育／地方自治制度の欠陥と其の改革（高石真五郎） 地方制度改革案二、三-東北庁設置を要望す／地方自治制度の欠陥と其の改革（一力五郎） 地方制度改革偶感（前田多門） 地方制度改革五綱／地方自治制度の欠陥と其の改革（渡辺広重） 地方制度改革瓊言-府県の廃合と中間機関の復活と画一制の打破（村上恭一） 地方制度改革私見／地方自治制度の欠陥と其の改革（森口繁治） 地方制度改革上部落の意義を再認識せよ（杉野忠夫） 「地方制度改革特輯」号の発刊に就て（岡野昇） 地方制度改革に関する断感（宮沢俊義） 地方制度改革の根本問題（蠟山政道） 地方制度改革の指導精神（千葉了） 地方制度改正について／地方自治制度の欠陥と其の改革（島中雄三） 地方制度改正の根本考察／地方自治制度の欠陥と其の改革（百済文輔） 地方制度当面の改善問題／地方自治制度の欠陥と其の改革（松山銃一郎） 地方制度の改革と府県の廃合（小島憲） 地方制度の改革の方向に関する一考察（山田準次郎） 地方制度の抜本的改革は国政の抜本的改革に随伴する／地方自治制度の欠陥と其の改革（吉川末次郎） 地方団体に二院制度を／地方自治制度の欠陥と其の改革（岩附修一郎） 地方制度改革の根本／地方自治制度の欠陥と其の改革（藤井甚太郎） 中央に省いて地方に加えよ（田川大吉郎） 等級選挙の復活／地方自治制度の欠陥と其の改革（松山竹千代） 党弊の排除／地方自治制度の欠陥と其の改革（佐藤昌介） 内閣調査局の見解に就て／地方自治制度の欠陥と其の改革（平野力三） ナチス・ドイツに於ける地方制度（小田忠夫） 日本的都市の建設／地方自治制度の欠陥と其の改革（大須賀巌） 農村自治制度について／地方自治制度の欠陥と其の改革（長野朗） 農村制度の改革問題（東畑精一） 農村の負担過重に就て／地方自治制度の欠陥と其の改革（山田敏） ファシスト・イタリーの地方制度（小田忠夫） 府県市町村の廃合／地方自治制度の欠陥と其の改革（藤田進一郎） 府県制度の改革（井上孝哉） 府県制並に市制の沿革（亀卦川浩） 府県廃合か統轄機関の設定か／地方自治制度の欠陥と其の改革（永江真郷） 府県廃合の急務／地方自治制度の欠陥と其の改革（杉村広太郎） 府県廃合の問題／地方自治制度の欠陥と其の改革（井上吉次郎） 部落制度を再興せよ（木村靖二） 部落制度の尊重／地方自治制度の欠陥と其の改革（佐野真次郎） フランスの地方主義に就て（倉辻平治） 吏道振粛より世道振粛へ／地方自治制度の欠陥と其の改革（片口安太郎）

◇青森市の粛正選挙「内務時報」 1(5) 1936.5
◇最近選奨せられたる町長と町村（上）「内務時報」 1(5) 1936.5
◇野天民会「ランヅゲマインデ」（武藤智雄）「法律時報」 8(5) 1936.5
◇自治観念の再検討（三好重夫）「自治研究」 12(6) 1936.6
◇地方自治政の中央監督（蠟山政道）「自治研究」 12(6) 1936.6
◇自治振興への一礎石（守岡瀧雄）「地方行政」 44(6) 1936.6
◇市町村会議員選挙と今後の選挙粛正（山口亨）「地方行政」 44(6) 1936.6
◇選奨された優良吏員―奈良県王子町長（宮前憲三）「地方行政」 44(6) 1936.6
◇特別議会の地方対策「地方行政」 44(6) 1936.6
◇自治権の拡充と地方財政の確立（橋本正治）「都市問題」 22(6) 1936.6
◇最近選奨せられたる町長と町村（中）「内務時報」 1(6) 1936.6
◇市町村に於ける国政事務費（汐見三郎）「経済論叢」 43(1) 1936.7
◇地方自治と経済更生運動(1)（三好重夫）「自治研究」 12(7)

◇1936.7
◇地方議会議員選挙制度の改正（松山銑一郎）「自治公論」 8（7） 1936.7
◇台湾地方制度の改正（藤垣敬治）「地方行政」 44（7） 1936.7
◇地方長官会議特集「地方行政」 44（7） 1936.7
◇徳島県自治講習所の概況（阪本寅男）「地方行政」 44（7） 1936.7
◇地方自治の沿革（上）（亀卦川浩）「都市問題」 23（1） 1936.7
◇東京神奈川両府県会議員選挙の結果（倉辻平治）「都市問題」 23（1） 1936.7
◇都市行政能率の増進に就て（竹中龍雄）「経済時報」 8（5） 1936.8
◇抂げられた自治制度（宇賀田順三）「国家学会雑誌」 50（8） 1936.8
◇地方自治と経済更生運動（2・完）（三好重夫）「自治研究」 12（8） 1936.8
◇地方行政に関する一二の考察（2）（大村清一）「斯民」 31（8） 1936.8
◇社会立法と自治権の拡充（小島憲）「社会事業研究」 24（8） 1936.8
◇各国地方自治制の諸形態（4）（小村秀夫）「地方行政」 44（8） 1936.8
◇台湾地方制度改正下の選挙（藤垣敬治）「地方行政」 44（8） 1936.8
◇地方自治の実相（三上直策）「地方行政」 44（8） 1936.8
◇地方自治体と産業自治体との交渉に就て（竹中龍雄）「東京市産業時報」 2（8） 1936.8
◇最近選奨せられたる町長と町村（下）「内務時報」 1（8） 1936.8
◇独逸の市町村法（1935年1月30日附）（ジヤック・ドーブレ）「月刊列国政策彙報」 11 1936.9
◇ホーム・ルール・チヤーター制度の発達（渡邊宗太郎）「公法雑誌」 2（9） 1936.9
◇各国地方自治制の諸形態（5）（小村秀夫）「地方行政」 44（9） 1936.9
◇地方自治の新展開（宮前憲三）「地方行政」 44（9） 1936.9
◇地方自治の沿革（中）（亀卦川浩）「都市問題」 23（3） 1936.9
◇神奈川県に於ける市町村綜合指導計画「内務時報」 1（9） 1936.9
◇福島県に於ける市町村の綜合的振興策「内務時報」 1（9） 1936.9
◇自治振興三則（1）（田澤義鋪）「斯民」 31（10） 1936.10
◇市町村会議員の選挙制度解説（1）（堀部千尋）「地方行政」 44（10） 1936.10
◇地方制度に於ける所謂「公益」の意義（村田勝延）「地方行政」 44（10） 1936.10
◇米国自治制の発達（渡辺宗太郎）「法学論叢（京都帝国大学法学会）」 35（4） 1936.10
◇地方自治の問題（田上穰治）「法律時報」 8（10） 1936.10
◇地方自治界に倦起れる大旋風（小島憲）「自治機関」 441 1936.11
◇地方制度改正の覗ひ所（1）（大塚辰治）「自治機関」 513 1936.11
◇アメリカに於ける州際協同関係（人見植夫）「斯民」 31（11） 1936.11
◇自治振興三則（2）（田澤義鋪）「斯民」 31（11） 1936.11
◇地方局監査課の機能に就て（木戸喜佐登）「斯民」 31（11） 1936.11
◇市町村会議員選挙制度の解説（2）（堀部千尋）「地方行政」 44（11） 1936.11
◇地方自治の沿革（下・完）（亀卦川浩）「都市問題」 23（5） 1936.11
◇最近選奨せられたる市長と村（1）「内務時報」 1（11） 1936.11
◇最近の地方行政改革論の動向に就て（元山修二）「自治機関」 442 1936.12
◇地方制度の総合的性質（1）（蠟山政道）「自治研究」 12（12） 1936.12
◇自治振興三則（3）（田澤義鋪）「斯民」 31（12） 1936.12

◇明治節に選奨せられた優良町村（守屋陸蔵）「斯民」 31（12） 1936.12
◇自治団体の綜合指導計画「地方行政」 44（12） 1936.12
◇市町村会議員選挙制度の解説（堀部千尋）「地方行政」 44（12） 1936.12
◇選挙優良村（守屋陸蔵）「地方行政」 44（12） 1936.12
◇地方制度に於ける所謂「公益」の意義（1）（村田勝延）「地方行政」 44（12） 1936.12
◇最近選奨せられたる市町長と村「内務時報」 1（12） 1936.12
◇地方行政並財政の実地監査に就て「内務時報」 1（12） 1936.12
◇地方選挙界の実情よりせる選挙法改正意見（土生滋穂）「公法雑誌」 3（1） 1937.1
◇真の市町村自治の建設へ（大塚辰治）「自治機関」 443 1937.1
◇自治行政の回顧と展望（大村清一）「自治研究」 13（1） 1937.1
◇「自治制定定の顛末」を読む（数藤鉄臣）「自治研究」 13（1） 1937.1
◇制度か人か（村上恭一）「自治研究」 13（1） 1937.1
◇地方議会の予算修正権に就て（磯部巌）「自治研究」 13（1） 1937.1
◇地方行政に於ける総合化の動向（市来鉄郎）「自治研究」 13（1） 1937.1
◇地方制度沿革誌（1）（古井喜実、坂本晃）「自治研究」 13（1） 1937.1
◇地方制度改革の必要と其の方向（船田中）「自治公論」 9（1） 1937.1
◇伊太利の地方制度（1）（人見植夫）「斯民」 32（1） 1937.1
◇地方自治と税制改革（大村清一）「斯民」 32（1） 1937.1
◇地方制度改革論の台頭（加藤於菟丸）「斯民」 32（1） 1937.1
◇地方団体の社会的機能（蠟山政道）「斯民」 32（1） 1937.1
◇明治節に選奨された自治功労者（播磨重男）「斯民」 32（1） 1937.1
◇ナチス治下の地方行政（1）（小川市太郎）「大大阪」 13（1） 1937.1
◇文官制度夜話（佐藤達夫）「地方行政」 44（1） 1937.1
◇地方支弁官吏の転換（谷口赫嶺）「地方行政」 45（1） 1937.1
◇町村会議員選挙と町村の区長・区長代理者の選挙運動（深大生）「東京地方改良協会会報」 70 1937.1
◇自治制度の破壊・自治観念の培養（田川大吉郎）「都市問題」 24（1） 1937.1
◇最近選奨せられたる市町長と村（3）「内務時報」 2（1） 1937.1
◇所謂地方自治の危機に就て（倉辻平治）「市政学会雑誌」 5 1937.2
◇地方中間機関設置の問題に就て（元山修二）「自治機関」 444 1937.2
◇地方制度の総合的性質（2）（蠟山政道）「自治研究」 13（2） 1937.2
◇伊太利の地方制度（2）（人見植夫）「斯民」 32（2） 1937.2
◇ナチス治下の地方行政（2）（小川市太郎）「大大阪」 13（2） 1937.2
◇昭和十一年度道府県会の回顧「地方行政」 45（2） 1937.2
◇地方制度に於ける所謂「公益」の意義（2）（村田勝延）「地方行政」 45（2） 1937.2
◇地方税法案及地方制度改正法案の概要（谷口寿太郎）「地方行政」 45（2） 1937.2
◇ドイツ自治体人件費の発展（倉辻平治）「都市問題」 24（2） 1937.2
◇最近選奨せられたる市町長と村（4）「内務時報」 2（2） 1937.2
◇自治制と政治形態（宮沢俊義）「市政研究」 3（2） 1937.3
◇自治の基本観念を探る（菊池慎三）「市政研究」 3（2） 1937.3
◇市町村の官僚化打破（大塚辰治）「自治機関」 445 1937.3
◇地方制度の総合的性質（3）（蠟山政道）「自治研究」 13（3） 1937.3
◇紀元節に選奨された自治功労者（播磨重男）「斯民」 32（3） 1937.3

◇地方制度の沿革を顧みて(山口亨)「斯民」 32(3) 1937.3
◇道府県に於ける綜合指導計画の概観(木戸喜佐登)「斯民」 32(3) 1937.3
◇最近奨励せられたる市町長と村(5)「内務時報」 2(3) 1937.3
◇事務改善の実施運動(大塚辰治)「自治機関」 446 1937.4
◇府県自治廃止論是非(小島憲)「自治機関」 446 1937.4
◇総合指導に関する二三の論議(木戸喜佐登)「自治研究」 13(4) 1937.4
◇ニューヨーク州ナフソウ県自治憲章に就て(人見植夫)「斯民」 32(4) 1937.4
◇プロイセンに於ける地方団体間の負担均衡(1)(田中重之)「斯民」 32(4) 1937.4
◇地方制度に於ける所謂「公益」の意義(3)(村田勝延)「地方行政」 45(4) 1937.4
◇ナチス・ドイツの新地方制度は中央による統制でないのか-蠟山教授に対する弁明(大内兵衛)「中央公論」 52(4) 1937.4
◇選奨村長の事績(1)「内務時報」 2(4) 1937.4
◇(英国)特殊地域行政の実績「月刊 列国政策彙報」 2(5) 1937.5
◇政局の不安定と市町村会議員選挙(小島憲)「自治機関」 447 1937.5
◇府県庁機構の改革に関する二問題(元山修二)「自治機関」 447 1937.5
◇紀元節に選奨された自治功労者(2)(守屋陸蔵)「斯民」 32(5) 1937.5
◇プロイセン邦に於ける地方団体間の負担調整(2)(田中重之)「斯民」 32(5) 1937.5
◇選奨村長の事績(2)「内務時報」 2(5) 1937.5
◇我が国に於ける近代的地方自治制の成立(竹中龍雄)「経済学雑誌」 1(3) 1937.6
◇内務省の地方監査(大塚辰治)「自治機関」 447 1937.6
◇再び地方庁人事の統制に就て(元山修二)「自治機関」 447 1937.6
◇自治振興の根本義(宇賀田順三)「自治公論」 9(6) 1937.6
◇スカンヂナヴィヤ諸国の地方制度(1)(人見植夫)「斯民」 32(6) 1937.6
◇ロンドン府会議員の選挙(倉辻平治)「都市問題」 24(6) 1937.6
◇英国労働党の窮乏地方対策(1)「内外社会問題調査資料」 323 1937.6
◇英国労働党の窮乏地方対策(2・完)「内外社会問題調査資料」 324 1937.6
◇選奨村長の事績(2・完)「内務時報」 2(6) 1937.6
◇総選挙直後に於ける地方長官会議の概況「内務時報」 2(6) 1937.6
◇地方政情奏上御下問奉答に関する地方長官の謹話「内務時報」 2(6) 1937.6
◇近衛内閣と自治権の擁護(小島憲)「自治機関」 449 1937.7
◇大選挙区比例代表制(木戸喜佐登)「自治研究」 13(7) 1937.7
◇離島町村に対する特別指導に就て(市来鉎郎)「自治研究」 13(7) 1937.7
◇優良町村調(全国町村会)「自治公論」 9(7) 1937.7
◇プロイセン邦に於ける地方団体間の負担調整(4)(田中重之)「斯民」 32(7) 1937.7
◇府県制第百八条-事務の現在と其の将来(竹下美隆)「税」 15(7) 1937.7
◇議員定数減少論(小林千秋)「地方行政」 45(7) 1937.7
◇呉市会議員総選挙無効判決問答(1)(宮前憲三)「地方行政」 45(7) 1937.7
◇市会議員選挙に表はれた愛郷運動を観る(山口亨)「地方行政」 45(7) 1937.7

◇地方行政事務の簡捷(外山福男)「自治機関」 450 1937.8
◇地方自治体の事務改善運動(藤懸重次)「自治機関」 450 1937.8
◇呉市会議員総選挙無効判決に就て(宮前憲三)「自治研究」 13(8) 1937.8
◇スカンヂナヴィヤ諸国の地方制度(2)(人見植夫)「斯民」 32(8) 1937.8
◇地方制度改正論に関する若干の考察(市来鉎郎)「斯民」 32(8) 1937.8
◇プロイセン邦に於ける地方団体間の負担調整(5)(田中重之)「斯民」 32(8) 1937.8
◇呉市会議員総選挙無効判決問答(2)(宮前憲三)「地方行政」 45(8) 1937.8
◇地方制度改革に就て(郡祐一)「地方行政」 45(8) 1937.8
◇イギリスに於ける地方自治体の監督(上)(弓家七郎)「都市問題」 25(2) 1937.8
◇北支事変勃発後に於ける地方長官会議「内務時報」 2(8) 1937.8
◇時局と市町村長の選任(小島憲)「自治機関」 451 1937.9
◇イギリスに於ける地方自治体の監督(下)(弓家七郎)「都市問題」 25(3) 1937.9
◇英国自治団体に於ける婦人の職業(芦田勲)「市政研究」 3(6) 1937.10
◇地方制度調査会に就て(郡祐一)「斯民」 32(10) 1937.10
◇我国地方行政に対する検討(小川市太郎)「大大阪」 13(11) 1937.11
◇天下り的自治から自発的自治へ/二等入選(森長英三郎)「都市問題」 25(5) 1937.11
◇自治行政の推移と将来の自治/三等入選(三浦正人)「都市問題」 25(5) 1937.11
◇自治制に於ける衆民政理念の達成/三等入選(妹尾茂喜)「都市問題」 25(5) 1937.11
◇市町村自治の欠陥と其の匡正/二等入選(鈴木亀之甫)「都市問題」 25(5) 1937.11
◇地方行財政に対する事変体制下の通牒「都市問題」 25(5) 1937.11
◇地方自治の危機とその将来性/三等入選(伊東忠夫)「都市問題」 25(5) 1937.11
◇農村自治の将来を論ず/三等入選(宮出秀雄)「都市問題」 25(5) 1937.11
◇地方選挙から見た仏国人民戦線の現勢「内外社会問題調査資料」 338 1937.11
◇地方に於ける国民精神総動員の概況(1)「文部時報」 603 1937.11
◇地方制度の改革に就て(元山修二)「自治機関」 454 1937.12
◇自治の再検討(郡祐一)「自治研究」 13(12) 1937.12
◇海外自治資料都市に於ける会計検査委員長の制度(人見植夫)「斯民」 32(12) 1937.12
◇地方制度に関する論議―地方制度調査会記事―(郡祐一)「都市公論」 20(12) 1937.12
◇地方制度調査会に就て「内務時報」 2(12) 1937.12
◇地方に於ける国民精神総動員の概況(2)「文部時報」 604 1937.12
◇事変下の農村自治考(外山福男)「自治機関」 455 1938.1
◇自治談義-市制調査会人選論文を読みて(小林千秋)「自治研究」 14(1) 1938.1
◇神奈川県下の優良町村を視る(2)(全国町村会)「自治公論」 10(1) 1938.1
◇「地方行政」座談会(坂千秋[ほか])「地方行政」 46(1) 1938.1
◇地方行政の種々相(3・完)(市来鉎郎)「地方行政」 46(1) 1938.1
◇地方自治の展望(木村清司)「地方行政」 46(1) 1938.1
◇自治制発布五十周年を迎へて(堀切善次郎)「都市問題」 26(1)

1938.1
◇地方に於ける国民精神総動員の概況「文部時報」 607 1938.1
◇地方に於ける国民精神総動員の概況「文部時報」 608 1938.1
◇ラ・トゥール・デユ・パンとコルポラテイズム(1)(木下半治)「国家学会雑誌」 52(2) 1938.2
◇銃後に於ける自治当局の役割(大塚辰治)「自治機関」 456 1938.2
◇末次内相と地方行政の刷新(小島憲)「自治機関」 456 1938.2
◇事変下の緊急地方長官会議「内務時報」 3(2) 1938.2
◇地方自治制度改正の立場(渡邊宗太郎)「法学論叢(京都帝国大学法学会)」 38(2) 1938.2
◇ラ・トゥール・デユ・パンとコルポラテイズム(2)(木下半治)「国家学会雑誌」 52(3) 1938.3
◇自治体振興の方策(松田文蔵)「市政研究」 4(2) 1938.3
◇「自治」半世紀の批判と来るべき「自治」について(大久保満彦)「市政研究」 4(2) 1938.3
◇自治制発布五十年記念日の意義(大塚辰治)「自治機関」 457 1938.3
◇地方制度沿革誌(2)(古井喜実,坂本晃)「自治研究」 14(3) 1938.3
◇自治制発布五十周年の意義及記念計画(小林千秋)「地方行政」 46(3) 1938.3
◇初期府県会雑話(亀卦川浩)「都市問題」 26(3) 1938.3
◇地方に於ける国民精神総動員の概況「文部時報」 612 1938.3
◇地方に於ける国民精神総動員の概況「文部時報」 614 1938.3
◇地方自治百年の大成を目指して-大都市に於ける町会整備の動向-(平林広人)「公民教育」 8(4) 1938.4
◇自治制発布五十周年記念諸計画の概要「自治機関」 458 1938.4
◇自治制発布五十年(小島憲)「自治機関」 458 1938.4
◇自治五十年雑感(宮沢俊義)「自治研究」 14(4) 1938.4
◇自治制の五十年(牧野英一)「自治研究」 14(4) 1938.4
◇自治の成育(1)(加藤於菟丸)「自治研究」 14(4) 1938.4
◇自治制実施五十年の既住と其将来(岡崎勉)「自治公論」 10(4) 1938.4
◇自治の回顧と記念計画の意義-自治制発布五十周年を迎へて(坂千秋)「自治公論」 10(4) 1938.4
◇地方行政年表(全国町村長会)「自治公論」 10(4) 1938.4
◇自治制五十年史041記の一節-市町村長選挙制度(尾佐竹猛)「斯民」 33(4) 1938.4
◇自治制度の生るるまでとその功労者に就いて(渡邊幾治郎)「斯民」 33(4) 1938.4
◇自治の将来に対する一考察(山田準次郎)「斯民」 33(4) 1938.4
◇市町村制史稿(明治四十年一月印行)(大森鐘一,一木喜徳郎)「斯民」 33(4) 1938.4
◇市町村制制定関係参考資料「斯民」 33(4) 1938.4
◇市町村の経営する事業の限界について(杉村章三郎)「斯民」 33(4) 1938.4
◇社会事業の変遷と地方自治(山崎巌)「斯民」 33(4) 1938.4
◇選奨された優良町村と自治功労者(山口享)「斯民」 33(4) 1938.4
◇地方自治と農業の振興(小平権一)「斯民」 33(4) 1938.4
◇地方自治の五十年(内務省地方局)「斯民」 33(4) 1938.4
◇アルベルト・モッセ氏と地方自治制(大久保次夫)「地方行政」 46(5) 1938.4
◇外地に於ける地方自治の動向(橋爪恭一)「地方行政」 46(5) 1938.4
◇自治制公布以前を回顧す(加藤政之助)「地方行政」 46(5) 1938.4

◇自治制創建の顛末(久保quart三郎)「地方行政」 46(5) 1938.4
◇自治制発布五十周年を迎へて市町村長は抱負を語る「地方行政」 46(5) 1938.4
◇自治の進展(加藤於菟丸)「地方行政」 46(5) 1938.4
◇地方官の時代相(谷山大助)「地方行政」 46(5) 1938.4
◇地方自治制創定と山県公(大島健一)「地方行政」 46(5) 1938.4
◇地方自治制と都市計画法(蠟山政道)「地方行政」 46(5) 1938.4
◇地方制五十年の諸問題(水野錬太郎)「地方行政」 46(5) 1938.4
◇地方制度の変遷と時代相(杉村章三郎)「地方行政」 46(5) 1938.4
◇府県改革略譜(播磨重男)「地方行政」 46(5) 1938.4
◇明治八年の大阪会議と自治制(伊藤痴遊)「地方行政」 46(5) 1938.4
◇自治制度の根本的改革を考へよ「東洋経済新報」 1810 1938.4
◇自治制発布五十周年記念号「都市問題」 26(4) 1938.4
　自治関係法令沿革年表(山口享)　自治五十年を顧みて-自治制発布五十周年記念日を迎へての所感集(五十嵐鉱三郎)「自治五十年史」の編纂に就て/自治制発布五十周年記念事業の一としての(東京市政調査会)　自治五十年統計摘要(猪間驥一)　自治制施行五十年の回顧と地方自治の諸問題(水野錬太郎)　自治制施行前後に於ける町村自治の実情(菊池慎三)　自治制発布五十周年記念式典と記念会(田辺定義)　地方自治の回顧と展望(坂千秋)　地方制度編纂綱領/旧市制町村制に関する若干資料(4)　日本自治制度とアルベルト・モッセ博士(田辺定義)
◇地方自治制五十年の解雇と展望(宇賀田順三)「法律時報」 10(4) 1938.4
◇伊太利の地方行政制度(里村春高)「市政研究」 4(3) 1938.5
◇自治の成育(2)(加藤於菟丸)「自治研究」 14(5) 1938.5
◇木戸、大久保、山県と自治制(渡邊幾治郎)「中央公論」 53(5) 1938.5
◇自治五十年を顧みて-自治制発布五十周年記念日を迎へての御所感(続)(吉田貫一)「都市問題」 26(5) 1938.5
◇自治制発布五十周年を迎へて-自治制発布五十周年記念講演会に於ける講演(末次信正)「都市問題」 26(5) 1938.5
◇自治制発布五十周年記念座談会(上)(一木喜徳郎ほか出席)「都市問題」 26(5) 1938.5
◇自治制発布五十周年記念式典に当り賜はりたる/勅語を拝して(阪谷芳郎)「都市問題」 26(5) 1938.5
◇自治制発布五十周年記念式と帝都に於ける祝賀行事「都市問題」 26(5) 1938.5
◇自治の今昔(松尾国松)「都市問題」 26(5) 1938.5
◇昭和十三年四月十七日自治制発布五十周年記念式ニ於テ賜ハリタル/勅語「都市問題」 26(5) 1938.5
◇地方自治発達私観(平井良成)「都市問題」 26(5) 1938.5
◇地方長官会議を通して見たる歴代内相の自治観(矢田増治郎)「都市問題」 26(5) 1938.5
◇内務省地方局を拡充「都市問題」 26(5) 1938.5
◇地方に於ける国民精神総動員の概況「文部時報」 619 1938.5
◇自治制五十年を迎へて明日の大堺市への企図(加藤善吉)「建築と社会」 21(6) 1938.6
◇自治制に対する所信(牛塚虎太郎)「自治公論」 10(6) 1938.6
◇自治制発布五十周年に際して(水野錬太郎)「自治公論」 10(6) 1938.6
◇支那事変応召者に関する選挙人名簿の特例と地方議会議員の復職(郡祐一)「斯民」 33(6) 1938.6
◇産業自治か行政自治か(宇賀田順三)「大大阪」 14(6) 1938.6
◇地方議員議会の復職等に関する地方制度改正の問題と特別法の制定(郡祐一)「地方行政」 46(7) 1938.6
◇自治制発布五十周年記念座談会(下)(一木喜徳郎ほか出席)「都市問題」 26(6) 1938.6

◇自治制発布五十周年記念式典に於て内務大臣の旌奨を受けたる優良町村自治功労者 (内務省地方局) 「内務厚生時報」 3 (6) 1938.6

◇地方長官会議に於ける訓示並指示 (1) 「内務厚生時報」 3 (6) 1938.6

◇市会議員応召と被選挙権喪失格「行政裁判所判決録」 49 (5) 1938.7

◇ナチス地方自治制 (宇賀田順三) 「国家学会雑誌」 52 (7) 1938.7

◇財務と自治の振興 (臼井鼎) 「財政」 3 (7) 1938.7

◇地方制度沿革誌 (3) (古井喜実、坂本晃) 「自治研究」 14 (7) 1938.7

◇時局の重大性と地方自治の強化 (小島憲) 「自治公論」 10 (7) 1938.7

◇農村自治制度改正案の骨子 (坂千秋) 「斯民」 33 (7) 1938.7

◇自治制発布五十周年記念論文集に対する批判「都市問題」 27 (1) 1938.7

◇地方行政監査と其の実況 (内務省地方局) 「内務厚生時報」 3 (7) 1938.7

◇地方長官会議に於ける訓示並指示 (2・完) 「内務厚生時報」 3 (7) 1938.7

◇財務と自治の振興 (臼井鼎) 「財政」 3 (8) 1938.8

◇町村自治制度改正要綱案 (1) (吉岡恵一) 「自治研究」 14 (8) 1938.8

◇市町村の監査事務 (大塚辰治) 「市町村雑誌」 462 1938.8

◇地方制度改革案要綱批判 (小島憲) 「市町村雑誌」 462 1938.8

◇町村内に於ける各種団体等の綜合調整 (吉岡恵一) 「斯民」 33 (8) 1938.8

◇農村自治制度改正案 (1) (吉岡恵一) 「地方行政」 46 (9) 1938.8

◇府県制第八十条に所謂委員の形式 (1) (藤井貞夫) 「地方行政」 46 (9) 1938.8

◇町村自治制度改正要綱案 (2) (吉岡恵一) 「自治研究」 14 (9) 1938.9

◇農村自治制度改正案所感 (河原春作) 「斯民」 33 (9) 1938.9

◇農村自治制度改正案に就て (杉村章三郎) 「斯民」 33 (9) 1938.9

◇農村自治制度改正要綱批判 (弓家七郎) 「斯民」 33 (9) 1938.9

◇「農村自治制度」批判 (森丘正唯) 「斯民」 33 (9) 1938.9

◇農村自治制の改革と今後の農村対策 (古井喜実) 「斯民」 33 (9) 1938.9

◇レフエレンダムの一票として (農村自治制度改正案批判) (佐藤達夫) 「斯民」 33 (9) 1938.9

◇府県制第八十条に所謂委員の形式 (2) (藤井貞夫) 「地方行政」 46 (10) 1938.9

◇地方自治発達私観 (2) (平井良成) 「都市問題」 27 (3) 1938.9

◇地方制度の改革問題 (丸山幹治) 「農業と経済」 5 (9) 1938.9

◇農村自治制度改革原案に就て (布施辰治) 「法律時報」 10 (9) 1938.9

◇農村自治制度改正案批判 (東浦庄治) 「法律時報」 10 (9) 1938.9

◇地方議会の予算集政権の範囲 (1) (中谷敬寿) 「公法雑誌」 4 (10) 1938.10

◇財務と自治の新興 (臼井鼎) 「財政」 3 (10) 1938.10

◇農村自治制度改革案に関する若干の考察 (元山修二) 「自治機関」 464 1938.10

◇町村自治制度改正要綱案 (3・完) (吉岡恵一) 「自治研究」 14 (10) 1938.10

◇農村自治改革案に対する批判の対立 (連載・行政法思潮 77) (杉村章三郎) 「自治研究」 14 (10) 1938.10

◇神社と農村自治制度 (児玉九一) 「斯民」 33 (10) 1938.10

◇自治の本義と現下の自治諸問題 (諸橋襄) 「文部時報」 633 1938.10

◇地方自治に関する諸問題 (石原雅二郎) 「文部時報」 635 1938.10

◇地方議員の予算修正権の範囲 (下・完) (中谷敬寿) 「公法雑誌」 4 (11) 1938.11

◇自治概念の変遷 -指導者団体における自治 (宮沢俊義) 「自治研究」 14 (11) 1938.11

◇地方行政の種々相 (1) (市来鉄郎) 「地方行政」 45 (11) 1938.11

◇農村自治制度改正要綱に就て (内務省地方局) 「内務厚生時報」 3 (11) 1938.11

◇農村自治制度改正答申に就て (小島憲) 「自治機関」 466 1938.12

◇地方行政の種々相 (2) (市来鉄郎) 「地方行政」 45 (12) 1938.12

◇農村自治制度改正案要綱 (吉岡恵一) 「地方行政」 46 (13) 1938.12

◇町村自治制改革の鍵 (我妻東策) 「帝国農会報」 28 (12) 1938.12

◇農村自治制度改正問題 (丸山幹治) 「帝国農会報」 28 (12) 1938.12

◇地方議会の議員数に関する理論と実例 (弓家七郎) 「都市問題」 27 (6) 1938.12

◇興亜院とは何か (樋見詮三) 「自治研究」 15 (1) 1939.1

◇地方議会の議員の任期に関する理論と実例 (弓家七郎) 「都市問題」 28 (1) 1939.1

◇地方議会に於ける二院制度 (弓家七郎) 「都市問題」 28 (3) 1939.3

◇農村自治制度改正案の議会不提出 (日本都市年鑑編纂室) 「都市問題」 28 (3) 1939.3

◇自治観念の進展 (古井喜実) 「自治研究」 15 (4) 1939.4

◇地方制度沿革誌 (4) (古井喜実、坂本晃) 「自治研究」 15 (4) 1939.4

◇「自治制発布五十周年記念論文集」に就て (奥井復太郎) 「都市問題」 28 (4) 1939.4

◇明治十六年の地方巡察使 (上) (関口泰) 「都市問題」 28 (4) 1939.4

◇英国地方議会の委員会制度の運営 (1) (木戸喜佐登) 「自治研究」 15 (5) 1939.5

◇地方制度沿革誌 (5) (木戸喜佐登) 「自治研究」 15 (5) 1939.5

◇第七十四議会に於ける都市及地方問題 (幸島礼吉) 「都市問題」 28 (5) 1939.5

◇地方議会の選挙権 (上) (弓家七郎) 「都市問題」 28 (5) 1939.5

◇地方制改正案の検討 (宇賀田順三) 「都市問題」 28 (5) 1939.5

◇明治十六年の地方巡察使 (関口泰) 「都市問題」 28 (5) 1939.5

◇英国地方議会の委員会制度の運営 (2) (木戸喜佐登) 「自治研究」 15 (6) 1939.6

◇地方庁を中心とする金集中運動に就て (西原直廉) 「自治研究」 15 (6) 1939.6

◇地方議会の選挙権 (下) (弓家七郎) 「都市問題」 28 (6) 1939.6

◇地方長官会議に於ける都市及地方問題 (日本都市年鑑編纂室) 「都市問題」 28 (6) 1939.6

◇区域外に於ける市町村の活動 (吉岡恵一) 「自治研究」 15 (7) 1939.7

◇英国地方議会の委員会制度の運営 (下の1) (木戸喜佐登) 「自治研究」 15 (8) 1939.8

◇時局下に於ける町村吏員の問題 (古井喜実) 「自治研究」 15 (8) 1939.8

◇地方制度の画一化 (古井喜実) 「自治研究」 15 (9) 1939.9

◇府県会議員の選挙粛正運動 (日本都市年鑑編纂室) 「都市問題」 29 (3) 1939.9

◇地方制度の画一化 (2) (古井喜実) 「自治研究」 15 (11) 1939.11

◇阿部内閣の地方制度改革方針 (日本都市年鑑編纂室) 「都市問題」 29 (5) 1939.11

◇国政事務委任に関する六大市長の陳情 (日本都市年鑑編纂室) 「都市問題」 29 (5) 1939.11

◇府県会議員総選挙の結果 (日本都市年鑑編纂室) 「都市問題」 29

◇(5)　1939.11
◇明治十六年の地方巡察使(補遺)(関口泰)「都市問題」　29(5)　1939.11
◇地方制度の画一化(3)(古井喜実)「自治研究」　15(12)　1939.12
◇市町村自治の本質より観たる機関対立主義(田原大千)「市政研究」　6(1)　1940.1
◇地方制度改正問題(松尾国松)「自治機関」　479　1940.1
◇地方制改革について(宮沢俊義)「自治研究」　16(1)　1940.1
◇地方制度沿革誌(6)(古井喜実,坂本昻)「自治研究」　16(1)　1940.1
◇地方制度の画一化(4)(古井喜実)「自治研究」　16(1)　1940.1
◇府県制改正要綱に就て(郡祐一)「自治研究」　16(1)　1940.1
◇自治確立の好機(宇賀田順三)「自治公論」　12(1)　1940.1
◇地方制度の所謂全面的改革(近藤操)「地方行政」　48(1)　1940.1
◇農村自治の点描(児山忠一)「地方行政」　48(1)　1940.1
◇地方制度改正要綱について(挟間茂)「都市公論」　23(1)　1940.1
◇地方制度調査会記録「都市公論」　23(1)　1940.1
◇地方制度改正案と与論の動向(日本都市年鑑編纂室)「都市問題」　30(1)　1940.1
◇市制府県制改正案批判特輯「都市問題」　30(1)　1940.1
　地方制度改正に関する諸団体の意見　地方制度改正は実現したい/市制府県制改正案を評す(外山福男)　地方制度と農村産業機構/市制府県制改正要綱を評す(木村靖二)　地方の実情に即した案/市制府県制改正要綱を評す(工藤隆治)　低調なる地方制度改正案(吉川末次郎)
◇地方制度の画一化(5)(古井喜実)「自治研究」　16(2)　1940.2
◇府県会議員の選挙手続に関する23の事項に就て(郡祐一)「斯民」　35(2)　1940.2
◇府県制第百八条賦課歩合協定事務に就て(池村照夫)「地方行政」　48(2)　1940.2
◇自治振興等に関する定期刊行物の現況に就て(内務省地方局)「内務厚生時報」　5(2)　1940.2
◇地方制度改正案を評す(吉川末次郎)「法律時報」　12(2)　1940.2
◇府県制度改革の一問題(吉冨重夫)「公法雑誌」　6(3)　1940.3
◇地方制度改正問題の経過(東京市総務局)「市政週報」　49　1940.3
◇地方制度の画一化(6・完):都市農村間に於ける差別の撤廃(古井喜実)「自治研究」　16(3)　1940.3
◇欧洲戦争と英国自治行政の動向(人見植夫)「斯民」　35(3)　1940.3
◇自治振興等に関する定期刊行物の趨向(児山忠一)「斯民」　35(3)　1940.3
◇地方制度改正案今議会に不提出(日本都市年鑑編纂室)「都市問題」　30(3)　1940.3
◇第七十五議会に於ける自治制度改正の諸問題(元山修二)「自治機関」　482　1940.4
◇島嶼の制度改正(瓜田達男)「地方改良」　98　1940.4
◇地方職員訓練に就いての私案(矢部三郎)「地方行政 日文版」　4(4)　1940.4
◇地方人事制度確立上の諸問題(吉成季雄)「地方行政 日文版」　4(4)　1940.4
◇富裕県是及十大政綱(郭良弼)「地方行政 日文版」　4(4)　1940.4
◇法庫県政回顧(康徳六年度)(李国昌)「地方行政 日文版」　4(4)　1940.4
◇支那地方自治制度の沿革(支那都市に関する研究)(松本善海)「都市問題」　30(4)　1940.4
◇府県制実施五十年(小島憲)「自治機関」　483　1940.5
◇島嶼に於ける行政の特例に就て(郡祐一)「自治研究」　16(5)　1940.5

◇府県行政の回想(末松偕一郎)「斯民」　35(5)　1940.5
◇府県自治の回顧と展望(入江俊郎)「斯民」　35(5)　1940.5
◇府県制度を顧みて(齋藤昇)「斯民」　35(5)　1940.5
◇府県制の制定と施行(亀卦川浩)「斯民」　35(5)　1940.5
◇改正地方税制と地方自治(荻田保)「地方行政」　48(5)　1940.5
◇全国地方行政区画調査表(康徳7年5月1日現在)「地方行政 日文版」　4(5)　1940.5
◇府県制発布五十周年の記念表彰(藤森与作)「自治機関」　484　1940.6
◇民法第44条と市町村(連載・行政法思潮 115)(杉村章三郎)「自治研究」　16(6)　1940.6
◇地方連絡協議会の設置(郡祐一)「斯民」　35(6)　1940.6
◇市町村の不正貸借と民法第44条「大審院判例集」　19(6)　1940.6
◇昭和十五年六月十日執行東京府会議員選挙投票結果「地方改良」　100　1940.6
◇旧府県制の内容と其の後の変遷(1)(石渡猪太郎)「地方行政」　48(6)　1940.6
◇府県境域沿革輯略(1)(播磨重男)「地方行政」　48(6)　1940.6
◇府県行政の回顧(菊池慎三)「地方行政」　48(6)　1940.6
◇府県制制定当時を顧みて(1)(坂本昻)「地方行政」　48(6)　1940.6
◇府県制度に就て(郡祐一)「地方行政」　48(6)　1940.6
◇歴代府県知事一覧表(編輯部)「地方行政」　48(6)　1940.6
◇全国地方行政区画調査表(康徳7年5月1日)「地方行政 日文版」　4(6)　1940.6
◇府県三部制度の廃止(2・完)(田沢要雄)「地方財務」　66　1940.6
◇米と府県鎮国主義(阿部真之助)「中央公論」　55(6)　1940.6
◇地方長官会議の諸問題(日本都市年鑑編纂室)「都市問題」　30(6)　1940.6
◇地方連絡協議会規程と地方行政委員会(日本都市年鑑編纂室)「都市問題」　30(6)　1940.6
◇府県制発布五十周年(日本都市年鑑編纂室)「都市問題」　30(6)　1940.6
◇地方長官会議に於ける訓示並指示「内務厚生時報」　5(6)　1940.6
◇ナチスに於ける地方自治権に付ての思想(渡辺宗太郎)「公法雑誌」　6(7)　1940.7
◇府県制発布五十周年記念座談会「斯民」　35(7)　1940.7
◇村の性格と入会権(戒能通孝)「社会政策時報」　238　1940.7
◇旧府県制の内容と其の後の変遷(2)(石渡猪太郎)「地方行政」　48(7)　1940.7
◇府県境域沿革輯略(2)(播磨重男)「地方行政」　48(7)　1940.7
◇府県制制定当時を顧みて(2)(坂本昻)「地方行政」　48(7)　1940.7
◇東京神奈川府県会議員選挙の結果(日本都市年鑑編纂室)「都市問題」　31(1)　1940.7
◇地方議会の議事と行政判例(連載・行政法思潮 119)(杉村章三郎)「自治研究」　16(8)　1940.8
◇地方連絡協議会開催状況の件(昭和15年7月8日)「斯民」　35(8)　1940.8
◇府県制発布五十周年記念座談会(元地方長官[ほか])「斯民」　35(8)　1940.8
◇府選余録(大月生)「地方改良」　102　1940.8
◇府県制発布五十周年記念座談会-第二日(元地方長官の巻其の二完)-「斯民」　35(9)　1940.9
◇地方行政の計画性(小林千秋)「自治研究」　16(10)　1940.10
◇新体制運動と自治制改革(元山修二)「自治公論」　12(10)　1940.10
◇自治振興中央会の結成に就て(村田五郎)「斯民」　35(11)　1940.11
◇自治振興中央会の結成(日本都市年鑑編纂室)「都市問題」　31(5)

- 1940.11
- ◇地方長官会議に於ける訓示(昭15.10.7)「内務厚生時報」 5(11) 1940.11
- ◇経済自治の概念(渡邊宗太郎)「法学論叢(京都帝国大学法学会)」 43(5) 1940.11
- ◇地方中間機関の設置要綱案を見る(元山修二)「自治機関」 490 1940.12
- ◇地方制度沿革誌(5)(古井喜実、坂本晃)「自治研究」 16(12) 1940.12
- ◇地方自治制度の動向(村上恭一)「自治公論」 12(12) 1940.12
- ◇独逸地方制度概要(1)(人見植夫)「斯民」 35(12) 1940.12
- ◇地方行政の指導監督に就て(1)(白井鼎)「地方行政」 48(12) 1940.12
- ◇地方制度改革問題と諸団体の意見「都市問題」 31(6) 1940.12
- ◇府県の現地実行機関の設置案に就て(齋藤昇)「自治研究」 17(1) 1941.1
- ◇共同組合の偉力と之に依つて成功した模範村の実例(2・完):勝浦村はいかにして難局を打開したか(吉田勝次)「自治公論」 13(1) 1941.1
- ◇地方庁総務部の機構の改正(荻田保)「斯民」 36(1) 1941.1
- ◇府県の現地実行機関の設置案に就て(齋藤昇)「斯民」 36(1) 1941.1
- ◇綜合立地計画と我国の地方行政(承前)(田中有年)「地方行政 日文版」 5(1) 1941.1
- ◇地方行財政制度の全面的整備要綱成る「地方行政 日文版」 5(1) 1941.1
- ◇地方制度改正に就て(三澤寛一)「都市公論」 24(1) 1941.1
- ◇大政翼賛会地方組織方針に就て(沢村克人)「斯民」 36(2) 1941.2
- ◇地方議会議員の任期延長に就て(郡祐一)「斯民」 36(2) 1941.2
- ◇大政翼賛会の地方組織計画について「週報 官報附録」 226 1941.2
- ◇地方行財政の指導監督に就いて(2・完)(白井鼎)「地方行政」 49(2) 1941.2
- ◇町村合併に付思ひついた事柄(篠原忠則)「地方行政」 49(2) 1941.2
- ◇康徳8年度の地政方針と地方への要望(篠原吉丸)「地方行政 日文版」 8(2) 1941.2
- ◇翼賛会地方協力会議の構成方針「都市問題」 32(2) 1941.2
- ◇臨時中央協力会議に於ける地方問題「都市問題」 32(2) 1941.2
- ◇地方庁総務部の機構改正に関する件依命通牒(昭15.12.2内務次官)「内務厚生時報」 6(2) 1941.2
- ◇地方自治の新理念(小島憲)「自治機関」 493 1941.3
- ◇独逸地方制度概要(2)(人見植夫)「斯民」 36(3) 1941.3
- ◇昭和15年通常道府県会開会閉会会期日並会期短縮日数一覧「地方行政」 49(3) 1941.3
- ◇自治経済行政の限界と方向(田原大千)「東京市産業時報」 7(3) 1941.3
- ◇今議会に於ける地方関係法案(水飼幸之助)「都市問題」 32(3) 1941.3
- ◇新地方課の任務(三好重夫)「自治研究」 17(4) 1941.4
- ◇自治振興中央会の新事業計画(上浦種一)「斯民」 36(4) 1941.4
- ◇地方連絡協議会開催状況「斯民」 36(4) 1941.4
- ◇九台県の県政を語る(2)「地方行政 日文版」 8(4) 1941.4
- ◇新地方分権論(柏村信雄)「地方行政 日文版」 8(4) 1941.4
- ◇市町村史員臨時手当支給要綱解説(特輯)「自治機関」 495 1941.5
- ◇町村税の還付と行政争訟(連載・行政法思潮 132)(杉村章三郎)「自治研究」 17(5) 1941.5
- ◇府県廃合と町村合併(小島憲)「自治公論」 13(5) 1941.5

- ◇地方長官会議の成果「都市問題」 32(5) 1941.5
- ◇地方長官会議(昭16.4.8)「内務厚生時報」 6(5) 1941.5
- ◇市町村の経済的活動(大塚辰治)「自治機関」 496 1941.6
- ◇自治行政の原理(1)(佐々木惣一)「自治研究」 17(6) 1941.6
- ◇府県廃合と町村合併(小島憲)「自治公論」 13(6) 1941.6
- ◇農村自治座談会(1)「斯民」 36(6) 1941.6
- ◇管外優良町村視察報告「地方改良」 112 1941.6
- ◇地方議会における議員の地位-議員と選挙人との関係(弓家七郎)「都市問題」 32(6) 1941.6
- ◇地方連絡協議会開催状況(昭15年度)「内務厚生時報」 6(6) 1941.6
- ◇許可認可事務の簡捷(小島憲)「自治機関」 497 1941.7
- ◇中都市の区役所設置に就て(元山修二)「自治機関」 497 1941.7
- ◇自治行政の原理(2)(佐々木惣一)「自治研究」 17(7) 1941.7
- ◇地方官公職員共済組合の区分に就て(江口見登留)「斯民」 36(7) 1941.7
- ◇府県法人化の指標(徳田良治)「都市問題」 33(1) 1941.7
- ◇府県法人化の指標(続)(徳田良治)「都市問題」 33(1) 1941.7
- ◇閻氏山西省政十年建設計画と地方行政(1)(鈴木俊一)「自治研究」 17(8) 1941.8
- ◇自治行政の原理(3)(佐々木惣一)「自治研究」 17(8) 1941.8
- ◇地方自治と中間行政機関(久山正義)「自治公論」 13(8) 1941.8
- ◇西条市会議員選挙粛正運動を顧みて(阿部邦一)「斯民」 36(8) 1941.8
- ◇農村自治座談会(3・完)「斯民」 36(8) 1941.8
- ◇北海道会議員の年額手当と民事裁判権「大審院判例集」 20(9) 1941.8
- ◇英国地方制度概要(1)(柏村信雄)「地方行政 日文版」 8(8) 1941.8
- ◇新設四平省の概貌「地方行政 日文版」 8(8) 1941.8
- ◇蘭印の統治とその地方行政(平野義太郎)「法律時報」 13(8) 1941.8
- ◇閻氏山西省政十年建設計画と地方行政(2)(鈴木俊一)「自治研究」 17(9) 1941.9
- ◇英国地方制度概要(2)(柏村信雄)「地方行政 日文版」 8(9) 1941.9
- ◇地方行政の綜合化への一考察(1)(川島馨)「地方行政 日文版」 8(9) 1941.9
- ◇自治行政の原理(4)(佐々木惣一)「自治研究」 17(10) 1941.10
- ◇英国地方制度概要(3・完)(柏村信雄)「地方行政 日文版」 8(8) 1941.10
- ◇地方行政の綜合化への一考察(2・完)(川島馨)「地方行政 日文版」 8(10) 1941.10
- ◇執行機関中心主義による地方行政組織(弓家七郎)「都市問題」 33(4) 1941.10
- ◇地方連絡協議会開催状況「内務厚生時報」 6(10) 1941.10
- ◇クラス「国家に依る自治行政の指導」(1)(長浜政寿)「公法雑誌」 7(11) 1941.11
- ◇各国地方制度概観(1)(葛葉武夫)「自治機関」 501 1941.11
- ◇閻氏山西省政十年建設計画と地方行政(3・完)(鈴木俊一)「自治研究」 17(11) 1941.11
- ◇独逸地方制度概要(1)(柏村信雄)「地方行政 日文版」 8(11) 1941.11
- ◇推薦選与の実績-翼賛体制下の地方選挙-(扇谷正造)「教育」 9(12) 1941.12
- ◇各国地方制度概観(2)(葛葉武夫)「自治機関」 502 1941.12
- ◇独逸地方制度概要(2・完)(柏村信雄)「地方行政 日文版」 8(12)

1941.12
◇土と死者たち -モリス・バレスの地方主義的伝統主義-(大坪一)「経済学雑誌」 10(1) 1942.1
◇各国地方制度概観(3)(佐久間彊)「自治機関」 503 1942.1
◇英国地方議会の委員会制度の運営(下2・完)(木戸喜佐登)「自治研究」 18(1) 1942.1
◇州道制案の動向(鈴木俊一)「自治研究」 18(1) 1942.1
◇大東亜戦下に於ける地方行政(成田一郎)「斯民」 37(1) 1942.1
◇浜江省に於ける審議室制度(森崎千之)「地方行政 日文版」 9(1) 1942.1
◇仏蘭西地方制度概要(1)(柏村信雄)「地方行政 日文版」 9(3) 1942.1
◇地方行政刷新と行政考査制度「東洋経済新報」 2005 1942.1
◇地方制度の改正に就て(続)(三澤寛一)「都市公論」 25(1) 1942.1
◇臨時地方長官会議の開催(戦時欧洲都市事情)「都市問題」 34(1) 1942.1
◇特別地方行政官庁の拡充傾向に就て(1)(井手成三)「自治研究」 18(2) 1942.2
◇村の再建設(1)(大西左衛門)「自治公論」 14(2) 1942.2
◇府県現地実行機関設置要綱に就て(鈴木俊一)「斯民」 37(2) 1942.2
◇仏蘭西地方制度概要(2)(柏村信雄)「地方行政 日文版」 9(3) 1942.2
◇決戦態勢と地方行政の改革「都市問題」 34(2) 1942.2
　決戦態勢下の地方行政改革/決戦態勢と地方行政の改革に就て(神戸正雄)　決戦態勢と地方行政の改革/決戦態勢と地方行政の改革に就て(川原次吉郎)　決戦態勢と地方行政の改革/決戦態勢と地方行政の改革に就て(小島憲)　決戦態勢と地方行政の改革/決戦態勢と地方行政の改革に就て(佐々井信太郎)　決戦態勢と地方行政の改革/決戦態勢と地方行政の改革に就て(福馬謙造)　決戦態勢と地方行政の改革/決戦態勢と地方行政の改革に就て(松尾国松)　最近地方行政の基本動向と諸問題-中間機関と行政考査制(蠟山政道)　時代に即応する地方行政の改革/決戦態勢と地方行政の改革に就て(金森徳次郎)　下部機構の制度的整備を要す/決戦態勢と地方行政の改革に就て(近藤操)　戦時下の地方制度/決戦態勢と地方行政の改革に就て(杉村章三郎)　大詔奉戴日の設定　地方行政改革の根底/決戦態勢と地方行政の改革に就て(長野朗)　地方行政改革の指標/決戦態勢と地方行政の改革に就て(金谷重義)　中間機関の設置と郡長及郡役所/決戦態勢と地方行政の改革に就て(千石興太郎)　吏員の待遇改善と官選議員の創制/決戦態勢と地方行政の改革に就て(村上恭一)
◇明治初年における小笠原島の帰属問題(3)(細川亀市)「公法雑誌」 8(3) 1942.3
◇特別地方行政官庁の拡充傾向に就て(2・完)(井手成三)「自治研究」 18(3) 1942.3
◇村の再建設(2・完)(大西左衛門)「自治公論」 14(3) 1942.3
◇地方行政当面の重点(1)(門脇惇)「地方行政 日文版」 4(3) 1942.3
◇仏蘭西地方制度概要(3・完)(柏村信雄)「地方行政 日文版」 9(3) 1942.3
◇ドイツに於ける地域秩序の目的と課題(デ・ルッシユ)「都市公論」 25(3) 1942.3
◇議員候補者の推薦制度(弓家七郎)「都市問題」 34(3) 1942.3
◇最近に於ける市会議員選挙状況調「都市問題」 34(3) 1942.3
◇大都市に於ける区行政に就て(荒尾敦次郎)「都市問題」 34(3) 1942.3
◇地方行政管見(亀卦川浩)「都市問題」 34(3) 1942.3
◇地方長官会議に闡明された厚生行政方針「内外労働週報」 496 1942.3
◇明治初年に於ける小笠原島の帰属問題(4・完)(細川亀市)「公法雑誌」 8(4) 1942.4
◇市町村会議員選挙対策大東亜戦争完遂翼賛選挙貫徹運動に就て(山上重信)「斯民」 37(4) 1942.4
◇市町村会議員選挙と推薦制優良村を巡りて(2)(坂田金三郎)「斯民」 37(4) 1942.4
◇地方行政当面の重点(2)(門脇惇)「地方行政 日文版」 4(4) 1942.4
◇地方制度沿革史(1)(黒田正七郎)「地方行政 日文版」 9(4) 1942.4
◇地方長官会議開催状況(内務省地方局)「内務厚生時報」 7(4) 1942.4
◇地方長官会議に於ける訓示(橋田邦彦)「文部時報」 755 1942.4
◇市町村会議員選挙に就て(内務省)「週報 官報附録」 292 1942.5
◇市会選挙の倫理化(赤坂清七)「大大阪」 18(5) 1942.5
◇市会議員選挙をいかに行ふべきか(小西理三郎)「地方行政」 50(5) 1942.5
◇市町村議員の選挙対策(柴田達夫)「地方行政」 50(5) 1942.5
◇地方行政当面の重点(承前)(門脇惇)「地方行政 日文版」 4(5) 1942.5
◇地方制度沿革史(2)(黒田正七郎)「地方行政 日文版」 9(5) 1942.5
◇市町村会議員選挙対策(柴田達夫)「都市公論」 25(5) 1942.5
◇市会議員選挙の本義(佐々木惣一)「公法雑誌」 8(6) 1942.6
◇地方事務所設置に関する根本方針(成田一郎)「斯民」 37(6) 1942.6
◇地方事務所設置に関する資料(地方局行政課)「斯民」 37(6) 1942.6
◇地方事務所設置の意義(斎藤昇)「斯民」 37(6) 1942.6
◇地方事務所とは何か「週報 官報附録」 298 1942.6
◇府県ブロック制の究明「商工通報」 48 1942.6
◇市町村会議員選挙結果調「地方改良」 124 1942.6
◇伊太利地方制度概要(柏村信雄)「地方行政 日文版」 9(6) 1942.6
◇地方制度沿革史(3)(黒田正七郎)「地方行政 日文版」 9(6) 1942.6
◇地方制度論(大塚幸太)「地方行政 日文版」 9(6) 1942.6
◇地方自治体と翼賛選挙「東洋経済新報」 2024 1942.6
◇地方中間機関の設置と公吏の事務官登用「都市問題」 34(6) 1942.6
◇地方事務所の設置(内務省地方局)「内務厚生時報」 7(6) 1942.6
◇地方事務所設置に就て(播磨重男)「自治機関」 509 1942.7
◇地方中間機関の復活(大塚辰治)「自治機関」 509 1942.7
◇地方事務所の設置と其の意義(斎藤昇)「自治研究」 18(7) 1942.7
◇地方事務所設置に関する資料「地方改良」 125 1942.7
◇地方事務所の開設(鈴木俊一)「地方行政」 50(7) 1942.7
◇日満地方行政上の連絡に就て(谷口寿太郎)「地方行政」 50(7) 1942.7
◇日商地方行政上の連絡に就て(谷口寿太郎)「地方行政」 50(7) 1942.7
◇地方制度沿革史(4)(黒田正七郎)「地方行政 日文版」 9(7) 1942.7
◇地方制度論(承前)(大塚幸太)「地方行政 日文版」 9(7) 1942.7
◇各省委員制度と地方事務所制度(柳瀬良幹)「法律時報」 14(7) 1942.7
◇市町村の翼賛選挙を顧みて(大塚辰治)「自治機関」 510 1942.8
◇伊太利地方制度概要(2・完)(柏村信雄)「地方行政 日文版」 9(8) 1942.8
◇地方制度論(3)(大塚幸太)「地方行政 日文版」 9(8) 1942.8
◇地方議会の権能に関する考察(上)(弓家七郎)「都市問題」 35(2) 1942.8

◇地方事務所の開設「都市問題」 35(2) 1942.8
◇地方事務所の開設と今後の監査に就て(福森善治)「自治機関」 511 1942.9
◇地方事務所参与委員に就いて(鈴木俊一)「自治研究」 18(9) 1942.9
◇地方事務所の設置状況と参与委員制(鈴木俊一)「斯民」 37(9) 1942.9
◇地方制度沿革史(5)(黒田正七郎)「地方行政 日文版」 9(9) 1942.9
◇地方制度論(4)(大塚幸太)「地方行政 日文版」 9(9) 1942.9
◇広域圏の本質と内部構成原則「国策研究会週報」 4(48) 1942.10
◇日本精神と地方自治の更新(小島憲)「地方改良」 128 1942.10
◇時局と地方行政(座談会)(古井喜実[ほか])「地方行政」 50(10) 1942.10
◇地方行政機構の改善小見(村上恭一)「地方行政」 50(10) 1942.10
◇地方事務所一覧表「地方行政」 50(10) 1942.10
◇地方制度沿革史(6)(黒田正七郎)「地方行政 日文版」 9(10) 1942.10
◇地方制度論(5)(大塚幸太)「地方行政 日文版」 9(10) 1942.10
◇府県ブロックと道州制(1)「東洋経済新報」 2042 1942.10
◇道州制の問題点(2・完)「東洋経済新報」 2043 1942.10
◇市町村の行政簡素化並に職員の待遇改善「都市問題」 35(4) 1942.10
◇町村自治体の決戦態勢(特輯)(宮城県志波姫村,福岡県稲築村)「自治公論」 14(10) 1942.11
◇郡沿革(石渡猪太郎)「地方行政」 50(11) 1942.11
◇地方制度沿革史(7)(黒田正七郎)「地方行政 日文版」 9(11) 1942.11
◇地方制度論(6・完)(大塚幸太)「地方行政 日文版」 9(11) 1942.11
◇地方制度改正の覗い所(2)-大都市の特別制度-(大塚辰治)「自治機関」 514 1942.12
◇町村自治体の決戦態勢(島根県荒木村)「自治公論」 14(11) 1942.12
◇地方制度沿革史(8)(黒田正七郎)「地方行政 日文版」 9(12) 1942.12
◇地方議会の権能に関する考察(下)(弓家七郎)「都市問題」 35(6) 1942.12
◇朝鮮総督府の地位(山崎丹照)「警察研究」 14(1) 1943.1
◇町村出納自治監査要項(1)(秋田県雄勝郡町村長会)「自治公論」 15(1) 1943.1
◇地方事務所半歳の回顧(井藤忠雄)「地方行政」 51(1) 1943.1
◇地方連絡協議会開催状況(内務省地方局)「内務厚生時報」 8(1) 1943.1
◇道府県内政部長事務打合会に於ける訓示(橋田邦彦)「文部時報」 782 1943.1
◇井上友一博士の生涯と業績(中野正直)「厚生事業研究」 31(2) 1943.2
◇地方制度改正の指標(辰巳鼎)「地方行政」 51(2) 1943.2
◇地方制度沿革史(9)(黒田正七郎)「地方行政 日文版」 10(2) 1943.2
◇地方制度の改正「都市公論」 26(2) 1943.2
◇東京都制制定と地方制度改正(湯澤三千男)「都市公論」 26(2) 1943.2
◇地方決戦体制の課体(牛尾健治)「国策研究会週報」 5(10) 1943.3
◇地方決戦体制の課体(牛尾健治)「国策研究会週報」 5(13) 1943.3
◇改正地方制度「斯民」 38(3) 1943.3
◇改正地方制度の運用に就いて(古井喜実)「斯民」 38(3) 1943.3

◇改正府県制解説(1)(鈴木俊一)「斯民」 38(3) 1943.3
◇地方制度改正の根本精神(湯澤三千男)「斯民」 38(3) 1943.3
◇推薦制度論—推薦無投票の理論—(宇賀田順三)「法政研究」 13(1) 1943.3
◇改正府県制解説(2)(鈴木俊一)「斯民」 38(4) 1943.4
◇地方制度改正の論議(出羽一郎)「地方行政」 51(4) 1943.4
◇地方制の改正について(地方制度の改正)(宮沢俊義)「都市問題」 36(4) 1943.4
◇地方自治制の改正について(1)(磯崎辰五郎)「公法雑誌」 9(5) 1943.5
◇改正府県制解説(3)(鈴木俊一)「斯民」 38(5) 1943.5
◇議会に於ける勤労問題(三川克巳)「職業時報」 6(5) 1943.5
◇地方制度の画期的改革(杉村章三郎)「法律時報」 15(5) 1943.5
◇日本地方計画の進路(赤岩勝美)「官界公論」 9(96) 1943.6
◇地方自治制の改正について(2・完)(磯崎辰五郎)「公法雑誌」 9(6) 1943.6
◇新地方制度と行政争訟(連載・行政法思潮164)(杉村章三郎)「自治研究」 19(6) 1943.6
◇改正府県制解説(4・完)(鈴木俊一)「斯民」 38(6) 1943.6
◇地方制度改正法の施行に際して(安藤内相)「斯民」 38(6) 1943.6
◇新らしい地方制度(内務省)「週報 官報附録」 349 1943.6
◇地方自治の現段階(出羽一郎)「地方行政」 51(6) 1943.6
◇自治の本義とその立法傾向(渡邊宗太郎)「法学論叢(京都帝国大学法学会)」 48(6) 1943.6
◇地方行政刷新と戦時経済の改善(横山五市)「経済毎日」 21(24) 1943.7
◇地方行政の飛躍的展開(小島憲)「自治機関」 521 1943.7
◇地方行政協議会制と行政組織法理(連載・行政法思潮165)(杉村章三郎)「自治研究」 19(7) 1943.7
◇第二期町村決戦態勢(特集号)「自治公論」 15(7) 1943.7
◇改正地方制度に関する質疑応答集(1)(内務省地方局)「斯民」 38(7) 1943.7
◇地方行政協議会の設置に就て(吉岡恵一)「斯民」 38(7) 1943.7
◇地方行政協議会の設置「東洋経済新報」 2080 1943.7
◇地方行政の刷新(清水進)「改造」 25(8) 1943.8
◇決戦企業整備と地方行政協議会(綴研一)「科学主義工業」 7(8) 1943.8
◇地方行政協議会と道州制(大塚長治)「自治機関」 522 1943.8
◇地方制度改正による地方債等の取扱に就て(橋本敏雄)「自治機関」 522 1943.8
◇改正地方制度に関する質疑応答集(2・完)(内務省地方局)「斯民」 38(8) 1943.8
◇地方行政協議会の意義(柳瀬良幹)「法律時報」 15(8) 1943.8
◇地方行政協議会の出現(村上恭一)「自治研究」 19(9) 1943.9
◇改正地方制度に関する質疑応答補遺(内務省地方局)「斯民」 38(9) 1943.9
◇地方行政協議会制度主輯「都市問題」 37(3) 1943.9
　地方協議会制度と新なる道州制度-地方行政力の総結集(宇賀田順三) 地方行政協議会制度と道州制の問題(膳桂之助) 地方行政協議会長の地位(村上恭一) 地方行政の新機構(柳瀬良幹)
◇町式目(石井良助)「法学協会雑誌」 61(9) 1943.9
◇東京都議会議員選挙の反省(小西理三郎)「地方行政」 51(10) 1943.10
◇町式目(石井良助)「法学協会雑誌」 61(10) 1943.10
◇行政実例と行政判例の相剋 -地方制の解釈に於ける-(宮沢俊義)「国家学会雑誌」 57(11) 1943.11

◇地方行政協議会の機能の強化(吉岡恵一)「斯民」 38(11) 1943.11
◇地方行政協議会の性格(出羽一郎)「地方行政」 51(11) 1943.11
◇地方行政協議会に就て(長官々房参事官室)「都政週報」 17 1943.11
◇市町村自治体の効績(アドルフ・ハツスインゲル)「自治研究」 20(1) 1944.1
◇スマトラ地方行政法令(蘭国)一斑(1)(宮前憲三)「自治研究」 20(1) 1944.1
◇改正地方制度の運営に就て(松尾国松)「都市公論」 27(1) 1944.1
◇改正地方制度の運用に就て(山口忠五郎)「都市公論」 27(1) 1944.1
◇地方制度の由来(杉村章三郎)「国家学会雑誌」 58(2) 1944.2
◇地方制度改革の動向(田上穣治)「一橋論叢」 13(3) 1944.3
◇都道府県内政部長事務打合会に於ける大臣訓示(岡部長景)「文部時報」 810 1944.3
◇英国の地方防衛行政概観(都市疎開(2))(水飼幸之助)「都市問題」 38(4) 1944.4
◇市町村長の優遇並に自治功労者の表彰に関する勅令に就て(灘尾弘吉)「自治研究」 20(5) 1944.5
◇市町村長の優遇並に自治功労者の表彰に関する勅令に就て(灘尾弘吉)「斯民」 39(5) 1944.5
◇地方制度の画期的展開(1)-町村制改正問題の進展(藤田武夫)「都市問題」 38(5) 1944.5
◇地方行政機構の動向 地方行政協議会の配置とその後(柳瀬良幹)「法律時報」 16(5) 1944.5
◇地方自治理念の再検討(小島憲)「自治機関」 532 1944.6
◇国土計画と地方行政(藤田武夫)「商工経済」 17(6) 1944.6
◇地方制度の画期的展開(2)-市制及び府県制改正問題の発展(藤田武夫)「都市問題」 38(6) 1944.6
◇地方広域圏内の財政調整(藤田武夫)「財政」 9(9) 1944.7
◇地方制度の画期的展開(3)-地方制度の画期的改革の実現(1)(藤田武夫)「都市問題」 39(1) 1944.7
◇地方行政機構の整備強化に就て(安田巌)「斯民」 39(8) 1944.8
◇地方制度の画期的展開(4)-地方制度の画期的改革の実現(2)(藤田武夫)「都市問題」 39(2) 1944.8
◇地方制度の画期的展開(5)-地方制度の画期的改革の実現(3)(藤田武夫)「都市問題」 39(3) 1944.9
◇地方自治理念の再検討「都市問題」 39(4) 1944.10 イタリアの地方制度(弓家七郎) 地方自治行政に対する国家性の浸透(村上恭一) 地方自治の理念(渡辺宗太郎) 地方自治理念の再検討(川原次吉郎)
◇地方行政管見(1)(鈴木宗正)「自治研究」 20(11) 1944.11
◇市町村の常識(藤懸重次)「自治機関」 538 1944.12
◇スマトラ地方行政法令(蘭国)一斑(2)(宮前憲三)「自治研究」 20(12) 1944.12
◇村有給吏員なりや否の認定(田上穣治)「自治研究」 20(12) 1944.12

【図書】
◇新庄屋役就任許可願連印書 (正本)(越後頸城郡北浦田村) 1787 1枚 215×29cm
◇京都府下人民告諭大意(京都府編) 1868 17p 21cm
◇郡中制法 1869.3 33p 26cm
◇町役心得条目 1869.3 15p 26cm
◇町役心得条目(大阪府編) 1870 1冊 26cm
◇村役心得条目(大阪府編) 1870 1冊 26cm
◇[大垣]藩制(藩内布告)(大垣藩庁編) 1870.10 1冊 23cm
◇改置府県概表(大蔵省編) 1872.2 19p 23cm

◇郡中制法(大阪府編) 1872.3 36p 26cm
◇布令通書 明治5年 第1冊(東京府編) 1872.3 28p 19cm
◇改置府県概表(大蔵省編) 1872.4 19p 23cm
◇布令通書 明治5年 第2冊(東京府編) 1872.4 34p 19cm
◇改置府県概表 明治5年5月改(大蔵省編) 1872.5 19p 23cm
◇大蔵大輔達旧銅貨価位及旧藩紙幣の価位相定に付発前貸借返弁方心得の神奈川県庁触(神奈川県庁編) 1872.8 1p 23cm
◇戸長職制並撰挙且給料之制(印旛県編) 1872.8 [12]p 23cm
◇福島県県布告 明治6年(福島県編) 1873 1冊 23cm
◇正権区長正副戸長職掌章程(愛知県編) 1873.3 [15]p 23cm
◇区長可心得条々 戸長可心得条々(山梨県編) 1873.4 1冊 26cm
◇大阪府議事所規則 複写(大阪府権知事編,大阪府総務部文書課複製) 1873.11 24p 25cm
◇五伍之法則 区内会議章程 合本 1874.1 7,3p 22cm
◇千葉県議事則:附 議事条例 大区議事会章程(千葉県編) 1874.1 25p 22cm
◇[福島県]区画改正帳 手書(福島県編) 1874.1 [101]p 27cm
◇地方官会議記録 明治8年 写 1875 218p 24cm
◇愛知県諸布達 明治9年 合本(愛知県編) 1876 1冊 21cm
◇「福島県」区治職制・区治事務章程・新区取扱心得(福島県編) 1876 1冊 25cm
◇福島県支庁仮章程(福島県編) 1876 1冊 25cm
◇埼玉県官員録 明治9年 1876.1 5p 8×17cm
◇組合規則(千葉県編) 1876.2 9p 22cm
◇正副区戸長事務請規則(福島県編) 1876.11 13p 19cm
◇愛知県諸布達 明治10年 合本(愛知県編) 1877 1冊 21cm
◇静岡県会議日誌 従第初号 明治9年 至第10号 明治10年 (合本)([静岡県]編) 1877 1冊 23cm
◇山形県管内大小区別一覧(五十嵐太右衛門編) 1877.1 34p 18cm
◇山梨県布達之写:両仮名附 明治9年7・8・12月 合本(又新社編) 1877.1 1冊 18cm
◇各府県下村市分合改称 明治9年自3月至6月分(内務卿編) 1877.2 144p 19cm
◇山梨県布達之写:両仮名附 明治10年1・2・3月 合本(又新社編) 1877.4 1冊 18cm
◇山梨県布達之写:両仮名附 明治10年自4月至7月 合本(又新社編) 1877.8 1冊 18cm
◇山梨県布達之写:両仮名附 明治10年8・9・11・12月 合本(又新社編) 1877.12 1冊 18cm
◇茨城県諸布達 明治11年 合本(茨城県編) 1878 1冊 22cm
◇千葉県会議日誌 明治11年(自1号至10号) 合本([千葉県]編) 1878 1冊 22cm
◇東京府下町村改正区郡分一覧 明治11年(林吉蔵編) 1878 1冊 50×36cm
◇各府県下村市分合改称 明治9年自7月至12月分(内務卿編) 1878.3 190p 19cm
◇撲児酒児氏分権論(ボルセール述述) 律書房 1878.3 123p 18cm
◇地方官会議傍聴録 自第1号至第5号 合本(小笠原美治編) 弘令社 1878.4 1冊 19cm
◇地方官会議傍聴録 明治11年4・5月 (手書)(小笠原美治編) 1878.5 259p 27cm
◇各府県下村市分合改称 明治10年自1月至6月分(内務卿編) 1878.8 146p 19cm
◇山梨県布達之写:両仮名附 明治11年自1月至8月 合本(又新社編) 1878.8 1冊 18cm

地方政治・地方行政　　　都市問題・地方自治　調査研究文献要覧

◇荏原郡古川村外七ケ村々会議案　明治12年　1879 6p 22cm
◇千葉県会傍聴録　明治12年 自第1号至第26号　合本（千葉県編）　1879 1冊 22cm
◇新潟県日誌　明治12年 自第1号至第9号　（合本）（新潟県編）　1879 1冊 20cm
◇福島県耶麻郡塩川駅ニ郡役所更設喜多方辺各村人民動揺探聞書類（永島信之編）　1879.2 1冊 26cm
◇郡区吏必携（弾舜平編）　1879.3 4,7,578p 20cm
◇府県会区会町村会議事提綱（山田十畝編）　1879.4 8,244p 18cm
◇法制局説明録 府会規則之部（法制局編）　1879.6 92p 19cm
◇群馬県布達全書 1 明治6年（群馬県編）　1879.8 5,29p 18cm
◇群馬県布達全書 2 明治7年（群馬県編）　1879.8 9,55p 18cm
◇群馬県布達全書 3 明治8年（群馬県編）　1879.8 9,107p 18cm
◇群馬県布達全書 4 明治9年 従1月至8月（群馬県編）　1879.8 9,124p 18cm
◇群馬県布達全書 5 明治9年 従8月至12月（群馬県編）　1879.8 7,83p 18cm
◇地方官吏府県会議員郡区吏員議事必携（若菜貞爾編）　東京書肆　1879.8 124p 18cm
◇大阪府会議事録　明治13年（大阪日報社編）　1880 108p 22cm　大阪日報
◇埼玉県会傍聴録　明治13年 自第17号 至第21号（埼玉県会編）　1880 1冊 22cm
◇千葉県会議事日誌　明治13年（自1号至11号）　合本（［千葉県］編）　1880 1冊 22cm
◇島根県布達書、公布月報 第1号　合巻（博聞社編）　1880.1 9,48p 18cm
◇島根県布達書、公布月報 第2号　合巻（博聞社編）　1880.2 10,66p 18cm
◇地方官会議傍聴録 自第1号至第8号 合本（小笠原美治編）　弘令社　1880.2 1冊 19cm
◇島根県布達書、公布月報 第3号　合巻（博聞社編）　1880.3 16,49p 18cm
◇地方官会議全評：明治13年 自第2編至第5編（中島勝義筆記）　共同社　1880.3 1冊 17cm
◇島根県布達書、公布月報 第4号　合巻（博聞社編）　1880.4 14,81p 18cm
◇全国町村戸長要務 巻1（島義之編）　平山竹次郎　1880.5 3,860p 18cm
◇山梨県布達之写：両仮名附　明治13年自2月至6月（又新社編）　1880.8 1冊 18cm
◇東京府通常府会傍聴筆記　合本（郵便報知新聞社編）　1880.11 152p 23cm　郵便報知新聞附録
◇乙訓郡聯合町村会規則（京都府乙訓郡編）　1881 1冊 22cm
◇改正埼玉県官員録　明治14年　1881.1 19p 8×17cm
◇島根県布達書、公布月報 第13号　合巻（博聞社編）　1881.1 13,6,80p 18cm
◇島根県布達書、公布月報 第14号　合巻（博聞社編）　1881.2 7,64p 18cm
◇郡区町村一覧（内務省地理局編）　1881.3 1冊 26cm
◇郡名異同一覧（内務省地理局編）　1881.6 27p 25cm
◇府県会規則伺：明治14年6月11日太政官指令　1881.6 32p 23cm
◇神奈川県通常区部会議事筆記　明治15年（神奈川県編）　1882 1冊 20cm
◇群馬県会議事日誌　明治15年度 自第1号至第29号　合本（群馬県編）　1882 394p 23cm
◇明治十五年千葉県会決議録（千葉県編）　1882 57p 23cm

◇県会規則質疑録：ボワソナード氏、ロイスレル氏ニ下問答議録（曲木如長編）　1882.12 50p 24cm
◇神奈川県通常区部会議事筆記　明治16年（神奈川県編）　1883 1冊 20cm
◇東京府通常会議事録　明治16年 自第11号 至第20号（東京府編）　1883 1冊 20cm
◇船井郡八ヶ村聯合会規則（京都府船井郡編）　1883 5p 22cm
◇飽海郡酒田町聯合会筆記　明治16年12月1日至8日　1883.2 354p 19cm
◇群馬県布達全書　明治16年 前篇 上（群馬県編）　1883.10 6,94p 18cm
◇群馬県布達全書　明治16年 前篇 下（群馬県編）　1883.10 8,88p 18cm
◇岩手県通常会決議録　明治17年4月（岩手県編）　1884 68p 19cm
◇千葉県布達　明治17年（［千葉県］編）　1884 1冊 21cm
◇広島県布達指令訓示全報　明治17年（自第57号 至第62号）（合本）（広島県編）　要報社　1884 1冊 19cm
◇明治17年4月 岩手県臨時会議日誌 自第1号至第5号（岩手県編）　1884 52p 19cm
◇千葉公報　明治17年1月　合本（千葉公報社編）　1884.1 1冊 28cm
◇群馬県布達全書　明治16年 後篇 上（群馬県編）　1884.2 3,79p 18cm
◇群馬県布達全書　明治16年 後篇 下（群馬県編）　1884.2 6,94p 18cm
◇千葉公報　明治17年2月　合本（千葉公報社編）　1884.2 1冊 28cm
◇千葉公報　明治17年3月　合本（千葉公報社編）　1884.3 1冊 28cm
◇李国地方自治一斑 第1（荒川邦蔵述）　内務省地方行政法類纂附録　1884.3 95p 21cm
◇李国地方自治一斑 第2（荒川邦蔵述）　内務省地方行政法類纂附録　1884.3 120p 21cm
◇山形会県沿革誌 全（寺島太作著）　出羽新聞社　1884.3 10,204p 19cm
◇千葉公報　明治17年4月　合本（千葉公報社編）　1884.4 1冊 28cm
◇千葉公報　明治17年5月　合本（千葉公報社編）　1884.5 1冊 28cm
◇町村法草案（自第1巻至第5巻）完（村田保編）　内務省　1884.5 1冊 20cm
◇岩手県通常会決議録　明治18年11月（岩手県編）　1885 70p 19cm
◇警視庁東京府布達全書　第1号（博聞社編）　1885.2 41p 19cm
◇［群馬県］区町村会法類纂　明治17年改正（群馬県庶務課編）　1885.4 57p 23cm
◇岩手県通常会決議録　明治19年11月（岩手県編）　1886 60p 19cm
◇滋賀県治意見書：附 参考書（［滋賀県］編）　1886 3,6,534p 24cm
◇山口県庁部課職制章程並規程　明治19年4月改正（山口県編）　1886.4 80p 23cm
◇李国地方自治行政説略（野村［靖］編）　［通信省］　1886.6 214p 21cm
◇地方制度の改良（城多虎雄著）　商報　1886.8 73p 18cm
◇町村制ニ関スル法律草案ノ注意：リヨースレル氏意見　謄写版　1886.10 44p 26cm
◇愛知県令達類聚　明治20年（愛知県編）　1887 495p 23cm
◇英国地方制度及税法（ア・エス・ライト著, ヘンリー・ボブハウス著, 水野遵訳）　博文社　1887.7 4,276p 20cm
◇地方行政区画便覧（内務省地理局編）　1887.10 1094p 27cm
◇地方自治論（松永道一著）　有隣堂　1887.10 166p 19cm
◇千葉県町村分合に関する資料　謄写版（千葉県編）　1888 [38]p 40×26cm
◇英国地方政治論（ブロドリック著, 久米金弥訳）　哲学書院　1888.2

◇1冊 19cm
◇自治論纂（独逸学協会編）　1888.5 496p 23cm
◇地方制度（上野岩太郎著）　民友社発買 1888.5 67p 19cm　政治一斑
◇学国地方制度一斑（荒川邦蔵著）　1888.5 77p 23cm
◇市制町村制評論 全（吉田熹六著）　集成社書店 1888.6 141p 19cm
◇愛知県令達類聚 明治22年（愛知県編）　1889 308p 23cm
◇町村制実用（小島鋼次郎著，岸野武三著，河毛三郎著）　1889.3 4,15,929p 22cm
◇自治政講義録 自第1回 至第10回（ラートゲン述，自治政研究会編）1889.4 1冊 20cm　「ラートゲン」氏講義筆記
◇町村林制論（高橋琢也著）　哲学書院 1889.10 196,70p 19cm
◇静岡県会日誌 明治22年11月 上（静岡県編）　1889.11 208p 20cm
◇静岡県会日誌 明治22年11月 中（静岡県編）　1889.11 195p 20cm
◇静岡県会日誌 明治22年11月 下（静岡県編）　1889.11 165p 20cm
◇自治制講義（モッセ述，鶴岡義五郎編）　日本書籍 1889.11 1冊 21cm
◇静岡県臨時県会日誌 明治23年2月（静岡県編）　1890.2 126p 20cm
◇府県制郡制義解（北野竹次郎著）　大成学館出版局 1890.6 2,206,176p 19cm
◇府県制郡制註釈（坪谷善四郎著）　博文館 1890.6 6,538p 19cm 日本法典全書
◇静岡県会日誌 明治23年11月 上（静岡県編）　1890.11 228p 20cm
◇静岡県会日誌 明治23年11月 中（静岡県編）　1890.11 246p 20cm
◇静岡県会日誌 明治23年11月 下（静岡県編）　1890.11 225p 20cm
◇府県制郡制釈義（山脇玄述，中根重一述）　八尾書店 1890.11 2,565p 19cm
◇埼玉県臨時会議事録決議録 明治24年（埼玉県編）　1891 218,29p 23cm
◇一郡新設請願ニ関スル参考書（群馬県）［群馬県］編　1891.3 47p 19cm
◇北海道議会法律案（高津仲次郎編）　1891.12 47p 25cm
◇米国地方制度（根本正訳）　博聞社 1892.2 117p 18cm
◇静岡県臨時県会日誌 明治25年3月（静岡県編）　1892.3 71p 20cm
◇静岡県会日誌 明治25年11月 上（静岡県編）　1892.11 216p 20cm
◇静岡県会日誌 明治25年11月 中（静岡県編）　1892.11 218p 20cm
◇静岡県会日誌 明治25年11月 下（静岡県編）　1892.11 235p 20cm
◇静岡県臨時県会日誌 明治25年11月（静岡県編）　1892.11 76p 20cm
◇北海道議会請願参考書（八木橋栄吉編）　1892.12 15,228p 19cm
◇静岡県臨時県会日誌 明治26年2月・3月（静岡県編）　1893.3 117p 20cm
◇静岡県臨時県会日誌 明治26年10月（静岡県編）　1893.10 95p 20cm
◇静岡県会日誌 明治26年11月 上（静岡県編）　1893.11 868p 20cm
◇静岡県会日誌 明治26年11月 中（静岡県編）　1893.11 695p 20cm
◇静岡県会日誌 明治26年11月 下（静岡県編）　1893.11 726p 20cm
◇北海道行政事務諸法案（北海道庁編）　1894.6 248p 27cm
◇北海道区制町村制ヲ定ムル件（内務省編）　1895 51,55,48p 28cm
◇長野県会沿革史（長野県編）　1895.3 9,709p 26cm
◇府県制郡制註釈 ［複写］（林信重著）　法律書院 1897.9 3,186,137p 19cm
◇京都府会志（京都府編）　1897.11 1018p 23cm

◇栃木県会沿革誌（栃木県会編）　1897.11 662p 24cm
◇英国都府政治一斑：グラスゴー府制（アルベルト・ショー著，徳富猪一郎訳）　内務省衛生局 1898 79p 22cm
◇東京府通常市部会議事録 明治31年 自第1号 至第6号（東京府編）1898 1冊 21cm
◇郡制実用（西村武三編）　鶴里堂 1898.4 138,122p 19cm
◇［神奈川県臨時県会議案］ 明治32年（［神奈川県］編）　1899 1冊 24cm
◇改正府県郡制問答講義（木内英雄編）　浜本明昇堂 1899.4 144,119p 19cm
◇地方制度通（上山満之進著）　金港堂書籍 1899.9 10,566,14p 20cm
◇学理実用府県郡制論（山脇玄著）　済美館書店，明治図書出版 1900.5 2,7,465p 22cm
◇大阪府会史：附 図表（大阪府歳入出予算表 自明治12年度至明治31年度）（大阪府内務部編）　1900.7 1冊 28cm
◇福井県通常県会会議録 明治33年度（福井県会編）　1901 13,163,218p 19cm
◇列国ノ形勢ト民政（井上友一編）　1901.9 4,152,13p 27cm
◇自治制大意（島田俊雄著）　博文館 1901.11 2,12,462p 23cm
◇宮城県名取郡生出村村是調査書（宮城県内務部編）　1902.2 3,91,37p 23cm
◇福島県大沼郡横田村大竜村組合村是調査（福島県大沼郡横田村大竜村組合村編）　1902.10 179p 23cm
◇千葉県睦村是（千葉県農会編）　1902.11 112p 22cm
◇地方事績雑俎 第1号（泉谷三郎著）　正文舎 1903.5 5,291p 23cm
◇静岡県榛原郡勝間田村村是調査（榛原郡勝間田村農会編）　1903.6 132p 22cm
◇新潟県南魚沼郡吉里村々是調査書（南魚沼農会編）　1903.6 139p 22cm
◇愛媛県温泉郡余土村是（余土村役場編）　1903.11 214p 22cm
◇東京府通常市部会議事速記録 明治37年 自第1号 至第4号（東京府編）　1904 2,112p 22cm
◇東京府通常府会議事速記録 明治37年 自第1号 至第6号（東京府編）　1904 3,193p 22cm
◇地方行政旧慣調査（台湾総督府民政部編）　1904.5 53p 22cm
◇戦時に於ける地方経営（内務省編）　1904.6 40p 22cm
◇郡制廃止問題は十分の考究を要す　1905 80p 23cm
◇東京府通常市部会議事速記録 明治38年 自第1号 至第4号（東京府編）　1905 2,90p 22cm
◇東京府通常府会議事速記録 明治38年 自第1号 至第5号（東京府編）1905 4,230p 22cm
◇東京府臨時府会議事速記録 明治38年 第1回（東京府編）　1905 14p 22cm
◇南会津郡小梁村八幡村布沢村組合村々是調査（南会津郡小梁組合村々農会編）　1905.6 5,179p 22cm
◇増補 地方自治ノ指針（内務省編）　1905.10 84p 22cm
◇山形県会史（山形県編）　1905.11 712,142p 26cm
◇地方自治制論 行政法（戸田海市述，竹井耕一郎述）　東京専門学校 1906 278,196p 22cm
◇東京府臨時府部会議事速記録 明治39年 第1回（東京府編）　1906 3p 22cm
◇東京府臨時府会議事速記録 明治39年 第1回（東京府編）　1906 19p 22cm
◇改正 府県制郡制要義（美濃部達吉著）　有斐閣 1906.2 7,338p
◇郡市町村廃置分合一覧表 自明治31年12月31日 至明治36年12月31

◇日(内閣統計局編) 1906.2 13p 34cm
◇東京府西多摩郡戸倉村々治概況(東京府西多摩郡戸倉村編) 1906.3 104p 23cm
◇山梨自治制史(林信次編) 山梨自治制史 1906.5 384p 26cm
◇茨城県戦時状況一斑 上巻(茨城県編) 1906.9 5,128p 22cm
◇茨城県戦時状況一斑 下巻(茨城県編) 1906.9 8,143,96p 23cm
◇欧西自治の大観(井上友一著) 報徳会 1906.12 2,215p 24cm
◇地方資料 第2編(内務省編) 1907 32p 22cm
◇地方資料 第4編(内務省編) 1907 64p 22cm
◇地方資料 第5編(内務省編) 1907 66p 22cm
◇地方資料 第6編(内務省編) 1907 70p 22cm
◇地方資料 第7編(内務省編) 1907 65p 22cm
◇地方資料 第8編(内務省編) 1907 70p 22cm
◇地方資料 第9編(内務省編) 1907 72p 22cm
◇地方資料 附録(内務省編) 1907 64p 22cm
◇三十七八年地方経営大観(内務省地方局編) 1907.3 3,2,226p 23cm
◇地方自治要鑑(内務省地方局編) 1907.3 2,320p 23cm
◇地方資料 第11編(内務省地方局編) 1907.3 44p 22cm
◇東京府通常郡部会議事速記録 明治41年 自第1号 至第4号(東京府編) 1908 2,106p 22cm
◇東京府通常府会議事速記録 明治41年 自第1号 至第3号(東京府編) 1908 5,171p 22cm
◇地方資料 第16編(内務省地方局編) 1908.1 82p 22cm
◇埼玉県南埼玉郡鷺宮村々是(鷺宮村是調査会編) 1908.3 125p 20cm
◇兵庫県揖保郡足並町村是(兵庫県揖保郡役所編) 1908.7 1331p 25cm
◇福島県町村治績 第1輯(福島県編) 1908.9 150p 23cm
◇埼玉県案内(埼玉県実業組合聯合会編) 1908.10 26,6,250p 22cm
◇農村自治之研究(山崎延吉著) 永東書店 1908.10 12,572p 22cm
◇長野県北佐久郡小諸町是(長野県小諸町役場編) 1908.12 47p 24cm
◇沖縄県会決議録 第一回 明治四十二年六月二十八日開会同七月閉会(沖縄県会編) 1909 53p 27cm
◇地方諸般の経営 再版(内務省地方局編) 隆文館 1909.1 1冊 22cm 地方資料
◇福島県町村治績 第2輯(福島県編) 1909.3 145p 23cm
◇福島県町村治績 第3輯(福島県編) 1909.3 122p 23cm
◇恵那郡是提要(岐阜県恵那郡役所編) 1909.6 113,166p 27cm
◇農村自治談(田村又吉述,京都府乙訓郡報徳会編) 1909.7 132p 22cm
◇富山県紀要(富山県編) 1909.9 11,318p 23cm
◇富山県町村治績(富山県編) 1909.9 135p 22cm
◇自治要義(井上友一著) 博文館 1909.11 16,288p 23cm
◇郡市町村廃置分合表 自明治36年12月31日 至明治41年12月31日(内閣統計局編) 1909.12 13p 34cm
◇地方改良事業講演集 第1回 上巻(内務省地方局編) 1909.12 666p 23cm
◇地方改良事業講演集 第1回 下巻(内務省地方局編) 1909.12 662p 23cm
◇町村是調査指針(森恒太郎著) 丁未出版 1910.1 6,298p 23cm
◇地方改良事績(内務省地方局編) 駸々社 1910.4 30,462p 19cm
◇比較研究 自治之精髄(水野錬太郎著) 清水書店 1910.4 8,150p 23cm

◇府県及北海道境域沿革一覧 第2編 第3編(内閣統計局編) 東京統計協会出版部 1910.8 34,33,188p 26cm
◇奈良県生駒郡 北倭村是(北倭村農会編) 1910.11 167,77p 23cm
◇独仏英地方行政法比較 1911 361p 19cm
◇大分県大分郡鶴崎町々是(鶴崎町役場編) 1911.1 56,16p 23cm
◇地方改良講演集:明治44年 第2回 第3回 下巻(内務省地方局編) 1911.2 976p 23cm
◇群馬県農会村是調査書 一. 吾妻郡太田村之部 二. 群馬郡大類村之部 三. 新田郡強戸村之部(群馬県農会編) 1911.3 9,366,298p 22cm
◇地方行政史料小鑑(内務省地方局編) 報徳会 1911.3 138p 23cm
◇地方経営小鑑(内務省地方局編) 報徳会 1911.3 20,405p 23cm
◇茨城県新治郡三村是(茨城県新治郡三村々是調査会編) 1911.4 11,126p 23cm
◇改正市町村制義解:附 英仏独地方制度重要事項 全(百々吾郎著) 勧業社出版部 1911.6 12,304p 22cm
◇地方改良講演集:明治44年 第2回 第3回 上巻(内務省地方局編) 1911.7 736p 23cm
◇道治一斑(北海道庁編) 1911.7 8,272p 27cm
◇茨城県新治郡園部村是(茨城県新治郡園部村役場編) 1911.9 6,152p 23cm
◇富山県射水郡 横田村是調査書(富山県農会編) 1911.10 10,239p 22cm
◇愛知県町村会規則(愛知新聞社編) 1912 6p 22cm
◇茨城県真壁郡大村是(茨城県真壁郡編) 1912 125p 23cm
◇郡分合二関スル法理由書 1912 225p 28cm
◇県令勤方大意 1912 1冊 22cm
◇自治制の本旨(副島義一述) 1912 [59]p 22cm 第18回東京市講演集ノ中
◇村会議事便法(知新社編) 1912 34p 18cm
◇小県郡聯合村会議事細則 1912 16p 18cm
◇千葉県長柄上埴生郡役所処務細則(千葉県長柄上埴生郡役所編) 1912 42p 21cm
◇地方制度編纂綱領(地方官及共同行政組織ノ要領) 1912 37p 27cm
◇町村会権限要覧 1912 1枚 48×34cm
◇町村法草案 1912 72p 20cm
◇当庁諸規則心得書(千葉県長柄上埴生郡役所編) 1912 1冊 25cm
◇日本帝国に於ける三模範村 1912 9,8p 22cm
◇白仏独英地方編制比較 1912 281p 19cm
◇福島県区画改正書(福島県編) 1912 1冊 25cm
◇里昂市行政組織 1912 1冊 26cm
◇[福井県]自治民政資料(木戸正栄著) 大成社 1912.2 762p 23cm
◇大花羽村是(茨城県) 明治43年3月末日現在(大花羽村是調査会編) 1912.3 188p 22cm
◇地方改良実例(内務省地方局編) 1912.3 637p 23cm
◇地方自治及振興策(床次竹二郎著) 実業之日本社 1912.3 8,248p 23cm
◇新潟県会史 上巻(新潟県地方課編) 1912.5 4,1134p 22cm
◇新潟県会史 下巻(新潟県地方課編) 1912.5 [1156]p 22cm
◇神奈川県三浦郡葉山村勢一斑(神奈川県三浦郡葉山村編) 1912.7 73p 22cm
◇長崎県会事蹟 上巻(長崎県編) 1912.8 31,1117p 22cm
◇長崎県会事蹟 下巻(長崎県編) 1912.8 8,1919p 22cm

◇茨城県猿嶋郡弓馬田村是（猿嶋郡弓馬田村是調査会編） 1912.9 11,284p 23cm

◇自治制の活用と人（水野錬太郎述, 勝屋英造編） 実業之日本社 1912.11 6,335p 23cm

◇産業ニ関スル県是（新潟県編） 1913 66,10,61p 27cm

◇朝鮮道行政ニ自治制ヲ施行スルノ可否 大正2年度 第20号 謄写版（東亜経済調査局編） 1913 8p 24cm

◇地方の改良（北原種忠著） 1913.1 20,16,347p 23cm

◇民政史稿 賑恤救済篇（内務省地方局編） 1913.2 24,248p 23cm

◇地方改良講演集：大正元年11月 第6回（内務省地方局編） 1913.3 681p 23cm

◇福島県是資料 上巻（福島県編） 1913.3 30,950p 23cm

◇福島県是資料 下巻（福島県編） 1913.3 25,762,82p 23cm

◇民政史稿 制治民政篇 上巻（内務省地方局編） 1913.3 3,43,488p 23cm

◇民政史稿 制治民政篇 下巻（内務省地方局編） 1913.3 39,458p 23cm

◇地方資料概要（千葉県編） 1913.5 1冊 23cm

◇自治之開発訓練（井上友一著） 中央報徳会 1913.6 14,417p 19cm

◇地方事務ノ概況（南満洲鉄道株式会社地方課編） 1913.12 53p 26cm

◇民政史稿 殖産経済篇（内務省地方局編） 1914.3 44,464p 23cm

◇民政史稿 善行美蹟篇（内務省地方局編） 1914.3 32,342p 23cm

◇民政史稿 風俗民俗篇（内務省地方局編） 1914.3 56,514p 23cm

◇地方改良講演集：大正2年10月 第7回（内務省地方局編） 1914.9 12,2,596p 23cm

◇地方改良本義 再版（小橋一太述） 中央報徳会 1914.9 6,312p 23cm

◇優良村巡り：自治講話（中川望著） 洛陽堂 1914.11 11,364p 22cm

◇地方改良資料 其ノ1（東京府編） 1915 76p 22cm

◇自治民政資料展覧会記念（広島県内務部県治課編） 1915.3 4,305p 22cm

◇地方改良講演集 第8回（内務省地方局編） 1915.3 1冊 23cm

◇民政史稿 文教訓化篇 上巻（内務省地方局編） 1915.3 26,396p 23cm

◇民政史稿 文教訓化篇 下巻（内務省地方局編） 1915.3 26,412p 23cm

◇自治記念号（中央報徳会編） 1915.5 176p 23cm 「斯民」第10巻 第2号

◇茨城県稲敷郡是（茨城県稲敷郡役所編） 1915.6 1冊 22cm

◇徳川幕府県治要略（安藤博編） 赤城書店 1915.7 6,490p 22cm

◇茨城県猿島郡 長田村々是（猿島郡長田村是調査会編） 1915.9 21,224p 23cm

◇地方自治制釈義（島村他三郎著） 金刺芳流堂 1915.10 24,660,8p 22cm

◇東京府治一斑（東京府編） 1915.11 81p 22cm

◇新潟県北蒲原郡川東村是（新潟県北蒲原郡川東村役場編） 1915.11 9,115p 23cm

◇広村（武岡充忠著, 井口丑二著） 警眼社 1915.12 8,629p 22cm

◇山形県治要領（山形県編） 1916 1冊 26cm

◇産業ニ関スル県是ノ要：附 大正5年度県是実行ノ施設（新潟県内務部編） 1916.1 51p 19cm

◇自治民育十二講（村田宇一郎著） 東京宝文館 1916.1 2,6,368p 23cm

◇農村自治：農学士山崎延吉先生講演 7版（山崎延吉[述]） 求光閣書店 1916.3 2,167p 22cm

◇栃木県地方改良講演集（栃木県編） 1916.6 7,366p 23cm

◇新潟県北蒲原郡分田村是（新潟県北蒲原郡分田村編） 1916.6 103p 22cm

◇自治制の消長に就て（後藤新平著） 公益通信社 1916.9 [25]p 19cm 現代大家論集ノ中

◇優良町村の新研究（石田伝吉著） 大倉書店 1916.10 3,29,721p 23cm

◇自治の本義（大正6年1月地方改良講習会講演）（渡辺勝三郎述） 1917.1 40p 22cm

◇地方改良講演集：大正5年1月 第9回（内務省地方局編） 1917.2 1冊 23cm

◇戦後準備ニ関スル告諭（東京府編） 1917.5 6p 22cm

◇地方行政改善ニ関スル地方長官意見摘要（内務省編） 1917.5 26p 22cm

◇福島県会史 上巻（福島県編） 1917.7 2,2136p 23cm

◇福島県会史 下巻（福島県編） 1917.7 9,2190p 23cm

◇模範自治 報徳と農村（加藤孝三郎著） 大盛堂 1917.10 4,222p 22cm

◇地方長官ニ対スル後藤外務大臣ノ訓示（大正7年5月14日於官邸）（後藤新平著） 1918 33,10p 22cm

◇南満地方支那警察制度（南満洲鉄道株式会社総務部事務局調査課編） 1918.1 12,477p 26cm

◇南満地方支那警察制度附録参考書（南満洲鉄道株式会社編） 1918.1 400p 26cm

◇自治と民育（山崎延吉著） 中央報徳会 1918.4 6,251p 23cm

◇新潟県岩船郡岩船町是 大正4年（新潟県岩船郡岩船町編） 1918.7 121p 22cm

◇戦時列国地方資料 第8輯（内務省地方局編） 1918.8 2,2,242p 23cm

◇仏国ノ比側代表法採用ノ場合ニ於ケル議会委員会ノ報告（衆議院議員選挙法調査会編） 1919 29p 26cm

◇地方自治の精神（守屋栄夫著） 中央報徳会 1919.1 3,11,241p 20cm

◇自治生活の新精神（後藤新平著） 新時代社 1919.2 62p 15cm

◇自治の新思潮（上野他七郎編） 中央報徳会 1919.2 6,17,601p 23cm

◇自治団網領草案釈義（後藤新平著） 1919.3 28p 15cm

◇伏見民政要：附 大正6年町勢一班（京都府紀伊郡伏見町役場編） 1919.3 168p 22cm

□立子山村治績：内務省選奨（福島県編） 1919.5 96p 22cm

◇自治小言（時実秋穂編） 1919.7 215p 22cm

◇産業ニ関スル県是（栃木県編） 1919.8 116p 26cm

◇地方行政資料 第13輯（内務省地方局編） 1919.11 2,4,161p 23cm

◇地方行政ニ関スル地方長官意見［其ノ1］ 謄写版（内務省編） 1920 1冊 28cm

◇地方行政ニ関スル地方長官意見 其ノ2 謄写版（内務省編） 1920 1冊 28cm

◇地方行政ニ関スル地方長官意見 其ノ3 謄写版（内務省編） 1920 1冊 28cm

◇郡市町村廃置分合表 自大正3年1月1日 至大正7年12月31日（内閣統計局編） 1920.3 5p 34cm

◇兵庫県宍粟郡千種村是（兵庫県宍粟郡千種村役場編） 1920.3 12,432p 22cm

◇自治の新基調（大河原昌勝編） 東京地方改良協会 1921.4 4,449p 20cm

◇台湾地方制度法規輯覧（台湾総督府内務局編） 1921.5 610p 15cm

◇自治生活の新精神（後藤新平著） 内観社 1921.6 8,131p 15cm

683

◇自治生活の新精神(後藤新平著)　鴻盟社　1921.10　[27]p 23cm　「講習会講演集」(仏教聯合会)第4回のうち
◇優良町村便覧(上野他七郎著)　中央報徳会　1922.2 332p 19cm
◇地方改良講演集　第15回(内務省地方局編)　1922.6 1冊 19cm
◇地方制度之栞　増訂(警眼社編)　1922.9 6,371p 13cm
◇自治生活の新精神(後藤新平著)　民力涵養協会　1922.11 24p 19cm
◇地方官生活と党人気質(伊藤金次郎著)　大阪毎日新聞社　1922.12 4,3,528p 19cm
◇自治民政と仏教(加藤熊一郎著)　丙午出版社　1923.1 3,7,194p 23cm
◇揖保郡会史(兵庫県揖保郡役所編)　1923.3 10,320p 26cm
◇下高井郡会沿革誌([長野県]下高井郡役所編)　1923.3 294p 23cm
◇立憲政治の本領と地方自治の振興(池田宏述)　長野県西筑摩郡役所　1923.3 36p 22cm　「西筑摩郡報」号外　郡制廃止記念号
◇上伊那郡会誌(有賀栄一編)　長野県上伊那郡役所　1923.4 22,544p 23cm
◇北蒲原郡会誌(新潟県北蒲原郡役所編)　1923.5 2,491p 22cm
◇町村格: 公民読本(繁田武平著)　中央報徳会　1923.7 15,8,281p 19cm
◇地方自治制要義(末松偕一郎著)　帝国地方行政学会　1923.8 13,500p 23cm
◇地方改良研究　第1巻(内務省地方局編)　1923.9 1冊 22cm　地方事務叢書
◇静岡県田方郡制録(静岡県田方郡役所編)　1923.11 381p 23cm
◇加除自在　現行警視庁東京府令規全書　第1綴(東京府)　帝国地方行政学会　1924.2 1冊 23cm
◇加除自在　現行警視庁東京府令規全書　第2綴(東京府編)　帝国地方行政学会　1924.2 1冊 23cm
◇加除自在　現行警視庁東京府令規全書　第3綴(東京府編)　帝国地方行政学会　1924.2 1冊 23cm
◇自治第一義の提唱(後藤新平著)　人間味社　1924.2 24p 18cm　「人間味」創刊号ノ中
◇選挙に関する職務(東京地方改良協会編)　1924.3 20p 19cm　地方事務叢書
◇兵庫県会史　第2輯　上巻(兵庫県編)　1924.3 46,1384p 27cm
◇兵庫県会史　第2輯　下巻(兵庫県編)　1924.3 28,[1520],264p 27cm
◇名西郡会誌(徳島県名西郡編)　1924.3 521p 23cm
◇自治生活の新精神(後藤新平著)　1924.4 81p 15cm
◇地方行政要覧(帝国地方行政学会編)　1924.5 245p 23cm
◇地方自治の改造(西田卯八著)　巌松堂　1924.8 3,274p 20cm
◇改正　地方制度輯覧　大正13年10月現在(良書普及会編)　1924.9 17,583p 15cm
◇地方改良研究　第2巻(内務省地方局編)　1924.9 1冊 22cm　地方事務叢書
◇自治制要義(星野武雄著)　大明堂　1925.1 4,516p 23cm
◇地方改良談(大阪府東成郡教育会編)　1925.4 4,7,616p 23cm
◇優良町村の施設と経営(石田伝吉著)　帝国地方行政学会　1925.4 6,454p 23cm
◇自治団綱領草案(後藤新平著)　1925.6 1枚 32×46cm
◇地方改良講演集　第7回(東京地方改良協会編)　1925.7 232p 22cm
◇瀕死の琉球(新城朝功著)　越山堂　1925.9 48p 22cm
◇地方自治と公民教育(占部百太郎著)　実業同志会市民講座部　1925.10 125p 22cm　公民講座
◇地方行政並財政整理ニ関スル地方長官意見　1926 1冊 27cm

◇地方長官意見　謄写版　1926 [109]p 27cm
◇普国東部六州州制(衆議院議員選挙法調査会編)　1926 24p 26cm
◇法令ニ依ル郡長職務ノ重ナル概目　手書　1926 [4]p 25cm
◇自治の三訣(後藤新平述)　1926.2 19p 22cm　「安田同人会」第17号ノ中
◇改正　地方制度解説(挟間茂著)　良書普及会　1926.9 11,617,8p 22cm
◇地方改良之事例(村田宇一郎著)　中央報徳会　1926.9 3,257p 20cm
◇新日本史　第1巻　自治篇(池田宏著)　1926.11 [141]p 22cm
◇昭和二年一月中旬市町村行政事務打合会に於ける質疑応答録(岡山県地方課編)　1927 26p 22cm
◇英国自治制度の研究: 緒論(小川市太郎著)　1927.2 50p 23cm
◇地方制度改正の梗要(挟間茂著)　中央報徳会　1927.4 5,104p 19cm
◇地方制度輯攬　昭和2年4月現在　改訂増補(良書普及会編)　1927.4 857p 17cm
◇自治団体事業概要(岡山県地方課編)　1927.5 105p 22cm
◇フランス地方行政一九二六年改革に関する統令　謄写版(東京市政調査会資料室編)　1927.5 48p 26cm
◇改正　地方制度通議(荒川五郎著)　清水書店　1927.6 6,720,10p 23cm
◇議員改選後の市町村会に於ける労働者並小作人の勢力と地方自治(社会局労働部労務課[編])　社会局　1927.6 21p 22cm　「労働時報」昭和2年5月号臨時増刊
◇警視庁東京府公報　自第41号　至第81号　昭和2年4月-6月(警視庁東京府編)　1927.6 1冊 26cm
◇国民自治総覧: 普選記念(藤井国武編)　東京毎夕新聞社　1927.6 10,24,766p 26cm
◇満鉄地方行政史(高橋嶺泉著)　1927.6 926,132p 23cm
◇英国自治制度の特質(東京市政調査会編)　1927.10 71p 23cm　市政調査資料
◇警視庁東京府公報　自第82号　至第159号　昭和2年7月-12月(警視庁東京府編)　1927.12 1冊 26cm
◇誰が棄権したか　謄写版(東京市統計課編)　1928.3 1冊 26cm　東京市ノ状況
◇県政物語(朝日新聞社通信部編)　1928.4 8,608p 19cm
◇農村行政(外山福男著)　良書普及会　1928.4 12,585p 23cm
◇警視庁東京府公報　自第160号　至第236号　昭和3年1月-6月(警視庁東京府編)　1928.6 1冊 26cm
◇岩手県政物語(東京朝日新聞社編)　世界社　1928.9 4,7,313p 19cm
◇地方制度輯覧　昭和3年9月現在　改訂増補(良書普及会編)　1928.9 20,861p 17cm
◇英国自治制度の歴史的考察(東京市政調査会編)　1928.11 4,4,212p 23cm　市政調査資料
◇英国の県と県会の制度(小川市太郎著)　大阪都市協会　1928.12 50p 23cm
◇加除自在　地方制全集(日本法律研究会編)　1928.12 1冊 17cm
◇警視庁東京府公報　自第237号　至第317号　昭和3年7月-12月(警視庁東京府編)　1928.12 1冊 26cm
◇名古屋市最初の普選: 昭和3年2月20日施行衆議院議員総選挙(名古屋市役所編)　1929.1 17p 19cm
◇自治生活の新精神(後藤新平著)　延長大学出版部　1929.2 96p 19cm　「成人大集」第1輯ノ内
◇福島県政治史　上巻(諸根権一著, 草野順平著, 諸橋元三郎著)　福島県政治史刊行会　1929.4 469p 23cm
◇地方自治制講話(挟間茂著)　帝国地方行政学会　1929.5 4,16,402p

◇東京府町会議員選挙資料 候補者文書 昭和4年5月（［東京市政調査会市政専門図書館］編）　1929.5 1冊 26cm

◇警視庁東京府公報 自第318号 至第392号 昭和4年1月-6月（警視庁東京府編）　1929.6 1冊 26cm

◇地方制度改正詳解（大塚辰治著）　自治館　1929.6 4,8,339p 19cm

◇地方制度改正大意（挾間茂著）　良書普及会　1929.6 2,3,164p 23cm

◇埼玉県治庁並職官沿革 昭和4年8月現在（埼玉県編）　1929.8 102p 23cm

◇警視庁東京府公報 自第393号 至第473号 昭和4年7月-12月（警視庁東京府編）　1929.12 1冊 26cm

◇地方長官会議及警察部長会議ニ於ケル内務大臣訓示演説集（内務省編）　1929.12 5,302p 23cm

◇府県知事及市町村長ノ管掌スル国政事務調 昭和5年調（内務省地方局［行政課］編）　1930 ［272］p 28cm

◇地方自治の話（前田多門著）　朝日新聞社　1930.3 2,4,280p 19cm　第2部日常識講座

◇医事行政例及判例の解説：開業医と法律知識（豊田久二著）　春秋社　1930.6 6,238p 20cm

◇警視庁東京府公報 自第474号 至第549号 昭和5年1月-6月（警視庁東京府編）　1930.6 1冊 26cm

◇地方制度輯覽 昭和5年6月現在（良書普及会編）　1930.6 20,896p 17cm

◇地方官界の変遷：内務畑の新人旧人（栗林貞一著）　世界社　1930.8 16,512,102p 19cm

◇県民読本（神奈川県編）　1930.11 422p 23cm

◇警視庁東京府公報 自第550号 至第627号 昭和5年7月-12月（警視庁東京府編）　1930.12 1冊 26cm

◇自治体論（渡辺宗太郎編）　日本評論社　1931.1 8,406p 23cm　現代政治学全集

◇地方自治の研究（安井英二著）　良書普及会　1931.2 7,368p 23cm

◇自治政策（入江俊郎著）　雄風館書房　1931.3 8,294p 23cm

◇蘭領印度行政関係法規及選挙法（台湾総督府官房調査課編）　1931.3 12,506p 22cm　南支那及南洋調査

◇警視庁東京府公報 自第628号 至第701号 昭和6年1月-6月（警視庁東京府編）　1931.6 1冊 26cm

◇明治十一年地方官会議へ付議 地方体制改正案　タイプ（東京市政調査会編）　1931.6 1冊 29cm

◇県会議員選挙事務提要（愛知県編）　1931.8 6,416p 23cm

◇県会議員総選挙概況 昭和6年9月25日執行（名古屋市役所編）　1931.10 102p 19cm

◇警視庁東京府公報 自第702号 至第776号 昭和6年7月-12月（警視庁東京府編）　1931.12 1冊 26cm

◇埼玉県政と政党史（青木平八著）　埼玉県政と政党史出版後援会　1931.12 2,4,617p 23cm

◇衆議院議員選挙資料（東京府）　昭和7年2月 候補者文書 第1区（［東京市政調査会市政専門図書館］編）　1932.2 1冊 27cm

◇警視庁東京府公報 自第777号 至第851号 昭和7年1月-6月（警視庁東京府編）　1932.6 1冊 26cm

◇府会議員選挙調（東京府編）　1932.6 22p 22cm

◇関東州に於ける地方行政（関東庁内務局編）　1932.7 4,187p 19cm

◇地方制度之栞（警眼社編）　1932.10 8,576p 13cm

◇日本自治史観（長野朗著）　建設社　1932.10 4,167p 20cm

◇府県市町村法規判例学説総覽（柴田義彦著）　巌松堂　1932.10 11,685p 20cm

◇警視庁東京府公報 自第852号 至第928号 昭和7年7月-12月（警視庁東京府編）　1932.12 1冊 26cm

◇地方行政区域名称一覧（朝鮮総督府内務局編）　帝国地方行政学会朝鮮本部　1932.12 306p 19cm

◇地方制度輯覽 改訂加除（良書普及会編）　1932.12 25,905p 16cm

◇難関突破の新生活：更生実話 町村篇（中央教化団体聯合会編）　1933.2 10,245p 19cm　国民更生叢書

◇埼玉県治庁並職官沿革 続 昭和8年3月現在（埼玉県編）　1933.3 41p 23cm

◇中里村是（滋賀県野洲郡中里村役場編）　1933.3 12,511p 22cm

◇大阪府会史 第3編 上巻（大阪府内務部編）　1933.4 6,1692p 22cm

◇大阪府会史 第3編 下巻（大阪府内務部編）　1933.4 8,1540p 22cm

◇改正 地方制（有斐閣編）　1933.5 10,372p 13cm

◇警視庁東京府公報 自第929号 至第1003号 昭和8年1月-6月（警視庁東京府編）　1933.6 1冊 26cm

◇官界表裏（川村貞四郎著）　1933.8 2,9,620p 23cm

◇難関突破の新生活：更生実話 部落篇（中央教化団体聯合会編）　1933.8 7,475p 19cm　国民更生叢書

◇警視庁東京府公報 自第1004号 至第1081号 昭和8年7月-12月（警視庁東京府編）　1933.12 1冊 26cm

◇東京府会参考書（東京府編）　1934 5,390p 15cm

◇怎様実施地方自治？（趙如珩編著）　上海華通書局　1934.3 4,162p 19cm

◇警視庁東京府公報 自第1082号 至第1156号 昭和9年1月-6月（警視庁東京府編）　1934.6 1冊 26cm

◇自治体改革新論（北条富之輔著）　自治体改革同盟　1934.7 279p 19cm

◇警視庁東京府公報 自第1157号 至第1234号 昭和9年7月-12月（警視庁東京府編）　1934.12 1冊 26cm

◇市町村会議員選挙ニ於ケル 選挙粛正運動概要（大分県編）　1935 32p 19cm

◇昭和十年九月二十五日執行県会議員総選挙 職業及年齢別有権者並棄権者数調（神戸市編）　1935 3枚 32×46cm

◇地方制度関係法令集 第1冊（内務省地方局編）　1935 7,381p 22cm

◇道府県経済部ノ組織（農林省経済更生部編）　1935.2 133p 23cm

◇第一線の行政事務刷新（横溝光暉著）　新光閣　1935.3 2,2,106p 21cm

◇東北振興ニ関シ政府ニ提出シタル建議事項（日本学術振興会編）　1935.3 1冊 26cm

◇青森県振興計画書（青森県編）　1935.4 ［321］p 27cm

◇東北特別施設論（水野錬太郎述）　港湾協会　1935.4 14p 23cm　東北地方振興港湾修築参考資料

◇地方行政 上（坂千秋著）　常磐書房　1935.5 10,530p 23cm　自治行政叢書

◇警視庁東京府公報 自第1235号 至第1309号 昭和10年1月-6月（警視庁東京府編）　1935.6 1冊 26cm

◇地方行政区域名称一覧（朝鮮総督府内務局編）　帝国地方行政学会朝鮮本部　1935.6 5,311p 19cm

◇地方自治の本質（渡辺宗太郎著）　弘文堂書房　1935.6 2,353p 22cm

◇改正地方制度に就て（石井竜猪述，台湾地方自治協会編）　1935.7 22p 19cm

◇改正地方制度法規（台北州編）　1935.7 4,227p 15cm

◇山崎延吉全集 第1巻 農村自治篇（山崎延吉著）　山崎延吉全集刊行会　1935.7 2,600p 23cm

◇改正地方制度ノ趣旨ニ就テ（石井竜猪述，台北州編）　1935.8 46p 23cm

◇山形県是調査会答申書（山形県編）　1935.8 5,86,13p 27cm

◇省政彙覽 第1輯 吉林省編（満洲国国務院総務庁編）　1935.11 9,

303p 22cm

◇警察行政 衛生行政(宮野省三著,白松篤樹著)　常磐書房　1935.12　4,250,376p 23cm　自治行政叢書

◇警視庁東京府公報 自第1310号 至第1387号 昭和10年7月-12月(警視庁東京府編)　1935.12 1冊 26cm

◇省政彙覧 第2輯 竜江省篇(満洲国国務院総務庁編)　1935.12 8,353p 22cm

◇地方制度関係法令集 第2冊(内務省地方局編)　1936 12,[1230],73p 21cm

◇東京府会議事速記録 昭和11年 第2回 臨時(東京府会編)　1936 87p 22cm

◇県会議員選挙概況:昭和10年9月25日執行(名古屋市庶務部編)　1936.2 151p 19cm

◇衆議院議員選挙資料(東京府) 昭和11年2月 第19回 選挙公報 全区([東京市政調査会市政専門図書館]編)　1936.2 1冊 27cm

◇省政彙覧 第3輯 黒河省篇(満洲国国務院総務庁編)　1936.2 9,315p 22cm

◇省政彙覧 第4輯 三江省篇(満洲国国務院総務庁編)　1936.3 8,292,30p 22cm

◇道府県選挙粛正委員会ニ於ケル諮問並答申要領 其ノ2(内務省編)　1936.3 3,178p 26cm

◇省政彙覧 第5輯 浜江省篇(国務院総務庁編)　1936.4 10,510p 22cm

◇東京府政調査会税制委員会報告書 昭和11年度(東京府政調査会税制委員会編)　1936.5 19p 22cm

◇改正 台湾地方制度実施概要(台湾総督府内務局地方課編)　1936.6 4,213p 22cm

◇警視庁東京府公報 自第1388号 至第1463号 昭和11年1月-6月(警視庁東京府編)　1936.6 1冊 26cm

◇自治学 総論編(長野朗著)　建設社　1936.6 12,342p 23cm

◇東京府会議員選挙資料 昭和11年6月 その1 候補者文書 その1([東京市政調査会市政専門図書館]編)　1936.6 1冊 27cm

◇東京府会議員選挙資料 昭和11年6月 その2 候補者文書 その2([東京市政調査会市政専門図書館]編)　1936.6 1冊 27cm

◇東京府会議員選挙資料 昭和11年6月 その3 ポスター その1([東京市政調査会市政専門図書館]編)　1936.6 1冊 27cm

◇東京府会議員選挙資料 昭和11年6月 その4 ポスター その2([東京市政調査会市政専門図書館]編)　1936.6 1冊 27cm

◇農村自治制の改革(我妻東策著)　1936.6 20p 23cm　「農村研究」第1巻第1号 抜刷

◇府会議員選挙投票区調:附 府会議員選挙人名簿確定員数(東京府編)　1936.6 51p 22cm

◇府会議員総選挙ニ関スル調査(東京市監査局区政課編)　1936.6 92p 22cm

◇自治生活の基調(中央報徳会編)　1936.7 251p 19cm

◇東京府政調査会警務委員会報告書(東京府政調査会警務委員会編)　1936.7 41p 22cm

◇地方行政 下(加藤於菟丸著)　常磐書房　1936.8 10,527p 23cm 自治行政叢書

◇東京府政鳥瞰図 昭和11年版(東京地区政治研究社編)　1936.9 1枚 63×91cm

◇自治学 経済編(長野朗著)　建設社　1936.10 6,358p 23cm

◇新市部棄権状況一斑　謄写版(東京市監査部統計課編)　1936.11 [7]p 25cm　東京市の状況

◇廿八年の草鞋村長(選挙粛正中央聯盟編)　1936.11 72p 19cm

◇我国都市棄権率の地位:米大統領選挙(1932年11月8日)に於ける諸都市との比較　謄写版(東京市監査局統計課編)　1936.11 [4]p 25cm　東京市状況

◇警視庁東京府公報 自第1464号 至第1540号 昭和11年7月-12月(警視庁東京府編)　1936.12 1冊 26cm

◇自治学 政治篇(長野朗著)　建設社　1936.12 6,352p 23cm

◇選挙制度(古井喜実著)　常磐書房　1936.12 4,501p 23cm　自治行政叢書

◇町村会議員の選挙 予選会と推薦会(選挙粛正中央聯盟編)　1936.12 2,2,65p 19cm

◇衆議院議員選挙資料(大阪府、兵庫県、宮城県) 昭和11年2月、同12年4月 第19、20回([東京市政調査会市政専門図書館]編)　1937 1冊 27cm

◇昭和12年4月衆議院議員選挙演説傍聴記録(東京府)［手書］([東京市政調査会市政専門図書館]編)　1937 [67]p 27cm

◇東京府会議事速記録 昭和12年 通常(東京府会編)　1937 8,696p 22cm

◇東京府参事会急施事件決議(昭和12年通常府会報告)(東京府編)　1937 379p 25cm

◇東京府政調査委員会社会委員会意見書 第1回(東京府政調査委員会社会委員会編)　1937 20p 22cm

◇府県制 市制 町村制 中改正法律案(合本)　1937 5,5,5p 26cm

◇宮崎県会速記録 昭和11年(宮崎県編)　1937 4,679p 23cm

◇地方自治の基本問題(宇賀田順三著)　清水書店　1937.1 3,659,8p 22cm　行政法研究

◇府県制逐条問題小集(本所区役所税務研究会 府県制研究議題資料)　謄写版([東京市]本所区役所税務研究会編)　1937.1 [9]p 25cm

◇自治学 文化篇(長野朗著)　建設社　1937.4 7,365p 23cm

◇衆議院議員選挙資料(東京府) 昭和12年4月 第20回 その1 候補者文書 第1区([東京市政調査会市政専門図書館]編)　1937.4 1冊 27cm

◇衆議院議員選挙資料(東京府) 昭和12年4月 第20回 その2 候補者文書 第2・3区([東京市政調査会市政専門図書館]編)　1937.4 1冊 27cm

◇衆議院議員選挙資料(東京府) 昭和12年4月 第20回 その3 候補者文書 第4・5区([東京市政調査会市政専門図書館]編)　1937.4 1冊 27cm

◇衆議院議員選挙資料(東京府) 昭和12年4月 第20回 その4 候補者文書 第6・7区([東京市政調査会市政専門図書館]編)　1937.4 1冊 27cm

◇衆議院議員選挙資料(東京府) 昭和12年4月 第20回 その5 選挙公報 全区([東京市政調査会市政専門図書館]編)　1937.4 1冊 27cm

◇衆議院議員選挙資料(東京府) 昭和12年4月 第20回 その6 ビラ,ポスター,その他([東京市政調査会市政専門図書館]編)　1937.4 1冊 27cm

◇雑色要録　謄写版(京都市役所編)　1937.5 144p 26cm

◇警視庁東京府公報 自第1541号 至第1615号 昭和12年1月-6月(警視庁東京府編)　1937.6 1冊 26cm

◇伍人組と部落常会(横山正一編)　選挙粛正中央連盟　1937.6 61p 19cm

◇東京府政調査委員会社会委員会報告書 第2回(東京府政調査委員会社会委員会編)　1937.7 28p 22cm

◇東京府政調査会税制委員会報告書 昭和12年度(東京府政調査会税制委員会編)　1937.7 20p 22cm

◇支那租界論(植田捷雄著)　巌松堂書店　1937.8 264p 23cm

◇地方行政論(蝋山政道著)　日本評論社　1937.8 3,12,262p 23cm　日本農業全書

◇地方制度改革ニ関スル諸意見　謄写版(内務省地方局編)　1937.8 38p 26cm

◇東京府政調査会教育委員会報告書 第1回(東京府政調査会教育委員会編)　1937.10 13p 22cm

◇明治初期に於ける高山県の政治学的研究(志見正次著)　高陽書房　1937.10 10,8,275p 23cm

◇関東州に於ける地方行政(関東州庁内務部編)　1937.11 6,287p 19cm

◇警視庁東京府公報 自第1616号 至第1693号 昭和12年7月-12月（警視庁東京府編） 1937.12 1冊 26cm

◇農村自治制度改正要綱（地方局案）（［内務省地方局］編） 1938 5p 26cm

◇英国自治制度の研究（小川市太郎著） 大阪商科大学経済研究所 1938.3 12,589p 23cm

◇自治制発布五十周年記念論文集（東京市政調査会編） 1938.4 3,780p 23cm

◇地方自治の沿革（亀卦川浩著） 東京市政調査会 1938.4 2,2,84p 19cm 市政の基礎知識

◇自治振興講演集 1（東京府選挙粛正実行部編） 1938.5 284p 22cm

◇自治振興講演集 2（東京府選挙粛正実行部編） 1938.5 3,194p 22cm

◇関口元老院議官地方巡察復命摘要（関口隆正著） 何陋軒書屋 1938.5 14p 25cm

◇地方制度輯攬 昭和13年5月現在 改訂加除（良書普及会編） 1938.5 27,920p 16cm

◇地方制度調査会第3回会議議事速記録 昭和13年5月20日（地方制度調査会編） 1938.5 42p 22cm

◇日文地方制度大全（岩井武信編,宋香遠編） 満洲自治館 1938.5 33,937p 15cm

◇警視庁東京府公報 自第1694号 至第1769号 昭和13年1月-6月（警視庁東京府編） 1938.6 1冊 26cm

◇地方制度調査会第一特別委員会議事速記録 第1回会議（昭和13年6月29日）（地方制度調査会編） 1938.6 29p 22cm

◇地方制度調査会第二特別委員会議事速記録 第1回会議（昭和13年6月30日）（地方制度調査会編） 1938.6 31p 22cm

◇地方行政講話（菊池慎三著） 崇文堂出版部 1938.7 4,2,148p 20cm

◇地方制度調査会第一特別委員会議事速記録 第2回会議（昭和13年7月6日）（地方制度調査会編） 1938.7 28p 22cm

◇地方制度調査会第一特別委員会議事速記録 第3回会議（昭和13年7月13日）（地方制度調査会編） 1938.7 30p 22cm

◇地方制度調査会第一特別委員会議事速記録 第4回会議（昭和13年7月20日）（地方制度調査会編） 1938.7 29p 22cm

◇地方制度調査会第一特別委員会議事速記録 第5回会議（昭和13年7月27日）（地方制度調査会編） 1938.7 40p 22cm

◇地方制度調査会第二特別委員会議事速記録 第2回会議（昭和13年7月5日）（地方制度調査会編） 1938.7 39p 22cm

◇地方制度調査会第二特別委員会議事速記録 第3回会議（昭和13年7月11日）（地方制度調査会編） 1938.7 37p 22cm

◇地方制度調査会第二特別委員会議事速記録 第4回会議（昭和13年7月18日）（地方制度調査会編） 1938.7 32p 22cm

◇地方制度調査会第二特別委員会議事速記録 第5回会議（昭和13年7月25日）（地方制度調査会編） 1938.7 31p 22cm

◇自治座談 回顧篇（自治制発布五十周年記念会編） 選挙粛正中央連盟 1938.9 6,186p 19cm

◇地方制度調査会第一特別委員会議事速記録 第6回会議（昭和13年9月7日）（地方制度調査会編） 1938.9 34p 22cm

◇地方制度調査会第一特別委員会議事速記録 第7回会議（昭和13年9月14日）（地方制度調査会編） 1938.9 30p 22cm

◇地方制度調査会第二特別委員会議事速記録 第6回会議（昭和13年9月19日）（地方制度調査会編） 1938.9 31p 22cm

◇地方制度調査会第二特別委員会議事速記録 第7回会議（昭和13年9月26日）（地方制度調査会編） 1938.9 26p 22cm

◇農村自治制度改正要綱ニ対スル意見書（全国町村長会編） 1938.9 8p 26cm

◇地方制度調査会第二特別委員会議事速記録 第8回会議（昭和13年10月3日）（地方制度調査会編） 1938.10 25p 22cm

◇地方制度調査会第二特別委員会議事速記録 第9回会議（昭和13年10月11日）（地方制度調査会編） 1938.10 16p 22cm

◇地方制度調査会第二特別委員会議事速記録 第10回会議（昭和13年10月18日）（地方制度調査会編） 1938.10 35p 22cm

◇府県市町村会解散概要（選挙粛正中央聯盟編） 1938.11 43p 22cm

◇国及府県区画の成立 地方区画の政治地理的研究（米倉二郎著） 1938.12 ［25］p 20cm 「内外研究」第11巻6号抜刷

◇警視庁東京府公報 自第1770号 至第1846号 昭和13年7月-12月（警視庁東京府編） 1938.12 1冊 26cm

◇自治座談 経験篇（自治制発布五十周年記念会編） 選挙粛正中央連盟 1938.12 8,252p 19cm

◇自治座談 実績篇（自治制発布五十周年記念会編） 選挙粛正中央連盟 1938.12 6,176p 19cm

◇墺国地方制度一斑及維也納市制 1939 36p 23cm

◇指示事項（厚生省）（昭和14年5月5日於地方長官会議）（［厚生省］編） 1939 37p 26cm

◇セーヌ県特別行政組織 1939 1冊 26cm

◇地方自治制再検討（副島義一著） 1939 83p 23cm 早稲田法学 第18巻 別刷

◇農村自治制度改正要綱（答申案）：第2特別委員会 1939 5p 25cm

◇氏子改制度について（上田藤十郎著） 1939.2 15p 22cm 「昭和高商学報」第6附録

◇［新有権者への東京市長挨拶状］：附 新有権者に告ぐ（田沢義鋪）（小橋一太著） 1939.3 1冊 23cm

◇帝国地方行政発達史論（菊池慎三著,東京市政調査会編） 東京市政調査会 1939.3 46p 22cm 市政調査資料

◇［山東省］県政指導要綱 謄写版（山東省公署編） 1939.4 1冊 26cm

◇自治制発布五十周年記念会記録（小橋一太編） 自治制発布五十周年記念会 1939.4 85,19p 23cm

◇木戸内務大臣訓示要旨（昭和14年5月3日於地方長官会議） 1939.5 5p 26cm

◇桜内農林大臣訓示要旨（昭和14年5月6日於地方長官会議）（農林省編） 1939.5 6p 26cm

◇指示事項（昭和14年5月3日於地方長官会議） 1939.5 21p 26cm

◇地方長官会議ニ於ケル石渡大蔵大臣訓示 謄写版 1939.5 22p 26cm

◇地方長官会議ニ於ケル商工大臣訓示要旨 1939.5 15p 26cm

◇地方長官会議ニ於ケル田辺逓信大臣訓示 1939.5 9p 26cm

◇地方長官会議ニ於ケル注意事項（大蔵省編） 1939.5 8p 26cm

◇注意事項（昭和14年5月6日於地方長官会議）（農林省編） 1939.5 14p 26cm

◇注意事項（昭和14年5月6日於地方長官会議） 謄写版（商工省編） 1939.5 8p 26cm

◇非常時の自治（永田秀次郎述） 選挙粛正中央聯盟 1939.5 19p 21cm

◇広瀬厚生大臣訓示要旨 昭和14年5月5日於地方長官会議 1939.5 7p 26cm

◇警視庁東京府公報 自第1847号 至第1921号 昭和14年1月-6月（警視庁東京府編） 1939.6 1冊 26cm

◇中華民国維新政府成立後重要宣言集（中華民国維新政府行政院宣伝局編） 1939.6 32p 19cm 行政院宣伝局叢書

◇東京府政調査委員会教育委員会報告書 第2回（東京府政調査委員会教育委員会編） 1939.7 42p 22cm

◇東京府政調査会社会委員会報告書（東京府政調査会社会委員会編） 1939.7 18p 22cm

◇府県会議員選挙結果一覧 第1分冊（衆議院事務局編） 1939.7 129p 30cm 衆議院公報 附録

◇府県会議員選挙結果一覧 第2分冊 (衆議院事務局編) 1939.7 87p 30cm 衆議院公報 附録

◇府県会議員選挙結果一覧 第3分冊 (衆議院事務局編) 1939.7 130p 30cm 衆議院公報 附録

◇府県会議員選挙粛正運動の基本方策 (選挙粛正中央聯盟編) 1939.7 4p 21cm

◇自治振興研究協議会講話集 (選挙粛正中央聯盟編) 1939.8 74p 21cm

◇府県制と其の沿革 (五十嵐鉱三郎編) 選挙粛正中央連盟 1939.9 108p 23cm

◇優良町村及自治功労者事蹟概要 (全国町村長会編) 1939.9 254p 22cm

◇国政事務委任ニ関スル調査 謄写版 (東京市[ほか]編) 1939.10 120p 26cm

◇支那地方自治問題 (董修甲著,岡本武彦訳) 生活社 1939.10 8,353p 23cm

◇地方巡察使復命書資料 茨城県之部 (関口隆吉著) 地方巡察使復命資料刊行会 1939.10 [102]p 27cm

◇地方巡察使復命書資料 千葉県之部 (関口隆吉著) 地方巡察使復命資料刊行会 1939.10 [107]p 27cm

◇地方巡察使復命書資料 復命書摘要及東京府之部 (関口隆吉著) 地方巡察使復命資料刊行会 1939.10 15,108p 27cm

◇維新政府各省市県宣伝会議報告書 (維新政府各省市県宣伝会議秘書処編) 維新政府行政院宣伝局 1939.11 128p 26cm

◇明治維新と郡県思想 (浅井清著) 巌松堂書店 1939.11 3,301,12p 23cm

◇岡山県会史 第4篇 (岡山県編) 1939.12 1341p 26cm

◇警視庁東京府公報 自第1922号 至第1999号 昭和14年7月-12月 (警視庁東京府編) 1939.12 1冊 26cm

◇支那地方自治発達史 (和田清著) 中華民国法制研究会 1939.12 13,278p 22cm

◇地方制度調査会ニ於ケル市制並府県制改正案 審議経過概要 (自治擁護聯盟編) 1939.12 30,9p 22cm

◇郡制廃止ヲ可トスル事由 1940 [8]p 25cm

◇郡制廃止ニ関スル善後処分 1940 [3]p 25cm

◇児玉内務大臣訓示要旨 (昭和15年5月4日於地方長官会議) 1940 6p 26cm

◇町村制中改正案ト現行法トノ対照 1940 11p 26cm

◇府会議員総選挙ニ関スル調 昭和15年6月執行 (東京府編) 1940 42p 22cm

◇府県制 市制 町村制 中改正法律案 (合本) 1940 5,5,5p 26cm

◇府県制中改正案ト現行法トノ対照 1940 8p 26cm

◇北海道会法中改正案ト現行法トノ対照 1940 2p 26cm

◇北海道会法中改正法律案 北海道地方費法中改正法律案 合本 1940 3,3p 26cm

◇イギリスの地方自治制度 (東京市政調査会編) 東京市政調査会 1940.1 6,155p 22cm 市政調査資料

◇岡山県会史 第5篇 (岡山県編) 1940.3 1848p 26cm

◇県会議員選挙概況 昭和14年9月25日執行 (名古屋市総務部編) 1940.3 63p 19cm

◇関口元老院議官地方巡察復命書 静岡県 (関口泰編) 巌松堂書店 1940.4 2,3,230p 22cm

◇岐阜県県政五十年史 [[森義一]著, 岐阜県会編] 1940.5 2,8,342p 23cm

◇指示事項 (厚生省) (昭和15年5月7日於地方長官会議) ([厚生省]編) 1940.5 24p 26cm

◇指示事項 (内務省) (昭和15年5月4日於地方長官会議) ([内務省]編) 1940.5 17p 26cm

◇自治民政年表 [復刻] (大森佳一編) 選挙粛正中央連盟 1940.5 132p 22cm

◇府県制の沿革と県政の回顧 (島根県編) 1940.5 4,114p 23cm

◇府県制発布五十年を顧みて (富山県編) 1940.5 2,3,116p 23cm

◇外地方行政区画便覧 昭和15年4月1日現在 (拓務省管理局編) 1940.6 87,14p 15cm

◇警視庁東京府公報 自第2000号 至第2073号 昭和15年1月-6月 (警視庁東京府編) 1940.6 1冊 26cm

◇自治民政資料 (大森佳一編) 選挙粛正中央連盟 1940.6 20,1280p 20cm

◇自治民政年表 (大森佳一編) 選挙粛正中央連盟 1940.6 132p 19cm

◇東京府会議員選挙資料 昭和15年6月 その1 候補者文書 その1 ([東京市政調査会市政専門図書館]編) 1940.6 1冊 26cm

◇東京府会議員選挙資料 昭和15年6月 その2 候補者文書 その2 ([東京市政調査会市政専門図書館]編) 1940.6 1冊 26cm

◇東京府会議員選挙資料 昭和15年6月 その3 候補者文書 その3 ([東京市政調査会市政専門図書館]編) 1940.6 1冊 26cm

◇東京府会議員選挙資料 昭和15年6月 その4 ポスター その1 ([東京市政調査会市政専門図書館]編) 1940.6 1冊 26cm

◇東京府会議員選挙資料 昭和15年6月 その5 ポスター その2 ([東京市政調査会市政専門図書館]編) 1940.6 1冊 26cm

◇東京府会議員選挙資料 昭和15年6月 その6 ポスター その3 ([東京市政調査会市政専門図書館]編) 1940.6 1冊 26cm

◇府県制発布五十周年記念誌 (広島県総務部庶務課編) 1940.9 150p 22cm

◇府会議員選挙ニ関スル調査 昭和15年6月 (東京市編) 1940.10 3,109p 22cm

◇井上博士と地方自治 (井上会編) 全国町村長会 1940.12 1冊 23cm

◇警視庁東京府公報 自第2074号 至第2149号 昭和15年7月-12月 (警視庁東京府編) 1940.12 1冊 26cm

◇自治五十年史 第1巻 制度篇 (亀卦川浩著, 東京市政調査会編) 良書普及会 1940.12 20,633p 23cm

◇関口元老院議官地方巡察復命書 栃木県 (関口泰編) 巌松堂書店 1940.12 2,3,199p 22cm

◇台湾に於ける優良部落施設概況 昭和15年 (台湾総督府文教局社会課編) 1940.12 775p 22cm

◇地方制度沿革年表 自慶応3年至明治20年 謄写版 (内務省地方局編) 1941 55p 25cm

◇新体制下の地方自治 (蠟山政道述) 神戸市 1941.2 29p 22cm 事務改善講演集

◇府県制50年を語る 内務省主催府県制発布50周年記念座談会 (近江匡男編) 中央報徳会 1941.2 3,197p 19cm

◇府県制度資料 (自治振興中央会編) 1941.3 968,174,418p 21cm

◇府藩県制史 (宮武外骨著) 名取書房 1941.3 5,303p 23cm

◇天津居留民団三十周年記念誌 (天津居留民団編) 1941.5 627p 22cm

◇警視庁東京府公報 自第2150号 至第2222号 昭和16年1月-6月 (警視庁東京府編) 1941.6 1冊 26cm

◇外地方行政区画便覧:附外地現行地方制度概要 昭和16年4月現在 (拓務省管理局編) 1941.10 87,14p 15cm

◇関東州に於ける地方行政 (関東庁内務部民生課編) 1941.11 6,196p 19cm

◇警視庁東京府公報 自第2223号 至第2297号 昭和16年7月-12月 (警視庁東京府編) 1941.12 1冊 26cm

◇ソ聯の地方自治制度 (東京市政調査会訳編) 東京市政調査会 1941.12 57p 21cm 市政調査資料

◇会制度解説 (関東州庁地方課編) 1942 95,28p 22cm

◇府県中間機関設置之問題　謄写版（名古屋市会事務局編）　1942.2　52p 26cm　調査彙報パンフレット

◇優良部落会長座談（自治振興中央会編）　1942.3 55p 19cm　部落会・町内会指導叢書

◇衆議院議員選挙資料（東京府）　昭和17年4月　第21回　その1　候補者文書　第1-4区（［東京市政調査会市政専門図書館］編）　1942.4 1冊　27cm

◇衆議院議員選挙資料（東京府）　昭和17年4月　第21回　その2　候補者文書　第5-7区（［東京市政調査会市政専門図書館］編）　1942.4 1冊　27cm

◇衆議院議員選挙資料（東京府）　昭和17年4月　第21回　その3　選挙公報　全区、その他（［東京市政調査会市政専門図書館］編）　1942.4 1冊　27cm

◇警視庁東京府公報　自第2298号　至第2371号　昭和17年1月-6月（警視庁東京府編）　1942.6 1冊 26cm

◇地方事務所資料　其ノ1（石川県編）　1942.7 62p 22cm

◇警視庁東京府公報　自第2372号　至第2445号　昭和17年7月-12月（警視庁東京府編）　1942.12 1冊 26cm

◇府県市町村吏員（江口俊男著）　良書普及会　1943.2 7,259p 22cm　地方行政全書

◇英国の防衛計画と地方自治体（東京市政調査会訳編）　東京市政調査会　1943.6 7,138p 21cm　市政調査資料

◇警視庁東京府公報　自第2446号　至第2516号　昭和18年1月-6月（警視庁東京府編）　1943.6 1冊 26cm

◇神社法（武若時一郎著）　良書普及会　1943.7 9,230,12p 22cm　地方行政全書

◇地方制度の改正：附　町内会部落会等の法制化に就て（小林与三次述、自治振興中央会編）　1944.1 87,37p 18cm　部落会町内会指導叢書

◇広域地方行政の常識（鵜沢喜久雄著）　九鬼書房　1944.5 6,278p 19cm

歴史・伝記・地理

【雑　誌】

◇ランプレヒトの文化発展時代分け(關榮吉)「社会学雑誌」　11　1925.3

◇奮機台藩の財政状態の沿革(1)(土屋喬雄)「国家学会雑誌」　39(4)　1925.4

◇中世寺院法と社会問題(山口正太郎)「経済学 商業学 国民経済雑誌」　38(6)　1925.6

◇仏領印度支那の概況(佐藤秀一)「公衆衛生」　43(6)　1925.6

◇旧仙台藩財政状態の沿革(2)(土屋喬雄)「国家学会雑誌」　39(6)　1925.6

◇中世英国都市研究資料(野村兼太郎)「社会科学」　1(1)　1925.6

◇旧仙台藩の財政状態の沿革(3)(土屋喬雄)「国家学会雑誌」　39(7)　1925.7

◇徳川時代の街道と交通(森田信一)「道路」　4(7)　1925.7

◇岡山藩と大阪との海運(黒正巌)「経済論叢」　21(6)　1925.12

◇滞欧日記の断片(石原憲二郎)「自治研究」　2(1)　1926.1

◇地理的に考察した本邦水力発電所の分布(原田準平)「地理学評論」　2(4)　1926.4

◇岡山藩の税制(黒正巌)「経済論叢」　22(6)　1926.6

◇足利時代の通商貿易(三浦周行)「経済論叢」　23(6)　1926.6

◇チの観念Chiismに就て(松岡静雄)「社会学雑誌」　26　1926.6

◇江戸時代初期に於ける牢人の発生に就て(栗田元次)「社会学雑誌」　27　1926.7

◇藤原時代に於ける相続に関する法律家への質疑状二通(瀧川政次郎)「社会学雑誌」　29　1926.9

◇地理学より見たる行政区画に就て(麦谷龍次郎)「地理学評論」　2(9)　1926.9

◇安政年間に於ける政治思想(永井亨)「社会学雑誌」　30　1926.10

◇土地に関する上代人の観念(松岡静雄)「社会学雑誌」　30　1926.10

◇諏訪製糸発達の地理学的意義(1)(三沢勝衛)「地理学評論」　2(10)　1926.10

◇諏訪製糸発達の地理学的意義(2)(三沢勝衛)「地理学評論」　2(11)　1926.11

◇伊太利日記(1)(石原憲二郎)「自治研究」　3(1)　1927.1

◇英国農民の研究 -特にコミュニティーの起源及び消長に就て(高橋三郎)「自治研究」　3(1)　1927.1

◇村落社会研究の地理学的傾向(小田内通敏)「地方」　35(1)　1927.1

◇日本の地理区(田中啓爾)「地理学評論」　3(1)　1927.1

◇町人の財力と士農両階級「経済論叢」　24(2)　1927.2

◇徳川時代に於ける農業水利の権利関係(1)(西崎正)「国家学会雑誌」　41(2)　1927.2

◇徳川時代に於ける農民退転並に子間引の習俗と村人数の減退に就て(小野武夫)「社会政策時報」　77　1927.2

◇土佐の百姓一揆(黒正巌)「経済論叢」　24(3)　1927.3

◇徳川時代に於ける農業水利の権利関係(2)(西崎正)「国家学会雑誌」　41(3)　1927.3

◇近世資本主義の成立と市民階級(1)(黒正巌)「大大阪」　3(3)　1927.3

◇田川大吉郎氏のスライデングスケール其他を読みて(XYZ生)「帝国瓦斯協会雑誌」　16(3)　1927.3

◇徳川時代に於ける農業水利の権利関係(3・完)(西崎正)「国家学会雑誌」　41(4)　1927.4

◇近世資本主義の成立と市民階級(2)(黒正巌)「大大阪」　3(4)　1927.4

◇明治九年の農民一揆(横瀬夜雨)「地方」　35(5)　1927.5

◇徳川時代に於ける庶民教育機関-徳川時代に於ける庶民教育研究(上)-(川本宇之介)「都市問題」　4(5)　1927.5

◇津軽藩の武士帰農策「経済論叢」　24(6)　1927.6

◇道頓堀を中心としての町名について 附、明暦元年北南道頓堀水帳の発見(木村彦右衛門)「大大阪」　3(6)　1927.6

◇徳川時代に於ける自治的精神の教養(川本宇之介)「都市問題」　4(6)　1927.6

◇徳川時代に於ける雇傭法の研究(1)(金田平一郎)「国家学会雑誌」　41(7)　1927.7

◇壊国人口の高さによる分布(佐々木彦一郎)「地理学評論」　3(7)　1927.7

◇徳川時代に存在したる自治団体：鹿児島藩の郷と其の協力高(大竹虎雄)「自治研究」　3(9)　1927.9

◇鎌倉室町時代の庭園(龍居松之助)「庭園と風景」　9(9)　1927.9

◇聚落の自然的条件について(奥井復太郎)「三田学会雑誌」　21(9)　1927.9

◇徳川時代に於ける雇傭法の研究(4・完)(金田平一郎)「国家学会雑誌」　41(10)　1927.10

◇近世都市とその生活(魚澄惣五郎)「大大阪」　3(10)　1927.10

◇第十七世紀前半に於ける英国東印度会社の状態(野村兼太郎)「三田学会雑誌」　21(10)　1927.10

◇奥羽諸藩に於ける赤十字養育仕法(本庄栄治郎)「経済論叢」　26(1)　1928.1

◇徳川時代の税利異聞「税」　6(3)　1928.3

◇東京下町地域並びに其附近に於る洪積世以後の地形発達史の研究(1)(東木龍七)「地理学評論」　4(4)　1928.4

◇江戸と大坂の市政並に自治精神の比較-徳川時代江戸大坂両市市民精神の比較研究の一(川本宇之介)「都市問題」　6(6)　1928.6

◇江戸と大坂の商業活動並思想人情の比較-徳川時代江戸大坂両市市民精神の比較研究の二(川本宇之介)「都市問題」　7(1)　1928.7

◇江戸と大坂の教育,文芸,信仰並市民精神-徳川時代江戸大坂両都市市民精神の比較研究の二(川本宇之介)「都市問題」　7(2)　1928.8

◇丁抹印象記(佐上信一)「自治研究」　4(11)　1928.11

◇徳川時代に於ける大名の階級的内婚(1)(横江勝美)「社会学雑誌」　64　1929.8

◇徳川時代の大阪に於ける無宿者救済施設(2)(松井精一)「大大阪」　5(8)　1929.8

◇徳川時代に於ける小作争議(豊福保二)「帝国農会報」　19(10)　1929.10

◇徳川時代の商人カルテル(菅野和太郎)「経済論叢」　29(5)　1929.11

◇地名による人口移動の一考察(第1報)(吉村信吉)「地理学評論」　6(2)　1930.2

◇聚落の人口とその耕作面積の理論的考察(村田貞蔵,吉村信吉)「地理学評論」　6(5)　1930.5

◇豊川流域に於ける田園占居の形態(細井一六)「地理学評論」　6(6)　1930.6

◇徳川幕府の道路交通政策に就て(1)(和田篤憲)「道路の改良」　12(6)　1930.6

◇家屋の等密度線 (保柳睦美)「地理学評論」 6(7) 1930.7
◇フランス都市の位置 (西田与四郎)「地理学評論」 6(7) 1930.7
◇本邦に於ける街村の分布 (佐藤弘)「地理学評論」 6(7) 1930.7
◇徳川幕府の道路交通政策に就て(2) (和田篤憲)「道路の改良」 12(7) 1930.7
◇徳川幕府の道路交通政策に就て(3) (和田篤憲)「道路の改良」 12(8) 1930.8
◇江戸時代浅草門前町の地価の変遷 (上坂倉次)「三田学会雑誌」 24(8) 1930.8
◇幕末に於ける大阪町人階級の勃興 (黒正巌)「大大阪」 6(9) 1930.9
◇徳川時代の運賃(1) (和田篤憲)「道路の改良」 12(9) 1930.9
◇徳川時代の藩営専売論 (堀江保蔵)「経済論叢」 31(4) 1930.10
◇徳川時代の運賃(2) (和田篤憲)「道路の改良」 12(10) 1930.10
◇九十九里浜海岸平野に於ける聚落の移動 (青野寿郎)「地理学評論」 7(1) 1931.1
◇都邑村落と其の先史原史地質研究 (長谷川久一)「地方行政」 39(4) 1931.4
◇後藤新平伯伝記編纂会の創立「都市問題」 12(4) 1931.4
◇飛騨高山の聚落と交通路 (細井一六)「地理学評論」 7(5) 1931.5
◇フランス革命以前の智識階級 (小泉順三)「三田学会雑誌」 25(6) 1931.6
◇東京市内外の気温差に就て (佐々倉航三)「地理学評論」 7(7) 1931.7
◇かくして江戸は建設された (田村与吉)「都市問題」 13(1) 1931.7
◇民家の形態に現はれた地域の特性 (佐々木彦一郎)「地理学評論」 7(9) 1931.9
◇山形県庄内海岸史中の経済地理的考察(2・完) (長井政太郎)「地理学評論」 7(10) 1931.10
◇瀬戸内の聚落 (綿貫勇彦)「地理学評論」 7(12) 1931.12
◇地名の話(上) (柳田男)「地理学評論」 8(5) 1932.5
◇阿波藩に於ける藍肥料の統制 (井口貞夫)「帝国農会報」 22(5) 1932.5
◇江戸時代の出版検閲史略説(1) (小林尋次)「警察研究」 3(7) 1932.7
◇徳川時代に於ける商業論の変遷 (野村兼太郎)「三田学会雑誌」 26(10) 1932.10
◇ハンザ同盟に於ける中世的要素 (高村象平)「三田学会雑誌」 27(1) 1933.1
◇大阪開港と諸藩 (菅野和太郎)「港湾」 11(2) 1933.2
◇外人の江戸参府紀行に見たる道路上の観察若干 (和田篤憲)「道路の改良」 15(3) 1933.3
◇家屋等密度線より見たる大東京西部 (保柳睦美)「地理学評論」 9(5) 1933.5
◇フランス革命と民衆運動-其指導者とその性質- (小泉順三)「三田学会雑誌」 27(5) 1933.5
◇幕末の警吏居留地廻りに就て (松浦榮)「警察研究」 4(6) 1933.6
◇旧幕府時代会津藩の民政一斑 (花見朔巳)「地方行政」 41(7) 1933.7
◇日本上古に於ける土地共有制の存否 (芳賀幸四郎)「社会政策時報」 155 1933.8
◇帯状の小邑古川町に就て (御田綱男)「都市公論」 16(9) 1933.9
◇ペリクレス時代以後に於ける希臘の社会不安 (高橋誠一郎)「三田学会雑誌」 27(10) 1933.10
◇徳川時代に於ける奉公人制度(1) (豊原又男)「職業紹介」 1 1933.11
◇国及国境の拡大傾向(2) (リヒヤード・ヘニヒの地政学より) (金生喜造)「地政学」 2(11) 1933.11

◇徳川時代の地方市に就て (木村靖二)「都市問題」 17(5) 1933.11
◇世界都市大伯林の地理学的研究 (Friedrich Leyden: Gross-Berlin: Geographie der Weltstadt.1933. (奥井復太郎)「三田学会雑誌」 27(11) 1933.11
◇聖トマス協同体思想より観たるPotestas Procurandi et Dispensandi-中世所有概念の一考察 (上田辰之助)「経済学論集」 4(1) 1934.1
◇徳川時代に於ける殖民的思想 (本庄栄治郎)「経済論叢」 38(1) 1934.1
◇旗本困窮の過程について (野村兼太郎)「三田学会雑誌」 28(1) 1934.1
◇1789年フランスに於ける貴族階級 (小泉順三)「三田学会雑誌」 28(2) 1934.2
◇常陸鹿島の文化地理学的研究-聚落の発生と移動を論ず (西田正夫)「地理学評論」 1934.3
◇十六世紀初頭に於ける南独逸商人の東印度会社 -所謂「マグナ・ソキエタス」の一類型- (大塚久雄)「経済学論集」 4(4) 1934.4
◇越中呉羽山以東の集落に就て (市川渡)「地理学評論」 10(4) 1934.4
◇日本中世の家族制度 (根津正志)「法律時報」 6(5) 1934.5
◇「日田金」の研究(1): 徳川時代商業資本発展の一例 (遠藤正男)「経済学研究」 4(2) 1934.6
◇集落位置の地理学的研究 (山崎禎一)「地理学評論」 10(6) 1934.6
◇燉煌等発見唐床戸籍の研究 (仁井田陞)「国家学会雑誌」 48(7) 1934.7
◇農民戦争としての一向一揆-特に其のイデオロギーの検討- (浅野研真)「社会政策時報」 167 1934.8
◇本邦最高地域の居住状態と居住上限界の分布について (井上修次)「地理学評論」 10(8) 1934.8
◇徳川時代の道路及道路附属物史物語(1) (渡部英三郎)「道路の改良」 16(10) 1934.10
◇日本古代住居址の研究 (関野克)「建築雑誌」 48(591) 1934.11
◇助郷制度に就て (黒羽兵治郎)「経済時報」 6(9) 1934.12
◇国益主法掛について (本庄栄治郎)「経済論叢」 40(1) 1935.1
◇郷倉制度の復興 (田村浩)「斯民」 30(1) 1935.1
◇江戸時代利根川交通史物語(1) (渡部英三郎)「水利と土木」 8(1) 1935.1
◇武蔵野台地の街村に関する研究 (能登志雄)「地理学評論」 11(1) 1935.1
◇東北地方の冷害と人口地理学的問題 (田中館秀三)「帝国農会報」 25(1) 1935.1
◇江戸時代利根川交通史物語(2) (渡部英三郎)「水利と土木」 8(2) 1935.2
◇徳川時代の道路及道路附属物史物語(下の1) (渡部英三郎)「道路の改良」 17(2) 1935.2
◇幕末北九州の製蠟事業―「日田金」による資本制家内労働・マニュファクチュアの形成過程 (遠藤正男)「経済学研究」 5(1) 1935.3
◇江戸大火列記(11) (鷹見安二郎)「大日本消防」 9(3) 1935.3
◇徳川時代の道路及道路附属物史物語(完) (渡部英三郎)「道路の改良」 17(3) 1935.3
◇江戸大火列記(12) (鷹見安二郎)「大日本消防」 9(4) 1935.4
◇旧米沢藩の町村制度 (米沢郷土館調査)「自治公論」 7(5) 1935.5
◇街村形地方都市調査の一方法、一例城宮県亘理町 (山口弥一郎)「地理学評論」 11(5) 1935.5
◇徳川時代道路及道路附属物史物語(終篇) (渡部英三郎)「道路の改良」 17(5) 1935.5
◇産業革命当時に於ける英国少年労働状況 (内片孫一)「社会事業研究」 23(6) 1935.6
◇徳川後期に於ける農村人口の一例 (野村兼太郎)「三田学会雑誌」

29 (6)　1935.6

◇都市及地方工業分布の概観 (中沢弁次郎)「都市問題」　21 (1)　1935.7

◇江戸時代利根川交通史物語 (3) (渡部英三郎)「水利と土木」　8 (9)　1935.9

◇江戸湾交通史物語 (渡部英三郎)「港湾」　13 (10)　1935.10

◇「徳川時代に於ける人売及び人質契約」補考「国家学会雑誌」　49 (10)　1935.10

◇井上毅評伝 (宮島清)「教育」　3 (11)　1935.11

◇主君制の没落西班牙共和革命の考察 (宮野省三)「警察研究」　6 (11)　1935.11

◇徳川時代の社層と現代 (山口正)「社会事業」　19 (8)　1935.11

◇江戸時代の学校建築に就て (城戸久)「建築雑誌」　49 (598)　1935.12

◇平安京復原土代 (前田松韻, 藤岡通夫)「建築雑誌」　49 (598)　1935.12

◇中世の恩赦 (細川亀市)「公法雑誌」　1 (12)　1935.12

◇江戸湾交通史物語 (2) (渡辺英二郎)「港湾」　13 (12)　1935.12

◇中世心理に関する一考察, 中世都市研究序説 (松平斉光)「国家学会雑誌」　49 (12)　1935.12

◇江戸時代の道路を往く (1) (渡部英三郎)「庭園と風景」　17 (12)　1935.12

◇江戸湾交通史物語 (3) (渡邊英三郎)「港湾」　14 (1)　1936.1

◇江戸時代の道路を往く (2) (渡部英三郎)「道路の改良」　18 (1)　1936.1

◇中世主義の現代化 (牧野英一)「法律時報」　8 (1)　1936.1

◇江戸湾交通史物語 (4) (渡邊英三郎)「港湾」　14 (2)　1936.2

◇江戸時代利根川交通史物語 (6) (渡邊英三郎)「水利と土木」　9 (2)　1936.2

◇江戸時代利根川交通史物語 (7) (渡邊英三郎)「水利と土木」　9 (3)　1936.3

◇沖縄の聚落と民家に就て (川勝健二)「建築と社会」　19 (4)　1936.4

◇江戸時代の道路を往く (3) (渡部英三郎)「道路の改良」　18 (4)　1936.4

◇旧加賀藩の撫育所に就て―労働訓練所に関する一資料― (大野木克彦)「市政研究」　2 (3)　1936.5

◇江戸時代の道路を往く (4) (渡部英三郎)「道路の改良」　18 (5)　1936.5

◇徳川時代の炭鉱労働者 (遠藤正男)「経済学研究」　6 (2)　1936.6

◇徳川時代に於ける社会事業の指導精神 (山口正)「社会事業研究」　24 (6)　1936.6

◇我国近世の村落団体の起源 (牧健二)「法学論叢 (京都帝国大学法学会)」　34 (6)　1936.6

◇大阪町名地名考 (亀井幸次郎)「都市公論」　19 (7)　1936.7

◇街村型聚落の発生並に変遷の一考察―埼玉県草加町―(前田虎一郎)「地理学評論」　12 (8)　1936.8

◇江戸時代の道路を往く (5) (渡部英三郎)「道路の改良」　18 (8)　1936.8

◇江戸時代の学校建築に就て (1) (城戸久)「文部時報」　559　1936.8

◇江戸時代の道路を往く (6・完) (渡部英三郎)「道路の改良」　18 (9)　1936.9

◇江戸時代の学校建築に就て (2) (城戸久)「文部時報」　560　1936.9

◇徳川時代の財政に就て (本庄栄治郎)「財政」　1 (2)　1936.11

◇株仲間の衰頽過程 (1)―天保改革前夜の株仲間― (宮本又次)「大大阪」　12 (11)　1936.11

◇徳川時代の本邦地方自治制の特質 (竹中龍雄)「経済時報」　8 (10)　1937.1

◇江戸時代橋梁史上の諸問題 (鷹見安二郎)「市政研究」　3 (1) 1937.1

◇徳川時代の本邦地方自治制の特質 (竹中龍雄)「市政研究」　3 (1)　1937.1

◇近世の大阪と上荷船・茶船 (黒羽兵治郎)「経済時報」　8 (11)　1937.1

◇一里塚址より見たる徳川時代水戸街道の経路に就て (田子作太郎)「道路の改良」　19 (2)　1937.2

◇明治文化に貢献せる外国人の史蹟とその紹介-(未完)帝都観光事業との連関に於て-(手塚龍麿)「市政研究」　3 (2)　1937.3

◇徳川時代警察制度の研究 (1) (塩田保美)「警察研究」　8 (4)　1937.4

◇幕末の商税論 (本庄栄治郎)「経済論叢」　44 (5)　1937.5

◇江戸湾交通上に於ける木更津船の特権 (3) (渡部英三郎)「港湾」　15 (5)　1937.5

◇明治文化に貢献せる外国人の史蹟とその紹介 (手塚龍麿)「市政研究」　3 (3)　1937.5

◇三重県名賀郡矢持村奥鹿野部落を視る (2) (木戸喜佐登)「地方行政」　45 (5)　1937.5

◇明治21年農事調査に於ける旧藩慣例存廃事情「経済学論集」　7 (6)　1937.6

◇江戸湾交通上に於ける木更津船の特権 (2) (渡部英三郎)「港湾」　15 (6)　1937.6

◇徳川時代の土地制度 (小野武夫)「帝国農会報」　27 (6)　1937.6

◇徳川時代警察制度の研究 (2) (塩田保美)「警察研究」　8 (7)　1937.7

◇江戸時代旅宿物語 (1) (渡部英三郎)「道路の改良」　19 (8)　1937.8

◇維新史料の編纂事業に就て (2) (森谷秀亮)「文部時報」　592　1937.8

◇維新史料の編纂事業に就いて (3) (森谷秀亮)「文部時報」　594　1937.8

◇歴史上より見たる江戸の町 (今井登志喜)「東京市町会時報」　2 (3)　1937.9

◇町奉行所の財政 (鷹見安二郎)「市政研究」　3 (6)　1937.10

◇中世末期港湾発達史物語 (1) (渡部英三郎)「港湾」　15 (11)　1937.11

◇明府井上友一博士評伝 (相田良雄)「教育」　5 (12)　1937.12

◇近世に於ける都市と商業 (宮本又次)「都市問題」　25 (6)　1937.12

◇中世末葉に於ける法的規範の発生 (栗生武夫)「公法雑誌」　4 (1)　1938.1

◇徳川時代の人口調査と町村財政 (1) (徳田彦安)「社会事業」　21 (10)　1938.1

◇近畿地方人口密度の地形的分析 (田中館秀三)「人口問題」　3 (1)　1938.1

◇徳川時代に於ける日本の人口 (高橋梵仙)「人口問題」　3 (1)　1938.1

◇秋留盆地の聚落地理学的研究-村落居住並に人口の地理学的研究の試み (矢嶋仁吉)「地理」　1 (3)　1938.1

◇中世末葉に於ける法的規範の発生 (栗生武夫)「公法雑誌」　4 (2)　1938.2

◇中世末期港湾発達史物語 (3) (渡部英三郎)「港湾」　16 (2)　1938.2

◇徳川時代の人口調査と町村財政 (2) (徳田彦安)「社会事業」　21 (11)　1938.2

◇揚子江下流江南の地理と人文 (小竹文夫)「都市問題」　26 (2)　1938.2

◇徳川時代の農業論 (野村兼太郎)「三田学会雑誌」　32 (2)　1938.2

◇中世末期港湾発達史物語 (4) (渡部英三郎)「港湾」　16 (3)　1938.3

◇大阪に於ける徳川時代の町と今日の町会 (川端直正)「大大阪」　14 (3)　1938.3

◇徳川時代の町村入用割付法 (藤田夫)「都市問題」　26 (3)　1938.3

◇ゾムバルトの立地因子説(岡一男)「区画整理」 4(4) 1938.4
◇中世末期港湾発達史物語(5)(渡部英三郎)「港湾」 16(4) 1938.4
◇最近五十年間に於ける日本内地都市の発達(桝田一二)「地理」 1(4) 1938.4
◇維新以前における領土拡張論(加田哲二)「三田学会雑誌」 32(4) 1938.4
◇中世末期港湾発達史物語(6)(渡部英三郎)「港湾」 16(5) 1938.5
◇経済地理学に於ける文化環境観察の手続きに就て(小島栄次)「三田学会雑誌」 32(5) 1938.5
◇中世末期港湾発達史物語(7):日本水上交通発達史の一節として「港湾」 16(6) 1938.6
◇幕末志士の観た支那問題(土屋喬雄)「改造」 20(7) 1938.7
◇我国の古典に於ける古代人の生活(難波田春夫)「経済学論集」 8(7) 1938.7
◇中世の貴族(栗生武夫)「公法雑誌」 4(7) 1938.7
◇中世末期港湾発達史物語(8・完):日本水上交通発達史の一章として(渡部英三郎)「港湾」 16(7) 1938.7
◇十字街の景観-名古屋市の例(鏡味完二)「地理学評論」 14(8) 1938.8
◇御成敗式目と道理の意識(牧健二)「法学論叢(京都帝国大学法学会)」 39(2) 1938.8
◇シュメル時代の都市構成(井上芳郎)「三田学会雑誌」 32(9) 1938.8
◇文化十年浪華町人の御用金(石田誠斎)「大大阪」 14(9) 1938.9
◇田舎居住の起源とその原因(宮本又次)「農業と経済」 5(11) 1938.11
◇地理的環境論の諸問題(小島栄次)「三田学会雑誌」 32(11) 1938.11
◇淀川交通史話(1)(渡部英三郎)「水利と土木」 11(12) 1938.12
◇都市発展に於ける転移現象と景観地域の分化(木内信蔵)「地理学評論」 14(12) 1938.12
◇中世の道路交通(1)(渡邊英三郎)「道路の改良」 20(12) 1938.12
◇南支新地誌論(佐藤弘,国松久弥,小原敬士)「日本評論」 13(13) 1938.12
◇現代日本の起源(羽仁五郎)「中央公論」 55(1) 1939.1
◇天保14年の用金賦課に就て(小幡清金)「経済集志」 12(1) 1939.5
◇徳川時代に於ける水藩の水道事業(3・完)(高橋六郎)「水道協会雑誌」 80 1940.1
◇街村型都市対郊村の購買圏形態の問題(桃田義雄)「地理」 3(1) 1940.1
◇徳川時代における全国の人口(内田寛一)「地理」 3(1) 1940.1
◇徳川時代上州安中宿に於る助郷課役と農村人口との関係(矢嶋仁吉)「地理学評論」 16(2) 1940.2
◇徳川幕府の都市政策(本邦都市の史的観察)(野村兼太郎)「都市問題」 30(2) 1940.2
◇中世後期の政治思想(1)(森義宣)「公法雑誌」 6(4) 1940.4
◇王朝時代の水上交通(5):日本水上交通史の一部(渡部英三郎)「港湾」 18(4) 1940.4
◇支部都市に関する研究「都市問題」 30(4) 1940.4
近世支部に於ける都市と農村(佐伯富) 支那に於ける都市の地理的分布(西山栄久)
◇中世後期の政治思想(2・完)(森義宣)「公法雑誌」 6(5) 1940.5
◇王朝時代の水上交通(6):日本水上交通史の一部(渡部英三郎)「港湾」 18(5) 1940.5
◇幕末期の世相と教育の動向(石川謙)「教育」 8(6) 1940.6
◇南部藩の堕胎,殺児の悪習並に不作,凶作,飢饉が領内人口に及ばせる影響(高橋東山)「社会福利」 24(6) 1940.6
◇徳川時代の出生率及死亡率-其若干の事例(関山直太郎)「人口問題研究」 1(3) 1940.6

◇近世の阿波藍(黒羽兵治郎)「経済学雑誌」 7(1) 1940.7
◇王朝時代の水上交通(7):日本水上交通史の一部(渡部英三郎)「港湾」 18(7) 1940.7
◇徳川時代に於ける「辰の口堰」の経営管理に就ての諸相(4)(高橋六郎)「水利と土木」 13(7) 1940.7
◇明治維新研究(7):維新前夜概観(土屋喬雄)「中央公論」 55(7) 1940.7
◇永定河の河道変遷の形態的特色の考察(簗浦新一)「地理」 3(3) 1940.7
◇北海道の農業地域区分(川口丈夫)「地理」 3(3) 1940.7
◇満洲国構成の諸民族(桝田一二)「地理」 3(3) 1940.7
◇瀬戸内海の漁村と農村(小笠原義勝)「地理学評論」 16(7) 1940.7
◇スペイン継承戦役の経済的背景(大塚久雄)「経済学論集」 10(8) 1940.8
◇王朝時代の水上交通(8):日本水上交通史の一部(渡部英三郎)「港湾」 18(8) 1940.8
◇徳川時代に於ける「辰の口堰」の経営管理に就ての諸相(5・完)「水利と土木」 13(8) 1940.8
◇明治維新研究(8):経済(2):維新変革の経済的要因(土屋喬雄)「中央公論」 55(8) 1940.8
◇東京市西部上高井戸,淀橋地下水瀑布線と景観発達(吉村信吉)「地理学評論」 16(8) 1940.8
◇徳川時代村落研究序説―その態的研究(野村兼太郎)「三田学会雑誌」 34(8) 1940.8
◇江戸時代町方の自治制(植木梅造)「警察協会雑誌」 484 1940.9
◇王朝時代の水上交通(9):日本水上交通史の一部(渡部英三郎)「港湾」 18(9) 1940.9
◇幕末開港と通貨問題(1)(所三男)「財政」 5(10) 1940.9
◇全楽堂記伝の史的価値と著者並に成立年代の攷証(高橋東山)「社会事業」 24(9) 1940.9
◇幕末前後一農村の人口状態に就て(関山直太郎)「人口問題研究」 1(6) 1940.9
◇江戸時代水防思想に関する資料(渡部英三郎)「水利と土木」 13(9) 1940.9
◇緒方洪庵とその塾に就いて(有働賢造)「大大阪」 16(9) 1940.9
◇明治維新研究(9):経済(3):維新変革の経済的裏付(土屋喬雄)「中央公論」 55(9) 1940.9
◇下田湾の水質に関する研究(尾原信彦)「地理学評論」 16(9) 1940.9
◇上州安中町の聚落景観(2・完)(矢嶋仁吉)「地理学評論」 16(9) 1940.9
◇武家法時代に於ける法的観念(1)(藤井新一)「公法雑誌」 6(10) 1940.10
◇王朝時代の水上交通(10):日本水上交通史の一部(渡部英三郎)「港湾」 18(10) 1940.10
◇幕末開港と通貨問題(完)(所三男)「財政」 5(11) 1940.10
◇明治維新研究(10):経済(4):維新の二大経済変革(土屋喬雄)「中央公論」 55(10) 1940.10
◇武蔵野台地の地下水に対する大泉地下瀑布線の意義(吉村信吉)「地理学評論」 16(10) 1940.10
◇徳川時代村落研究序説―その動態的研究―(野村兼太郎)「三田学会雑誌」 34(10) 1940.10
◇貝原益軒の慎思録(1)(石川謙)「教育」 8(11) 1940.11
◇江戸時代の大阪の工業(堀江保蔵)「経済論叢」 51(5) 1940.11
◇幕末の蚕種貿易(本庄栄治郎)「経済論叢」 51(5) 1940.11
◇武家法時代に於ける法的観念(2・完)(藤井新一)「公法雑誌」 6(11) 1940.11

◇王朝時代の水上交通(11)：日本水上史資料として(渡部英三郎)「港湾」 18(11) 1940.11

◇明治維新研究(11)：経済(5)：新経済制度及び新産業の移植(土屋喬雄)「中央公論」 55(11) 1940.11

◇近世に於ける身代限り及分散について(1)(小早川欣吾)「法学論叢(京都帝国大学法学会)」 43(5) 1940.11

◇王朝時代の水上交通(12・完)：日本水上交通史資料として(渡部英三郎)「港湾」 18(12) 1940.12

◇明治維新研究(12)：経済(6)：新経済制度及び新産業の移植(2)(土屋喬雄)「中央公論」 55(12) 1940.12

◇徳川時代の江戸に於ける排水施設維持管理に就て(笹川実)「水道協会雑誌」 92 1941.1

◇江戸時代の河川工事と其の時代性(1)(渡部英三郎)「水利と土木」 14(1) 1941.1

◇水戸藩に於ける水道の維持管理に就て(高橋六郎)「水利と土木」 14(1) 1941.1

◇明治維新研究(13)：政治(1)：近代国家体制誕生の苦悶(鈴木安蔵)「中央公論」 56(1) 1941.1

◇国民学校に連絡する中学校の地理教育(山口俊栄)「地理」 4(1) 1941.1

◇荘内海岸地域に於ける季節的漁業出稼発生に関する歴史地理学的一考察(佐藤甚太郎)「地理」 4(1) 1941.1

◇徳川時代農村に於ける戸口増減の相関-係(内田寛一)「地理」 4(1) 1941.1

◇所沢町附近の地下水と聚落の発達(1)(吉村信吉)「地理学評論」 17(1) 1941.1

◇南部藩の堕胎殺児の悪習並に不熟、不作、凶作、飢饉が領内人口に及ぼせる影響(高橋梵仙)「統計集誌」 715 1941.1

◇武家的奉公の初期形態(2・完)(牧健二)「法学論叢(京都帝国大学法学会)」 44(1) 1941.1

◇江戸時代の河川工事と其の時代性(2)(渡部英三郎)「水利と土木」 14(2) 1941.2

◇水戸藩に於ける水道の維持管理に就て(2)(高橋六郎)「水利と土木」 14(2) 1941.2

◇明治維新研究(14)：政治(2)：集権国家の成立(鈴木安蔵)「中央公論」 56(2) 1941.2

◇越中平野に於ける地形区分と村落景観(市川渡)「地理学評論」 17(2) 1941.2

◇所沢町附近の地下水と聚落の発達(2)(吉村信吉)「地理学評論」 17(2) 1941.2

◇徳川幕府の強制公債(小幡清金)「経済集志」 13(5) 1941.3

◇徳川時代の婚姻年齢に関する一考察(関口直太郎)「人口問題研究」 2(3) 1941.3

◇江戸時代の河川工事と其の時代性(3)(渡部英三郎)「水利と土木」 14(3) 1941.3

◇明治維新研究(15)：政治(3)：憲法制定論の発生(鈴木安蔵)「中央公論」 56(3) 1941.3

◇地方別都市一覧(都市の地理的条件主輯)(編輯室)「都市問題」 32(3) 1941.3

◇徳川氏郷村制度大要(1)「自治機関」 494 1941.4

◇水戸藩に於ける水道の維持管理に就て(3)(高橋六郎)「水利と土木」 14(4) 1941.4

◇明治維新研究(16)：政治(4)：大陸進出の必然性と条約改正(鈴木安蔵)「中央公論」 56(4) 1941.4

◇人口構成より見たる児島半島の地域的特色「地理」 4(2) 1941.4

◇灌漑と土地利用(竹内常行)「地理学評論」 17(4) 1941.4

◇近世に於ける身代限り及分散続考(3・完)(小早川欣吾)「法学論叢(京都帝国大学法学会)」 44(4) 1941.4

◇官幣大社橿原神宮境域畝傍山東北陵陵域拡張整備事業に於ける神宮参道及造苑施設に就きて(1)(田阪美徳)「公園緑地」 5(4) 1941.5

◇律令制下に於ける水運の発達(1)(渡部英三郎)「港湾」 19(5) 1941.5

◇水戸藩に於ける水道の維持管理に就て(4)(高橋六郎)「水利と土木」 14(5) 1941.5

◇明治維新研究(17)：政治(5)：立憲政治への過渡(鈴木安蔵)「中央公論」 56(5) 1941.5

◇本邦の大都市に於ける気温分布(福井英一郎)「地理学評論」 17(5) 1941.5

◇バルト海都市の建設と都市領主-リュベック市について-(高村象平)「三田学会雑誌」 35(5) 1941.5

◇律令制下に於ける水運の発達(2)(渡部英三郎)「港湾」 19(6) 1941.6

◇徳川氏郷村制度大要(2・完)「自治機関」 496 1941.6

◇江戸時代の隣組と土木(1)(渡部英三郎)「水利と土木」 14(6) 1941.6

◇東京市淀橋地下水瀑布線(第2報)(吉村信吉[ほか])「地理学評論」 17(6) 1941.6

◇独逸ハンザに関する近著三種(高村象平)「三田学会雑誌」 35(6) 1941.6

◇律令制下に於ける水運の発達(3)：「王朝時代の水上交通」の続篇(渡部英三郎)「港湾」 19(7) 1941.7

◇東海道江尻宿裏通海岸附寄州の帰属問題-清水市の研究第四報-(浅香幸雄)「地理」 4(3) 1941.7

◇徳川時代農村における人口増減の一面-遠江周知郡西俣村-(内田寛一)「地理」 4(3) 1941.7

◇都市密集住宅地区の地理学的研究序論-特に東京市に於ける分布に就て-(木内信蔵)「地理学評論」 17(7) 1941.7

◇セレベス島(平野義太郎)「改造」 23(15) 1941.8

◇律令制下に於ける水運の発達(4)：「王朝時代の水上交通」の続篇(渡部英三郎)「港湾」 19(8) 1941.8

◇徳川時代全国人口の再吟味(関山直太郎)「人口問題研究」 2(8) 1941.8

◇江戸時代の隣組と土木(2)(渡部英三郎)「水利と土木」 14(8) 1941.8

◇札賓特旗の現況(阿部虎男)「地方行政 日文版」 8(8) 1941.8

◇律令制下に於ける水運の発達(5)(渡部英三郎)「港湾」 19(9) 1941.9

◇日本牧畜の地理学的研究概報(1)(田邊健一)「地理学評論」 17(9) 1941.9

◇山形県庄内海岸浜中の経済地理的考察(1)(長井政太郎)「地理学評論」 17(9) 1941.9

◇律令制下に於ける水運の発達(6・完)(渡部英三郎)「港湾」 19(10) 1941.10

◇日本牧畜の地理学的研究概報(2・完)(田邊健一)「地理学評論」 17(10) 1941.10

◇高柳真三・石井良助「御解書集成」の完成-徳川封建社会のプラネタリウム-(石井良助、中川善之助)「法学協会雑誌」 59(10) 1941.10

◇中支那の経済地理的考察(1)(小林幾次郎)「経済集志」 14(3) 1941.11

◇江戸時代の経済機構(堀江保蔵)「経済論叢」 53(5) 1941.11

◇香川県に於ける灌漑状況の地理学的研究(工)(竹内常行)「地理学評論」 17(11) 1941.11

◇東京府久留米村附近の地下水の聚落立地の研究(矢嶋仁吉)「地理学評論」 17(11) 1941.11

◇江戸の干鰯〆粕市場(伊東彌之助)「三田学会雑誌」 35(11) 1941.11

◇中世巴里同業組合形論(根岸国孝)「経済学論集」 11(12) 1941.12

◇江戸時代の防火(1)(鷹見安二郎)「市政週報」 138 1941.12

◇江戸時代の防火(2)(鷹見安二郎)「市政週報」 140 1941.12

◇江戸市街の防火設備について(森堯夫)「造園雑誌」 8(12) 1941.12
◇香川県の灌漑状況の地理学的研究(完)(竹内常行)「地理学評論」 17(12) 1941.12
◇阪谷子爵略年譜「都市問題」 33(6) 1941.12
◇中支那の経済地理的考察(2)-中支那の自然的・物的生産基礎(小林幾次郎)「経済集志」 14(4) 1942.1
◇蘭印概観(5)「商工経済」 13(1) 1942.1
◇羅馬帝国の人口法制に就いて(増田抱村)「人口問題」 4(3) 1942.1
◇比律賓の近状(1)(稲田茂)「東京市産業時報」 8(1) 1942.1
◇徳川時代の大阪町制一斑(金田平一郎)「法政研究」 12(1) 1942.1
◇アメリカ合衆国の国土と国民(飯塚浩二)「立教経済学研究」 2(1) 1942.1
◇経済地理学的空間の概念(横山弘元)「科学主義工業」 6(2) 1942.2
◇江戸時代の経済問題(堀江保蔵)「経済論叢」 54(2) 1942.2
◇出羽国新荘藩に於ける赤子養制度(補遺)(高橋東山)「厚生問題」 26(2) 1942.2
◇蘭印社会の特殊構造(平野義太郎)「中央公論」 57(2) 1942.2
◇蘭印概観(7・完)「商工経済」 13(3) 1942.3
◇大東亜の気象(1)(荒川秀俊)「地政学」 1(3) 1942.3
◇比律賓の近状(2)(稲田茂)「東京市産業時報」 8(3) 1942.3
◇インドネシア及印度支那半島住民の社会機構(1)(清野謙次)「法律時報」 14(3) 1942.3
◇大東亜の気象(2)(荒川秀俊)「地政学」 1(4) 1942.4
◇日本地政学の先覚者内村鑑三の三大広域圏論(高木友三郎)「地政学」 1(4) 1942.4
◇鳥取県に於ける海岸砂丘の開拓(川崎敏)「地理学評論」 18(4) 1942.4
◇インドネシア及印度支那半島住民の社会機成(1)(清野謙次)「法律時報」 14(4) 1942.4
◇米沢藩の赤子養育手当制度(高橋東山)「厚生事業」 26(5) 1942.5
◇徳川時代の江戸に於ける上水施設の経営管理(笹川実)「水道協会雑誌」 108 1942.5
◇清水湾西岸愛染川口の部落境界(1)(浅香幸雄)「地政学」 1(5) 1942.5
◇東北地方に於ける市場圏・市場群及び市場聚落の発達(1)(田中館秀三,山口弥一郎)「地理学評論」 18(5) 1942.5
◇古代日本の社会事業と其性格(渡部英三郎)「厚生問題」 26(6) 1942.6
◇清水湾西岸愛染川口の部落境界(2)(浅香幸雄)「地政学」 1(6) 1942.6
◇大東亜の気象(3)(荒川秀俊)「地政学」 1(6) 1942.6
◇東海道江尻宿裏通海岸附寄洲の帰属問題補遺(浅香幸雄)「地理」 5(1) 1942.6
◇風の地方名の研究(4)(関口武)「地理学評論」 18(6) 1942.6
◇第18年総会記事並に講演要旨「地理学評論」 18(6) 1942.6
◇東北地方に於ける市場圏・市場群及び市場聚落の発達(2)(田中館秀三,山口弥一郎)「地理学評論」 18(6) 1942.6
◇南方共栄圏都市「都市問題」 34(6) 1942.6
地政学より見たる南方都市(江沢譲爾) 南方圏の地政学(岩田孝三)
◇チエレーンの民族論(3)(金生喜造)「地政学」 1(7) 1942.7
◇温泉聚落の分類試案特に地方的温泉に就いて(木内信蔵)「地理学評論」 18(7) 1942.7
◇海岸の地名礁、瀬戸等の分布(1)(鏡味完二)「地理学評論」 18(7) 1942.7

◇山東半島東南黄海西浜に於ける歴史時代の災異に就いて(神尾明正)「地理学評論」 18(7) 1942.7
◇徳川時代の治水事業(安田正鷹)「河川」 1(8) 1942.8
◇近世絹織業の分析視角(堀江英一)「経済論叢」 55(2) 1942.8
◇近世黎明期に於ける海外交通と時代の推進に及ぼした其の影響(9)(渡部英三郎)「港湾」 20(8) 1942.8
◇大東亜の気象(4・完)(荒川秀俊)「地政学」 1(8) 1942.8
◇地政学的に見たる生活圏と文化圏(岩田孝三)「地政学」 1(8) 1942.8
◇民族の生活空間(1)(カール・ハウスホーファー)「地政学」 1(8) 1942.8
◇近世小作制度の態様とその変質に就て(戸谷敏之)「帝国農会報」 32(8) 1942.8
◇江戸大伝馬町大物問屋資料に就て(宮崎正吉)「一橋論叢」 10(2) 1942.8
◇豪洲ヴィクトリア州一般事情(ヴィクトリア鉄道改善宣伝局編,岩瀬良雄訳)「外国鉄道調査資料」 16(6) 1942.9
◇近世絹織業の市場構造(堀江英一)「経済論叢」 55(3) 1942.9
◇近世黎明期に於ける海外交通と時代の推進に及ぼした其影響(10)(渡部英三郎)「港湾」 20(9) 1942.9
◇水戸藩の人口政策(高橋梵仙)「人口問題」 5(1) 1942.9
◇北方圏の民族構成(小山栄三)「人口問題研究」 3(9) 1942.9
◇生活圏に於ける核心圏と培養圏(国松久弥)「地政学」 1(9) 1942.9
◇チエレーンの民族論(完)(金生喜造)「地政学」 1(9) 1942.9
◇民族の生活空間(2)(カール・ハウスホーファ)「地政学」 1(9) 1942.9
◇沖縄島の聚落(1)(鏡味完二)「地理学評論」 18(9) 1942.9
◇江戸開拓の恩人江戸氏と太田氏(1)(湘仙生)「東京港」 6(9) 1942.9
◇豪洲ニュー・サウス・ウエルス州一般事情(岩瀬良雄訳)「外国鉄道調査資料」 16(10) 1942.10
◇近世絹織業の生産構造(堀江英一)「経済論叢」 55(4) 1942.10
◇近世黎明期に於ける海外交通と時代の推進に及ぼした其影響(11)「港湾」 20(10) 1942.10
◇南方民族事情研究特輯(1)比律賓、ボルネオ、セレベス「国策研究会週報」 4(42) 1942.10
◇南方民族事情研究特輯(2)ジヤワ、スマトラ、マレー「国策研究会週報」 4(43) 1942.10
◇接触地帯の人文地理学的研究(阿部正巳)「地理」 5(2) 1942.10
◇徳川時代農村に於ける女子の結婚年齢と産児の一面(内田寛一)「地理」 5(2) 1942.10
◇六甲山麓水車の一考察(合田栄作)「地理」 5(2) 1942.10
◇沖縄島の聚落(2)(鏡味完二)「地理学評論」 18(10) 1942.10
◇環都市心意圏の一資料(千葉徳爾)「地理学評論」 18(10) 1942.10
◇江戸開拓の恩人江戸氏と太田氏(2)(湘仙生)「東京港」 6(10) 1942.10
◇近世黎明期に於ける海外交通と時代の推進に及ぼした影響(12)(渡部英三郎)「港湾」 20(11) 1942.11
◇最近の統計資料より見たるアラスカ(1)(真崎幸治)「地政学」 1(11) 1942.11
◇地政学上より棉花問題(1)-南方圏を中心として(西田正夫,横山辰雄)「地政学」 1(11) 1942.11
◇中世チユーリッヒ市の統治者と政策(高村象平)「三田学会雑誌」 36(11) 1942.11
◇東部ソ領の概観(穂積永頼)「大阪商工会議所月報」 427 1942.12
◇仙台藩人口史襍攷(高橋東山)「厚生科学」 26(12) 1942.12
◇近世黎明期に於ける海外交通と時代の推進に及ぼした其影響(13)

歴史・伝記・地理

◇(渡部英三郎)「港湾」 20(12) 1942.12
◇最近の統計資料より見たるアラスカ(2・完)(真崎幸治)「地政学」 1(12) 1942.12
◇支那製鉄業の立地考察(手塚正夫)「地政学」 1(12) 1942.12
◇支那蓄産業の東亜に於ける資源経済地理学的地位(池田善長)「地政学」 1(12) 1942.12
◇地域研究の真義-地理家と地理学の根本問題-(三野与吉)「地政学」 1(12) 1942.12
◇地政学上よりみたる棉花問題(2・完):南方圏を中心として(横山辰夫, 西田正夫)「地政学」 1(12) 1942.12
◇江戸開拓の恩人江戸氏と太田氏(3)(湘仙生)「東京港」 6(12) 1942.12
◇中世婚姻法(石井良助)「法学協会雑誌」 60(12) 1942.12
◇近世黎明期に於ける海外交通と時代の推進に及ぼした影響(14・完)(渡部英三郎)「港湾」 21(1) 1943.1
◇アルーシヤン列島について(有井重述)「地政学」 2(1) 1943.1
◇ヨーロツパロシヤの歴史地理的考察(1)「地政学」 2(1) 1943.1
◇江戸開拓の恩人江戸氏と太田氏(4)(湘仙生)「東京港」 7(1) 1943.1
◇高知藩の人口政策(1)(高橋梵仙)「統計集誌」 739 1943.1
◇徳川庶民生活法典(1)一五人組帳の形式と内容—(穂積重遠)「法学協会雑誌」 61(1) 1943.1
◇沖之島地境論(小早川欣吾)「法学論叢(京都帝国大学法学会)」 48(1) 1943.1
◇北樺太の現状(柄澤貞治郎)「外国鉄道調査資料」 17(2) 1943.2
◇一ノ関、熊本両藩人口史玫藪(高橋東山)「厚生事業」 27(2) 1943.2
◇幕末に於ける衆議思想(尾佐竹猛)「国家学会雑誌」 57(2) 1943.2
◇ヨーロッパロシヤの歴史地理的考察(2・完)(飯本信之)「地政学」 2(2) 1943.2
◇地方事務所の地理的分布(1)(佐々木清治)「地理学評論」 19(2) 1943.2
◇江戸開拓の恩人江戸氏と太田氏(5)(湘仙生)「東京港」 7(2) 1943.2
◇高知藩の人口政策(2・完)(高橋梵仙)「統計集誌」 740 1943.2
◇歴史の性格(対談)(今井登志喜, 長谷川如是閑)「日本評論」 18(2) 1943.2
◇徳川庶民生活法典(穂積重遠)「法学協会雑誌」 61(2) 1943.2
◇続徳川時代全国人口の再吟味(關山直太郎)「人口問題研究」 4(3) 1943.3
◇地方事務所の地理的分布(2・完)(佐々木清治)「地理学評論」 19(3) 1943.3
◇北支山西省の地方都市に就て(木内信蔵)「地理学評論」 19(3) 1943.3
◇江戸開拓の恩人江戸氏と太田氏(6)(湘仙生)「東京港」 7(3) 1943.3
◇歴史と国力「科学主義工業」 7(4) 1943.4
◇江戸の町内自治(鷹見安二郎)「市政週報」 206 1943.4
◇国防国家科学としての地政学(川原次吉郎)「地政学」 2(4) 1943.4
◇資源開発の経済地理学的論拠(横山弘之)「地政学」 2(4) 1943.4
◇江戸開拓の恩人江戸氏と太田氏(7)(湘仙生)「東京港」 7(4) 1943.4
◇日本に於ける調査事業概観(2)(和泉徳一)「地方行政 日文版」 10(5) 1943.5
◇地域に於ける生活指導の諸問題(瓜巣憲三)「厚生問題」 27(6) 1943.6
◇黒竜小史「地方行政 日文版」 10(6) 1943.6

◇島興経済更生の地政学的考察(2)—例を隠岐に採つて—(田中豐治)「地政学」 2(7) 1943.7
◇農業経済による我が内地の地理区分(2)(松井勇)「地理学評論」 19(7) 1943.7
◇幕末農間渡世調査の意義(野村兼太郎)「三田学会雑誌」 37(7) 1943.7
◇清水湊向島帰属係争の地理学的意義(浅香幸雄)「地政学」 2(8) 1943.8
◇政治地理学と地政学(元川房三)「地政学」 2(8) 1943.8
◇地政学の科学体系中の位置(中原徹)「地政学」 2(8) 1943.8
◇村落通婚圏に関する諸問題—その一、村落の機能による通婚圏の相違—(関口武)「地理学評論」 19(8) 1943.8
◇清水湊向島帰属係争の地理的意義(2)(浅香幸雄)「地政学」 2(9) 1943.9
◇秋田県子吉川地域に於ける農業聚落(尾留川正平)「地理」 5(4) 1943.9
◇清水湊向島の帰属争経過(1)(浅香幸雄)「地理学評論」 19(9) 1943.9
◇宮崎県の地域心意報(千葉徳爾)「地理学評論」 19(9) 1943.9
◇蘇連領沿海州の歴史産業交通の概況(H.T生)「道路の改良」 25(9) 1943.9
◇震災供養塔/故永田秀次郎氏追憶(下村海南)「都市問題」 37(4) 1943.10
◇永田会長の逝去を悼む(鹿切善次郎)「都市問題」 37(4) 1943.10
◇永田君を憶ふ/故永田秀次郎氏追憶(児玉秀雄)「都市問題」 37(4) 1943.10
◇永田先生を偲ぶ/故永田秀次郎氏追憶(斎藤守圀)「都市問題」 37(4) 1943.10
◇江戸時代の経済歴史書(堀江保蔵)「経済論叢」 57(5) 1943.11
◇高知藩の育子政策(高橋梵仙)「厚生問題」 27(11) 1943.11
◇地名よりみた開墾聚落の発達(山口弥一郎)「地理学評論」 19(11) 1943.11
◇武蔵野台地東部大泉地下水瀑布線及び附近諸地下水堆の精査(1)(吉村信吉)「地理学評論」 19(11) 1943.11
◇多摩丘陵西北部七生村附近の地下水と聚落立地(矢崎仁吉)「地理学評論」 19(12) 1943.11
◇独逸ハンザと都市同盟(高村象平)「三田学会雑誌」 37(11) 1943.11
◇アンシアン・レジームの経済段階(河野健二)「経済論叢」 57(6) 1943.12
◇国家及国境の拡大傾向(2・完)(リヒヤード・ヘニツヒの地政学より)(金生喜造)「地政学」 2(12) 1943.12
◇地理学とは何ぞや—地政学の基礎—(高山一十)「地政学」 2(12) 1943.12
◇武蔵野台地東部大泉地下水瀑布線及附近諸地下水堆の精査(2)(吉村信吉)「地理学評論」 19(12) 1943.12
◇日本革新史観(対談3)(寺田稲次郎)「中央公論」 29(1) 1944.1
◇日本島の気温分布に及ぼす太平洋の影響(福井英一郎)「地理学評論」 20(1) 1944.1
◇小田原の都市地理学的研究(木内信蔵, 杉山雀)「地理学評論」 20(3) 1944.3
◇江戸城と大江戸(2)(湖仙生)「東京港」 8(2) 1944.3
◇江戸城と大江戸(3)(湖仙生)「東京港」 8(3) 1944.4
◇大江戸と江戸城(4)(湘仙生)「東京港」 8(4) 1944.8

[図　書]
◇分間 江戸大絵図(金丸彦五郎編)　須原屋茂兵衛　1794 1枚 29cm
◇分間 懐宝御江戸絵図(須原屋茂兵衛編)　1829 1枚 67×96cm
◇新版御江戸絵図(西村宗七編)　1843 1枚 108×88cm
◇築地八丁堀 日本橋南之図　増補改正(景山致恭著)　尾張屋清七 板

元　1849　1枚　50×53cm
◇麹町永田町 外桜田絵図　増補改正（景山致恭著）　尾張屋清七 板元　1850　1枚　52×49cm
◇松栄細江戸絵図（高柴三雄編）　1850　1枚　73×104cm
◇東都麻布之絵図（戸松昌訓著）　尾張屋清七 板元　1851　1枚　49×54cm
◇今戸箕輪 浅草絵図　改正新刻（戸松昌訓著）　尾張屋清七 板元　1853　1枚　49×54cm
◇嘉永新鋪 雑司ケ谷音羽絵図（戸松昌訓著）　尾張屋清七 板元　1853　1枚　49×54cm
◇牛込市谷 大久保絵図（戸松昌訓著）　尾張屋清七 板元　1854　1枚　50×60cm
◇万世御江戸絵図（山城屋政吉著，藤屋吉蔵著）　1854.2　1枚　70×96cm
◇芝三田二本榎 高輪辺絵図　改正（景山致恭著）　尾張屋清七 板元　1857　1枚　73×36cm
◇東都小石川絵図　改板（戸松昌訓著）　尾張屋清七 板元　1857　1枚　49×54cm
◇東都駒込辺絵図　尾張屋清七 板元　1857　1枚　49×54cm
◇目黒白金図（戸松昌訓著）　尾張屋清七 板元　1857　1枚　48×54cm
◇東都番町大絵図　再版（景山致恭著）　尾張屋清七 板元　1858　1枚　49×72cm
◇小石川谷中 本郷絵図（戸松昌訓著）　尾張屋清七 板元　1861　1枚　49×54cm
◇芝口南西久保 愛宕下之図　増補改正（景山致恭著）　尾張屋清七 板元　1861　1枚　49×54cm
◇東都浅草絵図（井上能知著）　尾張屋清七 板元　1861　1枚　52×49cm
◇東都麻布之絵図（戸松昌訓著）　尾張屋清七 板元　1861　1枚　49×54cm
◇内藤新宿 千駄ケ谷辺図　改正再板　尾張屋清七 板元　1862　1枚　49×36cm
◇嘉永新鋪 本所絵図（戸松昌訓著）　尾張屋清七 板元　1863　1枚　73×55cm
◇嘉永新鋪 本所絵図　安政改正（戸松昌訓著）　尾張屋清七 板元　1863　1枚　64×57cm
◇八町堀霊岸嶋 日本橋南之絵図　文久再鋪　尾張屋清七 板元　1863　1枚　49×54cm
◇万寿御江戸絵図（菊屋幸三郎編）　1864　1枚　72×105cm
◇飯田町駿河台 小川町絵図　尾張屋清七 板元　1865　1枚　64×38cm
◇今井谷市兵衛町 赤坂全図（景山致恭著）　尾張屋清七　1865　1枚　49×54cm
◇御曲輪内 大名小路絵図　改正再版　尾張屋清七 板元　1865　1枚　49×54cm
◇大坂市中地区町名改正絵図（書籍会社編）　1872.5　1冊　32cm
◇東京開化繁昌誌 第初編 巻之上（萩原乙彦著）　万青堂　1874.3　4，29p　23cm
◇東京開化繁昌誌 第初編 巻之下（萩原乙彦著）　万青堂　1874.3　29p　23cm
◇東京大小区分絵図　第一大区一・二・三小区（松浦宏撰）　1874.3　1枚　41×38cm
◇東京新繁昌記 初編（服部誠一著）　奎章閣　1874.4　39p　22cm
◇東京新繁昌記 第2編（服部誠一著）　奎章閣　1874.6　41p　22cm
◇東京大小区分絵図　第一大区十二・十三・十四小区（松浦宏撰）　1874.6　1枚　36×49cm
◇東京大小区分絵図　第一大区五・六・七・十五・十六小区（松浦宏撰，松宮正旗補助）　1874.6　1枚　36×48cm
◇東京大小区分絵図　第一大区八・九・十小区（松浦宏撰）　1874.6　1枚　36×49cm

◇東京町鑑：伊呂波分　1874.6　95p　8×16cm
◇東京大小区分絵図　第一大区四及十一小区（松浦宏撰）　1874.7　1枚　32×41cm
◇東京大小区分絵図　第二大区一・二・四小区（松浦宏撰）　1874.7　1枚　36×49cm
◇東京新繁昌記 第3編（服部誠一著）　奎章閣　1874.8　39p　22cm
◇東京大小区分絵図　第五大区三・四・七小区（松浦宏撰，松宮正旗補助）　1874.9　1枚　33×49cm
◇東京大小区分絵図　第五大区五・八之小区（松浦宏撰，松宮正旗補助）　1874.9　1枚　33×49cm
◇東京大小区分絵図　第五大区六・九・十之小区（松浦宏撰，松宮正旗補助）　1874.9　1枚　36×49cm
◇東京大小区分絵図　第六大区六・七・八之小区（松浦宏撰，松宮正旗補助）　1874.9　1枚　39×48cm
◇東京新繁昌記 第4編（服部誠一著）　奎章閣　1874.10　41p　22cm
◇東京大小区分絵図　第四大区一・二小区（松浦宏撰，松宮正旗補助，松嶋正重補助）　1874.10　1枚　33×47cm
◇東京大小区分絵図　第四大区三・四小区（松浦宏撰，松宮正旗補助，松嶋正重補助）　1874.10　1枚　34×47cm
◇東京大小区分絵図　第四大区七・八小区（松浦宏撰，松宮正旗補助，松嶋正重補助）　1874.10　1枚　32×47cm
◇東京大小区分絵図　第四大区九・十小区（松浦宏撰，松宮正旗補助，松嶋正重補助）　1874.10　1枚　33×50cm
◇東京大小区分絵図　第五大区一・二之小区（松浦宏撰，松宮正旗補助）　1874.10　1枚　35×48cm
◇東京大小区分絵図　第六大区三・四・五小区（松浦宏撰，松宮正旗補助，松嶋正重補助）　1874.10　1枚　36×47cm
◇東京大小区分絵図　第三大区十一ノ小区（松浦宏撰，松宮正旗補助，松嶋正重補助）　1874.11　1枚　32×49cm
◇東京大小区分絵図　第三大区六・九・十小区（松浦宏撰，松宮正旗補助，松嶋正重補助）　1874.11　1枚　32×46cm
◇東京大小区分絵図　第四大区五・六小区（松浦宏撰，松宮正旗補助）　1874.11　1枚　29×57cm
◇東京新繁昌記 第5編（服部誠一著）　奎章閣　1874.12　40p　22cm
◇東京大小区分絵図　第二大区三・五小区（松浦宏撰，松宮正旗補助）　1874.12　1枚　36×49cm
◇東京大小区分絵図　第三大区小七・八区（松浦宏撰，松宮正旗補助，松嶋正重補助）　1874.12　1枚　35×48cm
◇東京大小区分絵図　第三大区一・二小区（松浦宏撰，松宮正旗補助，松嶋正重補助）　1874.12　1枚　35×50cm
◇東京大小区分絵図　第三大区三・四ノ小区（松浦宏撰，松宮正旗補助，松嶋正重補助）　1874.12　1枚　34×51cm
◇東京大小区分絵図　第五大区十三小区（松浦宏撰，松宮正旗補助，松嶋正重補助）　1874.12　1枚　33×49cm
◇改正 東京町村表：東京大小区分絵図総目録（加藤又兵衛編）　1875.4　1枚　14cm
◇東京大小区分絵図　第二大区十・十一小区（松浦宏撰，松宮正旗補正）　1875.7　1枚　30×62cm
◇東京大小区分絵図　第二大区十二小区（松浦宏撰，松宮正旗補正）　1875.7　1枚　31×55cm
◇東京大小区分絵図　第二大区六・七小区（松浦宏撰，松宮正旗補助）　1875.7　1枚　35×48cm
◇東京大小区分絵図　第二大区八・九小区（松浦宏撰，松宮正旗補助）　1875.7　1枚　34×49cm
◇明治史要（修史局編）　1876.3　1冊　22cm
◇東京新繁昌記 第6編（服部誠一著）　奎章閣　1876.4　41p　22cm
◇方今大阪繁昌記 初篇（石田魚門著）　宝文堂　1877.2　16p　23cm
◇方今大阪繁昌記 2編（石田魚門著）　宝文堂　1877.4　31p　23cm

◇大阪繁昌雑記 初篇（奥沢信行著） 宝文軒 1877.8 21p 23cm
◇京都名所順覧記：改正各区色分町名（福富正水著, 乙葉宗兵衛編）村上勘兵衛 1877.10 50p 11×16cm
◇大阪繁昌雑記 2篇（奥沢信行著） 宝文軒 1877.12 23p 23cm
◇江戸町町いろは分独案内 新板補訂 1878 15p 19cm
◇千古不朽東京地所明細 第一大区之部（中井城太郎編） 尚玄堂 1878.9 12,235p 19cm
◇千古不朽東京地所明細 第二大区之部（中井城太郎編） 尚玄堂 1878.9 7,169p 19cm
◇千古不朽東京地所明細 第五大区之部（中井城太郎編） 尚玄堂 1878.9 7,196p 19cm
◇千古不朽東京地所明細 第六大区之部（中井城太郎編） 尚玄堂 1878.9 6,158p 19cm
◇千古不朽東京地所明細 附録（中井城太郎編） 尚玄堂 1878.9 4,119p 19cm
◇特命全権大使米欧回覧実記 第1編（久米邦武編） 博聞社 1878.10 27,18,397p 20cm
◇特命全権大使米欧回覧実記 第2編（久米邦武編） 博聞社 1878.10 16,443p 20cm
◇特命全権大使米欧回覧実記 第3編（久米邦武編） 博聞社 1878.10 412p 20cm
◇特命全権大使米欧回覧実記 第4編（久米邦武編） 博聞社 1878.10 19,465p 20cm
◇特命全権大使米欧回覧実記 第5編（久米邦武編） 博聞社 1878.10 15,393p 21cm
◇開明東京新図 明治11年 改正（大倉孫兵衛編） 1878.11 1枚 50×72cm
◇東京全図（東京府編） 1879.1 1枚 24cm
◇東京府地誌略 巻之上（東京府学務課編）［東京府］ 1879.2 27丁 24cm
◇東京府地誌略 巻之下（[東京府学務課編]）［東京府］ 1879.2 29丁 24cm
◇改正東京区分絵図（児玉弥七著） 1879.3 1枚 73×105cm
◇明治開化史（渡辺修次郎著） 1880.1 4,8,225p 19cm
◇改正区分東京細図（宮前謙二編） 1881.5 1枚 87×72cm
◇大日本府県分轄図（内務省地理局編） 1881.6 1冊 35cm
◇畿道巡回日記 第1篇（生田精著） 1881.9 26p 23cm
◇畿道巡回日記 第2篇（生田精著） 1881.9 59,17p 23cm
◇畿道巡回日記 第3篇（生田精著） 1881.9 52,19p 23cm
◇明治開化史 第2編（渡辺修次郎著） 1881.10 4,157p 18cm
◇京都府管内地図（村上勘兵衛編） 1882.7 1枚 64×96cm
◇開明東京新図：附 東京案内 改正増補（児玉永成編） 大倉孫兵衛 1882.9 1枚 19cm
◇江戸政記 1巻（鈴木貞次郎編） 内田正栄堂 1883.5 17,15,30p 22cm
◇江戸政記 2巻（鈴木貞次郎編） 内田正栄堂 1883.5 50p 22cm
◇江戸政記 3巻（鈴木貞次郎編） 内田正栄堂 1883.5 37p 22cm
◇江戸政記 4巻（鈴木貞次郎編） 内田正栄堂 1883.5 45p 22cm
◇江戸政記 5巻（鈴木貞次郎編） 内田正栄堂 1883.5 56p 22cm
◇江戸政記 6巻（鈴木貞次郎編） 内田正栄堂 1883.5 24p 22cm
◇第二回巡廻紀行 上（岡田良一郎著） 大塚好五郎出版 1883.5 28p 24cm
◇第二回巡廻紀行 中（岡田良一郎著） 大塚好五郎出版 1883.5 23p 24cm
◇第二回巡廻紀行 下（岡田良一郎著） 大塚好五郎出版 1883.5 23p 24cm

◇自由党総理 板垣君欧米漫遊日記（師岡国編） 1883.6 58p 18cm
◇東京名所案内 乾（安井乙熊著） 東京府 1883.7 40p 10cm
◇東京名所案内 坤（安井乙熊著） 東京府 1883.7 39p 10cm
◇改正 東京区分明細全図（佐藤信太郎編） 1884.7 1枚 51×72cm
◇実測大阪市街全図（大阪府地理課編） 1885.1 1枚 23cm
◇小笠原島巡回略記 ［複写］（小野田元熙著） 1885.10 33p 27cm
◇漫游見聞録 上編（黒田清隆著） 1885.11 2,20,446p 20cm
◇漫游見聞録 下編（黒田清隆著） 1885.11 386p 20cm
◇開明東京新図：附 東京案内（児玉永成編） 1886.5 1枚 72×96cm
◇補正 明治史要附録表（修史局編） 1886.6 245p 21cm
◇斯丁伝 上巻（内務省編） 1887.9 722p 21cm
◇斯丁伝 中巻（内務省編） 1887.9 579p 21cm
◇小笠原嶋要覧（磯村貞吉著） 便益社 1888.1 279p 20cm
◇市区改正後日の東京（岡本純彦著） 1889.5 112p 19cm
◇小楠遺稿（横井時雄編） 民友社 1889.11 538p 23cm
◇直筆正言 横浜之解剖 一名 横浜新繁昌記（伊藤仁太郎著） 鶴声社 1889.12 107p 19cm
◇今日之東京（尾崎逸足著） 和田篤太郎 1890.1 122p 19cm
◇江戸の花：温故知新（尚古堂主人著） 博文館 1890.4 274p 19cm 博文館叢書
◇東京開市三百年祭記事（大槻修二編） 1890.5 77p 22cm
◇大日本府県志 自第巻1至第巻4（河内庫太郎編） 博聞社 1890.11 78,20p 22cm
◇改正東京名所案内（永島春暁編） 清水堂 1891.1 27p 8×18cm
◇巡遊紀行（鈴木守三著） 1891.2 3,165p 19cm
◇旧吏諮問録 第1編（小川銀次郎編） 旧事諮問会 1891.5 132p 22cm
◇旧吏諮問録 第2編（小川銀次郎編） 旧事諮問会 1891.7 54,22p 22cm
◇旧吏諮問録 第3編（小川銀次郎編） 旧事諮問会 1891.8 76p 22cm
◇旧吏諮問録 第4編（小川銀次郎編） 旧事諮問会 1891.9 52p 22cm
◇旧吏諮問録 第5編（小川銀次郎編） 旧事諮問会 1891.10 2,64p 22cm
◇旧吏諮問録 第6編（小川銀次郎編） 旧事諮問会 1892.2 2,92p 22cm
◇三十年史（木村芥舟編） 1892.2 4,16,753p 22cm
◇横浜沿革誌（太田久好著） 1892.7 284p 23cm
◇東京名所鑑 中巻［芝・麻布・赤坂・四谷・牛込・小石川・本郷］（相沢尢著） 1892.9 173p 19cm
◇山梨鑑（小幡宗海著, 安藤誠治編） 国文社 1894.3 12,566p 27cm
◇富山高岡沿革志（高桑致芳著） 1895.5 2,62,72p 22cm
◇札幌沿革史（札幌史学会編） 1896.10 13,240p 19cm
◇伊藤博文：附 伊東巳代治 末松謙澄（無何有郷主人著） 民友社 1897.3 222p 19cm 今世人物評伝叢書
◇懐往事談：附 新聞紙事歴（福地源一郎著） 民友社 1897.8 2,5,248p 19cm
◇市町村新旧対照一覧（中村芳松編） 1897.9 363p 20cm 大日本管轄分地図
◇THE HANAMI（花見）（高島捨太著） 1897.10 1冊 29×40cm
◇日欧交通起源史（菅菊太郎著） 裳華書房 1897.11 313p 23cm
◇台南県誌 第2編 制度之部（台南県庁編） 1898.4 137,21p 22cm
◇神戸開港三十年史 上巻（開港三十年紀念会編） 1898.5 4,16,580p 23cm

◇奠都三十年：明治三十年史 明治30年間国勢一覧（博文館編） 1898.5 1冊 22cm 「太陽」臨時増刊（第4巻第9号）

◇日魯交渉 北海道史稿（岡本柳之助著） 遠山 景直 1898.5 145,414,180p 22cm

◇神戸開港三十年史 下巻（開港三十年紀念会編） 1898.10 26,878p 23cm

◇風俗画報 第178号（野口勝一編） 東陽堂 1898.12 42p 27cm

◇勝海舟（民友社編） 1899.5 119,94,135p 19cm

◇明治十二傑（博文館編） 1899.6 570p 23cm 太陽臨時増刊

◇森先生伝（木村匡著） 金港堂書籍 1899.9 300,5p 23cm

◇高野長英先生伝（長田偶得著） 弘文堂 1899.10 2,117,6p 23cm

◇大阪城誌 上巻（小野清著） 静修書屋 1899.11 254p 23cm

◇大阪城誌 中巻（小野清著） 静修書屋 1899.11 [298]p 23cm

◇大阪城誌 下巻（小野清著） 静修書屋 1899.11 [248],2p 23cm

◇大日本維新史 上巻（重野安繹著） [善隣訳書館] 1899.12 2,1,54p 24cm

◇大日本維新史 下巻（重野安繹著） 善隣訳書館 1899.12 [49]p 24cm

◇児玉記考 前編（中山清夫編） 中山風声堂 1900.3 10,204,30p 19cm

◇香取郡誌（山田〓著） 東荘文庫 1900.7 1冊 22cm

◇児玉記考 後編（中山清夫編） 中山風声堂 1901.2 275p 19cm

◇東京市史編纂事業沿革：附 皇城篇前記凡例（東京市役所編） 1901.10 27p 22cm

◇台湾年表：附 形勢便覧（台湾慣習研究会編） 1902.1 78p 19cm 「台湾慣習記事」第2巻第1号附録）

◇石川郡誌（和田文次郎（尚軒）編） 修盛館 1902.2 4,147,12p 21cm 加賀誌

◇北海誌料：北海紀行 増訂（林顕三編） 冨山房 1902.5 891,73p 23cm

◇日本事物起原：雅俗便覧（金子晋編） 青山堂書房 1902.6 24,236p 23cm

◇渋沢男爵欧米漫遊報告（渋沢栄一著） 1902.12 1,247p 23cm

◇大阪府誌 第1編（大阪府編） 1903.2 863,104,18p 26cm

◇大阪府誌 第2編（大阪府編） 1903.2 580,288p 26cm

◇大阪府誌 第3編（大阪府編） 1903.2 394,336p 26cm

◇大阪府誌 第4編（大阪府編） 1903.2 318,391p 26cm

◇大阪府誌 第5編（大阪府編） 1903.2 464,210,284p 26cm

◇幕府時代の長崎 上（長崎市役所編） 1903.10 128p 23cm

◇幕府時代の長崎 下（長崎市役所編） 1903.10 286p 23cm

◇田村郡郷土史（田村教育会編） 1904.1 114p 26cm

◇大和北葛城郡史 上巻（奈良県北葛城郡役所編） 1904.6 4,472,78p 23cm

◇領台十年史（伊能嘉矩著） 新高堂書店 1905.6 3,108p 22cm

◇側面観幕末史（桜木章著） 啓成社 1905.9 6,807,82p 22cm

◇蒙古征欧史：附 羅馬法王遣使始末（田原禎次郎著） 台湾日日新報社 1905.12 4,166p 22cm

◇増補 七美郡誌稿（八木玄番編） 1906.2 159p 23cm

◇福岡県全誌 上篇（吉田隆一編） 1906.6 8,4,530p 22cm

◇福岡県全誌 下篇（吉田隆一編） 1906.6 412p 22cm

◇将来之東北（半谷清寿著） 丸山舎書籍部 1906.9 230p 22cm

◇羅馬史論（ニコロ・マキアヴェリ著, 林董訳） 博文館 1906.9 3,651p 23cm

◇小笠原島志（山方石之助著） 1906.11 13,667p 23cm

◇西蒲原郡志（西蒲原郡教育会編） 1907.2 14,332p 23cm

◇東京案内 上巻（東京市編） 1907.4 4,7,752p 23cm

◇東京案内 下巻（東京市編） 1907.4 10,839p 23cm

◇井上伯爵 巻之1（中原邦平著） 1907.5 1冊 23cm

◇井上伯爵 巻之2（中原邦平著） 1907.5 1冊 23cm

◇井上伯爵 巻之3（中原邦平著） 1907.5 1冊 23cm

◇井上伯爵 巻之4（中原邦平著） 1907.5 1冊 23cm

◇井上伯爵 巻之5（中原邦平著） 1907.5 1冊 23cm

◇井上伯爵 巻之6（中原邦平著） 1907.5 1冊 23cm

◇井上伯爵 巻之7（中原邦平著） 1907.5 1冊 23cm

◇井上伯爵 附録 第1冊（中原邦平著） 1907.5 1冊 23cm

◇井上伯爵 附録 第2冊（中原邦平著） 1907.5 1冊 23cm

◇東伯郡誌 巻上（鳥取県東伯郡役所編） 1907.5 31p 22cm

◇東伯郡誌 巻下（鳥取県東伯郡役所編） 1907.5 1冊 22cm

◇四日市志：附 名所案内（伊藤善太郎著） 1907.5 41p 17cm

◇過去六十年事蹟（雨宮敬次郎述, 桜内幸雄編） 1907.7 6,5,422p 23cm

◇漢口：中央支那事情（水野幸吉著） 冨山房 1907.8 1冊 23cm

◇大隈伯演説集（早稲田大学輯所編） 早稲田大学出版部 1907.10 556p 23cm

◇長崎県紀要（長崎県協賛会編） 1907.10 2,13,366p 22cm

◇福翁自伝 23版（時事新報社編） 1907.10 2,2,549p 19cm

◇防長志要（山口県編） 金港堂書籍 1907.10 268p 23cm

◇箕作麟祥君伝（大槻文彦著） 丸善 1907.11 10,187p 23cm

◇開国五十年史 上巻（副島八十六編） 開国五十年史発行所 1907.12 19,1052p 23cm

◇葛飾記・駿河台誌（図書刊行会編） 1907.12 67p 21cm

◇かまくら：附鎌倉案内記（大森金五郎著） 吉川弘文館 1907.12 314,18,8p 23cm 歴史地理大観

◇三条実美公履歴 第1（東久世通禧編） 1907.12 1冊 27cm

◇三条実美公履歴 第2（東久世通禧編） 1907.12 1冊 27cm

◇三条実美公履歴 第3（東久世通禧編） 1907.12 1冊 27cm

◇三条実美公履歴 第4（東久世通禧編） 1907.12 1冊 27cm

◇三条実美公履歴 第5（東久世通禧編） 1907.12 1冊 27cm

◇開国五十年史 下巻（副島八十六編） 開国五十年史発行所 1908.2 17,1078p 23cm

◇島根県史要（藤本充安著） 島根県私立教育会 1908.3 434p 23cm

◇徳島県誌略（徳島県編） 黒崎精二 1908.4 4,3,155p 23cm+図1枚

◇赤穂郡誌（赤穂郡教育会編） 1908.8 2,360p 23cm

◇仙台市史（仙台市編） 1908.8 1冊 22cm

◇長野県案内（第12回1府10県聯合共進会長野県協賛会編） 1908.8 306p 23cm

◇新編北羽発達史 上（佐久間舜一郎編） 秋田県教育会 1908.9 738p 23cm

◇新編北羽発達史 下（佐久間舜一郎編） 秋田県教育会 1908.9 12,907p 23cm

◇開国五十年史 附録（副島八十六編） 開国五十年史発行所 1908.10 10,474p 23cm

◇児玉大将伝（森山守夫著, 倉辻明義著） 東京印刷 1908.10 493,211p 23cm

◇吉田松陰（徳富猪一郎著） 民友社 1908.10 494p 24cm

◇山城綴喜郡誌（京都府教育会綴喜郡部会編） 1908.11 21,394,2p 22cm

◇楽翁と須多因(井上友一著)　良書刊行会　1908.12 158p 23cm
◇平壌要覧(平壌実業新報社編)　白川正治　1909 3,3,100p 23cm
◇清正公三百年祭と熊本(小林作助著)　1909.3 146p 19cm
◇青森市沿革史 上巻(青森市編)　1909.5 1冊 22cm
◇香川県史 第1篇(香川県編)　1909.5 122p 22cm
◇香川県史 第2篇(香川県編)　1909.5 10,233p 22cm
◇香川県史 年表(香川県編)　1909.5 92p 22cm
◇横浜開港五十年史 上巻(肥塚竜著)　横浜商業会議所　1909.5 1冊 22cm
◇横浜開港五十年史 下巻(肥塚竜著)　横浜商業会議所　1909.5 11,930,205p 22cm
◇射水郡誌 上巻(富山県射水郡役所編)　1909.6 290p 22cm
◇大隈伯百話(江森泰吉編著)　実業之日本社　1909.6 8,838p 23cm
◇肥後文献叢書 第1巻(武藤厳男[ほか]編)　隆文館　1909.6 694p 23cm
◇横浜開港小史(川本三郎著)　警眼社　1909.6 5,4,177p 22cm+図1枚
◇横浜開港側面史(横浜貿易新報社編)　1909.6 1冊 22cm
◇撫順炭坑(南満洲鉄道株式会社撫順炭坑編)　1909.7 2,303p 23cm
◇大和人物志(奈良県編)　1909.8 774,16p 23cm
◇石川県志要(石川県編)　1909.9 203p 23cm
◇今立郡誌(福井県今立郡誌纂部編)　1909.9 415p 23cm
◇射水郡誌 下巻(富山県射水郡役所編)　1909.9 2,466,9p 22cm
◇越中史料 巻1(富山県編)　1909.9 71,898,4p 23cm
◇越中史料 巻2(富山県編)　1909.9 43,849p 23cm
◇越中史料 巻3(富山県編)　1909.9 37,910,18p 23cm
◇越中史料 巻4(富山県編)　1909.9 40,993,61p 23cm
◇越中史料 附録(富山県編)　1909.9 3,64p 23cm
◇下新川郡史稿 上巻(富山県下新川郡役所編)　1909.9 1210p 23cm
◇下新川郡史稿 下巻(富山県下新川郡役所編)　1909.9 529p 23cm
◇若越小誌(福井県編)　1909.9 754p 23cm
◇水藩修史事略(栗田勤著)　茨城県教育会　1909.9 2,241p 22cm
◇高岡史料 上巻(高岡市役所編)　1909.9 1304p 23cm
◇高岡史料 下巻(高岡市役所編)　1909.9 30,1190,7p 23cm
◇富山県西礪波郡紀要(富山県西礪波郡役所編)　1909.9 12,530p 23cm
◇二宮翁伝(井口丑二著)　内外出版協会　1909.9 208p 22cm
◇丹生誌(福井県丹生郡教育会編)　1909.9 243p 23cm
◇吉田郡誌(福井県吉田郡役所編)　1909.9 2,36,628p 22cm
◇青森市沿革史 中巻(青森市編)　1909.10 2,1058p 22cm
◇安蘇郡誌(江森泰吉著)　日本全国縮類共進会安蘇協賛会　1909.10 94,52p 19cm
◇肥後文献叢書 第2巻(武藤厳男[ほか]編)　隆文館　1909.10 850p 23cm
◇青森市沿革史 下巻(青森市編)　1909.12 784,70p 22cm
◇伊藤公実録(中原邦平著)　啓文社　1910.1 3,670p 23cm
◇香川県史 第3編 上(香川県編)　1910.3 496p 23cm
◇香川県史 第3編 下(香川県編)　1910.3 4,374p 22cm
◇香川県史 附録 補遺(香川県編)　1910.3 10p 22cm
◇名古屋史要(名古屋市編)　1910.3 1冊 22cm
◇埴科郡史(埴科郡編)　1910.3 47,349,141p 23cm

◇肥後文献叢書 第3巻(武藤厳男[ほか]編)　隆文館　1910.3 718p 23cm
◇品川子爵伝(村田峯次郎著)　大日本図書　1910.4 723,85p 23cm
◇福山志料 上巻(菅茶山著)　福山志料発行事務所　1910.4 1冊 23cm
◇福山志料 下巻(菅茶山著)　福山志料発行事務所　1910.4 1冊 23cm
◇愛知県南設楽郡誌(南設楽郡役所編)　1910.5 468p 26cm
◇厳島誌(重田定一著)　金港堂書籍　1910.6 170,38,5p 23cm
◇肥後文献叢書 第4巻(武藤厳男[ほか]編)　隆文館　1910.6 676p 23cm
◇箱根(日本歴史地理学会編)　三省堂書店　1910.7 342p 19cm 「歴史地理」臨時号
◇肥後文献叢書 第6巻(武藤厳男[ほか]編)　隆文館　1910.8 692p 23cm
◇群馬県案内(群馬県協賛会編)　1910.9 9,290,6p 22cm
◇群馬県案内(群馬県協賛会編)　1910.9 217,112p 23cm
◇多野郡誌(多野郡教育会編)　1910.9 22,265p 23cm
◇渡米実業団誌(巌谷季雄編)　渡米実業団残務整理委員会　1910.10 630,102p 22cm
◇維新史八講(吉田東伍著)　冨山房　1910.11 2,6,277p 23cm
◇藤公余影(古屋久綱著)　民友社出版部　1910.11 12,320,6p 24cm
◇山田郡誌(山田郡教育会編)　1910.11 153p 19cm
◇呉(呉公論社編輯部編)　1910.12 5,318p 20cm
◇肥後文献叢書 第5巻(武藤厳男[ほか]編)　隆文館　1910.12 688p 23cm
◇日本橋紀念誌(安藤安編)　日本橋紀念誌発行所　1911.4 187p 23cm
◇大阪市史 第5(大阪市参事会編)　1911.5 2,4,1092p 23cm
◇東京年中行事 上の巻(若月紫蘭(保次)著)　春陽堂　1911.6 6,332p 23cm
◇鶴駕奉迎記(滋賀県庁)　1911.7 3,8,157p 22cm
◇札幌区史(札幌区編)　1911.7 2,16,1029p 22cm
◇函館区史(函館区役所編)　1911.7 790,24p 23cm
◇大津市志 上巻(大津市私立教育会編)　淳風房　1911.8 3,8,834p 23cm
◇滋賀県沿革誌(滋賀県編)　1911.8 308p 27cm
◇維新風雲録:伊庭井上二元老直話(末松謙澄編)　福岡書店　1911.9 5,8,208p 22cm
◇大阪市史 第3(大阪市参事会編)　1911.9 9,3,1287p 23cm
◇大津市志 中巻(大津市私立教育会編)　淳風房　1911.10 8,[756]p 23cm
◇白河に於ける楽翁公(村越慶三編)　西白河教育部会　1911.10 2,2,44p 19cm
◇西白河郡誌(西白河郡協賛会編)　1911.10 124p 23cm
◇福井県三方郡誌(福井県三方郡教育会)　1911.10 551p 23cm
◇四谷区沿革誌(東京市四谷第4尋常小学校編,東京市四谷高等小学校編)　武藤 市蔵　1911.11 5,122p 23cm
◇大津市志 下巻(大津市私立教育会編)　淳風房　1911.12 7,[696],10p 23cm
◇岩美郡史(楢柴竹造著,鳥取県岩美郡役所編)　1912.2 566p 23cm
◇築上郡志 上巻(福岡県教育会築上支会編)　1912.2 607p 22cm
◇築上郡志 下巻(福岡県教育会築上支会編)　1912.2 672p 22cm
◇日本橋志:開橋記念(東京印刷株式会社編)　1912.3 9,212,27p 23cm

◇大阪市史 第4 上(大阪市参事会編) 1912.5 1冊 23cm
◇大阪市史 附図(大阪市参事会編) 1912.5 12,23p 41cm
◇鼎軒田口先生伝(塩島仁吉著) 経済雑誌社 1912.5 2,4,433p 26cm
◇楽石自伝 教界周遊前記(伊沢修二君還暦祝賀会編) 1912.5 2,4,445p 23cm
◇青淵百話 乾(渋沢栄一著) 同文館 1912.6 506p 23cm
◇青淵百話 坤(渋沢栄一著) 同文館 1912.6 546p 23cm
◇福井県大野郡誌 上巻(福井県大野郡教育会編) 1912.6 450p 23cm
◇福井県大野郡誌 下巻(福井県大野郡教育会編) 1912.6 [1031]p 23cm
◇京都守護職始末 増訂再版(山川浩著) 沼沢七郎,黒河内良 1912.9 214,277,33p 22cm
◇最近之大阪市(大久保高城(透)著) 1912.9 6,544p 19cm
◇福井県坂井郡誌(福井県坂井郡教育会編) 1912.9 4,577p 23cm
◇姫路紀要(姫路紀要編纂会編) 1912.10 304p 23cm
◇入間郡誌(安部立郎著) 謙受堂書店 1912.11 680p 23cm
◇北多摩郡誌(東京府北多摩郡役所編) 1912.11 115,56p 20cm
◇京橋繁昌記:一名京橋沿革史(京橋協会編) 1912.11 202p 23cm
◇埼玉県誌 上巻(埼玉県編) 1912.11 2,50,662p 23cm
◇埼玉県誌 下巻(埼玉県編) 1912.11 30,790p 23cm
◇志田郡沿革史(宮城県志田郡役所編) 1912.12 6,1016p 23cm
◇下毛郡史(山本利夫著) 1912.12 4,700p 23cm
◇理蕃概要(台湾総督府民政部編) 1912.12 112p 23cm
◇満洲歴史地理:附図(松井等[ほか]著) [南満洲鉄道] 1913 図 19枚
◇明治天皇御大葬奉送始末(東京市役所編) 1913.3 320p 22×30cm
◇開国大勢史(大隈重信著) 早稲田大学出版部,実業之日本社 1913.4 1230p 23cm
◇坂田郡志 上巻(滋賀県坂田郡役所編) 1913.4 31,48,848p 22cm
◇坂田郡志 中巻(滋賀県坂田郡役所編) 1913.4 36,1016p 22cm
◇編年西村山郡史(天)(山形県西村山郡役所編) 1913.4 91p 24cm
◇大阪市史 第4 下(大阪市参事会編) 1913.5 1冊 23cm
◇長生郡郷土誌(千葉県長生郡教育会編) 1913.5 10,536p 22cm
◇満洲歴史地理 第1巻(南満洲鉄道編) 1913.5 441,19p 23cm 歴史調査報告
◇信濃史料叢書 第1(信濃史料編纂会編) 1913.6 3,286p 23cm
◇下水内郡誌(長野県下水内郡教育会編) 1913.6 217p 27cm
◇千葉県印旛郡誌 前篇(千葉県印旛郡役所編) 1913.7 67,621p 23cm
◇千葉県印旛郡誌 後篇(千葉県印旛郡役所編) 1913.7 969,2p 23cm
◇坂田郡志 下巻(滋賀県坂田郡役所編) 1913.8 34,1025,17p 22cm
◇日本橋繁昌記(日本橋協会編) 1913.8 167,46p 23cm
◇象山全集 上巻(信濃教育会編) 尚文館 1913.9 1166p 23cm
◇象山全集 下巻(信濃教育会編) 尚文館 1913.9 1370,20p 23cm
◇満洲歴史地理 第2巻(南満洲鉄道編) 1913.9 652,34p 23cm 歴史調査報告
◇神奈川県誌(神奈川県編) 1913.10 580p 22cm
◇波多野先生伝(渡辺幾治郎著,樋口功著) 悦心会 1913.10 10,436p 22cm
◇愛知県紀要(愛知県編) 1913.11 12,416p 23cm
◇信濃史料叢書 第2(信濃史料編纂会編) 1913.11 14,618p 23cm

◇政治家としての桂公(徳富猪一郎著) 民友社 1913.11 8,6,265p 22cm
◇伯林 都会文明之画図(片山孤村著) 博文館 1913.11 1冊 23cm
◇北海道小誌(荒甚三郎編) 細川碧 1913.11 639p 23cm
◇明治憲法制定編(吉田東伍著) 早稲田大学出版部 1913.11 16,302p 23cm 倒叙日本史
◇大阪市史 第1(大阪市参事会編) 1913.12 1冊 23cm
◇上房郡誌(私立上房郡教育会編) 1913.12 7,8,1267p 23cm
◇信濃史料叢書 第3(信濃史料編纂会編) 1913.12 1冊 23cm
◇愛知県史 上巻(愛知県編) 1914 1冊 27cm
◇愛知県史 下巻(愛知県編) 1914 1冊 27cm
◇東八代郡誌(山梨教育会東八代支会編) 1914.1 2,12,1102p 23cm
◇浅草区誌 上巻(東京市浅草区役所編) 文会堂書店 1914.2 9,12,802p 23cm
◇浅草区誌 下巻(東京市浅草区役所編) 文会堂書店 1914.2 14,786p 23cm
◇静岡県富士郡誌(富士郡役所編) 1914.2 222,8p 22cm
◇更級郡誌(長野県更級郡役所編) 1914.3 250,408,108p 23cm
◇上高井郡誌(長野県上高井郡教育会編) 1914.4 899p 23cm
◇清朝全史 上巻(稲葉君山著) 早稲田大学出版部 1914.4 10,16,804p 23cm
◇清朝全史 下巻(稲葉君山著) 早稲田大学出版部 1914.4 16,744,56p 23cm
◇華族大系(水野慶次著) 系譜社出版部 1914.5 914p 23cm
◇高田市史(新潟県高田市教育会編) 1914.5 21,669p 23cm
◇高田市史:附・上越発展策(高田市教育会) 1914.5 62p 22cm
◇紐育(原田棟一郎著) 政教社 1914.5 1冊 23cm
◇南会津郡誌(福島県南会津郡役所編) 1914.5 459p 22cm
◇小樽(棟方虎夫著) 北海旬報社小樽発行所 1914.6 10,718p 19cm
◇松山市誌(松山市役所編) 1914.6 3,19,396p 22cm
◇若松市郷土誌(若松市役所編) 会津日報社 1914.6 185p 22cm
◇大阪市史 第2(大阪市参事会編) 1914.8 8,1007p 23cm
◇静岡県安倍郡誌(安倍郡編) 安倍郡時報社 1914.8 1014,102p 23cm
◇南豆風土誌(静岡県賀茂郡教育会編) 啓成社 1914.8 724p 23cm
◇児玉藤園将軍逸事(横尾次郎著) 新高堂書店 1914.9 162p 22cm
◇信濃史料叢書 第4(信濃史料編纂会編) 1914.9 1冊 23cm
◇坂本竜馬(千頭清臣著) 博文館 1914.10 8,324p 23cm 偉人伝叢書
◇地理的日本歴史(吉田東伍著) 南北社 1914.10 476p 22cm
◇東白川村誌 大正2年調査(苅田乙三郎編) 1914.10 6,30,908p 23cm
◇江藤南白 上(的野半介著) 南白顕彰会 1914.11 708p 23cm
◇江藤南白 下(的野半介著) 南白顕彰会 1914.11 672,154p 23cm
◇京都叢書 跡追(京都叢書刊行会編) 1914.11 84p 23cm
◇京都叢書 京童(京都叢書刊行会編) 1914.11 88p 23cm
◇京都叢書 次嶺経 上(京都叢書刊行会編) 1914.11 207p 23cm
◇京都叢書 次嶺経 下(京都叢書刊行会編) 1914.11 225p 23cm
◇信濃史料叢書 第5(信濃史料編纂会編) 1914.11 1冊 23cm
◇伯爵後藤象二郎(大町桂月著) 冨山房 1914.11 793p 23cm
◇浜名郡誌 上巻(静岡県浜名郡役所編) 1914.11 340p 22cm

歴史・伝記・地理　　都市問題・地方自治　調査研究文献要覧

◇浜名郡誌 下巻（静岡県浜名郡役所編）　1914.11 452p 22cm
◇小樽区史（渡部義顕著）　左文字書房　1914.12 1冊 22cm
◇川辺郡誌（原田長治著）　川辺郡誌編纂会　1914.12 1冊 22cm
◇京都叢書 京内まいり 都花月名所（京都叢書刊行会編）　1914.12 60,55p 23cm
◇京都叢書 出来斎京土産（京都叢書刊行会編）　1914.12 166p 23cm
◇京都叢書 堀河之水（京都叢書刊行会編）　1914.12 230p 23cm
◇京都府全図（京都府編）　1914.12 1枚 28cm
◇膠州湾（田原禎次郎著）　満洲日日新聞社　1914.12 8,552,170p 23cm
◇京都叢書 京師巡覧集（京都叢書刊行会編）　1915.2 304p 23cm
◇京都叢書 近畿歴覧記（京都叢書刊行会編）　1915.2 169p 23cm
◇京都叢書 洛陽名所集（京都叢書刊行会編）　1915.2 160p 23cm
◇京都叢書 京町鑑（京都叢書刊行会編）　1915.3 180p 23cm
◇京都叢書 扶桑京華志（京都叢書刊行会編）　1915.3 218p 23cm
◇京都叢書 名所都鳥（京都叢書刊行会編）　1915.3 18,164p 23cm
◇勤王秘史佐々木老侯昔日談（津田茂麿編）　国光館　1915.3 704p 23cm
◇編年西村山郡史（地）（山形県西村山郡役所編）　1915.3 81p 24cm
◇編年西村山郡史（玄）（山形県西村山郡役所編）　1915.3 102p 24cm
◇編年西村山郡史（黄）（山形県西村山郡役所編）　1915.3 76p 24cm
◇大分市史（大分市編）　1915.4 1,9,427p 22cm
◇大阪市史 索引（大阪市参事会編）　1915.4 1冊 23cm
◇北巨摩郡誌（山梨教育会北巨摩郡支会編）　1915.4 7,410p 23cm
◇西成郡史（大阪府）（大阪府西成郡役所編）　1915.4 9,1291p 23cm
◇明治功臣録 天之巻（朝比奈知泉編）　帝国図書普及会　1915.4 687p 23cm
◇明治功臣録 地之巻（朝比奈知泉編）　帝国図書普及会　1915.4 18,［754］p 23cm
◇邑久郡誌 第2編（小林久磨雄編）　私立邑久郡教育会　1915.5 7,675p 23cm
◇和歌山県有田郡誌（和歌山県有田郡役所編）　1915.5 12,478,12p 22cm
◇京都叢書 京雀（京都叢書刊行会編）　1915.6 98p 23cm
◇京都叢書 京城勝覧 都名所車（京都叢書刊行会編）　1915.6 46p 23cm
◇京都叢書 山城名所巡行志 上（京都叢書刊行会編）　1915.6 144p 23cm
◇京都叢書 山城名所巡行志 下（京都叢書刊行会編）　1915.6 320p 23cm
◇東京豊島史（豊島郷土史料研究会編）　磊々堂書店　1915.6 2,2,148p 22cm
◇京都叢書 山城名勝志 自巻1至巻4（京都叢書刊行会編）　1915.7 212p 23cm
◇京都叢書 山城名勝志 自巻5至巻7（京都叢書刊行会編）　1915.7 ［149］p 23cm
◇京都叢書 山城名勝志 自巻8至巻10（京都叢書刊行会編）　1915.7 ［157］p 23cm
◇京都叢書 山城名勝志 自巻11至巻13（京都叢書刊行会編）　1915.7 168p 23cm
◇京都叢書 山城名勝志 自巻14至巻16（京都叢書刊行会編）　1915.7 ［184］p 23cm
◇京都叢書 山城名勝志 自巻17至巻21（京都叢書刊行会編）　1915.7 ［195］p 23cm

◇東北及東北人（浅野源吾著）　東北社　1915.7 8,302p 23cm
◇名古屋市史 社寺編（名古屋市編）　1915.7 4,18,1064p 23cm
◇岩槻誌（島田午蔵編）　1915.8 390p 23cm
◇京都叢書 京羽二重（京都叢書刊行会編）　1915.8 225p 23cm
◇京都叢書 京羽二重織留（京都叢書刊行会編）　1915.8 223p 23cm
◇京都叢書 山城名所寺社物語 洛陽十二社霊験記（京都叢書刊行会編）　1915.8 85,14p 23cm
◇佐世保志 上巻（佐世保市役所編）　1915.8 8,496,60p 22cm
◇佐世保志 下巻（佐世保市役所編）　1915.8 4,280p 22cm
◇三都比較大阪研究（伊賀駒吉郎著）　宝文館，帝国公論社　1915.8 1冊 27cm
◇大上海（内田清［ほか］著）　大上海社　1915.8 627p 23cm
◇帝都（喜田貞吉著）　日本学術普及会　1915.8 320p 18cm　歴史講座
◇名古屋市史 産業編（名古屋市編）　1915.8 2,4,256p 23cm
◇名古屋市史 風俗編（名古屋市編）　1915.8 2,14,800p 23cm
◇岡山県児島郡誌（児島郡教育会編）　1915.9 9,664p 23cm
◇京都叢書 京都坊目誌乾自上巻首至上京5学区（京都叢書刊行会編）　1915.9 1冊 23cm
◇京都叢書 京都坊目誌乾自上京6学区至同11学区（京都叢書刊行会編）　1915.9 ［193］p 23cm
◇京都叢書 京都坊目誌乾自上京12学区至同15学区（京都叢書刊行会編）　1915.9 ［165］p 23cm
◇秋田県史 第1冊（秋田県編）　1915.10 400p 23cm
◇秋田県史 第2冊（秋田県編）　1915.10 984p 23cm
◇秋田県史 第3冊（秋田県編）　1915.10 1182p 23cm
◇京都叢書 京都坊目誌坤自上京16学区至同20学区（京都叢書刊行会編）　1915.10 26,146p 23cm
◇京都叢書 京都坊目誌坤自上京21学区至同26学区（京都叢書刊行会編）　1915.10 ［165］p 23cm
◇京都叢書 京都坊目誌坤自上京鹿ヶ谷町至同28学区（京都叢書刊行会編）　1915.10 ［131］p 23cm
◇京都叢書 京都坊目誌坤自上京元32組至上京浄土寺町（京都叢書刊行会編）　1915.10 ［165］p 23cm
◇京都府誌 上（京都府編）　1915.10 6,708p 27cm
◇京都府誌 下（京都府編）　1915.10 8,580p 27cm
◇下関二千年史（重山禎介編）　関門史談会　1915.10 14,956p 23cm
◇新撰京都名勝誌（京都市編）　1915.10 1冊 23cm
◇敦賀郡誌（福井県敦賀郡役所編）　1915.10 1177,34p 23cm
◇名古屋市史 学芸編（名古屋市編）　1915.10 2,9,424p 23cm
◇西白河郡誌（福島県西白河郡役所編）　1915.10 6,585p 23cm
◇裏日本（久米邦武著）　公民同盟出版部　1915.11 516p 19cm
◇木造町沿革史（青森県）（木造町役場著）　1915.11 7,233p 22cm
◇京都府紀伊郡誌（京都府紀伊郡役所編）　1915.11 344p 22cm
◇下水内郡誌 補遺（長野県下水内郡教育会編）　1915.11 104p 26cm
◇丹後国竹野郡誌（京都府竹野郡役所編）　1915.11 622,43p 23cm
◇名古屋市史 政治編 第1（名古屋市編）　1915.11 3,12,822p 23cm
◇奈良県磯城郡誌（奈良県磯城郡役所編）　1915.11 2,4,553p 23cm
◇甲斐史（土屋操編）　朗月堂書店　1915.12 500p 23cm
◇北佐久郡志（北佐久郡編）　1915.12 398p 23cm
◇京都叢書 京都坊目誌乾自下巻首至下京7学区（京都叢書刊行会編）　1915.12 28,14,132p 23cm

◇京都叢書 京都坊目誌乾自下京8学区至同14学区（京都叢書刊行会編） 1915.12 [189]p 23cm

◇京都叢書 京都坊目誌乾自下京15学区至同20学区（京都叢書刊行会編） 1915.12 [221]p 23cm

◇佐賀郡誌（私立佐賀郡教育会編） 佐賀牧川書店 1915.12 550p 23cm

◇名古屋市史 地図（名古屋市編） 1915.12 36枚 23cm

◇名古屋市史 政治編 第2（名古屋市編） 1915.12 6,904p 23cm

◇大正の東京と江戸（青山邦三編） 学芸社 1916.1 1冊 20cm

◇九州の現在及将来（実業之世界社編輯局編） 1916.2 10,1021p 26cm

◇京都叢書 拾遺都名所図会 上（京都叢書刊行会編） 1916.2 94p 23cm

◇京都叢書 拾遺都名所図会 中（京都叢書刊行会編） 1916.2 [135]p 23cm

◇京都叢書 拾遺都名所図会 下（京都叢書刊行会編） 1916.2 126p 23cm

◇京都叢書 都名所図会 上（京都叢書刊行会編） 1916.2 192p 23cm

◇京都叢書 都名所図会 下（京都叢書刊行会編） 1916.2 [217]p 23cm

◇名古屋市史 政治編 第3（名古屋市編） 1916.2 8,592p 23cm

◇鹿児島市史（鹿児島市役所編） 1916.3 4,858p 23cm

◇静岡県志太郡誌（静岡県志太郡役所） 1916.3 34,1549p 23cm

◇静岡県榛原郡誌 上巻（静岡県榛原郡役所編） 1916.3 548p 22cm

◇静岡県榛原郡誌 下巻（静岡県榛原郡役所編） 1916.3 10,488p 22cm

◇支那：消夏漫筆（中山成太郎訳） 有斐閣 1916.3 6,619p 23cm

◇新編温泉郡誌（松田卯太郎編） 松山石版印刷所 1916.3 754p 22cm

◇名古屋市史 地理編（名古屋市編） 1916.3 2,24,950p 23cm

◇京都叢書 日次紀事（京都叢書刊行会編） 1916.4 174p 23cm

◇京都叢書 雍州府志 上（京都叢書刊行会編） 1916.4 162p 23cm

◇京都叢書 雍州府志 下（京都叢書刊行会編） 1916.4 191p 23cm

◇菅沼達吉君記念誌（秋田実編） 故菅沼達吉君記念誌編纂事務所 1916.4 8,455p 23cm

◇武蔵国府名蹟誌（府中町青年会編） 1916.4 221,8p 19cm

◇伊具郡史（渡部義顕著） 谷津書店 1916.5 248p 22cm

◇山武郡郷土誌（千葉県山武郡教育会編） 1916.5 568p 23cm

◇東行先生遺文（東行先生五十年紀念編） 民友社 1916.5 1冊 23cm

◇京都叢書 京都坊目誌坤自下京21学区至同22学区（京都叢書刊行会編） 1916.6 26,150p 23cm

◇京都叢書 京都坊目誌坤自下京23学区至同30学区（京都叢書刊行会編） 1916.6 [259]p 23cm

◇京都叢書 京都坊目誌坤自下京31学区至同33学区（京都叢書刊行会編） 1916.6 [239]p 23cm

◇東京府豊多摩郡誌（豊多摩郡役所編） 1916.6 1046p 22cm

◇東山梨郡誌（山梨教育会東山梨支会編） 1916.7 1088p 23cm

◇南足立郡誌（東京府南足立郡役所編） 1916.7 3,229p 22cm

◇神楽村神居村村史（渡辺綱太郎編） 川上郡神楽村神居村組合役場 1916.8 15,1105,113p 23cm

◇新潟県総攬（富樫悌三著） 新潟社 1916.8 1002,28p 23cm

◇由利公正伝 1 ［複写］（三岡丈夫編） 光融館 1916.8 245p 26cm

◇由利公正伝 2 ［複写］（三岡丈夫編） 光融館 1916.8 [302]p 26cm

◇由利公正伝 附録 ［複写］（三岡丈夫編） 光融館 1916.8 417p 26cm

◇岩磐史料叢書 上巻（岩磐史料刊行会編） 1916.9 1冊 23cm

◇日本橋区史 第1冊（東京市日本橋区編） 1916.9 1冊 22cm

◇日本橋区史 第2冊（東京市日本橋区編） 1916.9 30,736p 23cm

◇日本橋区史 第3冊（東京市日本橋区編） 1916.9 26,820p 23cm

◇日本橋区史 第4冊（東京市日本橋区編） 1916.9 25,766p 23cm

◇日本橋区史 参考画帖 第1冊（東京市日本橋区編） 1916.9 25,[275]p 23cm

◇日本橋区史 参考画帖 第2冊（東京市日本橋区編） 1916.9 [17]p 24cm

◇山形市誌（山形市協賛会編） 1916.9 2,148p 19cm

◇安積郡誌抄（福島県教育会安積部編） 1916.10 68p 19cm

◇那賀郡誌（那賀郡共進会展覧会協賛会編） 1916.10 354,145p 23cm

◇京都叢書 京都坊目誌 索引（京都叢書刊行会編） 1916.11 150p 23cm

◇京都叢書 京都坊目誌 首巻 自第1編至第3編（京都叢書刊行会編） 1916.11 1冊 23cm

◇京都叢書 京都坊目誌 首巻 自4編至5編（京都叢書刊行会編） 1916.11 1冊 23cm

◇電車停留場附近の賑ひ（鉄道青年会編） 1916.11 90p 15cm

◇岐阜県益田郡誌（益田郡役所編） 1916.12 6,11,641p 23cm

◇大連港（南満洲鉄道株式会社埠頭事務所編） 1916.12 11,237p 23cm

◇名古屋市史 索引（名古屋市編） 1916.12 1冊 23cm

◇公爵桂太郎伝 乾巻（徳富猪一郎著） 故桂公爵記念事業会 1917.2 1131p 23cm

◇公爵桂太郎伝 坤巻（徳富猪一郎著） 故桂公爵記念事業会 1917.2 1051p 23cm

◇紀伊 東牟婁郡誌 上巻（和歌山県東牟婁郡役所編） 1917.3 6,1224p 23cm

◇紀伊 東牟婁郡誌 下巻（和歌山県東牟婁郡役所編） 1917.3 8,552p 23cm

◇京都叢書 索引 自ア之部至コ之部（京都叢書刊行会編） 1917.3 180p 23cm

◇京都叢書 索引 自コ之部至ト之部（京都叢書刊行会編） 1917.3 [163]p 23cm

◇京都叢書 索引 自ト之部至ヲ之部（京都叢書刊行会編） 1917.3 [177]p 23cm

◇阪谷男爵欧洲視察談（内務省地方局編） 1917.3 57p 22cm

◇静岡県駿東郡誌（静岡県駿東郡役所編） 1917.3 1289p 23cm

◇長崎県東彼杵郡誌（長崎県東彼杵郡教育会編） 1917.3 4,10,688p 23cm

◇岩磐史料叢書 中巻（岩磐史料刊行会編） 1917.4 1冊 23cm

◇福山の今昔（浜本鶴賓編） 立石岩三郎 1917.4 13,284p 19cm

◇支那の真相（大河平隆光編） 大阪屋号書店 1917.5 19,451p 23cm

◇千葉県海上郡誌（千葉県海上郡教育会編） 1917.5 1458p 23cm

◇若松市誌（若松市編） 1917.6 2,7,272p 22cm

◇郡政発達誌（島根県大原郡役所編） 1917.7 382p 23cm

◇愛知県丹羽郡誌（愛知県丹羽郡教育会編） 1917.8 8,212p 22cm

◇愛媛県誌稿 上巻（愛媛県編） 1917.8 8,934p 22cm

◇愛媛県誌稿 下巻（愛媛県編） 1917.8 1118p 23cm

◇後藤棲霞男：人物月旦（国民評論社編） 1917.8 64p 19cm 「国民評論」臨時増刊号ノ中

◇鶴原定吉君略伝（池原鹿之助著） 1917.8 190p 23cm

◇石川県羽咋郡誌（石川県羽咋郡役所編）　1917.9 19,1160p 23cm
◇慶応戊辰奥羽蝦夷戦乱史（佐藤浩敏著）　東北史刊行会　1917.9 1冊 22cm
◇新日本と遷都（大木遠吉著）　新興之日本社　1917.9 1冊 23cm
◇秋田県史　第4冊（秋田県編）　1917.10 532p 23cm
◇秋田県史　第5冊（秋田県編）　1917.10 502p 23cm
◇秋田県史　第6冊（秋田県編）　1917.10 620p 23cm
◇秋田県史　第7冊（秋田県編）　1917.10 652p 23cm
◇北宇和郡誌　維新前部（愛媛県教育会北宇和部会編）　1917.10 1145,30p 23cm
◇熊本市誌（熊本市役所編）　1917.10 30,506p 23cm
◇中央之旧仙台藩人譚（古山省吾編）　宮城県顕揚会　1917.11 180p 19cm
◇熱海町誌（斎藤要八著）　熱海町　1917.12 3,5,209p 22cm
◇群馬県邑楽郡誌（群馬県邑楽郡教育会編）　1917.12 60,1342p 23cm
◇三重県史　上編（服部英雄編）　弘道閣　1918.1 4,1006p 22cm
◇山県郡志（岐阜県山県郡教育会編）　1918.1 12,384p 22cm
◇岩磐史料叢書　下巻（岩磐史料刊行会編）　1918.3 1冊 23cm
◇明治功臣録　玄之巻（朝比奈知泉編）　1918.3 19,690p 23cm
◇明治功臣録　黄之巻（朝比奈知泉編）　1918.3 21,[768]p 23cm
◇臨時台湾旧慣調査会第一部蕃族調査報告書　大么族　前篇（臨時台湾旧慣調査会編）　1918.3 39,398p 27cm
◇大垣発展史：市制施行記念（美濃新聞社編）　1918.4 2,8,287p 23cm
◇回顧録（塩谷良翰述, 塩谷恒太郎編）　1918.5 375p 23cm
◇万延元年第一遣米使節日記（芝間喬吉編）　日米協会　1918.5 395p 21cm
◇中蒲原郡誌　上編（新潟県中蒲原郡役所編）　1918.6 1冊 22cm
◇栗原郡誌（［宮城県］栗原郡教育会編）　1918.7 16,16,490p 23cm
◇児玉藤園将軍（吉武源五郎著）　拓殖新報社　1918.8 142,166p 23cm
◇北海道史：附録 地図（北海道庁編）　1918.8 1冊 23cm
◇北海道要覧（北海道庁編）　1918.8 2,6,145p 23cm
◇甲府市三十年史（甲斐新聞社編）　1918.10 4,206p 23cm
◇帝都と近郊：都市及村落の研究（小田内通敏著）　大倉研究所　1918.10 1冊 23cm
◇二宮先生伝（佐々井信太郎著, 神奈川県教育会編）　中央報徳会　1918.10 294p 23cm
◇北豊島郡誌（北豊島郡農会編）　1918.11 614p 23cm
◇甲府略志（甲府市編）　1918.11 2,6,352p 22cm
◇北海道史　第1（北海道庁編）　1918.12 22,958p 23cm
◇三浦郡誌（神奈川県三浦教育会編）　1918.12 6,192p 22cm
◇高田村誌（高田村誌編纂所編）　1919.1 1冊 20cm
◇朝鮮地誌資料（朝鮮総督府臨時土地調査局編）　1919.3 438p 20cm
◇福島県耶麻郡誌（福島県耶麻郡役所編）　1919.3 984p 23cm
◇江戸名所図会　1巻（大日本名所図会刊行会編）　1919.4 14,620p 23cm　大日本名所図会
◇江戸名所図会　2巻（大日本名所図会刊行会編）　1919.4 12,442p 23cm　大日本名所図会
◇三重県史　下編（服部英雄編）　弘道閣　1919.4 4,874,20p 22cm
◇南佐久郡志（長野県南佐久郡役所編）　1919.4 8,1006p 23cm
◇後藤新平論（山口四郎著）　統一社　1919.5 2,4,358p 20cm
◇佐川町誌（西村亀太郎編）　高知県佐川町自治会　1919.5 3,463p 22cm

◇千葉県誌：稿本　上巻（千葉県編）　多田屋書店　1919.5 7,25,812p 22cm
◇千葉県誌：稿本　下巻（千葉県編）　多田屋書店　1919.5 40,1044p 22cm
◇奠都五十年祭［記事］1（東京朝日新聞社編）　1919.5 1枚 27cm　「東京朝日新聞」大正8年5月9日掲載（複写）
◇奠都五十年祭［記事］2（東京朝日新聞社編）　1919.5 1枚 27cm　「東京朝日新聞」大正8年5月9日掲載（複写）
◇奠都五十年祭［記事］3（東京朝日新聞社編）　1919.5 1枚 27cm　「東京朝日新聞」大正8年5月10日掲載（複写）
◇東京奠都（辻善之助述, 東京市役所編）　1919.5 30p 22cm
◇大里郡郷土論（下田憲一郎編）　埼玉民報社　1919.6 3,7,477p 23cm
◇北高来郡誌（北高来郡教育会編）　1919.6 4,537p 24cm
◇富源西伯利（松井甚右衛門著）　日露倶楽部　1919.6 10,6,142p 19cm
◇沖縄県国頭郡志（沖縄県国頭郡教育部会編）　1919.7 22,450p 23cm
◇東京城中（伴三千雄著）　日本魂社出版部　1919.7 1冊 23cm
◇東筑摩郡誌（信濃教育会東筑摩部会編）　1919.10 736p 23cm+図2枚
◇愛知県碧海郡安城町誌（安城町役場編）　1919.11 12,394p 22cm
◇楽石伊沢修二先生（故伊沢先生記念事業会編纂委員編）　1919.11 6,356p 23cm
◇高知市誌（高知市役所編）　1920.3 12,535,3p 23cm
◇南魚沼郡志（南魚沼郡教育会編）　1920.3 18,1087p 23cm
◇江戸名所図会　3巻（大日本名所図会刊行会編）　1920.4 13,546p 23cm　大日本名所図会
◇江戸名所図会　4巻（大日本名所図会刊行会編）　1920.4 12,552p 23cm　大日本名所図会
◇鴻爪痕：前島密自伝（市野弥三郎編）　前島弥　1920.4 1冊 23cm
◇和歌山県要　増補再版（和歌山市役所編）　1920.5 8,270p 22cm
◇青森県地誌（青森県教育会編）　1920.7 4,379,36p 22cm
◇後藤男爵 真男児の鉄腕（後藤新平著, 三戸十三編）　日本書院　1920.9 2,8,330p 17cm
◇福井県史　第1冊（福井県編）　1920.9 18,308p 23cm
◇呉文聡（呉健編）　1920.10 272p 23cm
◇京阪文化史論（史学地理学同攷会編）　星野書店　1920.11 3,4,373p 23cm
◇台湾通史　上冊（連雅堂著）　台湾通史社　1920.11 8,330p 23cm
◇熱海と五十名家（斎藤要八編）　精和堂　1920.12 6,222p 19cm
◇台湾通史　中冊（連雅堂著）　台湾通史社　1920.12 7,[374]p 23cm
◇東京府民政史料（東京府編）　1920.12 304p 23cm
◇愛知県東加茂郡誌（東加茂郡役所編）　1921.3 134p 23cm
◇千葉県香取郡誌（千葉県香取郡役所編）　1921.3 13,897p 23cm
◇福井県史　第2冊（福井県編）　1921.3 24,774,264p 23cm
◇美濃国加茂郡誌（岐阜県加茂郡役所編）　1921.3 12,1186p 23cm
◇台湾通史　下冊（連雅堂著）　台湾通史社　1921.4 8,[450]p 23cm
◇若松市誌　再版（若松市編）　1921.4 2,8,342p 22cm
◇静岡県磐田郡誌（磐田郡教育会編）　静岡県磐田郡役所　1921.6 55,1302p 23cm
◇島根県史 1　先史時代 神代（島根県内務部島根県史編纂掛編）　1921.6 3,33,422p 23cm
◇小倉市誌　上編（小倉市編）　1921.7 1冊 23cm
◇小倉市誌　下編（小倉市編）　1921.7 6,610p 23cm

◇英国首相官邸の姿鏡 正(後藤新平訳)　1921.8 4,61p 22cm

◇東京地名便覧(東京市電気局編)　1921.8 8,311p 15cm

◇英国首相官邸の姿鏡 続(後藤新平訳)　1921.9 3,70p 22cm

◇宇土郡誌:熊本県(宇土郡役所編)　1921.10 4,486,18p 23cm

◇大浦兼武伝(香川悦次編,松井広吉著)　博文館　1921.10 1冊 23cm

◇上伊那郡史(唐沢貞治郎編)　上伊那郡教育会　1921.10 1364p 23cm

◇銀座(資生堂編)　1921.10 356p 20cm

◇苦学時代の追憶(後藤新平述)　東京市電気局共済組合　1921.10 12p 22cm　「紫電」10年10,11月号

◇匝瑳郡誌(千葉県匝瑳郡教育会編)　1921.10 16,338p 22cm

◇明治文化の研究(三和一男編)　解放社　1921.10 463p 23cm　「解放」大正10年10月号

◇神戸市史 本編 総説(神戸市編)　1921.11 1冊 23cm

◇静岡県史蹟名勝志(静岡県編)　1921.11 1冊 20cm　県政資料

◇台湾蕃族慣習研究 第1巻(台湾総督府蕃族調査会編)　1921.11 20,495p 26cm

◇台湾蕃族慣習研究 第2巻(台湾総督府蕃族調査会編)　1921.11 22,516p 26cm

◇台湾蕃族慣習研究 第3巻(台湾総督府蕃族調査会編)　1921.11 17,423p 26cm

◇台湾蕃族慣習研究 第4巻(台湾総督府蕃族調査会編)　1921.11 21,458p 26cm

◇台湾蕃族慣習研究 第5巻(台湾総督府蕃族調査会編)　1921.11 18,505p 26cm

◇台湾蕃族慣習研究 第6巻(台湾総督府蕃族調査会編)　1921.11 17,482p 26cm

◇台湾蕃族慣習研究 第7巻(台湾総督府蕃族調査会編)　1921.11 17,442p 26cm

◇台湾蕃族慣習研究 第8巻(台湾総督府蕃族調査会編)　1921.11 24,612p 26cm

◇飛騨編年史要(岡村利平著)　住伊書店　1921.11 482,43p 23cm

◇神戸開港五十年誌(神戸青年会編纂所編)　1921.12 156,309,100p 27cm

◇大連(篠崎嘉郎著)　大阪屋号書店　1921.12 4,43,1303p 23cm

◇西松浦郡誌:佐賀県(西松浦郡役所編)　1921.12 34,21,728p 23cm

◇大隈侯昔日譚(円城寺清著)　新潮社　1922.1 6,570p 22cm

◇郡上郡史(郡上郡教育会編)　1922.1 785p 22cm

◇肥塚竜自叙伝(肥塚麒一編)　秀英舎　1922.1 15,131p 19cm

◇広島市史 第1巻(広島市編)　1922.1 8,414p 23cm

◇近江蒲生郡志 巻2(滋賀県蒲生郡役所編)　1922.2 58,968p 22cm

◇近江蒲生郡志 巻6(滋賀県蒲生郡役所編)　1922.2 10,808p 22cm

◇近江蒲生郡志 巻1(滋賀県蒲生郡役所編)　1922.3 52,23,598p 22cm

◇近江蒲生郡志 巻3(滋賀県蒲生郡役所編)　1922.3 31,676p 22cm

◇近江蒲生郡志 巻9(滋賀県蒲生郡役所編)　1922.3 30,649p 22cm

◇神戸市史 別録1(神戸市編)　1922.3 1冊 23cm

◇福井県史 第3冊(福井県編)　1922.3 601,47,57p 23cm

◇福井県史 第4冊 附図(福井県編)　1922.3 図4枚 23cm

◇近江蒲生郡志 巻4(滋賀県蒲生郡役所編)　1922.4 26,687p 22cm

◇近江蒲生郡志 巻5(滋賀県蒲生郡役所編)　1922.4 25,950p 22cm

◇原敬全伝 天篇(菊池悟郎編,溝口白羊編)　日本評論社出版部　1922.4 276p 20cm

◇近江蒲生郡志 巻7(滋賀県蒲生郡役所編)　1922.5 16,873p 22cm

◇近江蒲生郡志 巻8(滋賀県蒲生郡役所編)　1922.5 30,926p 22cm

◇近江蒲生郡志 巻10(滋賀県蒲生郡役所編)　1922.5 10,250p 22cm

◇史学理論(内田銀蔵著)　同文館　1922.5 4,464p 23cm

◇台湾全誌 第1巻 台湾府誌(台湾経世新報社編)　1922.5 1冊 23cm

◇豊川良平(鵜崎熊吉著)　豊川良平伝記編纂会　1922.5 399p 20cm

◇露領沿海地方及北樺太 第1輯(小林九郎調,南満洲鉄道株式会社社長室調査課編)　1922.5 9,214p 26cm　調査報告書

◇英仏米首相官邸之姿鏡(後藤新平著)　大日本雄弁会　1922.6 1冊 20cm

◇台湾全誌 第2巻 台湾府誌 下 諸羅県誌(台湾経世新報社編)　1922.6 1030p 23cm

◇東京市政調査会寄附に関する安田勤倹翁の真意(後藤新平著)　1922.6 3,69p 22cm

◇東京市政調査会寄附に関する安田勤倹翁の真意(後藤新平著)　1922.6 3,69p 23cm

◇札幌支庁管内要覧(北海道庁札幌支庁編)　1922.7 218p 22cm

◇台湾全誌 第3巻 淡水庁誌(台湾経世新報社編)　1922.7 1冊 23cm

◇東京市史蹟名勝天然紀念物写真帖 第1編(東京市公園課編)　1922.7 1冊 26cm

◇足利市制施行誌(栃木県足利市役所編)　1922.8 12,350p 19cm

◇台湾全誌 第4巻 鳳山県誌(台湾経世新報社編)　1922.8 754p 23cm

◇台湾全誌 第5巻 噶瑪蘭庁誌(台湾経世新報社編)　1922.9 694p 23cm

◇山県公のおもかげ(入江貫一著)　博文館　1922.9 222p 20cm

◇柿沼谷雄翁(日本橋区教育会編)　1922.10 10,320,9p 22cm

◇大正の鳥取(鳥取市編)　1922.10 1冊 19cm

◇台湾全誌 第6巻 澎湖庁誌(台湾経世新報社編)　1922.10 828,42p 23cm

◇小県郡史(小県郡役所編)　小県時報局　1922.10 3,14,1245p 23cm

◇大阪府全志 第1巻(井上正雄著)　大阪府全志発行所　1922.11 1250p 23cm

◇大阪府全志 第2巻(井上正雄著)　大阪府全志発行所　1922.11 1212,58p 23cm

◇大阪府全志 第3巻(井上正雄著)　大阪府全志発行所　1922.11 1387p 23cm

◇大阪府全志 第4巻(井上正雄著)　大阪府全志発行所　1922.11 1508p 23cm

◇大阪府全志 第5巻(井上正雄著)　大阪府全志発行所　1922.11 1044p 23cm

◇学制頒布五十年記念岩手県下閉伊郡志(岩手県教育会下閉伊郡部会編)　1922.11 4,211,8p 23cm+図1枚

◇仙台叢書 第1巻(仙台叢書刊行会編)　1922.11 470p 23cm

◇台湾全誌 第7巻 彰化県誌(台湾経世新報社編)　1922.11 778p 23cm

◇長春沿革史(満蒙文化協会編)　1922.11 14,259p 19cm

◇若狭遠敷郡誌(遠敷郡教育会編)　帝国地方行政学会　1922.11 764p 23cm

◇岡崎市(岡崎市編,岡崎商業会議所編)　1922.12 137p 17cm

◇台湾全誌 第8巻 台湾県誌(台湾経世新報社編)　1922.12 846,7p 23cm

◇東成郡誌(大阪府東成郡役所編)　1922.12 1760p 23cm

◇広島市史 第2巻(広島市編)　1922.12 12,773p 23cm

◇温泉郡勢(愛媛県温泉郡役所編)　1923.1 23,555p 27cm

◇中河内郡誌(中河内郡役所編)　1923.1 508,55p 22cm

◇真庭郡誌(真庭郡役所編)　1923.1 8,947p 22cm

◇愛知郡誌（愛知郡役所編）　1923.2 980p 23cm

◇満蒙西比利地図（南満洲鉄道株式会社編）　1923.2 1枚 29cm

◇労農代表ヨッフェ（小野純蔵記）　世界思潮研究会　1923.2 46p 19cm　世界パンフレット通信

◇渥美郡史（愛知県渥美郡役所編）　1923.3 1016p 23cm

◇渥美郡誌：附録（愛知県渥美郡役所編）　1923.3 1冊 23cm

◇石川県鳳至郡誌（石川県鳳至郡役所編）　1923.3 18,1324p 23cm

◇岩瀬郡誌（［福島県］岩瀬郡編）　1923.3 492p 22cm

◇愛媛県新居郡誌（愛媛県新居郡役所編）　1923.3 15,697p 23cm

◇大垣（大垣市編,大垣商業会議所編）　1923.3 97,88p 21cm

◇京都府北桑田郡誌（京都府北桑田郡役所編）　1923.3 733p 23cm＋図1枚

◇郡制廃止記念安蘇郡誌（栃木県安蘇郡役所編）　1923.3 244p 26cm

◇高知県高岡郡史（高岡郡役所編）　1923.3 8,342p 23cm

◇神戸市史　資料 2（神戸市編）　1923.3 2,6,880p 23cm

◇神戸市史　附図（神戸市編）　1923.3 ［64］p 23×31cm

◇神戸市史　別録 2（神戸市編）　1923.3 1冊 23cm

◇埼玉県入間郡制誌（埼玉県入間郡役所編）　1923.3 512p 23cm

◇埼玉県北埼玉郡史（埼玉県北埼玉郡役所編）　1923.3 10,523p 23cm

◇佐波郡誌（佐波郡役所編）　安間 喜太郎　1923.3 5,235,255p 23cm

◇早良郡志（福岡県早良郡役所編）　1923.3 326,616p 23cm

◇仙台叢書　第2巻（仙台叢書刊行会編）　1923.3 531p 23cm

◇小県郡史　余編（小県郡役所編）　小県時報局　1923.3 2,10,1017p 23cm

◇知多郡史　上巻（愛知県知多郡役所編）　1923.3 6,494p 23cm

◇知多郡史　中巻（愛知県知多郡役所編）　1923.3 2,537p 23cm

◇知多郡史　下巻（愛知県知多郡役所編）　1923.3 7,494p 23cm

◇千葉県印旛郡自治郡誌（千葉県印旛郡役所編）　1923.3 4,14,612p 22cm

◇登米郡史　上巻（宮城県登米郡役所編）　1923.3 1016p 22cm＋図1枚

◇登米郡史　下巻（宮城県登米郡役所編）　1923.3 1054p 22cm

◇長崎市史　地誌編 仏寺部 上（長崎市編）　1923.3 1冊 22cm

◇西春日井郡誌（西春日井郡役所編）　1923.3 17,656p 23cm

◇常陸多賀郡史（茨城県多賀郡編）　帝国地方行政学会　1923.3 730p 22cm

◇兵庫県宍粟郡誌（兵庫県宍粟郡役所編）　1923.3 6,308p 23cm

◇広島県双三郡誌（広島県双三郡編）　1923.3 5,915p 21cm

◇福島県伊達郡誌（福島県伊達郡役所編）　1923.3 7,299p 23cm

◇南多摩郡史（南多摩郡役所編）　1923.3 515,94p 23cm

◇桃生郡誌（宮城県桃生郡教育会編）　1923.3 20,509p 23cm

◇大沼郡誌（大沼郡役所編）　1923.4 711p 23cm

◇熊本県玉名郡誌（熊本県教育会玉名郡支会編）　1923.4 3,870,366p 23cm

◇京都府宇治郡誌（京都府宇治郡役所編）　1923.5 5,251p 23cm

◇仙台叢書　第3巻（仙台叢書刊行会編）　1923.5 542p 23cm

◇千葉県夷隅郡誌（千葉県夷隅郡編）　1923.5 6,9,918p 22cm

◇東京市史蹟名勝天然紀念物写真帖　第2編（東京市公園課編）　1923.5 1冊 26cm

◇愛知県幡豆郡誌（幡豆郡役所編）　1923.6 538p 22cm

◇浅野総一郎（浅野泰治郎著,浅野良三著）　愛信社　1923.6 99,15p 18cm

◇島根県誌（島根県教育会編）　1923.6 15,692p 23cm

◇千葉県東葛飾郡誌（千葉県東葛飾郡教育会編）　1923.6 2436p 23cm

◇長崎市史　地誌編 仏寺部 下（長崎市編）　1923.6 7,4,899p 22cm

◇広島県史　第2編 社寺志（広島県編）　帝国地方行政学会　1923.6 808p 23cm

◇大井町誌（安田精一著）　大井町誌編纂刊行会　1923.7 345,26p 19cm

◇後藤新平論（山口四郎著）　千珊閣書店　1923.7 1冊 19cm

◇西国東郡誌（大分県西国東郡役所編）　1923.7 8,24,716p 23cm

◇東春日井郡誌（東春日井郡役所編）　1923.7 48,1377p 23cm

◇久米郡誌（久米郡教育会編）　1923.8 1200p 23cm

◇鶴岡沿革史（［山形県］鶴岡町教育会編）　1923.8 246,152p 23cm

◇勝浦郡志（徳島県勝浦郡教育会編）　1923.9 606,316,4p 23cm

◇仙台叢書　第4巻（仙台叢書刊行会編）　1923.9 563p 23cm

◇岡山県御津郡誌（御津郡教育会編）　1923.10 480p 23cm

◇南安曇郡誌（長野県南安曇郡役所編）　南安曇郡教育会　1923.10 1028p 23cm＋図1枚

◇島根県史 3 国造政治時代（島根県内務部島根県史編纂掛編）　1923.11 1,53,810p 23cm

◇人気の焦点に立てる後藤新平（鈴木一春著,小田大泉著）　復興社　1923.11 1冊 19cm

◇鹿児島県出水郡誌（出水郡役所編）　1923.12 408p 23cm

◇京都府熊野郡誌（京都府熊野郡編）　1923.12 15,712p 23cm

◇神戸市史　資料 1（神戸市編）　1923.12 2,4,596p 23cm

◇中国人の見たる松黒両江沿岸地方事情（邢契莘著,浜岡福松訳,南満洲鉄道株式会社哈爾賓事務所調査課編）　1923.12 2,77p 23cm　哈調資料

◇直入郡志（直入郡教育会編）　1923.12 388,37,97p 20cm

◇沼隈郡誌（広島県沼隈郡編）　先憂会　1923.12 1163p 23cm

◇広島市史　第3巻（広島市編）　1923.12 12,812p 23cm

◇南葛飾郡誌（南葛飾郡編）　1923.12 4,7,490p 23cm

◇神戸市史：附図別冊 地図之部（神戸市編）　1924 ［11］p 23cm

◇仙台叢書別集　第1巻（仙台叢書刊行会編）　1924.1 445p 23cm

◇藤枝町誌（静岡県藤枝町役場編）　1924.1 15,592p 23cm

◇政治の科学化と子爵後藤新平卿：附録 大調査機関設立ノ議（武村秀雄著）　1924.2 50p 17cm

◇津市案内記（津市編）　1924.2 2,14,263p 18cm

◇徳川幕府の米価調節（本庄栄治郎著）　弘文堂　1924.2 21,415,42p 23cm

◇江戸から東京へ 6（矢田挿雲（義勝）著）　東光閣書店　1924.3 1冊 19cm

◇江戸から東京へ 7（矢田挿雲（義勝）著）　東光閣書店　1924.3 1冊 19cm

◇江戸から東京へ 8（矢田挿雲（義勝）著）　東光閣書店　1924.3 1冊 19cm

◇糟屋郡志（糟屋郡役所編）　1924.3 10,752p 23cm

◇高知県史要（高知県編）　1924.3 660,188p 22cm

◇神戸市史　資料 3（神戸市編）　1924.3 1冊 23cm

◇三河国額田郡誌（愛知県額田郡役所編）　1924.3 2,27,622p 23cm

◇歴史の理論及方法（マイヤー著,植村清之助訳,安藤俊雄訳）　岩波書店　1924.3 2,216p 19cm　史学叢書

◇新編日本読史地図　第5版（吉田東伍著）　冨山房　1924.4 1冊 26cm

◇帝都の今昔（塚本靖述,復興局建築部編）　1924.4 25p 22cm　復興

建築叢書
◇南埼玉郡制誌(埼玉県南埼玉郡役所編) 1924.4 178p 22cm
◇荏原名勝：附・地図(黒田寿太郎編) 翠紅園 1924.5 72p 19cm
◇仙台叢書 第5巻(仙台叢書刊行会編) 1924.5 437p 23cm
◇田中正造博士六十年史(西川正治郎編) 内外出版 1924.5 12,504,38p 23cm
◇丸亀(津田桃紅著) 丸亀市 1924.5 151p 19cm
◇お江戸の話(三田村鳶魚者) 雄山閣 1924.6 2,4,278p 20cm
◇樺太(岡田耕平著) 樺太通信社 1924.6 306p 19cm
◇北足立郡誌(北足立郡役所編) 1924.6 389,206p 23cm
◇神戸市史 本編 各説(神戸市編) 1924.6 2,28,978p 23cm
◇南桑田郡誌(京都府教育会南桑田郡会編) 1924.6 18,349p 22cm
◇亜細亜露西亜の国土と産業 上巻(露国農務省移民局編,古沢敏太郎訳,南満洲鉄道株式会社庶務部調査課編) 1924.7 6,248p 26cm 露文翻訳 調査資料
◇内外蒙古接壌地域附近一般調査(南満洲鉄道株式会社調査課編) 1924.7 237p 23cm 満鉄調査資料
◇江戸から東京へ 5(矢田挿雲(義勝)著) 東光閣書店 1924.8 1冊 19cm
◇江戸史蹟巡り熱灰を踏みつゝ(矢田挿雲著) 朝香屋書店 1924.8 10,160p 20cm
◇下都賀郡制誌(下都賀郡教育会) 1924.8 268p 23cm
◇日本歴史地理之研究(吉田東伍著) 冨山房 1924.8 1冊 23cm
◇丹羽郡制史(愛知県丹羽郡役所編) 1924.8 5,604p 23cm
◇大倉鶴彦翁(鶴友会) 1924.9 2,486,24p 23cm
◇金沢市紀要(金沢市) 1924.9 12,206p 20cm
◇仙台叢書 第6巻(仙台叢書刊行会編) 1924.9 495p 23cm
◇東京府史蹟名勝天然記念物調査報告書 第2輯 天然記念物老樹大木の調査(東京府編) 1924.9 1冊 26cm
◇日本文化史研究(内藤虎次郎著) 弘文堂 1924.9 242,23p 22cm
◇広島市史 社寺誌(広島市編) 1924.9 8,812p 23cm
◇三好郡誌(徳島県三好郡役所編) 1924.9 8,1208,4p 23cm
◇目黒町誌(村上三郎編) 東京朝報社 1924.9 9,269p 20cm
◇河野磐州伝 上巻(河野磐州伝編纂会編) 河野磐州伝刊行会 1924.10 6,756p 22cm
◇河野磐州伝 下巻(河野磐州伝編纂会編) 河野磐州伝刊行会 1924.10 2,9,776p 22cm
◇那須郡誌(栃木県那須郡教育会) 1924.10 8,333p 22cm
◇武相の古代文化(石野瑛著) 早稲田泰文社 1924.10 2,7,212p 23cm
◇亜細亜露西亜の国土と産業 下巻(露国農務省移民局編,古沢敏太郎訳,南満洲鉄道株式会社庶務部調査課編) 1924.11 7,322p 26cm 露文翻訳調査資料
◇板橋町誌(山田元礼著) 板橋新聞社 1924.11 4,297p 23cm
◇小松原英太郎君事略(木下憲著) 1924.11 294p 23cm
◇富山県誌要(富山県編) 1924.11 11,313p 19cm
◇揖斐郡志：岐阜県(揖斐郡教育会) 1924.12 11,844p 22cm
◇呉市史(呉市役所編) 1924.12 9,1131p 22cm
◇仙台叢書 第7巻(仙台叢書刊行会編) 1924.12 449p 23cm
◇東京府荏原郡誌(小松悦二編) 東海新聞社出版部 1924.12 3,10,404p 19cm
◇日本地図帖(小川琢治著) 成象堂 1924.12 1冊 23cm
◇広島県史 第3編 史蹟名勝天然記念物志 附芸文(広島県編) 帝国地方行政学会 1924.12 715p 23cm
◇広島市史 附図(広島市編) 1924.12 7枚 23cm
◇明治文化発祥記念誌(大日本文明協会編) 1924.12 182p 22cm
◇鷺洲町史(鷺洲町史編纂委員会編) 大阪府西成郡鷺洲町 1925.1 3,14,1846p 23cm
◇増訂武江年表(斉藤月岑著,朝倉無声増訂) 国書刊行会 1925.1 2,4,435p 23cm
◇一宮市史(飯田吉之助著) 一の宮新聞社 1925.2 1冊 23cm
◇江戸から東京へ 1(矢田挿雲(義勝)著) 東光閣書店 1925.2 2,12,350p 19cm
◇巣鴨総攬(中山由五郎著) 巣鴨総覧刊行会 1925.2 10,453p 19cm
◇東洋読史地図(箭内亙編) 冨山房 1925.2 1冊 32cm
◇日本地図帖地名索引(小川琢治著) 成象堂 1925.2 1冊 23cm
◇山県元帥(杉山其日庵著) 博文館 1925.2 510p 23cm
◇近江(太田亮著) 磯部甲陽堂 1925.3 6,562p 20cm 日本国誌資料叢書
◇熊本県案内(熊本市役所編) 1925.3 78,47p 16×23cm
◇神戸市史 年表・書目・索引・編纂顛末(神戸市編) 1925.3 1冊 23cm
◇大日本帝国郡市別人口密度図(小野鉄二編) 1925.3 1冊 39cm
◇田辺町誌(大阪府田辺町役場) 1925.3 10,326,15p 23cm
◇丹波・丹後(太田亮著) 磯部甲陽堂 1925.3 11,388p 20cm 日本国誌資料叢書
◇東京府史蹟名勝天然記念物調査報告書 第3冊 府下に於ける重要なる史蹟(東京府編) 1925.3 1冊 26cm
◇御調郡誌([広島県]御調郡教育会編) 1925.3 1冊 23cm
◇武蔵野及其有史以前(鳥居竜蔵著) 磯部甲陽堂 1925.3 4,293p 20cm
◇外遊叢書：合本(石井謹吾著) 石井法律事務所 1925.4 1冊 23cm
◇加佐郡誌(京都府教育会加佐郡部会編) 1925.4 259p 23cm
◇島根県史 4 古墳(島根県内務部島根県史編纂掛編) 1925.4 1,48,502p 23cm
◇仙台昔語電狸夜話(伊藤清次郎述,小西利兵衛編) 1925.4 4,444p 19cm
◇東京の史蹟(東京市編) 1925.4 5,2,260p 20cm
◇豊岡町史(豊岡町編) 1925.4 193p 23cm
◇余か母(阪谷芳郎著) 1925.4 2,67p 23cm
◇埼玉県秩父郡誌(秩父郡教育会) 1925.5 536p 23cm
◇養老郡志(岐阜県地方改良協会養老郡支会編) 1925.5 2,14,1096p 23cm
◇江刺郡志(岩手県教育会江刺郡部会編) 1925.6 396p 22cm
◇越後・佐渡(太田亮著) 磯部甲陽堂 1925.6 10,312p 20cm 日本国誌資料叢書
◇郷土制度の研究(小野武夫著) 大岡山書店 1925.6 9,201,11p 23cm
◇信濃(太田亮著) 磯部甲陽堂 1925.6 5,288p 20cm 日本国誌資料叢書
◇仙台叢書 第8巻(仙台叢書刊行会編) 1925.6 462p 23cm
◇釧路市案内［大正14年刊］(釧路市役所編) 1925.7 5,86p 18cm
◇大阪文化史(大阪毎日新聞社編) 1925.8 1冊 23cm
◇樺太沿革史(樺太庁編) 1925.8 272p 20cm
◇市制記念川崎誌(市制記念川崎誌刊行会編) 1925.8 1冊 23cm
◇東松浦郡史(久敬社編) 1925.8 24,594p 23cm
◇石川県江沼郡誌(石川県江沼郡役所編) 1925.9 9,16,1088p 22cm
◇岡崎市(岡崎市編,岡崎商業会議所編) 1925.9 158p 17cm

◇岐阜市案内(岐阜市役所編) 1925.9 67p 21cm

◇銀行王安田善次郎(坂井鰭川著) 喜文堂 1925.9 290p 19cm

◇摂津(太田亮著) 磯部甲陽堂 1925.9 4,8,770p 20cm 日本国誌資料叢書

◇仙台叢書 第9巻(仙台叢書刊行会編) 1925.9 438p 23cm

◇優良町村便覧(上野他七郎編) 中央報徳会 1925.9 5,6,366p 20cm

◇加美郡誌(宮城県加美郡教育会編) 1925.10 638p 23cm

◇紀伊 南牟婁郡誌 上巻(三重県南牟婁郡教育会編) 1925.10 3,728p 23cm

◇紀伊 南牟婁郡誌 下巻(三重県南牟婁郡教育会編) 1925.10 6,654p 23cm

◇群馬県群馬郡誌(群馬県群馬教育会編) 1925.10 26,1674p 23cm

◇柴田郡誌(柴田郡教育会編) 1925.10 17,619p 23cm

◇仙台叢書別集 第2巻(仙台叢書刊行会編) 1925.10 389p 23cm

◇長野市史(長野市編) 1925.10 1冊 23cm

◇名取郡誌(名取教育会編) 1925.10 10,3,805p 23cm

◇浅草号(浅草寺出版部編) 1925.11 266p 22cm 「聖潮」第2巻第10号

◇和泉(太田亮著) 磯部甲陽堂 1925.11 6,302p 20cm 日本国誌資料叢書

◇河内(太田亮著) 磯部甲陽堂 1925.11 7,461p 20cm 日本国誌資料叢書

◇北都留郡誌(山梨県北都留郡誌編纂会編) 1925.11 13,16,1337p 22cm

◇白石町誌(庄司一郎著) 北日本書房 1925.11 9,253,40p 18cm

◇長崎市史 風俗編(長崎市編) 1925.11 1冊 22cm

◇明治維新以後の長崎(長崎小学校職員会編) 1925.11 692p 23cm

◇愛甲郡制誌(愛甲郡役所編) 1925.12 8,538p 23cm

◇浅口郡誌(岡山県浅口郡役所編) 1925.12 719p 23cm

◇欧洲諸国民発達史 上巻(ホランド・ローズ著,瀬川秀雄訳) 冨山房 1925.12 572p 23cm

◇現代名士新人立志伝(竹内尉著) 昇竜堂書店 1925.12 3,364p 20cm

◇芝と上野浅草(三田村鳶魚著) 春陽堂 1925.12 394p 19cm

◇東京新繁昌記(服部誠一著) 聚芳閣 1925.12 437p 20cm

◇広島市史 第4巻(広島市編) 1925.12 10,765,80p 23cm

◇豊後速見郡史(志手環編) 大分県速見郡教育会 1925.12 752p 22cm

◇恵那郡史(岐阜県恵那郡教育会編) 1926.1 18,805p 22cm

◇大江天也伝記(雑賀博愛著) 大江 太 1926.1 862p 23cm

◇甲斐(太田亮著) 磯部甲陽堂 1926.1 6,380p 20cm 日本国誌資料叢書

◇仙台叢書 第10巻(仙台叢書刊行会編) 1926.1 502p 23cm

◇仙台叢書別集 第3巻(仙台叢書刊行会編) 1926.1 460p 23cm

◇加藤高明(杉謙二編) 加藤高明伝刊行会 1926.2 68p 19cm

◇千葉県千葉郡誌(千葉郡役所編) 1926.2 14,1077p 22cm

◇福島県通史(池内儀八著) 福島県史籍刊行会出版部 1926.2 7,392p 22cm

◇板野郡誌(徳島県板野郡教育会編) 1926.3 1冊 23cm

◇大阪市ノ沿革:附 市ノ経営スル各種ノ事業 謄写版 1926.3 46p 28cm

◇朝鮮地方生活研究の意義(小田内通敏編) 帝国地方行政学会 1926.3 9p 22cm 「地方行政」第3巻第12号所載

◇朝鮮の地方的研究(小田内通敏著) 帝国地方行政学会 1926.3 6p 23cm

◇東京府史蹟名勝天然紀念物調査報告書 第4冊 府下に於ける重要なる史蹟(東京府編) 1926.3 1冊 26cm

◇日野郡史 上巻(古橋幸吉編) 日野郡自治協会 1926.3 22,5,1077p 23cm

◇日野郡史 下巻(古橋幸吉編) 日野郡自治協会 1926.3 12,[1526]p 23cm

◇南足立郡誌(東京府南足立郡教育会編) 1926.3 74,229p 23cm

◇青森県誌(西田源蔵著) 成田書店 1926.4 7,492p 23cm

◇尾張(太田亮著) 磯部甲陽堂 1926.4 7,539p 20cm 日本国誌資料叢書

◇熊本大観鳥瞰図(熊本市役所編) 1926.4 1枚 19×103cm

◇小金井の桜(東京市公園課編) 1926.4 49p 19cm

◇深川区史 下巻(深川区史編纂会編) 1926.4 1冊 22cm

◇古河市兵衛翁伝(五日編) 1926.4 282p 23cm

◇三河(太田亮著) 磯部甲陽堂 1926.4 6,345p 20cm 日本国誌資料叢書

◇旅券を手にして(滝沢七郎著) 明文堂 1926.4 6,224,32p 23cm

◇阿蘇郡誌(熊本県教育会阿蘇郡支会編) 1926.5 16,910p 23cm

◇欧洲諸国民発達史 下巻(ホランド・ローズ著,瀬川秀雄訳) 冨山房 1926.5 644p 23cm

◇史蹟精査報告 第1(内務省編) 白鳳社 1926.5 1冊 26cm

◇鷹の羽風:太田円三君の思出 「故太田円三君追悼会」著 1926.5 120p 23cm

◇奠都五十年史(交友社編) 1926.5 1冊 31cm

◇深川区史 上巻(深川区史編纂会編) 1926.5 1冊 22cm

◇冬木沿革史(冬木町会編) 1926.5 28p 22cm

◇不破郡史 上巻(岐阜県不破郡教育会編) 1926.5 18,841p 22cm

◇和歌山県海草郡誌(山本喜平編) 和歌山県海草郡役所 1926.5 32,1095p 23cm

◇厚狭郡史(厚狭郡教育会編) 1926.6 11,527p 22cm

◇伊具郡誌(伊具郡教育会編) 1926.6 1冊 23cm

◇近江栗太郡志 巻1(滋賀県栗太郡役所編) 1926.6 626p 23cm

◇近江栗太郡志 巻2(滋賀県栗太郡役所編) 1926.6 23,812p 23cm

◇近江栗太郡志 巻3(滋賀県栗太郡役所編) 1926.6 28,798p 23cm

◇近江栗太郡志 巻4(滋賀県栗太郡役所編) 1926.6 701p 23cm

◇近江栗太郡志 巻5(滋賀県栗太郡役所編) 1926.6 11,578,79p 23cm

◇含雪山県公遺稿(魯庵記念財団編) 1926.6 1冊 23cm

◇島根県史 5 国司政治時代(島根県内務部島根県史編纂掛編) 1926.6 2,35,818p 23cm

◇西加茂郡誌(愛知県西加茂郡教育会編) 1926.6 12,605p 23cm

◇日暮里町史(佐々木広光編) 日本史蹟纂会 1926.6 384p 19cm

◇三池郡誌(福岡県三池郡教育会編) 1926.6 18,792p 23cm

◇南設楽郡誌(「愛知県」南設楽郡教育会編) 1926.6 600,49p 22cm

◇何鹿郡誌(京都府何鹿郡教育部会編) 1926.7 12,536p 23cm

◇仙台叢書 第11巻(仙台叢書刊行会編) 1926.7 570p 23cm

◇仙台叢書別集 第4巻(仙台叢書刊行会編) 1926.7 454p 23cm

◇不運なる革命児 前原一誠(来原慶助著) 平凡社 1926.7 306p 19cm

◇都筑馨六伝(馨光会編) 1926.8 245,37p 23cm

◇函館(函館市編) 1926.8 1冊 19×26cm

◇今宮町志（貞本義保編）　大阪府西成郡今宮町　1926.9 376p 23cm
◇岡崎市史 第1巻（柴田顕正編）　岡崎市　1926.9 1冊 23cm
◇史蹟名勝天然紀念物保存法：附 古社寺保存法 東京府史的紀念物天然紀念物勝地保存心得（東京府庁編）　1926.9 32p 22cm
◇創建三百年直方町記念誌（和田泰光編）　筑豊之実業社　1926.9 160p 20cm
◇大日本全史 上巻（大森金五郎著）　富山房　1926.9 30,942p 23cm
◇大日本全史 中巻（大森金五郎著）　富山房　1926.9 30,910p 23cm
◇大日本全史 下巻（大森金五郎著）　富山房　1926.9 24,989,51p 23cm
◇青森県史 第1巻（青森県編）　1926.10 5,9,921p 23cm
◇青森県史 第2巻（青森県編）　1926.10 5,1142p 23cm
◇青森県史 第3巻（青森県編）　1926.10 5,967p 23cm
◇青森県史 第4巻（青森県編）　1926.10 14,1087p 23cm
◇青森県史 第5巻（青森県編）　1926.10 6,824p 23cm
◇青森県史 第6巻（青森県編）　1926.10 5,607,154p 23cm
◇青森県史 第7巻（青森県編）　1926.10 5,525,199p 23cm
◇青森県史 第8巻（青森県編）　1926.10 8,568,153p 23cm
◇都窪郡治誌（岡山県都窪郡役所編）　1926.10 15,1066p 22cm
◇八王子（八王子市役所編）　1926.10 14,266p 19cm
◇半田町史（愛知県知多郡半田町役場編）　1926.10 23,434p 23cm
◇八東郡誌（奥原福市編）　島根県八東郡自治会　1926.10 982,749p 22cm
◇横浜の沿革（横浜高等商業学校研究所調査部編）　1926.10 15p 19cm
◇稲敷郡郷土史（塩泉嶺編）　宗教新聞社　1926.11 2,42,492p 23cm
◇大隈侯八十五年史 第3巻（大隈侯八十五年史編纂会編）　1926.11 892p 23cm
◇高知市史（高知市役所編）　1926.11 14,563p 23cm
◇函館大観（函館市港湾課編）　1926.11 41p 23cm
◇満蒙都邑全誌（山田久太郎著）　自強館　1926.11 52,516,13p 23cm
◇大隈侯八十五年史 第1巻（大隈侯八十五年史編纂会編）　1926.12 872p 23cm
◇大隈侯八十五年史 第2巻（大隈侯八十五年史編纂会編）　1926.12 730p 23cm
◇岡崎市史 第2巻（柴田顕正編）　岡崎市　1926.12 6,3,608p 23cm
◇岡野敬次郎伝（六樹会編）　1926.12 563p 23cm
◇仙台叢書 第12巻（仙台叢書刊行会編）　1926.12 541p 23cm
◇浪速叢書 第1 摂陽奇観 其1（船越政一郎編）　浪速叢書刊行会　1926.12 1冊 23cm
◇西山梨郡志（山梨県教育会西山梨郡支会編）　1926.12 1384p 23cm
◇盛岡案内記（盛岡銀行編）　1926.12 3,76p 16cm
◇遠江（太田亮著）　磯部甲陽堂　1927 7,375p 20cm 日本国誌資料叢書
◇福岡市並近郊名所交通図絵（吉田初三郎著）　福岡市　1927 1枚 20×76cm
◇江戸年中行事（三田村鳶魚著）　春陽堂　1927.1 3,7,648p 20cm
◇外蒙古共和国 上編（南満洲鉄道株式会社編）　大阪毎日新聞社　1927.1 387p 23cm 露亜経済調査叢書
◇横山史蹟（天野佐一郎著）　八王子市　1927.1 45,4p 19cm
◇自治民範（権藤成卿編）　平凡社　1927.2 26,590p 23cm
◇多摩の御陵を繞る史蹟（内務省編）　1927.2 118p 19cm
◇浪速叢書 第7 摂津名所図会大成 其1（船越政一郎編）　浪速叢書刊行会　1927.2 1冊 23cm
◇石川県石川郡誌（石川郡自治会編）　1927.3 4,1220,16p 23cm
◇大久保利通日記 上巻（日本史籍協会編）　1927.3 496p 23cm
◇熊本市案内（熊本市編）　1927.3 177p 19cm
◇小金井桜花図説 第1輯（東京市役所編）　1927.3 1冊 29cm
◇史蹟名勝調査報告 第4 埼玉 茨城 群馬県之部（柴田常恵著, 内務省地理課編）　白鳳社出版部　1927.3 113,73p 27cm
◇品川台場（東京市保健局公園課編）　1927.3 75p 19cm
◇新旧時代 第2巻（明治文化研究会編）　1927.3 1冊 22cm
◇外蒙古共和国 下編（南満洲鉄道株式会社編）　大阪毎日新聞社　1927.3 402p 23cm 露亜経済調査叢書
◇大正 大阪風土記（大阪市教育部共同研究会編）　1927.3 60,1052,14p 23cm
◇大正天皇御大葬奉送誌（東京市役所編）　1927.3 22,578p 23cm
◇根岸御行の松（東京市保健局公園課編）　1927.3 20p 19cm
◇福岡市案内（福岡市編）　東亜勧業博覧会協賛会　1927.3 6,248p 19cm
◇福岡と博多（福岡市役所編）　1927.3 32p 19cm
◇大久保利通日記 下巻（日本史籍協会編）　1927.4 2,540p 23cm
◇静岡市史編纂資料 第1巻（静岡市役所編）　1927.4 812p 22cm
◇統一宮市史（飯田吉之助著）　一の宮新聞社　1927.4 2,16,230p 23cm
◇浪速叢書 第14 風俗（船越政一郎編）　浪速叢書刊行会　1927.4 1冊 23cm
◇不破郡史 下巻（岐阜県不破郡教育会編）　1927.4 18,760,17p 23cm
◇岡崎市史 第3巻（柴田顕正著）　岡崎市　1927.5 2,2,523p 23cm
◇銀座（松崎天民著）　銀ぶらガイド社　1927.5 6,298p 19cm
◇静岡市史編纂資料 第2巻（静岡市役所編）　1927.5 25,130p 22cm
◇浪速叢書 第2 摂陽奇観 其2（船越政一郎編）　浪速叢書刊行会　1927.5 1冊 23cm
◇川崎誌考（山田蔵太郎著）　石井文庫　1927.6 19,8,622p 23cm
◇群馬県史 第2巻（群馬県教育会編）　1927.6 20,918p 23cm
◇群馬県史 第3巻（群馬県教育会編）　1927.6 10,710p 23cm
◇島根県史 6 守護地頭時代（島根県学務部島根県史編纂掛編）　1927.6 3,38,859p 23cm
◇苫田郡誌（苫田郡教育会編）　1927.6 1428p 23cm
◇伯爵平田東助伝（加藤房蔵著）　平田伯伝記編纂事務所　1927.6 568p 23cm
◇明治大正の文化（博文館編）　1927.6 704p 23cm「太陽」創立40周年記念増刊 第33巻第8号
◇磐城文化史（諸根樟一著）　清光堂書店　1927.7 441p 23cm
◇岩倉公実記 上巻（岩倉公旧蹟保存編）　1927.7 1139p 26cm
◇岩倉公実記 中巻（岩倉公旧蹟保存編）　1927.7 1053p 26cm
◇岩倉公実記 下巻（岩倉公旧蹟保存編）　1927.7 1024p 26cm
◇下毛郡誌：大分県（大分県下毛郡教育会編）　1927.7 12,842p 23cm
◇高島郡誌（滋賀県高島郡教育会編）　1927.7 8,1311p 23cm
◇徳川時代百姓一揆叢談 上巻（小野武夫著）　刀江書院　1927.7 510p 23cm 農政叢書
◇徳川時代百姓一揆叢談 下巻（小野武夫著）　刀江書院　1927.7 708p 23cm 農政叢書
◇浪速叢書 第12 地誌 其1（船越政一郎編）　浪速叢書刊行会　1927.7 1冊 23cm
◇幕末開国新観：附 新島襄（根岸橘三郎著）　博文館　1927.7 4,5,520p 20cm

◇横浜近郊文化史(石野瑛著)　文学社　1927.7 25,722p 22cm

◇群馬県史　第4巻(群馬県教育会編)　1927.8 22,1088p 23cm

◇青淵回顧録　上巻(渋沢栄一述, 小貫修一郎編)　青淵回顧録刊行会　1927.8 672p 23cm

◇青淵回顧録　下巻(渋沢栄一述, 小貫修一郎編)　青淵回顧録刊行会　1927.8 768p 23cm

◇高崎市史　上巻(高崎市編)　1927.8 13,513p 23cm

◇高崎市史　下巻(高崎市編)　1927.8 19,607p 23cm

◇都市としての江戸(復興局長官官房計画課編)　1927.8 33p 22cm

◇浪速叢書　第3　摂陽奇観　其3(船越政一郎編)　浪速叢書刊行会　1927.8 1冊 23cm

◇大久保利通文書　第1(大久保利通著)　日本史籍協会　1927.9 502p 23cm

◇岡崎市史　第4巻(柴田顕正編)　岡崎市　1927.9 6,509p 23cm

◇釧路市案内　[昭和2年刊](釧路市役所編)　1927.9 4,86p 18cm

◇群馬県史　第1巻(群馬県教育会編)　1927.9 769p 23cm

◇黒竜江省　上巻(南満洲鉄道株式会社編)　大阪毎日新聞社　1927.9 388p 23cm　露亜経済調査叢書

◇黒竜州の気候、土壌、植物研究誌　上巻(南満洲鉄道株式会社編)　大阪毎日新聞社　1927.9 400p 23cm　露亜経済調査叢書

◇世羅郡誌(世羅郡教育会編)　1927.9 603p 23cm

◇松菊木戸公伝　上(木戸公伝記編纂所編)　明治書院　1927.9 39, 1104p 23cm

◇松菊木戸公伝　下(木戸公伝記編纂所編)　明治書院　1927.9 29, [1080]p 23cm

◇露領極東地誌　上巻(南満洲鉄道株式会社庶務部調査課編)　1927.9 7,330p 23cm　露亜経済調査叢書

◇露領極東地誌　下巻(南満洲鉄道株式会社庶務部調査課編)　1927.9 5,337p 23cm　露亜経済調査叢書

◇糸島郡誌(福岡県糸島郡教育会編)　1927.10 5,15,1398p 23cm

◇黒竜江省　下巻(南満洲鉄道株式会社編)　大阪毎日新聞社　1927.10 363p 23cm　露亜経済調査叢書

◇黒竜州の気候、土壌、植物研究誌　下巻(南満洲鉄道株式会社編)　大阪毎日新聞社　1927.10 346,151p 23cm　露亜経済調査叢書

◇聚落と地理(小田内通敏著)　古今書院　1927.10 311p 19cm

◇千葉県君津郡誌　上巻(千葉県君津郡教育会編)　1927.10 12,858p 23cm

◇神田区史(中村薫著)　神田公論社　1927.11 8,12,285p 23cm

◇徳川制度史料　初輯(小野清著)　1927.11 1冊 23cm

◇浪速叢書　第4　摂陽奇観　其4(船越政一郎編)　浪速叢書刊行会　1927.11 1冊 23cm

◇浜町誌(第12地区土地区画整理完成記念会編)　1927.11 59p 23cm

◇東浅井郡志　巻1(滋賀県東浅井郡教育会編)　1927.11 30,48,829p 23cm

◇東浅井郡志　巻2(滋賀県東浅井郡教育会編)　1927.11 50,830p 23cm

◇東浅井郡志　巻3(滋賀県東浅井郡教育会編)　1927.11 54,992p 23cm

◇東茨城郡誌　上巻(東茨城郡教育会編)　1927.11 12,892p 22cm

◇東茨城郡誌　下巻(東茨城郡教育会編)　1927.11 19,895p 23cm

◇武蔵国児玉郡誌(小暮秀夫著)　児玉郡誌編纂所　1927.11 662,149p 23cm

◇明治文化全集　第5巻　自由民権篇(吉野作造編)　日本評論社　1927.11 66,518p 23cm

◇四日市市制施行三拾周年記念小史(四日市市役所編)　1927.11 117p 19cm

◇会津史　上巻(池内儀八著)　史誌出版社　1927.12 4,271p 23cm

◇大久保甲東先生(徳富猪一郎著)　民友社　1927.12 478p 19cm

◇大久保利通文書　第2(大久保利通著)　日本史籍協会　1927.12 502p 23cm

◇海部郡誌(海部郡誌刊行会編)　1927.12 14,537p 23cm

◇静岡市史編纂資料　第4巻(静岡市役所編)　1927.12 8,248,13p 22cm

◇大正天皇御大喪奉送記録(東京府)　1927.12 2,18,408p 23cm

◇大連市(大連市役所編)　1927.12 39p 13×19cm

◇丹波氷上郡志　上巻(丹波史談会編)　1927.12 28,834p 23cm

◇丹波氷上郡志　下巻(丹波史談会編)　1927.12 [680]p 23cm

◇浪速叢書　第15　演芸篇(船越政一郎編)　浪速叢書刊行会　1927.12 1冊 23cm

◇東浅井郡志　巻4(滋賀県東浅井郡教育会編)　1927.12 60,634p 23cm

◇亜細亜露西亜の住民(南満洲鉄道株式会社編)　大阪毎日新聞社　1928.1 251p 23cm　露亜経済調査叢書

◇静岡市史編纂資料　第3巻(静岡市役所編)　1928.1 17,673p 22cm

◇渋沢栄一滞仏日記(大塚武松編)　日本史籍協会　1928.1 4,2,490p 23cm

◇逗子町誌(逗子町編)　1928.1 9,3,418p 19cm+図1枚

◇明治聖上と臣高行(津田茂麿著)　自笑会　1928.1 6,5,1035p 23cm

◇明治文化全集　第6巻　外交篇(吉野作造編)　日本評論社　1928.1 44,572p 23cm

◇会津史　下巻(池内儀八著)　史誌出版社　1928.2 365p 23cm

◇後藤子爵訪露随行日誌:附 雑感 自昭和2年12月5日 至昭和3年2月13日　タイプ(関根斎一著)　1928.2 56p 28cm

◇明治文化全集　第16巻　外国文化篇(吉野作造編)　日本評論社　1928.2 48,578p 23cm

◇明治文化全集　第19巻　風俗篇(吉野作造編)　日本評論社　1928.2 34,570p 23cm

◇大久保利通文書　第3(大久保利通著)　日本史籍協会　1928.3 558p 23cm

◇日下義雄伝(中村孝也著)　杏林舎　1928.3 25,432p 23cm

◇滋賀県史　第1巻　概説(滋賀県編)　三秀舎　1928.3 234p 22cm

◇滋賀県史　第2巻　上代-中世(滋賀県編)　三秀舎　1928.3 24,792p 22cm

◇滋賀県史　第3巻　中世-近世(滋賀県編)　三秀舎　1928.3 32,730p 22cm

◇滋賀県史　第4巻　最近世(滋賀県編)　三秀舎　1928.3 24,552,84p 22cm

◇滋賀県史　第5巻　参照史料(滋賀県編)　三秀舎　1928.3 2,544p 22cm

◇滋賀県史　第6巻　附図(滋賀県編)　三秀舎　1928.3 図5枚

◇高野長英伝(高野長運著)　史誌出版社　1928.3 7,633p 23cm

◇浪速叢書　第5　摂陽奇観　其5(船越政一郎編)　浪速叢書刊行会　1928.3 1冊 23cm

◇伸びゆく郡山(郡山第2尋常高等小学校編, 郡山淑徳女学校編)　1928.3 2,115p 19cm

◇明治文化全集　第10巻　教育篇(吉野作造編)　日本評論社　1928.3 46,568p 23cm

◇堪察加調査書　第4編(南満洲鉄道株式会社編)　大阪毎日新聞社　1928.4 210p 23cm　露亜経済調査叢書

◇岐阜市史(岐阜市編)　1928.4 1冊 23cm

◇井荻町誌:新興の郊外(玉井広平著)　社会基調協会　1928.5 250,18p 19cm

◇石城郡郷土大観（福島県）（黒沢常葉編） 郷土顕彰会 1928.5 12, 204p 23cm

◇大久保利通文書 第4（大久保利通著） 日本史籍協会 1928.5 530p 23cm

◇岡崎市史 第5巻（柴田顕正編） 岡崎市 1928.5 8,1,536p 23cm

◇甲東逸話（勝田孫弥著） 冨山房 1928.5 281,41p 23cm

◇島根県史 7 京極大内時代 尼子、毛利時代 上（島根県学務部島根県史編纂掛編） 1928.5 3,21,831p 23cm

◇明治文化全集 第2巻 正史篇［上巻］（吉野作造編） 日本評論社 1928.5 12,596p 23cm

◇石城郡郷土大観（黒沢常葉編） 郷土顕彰会 1928.6 344,56,204p 23cm

◇堪察加調査書 第5編（南満洲鉄道株式会社編） 大阪毎日新聞社 1928.6 374p 23cm 露亜経済調査叢書

◇浪速叢書 第13 地誌 其2（船越政一郎編） 浪速叢書刊行会 1928.6 1冊 23cm

◇明治昭和戊辰感想録：創立二十周年記念（文明協会編） 1928.6 111p 22cm

◇明治文化全集 第17巻 新聞篇（吉野作造編） 日本評論社 1928.6 23,626p 23cm

◇大久保利通文書 第5（大久保利通著） 日本史籍協会 1928.7 566p 23cm

◇明治文化全集 第4巻 憲政篇（吉野作造編） 日本評論社 1928.7 28,622p 23cm

◇伊藤公全集 第1巻（伊藤公全集刊行会編） 昭和出版社 1928.8 190,138,245p 23cm

◇伊藤公全集 第2巻（伊藤公全集刊行会編） 昭和出版社 1928.8 534,285,21p 23cm

◇岡崎市史 第6巻（柴田顕正編） 岡崎市 1928.8 4,1,535p 23cm

◇加藤高明伝（佐伯平造著） 加藤高明伝刊行会 1928.8 659p 23cm

◇堪察加調査書 第2編（南満洲鉄道株式会社編） 大阪毎日新聞社 1928.8 244p 23cm 露亜経済調査叢書

◇堪察加調査書 第6編（南満洲鉄道株式会社編） 大阪毎日新聞社 1928.8 359p 23cm 露亜経済調査叢書

◇元帥加藤友三郎伝（加藤元帥伝記編纂委員会編） 1928.8 16,287p 23cm

◇静岡市史編纂資料 第5巻（静岡市役所編） 1928.8 6,363p 22cm

◇浪速叢書 第8 摂津名所図会大成 其2（船越政一郎編） 浪速叢書刊行会 1928.8 1冊 23cm

◇満蒙を新しく見よ：附 山東の新形勢と我国（藤岡啓著） 外交時報社 1928.8 10,288p 23cm

◇宮城郡誌（宮城県宮城郡教育会編） 1928.8 3,1321,2p 23cm

◇大久保利通文書 第6（大久保利通著） 日本史籍協会 1928.9 552p 23cm

◇大東京繁昌記 下町篇（東京日日新聞社編） 春秋社 1928.9 407p 20cm

◇朝鮮満蒙大観（青山天洞著） 朝鮮満蒙大観発行所 1928.9 1274, 644,126p 26cm

◇欧州土産 見聞の儘（伊藤太郎述, 立憲政友会編） 1928.10 108p 19cm

◇甲府市制四十年記念誌（甲府市役所編） 1928.10 30,964p 23cm

◇小金井桜花図説 第2輯（東京市編） 1928.10 1冊 29cm

◇御大典に際し全国民に訴ふ（永田秀次郎著） 大日本雄弁会講談社 1928.10 135p 19cm

◇松蔭先生交友録（福本義亮著） 惜春山荘 1928.10 14,250p 19cm

◇その頃を語る（東京朝日新聞政治部編） 1928.10 444p 19cm

◇謎の隣邦（神田正雄著） 海外社 1928.10 8,221p 19cm

◇宇都宮市史（田代善吉著） 下野史談会 1928.11 4,353p 23cm

◇大阪案内記：御大典記念（大阪市編） 1928.11 48p 19cm+図1枚

◇京都名勝誌（京都市編） 1928.11 37,740p 23cm+図4枚

◇群馬県北甘楽郡史（本多亀三著） 三光出版社 1928.11 10,30, 990p 23cm

◇浅草寺縁起（浅草寺縁起編纂会編） 1928.11 6,198p 23cm

◇日本中世史論考（大森金五郎著） 四海書房 1928.11 452,85p 22cm

◇東蒲原郡史蹟誌（石川林益編） 東蒲原郡教育会 1928.11 4,330p 22cm

◇北陸の偉人 大和田翁（中安信三郎著） 似玉堂出版部 1928.11 6, 466p 19cm

◇吾等の神奈川県（神奈川県庁） 1928.11 6,9,760p 23cm

◇足利市史 上巻（足利市役所編） 永倉活版所 1928.12 1365p 23cm

◇王子町誌（王子町編） 1928.12 308p 22cm

◇大久保利通文書 第7（大久保利通著） 日本史籍協会 1928.12 576p 23cm

◇堪察加調査書 第3編（南満洲鉄道株式会社編） 大阪毎日新聞社 1928.12 370p 23cm 露亜経済調査叢書

◇刈田郡誌（宮城県刈田郡教育会編） 1928.12 4,392p 23cm

◇旧佐賀藩の均田制度（小野武夫著） 岡書院 1928.12 5,6,303p 23cm

◇近世城下町の研究（小野均著） 至文堂 1928.12 4,298p 23cm

◇中巨摩郡誌（中巨摩郡聯合教育会編） 1928.12 1冊 23cm

◇南区志（大阪市南区編） 1928.12 33,11,553p 22cm

◇足利市史 下巻（足利市役所編） 永倉活版所 1929.1 20,1256p 23cm

◇宇治山田市史 上巻（宇治山田市役所編） 1929.1 4,19,861p 23cm

◇銀行王安田善次郎 改訂第3版（坂井又蔵著） 文明書院 1929.1 305p 20cm

◇御大礼記念京都府伏見町誌（伏見町役場編） 1929.1 30,616,48p 23cm

◇杉田鶉山翁（雑賀博愛著） 鶉山会 1929.1 817p 23cm

◇加賀藩農政史考（小田吉之丈編） 刀江書院 1929.2 694p 23cm

◇東京府史蹟保存物調査報告書 第6冊 府下に於ける重要なる史蹟並国宝特別保護建造物（東京府編） 1929.2 50,46p 27cm

◇野田大塊伝（坂口二郎著） 野田大塊伝刊行会 1929.2 12,802p 23cm

◇明治維新史（井野辺茂雄著） ロゴス書院 1929.2 264p 18cm ロゴス叢書

◇明治文化全集 第21巻 社会篇（吉野作造編） 日本評論社 1929.2 42,624p 23cm

◇宇治山田市史 下巻（宇治山田市役所編） 1929.3 [828]p 23cm+図1枚

◇大久保利通文書 第8（大久保利通著） 日本史籍協会 1929.3 576p 23cm

◇堺市史 第1巻 本編 第1（堺市役所編） 1929.3 3,16,523p 22cm

◇堺市史 第5巻 資料編 第2（堺市役所編） 1929.3 6,672p 22cm

◇堺市史 第6巻 資料編 第3（堺市役所編） 1929.3 15,957p 22cm

◇明治文化全集 第3巻 正史篇 下巻（吉野作造編） 日本評論社 1929.3 21,578p 23cm

◇倉敷市案内（倉敷市編） 1929.4 123,59p 19cm

◇後藤満鉄総裁就職情由書：後藤伯爵薨去追悼紀念トシテ（満鉄社員会編） 1929.4 13p 23cm

◇静岡市史編纂資料 第6巻（静岡市役所編） 1929.4 15,638p 22cm

711

◇大日本地誌大系 第1巻 壱（芦田伊人編） 雄山閣 1929.4 16,529p 23cm

◇布施町誌（布施町役場編） 1929.4 10,528p 23cm

◇明治文化全集 第20巻 文明開化篇（吉野作造著） 日本評論社 1929.4 24,560p 23cm

◇一世の風雲児 後藤新平（岡本瓊二著） 第一出版協会 1929.5 4,394p 19cm

◇故後藤総長追悼号（ジヤンボリー編輯部編） 1929.5 52p 22cm 「ジヤンボリー」第8巻 第5号

◇後藤総長追悼号（金光教京町堀少年団編） 1929.5 4p 28cm 「健児」第30号

◇島根県史 8 尼子、毛利時代下藩政時代 上（島根県学務部島根県史編纂掛編） 1929.5 2,28,864p 23cm

◇尺度綜考（藤田元春著） 刀江書院 1929.5 6,10,511p 23cm

◇大日本地誌大系 第5巻 新編武蔵国風土記稿 壱（芦田伊人編） 雄山閣 1929.5 4,399p 23cm

◇浪速叢書 第10 稿本大阪訪碑録（船越政一郎編） 浪速叢書刊行会 1929.5 1冊 23cm

◇明治文化全集 第8巻 法律篇（吉野作造編） 日本評論社 1929.5 32,604p 23cm

◇山形市政四十年史（橋詰達雄編） 1929.5 624p 23cm

◇石川県鹿島郡誌（鹿島郡自治会編） 1929.6 709p 22cm

◇大久保利通文書 第9（大久保利通著） 日本史籍協会 1929.6 546p 23cm

◇加藤高明 上巻（伊藤正徳編） 加藤伯伝記編纂委員会 1929.6 24,816p 23cm

◇加藤高明 下巻（伊藤正徳編） 加藤伯伝記編纂委員会 1929.6 786p 23cm

◇後藤新平一代記（沢田謙著） 平凡社 1929.6 4,421p 20cm

◇後藤新平伯の表裏（白柳秀湖著） 1929.6 12p 23cm 雑誌「祖国」第2巻 第6号抜萃

◇後藤伯の面影（鉄道青年会編） 1929.6 135p 19cm

◇情の人後藤新平（新渡戸稲造述） 1929.6 5p 23cm 雑誌「朝日」第1巻 第6号抜萃

◇大日本地誌大系 第16巻 山州名跡志 壱（芦田伊人編） 雄山閣 1929.6 56,424p 23cm

◇函館の史蹟と名勝（函館市役所編） 1929.6 35p 19cm

◇復古記 第2冊（太政官編） 内外書籍 1929.6 903p 23cm

◇明治文化全集 第15巻 思想篇（吉野作造編） 日本評論社 1929.6 36,610p 23cm

◇楽翁公余影（楽翁公遺徳顕彰会編） 1929.6 2,83p 23cm

◇足柄下郡史（[神奈川県]足柄下郡教育会編） 1929.7 15,9,310p 23cm

◇大日本地誌大系 第18巻 五畿内志 泉州志（芦田伊人編） 雄山閣 1929.7 4,438p 23cm

◇東京府史 府全篇 第1巻（東京府編） 1929.7 620p 23cm

◇浪速叢書 第11 稿本随筆集（船越政一郎編） 浪速叢書刊行会 1929.7 1冊 23cm

◇原敬全集 上巻（原敬全集刊行会編） 1929.7 1150p 23cm

◇原敬全集 下巻（原敬全集刊行会編） 1929.7 1228p 23cm

◇復古記 第9冊（太政官編） 内外書籍 1929.7 888p 23cm

◇本田町誌：町制施行記念（本田町役場編） 1929.7 17,385p 23cm

◇前橋沿革の概要（都市計画群馬地方委員会編） 1929.7 12p 19cm

◇吾等の知れる後藤新平伯（東洋協会編） 1929.7 6,370p 22cm

◇青森（青森市編） 1929.8 127p 19cm

◇復古記 第3冊（太政官編） 内外書籍 1929.8 865p 23cm

◇明治文化全集 第9巻 経済篇（吉野作造編） 日本評論社 1929.8 46,546p 23cm

◇岡崎市史 第7巻（柴田顕正著） 岡崎市 1929.9 3,608p 23cm

◇相馬事件（後藤新平著） 1929.9 138p 22cm 「講談倶楽部」昭和4年1月-6月連載抜萃

◇素空山県公伝（徳富猪一郎編） 山県公爵伝記編纂会 1929.9 716,64p 22cm

◇大日本地誌大系 第6巻 新編武蔵国風土記稿 弐（芦田伊人編） 雄山閣 1929.9 3,418p 23cm

◇朝鮮大図絵（吉田初三郎編） 元山毎日新聞社 1929.9 1枚 28×108cm

◇浪速叢書 第6 摂陽奇観 其6（船越政一郎編） 浪速叢書刊行会 1929.9 1冊 23cm

◇復古記 第10冊（太政官編） 内外書籍 1929.9 988p 23cm

◇江戸趣味の話：下町情調名残佛（山本勝太郎著） 宝文館 1929.10 11,456p 20cm 劇評と随筆

◇小笠原島総覧（東京府編） 1929.10 342,109p 23cm

◇蒲郡町誌（石川松衛編） 京都府史蹟編纂会愛知県支部宝飯郡浦郡町 1929.10 10,268p 23cm

◇群馬県吾妻郡誌（群馬県吾妻教育会編） 1929.10 3,1503p 23cm

◇綱要 石城郡町村史（諸根樟一著） 郷土社出版部 1929.10 7,168p 23cm

◇仙台市史 第1巻（仙台市編） 1929.10 1冊 23cm

◇大日本地誌大系 第20巻 三国地誌 上（芦田伊人著） 雄山閣 1929.10 4,359p 23cm

◇復古記 第4冊（太政官編） 内外書籍 1929.10 791p 23cm

◇明治文化全集 第22巻 雑史篇（吉野作造編） 日本評論社 1929.10 38,588p 23cm

◇大沢善助翁（三浦豊二著） 大沢善助翁功績記念会 1929.11 1冊 23cm

◇大日本地誌大系 第22巻 近江国輿地志略 上（芦田伊人著） 雄山閣 1929.11 5,406p 23cm

◇長崎町誌（塩田忠敬著） 国民自治会 1929.11 8,223p 19cm

◇復古記 第5冊（太政官編） 内外書籍 1929.11 720p 23cm

◇明治文化全集 第7巻 政治篇（吉野作造編） 日本評論社 1929.11 48,574p 23cm

◇阿哲郡誌 上巻（岡山県阿哲郡教育会編） 1929.12 4,812p 23cm

◇木戸孝允文書 第1（妻木忠太編） 日本史籍協会 1929.12 4,12,438p 23cm

◇上野国新田郡史（太田稲主著） 太田美屋 1929.12 272p 22cm

◇生活状態調査 其2 済州島（朝鮮総督府編） 1929.12 7,174p 23cm 調査資料

◇大日本地誌大系 第2巻 御府内備考 弐（芦田伊人編） 雄山閣 1929.12 9,301p 23cm

◇玉造郡誌（宮城県玉造郡教育会編） 1929.12 15,693p 23cm

◇復古記 第6冊（太政官編） 内外書籍 1929.12 803p 23cm

◇大垣市史 上巻（大垣市役所編） 1930.1 20,18,1022p 23cm

◇大日本地誌大系 第23巻 斐太後風土記 上（芦田伊人編） 雄山閣 1930.1 12,423p 23cm

◇復古記 第8冊（太政官編） 内外書籍 1930.1 815p 23cm

◇明治維新史研究（東京帝国大学大学部内史学会編） 富山房 1930.1 823p 23cm

◇大垣市史 中巻（大垣市役所編） 1930.2 28,1093p 23cm

◇木戸孝允文書 第2（妻木忠太編） 日本史籍協会 1930.2 20,368p 23cm

◇大日本地誌大系 第25巻 摂陽群談（芦田伊人著） 雄山閣 1930.2 10,372p 23cm
◇陶庵公（竹越与三郎著） 叢文閣 1930.2 5,340p 20cm
◇復古記 第11冊（太政官編） 内外書籍 1930.2 919p 23cm
◇牛込区史（牛込区編） 1930.3 35,605p 23cm
◇大垣市史 下巻（大垣市役所編） 1930.3 26,517,57p 23cm
◇大森鐘一（池田宏編） 故大森男爵事歴編纂会 1930.3 10,328,10p 23cm
◇香西史（香川県香西町編） 1930.3 1冊 23cm
◇講武所（東京市役所編） 1930.3 221,6p 20cm 東京市史外篇
◇最近調査 大日本地名辞典並交通地図大鑑（国際学術評論社編） 1930.3 1冊 39cm
◇堺市史 第2巻 本編 第2（堺市役所編） 1930.3 1,18,607p 22cm
◇堺市史 第3巻 本編 第3（堺市役所編） 1930.3 1,24,1215p 22cm＋図1枚
◇堺市史 第4巻 資料編 第1（堺市役所編） 1930.3 1,18,469p 22cm
◇堺市史 第7巻 別編（堺市役所編） 1930.3 2,39,897p 22cm
◇静岡県史 第1巻（静岡県編） 1930.3 72,796,2p 23cm
◇昭和御大礼奉祝志（東京市役所編） 1930.3 12,574p 27cm
◇明治維新史講話（藤井甚太郎著） 雄山閣 1930.3 1,18,308p 23cm
◇岡崎市史 第8巻（柴田顕正著） 岡崎市 1930.4 7,607p 23cm
◇木戸孝允文書 第3（妻木忠太編） 日本史籍協会 1930.4 22,482p 23cm
◇大東京物語 経済生活篇（倉繁義信著） 正和堂書房 1930.4 11,327p 19cm
◇大日本地誌大系 第26巻 下（芦田伊人著） 雄山閣 1930.4 467p 23cm
◇尼崎志 第1編（尼崎市役所編） 1930.5 715p 23cm
◇茨城県史（茨城県史研究会編） 茨城県史刊行会 1930.5 262,320p 23cm
◇岩淵町郷土誌（平野実編, 桜井泰仁編） 岩淵町郷土史料研究会 1930.5 424p 23cm
◇静岡市史 第3巻（静岡市役所編） 1930.5 17,757p 23cm
◇島根県史 9 藩政時代 下, 明治維新期（島根県学務部島根県史編纂掛編） 1930.5 3,26,802p 23cm
◇東京府史 府会篇 第2巻（東京府編） 1930.5 816p 23cm
◇東京府史 府会篇 第3巻（東京府編） 1930.5 768p 23cm
◇浪速叢書 別冊 1巻（船越政一郎編） 浪速叢書刊行会 1930.5 1冊 23cm
◇浪速叢書 第16巻 索引（船越政一郎編） 浪速叢書刊行会 1930.5 1冊 23cm
◇復古記 第12冊（太政官編） 内外書籍 1930.5 864p 23cm
◇木戸孝允文書 第4（妻木忠太編） 日本史籍協会 1930.6 24,432p 23cm
◇新竹市大観（小山権太郎編） 台南新報台北印刷所図書出版部 1930.6 69p 14×21cm
◇復古記 第13冊（太政官編） 内外書籍 1930.6 751p 23cm
◇村と町と（井上吉次郎著） 刀江書院 1930.6 315p 19cm
◇明治文化全集 第23巻 軍事篇 交通篇（吉野作造著） 日本評論社 1930.7 11,589p 23cm
◇木戸孝允文書 第5（妻木忠太編） 日本史籍協会 1930.8 28,480p 23cm
◇復古記 第14冊（太政官編） 内外書籍 1930.8 739p 23cm
◇木戸孝允文書 第6（妻木忠太編） 日本史籍協会 1930.10 30,438p 23cm

◇復古記 第1冊（太政官編） 内外書籍 1930.10 802p 23cm
◇台南市大観（台南市役所編） 1930.11 4,110p 15×23cm
◇東京地誌史料葛西志 第1巻（三島政行編） 地誌刊行会 1930.11 14,25,385p 22cm
◇復古記 第7冊（太政官編） 内外書籍 1930.11 824p 23cm
◇四日市市史（四日市市教育会編） 1930.11 14,832,17p 23cm
◇飯南郡史（中林正三著） 飯南卜人材編纂会 1930.12 24,630p 20cm
◇基隆市案内（基隆市役所編） 1930.12 164p 19cm
◇千駄ケ谷町誌（中原慎太郎著） 千駄ヶ谷町誌刊行会 1930.12 11,386p 26cm
◇大連市（大陸出版会編） 1930.12 578,42,24p 19cm
◇武蔵野市史（太陽新報社町村史編纂部編） 1930.12 8,410p 23cm
◇木浦府史（木浦府編） 1930.12 1048p 22cm
◇安田善次郎伝（矢野文雄著） 安田保善社 1930.12 574,23p 23cm
◇大宇佐郡史論（小野精一編） 宇佐郡史談会 1931 1038p 23cm
◇岳南史 第1巻（鈴木覚馬著） 岳南史刊行会 1931.1 24,1140p 23cm
◇生活状態調査 其3 江陵郡（朝鮮総督府編） 1931.1 5,410,142p 23cm 調査資料
◇阿哲郡誌 下巻（岡山県阿哲郡教育会編） 1931.2 6,1022p 23cm
◇木戸孝允文書 第7（妻木忠太編） 日本史籍協会 1931.2 22,442p 23cm
◇石川県史 第4編（石川県編） 1931.3 10,1387p 23cm
◇堺市史 第8巻 索引・年表・編纂沿革（堺市役所編） 1931.3 183,80,26p 22cm
◇佐原町誌（千葉県佐原町役場編） 1931.3 14,406p 23cm
◇静岡市史 第2巻（静岡市役所編） 1931.3 14,683p 23cm
◇史蹟名勝天然紀念物調査報告 第5輯 市蹟及天然紀念物之部（山梨県編） 1931.3 198p 26cm
◇東京地誌史料葛西志 第2巻（三島政行編） 地誌刊行会 1931.3 247p 22cm
◇徳川時代の金座（東京市編） 1931.3 4,10,331p 19cm 東京市史外篇
◇福井県大飯郡誌（福井県大飯郡教育会編） 1931.3 8,740p 22cm
◇木戸孝允文書 第8（妻木忠太編） 日本史籍協会 1931.4 10,414p 23cm
◇地political学（東竜七著） 古今書院 1931.4 30,617p 23cm
◇近畿の精華（船越毅編） 日本公論社 1931.5 13,376p 27cm
◇東京府史 府会篇 第4巻（東京府編） 1931.5 888p 23cm
◇新居友三郎（菊地政雄編） 故新居友三郎追想録編纂事務所 1931.5 11,222p 23cm
◇静岡市史 第1巻（静岡市役所編） 1931.6 20,858p 23cm
◇彰化街案内（彰化街役場編） 1931.6 134p 19cm
◇新富山県（富山県編） 1931.6 391p 23cm
◇本所区史（本所区役所編） 1931.6 660,218p 23cm
◇水沢町誌（岩手県胆沢郡水沢町役場編） 1931.6 9,492p 22cm
◇東京地誌史料葛西志 第3巻（三島政行編） 地誌刊行会 1931.7 2,165,43p 22cm
◇東京淀橋誌考（加藤盛慶著） 武蔵郷土史料学会 1931.7 12,14,558p 23cm
◇宮城県通史（清水東四郎著） 新約社書店 1931.7 2,8,446p 23cm
◇大森鐘一 改訂版（池田宏編） 故大森男爵事歴編纂会 1931.8 10,332,15p 23cm

◇釧路市案内 昭和6年(釧路市役所編) 1931.8 4,96p 18cm

◇摘要堺市史(堺市役所編) 1931.8 4,148p 19cm

◇長岡市史(長岡市編) 1931.8 9,13,1020p 23cm+図1枚

◇岳南史 第2巻(鈴木覚馬編) 岳南史刊行会 1931.10 23,1126p 23cm

◇首里市市制十周年記念誌(首里市編) 1931.10 1冊 23cm

◇東京府地誌(堀江賢二著) 古今書院 1931.10 8,233p 19cm

◇復古記 第15冊 綱文索引(太政官編) 内外書籍 1931.10 403, 335p 23cm

◇横浜市史稿 政治編2(横浜市編) 1931.10 8,580,280p 23cm

◇尼崎志 第2編(尼崎市役所編) 1931.11 647,143p 23cm

◇大原町誌 上巻(大原町役場) 1931.11 677p 22cm

◇大原町誌 下巻(大原町役場) 1931.11 5,309p 22cm

◇難波郷土誌(京都府与謝郡府中村字難波野区編) 1931.11 328p 23cm+図1枚

◇横浜市史稿 仏寺編(横浜市編) 1931.11 2,16,1002p 23cm

◇旭川市史稿 上巻(旭川市役所編) 1931.12 734p 23cm

◇旭川市史稿 下巻(旭川市役所編) 1931.12 14,547p 23cm

◇男大迹部志(伊藤百助編) 南越花筐会 1931.12 7,608,6p 23cm

◇奥戸村志:即位記念(東京府南葛飾郡奥戸村役場編) 1931.12 584, 121p 23cm

◇埼玉県史 第2巻 奈良平安時代(埼玉県編) 1931.12 14,598p 22cm

◇静岡県史 第2巻(静岡県編) 1931.12 35,720p 23cm

◇静岡市史 第4巻(静岡市役所編) 1931.12 23,796p 23cm

◇台北市史(台湾通信社著) 1931.12 716p 20cm

◇東京府府会篇 第5巻(東京府編) 1931.12 792p 23cm

◇横浜市史稿 政治編1(横浜市編) 1931.12 4,11,934p 23cm

◇新東京大観 上巻(東京朝日新聞社編) 1932 48p 19×26cm 大東京市制記念 東京朝日新聞附録

◇品川町史 上巻(品川町編) 1932.2 912p 23cm

◇横浜市史稿 神社編 教会編(横浜市編) 1932.2 1冊 23cm

◇愛知県史要:郷土研究(愛知県教育会編) 川瀬書店 1932.3 302p 19cm

◇熊本市史(熊本市編) 1932.3 1冊 23cm

◇静岡市史 別巻(静岡市役所編) 1932.3 341p 23cm

◇東京府史蹟保存物調査報告書 第9冊 「府下に於ける仏塔建築」(東京府編) 1932.3 70,49p 27cm

◇横浜市史稿 附図(横浜市編) 1932.3 11枚 23cm

◇鴻巣町史(金沢貞次郎著) 鴻巣町役場 1932.4 11,262p 22cm

◇故子爵渋沢栄一翁追悼講演録(協調会編) 1932.4 84p 22cm

◇調査資料 第34輯 生活状態調査 其4 平壤府(朝鮮総督府編) 1932.4 9,386p 23cm

◇文書より観たる大隈重信侯(渡辺幾治郎著) 故大隈侯国民敬慕会 1932.4 482p 23cm

◇横浜市史稿 風俗編(横浜市編) 1932.4 2,22,932p 23cm

◇相良史(山本吾朗著) 相良史蹟調査会 1932.5 14,428p 23cm

◇名古屋城概説(名古屋市役所編) 1932.5 32p 20cm

◇横浜市史稿 政治編3(横浜市編) 1932.5 16,1002p 23cm

◇岩倉具視公(徳富猪一郎編述) 民友社 1932.6 4,12,294p 23cm

◇甲府案内(甲府市役所編) 1932.6 77p 18cm

◇品川町史 中巻(品川町編) 1932.6 962p 23cm

◇人文地理講話(佐藤弘著) 高陽書院 1932.6 358p 20cm

◇福岡県史資料 第1輯(福岡県編) 1932.6 10,805p 23cm

◇明治二一年撮影全東京展望写真帖(大塚巧芸社編) 1932.6 14枚 57×48cm

◇品川町史 下巻(品川町編) 1932.7 1106,85p 23cm

◇日本橋(東京市役所編) 1932.7 294p 20cm 東京市史外篇

◇横浜市史稿 教育(横浜市編) 1932.7 1冊 23cm

◇旭川案内 昭和7年版(旭川市役所編) 1932.8 28p 19cm

◇北里柴三郎伝(宮島幹之助編,高野六郎編) 岩波書店 1932.8 1冊

◇熊毛郡沿革誌(鹿児島県熊毛支庁編) 1932.8 5,160p 22cm

◇池上町史:大東京併合記念([東京市荏原郡]池上町史編纂会編) 大林閣 1932.9 1冊 19cm

◇大井町史(大井町役場編) 1932.9 13,422p 23cm

◇市郡合併記念大崎町誌(東京府荏原郡大崎町編) 1932.9 1冊 19cm

◇新義州案内(平北文化協会編) 1932.9 157p 19cm

◇新宮町郷土誌(和歌山県東牟婁郡教育会第一部会編) 1932.9 437p 23cm

◇隅田町史:併合記念((東京府)隅田町役場編) 1932.9 10,147p 20cm

◇西巣鴨町誌(東京府北豊島郡西巣鴨町編) 1932.9 2,10,402p 19cm

◇宇部市制十年誌(宇部市編) 1932.10 10,376p 23cm

◇岳南史 第3巻(鈴木覚馬編) 岳南史刊行会 1932.10 25,1520p 23cm

◇川路大警視(中村徳五郎著) 日本警察新聞社 1932.10 371p 23cm

◇横浜市史稿 地理編(横浜市編) 1932.10 2,24,1058p 23cm

◇大東京案内(高谷義重著) 平凡社 1932.11 1冊 19cm

◇平野村誌 上巻(長野県諏訪郡平野村役場編) 1932.11 10,14,562p 23cm

◇平野村誌 下巻(長野県諏訪郡平野村役場編) 1932.11 7,567p 23cm

◇横浜市史稿 産業編(横浜市編) 1932.11 2,12,728p 23cm

◇刈谷町誌(刈谷町誌編纂会編) 1932.12 16,582,60p 23cm

◇木戸孝允日記 第1(妻木忠太郎) 日本史籍協会 1932.12 4,464p 23cm

◇久留米市誌 上編(久留米市役所編) 1932.12 800p 22cm

◇久留米市誌 下編(久留米市役所編) 1932.12 672p 22cm

◇尾道市(吉田初三郎著) 尾道市 1933 1枚 20×78cm

◇久留米市誌 中編(久留米市役所編) 1933.1 4,968p 22cm

◇久留米市誌 別冊(久留米市役所編) 1933.1 65p 23cm

◇高松市史(高松市編) 1933.1 24,680p 23cm

◇西尾町史 上巻(青山善太郎著) 西尾町役場 1933.1 631p 23cm

◇公爵山県有朋伝 上巻(徳富猪一郎編) 山県有朋公記念事業会 1933.2 1226p 23cm

◇公爵山県有朋伝 中巻(徳富猪一郎編) 山県有朋公記念事業会 1933.2 25,4,1136p 23cm

◇公爵山県有朋伝 下巻(徳富猪一郎編) 山県有朋公記念事業会 1933.2 1230,82p 23cm

◇たいほく(台北市役所編) 1933.2 1冊 12×19cm

◇東都名勝図会 1933.2 1冊 37cm

◇八王子(八王子市役所編) 1933.2 8,268p 22cm

◇石川県史 第5編(石川県編) 1933.3 16,1230p 23cm

◇雄勝の全貌(野川賢祐編,高橋正喜編,栗林恒助編) 雄勝文化協会 1933.3 488p 20cm

◇川崎及附近の歴史:附 史蹟と史料(石野瑛著) 武相考古会

1933.3 32p 19cm

◇木戸孝允日記 第2(妻木忠太編) 日本史籍協会 1933.3 504p 23cm

◇郡山案内［昭和8年刊］(郡山市役所編) 1933.3 62p 19cm

◇静岡県史蹟名勝天然紀念物調査報告 第9輯(静岡県編) 1933.3 164p 27cm

◇大東京市域全図：縮尺 二万五千分ノ一(内山模型製図社出版部編著) 内山模型製図社 1933.3 図4枚 29cm

◇高田町史(高田町(東京市)教育会編) 1933.3 241p 23cm

◇朝鮮の聚落 前篇(朝鮮総督府編) 1933.3 15,944p 23cm 調査資料

◇朝鮮の聚落 中篇(朝鮮総督府編) 1933.3 10,594p 23cm 調査資料

◇長岡大観(長岡市役所編) 1933.3 1冊 20cm

◇福岡県史資料 第2輯(福岡県編) 1933.3 804p 23cm

◇武蔵野から大東京へ(白石実三著) 中央公論社 1933.3 412p 19cm

◇明治大正大阪市史 第5巻 論文編(大阪市編) 日本評論社 1933.3 1,2,786p 22cm

◇門司市史(門司市編) 1933.3 12,932p 23cm

◇山口県史蹟名勝天然紀念物の概要(山口県編) 1933.3 80p 22cm

◇横浜市史稿 索引(横浜市編) 1933.3 1冊 23cm

◇上方趣味 新京極変遷志 上(石井琴水著) 上方趣味社 1933.4 38p 18cm

◇郷土研究 概観大名古屋(名古屋市教育会編) 1933.4 929p 23cm

◇埼玉県史蹟名勝天然紀念物調査報告：自治資料 第5輯(埼玉県編) 1933.4 205p 23cm

◇聚落地理学(綿貫勇彦著) 中興館 1933.4 254p 23cm

◇大塚地理学会論文集 第1輯(大塚地理学会編) 古今書院 1933.5 1冊 23cm

◇京名所案内記(京都市庶務部観光課編) 1933.5 7,166p 18cm

◇小里頼永翁伝(渡辺善房編) 小里頼永翁伝刊行会 1933.5 78p 19cm

◇田中太郎(田中清著) 1933.5 5,268p 23cm

◇東京府史 府会篇 第6巻(東京府編) 1933.5 820p 23cm

◇東京府史 府会篇 第7巻(東京府編) 1933.5 1028p 23cm

◇東京府史 府会篇 第8巻(東京府編) 1933.5 936p 23cm

◇明治大正大阪市史 第7巻 史料篇(大阪市編) 日本評論社 1933.5 1冊 22cm

◇蒲田町史(蒲田町史編纂会編) 1933.6 432p 20cm

◇木戸孝允日記 第3(妻木忠太編) 日本史籍協会 1933.6 580p 23cm

◇滝野川町誌：町制20周年記念・東京市併合記念(滝野川町誌刊行編) 1933.6 827p 23cm

◇堺市(堺市役所編) 1933.7 1枚 20cm

◇中新井村誌：市郡合併紀念(中新井村編) 1933.7 163p 20cm

◇平壌小誌(平壌府編) 1933.7 1冊 19cm

◇平壌小誌(平壌府立博物館編) 1933.7 58,51p 19cm

◇別府市誌(別府市教育会編) 1933.8 1冊 23cm

◇浅草区史 街衢編 上 謄写版([東京市]浅草区史編纂委員会編) 1933.9 262p 23cm

◇浅草区史 街衢編 下 謄写版([東京市]浅草区史編纂委員会編) 1933.9 301p 23cm

◇浅草区史 災害編 謄写版([東京市]浅草区史編纂委員会編) 1933.9 242p 23cm

◇大東京案内(東京市設案内所編) 1933.9 82p 19cm

◇金沢市史 政治編 第1(金沢市編) 1933.10 1冊 23cm

◇仁川府史(仁川府編) 1933.10 1冊 23cm

◇鎮南浦(明石淳著) 鎮南浦通信社 1933.10 66p 22cm

◇七十七年の回顧(関直彦著) 三省堂 1933.10 3,8,347p 20cm

◇北雷田尻先生伝 上巻(田尻先生伝記及遺稿編纂会編) 1933.10 38,760p 23cm

◇北雷田尻先生伝 下巻(田尻先生伝記及遺稿編纂会編) 1933.10 13,766p 23cm

◇松本市史 上巻(松本市編) 1933.10 1冊 23cm+図3枚

◇松本市史 下巻(松本市編) 1933.10 19,1030p 22cm+図1枚

◇江木千之翁経歴談 上巻(江木千之翁経歴刊行会編) 1933.11 17,610p 23cm

◇江木千之翁経歴談 下巻(江木千之翁経歴刊行会編) 1933.11 13,676p 23cm

◇岳南史 第4巻(鈴木覚馬編) 岳南史刊行会 1933.11 27,1346p 23cm

◇埼玉県史 第3巻 鎌倉時代(埼玉県編) 1933.11 10,456p 22cm

◇大塚地理学会論文集 第2輯 上(大塚地理学会編) 古今書院 1933.12 405p 23cm

◇鹿足郡誌(山陰朝日新聞編) 1933.12 466p 23cm

◇高知県誌(永瀬潔編) 高知県誌刊行会 1933.12 9,818,42p 23cm

◇神戸みなとの祭(神戸市民祭協会編) 1933.12 126p 19×27cm

◇渋沢栄一翁(白石喜太郎著) 刀江書院 1933.12 990p 23cm

◇中野町誌(加藤盛慶著) 武蔵郷土史料学会 1934.1 10,546p 23cm

◇季刊明治文化研究 第1輯(明治文化研究会編) 書物展望社 1934.2 231p 23cm

◇慶州郡(朝鮮総督府編) 1934.2 24,562p 23cm 調査資料

◇新聞薈叢(明治文化研究会編) 岩波書店 1934.2 461p 23cm

◇明治大正大阪市史 第6巻 法令篇(大阪市編) 日本評論社 1934.2 4,30,1018p 22cm

◇大塚地理学会論文集 第2輯下(大塚地理学会編) 古今書院 1934.3 262p 23cm

◇京城府史 第1巻(京城府編) 1934.3 10,791p 23cm

◇高橋是清翁八十年史(立憲政友会本部編) 1934.3 10,660p 23cm

◇四谷区史(四谷区役所編) 1934.3 737p 22cm+図4枚

◇尾道案内(尾道市役所編) 1934.4 48p 15cm

◇佐世保の今昔(佐世保市編) 1934.4 360p 22cm

◇大東京町名沿革 巻2(東京市監査局都市計画課編) 1934.4 10,110p 22cm

◇大東京町名沿革 巻3(東京市監査局都市計画課編) 1934.4 14,204p 22cm

◇西尾町史 下巻(青山善太郎著) 西尾町役場 1934.4 17,806,32p 23cm

◇明治大正大阪市史 第1巻 概説篇(大阪市編) 日本評論社 1934.4 2,18,978p 22cm

◇明治文化研究論叢(明治文化研究会編) 一元社 1934.4 3,348p 23cm

◇維新史の方法論(服部之総著) 白揚社 1934.5 2,222p 23cm

◇大曲町郷土史(大曲町編) 1934.5 236,56p 23cm

◇季刊明治文化研究 第2輯(明治文化研究会編) 書物展望社 1934.5 295p 23cm

◇東京府史 府会篇 第9巻(東京府編) 1934.5 1078p 23cm

◇東京府史 府会篇 第10巻(東京府編) 1934.5 1162p 23cm

歴史・伝記・地理　　都市問題・地方自治　調査研究文献要覧

◇新潟市史　上巻（新潟市編）　1934.5 1冊 22cm

◇福岡県史資料　第3輯（福岡県編）　1934.5 815p 23cm

◇明治大正大阪市史　第4巻 経済篇 下（大阪市編）　日本評論社　1934.5 14,966p 22cm

◇岡崎市史　別巻　徳川家康と其周囲　上巻（柴田顕正著）　岡崎市　1934.6 8,6,706p 23cm

◇大東京繁昌記（報知新聞社経済部編）　成美堂書店　1934.6 13, 252p 19cm

◇山口県史　上巻（大橋良造編）　山口県史編纂所　1934.6 17,839p 27cm

◇山口県史　下巻（大橋良造編）　山口県史編纂所　1934.6 16,577, 107p 27cm

◇川崎の今昔（昭和9年6月30日ラヂオ放送）（中屋重治述）　川崎市　1934.7 23p 19cm

◇明治文化叢説（尾佐竹猛著）　学芸社　1934.7 4,530p 20cm

◇大塚地理学会論文集　第3輯（大塚地理学会編）　古今書院　1934.8 296p 23cm

◇岡崎市史　別巻　徳川家康と其周囲　中巻（柴田顕正著）　岡崎市　1934.8 6,672p 23cm

◇静岡県誌（中谷進一郎編）　静岡県誌編纂所支所　1934.8 244,374p 23cm

◇大東京発展史　昭和編（現代通信社編, 大東京発達史編纂局編, 中外毎日新聞社編）　1934.9 412p 26cm

◇季刊明治文化研究　第3輯（明治文化研究会編）　書物展望社　1934.10 196p 23cm

◇宮崎県五十年史（松尾宇一郎編）　宮崎県五十年史編纂会　1934.10 14,410p 23cm

◇歴代内相の面影（水野錬太郎著）　1934.10 [20]p 23cm　「中央公論」第49年第10号

◇岡崎市（岡崎市役所編）　1934.11 52p 17cm

◇観光の福岡市（小山吉三著）　福岡市　1934.11 1枚 17×45cm

◇桐生市略史（桐生市役所編）　1934.11 116p 23cm

◇鞍手郡誌：福岡県（鞍手郡教育会編）　1934.11 61,1620p 23cm

◇郡山案内　［昭和9年刊］（郡山市役所編）　1934.11 61p 19cm

◇松岡康毅先生伝（大山卯次郎著）　1934.11 19,515p 23cm

◇鷹山公偉蹟録（甘糟継成編）　鷹山公偉蹟刊行会　1934.11 44, 1096p 23cm

◇季刊明治文化研究　第4輯（明治文化研究会編）　書物展望社　1934.12 188p 23cm

◇神戸観光の栞（神戸市観光課編）　1934.12 88p 19cm

◇埼玉県史　第4巻 関東管領時代（埼玉県編）　1934.12 10,522p 22cm

◇新潟市史　下巻（新潟市編）　1934.12 1冊 22cm

◇明治大正大阪市史　第3巻 経済篇 中（大阪市編）　日本評論社　1934.12 21,1232p 22cm

◇岡崎市史　別巻　徳川家康と其周囲　下巻（柴田顕正著）　岡崎市　1935.1 4,734p 23cm

◇東京府史　行政篇 第1巻（東京府編）　1935.1 1170p 23cm

◇長崎市史　通交貿易編 西洋諸国部（長崎市編）　1935.1 7,669,453p 22cm

◇湯島1丁目と附近の今昔誌（小野桂編）　湯島1丁目町会　1935.1 1冊 23cm

◇尼崎志　第3編（尼崎市役所編）　1935.2 258,198p 23cm

◇浜町史（脇田久勝著）　日本橋浜町1丁目町会　1935.2 207p 22cm

◇小石川区史（小石川区編）　1935.3 16,14,993p 23cm

◇麹町区史（東京市麹町区役所編）　1935.3 1303,51p 23cm

◇下谷区史（東京市下谷区役所編）　1935.3 1314p 23cm

◇朝鮮の聚落　後篇（朝鮮総督府編）　1935.3 9,994p 23cm　調査資料

◇風害を被った京都の風致（京都府土木部編）　1935.3 1冊 25cm

◇福岡県史資料　第4輯（福岡県編）　1935.3 1,4,816p 23cm

◇福沢諭吉（石河幹明著）　岩波書店　1935.3 4,4,500p 19cm

◇明治大正大阪市史　第2巻 経済篇 上（大阪市編）　日本評論社　1935.3 1,16,1113p 22cm

◇明治大正大阪市史　第8巻 総目次 年表・索引（大阪市編）　日本評論社　1935.3 1,444p 22cm

◇朝露の覚（池田遵養軒著）　池田 宏　1935.4 172p 22cm

◇大阪市域編入十周年記念住吉区略誌（大阪市住吉区役所編）　1935.4 94p 22cm

◇鹿児島市（吉田初三郎著）　鹿児島市　1935.4 1枚 20×77cm

◇東京（写真帖）（東京市役所編）　1935.4 1冊 31×45cm

◇本庄町誌（本庄商工会編）　1935.4 277p 22cm

◇明治維新の全貌（早稲田大学講演部編）　早稲田大学出版部　1935.4 434p 22cm

◇故関市長を偲ぶ（大阪市教育会編）　1935.5 134p 19cm

◇東京府史蹟名勝天然紀念物調査報告　第12冊 名勝堀切小高園の花菖蒲（東京府編）　1935.5 1冊 26cm

◇福岡県史資料　第5輯（福岡県編）　1935.5 1,6,798p 23cm

◇明治初期文化史（清原貞雄著）　賢文館　1935.5 7,389p 23cm

◇明治文化研究　第5輯（明治文化研究会編）　学而書院　1935.5 263p 23cm

◇岳南史　第5巻（鈴木覚馬編）　岳南史刊行会　1935.8 26,1370p 23cm

◇聚落形態論（綿貫勇彦著）　古今書院　1935.8 225p 23cm

◇横浜吉田新田図絵（吉田勘兵衛家）　吉田家　1935.8 1冊 16×23cm

◇愛知県史　第1巻（愛知県編）　1935.9 6,6,692p 23cm

◇神田文化史（中村薫著）　秀峰閣　1935.9 1冊 23cm

◇三条実万公・三条実美公（徳富猪一郎述）　梨木神社鎮座五十年記念祭奉賛会　1935.9 324p 22cm

◇大連市政二十年史（大連市編）　1935.9 217,36p 23cm

◇風土：人間学的考察（和辻哲郎著）　岩波書店　1935.9 407p 23cm

◇旅順（旅順市役所編）　1935.9 92p 19cm

◇会津若松市（若松市役所編）　1935.10 1枚 18×46cm

◇磯村翁回顧録（岩田春之助著）　二豊社　1935.10 414p 19cm

◇長浜案内（下郷共済会編）　1935.10 170p 19cm

◇延岡市（延岡市役所編）　1935.10 1枚 15×50cm

◇肥後川尻町史（熊本県飽託郡川尻町役場編）　1935.10 1034p 23cm

◇都城史概要（前田厚編）　都城市役所　1935.11 75p 23cm

◇明治文化研究　第6輯（明治文化研究会編）　学而書院　1935.11 194p 23cm

◇伊那史概要（市村咸人著）　信濃郷土出版社　1935.12 399p 19cm

◇大塚地理学会論文集　第5輯（大塚地理学会編）　古今書院　1935.12 3,334p 23cm

◇神田（武蔵野会編）　1935.12 283p 23cm　武蔵野叢書

◇東京府史　行政篇 第2巻（東京府編）　1935.12 929p 23cm

◇東京府史　行政篇 第3巻（東京府編）　1935.12 846p 23cm

◇函館市誌（函館日日新聞社編）　1935.12 1192p 23cm

◇釧路郷土史考（釧路市［編］）　釧路市　1936.1 6,8,403p 23cm

◇地名の研究（柳田国男著）　古今書院　1936.1 1冊 20cm

◇懐旧九十年(石黒忠悳著)　1936.2 14,460,40p 23cm
◇岡山市史　第1巻(岡山市役所編)　1936.3 984p 23cm
◇岡山市史　第2巻(岡山市役所編)　1936.3 [950]p 23cm
◇京城府史　第2巻(京城府編)　1936.3 11,1121p 23cm
◇埼玉県史　第5巻 江戸時代前期(埼玉県編)　1936.3 10,538p 22cm
◇集註 小田原衆所領役帳(東京市役所編)　1936.3 452p 20cm　東京市史外篇
◇富山市(吉田初三郎著)　富山市　1936.3 1枚　20×75cm
◇明治史総覧　第1巻(蘇武緑郎著)　明治史刊行会　1936.3 1冊 23cm
◇八幡市史(八幡市役所編)　1936.3 690p 23cm
◇京都史話(魚澄惣五郎著)　章華社　1936.4 2,8,300p 23cm
◇遊覧の富山(日満産業大博覧会事務局編)　1936.4 56p 15cm
◇芝・上野徳川家霊廟(芝公園改良期成会編)　1936.5 16p 22cm
◇富山県政史　第1巻(富山県編)　1936.5 7,821p 23cm
◇福岡県史資料　第6輯(福岡県編)　1936.5 1,4,816p 23cm
◇郡山案内 [昭和11年刊](郡山市役所編)　1936.6 53p 20cm
◇増訂明治事物起原(石井研堂著)　春陽堂書店　1936.7 7,86,842p 22cm
◇山都年中行事(福田夕咲著)　飛騨考古土俗学会　1936.8 90p 19cm
◇京城の沿革(岡田貢著)　1936.9 2,42p 19cm
◇大連市史(大連市役所編)　1936.9 870p 23cm
◇東京府史 行政篇　第4巻(東京府編)　1936.9 810p 23cm
◇歴史叙述の理論及歴史(クロオチェ著,羽仁五郎訳)　岩波書店　1936.9 5,421p 23cm
◇大東京史蹟名勝地誌(地人社編)　1936.10 494p 23cm+図4枚
◇山梨県勢総覧　上編(沢登幸寿編)　山梨県史誌刊行会　1936.10 1冊 23cm
◇山梨県勢総覧　下編(沢登幸寿編)　山梨県史誌刊行会　1936.10 1冊 23cm
◇横浜旧吉田新田の研究(石野瑛著)　武相考古会　1936.10 248p 22cm　武相叢書史料
◇荒川区史(荒川区役所編)　1936.11 742p 23cm
◇鹿児島城下下荒田郷土史(染川亭著)　鹿児島市八幡尋常小学校創立六十周年記念会　1936.11 318p 22cm
◇観光の名古屋とその附近(名古屋汎太平洋平和博覧会編)　1936.11 67p 19cm
◇関東州の栞(関東州庁編)　1936.11 2,97p 24cm
◇九戸郡誌(岩手県教育会九戸郡部会編)　1936.11 18,616p 23cm
◇飛騨之高山(高山市役所編)　1936.11 58p 16cm
◇小樽(吉田初三郎著)　小樽市　1936.12 1枚　20×76cm
◇葛飾区史(葛飾区役所編)　1936.12 647p 23cm
◇京城史話(岡田貢述,京城公立小学校教員会編)　日韓書房　1936.12 4,115p 23cm
◇静岡県史　第3巻(静岡県編)　1936.12 36,1112p 23cm
◇綜合郷土研究(山梨県師範学校編,山梨県女子師範学校編)　山梨県　1936.12 1122p 27cm
◇富山市史(富山市役所編)　1936.12 415,39,250p 23cm
◇富山市:附録 正甫竜沢二公及利寛公子伝・史料・年表(富山市役所編)　1936.12 226,288,64p 23cm
◇明治史総覧　第2巻(蘇武緑郎著)　明治史刊行会　1936.12 1冊 23cm
◇台湾府誌 自巻之1至巻之11(台湾総督府編)　1937 1冊 27cm
◇台湾府誌 自巻之12至巻之24(台湾総督府編)　1937 1冊 27cm

◇史伝小説 後藤新平(鶴見祐輔著)　1937.1 1冊 22cm　「日本評論」昭和10年10月-昭和11年4月
◇東京府史 行政篇　第5巻(東京府編)　1937.1 1039p 23cm
◇日本政治経済文化大年表(馬場恒吾編,大森義太郎編,有沢広巳編)　1937.1 1枚 26cm　「中央公論」昭和12年 新年号附録
◇沼津市誌(沼津市郷土研究会編)　蘭契社書店　1937.1 488p 23cm
◇奈良市史(奈良市役所編)　1937.2 559p 19cm
◇本郷区史(本郷区役所編)　1937.2 1373p 22cm
◇岡谷市(岡谷市役所編)　1937.3 1枚　18×73cm
◇岡山市史　第3巻(岡山市役所編)　1937.3 [700]p 23cm
◇京橋区史　上巻(東京市京橋区役所)　1937.3 1258p 23cm+図2枚
◇桐生市制十五年誌 前編(桐生市役所編)　1937.3 2,22,717p 23cm
◇神戸市史　第2輯 本編 総説 各説(神戸市編)　1937.3 1冊 23cm
◇神戸市史　第2輯 別録(神戸市編)　1937.3 28,794p 23cm
◇国際港清津(清津観光協会編)　1937.3 1枚　17×44cm
◇下谷区史:附録 大正震災志(東京市下谷区役所編)　1937.3 220p 23cm
◇新修日本橋区史　上巻(日本橋区編)　1937.3 1冊 22cm
◇新修日本橋区史 附録 寛保沽券図 御府内住還其外沿革図書 日本橋之部(日本橋区編)　1937.3 16枚,36p 23cm
◇長尾半平伝　3版(石井満著)　教文館　1937.3 4,6,395p 20cm
◇後藤新平　第1巻(鶴見祐輔編)　後藤新平伯伝記編纂会　1937.4 9,15,919p 23cm
◇福島県大観 昭和12年度版(福島県師範学校編)　1937.4 278p 19cm
◇大分市誌(伊藤正男編)　全国市町村誌刊行会　1937.5 18,758p 23cm
◇桐生市制十五年誌 後編(桐生市役所編)　1937.5 16,[1068]p 23cm
◇東京府史 行政篇　第6巻(東京府編)　1937.5 1298p 23cm
◇福岡県史資料　第7輯(福岡県編)　1937.5 1,4,811p 23cm
◇福岡県史資料　第8輯(福岡県編)　1937.5 1,4,803p 23cm
◇新京 昭和12年度版(南満洲鉄道株式会社鉄道総局編)　1937.6 12p 18cm
◇哈爾浜(南満洲鉄道株式会社鉄道総局編)　1937.6 16p 19cm
◇安東 昭和12年度版(南満洲鉄道株式会社鉄道総局編)　1937.7 13p 18cm
◇神戸市史　第2輯 附図 資料 年表 書目 索引 編纂顛末(神戸市編)　1937.7 1冊 23cm
◇後藤新平　第2巻(鶴見祐輔編)　後藤新平伯伝記編纂会　1937.7 16,1060p 23cm
◇島尻郡誌(島尻郡教育部会編)　1937.7 664p 23cm
◇続京城史話(岡田貢述,京城公立小学校教員会編)　日韓書房　1937.8 4,116p 23cm
◇富山県政史　第2巻(富山県編)　1937.8 12,1002p 23cm
◇後藤新平　第3巻(鶴見祐輔編)　後藤新平伯伝記編纂会　1937.10 19,965p 23cm
◇新修日本橋区史　下巻(日本橋区編)　1937.10 1冊 22cm
◇新修日本橋区史:附録 日本橋区土地台帳(日本橋区編)　1937.10 4,230p 23cm
◇新撰 北海道史 概況(北海道庁編)　1937.11 10,227,13p 23cm
◇中川村史 [改訂第2版]([埼玉県秩父郡中川尋常高等小学校編])　[埼玉県秩父郡中川尋常高等小学校]　1937.11 207p 22cm
◇日本の過去現在及び将来(穂積重遠著)　岩波書店　1937.11 3,308p 19cm
◇日本文化最近二十年誌(啓明会編)　1937.11 544p,34p 22cm

- ◇本巣郡志（岐阜県）上巻（岐阜県本巣郡教育会編） 1937.11 19,911p 23cm
- ◇本巣郡志（岐阜県）下巻（岐阜県本巣郡教育会編） 1937.11 16,1042p 23cm
- ◇楽翁公伝（渋沢栄一著） 岩波書店 1937.11 430p 23cm
- 邑智郡誌：島根県（森脇太一編） 1937.12 1484,112,60p 23cm
- ◇北蒲原郡史 第3巻（蓮池文庫編） 1937.12 14,7,688p 23cm
- ◇国史の研究 総説 更訂（黒板勝美著） 岩波書店 1937.12 11,500p 23cm
- ◇互尊翁（日本互尊社編） 1937.12 12,608,29p 22cm
- ◇新宮市誌（新宮市役所編） 1937.12 30,1267p 23cm
- ◇若松市史［第1集］（福岡県若松市役所編） 1937.12 24,775,702p 23cm+図1枚
- ◇モッセ関係史料 謄写版 1938 9p 28cm
- ◇南宇和郡史（長山源雄著，南宇和郡町村長会編） 各種団体事務所 1938.1 522p 23cm
- ◇岡山市史 第4巻（岡山市役所編） 1938.2［734］p 23cm
- ◇郷土史研究の手引（田村栄太郎著） 白揚社 1938.2 8,428p 22cm
- ◇愛知県史 第2巻（愛知県編） 1938.3 1,8,900p 23cm+図2枚
- ◇石川県史 第1編（石川県編） 1938.3 20,1081p 23cm
- ◇岡山市史 第5巻（岡山市役所編） 1938.3［518］p 23cm
- ◇芝区誌（芝区役所編） 1938.3 9,1774,39p 23cm
- ◇東京府史蹟名勝天然紀念物調査報告書 第14輯 東京府下に於ける石器時代住居阯（東京府編） 1938.3 1冊 26cm
- ◇保土ヶ谷区郷土史 上巻（保土ヶ谷郷土史刊行委員部編） 1938.3 13,1097p 22cm
- ◇保土ヶ谷区郷土史 下巻（保土ヶ谷郷土史刊行委員部編） 1938.3 6,918p 22cm
- ◇明治史総覧 第3巻（蘇武緑郎著） 明治史刊行会 1938.3 1冊 23cm
- ◇川崎市史 産業編 徳川時代（川崎市役所編） 1938.4 4,854p 23cm
- ◇桑名市（吉田初三郎著） 桑名市 1938.4 1枚 18×52cm
- ◇日本移民の新天地 躍進三江省：佳木斯市（水島芳静著） 東亜出版社 1938.4 6,222,25p 18cm
- ◇半島の近影 昭和13年版（朝鮮総督府鉄道局編） 1938.4 58p 27cm
- 岐阜県管内地図（岐阜県編） 1938.5 1枚 80×75cm
- ◇関口隆吉伝（関口隆正著） 何陋軒書屋 1938.5 156p 24cm
- ◇奉天 昭和13年版（南満洲鉄道株式会社鉄道総局編） 1938.5 12p 18cm
- ◇京城・仁川・水原・開城 昭和13年版（朝鮮総督府鉄道局編） 1938.6 16p 19cm
- ◇半田市（吉田初三郎著） 半田市 1938.6 1枚 16×51cm
- ◇福岡県史資料 第9輯（福岡県編） 1938.6 1,5,817p 23cm
- ◇後藤新平 第4巻（鶴見祐輔編著） 後藤新平伯伝記編纂会 1938.7 934,74,67p 23cm
- ◇後藤新平 第4巻（鶴見祐輔編） 後藤新平伯伝記編纂会 1938.7 20,934,66p 23cm
- ◇町村誌編纂の栞（石川県図書館協会編） 1938.7 9,113,4p 22cm
- ◇東置賜郡史 上巻（東置賜郡教育会編） 1938.7 148p 27cm
- ◇高知（高知商工会議所編） 1938.8 13,68,105p 19cm
- ◇台北（台北市役所編） 1938.8 1枚 17×43cm
- ◇半田市（榊原真一著） 衣浦新報社 1938.8 62p 19cm
- ◇南伊那農村誌（竹内利美著，長田尚夫著，井上正文著） 山村書院 1938.8 324p 19cm 伊那郷土文庫
- ◇京城の観光地（京城府編） 1938.9 2,8p 23cm
- ◇郷土概観：自治制発布五十周年記念刊行 昭和13年（東京府編） 1938.10 19p 22cm
- ◇後藤新平伯伝記編纂会報告（後藤新平伯伝記編纂会編） 1938.10 25p 22cm
- ◇市町村概観：自治制発布五十周年記念刊行 昭和13年（東京府編） 1938.10 7,1036p 23cm+図1枚
- ◇馬城大井憲太郎伝（平野義太郎著） 大井馬城伝編纂部 1938.10 476p 23cm
- ◇遊覧の富山（富山市役所編） 1938.10 52p 16cm
- ◇小河内貯水池郷土小誌（東京市役所編） 1938.11 5,274p 22cm
- ◇国史の研究 各説上 更訂（黒板勝美著） 岩波書店 1938.11 19,530p 23cm
- ◇国史の研究 各説下 更訂（黒板勝美著） 岩波書店 1938.11 27,584p 23cm
- ◇風土日本の研究基準（小田内通敏著） 叢文閣 1938.11 15,476,14p 23cm
- ◇犬養木堂伝 上巻（鷲尾義直編） 東洋経済新報社 1938.12 38,4,872p 23cm
- ◇岡山市史 第6巻（岡山市役所編） 1938.12［1048］p 23cm
- ◇開道七十年記念座談会講演会速記録（北海道庁編） 1938.12 85p 21cm
- ◇国史研究年表 更訂（黒板勝美編） 岩波書店 1938.12 13,279,63p 23cm
- ◇湖底のふるさと小河内村報告書（小河内村役場編） 1938.12 4,301p 23cm
- ◇名古屋市政年史 自明治元年至明治13年（市政研究社編） 1938.12 119p 19cm 市政年鑑 第2附録
- ◇都市としての江戸（復興局計画課編） 1939 33p 22cm
- ◇富山県政史 第7巻（富山県編） 1939.1 15,799p 23cm
- ◇大森区史（大森区役所編） 1939.2 15,1161p 23cm
- ◇川崎市史 通史編（川崎市役所編） 1939.2 974p 22cm
- ◇愛知県史 第3巻（愛知県編） 1939.3 2,7,676p 23cm
- ◇石川県史 第2編（石川県編） 1939.3 9,1278p 23cm
- ◇尾道市史 上巻（尾道市役所編） 1939.3 14,856p 23cm
- ◇観光の熊本（熊本市観光課編） 1939.3 28p 19cm
- ◇堺市制施行五十年誌（堺市役所編） 1939.3 109p 19cm
- ◇天下祭（東京市役所編） 1939.3 3,258p 19cm 東京市史稿外篇
- ◇福岡市市制施行五十年史（福岡市役所編） 1939.3 338p 23cm
- ◇山田郡誌（山田郡教育会編） 1939.3 31,1690p 23cm
- ◇米子自治史（米子市役所編） 1939.3 20,1106p 22cm
- ◇池田町史 第1巻 風物誌（池田町役場編） 1939.4 455p 23cm
- ◇犬養木堂伝 中巻（鷲尾義直編） 東洋経済新報社 1939.4 1010p 23cm
- ◇鹿児島県史 第1巻（鹿児島県編） 1939.4 3,3,865p 22cm
- ◇「静岡市」市政五十年（静岡市役所編） 1939.4 23p 19cm
- ◇大邱（大邱商工会議所編） 1939.4 12p 20cm
- ◇花連港庁案内（花連港庁編） 1939.5 1枚 19cm
- ◇人間・郷誠之助（野田礼史著） 今日の問題社 1939.5 3,12,376p 19cm
- ◇略解開封史話 謄写版（大迫富士雄著） 1939.5 40p 26cm
- ◇犬養木堂伝 下巻（鷲尾義直編） 東洋経済新報社 1939.6 944p 23cm
- ◇福岡県史資料 第10輯（福岡県編） 1939.6 788p 23cm

◇大東京案内(東京市観光課編) 1939.7 96p 19cm
◇和歌山史要 増補3版(和歌山市役所編) 1939.7 428p 23cm
◇東京府市区町村便覧(東京地方改良組合編) 1939.8 6,167p 23cm
◇東置賜郡史 下巻(東置賜郡教育会編) 1939.10 21,648p 27cm
◇宮城外苑沿革(東京市編) 1939.11 2,23p 22cm
◇綜合郷土研究(香川県師範学校編,香川県女子師範学校編) 1939.11 882p 27cm
◇台東庁案内(台東庁編) 1939.11 20p 19cm
◇日清戦争前後(松下芳男著) 白揚社 1939.11 8,313p 23cm 近代日本歴史講座
◇東区史 第5巻 人物篇(大阪市東区役所編) 1939.12 28,930p 23cm
◇日立市沿革誌:市制施行記念(吉田軍蔵著) 日立市 1939.12 204p 20cm
◇藤山雷太伝(星野小次郎著) 万里閣 1939.12 5,330p 19cm
◇満洲都城市沿革考(南満洲鉄道株式会社総裁室弘報課編) 1939.12 4,357p 22cm
◇紀元二千六百年東京市奉祝会 11月12日(東京市役所編) 1940 104p 19cm
◇青島(青島特別市公署編) 1940 16p 19cm
◇東西洋暦対照表 謄写版(東亜研究所編) 1940 25p 26cm
◇物故功労者略伝:水道条例発布五十周年記念 物故功労者慰霊祭頒布(水道協会編) 1940 28p 23cm
◇愛知県史 第4巻(愛知県編) 1940.1 1236p 23cm
◇尾道市史 下巻(尾道市役所編) 1940.3 812p 23cm
◇史蹟名勝天然紀念物一覧 国宝重要美術品社寺所蔵分一覧(東京府編) 1940.3 38p 22cm
◇史蹟名勝天然紀念物概観(東京市公園課編) 1940.3 9,208p 19cm
◇史蹟名勝天然紀念物法規 国宝並重要美術品保存法規(東京府編) 1940.3 2,45p 22cm
◇支那近代百年史 上巻(佐野袈裟美著) 白揚社 1940.3 13,519p 23cm
◇支那近代百年史 下巻(佐野袈裟美著) 白揚社 1940.3 14,565p 23cm
◇支那民俗誌 第1巻(永尾竜造著) 支那民俗誌刊行会 1940.3 18,672p,31p 23cm
◇鳥瞰の天津(天津居留民団編,天津日本商工会議所編) 1940.3 1枚 21cm
◇観光越後と佐渡(新潟県観光協会聯合会編) 1940.4 1枚 53×87cm
◇史蹟と産業の岡崎(岡崎市役所編) 1940.4 10p 14×20cm
◇福岡市(福岡市役所編) 1940.4 22p 19cm
◇尾道市史 中巻(尾道市役所編) 1940.5 851p 23cm
◇角田村史:開村五十年記念出版(北海道夕張郡角田村役場編) 1940.5 5,330p 22cm
◇紀元二千六百年紀元節ノ詔書衍義(中央教化団体聯合会編) 1940.5 17,37p 19cm
◇三条市観光案内(三条市役所産業課編) 1940.5 24p 19cm
◇東京の四季:年中行事と近郊の行楽地(東京市役所編) 1940.5 2,49p 18cm
◇皇室と京都(京都市史編纂事務局編) 1940.6 46p 22cm 京都市史講演集
◇東京史話(鷹見安二郎編) 市政人社 1940.6 6,323p 19cm
◇鹿児島県史 第2巻(鹿児島県編) 1940.7 3,2,946p 22cm
◇大正政変前後(京口元吉著) 白揚社 1940.7 14,367p 23cm 近代日本歴史講座
◇月島発展史:皇紀二千六百年記念(京橋月島新聞社編) 1940.7 269,197,74p 22cm
◇満洲国民屋地理(島之夫著) 古今書院 1940.7 4,183p 22cm
◇中頸城郡誌 第1巻(新潟県中頸城郡教育会編) 1940.9 6,789p 23cm
◇中頸城郡誌 第2巻(新潟県中頸城郡教育会編) 1940.9 13,840p 23cm
◇本郷湯島神社境内の奇縁氷人石(鷹見安二郎著) 1940.9 10p 22cm 「史蹟名勝天然紀念物」第14集第5号別刷
◇若山儀一全集 上巻(若山儀一著,大山敷太郎編) 東洋経済新報社 1940.9 30,901p 23cm
◇若山儀一全集 下巻(若山儀一著,大山敷太郎編) 東洋経済新報社 1940.9 881,37p 23cm
◇北秋田郡小史(北秋田郡教育会編) 1940.10 49p 22cm
◇支那地理大系 自然環境篇(渡辺光編著) 日本評論社 1940.10 9,489p 23cm
◇砂川町史([北海道空知郡]砂川町史編纂委員会編) 1940.10 8,158p 22cm
◇滝川町史(滝川町史編纂委員会編) 1940.10 10,240p 23cm
◇伝説の日向と宮崎名所(日高重孝著) 宮崎市観光課 1940.10 66p 18cm
◇東区史 第2巻 行政篇(大阪市東区役所編) 1940.10 15,1317,2p 23cm
◇上海史(エフ・エル・ホークス・ポット編,土方定一訳,橋本八男訳) 生活社 1940.11 14,476p 19cm
◇新東亜大観:紀元二千六百年記念(東京市役所編) 1940.11 6,235p 23cm
◇東京(東京市政)(東京市役所編) 1940.11 15p 26cm
◇満洲国地方誌(満洲事情案内所編) 1940.11 9,648p 22cm 満洲事情案内所報告
◇石川県史 第3編(石川県編) 1940.12 22,1150p 23cm
◇板柳町郷土史:皇紀二千六百年記念(福士貞蔵著) 青森県板柳町役場 1940.12 464p 23cm
◇大大阪を培うた人々(日本放送協会大阪中央放送局編) 日本放送出版協会 1940.12 2,202p 18cm
◇吉野川上村史(福島宗緒著) 奈良県吉野郡川上村役場 1940.12 14,472,126p 19cm
◇観光の名古屋(名古屋市観光課編) 1941 1枚 38×52cm
◇東京都市計画土地区画整理施行区域内町名沿革調(東京市区画整理局) 1941 188p 22cm
◇姫路(姫路商工会議所編) 1941 1枚 38×35cm
◇姫路城案内 1941 1枚 26×39cm
◇福省南台街市図(陳文鳴編) 1941 1枚 28cm
◇福建省会城市全図(胡東海編) 1941 1冊 29cm
◇東京市小石川区地籍図:区画整理町名地番変更後(内山模型製図社編) 1941.2 1冊 41cm
◇豊島区史(豊島区役所編) 1941.2 39,759p 22cm
◇富山県政史 第4巻 [政党史] [上](富山県編) 1941.2 32,1206p 23cm
◇和歌山藩の荒政(上田藤十郎著) 昭和高等商業学校 1941.2 27p 22cm 昭和高商学報
◇赤坂区史(東京市赤坂区役所編) 1941.3 21,5,1418p 22cm
◇麻布区史(東京市麻布区役所編) 1941.3 22,925p 22cm
◇大阪市区別町名新旧一覧表 昭和16年1月1日現在(中曽根伝治郎編) 公論新聞社 1941.3 32p 20cm
◇京城府史 第3巻(京城府編) 1941.3 4,33,985p 23cm
◇静岡県史料 第5輯(静岡県編) 1941.3 114,1120p 23cm

歴史・伝記・地理　　都市問題・地方自治　調査研究文献要覧

◇支那民俗誌 第2巻（永尾竜造著）　支那民俗誌刊行会　1941.3 40, 20,883p 23cm

◇東京市紀元二千六百年奉祝記念事業志（東京市市民局記念事業部編）　1941.3 6,453p 27cm

◇中頸城郡誌 第3巻（新潟県中頸城郡教育会編）　1941.3 23,1127p 23cm

◇福岡県史資料 続 第1輯 伝記編 1（福岡県編）　1941.3 3,16,740p 23cm

◇丸ノ内今と昔（富山房編）　1941.3 14,170p 23cm

◇加賀こまつ（小松市役所編）　1941.4 66p 19cm

◇大平壌の全貌（平壌商工会議所編）　1941.4 73p 19cm

◇松任町史（中本恕堂編）　1941.4 767p 23cm

◇鉱工都宇部 昭和16年版（宇部時報社編）　1941.5 32p 37×26cm 日刊宇部時報

◇東区史 第4巻 文化篇（大阪市東区役所編）　1941.5 20,1212p 23cm

◇福井市史：稿本：市制五十周年記念 上巻（福井市役所編）　1941.5 8,24,880p 23cm

◇武蔵野（田村剛編, 本田正次編）　科学主義工業社　1941.5 529p 19cm

◇東亜同文書院大学東亜調査報告書 昭和15年度（上海同文書院大学編）　1941.6 2,933p 22cm

◇福井市史：稿本：市制五十周年記念 下巻（福井市役所編）　1941.7 34,1120p 23cm

◇若松市史：福島県 上巻（若松市役所編）　1941.8 24,1023p 22cm

◇鹿児島県史 第3巻（鹿児島県編）　1941.9 2,4,1035p 22cm

◇後藤新平：科学的政治家の生涯（信夫清三郎著）　博文館　1941.9 1冊 19cm

◇中頸城郡誌 第4巻（新潟県中頸城郡教育会編）　1941.9 13,788p 23cm

◇松木幹一郎（松木幹一郎伝記編纂会編）　1941.9 16,551,9p 22cm

◇宮城県郷土史年表：皇紀二千六百年記念 改訂（菊地勝之助著）　仙台郷土研究会出版部　1941.9 16,344,53p 19cm

◇紀元二千六百年 興亜厚生大会写真帖（興亜厚生大会事務局編）　1941.10 1冊 21×29cm

◇世界政治地図（朝日新聞編）　1941.10 1枚 72×105cm 朝日年鑑

◇仏領印度支那研究（逸見重雄著）　日本評論社　1941.10 8,514p 22cm

◇松江市誌（上野富太郎編, 野津静一郎編）　松江市　1941.10 19,1750p 22cm

◇回顧七十年（深井英五著）　岩波書店　1941.11 6,372,14p 23cm

◇上山満之進 上巻（上山君記念事業会編）　1941.12 11,1061,9p 22cm

◇上山満之進 下巻（上山君記念事業会編）　1941.12 11,1101p 22cm

◇故阪谷子爵追悼録（社会教育協会編）　1941.12 64p 19cm 教育パンフレット

◇埼玉振興史：皇紀二千六百年記念出版 郷土篇（埼玉評論社編）　1941.12 10,8,432p 22cm

◇土崎港町史（加藤助吉編）　秋田市　1941.12 6,450p 27cm

◇東区史 第3巻 経済篇（大阪市東区役所編）　1941.12 16,1201p 23cm

◇長野案内（長野観光協会編）　1942 1枚 36×23cm

◇風光の千葉市（千葉市役所編）　1942 1枚 16×44cm

◇福島晩晴翁（不忘会編）　1942.1 423p 21cm

◇福島晩晴翁：附録（不忘編）　1942.1 206p 26cm

◇副会長阪谷芳郎子爵追悼録（斯文会編）　1942.2 58p 21cm 斯文

◇福沢諭吉裸足（富田正文著）　三田文学出版会　1942.2 1冊 19cm

◇京橋区史 下巻（東京市京橋区役所編）　1942.3 1272p 23cm

◇上海（殿木圭一著）　岩波書店　1942.3 6,170,17p 17cm 岩波新書

◇香港（小椋広勝著）　岩波書店　1942.3 6,207p 17cm 岩波新書

◇大津市史 上巻（大津市編）　1942.4 4,14,717p 22cm

◇大津市史 中巻（大津市編）　1942.4 8,999p 22cm

◇大津市史 下巻（大津市編）　1942.4 1冊 22cm

◇日本郷土学（小田内通敏著）　日本評論社　1942.4 5,344p 22cm

◇東区史 第1巻 総説篇（大阪市東区役所編）　1942.4 10,698,17p 23cm

◇東区史 索引（大阪市東区役所編）　1942.5 25p 19cm

◇大大阪と文化：長春庵随想録（伊達俊光著）　金尾文淵堂　1942.6 19,582,23p 22cm

◇支那民俗誌 第6巻（永尾竜造著）　支那民俗誌刊行会　1942.7 49, 12,857p 22cm

◇炭礦聚落（山口弥一郎著）　古今書院　1942.7 4,287p 19cm

◇若松市史：福島県 下巻（若松市役所編）　1942.7 29,904p 22cm

◇同盟時事年表 昭和6-17年（同盟通信社編）　1942.8 1枚 27cm

◇英文精密 印度帝国全図：附・ビルマ全図 梯尺五百万分之一（丸善株式会社編）　1942.10 1枚 106×74cm

◇甲東村（渡辺久雄著）　葛城書店　1942.10 1冊 19cm

◇東海道宿駅と其の本陣の研究：附 中山道宿駅と其の本陣（大熊喜邦著）　丸善　1942.11 15,484p 22cm

◇明治維新 上巻（尾佐竹猛著）　白揚社　1942.11 1冊 22cm 近代日本歴史講座

◇新領土開拓と後藤新平（伊藤金次郎著）　昭和書房　1942.12 4,5,383p 19cm

◇綜合 明治維新史 第1巻（田中惣五郎著）　千倉書房　1942.12 6,344p 22cm

◇世田谷区市郡併合十周年記念史（世田谷区役所編）　1943 4,73p 21cm

◇現代日本文明史 第18巻 世相史（柳田国男著, 大藤時彦著）　東洋経済新報社　1943.1 3,7,386p 23cm

◇南方経営と後藤新平：大衆明治史読本（菊池寛著）　1943.1 10p 23cm 「文芸春秋」第13巻 第1号

◇米子市十五周年史（米子市編）　1943.2 858p 19cm

◇鹿児島県史 第4巻（鹿児島県編）　1943.3 11,4,1101p 23cm

◇鹿児島県史 別巻（鹿児島県編）　1943.3 287,17,9p 22cm

◇御府内沿革図書 第1篇 上（東京市編）　1943.3 10,134p 23cm 東京市史稿

◇御府内沿革図書 第1篇 下（東京市編）　1943.3 [144]p 23cm 東京市史稿

◇御府内沿革図書 第2篇 上（東京市編）　1943.3 8,75p 23cm 東京市史稿

◇御府内沿革図書 第2篇 下（東京市編）　1943.3 [104]p 23cm 東京市史稿

◇御府内沿革図書 第3篇 上（東京市編）　1943.3 11,77p 23cm 東京市史稿

◇御府内沿革図書 第3篇 下（東京市編）　1943.3 [92]p 23cm 東京市史稿

◇花蓮港庁案内 昭和18年版（花蓮港庁産業奨励館編）　1943.4 22p 15cm

◇新亜細亜濠洲欧洲周域地図 縮尺 千五百万分之一（佐藤昌次編）　日本出版配給株式会社　1943.4 1枚 100×108cm

◇武蔵野風物志（磯萍水著）　青磁社　1943.4 10,349p 19cm

◇明治維新 中巻（尾佐竹猛著）　白揚社　1943.4 2,[352]p 22cm 近代日本歴史講座

◇後藤新平伝 台湾統治篇 上(鶴見祐輔著) 太平洋協会出版部 1943.5 6,362p 19cm

◇仙台：産業と観光(仙台市役所編) 1943.5 44p 18cm

◇鳥取市史(鳥取市編) 1943.5 12,1502p 22cm

◇中野区史 上巻(東京都中野区編) 1943.5 1冊 22cm

◇小樽市史 第1巻(小樽市編) 1943.6 4,188p 21cm

◇荏原区史([東京都]荏原区編) 1943.7 1冊 22cm

◇小樽市史 第2巻(小樽市編) 1943.7 6,325p 21cm

◇後藤新平伝(沢田謙著) 大日本雄弁会講談社 1943.7 8,326p 19cm

◇福井県足羽郡誌 前篇([福井県]足羽郡教育会編) 1943.7 10,12, 578p 22cm

◇福井県足羽郡誌 後篇([福井県]足羽郡教育会編) 1943.7 17,676p 22cm

◇後藤新平(福田正義著) 満洲日日新聞社東京支社出版部 1943.8 389p 18cm

◇後藤新平伝 台湾統治篇 下(鶴見祐輔著) 太平洋協会出版部 1943.8 5,365p 19cm

◇情勢論(大島貞益著,本庄栄治郎解題) 日本評論社 1943.8 5, 317p 19cm 明治文化叢書

◇大阪の指導者(織田作之助著) 錦城出版社 1943.9 217p 19cm

◇後藤新平伝 満洲経営篇 上(鶴見祐輔著) 太平洋協会出版部 1943.9 4,322p 19cm

◇西区史 第1巻(大阪市西区編) 1943.9 1冊 22cm

◇明治天皇行幸録：御代巡の宮其他奉迎記(小樽市編) 1943.9 47p 21cm 市史別冊

◇江戸ばなし 其2(三田村鳶魚著) 大東出版社 1943.10 256p 19cm

◇東京都史蹟名勝天然紀念物：旧市域内(東京都計画局公園緑地課編) 1943.11 108p 21cm

◇躍進の鞍山(鞍山商工公会編) 1943.11 1枚 42×72cm

◇公同沿革史 下巻(京都市公同組合聯合会編) 1943.12 9,214p 22cm

◇後藤新平伝 国務大臣時代前期 上(鶴見祐輔著) 太平洋協会出版部 1943.12 8,6,383p 19cm

◇太平洋諸島誌 上巻(外務省調査局編) 1943.12 2,8,230p 21cm 調

◇都の歴史と文化(毎日新聞社文化部編) 北光書房 1943.12 5, 229p 22cm

◇永田青嵐先生追悼号(東洋協会編) 1943.12 126p 21cm 東洋

◇伊予の宇和島(宇和島観光協会編) 1944 1枚 20×53cm

◇釜石(吉田初三郎著) 釜石市 1944 1枚 19×75cm

◇川越案内(川越市役所編) 1944 1枚 20×53cm

◇観光の船橋市(船橋市役所編) 1944 1枚 15×51cm

◇仙台の観光(仙台観光協会編) 1944 1枚 16cm

◇高田市大観(高田市役所編) 1944 1枚 16×46cm

◇後藤新平伝 国務大臣時代前期 下(鶴見祐輔著) 太平洋協会出版部 1944.1 5,355p 19cm

◇信念に生きる後藤新平(畠山晴行著) 学習社 1944.1 4,222p 21cm 学習社文庫

◇伊藤博文伝 上巻 3版(春畝公追頌会編) 統正社 1944.2 1冊 22cm

◇伊藤博文伝 中巻 3版(春畝公追頌会編) 統正社 1944.2 1冊 22cm

◇伊藤博文伝 下巻 3版(春畝公追頌会編) 統正社 1944.2 1冊 22cm

◇名古屋市中区史(名古屋市中区史刊行会編) 1944.2 11,31,782p 22cm

◇躍進大佐野市：市制施行 昭和18年4月1日(遠藤朝次郎編) 遠藤印刷所 1944.2 70p 15×22cm

◇公同沿革史 上巻(京都市公同組合聯合会編) 1944.3 4,10,657p 22cm

◇後藤新平伝 国務大臣時代後期 上(鶴見祐輔著) 太平洋協会出版部 1944.3 6,6,371p 19cm

◇中野区史 下巻 1(東京都中野区編) 1944.3 3,16,533p 21cm

◇後藤新平伝 国務大臣時代後期 下(鶴見祐輔著) 太平洋協会出版部 1944.4 6,388p 19cm

◇後藤新平伝 満洲経営篇 下(鶴見祐輔著) 太平洋協会出版部 1944.4 4,318p 19cm

◇綜合 明治維新史 第2巻(田中惣五郎著) 千倉書房 1944.4 6,341, 27p 22cm

◇明治維新 下巻ノ1(尾佐竹猛著) 白揚社 1944.4 4,[327]p 22cm 近代日本歴史講座

◇明治初年の大阪と今日の大阪(菅野和太郎述,大阪市市民局文化課編) 1944.4 28p 18cm 戦時生活

◇富山県政史 第5巻(甲)(富山県編) 1944.5 19,696p 22cm

◇小樽市史 第3巻(小樽市編) 1944.8 4,266p 22cm

◇後藤新平伝 国民指導者時代前期上東京市長篇(鶴見祐輔著) 太平洋協会出版部 1944.8 6,8,333p 19cm

◇東京都社寺備考 寺院部 第1冊 天台宗之部(島田筑波編,河越青士編) 北光書房 1944.9 20,808p 22cm

◇郷土の地理的研究法 増補13版(佐々木清治著) 育英出版 1944. 11 1冊 22cm

◇後藤新平伝 国民指導者時代前期 下 日ソ交渉篇(鶴見祐輔著) 太平洋協会出版部 1944.11 6,369p 19cm

哲学・自然科学・その他雑誌

【雑　誌】

◇フッサールの現象学（3）（米田庄太郎）「経済論叢」　20（4）　1925.4

◇寺院仏堂祠宇教会調（大正十一年三月三十一日現在）（文部省宗教局）「文部時報」　204　1926.4

◇独逸に於ける宗教統計（中川与之助）「経済論叢」　22（6）　1926.6

◇普通の心理（鶴見祐輔）「地方」　34（6）　1926.6

◇判例に現はれたる寺院の財産関係と宗教法案（我妻栄）「法学協会雑誌」　44（8）　1926.8

◇宗教法案の民法問題（穂積重遠）「法学協会雑誌」　44（10）　1926.10

◇宗教に関する教徒檀徒信徒調（文部省宗教局）「文部時報」　227　1926.12

◇宗教法案摘批（2）（伊藤武雄）「法学協会雑誌」　45（2）　1927.2

◇禊祓に関する研究（宗教的除災式と法律的制裁法とその分化）（植木直一郎）「社会学雑誌」　36　1927.4

◇宗教に関する教徒、檀徒、信徒調（文部省宗教局）「文部時報」　259　1927.11

◇神社と宗教（諸家）「公民教育」　3（7）　1933.7

◇都市宗教への一考察（上山善治）「大大阪」　11（7）　1935.7

◇現下に於ける進歩と反動との意義（戸坂潤）「改造」　18（3）　1936.3

◇神祇に関する特別官衙に就て「内務時報」　1（12）　1936.12

◇明治初年の宗教問題に就て（尾佐竹猛）「警察協会雑誌」　458　1938.7

◇宗教に関する信徒数調（1）（文部省宗教局）「文部時報」　633　1938.10

◇宗教に関する信徒数調（2）（文部省宗教局）「文部時報」　634　1938.10

◇宗教団体の合併及解散（根本松男）「警察研究」　11（5）　1940.5

◇宗教団体法と宗教結社（根本松男）「警察研究」　11（10）　1940.10

◇社寺と祠寺-明治初期宗教法の適用として-（戒能通孝）「法律時報」　13（9）　1941.9

◇大東亜共栄圏の宗教（特輯）「教育」　10（3）　1942.3

◇社会科学的技術と自然科学的技術の対比に関連する若干の考察 -特に両者の背景を成す社会科学と自然科学との比較を中心として-（馬場敬治）「経済学論集」　12（5）　1942.5

◇ゴットルにおける「技術的進歩の本質」について（安部隆一）「経済学雑誌」　11（2）　1942.8

◇宗教動員計画一方法と場面一宗教強化の諸問題（2）（宇野円空）「文部時報」　815　1944.7

【図　書】

◇沼間守一先生高談集（岩井貫一郎編、杉原謙編）　厳堂　1880.7　9,141p 19cm

◇壮士之夢（山崎勇之助著）　石川伝吉　1888.2　2,91p 19cm

◇加藤弘之講演全集（加藤照麿編、加藤晴比古編、馬渡俊雄編）　丸善　1900.12　1冊 23cm

◇中江兆民遺稿　第18版（中江篤介著）　博文館　1902.9　1冊 22cm

◇他山之石（水野錬太郎著）　清水書店　1909.9　7,3,350p 20cm

◇淡崖遺稿（神田孝平著、神田乃武編）　1910.4　4,215p 23cm

◇後藤新平論集（後藤新平述、立石駒吉編）　伊藤 元治郎　1911.1　280p 23cm

◇自彊瑣談（平田東助述、中村千代松編）　昭文堂　1911.6　8,12,312p 23cm

◇静感（水野錬太郎著）　清水書店　1915.10　25,4,344p 20cm

◇蘇峰文選（徳富蘇峰著、草野茂松編、並木仙太郎編）　民友社　1915.12　28,1434p 23cm

◇江戸叢書 巻の1（江戸叢書刊行会編）　1916.6　1冊 22cm

◇江戸叢書 巻の2（江戸叢書刊行会編）　1916.7　160,288p 22cm

◇江戸叢書 巻の3（江戸叢書刊行会編）　1916.8　440,88p 22cm

◇江戸叢書 巻の4（江戸叢書刊行会編）　1916.9　439,131p 22cm

◇現代大家論集 第1輯（公益通信社［編］）　公益通信社　1916.9　2,8,272p 19cm

◇江戸叢書 巻の5（江戸叢書刊行会編）　1916.10　399,128p 22cm

◇村荘小言（渋沢栄一著）　実業之世界社　1916.10　549p 19cm

◇江戸叢書 巻の6（江戸叢書刊行会編）　1916.11　6,436,142p 22cm

◇江戸叢書 巻の7（江戸叢書刊行会編）　1916.12　430,46,60p 22cm

◇江戸叢書 巻の8（江戸叢書刊行会編）　1917.2　55,142,372p 22cm

◇江戸叢書 巻の9（江戸叢書刊行会編）　1917.4　66,232,257p 22cm

◇江戸叢書 巻の10（江戸叢書刊行会編）　1917.5　306,6,205p 22cm

◇江戸叢書 巻の11（江戸叢書刊行会編）　1917.6　188,371p 22cm

◇江戸叢書 巻の12（江戸叢書刊行会編）　1917.7　412,119p 22cm

◇青年の力（後藤新平述、菊池暁汀編）　水野書店　1917.10　14,242p 15cm

◇愛山文集（山路愛山著、内山省三編）　民友社　1917.11　1457p 23cm

◇後藤男修養（後藤新平［著］、三戸十三編）　日本院　1919.6　2,8,330p 15cm

◇訓誡和歌集（後藤新平編）　館森鴻　1923.4　55p 23cm

◇会館問題に就いて（［東京市政調査会］職員有志編）　1924　［18］p 28cm

◇市民の歌へる : 詩集（東京市役所編）　1924.3　5,1,178p 19cm　帝都復興叢書

◇島田三郎全集 第1巻［議会演説集］（島田三郎著, 吉野作造編）　島田三郎全集刊行会　1924.6　491,26p 19cm

◇島田三郎全集 第2巻［社会教育論集］（島田三郎著, 吉野作造編）　島田三郎全集刊行会　1924.9　22,522p 19cm

◇島田三郎全集 第3巻［開国始末 井伊大老伝］（島田三郎著）　島田三郎全集刊行会　1924.11　22,486,22p 19cm

◇仲小路廉集 1（仲小路宣雄, 仲小路彰著）　靄軒会　1924.12　4,630p 22cm

◇仲小路廉集 2（仲小路宣雄, 仲小路彰著）　靄軒会　1925.1　4,559p 22cm

◇関東地震調査報告 第1（農商務省編）　1925.3　204p 26cm　地質調査所特別報告

◇島田三郎全集 第4巻［政教史論］（島田三郎著）　島田三郎全集刊行会　1925.4　538p 19cm

◇関東地震調査報告 第2（商工省編）　1925.7　185p 26cm　地質調査所特別報告

◇島田三郎全集 第5巻［議会と政党］（島田三郎著）　島田三郎全集刊行会　1925.11　472p 19cm

◇福沢全集 第4巻 福沢諭吉（時事新報社編）　国民図書　1925.12　8,5,641p 23cm

◇福沢全集 第6巻 福沢諭吉（時事新報社編）　国民図書　1926.1　2,696p 23cm

◇ラヂオ講演集 第2輯 御大婚二十五年祝日奉祝の辞・後藤新平(東京放送局編) ラヂオ協会,博文館 1926.1 2,274p 19cm

◇福沢全集 第7巻 福沢諭吉(時事新報社編) 国民図書 1926.2 2,8,618p 23cm

◇福沢全集 第5巻 福沢諭吉(時事新報社編) 国民図書 1926.3 2,3,662p 23cm

◇福沢全集 第2巻 福沢諭吉(時事新報社編) 国民図書 1926.5 828p 23cm

◇ラヂオ講演集 第3輯 帝都復興と建築資料・後藤新平(東京放送局編) ラヂオ協会,博文館 1926.5 2,2,316p 19cm

◇ラヂオ講演集 第4輯 我国民性と科学・後藤新平(東京放送局編) 日本ラヂオ協会,博文館 1926.5 2,2,302p 19cm

◇第一回日田夏季大学講演集(第一回日田夏季大学編) 日田夏季大学事務所 1926.6 333p 23cm

◇福沢全集 第8巻 福沢諭吉(時事新報社編) 国民図書 1926.6 1,5,686p 23cm

◇尾崎行雄全集 第1巻(尾崎行雄著) 平凡社 1926.7 845p 23cm

◇現代社会政治管見(渡辺鉄蔵著) 弘文堂書房 1926.7 2,8,459p 20cm

◇尾崎行雄全集 第2巻(尾崎行雄著) 平凡社 1926.8 857p 23cm

◇福沢全集 第10巻 福沢諭吉(時事新報社編) 国民図書 1926.8 14,704p 23cm

◇尾崎行雄全集 第3巻(尾崎行雄著) 平凡社 1926.9 810p 23cm

◇福沢全集 第1巻 福沢諭吉(時事新報社編) 国民図書 1926.9 2,1,689p 23cm

◇尾崎行雄全集 第4巻(尾崎行雄著) 平凡社 1926.10 808p 23cm

◇尾崎行雄全集 第5巻(尾崎行雄著) 平凡社 1926.11 768p 23cm

◇ラヂオ講演集 第10輯 ボーイ・スカウトに就いて・後藤新平(日本放送協会関東支部編) 日本放送協会,博文館 1926.11 2,2,302p 19cm

◇尾崎行雄全集 第8巻(尾崎行雄著) 平凡社 1926.12 801p 23cm

◇ラヂオ講演集 第11輯 いやさか・後藤新平(日本放送協会関東支部編) 日本ラヂオ協会,博文館 1926.12 2,2,308p 19cm

◇尾崎行雄全集 第7巻(尾崎行雄著) 平凡社 1927.2 806p 23cm

◇朝比奈知泉文集(朝比奈知泉文集刊行会編) 1927.4 3,9,271p 22cm

◇尾崎行雄全集 第9巻(尾崎行雄著) 平凡社 1927.4 808p 23cm

◇現代名士大講演集:政治の倫理化を提唱すハ後藤新平(井沢水葉編) 恒星堂 1927.5 2,2,311p 19cm

◇男女霊肉一如の思想(後藤新平著) 体性発行所 1927.5 4p 26cm 「体性」第8巻第5号ノ中

◇尾崎行雄全集 第10巻(尾崎行雄著) 平凡社 1927.7 868p 23cm

◇鼎軒田口卯吉全集 第2巻 文明史及社会論(鼎軒田口卯吉全集刊行会編) 大島秀雄 1927.7 51,632p 23cm

◇鼎軒田口卯吉全集 第7巻 金融(鼎軒田口卯吉全集刊行会編) 大島秀雄 1927.9 45,563p 23cm

◇鼎軒田口卯吉全集 第1巻 史及史伝(鼎軒田口卯吉全集刊行会編) 大島秀雄 1928.1 32,679p 23cm

◇下村宏博士大講演集(下村宏著) 大日本雄弁会講談社 1928.4 10,12,324p 19cm

◇鼎軒田口卯吉全集 第3巻 経済(上)理論及理論闘争(鼎軒田口卯吉全集刊行会編) 大島秀雄 1928.4 18,504p 23cm

◇鼎軒田口卯吉全集 第6巻 財政(鼎軒田口卯吉全集刊行会編) 大島秀雄 1928.6 28,548p 23cm

◇鼎軒田口卯吉全集 第5巻 政治(鼎軒田口卯吉全集刊行会編) 大島秀雄 1928.11 7,9,595p 23cm

◇鼎軒田口卯吉全集 第4巻 経済(下)事実及政策(鼎軒田口卯吉全集刊行会編) 大島秀雄 1928.12 45,643p 23cm

◇東京及横浜地質調査報告(復興局建築部編) 1929.11 3,6,144p 26cm

◇東京及横浜地質調査報告:附図(復興局建築部編) 1929.11 図16枚

◇西尾式Core Borerと東京市地質調査結果の第一報(西尾銈次郎著)[東京地学協会] 1929.12 52p 26cm 「地学雑誌」第41年 第487,8,9,490号 抜刷

◇故伯爵後藤新平氏の市民追悼式に於ける井上準之助氏及水野錬太郎氏の演説(井上準之助述,水野錬太郎述) 1930.4 [9]p 22cm

◇東京市内に於ける特殊地質構造と地震被害との関係(西尾銈次郎著)[日本建築学会] 1931.11 [29]p 27cm 「建築雑誌」昭和6年11月号 抜刷

◇大阪市堺筋を南北に縦貫する断層に就て(西尾銈次郎著) 1932.9 23p 23cm 「地球」第18巻 第3号 別刷

◇続福沢全集 第1巻 時事論集(福沢諭吉)(慶応義塾編) 岩波書店 1933.5 2,20,830p 23cm

◇続福沢全集 第2巻 時事論集(福沢諭吉)(慶応義塾編) 岩波書店 1933.7 20,766p 23cm

◇続福沢全集 第3巻 時事論集(福沢諭吉)(慶応義塾編) 岩波書店 1933.8 24,829p 23cm

◇続福沢全集 第6巻 書翰集(福沢諭吉著,慶応義塾編) 岩波書店 1933.10 36,933p 23cm

◇続福沢全集 第4巻 時事論集(慶応義塾編) 岩波書店 1933.12 26,803p 23cm

◇紀伊室戸両半島地殻変形の比較(今村明恒著) 地震学会 1934 [6]p 23cm 「地震」第6巻第10号 別刷

◇本所深川方面の土地の変形(宮部直巳著)[古今書院] 1934.1 [10]p 23cm 「地理学」第2巻第1号 別刷

◇続福沢全集 第5巻 時事論集(福沢諭吉)(慶応義塾編) 岩波書店 1934.4 23,763p 23cm

◇続福沢全集 第7巻 諸文集(福沢諭吉)(慶応義塾編) 岩波書店 1934.7 645,61p 23cm

◇気象の話:颱風と高潮 地震と津浪(大阪朝日新聞社編) 1934.10 2,2,91p 19cm

◇市内に於ける諸宗教の現勢 謄写版(東京市監査局統計課編) 1935.6 [22]p 26cm 東京市の状況

◇東京地方に於ける地盤沈下に対する地質学的考察(西尾銈次郎著)[東京地学協会] 1936.10 [20]p 26cm 「地学雑誌」第48年 第572号 抜刷

◇池田宏遺稿集刊行会事業経過並会計決算報告書(池田宏遺稿集刊行会編) 1940.6 24p 27cm

◇地盤の沈下(宮部直巳著) 河出書房 1941.3 122p 19cm 科学新書

◇隣組常会夜話 再版(辻本興次郎著) 文明社 1941.8 3,4,314p 19cm

統計書・年鑑

【雑　誌】

◇国勢調査の結果「統計集誌」　522　1925.1

◇産業及職業分類の方法(1)「統計集誌」　523　1925.2

◇カウフマン氏の統計研究方法(浜田富吉)「統計集誌」　524　1925.3

◇産業及職業分類の方法(2)「統計集誌」　524　1925.3

◇死因分類項目の選択及新旧項目内容異動の説明「統計集誌」　524　1925.3

◇統計図作製上の注意(1)「統計集誌」　524　1925.3

◇統計的研究に於ける選択意志(岡崎文規)「経済論叢」　20(4)　1925.4

◇国勢調査の結果「統計集誌」　525　1925.4

◇産業及職業分類の方法(3)「統計集誌」　525　1925.4

◇死因分類項目の選沢及択奮項目内容異動の設明(2)「統計集誌」　525　1925.4

◇統計図作製上の注意(2)(藤橋善太郎)「統計集誌」　525　1925.4

◇国勢調査の結果(香川県)「統計集誌」　526　1925.5

◇産業及職業分類の方法「統計集誌」　526　1925.5

◇大正十四年国勢調査及失業統計調査「統計集誌」　526　1925.5

◇自殺統計論(1)(財部静治)「経済論叢」　21(1)　1925.7

◇国際調査の結果(大阪府)「統計集誌」　528　1925.7

◇大正十四年国勢調査及失業統計調査に関する質疑解答及諸手続規則「統計集誌」　528　1925.7

◇図表と其の応用(猪間驥一)「東洋経済新報」　1156　1925.7

◇自殺統計論(2)(財部静治)「経済論叢」　21(2)　1925.8

◇スコットランド都市の静態統計「公衆衛生」　43(9)　1925.9

◇国勢調査の結果(長崎県)「統計集誌」　530　1925.9

◇児童の自殺に関する統計的考査(柴田銀次郎)「統計集誌」　530　1925.9

◇大正十四年国勢調査及失業調査、刑務所、台湾、南洋島、調査規則「統計集誌」　530　1925.9

◇大正十四年国勢調査及失業調査質疑解答「統計集誌」　530　1925.9

◇統計に因る因果関係の研究(1)(財部静治)「経済論叢」　22(3)　1926.3

◇家計調査の方法及技術(ワルター・シツフ)「統計集誌」　536　1926.3

◇家計調査実施の要領「統計集誌」　537　1926.4

◇家計調査(内閣統計局)「労働時報」　3(4)　1926.4

◇家計調査「統計集誌」　539　1926.6

◇家計に関する統計的調査(松田泰二郎)「社会学雑誌」　33　1927.1

◇地方統計書様式等の統一改善に関する基礎資料「統計集誌」　550　1927.5

◇命數及人口統計学の課目「公衆衛生」　45(6)　1927.6

◇地方統計書様式其他改善統一私見(加地成雄)「統計集誌」　555　1927.10

◇昭和二年に於ける諸資料「統計集誌」　558　1928.1

◇職業別戸数調査法に対する一提案(加地成雄)「統計集誌」　558　1928.1

◇生活費指数統計の基礎に就て(長岡保太郎)「社会政策時報」　89　1928.2

◇生計費指数の作製方法(松田泰二郎)「社会学雑誌」　50　1928.6

◇大都市調査統計協議会(猪間驥一)「都市問題」　7(3)　1928.9

◇大都市調査統計協議会臨時会(小田忠夫)「都市問題」　8(1)　1929.1

◇故後藤新平伯と統計事業(猪間驥一)「統計集誌」　576　1929.6

◇統計資料実施調査に関する法令「帝国農会報」　19(7)　1929.7

◇故後藤新平伯と統計事業(猪間驥一)「統計集誌」　577　1929.7

◇統計中央機関の一展望(杉原太之助)「統計集誌」　577　1929.7

◇名古屋市に於ける大都市調査統計協議会(猪間驥一)「都市問題」　9(1)　1929.7

◇二大統計調査完成に近し(猪間驥一)「都市問題」　9(3)　1929.9

◇第二回国勢調査に際して(木村喜一郎)「経済時報」　2(6)　1930.9

◇昭和五年国勢調査大阪市結果概要(大阪市臨時国勢調査部)「大大阪」　6(11)　1930.11

◇大阪市の企てつ、ある生計指数(大阪市社会部調査課)「大大阪」　7(1)　1931.1

◇国勢調査産業分類及職業分類「統計集誌」　595　1931.1

◇一九三〇年米国国勢調査結果 米国商務省国勢調査局発表「都市公論」　14(1)　1931.1

◇昭和五年国勢調査都市人口速報(猪間驥一)「都市問題」　12(1)　1931.1

◇国勢調査における人口の概念(岡崎文規)「経済論叢」　32(5)　1931.5

◇第四回大都市調査統計協議会/最近の都市関係諸会議(吉山真棹)「都市問題」　13(1)　1931.7

◇統計利用の意義と問題(蜷川虎三)「経済論叢」　33(2)　1931.8

◇都市統計の正確化・精密化/市政問題一般(東京市政調査会創立十周年記念市政論集)(樫木徹)「都市問題」　14(3)　1932.3

◇統計比率に就て(蜷川虎三)「経済論叢」　35(1)　1932.7

◇常用度量衡単位比較表の発表に就て-都市統計正確化の為めに此の正しい度量衡単位換算係数表に拠れ！(東京市政調査会)「都市問題」　16(6)　1933.6

◇社会調査に関する若干の基本的考察(小島栄次)「三田学会雑誌」　27(8)　1933.8

◇統計解析に於ける基礎的問題(蜷川虎三)「経済論叢」　38(3)　1934.3

◇生計費の国際的研究(寺尾淨人)「統計集誌」　636　1934.6

◇需要曲線及供給曲線の統計的測定の可能条件(栗村雄吉)「経済学研究」　4(3)　1934.9

◇シュルツ統計的需要曲線を評す(栗村雄吉)「経済学研究」　5(1)　1935.3

◇社会調査としての家計調査と其の方法(牧賢一)「社会事業」　18(12)　1935.3

◇社会調査と統計(蜷川虎三)「社会事業」　18(12)　1935.3

◇社会調査の基本問題(喜多野清一)「社会事業」　18(12)　1935.3

◇社会調査の発展と其の文献(1)(布川静淵)「社会事業」　18(12)　1935.3

◇フィールドワークとしての社会調査(松本征二)「社会事業」　18(12)　1935.3

◇昭和五年国富統計に就て(大内兵衛)「大原社会問題研究所雑誌」　2(4)　1935.4

◇統計の長期傾向値と理論的発展正常値(寺尾琢磨)「三田学会雑誌」　29(4)　1935.4

◇今秋施行の国勢調査に就て（高田太一）「斯民」 30(5) 1935.5
◇生計費は百年前よりも高くなつたか（編集室）「大原社会問題研究所雑誌」 2(7) 1935.7
◇我国に於ける統計的調査の二典型としての国勢調査と家計調査（高野岩三郎）「大原社会問題研究所雑誌」 2(7) 1935.7
◇常住地の意義及取扱方（高田太一）「統計雑誌」 649 1935.7
◇第十回大都市調査統計協議会の議事概要（小田忠夫，岡野文之助）「都市問題」 21(1) 1935.7
◇統計調査論（蜷川虎三）「経済論叢」 41(6) 1935.12
◇表式調査に就て（蜷川虎三）「経済論叢」 42(1) 1936.1
◇昭和十年国勢調査速報による我国府県及都市人口（猪間驥一）「都市問題」 22(1) 1936.1
◇死亡率標準化の一方法に就て（豊浦淺吉）「人口問題」 1(3) 1936.4
◇地域的社会調査に関する若干考察（奥井復太郎）「三田学会雑誌」 30(6) 1936.6
◇第十一回大都市調査統計協議会の議事概要「都市問題」 23(1) 1936.7
◇都市行政に於ける統計局課の地位に就て-所謂Public Relations Policyの見地より観たる一考察（竹中竜雄）「都市問題」 23(3) 1936.9
◇統計、統計調査、統計教育（蜷川虎三）「経済論叢」 44(1) 1937.1
◇生計費指数編輯の方法(1)（国際労働局）「統計集誌」 668 1937.2
◇モーメント計算法（家本秀太郎）「統計集誌」 668 1937.2
◇昭和10年国勢調査結果の概要（東京府）「統計時報」 66 1937.3
◇1936年愛蘭自由国の国勢調査結果概要「統計時報」 66 1937.3
◇1936年仏蘭西国勢調査結果に就て「統計時報」 66 1937.3
◇英吉利生計費指数の編整方法（英吉利労働省）「統計集誌」 669 1937.3
◇生計指数編輯の方法(2)（国際労働局）「統計集誌」 669 1937.3
◇生計費の測定方法（デイアル）「統計集誌」 669 1937.3
◇独逸新生計費指数の算出（独逸統計局）「統計集誌」 669 1937.3
◇昭和10年国勢調査結果の概要（大阪府）「統計時報」 67 1937.4
◇生計費に就いて（ボウレイ）「統計集誌」 670 1937.4
◇生計費指数の階級性「週刊エコノミスト」 15(13) 1937.5
◇埃及国勢調査「統計時報」 69 1937.6
◇南阿連邦に於ける国勢調査「統計時報」 69 1937.6
◇経済統計の利用と妄用「統計集誌」 672 1937.6
◇内閣統計局に於ける生計費指数調査「統計集誌」 672 1937.6
◇昭和十年国政調査結果の概要（愛知県）「統計時報」 70 1937.7
◇生計費指数に就て「統計時報」 70 1937.7
◇第十二回大都市調査統計協議会の議事概要（猪間驥一）「都市問題」 25(1) 1937.7
◇昭和十年国政調査結果の概要（福岡県）「統計時報」 71 1937.8
◇生計費指数算定に使用するウエートに付て「統計時報」 71 1937.8
◇全国的生計費指数算定に使用する消費価額ウエート及人口ウエート「統計時報」 71 1937.8
◇昭和十年国政調査結果の概要（京都府）「統計時報」 72 1937.9
◇昭和十年国勢調査結果の概要（北海道）「統計時報」 676 1937.10
◇欧米諸外国に於ける国民所得の推計方法の分析(1)（S・S生）「統計集誌」 676 1937.10
◇全国及東京市、大阪市生計費指数「統計集誌」 676 1937.10
◇昭和十年国勢調査結果の概要（兵庫県）「統計時報」 74 1937.11
◇欧米諸外国に於ける国民所得の推計方法の分析(2)（S・S生）「統計集誌」 677 1937.11

◇全国及都市別生計費指数「統計集誌」 677 1937.11
◇昭和十年国勢調査結果の概要（神奈川県）「統計時報」 75 1937.12
◇全国、各都市、東京市及大阪市生計費指数「統計集誌」 678 1937.12
◇貧乏線の新算定(1)（D.F.ヂョーヂ，眞崎幸治訳）「統計集誌」 678 1937.12
◇国際統計協会概要（齋藤靖）「人口問題」 3(1) 1938.1
◇全国・各都市・東京市及大阪市生計費指数「統計集誌」 679 1938.1
◇生計費指数半箇年の回顧「統計時報」 77 1938.2
◇1936年伊太利国勢調査結果概要「統計時報」 77 1938.2
◇全国各都市生計費指数「統計集誌」 680 1938.2
◇大量観察法に関する一著作-F.Zizekの新著に就て-（有田正三）「経済論叢」 46(3) 1938.3
◇主要国に於ける統計機構（英国の部）「統計時報」 78 1938.3
◇大都市と統計事務（黒瀬光雄）「都市問題」 26(3) 1938.3
◇昭和十三年国勢調査結果の概要（佐賀県、島根県、栃木県、石川県、長崎県）「統計時報」 79 1938.4
◇列国に於ける統計機構-（独逸の部）(1)「統計時報」 79 1938.4
◇科学としての統計(2)（岡田正雄）「統計集誌」 682 1938.4
◇昭和十三年臨時労働統計実地調査を顧みて（加地成雄）「統計集誌」 682 1938.4
◇全国及各都市生計費指数「統計集誌」 682 1938.4
◇昭和十三年国勢調査結果の概要（佐賀県、島根県、栃木県、石川県、長崎県）「統計時報」 80 1938.6
◇仏蘭西国勢調査結果概要「統計時報」 80 1938.6
◇列国に於ける統計機構-（独逸の部）(2)「統計時報」 80 1938.6
◇昭和10年国勢調査結果の概要（宮城県）「統計時報」 81 1938.6
◇列国に於ける統計機構-（和蘭の部）「統計時報」 81 1938.6
◇第十三回大都市調査統計協議会の概要（幸島礼吉）「都市問題」 26(6) 1938.6
◇昭和10年国勢調査結果の概要（長野県）-（香川県）「統計時報」 82 1938.7
◇我国職業集団に於ける死亡率及其の死因に関する考察(1)（二瓶士子治）「統計集誌」 685 1938.7
◇統計比較の本質と限界に就て（寺尾琢磨）「三田学会雑誌」 32(7) 1938.7
◇統計機関論（蜷川虎三）「経済論叢」 47(2) 1938.8
◇昭和十年国勢調査結果の概要（秋田県・奈良県・三重県・岡山県・宮崎県・群馬県）「統計時報」 83 1938.8
◇生活費指数の一箇年「統計時報」 83 1938.8
◇我国職業集団に於ける死亡率及其の死因に関する考察(2)（二瓶士子治）「統計集誌」 686 1938.8
◇フラスケムパーの指数理論（内海庫一郎）「経済論叢」 47(3) 1938.9
◇昭和十年国勢調査結果の概要（秋田県・奈良県・三重県・岡山県・宮崎県・群馬県）「統計時報」 84 1938.9
◇我国職業集団に於ける死亡率及其の死因に関する考察(完)（二瓶士子治）「統計集誌」 687 1938.9
◇昭和十年国勢調査結果の概要（秋田県・奈良県・三重県・岡山県・宮崎県・群馬県）「統計時報」 85 1938.10
◇仏蘭西の統計組織「統計時報」 85 1938.10
◇将来値の推計に於ける統計方法と其の計算（井上譲二）「統計集誌」 688 1938.10
◇大量観察と大数観察（有田正三）「経済論叢」 47(5) 1938.11
◇第十四回大都市調査統計協議会の概要（日本都市年鑑纂室）「都市問題」 28(6) 1939.6

◇労務動態調査に用ふる産業分類並に職業分類(松本洋)「職業時報」 2(12) 1939.12
◇労働統計実地調査の対象とする工場設備雑考(加地成雄)「統計集誌」 703 1940.1
◇生活費に関する統計的一観察としての生計費指数(1)(森数樹)「文部時報」 678 1940.1
◇生活費に関する統計的一観察としての生計費指数(2)(森数樹)「文部時報」 679 1940.2
◇抽出調査の問題に就て(中川友長)「経済学論集」 10(5) 1940.5
◇第十五回大都市調査統計協議会の概要(日本都市年鑑編纂室)「都市問題」 30(6) 1940.6
◇昭和15年国勢調査について(内閣統計局)「週報 官報附録」 196 1940.7
◇全国及各都市生計費指数(昭和2年7月基準)「統計集誌」 709 1940.7
◇統計調査員活動の限界(長坂好晃)「統計集誌」 709 1940.7
◇全国及各都市生計費指数(内閣統計局調)「統計集誌」 710 1940.8
◇百万人の統計学(1)(スヴヤトロフスキー,平岡雅英訳)「統計集誌」 710 1940.8
◇職名表の見方と世帯関係者について-国勢調査票記入心得-(臨時国勢調査部)「市政週報」 75 1940.9
◇戦時下に行はれる国勢調査(都市の人事行政)(日本都市年鑑編纂室)「都市問題」 31(3) 1940.9
◇生計費変動の測定とエンゲル法則(伊大知良太郎)「一橋論叢」 6(3) 1940.9
◇人的資源と国勢調査(美濃口時次郎)「改造」 22(18) 1940.10
◇百万人の統計学(2)(スヴヤトロフスキー,平岡雅英訳)「統計集誌」 712 1940.10
◇国家政策に於ける統計の任務と限界(寺尾琢磨)「三田学会雑誌」 34(10) 1940.10
◇皇紀2600年国勢調査管見(加藤成雄)「統計集誌」 713 1940.11
◇百万人の統計学(3)(スヴヤトロフスキー,平岡雅英訳)「統計集誌」 713 1940.11
◇生産量指数の本質と信頼性「東洋経済新報」 1947 1940.11
◇新体制と統計調査の統制(長澤好晃)「統計集誌」 714 1940.12
◇百万人の統計学(4)(スヴヤトロフスキー,平岡雅英訳)「統計集誌」 714 1940.12
◇調査に於ける統計の役割(蜷川虎三)「経済論叢」 52(1) 1941.1
◇統計学の動向(中川友長)「経済学論集」 11(2) 1941.2
◇百万人の統計学(5)(スヴヤトロフスキー,平岡雅英訳)「統計集誌」 716 1941.2
◇社会科学及自然科学と統計学との関連を論ず(応用統計学に関する試論)(寺尾琢磨)「三田学会雑誌」 35(3) 1941.3
◇統計学の動向(2・完)(中川友長)「経済学論集」 11(4) 1941.4
◇大阪市民の複産に関する統計的観察(里見恭一郎)「大大阪」 17(4) 1941.4
◇百万人の統計学(6)(スヴヤトロフスキー)「統計集誌」 718 1941.4
◇1939年独逸国勢調査の若干細目集計の発表「人口問題研究」 2(3) 1941.5
◇箕作麟祥訳「表記略論」に就いて(高津英雄)「統計集誌」 719 1941.5
◇昭和十五年国勢調査による各市人口「都市問題」 32(5) 1941.5
◇アメリカの統計発展史(W.F.オグバーン)「統計集誌」 720 1941.6
◇百万人の統計学(7・完)(スヴヤトロフスキー)「統計集誌」 720 1941.6
◇我国最近の府県及都市人口-昭和十五年国勢調査の結果に依る(幸島礼吉)「都市問題」 32(6) 1941.6

◇統計学教課の三段階に就て(中川友長)「経済学論集」 11(10) 1941.10
◇独逸統計制度の概観(2・完)(三国一夫)「地方行政 日文版」 8(12) 1941.12
◇統計的法則に関する一試論(中川友長)「経済学論集」 12(3) 1942.3
◇故阪谷会長追悼記念号「統計集誌」 729 1942.3
◇統計学の科学的課題(神崎博愛)「農業と経済」 9(3) 1942.3
◇統計平均値に就いて(中川友長)「経済学論集」 12(6) 1942.6
◇官庁統計事務の新体制(松本浩太郎)「統計集誌」 737 1942.11
◇昭和十七年十一月全国及各都市生計費指数「統計集誌」 738 1942.12
◇統計の学としての統計学(高津英雄)「統計集誌」 738 1942.12
◇テイシャーの統計学(有田正三)「経済論叢」 56(1) 1943.1
◇確率論と統計学(豊田尚)「統計集誌」 739 1943.1
◇生産指数の諸問題(寺尾琢磨)「三田学会雑誌」 37(1) 1943.1
◇統計集計及計算の機械化について(中川友長)「経済学論集」 13(2) 1943.2
◇計数集団と計量集団(1)(高津英雄)「統計集誌」 740 1943.2
◇計数集団と計量集団(2・完)(高津英雄)「統計集誌」 741 1943.3
◇中央に於ける統計機構の速かなる一元化を要望す(森松孝作)「統計集誌」 745 1943.7
◇大量の段階に就いて(上)―統計の欺瞞性の問題―(高津英雄)「統計集誌」 746 1943.8
◇統計的関係式の導出について(中川友長)「経済学論集」 13(9) 1943.9
◇時局と数理統計学(亀田豊治朗)「統計集誌」 747 1943.9
◇大量の段階説に就いて(下)(高津英雄)「統計集誌」 747 1943.9
◇最近に於ける独逸の統計機構に就て(飯島正義)「統計集誌」 749 1943.11
◇大東亜戦下統計事務操作(2・完)(加地成雄)「統計集誌」 749 1943.11
◇戦時統計運営論(松本浩太郎)「統計集誌」 750 1943.12
◇決戦型昭和十九年調査問答(加地成雄)「統計集誌」 751 1944.1
◇何を如何に調査するのか(高津英雄)「統計集誌」 751 1944.1
◇国民の標準生計費の観念(杉本栄一)「一橋論叢」 13(4) 1944.4
◇晩近数理統計学展望(下)(松本治太郎)「統計集誌」 754 1944.6
◇物量と統計(日崎享一)「大日本統計協会雑誌」 1 1944.7
◇国富の数量化(柴田銀次郎)「大日本統計協会雑誌」 2 1944.8

【図 書】
◇神奈川県治一覧 [明治6年刊]([神奈川県]編) 1873.10 1枚 23cm
◇若松県一覧概表 [明治6年刊](若松県編) 1873.11 1枚 20cm
◇文部省年報 第2 明治7年(文部省編) 1874 772p 26cm
◇兵庫県統計表 明治6年(兵庫県編) 1874.3 1枚 12cm
◇文部省年報 第3 明治8年 第1冊(文部省編) 1875 628p 26cm
◇文部省年報 第3 明治8年 第2冊(文部省編) 1875 1025p 26cm
◇内国諸表一覧(関島忠武編) 1875.2 1冊 17cm
◇愛知県一覧表 明治7年(愛知県編) 1875.5 1枚 13cm
◇文部省年報 第4 明治9年(文部省編) 1876 46p 23cm
◇文部省年報 第5 明治10年(文部省編) 1877 70p 23cm
◇文部省年報 第6 明治11年(文部省編) 1878 429p 26cm
◇内務卿年報 第3回 附録 4冊略之(内務卿編) 1878.12 57p 23cm
◇日本府県民費表 明治9年(調査局編) 1878.12 137p 27cm

◇文部省年報 第7 明治12年(文部省編) 1879 480p 26cm
◇鹿児島県治一覧概表 明治11年(鹿児島県編) 1879.7 89p 24cm
◇各府県地方税歳出一覧表 明治12年度(内務省取調局編) 1879.10 1枚 19cm
◇各府県地方税歳入一覧表[明治12年刊](内務省取調局編) 1879.10 1枚 19cm
◇各府県地方税表参照 明治12年度(内務省取調局編) 1879.10 1枚 19cm
◇各府県営業雑種税額比較表 明治12年度(内務省庶務局編) 1879.12 1枚 19cm
◇各府県地方税収出予算表 明治12年度(内務省庶務局編) 1879.12 1枚 19cm
◇内務卿第4回年報(内務卿編) 1879.12 33p 23cm
◇長崎県統計表 明治11年([長崎県]編) 1879.12 46p 26cm
◇歳入歳出決算報告書 自明治元年1月至明治11年6月(大蔵卿編) 1880.2 3,12,1101p 20cm
◇兵庫県統計概表 明治11年中(兵庫県編) 1880.5 6,75p 23cm
◇福島県治統計表 明治12年(福島県編) 1880.11 1冊 19cm
◇島根県一覧概表 明治12年(島根県編) 1880.12 79p 19cm
◇内務卿第5回年報(内務卿編) 1880.12 50p 23cm
◇新潟県治概表 明治11年(新潟県編) 1880.12 206p 20cm
◇茨城県地方税収入精算表 明治14年度(茨城県編) 1881 1枚 17cm
◇文部省年報附録 第9 明治14年(文部省編) 1881 889p 26cm
◇統計要覧(太政官会計部編) 1881.1 12,268p 18cm
◇地方要覧(内務省地理局編) 1881.5 150p 25cm
◇司法省第二年報(司法省編) 1881.8 1冊 24cm
◇統計年鑑[第1](統計院編) 1882.3 3,678p 25cm
◇文部省年報 第8 明治13年(文部省編) 1882.6 100p 26cm
◇千葉県統計書 明治13年(千葉県編) 1882.7 7,226p 19cm
◇鹿児島県統計表 明治14年(鹿児島県編) 1882.12 76p 26cm
◇新潟県学事年報 第2年報(明治13,14年)(新潟県編) 1883.1 1冊 28cm
◇日本帝国形勢総覧(細川広世編) 1883.4 263,4p 23cm
◇統計年鑑 第2(統計院編) 1883.5 21,785p 25cm
◇福島県統計書 明治13年(福島県編) 1883.8 4,188p 19cm
◇文部省年報 第9 明治14年(文部省編) 1883.9 134p 26cm
◇島根県統計表 明治14年(島根県編) 1883.10 3,72p 23cm
◇内務省統計書 上巻 明治16年11月刊行(内務省統計課編) 1883.11 6,392p 25cm
◇統計年鑑 第3(統計院編) 1884.6 4,970p 25cm
◇文部省年報 第10 明治15年(文部省編) 1884.7 133p 26cm
◇茨城県統計表 明治14年 明治15年(茨城県編) 1884.10 1,19,558p 24cm
◇山形県勧業年報 明治15・6年度(山形県農商課編) 1884.12 4,8,212p 28cm
◇兵庫県統計概表 明治14年(兵庫県庶務課編) 1885 2,12,455p 23cm
◇山形県 地方税収出予算 明治18年度(山形県編) 1885 3,355p 20cm
◇都市生死婚姻統計表 明治16年自1月至6月([[内務省]衛生局編) 1885.1 172p 24cm
◇警視庁第一局第一課事務年表 明治17年(警視庁第1局第1課編) 1885.3 5,11,164p 25cm
◇熊本県統計書 明治16年 上(熊本県編) 1885.4 15,214p 26cm

◇熊本県統計書 明治16年 下(熊本県編) 1885.4 1冊 27cm
◇山口県統計表 第1回 明治15年(山口県編) 1885.4 498p 25cm
◇熊本県山鹿山本菊池合志郡統計書(熊本県山鹿山本菊池合志郡役所編) 1885.5 15,191p 27cm
◇長野県統計書 明治16年(長野県編) 1885.5 370p 26cm
◇根室県一覧表 明治16年(根室県編) 1885.5 2,5,77p 19cm
◇熊本県統計書 明治15年(熊本県編) 1885.6 1冊 26cm
◇内務省統計書 中巻 明治18年7月刊行(内務省総務局編) 1885.7 5,179p 25cm
◇群馬県統計書 明治16年(群馬県編) 1885.8 8,180p 26cm
◇統計年鑑 第4(統計院編) 1885.9 4,954p 25cm
◇宮城県年報 第2回 明治17年(宮城県編) 1885.9 1冊 25cm
◇文部省年報 第11 明治16年(文部省編) 1885.10 122p 26cm
◇新潟県統計書 明治16年(新潟県編) 1885.12 1冊 26cm
◇各府県ノ財力ト負担ノ比較 1886 9p 28cm
◇宮城県統計書 明治16・7年(宮城県編) 1886.2 16,255p 26cm
◇富山県租税負担概表(富山県収税課編) 1886.7 1枚 14cm
◇日本帝国統計年鑑 第5(内閣統計局編) 1886.9 29,985p 25cm
◇宮城県統計書 明治18年(宮城県編) 1886.9 20,392p 26cm
◇山形県 地方税収出予算 明治20年度(山形県編) 1887 251,78p 20cm
◇長野県統計書 明治18年(長野県編) 1887.5 1冊 26cm
◇福島県統計書 明治18年(福島県編) 1887.7 15,347p 25cm
◇石川県統計書 明治19年(石川県編) 1887.8 13,226p 24cm
◇日本帝国統計年鑑 第6(内閣統計局編) 1887.9 28,989p 25cm
◇東京府統計書 明治19年(東京府編) 1887.10 480p 24cm
◇山形県統計書 明治18年(山形県編) 1887.11 16,311p 25cm
◇日本帝国文部省年報 第16 明治21年(文部省編) 1888 133p 26cm
◇沖縄県統計書 明治16年(沖縄県編) 1888.3 1冊 25cm
◇鳥取県統計書 明治18年(鳥取県編) 1888.3 186p 26cm
◇奈良県統計書 明治20年(奈良県編) 1888.4 2,18,312p 24cm
◇茨城県統計表 明治18年 明治19年(茨城県編) 1888.6 18,441p 25cm
◇宮崎県統計書 明治19年(宮崎県編) 1888.7 17,317p 24cm
◇日本帝国統計年鑑 第7(内閣統計局編) 1888.9 3,972p 25cm
◇東京府統計書 明治20年(東京府編) 1888.10 495p 24cm
◇山形県統計書 明治19年(山形県編) 1888.10 2,17,280p 26cm
◇新潟県統計書 明治20年(新潟県編) 1888.11 440p 26cm
◇広島県統計書 明治20年(広島県編) 1888.11 17,483p 24cm
◇茨城県統計表 明治20年(茨城県編) 1889.3 8,294p 25cm
◇群馬県地方税収支一覧表 自明治11年度至明治21年度(群馬県編) 1889.3 [27]p 28cm
◇大日本帝国内務省統計報告 第3回 明治22年3月刊行(内務省総務局報告課編) 1889.3 11,417p 25cm
◇奈良県統計書 明治21年(奈良県編) 1889.3 2,18,357p 25cm
◇富山県統計書 明治19・20年(富山県編) 1889.5 18,378p 24cm
◇日本政治年鑑 第1回(日本政治年鑑社編) 1889.6 10,432p 22cm
◇山形県統計書 明治20年(山形県編) 1889.6 2,17,302p 25cm
◇青森県統計書 明治20年(青森県編) 1889.7 14,300p 27cm
◇熊本県統計書 明治20年(熊本県編) 1889.9 1冊 26cm
◇日本帝国統計年鑑 第8(内閣統計局編) 1889.9 15,1024p 25cm

◇広島県統計書 明治21年（広島県編） 1889.10 18,451p 24cm

◇福島県統計書 明治19年 明治20年（福島県編） 1889.10 14,392p 26cm

◇大日本帝国内務省統計報告 第4回 明治22年12月刊行（内務省総務局報告課編） 1889.12 9,330p 25cm

◇千葉県統計書 明治20年（千葉県編） 1889.12 14,414p 26cm

◇東京府統計書 明治21年（東京府編） 1889.12 527p 24cm

◇滋賀県統計書 自明治19年至明治21年（滋賀県編） 1890.3 12,428p 24cm

◇滋賀県統計書 明治18年（滋賀県編） 1890.3 16,381p 24cm

◇富山県統計書 明治21年（富山県編） 1890.3 18,370p 25cm

◇鳥取県統計書 明治21年（鳥取県編） 1890.4 ［18,418］p 26cm

◇埼玉県統計書 明治20年（埼玉県編） 1890.5 390p 25cm

◇福島県統計書 明治21年（福島県編） 1890.5 14,374p 26cm

◇奈良県統計書 明治22年（奈良県編） 1890.7 2,18,330p 24cm

◇山形県統計書 明治21年（山形県編） 1890.7 18,325p 25cm

◇熊本県統計書 明治21年（熊本県編） 1890.8 2,404p 26cm

◇群馬県統計書 明治20年（群馬県編） 1890.8 7,178p 26cm

◇新潟県統計書 明治21年（新潟県編） 1890.8 17,446p 25cm

◇長野県統計書 明治21年（長野県編） 1890.9 409p 26cm

◇日本帝国統計年鑑 第9回（内閣統計局編） 1890.9 14,1031p 25cm

◇広島県統計書 明治22年（広島県編） 1890.10 18,459p 24cm

◇大日本帝国内務省統計報告 第5回 明治23年11月刊行（内務省総務局報告課編） 1890.11 10,351p 25cm

◇東京府統計書 明治22年（東京府編） 1890.12 525p 24cm

◇文部省年報 第17 明治22年（文部省編） 1890.12 169p 26cm

◇京都府統計書 明治21年（京都府編） 1891.3 401p 26cm

◇熊本県統計書 明治22年（熊本県編） 1891.4 1冊 26cm

◇新潟県統計書 明治22年（新潟県編） 1891.4 1冊 25cm

◇滋賀県統計書 明治22年（滋賀県編） 1891.6 15,504p 24cm

◇警視庁事務年表 明治23年（警視総監官房第2部第3課編） 1891.7 7,276p 25cm

◇奈良県統計書 明治23年（奈良県編） 1891.9 2,18,338p 25cm

◇日本帝国統計年鑑 第10（内閣統計局編） 1891.9 14,1067p 25cm

◇長野県統計書 明治22年（長野県編） 1891.10 416p 26cm

◇岩手県統計書 明治22年（岩手県編） 1891.11 2,12,286p 25cm

◇熊本県統計書 明治23年（熊本県編） 1891.11 1冊 26cm

◇広島県統計書 明治23年（広島県編） 1891.11 16,469p 24cm

◇京都府勧業統計報告 第8回（京都府内務部第二課編） 1891.12 5,132p 26cm

◇島根県統計書 明治22年（島根県編） 1891.12 14,289p 25cm

◇大日本帝国内務省統計報告 第6回 明治24年12月刊行（内務大臣官房報告課編） 1891.12 11,423p 25cm

◇日本帝国文部省年報 第18 明治23年（文部省編） 1891.12 173p 26cm

◇千葉県地方税支出予算議案 明治25年度（千葉県編） 1892 1冊 24cm

◇富山県統計書 明治22年（富山県編） 1892.3 18,342p 24cm

◇富山県統計書 明治23年（富山県編） 1892.3 18,156,188p 25cm

◇東京府統計書 明治23年（東京府編） 1892.4 561p 24cm

◇滋賀県統計書 明治23年（滋賀県編） 1892.5 15,512p 24cm

◇島根県統計書 明治23年（島根県編） 1892.5 12,277p 25cm

◇京都府統計書 明治22年明治23年（京都府編） 1892.6 436p 26cm

◇岩手県統計書 明治23年（岩手県編） 1892.9 2,14,300p 25cm

◇新潟県統計書 明治23年（新潟県編） 1892.9 17,466p 26cm

◇奈良県統計書 明治24年（奈良県編） 1892.11 2,18,347p 25cm

◇京都府勧業統計報告 第9回（京都府内務部編） 1892.12 5,141p 26cm

◇東京府統計書 明治24年（東京府編） 1892.12 583p 25cm

◇長野県統計書 明治24年（長野県編） 1892.12 415p 26cm

◇日本帝国統計年鑑 第11（内閣統計局編） 1892.12 14,1070p 25cm

◇広島県統計書 明治24年（広島県編） 1892.12 17,467p 24cm

◇大日本帝国文部省年報 第19 明治24年（文部省編） 1893.1 157p 26cm

◇大阪府統計書 明治24年（大阪府編） 1893.2 644p 25cm

◇大日本帝国内務省統計報告 第7回 明治25年12月刊行（内務大臣官房報告課編） 1893.2 11,379p 25cm

◇岩手県統計書 明治24年（岩手県編） 1893.3 2,15,317p 25cm

◇京都府統計書 明治24年（京都府編） 1893.5 351p 26cm

◇東京府衛生年報 明治25年（東京府編） 1893.7 44p 30cm

◇奈良県統計書 明治25年（奈良県編） 1893.9 21,377p 25cm

◇京都府勧業統計報告 第10回（京都府内務部編） 1893.12 5,130p 26cm

◇東京府統計書 明治25年（東京府編） 1893.12 582p 25cm

◇日本帝国統計年鑑 第12（内閣統計局編） 1893.12 14,1063p 25cm

◇大日本帝国内務省統計報告 第8回 明治26年12月刊行（内務大臣官房文書課編） 1894.1 10,387p 25cm

◇滋賀県統計書 明治24年（滋賀県編） 1894.2 16,590p 25cm

◇新潟県統計書 明治24年（新潟県編） 1894.2 17,470p 25cm

◇兵庫県統計書 明治25年（兵庫県編） 1894.2 8,489p 26cm

◇大阪府統計書 明治25年（大阪府編） 1894.3 652p 25cm

◇栃木県統計書 明治25年（栃木県編） 1894.3 1,7,329p 25cm

◇石川県統計書 明治25年（石川県編） 1894.4 16,233p 23cm

◇埼玉県統計書 明治25年（埼玉県編） 1894.4 2,7,394p 25cm

◇富山県統計書 明治25年（富山県編） 1894.4 18,297p 25cm

◇京都府統計書 明治25年（京都府編） 1894.5 352p 26cm

◇長野県統計書 明治25年（長野県編） 1894.5 407p 26cm

◇広島県統計書 明治25年（広島県編） 1894.5 18,461p 24cm

◇三重県統計書 明治25年（三重県編） 1894.8 1冊 23cm

◇新潟県統計書 明治25年（新潟県編） 1894.10 17,504p 25cm

◇大阪府統計書 明治26年（大阪府編） 1894.11 660p 25cm

◇大日本帝国内務省統計報告 第9回 明治27年12月刊行（内務大臣官房文書課編） 1894.12 11,402p 26cm

◇東京府統計書 明治26年（東京府編） 1894.12 592p 25cm

◇奈良県統計書 明治26年（奈良県編） 1894.12 19,368p 25cm

◇日本帝国統計年鑑 第13（内閣書記官室統計課編） 1894.12 14,1094p 25cm

◇京都府勧業統計報告 第11回（京都府内務部編） 1895.1 5,131p 26cm

◇警視庁統計書 明治26年（警視庁編） 1895.1 15,285p 26cm

◇大阪市統計書 明治28年版（大阪市役所編） 1895.2 180p 26cm

◇三重県統計書 明治26年（三重県編） 1895.3 1冊 23cm

◇山梨県統計書 明治26年（山梨県編） 1895.3 1冊 26cm

◇青森県統計書 明治26年(青森県編) 1895.4 14,318p 26cm
◇石川県統計書 明治26年(石川県編) 1895.4 16,243p 24cm
◇茨城県統計表 明治26年(茨城県編) 1895.4 14,266p 25cm
◇富山県統計書 明治26年(富山県編) 1895.4 17,333p 25cm
◇広島県統計書 明治26年(広島県編) 1895.5 16,502p 24cm
◇長野県統計書 明治26年(長野県編) 1895.6 397p 26cm
◇新潟県統計書 明治26年(新潟県編) 1895.6 17,445p 25cm
◇宮城県統計書 明治26年(宮城県編) 1895.6 19,422p 25cm
◇島根県統計書 明治24・25年(島根県編) 1895.7 1冊 25cm
◇茨城県統計書 明治27年(茨城県編) 1895.8 14,247p 25cm
◇鹿児島県統計書 明治26年(鹿児島県編) 1895.8 13,439p 27cm
◇東京府統計書 明治27年(東京府編) 1895.10 435p 16cm
◇奈良県統計書 明治27年(奈良県編) 1895.10 19,414p 25cm
◇大阪府統計書 明治27年(大阪府編) 1895.11 666p 25cm
◇大日本帝国内務省統計報告 第10回 明治28年12月刊行(内務大臣官房文書課編) 1895.12 11,409p 26cm
◇日本帝国統計年鑑 第14(内閣書記官室統計課編) 1895.12 14,1099p 25cm
◇日本帝国文部省年報 第22 明治27年(文部省編) 1895.12 175p 26cm
◇三重県統計書 明治27年(三重県編) 1895.12 1冊 25cm
◇石川県統計書 明治27年(石川県編) 1896.3 16,251p 24cm
◇京都府勧業統計報告 第12回(京都府内務部編) 1896.4 5,130p 26cm
◇広島県統計書 明治27年(広島県編) 1896.4 11,476p 24cm
◇島根県統計書 明治26・27年(島根県編) 1896.6 13,346p 25cm
◇新潟県統計書 明治27年(新潟県編) 1896.6 15,455p 25cm
◇警視庁統計書 明治28年(警視庁編) 1896.9 15,372p 16cm
◇滋賀県統計書 明治25・6年(滋賀県編) 1896.9 16,708p 25cm
◇土木局統計年報 第5回 明治29年9月編纂(内務省土木局製図課編) 1896.11 2,2,63p 26cm
◇北海道庁統計綜覧(北海道庁編) 1896.11 138,1084p 25cm
◇大阪府統計書 明治28年(大阪府編) 1896.12 688p 25cm
◇島根県統計書 明治28年(島根県編) 1896.12 12,267p 24cm
◇大日本帝国内務省統計報告 第11回 明治29年12月刊行(内務大臣官房文書課編) 1896.12 10,368p 26cm
◇東京府統計書 明治28年(東京府編) 1896.12 434p 16cm
◇奈良県統計書 明治28年(奈良県編) 1896.12 20,441p 25cm
◇日本帝国統計年鑑 第15(内閣書記官室統計課編) 1896.12 14,1151p 25cm
◇広島県統計書 明治28年(広島県編) 1897.1 16,474p 24cm
◇宮崎県統計書 明治28年(宮崎県編) 1897.2 18,422p 23cm
◇石川県統計書 明治28年(石川県編) 1897.3 16,265p 24cm
◇土木局統計年報 第6回 明治30年3月編纂(内務省土木局製図課編) 1897.3 2,2,74p 26cm
◇福島県統計書 明治28年(福島県編) 1897.5 14,360p 27cm
◇鹿児島県統計書 明治28年(鹿児島県編) 1897.6 9,589p 26cm
◇京都府勧業統計報告 第13回(京都府内務部編) 1897.6 5,137p 26cm
◇茨城県統計書 明治28年(茨城県編) 1897.7 9,179p 24cm
◇警視庁統計書 明治29年(警視庁編) 1897.12 18,374p 16cm
◇日本帝国統計年鑑 第16(内閣書記官室記録課編) 1897.12 14,1185p 25cm
◇広島県統計書 明治29年(広島県編) 1897.12 2,16,467p 24cm
◇東京市歳入出決算書 明治30年度(東京市編) 1898 1冊 26cm
◇高知県統計書 明治29年(高知県編) 1898.4 330p 26cm
◇佐賀県統計書 第12回 明治28年(佐賀県編) 1898.4 166,194p 26cm
◇大日本帝国内務省統計報告 第12回 明治31年3月刊行(内務大臣官房文書課編) 1898.4 11,398p 26cm
◇土木局統計年報 第7回 明治31年3月編纂(内務省土木局製図課編) 1898.4 2,3,83p 26cm
◇京都府勧業統計報告 第14回(京都府内務部編) 1898.5 5,143p 26cm
◇群馬県統計書 明治29年(群馬県編) 1898.5 260p 25cm
◇茨城県統計書 [明治29年](茨城県編) 1898.6 11,206p 24cm
◇大分県統計書 明治29年(大分県編) 1898.6 382p 26cm
◇島根県統計書 明治29年(島根県編) 1898.6 12,260p 24cm
◇熊本県統計書 明治29年(熊本県編) 1898.7 [8,324]p 26cm
◇東京府学事年報 第24 明治29年(東京府内務部第3課編) 1898.7 64p 26cm
◇北海道庁統計書 第9回(北海道編) 1898.11 660p 24cm
◇警視庁統計書 明治30年(警視庁編) 1898.12 19,360p 16cm
◇日本帝国統計年鑑 第17(内閣統計局編) 1898.12 14,1180p 25cm
◇東京市歳入出決算書 明治31年度(東京市編) 1899 1冊 26cm
◇東京府学事年報 第25 明治30年(東京府内務部第3課編) 1899.1 4,91p 25cm
◇三重県統計書 明治29年(三重県編) 1899.2 1冊 25cm
◇東京府統計書 明治30年(東京府編) 1899.3 393p 26cm
◇広島県統計書 明治30年(広島県編) 1899.3 2,16,464p 24cm
◇熊本県統計書 明治30年(熊本県編) 1899.4 [8,342]p 26cm
◇滋賀県統計書 明治30年(滋賀県編) 1899.4 2,10,530p 25cm
◇大日本帝国内務省統計報告書 第13回 明治32年3月刊行(内務大臣官房文書課編) 1899.4 11,431p 26cm
◇土木局統計年報 第8回 明治32年3月編纂(内務省土木局製図課編) 1899.4 2,3,95p 26cm
◇新潟県統計書 明治28・9年(新潟県編) 1899.6 14,573p 24cm
◇京都府勧業統計報告 第15回 30年分(京都府内務部編) 1899.7 5,144p 26cm
◇群馬県統計書 明治30年(群馬県編) 1899.9 276p 25cm
◇北海道庁統計書 第10回(北海道編) 1899.10 10,742p 25cm
◇東京府学事年報 第26 明治31年(東京府内務部第3課編) 1899.12 4,82p 26cm
◇日本帝国統計年鑑 第18(内閣統計局編) 1899.12 14,1218p 25cm
◇日本帝国文部省年報 第26 明治31年度(文部省編) 1899.12 631p 26cm
◇東京市歳入出決算書 明治32年度(東京市編) 1900 1冊 26cm
◇大阪市市勢一斑 第1回(大阪市役所編) 1900.3 9,167p 16cm
◇大阪府統計書 明治31年(大阪府編) 1900.4 494p 25cm
◇土木局統計年報 第9回 明治33年3月編纂(内務省土木局製図課編) 1900.4 2,5,133p 26cm
◇東京府統計書 明治31年(東京府編) 1900.5 436p 26cm
◇広島県統計書 明治31年(広島県編) 1900.5 2,18,442p 24cm
◇山梨県統計書 明治31年(山梨県編) 1900.5 22,518p 26cm
◇京都府勧業統計報告 第16回 31年分(京都府内務部編) 1900.6 5,

147p 26cm

◇群馬県統計書 明治31年（群馬県編） 1900.10 5,294p 25cm

◇熊本県統計書 明治31年（熊本県編） 1900.11 [8,380]p 26cm

◇日本帝国統計年鑑 第19（内閣統計局編） 1900.12 14,1175p 25cm

◇宮城県統計書 明治32年（宮城県編） 1901.1 7,325p 26cm

◇東京府学事年報 第27 明治32年（東京府内務部第3課編） 1901.2 5,92p 25cm

◇大阪市統計書 第1回 明治32年（大阪市役所編） 1901.3 428p 27cm

◇大日本帝国内務省統計報告書 第15回 明治34年3月刊行（内務省総務局文書課編） 1901.3 14,462p 26cm

◇日本帝国人口統計 明治31年（内閣統計局編） 1901.3 6,369p 27cm

◇東京府府勢一斑 第1回（東京府編） 1901.4 165p 16cm

◇土木局統計年報 第10回 明治34年3月編纂（内務省土木局製図課編） 1901.4 2,3,156p 26cm

◇三重県統計書 明治31年（三重県編） 1901.5 16,6,417p 25cm

◇京都府勧業統計報告 第17回 32年分（京都府内務部編） 1901.6 10,335p 26cm

◇東京府統計書 明治32年（東京府編） 1901.7 463p 26cm

◇福島県統計書 第18次（明治33年）（福島県編） 1901.11 2,9,466p 26cm

◇日本帝国統計年鑑 第20（内閣統計局編） 1901.12 14,1185p 25cm

◇三重県統計書 明治32年（三重県編） 1901.12 1冊 25cm

◇東京市歳入出決算書 明治33年度（東京市編） 1902 1冊 26cm

◇警視庁統計書 明治33年（警視庁編） 1902.1 21,446p 16cm

◇熊本県統計書 明治33年（熊本県編） 1902.2 [8,394]p 26cm

◇岩手県統計書 明治32年（岩手県編） 1902.3 2,10,320p 26cm

◇大阪市統計書 第2回 明治33年（大阪市役所編） 1902.3 14,526p 26cm

◇群馬県統計書 明治32年（群馬県編） 1902.3 13,281p 25cm

◇大日本帝国内務省統計報告 第16回 明治35年3月刊行（内務省総務局文書課編） 1902.3 14,477p 26cm

◇東京府統計書 明治33年（東京府編） 1902.3 521p 26cm

◇京都府勧業統計報告 第18回 33年分（京都府内務部編） 1902.5 12,320p 26cm

◇東京府学事年報 第28 明治33年（東京府内務部第3課編） 1902.6 5,90p 26cm

◇東京市況一斑 第1回 明治33年（東京市役所総務部庶務課編） 1902.7 10,352p 19cm

◇東京統計協会創立二十五年紀念編纂日本帝国統計全書（東京統計協会編） 1902.9 605p 26cm

◇山形県勧業年報 第12回（明治33年）（山形県内務部第4課編） 1902.9 2,14,400p 23cm

◇山形県統計書 明治33年（山形県編） 1902.9 20,400p 27cm

◇福島県統計書 第19（明治34年）（福島県編） 1902.11 2,10,482p 26cm

◇大阪市統計書 第3回 明治34年（大阪市役所編） 1902.12 14,17,309p 25cm

◇群馬県統計書 明治33年（群馬県編） 1902.12 14,319p 27cm

◇日本帝国人口動態統計 明治32年 原表ノ部（内閣統計局編） 1902.12 458p 34cm

◇日本帝国統計年鑑 第21（内閣統計局編） 1902.12 14,1206p 25cm

◇東京市歳入出決算書 明治34年度（東京市編） 1903 1冊 26cm

◇三重県統計書 明治34年（三重県編） 1903.1 17,6,449p 25cm

◇熊本県統計書 第22回（熊本県編） 1903.2 2,383p 25cm

◇東京府統計書 明治34年（東京府編） 1903.3 456p 26cm

◇山梨県統計書 明治34年（山梨県編） 1903.3 12,560p 26cm

◇日本帝国文部省年報 第29 明治34年度（文部省編） 1903.4 716p 26cm

◇神戸市統計一斑 第1回[明治35年]（神戸市編） 1903.5 19,5,230p 22cm

◇土木局統計年報 第12回 明治36年4月編纂（内務省土木局製図課編） 1903.5 2,4,176p 26cm

◇京都府勧業統計書 第19回 明治34年（京都府内務部編） 1903.6 15,303p 23cm

◇東京市統計年表 第1回 明治34年（東京市役所総務部庶務課編） 1903.6 11,312p 22cm

◇東京府学事年報 第29 明治34年（東京府内務部第3課編） 1903.6 105p 25cm

◇地方財政概要 自明治24年度至明治33年度（内務省地方局編） 1903.7 70p 26cm

◇山形県統計書 明治34年（山形県編） 1903.7 20,410p 26cm

◇佐賀県統計書 第18回 明治34年（佐賀県編） 1903.8 212,180p 26cm

◇印刷局疾患調査の梗概（内閣統計局編） 1903.10 36p 26cm

◇群馬県統計書 明治34年（群馬県編） 1903.10 16,420p 27cm

◇福島県統計書 第20（明治35年）（福島県編） 1903.10 12,565p 26cm

◇警視庁統計書 明治35年（警視庁編） 1903.12 16,377p 23cm

◇警視庁統計書 明治37年（警視庁編） 1903.12 15,368p 23cm

◇日本帝国人口動態統計 明治33年 原表ノ部（内閣統計局編） 1903.12 354p 34cm

◇日本帝国統計年鑑 第22（内閣統計局編） 1903.12 14,1279p 25cm

◇山形県勧業年報 第13回（明治34年）（山形県内務部第4課編） 1903.12 2,14,360p 23cm

◇東京市歳入出決算書 明治35年度（東京市編） 1904 1冊 26cm

◇地方財政：府県・市・町村歳入出・地方債諸表（細川雄二郎編） 苓北文庫 1904.1 153p 27cm

◇京都府勧業統計書 第20回 明治35年（京都府内務部編） 1904.3 9,404p 22cm

◇統計講演筆記 再版（内閣統計局編） 1904.3 133p 25cm

◇日本帝国文部省年報 第30 明治35年度（文部省編） 1904.3 736p 26cm

◇三重県統計書 明治35年（三重県編） 1904.3 17,6,482p 25cm

◇東京府統計書 明治35年（東京府編） 1904.4 471p 26cm

◇東京府学事年報 第30 明治35年（東京府内務部第3課編） 1904.5 102p 26cm

◇長野県統計書 第19 明治34年（長野県編） 1904.5 394p 27cm

◇北海道庁統計書 第14回（北海道編） 1904.5 1,9,581p 26cm

◇山形県統計書 明治35年（山形県編） 1904.7 21,412,5p 26cm

◇土木局統計年報 第13回 明治37年6月編纂（内務省土木局製図課編） 1904.9 2,4,220p 26cm

◇茨城県統計書 明治34年（茨城県編） 1904.10 1冊 26cm

◇東京市統計年表 第2回 明治35年（東京市役所庶務課編） 1904.10 13,526p 22cm

◇福島県統計書 第21（明治36年）（福島県編） 1904.10 2,14,740p 26cm

◇埼玉県勧業年報 明治36年（埼玉県内務部第4課編） 1904.11 14,321p 16cm

◇群馬県統計書 明治35年（群馬県編） 1904.12 18,440p 25cm

◇千葉県統計書 明治36年 第2巻（千葉県編） 1904.12 3,479p 26cm

730

◇日本帝国統計年鑑 第23(内閣統計局編) 1904.12 14,1289p 25cm

◇東京市歳入出決算書 明治36年度(東京市編) 1905 1冊 26cm

◇日本帝国人口動態統計 明治34年 原表ノ部(内閣統計局編) 1905.2 357p 34cm

◇大日本帝国内務省統計報告 第19回 明治38年3月刊行(内務大臣官房文書課編) 1905.3 16,547p 26cm

◇日本帝国文部省年報 第31 明治36年度(文部省編) 1905.3 221p 26cm

◇三重県統計書 明治36年(三重県編) 1905.3 1冊 25cm

◇大阪市統計書 第4回 明治36年(大阪市役所編) 1905.4 400p 27cm

◇東京府学事年報 第31 明治36年(東京府内務部第3課編) 1905.5 5,138p 26cm

◇東京府統計書 明治36年(東京府編) 1905.5 466p 26cm

◇徳島県統計書 明治36年(徳島県編) 1905.5 8,368p 26cm

◇長野県統計書 第20 明治35年(長野県編) 1905.6 504p 27cm

◇山形県統計書 明治36年(山形県編) 1905.8 20,412p 26cm

◇関東実業区一府七県産業比較統計(千葉県第三部編) 1905.10 72p 23cm

◇長野県統計書 第21 明治36年(長野県編) 1905.11 465p 27cm

◇群馬県統計書 明治36年(群馬県編) 1905.12 16,413p 27cm

◇警視庁統計書 明治38年(警視庁編) 1905.12 15,366p 23cm

◇東京市統計年表 第3回(東京市役所庶務課編) 1905.12 19,903p 22cm

◇日本帝国統計年鑑 第24(内閣統計局編) 1905.12 8,870p 26cm

◇福島県統計書 第22(明治37年)(福島県編) 1905.12 15,726p,27cm 26cm

◇東京市歳入出決算書 明治37年度(東京市編) 1906 1冊 26cm

◇日本帝国人口動態統計 明治35年 原表ノ部(内閣統計局編) 1906.1 357p 34cm

◇大阪市統計書 第5回 明治37年(大阪市役所編) 1906.2 449p 27cm

◇鳥取県統計書 明治37年(鳥取県編) 1906.2 9,524p 26cm

◇京都府統計書 明治37年(京都府編) 1906.3 1冊 26cm

◇大日本帝国内務省統計報告 第20回 明治39年3月刊行(内務大臣官房文書課編) 1906.3 16,581p 26cm

◇群馬県統計書 明治37年 勧業之部(群馬県編) 1906.4 16,417p 26cm

◇日本帝国人口動態統計 明治36年 原表ノ部(内閣統計局編) 1906.4 357p 34cm

◇東京府学事年報 第32 明治37年(東京府第2部学務課編) 1906.5 6,138p 26cm

◇東京府統計書 明治37年(東京府編) 1906.5 556p 26cm

◇秋田県統計書 第22回(明治37年)(秋田県編) 1906.6 26,872p 27cm

◇三重県統計書 明治37年(三重県編) 1906.6 1冊 26cm

◇山形県統計書 明治37年(山形県編) 1906.7 20,396p 26cm

◇群馬県統計書 明治38年 人口及雑之部(群馬県編) 1906.10 2,9,186p 27cm

◇警視庁統計書 明治39年(警視庁編) 1906.12 16,381p 23cm

◇日本帝国統計年鑑 第25(内閣統計局編) 1906.12 8,901p 26cm

◇福島県統計書 第23(明治38年)(福島県編) 1906.12 16,749p,27cm 26cm

◇東京市歳入出決算書 明治38年度(東京市編) 1907 1冊 26cm

◇警視庁統計書 明治40年(警視庁編) 1907.1 16,393p 23cm

◇統監府施設一斑(朝鮮統監府編) 1907.2 2,233p 27cm

◇韓国財務要覧(韓国政府財政顧問本部編) 1907.3 6,106p 23cm

◇京都府統計書 明治38年(京都府編) 1907.3 1冊 26cm

◇大日本帝国内務省統計報告 第21回[明治40年3月刊行](内務大臣官房文書課編) 1907.3 17,608p 26cm

◇日本帝国人口動態統計 明治37年 原表ノ部(内閣統計局編) 1907.3 357p 34cm

◇米沢市統計年表 明治39年(米沢市役所編) 1907.3 5,52p 24cm

◇神戸市統計書 明治38年(神戸市編) 1907.4 13,316p 27cm

◇茨城県統計書 明治37年 第3編 産業(茨城県編) 1907.5 1,7,259p 27cm

◇神奈川県統計書 明治38年 第3編 勧業部(神奈川県編) 1907.5 2,98p 27cm

◇東京市統計年表 第4回(東京市役所庶務課編) 1907.5 18,1117p 22cm

◇東京府学事年報 第33 明治38年(東京府第2部学務課編) 1907.5 6,144p 26cm

◇日本帝国文部省年報 第33 明治38年度(文部省編) 1907.5 285p 26cm

◇東京府職業別死亡統計表 明治37年(内閣統計局編) 1907.7 1冊 26cm

◇東京府統計書 明治38年(東京府編) 1907.7 519p 26cm

◇三重県統計書 明治38年(三重県編) 1907.7 1冊 26cm

◇山形県統計書 明治38年(山形県編) 1907.8 21,[409]p 26cm

◇大阪府職業別死亡統計表 明治37年(内閣統計局編) 1907.10 105p 26cm

◇宮崎県治概要(宮崎県編) 1907.10 1冊 22cm

◇大阪市統計書 第6回 明治38年(大阪市役所編) 1907.11 530p 27cm

◇道府県現住人口 自明治17年至明治36年(内閣統計局編) 1907.11 7p 26cm

◇富山県経済の民力調査 明治39年(富山県編) 1907.11 84p 26cm

◇日本帝国統計年鑑 第26(内閣統計局編) 1907.12 8,916p 26cm

◇東京市歳入出決算書 明治39年度(東京市編) 1908 1冊 27cm

◇拾ヶ年間火災統計表 自明治26年至明治35年(農商務省商工局保険課編) 1908.2 160,16p 27cm

◇鉄道局年報 明治39年度(通信省鉄道局編) 1908.2 1冊 30cm

◇日本帝国人口動態統計 明治38年 実数及比例(内閣統計局編) 1908.2 357,27p 34cm

◇岩手県統計書 明治39年(岩手県編) 1908.3 10,402,44p 26cm

◇京都府統計書 明治39年(京都府編) 1908.3 1冊 26cm

◇滋賀県統計全書 明治39年(滋賀県編) 1908.3 28,573p 27cm

◇大日本帝国内務省統計報告 第22回 明治41年3月刊行(内務大臣官房文書課編) 1908.3 17,619p 26cm

◇北海道庁統計書 第17回(北海道編) 1908.3 11,663p 26cm

◇台湾樺太及国境外死亡細別:明治37年明治38年日本帝国人口動態統計第一表中(内閣統計局編) 1908.4 203p 27cm

◇徳島県統計書 明治39年(徳島県編) 1908.4 8,345p 26cm

◇三重県統計書 明治39年(三重県編) 1908.4 8,3,512p 26cm

◇大阪市統計書 第7回 明治39年(大阪市役所編) 1908.5 554p 27cm

◇神奈川県統計書 明治39年 第3編 勧業部(神奈川県編) 1908.5 2,98p 27cm

◇東京府統計書 明治39年(東京府編) 1908.5 483p 26cm

◇日本帝国文部省年報 第34 明治39年度(文部省編) 1908.5 357p 26cm

◇山形県統計書 明治39年(山形県編) 1908.7 21,423p 26cm

◇東京市学事年報 第7回 自明治39年至明治40年（東京市役所教育課編） 1908.8 7,225p 26cm

◇東京市統計年表 第5回（東京市臨時市勢調査局統計部編） 1908.8 18,1145p 23cm

 奈良県統計書 明治39年（奈良県編） 1908.8 8,455p 26cm

◇警視庁統計書 明治42年（警視庁編） 1908.11 16,421p 23cm

◇日本帝国統計年鑑 第27（内閣統計局編） 1908.12 9,966p 26cm

◇国有鉄道現況 明治42年12月調査（鉄道院編） 1909 3,60p 26cm

◇群馬県統計書 明治40年 人口及雑之部（群馬県編） 1909.1 78p 26cm

 神戸市臨時市勢調査顚末（神戸市役所編） 1909.2 117,43p 27cm

◇京都府統計書 明治40年（京都府編） 1909.3 1冊 26cm

◇群馬県統計書 明治40年 勧業之部（群馬県編） 1909.3 3,203p 26cm

◇大日本帝国内務省統計報告 第23回 明治42年3月刊行（内務大臣官房文書課編） 1909.3 18,631p 26cm

◇日本帝国人口動態統計 明治39年 実数及比例（内閣統計局編） 1909.3 8,207,54p 34cm

◇福島県統計書 第25回（明治40年）（福島県編） 1909.3 16,773,27p 26cm

◇神奈川県統計書 明治40年 第3編 勧業部（神奈川県編） 1909.4 104p 27cm

◇万国統計協会会議（第十一回）・万国衛生並民勢会議（第十四回）概況報告書：附 欧米各大都市統計事業視察ニ関スル報告（柳沢保恵著） 東京市 1909.4 37,29p 22cm

◇日本帝国文部省年報 第35 明治40年度（文部省編） 1909.5 409p 26cm

◇東京市財政概要表 第1,2回調査（市政講究会編） 1909.6 17p 26cm

◇東京市財政概要表 第3回調査（市政講究会編） 1909.6 23p 26cm

◇東京市市勢調査概数表 明治41年（東京市統計課編） 1909.6 2,149,16p 27cm

◇東京府統計書 明治40年（東京府編） 1909.6 459p 26cm

◇大阪府統計書 明治41年（大阪府編） 1909.7 7,303,29p 27cm

◇山形県統計書 明治40年（山形県編） 1909.7 21,408p 27cm

◇東京市統計年表 第6回（東京市役所編） 1909.9 24,1199p 22cm

 熊本市勢要覧［明治42年］（熊本市編） 1909.10 1枚 14cm

 熊本市統計年報 第10回 明治42年11月刊行（熊本市役所編） 1909.11 6,237p 26cm

◇東京市市勢調査原表 明治41年施行 第1巻（東京市統計課編） 1909.11 367p 35cm

◇長野県統計書 第25 明治40年（長野県編） 1909.11 12,461,20p 27cm

◇京都市統計書 第1回（明治41年）（京都市編） 1909.12 11,331p 27cm

◇警視庁統計書 明治41年（警視庁編） 1909.12 16,420p 23cm

◇大日本帝国港湾統計 明治39、明治40年 前編（内務省土木局編） 1909.12 507p 26cm

◇日本帝国統計年鑑 第28（内閣統計局編） 1909.12 9,996p 26cm

◇福島県統計書 第26回（明治41年）（福島県編） 1909.12 16,755,27p 26cm

◇国有鉄道現況 明治43年12月調（鉄道院編） 1910 7,100p 26cm

◇日本帝国死因統計 明治40年（実数及比例）（内閣統計局編） 1910.1 4,611,98p 34cm

◇福島県石城郡統計書 第1回（明治40年）（福島県石城郡役所編） 1910.1 780,22p 24cm

◇滋賀県統計全書 明治41年（滋賀県編） 1910.2 12,597p 27cm

◇大日本帝国内務省統計報告 第24回 明治43年3月刊行（内務大臣官房文書課編） 1910.3 20,633p 26cm

◇地方財政概要 自明治33年度至明治42年度（内務省地方局編） 1910.3 44p 26cm

◇名古屋市統計書 第10回（明治41年）（名古屋市編） 1910.4 8,237p 27cm

◇東京市市勢調査原表 明治41年施行 第5巻（東京市統計課編） 1910.5 56p 35cm

◇福井県坂井郡治概要 増訂（福井県坂井郡役所編） 1910.5 194p 23cm

◇千葉県印旛郡町村経済調査（千葉県印旛郡農会編） 1910.6 16,766p 25cm

◇東京府統計書 明治41年 第1巻（東京府編） 1910.6 211p 26cm

◇長野県統計書 明治41年（長野県編） 1910.6 487,20p 27cm

◇日本帝国文部省年報 第36 明治41年度（文部省編） 1910.6 5,429p 26cm

◇東京府統計書 明治41年 第2巻（東京府編） 1910.7 201,108p 26cm

◇東京府統計書 明治41年 第3巻（東京府編） 1910.7 224p 26cm

◇東京府統計書 明治41年 第4巻（東京府編） 1910.7 85p 26cm

◇東京府統計書 明治41年 第4巻附録（東京府編） 1910.7 28p 26cm

◇山形県統計書 明治41年（山形県編） 1910.7 10,396p 26cm

◇大阪府統計書 明治42年（大阪府編） 1910.8 7,337,30p 27cm

◇大日本帝国港湾統計 明治39、明治40年 中編（内務省土木局編） 1910.8 431p 26cm

◇大阪市統計書 第9回 明治42年（大阪市役所編） 1910.10 744p 27cm

◇福島県統計書 第27回（明治42年）（福島県編） 1910.11 16,769,27p 26cm

◇日本帝国統計年鑑 第29（内閣統計局編） 1910.12 9,1044p 26cm

◇東京市各経済歳入歳出決算報告 明治42年度（東京市編） 1911 1冊 27cm

◇［東京市］電気事業成績調査 明治44年度（東京市電気局編） 1911 59p 23cm

◇東京府会決議録 明治44年（東京府編） 1911 187,60p 23cm 東京府歳入歳出予算

◇地方財政及経済事項調査書 第1回（長野税務監督局編） 1911.1 4,3,328p 26cm

◇東京市統計年表 第7回（東京市役所編） 1911.1 31,1273p 23cm

◇京都府統計書 明治42年（京都府編） 1911.3 1冊 26cm

◇熊本県統計書 第30回（熊本県編） 1911.3 8,458p 26cm

◇東京市市勢調査原表 明治41年施行 第2巻（東京市統計課編） 1911.3 4,485p 35cm

◇東京市市勢調査原表 明治41年施行 第3巻（東京市統計課編） 1911.3 1089p 35cm

◇東京市市勢調査原表 明治41年施行 第4巻（東京市統計課編） 1911.3 273p 35cm

◇東京市市勢調査職業別現在人口表 明治41年施行（東京市統計課編） 1911.3 454,74p 35cm

◇日本帝国死因統計 明治41年（実数及比例）（内閣統計局編） 1911.3 4,643,110p 34cm

◇日本帝国人口静態統計 明治41年12月31日（内閣統計局編） 1911.3 285,59,132p 34cm

◇名古屋市統計書 第11回（明治42年）（名古屋市編） 1911.4 8,256p 27cm

◇東京市勢提要 第1回（東京市統計課編） 1911.6 124p 14cm

◇東京府統計書 明治42年 第2巻（東京府編） 1911.6 108p 26cm

◇東京府統計書 明治42年 第3巻（東京府編） 1911.6 212p 26cm
◇東京府統計書 明治42年 第4巻（東京府編） 1911.6 93p 26cm
◇日本帝国文部省年報 第37 明治42年度（文部省編） 1911.6 5,449p 26cm
◇神戸市統計書 明治42年（神戸市編） 1911.7 6,450p 27cm
◇札幌区統計書 明治44年刊（札幌区役所編） 1911.7 181p 16cm
◇衛生統計ニ関スル描画図並統計表：衛生統計ニ関スル描画図ノ説明（二階堂保則編） 内閣統計局 1911.8 1冊 31cm
◇広軌鉄道改築準備委員会調査始末一斑（広軌鉄道改築準備委員会編） 1911.8 1冊 27cm
◇東京府統計書 明治42年 第1巻（東京府編） 1911.8 158p 26cm
◇大日本帝国港湾統計 明治39、明治40年 後編（内務省土木局編） 1911.10 609p 26cm
◇警視庁統計書 明治43年（警視庁編） 1911.12 16,601p 23cm
◇袖珍世界年鑑 明治44年（伊東祐穀著） 博文館 1911.12 1冊 16cm
◇東京市統計年表 第8回（東京市役所編） 1911.12 31,1275p 23cm
◇日本帝国統計年鑑 第30（内閣統計局編） 1911.12 10,1056p 26cm
◇福島県統計書 第28回（明治43年）（福島県編） 1911.12 16,786,30p 26cm
◇各府県市町村費精算表 自明治22年度至同24年度 1912 3枚 26cm
◇各府県地方予算収出一覧表 明治14年度（内務省庶務局編） 1912 1枚 22cm
◇東京府治一覧（東京府編） 1912 1枚 26cm
◇新潟県学事一覧表 明治15年（新潟県編） 1912 16p 28cm
◇新潟県学事年報 第3年報（明治15年）（新潟県編） 1912 1冊 28cm
◇新潟県学事年報 第4年報（明治16年）（新潟県編） 1912 25,44p 28cm
◇新潟県学事年報 第5年報（明治17年）（新潟県編） 1912 46p 29cm
◇新潟県学事年報 第6年報（明治18年）（新潟県編） 1912 55p 26cm
◇新潟県学事年報 第9年報（明治21年）（新潟県編） 1912 38p 26cm
◇日本帝国民籍戸口表 明治22年12月31日調（内務省図書局戸籍課編） 1912 152p 29cm
◇大阪府統計書 明治43年（大阪府編） 1912.1 341,30p 27cm
◇京都市統計書 第3回（明治43年）（京都市編） 1912.2 10,470p 27cm
◇京都府統計書 明治43年（京都府編） 1912.2 1冊 26cm
◇大阪市統計書 第10回 明治43年（大阪市役所編） 1912.3 948p 28cm
◇細民調査統計表（内務省地方局編） 1912.3 1冊 27cm
◇東京市市勢調査比例篇 明治41年施行（東京市統計課編） 1912.3 6,687p 27cm
◇東京府統計書 明治43年 第2巻（東京府編） 1912.3 256p 26cm
◇東京府統計書 明治43年 第3巻（東京府編） 1912.3 117p 26cm
◇名古屋市統計書 第12回（明治43年）（名古屋市編） 1912.3 14,296p 27cm
◇日本人ノ生命ニ関スル研究：一名「日本国民新死亡表」（矢野恒太著，内閣統計局編） 1912.3 2,145p 31cm
◇日本帝国死因統計 明治42年 第1編 府県北海道（内閣統計局編） 1912.3 505,67p 34cm
◇日本帝国死因統計 明治42年 第2編 人口5万以上ノ市及区（内閣統計局編） 1912.3 335,67p 34cm
◇日本帝国人口動態統計 自明治32年至同41年 材料徴収ニ関スル規定・比例（内閣統計局編） 1912.3 4,40,315p 34cm
◇新潟県佐渡郡郡勢調査原表 明治42年12月1日 新潟県佐渡郡郡勢調査顛末（新潟県佐渡郡編） 1912.4 411,30p 26cm

◇山形県生産調査（山形県編） 1912.4 8,100p 22cm 明治45年4月30日県報登載 通牒別冊
◇五ヶ間火災統計表 自明治36年至明治40年（農商務省商務局保険課編） 1912.4 107,23p 27cm
◇台湾一覧：台湾日日新報創刊15年記念（台湾日日新報社編） 1912.5 94p 22cm
◇山梨県統計書 明治43年（山梨県編） 1912.5 8,395p 27cm
◇神戸市統計書 明治43年（神戸市編） 1912.7 6,541p 27cm
◇大日本帝国内務省統計報告 第26回 明治45年7月刊行（内務大臣官房文書課編） 1912.7 4,280p 27cm
◇東京府統計書 明治43年 第1巻（東京府編） 1912.7 230p 26cm
◇日本帝国文部省年報 第38 明治43年度（文部大臣官房文書課編） 1912.7 5,449p 26cm
◇大日本帝国港湾統計 明治41年 前編（内務省土木局調査課編） 1912.10 385p 26cm
◇大日本帝国港湾統計 明治41年 後編（内務省土木局調査課編） 1912.10 13,641p 26cm
◇東京市財政 第4回調査（市政講究会編） 1912.10 5p 26cm
◇警視庁統計書 明治44年（警視庁編） 1912.11 16,613p 23cm
◇東京市財政統計調査復命書（［東京市統計課］編） 1912.11 5,154p 26cm
◇京都市統計書 第4回（明治44年）（京都市編） 1912.12 11,433p 27cm
◇東京市統計年表 第9回（東京市役所編） 1912.12 20,955p 22cm
◇日本帝国統計年鑑 第31（内閣統計局編） 1912.12 10,980p 26cm
◇瓦斯事業要覧 大正元年度（帝国瓦斯協会編） 1913 25p 31cm
◇国有鉄道現況 大正2年12月調（鉄道院編） 1913 5,122p 26cm
◇東京市歳入出予算（特別会計）大正2年度（東京市編） 1913 106p 22cm
◇東京市歳入出予算（普通会計）大正2年度（東京市編） 1913 110p 22cm
◇民有地ニ関スル統計材料（内閣統計局編） 1913.1 4,271p 31cm 維新以後帝国統計材料彙纂
◇現住人口静態ニ関スル統計材料（内閣統計局編） 1913.2 55,77,88p 31cm 維新以後帝国統計材料彙纂
◇袖珍世界年鑑 大正元年（伊東祐穀著） 博文館 1913.2 1冊 15cm
◇福島県統計書 第29回（明治44年）（福島県編） 1913.2 14,769,27p 26cm
◇岩手県統計書 明治44年（岩手県編） 1913.3 9,535,25p 27cm
◇急性伝染病ニ因ル死亡統計：原表 自明治32年至同41年（内閣統計局編） 1913.3 593p 31cm
◇京都府統計書 明治44年（京都府編） 1913.3 1冊 26cm
◇郡治概要 明治44年（群馬県勢多郡役所編） 1913.3 18,300,180p 23cm
◇刑事被告人ニ関スル統計材料（内閣統計局編） 1913.3 2,56,29p 31cm 維新以後帝国統計材料彙纂
◇東京市職業紹介所年報 第2回（大正元年度）（東京市編） 1913.3 32p 22cm
◇東京市勢提要 第2回（東京市統計課編） 1913.3 135p 14cm
◇名古屋市統計書 第13回（明治44年）（名古屋市編） 1913.3 14,296p 27cm
◇日本帝国人口動態統計 明治43年 実数及比例（内閣統計局編） 1913.3 12,276,90p 34cm
◇東京市町名別戸数及人口 大正元年12月31日現在（東京市商工及統計課調査編） 1913.4 90p 23cm
◇山形県統計書 明治44年 衛生之部（山形県編） 1913.4 2,85,32p 26cm

◇地方財政概要 自明治36年度至大正元年度（内務省地方局編） 1913.5 67p 26cm

◇大阪市統計書 第11回 明治44年（大阪市役所編） 1913.6 1062p 27cm

◇東京府統計書 明治44年 自第1巻至第3巻合本（東京府編） 1913.6 192,264,115p 26cm

◇大日本帝国内務省統計報告 第27回 大正2年7月刊行（内務大臣官房文書課編） 1913.7 4,304p 27cm

◇大日本帝国港湾統計 明治42年（内務省土木局調査課編） 1913.8 756p 27cm

◇東京市戸数及人口 大正2年12月31日現在（東京市商工及統計課調査編） 1913.9 107p 23cm

◇京都市統計書 第5回（大正元年）（京都市編） 1913.10 2,12,590p 27cm

◇日本帝国死因統計 明治43年 第1編 府県北海道（内閣統計局編） 1913.10 611,67p 34cm

◇日本帝国文部省年報 第39 明治44年度（文部大臣官房文書課編） 1913.10 5,357p 27cm

◇警視庁統計書 明治45年大正元年（警視庁編） 1913.11 16,611p 23cm

◇日本帝国死因統計 明治43年 第2編 人口5万以上ノ市及区（内閣統計局編） 1913.11 4,335,67p 34cm

◇東京市統計年表 第10回（東京市役所編） 1913.12 20,963p 22cm

◇東京市歳入出予算（特別会計） 大正3年度（東京市編） 1914 120p 22cm

◇東京市歳入出予算（普通会計） 大正3年度（東京市編） 1914 113p 22cm

◇[東京市]電気事業成績調書 大正2年度（東京市電気局編） 1914 77p 23cm

◇日本帝国統計年鑑 第32（内閣統計局編） 1914.1 16,1018p 26cm

◇東京市学事年報 第12回［明治44年度］（東京市役所編） 1914.2 8,137p 26cm

◇大阪府統計書 大正元年（大阪府編） 1914.3 17,466p 27cm

◇京都府統計書 大正元年（京都府編） 1914.3 1冊 26cm

◇東京市職業紹介所年報 第3回（大正2年度）（東京市編） 1914.3 3,50p 23cm

◇東京市勢提要 第3回（東京市統計課編） 1914.3 9,257p 14cm

◇東京府統計書 大正元年 第3巻（東京府編） 1914.4 132p 26cm

◇東京府統計書 大正元年 第4巻（東京府編） 1914.4 215p 26cm

◇東京大正博覧会出品統計図表原表：大正元年度東京府統計書附録（東京府内務部編） 1914.5 61p 18cm

◇東京府統計書 大正元年 第1巻（東京府編） 1914.5 190p 26cm

◇東京府統計書 大正元年 第2巻（東京府編） 1914.5 267p 26cm

◇名古屋市統計書 第14回（明治45年 大正元年）（名古屋市編） 1914.5 14,297p 27cm

◇東京市各経済歳入出総決算書 明治45年度 大正元年度 第244号（東京市編） 1914.6 56p 22cm 東京市公報

◇最近本邦生産統計（相原重政著） 東京統計協会 1914.7 248p 27cm

◇地方債統計 大正元年度（内務省地方局編） 1914.7 277p 27cm

◇山形県統計書 明治45年 大正元年 衛生之部（山形県編） 1914.7 3,101,18p 26cm

◇大日本帝国内務省統計報告 第28回 大正3年8月刊行（内務大臣官房文書課編） 1914.8 4,322p 27cm

◇大阪府治概覧（大阪府編） 1914.11 6,246p 23cm

◇京都市統計書 第6回（大正2年）（京都市編） 1914.11 2,12,569p 27cm

◇警視庁統計書 大正2年（警視庁編） 1914.11 17,566p 23cm

◇大日本帝国港湾統計 明治44年（内務省土木局調査課編） 1914.11 773p 27cm+図1枚

◇樺太庁治一班 第6回（樺太庁編） 1914.12 2,18,278p 18cm

◇東京市学事年報 第13回［大正元年度］（東京市役所編） 1914.12 8,133p 26cm

◇東京市統計図表［大正3年刊］（東京市役所編） 1914.12 1冊 27cm

◇東京市統計年表 第11回（東京市役所編） 1914.12 19,991p 22cm

◇日本帝国統計年鑑 第33（内閣統計局編） 1914.12 18,1075p 26cm

◇日本帝国文部省年報 第40 明治45年度（文部省編） 1914.12 5,396p 26cm

◇日本橋区勢一覧 第1回 大正3年刊（東京市日本橋区役所編） 1914.12 80p 15cm

◇東京貨物集散調査書：附 東京港横浜港船舶出入及貨物積卸状況 大正3年（東京市庶務課編） 1915 2,2,127p 23cm

◇東京市歳入出予算（特別会計） 大正4年度（東京市編） 1915 119p 22cm

◇東京市歳入出予算（普通会計） 大正4年度（東京市編） 1915 8,94p 22cm

◇[東京市]電気事業成績調書 第4回 大正3年度（東京市電気局編） 1915 78p 23cm

◇大阪市統計書 第12回 明治45年（大阪市役所編） 1915.1 1268p 27cm

◇京都府人口統計 大正2年（京都府編） 1915.3 98p 26cm

◇東京市職業紹介所年報 第4回（大正3年度）（東京市編） 1915.3 78p 23cm

◇東京市勢提要 第4回（東京市統計課編） 1915.3 9,263p 14cm

◇東京府統計書 大正2年 第1巻（東京府編） 1915.3 278p 26cm

◇東京府統計書 大正2年 第3巻（東京府編） 1915.3 219p 26cm

◇日本帝国人口静態及人口動態統計 描画並該描画図ノ基ツケル統計表：巴奈馬太平洋万国博覧会出品（内閣統計局編） 1915.3 38p 26cm

◇東京府統計書 大正2年 第2巻（東京府編） 1915.4 250p 26cm

◇京都府統計書 大正2年（京都府編） 1915.5 1冊 25cm

◇大日本帝国港湾統計 明治45年大正元年（内務省土木局調査課編） 1915.5 854p 27cm+図1枚

◇東京市町名別戸数及人口 大正3年12月31日現在（東京市庶務課編） 1915.5 80p 23cm

◇名古屋市統計書 第15回（大正2年）（名古屋市編） 1915.6 14,303p 27cm

◇耕地整理要覧 第12次 大正3年8月現在（農商務省農務局編） 1915.7 2,100p 26cm

◇大日本帝国内務省統計報告 第29回 大正4年7月刊行（内務大臣官房文書課編） 1915.7 4,340p 27cm

◇東京市下水道年報 第1回（東京市臨時下水改良課編） 1915.7 1冊 23cm

◇愛知県海部郡郡勢要覧 大正4年（海部郡役所編） 1915.8 5,53,217p 16cm

◇宮崎県統計書 大正2年（宮崎県編） 1915.9 8,488p 27cm

◇大阪府統計書 大正2年（大阪府編） 1915.10 11,14,669p 27cm

◇日本帝国文部省年報 第41 大正2年度 上巻（文部省編） 1915.10 5,389p 26cm

◇日本帝国文部省年報 第41 大正2年度 下（文部省編） 1915.10 691p 26cm

◇門司市勢要覧（門司市編） 1915.10 82p 23cm

◇日本帝国統計年鑑 第34（内閣統計局編） 1915.11 20,1074p 26cm

◇京都府統計書 大正3年（京都府編） 1915.12 1冊 25cm

◇東京市学事年報 第14回［大正2年度］（東京市役所編） 1915.12 8,136p 26cm
◇東京市統計年表 第12回（東京市役所編） 1915.12 21,989p 22cm
◇奈良県統計書 大正2年（奈良県編） 1915.12 1冊 27cm
◇歳入歳出決算 大正3年度 府県 大正2年度 北海道（内務省地方局編） 1916 12p 27cm
◇東京貨物集散調査書：附 東京港横浜港船舶出入及貨物積卸状況 大正4年（東京市庶務課編） 1916 2,3,193p 23cm
◇東京市各経済歳入出決算報告 大正4年度（東京市編） 1916 1冊 27cm
◇東京市歳入出予算（特別会計） 大正5年度（東京市編） 1916 108p 22cm
◇東京市歳入出予算（普通会計） 大正5年度（東京市編） 1916 7,92p 22cm
◇［東京市］電気事業成績調査書 第5回 大正4年度（東京市電気局編） 1916 86p 23cm
◇地方財政概要 大正3年度（内務省地方局編） 1916.2 72p 26cm
◇地方債統計年報 大正3年度（大蔵省理財局編） 1916.2 73p 27cm
◇瓦斯事業要覧 大正3年度（農商務省商工局編） 1916.3 23p 31cm
◇京都市統計書 第7回（大正3年）（京都市編） 1916.3 2,9,448p 27cm
◇鳥取県統計書 大正3年 第1編（鳥取県編） 1916.3 3,220p 26cm
◇鳥取県統計書 大正3年 第2編（鳥取県編） 1916.3 2,94p 26cm
◇鳥取県統計書 大正3年 第3編（鳥取県編） 1916.3 3,206p 26cm
◇鳥取県統計書 大正3年 第4編（鳥取県編） 1916.3 2,84p 26cm
◇神戸市統計書 大正3年（神戸市編） 1916.4 1冊 27cm
◇東京市職業紹介所年報 第5回（大正4年度）（東京市） 1916.4 83p 23cm
◇東京市町別現住戸数及現住人口 大正4年12月31日現在（東京市庶務課編） 1916.4 43p 23cm
◇大正二年末人口静態調査ニ拠ル帝国人口概説（内閣統計局編） 1916.5 179p 27cm
◇大日本帝国港湾統計 大正3年（内務省土木局調査課編） 1916.5 394p 27cm+図1枚
◇東京府統計書 大正3年（東京府編） 1916.5 766p 27cm
◇名古屋市統計書 第16回（大正3年）（名古屋市編） 1916.5 15,312p 26cm
◇大阪市統計書 第13回 大正3年（大阪市役所編） 1916.6 24,876p 23cm
◇大日本帝国内務省統計報告 第30回 大正5年7月刊行（内務大臣官房文書課編） 1916.7 4,426p 27cm
◇山形県統計書 大正3年 衛生之部（山形県編） 1916.7 3,110p 26cm
◇福島県第15回戸口統計 大正4年［福島県］編） 1916.8 42p 26cm
◇日本帝国文部省年報 第42 大正3年度 上巻（文部省編） 1916.9 6,397p 26cm
◇日本帝国文部省年報 第42 大正3年度 下巻（文部省編） 1916.9 709p 26cm
◇青森県東津軽郡統計一斑 大正4年（青森県東津軽郡編） 1916.10 8,119p 19cm
◇大阪府統計書 大正3年（大阪府編） 1916.10 14,738p 27cm
◇東京府北多摩郡勢一覧（東京府北多摩郡農会編） 1916.10 248,70p 22cm
◇福岡県治要覧（福岡県編） 1916.11 6,296p 22cm
◇山口県治概要（山口県編） 1916.11 13,432,28p 23cm
◇日本帝国統計年鑑 第35回（内閣統計局編） 1916.12 18,1053p 26cm

◇東京市各経済歳入出決算報告 大正5年度（東京市編） 1917 1冊 27cm
◇東京市歳入出予算（特別会計） 大正6年度（東京市編） 1917 108p 22cm
◇東京市歳入出予算（普通会計） 大正6年度（東京市編） 1917 8,96p 22cm
◇［東京市］電気事業成績調査書 第6回 大正5年度（東京市電気局編） 1917 41,46p 23cm
◇福島県治要覧（福島県編） 1917 1冊 28cm
◇東京市統計年表 第13回（東京市役所編） 1917.1 20,995p 22cm
◇宮崎県統計書 大正3年（宮崎県編） 1917.1 8,605p 27cm
◇瓦斯事業要覧 大正4年度（農商務省商工局編） 1917.2 23p 31cm
◇千葉県統計書 大正4年 第7編 財政、議会、官公吏（千葉県知事官房編） 1917.3 2,89p 26cm
◇地方経済ト教育費トノ関係概要（文部省普通学務局編） 1917.3 41p 27cm
◇地方債統計 大正4年度（内務省地方局） 1917.3 73p 26cm
◇鳥取県統計書 大正4年 第2編（鳥取県編） 1917.3 2,92p 26cm
◇鳥取県統計書 大正4年 第4編（鳥取県編） 1917.3 2,80p 26cm
◇長崎県統計書 大正4年（長崎県編） 1917.3 2,6,600p 27cm
◇奈良県統計書 大正3年（奈良県編） 1917.3 1冊 27cm
◇北海道庁統計書 第27回 第2巻 勧業之部（北海道編） 1917.3 9,833p 26cm
◇大阪港勢一斑 大正4年（大阪市役所港湾部編） 1917.4 8,307,52p 26cm
◇京都市統計書 第8回（大正4年）（京都市編） 1917.4 2,9,462p 27cm
◇鳥取県統計書 大正4年 第1編（鳥取県編） 1917.4 3,220p 26cm
◇東京府統計書 大正4年（東京府編） 1917.5 692p 27cm
◇名古屋市統計書 第17回（大正4年）（名古屋市編） 1917.5 14,298p 26cm
◇大阪市統計書 第14回 大正4年（大阪市役所編） 1917.6 1冊 23cm
◇大阪市財政要覧 第2回 大正6年刊行（大阪市役所庶務課編） 1917.7 185p 22cm
◇大日本帝国内務省統計報告 第31回 大正6年7月刊行（内務大臣官房文書課編） 1917.7 4,434p 27cm
◇東京市下水道年報 第3回（東京市臨時下水改良課編） 1917.7 4,116,2p 23cm
◇東京府生産調（東京府農商課編） 1917.7 2,21,874p 23cm
◇農会調査農事統計［大正6年刊］（農商務省農務局編） 1917.7 100,3p 27cm
◇大日本帝国港湾統計 大正4年（内務省土木局調査課編） 1917.8 475p 27cm+図1枚
◇日本帝国文部省年報 第43 大正4年度 上巻（文部省編） 1917.8 412p 26cm
◇日本帝国文部省年報 第43 大正4年度 下巻（文部省編） 1917.8 745p 26cm
◇警視庁統計書 大正5年（警視庁編） 1917.10 5,390p 27cm
◇東京市統計講習会講演集 第1回 大正6年（東京市編） 1917.11 2,2,388p 22cm
◇京都府財政統計 前編 明治38年度以降（京都府内務部庶務課編） 1917.12 14,408,19p 26cm
◇神戸市電気事業買収顛末（神戸市編） 1917.12 106,17p 22cm
◇東京市統計年表 第14回（東京市役所編） 1917.12 20,1143p 22cm
◇［大阪市］電気事業成績調査書 第20回 大正6年度（大阪市電気局編） 1918 58p 19cm

735

◇瓦斯事業要覧 大正6年度（帝国瓦斯協会編） 1918 17p 31cm 「帝国瓦斯協会雑誌」第9巻第6号 附録

◇［神戸市］電気事業成績報告書 大正6年度（神戸市電気局編） 1918 21,22p 22cm

◇東京市各経済歳入出決算報告 大正6年度（東京市編） 1918 1冊 27cm

◇東京市歳入出予算（特別会計） 大正7年度（東京市編） 1918 110p 22cm

◇東京市歳入出予算（普通会計） 大正7年度（東京市編） 1918 7,104p 22cm

◇［東京市］電気事業成績調査 第7回 大正6年度（東京市電気局編） 1918 45,39p 22cm

◇鳥取県統計書 大正4年 第3編（鳥取県編） 1918.1 4,206p 26cm

◇地方財政概要 自明治39年度至大正6年度（内務省地方局編） 1918.2 3,53p 26cm

◇日本帝国死因統計 大正3年 第1編 府県北海道（内閣統計局編） 1918.2 611,71p 34cm

◇日本帝国統計年鑑 第36回（内閣統計局編） 1918.2 767p 26cm

◇［大阪市］接近町村編入調査資料 其1,其2（大阪市編） 1918.3 1冊 26cm

◇群馬県統計書 大正5年 勧業之部（群馬県編） 1918.3 3,260p 27cm

◇埼玉県統計書 大正5年 第1巻 土地戸口及雑部（埼玉県内務部編） 1918.3 173p 27cm

◇埼玉県統計書 大正5年 第2巻 学事之部（埼玉県内務部編） 1918.3 3,128p 27cm

◇埼玉県統計書 大正5年 第3巻 勧業之部（埼玉県内務部編） 1918.3 4,232p 27cm

◇埼玉県統計書 大正5年 第4巻 警察之部（埼玉県内務部編） 1918.3 2,118p 27cm

◇埼玉県統計書 大正5年 第5巻 衛生之部（埼玉県内務部編） 1918.3 2,63p 27cm

◇千葉県統計書 大正5年 第7編 財政、議会、官公吏（千葉県知事官房編） 1918.3 2,86p 27cm

◇東京府勢要覧 大正5年（東京府内務部庶務課編） 1918.3 6,254p 15cm

◇日本帝国死因統計 大正3年 第2編 人口5万以上ノ市及区（内閣統計局編） 1918.3 411,60p 34cm

◇日本帝国人口動態統計 大正3年（内閣統計局編） 1918.3 12,252,80p 34cm

◇京都市統計書 第9回（大正5年）（京都市編） 1918.4 15,453p 27cm

◇日本帝国死因統計 大正4年 第1編 府県北海道（内閣統計局編） 1918.4 493,71p 34cm

◇地方債統計 大正5年度（内務省地方局編） 1918.5 73p 26cm

◇大阪市統計書 第15回 大正5年（大阪市役所編） 1918.6 31,133,190p 23cm

◇東京府統計書 大正5年（東京府編） 1918.6 762p 26cm

◇名古屋市統計書 第18回（大正5年）（名古屋市編） 1918.6 14,334p 26cm

◇日本帝国死因統計 大正4年 第2編 人口5万以上ノ市及区（内閣統計局編） 1918.6 2,335,60p 34cm

◇日本帝国人口動態統計 大正4年（内閣統計局編） 1918.6 12,250,80p 34cm

◇大日本帝国港湾統計 大正5年（内務省土木局調査課編） 1918.8 600p 26cm+図1枚

◇東京市財政概況 大正7年度（東京市経理課編） 1918.8 114p 23cm

◇日本帝国文部省年報 第44 大正5年度（文部省編） 1918.8 417p 26cm

◇熊本県統計書 第37回（熊本県編） 1918.9 7,508p 26cm

◇大日本帝国内務省統計報告 第32回 大正7年9月刊行（内務大臣官房文書課編） 1918.9 4,448p 27cm

◇大阪市財政要覧 第3回 大正7年刊行（大阪市役所庶務課編） 1918.10 192p 22cm

◇時事年鑑 大正7・8年（時事新報社編） 1918.10 8,26,894p 23cm

◇東京貨物集散調査書 大正6年（東京市庶務課編） 1918.11 3,160p 23cm

◇東京市下水道年報 第4回（東京市臨時下水改良課編） 1918.11 5,84,2p 23cm

◇大阪府統計書 大正5年（大阪府編） 1918.12 14,779p 26cm

◇東京市統計講習会講演集 第2回 大正7年（東京市編） 1918.12 2,2,408p 22cm

◇東京市統計年表 第15回（東京市役所編） 1918.12 20,1125p 22cm

◇山形県統計書 大正5年 衛生之部（山形県編） 1918.12 3,111p 26cm

◇［大阪市］電気事業成績調査書 第21回 大正7年度（大阪市電気局編） 1919 57p 19cm

◇瓦斯事業要覧 大正7年度（帝国瓦斯協会編） 1919 19p 31cm

◇［神戸市］電気事業成績報告書 大正7年度（神戸市電気局編） 1919 29,29p 22cm

◇東京市歳入出予算（特別会計） 大正8年度（東京市編） 1919 120p 22cm

◇東京市歳入出予算（普通会計） 大正8年度（東京市編） 1919 7,109p 22cm

◇東京市接続町村調査資料（桐島像一著） 1919 2,128p 26cm

◇［東京市］電気事業成績調査 第8回 大正7年度（東京市電気局編） 1919 54,46p 23cm

◇各地方ニ於ケル保健衛生調査概況（内務省衛生局［編］） 内務省衛生局 1919.1 2,395p 22cm

◇国有鉄道現況 大正7年11月末調（鉄道院総裁官房文書課編） 1919.1 7,154p 26cm

◇地方財政概要 大正7年度（内務省地方局編） 1919.1 104p 27cm

◇日本帝国統計年鑑 第37回（内閣統計局編） 1919.1 733p 26cm

◇日本帝国死因統計 大正5年 第1編 府県北海道（内閣統計局編） 1919.2 493,71p 34cm

◇群馬県統計書 大正6年 学事之部（群馬県編） 1919.3 155p 27cm

◇滋賀県統計全書 大正6年（滋賀県編） 1919.3 12,815,8p 22cm

◇奈良県統計書 大正5年（奈良県編） 1919.3 1冊 27cm

◇日本帝国死因統計 大正5年 第2編 人口5万以上ノ市及区（内閣統計局編） 1919.3 335,60p 34cm

◇日本帝国人口動態統計 大正5年（内閣統計局編） 1919.3 250,80p 34cm

◇福島県統計書 第35回（福島県編） 1919.3 2,14,760p 26cm

◇山梨県統計書 大正6年（山梨県編） 1919.3 9,565p 23cm

◇京都市統計書 第10回（大正6年）（京都市編） 1919.4 8,8,547p 27cm

◇大阪市統計書 第16回 大正6年（大阪市役所編） 1919.6 1冊 23cm

◇新潟市30年前後比較統計（新潟市編） 1919.6 102p 19cm

◇東京市学事年報 第17回［大正5年度］（東京市役所編） 1919.7 6,110p 22cm

◇東京府統計書 大正6年（東京府編） 1919.7 529p 26cm

◇名古屋市統計書 第19回（大正6年）（名古屋市編） 1919.7 14,326p 27cm

◇大日本帝国内務省統計報告 第33回 大正8年8月刊行（内務大臣官房文書課編） 1919.8 4,475p 27cm

◇東京市物価及賃銀指数表 自明治33年至大正8年（東京商業会議所

◇[編)］1919.8 97p 22cm
◇東京府治概要（東京府編）　1919.8　1,13,397p 20cm
◇大日本帝国港湾統計 大正6年（内務省土木局調査課編）　1919.9 598p 26cm
◇東京市財政概況 大正8年度（東京市経理課編）　1919.9 89p 22cm
◇大阪市学事統計 自大正7年至大正8年（大阪市役所学務課編）1919.10 4,164p 19cm
◇東京市貨物集散調査書 大正7年（東京市庶務課編）　1919.10 3,156p 23cm
◇大阪府治要覧（大阪府編）　1919.11 2,6,390p 22cm
◇日本帝国文部省年報 第45 大正6年度 上巻（文部省編）　1919.11 417p 26cm
◇日本帝国文部省年報 第45 大正6年度 下巻（文部省編）　1919.11 187p 26cm
◇宮崎県統計書 大正6年（宮崎県編）　1919.11 701p 27cm
◇東京市隣接町村諸税負担一覧表（桐島像一著）　1919.12 13p 19cm
◇[大阪市]電気事業成績調書 第22回 大正8年度（大阪市電気局編）1920 57p 19cm
◇瓦斯事業要覧 大正8年度（帝国瓦斯協会編）　1920 17p 31cm
◇[京都市]水利事業電気軌道事業成績調査 大正8年度（京都市電気局編）　1920 34,32,12p 22cm
◇[神戸市]電気事業成績報告書 大正8年度（神戸市電気局編）　1920 30,29p 22cm
◇東京市各経済歳入出決算報告 大正7年度（東京市編）　1920 1冊 27cm
◇東京市各経済歳入出決算報告 大正8年度（東京市編）　1920 1冊 27cm
◇東京市歳入出予算（特別会計）大正9年度（東京市編）　1920 2,140p 22cm
◇東京市歳入出予算（普通会計）大正9年度（東京市編）　1920 116p 22cm
◇[東京市]電気事業成績調書 第9回 大正8年度（東京市電気局編）1920 57,48p 23cm
◇時事年鑑 大正9年（時事新報社編）　1920.1 48,896p 23cm
◇山形県統計書 大正6年 衛生之部（山形県編）1920.2 3,114,2p 26cm
◇京都府財政統計 後編 明治38年度以降（京都府内務部庶務課編）1920.3 4,447p 26cm
◇熊本県統計書 第38回（熊本県編）　1920.3 7,550p 26cm
◇滋賀県統計全書 大正7年（滋賀県編）　1920.3 12,885,8p 23cm
◇東京市統計年表 第16回（東京市役所編）　1920.3 20,1215p 23cm
◇富山県統計書 大正7年（富山県編）　1920.3 1冊 25cm
◇日本帝国死因統計 大正6年 第1編 府県北海道（内閣統計局編）1920.3 493,71p 34cm
◇日本帝国死因統計 大正6年 第2編 人口5万以上ノ市及区（内閣統計局編）1920.3 335,60p 34cm
◇日本帝国人口動態統計 大正6年（内閣統計局編）　1920.3 250,80p 34cm
◇日本帝国統計年鑑 第38（内閣統計局編）　1920.3 17,719p 26cm
◇札幌区区勢調査研究（高岡熊雄著）　札幌区　1920.5 2,8,351p 22cm
◇東京市現住戸数及現住人口 大正8年12月31日現在（東京市庶務課編）1920.5 41p 23cm
◇日本労働年鑑 大正9年版（大原社会問題研究所編）　1920.5 1冊 22cm
◇大阪市統計書 第17回 大正7年（大阪市役所編）　1920.6 1冊 23cm

◇群馬県統計書 大正7年 人口及雑之部（群馬県編）　1920.6 2,99p 27cm
◇東京市勢提要 第9回（東京市役所編）　1920.6 357p 15cm
◇群馬県統計書 大正7年 警察及衛生之部（群馬県編）　1920.8 2,119p 27cm
◇東京市学事調査表 大正9年度（東京市教育課編）　1920.8 52p 27cm
◇名古屋市統計書 第20回（大正7年）（名古屋市編）　1920.8 14,332p 27cm
◇岩手県統計書 大正7年（岩手県編）　1920.9 1冊 27cm
◇東京貨物集散調査書 大正8年（東京市庶務課編）　1920.10 3,148p 23cm
◇東京市財政概況 大正9年度（東京市経理課編）　1920.10 91p 22cm
◇神戸市電気事業要覧 第1回（神戸市電気局編）　1920.11 16p 26cm
◇大日本帝国港湾統計 大正7年（内務省土木局港湾課編）　1920.11 504p 26cm
◇警視庁統計書 大正8年（警視庁編）　1920.12 5,395p 27cm
◇大日本帝国内務省統計報告 第34回（内務大臣官房文書課編）1920.12 445p 27cm
◇地方財政概要 大正9年度（内務省地方局編）　1920.12 151p 27cm
◇東京市下水道事業年報 第5回（東京市臨時下水改良課編）　1920.12 1冊 23cm
◇奈良県統計書 大正7年（奈良県編）　1920.12 1冊 27cm
◇日本帝国人口静態統計：原表 大正7年12月31日（国勢院編）　1920.12 269,7,7p 34cm
◇日本帝国文部省年報 第46 大正7年度（文部大臣官房文書課編）1920.12 435p 26cm
◇[大阪市]電気事業成績調書 第23回 大正9年度（大阪市電気局編）1921 12,24p 22cm
◇[京都市]水利事業電気軌道事業成績調書 大正9年度（京都市電気局編）　1921 38,40p 22cm
◇[神戸市]電気事業成績報告書 大正9年度（神戸市電気局編）　1921 31,27p 22cm
◇東京市歳入出予算（特別会計）大正10年度（東京市編）　1921 2,142p 22cm
◇東京市歳入出予算（普通会計）大正10年度（東京市編）　1921 121p 22cm
◇[東京市]電気事業成績調書 第10回 大正9年度（東京市電気局編）1921 62,50p 23cm
◇時事年鑑 大正10年（時事新報社編）　1921.1 15,1056p 23cm
◇東京市学事年報 第18回［大正6年度 大正7年度］（東京市役所編）1921.1 14,117p 27cm
◇物価二十年（東洋経済新報社編）　1921.1 68p 26cm 「東洋経済新報」第928号附録
◇職工生計状態ニ関スル調査 大正9年（東京府産業部商工課編）1921.2 5,134p 27cm
◇人体寄生虫病及地方病ニ関スル保健衛生調査概況 大正8年度（内務省衛生局編）　1921.2 122p 22cm
◇大阪府統計書 大正7年（大阪府編）　1921.3 25,805p 26cm
◇大阪府統計書 大正8年（大阪府編）　1921.3 12,827p 26cm
◇香川県統計書 大正8年（香川県編）　1921.3 745p 27cm
◇京都市統計書 第11回（大正7年）（京都市編）　1921.3 8,10,491p 27cm
◇国有鉄道現況 大正9年10月末調（鉄道省大臣官房文書課編）　1921.3 15,227p 26cm
◇滋賀県統計全書 大正8年（滋賀県編）　1921.3 12,953,11p 23cm
◇大正7年末日本帝国人口静態調査記述編（国勢院編）　1921.3 61p 27cm

◇大正7年末日本帝国人口静態調査記述編：附録 統計図（国勢院編） 1921.3 11p 27cm

◇通信事業五十年史（逓信省編） 1921.3 326,144p 23cm

◇東京市社会局年報 第1回 大正9年度（東京市社会局編） 1921.3 5,131p 23cm

◇富山県統計書 大正8年（富山県編） 1921.3 1冊 25cm

◇富山市電気軌道事業報告書 第1回（大正9年度）（富山市電軌課編） 1921.3 11p 20cm

◇日本帝国死因統計 大正7年 第2編 人口5万以上ノ市及区（内閣統計局編） 1921.3 335,60p 34cm

◇日本帝国統計年鑑 第39（国勢院編） 1921.3 17,720p 26cm

◇兵庫県統計書 大正6年 第2編（兵庫県編） 1921.3 5,363,3p 26cm

◇福島県統計書 第36回（福島県編） 1921.3 2,13,736p 26cm

◇山形県統計書 大正7年 衛生之部（山形県編） 1921.3 3,107,2p 26cm

◇市街地信用組合概況 大正8年（大蔵省銀行局編） 1921.4 16p 27cm

◇東京市養育院事業概要 大正10年4月編（東京市養育院編） 1921.4 40p 19cm

◇各地方ニ於ケル保健衛生調査概況 大正9年度（内務省衛生局編） 1921.5 13p 22cm

◇人体寄生虫病及地方病ニ関スル保健衛生調査概況 大正9年度（内務省衛生局編） 1921.5 108p 23cm

◇東洋経済経済年鑑 第5年（大正10年度）（東洋経済新報社編） 1921.5 315p 27cm

◇大阪市統計書 第18回 大正8年（大阪市役所編） 1921.6 1冊 23cm

◇岡山県統計書 大正8年（岡山県編） 1921.6 9,651p 26cm

◇沖縄県治一覧（沖縄県編） 1921.6 10,208p 23cm

◇日本社会事業年鑑 大正10年版（大原社会問題研究所編） 1921.6 1,11,340p 22cm

◇東京市統計年表 第17回（東京市役所編） 1921.7 19,1237p 23cm

◇日本帝国死因統計記述編 大正7年（国勢院第一部編） 1921.7 63p 23cm

◇日本労働年鑑 大正10年版（大原社会問題研究所編） 1921.7 1冊 22cm

◇日本社会衛生年鑑 大正10年版（大原社会問題研究所編） 1921.8 8,328p 22cm

◇東京市学事要覧 大正10年度（東京市学務課編） 1921.9 2,48p 26cm

◇東京市勢提要 第10回（東京市役所編） 1921.9 8,367p 15cm

◇名古屋市統計書 第21回（大正8年）（名古屋市編） 1921.9 14,326p 27cm

◇警視庁統計書 大正9年（警視総監官房文書課編） 1921.10 5,404p 26cm

◇大日本帝国内務省統計報告 第35回（内務大臣官房文書課編） 1921.10 4,475p 27cm

◇日本国勢調査記念録 第1巻（日本国勢調査記念出版協会編） 1921.10 187p 19×26cm

◇日本国勢調査記念録 第2巻（日本国勢調査記念出版協会編） 1921.10 264p 19×26cm

◇日本国勢調査記念録 第3巻（日本国勢調査記念出版協会編） 1921.10 571,41p 19×26cm

◇静岡県勢要覧（静岡県編） 1921.11 12,465p 23cm 県勢資料

◇青島要覧（青島守備軍民政署編） 新極東社出版部 1921.11 8,328p 19cm

◇東京市貨物集散調査書 大正9年（東京市商工課編） 1921.11 3,77p 23cm

◇東京市財政概況 大正10年度（東京市役所庶務課編） 1921.11 97p 22cm

◇神戸市電気事業要覧 第2回（神戸市電気局編） 1921.12 25p 26cm

◇神戸市統計書 大正7・8年（神戸市編） 1921.12 1冊 27cm

◇時事年鑑 大正11年（時事新報社編） 1921.12 68,1036p 23cm

◇戦前戦後に於ける国富統計（国勢院第一部編） 1921.12 71p 27cm

◇租税統計書（大蔵省主税局調査）（大蔵省編） 1921.12 13,353p 26cm

◇日本帝国統計年鑑 第40（国勢院編） 1921.12 17,675p 26cm

◇［大阪市］電気事業成績調査 第24回 大正10年度（大阪市電気局編） 1922 43,21p 22cm

◇［神戸市］電気事業成績報告書 大正10年度（神戸市電気局編） 1922 46,39p 22cm

◇［仙台市］電気事業報告書 大正10年度,大正11年度　CD-R版（仙台市電気部編） 1922 CD-R1枚

◇［東京市］各経済歳入出決算報告 大正9年度（東京市編） 1922 1冊 27cm

◇東京市各経済歳入出決算報告書 大正10年度（東京市編） 1922 1冊 27cm

◇東京市歳入出予算（特別会計） 大正11年度（東京市編） 1922 116p 22cm

◇東京市歳入出予算（普通会計） 大正11年度（東京市編） 1922 198p 22cm

◇［東京市］電気事業成績調書 第11回 大正10年度（東京市電気局編） 1922 73,48p 23cm

◇長崎市現勢要覧 大正11年（長崎市編） 1922 1枚 21cm

◇西巣鴨町勢要覧（［東京府北豊島郡］西巣鴨町編） 1922 2,2,201p 17cm

◇松本市一覧 大正11年（松本市編） 1922 1枚 21cm

◇鹿児島県人口静態統計 大正9年（鹿児島県内務部編） 1922.1 26p 19cm

◇地方行政年鑑 大正11年版（帝国地方行政学会編） 1922.1 1冊 23cm

◇東京市市勢統計原表：大正9年10月1日現在調査 第1巻（東京市編） 1922.1 2,16,627p 27cm

◇奈良県統計書 大正8年（奈良県編） 1922.2 1冊 27cm

◇滋賀県統計全書 大正9年（滋賀県編） 1922.3 12,879,13p 22cm

◇第1回国勢調査ノ結果ニ依ル東京市世帯数及人口 大正9年10月1日現在調査（東京市編） 1922.3 1冊 16cm

◇治水事業ニ関スル統計書 第4回 大正10年11月編纂（内務省土木局編） 1922.3 2,4,412p 26cm

◇東京市市勢統計原表：大正9年10月1日現在調査 第2巻（東京市臨時市勢統計課編） 1922.3 17,189p 26cm

◇東京市市勢統計原表：大正9年10月1日現在調査 第3巻（東京市編） 1922.3 121p 35cm

◇東京市社会局年報 第2回 大正10年度（東京市社会局編） 1922.3 5,143p 23cm

◇富山市電気軌道事業報告書 第2回（大正10年度）（富山市電軌課編） 1922.3 14p 19cm

◇名古屋市公設市場概要 大正11年刊（名古屋市編） 1922.3 27p 23cm

◇前橋市統計書 第15回（前橋市役所編） 1922.3 12,212p 22cm

◇山形県統計書 大正8年 衛生之部（山形県編） 1922.3 106,4p 26cm

◇市街地信用組合概況 大正9年（大蔵省銀行局編） 1922.4 24p 26cm

◇大阪市統計書 第19回 大正9年（大阪市役所編） 1922.5 1冊 23cm

◇職業紹介事業要覧 大正10年（東京市社会局編） 1922.5 70p 23cm

◇東京市養育院事業概要 大正11年4月編（東京市養育院編） 1922.5 25p 19cm

◇日本帝国文部省年報 第47 大正8年度（文部省編） 1922.5 416p 26cm

◇愛媛県統計書 大正8年 第3編（産業）（愛媛県編） 1922.6 161p 27cm

◇瓦斯事業要覧 大正9年度（帝国瓦斯協会編） 1922.6 17p 31cm

◇細民調査統計表（内務省社会局編） 1922.6 1冊 27cm

◇東京市下水道事業年報 第6回（東京市下水課編） 1922.6 2,5,147p 23cm

◇東京市人口職業別 大正9年10月1日現在調査（東京市調査課編） 1922.6 17p 16cm

◇直江津商業会議所統計年報 大正10年（直江津商業会議所編） 1922.6 112p 22cm

◇名古屋市統計書 第22回（大正9年）（名古屋市編） 1922.6 14,330p 27cm

◇日本社会事業年鑑 大正11年（大原社会問題研究所） 1922.6 1,10,362p 22cm

◇東京市統計年表 第18回（東京市役所編） 1922.7 18,1197p 23cm

◇日本労働年鑑 大正11年版（大原社会問題研究所編） 1922.7 1冊 22cm

◇神戸市社会事業概況 大正11年4月（神戸市役所社会課編） 1922.8 112,101p 22cm

◇国勢調査要覧表 第1回 大正9年10月1日現在（樺太庁編） 1922.8 20,41p 27cm

◇大日本帝国港湾統計 大正9年（内務省土木局港湾課編） 1922.8 5,417p 26cm

◇地方債統計年表 大正9年度（大蔵省理財局編） 1922.8 80p 27cm

◇呉市勢一斑 大正10年（呉市編） 1922.9 1枚 20cm

◇上水道統計及報告 第1号（上水協議会編） 1922.9 154p 22cm

◇東京市貨物集散調査書 大正10年（東京市商工課編） 1922.9 3,96p 23cm

◇東京市人口年令別及配偶関係 大正9年10月1日現在調査（東京市調査課編） 1922.9 51p 16cm

◇大阪府統計書 大正9年（大阪府編） 1922.10 12,836p 26cm

◇岡崎市勢要覧 大正10年（岡崎市編） 1922.10 11,147p 19cm

◇神戸市電気事業要覧 第3回（神戸市電気局編） 1922.10 32p 26cm

◇全国図書館に関する調査（文部省普通学務局編） 1922.10 4,177p 26cm

◇台南市統計書 第1回 大正10年（台南市役所編） 1922.10 10,99p 22cm

◇高崎市統計一斑 大正11年（高崎市編） 1922.10 2,56p 16cm

◇鹿児島県統計書 大正9年 第2編 勧業之部（鹿児島県編） 1922.11 6,235p 27cm

◇熊本県統計書 第40回 大正9年 第4編 教育社寺及教会（熊本県編） 1922.11 44p 25cm

◇警視庁統計書 大正10年（警視庁編） 1922.11 6,415p 27cm

◇高知県統計書 大正11年 第2編（高知県編） 1922.11 203p 27cm

◇台湾国勢調査要覧表 第1回 大正9年10月1日 第3次臨時台湾戸口調査（台湾総督官房臨時国勢調査部編） 1922.11 1冊 32cm

◇東京市各区町別戸数及人口 大正10年12月31日現在（東京市調査課編） 1922.11 63p 23cm

◇徳島県治概要（徳島県編） 1922.11 1冊 23cm

◇徳島市要覧［大正11年刊］（徳島市役所編） 1922.11 158p 19cm

◇名古屋市財政概要 大正11年度（名古屋市役所庶務課編） 1922.11 53p 22cm

◇毎日年鑑 大正12年（大阪毎日新聞社編） 1922.11 16,719p 19cm

◇勧業統計一斑：附 視察案内（旭川市編） 1922.12 129p 16cm

◇国勢調査結果表 第1回 大正9年10月1日現在（樺太庁編） 1922.12 889p 27cm

◇全国公立私立中学校ニ関スル諸調査 大正10年10月1日現在（文部省普通学務局編） 1922.12 167p 23cm

◇全国公立中学校及高等女学校経費ニ関スル調査 大正11年5月1日調（文部省普通学務局編） 1922.12 107p 23cm

◇大日本帝国内務省統計報告 第36回（内務大臣官房文書課編） 1922.12 4,449p 27cm

◇東京市学事要覧 大正11年度（東京市学務課編） 1922.12 2,47p 27cm

◇東京市財政概況 大正11年度（東京市役所庶務課編） 1922.12 102p 22cm

◇東京府統計書 大正8年（東京府編） 1922.12 972p 27cm

◇日本社会衛生年鑑 大正11年（大原社会問題研究編） 1922.12 10,564p 22cm

◇日本帝国統計年鑑 第41回（内閣統計局編） 1922.12 18,695p 26cm

◇福島県統計書 第37回（福島県編） 1922.12 2,13,882p 26cm

[京都市]水利事業電気軌道事業成績調書 大正11年度（京都市電気局編） 1923 38,42p 22cm

熊本市産業調査資料 大正11年調査 合本（熊本市勧業課編） 1923 1冊 22cm

[神戸市]電気事業報告書 大正11年度（神戸市電気局編） 1923 40,57p 22cm

支那大陸の人口及面積統計並に北京の市勢調査研究（南満洲鉄道株式会社庶務部調査課編） 1923 6,109p 23cm 調査資料

上水道統計及報告 第2号（上水協議会編） 1923 527p 22cm

台湾農家食糧消費調査 大正11年（台湾総督府殖産局編） 1923 14p 26cm 農業基本調査書

高松市勢一斑 大正12年調（高松市編） 1923 1枚 19cm

田畑売買価格及賃貸料調 大正12年3月調（日本勧業銀行調査課編） 1923 10p 26cm

◇千葉市勢一覧 大正11年12月末日現在（千葉市編） 1923 1枚 14cm

◇東京市歳入出予算（特別会計）大正12年度（東京市編） 1923 131p 22cm

◇東京市歳入出予算（普通会計）大正12年度（東京市編） 1923 208p 22cm

[東京市]電気事業成績調書 第12回 大正11年度（東京市電気局編） 1923 85,46p 23cm

◇東京府歳入歳出決算書 大正11年度（東京府編） 1923 1冊 22cm

[名古屋市]電気軌道事業成績調書 第1回 大正11年度（名古屋市電気局編） 1923 19,5p 22cm

◇那覇市勢一覧 大正11年（那覇市編） 1923 1枚 18cm

◇松本市一覧 大正12年（松本市編） 1923 1枚 21cm

◇横浜市教育状況一覧表 大正12年4月末日調（横浜市教育課編） 1923 1枚 21cm

◇地方財政概要 大正11年度（内務省地方局編） 1923.1 109p 27cm

◇茨城県統計書 大正10年 第3編 産業ノ部（茨城県編） 1923.2 1,4,260p 27cm

◇鹿児島県統計書 大正9年 第3編 学事之部（鹿児島県編） 1923.2 4,122p 26cm

◇国有鉄道現況 大正11年10月末調（鉄道大臣官房文書課編） 1923.2 16,288p 26cm

◇東京市市勢統計原表：大正9年10月1日現在調査 第4巻（上）（東京市編） 1923.2 34,993p 35cm

◇東京市市勢統計原表：大正9年10月1日現在調査 第4巻（下）（東京市編） 1923.2 1051p 35cm

◇山形県統計書 大正9年 衛生之部（山形県編） 1923.2 3,107,5p 26cm

◇大阪市衛生施設概要（大阪市衛生課編） 1923.3 10,165,48p 23cm

◇岡山県産業調査書 現況之部（岡山県内務部編） 1923.3 16,499p 26cm

◇京都府統計書 大正10年 第7編 産業機関他（京都府編） 1923.3 98p 26cm

◇公立私立実業学校経費ニ関スル諸調査 大正11年度（文部省実業学務局編） 1923.3 35p 26cm

◇国勢調査報告 大正9年 在外本邦人（［内閣］統計局編） 1923.3 4,10,95p 26cm

◇国勢調査報告 第1回 大正9年10月1日現在（樺太庁編） 1923.3 1冊 27cm

◇全国高等女学校実科高等女学校ニ関スル諸調査 大正10年10月1日現在（文部省普通学務局編） 1923.3 3,406p 22cm

◇全国私立中学校高等女学校［実科高等女学校］経費ニ関スル調査 大正11年4月20日現在（文部省普通学務局編） 1923.3 41p 22cm

◇大日本帝国港湾統計 大正10年（内務省土木局港湾課編） 1923.3 5,377p 27cm

◇第1回国勢調査ノ結果ニ依ル東京市人口年齢別職業及職業上ノ地位 大正9年10月1日現在調査（東京市調査課編） 1923.3 4,60,191p 15cm

◇千葉県統計書 大正10年 第5編 商業工業他（千葉県編） 1923.3 2,188p 26cm

◇東京市市勢統計原表：大正9年10月1日現在調査 第5巻（東京市編） 1923.3 261p 35cm

◇東京市市勢統計原表：大正9年10月1日現在調査 比例篇（東京市編） 1923.3 4,535p 27cm

◇東京市社会局年報 第3回 大正11年度（東京市社会局編） 1923.3 7,229p 23cm

◇東京市統計年表 第19回（東京市役所編） 1923.3 19,1333p 23cm

◇富山市電気軌道事業報告書 第3回（大正11年度）（富山市電軌課編） 1923.3 12p 19cm

◇長野県統計書 大正10年 第3編 勧業（長野県編） 1923.3 251p 27cm

◇農業並水産業戸別調査表 第3回（大正10年）（千葉県知事官房編） 1923.3 2,2,161p 27cm

◇野付牛町勢一斑 大正12年刊（野付牛町編） 1923.3 10,103p 16cm

◇広島市勢一斑 大正10年（広島市編） 1923.3 41p 19cm+ 図1枚

◇福島県統計書 第38回 上編（福島県内務部農商課編） 1923.3 1,5,295p 26cm

◇俸給生活者 小商工業者 住家状態（名古屋市社会課編） 1923.3 30,155p 22cm

◇宮崎県統計書 大正9年（宮崎県編） 1923.3 8,694p 27cm

◇大阪港勢一斑 大正10年（大阪市役所港湾部編） 1923.4 10,252,29p 27cm

◇大阪市統計書 第20回 大正10年（大阪市役所編） 1923.4 1冊 22cm

◇台北市要覧［大正12年刊］（台北市編） 1923.4 38p 16cm

◇大阪市学事統計 自大正10年至大正11年（大阪市役所編） 1923.5 4,201p 19cm

◇岡山県産業調査書 将来計画之部（岡山県内務部編） 1923.5 8,83p 26cm

◇鹿児島県統計書 大正9年 第1編 土地 戸口 其他（鹿児島県編） 1923.5 8,256p 27cm

◇地方学校職員待遇調査［大正12年刊］（文部省普通学務局編） 1923.5 54p 26cm

◇地方教育財政一斑 大正12年刊（文部省普通学務局編） 1923.5 51p 26cm

◇東京市及近接町村中等階級住宅調査 大正11年9月施行（東京府社会課編） 1923.5 95p 27cm

◇東京市下水道事業年報 第7回（大正9年度 大正10年度）（東京市下水課編） 1923.5 2,3,206p 23cm

◇東京市養育院事業概要 大正12年4月編（東京市養育院編） 1923.5 26p 19cm

◇東洋経済経済年鑑 第7年（大正12年度）（東洋経済新報社編） 1923.5 313p 26cm

◇栃木県足利市勢一覧 大正12年4月現在（足利市編） 1923.5 1枚 13cm

◇鳥取市勢一覧 大正12年刊行（鳥取市編） 1923.5 1枚 16cm

◇大津市統計要覧 大正10年（大津市編） 1923.6 56p 17cm

◇上水道統計及報告 第3号（上水協議会編） 1923.6 176p 22cm

◇東京商業会議所統計年報 大正11年（東京商業会議所編） 1923.6 6,207p 23cm

◇豊橋市勢一斑 大正11年（豊橋市編） 1923.6 1枚 20cm

◇日本社会事業年鑑 大正12年（大原社会問題研究所編） 1923.6 1,10,420p 23cm

◇山形県統計書 大正10年 衛生之部（山形県編） 1923.6 3,114,4p 26cm

◇神戸市統計書 第15回（神戸市編） 1923.7 1冊 23cm

◇日本帝国文部省年報 第48 大正9年度 上巻（文部大臣官房文書課編） 1923.7 402p 26cm

◇日本帝国文部省年報 第48 大正9年度 下巻（文部大臣官房文書課編） 1923.7 399p 26cm

◇日本労働年鑑 大正12年版（大原社会問題研究所編） 1923.7 1冊 21cm

◇室蘭市勢一斑 大正11年（室蘭市編） 1923.7 8,116p 23cm

◇［大分］市勢一斑 大正11年（大分市編） 1923.8 2,77p 18cm

◇神戸市勢要覧 第9回（大正10年）（神戸市編） 1923.8 1冊 14cm

◇直江津商業会議所年報 大正11年（直江津商業会議所編） 1923.8 98p 22cm

◇尼崎市勢 第6回 大正12年7月調査（尼崎市編） 1923.9 158p 17cm

◇［大阪商業会議所］統計年報 大正11年（大阪商業会議所編） 1923.9 8,5,216p 22cm

◇大阪府統計書 大正10年（大阪府編） 1923.9 837p 27cm

◇神戸港大観［大正11年］（神戸市編） 1923.9 6,224p 22cm

◇佐賀市勢一斑 大正11年（佐賀市編） 1923.9 5,89p 19cm

◇姫路市勢一覧 大正11年（姫路市編） 1923.9 1枚 20cm

◇青森市統計一斑 大正11年（青森市役所編） 1923.10 6,154p 20cm

◇小樽市統計書 第18回 大正11年 第1編（小樽市役所編） 1923.10 7,111p 18cm

◇釧路市勢一斑 大正11年（釧路市編） 1923.10 161p 13×19cm

◇熊本県統計書 第42回 大正11年 第2編 警察衛生（熊本県編） 1923.10 44p 26cm

◇甲府市統計書 第17回 大正10年（甲府市役所編） 1923.10 7,131p 23cm

◇神戸市社会事業概況 大正12年10月（神戸市役所社会課編） 1923.10 7,93,24p 21cm

◇堺市勢要覧 大正11年（堺市編） 1923.10 9,151,4p 15cm

◇静岡［大正12年刊］（静岡市編） 1923.10 5,120p 16cm

◇静岡市勢要覧 大正11年（静岡市編） 1923.10 1枚 19cm

◇統計上ヨリ見タル静岡県ノ地位 大正10年（臨時刊行第7号）（静岡県内務部調査課編） 1923.10 86,53p 17cm

◇鳥取県統計書 大正11年 第3編（鳥取県編） 1923.10 3,185p 26cm

◇兵庫県統計書 大正11年 10工業（兵庫県編） 1923.10 223p 23cm

◇兵庫県統計書 大正11年 1土地 2気象（兵庫県編） 1923.10 126p

23cm

◇兵庫県統計書 大正11年 3戸口（兵庫県編） 1923.10 85p 23cm

◇福島県統計書 第38回 下編（福島県内務部編） 1923.10 1,6,343p 26cm

◇福山市統計書 大正11年（福山市役所編） 1923.10 12,130p 17cm

◇熊本県統計書 第42回 大正11年 第1編 土地人口（熊本県編） 1923.11 105p 27cm

◇神戸市電気事業要覧 第4回（神戸市電気局編） 1923.11 34p 26cm

◇台南市統計書 第2回 大正11年（台南市役所編） 1923.11 11,132p 22cm

◇高田市統計書 大正11年（高田市役所編） 1923.11 8,60p 19cm

◇津市統計一斑 大正11年（津市編） 1923.11 6,74p 17cm

◇毎日年鑑 大正13年（大阪毎日新聞社編） 1923.11 16,2,719p 19cm

◇若松市勢一斑（福島県） 大正11年（若松市（福島県）編） 1923.11 14,162p 18cm

◇明石市勢一斑 第4回（大正11年）（明石市編） 1923.12 8,132p 17cm

◇石川県統計書 大正11年 第3編 産業（石川県編） 1923.12 3,208p 27cm

◇尾道市勢要覧 大正11年度末現在（尾道市編） 1923.12 1枚 20cm

◇鹿児島県統計書 大正10年 第1編 土地戸口（鹿児島県編） 1923.12 2,98p 26cm

◇久留米市政要覧 大正11・2年（久留米市編） 1923.12 [46]p 19cm

◇国勢調査報告 大正9年 府県の部 第2巻 京都府（内閣統計局編） 1923.12 12,199,8p 26cm

◇名古屋市財政概要 大正12年（名古屋市役所庶務課編） 1923.12 58p 22cm

◇松山市統計要覧 大正11年（松山市編） 1923.12 5,111p 17cm

◇八幡市勢一斑 大正11年（八幡市編） 1923.12 62p 17cm

◇[大阪市]電気事業成績調書 第26回 大正12年度（大阪市電気局編） 1924 52,36p 23cm

◇樺太庁治概要 [大正12年]（樺太庁編） 1924 7,173p 19cm

◇[京都市]水利事業電気軌道事業成績調書 大正12年度（京都市電気局編） 1924 43,43p 22cm

◇熊本市産業調査資料 大正12年調査（熊本市勧業課編） 1924 81p 22cm

◇工場要覧 大正13年（福岡県警察部工場課編） 1924 1枚 15cm

◇[神戸市]電気事業報告書 大正12年度（神戸市電気局編） 1924 72,45p 22cm

◇国勢調査報告 大正9年 府県の部 第4巻 神奈川県（内閣統計局編） 1924 15,205,5p 26cm

◇国勢調査報告 大正9年 府県の部 第9巻 群馬県（[内閣]統計局編） 1924 5,137,5p 26cm

◇国勢調査報告 大正9年 府県の部 第10巻 千葉県（[内閣]統計局編） 1924 125p 26cm

◇上水道統計及報告 第4号（上水協議会編） 1924 555p 22cm

◇全国都市人口及予算 大正13年10月1日調　謄写版（東京市政調査会資料課編） 1924 [7]p 27cm

◇[仙台市]電気事業報告書 大正12年度（仙台市電気部編） 1924 58,27p 23cm

◇東京市各経済決算報告書 大正11年度（東京市編） 1924 1冊 27cm

◇東京市各経済決算報告書 大正12年度（東京市編） 1924 1冊 27cm

◇東京市歳入出予算（特別会計） 大正13年度（東京市編） 1924 2,224p 22cm

◇東京市歳入出予算（普通会計） 大正13年度（東京市編） 1924 201p 22cm

◇東京市職業紹介情報 第3号（東京市中央職業紹介所編） 1924 2,132,7p 22cm

◇[東京市]電気事業成績調書 第13回 大正12年度（東京市電気局編） 1924 100,72p 23cm

◇[名古屋市]電気軌道事業成績調書 第2回 大正12年度（名古屋市電気局編） 1924 50p 22cm

◇北海道庁来往住者戸口統計 大正12年（北海道庁編） 1924 65p 22cm

◇横浜市教育状況一覧表 大正13年4月末日調（横浜市教育課編） 1924 1枚 22cm

◇若松市勢一斑[福島県] 大正13年（若松市（福島県）編） 1924 1枚 14cm

◇地方財政概要 大正12年度（内務省地方局編） 1924.1 86p 27cm

◇東京市学事要覧 大正12年度（東京市学務課編） 1924.1 2,46p 27cm

◇宮城県統計書 大正10年 第2編 勧業（宮城県編） 1924.1 3,276p 26cm

◇列国国勢要覧 大正13年（統計局編） 1924.1 2,4,140p 13cm

◇高知県統計書 大正11年 第1編（高知県編） 1924.2 210p 27cm

◇市街地信用組合概況 大正11年度（大蔵省銀行局編） 1924.2 51p 26cm

◇日本帝国統計年鑑 第42回（内閣統計局編） 1924.2 18,674p 26cm

◇三重県統計書 大正11年 第2編 勧業之部（三重県編） 1924.2 4,319p 26cm

◇臨時戸口調査原表 大正9年 第1巻 世帯之部（関東庁臨時戸口調査部編） 1924.2 216p 38cm

◇臨時戸口調査原表 大正9年 第2巻 人口之部 其ノ1（関東庁臨時戸口調査部編） 1924.2 807p 38cm

◇臨時戸口調査原表 大正9年 第3巻 人口之部 其ノ2（関東庁臨時戸口調査部編） 1924.2 979p 38cm

◇岡山県統計年報 大正11年（岡山県編） 1924.3 9,559p 27cm

◇香川県統計書 大正11年（香川県編） 1924.3 675p 26cm

◇鹿児島市統計書 第11回（鹿児島市役所編） 1924.3 4,159p 27cm

◇京都市財政要覧 大正12年度（京都市役所庶務課編） 1924.3 168p 22cm

◇京都府統計書 大正11年（京都府編） 1924.3 1冊 26cm

◇群馬県統計書 大正11年 勧業之部（群馬県内務部編） 1924.3 3,212p 27cm

◇群馬県統計書 大正11年 警察及衛生之部（群馬県編） 1924.3 2,106p 27cm

◇警視庁統計書 大正11年（警視庁編） 1924.3 5,355p 27cm

◇工場統計表 大正11年（農商務大臣官房統計課編） 1924.3 6,451,4p 27cm

◇国勢調査報告 大正9年 府県の部 第18巻 滋賀県（内閣統計局編） 1924.3 5,121,5p 26cm

◇滋賀県統計全書 大正11年（滋賀県編） 1924.3 12,839,5p 22cm

◇時事年鑑 大正13年（時事新報社編） 1924.3 12,896p 23cm

◇職業紹介年報 大正12年（大阪地方職業紹介事務局編） 1924.3 54,6p 26cm

◇東京市近郊町村勢統計原表 第1巻（東京市編） 1924.3 2,10,217p 27cm

◇東京市勢提要 第11回（東京市役所編） 1924.3 10,297p 15cm

◇徳島県勢要覧 大正11年（徳島県内務部地方課編） 1924.3 8,149p 15cm

◇富山市電気軌道事業報告書 第4回（大正12年度）（富山市電軌課編） 1924.3 11p 19cm

◇乳幼児死亡調査報告 大正9年 乳幼児死亡調査報告統計表 大正9年

(警視庁衛生部編)　1924.3 2,32,146p 30cm

◇兵庫県統計書 大正11年 4産業 5農業(兵庫県編)　1924.3 128p 23cm

◇宮崎県統計書 大正10年(宮崎県編)　1924.3 8,690p 27cm

◇山口県統計書 大正11年 第3編(山口県内務部編)　1924.3 5,186p 26cm

◇山梨県統計書 第39回 第3編 教育(山梨県編)　1924.3 2,122p 24cm

◇山梨県統計書 第39回 第4編 財政其他(山梨県編)　1924.3 3,157p 23cm

◇八幡市工業案内(八幡市編)　1924.3 17p 16cm

◇大阪港勢一斑 大正11年(大阪市役所港湾部編)　1924.4 11,255,39p 27cm

◇産業組合概況［第20次］(産業組合中央会編)　1924.4 32p 26cm

◇島根県統計書 大正11年 第1編(島根県編)　1924.4 3,179p 25cm

◇八幡市勢要覧［大正13年刊］(八幡市編)　1924.4 4,151p 16cm

◇大阪市学事統計 自大正11年至大正12年(大阪市教育部編)　1924.5 4,209p 19cm

◇瓦斯事業要覧 大正11年度(帝国瓦斯協会編)　1924.5 4,19p 31cm

◇全国家賃調査 大正12年11月現在(協調会編)　1924.5 57p 23cm

◇東京市養育院事業概要 大正13年4月編(東京市養育院編)　1924.5 24p 19cm

◇浜松市勢 大正11年調査(浜松市編)　1924.5 9,186p 16cm

◇大阪市統計書 第21回 大正11年(大阪市役所編)　1924.6 1冊 23cm

◇上水道統計及報告 第5号(上水協議会編)　1924.6 157p 22cm

◇名寄町勢一斑［大正13年刊］(名寄町編)　1924.6 1枚 19cm

◇北海道及樺太経済統計要覧 大正13年版(北海道拓殖銀行調査部編)　1924.6 120p 27cm

◇大津市勢要覧 大正11年(大津市編)　1924.7 5,36,8p 18cm

◇京都市統計書 第15回(大正11年)(京都市編)　1924.7 11,33,665p 26cm

◇島根県統計書 大正11年 第3編(島根県編)　1924.7 2,6,191p 25cm

◇大日本帝国港湾統計 大正11年(内務省土木局港湾課編)　1924.7 5,341p 27cm

◇東洋経済経済年鑑 第8年(大正13年度)(東洋経済新報社編)　1924.7 341p 26cm

◇山形県統計書 大正11年 衛生之部(山形県編)　1924.7 3,115,4p 26cm

◇愛知県統計書 大正10年 第1編 土地 戸口 其他(愛知県編)　1924.8 5,289p 26cm

◇鹿児島市統計書 第12回(鹿児島市役所編)　1924.8 4,166p 27cm

◇京都市人口調査［大正10年］(京都市都市計画課編)　1924.8 38p 22cm

◇東京府統計書 大正10年(東京府編)　1924.8 20,962p 26cm

◇岩手県統計書 大正11年 第1編 土地人口其他(岩手県編)　1924.9 3,196,14p 26cm

◇岩手県統計書 大正11年 第3編 勧業(岩手県編)　1924.9 4,270,14p 26cm

◇鹿児島商業会議所統計年報 大正12年(鹿児島商業会議所編)　1924.9 124p 23cm

◇京都商業会議所京都経済統計：附 会社録 大正12年(京都商業会議所編)　1924.9 123p 23cm

◇群馬県統計書 大正12年(群馬県内務部編)　1924.9 1冊 26cm

◇札幌商業会議所統計年報 第11回(札幌商業会議所編)　1924.9 87p 27cm

◇東京市社会局年報 第4回 大正12年度(東京市社会局編)　1924.9 6,218p 22cm

◇直江津商業会議所統計年報 大正12年(直江津商業会議所編)　1924.9 102p 22cm

◇宮城県々治一斑 第38回(大正11年)(宮城県内務部地方課編)　1924.9 2,9,270p 11×14cm+図1枚

◇室蘭市要覧 大正13年刊(室蘭市編)　1924.9 10,108p 18cm

◇朝日年鑑 大正14年(朝日新聞社編)　1924.10 767p 20cm

◇大阪市衛生施設梗要(大阪市保健部編)　1924.10 8,115p 22cm

◇大阪市財政要覧 第7回 大正13年刊行(大阪市役所庶務部編)　1924.10 246p 22cm

◇[大阪商業会議所]統計年報 大正12年(大阪商業会議所編)　1924.10 13,5,233p 22cm

◇電気鉄道事業営業統計書 第1回(電気協会関東支部編)　1924.10 4,197p 27cm

◇東京市財政概況 大正13年度(東京市役所財務課編)　1924.10 80p 22cm

◇東京商業会議所統計年報 大正12年(東京商業会議所編)　1924.10 6,217p 23cm

◇日本労働年鑑 大正13年版(大原社会問題研究所編)　1924.10 1冊 22cm

◇毎日年鑑 大正14年(大阪毎日新聞社編)　1924.10 767p 19cm

◇丸亀市勢一覧［大正13年刊］(丸亀市編)　1924.10 1枚 19cm

◇労働統計実地調査ノ概要：労働統計実地調査結果表 大正13年10月10日(秋田県編)　1924.10 25,11p 23cm

◇若松市勢一覧[福岡県] 大正13年刊(若松市(福岡県)編)　1924.10 1枚 20cm

◇上田市経済統計要覧(上田商業会議所編)　1924.11 54p 19cm

◇[岡崎商業会議所]統計年報 大正12年 岡崎商業会議所報告 大正13年号外(岡崎商業会議所編)　1924.11 78p 22cm

◇小樽商業会議所統計年報 第27回(大正12年)(小樽商業会議所編)　1924.11 250p 22cm

◇求職事情ニ関スル調査 第1巻(東京市中央職業紹介所編)　1924.11 100p 26cm　職業紹介事業ニ関スル参考資料

◇市街地信用組合概況 大正12年度(大蔵省銀行局編)　1924.11 75p 27cm

◇大日本帝国内務省統計報告 第37回(内務大臣官房文書課編)　1924.11 4,406p 26cm

◇東京市養育院年報 第52回(大正12年度)(東京市養育院)　1924.11 2,137p 22cm

◇統計上ヨリ見タル静岡県ノ地位 大正11年(臨時刊行第13号)(静岡県内務部調査課編)　1924.11 88,61p 17cm

◇長野県統計書 大正11年 第1編 土地・戸口・財政・其他(長野県編)　1924.11 244p 27cm

◇奈良県統計書 大正11年 第1編(奈良県編)　1924.11 4,199,15p 23cm

◇日本社会事業年鑑 大正13年(大原社会問題研究所編)　1924.11 1冊 22cm

◇福井県治概要(福井県編)　1924.11 4,341p 23cm

◇岡崎市勢要覧 大正12年(岡崎市編)　1924.12 11,160p 19cm

◇瓦斯事業要覧 大正12年度(帝国瓦斯協会編)　1924.12 16p 31cm

◇樺太庁治一斑 第16回(樺太庁編)　1924.12 16,498p 23cm+図2枚

◇神戸市財政要覧 第18回 大正13年刊(神戸市役所編)　1924.12 119p 15×23cm

◇神戸市電気事業要覧 第5回(神戸市電気局編)　1924.12 40p 26cm

◇時事年鑑 大正14年(時事新報社編)　1924.12 12,868p 23cm

◇上水道統計及報告 第6号(上水協議会編)　1924.12 602p 22cm

◇職業紹介事業年報 大正12年度(東京地方職業紹介事務局編)　1924.12 48,6p 26cm

◇震災調査報告(内務省社会局編)　1924.12 4,162,141p 26cm

◇台南市統計書 第3回 大正12年(台南市役所編)　1924.12 11,141p 23cm

◇東京市学事要覧 大正13年度(東京市学務課編)　1924.12 2,48p 27cm

◇東京市統計年表 第20回(東京市役所編)　1924.12 44,1115p 23cm

◇栃木県統計書 大正11年 第1編 人口及雑 第2編 学事(栃木県編)　1924.12 1冊 23cm

◇長岡市死因統計 自大正8年至大正12年(長岡市編)　1924.12 66p 22cm

◇名古屋市財政概要 大正13年(名古屋市役所庶務課編)　1924.12 54p 26cm

◇日本帝国統計年鑑 第43回(内閣統計局編)　1924.12 18,673p 27cm

◇山梨県統計書 第39回 第2編 勧業(山梨県編)　1924.12 3,155p 23cm

◇労働統計実地調査と大阪市 第1回(大阪市社会部調査課編)　1924.12 69p 19cm　労働調査報告

◇労働統計時報 第1号[大正13年12月刊](社会局統計課編)　1924.12 2,6,166p 22cm

◇労働統計時報 第1号(社会局統計課編)　帝国地方行政学会　1924.12 1冊 22cm

◇宇治山田市勢一覧 大正14年調(宇治山田市編)　1925 1枚 20cm

◇英米主要都市財政統計表[大正14年刊]　謄写版(東京市政調査会編)　1925 [37]p 26cm

◇英米主要都市財政統計表[大正14年刊]　謄写版,複写(東京市政調査会編)　1925 [37]p 27cm

◇[大阪市]電気事業成績調書 第27回 大正13年度(大阪市電気局編)　1925 68,57p 23cm

◇大牟田市勢便覧 昭和3年末現在([大牟田市]編)　1925 1枚 20cm

◇岡山市勢一覧 大正14年(岡山市編)　1925 1枚 19cm

◇香川県統計書 大正14年 自第1編至第5編合本(香川県編)　1925 1冊 27cm

◇鹿児島市勢一斑 大正13年度(鹿児島市編)　1925 1枚 20cm

◇金沢市税務一覧 大正13年度(金沢市編)　1925 23p 15cm

◇[京都市]水利事業電気軌道事業成績調書 大正13年度(京都市電気局編)　1925 46,59p 22cm

◇熊本市電車事業報告書 第1回(熊本市編)　1925 2,53p 22cm

◇群馬県桐生市勢一覧 大正14年(桐生市編)　1925 1枚 15cm

◇[神戸市]電気事業報告書 大正13年度(神戸市電気局編)　1925 70,47p 22cm

◇国勢調査報告 大正9年 府県の部 第3巻 大阪府(内閣統計局編)　1925 1冊 26cm

◇国勢調査報告 大正9年 府県の部 第5巻 兵庫県(内閣統計局編)　1925 13,279,5p 26cm

◇国勢調査報告 大正9年 府県の部 第6巻 長崎県(内閣統計局編)　1925 1冊 26cm

◇国勢調査報告 大正9年 府県の部 第7巻 新潟県(内閣統計局編)　1925 13,189,5p 26cm

◇国勢調査報告 大正9年 府県の部 第14巻 三重県(内閣統計局編)　1925 15,175,5p 26cm

◇国勢調査報告 大正9年 府県の部 第15巻 愛知県(内閣統計局編)　1925 17,225,5p 26cm

◇国勢調査報告 大正9年 府県の部 第16巻 静岡県(内閣統計局編)　1925 10,163,5p 26cm

◇国勢調査報告 大正9年 府県の部 第28巻 石川県(内閣統計局編)　1925 10,169,5p 26cm

◇国勢調査報告 大正9年 府県の部 第39巻 高知県(内閣統計局編)　1925 4,118,5p 26cm

◇国勢調査報告 大正9年 府県の部 第30巻 鳥取県(内閣統計局編)　1925 4,118,5p 26cm

◇国勢調査報告 大正9年 府県の部 第37巻 香川県(内閣統計局編)　1925 6,133,5p 26cm

◇国勢調査報告 大正9年 府県の部 第45巻 鹿児島県(内閣統計局編)　1925 5,165,5p 26cm

◇仁川港状況一斑 大正13年(仁川商業会議所編)　1925 2,49p 17cm

◇製鉄業参考資料 大正14年6月調査(商工省鉱山局編)　1925 27p 27cm

◇仙台市勢一覧 大正13年(仙台市編)　1925 1枚 19cm

◇高松市勢一斑 大正14年調(高松市編)　1925 1枚 19cm

◇津市統計集要 大正13年(津商業会議所編)　1925 55p 22cm

◇東京市魚市場年報 第1報[大正14年刊](東京市魚市場編)　1925 29p 26cm

◇東京市各区歳入出決算報告書 大正12年度(東京市役所編)　1925 1冊 27cm

◇東京市各経済決算報告書 大正13年度(東京市編)　1925 1冊 27cm

◇東京市江東市場年報 第1巻(東京市江東市場編)　1925 25p 23cm

◇東京市歳入出予算(特別会計) 大正14年度(東京市編)　1925 2,159p 22cm

◇東京市歳入出予算(普通会計) 大正14年度(東京市編)　1925 262p 22cm

◇[東京市]電気事業成績調書 第14回 大正13年度(東京市電気局編)　1925 102,59p 23cm

◇東京府会決議録 大正14年(東京府編)　1925 1冊 24cm　東京府歳入歳出予算

◇東京府歳入歳出決算書 大正13年度(東京府編)　1925 1冊 22cm

◇東京府予算概要 大正14年度(東京府編)　1925 69p 25cm

◇長野県上田市勢一覧 第6回(大正14年4月調)(上田市編)　1925 1枚 21cm

◇[名古屋市]電気軌道事業成績調書 第3回 大正13年度(名古屋市電気局編)　1925 48p 22cm

◇函館市勢要覧 大正14年刊行(函館市編)　1925 1枚 19cm

◇浜松市勢一覧表 大正13年度(浜松市編)　1925 1枚 20cm

◇福岡市勢一斑 大正13年(福岡市編)　1925 1枚 19cm

◇北海道庁来往住者戸口統計 大正13年(北海道庁編)　1925 65p 22cm

◇横浜市教育状況一覧表 大正14年4月末日調(横浜市教育課編)　1925 1枚 22cm

◇和歌山市勢一班 大正14年調(和歌山市編)　1925 1枚 20cm

◇地方財政概要 大正13年度(内務省地方局編)　1925.1 85p 28cm

◇鳥取県統計書 大正12年 第1編(鳥取県編)　1925.1 3,169p 26cm

◇新潟県勢一班 大正14年1月刊行(新潟県知事官房編)　1925.1 341p 16cm

◇北海道概況(北海道庁編)　1925.1 8,117p 22cm

◇北海道市町村財政便覧 大正11年度(北海道庁内務部地方課編)　1925.1 59p 22cm

◇北海道道勢一班 大正12年(北海道庁編)　1925.1 10,345p 15cm

◇労働統計実地調査概報 第1回(兵庫県編)　1925.1 32p 22cm

◇求職事情ニ関スル調査 第2巻(東京市中央職業紹介所編)　1925.2 30p 23cm　職業紹介事業ニ関スル参考資料

◇熊本県統計書 第43回 大正12年 第1編 土地人口(熊本県編)　1925.2 100p 27cm

◇震災直後ノ市勢統計 第1巻 世帯数及人口 大正12年11月15日現在

(東京市統計課編)　1925.2 243p 26cm
◇民有地統計調査報告　大正11年10月1日現在(宮城県編)　1925.2 124,14p 27cm
◇労働統計実地調査概要(栃木県内務部庶務課編)　1925.2 44p 22cm
◇茨城県統計書　大正12年　第3編　産業ノ部(茨城県編)　1925.3 1,3, 259p 27cm
◇牛込区勢一斑[大正14年刊](東京市牛込区役所編)　1925.3 99p 15cm
◇大阪市接近町村編入調査書(大阪府内務部地方課編)　1925.3 117p 26cm
◇大阪府労働統計実地調査ノ概要　第1回(大正13年10月10日)(大阪府知事官房編)　1925.3 91p 22cm
◇岡山市統計年報　大正12年(岡山市役所編)　1925.3 5,174p 22cm
◇岡山商業会議所統計年報　大正12年(岡山商業会議所編)　1925.3 5, 170p 22cm
◇鹿児島市統計書　第13回(鹿児島市役所編)　1925.3 5,156p 27cm
◇京都市学事要覧　大正13年調査(京都市学務課編)　1925.3 96p 19cm
◇京都府勢一覧　大正14年3月刊行(京都府内務部庶務課編)　1925.3 1枚 17cm
◇京都府統計書　大正12年(京都府編)　1925.3 1冊 26cm
◇工場統計表　大正12年(農商務大臣官房統計課編)　1925.3 586p 27cm
◇耕地ノ拡張及潰廃ニ関スル調査　第1次(農商務省農務局耕地課編)　1925.3 4,3,239p 27cm
◇佐賀県統計書　大正12年　第1編(佐賀県編)　1925.3 166p 26cm
◇滋賀県統計全書　大正12年(滋賀県編)　1925.3 12,899,5p 22cm
◇市内各町細民状態調査(名古屋市社会課編)　1925.3 146,31p 22cm　調査報告
◇社会事業統計要覧　大正11年調(社会局第2部編)　1925.3 2,6,172p 23cm
◇消防組頭会議参考統計　第2回(警視庁消防部編)　1925.3 46p 22cm
◇職業紹介年報　大正12年(中央職業紹介事務局編)　1925.3 3,58,8p 26cm
◇大正11年東京市「コレラ」流行誌:附 東京市「コレラ」流行百年史(東京市衛生課編)　1925.3 6,390p 26cm
◇大日本帝国港湾統計　大正12年(内務省土木局港湾課編)　1925.3 5, 371p 26cm
◇千葉県々勢要覧　大正14年刊行(千葉県知事官房編)　1925.3 6,130, 34p 15cm
◇東京市及近接町村中等階級生計費調査　大正11年11月施行(東京府内務部社会課編)　1925.3 165,88p 27cm
◇東京市近郊町村勢統計原表　第2巻(東京市編)　1925.3 14,695p 27cm
◇東京市下水道事業年報　第8回(大正11年度 大正12年度)(東京市下水課編)　1925.3 3,4,194p 23cm
◇[東京市]小石川区勢一斑　第1回(東京市小石川区編)　1925.3 2, 10,215p 16cm
◇東京市勢提要　第12回(東京市役所編)　1925.3 10,291p 15cm
◇東京市設市場要覧[大正14年刊](東京市商工課編)　1925.3 2,95p 22cm
◇東京府統計書　大正11年(東京府編)　1925.3 964p 26cm
◇鳥取市勢一覧[大正14年刊](鳥取市編)　1925.3 67p 17cm
◇富山市電気軌道事業報告書　第5回(大正13年度)(富山市電軌課編)　1925.3 9p 19cm
◇奈良市統計書　自大正8年至大正12年(奈良市編)　1925.3 10,116p 16cm

◇函館商業会議所年報　大正12年(函館商業会議所編)　1925.3 133, 26p 26cm
◇広島県統計書　大正12年(広島県編)　1925.3 1冊 27cm
◇福島県統計書　第40回　上編(福島県内務部編)　1925.3 1,5,333p 26cm
◇俸給生活者職工生活調査報告　自大正10年6月至大正11年5月(協調会編)　1925.3 1冊 27cm
◇三重県統計書　大正12年(三重県編)　1925.3 1冊 26cm
◇宮崎市勢一覧　大正13年(宮崎市編)　1925.3 1枚 20cm
◇[門司商業会議所]統計年報　大正12・13年(門司商業会議所編)　1925.3 38p 22cm
◇[山梨県]労働統計実地調査概報　第1回(大正13年10月10日)(山梨県知事官房編)　1925.3 53p 23cm
◇労働統計実地調査　第1回　大正13年10月10日施行(神戸市役所編)　1925.3 90p 26cm
◇労働統計実地調査概要　第1回(大阪市社会部調査課編)　1925.3 36p 23cm　労働調査報告
◇労働統計実地調査概要　第1回　労働統計実地調査結果略説及顛末　第1回(奈良県内務部編)　1925.3 23,33p 27cm
◇労働統計実地調査結果表:三重県労働統計実地調査の概説　大正13年10月10日(三重県編)　1925.3 139,30p 23cm
◇大阪港勢一斑　大正12年(大阪市役所港湾部編)　1925.4 13,312, 36p 27cm
◇久留米市政要覧　大正14年(久留米市編)　1925.4 [42]p 19cm
◇神戸港勢一覧[大正14年刊](神戸市港湾部編)　1925.4 1枚 18cm
◇台中市管内概況　大正13年(台中市編)　1925.4 13,138p 16cm
◇敦賀商業会議所年報　第18回(大正13年度)(敦賀商業会議所編)　1925.4 4,94,28p 23cm
◇東京市統計年表　第21回(東京市役所編)　1925.4 18,1229p 23cm
◇徳島県統計書　大正12年(徳島県編)　1925.4 1冊 26cm
◇日本帝国文部省年報　第49　大正10年度　上巻(文部大臣官房文書課編)　1925.4 368p 26cm
◇日本帝国文部省年報　第49　大正10年度　下巻(文部大臣官房文書課編)　1925.4 419p 26cm
◇函館港要覧[大正14年刊](函館市編)　1925.4 [21]p 27cm
◇[広島県]労働統計実地調査結果表　第1回　労働統計実地調査の概要　第1回(広島県編)　1925.4 71,62p 23cm
◇府県税及北海道地方税課率対照表　大正14年度 大正13年度(内務省地方局編)　1925.4 3p 30cm
◇釜山港経済統計要覧　大正13年(釜山商業会議所編)　1925.4 57, 16p 19cm
◇八幡市産業要覧　大正14年刊(八幡市編)　1925.4 46p 16cm
◇青森県統計書　大正12年　第1編　土地、戸口、財政其ノ他(青森県編)　1925.5 1,2,95p 26cm
◇大阪市学事統計　自大正12年至大正13年(大阪市役所教育部編)　1925.5 179p 19cm
◇大阪市社会事業年報　大正13年(大阪市役所社会部編)　1925.5 115p 22cm
◇大阪市住宅年報　第1号(大阪市社会部調査課編)　1925.5 2,257p 23cm　労働調査報告
◇大阪府治要覧(大阪府編)　1925.5 5,500p 25cm
◇京都府勢[大正14年刊](京都府編)　1925.5 7,186p 27cm
◇釧路市勢一斑　大正12年(釧路市編)　1925.5 116p 19cm
◇神戸市統計書　第16回(神戸市編)　1925.5 1冊 22cm
◇電気鉄道事業営業統計書　第2回(電気協会関東支部編)　1925.5 4, 117p 27cm

◇東京市養育院事業概要 大正14年4月編（東京市養育院編） 1925.5 30p 19cm
◇道府県歳入歳出予算 大正14年度（内務省地方局編） 1925.5 14p 27cm
◇道府県雑種税一覧 大正14年度（内務省地方局編） 1925.5 14p 27cm
◇博多商業会議所統計年報 大正14年（博多商業会議所編） 1925.5 144p 26cm
◇姫路商業会議所統計年報 大正13年（姫路商業会議所編） 1925.5 65p 27cm
◇山口県統計書 大正12年 第3編（山口県内務部編） 1925.5 5,184p 27cm
◇米沢市統計一班 大正12年度（米沢市役所編） 1925.5 11,127p 17cm
◇旭川市勢要覧 大正14年6月（旭川市編） 1925.6 1枚 15cm
◇大阪市統計書 第22回 大正12年（大阪市役所編） 1925.6 1冊 23cm
◇小樽港要覧 大正14年6月（小樽市編） 1925.6 1枚 20cm
◇群馬県有租地所有状態統計 大正14年1月1日現在（群馬県内務部編） 1925.6 63p 23cm
◇高知市産業統計 大正12年度（高知商業会議所編） 1925.6 6,143,21p 19cm
◇上水道統計及報告 第7号（上水協議会編） 1925.6 312p 23cm
◇栃木県統計書 大正12年 第3編 産業 第4編 警察及衛生（栃木県編） 1925.6 1冊 23cm
◇豊橋市勢一班 大正13年（豊橋市編） 1925.6 1枚 20cm
◇［長岡商業会議所］統計年報 第20次（大正13年）（長岡商業会議所編） 1925.6 3,208p 22cm
◇長崎県政一班 ［大正14年刊］（長崎県編） 1925.6 4,81p 24cm
◇前橋市統計書 第18回 大正13年刊行（前橋市役所編） 1925.6 12,198p 22cm
◇秋田県勢要覧 ［大正14年刊］（秋田県編） 1925.7 6,95p 18cm
◇一宮市勢一覧 大正14年（一宮市編） 1925.7 1枚 19cm
◇一宮市勢一覧 大正15年（一宮市編） 1925.7 1枚 20cm
◇宇和島市勢一覧 大正14年（宇和島市編） 1925.7 41p 20cm
◇営口経済統計一覧（営口商業会議所編） 1925.7 1枚 19cm 「営口商業会議所月報」第59号附録
◇樺太要覧 大正14年（樺太庁編） 1925.7 16,430p 19cm
◇群馬県五大物産統計 大正13年（群馬県内務部編） 1925.7 16p 23cm
◇警視庁統計書 大正12年（警視庁編） 1925.7 5,341p 27cm
◇名古屋商業会議所統計年報 大正13年（名古屋商業会議所編） 1925.7 3,246p 26cm
◇府県郡役所費 大正14年度（大正14年4月調査）（内務省地方局編） 1925.7 3p 27cm
◇室蘭市勢一班 大正13年（室蘭市編） 1925.7 8,114p 23cm
◇山形県統計書 大正12年 衛生之部（山形県編） 1925.7 3,125,4p 26cm
◇青森商業会議所統計年報 大正12年（青森商業会議所編） 1925.8 69p 27cm
◇秋田市勢一覧 ［大正14年刊］（秋田市編） 1925.8 1枚 19cm
◇秋田商工要覧（秋田商業会議所編） 1925.8 3,59p 18cm
◇旭川商工会議所統計年報 大正13年（旭川商工会議所編） 1925.8 102p 27cm
◇愛媛県勢要覧 大正14年（愛媛県内務部庶務課編） 1925.8 1冊 19cm
◇大阪市労働年報 ［大正13年］（大阪市社会部調査課編） 1925.8 3,409p 22cm 労働調査報告

◇群馬県統計書 大正13年 人口及雑之部（群馬県内務部編） 1925.8 66p 27cm
◇小倉市勢要覧 大正13年（小倉市編） 1925.8 35p 18cm
◇仙台市統計書 大正13年（仙台市役所編） 1925.8 6,178p 19cm
◇大日本郡市別人口密度表 近畿地方町村別人口密度表 大正9年10月1日現在（小野鉄二著） 柳沢統計研究所 1925.8 1冊 26cm
◇地方教育財政一班 大正14年刊（文部省普通学務局編） 1925.8 30p 26cm
◇鶴岡市統計一班 大正13年（鶴岡市編） 1925.8 53,6p 18cm
◇東京商業会議所事業成績書 大正13年度（東京商業会議所編） 1925.8 73p 26cm 「東京商業会議所報」第8巻第7号 号外
◇東洋経済経済年鑑 第9回（大正14年度）（東洋経済新報社編） 1925.8 327p 26cm
◇日本社会事業年鑑 大正14年（大原社会問題研究所編） 同人社書店 1925.8 1冊 22cm
◇［浜松商業会議所］統計年報 第22回（浜松商業会議所編） 1925.8 121p 22cm
◇愛媛県統計書 大正12年 第1編（愛媛県編） 1925.9 122p 27cm
◇群馬県高崎市勢一班 大正13年（高崎市編） 1925.9 1枚 21cm
◇高知市勢要覧 大正13年（高知市編） 1925.9 1枚 20cm
◇郡山市勢要覧 ［大正14年刊］（郡山市編） 1925.9 1枚 18cm
◇佐賀市勢一班 大正13年（佐賀市編） 1925.9 6,90p 19cm
◇佐世保市現勢要覧 大正13年（佐世保市編） 1925.9 1枚 19cm
◇職業紹介事業年報 大正13年（大阪地方職業紹介事務局編） 1925.9 55,6p 26cm
◇東京市社会局年報 第5回 大正13年度（東京市社会局） 1925.9 6,245p 22cm
◇東京市養育院年報 第53回（大正13年度）（東京市養育院編） 1925.9 2,146p 22cm
◇東京府統計書 大正12年（東京府編） 1925.9 948p 26cm
◇毎日年鑑 大正15年（大阪毎日新聞社編） 1925.9 799p 19cm
◇尼崎市勢 第7回 大正14年7月調査（尼崎市編） 1925.10 150p 17cm
◇大分市勢一覧 大正14年（大分市編） 1925.10 1枚 20cm
◇尾道市勢要覧 大正13年度末現在（尾道市編） 1925.10 1枚 20cm
◇時事年鑑 大正15年（時事新報社編） 1925.10 12,742p 26cm
◇統計と図表 全国統計展覧会講演速記（大阪市産業部編） 1925.10 29p 22cm 大阪市商工時報
◇戸畑市勢要覧 大正14年調（戸畑市編） 1925.10 1枚 17cm
◇日本労働年鑑 大正14年（大原社会問題研究所編） 同人社書店 1925.10 1冊 22cm
◇福岡県統計書 大正13年 第4編（福岡県編） 1925.10 187p 27cm
◇福島県統計書 第40回 下編（福島県内務部編） 1925.10 1,6,406p 26cm
◇宮城県々治一班 第40回（宮城県知事官房編） 1925.10 2,9,263p 9×13cm+図1枚
◇八幡市統計要覧 大正13年（八幡市編） 1925.10 59p 16cm
◇青森市統計一班 大正13年（青森市役所編） 1925.11 7,200p 19cm
◇［岡崎商業会議所］統計年報 大正13年 岡崎商業会議所報告 大正14年号外（岡崎商業会議所編） 1925.11 86p 22cm
◇甲府市統計書 第19回 大正12年（甲府市役所編） 1925.11 7,131p 23cm
◇神戸市電気事業要覧 第6回（神戸市電気局編） 1925.11 40p 26cm
◇全国田畑売買価格及収益調 第4回（大正14年3月）（日本勧業銀行編） 1925.11 41p 26cm

統計書・年鑑　都市問題・地方自治　調査研究文献要覧

◇大日本帝国内務省統計報告　第38回（内務大臣官房文書課編）　1925.11 4,462p 26cm

◇津市統計一班 大正13年（津市編）　1925.11 6,80p 17cm

◇名古屋市貨物集散概況 大正13年（名古屋市役所総務部勧業課編）　1925.11 194p 23cm

◇名古屋市公設市場概況 大正14年刊（名古屋市編）　1925.11 57p 23cm

◇広島県統計書 大正13年 第1編 其ノ1（広島県編）　1925.11 44p 26cm

◇和歌山市統計書 自大正9年至大正13年（5箇年間）（和歌山市役所編）　1925.11 7,138p 19cm

◇明石市勢一班 第6回（大正13年）（明石市編）　1925.12 10,138p 17cm

◇茨城県統計書 大正13年 第1編 土地戸口其ノ他ノ部（茨城県編）　1925.12 4,190p 27cm

◇大阪市工場一覧（大阪市産業部編）　1925.12 242p 22cm　大阪市商工時報

◇大阪市財政要覧 第8回 大正14年刊行（大阪市役所庶務部編）　1925.12 254p 22cm

◇鹿児島県勢要覧 大正13年（鹿児島県内務部編）　1925.12 8,215p 15cm

◇鹿児島県統計書 大正11年 第6編 財政・議会・官公吏・文書・附録（鹿児島県編）　1925.12 100p 26cm

◇学校卒業者就職状況調査［大正14年］（東京市社会局編）　1925.12 4,64p 22cm

◇岐阜県統計書 第33回（大正12年）第1巻（岐阜県知事官房編）　1925.12 49p 27cm

◇群馬県統計書 大正13年 警察及衛生之部（群馬県編）　1925.12 2,106p 27cm

◇神戸市社会事業概況 大正14年11月（神戸市役所社会課編）　1925.12 20,212,53p 22cm

◇堺市勢一班 大正13年（堺市編）　1925.12 1枚 20cm

◇市街地信用組合概況 大正13年度（大蔵省銀行局編）　1925.12 51p 26cm

◇上水道統計及報告 第8号（上水協議会編）　1925.12 629p 23cm

◇台南市統計書 第4回 大正13年（台南市役所編）　1925.12 11,152p 23cm

◇高田市統計書 大正13年（高田市役所編）　1925.12 8,68p 19cm

◇東京市京橋区勢一班 大正14年（東京市京橋区編）　1925.12 1枚 22cm

◇統計学綱要（二階堂保則著）　久野書店　1925.12 2,15,432p 23cm

◇栃木県勢要覧 大正14年12月刊行（栃木県内務部庶務課編）　1925.12 38p 17cm

◇富山市勢一覧 大正13年（富山市編）　1925.12 1枚 21cm

◇名古屋市財政概要 大正14年（名古屋市役所総務部庶務課編）　1925.12 92p 22cm

◇新潟商業会議所統計年報 大正13年（新潟商業会議所編）　1925.12 63p 27cm

◇日本社会衛生年鑑 大正14年版（倉敷労働科学研究所編）　同人社書店　1925.12 8,378p 22cm

◇日本帝国統計年鑑 第44回（内閣統計局編）　1925.12 18,693p 27cm

◇福山市統計書 大正13年（福山市役所編）　1925.12 13,120p 17cm

◇松山市統計要覧［大正14年刊］（松山市編）　1925.12 5,104p 18cm

◇愛知県方面委員事業年報 大正15年昭和元年（愛知県社会課編）　1926 134p 23cm

◇旭川区概覧 大正11年（旭川市編）　1926 1枚 18cm

◇上田市勢一覧 第7回（大正15年4月調）（上田市編）　1926 1枚 21cm

◇大垣市統計一覧表 大正12年（大垣市編）　1926 1枚 17cm

◇大阪市教育要覧 大正13年度（大阪市教育部編）　1926 1枚 19cm

◇大阪市水道事業報告書 第12回（自大正13年4月1日至大正14年3月31日）（大阪市編）　1926 136p 19cm

◇［大阪市］電気事業成績調書 第28回 大正14年度（大阪市電気局編）　1926 65,90p 23cm

◇大津市勢一覧 大正14年調［大津市］編）　1926 1枚 19cm

◇大牟田市勢便覧 大正11年末現在（［大牟田市］編）　1926 1枚 20cm

◇岡山市勢一覧 大正12年（［岡山市］編）　1926 1枚 19cm

◇小樽市要覧［大正13年］（小樽市編）　1926 21p 19cm

◇各地方ニ於ケル保健衛生調査概況 大正8年度（内務省衛生局編）　1926 16p 23cm

◇鹿児島市勢一斑 大正11年（鹿児島市編）　1926 1枚 20cm

◇鹿児島市勢一斑 大正12年（鹿児島市編）　1926 1枚 20cm

◇鹿児島市勢一斑 大正14年度（鹿児島市編）　1926 1枚 20cm

◇関東州並満洲在留本邦人及外国人人口統計表 第17回（大正13年12月末現在）（外務省亜細亜局編）　1926 68p 26cm

◇［京都市］水利事業電気軌道事業成績報告書 大正14年度（京都市電気局編）　1926 57,48p 22cm

◇釧路市勢要覧［大正11年］（釧路市編）　1926 1枚 22cm

◇熊本市電車事業報告書 第2回（熊本市編）　1926 2,51p 22cm

◇呉市勢一班 大正11年（呉市編）　1926 21p 27cm

◇呉市勢一班 大正13年末調（呉市編）　1926 65p 19cm

◇群馬県桐生市勢一覧 大正12年（桐生市編）　1926 1枚 15cm

◇工場労働者移動調 大正14年自1月至12月　謄写版（［内務省］社会局編）　1926 [48]p 27×39cm

◇鉱夫移動調 大正14年自1月至12月　謄写版（［内務省］社会局編）　1926 [31]p 27×39cm

◇神戸市社会事業一覧 大正14年（神戸市編）　1926 1枚 20cm

◇神戸市勢一覧 大正12年（神戸市編）　1926 1枚 15cm

◇［神戸市］電気事業報告書 大正14年度（神戸市電気局編）　1926 72,53p 22cm

◇神戸市負債一覧表 大正15年3月20日現在（神戸市経理課編）　1926 [8]p 23×32cm

◇国勢調査報告 大正9年 府県の部 第11巻 茨城県（［内閣］統計局編）　1926 5,151,5p 26cm

◇国勢調査報告 大正9年 府県の部 第13巻 奈良県（内閣統計局編）　1926 6,115,5p 26cm

◇国勢調査報告 大正9年 府県の部 第23巻 岩手県（内閣統計局編）　1926 5,134,5p 26cm

◇国勢調査報告 大正9年 府県の部 第24巻 青森県（内閣統計局編）　1926 1冊 26cm

◇国勢調査報告 大正9年 府県の部 第19巻 岐阜県（内閣統計局編）　1926 1冊 26cm

◇国勢調査報告 大正9年 府県の部 第33巻 広島県（内閣統計局編）　1926 1冊 26cm

◇国勢調査報告 大正9年 府県の部 第27巻 福井県（内閣統計局編）　1926 4,125,5p 26cm

◇国勢調査報告 大正9年 府県の部 第29巻 富山県（内閣統計局編）　1926 6,147,5p 26cm

◇国勢調査報告 大正9年 府県の部 第31巻 島根県（内閣統計局編）　1926 4,136,5p 26cm

◇国勢調査報告 大正9年 府県の部 第32巻 岡山県（内閣統計局編）　1926 9,157,5p 26cm

◇国勢調査報告 大正9年 府県の部 第35巻 和歌山県（内閣統計局編）　1926 6,120,5p 26cm

◇国勢調査報告 大正9年 府県の部 第38巻 愛媛県（内閣統計局編） 1926 5,154,5p 26cm

◇国勢調査報告 大正9年 府県の部 第43巻 熊本県（内閣統計局編） 1926 6,153,5p 26cm

◇国勢調査報告 大正14年 第3巻 市町村別世帯及人口（内閣統計局編） 1926 2,144p 26cm

◇国勢調査報告 大正14年 第4巻 府県編（内閣統計局編） 1926 1冊 26cm

◇小倉市勢要覧 大正11年（小倉市編） 1926 36p 18cm

◇埼玉県川越市勢一覧 大正12年12月31日現在（川越市編） 1926 1枚 19cm

◇酒田経済統計 大正14年6月調査（酒田商業会議所編） 1926 1枚 18cm

◇静岡経済統計一班 大正11年12月現在（静岡商業会議所編） 1926 1枚 19cm

◇静岡県勢要覧 大正14年（静岡県知事官房編） 1926 1枚 21cm

◇［静岡市］電気事業成績調書 大正14年度（静岡市電気部編） 1926 37p 23cm

◇島根県勢要覧 大正13年（島根県内務部庶務課編） 1926 1枚 20cm

◇下関商業会議所統計年報 大正13年（下関商業会議所編） 1926 62p 27cm

◇下関市要覧 大正15年（下関市編） 1926 1枚 21cm

◇主要国財政経済現況 大正15年1月上旬調（大蔵省理財局編） 1926 59p 23cm

◇職工生計状態ニ関スル調査（大正8年6月現在） 第1輯（東京府工務課編） 1926 37p 22cm

◇職工生計状態ニ関スル調査（大正8年6月現在） 第2輯（東京府工務課編） 1926 28p 22cm

◇職工生計状態ニ関スル調査（大正8年6月現在） 第3輯（東京府工務課編） 1926 36p 22cm

◇諸備賃銭（上等ノ賃銭ヲ掲ク） 明治18,19,20年毎年12月調 1926 ［10］p 26cm

◇税務一覧 大正14年度（高岡市編） 1926 1枚 17cm

◇台中市管内概況 大正11年（台中市） 1926 10,148p 16cm

◇台南市案内（台南市編） 1926 21p 19cm

◇台南市勢一班 大正11年度（台南市編） 1926 1枚 17cm

◇高岡商工一班 大正14年度（高岡商業会議所編） 1926 1枚 18cm

◇高岡商工一班 大正15年度（高岡商業会議所編） 1926 1枚 18cm

◇高松市勢一班 大正15年度（高松市編） 1926 1枚 19cm

◇田畑売買価格及賃貸料調 大正15年3月調（日本勧業銀行調査課編） 1926 10p 26cm

◇地方財政概要 大正15年（台北州編） 1926 2,41p 27cm

◇地方復興事業費一覧表 大正14年12月末日調（復興局編） 1926 1枚 23cm

◇［忠清北道］道勢一班 大正15年（忠清北道編） 1926 1枚 19cm

◇東京市魚市場年報 第2報［大正15年刊］（東京市魚市場編） 1926 3,93p 22cm

◇東京市各区歳入出決算報告書 大正13年度（東京市役所編） 1926 1冊 27cm

◇東京市各経済決算報告書 大正14年度（東京市編） 1926 1冊 27cm

◇東京市学事一覧 大正14年度（東京市学務局編） 1926 1枚 19cm

◇東京市江東市場年報 第2巻（東京市商工課編） 1926 40p 22cm

◇東京市歳入出予算（特別会計） 大正15年度（東京市編） 1926 2,206p 22cm

◇東京市歳入出予算（普通会計） 大正15年度（東京市編） 1926 259p 22cm

◇東京市設社会事業一覧 大正14年4月（東京市社会局編） 1926 1枚 19cm

◇東京市電気軌道事業継続費及其参考書 自大正7年度至同10年度（［東京市電気局］編） 1926 10,6,261p 26cm

◇東京市電気軌道事業更正継続費及参考書 自大正7年度至大正14年度（［東京市電気局］編） 1926 6,109,11p 26cm

◇東京市電気供給事業継続費予算及其参考書 自大正6年度至大正10年度（東京市電気局編） 1926 3,118p 26cm

◇東京市電気供給事業成績累年表 大正14年度調（東京市電気局編） 1926 14p 26×36cm

◇東京市電気局統計 大正13年度 第1号（東京市電気局庶務課編） 1926 99p 23×32cm

◇東京市電気局統計 大正13年度 第2号（東京市電気局庶務課編） 1926 120p 23×32cm

◇［東京市］電気事業成績調書 第15回 大正14年度（東京市電気局編） 1926 194p 23cm

◇東京市養育院年報 第43回（大正3年度）（東京市養育院編） 1926 4,170p 23cm

◇東京市養育院年報 第44回（大正4年度）（東京市養育院編） 1926 6,169p 23cm

◇東京市立図書館一覧 大正15年（日比谷図書館編） 1926 31p 26cm

◇東京府荏原郡入新井町勢一覧 大正14年（入新井町編） 1926 1枚 20cm

◇東京府会決議録 大正15年（東京府編） 1926 1冊 24cm 東京府歳入歳出予算

◇東京府歳入歳出決算書 大正14年度（東京府編） 1926 1冊 22cm

◇統計学汎論（松崎蔵之助著） 宝文館 1926 68p 23cm 経済附論

◇道勢一班 大正15年度（平安南道編） 1926 1枚 19cm

◇富山県静態戸口統計 大正14年末現在（富山県知事官房統計課編） 1926 ［3］p 23cm

◇富山市電気軌道事業報告書 第6回（大正14年度）（富山市電軌課編） 1926 10p 19cm

◇長岡市制一班 大正15年4月1日現在（長岡市編） 1926 1枚 17cm

◇名古屋市学事要覧 大正13年調査（名古屋市教育課編） 1926 39p 19cm

◇名古屋市電気軌道営業統計報告書 大正14年度（名古屋市電気局編） 1926 76p 22cm

◇名古屋市統計書 第26回（［名古屋市］編） 1926 1冊 22cm

◇新潟市勢一班 大正11年（新潟市編） 1926 1枚 19cm

◇乳児死亡率、乳児死亡、出生及産婦ニ関スル調査表 謄写版（内務省衛生局編） 1926 ［49］p 28×40cm

◇沼津市勢一覧 大正14年現在（沼津市編） 1926 1冊 16cm

◇福岡市勢一班 大正14年（福岡市編） 1926 1枚 19cm

◇福島県県勢一斑（［福島県］編） 1926 13,88p 23cm

◇府市執行復興事業一覧表（帝都復興院編） 1926 ［7］p 27cm

◇府市執行復興事業大要 大正14年12月31日現在（復興局編） 1926 25p 27cm

◇［復興建築助成株式会社］営業報告書 第1期（大正15年上半期）（復興建築助成株式会社編） 1926 55p 22cm

◇復興事業費支出状況（国・東京市・横浜市・東京府及神奈川県執行） 大正14年12月末日現計（復興局編） 1926 4枚 27cm

◇別府市勢一覧 大正15年調（別府市編） 1926 1枚 17cm

◇室蘭市勢一覧 大正14年（室蘭市編） 1926 1枚 20cm

◇門司市勢一覧 大正15年刊行（門司市編） 1926 1枚 20cm

◇六大都市ニ於ケル竣工建築物並ニ建築費調 謄写版（日本勧業銀行調査課編） 1926 30p 26cm

◇和歌山市勢一班 昭和元年調（和歌山市編） 1926.1 1枚 19cm

◇大阪市教育要覧 大正14年度（大阪市教育部編） 1926.1 4,97p 22cm

鹿児島市統計書 第14回（鹿児島市役所編） 1926.1 4,164p 27cm

◇地方財政概要 大正14年度（内務省地方局編） 1926.1 96p 27cm

◇東京市財政概況 大正14年度（東京市役所財務課編） 1926.1 90p 22cm

◇東京市本所区勢要覧 大正15年（東京市本所区編） 1926.1 8,86p 19cm

復興予算年度割一覧［大正15年刊］（復興局編） 1926.1 55p 26cm

◇三重県統計書 大正13年 第1編 土地戸口及雑之部（三重県編） 1926.1 119p 26cm

◇秋田市統計一斑 大正14年10月編纂（秋田市編） 1926.2 10,173, 16p 16cm

◇足利市勢一覧 大正14年11月現在（足利市編） 1926.2 1枚 13cm

◇岡山市統計年報 大正13年（岡山市役所編） 1926.2 5,179p 22cm

◇警視庁統計書 大正13年（警視総監官房文書課編） 1926.2 5,359p 27cm

◇小作調停年報 第1次（農林省農務局編） 1926.2 78p 23cm

◇下関市統計年表 第3回 大正13年（下関市役所編） 1926.2 12,4,135p 23cm

◇乳幼児死亡調査報告 大正13年 乳幼児死亡調査報告統計表 大正13年（警視庁衛生部編） 1926.2 2,26,225p 33cm

◇広島市人口分布密度表 大正15年1月（広島市社会課編） 1926.2 8p 22cm 社会調査

◇福島県統計書 第41回 上編（福島県内務部編） 1926.2 1,5,273p 27cm

◇三重県統計書 大正13年 第2編 勧業之部（三重県編） 1926.2 3,319p 26cm

◇四日市市統計要覧 大正14年（四日市市編） 1926.2 148p 18cm

◇労働統計実地調査報告 大正13年 鉱山の部（内閣統計局編） 1926.2 33p 26cm

◇大分県々治一斑 大正13年（大分県知事官房編） 1926.3 220,43p 16cm

◇大分県統計書 大正13年 自第1編至第4編合本（大分県編） 1926.3 1冊 26cm

◇岡山県統計年報 大正13年（岡山県編） 1926.3 9,543p 26cm

◇神奈川県統計書 大正13年（神奈川県編） 1926.3 711p 23cm

◇京都府統計書 大正13年（京都府編） 1926.3 1冊 26cm

◇熊本県勢要覧 大正15年刊（熊本県内務部地方課編） 1926.3 9,114p 17cm

◇熊本県統計書 第44回 大正13年 第4編（熊本県編） 1926.3 44p 27cm

◇熊本県統計書 第44回 大正13年 第5編（熊本県編） 1926.3 200p 26cm

◇群馬県統計書 大正13年 勧業の部（群馬県編） 1926.3 3,216p 27cm

◇工場統計表 大正13年（商工大臣官房統計課編） 東京統計協会 1926.3 616p 26cm

◇高知県治一斑［大正15年刊］（高知県編） 1926.3 5,155p 22cm

◇国勢調査報告 大正9年 府県の部 第34巻 山口県（内閣統計局編） 1926.3 6,126,5p 26cm

◇埼玉県統計書 大正13年（埼玉県編） 1926.3 1冊 27cm

◇滋賀県統計全書 大正13年（滋賀県編） 1926.3 12,883,5p 22cm

◇静岡市経済統計一斑 大正15年3月調査 大正14年12月現在（静岡商業会議所編） 1926.3 1枚 18cm

◇静岡市勢要覧 大正13年（静岡市編） 1926.3 1枚 19cm

◇質屋業ノ統計調査（東京市統計課編） 1926.3 3,104p 22cm

◇失業統計調査報告 大正15年2月（広島市社会課編） 1926.3 22p 32cm 社会調査

◇商工省統計表 第1次 大正13年（商工大臣官房統計課編） 東京統計協会 1926.3 12,276p 27cm

◇消防組頭会議参考統計 第3回（警視庁消防部編） 1926.3 44p 22cm

◇職業紹介事業年報 大正13年（東京地方職業紹介事務局編） 1926.3 84,6p 26cm

◇職業紹介事業年報 大正14年（大阪地方職業紹介事務局編） 1926.3 82,6p 27cm

◇職業紹介年報 大正13年（中央職業紹介事務局編） 1926.3 4,69,8p 26cm

◇大日本帝国港湾統計 大正13年（内務省土木局港湾課編） 1926.3 5,375p 26cm

◇電気鉄道事業営業統計書 第3回（大正13年度）（電気協会関東支部編） 1926.3 4,119p 27cm

◇東京市及近郊町村労働統計原表 大正13年10月10日現在 第1巻（東京市統計課編） 1926.3 2,64,341p 27cm 労働統計実地調査

◇東京市及近郊町村労働統計原表 大正13年10月10日現在 第2巻（東京市統計課編） 1926.3 2,37,407p 27cm 労働統計実地調査

◇東京市及近郊町村労働統計原表 大正13年10月10日現在 第3巻（東京市統計課編） 1926.3 2,30,125p 27cm 労働統計実地調査

◇東京市交通調査統計表 大正14年6月3日調査（東京市統計課編） 1926.3 1冊 23cm

◇東京市市勢調査統計原表 大正13年 第1巻 世帯及人口並住居数（10月1日現在）（東京市統計課編） 1926.3 3,621p 26cm

◇東京市市勢調査統計原表 大正13年 第2巻 年令ニ依テ分チタル配偶者関係別並水面人口 在市年数ニ依ル職業別人口 震災当時ノ職業ヨリ見タル現在ノ職業別人口 本業者ノ職業ニ依ル副業別人口（10月1日現在）（東京市統計課編） 1926.3 4,46,423p 26cm

◇東京市市勢調査統計原表 大正13年 第3巻（上） 職業及職業上ノ地位ニ依ル年齢別人口（10月1日現在）（東京市統計課編） 1926.3 8,801p 26cm

◇東京市市勢調査統計原表 大正13年 第3巻（下） 職業及職業上ノ地位ニ依ル年齢別人口（10月1日現在）（東京市統計課編） 1926.3 7,801p 26cm

◇東京市市勢調査統計原表 大正13年 第4巻 職業別現在人口（大正12年11月15日震災地人口調査）（東京市統計課編） 1926.3 2,12,239p 26cm

◇東京市統計年表 第22回（東京市役所編） 1926.3 22,1543p 23cm

◇統計上より見たる広島県の地位 大正15年刊行（広島県知事官房編） 1926.3 8,119p 19cm

◇長崎県統計書 大正12年 第3編 産業（長崎県編） 1926.3 4,294p 27cm

◇長崎県統計書 大正13年 第2編 教育（長崎県編） 1926.3 48p 26cm

◇長崎県統計書 大正13年 第3編 産業（長崎県編） 1926.3 4,306p 27cm

◇広島県統計書 大正13年 第1編 其ノ2（広島県編） 1926.3 3,139p 26cm

◇広島県統計書 大正13年 第4編（広島県編） 1926.3 2,154p 25cm

◇福井県統計書 大正13年（福井県編） 1926.3 1冊 26cm

◇北海道勢一斑 大正13年（北海道庁編） 1926.3 10,343p 15cm

◇三重県勢要覧 大正15年3月刊行（三重県知事官房編） 1926.3 6,239p 15cm

◇三重県統計書 大正13年 第3編 学事之部（三重県編） 1926.3 3,192p 26cm

◇三重県統計書 大正13年 第5編 衛生之部（三重県編） 1926.3 1,51p 26cm

◇盛岡市統計一斑 大正13年（盛岡市編） 1926.3 140p 18cm

◇山梨県統計書 第40回 第1編 土地・人口其他(山梨県編) 1926.3 2,131p 23cm

◇列国国勢要覧 大正15年(内閣統計局編) 1926.3 2,7,142p 13cm

◇大阪市に於ける失業統計調査(大阪市社会部調査課編) 1926.4 118p 22cm 労働調査報告

◇鹿児島県統計書 大正13年 第3編 農業・耕地整理・蚕業・牧畜・山林・水産業(鹿児島県内務部編) 1926.4 174p 27cm

◇岐阜県統計書 第34回(大正13年)第3巻(岐阜県編) 1926.4 38,4p 27cm

◇久留米市政要覧 大正15年(久留米市編) 1926.4 [44]p 21cm

◇群馬県統計摘要 大正13年度(群馬県内務部編) 1926.4 165,40p 13cm

◇佐賀市勢一斑 大正14年(佐賀市編) 1926.4 6,93p 19cm

◇札幌市勢一覧 大正15年4月刊行(札幌市編) 1926.4 1枚 18cm

◇富山県勢概要 [大正15年刊](富山県知事官房編) 1926.4 4,63p 22cm

◇名古屋市勢一覧 大正15年4月刊行(名古屋市編) 1926.4 1枚 20cm

◇函館港要覧 [大正15年刊](函館市編) 1926.4 [23]p 27cm

◇八幡市産業要覧 大正15年刊(八幡市編) 1926.4 76p 16cm

◇青森県統計書 大正13年 第4編 学事及社寺、兵事其ノ他(青森県編) 1926.5 2,79p 27cm

◇旭川市勢要覧 大正15年5月(旭川市編) 1926.5 1枚 16cm

◇大阪市立衛生試験所事業成績ノ概要 [大正14年](大阪市立衛生試験所編) 1926.5 99p 22cm

◇沖縄県勢要覧 大正13年(沖縄県知事官房編) 1926.5 1冊 18cm

◇沖縄県統計書 大正13年 第1編 内務(沖縄県編) 1926.5 141p 27cm

◇小樽市勢要覧 大正15年5月編纂(小樽市編) 1926.5 1枚 20cm

◇鹿児島県統計書 大正12年 第5編 衛生・裁判・警察・刑務所(鹿児島県内務部編) 1926.5 2,63p 27cm

◇京都市財政要覧 大正13年度(京都市役所財務課編) 1926.5 174p 22cm

◇呉市要覧(呉市役所編) 1926.5 4,60p 19cm

◇島根県治一斑 第32回(大正15年刊行)(島根県内務部庶務課編) 1926.5 8,237p 13cm

◇東京市ノ復旧概要 謄写版(東京市統計課編) 1926.5 1冊 26cm 東京市ノ状況

◇東洋経済経済年鑑 第10回(大正15年度)(東洋経済新報社編) 1926.5 250p 26cm

◇徳島県統計書 大正13年 第1編(徳島県編) 1926.5 4,241p 27cm

◇徳島県統計書 大正13年 第3編(徳島県編) 1926.5 4,154p 26cm

◇福井市勢要覧 大正15年5月編纂(福井市編) 1926.5 1枚 19cm

◇福岡県統計書 大正13年 第2編(福岡県編) 1926.5 241p 27cm

◇福岡県勢要覧 大正15年刊行(福岡県編) 1926.5 1枚 15cm+図1枚

◇北海道概況(北海道庁編) 1926.5 6,78p 22cm

◇明治大正財政詳覧(東洋経済新報社編) 1926.5 18,760p 27cm

◇山形県統計書 大正13年 衛生之部(山形県編) 1926.5 3,142,4p 26cm

◇予算要領 大正15年度(日本銀行調査局編) 1926.5 8,255,108p 23cm

◇青森県勢一覧 大正13年(青森県編) 1926.6 1枚 15cm

◇大阪市住宅年報 第2号(大阪市社会部調査課編) 1926.6 149p 23cm 労働調査報告

◇大阪市勢要覧 大正15年(大阪市役所産業部編) 1926.6 71,17p 13cm

◇大阪市統計書 第23回 大正13年(大阪市役所編) 1926.6 1冊 23cm

◇大阪市労働年報 [大正13年 分冊](大阪市社会部調査課編) 1926.6 4,244p 23cm 労働調査報告

◇香川県治要覧 [大正15年刊](香川県編) 1926.6 40p 22cm

◇郡山市統計一斑 大正14年(郡山市役所編) 1926.6 9,127,4p 19cm

◇島根県市町村別戸口 大正14年末(島根県編) 1926.6 1枚 13cm

◇上水道統計及報告 第9号(上水協議会編) 1926.6 172,45p 23cm

◇地方教育財政一斑 大正15年刊(文部省普通学務局編) 1926.6 28,3p 26cm

◇東京市勢提要 第13回(東京市役所統計課編) 1926.6 11,309p 15cm

◇名古屋市衛生施設概要 [大正15年刊](名古屋市保健部衛生課編) 1926.6 35p 23cm

◇新潟商業会議所統計年報 大正14年(新潟商業会議所編) 1926.6 63p 27cm

◇博多商業会議所統計年報 大正15年(博多商業会議所編) 1926.6 158p 26cm

◇北海道及樺太経済統計要覧 大正15年版(北海道拓殖銀行調査課編) 1926.6 109p 27cm

◇水戸市要覧 [大正15年](水戸市編) 1926.6 6,214p 17cm

◇宮城県統計書 大正12・13年 第4巻 雑部(宮城県編) 1926.6 2,227p 26cm

◇横浜市社会事業一覧 大正15年(横浜市社会課編) 1926.6 1枚 20cm

◇労働統計要覧 大正15年版(内閣統計局編) 東京統計協会 1926.6 5,179p 22cm

◇和歌山県統計書 大正13年(和歌山県編) 1926.6 1冊 26cm

◇青森県統計書 大正13年 第1編 土地、戸口、財政其ノ他(青森県編) 1926.7 1,2,107p 26cm

◇青森県統計書 大正13年 第5編 警察、衛生(青森県編) 1926.7 1,2,76p 27cm

◇宇和島市勢一覧 大正15年(宇和島市編) 1926.7 41p 19cm

◇各国労働争議統計 1926(協調会調査課編) 1926.7 95p 22cm

◇高知市勢要覧 大正14年(高知市編) 1926.7 1枚 20cm

◇日本帝国文部省年報 第50 大正11年度 上巻(文部大臣官房文書課編) 1926.7 376p 26cm

◇日本帝国文部省年報 第50 大正11年度 下巻(文部大臣官房文書課編) 1926.7 469p 26cm

◇青森商工会議所統計年報 大正13年(青森商工会議所編) 1926.8 66p 27cm

◇小樽港港湾統計 大正14年(小樽市編,小樽商業会議所編) 1926.8 58p 26cm

◇鹿児島県統計書 大正12年 第2編 教育・社寺・教会・兵事・慈恵・救済及褒賞(鹿児島県編) 1926.8 5,254p 27cm

◇岐阜市勢一斑 大正15年調(岐阜市編) 1926.8 2,32p 20cm

◇釧路市勢一斑 大正14年(釧路市編) 1926.8 158p 16cm

◇静岡市産業要覧(静岡市社会産業課編) 1926.8 1冊 16cm

◇津市統計一斑 大正14年(津市編) 1926.8 6,84p 17cm

◇鶴岡市統計一斑 大正14年(鶴岡市編) 1926.8 54,6p 18cm

◇東京商業会議所事業成績書 大正14年度(東京商業会議所編) 1926.8 125p 26cm 「商工月報」第1巻第3号 号外

◇統計上ヨリ見タル静岡県ノ地位 大正13年(臨時刊行第25号)(静岡県知事官房統計課編) 1926.8 152,109p 16cm

◇日本社会事業年鑑 大正15年(大原社会問題研究所編) 同人社書店 1926.8 3,2,246p 22cm

◇日本労働年鑑 大正15年版(大原社会問題研究所編) 同人社書店 1926.8 1冊 22cm

◇福島県統計書 第41回 下編(福島県知事官房編) 1926.8 6,406p 27cm

◇室蘭市勢一斑 大正14年(室蘭市編) 1926.8 8,114p 23cm

◇室蘭市要覧 大正15年刊(室蘭市編) 1926.8 10,109p 18cm

◇秋田県統計書 第42回(大正13年) 学事(秋田県編) 1926.9 1,2,103p 27cm

◇秋田県統計書 第42回(大正13年) 内務(秋田県編) 1926.9 2,145p 26cm

◇石川県勢 大正15年刊(石川県編) 1926.9 247p 17cm

◇石川県統計書 大正14年 第3編 産業(石川県編) 1926.9 3,196p 27cm

◇石川県統計要覧 大正14年(石川県編) 1926.9 1枚 19cm

◇京都市統計書 第16回(大正13年)(京都市編) 1926.9 8,15,417p 27cm

◇神戸港大観 [大正14年](神戸市港湾部編) 1926.9 5,218p 23cm

◇時事年鑑 大正16年(時事新報社編) 1926.9 806p 26cm

◇失業統計調査報告 大正14年 第2巻 結果表(内閣統計局編) 1926.9 609p 26cm

◇大連市勢要覧 大正15年(大連市編) 1926.9 40p 15cm+図1枚

◇栃木県統計書 大正13年 第1編 人口及雑(栃木県編) 1926.9 4,152,21p 23cm

◇直江津統計年報 大正15年刊行(直江津商業会議所編) 1926.9 96p 22cm

◇農業経営調査報告 自大正13年2月至大正14年1月(東京府農会編) 1926.9 1冊 31cm

◇福岡県人口統計書 大正14年(福岡県知事官房編) 1926.9 71p 24cm

◇松江市統計一覧表 大正14年(松江市編) 1926.9 1枚 15cm

◇足利市勢要覧 大正15年(足利市編) 1926.10 1枚 14cm

◇石川県統計書 大正14年 第1編 土地戸口及其他(石川県編) 1926.10 2,103p 27cm

◇今治市統計要覧 大正15年編纂(今治市編) 1926.10 102p 19cm

◇愛媛県勢一覧 [大正15年刊](愛媛県知事官房統計係編) 1926.10 1枚 20cm

◇大分市勢一覧 大正15年刊(大分市編) 1926.10 1枚 20cm

◇岡崎市政要覧 大正14年(岡崎市編) 1926.10 10,169p 19cm

◇小樽商業会議所統計年報 第29回(大正14年)(小樽商業会議所編) 1926.10 272p 26cm

◇岐阜県統計書 第34回(大正13年)第4巻(岐阜県編) 1926.10 38p 27cm

◇高知県戸口統計一覧 [大正15年刊](高知県知事官房編) 1926.10 1枚 20cm

◇甲府市統計書 第20回 大正13年(甲府市役所編) 1926.10 8,129p 23cm

◇台中市管内概況 大正14年度(台中市編) 1926.10 133p 15cm

◇東京市社会局年報 第6回 大正14年度(東京市社会局編) 1926.10 5,260p 22cm

◇東京市養育院年報 第54回(大正14年度)(東京市養育院編) 1926.10 2,164p 22cm

◇栃木県統計書 大正13年 第3編 産業(栃木県編) 1926.10 3,173,27p 23cm

◇広島県統計書 大正14年 第3編 其ノ1(広島県編) 1926.10 146p 26cm

◇毎日年鑑 大正16年(大阪毎日新聞社編) 1926.10 799p 19cm

◇松山市統計要覧 大正14年(松山市編) 1926.10 5,101p 18cm

◇宮崎県統計書 大正13年(宮崎県編) 1926.10 669p 26cm

◇横浜市統計書 第20回(横浜市編) 1926.10 11,266p 27cm

◇四日市市統計要覧 大正15年(四日市市編) 1926.10 146p 18cm

◇尼崎市勢 第8回 大正15年7月調査(尼崎市編) 1926.11 142p 16cm

◇茨城県統計書 大正14年 第3編 産業ノ部(茨城県編) 1926.11 1,4,259p 27cm

◇愛媛県統計書 (大正14年)第3編 産業(農業・其他)(愛媛県編) 1926.11 71p 27cm

◇大阪市財政要覧 第9回 大正15年度刊行(大阪市役所庶務部編) 1926.11 262p 22cm

◇大阪市社会事業年報 大正14年(大阪市役所社会部編) 1926.11 316p 23cm

◇[岡崎商業会議所]統計年報 大正14年 岡崎商業会議所報告 大正15年号外(岡崎商業会議所編) 1926.11 92p 22cm

◇鹿児島県治綱要(鹿児島県編) 1926.11 6,204p 18cm

◇鹿児島県統計書 大正12年 第1編 土地 気象 戸口(鹿児島県編) 1926.11 50p 27cm

◇鹿児島市統計書 第15回(鹿児島市役所編) 1926.11 4,186p 27cm

◇岐阜県統計書 第34回(大正13年)第2巻(岐阜県知事官房編) 1926.11 135p 27cm

◇熊本県統計書 第45回 大正14年 第2編(熊本県編) 1926.11 42p 26cm

◇熊本市勢要覧 [大正15年](熊本市編) 1926.11 1枚 19cm

◇高知県勢要覧 大正15年版(高知県編) 1926.11 1枚 18cm

◇高知県統計書 大正14年 第2編(高知県編) 1926.11 201p 27cm

◇神戸港勢一覧 [大正15年刊](神戸市港湾部編) 1926.11 1枚 18cm

◇小倉市勢要覧 大正14年(小倉市編) 1926.11 36p 18cm

◇佐賀県勢要覧 大正14年(佐賀県編) 1926.11 1枚 15cm

◇佐賀県治一斑 [大正15年刊](佐賀県編) 1926.11 9,98p 17cm

◇職業紹介事業年報 大正14年(東京地方職業紹介事務局編) 1926.11 3,102,6p 27cm

◇東京市衛生試験所報告 第2回 事務報告(東京市衛生試験所編) 1926.11 131p 23cm

◇東京市財政概況 (第7回)大正15年度(東京市役所財務課編) 1926.11 92p 22cm

◇[東京市]深川区勢比較要覧 大正13年 大正14年(東京市深川区編) 1926.11 1冊 15cm

◇名古屋市公設市場概要 大正15年刊(名古屋市編) 1926.11 79p 23cm

◇日本社会衛生年鑑 大正15年版(倉敷労働科学研究所編) 同人社書店 1926.11 8,476p 22cm

◇日本帝国統計年鑑 第45回(内閣統計局編) 1926.11 18,688p 27cm

◇愛知県勢要覧 [大正15年刊](愛知県知事官房編) 1926.12 1枚 17cm

◇茨城県勢一斑 大正15年12月刊行(茨城県知事官房統計課編) 1926.12 8,303,7p 17cm+図1枚

◇茨城県統計書 大正14年 第2編 学事ノ部(茨城県編) 1926.12 1,2,171p 27cm

◇岩手県統計書 大正14年 第1編 土地戸口其他(岩手県編) 1926.12 3,264,13p 27cm

◇岩手県統計書 大正14年 第3編 産業(岩手県編) 1926.12 4,253,15p 27cm

◇愛媛県統計書 (大正14年)第3編 産業(工業)(愛媛県編) 1926.12 55p 27cm

◇愛媛県統計書 (大正14年)第3編 産業(林業・其他)(愛媛県編) 1926.12 32p 27cm

◇大分県勢要覧 昭和元年12月刊行(大分県編) 1926.12 1枚 18cm

◇大阪市統計書 第24回 大正14年(大阪市役所編) 1926.12 1冊 23cm

◇大阪府統計書 大正13年(大阪府編) 1926.12 880p 27cm

◇岡山県戸口統計 大正15年刊行(岡山県知事官房統計課編) 1926.12 22p 19cm

◇卸売物価統計表 明治33年及至大正14年(商工大臣官房統計課編) 1926.12 569p 26cm

◇鹿児島県統計書 大正13年 第6編 財政・議会・官公吏・文書・附録(鹿児島県知事官房編) 1926.12 95p 26cm

◇瓦斯事業要覧 大正14年度(帝国瓦斯協会編) 1926.12 20p 31cm

◇各国労働賃金統計(協調会調査課編) 1926.12 3,279p 22cm

◇熊本県統計書 第45回 大正14年 第1編(熊本県編) 1926.12 96p 27cm

◇熊本市勢要覧 [大正14年](熊本市編) 1926.12 1枚 19cm

◇警視庁統計書 大正14年(警視総監官房文書課編) 1926.12 5,345p 27cm

◇神戸市電気事業要覧 第7回(神戸市電気局編) 1926.12 41p 26cm

◇国勢調査報告 大正14年 第2巻 全国結果表(内閣統計局編) 1926.12 12,66p 27cm

◇佐賀県統計書 大正14年 第1編(佐賀県編) 1926.12 134p 26cm

◇佐賀県統計書 大正14年 第4編(佐賀県編) 1926.12 82p 26cm

◇市街地信用組合概況 第14次[大正15年刊](大蔵省銀行局編) 1926.12 75p 26cm

◇静岡市治一斑 大正14年(静岡県知事官房編) 1926.12 263,30p 18cm

◇静岡県統計書 大正14年 第1編 雑纂(静岡県編) 1926.12 238p 27cm

◇静岡県統計書 大正14年 第4編 警察(静岡県編) 1926.12 2,128p 26cm

◇芝区勢便覧 増補(芝区役所編) 1926.12 8,222p 22cm

◇上水道統計及報告 第10号(上水協議会編) 1926.12 745p 22cm

◇職業紹介年報 大正14年(中央職業紹介事務局編) 1926.12 4,104,9p 26cm

◇台南市統計書 第5回 大正14年(台南市役所編) 1926.12 11,149p 25cm

◇東京市教育要覧 1926(東京市教育局編) 1926.12 5,98p 22cm

◇東京市統計書 大正13年(東京府編) 1926.12 952p 26cm

◇栃木県統計書 大正13年 第2編 学事(栃木県編) 1926.12 3,99p 22cm

◇鳥取市勢要覧 大正15年 昭和元年(鳥取市編) 1926.12 2,48p 17cm

◇富山県統計書 大正14年 第1、2編 土地人口其他、産業(富山県編) 1926.12 237,234p 25cm

◇長崎県統計書 大正13年 第1編 土地戸口及其他(長崎県編) 1926.12 2,148p 27cm

◇名古屋市貨物集散概況 大正14年(名古屋市役所総務部勧業課編) 1926.12 82p 23cm

◇名古屋市勧業要覧 第11回 大正14年(名古屋市役所勧業課編) 1926.12 1冊 19cm

◇名古屋市財政概要 大正15年(名古屋市役所庶務課編) 1926.12 77p 22cm

◇新潟市勢一斑 大正15年12月刊行(新潟市知事官房編) 1926.12 349p 16cm

◇広島県統計書 大正14年 第3編 其ノ2(広島県編) 1926.12 181p 26cm

◇福岡市勧業要覧 大正15年(福岡市役所編) 1926.12 4,189p 19cm

◇山梨県県勢一覧 大正15年12月刊行(山梨県編) 1926.12 1枚 19cm

◇愛知県方面委員事業年報 昭和2年(愛知県社会課編) 1927 206p 23cm

◇足利市勢一覧 昭和2年度(足利市編) 1927 1枚 13cm

◇上田市勢一覧 第8回(昭和2年4月調)(上田市編) 1927 1枚 20cm

◇愛媛県県勢一覧 昭和2年(愛媛県知事官房編) 1927 1枚 20cm

◇大阪市水道事業報告書 第13回(自大正14年4月1日至大正15年3月31日)(大阪市編) 1927 95p 20cm

◇[大市]電気事業成績調書 第29回 大正15年昭和元年度(大阪市電気編) 1927 64,95p 23cm

◇大阪市保健状態一覧 昭和元年末現在(大阪市保健部編) 1927 1枚 20cm

◇大津市勢一覧 昭和元年([大津市]編) 1927 1枚 19cm

◇大牟田市勢便覧 大正14年末現在([大牟田市]編) 1927 1枚 20cm

◇鹿児島市勢一斑 昭和元年度(鹿児島市編) 1927 1枚 20cm

◇[金沢市]電気瓦斯事業成績調書 大正15 昭和元年度(金沢市電気局編) 1927 3,13,24p 23cm

◇岐阜県勢要覧 昭和2年([岐阜県]編) 1927 1枚 22cm

◇岐阜県勢要覧 大正15年([岐阜県]編) 1927 1枚 22cm

◇京都市学事一覧 昭和2年(京都市編) 1927 1枚 21cm

◇京都市塵芥撰別調査成績表 第1回(大正12年自1月19日至2月18日)(京都市編) 1927 6p 26cm

◇[京都市]水利事業電気軌道事業成績調書 大正15昭和元年度(京都市電気局編) 1927 59,46p 22cm

◇熊本市電車事業報告書 第3回(熊本市編) 1927 2,67p 22cm

◇呉市勢一斑並ニ市街地図 大正14年(呉市編) 1927 1枚 21cm

◇群馬県桐生市勢一覧 昭和2年(桐生市編) 1927 1枚 15cm

◇[黄海]道勢一斑 [昭和2年](黄海道編) 1927 41p 19cm

◇[神戸市]電気事業報告書 大正15年度昭和元年度(神戸市電気局編) 1927 70,104p 22cm

◇国勢調査結果表 大正14年(東京府知事官房統計課編) 1927 53,17p 22cm

◇国勢調査報告 大正9年 府県の部 第8巻 埼玉県(内閣統計局編) 1927 6,123,5p 26cm

◇国勢調査報告 大正9年 府県の部 第12巻 栃木県(内閣統計局編) 1927 8,117,5p 26cm

◇[静岡市]電気事業成績調書 昭和元年度(静岡市電気部編) 1927 39p 23cm

◇島根県勢要覧 大正14年(島根県知事官房統計課編) 1927 1枚 20cm

◇製鉄業参考資料 昭和2年6月調査(商工省鉱山局編) 1927 78p 26cm

◇仙台市勢一覧 大正15年度 昭和元年度(仙台市編) 1927 1枚 20cm

◇[仙台市]電気事業報告書 昭和元年度(仙台市電気部編) 1927 6,63,25p 23cm

◇高岡商工一斑 昭和2年度(高岡商業会議所編) 1927 1枚 18cm

◇田畑売買価格及賃貸料調 昭和2年3月調(日本勧業銀行調査課編) 1927 10p 26cm

◇地方財政要覧 大正15年度(全羅南道編) 1927 108p 22cm

◇地方復興事業費一覧表 昭和元年12月末日現在調査(復興局編) 1927 1枚 23cm

◇[忠清北道]道勢一斑 昭和2年(忠清北道編) 1927 1枚 19cm

◇腸「チフス」赤痢流行概況 昭和2年(警視庁衛生部編) 1927 60p 22cm

◇津市勢一斑 昭和2年(津市編) 1927 1枚 21cm

◇津市統計集要 大正14年(津市商業会議所編) 1927 60p 22cm

751

◇電気軌道事業関係統計資料（東京市電気局庶務課編） 1927 14p 25×36cm

◇東京市赤坂区勢一覧 大正15年12月1日現在（東京市赤坂区編） 1927 1枚 21cm

◇東京市各区歳入出決算書 大正14年度（東京市役所編） 1927 1冊 27cm

◇東京市各経済決算報告書 大正15年度 昭和元年度（東京市編） 1927 1冊 27cm

◇東京市学事一覧 大正15年度（東京市教育局編） 1927 1枚 19cm

◇東京市貨物集散調査書 大正14年（東京市商工課編） 1927 135p 23cm

◇東京市江東青物市場年報 第3報（東京市編） 1927 36p 22cm

◇東京市歳入出予算（特別会計） 昭和2年度（東京市編） 1927 2,208p 22cm

◇東京市歳入出予算（普通会計） 昭和2年度（東京市編） 1927 9,251p 22cm

◇［東京市］電気事業成績調査 第16回 大正15・昭和元年度（東京市電気局編） 1927 212p 23cm

◇東京市普通経済昭和二年度以降収支概計（東京市編） 1927 9p 26cm

◇［東京市］予算概要 昭和2年度（東京市編） 1927 27p 26cm

◇東京府会決議録 昭和2年（東京府編） 1927 1冊 24cm 東京府歳入歳出予算

◇東京府歳入歳出決算書 大正15年度 昭和元年度（東京府編） 1927 1冊 27cm

◇東京府統計書 大正14年（東京府編） 1927 1012p 27cm

◇富山市電気軌道事業報告書 第8回（昭和2年度）（富山市電軌課編） 1927 11p 19cm

◇長崎県勢概要 昭和2年4月1日調査（長崎県編） 1927 49p 23cm+図1枚

◇名古屋市学事要覧 大正15年調査（名古屋市教育部教育課編） 1927 41p 19cm

◇名古屋市公設市場要覧 昭和2年刊（名古屋市産業部市場課編） 1927 50p 23cm

◇名古屋市電気軌道営業統計報告書 昭和元年度（名古屋市電気局編） 1927 99p 22cm

◇奈良市勢一覧 昭和元年度（奈良市編） 1927 1枚 20cm

◇函館商業会議所年報 大正14年（函館商業会議所編） 1927 320,21p 26cm

◇府県に執行復興事業大要 昭和元年12月31日現在（復興局編） 1927 24p 27cm

◇別府市勢一覧 昭和2年調（別府市編） 1927 1枚 17cm

◇法定伝染病統計［大正10年-大正12年］（内務省衛生局編） 1927 79p 26cm

◇門司市勢一覧 昭和2年刊行（門司市編） 1927 1枚 20cm

◇横浜市教育状況一覧表 昭和2年4月末日調（横浜市編） 1927 1枚 21cm

◇横浜市電気事業成績書 自大正11年度至昭和元年度（横浜市電気局編） 1927 ［34］p 25cm

◇米子市勢要覧 昭和2年（米子市編） 1927 1枚 20cm

◇若松市勢一班［福島県］昭和元年（昭和2年刊）（若松市（福島県）編） 1927 1枚 16cm

◇茨城県統計書 大正14年 第4編 警察及衛生ノ部（茨城県編） 1927.1 1,2,112p 27cm

◇岩手県勢要覧 大正14年（［岩手県］編） 1927.1 1枚 14cm

◇大阪市教育要覧 大正15年度（大阪市教育部編） 1927.1 4,141p 22cm

◇［岡山商業会議所］統計年報 大正14年（岡山商業会議所編） 1927.1 5,174p 22cm

◇解放運動 無産政党 解放団体 現勢年鑑 昭和2年版（解放社編） 1927.1 1冊 22cm

◇鹿児島県統計書 大正13年 第4編 商業・工業・鉱業・銀行金融・貯蓄・産業組合・土木・交通（鹿児島県知事官房編） 1927.1 2,149p 26cm

◇岐阜県統計書 第35回（大正14年）第5巻（岐阜県編） 1927.1 18p 27cm

◇耕地ノ拡張及潰廃ニ関スル調査 第2次（農林省農務局編） 1927.1 3,50p 27cm

◇地方財政概要 大正15年度（内務省地方局編） 1927.1 95p 27cm

◇電気鉄道事業営業統計書 第4回（大正14年度）（電気協会関東支部編） 1927.1 5,119p 27cm

◇福井県勢 昭和2年版（福井県知事官房編） 1927.1 7,133p 17cm

◇復興予算年度割一覧［昭和2年刊］（復興局編） 1927.1 20p 26cm

◇労働統計実地調査報告 大正13年 工場の部 第1巻（内閣統計局編） 1927.1 251p 26cm

◇愛媛県統計書 （大正13年）第1編（愛媛県編） 1927.2 124p 27cm

◇愛媛県統計書 （大正13年）第2編（愛媛県編） 1927.2 101p 27cm

◇大分県統計書 大正14年 第2編（大分県編） 1927.2 97,61p 27cm

◇学校卒業者就職状況調査 大正15年度（東京市社会局編） 1927.2 5,32p 22cm

◇金沢市勢一覧（金沢市編） 1927.2 6,108,9p 18cm

◇金沢市統計書 大正14年 自第1編至第7編合本（金沢市役所編） 1927.2 1冊 22cm

◇関東庁国勢調査結果表 大正14年（関東長官官房文書課編） 1927.2 2,711p 26cm

◇甲府商業会議所統計 第17回（甲府商業会議所編） 1927.2 124p 22cm

◇神戸市社会事業概況 大正15年10月（神戸市役所社会課編） 1927.2 92,34p 22cm

◇佐賀県統計書 大正14年 第3編（佐賀県編） 1927.2 208p 26cm

◇下関市統計表 第4回 大正14年（下関市役所編） 1927.2 13,4,171p 23cm

◇長野県統計書 大正13年 自第1編（其ノ2）至第4編合本（長野県編） 1927.2 1冊 26cm

◇名古屋市統計書 第27回（名古屋市編） 1927.2 1冊 22cm

◇福岡県統計書 大正14年 第3編（福岡県編） 1927.2 327p 27cm

◇［復興建築助成株式会社］営業報告書 第2期（大正15年下半期）（復興建築助成株式会社編） 1927.2 13,58p 23cm

◇山形県勢要覧 大正14年（山形県知事官房統計課編） 1927.2 169,16,102p 17cm

◇山口県勢一班 大正14年（山口県知事官房編） 1927.2 190p 15cm

◇秋田県統計書 第43回（大正14年）勧業編（秋田県編） 1927.3 1,3,251p 26cm

◇愛媛県勢要覧 昭和2年（愛媛県知事官房編） 1927.3 6,89p 19cm

◇大分県治一班 大正14年（大分県知事官房編） 1927.3 220,44p 16cm

◇大阪市立衛生試験所事業成績ノ概要［大正15年］（大阪市立衛生試験所編） 1927.3 151p 23cm

◇岡山県統計年報 大正14年（岡山県編） 1927.3 9,545p 26cm

◇沖縄県統計書 大正14年 第1編 内務（沖縄県編） 1927.3 153p 27cm

◇小樽市統計書 第21回 大正14年（小樽市役所編） 1927.3 11,295p 23cm

◇鹿児島県統計書 大正14年 第3編 農業・牧畜・山林・水産業（鹿児島県編） 1927.3 159p 27cm

◇神奈川県統計書 大正14年(神奈川県知事官房編) 1927.3 733p 23cm

◇関東庁国勢調査記述篇 大正14年10月1日(関東長官官房文書課編) 1927.3 1冊 26cm+図2枚

◇岐阜県統計書 第35回(大正14年)第1巻(岐阜県知事官房編) 1927.3 66p 27cm

◇京都府統計書 大正14年(京都府編) 1927.3 1冊 26cm

◇熊本県統計書 第45回 大正14年 第4編(熊本県編) 1927.3 42p 27cm

◇熊本県統計書 第45回 大正14年 第5編(熊本県編) 1927.3 191p 27cm

◇工場統計表 大正14年(商工大臣官房統計課編) 東京統計協会 1927.3 578p 26cm

◇国勢調査報告 大正9年 府県の部 第40巻 福岡県(内閣統計局編) 1927.3 1冊 26cm

◇国勢調査報告 大正9年 府県の部 第47巻 北海道(内閣統計局編) 1927.3 1冊 26cm

◇小作調停年報 第2次(農林省農務局編) 1927.3 80p 23cm

◇細民生活状態調査報告 自大正14年10月至12月(静岡県社会課編) 1927.3 2,38p 23cm

◇滋賀県統計全書 大正14年(滋賀県編) 1927.3 12,877,5p 22cm

◇静岡市勢要覧 大正14年(静岡市編) 1927.3 1枚 19cm

◇市町村別人口動態統計 大正14年度(内閣統計局編) 1927.3 297p 26cm

◇失業統計調査報告 大正14年 第1巻 記述(内閣統計局編) 1927.3 92p 26cm

◇社会事業統計要覧 第6回(社会局社会部編) 1927.3 11,194p 22cm

◇商工省統計表 第2次 大正14年(商工大臣官房統計課編) 東京統計協会 1927.3 12,276p 26cm

◇消防組頭会議参考統計 第4回(警視庁消防部編) 1927.3 69p 22cm

◇大日本帝国港湾統計 大正14年(内務省土木局港湾課編) 1927.3 5,363p 26cm

◇大日本帝国内務省統計報告 第39回 大正15年刊行(内務大臣官房文書課編) 1927.3 4,580p 26cm

◇千葉県勢要覧 昭和2年刊行(千葉県知事官房編) 1927.3 2,74p 14cm

◇東京市魚市場年報 大正15年 昭和元年(東京市魚市場編) 1927.3 2,75p 22cm

◇東京市衛生試験所報告 第3回 学術的報告(東京市衛生試験所編) 1927.3 281p 23cm

◇東京市市勢統計原表:大正14年10月1日現在(東京市編) 1927.3 2,715p 27cm

◇東京市失業調査統計原表 大正14年10月1日現在(東京市統計課編) 1927.3 407p 27cm

◇東京市統計年表 第23回(東京市役所編) 1927.3 22,1469p 23cm

◇東京商業会議所統計年報 大正13年(東京商業会議所編) 1927.3 6,219p 23cm

◇統計上より見たる広島県の地位 昭和2年3月刊行(広島県知事官房統計課編) 1927.3 17,159p 17cm

◇鳥取県統計書 大正14年 自第1編至第4編 合本(鳥取県編) 1927.3 1冊 27cm

◇土木局統計年報 第27回 昭和元年12月編纂(内務省土木局編) 1927.3 2,2,168p 26cm

◇富山県統計書 大正14年 第4編 警察、衛生(富山県編) 1927.3 4,177p 25cm

◇長崎県統計書 大正14年(長崎県編) 1927.3 1冊 27cm

◇名古屋工場要覧:附愛知県下主要工場要覧(名古屋商業会議所編) 名古屋工業研究会 1927.3 20,149,36p 19cm

◇乳幼児死亡調査報告 大正14年 乳幼児死亡調査報告統計表 大正14年(警視庁衛生部編) 1927.3 2,37,232p 33cm

◇福井県統計書 大正14年(福井県編) 1927.3 1冊 26cm

◇福島県統計書 第42回 上編,下編(福島県知事官房編) 1927.3 1冊 27cm

◇北海道道勢一斑 大正14年(北海道庁編) 1927.3 10,343p 15cm

◇三重県統計書 大正14年 自第1編至第6編(三重県編) 1927.3 1冊 26cm

◇山形県治一覧 昭和2年3月刊行(山形県知事官房統計課編) 1927.3 1枚 20cm

◇労働統計実地調査報告 大正13年 工場の部 第2巻(内閣統計局編) 1927.3 729p 26cm

◇労働統計要覧 昭和2年版(内閣統計局編) 東京統計協会 1927.3 8,301p 22cm

◇和歌山県勢要覧 大正14年(和歌山県知事官房統計編) 1927.3 26,10p 17cm+図1枚

◇和歌山県統計書 大正14年(和歌山県編) 1927.3 1冊 27cm

◇明石市勢一斑 第7回(大正14年)(明石市編) 1927.4 10,140p 17cm

◇牛込区勢一斑 第2回(東京市牛込区役所編) 1927.4 127,20p 15cm

◇大阪市学事統計 自大正14年至大正15年(大阪市役所編) 1927.4 3,237p 19cm

◇沖縄県統計書 大正14年 第3編 産業(沖縄県編) 1927.4 3,223p 26cm

◇岐阜県統計書 第35回(大正14年)第3巻(岐阜県編) 1927.4 38,4p 27cm

◇久留米市政要覧 昭和2年(久留米市編) 1927.4 [46]p 22cm

◇児童就学奨励概況 昭和2年4月刊行(文部省普通学務局編) 1927.4 17p 26cm

◇徳島県統計書 大正14年 第4編(徳島県編) 1927.4 2,105p 26cm

◇日本橋区勢要覧 第4回 昭和2年(東京市日本橋区役所編) 1927.4 345p 14×20cm

◇福島県統計書 第43回 上編(福島県知事官房編) 1927.4 5,326p 26cm

◇物価及賃銀 大正15年(昭和元年)度(東京商業会議所編) 1927.4 6,4p 27cm

◇宮城県統計書 大正14年 第2巻 勧業(宮城県編) 1927.4 229p 26cm

◇宮城県統計書 大正14年 第4巻 雑部(宮城県編) 1927.4 3,162p 26cm

◇模範統計図集 第1巻 第1号 人口食糧問題(日本統計普及会編) 1927.4 26p 20×27cm

◇予算要領 昭和2年度(日本銀行調査局編) 1927.4 6,130,27p 23cm

◇若松市勢一覧[福岡県] 昭和2年刊(若松市(福岡県)編) 1927.4 1枚 20cm

◇大阪市社会事業年報 昭和元年(大阪市社会部編) 1927.5 286p 23cm

◇大阪市住宅年報 第3号(大阪市社会部調査課編) 1927.5 281p 22cm 社会部報告

◇大阪市労働年報 第2号 大正14年(大阪市社会部調査課編) 1927.5 449p 22cm 社会部報告

◇京都市統計書 第17回(大正14年)(京都市編) 1927.5 8,14,422p 27cm

◇産業組合概況 第23次(産業組合中央会編) 1927.5 41p 26cm

◇地方学校職員待遇調査 [昭和2年刊](文部省普通学務局編) 1927.5 49p 26cm

◇東京市勢提要 第14回(東京市役所編) 1927.5 11,301p 15cm

◇徳島県統計書 大正14年 第1編(徳島県編) 1927.5 4,243p 26cm

◇徳島県統計書 大正14年 第2編（徳島県編） 1927.5 3,161p 26cm
◇徳島県統計書 大正14年 第3編（徳島県編） 1927.5 3,156p 26cm
◇福島県統計書 第43回 下編（福島県知事官房編） 1927.5 6,430p 26cm
◇宮崎県統計書 大正14年（宮崎県編） 1927.5 8,659p 26cm
◇米沢市統計一班 大正14年（米沢市役所編） 1927.5 11,128p 17cm
◇一宮市勢一覧 昭和2年（一宮市編） 1927.6 1枚 20cm
◇愛媛県統計書（大正14年）第4編（愛媛県編） 1927.6 125p 27cm
◇川崎市勢要覧［昭和2年刊］（川崎市編） 1927.6 91p 19cm
◇岐阜県統計書 第35回（大正14年）第4巻（岐阜県編） 1927.6 38p 27cm
◇京都市学事要覧 大正15年調査（京都市教育課編） 1927.6 106p 19cm
◇群馬県統計書 大正14年（群馬県知事官房編） 1927.6 1冊 26cm
◇高知県統計書 大正14年 第3編（高知県編） 1927.6 91p 27cm
◇神戸市統計書 第17回（神戸市編） 1927.6 1冊 22cm
◇国勢調査報告 大正9年 府県の部 第22巻 宮城県（内閣統計局編） 1927.6 7,174,5p 26cm
◇国勢調査報告 大正9年 府県の部 第42巻 佐賀県（内閣統計局編） 1927.6 1冊 26cm
◇社会事業一覧（［内務省］社会局社会部編） 1927.6 4,214p 22cm
◇上水道統計及報告 第11号（上水協議会編） 1927.6 226p 22cm
◇豊橋市勢一斑 昭和2年版（豊橋市編） 1927.6 1枚 19cm
◇長野県勢要覧 昭和2年（長野県知事官房編） 1927.6 2,32,[55]p 17cm
◇新潟市勢一覧［昭和2年刊］（新潟市編） 1927.6 1枚 19cm
◇福島県勢要覧 昭和2年刊行（福島県編） 1927.6 1枚 15cm+図1枚
◇横浜市社会事業一覧 昭和2年（横浜市社会課編） 1927.6 1枚 20cm
◇横浜市要覧［昭和2年6月刊］（横浜市役所編） 1927.6 132p 19cm
◇旭川市勢要覧 昭和2年版（旭川市編） 1927.7 1枚 16cm
◇小樽市勢要覧 昭和2年7月編纂（小樽市編） 1927.7 1枚 19cm
◇岐阜市勢一斑 昭和2年調（岐阜市編） 1927.7 2,34p 20cm
◇国勢調査報告 大正9年 府県の部 第17巻 山梨県（内閣統計局編） 1927.7 1冊 26cm
◇国勢調査報告 大正9年 府県の部 第20巻 長野県（内閣統計局編） 1927.7 7,189,5p 26cm
◇国勢調査報告 大正9年 府県の部 第26巻 秋田県（内閣統計局編） 1927.7 5,130,5p 26cm
◇東京府財政概要 昭和2年7月刊（東京府編） 1927.7 87p 23cm
◇東洋経済経済年鑑 第11回（昭和2年度）（東洋経済新報社編） 1927.7 238p 26cm
◇山形県統計書 大正14年 第1編 土地戸口其他（山形県知事官房統計課編） 1927.7 12,120p 27cm
◇［大阪商業会議所］統計年報 昭和元年（大阪商業会議所編） 1927.8 13,5,248p 22cm
◇鹿児島県統計書 大正14年 第5編 衛生・裁判・警察・刑務所（鹿児島県知事官房編） 1927.8 2,57p 27cm
◇鹿児島県統計書 大正14年 第6編 財政・議会・官公吏・文書・附録（鹿児島県編） 1927.8 95p 27cm
◇釧路市勢一斑 昭和元年（釧路市編） 1927.8 158p 16cm
◇神戸港勢一覧［昭和2年刊］（神戸市港湾部編） 1927.8 1枚 18cm
◇神戸市勢要覧 第11回（大正14年）（神戸市編） 1927.8 1冊 14cm
◇埼玉県統計書 大正14年（埼玉県編） 1927.8 1冊 26cm
◇静岡県統計書 昭和元年 第2編 学事（静岡県編） 1927.8 212,1p 27cm

◇職業紹介事業年報 大正15年 昭和元年（大阪地方職業紹介事務局編） 1927.8 52,6p 27cm
◇仙台市統計書 大正15年昭和元年（仙台市役所編） 1927.8 4,176p 22cm+図1枚
◇鶴岡市統計一班 大正15年度 昭和元年度（鶴岡市編） 1927.8 60p 18cm
◇栃木県統計書 大正15年 昭和元年 第3編 産業 金融（栃木県編） 1927.8 3,162,25p 26cm
◇日本帝国文部省年報 第51 大正12年度 上巻（文部大臣官房文書課編） 1927.8 434p 26cm
◇日本帝国文部省年報 第51 大正12年度 下巻（文部大臣官房文書課編） 1927.8 386p 26cm
◇［浜松商業会議所］統計年報 第24回（浜松商業会議所） 1927.8 114p 20cm
◇明治大正国勢総覧（東洋経済新報社編） 1927.8 50,764p 26cm
◇大阪府統計書 大正14年（大阪府編） 1927.9 874p 27cm
◇沖縄県統計書 大正14年 第2編 学事（沖縄県編） 1927.9 2,86p 27cm
◇鹿児島県統計書 大正14年 第1編 土地 気象 戸口（鹿児島県知事官房編） 1927.9 2,49p 27cm
◇鹿児島県統計書 大正14年 第4編 商業・工業・鉱業・銀行金融・貯蓄・産業組合・土木・交通（鹿児島県知事官房編） 1927.9 2,148p 27cm
◇火災消防統計書 第2回（内務省警保局編） 1927.9 27p 26cm
◇高知市勢要覧 昭和元年（高知市編） 1927.9 1枚 20cm
◇静岡市勢要覧 大正15年 昭和元年（静岡市編） 1927.9 1枚 19cm
◇東京市養育院年報 第55回（大正15年昭和元年度）（東京市養育院編） 1927.9 2,166p 22cm
◇名古屋市貨物集散概況 昭和元年（名古屋市役所総務部勧業課編） 1927.9 146p 23cm
◇新潟市産業要覧 昭和2年刊（新潟市役所編） 1927.9 206p 19cm
◇八幡市統計要覧 昭和元年末現在（八幡市編） 1927.9 79p 16cm
◇山形県統計書 昭和元年 第2編 農業（山形県知事官房統計課編） 1927.9 8,136p 27cm
◇山形市統計一班 昭和元年（山形市役所編） 1927.9 7,161,16p 17cm
◇群馬県統計書 昭和元年 人口及雑之部（群馬県編） 1927.10 69p 27cm
◇神戸市財政要覧 第19回 昭和2年度（神戸市役所庶務課編） 1927.10 75p 22cm
◇神戸市社会事業概況 昭和元年度（神戸市役所社会課編） 1927.10 10,110,28p 22cm
◇国勢調査報告 大正9年 府県の部 第21巻 福島県（内閣統計局編） 1927.10 5,175,5p 26cm
◇国勢調査報告 大正9年 府県の部 第36巻 徳島県（内閣統計局編） 1927.10 1冊 26cm
◇国勢調査報告 大正9年 府県の部 第44巻 宮崎県（内閣統計局編） 1927.10 1冊 26cm
◇時事年鑑 昭和3年（時事新報社編） 1927.10 880p 26cm
◇高岡市勢一覧 昭和元年（高岡市編） 1927.10 1枚 16cm
◇高田市統計書 大正15年昭和元年分（高田市役所編） 1927.10 9,76p 19cm
◇治水事業ニ関スル統計書 第6回 昭和2年5月編纂（内務省土木局編） 1927.10 2,4,444p 27cm
◇東京市学事統計年報 第19回［大正14年度］（東京市役所編） 1927.10 4,114p 26cm
◇名古屋市勢一覧 昭和2年10月刊行（名古屋市編） 1927.10 1枚

◇日本労働年鑑 昭和2年版(大原社会問題研究所編) 同人社書店 1927.10 1冊 22cm
◇農業経営調査書 第1巻(帝国農会農業経営部編) 1927.10 821p 22cm
◇農業経営調査書 第2巻(帝国農会農業経営部編) 1927.10 715p 22cm
◇農業経営調査書 第3巻(帝国農会農業経営部編) 1927.10 689p 22cm
◇宮城県々治一斑 第41回(宮城県知事官房編) 1927.10 2,9,263p 10×13cm+図1枚cm
◇山梨県県勢一覧 昭和2年9月刊行(山梨県編) 1927.10 1枚 19cm
◇四日市市統計要覧 昭和2年(四日市市編) 1927.10 146p 18cm
◇六大都市人口静態総覧 自明治22年至昭和元年(横浜市編) 1927.10 22p 26cm
◇大阪市財政要覧 第10回 昭和2年度刊行(大阪市役所庶務部編) 1927.11 252p 22cm
◇大阪市統計書 第25回 昭和元年(大阪市役所編) 1927.11 1冊 23cm
◇[岡崎商業会議所]統計年報 大正15年昭和元年 岡崎商業会議所報告 昭和2年号外(岡崎商業会議所編) 1927.11 99p 22cm
◇鹿児島市統計書 第16回(鹿児島市役所編) 1927.11 4,186p 27cm
◇岐阜県治要覧(岐阜県編) 1927.11 438p 23cm
◇警視庁統計書 昭和元年(警視庁編) 1927.11 4,376p 27cm
◇甲府商業会議所統計 第18回(甲府商業会議所編) 1927.11 123p 22cm
◇神戸市電気事業要覧 第8回(神戸市電気局編) 1927.11 45p 26cm
◇郡山市統計一斑 昭和2年(郡山市役所編) 1927.11 9,148,4p 20cm
◇国勢調査報告 大正9年 府県の部 第25巻 山形県(内閣統計局編) 1927.11 6,146,5p 26cm
◇東京市施設社会事業要覧 昭和2年(東京市社会局編) 1927.11 8,136,14p 19cm
◇東京商業会議所統計年報 大正14年(東京商業会議所編) 1927.11 10,253p 23cm
◇日本社会衛生年鑑 昭和2年版(労働科学研究所編) 1927.11 8,508p 22cm
◇日本帝国統計年鑑 第46回(内閣統計局編) 1927.11 18,708,64p 26cm
◇松江市勢一斑 昭和元年(松江市編) 1927.11 8,109p 17cm
◇八幡市勢要覧:八幡市制施行10周年記念出版(八幡市編) 1927.11 4,225p 19cm
◇青森商業会議所統計年報 昭和元年(青森商業会議所編) 1927.12 3,66p 27cm
◇秋田県勢要覧[昭和2年刊](秋田県編) 1927.12 7,136p 18cm
◇岩手県統計書 大正15年 昭和元年 第1編 土地戸口其他(岩手県編) 1927.12 3,272,9p 27cm
◇愛媛県統計書(大正15年)第3編 産業(農業・其他)(愛媛県編) 1927.12 65p 27cm
◇愛媛県統計書(大正15年)第3編 産業(工業)(愛媛県編) 1927.12 54p 27cm
◇愛媛県統計書(大正15年)第3編 産業(林業・其他)(愛媛県編) 1927.12 34p 27cm
◇大阪市工場一覧(昭和元年末現在)(大阪市役所産業部編) 1927.12 284,9p 22cm
◇大阪市勢要覧 昭和2年版(大阪市役所産業部編) 1927.12 78,18p 13cm
◇大阪市労働統計実地調査概要 第2回(大阪市社会部調査課編) 1927.12 186p 22cm 社会部報告

◇尾道市勢要覧 大正15年度 昭和元年度(尾道市編) 1927.12 1枚 20cm
◇群馬県統計書 昭和元年 警察及衛生之部(群馬県編) 1927.12 2,110p 26cm
◇神戸港大観[大正15年 昭和元年](神戸市港湾部編) 1927.12 6,290p 23cm
◇国勢調査報告 大正9年 府県の部 第46巻 沖縄県(内閣統計局編) 1927.12 10,113,5p 26cm
◇堺市勢一斑 大正15年 昭和元年(堺市編) 1927.12 1枚 20cm
◇佐賀県統計書 昭和元年 第4編(佐賀県編) 1927.12 83p 26cm
◇静岡県統計書 昭和元年 第4編 警察(静岡県編) 1927.12 2,150p 26cm
◇商工省統計表 第3次 昭和元年(商工大臣官房統計課編) 東京統計協会 1927.12 12,219p 27cm
◇上水道統計及報告 第12号(上水協議会編) 1927.12 783p 22cm
◇職業紹介年報 大正15年 昭和元年(中央職業紹介事務局編) 1927.12 4,89,9p 26cm
◇地方財政概要 昭和2年度(台北州編) 1927.12 1,2,37p 26cm
◇帝国予算綱要 昭和3年度(大蔵大臣主計局編) 1927.12 66p 23cm
◇[東京市]麻布区勢一斑 昭和2年([東京市]麻布区編) 1927.12 1枚 19cm
◇東京市教育局社会教育課事業概況 昭和元年度(東京市編) 1927.12 109p 19cm
◇東京市教育要覧 昭和2年(東京市教育局学務課編) 1927.12 8,110p 22cm
◇東京市社会局年報 第7回 昭和元年度(東京市役所編) 1927.12 2,144p 22cm
◇富山県統計書 昭和元年 第1編 土地戸口其他(富山県編) 1927.12 6,289p 25cm
◇富山県統計書 昭和元年 第2編 産業(富山県編) 1927.12 7,295p 25cm
◇長崎県勢要覧 大正15年 昭和元年(長崎県知事官房編) 1927.12 2,36p 19cm
◇名古屋市勧業要覧 第12回 昭和元年(名古屋市勧業課編) 1927.12 1冊 19cm
◇名古屋市財政概要 昭和2年(名古屋市役所総務部庶務課編) 1927.12 83p 22cm
◇福井市統計一斑 昭和2年刊行(福井市編) 1927.12 10,195p 17cm
◇福島県統計書 第44回 上編(福島県知事官房編) 1927.12 5,335p 26cm
◇北海道及樺太経済統計要覧 昭和2年版(北海道拓殖銀行調査課編) 1927.12 5,112p 27cm
◇山口県統計書 大正14年 第1編(山口県知事官房編) 1927.12 3,183p 26cm
◇愛知県方面委員事業年報 昭和3年(愛知県社会課編) 1928 396p 23cm
◇上田市勢一覧 第9回(昭和3年4月調)(上田市編) 1928 1枚 20cm
◇宇治山田市勢一覧 昭和3年調(宇治山田市編) 1928 1枚 20cm
◇大阪市屎尿応急汲取ニ関スル統計(大阪市保健部編) 1928 1枚 23cm
◇大阪市水道事業報告書 第14回(自大正15年4月1日至昭和2年3月31日)(大阪市編) 1928 108p 20cm
◇[大阪市]電気事業成績調書 第30回 昭和2年度(大阪市電気局編) 1928 68,89p 23cm
◇大阪市保健状態一覧 昭和2年末現在(大阪市保健部編) 1928 1枚 20cm
◇鹿児島市勢一斑 昭和2年度(鹿児島市編) 1928 1枚 19cm
◇[金沢市]電気瓦斯事業成績調書 大正13年度(金沢市電気局編)

◇基隆市勢一覧 昭和3年刊行（基隆市編） 1928 3,11,20p 23cm

◇京都市学事一覧 昭和3年（京都市編） 1928 1枚 20cm

◇[京都市]水利事業電気軌道事業成績調書 昭和2年度（京都市電気局編） 1928 68,48p 22cm

◇京都市勢一班 昭和3年版（京都市編） 1928 1枚 22cm

◇熊本市電車事業報告書 第4回（熊本市電気局編） 1928 2,67p 22cm

◇呉市勢一班 昭和元年度末調（呉市編） 1928 1枚 19cm

◇群馬県桐生市勢一覧 昭和3年（桐生市編） 1928 1枚 15cm

◇高知県統計書 大正15年昭和元年 自第1編至第4編合本（高知県編） 1928 1冊 27cm

◇神戸市勢一覧 昭和元年度（神戸市編） 1928 1枚 15cm

◇[神戸市]電気事業報告書 昭和2年度（神戸市電気局編） 1928 80,96p 22cm

◇神戸市負債一覧表 昭和2年1月15日現在（神戸市経理課編） 1928 12p 27×39cm

◇神戸市負債一覧表 昭和3年2月25日現在（神戸市経理課編） 1928 14p 27×39cm

◇神戸市負債一覧表 昭和3年6月30日現在（神戸市経理課編） 1928 14p 27×39cm

◇[静岡市]電気事業成績調書 昭和2年度（静岡市電気部編） 1928 39p 22cm

◇島根県統計書 大正14年 第1編～第4編（島根県編） 1928 1冊 27cm

◇仙台市勢一覧 昭和2年度（仙台市編） 1928 1枚 20cm

◇[仙台市]電気事業報告書 昭和2年度（仙台市電気部編） 1928 6,67,25p 23cm

◇田畑売買価格及賃貸料調 昭和3年3月調（日本勧業銀行調査課編） 1928 11p 26cm

◇地方財政要覧 昭和2年度（全羅南道編） 1928 2,105p 22cm

◇地方復興事業費一覧表 昭和2年12月末日現在調査（復興局編） 1928 1枚 23cm

◇腸「チフス」赤痢流行概況 昭和3年（警視庁衛生部編） 1928 61p 22cm

◇津市勢一班 昭和3年（津市編） 1928 1枚 21cm

◇電気軌道事業成績調書 第1回（昭和2年度）（自昭和2年12月1日至同3年3月31日）（札幌市電気局編） 1928 24p 23cm

◇東京市各経済決算報告書 昭和2年度（東京市編） 1928 1冊 27cm

◇東京市江東青物市場年報 昭和2年（東京市編） 1928 55p 23cm

◇東京市歳入出予算（特別経済）昭和3年度（東京市編） 1928 2,224p 22cm

◇東京市歳入出予算（普通経済）昭和3年度（東京市編） 1928 9,264p 22cm

◇東京市水道統計表 大正15年（東京市水道局編） 1928 14p 27cm

◇東京市電気局事業大要 昭和3年2月（東京市電気局編） 1928 1枚 20cm

◇東京市電気局事業大要 昭和3年9月（東京市電気局編） 1928 1枚 20cm

◇[東京市]電気事業成績調書 第17回 昭和2年度（東京市電気局編） 1928 243p 22cm

◇東京市普通経済昭和三年度以降収支概計（東京市編） 1928 16p 26cm

◇[東京市]予算概要 昭和3年度（東京市編） 1928 30p 26cm

◇東京府会決議録 昭和3年（東京府編） 1928 1冊 24cm 東京府歳入歳出予算

◇東京府歳入歳出決算書 昭和2年度（東京府編） 1928 1冊 22cm

◇東京府予算概要 昭和2年度（東京府編） 1928 68p 25cm

◇登録日傭労働者ニ関スル調査 昭和2年度（東京市社会局職業課編） 1928 15p 26cm

◇図書館一覧 昭和2年4月現在（文部省普通学務局編） 1928 34p 26cm

◇富山市電気軌道事業報告書 第9回（昭和3年度）（富山市電軌課編） 1928 16p 19cm

◇名古屋市学事要覧 昭和2年調査（名古屋市教育部教育課編） 1928 56p 19cm

◇名古屋市電気軌道営業統計報告書 昭和2年度（名古屋市電気局編） 1928 114p 22cm

◇府県市執行復興事業大要 昭和2年12月31日現在（復興局編） 1928 24p 27cm

◇松江市勢要覧 昭和2年（松江市編） 1928 1枚 19cm

◇松本市一覧 昭和2年度（松本市編） 1928 1枚 21cm

◇門司市勢一覧 昭和3年刊行（門司市編） 1928 1枚 20cm

◇米子市勢要覧 昭和3年（米子市編） 1928 1枚 20cm

◇六大都市統計書中ニ於ケル表章事項及表式調査方法ノ相異（例示） 昭和3年8月調査 謄写版（東京市役所編） 1928 132p 27cm

◇若松市勢一班［福島県］ 昭和2年（昭和3年刊）（若松市（福島県）編） 1928 1枚 16cm

◇尼崎市勢 第10回 昭和3年7月調査（尼崎市編） 1928.1 145p 16cm

◇大阪市教育要覧 昭和2年度（大阪市教育部編） 1928.1 4,88p 22cm

◇神戸市統計書 第18回（神戸市編） 1928.1 1冊 22cm

◇静岡県統計書 昭和元年 第3編 勧業 第3巻 鉱業、商工（静岡県編） 1928.1 455p 27cm

◇社会事業統計要覧 第7回（社会局社会部編） 1928.1 6,127p 22cm

◇地方議会選挙ニ依ル普通選挙資料（日本統計普及会編） 1928.1 24p 19×26cm 時事統計図集

◇地方財政概要 昭和2年度（内務省地方局編） 1928.1 96p 27cm

◇東京市赤坂区勢一覧 昭和3年1月1日現在（東京市赤坂区編） 1928.1 8,70p 19cm

◇農業経済統計（協調会農村課編） 1928.1 28p 22cm

◇復興予算年度割一覧 ［昭和3年刊］（復興局編） 1928.1 22p 26cm

◇青森市統計書 大正15年昭和元年（青森市役所編） 1928.2 9,2,284p 22cm

◇岩手県統計書 大正15年 昭和元年 第3編 産業（岩手県編） 1928.2 4,351,13p 27cm

◇大分県統計書 昭和2年 第3編（大分県編） 1928.2 285p 27cm

◇大阪市住宅年報 昭和元年（大阪市社会部調査課編） 1928.2 198p 23cm 社会部報告

◇瓦斯事業要覧 昭和元年度（帝国瓦斯協会編） 1928.2 22p 31cm

◇各国労働争議統計 昭和3年増補（協調会調査課編） 1928.2 133p 22cm

◇群馬県統計書 昭和元年 勧業之部（群馬県編） 1928.2 3,210p 27cm

◇甲府市統計書 第21回 大正14年（甲府市役所編） 1928.2 8,127p 23cm

◇神戸市衛生統計書 大正15年昭和元年（神戸市衛生課編） 1928.2 3,122p 22cm

◇国勢調査報告 大正9年 府県の部 第41巻 大分県（内閣統計局編） 1928.2 9,134,5p 26cm

◇市街地信用組合概況 第15次［昭和3年刊］（大蔵省銀行局編） 1928.2 75p 26cm

◇鳥取県統計書 大正15年昭和元年 自第1編至第4編 （合本）（鳥取県編） 1928.2 1冊 26cm

◇[復興建築助成株式会社]営業報告書 第4期（昭和2年下半期）（復興建築助成株式会社編） 1928.2 13,55p 23cm

◇北海道概況(北海道庁編) 1928.2 8,140p 22cm

◇朝日経済年史 昭和3年版(朝日新聞社経済部編) 1928.3 445p 23cm

◇大分県統計書 大正15年昭和元年 第2編(大分県編) 1928.3 104p 27cm

◇大阪市学事統計 自昭和元年至昭和2年(大阪市役所編) 1928.3 3,207p 19cm

◇大阪市住宅年報 昭和2年(大阪市社会部調査課編) 1928.3 188p 23cm 社会部報告

◇[大阪市立衛生試験所]事業成績概要 昭和2年(大阪市立衛生試験所編) 1928.3 141p 23cm

◇大阪市労働年報 昭和元年(大阪市社会部調査課編) 1928.3 4,494p 22cm 社会部報告

◇岡山県統計年報 大正15年昭和元年(岡山県編) 1928.3 9,695p 26cm

◇岡山市統計年報 大正15年昭和元年(岡山市役所編) 1928.3 6,191p 23cm

◇神奈川県統計書 大正15年昭和元年(神奈川県編) 1928.3 827p 23cm

◇金沢市統計書 昭和元年 自第1編至第7編合本(金沢市役所編) 1928.3 1冊 22cm

◇管内労働事情 第1輯(大阪地方職業紹介事務局編) 1928.3 287p 23cm

◇京都市学事要覧 昭和2年度(京都市教育部学務課編) 1928.3 4,107p 22cm

◇工場統計表 昭和元年(商工大臣官房統計課編) 東京統計協会 1928.3 2,8,582p 26cm

◇滋賀県統計全書 大正15年 昭和元年(滋賀県編) 1928.3 10,879,5p 22cm

◇静岡県統計書 昭和元年 第1編 雑纂(静岡県編) 1928.3 5,589p 27cm

◇静岡県統計書 昭和元年 第3編 勧業 第1巻 総覧及農事(静岡県編) 1928.3 8,518p 27cm

◇静岡県統計書 昭和元年 第3編 勧業 第2巻 畜産、水産、山林(静岡県編) 1928.3 698p 27cm

◇消防組頭会議参考統計 第5回(警視庁消防部編) 1928.3 68p 22cm

◇職業紹介事業年報 昭和2年(名古屋地方職業紹介事務局編) 1928.3 151p 27cm

◇職業紹介事業年報 大正15年 昭和元年(東京地方職業紹介事務局編) 1928.3 3,55,6p 26cm

◇大日本帝国港湾統計 大正15年昭和元年(内務省土木局港湾課編) 1928.3 5,391p 26cm

◇大日本帝国内務省統計報告 第40回 昭和3年刊行(内務大臣官房文書課編) 1928.3 4,455p 26cm

◇東京市魚市場年報 昭和2年(東京市編) 1928.3 2,85p 22cm

◇東京市衛生試験所報告 第4回 学術の報告(東京市衛生試験所編) 1928.3 313p 23cm

◇東京市家計調査統計原表 自大正15年9月1日至昭和2年8月31日(東京市統計課編) 1928.3 167p 26cm

◇東京市水道事業年報 大正15年昭和元年度(東京市役所編) 1928.3 5,162p 26cm

◇東京市統計図表 [昭和3年刊](東京市統計課編) 1928.3 1冊 27cm

◇東京市統計年表 第24回(東京市役所編) 1928.3 26,1579p 23cm

◇徳島県統計書 大正15昭和元年 第4編(徳島県編) 1928.3 2,106p 27cm

◇都市問題(日本統計普及会編) 1928.3 22p 19×26cm 時事統計図集

◇栃木県統計書 大正14年 自第1編至第4編(栃木県編) 1928.3 1冊 22cm

◇長崎県統計書 昭和元年 第1編 土地戸口及其他(長崎県編) 1928.32,152p 27cm

◇長崎県統計書 昭和元年 第3編 産業(長崎県編) 1928.3 391p 27cm

◇名古屋市社会教育概要(名古屋市教育部社会教育課編) 1928.3 143p 22cm

◇名古屋市統計書 第28回(昭和元年)(名古屋市編) 1928.3 1冊 23cm

◇奈良県統計書 大正14年(奈良県編) 1928.3 1冊 26cm

◇広島市勢一班 第12回[昭和3年刊](広島市編) 1928.3 53p 19cm+ 図1枚

◇福井県統計書 大正15年 昭和元年(福井県編) 1928.3 1冊 26cm

◇福岡県統計書 大正15年昭和元年 第1編(福岡県編) 1928.3 298p 27cm

◇福岡県統計書 大正15年昭和元年 第3編(福岡県編) 1928.3 321p 27cm

◇[澎湖庁]統計概要 昭和2年(澎湖庁編) 1928.3 86p 19cm

◇労働統計実地調査概況 第2回(昭和2年10月)(東京市編) 1928.3 6,45p 23cm

◇労働統計実地調査ノ概要 第2回(昭和2年10月10日)(大阪府内務部編) 1928.3 59p 22cm

◇労働統計要覧 昭和3年版(内閣統計局編) 東京統計協会 1928.3 7,341p 22cm

◇六大都市比較統計要覧(大阪市産業部調査課編) 1928.3 134p 16cm

◇青森市産業要覧 [昭和3年刊](青森県編) 1928.4 59p 29cm

◇職業紹介事業年報 昭和2年(大阪地方職業紹介事務局編) 1928.4 74,6p 27cm

◇徳島県統計書 大正15昭和元年 第1編(徳島県編) 1928.4 4,246p 27cm

◇徳島県統計書 大正15昭和元年 第2編(徳島県編) 1928.4 3,168p 27cm

◇徳島県統計書 大正15昭和元年 第3編(徳島県編) 1928.4 3,166p 26cm

◇長岡市勢一覧 昭和2年(長岡市編) 1928.4 1枚 20cm

◇日本帝国文部省年報 第52 大正13年度 上巻(文部大臣官房文書課編) 1928.4 457p 26cm

◇日本帝国文部省年報 第52 大正13年度 下巻(文部大臣官房文書課編) 1928.4 420,141p 26cm

◇物価及賃銀 昭和2年度(東京商工会議所編) 1928.4 12p 27cm

◇丸亀市勢一覧 昭和3年刊(丸亀市編) 1928.4 1枚 19cm

◇盛岡市統計一斑 大正15年 昭和元年(盛岡市編) 1928.4 151p 18cm

◇横須賀市勢一覧 昭和元年(横須賀市編) 1928.4 1枚 19cm

◇隣保事業の五年 自大正12年4月至昭和3年3月(南千住隣保館編) 1928.4 107p 19cm

◇和歌山県勢要覧 大正15年 昭和元年(和歌山県知事官房統計課編) 1928.4 28,8p 17cm

◇宇都宮市勢一覧 昭和2年調(宇都宮市編) 1928.5 1枚 19cm

◇最近ニ於ケル東京市現住人ノ出産 謄写版(東京市統計課編) 1928.5 24p 26cm 東京市ノ状況

◇産業組合概況;附 農業倉庫並産業組合中央金庫概況(農林省農務局編) 1928.5 1枚 27cm

◇帝国鉄道年鑑 昭和3年版 創立三十年記念(帝国鉄道協会編) 1928.5 11,690,8p 23cm

◇東京統計協会創立五十年紀念日本帝国統計全書(東京統計協会編) 1928.5 6,321p 27cm

757

◇宮城県統計書 大正15年・昭和元年 第2巻 勧業(宮城県編)　1928.5　3,276p 26cm

◇横浜市統計書 第21回(横浜市編)　1928.5 13,378p 27cm

◇予算要領 昭和3年度(日本銀行調査局編)　1928.5 22p 23cm

◇旭川市勢要覧 昭和3年6月(旭川市編)　1928.6 1枚 16cm

◇一宮市勢一覧 昭和3年(一宮市編)　1928.6 1枚 20cm

◇運輸より観たる東京(東京鉄道局運輸課編)　1928.6 6,563p 23cm 経済調査

◇岐阜市勢要覧 第12回(昭和3年刊行)(岐阜市編)　1928.6 8,135,11p 17cm

◇群馬県統計書 昭和元年 財政之部(群馬県編)　1928.6 89p 27cm

◇高知市統計書 昭和2年版(高知市編)　1928.6 9,120p 20cm

◇甲府市統計書 第22回 昭和元年(甲府市役所編)　1928.6 8,131p 23cm

◇上水道統計及報告 第13号(上水協議会編)　1928.6 543p 22cm

◇東京・大阪・名古屋 卸売及小売物価指数統計表[昭和3年刊](商工省商務局編)　1928.6 1冊 26cm

◇東京府財政概要 昭和3年6月刊(東京府編)　1928.6 2,89p 23cm

◇名古屋市に於ける人口増加の趨勢(名古屋市編)　1928.6 62p 22cm

◇新潟市勢一覧 昭和3年(新潟市編)　1928.6 17p 13×20cm

◇宇部市勢要覧 昭和2年(宇部市編)　1928.7 4,82p 19cm

◇神戸港勢一覧[昭和3年刊](神戸市港湾部編)　1928.7 1枚 18cm

◇高雄市勢要覧 昭和2年(高雄市編)　1928.7 1枚 20cm

◇地方財政統計 自大正元年度至昭和2年度(日本銀行調査局編)　1928.7 11p 27cm

◇東京市勢提要 第15回(東京市役所編)　1928.7 14,475p 15cm

◇東洋経済経済年鑑 第12回(昭和3年度)(東洋経済新報社編)　1928.7 246p 26cm

◇那覇市勢一斑 昭和2年版(那覇市編)　1928.7 70p 17cm

◇沼津市勢要覧 昭和3年版 市制施行5週年記念(沼津市編)　1928.7 6,108p 19cm

◇兵庫県統計書 昭和2年 第1編 土地・気象・戸口(兵庫県編)　1928.7 118p 23cm

◇横浜市社会事業一覧 昭和3年(横浜市社会課編)　1928.7 1枚 20cm

◇鹿児島県統計書 大正15昭和元年 第1編 土地・気象・戸口・土木・交通・衛生・保険・刑務所・警察・裁判・財政・議会・官公吏・文書・附録(鹿児島県編)　1928.8 3,217p 27cm

◇岐阜市勢一斑 昭和3年調(岐阜市編)　1928.8 34p 20cm

◇群馬県統計書 昭和2年 人口及雑之部(群馬県編)　1928.8 2,74p 27cm

◇佐賀市勢要覧 昭和2年(佐賀市編)　1928.8 6,94p 19cm

◇東京市下水道事業年報 第9回(自大正13年度至昭和元年度)(東京市土木局下水課編)　1928.8 1冊 22cm

◇東京市施設社会事業要覧 昭和3年(東京市社会局)　1928.8 6,136,14p 19cm

◇鳥取県統計書 昭和2年 第4編(鳥取県編)　1928.8 2,88p 26cm

◇名古屋市学事要覧 昭和3年調査(名古屋市教育部編)　1928.8 2,38p 25cm

◇日本社会衛生年鑑 昭和3年版(労働科学研究所編)　1928.8 8,392p 23cm

◇福井市勢要覧 昭和3年8月編纂(福井市編)　1928.8 1枚 19cm

◇[復興建築助成株式会社]営業報告書 第5期(昭和3年上半期)(復興建築助成株式会社編)　1928.8 14,53p 23cm

◇青森県統計書 大正15年 昭和元年(青森県編)　1928.9 1冊 27cm

◇秋田市統計一斑 昭和3年7月編纂(秋田市編)　1928.9 10,187,17p 15cm

◇大阪府統計書 昭和元年(大阪府編)　1928.9 905p 27cm

◇火災消防統計書 第3回(内務省警保局編)　1928.9 27p 26cm

◇神戸市社会事業概況 昭和2年度(神戸市役所社会課編)　1928.9 8,116,28p 22cm

◇埼玉県勢要覧 大正15年 昭和元年(埼玉県編)　1928.9 1枚 19cm

◇東京市学事統計年報 第20回[大正15年度 昭和元年度](東京市役所編)　1928.9 5,123p 26cm

◇東京市養育院年報 第56回(昭和2年度)(東京市養育院編)　1928.9 2,170p 23cm

◇東京府統計書 大正15年昭和元年(東京府編)　1928.9 992p 27cm

◇長野県統計書 昭和2年 第4編(長野県編)　1928.9 156p 27cm

◇名古屋市財政概要 昭和3年(名古屋市庶務部編)　1928.9 91p 26cm

◇名古屋商工会議所統計年報 昭和2年(名古屋商工会議所編)　1928.9 3,261p 26cm

◇兵庫県統計書 昭和2年 第2編 農業、林業、水産業、鉱業(兵庫県編)　1928.9 298p 23cm

◇八幡市統計要覧 昭和3年(八幡市編)　1928.9 87p 16cm

◇山梨県県勢一覧[昭和3年刊](山梨県編)　1928.9 1枚 19cm

◇横浜市社会事業概要 昭和3年版(横浜市社会課編)　1928.9 120p 23cm

◇横浜市勢要覧[昭和3年刊](横浜市役所編)　1928.9 255p 16cm

◇我国社会問題 上(日本統計普及会編)　1928.9 24p 19×26cm 時事統計図集

◇愛媛県統計書(昭和2年)第3編 産業(工業)(愛媛県編)　1928.10 54p 27cm

◇愛媛県統計書(昭和2年)第3編 産業(農業・其他)(愛媛県編)　1928.10 65p 27cm

◇愛媛県統計書(大正15年)第2編(愛媛県編)　1928.10 102p 27cm

◇京都市財政要覧 昭和3年度刊(京都市役所総務部理財課編)　1928.10 200p 22cm

◇神戸市勢要覧 第12回(昭和元年)(神戸市編)　1928.10 1冊 14cm

◇郡山市統計一斑(郡山市役所編)　1928.10 9,151,4p 19cm

◇国勢調査報告 大正9年 全国の部 第1巻 人口 体性 出生地 年齢 配偶関係 国籍民籍 世帯(内閣統計局編)　1928.10 277p 26cm

◇堺市勢一斑 昭和2年(堺市編)　1928.10 1枚 20cm

◇製鉄業参考資料 昭和3年6月調査(商工省鉱業局編)　1928.10 79p 26cm

◇台北市勢一覧 昭和2年12月末現在(台北市編)　1928.10 1枚 19cm

◇東京市及近郊町村労働統計原表 昭和2年10月10日現在 第1巻(東京市統計課編)　1928.10 1冊 26cm 労働統計実地調査

◇東京市社会局年報 第8回 昭和2年度(東京市社会局編)　1928.10 158p 22cm

◇統計上より見たる静岡県の地位 昭和元年(静岡県知事官房統計課編)　1928.10 133,127p 17cm

◇鳥取県統計書 昭和2年 第3編(鳥取県編)　1928.10 3,174p 27cm

◇富山市勢要覧[昭和3年刊](富山市編)　1928.10 [18]p 10×19cm

◇日本農業地図 昭和3年版(帝国農会)　1928.10 [64]p 23×31cm

◇日本労働年鑑 昭和3年版(大原社会問題研究所編) 同人社書店 1928.10 1冊 22cm

◇兵庫県統計書 昭和2年 第3編 工業、商業及会社、金融(兵庫県編)　1928.10 160p 23cm

◇毎日年鑑 昭和4年(大阪毎日新聞社編,東京日日新聞社編)　1928.10 1024p 19cm

◇我国社会問題 下(日本統計普及会編)　1928.10 24p 19×26cm

時事統計図集
◇青森市統計書 昭和2年（青森市役所編）　1928.11 8,2,292p 22cm
◇愛媛県県統計書 （昭和2年）第3編 産業（林業・其他）（愛媛県編）　1928.11 34p 27cm
◇大阪市財政要覧 第11回 昭和3年度刊行（大阪市庶務部編）　1928.11 250p 22cm
◇大阪市社会事業統計 昭和2年（大阪市社会部編）　1928.11 110p 22cm
◇鹿児島市統計書 第17回 昭和2年（鹿児島市庶務課編）　1928.11 4,188p 27cm
◇熊本県統計書 第47回 昭和2年 第2編（熊本県編）　1928.11 42p 27cm
◇群馬県統計書 昭和2年 警察・衛生之部（群馬県編）　1928.11 110p 27cm
◇神戸市電気事業要覧 第9回（神戸市電気局編）　1928.11 49p 26cm
◇佐世保市勢要覧 昭和2年（佐世保市編）　1928.11 1枚 17cm
◇佐世保市統計書 昭和2年（佐世保市役所編）　1928.11 6,235p 23cm
◇上海特別市市政統計概要 中華民国16年度（上海特別市政府秘書処編）　1928.11 13,240p 27cm
◇職業紹介年報 昭和2年（中央職業紹介事務局編）　1928.11 5,116,9p 26cm
◇町勢調査概況（［東京市］京橋区鈴木町町会編）　1928.11 22p 22cm
◇長崎市生産総覧［昭和2年］（長崎市勧業課編）　1928.11 1枚 20cm
◇長野県勢総覧 上巻（川上七五三著）　長野県勢総覧刊行会　1928.11 6,1008p 22cm
◇長野県勢総覧 下巻（川上七五三著）　長野県勢総覧刊行会　1928.11 18,982p 23cm
◇姫路市統計書 昭和2年（姫路市役所編）　1928.11 185p 17cm
◇弘前市勢一覧 昭和2年（弘前市編）　1928.11 1枚 20cm
◇今治市統計要覧 昭和3年編纂（今治市）　1928.12 136p 19cm
◇大阪市統計書 第26回 昭和2年（大阪市役所編）　1928.12 1冊 23cm
◇尾道市勢要覧 昭和3年（尾道市編）　1928.12 5,63,8p 19cm+図1枚
◇香川県治要覧 ［昭和3年刊］（香川県編）　1928.12 41p 22cm
◇警察統計報告 第4回 昭和3年12月刊行（内務省警保局編）　1928.12 2,145p 27cm
◇警視庁統計書 第37回 昭和2年（警視庁編）　1928.12 6,559p 27cm
◇甲府商工会議所統計 第19回（甲府商工会議所編）　1928.12 118p 22cm
◇堺市勢要覧 昭和3年度版（堺市編）　1928.12 10,130,4p 17cm+図1枚
◇静岡県統計書 昭和2年 第2編 学事（静岡県編）　1928.12 932p 27cm
◇静岡県統計書 昭和2年 第3編 勧業 第1巻 総覧及農事（静岡県編）　1928.12 8,561p 27cm
◇静岡市勢要覧 昭和2年（静岡市編）　1928.12 1枚 19cm
◇商工省統計表 第4次 昭和2年（商工大臣官房統計課編）　東京統計協会　1928.12 14,219p 27cm
◇上水道統計及報告 第14号（上水協議会編）　1928.12 589,33p 22cm
◇台南市統計書 第7回 昭和2年（台南市役所編）　1928.12 11,153p 25cm
◇電気鉄道事業営業統計書 第6回（昭和2年度）（電気協会関東支部編）　1928.12 9,145p 27cm
◇東京市赤坂区勢一覧 昭和3年12月1日現在（東京市赤坂区編）　1928.12 62p 19cm
◇東京市教育要覧 昭和3年度（東京市編）　1928.12 8,112p 22cm
◇東京市財政概況（第9回）昭和3年度（東京市役所財務局編）　1928.12 124p 22cm
◇東京府管内社会事業施設一覧 昭和3年12月（東京市社会局保護課編）　1928.12 199p 19cm
◇鳥取県勢要覧 昭和2年（鳥取県知事官房編）　1928.12 4,46,22p 14cm
◇戸畑市勢要覧［昭和3年］（戸畑市編）　1928.12 9,88p 20cm
◇富山県統計書 昭和2年 第1編 土地戸口其他（富山県編）　1928.12 205p 26cm
◇富山県統計書 昭和2年 第3編 学事（富山県編）　1928.12 165p 26cm
◇富山県統計書 昭和2年 第4編 警察（富山県編）　1928.12 185p 26cm
◇日本帝国統計年鑑 第47回 昭和3年刊行（内閣統計局編）　1928.12 8,439p 27cm
◇兵庫県統計書 昭和2年 第4編 教育・社寺及教会・社会事業（兵庫県編）　1928.12 21,188p 23cm
◇兵庫県統計書 昭和2年 第5編 財政・負担（兵庫県編）　1928.12 2,121p 23cm
◇兵庫県統計書 昭和2年 第6編 交通、土木、議会、官公吏、文書（兵庫県編）　1928.12 2,126p 23cm
◇兵庫県統計書 昭和2年 第7編 下巻 衛生（兵庫県編）　1928.12 2,150p 23cm
◇松山市統計要覧 昭和2年（松山市編）　1928.12 5,107p 18cm
◇山形県治一覧 昭和3年12月刊行（山形県知事官房統計課編）　1928.12 1枚 20cm
◇入新井町勢一覧 昭和元年（入新井町編）　1929 1枚 21cm
◇宇治山田市勢一覧 昭和4年調（宇治山田市編）　1929 1枚 20cm
◇［大阪市］電気事業成績調書 第31回 昭和3年度（大阪市電気局編）　1929 76,91p 23cm
◇大津市勢要覧 昭和2年（［大津市］編）　1929 1枚 19cm
◇鹿児島市勢一斑 昭和3年度（鹿児島市編）　1929 1枚 19cm
◇川越市勢要覧 昭和4年版（川越市編）　1929 1枚 19cm
◇京都市公債一覧表 昭和3年度末現在（京都市編）　1929 11p 23cm
◇京都市勢一斑 昭和4年版（京都市編）　1929 1枚 22cm
◇［京都市電気局］事業成績調書 昭和3年度（京都市電気局編）　1929 80,64p 22cm
◇熊本市電車事業報告書 第5回（熊本市編）　1929 2,35p 22cm
◇群馬県桐生市勢一覧 昭和4年（桐生市編）　1929 1枚 15cm
◇県財政資料 自大正8年至昭和3年度（道府県財政調附）（内務省地方編）　1929 9p 27×39cm
◇県税賦課率賦課額累年比較 自大正8年至昭和3年度（道府県税賦課率賦課額調附）（内務省地方編）　1929 71p 27×39cm
◇［黄海］道勢一斑 昭和4年（黄海道編）　1929 61,9p 17cm+図1枚
◇［神戸市］電気事業報告書 昭和3年度（神戸市電気局編）　1929 84,128p 22cm
◇島根県勢要覧 昭和4年発行（島根県編）　1929 1枚 19cm
◇下関市要覧 昭和4年（下関市編）　1929 1枚 21cm
◇［仙台市］電気事業報告書 昭和3年度（仙台市電気部編）　1929 6,101p 22cm
◇［全羅南道］道勢一斑 昭和4年編纂（全羅南道編）　1929 47p 19cm
◇台南市勢一斑 昭和2年（台南市編）　1929 1枚 19cm
◇高岡商工一斑 昭和3年度（高岡商工会議所編）　1929 1枚 18cm
◇高岡商工一斑 昭和4年度（高岡商工会議所編）　1929 1枚 18cm
◇高田市勢要覧 昭和4年刊（高田市編）　1929 1枚 17cm
◇高田町勢一斑 昭和3年（高田町編）　1929 1枚 22cm

◇地方復興事業費一覧表 昭和3年12月末日現在調査（復興局編） 1929 1枚 27cm

◇腸「チフス」赤痢流行概況 昭和4年（警視庁衛生部編） 1929 63p 22cm

◇電気軌道事業成績調査 第2回（昭和3年度）（札幌市編） 1929 26p 23cm

◇電車旅客交通調査の実績 昭和4年5月22日執行（東京鉄道局編） 1929 27p 23cm

◇東京市下水道事業年報 第10回（昭和2年度）（東京市編） 1929 45,22p 22cm

◇東京市歳入出予算（特別経済） 昭和4年度（東京市編） 1929 2,330p 22cm

◇東京市歳入出予算（普通経済） 昭和4年度（東京市編） 1929 9,265p 22cm

◇東京市電気局事業大要 昭和4年9月（東京市電気局編） 1929 1枚 20cm

◇［東京市］電気事業成績調査書 第18回 昭和3年度（東京市電気局編） 1929 286p 23cm

◇東京府会決議録 昭和4年（東京府編） 1929 1冊 24cm 東京府歳入歳出予算

◇東京府歳入歳出決算書 昭和3年度（東京府編） 1929 1冊 22cm

◇東京府予算概要 昭和4年度（東京府編） 1929 68p 25cm

◇名古屋市電気軌道営業統計報告書 昭和3年度（名古屋市電気局編） 1929 100p 22cm

◇名古屋市電気軌道要覧 昭和3年3月（名古屋市電気局編） 1929 1枚 15cm

◇日本赤十字社事業年報 昭和3年度（日本赤十字社編） 1929 123p 19cm

◇乳幼児死亡調査報告 大正15年 昭和元年 乳幼児死亡調査報告統計表 大正15年昭和元年（警視庁衛生部編） 1929 2,33,224p 33cm

◇函館市勢要覧 昭和4年刊行（函館市編） 1929 1枚 19cm

◇八戸市勢一覧［昭和3年］（八戸市編） 1929 1枚 20cm

◇福岡市勢要覧 昭和3年（福岡市編） 1929 1枚 19cm

◇府県市執行復興事業大要 昭和3年12月31日現在（復興局編） 1929 24p 27cm

◇米穀法施行ノ経過概要 昭和2年分（農林省農務局編） 1929 42p 22cm

◇松江市勢要覧 昭和3年（松江市編） 1929 1枚 19cm

◇松本市一覧 昭和4年版（松本市編） 1929 1枚 21cm

◇松山市勢要覧 昭和4年刊（松山市編） 1929 1枚 19cm

◇都城市勢要覧 昭和4年（都城市編） 1929 1枚 17cm

◇室蘭市勢一覧 昭和3年（室蘭市編） 1929 1枚 20cm

◇横浜市教育状況一覧表 昭和4年4月末日調（横浜市編） 1929 1枚 21cm

◇米沢市勢一覧 昭和3年（昭和4年11月調）（米沢市編） 1929 1枚 17cm

◇若松市勢一班（福島県） 昭和3年（昭和4年刊）（若松市（福島県）編） 1929 1枚 16cm

◇茨城県統計書 昭和2年 第4編 警察及衛生ノ部（茨城県編） 1929.1 1,2,111p 27cm

◇沖縄県統計書 昭和2年 第4編 警察及衛生之部（沖縄県編） 1929.1 62p 27cm

◇瓦斯事業要覧 昭和2年度（帝国瓦斯協会編） 1929.1 22p 31cm

◇岸和田市勢要覧 昭和3年11月調査（岸和田市編） 1929.1 7,63p 17cm

◇神戸市統計書 第19回（神戸市編） 1929.1 1冊 22cm

◇静岡県治一班 昭和2年（静岡県知事官房統計編） 1929.1 323,14p 17cm

◇静岡県統計書 昭和2年 第3編 勧業 第3巻 鉱業、商工（静岡県編） 1929.1 481p 27cm

◇静岡県統計書 昭和2年 第4編 警察（静岡県編） 1929.1 2,155p 27cm

◇鳥取県統計書 昭和2年 第1編（鳥取県編） 1929.1 3,181p 26cm

◇福岡県統計書 昭和2年 第3編（福岡県編） 1929.1 323p 27cm

◇福岡市産業便覧 昭和4年（福岡市編） 1929.1 1枚 18cm

◇復興予算年度割一覧［昭和4年刊］（復興局編） 1929.1 13p 26cm

◇北海道概況（北海道庁編） 1929.1 8,154p 22cm+図1枚

◇朝日経済年史 昭和4年版（朝日新聞社経済部編） 1929.2 419,11p 23cm

◇金沢市勢一覧（金沢市編） 1929.2 6,122,9p 18cm

◇金沢市統計書 昭和2年 自第1編至第7編合本（金沢市役所編） 1929.2 1冊 22cm

◇工場統計表 昭和2年（商工大臣官房統計課編） 東京統計協会 1929.2 2,8,582p 26cm

◇市街地信用組合概況 昭和2年度（大蔵省銀行局編） 1929.2 75p 26cm

◇静岡県統計書 昭和2年 第1編 雑纂（静岡県編） 1929.2 5,577p 27cm

◇静岡県統計書 昭和2年 第3編 勧業 第2巻 畜産、水産、山林（静岡県編） 1929.2 709p 26cm

◇昭和三年史（年史刊行会編輯部編） 1929.2 12,740p 23cm

◇千葉県統計書 昭和2年 第5編（千葉県知事官房編） 1929.2 100p 27cm

◇東京商工会議所統計年報 大正15年 昭和元年 昭和2年（東京商工会議所編） 1929.2 6,238p 27cm

◇［東京市］予算概要 昭和4年度（東京市編） 1929.2 40p 26cm

◇栃木県統計書 大正15年 昭和元年 第4編 警察 衛生（栃木県編） 1929.2 2,106p 26cm

◇鳥取県統計書 昭和2年 第2編（鳥取県編） 1929.2 2,85p 27cm

◇土木局統計年報 第28回 昭和3年12月編纂（内務省土木局編） 1929.2 2,2,187p 27cm

◇［復興建築助成株式会社］営業報告書 第6期（昭和3年下半期）（復興建築助成株式会社編） 1929.2 14,51p 22cm

◇岩手県統計書 昭和2年 第1編 土地戸口其他（岩手県編） 1929.3 3,320,9p 26cm

◇岩手県統計書 昭和2年 第3編 産業（岩手県編） 1929.3 4,413,12p 26cm

◇岩手県統計書 昭和2年 第4編 警察及衛生（岩手県編） 1929.3 3,150,4p 26cm

◇牛込区勢一班 第3回（東京市牛込区役所編） 1929.3 206p 19cm

◇大分県統計書 昭和2年 第1編（大分県編） 1929.3 250,41p 27cm

◇大分県統計書 昭和2年 第2編（大分県編） 1929.3 104,14p 27cm

◇［大阪市立衛生試験所］事業成績概要 昭和3年（大阪市立衛生試験所編） 1929.3 4,191p 23cm

◇岡山県統計年報 昭和2年（岡山県編） 1929.3 9,715p 26cm

◇岡山市統計年報 昭和2年（岡山市役所編） 1929.3 7,220p 23cm

◇沖縄県統計書 大正15年昭和元年 第2編 学事（沖縄県編） 1929.3 11,76p 27cm

◇香川県統計書 昭和2年 第2編（香川県編） 1929.3 114p 27cm

◇家計調査報告 自大正15年9月至昭和2年8月 第4巻 農業者の部（内閣統計局編） 東京統計協会 1929.3 459p 27cm

◇鹿児島県勢要覧 昭和4年刊（鹿児島県知事官房編） 1929.3 1冊 18cm

◇神奈川県統計書 昭和2年（神奈川県内務部統計編） 1929.3 775p

◇23cm

◇管内中等学校入学志願者状況調査 昭和2年度(昭和2年4月末日現在)(東京府学務部学務課編) 1929.3 81,25p 23cm

◇京都市統計書 第19回(昭和2年)(京都市編) 1929.3 8,13,437p 27cm

◇熊本県勢一覧 [昭和4年刊](熊本県編) 1929.3 1枚 20cm

◇熊本県勢一斑 [昭和4年刊](熊本県編) 1929.3 [25]p 11×19cm

◇熊本県勢要覧 昭和2年(熊本県知事官房編) 1929.3 8,118,12p 16cm

◇熊本県統計書 第47回 昭和2年 第1編(熊本県編) 1929.3 101p 26cm

◇熊本県統計書 第47回 昭和2年 第3編(熊本県編) 1929.3 164p 27cm

◇熊本県統計書 第47回 昭和2年 第5編(熊本県編) 1929.3 199p 27cm

◇組合員住居調査 昭和3年9月10日現在(東京市電気局共済組合編) 1929.3 1冊 22cm

◇群馬県統計書 昭和2年 勧業之部(群馬県編) 1929.3 3,212p 27cm

◇高知県統計書 昭和2年 第2編(高知県編) 1929.3 199p 27cm

◇最近 神奈川県勢要覧 [昭和4年刊](神奈川県内務部統計課編) 1929.3 9,232p 17cm

◇最近 東京市工場要覧 昭和3年10月現在(東京市商工課編) 1929.3 697p 19cm

◇埼玉県統計書 昭和2年 第2巻 学事(埼玉県編) 1929.3 81p 27cm

◇静岡県の富(静岡県編) 1929.3 216p 19cm

◇下関市統計年表 第6回 昭和2年(下関市編) 1929.3 13,4,158p 23cm

◇消防組頭会議参考統計 第6回(警視庁消防部編) 1929.3 79p 22cm

◇台中市管内概況 昭和2年度(台中市編) 1929.3 143p 15cm

◇大日本帝国港湾統計 昭和2年(内務省土木局港湾課編) 1929.3 5,385p 26cm

◇大日本帝国内務省統計報告 第41回 昭和4年刊行(内務大臣官房文書課編) 1929.3 4,501p 26cm

◇東京市魚市場年報 昭和3年(東京市編) 1929.3 2,93p 22cm

◇東京市衛生試験所報告 第5回 学術的報告(東京市役所編) 1929.3 272p 23cm

◇東京市及近郊町村労働統計原表 昭和2年10月10日現在 第2巻(東京市編) 1929.3 3,117,343p 27cm 労働統計実地調査

◇東京市統計年報 第25回(東京市役所編) 1929.3 19,1729p 23cm

◇徳島県統計書 昭和2年 第4編(徳島県編) 1929.3 2,106p 27cm

◇栃木県統計書 昭和2年 第3編 産業 金融(栃木県編) 1929.3 3,160,25p 26cm

◇富山市勢要覧 [昭和4年刊](富山県編) 1929.3 [30]p 10×18cm

◇富山県統計書 昭和2年(富山市役所編) 1929.3 10,203p 19cm

◇長崎県統計書 昭和2年 第1編 土地戸口及其他(長崎県編) 1929.3 134p 27cm

◇長崎県統計書 昭和2年 第3編 産業(長崎県編) 1929.3 391p 27cm

◇長野県統計書 昭和2年 第5編(長野県編) 1929.3 105p 27cm

◇名古屋市勧業要覧 第13回 昭和2年(名古屋市産業部勧業課編) 1929.3 1冊 19cm

◇名古屋市統計書 第29回(昭和2年)(名古屋市編) 1929.3 1冊 23cm

◇年金恩給業務状況 昭和4年3月調(通信省貯金局編) 1929.3 71p 22cm

◇福井県統計書 昭和2年(福井県編) 1929.3 1冊 26cm

◇福岡県統計書 昭和2年 第1編(福岡県編) 1929.3 320p 27cm

◇福島県統計書 第45回 上編(福島県知事官房編) 1929.3 1,6,391p 26cm

◇北海道庁統計書 第39回(昭和2年)第4巻 警察及衛生(北海道庁編) 1929.3 22,452p 27cm

◇八幡市産業要覧 昭和4年刊(八幡市編) 1929.3 86p 19cm

◇山口県勢一斑 昭和2年(山口県知事官房編) 1929.3 192p 15cm

◇山梨県統計書 第42回(昭和2年)第2編 勧業(山梨県編) 1929.3 2,199p 22cm

◇労働統計図表 昭和2年度(東京市電気局労働課編) 1929.3 [17]p 25×36cm

◇労働統計図表 大正15年度(東京市電気局労働課編) 1929.3 [19]p 25×36cm

◇労働統計要覧 昭和4年版(内閣統計局編) 東京統計協会 1929.3 7,399p 22cm

◇和歌山県統計書 昭和2年(和歌山県編) 1929.3 1冊 26cm

◇一宮市勢一覧 昭和4年(一宮市編) 1929.4 1枚 20cm

◇一宮市勢要覧 昭和4年(一宮市編) 1929.4 67,6,95p 18cm+図1枚

◇入新井町勢一覧 [昭和4年刊](入新井町編) 1929.4 1枚 21cm

◇大阪市学事統計 昭和3年度(大阪市教育部編) 1929.4 222p 19cm

◇大阪市保健状態一覧 昭和4年4月(大阪市保健部編) 1929.4 1枚 20cm

◇香川県統計書 昭和2年 第3編(香川県編) 1929.4 266p 27cm

◇甲府市統計書 第23回 昭和2年(甲府市役所編) 1929.4 8,133p 22cm

◇国勢調査報告 大正9年 府県の部 第1巻 東京府(内閣統計局編) 1929.4 52,250,5p 27cm

◇産業組合概況 第25次(産業組合中央会編) 1929.4 41p 26cm

◇徳島県統計書 昭和2年 第3編(徳島県編) 1929.4 3,222p 26cm

◇長崎県勢概要 昭和4年4月(長崎県編) 1929.4 4,36p 15cm+図1枚

◇長崎県統計書 昭和2年 第4編 警察衛生及行刑(長崎県編) 1929.4 237p 27cm

◇長野県統計書 昭和2年 第1編(長野県編) 1929.4 1冊 27cm

◇広島市勢一斑 第13回[昭和4年刊](広島市編) 1929.4 56p 19cm

◇六大都市市営社会事業概要(大阪市社会部調査課編) 1929.4 142p 23cm 社会部報告

◇岩手県統計書 昭和2年 第2編 教育(岩手県知事官房編) 1929.5 2,89,14p 26cm

◇大阪市労働年報 昭和2年(大阪市社会部調査課編) 1929.5 4,410p 23cm 社会部報告

◇香川県統計書(香川県編) 1929.5 58p 27cm 昭和2年 第4編

◇香川県統計書(香川県編) 1929.5 73p 27cm 昭和2年 第5編

◇群馬県統計書 昭和2年 財政之部(群馬県編) 1929.5 86p 27cm

◇高知県統計書 昭和2年 第1編(高知県編) 1929.5 185p 27cm

◇高知県統計書 昭和2年 第4編(高知県編) 1929.5 120p 27cm

◇山林要覧 第1次(農林省山林局編) 1929.5 77p 16cm

◇消防年報 昭和3年(警視庁消防部消防課編) 1929.5 66p 27cm

◇千葉市勢要覧 昭和4年刊行(千葉市編) 1929.5 3,58p 19cm

◇東京市青果市場年報 昭和3年(東京市編) 1929.5 45p 22cm

◇東京府統計書 昭和2年(東京府編) 1929.5 1002p 27cm

◇東洋経済経済年鑑 第13回(昭和4年版)(東洋経済新報社編) 1929.5 270p 26cm

◇徳島県統計書 昭和2年 第2編(徳島県編) 1929.5 3,166p 26cm

◇栃木県統計書 昭和2年 第2編 学事(栃木県編) 1929.5 2,116p 26cm

◇栃木県統計書 昭和2年 第4編 警察 衛生(栃木県編) 1929.5 2,83p 26cm

◇名古屋市衛生施設概要[昭和4年刊](名古屋市保健部編) 1929.5 69p 22cm

◇名古屋市貨物集散概況 昭和2年(名古屋市産業部勧業課編) 1929.5 158p 23cm

◇新潟市産業要覧 昭和4年刊(新潟市役所編) 1929.5 186p 19cm

◇新潟市勢一覧 昭和4年(新潟市編) 1929.5 18p 13×20cm

◇労働統計実地調査 第2回 記述篇(神戸市役所編) 1929.5 4,162, 19p 26cm

◇労働統計実地調査 第2回 統計篇(神戸市編) 1929.5 1冊 39cm

◇香川県勢一覧 昭和2年(香川県知事官房編) 1929.6 1枚 19cm

◇家計調査報告 自大正15年9月至昭和2年8月 第2巻 給料生活者及労働者の部 上(内閣統計局編) 東京統計協会 1929.6 541p 27cm

◇高知県統計書 昭和2年 第3編(高知県編) 1929.6 114p 27cm

◇埼玉県統計書 昭和2年 第4巻 警察・衛生(埼玉県編) 1929.6 3,165p 27cm

◇社会事業統計要覧 第8回(社会局社会部編) 1929.6 9,212p 22cm

◇上水道統計及報告 第15号(上水協議会編) 1929.6 623p 22cm

◇昭和3年中ノ出産 謄写版(東京市統計課編) 1929.6 12p 26cm 東京市ノ状況

◇徳島県統計書 昭和2年 第1編(徳島県編) 1929.6 4,289p 26cm

◇長野県統計書 昭和2年 第2編(長野県編) 1929.6 157p 27cm

◇長野県統計書 昭和2年 第7編(長野県編) 1929.6 92p 27cm

◇奈良県勢要覧 昭和4年刊行(奈良県知事官房統計課編) 1929.6 7,167p 13cm+図1枚

◇日本帝国文部省年報 第53 大正14年度 上巻(文部大臣官房文書課編) 1929.6 8,460p 26cm

◇日本帝国文部省年報 第53 大正14年度 下巻(文部大臣官房文書課編) 1929.6 7,384,147p 26cm

◇別府市勢要覧 昭和3年度(別府市編) 1929.6 52p 18cm

◇大阪市住宅年報 昭和3年(大阪市社会部調査課編) 1929.7 162p 23cm 社会部報告

◇釧路市勢要覧 昭和3年(釧路市編) 1929.7 123p 13cm

◇国勢調査 大正9年 全国の部 第2巻 職業(内閣統計局編) 1929.7 5,267p 26cm

◇高岡市勢一覧 昭和3年(高岡市編) 1929.7 1枚 18cm

◇東京府財政概要 昭和4年度(東京府編) 1929.7 2,74p 23cm

◇栃木県統計書 昭和2年 第1編 土地 気象 戸口 兵事 社寺 社会 褒賞 土木 交通 通信 貯蓄 財政 議会 官公吏(栃木県編) 1929.7 3,128, 21p 26cm

◇長野県統計書 昭和2年 第3編(長野県編) 1929.7 84p 27cm

◇日本国勢大観 昭和4年6月調(西野国勢調査局編) 1929.7 6,26, 710p 23cm

◇函館市統計書 第19回 昭和4年版(函館市役所編) 1929.7 17,337p 17cm

◇福島県統計書 昭和2年 警察(福島県警察部編) 1929.7 1,2,84p 26cm

◇[北海道]市町村財政概要 昭和4年度(北海道庁内務部編) 1929.7 4,295p 27cm

◇丸亀市勢一覧[昭和4年刊](丸亀市編) 1929.7 1枚 19cm

◇横浜市統計書 第22回(横浜市編) 1929.8 16,746p 23cm

◇宇部市勢要覧 昭和3年(宇部市編) 1929.8 4,88p 19cm

◇大阪府統計書 昭和2年(大阪府編) 1929.8 898p 27cm

◇小樽市統計書 第24回 昭和3年(小樽市役所編) 1929.8 12,251p 22cm

◇尾道市勢要覧 昭和4年(尾道市編) 1929.8 5,64,8p 19cm+図1枚

◇京城府勢一斑 昭和4年8月(京城府編) 1929.8 1枚 21cm

◇高知市勢要覧 昭和3年(高知市編) 1929.8 1枚 20cm

◇埼玉県統計書 昭和2年 第3巻 産業(埼玉県編) 1929.8 3,231p 27cm

◇清水市勢一覧 昭和4年(清水市編) 1929.8 8,43p 19cm

◇東京市養育院年報 第57回(昭和3年度)(東京市養育院編) 1929.8 3,175p 23cm

◇東京府市町村勢要覧 昭和4年(東京府知事官房統計課編) 1929.8 120p 23cm

◇名古屋市学事要覧 昭和4年調査(名古屋市教育部編) 1929.8 4, 58p 23cm

◇名古屋商工会議所統計年報 昭和3年(名古屋商工会議所編) 1929.8 3,295p 26cm

◇日本社会衛生年鑑 昭和4年版(労働科学研究所編) 1929.8 8,480, 8p 23cm

◇浜松市勢一班 昭和4年調査(浜松市編) 1929.8 1枚 19cm

◇弘前市勢一覧 昭和3年(弘前市編) 1929.8 1枚 20cm

◇[復興建築助成株式会社]営業報告書 第7期(昭和4年上半期)(復興建築助成株式会社編) 1929.8 16,49p 22cm

◇融和事業年鑑 昭和4年版(中央融和事業協会編) 1929.8 2,299p 23cm

◇若松市勢一覧(福岡県) 昭和4年版(若松市(福岡県)編) 1929.8 1枚 20cm

◇大阪市財政要覧 第12回 昭和4年度刊行(大阪市役所庶務部編) 1929.9 271p 22cm

◇火災消防統計書 第4回(内務省警保局編) 1929.9 27p 26cm

◇京都市財政要覧 昭和4年度刊(京都市役所総務部理財課編) 1929.9 230p 22cm

◇神戸港勢一覧 昭和4年刊(神戸市港湾部編) 1929.9 1枚 22cm

◇小倉市勢要覧 昭和3年(小倉市編) 1929.9 9,69p 18cm

◇埼玉県統計書 昭和2年 第1巻 土地人口及雑部(埼玉県編) 1929.9 2,174p 27cm

◇実行予算ノ要領 昭和4年度(日本銀行調査局編) 1929.9 3,45,34p 23cm

◇大東京の人口 謄写版(東京市統計課編) 1929.9 25p 26cm 東京市の状況

◇高雄市勢要覧[昭和4年刊](高雄市編) 1929.9 74p 16cm

◇東京市勢提要 第16回(東京市統計課編) 1929.9 14,537p 15cm

◇東京商工会議所統計年報 昭和3年(東京商工会議所編) 1929.9 6, 238p 27cm

◇長野県統計書 昭和2年 第6編(長野県編) 1929.9 106p 27cm

◇姫路市統計書 昭和3年(姫路市役所編) 1929.9 203p 17cm

◇福島市勢一班 第17回(昭和4年刊行)(福島市編) 1929.9 8,183, 18p 15cm

◇福山市統計書 昭和4年(福山市役所編) 1929.9 9,97p 19cm+図1枚

◇毎日年鑑 昭和5年(大阪毎日新聞社編,東京日日新聞社編) 1929.9 800p 19cm

◇四日市市勢要覧 昭和4年刊(四日市市編) 1929.9 122p 18cm

◇大分県統計書 昭和3年 第4編(大分県編) 1929.10 79p 27cm

◇大津市勢要覧 昭和3年(大津市編) 1929.10 6,41p 17cm

◇卸売物価統計表 昭和元年乃至昭和3年(商工大臣官房統計課編) 1929.10 93p 26cm

◇基隆市勢一覧[昭和4年刊](基隆市編) 1929.10 1枚 16cm

◇国勢調査報告 大正9年 全国の部 第3巻 普通世帯の構成（内閣統計局編） 1929.10 409p 26cm

◇時事年鑑 昭和5年（時事新報社編） 1929.10 808p 26cm

◇商工省統計表 第5次 昭和3年（商工大臣官房統計課編） 東京統計協会 1929.10 13,221p 27cm

◇職業紹介年報 昭和3年（中央職業紹介事務局編） 1929.10 5,125,9p 26cm

◇スポーツ統計（陸上競技観衆篇） 謄写版（東京市統計課編） 1929.10 8p 26cm 東京市の状況

◇鳥取県統計書 昭和3年 第3編（鳥取県編） 1929.10 3,176p 27cm

◇富山市勢要覧 昭和4年発行（富山市編） 1929.10 [20]p 20cm

◇豊橋市勢一斑 昭和4年版（豊橋市編） 1929.10 1枚 19cm

◇長野市勢要覧 昭和4年（長野市編） 1929.10 58p 19cm

◇名古屋市財政概要 昭和4年（名古屋市庶務部編） 1929.10 109p 26cm

◇奈良県統計書 昭和2年 第2編（奈良県編） 1929.10 4,465p 26cm

◇福井市勢要覧 昭和4年10月編（福井市編） 1929.10 1枚 19cm

◇福島県統計書 第45回 下編（福島県知事官房編） 1929.10 6,540p 27cm

◇水戸市要覧 ［昭和4年］（水戸市編） 1929.10 6,205p 17cm

◇宮崎市勢一覧 昭和3年（宮崎市編） 1929.10 1枚 20cm

◇山形県統計書 昭和3年 第2編 農業（山形県知事官房統計課編） 1929.10 8,138p 27cm

◇山形市要覧 昭和3年（山形市編） 1929.10 1枚 18cm

◇青森商工会議所統計年報 昭和2年（青森商工会議所編） 1929.11 4,69p 27cm

◇明石市勢一斑 第10回（昭和3年）（明石市編） 1929.11 10,154p 17cm

◇尼崎市勢 第11回 昭和4年7月調査（尼崎市編） 1929.11 157p 17cm

◇岩手県勢要覧 昭和3年（岩手県知事官房編） 1929.11 6,116,18p 13cm

◇大阪港勢一斑 昭和3年（大阪市役所港湾部編） 1929.11 10,255,25p 27cm

◇岐阜県勢要覧 ［昭和4年刊］（[岐阜県]編） 1929.11 39p 16cm

◇神戸市学事提要 昭和4年度（神戸市役所教育課編） 1929.11 6,102p 22cm

◇神戸市社会事業概況 昭和3年度（神戸市役所社会課編） 1929.11 9,106,28p 22cm

◇札幌市統計一斑 昭和3年（札幌市役所） 1929.11 8,157p 17cm

◇上海特別市行政統計概要 中華民国17年度（上海特別市政府秘書処編） 1929.11 17,281p 27cm

◇昭和3年中の死亡：附 乳幼児死亡自然増加 謄写版（東京市統計課編） 1929.11 14,12,9p 28cm 東京市の状況

◇昭和4年に於ける東京市の人口 謄写版（東京市統計課編） 1929.11 8p 26cm 東京市の状況

◇全国公立私立中学校ニ関スル諸調査 昭和3年10月1日現在（文部省普通学務局編） 1929.11 29,246p 23cm

◇東京市学事統計年報 第21回［昭和2年度］（東京市統計課編） 1929.11 5,131p 27cm

◇東京府市町村勢要覧（租税の部）昭和3年度（東京府知事官房統計課編） 1929.11 77p 23cm

◇新潟商工会議所統計年報 昭和3年度（新潟商工会議所編） 1929.11 71p 27cm

◇日本労働年鑑 昭和4年版（大原社会問題研究所編） 同人社書店 1929.11 1冊 22cm

◇愛知県勢要覧 ［昭和4年刊］（愛知県知事官房編） 1929.12 1枚 16cm

◇青森県勢一覧 昭和3年（青森県編） 1929.12 1枚 18cm

◇茨城県統計書 昭和3年 第3編 産業ノ部（茨城県編） 1929.12 1,4,241p 27cm

◇愛媛県統計書 （昭和3年）第3編（愛媛県編） 1929.12 149p 27cm

◇大阪市統計書 第27回 昭和3年（大阪市役所編） 1929.12 1冊 23cm

◇岡山市統計年報 昭和3年（岡山市役所編） 1929.12 7,222p 23cm

◇鹿児島県統計書 昭和元年 第2編 教育・社会・社寺・教会・兵事・慈恵・救済及褒賞（鹿児島県編） 1929.12 84,15p 26cm

◇鹿児島県統計書 昭和2年 第2編 教育・社会・社寺・教会・兵事・慈恵・救済及褒賞（鹿児島県編） 1929.12 98p 27cm

◇瓦斯事業要覧 昭和3年度（帝国瓦斯協会編） 1929.12 26p 31cm

◇給料生活者労働者農業者家計の調べ（内閣統計局編） 1929.12 2,37p 23cm

◇京都市学事要覧 昭和3年度（京都市教育部編） 1929.12 170p 19cm

◇熊本県統計書 第48回 昭和3年 第3編 生産 農業 家畜及家禽 山林 鉱山 水産 工業（熊本県編） 1929.12 3,175p 27cm

◇熊本市勢要覧 ［昭和4年］（熊本市編） 1929.12 1枚 20cm

◇警視庁統計書 第38回 昭和3年（警視総監官房文書課編） 1929.12 6,582p 27cm

◇高知県勢要覧 昭和3年（高知県編） 1929.12 1枚 19cm

◇小作年報 昭和3年（農林省農務局編） 1929.12 6,129p 22cm

◇堺市勢要覧 昭和4年度版（堺市編） 1929.12 10,132,4p 17cm

◇佐賀県統計書 昭和3年 第2編（佐賀県編） 1929.12 150p 26cm

◇佐世保市勢要覧 昭和3年（佐世保市編） 1929.12 97p 18cm

◇市街地信用組合概況 昭和3年度（大蔵省銀行局編） 1929.12 74,7p 26cm

◇静岡県治一斑 昭和3年（静岡県知事官房統計課編） 1929.12 321,23,14p 17cm

◇上水道統計及報告 第16号（上水協議会編） 1929.12 591p 23cm

◇台南市統計書 第8回 昭和3年（台南市役所編） 1929.12 12,165p 25cm

◇鶴岡市統計一斑 昭和3年（鶴岡市編） 1929.12 74,6p 18cm

◇帝国予算綱要 昭和5年度（大蔵省主計局編） 1929.12 64p 23cm

◇東京市財政概況 （第10回）昭和4年度（東京市役所財務局編） 1929.12 124p 22cm

◇東京府管内 社会事業施設概要 昭和4年12月（東京市社会局保護課編） 1929.12 232p 22cm

◇栃木県勢要覧 昭和4年12月刊行（栃木県知事官房統計課編） 1929.12 3,80,42p 17cm+図1枚

◇鳥取市勢要覧 昭和4年版（鳥取市編） 1929.12 45p 18cm

◇富山県統計書 昭和3年 第1編 土地戸口其他（富山県編） 1929.12 231p 26cm

◇富山県統計書 昭和3年 第3編 学事（富山県編） 1929.12 163p 26cm

◇富山県統計書 昭和3年 第4編 警察（富山県編） 1929.12 206p 26cm

◇長崎県勢要覧 昭和3年（長崎県知事官房統計課編） 1929.12 5,94,22p 13cm+図1枚

◇西宮市勢要覧 ［昭和4年刊］（西宮市編） 1929.12 98p 14cm

◇日本帝国統計年鑑 第48回（内閣統計局編） 1929.12 8,449p 27cm

◇兵庫県統計書 昭和3年 中巻（兵庫県知事官房統計課編） 1929.12 1冊 27cm

◇福岡県統計書 昭和3年 第3編（福岡県編） 1929.12 327p 27cm

◇本邦主要都市財政統計 昭和4年度（三井銀行調査課編） 1929.12

11p 20×27cm
◇松山市統計要覧 昭和3年(松山市編) 1929.12 5,100p 19cm
◇横浜市勢要覧 昭和4年(横浜市役所編) 1929.12 174p 16cm
◇労働統計図表 昭和3年度(東京市電気局労働課編) 1929.12 [20]p 26×37cm
◇愛知県方面委員事業年報 昭和5年(愛知県社会課編) 1930 403p 23cm
◇足利市勢要覧 昭和5年(足利市編) 1930 1枚 14cm
◇上田市勢一覧 第11回(昭和5年4月調)(上田市編) 1930 1枚 20cm
◇大分県勢要覧 昭和4年(大分県知事官房編) 1930 1枚 18cm
◇大分市勢一覧 昭和5年(大分市編) 1930 1枚 20cm
◇大阪市水道事業報告 第16回(昭和3年度)(大阪市編) 1930 98p 19cm
◇大阪市水道事業報告書 第15回(自昭和2年4月1日至同3年3月31日)(大阪市編) 1930 107p 19cm
◇[大阪市]電気事業成績調査 第32回 昭和4年度(大阪市電気局編) 1930 71,95p 23cm
◇鹿児島市電気事業報告書 第3回(昭和5年度)(鹿児島市電気局編) 1930 29p 23cm
◇川越市勢要覧 昭和5年版(川越市編) 1930 1枚 19cm
◇京都市勢一斑 昭和5年版(京都市編) 1930 1枚 21cm
◇[京都市]電気事業成績調査 昭和4年度(京都市電気局編) 1930 102,70p 22cm
◇熊本市電車事業報告書 第6回(熊本市編) 1930 2,37p 22cm
◇倉敷市勢要覧 昭和4年調(倉敷市編) 1930 1枚 21cm
◇神戸市負債一覧表 昭和4年4月1日現在(神戸市経理課編) 1930 14p 27×39cm
◇下関市要覧 昭和5年(下関市編) 1930 1枚 21cm
◇[仙台市]電気事業報告書 昭和4年度(仙台市電気部編) 1930 6,102p 22cm
◇[全羅南道]道勢一斑 昭和5年編纂(全羅南道編) 1930 49p 20cm+図1枚
◇台南市勢一斑 昭和3年(台南市編) 1930 1枚 19cm
◇腸「チフス」赤痢流行概況 昭和5年(警視庁衛生部編) 1930 73p 22cm
◇東京市各経済決算報告書 昭和3年度(東京市編) 1930 1冊 27cm
◇東京市歳入出予算(特別経済) 昭和5年度(東京市編) 1930 2,236p 22cm
◇東京市歳入出予算(普通経済) 昭和5年度(東京市編) 1930 9,256p 22cm
◇東京市青果市場年報 昭和4年(東京市商工課編) 1930 46p 26cm
◇東京市電気局事業大要 昭和5年9月(東京市電気局編) 1930 1枚 20cm
◇[東京市]電気事業成績調書 第19回 昭和4年度(東京市電気局編) 1930 316p 23cm
◇東京市内某細民地区に於ける栄養調査 第1・第2・第3・第4・第5報(東京市衛生試験所栄養調査部編) 1930 [44]p 22cm 東京市衛生試験所 第7回学術報告別刷
◇東京市本所区勢要覧 昭和5年(東京市本所区編) 1930 1枚 26cm
◇[東京市]予算概要 昭和5年度(東京市編) 1930 40p 26cm
◇東京府予算概要 昭和5年度(東京府編) 1930 1冊 24cm
◇図書館一覧 昭和4年4月1日現在(文部省社会教育局編) 1930 41p 26cm
◇富山市電気軌道事業報告書 第11回(昭和5年度)(富山市電軌課編) 1930 12p 19cm

◇名古屋市電気鉄道営業統計報告書 昭和4年度(名古屋市電気局編) 1930 112p 22cm
◇西宮市勢要覧 昭和2年(西宮市編) 1930 1枚 17cm
◇日本赤十字社事業年報 昭和4年度(日本赤十字社編) 1930 127p 19cm
◇沼津市勢一覧 昭和4年12月末日現在調(沼津市編) 1930 1枚 20cm
◇函館市勢要覧 昭和5年刊行(函館市編) 1930 1枚 19cm
◇弘前市勢一覧 昭和4年度(弘前市編) 1930 1枚 20cm
◇福岡市勢要覧 昭和5年(福岡市編) 1930 1枚 18cm
◇松江市社会事業一覧 昭和5年3月調(松江市編) 1930 1枚 22cm
◇松本市勢一班 昭和5年版(松本市編) 1930 1枚 21cm
◇満洲国及中華民国在留邦人及外国人人口統計表 第22回(昭和4年12月末日現在)(外務省亜細亜局編) 1930 164p 26cm
◇都城市勢要覧 昭和5年(都城市編) 1930 1枚 18cm
◇室蘭市勢一覧 昭和4年(昭和5年版)(室蘭市編) 1930 1枚 20cm
◇門司市勢一覧 昭和5年度刊行(門司市編) 1930 1枚 23cm
◇労働統計図表 昭和4年度(東京市電気局編) 1930 [23]p 26×37cm
◇若松市勢一班(福島県) 昭和4年(昭和5年刊)(若松市(福島県)編) 1930 1枚 16cm
◇茨城県統計書 昭和3年 第1編 土地戸口其他ノ部(茨城県編) 1930.1 1,4,185p 27cm
◇大分県治一斑 昭和3年(大分県知事官房編) 1930.1 238p 16cm
◇大分県統計書 昭和3年 第2編(大分県編) 1930.1 104,11p 27cm
◇警察統計報告 第5回 昭和4年12月刊行(内務省警保局編) 1930.1 2,145p 27cm
◇工場統計表 昭和3年(商工大臣官房統計課編) 東京統計協会 1930.1 2,8,582p 26cm
◇神戸市電気事業要誌 第10回(神戸市電気局編) 1930.1 61p 26cm
◇郡山市統計一斑 昭和4年(郡山市役所編) 1930.1 8,159,4p 19cm
◇スポーツ統計(ラグビー蹴球観衆篇) 謄写版(東京市統計課編) 1930.1 90p 26cm 東京市の状況
◇高岡市統計書 昭和4年刊行(高岡市役所編) 1930.1 10,151p 19cm
◇地方財政概要 昭和4年度(内務省地方編) 1930.1 99p 27cm
◇東京市内要保護者に関する調査 第1回(東京市社会局編) 1930.1 74p 22cm
◇東京府中等学校要覧 昭和5年1月刊行(東京府知事官房調査課編) 1930.1 42p 23cm
◇福島県勢要覧 昭和3年(福島県知事官房統計課編) 1930.1 1枚 15cm+図1枚
◇福島市勢一覧 昭和5年(福島市編) 1930.1 1枚 16cm
◇北海道概況(北海道庁編) 1930.1 8,163p 22cm+ 図
◇青森市統計書 昭和3年(青森市役所編) 1930.2 8,2,284p 22cm
◇茨城県統計書 昭和3年 第2編 学事ノ部(茨城県編) 1930.2 1,2,181p 27cm
◇大分県統計書 昭和3年 第1編(大分県編) 1930.2 260,43p 27cm
◇金沢市勢一覧(金沢市編) 1930.2 7,128,8p 18cm+図1枚
◇金沢市統計書 昭和3年 自第1編至第7編合本(金沢市役所編) 1930.2 1冊 22cm
◇昭和四年史(年史刊行会編輯部編) 1930.2 14,683p 23cm
◇政治経済年鑑 1920-30 最近10年の日本(東京政治経済研究所編) 日本評論社 1930.2 3,12,710p 23cm
◇千葉県統計書 昭和3年 第5編(千葉県知事官房編) 1930.2 95p 27cm

◇中小商工業者金融状況(東京府編)　1930.2 33p 23cm

◇鳥取県勢要覧　昭和3年(鳥取県知事官房編)　1930.2 4,46,22p 14cm

◇名古屋市勢一覧　昭和5年2月刊行(名古屋市編)　1930.2 1枚 17cm

◇兵庫県統計書　昭和3年　下巻(兵庫県知事官房統計課編)　1930.2 1冊 27cm

◇大阪市教育要覧　昭和4年度(大阪市教育部編)　1930.3 6,104p 22cm

◇[大阪市立衛生試験所]事業成績概要　昭和4年(大阪市立衛生試験所編)　1930.3 4,194p 23cm

◇岡山県統計年報　昭和3年(岡山県編)　1930.3 2,9,735p 26cm

◇鹿児島県統計書　第18回　昭和3年(鹿児島市役所編)　1930.3 5,188p 22cm

◇京都市統計書　第20回(昭和3年)(京都市編)　1930.3 7,14,429p 27cm

◇熊本県勢一班　[昭和5年刊](熊本県編)　1930.3 [28]p 10×19cm

◇神戸市勢要覧　第13回(昭和2年)(神戸市編)　1930.3 1冊 14cm

◇細民街の死亡率に関する調査　謄写版(東京市統計課)　1930.3 21p 26cm　東京市の状況

◇滋賀県統計全書　昭和3年(滋賀県編)　1930.3 10,913,5p 23cm

◇静岡市勢要覧　昭和3年(静岡市編)　1930.3 1枚 20cm

◇大都市財務行政比較調査原表　東京市之部(大都市調査統計協議会編)　1930.3 2,5,101p 26cm

◇大日本帝国港湾統計　昭和3年(内務省土木局港湾課編)　1930.3 6,407p 26cm

◇大日本帝国内務省統計報告　第42回　昭和5年刊行(内務大臣官房文書課編)　1930.3 4,529p 27cm

◇賃金統計表　明治33年乃至昭和4年(商工大臣官房統計課編)　1930.3 441p 26cm

◇東京市魚市場年報　昭和4年(東京市編)　1930.3 2,118p 22cm

◇東京市産業統計年鑑　第1回(昭和3年)(東京市編)　1930.3 4,4,665p 23cm

◇東京市施設社会事業要覧　昭和5年3月(東京市社会局編)　1930.3 6,163p 22cm

◇東京市社会局年報　第9回　昭和3年度(東京市社会局編)　1930.3 3,141p 22cm

◇東京市職業紹介所就職者調査(東京市編)　1930.3 1冊 26cm

◇東京市統計年表　第26回(東京市役所編)　1930.3 1319p 23cm

◇道庁府県立五大都市立図書館ニ関スル調査(文部省社会教育局編)　1930.3 42p 22cm

◇鳥取県統計書　昭和3年　第2編(鳥取県編)　1930.3 2,90p 27cm

◇長崎県統計書　昭和3年　第1編　土地戸口及其他(長崎県編)　1930.3 132p 27cm

◇長崎県統計書　昭和3年　第2編　教育(長崎県編)　1930.3 90p 27cm

◇名古屋市統計書　第30回(昭和3年)(名古屋市編)　1930.3 1冊 23cm

◇農漁業者住宅調査報告(社会局社会部編)　1930.3 92p 27cm　住宅問題資料

◇兵庫県統計書　昭和3年　上巻(兵庫県知事官房統計課編)　1930.3 900p 27cm

◇北海道庁統計書　第40回(昭和3年)第4巻　警察及衛生(北海道庁編)　1930.3 22,476p 27cm

◇宮崎県勢要覧　昭和3年(宮崎県知事官房編)　1930.3 50,318p 17cm

◇横浜市社会事業一覧　昭和4年(横浜市社会課編)　1930.3 1枚 20cm

◇今治市統計要覧　昭和5年編纂(今治市編)　1930.4 139p 19cm

◇大阪市学事統計　昭和4年度(大阪市役所編)　1930.4 222p 19cm

◇呉市要覧(呉市役所編)　1930.4 8,127p 19cm

◇高知県統計書　昭和3年　第2編(高知県編)　1930.4 199p 27cm

◇産業組合概況　第26次(産業組合中央会編)　1930.4 41p 27cm

◇道府県営業税一覧　昭和5年度(内務省地方局編)　1930.4 5p 26cm

◇道府県歳入歳出予算　昭和5年度(内務省地方局編)　1930.4 15p 27cm

◇新潟市勢一覧　昭和5年(新潟市編)　1930.4 20p 13×20cm

◇[広島]市勢一斑　第14回[昭和5年刊](広島市編)　1930.4 61p 19cm

◇府県税及北海道地方税課率対照表　昭和5年度　昭和4年度(内務省地方局編)　1930.4 3p 27cm

◇横浜港湾統計　第1回(昭和4年)(横浜市港湾部編)　1930.4 267p 27cm

◇旭川市勢要覧　昭和5年5月(旭川市編)　1930.5 1枚 17cm

◇一宮市勢一覧　昭和5年(一宮市編)　1930.5 1枚 18cm

◇神戸市衛生統計書　昭和3年(神戸市役所衛生課編)　1930.5 4,173p 22cm

◇下関市統計年表　第7回　昭和3年(下関市役所編)　1930.5 5,4,151p 23cm

◇消防年報　昭和4年(警視庁消防部消防課編)　1930.5 67p 27cm

◇昭和4年の出産　謄写版(東京市統計課編)　1930.5 17p 26cm　東京市の状況

◇東京市京橋区勢要覧　昭和4年度(東京市京橋区編)　1930.5 6,58p 19cm

◇東京市内要保護者に関する調査　昭和4年11月15日現在(東京市社会局編)　1930.5 2,77p 26cm

◇道府県雑種税一覧　昭和5年度(内務省地方局編)　1930.5 9p 27cm

◇東洋経済経済年鑑　第14回(昭和5年度)(東洋経済新報社編)　1930.5 274p 27cm

◇日本経済統計総覧：創刊50周年記念(朝日新聞社編)　1930.5 20,1280p 26cm

◇日本帝国文部省年報　第54　昭和元年度　上巻(文部省編)　1930.5 8,473p 26cm

◇日本帝国文部省年報　第54　昭和元年度　下巻(文部省編)　1930.5 397,151p 26cm

◇予算(実行)ノ要領　昭和5年度(日本銀行調査局編)　1930.5 3,56p 23cm

◇米沢市勢要覧　昭和5年版(米沢市編)　1930.5 77p 17cm

◇労働統計小報　第8回(昭和4年)(日本銀行調査局編)　1930.5 3,55,14p 23cm

◇青森市勢一覧表　昭和4年(青森市編)　1930.6 1枚 19cm

◇朝日経済年史　昭和5年版(朝日新聞社経済部編)　1930.6 397p 23cm

◇群馬県統計書　昭和3年　勧業之部(群馬県編)　1930.6 3,212p 26cm

◇群馬県統計書　昭和3年　警察及衛生之部(群馬県編)　1930.6 2,120p 27cm

◇高知県統計書　昭和3年　第4編(高知県編)　1930.6 124p 27cm

◇埼玉県勢要覧　昭和3年(埼玉県編)　1930.6 1枚 19cm

◇上水道統計及報告　第17号(上水協議会編)　1930.6 639,67p 22cm

◇昭和4年末に於ける東京市の人口　謄写版(東京市統計課編)　1930.6 9p 26cm　東京市の状況

◇仁川府々勢一班　昭和5年6月編纂(仁川府編)　1930.6 1枚 21cm

◇栃木県統計書　昭和3年　第1編　土地　気象　戸口　兵事　社寺　社会　褒賞　土木　交通　通信　貯蓄　財政　議会　官公吏(栃木県編)　1930.6 3,128,21p 26cm

◇戸畑市勢要覧［昭和5年］(戸畑市編)　1930.6 9,86p 19cm+図1枚

◇名古屋商工会議所統計年報 昭和4年(名古屋商工会議所編)　1930.6 3,335p 26cm

◇八戸市産業の概観(八戸市編)　1930.6 68p 19cm

◇八戸市勢一班 昭和5年版(八戸市編)　1930.6 4,41,4p 19cm

◇青森県統計書 昭和3年(青森県編)　1930.7 1冊 26cm

◇青森商工会議所統計年報 昭和3年(青森商工会議所編)　1930.7 4,69p 27cm

◇樺太概要 昭和6年(樺太庁編)　1930.7 2,79p 19cm+図1枚

◇群馬県統計書 昭和3年 財政之部(群馬県編)　1930.7 86p 27cm

◇黄海道勢一班 昭和5年(黄海道編)　1930.7 65,8p 17cm

◇札幌市勢一覧 昭和5年版(札幌市編)　1930.7 55p 19cm

◇東京商工会議所統計年報 昭和4年(東京商工会議所編)　1930.7 6,238p 27cm

◇東京府財政概要 昭和5年度(東京府編)　1930.7 2,77p 23cm

◇東京府統計書 昭和3年(東京府編)　1930.7 1121p 26cm

◇前橋市統計書 第23回 昭和3年(前橋市役所編)　1930.7 4,155p 23cm

◇横浜市統計書 第23回 昭和3年(横浜市編)　1930.7 18,849p 23cm

◇労働統計実地調査報告 昭和2年 第2巻 工場の部 上(内閣統計局編)　1930.7 587p 26cm

◇大阪市住宅年鑑 昭和5年版(昭和4年)(大阪市社会部調査課編)　1930.8 100p 22cm　社会部報告

◇小樽市統計書 第25回 昭和4年(小樽市役所編)　1930.8 12,289p 23cm

◇岐阜市勢一班 昭和5年調(岐阜市編)　1930.8 37p 20cm

◇岐阜市勢要覧 第13回(昭和5年)(岐阜市編)　1930.8 3,128p 19cm

◇釧路市勢要覧 昭和5年(釧路市編)　1930.8 124p 13cm

◇神戸市統計書 第20回(神戸市編)　1930.8 1冊 23cm

◇電車乗客調査実績 昭和4年度(東京市電気局電車課運輸調査掛編)　1930.8 2,3,112p 23cm　東京市電乗客交通調査報告

◇東京市各区町名別世帯及人口 昭和4年12月末現在(東京市統計課編)　1930.8 1冊 22cm

◇豊橋市勢一班 昭和5年版(豊橋市編)　1930.8 1枚 19cm

◇日本社会衛生年鑑 昭和5年版(倉敷労働科学研究所編)　1930.8 8,611,7p 22cm

◇乗合自動車乗客調査実績 昭和4年度(東京市電気局電車課運輸調査掛編)　1930.8 4,99p 23cm　東京市電乗客交通調査報告

◇浜松市勢一班 昭和5年調(浜松市編)　1930.8 1枚 19cm

◇[浜松商工会議所]統計年表 第27回(浜松商工会議所編)　1930.8 129p 22cm

◇広島県概況 昭和5年版(広島県編)　1930.8 233,89p 19cm

◇[復興建築助成株式会社]営業報告書 第9期(昭和5年上半期)(復興建築助成株式会社編)　1930.8 14,46p 22cm

◇明治5年以降我国の人口(内閣統計局編)　1930.8 2,58,2p 22cm　調査資料

◇融和事業年鑑 昭和5年版(中央融和事業協会編)　1930.8 2,322p 23cm

◇労働統計実地調査報告 昭和2年 第3巻 工場の部 下(内閣統計局編)　1930.8 645p 26cm

◇労働統計実地調査報告 昭和2年 第4巻 鉱山の部(内閣統計局編)　1930.8 63p 26cm

◇大阪市財政要覧 第13回 昭和5年度刊行(大阪市役所庶務部編)　1930.9 268p 22cm

◇大阪府統計書 昭和3年(大阪府編)　1930.9 886p 27cm

◇京都市財政要覧 昭和5年度刊(京都市役所総務部理財課編)　1930.9 247p 22cm

◇高知市勢要覧 昭和4年(高知市編)　1930.9 1枚 20cm

◇神戸市学事提要 昭和5年度(神戸市役所教育課編)　1930.9 6,104p 22cm

◇小倉市勢要覧 昭和4年(小倉市編)　1930.9 9,69p 18cm

◇大東京の人口：附 五大都市計画区域内面積及人口　謄写版(東京市統計課編)　1930.9 22p 26cm　東京市の状況

◇東京市下水道事業年報 第11回(昭和3年度)(東京市土木局下水道課編)　1930.9 45p 23cm

◇東京市市域拡張ニ関スル調査書([東京市]編)　1930.9 8,437p 26cm

◇東京市養育院年報 第58回(昭和4年度)(東京市養育院編)　1930.9 2,193p 22cm

◇長野市勢要覧 昭和5年(長野市編)　1930.9 58p 19cm

◇那覇市勢一班 昭和5年版(那覇市編)　1930.9 89p 19cm

◇新潟商工会議所統計年報 昭和4年(新潟商工会議所編)　1930.9 103p 27cm

◇八王子市勢一覧 昭和4年(八王子市編)　1930.9 1枚 18cm

◇労働統計要覧 昭和5年版(内閣統計局編)　東京統計協会　1930.9 6,441p 22cm

◇尼崎市勢 第12回 昭和5年7月調査(尼崎市編)　1930.10 161p 16cm

◇宇治山田市勢要覧 昭和5年(宇治山田市編)　1930.10 68p 19cm

◇尾道市勢要覧 昭和5年(尾道市編)　1930.10 5,62,8p 19cm+図1枚

◇鹿児島市勢一斑(鹿児島市編)　1930.10 [15]p 12×20cm+ 図1枚

◇火災消防統計書 第5回(内務省警保局編)　1930.10 27p 26cm

◇久留米市勢要覧 昭和5年(久留米市編)　1930.10 64p 19cm

◇高知県統計書 昭和3年 第3編(高知県編)　1930.10 107p 27cm

◇時事年鑑 昭和6年(時事新報社編)　1930.10 792p 26cm

◇商工省統計表 第6次 昭和4年(商工大臣官房統計課編)　東京統計協会　1930.10 12,221p 27cm

◇台中市勢一覧 昭和5年8月現在(台中市編)　1930.10 3,42p 19cm

◇大東京年鑑 昭和6年版(中村舜二編)　大東京社　1930.10 1冊 19cm

◇帝都中心地域昼間人口調査 昭和4年12月5日現在(東京市統計課編)　1930.10 1冊 23cm

◇鳥取市勢要覧 昭和5年版(鳥取市編)　1930.10 46p 19cm

◇奈良市勢一覧 昭和5年度(奈良市編)　1930.10 27p 19cm

◇[北海道]市町村財政概要 昭和5年度(北海道庁内務部編)　1930.10 4,321p 27cm

◇毎日年鑑 昭和6年(大阪毎日新聞社編,東京日日新聞社編)　1930.10 800p 19cm

◇旅順要覧 昭和5年(旅順民政署)　興文会　1930.10 6,142,52p 16cm+図1枚

◇若松市勢要覧(福岡県) 昭和5年(若松市(福岡県)編)　1930.10 1冊 12×19cm

◇明石市勢一班 第11回(昭和4年)(明石市編)　1930.11 10,160p 17cm

◇瓦斯事業要覧 昭和4年度(帝国瓦斯協会編)　1930.11 28p 31cm

◇警察統計報告 第6回 昭和5年9月刊行(内務省警保局編)　1930.11 2,163p 27cm

◇神戸市電気事業要覧 第11回(神戸市電気局)　1930.11 61p 26cm

◇山林要覧 第2次(農林省山林局編)　1930.11 96p 16cm

◇新興都市清水市の産業 昭和5年(清水市編)　1930.11 3,51,12p 19cm+図1枚

◇仙台市勢要覧 昭和5年版(仙台市編) 1930.11 14p 13×19cm+図1枚
◇東京市学事統計年報 第22回[昭和3年度 昭和4年度](東京市統計課編) 1930.11 6,173p 27cm
◇東京市勢提要 第17回 昭和3年(東京市統計課編) 1930.11 11,415p 16cm
◇東京市内死亡並死産に関する調査(東京市社会局編) 1930.11 6,71p 27cm
◇徳島市勢一覧 [昭和5年刊](徳島市編) 1930.11 42p 13×19cm+図1枚
◇富山市勢要覧 昭和5年発行(富山市編) 1930.11 [20]p 11×19cm
◇名古屋市財政概要 昭和5年(名古屋市庶務部編) 1930.11 127p 26cm
◇福山市統計書 第6回 昭和5年11月刊行(福山市役所編) 1930.11 110p 16cm+図1枚
◇愛媛県統計書 (昭和4年)第3編(愛媛県編) 1930.12 102p 27cm
◇大阪市統計書 第28回 昭和4年(大阪市役所編) 1930.12 1冊 23cm
◇岡山市勢一覧 昭和4年(昭和5年版)(岡山市編) 1930.12 1枚 20cm
◇警視庁統計書 第39回 昭和4年(警視総監官房文書課編) 1930.12 6,543p 27cm
◇甲府市統計書 第24回 昭和3年(甲府市役所編) 1930.12 8,133p 22cm
◇神戸港大観 [昭和4年](神戸市港湾部編) 1930.12 6,290p 23cm
◇神戸市衛生統計書 昭和4年(神戸市役所衛生課編) 1930.12 4,173p 22cm
◇国勢調査速報 昭和5年 失業(内閣統計局編) 1930.12 84p 26cm
◇札幌商工会議所統計年報 第14回(札幌商工会議所) 1930.12 146p 27cm
◇静岡県治一斑 昭和4年(静岡県知事官房統計課編) 1930.12 303,31,14p 16cm
◇上海市行政統計概要 中華民国18年度(上海市政府秘書処編) 1930.12 14,251p 27cm
◇上水道統計及報告 第18号(上水協議会編) 1930.12 674p 23cm
◇職業紹介年報 昭和4年(中央職業紹介事務局編) 1930.12 1冊 27cm
◇新竹市要覧 [昭和5年刊](新竹市編) 1930.12 4,120p 16cm
◇台北市案内 昭和5年(台北市編) 1930.12 1枚 20cm
◇高松市勢要覧 昭和5年版(高松市編) 1930.12 102p 15cm
◇地方財政概要 昭和5年度(台北州編) 1930.12 39p 26cm
◇大邱府勢一斑 昭和5年(大邱府編) 1930.12 6,105p 18cm
◇東京市内同居世帯に関する調査 昭和4年11月1日現在(東京市社会局編) 1930.12 3,8,301p 27cm
◇東京市の死亡統計:附 欧米大都市の死亡 謄写版(東京市統計課編) 1930.12 18p 26cm 東京市の状況
◇鳥取県勢要覧 昭和4年(鳥取県知事官房編) 1930.12 4,46,22p 15cm
◇日本帝国統計年鑑 第49回(内閣統計局編) 1930.12 8,455p 27cm
◇日本労働年鑑 昭和5年版(大原社会問題研究所編) 同人社書店 1930.12 1冊 23cm
◇農業調査結果報告 昭和4年(内閣統計局編) 1930.12 405p 31cm
◇姫路市統計書 昭和4年(姫路市役所編) 1930.12 216p 17cm
◇前橋市勢要覧 昭和5年発行(前橋市編) 1930.12 1枚 19cm
◇宮城県治一斑 第44回(宮城県知事官房統計課編) 1930.12 1,5,142p 19cm+図1枚
◇宮崎市勢一覧 昭和4年(宮崎市編) 1930.12 1枚 19cm

◇四日市市勢要覧 昭和5年刊(四日市市編) 1930.12 145p 18cm
◇足利市勢要覧 昭和6年(足利市編) 1931 1枚 14cm
◇一般労働統計資料 第1輯(昭和5年12月調) 謄写版(協調会編) 1931 [36]p 26cm
◇上田市勢一覧 第12回(上田市編) 1931 17p 19cm
◇大分市勢一覧 昭和6年(大分市編) 1931 1枚 20cm
◇[大阪市]電気事業成績調書 第33回 昭和5年度(大阪市電気局編) 1931 68,112p 23cm
◇[金沢市]電気瓦斯事業成績調書 昭和2年度(金沢市電気局編) 1931 3,14,24p 23cm
◇川越市勢要覧 昭和6年版(川越市編) 1931 1枚 19cm
◇京都市学事一覧 昭和6年10月現在(京都市学務課編) 1931 1枚 21cm
◇京都市公債一覧表 昭和6年4月現在(京都市) 1931 19p 23cm
◇[京都市]電気事業成績調書 昭和5年度(京都市電気局編) 1931 120,71p 22cm
◇熊本市電車事業報告書 第7回(熊本市編) 1931 2,37p 22cm
◇倉敷市勢要覧 昭和5年版(倉敷市編) 1931 1枚 21cm
◇群馬県桐生市勢一覧 昭和5年(桐生市編) 1931 1枚 15cm
◇甲府市勢一斑 昭和5年(甲府市編) 1931 1枚 19cm
◇神戸市国勢調査概報 昭和5年 世帯及人口(神戸市編) 1931 53p 26cm
◇[神戸市]電気事業報告書 昭和5年度(神戸市電気局編) 1931 103,156p 22cm
◇[静岡市]電気事業成績調書 昭和6年度(静岡市電気部編) 1931 58p 22cm
◇[新義州]府勢一斑 昭和6年編纂(新義州府編) 1931 30p 20cm+図1枚
◇[仙台市]電気事業報告書 昭和5年度(仙台市電気水道事業部編) 1931 6,98p 22cm
◇台南市勢一斑 昭和4年(台南市編) 1931 1枚 19cm
◇台北市勢一覧 昭和4年(台北市編) 1931 1枚 19cm
◇[忠清南道]道勢一斑 [昭和6年刊](忠清南道編) 1931 [28]p 12×21cm+図1枚
◇[鎮南浦]府勢一斑 昭和5年(鎮南浦府編) 1931 23p 18cm
◇東京市各区歳入歳出決算書 昭和4年度(東京市役所編) 1931 1冊 27cm
◇東京市各区歳入歳出決算書 昭和4年度(東京市役所編) 1931 1冊 28cm
◇東京市各経済決算報告書 昭和4年度(東京市編) 1931 1冊 27cm
◇東京市貨物集散調査書 昭和4年(東京市商工課編) 1931 189p 23cm
◇東京市歳入出予算(特別経済) 昭和6年度(東京市編) 1931 2,228p 22cm
◇東京市歳入出予算(普通経済) 昭和6年度(東京市編) 1931 9,277p 22cm
◇東京市青果市場年報 昭和5年(東京市商工課編) 1931 41,29p 26cm
◇東京市設小売市場売上高年表 自昭和4年中至昭和5年中(東京市商工課編) 1931 2枚 23cm
◇東京市電気局事業大要 昭和6年9月(東京市電気局編) 1931 1枚 20cm
◇[東京市]電気事業成績調査 第20回 昭和5年度(東京市電気局編) 1931 307p 23cm
◇東京市に於ける階級別出産率の調査(東京市統計課編) 1931 36p 22cm
◇[東京市]予算概要 昭和6年度(東京市編) 1931 42p 26cm

◇東京府歳入歳出決算書 昭和5年度(東京府編) 1931 1冊 29cm

◇東京府予算概要 昭和6年度(東京府編) 1931 84p 24cm

◇長崎市現勢要覧 昭和6年度(長崎市編) 1931 1枚 20cm

◇名古屋市電気軌道営業統計報告書 昭和5年度(名古屋市電気局編) 1931 116p 22cm

◇日本赤十字社事業年報 昭和5年度(日本赤十字社編) 1931 132p 19cm

◇函館市勢要覧 昭和6年刊行(函館市編) 1931 1枚 19cm

◇福岡市勢要覧 昭和5年末現在(福岡市編) 1931 1枚 18cm

◇福山市勢一覧表 昭和6年版(福山市編) 1931 12p 13×20cm

◇平安南道要覧 昭和5年([平安南道]編) 1931 10,98p 18cm

◇平安南道要覧 昭和6年([平安南道]編) 1931 10,116p 18cm

◇北海道統計一覧 昭和5年(北海道庁編) 1931 1枚 19cm

◇松本市勢一班 昭和6年版(松本市編) 1931 1枚 21cm

◇松山市勢要覧 昭和6年版(松山市編) 1931 1枚 20cm

◇室蘭市勢一覧 昭和5年(昭和6年版)(室蘭市編) 1931 1枚 20cm

◇門司市勢要覧 昭和6年度刊行(門司市編) 1931 89p 18cm

◇備員労働統計 雇傭員公傷統計年表 昭和5年度(東京市電気局労働課編) 1931 22p 26×36cm

◇米子市勢要覧 昭和6年(米子市編) 1931 1枚 20cm

◇和歌山市勢要覧 昭和6年刊(和歌山市編) 1931 40p 18cm

◇青森県勢要覧 昭和6年刊(青森県統計課編) 1931.1 7,192p 16cm

◇高知県統計書 昭和3年 第1編(高知県編) 1931.1 185p 27cm

◇神戸市社会事業概況 昭和4年度(神戸市役所社会課編) 1931.1 1冊 22cm

◇細民街の死亡率に関する調査 謄写版(東京市統計課編) 1931.1 14p 26cm 東京市の状況

◇佐賀県統計書 昭和4年 第4編(佐賀県編) 1931.1 86p 26cm

◇産業組合年鑑 昭和6年(産業組合中央会編) 1931.1 6,217p 22cm

◇市街地信用組合概況 昭和4年度(大蔵省銀行局編) 1931.1 74p 26cm

◇スポーツ統計(大相撲春場所) 謄写版(東京市統計課編) 1931.1 39p 27cm 東京市の状況

◇地方財政概要 昭和5年度(内務省地方局編) 1931.1 100p 27cm

◇帝国予算綱要 昭和6年度(大蔵省主計局編) 1931.1 56p 23cm

◇日本都市年鑑 1(昭和6年)(東京市政調査会編) 1931.1 18,693p 22cm

◇平壌府勢一班 昭和6年1月発行([平壌府]編) 1931.1 1枚 20cm

◇北海道概況 昭和6年(北海道庁編) 1931.1 8,175p 22cm+図1枚

◇労働統計実地調査概要 第3回(大阪市社会部編) 1931.1 104p 23cm 社会部報告

◇青森県統計書 昭和4年(青森市役所編) 1931.2 8,286p 23cm

◇青森商工会議所統計年報 昭和4年(青森商工会議所編) 1931.2 4,63p 27cm

◇大垣市統計一覧表 昭和5年版(大垣市編) 1931.2 6,143p 18cm

◇岡山市統計年報 昭和4年(岡山市役所編) 1931.2 7,236p 23cm

◇鹿児島市統計書 第19回 昭和4年(鹿児島市役所編) 1931.2 5,192p 23cm

◇金沢市勢一覧(金沢市編) 1931.2 7,140,9p 18cm

◇高知県勢要覧 昭和4年(高知県編) 1931.2 1枚 19cm

◇小作年報 昭和4年(農林省農務局編) 1931.2 6,135p 22cm

◇堺市勢要覧 昭和5年版(堺市編) 1931.2 9,109,4p 19cm+図1枚

◇昭和五年史(年史刊行会編輯部編) 1931.2 24,580,46p 23cm

◇昭和5年中の出産 謄写版(東京市統計課編) 1931.2 10p 26cm 東京市の状況

◇[東京市]深川区勢比較要覧 昭和2年 昭和3年 昭和4年(東京市深川区編) 1931.2 56p 15cm

◇富山県統計書 昭和4年 第1編 土地戸口其他(富山県編) 1931.2 241p 26cm

◇富山県統計書 昭和4年 第2編 産業(富山県編) 1931.2 210p 26cm

◇富山県統計書 昭和4年 第4編 警察(富山県編) 1931.2 216p 27cm

◇[復興建築助成株式会社]営業報告書 第10期(昭和5年下半期)(復興建築助成株式会社編) 1931.2 14,45p 22cm

◇松江市勢一班 昭和4年度(松江市編) 1931.2 4,70,3p 23cm

◇秋田県統計書 第46回(昭和3年) 内務省(秋田県編) 1931.3 1,2,121p 27cm

◇牛込区勢一班 第4回(東京市牛込区役所編) 1931.3 203p 19cm

◇大分県統計書 昭和4年 第1編(大分県編) 1931.3 258,23p 27cm

◇大分県統計書 昭和4年 第2編(大分県編) 1931.3 104,11p 27cm

◇大分県統計書 昭和4年 第3編(大分県編) 1931.3 262p 27cm

◇[大阪市立衛生試験所]事業成績概要 昭和5年(大阪市立衛生試験所編) 1931.3 4,163p 23cm

◇岡山県治一覧 [昭和6年刊](岡山県知事官房統計編) 1931.3 1枚 19cm

◇岡山県統計年報 昭和4年(岡山県編) 1931.3 2,10,740p 26cm

◇卸売物価統計表 昭和4年及昭和5年(商工大臣官房統計課編) 1931.3 130p 26cm

◇家計調査報告 栄養に関する統計表(内閣統計局編) 1931.3 59p 26cm

◇鹿児島県勢要覧 昭和6年刊(鹿児島県知事官房編) 1931.3 1冊 18cm

◇鹿児島県統計書 昭和4年 第2編 教育・社会・社寺・教会・兵事・慈恵・救済及褒賞(鹿児島県編) 1931.3 95p 27cm

◇神奈川県勢概要 [昭和6年刊](神奈川県内務部統計調査課編) 1931.3 9,232p 17cm

◇金沢市統計書 昭和4年 自第1編至第7編合本(金沢市役所編) 1931.3 1冊 22cm

◇[咸興]府勢一班 昭和6年3月編纂(咸興府編) 1931.3 2,40,12p 19cm+図1枚cm

◇関東庁庁勢一班 昭和6年(関東長官官房文書課編) 1931.3 2,62p 22cm

◇議会政治年鑑(遠山景福著) 金鈴社 1931.3 2,31,380p 15cm

◇岐阜県統計書 第38回(昭和3年)第1巻(岐阜県編) 1931.3 118p 27cm

◇岐阜県統計書 第38回(昭和3年)第2巻 前編(岐阜県編) 1931.3 220p 27cm

◇岐阜県統計書 第38回(昭和3年)第2巻 後編(岐阜県編) 1931.3 224p 27cm

◇救療事業調 昭和4年12月末日現在(内務省衛生局編) 1931.3 128p 26cm

◇京都市統計書 第21回(昭和4年)(京都市編) 1931.3 7,14,394p 27cm

◇[京都商工会議所]統計年報 昭和5年(京都商工会議所編) 1931.3 3,259p 27cm

◇京都府統計書 昭和4年 第1編(京都府内務部統計編) 1931.3 146p 26cm

◇京都府統計書 昭和4年 第2編(京都府内務部統計編) 1931.3 97p 26cm

◇京都府統計書 昭和4年 第3編(京都府内務部統計編) 1931.3 160p 26cm

◇京都府統計書 昭和4年 第4編(京都府内務部統計編) 1931.3

156p 26cm

◇京都府統計書 昭和4年 第5編(京都府内務部統計課編) 1931.3 89p 26cm

◇熊本県勢要覧 昭和4年(熊本県知事官房編) 1931.3 8,114,12p 16cm

◇工場統計表 昭和4年 前編(商工大臣官房統計課編) 東京統計協会 1931.3 3,16,979p 27cm

◇工場統計表 昭和4年 後編(商工大臣官房統計課編) 東京統計協会 1931.3 4,4,687p 27cm

◇高知商工会議所統計年報 昭和5年版(高知商工会議所) 1931.3 5,147p 18cm

◇小売物価統計表 昭和5年(商工大臣官房統計課編) 1931.3 55p 26cm

◇国勢調査職業名鑑 大正9年(内閣統計局編) 1931.3 1冊 27cm

◇国勢調査ノ結果表章ニ用フベキ産業分類及職業分類(内閣統計局編) 1931.3 340p 26cm

◇小作問題に関する重要統計 謄写版(協調会農村課編) 1931.3 50p 26cm 農村問題資料

◇佐世保市勢要覧 昭和4年(佐世保市編) 1931.3 12,98p 18cm

◇静岡市勢要覧 昭和4年(静岡市編) 1931.3 1枚 20cm

◇静岡市統計書 第31回 昭和4年(静岡市役所編) 1931.3 168p 15cm

◇昭和五年国勢調査京都市結果概況 昭和5年10月1日現在(京都市臨時国勢調査部編) 1931.3 4,148p 19cm

◇全国公立中学校高等女学校経費ニ関スル調査 昭和5年5月1日現在(文部省普通学務局編) 1931.3 175p 27cm

◇治水事業ニ関スル統計書 第7回 昭和5年9月編纂(内務省土木局編) 1931.3 2,4,566p 26cm

◇地方経営統計年報 昭和4年度(南満洲鉄道株式会社地方部庶務課編) 1931.3 362p 26cm

◇賃金統計表 昭和5年(商工大臣官房統計課編) 1931.3 42p 26cm

◇東京市魚市場年報 昭和5年(東京市編) 1931.3 2,130p 22cm

◇東京市下谷区勢一班 昭和5年度([東京市]下谷区編) 1931.3 101p 19cm

◇[東京市]芝区勢一班 [昭和6年刊]([東京市]芝区編) 1931.3 47p 15cm

◇東京市社会局年報 第10回 昭和4年度(東京市社会局編) 1931.3 3,151p 22cm

◇東京市住宅調査(東京市社会局編) 1931.3 3,18,473p 27cm

◇東京市統計年報 第27回(東京市役所編) 1931.3 1181p 23cm

◇東京市に於ける労働調査の結果速報 謄写版(東京市統計課編) 1931.3 20p 26cm 東京市の状況

◇[東京市]埠頭年報 昭和5年(東京市編) 1931.3 44p 26cm

◇東京市隣接町村現状調査 第2編 財政(東京市編) 1931.3 2,2,319p 26cm

◇統計上より観たる長崎県 [昭和6年刊](長崎県知事官房統計課編) 1931.3 1冊 16cm

◇栃木県勢要覧 昭和6年3月刊行(栃木県知事官房編) 1931.3 3,82,41p 17cm

◇富山県統計書 昭和4年 第3編 学事(富山県編) 1931.3 163p 26cm

◇富山市統計書 昭和4年(富山市役所編) 1931.3 12,219p 19cm

◇長崎県勢要覧 昭和4年(長崎県知事官房統計課編) 1931.3 5,94,26p 13cm+図1枚

◇長崎県統計書 昭和3年 第3編 産業(長崎県編) 1931.3 398p 27cm

◇長崎県統計書 昭和4年 第1編 土地戸口及其他(長崎県編) 1931.3 134p 27cm

◇長崎県統計書 昭和4年 第2編 教育(長崎県編) 1931.3 56,93p 27cm

◇長崎県統計書 昭和4年 第3編 産業(長崎県編) 1931.3 370p 27cm

◇名古屋市統計書 第31回(昭和4年)(名古屋市編) 1931.3 1冊 23cm

◇農家経済調査 昭和3年度(農林省農務局編) 帝国農会 1931.3 5,67p 22cm

◇兵庫県統計書 昭和4年 上(兵庫県内務部統計課編) 1931.3 1冊 27cm

◇兵庫県統計書 昭和4年 下(兵庫県内務部統計課編) 1931.3 1冊 27cm

◇広島県市町村資力調査 昭和4年分(広島県知事官房編) 1931.3 81p 27cm

◇福井県統計書 昭和4年 第1編 土地及戸口等(福井県編) 1931.3 2,86p 27cm

◇福井県統計書 昭和4年 第2編 学事(福井県編) 1931.3 2,99p 27cm

◇福井県統計書 昭和4年 第3編 産業(福井県編) 1931.3 2,139p 27cm

◇福井市統計一班 昭和6年刊行(福井市編) 1931.3 10,185p 17cm

◇福島県統計書 第47回 上編(福島県知事官房編) 1931.3 1,6,419p 26cm

◇本郷区勢要覧 昭和5年(東京市本郷区編) 1931.3 1冊 20cm

◇本市に於ける朝鮮人工場労働者(大阪市社会部調査課編) 1931.3 2,37p 22cm 社会部報告

◇丸亀市勢一覧 [昭和6年刊](丸亀市編) 1931.3 1枚 19cm

◇三重県勢要覧 昭和4年(三重県知事官房統計課編) 1931.3 132p 13cm

◇横浜市社会事業一覧 昭和6年(横浜市社会課編) 1931.3 1枚 20cm

◇労働統計実地調査 第3回(昭和5年10月10日) 京都市結果表(京都市総務部文書課編) 1931.3 78p 23cm

◇労働統計実地調査概報 第3回(昭和5年10月10日現在)(兵庫県内務部統計課編) 1931.3 156p 23cm

◇労働統計実地調査概要 第3回(昭和5年10月10日現在)(名古屋市社会部編) 1931.3 109p 23cm

◇朝日経済年史 昭和6年版(朝日新聞社経済部編) 1931.4 401p 23cm

◇宇都宮市勢一覧 昭和5年調(昭和4年)(宇都宮市編) 1931.4 1枚 19cm

◇鹿児島県統計書 昭和4年 第1編 土地・気象・戸口・土木・交通・衛生・保険・刑務所・警察・裁判・財政・議会・官公吏・文書・附録(鹿児島県編) 1931.4 203p 27cm

◇高知県統計書 昭和4年 第2編(高知県編) 1931.4 190p 27cm

◇佐賀市勢要覧 昭和4年(佐賀市編) 1931.4 6,95p 20cm

◇第五九回帝国議会ノ協賛ヲ経タル予算ノ要領 昭和6年度(日本銀行調査局編) 1931.4 4,58p 23cm

◇高雄市勢要覧 [昭和6年刊](高雄市編) 1931.4 72p 16cm

◇朝鮮地方財政要覧 昭和5年版(朝鮮総督府内務局編) 1931.4 1,4,198p 26cm

◇[東京市]麻布区勢一班 昭和4年([東京市]麻布区編) 1931.4 1枚 20cm

◇道府県営業税一覧 昭和6年度(内務省地方局編) 1931.4 5p 27cm

◇道府県歳入歳出予算 昭和6年度(内務省地方局編) 1931.4 15p 27cm

◇道府県雑種税一覧 昭和6年度(内務省地方局編) 1931.4 9p 27cm

◇東洋経済経済年鑑 第15回(昭和6年度)(東洋経済新報社編) 1931.4 280p 26cm

◇長野県勢要覧 昭和5年(長野県知事官房編) 1931.4 2,32,51p 17cm

◇奈良県勢要覧 昭和6年刊行(奈良県編) 1931.4 1枚 18cm

◇[広島]市勢一斑 第15回[昭和6年刊](広島市編) 1931.4 61p 19cm+ 図1枚
◇府県税及北海道地方税率対照表 昭和6年度 昭和5年度(内務省地方局編) 1931.4 3p 27cm
◇宮城県統計書 昭和4年 第2巻 勧業(宮城県編) 1931.4 374p 26cm
◇横浜港湾統計年報 第2回(昭和5年)(横浜市土木局編) 1931.4 274p 27cm
◇横浜市社会事業概要 昭和6年版(横浜市社会課編) 1931.4 126p 23cm
◇横浜市勢要覧 昭和5年(横浜市役所編) 1931.4 192p 16cm
◇大阪市学事統計 昭和5年度(大阪市教育部編) 1931.5 148p 23cm
◇大阪市労働年報 昭和3・4年(大阪市社会部編) 1931.5 2,214p 23cm 社会部報告
◇佐世保市勧業施設要覧 昭和6年度(佐世保市編) 1931.5 110p 19cm
◇消防年報 昭和5年(警視庁消防部消防課編) 1931.5 67p 26cm
◇昭和5年中の死亡統計 謄写版(東京市統計課編) 1931.5 8p 26cm 東京市の状況
◇[東京市]赤坂区勢一覧 昭和5年(東京市赤坂区編) 1931.5 5,59p 15cm
◇東京市工場要覧 昭和6年版(東京市商工課編) 1931.5 546p 19cm
◇東京府統計書 昭和4年(東京府編) 1931.5 1093p 26cm
◇那覇市の産業(那覇市勧業課編) 1931.5 2,67p 19cm
◇新潟市勢一覧 昭和6年版(新潟市編) 1931.5 22p 13×20cm
◇水戸市要覧 [昭和6年](水戸市編) 1931.5 6,203p 17cm
◇盛岡市統計一斑 昭和4年(盛岡市編) 1931.5 11,164p 18cm
◇八幡市産業要覧 昭和6年刊(八幡市編) 1931.5 93p 19cm
◇要保護者に関する調査：東京府五郡社会調査(東京府学務部社会課編) 1931.5 2,22,165p 26cm 社会調査資料
◇旭川市勢要覧 昭和6年6月(旭川市編) 1931.6 1枚 17cm
◇開城府勢一斑 昭和6年(開城府編) 1931.6 4,55p 19cm+図1枚
◇酒田経済統計 [昭和6年刊](酒田商工会議所編) 1931.6 1枚 18cm
◇山林要覧 第3次(農林省山林局編) 1931.6 113p 16cm
◇清水市勢要覧 昭和5年(清水市編) 1931.6 76p 22cm
◇上水道統計及報告 第19号(上水協議会編) 1931.6 301p 22cm
◇仁川府々勢一斑 昭和6年6月編纂(仁川府編) 1931.6 2枚 21cm
◇スポーツ統計 大東京府内の運動競技場調査 謄写版(東京市統計課編) 1931.6 26p 25cm 東京市の状況
◇東京市産業統計年鑑 第2回(昭和4年)(東京市編) 1931.6 2,4,727p 23cm
◇名古屋商工会議所統計年報 昭和5年(名古屋商工会議所編) 1931.6 3,385p 26cm
◇沼津市勢一斑 昭和6年(沼津市編) 1931.6 [16]p 11×20cm
◇乗合自動車乗客實績 昭和5年度(東京市電気局乗客課編) 1931.6 2,4,107p 23cm 東京市電乗客交通調査報告
◇樺太要覧 昭和6年(樺太庁編) 1931.7 14,330p 19cm
◇川崎市勢要覧 [昭和6年刊](川崎市編) 1931.7 107p 19cm
◇釧路市勢要覧 昭和6年(釧路市編) 1931.7 136p 13cm
◇群馬県統計書 昭和4年 学事之部(群馬県編) 1931.7 2,159p 27cm
◇[江原道]地方財政要覧(江原道編) 1931.7 74p 17cm
◇工場、鉱山、労働者移動調 昭和5年中(社会局社会部編) 1931.7 9,3p 27cm
◇公立私立実業学校経費ニ関スル調査 昭和5年度(文部省実業学務局編) 1931.7 45p 27cm
◇札幌市勢一覧 昭和6年版(札幌市編) 1931.7 49p 19cm
◇高崎市勢要覧 昭和6年版(高崎市編) 1931.7 13,114p 19cm
◇東京商工会議所統計年報 昭和5年(東京商工会議所編) 1931.7 6,266p 27cm
◇東京府財政概要 昭和6年度(東京府編) 1931.7 2,78p 23cm
◇名古屋市衛生施設概要 昭和6年(名古屋市保健部編) 1931.7 3,115p 22cm
◇日本帝国文部省年報 第55 昭和2年度 上巻(文部大臣官房文書課編) 1931.7 8,489p 26cm
◇日本帝国文部省年報 第55 昭和2年度 下巻(文部大臣官房文書課編) 1931.7 395,157p 26cm
◇福島市勢一斑 第19回(昭和6年刊行)(福島市編) 1931.7 8,161,18p 16cm
◇別府市勢要覧 昭和6年(別府市編) 1931.7 65p 19cm
◇保土ヶ谷区勢要覧 昭和6年(横浜市保土ヶ谷区編) 1931.7 16,204,11p 19cm
◇[木浦]府勢概要 昭和6年(木浦府編) 1931.7 63p 19cm
◇横浜市統計書 第24回 昭和4年(横浜市編) 1931.7 1冊 23cm
◇宇和島市勢一般 昭和6年刊(宇和島市編) 1931.8 69p 19cm
◇尾道市勢要書 昭和6年(尾道市編) 1931.8 5,62,8p 19cm
◇岐阜市勢一斑 昭和6年版(岐阜市編) 1931.8 42p 20cm
◇群馬県統計書 昭和4年 勧業之部(群馬県編) 1931.8 3,222p 27cm
◇元山府勢一斑 昭和6年(元山府編) 1931.8 [22]p 12×18cm
◇高知県統計書 昭和4年 第1編(高知県編) 1931.8 157p 27cm
◇高知県統計書 昭和4年 第3編(高知県編) 1931.8 103p 27cm
◇神戸市勢要覧 第14回(神戸市編) 1931.8 1冊 14cm
◇スポーツ統計(水上競技観衆篇) 謄写版(東京市統計課編) 1931.8 28p 26cm 東京市の状況
◇製鉄所工場労働統計 昭和5年(製鉄所労務部編) 1931.8 13p 26cm
◇高岡市勢要覧 昭和6年刊行(高岡市編) 1931.8 [26]p 12×19cm+図1枚
◇高田市統計書 昭和6年刊行(高田市役所編) 1931.8 7,83p 19cm+図1枚
◇地方教育財政一斑 昭和6年刊(文部省普通学務局編) 1931.8 29,3p 26cm
◇東京市世帯及人口(各区町別) 昭和5年10月1日現在(東京市臨時国勢調査部編) 1931.8 23,42p 22cm
◇東京府人口概要 昭和5年10月国勢調査(東京府編) 1931.8 77p 23cm
◇栃木県統計書 昭和4年 第1編 土地 気象 戸口 兵事 社寺 社会 褒賞 土木 交通 通信 貯蓄 財政 議会 官公吏(栃木県編) 1931.8 3,124,17p 26cm
◇長岡市と近郷(長岡市編) 1931.8 88p 19cm
◇長野市勢要覧 昭和6年(長野市編) 1931.8 65p 19cm
◇浜松市勢一斑 昭和6年調査(浜松市編) 1931.8 1枚 19cm
◇[浜松商工会議所]統計年表 第28回(浜松商工会議所編) 1931.8 144p 21cm
◇労働統計要覧 昭和6年版(内閣統計局編) 東京統計協会 1931.8 6,323p 22cm
◇青森市勢一覧表 昭和5年(青森市編) 1931.9 1枚 19cm
◇宇治山田市勢要覧 昭和6年(宇治山田市編) 1931.9 91p 19cm
◇大阪社会事業年報 昭和6年版(大阪社会事業聯盟編) 1931.9 1冊 22cm
◇大阪府統計書 昭和4年(大阪府編) 1931.9 894p 27cm

◇京都市財政要覧［昭和6年度刊］(京都市役所総務部理財課編)　1931.9 274p 22cm

◇熊本市勢要覧［昭和6年］(熊本市編)　1931.9 1枚 21cm

◇高知県統計書 昭和5年 第1編 (高知県編)　1931.9 153p 27cm

◇高知県統計書 昭和5年 第2編 (高知県編)　1931.9 190p 27cm

◇埼玉県統計書 昭和4年 (埼玉県編)　1931.9 7,675p 27cm

◇時事年鑑 昭和7年 (時事新報社編)　1931.9 770p 26cm

◇静岡県統計書 昭和5年 第2編 学事 (静岡県編)　1931.9 8,887p 27cm

◇製鉄業参考資料 昭和6年6月調査 (商工省鉱山局編)　日本鉄鋼協会　1931.9 100p 27cm

◇瀬戸市勢要覧 昭和6年9月刊行 (瀬戸市編)　1931.9 1枚 19cm

◇鶴岡市統計一班 昭和6年刊行 (鶴岡市編)　1931.9 72p 19cm

◇東京市職業紹介所求人事情調査［昭和5年］(東京市編)　1931.9 4,3,259p 27cm

◇東京市養育院年報 第59回 (昭和5年度) (東京市養育院編)　1931.9 2,189p 22cm

◇東京府市町村勢要覧 昭和6年 (東京府知事官房調査課編)　1931.9 139p 23cm

◇富山市勢要覧［昭和6年刊］(富山市編)　1931.9 [20]p 11×19cm

◇長崎県統計書 昭和5年 第4編 警察衛生及行刑 (長崎県編)　1931.9 141p 27cm

◇八戸市勢一斑 昭和6年 (八戸市編)　1931.9 8,91,11p 19cm

◇前橋市勢要覧 昭和6年発行 (前橋市編)　1931.9 1枚 19cm

◇前橋市統計書 第24回 昭和4年 (前橋市役所編)　1931.9 4,157p 23cm

◇融和事業年鑑 昭和6年版 (中央融和事業協会編)　1931.9 1冊 22cm

◇四日市市勢要覧 昭和6年刊 (四日市市編)　1931.9 145p 18cm

◇宇部市勢要覧 昭和6年 (宇部市編)　1931.10 4,88p 19cm

◇大阪市財政要覧 第14回 昭和6年度 (大阪市役所庶務部編)　1931.10 266p 22cm

◇大阪市住宅年報 昭和6年版 (大阪市社会部調査課編)　1931.10 42p 23cm　社会部報告

◇鹿児島市勢要覧 昭和5年 (鹿児島市編)　1931.10 [16]p 12×20cm+図1枚

◇咸鏡南道勢一班 昭和5年 (咸鏡南道編)　1931.10 58p 16cm+図1枚

◇咸鏡北道勢一斑 昭和6年 (咸鏡北道編)　1931.10 24p 21cm+図1枚

◇岐阜市産業之現勢 昭和6年版 (岐阜市勧業課編)　1931.10 3,134p 22cm

◇群馬県統計書 昭和4年 財政之部 (群馬県知事官房編)　1931.10 86p 27cm

◇警視庁統計書 第40回 昭和5年 (警視総監官房文書課編)　1931.10 6,545p 27cm

◇江原道道勢要覧［昭和6年刊］(江原道編)　1931.10 110p 18cm

◇甲府市統計書 第25回 昭和4年 (甲府市役所編)　1931.10 8,139p 23cm

◇国勢調査報告 昭和5年 第5巻 市町村別人口 (内閣統計局編)　1931.10 142p 27cm

◇在外本邦人国勢調査職業別人口表 昭和5年 (外務省通商局編)　1931.10 6,47p 27cm

◇職業紹介年報 昭和5年 (中央職業紹介事務局編)　1931.10 5,132,11p 27cm

◇スポーツ統計 (野球観衆篇) 謄写版 (東京市統計課編)　1931.10 21p 26cm　東京市の状況

◇大東京年鑑 昭和7年版 (中村舜二編)　大東社　1931.10 14,501p

◇東京市水道事業年報 昭和5年度 (東京市編)　1931.10 65,71p 27cm

◇東京市政提要 第18回 昭和4年 (東京市統計課編)　1931.10 8,184p 15cm

◇栃木県統計書 昭和5年 第4編 警察 衛生 (栃木県編)　1931.10 2,76p 26cm

◇鳥取市勢要覧 昭和6年版 (鳥取市編)　1931.10 49p 18cm+図1枚

◇豊橋市勢要覧 昭和6年 (豊橋市編)　1931.10 1枚 18cm

◇明石市勢一班 第12回 (昭和5年) (明石市編)　1931.11 10,164p 18cm

◇秋田市統計一班 昭和6年7月編纂 (秋田市編)　1931.11 10,182,16p 16cm

◇瓦斯事業要覧 昭和5年度 (帝国瓦斯協会編)　1931.11 34p 31cm

◇群馬県統計書 昭和4年 警察及衛生之部 (群馬県編)　1931.11 114p 26cm

◇神戸市学事提要 昭和6年度 (神戸市役所教育課編)　1931.11 6,103p 22cm

◇商工省統計表 昭和5年 (商工大臣官房統計課編)　東京統計協会　1931.11 13,221p 27cm

◇東京市職業紹介所求職事情調査［昭和5年］(東京市編)　1931.11 5,3,335p 27cm

◇東京府市町村勢要覧 (租税の部) 昭和5年度 (東京府知事官房調査課編)　1931.11 99p 23cm

◇道府県市町村歳入出予算概要 昭和6年度 (内務省地方局編)　1931.11 20p 26cm

◇名古屋市財政概要 昭和6年 (名古屋市庶務部編)　1931.11 149p 26cm

◇広島県統計書 昭和5年 第1編 其ノ1 (広島県編)　1931.11 89p 26cm

◇福井市勢一班［昭和6年刊］(福井市編)　1931.11 [19]p 11×19cm

◇横須賀市勢要覧 昭和6年版 (横須賀市編)　1931.11 1冊 12×19cm

◇秋田県勢要覧［昭和6年刊］(秋田県編)　1931.12 8,190p 18cm

◇尼崎市勢 第13回 昭和6年7月調査 (尼崎市編)　1931.12 6,171p 16cm

◇愛媛県統計書 (昭和5年) 第3編 (愛媛県編)　1931.12 103p 27cm

◇大分県勢要覧 昭和6年 (大分県知事官房編)　1931.12 1枚 18cm

◇大阪市統計書 第29回 昭和5年 (大阪市役所編)　1931.12 1冊 23cm

◇京都市学事要覧 昭和5年調査 (京都市教育部学務課編)　1931.12 2,119p 19cm

◇神戸市社会事業概況 昭和5年度 (神戸市役所社会課編)　1931.12 1冊 22cm

◇国勢調査報告 昭和5年 第4巻 府県編 千葉県 (内閣統計局編)　1931.12 19,153,16p 27cm

◇佐世保市統計書 昭和5年 (佐世保市役所編)　1931.12 6,257p 23cm

◇札幌商工会議所統計年報 第15回 (札幌商工会議所編)　1931.12 146p 27cm

◇師範学校ニ関スル調査 昭和6年4月現在 (文部省普通学務局編)　1931.12 125p 26cm

◇下関市統計年表 第9回 昭和5年 (下関市役所編)　1931.12 9,4,119p 23cm

◇上水道統計及報告 第20号 (上水協議会編)　1931.12 513p 22cm

◇全国高等女学校実科高等女学校ニ関スル諸調査 昭和5年度 (文部省普通学務局編)　1931.12 2,175p 27cm

◇全国公立私立実業学校ニ関スル諸調査 昭和3年10月1日現在 (文部省実業学務局編)　1931.12 6,312p 23cm

◇仙台市勢要覧 昭和6年版 (仙台市編)　1931.12 18p 13×19cm+図1枚

◇仙台市統計書 昭和5年(仙台市役所編) 1931.12 5,255p 22cm+図1枚

◇高松市勢要覧 昭和6年版(高松市編) 1931.12 117p 16cm

◇鉄道統計累年表(鉄道省経理局編) 1931.12 10,20,223p 31cm

◇東京市及近郊町村労働統計実地調査概要 第3回(昭和6年12月)(東京市統計課編) 1931.12 33p 23cm

◇東京市京橋区勢要覧 昭和5年度(東京市京橋区編) 1931.12 9,71p 19cm

◇[東京市]麹町区勢一班 昭和6年1月現在([東京市]麹町区編) 1931.12 3,76p 19cm

◇徳島市勢一覧 昭和6年版(徳島市編) 1931.12 42p 13×20cm

◇奈良市勢一覧 昭和6年度(奈良市編) 1931.12 46p 19cm

◇日本帝国統計年鑑 第50回(内閣統計局編) 1931.12 8,455p 27cm

◇日本労働年鑑 昭和6年版(大原社会問題研究所編) 同人社書店 1931.12 1冊 23cm

◇兵庫県統計書 昭和5年 下(兵庫県内務部統計課編) 1931.12 1冊 27cm

◇福島県勢要覧 昭和5年(福島県知事官房統計課編) 1931.12 1冊 15cm+図1枚

◇若松市勢要覧(福岡県) 昭和6年版(若松市(福岡県)編) 1931.12 52p 19cm

◇愛知県方面委員事業年報 昭和7年(愛知県社会課編) 1932 514p 23cm

◇上田市勢一覧 第13回(上田市編) 1932 17p 19cm

◇大分市勢一覧 昭和7年(大分市編) 1932 1枚 23cm

◇[大阪市]電気事業成績調書 第34回 昭和6年度(大阪市電気局編) 1932 113,110p 23cm

◇大阪府工業年報 昭和6年(大阪府内務部工務課編) 1932 238p 22cm

◇嘉義市勢一覧 昭和7年版(嘉義市編) 1932 1枚 15cm

◇京都市勢一班 昭和7年版(京都市編) 1932 1枚 22cm

◇[京都市]電気事業成績書 昭和6年度(京都市電気局編) 1932 112,73p 22cm

◇桐生市勢一班 昭和6年(桐生市編) 1932 14p 11×20cm+図1枚

◇桐生市勢一班 昭和7年(桐生市編) 1932 14p 11×20cm+図1枚

◇熊本市勢要覧［昭和7年］(熊本市編) 1932 1枚 21cm

◇熊本市電車事業報告書 第8回(熊本市電気局編) 1932 2,39p 23cm

◇倉敷市勢要覧 昭和6年度(倉敷市編) 1932 1枚 22cm

◇久留米市勢要覧 昭和7年(久留米市編) 1932 [23]p 13×20cm

◇[神戸市]電気事業報告書 昭和6年度(神戸市電気局編) 1932 106,160p 22cm

◇静岡県勢要覧 昭和6年(静岡県知事官房統計課編) 1932 1枚 21cm

◇島根県勢要覧 昭和7年刊行(島根県編) 1932 1枚 19cm

◇[新義州]府勢一班 昭和7年編纂(新義州府編) 1932 32p 20cm

◇新竹州統計一覧 昭和7年刊行(新竹州編) 1932 1枚 18cm

◇新竹市要覧 昭和7年版(新竹市編) 1932 1枚 22cm

◇清津府勢一班 昭和7年(清津府編) 1932 [32]p 10×19cm

◇全国私立中学校高等女学校実科高等女学校経費ニ関スル調査 昭和6年5月1日現在(文部省普通学務局編) 1932 69p 27cm

◇[仙台市]電気事業報告書 昭和6年度(仙台市電気水道事業部編) 1932 6,88p 22cm

◇[全羅南道]道勢一班 昭和7年編纂(全羅南道編) 1932 56p 19cm

◇大都市公企業統計年報 第1回(昭和4年度)(大都市調査統計協議会編) 1932 6,221p 26cm

◇大都市公企業統計年報 第2回(昭和5年度)(大都市調査統計協議会編) 1932 6,235p 26cm

◇忠清南道々勢一班 昭和7年(忠清南道編) 1932 8,93p 18cm

◇津市勢一班 昭和6年(津市編) 1932 1枚 18cm

◇電車乗客調査実績 昭和5年度(東京市電気局乗客課調査掛編) 1932 161p 31cm 東京市電乗客交通調査報告

◇東京市各経済決算報告書 昭和5年度(東京市編) 1932 1冊 27cm

◇東京市貨物集散調査書 昭和5年(東京市庶務課編) 1932 180p 23cm

◇東京市歳入出予算(特別経済) 昭和7年度(東京市編) 1932 2,244p 22cm

◇東京市歳入出予算(普通経済) 昭和7年度(東京市編) 1932 8,271p 22cm

◇東京市市域拡張ニ関スル財政調査(東京市編) 1932 1冊 38cm

◇東京市青果市場年報 昭和6年度(東京市中央卸売市場編) 1932 41,28p 26cm

◇東京市電気局事業大要 昭和7年9月(東京市電気局編) 1932 1枚 19cm

◇[東京市]電気事業成績調書 第21回 昭和6年度(東京市電気局編) 1932 312p 23cm

◇[東京市]予算概要 昭和7年度(東京市編) 1932 50p 26cm

◇東京府会決議録 昭和7年(東京府編) 1932 1冊 24cm 東京府歳入歳出予算

◇東京府歳入歳出決算書 昭和6年度(東京府編) 1932 1冊 29cm

◇図書館一覧 昭和6年4月1日現在(文部省社会教育局編) 1932 64p 26cm

◇名古屋港案内 昭和6年(愛知県名古屋港務所編) 1932 60p 23cm

◇[名古屋市]電気軌道営業統計報告 昭和6年度(名古屋市電気局編) 1932 66p 22cm

◇日本赤十字社事業年報 昭和6年度(日本赤十字社編) 1932 136p 19cm

◇浜松市勢一班 昭和7年調査(浜松市編) 1932 1枚 20cm

◇屏東街一覧 昭和7年(屏東街役場編) 1932 1枚 19cm

◇福岡市勢要覧 昭和6年末現在(福岡市編) 1932 1枚 18cm

◇平壌府勢一班 昭和7年発行([平壌府]編) 1932 1枚 20cm

◇松江市勢要覧 昭和7年(松江市編) 1932 1枚 19cm

◇室蘭市勢一覧 昭和6年(昭和7年版)(室蘭市編) 1932 1枚 20cm

◇傭員労働統計 雇傭員公傷統計年表 昭和6年度(東京市電気局編) 1932 29p 26×36cm

◇[横浜市]電気事業報告書 昭和6年度(横浜市電気局編) 1932 11p 23cm

◇若松市勢一班[福島県] 昭和6年(昭和7年刊)(若松市(福島県)編) 1932 1枚 16cm

◇和歌山市勢要覧 昭和7年刊(和歌山市編) 1932 42p 18cm

◇茨城県統計書 昭和5年 第4編 警察及衛生ノ部(茨城県編) 1932.1 1,2,113p 27cm

◇基隆市勢一覧［昭和7年刊］(基隆市編) 1932.1 1枚 16cm

◇警察統計報告 第7回 昭和7年1月刊行(内務省警保局編) 1932.1 2,167p 26cm

◇最近の和歌山県(和歌山県知事官房統計課編) 1932.1 4,122,14p 17cm

◇市街地信用組合概況 昭和5年度(大蔵省銀行局編) 1932.1 74p 26cm

◇島根県統計書 昭和4年 第1編(島根県編) 1932.1 2,4,141p 26cm

◇島根県統計書 昭和4年 第4編(島根県編) 1932.1 2,100p 25cm

◇台中市管内概況 昭和6年版(台中市編) 1932.1 150p 15cm

◇地方財政概要 昭和6年度(内務省地方局編) 1932.1 103p 27cm

◇東京市学事統計年報 第23回［昭和5年度］(東京市統計課編) 1932.1 5,179p 26cm

◇鳥取県勢要覧 昭和6年版(鳥取県知事官房編) 1932.1 5,96,24p 15cm

◇長崎県統計書 昭和5年 第2編 教育(長崎県編) 1932.1 103p 27cm

◇北海道概況 昭和7年(北海道庁編) 1932.1 14,321p 22cm+ 図1枚

◇宮崎県々勢要覧 昭和5年(宮崎県知事官房編) 1932.1 43,30,324p 17cm

◇茨城県統計書 昭和5年 第1編 土地戸口其他ノ部(茨城県編) 1932.2 1,4,198p 27cm

◇岡山市統計年報 昭和5年(岡山市編) 1932.2 7,239p 22cm

◇鹿児島市統計書 第20回 昭和5年(鹿児島市役所編) 1932.2 5,188p 23cm

◇小作年報 昭和5年(農林省農務局編) 1932.2 7,163p 22cm

◇産業組合概況 昭和5年度(農林省経済更生部編) 1932.2 1枚 27cm

◇昭和六年推計人口並昭和五年国勢調査人口 謄写版(東京市統計課編) 1932.2 12p 28cm 東京市の状況

◇昭和六年史(年史刊行会編) 1932.2 19,780p 23cm

◇千葉県統計書 昭和5年 第4編(千葉県編) 1932.2 165p 27cm

◇東京市内要救護者に関する調査 昭和6年11月調(東京市社会局編) 1932.2 3,20,147p 23cm

◇統計上ヨリ見タル埼玉県ニ於ケル市町村ノ地位 ［第2回］(埼玉県知事官房編) 1932.2 2,61,19p 13cm

◇富山県統計書 昭和5年(富山県編) 1932.2 1冊 26cm

◇［復興建築助成株式会社］営業報告書 第12期(昭和6年下半期)(復興建築助成株式会社編) 1932.2 14,45p 22cm

◇横浜市勢要覧 昭和6年(横浜市役所編) 1932.2 214p 16cm

◇旅順要覧 昭和6年(旅順民政署編) 興文会 1932.2 5,123,53p 16cm+ 図1枚

◇隣接五郡ニ於ケル産業ニ関スル調査(東京市臨時市域拡張部編) 1932.2 4,139p 27cm 市域拡張調査資料

◇愛知県統計書 昭和5年 第2編 教育(愛知県編) 1932.3 4,254p 27cm

◇［愛知県］労働統計実地調査結果の概要 第3回(昭和5年10月10日現在)(愛知県知事官房統計調査課編) 1932.3 115p 22cm

◇［大阪市立衛生試験所］事業成績概要 昭和6年(大阪市立衛生試験所編) 1932.3 4,244p 23cm

◇岡山県統計年報 昭和5年(岡山県編) 1932.3 2,10,736p 27cm

◇岡山市勢要覧 昭和5年分(昭和6年版)(岡山市編) 1932.3 28p 13×20cm

◇嘉義要覧 ［昭和7年刊］(嘉義市編) 1932.3 27p 18cm

◇鹿児島県勢要覧 昭和7年刊(鹿児島県知事官房編) 1932.3 1冊 18cm

◇鹿児島県統計書 昭和5年 第3編 農業・牧畜・林業・水産業・商業・工業・鉱業・銀行及金融(鹿児島県編) 1932.3 2,225p 27cm

◇火災消防統計書 第6回(内務省警保局編) 1932.3 33p 26cm

◇神奈川県勢概要 ［昭和7年刊］(神奈川県内務部統計調査課編) 1932.3 9,234p 17cm

◇神奈川県統計書 昭和5年(神奈川県編) 1932.3 7,730p 23cm

◇京都市統計書 第22回(昭和5年)(京都市編) 1932.3 1冊 27cm

◇［京都商工会議所］統計年報 昭和6年(京都商工会議所編) 1932.3 3,183p 27cm

◇京都府統計書 昭和5年 第1編(京都府内務部統計課編) 1932.3 138p 26cm

◇京都府統計書 昭和5年 第2編(京都府内務部統計課編) 1932.3 97p 26cm

◇京都府統計書 昭和5年 第3編(京都府内務部統計課編) 1932.3 158p 26cm

◇京都府統計書 昭和5年 第4編(京都府内務部統計課編) 1932.3 156p 26cm

◇京都府統計書 昭和5年 第5編(京都府内務部統計課編) 1932.3 89p 26cm

◇高知県統計書 昭和5年 第3編(高知県編) 1932.3 123p 27cm

◇国民保健に関する統計(内務省衛生局編) 1932.3 65p 22cm

◇佐世保市勢要覧 昭和7年刊行(佐世保市編) 1932.3 1枚 17cm

◇市域拡張ニ関スル市郡別統計資料集(東京市臨時市域拡張部編) 1932.3 4,92p 26cm 市域拡張調査資料

◇社会事業統計要覧 第10回(社会局社会部編) 1932.3 10,243p 22cm

◇昭和6年中の出産 謄写版(東京市統計課編) 1932.3 8p 26cm 東京市の状況

◇数字に表はれた十一年間の桐生市(桐生市編) 1932.3 76p 22cm

◇大日本帝国港湾統計 昭和5年(内務省土木局港湾課編) 1932.3 9,341p 27cm

◇千葉県統計書 昭和5年 第2編(千葉県編) 1932.3 4,180p 27cm

◇千葉市勢要覧 昭和7年刊行(千葉市編) 1932.3 3,45p 19cm

◇地方経営統計年報 昭和5年度(南満洲鉄道株式会社地方部庶務課編) 1932.3 454p 26cm

◇津山市勢要覧 昭和7年刊行(津山市編) 1932.3 8,106p 19cm

◇東京市魚市場年報 昭和6年(東京市編) 1932.3 3,137p 22cm

◇東京市及近郊町村労働統計実地調査 第3回(東京市編) 1932.3 1冊 23cm

◇東京市在職者生計調査(東京市統計課編) 1932.3 3,75p 22cm

◇東京市産業総覧 ［昭和7年刊］(東京市産業部勧業課編) 1932.3 5,232p 23cm

◇東京市産業統計年鑑 第3回(昭和5年)(東京市編) 1932.3 2,4,793p 23cm

◇東京市市勢統計原表：昭和5年10月1日現在 第1巻 世帯及人口篇 上(東京市編) 1932.3 1冊 26cm

◇東京市市勢統計原表：昭和5年10月1日現在 第2巻 世帯及人口篇 下(東京市編) 1932.3 1冊 26cm

◇東京市市勢統計原表：昭和5年10月1日現在 第3巻 年令及配偶篇 上(東京市編) 1932.3 17,213p 26cm

◇東京市市勢統計原表：昭和5年10月1日現在 第4巻 年令及配偶篇 下(東京市編) 1932.3 12,619p 26cm

◇東京市市勢統計原表：昭和5年10月1日現在 第5巻 産業及職業篇 上(東京市編) 1932.3 4,26,675p 27cm

◇東京市市勢統計原表：昭和5年10月1日現在 第6巻 産業及職業編 下(東京市編) 1932.3 3,48,547p 26cm

◇東京市死亡並死産調査 ［昭和4年］(東京市社会局編) 1932.3 10,107p 27cm

◇東京市社会局年報 第11回 昭和5年度(東京市社会局編) 1932.3 3,162p 22cm

◇東京市職業紹介成績年報 昭和7年3月(東京市社会局編) 1932.3 6,82p 23cm

◇東京市統計年表 第28回(東京市役所編) 1932.3 1225p 23cm

◇東京市不良住宅地区図集(東京市[社会局]編) 1932.3 1冊 26cm

◇東京市不良住宅地区調査(東京市社会局編) 1932.3 14,46p 27cm

◇東京市要保護寡婦世帯調査 昭和6年12月10日現在(東京市社会局編) 1932.3 3,375p 27cm

◇東京市要保護世帯概要調査(東京市社会局編) 1932.3 2,7,111p 27cm

◇東京市要保護世帯生計調査 昭和6年3月1日現在(東京市社会局編)

1932.3 3,24,205p 27cm

◇統計上より観たる鳥取県の地位 昭和7年3月刊行(鳥取県編)
1932.3 6,145p 15cm

◇富山県勢要覧 [昭和7年刊](富山県編) 1932.3 [36]p 10×19cm

◇富山市統計書 昭和5年(富山市役所編) 1932.3 12,229p 19cm

◇長崎県統計書 昭和5年 第1編 土地戸口其他(長崎県編) 1932.3 133p 27cm

◇長崎県統計書 昭和5年 第3編 産業(長崎県編) 1932.3 378p 27cm

◇名古屋市勢一覧 昭和7年3月刊行(名古屋市編) 1932.3 1枚 17cm

◇名古屋市統計書 第32回(昭和5年)(名古屋市編) 1932.3 1冊 23cm

◇日本帝国文部省年報 第56 昭和3年度 下巻(文部省編) 1932.3 398,63p 26cm

◇日本統計学会年報 第1年(日本統計学会編) 1932.3 58,20,14p 24cm

◇[兵庫県]商工ニ関スル統計(兵庫県内務部商工課編) 1932.3 3, 66p 23cm

◇兵庫県統計書 昭和5年 上(兵庫県内務部統計課編) 1932.3 1冊 27cm

◇広島県町村資力調査 昭和5年分(広島県知事官房編) 1932.3 81p 26cm

◇広島県統計書 昭和5年 第3編(広島県編) 1932.3 341p 26cm

◇福井県統計書 昭和5年 第1編 土地及戸口等(福井県編) 1932.3 85p 27cm

◇福井県統計書 昭和5年 第2編 学事(福井県編) 1932.3 2,100p 27cm

◇福井県統計書 昭和5年 第3編 産業(福井県編) 1932.3 2,147p 27cm

◇福井県統計書 昭和5年 第4編 警察衛生等(福井県編) 1932.3 2, 58p 27cm

◇福島県統計書 第48回 上編(福島県知事官房編) 1932.3 1,6,422p 26cm

◇北海道移住者戸口表 昭和7年1月調(北海道拓殖部殖民課編) 1932.3 49p 22cm

◇山形市統計一斑 昭和6年版(山形市役所編) 1932.3 7,179,16p 17cm

◇労働統計実地調査報告 昭和2年 第1巻 記述の部(内閣統計局編) 1932.3 111p 26cm

◇五ヶ年間火災統計表 自昭和元年至昭和5年(商工省保険部編) 1932.3 77,53p 27cm

◇大垣市統計一覧表 昭和6年版(大垣市編) 1932.4 6,147p 18cm

◇大阪市教育要覧 昭和6年度(大阪市教育部編) 1932.4 6,123p 22cm

◇大阪市労働年報 昭和5年(大阪市社会部労働課編) 1932.4 4,199p 23cm 社会部報告

◇甲府商工会議所統計年報 第22回(昭和5年)(甲府商工会議所編) 1932.4 88,24p 22cm

◇国勢調査要報 昭和5年(樺太庁長官官房臨時国勢調査部編) 1932. 4 14,88p 27cm

◇酒田町現勢一覧 昭和7年4月刊行(酒田町編) 1932.4 1枚 18cm

◇大東京年誌 昭和47年(社会教育研究所編) 1932.4 [1513]p 23cm

◇台南州要覧 [昭和7年刊](台南州編) 1932.4 4,132p 18cm

◇高田市勢要覧 昭和7年版(高田市編) 1932.4 [20]p 13×20cm+図1枚

◇地方財政概要 昭和6年度(内務省地方局編) 1932.4 103p 26cm 全国都市問題会議会報

◇東京市社会事業要覧 昭和7年3月(東京市社会局編) 1932.4 4,264p 22cm

◇東洋経済経済年鑑 第16回(昭和7年度)(東洋経済新報社編) 1932.4 316p 26cm

◇徳島県統計書 昭和5年 第4編(徳島県編) 1932.4 2,105p 26cm

◇長野県勢要覧 昭和7年(長野県知事官房編) 1932.4 2,32,48p 17cm

◇日本橋区勢要覧 第5回 昭和7年(東京市日本橋区役所編) 1932.4 297p 19cm

◇広島市勢一般 第16回(昭和7年)(広島市編) 1932.4 61p 19cm+図1枚

◇府県税及北海道地方税課率対照表 昭和7年度 昭和6年度(内務省地方局編) 1932.4 3p 27cm

◇横浜港湾統計年報 第3回(昭和6年)(横浜市土木局編) 1932.4 248p 27cm

◇労働統計概説 第10回(昭和6年)(日本銀行調査局編) 1932.4 2, 74,14p 23cm

◇朝日経済年史 昭和7年版(朝日新聞社経済部編) 1932.5 413p 23cm

◇呉市勢一斑 昭和6年(呉市編) 1932.5 108p 19cm

◇消防年報 昭和6年(警視庁消防部消防課編) 1932.5 70p 26cm

◇大東京推計人口(昭和5年国勢調査) 謄写版(東京市統計課編) 1932.5 [18]p 26cm 東京市の状況

◇東京府統計書 昭和5年(東京府編) 1932.5 1127p 26cm

◇道府県営業税一覧 昭和7年度(内務省地方局編) 1932.5 5p 27cm

◇道府県歳入出予算 昭和7年度(内務省地方局編) 1932.5 15p 27cm

◇道府県雑種税一覧 昭和7年度(内務省地方局編) 1932.5 9p 27cm

◇徳島県統計書 昭和5年 第2編(徳島県編) 1932.5 3,158p 26cm

◇名古屋市衛生施設概要 昭和7年(名古屋市保健部編) 1932.5 4, 123p 22cm

◇名古屋商工会議所統計年報 昭和6年(名古屋商工会議所編) 1932. 5 4,387p 26cm

◇年金恩給業務状況 昭和7年2月調(通信省貯金局編) 1932.5 74p 22cm

◇広島市統計年表 第26回 昭和5年(広島市役所編) 1932.5 9,275p 23cm

◇宮城県統計書 昭和5年 第4編 警察(宮城県編) 1932.5 2,72p 27cm

◇山口市勢要覧 昭和7年版(山口市編) 1932.5 51p 19cm

◇横浜市社会事業一覧 昭和7年(横浜市社会課編) 1932.5 1枚 20cm

◇労働統計実地調査 第3回 記述篇(神戸市役所編) 1932.5 4,234p 26cm

◇[咸興]府勢一斑 昭和7年5月編纂(咸興府編) 1932.6 2,41,14p 19cm

◇群馬県統計書 昭和5年 勧業之部(群馬県編) 1932.6 3,225p 27cm

◇元山府勢一斑 昭和7年(元山府編) 1932.6 24p 12×19cm

◇神戸市衛生統計書 昭和5年(神戸市役所衛生課編) 1932.6 5,193p 22cm

◇神戸市市勢調査結果表 上巻 昭和5年10月1日現在(神戸市編) 1932.6 2,18,241p 27cm

◇埼玉県統計書 昭和5年(埼玉県知事官房編) 1932.6 7,671p 26cm

◇酒田経済統計 [昭和7年刊](酒田商工会議所編) 1932.6 1枚 18cm

◇上水道統計及報告 第21号(水道協会編) 1932.6 282p 22cm

◇仁川府々勢一斑 昭和7年6月編纂(仁川府編) 1932.6 1枚 21cm

◇[鎮南浦]府勢一斑 昭和7年(鎮南浦府編) 1932.6 30p 13×19cm

◇東京商工会議所統計年報 昭和6年(東京商工会議所編) 1932.6 6, 272p 27cm

◇統計上より見たる岩手県の地位 昭和7年版(岩手県知事官房編) 1932.6 177,103p 17cm

◇戸畑市勢要覧 [昭和7年](戸畑市編) 1932.6 10,82p 19cm

◇広島県統計書 昭和5年 第4編(広島県編) 1932.6 2,158p 26cm

◇別府市勢要覧 昭和7年(別府市編) 1932.6 67p 19cm

◇水戸市要覧 [昭和7年](水戸市編) 1932.6 6,223p 17cm

◇旭川市勢要覧 昭和7年7月(旭川市編) 1932.7 37p 18cm

◇足利市勢要覧 昭和7年版(足利市編) 1932.7 [13]p 11×21cm+図1枚

◇宇都宮市勢一覧 昭和7年調(昭和5年)(宇都宮市編) 1932.7 1枚 19cm

◇帯広町勢 昭和7年度版(帯広町編) 1932.7 74p 18cm

◇群馬県統計書 昭和5年 学事之部(群馬県編) 1932.7 2,149p 27cm

◇群馬県統計書 昭和5年 人口及雑之部(群馬県編) 1932.7 90p 26cm

◇甲府市統計書 第26回 昭和5年(甲府市役所編) 1932.7 8,145p 22cm

◇神戸市社会事業概況 昭和7年度(神戸市役所社会課編) 1932.7 1冊 22cm

◇実行予算ノ要領 昭和7年度(日本銀行調査局編) 1932.7 2,54p 23cm

◇台湾地方財政概要 昭和6年度(台湾総督府内務局編) 1932.7 133p 27cm

◇地方教育財政一斑 昭和7年刊(文部省普通学務局編) 1932.7 29,3p 26cm

◇東京府財政概要 昭和7年度(東京府編) 1932.7 2,82p 23cm

◇栃木県統計書 昭和5年 第1編 土地 気象 戸口 兵事 社寺 社会 褒賞 土木 交通 通信 貯蓄 財政 議会 官公吏(栃木県編) 1932.7 3,122,17p 26cm

◇中津市勢要覧 昭和6年12月末現在(中津市編) 1932.7 50p 18cm

◇日本社会衛生年鑑 昭和7年版(倉敷労働科学研究所編) 1932.7 6,266p 27cm

◇沼津市勢一斑 昭和7年(沼津市編) 1932.7 [18]p 11×20cm

◇前橋市統計書 第25回 昭和5年(前橋市役所編) 1932.7 4,160p 23cm

◇木浦府勢一斑 昭和7年度(木浦府編) 1932.7 5,82p 19cm

◇青森商工会議所統計年報 昭和6年(青森商工会議所編) 1932.8 4,102p 27cm

◇大阪港勢年報 昭和6年(大阪市港湾部編) 1932.8 2,47p 22cm

◇樺太要覧 昭和7年(樺太庁編) 1932.8 14,342p 19cm+図1枚

◇管内電気事業要覧 第9回 昭和6年(札幌通信局電気課編) 1932.8 123p 22cm

◇岐阜市勢要覧 第14回(昭和7年)(岐阜市編) 1932.8 4,132p 19cm

◇京都市財政要覧 昭和7年度刊(京都市役所財務部理財課編) 1932.8 261p 22cm

◇釧路市勢一斑 昭和7年(釧路市編) 1932.8 132p 13cm

◇釧路市勢要覧:市制施行10周年記念(釧路市編) 1932.8 130p 19cm

◇群馬県統計書 昭和5年 財政之部(群馬県編) 1932.8 82p 27cm

◇山林要覧 第4次(農林省山林局編) 1932.8 115p 16cm

◇昭和6年中の死亡統計(東京市統計課編) 1932.8 16p 26cm 東京市の状況

◇高岡市勢要覧 昭和7年刊行(高岡市編) 1932.8 [24]p 12×19cm

◇高岡市統計書 昭和7年刊行(高岡市役所編) 1932.8 9,153p 19cm+図1枚

◇高雄州要覧 昭和6年(高雄州編) 1932.8 116p 16cm

◇朝鮮地方財政要覧 昭和6年度(朝鮮総督府内務局編) 1932.8 2,4,208p 26cm

◇統計上より見たる静岡県の地位 昭和5年(静岡県知事官房統計課編) 1932.8 172,138p 16cm

◇日本経済年誌 昭和6年(全国経済調査機関聯合会編) 先進社 1932.8 4,34,720p 23cm

◇[浜松商工会議所]統計年報 第29回(浜松商工会議所編) 1932.8 88p 21cm

◇福島市勢一班 第20回(昭和7年刊行)(福島市編) 1932.8 7,161,18p 15cm

◇[復興建築助成株式会社]営業報告書(復興建築助成株式会社編) 1932.8 13p 22cm 第13期(昭和7年上半期)

◇山形県統計書 昭和6年 第2編 農業(山形県知事官房統計課編) 1932.8 7,145p 27cm

◇朝日年鑑 昭和8年(朝日新聞社編) 1932.9 16,799p 20cm

◇尼崎市勢要覧 第14回 昭和7年7月調査(尼崎市編) 1932.9 6,180p 16cm+図2枚

◇宇治山田市勢要覧 昭和7年(宇治山田市編) 1932.9 105p 19cm

◇岡崎市勢要覧 昭和7年発行(岡崎市編) 1932.9 [26]p 12×19cm

◇沖縄県統計書 昭和5年 第1編 内務(沖縄県編) 1932.9 2,158p 27cm

◇黄海道勢一斑 昭和7年(黄海道編) 1932.9 125,19p 18cm

◇工場衛生調査 第3編 工場食ト栄養 其ノ1(大阪府警察部工場課編) 1932.9 80,27p 26cm

◇工場衛生調査 第3編 工場食ト栄養 其ノ2(大阪府警察部工場課編) 1932.9 193p 26cm

◇小倉市勢要覧 昭和7年(小倉市編) 1932.9 9,70p 18cm

◇小作年報 昭和6年(農林省農務局編) 1932.9 7,205p 22cm

◇札幌商工会議所統計年報 第16回(札幌商工会議所編) 1932.9 146p 22cm

◇下関市統計表 第10回 昭和6年(下関市役所編) 1932.9 9,4,123p 23cm

◇瀬戸市勢要覧 昭和7年9月刊行(瀬戸市編) 1932.9 1枚 19cm

◇大東京の人口 謄写版(東京市統計課編) 1932.9 7p 26cm 東京市の状況

◇第六十三回(臨時)帝国議会の協賛を経たる時局匡救予算並実行予算の要領 昭和7年度(日本銀行調査局編) 1932.9 2,52p 23cm

◇朝鮮警察概要 昭和7年(朝鮮総督府警務局編) 1932.9 14,120p 23cm

◇鶴岡市統計一班 昭和7年刊行(鶴岡市編) 1932.9 4,76p 19cm

◇徳島県統計書 昭和5年 第3編(徳島県編) 1932.9 3,230p 26cm

◇姫路市統計書 昭和6年(姫路市役所編) 1932.9 12,192p 19cm

◇[福島商工会議所]統計年報 昭和6年(福島商工会議所編) 1932.9 123p 27cm

◇前橋市勢要覧 昭和7年版(前橋市編) 1932.9 1冊 11×20cm

◇丸亀市勢一覧 昭和7年(丸亀市編) 1932.9 1冊 11×19cm

◇融和事業年鑑 昭和7年版(中央融和事業協会編) 1932.9 5,4,480p 22cm

◇労働統計要覧 昭和7年版(内閣統計局編) 東京統計協会 1932.9 6,342p 22cm

◇茨城県人口統計 昭和6年(茨城県知事官房統計課編) 1932.10 1,1,38p 27cm

◇愛媛県統計書 (昭和5年)第2編(愛媛県編) 1932.10 106p 27cm

◇大阪市財政要覧 第15輯 昭和7年度(大阪市役所庶務部編) 1932.10 299p 22cm

◇鹿児島市勢要覧 昭和6年(鹿児島市編) 1932.10 [16]p 12×20cm+図1枚

775

◇川越市勢要覧 昭和7年版（川越市編） 1932.10 86p 18cm

◇岐阜県勢要覧 昭和6年（岐阜県編） 1932.10 1枚 20cm

◇京畿道々勢一班 昭和7年（京畿道編） 1932.10 [25]p 13×21cm

◇警視庁統計書 第41回 昭和6年（警視総監官房文書課編） 1932.10 6,543p 27cm

◇江原道道勢要覧 ［昭和7年刊］（江原道編） 1932.10 110p 18cm

◇高知県統計書 昭和6年 第2編（高知県編） 1932.10 194p 27cm

◇高知市勢要覧 昭和6年（高知市編） 1932.10 1枚 20cm

◇最近の和歌山県 昭和8年版（和歌山県知事官房統計課編） 1932.10 4,132,14p 17cm

◇時事年鑑 昭和8年（時事新報社編） 1932.10 762p 26cm

◇静岡市勢要覧 昭和7年刊（静岡市編） 1932.10 [30]p 12×19cm

◇静岡市統計書 第33回 昭和6年（静岡市役所編） 1932.10 177p 15cm

◇全国公私立中学校ニ関ス ル諸調査 昭和6年10月1日現在（文部省普通学務局編） 1932.10 18,90p 26cm

◇大東京新編入区域世帯及人口（新町丁別）昭和5年10月1日現在（東京市統計課編） 1932.10 28p 26cm

◇大日本帝国内務省統計報告 第44回 昭和7年刊行（内務大臣官房文書課編） 1932.10 4,578p 27cm

◇高崎市勢要覧 昭和7年度（高崎市編） 1932.10 14,122p 19cm

◇千葉県統計書 昭和6年 第3編（千葉県編） 1932.10 2,153p 27cm

◇朝鮮に於ける失業調査 昭和7年6月末調（朝鮮総督府学務局社会課編） 1932.10 33p 23cm

◇東京市勢提要 第19回 昭和5年（東京市統計課編） 1932.10 8,225p 15cm

◇奈良県統計書 昭和5年（奈良県編） 1932.10 9,849p 27cm

◇八戸市勢要覧 昭和7年版（八戸市役所編） 1932.10 11,156p 19cm

◇弘前市勢一覧 昭和7年（弘前市編） 1932.10 [20]p 13×20cm

◇松本市勢要覧 昭和7年版（松本市編） 1932.10 4,116p 19cm

◇山梨県勢一班 昭和6年（山梨県知事官房統計課編） 1932.10 [30]p 10×20cm

◇横浜市統計書 第25回 昭和5年（横浜市編） 1932.10 1冊 23cm

◇横浜商工会議所年報 第20回（1923-1930）（横浜商工会議所編） 1932.10 4,358p 26cm

◇四日市市勢要覧 昭和7年版（四日市市編） 1932.10 118p 19cm

◇米沢市勢要覧 昭和7年版（米沢市編） 1932.10 97p 17cm

◇明石市勢一班 第13回（昭和6年）（明石市編） 1932.11 6,160p 18cm

◇飯塚市勢要覧 昭和7年版（飯塚市編） 1932.11 4,90p 19cm

◇岩手県勢要覧 昭和7年版（岩手県知事官房編） 1932.11 6,92,100p 16cm

◇［岡崎商工会議所］統計年報 昭和6年 岡崎商工会議所報告 昭和10年号外（岡崎商工会議所編） 1932.11 5,186p 22cm

◇小樽市統計書 第27回 昭和6年（小樽市役所編） 1932.11 12,293p 27cm

◇瓦斯事業要覧 昭和6年度（帝国瓦斯協会編） 1932.11 36p 31cm

◇金沢市市勢調査 昭和5年10月1日現在（金沢市編） 1932.11 2,7,253p 26cm

◇咸鏡南道勢一班 昭和6年（咸鏡南道編） 1932.11 74p 16cm

◇高知県統計書 昭和6年 第1編（高知県編） 1932.11 167p 27cm

◇神戸市学事提要 昭和7年度（神戸市役所教育課編） 1932.11 6,99,22p

◇神戸市社会事業概況 昭和6年度（神戸市役所社会課編） 1932.11 1冊 22cm

◇神戸市電気事業要覧 第13回（昭和6年度）（神戸市電気局編） 1932.11 73p 26cm

◇産業の横浜 昭和7年版（横浜市勧業課編） 1932.11 1枚 21cm

◇島根県市町村別統計書 第4回（島根県編） 1932.11 265p 25cm

◇商工省統計表 昭和6年（商工大臣官房統計課編） 東京統計協会 1932.11 13,225p 26cm

◇製鉄業参考資料 昭和7年6月調査（商工省鉱山局編） 日本鉄鋼協会 1932.11 2,119p 26cm

◇東京府五郡に於ける家屋賃貸事情調査：附 地代及空家の調査（東京府学務部社会課編） 1932.11 6,151p 26cm 社会調査資料

◇徳島県統計書 昭和5年 第1編（徳島県編） 1932.11 4,285p 26cm

◇鳥取県統計書 昭和6年 第3編（鳥取県編） 1932.11 3,166p 26cm

◇長野市勢要覧 昭和7年（長野市編） 1932.11 125p 19cm

◇名古屋市東区便覧 ［昭和7年刊］（名古屋市東区町総代会編） 名古屋市東区 1932.11 176p 22cm

◇屏東要覧 ［昭和7年刊］（屏東街役場編） 1932.11 3,39p 16cm+図1枚

◇福井市勢一斑 ［昭和7年刊］（福井市編） 1932.11 [20]p 11×20cm

◇門司市勢要覧 昭和7年度刊行（門司市編） 1932.11 8,104,10p 18cm

◇山口県統計書 昭和6年 第4編（山口県知事官房編） 1932.11 103p 26cm

◇和歌山市勧業統計要覧 昭和7年版（和歌山市編） 1932.11 5,114p 17cm

◇旭川商工会議所統計年報 昭和6年（旭川商工会議所編） 1932.12 131,3p 27cm

◇石川県勢 昭和7年刊行（石川県編） 1932.12 243p 17cm

◇茨城県統計書 昭和6年 第3編 産業ノ部（茨城県編） 1932.12 3,235p 27cm

◇愛媛県統計書 （昭和6年）第3編（愛媛県編） 1932.12 103p 27cm

◇［大分県］人口統計 昭和6年（大分県知事官房編） 1932.12 54p 23cm

◇大分県統計書 昭和6年 第4編（大分県編） 1932.12 81p 27cm

◇大阪市北区区勢一覧 昭和7年（大阪市北区編） 1932.12 1枚 15cm

◇大阪市統計書 第30回 昭和6年（大阪市役所編） 1932.12 1冊 23cm

◇神戸市市勢調査結果表 下巻 昭和5年10月1日現在（神戸市編） 1932.12 1冊 27cm

◇佐賀県統計書 昭和6年 第1編（佐賀県編） 1932.12 157p 26cm

◇佐賀県統計書 昭和6年 第3編（佐賀県編） 1932.12 253p 26cm

◇佐世保市勢要覧 昭和6年（佐世保市編） 1932.12 97p 16cm

◇市町村別人口動態統計 昭和5年（内閣統計局編） 1932.12 287p 27cm

◇島根県統計書 昭和5年 第1編（島根県編） 1932.12 2,4,141p 26cm

◇清水市勢要覧 昭和7年（清水市編） 1932.12 24p 10×20cm

◇新興都市清水市の産業 昭和7年（清水市編） 1932.12 3,63,12p 19cm

◇全国高等女学校実科高等女学校ニ関スル諸調査 昭和6年度（文部省普通学務局編） 1932.12 2,177p 27cm

◇高松市勢要覧 昭和7年版（高松市編） 1932.12 148p 15cm

◇千葉県統計書 昭和6年 第1編（千葉県編） 1932.12 200p 27cm

◇地方財政概要 昭和7年度（台北州編） 1932.12 2,39p 26cm

◇大邱府勢一斑 昭和7年（大邱府編） 1932.12 6,101p 18cm

◇東京市京橋区勢要覧 昭和7年（東京市京橋区編） 1932.12 9,69p 19cm

◇東京市下水道事業年報 第12回（昭和6年度）（東京市編） 1932.12

1冊 22cm
◇東京市社会局年報 第12回 昭和6年度(東京市社会局編) 1932.12 2,138p 22cm
◇東京市職業紹介所紹介事情調査 (昭和6年)(東京市社会局編) 1932.12 5,3,306p 26cm
◇東京市養育院年報 第60回(昭和6年度)(東京市養育院編) 1932.12 2,183p 22cm
◇徳島市勢一覧 [昭和7年刊](徳島市編) 1932.12 46p 13×19cm
◇鳥取県統計書 昭和6年 第4編(鳥取県編) 1932.12 2,88p 27cm
◇長崎県勢要覧 昭和6年(長崎県知事官房統計課編) 1932.12 5,92,33p 13cm
◇長崎県現勢一覧 昭和7年版(長崎県編) 1932.12 26p 13×19cm
◇長野県統計書 昭和6年 第4編(長野県編) 1932.12 147p 27cm
◇名古屋市財政概要 昭和7年(名古屋市庶務部編) 1932.12 201p 23cm
◇奈良市勢一覧 昭和7年度(奈良市編) 1932.12 44p 19cm
◇西宮市勢要覧 昭和7年度版(西宮市編) 1932.12 6,67p 19cm+図1枚
◇日本帝国統計年鑑 第51回(内閣統計局編) 1932.12 8,455p 27cm
◇日本都市年鑑 2(昭和8年用)(東京市政調査会編) 1932.12 8,14,1025p 22cm
◇日本労働年鑑 昭和7年版(大原社会問題研究所編) 同人社 1932.12 1冊 22cm
◇函館商工会議所年報 昭和6年(函館商工会議所編) 1932.12 1冊 27cm
◇兵庫県統計書 昭和6年 上巻(兵庫県内務部統計課編) 1932.12 1冊 27cm
◇兵庫県統計書 昭和6年 下巻(兵庫県内務部統計課編) 1932.12 1冊 27cm
◇福井市統計一斑 昭和7年刊行(福井市編) 1932.12 10,195p 17cm
◇福島県勢要覧 昭和6年(福島県知事官房統計課編) 1932.12 1枚 15cm+図1枚
◇福島県統計書 昭和6年 警察(福島県警察部編) 1932.12 4,1,142p 26cm
◇福島県統計書 第48回 下編(福島県知事官房編) 1932.12 1,6,501p 26cm
◇三重県統計書 昭和6年 第2編(三重県編) 1932.12 2,341p 26cm
◇宮崎県統計書 昭和6年(宮崎県編) 1932.12 8,657p 27cm
◇山口県統計書 昭和6年 第1編(山口県知事官房編) 1932.12 138p 26cm
◇山口県統計書 昭和6年 第3編(山口県知事官房編) 1932.12 196p 27cm
◇横須賀市勢要覧 昭和7年版(横須賀市編) 1932.12 26p 13×19cm
◇米子市勢要覧 昭和7年版(米子市編) 1932.12 1冊 11×19cm
◇若松市勢要覧[福岡県] 昭和7年版(若松市(福岡県)編) 1932.12 72p 19cm
◇愛知県方面委員事業年報 昭和8年(愛知県社会課編) 1933 496p 23cm
◇上田市勢一覧 第14回(上田市編) 1933 21p 19cm
◇愛媛県勢一覧 昭和8年(愛媛県知事官房編) 1933 1枚 20cm
◇[大阪市]電気事業成績調書 第35回 昭和7年度(大阪市電気局編) 1933 120,110p 23cm
◇小笠原島勢要覧 昭和7年([東京府]小笠原島支庁編) 1933 1枚 18cm
◇嘉義市勢一覧 昭和8年版(嘉義市編) 1933 1枚 15cm
◇金沢市勢概観 [昭和8年](金沢商工会議所編) 1933 1枚 18cm
◇川口市勢要覧 昭和8年版 市制施行記念(川口市編) 1933 1枚 20cm
◇基隆市勢一覧 昭和7年(基隆市編) 1933 1枚 21cm
◇基隆市勢一覧 昭和8年(基隆市編) 1933 1枚 21cm
◇京都市勢一斑 昭和8年版(京都市編) 1933 1枚 22cm
◇桐生市勢一覧 昭和8年(桐生市編) 1933 12p 11×20cm
◇熊本市勢要覧 [昭和8年](熊本市編) 1933 1枚 21cm
◇倉敷市勢要覧 昭和7年版(倉敷市編) 1933 1枚 22cm
◇久留米市勢要覧 昭和8年(久留米市編) 1933 [23]p 13×21cm
◇京畿道々勢一斑 昭和8年(京畿道編) 1933 [26]p 12×20cm
◇警視庁防疫年鑑 昭和7年(警視庁衛生部編) 1933 9,167p 22cm
◇甲府市勢一斑 昭和7年(甲府市編) 1933 1枚 19cm
◇[神戸市]電気事業報告書 昭和7年度(神戸市電気局編) 1933 109,170p 22cm
◇静岡県勢要覧 昭和7年(静岡県知事官房統計課編) 1933 1枚 22cm
◇島根県勢要覧 昭和8年刊行(島根県編) 1933 1枚 19cm
◇清津府勢一斑 昭和8年(清津府編) 1933 [32]p 10×19cm+図1枚
◇世田谷区勢一斑 昭和8年([東京市]世田谷区編) 1933 1枚 19cm
◇[全羅南道]道勢一斑 昭和8年編纂(全羅南道編) 1933 57p 20cm
◇台中市要覧 昭和7年末版(台中市編) 1933 1枚 18cm
◇大都市公企業統計年報 第3回(昭和6年度)(大都市調査統計協議会編) 1933 6,291p 26cm
◇忠清南道道勢一斑 昭和8年(忠清南道編) 1933 8,93p 18cm
◇[忠清北道]道勢一斑 昭和8年(忠清北道編) 1933 1枚 19cm
◇銚子市勢一覧 昭和8年(銚子市編) 1933 1枚 22cm
◇鎮南浦府勢一斑 昭和8年(鎮南浦府編) 1933 46p 13×18cm+図1枚
◇電気軌道事業成績調書 第6回(昭和7年度)(札幌市電気局編) 1933 39p 23cm
◇電車自動車乗客調査実績 昭和6年度 乗客交通調査報告(東京市電気局乗客課調査掛編) 1933 112,43p 31cm
◇東京市荏原区勢要覧 昭和8年4月1日調([東京市]荏原区編) 1933 1枚 18cm
◇東京市大森区々勢一覧表 昭和7年12月末現在([東京市]大森区編) 1933 1枚 18cm
◇東京市各経済決算報告書 昭和6年度(東京市編) 1933 1冊 27cm
◇東京市歳入出予算(特別経済) 昭和8年度(東京市編) 1933 2,256p 22cm
◇東京市歳入出予算(普通経済) 昭和8年度(東京市編) 1933 10,318p 22cm
◇東京市青果市場年報 昭和7年度(東京市中央卸売市場編) 1933 43,32p 26cm
◇東京市電気局事業大要 昭和8年9月(東京市電気局編) 1933 1枚 20cm
◇[東京市]電気事業成績調査 第22回 昭和7年度(東京市電気局編) 1933 296p 23cm
◇[東京市]予算概要 昭和8年度(東京市編) 1933 50p 26cm
◇東京府会決議録 昭和8年(東京府編) 1933 1冊 24cm 東京府歳入歳出予算
◇東京府歳入歳出決算書 昭和7年度(東京府編) 1933 1冊 29cm
◇豊島区勢要覧 昭和8年10月([東京市]豊島区編) 1933 1枚 18cm
◇図書館一覧 昭和7年4月1日現在(文部省社会教育局編) 1933 65p 26cm
◇豊原町勢一覧 昭和7年(豊原町編) 1933 1枚 17cm
◇[名古屋市]電気軌道営業統計報告書 昭和7年度(名古屋市電気局

◇編） 1933 70p 22cm
◇日本赤十字社事業年報 昭和7年度（日本赤十字社編） 1933 142p 19cm
◇直方市勢要覧 昭和7年版（[直方市]編） 1933 [16]p 12×19cm
◇平安南道要覧 昭和8年（[平安南道]編） 1933 10,129p 18cm
◇平壌府勢一班 [昭和8年]（[平壌府]編） 1933 6,63p 18cm+図1枚
◇松江市勢要覧 昭和8年（松江市編） 1933 1枚 19cm
◇松山市勢要覧 昭和8年版（松山市編） 1933 1枚 19cm
◇満洲国及中華民国在留本邦人及外国人人口統計表 第25回 昭和7年12月末日現在（外務省亜細亜局編） 1933 4,177p 26cm
◇室蘭市勢一覧 昭和7年（昭和8年版）（室蘭市編） 1933 1枚 20cm
◇傭員労働統計 雇傭員公傷統計年表 昭和7年度（東京市電気局編） 1933 28p 26×36cm
◇労働統計実地調査概観 第4回（昭和8年）（埼玉県編） 1933 8p 19cm
◇青森県勢要覧 昭和8年刊（青森県統計課編） 1933.1 7,182p 16cm
◇青森市統計書 昭和6年（青森市役所編） 1933.1 8,290p 22cm
◇大分県勢要覧 昭和8年1月刊行（大分県知事官房編） 1933.1 1枚 18cm
◇産業組合年鑑 昭和8年（産業組合中央会編） 1933.1 4,410,74p 22cm
◇市街地信用組合概況 昭和6年度（大蔵省銀行局編） 1933.1 74p 26cm
◇東京府会社要覧 昭和6年（東京府知事官房調査課編） 1933.1 136p 27cm
◇統計上ヨリ見タル埼玉県ニ於ケル市町村ノ地位 第3回（埼玉県知事官房） 1933.1 2,57,20p 13cm
◇栃木県勢要覧：附 汽車電車時刻表 昭和8年2月刊行（栃木県知事官房統計課編） 1933.1 4,83,55p 17cm
◇栃木県治要覧 昭和8年1月刊行（栃木県編） 1933.1 4,72,28p 23cm
◇長崎県統計書 昭和6年 第4編 警察衛生行刑（長崎県編） 1933.1 150p 27cm
◇日本帝国文部省年報 第56 昭和3年度 上巻（文部省編） 1933.1 538p 26cm
◇物価二十年（東洋経済新報社編） 1933.1 101p 26cm 東洋経済新報
◇北海道概況 昭和8年（北海道庁編） 1933.1 15,360p 22cm+ 図1枚
◇山梨県統計書 昭和6年 第2編 勧業（山梨県編） 1933.1 187p 24cm
◇秋田県勢要覧 [昭和8年刊]（秋田県編） 1933.2 9,211p 18cm
◇井泉村勢概要（協調会農村課編） 1933.2 5,178p 22cm
◇茨城県統計書 昭和6年 第2編 学事ノ部（茨城県編） 1933.2 1,2,177p 27cm
◇大分県統計書 昭和6年 第3編（大分県編） 1933.2 256p 27cm
◇警察統計書 昭和6年（関東庁警務局編） 1933.2 4,131p 26cm
◇警察統計報告 第8回 昭和8年1月刊行（内務省警保局編） 1933.2 2,169p 27cm
◇国勢調査報告 昭和5年 第4巻 府県編 東京府（内閣統計局編） 1933.2 42,413,16p 27cm
◇堺市勢要覧 昭和7年版（堺市編） 1933.2 9,112,4p 19cm
◇佐賀県統計書 昭和6年 第2編（佐賀県編） 1933.2 148p 26cm
◇佐賀県統計書 昭和6年 第4編（佐賀県編） 1933.2 84p 26cm
◇静岡県統計書 昭和6年 第3編 勧業（静岡県編） 1933.2 6,635p 26cm
◇重要農産物ノ市価（東京ニ於ケル）指数比較表 [明治34年-昭和7年]（農林省農務局編） 1933.2 1枚 20cm

◇昭和七年史（年史刊行会編） 1933.2 18,777p 23cm
◇仙台市勢要覧 昭和7年版（仙台市編） 1933.2 16p 13×20cm+図1枚
◇仙台市統計書 昭和6年（仙台市役所編） 1933.2 5,260p 22cm+図1枚
◇台北市統計書 昭和6年（台北市役所編） 1933.2 9,199p 26cm+図1枚
◇千葉県勢要覧 昭和8年刊行（千葉県知事官房統計課編） 1933.2 2,109p 14cm+図1枚
◇地方財政概要 昭和7年度（内務省地方局編） 1933.2 103p 27cm 全国都市問題会議会報
◇東京市場ニ於ケル農産物卸売価格表 [明治33年-昭和7年]（農林省農務局編） 1933.2 1枚 23cm
◇東京府工場要覧 昭和6年（東京府知事官房調査課編） 1933.2 1冊 26cm
◇東京府統計書 昭和6年（東京府編） 1933.2 1125p 26cm
◇統計より見たる山梨県の市町村（山梨県知事官房統計課編） 1933.2 31p 22cm
◇富山県統計書 昭和6年 第1編 土地戸口其他（富山県編） 1933.2 254p 27cm
◇富山県統計書 昭和6年 第2編 産業（富山県編） 1933.2 1,218p 27cm
◇富山県統計書 昭和6年 第3編 学事（富山県編） 1933.2 161p 27cm
◇富山県統計書 昭和6年 第4編 警察（富山県編） 1933.2 190p 27cm
◇長野県統計書 昭和6年 第7編（長野県編） 1933.2 75p 27cm
◇広島県統計書 昭和6年 第1編 其ノ1（広島県編） 1933.2 111p 26cm
◇[復興建築助成株式会社]営業報告書 第14期（昭和7年下半期）（復興建築助成株式会社編） 1933.2 12p 22cm
◇山口県統計書 昭和6年 第2編（山口県知事官房編） 1933.2 4,135p 27cm
◇山梨県統計書 昭和6年 第3編 教育（山梨県編） 1933.2 124p 27cm
◇横須賀商工会議所統計年表 昭和6年（横須賀商工会議所編） 1933.2 77p 27cm
◇労働者の家計調査 自昭和6年9月1日至昭和7年8月末日（大阪市社会部労働課編） 1933.2 43,5p 19×27cm 社会部報告
◇[愛知県]市町村統計一覧表 昭和7年（愛知県統計調査課編） 1933.3 61p 22cm
◇愛知県統計書 昭和6年 第1編 土地、戸口、其他（愛知県編） 1933.3 8,344p 27cm
◇愛知県統計書 昭和6年 第2編 教育（愛知県編） 1933.3 4,264p 27cm
◇愛知県統計書 昭和6年 第3編 産業（愛知県編） 1933.3 4,531p 27cm
◇愛知県統計書 昭和6年 第4編 警察、衛生、行刑、健康保険（愛知県編） 1933.3 5,200p 27cm
◇秋田県統計書 第48回（昭和5年）第1編 土地、戸口及其他（秋田県編） 1933.3 1,2,107p 27cm
◇秋田県統計書 第48回（昭和5年度）第3編 学事（秋田県編） 1933.3 2,84p 27cm
◇秋田県統計書 第49回（昭和6年）第2編 勧業（秋田県編） 1933.3 1冊 27cm
◇秋田県統計書 第49回（昭和6年）第4編 警察（秋田県編） 1933.3 36p 27cm
◇茨城県統計書 昭和6年 第1編 土地戸口其他ノ部（茨城県編） 1933.3 1,4,199p 27cm
◇牛込区勢一班 第5回（東京市牛込区役所編） 1933.3 195p 19cm
◇大分県統計書 昭和6年 第1編（大分県編） 1933.3 235,24p 27cm

- ◇大分県統計書 昭和6年 第2編(大分県編) 1933.3 104,11p 27cm
- ◇大阪市学事統計 昭和7年版(大阪市役所教育部編) 1933.3 230p 22cm
- ◇大阪市住宅年報 昭和7年版(大阪市社会部労働課編) 1933.3 105p 23cm 社会部報告
- ◇大阪市勢要覧 昭和8年版(大阪市役所産業部調査課編) 1933.3 78, 36p 13cm
- ◇[大阪市立衛生試験所]事業成績概要 昭和7年(大阪市立衛生試験所編) 1933.3 4,170p 23cm
- ◇大阪市労働年報 昭和6年(大阪市社会部労働課編) 1933.3 4,196p 22cm 社会部報告
- ◇大阪府工業年報 昭和7年(大阪府内務部工務課編) 1933.3 661p 22cm
- ◇大阪府統計書 昭和6年(大阪府編) 1933.3 856p 27cm
- ◇岡山県統計年報 昭和6年(岡山県編) 1933.3 2,10,750p 26cm
- ◇岡山市勢要覧 昭和6年分(昭和7年度)(岡山市編) 1933.3 3,67p 13×20cm
- ◇岡山市統計年報 昭和6年(岡山市役所編) 1933.3 7,249p 23cm
- ◇[岡山商工会議所]統計年報 昭和6年(岡山商工会議所編) 1933.3 7,247p 22cm
- ◇香川県統計書 昭和6年 第1編(香川県編) 1933.3 86p 27cm
- ◇香川県統計書 昭和6年 第2編(香川県編) 1933.3 121p 27cm
- ◇香川県統計書 昭和6年 第3編(香川県編) 1933.3 221p 27cm
- ◇香川県統計書 昭和6年 第4編(香川県編) 1933.3 29p 27cm
- ◇香川県統計書 昭和6年 第5編(香川県編) 1933.3 66p 27cm
- ◇家計調査報告 自大正15年9月至昭和2年8月 第1巻 記述の部(内閣統計局編) 東京統計協会 1933.3 246p 27cm
- ◇鹿児島市統計書 第21回 昭和6年(鹿児島市役所編) 1933.3 5, 192p 22cm
- ◇神奈川県勢概要 [昭和8年刊](神奈川県内務部統計調査課編) 1933.3 9,230p 17cm
- ◇神奈川県統計書 昭和6年(神奈川県編) 1933.3 7,822p 23cm
- ◇金沢市勢一覧(金沢市編) 1933.3 7,144p 18cm+図1枚
- ◇京都市統計書 第23回(昭和6年)(京都市編) 1933.3 7,15,426p 27cm
- ◇京都府統計書 昭和6年 第1編 土地、人口、社会事業他(京都府編) 1933.3 134p 26cm
- ◇京都府統計書 昭和6年 第2編 学事(京都府編) 1933.3 97p 26cm
- ◇京都府統計書 昭和6年 第3編 産業(京都府編) 1933.3 158p 26cm
- ◇京都府統計書 昭和6年 第4編 警察、裁判及行刑、衛生(京都府編) 1933.3 148p 26cm
- ◇京都府統計書 昭和6年 第5編 市町村別主要統計(京都府編) 1933.3 89p 26cm
- ◇熊本県勢要覧 昭和6年(熊本県知事官房編) 1933.3 8,114,15p 16cm
- ◇熊本市統計書 第32回 昭和8年3月刊行(熊本市役所編) 1933.3 6, 4,321p 26cm
- ◇高知県統計書 昭和6年 第4編(高知県編) 1933.3 122p 27cm
- ◇公立私立実業学校経費ニ関スル調査 昭和7年度(文部省実業学務局編) 1933.3 45p 27cm
- ◇小作問題に関する重要統計 謄写版(協調会農村課編) 1933.3 [50]p 28cm 農村問題資料
- ◇最近の山形県勢 昭和8年3月刊行(山形県知事官房統計課編) 1933.3 15,195,64p 17cm
- ◇[埼玉県]市町村統計摘要 昭和6年(埼玉県知事官房編) 1933.3 35p 22cm
- ◇埼玉県統計書 昭和6年(埼玉県編) 1933.3 7,671p 27cm
- ◇産業組合概況 昭和6年度(農林省経済更生部編) 1933.3 1枚 27cm
- ◇滋賀県統計全書 昭和6年(滋賀県編) 1933.3 10,874,5p 22cm
- ◇失業者生活状態調査 昭和8年(横浜市社会課編) 1933.3 74p 22cm
- ◇社会事業統計要覧 第11回(社会局社会部編) 1933.3 10,244p 22cm
- ◇職業紹介年報 昭和6年(中央職業紹介事務局編) 1933.3 5,174, 13p 27cm
- ◇大日本帝国港湾統計 昭和6年(内務省土木局港湾課編) 1933.3 9, 343p 26cm
- ◇地方経営統計年報 昭和6年度(南満洲鉄道株式会社地方部庶務課編) 1933.3 447p 26cm
- ◇賃銀統計表 昭和6年及昭和7年(商工大臣官房統計課編) 1933.3 85p 26cm
- ◇東京市魚市場年報 昭和7年(東京市編) 1933.3 3,150p 22cm
- ◇東京市学事統計年報 第24回[昭和6年度](東京市統計課編) 1933.3 5,172p 27cm
- ◇東京市貨物集散調査書 昭和6年(東京市産業部勧業課編) 1933.3 209p 23cm
- ◇東京市工場要覧 昭和8年版(東京市産業部勧業課編) 1933.3 613p 19cm
- ◇東京市産業統計年鑑 第4回(昭和8年版)(東京市編) 1933.3 2,4, 719p 23cm
- ◇東京市市勢統計原表:昭和5年10月1日現在 新市部篇(東京市編) 1933.3 1冊 27cm
- ◇東京市失業者生活状態調査(東京市社会局編) 1933.3 1冊 27cm
- ◇東京市商業調査書 昭和8年(東京市産業部勧業課編) 1933.3 1381p 26cm
- ◇東京市職業紹介成績年報 昭和8年3月(東京市社会局編) 1933.3 6, 164p 22cm
- ◇東京市統計年表 第29回 昭和6年(東京市役所編) 1933.3 1155p 23cm
- ◇[東京市]埠頭年報 昭和7年(東京市編) 1933.3 57p 26cm
- ◇東京市要保護者調査 昭和7年10月10日-昭和8年2月10日(東京市社会局編) 1933.3 21,242p 27cm
- ◇統計上ヨリ観タル千葉県ノ地位 [昭和8年刊](千葉県知事官房統計課編) 1933.3 2,102p 19cm
- ◇統計より見たる広島県の地位 昭和8年版(広島県知事官房統計課編) 1933.3 15,179,15p 15cm
- ◇徳島県勢要覧 昭和8年3月刊行(徳島県編) 1933.3 4,133p 19cm
- ◇鳥取県統計書 昭和6年 第1編(鳥取県編) 1933.3 3,199p 26cm
- ◇鳥取県統計書 昭和6年 第2編(鳥取県編) 1933.3 2,96p 27cm
- ◇内職に関する調査:昭和7年4月1日ヨリ6月30日間調査(東京市社会局) 1933.3 115p 22cm
- ◇長崎県統計書 昭和6年 第1編 土地戸口其他(長崎県編) 1933.3 135p 27cm
- ◇長崎県統計書 昭和6年 第2編 教育(長崎県編) 1933.3 105p 27cm
- ◇長崎県統計書 昭和6年 第3編 産業(長崎県編) 1933.3 378p 27cm
- ◇名古屋港貿易年報 昭和7年分(愛知県名古屋港務所編) 1933.3 29p 22cm
- ◇名古屋市勧業要覧 第17回 昭和6年(名古屋市産業部勧業課編) 1933.3 1冊 19cm
- ◇名古屋市統計書 第33回(昭和6年)(名古屋市編) 1933.3 1冊 23cm
- ◇広島県統計書 昭和6年度 第2編(広島県編) 1933.3 302p 27cm
- ◇福井県統計書 昭和6年 第1編 土地及戸口等(福井県編) 1933.3 83p 27cm

- ◇福井県統計書 昭和6年 第2編 学事(福井県編) 1933.3 2,102p 27cm
- ◇福井県統計書 昭和6年 第3編 産業(福井県編) 1933.3 2,150p 27cm
- ◇福井県統計書 昭和6年 第4編 警察衛生等(福井県編) 1933.3 2,57p 27cm
- ◇福岡県勢要覧 昭和6年(福岡県知事官房統計課編) 1933.3 1枚 19cm
- ◇福岡県統計書 昭和6年 第1編(福岡県編) 1933.3 349p 27cm
- ◇福岡県統計書 昭和6年 第2編(福岡県編) 1933.3 284p 27cm
- ◇福岡県統計書 昭和6年 第3編(福岡県編) 1933.3 353p 27cm
- ◇福島県統計書 第49回 上編(福島県知事官房) 1933.3 1,6,418p 26cm
- ◇物価統計表 昭和6年及昭和7年(商工大臣官房統計課編) 1933.3 205p 26cm
- ◇北海道庁統計書 第43回(昭和6年)第2巻 勧業之部(北海道編) 1933.3 9,449p 27cm
- ◇北海道道勢一班 昭和6年(北海道庁編) 1933.3 10,278p 15cm
- ◇三重県勢要覧 昭和6年(三重県知事官房統計課編) 1933.3 142p 13cm
- ◇宮城県統計書 昭和6年 第1編 土地、人口、財政、其他(宮城県知事官房統計課編) 1933.3 10,149p 27cm
- ◇宮崎市勢一覧 昭和8年版(宮崎市編) 1933.3 1冊 13×19cm
- ◇室蘭商工会議所統計年報 第6号 昭和6年(室蘭商工会議所編) 1933.3 61p 27cm
- ◇山形県統計書 昭和6年 第2編 水産業、林業、鉱業、工業、商業、産業諸団体(山形県知事官房統計課編) 1933.3 9,173p 27cm
- ◇山梨県統計書 昭和6年 第4編 財政其他(山梨県編) 1933.3 143p 27cm
- ◇横浜市勢要覧 昭和7年(横浜市役所編) 1933.3 222p 16cm
- ◇横浜市中央卸売市場年報 昭和7年(横浜市中央卸売市場編) 1933.3 148p 23cm
- ◇大垣市統計一覧表 昭和7年版(大垣市編) 1933.4 6,160p 18cm
- ◇大阪市工場一覧 昭和8年版(大阪市産業部調査課編) 1933.4 144p 23cm
- ◇救療事業調 昭和6年9月1日現在(内務省衛生局編) 1933.4 151p 26cm
- ◇高知県統計書 昭和6年 第3編(高知県編) 1933.4 73p 27cm
- ◇甲府商工会議所統計年報 第23回(昭和6年)(甲府商工会議所編) 1933.4 88,25p 22cm
- ◇産業組合概況 第29次(産業組合中央会編) 1933.4 44p 26cm
- ◇少額生活者に関する調査(京都府学務部社会課編) 1933.4 32,686p 26cm 社会調査
- ◇[東京市]麻布区勢一斑 昭和8年([東京市]麻布区編) 1933.4 10,121p 16cm
- ◇統計に現れたる福岡県の地位(福岡県知事官房統計課編) 1933.4 6,172,137p 15cm
- ◇東洋経済経済年鑑 第17回(昭和8年度)(東洋経済新報社編) 1933.4 336p 26cm
- ◇名古屋市西区要覧 昭和8年刊(名古屋市西区役所編) 1933.4 160p 23cm
- ◇年金恩給業務状況 昭和8年3月調(通信省貯金局編) 1933.4 75p 22cm
- ◇延岡市勢要覧 昭和8年版 市制施行記念(延岡市編) 1933.4 11p 13×19cm
- ◇平塚市勢要覧 昭和8年版(平塚市編) 1933.4 [22]p 13×20cm
- ◇[福井県]市町村勢の概要 昭和8年刊(福井県知事官房編) 1933.4 30p 27cm

- ◇宮城県統計書 昭和6年 第2編 産業(宮城県知事官房統計課編) 1933.4 8,310p 27cm
- ◇宮城県統計書 昭和6年 第3編 教育(宮城県知事官房統計課編) 1933.4 2,117p 27cm
- ◇要保護者に関する調査:東京府一市(八王子市)三郡社会調査(東京府学務部社会課編) 1933.4 3,18,190p 26cm 社会調査資料
- ◇横浜港湾統計年報 第4回(昭和7年)(横浜市土木局編) 1933.4 210p 27cm
- ◇労働統計概説 第11回(昭和7年)(日本銀行調査局編) 1933.4 2,79,14p 23cm
- ◇[秋田商工会議所]統計年鑑 昭和6年(秋田商工会議所編) 1933.5 2,90,10p 22cm
- ◇石巻市勢要覧 [昭和8年刊](石巻市編) 1933.5 24p 18cm
- ◇愛媛県勢要覧 昭和8年(愛媛県知事官房統計課編) 1933.5 6,81,55p 19cm
- ◇沖縄県統計書 昭和5年 第2編 学事(沖縄県編) 1933.5 18,77p 26cm
- ◇沖縄県統計書 昭和6年 第4編 警察及衛生之部(沖縄県編) 1933.5 64p 26cm
- ◇[京都商工会議所]統計年報 昭和7年(京都商工会議所編) 1933.5 4,171p 27cm
- ◇神戸市勢要覧 第15回(神戸市編) 1933.5 1冊 14cm
- ◇国勢調査報告 昭和5年 第4巻 府県編 大阪府(内閣統計局編) 1933.5 38,421,16p 27cm
- ◇札幌市勢一覧 昭和8年版(札幌市編) 1933.5 47p 19cm
- ◇渋谷区勢要覧 [昭和8年刊]([東京市]渋谷区編) 1933.5 50p 15cm
- ◇生産統計ヨリ観タル本県市町村ノ地位(沖縄県編) 1933.5 1枚 20cm
- ◇大東京昼間人口調査速報 謄写版(東京市統計課編) 1933.5 [34]p 26cm 東京市の状況
- ◇第六十四回帝国議会の協賛を経たる予算の要領 昭和8年度(日本銀行調査局編) 1933.5 3,75p 23cm
- ◇道府県営業税一覧 昭和8年度(内務省地方局編) 1933.5 5p 27cm
- ◇道府県歳入歳出予算 昭和8年度(内務省地方局編) 1933.5 15p 27cm
- ◇道府県雑種税一覧 昭和8年度(内務省地方局編) 1933.5 9p 27cm
- ◇奈良県統計書 昭和6年(奈良県編) 1933.5 9,709p 27cm
- ◇日本統計学会年報 第2年(日本統計学会編) 1933.5 110p 24cm
- ◇府県税及北海道地方税課率対照表 昭和8年度 昭和7年度(内務省地方局編) 1933.5 3p 27cm
- ◇満洲産業統計 昭和6年(満鉄経済調査会編) 1933.5 194p 26cm
- ◇盛岡市統計一斑 昭和6年(盛岡市編) 1933.5 11,169p 17cm
- ◇山口市勢要覧 昭和8年版(山口市編) 1933.5 62p 19cm
- ◇横浜港概覧 [昭和8年刊](横浜税関編) 1933.5 136p 19cm
- ◇朝日経済年史 昭和8年版(朝日新聞社経済部編) 1933.6 381p 23cm
- ◇大阪市失業者生活状態調査(大阪市社会部労働課編) 1933.6 337p 27cm 社会部報告
- ◇大阪市設社会事業要覧 昭和8年刊(大阪市社会部労働課編) 1933.6 66p 22cm
- ◇沖縄県勢要覧 昭和6年(沖縄県知事官房編) 1933.6 1冊 19cm
- ◇嘉義要覧 [昭和8年刊](嘉義市編) 1933.6 28p 18cm
- ◇家計簿より観たる労働者の消費量(大阪市社会部労働課編) 1933.6 18p 19×27cm 社会部報告
- ◇樺太庁累年統計表 明治40年乃至昭和6年(樺太庁編) 1933.6 1冊 27cm

◇国勢調査記述編 大正9年(内閣統計局編) 1933.6 196,177p 26cm
◇最近の大泊 [昭和8年刊](大泊町編) 1933.6 1枚 20cm
◇佐賀市統計年報 昭和8年(佐賀市役所編) 1933.6 7,135p 19cm
◇新義州府勢一斑 昭和8年編纂(新義州府編) 1933.6 32p 18cm+図1枚
◇仙台市政一斑 昭和8年度(仙台市編) 1933.6 10p 13×20cm
◇高田市勢要覧 昭和8年版(高田市編) 1933.6 [20]p 13×21cm
◇東京市勢提要 第20回 昭和6年(東京市統計課編) 1933.6 9,245p 15cm
◇[東京市]世帯及人口(公簿調査) 謄写版(東京市統計課編) 1933.6 [11]p 26cm 東京市の状況
◇東京商工会議所統計年報 昭和7年(東京商工会議所編) 1933.6 6,274p 27cm
◇[名古屋市]南区要覧 [昭和8年刊](名古屋市南区編) 1933.6 124p 23cm
◇[日本]社会事業年鑑 昭和8年版(中央社会事業協会編) 1933.6 8,356,250p 22cm
◇本邦生産数量指数総覧 自1894年至1931年(名古屋高等商業学校産業調査室編) 1933.6 32,46p 22cm 調査報告
◇青森市勢一覧表 昭和8年(青森市編) 1933.7 1枚 19cm
◇足利市勢要覧 昭和8年版(足利市編) 1933.7 [14]p 11×19cm
◇大阪社会事業年報 昭和7年(大阪社会事業聯盟編) 1933.7 18,308p 22cm
◇帯広市勢要覧 昭和8年版(帯広市編) 1933.7 77p 18cm
◇群馬県勢要覧 昭和8年版(群馬県知事官房編) 1933.7 1枚 19cm
◇群馬県統計書 昭和6年 勧業之部(群馬県編) 1933.7 3,189p 27cm
◇群馬県統計書 昭和6年 学事之部(群馬県編) 1933.7 145p 27cm
◇群馬県統計書 昭和6年 警察及衛生之部(群馬県編) 1933.7 102p 27cm
◇京城府勢一斑 昭和8年度(京城府編) 1933.7 2,4,34p 10×19cm
◇元山府勢一斑 昭和8年(元山府編) 1933.7 24p 13×19cm
◇国勢調査報告 昭和5年 第4巻 府県編 愛知県(内閣統計局編) 1933.7 33,287,16p 26cm
◇昭和7年中の出産及死亡統計 謄写版(東京市監査局統計課編) 1933.7 14p 26cm 東京市の状況
◇スポーツ統計(拳闘観衆篇) 謄写版(東京市統計課編) 1933.7 [19]p 26cm 東京市状況
◇高雄市勢要覧 [昭和8年刊](高雄市編) 1933.7 4,70p 16cm
◇高雄州要覧 昭和7年(高雄州編) 1933.7 118p 16cm
◇敦賀商工会議所統計年報 第26回 昭和7年(敦賀商工会議所編) 1933.7 4,94p 22cm
◇東京市内各区町丁名別世帯人口 昭和7年12月末日現在(東京市監査局統計課編) 1933.7 2,4,59p 22cm
◇東京府財政概要 昭和8年度(東京府編) 1933.7 2,74p 23cm
◇栃木県統計書 昭和6年 第1編 土地 気象 戸口 兵事 社寺 社会 褒賞 土木 交通 通信 貯蓄 財政 議会 官公吏(栃木県編) 1933.7 3,124,17p 26cm
◇鳥取県統計書 昭和7年 第4編(鳥取県編) 1933.7 2,90p 27cm
◇名古屋商工会議所統計年報 昭和7年(名古屋商工会議所編) 1933.7 4,407p 26cm
◇日本社会事業年鑑 昭和8年版(倉敷労働科学研究所編) 1933.7 6,284p 27cm
◇沼津市勢一斑 昭和8年(沼津市編) 1933.7 [18]p 11×20cm
◇[浜松商工会議所]統計年報 第30回(浜松商工会議所編) 1933.7 83p 21cm

◇宮城県統計書 昭和6年 第4篇 警察(宮城県警察部編) 1933.7 2,77p 27cm
◇旭川市勢要覧 昭和8年版(旭川市編) 1933.8 80p 19cm
◇愛媛県統計書 (昭和6年度)第2編(愛媛県編) 1933.8 108p 27cm
◇小樽市統計書 第28回 昭和7年(小樽市役所編) 1933.8 12,293p 22cm
◇小樽商工会議所統計年報 第36回(昭和7年)(小樽商工会議所編) 1933.8 194p 27cm
◇[金沢商工会議所]統計年報 昭和7年(金沢商工会議所編) 1933.8 162p 26cm
◇樺太要覧 昭和8年(樺太庁編) 1933.8 15,346p 19cm+図1枚
◇咸興府勢一斑 昭和8年7月編纂(咸興府編) 1933.8 4,49,13p 19cm
◇釧路市勢一斑 昭和8年(釧路府編) 1933.8 130p 13cm
◇群馬県統計書 昭和6年 人口及雑之部(群馬県編) 1933.8 84p 27cm
◇検査報告 昭和6年度(会計検査院長官房調査科編) 1933.8 1冊 21cm
◇検査報告集 第5輯(自大正15昭和元年度至昭和5年度)(会計検査院長官房調査科編) 1933.8 1冊 21cm
◇神戸市統計書 第21回(神戸市編) 1933.8 1冊 23cm
◇国勢調査報告 昭和5年 第4巻 府県編 兵庫県(内閣統計局編) 1933.8 32,330,16p 26cm
◇[滋賀県]市町村統計要覧 [昭和8年刊](滋賀県編) 1933.8 47p 22cm
◇島根県統計書 昭和6年 第1編(島根県編) 1933.8 2,4,139p 26cm
◇仁川府勢一斑 昭和8年6月編纂(仁川府編) 1933.8 6,136p 18cm
◇製鉄業参考資料 昭和8年6月調査(商工省鉱業局編) 日本鉄鋼協会 1933.8 2,125p 26cm
◇全国公立中学校高等女学校経費ニ関スル調査 昭和7年5月1日現在(文部省普通学務局編) 1933.8 175p 26cm
◇高岡市勢要覧 昭和8年刊行(高岡市編) 1933.8 [24]p 13×20cm
◇高岡市統計書 昭和8年刊行(高岡市役所編) 1933.8 9,153p 19cm
◇奈良県勢要覧 昭和8年刊行(奈良県編) 1933.8 1枚 18cm
◇浜松市勢一斑 昭和8年調査(浜松市編) 1933.8 1枚 19cm
◇[福島商工会議所]統計年報 昭和7年(福島商工会議所編) 1933.8 133p 27cm
◇[復興建築助成株式会社]営業報告書 第15期(昭和8年上半期)(復興建築助成株式会社編) 1933.8 12p 23cm
◇木浦府勢一斑 昭和8年(木浦府編) 1933.8 9,130p 18cm+図1枚
◇融和事業年鑑 昭和8年版(中央融和事業協会編) 1933.8 6,6,591p 22cm
◇青森商工会議所統計年報 昭和7年(青森商工会議所編) 1933.9 3,103p 27cm
◇朝日年鑑 昭和9年(朝日新聞社編) 1933.9 799p 20cm
◇石川県統計書 昭和7年 第5編 警察・衛生及刑務(石川県編) 1933.9 2,82p 27cm
◇一宮市勢要覧 昭和8年版(一宮市編) 1933.9 4,106,52p 19cm
◇大阪港勢年報 昭和7年(大阪市港湾部編) 1933.9 2,51p 22cm
◇家計調査報告 自昭和6年9月至昭和7年8月(内閣統計局編) 1933.9 3,146p 27cm
◇熊谷市勢一覧 昭和8年刊(熊谷市編) 1933.9 1枚 16cm
◇江原道勢一斑 昭和8年(江原道編) 1933.9 103,12p 17cm
◇神戸市衛生施設要覧 第1回 昭和6年(神戸市役所衛生課編) 1933.9 4,188p 23cm
◇国勢調査報告 昭和5年 第4巻 府県編 京都府(内閣統計局編) 1933.9 32,246,16p 26cm

統計書・年鑑

◇台湾地方財政概要 昭和7年度(台湾総督府内務局編) 1933.9 135p 27cm

◇田辺町勢概要 [昭和8年刊](田辺町編) 1933.9 40p 19cm

◇地方教育財政一斑 昭和8年刊(文部省普通学務局編) 1933.9 28,4p 26cm

◇朝鮮地方財政要覧 昭和7年度(朝鮮総督府内務局編) 1933.9 2,4,214p 26cm

◇鶴岡市統計一斑 昭和8年刊行(鶴岡市編) 1933.9 84p 19cm

◇東京市蒲田区勢要覧 [昭和8年刊]([東京市]蒲田区編) 1933.9 9,95p 15cm

◇東京市市勢統計原表:昭和5年10月1日現在 新市部篇続(東京市編) 1933.9 1冊 27cm

◇[東京市]芝区勢一斑 [昭和8年刊]([東京市]芝区編) 1933.9 51p 15cm

◇東京市昼間移動人口(東京市監査局統計課編) 1933.9 34,173p 27cm 昭和5年国勢調査

◇[奈良県]市町村財政概要 [昭和8年刊](奈良県地方課編) 1933.9 26p 23cm 市町村財務研究資料

◇八戸市勢要覧 昭和8年版(八戸市役所編) 1933.9 10,125p 19cm

◇弘前市勢一覧 昭和8年(弘前市編) 1933.9 [24]p 13×20cm

◇広島県統計書 昭和6年 第1編 其ノ2(広島県編) 1933.9 243p 27cm

◇福島市勢一覧 昭和8年(福島市編) 1933.9 1枚 17cm

◇松本市統計概要 昭和7年度(松本商工会議所) 1933.9 84p 22cm

◇丸亀市勢一覧 昭和8年(丸亀市編) 1933.9 1冊 11×19cm

◇都城市勢要覧 昭和7年(都城市編) 1933.9 10p 12×18cm

◇淀橋区勢概要 昭和8年8月([東京市]淀橋区編) 1933.9 3,47p 18cm

◇板橋区勢要覧 [昭和8年刊]([東京市]板橋区編) 1933.10 83p 18cm

◇宇治山田市勢要覧 昭和8年(宇治山田市編) 1933.10 90p 19cm

◇[岡崎商工会議所]統計年報 昭和7年(岡崎商工会議所編) 1933.10 5,97p 23cm

◇尾道市勢要覧 昭和8年(尾道市編) 1933.10 5,74,8p 19cm

◇開城府勢一斑 昭和8年(開城府編) 1933.10 6,67p 18cm+図1枚

◇鹿児島市勢要覧 昭和7年(鹿児島市編) 1933.10 [15]p 12×20cm+図1枚

◇咸鏡南道勢一斑 昭和8年(咸鏡南道編) 1933.10 77p 15cm

◇咸鏡北道道勢一斑 昭和8年(咸鏡北道編) 1933.10 29p 11×20cm

◇管内電気事業要覧 第10回(札幌逓信局電気課編) 1933.10 128p 27cm

◇群馬県統計書 昭和6年 財政之部(群馬県編) 1933.10 82p 27cm

◇高知市勢要覧 昭和8年版(高知市編) 1933.10 72p 19cm

◇甲府市統計書 第27回 昭和6年(甲府市役所編) 1933.10 8,137p 22cm

◇小倉市勢要覧 昭和8年(小倉市編) 1933.10 9,70p 20cm

◇佐賀市勢要覧 昭和8年版(佐賀市編) 1933.10 [25]p 13×20cm

◇時事年鑑 昭和9年(時事新報社編) 1933.10 748p 26cm

◇静岡市勢要覧 昭和8年刊行(静岡市編) 1933.10 [30]p 12×19cm+図1枚

◇大東京年鑑 昭和9年版(中村舜二編) 大東京社 1933.10 2,663p 19cm

◇[東京市]赤坂区勢一覧 昭和7年(東京市赤坂区編) 1933.10 8,99p 15cm

◇東京市足立区勢要覧 [昭和8年刊]([東京市]足立区編) 1933.10 2,47p 15cm

◇東京市社会局年報 第13回 昭和7年度(東京市社会局編) 1933.10 2,166p 22cm

◇東京市昭和8年推計人口 謄写版(東京市監査局統計課編) 1933.10 [11]p 26cm 東京市の状況

◇東京府市町村勢要覧 [昭和8年](東京府知事官房調査課編) 1933.10 153p 23cm

◇鳥取県統計書 昭和7年 第3編(鳥取県編) 1933.10 3,166p 27cm

◇新潟商工会議所統計年報 昭和7年度(新潟商工会議所編) 1933.10 120p 27cm

◇日本都市年鑑 3(昭和9年用)(東京市政調査会編) 1933.10 19,509p 22cm

◇博多商工会議所統計年報 昭和8年(博多商工会議所編) 1933.10 128p 26cm

◇姫路市統計書 昭和7年(姫路市役所編) 1933.10 14,206p 19cm

◇広島県概況 昭和8年版(広島県編) 1933.10 304,93p 19cm

◇福井市勢一斑 [昭和8年刊](福井市編) 1933.10 [20]p 11×20cm

◇福島県統計書 第49回 下編(福島県知事官房編) 1933.10 1,6,499p 26cm

◇物価賃銀調査年報 昭和7年(関東長官官房調査課編) 1933.10 160p 26cm

◇不良住宅地区改良後に於ける地区内居住者生計調査報告書 昭和8年(同潤会編) 1933.10 244p 27cm

◇不良住宅地区改良後に於ける地区内居住者生計調査報告書 昭和8年[復刻版](同潤会編) 1933.10 18,145,244p 27cm

◇松阪市勢要覧 昭和8年版(松阪市編) 1933.10 36p 11×20cm

◇松本市勢要覧 昭和8年版(松本市編) 1933.10 8,80p 19cm

◇横浜市社会事業概要 昭和8年版(横浜市社会課編) 1933.10 104p 23cm

◇横浜市統計書 第26回 昭和6年(横浜市編) 1933.10 1冊 23cm

◇四日市市市勢要覧 昭和8年版(四日市編) 1933.10 1枚 20cm

◇米沢市勢要覧 昭和8年版(米沢市編) 1933.10 97p 17cm

◇労働統計要覧 昭和8年版(内閣統計局編) 東京統計協会 1933.10 6,289p 22cm

◇明石市勢一斑 第14回(昭和7年)(明石市編) 1933.11 6,160p 17cm

◇尼崎市勢要覧 第15回(昭和8年版)(尼崎市編) 1933.11 8,216p 16cm

◇岩手県勢要覧 昭和8年版(岩手県知事官房編) 1933.11 6,92,82p 16cm

◇大阪市財政要覧 第16輯 昭和8年度(大阪市役所庶務部編) 1933.11 335p 22cm

◇岡崎市勢要覧 昭和8年(岡崎市編) 1933.11 4,109p 19cm

◇瓦斯事業要覧 昭和7年(帝国瓦斯協会編) 1933.11 32p 31cm

◇関東庁国勢調査結果表 昭和5年 第1巻 世帯及住居(関東長官官房調査課編) 1933.11 2,865p 26cm

◇関東庁国勢調査結果表 昭和5年 第2巻 人口、体性、年齢、配偶関係、本籍民籍国籍、普通教育ノ有無、出生地、来住ノ年(関東長官官房調査課編) 1933.11 2,371p 26cm

◇岸和田市勢要覧 [昭和8年刊](岸和田市編) 1933.11 1枚 21cm

◇岐阜市勢一斑 昭和8年調(岐阜市編) 1933.11 39p 20cm

◇[京都市]電気事業成績調書 昭和7年度(京都市電気局編) 1933.11 145,76p 22cm

◇警視庁統計書 第42回 昭和7年(警視総監官房文書課編) 1933.11 6,543p 27cm

◇黄海道々勢一斑 昭和8年(黄海道編) 1933.11 137,19p 18cm

◇高知県勢要覧 昭和7年(高知県編) 1933.11 1枚 20cm

◇神戸市学事提要 昭和8年度(神戸市役所教育課編)　1933.11 6,95,18p 22cm
◇上海市統計 民国22年(上海市地方協会編)　1933.11 1冊 27cm
◇数字に表はれたる市制施行以来の桐生市(桐生市編)　1933.11 8,98p 23cm
◇大日本帝国内務省統計報告 第45回 昭和8年刊行(内務大臣官房文書課編)　1933.11 4,612p 27cm
◇[東京市]下谷区勢一斑 昭和8年版([東京市]下谷区編)　1933.11 88p 19cm
◇徳島市勢一覧 [昭和8年刊](徳島市編)　1933.11 2,48p 13×19cm
◇[長岡商工会議所]統計年報 昭和7年(長岡商工会議所編)　1933.11 3,170p 22cm
◇長崎県統計書 昭和7年 第4編 警察衛生行刑(長崎県編)　1933.11 150p 27cm
◇名古屋市財政概要 昭和8年(名古屋市庶務部編)　1933.11 185,10p 23cm
◇新潟市勢一覧 昭和8年版(新潟市編)　1933.11 1枚 20cm
◇西宮市勢要覧 昭和8年版(西宮市編)　1933.11 6,89p 19cm
◇日本農業年鑑 昭和9年版(富民協会編)　1933.11 680p 19cm
◇平安北道勢一斑 昭和8年(平安北道編)　1933.11 55p 18cm
◇室蘭商工会議所統計年報 第7号 昭和7年(室蘭商工会議所編)　1933.11 94p 27cm
◇横浜市勢要覧 昭和8年版(横浜市役所編)　1933.11 166p 16cm
◇青森市統計書 昭和7年(青森市役所編)　1933.12 8,293p 22cm
◇石川県統計書 昭和7年 第1編 土地戸口及其他(石川県編)　1933.12 2,111p 27cm
◇石川県統計書 昭和7年 第2編 教育(石川県編)　1933.12 2,134p 27cm
◇石川県統計書 昭和7年 第4編 財政及負担(石川県編)　1933.12 28p 27cm
◇茨城県統計書 昭和7年 第3編 産業ノ部(茨城県編)　1933.12 1,3,235p 27cm
◇大分市勢要覧 昭和8年版(大分市編)　1933.12 9,128p 19cm
◇大阪市中央卸売市場年報 第1回 昭和6・7年度(大阪中央卸売市場編)　1933.12 95p 26cm
◇大阪市統計書 第31回 昭和7年(大阪市役所編)　1933.12 1冊 23cm
◇[大阪商工会議所]統計年報 昭和7年(大阪商工会議所編)　1933.12 5,262p 27cm
◇[大津商工会議所]統計年報 昭和7年(大津商工会議所編)　1933.12 69p 23cm
◇[鹿児島商工会議所]統計年報 昭和7年(鹿児島商工会議所編)　1933.12 2,171p 26cm
◇金沢市市勢一覧([金沢市]庶務課編)　1933.12 8,137p 15cm
◇川崎市勢要覧 昭和8年版(川崎市編)　1933.12 6,102p 15cm
◇岐阜県勢要覧 昭和7年(岐阜県編)　1933.12 1枚 20cm
◇倉敷市勢要覧 昭和8年度(倉敷市編)　1933.12 52p 19cm
◇検査報告集 第4輯(自大正11年度至大正14年度)(会計検査院長官房調査科編)　1933.12 1冊 21cm
◇高知県統計書 昭和7年 第1編(高知県編)　1933.12 193p 27cm
◇高知県統計書 昭和7年 第2編(高知県編)　1933.12 202p 27cm
◇国勢調査報告 昭和5年 第4巻 府県編 神奈川県(内閣統計局編)　1933.12 32,293,16p 26cm
◇国勢調査報告 昭和5年 第4巻 府県編 大分県(内閣統計局編)　1933.12 15,135,16p 26cm
◇国富調査報告 昭和5年(内閣統計局編)　1933.12 11,150p 26cm

◇佐賀県統計書 昭和7年 第1編(佐賀県編)　1933.12 157p 26cm
◇佐賀県統計書 昭和7年 第3編(佐賀県編)　1933.12 253p 26cm
◇佐世保市勢要覧 昭和8年刊行(佐世保市編)　1933.12 1枚 17cm
◇産業組合年鑑 昭和9年(産業組合中央会編)　1933.12 6,445p 22cm
◇静岡市統計書 第34回 昭和7年(静岡市役所編)　1933.12 189p 15cm
◇失業状況推定月報概要 自昭和4年9月至昭和8年8月([内務省]社会局社会部編)　1933.12 97p 26cm
◇商工省統計表 昭和7年(商工大臣官房統計課編)　東京統計協会　1933.12 13,223p 26cm
◇帝国決算統計 昭和8年刊行(会計検査院長官房調査科編)　1933.12 6,480p 26cm
◇東京市財政概況 昭和8年度(東京市役所財務局編)　1933.12 225p 22cm
◇東京市品川区勢要覧 昭和8年([東京市]品川区編)　1933.12 6,40p 19cm
◇東京市の建物統計 謄写版(東京市監査局統計課編)　1933.12 22p 26cm　東京市の状況
◇東京市養育院年報 第61回(昭和7年度)(東京市養育院編)　1933.12 2,225p 22cm
◇栃木県統計書 昭和7年 第4編 警察 衛生(栃木県編)　1933.12 2,66p 26cm
◇富山市勢要覧 [昭和8年刊](富山市編)　1933.12 [20]p 11×19cm
◇長野市勢要覧 昭和8年(長野市編)　1933.12 99p 19cm
◇日本帝国統計年鑑 第52回(内閣統計局編)　1933.12 8,459p 27cm
◇日本労働年鑑 昭和8年版(大原社会問題研究所編)　同人社　1933.12 1冊 22cm
◇兵庫県統計書 昭和7年 上巻(兵庫県内務部統計課編)　1933.12 1冊 27cm
◇兵庫県統計書 昭和7年 下巻(兵庫県内務部統計課編)　1933.12 1冊 27cm
◇広島県統計書 昭和6年 第3編(広島県編)　1933.12 373p 27cm
◇広島市統計書 第27回 昭和6年(広島市役所編)　1933.12 12,350p 23cm
◇福井市統計一斑 昭和8年刊行(福井市編)　1933.12 11,203p 17cm
◇福岡県人口統計書 昭和7年(福岡県知事官房統計課編)　1933.12 60p 24cm
◇前橋市勢要覧 昭和8年版(前橋市編)　1933.12 1冊 11×20cm
◇前橋市統計書 第26回 昭和6年(前橋市役所編)　1933.12 4,168p 23cm
◇宮崎県統計書 昭和7年(宮崎県編)　1933.12 8,673p 27cm
◇門司市勢要覧 昭和8年度刊行(門司市編)　1933.12 10,158p 15cm
◇山形市統計一斑 昭和8年版(山形市役所編)　1933.12 7,186,16p 17cm
◇山梨県勢一斑 昭和8年版(山梨県知事官房統計課編)　1933.12 [32]p 10×20cm
◇労働年鑑 昭和8年版(水上鉄次郎編)　協調会　1933.12 6,462p 22cm
◇上田市勢一覧 昭和9年刊行(上田市編)　1934 21p 19cm
◇浦和市勢要覧 [昭和9年刊](浦和市編)　1934 1枚 19cm
◇大阪港概観 昭和9年版(大阪税関編)　1934 165p 19cm　附管内各開港概観
◇[大阪市]電気事業成績調書 第36回 昭和8年度(大阪市電気局編)　1934 54,111p 23cm
◇嘉義市勢一覧 昭和9年版(嘉義市編)　1934 1枚 15cm
◇[金沢市]電気瓦斯事業成績調書 昭和7年度(金沢市電気水道局編)

1934 3,16,29p 23cm

◇川口市勢要覧 昭和9年版(川口市編)　1934 1枚 20cm

◇京都市勢一班 昭和9年版(京都市編)　1934 1枚 22cm

◇[京都市]電気事業成績調査書 昭和8年度(京都市電気局編)　1934 156,59p 22cm

◇熊谷市勢一覧 昭和9年刊(熊谷市編)　1934 1枚 17cm

◇熊本市勢要覧[昭和9年](熊本市編)　1934 1枚 21cm

◇京畿道々勢一班 昭和9年(京畿道編)　1934 [27]p 12×19cm

◇[神戸市]電気事業報告書 昭和8年度(神戸市電気局編)　1934 118,76p 22cm

◇郡山市勢要覧 昭和7年(郡山市編)　1934 1枚 19cm

◇静岡県勢要覧 昭和8年(静岡県知事官房統計課編)　1934 1枚 23cm

◇島根県勢要覧 昭和9年刊行(島根県編)　1934 1枚 19cm

◇下諏訪町勢一覧 昭和9年(下諏訪町編)　1934 28p 19cm

◇下関商工会議所統計年表 昭和7年(下関商工会議所)　1934 75p 27cm

◇彰北市勢一覧[昭和9年刊](彰北市編)　1934 2枚 21cm

◇世田谷区区勢一班 昭和9年([東京市]世田谷区編)　1934 1枚 19cm

◇全国私立中学校高等女学校実科高等女学校経費ニ関スル調査 昭和7年5月1日現在(文部省普通学務局編)　1934 63p 27cm

◇[全羅南道]道勢一班 昭和9年編纂(全羅南道編)　1934 59p 20cm+図1枚

◇忠清南道々勢一班 昭和9年(忠清南道編)　1934 8,95p 18cm

◇鎮南浦府勢一班 昭和9年(鎮南浦府編)　1934 48p 13×18cm

◇電車自動車乗客調査実績 昭和7年度 乗客交通調査報告(東京市電気局庶務課調査掛編)　1934 102,53p 30cm

◇東京市各区歳入歳出決算書 昭和7年度 旧市部(東京市役所編)　1934 1冊 27cm

◇東京市各区歳入歳出決算書 昭和7年度 新市部(東京市役所編)　1934 1冊 27cm

◇東京市各経済決算報告書 昭和7年度(東京市編)　1934 1冊 27cm

◇東京市各経済決算報告書 昭和8年度(東京市編)　1934 1冊 27cm

◇東京市下水道事業年報 第13回(昭和7年度)(東京市編)　1934 1冊 22cm

◇東京市歳入出予算(特別経済) 昭和9年度(東京市編)　1934 2,261p 22cm

◇東京市歳入出予算(普通経済) 昭和9年度(東京市編)　1934 10,352p 22cm

◇東京市青果市場年報 昭和8年度(東京市中央卸売市場編)　1934 48,37p 26cm

◇東京市電気局事業大要 昭和9年9月(東京市電気局編)　1934 1枚 20cm

◇[東京市]電気事業成績調査書 第23回 昭和8年度(東京市電気局編)　1934 249p 23cm

◇[東京市]埠頭年報 昭和8年(東京市港湾部編)　1934 53p 26cm

◇[東京市]予算概要 昭和9年度(東京市編)　1934 54p 26cm

◇東京市療養所年報(第13回)昭和8年(東京市療養所編)　1934 2,153p 22cm

◇東京府会決議録 昭和9年(東京府編)　1934 10,691p 24cm 東京府歳入歳出予算

◇東京府歳入歳出決算書 昭和8年度(東京府編)　1934 1冊 29cm

◇東京物価及賃銀 昭和8年度(東京商工会議所編)　1934 14p 26cm

◇栃木町勢要覧 昭和9年版(栃木町編)　1934 1冊 11×20cm

◇長野市勢一覧 昭和9年(長野市編)　1934 2枚 20cm

◇[名古屋市]電気軌道営業統計報告書 昭和8年度(名古屋市電気局編)　1934 76p 22cm

◇日本赤十字社事業年報 昭和8年度(日本赤十字社編)　1934 170p 19cm

◇福岡市勢要覧 昭和9年(福岡市編)　1934 2,46p 13×20cm

◇平安南道要覧 昭和9年([平安南道]編)　1934 11,143p 18cm

◇平壌府勢一斑[昭和9年]([平壌府]編)　1934 6,65p 18cm

◇北海道統計一覧 昭和8年版(北海道庁編)　1934 1枚 19cm

◇松山市勢要覧 昭和9年版(松山市編)　1934 1枚 19cm

◇満洲国及中華民国在留本邦人及外国人人口統計表 第26回 昭和8年12月末日現在(外務省亜細亜局編)　1934 5,190p 26cm

◇傭員労働統計 雇傭員公傷統計年表 昭和8年度(東京市電気局編)　1934 28p 26×36cm

◇和歌山市勢要覧 昭和9年刊(和歌山市編)　1934 52p 18cm

◇青森県勢要覧 昭和9年刊(青森県統計課編)　1934.1 7,182p 17cm

◇茨城県統計書 昭和7年 第4編 警察及衛生ノ部(茨城県編)　1934.1 1,2,113p 27cm

◇茨城県統計書 昭和7年 第1編 土地戸口其ノ他ノ部(茨城県編)　1934.1 1,4,199p 27cm

◇愛媛県統計書(昭和7年)第3編(愛媛県知事官房編)　1934.1 103p 27cm

◇大分県統計書 昭和7年 第4編(大分県編)　1934.1 84p 27cm

◇関東庁国勢調査結果表 昭和5年 第3巻 其ノ1 職業、産業及失業(関東長官官房調査課編)　1934.1 867p 26cm

◇関東庁国勢調査結果表 昭和5年 第3巻 其ノ2 職業、産業及失業(関東長官官房調査課編)　1934.1 2,773,11p 26cm

◇警察統計報告 第9回 昭和9年1月刊行(内務省警保局編)　1934.1 2,171p 26cm

◇国勢調査報告 昭和5年 第4巻 府県編 沖縄県(内閣統計局編)　1934.1 13,81,16p 26cm

◇佐賀県統計書 昭和7年 第4編(佐賀県編)　1934.1 84p 26cm

◇市街地信用組合概況 昭和7年度(大蔵省銀行局編)　1934.1 74p 26cm

◇新京商工会議所統計年報 昭和7年(新京商工会議所編)　1934.1 1,4,90p 23cm

◇帝国予算綱要 昭和9年度(大蔵省主計局編)　1934.1 63p 21cm

◇東京府会社要覧 昭和7年(東京府知事官房調査課編)　1934.1 98p 27cm

◇東京府工場要覧 昭和7年(東京府知事官房調査課編)　1934.1 1冊 26cm

◇[中野]区勢概要 謄写版([東京市]中野区編)　1934.1 104p 23cm

◇別府市勢要覧 昭和8年(別府市編)　1934.1 67p 19cm

◇北海道概況 昭和9年(北海道庁編)　1934.1 16,363p 22cm+ 図1枚

◇宮城県治一班 第47回(宮城県知事官房統計課編)　1934.1 8,127p 19cm+図1枚

◇向島区勢要覧 昭和9年刊行([東京市]向島区編)　1934.1 14,130p 19cm

◇王子区勢要覧 昭和9年版(東京市王子区役所編)　1934.1 6,45p 19cm

◇大分県統計書 昭和7年 第3編(大分県編)　1934.2 268p 27cm

◇岡山市勢要覧 昭和7年分(昭和9年版)(岡山市編)　1934.2 3,68p 13×20cm

◇岡山市統計年報 昭和7年(岡山市役所編)　1934.2 7,253p 23cm

◇関東庁国勢調査比例篇 昭和5年(関東長官官房調査課編)　1934.2 3,306p 26cm

◇国勢調査結果表 昭和5年(樺太庁編)　1934.2 2,925,8p 27cm

◇国勢調査報告 昭和5年 第4巻 府県編 栃木県(内閣統計局編) 1934.2 14,119,16p 26cm

◇国勢調査報告 昭和5年 第4巻 府県編 山形県(内閣統計局編) 1934.2 14,131,16p 26cm

◇国勢調査報告 昭和5年 第4巻 府県編 徳島県(内閣統計局編) 1934.2 12,101,16p 26cm

◇堺市勢要覧 昭和8年版(堺市編) 1934.2 9,112,4p 19cm+図1枚

◇佐賀県統計書 昭和7年 第2編(佐賀県編) 1934.2 148p 26cm

◇[佐賀県]労働統計実地調査結果表 第4回調査(昭和8年)(佐賀県知事官房統計課編) 1934.2 17p 22cm

◇静岡県統計書 昭和7年 第3編 勧業(静岡県編) 1934.2 6,10,641p 27cm

◇下関市統計書 第11回 昭和7年(下関市役所編) 1934.2 4,11,190p 27cm

◇高松市勢要覧 昭和8年版(高松市編) 1934.2 8,147p 15cm

◇地方財政概要 昭和8年度(内務省地方局編) 1934.2 105p 27cm 全国都市問題会議会報

◇津市勢一班 昭和7年(津市編) 1934.2 87p 17cm

◇大邱府勢一班 昭和8年(大邱府編) 1934.2 6,146p 18cm

◇東京市学事統計年報 第25回 昭和7年度(東京市監査局統計課編) 1934.2 30,111p 26cm

◇統計上ヨリ見タル埼玉県ニ於ケル市町村ノ地位 第4回(埼玉県知事官房編) 1934.2 2,57,20p 13cm

◇統計上より観たる山口県の地位 昭和8年版(山口県知事官房統計課編) 1934.2 6,141p 16cm

◇鳥取県統計書 昭和7年 第2編(鳥取県編) 1934.2 2,98p 27cm

◇豊橋市勢要覧 昭和8年(豊橋市編) 1934.2 1枚 19cm

◇長崎県統計書 昭和7年 第3編 産業(長崎県編) 1934.2 384p 27cm

◇長崎市現勢要覧 昭和8年版(長崎市編) 1934.2 28p 13×20cm

◇年金恩給業務状況 昭和9年2月編(通信省貯金局編) 1934.2 73p 22cm

◇[復興建築助成株式会社]営業報告書 第16期(昭和8年下半期)(復興建築助成株式会社編) 1934.2 12p 23cm

◇山口県統計書 昭和7年 第1編(山口県知事官房編) 1934.2 140p 26cm

◇山口県統計書 昭和7年 第4編(山口県知事官房編) 1934.2 103p 26cm

◇[愛知県]市町村統計一覧表 昭和8年(愛知県統計調査課編) 1934.3 61p 22cm

◇愛知県統計書 昭和7年 第1編 土地、戸口、其他(愛知県編) 1934.3 8,344p 27cm

◇愛知県統計書 昭和7年 第2編 教育(愛知県編) 1934.3 4,266p 27cm

◇愛知県統計書 昭和7年 第3編 上巻 農林業(愛知県編) 1934.3 14,257p 26cm

◇愛知県統計書 昭和7年 第3編 下巻 商工業(愛知県編) 1934.3 3,22,293p 26cm

◇愛知県統計書 昭和7年 第4編 警察 衛生 行刑 健康保険(愛知県編) 1934.3 5,198p 26cm

◇秋田県勢要覧 [昭和9年刊](秋田県編) 1934.3 5,129p 16cm

◇秋田県統計書 第49回(昭和6年)第1編 土地、戸口及其他(秋田県編) 1934.3 1,2,109p 27cm

◇秋田県統計書 第49回(昭和6年度)第3編 学事(秋田県編) 1934.3 2,82p 27cm

◇秋田県統計書 第50回(昭和7年)第2編 勧業(秋田県編) 1934.3 1冊 27cm

◇秋田県統計書 第50回(昭和7年)第4編(秋田県編) 1934.3 28,8p 27cm

◇[石川県]労働統計実地調査 第4回(石川県知事官房編) 1934.3 29p 23cm

◇茨城県統計書 昭和7年 第2編 学事ノ部(茨城県編) 1934.3 1,2,173p 27cm

◇愛媛県勢要覧 昭和9年(愛媛県知事官房統計課編) 1934.3 6,59,42p 19cm

◇大分県統計書 昭和7年 第1編(大分県編) 1934.3 235p 27cm

◇大分県統計書 昭和7年 第2編(大分県編) 1934.3 104p 27cm

◇大阪市学事統計 昭和8年版(大阪市役所教育部編) 1934.3 236p 22cm

◇大阪市教育要覧 昭和8年度(大阪市教育部編) 1934.3 12,204p 22cm

◇大阪市住宅年報 昭和8年版(大阪市社会部労働課編) 1934.3 80p 23cm 社会部報告

◇大阪市勢要覧 昭和9年版(大阪市役所産業部調査課編) 1934.3 86,33p 13cm

◇[大阪市立衛生試験所]事業成績概要 昭和8年(大阪市立衛生試験所編) 1934.3 4,232p 23cm

◇大阪府人口ノ速報 昭和8年(大阪府内務部統計課編) 1934.3 57p 22cm

◇大阪府統計書 昭和7年(大阪府編) 1934.3 914p 27cm

◇岡山県統計年報 昭和7年(岡山県編) 1934.3 2,10,804p 26cm

◇香川県勢一覧 昭和7年(香川県知事官房編) 1934.3 1枚 19cm

◇鹿児島県統計書 昭和7年 第1編 土地・気象・戸口・土木・交通・衛生・保険・警察・裁判・財政・議会、官公吏及文書・附録(鹿児島県編) 1934.3 3,217p 27cm

◇鹿児島県統計書 昭和7年 第3編 農業 牧畜 林業 水産業 商業 工業 鉱業 銀行及金融(鹿児島県編) 1934.3 227p 27cm

◇鹿児島市統計書 第22回 昭和7年(鹿児島市役所編) 1934.3 5,194p 22cm

◇神奈川県統計書 昭和7年(神奈川県内務部統計調査課編) 1934.3 7,913p 23cm

◇金沢市統計書 昭和7年 自第1編至第7編合本(金沢市役所編) 1934.3 1冊 22cm

◇関東庁国勢調査記述篇:附 描画図 昭和5年(関東長官官房調査編) 1934.3 1冊 26cm

◇京都市統計書 第24回(昭和7年)(京都市編) 1934.3 7,15,428p 26cm

◇京都府統計書 昭和7年 第1編 土地、気象、人口他(京都府編) 1934.3 138p 26cm

◇京都府統計書 昭和7年 第2編 学事(京都府編) 1934.3 97p 26cm

◇京都府統計書 昭和7年 第3編 産業(京都府編) 1934.3 158p 26cm

◇京都府統計書 昭和7年 第4編 警察、裁判及行刑、衛生(京都府内務部統計課編) 1934.3 150p 26cm

◇京都府統計書 昭和7年 第5編 市町村別主要統計(京都府編) 1934.3 89p 26cm

◇検査報告集 第3輯(自明治45大正元年度至大正10年度)(会計検査院長官房調査科編) 1934.3 1冊 21cm

◇原料材料取得系統調査書(東京市産業局庶務課編) 1934.3 78p 23cm

◇工場統計表 昭和7年(商工大臣官房統計課編) 1934.3 1035p 27cm

◇神戸港大観 [昭和7年](神戸市土木部港湾課編) 1934.3 7,378p 23cm

◇神戸市商工要覧 昭和9年版(神戸市役所商工課編) 1934.3 2,160p 22cm

◇神戸市電気事業要覧 第14回(昭和7年度)(神戸市電気局編) 1934.3 77p 26cm

◇国勢調査報告 昭和5年 第4巻 府県編 埼玉県(内閣統計局編)

1934.3 14,151,16p 26cm

◇国勢調査報告 昭和5年 第4巻 府県編 奈良県（内閣統計局編） 1934.3 14,103,16p 26cm

◇国勢調査報告 昭和5年 第4巻 府県編 岐阜県（内閣統計局編） 1934.3 15,157,16p 26cm

◇国勢調査報告 昭和5年 附 図表（樺太庁編） 1934.3 4,78,59p 27cm

◇国勢調査報告 大正14年 第1巻 記述編（内閣統計局編） 1934.3 73,109p 26cm

◇埼玉県統計書 昭和7年（埼玉県知事官房編） 1934.3 7,655p 27cm

◇山林要覧 第5次（農林省山林局編） 1934.3 238p 16cm

◇滋賀県統計全書 昭和7年（滋賀県編） 1934.3 10,870,5p 22cm

◇静岡県統計史（静岡県編） 1934.3 6,308p 27cm

◇静岡県統計書 昭和7年 第1編 雑纂（静岡県編） 1934.3 8,369p 26cm

◇実地調査の結果から見た大阪市内の住宅（大阪府学務部社会課編） 1934.3 7,540p 27cm

◇島根県治一班 第39回（昭和7年）（島根県知事官房統計課編） 1934.3 8,197p 15cm

◇清水市勢要覧 昭和8年（清水市編） 1934.3 30p 12×20cm

◇社会事業統計要覧 第12回（社会局社会部編） 1934.3 10,253p 22cm

◇上水道統計 第22号（水道協会編） 1934.3 608p 23cm

◇職業紹介年報 昭和7年（中央職業紹介事務局編） 1934.3 5,168,17p 27cm

◇選挙統計 昭和8年3月16日施行東京市会議員選挙（東京市監査局統計課編） 1934.3 24,76p 26cm

◇全国青年団基本調査 昭和5年度（大日本聯合青年団調査部編） 1934.3 78,271p 26cm

◇仙台市勢要覧 昭和8年版（仙台市編） 1934.3 16p 13×19cm

◇大日本帝国港湾統計 昭和7年（内務省土木局港湾課編） 1934.3 9,373p 26cm

◇台北市統計書 昭和7年（台北市役所編） 1934.3 9,162p 26cm

◇千葉県勢要覧 昭和9年刊行（千葉県知事官房統計課編） 1934.3 4,123p 15cm+図1枚

◇千葉県統計書 昭和7年 第2編（千葉県知事官房編） 1934.3 4,178p 27cm

◇千葉県統計書 昭和7年 第4編（千葉県知事官房編） 1934.3 2,168p 27cm

◇千葉県統計書 昭和7年 第5編（千葉県知事官房編） 1934.3 2,93p 27cm

◇地方経営統計年報 昭和7年度（南満洲鉄道株式会社地方部庶務課編） 1934.3 6,19,481p 26cm

◇町村財政一班（石川県） 昭和8年度（石川県内務部編） 1934.3 247p 22cm

◇賃銀統計表 昭和8年（商工大臣官房統計課編） 1934.3 52p 26cm

◇東京市魚市場年報 昭和8年（東京市編） 1934.3 3,162p 22cm

◇東京市衛生試験所報告 第10回 昭和8年分 学術報告（東京市衛生試験所編） 1934.3 332p 22cm

◇東京市貨物集散調査書 昭和7年（東京市産業局庶務課編） 1934.3 2,2,136p 26cm

◇東京市教育局社会教育課事業概況 昭和8年度（東京市編） 1934.3 96p 23cm

◇東京市勤労階級家計調査 自昭和7年9月至昭和8年8月（東京市監査局統計課編） 1934.3 179p 26cm

◇東京市工業調査 昭和9年（東京市産業局庶務課編） 1934.3 1143p 27cm

◇東京市産業総覧 昭和9年（東京市産業局商工課編） 1934.3 6,308p 23cm

◇東京市産業統計年鑑 第5回（昭和9年版）（東京市編） 1934.3 2,5,802p 23cm

◇東京市職業紹介成績年報 昭和9年3月（東京市社会局編） 1934.3 5,85p 22cm

◇東京市統計年表 第30回 昭和7年（東京市役所編） 1934.3 924p 26cm

◇東京市目黒区勢一班 昭和9年版（東京市目黒区編） 1934.3 8,115p 19cm

◇東京市要保護世帯に於ける特殊事情者の調査（東京市社会局編） 1934.3 119,16,53p 26cm

◇東京市要保護世帯に於ける老衰者の調査（東京市社会局編） 1934.3 9,21p 26cm

◇東京府統計書 昭和7年（東京府編） 1934.3 1051p 26cm

◇［東京府］労働統計実地調査概要 第4回（東京府知事官房調査課編） 1934.3 36p 22cm

◇統計調査（高田太一著） 常磐書房 1934.3 20,643p 23cm 自治行政叢書

◇鳥取県統計書 昭和7年 第1編（鳥取県編） 1934.3 3,197p 27cm

◇土木局統計年報 第29回 昭和8年8月編纂（内務省土木局編） 1934.3 3,323p 26cm

◇富山県勢要覧 昭和9年版（富山県編） 1934.3 [40]p 10×19cm

◇富山県統計書 昭和7年 第3編 学事（富山県編） 1934.3 161p 27cm

◇富山県統計書 昭和7年 第4編 警察（富山県編） 1934.3 186p 27cm

◇富山市統計書 昭和7年（富山市役所編） 1934.3 12,243p 19cm

◇長岡市職業実態調査書 昭和7年（長岡市編） 1934.3 97p 22cm

◇長崎県統計書 昭和7年 第1編 土地戸口其他（長崎県編） 1934.3 141p 27cm

◇長崎県統計書 昭和7年 第2編 教育（長崎県編） 1934.3 99p 27cm

◇名古屋市貨物集散統計年報 第11回（昭和6年）（名古屋市産業部商工課編） 1934.3 81p 27cm

◇名古屋市勧業要覧 第18回 昭和7年（名古屋市産業部商工課編） 1934.3 1冊 23cm

◇名古屋市統計書 第34回（昭和7年）（名古屋市編） 1934.3 1冊 23cm

◇新潟県勢一班 昭和7年（新潟県知事官房統計課編） 1934.3 384p 16cm

◇日本統計学会年報 第3年（日本統計学会編） 1934.3 162p 24cm

◇農家経済調査別表 昭和6年度（農林省経済更生部編） 1934.3 105p 45cm

◇兵庫県工業調査書 兵庫県工業調査概要 昭和8年施行（兵庫県編） 1934.3 131,96p 23cm

◇広島県統計書 昭和7年 第1 其ノ2（広島県編） 1934.3 248p 26cm

◇広島県統計書 昭和7年 第1編 其ノ1（広島県知事官房統計課編） 1934.3 169p 26cm

◇［福井県］市町村勢の概要 昭和9年刊（福井県知事官房編） 1934.3 30p 27cm

◇［福井県］市町村の産業 ［昭和9年刊］（福井県編） 1934.3 21p 27cm

◇福井県統計書 昭和7年 第1編 土地及戸口等（福井県編） 1934.3 83p 27cm

◇福井県統計書 昭和7年 第2編 学事（福井県編） 1934.3 2,101p 27cm

◇福井県統計書 昭和7年 第3編 産業（福井県編） 1934.3 2,156p 27cm

◇福井県統計書 昭和7年 第4編 警察衛生等（福井県編） 1934.3 2,57p 27cm

◇福岡県統計書 昭和7年 第1編（福岡県編） 1934.3 413p 27cm

◇福岡県統計書 昭和7年 第2編（福岡県編） 1934.3 385p 27cm

◇福岡県統計書 昭和7年 第3編（福岡県編） 1934.3 425p 27cm

◇物価統計表 昭和8年（商工大臣官房統計課編） 1934.3 129p 26cm

◇北海道勢一斑 昭和7年（北海道庁編） 1934.3 10,284p 15cm

◇松山商工会議所統計年報 第5次（昭和7年）（松山商工会議所編） 1934.3 96p 23cm

◇宮城県統計書 昭和7年 第1編 土地、人口、財政、其他（宮城県知事官房統計課編） 1934.3 9,149,8p 27cm

◇宮城県統計書 昭和7年 第2編 産業（宮城県知事官房統計課編） 1934.3 8,308p 26cm

◇盛岡市統計一斑 昭和7年（盛岡市編） 1934.3 11,169p 18cm

◇山形県統計書 昭和7年 第1編 土地、戸口其他（山形県知事官房統計課編） 1934.3 11,148p 27cm

◇山形県統計書 昭和7年 第2編 水産業、林業、鉱業、工業、商業、産業諸団体（山形県知事官房統計課編） 1934.3 7,173p 27cm

◇山形県統計書 昭和7年 第3編 教育（山形県知事官房統計課編） 1934.3 5,170p 27cm

◇山形県統計書 昭和7年 第4編 警察、衛生（山形県知事官房統計課編） 1934.3 7,102p 27cm

◇山口県統計書 昭和7年 第2編（山口県知事官房編） 1934.3 4,137p 26cm

◇山口県統計書 昭和7年 第3編（山口県知事官房編） 1934.3 196p 27cm

◇横須賀市勢要覧 昭和8年版（横須賀市編） 1934.3 1冊 13×19cm

◇労働統計実地調査 第4回（昭和8年10月10日）京都市結果表（京都市庶務部庶務課編） 1934.3 95p 23cm

◇労働統計実地調査概報 第4回（兵庫県内務部統計課編） 1934.3 88p 23cm

◇労働統計実地調査結果概要 第4回（昭和8年10月10日現在）（東京市監査局統計課編） 1934.3 3,28,9p 22cm

◇労働統計実地調査結果表 第4回（昭和8年10月10日）（京都府内務部統計課編） 1934.3 64p 23cm

◇労働統計実地調査ノ概要 第4回（昭和8年10月10日）（大阪府内務部編） 1934.3 36,76p 23cm

◇和歌山県統計書 昭和7年（和歌山県編） 1934.3 1冊 27cm

◇朝日経済年史 昭和9年版（朝日新聞社経済部編） 1934.4 377p 23cm

◇今治市統計要覧 昭和9年度編纂（今治市編） 1934.4 154p 19cm

◇宇都宮市勢一覧 昭和9年調（宇都宮市編） 1934.4 1枚 19cm

◇火災消防統計書 第8回（内務省警保局編） 1934.4 33p 26cm

◇岐阜県統計書 第42回（昭和7年）第2巻 後編（岐阜県編） 1934.4 84p 27cm

◇神戸市衛生施設要覧 第2回 昭和7年（神戸市役所衛生課編） 1934.4 4,128,31p 22cm

◇国勢調査報告 昭和5年 第4巻 府県編 群馬県（内閣統計局編） 1934.4 14,123,16p 26cm

◇国勢調査報告 昭和5年 第4巻 府県編 滋賀県（内閣統計局編） 1934.4 14,113 16p 26cm

◇国勢調査報告 昭和5年 第4巻 府県編 和歌山県（内閣統計局編） 1934.4 13,137,16p 26cm

◇全国ラヂオ調査報告 第1回（通信省編, 日本放送協会編） 1934.4 455p 26cm

◇津山市勢一覧 昭和8年（津山市編） 1934.4 1枚 19cm

◇東京市荒川区勢要覧 昭和9年版（[東京市]荒川区編） 1934.4 2,16,198p 19cm

◇東京市社会事業要覧 昭和9年3月（東京市社会局編） 1934.4 4,164p 22cm

◇長野県勢要覧 昭和9年（長野県内務部統計課編） 1934.4 2,32,49p 17cm

◇奈良県統計書 昭和7年（奈良県編） 1934.4 9,711p 27cm

◇被救護者に関する調査 昭和8年度（東京市社会局編） 1934.4 8,142p 22cm

◇貧困家庭の生活状態（愛知県学務部社会課[編]） 愛知県学務部社会課 1934.4 220p 27cm

◇山口市勢一斑 市制施行五箇年間に於ける 昭和9年4月（山口市編） 1934.4 1枚 20cm

◇横浜港概覧 [昭和9年刊]（横浜税関編） 1934.4 139p 19cm

◇横浜港湾統計年報 第5回（昭和8年）（横浜市土木局編） 1934.4 222p 27cm

◇五ケ年間火災統計表追録 自昭和元年至昭和5年（商工省保険部編）大日本連合火災保険協会第4部調査委員会 1934.4 11p 27cm

◇秋田市統計一斑 昭和9年5月編纂（秋田市編） 1934.5 4,196,16p 16cm

◇旭川年鑑 昭和9年版（旭川商工会議所編） 1934.5 20,387p 19cm

◇沖縄県勢一覧 昭和9年刊行（沖縄県編） 1934.5 1枚 22cm

◇鹿児島県統計書 昭和7年 第2編 教育 社会事業 社寺及教会 兵事（鹿児島県編） 1934.5 84p 27cm

◇神奈川県火災統計：附 傷病者応急救護統計 昭和8年（[神奈川県]編） 1934.5 22p 27cm

◇岐阜県統計書 第42回（昭和7年）第2巻 前編（岐阜県編） 1934.5 107p 27cm

◇[京都商工会議所]統計年報 昭和8年（京都商工会議所編） 1934.5 5,184p 26cm

◇呉市要覧 昭和9年（呉市役所編） 1934.5 4,210p 21cm

◇群馬県統計書 昭和7年 勧業之部（群馬県編） 1934.5 192p 27cm

◇高知県統計書 昭和7年 第3編（高知県編） 1934.5 73p 27cm

◇港湾協会十年史（港湾協会編） 1934.5 2,5,290p 23cm

◇国勢調査報告 昭和5年 第4巻 府県編 茨城県（内閣統計局編） 1934.5 14,153,16p 26cm

◇国勢調査報告 昭和5年 第4巻 府県編 三重県（内閣統計局編） 1934.5 14,165,16p 26cm

◇国勢調査報告 昭和5年 第4巻 府県編 静岡県（内閣統計局編） 1934.5 15,205,16p 26cm

◇国勢調査報告 昭和5年 第4巻 府県編 宮崎県（内閣統計局編） 1934.5 14,91,16p 26cm

◇札幌市勢一覧 昭和9年版（札幌市編） 1934.5 47p 19cm

◇三条市勢要覧 [昭和9年刊]（三条市編） 1934.5 [20]p 13×19cm

◇静岡県統計書 昭和8年 第2編 学事（静岡県編） 1934.5 7,6,457p 26cm

◇世界地理年鑑 昭和9年（国勢社編） 1934.5 2,4,182p 13cm

◇台南州要覧 [昭和9年刊]（台南州編） 1934.5 4,144p 18cm+図1枚

◇道府県営業税一覧 昭和9年度（内務省地方局編） 1934.5 5p 27cm

◇道府県歳入出予算 昭和9年度（内務省地方局編） 1934.5 15p 27cm

◇道府県雑種税一覧 昭和9年度（内務省地方局編） 1934.5 9p 27cm

◇東洋経済経済年鑑 第18回（昭和9年度）（東洋経済新報社編） 1934.5 316p 27cm

◇日本地理年鑑 昭和9年（国勢社編） 1934.5 2,4,182p 13cm

◇輓近大日本拓殖史（日本行政学会編） 1934.5 1冊 26cm

◇福島県統計書 第50回 上編（福島県知事官房編） 1934.5 1,6,432p 27cm

◇福山市勢要覧 昭和8年版（福山市編） 1934.5 11,111p 19cm

◇府県税及北海道地方税課税率対照表 昭和9年度 昭和8年度(内務省地方局編) 1934.5 4p 27cm

◇労働統計概説 第12回(昭和8年)(日本銀行調査局編) 1934.5 71,14p 23cm

◇板橋区勢要覧 昭和9年度版([東京市]板橋区編) 1934.6 94p 19cm

◇小樽市勢要覧 昭和9年6月編纂(小樽市編) 1934.6 1枚 20cm

◇樺太要覧 昭和9年(樺太庁編) 1934.6 15,353p 19cm+図1枚

◇群馬県統計書 昭和7年 学事之部(群馬県編) 1934.6 135p 27cm

◇群馬県統計書 昭和7年 人口及雑之部(群馬県編) 1934.6 96p 27cm

◇経済史年鑑 昭和8年(日本経済史研究所編) 1934.6 242p 22cm 経済史研究

◇国勢調査報告 昭和5年 第4巻 府県編 山梨県(内閣統計局編) 1934.6 14,117,16p 26cm

◇国勢調査報告 昭和5年 第4巻 府県編 長野県(内閣統計局編) 1934.6 15,169,16p 26cm

◇第六十五回帝国議会の協賛を経たる予算の要領 昭和9年度(日本銀行調査局編) 1934.6 3,90p 23cm

◇地方教育財政一斑 昭和9年刊(文部省普通学務局編) 1934.6 29,4p 26cm

◇敦賀商工会議所統計年報 第27回(昭和8年)(敦賀商工会議所編) 1934.6 4,93p 22cm

◇東京市社会局年報 第14回 昭和8年度(東京市社会局編) 1934.6 2,170p 22cm

◇東京市城東区勢要覧[昭和9年刊]([東京市]城東区編) 1934.6 112p 19cm

◇東京市水道事業年報 昭和7年度(東京市役所編) 1934.6 86p 27cm

◇東京市土木事業要覧 昭和9年5月現在(東京市土木局編) 1934.6 2,126p 23cm

◇戸畑市勢要覧[昭和9年](戸畑市編) 1934.6 11,79p 19cm

◇奈良県勢要覧 昭和9年刊行(奈良県編) 1934.6 1枚 18cm

◇新潟市勢一覧 昭和9年版(新潟市編) 1934.6 1枚 14cm

◇旭川市勢要覧 昭和9年版(旭川市編) 1934.7 61,13p 19cm

◇足利市勢要覧 昭和9年版(足利市編) 1934.7 [12]p 10×19cm

◇大阪府財政要覧 昭和9年度(大阪府内務部議事課編) 1934.7 178p 22cm

◇帯広市勢要覧 昭和9年版(帯広市編) 1934.7 28p 13×20cm

◇国勢調査報告 昭和5年 第4巻 府県編 福島県(内閣統計局編) 1934.7 15,165,16p 26cm

◇国勢調査報告 昭和5年 第4巻 府県編 宮城県(内閣統計局編) 1934.7 14,137,16p 26cm

◇国勢調査報告 昭和5年 第4巻 府県編 秋田県(内閣統計局編) 1934.7 13,123,16p 26cm

◇国勢調査報告 昭和5年 第4巻 府県編 佐賀県(内閣統計局編) 1934.7 13,103,16p 26cm

◇最近の大泊[昭和9年刊](大泊町編) 1934.7 1枚 20cm

◇酒田市勢要覧[昭和9年刊](酒田市編) 1934.7 [28]p 11×20cm

◇[新義州]府勢一覧 昭和9年(新義州府編) 1934.7 32p 18cm

◇瀬戸市勢要覧 昭和9年7月刊行(瀬戸市編) 1934.7 1枚 21cm

◇全国公立中学校高等女学校実科高等女学校経費ニ関スル調査 昭和8年5月1日現在(文部省普通学務局編) 1934.7 181p 26cm

◇台湾地方財政概要 昭和8年度(台湾総督府内務局編) 1934.7 135p 27cm

◇高田市勢要覧 昭和9年版(高田市編) 1934.7 [20]p 13×21cm+図1枚

◇高田市統計書 昭和9年刊行(高田市役所編) 1934.7 7,86,6p 19cm

◇東京商工会議所統計年報 昭和8年(東京商工会議所編) 1934.7 6,280p 27cm

◇東京府財政概要 昭和9年7月刊(東京府内務部庶務課編) 1934.7 2,85p 23cm

◇鳥取県統計書 昭和8年 第4編(鳥取県編) 1934.7 2,89p 27cm

◇名古屋商工会議所統計年報 昭和8年(名古屋商工会議所編) 1934.7 4,463p 26cm

◇那覇市勢一斑 昭和9年度版(那覇市編) 1934.7 89p 18cm

◇日本社会衛生年鑑 昭和9年版(倉敷労働科学研究所編) 1934.7 6,331p 27cm

◇日本人口密度図(人口問題研究会編) 1934.7 50p 31cm 人口問題資料

◇沼津市勢一斑 昭和9年(沼津市編) 1934.7 54p 11×20cm

◇[浜松商工会議所]統計年報 第31回(浜松商工会議所編) 1934.7 86p 21cm

◇平塚市勢要覧 昭和9年版(平塚市編) 1934.7 [22]p 13×20cm

◇[復興建築助成株式会社]営業報告書 第17期(昭和9年上半期)(復興建築助成株式会社編) 1934.7 13p 23cm

◇木浦府勢一斑 昭和9年(木浦府編) 1934.7 9,144p 19cm

◇山口市勢要覧 昭和9年版(山口市編) 1934.7 62p 19cm

◇横浜市統計書 第27回 昭和7年(横浜市編) 1934.7 1冊 23cm

◇青森市勢一覧表 昭和9年(青森市編) 1934.8 1枚 19cm

◇愛媛県統計書 昭和6年 第1編(愛媛県編) 1934.8 124p 27cm

◇岡崎市勢要覧 昭和9年(岡崎市編) 1934.8 36p 13×19cm

◇開城府勢一斑 昭和9年(開城府編) 1934.8 6,68p 18cm

◇家計調査報告 自昭和7年9月至昭和8年8月(内閣統計局編) 1934.8 3,140p 26cm

◇[金沢商工会議所]統計年報 昭和8年(金沢商工会議所編) 1934.8 168p 26cm

◇群馬県統計書 昭和7年 財政之部(群馬県編) 1934.8 83p 27cm

◇現住戸口統計 大同2年末(国務院統計処編) 1934.8 70p 26cm

◇高知県勢要覧 昭和8年(高知県編) 1934.8 1枚 20cm

◇国勢調査報告 昭和5年 第4巻 府県編 北海道(内閣統計局編) 1934.8 19,219,16p 26cm

◇佐賀市統計年報 昭和9年(佐賀市役所編) 1934.8 7,133p 19cm

◇[静岡]市勢要覧 昭和9年刊行(静岡市編) 1934.8 [32]p 12×19cm

◇新竹市要覧[昭和9年刊](新竹市編) 1934.8 1枚 19cm

◇東京市蒲田区勢要覧 昭和9年刊行([東京市]蒲田区編) 1934.8 6,134p 17cm+図1枚

◇名古屋市貨物集散統計年報 第13回(昭和8年)(名古屋市産業部商工課編) 1934.8 83p 27cm

◇日本帝国文部省年報 第57 昭和4年度 上巻(文部省編) 1934.8 566p 26cm

◇日本帝国文部省年報 第57 昭和4年度 下巻(文部省編) 1934.8 406,180p 26cm

◇福岡県勢要覧 昭和7年(福岡県知事官房統計課編) 1934.8 1枚 19cm

◇物価賃銀調査年報 昭和8年(関東長官官房調査課編) 1934.8 164p 26cm

◇本邦内地工業分布の趨勢(商工省工務局編) 1934.8 121p 30cm

◇宮崎市勢一覧 昭和9年版(宮崎市編) 1934.8 1冊 13×19cm

◇米沢市勢要覧 昭和9年版(米沢市編) 1934.8 97p 17cm

◇労働統計実地調査報告 昭和5年 第1巻 工場の部(内閣統計局編)

1934.8 305p 26cm
◇朝日年鑑 昭和10年(朝日新聞社編)　1934.9 800p 20cm
◇石川県統計書 昭和8年 第5編 警察・衛生及刑務(石川県編)　1934.9 2,88p 27cm
◇愛媛県統計書 (昭和7年)第2編(愛媛県編)　1934.9 108p 27cm
◇大阪港勢年報 昭和8年(大阪市港湾部編)　1934.9 2,53p 22cm
◇大阪市細民街の死亡調査(大阪市産業部編)　1934.9 55,106p 22cm
◇小樽市統計書 第29回 昭和8年(小樽市役所編)　1934.9 12,293p 22cm
◇基隆市勢一覧 昭和9年(基隆市編)　1934.9 1枚 21cm
◇京城府勢一班 昭和9年(京城府編)　1934.9 6,37p 11×19cm
◇検査報告集 第2輯(自明治35年度至明治45年度) 臨時軍事費旧韓国政府予算襲用会計(会計検査院長官房調査科編)　1934.9 1冊 21cm
◇神戸市社会事業概況 昭和9年版(神戸市役所社会課編)　1934.9 1冊 22cm
◇国勢調査報告 昭和5年 第4巻 府県編 愛媛県(内閣統計局編)　1934.9 14,147,16p 26cm
◇国勢調査報告 昭和5年 第4巻 府県編 福岡県(内閣統計局編)　1934.9 21,261,16p 26cm
◇時事年鑑 昭和10年(時事新報社編)　1934.9 792p 26cm
◇静岡市統計書 第35回 昭和8年(静岡市役所)　1934.9 192p 15cm
◇震災関係国庫貸付金及復興事業費分担金に関する調査(東京市編)　1934.9 97p 26cm
◇仁川府勢一班 昭和9年(仁川府編)　1934.9 6,137p 19cm
◇高雄州要覧 昭和8年(高雄州編)　1934.9 2,125p 16cm
◇高崎市勢要覧 昭和9年度(高崎市編)　1934.9 14,124p 19cm
◇帝国決算統計 昭和9年刊行(会計検査院長官房調査科編)　1934.9 6,406p 27cm
◇東京市人口動態統計速報 昭和8年 第1部 出生 死亡 死産(東京市監査局統計課編)　1934.9 27p 22cm
◇東京市勢提要 第21回 昭和9年版(東京市役所編)　1934.9 9,277p 15cm
◇長岡市発展趨勢統計図彙(長岡商工会議所)　1934.9 45p 16×23cm
◇名古屋市貨物集散統計年報 第12回(昭和7年)(名古屋市産業部商工課編)　1934.9 83p 27cm
◇延岡市勢要覧 昭和9年版(延岡市編)　1934.9 13p 14×20cm
◇松本市勢要覧 昭和9年版(松本市編)　1934.9 8,107p 19cm
◇横須賀市勢要覧 昭和9年版(横須賀市編)　1934.9 43,8p 13cm
◇横浜市勢要覧 昭和9年版(横浜市役所編)　1934.9 168p 16cm
◇労働統計要覧 昭和9年(内閣統計局編)　東京統計協会　1934.9 6,283p 22cm
◇尼崎市勢要覧 第16回(昭和9年版)(尼崎市編)　1934.10 5,219p 19cm
◇宇部市勢要覧 昭和9年版(宇部市編)　1934.10 81p 15cm
◇大阪市中央卸売市場年報 第2回 昭和8年(大阪市中央卸売市場編)　1934.10 118p 26cm
◇葛飾区勢要覧 昭和9年(東京市葛飾区編)　1934.10 16,146p 15cm
◇咸鏡南道勢一班 昭和9年版(咸鏡南道編)　1934.10 76p 19cm
◇群山府要覧 昭和9年10月　謄写版(群山府編)　1934.10 34p 26cm
◇群馬県勢要覧 昭和9年版(群馬県知事官房編)　1934.10 1枚 19cm+図1枚
◇江原道道勢一班 昭和9年(江原道編)　1934.10 113,12p 18cm
◇高知市勢要覧 昭和9年版(高知市編)　1934.10 73p 19cm

◇高知商工会議所統計年報 昭和9年(高知商工会議所編)　1934.10 79p 21cm
◇甲府市統計書 第28回 昭和7年(甲府市役所編)　1934.10 8,147p 22cm
◇神戸市学事提要 昭和9年度(神戸市役所教育課編)　1934.10 6,97,22p 23cm
◇郡山市勢要覧 [昭和9年刊](郡山市編)　1934.10 20p 13×20cm
◇国勢調査報告 昭和5年 第4巻 府県編 岩手県(内閣統計局編)　1934.10 13,123,16p 26cm
◇国勢調査報告 昭和5年 第4巻 府県編 福井県(内閣統計局編)　1934.10 14,107,16p 26cm
◇国勢調査報告 昭和5年 第4巻 府県編 島根県(内閣統計局編)　1934.10 14,129,16p 26cm
◇小作年報 昭和8年(農林省農務局編)　1934.10 5,239,3p 22cm
◇清水市勢要覧 昭和9年(清水市編)　1934.10 30p 12×20cm
◇上水道統計 第23号(水道協会編)　1934.10 553p 23cm
◇製鉄業参考資料 昭和9年6月調査(商工省鉱山局編)　日本鉄鋼協会　1934.10 2,131p 26cm
◇大日本帝国内務省統計報告 第46回 昭和9年刊行(内務大臣官房文書課編)　1934.10 4,586p 26cm
◇鶴岡市統計一班 昭和9年刊行(鶴岡市編)　1934.10 87p 19cm
◇東京市推計人口 昭和9年　謄写版(東京市監査局統計課編)　1934.10 6p 26cm 東京市の状況
◇東京市養育院年報 第62回(昭和8年度)(東京市養育院編)　1934.10 2,221p 23cm
◇東京府市町村勢要覧 昭和9年刊(東京府知事官房調査課編)　1934.10 185p 23cm
◇鳥取県統計書 昭和8年 第3編(鳥取県編)　1934.10 3,166p 27cm
◇長岡商工会議所統計年報 第28次(昭和8年)(長岡商工会議所編)　1934.10 2,98p 15×22cm
◇長崎県統計書 昭和8年 第4編 警察衛生行刑(長崎県編)　1934.10 138p 27cm
◇日本都市年鑑 4(昭和10年用)(東京市政調査会編)　1934.10 17,918p 22cm
◇萩市勢要覧 昭和9年版(萩市編)　1934.10 1枚 19cm
◇八戸市勢要覧 昭和9年版(八戸市役所編)　1934.10 10,125p 19cm
◇姫路市統計書 昭和8年(姫路市役所編)　1934.10 12,228p 21cm
◇広島県統計書 昭和7年度 第2編(広島県編)　1934.10 315p 27cm
◇本市住民に関する一研究(大阪市社会部労働課編)　1934.10 44p 22cm 社会部報告
◇前橋市勢要覧 昭和9年版(前橋市編)　1934.10 1冊 11×20cm
◇山口県統計書 昭和8年 第4編(山口県知事官房編)　1934.10 101p 27cm
◇融和事業年鑑 昭和9年版(中央融和事業協会編)　1934.10 5,5,443p 22cm
◇四日市市勢要覧 昭和9年版(四日市市編)　1934.10 1枚 20cm
◇明石市勢一班 第15回(昭和8年)(明石市編)　1934.11 6,160p 18cm
◇石川県勢 昭和9年刊行(石川県編)　1934.11 242p 17cm
◇石川県勢一班 昭和9年版(石川県知事官房編)　1934.11 [42]p 11×20cm
◇石川県統計書 昭和8年 第3編 産業(石川県編)　1934.11 2,173p 27cm
◇茨城県勢要覧 昭和9年版(茨城県知事官房統計課編)　1934.11 4,128,90p 14cm
◇愛媛県統計書 昭和7年 第1編(愛媛県編)　1934.11 124p 27cm

統計書・年鑑

◇大阪市財政要覧 第17輯 昭和9年度（大阪市役所庶務部編） 1934.11 397p 22cm

◇大宮町勢要覧 ［昭和9年刊］（大宮町編） 1934.11 44p 17cm

◇大牟田市勢要覧 昭和9年刊行（大牟田市編） 1934.11 6,53p 15cm

◇瓦斯事業要覧 昭和8年度（帝国瓦斯協会編） 1934.11 32p 31cm

◇京都市財政要覧 昭和9年度（京都市役所財務部理財課編） 1934.11 269,7p 22cm

◇警視庁統計書 第43回 昭和8年（警視総監官房文書課編） 1934.11 6,541p 27cm

◇国勢調査報告 昭和5年 第4巻 府県編 青森県（内閣統計局編） 1934.11 14,119,15p 26cm

◇国勢調査報告 昭和5年 第4巻 府県編 山口県（内閣統計局編） 1934.11 15,147,16p 26cm

◇小倉市勢要覧 昭和9年版（小倉市編） 1934.11 75p 19cm

◇佐賀県統計書 昭和8年 第4編 警察・衛生（佐賀県編） 1934.11 2,84p 26cm

◇渋谷区勢要覧 昭和9年度版（［東京市］渋谷区編） 1934.11 10,122p 19cm

◇大東京年鑑 昭和10年版（中村舜二編） 大東京社 1934.11 761p 19cm

◇大邱府勢一斑 昭和9年（大邱府編） 1934.11 5,142p 18cm

◇東京市足立区勢要覧 ［昭和9年刊］（［東京市］足立区編） 1934.11 88p 19cm

◇東京市工場統計速報 謄写版（東京市監査局統計課編） 1934.11 [8]p 26cm 東京市の状況

◇［東京市］芝区勢一斑 昭和9年版（［東京市］芝区編） 1934.11 81p 15cm

◇東京市要保護世帯調査 昭和8年10月1日現在（東京市社会局編） 1934.11 7,109p 27cm

◇徳島市勢一覧 ［昭和9年刊］（徳島市編） 1934.11 2,48p 13×19cm

◇新潟商工会議所統計年報 昭和8年度（新潟商工会議所編） 1934.11 120p 27cm

◇日本社会事業年鑑 昭和9年版（中央社会事業協会編） 1934.11 5,309,24p 22cm

◇日本農業年鑑 昭和10年版（富民協会編） 1934.11 634p 19cm

◇福井市勢一斑 ［昭和9年刊］（福井市編） 1934.11 [20]p 11×20cm

◇前橋市統計書 第27回 昭和7年（前橋市役所編） 1934.11 4,180p 23cm

◇馬山府勢一斑 昭和9年（馬山府編） 1934.11 37p 18cm

◇室蘭市勢一斑 昭和9年刊行（室蘭市編） 1934.11 8,124p 23cm

◇門司市勢要覧 昭和9年度刊行（門司市編） 1934.11 10,174p 16cm

◇労働統計実地調査 第4回（神戸市社会課編） 1934.11 88p 27cm

◇愛知県勢要覧 昭和8年（愛知県編） 1934.12 1枚 20cm

◇青森県統計書 昭和8年 第3編 産業（青森県編） 1934.12 3,244p 26cm

◇青森県統計書 昭和8年 第4編 警察、衛生（青森県編） 1934.12 2,69p 26cm

◇石川県統計書 昭和8年 第2編 教育（石川県編） 1934.12 2,134p 27cm

◇石川県統計書 昭和8年 第4編 財政及負担（石川県編） 1934.12 28p 27cm

◇茨城県統計書 昭和8年 第3編 産業ノ部（茨城県編） 1934.12 3,230p 27cm

◇岩手県勢要覧 昭和9年版（岩手県知事官房編） 1934.12 6,94,86p 15cm+図1枚

◇大阪市統計書 第32回 昭和8年（大阪市役所編） 1934.12 1冊 23cm

◇大阪市内各種工場統計 昭和8年（大阪商工会議所編） 1934.12 3,102p 22cm

◇鹿児島市勢要覧 昭和8年（鹿児島市編） 1934.12 [15]p 12×20cm

◇［鹿児島商工会議所］統計年報 昭和8年（鹿児島商工会議所編） 1934.12 2,177p 26cm

◇川越市勢要覧 昭和9年版（川越市編） 1934.12 92p 18cm

◇咸鏡北道勢一斑 昭和9年（咸鏡北道編） 1934.12 12,254p 15cm

◇岐阜県勢要覧 昭和9年（岐阜県編） 1934.12 [22]p 11×19cm

◇倉敷市勢要覧 昭和9年度（倉敷市編） 1934.12 52p 19cm

◇工場統計表 其ノ1 工場業態別統計 謄写版（都市計画東京地方委員会編） 1934.12 64p 26cm 都市計画基本調査資料

◇高知県統計書 昭和8年 第4編（高知県編） 1934.12 122p 27cm

◇国勢調査報告 昭和5年 第4巻 府県編 熊本県（内閣統計局編） 1934.12 14,161,16p 26cm

◇国民所得調査報告 昭和5年（内閣統計局編） 1934.12 60,24p 26cm

◇佐賀県統計書 昭和8年 第1編 土地戸口及其他（佐賀県編） 1934.12 165p 26cm

◇佐世保市勢要覧 昭和9年刊行（佐世保市編） 1934.12 1枚 16cm

◇市町村別日本国勢総覧 上巻（沢本健二編） 帝国公民教育協会 1934.12 1冊 26cm

◇市町村別日本国勢総覧 中巻（沢本健二編） 帝国公民教育協会 1934.12 1冊 26cm

◇市町村別日本国勢総覧 下巻（沢本健二編） 帝国公民教育協会 1934.12 1冊 26cm

◇商工省統計表 昭和8年（商工大臣官房統計課編） 東京統計協会 1934.12 14,228p 26cm

◇高岡市勢要覧 昭和9年刊行（高岡市編） 1934.12 [24]p 13×20cm

◇高雄市要覧 昭和9年版（高雄市編） 1934.12 92p 17cm

◇高松市勢要覧 昭和9年版（高松市編） 1934.12 168p 15cm

◇地方財政概要 昭和9年度（台北州編） 1934.12 2,39p 26cm

◇朝鮮地方財政要覧 昭和8年度（朝鮮総督府内務局編） 1934.12 2,4,216p 26cm

◇津市勢一斑 昭和8年（津市編） 1934.12 86,20p 18cm

◇帝国予算綱要 昭和10年度（大蔵省主計局編） 1934.12 57p 21cm

◇東京市財政概況 昭和9年度（東京市役所財務局編） 1934.12 189p 27cm

◇［東京市品川区］区勢概要：庁舎落成記念 ［昭和9年刊］（東京市品川区役所編） 1934.12 5,451p 19cm

◇鳥取県勢要覧 昭和9年版（鳥取県知事官房編） 1934.12 5,108,25p 15cm

◇中野区勢概要 昭和9年10月（［東京市］中野区編） 1934.12 2,85p 17cm+図1枚

◇名古屋市財政概要 昭和9年度（名古屋市役所編） 1934.12 192p 23cm

◇西宮市勢要覧 昭和9年版（西宮市編） 1934.12 6,86p 19cm

◇日本帝国統計年鑑 第53回（内閣統計局編） 1934.12 8,461p 27cm

◇兵庫県統計書 昭和8年 上巻（兵庫県内務部統計課編） 1934.12 1冊 27cm

◇兵庫県統計書 昭和8年 下巻（兵庫県内務部統計課編） 1934.12 1冊 27cm

◇広島県概況 昭和9年版（広島県編） 1934.12 303,96p 19cm

◇広島市勢一斑 第18回（昭和9年）（広島市編） 1934.12 4,144p 19cm

◇松阪市勢要覧 昭和9年版（松阪市編） 1934.12 34p 11×19cm

◇宮城県治一斑 第48回（宮城県知事官房統計編） 1934.12 8,129p 19cm+図1枚

◇宮崎県統計書 昭和8年(宮崎県知事官房編) 1934.12 8,777p 27cm

◇山形市統計一斑 昭和9年版(山形市役所編) 1934.12 7,193,16p 17cm

◇山口県統計書 昭和8年 第3編(山口県知事官房編) 1934.12 197p 27cm

◇山梨県勢一斑 昭和9年版(山梨県知事官房統計課編) 1934.12 [36]p 10×19cm

◇横浜商工会議所年報 第21回(1931-1933)(横浜商工会議所編) 1934.12 4,332p 26cm

◇淀橋区勢概要 昭和9年([東京市]淀橋区編) 1934.12 9,99p 15cm

◇米子市勢要覧 昭和9年版(米子市編) 1934.12 1冊 11×19cm

◇労働年鑑 昭和9年版(大島辰次郎編) 協調会 1934.12 5,454p 22cm

◇若松市勢要覧[福島県] 昭和9年版(若松市(福島県)編) 1934.12 16p 13×20cm

◇飯塚市勢要覧 昭和9年版(飯塚市編) 1935 23p 13×20cm

◇一宮市勢一覧 昭和10年(一宮市編) 1935 1枚 18cm

◇上田市勢一覧 昭和10年刊行(上田市編) 1935 20p 19cm

◇大阪市中央卸売市場年報 第3回 昭和9年(大阪市中央卸売市場編) 1935 112p 26cm

◇[大阪市]電気事業成績調査 第37回 昭和9年度(大阪市電気局編) 1935 100,72p 23cm

◇沖縄県勢一覧 昭和10年版(沖縄県総務部統計課編) 1935 1枚 21cm

◇嘉義市勢一覧 昭和10年版(嘉義市編) 1935 1枚 15cm

◇[金沢市]電気瓦斯事業成績調査 昭和8年度(金沢市電気水道局編) 1935 3,42p 22cm

◇京都市公債一覧表 昭和10年5月末日現在(京都市編) 1935 33p 23cm

◇京都市勢一斑 昭和10年度版(京都市編) 1935 1枚 21cm

◇[京都市]税務概要 昭和10年度(京都市財務部編) 1935 65p 22cm

◇[京都市]電気事業成績調査 昭和9年度(京都市電気局編) 1935 154,81p 22cm

◇桐生市勢一斑 昭和10年(桐生市編) 1935 15p 11×20cm

◇熊本市勢要覧 昭和10年版(熊本市編) 1935 1枚 21cm

◇久留米市勢要覧 昭和9年(久留米市編) 1935 [23]p 13×21cm

◇京畿道勢一斑 昭和10年(京畿道編) 1935 [29]p 12×19cm

◇工場統計表 其ノ2 工場数累年比較 謄写版(都市計画東京地方委員会編) 1935 44p 26cm 都市計画基本調査資料

◇甲府市勢一斑 昭和8年(甲府市編) 1935 1枚 19cm

◇[神戸市]電気事業報告書 昭和9年度(神戸市電気局編) 1935 120,80p 22cm

◇島根県勢要覧 昭和10年刊行(島根県編) 1935 1枚 20cm

◇首里市勢要覧 [昭和10年](首里市編) 1935 31p 23cm

◇昭和9年10月末現住人口概要 謄写版(関東庁調査課編) 1935 19p 26cm

◇台南市要覧 [昭和9年](台南市編) 1935 1枚 20cm

◇大連市中央卸売市場年報 昭和9年度(大連市中央卸売市場編) 1935 76p 19×26cm

◇忠清南道々勢一斑 昭和10年(忠清南道編) 1935 8,95p 18cm

◇鎮南浦市勢一斑 昭和10年(鎮南浦府編) 1935 62p 19cm

◇電車自動車乗客調査実績 昭和8年度 乗客交通調査報告(東京市電気局庶務課調査掛編) 1935 159p 30cm

◇[東京市荏原]区政要覧 昭和9年版([東京市]荏原区編) 1935 8,51p 19cm

◇東京市各区歳入歳出決算書 昭和8年度 旧市部(東京市役所編) 1935 1冊 27cm

◇東京市各区歳入歳出決算書 昭和8年度 新市部(東京市役所編) 1935 1冊 27cm

◇東京市各経済歳入出決算 昭和9年度(東京市編) 1935 1冊 27cm

◇東京市下水道事業年報 第14回(昭和8年度)(東京市編) 1935 1冊 23cm

◇東京市歳入出予算 昭和10年度(東京市編) 1935 10,281p 22cm

◇東京市電気局事業大要 昭和10年9月(東京市電気局編) 1935 1枚 20cm

◇[東京市]電気事業成績調書 第24回 昭和9年度(東京市電気局編) 1935 194,49,23p 23cm

◇[東京]市電乗車粁別乗客数並乗車延人粁表 謄写版 1935 1枚 23cm

◇[東京市]埠頭年報 昭和9年(東京市港湾部編) 1935 53p 26cm

◇東京市療養所年報 第14回 昭和9年(東京市療養所編) 1935 3,154p 22cm

◇東京府会決議録 昭和10年(東京府編) 1935 391,368p 24cm 東京府歳入歳出予算

◇東京府歳入歳出決算書 昭和9年度(東京府編) 1935 1冊 29cm

◇図書館一覧 昭和9年4月1日現在(文部省社会教育局) 1935 68p 26cm

◇直江津統計年報 昭和10年調製(直江津商工会議所編) 1935 100p 23cm

◇[名古屋市]電気軌道営業統計報告書 昭和9年度(名古屋市電気局編) 1935 77p 22cm

◇日本赤十字社事業年報 昭和9年度(日本赤十字社編) 1935 182p 19cm

◇函館市勢要覧 [昭和10年刊](函館編) 1935 1枚 19cm

◇函館市勢要覧 昭和24年版(函館市編) 1935 65p 13×18cm

◇八王子都市計画区域内市町村人口統計表 謄写版(都市計画東京地方委員会) 1935 38p 26cm 都市計画基本調査資料

◇福岡市勢要覧 昭和10年(福岡市編) 1935 69p 13×20cm

◇平安南道要覧 昭和10年([平安南道]編) 1935 12,150p 18cm+図1枚

◇平壌府勢一斑 昭和10年度(平壌府編) 1935 8,90p 18cm

◇舞鶴町勢一斑 昭和10年版(舞鶴町編) 1935 1枚 21cm

◇満洲国及中華民国在留本邦人及外国人人口統計表 第27回 昭和9年12月末日現在(外務省東亜局編) 1935 96p 31cm

◇室蘭市勢一覧 昭和9年(昭和10年版)(室蘭市編) 1935 1枚 19cm

◇尾道市勢要覧 昭和9年版(尾道市編) 1935.1 6,98,8p 20cm

◇金沢市市勢一覧([金沢市]庶務課編) 1935.1 8,127,10p 15cm

◇金沢市統計書 昭和8年 自第1編至第7編合本(金沢市役所編) 1935.1 1冊 22cm

◇熊本県統計書 第53回 昭和8年 第1編(熊本県編) 1935.1 100p 27cm

◇警察統計報告 第10回 昭和10年1月刊行(内務省警保局編) 1935.1 2,185p 26cm

◇国勢調査報告 昭和5年 第4巻 府県編 鳥取県(内閣統計局編) 1935.1 13,107,16p 26cm

◇国勢調査報告 昭和5年 第4巻 府県編 岡山県(内閣統計局編) 1935.1 15,185,16p 26cm

◇佐賀県勢要覧 [昭和10年1月刊](佐賀県知事官房編) 1935.1 57,24p 13cm

◇地方経営梗概(南満洲鉄道株式会社地方部庶務課編) 1935.1 251p 19cm

◇長岡市勢要覧 昭和9年版(長岡市編) 1935.1 125p 19cm

◇長野県統計書 昭和8年 第7編(長野県編)　1935.1 55p 27cm

◇日本労働年鑑 昭和9年版(大原社会問題研究所編)　栗田書店 1935.1 1冊 23cm

◇福島県勢要覧 昭和8年(福島県総務部統計課編)　1935.1 1枚 15cm+図1枚

◇青森県統計書 昭和8年 第1編 土地、戸口、其他(青森県編)　1935.2 2,114p 26cm

◇青森県統計書 昭和8年 第2編 教育、社寺兵事、社会事業(青森県編)　1935.2 2,120p 26cm

◇大分県統計書 昭和8年 第2編(大分県編)　1935.2 104p 27cm

◇大分県統計書 昭和8年 第3編(大分県編)　1935.2 266p 27cm

◇鹿児島市統計書 第23回 昭和8年(鹿児島市役所編)　1935.2 5,196p 23cm

◇管内電気事業要覧 第11回(札幌通信局電気課編)　1935.2 126p 27cm

◇熊本県統計書 第53回 昭和8年 第2編(熊本県編)　1935.2 52p 27cm

◇熊本県統計書 第53回 昭和8年 第3編(熊本県編)　1935.2 3,168p 27cm

◇検査報告集 第1輯(自明治24年度至明治34年度) 臨時軍事費特別会計(会計検査院長官房調査科編)　1935.2 1冊 21cm

◇神戸市財政要覧 昭和9年度(神戸市役所財務課編)　1935.2 122p 22cm

◇国勢調査報告 昭和5年 第4巻 府県編 広島県(内閣統計局編)　1935.2 19,221,16p 27cm

◇国勢調査報告 昭和5年 第4巻 府県編 鹿児島県(内閣統計局編)　1935.2 14,119,16p 26cm

◇下関市統計書 第12回 昭和8年(下関市庁編)　1935.2 4,216p 27cm

◇出産、出生、死産及乳児死亡統計：青森・東京・石川・長野・大阪・岡山・熊本 七府県ニ於ケル昭和八年部市区町村別(愛育会編)　1935.2 23p 26cm　愛育調査資料

◇地方財政概要 昭和9年度(内務省地方局編)　1935.2 105p 27cm 全国都市問題会議会報

◇東京市 普通経済予算参考書 昭和10年度(東京市役所編)　1935.2 7,341p 26cm

◇[東京市]予算概要 昭和10年度(東京市編)　1935.2 2,72p 26cm

◇長岡市累年統計書 自明治39年度市制施行至昭和8年(長岡市役所編)　1935.2 228p 22cm

◇名古屋市有財産表 昭和9年11月末日現在(名古屋市役所編)　1935.2 109p 26cm

◇日本都市年鑑 4(昭和10年用)(東京市政調査会編)　1935.2 17,918p 22cm

◇[復興建築助成株式会社]営業報告書 第18期(昭和9年下半期)(復興建築助成株式会社編)　1935.2 12p 23cm

◇別府市勢要覧 昭和9年(別府市編)　1935.2 85p 19cm

◇横浜市の人口について(小田橋貞寿著)　[関東学院商学会]　1935.2 9p 22cm 「関東学院商学」[No.2]抜刷

◇若松市勢要覧[福岡県] 昭和9年版(若松市(福岡県)編)　1935.2 95p 19cm

◇秋田県統計書 第51回(昭和8年)第4編 警察(秋田県編)　1935.3 28,8p 27cm

◇市川市要覧[昭和10年刊](市川市編)　1935.3 122p 19cm

◇茨城県統計書 昭和8年 第1編 土地戸口其ノ他ノ部(茨城県編)　1935.3 1,3,189p 27cm

◇牛込区勢一斑 第6回(東京市牛込区役所編)　1935.3 194p 19cm

◇浦和市勢要覧[昭和10年刊](浦和市編)　1935.3 29p 15cm

◇大分県治一斑 昭和8年(大分県総務部統計課編)　1935.3 184,47p 15cm

◇大阪市教育要覧 昭和9年度(大阪市教育部編)　1935.3 14,254p 22cm

◇[大阪市立衛生試験所]事業成績概要 昭和9年(大阪市立衛生試験所編)　1935.3 4,310p 23cm

◇大阪府人口ノ速報 昭和9年(大阪府総務部統計課編)　1935.3 61p 22cm

◇大阪府統計書 昭和8年(大阪府編)　1935.3 899p 27cm

◇岡山県統計年報 昭和8年(岡山県編)　1935.3 2,10,771p 26cm

◇岡山市統計年報 昭和8年(岡山市役所編)　1935.3 7,261p 23cm

◇香川県勢一覧 昭和8年(香川県総務部統計課編)　1935.3 1枚 20cm

◇家計調査報告 自昭和8年9月至昭和9年8月(内閣統計局編)　1935.3 3,141p 26cm

◇鹿児島県統計書 昭和8年 第1編 土地 気象 戸口 土木 交通 衛生 保険 警察 裁判 財政 議会 官公吏及文書 附録(鹿児島県編)　1935.3 3,219p 27cm

◇鹿児島県統計書 昭和8年 第2編 教育 社会事業 社寺及教会 兵事(鹿児島県編)　1935.3 86p 27cm

◇鹿児島県統計書 昭和8年 第3編 農業 牧畜 林業 水産業 商業 工業 鉱業 銀行及金融(鹿児島県編)　1935.3 2,229p 27cm

◇神奈川県統計書 昭和8年(神奈川県編)　1935.3 7,927p 23cm

◇京都市統計書 第25回(昭和8年)(京都市編)　1935.3 1冊 26cm

◇京都府治要覧 昭和8年(京都府総務部統計課編)　1935.3 190p 17cm

◇京都府統計書 昭和8年 第1編 土地其他(京都府編)　1935.3 138p 26cm

◇熊本県統計書 第53回 昭和8年 第4編(熊本県編)　1935.3 44p 27cm

◇熊本県統計書 第53回 昭和8年 第5編(熊本県編)　1935.3 230p 27cm

◇熊本市統計書 第34回 昭和10年3月刊行(熊本市役所編)　1935.3 6,4,309p 26cm

◇群馬県統計書 昭和9年 学事之部(群馬県総務部統計編)　1935.3 133p 27cm

◇工場統計表 昭和8年(商工大臣官房統計課編)　東京統計協会 1935.3 12,5,1035p 27cm

◇甲府市勢一班 昭和10年(甲府市編)　1935.3 40p 13×19cm

◇神戸市統計書 第22回(神戸市編)　1935.3 1冊 22cm

◇国勢上より観たる石川県の地位(石川県総務部統計課編)　1935.3 13,156,19p 17cm

◇国勢調査報告 昭和5年 第4巻 府県編 富山県(内閣統計局編)　1935.3 13,127,16p 26cm

◇埼玉県統計書 昭和8年(埼玉県編)　1935.3 7,670p 26cm

◇堺市勢要覧 昭和9年版(堺市編)　1935.3 9,111,4p 19cm

◇山林要覧 第6次(農林省山林局編)　1935.3 273p 16cm

◇市街地信用組合概況 昭和8年度(大蔵省銀行局編)　1935.3 74p 26cm

◇滋賀県統計全書 昭和8年(滋賀県編)　1935.3 10,874,5p 22cm

◇市町村財政概要(福島県) 昭和9年度(福島県総務部地方課編)　1935.3 118p 27cm

◇失業者生活状態調査 昭和9年12月1日現在(横浜市社会課編)　1935.3 53p 23cm

◇失業者生活状態調査 昭和7年10月1日-12月末日(社会局社会部編)　1935.3 1冊 26cm

◇社会事業統計要覧 第13回(社会局社会部編)　1935.3 7,211p 22cm

◇商業調査書 上巻(名古屋市産業部編)　1935.3 1200p 27cm

◇商業調査書 中巻(名古屋市産業部編)　1935.3 1010p 27cm

◇商業調査書 下巻(名古屋市産業部編)　1935.3 7,876p 27cm

◇昭和7年中に於ける道府県外出稼者に関する調査概要（中央職業紹介事務局編） 1935.3 4,229p 27cm

◇新京商工会議所統計年報 昭和8年（新京商工会議所編） 1935.3 1,4,91p 22cm

◇世界地理年鑑 昭和10年（国勢社編） 1935.3 2,4,182p 13cm

◇大日本帝国港湾統計 昭和8年（内務省土木局港湾課編） 1935.3 9,393p 26cm

◇台北市統計書 昭和8年（台北市役所編） 1935.3 9,162p 26cm

◇高岡市統計書 昭和9年刊行（高岡市役所編） 1935.3 9,153p 19cm

◇千葉県市町村統計要覧 ［昭和10年刊］（千葉県編） 1935.3 75p 23cm

◇千葉県統計書 昭和8年 第2編（千葉県総務部編） 1935.3 4,181p 27cm

◇千葉県統計書 昭和8年 第4編（千葉県総務部編） 1935.3 2,170p 27cm

◇東京市衛生試験所報告 第11回 昭和9年分 学術報告（東京市衛生試験所編） 1935.3 190p 22cm

◇東京市学事統計年報 第26回 昭和8年度（東京市役所編） 1935.3 6,110p 27cm

◇東京市家族統計：昭和9年調査（東京市監査局統計課編） 1935.3 370p 23cm

◇東京市貨物集散調査書 昭和8年（東京市産業局庶務課編） 1935.3 2,2,114p 27cm

◇東京市教育局社会教育課事業概況 昭和9年度（東京市編） 1935.3 107,5p 23cm

◇東京市産業統計年鑑 第6回（昭和10年版）（東京市編） 1935.3 2,5,761p 23cm

◇［東京市］職業紹介所就職者調査 第2回（東京市社会局職業課編） 1935.3 3,33,485p 26cm

◇東京市職業紹介成績年報 昭和10年3月（東京市社会局編） 1935.3 6,87p 22cm

◇東京市職業紹介不成立事情調査（東京市社会局編） 1935.3 2,117p 27cm

◇東京市人口統計 第1回 昭和8年（東京市監査局統計課編） 1935.3 6,502p 27cm

◇東京市水産調査書（東京市産業局農漁課編） 1935.3 12,117p 27cm

◇東京市統計年表 第31回 昭和8年（東京市監査局統計課編） 1935.3 988p 26cm

◇東京市豊島区勢要覧 昭和10年版（［東京市］豊島区編） 1935.3 2,12,155p 19cm

◇東京市労働統計実地調査 第4回（東京市編） 1935.3 1冊 27cm

◇東京府統計書 昭和8年（東京府編） 1935.3 1035p 26cm

◇道府県歳入歳出予算 昭和10年度（内務省地方局編） 1935.3 15p 27cm

◇鳥取県統計書 昭和8年 第1編（鳥取県編） 1935.3 3,193p 27cm

◇富山県統計書 昭和8年 全編（富山県編） 1935.3 1冊 27cm

◇長野県統計書 昭和8年 第1編（長野県編） 1935.3 76,18p 27cm

◇長野県統計書 昭和8年 第3編（長野県編） 1935.3 87p 27cm

◇長野県統計書 昭和8年 第5編（長野県編） 1935.3 89p 27cm

◇長野県統計書 昭和8年 第6編（長野県編） 1935.3 104p 27cm

◇名古屋市勧業要覧 第19回 昭和8年（名古屋市産業部商工課編） 1935.3 1冊 23cm

◇名古屋市統計書 第35回（昭和8年）（名古屋市編） 1935.3 1冊 23cm

◇名古屋市に於ける農業推移状態調査（名古屋市産業部編） 1935.3 74p 23cm

◇年金恩給業務状況 昭和10年3月調（通信省貯金局編） 1935.3 75p 22cm

◇被救護者に関する調査 昭和9年度（東京市社会局編） 1935.3 5,4,178p 22cm

◇［兵庫県］統計上優位の市町村（兵庫県総務部統計課編） 1935.3 16,72p 13cm

◇広島県統計書 昭和8年 第1編 其の1（広島県編） 1935.3 155p 26cm

◇広島県統計書 昭和8年 第1編 其ノ2（広島県編） 1935.3 264p 26cm

◇風水禍ニ因ル産業被害統計 昭和9年9月21日（大阪府総務部統計課編） 1935.3 179p 23cm

◇［福井県］市町村勢の概要 昭和10年刊（福井県総務部編） 1935.3 30p 27cm

◇福井県勢 昭和10年版（福井県編） 1935.3 1枚 18cm

◇福岡県統計書 昭和8年 第1編（福岡県編） 1935.3 521p 27cm

◇福岡県統計書 昭和8年 第2編（福岡県編） 1935.3 387p 27cm

◇府県税及北海道地方税課率対照表 昭和10年度 昭和9年度（内務省地方局編） 1935.3 4p 26cm

◇物価統計表 昭和9年（商工大臣官房統計課編） 1935.3 129p 26cm

◇父母ノ年齢別出生及死産統計 昭和5年（内閣統計局編） 1935.3 175p 26cm

◇北海道庁統計書 第45回（昭和8年）第1巻 土地戸口其ノ他（北海道編） 1935.3 4,182p 27cm

◇北海道庁統計書 第45回（昭和8年）第2巻 勧業之部（北海道編） 1935.3 9,431p 27cm

◇三重県勢要覧 昭和8年（三重県総務部統計課編） 1935.3 148p 13cm

◇三重県統計書 昭和8年 第1編（三重県編） 1935.3 4,340p 27cm

◇三重県統計書 昭和8年 第2編（三重県編） 1935.3 2,341p 26cm

◇三重県統計書 昭和8年 第3編（三重県編） 1935.3 2,230p 27cm

◇宮城県統計書 昭和8年 第1編 土地、人口、財政、其他（宮城県総務部統計課編） 1935.3 9,155,9p 27cm

◇宮城県統計書 昭和8年 第2編 産業（宮城県総務部統計課編） 1935.3 8,314p 27cm

◇宮城県統計書 昭和8年 第3編 教育（宮城県総務部統計課編） 1935.3 2,120p 27cm

◇山形県治一覧 ［昭和10年刊］（山形県総務部統計課編） 1935.3 ［30］p 10×20cm

◇山形県統計書 昭和8年 第1編 土地、戸口其他（山形県総務部統計課編） 1935.3 11,148p 27cm

◇山口県統計書 昭和8年 第1編（山口県知事官房編） 1935.3 220p 27cm

◇横浜市勢要覧 昭和10年 復興博記念版（横浜市役所編） 1935.3 168p 16cm

◇宇和島市勢要覧 昭和9年版（宇和島市編） 1935.4 92p 19cm

◇大阪市学事統計 昭和9年版（大阪市教育部編） 1935.4 286p 22cm

◇大阪市勢要覧 昭和10年版（大阪市役所産業部調査課編） 1935.4 108,37p 13cm

◇大阪市設社会事業要覧 昭和10年刊（大阪市社会部労働課編） 1935.4 96p 22cm

◇火災消防統計 第9回（内務省警保局編） 1935.4 42p 26cm

◇国勢調査報告 昭和5年 第4巻 府県編 長崎県（内閣統計局編） 1935.4 18,145,16p 26cm

◇国勢調査報告 昭和5年 第4巻 府県編 新潟県（内閣統計局編） 1935.4 15,183,16p 26cm

◇国勢調査報告 昭和5年 第4巻 府県編 石川県（内閣統計局編） 1935.4 13,125,16p 26cm

◇国勢調査報告 昭和5年 第4巻 府県編 香川県（内閣統計局編）　1935.4 14,115,16p 26cm

◇国勢調査報告 昭和5年 第4巻 府県編 高知県（高知県編）　1935.4 13,111,16p 26cm

◇下諏訪町勢一覧 昭和10年4月調（下諏訪町編）　1935.4 30p 19cm

◇上海市統計 民国23年編 補充材料（上海市地方協会編）　1935.4 112p 27cm

◇商工年鑑 昭和10年（東京商工会議所編）　1935.4 9,1271p 23cm

◇銚子市勢要覧 昭和10年（銚子市編）　1935.4 [22]p 13×19cm

◇東京市社会事業要覧 昭和10年度（東京市社会局編）　1935.4 4,180p 22cm

◇東京市勢図表（東京市編）　1935.4 44p 44cm

◇東京物価及賃銀統計 昭和9年中（東京商工会議所編）　1935.4 18p 26cm

◇道府県営業税一覧 昭和10年度（内務省地方局編）　1935.4 5p 26cm

◇道府県雑種税一覧 昭和10年度（内務省地方局編）　1935.4 9p 27cm

◇徳島県統計書 昭和8年 第2編（徳島県編）　1935.4 3,150p 26cm

◇特定区域の出生、死産、死亡 昭和8年 謄写版（東京市監査局統計課編）　1935.4 [26]p 26cm　東京市の状況

◇長野県勢要覧 昭和10年（長野県総務部統計課編）　1935.4 32,49p 18cm

◇奈良県統計書 昭和8年（奈良県編）　1935.4 9,725p 27cm

◇日本地理年鑑 昭和10年（国勢社編）　1935.4 2,4,182p 13cm

◇日本統計学会年報 第4年（日本統計学会編）　1935.4 257p 24cm

◇山口市勢要覧 昭和10年版（山口市編）　1935.4 61p 19cm

◇横浜港湾統計年報 第6回（昭和9年）（横浜市土木局編）　1935.4 225p 27cm

◇労働統計概説 第13回（昭和9年）（日本銀行調査局編）　1935.4 68,14p 23cm

◇朝日経済年史 昭和10年版（朝日新聞社経済部編）　1935.5 380p 23cm

◇大阪市工業調査書 昭和8年（大阪市役所編）　1935.5 81,659p 27cm

◇大阪市労働年報 昭和7・8年及9年前期（大阪市社会部労働課編）　1935.5 5,190p 22cm　社会部報告

◇大津市勢要覧 昭和9年版（大津市庶務課編）　1935.5 2,29p 13×19cm

◇群馬県統計書 昭和8年 勧業之部（群馬県編）　1935.5 194p 27cm

◇群馬県統計書 昭和8年 財政之部（群馬県編）　1935.5 83p 27cm

◇経済史年鑑 昭和9年（日本経済史研究所編）　1935.5 3,273p 23cm　経済史研究

◇元山府勢一斑 昭和10年（元山府編）　1935.5 30p 13×20cm

◇神戸市勢要覧 第16回（昭和10年版）（神戸市編）　1935.5 305p 15cm

◇酒田市勢要覧 ［昭和10年刊］（酒田市編）　1935.5 [28]p 11×20cm

◇塩釜町勢要覧 昭和10年（塩釜町編）　1935.5 1冊 10×20cm

◇職業紹介年報 昭和8年（中央職業紹介事務局編）　1935.5 5,176,16p 27cm

◇第六十七回帝国議会の協賛を経たる予算の要領 昭和10年度（日本銀行調査局編）　1935.5 3,85p 23cm

◇東京市魚市場年報 昭和9年（東京市編）　1935.5 3,168p 22cm

◇［東京市］大森区勢要覧 第3回（［東京市］大森区編）　1935.5 5,99p 18cm

◇動的に観たる静岡県人 昭和9年（静岡県編）　1935.5 66p 19cm

◇東洋経済経済年鑑 第19回（昭和10年度）（東洋経済新報社編）　1935.5 341p 26cm

◇八王子市勢要覧 ［昭和10年刊］（八王子市編）　1935.5 4,107p 19cm

◇盛岡市統計一斑 昭和8年（盛岡市編）　1935.5 11,169p 17cm

◇山口県勢一覧 昭和10年版（山口県総務部統計課編）　1935.5 1枚 20cm

◇山口県勢一班 昭和8年（山口県総務部統計課編）　1935.5 189,26p 16cm

◇江戸川区勢要覧 第1回［昭和10年刊］（東京市江戸川区役所編）　1935.6 176p 20cm

◇家計の概要 昭和8・9年調査（内閣統計局編）　1935.6 29p 22cm

◇群馬県統計書 昭和8年 学事之部（群馬県編）　1935.6 135p 27cm

◇群馬県統計書 昭和8年 警察及衛生之部（群馬県編）　1935.6 90p 27cm

◇検査報告 昭和8年度（会計検査院長官房文書課編）　1935.6 1冊 21cm

◇高知県統計書 昭和8年 第3編（高知県編）　1935.6 73p 27cm

◇静岡県統計書 昭和9年 第2編 学事（静岡県編）　1935.6 6,11,398p 27cm

◇上水道統計 第24号（水道協会編）　1935.6 599p 23cm

◇消防年報 昭和9年（警視庁消防部消防課編）　1935.6 73p 27cm

◇［新義州］府勢一覧 昭和10年（新義州府編）　1935.6 33p 18cm

◇全国漁業出稼青年滞留情況調査概況（文部省社会教育局編）　1935.6 59p 27cm

◇全国公立私立実業学校ニ関スル調査 昭和7年10月1日現在（文部省実業学務局編）　1935.6 128p 26cm

◇地方教育財政一班 昭和10年刊（文部省普通学務局編）　1935.6 29,4p 26cm

◇地方経済統計年報 昭和8年度（南満洲鉄道株式会社地方部庶務課編）　1935.6 12,17,423p 26cm

◇敦賀商工会議所統計年報 第28回（昭和9年）（敦賀商工会議所編）　1935.6 4,101p 22cm

◇東京市水道事業年報 昭和8年度（東京市役所編）　1935.6 120p 26cm

◇東京市土木事業要覧 昭和10年6月現在（東京市土木局編）　1935.6 2,134p 23cm

◇豊原要覧 昭和10年5月版（豊原町編）　1935.6 5,57p 19cm

◇野付牛町勢 昭和10年版（野付牛町編）　1935.6 [18]p 13×19cm

◇哈爾浜特別市市勢年鑑 第1次第2次 大同2・康徳元年版（哈爾浜特別市公署総務所編）　1935.6 87,152p 23cm

◇福山市勢要覧 昭和10年発行（福山市編）　1935.6 [17]p 11×19cm

◇布施町勢一覧 昭和10年（布施町編）　1935.6 1枚 19cm

◇愛媛県統計書（昭和8年）第3編（愛媛県編）　1935.7 103p 27cm

◇大阪府財政要覧 昭和10年度（大阪府総務部議事課編）　1935.7 2,168p 22cm

◇帯広市勢要覧 昭和10年版（帯広市編）　1935.7 28p 13×19cm

◇川口市勢要覧 昭和10年版（川口市編）　1935.7 56p 19cm

◇桑名町勢要覧 昭和10年版（桑名町編）　1935.7 121p 18cm

◇群馬県統計書 昭和8年 人口及雑之部（群馬県編）　1935.7 92p 27cm

◇高知県勢要覧 昭和9年（高知県編）　1935.7 1枚 20cm

◇三条市勢要覧 昭和10年版（三条市編）　1935.7 [24]p 13×19cm

◇島根県統計書 昭和8年 第2編（島根県編）　1935.7 2,100p 25cm

◇瀬戸市勢要覧 昭和10年7月刊行（瀬戸市編）　1935.7 1枚 21cm

◇高田市勢要覧 昭和10年版（高田市編）　1935.7 [20]p 14×20cm

◇東京府財政概要 昭和10年7月刊（東京府編）　1935.7 2,91p 23cm

◇徳島県統計書 昭和8年 第3編(徳島県編) 1935.7 2,223p 27cm
◇徳島県統計書 昭和8年 第4編(徳島県編) 1935.7 2,139p 27cm
◇富山県勢要覧［昭和10年刊］(富山県編) 1935.7 [42]p 10×19cm
◇名古屋市貨物集散統計年報 第14回(昭和9年)(名古屋市産業部商工課編) 1935.7 97p 26cm
◇名古屋商工会議所統計年報 昭和9年 (英文併記)(名古屋商工会議所編) 1935.7 4,451p 26cm
◇七尾町勢要覧 昭和10年版(七尾町編) 1935.7 90p 18cm
◇日本社会衛生年鑑 昭和10年版(倉敷労働科学研究所編) 1935.7 7,310p 27cm
◇[野田]町勢要覧 昭和10年版(野田町編) 1935.7 71p 20cm
◇[浜松商工会議所]統計年報 第32回(浜松商工会議所編) 1935.7 122p 21cm
◇浜松市要覧［昭和10年刊］(浜松市編) 1935.7 [24]p 11×20cm
◇日立町勢一覧［昭和10年刊］(日立町編) 1935.7 39p 19cm
◇福島市勢一覧 昭和10年(福島市編) 1935.7 1枚 17cm
◇平壌府事業概要(平壌府編) 1935.7 82p 19cm
◇本所区勢要覧 第3回(昭和10年版)(東京市本所区編) 1935.7 153p 19cm
◇米沢市勢要覧 昭和10年版(米沢市編) 1935.7 102p 17cm
◇[石巻]市勢要覧 昭和10年刊行(石巻市編) 1935.8 6,87p 16cm
◇今治市統計要覧 昭和10年度編纂(今治市編) 1935.8 166p 19cm
◇警視庁防疫年鑑 昭和9年(警視庁衛生部編) 1935.8 12,236p 22cm
◇神戸港大観［昭和8年］(神戸市土木部港湾課編) 1935.8 4,285p 22cm
◇最近の大泊［昭和10年刊］(大泊町編) 1935.8 1枚 20cm
◇天津市統計年鑑 17年度-21年度(天津市政府統計委員会編) 1935.8 1冊 27cm
◇東京市蒲田区勢要覧 昭和10年刊行([東京市]蒲田区編) 1935.8 7,176p 17cm+図1枚
◇東京市人口動態統計速報 昭和9年(東京市監査局統計課編) 1935.8 27p 22cm
◇東京市勢提要 第22回 昭和8年(東京市役所編) 1935.8 9,284p 15cm
◇東京商工会議所統計年報 昭和10年(東京商工会議所編) 1935.8 6,298p 27cm
◇統計上より見たる静岡県の地位 昭和8年(静岡県総務部統計課編) 1935.8 171,143p 16cm
◇戸畑市勢要覧 昭和10年(戸畑市編) 1935.8 11,82p 19cm
◇沼津市勢一斑 昭和10年(沼津市編) 1935.8 18,40p 11×20cm
◇北平市政府二十二年度行政統計(北平市政府秘書処第1科編) 1935.8 7,150p 27cm
◇丸亀市勢一覧 昭和10年(丸亀市編) 1935.8 1冊 11×19cm
◇都城市勢要覧 昭和10年版(都城市編) 1935.8 23p 13×19cm
◇宮崎市勢一覧 昭和10年版(宮崎市編) 1935.8 1冊 13×20cm
◇横浜市統計書 第28回 昭和8年(横浜市編) 1935.8 1冊 23cm
◇旭川市勢要覧 昭和10年版(旭川市編) 1935.9 62,13p 19cm
◇朝日年鑑 昭和11年(朝日新聞社編) 1935.9 799p 20cm
◇尼崎市勢要覧 第17回(昭和10年版)(尼崎市編) 1935.9 5,228p 19cm+図1枚
◇宇治山田市勢要覧 昭和10年(宇治山田市編) 1935.9 76,15p 19cm
◇大阪港勢年報 昭和9年(大阪市港湾部編) 1935.9 2,52p 22cm
◇小樽市統計書 第30回 昭和9年(小樽市役所編) 1935.9 12,293p 22cm
◇開城府勢一斑 昭和10年(開城府編) 1935.9 6,70p 18cm
◇釜石町勢要覧 昭和10年版(釜石町編) 1935.9 17p 13×20cm
◇咸興府勢一斑［昭和10年刊］(咸興府編) 1935.9 7,71,13p 19cm
◇神田区勢要覧 昭和10年版(東京市神田区編) 1935.9 5,154p 19cm
◇[京都商工会議所]統計年鑑 昭和9年(京都商工会議所編) 1935.9 5,170p 26cm
◇[群山商工会議所]統計年鑑 昭和9年(群山商工会議所編) 1935.9 70p 22cm
◇国勢調査報告 昭和5年 第1巻 人口 体性 年令 配偶関係 出生地 民籍 国籍 世帯 居住(内閣統計局編) 1935.9 175p 27cm
◇時事年鑑 昭和11年(時事新報社編) 1935.9 810p 26cm
◇仙台商工会議所統計年報 昭和9年(仙台商工会議所編) 1935.9 4,138p 22cm
◇台北州要覧 昭和10年(台北州編) 1935.9 74p 17cm
◇高雄州要覧 昭和9年中(高雄州編) 1935.9 2,122p 16cm
◇徳島県統計書 昭和8年 第1編(徳島県編) 1935.9 3,242p 27cm
◇長岡商工会議所統計年報 第29次(昭和9年)(長岡商工会議所編) 1935.9 2,11,100p 15×22cm
◇長野県統計書 昭和9年 第6編(長野県編) 1935.9 104p 27cm
◇日本経済年誌 昭和10年版(全国経済調査機関聯合会編) 1935.9 1冊 22cm
◇兵庫県武庫郡精道村村勢要覧 昭和9年12月末現在(精道村編) 1935.9 1枚 18cm
◇弘前市勢一覧 昭和10年(弘前市編) 1935.9 [24]p 13×20cm
◇広島市勢一斑 第19回(昭和10年版)(広島市編) 1935.9 3,101p 19cm
◇毎日年鑑 昭和11年(大阪毎日新聞社編,東京日日新聞社編) 1935.9 560p 19cm
◇横須賀市統計書 昭和8年(横須賀市役所編) 1935.9 11,312p 22cm
◇労働統計要覧 昭和10年版(内閣統計局編) 東京統計協会 1935.9 6,297p 22cm
◇労働年鑑 昭和10年版(大島辰次郎編) 協調会 1935.9 6,477p 22cm
◇飯塚市勢要覧 昭和10年版(飯塚市編) 1935.10 12p 12×20cm
◇上田市商工年鑑 昭和10年版(上田商工会議所編) 1935.10 242p 20cm
◇鹿児島市勧業要覧 昭和10年(鹿児島市編) 1935.10 87p 19cm
◇基隆市教育要覧 昭和10年版(基隆市編) 1935.10 45p 22cm
◇基隆市社会事業要覧 昭和10年版(基隆市編) 1935.10 56p 23cm
◇京都府学事要覧 昭和10年6月1日現在(京都府学務部学務課編) 1935.10 7,133p 22cm
◇京城市勢一斑 昭和10年(京城府編) 1935.10 6,36p 11×19cm+図1枚
◇江原道道勢一斑 昭和10年(江原道編) 1935.10 144,12p 18cm
◇神戸市学事提要 昭和10年度(神戸市役所教育部編) 1935.10 6,96,22p 22cm
◇最近21ヶ年本邦在学者体位ノ変遷ニ就テ(文部大臣官房体育課編) 1935.10 50p 27cm
◇静岡市勢要覧 昭和10年刊行(静岡市編) 1935.10 [32]p 13×19cm
◇全国公立私立中学校ニ関スル諸調査 昭和9年10月1日現在(文部省普通学務局編) 1935.10 18,106p 26cm
◇全国市町村別面積調 昭和10年(内閣統計局編) 1935.10 97p 27cm
◇全州府勢概況［昭和10年刊］(全州編) 1935.10 29p 18cm

795

◇大東京年鑑 昭和11年版(中村舜二編) 大東京社 1935.10 801p 19cm

◇台北市概況［昭和10年刊］(台北市編) 1935.10 38p 13cm

◇台湾地方財政概要 昭和9年度(台湾総督府内務局編) 1935.10 135p 27cm

◇高雄市要覧 昭和10年版(高雄市編) 1935.10 107p 16cm

◇田畑売買価格及小作料調 昭和10年度(日本勧業銀行調査課編) 1935.10 14p 22cm

◇鶴岡市統計一班 昭和10年刊行(鶴岡市編) 1935.10 88p 19cm

◇大田府勢一班 昭和10年(大田府編) 1935.10 65p 18cm

◇鳥取県統計書 昭和9年 第3編(鳥取県編) 1935.10 2,169p 27cm

◇長崎商工会議所年報 昭和10年版(長崎商工会議所編) 1935.10 148p 23cm

◇奈良市勢要覧 昭和10年版(奈良市編) 1935.10 1冊 12×23cm

◇新潟県刈羽郡柏崎町勢概覧 昭和10年(柏崎町編) 1935.10 1枚 16cm

◇［博多商工会議所］統計年報 昭和10年(博多商工会議所編) 1935.10 97p 26cm

◇広島県統計書 昭和8年度 第2編(広島県編) 1935.10 347p 27cm

◇福山商工会議所統計年報 昭和9年(福山商工会議所編) 1935.10 43p 21cm

◇明石市勢一班 第16回(昭和9年)(明石市編) 1935.11 6,160p 18cm

◇石川県勢 昭和10年刊行(石川県編) 1935.11 242p 17cm

◇石川県勢一班 昭和10年版(石川県総務部編) 1935.11 ［46］p 11×20cm

◇板橋区勢要覧 昭和10年度版［東京市］板橋区編) 1935.11 96p 19cm

◇鹿児島市勢要覧 昭和9年(鹿児島市編) 1935.11 ［15］p 12×20cm

◇［鹿児島商工会議所］統計年報 昭和9年(鹿児島商工会議所編) 1935.11 2,177p 26cm

◇瓦斯事業要覧 昭和9年度(帝国瓦斯協会編) 1935.11 36p 31cm

◇管内電気事業要覧 第12回(札幌逓信局電気課編) 1935.11 132p 27cm

◇京都市財政要覧 昭和10年度(京都市財務部財務課編) 1935.11 306,7p 22cm

◇警視庁統計書 第44回 昭和9年(警視庁編) 1935.11 6,541p 27cm

◇高知市勢要覧 昭和10年版(高知市編) 1935.11 76p 19cm

◇神戸市工業調査 昭和10年(神戸市臨時商工調査部編) 1935.11 1293p 27cm

◇神戸市社会事業概況 昭和10年版(神戸市役所社会課編) 1935.11 1冊 22cm

◇国勢調査報告 昭和5年 第2巻 職業及産業(内閣統計局編) 1935.11 15,559p 27cm

◇国勢調査報告 昭和5年 第3巻 上 従業ノ場所(内閣統計局編) 1935.11 499p 27cm

◇国勢調査報告 昭和5年 第3巻 下 従業ノ場所(内閣統計局編) 1935.11 955p 27cm

◇静岡市統計書 第36回 昭和9年(静岡市役所編) 1935.11 208p 15cm

◇製鉄業参考資料 昭和10年6月調査(商工省鉱山局編) 日本鉄鋼協会 1935.11 2,135p 26cm

◇全国高等女学校実科高等女学校ニ関スル諸調査 昭和9年度(文部省普通学務局編) 1935.11 2,178p 26cm

◇帝国決算統計 昭和10年刊行(会計検査院長官房調査科編) 1935.11 6,430p 26cm

◇東京市工場統計速報 謄写版(東京市監査局統計課編) 1935.11 6p 26cm 東京市の状況

◇長崎市現勢要覧 昭和10年版(長崎市編) 1935.11 3,2,29p 13×20cm

◇日本農業年鑑 昭和11年版(富民協会編) 1935.11 368p 20cm

◇姫路市統計書 昭和10年版(姫路市役所) 1935.11 12,240p 22cm

◇宮崎県勢一覧 昭和9年(宮崎県編) 1935.11 1枚 20cm

◇［八幡市］産業要覧 昭和10年版(八幡市編) 1935.11 97p 19cm

◇融和事業年鑑 昭和10年版(中央融和事業協会編) 1935.11 1冊 22cm

◇横浜商工会議所年報 昭和10年(横浜商工会議所編) 1935.11 4,338p 26cm

◇愛知県勢要覧 昭和9年(愛知県編) 1935.12 1枚 20cm

◇青森県統計書 昭和9年 第1編 土地、戸口、其他(青森県編) 1935.12 2,121p 26cm

◇青森県統計書 昭和9年 第2編 教育、社寺兵事、社会事業(青森県編) 1935.12 2,121p 26cm

◇青森県統計書 昭和9年 第3編 産業(青森県編) 1935.12 3,246p 26cm

◇青森県統計書 昭和9年 第4編 警察、衛生(青森県編) 1935.12 2,69p 26cm

◇旭川商工会議所統計年報 昭和9年(旭川商工会議所編) 1935.12 149,3p 27cm

◇茨城県勢要覧 昭和10年版(茨城県総務部統計課編) 1935.12 4,127,94p 14cm

◇茨城県統計書 昭和9年 第3編 産業ノ部(茨城県編) 1935.12 3,230p 27cm

◇岩手県勢要覧 昭和10年版(岩手県総務部編) 1935.12 6,100,102p 15cm＋図1枚

◇愛媛県統計書 (昭和9年度)第3編(愛媛県編) 1935.12 105p 27cm

◇大阪市財政要覧 第18輯 昭和10年度(大阪市役所庶務部編) 1935.12 500p 22cm

◇［金沢商工会議所］統計年報 昭和9年(金沢商工会議所編) 1935.12 172p 26cm

◇樺太要覧 昭和10年(樺太庁編) 1935.12 15,371p 19cm＋図1枚

◇［咸鏡南道］道勢一班 昭和10年版(咸鏡南道編) 1935.12 115p 19cm

◇関東局国勢調査結果概数 昭和10年(関東局編) 1935.12 13p 26cm

◇基隆市勢一覧 昭和10年(基隆市編) 1935.12 1枚 21cm

◇桐生市ノ人口［昭和10年刊］(桐生市編) 1935.12 29p 23cm

◇倉敷市勢要覧 昭和10年版(倉敷市編) 1935.12 53p 19cm

◇警察統計報告 第11回 昭和10年12月刊行(内務省警保局編) 1935.12 2,185p 26cm

◇黄海道々勢一班 昭和10年(黄海道編) 1935.12 156,19p 18cm

◇甲府市統計書 第29回 昭和8年(甲府市役所編) 1935.12 8,155p 22cm

◇佐賀県勢要覧［昭和10年12月刊］(佐賀県総務部統計課編) 1935.12 57,24p 13cm

◇佐賀県統計書 昭和9年 第1編(佐賀県編) 1935.12 165p 26cm

◇佐賀県統計書 昭和9年 第3編(佐賀県編) 1935.12 267p 26cm

◇産業組合年鑑 第9回(昭和11年用)(産業組合中央会編) 1935.12 460p 22cm

◇島根県統計書 昭和8年 第3編(島根県編) 1935.12 2,2,209p 25cm

◇清水市勢要覧 昭和10年(清水市編) 1935.12 30p 12×19cm

◇商工省統計表 昭和9年(商工大臣官房統計課編) 東京統計協会 1935.12 14,230p 26cm

◇台中市概況 昭和10年版(台中市編) 1935.12 163p 16cm

◇大日本帝国内務省統計報告 第47回 昭和10年刊行(内務大臣官房文書課編) 1935.12 4,684p 26cm

◇地方財政概要 昭和10年度(台北州編) 1935.12 2,41p 26cm

◇朝鮮地方財政要覧 昭和9年度(朝鮮総督府内務局編) 1935.12 2,4,214p 26cm

◇帝国予算綱要 昭和11年度(大蔵省主計局編) 1935.12 65p 21cm

◇大邱府勢一斑 昭和10年(大邱府編) 1935.12 5,146p 18cm

◇東京市学事統計年報 第27回 昭和9年度(東京市役所編) 1935.12 6,113p 27cm

◇東京市財政概況 昭和10年度(東京市役所財務局編) 1935.12 219p 27cm

◇[東京市]芝区勢一斑 昭和10年版([東京市]芝区) 1935.12 81p 15cm

◇東京市社会局年報 第15回 昭和9年度(東京市社会局編) 1935.12 2,232p 22cm

◇東京市昭和10年国勢調査附帯調査速報 世帯及人口(東京市臨時国勢調査部編) 1935.12 6,6p 26cm

◇東京市青果市場年報 昭和9年度(東京市中央卸売市場編) 1935.12 55,48p 26cm

◇東京市養育院年報 第63回(昭和9年度)(東京市養育院編) 1935.12 2,219p 22cm

◇統計上より見たる広島県の地位 昭和10年版(広島県総務部統計課編) 1935.12 10,119p 13cm

◇徳島市勢要覧 [昭和10年刊](徳島市編) 1935.12 2,48p 13×20cm

◇徳山市勢要覧 昭和10年(徳山市編) 1935.12 1枚 23cm

◇鳥取県勢要覧 昭和10年版(鳥取県知事官房編) 1935.12 5,110,25p 15cm

◇富山市勢要覧 [昭和10年刊](富山市編) 1935.12 [20]p 11×19cm

◇[中野]区勢要覧 昭和10年10月([東京市]中野区編) 1935.12 6,100p 17cm+図1枚

◇名古屋市財政概要 昭和10年度(名古屋市役所編) 1935.12 184p 23cm

◇新潟商工会議所統計年報 昭和9年度(新潟商工会議所編) 1935.12 120p 26cm

◇西宮市勢要覧 昭和10年版(西宮市編) 1935.12 6,88p 20cm

◇日本帝国統計年鑑 第54回(内閣統計局編) 1935.12 8,467p 27cm

◇日本労働年鑑 昭和10年版(大原社会問題研究所編) 栗田書店 1935.12 1冊 23cm

◇姫路商工会議所統計年報 昭和9年(姫路商工会議所編) 1935.12 3,107p 27cm

◇広島県統計書 昭和8年 第4編(広島県編) 1935.12 2,162p 26cm

◇広島市統計書 第28回 昭和7年及8年(広島市役所編) 1935.12 15,437p 26cm

◇広島商工会議所統計年報 昭和10年(広島商工会議所編) 1935.12 2,152p 26cm

◇物価賃銀調査年報 昭和9年(関東局官房文書課編) 1935.12 160p 26cm

◇前橋市統計書 第28回 昭和8年(前橋市役所編) 1935.12 4,180p 22cm

◇宮崎県統計書 昭和9年(宮崎県編) 1935.12 8,879,53p 27cm

◇室蘭商工会議所統計年報 第9号 昭和9年(室蘭商工会議所編) 1935.12 102p 26cm

◇山形市統計一斑 昭和10年版(山形市役所編) 1935.12 7,202,16p 17cm

◇山口県統計書 昭和9年 第3編(山口県総務部統計課編) 1935.12 201p 27cm

◇山口県統計書 昭和9年 第4編(山口県総務部統計課編) 1935.12 2,102p 27cm

◇石川県勢一覧 [昭和9・10年](石川県編) 1936 1枚 20cm

◇上田市勢一覧 昭和11年刊行(上田市編) 1936 20p 19cm

◇大阪衛星都市に於ける工場調査(都市計画大阪地方委員会編) 1936 10p 26cm

◇[大阪市]電気事業成績調書 第38回 昭和10年度(大阪市電気局編) 1936 104,74p 23cm

◇大阪府工業年報 昭和11年(大阪府経済部工務課編) 1936 417p 22cm

◇鎌倉町勢要覧 昭和11年版(鎌倉町編) 1936 1冊 16×21cm

◇京都市財政概要 昭和11年度(京都市編) 1936 53p 23cm

◇京都市勢一斑 昭和11年度版(京都市編) 1936 1枚 22cm

◇[京都市]電気事業成績調書 昭和10年度(京都市電気局編) 1936 158,66p 22cm

◇桐生市勢一斑 昭和11年(桐生市編) 1936 15p 11×20cm

◇熊谷市勢要覧 昭和11年版(熊谷市編) 1936 1冊 10×19cm

◇久留米市勢要覧 昭和11年(久留米市編) 1936 [24]p 13×21cm

◇京畿道々勢一斑 昭和11年(京畿道編) 1936 [31]p 12×19cm

◇[神戸市]電気事業報告表 昭和10年度(神戸市電気局編) 1936 126,79p 22cm

◇下関商工会議所統計年表 昭和9年(下関商工会議所編) 1936 77p 27cm

◇昭和11年官公私立中学校入学状況調 昭和11年5月調(大阪市教育部編) 1936 21p 22cm

◇新宮市勢要覧 昭和11年版(新宮市編) 1936 1枚 20cm

◇世田谷区々勢一斑 昭和11年([東京市]世田谷区編) 1936 1枚 19cm

◇全国図書館ニ関スル調査 昭和11年4月現在(文部省社会教育局) 1936 136p 27cm

◇仙台市商工業調査書 謄写版(仙台市役所編) 1936 387p 26cm

◇[全羅南道]道勢一斑 昭和11年編纂(全羅南道編) 1936 60p 19cm+図1枚

◇大都市公企業統計年報 第5回(昭和9年度)(大都市調査統計協議会編) 1936 6,150p 26cm

◇台南市要覧 昭和10年度(台南市編) 1936 1枚 19cm

◇高田市産業要覧 昭和10年度(高田市編) 1936 1枚 18cm

◇中央図書館ニ関スル調査 昭和10年4月現在(文部省社会教育局編) 1936 35p 26cm

◇忠清南道々勢一斑 昭和11年(忠清南道編) 1936 8,104p 18cm

◇東京市各区歳入歳出決算書 昭和9年度 旧市部(東京市役所編) 1936 1冊 27cm

◇東京市各区歳入歳出決算書 昭和9年度 新市部(東京市役所編) 1936 1冊 27cm

◇東京市各経済歳入出決算 昭和10年度(東京市編) 1936 1冊 27cm

◇東京市下水道事業年報 第15回(昭和9年度)(東京市編) 1936 1冊 23cm

◇東京市歳入出予算 昭和11年度(東京市編) 1936 9,379p 22cm

◇東京市社会局年報 第16回 昭和10年度(東京市社会局編) 1936 75p 26cm

◇東京市小学校教員俸給調査表 昭和10年9月現在 謄写版([東京市]編) 1936 [72]p 28×40cm

◇東京市電気局事業大要 昭和11年3月(東京市電気局編) 1936 1枚 20cm

◇[東京市]電気事業成績調書 第25回 昭和10年度(東京市電気局編) 1936 201,52,23p 21cm

◇[東京市]埠頭年報 昭和10年（東京市港湾部編） 1936 55p 26cm

◇東京府会決議録 昭和11年（東京府編） 1936 411,338p 24cm 東京府歳入歳出予算

◇東京府歳入歳出決算書 昭和10年度（東京府編） 1936 1冊 29cm

◇東京府予算概要 昭和11年度（東京府編） 1936 38p 24cm

◇統計上ヨリ見タル高田市勢 ［昭和11年刊］（高田市編） 1936 27p 19×27cm

◇図書館一覧 昭和10年4月1日現在（文部省社会教育局編） 1936 69p 26cm

◇直江津統計年報 昭和11年調製（直江津商工会議所編） 1936 103p 23cm

◇[名古屋市]電気軌道営業統計報告書 昭和10年度（名古屋市電気局編） 1936 80p 22cm

◇日本赤十字社事業年報 昭和10年度（日本赤十字社編） 1936 195p 19cm

◇福岡市勢要覧 昭和11年（福岡市編） 1936 74p 13×20cm

◇平壌府勢一斑 昭和11年度（平壌府編） 1936 8,90p 18cm

◇満州及中華民国在留本邦人及外国人人口統計表 第28回 昭和10年12月末日現在（外務省東亜局編） 1936 3,145p 31cm

◇[横浜市]電気事業報告書 昭和10年度（横浜市電気局編） 1936 12p 29cm

◇岡山県治一覧 昭和11年刊行（岡山県総務部統計課編） 1936.1 1枚 19cm

◇熊本市統計書 第35回 昭和11年1月刊行（熊本市役所編） 1936.1 6,4,312p 26cm

◇甲府市勢一斑 昭和10年（甲府市編） 1936.1 28p 13×19cm

◇平町勢一斑 昭和11年（平町編） 1936.1 14p 11×20cm

◇敦賀町勢要覧 昭和10年版（敦賀町編） 1936.1 38p 15cm

◇東京府市町村勢要覧 昭和11年刊（東京府総務部編） 1936.1 188p 23cm

◇長野県統計書 昭和9年 第7編（長野県編） 1936.1 49p 27cm

◇日本都市年鑑 5（昭和11年用）（東京市政調査会編） 1936.1 21,811p 22cm

◇兵庫県統計書 昭和9年 上巻（兵庫県総務部調査課編） 1936.1 1冊 27cm

◇兵庫県統計書 昭和9年 下巻（兵庫県総務部調査課編） 1936.1 1冊 27cm

◇物価二十年（東洋経済新報社編） 1936.1 111p 26cm 東洋経済新報

◇馬山府府勢一斑 昭和10年（馬山府編） 1936.1 38p 19cm

◇門司市勢要覧 昭和10年度刊行（門司市編） 1936.1 10,176p 15cm

◇茨城県統計書 昭和9年 第4編 警察及衛生ノ部（茨城県編） 1936.2 2,120p 27cm

◇鹿児島市統計書 第24回 昭和9年（鹿児島市役所編） 1936.2 4,197p 22cm

◇近畿地方市町村別人口増減図 大正9年昭和5年（小牧実繁編，安藤鎧一編，大橋英男編） 京都帝国大学文学部地理学研究室 1936.2 56p 26cm

◇札幌商工会議所統計年報 第19回（札幌商工会議所編） 1936.2 82p 27cm

◇静岡市貨物集散概況 昭和9年（静岡市編） 1936.2 65p 27cm

◇選挙と統計（東京市監査局統計課編） 1936.2 23p 23cm

◇高松市勢要覧 昭和10年版（高松市編） 1936.2 170p 15cm

◇地方財政概要 昭和10年度（内務省地方局編） 1936.2 105p 26cm 全国都市問題会議会報

◇町村財政概要（京都府）昭和10年度（京都府総務部編） 1936.2 104p 26cm

◇東京市 普通経済予算参考書 昭和11年度（東京市役所編） 1936.2 7,500p 26cm

◇[東京市]予算概要 昭和11年度（東京市編） 1936.2 3,115p 26cm

◇長岡市勢要覧 昭和9年（長岡市編） 1936.2 5,141p 19cm

◇名古屋市有財産表 昭和10年11月末現在（名古屋市役所編） 1936.2 135p 27cm

◇[福井県]国勢調査概要 昭和10年 10月1日施行（福井県編） 1936.2 49p 23cm

◇[復興建築助成会社]営業報告書 第20期（昭和10年下半期）（復興建築助成会社編） 1936.2 9p 22cm

◇三重県統計書 昭和9年 第2編（三重県編） 1936.2 2,345p 27cm

◇米子市勢要覧 昭和10年版（米子市編） 1936.2 1冊 11×20cm

◇愛知県統計書 昭和9年 第1編 土地、戸口、其他（愛知県編） 1936.3 8,346p 26cm

◇秋田県統計書 第51回（昭和8年）第1編 土地、戸口及其他（秋田県編） 1936.3 1冊 27cm

◇秋田県統計書 第51回（昭和8年度）第3編 学事（秋田県編） 1936.3 2,82p 27cm

◇秋田県統計書 第52回（昭和9年）第2編 勧業（秋田県編） 1936.3 1冊 27cm

◇秋田県統計書 第52回（昭和9年度）第4編 警察（秋田県編） 1936.3 28,8p 27cm

△アパート居住者生計調査報告書 昭和11年（同潤会編） 1936.3 7,199p 27cm

◇茨城県統計書 昭和9年 第1編 土地戸口其ノ他ノ部（茨城県編） 1936.3 1,3,193p 27cm

◇茨城県統計書 昭和9年 第2編 学事ノ部（茨城県編） 1936.3 1,2,194p 27cm

◇岩手県統計書 昭和9年 第1編 土地及人口其他（岩手県編） 1936.3 3,212p 27cm

◇愛媛県勢要覧 昭和11年（愛媛県総務部統計課編） 1936.3 6,67,56p 19cm

◇大分県勢要覧 昭和11年3月刊行（大分県総務部統計課編） 1936.3 1枚 21cm

◇大分県統計書 昭和9年 第1編（大分県編） 1936.3 297p 27cm

◇大垣の産業 昭和10年版（大垣市編） 1936.3 124p 13×18cm

◇大阪市学事要覧 昭和10年度版（大阪市教育部編） 1936.3 305p 22cm

◇[大阪市立衛生試験所]事業成績概要 昭和10年（大阪市立衛生試験所編） 1936.3 4,334p 22cm

◇大阪府人口ノ速報 昭和10年（大阪府総務部統計課編） 1936.3 69p 22cm

◇大阪府統計書 昭和9年（大阪府編） 1936.3 930p 27cm

◇[大津商工会議所]統計年報 昭和9年（大津商工会議所編） 1936.3 73p 23cm

◇岡山県統計年報 昭和9年（岡山県編） 1936.3 2,10,785p 26cm

◇岡山市勢要覧 昭和9年分（岡山市編） 1936.3 3,70p 13×20cm

◇岡山市統計年報 昭和9年（岡山市役所編） 1936.3 7,259p 22cm

◇[岡山商工会議所]統計年報 昭和9年（岡山商工会議所編） 1936.3 5,201p 22cm

◇香川県統計書 昭和9年 第1編（香川県編） 1936.3 92p 27cm

◇家計調査報告 自昭和9年9月至昭和10年8月（内閣統計局編） 1936.3 4,259p 26cm

◇鹿児島県統計書 昭和9年 第1編 土地 気象 戸口 土木 交通 衛生 保険 警察 裁判 財政 議会 官公吏及文書 附録（鹿児島県編） 1936.3 3,219p 27cm

◇鹿児島県統計書 昭和9年 第2編 教育 社会事業 社寺及教会 兵事（鹿

児島県編) 1936.3 86p 27cm

◇鹿児島県統計書 昭和9年 第3編 農業 牧畜 林業 水産業 商業 工業 鉱業 銀行及金融(鹿児島県編) 1936.3 2,227p 27cm

◇火災消防統計書 第10回(内務省警保局編) 1936.3 42p 26cm

◇神奈川県統計書 昭和9年(神奈川県総務部統計調査課編) 1936.3 7,931p 23cm

◇[神奈川県]本県戸口の趨勢：統計パンフレット(神奈川県総務部編) 1936.3 94p 19cm

◇金沢市勢一覧(金沢市編) 1936.3 8,131,10p 15cm

◇金沢市統計書 昭和9年 自第1編至第7編合本(金沢市役所編) 1936.3 1冊 22cm

◇岐阜県統計書 第44回(昭和9年)第1巻(岐阜県編) 1936.3 86p 27cm

◇岐阜県統計書 第44回(昭和9年)第2巻(岐阜県編) 1936.3 105p 27cm

◇救護法に依る被救護世帯調査 昭和10年度(東京市社会局編) 1936.3 29,5p 27cm

◇京都市産業要覧 昭和11年版(京都市役所産業部商工課編) 1936.3 4,102p 23cm

◇京都市統計書 第26回(昭和9年)(京都市編) 1936.3 1冊 27cm

◇京都府統計書 昭和9年 第1編(京都府編) 1936.3 138p 26cm

◇京都府統計書 昭和9年 第2編(京都府編) 1936.3 97p 26cm

◇京都府統計書 昭和9年 第3編(京都府編) 1936.3 158p 26cm

◇京都府統計書 昭和9年 第4編(京都府編) 1936.3 150p 26cm

◇京都府統計書 昭和9年 第5編(京都府編) 1936.3 89p 26cm

◇熊本県統計書 第54回 昭和9年 第1編(熊本県編) 1936.3 2,100p 27cm

◇熊本県統計書 第54回 昭和9年 第2編(熊本県編) 1936.3 52p 27cm

◇熊本県統計書 第54回 昭和9年 第3編(熊本県編) 1936.3 3,168p 27cm

◇熊本県統計書 第54回 昭和9年 第4編(熊本県編) 1936.3 44p 27cm

◇熊本県統計書 第54回 昭和9年 第5編(熊本県編) 1936.3 232p 27cm

◇呉市勢一班 [昭和11年刊] (呉市編) 1936.3 139p 19cm

◇健康保険事業要覧 昭和9年度(社会局保険部編) 1936.3 38p 27cm

◇工業調査書 昭和8年(神奈川県編) 1936.3 14,121p 27cm

◇工業調査書 昭和9年(大阪府総務部統計課編) 1936.3 695p 27cm

◇工業調査書：名古屋市(名古屋市産業部編) 1936.3 4,999p 30cm

◇工場統計表 昭和9年(商工大臣官房統計課編) 東京統計協会 1936.3 12,5,1039p 27cm

◇高知県統計書 昭和9年 第4編(高知県編) 1936.3 128p 27cm

◇甲府市統計書 第30回 昭和9年(甲府市役所編) 1936.3 8,157p 22cm

◇神戸市商工要覧 昭和11年版(神戸市商工課編) 1936.3 188p 22cm

◇国勢調査結果概要 昭和10年(大阪府総務部編) 1936.3 49p 26cm

◇小倉市勢要覧 昭和10年版(小倉市編) 1936.3 9,84p 19cm

◇埼玉県統計書 昭和9年(埼玉県編) 1936.3 7,674p 26cm

◇堺市勢要覧 昭和10年版(堺市編) 1936.3 8,114,4p 19cm

◇佐賀県勢概要 昭和11年3月刊行(佐賀県総務部統計課編) 1936.3 4,43p 18cm

◇市街地信用組合概況 昭和9年度(大蔵省銀行局編) 1936.3 73p 26cm

◇滋賀県統計全書 昭和9年(滋賀県編) 1936.3 10,888,5p 22cm

◇市町村勢概要 昭和9年(埼玉県総務部統計課編) 1936.3 379p 21cm

◇失業者生活状態調査 昭和10年(横浜市社会課編) 1936.3 55p 23cm

◇実地調査の結果から見た農村の生活(大阪府学務部社会課編) 1936.3 4,300p 27cm

◇社会事業統計要覧 第14回(社会局社会部編) 1936.3 7,216p 22cm

◇出産、出生、死産及乳幼児死亡統計 昭和8年郡市支庁町村別(附 各道県乳児死亡情勢図)(愛育会編) 1936.3 167p 27cm

◇昭和10年国勢調査に現れた新潟市勢(新潟市編) 1936.3 24p 27cm

◇職業紹介事業要覧(福岡地方職業紹介事務局編) 1936.3 4,106p 22cm

◇全国災害概況 昭和10年(内務省土木局編) 1936.3 35p 26cm

◇大日本帝国港湾統計 昭和9年(内務省土木局港湾課編) 1936.3 10,451p 26cm+図1枚

◇台北市統計書 昭和9年(台北市役所編) 1936.3 9,170p 26cm

◇台湾地方財政概要 昭和10年度(台湾総督府内務局編) 1936.3 135p 27cm

◇千葉県勢要覧 昭和11年刊行(千葉県総務部統計課編) 1936.3 4,138p 15cm+図1枚

◇千葉県統計書 昭和9年 第2編(千葉県編) 1936.3 4,184p 27cm

◇千葉県統計書 昭和9年 第4編(千葉県編) 1936.3 2,172p 27cm

◇賃銀統計表 昭和9年及昭和10年(商工大臣官房統計課編) 1936.3 98p 26cm

◇東京市衛生試験所報告 第12回 昭和10年分 学術報告(東京市衛生試験所編) 1936.3 353p 22cm

◇東京市王子区勢要覧 昭和11年版(東京市王子区役所編) 1936.3 10,108p 19cm

◇東京市貨物集散調査書 昭和9年(東京市産業局編) 1936.3 2,2,162p 26cm

◇東京市教育概要 昭和10年度(東京市教育局編) 1936.3 5,135,68p 22cm

◇東京市麹町区教育要覧 昭和10年版([東京市]麹町区編) 1936.3 175p 19cm

◇[東京市]麹町区勢概要 昭和10年版([東京市]麹町区編) 1936.3 11,306p 19cm

◇東京市小口運送調査書 第1篇(東京市産業局庶務課編) 1936.3 3,172p 27cm

◇東京市産業統計年鑑 第7回(昭和11年版)(東京市編) 1936.3 2,5,811p 23cm

◇[東京市]下谷区勢一班 昭和10年度版([東京市]下谷区編) 1936.3 93p 19cm

◇東京市小工業調査(東京市社会局編) 1936.3 2,107p 27cm

◇東京市職業紹介成績年報 昭和11年3月(東京市社会局編) 1936.3 4,85p 22cm

◇東京市人口統計 第2回 昭和9年(東京市監査局統計課編) 1936.3 7,461p 27cm

◇東京市新市域不良住宅地区調査(東京市社会局編) 1936.3 54,339,49p 27cm

◇東京市統計年表 第32回 昭和9年(東京市役所編) 1936.3 2,950p 26cm

◇東京市内社会事業施設調査：東京市設ヲ除ク(東京市社会局編) 1936.3 8,340p 27cm

◇東京市内職調査 昭和10年度(東京市社会局編) 1936.3 2,105p 27cm

◇東京市農業調査書 第1分冊(東京市産業局編) 1936.3 4,71,5p 26cm

◇東京市立小学校後援会調査報告 第1輯(昭和10年度)(東京市教育局

統計書・年鑑　　　　都市問題・地方自治　調査研究文献要覧

◇庶務課教育調査室編）　1936.3　60,75p 26cm
◇統計上ヨリ見タル埼玉県ニ於ケル市町村ノ地位　第6回（埼玉県総務部統計課編）　1936.3 2,58,20p 15cm
◇統計選集（柳沢保恵述）　柳沢統計研究所　1936.3 349p 22cm　柳沢統計研究所季報
◇道路交通情勢調査報告書　昭和8、9、10年度実施（東京府土木部編）　1936.3 3,164p 26cm
◇特別衛生地区事業年報　昭和10年（東京市特別衛生地区保健館編）　1936.3 7,237p 22cm
◇栃木県勢要覧　昭和11年3月刊行（栃木県総務部統計課編）　1936.3 4,84,51p 17cm
◇鳥取県統計書［昭和9年］第1編（鳥取県編）　1936.3 3,205p 27cm
◇鳥取県統計書　昭和9年　第2編（鳥取県編）　1936.3 2,101p 26cm
◇鳥取市勢要覧　昭和11年版（鳥取市編）　1936.3［30］p 12×19cm
◇富山県統計書　昭和9年　第2編　産業（富山県編）　1936.3 1,210p 27cm
◇富山県統計書　昭和9年　第4編　警察（富山県編）　1936.3 192p 27cm
◇長崎県統計書　昭和9年　第1編　土地戸口其他（長崎県編）　1936.3 147p 27cm
◇長崎県統計書　昭和9年　第2編　教育（長崎県編）　1936.3 102p 27cm
◇長崎県統計書　昭和9年　第3編　産業（長崎県編）　1936.3 386p 27cm
◇名古屋市勧業要覧　第20回　昭和9年（名古屋市産業部商工課編）　1936.3 7,21,208p 23cm+図1枚
◇名古屋市統計書　第36回（昭和9年）（名古屋市編）　1936.3 1冊 23cm
◇那覇市勢一覧　昭和10年版（那覇市編）　1936.3 1枚 20cm
◇新潟県統計書　昭和9年（新潟県編）　1936.3 9,708p 26cm
◇日本統計学会年報　第5年（日本統計学会編）　1936.3 196p 24cm
◇年金恩給業務状況　昭和11年3月調（逓信省貯金局編）　1936.3 77p 22cm
◇［福井県］市町村勢の概要　昭和11年刊（福井県総務部編）　1936.3 30p 27cm
◇［福井県］市町村の産業［昭和11年刊］（福井県編）　1936.3 21p 27cm
◇福井県統計書　昭和9年　第1編　土地及戸口等（福井県編）　1936.3 88p 27cm
◇福井県統計書　昭和9年　第2編　学事（福井県編）　1936.3 2,100p 26cm
◇福井県統計書　昭和9年　第3編　産業（福井県編）　1936.3 2,156p 26cm
◇福井県統計書　昭和9年　第4編　警察衛生等（福井県編）　1936.3 2,59p 26cm
◇福岡県統計書　昭和8年9年　第4編（福岡県編）　1936.3 220p 27cm
◇物価統計表　昭和10年（商工大臣官房統計課編）　1936.3 129p 26cm
◇前橋市勢要覧　昭和11年版（前橋市編）　1936.3 1冊 11×20cm
◇三重県勢要覧　昭和9年（三重県総務部統計課編）　1936.3 148p 13cm
◇三重県統計書　昭和9年　第3編（三重県編）　1936.3 2,230p 27cm
◇宮城県統計書　昭和9年　第1編　土地、人口、財政、其他（宮城県総務部統計課編）　1936.3 10,157,9p 27cm
◇宮城県統計書　昭和9年　第3編　教育（宮城県総務部統計課編）　1936.3 2,120p 27cm
◇山口県勢一斑　昭和9年（山口県総務部統計課編）　1936.3 224p 16cm
◇山口県統計書　昭和10年　第2編（山口県総務部統計課編）　1936.3 4,167p 27cm
◇山梨県統計書　昭和9年　第4編　財政其他（山梨県編）　1936.3 4,133p 27cm
◇六大都市産業別昼間人口（内閣統計局編）　1936.3 3,491p 26cm
◇六大都市社会事業要覧（大阪市社会部編）　1936.3 67p 22cm　社会部報告
◇和歌山市統計書　自昭和5年至昭和9年（和歌山市役所編）　1936.3 9,224p 20cm
◇一宮市勢要覧　昭和11年版（一宮市編）　1936.4 6,87p 20cm
◇大分市勢要覧　昭和10年版（大分市編）　1936.4 9,169p 19cm
◇大阪市統計書　第33回　昭和9年（大阪市役所編）　1936.4 1冊 23cm
◇川崎市勢要覧　昭和10年版（川崎市編）　1936.4 9,130,21p 13cm
◇岐阜県勢要覧　昭和10年（岐阜県編）　1936.4［16］,10p 11×19cm
◇金融経済統計　自昭和元年至昭和10年（日本勧業銀行調査課編）　1936.4 2,171p 26cm
◇群馬県勢要覧　昭和11年版（群馬県総務部統計課編）　1936.4 1枚 19cm
◇経済統計年鑑　第2回　昭和11年版（ダイヤモンド社編）　1936.4 19,548p 19cm
◇神戸市衛生施設要覧　第3回　昭和11年刊（神戸市役所衛生課編）　1936.4 4,130,37p 22cm
◇商業調査書　昭和8年（神奈川県編）　1936.4 8,312p 23cm
◇地方経済統計年報　昭和9年度（南満洲鉄道株式会社地方部庶務課編）　1936.4 13,20,433p 26cm
◇銚子市勢一覧　昭和11年版（銚子市編）　1936.4［21］p 13×20cm
◇統計上より観たる岐阜県の地位　昭和10年版（岐阜県編）　1936.4 73p 18cm
◇道府県営業税一覧　昭和11年度（内務省地方局編）　1936.4 5p 26cm
◇道府県歳入歳出予算　昭和11年度（内務省地方局編）　1936.4 15p 27cm
◇道府県雑種税一覧　昭和11年度（内務省地方局編）　1936.4 9p 27cm
◇富山県勢要覧［昭和11年刊］（富山県編）　1936.4［42］p 10×19cm
◇日本帝国文部省年報　第58　昭和5年度　上巻（文部省編）　1936.4 579p 26cm
◇日本帝国文部省年報　第58　昭和5年度　下巻（文部省編）　1936.4 44,182p 26cm
◇日本帝国文部省年報　第59　昭和6年度　上巻（文部省編）　1936.4 10,587p 26cm
◇日本帝国文部省年報　第59　昭和6年度　下巻（文部省編）　1936.4 7,432,186p 26cm
◇府県税及北海道地方税課率対照表　昭和11年度　昭和10年度（内務省地方局編）　1936.4 3p 26cm
◇澎湖庁要覧［昭和11年刊］（澎湖庁編）　1936.4 153p 16cm
◇水俣町勢一覧　昭和11年発行（水俣町編）　1936.4［20］p 13×20cm
◇盛岡市統計一斑　昭和9年（盛岡市編）　1936.4 12,181p 17cm
◇山梨県統計書　昭和9年　第1編　土地・気象・戸口（山梨県編）　1936.4 103,16p 27cm
◇山梨県統計書　昭和9年　第3編　教育（山梨県編）　1936.4 15,114p 27cm
◇横浜港湾統計年報　第7回（昭和10年）（横浜市土木局編）　1936.4 231p 27cm
◇労働統計概説　第14回（昭和10年）（日本銀行調査局編）　1936.4 65,14p 23cm
◇大阪市結核予防施設概況　昭和10年（大阪市保健部編）　1936.5 90p 22cm
◇大阪市勢要覧　昭和11年版（大阪市役所産業部庶務課編）　1936.5 129,44p 13cm

800

◇岡谷市勢要覧 昭和11年刊（岡谷市編） 1936.5 46p 13×19cm

◇沖縄県統計書 昭和9年 第1編 内務（沖縄県編） 1936.5 2,148p 27cm

◇樺太町村政一斑 昭和11年度予算（樺太庁編） 1936.5 27p 27cm

◇群馬県統計書 昭和9年 勧業の部（群馬県総務部統計課編） 1936.5 3,197p 27cm

◇群馬県統計書 昭和9年 人口及雑之部（群馬県総務部統計課編） 1936.5 96p 27cm

◇郡山市勢要覧 ［昭和11年刊］（郡山市編） 1936.5 18p 13×20cm

◇下諏訪町勢一覧 昭和11年5月調（下諏訪町編） 1936.5 32p 19cm

◇上海市年鑑 上 中華民国25年（上海市通志館編） 中華書局 1936.5 1冊 19cm

◇消防年報 昭和10年（警視庁消防部消防課編） 1936.5 79p 27cm

◇職業紹介年報 昭和9年（中央職業紹介事務局編） 1936.5 6,141, 20p 27cm

◇人口動態概況 昭和11年1月中 謄写版（東京市監査局統計課編） 1936.5 13p 26cm 東京市の状況

◇選挙統計：昭和11年2月20日施行衆議院議員総選挙 上巻 神田・本所・世田谷（東京市監査局統計課編） 1936.5 15,33p 26cm

◇津山市勢要覧 昭和11年版（津山市編） 1936.5 ［26］p 12×20cm

◇東京市赤坂区勢要覧 昭和10年（東京市赤坂区編） 1936.5 8,101p 20cm

◇東京市水道事業年報 昭和9年度（東京市役所編） 1936.5 128p 27cm

◇東京府統計書 昭和9年（東京府編） 1936.5 1065p 27cm

◇［名古屋］市勢要覧 ［昭和11年刊］（名古屋市編） 1936.5 64p 18cm

◇奈良県統計書 昭和9年（奈良県編） 1936.5 10,730p 27cm

◇広島県概況 昭和11年版（広島県編） 1936.5 294,96p 19cm

◇山梨県統計書 昭和9年 第2編 勧業（山梨県編） 1936.5 6,211p 27cm

◇横浜市勢要覧 昭和11年版（横浜市役所編） 1936.5 87p 16cm

◇横浜市統計書 第29回 昭和11年刊行（昭和9年）（横浜市編） 1936.5 1冊 23cm

◇和歌山市勢要覧 昭和11年版（和歌山市編） 1936.5 1冊 9×14cm

◇愛媛県統計書 （昭和9年度）第4編（愛媛県編） 1936.6 110p 27cm

◇大阪市中央卸売市場年報 第4回 昭和10年（大阪市中央卸売市場編） 1936.6 119p 26cm

◇大津市勢要覧 昭和10年版（大津市庶務課編） 1936.6 35p 13×20cm

◇沖縄県統計書 昭和8年 第2編 学事（沖縄庁編） 1936.6 15,77p 27cm

◇小樽市勢要覧 昭和11年版（小樽市編） 1936.6 ［28］p 11×19cm

◇尾道市勢要覧 昭和10年版（尾道市編） 1936.6 6,92,8p 20cm

◇香川県統計書 昭和9年 第3編（香川県編） 1936.6 255p 27cm

◇［京都商工会議所］統計年報 昭和10年（京都商工会議所編） 1936.6 4,168p 26cm

◇釧路市 昭和11年（釧路市編） 1936.6 70p 23cm

◇桑名町勢要覧 昭和11年版（桑名町編） 1936.6 125p 18cm

◇群馬県統計書 昭和9年 警察及衛生之部（群馬県編） 1936.6 88p 27cm

◇群馬県統計書 昭和9年 財政之部（群馬県編） 1936.6 85p 27cm

◇高知県統計書 昭和9年 第3編（高知県編） 1936.6 73p 27cm

◇国勢調査中間報 昭和10年 世帯及人口（樺太庁編） 1936.6 39p 27cm

◇山林要覧 第7次（農林省山林局編） 1936.6 281p 16cm

◇人口動態概況 昭和11年2月中 謄写版（東京市監査局統計課編） 1936.6 17p 26cm 東京市の状況

◇全国高等女学校実科高等女学校ニ関スル諸調査 昭和10年度（文部省普通学務局編） 1936.6 2,178p 26cm

◇全国公立私立中学校ニ関スル諸調査 昭和10年10月1日現在（文部省普通学務局編） 1936.6 19,125p 26cm

◇大正九年及昭和五年国勢調査産業別人口の比較（内閣統計局編） 1936.6 95p 23cm

◇［東京市］麻布区勢一班 昭和11年度（［東京市］麻布区編） 1936.6 164p 16cm

◇東京市昭和10年国勢調査附帯調査速報 町丁別人口及普通世帯（東京市臨時国勢調査部編） 1936.6 43p 26cm

◇東京市日用品調査書 第1編（東京市産業局庶務課編） 1936.6 65, 69p 27cm

◇東洋経済経済年鑑 第20回（昭和11年度）（東洋経済新報社編） 1936.6 1冊 26cm

◇徳島県統計書 昭和9年 第3編（徳島県編） 1936.6 2,230p 27cm

◇都市と自殺者 謄写版（東京市監査局統計課編） 1936.6 17p 26cm

◇名古屋商工会議所統計年報 昭和10年（乙）（名古屋商工会議所編） 1936.6 1,380p 26cm

◇日本社会事業年鑑 昭和10年版（中央社会事業協会編） 1936.6 10, 340,171p 22cm

◇野付牛町勢 昭和11年版（野付牛町編） 1936.6 14p 13×18cm

◇浜松市勢要覧 昭和11年版（浜松市編） 1936.6 78p 15cm

◇物価賃銀調査年報 昭和10年（関東局官房文書課編） 1936.6 168p 26cm

◇浮浪者に関する調査・水上生活者に関する調査：東京市昭和10年国勢調査附帯調査（東京市臨時国勢調査部編） 1936.6 51p 22cm

◇秋田県勢提要 昭和11年刊行（秋田県編） 1936.7 9,113p 18cm

◇足利市勢要覧 昭和11年（足利市編） 1936.7 ［12］p 10×20cm

◇帯広市勢要覧 昭和11年版（帯広市編） 1936.7 55p 18cm

◇貝塚町勢要覧 昭和11年版（貝塚町編） 1936.7 134p 19cm

◇検査報告 昭和9年度（会計検査院長官房調査科編） 1936.7 1冊 21cm

◇光州府勢一班 昭和11年（光州府編） 1936.7 28p 10×19cm

◇高知市勢要覧 昭和11年版（高知市編） 1936.7 79p 19cm

◇国民保健ニ関スル統計（内務省衛生局編） 1936.7 85p 21cm

◇三条市勢要覧 昭和11年版（三条市編） 1936.7 ［30］p 13×19cm

◇［新義州］府勢一覧 昭和11年（新義州府編） 1936.7 34p 18cm

◇清津府勢一班 昭和11年（清津府編） 1936.7 ［37］p 10×19cm

◇東京市人口動態速報 昭和10年 出生 死産 死亡（東京市編） 1936.7 27p 23cm

◇東京府財政概要 昭和11年7月刊（東京府編） 1936.7 2,95p 23cm

◇名古屋市貨物集散統計年報 第15回（昭和10年）（名古屋市産業部庶務課編） 1936.7 140p 26cm

◇名古屋商工会議所統計年報 昭和10年（甲）（名古屋商工会議所編） 1936.7 4,166p 26cm

◇［奈良県］市町村財政概要 ［昭和11年刊］（奈良県地方課編） 1936.7 30p 23cm 市町村財務研究資料

◇要保護世帯の生活状態調査（神戸市社会課編） 1936.7 22,411p 27cm

◇愛媛県統計書 （昭和9年度）第2編（愛媛県編） 1936.8 109p 27cm

◇釜石町勢要覧 昭和11年版（釜石町編） 1936.8 22p 13×20cm

◇国勢調査世帯及人口 昭和10年（関東局編） 1936.8 29p 26cm

◇最近の大泊 ［昭和11年刊］（大泊町編） 1936.8 69p 19cm

◇実行予算の要領 昭和11年度(日本銀行調査局編) 1936.8 3,106p 23cm

◇上海市年鑑 下 中華民国25年(上海市通志館編) 中華書局 1936.8 1冊 19cm

◇上水道統計 第25号(水道協会編) 1936.8 631p 23cm

◇人口動態概況 昭和11年4月中 謄写版(東京市監査局統計課編) 1936.8 16p 26cm 東京市の状況

◇田畑売買価格及小作料調 昭和11年度(日本勧業銀行調査課編) 1936.8 2,15p 22cm

◇地方教育財政一斑 昭和11年刊(文部省普通学務局編) 1936.8 29, 4p 26cm

◇鶴岡市統計一斑 昭和11年刊行(鶴岡市編) 1936.8 85p 19cm

◇[東京市荏原]区勢要覧 昭和11年版([東京市]荏原区編) 1936.8 12,98p 13cm

◇東京市勢提要 第23回 昭和11年刊(東京市役所編) 1936.8 9,281p 15cm

◇統計に現れたる福岡県の地位(福岡県総務部統計課編) 1936.8 4, 138p 13cm

◇徳島県統計書 昭和9年 第1編(徳島県編) 1936.8 3,243p 27cm

◇徳島県統計書 昭和9年 第2編(徳島県編) 1936.8 3,156p 27cm

◇富山市統計書 昭和9年(富山市役所編) 1936.8 12,247p 19cm

◇豊原町勢要覧 [昭和11年刊](豊原町編) 1936.8 [28]p 11×20cm

◇名古屋市衛生施設概要 昭和11年(名古屋市保健部編) 1936.8 4, 129p 22cm

◇沼津市勢一斑 昭和11年(沼津市編) 1936.8 18,42p 11×20cm

◇[浜松商工会議所]統計年報 第33回(浜松商工会議所編) 1936.8 131p 21cm

◇秋田市勢要覧 [昭和11年刊](秋田市編) 1936.9 24p 13×19cm

◇旭川市勢要覧 昭和11年版(旭川市編) 1936.9 40,21p 13×19cm

◇開城府勢一斑 昭和11年(開城府編) 1936.9 6,72p 18cm

◇川口市勢要覧 昭和11年(川口市編) 1936.9 76p 19cm

◇[咸興府]府営事業施設概要 昭和11年(咸興府編) 1936.9 59p 19cm

◇基隆市社会事業要覧 昭和11年版(基隆市編) 1936.9 57p 23cm

◇京都市財政要覧 昭和11年度(京都市役所財務部財務課編) 1936.9 328,15p 22cm

◇京都府学事要覧 昭和11年5月1日現在(京都府学務部学務課編) 1936.9 7,133p 22cm

◇神戸市電気事業要覧 第15回(昭和8・9年度)(神戸市電気局編) 1936.9 89p 26cm

◇人口動態概況 昭和11年上半期 謄写版(東京市監査局統計課編) 1936.9 23p 26cm 東京市の状況

◇地方学校職員待遇調査 [昭和11年刊](文部省普通学務局編) 1936.9 60p 19cm

◇大邱府勢一斑 昭和11年(大邱府編) 1936.9 6,156p 18cm

◇東京市財政概況 昭和11年度(東京市役所財務局編) 1936.9 302p 27cm

◇東京市登録労働者副業調査(東京市社会局編) 1936.9 84p 27cm

◇日本社会衛生年鑑 昭和11年版(倉敷労働科学研究所編) 1936.9 7, 309p 27cm

◇平塚市勢要覧 昭和11年版(平塚市編) 1936.9 [22]p 13×20cm

◇平安南道要覧 昭和11年版(平安南道編) 1936.9 11,154p 19cm+図1枚

◇北海道概況 昭和11年(北海道庁編) 1936.9 18,394,28p 23cm+図1枚

◇北海道庁統計書 第46回(昭和9年)第3巻 学事之部(北海道編) 1936.9 4,148p 27cm

◇北海道統計書 第46回(昭和9年)第1巻 土地戸口其ノ他(北海道編) 1936.9 4,182p 27cm

◇朝日年鑑 昭和12年(朝日新聞社編) 1936.10 800p 20cm

◇尼崎市現勢一覧 昭和11年版(尼崎市編) 1936.10 62p 13×19cm

◇今治市統計要覧 昭和11年度編纂(今治市編) 1936.10 186p 19cm

◇入寄留者道府県外地外国別世帯人口調(桐生市編) 1936.10 4p 23cm

◇宇治山田市勢要覧 昭和11年(宇治山田市編) 1936.10 76,15p 19cm

◇宇部市勢要覧 昭和11年版(宇部市編) 1936.10 116p 15cm

◇愛媛県統計書 (昭和8年)第1編(愛媛県編) 1936.10 124p 27cm

◇小樽商工会議所統計年報 第39回(昭和10年)(小樽商工会議所編) 1936.10 12,230p 26cm

◇嘉義市要覧 [昭和11年刊](嘉義市編) 1936.10 83p 20cm

◇瓦斯事業要覧 昭和10年度(帝国瓦斯協会編) 1936.10 37p 31cm

◇金沢市市勢調査 昭和10年10月1日現在(金沢市編) 1936.10 106p 27cm

◇花連港庁要覧 [昭和11年刊](花連港庁編) 1936.10 44p 18cm

◇京城府勢一斑 昭和11年版(京城府編) 1936.10 7,119p 15cm

◇神戸港大観 [昭和9年 昭和10年](神戸市土木部港湾課編) 1936.10 370p 22cm

◇神戸市商業調査書 昭和11年(神戸市臨時商工調査部編) 1936.10 6,1143p 27cm

◇時事年鑑 昭和12年版(時事新報社編) 1936.10 820p 27cm

◇清水市の産業 昭和11年版(清水市編) 1936.10 63,16p 19cm+図1枚

◇昭和11年徴兵検査に表れた東京市壮丁の体格状況(東京市監査局統計課編) 1936.10 11p 23cm

◇全国実業学校ニ関スル諸調査 昭和9年10月1日現在(文部省実業学務局編) 1936.10 133p 26cm

◇台中市管内概況 昭和11年(台中市編) 1936.10 14,169p 16cm

◇大東京年鑑 昭和12年版(中村舜二編) 大東京社 1936.10 809p 19cm

◇高田市勢要覧 昭和11年版(高田市編) 1936.10 [20]p 14×21cm

◇茅ヶ崎町勢一覧 [昭和11年刊](茅ヶ崎町編) 1936.10 [27]p 19cm

◇朝鮮地方財政要覧 昭和10年度(朝鮮総督府内務局編) 1936.10 2, 4,216p 26cm

◇帝国決算統計 昭和11年刊行(会計検査院長官房調査科編) 1936. 10 6,432p 26cm

◇東京市推計人口 昭和11年 謄写版(東京市監査局統計課編) 1936.10 9p 26cm

◇長岡商工会議所統計年報 第30次(昭和10年)(長岡商工会議所編) 1936.10 3,44,102p 15×22cm

◇日本都市年鑑 6(昭和12年用)(東京市政調査会編) 1936.10 18, 944p 22cm

◇弘前市勢一覧 昭和11年版(弘前市編) 1936.10 [22]p 13×19cm

◇屏東市勢要覧 昭和11年版(屏東市編) 1936.10 150p 15cm

◇北海道及樺太経済統計要覧 昭和11年版(北海道拓殖銀行調査課編) 1936.10 3,113p 27cm

◇明石市勢一斑 第17回(昭和10年版)(明石市編) 1936.11 9,154, 14p 20cm

◇[石巻]市勢要覧 昭和11年刊行(石巻市編) 1936.11 6,88p 16cm

◇大阪市財政要覧 第19輯 昭和11年度(大阪市役所財務部編) 1936.

◇鹿児島市勢要覧 昭和11年版(鹿児島市編) 1936.11 18p 12×18cm
◇[金沢商工会議所]統計年報 昭和10年(金沢商工会議所編) 1936.11 169p 26cm
◇樺太町村財政一斑 昭和10年度決算(樺太庁編) 1936.11 24p 27cm
◇川崎市勢要覧 昭和11年版(川崎市) 1936.11 9,93,39p 15cm
◇基隆市勢一覧 昭和11年(基隆編) 1936.11 1枚 21cm
◇熊本県勢一覧 昭和11年版(熊本県編) 1936.11 1枚 20cm
◇警察統計報告 第12回 昭和11年11月刊行(内務省警保局編) 1936.11 2,189p 26cm
◇警視庁防疫年鑑 昭和10年(警視庁衛生部編) 1936.11 11,189p 22cm
◇神戸市財政要覧 昭和11年度(神戸市役所財務課編) 1936.11 166p 22cm
◇国勢調査報告 昭和10年 第2巻 府県編 富山県(内閣統計局編) 1936.11 43p 27cm
◇国勢調査報告 昭和10年 第3巻 市町村別人口(内閣統計局編) 1936.11 281p 27cm
◇佐賀県統計書 昭和10年 第4編(佐賀県編) 1936.11 84p 26cm
◇下関商工会議所統計年報 昭和10年(下関商工会議所) 1936.11 3,98p 27cm
◇新京商工会議所統計年報 昭和9年(新京商工会議所編) 1936.11 1,4,99p 22cm
◇人口動態概況 昭和11年8月中 謄写版(東京市監査局統計課編) 1936.11 18p 26cm 東京市の状況
◇仁川府勢一斑 昭和11年(仁川府編) 1936.11 6,154p 19cm
◇新竹市要覧 [昭和11年刊](新竹市編) 1936.11 1枚 19cm
◇製鉄業参考資料 昭和11年6月調査(商工省鉱山局編) 日本鉄鋼協会 1936.11 2,157p 26cm
◇大大阪年鑑 昭和12年度(大都市協会編) 1936.11 18,676p 19cm
◇敦賀町勢要覧 昭和11年版(敦賀町編) 1936.11 38p 15cm
◇大田府勢一斑 昭和11年度(大田府編) 1936.11 107p 18cm
◇東京市向島区勢要覧 昭和11年度([東京市]向島区編) 1936.11 15,133p 19cm
◇東京商工会議所統計年報 昭和11年(東京商工会議所編) 1936.11 6,312p 27cm
◇徳島市勢要覧 昭和11年版(徳島市編) 1936.11 52p 11×20cm
◇名古屋市勧業要覧 第21回 昭和11年版(名古屋市産業部庶務課編) 1936.11 8,27,237p 22cm+図1枚
◇日本農業年鑑 昭和12年(富民協会編) 1936.11 406p 20cm
◇姫路市統計書 昭和11年版(姫路市役所編) 1936.11 12,243p 22cm
◇藤沢町勢要覧 昭和11年(藤沢町編) 1936.11 23p 13×19cm
◇平安北道勢一斑 昭和11年(平安北道編) 1936.11 61p 18cm
◇毎日年鑑 昭和12年(大阪毎日新聞社編,東京日日新聞社編) 1936.11 479p 19cm
◇前橋市統計書 第29回 昭和9年(前橋市役所編) 1936.11 4,181p 22cm
◇馬山府勢一斑 昭和11年(馬山府編) 1936.11 56p 19cm
◇水戸市勢要覧 [昭和10年度](水戸市編) 1936.11 49p 12×18cm
◇宮崎市勢一覧 昭和11年版(宮崎市編) 1936.11 1冊 13×19cm
◇[八幡市]産業要覧 昭和11年版(八幡市編) 1936.11 91p 25cm
◇横浜商工会議所年報 昭和11年(横浜商工会議所編) 1936.11 4,348p 26cm
◇労働統計要覧 昭和11年版(内閣統計局編) 東京統計協会 1936.11 6,241p 22cm
◇六大都市予算調査資料 昭和11年度 謄写版(東京市財務局主計課編) 1936.11 114p 28×40cm
◇愛知県勢要覧 昭和10年(愛知県編) 1936.12 1枚 20cm
◇青森市勢一覧表 昭和11年(青森市編) 1936.12 1枚 19cm
◇青森市統計書 昭和10年(青森市役所編) 1936.12 8,310p 22cm
◇板橋区勢要覧 [昭和11年刊]([東京市]板橋区編) 1936.12 96p 19cm
◇岩手県勢要覧 昭和12年版(岩手県総務部編) 1936.12 6,104,102p 15cm
◇愛媛県統計書 (昭和10年度)第3編(愛媛県編) 1936.12 108p 27cm
◇小田原要覧 昭和11年版(小田原町編) 1936.12 36p 13×20cm
◇[尾道商工会議所]統計年報 昭和10年版(尾道商工会議所編) 1936.12 58p 21cm
◇嘉義市勢一覧 昭和11年版(嘉義市編) 1936.12 [14]p 13×18cm
◇熊本市勢要覧 昭和11年版(熊本市編) 1936.12 3,30p 11×19cm
◇警視庁統計書 第45回 昭和10年(警視庁編) 1936.12 6,541p 27cm
◇京城府財政要覧 昭和11年度(京城府編) 1936.12 2,59p 22cm
◇神戸市社会事業要覧 昭和11年版(神戸市社会課編) 1936.12 1冊 22cm
◇神戸市勢要覧 第17回(昭和11年版)(神戸市編) 1936.12 126,49p 13cm
◇国勢調査報告 昭和10年 第2巻 府県編 鹿児島県(内閣統計局編) 1936.12 35p 27cm
◇堺市勢要覧 昭和11年版(堺市編) 1936.12 8,115,4p 19cm
◇佐賀県統計書 昭和10年 第1編(佐賀県編) 1936.12 165p 26cm
◇佐賀県統計書 昭和10年 第2編(佐賀県編) 1936.12 147p 26cm
◇佐賀県統計書 昭和10年 第3編(佐賀県編) 1936.12 268p 26cm
◇札幌商工会議所統計年報 第20回(札幌商工会議所編) 1936.12 109p 27cm
◇[三条市]産業統計書 昭和11年版(三条市編) 1936.12 35p 20cm
◇上海市統計 民国25年編 第2次補充材料(上海市地方協会編) 1936.12 159p 27cm
◇乗客調査十年史(東京市電気局編) 1936.12 59p 26cm
◇商工省統計表 昭和10年(商工大臣官房統計課編) 東京統計協会 1936.12 14,240p 26cm
◇台北市概況 [昭和11年刊](台北市編) 1936.12 40p 13cm
◇高岡市勢要覧 [昭和11年刊](高岡市編) 1936.12 [30]p 12×20cm
◇千葉県統計書 昭和10年 第3編(千葉県編) 1936.12 2,193p 27cm
◇地方財政概要 昭和11年度(台北州編) 1936.12 2,41p 26cm
◇帝国予算綱要 昭和12年度(大蔵省主計局編) 1936.12 87p 21cm
◇[東京市]芝区勢一斑 昭和11年版([東京市]芝区編) 1936.12 87p 15cm
◇東京市水道事業年報 昭和10年度(東京市役所編) 1936.12 136p 26cm
◇東京府市町村勢要覧 [昭和11年12月刊](東京府総務部編) 1936.12 191p 23cm
◇東京府中等学校要覧 昭和11年12月刊行(東京府総務部調査課編) 1936.12 56p 22cm
◇徳山市勢要覧 昭和11年(徳山市編) 1936.12 35p 19cm
◇豊橋市統計書 第5回(豊橋市役所編) 1936.12 6,241p 22cm
◇長岡市勢要覧 昭和11年刊(長岡市編) 1936.12 5,144p 19cm
◇長崎市現勢要覧 昭和11年版(長崎市編) 1936.12 3,2,30p 13×

◇中津市勢要覧 昭和10年12月末現在(中津市編) 1936.12 69p 18cm
◇名古屋工場要覧 昭和12年版(名古屋商工会議所編) 1936.12 28,270p 21cm
◇名古屋市財政概要 昭和11年度(名古屋市役所編) 1936.12 196p 23cm
◇奈良市勢要覧 昭和11年版(奈良市編) 1936.12 1冊 12×22cm
◇新潟商工会議所統計年報 昭和10年度(新潟商工会議所編) 1936.12 120p 27cm
◇日本帝国統計年鑑 第55回(内閣統計局編) 1936.12 8,467p 27cm
◇函館商工会議所統計年報 昭和10年(函館商工会議所編) 1936.12 374p 27cm
◇兵庫県統計書 昭和10年 上巻(兵庫県総務部調査課編) 1936.12 1冊 27cm
◇兵庫県統計書 昭和10年 下巻(兵庫県総務部調査課編) 1936.12 1冊 27cm
◇広島県統計書 昭和9年 第3編(広島県編) 1936.12 283p 27cm
◇広島港勢一斑 昭和11年版(広島市編) 1936.12 4,145p 19cm
◇広島市社会事業要覧(広島市教育部社会課編) 1936.12 59p 22cm
◇広島市勢一斑 第20回(昭和11年版)(広島市編) 1936.12 3,97p 19cm
◇北平市統計覧要(北平市政府秘書処編) 1936.12 113,35p 26cm
◇前橋市勢要覧 昭和11年12月(前橋市編) 1936.12 1冊 11×20cm
◇松阪市勢要覧 昭和11年版(松阪市編) 1936.12 38p 11×20cm
◇宮崎県統計書 昭和10年(宮崎県編) 1936.12 8,935,21p 27cm
◇融和事業年鑑 昭和11年版(中央融和事業協会編) 1936.12 1冊 22cm
◇労働統計実地調査報告 昭和8年 第2巻 鉱山の部(内閣統計局編) 1936.12 103p 26cm
◇労働年鑑 昭和11年版(河原田稼吉編) 協調会 1936.12 7,627,30p 23cm
◇若松市勢要覧[福岡県] 昭和11年版(若松市(福岡県)編) 1936.12 90p 19cm
◇和歌山市勧業統計要覧 昭和11年版(和歌山市編) 1936.12 6,156p 18cm
◇石川県勢一覧 [昭和10・11年](石川県編) 1937 1枚 22cm
◇大阪港概観 昭和12年版(大阪税関編) 1937 212p 19cm
◇[大阪市]電気局事業成績調書 第39回 昭和11年度(大阪市電気局編) 1937 110,77p 23cm
◇小樽市勢要覧 昭和12年版(小樽市編) 1937 [30]p 11×19cm
◇京都市勢一斑 昭和12年度版(京都市編) 1937 1枚 21cm
◇[京都市]税務概要 昭和12年度(京都市財政部編) 1937 92p 22cm
◇[京都市]電気事業成績調書 昭和11年度(京都市電気局編) 1937 174,68p 22cm
◇京都府勢一覧 昭和12年版(京都府総務部統計課編) 1937 1枚 20cm
◇桐生市勢一斑 昭和12年(桐生市編) 1937 16p 11×20cm
◇京畿道々勢一斑 昭和12年(京畿道編) 1937 [32]p 12×19cm
◇交通統制ニ関スル統計資料 謄写版(京都市編) 1937 1冊 27cm
◇神戸市学事提要 昭和11年度(神戸市役所教育部編) 1937 7,107,22p 22cm
◇[神戸市]電気事業報告書 昭和11年度(神戸市電気局編) 1937 154,88p 22cm
◇堺市負債調書 謄写版(堺市編) 1937 10p 26cm
◇市町村財政概要(山口県) 昭和12年度(山口県編) 1937 99p 25cm

◇青年学校青年学校教員養成所ニ関スル調査 昭和10年11月1日現在(文部省社会教育局編) 1937 46p 26cm
◇青年学校同教員養成所ニ関スル調査 昭和11年4月末日現在(文部省社会教育局編) 1937 70p 26cm
◇世田谷区々勢一班 昭和12年([東京市]世田谷区編) 1937 1枚 19cm
◇選挙統計:昭和11年2月20日施行衆議院議員総選挙 下巻補遺(東京市役所編) 1937 11,35p 26cm
◇全国私立中学校高等女学校実科高等女学校経費ニ関スル調査 昭和8年5月1日現在(文部省普通学務局編) 1937 63p 26cm
◇[全羅南道]道勢一班 昭和12年編纂(全羅南道編) 1937 59p 19cm+図1枚
◇大都市公企業統計年報 第6回(昭和10年度)(大都市調査統計協議会編) 1937 6,164p 26cm
◇台南市要覧 昭和11年度(台南市編) 1937 1枚 19cm
◇忠清南道々勢一班 昭和12年(忠清南道編) 1937 8,108p 18cm
◇忠清北道道勢一班 昭和12年(忠清北道編) 1937 1冊 13×20cm
◇東京市各区歳入歳出決算書 昭和10年度 旧市部 上(東京市役所編) 1937 1冊 28cm
◇東京市各区歳入歳出決算書 昭和10年度 旧市部 下(東京市役所編) 1937 1冊 28cm
◇東京市各区歳入歳出決算書 昭和10年度 新市部 上(東京市役所編) 1937 1冊 28cm
◇東京市各区歳入歳出決算書 昭和10年度 新市部 下(東京市役所編) 1937 1冊 31cm
◇東京市各経済歳入出決算 昭和11年度(東京市編) 1937 1冊 27cm
◇東京市歳入出予算 昭和12年度(東京市編) 1937 11,401,24p 22cm
◇東京市社会局年報 第17回 昭和11年度(東京市社会局編) 1937 85,12p 26cm
◇[東京市]電気事業成績調書 第26回 昭和11年度(東京市電気局編) 1937 196,52,23p 21cm
◇東京市都市交通統計資料 (第2回)昭和11年度(東京市電気局編) 1937 5,300p 22cm
◇[東京市]埠頭年報 昭和11年(東京市港湾部編) 1937 58p 26cm
◇東京市療養所年報 第16回 昭和11年(東京市療養所編) 1937 3,110p 22cm
◇東京府会決議録 昭和12年(東京府編) 1937 409,361p 24cm 東京府歳入歳出予算
◇東京府歳入歳出決算書 昭和11年度(東京府編) 1937 1冊 29cm
◇東京府 市区町村予算概要 昭和13年度(東京府編) 1937 6,157p 22cm
◇図書館一覧 昭和11年4月1日現在(文部省社会教育局編) 1937 103p 26cm
◇直江津統計年報 昭和12年調製(直江津商工会議所編) 1937 95p 23cm
◇[名古屋市]電気軌道営業統計報告書 昭和11年度(名古屋市電気局編) 1937 99p 22cm
◇日本赤十字社事業年報 昭和11年度(日本赤十字社編) 1937 201p 19cm
◇福島市勢一覧 昭和12年調査(福島市編) 1937 1枚 18cm
◇満洲国及中華民国在留本邦人及外国人人口統計表 第29回 昭和11年12月末日現在(外務省東亜局編) 1937 3,160p 31cm
◇旅客輸送量調査(東京府編) 1937 3,169p 26cm 東京緑地計画調査彙報
◇和歌山市勢要覧 昭和12年版(和歌山市編) 1937 1冊 9×14cm
◇茨城県統計書 昭和10年 第2編 学事ノ部(茨城県編) 1937.1 1,2,192p 27cm
◇大阪市水道部事業報告 第23回(昭和10年度)(大阪市水道部編)

1937.1 98p 22cm

◇樺太要覧 昭和11年(樺太庁編) 1937.1 15,372p 19cm+図1枚

◇熊本県統計書 第55回 昭和10年 第3編(熊本県編) 1937.1 3,168p 27cm

◇国勢調査報告 昭和10年 第2巻 府県編 青森県(内閣統計局編) 1937.1 37p 27cm

◇産業組合年鑑 第10回(昭和12年用)(産業組合中央会編) 1937.1 491p 22cm

◇市街地信用組合概況 昭和10年度(大蔵省銀行局編) 1937.1 73p 26cm

◇人口動態概況 昭和11年10月中 謄写版(東京市監査局統計課編) 1937.1 26p 26cm 東京市の状況

◇[東京市]予算概要 昭和12年度(東京市編) 1937.1 3,21,93p 26cm

◇統計上全国都市ニ於ケル川口市ノ地位 第1回(川口市統計課編) 1937.1 2,23p 15cm

◇鳥取県勢要覧 昭和11年版(鳥取県総務部統計課編) 1937.1 7,154, 22p 17cm

◇名古屋市有財産表 昭和11年10月末日現在(名古屋市役所編) 1937.1 133p 27cm

◇日本労働年鑑 昭和11年版(大原社会問題研究所編) 栗田書店 1937.1 1冊 23cm

◇広島市統計書 第29回 昭和9年(広島市役所編) 1937.1 15,394, 27p 23cm

◇門司市勢要覧 昭和11年度刊行(門司市編) 1937.1 10,178p 15cm

◇八幡浜市勢要覧 [昭和12年刊](八幡浜市) 1937.1 55p 13×20cm

◇横須賀市勢要覧 昭和11年版(横須賀市編) 1937.1 46,4p 15cm

◇米子市勢要覧 昭和11年版(米子市編) 1937.1 1冊 11×20cm

◇愛媛県統計書 (昭和9年度)第1編(愛媛県編) 1937.2 124p 27cm

◇愛媛県の人口 [昭和12年刊](愛媛県総務部統計課編) 1937.2 38p 18cm

◇王子区勢要覧 昭和12年版(東京市王子区役所編) 1937.2 10,120p 19cm

◇大阪市設社会事業要覧 昭和11年11月(大阪市社会部庶務課編) 1937.2 105p 22cm

◇岡山市勢要覧 昭和10年分(岡山市編) 1937.2 3,74p 13×20cm

◇火災消防統計書 第11回(内務省警保局編) 1937.2 42p 26cm

◇神奈川県工場便覧 昭和12年度版(横浜商工会議所編) 1937.2 17, 341p 22cm

◇岐阜県統計書 第45回 昭和10年 第4巻 警察之部(岐阜県編) 1937.2 47p 27cm

◇熊本県統計書 第55回 昭和10年 第1編(熊本県編) 1937.2 2,100p 27cm

◇高知県勢要覧 昭和10年(高知県編) 1937.2 1枚 19cm

◇国勢調査報告 昭和10年 第2巻 府県編 東京府(内閣統計局編) 1937.2 59p 27cm

◇国民保健ニ関スル統計資料：本文(日本学術振興会編) 1937.2 46p 26cm

◇最近の和歌山県 昭和12年版(和歌山県総務部統計課編) 1937.2 1冊 17cm

◇佐賀県勢要覧 昭和12年2月刊行(佐賀県総務部統計課編) 1937.2 4,38p 18cm

◇清水市勢要覧 昭和11年版(清水市編) 1937.2 30p 13×19cm

◇出産・出生・死産及乳幼児死亡統計 昭和8年市区町村別(附 各府県別乳児死亡情勢図 全国道府県並市別乳児死亡情勢図)(愛育会編) 1937.2 285p 27cm

◇新京商工会議所統計年報 昭和10年(新京商工会議所編) 1937.2 1, 4,131p 22cm

◇台北市統計書 昭和10年(台北市役所編) 1937.2 9,172p 26cm+ 図1枚

◇高雄市要覧 昭和11年版(高雄市編) 1937.2 119p 16cm

◇高松市勢要覧 昭和11年版(高松市編) 1937.2 140p 15cm

◇千葉県統計書 昭和10年 第5編(千葉県編) 1937.2 2,91p 27cm

◇地方財政概要 昭和11年度(内務省地方局編) 1937.2 105p 26cm 全国都市問題会議会報

◇東京市教育概要 昭和11年度(東京市教育局編) 1937.2 146,65,4p 23cm

◇徳島県統計書 昭和10年 第3編(徳島県編) 1937.2 2,234p 27cm

◇栃木県統計書 昭和10年 第4編 警察 衛生(栃木県編) 1937.2 2, 74p 26cm

◇長崎県統計書 昭和10年 第4編 警察・衛生・行刑(長崎県編) 1937.2 139p 27cm

◇福島県統計書 昭和10年 警察(福島県警察部編) 1937.2 3,1,143p 26cm

◇前橋市統計書 第30回 昭和10年(前橋市役所編) 1937.2 4,179p 22cm

◇山形市統計一班 昭和11年版(山形市役所編) 1937.2 7,165,16p 17cm

◇青森県統計書 昭和10年 第1編 土地、戸口、其他(青森県編) 1937.3 2,125p 26cm

◇青森県統計書 昭和10年 第2編 教育、社寺兵事、社会事業(青森県編) 1937.3 2,130p 26cm

◇青森県統計書 昭和10年 第4編 警察、衛生(青森県編) 1937.3 2, 67p 26cm

◇茨城県統計書 昭和10年 第1編 土地戸口其ノ他ノ部(茨城県編) 1937.3 1,3,189p 27cm

◇岩手県統計書 昭和10年 第3編 産業 其ノ1(岩手県編) 1937.3 206p 27cm

◇大分県治一斑 昭和10年(大分県総務部統計課編) 1937.3 192,50p 15cm

◇大分県勢の展望 昭和12年版(大分県総務部統計課編) 1937.3 1枚 21cm

◇大垣の産業 昭和11年版(大垣市編) 1937.3 152p 13×18cm

◇大阪市労働統計実地調査概要 第5回(大阪市社会部編) 1937.3 74, 63p 22cm 社会部報告

◇大阪府人口ノ速報 昭和11年(大阪府総務部統計課編) 1937.3 63p 22cm

◇大阪府統計書 昭和10年(大阪府編) 1937.3 955p 26cm

◇岡山県統計年報 昭和10年(岡山県編) 1937.3 2,10,771p 26cm

◇[岡山商工会議所]統計年報 昭和10年(岡山商工会議所編) 1937.3 3,139p 27cm

◇沖縄県統計書 昭和10年 第3編 産業(沖縄県編) 1937.3 277p 27cm

◇鹿児島県統計書 昭和10年 第1編 土地 気象 戸口 土木 交通 衛生 保険 警察 裁判 財政 議会 官公吏及文書 附録(鹿児島県編) 1937.3 3,223p 27cm

◇鹿児島県統計書 昭和10年 第2編 教育 社会事業 社寺及教会 兵事(鹿児島県編) 1937.3 86p 27cm

◇鹿児島県統計書 昭和10年 第3編 農業 牧畜 林業 水産業 商業 工業 鉱業 銀行及金融(鹿児島県編) 1937.3 2,227p 27cm

◇鹿児島市統計書 第25回 昭和10年(鹿児島市役所編) 1937.3 4, 201p 23cm

◇神奈川県統計書 昭和10年(神奈川県編) 1937.3 1079p 27cm

◇金沢市勢一覧 昭和10年(金沢市編) 1937.3 1冊 15cm

◇金沢市統計書 昭和10年(金沢市役所編) 1937.3 18,538p 23cm

◇唐津市勢要覧 昭和11年度（唐津市編）　1937.3 134p 19cm

◇岐阜県勢の概要 昭和11年版（岐阜県総務部統計課編）　1937.3 2,303p 18cm

◇岐阜県統計書 第45回 昭和10年 第3巻（岐阜県編）　1937.3 60p 27cm

◇岐阜県統計書 第45回 昭和10年 第5巻 衛生之部（岐阜県編）　1937.3 40p 27cm

◇岐阜県統計書 第45回 昭和10年 第2巻 前編（岐阜県編）　1937.3 105p 27cm

◇岐阜県統計書 第45回 昭和10年 第2巻 後編（岐阜県編）　1937.3 83p 27cm

◇京都市統計書 第27回（昭和10年）（京都市編）　1937.3 1冊 26cm

◇京都市労働統計実地調査 第5回（京都市編）　1937.3 3,158p 27cm

◇京都府治要覧 昭和10年（京都府総務部統計課編）　1937.3 191p 17cm

◇京都府統計書 昭和10年 第1編（京都府編）　1937.3 138p 26cm

◇京都府統計書 昭和10年 第2編（京都府編）　1937.3 95p 26cm

◇京都府統計書 昭和10年 第3編（京都府編）　1937.3 158p 26cm

◇京都府統計書 昭和10年 第4編（京都府編）　1937.3 148p 26cm

◇京都府統計書 昭和10年 第5編（京都府編）　1937.3 89p 26cm

◇熊本県統計書 第55回 昭和10年 第2編（熊本県編）　1937.3 56p 27cm

◇熊本県統計書 第55回 昭和10年 第4編（熊本県編）　1937.3 44p 27cm

◇熊本県統計書 第55回 昭和10年 第5編（熊本県編）　1937.3 232p 27cm

◇熊本市統計書 第36回 昭和12年3月刊行（熊本市役所編）　1937.3 6,4,261p 26cm

◇［群山商工会議所］統計年報 昭和10年（群山商工会議所編）　1937.3 70p 22cm

◇郡市聯合青年団現況調査 昭和10年度（大日本聯合青年団調査部編）　1937.3 17,96p 26cm

◇工場統計表 昭和10年（商工大臣官房統計課編）　東京統計協会　1937.3 41,1033,6p 27cm

◇神戸市産業要覧 昭和12年刊行（神戸市役所産業課編）　1937.3 194p 23cm

◇国勢調査報告 昭和10年 第2巻 府県編 大阪府（内閣統計局編）　1937.3 65p 27cm

◇［埼玉県］国勢調査報告 昭和10年（埼玉県総務部統計課編）　1937.3 34p 22cm

◇埼玉県統計書 昭和10年（埼玉県編）　1937.3 7,699p 26cm

◇滋賀県統計全書 昭和10年（滋賀県編）　1937.3 10,886,5p 22cm

◇市町村勢概要 昭和10年（埼玉県総務部統計課編）　1937.3 379p 21cm

◇小学校卒業（退学）児童就業状況調査 昭和11年3月（東京府学務部職業課編）　1937.3 144p 22cm　職業問題参考資料

◇台湾地方財政概要 昭和11年度（台湾総督府内務局編）　1937.3 135p 27cm

◇高岡市統計書 昭和11年刊行（高岡市役所編）　1937.3 8,151p 19cm

◇千葉県統計書 昭和10年 第1編（千葉県編）　1937.3 2,210p 26cm

◇千葉県統計書 昭和10年 第2編（千葉県編）　1937.3 4,189p 27cm

◇千葉県統計書 昭和10年 第4編（千葉県編）　1937.3 2,131p 27cm

◇朝鮮国勢調査 昭和10年 府邑面別常住人口（朝鮮総督府編）　1937.3 32p 26cm

◇賃銀統計表 昭和11年（商工大臣官房統計課編）　1937.3 96p 26cm

◇東京市足立区勢要覧 ［昭和12年刊］（［東京市］足立区編）　1937.3 10,141p 17cm

◇東京市学事統計年報 第28回 昭和10年度（東京市役所編）　1937.3 6,114p 27cm

◇東京市貨物集散調査書 昭和10年（東京市産業局編）　1937.3 2,40,40p 31cm

◇東京市京橋区勢要覧 昭和12年版（東京市京橋区編）　1937.3 20,160p 19cm

◇東京市産業統計年鑑 第8回（昭和12年版）（東京市編）　1937.3 2,5,685p 23cm

◇東京市小工場調査書（東京市産業局庶務課編）　1937.3 30,135p 26cm

◇東京市人口統計 第3回 昭和10年（東京市監査局統計課編）　1937.3 8,397p 27cm

◇東京市中央卸売市場年報 第1回（昭和10年度）（東京市編）　1937.3 173p 27cm

◇東京市統計年表 第33回 昭和10年（東京市役所編）　1937.3 956p 26cm

◇東京市養育院年報 第64回（昭和10年度）（東京市養育院編）　1937.3 145,25p 26cm

◇東京市立小学校卒業児童の進学状況調査 昭和11年度（東京市教育局庶務課教育調査室編）　1937.3 90p 26cm　東京市教育局教育調査報告

◇東京市労働統計実地調査 第5回 結果概要（東京市編）　1937.3 48,107p 26cm

◇東京府会社要覧 昭和10年（東京府総務部調査課編）　1937.3 6,87,36p 26cm

◇統計上ヨリ見タル埼玉県ニ於ケル市町村ノ地位 第7回（埼玉県総務部統計課編）　1937.3 2,60,20p 15cm

◇鳥取県統計書 昭和10年 第1編（鳥取県編）　1937.3 3,205p 27cm

◇鳥取市勢要覧 昭和12年版（鳥取市編）　1937.3 ［30］p 12×19cm

◇富山県統計書 昭和10年 第1編 土地・戸口・其他（富山県編）　1937.3 276p 27cm

◇富山県統計書 昭和10年 第2編 産業（富山県編）　1937.3 1,213p 27cm

◇富山県統計書 昭和10年 第3編 学事（富山県編）　1937.3 160p 27cm

◇富山県統計書 昭和10年 第4編 警察（富山県編）　1937.3 174p 27cm

◇長崎県勢要覧 昭和10年（長崎県総務部統計課編）　1937.3 55p 11×20cm

◇長崎県統計書 昭和10年 第1編 土地・戸口其他（長崎県編）　1937.3 147p 27cm

◇長崎県統計書 昭和10年 第2編 教育（長崎県編）　1937.3 88p 27cm

◇長崎県統計書 昭和10年 第3編 産業（長崎県編）　1937.3 386p 27cm

◇長崎市現勢要覧 昭和12年版（長崎市編）　1937.3 3,2,30p 13×19cm

◇長野県統計書 昭和10年 第1編（長野県編）　1937.3 76,20p 27cm

◇長野県統計書 昭和10年 第4編（長野県編）　1937.3 147p 27cm

◇長野県統計書 昭和10年 第5編（長野県編）　1937.3 79p 27cm

◇長野県統計書 昭和10年 第7編（長野県編）　1937.3 79p 27cm

◇［名古屋］市勢要覧 ［昭和12年版］（名古屋市編）　1937.3 6,147p 16cm

◇名古屋市統計書 第37回（昭和10年）（名古屋市編）　1937.3 1冊 23cm

◇新潟県統計書 昭和10年（新潟県編）　1937.3 9,706p 27cm

◇日本橋区勢要覧 第6回 昭和12年（日本橋区役所編）　1937.3 257p 19cm

◇広島県統計書 昭和9年 第1編 其ノ1（広島県編） 1937.3 107p 27cm
◇広島県統計書 昭和9年 第1編 其ノ2（広島県編） 1937.3 2,260p 27cm
◇福井県勢 昭和12年版（福井県編） 1937.3 1枚 18cm
◇福岡県統計書 昭和10年 第1編（福岡県編） 1937.3 503p 27cm
◇物価統計表 昭和11年（商工大臣官房統計課編） 1937.3 129p 26cm
◇別府市要覧 昭和11年（別府市編） 1937.3 94p 19cm
◇法定伝染病統計 自大正13年至昭和9年（内務省衛生局編） 1937.3 10,188p 26cm
◇北海道庁統計書 第46回（昭和9年）第2巻 勧業之部（北海道編） 1937.3 9,401p 27cm
◇松山商工会議所統計年報 第8次（昭和10年）（松山商工会議所編） 1937.3 113p 23cm
◇三重県勢覧 昭和10年（三重県総務部統計課編） 1937.3 148p 13cm
◇宮城県治一班 第50回（宮城県統計課編） 1937.3 4,125,33p 19cm
◇宮城県統計書 昭和10年 第1編 土地、人口、財政、其他（宮城県総務部統計課編） 1937.3 10,157,7p 27cm
◇山口県統計書 昭和10年 第1編（山口県総務部統計課編） 1937.3 159p 27cm
◇山梨県統計書 昭和10年 第2編 勧業（山梨県編） 1937.3 6,213p 27cm
◇山梨県統計書 昭和10年 第3編 教育（山梨県編） 1937.3 16,114p 27cm
◇山梨県統計書 昭和10年 第4編 財政其他（山梨県編） 1937.3 4,163p 27cm
◇要保護世帯調査 昭和11年（横浜市社会課編） 1937.3 163p 26cm
◇横浜市人口動態統計 昭和11年（横浜市編） 1937.3 28p 22cm
◇労働統計実地調査概要 ［第5回］（昭和11年10月10日現在）（栃木県総務部編） 1937.3 48p 22cm
◇労働統計実地調査結果表 第5回（昭和11年10月10日）（京都府総務部統計課編） 1937.3 86p 23cm
◇労働統計実地調査ノ概要 第5回（昭和11年10月10日）（大阪府総務部編） 1937.3 41,78,26p 22cm
◇労働統計実地調査報告 昭和8年 第1巻 工場の部（内閣統計局編） 1937.3 505p 26cm
◇［宇部商工会議所］統計年報 昭和12年版（宇部商工会議所編） 1937.4 100p 22cm
◇愛媛県勢覧 昭和12年刊行（愛媛県総務部統計課編） 1937.4 6,68,55p 19cm
◇大阪市結核予防施設概況 昭和11年（大阪市保健部編） 1937.4 117p 22cm
◇大阪市統計書 第34回 昭和10年（大阪市役所編） 1937.4 1冊 23cm
◇沖縄県勢覧 昭和12年版（沖縄県総務部統計課編） 1937.4 105,[33]p 15cm+図1枚
◇岐阜市勢一覧 昭和10年（岐阜市編） 1937.4 50p 19cm
◇京都市産業要覧 昭和12年版（京都市役所産業部商工課編） 1937.4 4,161p 22cm
◇国勢調査報告 昭和10年 第2巻 府県編 新潟県（内閣統計局編） 1937.4 65p 27cm
◇台南州要覧 ［昭和12年刊］（台南州編） 1937.4 4,151p 18cm
◇大日本帝国港湾統計 昭和10年（内務省土木局港湾課編） 港湾協会 1937.4 10,473p 26cm+図1枚
◇高田市要覧 昭和12年版（高田市編） 1937.4 [20]p 14×21cm
◇東京市職業紹介成績年報 昭和12年3月（昭和11年）（東京市社会局編） 1937.4 6,85p 22cm

◇東京市に於ける中小商業金融実地調査 昭和11年（国政研究会編） 1937.4 4,127p 27cm
◇東京市被救護幼者調査 昭和11年11月現在（東京市社会局編） 1937.4 77p 27cm
◇東京府工場要覧 昭和10年（東京府総務部調査課編） 1937.4 1冊 26cm
◇東京府予算に関する調査資料 第1部 昭和12年度予算より見たる府の財政 第2部 府市財政比較 謄写版（東京市財務局主計課編） 1937.4 68p 27cm
◇道府県営業税一覧 昭和12年度（内務省地方局編） 1937.4 5p 26cm
◇道府県歳入出予算 昭和12年度（内務省地方局編） 1937.4 15p 27cm
◇道府県雑種税一覧 昭和12年度（内務省地方局編） 1937.4 9p 27cm
◇［中野］区勢要覧 昭和12年版（［東京市］中野区編） 1937.4 4,128p 17cm
◇長野市要覧 昭和11年（長野市編） 1937.4 24p 11×19cm
◇西宮市社会事業要覧 ［昭和12年刊］（西宮市編） 1937.4 92p 23cm
◇日本帝国文部省年報 第60 昭和7年度 上巻（文部省編） 1937.4 9,623p 26cm
◇日本帝国文部省年報 第60 昭和7年度 下巻（文部省編） 1937.4 6,440,184p 26cm
◇日本統計学会年報 第6年（日本統計学会編） 1937.4 176p 24cm
◇彦根市勢要覧 昭和12年版（彦根市編） 1937.4 32p 19cm
◇福岡県勢要覧 昭和12年（福岡県統計課編） 1937.4 1枚 19cm
◇福知山市勢一覧 昭和12年刊（福知山市編） 1937.4 1枚 27cm
◇福山商工会議所統計年報 昭和10年（福山商工会議所編） 1937.4 46p 21cm
◇府県税及北海道地方税課率対照表 昭和11年度 昭和12年度（内務省地方局） 1937.4 6p 26cm
◇水俣町勢一覧 昭和12年発行（水俣町編） 1937.4 [21]p 13×20cm
◇三原市勢要覧 昭和11年度版（三原市編） 1937.4 82p 16cm
◇盛岡市勢要覧 昭和12年版（盛岡市編） 1937.4 6,80p 15×21cm
◇山梨県統計書 昭和10年 第1編 土地・気象・戸口（山梨県編） 1937.4 111,16p 27cm
◇横浜港湾統計年報 第8回（昭和11年）（横浜市土木局編） 1937.4 230p 27cm
◇労働統計実地調査概要 第5回（昭和11年10月10日）（名古屋市調査課編） 1937.4 13,72,7p 26cm
◇青森県統計書 昭和10年 第3編 産業（青森県編） 1937.5 3,248p 26cm
◇青森市勢一覧 昭和12年版（青森市編） 1937.5 1冊 13×19cm
◇旭川市統計書 昭和11年（旭川市役所編） 1937.5 6,196p 23cm
◇朝日経済年史 昭和12年版（朝日新聞社経済部編） 1937.5 382p 23cm
◇大阪市勢要覧 昭和12年版（大阪市役所産業部庶務課編） 1937.5 157,65p 13cm
◇沖縄県統計書 昭和10年 第1編 内務（沖縄県編） 1937.5 2,148p 26cm
◇沖縄県統計書 昭和10年 第4編 警察及衛生之部（沖縄県編） 1937.5 71p 27cm
◇樺太町村財政一斑 昭和12年度予算（樺太庁編） 1937.5 27p 27cm
◇咸鏡北道勢一斑 昭和11年（咸鏡北道編） 1937.5 12,274p 15cm+図1枚
◇倉敷市要覧 昭和11年版（倉敷市編） 1937.5 53p 19cm
◇群馬県市町村別統計書 昭和10年（群馬県編） 1937.5 75p 27cm
◇群馬県統計書 昭和10年 第3編 産業（群馬県総務部統計課編）

◇経済統計年鑑 第3回 昭和12年版(ダイヤモンド社編) 1937.5 20, 595p 19cm

◇健康保険事業要覧 昭和10年度(社会局保険部編) 1937.5 40p 27cm

◇昭和9年中に於ける出稼者に関する調査概要(社会局社会部編) 1937.5 4,140p 27cm

◇人口動態概況 昭和12年1月中 謄写版(東京市監査局統計課編) 1937.5 15p 26cm 東京市の状況

◇大日本帝国内務省統計報告 第48回 昭和11年刊行(内務大臣官房文書課編) 1937.5 4,704p 27cm

◇津山市勢要覧 昭和12年版(津山市編) 1937.5 [28]p 12×20cm

◇東京市結核死亡統計 謄写版(東京市監査局統計課編) 1937.5 32p 26cm 東京市人口調査資料

◇東京市人口動態速報 昭和11年(東京市監査局統計課編) 1937.5 34p 23cm

◇東京府統計書 昭和10年(東京府編) 1937.5 1205p 27cm

◇東洋経済経済年鑑 第21回(昭和12年度)(東洋経済新報社編) 1937.5 24,565p 26cm

◇名古屋商工会議所統計年報 昭和11年(甲)(名古屋商工会議所編) 1937.5 4,170p 26cm

◇奈良県統計書 昭和10年(奈良県編) 1937.5 9,26,734p 27cm

◇新潟県勢一斑 昭和10年(新潟県総務部統計課編) 1937.5 398p 16cm

◇能代港町町勢一覧 [昭和12年刊](能代港町編) 1937.5 1冊 11×20cm

◇横浜市商業調査書 昭和8年7月1日現在(横浜市産業課編) 1937.5 533p 28cm

◇横浜市統計書 第30回(昭和10年)(横浜市編) 1937.5 1冊 23cm

◇労働統計実地調査概要 第5回(昭和11年10月10日現在)(群馬県総務部統計課) 1937.5 50p 23cm

◇浦和市勢要覧 昭和12年版(浦和市編) 1937.6 45p 15cm

◇[岐阜商工会議所]統計年報 昭和10年(岐阜商工会議所編) 1937.6 90p 21cm

◇[京都商工会議所]統計年報 昭和11年(京都商工会議所編) 1937.6 4,174p 26cm

◇区の財政に関する調査資料 謄写版(東京市財務局主計課編) 1937.6 146p 26cm

◇群馬県勢要覧 昭和12年版(群馬県総務部統計課編) 1937.6 1枚 19cm

◇結核死亡統計(内務省衛生局編) 1937.6 27p 23cm

◇国勢調査報告 昭和10年 第2巻 府県編 愛知県(内閣統計局編) 1937.6 59p 27cm

◇酒田市勢要覧 昭和12年(酒田市編) 1937.6 [30]p 11×20cm

◇消防年報 昭和11年(警視庁消防部消防課編) 1937.6 83p 27cm

◇人口動態概況 昭和12年2月中 謄写版(東京市監査局統計課編) 1937.6 14p 26cm 東京市の状況

◇人口動態概況 昭和12年3月中 謄写版(東京市監査局統計課編) 1937.6 14p 26cm 東京市の状況

◇瀬戸市勢要覧 昭和12年(瀬戸市編) 1937.6 30p 13×20cm

◇第七十回帝国議会の協賛を経たる予算の要領 昭和12年度(日本銀行調査局編) 1937.6 2,202p 23cm

◇高雄州要覧 昭和12年版(高雄州編) 1937.6 7,130p 15cm

◇千葉市勢要覧 昭和12年版(千葉市編) 1937.6 [35]p 12×20cm

◇地方教育財政一斑 昭和12年刊(文部省普通学務局編) 1937.6 32, 3p 26cm

◇東京市下水道事業年報 第16回(昭和10年度)(東京市編) 1937.6 1冊 22cm

◇[東京市]壮丁検査統計調査速報 謄写版(東京市監査局統計課編) 1937.6 17p 26cm

◇東京市内ニ於ケル小売業経営並ニ金融調査(東京商工会議所編) 1937.6 2,82p 27cm 商工調査

◇徳島県統計書 昭和10年 第2編(徳島県編) 1937.6 3,151p 27cm

◇長野県要覧 昭和12年(長野県総務部統計課編) 1937.6 29,42p 18cm

◇名古屋商工会議所統計年報 昭和11年(乙)(名古屋商工会議所編) 1937.6 1,398p 26cm

◇新潟市勢一覧 昭和12年度版(新潟市編) 1937.6 [20]p 13×20cm

◇日本社会事業年鑑 昭和11年版(中央社会事業協会編) 1937.6 578,38p 22cm

◇野田町の概況 昭和12年版(野田町編) 1937.6 77p 20cm

◇野付牛町勢 昭和12年版(野付牛町編) 1937.6 [18]p 13×18cm

◇浜松市勢要覧 昭和12年版(浜松市編) 1937.6 8,68p 15cm

◇北海道庁統計書 第46回(昭和9年)第4巻 警察及衛生(北海道編) 1937.6 4,15,465p 27cm

◇旭川市勢要覧 昭和12年版(旭川市編) 1937.7 37,12p 13×19cm

◇岡崎市勢要覧 昭和12年(岡崎市編) 1937.7 37p 13×20cm

◇釜石市勢要覧 昭和12年版(釜石市編) 1937.7 18p 13×20cm

◇群馬県統計書 昭和10年 第2編 警察及衛生(群馬県編) 1937.7 74p 27cm

◇群馬県統計書 昭和10年 第4編 学事(群馬県編) 1937.7 111p 27cm

◇高知県統計書 昭和10年 第3編(高知県編) 1937.7 71p 27cm

◇国勢調査報告 昭和10年 第2巻 府県編 福岡県(内閣統計局編) 1937.7 90p 27cm

◇佐世保市商工業現勢調査統計表 昭和11年8月調査(佐世保商工会議所編) 1937.7 10p 27cm

◇塩釜町勢要覧 昭和12年版(塩釜町編) 1937.7 1冊 11×21cm

◇商業調査書 昭和11年(京都市役所産業部商工課編) 1937.7 35, 63p 27cm

◇人口動態概況 昭和12年4月中 謄写版(東京市監査局統計課編) 1937.7 16p 26cm 東京市の状況

◇清津府勢一斑 昭和12年(清津府編) 1937.7 [39]p 10×19cm

◇製鉄業参考資料 昭和12年6月調査(商工省鉱山局編) 日本鉄鋼協会 1937.7 2,157p 26cm

◇大規模工場ニ関スル調査統計表(内務省都市計画課編) 1937.7 6p 26cm

◇大東京市内交通量 [昭和12年刊] 謄写版(東京市電気局編) 1937.7 [10]p 26cm

◇敦賀商工会議所統計年報 第30回(昭和11年)(敦賀商工会議所編) 1937.7 4,102p 23cm

◇東京市銀行統計要覧 昭和12年7月刊(東京市監査局統計課編) 1937.7 17p 24cm

◇福山市勢要覧 昭和12年発行(福山市編) 1937.7 [17]p 11×19cm

◇物価賃銀調査年報(関東局官房文書課編) 1937.7 153p 26cm 昭和11年

◇山口県勢一斑 昭和10年(山口県総務部統計課編) 1937.7 235p 16cm

◇労働統計実地調査報告 第5回 昭和11年 第1部(内閣統計局編) 1937.7 75p 26cm

◇大津市内商工業業種別戸数従業員数調査表 昭和12年6月11日現在(大津商業学校商業調査室編) 1937.8 31p 22cm

◇咸興府勢一斑 昭和12年7月編纂(咸興府編) 1937.8 7,76,9p 19cm

◇京都市財政要覧 昭和12年度（京都市役所財務部財務課編） 1937.8 248,14p 22cm

◇桑名市勢要覧 昭和12年版（桑名市編） 1937.8 144p 18cm

◇群馬県統計書 昭和10年 第1編 人口・財政及雑（群馬県総務部統計課編） 1937.8 2,115p 27cm

◇神戸市統計書 第23回（神戸市編） 1937.8 1冊 23cm

◇国勢調査報告 昭和10年 第2巻 府県編 京都府（内閣統計局編） 1937.8 53p 27cm

◇新義州府勢一斑 昭和12年版（新義州府編） 1937.8 44,6p 18cm

◇水上生活者調査（大阪府学務部社会課編） 1937.8 59p 27cm

◇スポーツ統計（水上競技観衆編） 謄写版（東京市監査局統計課編） 1937.8 [10]p 26cm

◇仙台市政概要 昭和12年版（仙台市編） 1937.8 22p 19cm

◇高山市勢要覧 昭和12年版（高山市編） 1937.8 27p 10×20cm

◇銚子市勢要覧 昭和12年版（銚子市編） 1937.8 [28]p 13×19cm

◇東京市財政概況 昭和12年度（東京市役所財務局編） 1937.8 326p 27cm

◇東京市城東区勢概要 ［昭和12年刊］（［東京市］城東区編） 1937.8 8,234p 19cm

◇東京市勢提要 第24回 昭和12年刊（東京市役所編） 1937.8 9,283p 15cm

◇東京市内ニ於ケル中華民国及朝鮮人 昭和10年10月1日現在 謄写版（東京市臨時国勢調査部編） 1937.8 [8]p 26cm

◇東京市農業調査書 第2分冊 謄写版（東京市役所編） 1937.8 5,86,8p 26cm

◇東京市農業調査書 第3分冊 謄写版（東京市役所編） 1937.8 144,7p 26cm

◇投票及棄権に関する統計調査（神田区及麻布区）昭和12年3月16日施行東京市会議員選挙 謄写版（東京市監査局統計課編） 1937.8 21p 26cm 東京市状況

◇道府県区域信用組合聯合会ニ関スル調査（産業組合中央会編） 1937.8 22p 26cm

◇栃木市勢要覧 昭和12年版（栃木市編） 1937.8 1冊 11×19cm

◇日本社会衛生年鑑 昭和12年版（日本労働科学研究所編） 1937.8 4,242p 26cm

◇沼津市勢一斑 昭和12年（沼津市編） 1937.8 20,44p 11×20cm

◇［浜松商工会議所］統計年報 第34回（浜松商工会議所編） 1937.8 2,113p 21cm

◇標準の農蚕山漁村行政調査（地方制度調査会［編］） 地方制度調査会 1937.8 6,351p 26cm

◇深川区勢要覧 昭和12年（深川区役所編） 1937.8 6,206p 19cm

◇真鶴町要覧 昭和12年版（真鶴町編） 1937.8 14p 13×20cm

◇木浦府勢一斑 昭和12年（木浦府編） 1937.8 129p 18cm

◇飯田市勢要覧 昭和12年（飯田市編） 1937.9 22p 11×20cm

◇［石巻］市勢要覧 昭和12年刊行（石巻市編） 1937.9 6,92p 15cm

◇大阪市店舗分布調査：商業調査 昭和10年（大阪市役所編） 1937.9 567p 23cm

◇家計調査報告 自昭和10年9月至昭和11年8月（内閣統計局編） 1937.9 4,258p 26cm

◇川口市勢要覧 昭和12年（川口市編） 1937.9 78p 19cm

◇［京都商工会議所］統計年報 昭和12年（京都商工会議所編） 1937.9 5,174p 26cm

◇［光州］府勢一斑 昭和12年版（光州府編） 1937.9 86p 15cm

◇人口動態概況 昭和12年5月中 謄写版（東京市監査局統計課編） 1937.9 17p 26cm 東京市の状況

◇スポーツ統計（陸上競技観衆編） 謄写版（東京市監査局統計課編） 1937.9 11p 26cm

◇第七十一回及第七十二回帝国議会の協賛を経たる追加予算の要領 昭和12年度（日本銀行調査局編） 1937.9 57p 21cm

◇東京市赤坂区勢要覧 昭和12年版（東京市赤坂区編） 1937.9 11,176p 20cm

◇戸畑市勢要覧 昭和12年版（戸畑市編） 1937.9 10,76p 19cm

◇富山市勢要覧 ［昭和12年刊］（富山市編） 1937.9 [28]p 13×21cm

◇名古屋市貨物集散統計年報 第16回（昭和11年）（名古屋市産業部庶務課編） 1937.9 140p 26cm

◇延岡市勢要覧 昭和12年版（延岡市編） 1937.9 7,87p 19cm

◇八戸市勢要覧 昭和12年版（八戸市編） 1937.9 [23]p 11×20cm

◇布施市勢要覧 昭和12年版（布施市編） 1937.9 1冊 11×19cm

◇平壌府勢一斑 昭和12年度（平壌府編） 1937.9 8,113p 18cm

◇防府市勢要覧 昭和12年版（防府市編） 1937.9 18p 11×19cm

◇松山市勢要覧 昭和12年版（松山市編） 1937.9 1枚 14cm

◇丸亀市勢一覧 昭和12年（丸亀市編） 1937.9 23p 11×22cm

◇盛岡市経済統計書 昭和10年（盛岡商工会議所編） 1937.9 3,112p 21cm

◇山口市勢要覧 昭和12年版（山口市編） 1937.9 60p 19cm

◇横浜市工業調査書 昭和12年（横浜市編） 1937.9 3,33,933p 31cm

◇秋田市勢要覧 ［昭和12年刊］（秋田市編） 1937.10 24p 13×19cm

◇宇部市勢要覧 昭和12年版（宇部市編） 1937.10 7,117p 15cm

◇大分商工会議所統計年報 昭和11年（大分商工会議所編） 1937.10 116p 26cm

◇大阪港勢年報 昭和11年（大阪市港湾部編） 1937.10 2,52p 22cm

◇大阪市商業調査書 昭和10年（大阪市役所編） 1937.10 9,1501p 23cm

◇大阪府財政要覧 昭和12年度（大阪府総務部議事課編） 1937.10 169p 23cm

◇［岡崎商工会議所］統計年報 昭和11年（岡崎商工会議所編） 1937.10 101p 22cm

◇［咸鏡南道］道勢一斑 昭和12年版（咸鏡南道編） 1937.10 132p 19cm

◇京都府学事要覧 昭和12年6月1日現在（京都府学務部学務課編） 1937.10 7,145p 23cm

◇久留米市勢要覧 昭和12年（久留米市編） 1937.10 35p 13×20cm

◇経済史年鑑 昭和12年版（日本経済史研究所編） 1937.10 5,298p 22cm 経済史研究

◇国勢調査報告 昭和10年 第2巻 府県編 兵庫県（内閣統計局編） 1937.10 77p 27cm

◇国勢調査報告 昭和10年 第2巻 府県編 北海道（内閣統計局編） 1937.10 69p 27cm

◇時事年鑑 昭和13年版（同盟通信社編） 1937.10 838p 26cm

◇下関市勢要覧 昭和12年版（下関市編） 1937.10 93,18p 12cm

◇人口動態概況 昭和12年7月中 謄写版（東京市監査局統計課編） 1937.10 18p 26cm 東京市の状況

◇仁川府勢一斑 昭和12年（仁川府編） 1937.10 6,130p 16cm

◇全州府勢一斑 ［昭和12年刊］（全州府編） 1937.10 59p 18cm

◇田畑売買価格及小作料調 昭和12年3月現在（日本勧業銀行調査課編） 1937.10 2,15p 22cm

◇朝鮮地方財政要覧 昭和11年度（朝鮮総督府内務局編） 1937.10 2,4,230p 26cm

◇鶴岡市統計一斑 昭和12年刊行（鶴岡市編） 1937.10 84p 19cm

◇東京市一般職業紹介所の就職賃銀調査（東京市社会局職業課編）

809

統計書・年鑑　　　都市問題・地方自治　調査研究文献要覧

1937.10 62p 22cm　職業紹介参考資料

◇[東京市]大森区勢要覧 第5回（昭和12年度）（[東京市]大森区編）
1937.10 105p 17cm

◇東京市昭和十年国勢調査附帯調査 区編 旧市部（東京市役所編）
1937.10 1冊 26cm

◇東京市昭和十年国勢調査附帯調査 区編 新市部（東京市役所編）
1937.10 1冊 26cm

◇東京商工会議所統計年報 昭和12年（東京商工会議所編）　1937.10
6,308p 27cm

◇長岡商工会議所統計年報 第31次（昭和11年）（長岡商工会議所編）
1937.10 3,44,100p 15×22cm

◇松本市勢一覧 昭和12年度（松本市編）　1937.10 30p 11×20cm

◇宮崎市勢一覧 昭和12年版（宮崎市編）　1937.10 1冊 13×19cm

◇横浜商工会議所年報 昭和12年（横浜商工会議所編）　1937.10 4,350p 26cm

◇羅津府勢一班 昭和12年版（羅津府編）　1937.10 50p 19cm

◇明石市勢一班 第18回（昭和11年版）（明石市編）　1937.11 9,158,14p 19cm

◇宇治山田市勢要覧 昭和12年（宇治山田市編）　1937.11 79,15p 19cm

◇宇都宮市勢一覧 昭和12年（宇都宮市編）　1937.11 18p 13×19cm

◇大阪市設社会事業要覧 昭和12年10月（大阪市社会部庶務課編）
1937.11 112p 22cm

◇大阪中央卸売市場年報 第5回 昭和11年（大阪中央卸売市場編）
1937.11 114p 26cm

◇大宮町勢要覧 昭和12年版（大宮町編）　1937.11 78p 18cm

◇嘉義市勢一覧 昭和12年度版（嘉義市編）　1937.11 [16]p 13×18cm

◇瓦斯事業要覧 昭和11年度（帝国瓦斯協会編）　1937.11 37p 31cm

◇[金沢商工会議所]統計年報 昭和11年（金沢商工会議所編）　1937.11 169p 26cm

◇樺太町村財政一班 昭和11年度決算（樺太庁編）　1937.11 24p 27cm

◇金融経済統計 昭和2年至同12年6月（日本勧業銀行調査課編）
1937.11 3,203p 26cm

◇久留米市産業要覧 昭和12年版（久留米市編）　1937.11 103p 19cm

◇[群山商工会議所]統計年報 昭和11年（群山商工会議所編）　1937.11 70p 22cm

◇警視庁防疫年鑑 昭和11年（警視庁衛生部編）　1937.11 11,190p 22cm

◇京城府勢一班 昭和12年版（京城府編）　1937.11 7,147p 16cm

◇健康保険診療統計諸表 昭和11年度政府管掌分（日本医師会編）
1937.11 2,2,170p 26cm

◇江原道道勢一班 昭和12年（江原道編）　1937.11 189,10p 19cm

◇神戸市財政要覧 昭和12年度（神戸市役所財務課編）　1937.11 168p 22cm

◇神戸市社会事業要覧 昭和12年版（神戸市社会課編）　1937.11 1冊 22cm

◇国勢調査報告 昭和10年 第2巻 府県編 神奈川県（内閣統計局編）
1937.11 57p 27cm

◇国勢調査報告 昭和10年 第2巻 府県編 山梨県（内閣統計局編）
1937.11 39p 27cm

◇国勢調査報告 昭和10年 第2巻 府県編 徳島県（内閣統計局編）
1937.11 28p 27cm

◇清水市の産業 昭和12年版（清水市編）　1937.11 6,70,14p 19cm

◇下関商工会議所統計年報 昭和11年（下関商工会議所編）　1937.11 3,103p 27cm

◇上水道統計 第26号（水道協会編）　1937.11 633p 23cm

◇人口動態概況 昭和12年8月中　謄写版（東京市監査局統計課編）
1937.11 18p 26cm　東京市の状況

◇全国病勢調査報告 第1回 昭和11年10月10日現在（日本医師会編）
1937.11 4,122p 26cm

◇地方学校職員待遇調査 ［昭和12年刊］（文部省普通学務局編）
1937.11 60p 22cm

◇敦賀市勢要覧 昭和12年版（敦賀市編）　1937.11 41p 15cm

◇帝国決算統計 昭和12年刊行（会計検査院長官房調査科編）　1937.11 6,444p 26cm

◇東京市立小学校就学児童予備身体検査成績 昭和12年度（東京市教育局体育課編）　1937.11 14p 26cm

◇東京市立小学校職員児童死亡調査 昭和11年度（東京市教育局体育課編）　1937.11 19p 23cm

◇徳島市勢要覧 昭和12年版（徳島市編）　1937.11 54p 11×20cm

◇豊橋市勢要覧 昭和12年版（豊橋市編）　1937.11 42p 15cm+図1枚、絵ハガキ5枚

◇名古屋市財政概要 昭和12年度（名古屋市役所編）　1937.11 192p 23cm

◇奈良市勢要覧 昭和12年（奈良市編）　1937.11 41p 12×22cm

◇日本農業年鑑 昭和13年版（富民協会編）　1937.11 396p 19cm

◇別府市勢要覧 昭和12年版（別府市編）　1937.11 88,16p 19cm

◇松阪市勢要覧 昭和12年版（松阪市編）　1937.11 42p 11×20cm

◇労働統計要覧 昭和12年版（内閣統計局編）　東京統計協会　1937.11 6,239p 22cm

◇青森市統計書 昭和11年（青森市役所編）　1937.12 6,297p 22cm

◇青森商工会議所統計年報 昭和11年（青森商工会議所編）　1937.12 85p 27cm

◇飯塚市勢要覧 昭和12年版（飯塚市編）　1937.12 12p 13×20cm

◇茨城県勢要覧 昭和12年版（茨城県総務部統計課編）　1937.12 4,126,98p 14cm+図1枚

◇大阪港勢一班 昭和11年（大阪市役所港湾部編）　1937.12 10,284,27p 27cm

◇大阪市財政要覧 第20輯 昭和12年度（大阪市役所財務部編）　1937.12 375p 22cm

◇大阪市水道部事業報告 第24回（昭和11年度）（大阪市水道部編）
1937.12 102p 23cm

◇鹿児島市勢要覧 昭和12年版（鹿児島市編）　1937.12 22p 12×18cm

◇金沢市勢一覧 昭和11年（金沢市編）　1937.12 1冊 15cm+図1枚

◇川崎市勢一班 昭和11年（川崎市編）　1937.12 1枚 22cm

◇[京都市電気局]事業大要 昭和11年度（京都市電気局編）　1937.12 1枚 21cm

◇倉敷市勢要覧 昭和12年版（倉敷市編）　1937.12 54p 19cm

◇警察統計報告 第13回 昭和12年12月刊行（内務省警保局編）　1937.12 2,189p 26cm

◇京城府財政要覧 昭和12年度（京城府編）　1937.12 4,86p 23cm

◇高知県勢要覧 昭和11年（高知県編）　1937.12 1枚 19cm

◇高知県統計書 昭和11年 第1編（高知県編）　1937.12 201p 27cm

◇高知市勢要覧 昭和12年版（高知市編）　1937.12 10,87p 19cm

◇甲府市統計書 第31回 昭和10年（甲府市役所編）　1937.12 8,161p 22cm

◇国勢調査報告 昭和10年 第2巻 府県編 茨城県（内閣統計局編）
1937.12 55p 27cm

◇小倉市勢要覧 昭和12年版（小倉市編）　1937.12 51p 19cm

◇堺市勢要覧 昭和12年版（堺市編）　1937.12 11,141,4p 19cm

◇佐賀県統計書 昭和11年 第1編(佐賀県編) 1937.12 84p 26cm
◇佐賀県統計書 昭和11年 第2篇(佐賀県総務部編) 1937.12 165p 26cm
◇佐賀県統計書 昭和11年 第4編 警察・衛生(佐賀県編) 1937.12 84p 26cm
◇佐賀市統計年報 昭和12年(佐賀市役所編) 1937.12 88p 19cm
◇札幌商工会議所統計年報 第21回(札幌商工会議所編) 1937.12 84p 27cm
◇静岡県統計書 昭和11年 第1編 雑纂(静岡県編) 1937.12 8,379p 27cm
◇静岡県統計書 昭和11年 第2編 学事(静岡県編) 1937.12 6,10,414p 26cm
◇島根県統計書 昭和10年 第2編(島根県編) 1937.12 2,100p 25cm
◇商工省統計表 昭和11年(商工大臣官房統計課編) 東京統計協会 1937.12 14,240,3p 26cm
◇人口動態概況 昭和12年9月中 謄写版(東京市監査局統計課編) 1937.12 18p 26cm 東京市の状況
◇地方財政概要 昭和12年度(台北州編) 1937.12 2,41p 26cm
◇大邱府勢一斑 昭和12年(大邱府編) 1937.12 5,148p 18cm
◇東京市学事統計年報 第29回 昭和11年度(東京市役所編) 1937.12 6,120p 27cm
◇東京市商店街調査書 第1分冊 謄写版(東京市産業局編) 1937.12 8,20,436p 31cm 中小商工業振興調査会資料
◇東京市商店街調査書 第2分冊 謄写版(東京市産業局編) 1937.12 2,286p 31cm 中小商工業振興調査会資料
◇東京市商店街調査書 第3分冊 謄写版(東京市産業局編) 1937.12 503p 31cm 中小商工業振興調査会資料
◇東京市新規開業小売商調査書 謄写版(東京市産業局庶務課編) 1937.12 433p 26cm
◇東京市電気局事業大要 昭和11年度(東京市電気局編) 1937.12 1枚 20cm
◇東京府財政概要 昭和12年度(東京府総務部編) 1937.12 2,132p 23cm
◇道路改良事業概要(内務省土木局編) 1937.12 30,94p 26cm
◇名古屋市産業要覧 第22回 昭和12年版(名古屋市産業部庶務課編) 1937.12 8,25,263p 22cm
◇新潟商工会議所統計年報 昭和11年度(新潟商工会議所編) 1937.12 119p 27cm
◇西宮市勢要覧 昭和12年版(西宮市編) 1937.12 6,108p 20cm
◇日本帝国統計年鑑 第56回(内閣統計局編) 1937.12 8,465p 27cm
◇日本都市年鑑 7(昭和13年用)(東京市政調査会編) 1937.12 22,1006p 22cm
◇函館商工会議所年報 昭和11年(函館商工会議所編) 1937.12 334p 27cm
◇哈爾浜市勢年鑑 第4次 康徳4年版(哈爾浜市長官房文書科編) 1937.12 9,240p 26cm
◇姫路市統計書 昭和12年版(姫路市役所編) 1937.12 10,242p 23cm
◇弘前市勢一覧 昭和12年版(弘前市編) 1937.12 [24]p 13×20cm
◇松江市要覧 昭和12年刊(松江市編) 1937.12 30p 11×20cm
◇都城市要覧 昭和12年版(都城市編) 1937.12 30p 13×19cm
◇山口県統計書 昭和11年 第3編(山口県総務部統計課編) 1937.12 198p 27cm
◇山梨県統計書 昭和11年 第1編 土地・気象・戸口(山梨県編) 1937.12 111,16p 27cm
◇山梨県統計書 昭和11年 第2編 勧業(山梨県編) 1937.12 7,225p 27cm
◇山梨県統計書 昭和11年 第3編 教育(山梨県編) 1937.12 14,118p 27cm

◇山梨県統計書 昭和11年 第4編 財政其他(山梨県編) 1937.12 4,165p 27cm
◇[網走支庁]管内要覧 昭和11年版(網走支庁編) 1938 1枚 19cm
◇大阪市債一覧表 昭和13年3月末現在(大阪市財務部編) 1938 54p 23cm
◇[大阪市]電気事業成績調書 第40回 昭和12年度(大阪市電気局編) 1938 113,73p 22cm
◇鎌倉町勢要覧 昭和13年版(鎌倉町編) 1938 27p 13×19cm
◇蒲田区勢一覧 昭和13年版([東京市]蒲田区編) 1938 1枚 12×19cm
◇京都市公債一覧表 昭和13年4月15日現在(京都市編) 1938 38p 23cm
◇京都市勢一斑 昭和13年度版(京都市編) 1938 1枚 22cm
◇[京都市]税務概要 昭和13年度(京都市財務部編) 1938 104p 22cm
◇串木野町現勢一覧 昭和12年(串木野町編) 1938 1枚 23cm
◇京畿道勢一斑 昭和13年版(京畿道編) 1938 [34]p 12×19cm
◇神戸市学事提要 昭和12年度(神戸市役所教育部編) 1938 123,22p 22cm
◇[神戸市]電気事業報告書 昭和12年度(神戸市電気局編) 1938 138,98p 22cm
◇財政概要(新潟県) 昭和13年度 謄写版(新潟県編) 1938 1冊 28cm
◇産業組合と農家小組合との関係について:附 産業組合と農会との競合関係:資料 CD-R版,謄写版(農政課企画室) 農政課企画室 1938 CD-R1枚
◇静岡県勢要覧 昭和12年(静岡県総務部統計編) 1938 1枚 23cm
◇市町村財政要(宮崎県) 昭和13年度(宮崎県地方課編) 1938 55p 26cm
◇市町村財政概要(宮城県) 昭和13年度(宮城県地方課編) 1938 113p 26cm
◇市町村財政概要(熊本県) 昭和13年4月調 謄写版(熊本県編) 1938 228p 25cm
◇市町村財政概要(広島県) 昭和13年4月調(広島県編) 1938 345p 26cm
◇市町村財政概要(三重県) 昭和13年4月調(三重県編) 1938 202p 27cm
◇市町村財政概要(山形県) 昭和13年4月調(山形県編) 1938 149p 27cm
◇市町村財政概要(鹿児島) 昭和13年4月調 謄写版(鹿児島県編) 1938 161p 26cm
◇市町村財政概要(秋田県) 昭和13年4月調(秋田県編) 1938 1冊 27cm
◇市町村財政概要(鳥取県) 昭和13年度 謄写版(鳥取県編) 1938 151p 26cm
◇市町村財政概要(富山県) (1)昭和13年4月調(富山県編) 1938 120p 22cm
◇市町村財政概要(福井県) 昭和13年(福井県総務部地方課編) 1938 129p 26cm
◇島根県勢要覧 昭和13年刊行(島根県総務部統計編) 1938 1枚 21cm
◇職業紹介成績 自大正9年6月至昭和3年7月(中央職業紹介所事務局編) 1938 46p 26cm
◇青年学校青年学校教員養成所ニ関スル調査 昭和12年4月末日現在(文部省社会教育局編) 1938 70p 26cm
◇中央図書館ニ関スル調査 昭和11年4月現在(文部省社会教育局編) 1938 48p 26cm
◇中央図書館ニ関スル調査 昭和12年4月1日現在(文部省社会教育局

編) 1938 50p 26cm
◇忠清北道道勢一班 昭和13年(忠清北道編) 1938 1冊 12×20cm
◇鎮南浦府勢一斑 昭和13年(鎮南浦府編) 1938 3,72p 19cm
◇東京市各区歳入歳出決算書 昭和11年度 旧市部 上(東京市役所編) 1938 1冊 28cm
◇東京市各区歳入歳出決算書 昭和11年度 旧市部 下(東京市役所編) 1938 1冊 28cm
◇東京市各区歳入歳出決算書 昭和11年度 新市部 上(東京市役所編) 1938 1冊 30cm
◇東京市各区歳入歳出決算書 昭和11年度 新市部 下(東京市役所編) 1938 1冊 28cm
◇東京市各経済歳入出決算 昭和12年度(東京市編) 1938 1冊 27cm
◇東京市歳入出予算 昭和13年度(東京市編) 1938 16,465,27p 22cm
◇東京市社会局年報 第18回 昭和12年度(東京市社会局編) 1938 91,8p 26cm
◇[東京市]電気事業成績調書 第27回 昭和12年度(東京市電気局編) 1938 181,52,23p 21cm
◇[東京市]埠頭年報 昭和12年(東京市港湾部編) 1938 76p 26cm
◇東京府会決議録 昭和13年(東京府編) 1938 420,313p 24cm 東京府歳入々歳出予算
◇東京府歳入歳出決算書 昭和12年度(東京府編) 1938 1冊 29cm
◇図書館一覧 昭和12年4月1日現在(文部省社会教育局編) 1938 117p 26cm
◇直江津統計年報 昭和13年調製(直江津商工会議所編) 1938 91p 23cm
◇名古屋市電気軌道営業統計報告書 昭和12年度(名古屋市電気局編) 1938 109p 22cm
◇日本赤十字社事業年報 昭和12年度(日本赤十字社編) 1938 194p 19cm
◇一人当乗車粁並運賃年度別比較 謄写版 1938 1枚 26cm
◇福島市勢一覧 昭和13年調査(福島市編) 1938 1枚 18cm
◇平壌府勢一斑 昭和13年度(平壌府編) 1938 3,78p 18cm
◇四日市港貨物集散統計年報 昭和12年中(四日市市編) 1938 52p 20cm
◇和歌山市勢要覧 昭和13年版(和歌山市編) 1938 1冊 9×14cm
◇青森市統計書 昭和12年(青森市役所編) 1938.1 18,302p 22cm
◇市川市勢要覧 昭和12年版(市川市編) 1938.1 35p 14cm
◇関東地方市町村別人口増減図 大正9年-昭和5年(小牧実繁著,安藤鏗一著) 京都帝国大学文学部地理学研究室 1938.1 27p 26cm
◇国勢調査報告 昭和10年 第2巻 府県編 静岡(内閣統計局編) 1938.1 67p 27cm
◇国勢調査報告 昭和10年 第2巻 府県編 鳥取県(内閣統計局編) 1938.1 34p 27cm
◇産業組合年鑑 第11回(昭和13年用)(産業組合中央会編) 1938.1 445p 22cm
◇市街地信用組合概況 昭和11年度(大蔵省銀行局編) 1938.1 73p 26cm
◇静岡県統計書 昭和11年 第4編 警察(静岡県編) 1938.1 6,282p 27cm
◇清水市勢要覧 昭和12年版(清水市編) 1938.1 30p 13×19cm
◇東京府市町村勢要覧[昭和13年1月刊](東京府総務部編) 1938.1 192,37p 23cm
◇長野県統計書 昭和11年 第4編(長野県編) 1938.1 145p 27cm
◇農業経営の自給化に関する調査(帝国農会編) 1938.1 50p 26cm 農業経営成績調査報告
◇兵庫県統計書 昭和11年 上巻(兵庫県総務部調査課編) 1938.1 1冊 27cm

◇兵庫県統計書 昭和11年 下巻(兵庫県総務部調査課編) 1938.1 1冊 27cm
◇福島県統計書 第53回 上編(福島県総務部編) 1938.1 1,6,413p 26cm
◇物価二十年 昭和13年版(東洋経済新報社編) 1938.1 54,75p 26cm 東洋経済新報
◇宮城県統計書 昭和11年 第1編 土地 人口 財政 其他(宮城県総務部統計課編) 1938.1 10,157,7p 26cm
◇若松市勢要覧[福島県] 昭和13年版(若松市(福島県)編) 1938.1 16p 13×20cm
◇今治市統計要覧 昭和12年度編纂(今治市編) 1938.2 186p 19cm
◇鹿児島市統計書 第26回 昭和11年(鹿児島市役所編) 1938.2 5,207p 23cm
◇[京都市中京区]税務一班 昭和11年度(京都市中京区編) 1938.2 50p 22cm
◇警視庁統計書 第46回 昭和11年(警視庁編) 1938.2 6,531p 27cm
◇国勢調査報告 昭和10年 第2巻 府県編 滋賀県(内閣統計局編) 1938.2 33p 27cm
◇国勢調査報告 昭和10年 第2巻 府県編 佐賀県(内閣統計局編) 1938.2 33p 27cm
◇国勢調査報告 昭和10年 第2巻 府県編 岩手県(内閣統計局編) 1938.2 39p 27cm
◇佐賀県勢要覧 昭和13年2月刊行(佐賀県総務部統計課編) 1938.2 12,368,39p 18cm
◇佐賀市勢要覧 昭和12年版(佐賀市編) 1938.2 26p 13×20cm
◇静岡県統計書 昭和11年 第3編 勧業(静岡県編) 1938.2 6,13,555p 27cm
◇彰化市管内概況[昭和13年刊](彰化市編) 1938.2 130p 15cm
◇台中市管内概況 昭和12年(台中市編) 1938.2 14,174p 15cm
◇大日本帝国港湾統計 昭和11年(内務省土木局港湾課編) 港湾協会 1938.2 10,603p 26cm+図1枚
◇台北市統計書 昭和11年(台北市役所編) 1938.2 9,180p 26cm
◇東京市養育院年報 第65回(昭和11年度)(東京市養育院編) 1938.2 165p 26cm
◇東京市要保護母子調査(東京市社会局編) 1938.2 56p 27cm
◇土木局統計年報 第30回(後編)昭和12年5月編纂(内務省土木局河川課編) 1938.2 2,3,458p 26cm
◇長崎県勢要覧 昭和11年(長崎県編) 1938.2 58p 13cm
◇名古屋市有財産表 昭和12年10月末日現在(名古屋市役所編) 1938.2 175p 27cm
◇新潟市産業要覧 昭和13年刊(新潟市役所編) 1938.2 143p 19cm
◇広島県統計書 昭和10年 第1編 其ノ2(広島県編) 1938.2 227p 27cm
◇広島県統計書 昭和10年 第3編(広島県編) 1938.2 269p 27cm
◇福島県統計書 昭和11年 警察(福島県警察部編) 1938.2 3,1,147p 27cm
◇四日市市市勢要覧 昭和12年版(四日市市編) 1938.2 78p 20cm
◇米子市勢要覧 昭和12年版(米子市編) 1938.2 1冊 11×20cm
◇愛知県統計書 昭和11年 第1編 土地、戸口、其他(愛知県編) 1938.3 8,356p 26cm
◇愛知県統計書 昭和11年 第3編 農林業(愛知県編) 1938.3 2,16,289p 26cm
◇愛知県統計書 昭和11年 第4編 商工業(愛知県編) 1938.3 4,34,284p 27cm
◇青森県統計書 昭和11年 第1編 土地、戸口、其他(青森県編) 1938.3 2,127p 26cm
◇青森県統計書 昭和11年 第2編 教育、社寺兵事、社会事業(青森県

編) 1938.3 2,130p 26cm

◇青森県統計書 昭和11年 第4編 警察、衛生、健康保険(青森県編) 1938.3 2,71p 26cm

◇秋田県統計書 第53回(昭和10年)第1編 土地、戸口及其他(秋田県編) 1938.3 1冊 27cm

◇秋田県統計書 第53回(昭和10年度)第3編 学事(秋田県編) 1938.3 2,82p 27cm

◇秋田県統計書 第54回(昭和11年)第2編 勧業(秋田県編) 1938.3 1冊 27cm

◇秋田県統計書 第54回(昭和11年度)第4編 警察(秋田県編) 1938.3 30,8p 27cm

◇尼崎市勢要覧 第19回(昭和12年版)(尼崎市編) 1938.3 5,230p 19cm

◇一宮市勢概要 [昭和13年刊](一宮市編) 1938.3 51p 19cm

◇茨城県統計書 昭和11年 第3編 産業ノ部(茨城県編) 1938.3 3,227p 27cm

◇茨城県統計書 昭和11年 第4編 警察及衛生ノ部(茨城県編) 1938.3 2,121p 27cm

◇大分県勢の展望 昭和13年版(大分県総務部統計課編) 1938.3 1枚 21cm

◇[大阪市立衛生試験所]事業成績概要 昭和11年(大阪市立衛生試験所編) 1938.3 4,356p 23cm

◇大阪府人口ノ速報 昭和12年(大阪府総務部統計課編) 1938.3 65p 22cm

◇大阪府統計書 昭和11年(大阪府編) 1938.3 963p 27cm

◇大牟田市勢要覧 [昭和13年刊](大牟田市編) 1938.3 95p 19cm

◇岡谷市勢要覧 昭和12年(岡谷市編) 1938.3 44p 13×19cm

◇岡山市勢要覧 昭和11年分(岡山市編) 1938.3 3,75p 13×20cm

◇岡山市統計年報 昭和11年(岡山市役所編) 1938.3 7,269p 22cm

◇沖縄県概観 昭和13年版(沖縄県総務部統計課編) 1938.3 [26]p 11×21cm

◇香川県統計書 昭和11年 第1編(香川県編) 1938.3 92p 27cm

◇香川県統計書 昭和11年 第2編(香川県編) 1938.3 135p 27cm

◇香川県統計書 昭和11年 第3編(香川県編) 1938.3 261p 27cm

◇香川県統計書 昭和11年 第4編(香川県編) 1938.3 31p 27cm

◇香川県統計書 昭和11年 第5編(香川県編) 1938.3 74p 27cm

◇家計調査報告 自昭和11年9月至昭和12年8月(内閣統計局編) 1938.3 4,258p 26cm

◇鹿児島県勢要覧 昭和13年刊(鹿児島県総務部統計課編) 1938.3 1冊 18cm

◇鹿児島県統計書 昭和11年 第1編 土地 気象 戸口 土木 交通 衛生 保険 警察 裁判 財政 議会 官公吏及文書 附録(鹿児島県編) 1938.3 223p 27cm

◇神奈川県統計書 昭和11年(神奈川県編) 1938.3 20,1091p 27cm

◇金沢市統計書 昭和11年(金沢市役所編) 1938.3 18,561p 23cm

◇京都市統計書 第28回(昭和11年)(京都市編) 1938.3 1冊 26cm

◇京都府統計書 昭和11年 第1編(土地、人口、気象他)(京都府編) 1938.3 138p 26cm

◇京都府統計書 昭和11年 第2編(京都府編) 1938.3 95p 26cm

◇京都府統計書 昭和11年 第3編(京都府編) 1938.3 158p 26cm

◇京都府統計書 昭和11年 第4編(京都府編) 1938.3 148p 26cm

◇京都府統計書 昭和11年 第5編(京都府編) 1938.3 89p 26cm

◇熊本県勢一覧 昭和13年版(熊本県編) 1938.3 1枚 20cm

◇熊本県勢要覧 昭和11年(熊本県総務部統計課編) 1938.3 8,118,15p 17cm

◇熊本市勢要覧 昭和13年版(熊本市編) 1938.3 3,30p 11×19cm

◇熊本市統計書 第37回 昭和13年3月刊行(熊本市役所編) 1938.3 6,4,259p 26cm

◇建築統計表 昭和11年及昭和12年(商工大臣官房統計課編) 1938.3 196p 26cm

◇工場統計表 昭和11年(商工大臣官房統計課編) 内閣印刷局 1938.3 983p 27cm

◇神戸市産業要覧 昭和13年刊行(神戸市役所産業課編) 1938.3 5,223p 22cm

◇国勢調査最終報告書 昭和5年(内閣統計局編) 1938.3 13,245,433p 27cm

◇国勢調査報告 昭和10年 第2巻 府県編 長崎県(内閣統計局編) 1938.3 47p 27cm

◇国勢調査報告 昭和10年 第2巻 府県編 栃木県(内閣統計局編) 1938.3 35p 27cm

◇国勢調査報告 昭和10年 第2巻 府県編 長野県(内閣統計局編) 1938.3 57p 27cm

◇国勢調査報告 昭和10年 第2巻 府県編 宮城県(内閣統計局編) 1938.3 48p 27cm

◇国勢調査報告 昭和10年 第2巻 府県編 石川県(内閣統計局編) 1938.3 39p 27cm

◇国勢調査報告 昭和10年 第2巻 府県編 島根県(内閣統計局編) 1938.3 44p 27cm

◇最近の和歌山県 昭和13年版(和歌山県総務部統計課編) 1938.3 1冊 17cm

◇埼玉県統計書 昭和11年(埼玉県編) 1938.3 7,694p 26cm

◇滋賀県統計全書 昭和11年(滋賀県編) 1938.3 10,867,5p 22cm

◇静岡市勢要覧 昭和12年度刊(静岡市編) 1938.3 [32]p 12×20cm

◇静岡市統計書 第38回 昭和11年(静岡市役所編) 1938.3 11,214p 15cm

◇市町村別人口動態統計 昭和10年(内閣統計局編) 1938.3 200p 26cm

◇失明者ニ関スル統計 昭和11年10月10日調査(中央盲人福祉協会編) 1938.3 59p 26cm

◇下関市統計表 第15回 昭和11年(下関市役所編) 1938.3 4,257,16p 27cm

◇社会事業統計要覧 第15回(厚生省社会局編) 1938.3 8,232p 22cm

◇職業紹介統計 昭和12年版(厚生省労務調整課編) 1938.3 151p 26cm

◇人口動態概況 昭和12年11月中 謄写版(東京市企画局統計課編) 1938.3 18p 26cm 東京市の状況

◇大日本帝国内務省統計報告 第49回 昭和12年刊行(内務大臣官房文書課編) 1938.3 4,726p 26cm

◇台湾人口動態統計記述編 昭和11年(台湾総督官房調査課編) 1938.3 1冊 22cm

◇台湾地方財政概要 昭和12年度(台湾総督府内務局編) 1938.3 159p 27cm

◇地方財政概要 昭和12年度(内務省地方局編) 1938.3 107p 26cm 全国都市問題会議会報

◇朝鮮の人口統計 昭和11年(朝鮮総督府編) 1938.3 49p 27cm

◇賃銀統計表 昭和12年(商工大臣官房統計課編) 1938.3 96p 26cm

◇津市勢一斑 昭和12年(津市編) 1938.3 104p 18cm

◇東京市及近接町村勤労階級生計費調査 昭和11年施行(東京府学務部職業課編) 1938.3 85p 26cm

◇東京市教育概要 昭和12年度(東京市教育局庶務課編) 1938.3 3,147,69p 23cm

◇東京市産業統計年鑑 第9回(昭和13年版)(東京市編) 1938.3 2,6,699p 23cm

◇[東京市]下谷区勢一班 昭和12年度版([東京市]下谷区編) 1938.3 61p 19cm

◇東京市社会事業要覧 昭和12年度(東京市社会局編) 1938.3 5,247p 22cm

◇東京市昭和十年国勢調査附帯調査事務概要 自昭和10年4月 至昭和13年3月(東京市臨時国勢調査部編) 1938.3 6,611p 23cm

◇東京市職業紹介成績年報 昭和13年3月(昭和12年)(東京市社会局編) 1938.3 6,95p 22cm

◇東京市人口統計 第4回 昭和11年(東京市企画局統計課編) 1938.3 8,463p 27cm

◇東京市勢提要 第25回 昭和13年刊(東京市役所編) 1938.3 9,281p 16cm

◇東京市中央卸売市場年報 第2回(昭和11年)(東京市編) 1938.3 2,279p 27cm

◇東京市統計年表 第34回 昭和11年(東京市役所編) 1938.3 2,988p 26cm

◇東京市に於ける無料診療券利用状況の調査(東京市社会局編) 1938.3 19,56p 27cm

◇東京市日用品買入先調査書 謄写版(東京市産業局庶務課編) 1938.3 2,78p 26cm

◇東京市労働統計実地調査 第5回(東京市編) 1938.3 1冊 27cm

◇特別衛生地区保健館事業年報 第2回 昭和11年(東京市特別衛生地区保健館編) 1938.3 5,227p 22cm

◇栃木県勢概要 昭和13年3月刊行(栃木県編) 1938.3 1枚 16cm

◇鳥取県勢要覧 昭和12年版(鳥取県総務部統計課編) 1938.3 7,156,22p 17cm

◇土木局統計年報 第30回(前編)昭和12年5月編纂(内務省土木局河川課編) 1938.3 2,6,730p 26cm

◇富山県統計書 昭和11年 全編(富山県編) 1938.3 1冊 27cm

◇長岡市勢要覧 昭和12年刊(長岡市編) 1938.3 5,150p 19cm

◇長崎県統計書 昭和11年 第1編 土地,戸口,其他(長崎県編) 1938.3 149p 26cm

◇長崎県統計書 昭和11年 第2編 教育(長崎県編) 1938.3 88p 27cm

◇長崎県統計書 昭和11年 第3編 産業(長崎県編) 1938.3 386p 27cm

◇長崎県統計書 昭和11年 第4編 警察衛生行刑(長崎県編) 1938.3 135p 27cm

◇長野県統計書 昭和11年 第1編(長野県編) 1938.3 76,20p 27cm

◇長野県統計書 昭和11年 第2編(長野県編) 1938.3 78p 27cm

◇長野県統計書 昭和11年 第3編(長野県編) 1938.3 91p 27cm

◇長野県統計書 昭和11年 第5編(長野県編) 1938.3 71p 27cm

◇長野県統計書 昭和11年 第6編(長野県編) 1938.3 104p 27cm

◇長野県統計書 昭和11年 第7編(長野県編) 1938.3 47p 27cm

◇名古屋市学事一覧 昭和12年度(名古屋市教育部編) 1938.3 55p 22cm

◇名古屋市統計書 第38回(昭和11年)(名古屋市編) 1938.3 1冊 23cm

◇那覇市勢要覧 昭和12年版(那覇市編) 1938.3 44p 19cm

◇新潟市統計書 昭和11年(新潟県編) 1938.3 9,704p 27cm

◇二部教授の児童成績に及す影響の調査 昭和12年度(東京市教育局教育調査部編) 1938.3 82p 26cm 東京市教育局教育調査

◇日本労働年鑑 第18輯(昭和12年版)(大原社会問題研究所編) 栗田書店 1938.3 1冊 23cm

◇函館市商業調査書 昭和11年8月施行(函館商工会議所編) 1938.3 117p 23cm

◇彦根市勢要覧 昭和13年版(彦根市編) 1938.3 37p 13×19cm

◇広島港勢一班 昭和12年版(広島市編) 1938.3 4,114p 19cm

◇福井県統計書 昭和11年 第1編 土地及戸口等(福井県編) 1938.3 88p 27cm

◇福井県統計書 昭和11年 第2編 学事(福井県編) 1938.3 2,98p 27cm

◇福井県統計書 昭和11年 第3編 産業(福井県編) 1938.3 2,158p 27cm

◇福島県統計書 第53回 下編(福島県総務部編) 1938.3 1,6,461p 26cm

◇物価統計表 昭和12年(商工大臣官房統計課編) 1938.3 129p 26cm

◇前橋市勢要覧 昭和12年(前橋市編) 1938.3 40p 19cm

◇山形市統計一班 昭和12年度(山形市役所編) 1938.3 42p 13×19cm

◇山口県統計書 昭和11年 第1編(山口県総務部統計課編) 1938.3 157p 27cm

◇山口県統計書 昭和12年 第2編(山口県総務部統計課編) 1938.3 3,115p 27cm

◇六大都市に於ける青果物市況調査 昭和11年度(帝国農会編) 1938.3 2,293p 26cm

◇大阪市統計書 第35回 昭和11年(大阪市役所編) 1938.4 1冊 23cm

◇沖縄県勢要覧 昭和13年版(沖縄県総務部統計課編) 1938.4 105,35p 15cm+図1枚

◇嘉義市要覧 昭和13年版(嘉義市編) 1938.4 129p 20cm

◇基隆市勢一覧 昭和12年(基隆市編) 1938.4 1枚 21cm

◇桐生市勢一班 昭和13年(桐生市編) 1938.4 16p 11×20cm

◇札幌市統計一班 昭和11年(札幌市役所編) 1938.4 8,195p 19cm

◇滋賀県市町村財政概要 昭和13年度(滋賀県地方課編) 1938.4 191p 26cm

◇市町村財政概要(山梨県) 昭和13年度(山梨県地方課編) 1938.4 164p 26cm

◇市町村財政概要(兵庫県) 昭和13年度(兵庫県地方課編) 1938.4 205p 26cm

◇渋谷区勢要覧 昭和12年度版([東京市]渋谷区編) 1938.4 12,195p 19cm

◇全国田畑売買価格及収益利廻調査 第6回(昭和12年)(日本勧業銀行編) 1938.4 2,60p 26cm

◇大日本帝国文部省年報 第61 昭和8年度 上巻(文部省編) 1938.4 10,610p 26cm

◇大日本帝国文部省年報 第61 昭和8年度 下巻(文部省編) 1938.4 7,510,188p 26cm

◇大日本帝国文部省年報 第62 昭和9年度 上巻(文部省編) 1938.4 10,612p 26cm

◇大日本帝国文部省年報 第62 昭和9年度 下巻(文部省編) 1938.4 6,510,190p 26cm

◇平市勢要覧 昭和13年(平市編) 1938.4 13p 12×20cm

◇道府県営業税一覧 昭和13年度(内務省地方局編) 1938.4 5p 26cm

◇東洋経済経済年鑑 第22回(昭和13年版)(東洋経済新報社編) 1938.4 24,562p 26cm

◇長野県勢要覧 昭和13年(長野県総務部統計課編) 1938.4 2,27,42p 18cm

◇日本統計学会年報 第7年(日本統計学会編) 1938.4 210p 24cm

◇半田市勢要覧 [昭和13年刊](半田市編) 1938.4 1枚 20cm

◇広島市勢一班 昭和13年版(広島市編) 1938.4 12,118p 13cm+図1枚

◇福山商工会議所統計年報 昭和11年(福山商工会議所編) 1938.4 53p 21cm

◇布施市統計書 第1回 昭和11年(布施市役所編) 1938.4 8,32,284p

都市問題・地方自治　調査研究文献要覧　　　　　　　　　　　　　　　　統計書・年鑑

◇[布施市]農家統計調査概要　昭和12年（布施市編）　1938.4　18p 23cm
◇水俣町勢一覧　昭和13年版（水俣町編）　1938.4　13p 24cm
◇盛岡市勢要覧　昭和13年版（盛岡市編）　1938.4　6,80p 15×21cm
◇横浜港湾統計年報　第9回（昭和12年）（横浜市土木局編）　1938.4　222p 27cm
◇王子区勢要覧　昭和13年版（東京市王子区役所）　1938.5　11,131p 19cm
◇大阪市勢要覧　昭和13年版（大阪市役所監査部編）　1938.5　150,32p 13cm
◇大阪府商業調査書　昭和10年（大阪府総務部統計課編）　1938.5　4,1483,65p 27cm
◇沖縄県統計書　昭和11年　第3編　産業（沖縄県編）　1938.5　2,255p 27cm
◇経済統計年鑑　第4回　昭和13年版（ダイヤモンド社編）　1938.5　21,609p 19cm
◇国勢調査報告　昭和10年　第2巻　府県編　群馬県（内閣統計局編）　1938.5　34p 27cm
◇国勢調査報告　昭和10年　第2巻　府県編　香川県（内閣統計局編）　1938.5　34p 27cm
◇国勢調査報告　昭和10年　第2巻　府県編　宮崎県（内閣統計局編）　1938.5　23p 27cm
◇東京市土木事業要覧　昭和13年5月現在（東京市土木局編）　1938.5　2,91p 22cm
◇東京府工場要覧　昭和11年（東京府総務部調査課編）　1938.5　183,21p 21cm
◇東京物価及賃銀統計　昭和12年（東京商工会議所編）　1938.5　78p 26cm
◇東京府統計書　昭和11年　第1編　土地・人口・其他（東京府編）　1938.5　413p 26cm
◇東京府統計書　昭和11年　第2編　教育（東京府編）　1938.5　229p 26cm
◇東京府統計書　昭和11年　第3編　産業（東京府編）　1938.5　439p 26cm
◇長野市勢要覧　昭和13年版（長野市編）　1938.5　23p 11×19cm
◇名古屋商工会議所統計年報　昭和12年（名古屋商工会議所編）　1938.5　4,196p 26cm
◇西宮市社会事業要覧　[昭和13年刊]（西宮市編）　1938.5　97p 23cm
◇広島市統計書　第30回　昭和10年（広島市役所編）　1938.5　14,312,26p 23cm
◇福井市勢一斑　[昭和13年刊]（福井市編）　1938.5　[20]p 11×20cm
◇青森県統計書　昭和11年　第3編　産業（青森県編）　1938.6　3,255p 26cm
◇青森市勢要覧　昭和13年版（青森市編）　1938.6　1冊 13×19cm
◇愛媛県勢要覧　昭和13年刊行（愛媛県総務部統計課編）　1938.6　6,67,56p 19cm
◇川崎市財政概要　昭和13年度（川崎市編）　1938.6　50p 23cm
◇咸鏡北道勢一斑　昭和12年（咸鏡北道編）　1938.6　12,193,14p 21cm
◇救護法に依る救護の廃止停止事情及其の世帯の現状に関する調査　昭和12年10月現在（東京市社会局庶務課編）　1938.6　77p 26cm
◇群馬県勢要覧　昭和13年版（群馬県総務部統計課編）　1938.6　1枚 19cm
◇神戸港大観　[昭和12年]（神戸市土木部港湾課編）　1938.6　4,499p 22cm
◇神戸市中央卸売市場年報　第3報　昭和12年（神戸市中央卸売市場編）　1938.6　229p 27cm

◇郡山市勢要覧　昭和13年版（郡山市編）　1938.6　50p 20cm
◇国勢調査報告　昭和10年　第2巻　府県編　三重県（内閣統計局編）　1938.6　54p 27cm
◇財政統計　第1期（北京特別市公署財政局編）　1938.6　50p 26cm
◇酒田市勢要覧　昭和13年（酒田市編）　1938.6　[30]p 11×20cm
◇市町村財政概要（愛媛県）　昭和13年4月調（愛媛県総務部地方課編）　1938.6　219p 27cm
◇市町村財政概要（石川県）　昭和13年度（石川県地方課編）　1938.6　125p 26cm
◇消防年報　昭和12年（警視庁消防部消防課編）　1938.6　56p 27cm
◇台南州要覧　[昭和13年刊]（台南州編）　1938.6　4,156p 18cm
◇第七十三回帝国議会の協賛を経たる予算の要領　昭和13年度（日本銀行調査局編）　1938.6　4,122,134p 21cm
◇東京市人口動態速報：附　人口の移出入概況　昭和12年（東京市編）　1938.6　38p 22cm
◇中野区区勢要覧　昭和13年版（[東京市]中野区編）　1938.6　4,148p 18cm
◇名古屋市貨物集散統計年報　第17回（昭和12年）（名古屋市産業部庶務課編）　1938.6　84p 26cm
◇新潟市勢一覧　昭和13年版（新潟市編）　1938.6　[20]p 13×20cm
◇日本社会事業年鑑　昭和12年版（中央社会事業協会編）　1938.6　582,40p 22cm
◇函館市商業調査書　補追　昭和11年8月施行（函館商工会議所編）　1938.6　41p 23cm
◇八幡浜市勢要覧　昭和13年度（八幡浜市編）　1938.6　44p 14×19cm
◇群馬県統計書　昭和11年　第3編　産業（群馬県編）　1938.7　3,203p 27cm
◇建築年鑑　昭和13年版（建築学会編）　1938.7　4,303p 22cm
◇高知県統計書　昭和11年　第3編（高知県編）　1938.7　71p 27cm
◇神戸市電気事業要覧　第16回（昭和10・11年度）（神戸市電気局編）　1938.7　97p 26cm
◇国勢調査報告　昭和10年　第2巻　府県編　埼玉県（内閣統計局編）　1938.7　53p 27cm
◇国勢調査報告　昭和10年　第2巻　府県編　奈良県（内閣統計局編）　1938.7　28p 27cm
◇国勢調査報告　昭和10年　第2巻　府県編　秋田県（内閣統計局編）　1938.7　39p 27cm
◇国勢調査報告　昭和10年　第2巻　府県編　岡山県（内閣統計局編）　1938.7　65p 27cm
◇国勢調査報告　昭和10年　第2巻　府県編　熊本県（内閣統計局編）　1938.7　59p 27cm
◇市町村財政概要（青森県）　昭和13年度（青森県編）　1938.7　83p 26cm
◇人口動態概況　昭和13年1月乃至3月　謄写版（東京市企画局統計課編）　1938.7　37p 26cm　東京市の状況
◇仙台市政概要　昭和13年版（仙台市編）　1938.7　22p 19cm
◇大東京市内交通　[昭和13年刊]　謄写版（東京市電気局運輸部交通統制調査課編）　1938.7　[13]p 26cm
◇台北州要覧　昭和13年（台北州編）　1938.7　76p 17cm
◇敦賀商工会議所統計年報　第31回（昭和12年）（敦賀商工会議所編）　1938.7　4,100p 22cm
◇東京府財政要覧　昭和13年版（東京府編）　1938.7　2,148p 23cm
◇栃木市勢要覧　昭和13年版（栃木市編）　1938.7　1冊 11×19cm
◇奈良県統計書　昭和11年（奈良県編）　1938.7　9,26,709p 27cm
◇鳴尾村要覧　昭和12年度版（鳴尾村編）　1938.7　67p 18cm
◇[布施市]工業調査概要　昭和12年（布施市編）　1938.7　32p 23cm

815

◇船橋市市勢要覧　昭和13年版（船橋市編）　1938.7　[25]p　12×19cm
◇馬山府府勢一斑　昭和13年版（馬山府編）　1938.7　56p　19cm
◇足利市市勢要覧　昭和13年版（足利市編）　1938.8　[12]p　11×20cm
◇鹿児島県統計書　昭和11年　第2編　教育　社会事業　社寺及教会　兵事（鹿児島県編）　1938.8　86p　27cm
◇京都市財政要覧　昭和13年度（京都市役所財務部財務課編）　1938.8　249,14p　22cm
◇桑名市勢要覧　昭和13年版（桑名市編）　1938.8　147p　18cm
◇群馬県統計書　昭和11年　第1編　人口・財政及雑（群馬県編）　1938.8　115p　27cm
◇群馬県統計書　昭和11年　第2編　警察及衛生（群馬県編）　1938.8　71p　27cm
◇国勢調査報告　昭和10年　第2巻　府県編　山形県（内閣統計局編）　1938.8　43p　27cm
◇国勢調査報告　昭和10年　第2巻　府県編　福井県（内閣統計局編）　1938.8　33p　27cm
◇国勢調査報告　昭和10年　第2巻　府県編　愛媛県（内閣統計局編）　1938.8　46p　27cm
◇財政統計　第2期（北京特別市公署財政局編）　1938.8　67p　26cm
◇静岡県統計書　昭和12年　第2編　学事（静岡県編）　1938.8　6,8,414p　27cm
◇台北概況　昭和13年版（台北市編）　1938.8　5,73p　15cm
◇東京市貨物集散調査書　昭和11年（東京市産業局編）　1938.8　160p　27cm
◇豊原市要覧　昭和13年版（豊原市編）　1938.8　[30]p　11×20cm
◇日本社会衛生年鑑　昭和13年版（日本労働科学研究所編）　1938.8　4,282p　27cm
◇沼津市勢一斑　昭和13年版（沼津市編）　1938.8　52p　13cm
◇浜松市勢要覧　昭和13年版（浜松市編）　1938.8　5,7,69p　15cm
◇広島県勢一斑　[昭和13年刊]（広島県総務部統計課編）　1938.8　26p　10×17cm
◇[北京特別市]市政一覧　[1938年刊]（北京特別市公署編）　1938.8　1枚　19cm
◇北海道庁統計書　第47回　昭和10年　第2巻　勧業之部（北海道編）　1938.8　11,427p　27cm
◇枕崎町現勢一覧表　昭和12年（枕崎町編）　1938.8　1枚　23cm
◇宇都宮市勢要覧　昭和13年（宇都宮市編）　1938.9　26p　19cm
◇宇和島市勢要覧　昭和12年（宇和島市編）　1938.9　86p　19cm
◇愛媛県統計書　（昭和11年度）第1編（土地, 人口, 財政, その他）（愛媛県編）　1938.9　3,123p　26cm
◇岡崎市勢要覧　昭和13年（岡崎市編）　1938.9　62p　13×20cm
◇釜石市勢要覧　昭和13年版（釜石市編）　1938.9　15p　11×19cm
◇[岐阜]市市政一斑　昭和13年版（岐阜市編）　1938.9　106p　18cm
◇久留米市勢要覧　昭和13年（久留米市編）　1938.9　35p　14×20cm
◇警察統計報告　第14回　昭和13年9月刊行（内務省警保局編）　警察協会　1938.9　2,191p　26cm
◇神戸市衛生施設要覧　第4回　昭和13年刊（神戸市保健部衛生課編）　1938.9　3,140p　23cm
◇国勢調査報告　昭和10年　第2巻　府県編　岐阜県（内閣統計局編）　1938.9　60p　27cm
◇静岡市統計書　第39回　昭和12年（静岡市役所編）　1938.9　11,216p　15cm
◇市町村財政概要（岩手県）　昭和13年度（岩手県総務部地方課編）　1938.9　109p　27cm
◇市町村財政概要（山口県）　昭和13年版（山口県総務部地方課編）　1938.9　135p　27cm

◇市町村財政概要（大阪府）　昭和13年4月調（大阪府総務部編）　1938.9　139p　26cm
◇市町村財政概要（長崎県）　昭和13年度（長崎県地方課編）　1938.9　84p　26cm
◇市町村財政概要（福岡県）　昭和13年度（福岡県総務部編）　1938.9　207p　26cm
◇市町村財政概要（和歌山県）　昭和13年度（和歌山県総務部地方課編）　1938.9　121p　26cm
◇人口動態概況　昭和13年4月乃至6月　謄写版（東京市企画局統計課編）　1938.9　38p　26cm　東京市の状況
◇仁川府勢一斑　昭和13年（仁川府編）　1938.9　12,146p　18cm
◇全国病勢調査報告　第2回　昭和12年7月3日現在（日本医師会編）　1938.9　128p　26cm
◇台中市市場要覧（台中市編）　1938.9　105p　23cm
◇高崎市勢要覧　昭和13年版（高崎市編）　1938.9　[46]p　12×20cm
◇鶴岡市統計一斑　昭和13年刊行（鶴岡市編）　1938.9　83p　19cm
◇東京市銀行統計要覧　昭和13年9月（東京市企画局統計課編）　1938.9　1冊　26cm
◇東京市財政概況　昭和13年度（東京市役所企画局編）　1938.9　295p　27cm
◇[東京市]芝区勢一斑　昭和13年版（[東京市]芝区編）　1938.9　93p　15cm
◇福岡市勢要覧　昭和13年版（福岡市編）　1938.9　40p　15cm
◇布施市勢要覧　昭和13年版（布施市編）　1938.9　5,104p　19cm
◇屏東市勢要覧　昭和13年版（屏東市編）　1938.9　120p　16cm
◇木浦府勢一斑　昭和13年（木浦府編）　1938.9　131p　18cm
◇横浜商工会議所統計年報　昭和13年（横浜商工会議所編）　1938.9　4,364p　26cm
◇飯田市勢要覧　昭和13年版（飯田市編）　1938.10　24p　11×20cm
◇[石巻]市勢要覧　昭和13年刊行（石巻市編）　1938.10　6,98p　16cm
◇大阪市財政要覧　第21輯　昭和13年度（大阪市役所財務部編）　1938.10　313p　22cm
◇鹿児島県統計書　第27回　昭和12年（鹿児島県編）　1938.10　5,205p　23cm
◇鹿児島市勢要覧　昭和13年版（鹿児島市編）　1938.10　22p　12×18cm+　図1枚
◇樺太市町村財政一斑　昭和13年度予算（樺太庁編）　1938.10　27p　27cm
◇川口市勢要覧　昭和13年（川口市編）　1938.10　79p　19cm
◇京都府学事要覧　昭和13年6月1日現在（京都府学務部学務課編）　1938.10　7,147p　22cm
◇金融経済統計　昭和3年至昭和13年6月（日本勧業銀行調査課編）　1938.10　3,199p　26cm
◇高知市勢要覧　昭和13年（高知市編）　1938.10　12,111p　19cm
◇甲府市勢一斑　昭和13年版（甲府市編）　1938.10　28p　13×19cm
◇神戸市勢要覧　第18回（神戸市編）　1938.10　158,52p　13cm
◇国勢調査報告　昭和10年　第2巻　府県編　千葉県（内閣統計局編）　1938.10　53p　27cm
◇国勢調査報告　昭和10年　第2巻　府県編　広島県（内閣統計局編）　1938.10　73p　27cm
◇国勢調査報告　昭和10年　第2巻　府県編　大分県（内閣統計局編）　1938.10　44p　27cm
◇佐賀市勢要覧　昭和13年版（佐賀市編）　1938.10　28p　13×19cm
◇札幌市勢一覧　昭和13年版（札幌市編）　1938.10　67p　19cm
◇時事年鑑　昭和14年版（同盟通信社編）　1938.10　831p　26cm

◇静岡市勢要覧 昭和13年度刊(静岡市編) 1938.10 [32]p 13×19cm
◇市町村財政概要(岡山県) 昭和13年4月調(岡山県総務部編) 1938.10 171p 27cm
◇市町村財政概要(岐阜県) 昭和13年度(岐阜県編,岐阜県地方改良協会編) 1938.10 2,185p 27cm
◇市町村財政概要(群馬県) 昭和13年度(群馬県地方課編) 1938.10 99p 27cm
◇市町村財政概要(大分県) 昭和13年度(大分県地方課編) 1938.10 151p 26cm
◇市町村財政概要(島根県) 昭和13年度(島根県編) 1938.10 153p 27cm
◇市町村財政概要(奈良県) 昭和13年4月調(奈良県総務部編) 1938.10 85p 27cm
◇職業紹介所ヨリ見タル失業状況調査(東京市社会局職業課編) 1938.10 81p 22cm 職業紹介参考資料
◇全州府勢一斑 [昭和13年刊](全州府編) 1938.10 58p 18cm
◇高雄市要覧 昭和13年版(高雄市編) 1938.10 136p 16cm
◇高崎市勢調査結果表 昭和13年8月25日施行(高崎市編) 1938.10 39p 23cm
◇高山市勢要覧 昭和13年(高山市編) 1938.10 27p 10×20
◇田畑売買価格及小作料調 昭和13年3月現在(日本勧業銀行調査課編) 1938.10 2,17p 22cm
◇銚子市勢要覧 昭和13年版(銚子市編) 1938.10 [28]p 13×19cm
◇朝鮮地方財政要覧 昭和12年度(朝鮮総督府内務局編) 1938.10 2,4,240p 26cm
◇鳥取県統計書 昭和12年 第3編(鳥取県編) 1938.10 2,167p 27cm
◇豊橋市勢要覧 昭和13年版(豊橋市編) 1938.10 36p 15cm
◇日本都市年鑑 8(昭和14年用)(東京市政調査会編) 1938.10 18,962p 22cm
◇哈爾浜市勢年鑑 第5次 康徳5年版(哈爾浜市長官房文書科編) 1938.10 10,301p 26cm
◇福井市統計一斑 昭和12年刊行(福井市編) 1938.10 11,193p 17cm
◇藤沢町勢要覧 昭和13年(藤沢町編) 1938.10 25p 13×19cm
◇[北海道]市町村財政概要 昭和13年度(北海道庁総務部地方課編) 1938.10 6,375p 27cm
◇松本市勢一覧 昭和13年度(松本市編) 1938.10 30p 11×20cm
◇宮崎市勢一覧 昭和13年版(宮崎市編) 1938.10 1冊 13×19cm
◇横浜市統計書 第31回(昭和11年)(横浜市編) 1938.10 7,553p 27cm
◇労働統計要覧 昭和13年版(内閣統計局編) 東京統計協会 1938.10 4,183p 22cm
◇明石市勢一斑 第19回(昭和12年版)(明石市編) 1938.11 9,160,14p 19cm
◇市川市勢要覧 昭和13年版(市川市編) 1938.11 66p 15cm
◇宇部市勢要覧 昭和13年版(宇部市編) 1938.11 7,117p 15cm
◇[大阪市立衛生試験所]事業成績概要 昭和12年(大阪市立衛生試験所編) 1938.11 3,227p 23cm
◇大阪府財政要覧 昭和13年度(大阪府総務部議事課編) 1938.11 173p 23cm
◇嘉義市勢一覧 昭和13年版(嘉義市編) 1938.11 [26]p 13×20cm
◇瓦斯事業要覧 昭和12年(帝国瓦斯協会編) 1938.11 37p 31cm
◇金沢市勢一覧 昭和12年(金沢市編) 1938.11 1冊 16cm+図1枚
◇唐津市勢要覧 昭和13年版(唐津市編) 1938.11 52p 13×19cm
◇経済史年鑑 昭和13年版(日本経済史研究所編) 1938.11 3,234p 23cm 経済史研究

◇警視庁統計書 第47回 昭和12年(警視庁編) 1938.11 5,396p 27cm
◇黄海道々勢一斑 昭和13年(黄海道編) 1938.11 232,46p 18cm
◇江原道々勢一斑 昭和13年(江原道編) 1938.11 95,9p 18cm
◇神戸市財政要覧 昭和13年度(神戸市役所庶務部財務課編) 1938.11 178p 22cm
◇国勢調査報告 昭和10年 第2巻 府県編 福島県(内閣統計局編) 1938.11 60p 27cm
◇国勢調査報告 昭和10年 第2巻 府県編 和歌山県(内閣統計局編) 1938.11 41p 27cm
◇市町村財政要(茨城県) 昭和13年度(茨城県地方課編) 1938.11 185p 26cm
◇新宮市勢一覧 昭和13年版(新宮市編) 1938.11 1枚 19cm
◇新竹市要覧 [昭和13年11月刊](新竹市編) 1938.11 6,59p 15cm
◇清津府勢一斑 昭和13年(清津府編) 1938.11 45p 10×19cm
◇大東京年鑑 昭和14年版(中村舜二編) 大東京社 1938.11 616p 19cm
◇地方学校職員待遇調査 [昭和13年刊](文部省普通学務局編) 1938.11 60p 26cm
◇[東京市荏原区]区政要覧 昭和13年版([東京市]荏原区編) 1938.11 10,80p 16cm
◇富山市勢要覧 昭和13年版(富山市編) 1938.11 [28]p 13×21cm
◇名古屋市衛生施設概要 昭和13年(名古屋市保健部編) 1938.11 128p 23cm
◇名古屋市産業要覧 第23回 昭和13年版(名古屋市産業部庶務課編) 1938.11 7,29,272p 22cm
◇西宮市勢要覧 昭和13年版(西宮市編) 1938.11 6,109p 20cm
◇日本農業年鑑 昭和14年版(富民協会編) 1938.11 424p 19cm
◇[博多商工会議所]統計年報 昭和13年(博多商工会議所編) 1938.11 101p 26cm
◇広島県統計書 昭和11年度 第2編(広島県編) 1938.11 357p 27cm
◇松阪市勢要覧 昭和13年度(松阪市編) 1938.11 42p 11×20cm
◇山梨県勢一斑 昭和13年版(山梨県総務部統計課編) 1938.11 1枚 20cm
◇労働年鑑 昭和13年版(町田辰次郎編) 協調会 1938.11 10,657,87p 22cm
◇愛知県勢要覧 昭和12年(愛知県編) 1938.12 1枚 20cm
◇岩手県勢要覧 昭和14年版(岩手県総務部編) 1938.12 6,107,95p 15cm+図1枚
◇宇治山田市勢要覧 昭和13年度(宇治山田市編) 1938.12 75,14p 19cm
◇大阪港勢一斑 昭和12年(大阪市役所港湾部編) 1938.12 10,250,27p 27cm
◇神奈川県小作事情調査(神奈川県経済部編) 1938.12 16p 22cm
◇金沢市統計書 昭和12年(金沢市役所編) 1938.12 18,565p 23cm
◇樺太市町村財政一斑 昭和12年度決算(樺太庁編) 1938.12 24p 27cm
◇神戸市社会事業要覧 昭和13年版(神戸市社会部編) 1938.12 1冊 22cm
◇国勢調査報告 昭和10年 第2巻 府県編 山口県(内閣統計局編) 1938.12 50p 27cm
◇国勢調査報告 昭和10年 第2巻 府県編 高知県(内閣統計局編) 1938.12 39p 27cm
◇国勢調査報告 昭和10年 第2巻 府県編 沖縄県(内閣統計局編) 1938.12 22p 27cm
◇佐賀県統計書 昭和12年 第1篇(佐賀県編) 1938.12 163p 26cm
◇佐賀県統計書 昭和12年 第3篇(佐賀県編) 1938.12 269p 26cm

◇佐賀県統計書 昭和12年 第4篇（佐賀県編） 1938.12 84p 26cm

◇札幌商工会議所統計年報 第22回（札幌商工会議所編） 1938.12 86p 27cm

◇三条市勢要覧 昭和13年度版（三条市編） 1938.12 [24]p 14×20cm

◇下関商工会議所統計年報 昭和12年（下関商工会議所編） 1938.12 4,110p 27cm

◇商工省統計表 昭和12年（商工大臣官房統計課編） 東京統計協会 1938.12 14,212,3p 26cm

◇新竹市要覧［昭和13年12月刊］（新竹市編） 1938.12 1枚 19cm

◇［大邱商工会議所］統計年報 昭和13年度版（大邱商工会議所編） 1938.12 61p 21cm

◇大都市比較統計年表 第1回 昭和11年（大都市調査統計協議会編） 1938.12 3,151p 27cm

◇高岡市勢要覧 昭和13年版（高岡市編） 1938.12 32p 12×19cm

◇高松市勢要覧 昭和13年版（高松市編） 1938.12 120p 15cm

◇地方財政概要 昭和13年度（台北州編） 1938.12 2,41p 27cm

◇津市勢一班 昭和13年（津市編） 1938.12 118p 18cm

◇敦賀市勢要覧 昭和13年版（敦賀市編） 1938.12 41p 15cm

◇東京市新規開業小売商調査書 昭和9年及昭和10年中調査 世田谷、渋谷、淀橋、中野、杉並の5区 謄写版（東京市産業局庶務課編） 1938.12 413p 26cm

◇東京市電気局事業大要 昭和12年度（東京市電気局編） 1938.12 1枚 21cm

◇東京商工会議所統計年報 昭和13年（東京商工会議所編） 1938.12 6,306p 27cm

◇統計上より観たる福井県の地位［昭和13年刊］（福井県総務部統計課編） 1938.12 6,90p 16cm

◇徳島市勢要覧［昭和13年刊］（徳島市編） 1938.12 2,57p 11×20cm

◇豊中市勢要覧 昭和13年版（豊中市編） 1938.12 42p 19cm

◇奈良市勢要覧 昭和13年版（奈良市編） 1938.12 3,81p 13cm

◇八戸市勢要覧 昭和13年版（八戸市編） 1938.12 [24]p 11×19cm

◇広島県統計書 昭和11年 第1編 其ノ1（広島県編） 1938.12 110p 27cm

◇福島県統計書 昭和12年 警察（福島県警察部編） 1938.12 4,1,159p 27cm

◇平安南道勢要覧 昭和13年版（平安南道編） 1938.12 12,160,31p 18cm

◇奉天市統計年報 第2回 康徳4年（奉天市公署編） 1938.12 196p 26cm

◇松江市勢要覧 昭和13年刊（松江市編） 1938.12 30p 11×19cm

◇三原市勢要覧 昭和13年度版（三原市編） 1938.12 70p 14×20cm

◇宮崎県統計書 昭和12年（宮崎県編） 1938.12 8,969,9p 27cm

◇門司市勢要覧 昭和13年版（門司市編） 1938.12 6,94,8p 14×21cm

◇山梨県統計書 昭和12年 第1編 土地・気象・戸口・勧業（山梨県編） 1938.12 359p 27cm

◇山梨県統計書 昭和12年 第2編 教育・財政其他（山梨県編） 1938.12 297p 27cm

◇罹病状態調査成績：東京市要保護階層者ニ対スル実地調査ノ統計（済生会編） 1938.12 34p 22cm

◇上田市勢要覧 昭和14年（上田市編） 1939 13p 11×19cm

◇［大阪市］電気事業成績調書 第41回 昭和13年度（大阪市電気局編） 1939 [101,15]p 22cm

◇川口市勢要覧 昭和14年（川口市編） 1939 30p 13×20cm

◇救護法施行状況調 昭和13年度（厚生省社会局編） 1939 87p 26cm

◇京都市市税統計：大都市協定様式 昭和14年度 謄写版（京都市財務部税務課編） 1939 23p 27×38cm

◇［京都市］税務概要 昭和14年度（京都市編） 1939 99p 22cm

◇京都府勢一覧 昭和14年版（京都府総務部統計課編） 1939 1枚 20cm

◇［桐生市］衛生統計：附 防疫概要 昭和13年（桐生市編） 1939 26p 23cm

◇串木野町現勢一覧 昭和13年（串木野町編） 1939 1枚 23cm

◇京畿道勢一班 昭和14年版（京畿道編） 1939 [36]p 12×19cm

◇黄海道勢一班 昭和14年版（黄海道編） 1939 1冊 12×19cm

◇交通統制に関する統計資料 昭和12年度 謄写版（名古屋市電気局編） 1939 44p 26cm

◇神戸市学事提要 昭和13年度（神戸市役所教育部編） 1939 7,118,22p 23cm

◇市町村財政概要（宮崎県） 昭和14年度（宮崎県地方課編） 1939 48p 26cm

◇市町村財政概要（富山県） 昭和14年度（1）昭和14年4月調査（富山県地方課編） 1939 148p 22cm

◇市町村財政概要（富山県）（2）昭和13年4月調（富山県編） 1939 44p 22cm

◇島根県勢要覧 昭和14年刊行（島根県総務部統計課編） 1939 1枚 21cm

◇仁川港勢一班 昭和14年（仁川税関編） 1939 33p 19cm

◇青年学校青年学校教員養成所ニ関スル調査 昭和13年4月末日現在（文部省社会教育局編） 1939 70p 26cm

◇中央図書館ニ関スル調査 昭和13年4月1日現在（文部省社会教育局編） 1939 57p 26cm

◇［忠清北道］道勢一班 昭和14年（忠清北道編） 1939 1冊 12×20cm

◇東京市各区歳入歳出決算書 昭和12年度 旧市部 上（東京市役所編） 1939 1冊 28cm

◇東京市各区歳入歳出決算書 昭和12年度 旧市部 下（東京市役所編） 1939 1冊 28cm

◇東京市各区歳入歳出決算書 昭和12年度 新市部 上（東京市役所編） 1939 1冊 28cm

◇東京市各区歳入歳出決算書 昭和12年度 新市部 下（東京市役所編） 1939 1冊 28cm

◇東京市各経済歳入出決算 昭和13年度（東京市編） 1939 1冊 27cm

◇東京市歳入出予算 昭和14年度（東京市編） 1939 14,372,22p 22cm

◇東京市予算網要 昭和14年度（東京市編） 1939 2,26,66p 26cm

◇東京府歳入歳出決算書 昭和13年度（東京府編） 1939 1冊 29cm

◇名古屋市電気局事業要覧：附 市勢大要 昭和14年4月調（名古屋市電気局編） 1939 1枚 23cm

◇［名古屋市］電気事業成績調書 昭和13年度（名古屋市電気局編） 1939 148p 22cm

◇日本赤十字社事業年報 昭和13年度（日本赤十字社編） 1939 196p 19cm

◇兵庫県武庫郡精道村村勢要覧［昭和14年刊］（精道村編） 1939 [14]p 25cm

◇福島市勢一覧 昭和14年調査（福島市編） 1939 1枚 17cm

◇平壌府勢一班 昭和14年度（平壌府編） 1939 4,88p 18cm

◇町総代制度調査集計要覧 謄写版（名古屋市編） 1939 43p 25cm 町総代制度資料

◇三重県勢一覧 昭和14年刊行（三重県統計協会編） 1939 1枚 17cm

◇和歌山市勢要覧 昭和14年版（和歌山市編） 1939 1冊 9×14cm

◇川崎市勢一班 昭和13年版（川崎市編） 1939.1 1枚 22cm

◇高知県勢要覧 昭和12年（高知県編） 1939.1 1枚 19cm

◇市町村財政概要(京都府) 昭和13年4月調(京都府総務部編) 1939.1 219p 26cm

◇清水市勢要覧 昭和13年版(清水市編) 1939.1 30p 13×19cm

◇清水市の産業 昭和13年版(清水市編) 1939.1 6,73,14p 19cm

◇台南市産業要覧 昭和13年版(台南市編) 1939.1 73p 19cm

◇大日本帝国統計年鑑 第57回(内閣統計局編) 1939.1 6,531p 26cm

◇[名古屋市]市政年鑑 昭和14年版(市政研究社編) 1939.1 433,22p 19cm

◇兵庫県統計書 昭和12年 上巻(兵庫県総務部調査課編) 1939.1 1冊 27cm

◇兵庫県統計書 昭和12年 下巻(兵庫県総務部調査課編) 1939.1 1冊 27cm

◇福島県統計書 第54回 上編(福島県総務部総務課編) 1939.1 1,6,414p 26cm

◇山口県統計書 昭和12年 第1編(山口県総務部統計課編) 1939.1 147p 27cm

◇若松市勢要覧 昭和14年度(若松市(福島県)編) 1939.1 16p 13×20cm

◇大津市勢要覧 昭和13年版(大津市庶務課編) 1939.2 39p 13×19cm

◇小樽市勢要覧 昭和13年版(小樽市編) 1939.2 [29]p 11×19cm

◇帯広市の産業 昭和13年度版(帯広市編) 1939.2 40,16p 19cm

◇[京都市]電気事業成績調査 昭和12年度(京都市電気局編) 1939.2 180,69p 22cm

◇熊本市勢要覧 昭和14年版(熊本市編) 1939.2 3,30p 11×18cm

◇[群馬県]市町村別生産総額一覧 昭和12年(群馬県総務部編) 1939.2 1枚 20cm

◇国勢調査報告 昭和10年 第1巻 全国編(内閣統計局編) 1939.2 225p 27cm

◇小倉市勢要覧 昭和13年版(小倉市編) 1939.2 52p 19cm

◇佐賀県統計書 昭和12年 第2編(佐賀県編) 1939.2 147p 26cm

◇[三条市]産業統計書 昭和13年版(三条市編) 1939.2 23p 20cm

◇市街地信用組合概況 昭和12年度(大蔵省銀行局編) 1939.2 73p 26cm

◇市町村財政概要(高知県) 昭和13年度(高知県自治協会編) 1939.2 123p 27cm

◇市町村財政概要(長野県) 昭和13年度(長野県地方課編) 1939.2 193p 27cm

◇市町村財政概要(福島県) 昭和13年度(福島県総務部地方課編) 1939.2 261p 26cm

◇下関市勢要覧 昭和13年版(下関市編) 1939.2 95,23p 12cm

◇瀬戸市勢要覧 [昭和14年刊](瀬戸市編) 1939.2 30p 13×19cm

◇台中市管内概況 昭和13年(台中市編) 1939.2 15,175p 16cm

◇台東庁一覧 昭和12年(台東庁編) 1939.2 74p 18×13cm

◇台北市統計書 昭和12年(台北市役所編) 1939.2 9,176p 26cm

◇高岡市統計書 昭和13年刊行(高岡市役所編) 1939.2 7,151p 19cm

◇東京市学事統計年報 第30回 昭和12年度(東京市役所編) 1939.2 102p 27cm

◇東京市非常時商事影響調査書 謄写版(東京市産業局庶務課編) 1939.2 158p 26cm

◇東京市 普通経済予算参考書 昭和14年度(東京市役所編) 1939.2 8,183,426p 26cm

◇鳥取県統計書 昭和12年 第2編(鳥取県編) 1939.2 2,101p 27cm

◇名古屋市工業生産の現況(名古屋市産業部編) 1939.2 41p 22cm

◇名古屋市有財産表 昭和13年10月末日現在(名古屋市役所編) 1939.2 227p 27cm

◇姫路商工会議所統計年報 昭和12年(姫路商工会議所編) 1939.2 3,100p 27cm

◇奉天市戸口 謄写版(奉天市編) 1939.2 22p 26cm

◇向島区勢概要 昭和14年版([東京市]向島区編) 1939.2 4,104p 17cm

◇四日市市市勢要覧 昭和13年版(四日市市編) 1939.2 59p 19cm

◇青森県統計書 昭和12年 第4編 警察、衛生、健康保険(青森県編) 1939.3 2,71p 27cm

◇秋田県統計書 第54回(昭和11年)第1編 土地、戸口及其他(秋田県編) 1939.3 1冊 27cm

◇秋田県統計書 第54回(昭和11年度)第3編 学事(秋田県編) 1939.3 2,82p 27cm

◇秋田県統計書 第55回(昭和12年)第2編 勧業(秋田県編) 1939.3 1冊 27cm

◇秋田県統計書 第55回(昭和12年度)第4編 警察(秋田県編) 1939.3 30,8p 27cm

◇秋田市勢要覧 [昭和14年刊](秋田市編) 1939.3 28p 13×19cm

◇牛込区勢一班 第7回 昭和14年版(東京市牛込区役所編) 1939.3 171p 19cm

◇大垣の産業 昭和13年版(大垣市編) 1939.3 142p 13×19cm

◇大阪府人口の速報 昭和13年(大阪府総務部統計課編) 1939.3 71p 22cm

◇大阪府統計書 昭和12年(大阪府編) 1939.3 966p 27cm

◇岡山県統計年報 昭和12年(岡山県編) 1939.3 10,757p 26cm

◇沖縄県統計書 昭和12年 第3編 産業(沖縄県編) 1939.3 2,245p 27cm

◇小田原要覧 昭和13年版(小田原町編) 1939.3 20p 13×20cm

◇香川県統計書 昭和12年 第1編(香川県編) 1939.3 92p 27cm

◇香川県統計書 昭和12年 第2編(香川県編) 1939.3 137p 27cm

◇香川県統計書 昭和12年 第3編(香川県編) 1939.3 260p 27cm

◇香川県統計書 昭和12年 第4編(香川県編) 1939.3 31p 27cm

◇香川県統計書 昭和12年 第5編(香川県編) 1939.3 72p 27cm

◇家計調査報告 自昭和12年9月至昭和13年8月(内閣統計局編) 1939.3 4,190p 26cm

◇鹿児島県統計書 昭和12年 第1編 土地 気象 戸口 土木 交通 衛生 保険 警察 裁判 財政 議会 官公吏及文書 附録(鹿児島県編) 1939.3 3,211p 27cm

◇鹿児島県統計書 昭和12年 第3編 農業 牧畜 林業 水産業 商業 工業 鉱業 銀行及金融(鹿児島県編) 1939.3 2,199p 27cm

◇神奈川県統計書 昭和12年(神奈川県編) 1939.3 7,1203p 27cm

◇花連港庁要覧 昭和14年版(花連港庁編) 1939.3 47p 18cm

◇岐阜県の概要 昭和13年版(岐阜県総務部統計課編) 1939.3 2,319p 18cm

◇岐阜県勢要覧 昭和13年(岐阜県編) 1939.3 16,8p 11×20cm

◇岐阜県統計書 第47回 昭和12年 第4巻(岐阜県編) 1939.3 47p 27cm

◇京都市工業調査書 昭和12年(京都市産業部商工課編) 1939.3 2,187p 27cm

◇京都市産業要覧 昭和14年版(京都市役所産業部商工課編) 1939.3 4,147p 22cm

◇京都市統計書 第29回(昭和12年)(京都市編) 1939.3 1冊 26cm

◇京都府統計書 昭和12年 第1編 土地気象他(京都府編) 1939.3 138p 26cm

◇京都府統計書 昭和12年 第2編 学事(京都府編) 1939.3 103p 26cm

◇京都府統計書 昭和12年 第3編 産業(京都府編) 1939.3 156p 26cm

◇京都府統計書 昭和12年 第4編 警察裁判他(京都府編) 1939.3 148p 26cm

◇京都府統計書 昭和12年 第5編 市町村別主要統計(京都府編) 1939.3 89p 26cm

◇熊本県統計書 第57回 昭和12年 第1編(熊本県編) 1939.3 2,100p 27cm

◇熊本県統計書 第57回 昭和12年 第2編(熊本県編) 1939.3 56p 27cm

◇熊本県統計書 第57回 昭和12年 第3編(熊本県編) 1939.3 3,162p 26cm

◇熊本県統計書 第57回 昭和12年 第4編(熊本県編) 1939.3 44p 27cm

◇熊本県統計書 第57回 昭和12年 第5編(熊本県編) 1939.3 161p 27cm

◇熊本市統計書 第38回 昭和14年3月刊行(熊本市役所編) 1939.3 6,4,259p 26cm

◇[京城府]戸口統計 昭和14年(京城府編) 1939.3 26p 22cm

◇建築統計表 昭和13年(商工省統計課編) 1939.3 18p 26cm

◇工場統計表 昭和12年(商工大臣官房統計課編) 内閣印刷局 1939.3 979p 27cm

◇埼玉県統計書 昭和12年(埼玉県総務部統計課編) 1939.3 7,625p 26cm

◇札幌市統計一班 昭和12年(札幌市役所編) 1939.3 8,201p 19cm

◇滋賀県統計全書 昭和12年(滋賀県編) 1939.3 10,857,5p 22cm

◇上水道統計 第27号(水道協会編) 1939.3 637p 23cm

◇大日本帝国港湾統計 昭和12年(内務省土木局港湾課編) 港湾協会 1939.3 10,617p 26cm+図1枚

◇台湾人口動態統計記述編 昭和12年(台湾総督官房調査課編) 1939.3 1,3,104p 22cm

◇台湾地方財政概要 昭和13年度(台湾総督府内務局編) 1939.3 163p 27cm

◇地方財政概要 昭和13年度(内務省地方局編) 1939.3 113p 26cm 全国都市問題会議会報

◇忠清南道々勢一班 昭和13年(忠清南道編) 1939.3 8,137p 17cm

◇賃銀統計表 昭和13年(商工大臣官房統計課編) 1939.3 96p 26cm

◇東京市教育概要 昭和13年度(東京市役所編) 1939.3 4,118,70p 23cm

◇東京市市政年報 昭和12年度 水道篇(上水道編・下水道編)(東京市役所編) 1939.3 1冊 27cm+図1枚

◇東京市生活用品小売価格指数年報 昭和13年(東京市企画局統計課編) 1939.3 7p 27cm

◇東京市中央卸売市場年報 第3回(昭和12年)(東京市編) 1939.3 2,231p 27cm

◇東京市統計図表[昭和14年刊](東京市総務局統計課編) 1939.3 64p 27cm

◇東京市統計年表 第35回 昭和12年 第1部 一般統計(東京市役所編) 1939.3 624p 26cm

◇東京市統計年表 第35回 昭和12年 第2部 人口統計(東京市役所編) 1939.3 8,429p 27cm

◇東京市統計年表 第35回 昭和12年 第3部 産業統計(東京市役所編) 1939.3 4,357p 26cm

◇東京市に於ける要保護世帯罹病状況の調査(東京市社会局庶務課編) 1939.3 25p 26cm

◇東京市納税人口調査 昭和10年度 所得税篇(東京市企業局統計課編) 1939.3 6,20p 27cm

◇東京市養育院年報 第66回(昭和13年)(東京市養育院編) 1939. 118p 26cm

◇東京府統計書 昭和12年 第1編 土地、人口、其他(東京府編) 1939.3 397p 26cm

◇東京府統計書 昭和12年 第2編 教育(東京府編) 1939.3 231p 26cm

◇東京府統計書 昭和12年 第3編 産業(東京府編) 1939.3 439p 26cm

◇統計上より観たる岐阜県の地位 昭和13年版(岐阜県編) 1939.3 81p 18cm

◇統計上より見たる広島県の地位 昭和13年版(広島県総務部統計課編) 1939.3 8,103,7p 13cm

◇徳島県統計書 昭和12年 第4編(徳島県編) 1939.3 2,134p 26cm

◇図書館一覧 昭和13年4月1日現在(文部省社会教育局編) 1939.3 124p 27cm

◇鳥取県勢要覧 昭和13年版(鳥取県総務部統計課編) 1939.3 8,149,27p 17cm

◇鳥取県統計書 昭和12年 第1編(鳥取県編) 1939.3 3,166p 27cm

◇鳥取県統計書 昭和13年 第3編(鳥取県編) 1939.3 2,163p 27cm

◇富山市統計書 昭和12年(富山市役所編) 1939.3 10,217p 19cm

◇長岡概観 昭和13年度(長岡市編) 1939.3 1冊 13×20cm

◇長岡市勢要覧 昭和13年刊(長岡市編) 1939.3 5,150p 19cm

◇長岡商工会議所統計年報 第32次(昭和12年)(長岡商工会議所編) 1939.3 2,29,87p 15×22cm

◇長崎県統計書 昭和12年 第1編 土地戸口其他(長崎県編) 1939.3 129p 27cm

◇長崎県統計書 昭和12年 第2編 教育(長崎県編) 1939.3 88p 27cm

◇長崎県統計書 昭和12年 第3編 産業(長崎県編) 1939.3 364p 27cm

◇長崎県統計書 昭和12年 第4編 警察衛生行刑(長崎県編) 1939.3 135p 27cm

◇名古屋市勢要覧 昭和14年版(名古屋市編) 1939.3 165p 15cm

◇名古屋市統計書 第39回(昭和12年)(名古屋市編) 1939.3 1冊 23cm

◇新潟県の概要及地位[昭和14年刊](新潟県総務部統計課編) 1939.3 63p 16cm

◇新潟商工会議所統計年報 昭和12年度(新潟商工会議所編) 1939.3 122p 27cm

◇日本労働年鑑 第19輯(昭和13年版)(大原社会問題研究所編) 栗田書店 1939.3 1冊 23cm

◇農業経営調査書 昭和11年度(帝国農会編) 1939.3 2,125p 26cm

◇[浜松商工会議所]統計年報 第35回(浜松商工会議所編) 1939.3 2,111p 21cm

◇弘前市勢一覧 昭和13年版(弘前市編) 1939.3 30p 13×20cm

◇福井県統計書 昭和12年 第4編 警察衛生等(福井県編) 1939.3 2,58p 27cm

◇福島県統計書 第54回 下編(福島県総務部編) 1939.3 1,6,457p 26cm

◇布施市統計書 第2回 昭和12年(布施市役所編) 1939.3 6,294p 23cm

◇物価賃銀調査年報 昭和12年(関東局編) 1939.3 151p 26cm

◇物価統計表 昭和13年(商工大臣官房統計課編) 1939.3 129p 26cm

◇牡丹江市勢概要[1939年刊](牡丹江市公署編) 1939.3 63p 27cm

◇三重県統計書 昭和12年 第1編(三重県編) 1939.3 3,320p 27cm

◇三重県統計書 昭和12年 第3編(三重県編) 1939.3 2,227p 27cm

◇盛岡市勢要覧 昭和14年版(盛岡市編) 1939.3 6,81p 15×21cm

◇山形市統計一班 昭和13年度(山形市役所編) 1939.3 40p 13×

19cm

◇横浜市統計書 第32回（昭和12年）（横浜市編） 1939.3 6,524p 27cm

◇米子市勢要覧 昭和13年版（米子市編） 1939.3 1冊 11×20cm

◇和歌山県統計書 昭和12年（和歌山県編） 1939.3 9,582p 26cm

◇飯塚市勢要覧 昭和14年版（飯塚市編） 1939.4 14p 14×20cm

◇大阪市中央卸売市場年報 第6回 昭和12年（大阪市中央卸売市場編） 1939.4 174p 26cm

◇尾道市勢要覧 昭和14年度（［尾道市］編） 1939.4 1枚 13×16cm

◇鹿児島県統計書 昭和12年 第2編 教育 社会事業 社寺及教会 兵事（鹿児島県編） 1939.4 86p 27cm

◇川越市勢要覧 昭和14年版（川越市編） 1939.4 94p 18cm

◇倉敷市勢要覧 昭和13年版（倉敷市編） 1939.4 54p 19cm

◇経済統計年鑑 第5回 昭和14年版（ダイヤモンド社） 1939.4 21,615p 19cm

◇市町村財政概要（山梨県） 昭和14年度（山梨県地方課編） 1939.4 159p 26cm

◇市町村財政概要（千葉県） 昭和14年度（千葉県総務部編） 1939.4 165p 26cm

◇市町村財政概要（兵庫県） 昭和14年度（兵庫県地方課編） 1939.4 205p 26cm

◇仙台市統計書 昭和12年（仙台市役所編） 1939.4 6,250p 22cm+図1枚

◇道府県歳入歳出予算 道府県営業税 道府県雑種税 昭和14年度（内務省地方局編） 1939.4 29p 26cm

◇徳山市勢要覧 昭和14年版（徳山市編） 1939.4 33p 13×18cm

◇中野区区勢要覧 昭和14年版（［東京市］中野区編） 1939.4 4,170p 17cm

◇名古屋市農域に於ける土地に関する実態調査（名古屋市産業部庶務課編） 1939.4 55p 22cm

◇奈良県勢要覧 昭和14年刊行（奈良県総務部統計課編） 1939.4 1枚 17cm

◇新居浜市勢要覧 昭和14年版（新居浜市編） 1939.4 26p 15cm

◇日本統計学会年報 第8年（日本統計学会編） 1939.4 94,82p 24cm

◇函館商工会議所年報 昭和12年（函館商工会議所編） 1939.4 365p 27cm

◇福岡県勢要覧 昭和14年（福岡県統計課編） 1939.4 1枚 19cm

◇融和事業年鑑 昭和13年度版（中央融和事業協会編） 1939.4 1冊 22cm

◇横浜港湾統計年報 第10回（昭和13年）（横浜市土木局編） 1939.4 216p 27cm

◇愛知県静態戸口統計 昭和3年末（愛知県総務部編） 1939.5 28p 22cm

◇尼崎市勢要覧 第20回（昭和13年版）（尼崎市編） 1939.5 5,254p 19cm

◇大阪市産業年誌 昭和14年版（大阪市産業部編） 1939.5 18,297p 16cm

◇大阪市清掃事業年報 昭和14年刊（大阪市保健部編） 1939.5 1冊 22cm

◇大阪市勢要覧 昭和14年版（大阪市役所庶務課編） 1939.5 160,36p 13cm

◇大阪市設社会事業要覧 昭和14年3月（大阪市社会部庶務課編） 1939.5 121p 22cm 社会部報告

◇大阪市統計書 第36回 昭和12年（大阪市役所編） 1939.5 1冊 23cm

◇咸興府勢一斑 昭和14年（咸興府編） 1939.5 7,80,8p 18cm

◇国民保健ニ関スル統計（厚生省衛生局編） 1939.5 79p 21cm

◇［世田谷区］区政概要 ［昭和14年刊］ 謄写版（［東京市］世田谷区編） 1939.5 44p 24cm

◇台北市概況 昭和14年版（台北市編） 1939.5 82p 18cm

◇高雄州要覧 昭和14年版（高雄州編） 1939.5 9,220p 17cm

◇東京市貨物集散調査書 昭和12年（東京市産業局編） 1939.5 2,41,76p 27cm

◇東洋経済経済年鑑 第23回（昭和14年版）（東洋経済新報社編） 1939.5 24,546p 27cm

◇徳島県統計書 昭和12年 第3編（徳島県編） 1939.5 2,223p 27cm

◇長野市勢要覧 昭和14年版（長野市編） 1939.5 22p 11×19cm

◇名古屋商工会議所統計年報 昭和13年（名古屋商工会議所編） 1939.5 4,184p 26cm

◇広島市統計書 第31回 昭和11年（広島市役所編） 1939.5 15,252,6p 23cm

◇本県戸口の状況 昭和13年末調（神奈川県総務部統計調査課編） 1939.5 25p 15cm

◇本邦大都市に於ける土地家屋賃貸状況調 昭和13年度（厚生省社会局編） 内閣印刷局 1939.5 139p 30cm

◇江戸川区勢概要 昭和14年 謄写版（東京市江戸川区編） 1939.6 1冊 26cm

◇葛飾区勢概要 昭和14年 謄写版（東京市葛飾区編） 1939.6 1冊 26cm

◇樺太市町村財政一斑 昭和14年度予算（樺太庁編） 1939.6 27p 27cm

◇群馬県統計書 昭和12年 第1編 人口・財政及雑（群馬県編） 1939.6 115p 27cm

◇高知県戸口統計 昭和13年末（高知県総務部編） 1939.6 1枚 20cm

◇神戸港勢一覧 昭和14年刊（神戸市土木部編） 1939.6 1枚 27cm

◇神戸港大観 ［昭和13年］（神戸市土木部港湾課編） 1939.6 4,245p 22cm

◇消防年報 昭和13年（警視庁消防部消防課編） 1939.6 84p 27cm

◇仙台市政概要 昭和14年版（仙台市編） 1939.6 26p 19cm

◇単位青年団基本調査 昭和10年度（大日本青年団本部編） 1939.6 78p 27cm

◇千葉県館山北条町々勢要覧 ［昭和14年刊］（館山市北条町編） 1939.6 1枚 16cm

◇東京市時局下工業影響調査書 謄写版（東京市経済局庶務課編） 1939.6 121p 26cm

◇東京市人口動態速報 昭和13年（東京市編） 1939.6 55p 22cm

◇東京市土木事業要覧 昭和14年4月現在（東京市土木局編） 1939.6 3,108p 23cm

◇東京物価及賃銀統計 昭和13年（東京商工会議所編） 1939.6 81p 26cm

◇奈良県統計書 昭和12年（奈良県編） 1939.6 8,22,465p 27cm

◇［布施市］農家統計調査概要 昭和13年（布施市編） 1939.6 30p 23cm

◇松阪市勢要覧 昭和14年度（松阪市編） 1939.6 34p 11×20cm

◇青森市勢要覧 昭和14年版（青森市編） 1939.7 36p 13×19cm

◇一宮市の現住戸口職業別統計 昭和13年10月1日現在（一宮市編） 1939.7 37p 22cm

◇愛媛県統計書 （昭和12年度）第3編（愛媛県編） 1939.7 102p 27cm

◇大分市勢要覧 昭和13年版（大分市編） 1939.7 10,175p 19cm

◇沖縄県概観 昭和14年版（沖縄県総務部統計課編） 1939.7 ［26］p 11×21cm

◇沖縄県勢要覧 昭和14年版（沖縄県総務部統計課編） 1939.7 105,35p 15cm+図1枚

◇桑名市勢要覧 昭和14年版（桑名市編） 1939.7 140p 18cm

821

◇元山府勢一班 昭和14年(元山府編) 1939.7 68p 19cm
◇建築年鑑 昭和14年版(建築学会編) 1939.7 4,270p 21cm
◇市町村財政概要(愛媛県) 昭和14年4月調(愛媛県総務部地方課編) 1939.7 225p 26cm
◇市町村財政概要(栃木県) 昭和14年度(栃木県総務部地方課編) 1939.7 3,117p 26cm
◇台南州要覧 [昭和14年刊](台南州編) 1939.7 4,170p 18cm
◇大日本帝国文部省年報 第63 昭和10年度 上巻(文部省編) 1939.7 10,617p 26cm
◇大日本帝国文部省年報 第63 昭和10年度 下巻(文部省編) 1939.7 6,489p 26cm
◇鎮南浦府勢一班 昭和14年(鎮南浦府編) 1939.7 3,78p 19cm
◇東京府財政概要 昭和14年度(東京府編) 1939.7 2,155p 23cm
◇豊島区政概要 昭和14年7月1日 謄写版([東京市]豊島区編) 1939.7 16p 23cm
◇日本工業分布の調査研究:解説・統計・分布図 第1巻 金属・機械器具工業(東京工業大学工業調査部編) 1939.7 191p 26cm
◇八丈島勢要覧 昭和14年7月刊行(東京府八丈支庁編) 1939.7 1枚 21cm
◇半田市勢要覧 昭和14年版(半田市編) 1939.7 35枚 12×18cm
◇本市に於ける密住地区調査(大阪市社会部編) 1939.7 215p 27cm 社会部報告
◇労働統計実地調査報告 第5回 昭和11年 第2部(内閣統計局編) 1939.7 95p 26cm
◇京都市財政要覧 昭和14年版(京都市役所財務部財務課編) 1939.8 255,15p 22cm
◇群馬県統計書 昭和12年 第3編 産業(群馬県編) 1939.8 3,201p 27cm
◇神戸市産業統計要覧 昭和14年刊行(神戸市経済部産業研究所編) 1939.8 8,281p 23cm
◇神戸市内井戸調査報告(神戸市保健部編) 1939.8 133p 26cm
◇静岡県統計書 昭和12年 第3編 勧業(静岡県編) 1939.8 5,11,357p 26cm
◇東京市銀行統計要覧 昭和14年8月(東京市総務局統計課編) 1939.8 19p 24cm
◇東京市勢提要 第26回 昭和14年刊(東京市役所編) 1939.8 9,289p 16cm
◇栃木市勢要覧 昭和14年版(栃木市編) 1939.8 1冊 11×19cm
◇那古町勢要覧 [昭和14年刊](那古町編) 1939.8 1枚 20cm
◇[奈良県]市町村現勢一覧(奈良県編) 1939.8 3p 26cm 「奈良県統計時報」附録
◇平塚市勢要覧 昭和14年版(平塚市編) 1939.8 22p 13×19cm
◇[布施市]工業調査概要 昭和13年(布施市編) 1939.8 46p 23cm
◇枕崎町現勢一覧表 昭和13年(枕崎町編) 1939.8 1枚 23cm
◇秋田市統計一班 昭和14年5月編纂(秋田市編) 1939.9 5,198,15p 16cm
◇足利市勢要覧 昭和14年版(足利市編) 1939.9 [12]p 11×20cm
◇宇和島市勢要覧 昭和13年(宇和島市編) 1939.9 96p 19cm
◇愛媛県統計書 (昭和12年度)第1編(愛媛県編) 1939.9 119p 27cm
◇[大阪市立衛生試験所]事業成績概要 昭和13年(大阪市立衛生試験所編) 1939.9 3,234p 23cm
◇桐生市勢一班 昭和14年(桐生市編) 1939.9 16p 11×20cm
◇群馬県統計書 昭和12年 第2編 警察及衛生(群馬県編) 1939.9 71p 27cm
◇経済史年鑑 昭和14年版(経済史研究所編) 1939.9 3,138p 22cm 経済史研究

◇市町村財政概要(和歌山県) 昭和14年度(和歌山県総務部地方課編) 1939.9 123p 26cm
◇高山市勢要覧 昭和14年(高山市編) 1939.9 23p 10×20cm
◇富山県勢要覧 昭和14年版(富山県編) 1939.9 [42]p 10×19cm
◇長野県勢要覧 昭和14年(長野県総務部統計課編) 1939.9 2,27,27p 18cm
◇名古屋市貨物集散統計年報 第18回(昭和13年)(名古屋市産業部庶務課編) 1939.9 82p 26cm
◇蕃社戸口 昭和13年12月末現在(台湾総督府警務局編) 1939.9 59p 23cm
◇山口市勢要覧 昭和14年版(山口市編) 1939.9 64p 19cm
◇米沢市勢要覧 昭和14年版(米沢市編) 1939.9 1冊 11×20cm
◇[京都商工会議所]統計年報 昭和13年(京都商工会議所編) 1939.10 5,175p 26cm
◇警察統計報告:第15回 昭和14年10月刊行(内務省警保局編) 警察協会 1939.10 2,179p 26cm
◇警視庁防疫年鑑:昭和13年(警視庁衛生部編) 1939.10 10,191p 21cm
◇市町村財政概要(長崎県) 昭和14年度(長崎県地方課編) 1939.10 87p 26cm
◇全国病勢調査報告 第3回 昭和14年1月25日現在(日本医師会編) 1939.10 118p 26cm
◇地方費財政概要 昭和14年度(北海道庁総務部編) 1939.10 32p 26cm
◇鳥取県統計書 昭和13年 第4編(鳥取県編) 1939.10 2,86p 27cm
◇長崎市勢要覧 昭和14年版(長崎市編) 1939.10 3,33p 13×19cm
◇毎日年鑑 昭和15年(大阪毎日新聞社編,東京日日新聞社編) 1939.10 656p 20cm
◇馬山府勢一班 昭和14年版(馬山府編) 1939.10 56p 19cm
◇宮崎市勢要覧 昭和14年版(宮崎市編) 1939.10 21p 12×19cm
◇明石市勢一班 第20回(昭和14年版)(明石市編) 1939.11 9,164,14p 19cm
◇神戸市財政要覧 昭和14年度(神戸市役所庶務部財務課編) 1939.11 186p 22cm
◇神戸市中央卸売市場年報 第4報 昭和13年(神戸市中央卸売市場編) 1939.11 224p 27cm
◇静岡市勢要覧 昭和14年度刊(静岡市編) 1939.11 38p 13×19cm
◇下関商工会議所統計年報 昭和13年(下関商工会議所編) 1939.11 4,100p 27cm
◇職業紹介統計 昭和13年版(厚生省編) 1939.11 153p 26cm
◇新京特別市統計年報 康徳5年度(新京特別市長官房調査科編) 1939.11 60p 26cm
◇田畑売買価格及小作料調 昭和14年3月現在(日本勧業銀行調査課編) 1939.11 2,23p 22cm
◇鶴岡市勢要覧 昭和14年版(鶴岡市編) 1939.11 1冊 12×20cm
◇東京市京橋区勢要覧 昭和14年度(東京市京橋区編) 1939.11 8,174p 19cm
◇東京府下物品販売店調 昭和13年7月末現在(府立東京商工奨励館企画部編) 1939.11 37p 27cm
◇同盟時事年鑑 昭和15年版(同盟通信社編) 1939.11 868p 26cm
◇富山市勢要覧 昭和14年版(富山市編) 1939.11 [28]p 13×21cm
◇名古屋市財政概要 昭和14年度(名古屋市財務部財務課編) 1939.11 320p 23cm
◇名古屋市産業要覧 第24回 昭和14年版(名古屋市産業部庶務課編) 1939.11 7,30,304p 22cm
◇[西宮市]社会事業要覧 [昭和14年刊](西宮市編) 1939.11 108p

23cm
◇日本社会衛生年鑑 昭和14年版(日本労働科学研究所編) 1939.11 6,280p 26cm
◇日本農業年鑑 昭和15年版(富民協会編) 1939.11 436p 19cm
◇延岡市勢要覧 昭和14年版(延岡市編) 1939.11 4,73p 19cm
◇浜松市勢要覧 昭和14年版(浜松市編) 1939.11 4,7,71p 15cm
◇広島県概況 昭和14年版(広島県編) 1939.11 250p 19cm
◇保護世帯の家計調査(大阪市社会部編) 1939.11 68p 26cm 社会部報告
◇松本市勢一覧 昭和14年度(松本市編) 1939.11 30p 11×20cm
◇愛知県勢要覧 昭和13年(愛知県編) 1939.12 1枚 20cm
◇岩手県勢要覧 昭和15年版(岩手県総務部編) 1939.12 5,88,80p 15cm
◇宇都宮市勢要覧 昭和14年版(宇都宮市編) 1939.12 29p 11×19cm
◇大阪港勢一斑 昭和13年(大阪市役所港湾部編) 1939.12 10,245,28p 27cm
◇大阪市財政要覧 第22輯 昭和14年度(大阪市役所財務部編) 1939.12 345p 22cm
◇瓦斯事業要覧 昭和13年度(帝国瓦斯協会編) 1939.12 37p 31cm
◇岐阜市勢要覧 昭和14年版(岐阜市編) 1939.12 26p 13×20cm
◇金融経済統計 自昭和3年至昭和14年6月(日本勧業銀行調査課編) 1939.12 2,143p 27cm
◇軍事扶助法による扶助世帯の家計調査(大阪市社会部編) 1939.12 35p 26cm 社会部報告
◇警視庁統計書 第48回 昭和13年(警視庁編) 1939.12 4,358p 27cm
◇京城府財政要覧 昭和14年度(京城府編) 1939.12 4,130p 22cm
◇飾磨町勢要覧 昭和14年度版(飾磨町編) 1939.12 78p 19cm
◇静岡市統計書 第40回 昭和14年刊行(静岡市役所編) 1939.12 9,165p 22cm
◇市町村財政概要(青森県) 昭和14年度(青森県編) 1939.12 85p 27cm
◇商工省統計表 昭和13年(商工大臣官房調査課編) 東京統計協会 1939.12 14,208,3p 26cm
◇全国実業学校ニ関スル諸調査 昭和13年10月1日現在(文部省実業学務部編) 1939.12 179p 26cm
◇全州府勢一斑［昭和14年刊］(全州府編) 1939.12 58p 18cm
◇［全羅南道］道勢一斑 昭和14年(全羅南道編) 1939.12 12,239p 18cm
◇大日本帝国統計年鑑 第58回(内閣統計局編) 1939.12 6,451p 27cm
◇大日本帝国内務省統計報告 第50回 昭和14年刊行(内務大臣官房文書課編) 1939.12 3,326p 26cm
◇佳木斯市勢要覧［1939年刊］(佳木斯市公署編) 1939.12 4,58p 19cm
◇朝鮮地方財政要覧 昭和13年度(朝鮮総督府内務局編) 1939.12 2,4,268p 26cm
◇東京市勤労階級家計調査 自昭和12年9月至昭和13年8月(東京市総務局統計課編) 1939.12 117p 27cm
◇東京市納税人口調査 第2輯 個人営業収益税附加税篇(東京市編) 1939.12 16,67p 27cm
◇東京商工会議所統計年報 昭和14年(東京商工会議所編) 1939.12 6,326p 27cm
◇徳島市勢要覧 昭和14年版(徳島市編) 1939.12 2,54p 11×20cm
◇戸畑市勢要覧 昭和14年版(戸畑市編) 1939.12 10,81p 19cm
◇豊中市勢要覧 昭和14年版(豊中市編) 1939.12 80p 19cm

◇日本都市年鑑 9(昭和15年用)(東京市政調査会編) 1939.12 18,927p 21cm
◇農業経営調査書 昭和12年度(帝国農会編) 1939.12 2,131p 26cm
◇[浜松商工会議所]統計年報 第36回(浜松商工会議所編) 1939.12 2,115p 21cm
◇松山市勢要覧 昭和14年版(松山市編) 1939.12 11p 13×20cm
◇三原市勢要覧 昭和14年版(三原市編) 1939.12 76p 14×20cm
◇武蔵野町勢要覧 昭和14年度(武蔵野町編) 1939.12 11p 13×19cm
◇室蘭市勢一覧 昭和13年(昭和14年版)(室蘭市編) 1939.12 1冊 12×20cm
◇木浦府勢一斑 昭和14年(木浦府編) 1939.12 11,140p 18cm
◇山梨県勢一斑 昭和14年版(山梨県総務部統計課編) 1939.12 1枚 20cm
◇石巻市勢要覧 昭和15年刊(石巻市編) 1940 1枚 23cm
◇王子区勢要覧 昭和15年版(東京市王子区役所編) 1940 13,136p 19cm
◇［大阪市］電気局事業成績調書 第42回 昭和14年度(大阪市電気局編) 1940 92,[14]p 22cm
◇救護状況調 昭和15年自4月至9月分(厚生省社会局編) 1940 39p 26cm
◇京都市税務統計 昭和14年度 謄写版(京都市財務部税務課編) 1940 157p 25cm
◇[桐生市]衛生統計：附 防疫概況 昭和14年(桐生市編) 1940 35p 23cm
◇現住戸口及本籍人口 昭和14年末現在(長崎県総務部編) 1940 10p 18cm
◇黄海道勢一斑 昭和15年版(黄海道編) 1940 1冊 12×19cm
◇神戸市学事提要 昭和14年度(神戸市役所教育部編) 1940 7,123,23p 22cm
◇［神戸市］電気事業報告書 昭和14年度(神戸市電気局編) 1940 44p 22cm
◇市街庄概況 昭和14年(台湾総督府内務局編) 1940 56p 27cm
◇市町村財政概要(広島県) 昭和15年4月調(広島県編) 1940 2,281p 23cm
◇台南州統計要覧 昭和14年版(台南州編) 1940 1枚 16cm
◇高田市産業要覧 昭和15年(高田市編) 1940 1枚 21cm
◇東京市各区歳入歳出決算書 昭和13年度 旧市部 上(東京市役所編) 1940 1冊 28cm
◇東京市各区歳入歳出決算書 昭和13年度 旧市部 下(東京市役所編) 1940 1冊 28cm
◇東京市各区歳入歳出決算書 昭和13年度 新市部 上(東京市役所編) 1940 1冊 28cm
◇東京市各区歳入歳出決算書 昭和13年度 新市部 下(東京市役所編) 1940 1冊 28cm
◇東京市各経済歳入出決算 昭和14年度(東京市編) 1940 1冊 27cm
◇東京市歳入出予算 昭和15年度(東京市編) 1940 13,383,22p 22cm
◇東京市電気軌道事業成績表(東京市電気局編) 1940 1枚 26cm
◇東京市電気供給事業成績表(東京市電気局編) 1940 1枚 26cm
◇東京市乗合自動車事業成績表(東京市電気局編) 1940 1枚 26cm
◇東京市予算綱要 昭和15年度(東京市編) 1940 2,18,65p 26cm
◇東京府歳入歳出決算書 昭和14年度(東京府編) 1940 1冊 29cm
◇東京府歳入歳出予算書 昭和16年度(東京府編) 1940 465p 24cm
◇[名古屋市]電気軌道事業成績調書 昭和14年度(名古屋市電気局編) 1940 157p 22cm
◇七尾市勢要覧［昭和15年刊］(七尾市編) 1940 24p 11×19cm

統計書・年鑑

◇日本赤十字社事業年報 昭和14年度(日本赤十字社編) 1940 215p 19cm

◇平壌府勢一斑 昭和15年度(平壌府編) 1940 4,96p 15cm

◇三島町勢一斑 昭和10年(三島町編) 1940 18p 10×20cm

◇和歌山市勢要覧 昭和15年版(和歌山市編) 1940 1冊 9×14cm

◇鹿児島市勢要覧 昭和14年版(鹿児島市編) 1940.1 22p 12×18cm

◇札幌市統計一斑 昭和13年(札幌市役所編) 1940.1 7,150p 19cm

◇清水市の産業 昭和14年版(清水市編) 1940.1 6,73,14p 19cm

◇新竹市要覧 昭和15年版(新竹市編) 1940.1 70p 16cm

◇日本社会事業年鑑 昭和13年版(中央社会事業協会編) 1940.1 638,67p 22cm

◇兵庫県統計書 昭和13年 上巻(兵庫県総務部調査課編) 1940.1 1冊 27cm

◇兵庫県統計書 昭和13年 下巻(兵庫県総務部調査課編) 1940.1 1冊 27cm

◇福島県統計書 第55回 上編(福島県総務部総務課編) 1940.1 1,6,373p 26cm

◇若松市勢要覧 昭和15年刊(若松市(福島県)編) 1940.1 16p 13×20cm

◇青森市統計書 昭和13年(青森市役所編) 1940.2 7,280p 22cm

◇石川県勢 昭和14年刊(石川県編) 1940.2 230p 17cm

◇京都市勢一斑 昭和14年度版(京都市編) 1940.2 1枚 22cm

◇[群馬県]市町村別生産総価額一覧 昭和13年(群馬県編) 1940.2 1枚 21cm

◇市町村別生産価額表 昭和13年(山口県総務部統計課編) 1940.2 [17]p 19cm

◇職業補導事業概要(東京職業紹介所) 1940.2 2,204p 22cm

◇川内市勢要覧[昭和15年刊](川内市編) 1940.2 63p 22cm

◇台北市統計書 昭和13年(台北市役所編) 1940.2 9,187p 26cm

◇地方税ニ関スル参考計表(内務省地方局編) 1940.2 59p 26cm

◇東京市都市交通事業成績調 昭和13年度(東京市電気局交通調整課編) 1940.2 5,222p 22cm

◇豊橋市勢要覧 昭和14年度(豊橋市編) 1940.2 1枚 20cm

◇名古屋市有財産表 昭和14年10月末日現在(名古屋市役所編) 1940.2 239p 27cm

◇新潟商工会議所統計年報 昭和15年(新潟商工会議所編) 1940.2 117p 27cm

◇横浜市財政 昭和14年度(横浜市役所財務部編) 1940.2 1冊 22cm

◇青森県統計書 昭和12年 第1編 土地、戸口、其他(青森県編) 1940.3 2,126p 27cm

◇秋田県統計書 第55回(昭和12年) 第3編 学事(秋田県編) 1940.3 2,82p 27cm

◇尼崎市勢要覧 第21回(昭和14年版)(尼崎市編) 1940.3 5,185p 19cm

◇茨城県勢要覧 昭和15年版(茨城県総務部統計課編) 1940.3 4,121,104p 14cm+図1枚

◇宇都宮市統計書 昭和13年 上巻(宇都宮市役所編) 1940.3 2,2,137p 22cm

◇宇部市勢要覧 昭和14年度(宇部市編) 1940.3 1枚 20cm

◇愛媛県勢要覧 昭和15年刊行(愛媛県総務部統計課編) 1940.3 5,57,25p 19cm

◇大阪市工業経営調査書 昭和12年 金属、機械器具工業(大阪市産業部庶務課編) 1940.3 4,440p 26cm

◇大阪府人口の速報 昭和14年(大阪府総務部統計課編) 1940.3 74p 22cm

◇大阪府統計書 昭和13年(大阪府編) 1940.3 956p 27cm

◇岡山県要覧 昭和13年(岡山県総務部統計課編) 1940.3 181p 18cm

◇香川県統計書 昭和13年 第4編(香川県編) 1940.3 31p 27cm

◇神奈川県統計書 昭和13年(神奈川県編) 1940.3 7,1195p 27cm

◇金沢市勢一斑 昭和13年(金沢市編) 1940.3 8,19,133p 15cm

◇岐阜県統計書 第48回 昭和13年 第1巻(岐阜県編) 1940.3 61p 27cm

◇岐阜県統計書 第48回 昭和13年 第2巻(岐阜県編) 1940.3 175p 27cm

◇岐阜県統計書 第48回 昭和13年 第3巻(岐阜県編) 1940.3 59p 27cm

◇岐阜県統計書 第48回 昭和13年 第4巻(岐阜県編) 1940.3 47p 27cm

◇岐阜県統計書 第48回 昭和13年 第5巻(岐阜県編) 1940.3 39p 27cm

◇京都市水道事業年報 昭和13年度(京都市水道局編) 1940.3 1冊 22cm

◇京都市統計書 第30回(昭和13年)(京都市編) 1940.3 1冊 26cm

◇京都府統計書 昭和13年 第1編(京都府編) 1940.3 134p 26cm

◇京都府統計書 昭和13年 第2編(京都府編) 1940.3 103p 26cm

◇京都府統計書 昭和13年 第3編(京都府編) 1940.3 156p 26cm

◇京都府統計書 昭和13年 第4編(京都府編) 1940.3 148p 26cm

◇熊本県統計書 第58回 昭和13年 第1編(熊本県編) 1940.3 101p 27cm

◇熊本県統計書 第58回 昭和13年 第2編(熊本県編) 1940.3 46p 27cm

◇熊本県統計書 第58回 昭和13年 第3編(熊本県編) 1940.3 3,157p 27cm

◇熊本県統計書 第58回 昭和13年 第4編(熊本県編) 1940.3 44p 27cm

◇熊本県統計書 第58回 昭和13年 第5編(熊本県編) 1940.3 145p 27cm

◇熊本市勢要覧 昭和15年版(熊本市編) 1940.3 3,30p 11×18cm

◇熊本市統計書 第39回 昭和15年3月刊行(熊本市役所編) 1940.3 6,4,259p 26cm

◇[京城府]戸口統計 昭和15年(京城府編) 1940.3 32p 22cm

◇建築統計表 昭和14年(商工省調査課編) 1940.3 20p 26cm

◇工場統計表 昭和13年(商工大臣官房調査課編) 内閣印刷局 1940.3 1035p 26cm

◇高知県勢要覧 昭和13年(高知県編) 1940.3 1枚 20cm

◇甲府市勢一斑 昭和14年版(甲府市編) 1940.3 31p 13×19cm

◇神戸市社会事業要覧 昭和14年版(神戸市社会部編) 1940.3 1冊 22cm

◇最近に於ける東京市工業の展望 昭和13年工場調査 謄写版(東京市総務部統計課編) 1940.3 1冊 26cm

◇埼玉県統計書 昭和13年(埼玉県編) 1940.3 7,611p 26cm

◇札幌市勢一覧 昭和14年版(札幌市編) 1940.3 55p 19cm

◇滋賀県勢要覧 昭和15年版(滋賀県総務部統計課編) 1940.3 8,106,22p 13cm

◇市町村財政概要(福島県) 昭和14年度(福島県総務部地方課編) 1940.3 261p 26cm

◇清水市勢要覧 昭和14年版(清水市編) 1940.3 31p 13×19cm

◇彰化市管内概況 昭和14年(彰化市編) 1940.3 103p 19cm

◇人口統計要覧(人口問題研究所編) 1940.3 46p 26cm

◇瀬戸市勢要覧 昭和14年版(瀬戸市編) 1940.3 30p 13×19cm

◇大都市比較統計表 第2回 昭和12年(大都市調査統計協議会編)

1940.3 3,143p 27cm

◇台南州統計要覧 昭和15年版（台南州編） 1940.3 1枚 16cm

◇大日本帝国港湾統計 昭和13年（内務省土木局港湾課編） 港湾協会 1940.3 10,611p 26cm

◇立川を中心とする労働事情調査 第1部（東京府学務部職業課編） 1940.3 85p 22cm 職業問題参考資料

◇千葉県勢要覧 昭和15年刊行（千葉県総務部統計課編） 1940.3 4,142p 15cm+図1枚

◇地方学校職員待遇調査［昭和15年刊］（文部省普通学務局編） 1940.3 60p 26cm

◇地方財政概要 昭和14年度（内務省地方局） 1940.3 114p 26cm 全国都市問題会議会報

◇賃銀統計表 昭和14年（商工大臣官房調査課編） 1940.3 16p 26cm

◇津市要覧 昭和15年発行（津市編） 1940.3 1枚 18cm

◇大邱府勢一斑 昭和15年（大邱府編） 1940.3 36p 10×19cm

◇東京市政年報 昭和13年度 教育篇（東京市役所編） 1940.3 2,170,40p 26cm

◇東京市政年報 昭和13年度 港湾篇（東京市役所編） 1940.3 97p 26cm

◇東京市政年報 昭和13年度 財政篇（東京市財務局編） 1940.3 3,231p 27cm

◇東京市政年報 昭和13年度 産業篇（東京市役所編） 1940.3 2,116,190p 27cm

◇東京市政年報 昭和13年度 社会篇（東京市役所編） 1940.3 4,212p 27cm

◇東京市政年報 昭和13年度 水道篇（上水篇、下水道篇）（東京市役所編） 1940.3 52,45,43p 27cm

◇東京市政年報 昭和13年度 総務篇（東京市役所編） 1940.3 1,196p 26cm

◇東京市政年報 昭和13年度 電気篇（東京市役所編） 1940.3 2,147p 26cm

◇東京市政年報 昭和13年度 土木篇（東京市役所編） 1940.3 133,91p 26cm

◇東京市政年報 昭和13年度 保健篇（東京市役所編） 1940.3 1,145,109p 26cm

◇東京市生活用品小売価格指数年報 昭和14年（東京市総務局統計課編） 1940.3 7p 27cm

◇東京市統計年表 第36回 昭和13年 一般統計編（東京市役所編） 1940.3 652p 26cm

◇東京市統計年表 第36回 昭和13年 人口統計編（東京市役所編） 1940.3 8,431p 26cm

◇東京市統計年表 第36回 昭和13年 産業統計編（東京市役所編） 1940.3 4,375p 26cm

◇東京市納税人口調査 昭和10年度 総括篇（東京市総務局統計課編） 1940.3 79p 27cm

◇東京職業紹介所事業概要 昭和14年（東京職業紹介所編） 1940.3 6,146p 25cm

◇徳島県統計書 昭和13年 第4編（徳島県編） 1940.3 2,132p 26cm

◇栃木県統計書 昭和13年 第1編 土地 気象 戸口 兵事 社寺 社会 褒賞 土木 交通 通信 貯蓄 財政 議会 官公吏（栃木県編） 1940.3 3,144,17p 26cm

◇栃木県統計書 昭和13年 第2編 学事（栃木県編） 1940.3 2,149p 26cm

◇鳥取県統計書 昭和13年 第1編（鳥取県編） 1940.3 3,168p 27cm

◇鳥取県統計書 昭和13年 第2編（鳥取県編） 1940.3 2,101p 26cm

◇長岡市勢要覧 昭和14年度刊（長岡市編） 1940.3 5,145p 19cm

◇長岡商工会議所統計年報 第33次（昭和13年）（長岡商工会議所編） 1940.3 2,28,83p 15×22cm

◇長崎県統計書 昭和13年 第1編 土地戸口其他（長崎県編） 1940.3 125p 27cm

◇長崎県統計書 昭和13年 第2編 教育（長崎県編） 1940.3 88p 27cm

◇長崎県統計書 昭和13年 第4編 警察衛生行刑（長崎県編） 1940.3 111p 27cm

◇名古屋港貿易年報 昭和14年分（愛知県名古屋港務所編） 1940.3 58p 22cm

◇名古屋市統計書 第40回（昭和13年）（名古屋市編） 1940.3 1冊 22cm

◇那覇市勢要覧 昭和14年版（那覇市編） 1940.3 52p 15cm

◇奈良市勢要覧 昭和14年版（奈良市編） 1940.3 3,84p 13cm

◇新潟市統計書 昭和13年（新潟県編） 1940.3 9,619p 27cm

◇広島市勢一斑 第23回（昭和15年版）（広島市編） 1940.3 2,56p 19cm

◇［福井県］市町村勢の概要 昭和15年刊（福井県総務部統計課編） 1940.3 29p 27cm

◇［福井県］市町村の産業［昭和15年刊］（福井県総務部統計課編） 1940.3 29p 23cm

◇福井県勢 昭和15年版（福井県編） 1940.3 1枚 18cm

◇福岡県三潴郡三又村勢要覧：町村制発布五十周年記念 上巻（三又村協和会編） 1940.3 455p 22cm

◇福岡県三潴郡三又村勢要覧：町村制発布五十周年記念 下巻（三又村協和会編） 1940.3 463p 22cm

◇福島県統計書 第55回 下編（福島県総務部編） 1940.3 1,6,453p 27cm

◇物価賃銀調査年報 昭和13年（関東局編） 1940.3 74p 26cm

◇物価統計表 昭和14年（商工大臣官房統計課編） 1940.3 127p 26cm

◇［澎湖庁］統計概要 昭和13年（澎湖庁編） 1940.3 88p 19cm

◇奉天市統計年報 第3回 康徳5年（奉天市公署編） 1940.3 200p 26cm

◇奉天市勢要覧 康徳6年度（奉天省公署編） 1940.3 5,190p 23cm

◇三重県統計書 昭和13年 第2編（三重県編） 1940.3 2,349p 27cm

◇三重県統計書 昭和13年 第3編（三重県編） 1940.3 2,229p 27cm

◇宮城県要覧 昭和14年版（宮城県総務部編） 1940.3 25p 11×20cm

◇門司市勢要覧 昭和14年（門司市編） 1940.3 1冊 14×21cm

◇物の国勢調査 昭和14年 第1回速報 六大都市店舗数（内閣統計局編） 1940.3 2,104p 26cm

◇山形市治一覧 昭和15年版（山形県総務部調査課編） 1940.3 30,[19]p 18cm

◇山形市統計一斑［昭和15年刊］（山形市役所編） 1940.3 42p 13×19cm

◇山口県統計書 昭和13年 第2編（山口県総務部統計課編） 1940.3 21,112p 26cm

◇要保護世帯生計調査報告書 昭和13年度（東京市厚生局庶務課編） 1940.3 3,63p 22cm

◇横浜港湾統計年報 第11回（昭和14年）（横浜市土木局編） 1940.3 107p 27cm

◇臨時国勢調査 昭和14年（横浜市編） 1940.3 37p 23cm

◇労働統計要覧 昭和14年版（内閣統計局編） 東京統計協会 1940.3 5,166p 22cm

◇六大市電気局電車自動車年末年始運輸成績 昭和13年度 昭和13年12月29日ヨリ同14年1月3日迄6日間 昭和14年度 昭和14年12月29日ヨリ同15年1月3日迄6日間 謄写版（東京市電気局総務課編） 1940.3 [30]p 26×37cm

◇六大都市（東京、大阪、京都、名古屋、横浜、神戸）住民の生命表（水島治夫著, 谷口芳徳著）［日本民族衛生学会］ 1940.3 98p 26cm 「日本民族衛生会誌」第8巻第1号抜刷

◇秋田市勢要覧［昭和15年刊］(秋田市編)　1940.4　28p　13×19cm
◇愛媛県統計書（昭和13年度）第2編(愛媛県編)　1940.4　100p　27cm
◇大阪市社会事業要覧　昭和15年版(大阪市社会部庶務課編)　1940.4　134p　22cm　社会部報告
◇大阪府三島郡高槻町勢一覧　昭和15年4月（[高槻町]編）　1940.4　1枚　21cm
◇香川県統計書　昭和13年　第1編(香川県編)　1940.4　94p　27cm
◇香川県統計書　昭和13年　第2編(香川県編)　1940.4　139p　27cm
◇香川県統計書　昭和13年　第3編(香川県編)　1940.4　238p　27cm
◇鹿児島県統計書　昭和13年(鹿児島市役所編)　1940.4　499p　26cm
◇神戸市統計書　第24回(神戸市編)　1940.4　1冊　23cm
◇台中市管内概況　昭和14年(台中市編)　1940.4　18,196p　15cm
◇台湾地方財政概要　昭和14年度(台湾総督府内務局編)　1940.4　177p　27cm
◇鎮南浦府管内概況［昭和15年刊］　謄写版(鎮南浦府編)　1940.4　1冊　28cm
◇東京府市町村勢要覧［昭和15年4月刊］(東京府総務部編)　1940.4　143,37p　23cm
◇日本統計学会年報　第9年(日本統計学会編)　1940.4　176p　24cm
◇日本労働年鑑　第20輯（昭和14年版）(大原社会問題研究所編)　栗田書店　1940.4　1冊　23cm
◇福井県統計書　昭和13年　第2編　学事(福井県総務部編)　1940.4　2,98p　27cm
◇布施市勢要覧　昭和14年版(布施市編)　1940.4　5,117p　19cm
◇本邦ニ於ケル工場体育運動調査(厚生省労働局編)　1940.4　51p　22cm
◇舞鶴市勢要覧　昭和14年版(舞鶴市編)　1940.4　8p　14×19cm
◇前橋市勢要覧　昭和14年(前橋市編)　1940.4　50p　19cm
◇松江市勢要覧　昭和14年刊(松江市編)　1940.4　28p　11×20cm
◇宮城県治一斑　第53回（昭和15年版）(宮城県総務部統計課編)　1940.4　4,85,47p　19cm
◇盛岡市勢要覧　昭和15年版(盛岡市編)　1940.4　4,80p　15×21cm
◇横浜市統計書　第33回（昭和13年）(横浜市編)　1940.4　6,522p　27cm
◇市川市勢要覧　昭和14年版(市川市編)　1940.5　58p　14cm
◇大垣市勢要覧　昭和14年版(大垣市編)　1940.5　53p　13×19cm
◇大阪市勢要覧　昭和15年版(大阪市役所庶務部編)　1940.5　165,37p　13cm
◇大阪市中央卸売市場年報　第7回　昭和13年(大阪市中央卸売市場編)　1940.5　91p　26cm
◇大阪市統計書　第37回　昭和13年(大阪市役所編)　1940.5　1冊　23cm
◇沖縄県概観　昭和15年版(沖縄県総務部統計課編)　1940.5　[26]p　11×21cm
◇香川県財政概要［昭和15年刊］(香川県総務部編)　1940.5　38p　22cm
◇家計調査報告　自昭和13年9月至昭和14年8月(内閣統計局編)　1940.5　4,184p　26cm
◇［京都市］電気事業成績調書　昭和13年度(京都市電気局編)　1940.5　177p　22cm
◇佐賀県統計書　昭和13年　第1編(佐賀県編)　1940.5　163p　26cm
◇佐賀県統計書　昭和13年　第3編(佐賀県編)　1940.5　265p　26cm
◇ダイヤモンド経済統計年鑑　第6回　昭和15年版(ダイヤモンド社編)　1940.5　21,641p　19cm
◇田辺市勢要覧　昭和15年(田辺町編)　1940.5　1枚　20cm
◇東京魚市場株式会社統計表　第9期（自昭和14年6月至昭和14年11月）(東京魚市場編)　1940.5　105p　26cm
◇［東京市］大森区勢要覧　第6回（昭和15年度）（[東京市]大森区編）　1940.5　117p　17cm
◇東京市結核死亡統計　昭和13年　謄写版(東京市総務局統計課編)　1940.5　1冊　26cm
◇東京府統計書　昭和13年　第1編　土地、人口、其他(東京府編)　1940.5　353p　26cm
◇東京府統計書　昭和13年　第2編　教育(東京府編)　1940.5　225p　26cm
◇東京府統計書　昭和13年　第3編　産業(東京府編)　1940.5　411p　26cm
◇東洋経済経済年鑑　第24回（昭和15年版）(東洋経済新報社編)　1940.5　18,502p　26cm
◇長野市勢要覧　昭和15年版(長野市編)　1940.5　22p　11×19cm
◇名古屋市生活用品小売価格指数年報　昭和14年4月-昭和15年3月(名古屋市総務部調査課編)　1940.5　10p　26cm
◇西宮市勢要覧　昭和14年版(西宮市編)　1940.5　6,109p　19cm
◇屏東市要覧　昭和14年版(屏東市編)　1940.5　38p　15cm
◇北京邦人生活費物価調(華北事情案内所編)　1940.5　18p　19×26cm
◇丸亀市勢一覧　昭和15年(丸亀市編)　1940.5　21p　11×23cm
◇横須賀市勢要覧　昭和15年版(横須賀市編)　1940.5　104p　19cm
◇大阪港貿易年誌　昭和14年(大阪市産業部貿易課編)　1940.6　28,107p　22cm
◇大阪市物価並労賃統計年報：附録9・18臨時調査(大阪商工会議所編)　1940.6　66,19p　22cm　調査資料
◇岡谷市勢要覧　昭和14年版(岡谷市編)　1940.6　45p　13×19cm
◇小樽市統計書　第34回　昭和13年(小樽市役所編)　1940.6　11,252p　22cm
◇嘉義市勢一覧　昭和14年版(嘉義市編)　1940.6　27p　13×20cm
◇柏崎要覧　昭和15年版(柏崎町編)　1940.6　1冊　14×20cm
◇川崎市勢一斑　昭和14年版(川崎市編)　1940.6　1枚　22cm
◇神戸港大観［昭和14年］(神戸市土木部港湾課編)　1940.6　4,262p　22cm
◇市町村財政概要（石川県）　昭和15年度(石川県地方課編)　1940.6　127p　26cm
◇平市勢要覧　昭和15年(平市編)　1940.6　13p　12×20cm
◇台湾人口動態統計記述編　昭和13年(台湾総督官房企画部編)　1940.6　1,3,106p　23cm
◇道府県別原因,月及日齢月齢別乳児死亡統計記述篇　昭和10年(愛育会編)　1940.6　27p　22cm
◇奈良県勢要覧［昭和15年刊］(奈良県総務部統計課編)　1940.6　1枚　17cm
◇満鉄中国人生計費調査　第1編　鉄道関係従事員(南満洲鉄道株式会社庶務部調査課編)　1940.6　4,79p　26cm　調査報告書
◇三河のころも［昭和15年刊］(挙母町編)　1940.6　44p　13×19cm
◇四日市港貨物集散統計年報　昭和14年中(四日市市編)　1940.6　36p　19cm
◇四日市市勢要覧　昭和14年版(四日市市編)　1940.6　60p　19cm
◇飯塚市勢要覧　昭和15年度版(飯塚市編)　1940.7　26p　13×20cm
◇［宇部商工会議所］統計年報　昭和15年版(宇部商工会議所編)　1940.7　44p　23cm
◇愛媛県統計書（昭和13年度）第3編(愛媛県総務部編)　1940.7　103p　27cm
◇［大阪市立衛生試験所］事業成績概要　昭和14年(大阪市立衛生試験所編)　1940.7　4,296p　22cm
◇大阪の市民調査　昭和15年5月1日　年齢階級別人口編(大阪市役所

◇編）　1940.7　6,89p　26cm
◇鹿児島市統計書　第28回　昭和13年（鹿児島市役所編）　1940.7　5,201p　22cm
◇川崎市社会事業概要　昭和15年版（川崎市社会課編）　1940.7　84p　22cm
◇熊本県勢要覧　昭和15年版（熊本県編）　1940.7　1枚　19cm
◇群馬県統計書　昭和13年　第4編　学事（群馬県編）　1940.7　109p　27cm
◇建築年鑑　昭和15年版（建築学会編）　1940.7　4,182p　22cm
◇高知県市町村経済一覧［昭和15年刊］（高知県総務部統計課編）　1940.7　1枚　19cm
◇神戸市勢要覧　第19回（神戸市編）　1940.7　174,52p　13cm
◇静岡県統計書　昭和13年　第1編　雑纂（静岡県編）　1940.7　8,321p　27cm
◇消防年報　昭和14年（警視庁消防部消防課編）　1940.7　82p　27cm
◇仙台市政概要　昭和15年版（仙台市編）　1940.7　28p　19cm
◇千葉県館山市々勢要覧　昭和15年度版（館山市編）　1940.7　1枚　14cm
◇東京市設社会事業要覧　大正15年7月（東京市社会局編）　1940.7　51p　17cm
◇東京物価及賃銀統計　昭和14年（東京商工会議所）　1940.7　87p　26cm
◇鳥取市勢要覧　昭和15年版（鳥取市編）　1940.7　［57］p　13×20cm
◇函館市商店後方地帯調査書　昭和13年7月施行（函館商工会議所編）　1940.7　179p　22cm
◇布施市統計書　第3回　昭和13年（布施市役所編）　1940.7　6,283p　22cm
◇横浜商工会議所統計年報　昭和15年（横浜商工会議所）　1940.7　4,336p　26cm
◇青森県統計書　昭和12年　第3編　産業（青森県編）　1940.8　3,257p　27cm
◇浦和市勢要覧　昭和14年版（浦和市編）　1940.8　25p　13×19cm
◇宇和島市勢要覧　昭和14年（宇和島市編）　1940.8　96p　19cm
◇愛媛県統計書（昭和13年度）第1編（愛媛県編）　1940.8　105p　27cm
◇大分市勢要覧　昭和14年版（大分市編）　1940.8　10,161p　19cm
◇桑名市勢要覧　昭和15年版（桑名市編）　1940.8　52p　11×19cm
◇小売物価及生計費指数　昭和15年版（全国産業団体聯合会事務局編）　1940.8　14p　26cm
◇市町村財政概要（愛媛県）　昭和15年4月調（愛媛県総務部地方課編）　1940.8　225p　22cm
◇台南州要覧［昭和15年刊］（台南州編）　1940.8　4,169p　18cm
◇台北市概況　昭和15年版（台北市編）　1940.8　98p　19cm
◇多治見市勢要覧　昭和15年版（多治見市編）　1940.8　22p　11×18cm
◇統計に現れた戦時下の市民消費生活（東京市総務局統計課編）　1940.8　10p　22cm
◇徳島県統計書　昭和12年　第1編（徳島県編）　1940.8　3,233p　26cm
◇富山県静態戸口　昭和14年末（富山県総務部統計調査課編）　1940.8　11p　22cm
◇浜松市勢要覧　昭和15年版（浜松市編）　1940.8　4,8,74p　15cm
◇本県戸口の状況　昭和14年末調（神奈川県総務部統計調査課編）　1940.8　21p　15cm
◇枕崎町現勢一覧表　昭和14年（枕崎町編）　1940.8　1枚　19cm
◇青森県統計書　昭和12年　第2編　教育、社寺兵事、社会事業（青森県編）　1940.9　2,128p　26cm
◇大阪の市民調査　昭和15年5月1日　世帯人員別世帯数　生活必需品　販売店数及無世帯数編（大阪市役所編）　1940.9　175p　26cm

◇岡崎市勢要覧　昭和15年（岡崎市編）　1940.9　58p　13×20cm
◇沖縄県統計書　昭和13年　第3編　産業（沖縄県編）　1940.9　2,242p　26cm
◇［神奈川県］世帯調査　昭和15年（神奈川県総務部統計調査課編）　1940.9　54p　19cm
◇川崎市財政要覧　昭和15年度（川崎市編）　1940.9　60p　23cm
◇京都市財政要覧　昭和15年度（京都市役所財政部財務課編）　1940.9　265,14p　22cm
◇交通事故統計書　昭和14年中（静岡県警察部保安課編）　1940.9　19p　22cm
◇市町村財政概要（岐阜県）　昭和15年度（岐阜県編）　1940.9　185p　27cm
◇新竹市要覧［昭和15年刊］（新竹市編）　1940.9　106p　16cm
◇茅ヶ崎町勢要覧　昭和15年（茅ヶ崎町編）　1940.9　［23］p　13×19cm
◇名古屋商工会議所統計年報　昭和14年（名古屋商工会議所編）　1940.9　4,182p　26cm
◇奈良県統計書　昭和13年（奈良県編）　1940.9　7,22,369p　27cm
◇満鉄中国人生計費調査　第2編　工場関係従事員　第3編　炭鉱関係従事員　第4編　前3編生計費調査より得べき綜合的結論（南満洲鉄道株式会社庶務部調査課編）　1940.9　1冊　26cm　調査報告書
◇和歌山県統計書　昭和13年（和歌山県編）　1940.9　8,569p　26cm
◇青森市勢要覧　昭和15年版（青森市編）　1940.10　15p　13×19cm
◇朝日年鑑　昭和16年（朝日新聞社編）　1940.10　1008p　20cm
◇大阪市清掃事業年報　昭和15年刊（大阪市保健部編）　1940.10　1冊　22cm
◇群馬県勢要覧　昭和15年版（群馬県総務部統計課編）　1940.10　1枚　19cm
◇群馬県統計書　昭和13年　第2編　警察及衛生（群馬県編）　1940.10　64p　27cm
◇高知県統計書　昭和13年　第1編（高知県編）　1940.10　195p　27cm
◇佐賀市勢要覧　昭和15年版（佐賀市編）　1940.10　27p　13×19cm
◇佐賀市統計年報　昭和15年（佐賀市役所編）　1940.10　86p　19cm
◇社会事業統計要覧　第16回（厚生省社会局編）　1940.10　8,234p　22cm
◇田畑売買価格及小作料調　昭和15年3月現在（日本勧業銀行調査課編）　1940.10　2,22p　22cm
◇千葉市勢要覧　昭和15年版（千葉市編）　1940.10　6,6,34p　13×19cm
◇東京市勢提要　第27回　昭和15年刊（東京市役所編）　1940.10　7,223p　16cm
◇東京府財政概要　昭和15年度（東京府総務部編）　1940.10　3,152p　23cm
◇鳥取県統計書　昭和14年　第4編（鳥取県編）　1940.10　2,85p　26cm
◇長崎県勢要覧　昭和14年（長崎県編）　1940.10　27p　13cm
◇名古屋職業紹介所事業概要　昭和14年　謄写版（名古屋職業紹介所編）　1940.10　86p　22cm
◇函館商工会議所年報　昭和13年　下巻（函館商工会議所編）　1940.10　226p　27cm
◇蕃社戸口　昭和14年12月末現在（台湾総督府警務局編）　1940.10　56p　23cm
◇福井市勢一斑［昭和15年刊］（福井市編）　1940.10　［20］p　11×19cm
◇奉天市統計年報　第4回　康徳6年（奉天市公署編）　1940.10　198p　26cm
◇馬山府府勢一斑　昭和15年版（馬山府編）　1940.10　56p　19cm
◇水戸市勢要覧［昭和14年度］（水戸市編）　1940.10　50p　12×18cm
◇宮崎市勢要覧　昭和15年版（宮崎市編）　1940.10　20p　12×19cm

◇山口市勢要覧 昭和15年版(山口市編) 1940.10 65p 19cm

◇米子市勢要覧 昭和14年版(米子市編) 1940.10 22p 11×20cm

◇明石市勢一斑 第21回(昭和15年版)(明石市編) 1940.11 9,164,14p 19cm

◇朝日経済年史 昭和15年版 世界騒乱と日本経済(朝日新聞社経済部編) 1940.11 549p 23cm

◇大阪港勢年報 昭和14年(大阪市港湾部編) 1940.11 2,53p 22cm

◇咸興府勢一斑 昭和15年(咸興府編) 1940.11 7,81,6p 19cm

◇[京都商工会議所]統計年報 昭和14年(京都商工会議所編) 1940.11 4,145p 26cm

◇下松市勢要覧 昭和15年版(下松市編) 1940.11 28p 13×19cm

◇酒田市勢要覧 昭和15年(酒田市編) 1940.11 [28]p 11×20cm

◇上水道統計 第28号(水道協会編) 1940.11 571p 23cm

◇市吏員に関する調査 昭和15年(東京市政調査会編) 1940.11 4,142p 21cm

◇全国病勢調査報告 第4回 昭和15年4月10日現在(日本医師会編) 1940.11 118p 26cm

◇高雄市要覧 昭和15年版(高雄市編) 1940.11 5,174p 17cm

◇帝国決算統計 昭和15年刊行(会計検査院長官房調査科編) 1940.11 6,568p 26cm

◇東京市豊島区勢要覧 昭和15年度([東京市]豊島区編) 1940.11 6,245p 16cm

◇同盟時事年鑑 昭和16年版(同盟通信社編) 1940.11 840p 26cm

◇徳島県統計書 昭和13年 第3編(徳島県編) 1940.11 2,229p 27cm

◇栃木県勢要覧 昭和15年11月刊行(栃木県総務部統計課編) 1940.11 4,106,53p 17cm

◇名古屋市財政概要 昭和13年度(名古屋市庶務部財務課編) 1940.11 269p 23cm

◇名古屋市財政概要 昭和15年度(名古屋市財務部財務課編) 1940.11 330p 23cm

◇日本ノ人口 本州ニ於ケル農村人口ノ地方的分布(紀元2600年記念第4回人口問題全国協議会提出論文)(田中館秀三著) [東北帝国大学] 1940.11 35p 22cm

◇本邦大都市に於ける土地建物賃貸状況調 昭和14年度(厚生省社会局編) 内閣印刷局 1940.11 4,175p 30cm

◇衣服身装品購買量調査 謄写版(東京市総務局統計課編) 1940.12 1冊 26cm

◇岩手県勢要覧 昭和16年版(岩手県総務部編) 1940.12 5,88,80p 16cm+図1枚

◇宇治山田市勢要覧 昭和15年(宇治山田市編) 1940.12 1冊 10×19cm

◇瓦斯事業要覧 昭和14年度(帝国瓦斯協会編) 1940.12 35p 31cm

◇葛飾区勢概要 昭和15年 謄写版(東京市葛飾区編) 1940.12 1冊 26cm

◇樺太市町村財政一斑 昭和14年度決算(樺太庁内務部地方課編) 1940.12 23p 27cm

◇[群山商工会議所]統計年報 昭和14年(群山商工会議所編) 1940.12 74p 23cm

◇京城府財政要覧 昭和15年度(京城府編) 1940.12 4,138p 22cm

◇江原道道勢一斑 昭和15年(江原道編) 1940.12 139,9p 19cm

◇佐賀県統計書 昭和13年 第2編(佐賀県編) 1940.12 147p 26cm

◇佐賀県統計書 昭和13年 第4編(佐賀県編) 1940.12 82p 26cm

◇三条市勢要覧 昭和15年度版(三条市編) 1940.12 36p 14×19cm

◇塩釜町勢要覧 昭和15年版(塩釜町編) 1940.12 1冊 11×20cm

◇市町村財政概要(青森県) 昭和15年度(青森県編) 1940.12 85p 26cm

◇島根県統計書 昭和13年度 第2編(島根県編) 1940.12 2,102p 25cm

◇高雄州要覧 昭和15年版(高雄州編) 1940.12 9,215p 17cm

◇朝鮮地方財政要覧 昭和14・5年度(朝鮮総督府内務局編) 1940.12 2,4,137p 26cm

◇東京商工会議所年報 昭和15年(東京商工会議所編) 1940.12 3,288p 27cm

◇徳島市勢要覧 昭和15年版(徳島市編) 1940.12 4,135p 13cm

◇戸畑市勢要覧 [昭和15年刊](戸畑市編) 1940.12 10,78p 19cm

◇名古屋市産業要覧 第25回 昭和15年版(名古屋市産業部庶務課編) 1940.12 7,24,355p 26cm

◇日本工業分布の調査研究:解説・統計・分布図 第2巻 化学工業(東京工業大学工業調査部編) 1940.12 367p 27cm

◇日本社会衛生年鑑 昭和15年版(日本労働科学研究所編) 1940.12 4,245p 26cm

◇[浜松商工会議所]統計年報 第37回(浜松商工会議所編) 1940.12 106p 21cm

◇福岡市勢要覧 昭和15年(福岡市編) 1940.12 4,80p 19cm

◇撫順市統計年報 康徳6年(撫順市庶務科文書股編) 1940.12 85p 26cm

◇物価賃銀調査年報 昭和14年(関東局編) 1940.12 76p 26cm

◇船橋市勢要覧 昭和15年版(船橋市編) 1940.12 [32]p 12×20cm

◇松山市勢要覧 昭和15年版(松山市編) 1940.12 6,76p 19cm

◇山梨県統計書 昭和14年(山梨県編) 1940.12 499p 26cm

◇労働年鑑 昭和15年版(長岡保太郎編) 協調会 1940.12 1冊 22cm

◇石巻市勢要覧 昭和16年刊(石巻市編) 1941 1枚 23cm

◇愛媛県勢一覧 昭和16年(愛媛県総務部編) 1941 20p 13×20cm

◇[大阪市]電気事業成績調書 第43回 昭和15年度(大阪市電気局編) 1941 125,65p 22cm

◇樺太市町村財政一斑 昭和16年度予算(樺太庁内務部編) 1941 52p 27cm

◇岐阜県郡市町村別人口 昭和15年国勢調査(岐阜県編) 1941 4p 26cm

◇神戸港湾統計(内航) 昭和15年(神戸市港都局港湾課編) 1941 112p 22cm

◇神戸市学事提要 昭和15年度(神戸市役所教育部編) 1941 8,136,24p 23cm

◇[神戸市]電気事業報告書 昭和15年度(神戸市電気局編) 1941 46p 22cm

◇小林町勢要覧 昭和13年(宮崎県小林町編) 1941 1枚 23cm

◇産業組合現況 昭和16年6月末日現在(農林省総務局編) 1941 5p 26cm

◇静岡県勢要覧 昭和15年(静岡県総務部統計課編) 1941 1枚 23cm

◇主要都市市街地戸口統計表 康徳7月末現在(満洲国治安部警務司編) 1941 85p 15×22cm

◇杉並区勢概要 昭和15年版(東京市杉並区役所編) 1941 213p 19cm

◇洲本町勢要覧 昭和11年(洲本町編) 1941 29p 11×20cm

◇青年学校青年学校教員養成所ニ関スル調査 昭和14年4月末日現在(文部省社会教育局編) 1941 70p 26cm

◇青年学校青年学校教員養成所ニ関スル調査 昭和15年度(文部省社会教育局編) 1941 83p 26cm

◇世田谷区々勢一斑 昭和16年刊行([東京市]世田谷区編) 1941 1枚 27cm

◇大都市公企業統計年報 第4回(昭和7・8年度)(大都市調査統計協議会編) 1941 6,309p 26cm

◇高槻町勢一覧 昭和12年1月1日現在(高槻町編) 1941 1枚 23cm
◇滝野川区勢一覧 昭和16年(東京市滝野川区編) 1941 1枚 16cm
◇電気軌道事業成績調査書 第12回(昭和13年度)(札幌市電気局) 1941 4,36p 23cm
◇東京市各区歳出歳入決算書 昭和14年度 旧市部 上(東京市役所編) 1941 1冊 28cm
◇東京市各区歳出歳入決算書 昭和14年度 旧市部 下(東京市役所編) 1941 1冊 28cm
◇東京市各区歳入出決算書 昭和14年度 新市部(東京市役所編) 1941 1冊 28cm
◇東京市各経済歳入出決算 昭和15年度(東京市編) 1941 1冊 27cm
◇東京市貨物集散調査書 大正15年 昭和元年(東京市商工課編) 1941 67p 23cm
◇東京市歳入出予算 昭和16年度(東京市編) 1941 28,406,10p 22cm
◇東京市職業紹介所年報 第8回(大正7年度)(東京市編) 1941 76p 23cm
◇[東京市電気局]労務統計年表 昭和15年度(東京市電気局労務課編) 1941 14p 26×37cm
◇東京市予算綱要 昭和16年度(東京市編) 1941 2,85p 26cm
◇東京府会決議録 昭和16年(東京府編) 1941 838p 26cm 東京府歳入歳出予算
◇東京府歳入歳出決算書 昭和15年度(東京府編) 1941 1冊 29cm
◇図書館一覧 昭和14年4月1日現在(文部省社会教育局編) 1941 122p 26cm
◇図書館一覧 昭和15年4月1日現在(文部省社会教育局編) 1941 76p 26cm
◇名古屋市税務統計書:大都市調査統計協議会協定様式 昭和15年度分 謄写版(名古屋市財務部主税課編) 1941 4,84p 27cm
◇[名古屋市]電気軌道事業成績調査 昭和15年度(名古屋市電気局) 1941 190p 22cm
◇奈良県勢要覧 [昭和16年刊](奈良県編) 1941 1枚 17cm
◇日本赤十字社事業年報 昭和15年度(日本赤十字社編) 1941 203p 19cm
◇平安北道勢一斑 昭和15年版(平安北道編) 1941 18p 12×20cm
◇松本市商業実態調査集計 昭和16年6月末日現在(松本商工会議所編、松本市翼賛壮年団編) 1941 1枚 22cm
◇三島市勢の概要 [昭和16年刊](三島市編) 1941 1枚 20cm
◇諫早市勢概要 昭和16年 謄写版(諫早市編) 1941.1 1冊 26cm
◇大阪市財政要覧 第23輯 昭和15年度(大阪市役所財務部編) 1941.1 385p 22cm
◇釜石市勢要覧 昭和15年版(釜石市編) 1941.1 17p 11×19cm
◇[京都市]税務概要 昭和15年度(京都市編) 1941.1 88p 22cm
◇札幌商工会議所統計年報 第24回(札幌商工会議所編) 1941.1 56p 27cm
◇市町村財政概要(和歌山県) 昭和15年度(和歌山県総務部地方課編) 1941.1 126p 26cm
◇死亡表に関する自然的及政治的諸観察(ジョン・グラント著、久留間鮫造訳) 栗田書店 1941.1 465p 19cm 統計学古典選集
◇生命表 第6回(内閣統計局編) 1941.1 138p 26cm
◇東京魚市場株式会社統計表 第10期(自昭和14年12月至昭和15年5月)(東京魚市場編) 1941.1 107p 26cm
◇日本社会事業年鑑 昭和14・5年版(中央社会事業協会編) 1941.1 11,697p 22cm
◇日本都市年鑑 10(昭和16年用)(東京市政調査会編) 1941.1 16,698p 21cm
◇福島県勢要覧 昭和14年(福島県総務部統計課編) 1941.1 1枚 15cm
◇松江市勢要覧 昭和15年刊(松江市編) 1941.1 28p 11×19cm
◇豆及蔬菜類等消費量調査 謄写版(東京市総務部統計課編) 1941.1 4枚 26cm
◇鹿児島市勢要覧 昭和15年版(鹿児島市編) 1941.2 20p 12×18cm
◇[京城府]戸口統計 昭和15年末現在(京城府編) 1941.2 35p 22cm
◇郡山市勢要覧 昭和15年版(郡山市編) 1941.2 41p 19cm
◇市町村財政概要(奈良県) 昭和15年4月調(奈良県総務部編) 1941.2 89p 27cm
◇下関商工会議所統計年報 昭和14年(下関商工会議所編) 1941.2 3,72p 27cm
◇住込少年商店員の生活事情に関する調査 謄写版(東京市厚生局庶務課編) 1941.2 56p 25cm
◇大都市比較統計年表 第3回 昭和13年(大都市調査統計協議会編) 1941.2 3,134p 26cm
◇大日本帝国統計年鑑 第59回(内閣統計局編) 1941.2 3,246p 27cm
◇帝国予算綱要 昭和16年度(大蔵省主計局編) 1941.2 72p 21cm
◇名古屋市有財産表 昭和15年10月末日現在(名古屋市役所編) 1941.2 266p 27cm
◇布施市勢要覧 昭和15年版(布施市編) 1941.2 23p 13×19cm
◇松本市勢要覧 昭和15年版(松本市編) 1941.2 30p 11×20cm
◇横浜市財政要覧 昭和15年度(横浜市役所財務部編) 1941.2 1冊 22cm
◇尼崎市勢要覧 第22回(昭和15年版)(尼崎市編) 1941.3 5,115p 19cm
◇石川県勢 昭和15年刊(石川県) 1941.3 232p 17cm
◇茨城県人口統計 昭和14年(茨城県総務部統計課編) 1941.3 1,40p 26cm
◇上田市勢要覧 昭和15年(上田市編) 1941.3 14p 11×19cm
◇大阪市水道事業年報 昭和15年度版(大阪市水道部編) 1941.3 207p 22cm
◇[大阪市立衛生試験所]事業成績概要 昭和15年(大阪市立衛生試験所編) 1941.3 4,298p 21cm
◇大阪府人口の速報 昭和15年(大阪府総務部統計課編) 1941.3 77p 21cm
◇大阪府統計書 昭和14年(大阪府編) 1941.3 907p 26cm
◇大津市勢要覧 昭和15年版(大津市庶務課編) 1941.3 43p 13×20cm
◇岡山市勢要覧 昭和14年分(岡山市編) 1941.3 2,78p 13×20cm
◇沖縄県統計書 昭和13年 第1編 内務(沖縄県編) 1941.3 2,120p 26cm
◇沖縄県統計書 昭和13年 第2編 学事(沖縄県編) 1941.3 14,76p 26cm
◇鹿児島市産業要覧 昭和15年(鹿児島市商工課編) 1941.3 90p 19cm
◇神奈川県統計書 昭和14年(神奈川県編) 1941.3 1冊 26cm
◇金沢市勢一斑 昭和14年(金沢市編) 1941.3 8,19,133p 15cm
◇花蓮港庁要覧 昭和16年版(花蓮港庁編) 1941.3 50p 18cm
◇岐阜県勢要覧 昭和15年(岐阜県編) 1941.3 18,12,2p 13×19cm
◇岐阜県統計書 第49回 昭和14年 第1巻(岐阜県編) 1941.3 61p 27cm
◇岐阜県統計書 第49回 昭和14年 第2巻(岐阜県編) 1941.3 172p 27cm
◇岐阜県統計書 第49回 昭和14年 第3巻(岐阜県編) 1941.3 59p 27cm
◇岐阜県統計書 第49回 昭和14年 第4巻(岐阜県編) 1941.3 39p 27cm
◇[京都市]電気事業成績調書 昭和14年度(京都市電気局編) 1941.3

183p 22cm

◇京都市統計書 第31回（昭和14年）（京都市編） 1941.3 1冊 26cm

◇京都府統計書 昭和14年 第1編（京都府編） 1941.3 134p 26cm

◇京都府統計書 昭和14年 第2編（京都府編） 1941.3 103p 26cm

◇京都府統計書 昭和14年 第3編（京都府編） 1941.3 124p 26cm

◇京都府統計書 昭和14年 第4編（京都府編） 1941.3 148p 26cm

◇熊本市勢要覧 昭和16年版（熊本市編） 1941.3 3,30p 11×18cm

◇熊本市統計書 第40回 昭和16年3月刊行（熊本市役所編） 1941.3 6,4,259p 26cm

◇警視庁統計書 第49回 昭和14年（警視庁） 1941.3 4,368p 26cm

◇甲府市統計書 第32・3・4回 昭和11・2・3年（甲府市役所編） 1941.3 7,180p 21cm

神戸市税務統計書：大都市協定様式 昭和15年版（神戸市財務部主税課編） 1941.3 3,50p 26cm

◇埼玉県統計書 昭和14年（埼玉県総務部統計課編） 1941.3 5,400p 26cm

◇山林要覧 第11次 昭和16年版（農林省山林局編） 1941.3 275p 19cm

◇滋賀県勢要覧 昭和16年版（滋賀県総務部統計課編） 1941.3 7,88,20p 13cm

◇下関市勢要覧 昭和15年度（下関市編） 1941.3 8,93,27p 13cm

◇昭和15年国勢調査誌（大阪市編） 1941.3 60,93,35p 21cm

◇吹田市勢要覧 昭和15年版（吹田市編） 1941.3 2,39p 13×19cm

◇生活調査成績報告 統計編 昭和15年（石川県編） 1941.3 6,82p 26cm

◇全国道府県郡市区町村別出産・出生・死産及乳幼児死亡統計：附 各府県郡市別乳児死亡情勢図 全国道府県並都市別乳児死亡情勢図 昭和13年（厚生省社会局編） 1941.3 451p 26cm

◇大広島 第24回［昭和16年刊］（広島市編） 1941.3 6,33p 19cm

◇台北市統計書 昭和14年（台北市役所編） 1941.3 9,201p 27cm

◇大連市勢便覧 昭和16年版（大連市編） 1941.3 3,68p 11cm

◇台湾人口動態統計記述編 昭和14年（台湾総督府企画部編） 1941.3 1,3,98p 22cm

◇高崎市勢要覧 昭和15年版（高崎市編） 1941.3 ［43］p 13×19cm

◇千葉県統計書 昭和14年 第1編（千葉県総務部編） 1941.3 2,224p 26cm

◇千葉県統計書 昭和14年 第2編（千葉県総務部編） 1941.3 4,210p 26cm

◇千葉県統計書 昭和14年 第3編（千葉県総務部編） 1941.3 2,166p 26cm

◇千葉県統計書 昭和14年 第4編（千葉県総務部編） 1941.3 2,95p 26cm

◇千葉県統計書 昭和14年 第5編（千葉県総務部編） 1941.3 2,88p 26cm

◇東京市衛生試験所報告 第16回 昭和14年分 学術報告（東京市衛生試験所編） 1941.3 108p 22cm

◇東京市市政年報 昭和14年度 教育篇（東京市役所編） 1941.3 2,129p,38p 26cm

◇東京市市政年報 昭和14年度 経済篇（東京市役所編） 1941.3 2,71,142p 27cm

◇東京市市政年報 昭和14年度 港湾篇（東京市役所編） 1941.3 2,42,66p 27cm

◇東京市市政年報 昭和14年度 社会篇（東京市役所編） 1941.3 36,111p 27cm

◇東京市市政年報 昭和14年度 水道篇（東京市役所編） 1941.3 103,41p 27cm

◇東京市市政年報 昭和14年度 総務篇（東京市役所編） 1941.3 137p 27cm

◇東京市市政年報 昭和14年度 電気篇（東京市役所編） 1941.3 3,130p 27cm

◇東京市市政年報 昭和14年度 土木篇（東京市役所編） 1941.3 70,97p 27cm

◇東京市市政年報 昭和14年度 保健篇（東京市役所編） 1941.3 1,146,57p 27cm

◇東京市統計年表 第37回 昭和14年 一般統計編（東京市役所編） 1941.3 39,660p 26cm

◇東京市統計年表 第37回 昭和14年 人口統計編（東京市役所編） 1941.3 8,441p 27cm

◇東京市統計年表 第37回 昭和14年 産業統計編（東京市役所編） 1941.3 4,629p 27cm

◇東京市配給機関調査 昭和14年（東京市臨時国勢調査部編） 1941.3 304p 26cm

◇東京市立小学校卒業児童状況調査 第1輯（昭和14年度）（東京市教育局教育研究所編） 1941.3 177p 26cm 教育調査研究報告

統計利用に於ける基本問題（蜷川虎三著） 岩波書店 1941.3 3,3,364p 22cm

◇徳島県統計書 昭和14年 第4編（徳島県編） 1941.3 2,133p 26cm

◇栃木県統計書 昭和14年 第4編（栃木県編） 1941.3 2,81p 26cm

◇栃木県統計書 昭和14年 第1編 土地 気象 戸口 兵事 社寺 社会 褒賞 土木 交通 通信 貯蓄 財政 議会 官公吏（栃木県編） 1941.3 3,134,17p 26cm

◇鳥取県勢要覧 昭和15年版（鳥取県総務部統計編） 1941.3 6,144,28p 17cm

◇鳥取県統計書 昭和14年 第2編（鳥取県総務部統計編） 1941.3 2,101p 26cm

富山市勢要覧 昭和15年版（富山市編） 1941.3 ［24］p 13×21cm

◇長岡商工会議所統計年報 昭和14年（長岡商工会議所編） 1941.3 43p 15×23cm

◇中津市勢要覧［昭和16年刊］（中津市編） 1941.3 65p 18cm

◇日本工業分布の調査研究：解説・統計・分布図 第3巻 繊維工業（東京工業大学工業調査部編） 1941.3 11,198p 26cm

◇農業経営調査書 昭和13年度（帝国農会編） 1941.3 2,133p 26cm

◇農村工業調査（東京工業大学工業調査部編） 1941.3 4,286p 26cm

◇［博多商工会議所］統計年報 昭和14年（博多商工会議所編） 1941.3 59p 26cm

◇姫路商工会議所統計年報 昭和14年（姫路商工会議所編） 1941.3 3,102p 26cm

◇兵庫県統計書 昭和14年 上巻（兵庫県総務部調査課編） 1941.3 1冊 27cm

◇兵庫県統計書 昭和14年 下巻（兵庫県総務部調査課編） 1941.3 1冊 27cm

◇［福井県］市町村勢の概要 昭和16年刊（福井県総務部統計課編） 1941.3 29p 25cm

◇福岡県統計書 昭和14年 第4編（福岡県編） 1941.3 273p 27cm

◇福島県統計書 第56回 下編（福島県総務部） 1941.3 1,6,465p 26cm

◇［澎湖庁］統計概要 昭和14年（澎湖庁） 1941.3 88p 19cm

◇前橋市統計書 第33回 昭和13年（前橋市役所編） 1941.3 5,197p 22cm

◇三重県勢要覧 昭和14年（三重県総務部統計課編） 1941.3 150p 13cm

◇三重県統計書 昭和14年 第1編（三重県編） 1941.3 3,300p 27cm

◇三重県統計書 昭和14年 第2編（三重県編） 1941.3 2,363p 27cm

◇山形市統計一班 昭和15年度（山形市役所編） 1941.3 45p 13×19cm

◇宇都宮市勢要覧 昭和15年版(宇都宮市編) 1941.4 1冊 11×19cm
◇宇部市勢要覧 昭和16年版(宇部市編) 1941.4 35p 13×19cm
◇大阪市工業調査書 昭和14年(大阪市企画部編) 1941.4 203p 21cm
◇沖縄県勢要覧 昭和15年版(沖縄県総務部統計課編) 1941.4 105,36p 15cm
◇川越市勢要覧 昭和16年版(川越市編) 1941.4 28p 13×19cm
◇久留米市勢要覧 昭和15年(久留米市編) 1941.4 33p 13×20cm
◇気仙沼町勢要覧 昭和16年(気仙沼町編) 1941.4 37p 20cm
◇静岡市統計書 第41回 昭和14年(静岡市役所編) 1941.4 9,154p 21cm
◇市町村財政概要(山梨県) 昭和16年度(山梨県庶務課編) 1941.4 159p 26cm
◇全州府勢一斑 [昭和16年刊](全州府編) 1941.4 59p 18cm
◇高山市勢要覧 昭和15年度(高山市編) 1941.4 23p 10×20cm
◇津山市勢要覧 昭和16年版(津山市編) 1941.4 23p 13×19cm
◇日本統計学会年報 第10年(日本統計学会編) 1941.4 58,80p 24cm
◇野田町勢要覧 昭和16年刊(野田町編) 1941.4 1枚 20cm
◇萩市勢要覧 昭和15年版(萩市編) 1941.4 8,81p 26cm
◇門司市勢要覧 昭和15年版(門司市編) 1941.4 1冊 14×22cm
◇木浦府勢一斑 昭和15年版(木浦府編) 1941.4 10,136p 18cm
◇盛岡市勢要覧 昭和16年版(盛岡市編) 1941.4 4,67p 15×21cm
◇秋田県勢要覧 昭和16年版(秋田県総務部調査課編) 1941.5 5,139,38p 16cm
◇大阪市社会事業要覧 昭和16年版(大阪市社会部庶務課編) 1941.5 163p 22cm 社会部報告
◇大阪市商業調査書 昭和14年(大阪市企画部編) 1941.5 12,175p 21cm
◇大阪市勢要覧 昭和16年版(大阪市役所企画部編) 1941.5 174,37p 13cm
◇大阪市統計書 第38回 昭和14年(大阪市役所編) 1941.5 1冊 23cm
◇群馬県統計書 昭和13年 第1編 人口・財政及雑(群馬県総務部統計課編) 1941.5 2,109p 27cm
◇経済統計年鑑 第7回 昭和16年版(ダイヤモンド社編) 1941.5 21,634p 19cm
◇下水道統計 第3号(水道協会編) 1941.5 181p 21cm
◇事業報国会年報 第1輯 昭和14年度(大阪市役所人事部編) 1941.5 139,11p 21cm
◇静岡県治一斑 昭和14年(静岡県総務部統計課編) 1941.5 232,32,15p 15cm
◇静岡県統計書 昭和14年 第3編 勧業(静岡県編) 1941.5 4,7,257p 26cm
◇市町村財政概要(兵庫県) 昭和15年度(兵庫県監督課編) 1941.5 205p 26cm
◇昭和15年国勢調査内地人口数:市町村別(内閣統計局編) 内閣印刷局 1941.5 95p 26cm
◇東京府統計書 昭和14年 第1編 土地、人口、其他(東京府編) 1941.5 341p 26cm
◇東京府統計書 昭和14年 第2編 教育(東京府編) 1941.5 215p 26cm
◇東京府統計書 昭和14年 第3編 産業(東京府編) 1941.5 405p 26cm
◇東洋経済経済年鑑 第25回(昭和16年版)(東洋経済新報社編) 1941.5 16,458p 26cm
◇徳島県勢一覧 昭和16年5月刊(徳島県総務部統計課編) 1941.5 1枚 20cm
◇徳山市勢要覧 昭和16年版(徳山市編) 1941.5 57p 15cm

◇長野市勢要覧 昭和16年版(長野市編) 1941.5 26p 13×19cm
◇名古屋市勢要覧 昭和15年版(名古屋市編) 1941.5 123,18p 15cm
◇名古屋市統計書 第41回(昭和14年)(名古屋市編) 1941.5 1冊 23cm
◇名古屋商工会議所統計年報 昭和15年(名古屋商工会議所編) 1941.5 4,180p 26cm
◇弘前市勢要覧 昭和15年(弘前市編) 1941.5 32p 13×20cm
◇福山市勢要覧 昭和16年版(福山市編) 1941.5 [15]p 11×19cm
◇芦屋市勢要覧 昭和16年版(芦屋市編) 1941.6 2,20p 13×20cm
◇大分市勢要覧 昭和15年版(大分市編) 1941.6 9,142p 19cm
◇大阪市中央卸売市場年報 第8回 昭和14年(大阪市中央卸売市場編) 1941.6 203p 26cm
◇岡山県戸口統計:附、帝国人口の概況(岡山県総務部統計課編) 1941.6 44p 21cm
◇鹿児島市統計書 第29回 昭和14年(鹿児島市役所編) 1941.6 5,193p 23cm
◇川口市勢要覧 昭和15年(川口市編) 1941.6 36p 13×20cm
◇呉市勢一覧 [昭和16年刊](呉市編) 1941.6 132p 19cm
◇元山府勢一覧 昭和15年(元山府編) 1941.6 63p 19cm
◇甲府市勢一斑 昭和15年(甲府市編) 1941.6 31p 13×19cm
◇堺市勢概要 昭和16年版(堺市編) 1941.6 47p 13
◇佐賀県勢要覧 昭和16年6月刊行(佐賀県総務部統計課編) 1941.6 62,24p 14cm
◇晋州府勢一斑 昭和15年版(晋州府編) 1941.6 26p 10×18cm
◇中央物価統制協力会議年報 昭和14年11月創立より16年3月末に至る活動概況(中央物価統制協力会議編) 1941.6 4,286p 21cm
◇東京物価及賃銀統計 昭和15年(東京商工会議所編) 1941.6 84p 26cm
◇統計上より観たる山口県の地位 昭和14年刊行(山口県総務部統計課編) 1941.6 4,122p 17cm
◇東北六県人口統計摘要(人口問題研究会編) 1941.6 11p 26cm 人口動態統計資料ノ内
◇新潟市勢一覧 昭和16年版(新潟市編) 1941.6 23p 13×20cm
◇日本工業分布の調査研究:解説・統計・分布図 第4巻 食料品工業(東京工業大学工業調査部編) 1941.6 165p 26cm
◇福井県統計書 昭和14年 第2編 学事(福井県編) 1941.6 2,98p 27cm
◇府県道六大都市別死因別素死亡率表(大串菊太郎著) 1941.6 361p 26cm
◇本市に於ける商店員労働事情調査(大阪市社会部編) 1941.6 59p 26cm 社会部報告
◇米沢市勢要覧 昭和16年版(米沢市編) 1941.6 1冊 11×20cm
◇岡谷市勢要覧 昭和15年度(岡谷市編) 1941.7 10p 13×19cm
◇産業組合概況 昭和14年度(農林省総務局編) 1941.7 1枚 27cm
◇市町村財政概要(宮崎県) 昭和16年度(宮崎県庶務課編) 1941.7 73p 26cm
◇仙台市統計書 昭和14年(仙台市役所編) 1941.7 6,206p 22cm+図1枚
◇台湾地方財政概要 昭和15年度(台湾総督府内務局編) 1941.7 173p 27cm
◇東京市市政年報 昭和14年度 財政篇(東京市役所編) 1941.7 2,76p 27cm
◇徳島県統計書 昭和13年 第2編(徳島県編) 1941.7 2,143p 26cm
◇名古屋市生活用品小売価格指数年報 昭和15年4月-昭和16年3月(名古屋市総務部調査課編) 1941.7 10p 26cm
◇福井県統計書 昭和14年 第1編 土地及戸口等(福井県編) 1941.7

◇福井県統計書 昭和14年 第3編 産業（福井県編） 1941.7 2,148p 27cm
◇福井県統計書 昭和14年 第4編 警察衛生等（福井県編） 1941.7 2,59p 27cm
◇我国最近の府県及都市人口 昭和15年国勢調査の結果に依る（幸島礼吉著,東京市政調査会編） 1941.7 35p 21cm ［都市問題パンフレット］
◇足利市勢要覧 昭和16年版（足利市編） 1941.8 ［13］p 11×20cm
◇伊勢崎市勢要覧［昭和16年刊］（伊勢崎市編） 1941.8 1冊 13×20cm
◇宇都宮市統計書 昭和13年 下巻（宇都宮市役所編） 1941.8 4,161p 21cm
◇宇和島市勢要覧 昭和15年（宇和島市編） 1941.8 100p 19cm
◇太田町勢要覧［昭和16年］（太田町編） 1941.8 1冊 11×19cm
◇神戸市勢要覧 第20回（神戸市編） 1941.8 156,46p 13cm
◇小松市勢要覧［昭和16年刊］（小松市編） 1941.8 33p 13×19cm
◇消防年報 昭和15年（警視庁消防部消防課編） 1941.8 83p 26cm
◇田辺町勢概要 昭和16年（田辺町編） 1941.8 1枚 20cm
◇地方財政概要 昭和15年度（内務省地方局編） 1941.8 52p 26cm 全国都市問題会議会報
◇鉄都鞍山 康徳8年版 鞍山市勢要覧（鞍山市公署編） 1941.8 87p 22cm
◇徳島県統計書 昭和13年 第1編（徳島県総務部統計課編） 1941.8 3,223p 26cm
◇朝日経済年史 昭和16年版（朝日新聞社経済部編） 1941.9 384p 23cm
◇岩国市勢要覧 昭和16年度版（岩国市編） 1941.9 4,55p 15cm
◇大阪市家内工業調査（大阪市社会部庶務課編） 1941.9 91p 26cm 社会部報告
◇家計調査報告 自昭和14年9月至昭和15年8月（内閣統計局編） 1941.9 105p 26cm
◇京都市財政要覧 昭和16年度（京都市役所財務部財務課編） 1941.9 243,15p 22cm
◇群馬県統計書 昭和14年 第3編 産業（群馬県編） 1941.9 164p 27cm
◇群馬県統計書 昭和14年 第4編 学事（群馬県編） 1941.9 107p 27cm
◇工業都市住宅調査 昭和16年（厚生省生活局編） 1941.9 88p 30cm
◇坂出町勢一覧 昭和16年版（坂出町編） 1941.9 25p 13×19cm
◇東京魚市場株式会社統計表 第11期（自昭和15年6月至昭和15年11月）（東京魚市場株式会社編） 1941.9 113p 26cm
◇東京市及其ノ附近交通量調査概要（写真） 昭和16年6月10日施行（鉄道省経理局審査課編） 1941.9 27p 22cm
◇日本労働年鑑 第21輯（昭和15年版）（大原社会問題研究所編） 栗田書店 1941.9 1冊 22cm
◇浜田市勢要覧 昭和16年度版（浜田市編） 1941.9 1冊 13×19cm
◇前橋市勢要覧 昭和15年（前橋市編） 1941.9 42p 19cm
◇横浜商工会議所統計年報 昭和16年（横浜商工会議所編） 1941.9 164p 26cm
◇朝日年鑑 昭和17年（朝日新聞社編） 1941.10 944p 19cm
◇大蔵省預金部年報 昭和15年度（大蔵省預金部編） 1941.10 55p 26cm
◇［大阪商工会議所］統計年報 昭和16年版（大阪商工会議所編） 1941.10 4,257p 26cm
◇産業組合年鑑 第13回（昭和16年版）（産業組合中央会編） 1941.10 567p 22cm

◇静岡県統計書 昭和14年 第1編 雑纂（静岡県編） 1941.10 8,295p 27cm
◇市町村財政概要（青森県） 昭和16年度（青森県編） 1941.10 99p 26cm
◇新宮市勢要覧 昭和16年版（新宮市編） 1941.10 7,146p 18cm
◇玉野市勢要覧 昭和16年版（玉野市編） 1941.10 32p 13×18cm
◇東京市勢提要 第28回 昭和16年刊（東京市役所編） 1941.10 7,235p 16cm
◇東京府市町村勢要覧［昭和16年10月刊］（東京府総務部調査課編） 1941.10 127,37p 26cm
◇栃木県勢要覧 昭和16年10月刊行（栃木県総務部統計課編） 1941.10 4,106,70p 16cm
◇名古屋市教育概要 昭和16年度（名古屋市教育部編） 1941.10 213p 21cm
◇農業経営調査書 昭和14年度（帝国農会編） 1941.10 2,131p 26cm
◇日立市勢要覧 昭和16年版（日立市編） 1941.10 99p 19cm
◇奉天統計年報 第5回 康徳7年（奉天市公署編） 1941.10 146p 26cm
◇水戸市統計一班 昭和15年末現在（水戸商工会議所編） 1941.10 1枚 19cm
◇明石市勢一班 第22回（昭和16年版）（明石市編） 1941.11 8,132,7p 19cm
◇浦和市勢要覧 昭和15年版（浦和市編） 1941.11 24p 13×19cm
◇大宮市勢要覧 昭和16年版（大宮市編） 1941.11 28p 13×18cm
◇小野田市勢要覧 昭和16年版（小野田市編） 1941.11 34p 13×19cm
◇岸和田市勢要覧 昭和16年版（岸和田市編） 1941.11 24p 15cm
◇京城府財政要覧 昭和16年度（京城府編） 1941.11 3,117p 21cm
◇建築年鑑 昭和16年版（建築学会編） 1941.11 4,187p 21cm
◇神戸市財政要覧 昭和16年度（神戸市役所財務局総務課編） 1941.11 218p 22cm
◇佐賀市勢要覧 昭和16年版（佐賀市編） 1941.11 25p 13×19cm
◇下関市統計書 第18回 昭和14年（下関市役所編） 1941.11 4,239p 27cm
◇人口政策の栞：統計数字から見た日本の人口（厚生省人口問題研究所編） 1941.11 186p 21cm 人口問題叢書
◇地方費財政概要 昭和16年度（北海道庁総務部編） 1941.11 33p 26cm
◇長岡商工会議所統計年報 昭和15年（長岡商工会議所編） 1941.11 40p 15×22cm
◇蕃社戸口 昭和15年12月末現在（台湾総督府警務局編） 1941.11 52p 22cm
◇横浜港湾統計年報 第12回（昭和15年） 内航（横浜市土木局編） 1941.11 67p 27cm
◇大阪市財政要覧 第24輯 昭和16年度（大阪市役所財務部編） 1941.12 353p 26cm
◇沖縄県統計書 昭和14年 第4編 警察及衛生之部（沖縄県編） 1941.12 68p 26cm
◇小樽商工会議所統計年報 第44回（昭和15年）（小樽商工会議所編） 1941.12 302p 26cm
◇鎌倉市勢要覧 昭和16年版（鎌倉市編） 1941.12 24p 13×19cm
◇岐阜市統計書 第22回 昭和16年（岐阜市役所編） 1941.12 102p 15cm
◇神戸市統計書 第25回（神戸市編） 1941.12 1冊 23cm
◇米生産に関する調査 昭和15年（帝国農会調査部編） 1941.12 97p 26cm
◇佐賀市統計年報 昭和16年版（佐賀市役所編） 1941.12 81p 19cm

◇事業報国会年報 昭和15年度(大阪市役所人事部編) 1941.12 133, 63p 21cm

◇市町村財政概要(岐阜県) 昭和16年度(岐阜県編) 1941.12 181p 26cm

◇市町村財政概要(長崎県) 昭和15年度(長崎県庶務課編) 1941.12 87p 26cm

◇台湾人口動態統計記述編 昭和15年(台湾総督府企画部編) 1941.12 1,3,98p 22cm

◇朝鮮地方財政要覧 昭和16年度(朝鮮総督府司政局編) 1941.12 2, 4,131p 26cm

◇津山市勢要覧 昭和16年版(第2版)(津山市編) 1941.12 28p 13×19cm

◇同盟時事年鑑 昭和17年版(同盟通信社編) 1941.12 800p 26cm

◇名古屋市財政概要 昭和16年度(名古屋市財務部財務課編) 1941.12 368p 23cm

◇名古屋市産業要覧 第26回 昭和16年版(名古屋市産業部庶務課編) 1941.12 6,16,332p 21cm

◇農村物価調査報告 自昭和12年至昭和15年(帝国農会編) 1941.12 101p 26cm

◇彦根市勢要覧 昭和16年度(彦根市編) 1941.12 31p 13×19cm

◇物価賃銀調査年報 昭和15年(関東局編) 1941.12 72p 26cm

満洲経済研究年報 昭和16年版(南満洲鉄道株式会社調査部編) 1941.12 432p 22cm

宮崎県統計書 昭和15年(宮崎県編) 1941.12 7,831,5p 27cm

◇郵便統計要覧 昭和15年度(逓信省郵務局編) 1941.12 59p 26cm

◇横浜市中央卸売市場年報 昭和15年(横浜市中央卸売市場編) 1941.12 235p 26cm

◇米子市勢要覧 昭和15年版(米子市編) 1941.12 22p 11×20cm

◇労働科学年鑑 昭和16年版(労働科学研究所編) 1941.12 6,258p 26cm

◇労働年鑑 昭和16年版(長岡保太郎編) 協調会 1941.12 3,484p 21cm

◇青森市勢要覧 昭和17年版(青森市編) 1942 13p 13×19cm

◇[大阪市]電気事業成績調書 第44回 昭和16年度(大阪市電気局編) 1942 118,68p 22cm

◇[大村市]市町村現勢要覧 昭和16年 手書(大村市編) 1942 14p 27cm

◇海州府勢一班 昭和17年版 謄写版(海州府編) 1942 14,81p 19cm

◇岐阜県戸口統計 昭和16年(岐阜県総務部統計課編) 1942 [4]p 26cm

◇黄海道勢一班 昭和17年版(黄海道編) 1942 1冊 12×19cm

◇神戸港湾統計(内航) 昭和16年(神戸市企画部統計課編) 1942 113p 22cm

◇神戸市学事提要 昭和16年度(神戸市役所教育部編) 1942 8,127, 23p 22cm

[神戸市]電気事業報告書 昭和16年度(神戸市電気局編) 1942 58p 22cm

◇埼玉県勢要覧 昭和17年刊行([埼玉県]編) 1942 [18]p 11×19cm

◇佐賀市勢要覧 昭和17年版([佐賀市]編) 1942 1枚 19cm

◇産業組合現況 昭和17年6月末日現在(農林省総務局編) 1942 5p 26cm

◇昭和17年4・5・6月執行の市会議員選挙諸統計(選挙粛正中央聯盟編) 1942 4p 26cm

◇青年学校青年学校教員養成所ニ関スル調査 昭和16年度(文部省社会教育局編) 1942 83p 26cm

◇高田市勢要覧 昭和17年版(高田市編) 1942 [18]p 14×21cm

◇滝野川区勢一覧 昭和17年(東京市滝野川区編) 1942 1枚 16cm

◇東京市各区歳入歳出決算書 昭和15年度 旧市部 上(東京市役所編) 1942 1冊 28cm

◇東京市各区歳入歳出決算書 昭和15年度 旧市部 下(東京市役所編) 1942 1冊 28cm

◇東京市各区歳入歳出決算書 昭和15年度 新市部(東京市役所編) 1942 1冊 28cm

◇東京市歳入出予算 昭和17年度(東京市編) 1942 10,412,23p 22cm

◇[東京市電気局]労務統計年表 昭和16年度(東京市電気局編) 1942 14p 26×36cm

◇東京府会議録 昭和17年(東京府編) 1942 803p 26cm 東京府歳入歳出予算

◇東京府歳入歳出決算書 昭和16年度(東京府編) 1942 1冊 29cm

◇長岡概観 昭和16年度(長岡市編) 1942 1冊 14×20cm

◇[名古屋市]電気軌道事業成績調書 昭和16年度(名古屋市電気局編) 1942 217p 22cm

◇日本赤十字社事業年報 昭和16年度(日本赤十字社編) 1942 190p 19cm

◇枚方町勢一覧表 昭和14年1月1日現在(枚方町編) 1942 1枚 23cm

◇武蔵野町勢概要 昭和17年 謄写版(武蔵野町編) 1942 12p 21cm

◇安定農家適正規模調査事例:素材編 昭和17年1月 謄写版(帝国農会編) 1942.1 20p 25×36cm

◇樺太要覧 昭和16年(樺太庁編) 1942.1 16,384p 19cm

◇[京都市]税務概要 昭和16年度(京都市財務部税務課編) 1942.1 107p 22cm

◇台南州要覧 [昭和17年刊](台南州編) 1942.1 4,164p 18cm

◇田畑売買価格及小作料調 昭和16年3月現在(日本勧業銀行調査課編) 1942.1 2,25p 21cm

◇松江市勢要覧 昭和16年刊(松江市編) 1942.1 32p 13×19cm

◇八代市勢一覧 昭和16年(八代市編) 1942.1 36p 13×19cm

◇山梨県勢一班 昭和16年版(山梨県調査課編) 1942.1 1枚 20cm

◇京都市税務統計書:大都市協定様式 昭和16年度版 謄写版(京都市財務部税務課編) 1942.2 117p 25cm

◇高知県統計書 昭和14年 第2編(高知県編) 1942.2 172p 27cm

◇札幌商工会議所統計年報 第25回(札幌商工会議所編) 1942.2 46p 26cm

◇上水道統計 第29号(水道協会編) 1942.2 559p 22cm

◇帝国予算綱要 昭和17年度(大蔵省主計局編) 1942.2 92p 21cm

◇徳島市勢要覧 昭和16年版(徳島市編) 1942.2 4,155p 13cm

◇名古屋市有財産表 昭和16年10月末日現在(名古屋市役所編) 1942.2 264p 26cm

◇青森県勢要覧 昭和16年版(青森県総務部統計課編) 1942.3 8,184, 52p 17cm

◇青森県統計書 昭和13年 第1編 土地、戸口、其他(青森県編) 1942.3 2,122p 26cm

◇青森県統計書 昭和13年 第2編 教育、社寺兵事、社会事業(青森県編) 1942.3 2,128p 26cm

◇青森県統計書 昭和13年 第3編 産業(青森県編) 1942.3 3,206p 26cm

◇青森県統計書 昭和13年 第4編 警察、衛生(青森県編) 1942.3 2, 66p 26cm

◇石川県統計書 昭和15年 第2編 教育(石川県編) 1942.3 2,58p 27cm

◇茨城県勢要覧 昭和17年版(茨城県総務部統計課編) 1942.3 4,122, 112p 15cm

◇大阪市商業調査書 昭和15年(大阪市企画部編) 1942.3 10,163p

833

統計書・年鑑

◇[大阪市立生活科学研究所]事業成績概要 昭和16年(大阪市立生活科学研究所編) 1942.3 4,303p 21cm

◇大阪府統計書 昭和15年(大阪府編) 1942.3 951p 26cm

◇香川県統計書 昭和15年 第3編(香川県編) 1942.3 208p 27cm

◇金沢市勢一班(金沢市編) 1942.3 8,22,178p 15cm

◇岐阜県勢要覧 昭和16年(岐阜県編) 1942.3 25p 13×19cm

◇岐阜県統計書 第50回 昭和15年(岐阜県編) 1942.3 341p 26cm

◇[京都市]電気事業成績調書 昭和15年度(京都市電気局編) 1942.3 175p 22cm

◇京都市統計書 第32回(昭和15年)(京都市編) 1942.3 6,19,500p 26cm

◇京都府治要覧 昭和15年(京都府総務部統計課編) 1942.3 189p 17cm

◇京都府統計書 昭和15年 第1編(京都府編) 1942.3 129p 26cm

◇京都府統計書 昭和15年 第2編(京都府編) 1942.3 103p 26cm

◇京都府統計書 昭和15年 第3編(京都府編) 1942.3 126p 26cm

◇京都府統計書 昭和15年 第4編(京都府編) 1942.3 148p 26cm

◇下松市勢要覧 昭和16年版(下松市編) 1942.3 33p 13×19cm

◇熊本市統計書 第41回 昭和17年刊行(熊本市役所編) 1942.3 4,6,257p 26cm

◇産報年鑑 昭和17年版(野田経済研究所編) 1942.3 157,156p 21cm

◇滋賀県統計全書 昭和15年(滋賀県編) 1942.3 5,341,5p 21cm

◇市町村財政概要(石川県) 昭和16年度(石川県庶務課編) 1942.3 128p 26cm

◇市町村財政概要(長崎県) 昭和16年度(長崎県地方課編) 1942.3 83p 26cm

◇大都市比較統計年表 第4回 昭和14年(大都市調査統計協議会編) 1942.3 3,132p 26cm

◇東京市市政年報 昭和15年度 教育篇(東京市役所編) 1942.3 2,119,51p 26cm

◇東京市市政年報 昭和15年度 経済篇(東京市役所編) 1942.3 70,92p 26cm

◇東京市市政年報 昭和15年度 港湾篇(東京市役所編) 1942.3 2,42,66p 26cm

◇東京市市政年報 昭和15年度 社会篇(東京市役所編) 1942.3 75,112p 26cm

◇東京市市政年報 昭和15年度 水道篇(東京市役所編) 1942.3 102,45p 26cm

◇東京市市政年報 昭和15年度 総務篇(東京市役所編) 1942.3 125p 26cm

◇東京市市政年報 昭和15年度 電気篇(東京市役所編) 1942.3 2,141p 26cm

◇東京市市政年報 昭和15年度 土木篇(東京市役所編) 1942.3 65,104p 26cm

◇東京市市政年報 昭和15年度 保健篇(東京市役所編) 1942.3 1,136,58p 26cm

◇東京商工会議所統計年報 昭和16年(東京商工会議所編) 1942.3 3,286p 26cm

◇徳島県統計書 昭和14年 第3編(徳島県編) 1942.3 2,187p 26cm

◇鳥取県勢要覧 昭和16年版(鳥取県総務部統計課編) 1942.3 6,145,28p 17cm

◇富山県勢要覧 昭和16年版(富山県編) 1942.3 1枚 18cm

◇日本都市年鑑 11(昭和17年用)(東京市政調査会編) 1942.3 16,731p 21cm

◇農業経営調査書 昭和15年度(帝国農会編) 1942.3 2,135p 25cm

◇農村物価調査報告 昭和16年(帝国農会編) 1942.3 99p 26cm

◇半田市勢要覧 昭和16年版(半田市編) 1942.3 40p 13×18cm

◇兵庫県統計書 昭和15年 上巻(兵庫県総務部調査課編) 1942.3 1冊 26cm

◇兵庫県統計書 昭和15年 下巻(兵庫県総務部調査課編) 1942.3 1冊 26cm

◇[澎湖庁]統計概要 昭和15年(澎湖庁編) 1942.3 88p 19cm

◇前橋市統計書 第34回 昭和14年(前橋市役所編) 1942.3 5,167p 22cm

◇松山市勢要覧 昭和16年版(松山市編) 1942.3 6,78p 19cm

◇山口県統計書 昭和15年 第3編(山口県総務部統計課編) 1942.3 149p 27cm

◇市川市勢要覧 昭和16年(市川市編) 1942.4 28p 13×19cm

◇大阪港勢年報 昭和15年(大阪市港湾部編) 1942.4 32p 26cm

◇岡崎市勢要覧 昭和17年(岡崎市編) 1942.4 1枚 19cm

◇岡山県統計年報 昭和15年(岡山県編) 1942.4 2,9,752p 26cm

◇沖縄県勢要覧 昭和16年版(沖縄県総務部統計課編) 1942.4 100,30p 15cm

◇海南市勢要覧[昭和17年刊](海南市編) 1942.4 2,22p 13×19cm

◇熊本市勢要覧 昭和17年版(熊本市編) 1942.4 3,30p 11×18cm

◇高岡市統計書 昭和16年刊行(高岡市役所編) 1942.4 8,149p 18cm

◇高山市勢要覧 昭和17年度(高山市編) 1942.4 21p 10×20cm

◇地方財政概要 昭和16年度(内務省地方局編) 1942.4 2,65p 26cm 全国都市問題会議会報

◇東京市予算綱要 昭和17年度(東京市編) 1942.4 1,80p 26cm

◇長野県勢要覧 昭和17年版(長野県総務部調査課編) 1942.4 2,28,28p 18cm

◇布施市勢要覧 昭和16年版(布施市編) 1942.4 38p 13×19cm

◇物価及賃銀 昭和16年(名古屋商工会議所編) 1942.4 109p 26cm

◇盛岡市勢要覧 昭和17年版(盛岡市編) 1942.4 4,69p 15×21cm

◇大阪市住宅調査書 昭和16年(大阪市企画部編) 1942.5 155p 21cm

◇大阪市統計書 第39回 昭和15年(大阪市役所編) 1942.5 1冊 22cm

◇大阪市民調査書 第2回(大阪市役所編) 1942.5 224p 26cm

◇最近の和歌山県 昭和17年版(和歌山県総務部統計課編) 1942.5 5,172p 16cm

◇札幌市勢一覧 昭和17年版(札幌市編) 1942.5 25p 18cm

◇台北市統計書 昭和15年(台北市役所編) 1942.5 9,214p 27cm

◇台湾地方財政概要 昭和16年度(台湾総督府内務局編) 1942.5 173p 27cm

◇東京府統計書 昭和15年 第1編 土地、人口、其他(東京府編) 1942.5 345p 26cm

◇東京府統計書 昭和15年 第2編 教育(東京府編) 1942.5 217p 26cm

◇東京府統計書 昭和15年 第3編 産業(東京府編) 1942.5 415p 26cm

◇徳島県勢一覧 昭和17年5月刊(徳島県総務部統計課編) 1942.5 1枚 21cm

◇名古屋市住宅調査 昭和16年(名古屋市役所編) 1942.5 152p 26cm

◇新潟商工会議所統計年報 昭和16年版(新潟商工会議所編) 1942.5 95p 27cm

◇日本内地外地市町村別人口表:附 日本現下の人口問題と人口政策(沢田久雄編) 日本書房 1942.5 91p 21cm

◇福井商工会議所 統計年報 昭和15年(福井商工会議所編) 1942.5 122p 22cm

◇横浜市財政要覧 昭和16年度（横浜市役所財務部編） 1942.5 1冊 21cm
◇秋田県勢要覧 昭和17年版（秋田県総務部調査課編） 1942.6 5,145,38p 16cm
◇愛媛県統計書（昭和15年度）（第2編）（愛媛県総務部編） 1942.6 96p 27cm
◇沖縄県統計書 昭和14年 第3編 産業（沖縄県編） 1942.6 236p 26cm
◇川口市勢要覧 昭和16年（川口市編） 1942.6 37p 13×19cm
◇警視庁統計書 第50回 昭和15年（警視庁編） 1942.6 4,370p 27cm
◇高知県勢要覧 昭和16年版（高知県編） 1942.6 32p 11×18cm
◇上海日本商工会議所年報 昭和16年度（上海日本商工会議所編） 1942.6 258p 26cm
◇高岡市勢要覧 昭和16年版（高岡市編） 1942.6 34p 12×20cm
◇中央物価統制協力会議年報 2 昭和16年4月より17年3月末に至る活動概況（中央物価統制協力会議編） 1942.6 3,180p 21cm
◇東京物価及賃銀統計 昭和16年（東京商工会議所編） 1942.6 84p 26cm
◇統計から見た高知県の地位（高知県総務部統計課編） 1942.6 3,72p 16cm
◇名古屋商工会議所統計年報 昭和16年（名古屋商工会議所編） 1942.6 4,163p 26cm
◇西宮市勢要覧 昭和16年版（西宮市編） 1942.6 6,132p 19cm
◇能代市勢要覧 昭和16年版（能代市編） 1942.6 1冊 11×19cm
◇福井県統計書 昭和15年 第1編 土地及戸口等（福井県編） 1942.6 98p 27cm
◇福井県統計書 昭和15年 第2編 学事（福井県編） 1942.6 2,100p 27cm
◇米沢市勢要覧 昭和17年版（米沢市編） 1942.6 1冊 11×20cm
◇和歌山市勢要覧 昭和16年版（和歌山市編） 1942.6 1冊 9×14cm
◇芦屋市勢要覧 昭和16年版（芦屋市編） 1942.7 20p 13×19cm
◇大阪市勢要覧 昭和17年版（大阪市役所総務局編） 1942.7 170,41p 13cm
◇家計調査報告 自昭和15年9月至昭和16年8月（内閣統計局編） 1942.7 2,105p 26cm
◇交通事故統計（年表）昭和16年（警視庁保安衛生部交通課編） 1942.7 2,1,16p 26cm
◇神戸市勢要覧 第21回（神戸市編） 1942.7 7,154,46p 13cm
◇神戸市中央卸売市場年報 第6報 昭和15年（神戸市中央卸売市場編） 1942.7 195p 26cm
◇上水道統計 第30号（水道協会編） 1942.7 617p 22cm
◇平市勢要覧 昭和17年（平市編） 1942.7 13p 12×20cm
◇忠清北道勢一班 昭和16年（忠清北道編） 1942.7 48p 13×19cm
◇東洋経済経済年鑑 第26回（昭和17年版）（東洋経済新報社編） 1942.7 16,412p 26cm
◇名古屋市生活用品小売価格指数年報 昭和16年4月-昭和17年3月（名古屋市総務部調査課編） 1942.7 10p 26cm
◇名古屋市統計書 第42回（昭和15年）（名古屋市編） 1942.7 1冊 21cm
◇哈爾浜市勢年報 第8次 康徳8年版（哈爾浜市長官房文書科編） 1942.7 7,131p 26cm
◇宮城県市町村勢要覧 昭和17年版（宮城県総務部調査課編） 1942.7 49p 26cm
◇宮古市勢要覧 昭和17年版（宮古市編） 1942.7 30p 13×19cm
◇向島区勢要覧 昭和17年版（［東京市］向島区編） 1942.7 10,178p 19cm
◇宇和島市勢要覧 昭和16年（宇和島市編） 1942.8 89p 19cm

◇沖縄県統計書 昭和14年 第1編 内務（沖縄県編） 1942.8 116p 27cm
◇［咸鏡南道］道勢一班 昭和17年版（咸鏡南道編） 1942.8 97p 18cm
◇工場・鉱山・運輸事業所・事務所商・店数及其ノ所属労務者・技術者数 内地 昭和16年6月10日現在（内閣統計局編） 1942.8 2,268p 26cm
◇静岡市統計書 第42回 昭和15年（静岡市役所編） 1942.8 9,157p 21cm
◇吹田市勢要覧 昭和17年版（吹田市編） 1942.8 2,33p 13×19cm
◇千葉市勢要覧 昭和17年版（千葉市編） 1942.8 8,43p 13×19cm
◇東京市市政年報 昭和15年度 財政篇（東京市役所編） 1942.8 2,71p 26cm
◇奈良県統計書 昭和14年（奈良県編） 1942.8 6,12,208p 27cm
◇泉大津市勢要覧 昭和17年版（泉大津市編） 1942.9 20p 13×18cm
◇下水道統計 第4号（水道協会編） 1942.9 147p 21cm
◇消防年報 昭和16年（警視庁消防部編） 1942.9 85p 26cm
◇仙台市統計書 昭和15年（仙台市役所編） 1942.9 5,132p 21cm
◇鉄都鞍山 康徳9年版 鞍山市勢要覧（鞍山市公署編） 1942.9 98p 22cm
◇鳥取市勢要覧 昭和17年版（鳥取市編） 1942.9 31p 13×19cm
◇浜松市勢要覧 昭和17年版（浜松市編） 1942.9 7,60p 15cm
◇番社戸口 昭和16年12月末現在（台湾総督府警務局編） 1942.9 51p 22cm
◇福井県統計書 昭和15年 第4編 警察衛生等（福井県編） 1942.9 2,56p 27cm
◇物価賃銀調査年報 昭和16年（関東局編） 1942.9 72p 26cm
◇山口市勢要覧 昭和17年版（山口市編） 1942.9 43p 13×18cm
◇横浜港湾統計年報 第13回（昭和16年）内航（横浜市土木局編） 1942.9 27p 27cm
◇朝日年鑑 昭和18年（朝日新聞社編） 1942.10 848p 19cm
◇岩手県統計書 昭和15年 第1編 土地及戸口其他（岩手県編） 1942.10 278p 26cm
◇京都市市政要覧 昭和17年度（京都市財務部財務課編） 1942.10 171p 22cm
◇飾磨市勢要覧 昭和17年版（飾磨市編） 1942.10 30p 13×19cm
◇台湾人口動態統計記述編 昭和16年（台湾総督府企画部編） 1942.10 1,3,98p 22cm
◇玉野市勢要覧 昭和17年版（玉野市編） 1942.10 30p 13×18cm
◇東京市勢提要 第29回 昭和17年刊（東京市長室総務部統計課編） 1942.10 7,213p 16cm
◇東京市統計年表 第38回 昭和15年 一般統計篇（東京市長室総務部統計課編） 1942.10 62,597p 27cm
◇東京市統計年表 第38回 昭和15年 人口統計篇（東京市長室総務部統計課編） 1942.10 83,407p 26cm
◇東京市統計年表 第38回 昭和15年 産業統計篇（東京市長室総務部統計課編） 1942.10 597p 27cm
◇新潟市勢一覧 昭和17年版（新潟市編） 1942.10 23p 13×19cm
◇［浜松商工会議所］統計年報 第39回（浜松商工会議所編） 1942.10 2,37p 21cm
◇福井県統計書 昭和15年 第3編 産業（福井県編） 1942.10 2,148p 27cm
◇明石市勢一班 第23回（昭和17年版）（明石市編） 1942.11 8,138,7p 19cm
◇出雲市勢要覧 昭和17年版（出雲市編） 1942.11 54p 22cm
◇岩手県統計書 昭和15年 第2編 教育（岩手県編） 1942.11 2,100,11p 26cm

835

◇大蔵省預金部年報 昭和16年度（大蔵省資金局編） 1942.11 58p 26cm

◇[大阪商工会議所]統計年報 昭和17年版（大阪商工会議所編） 1942.11 5,337p 26cm

◇吉林市勢統計年報 第6次（康徳8年版）（吉林市公署庶務科企画股編） 1942.11 75p 26cm

◇[京都商工会議所]統計年報 昭和16年（京都商工会議所編） 1942.11 4,112p 26cm

◇群馬県統計書 昭和15年 第3編 産業（群馬県編） 1942.11 157p 26cm

◇神戸市財政要覧 昭和17年度（神戸市役所財務局総務課編） 1942.11 220p 22cm

◇堺市勢概要 昭和17年版（堺市編） 1942.11 51p 13cm

◇下関市勢要覧 昭和16年版（下関市編） 1942.11 8,92,9p 12cm

◇台北市概況 昭和17年版（台北市編） 1942.11 6,103p 22cm

◇田辺市勢要覧 昭和17年（田辺市編） 1942.11 2枚 20cm

◇同盟時事年鑑 昭和18年版（同盟通信社編） 1942.11 768p 26cm

◇福岡市勢要覧 昭和17年（福岡市編） 1942.11 4,86p 19cm

◇米子市勢要覧 昭和16年版（米子市編） 1942.11 22p 11×19cm

◇米子市勢要覧 昭和17年版（米子市編） 1942.11 19p 11×19cm

◇和歌山市勢要覧 昭和17年版（和歌山市編） 1942.11 1冊 9×14cm

◇石川県統計書 昭和15年 第5編 警察・衛生及刑務（石川県編） 1942.12 2,88p 27cm

◇岩手県勢要覧 昭和18年版（岩手県知事官房編） 1942.12 4,88,80p 15cm

◇大阪市財政要覧 第25輯 昭和17年度（大阪市役所理財局編） 1942.12 332p 26cm

◇[京都市]税務概要 昭和17年度 謄写版（京都市理財局税務課編） 1942.12 142p 25cm

◇下水道統計 第5号（水道協会編） 1942.12 141p 21cm

◇高知県統計書 昭和14年 第1編（高知県編） 1942.12 186p 27cm

◇郡山市勢要覧 [昭和17年刊]（郡山市編） 1942.12 41p 19cm

◇堺市住宅事情 昭和17年（堺市役所編） 1942.12 52,91p 21cm

◇佐賀市統計年報 昭和17年版（佐賀市役所編） 1942.12 7,77p 18cm

◇仙台市政概要 昭和17年版（仙台市編） 1942.12 24p 19cm

◇高岡市勢要覧 昭和17年版（高岡市編） 1942.12 40p 13×19cm

◇津山市勢要覧 昭和17年版（津山市編） 1942.12 30p 13×19cm

◇東京府市町村勢要覧 [昭和17年12月刊]（東京府知事官房調査課編） 1942.12 127,37p 22cm

◇戸畑市勢要覧 昭和17年版（戸畑市編） 1942.12 9,79p 19cm

◇富山市勢要覧 昭和17年版（富山市編） 1942.12 [26]p 13×21cm

◇弘前市勢要覧 昭和17年版（弘前市編） 1942.12 48p 13×19cm

◇福井商工会議所 統計年報 昭和16年（福井商工会議所編） 1942.12 112p 26cm

◇牡丹江市管内状況 [1942年刊]市制実施5周年（牡丹江市公署編） 1942.12 56p 22cm

◇前橋市勢要覧 昭和16年（前橋市編） 1942.12 42p 19cm

◇松本市勢一覧 昭和17年度（松本市編） 1942.12 30p 11×20cm

◇松山市勢要覧 昭和17年版（松山市編） 1942.12 6,79p 18cm

◇山梨県統計書 昭和16年（山梨県編） 1942.12 407p 27cm

◇郵便統計要覧 昭和16年度（通信省郵務局編） 1942.12 56p 26cm

◇労働年鑑 昭和17年版（長岡保太郎編） 協調会 1942.12 3,420,168p 21cm

◇板橋区勢概要 [昭和18年刊] 謄写版（[東京都]板橋区編） 1943 [11]p 26cm

◇大阪市債一覧表 昭和18年5月末日現在（大阪市理財局資金課編） 1943 54p 21cm

◇[大阪市]電気事業成績調査書 第45回 昭和17年度（大阪市電気局編） 1943 100,22p 22cm

◇[小田原]市勢概要 昭和18年版（小田原市編） 1943 1枚 20cm

◇[岐阜]市政一班 昭和17年版（岐阜市編） 1943 1枚 19cm

◇倉敷市勢要覧 昭和16年版（倉敷市編） 1943 1枚 19cm

◇神戸港湾統計（内航） 昭和17年（神戸市総務局文書課編） 1943 130p 22cm

◇神戸市学事提要 昭和17年度（神戸市役所教育部編） 1943 8,123,24p 22cm

◇神戸市死亡統計 昭和17年 謄写版（神戸市企画部統計課編） 1943 [9]p 26cm

◇産業組合現況 昭和17年12月末日現在（農林省総務局編） 1943 5p 26cm

◇諏訪市勢一覧 昭和17年5月調（諏訪市編） 1943 1枚 23cm

◇青年学校青年学校教員養成所ニ関スル調査 昭和17年度（文部省国民教育局編） 1943 83p 26cm

◇全国田畑売買価格及収益調査 第7回（昭和18年3月現在）（日本勧業銀行編） 1943 47p 21cm

◇館山市勢要覧 昭和16年度版（館山市編） 1943 1枚 21cm

◇電車自動車乗客調査実績 昭和13年度（東京市電気局運輸部運転課運転調査掛編） 1943 159p 30cm

◇東京市各区歳入歳出決算書 昭和16年度 新市部（東京市役所編） 1943 1冊 28cm

◇東京市各区歳入歳出決算書 昭和16年度 旧市部（東京市役所編） 1943 1冊 28cm

◇東京市各経済歳入出決算 昭和17年度（東京市編） 1943 1冊 27cm

◇東京市歳入出予算 昭和18年度（東京市編） 1943 1冊 25cm

◇[東京市]下谷区勢一班 昭和18年7月1日現在 謄写版（[東京市]下谷区編） 1943 [23]p 27cm

◇名古屋市税務統計書：大都市協定様式 昭和16年版 謄写版（名古屋市財務部主税課編） 1943 4,88p 25cm

◇名古屋市税務統計書：大都市協定様式 昭和17年版 謄写版（名古屋市企画部財務課編） 1943 4,135p 25cm

◇名古屋市税務統計書：大都市協定様式 昭和18年版 謄写版（名古屋市編） 1943 42p 25cm

◇[名古屋市]電気軌道事業成績調査書 昭和17年度（名古屋市電気局編） 1943 213p 22cm

◇日本赤十字社事業年報 昭和17年度（日本赤十字社編） 1943 42p 19cm

◇三島市勢要覧 昭和16年（三島市編） 1943 15p 13×19cm

◇高雄州要覧 昭和18年版（高雄州編） 1943.1 10,204p 17cm

◇中部三都市住み方調査報告 第1号（住宅営団研究部編） 1943.1 23,16p 30cm

◇栃木市勢要覧 昭和17年版（栃木市編） 1943.1 1冊 11×19cm

◇長岡概観 昭和17年度（長岡市編） 1943.1 1冊 13×19cm

◇長岡商工会議所統計年報 昭和16年（長岡商工会議所編） 1943.1 40p 15×21cm

◇松江市勢要覧 昭和17年刊（松江市編） 1943.1 44p 13×19cm

◇尼崎市勢要覧 第24回（昭和17年版）（尼崎市編） 1943.2 56p 15×21cm

◇大分市勢要覧 昭和17年版（大分市編） 1943.2 9,123p 19cm

◇事業報国会年報 昭和16年度（大阪市役所総務局労務課編） 1943.2 101,29p 21cm

◇東京市予算綱要 昭和18年度(東京市編) 1943.2 52p 26cm

◇直江津統計年報 昭和17年調製(直江津商工会議所編) 1943.2 35p 21cm

◇名古屋市有財産表 昭和17年10月末日現在(名古屋市役所編) 1943.2 267p 26cm

◇農村物価調査報告 昭和17年 謄写版(帝国農会調査部編) 1943.2 38p 25cm

◇浜田市勢要覧 昭和17年度版(浜田市編) 1943.2 1冊 13×19cm

◇彦根市勢要覧 昭和18年版(彦根市編) 1943.2 40p 13×19cm

◇平壤府勢一斑 昭和17年度版(平壤府編) 1943.2 8,170p 15cm

◇横浜市財政要覧 昭和17年度(横浜市市長室編) 1943.2 1冊 21cm

◇和歌山市統計書 昭和16年版(和歌山市編) 1943.2 4,6,125p 18cm

◇秋田市勢要覧 [昭和18年刊](秋田市編) 1943.3 21p 13×19cm

◇茨城県勢要覧 昭和18年版(茨城県知事官房統計課編) 1943.3 4,104,83p 15cm

◇岡山県要覧 昭和16年(岡山県知事官房文書課編) 1943.3 156p 19cm

◇岡山市勢要覧 昭和16年分(岡山市編) 1943.3 3,80p 13×19cm

◇神奈川県統計書 昭和15年(神奈川県編) 1943.3 21,1017p 27cm

◇金沢市勢一斑(金沢市編) 1943.3 8,25,177p 15cm

◇岐阜県勢要覧 昭和18年刊行(岐阜県編) 1943.3 21p 13×19cm

◇京都府治要覧 昭和16年(京都府知事官房文書課編) 1943.3 181p 17cm

◇京都府統計書 昭和16年 第1編(京都府編) 1943.3 116p 26cm

◇京都府統計書 昭和16年 第2編(京都府編) 1943.3 102p 26cm

◇京都府統計書 昭和16年 第3編(京都府編) 1943.3 117p 26cm

◇京都府統計書 昭和16年 第4編(京都府編) 1943.3 150p 26cm

◇熊本市統計書 第42回 昭和18年3月刊行(熊本市役所編) 1943.3 6,4,250p 26cm

◇警視庁統計書 第51回 昭和16年(警視庁編) 1943.3 4,369p 26cm

◇厚生省調査 上下水道統計報告 昭和14年度(水道協会編) 1943.3 177p 26cm

◇小売業実態調査集計表 謄写版(京都商工会議所編) 1943.3 129p 18×26cm

◇山林要覧 第12次 昭和17年版(農林省山林局編) 1943.3 315p 19cm

◇滋賀県統計全書 昭和16年(滋賀県編) 1943.3 4,278,5p 21cm

◇静岡市統計書 第43回 昭和16年(静岡市役所編) 1943.3 [6],121p 21cm

◇島根県統計書 昭和16年 第4編(島根県編) 1943.3 36p 22cm

◇帝国予算綱要 昭和18年度(大蔵省主税局編) 1943.3 94p 21cm

◇東京市市政年報 昭和16年度 教育篇(東京市役所編) 1943.3 2,104,51p 26cm

◇東京市市政年報 昭和16年度 厚生篇 1(東京市役所編) 1943.3 63,110p 26cm

◇東京市市政年報 昭和16年度 港湾篇(東京市役所編) 1943.3 2,40,64p 26cm

◇東京市市政年報 昭和16年度 水道篇(東京市役所編) 1943.3 115,45p 26cm

◇東京市市政年報 昭和16年度 総務篇(東京市役所編) 1943.3 125p 26cm

◇東京市市政年報 昭和16年度 電気篇(東京市役所編) 1943.3 2,151p 26cm

◇東京市市政年報 昭和16年度 土木編(東京市役所編) 1943.3 75,81p 26cm

◇名古屋市財政概要 昭和17年度(名古屋市役所編) 1943.3 162p 23cm

◇奈良県勢要覧 昭和18年版(奈良県知事官房調査課編) 1943.3 [24]p 11×17cm

◇福岡県勢要覧 昭和18年(福岡県知事官房調査課編) 1943.3 1枚 19cm

◇福岡県統計書 昭和16年 第1編(福岡県編) 1943.3 123p 27cm

◇福岡県統計書 昭和16年 第2編(福岡県編) 1943.3 70p 26cm

◇福島県統計書 第58回(福島県知事官房編) 1943.3 1,7,427p 26cm

◇三重県勢要覧 昭和16年(三重県知事官房統計課編) 1943.3 157p 13cm

◇水戸市勢要覧 [昭和18年度](水戸市編) 1943.3 20p 13×18cm

◇山口県統計書 昭和16年 第3編(山口県知事官房文書課編) 1943.3 110p 26cm

◇岩手県統計書 昭和15年 第3編 産業 其ノ1(岩手県編) 1943.4 200p 25cm

◇愛媛県統計書 (昭和16年度)第2編(愛媛県編) 1943.4 65p 27cm

◇大阪港勢年報 昭和16年(大阪市港湾部編) 1943.4 32p 26cm

◇大阪市税務統計書:大都市協定様式 昭和17年度版(大阪市役所編) 1943.4 96p 26cm

◇大阪市民調査書 第3回(大阪市役所編) 1943.4 7,453p 26cm

◇京都市税務統計書:大都市協定様式 昭和17年版 謄写版(京都市理財局税務課) 1943.4 150p 25cm

◇熊本市勢要覧 昭和18年版(熊本市編) 1943.4 3,30p 11×18cm

◇京城府勢一斑 昭和17年版(京城府編) 1943.4 7,130p 15cm

◇新宮市勢要覧 昭和17年版(新宮市編) 1943.4 7,140p 18cm

◇高岡市統計書 昭和17年刊行(高岡市役所編) 1943.4 7,154p 19cm

◇日本社会事業年鑑 昭和17年版(中央社会事業協会編) 1943.4 12,522p 21cm

◇函館商工会議所年報 昭和15年(函館商工会議所編) 1943.4 196p 26cm

◇物価及賃銀 昭和17年(名古屋商工会議所編) 1943.4 97p 26cm

◇大阪市商業調査書 昭和16年(大阪市総務局編) 1943.5 16,155p 22cm

◇大阪市統計書 第40回 昭和16年(大阪市役所編) 1943.5 1冊 21cm

◇[大阪市立生活科学研究所]事業成績概要 昭和17年(大阪市立生活科学研究所) 1943.5 3,146p 21cm

◇[京城府]人口統計 昭和17年(京城府編) 1943.5 35p 21cm

◇神戸市統計書 第26回(神戸市編) 1943.5 1冊 22cm

◇東京市蒲田区勢要覧 昭和18年版([東京市]蒲田区編) 1943.5 4,131p 17cm

◇名古屋市統計書 第43回(昭和16年)(名古屋市編) 1943.5 1冊 22cm

◇名古屋商工会議所統計年報 昭和17年(名古屋商工会議所編) 1943.5 4,143p 26cm

◇[博多商工会議所]統計年報 昭和15年(博多商工会議所編) 1943.5 69p 26cm

◇奉天市統計年報 第6回 康徳8年9年版(奉天市公署編,奉天市商工公会編) 1943.5 2,150p 26cm

◇横浜商工会議所統計年報 昭和17年(横浜商工会議所編) 1943.5 184p 26cm

◇朝日経済年史 昭和17,18年版 大東亜戦争と日本経済(朝日新聞経済部編) 1943.6 254p 23cm

◇大阪市勢要覧 昭和18年版(大阪市役所総務局編) 1943.6 146,40p 13cm

◇高知県戸口統計 昭和17年末(高知県知事官房編) 1943.6 1枚

837

◇産業組合年鑑 第15回(昭和18年版)(産業組合中央会編) 1943.6 587p 22cm

◇大東亜財政金融年報 第1輯 昭和18年版(東洋経済新報社編) 1943.6 148p 26cm

◇台湾地方財政概要 昭和17年度(台湾総督府内務局編) 1943.6 153p 27cm

◇中央物価統制協力会議年報 3 昭和17年4月より18年3月末に至る活動概況(中央物価統制協力会議編) 1943.6 4,214p 21cm

◇東京府統計書 昭和16年 第1編 土地、人口、其他(東京府編) 1943.6 265p 26cm

◇東京府統計書 昭和16年 第2編 教育(東京府編) 1943.6 191p 26cm

◇東京府統計書 昭和16年 第3編 産業(東京府編) 1943.6 377p 26cm

◇香川県勢一覧 昭和18年版(香川県知事官房統計課編) 1943.7 1枚 18cm

◇各都市人口戸数新築数其他調査 第2輯 謄写版(住宅営団経営局調査課編) 1943.7 48p 26cm 住宅調査資料

◇葛飾区勢概要 昭和18年 謄写版(東京都葛飾区編) 1943.7 1冊 26cm

◇[京畿道]人口統計 昭和17年(京畿道編) 1943.7 41p 21cm

◇神戸市勢要覧 第22回(昭和18年版)(神戸市編) 1943.7 7,146,46p 13cm

◇上水道統計 第31号(昭和15年度)(水道協会編) 1943.7 383p 22cm

◇大日本帝国文部省年報 第64 昭和11年度 上巻(文部省総務局編) 1943.7 10,598p 26cm

◇大日本帝国文部省年報 第64 昭和11年度 下巻(文部省総務局編) 1943.7 6,489p 26cm

◇大日本帝国文部省年報 第65 昭和12年 上巻(文部省総務局編) 1943.7 9,583p 26cm

◇大日本帝国文部省年報 第65 昭和12年 下巻(文部省総務局編) 1943.7 6,513p 26cm

◇地方財政概要 昭和17年度(内務省地方局編) 1943.7 65p 26cm 全国都市問題会議会報

◇東京商工会議所統計年報 昭和17年度(東京商工会議所編) 1943.7 3,246p 26cm

◇東洋経済経済年鑑 第27回(昭和18年版)(東洋経済新報社編) 1943.7 368p 26cm

◇名古屋市生活用品小売価格指数年報 昭和17年4月-昭和18年3月(名古屋市総務部統計課編) 1943.7 10p 26cm

◇福井県統計書 昭和16年 第4編 警察衛生等(福井県編) 1943.7 56p 27cm

◇安定農家に関する調査(帝国農会編) 1943.8 46p 26cm 適正規模調査

◇飯田市勢要覧 昭和17年版(飯田市編) 1943.8 22p 11×20cm

◇住宅統計資料 第7・8・9号合本(住宅営団経営局調査課編) 1943.8 33,34,32p 26cm

◇東京物価及賃銀統計 昭和17年(東京商工会議所編) 1943.8 82p 26cm

◇日本都市年鑑 12(昭和18年用)(東京市政調査会編) 1943.8 14,605p 21cm

◇沖縄県統計書 昭和15年 第2編 産業(沖縄県編) 1943.9 234p 27cm

◇最近の和歌山県 昭和18年版(和歌山県知事官房文書課編) 1943.9 5,165p 18cm

◇人口統計総覧(厚生省研究所人口民族部編) 1943.9 371p 26cm

◇洲本市勢要覧 昭和18年版(洲本市編) 1943.9 40p 18cm

◇台北市統計書 昭和16年(台北市役所編) 1943.9 9,218p 27cm

◇田畑売買価格及小作料調 昭和17年3月現在(日本勧業銀行調査部編) 1943.9 2,25p 21cm

◇能代市要覧 昭和17年版(能代市編) 1943.9 1冊 11×19cm

◇福井県統計書 昭和16年 第2編 学事(福井県編) 1943.9 98p 27cm

◇方面事業年鑑 昭和17年度版(全日本方面委員聯盟編) 1943.9 201p 21cm

◇貝塚市勢要覧 昭和18年版(貝塚市編) 1943.10 19p 13×18cm

◇仙台市政概要 昭和18年版(仙台市編) 1943.10 22p 19cm

◇台湾人口動態統計記述編 昭和17年(台湾総督府総務局編) 1943.10 1,3,96p 22cm

◇千葉市要覧 昭和18年版(千葉市編) 1943.10 8,48p 13×19cm

◇[東京市]大森区勢要覧 第8回(昭和18年度)([東京市]大森区編) 1943.10 93p 17cm

◇東京市勢提要 第30回 昭和18年刊(東京都長官官房文書課編) 1943.10 7,157p 16cm

◇浜松商工会議所統計年報 第40回(浜松商工会議所編) 1943.10 2,35p 21cm

◇福井県統計書 昭和16年 第3編 産業(福井県編) 1943.10 142p 27cm

◇物価調査年報 昭和17年(関東局編) 1943.10 64p 26cm

◇上野市勢要覧 昭和18年(上野市編) 1943.11 19p 13×19cm

◇宇和島市勢要覧 昭和17年(宇和島市編) 1943.11 90p 19cm

◇大蔵省預金部年報 昭和17年度(大蔵省理財局編) 1943.11 62p 26cm

◇大津市勢要覧 昭和18年版(大津市庶務課編) 1943.11 30p 13×19cm

◇京都市財政要覧 昭和18年度(京都市役所財務局財務課編) 1943.11 168p 22cm

◇京都商工経済統計年報 昭和17年(京都府商工経済会編) 1943.11 73p 26cm

◇神戸市統計書 第27回(神戸市編) 1943.11 1冊 21cm

◇田辺市勢概要 昭和18年(田辺市編) 1943.11 2枚 20cm

◇玉野市勢要覧 昭和18年版(玉野市編) 1943.11 30p 13×18cm

◇地方費財政概要 昭和18年度(北海道庁編) 1943.11 34p 26cm

◇前橋市勢要覧 昭和17年(前橋市編) 1943.11 42p 19cm

◇宮崎県統計書 昭和18年版 第2編 人口(宮崎県知事官房編) 1943.11 171p 27cm

◇朝日年鑑 昭和19年(朝日新聞社編) 1943.12 639p 19cm

◇海州府勢一斑 昭和18年版 謄写版(海州府編) 1943.12 15,98p 18cm

◇咸興府勢一斑 昭和18年版(咸興府編) 1943.12 7,86,6p 18cm

◇岸和田市勢要覧 昭和18年版(岸和田市編) 1943.12 30p 15cm

◇京都市統計書 第33回(昭和16年)(京都市編) 1943.12 6,25,583p 26cm

◇市街地信用組合概況 昭和16年度(大蔵省銀行保険局編) 1943.12 47p 26cm

◇中部三都市住み方調査報告 第2号(住宅営団編) 1943.12 50p 30cm

◇同盟時事年鑑 昭和19年版(同盟通信社編) 1943.12 640p 26cm

◇農商省統計表 第1次(昭和17年) 農林統計編(農商大臣官房統計課編) 1943.12 753p 26cm

◇福岡市勢要覧 昭和18年版(福岡市編) 1943.12 4,98p 18cm

◇毎日年鑑 昭和19年(毎日新聞社編) 1943.12 511p 18cm

◇松本市勢一覧 昭和18年度(松本市編) 1943.12 29p 11×20cm

◇松山市勢要覧 昭和18年版（松山市編） 1943.12 6,82p 19cm

◇宮崎県統計書 昭和18年版 第1編 土地・雑（宮崎県知事官房編） 1943.12 97p 27cm

◇宮崎県統計書 昭和18年版 第3編 産業（宮崎県知事官房編） 1943.12 2,161p 27cm

◇宮崎県統計書 昭和18年版 第4編 財政、金融及貯蓄（宮崎県知事官房編） 1943.12 114p 27cm

◇宮崎県統計書 昭和18年版 第5編 教育（宮崎県知事官房編） 1943.12 2,116p 27cm

◇宮崎県統計書 昭和18年版 第6編 警察及衛生（宮崎県知事官房編） 1943.12 52p 27cm

◇郵便統計要覧 昭和17年度（通信院業務局編） 1943.12 56p 26cm

◇労働技術統計調査結果表 昭和17年 内地 昭和17年6月10日現在（内閣統計局編） 1943.12 291p 26cm

◇佐賀市勢要覧 昭和18年版（[佐賀市]編） 1944 1枚 20cm

◇東京市各区歳入歳出決算書 昭和17年度 旧市部（東京市役所編） 1944 1冊 28cm

◇東京市各区歳入歳出決算書 昭和17年度 新市部（東京市役所編） 1944 1冊 28cm

◇東京都歳入出予算 昭和19年度（東京都編） 1944 8,660,23p 22cm

◇日本赤十字社事業年報 昭和18年度（日本赤十字社編） 1944 64p 19cm

◇日田市勢要覧 昭和17年12月末現在（日田市編） 1944 20p 13×19cm

◇淀橋区勢要覧 昭和19年 謄写版（[東京市]淀橋区編） 1944 1枚 23cm

◇岩手県勢要覧 昭和19年版（岩手県内政部編） 1944.1 4,86p 15cm

◇大阪市財政要覧 第26輯 昭和18年度（大阪市役所理財局） 1944.1 253p 26cm

◇忠清北道道勢一班 昭和18年（忠清北道編） 1944.1 48p 13×19cm

◇東京市市政年報 昭和16年度 厚生篇 2（東京市役所編） 1944.1 150,52p 26cm

◇[澎湖庁]統計概要 昭和17年（澎湖庁編） 1944.1 90p 19cm

◇佐賀市統計年報 昭和18年版（佐賀市役所編） 1944.2 7,75p 19cm

◇福井県統計書 昭和16年 第1編 土地及戸口等（福井県編） 1944.2 2,92p 27cm

◇香川県統計書 昭和16年 第3編（香川県編） 1944.3 204p 27cm

◇香川県統計書 昭和16年 第5編（香川県編） 1944.3 33p 27cm

◇岐阜市統計要覧 昭和18年版（岐阜市役所編） 1944.3 105p 21cm

◇高知県統計書 昭和15年 第2編（高知県編） 1944.3 138p 27cm

◇島根県統計書 昭和17年 第3編（島根県編） 1944.3 52p 22cm

◇帝国予算綱要 昭和19年度（大蔵省主計局編） 1944.3 85p 21cm

◇富山市勢要覧 昭和18年版（富山市編） 1944.3 [24]p 13×21cm

◇横浜市財政要覧 昭和18年度（横浜市市長室編） 1944.3 3,130p 21cm

◇若松市勢要覧[福島県] 昭和19年（若松市（福島県）編） 1944.3 15p 13×19cm

◇宇部市勢要覧 昭和18年版（宇部市編） 1944.4 31p 13×19cm

◇唐津市勢要覧 昭和18年度版（唐津市編） 1944.4 18p 11cm

◇神戸市財政要覧 昭和18年度（神戸市役所市長公房財務課編） 1944.4 216p 22cm

◇大阪市商業調査書 昭和17年（大阪市役所編） 1944.5 4,123,15p 21cm

◇[東京市]赤坂区勢概要 昭和19年5月（東京都赤坂区編） 1944.5 6,56p 15cm

◇大垣市勢要覧 昭和18年版（大垣市編） 1944.6 38p 13×19cm

◇堺市民の通勤・通学状況（堺市編） 1944.6 23p 21cm

◇大日本帝国内務省統計報告 第52回 昭和19年刊行（内務大臣官房文書課編） 1944.7 1,155p 26cm

◇名古屋市生活用品小売価格指数年報 昭和18年4月-昭和19年3月（名古屋市財政部統計課編） 1944.7 10p 26cm

◇警視庁統計書 第52回 昭和17年（警視庁編） 1944.8 3,327p 26cm

◇大都市住宅調査（補遺） 謄写版（厚生省勤労局指導部編） 1944.8 24p 27cm

◇台湾地方財政概要 昭和18年度（台湾総督府官房地方監察課編） 1944.8 112p 27cm

◇[東京市]下谷区勢概要 [昭和19年刊] 謄写版（[東京市]下谷区編） 1944.8 [39]p 26cm

◇静岡市統計書 第44回 昭和17年（静岡市役所編） 1944.9 5,120p 21cm

◇東洋経済経済年鑑 第28回（昭和19年版）（東洋経済新報社編） 1944.9 304p 26cm

◇玉野市勢要覧 昭和19年版（玉野市編） 1944.10 30p 13×18cm

◇[東京都荏原]区勢概要 [昭和19年刊] 謄写版（[東京都]荏原区編） 1944.10 [21]p 26cm

◇盛岡市勢要覧 昭和19年版（盛岡市編） 1944.10 2,26p 15×21cm

◇船橋市市勢要覧 [昭和19年刊]（船橋市編） 1944.11 38p 13×18cm

◇宇和島市勢要覧 昭和19年度版（宇和島市編） 1944.12 16p 13×18cm

◇毎日年鑑 昭和20年 戦時版（毎日新聞社編） 1944.12 383p 19cm

書誌・その他

【雑　誌】

◇明治初期政治参考文献概目（吉野作造）「国家学会雑誌」　39（12）1925.12
◇家族研究文献「社会学雑誌」　33　1927.1
◇一九二七年度米国社会事業文献解題（磯村英一）「社会事業」　11（11）1928.2
◇本邦に於ける「市営事業」の一般的文献（市営事業特輯）「都市問題」　7（4）1928.10
◇英米の警察制度に関する文献（高橋雄豺）「警察協会雑誌」　354　1930.2
◇帝都復興記念号「都市問題」　10（4）1930.4
　大震火災関係文献　復興事業関係文献（その1）　復興事業関係文献（その2）
◇公企業労働問題関係文献（公企業労働問題号）（本会図書室）「都市問題」　10（6）1930.6
◇都市教育問題関係文献（都市教育号）（本会図書室）「都市問題」　11（1）1930.7
◇都市郊外地問題参考文献（本会図書室）「都市問題」　11（2）1930.8
◇街路交通統制及受益者負担金問題参考文献（東京市政調査会図書室）「都市問題」　11（3）1930.9
◇都市公園参考図書「都市公論」　14（8）1931.8
◇英米の警察制度に関する文献（3）（高橋雄豺）「警察協会雑誌」　374　1931.10
◇フランス社会思想史概論文献数種（永田清）「三田学会雑誌」　27（6）1933.6
◇倉敷労働科学研究所附属図書館定期刊行書目録「労働科学研究」　10（4）1933.9
◇最近法律哲学に関する文献（木村亀二, 尾高朝雄）「法律時報」　5（1）1933.10
◇社会学関係邦文文献大要（編年表）（加田哲二）「三田学会雑誌」　27（10）1933.10
◇独逸に於ける最近のカルテル文献（諸井貫一）「工業経済研究」　6　1934.8
◇騒音、汚塵、汚染、煤煙、悪臭問題に関する最近の参考文献「法律時報」　6（10）1934.10
◇商工省貸借対照表準則及財産目録準則の確定（木村和三郎）「経済時報」　6（10）1935.1
◇マルサス人口論及経済学説関係文献（加田哲二）「三田学会雑誌」　29（1）1935.1
◇故関博士著作目録「都市問題」　20（3）1935.3
◇農村財政に関する文献一覧（帝国農会調査部）「帝国農会報」　25（7）1935.7
◇最近の文献に現れた行政法上の諸問題（田中二郎）「国家学会雑誌」　49（10）1935.10
◇最近の文献に現れた行政法上の諸問題（田中二郎）「国家学会雑誌」　49（12）1935.12
◇映画教育文献「教育」　4（11）1936.11
◇都制に関する文献目録（都制案批判主輯）（資料室）「都市問題」　23（5）1936.11
◇土地問題文献一斑（帝国農会経済部）「帝国農会報」　27（6）1937.6
◇統制経済に関する最近の文献（高宮晋）「経済学論集」　7（12）1937.12
◇最近のドイツに於ける行政法に関する文献「国家学会雑誌」　51（12）1937.12
◇文献解題（都市問題）-公益企業（竹中龍雄）「経済学雑誌」　2（1）1938.1
◇文献解題（都市問題）-財政（藤谷謙二, 竹中龍雄）「経済学雑誌」　2（1）1938.1
◇文献解題（都市問題）-都市計画（金谷重義）「経済学雑誌」　2（1）1938.1
◇文献解題（社会問題・社会政策）労働法（平田隆夫）「経済学雑誌」　2（2）1938.2
◇文献解題（経済法）経済行政法（原諄之助）「経済学雑誌」　2（3）1938.3
◇文献解題（経済法）小売商法（実方正雄）「経済学雑誌」　2（3）1938.3
◇文献解題（経済法）種族立法とナチス経済（谷口知平）「経済学雑誌」　2（3）1938.3
◇文献解題（経済法）新株式法（西島弥太郎）「経済学雑誌」　2（3）1938.3
◇特輯-戦争経済文献目録（鉄工業編上）「経済学雑誌」　2（4）1938.4
◇文献解題（経済学）経済理論（西川清治, 福井孝治）「経済学雑誌」　2（4）1938.4
◇文献解題（経済学史）亜米利加学派（岡本博之）「経済学雑誌」　2（4）1938.4
◇文献解題（経済学史）独逸学派（堀経夫）「経済学雑誌」　2（4）1938.4
◇文献解題（経済学）方法論（西川清治）「経済学雑誌」　2（4）1938.4
◇戦争経済文献目録（鉄工業編下）「経済学雑誌」　2（5）1938.5
◇戦争経済文献目録（農業篇上）「経済学雑誌」　2（6）1938.6
◇戦争経済文献目録（農業篇下）「経済学雑誌」　3（1）1938.7
◇公同組合・町内会に関する文献「都市問題」　27（1）1938.7
◇公企業及都市問題に関する若干文献（竹中龍雄）「経済学雑誌」　3（2）1938.8
◇小工業に関する文献（小田橋貞寿）「一橋論叢」　2（3）1938.9
◇故池田宏氏著作目録「都市問題」　28（2）1939.2
◇町内会に関する文献目録（資料室）「都市問題」　29（2）1939.8
◇支那都市に関する文献目録（支那都市に関する研究）「都市問題」　30（4）1940.4
◇都市住宅問題に関する文献目録（住宅問題研究-特に質の問題に就て）「都市問題」　30（5）1940.5
◇中国社会事業関係資料目録「社会事業」　24（9）1940.9
◇農村工業に関する文献目録（農村工業協会）「農村工業」　7（9）1940.9
◇部落会町内会等に関する文献目録「都市問題」　31（6）1940.12
◇国土計画及地方計画に関する文献目録（「国土計画と都市」特輯）「都市問題」　32（1）1941.1
◇国土計画に関する文献目録（川崎操）「農村工業」　8（4）1941.4
◇産報運動に関する23の文献について（森戸辰男）「社会事業」　25（12）1941.12
◇満洲農業開拓に関する文献評論（本岡武）「農業と経済」　8（12）1941.12
◇邦人人口問題関係文献（20）「人口問題研究」　3（1）1942.1
◇南方農業に関する主要文献（田中功）「農業と経済」　9（2）1942.2

◇国土計画に関する文献目録（川崎操）「農村工業」　9（4）　1942.4
◇南方地域における社会圏労働関係文献（上原仁）「社会政策時報」　260　1942.5
◇農工調和関係文献目録「農村工業」　9（11）　1942.11
◇満州地方志目録（1）（瀧川政次郎）「地方行政 日文版」　9（12）　1942.12
◇満州地方志目録（2）（飯本信之）「地方行政 日文版」　10（1）　1943.1
◇満州地方志目録（3）（瀧川政次郎）「地方行政 日文版」　10（2）　1943.2
◇満州地方志目録（4）（瀧川政次郎）「地方行政 日文版」　10（3）　1943.3
◇厚生問題に関する最近の若干の文献に就て（藤林敬三）「三田学会雑誌」　37（5）　1943.5
◇満州地方志目録（5）（瀧川政次郎）「地方行政 日文版」　10（6）　1943.6
◇農村社会学関係邦文文献集（山口隆）「農業経済研究」　19（1）　1943.6
◇農村社会学関係邦文文献集（池田善長）「農業経済研究」　19（1）　1943.6
　農工調和関係最近の文献（第2集）「農村工業」　11（3）　1944.3

【図　書】
◇京都府職員録 明治6年3月改　1873.3　28p　8×18cm
◇石川県職員録 明治13年1月20日改正　1880.1　1冊　9×18cm
◇法律語彙初稿（司法省編）　1883.12　1013,115p　19cm
◇府県会議員録 明治19年（影山幸次編）　美章堂　1886.4　94p　20cm
◇職員録 明治21年（甲）（内閣官報局編）　1888.12　362p　22cm
◇職員録 明治21年（乙）（内閣官報局編）　1888.12　292p　22cm
　全国府県会議員姓名録（吉田仁三郎編）　1889.11　179p　19cm
◇山梨県市町村名鑑 明治22年（早乙女信正編）　内藤書房　1890.6　19p　19cm
◇職員録 明治32年（甲）（内閣印刷局編）　1899.4　756p　22cm
◇職員録 明治32年（乙）（内閣印刷局編）　1899.4　394p　22cm
◇東京市職員録 明治34年1月1日現在（東京市編）　1901.3　83p　9×13cm
◇職員録 明治35年 甲（内閣印刷局編）　1902　914p　21cm
◇人事興信録（人事興信所編）　1903.4　60,1166p　19cm
◇東洋歴史大辞典（久保得二著，西山栄久著，柴田常恵著）　同文館　1905.1　1冊　27cm
◇職員録 明治38年（乙）（内閣印刷局編）　1905.8　514p　22cm
◇職員録 明治40年（甲）（内閣印刷局編）　1907　874p　22cm
◇日台大辞典（台湾総督府学務課編）　1907.3　212,1184p　27cm
◇大日本地名辞書 汎論索引（吉田東伍著）　冨山書房　1907.10　1冊　26cm
◇大日本地名辞書 上巻（吉田東伍著）　冨山書房　1907.10　4,1844p　26cm
◇大日本地名辞書 中巻（吉田東伍著）　冨山書房　1907.10　2,[1288]p　26cm
◇大日本地名辞書 下巻（吉田東伍著）　冨山書房　1907.10　2,[1620]p　26cm
◇東京市職員録 明治40年9月1日現在（東京市役所）　1907.10　84p　10×13cm
◇東京市職員録 明治41年10月10日現在（東京市役所編）　1908.12　95p　10×13cm
◇東京市職員録 明治42年7月1日現在（東京市役所編）　1909.8　96p　10×13cm
◇大日本地名辞書 続編（吉田東伍著）　冨山書房　1909.12　1冊　26cm
◇東京市職員録 明治43年7月1日現在（東京市役所編）　1910.8　95p　10×13cm
◇法律経済論題輯覧（巌松堂書店編輯部編）　1910.11　39,412p　17cm
◇職員録 明治44年（甲）（内閣印刷局編）　1911.7　1098p　22cm
◇職員録 明治44年（乙）（内閣印刷局編）　1911.7　706p　22cm
◇東京市職員録 明治44年7月1日現在（東京市役所編）　1911.9　108p　10×13cm
◇京都府下維新前民政資料蒐集目録（京都府内務部編）　1912.6　138p　23cm
◇東京市職員録 大正元年8月10日現在（東京市役所編）　1912.10　116p　10×13cm
◇東京市職員録 大正2年7月1日現在（東京市役所編）　1913.8　123p　10×13cm
◇東京社会辞彙（毎日通信社編）　1913.12　1冊　27cm
◇東京市職員録 大正3年7月現在（東京市役所編）　1914.9　133p　10×13cm
◇人事興信録　第4版（大正4年刊）（人事興信所編）　1915.1　1冊　26cm
◇東京市職員録 大正4年5月1日現在（東京市役所編）　1915.6　14,126p　10×13cm
◇東京市職員録 大正5年5月1日現在（東京市役所編）　1916.5　14,114p　10×13cm
◇東京市職員録 大正6年5月1日現在（東京市役所編）　1917.6　14,117p　10×13cm
◇職員録 大正7年5月1日現在（内閣印刷局編）　1918.8　1095p　28cm
◇東京市職員録 大正7年8月1日現在（東京市役所編）　1918.8　14,121p　10×13cm
◇日本法制史書目解題 上（池辺義象編）　1918.12　408p　22cm
◇日本法制史書目解題 下（池辺義象編）　大鐙閣　1918.12　815p　22cm
◇東京市職員録 大正8年9月1日現在（東京市役所編）　1919.10　18,125p　10×13cm
◇日本社会事業名鑑（中央慈善協会編）　1920.5　1冊　23cm
◇東京社会事業名鑑（東京市社会局）　1920.12　484p　22cm
◇職員録 大正10年7月1日現在（内閣印刷局編）　1921　1463p　27cm
◇大日本博士録　第1巻 法学博士及薬学博士之部（井関九郎編）　発展社　1921.1　1冊　26cm
◇職員録 大正9年7月1日現在（内閣印刷局編）　1921.2　1337p　27cm
◇［東京府］職員録 大正10年2月15日現在（東京府知事官房編）　1921.5　260p　13cm
◇人事興信録　第6版［大正10年］（人事興信所編）　1921.6　1冊　26cm
◇東京市及附近町村工場分布状態（東京市役所商工課編）　1921.10　18,373p　19cm
◇職員録 大正11年7月1日現在（内閣印刷局編）　1922　1355p　28cm
　職業分類要旨（国勢院第1部編）　1922.3　116p　23cm
◇大日本博士録　第2巻 医学博士之部（井関九郎編）　発展社　1922.9　1冊　26cm
◇東京市職員録 大正11年8月（東京市役所編）　1922.10　43,200p　10×13cm
◇大阪府全管工業一覧（大阪府産業部工務課編）　1922.12　377p　23cm「産業之大阪」特別増大号
◇職員録 大正12年10月1日現在（内閣印刷局編）　1923.12　485p　26cm
◇全国市長名簿 大正13年10月10日調　邦文タイプ　1924　［5］p　28cm
◇図書目録（内務省社会局編）　1924　37,95p　26cm
◇法律経済大辞典：原理研究（梶康郎著）　松陽堂　1924.5　1冊　19cm

◇[東京府]職員録 大正13年4月1日(東京府知事官房編) 1924.6 316p 13cm

◇東京市職員録 大正13年7月(東京市役所編) 1924.8 50,249p 10×13cm

◇全国工場鉱山名簿 [大正11年12月末日現在] (協調会編) 1924.9 231p 26cm

◇日本経済史文献(本庄栄治郎著) 内外出版 1924.9 380,58p 23cm

◇職員録 大正13年7月1日現在(内閣印刷局編) 1924.10 1386p 26cm

◇財団法人 東京市政調査会役員名簿 大正14年3月15日現在(東京市政調査会編) 1925 20p 15cm

◇市町村大字読方名集(小川琢治著) 成象堂 1925.1 1冊

◇国史大辞典 あーを(八代国治等編) 吉川弘文館 1925.2

◇職員録 大正14年1月1日現在(内閣印刷局編) 1925.2 394p 26cm

◇国史大辞典 かーこ(八代国治等編) 吉川弘文館 1925.3

◇国史大辞典 さーと(八代国治等編) 吉川弘文館 1925.5

◇社会問題辞典(高畠素之著) 新潮社 1925.6 13,751,4p 23cm

◇国史大辞典 なーわ(八代国治等編) 吉川弘文館 1925.8

◇人事興信録 第7版 大正14年8月刊行(人事興信所編) 1925.8 1冊 26cm

◇職員録 大正14年7月1日現在(内閣印刷局編) 1925.9 1277p 26cm

◇国史大辞典 増補年表(八代国治等編) 吉川弘文館 1925.10

◇統計研究文献(岡崎文規著) 有斐閣 1925.12 343p 23cm

◇農村問題文献資料(有馬村問題研究所編) 日本評論社 1925.12 54,25p 23cm

◇歴代顕官録(井尻常吉編) 朝陽会 1925.12 26,968p 23cm

◇新井白石関係文献総覧(東京市立日比谷図書館編) 1926 46p 27cm 東京誌料特別調査

◇欧文図書目録(東京市政調査会図書室編) 1926 261,79p 22cm

◇職員録 大正15年1月1日現在(内閣印刷局編) 1926.2 419p 26cm

◇大日本人名辞書 上巻 新版(大日本人名辞書刊行会編) 1926.3 1449p 26cm

◇東京府職員録 大正15年2月20日現在(東京府知事官房編) 1926.3 297p 9×13cm

◇大日本人名辞書 下巻 新版(大日本人名辞書刊行会編) 1926.6 [1550]p 26cm

◇国史大辞典 附図 大増訂(八代国治等編) 吉川弘文館 1926.7

◇職員録 大正15年7月1日現在(内閣印刷局編) 1926.9 959p 30cm

◇東京市職員録 大正15年7月(東京市編) 1926.9 63,280p 9×13cm

◇大日本人名辞書 首巻 系譜・年表・索引 刀剣鍛冶叢伝(大日本人名辞書刊行会編) 1926.10 1冊 26cm

◇日本農民史語彙(小野武夫著) 改造社 1926.10 465p 19cm

◇東京府自治大観(東京府市政通信社編) 1926.12 622p 26cm

◇東京万案内(東水社編) 1926.12 1冊 19cm

◇欧文図書目録(東京市政調査会編) 1927 261,79p 22cm

◇欧文図書目録(追録)1927年(東京市政調査会編) 1927.3 145,48p 23cm

◇法政・経済・社会論文総覧(天野敬太郎著) 刀江書院 1927.3 1360p 19cm

◇邦文図書目録(東京市政調査会編) 1927.3 6,381p 23cm

◇東京市政調査会:その組織と事業(東京市政調査会編) 1927.5 35p 23cm

◇名古屋市各種組合名録(名古屋商業会議所編) 1927.8 48p 19cm 資料索引

◇日本経済史文献 続篇(本庄栄治郎編) 内外出版 1927.8 2,4,262p 23cm

◇職員録 昭和2年7月1日現在(内閣印刷局編) 1927.9 1009p 30cm

◇東京市職員録 昭和2年7月(東京市役所編) 1927.9 40,251p 10×13cm

◇経済法律文献目録 自大正5年至大正14年(神戸高等商業学校商業研究所編) 宝文館 1927.10 32,1316p 23cm

◇全国社会事業名鑑 昭和2年版(中央社会事業協会編) 1927.10 45,1097,48p 22cm

◇家蔵日本地誌目録(高木利太編) 1927.11 844,25p 23cm

◇邦文雑誌記事索引(東京市政調査会編) 1927.11 326p 23cm

◇職員録 昭和3年1月1日現在(内閣印刷局編) 1928.3 329p 30cm

◇人事興信録 第8版(人事興信所編) 1928.7 1冊 26cm

◇伝記資料索引 第1巻 第1冊(東京市立日比谷図書館編) 1928.7 56p 27cm

◇長野県市町村提要:全 第5版(飯沼務編) 文竜館, 長野県市町村提要刊行会 1928.7 1冊 23cm

◇職員録 昭和3年7月1日現在(内閣印刷局編) 1928.9 1047p 30cm

◇東京市職員録 昭和3年7月1日現在(東京市役所編) 1928.9 48,258p 10×13cm

◇法政経済社会論文総覧:附 執筆者索引 追篇(天野敬太郎編) 刀江書院 1928.10 431,142p 19cm

◇社会政策時報総目次 自大正9年9月創刊号 至昭和4年1月第100号(協調会編) 1929 58p 22cm

◇職員録 昭和4年1月1日現在(内閣印刷局編) 1929.3 341p 30cm

◇伝記資料索引 第1巻 第2冊(東京市立日比谷図書館編) 1929.3 [64]p 27cm

◇日本古語大辞典(松岡静雄著) 朝和 1929.3

◇東京府職員録 昭和4年3月現在 複写(東京府知事官房秘書課[編]) [東京府] 1929.4 1冊 19×27cm

◇東京市職員録 昭和4年7月1日現在(東京市役所編) 1929.9 49,266p 10×13cm

◇日本社会主義文献 第1輯 世界大戦(大正三年)に到る(大原社会問題研究所編) 同人社 1929.9 13,255,9p 23cm

◇東京市政調査会と其の事業(東京市政調査会編) 1929.11 1枚 18cm 市政カード

◇邦訳マルクス-エンゲルス文献(内藤越夫編) 同人社 1930 78p 22cm 大原社会問題研究所アルヒーフ

◇職員録 昭和5年1月1日現在(内閣印刷局編) 1930.3 385p 30cm

◇東天紅:明治新聞雑誌文庫所蔵目録(瀬木博尚著) 1930.7 244,50p 27cm

◇米独に於ける産業合理化に関する資料目録(欧・和対訳)(東京商工会議所編) 1930.7 84p 22cm

◇東京市職員録 昭和5年7月1日現在(東京市役所編) 1930.8 50,237p 10×13cm

◇職員録 昭和5年7月1日現在(内閣印刷局編) 1930.10 1169p 30cm

◇市政関係図書目録 昭和5年10月現在(神戸市立図書館編) 1930.11 17p 27cm

◇家蔵日本地誌目録 続篇(高木利太編) 1930.12 31,595,40p 23cm

◇経済学辞典 1巻(大阪商科大学経済研究所編) 東光堂 1931.1

◇経済学辞典 2巻(大阪商科大学経済研究所編) 東光堂 1931.2

◇経済学辞典 3巻(大阪商科大学経済研究所編) 東光堂 1931.4

◇職員録 昭和6年1月1日現在(内閣印刷局編) 1931.4 287p 30cm

◇農学文献目録 第1輯 自大正15年至昭和4年(大野史郎著) 明文堂 1931.4 695p 20cm

◇東京府職員録 昭和6年3月現在(東京府知事官房秘書課編) 1931.5 235p 19cm

◇農学文献目録 第2輯 昭和5年（大野史郎著） 明文堂 1931.5 578p 20cm

◇公益企業ニ関スル参考資料目録 謄写版（東京市政調査会編） 1931.6 1冊 25cm

人事興信録 第9版 昭和6年（人事興信所編） 1931.6 1冊 26cm

◇東京市職員録 昭和6年7月（東京市役所編） 1931.9 52,251p 10×13cm

◇経済学辞典 4巻（大阪商科大学経済研究所編） 東光堂 1931.10

市町村民の負担並市町村の税制問題 都市に於ける汚物処理並汚染防止問題：議題参考文献目録（全国都市問題会議編） 1931.10 130p 23cm 全国都市問題会議会報

職員録 昭和6年7月1日現在（内閣印刷局編） 1931.10 1221p 30cm

◇各種調査機関の文献（大阪市社会調査課編） 1931.11 62p 23cm 社会部報告

◇経済法律文献目録 第2輯 自大正15年至昭和5年（神戸商業大学商業研究所編） 宝文館 1931.12 34,1293,143p 23cm

◇経済学辞典 5巻（大阪商科大学経済研究所編） 東光堂 1932.1

◇全国工場鉱山名簿（昭和6年10月1日現在）（協調会編） 1932.2 152p 26cm

職員録 昭和7年1月1日現在（内閣印刷局編） 1932.3 382p 30cm

◇東京市産業関係団体便覧 昭和7年1月調（東京市役所編） 1932.3 44p 27cm

◇明治文献目録（高市慶雄著） 日本評論社 1932.3 6,316p 22cm

◇経済学辞典 総索引（大阪商科大学経済研究所編） 東光堂 1932.5

◇東京市職員録 昭和7年7月（東京市役所編） 1932.9 43,210p 10×13cm

職員録 昭和7年7月1日現在（内閣印刷局編） 1932.10 1216p 30cm

◇大東京関係誌料目録 地誌之部（東京市立日比谷図書館編） 1932.10 46p 26cm

◇東京市職員録 昭和7年10月（東京市役所編） 1932.11 62,257p 10×13cm

職員録 昭和8年1月1日現在（内閣印刷局編） 1933.3 396p 30cm

◇東京市産業関係団体便覧［昭和8年］（東京市産業勧業課編） 1933.3 73p 27cm

◇日本経済史文献 改版（本庄栄治郎編） 日本評論社 1933.4 703,195p 23cm ［日本経済史研究所 紀要別1冊］

◇各市主要職員録（東京市政調査会編） 1933.7 26p 22cm

◇群馬県関係文献地方目（群馬県女子師範学校郷土研究室編） 1933.8 8,125p 22cm

◇東京市職員録 昭和8年7月（東京市役所編） 1933.9 60,297p 10×13cm

職員録 昭和8年7月1日現在（内閣印刷局編） 1933.10 1260p 30cm

◇都市環境と其の改善問題 都市自治の現状と其の済美問題：議題参考文献目録（全国都市問題会議編） 1933.10 170p 22cm 全国都市問題会議会報

国会議員住所氏名職業一覧（大東京社編） 1933.11 10p 19cm 大東京年鑑

◇フアッシズム参考文献（東京社会科学研究所編） 刀江書院 1933.11 100p 22cm 「東京社会科学研究所年報」第1輯別刷

◇主要統計書件名索引 各省之部（東京市立駿河台図書館編） 1934.3 18,4p 22cm 調査資料

◇主要統計書件名索引 六大都市之部（東京市立駿河台図書館編） 1934.3 29p 22cm 調査資料

◇青年団に関する図書目録：附「青年心理・社会教育」（大日本聯合青年団調査部編） 1934.3 44p 19cm

◇東京市産業関係団体便覧［昭和9年］（東京市産業局編） 1934.3 74p 27cm

◇本邦書誌ノ書誌：附 件名及著者索引（天野敬太郎編） 間宮商店 1934.4 370p 23cm

◇資料索引 第3輯（南満洲鉄道株式会社総務部資料課編） 1934.5 37,1467p 23cm

◇失業問題に関する文献（大阪市社会部労働課編） 1934.7 78p 23cm 社会部報告

参考文献総覧：研究調査（波多野賢一、弥吉光長編） 朝日書房 1934.9 26,877p 23cm

◇東京市教育関係職員録 昭和9年7月現在（東京市教育局編） 1934.9 660p 9×13cm

◇東京市職員録 昭和9年7月（東京市役所編） 1934.9 65,260p 10×13cm

人事興信録 第10版（人事興信所編） 1934.10 1冊 26cm

職員録 昭和9年8月1日現在（内閣印刷局編） 1934.11 1291p 30cm

◇経済学文献大鑑 第1巻 財政篇（大阪商科大学経済研究所編） 1934.12 610p 26cm

法律学辞典 1巻（末弘厳太郎、田中耕太郎） 東光堂 1934.12

◇東京市会議員要覧 昭和10年1月調（東京市会事務局編） 1935.2 6,7,139p 15cm

職員録 昭和10年1月1日現在（内閣印刷局編） 1935.3 426p 30cm

◇伝記資料索引 第1巻 第3冊（東京市立日比谷図書館編） 1935.3 32p 27cm

◇東京市産業関係団体便覧［昭和10年］（東京市役所編） 1935.3 77p 27cm

◇法学協会雑誌総索引 法学協会五十周年記念（自第1巻至第50巻）（法学協会編） 1935.4 226,184p 23cm

◇杉並名鑑：附 杉並区勢要覧（杉並公論社［編］） 杉並公論社 1935.6 1冊 23cm

◇地方財政改善策に関する文献目録（東京市政調査会資料室編） 1935.6 44p 22cm

◇団体総覧（梅坂昌業編） 大日本帝国産業総連盟団体研究所 1935.7 1冊 27cm

◇土木学会誌索引 自第1巻第1号（大正4年2月）至第20巻第12号（昭和9年12月）（土木学会編） 1935.7 63p 26cm

法律学辞典 2巻 コーシ（末弘厳太郎、田中耕太郎） 東光堂 1935.7

◇マルサスに関する文献集（吉田秀夫編） 人口問題研究会 1935.7 57p 22cm 人口問題資料

◇東京市職員録 昭和10年7月（東京市役所編） 1935.8 72,394,7p 10×13cm

◇都市・農村関係文献目録［複写］（東京市政調査会資料室編） 1935.8 68,[13]p 26cm

◇都市・農村関係文献目録 謄写版（東京市政調査会資料室編） 1935.8 68,[13]p 26cm

◇東京市教育関係職員録 昭和10年7月現在（東京市教育局編） 1935.9 706p 9×13cm

職員録 昭和10年7月1日現在（内閣印刷局編） 1935.10 1328p 30cm

◇東天紅：明治新聞雑誌文庫所蔵目録 続篇（瀬木博尚編） 1935.10 259,43p 27cm

◇読史備考 新訂版（東京帝国大学史料編纂所編） 内外書籍 1935.11 15,2154p 20cm

◇経済学文献大鑑 第2巻 貨幣金融篇 上（大阪商科大学経済研究所編） 1935.12 470p 26cm

◇北支那文献綜覧（満鉄大連図書館編） 1936.1 64p 23cm

◇勤労者教育関係文献目録 謄写版（東京市政調査会資料室編） 1936.1 16p 25cm

◇資料分類目録（東亜経済調査局編） 1936.2 43p 21cm

◇統計集総目録 自第1号至 第642号（東京統計協会編） 1936.2 223p 19cm

◇職員録 昭和11年1月1日現在(内閣印刷局編) 1936.3 442p 30cm

◇伝記資料索引 第1巻 第4冊(東京市立日比谷図書館編) 1936.3 64p 27cm

◇東京地誌絵画写真索引(東京市立駿河台図書館編) 1936.3 41p 22cm 調査資料

◇法律学辞典 3巻 スーノ(末弘厳太郎編,田中耕太郎編) 東光堂 1936.3

◇地理学評論総索引 自第1巻至第10巻(日本地理学会編) 古今書院 1936.5 155p 23cm 地理学評論

◇都市の保健施設関係参考文献目録(全国都市問題会議編) 1936.5 104p 22cm 全国都市問題会議会報

◇日本経済史辞典 第1分冊(日本経済史研究所編) 日本評論社 1936.6 190p 27cm

◇東京市産業関係団体便覧[昭和11年](東京市役所編) 1936.7 80p 27cm

◇日本経済史辞典 第2分冊(日本経済史研究所編) 日本評論社 1936.7 [200]p 27cm

◇法律学辞典 4巻 ハーワ(末弘厳太郎編,田中耕太郎編) 東光堂 1936.8

◇電力国営問題資料総覧(日本索引学会調査部編) 松山房 1936.9 14p 22cm

◇東京市職員録 昭和11年7月(東京市役所編) 1936.9 77,412p 10×13cm

◇本邦統計資料解説(後藤貞治著) 叢文閣 1936.9 249,20p 23cm 実務統計学講座

◇経済学辞典 追補(大阪商科大学経済研究所) 東光堂 1936.10

◇職員録 昭和11年7月1日現在(内閣印刷局編) 1936.10 1349p 30cm

◇日本経済史辞典 第3分冊(日本経済史研究所編) 日本評論社 1936.10 [208]p 27cm

◇住宅衛生文献集(大西清治編) 同潤会 1936.11 19,359p 27cm

◇日本経済史辞典 第4分冊(日本経済史研究所編) 日本評論社 1936.11 [208]p 27cm

◇農村人口問題調査参考文献 謄写版(農林大臣官房文書課調査室編) 1936.11 1冊 26cm

◇統計資料解題(内閣統計局編) 全国経済調査機関連合会 1936.12 18,571,46p 26cm

◇都市問題関係主要参考文献 昭和12年用(東京市政調査会編) 1936.12 [26]p 22cm 日本都市年鑑

◇経済地理学文献総覧(黒正巌著,菊田太郎著) 叢文閣 1937.1 320p 23cm 経済地理学講座

◇日本経済史辞典 第5分冊(日本経済史研究所編) 日本評論社 1937.2 [208]p 27cm

◇職員録 昭和12年1月1日現在(内閣印刷局編) 1937.3 433p 30cm

◇人事興信録 上巻 第11版(昭和12年刊)(人事興信所編) 1937.3 1冊 26cm

◇人事興信録 下巻 第11版(昭和12年刊)(人事興信所編) 1937.3 1冊 26cm

◇法律学辞典 5巻 総索引(末弘厳太郎編,田中耕太郎編) 東光堂 1937.3

◇現業調査資料項目別総目録 自第1巻第1号昭和2年8月 至第10巻第6号昭和11年11月(鉄道大臣官房現業調査課編) 1937.4 67p 26cm

◇全国社会事業名鑑 昭和12年版(中央社会事業協会社会事業研究所編) 1937.4 141,1259,150p 27cm

◇経済学文献大鑑 第3巻 貨幣金融篇 下(大阪商科大学経済研究所編) 1937.5 714p 26cm

◇新撰大人名辞典 第1巻(平凡社編) 1937.5 706p 27cm

◇日本経済史辞典 第6分冊(日本経済史研究所編) 日本評論社 1937.5 [208]p 27cm

◇新撰大人名辞典 第2巻(平凡社編) 1937.7 691p 27cm

◇東京市教育関係職員録 昭和12年7月現在(東京市教育局庶務課編) 1937.9 740p 9×13cm

◇東京市職員録 昭和12年7月(東京市役所編) 1937.9 82,572,30p 10×13cm

◇京都為政者歴代名録(京都市公同組合聯合会編) 1937.10 10p 27cm

◇職員録 昭和12年7月1日現在(内閣印刷局編) 1937.10 1316p 30cm

◇新撰大人名辞典 第3巻(平凡社編) 1937.10 643p 27cm

◇日本経済史辞典 第7分冊(日本経済史研究所編) 日本評論社 1937.11 [208]p 27cm

◇新撰大人名辞典 第4巻(平凡社編) 1937.12 668p 27cm

◇東京市会社通覧 昭和11年12月末日現在(東京市監査局統計課編) 1937.12 28,130,9p 23cm

◇都市問題関係主要参考文献 昭和13年用(東京市政調査会編) 1937.12 [38]p 22cm 日本都市年鑑

◇大蔵省調査月報総目録 第1・2編 自明治44年1月第1巻第1号 至昭和13年6月第28巻第6号(大蔵省財政経済調査課編) 1938 72,32p 26cm

◇生産力拡充に関する資料目録 1(衆議院調査部編) 1938.1 81p 21cm 調査資料

◇生産力拡充に関する資料目録 2(衆議院調査部編) 1938.1 125p 21cm 調査資料

◇日本地方史誌文献目録 1.府県道市(区)史誌.外地之部 2.郡史誌之部(東京市政調査会資料室編) 1938.1 46p 29cm

◇職員録 昭和13年1月1日現在(内閣印刷局編) 1938.2 397p 30cm

◇新撰大人名辞典 第5巻(平凡社編) 1938.3 687p 27cm

◇伝記資料索引 第1巻 第5冊(東京市立日比谷図書館編) 1938.3 [32]p 27cm

◇東京市産業関係団体便覧 [昭和13年](東京市役所編) 1938.3 82p 26cm

◇自治制50周年記念展説明並資料目録:昭和12年4月(東京朝日新聞社編) 1938.4 1枚 20×25cm

◇社会思想史、経済学史、経済原論文献(河合栄治郎編) 日本評論社 1938.4 39p 23cm

◇新撰大人名辞典 第8巻(平凡社編) 1938.5 713,17p 27cm

◇日本経済史辞典 第8分冊(日本経済史研究所編) 日本評論社 1938.5 [208]p 27cm

◇本館備付製本和雑誌に表れたる「世界大戦と社会労働問題」文献目録 謄写版(協調会図書館編) 1938.6 9p 26cm

◇新撰大人名辞典 第7巻(平凡社編) 1938.8 579,31p 27cm

◇本邦生活水準研究文献目録(那須皓編) 日本国際協会 1938.8 5,107p 22cm

◇東京市職員録 昭和13年7月(東京市役所編) 1938.9 84,668,42p 10×13cm

◇神奈川県商工要覧 昭和13年版(神奈川県商工課編) 1938.10 248p 22cm

◇職員録 昭和13年7月1日現在(内閣印刷局編) 1938.10 1390p 30cm

◇新撰大人名辞典 第6巻(平凡社編) 1938.10 586,113p 27cm

◇全国都市問題会議 其の目的と事業(東京市政調査会編) 1938.10 1枚 17cm 市政カード

◇東京市政調査会と其の事業(東京市政調査会編) 1938.10 1枚 18cm 市政カード

◇大阪府社会事業会館図書室資料目録 第1冊(大阪府社会事業会館編) 1938.11 34p 23cm

◇都市問題関係主要参考文献 昭和14年用(東京市政調査会編)

1938.11 [38]p 22cm 日本都市年鑑
◇紐育に創立された日本文化会館(国際文化振興会編) 1938.11 24p 22cm 「国際文化」第1号ノ中
◇市立名古屋図書館郷土志料目録 第1輯(市立名古屋図書館編) 1938.12 62,18p 27cm
◇東京府職員録 昭和13年 複写(東京府総務部人事課[編]) 東京府総務部人事課 1938.12 1冊 25×33cm
◇日本経済史辞典 第9分冊(日本経済史研究所編) 日本評論社 1938.12 [225]p 27cm
◇職員録 昭和14年1月20日現在(内閣印刷局編) 1939.3 417p 30cm
◇新撰 大陸関係図書目録(東京市役所編) 1939.3 28p 19cm
◇都市不良住宅に関する文献目録(都市学会編) 1939.3 94,18p 23cm 日本学術振興会補助-本邦都市に於ける不良住宅地区の研究-報告
◇難読町村名：附 難読郡名(日本放送協会編) 1939.3
◇中支那文献綜覧：昭和13年10月末現在(満鉄大連図書館編) 1939.4 56p 26cm
◇農村工業総目次 自第1巻第1号 至第5巻第12号(農村工業協会編) 1939.4 31p 21cm
◇大阪府社会事業会館図書室資料目録 第2冊(自昭和13年4月 至昭和14年5月)(大阪府社会事業会館編) 1939.5 59,10p 23cm
◇経済学文献大鑑 第4巻 商工篇 上(1919-1936)(大阪商科大学経済研究所編) 1939.5 437p 26cm
◇新彊文献綜覧：附 燉煌文献抄録(満鉄大連図書館編) 1939.5 12,8p 26cm
◇都市計画の基本問題に関する最近文献目録 都市の経費問題に関する最近文献目録(全国都市問題会議編) 1939.6 180p 22cm 全国都市問題会議会報
◇職員録 昭和14年7月1日現在(内閣印刷局編) 1939.10 1480p 30cm
◇人事興信録 上 第12版(人事興信所編) 1939.10 1冊 26cm
◇人事興信録 下 第12版(人事興信所編) 1939.10 1冊 26cm
◇東京市教育関係職員録 昭和14年7月現在(東京市教育局庶務課編) 1939.10 684p 9×13cm
◇都市経費(東京市政調査会編) 1939.10 44p 22cm 文献目録
◇東京市職員録 昭和14年10月(東京市役所編) 1939.11 52,640p 10×13cm
◇経済資料総覧 自昭和3年1月至同12年12月(大阪商科大学経済研究所編) 1939.12 505,125p 27cm
◇地方税制(東京市政調査会編) 1939.12 32p 22cm 文献目録
◇都市問題関係主要参考文献 昭和15年用(東京市政調査会編) 1939.12 [38]p 22cm 日本都市年鑑
◇京都市公同組合研究座談会 出陳古文書目録 謄写版(京都市公同組合編) 1940 3p 24cm
◇府県史料目録：内閣文庫蔵 写(東京市政調査会編) 1940 67p 25cm
◇本邦都市発達の動向と其の諸問題に関する文献目録(全国都市問題会議編) 1940.2 96p 22cm 全国都市問題会議会報
◇都市発達(東京市政調査会編) 1940.3 65p 23cm 文献目録
◇蘭領印度(南洋一般を含めて)文献目録(太平洋協会編) 1940.4 49p 22cm 「太平洋」第3巻第4号附録
◇吏員問題(東京市政調査会編) 1940.4 42p 22cm 文献目録
◇組合文献解題(高田源清著) 昭和書房 1940.5 168p 19cm
◇支那都市(東京市政調査会編) 1940.5 10p 22cm 文献目録
◇日露戦争関係資料目録：昭和13年末現在(満鉄図書館研究会編) 1940.5 39p 23cm 満鉄図書館研究会年報
◇本邦都市発達の動向と其の諸問題：都市の人事行政 文献目録追録(全国都市問題会議編) 1940.6 52p 22cm 全国都市問題会議会報
◇史学雑誌総索引 自第1編 至第50編(史学会編) 1940.8 267p 22cm
◇大阪府社会事業会館図書室資料目録 第3冊(自昭和14年4月至昭和15年3月)(大阪府社会事業会館編) 1940.9 11p 22cm
◇神戸商工会議所図書館所蔵 東亜文庫目録 第1輯 昭和15年4月現在(神戸商工会議所図書館編) 1940.11 91p 21cm
◇職員録 昭和15年8月15日現在(内閣印刷局編) 1940.11 382p 30cm
◇第1回乃至第20回総選挙衆議院議員略歴(衆議院事務局編) 1940.11 504,162p 21cm
◇東京市教育関係職員録 昭和15年9月現在(東京市教育局庶務課編) 1940.12 656p 9×13cm
◇東京市職員録 昭和15年9月1日現在(東京市役所編) 1940.12 259p 19cm
◇婦人労働に関する文献抄録 第1部第1冊邦文の部(日本労働科学研究所編) 1940.12 256p 26cm 日本労働科学研究所報告
◇仏領印度支那文献目録 昭和15年7月現在(満鉄大連図書館編) 1941 41p 21cm 「満鉄資料彙報」昭和16年7月号抜刷
◇東京府職員録 昭和15年10月1日現在 複写(東京府総務部人事課[編]) 東京府総務部人事課 1941.1 1冊 25×33cm
◇名古屋市役所図書館図書目録(名古屋市役所編) 1941.3 94p 27cm
◇名古屋商工会議所月報重要記事索引：附 時局経済調査及研究(名古屋商工会議所図書室編) 1941.3 55p 18cm
◇南支那文献綜覧 昭和15年12月末現在(満鉄大連図書館編) 1941.3 140p 26cm
◇大阪工場名録 昭和14年末現在(大阪商工会議所編) 1941.4 43,466,35p 21cm
◇支那地名辞典(星斌夫著) 冨山房 1941.4 596,80p 17cm
◇社会科学新語辞典(中山伊知郎編、三木清編、永田清編) 1941.4
◇市政専門図書館要覧(東京市政調査会編) 1941.5 46p 19cm
◇東天紅：明治新聞雑誌文庫所蔵目録 3篇(瀬木博信編) 内外通信社出版部 1941.6 159,138p 27cm
◇経済資料一覧 昭和15年12月現在(東北帝国大学法文学部経済研究室編) 1941.8 129,8p 26cm
◇大阪府社会事業会館図書室資料目録 第4冊(自昭和15年4月至昭和16年3月)(大阪府社会事業会館編) 1941.9 11p 22cm
◇婦人労働に関する文献抄録 第1部第2冊欧文の部(日本労働科学研究所編) 1941.9 222p 26cm 日本労働科学研究所報告
◇職員録 昭和16年8月15日現在(内閣印刷局編) 1941.10 388p 30cm
◇人事興信録 上 第13版(昭和16年刊)(人事興信所編) 1941.10 1冊 26cm
◇人事興信録 下 第13版(昭和16年刊)(人事興信所編) 1941.10 1冊 26cm
◇社会問題文献抄録(協調会図書館編) 1941.11 63p 21cm
◇東京市職員録 昭和16年9月1日現在(東京市役所編) 1941.12 289p 19cm
◇東京府職員録 昭和16年8月15日現在(東京府総務部人事課編) 1941.12 431p 19cm
◇都市問題総目録 自第1巻 大正14年 至第33巻 昭和16年(東京市政調査会編) 1941.12 1冊 21cm
◇南洋関係図書目録(南洋経済研究所編) 1941.12 50p 21cm 南洋資料
◇地方計画具体化に関する諸問題文献目録 第2輯(全国都市問題会議編) 1942 90p 21cm 全国都市問題会議会報
◇東京市教育関係職員録 昭和16年10月現在(東京市教育局庶務課編) 1942.1 335p 19cm
◇大都市制度(東京市政調査会編) 1942.3 30p 21cm 文献目録

◇南方文献目録：附・海南島（邦書篇）（川崎操編，尾崎賢治編）　1942.3 140p 21cm　東京商科大学東亜経済研究所　特殊文献目録

◇自治振興中央会要覧（自治振興中央会編）　1942.4 16p 18cm

◇地方計画具体化に関する諸問題文献目録（全国都市問題会議編）　1942.4 110p 22cm　全国都市問題会議会報

◇東亜研究所南方地域欧文資料目録　昭和17年2月末日現在　謄写版（東亜研究所資料課編）　1942.4 198p 35cm

◇［神戸商工会議所］所報総目録 自創刊号至第50号（神戸商工会議所編）　1942.5 39p 21cm

◇東亜関係統計資料目録（東亜研究所編）　1942.5 331p 26cm　資料乙

◇地方計画・国土計画（東京市政調査会編）　1942.6 83p 21cm　文献目録

◇東京市職員銘鑑：皇紀二千六百年記念（都市情報社編輯部編）　都市情報社　1942.6 1冊 19cm

◇都市財政の現状及将来とその対策に関する諸問題文献目録（全国都市問題会議事務局編）　1942.7 2,106p 21cm　全国都市問題会議会報

◇翼賛政治会会員名簿（翼賛政治会編）　1942.8 135p 21cm

◇翼賛文化団体一覧表（大政翼賛会実践局文化部編）　1942.8 19p 21cm

◇職員録 昭和17年7月1日現在（内閣印刷局編）　1942.9 424p 30cm

◇南方文献目録（日本拓殖協会編）　1942.9 8,238p 21cm

◇香川県経済関係著書論文目録（高松高等商業学校調査課編）　1942.10 41p 21cm　郷土経済調査参考資料

◇最近検定市町村名鑑：1庁、3府、43県、朝鮮、台湾、樺太、関東洲、南洋 昭和18年版（文録社編）　1942.10 16,748p 22cm

◇大東亜戦争以降 経済関係法規集索引（日本経済聯盟会調査課編）　1942.11 14p 18cm　経済関係法規集

◇東京市年俸者名簿 昭和17年11月12日現在（東京市編）　1942.11 8,99p 9×14cm

◇南方圏研究文献 1（彦根高等商業学校東亜研究所編）　1942.12 41p 21cm　根高商東亜研究所叢書

◇重要調査項目要覧 昭和18年度（調査研究聯盟編）　1943 62,5p 26cm

◇東京府職員録 昭和17年11月1日現在　複写（［東京府］［編］）　［東京府］　1943 1冊 25×33cm

◇東京市町会名簿（東京市役所編）　1943.1 62p 21cm

◇東京市職員録 昭和17年10月1日現在（東京市市長室総務部人事課編）　1943.2 294p 19cm

◇外国鉄道調査資料総目次 自昭和2年1月至 昭和18年3月（第1巻-第17巻）（鉄道省業務局編）　1943.3 98p 26cm

◇南方関係文献目録（東京市立日比谷図書館編）　1943.3 32p 21cm

◇満洲関係資料集成（満洲事情案内所編）　1943.5 25,916p 22cm　満洲事情案内所報告

◇南支那文献目録（台湾総督府外事部編）　1943.5 3,409p 22cm　台湾総督府外事部調査

◇南方圏研究文献 2（彦根高等商業学校東亜研究所編）　1943.7 52p 21cm　彦根高商東亜研究所叢書

◇職員録 昭和18年7月1日現在（内閣印刷局編）　1943.9 430p 30cm

◇主要調査機関要覧　謄写版（調査研究聯盟編）　1943.10 182,74p 21cm

◇人事興信録 上　第14版（昭和18年刊）（人事興信所編）　1943.10 1冊 26cm

◇人事興信録 下　第14版（昭和18年刊）（人事興信所編）　1943.10 1冊 26cm

◇川崎に関する文献目録（神奈川県商工経済会川崎支部編）　1943.11 25p 21cm　調査資料

◇雑誌論文索引抄録所載刊行物調査（調査研究聯盟編）　1943.12 28p 26cm

◇東京都教育関係職員録 昭和18年10月10日現在（東京都教育局庶務課編）　1944.1 441p 19cm

◇東京都職員録 昭和18年11月20日現在（東京都長官官房人事課編）　1944.5 810p 18cm

◇東京都年俸者名簿 昭和19年6月25日現在（東京都編）　1944.6 5,117p 11×15cm

事項名索引

事項名索引　　きんゆ

【あ】

愛市運動
　　→都市問題・市政 ………………… 1
空地
　　→都市計画 …………………………82
アスファルト
　　→土木・道路・港湾 ……………127
アパート
　　→住宅・宅地 ……………………347
育児事業
　　→社会福祉 ………………………357
一覧表
　　→統計書・年鑑 …………………724
移民
　　→人口・土地 ……………………546
インフレ
　　→財政 ……………………………387
ウィーン市
　　→都市問題・市政 ………………… 1
運河建設
　　→土木・道路・港湾 ……………127
運輸
　　→交通・通信 ……………………166
映画
　　→教育・文化・情報 ……………249
永代借地
　　→政治・行政・法律 ……………593
営団
　　→公益事業・公営企業 …………193
栄養
　　→衛生・医療・水道・清掃 ……208
絵図
　　→歴史・伝記・地理 ……………690
江戸時代
　　→歴史・伝記・地理 ……………690
エネルギー
　　→経済・産業 ……………………462
園芸
　　→経済・産業 ……………………462
大阪市
　　→都市問題・市政 ………………… 1
汚物処理
　　→衛生・医療・水道・清掃 ……208
オリンピック
　　→教育・文化・情報 ……………249
卸売市場
　　→公益事業・公営企業 …………193
恩給
　　→社会福祉 ………………………357

【か】

海運
　　→交通・通信 ……………………166
会計
　　→財政 ……………………………387
外交
　　→政治・行政・法律 ……………593
解題
　　→書誌・その他 …………………840
街路
　　→土木・道路・港湾 ……………127
家屋
　　→住宅・宅地 ……………………347
価格
　　→財政 ……………………………387
価格等統制令
　　→経済・産業 ……………………462
学制改革
　　→教育・文化・情報 ……………249
学徒動員
　　→社会・社会問題 ………………298
家計
　　→社会・社会問題 ………………298
　　→統計書・年鑑 …………………724
火災
　　→警察・消防・災害 ………………57
貸家
　　→住宅・宅地 ……………………347
ガス事業
　　→公益事業・公営企業 …………193
　　→経済・産業 ……………………462
河川
　　→土木・道路・港湾 ……………127
家族
　　→社会・社会問題 ………………298
　　→人口・土地 ……………………546
家長選挙
　　→政治・行政・法律 ……………593
学区制度
　　→教育・文化・情報 ……………249
学校給食
　　→教育・文化・情報 ……………249
学校教育
　　→教育・文化・情報 ……………249
活動写真
　　→教育・文化・情報 ……………249
家庭教育
　　→教育・文化・情報 ……………249
家内工業
　　→商工業 …………………………562
貨幣
　　→財政 ……………………………387
貨物
　　→交通・通信 ……………………166
花柳病
　　→衛生・医療・水道・清掃 ……208
カルテル
　　→経済・産業 ……………………462
為替
　　→財政 ……………………………387
官営企業
　　→公益事業・公営企業 …………193
感化事業
　　→社会福祉 ………………………357
観光
　　→商工業 …………………………562
看護婦
　　→衛生・医療・水道・清掃 ……208
関西風水害
　　→警察・消防・災害 ………………57
関税
　　→財政 ……………………………387
換地処分
　　→都市計画 …………………………82
関東大震災
　　→警察・消防・災害 ………………57
官報
　　→政治・行政・法律 ……………593
官吏
　　→政治・行政・法律 ……………593
議会
　　→政治・行政・法律 ……………593
企業
　　→経済・産業 ……………………462
議決機関
　　→都市問題・市政 ………………… 1
　　→地方政治・地方行政 …………661
紀行
　　→歴史・伝記・地理 ……………690
記事索引
　　→書誌・その他 …………………840
貴族院
　　→政治・行政・法律 ……………593
木賃宿
　　→社会福祉 ………………………357
軌道
　　→土木・道路・港湾 ……………127
　　→交通・通信 ……………………166
義務教育年限延長
　　→教育・文化・情報 ……………249
義務教育費国庫負担
　　→教育・文化・情報 ……………249
救護法
　　→社会福祉 ………………………357
救貧事業
　　→社会福祉 ………………………357
救療事業
　　→社会福祉 ………………………357
教育学
　　→教育・文化・情報 ……………249
教育勅語
　　→教育・文化・情報 ……………249
教育費
　　→教育・文化・情報 ……………249
教化事業
　　→教育・文化・情報 ……………249
教化総動員運動
　　→教育・文化・情報 ……………249
恐慌
　　→経済・産業 ……………………462
行政
　　→政治・行政・法律 ……………593
行政法
　　→政治・行政・法律 ……………593
協同組合
　　→経済・産業 ……………………462
郷土史
　　→歴史・伝記・地理 ……………690
橋梁
　　→土木・道路・港湾 ……………127
漁業
　　→経済・産業 ……………………462
金解禁
　　→財政 ……………………………387
銀行
　　→公益事業・公営企業 …………193
　　→財政 ……………………………387
金本位制
　　→財政 ……………………………387
金融

849

きんゆ　　　　　　　　　　　事項名索引

→公益事業・公営企業 ……… 193
　　→財政 …………………………… 387
空港
　　→土木・道路・港湾 …………… 127
空襲
　　→警察・消防・災害 …………… 57
空中浄化
　　→衛生・医療・水道・清掃 …… 208
区画整理
　　→都市計画 ……………………… 82
区勢
　　→統計書・年鑑 ………………… 724
軍事
　　→政治・行政・法律 …………… 593
郡史
　　→歴史・伝記・地理 …………… 690
軍需会社法
　　→経済・産業 …………………… 462
郡制
　　→地方政治・地方行政 ………… 661
郡役所
　　→教育・文化・情報 …………… 249
　　→地方政治・地方行政 ………… 661
経営
　　→経済・産業 …………………… 462
　　→商工業 ………………………… 562
経済学
　　→経済・産業 …………………… 462
経済行政
　　→経済・産業 …………………… 462
経済史
　　→経済・産業 …………………… 462
経済思想
　　→経済・産業 …………………… 462
経済政策
　　→経済・産業 …………………… 462
経済統制
　　→経済・産業 …………………… 462
警察
　　→警察・消防・災害 …………… 57
京浜運河
　　→土木・道路・港湾 …………… 127
刑法
　　→政治・行政・法律 …………… 593
下水道
　　→衛生・医療・水道・清掃 …… 208
結核
　　→衛生・医療・水道・清掃 …… 208
結婚
　　→人口・土地 …………………… 546
決算
　　→財政 …………………………… 387
兼業農家
　　→経済・産業 …………………… 462
健康保険
　　→衛生・医療・水道・清掃 …… 208
憲政
　　→政治・行政・法律 …………… 593
県勢
　　→統計書・年鑑 ………………… 724
建築
　　→土木・道路・港湾 …………… 127
憲法
　　→政治・行政・法律 …………… 593
健民運動
　　→衛生・医療・水道・清掃 …… 208

元老院
　　→政治・行政・法律 …………… 593
小石川養生所
　　→社会福祉 ……………………… 357
公営企業
　　→公益事業・公営企業 ………… 193
公益事業
　　→公益事業・公営企業 ………… 193
公益質屋
　　→公益事業・公営企業 ………… 193
公園
　　→都市計画 ……………………… 82
　　→土木・道路・港湾 …………… 127
　　→衛生・医療・水道・清掃 …… 208
公害
　　→衛生・医療・水道・清掃 …… 208
公企業
　　→公益事業・公営企業 ………… 193
工業
　　→商工業 ………………………… 562
鉱業
　　→商工業 ………………………… 562
公共事業
　　→土木・道路・港湾 …………… 127
工業用水
　　→商工業 ………………………… 562
航空
　　→交通・通信 …………………… 166
郷蔵
　　→経済・産業 …………………… 462
公債
　　→財政 …………………………… 387
工事
　　→土木・道路・港湾 …………… 127
皇室
　　→政治・行政・法律 …………… 593
公衆衛生
　　→衛生・医療・水道・清掃 …… 208
公娼制度
　　→衛生・医療・水道・清掃 …… 208
工場法
　　→社会・社会問題 ……………… 298
厚生事業
　　→社会福祉 ……………………… 357
高層建築
　　→土木・道路・港湾 …………… 127
高速鉄道
　　→交通・通信 …………………… 166
耕地整理
　　→都市計画 ……………………… 82
交通行政
　　→交通・通信 …………………… 166
交通警察
　　→交通・通信 …………………… 166
交通事業
　　→交通・通信 …………………… 166
　　→公益事業・公営企業 ………… 193
交通事故
　　→交通・通信 …………………… 166
交通政策
　　→交通・通信 …………………… 166
公民教育
　　→教育・文化・情報 …………… 249
公務員
　　→政治・行政・法律 …………… 593
公有財産

　　→財政 …………………………… 387
公有水面埋立法
　　→都市計画 ……………………… 82
小売業
　　→商工業 ………………………… 562
港湾行政
　　→土木・道路・港湾 …………… 127
港湾整備
　　→土木・道路・港湾 …………… 127
国債
　　→財政 …………………………… 387
国際法
　　→政治・行政・法律 …………… 593
国際問題
　　→政治・行政・法律 …………… 593
国策会社
　　→公益事業・公営企業 ………… 193
国政事務
　　→地方政治・地方行政 ………… 661
国勢調査
　　→統計書・年鑑 ………………… 724
国土計画
　　→都市計画・地域開発 ………… 78
国防
　　→政治・行政・法律 …………… 593
国民学校
　　→教育・文化・情報 …………… 249
国民勤労報国協力令
　　→社会・社会問題 ……………… 298
国民更生金庫
　　→財政 …………………………… 387
国民精神総動員運動
　　→政治・行政・法律 …………… 593
国民体力法
　　→衛生・医療・水道・清掃 …… 208
国民徴用令
　　→社会・社会問題 ……………… 298
国民登録制
　　→社会・社会問題 ……………… 298
国立公園
　　→都市計画 ……………………… 82
小作争議
　　→社会・社会問題 ……………… 298
小作法
　　→社会・社会問題 ……………… 298
戸数割
　　→財政 …………………………… 387
戸籍
　　→人口・土地 …………………… 546
国家
　　→政治・行政・法律 …………… 593
国会
　　→政治・行政・法律 …………… 593
国家総動員法
　　→政治・行政・法律 …………… 593
後藤 新平
　　→都市問題・市政 ……………… 1
　　→歴史・伝記・地理 …………… 690
五人組
　　→都市問題・市政 ……………… 1
米専売制度
　　→経済・産業 …………………… 462
雇用
　　→社会・社会問題 ……………… 298
娯楽
　　→衛生・医療・水道・清掃 …… 208

コレラ
　　→衛生・医療・水道・清掃 …… 208

【さ】

災害
　　→警察・消防・災害 ………… 57
財政学
　　→財政 …………………… 387
財政史
　　→財政 …………………… 387
財政政策
　　→財政 …………………… 387
最低賃金
　　→社会・社会問題 ………… 298
盛り場
　　→商工業 ………………… 562
産業行政
　　→経済・産業 …………… 462
産業組合
　　→経済・産業 …………… 462
産業合理化
　　→経済・産業 …………… 462
産業政策
　　→経済・産業 …………… 462
産業報国運動
　　→社会・社会問題 ………… 298
参考文献
　　→書誌・その他 ………… 840
蚕糸
　　→経済・産業 …………… 462
産児制限
　　→人口・土地 …………… 546
山林都市
　　→地域開発 ……………… 122
市域拡張
　　→都市問題・市政 ………… 1
市営事業
　　→公益事業・公営企業 …… 193
市会
　　→都市問題・市政 ………… 1
視学制度
　　→教育・文化・情報 …… 249
資源
　　→経済・産業 …………… 462
市債
　　→財政 …………………… 387
市参事会
　　→都市問題・市政 ………… 1
市史
　　→歴史・伝記・地理 …… 690
市支配人制度
　　→都市問題・市政 ………… 1
市場
　　→商工業 ………………… 562
市場事業
　　→公益事業・公営企業 …… 193
地震
　　→警察・消防・災害 ……… 57
静岡火災
　　→警察・消防・災害 ……… 57
静岡地震
　　→警察・消防・災害 ……… 57
市制
　　→都市問題・市政 ………… 1
市勢
　　→統計書・年鑑 ………… 724
自然科学
　　→哲学・自然科学・その他雑誌
　　　　　　　　　　　　 722
下請制
　　→商工業 ………………… 562
自治行政
　　→地方政治・地方行政 …… 661
七・七禁令
　　→商工業 ………………… 562
自治体
　　→地方政治・地方行政 …… 661
市長
　　→都市問題・市政 ………… 1
市長公選制
　　→都市問題・市政 ………… 1
失業
　　→社会・社会問題 ………… 298
実業補習教育
　　→教育・文化・情報 …… 249
疾病
　　→衛生・医療・水道・清掃 …… 208
シティ・マネージャー制度
　　→都市問題・市政 ………… 1
事典
　　→書誌・その他 ………… 840
辞典
　　→書誌・その他 ………… 840
児童虐待
　　→社会福祉 ……………… 357
自動車
　　→交通・通信 …………… 166
児童保護
　　→社会福祉 ……………… 357
児童労働
　　→社会・社会問題 ………… 298
ジードルング
　　→住宅・宅地 …………… 347
し尿
　　→衛生・医療・水道・清掃 …… 208
師範教育
　　→教育・文化・情報 …… 249
地盤沈下
　　→衛生・医療・水道・清掃 …… 208
司法
　　→政治・行政・法律 …… 593
死亡
　　→衛生・医療・水道・清掃 …… 208
死亡率
　　→人口・土地 …………… 546
資本主義
　　→経済・産業 …………… 462
市民
　　→都市問題・市政 ………… 1
社会運動
　　→社会・社会問題 ………… 298
社会学
　　→社会・社会問題・社会福祉 …… 291
社会教育
　　→教育・文化・情報 …… 249
社会教化事業
　　→社会福祉 ……………… 357
社会事業
　　→社会福祉 ……………… 357
社会思想
　　→社会・社会問題・社会福祉 …… 291
社会主義
　　→社会・社会問題・社会福祉 …… 291
社会政策
　　→社会・社会問題・社会福祉 …… 291
社会調査
　　→統計書・年鑑 ………… 724
社会病理
　　→衛生・医療・水道・清掃 …… 208
社会福祉
　　→公益事業・公営企業 …… 193
　　→衛生・医療・水道・清掃 …… 208
　　→社会福祉 ……………… 357
社会保険
　　→衛生・医療・水道・清掃 …… 208
　　→社会福祉 ……………… 357
社会問題
　　→社会・社会問題 ………… 298
宗教
　　→哲学・自然科学・その他雑誌
　　　　　　　　　　　　 722
就業時間
　　→社会・社会問題 ………… 298
集合住宅
　　→住宅・宅地 …………… 347
住宅衛生
　　→住宅・宅地 …………… 347
住宅政策
　　→住宅・宅地 …………… 347
住宅問題
　　→住宅・宅地 …………… 347
重要産業統制法
　　→経済・産業 …………… 462
受益者負担制度
　　→土木・道路・港湾 …… 127
　　→公益事業・公営企業 …… 193
執行機関
　　→都市問題・市政 ………… 1
　　→地方政治・地方行政 …… 661
出産
　　→衛生・医療・水道・清掃 …… 208
出生率
　　→人口・土地 …………… 546
出版
　　→教育・文化・情報 …… 249
傷痍軍人保護
　　→社会福祉 ……………… 357
焼夷弾
　　→警察・消防・災害 ……… 57
小運送
　　→交通・通信 …………… 166
常会
　　→都市問題・市政 ………… 1
障害児教育
　　→教育・文化・情報 …… 249
小学校教員俸給
　　→教育・文化・情報 …… 249
商業
　　→商工業 ………………… 562
商業組合
　　→商工業 ………………… 562
商工組合中央金庫
　　→商工業 ………………… 562
小住宅
　　→住宅・宅地 …………… 347

上水道
　　→衛生・医療・水道・清掃 …… 208
商店法
　　→商工業 …………………… 562
少年院
　　→社会福祉 ………………… 357
少年教護法
　　→社会福祉 ………………… 357
少年犯罪
　　→警察・消防・災害 ………… 57
少年労働
　　→社会・社会問題 ………… 298
　　→社会福祉 ………………… 357
消費組合
　　→経済・産業 ……………… 462
消費者問題
　　→社会・社会問題 ………… 298
娼婦
　　→衛生・医療・水道・清掃 …… 208
商法
　　→商工業 …………………… 562
　　→政治・行政・法律 ………… 593
消防
　　→警察・消防・災害 ………… 57
情報
　　→教育・文化・情報 ………… 249
職員録
　　→書誌・その他 …………… 840
職業教育
　　→教育・文化・情報 ………… 249
　　→社会・社会問題 ………… 298
職業指導
　　→社会・社会問題 ………… 298
職業紹介
　　→社会・社会問題 ………… 298
職業婦人
　　→社会・社会問題 ………… 298
植民政策
　　→人口・土地 ……………… 546
　　→政治・行政・法律 ………… 593
食糧政策
　　→経済・産業 ……………… 462
書誌
　　→書誌・その他 …………… 840
女子動員
　　→社会・社会問題 ………… 298
諸法
　　→政治・行政・法律 ………… 593
塵芥処理
　　→衛生・医療・水道・清掃 …… 208
人口
　　→人口・土地 ……………… 546
震災
　　→警察・消防・災害 ………… 57
新体制運動
　　→政治・行政・法律 ………… 593
新聞
　　→教育・文化・情報 ………… 249
人名辞典
　　→書誌・その他 …………… 840
水運
　　→交通・通信 ……………… 166
水産業
　　→経済・産業 ……………… 462
水道
　　→衛生・医療・水道・清掃 …… 208

水道料金
　　→衛生・医療・水道・清掃 …… 208
水利
　　→土木・道路・港湾 ………… 127
水力発電
　　→経済・産業 ……………… 462
ストライキ
　　→社会・社会問題 ………… 298
税
　　→財政 ……………………… 387
生活費
　　→社会・社会問題 ………… 298
生活問題
　　→社会・社会問題 ………… 298
生計費指数
　　→統計書・年鑑 …………… 724
政治学
　　→政治・行政・法律 ………… 593
政治教育
　　→教育・文化・情報 ………… 249
政治結社
　　→政治・行政・法律 ………… 593
政治史
　　→政治・行政・法律 ………… 593
政治思想
　　→政治・行政・法律 ………… 593
成人教育
　　→教育・文化・情報 ………… 249
清掃問題
　　→衛生・医療・水道・清掃 …… 208
政党
　　→政治・行政・法律 ………… 593
精動運動
　　→政治・行政・法律 ………… 593
青年学校
　　→教育・文化・情報 ………… 249
青年訓練所
　　→教育・文化・情報 ………… 249
青年団
　　→教育・文化・情報 ………… 249
生命保険
　　→社会福祉 ………………… 357
世界恐慌
　　→経済・産業 ……………… 462
関 一
　　→都市問題・市政 …………… 1
赤痢
　　→衛生・医療・水道・清掃 …… 208
雪害
　　→警察・消防・災害 ………… 57
セツルメント運動
　　→社会福祉 ………………… 357
セメント
　　→土木・道路・港湾 ………… 127
選挙
　　→政治・行政・法律 ………… 593
選挙粛正運動
　　→政治・行政・法律 ………… 593
選挙犯罪
　　→政治・行政・法律 ………… 593
全国都市問題会議
　　→都市問題・市政 …………… 1
戦時災害国税減免法
　　→警察・消防・災害 ………… 57
全体主義
　　→政治・行政・法律 ………… 593

専売・国有財産
　　→財政 ……………………… 387
専売制
　　→商工業 …………………… 562
造園
　　→土木・道路・港湾 ………… 127
騒音
　　→衛生・医療・水道・清掃 …… 208
争議
　　→社会・社会問題 ………… 298
総目次
　　→書誌・その他 …………… 840
総力戦体制
　　→政治・行政・法律 ………… 593
疎開
　　→警察・消防・災害 ………… 57
　　→都市計画 ………………… 82
租税
　　→財政 ……………………… 387

【た】

体位
　　→衛生・医療・水道・清掃 …… 208
体育
　　→衛生・医療・水道・清掃 …… 208
　　→教育・文化・情報 ………… 249
退職積立金及退職手当法
　　→社会福祉 ………………… 357
大政翼賛会
　　→政治・行政・法律 ………… 593
大大阪
　　→都市問題・市政 …………… 1
大東亜共栄圏
　　→政治・行政・法律 ………… 593
大都市制度
　　→都市問題・市政 …………… 1
台風
　　→警察・消防・災害 ………… 57
タクシー
　　→交通・通信 ……………… 166
但馬地震
　　→警察・消防・災害 ………… 57
頼母子講
　　→財政 ……………………… 387
玉川水道
　　→衛生・医療・水道・清掃 …… 208
丹後地震
　　→警察・消防・災害 ………… 57
段別割
　　→財政 ……………………… 387
地域計画
　　→地域開発 ………………… 122
地域制
　　→都市計画 ………………… 82
地価
　　→人口・土地 ……………… 546
地下鉄
　　→交通・通信 ……………… 166
築港
　　→土木・道路・港湾 ………… 127
畜産業
　　→経済・産業 ……………… 462
地誌

事項名索引　としよ

知事公選制
　→歴史・伝記・地理 ………… 690
　→地方政治・地方行政 ………… 661
地図
　→歴史・伝記・地理 ………… 690
治水
　→土木・道路・港湾 ………… 127
地政学
　→歴史・伝記・地理 ………… 690
地籍
　→人口・土地 ………………… 546
地租
　→財政 ………………………… 387
地代
　→人口・土地 ………………… 546
地番整理
　→都市計画 …………………… 82
チフス
　→衛生・医療・水道・清掃 … 208
地方改良運動
　→地方政治・地方行政 ……… 661
地方議会
　→地方政治・地方行政 ……… 661
地方行政
　→地方政治・地方行政 ……… 661
地方計画
　→地域開発 …………………… 122
地方公務員
　→地方政治・地方行政 ……… 661
地方債
　→財政 ………………………… 387
地方財源
　→財政 ………………………… 387
地方財政
　→財政 ………………………… 387
地方財政史
　→財政 ………………………… 387
地方財政政策
　→財政 ………………………… 387
地方財務行政
　→財政 ………………………… 387
地方史
　→歴史・伝記・地理 ………… 690
地方自治
　→地方政治・地方行政 ……… 661
地方事務所
　→地方政治・地方行政 ……… 661
地方巡察使
　→地方政治・地方行政 ……… 661
地方税
　→財政 ………………………… 387
地方制度
　→地方政治・地方行政 ……… 661
地方選挙
　→地方政治・地方行政 ……… 661
地方長官会議
　→地方政治・地方行政 ……… 661
地方分与税制度
　→財政 ………………………… 387
中小企業
　→経済・産業 ………………… 462
中絶
　→人口・土地 ………………… 546
町会
　→都市問題・市政 …………… 1
朝鮮人内地渡航
　→人口・土地 ………………… 546
朝鮮人労働者
　→社会・社会問題 …………… 298
町村合併
　→都市問題・市政 …………… 1
町村史
　→歴史・伝記・地理 ………… 690
町村制
　→都市問題・市政 …………… 1
　→地方政治・地方行政 ……… 661
町内会
　→都市問題・市政 …………… 1
徴用制度
　→社会・社会問題 …………… 298
地理学
　→歴史・伝記・地理 ………… 690
賃金
　→社会・社会問題 …………… 298
通貨
　→財政 ………………………… 387
通信
　→交通・通信 ………………… 166
庭園
　→土木・道路・港湾 ………… 127
帝国議会
　→政治・行政・法律 ………… 593
帝国主義
　→政治・行政・法律 ………… 593
逓信
　→交通・通信 ………………… 166
帝都
　→都市問題・市政 …………… 1
帝都復興事業
　→都市計画 …………………… 82
出稼ぎ
　→社会・社会問題 …………… 298
適地論
　→都市計画 …………………… 82
鉄道
　→土木・道路・港湾 ………… 127
　→交通・通信 ………………… 166
鉄道電化
　→土木・道路・港湾 ………… 127
田園都市
　→地域開発 …………………… 122
伝
　→歴史・伝記・地理 ………… 690
電気科学館
　→教育・文化・情報 ………… 249
電気事業
　→公益事業・公営企業 ……… 193
　→経済・産業 ………………… 462
転業
　→社会・社会問題 …………… 298
電車
　→土木・道路・港湾 ………… 127
　→交通・通信 ………………… 166
電車市有
　→公益事業・公営企業 ……… 193
電信
　→交通・通信 ………………… 166
伝染病
　→衛生・医療・水道・清掃 … 208
転廃業
　→商工業 ……………………… 562
電力国営問題
　→経済・産業 ………………… 462
電話
　→交通・通信 ………………… 166
灯火管制
　→警察・消防・災害 ………… 57
東京市
　→都市問題・市政 …………… 1
東京市仏貨公債訴訟
　→財政 ………………………… 387
東京都制
　→都市問題・市政 …………… 1
東京府
　→都市問題・市政 …………… 1
統計学
　→統計書・年鑑 ……………… 724
道州制
　→地方政治・地方行政 ……… 661
統制会
　→経済・産業 ………………… 462
統制経済
　→経済・産業 ………………… 462
東北開発
　→地域開発 …………………… 122
道路
　→土木・道路・港湾 ………… 127
毒ガス
　→警察・消防・災害 ………… 57
徳川時代
　→歴史・伝記・地理 ………… 690
特殊教育
　→教育・文化・情報 ………… 249
特別市制
　→都市問題・市政 …………… 1
都市開発
　→都市計画 …………………… 82
都市議決機関
　→都市問題・市政 …………… 1
都市行政
　→都市問題・市政 …………… 1
都市経営
　→都市問題・市政 …………… 1
都市計画法
　→都市計画 …………………… 82
都市交通
　→交通・通信 ………………… 166
　→公益事業・公営企業 ……… 193
都市事情
　→都市問題・市政 …………… 1
都市社会学
　→社会・社会問題・社会福祉 … 291
都市執行機関
　→都市問題・市政 …………… 1
都市職員
　→都市問題・市政 …………… 1
都市政策
　→都市問題・市政 …………… 1
都市制度
　→都市問題・市政 …………… 1
都市選挙
　→都市問題・市政 …………… 1
都市地理学
　→歴史・伝記・地理 ………… 690
都市美
　→都市計画 …………………… 82
図書館
　→教育・文化・情報 ………… 249

853

とせい

都制
　→都市問題・市政 ……………… 1
土地
　→人口・土地 ………………… 546
土地収用法
　→都市計画 …………………… 82
土地政策
　→人口・土地 ………………… 546
土地利用
　→都市計画 …………………… 82
特高警察
　→警察・消防・災害 …………… 57
徒弟制度
　→社会・社会問題 …………… 298
隣組
　→都市問題・市政 ……………… 1
土木
　→土木・道路・港湾 ………… 127
トラック
　→交通・通信 ………………… 166
ドルトン・プラン
　→教育・文化・情報 ………… 249

【 な 】

日本銀行
　→財政 ………………………… 387
日本史
　→歴史・伝記・地理 ………… 690
荷役
　→土木・道路・港湾 ………… 127
入学試験
　→教育・文化・情報 ………… 249
乳児死亡率
　→衛生・医療・水道・清掃 … 208
ニューヨーク市
　→都市問題・市政 ……………… 1
年鑑
　→統計書・年鑑 ……………… 724
年金保険
　→社会福祉 …………………… 357
年表
　→統計書・年鑑 ……………… 724
年報
　→統計書・年鑑 ……………… 724
農家経済
　→経済・産業 ………………… 462
農業
　→経済・産業 ………………… 462
農業金融
　→財政 ………………………… 387
農業史
　→経済・産業 ………………… 462
農業水利
　→経済・産業 ………………… 462
農工調整
　→経済・産業 ………………… 462
農山経済更生運動
　→経済・産業 ………………… 462
農村
　→経済・産業 ………………… 462
農村教育
　→教育・文化・情報 ………… 249
農村金融

事項名索引

　→財政 ………………………… 387
農村工業
　→商工業 ……………………… 562
農村自治
　→地方政治・地方行政 ……… 661
農村社会学
　→社会・社会問題・社会福祉 … 291
農村負債整理事業
　→経済・産業 ………………… 462
農村問題
　→経済・産業 ………………… 462
農地
　→経済・産業 ………………… 462
農民運動
　→社会・社会問題 …………… 298
農民問題
　→経済・産業 ………………… 462
乗合自動車
　→交通・通信 ………………… 166

【 は 】

煤煙
　→衛生・医療・水道・清掃 … 208
配給
　→経済・産業 ………………… 462
　→商工業 ……………………… 562
蠅
　→衛生・医療・水道・清掃 … 208
爆弾
　→警察・消防・災害 …………… 57
博物館
　→教育・文化・情報 ………… 249
函館大火
　→警察・消防・災害 …………… 57
バス
　→交通・通信 ………………… 166
犯罪
　→警察・消防・災害 …………… 57
　→政治・行政・法律 ………… 593
阪神大水害
　→警察・消防・災害 …………… 57
判例
　→政治・行政・法律 ………… 593
ビアード, チャールズ・A.
　→都市問題・市政 ……………… 1
罷業
　→社会・社会問題 …………… 298
飛行場
　→交通・通信 ………………… 166
美術館
　→教育・文化・情報 ………… 249
百貨店
　→商工業 ……………………… 562
日雇労働
　→社会・社会問題 …………… 298
病気
　→衛生・医療・水道・清掃 … 208
比例代表法
　→政治・行政・法律 ………… 593
広場
　→都市計画 …………………… 82
貧民法

　→社会福祉 …………………… 357
便覧
　→統計書・年鑑 ……………… 724
ファシズム
　→政治・行政・法律 ………… 593
風害
　→警察・消防・災害 …………… 57
風景
　→都市計画 …………………… 82
風俗習慣
　→歴史・伝記・地理 ………… 690
風致地区
　→都市計画 …………………… 82
夫婦
　→人口・土地 ………………… 546
福祉
　→公益事業・公営企業 ……… 193
　→衛生・医療・水道・清掃 … 208
　→社会福祉 …………………… 357
府県制度
　→地方政治・地方行政 ……… 661
婦人参政権
　→政治・行政・法律 ………… 593
婦人労働
　→社会・社会問題 …………… 298
普通選挙
　→政治・行政・法律 ………… 593
物価
　→財政 ………………………… 387
復興事業
　→都市計画 …………………… 82
部落会
　→都市問題・市政 ……………… 1
不良住宅
　→住宅・宅地 ………………… 347
文化
　→教育・文化・情報 ………… 249
文献目録
　→書誌・その他 ……………… 840
平価
　→財政 ………………………… 387
米価
　→経済・産業 ………………… 462
ペスト
　→衛生・医療・水道・清掃 … 208
ベルリン市
　→都市問題・市政 ……………… 1
便所
　→衛生・医療・水道・清掃 … 208
貿易
　→商工業 ……………………… 562
防疫
　→衛生・医療・水道・清掃 … 208
防火
　→警察・消防・災害 …………… 57
法学
　→政治・行政・法律 ………… 593
防空
　→警察・消防・災害 …………… 57
報償契約
　→公益事業・公営企業 ……… 193
法制史
　→政治・行政・法律 ………… 593
防諜
　→警察・消防・災害 …………… 57
方面委員制度

→社会福祉 …………… 357	→歴史・伝記・地理 …………… 690	連鎖店
法律	家賃	→商工業 …………………… 562
→政治・行政・法律 …… 593	→住宅・宅地 ……………… 347	労働衛生
補給金制度	→人口・土地 ……………… 546	→衛生・医療・水道・清掃 …… 208
→財政 ………………………… 387	雇主組合	労働科学
保健	→社会・社会問題 ………… 298	→衛生・医療・水道・清掃 …… 208
→衛生・医療・水道・清掃 …… 208	唯物史観	→社会・社会問題 ………… 298
保甲制度	→社会・社会問題・社会福祉 …… 291	労働行政
→都市問題・市政 …………… 1	結城財政	→社会・社会問題 ………… 298
母子保護法	→財政 ………………………… 387	労働組合
→社会福祉 …………………… 357	優生学	→社会・社会問題 ………… 298
補助金	→衛生・医療・水道・清掃 …… 208	労働者災害扶助責任保険法
→財政 ………………………… 387	→人口・土地 ……………… 546	→警察・消防・災害 ……… 57
北海道拓殖	郵便	労働保険
→地域開発 …………………… 122	→交通・通信 ……………… 166	→社会福祉 …………………… 357
ポデスタ制	融和事業	労働問題
→都市問題・市政 …………… 1	→社会福祉 …………………… 357	→社会・社会問題 ………… 298
舗道	輸出	労務者住宅
→土木・道路・港湾 ……… 127	→商工業 …………………… 562	→住宅・宅地 ……………… 347
本位貨幣	輸入	労務調整令
→財政 ………………………… 387	→商工業 …………………… 562	→社会・社会問題 ………… 298
	用途地域制	労務統制
	→都市計画 ………………… 82	→社会・社会問題 ………… 298
【ま】	要覧	労務問題
	→統計書・年鑑 …………… 724	→社会・社会問題 ………… 298
	翼賛選挙	路面電車
マーケティング	→政治・行政・法律 …… 593	→交通・通信 ……………… 166
→商工業 …………………… 562	横浜市	
町割	→都市問題・市政 …………… 1	
→都市計画 ………………… 82	予算	
マルサス,トマス・ロバート	→財政 ………………………… 387	
→人口・土地 ……………… 546		
満州開拓		
→地域開発 …………………… 122	【ら】	
水問題		
→土木・道路・港湾 ……… 127		
密集住宅	癩病	
→住宅・宅地 ……………… 347	→衛生・医療・水道・清掃 …… 208	
身分保障	酪農	
→政治・行政・法律 …… 593	→経済・産業 ……………… 462	
民権	ラジオ	
→政治・行政・法律 …… 593	→教育・文化・情報 ……… 249	
民俗	陸運	
→歴史・伝記・地理 …………… 690	→交通・通信 ……………… 166	
民法	リージョン	
→政治・行政・法律 …… 593	→地域開発 …………………… 122	
無尽	緑地	
→財政 ………………………… 387	→都市計画 ………………… 82	
室戸台風	旅行案内記	
→警察・消防・災害 ……… 57	→歴史・伝記・地理 …………… 690	
名鑑	林業	
→書誌・その他 …………… 840	→経済・産業 ……………… 462	
明治維新	臨時工	
→歴史・伝記・地理 …………… 690	→社会・社会問題 ………… 298	
メーデー	臨時地方財政補給金制度	
→社会・社会問題 ………… 298	→財政 ………………………… 387	
盲教育	臨時町村財政補給金制度	
→教育・文化・情報 ……… 249	→財政 ………………………… 387	
目録	隣保事業	
→書誌・その他 …………… 840	→社会福祉 …………………… 357	
	隣保組織	
	→都市問題・市政 …………… 1	
【や】	ルンペン	
	→社会福祉 …………………… 357	
	歴史学	
安田 善次郎	→歴史・伝記・地理 …………… 690	

著者名索引

【あ】

愛育会 …… 792, 799, 805, 826
愛育会愛育研究所 ‥ 378, 386
相川 勝六 ……… 58, 61, 62
相川 春喜 ………… 511, 512, 515, 519, 527
相川 要一 …………… 89
愛甲郡役所 ………… 708
愛国婦人会 ………… 345
相沢 朮 …………… 698
相沢 金吾 ………… 239
相沢 次郎 ………… 334
相沢 富蔵 …………… 32
相沢 秀一 …… 262, 526
相沢 熙 …… 251, 253, 257, 258, 260, 264, 266, 270
藍沢 昌貞 ………… 463
アイゼンメンガー …… 204
会田 甚作 ………… 533
相田 良雄 ………… 221, 367, 379, 463, 692
愛知郡役所 ………… 706
愛知県 …………… 52, 679〜681, 685, 701, 716, 718, 719, 726, 742, 773, 778, 785, 790, 796, 798, 803, 812, 817, 823
愛知県渥美郡役所 …… 706
愛知県学務部社会課 …… 787
愛知県学務部職業課 …… 345
愛知県河港課 ……… 162
愛知県教育会 ……… 714
愛知県産業部 ……… 450
愛知県社会課 ……… 381, 383, 386, 746, 751, 755, 764, 772, 777
愛知県商工館 ……… 541
愛知県商工経済会 …… 544
愛知県総務部 ……… 821
愛知県総務部振興課 …… 53
愛知県知事官房 … 750, 763
愛知県知事官房統計調査課 ………… 773
愛知県知多郡半田町役場 ………… 709
愛知県知多郡役所 …… 706
愛知県統計調査課 … 778, 785
愛知県都市計画課 …… 88
愛知県名古屋港務所 …………… 160, 772, 779, 825
愛知県西加茂郡教育会 ………… 708
愛知県丹羽郡教育会 … 703
愛知県丹羽郡役所 …… 707
愛知県額田郡役所 …… 706
愛知県東春日井郡農会 ………… 533
愛知県南設楽郡教育会 ………… 708
愛知新聞社 ………… 682
相羽田 弥平 ……… 266
相羽 有 ‥ 168, 173, 175, 190
相原 重政 ………… 734
相原 葉見 ………… 378
相原 茂 …………… 493
相原 義夫 ………… 317
青池 諭 …………… 133

青江 秀 …………… 187
青木 一男 …… 411, 483
青木 一巳 …… 487, 488, 494, 506, 509, 515, 540
青木 均一 ………… 516
青木 恵一 ………… 487
青木 健一 …………… 17
青木 周三 ………… 188
青木 庄蔵 ………… 360
青木 治郎 …………… 99
青木 誠四郎 ………… 286, 289, 290, 358
青木 節一 ………… 357
青木 孝義 …… 443, 492
青木 武雄 …………… 48
青木 猛二 …… 526, 557
青木 忠次郎 ……… 464
青木 哲弥 …………… 403, 404, 407, 409
青木 常盤 ………… 262
青木 得三 ………… 394, 404, 406, 409, 410, 414, 415, 426, 428, 431, 433, 436, 438, 439, 445, 452, 454, 455, 458, 460, 461, 467, 582, 585
青木 利三郎 ……… 541
青木 尚明 …………… 36
青木 信夫 …… 3, 131
青木 延春 ………… 231
青木 治市 …… 99, 100
青木 久 …………… 30
青木 秀夫 ………… 194
青木 福太郎 ……… 341
青木 平吉 ………… 475
青木 平八 ………… 685
青鹿 四郎 ………… 80, 466, 471, 473, 532, 536
青田 竜世 …… 200, 206
青谷 和夫 …… 223, 376, 439
青戸 精一 …… 263, 264
青沼 鈴太郎 ………… 21
青野 季吉 …… 265, 463, 465
青野 寿郎 ………… 691
青盛 和雄 …… 550〜557, 561
青森営林局 ………… 336
青森県 ‥ 685, 709, 727, 729, 744, 749, 758, 763, 766, 790, 792, 796, 805, 807, 812, 813, 815, 819, 823, 824, 827, 828, 832, 833
青森県企画課 ……… 296
青森県教育会 ……… 704
青森県総務部統計課 … 833
青森県電気局 ‥ 537, 539
青森県統計課 ‥ 768, 778, 784
青森県農政課 ……… 535
青森県東津軽郡 …… 735
青森県立商業学校 …… 537
青森工業港期成同盟会 ………… 589
青森市 ……… 700, 712, 757, 765, 770, 781, 788, 803, 807, 815, 821, 827, 833
青森市役所 ………… 42, 162, 740, 745, 756, 759, 764, 768, 778, 783, 803, 810, 812, 824
青森商業会議所 … 745, 755
青森商工会議所 …… 749, 763, 766, 768, 775, 781, 810

青森地方職業紹介事務局 ………… 342
青柳 晴一 ………… 156
青山 士 …… 97, 131
青山 邦三 ………… 703
青山 善太郎 …… 714, 715
青山 天洞 ………… 711
青山 秀夫 ………… 478, 485, 494, 499, 518〜520, 524, 526, 582
青山 泰晴 ………… 130
阿河 準一 ……… 18〜20
赤井 米吉 ………… 258, 270, 271, 279, 282
赤岩 勝美 ‥ 97, 101, 574, 678
赤岡 正陽 ………… 555
赤神 良譲 …… 366, 371
赤木 猛市 ………… 589
赤木 朝治 …… 216, 218
赤木 正雄 …… 65, 142, 148
赤倉 武 …………… 518
赤座 光市 …… 27, 201, 272, 516, 523〜525, 578, 579
赤坂 静也 …… 267, 268, 270
赤坂 清七 …………… 101, 228, 229, 677
赤坂区役所 ………… 75
赤司 貫一 …………… 92
明石 淳 …………… 715
明石 二郎 ………… 326
明石 長助 ………… 525
明石 照男 …… 408, 414
明石市 ……… 741, 746, 753, 763, 766, 771, 776, 782, 789, 796, 802, 810, 817, 822, 828, 832, 835
県 忍 …………… 100
赤塚 京治 …… 231, 235, 236
赤塚 亘三郎 ……… 436
暁 星 …………… 143
赤羽 穣 …………… 606
赤羽 幸雄 …………… 499, 524, 526, 576
赤間 信義 ………… 272
赤松 秋太郎 ……… 246
赤松 克麿 ………… 340, 530, 595, 597
赤松 要 …… 494, 513
赤松 小寅 …… 370, 371
赤松 寛美 ………… 643
赤峰 倫介 …… 78, 80
明里 長太郎 …… 435, 437
安芸 杏一 …………… 57
安芸 皎一 …… 152, 165
秋沢 修二 …… 297, 345
秋沢 次郎 ………… 642
秋月 兼一 …… 259, 270
秋月 弘一 …………… 98
秋田 実 …… 332, 703
秋田営林局 ………… 342
秋田県 …………… 164, 702, 704, 731, 742, 745, 750, 752, 755, 768, 771, 778, 785, 792, 798, 801, 811, 813, 819, 824
秋田県雄勝郡町村長会 ………… 678
秋田県教育会 ……… 602
秋田県振興会 ……… 529
秋田県総務部調査課 ………… 831, 835

秋田市 …………… 745, 748, 758, 771, 787, 802, 809, 819, 822, 826, 837
秋田市役所 ………… 36, 38, 39, 44, 112, 239
秋田商業会議所 …… 745
秋田商工会議所 …… 780
空地利用協会 ……… 120
秋永 肇 …………… 610
秋葉 馬治 …… 260, 361
秋葉 保広 ………… 230
秋保 一郎 ………… 626
秋保 安治 …………… 142, 255, 262, 269
秋村 潔 …… 552, 553, 556
秋元 輝雄 ………… 410
秋元 順朝 ………… 426, 441〜443, 573
秋元 博 …………… 200, 501, 522, 575, 583
秋元 保一 …………… 409, 423, 426, 430
秋守 常太郎 …… 294, 335
秋山 斧助 …… 61, 304
秋山 国三 …………… 22
秋山 謙蔵 ………… 265
秋山 正八 ………… 167
秋山 憲夫 ………… 315
秋山 正寿 ………… 152
秋山 道雄 ………… 577
阿久津 源三 ……… 576
阿久津 稔 …… 425, 431
上石 保教 ………… 263, 267, 268, 601, 602
上田 藤十郎 ………… 543, 560, 687, 719
安香 愛二 ………… 208
赤穂郡教育会 ……… 699
阿佐 健 …… 408, 409
浅井 曙 …………… 434
浅井 一彦 ………… 320
浅井 清 …… 650, 688
浅井 玄哲 …………… 93
朝井 勇宣 ………… 569
浅岡 肇 …………… 492
浅岡 雄之助 ……… 280
浅香 小兵衛 …… 137, 164
浅香 末起 …………… 80, 401, 510, 549, 550, 581
浅賀 辰次郎 ……… 260
浅香 幸雄 …… 558, 694〜696
浅川 謙次 ………… 428
浅川 隆実 ………… 472
浅川 保平 ………… 175
朝倉 無声 ………… 707
朝倉 幸治 …… 230〜232
厚狭郡教育会 ……… 708
浅田 江村 ………… 185
浅田 恒彦 ………… 465
浅田 万喜雄 ……… 499
浅成 時雄 ………… 549
浅沼 稲次郎 ……… 78
浅野 均一 ………… 510
浅野 源吾 …… 126, 702
浅野 研真 …… 293, 302, 303, 362, 365, 366, 369, 691
浅野 繁 …………… 349
浅野 孝之 ………… 259
浅野 成俊 …… 252, 298
浅野 平二 ………… 142
浅野 泰治郎 ……… 706

浅野 利三郎 ………… 280	遊部 久蔵 ………… 583	アベック,リリー ……… 274	荒木 孟 …………… 9, 23, 194, 196, 198, 200, 201, 205, 207, 568, 588
浅野 良三 …………… 706	安達 巌 …… 497, 505, 506	アベル,W. ………… 552	
浅野小倉製鋼所 ……… 132	安達 喜次郎 ………… 444	雨笠 粂三郎 ………… 576	
朝原 梅一 …………… 235, 260, 364〜367, 372, 377	安達 銀市 ……… 31, 370	尼崎市 ………… 740, 745, 750, 756, 763, 766, 771, 775, 782, 789, 795, 802, 813, 821, 824, 829, 836	荒木 直 … 513, 515, 583, 591
	安達 堅造 ……… 168, 647		荒木 忠義 …………… 92
朝原 泰 ……………… 237	安達 謙蔵 ‥ 59, 217, 218, 666		荒木 時次 ……… 658, 659
旭川市 … 739, 745, 746, 749, 754, 758, 765, 770, 775, 781, 788, 795, 802, 808	安達 正太 …………… 364		安楽城 敏男 ………… 502
	安達 正太郎 ……… 2, 348		荒木 治義 ………… 473
	足立 収 ……………… 596	尼崎市役所 … 713, 714, 716	荒木 正巳 …………… 350
	足立 藤一 …………… 238	甘糟 継成 …………… 716	荒木 光太郎 ………… 399, 406, 408, 420, 431, 435, 441, 443, 519, 569, 571
旭川市役所 … 109, 714, 807	安達 将総 …… 215, 216, 218	天春 文衛 …………… 447	
旭川商工会議所 …… 745, 776, 787, 796	安達原 達郎 …………… 72	甘糟法律事務所 … 644, 645	
	アダム ……………… 258	海部郡誌刊行会 ……… 710	
朝日新聞社 ‥ 40, 44, 81, 283, 336, 647, 649, 720, 742, 765, 775, 781, 789, 795, 802, 827, 832, 835, 838	アダムス ……………… 447	海部郡役所 …………… 734	荒滝 実 ……………… 68
	アダムス,トーマス …… 95, 107, 116, 356	尼子 止 ……………… 263	荒畑 勝三 …………… 335
		天崎 紹雄 …………… 55	荒牧 亀雄 …………… 95, 100〜102, 416
		天沢 不二郎 ………… 229, 314, 316, 321	
	アックウォース ……… 186		有井 治 ……………… 436
朝日新聞社経済部 …… 537, 539, 757, 760, 765, 769, 774, 780, 787, 794, 807, 828, 832, 837	渥美 誠吾 ……… 154, 156	天達 忠雄 …… 232, 237, 238, 328, 374, 375, 379, 506	有井 重治 …………… 696
	阿藤 一男 …………… 68		有家 広治 …………… 315
	阿閉 吉男 …………… 585	天富 直次 …………… 21	有浦 三男 …………… 262
	阿刀田 令造 …… 261, 277	天沼 紳一郎 ………… 442	有尾 敬重 …………… 449
	アードラー研究室 …… 172	尼野 敬二郎 ………… 270	有賀 栄一 …………… 684
朝日新聞社通信部 …… 684	阿南 常一 …… 36, 43, 393	天野 敬太郎 ‥ 600, 842, 843	有賀 長雄 …… 630, 633, 634
朝日新聞政治経済部 …… 453, 534, 587, 649	アーバークロムビイ,パトリック ……………… 122	天野 佐一郎 ………… 709	有賀 禄郎 …………… 512, 515, 520, 523, 570, 578
		天野 為之 …………… 249	
朝比奈 策太郎 ……… 263, 267, 268, 289, 290	網走支庁 …………… 811	天野 時次郎 …… 256, 257	有貝 賦 … 149, 179, 271, 316
	アブラスツオフ,ヴエ … 180	天野 武一 …………… 523	蟻川 五郎作 ………… 172
朝比奈 知泉 …… 702, 704	安倍 ………………… 275	天野 藤男 ……… 280, 281	有坂 左久治 ‥ 315〜317, 550
朝比奈知泉文集刊行会 ……………………… 723	安部 浅吉 …………… 235	天野 元之助 ………… 495	有坂 誠喜 …………… 158
	阿部 勇 … 13, 402, 415, 418, 420〜425, 454, 455, 477	天野 良和 …………… 654	有沢 広巳 …………… 199, 265, 403, 411, 419, 425, 470, 471, 473, 476, 478, 480, 483, 484, 536, 717
浅間 静陵 …………… 89		雨宮 敬次郎 ………… 699	
浅見 親 ……………… 141		雨宮 春雄 …………… 463	
浅見 信次良 ‥ 417〜419, 422	安部 磯雄 ‥ 1, 3, 5, 12〜14, 33, 203, 210, 211, 259, 263, 294, 305, 334, 338, 471, 547, 552, 594, 599, 661	天谷 一雄 …………… 613	
浅見 与七 …………… 91		天谷 健二 …… 301, 307, 308	
浅海 陸一 ……… 233, 234		天利 新次郎 ………… 16〜19, 98, 196	
浅利 順四郎 …… 301, 305			有田 正三 ……… 725, 726
亜細亜情報社 ………… 539		雨谷 菊夫 …………… 258	在原 謙蔵 …………… 279
芦浦 義雄 …………… 64	阿部 興人 …………… 447	アメリカ水道協会 …… 244	有原 末吉 …………… 260
足利市 ……… 740, 748, 750, 751, 764, 767, 775, 781, 788, 801, 816, 822, 832	阿部 覚治 ……… 134, 166	アメリカ政治経済研究会 ……………… 322, 617	有馬 英治 …………… 416
	阿部 邦一 …………… 676		有馬 幸次郎 ……… 21, 46
	安倍 邦衛 …………… 138, 146, 147, 166, 171, 173, 174, 189, 191	鮎沢 巌 ………… 314, 315	有馬 忠三郎 ………… 478
足利市小学校教育改善調査会 ……………… 282		荒 甚三郎 …………… 701	有馬 秀雄 …………… 32
		荒井 一千 …………… 31	有馬 頼寧 …… 374, 481, 530
足利市役所 ……… 52, 711		新井 栄吉 …………… 151	有馬 頼吉 ……… 211, 218
芦苅 直巳 …………… 527	阿部 賢一 …………… 172, 266, 389, 390, 398, 399, 405, 406, 411, 415〜417, 420, 421, 425〜427, 450, 451, 464, 616, 669	新井 堯爾 ……… 139, 190	有松 昇 ……………… 64, 603, 606, 608, 609
芦川 章二 …………… 567		荒井 貞雄 …………… 261	
蘆沢 威夫 …………… 368		荒井 三郎 …………… 70	
蘆沢 安平 …… 123, 549, 668		新井 茂司 …………… 325	有馬農村問題研究所 …… 842
芦田 勲 ……………… 19, 27, 184, 669, 670, 672		新居 春一 …………… 152	有光 金兵衛 … 40, 66〜68
		荒井 誠一郎 ………… 569	有光 次郎 …………… 275
	阿部 源一 …………… 296, 513, 522, 527, 559	新居 善太郎 ………… 351	有元 岩鶴 …… 4, 5, 141
芦田 伊人 ……… 712, 713		荒井 達夫 …………… 625	有本 邦太郎 ‥ 215, 216, 218, 222, 236〜239, 329, 380
蘆田 宅市 …………… 649	安倍 源基 ……… 307, 665	新井 又次郎 ………… 152	
芦田 均 ……………… 642	安部 源三郎 ………… 228	新井 睦治 …………… 470	有本 健三郎 ………… 430
蘆谷 瑞世 ………… 66, 67	安倍 賢之助 ………… 253	荒尾 敦次郎 …… 32, 677	有元 正 …………… 21, 265
芦屋市 ………… 831, 835	安倍 浩 ‥ 294, 336, 558, 646	荒尾 嘉喜智 ………… 82, 84, 128, 129	有元 英夫 …………… 301, 390, 463〜465, 534
アシュフキールド …… 175	阿部 貞道 …………… 18		
東 晋太郎 …………… 582	阿部 重孝 ……… 265, 270		有安 堅三 …………… 58
東 武 ………… 403, 473	阿部 真之助 ………… 29, 265, 486, 657, 675	荒尾 博正 …………… 550	有吉 忠一 …………… 15
我妻 東策 … 296, 379, 490, 497, 510, 511, 515, 516, 518, 522, 523, 527, 528, 537, 541, 583, 674, 686		荒川 邦蔵 …………… 629, 630, 680, 681	アリンゲ ……………… 614
	安部 隆範 …………… 274		有賀 喜左衛門 … 520, 521
	阿部 藤造 …………… 580	荒川 敬 ……………… 155	アルトハウス,ヘルマン ……………………… 386
	阿部 利雄 …………… 224, 308, 313, 393	荒川 五郎 …………… 254, 470, 662, 684	
吾妻 光俊 …………… 277, 319, 330, 334, 496, 517, 527, 621, 627			アルノビッチ,カロル …………………… 90, 354
	阿部 虎男 …………… 694	荒川 敏 ……………… 158	
	阿部 直躬 …………… 531	荒川 貞次郎 ………… 332	アルプレヒト,フォン … 64, 76
安積 十夫夫 ………… 299	阿部 秀助 …………… 294	荒川 秀俊 …………… 695	アレキサンダー,H.W. ……………………… 96
安積 すみ江 ………… 267	安部 浩 ……………… 295	荒川 義治 …………… 576	アーレン ……………… 530
安積 得也 …… 264, 305, 307, 309, 310, 312〜314, 610	阿部 正巳 …………… 695	荒川区役所 …………… 717	淡路 円治郎 ‥ 175, 176, 178
	阿部 光寛 …………… 490	荒木 栄二 …………… 143	淡路 素元 …………… 347
	阿部 良忠 …………… 127	荒木 五六 …………… 71	淡路生 ……………… 182
アスミス,ルードルフ … 642	阿部 喜之丞 ………… 25, 93〜95, 98〜101, 118, 124, 269	荒木 孝男 …………… 409	粟屋 謙 ………… 249, 267
麻生 正蔵 …………… 74			粟屋 義純 …………… 327, 504, 522, 525
麻生 久 ……………… 198			
麻生 平八郎 …… 155〜157, 181, 185, 205, 509, 522	安部 隆一 …… 184, 496, 722		
	安倍郡役所 …………… 701		

粟屋 良馬 ………… 527	飯田 清三 ……… 415, 421, 440, 477, 491, 513, 521	池上 久造 ………… 348	池原 真三郎 …… 156, 157
アンキン，レーモンド … 104		池上 久道 ………… 30	池原 憲臣 ………… 250
安西 鉎次郎 ……… 280	飯田 晃三 ………… 266	池川 清 ………… 25, 309, 310, 315, 364, 365, 367～369, 371, 372	池辺 晋 …………… 156
安西 光雄 ………… 650	飯田 藤次 …… 488, 489		池辺 義象 ……637, 841
鞍山市公署 …… 832, 835	飯田 敏雄 ………… 252		池松 重行 ………… 243
鞍山商工公会 …… 721	飯田 平治 ………… 414	池川 大次郎 ……… 393	池松 勝 …………… 493
安城町役場 ……… 704	飯田 市 …… 809, 816, 838	池口 武夫 ………… 214	池見 猛 …………… 238
安蔵 善之輔 ……… 170	飯沼 一省 ……… 8～11, 13, 14, 61, 78, 83～91, 93, 109, 113, 116, 122, 123, 125, 171, 193, 194, 196, 203, 349, 400, 470, 546	池口 尚夫 ………… 62	池村 照夫 ………… 675
安藤 明道 ………… 419		池口 凌 ……… 96, 152	池本 泰児 …… 12, 140
安藤 克郎 ………… 194		池崎 忠孝 ………… 655	池谷 進司 ………… 18
安藤 狂四郎 ……… 150		池尻 浅夫 ………… 576	生駒 栄俊 ………… 147
安藤 圭二 ………… 443		池末 茂樹 ……… 224, 265, 367, 370, 371, 373	生駒 義清 ………… 55
安藤 晈 …………… 157	飯沼 務 …………… 842		伊佐 忠一 ………… 377
安藤 鑒一 …… 798, 812	飯野 亥三郎 ……… 270	生悦住 求馬 … 259～261	井坂 圭一良 ……… 269
安藤 三郎 ………… 575	飯野 稲城 …… 265, 268	池園 哲太郎 … 257, 283, 287	井坂 富士雄 ……… 63
安藤 誠治 ………… 698	飯村 保三 … 13, 208, 213, 214, 217, 219, 221, 242	池園 直孝 ………… 263	井阪 右三 …… 629, 630
安藤 玉治 ………… 234		池田 …………… 347	砂野 仁 …………… 315
安藤 徳器 …… 403, 667, 668	飯村 生 …… 59, 217, 218	池田 惟徳 ………… 352	諌早 信夫 …… 155, 352
安藤 俊雄 ………… 706	飯牟礼 実義 ……… 272	池田 克 ……… 60, 61, 63, 260, 598, 599	諌早市 …………… 829
安藤 豊作 ……… 425, 500, 567～569, 573	飯本 信之 ……… 168, 517, 623, 624, 696, 841		井沢 実猛 ………… 648
		池田 清 ……… 76, 426	井沢 水葉 ………… 723
安藤 直方 ………… 21	飯山 治作 ………… 149	池田 清志 ………… 219	伊沢 広曹 ………… 20
安藤 信夫 …… 568, 571	飯山 敏春 ………… 173	池田 欽三郎 … 229, 315	伊沢 修二君還歴祝賀会 …………… 701
安藤 春夫 ……… 421, 427～429, 435, 439, 443, 461, 499, 579	家城 勇次郎 ……… 556	池田 邦夫 …… 665～667	
	家治 清一 ………… 503	池田 憲司 ………… 466	石井 勇 …………… 134
	イェーゼリヒ，クルト … 196	池田 栄 ……… 601, 605, 606, 608, 610, 625, 652	石井 穎一郎 ……… 149
安藤 謹次郎 ……… 305	イエーツ，ピー・ラマーティン …………… 522		石井 英之助 …… 474, 489, 490, 498, 504, 521, 582
安藤 博 …………… 683		池田 三峰 ………… 441	
安藤 文司 ………… 549	家永 茂 …………… 302	池田 成彬 ………… 429	石井 悦郎 ………… 296
安藤 政吉 ……… 295, 325, 326, 333, 334, 346, 380, 446, 526	イエーネッケ，ルイス … 167	池田 実一 ………… 548	石井 謹吾 ………… 707
	家原 毅男 …… 220, 228	池田 遵養軒 ……… 716	石井 錦樹 ………… 593
	イェヒト，ホルスト …… 460	池田 正二 ………… 71	石井 琴水 ………… 715
安藤 正純 ………… 259	家本 秀太郎 ……… 725	池田 錫 ……… 170, 194, 209, 210, 215, 216, 588	石井 桂 ……… 64, 65, 70, 72, 99, 113, 149, 159, 351
安藤 安 …………… 700	伊大知 良太郎 …… 726		
安藤 保太郎 … 202, 528, 529	伊賀 駒吉郎 ……… 702	池田 純久 ………… 650	石井 研堂 ………… 717
安東市公署 ……… 50	五十嵐 泉 ………… 491	池田 埒吾 ………… 472	石井 幸一 …… 439, 507
安藤内相 ………… 678	五十嵐 栄吉 ……… 528	池田 武 …… 403, 405, 415	石井 作次郎 …… 68～70
アンドルース ……… 489	五十嵐 賢隆 … 70, 510, 511	池田 忠義 …… 236, 238	石井 信一 ……… 5, 58
アンナー化粧料本舗 … 74	五十嵐 鉱三郎 …… 14, 35, 36, 596～598, 688	池田 忠五郎 ……… 629	石井 多一郎 ……… 100
庵原 文二 ………… 524		池田 篤三郎 … 144～146, 222	石井 孝義 ………… 502
安部 立郎 ………… 701	五十嵐 醇三 … 116, 146, 228		石井 多三 ………… 145
	五十嵐 太右衛門 … 679	池田 徳次郎 ……… 415	石井 竜猪 ………… 685
【い】	五十嵐 友幸 ……… 501	池田 徳真 …… 269, 373	石井 照久 …… 320, 364, 446, 495, 500, 514, 524
	五十嵐 豊作 ……… 313, 599, 603, 607, 615	池田 勇人 … 70, 445, 446, 552	
飯尾 次郎 ………… 239		池田 博明 ………… 444	石井 徹 ……… 160, 166
飯岡 清雄 ………… 198	五十嵐 吉三 ……… 10	池田 宏 …………… 7, 8, 10～15, 17, 20, 40～43, 50, 59, 62, 63, 76, 88, 89, 91, 93, 97, 103, 105, 119, 123, 125, 166, 196, 197, 205, 218, 220, 221, 244, 261, 286, 306, 347, 548, 609, 666～668, 684, 713	石井 俊光 …… 174, 177
飯島 三安 …… 360, 361	井川 忠雄 ………… 349		石井 政一 …… 60, 164
飯島 博 …………… 240	英吉利労働省 …… 725		石井 通則 … 62, 305, 564
飯島 正義 …… 520, 726	生稲 道蔵 ………… 33		石井 満 …… 16, 202, 310, 717
飯島 幡司 ………… 552	伊具郡教育会 …… 708		石井 雄二 ………… 236
飯島 稔 …………… 623	生島 広治郎 ……… 518		石井 良助 ……… 626, 627, 657, 678, 694, 696
飯塚 英助 ………… 71	生田 精 …………… 698		
飯塚 主計 …… 30, 100	生田 五郎 … 69, 216, 256		石神 甲子郎 …… 94, 101, 102, 154, 156, 231, 234, 238
飯塚 浩二 ……… 622, 624, 625, 695	生田 武夫 ………… 359	池田 富美夫 ……… 406	
	生田 長江 ………… 336	池田 増太郎 ……… 469	石上 数雄 ………… 475
飯塚 博 …………… 178	生田 花世 ………… 53	池田 松五郎 ……… 35	石川 勝蔵 ………… 265
飯塚 松太郎 ……… 63	生谷 友七 … 567, 568, 572	池田 道孝 ………… 272	石川 潔太 ………… 463
飯塚市 ………… 776, 791, 795, 810, 821, 826	井口 幸一 ………… 233	池田 実 …… 60, 61, 134, 138	石川 謙 …………… 52, 263, 267, 269, 275, 276, 283～285, 289, 693
	井口 定一 ………… 231	池田 宮彦 …… 129, 136	
飯塚町水道事務所 … 241	井口 貞夫 …… 474, 691	池田 美代二 … 427, 491	
飯田 昭夫 ………… 504	井口 真造 …… 135, 170	池田 安夫 …… 313, 475	石川 興二 …… 292, 306, 472, 474, 485, 491～493, 605, 608, 610, 657
飯田 北理 …… 310, 311	井口 忠彦 ………… 424	池田 義祐 ………… 505	
飯田 吉之助 … 707, 709	井口 東輔 …… 311, 550, 566	池田 善長 ……… 296, 374, 484, 696, 841	
飯田 貞固 ………… 100	井口 正一 ………… 67		石川 三四郎 ……… 295
飯田 茂三郎 ……… 559	井汲 卓一 ………… 494	池田市 …………… 54	石川 治兵衛 ……… 280
飯田 繁 … 405, 424, 431, 434, 442～444, 456, 477, 500	池内 儀八 …… 708, 710	池田宏遺稿集刊行会 … 52, 723	石川 重吉 ………… 215
	池内 伸次 ………… 67	池田町役場 ……… 718	石川 純一郎 ……… 142
	池内 幸親 ………… 530	池田谷 久吉 … 129, 132, 348	石川 二郎 ………… 501
飯田 清次郎 ……… 351	池尾 芳蔵 …… 199, 537	池田野 清躬 …… 66, 67	石川 武彦 ……… 479, 487, 500, 517
	池岡 直孝 ……… 261, 265, 269～272, 283, 307	池野 藤兵衛 ……… 457	
		池原 鹿之助 ……… 703	石川 達三 ………… 538

石川 為蔵 ………… 270
石川 天崖 ………… 334
石川 伝吉 ………… 388
石川 与二 ………… 613
石川 知福 ………… 124,
  209, 211, 215, 223,
  322, 466, 489, 564
石川 柏亭 ………… 20
石川 栄耀 …… 1〜5, 7, 9, 12,
  15, 54〜56, 63, 68〜70, 78
  〜81, 86〜91, 95〜98, 100,
  120, 121, 123, 124, 145,
  165, 168, 172〜174, 181,
  235, 274, 276, 278, 306,
  328, 348, 349, 469, 494,
  506, 548, 554, 558, 564,
  566, 569, 572〜574, 618
石川 英夫 ………… 438
石川 文吾 ………… 568
石川 松衛 ………… 712
石河 幹明 ………… 716
石川 湊 ………… 320, 437
石川 芳次郎 ………… 510
石川 理紀之助 ………… 528
石川 林益 ………… 711
石川郡自治会 ………… 709
石川県 ………… 76,
  459, 689, 700, 713, 714,
  718, 719, 727〜729,
  741, 750, 776, 781, 783,
  789, 790, 796, 797, 804,
  824, 829, 830, 833, 836
石川県江沼郡役所 …… 707
石川県庶務課 ………… 834
石川県振興課 ………… 53
石川県総務部 ………… 796
石川県総務部統計課 … 792
石川県知事官房 …… 785, 789
石川県地方課 …… 815, 826
石川県図書館協会 …… 718
石川県内務部 ………… 786
石川県羽咋郡役所 …… 704
石川県鳳至郡役所 …… 706
石川県保安課 ………… 61
石倉 邦造 ………… 65
石倉 小三郎 ………… 276
石倉 俊寛 ………… 10, 404
石倉 橘太 ………… 380
石倉 巳吉 ………… 470
石黒 磐 ………… 33
石黒 憲治 ………… 353
石黒 成男 ………… 249
石黒 武重 …… 447, 490, 525
石黒 忠篤 …………
  256, 265, 471, 535
石黒 直男 ………… 517
石黒 忠悳 ………… 717
石黒 利吉 ………… 450
石坂 橘樹 …… 531, 532, 539
石坂 敬三郎 ………… 3, 7
石坂 忠之 ………… 370, 484
石崎 政一郎 ………… 307, 600
石沢 吉麿 ………… 271
石島 績 ………… 237
石津 三次郎 ………… 104
石塚 剛毅 ………… 447
石塚 三郎 ………… 116
石附 忠平 ………… 273
石関 暉 ………… 380
石田 馨 ………… 667
石田 喜与司 ………… 658
石田 魚門 ………… 697

石田 国太郎 ………… 101
石田 悟 ………… 219
石田 新太郎 …… 280, 283
石田 仁太郎 ………… 10
石田 誠斎 ………… 693
石田 曽次 ………… 138
石田 武雄 ………… 146, 318
石田 達夫 ………… 430
石田 太郎 ………… 173, 473
石田 伝吉 ………… 249,
  387, 475, 683, 684
石田 文次郎 ………… 475,
  548, 550, 600, 602,
  613, 648, 653, 657
石田 弥重郎 ………… 583
石田 与平 ………… 585
石田 竜次郎 …… 22, 551
石谷 顕 ………… 101
石谷 清一 ………… 572
石谷 正夫 ………… 503
伊地知 季一 ………… 127
伊地知 辰夫 ………… 428
伊地知 守彦 ………… 575
石綱 正一 ………… 557
石堂 正三郎 ………… 352
石中 象治 …… 258, 270
石野 瑛 …… 707, 710, 714, 717
石野 隆 ………… 259
石野 為之介 ………… 359
石野 藤太郎 ………… 156
石巻市 ………… 780, 795,
  802, 809, 816, 823, 828
石巻商業学校 ………… 538
石橋 治郎八 ………… 478
石橋 湛山 ………… 16,
  202, 402, 405, 408,
  413, 414, 419, 427, 447,
  469, 478, 479, 481, 494,
  511, 517, 526, 567, 582
石橋 信 ………… 574
石橋 幸雄 …… 80, 475,
  476, 480, 482〜484,
  486, 487, 489, 494,
  508, 523, 541, 544, 584
石畑 真一 ………… 258
石浜 601
石浜 知行 …… 125, 199,
  304, 368, 414, 425, 433,
  464, 485, 492, 498, 516
石原 市三郎 …… 6, 83, 105, 396
石原 永明 ………… 48
石原 修 ………… 240
石原 周夫 ………… 510, 514
石原 憲治 …… 18, 22, 85〜87,
  91, 105, 107, 111, 114, 127,
  158, 350, 353, 536, 557
石原 作蔵 ………… 211
石原 三木 ………… 212
石原 純 ………… 276
石原 武二 ………… 229, 374
石原 恒太郎 …… 57, 58
石原 信之 ………… 162
石原 広一郎 ………… 621
石原 房雄 ………… 210,
  219, 235, 241, 243
石原 雅二郎 ………… 59,
  218, 305, 362, 548,
  593〜596, 646, 661,
  664, 665, 667, 674, 690
石原 正治 …… 171, 173
石原 義治 ………… 308,
  310, 311, 313, 318, 325,
  329, 331, 371, 571, 572

石巻町役場 ………… 243
石丸 敬次 …………
  272, 306, 484, 485
石丸 優三 ………… 382
石村 幸一郎 ………… 589
石母田 正輔 ………… 14
石本 五雄 ………… 493
石本 己四雄 ………… 62
石本 雅男 ………… 303
石山 賢吉 …………
  180, 191, 197, 206
石山 脩平 ………… 265
石山 徹郎 ………… 272
伊集院 兼知 ………… 587
伊集院 哲 ………… 277
イショック ………… 360
井尻 常吉 ………… 842
石渡 猪太郎 …… 675, 678
石渡 貞雄 ………… 514,
  516, 518〜520, 542
石渡 荘太郎 ………… 391,
  400, 407, 424, 427, 622
石和田 八郎 ………… 108
維新政府各省市県宣伝会議
  秘書処 ………… 688
伊豆 富人 ………… 481
伊豆川 浅吉 ………… 557
泉 清 …… 150, 227
泉 賢治郎 ………… 185
泉 至剛 ………… 401,
  407, 408, 444, 449, 569
和泉 徳一 …… 184, 277, 696
泉 広 ………… 227
泉 浩 ………… 277
泉 美成 ………… 604
泉大津市 ………… 835
出水郡役所 ………… 706
和泉市 ………… 157
泉田 久次郎 ………… 499
泉本 祐治 …… 151, 152, 185
泉谷 三郎 ………… 681
泉谷 平次郎 ………… 142
出雲市 ………… 835
出雲市役所 ………… 52
井関 九郎 ………… 841
井関 善一 …… 468, 491
井関 孝雄 ………… 379,
  416, 418, 427, 441, 443,
  451, 521, 567, 570, 571
井関 忠正 ………… 644
伊勢崎織物同業組合 … 588
伊勢崎市 ………… 832
伊勢谷 次郎 ………… 172
イーゼンベルク, ゲルハルト ………… 321
磯 萍水 ………… 720
磯谷 道一 ………… 83
  〜85, 90, 95, 118, 122, 136
磯崎 俊次 …… 307, 308
磯崎 辰五郎 ………… 17,
  25, 51, 94, 99, 201, 275,
  276, 612, 613, 616, 619,
  620, 623, 625, 626, 678
磯崎 竜子郎 ………… 373
磯崎 優 ………… 182
磯田 進 …… 327, 329
磯田 藤吉 ………… 223
磯野 誠一 ………… 377
磯野 鶴太郎 ………… 403
磯野 正俊 ………… 378
磯畑 譲 …… 20, 317
磯部 勇 ………… 310

磯部 巌 ………… 235,
  236, 373, 607, 671
磯部 克一 ………… 563
磯部 喜一 …………
  574〜577, 579, 584, 592
磯部 謙一 ………… 518
磯部 政治 ………… 434
磯部 甫 ………… 129
磯部 秀俊 ………… 524
磯辺 秀俊 ………… 495,
  496, 509, 515, 536
磯部 光雄 ………… 236
磯部 靖 …… 502, 503, 526
磯部 佑治 …… 68〜70
磯辺 美智 ………… 213
磯村 英一 ………… 16,
  19, 26, 29, 46, 67, 87,
  95, 182, 194, 247, 292,
  303〜305, 315, 329, 344,
  348, 360〜363, 365〜367,
  374, 378, 380, 415,
  518, 526, 546, 547, 840
磯村 貞吉 ………… 698
磯村 哲 ………… 620
磯村 遠 …… 85, 86, 91, 104, 348
井田 完二 ………… 417
伊田 通次郎 ………… 498
板井 公威 …… 144, 155
板井 申生 …… 143, 499
板井 利太郎 ………… 264
井平 成三 ………… 201
板垣 退助 …… 281, 636, 640
板垣 与一 …… 277, 509, 542
板倉 卓造 ………… 646
板倉 誠 …… 142, 220, 221, 230
猪谷 善一 …… 201, 357,
  411, 519, 533, 579, 584
板橋 菊松 …… 183, 408, 615
板橋 謙二 …… 80, 508
板橋区役所 ………… 384
伊丹 巳之吉 ………… 272
板谷 英生 …… 508, 521, 522
板谷 宮吉 ………… 149
板谷 美生 ………… 512
一井 修 …… 81, 94, 364, 543
市浦 健 ………… 148,
  150, 156, 159, 353
市川 晃 ………… 444
市川 敬三 …… 520〜522
市川 源三 …… 260, 264
市河 三喜 ………… 273
市川 三禄 ………… 537
市川 住夫 ………… 261
市川 猛雄 …… 365, 366
市川 達次郎 ………… 217
市川 秀雄 ………… 508
市川 弘勝 ………… 585
市川 博 ………… 501
市川 房枝 …… 16, 268, 565, 602
市川 文蔵 ………… 544
市川 政司 ………… 139
市川 正義 ………… 444
市川 泰次郎 ………… 424
市川 義方 ………… 159
市川 良正 …… 134, 142
市川 倫 ………… 282
市川 渡 …… 691, 694
市川市 ………… 792,
  812, 817, 826, 834
市来 乙彦 …… 39, 389
一木 喜徳郎 …… 33, 41, 673

市来 鉄郎 …… 136, 162, 268, 671, 672, 674	伊藤 好道 …… 488, 607	伊藤 元美 …… 224	井上 厚三郎 …… 362
市古 釣一 …… 352	伊藤 郷平 …… 80	伊藤 保平 …… 495	井上 治兵衛 …… 566
一条 秀美 …… 385	伊東 五郎 …… 79, 95, 100, 101, 117, 139, 157, 570, 584	伊東 弥之助 …… 694	井上 修次 …… 548, 549, 691
市田 久太郎 …… 373	伊藤 盛 …… 348	伊東 祐穀 …… 733	井上 準之助 …… 88, 390, 531, 723
一谷 藤一郎 …… 399, 420, 437, 439, 444	伊藤 貞五郎 …… 37	伊藤 赳 …… 168	井上 譲二 …… 725
一野 喜三郎 …… 310	伊藤 貞次 …… 9, 143	伊藤 由三郎 …… 658	井上 士郎 …… 18, 20
市野 弥三郎 …… 704	伊藤 滋 …… 185	伊藤 黎 …… 483	井上 新二 …… 70, 150, 152, 155, 572
市瀬 恭次郎 …… 82	伊藤 秀一 …… 463, 598	伊藤公全集刊行会 …… 711	井上 甚太郎 …… 160, 528
一ノ瀬 正 …… 150	伊藤 重治郎 …… 409, 564, 568, 592	糸川 一郎 …… 145, 146	井上 澄雄 …… 196
一戸 二郎 …… 665	伊藤 順三 …… 231	井戸田 春一 …… 64, 412, 418, 421〜423	井上 孚麿 …… 617, 618
一宮市 …… 456, 745, 754, 758, 761, 765, 781, 791, 800, 813, 821	伊東 正三 …… 99, 100, 218	イートン …… 33	井上 武男 …… 143
	伊藤 正一 …… 181, 182	稲出 昌植 …… 530	井上 猛夫 …… 519
一宮市役所 …… 114, 247	伊藤 錠太郎 …… 86, 348	稲岡 学順 …… 380	井上 武 …… 150
一原 有常 …… 659, 660	伊藤 二郎 …… 441	稲垣 恭一郎 …… 232	井上 長太郎 …… 296
市原 政治 …… 514, 526	伊藤 仁太郎 …… 409, 698	稲垣 玄喜 …… 409, 485	井上 貞蔵 …… 269, 284, 307, 311, 316, 370, 381, 429, 482, 493, 494, 512, 518, 534, 552, 564, 565, 567〜571, 577, 578, 583, 584
一番ヶ瀬 徳雄 …… 669	伊藤 末尾 …… 602, 651	稲垣 守克 …… 291, 593	
市村 今朝蔵 …… 33	伊藤 進 …… 583	稲垣 竜一 …… 90, 261	
市村 高彦 …… 670	伊藤 清次郎 …… 707	稲川 宮雄 …… 321, 500, 511, 522, 567, 570, 571, 573〜576, 578, 580〜582	
市村 辰之介 …… 424	伊藤 清六 …… 494, 499		
市村 光恵 …… 637, 642, 647	伊藤 善太郎 …… 699		
市村 咸人 …… 716	伊藤 大二 …… 170	稲川 卿一 …… 217	井上 哲次郎 …… 280
一柳 幸永 …… 83, 85, 128〜134, 136, 168, 193	伊藤 大三 …… 140, 412, 413	稲毛 記風 …… 254	井上 登円 …… 547
	伊藤 武夫 …… 15, 409	稲毛 金七 …… 260, 264, 277	井上 亨 …… 294
一柳 安次郎 …… 7	伊藤 武雄 …… 63, 722	稲田 三之助 …… 254	井上 篤太郎 …… 174〜177, 189
市山 義次 …… 218	伊藤 武 …… 150	稲田 茂 …… 695	井上 友一 …… 33, 35, 380, 384, 681〜683, 700
一勇斎 国芳 …… 32	伊藤 赳 …… 58	稲田 秀吉 …… 295	
一柳 茂次 …… 499, 500	伊藤 武彦 …… 213, 218, 466	稲田 周之助 …… 218, 597	井上 縫三郎 …… 619, 622, 624
五日会 …… 708	伊東 忠夫 …… 672	稲田 清助 …… 271	井上 信夫 …… 233, 376
一色 直文 …… 16	伊藤 忠雄 …… 678	稲田 昌植 …… 261, 523, 593	井上 登 …… 645
一法師 章蔵 …… 17, 174, 175, 423	伊藤 為吉 …… 71	稲田 正次 …… 267, 268, 611, 612, 615, 619, 623, 624	井上 一 …… 354, 668
	伊藤 太郎 …… 112, 458, 711		井上 晴丸 …… 526, 528
井出 皓 …… 465	伊藤 千真三 …… 284	稲富 栄次郎 …… 290	井上 範 …… 162
井出 梓 …… 473	伊藤 痴遊 …… 673	稲葉 格造 …… 485	井上 弘道 …… 150, 179
井上 季和太 …… 326	伊東 忠太 …… 128, 135, 161	稲葉 幹一 …… 563	井上 広居 …… 10
井手 成三 …… 97, 98, 201, 317, 597, 620, 622〜627, 677	伊藤 兆司 …… 463, 503, 513	稲葉 君山 …… 701	井上 房江 …… 238
	伊藤 伝 …… 367	稲葉 泰三 …… 486	井上 正雄 …… 705
井手 鉄蔵 …… 169	伊藤 常夫 …… 167	稲葉 豊次郎 …… 480	井上 政信 …… 193
出 房二郎 …… 484	伊藤 剛 …… 63, 145, 148	稲葉 秀三 …… 292, 479, 480, 484, 566, 568, 569	井上 正文 …… 718
井手 文雄 …… 418, 440, 441	伊藤 悌蔵 …… 463, 466		井上 増吉 …… 361
井出 正雄 …… 66	伊東 俊雄 …… 122, 193, 197, 351, 482, 565, 576	稲見 慎一 …… 471, 484, 487, 536, 537	井上 満 …… 276
井手 正孝 …… 492			井上 稔 …… 261
井出 正孝 …… 489〜491	伊藤 俊夫 …… 524, 542	稲村 順三 …… 327, 440, 487, 488, 495, 503, 509, 510, 514, 543	井上 盛雄 …… 22, 24, 611
出井 盛之 …… 299, 326, 462	伊藤 利夫 …… 174		井上 康治 …… 139, 140, 216
出射 義夫 …… 66	伊藤 延吉 …… 254, 255		井上 安元 …… 120
出浦 高介 …… 162	伊藤 甫 …… 79, 80	稲村 文夫 …… 319	井上 能知 …… 697
井手田 巧 …… 407, 411	伊藤 八郎 …… 445	稲村 耕雄 …… 278, 624	井上 義海 …… 421
伊藤 磯吉 …… 426	井藤 半弥 …… 406, 407, 411, 418, 420, 427, 437, 442, 444, 446, 447, 453, 456, 460, 535	稲村 隆一 …… 423, 539	井上 芳郎 …… 693
伊東 岩男 …… 591		稲森 縫之助 …… 249, 252, 277	井上会 …… 688
伊藤 卯四郎 …… 485		稲脇 修一郎 …… 567	井口 丑二 …… 683, 700
伊藤 延吉 …… 255, 260		犬伏 節輔 …… 203	井口 乗海 …… 212, 214, 220, 242, 286
伊東 乃 …… 291	伊藤 久秋 …… 79, 80, 515, 519, 540, 581, 591	犬丸 実 …… 363, 364	
伊東 学位 …… 275, 376, 379		井野 碩哉 …… 477, 478, 515	猪熊 兼幹 …… 301
伊藤 和夫 …… 100, 176, 179, 566		猪野 鹿次 …… 14	猪熊 信二 …… 426
	伊藤 準 …… 404〜407	伊能 嘉矩 …… 699	猪熊 貞治 …… 409
伊藤 亀吉 …… 266	伊藤 日出登 …… 272	井上 宇右衛門 …… 65	猪子 秀一 …… 55
伊藤 喜朔 …… 505	伊藤 人史 …… 410	井上 英 …… 20	井下 清 …… 22, 58, 84〜88, 90〜92, 95, 110, 121, 128, 131, 139, 215, 226, 229, 393, 474, 476
伊藤 挙位 …… 370	伊藤 百助 …… 714	井上 円治 …… 212	
伊藤 清 …… 13, 173, 227, 372, 385, 555	伊藤 博 …… 48, 329, 345	井上 円三 …… 643	
	伊藤 博文 …… 456, 589, 650〜652	井上 角五郎 …… 451	
伊藤 金三郎 …… 329		井上 一典 …… 158	井野辺 茂雄 …… 711
伊藤 金次郎 …… 623, 684, 720	伊藤 博精 …… 655	井上 一之 …… 62, 67	猪間 驥一 …… 1, 2, 4〜6, 10, 15, 16, 19, 21, 22, 142, 209〜217, 254, 287, 300, 301, 305, 308, 312, 342, 343, 360〜362, 404, 414〜417, 422, 466, 471, 474, 475, 479, 490, 546〜548, 550, 551, 560, 566, 666, 724, 725
伊藤 久米治 …… 131	伊藤 真雄 …… 256	井上 兼雄 …… 238	
伊藤 敬 …… 326	伊藤 正男 …… 717	井上 亀三 …… 583	
伊藤 奎二 …… 131, 349, 533	伊藤 正徳 …… 712	井上 吉次郎 …… 7, 8, 84, 214, 596, 713	
伊藤 健 …… 580	伊藤 正文 …… 70, 88, 139, 265, 268, 348, 351, 374	井上 清 …… 100, 101	
伊藤 憲太郎 …… 61, 138, 150, 151, 164, 351		井上 敬次郎 …… 186, 529	
	伊藤 道麿 …… 599	井上 謙二 …… 475, 476, 549, 550	
伊藤 鉾太郎 …… 100	伊藤 満継 …… 84		
	伊藤 満 …… 609, 621		
	伊藤 資生 …… 250		

猪俣 津南雄 ………… 311, 411, 419, 470, 478, 485, 535, 538, 605	今沢 慈海 ………… 254, 255, 257, 259, 261, 269	岩城 弥太郎 ………… 60	岩手県総務部 ………… 796, 803, 817, 823, 828
伊場 信一 ……………… 177	今津 重蔵 ……………… 155	岩磐史料刊行会 …… 703, 704	岩手県総務部地方課 …… 816
伊庭野 薫 ………… 211, 212	今田 清二 ……………… 537	岩切 英三 ……………… 253	岩手県知事官房 …… 761, 763, 775, 776, 782, 790, 836
井原 孝一 ……………… 260	今田 秀雄 ………… 410, 411	岩国市 ………………… 832	
伊原 隆 ……… 445, 499, 543	今谷 逸之助 …………… 227	岩倉 具栄 …… 553, 554, 556	岩手県内政部 ………… 839
井原 俊雄 ……………… 70	今中 次麿 …………… 377, 598〜600, 606, 607, 614, 618, 647, 653	岩倉公旧蹟保存会 …… 709	岩永 重華 ……………… 588
茨城県 ……… 448, 629, 679, 682, 727, 729〜731, 739, 744, 746, 750, 752, 760, 763, 764, 772, 773, 776, 778, 783〜785, 790, 792, 796, 798, 804, 805, 813		岩佐 大治郎 …………… 226	岩波書店 ……………… 295
		岩佐 武雄 ……………… 235	岩根 達雄 ……………… 526
	今西 幹一郎 …………… 633	岩崎 卯一 ……………… 291	岩野 見斎 ……………… 494
	今治市 …………… 750, 759, 765, 787, 795, 802, 812	岩崎 栄吉 ……… 60, 73, 219	岩野 次郎 ……………… 72
		岩崎 吉太郎 …………… 158	岩野 晃次郎 …… 406, 425
	今松 治郎 ……………… 613	岩崎 国治郎 …………… 371	岩橋 元亮 …… 214, 246〜248
	今村 明恒 ……………… 57, 63, 72, 74, 76, 219, 723	岩崎 健吉 ………… 511, 512	岩原 拓 …………… 211, 212, 223, 224, 227, 427
茨城県稲敷郡役所 …… 683		岩崎 源也 ……………… 488	
茨城県史研究会 ……… 713		岩崎 佐一 ……………… 368	
茨城県総務部統計課 … 796, 810, 824, 829, 833	今村 荒男 ……………… 214	岩崎 清七 ………… 204, 467	岩淵 彰郎 ……………… 647
	今村 惟善 ………… 2, 38, 210	岩崎 徂堂 ……………… 33	岩淵 辰雄 ………… 617, 622
	今村 為与 …… 398, 399, 411	岩崎 富久 ……… 144, 145, 211, 212, 220, 222, 229	岩松 五良 …… 264, 267, 481
茨城県多賀郡 ………… 706	今村 源三郎 …… 294, 336		岩見 俊一 ……………… 416
茨城県知事官房統計課 …… 750, 775, 789, 837	今村 次吉 ……………… 7, 9	岩崎 尚夫 ……………… 390	岩村 成允 ……………… 270
	今村 武雄 ……………… 74, 442, 510, 515, 582, 583	岩崎 英恭 …… 426, 434, 437, 439, 445, 495, 498, 499	岩村 通世 ……………… 358
茨城県地方課 ………… 817			岩村 豊 ……………… 70
茨城県新治郡園部村役場 ………………… 682	今村 忠男 ……………… 426	岩崎 宝吉 ………… 227〜229	岩本 厳 …… 71, 435〜437, 439
	今村 長善 ……………… 33	岩崎 松義 …… 191, 418, 432, 433, 493, 564, 567, 570	岩本 準二 ……………… 379
茨城県新治郡三村々是調査会 ………………… 682	今村 鴻明 ……………… 329		岩本 右一 ……………… 574
	今吉 敏雄 ……………… 125	岩崎 雄治 ……………… 65	巌谷 季雄 ……………… 700
茨城県乳幼児保護協会 ………………… 542	井村 哮全 ……………… 247	岩沢 周一 ……………… 94	印具 昭夫 ……………… 377
	井村 薫雄 ……………… 416	岩沢 忠恭 ………… 138, 518	印刷局 …………… 632〜644, 649, 652, 656, 659, 660
茨城県真壁郡 ………… 682	妹川 武人 ………… 573, 575	岩沢 寛 ………… 491, 571	
衣斐 清香 ……………… 95	井本 政信 ……………… 86, 88, 100, 101, 123, 139, 347	岩下 正 ……………… 94	印東 秀 ……………… 548
揖斐郡教育会 ………… 707		岩下 良吉 ……………… 109	印南 博吉 ……………… 544
井深 功 ………… 153, 229	井森 陸平 …… 56, 291, 297, 491, 525, 547, 551, 552	岩瀬 森次 ………… 410, 412, 417〜419	印旛県 ……………… 679
伊福吉部 隆 …… 14, 15, 21			
伊福部 隆輝(隆彦) …… 43, 258, 306, 464	伊与木 茂美 …………… 527	磐瀬 雄一 ………… 211, 213	**【う】**
	伊能 芳雄 ……………… 60	岩瀬 良雄 ……………… 158, 183〜185, 695	
伊部 政一 …… 539, 543, 606	五十子 巻三 …………… 476, 477, 492, 565, 567, 585		
伊部 貞吉 ……………… 84, 87, 88, 105, 123, 348, 349		岩瀬 六郎 ………… 260, 285	ウァーラス, グラハム … 294
	入新井町 …… 747, 759, 761	岩田 巌 ………… 505, 508	ヴアリヒス, アー ……… 300
今井 …………………… 601	入江 貫一 ……………… 705	岩田 金平 ……………… 92	ヴァルガ, オイゲン …… 494〜497, 537〜539
今井 一郎 ……………… 477	入江 啓四郎 …………… 654	岩田 孝三 ………… 278, 695	
今井 栄之 …… 210, 211, 252, 254	入江 誠一郎 …………… 60, 74, 406, 413, 422	岩田 新 …………… 600, 647, 658	ヴアンス, オーエン・デー ………………… 256
		岩田 侃 ……… 491, 508, 572, 573, 576, 577, 581	宇井 彦一 ……………… 365
今井 一男 ……………… 446	入江 伝 ……………… 445		ヴイクトリア鉄道改善宣伝局 ………………… 695
今井 要人 ……………… 176	入江 俊郎 …… 3, 10, 12, 21, 22, 49, 56, 193, 390, 391, 393, 396〜399, 417, 596, 598, 625, 662〜669, 675, 685	岩田 敏之 ……………… 277	
今井 貫一 ……………… 265		岩田 信義 ……… 522, 524, 525, 527	
今井 啓一 ……………… 158			ウイグモア, ジョン・H. ………………… 601
今井 小市 ……………… 60		岩田 徳義 ……………… 635	
今井 孝三 ……………… 585		岩田 春之助 …………… 716	ヴィゴデンスキー …… 530
今井 梧楼 ……………… 19	入江 弘 …………… 565, 568	岩田 恒 …… 68, 69, 274	ウィザース, ハートレー ………………… 294
今井 哲 ………… 98, 154	入江 博 …………… 95, 557	岩田 衛 ……………… 638	
今井 俊介 …… 315, 603	入倉 勇一 ……………… 446	岩田 穣 ……… 58, 244, 327	ウイスラー, A. ……… 434
今井 忠 ……………… 65	入沢 宗寿 …… 260, 267, 282	岩田 百合治 …………… 476	ヴィーゼ, レオポルト・フォン ……………… 295
今井 てつ ……………… 258	入沢 達吉 ………… 226, 269	磐田郡教育会 ………… 704	
今井 時郎 ………… 22, 277, 278, 291, 302, 308, 372	入沢 文明 ……………… 420	岩楯 忠次 ……………… 586	ヴィットフォーゲル, カール・アウグスト ……… 296
	入交 好資 ……………… 96	岩垂 憲徳 …… 266, 267, 272, 273	
今井 登志喜 … 3, 26, 692, 696	入山 祐治郎 …………… 161		ドクトル・ウィートフェルド ……………… 103
今井 英雄 ……………… 349	色川 俊次郎 …………… 413	岩塚 源也 ……………… 420	
今井 嘉幸 …… 593, 663	岩井 貫一郎 …………… 722	岩出 作造 ……………… 409	ウイラビー, W.F. ……… 186
今泉 孝太郎 ………… 271, 494	岩井 敬太郎 …………… 132	岩手県 ………… 287, 680, 728, 730, 731, 733, 737, 742, 750, 752, 755, 756, 760, 798, 805, 835, 837	ウイリアムス, E.G. …… 217
今泉 三七 ……………… 423	岩井 茂 ……………… 583		ウイリアムス, J.H. …… 66
今井生 …………… 471, 473	岩井 主蔵 ……………… 624		ウイリヤム ……………… 105
今井田 清徳 …………… 670	岩井 武信 ……………… 687		ウイリヤムス ……………… 104
今岡 純一郎 …………… 8	岩井 竜海 ………… 291, 366	岩手県胆沢郡水沢町役場 ………………… 713	ウイルコックス, W. …… 224
今岡 信一良 …………… 265	岩井 肇 ……………… 173		ウイルソン ……………… 300
今岡 賀雄 …… 520, 584	岩井 万亀 ……………… 657	岩手県教育会江刺郡部会 ………………… 707	ヴインシュウ, T. ……… 518
今川 豊三郎 …………… 89	岩井 芳通 ……………… 5		
今川 豊次郎 …………… 140	岩井 良太郎 …………… 627	岩手県教育会九戸郡部会 ………………… 717	植木 梅造 ……………… 693
今川 正彦 …… 480, 489	岩片 磯雄 …… 498, 521, 527, 543		植木 庚子郎 …… 443, 445
今来 陸郎 ……………… 55		岩手県教育会下閉伊郡部会 ………………… 705	植木 寿雄 …… 180, 183
今里 勝雄 ……………… 296	巌城 静政 ……………… 369		植木 直一郎 …………… 722
今里 勝彦 …… 293, 501	岩城 忠一 …… 294, 464	岩手県市町村吏員講習所 ………………… 50	植木 政次郎 …………… 282
	岩城 悌 ……………… 63		

上島 精二 …………… 449	植原 祖一郎 ………… 151	潮 恵之輔	内野 総一 …………… 214
上島 直之 …………… 251, 252, 268, 360, 417	上原 種美 …………… 278	……………… 249, 661, 663, 664	内林 達一 …………… 158
上杉 正一郎 …………… 80	上原 務 ……………… 262	宇治川電気株式会社 …… 202	内堀 良民 ……………… 5
上杉 慎吉 …………… 35, 593, 595, 639, 641, 643	上原 轍三郎 ………… 554	牛込区 ……………… 713	内山 祥一 …………… 147
ウエスト，ケー ……… 131	上原 仁 ……………… 841	牛込図書館 ………… 255	内山 省一 …………… 722
上田 久七 …………… 287	上原 義雄 …………… 265	牛沢 耕貫 …………… 546	内山 新之助 …………… 62, 86, 88, 90, 139, 147, 149, 167, 170, 171, 348
上田 研介 …………… 141	上平 正治 …… 136, 185, 385	牛島 省三 …………… 668	
上田 収司 …………… 246	ヴェブレン，ソーシタイン ……………………… 294	牛島 義友 …………… 289	
上田 庄三郎 ………… 267		牛塚 虎太郎 ………… 16, 17, 43～46, 91, 145, 673	内山 助次郎 ………… 259
上田 信三 …………… 490	上松 一光 …………… 125		内山 彼得 …………… 643
上田 誠一 …………… 59, 70, 71, 73, 558, 600	植村 倉蔵 ……… 219, 225	牛場 正彦 …………… 73	内山模型製図社 ……………… 108, 110, 559, 719
	上村 健太郎 ………… 622	氏原 佐応 ……… 208～217, 240, 252, 358, 361, 462, 467, 468, 546, 547	
上田 荘太郎 ………… 254	上村 行影 …………… 218		内山模型製図社出版部 ……………………… 559, 715
上田 外男 …………… 639	植村 甲午郎 …… 471, 528		
上田 武人 …………… 343	植村 清之助 ………… 706	氏原生 ……………… 214	宇都宮 鼎 ……… 390, 450
上田 辰之助 …… 477, 481, 490, 491, 524, 526, 691	上村 種一 ……………… 29	牛山 喜 ……………… 115	宇都宮 喜久蔵 ……… 486
	上村 種男 ……… 311, 521	宇治山田市 …… 116, 743, 755, 759, 766, 770, 775, 782, 795, 802, 810, 817, 828	宇都宮 静男 … 101, 158, 527
上田 玉代 …………… 358	上村 種夫 …………… 305		宇都宮 治郎 ………… 298
上田 長太郎 …… 150, 179	上村 為人 …………… 440		宇都宮 太郎 ………… 486
上田 務 ……………… 641	上村 貞治郎 ………… 571		宇都宮市 …… 757, 769, 775, 787, 810, 816, 823, 831
上田 貞次郎 ………… 197, 285, 294, 295, 300, 308, 464, 530, 537, 548～550, 552, 553, 559, 562, 566	上村 弘文 …………… 255	宇治山田市役所 … 41, 45, 711	
	上村 正矩 …………… 18	臼井 鼎 ……………… 408, 409, 411～413, 439, 674	宇都宮市役所 ………… 44, 240, 243, 824, 832
	上山 顕 ……………… 276		
	上山 英二郎 ………… 478	臼井 規一 …………… 254	内海 一雄 ……… 473, 570
	上山 英三 …………… 407	碓井 憲一 ……………… 77	内海 清温 …………… 159
上田 輝子 …………… 229	上山 善治 ……………… 84, 224, 305, 360, 363, 368, 371, 378, 549, 722	臼井 茂安 ……………… 25	内海 庫一郎 ………… 725
植田 俊雄 ……………… 73		碓氷 茂 ……… 492, 513	内海 源男 …………… 563
植田 捷雄 ……………… 22, 31, 622, 623, 655, 657, 686		臼井 俊郎 ……… 225, 518	内海 義夫 …………………… 496, 510, 521, 585
	ヴェルトハイメル …… 636	臼井 義麿 ……………… 79	
上田 秀雄 …………… 315	ヴェルネツケ ………… 181	宇田 友猪 …………… 636	
上田 文三郎 ………… 468	ウエールマン，ウオルフガング ……………… 183	宇高 濠 ……………… 352	内海 義雄 …………… 513
上田 正夫 …………… 231, 553, 554, 556, 557		宇高 寧 ……… 336, 645	有働 賢造 …………… 693
	ウエンワエル，ユング … 94	宇田川 与三郎 ……… 557	宇土郡役所 ………… 705
上田 寧 ………… 469, 564	ウオーカー，バアネット ……………………… 533	内池 廉吉 …………… 193, 203, 408, 531, 586, 588	宇野 円空 …………… 722
上田 利八 ……………… 98			鵜野 金弥 …………… 582
上田市 ……… 743, 746, 751, 755, 764, 767, 772, 777, 783, 791, 797, 818, 829	魚澄 惣五郎 …… 690, 717	打出 浜夫 …………… 665	宇野 弘蔵 …………… 479
	宇尾野 宗尊 …………………… 492, 511, 523, 583	内海 朝次郎 ………… 406	宇野 木忠 …………… 294
		打尾 忠治 ……… 368, 380	宇野 周三 …………… 228
上田市役所 …………… 44	ヴォーリズ，W.M. …… 312	内ヶ崎 虎二郎 …………… 471, 474, 475, 479	宇野 慎三 ……………… 58
上田商業会議所 ……… 742	ヴォルタート，ヘルムート ……………………… 622		宇野 辰雄 …………… 369
上田商工会議所 … 534, 795		内片 孫一 …………………… 357, 362, 365, 691	鵜原 健三 …………… 230
上田貞次郎博士記念論文集編纂委員会 … 543, 560, 592	ヴォルフ，パウル ……… 70		鵜原 健造 …………… 230
	ヴオルマー，オーガスト … 60	内田 一郎 ……… 154, 155	宇原 義豊 …… 534, 535, 588
	ウオレース ………… 558	内田 嘉吉 …………… 639	宇部市 …………… 118, 714, 758, 762, 771, 789, 802, 809, 817, 824, 831, 839
ウェッブ，シドニー …… 294, 296, 335, 336, 380	鵜飼 貫三郎 ………… 55	内田 寛一 …………… 496, 535, 622, 693～695	
	鵜飼 信成 ……… 606, 616		
ウェッブ，ビアトリス ……… 294, 335, 336, 380	宇賀田 順三 ………… 14, 16, 17, 19, 22, 27, 30, 52, 66, 68, 198, 220, 222, 223, 225, 226, 228, 232, 263, 293, 397, 419, 509, 608, 618, 621, 654, 665, 668, 669, 671～675, 678, 686	内田 清 ……………… 702	宇部時報社 ………… 720
		内田 銀蔵 ……… 529, 705	宇部商工会議所 … 807, 826
植野 勲 ……………… 395		内田 銀之助 ………… 596	梅井 千秋 …………… 261
上野 伊三郎 …… 124, 193, 347		内田 桂一郎 ………… 154	梅北 末初 …………… 426
上野 岩太郎 ………… 681		内田 源兵衛 ………… 494, 505, 513, 514, 610	梅沢 菊枝 ……… 233, 234
上野 淳一 …………… 424			梅津 善四郎 ………… 150
上野 四郎 …………… 418		内田 早苗 …………… 231	梅田 政勝 …………… 291
上野 節夫 …………… 143		内田 俊一 …………… 262	梅谷 勝 ……………… 208
上野 他七郎 … 683, 684, 708	烏賀陽 然良 ………… 575	内田 俊吉 ……………… 31	梅谷 芳光 ……………… 47
上野 富太郎 ………… 720	浮田 和民 ……… 294, 647	内田 穣吉 …………… 538	梅根 悟 ………… 261, 266
上野 福男 …………… 509	宇坂 礼穂 …………… 527	内田 二郎 …………… 226	梅野 実 ……………… 127
上野 道輔 …………… 495	鵜崎 熊吉 …………… 705	内田 省三 …………… 120	梅原 喜宗 …………… 653
上野 光規 …………… 365	鵜崎 多一 …………………… 164, 494, 497, 498	内田 泰玄 …………… 611	梅原 栄 ……………… 102
上埜 安太郎 ………… 404		内田 正 ………… 581, 583	梅原 千松 …………… 465
上野 陽一 … 54, 305, 517, 615	宇佐美 誠次郎 ……… 296	内田 俊夫 ……… 199, 422	梅原 寅之助 …… 483, 506
上野 義雄 … 302, 345, 564	宇佐美 毅 …………… 371	内田 富吉 …………… 160	梅原 松次郎 ………… 188
上野市 ……………… 838	宇佐美 力 …………… 448	内田 直作 …………… 501	梅村 魁 ……………… 70
ウェーバー，マックス … 533	鵜沢 喜久栄 ………… 689	内田 寿 ………… 562, 563	梅本 祐治 …………… 227
植原 悦二郎 … 639, 661, 665	鵜沢 総明 ……… 21, 638	内田 秀五郎 ………… 100	浦 隆敏 ……………… 486
上原 敬二 …………… 59, 72, 85, 105, 131, 132, 136, 193	宇治 伊之助 … 347, 431, 594	内田 祥三 …………… 61, 62, 66, 67, 69, 88, 97, 127	浦上 英男 …………… 551
	氏家 貞一郎 … 213, 362, 367		卜部 俊雄 …………… 73
	氏家 保寿 …………… 93, 391, 410, 422, 427, 428, 433, 435, 550, 555	内田 祥文 …………… 65, 66, 70, 71, 120, 156, 317	浦辺 史 ………… 378, 512
上原 参良 ……………… 19			占部 百太郎 ………… 684
上原 蕃 ……………… 54		内館 泰三 …………… 216	浦和市 ……………… 783, 792, 808, 827, 832
上原 秋三 …………… 650		内野 音三 …………… 388	
上原 専禄 …………… 658	氏家生 ……………… 391	内野 仙一郎 …………………… 232～237, 378, 380	
	牛尾 健治 …………… 678		瓜巣 憲三 …………… 696

瓜田 達男 ………… 155, 440〜442, 675
瓜生 卓爾 ……… 173, 175, 176, 178, 184, 185, 188, 192
瓜生 順良 ………………… 275
瓜生田 岩彦 …………………… 497, 499, 500, 572
ヴルガ ………………………… 490
漆葉 見竜 ………… 308, 374
宇和島観光協会 ………… 721
宇和島市 ………………… 745, 749, 770, 793, 816, 822, 827, 832, 835, 838, 839
雲梯会 …………………… 639
雲南市 ……………………… 36
海野 幸鶴 ………………… 360
海野 東一 ………………… 494
海野 淵平 ………………… 128
海野 将親 ………………… 580
海野 稔 ……………… 620, 624
海野 弥之助 ……… 154, 156
海野 幸次郎 ……………… 446
海野 幸徳 ………… 360〜362, 371〜374, 381, 382, 556, 609, 612
運輸日報社 ……………… 186

【え】

営口市公署 ………………… 50
営口商業会議所 ………… 745
英国衛生省 ……………… 216
衛生局保健課 …………… 215
永戸 俊雄 ………………… 350
栄養研究所 ……… 209, 247
エヴアルド, オ ………… 216
江頭 恒治 ………………… 496
江川 英文 ………………… 605
江木 千之 ………………… 449
江木 翼 ……………… 558, 643
江木 衷 ……… 637, 642, 646
江木千之翁経歴談刊行会 ……………………………… 715
江草 茂 …………………… 63, 221, 225, 366, 369
江口 已年 ………… 172, 174
江口 清彦 …………… 61, 367
江口 鶴雄 ………………… 465
江口 俊男 ……… 27, 28, 689
江口 日出雄 ……………… 95
江口 見登留 …… 27, 28, 150, 152, 234, 376, 619, 676
江口 最 …………………… 651
エクラゼマン …………… 208
エコノミスト …………… 536
エコノミーチエスカヤ・ジーズニ社 ……………… 644
江崎 政忠 ………………… 130
江沢 譲爾 … 80, 81, 512, 582
エヂアトン, エチ・イ … 636
江下 孝 …………………… 334
江島 次郎 ………………… 571
江島 喜衛 ………………… 59
蝦夷 海南 ………………… 152
江副 仁介 ………………… 523
江田 周三 …… 223, 303, 304
枝吉 彦三 …………… 497, 511
越後頸城郡北浦田村 … 32, 679
エッゲルト ……………… 528

江藤 智 ………………… 149
江藤 誠之 ………………… 462
江藤 猛夫 …………………… 31
江戸川上水町村組合 …… 240
江戸叢書刊行会 ………… 722
エノー, ウイリヤム …… 187
江野木 甚四郎 ………… 429
榎本 善一郎 …… 499, 528
榎本 勇蔵 …… 221, 366, 411
江畑 弘毅 ………… 133, 134
江幡 辰三郎 …………… 249
江畑 元一郎 …………… 478
江原 万里 ……………… 173
海老根 駿 ……………… 565
海老原 酉蔵 …………… 101
海老原 僚作 …………… 185
愛媛県 …………………… 652, 653, 703, 739, 745, 750, 752, 754, 755, 758, 759, 763, 767, 771, 775, 776, 781, 788, 789, 794, 796, 801〜803, 805, 816, 821, 822, 826, 827, 837
愛媛県温泉郡役所 …… 705
愛媛県教育会北宇和部会 ……………………………… 704
愛媛県総務部 ‥ 826, 828, 835
愛媛県総務部地方課 …………………… 815, 822, 827
愛媛県総務部統計課 … 798, 805, 807, 815, 824
愛媛県知事官房 …………… 751, 752, 777, 784
愛媛県知事官房統計課 ………………… 780, 785
愛媛県知事官房統計係 ……………………………… 750
愛媛県内務部庶務課 … 745
愛媛県新居郡役所 …… 706
エベット, ジョーヂ … 486
江間 鴻二 …………… 88, 98
江見 清風 ……………… 255
江森 泰吉 ……………… 700
江森 盛弥 ……………… 344
江守 保平 ……………… 127, 131, 132, 135, 136, 138, 140〜144, 174
エリオット, C.W. ……… 78
エルウッド, チャールズ ……………………………… 294
エルカルト ……………… 102
エールリッヒ, オイゲン ……………………………… 619
エンゲルス, フリードリヒ ……………………………… 294
エンゲルハート, N.L. … 270
円城寺 清 ……… 447, 705
円地 与四松 …………… 389, 390, 513, 544, 624
遠藤 朝次郎 …………… 721
遠藤 市次 ……………… 105
遠藤 一郎 ………………… 79
遠藤 薫 ………………… 316
遠藤 清 ………………… 316
遠藤 金之助 …… 134, 176
遠藤 源六 …………… 19, 432
遠藤 盛 …… 348, 349, 399, 401, 402, 476, 482, 547, 548
遠藤 三郎 … 488, 491, 505, 510, 511, 514, 519, 544
遠藤 治一郎 ……………… 7
遠藤 貞一 ……………… 148

遠藤 彦造 …………………… 143, 152, 222, 231
遠藤 福松 ……………… 572
遠藤 正男 ……… 313〜315, 542, 567, 691, 692
遠藤 正次 ………………… 39
遠藤 元男 ………………… 52
遠藤 安太郎 …………… 481
遠藤 勇熊 ……………… 188
遠藤 行信 ……………… 322
遠藤 隆吉 ………………… 260, 265, 291, 642
遠東外交研究会 ………… 642

【お】

及川 儀右衛門 ‥ 259, 260, 263
及川 儀三 ……………… 259
及川 周 ………………… 355
及川 恒忠 ……………… 306
及川 常平 ………… 307, 598
及川 徳助 ……………… 608
生地 憲 ………………… 217
種田 虎雄 ……………… 170
王 敬亭 ………………… 523
汪 精衛 ………………… 646
サー・オウエン ……… 149
扇谷 正造 ………… 625, 676
王室国際問題研究所 … 296
王子町 ………………… 711
近江 匡男 ………… 35, 688
近江 忠次 ……………… 582
近江 春夫 ………… 421, 422
近江 笛郎 ……………… 565
近江 井堂 ……………… 152
王谷 宗市郎 …………… 564
大井 清一 ………… 219, 223
大井 専三 ………… 583, 584
大井 蝶五郎 …………… 358
大井 鉄丸 ……………… 403
大井 栄三郎 …………… 587
大石 角治 ……………… 144
大石 熊吉 ……………… 642
大石 三良 ……………… 363
大石 重成 ………… 141, 142
大石 兵太郎 …………… 609, 614, 616, 622
大石 義雄 ……………… 506, 511, 512, 602, 606, 608, 610, 613〜617, 625, 626, 654, 656
大石 芳平 ……………… 558
大石 義郎 ……………… 131
大石 利平 ……………… 145
大泉 三郎 ………………… 70
大泉 行雄 ………… 514, 518
大磯 敏雄 ……………… 233
大磯警察署 ……………… 75
大分県 ………… 685, 729, 748, 751, 752, 756, 757, 760, 762, 764, 768, 776, 778, 779, 784, 785, 792, 798
大分県下毛郡教育会 … 709
大分県総務部統計課 …………………… 792, 798, 805, 813
大分県知事官房 …… 748, 752, 764, 771, 776, 778
大分県地方課 ………… 817
大分県土木課 ………… 132

大分県西国東郡役所 …… 706
大分高等商業学校商事調査部 ……………………… 587
大分市 ……… 702, 740, 745, 750, 764, 767, 772, 783, 800, 821, 827, 831, 836
大分市教育会 ………… 284
大分市役所 …………… 284
大分商工会議所 ……… 809
大井上 前雄 …………… 135
大井上 康 ……………… 503
大井町役場 …………… 714
大岩 勇夫 ……………… 6, 10, 90, 139, 140, 149, 403, 413
大岩 誠 ………………… 602
大上 良作 ……………… 264
大内 愛七 ……………… 584
大内 秀一郎 …………… 122
大内 修伍 ………… 352, 504, 505
大内 正二 ……………… 31
大内 惣吉 ……………… 284
大内 力 ………………… 447
大内 恒 ………………… 213
大内 経雄 ……… 262, 269, 272, 310, 313, 314, 376, 576
大内 兵衛 ……… 263, 313, 387, 403, 405, 408, 417, 418, 421, 422, 453〜457, 483, 549, 558, 663, 672, 724
大内 昌雄 ……………… 270
大内教授 ……………… 410
大江 勘太郎 …………… 158
大江 素天 ……………… 31
大江 操 ………………… 493
大枝 千秋 ……………… 150
大岡 大三 … 84, 88, 168, 171
大岡 直嘉 ……………… 357
大岡 実 ………………… 136
大賀 千蔵 ……………… 18
大貝 晴彦 ………… 197, 564
大垣市 ………………… 706, 746, 768, 774, 780, 798, 805, 819, 826, 839
大垣市役所 …………… 39, 40, 114, 712, 713
大垣商業会議所 ……… 706
大垣藩庁 ……………… 679
大金 益次郎 ……… 57, 302
大上 末広 ……… 488, 493, 496
大川 彰 ………………… 503
大川 一司 ……………… 505, 514, 517, 520, 524
大川 三郎 ………… 406, 414
大川 周明 ……………… 294
大河原 春雄 …………… 100
大河原 昌勝 …………… 683
大木 遠吉 ……………… 704
大木 外次郎 …………… 92
大木 秀男 ……………… 579
大串 菊太郎 …………… 831
大串 兎代夫 …………… 289, 624〜626, 657
大串 不二雄 …………… 68
大口 喜六 ……………… 3, 391, 397, 399, 402, 406, 411, 415, 416, 418, 421, 429, 436, 482, 491, 522
大口 鉄九郎 …………… 576
大国 貞蔵 ……………… 252
大国 実 …………… 95, 178
大久保 高城 (透) …… 701
大窪 峻 ………………… 366

大久保 純一郎 ………… 290
大久保 武雄 …………… 179
大久保 武彦 …………… 175
大久保 直穆 ……… 378, 381
大久保 次夫 …………… 673
大久保 徳五郎 ………… 377
大久保 利武 …………… 258
大久保 利通 ……… 710〜712
大久保 留次郎 …… 436, 441
大久保 満彦 ……… 17, 223,
　230, 292, 309, 331, 364,
　366, 368〜374, 543, 673
大久保 実 ……………… 580
大久保 竜 ……………… 249
大久保生 ……………… 152
大隈 健一郎 …………… 202,
　478, 480, 503, 513,
　515, 516, 525, 573
大熊 貞邦 ……………… 157
大隈 重信 ……… 281, 641, 701
大熊 信行 ……… 329, 429, 443,
　493, 500, 541, 624, 659
大熊 喜邦 … 91, 116, 137, 720
大熊 良一 ……… 427, 438,
　492, 509, 513, 525, 574
大隈侯八十五年史編纂会
　………………………… 709
大蔵 公望 ……………… 190
大倉 三郎 ……………… 143
大倉 孫兵衛 …………… 698
大蔵卿 ………………… 727
大蔵省 ………………… 431,
　437, 442〜444, 447, 448,
　450〜452, 454, 456〜459,
　493, 679, 687, 738
大蔵省営繕管財局 …… 163
大蔵省記録局 …… 628, 629
大蔵省銀行局 ………… 449,
　452, 738, 741, 742,
　746, 751, 756, 760,
　763, 768, 772, 778, 784,
　792, 799, 805, 812, 819
大蔵省銀行局貯蓄銀行課
　………………………… 450
大蔵省銀行保険局 …… 838
大蔵省国税課第一係 … 441
大蔵省財政経済調査課
　………………… 458, 844
大蔵省資金局 ………… 836
大蔵省主計局 ………… 75,
　763, 768, 784, 790,
　797, 803, 829, 833, 839
大蔵省主税局 …… 435, 441,
　445, 447〜449, 451, 458,
　461, 546, 558, 559, 837
大蔵省大臣官房財政経済調
　査課 …………………… 457
大蔵省報告課 ………… 447
大蔵省預金部 ………… 832
大蔵省預金部資金局 … 458
大蔵省理財局 ………… 408,
　409, 447, 449〜451,
　475, 735, 739, 747, 838
大蔵省理財局地方債課
　………………………… 456
大蔵省理財局臨時調査課
　………………………… 449
大蔵大臣官房財政経済調査
　課 ………………… 425, 539
大蔵大臣官房臨時建築課
　………………………… 160
大蔵大臣主計局 ……… 755
大栗 丹波 ……… 87, 96, 106

大河内 治 ……………
　496〜499, 501, 575, 576
大河内 一男 …………… 229,
　292, 293, 296, 297, 307,
　317, 318, 320, 324〜326,
　334, 346, 373, 446, 495,
　499, 500, 509〜511,
　514, 518, 521, 523,
　544, 566, 575, 579, 620
大河内 弘介 …………… 376
大河内 政敏 …… 185, 511, 581
大河内 正敏 ……… 72, 316,
　332, 470, 513, 515, 516,
　518, 521, 524, 526〜528,
　530, 569, 570, 572, 573,
　581, 583, 589, 620, 627
大河戸 宗治 … 129, 130, 151
大越 貞一 ………… 276, 583
大河平 隆光 ……… 558, 703
大阪朝日新聞社 … 74, 646, 723
大阪営林局 …………… 453
大阪港記念日協賛会
　………………………… 165
大阪市 …………… 19〜22, 36, 37,
　46, 52, 71, 220, 289, 380,
　449〜451, 454, 560, 591,
　654, 711, 715, 716, 736,
　746, 751, 755, 764, 830
大阪市魚市場聯合会 … 205
大阪市衛生課 …… 240, 740
大阪市衛生試験所 …… 222
大阪市監査部 ………… 46,
　47, 49, 76, 230, 454
大阪市企画部 ………… 46,
　591, 831, 833, 834
大阪市北区 …………… 776
大阪市救護事務協議会
　………………………… 384
大阪市教育会 …… 281, 716
大阪市教育部 ………… 282,
　283, 742, 746, 748, 752,
　756, 761, 765, 770, 774,
　785, 792, 793, 797, 798
大阪市教育部共同研究会
　………………………… 709
大阪市教育部教務課調査
　係 ……………………… 259
大阪市協会 …………… 175
大阪市建築課長 ……… 61
大阪市港湾部 …… 144, 162,
　163, 166, 775, 781, 789,
　795, 809, 828, 834, 837
大阪市財務部 ………… 811
大阪市財務部公債課
　………………… 456, 457
大阪市産業部 …… 204, 383,
　453, 459, 466, 483, 539,
　540, 568, 569, 587〜590,
　745, 746, 789, 821
大阪市産業部商工課 … 572
大阪市産業部庶務課
　………………… 542, 592, 824
大阪市産業部庶務課調査
　係 ……………………… 591
大阪市産業部調査課 … 454,
　547, 588, 589, 757, 780
大阪市産業部貿易課 … 826
大阪市参事会 …… 700〜702
大阪市市民局町会 …… 443
大阪市々民局長会課 … 32
大阪市市民局文化課 … 721
大阪市社会課 …… 336, 344
大阪市社会部 ………… 179,
　243, 335, 337, 339, 340,

　342〜344, 354〜356, 372,
　381〜386, 427, 455, 570,
　578, 753, 759, 768, 770,
　800, 805, 822, 823, 831
大阪市社会部軍事援護課
　………………………… 386
大阪市社会部庶務課 … 206,
　342, 343, 345, 355,
　381, 384〜386, 805,
　810, 821, 826, 831, 832
大阪市社会部調査課 … 40, 41,
　282, 284, 306, 336〜340,
　344, 348, 354, 355, 382,
　452, 647, 724, 743〜745,
　749, 753, 755〜757, 761,
　762, 766, 769, 771, 843
大阪市社会部労働課 … 308,
　340〜342, 355, 383,
　774, 778〜780, 785,
　789, 793, 794, 843
大阪市商工課 …… 203, 586
大阪市庶務課 … 51, 116, 759
大阪市水道部 …… 151, 219,
　230, 241, 243〜245,
　247, 804, 810, 829
大阪市水道部給水課 … 143
大阪市住吉区役所 …… 716
大阪市総動員部 ……… 29
大阪市総務局 ………… 837
大阪市大正区役所 …… 53
大阪市築港事務所 …… 160
大阪市中央卸売市場 … 200,
　206, 207, 539, 789,
　791, 801, 821, 826, 831
大阪市中央職業紹介所
　………………………… 305
大阪市電気局 …… 187, 189,
　203, 204, 206, 207, 336,
　337, 473, 535, 735〜738,
　741, 743, 746, 751, 755,
　759, 764, 767, 772, 777,
　783, 791, 797, 804, 811,
　818, 823, 828, 833, 836
大阪市電気局運輸部 … 177
大阪市電気局労働課
　………………… 241, 242, 337
大阪市都市計画部 ……
　103, 106, 214, 450
大阪市土地整理協会 … 116
大阪市土木部 ………
　116, 118, 137, 162
大阪市土木部計画課 … 170
大阪市西区 …………… 721
大阪市東区役所 … 719, 720
大阪市物資調整部
　………………… 511, 591, 592
大阪市保健局作業部 … 248
大阪市保健部 …… 119, 242,
　244〜247, 742, 751, 755,
　761, 800, 807, 821, 827
大阪市保健部清掃課
　………………… 244〜246
大阪市南区 …………… 711
大阪市都島土地区画整理組
　合 ……………………… 120
大阪市民博物館 … 243, 284
大阪社会事業聯盟 … 770, 781
大阪市役所 …… 33〜39,
　42, 43, 45〜47, 49,
　51〜55, 76, 106, 114,
　116, 120, 160, 189, 239,
　244, 289, 380, 385, 658,
　728〜738, 740, 742, 745,

　749, 751, 753, 755, 757,
　759, 763, 765, 767, 771,
　776, 783, 790, 794, 800,
　807, 809, 814, 821, 826,
　827, 831, 834, 837, 839
大阪市役所衛生課 …… 240
大阪市役所学務課 …… 737
大阪市役所監査部 …… 815
大阪市役所企画部
　………………… 54, 126, 831
大阪市役所教育部 …
　286, 744, 779, 785
大阪市役所港湾部 …… 129,
　162, 735, 740, 742,
　744, 763, 810, 817, 823
大阪市役所財務部 …… 802,
　810, 816, 823, 829, 832
大阪市役所産業部
　………………… 203, 749, 755
大阪市役所産業部庶務課
　………………… 800, 807
大阪市役所産業部調査課
　………………… 779, 785, 793
大阪市役所市民局 …… 55
大阪市役所市民局文化課
　………………………… 289
大阪市役所社会部 … 744, 750
大阪市役所商工課 … 203, 586
大阪市役所庶務課 … 735, 736
大阪市役所庶務部 …… 742,
　746, 750, 755, 762,
　766, 771, 775, 782,
　790, 796, 821, 826
大阪市役所人事部
　………………… 53, 831, 833
大阪市役所人事部労務課
　………………………… 53
大阪市役所水道部 … 240, 241
大阪市役所総務局 … 835, 837
大阪市役所総務局労務課
　………………………… 836
大阪市役所都市計画部庶務
　課 ………………… 347, 562
大阪市役所土木部 …… 149
大阪市役所保健部 …… 228
大阪市役所理財局 … 836, 839
大阪商科大学経済研究会
　………………… 534〜538
大阪商科大学経済研究所
　………………… 454〜456,
　538, 842〜845
大阪商科大学市政科ゼミ
　ナール ……………… 189
大阪商業会議所
　………………… 740, 742, 754
大阪商工会議所 ……… 117,
　177, 178, 418, 459, 495,
　541, 542, 568〜570,
　588〜592, 656, 783,
　790, 826, 832, 836, 845
大阪大経済研究会 …… 536
大阪市理財局資金課 … 836
大阪市立衛生試験所 … 210,
　222, 241〜247, 749,
　752, 757, 760, 765, 768,
　773, 779, 785, 792, 798,
　813, 817, 822, 826, 829
大阪市立生活科学研究所
　………………… 248, 834, 837
大阪市臨時国勢調査部
　………………… 549, 724
大阪市労働共済会 … 337, 344

おおさかせ　　　　　　　　　　　　　　著者名索引

大阪税関 ………… 783, 804
大阪地方職業紹介事務局
　………… 341, 342, 586,
　741, 745, 748, 754, 757
大阪中央卸売市場
　………… 206, 783, 810
大阪電灯株式会社 …… 203
大阪特別市制期成同盟会
　………………………… 42
大阪都市会調査部 ……… 9
大阪都市協会 …………… 4,
　38, 39, 108, 109, 116,
　119, 163, 175, 189,
　198, 206, 427, 599, 803
大阪都市協会調査係 … 87, 132,
　168, 195, 214, 392, 662
大阪都市協会調査部 … 12, 27,
　29, 137, 173, 201, 348, 362,
　403, 417, 430, 444, 604
[大阪都市協会]編輯部
　……………………… 273
大阪都市計画部 ……… 214
大阪日報社 …………… 680
大阪乳幼児保護協会
　………………… 360, 381
大阪能率研究会 … 343, 344
大阪府 …………… 32, 46,
　75, 76, 383, 455, 679, 699,
　728, 729, 732～737,
　739, 740, 744, 751,
　754, 758, 762, 766, 770,
　779, 785, 792, 798, 805,
　813, 819, 824, 829, 834
大阪府学務部社会課
　………………… 786, 799, 809
大阪府共済事業研究会
　……………………… 380
大阪府経済部工務課 … 797
大阪府警察研究会 …… 335
大阪府警察部刑事課 … 381
大阪府警察部工業課 … 775
大阪府警察部消防課 … 77
大阪府建築課 ……… 70, 157
大阪府厚生会館 ……… 248
大阪府小阪町役場 …… 355
大阪府権知事 ………… 679
大阪府産業部工務課 … 841
大阪府社会課 …… 380, 383
大阪府社会事業会館
　………………… 844, 845
大阪府社会事業聯盟 … 386
大阪府情報課 ………… 373
大阪府総務部
　………… 652, 799, 807, 816
大阪府総務部議事課
　………………… 794, 809, 817
大阪府総務部統計課 … 792,
　793, 798, 799, 805,
　813, 815, 819, 824, 829
大阪府総務部文書課 … 679
大阪府田辺町役場 …… 707
大阪府知事官房 ……… 744
大阪府地理課 ………… 698
大阪府都市計画課 …… 61
大阪府土木部 ………… 76
大阪府土木部道路課 … 139
大阪府内務部 ………
　………… 681, 685, 757, 787
大阪府内務部議事課 … 788
大阪府内務部工務課
　………………… 772, 779
大阪府内務部社会課 … 380

大阪府内務部地方課
　………… 42, 43, 744
大阪府内務部統計課 … 785
大阪府西成郡役所 …… 702
大阪府東成郡教育会 … 684
大阪府東成郡役所 …… 705
大阪府立産業能率研究所
　……………………… 534
大阪府立商品陳列所創立三
　十周年記念協賛会 … 529
大阪府立青年学校教員養成
　所 …………………… 265
大阪毎日新聞社 …… 44, 46,
　74, 75, 187, 539, 707, 739,
　741, 742, 745, 750, 758,
　762, 766, 775, 803, 822
大阪毎日新聞社エコノミス
　ト部 ………………… 453
大阪毎日・東京日日新聞社エ
　コノミスト部 … 539～542
大阪ロータリー倶楽部
　……………………… 118
大崎 清重 …………… 628
大崎町役場 …………… 450
大迫 武雄 …………… 169,
　194～196, 204, 564, 565
大迫 富士雄 ………… 718
大里 忠一 …………… 584
大里 常弘 ……………… 2
大沢 一郎 … 137, 138, 260
大沢 武男 …………… 579
大沢 正 ……………… 538
大沢 鍛 ……………… 227
大沢 盆次郎 …… 277, 278
大沢 八十松 …… 465, 469
大塩 亀雄 …………… 533
大下 順三郎 ………… 155
大下 稔 ……………… 481
大柴 広哉 …… 184, 442
大島 永明 …… 567～570
大島 喜四郎 ………… 518
大島 清 ……………… 503
大島 健一 …………… 673
大島 堅造 ……………
　………… 397, 431, 445, 512
大島 貞益 …………… 721
大島 三郎 ……………… 57
大島 重忠 …… 78, 554, 576
大島 重義 …………… 133
大島 鎮治 …………… 251
大島 辰次郎 …………
　………… 219～221, 791, 795
大島 太郎 …………… 147
大島 延次郎 ………… 191
大島 正言 …………… 348
大島 正徳 …………… 254,
　258～260, 264, 269, 275,
　281～283, 286, 597, 651
大島 正義 …………… 284
大島町 ……………… 220
大島 義清 ……………… 58,
　464, 467, 472, 530, 539
大島 良士 ……………… 10
大須賀 巌 … 5, 10, 12～17,
　21, 22, 89～91, 142, 145,
　348, 350, 476, 480, 669
大杉 謹一 …………… 282
大杉 度男 …………… 100
大隅 健一郎 … 469, 523, 526
大瀬 甚太郎 ………… 282
霽 金麿 ……………… 178
太田 亮 …………… 707～709

太田 勲 ……………… 98
太田 勇 ……………… 413
太田 稲主 …………… 712
太田 英一 …………… 493
太田 園 ……………… 31,
　199, 200, 438, 439
太田 円三 … 83, 105, 107, 128
太田 嘉作 …………… 468
太田 和男 …… 433, 434
太田 勘太郎 ………… 14
太田 兼一 …………… 367
太田 謙吉 ……………… 79,
　93, 96～100, 124
太田 康平 …………… 359
太田 茂 ……………… 515
太田 長次郎 ………… 238
太田 鼎三 …………… 271
太田 哲三 …………… 500
太田 久好 …………… 698
太田 敏兄 …………… 481,
　482, 490, 502, 532
太田 正孝 …………… 408,
　411, 421, 428, 444,
　450, 499, 540, 562
太田 保一郎 ………… 254
太田 義夫 …… 365, 370
太田 利一 …………… 298,
　301, 339, 463, 464, 466
太田 陸郎 …………… 485
太田尾 広治 …… 124, 154
大高 始 ……………… 460
大鷹 正次郎 ………… 582
大宝 要蔵 …………… 225
大滝 白桜 ……………
　………… 133, 134, 150, 571
大滝 由太郎 ………… 524
大竹 伝吉 …………… 563
大竹 利郎 …………… 487
大竹 虎雄 ……………… 5,
　27, 58, 123, 395～403,
　405, 413, 414, 423,
　425, 437, 438, 443, 477,
　489, 527, 575, 662, 690
大竹 博吉 …… 594, 652
大竹 武七郎 … 62, 600～602,
　606, 608, 618, 658
大達 茂雄 ……………… 32,
　73, 159, 209, 597
大谷 惇 ……………… 94
大谷 光演 ……………… 75
大谷 順作 ……………… 60
大谷 チャウ ………… 212
大谷 徳馬 …………… 268
大谷 英一 …………… 260
大谷 政敬 ……………… 41,
　398, 400, 401, 404, 423,
　430, 457, 459, 469, 584
大谷派本願寺関東復興事務
　局社会課 …………… 76
太田町 ……………… 832
大津 淳一郎 …… 646, 647
大津 敏男 ……………… 58
大津 衛 …… 436, 444, 583
大塚 一朗 …………… 306,
　308, 314, 328, 330,
　412, 472, 474, 476,
　479, 485, 498, 518, 523,
　564～566, 568, 570, 571
大塚 一心 ……………… 4
大塚 協 ……………… 222
大塚 郷二 …………… 601
大塚 潔 …… 464, 465, 546

大塚 金之助 ………… 606
大塚 好 … 332, 345, 375, 378
大塚 幸太 …… 677, 678
大塚 馴太郎 ………… 255
大塚 武松 …………… 710
大塚 辰治 …… 1～4, 20～22,
　26, 30～32, 37, 38, 49, 141,
　197, 353, 376, 390～395,
　398, 400, 401, 410, 419,
　420, 423, 435, 450, 452,
　453, 456, 501, 511, 523,
　577, 605, 608, 663, 669,
　671～674, 676～678, 685
大塚 長治 …………… 678
大塚 長四郎 ………… 528
大塚 久雄 …………… 475,
　483, 513, 585, 691, 693
大塚 三七雄 ………… 659
大塚 基弘 ……………… 81
大塚 泰二 …… 31, 443
大塚 豊 …… 25, 201
大塚巧芸社 ………… 714
大塚地理学会 …… 715, 716
大槻 修二 …………… 698
大槻 信治 …………… 129, 166,
　177, 180, 185, 189, 191
大槻 鋭二朗 ………… 630
大槻 高彦 …………… 516
大月 照江 …… 324, 375
大月 敏雄 …… 352, 353
大槻 文彦 …………… 699
大槻 正男 …………… 312,
　315, 423, 482, 483, 485,
　486, 489, 490, 494, 510,
　515, 520, 544, 553, 554
大月生 ……………… 675
大津市 ……………… 720, 740,
　742, 746, 751, 759, 762
大津市庶務課 ……… 794,
　801, 819, 829, 838
大津市私立教育会 … 700
大津市役所 …… 39, 536
大津商業学校商業調査室
　……………………… 808
大津商工会議所 … 783, 798
大坪 清人 …………… 474
大坪 一 ……………… 677
大坪 保雄 …………… 306
大藤 時彦 …… 273, 720
大泊町 …… 781, 788, 795, 801
大友 朝吉 …………… 499
鴻 麟 ………………… 517
大鳥居 棄三 ………… 294
大名田町長 …………… 47
太縄 寿郎 …… 218, 228
大苗代 伸成 ………… 226
大西 一郎 …… 10, 144, 403
大西 永次郎 …………
　………… 222, 229, 266, 268
大西 邦敏 …………… 329
大西 謙二 …………… 185
大西 孝一 …………… 445
大西 孝次郎 …… 220, 243
大西 左衛門 …… 29, 677
大西 俊司 …… 406, 407
大西 清治 …… 209, 211, 212,
　216, 300, 346, 549, 844
大西 友太 …………… 298
大西 房五郎 … 92, 93, 95, 99
大西 雄一 …………… 353

大西 芳雄 ……… 437, 601, 607, 609, 614, 615, 617, 618, 620, 623〜625, 655	大村 桂巌 ……… 254, 281	岡崎 三郎 ………… 538	岡田 温 ……… 261, 463, 472〜474, 476, 477, 481, 487, 662
大抜 千秋 ………… 65	大村 四郎 ………… 134	岡崎 次郎 …… 543, 544	岡田 富士男 ……… 575
大沼 栄八 ………… 566	大村 清一 … 8, 88, 278, 290, 315, 349, 371, 398, 399, 405, 407〜412, 420, 421, 456, 487, 608, 670, 671	岡崎 早太郎 … 5, 9, 83, 85, 87〜90, 107, 109, 111, 112, 129〜131, 136〜138, 141, 162, 168〜172, 195, 197, 206, 220, 305, 348, 547	岡田 文秀 …… 222, 223, 373, 597
大沼 健吉 ………… 445	大村 卓 ……… 504, 505	岡崎 勉 …………… 673	岡田 正雄 …… 400, 402, 486, 551, 570, 571, 725
大沼郡役所 ……… 706	大村 己代治 …… 63, 156	岡崎 文彬 ………… 498	緒方 益雄 ………… 211
大野 勇 ………… 203, 204, 206, 207, 565, 587	大村 巳代治 … 70, 352, 353	岡崎 文規 ……… 57, 228, 236, 246, 317, 341, 349, 361, 375, 510, 546, 552〜558, 560, 724, 842	岡田 道一 … 214, 217, 282
大野 謙 ……… 139, 140	大村市 ……………… 833		岡田 貢 …………… 717
大野 厳 …………… 229	大室 貞一郎 ……… 333	岡崎 文吉 ………… 232	岡田 実 ……… 101, 264
大野 勝三郎 …… 69, 70	大本 武雄 ………… 575	岡崎 幸寿 …… 182, 183	岡田 弥一郎 ……… 222
大野 純一 ………… 514	大本 利一 ………… 304	岡崎市 ……… 705, 707, 739, 742, 750, 775, 782, 788, 808, 816, 827, 834	岡田 吉光 …… 63, 418, 421, 423, 426, 427, 457
大野 史的 …… 842, 843	大森 英治郎 … 230, 376, 534		岡田 良一郎 ……… 698
大野 信三 … 294, 497, 516	大森 英太郎 ……… 608	岡崎市役所 … 40, 113, 120, 244, 245, 716, 719	岡田 良平 ………… 257
大野 辰見 ………… 5	大森 佳一 …… 50, 688		岡田復興局書記官 … 122
大野 竜太 …… 394, 473	大森 吉五郎 … 14, 15, 90	岡崎商業会議所 …… 705, 707, 742, 745, 750, 755	岡戸 武平 ………… 128
大野 連治 ………… 120	大森 金五郎 … 699, 709, 711		岡庭 博 …… 443, 572
大野 緑一郎 …… 62, 271, 300, 304〜306, 361, 363	大森 研造 …… 406, 408, 472, 475	岡崎商工会議所 ……… 776, 782, 809	岡野 一朗 …… 303, 304, 467, 481
大野木 克彦 …… 364, 366, 370, 568, 692	大森 憲太 ………… 208	小笠原 釖 ………… 136	岡野 鑑記 …… 222, 425
大軒 栄 …………… 155	大森 茂 ……… 30, 102	小笠原 三九郎 ‥ 458, 460, 527	岡野 清豪 ………… 511
大場 茂馬 …… 638, 639	大森 鐘一 …… 33, 39, 673	小笠原 専明 ……… 39	岡野 重三郎 … 193, 194
大羽 昇一 ………… 271	大森 毅 …………… 471	小笠原 豊光 … 260, 285	岡野 昇 ……… 16, 128, 166, 171, 176, 200
大庭 士郎 ………… 219	大森 秀雄 ………… 321	小笠原 義勝 …… 18, 28, 516, 520, 693	
大庭 草太郎 ……… 83	大森 義太郎 …… 269, 309, 484, 601, 605, 717		岡野 文之助 …… 2, 4, 8, 9, 13, 14, 16, 17, 20, 22〜24, 62, 133, 135, 170, 174, 193〜198, 200, 206, 302, 303, 362, 390, 393〜395, 398, 404, 411〜414, 417〜419, 422, 424, 425, 430, 454, 456, 457, 459, 465〜469, 481, 563, 569, 666, 725
大庭 正 …………… 379	大森区役所 ……… 718	小笠原 美治 … 679, 680	
大場 達三 ………… 425	大屋 敦 …… 444, 517	岡島 暢夫 …… 352, 353	
大場 力 …………… 272	大矢 三郎 ………… 346	岡島 松次郎 …… 8, 348	
大橋 静市 …… 332〜334, 521, 584	大宅 壮一 ………… 149	岡田 一郎 ………… 439	
大橋 善助 ………… 577	大矢 半次郎 …… 426, 427, 431, 458	尾形 栄造 …… 221, 364	
大橋 武夫 … 323, 345, 380		岡田 包義 ………… 667	
大橋 英男 ………… 798	大矢 寧明 ………… 174	岡田 完一 ………… 594	岡部 厳夫 ………… 598
大橋 光雄 … 181, 201, 202	大屋 霊城 …… 83〜90, 97, 112, 113, 116, 123, 132, 134, 214, 218, 219	岡田 喜久治 ……… 413	岡部 三郎 ……… 127, 129, 133, 152, 172, 183
大橋 良造 ………… 716		岡田 甲子之助 … 335, 382	
大橋図書館 …… 283, 288	大山 郁夫 … 596, 644, 645	緒方 清 …… 465, 536	岡部 二郎 ………… 63
大畑 忠一 ………… 375	大山 卯次郎 … 282, 716	岡田 金治 ………… 576	岡部 精一 ………… 103
大畑 文七 ……… 196, 197, 227, 409, 423, 430, 453, 455, 458	大山 侃爾 ………… 566	岡田 計介 …… 265, 267	岡部 為吉 ………… 282
	大山 健 …… 276, 278	緒方 孝三郎 ……… 377	岡部 利良 …… 579, 583
	大山 謙吉 ………… 430	岡田 恒輔 ………… 260	岡部 長景 ……… 278, 279, 331, 333, 679
大花羽村是調査会 …… 682	大山 敷太郎 … 191, 719	岡田 光蔵 ………… 432	
大浜 信泉 ………… 353	大山 網志 ………… 283	岡田 孝平 …… 277, 278	岡部 平太 ………… 270
大林 武七郎 ……… 64	大山 貞一 …… 18〜21, 46, 606, 607, 612	岡田 耕平 ………… 707	岡部教育研究室 …… 288
大林 宗嗣 … 218, 220, 223, 228, 269, 272, 282, 303, 347, 361〜364, 367, 368, 371, 374, 378, 381, 550		緒方 晧陽 ………… 564	岡松 参太郎 ……… 632
	大山 彦一 ………… 359	岡田 貞夫 ………… 536	丘村 欽治 …… 220, 548
	大山 斐瑳磨 ……… 112	岡田 貞利 ………… 18	岡村 精次 ………… 261
	大山 秀雄 ………… 189	岡田 重次 ………… 511	岡村 利平 ………… 705
大原社会問題研究所 … 294, 296, 337, 381, 540, 737〜740, 742, 745, 749, 755, 758, 763, 767, 772, 777, 783, 792, 797, 805, 814, 820, 826, 832, 842	大脇 正諄 ………… 529	尾形 繁之 …… 401, 403, 556, 565, 571, 574, 575	岡本 暁 …… 29, 91〜93
	大脇 直徳 …… 60, 163		岡本 英太郎 … 194, 474
	大和田 悌二 … 490, 528, 538	岡田 次三郎 ……… 98	岡本 精 ……… 352, 353, 374, 378, 553
	大和田 広治 ……… 447	岡田 周造 ‥ 1, 84, 123, 348, 396, 398, 400, 401, 602	
	大渡 順二 ………… 571		
[大原社会問題研究所雑誌]	岡 篤郎 ……… 224, 255〜258, 282, 283, 593	岡田 庄作 ………… 641	岡本 啓 …………… 230
編集室 ……… 311, 725		岡田 純夫 ………… 453	岡本 瓊二 ………… 712
大原町役場 ……… 714	岡 一男 …………… 693	尾形 惣三郎 ……… 452	岡本 桜 …… 204, 468
大平 得三 …… 222, 229	岡 香澄 …………… 270	岡田 宗司 …… 311, 433	岡本 茂武 … 131〜133
大藤 高彦 … 16, 86, 87	岡 邦雄 …………… 488	緒方 宗太郎 ……… 546	岡本 重康 ………… 351
大淵 彰三 ………… 507	岡 弘毅 … 365, 369, 372, 373	岡田 孝男 …… 142, 349	岡本 茂 ……… 27, 28
大淵 仁右衛門 …… 607	岡 大路 …………… 142	岡田 巧 …………… 503	岡本 純 …………… 698
大曲町 …………… 715	岡 実 …………… 1〜3, 13, 36, 252, 282, 293, 465, 466, 596, 633	岡田 忠彦 …… 249, 664	岡本 彰一 ………… 348
大町 桂月 ………… 701		岡田 達弥 ……… 71, 72	岡本 正一 ………… 542
大宮 謙 …………… 269		緒方 豊治 … 302, 338, 359	岡本 清造 ………… 512
大宮市 …………… 832	岡 勇次郎 ………… 528	岡田 豊治 ………… 464	岡本 善太郎 ……… 465
大宮町 ……… 790, 810	岡 義武 …… 603, 626	岡田 寅吉 ………… 74	岡本 叢一 ………… 567
大牟田市 ……… 743, 746, 751, 790, 813	岡倉 伯士 …… 481, 571	岡田 直策 …… 400, 405, 406, 475	岡本 武彦 ………… 688
	小笠 平太 ………… 306		岡本 忠弥 ………… 93
大牟田市教育研究会 … 283	岡崎 ……………… 102		
大牟田市役所 … 107, 109	岡崎 英城 …… 59, 60		岡本 二雄 …… 65, 157
	岡崎 公宏 ………… 454		

岡本 東一郎 244
岡本 通 72
岡本 富三郎 620
岡本 直人 482, 484
岡本 秀雄 383
岡本 広作 514, 544
岡本 博之 293, 840
岡本 正志 221
岡本 芳次郎 380
岡本 芳太郎 241
岡本 米蔵 558
岡本 理一
　　　　499, 507, 514, 585
岡本 柳之助 699
岡本 弥 294
岡谷市 ‥ 801, 813, 826, 831
岡谷市役所 717
岡安 覚一 221
岡安 真一 323
岡山 覚太郎 144
岡山 秀吉 ‥‥ 252, 255, 300
岡山 光雄 258
岡山 実 466
岡山県 ‥‥‥‥ 76, 688, 738,
　　741, 748, 752, 757, 760,
　　765, 768, 773, 779, 785,
　　792, 798, 805, 819, 834
岡山県浅口郡役所 708
岡山県阿哲郡教育会
　　　　　　　　　712, 713
岡山県経済部 163
岡山県自治講習所 38
岡山県収税部 447
岡山県総社保健所 289
岡山県総務部 817
岡山県総務部統計課
　　　　　　　　 798, 824, 831
岡山県知事官房統計課
　　　　　　　　　　 751, 768
岡山県知事官房文書課
　　　　　　　　　　　　 837
岡山県地方課 ‥ 451, 452, 684
岡山県都窪郡役所 709
岡山県内務部 44, 740
岡山市 ‥‥‥‥‥‥ 44, 743,
　　746, 767, 773, 779, 784,
　　798, 805, 813, 829, 837
岡山市社会課 384
岡山市役所 39,
　　109, 110, 717, 718, 744,
　　748, 757, 760, 763, 768,
　　779, 784, 792, 798, 813
岡山商業会議所 ‥‥ 744, 752
岡山商工会議所
　　　　　　　　779, 798, 805
小川 有道 606
小川 市蔵 64
小川 市太郎 .... 2〜
　　4, 8, 9, 11〜14, 17, 35, 36,
　　40, 87, 144, 221, 228, 347,
　　348, 354, 389, 390, 393,
　　398, 418, 605, 662〜664,
　　667, 671, 672, 684, 687
小川 栄次郎 ‥‥ 131, 464, 532
小川 織三 211,
　　　　212, 240, 241, 248
小川 一益 62
小川 銀次郎 698
小川 晧三 29
小川 郷太郎 185,
　　249, 406, 409, 413,
　　449, 451, 452, 454

小川 五郎 304
小河 滋次郎 ....
　　　　380, 381, 631, 633
小川 静子 254
小川 実也 251
小川 孝 332
小川 琢治 ‥‥ 75, 707, 842
小川 琢磨 101
小川 猛男 644
小川 忠恵 ‥ 12, 101, 203, 235
小川 達雄 440
小川 近五郎 263
小川 忠蔵 3
小川 信雄 ‥‥ 565, 568, 569
小川 広吉 94
小川 福太郎 388, 389
小川 雅次 303
小川 正行 256, 270
小川 正令 437, 500
小川 実 131
小川 安一郎 348
小川 勇蔵 ....
　　　　198, 423, 493, 548
小河原 忠三郎 293
沖塩 正夫 ‥‥ 511, 515, 565
沖田 武雄 410
荻田 保 201, 425,
　　426, 429〜440, 675, 676
沖津 順三 316
沖中 恒幸 ....
　　　　440, 526, 579, 585
沖縄県 727,
　　738, 749, 752〜754,
　　760, 775, 780, 787,
　　801, 805, 807, 815, 819,
　　827, 829, 832, 835, 838
沖縄県会 682
沖縄県国頭郡教育部会
　　　　　　　　　　　　 704
沖縄県総務部統計課
　　　　　　 791, 807, 813,
　　　 814, 821, 826, 831, 834
沖縄県知事官房 ‥‥ 749, 780
荻野 219
荻野 益三郎 ‥‥ 496, 499〜501
沖野 悟 89
沖野 武 72
荻野 竹四郎 211
荻野 秀寿 241
荻野 正俊 243, 244
荻村 竜太郎 485
荻森 源一 2
荻原 拡 264
奥井 復太郎 ‥‥‥ 4, 5, 8, 15,
　　19, 22, 24, 25, 27〜29, 50,
　　52, 67, 72, 73, 78〜81, 91,
　　124, 125, 144, 147〜150,
　　176, 220, 292, 307,
　　310, 311, 313, 314, 316,
　　326〜328, 351, 487, 512,
　　523, 548, 549, 565, 566,
　　583, 674, 690, 691, 725
奥沢 信行 698
奥田 555
奥田 秋夫 146, 147
奥田 或 512, 558
奥田 勝正 255
奥田 寛太郎 263, 571
奥田 孝一 458
奥田 三郎 268
奥田 茂造 102
奥田 助七郎 140

奥田 教朝 92,
　　　　98, 101, 125, 149
奥田 譲 350
奥平 祥一 72
奥平 武彦 610
オクタヴォ, ルマンブロイ
　　ニング 262
奥谷 松治 316,
　　334, 494, 500, 501, 504,
　　525〜527, 538, 543, 550
奥寺 竜渓 282
奥中 喜代一 ‥‥‥ 80, 82,
　　88, 92, 193, 194, 220, 393
奥野 健一 475
奥野 純次 145,
　　　　147, 198, 363, 554
奥野 誠亮 .... 445〜447
奥野 平 515
奥原 潔 ‥‥ 493, 507, 516, 519
奥原 時蔵 503
奥原 日出男 488
奥原 福市 709
奥原 正男 ‥‥ 576, 578, 579
オグバーン, W.F. 726
奥村 明治作 16
奥村 喜和男 ‥‥ 537, 543, 655
奥村 清喜 582
奥村 忠雄 ‥‥ 332, 333, 580
奥村 時蔵 441
奥村 胖 64
奥山 勇治 73
小倉 庫次 .... 1〜14,
　　40, 57〜59, 83, 85〜89,
　　113, 128, 129, 131, 134,
　　136, 170, 193〜195,
　　209, 216, 347〜349, 362,
　　397, 402, 408, 468〜471,
　　474, 548, 662〜664, 666
小倉 謙 67, 71
小倉 正平 476
小倉 千里 200
小倉 強 126, 135, 353
小倉 尚 ‥‥ 59, 63, 64, 597
小椋 広勝 ‥‥ 313, 490, 720
小栗 銀三 442, 446
小栗 忠七 .... 87〜96,
　　100〜102, 112, 117,
　　198, 200, 416, 551
小栗 宏 327
小河内貯水池建設事務所
　　　　　　　　　　　　 151
小河内村貯水池対策委員
　　会 245
小河内村役場 718
小古間 隆蔵 ‥‥ 19, 181, 441
尾崎 治 524
尾崎 亀太郎 16
尾崎 喜八 32
尾崎 久助 ‥‥ 58, 138, 145
尾崎 賢治 846
尾崎 逸足 698
尾崎 秀実 ....
　　　　269, 616, 653, 657
尾崎 三雄 502
尾崎 盛信 523
尾崎 雄一郎 567
尾崎 祐治 123, 124
尾崎 行雄 ‥‥ 18, 19, 606, 723
尾崎坊 豊秋 428
小笹 国雄 255
長田 新 266

長田 偶得 699
長田 貢内 ‥‥ 221, 223, 227
長田 三郎 475, 645
尾佐竹 猛 ‥‥‥ 75, 286, 626,
　　　645, 648, 654, 655, 666,
　　　673, 696, 716, 720〜722
長部 英三 257
小沢 輝 525
尾沢 功 182, 183
小沢 一恒 263
小沢 久太郎 134
小沢 恒一 254,
　　　　264, 267, 270, 279
小沢 滋 278
小沢 大助 254
小沢 徳一 257
小沢 一 238,
　　　　357〜359, 361, 362,
　　　　364, 365, 367, 368, 370,
　　　　371, 373〜377, 379, 383
小沢 栄豊 443, 623
小沢 雄次 580
置塩 章 86, 141
小塩 完次 214
オストホールト 570
オストロウモフ, ペ・ウエ
　　　　　　　　　　　　 646
オスワルド, F. 217
尾関 将玄 565
小関 世男雄 132
尾関 太郎 98
小関 紹夫 261
小田 2
織田 和勝 159
小田 吉之丈 711
織田 熊一 329, 330
織田 経二 466
織田 作之助 721
小田 成就 273
小田 俊三 367
小田 大泉 706
小田 忠夫 ‥‥ 1, 3, 5〜9, 12,
　　13, 15〜18, 137, 195, 196,
　　223, 257, 348, 358, 362,
　　389, 390, 392〜399, 403,
　　404, 410, 412, 413, 417,
　　422, 423, 430, 466, 563,
　　599, 666, 668, 724, 725
織田 利勝 159
織田 一 528
小田 正意 ‥‥ 574, 578, 582
織田 松太郎 169
小田 元吉 147,
　　　　172, 173, 175〜177
小田 元志 175
織田 万 35,
　　　　281, 635, 637, 651
小田内 通敏 46,
　　91, 123, 266, 269, 546,
　　547, 549, 550, 552, 690,
　　704, 708, 710, 718, 720
尾高 邦雄 296
尾高 太郎 265
尾高 朝雄 599,
　　　606, 608, 613, 614,
　　　627, 653, 658, 840
尾高 豊作 55, 366
小田垣 十三 195
小田垣 光之輔 .... 1〜6,
　　57, 85, 91, 122, 128,
　　167, 168, 193, 209, 211,

250, 254, 362, 460, 465, 494, 497, 516, 661～663	600, 601, 603, 604, 606, 610, 614, 619, 626	小原 国芳 …………… 254	開城府 …………… 770, 782, 788, 795, 802
小田川 利喜 …………… 97	小野 清秀 …………… 645	小原 敬士 … 484, 497, 693	甲斐新聞社 …………… 704
小田切 謙 …………… 301	小野 清造 …………… 438	小原 新三 … 8, 38, 597, 634	貝塚市 …………… 838
小田桐 正一 …………… 206	小野 武夫 …………… 265, 285, 295, 296, 300, 301, 464, 466, 482, 511, 515, 530, 533, 534, 537, 538, 541～544, 554, 690, 692, 707, 709, 711, 842	尾原 信彦 …………… 693	貝塚町 …………… 801
小田切 豊吉 …………… 168		小原 正樹 409, 410, 412, 459	槐亭 賀全 …………… 287
小田倉 一 …………… 238		尾原 亮太郎 …………… 294	海東 陸男 …………… 417
小竹 文夫 …………… 692		小尾 範治 … 10, 251, 252, 256, 260, 263, 264, 267, 287	海南市 …………… 834
小田生 …………… 86			海南市役所 …………… 46
小谷 誠一 …………… 254, 255		帯広市 …………… 781, 788, 794, 801, 819	戒能 通孝 … 268, 327, 328, 331, 428, 437, 438, 477, 481, 527, 554, 570, 600, 627, 659, 675, 722
小田橋 貞寿 …………… 308, 405, 406, 472, 509, 549, 550, 553, 555, 574, 575, 579, 581, 792, 840	小野 武雄 …………… 421	帯広市役所 …………… 47	
	小野 鉄二 …………… 707, 745	帯広町 …………… 775	
	小野 徳太郎 …………… 330, 583	小淵 将玄 …………… 427	
	小野 久 …………… 262	尾太生 …………… 96	貝原 篤信 …………… 279
小田部 隣 …………… 133	小野 秀雄 …… 249, 281, 283	於保 不二雄 … 331, 616, 624	海辺 圭吾 …………… 139
小樽高等商業学校研究室 …………… 559	小野 均 …………… 711	朧谷 峻嶺 317, 600, 601, 616	解放社 …………… 752
	小野 房若 …………… 58		外務省 …………… 335, 337, 629, 640, 643
小樽港湾修築事務所 …… 127	小野 文人 …………… 274	小俣 国造 …………… 13	
小樽市 … 721, 745, 746, 749, 754, 788, 801, 804, 819	小野 正男 …………… 97	小俣 寅造 …………… 248	外務省亜細亜局 746, 764, 778, 784
	小野 道雄 …… 123, 487, 534	小俣 弘通 …………… 150	
小樽市港湾事務所 …… 127	小野 道人 …………… 164	沢潟 久孝 …………… 276	外務省亜米利加局 …… 45
小樽市役所 …………… 108, 161, 740, 752, 762, 766, 776, 781, 789, 795, 826	小野 基樹 … 94, 147, 148, 214, 219, 220, 222, 227	小山 倉之助 …………… 219	外務省欧米局第一課 …………… 644, 650
		小山 勝 …………… 180	
	小野 好男 …………… 99, 100	尾山 万次郎 …………… 461	外務省記録局 …………… 629
小樽商業会議所 …………… 742, 749, 750	小野 竜一 …………… 581	小山田 一雄 …………… 21	外務省情報部 …… 25, 649
	小野 良一 …………… 145	小山田 小七 …………… 220, 221, 223, 227, 365, 398, 399, 402, 405, 407, 412, 416, 418～421, 423, 425, 427, 429, 430, 432, 433, 435, 440, 463, 504, 548	外務省政務局 … 293, 638, 639
小樽商工会議所 …………… 781, 802, 832	小野 諒兄 …………… 124, 140, 143, 173, 174		外務省調査局 …………… 721
			外務省調査部 …………… 288, 295, 654, 655
小田原市 …………… 836	尾上 四郎 …………… 466		
小田原町 …………… 803, 819	尾上 忠雄 …………… 487, 494		外務省通商局 …… 638, 771
越智 庄兵衛 …………… 486, 491	尾上 輝造 …………… 311, 313, 374		外務省東亜局 … 791, 798, 804
越智 治正 …………… 96	小野木 常 …………… 322		外務省臨時調査部 …… 639
落合 春平 …………… 388	小野崎 仁 …………… 87, 111	小里 頼永 …………… 404	カウツキー, カール …………… 295, 450, 535
落合 泰蔵 …………… 640	小野塚 喜平次 …………… 392, 634, 635, 639, 646	折尾 伊勢太 …………… 380	
落合 林吉 …………… 148, 152		折坂 理五郎 …………… 141	カウルフス, H. …………… 124
落木 正文 …………… 606	小野田 秀作 …………… 347	折下 吉延 …………… 88, 89, 109, 216, 218	海江田 信義 …… 630, 631
オッグ, フレデリック・アウスチン …………… 294	小野田 元熈 …………… 698		加賀 耿二 …… 504, 506
	小野田市 …………… 832	折原 泉 …………… 533	科学知識普及会 …………… 77
オット・シュリア国土計画研究所 …………… 584	小野寺 季六 …………… 60	織本 侃 … 15, 16, 49, 453, 565	鏡味 完二 …… 20, 693, 695
	小野寺 五一 …………… 224	オルスキンメイ, トマス …………… 628	加々美 武夫 …………… 3, 15, 391, 412, 417
オデューム, ハワド・W. …………… 366	小野寺 有一 …………… 21		
小寺 駿吉 …………… 90, 100, 102, 141, 154, 155, 221	尾道市 …………… 741, 745, 755, 759, 762, 766, 770, 782, 791, 801, 821	オルツエスキー …………… 636	鏡 呆一 …………… 270
		恩河 朝健 …………… 455	香川 悦次 …………… 705
尾戸 次作 …………… 223		恩賜財団済生会 …………… 241	香川 健一 …………… 238
乙黒 武雄 …… 263, 264	尾道市都市計画課 …… 120	恩田 長蔵 …………… 380	賀川 豊彦 …… 73, 220, 226, 295, 359, 364, 365
乙竹 岩造 …………… 284	尾道市役所 … 715, 718, 719	音堂 由太郎 … 15, 310, 314	
乙葉 宗兵衛 …………… 698	尾道商工会議所 …… 803		賀川 英夫 …………… 544
尾中 正春 …………… 376	小幡 亀寿 …………… 228	**【か】**	香川県 … 652, 700, 737, 741, 743, 749, 759～761, 779, 798, 801, 813, 819, 824, 826, 834, 839
鬼武 十郎 …………… 410	小幡 清金 …………… 2, 5, 7, 17, 83～85, 87, 256, 299, 389, 390, 393, 394, 429, 449, 546, 693, 694		
鬼丸 勝之 … 313, 315, 317		何畏 …………… 546	
遠敷郡教育会 …………… 705		甲斐 芙蓉 …………… 435	
小沼 洋夫 …………… 279		賀井 善智 …………… 572	香川県香西町 …………… 713
小野 梓 …………… 629	小畑 源之助 …… 17, 536	海軍省医務局 …………… 209	香川県師範学校 …………… 719
小野 磐彦 …………… 305	小幡 佐七 … 320, 323, 324	会計検査院 …………… 447	香川県女子師範学校 …… 719
小野 栄作 …… 82, 84, 166	小幡 重一 …………… 59	会計検査院長官房調査科 … 781, 783, 785, 789, 792, 796, 801, 802, 810, 828	香川県総務部 …………… 826
小野 英二郎 …………… 447	小幡 宗海 …………… 698		香川県総務部統計課 …… 792
小野 勝雄 …………… 501	小畑 忠良 …… 324, 331		香川県知事官房 … 762, 785
小野 勝次 …… 553, 556	小幡 徹 …………… 320		香川県知事官房統計課 …………… 838
小野 桂 …………… 716	小幡 篤次郎 …………… 279	会計検査院長官房文書課 …………… 794	
小野 義一 …………… 293	小畑 富記 …… 252, 256		柿 徳市 … 65, 67, 153, 154
小野 儀七郎 …………… 500	小畑 虎之助 …………… 657	海後 宗臣 …………… 253, 259, 264, 266, 269, 272, 276, 277, 285, 289, 290, 322	柿崎 勇 …………… 18
小野 清 …… 160, 699, 710	小幡 治和 …………… 77		嘉義市 …………… 772, 773, 777, 780, 783, 791, 802, 803, 810, 814, 817, 826
小野 健二 …………… 143	小幡 仏 …………… 490		
小野 源蔵 …………… 265	小畠 康郎 …… 268, 471		
小野 晃昇 …………… 541	小浜 浄鉱 …………… 208, 347, 668, 670	開港三十年紀念会 … 698, 699	
小野 俊一 …………… 241		外国政策彙報 …………… 415	嘉義市役所 …… 43, 383
小野 純蔵 …………… 706	小汀 利得 …………… 198	外史局 …………… 628	柿沼 三郎 …………… 220
小野 二郎 …………… 195	小原 岩蔵 …………… 133	貝島 兼三郎 …… 604, 607	柿原 武熊 …………… 630
小野 精一 …………… 713	小原 一二 …………… 21	堺社会事業協会 …………… 339	郭衛 …………… 658
小野 清一郎 …………… 57, 229, 278, 480, 503,	小原 栄六 …… 135, 136	海住 実 …………… 485	岳 興華 …………… 376
	小原 邦雄 …………… 137	海州府 …………… 833, 838	賀来 才二郎 …… 363, 364
			郭 良弼 …………… 675

| 鶴磯勝敬天 279
| 各区聯合区画整理制度改善
| 期成同盟会 109
| カークード, モレテーグ
| 632
| 角銅 利生 73, 380
| 角銅 幸朝 17
| 鶴友会 707
| 筧 正太郎 170, 189, 198
| 影沢 慶一 257
| 影山 幸次 841
| 景山 鹿造 266, 621
| 景山 準吉 223
| 景山 質 5,
| 56, 128, 129, 134, 136
| 景山 致恭 696, 697
| 加古 徹次郎 570
| 加古 祐二郎 ... 600, 602, 604
| 加古井 智憲 49
| 鹿児島 登左
| 253, 282, 283, 666
| 鹿児島県 .... 718～720,
| 727, 729, 739～741, 746,
| 749, 750, 752, 754, 758,
| 763, 768, 769, 773, 785,
| 787, 792, 798, 799, 805,
| 811, 813, 816, 819, 821
| 鹿児島県熊毛支庁 714
| 鹿児島県港務所 133
| 鹿児島県自治講習所 50
| 鹿児島県総務部統計課
| 813
| 鹿児島県知事官房 751,
| 752, 754, 760, 768, 773
| 鹿児島県土木課 .. 132, 133
| 鹿児島県内務部
| 738, 746, 749
| 鹿児島港務所 128
| 鹿児島市 52, 743, 746,
| 751, 755, 759, 766, 771,
| 775, 782, 790, 795, 796,
| 803, 810, 816, 824, 829
| 鹿児島市商工課 829
| 鹿児島市庶務課 759
| 鹿児島市電気局 764
| 鹿児島市役所 52,
| 242, 703, 741, 742, 744,
| 748, 750, 755, 765, 768,
| 773, 779, 785, 792, 798,
| 805, 812, 826, 827, 831
| 鹿児島商業会議所 742
| 鹿児島商工会議所
| 783, 790, 796
| 鹿児島都市計画地方委員
| 会 106
| 籠山 京 236,
| 239, 327, 331, 333, 346
| 笠井 秀夫 310,
| 311, 483, 486, 504, 549
| 笠木 嘉一 187
| 笠島 角次郎 366
| 風早 徹課 301
| 風早 八十二 ... 64, 292, 293,
| 296, 313～318, 344, 373,
| 457, 485, 490, 568, 606
| 笠原 謙蔵 251
| 笠原 勝二郎 100
| 笠原 千鶴 436, 480, 566
| 笠原 敏郎 88,
| 132, 137, 153, 156, 353
| 笠原 広 575
| 笠原 幸雄 605

| 笠間 昊雄 186, 620
| 風間 大助 350
| 風間 鶴寿 330, 659
| 笠間 尚武
| 124, 232, 234, 556
| 笠松 慎太郎 ... 173, 184, 186
| 風祭 甚三郎 558
| 風見 八十二 431
| 笠森 伝繁
| 286, 468, 469, 472
| 加地 成雄 .. 10, 500, 501, 507,
| 508, 547, 669, 724～726
| 嘉治 真三 585
| 梶 康郎 36, 37, 841
| 梶ヶ谷 誠司 489
| 梶川 重光 498
| 樫木 徹 6, 7, 9, 13,
| 130, 132, 134～136, 138,
| 143, 168～171, 173, 174,
| 195, 197, 212～219, 465,
| 468, 469, 475, 666, 724
| 樫田 五郎 59, 208
| カシニコフ, ウエ 157
| 樫原 敬三 90, 478
| 鹿島郡自治会 712
| 梶山 精一郎 277
| 梶山 力 540
| 柏 祐賢 320,
| 413, 415, 417, 502, 543
| 柏 正男 81
| 柏井 象雄 405,
| 410, 412, 414, 415,
| 417, 420, 421, 423, 424,
| 436, 437, 460, 486, 488
| 柏井 他六郎 227
| 柏木 太四郎 373
| 柏崎町 796, 826
| 柏塚 辰雄 350,
| 398～400, 408, 411,
| 548, 555, 556, 572
| 柏原 伸二 11
| 柏原 直次郎 219
| 柏原 兵太郎
| 154, 155, 178, 180
| 柏村 信雄 25,
| 26, 29, 676, 677
| 梶原 子治 555, 556
| 梶原 三郎 23, 228
| 梶原 茂嘉 473,
| 483, 492, 507, 580
| 梶原 二郎 150, 223,
| 229, 230, 233, 236, 237
| 梶原 仲治 391
| 梶原 司行 220
| 主計 貞二 422
| 春日井 薫 563
| 香月 保 415, 417
| カズツリ, アントニオ ... 611
| カスパリー 650
| 粕谷 源蔵 546
| 糟屋郡役所 706
| 瓦斯料金値下期成同盟
| 204
| 加瀬 三郎 486
| 河川協会 158
| 片 健治 30
| 加田 哲二 295,
| 296, 306, 307, 473, 480,
| 484, 491, 495, 498,
| 572, 594, 596～600,
| 609, 615, 625, 693, 840

| 加田 信憲 288
| 片岡 源之助 250
| 片岡 重助 282
| 片岡 純治 52
| 片岡 介三郎 33
| 片岡 政一
| 407, 419, 426, 427
| 片岡 清一 327, 670
| 片岡 直温 529, 650, 651
| 片岡 直道 176
| 片岡 文太郎 22, 266
| 片岡 誠 331
| 片岡 安 15, 57,
| 58, 83, 86, 87, 101, 103,
| 108, 117, 129, 131, 138,
| 161, 347, 348, 354, 602
| 片岡 義雄麿 147
| 片貝 正晋 32, 33
| 片桐 佐太郎 270
| 片桐 由雄 3, 4, 57
| 片野 一朗 524
| 片野 真猛 109
| 片柳 真吉 428,
| 477, 483, 493, 494,
| 497, 502, 503, 524, 527
| 片山 逸朗 74
| 片山 孤村 701
| 片山 貞松 132, 152
| 片山 早苗 359
| 片山 哲 361, 364, 485, 616
| 堅山 利忠 511
| 片山 義勝 642
| 勝 正憲 390, 396,
| 399, 407, 409, 411, 418,
| 419, 421, 424, 443, 445,
| 451, 457, 459～461, 566
| 勝木 新次 217,
| 236, 312, 345, 380, 476,
| 482, 483, 548, 554, 565
| 葛飾区役所 717
| 合衆国労働省労働統計局
| 314
| カッセル 402
| 勝田 銀次郎 15, 93
| 勝田 貞次 467, 468, 524
| 勝田 千利 146
| 勝田 一 57
| 勝田 孫弥 711
| 勝田 弥吉 61
| 勝部 兵助 565
| 勝間田 清一 476,
| 478, 495, 541, 569
| 勝俣 稔 61
| 勝本 新次 576
| 勝本 鼎一 29, 304
| 勝本 正晃 406, 409, 478
| 勝谷 在登 560
| 勝屋 英造 529, 683
| 葛山 鉄造 214
| 桂 泉 307, 331
| 桂 定治郎 67
| 桂 寅太郎 352
| 桂川 史 .... 405～409
| 加藤 一郎 528
| 加藤 於菟丸 197,
| 232, 233, 235, 260,
| 404, 408, 412, 602,
| 609, 669, 671, 673, 686
| 加藤 一男 521
| 加藤 一雄 443
| カドゥー, ガストン
| 173, 219, 472

| 加藤 完治 249
| 加藤 勘十 311
| 加藤 寛二郎 218, 219
| 加藤 吉次郎 130,
| 132～139, 144, 477
| 加藤 吉太郎 134
| 加藤 清 91,
| 97, 120, 141, 143, 151, 220
| 加藤 清志 91
| 加藤 国一郎 355
| 加藤 熊一郎 684
| 加藤 久米四郎 ... 598, 668
| 加藤 源三 208, 209, 213
| 加藤 孝三郎 683
| 加藤 成雄 726
| 加藤 俊次郎 498, 524
| 加藤 恂二郎 272, 273
| 加藤 正造 647
| 加藤 四郎 511
| 加藤 新吉 180
| 加藤 新平 609
| 加藤 助吉 720
| 加藤 精一 .... 526, 581～584
| 加藤 誠一 91
| 加藤 精三 258,
| 259, 272, 285, 333
| 加藤 誠平 155
| 加藤 善吉 ..... 82, 86～89,
| 92, 93, 117, 122, 123,
| 134, 138, 351, 355, 673
| 加藤 知正 258
| 加藤 照麿 722
| 加藤 徳 429, 608
| 加藤 得三郎 64, 94
| 加藤 俊夫 149, 606
| 加藤 咄堂 286, 373
| 加藤 長雄 81
| 加藤 仁平 268, 269
| 加藤 一 81,
| 102, 578, 581, 583, 584
| 加藤 晴比古 722
| 加藤 弘之 280, 628
| 加藤 普佐次郎 219
| 加藤 房蔵 637, 709
| 加藤 政之助 447, 673
| 加藤 正信 11
| 加藤 正治 638
| 加藤 正春 581
| 加藤 正晴 156
| 加藤 又兵衛 697
| 加藤 操 410
| 加藤 盛雄 608
| 加藤 盛慶 713, 715
| 加藤 雄三 243
| 加藤 祐三郎 62, 312
| 加藤 幸雄 152, 498
| 加藤 裕 509
| 加藤 ヨイ 236
| 加藤 陽三 .... 29～32, 55,
| 145～147, 149, 227,
| 228, 352, 480, 553
| 加藤 与五郎 258
| 加藤 義一 222, 355
| 河東 義治 555
| 加藤 秀秀 626
| 加藤 善光 257
| 加藤木 重教 202
| 加藤木 保次 565
| 加藤元帥伝記編纂委員会
| 711
| 加藤生 181, 182

河東田 教美 ………… 370
門倉 軍治 …………… 95
門倉 則之 ………… 143
門田 昱平 ………… 440
門田 重雄 ………… 254
門田 一 ……… 97, 98
門多 栄男 ………… 585
葛野 壮一郎 ………… 61,
　92, 129～133, 348～350
門脇 惇 …………… 677
門脇 光男 …… 374, 613
門脇 黙一 ………… 387
金井 寛三 …… 652, 654
金井 軍次 ………… 624
金井 静二 ………… 98
金井 満 … 478, 483, 499, 520
金井 元彦 ………… 315
金井生 …………… 482
神奈川県 ……… 75, 119,
　120, 125, 164, 284, 451,
　558, 570, 588, 654, 680,
　681, 685, 701, 726, 731,
　732, 748, 757, 773, 779,
　787, 792, 799, 800, 805,
　813, 819, 824, 829, 837
神奈川県足柄下郡教育会
　…………………… 712
神奈川県学務部社会教育
　課 ………………… 340
神奈川県教育会 …… 704
神奈川県経済部 …… 817
神奈川県警察部 …… 75
神奈川県警察部衛生課
　…………………… 239
神奈川県警察部建築工場監
　督課 ……………… 162
神奈川県社会事業協会
　…………………… 283
神奈川県商工課 …… 844
神奈川県商工経済会川崎支
　部 ………… 544, 846
神奈川県水産会 …… 531
神奈川県水道局 …… 247
神奈川県水道事務所 … 221
神奈川県総務部 …… 799
神奈川県総務部統計調査
　課 ……… 799, 821, 827
神奈川県知事官房 …… 753
神奈川県庁 ……… 185,
　334, 447, 679, 711
神奈川県都市計画課
　………………… 117～120
神奈川県内務部統計課
　………………… 760, 761
神奈川県内務部統計調査
　課 …… 768, 773, 779, 785
神奈川県農会 ……… 532
神奈川県三浦郡教育会
　…………………… 704
神奈川県三浦郡葉山村
　…………………… 682
神長倉 真民 … 19, 64, 461
金沢 次郎 ………… 60
金沢 貞次郎 ……… 714
金沢 春友 ………… 555
金沢 理康 ………… 659
金沢 良雄 ………… 73,
　432, 520, 521, 523, 627
金沢市 …… 707, 715, 743,
　752, 760, 764, 768, 776,
　779, 799, 802, 805, 810,
　817, 824, 829, 834, 837
金沢市庶務課 …… 783, 791

金沢市電気局 ………
　204, 751, 755, 767
金沢市電気水道局 … 198,
　199, 244, 783, 791
金沢市役所 ……… 38,
　40, 44, 46, 109, 752,
　757, 760, 764, 768, 785,
　791, 799, 805, 813, 817
金沢商工会議所 …… 45,
　589, 592, 777, 781,
　788, 796, 803, 810
金持 一郎 ………… 172
金杉 英五郎 ……… 209
金森 誠之 …………
　124, 125, 143, 580
金森 徳次郎 …… 31, 32,
　334, 409, 594～600, 602,
　606, 609, 624, 650, 665
金山 勝之 ………… 310
金成 亀次郎 ……… 264
兼岩 伝一 ……… 91,
　92, 94, 95, 97, 125
兼岩 鉅 …………… 323
金岡 信道 ………… 360
金川 与之助 ……… 395
金子 章 …………… 557
金子 馬治 ………… 294
金子 応之助 ……… 585
金子 魁一 ………… 365
金子 吉衛 ……… 200,
　201, 228, 235, 236, 238
金子 九郎 ……… 67,
　98, 100, 101, 374
金子 源一郎 …… 130, 152
金子 堅太郎 … 281, 602,
　606, 610, 649, 651, 652
金子 しげり … 269, 365, 371
金子 準二 ……… 68, 223
金子 晋 …………… 699
金子 鷹之助 … 474, 585
金子 正 …………… 550
金子 留吉 ………… 468
金子 白夢 ………… 595
兼子 一 …………… 609
金子 秀彬 ………… 331
金子 秀吉 ………… 366
金子 弘 …… 277, 296, 542
金子 柾 …………… 145
金子 光 …………… 234
金子 保太郎 …… 57, 67
金子 有造 …… 497, 572
金子 美雄 ………… 332
金子 禎秀 …… 175, 176
金子 利八郎 … 229, 593
兼坂 治郎 ………… 275
金田 甚作 ………… 540
金田 信武 ………… 580
金田 日出男 ……… 362
金田 平一郎 … 690, 695
金谷 重義 ……… 21,
　30, 73, 78～80, 93, 98,
　102, 123～126, 130,
　131, 166～174, 176,
　179, 180, 182～185, 218,
　401, 515, 547, 554, 840
兼常 清佐 ………… 322
金丸 彦五郎 ……… 696
金光 史朗 ……… 234,
　235, 375～378
金光 秀文 ………… 16
金村 一郎 ………… 548

鹿野 雅夫 ………… 558
加納 勝巳 ………… 444
金生 喜造 ……… 258,
　263, 511, 691, 695, 696
狩野 力 ……… 89, 134
狩野 春一 ………… 62
狩野 広之 …………
　176, 329, 345, 581
蒲 章 ……………… 334
樺山 愛輔 ………… 287
香春 三樹次 ……… 131
冠木 四郎 ………… 429
カフタン, ダフマン … 150
壁島 為造 ………… 212
華北事情案内所 …… 826
釜石市 …… 808, 816, 829
釜石市役所 ………… 51
釜石町 ……… 795, 801
鎌倉市 …………… 832
鎌倉町 ……… 797, 811
鎌田 銓一 ………… 133
鎌田 正忠 …… 319, 325
鎌田 芳太郎 ……… 529
蒲田町史編纂会 …… 715
鎌塚 扶 …………… 273
上浦 種一 …………
　28～30, 56, 485, 676
神尾 守次 ………… 124
神笠 武登 ………… 68
上川 豊 …………… 212
上川名 義雄 ……… 427
上条 勇 …………… 302
上条 馨 …………… 549
神野 誠治 ………… 202
上林 正矩 … 429, 443, 495,
　506, 508, 513, 568, 570
神谷 慶治 ………… 493
神谷 秀夫 …… 233, 247
神谷 守次 …… 224, 226
神谷 良平 ………… 404
上山 満之進 … 532, 681
上山君記念事業会 … 720
カミンス, タイル … 217
亀井 貫一郎 ……… 668
亀井 幸次郎 ……… 17,
　19, 66, 73, 78, 79, 93,
　96, 100, 101, 123, 124,
　147, 153, 155, 178, 350,
　351, 356, 493, 554, 692
亀井 重麿 ………… 241
亀井 光巳 …… 232, 376, 377
亀井 秀夫 ………… 604
亀川 信人 ………… 377
亀田 素 …………… 145
亀田 豊四郎 ……… 213
亀田 豊治朗 ……… 726
亀谷 綾治 … 225～228, 457
亀山 孝一 … 65, 208, 209, 215,
　218, 243, 326, 462, 596
亀山 誠 …………… 397
加茂 智栄 ………… 219
蒲生 伝 …………… 58
蒲生 俊文 ………… 57
鴨原 和夫 ………… 246
賀屋 興宣 …… 427, 446
嘉安 健次郎 ……… 170
栢野 晴夫 …… 524, 525
樫木 寛之 ……… 84,
　85, 89, 122, 123
萱場 軍蔵 ………… 111
萱場 順治 ………… 8

栢原 直二郎 ……… 213
加用 信憲 ………… 267
加用 信文 … 513, 526, 552
唐沢 貞治郎 ……… 705
柄沢 貞治郎 … 182, 183, 696
唐沢 俊樹 … 63, 140～142
辛島 格 …………… 33
唐津市 …… 806, 817, 839
唐津市役所 ………… 44
柄野 晴夫 ………… 518
樺太庁 … 707, 734, 739～742,
　745, 766, 770, 775,
　780, 781, 784, 786, 788,
　796, 801, 803, 805, 807,
　810, 816, 817, 821, 833
樺太庁長官官房臨時国勢調
　査部 ……………… 774
樺太庁内務部 ……… 828
樺太庁内務部地方課 … 828
苅田 乙三郎 ……… 701
刈田 喜一郎 … 101, 102, 278
苅屋 公正 ………… 370
刈谷町誌編纂会 …… 714
苅宿 俊風 … 549, 557, 604
軽部 修伯 ………… 216
軽部 秀治 ………… 6
軽部 吉久 ………… 523
花連港庁 … 718, 802, 819, 829
花蓮港庁産業奨励館 … 720
河井 一郎 ………… 92
河合 栄治郎 ……… 267,
　268, 288, 294, 311,
　335, 347, 369, 844
河井 庫太郎 ……… 698
河合 浩蔵 ………… 82
川合 寿一 ………… 574
川井 章加 ………… 362
川井 四郎 ………… 628
河合 大治郎 ……… 498
川井 保 …………… 229
川合 直次 …… 10, 404
河合 宏海 ………… 149
河合 弘道 …… 297, 556
河合 勇吉 ………… 570
河合 良成 …………
　332, 455, 517, 525
川内 唯彦 ………… 533
川内 槌蔵 ……… 131,
　135, 268, 348, 372
川浦 玄智 ………… 274
川勝 健二 … 20, 351, 353, 692
川上 英一郎 ……… 347
川上 栄太郎 ……… 450
川上 国夫 ………… 137
川上 邦基 ………… 145
川上 敬逸 ………… 489
川上 賢叟 … 11, 367, 368, 372
川上 七五三 ……… 759
河上 丈太郎 … 367, 415, 420,
　421, 423, 424, 430, 432
川上 善司 ………… 274
川上 武夫 ………… 284
川上 胤三 …… 153, 156
川上 為治 …… 149, 491,
　567～570, 573, 574, 589
川上 太郎 ………… 610
川上 輝大 …… 235, 237, 378
川上 暢夫 ………… 236
河上 肇 ………… 291,
　292, 294, 334, 335, 359,
　462～464, 468, 530,
　532, 546, 558, 595, 596

川上 正道 ……… 496, 555, 556	川島 秀雄 …………… 560	川辺 真蔵 …………… 604	神田 孝一 …………… 405
川上 理一 …………… 556	川島 完 …………… 397	川辺 長次郎 ………… 578	神田 重雄 ……………… 10,
川上 和吉 …… 64, 124, 582	川島 宏 …………… 403,	河辺 旨 ………… 183, 184	140, 158, 181, 404
河北 一郎 ………… 95, 547	407, 410, 411, 414	川又 一博 …………… 154	神田 遥 ………… 584, 588
川喜多 孝哉 ………… 544	河島 倭喜次 ………… 257	川俣 浩太郎 …… 125, 492,	神田 孝平 …… 33, 528, 722
河北 道夫 …………… 411	河津 暹 …………… 284,	501, 507, 510, 524, 526	神田 外茂夫 ………… 157
川喜田 煉七郎 ……… 349	296, 307, 392, 405,	河村 薫 ………… 256, 257	神田 乃武 …………… 722
川口 一二 …………… 61	450, 517, 534, 564, 565	河村 協 …………… 157	神田 正雄 …………… 711
河口 協介 …………… 227,	川澄 巳知雄 …… 148～150	川村 吉五郎 ………… 497	神田 柳浦 …………… 184
229, 233, 234, 236	河瀬 一貫 …………… 627	河村 恭介 …………… 73	神田生 …………… 169
川口 佐市 …………… 580	河瀬 蘇北 …………… 586	河村 舜応 …………… 369	関東戒厳司令部 ……… 75
川口 正次郎 ………… 323	川瀬 保 …………… 445	河村 慎一 …………… 508	関東局 …… 653, 796, 801, 820,
川口 正太郎 ………… 292	為替貯金局 …………… 240	河村 静観 …… 307, 308, 320	825, 828, 833, 835, 838
川口 丈夫 ……… 8, 550, 693	河添 誠一 …………… 303	河村 正 …………… 463	関東局官房文書課
川口 利雄 …………… 170	河田 烈 ………… 452, 454	川村 種三郎 ………… 349	…………… 797, 801, 808
川口 久 …………… 179	川田 金造 ……… 420, 496	川村 貞四郎 …………	関東軍軍医部 ………… 211
川口 由太郎 ………… 473	川田 三郎 ……… 440, 557	61, 215, 648, 685	関東産業団体聯合会事務
川口市 … 777, 784, 794, 802,	河田 嗣郎 …………… 123,	河村 東洋 …………… 268	所 ………………… 345
809, 816, 818, 831, 835	284, 292, 295～297,	川村 豊三 ……… 135, 141	関東市長会長 ………… 44
川口市統計課 ………… 805	300, 301, 304～306,	川村 秀雄 …………… 278	関東州庁 …………… 717
川口市役所 …………… 535	310, 316, 334～339, 341,	川村 秀文 …… 221, 223,	関東州庁地方課 ……… 688
川久保 定三 ………… 212	342, 349, 387, 399, 458,	224, 226, 229, 373, 376	関東州庁土木課 ……… 118
河毛 三郎 …………… 681	463～470, 472, 474, 476,	川村 正雄 ……… 438, 442	関東州庁内務部 ……… 686
川越 維弘 …………… 312	478, 479, 485, 487, 503,	河村 又介 …… 599, 604, 607,	関東州庁内務部民生課
河越 青士 …………… 721	530, 531, 533, 539, 540,	615, 617, 622～624, 651	……………………… 688
川越 壮介 …………… 5	542, 547, 549, 558, 563	川村 琢 ……… 510, 514	関東大震災情報部 …… 74
川越 八郎 …………… 184	河田 四郎 …………… 138	川村 芳次 ……… 38, 469	関東地方商工会議所 … 126
川越 弘 ……… 15, 312	川田 信一郎 ………… 520	川村 和嘉治 …… 97, 486	関東地方商工会議所国土計
川越 雅弘 …………… 485	川田 大助 …………… 68	川本 宇之介 ……… 3, 6, 7, 13,	画協議会 …………… 126
川越市 …… 747, 759, 764,	川田 友之 …………… 50	128, 129, 215, 250～256,	関東庁 …………… 645
767, 776, 790, 821, 831	川田 半三郎 ………… 372	261, 262, 265, 267,	関東長官官房調査課
川越市役所 …………… 721	川田 秀雄 …………… 538	271, 281, 284, 361, 690	……… 782, 784, 785, 788
川崎 勇 …… 466, 663, 664	河田 弘 …………… 236	川本 邦雄 ……… 326, 553	関東長官官房文書課
川崎 克 …… 387, 421, 606	河竹 武夫 …………… 260	川本 三郎 …………… 700	……… 752, 753, 768
川崎 周一 …………… 15	河内 楨蔵 …………… 131	川本 与森 …………… 68	関東庁警務局 ………… 778
川崎 近太郎 ………… 275	川手 忠義 …………… 57	河原田 稼吉 ………… 298,	関東庁地方課 ………… 43
川崎 敏 ……… 573, 695	川出 千速 …………… 377	301, 338, 358, 369, 804	関東庁調査課 ………… 791
河崎 なつ …………… 223	川名 兼四郎 ………… 637	菅 円吉 …………… 264	関東庁内務局 ………… 685
川崎 登 …………… 185	川西 伊平次 …… 573, 575	菅 菊太郎 …… 265, 698	関東庁臨時戸口調査部
川崎 秀男 …………… 14, 408,	川西 実三 …………… 12,	菅 健次郎 …… 139～141,	……………………… 741
411, 437, 475, 599, 652	221, 222, 224, 269,	170, 172, 173, 197	広東省会公安局統計股
川崎 秀雄 …………… 436	279, 305, 306, 547, 596	菅 茶山 …………… 700	……………………… 44
川崎 操 …… 840, 841, 846	川西 正鑑 …………… 78,	韓 聖寿 …………… 265	カンニンガム，ブリッソン
川崎 弥三郎 …… 366, 368	536～539, 544, 571,	菅 忠道 …………… 272	……………………… 162
川崎 芳熊 …………… 591	573, 580, 589, 590	菅 太郎 …………… 60	菅野 尋 …………… 280
川崎 力三 …………… 531	河西 善兵衛 ……… 85, 87	簡易保険局 ……………	菅野 精一 …………… 304
川崎 立太 ……… 500, 574	河西 太一郎 ………… 470,	204, 215, 354, 382	菅野 久一 …… 57, 58, 255, 256
川崎市 ……………… 460,	473, 500, 502, 559	神尾 明正 …………… 695	簡野 博志 ……… 569, 572
754, 770, 783, 800, 803,	河西 春海 …………… 223	［官界公論］編輯部 … 581	菅野 義胤 …………… 101
810, 815, 818, 826, 827	河沼 高輝 …………… 406,	閑々野人 …………… 251	菅野 和太郎 ……… 28, 30,
川崎市社会課 ………… 827	408, 418, 420, 424, 425,	神吉 樹郎 …………… 416	54, 62, 94, 412, 472, 503,
川崎市土木課 ………… 233	434～440, 455, 479, 668	咸鏡南道 ……… 771, 776,	536, 576, 690, 691, 721
川崎市役所 … 40, 41, 241, 718	河野 健二 ……………	782, 789, 796, 809, 835	樺 俊雄 …………… 158
川崎市役所市民課 …… 53	443, 508, 580, 696	咸鏡北道 …………… 771,	神林 榊 ……… 201, 202
川崎商工会議所 ……… 345,	河野 重任 …………… 498	782, 790, 807, 815	上林 貞治郎 ………… 325,
346, 542, 591, 659	河野 温興 …………… 315	咸興府 …………… 118,	327, 502, 543, 573,
川崎食糧問題研究会 … 544	川畑 愛義 …… 32, 73, 235,	768, 774, 781, 795,	574, 579, 583, 620
川路 柳虹 ………… 92, 98	236, 238, 239, 247, 248	802, 808, 821, 828, 838	神原 近三 …………… 166
川辺 馨 …………… 676	川畑 篤郎 ……… 259, 260	韓国政府財政顧問本部	蒲原生 …………… 201
河邊 幸助 …… 312～314, 350	川端 巖 …………… 507,	……………………… 731	神戸 正一 …………… 200,
川邊 幸助 …………… 307	516, 571, 572, 575,	関西学院大学国民生活科学	415, 416, 426, 428,
川嶋 三郎 …………… 72	577, 579, 580, 590, 591	研究所 …………… 248	429, 433, 434, 439, 441
川島 昌太郎 ………… 440	川端 直正 …………… 692	関西大学学会 ………… 659	神戸 寅次郎 ………… 641
川島 信太郎 ………… 576	川原 次吉郎 …… 624, 696	神崎 慶次郎 ………… 5	神戸 弘 …………… 422
川島 武宜 …………… 125,	河原 春作 …………… 249,	神崎 博愛 …… 500, 513,	神戸 正雄 …………… 169,
201, 310, 321, 512,	261, 262, 278, 279, 671	514, 516, 523, 525, 726	173, 194, 196, 212, 256,
513, 517, 526, 527,	河原 忠男 ……… 130, 473	神沢 宜武 …………… 268	265, 302～304, 335, 362,
615, 619, 623, 625, 627	川原 仁左衛門 ……… 481,	巌松堂 …………… 643	363, 387～424, 432, 433,
川島 達太郎 ………… 99	484, 498, 502, 515	巌松堂書店編輯部 645, 841	440, 444, 446, 448～458,
川島 徳雄 …………… 233	河東 汀 …………… 257	関生 …………… 7	460, 465～468, 473,
川島 密 …………… 434	川人 定男 …………… 244	神田 圭造 …………… 182	474, 510, 530, 546, 549,
	川辺 喜三郎 ………… 462		563, 565, 567, 597, 601
			官房保険課 …………… 367

【き】

帰一協会 …………… 380
喜入 虎太郎 ………… 669
議員集会所 ………… 631
記内 角一 …………… 579
木内 正二 …………… 29
木内 四郎 …… 429, 441, 582
木内 信蔵 …… 22, 23, 516, 557, 580, 613, 693〜696
木内 誉治 …………… 567
木内 英雄 …………… 681
気賀 勘重 …………… 339, 465, 472, 587
気賀 健三 …………… 480, 482, 485, 487, 513, 517, 521, 524, 526, 541, 585
気駕 修次 …………… 233
機械化国防協会 …… 274
機械局 ……………… 581
機械工業科 ………… 514
議会政治社 ………… 655
企画院 ……… 78, 81, 183, 185, 318, 433, 442, 497, 505, 513, 521, 553, 574, 575, 580, 614, 652, 654
企画院研究会 ………… 81, 544, 658, 659
企画庁 ……………… 607
企業局 ……… 159, 523, 582
菊冲 徳平 …………… 273
菊川 忠雄 ………… 17, 311
菊川 早三 …………… 387
菊沢 謙三 …… 507, 544
菊田 一雄 ……… 351, 352
菊田 貞雄 …… 320, 551, 557
菊田 太郎 ……… 78, 80, 315, 465, 550〜552, 564, 579, 581, 582, 590, 844
菊田 通雄 …………… 269
菊竹 倉二 …………… 98
菊池 淳 ………… 500, 505
菊池 勇夫 …………… 249, 265, 266, 306, 313, 315, 317, 318, 320, 321, 324, 328, 329, 331, 334, 345, 346, 365〜367, 374, 378, 479, 488, 507, 509, 515, 568, 603, 605, 627
菊地 勝之助 …… 257, 720
菊池 寛 ………… 560, 720
菊池 暁汀 …………… 722
菊池 悟郎 …………… 705
菊地 盛 ……………… 582
菊地 山哉 …………… 163
菊地 淳 ………… 500, 501
菊池 俊諦 …………… 364, 365, 367, 368, 381, 382
菊池 省三 …………… 777
菊池 慎三 …… 1〜6, 10〜12, 14〜17, 21〜23, 39, 50, 79, 82〜84, 86, 87, 90〜92, 97, 98, 106, 122, 129, 136, 141, 146, 162, 199, 210, 264, 304, 357, 367, 387, 389, 393, 397, 398, 400, 401, 405, 409, 411, 415, 416, 419, 422, 430,
431, 468, 562, 593, 596, 597, 607, 608, 661〜665, 667, 668, 671, 675, 687
菊池 大麓 …………… 280
菊池 武夫 …………… 40
菊地 豊三郎 …… 276, 277
菊池 豊三郎 …… 261, 268
菊池 春雄 …… 512, 517
菊池 富士雄 ………… 515
菊地 文一郎 ………… 59
菊池 政雄 …………… 713
菊地 貢 …………… 466
菊地 守之介 ………… 651
菊地 酉治 …………… 215
菊地 良樹 …… 255, 256
菊地 麟平 …………… 332
菊本 直次郎 ………… 414
菊盛 永造 …………… 255
菊屋 幸三郎 ………… 697
亀卦川 浩 …… 6〜10, 12〜15, 17〜19, 21, 23, 24, 28, 48, 49, 55, 196, 269, 423, 596, 664〜669, 671, 673, 675, 677, 687, 688
麒見子 ……………… 99
紀元二千六百年記念全国社会事業大会事務局 …… 386
木越 致和 …………… 465
木佐木 久 …………… 48
岸 逸郎 …………… 320
岸 一太 ……… 83, 104, 127, 128, 161, 240, 241, 529
岸 喜二雄 …………… 418, 420, 423, 428
岸 熊吉 ………… 129, 132
岸 晃三 …………… 260
岸 盛一 …………… 69, 506, 507, 509, 621
岸 正一 ……… 61, 363
岸 信介 …… 405, 477, 493, 574
岸田 到 ……… 367, 371
岸田 菊伴 …………… 41
岸田 国士 …… 276, 289
岸田 正一 …………… 62
岸田 日出刀 …… 149, 355
木下 芳美 …………… 272
岸野 武司 …………… 681
木島 粂太郎 …… 84, 87, 130
貴島 兼志 …………… 210
木島 栄 ……………… 96
木島 死馬 …… 84, 87, 348
木島 精一 …………… 238
岸本 綾夫 ………… 29〜31
岸本 英太郎 …… 283, 510
岸本 喜代治 … 101, 158, 159
岸本 熊太郎 … 22, 171, 197
岸本 誠二郎 ………… 318, 332, 445, 508, 519, 543
木代 嘉樹 …………… 243
岸和田市 …… 760, 782, 832, 838
岸和田市役所 ……… 111
キース, アーサー・ハリデール ………………… 659
キス, ジョルジュ …… 551
木造町役場 ………… 702
キースト, ダブルユー・アー ……………… 140
木津谷 栄三郎 ……… 130, 168, 172, 195, 197, 268, 472, 475
木曽 栄作 …………… 581

貴族院事務局 ……… 632, 634, 635, 637〜647
貴族院調査課 ……… 657
北 一輝 …………… 642
喜多 逸郎 …………… 124, 420, 423, 482, 488, 550
木田 修 …………… 491
喜多 源逸 …………… 571
喜田 貞吉 …… 3, 293, 382, 702
喜多 壮一郎 …… 334, 580
来多 武六 …………… 479
木田 徹郎 …… 292, 302, 315, 316, 324, 333, 344, 346
北 豊吉 …………… 211
城多 虎雄 …………… 680
喜多 直之助 ………… 189
喜多 正治 …… 425, 519
喜多 又蔵 …………… 256
北秋田郡教育会 … 287, 719
北足立郡役所 ……… 707
北浦 重之 …… 136, 138
北岡 寿逸 …… 58, 59, 141, 215, 292, 293, 296, 301, 302, 307, 310, 314, 341, 345, 348, 352〜354, 362, 367, 374, 393, 553, 554, 560, 564, 567, 594, 617
北神 正 …………… 234
北川 一雄 …………… 521
北川 隆之助 ………… 14
木田川 奎彦 ………… 404
北川 真澄 …………… 259
北川城 哲 …… 409, 441, 442
木滝 清類 …………… 447
北崎 進 ……… 16, 452
北佐久郡 …………… 702
北里 善従 …… 22, 25
北沢 清 …………… 102
北沢 幸静 …………… 221
北沢 五郎 …………… 58, 60, 64, 139〜141, 143, 145, 146, 149, 151, 158, 159, 163, 351
北沢 新次郎 … 250, 294, 310, 336, 519, 521, 531
北沢 佐雄 …………… 594
北沢 種一 …… 256〜258
北沢 貞古 …………… 228
北沢 宥勝 …………… 69
北島 仙一 …… 80, 92, 95, 97
北田 勝助 …………… 183
北田 内蔵司 ………… 564
北高来郡教育会 …… 704
北豊島郡農会 ……… 704
北野 忠蔵 …………… 427
北野 重雄 ……… 26, 573
喜多野 清一 ………… 312, 475, 478, 483, 724
北野 大吉 …………… 300
北野 竹次郎 ………… 681
北野 豊治郎 ………… 640
北野 秀雄 …………… 164
北林 賢治郎 ………… 195
北原 金司 …… 267, 268, 518
北原 種忠 …………… 683
北原 亨 …………… 665
北原 寅吉 …… 200, 426, 428
北原 信男 …………… 170
北原 道貫 …………… 543
北原 安衛 …… 301, 303
北満洲特務機関 …… 641

北嶺 嘉十郎 ………… 349
北村 五良 …………… 198, 200, 490, 494, 609
北村 薩雄 …………… 153, 159, 184, 185
北村 三郎 …… 405, 407
喜多村 進 …………… 18
北村 千秋 …………… 18
北村 徳太郎 ………… 81, 82, 85, 86, 89, 90, 92, 93, 116, 123, 226, 227, 271
北村 春雄 …… 274, 553
北村 久雄 …………… 249
北村 孫盛 …………… 270
北村 比次 …………… 410
北村 弥一郎 ………… 486
喜多村 隆二 ………… 589
北山 愛郎 …………… 17
北倭村農会 ………… 682
吉川 秀造 …… 464, 544
吉川 大二郎 ………… 61
橘川 司亮 …………… 469
キッテル, テオドル … 183, 202
キッド, ベンジャミン … 294
吉林市公署 …… 53, 55
吉林市公署庶務科企画股 ………………… 836
吉林市政籌備処 …… 45
木寺 基一郎 ………… 27
木戸 喜佐登 …… 25, 486, 671, 672, 674, 677, 692
木戸 鈦三郎 ………… 84, 85, 131, 348
城戸 銷吉 …………… 159
城戸 久 ……………… 692
木戸 正栄 …………… 682
城戸 幡太郎 …… 262, 263, 265, 267〜269, 271, 274, 275, 277〜279, 291, 374, 585
木戸 麟 …………… 280
鬼頭 忠一 ……… 7〜9, 12, 13, 88, 196, 665, 666
鬼頭 仁三郎 …… 202, 430, 443, 512, 514, 519
甘蔗生 規矩 ………… 253
木戸公伝記編纂所 … 710
城所 国三郎 ………… 9
木永 栄太郎 ………… 60
木南 正宣 …… 253, 348
衣笠 …………… 471
絹川 豊重 …………… 564
鬼怒川水力電気株式会社 ………………… 528
杵淵 義房 …… 357, 380
木下 彰 …………… 324, 483, 490, 510, 514, 551
木下 丹 …… 607, 615
木下 和夫 …………… 526
木下 憲 …………… 707
木下 浩三郎 …… 18, 21, 604
木下 忍 …… 377, 378
木下 正一 …………… 557
木下 竹次 …………… 267
木下 武昌 …………… 157
木下 半治 …… 264, 265, 602, 608, 620, 653, 656, 673
木下 広居 …………… 276
木下 保雄 …………… 328
木幡 佐七 …………… 326
木林 宗嗣 …………… 368
木原 英一 …………… 173

木原 友二 ……………… 61	木村 清四郎 …………… 392	協調会 … 240, 242, 283, 285,	京都市社会部 ‥ 344, 356, 386
木原 芳次郎 …………… 527	木村 荘五 ………………… 21	294~296, 335~339, 341	京都市小学校創立三十年記
紀平 正美 ………… 260, 333	木村 孝夫 ……………… 476	~343, 529, 532~534, 536,	念会 ………………… 280
岐阜県 ‥ 652, 718, 749~755,	木村 喬 ………………… 217	539, 541, 586, 588, 714,	京都市庶務課 …………… 537
763, 768, 776, 783,	木村 堯 ………………… 366	742, 744, 767, 842, 843	京都市庶務部 …………… 206
787, 790, 799, 800, 805,	木村 武 ………………… 73	協調会大阪支所 …… 338, 344	京都市庶務部観光課 …… 715
806, 817, 819, 820, 824,	木村 健康 …… 474, 475, 489	協調会教務課 ……… 255, 256	京都市庶務部社会課 …… 341,
827~829, 833, 834, 837	木村 匡 ………………… 699	協調会時局対策委員会	342, 383~385
岐阜県恵那郡教育会 …… 708	木村 忠次郎 …………… 306	………………… 343, 385	京都市庶務部庶務課 …… 787
岐阜県恵那郡役所 ……… 682	木村 忠二郎 …………… 237,	協調会情報課 …………… 336	京都市水道課 …………… 240
岐阜県会 ………………… 688	238, 317, 319, 320, 326	協調会調査課 …………… 214,	京都市水道局 …………… 824
岐阜県加茂郡役所 ……… 704	木村 貞一 …………… 99, 439	295, 300, 337, 338,	京都市水道局下水課 …… 542
岐阜県総務部統計課	木村 藤作	341, 749, 751, 756	京都市総務部文書課 ……… 53
………… 806, 819, 833	………… 405, 407, 408, 410	協調会調査部	京都市総務部文書課 …… 769
岐阜県知事官房	木村 俊夫 ……………… 182	………… 317, 355, 372, 385	京都市総務部理財課 …… 452
………… 746, 750, 753	木村 利夫 …… 16, 199, 670	協調会東北問題臨時調査委	京都市電気局 …………… 187,
岐阜県地方改良協会 …… 817	木村 直作 ……………… 322	員会 ………………… 536	188, 205, 206, 737,
岐阜県地方改良協会養老郡	木村 尚文 ………………… 92,	協調会図書館 ……… 844, 845	739, 741, 743, 746, 751,
支会 ………………… 707	138, 139, 146, 551	協調会農村課 ‥ 337, 339, 465,	756, 759, 764, 767, 772,
岐阜県不破郡教育会	木村 昇 …………… 490, 508	467, 479, 530, 531, 533,	782, 784, 791, 797, 804,
………………… 708, 709	木村 彦右衛門 ………… 690	535, 756, 769, 778, 779	810, 819, 826, 829, 834
岐阜県本巣郡教育会 …… 718	木村 彦三郎 ……………… 29	協調会労働課 …………… 340	京都市都市計画課 ‥ 586, 742
岐阜県山県郡教育会 …… 704	木村 英夫 ……………… 66, 72	協調会労務管理研究会	京都市都市計画部 ……… 104
岐阜高等農林学校農業経済	木村 秀太郎 …………… 337	……………………… 385	京都市土木課 …………… 107
学研究室 …………… 558	木村 浩 …………………… 9,	狂蝶生 …………………… 101	京都市土木局
岐阜市 …………… 710, 749,	13, 129, 195, 196, 211, 318	共同社 …………………… 280	………… 107, 114, 115, 120
754, 758, 766, 770, 775,	木村 孫八郎 ‥ 433, 446, 490	行徳 直誠 ……………… 235	京都市土木局都市計画課
782, 807, 816, 823, 836	木村 政長 ……………… 502	京都市 …………… 33, 52~54,	………………… 108, 117
岐阜市勧業課 …………… 771	木村 正義 ……………… 249,	120, 220, 381, 382, 449,	京都市中京区 …………… 812
岐阜市役所 ‥‥ 43, 107, 112,	251~253, 256, 257, 259,	457, 459, 533, 538, 702,	京都市中京区聯合公同組合
243, 246, 708, 832, 839	269, 283, 285, 662, 665	711, 732~737, 742, 750,	幹事会 ……………… 42
岐阜商工会議所 …… 540, 808	木村 増太郎 …………… 407,	751, 753, 756, 759, 761,	京都市保健部 …………… 246
ギブスン, A.H. ………… 473	417, 480, 489, 536, 569	764, 765, 767, 768, 772,	京都市保健部衛生課
君島 祐之 ………………… 94	木村 黙笑 ‥‥ 662, 665~667	773, 777, 779, 784, 785,	………………… 245~247
君島 清吉 ……… 306, 596, 664	木村 元一 …………… 439, 442	791, 792, 797, 799, 804,	京都市保健部清掃課
君島 八郎 …………… 145, 219	木村 弥蔵 …………… 474, 485	806, 811, 813, 818, 819,	………………… 246, 247, 540
木水 栄太郎 …………… 564	木村 与吉 ……………… 548	824, 829, 830, 834, 838	京都市役所 ……………… 40,
義務教育延長促進同盟	木村 美雄 ……………… 152	京都市衛生課 …………… 241	41, 47, 48, 50, 51, 76, 103,
……………………… 266	木村 義吉	京都市衛生組合連合会	117, 121, 160~162, 194,
木村 ……………………… 193	………… 348, 350, 366, 547	……………………… 245	203, 241, 242, 283, 686
木村 芥舟 ……………… 698	木村 芳人 ……………… 138	京都市会事務局 ………… 47	京都市役所企画部庶務課
木村 亀二 …………… 61, 72,	木村 量平 ……………… 579	京都市会地区改善促進ニ関	……………………… 51
279, 599, 601, 603~605,	木村 和三郎	スル委員会 ………… 385	京都市役所財務課 ……… 749
608, 614, 652, 657, 840	………… 403, 569, 575, 840	京都市学務課 ……… 744, 767	京都市役所財務局財務課
木村 喜一郎 …………… 202,	紀本 参次郎 …………… 210, 212,	京都市観光課 …………… 120	……………………… 838
367, 514, 523, 568, 724	215, 217, 222, 230, 238,	京都市企画部庶務課 ……… 51	京都市役所財務部財務課
木村 禧八郎 …………… 326,	357, 359, 361, 363~365,	京都市教育課 …………… 754	………… 802,
431, 437, 442, 444,	367, 368, 372, 390, 417	京都市教育部 ……… 454, 763	809, 816, 822, 827, 832
446, 503, 505, 526	喜安 健次郎 ‥ 180, 189, 644	京都市教育部学務課	京都市役所財務部理財課
木村 国治 ……………… 418	邱 致中 …… 295, 296, 342, 537	………………… 757, 771	………………… 775, 790
木村 粂市 ……………… 448	久敬社 …………………… 707	京都市教育部社会課 …… 284,	京都市役所産業部商工課
木村 鍵治 …………… 425, 466	九州時論社編輯局 ……… 188	340, 354, 382, 383	………… 799, 807, 808, 819
木村 憲七郎 …………… 143	九州帝国大学法文学部	京都市軍事援護課 ……… 386	京都市役所庶務課 ‥ 47, 741
木村 幸一郎 ………… 143, 355	……………………… 654	京都市公同組合 ………… 845	京都市役所庶務部調査課
木村 洪濤 ……………… 391	九州鉄道管理局 ………… 74	京都市公同組合聯合会	……………………… 49
木村 盛 ………………… 370	ギュレテル ……………… 239	‥ 46, 47, 49, 51, 721, 844	京都市役所総務部庶務課
木村 貞雄 ……………… 258	姜 英藩 ………………… 573	京都市財務部 …………… 456,	………………… 52, 54
木村 三郎 ……… 93, 492, 571	教育改革同志会 ………… 271	457, 791, 804, 811	京都市役所総務部文書課
木村 尚一 ……………… 168,	教育科学研究会 …… 52, 274	京都市財務部財務課	……………………… 55
172~174, 189, 197, 205	教育科学研究会事務局	………………… 796, 835	京都市役所総務部理財課
木村 二郎 ……………… 120	……………………… 272	京都市財務部税務課	………… 758, 762, 766, 771
木村 清一 ……… 372, 410, 457	教育局 …………… 272~276, 278	………… 459, 818, 823, 833	京都商業会議所 ………… 742
木村 清三郎 ………… 10, 404	教育研究同志会 ………… 275	京都市財務部理財課	京都商工会議所 ………… 540,
木村 清司 ……………… 174,	教育研究同志会事務局	………………… 454, 455	589, 591, 768, 773,
299~301, 304, 309, 421,	……………………… 289	京都市産業部勧業課 …… 535	780, 787, 795, 801, 808,
422, 425~427, 457, 672	教育史編纂会 …………… 288	京都市産業部観光課 …… 590	809, 822, 828, 836, 837
木村 清二 ……… 485, 489, 491	教育新潮研究会 ………… 282	京都市産業部商工課 …… 819	京都庶務部庶務課 ……… 45
木村 靖一 ……………… 26, 221,	[教育] 編輯部 ………… 269	京都市市場 ……………… 203	京都市理財局税務課
223, 261, 317, 412, 418,	教学局 …………………… 273	京都市史編纂事務局 …… 719	………………… 836, 837
471, 475, 476, 479, 482,	京口 元吉 ……………… 719	京都市社会課 ‥ 104, 203, 240,	京都市立衛生試験所 …… 247
484, 491, 493, 502, 503,	行政裁判所	245, 336~338, 340~343,	京都市臨時国勢調査部
536, 565~567, 668, 691	………… 636, 643, 644, 657	354, 355, 381, 383,	……………………… 769
		385, 386, 459, 586, 590	京都叢書刊行会 ‥ 701~703

京都帝国大学農学部農林経済研究室 536
京都電灯株式会社 207
京都府 .... 76, 118, 679, 681, 702, 728, 731〜734, 740, 741, 744, 748, 753, 779, 785, 792, 799, 806, 813, 819, 820, 824, 830, 834, 837
京都府何鹿郡教育部会 708
京都府宇治郡役所 706
京都府衛生課 242, 243
京都府乙訓郡 680
京都府乙訓郡報徳会 ... 682
京都府学務部学務課 795, 802, 809, 816
京都府学務部社会課 76, 386, 780
京都府仮設住宅建設部隊 354
京都府紀伊郡伏見町役場 683
京都府紀伊郡役所 702
京都府北桑田郡役所 ... 706
京都府教育会加佐郡部会 707
京都府教育会綴喜郡部会 699
京都府教育会南桑田郡部会 707
京都府熊野郡 706
京都府経済部 589
京都府警察部 76
京都府警察部建築課 68
京都府工業聯合会 336
京都府社会課 36, 381
京都府商工経済会 838
京都府庶務課 38
京都府総務部 798, 819
京都府総務部統計課 ... 792, 804, 806, 807, 818, 834
京都府竹野郡役所 702
京都府知事官房文書課 837
京都府土木部 ... 116, 143, 716
京都府内務部 .... 728〜730, 841
京都府内務部庶務課 735, 737, 744
京都府内務部第二課 ... 728
京都府内務部統計課 ... 768, 769, 773, 785, 787
京都府船井郡 680
京都府与謝郡府中村字難波野区 714
京野 正樹 52, 372
京橋協会 701
京橋月島新聞社 719
刑部 荘 73, 74, 412, 609, 619, 655
清浦 奎吾 633
清岡 雅雄 272
清川 豊三郎 ... 67, 70, 71, 73
漁業組合中央会 204
清沢 洌 ... 485, 606, 627, 657
清島 対吉 468
清瀬 一郎 ... 393, 598, 667
清武 玄 64
清野 謙次 695
清野 謙六郎 158, 159, 185, 273, 274, 615

清野 信雄 138
清原 貞雄 716
清原 雄吉 521
清宮 四郎 .... 7 〜9, 15, 285, 605, 615, 625
桐島 儀一 736, 737
桐田 啓一 518, 520
桐原 葆見 214, 267, 269, 270, 275, 276, 278, 300, 301, 303, 304, 309, 323, 325, 330, 333, 344
桐村 早太郎 485
桐本 楠雅 71
桐生市 ... 743, 746, 751, 756, 759, 767, 772, 773, 777, 783, 791, 796, 797, 802, 804, 814, 818, 822, 823
桐生市役所 42, 48, 51, 716, 717
基隆市 45, 756, 762, 772, 777, 789, 795, 796, 802, 803, 814
基隆市役所 713
金 熙明 293, 364, 367, 386, 426, 427
金 国珍 14
近畿市会議長協議会 ... 46, 48
琴渓生 662
銀行研究社 460
金洪舎 558
銀行問題研究会 ... 452, 460
金属回収本部 584
金属局 582, 584
金田一 春彦 275
金原 賢之助 ... 291, 397, 405, 425, 429, 430, 433, 436, 484, 505, 515, 517, 564
金原 庄治郎 217
金原 寿郎 71
金文堂福岡支店 107
銀屋 義 441
金融研究会 455
金融制度研究会 388
勤労者教育中央会 ... 286, 288

【く】

クアバウ 335
陸 壮三郎 209
釘宮 磐 131
釘本 昌二 238, 518
久下 勝次 69, 71, 77, 220, 476
草 一路 72
日下 紀彦 125
日下部 三之介 280
日下部 重太郎 266
草刈 孟 170, 194, 195, 521, 526, 568
草野 源八郎 130
草野 茂松 722
草野 順平 684
草野 逸人 434
草野 豹一郎 600
草場 栄喜 580
草間 康二 146
草間 弘司 227
草間 時光 298, 299
草間 秀雄 404

草間 偉 217, 220, 239
草間 八十雄 210, 213, 214, 286, 299, 357, 361, 369, 374, 382
草間 良男 215, 217, 322
草光 実 229, 352, 376
クーシ 96
久慈 健吉 264
久慈 学 258
串木野町 811, 818
櫛田 民蔵 292, 313, 412, 536, 549, 550
櫛田 利彦 175
櫛田 光男 441, 442
具島 兼三郎 ... 599, 603, 605
串本 友三郎 582
郡上郡教育会 705
釧路市 716, 740, 744, 746, 749, 754, 762, 766, 770, 775, 781, 801
釧路市役所 44, 707, 710, 714
楠井 隆三 488
葛岡 常治 308, 310, 367
楠 仙之助 152
楠瀬 熊彦 436
楠瀬 常猪 569
楠瀬 正太郎 351
葛葉 武夫 676
楠原 祖一郎 ... 2, 23, 83, 214, 217, 218, 305, 306, 310, 347〜349, 360〜363, 369, 470, 472, 548
楠見 一正 .... 144, 201, 362, 390, 394, 396, 400〜403, 405, 407, 409, 410, 412, 413, 455, 456, 563, 567, 614
楠見 義男 484, 485
楠本 長三郎 64
久世 庸夫 16, 140
久谷 福次郎 469
下松市 828, 834
百済 文輔 249
クチンスキー 552
グッドノー 33
グッドリッチ,アーネスト・P. 167, 187
グデイナフ,エフ・ダブルユー 214
工藤 英一 369
工藤 県蔵 273
工藤 豪吉 85
工藤 恒四郎 141, 417
工藤 重義 448, 449
工藤 昭四郎 435, 571
工藤 松蔵 .... 399〜401, 405, 409, 412, 418, 422
工藤 善助 329, 374
工藤 篁 99
工藤 武重 633, 635, 637, 638, 641
宮藤 豊吉 471
工藤 延雄 92, 99
工藤 久夫 147
工富 准 194
国井 喜太郎 572
国枝 金市 67, 71
国枝 益二 502
国木田 哲夫 634
国塩 耕一郎 223, 224, 269, 274, 417, 568

国島 貴八郎 224
国島 高一 19
国島 秀雄 503
国富 忠寛 229
国弘 員人 431, 494, 495, 502, 509, 516, 539, 585
国部 薫義 123
国松 久弥 44, 521, 542, 693, 695
国吉 省三 530
久野 重一郎 ...... 141〜144
クノル,E. 557
クバーニン,エム 504
久原 房之助 431
久布白 落実 6, 301
久保 進 222
久保 威夫 182
久保 種一 15
久保 禎三 60
久保 得二 841
久保 秀史 230
久保 平三郎 ...... 267, 411, 412, 421〜424, 456, 673
久保 正幡 603
久保 雄太郎 29, 158, 198, 201
久保 譲 238
久保 義雄 134, 138, 184, 463
久保田 明光 298, 482, 508, 517
久保田 音二郎 495
窪田 角一 432, 481, 490, 518
窪田 潔 410
久保田 敬一 132, 196
久保田 重孝 ...... 236〜238
窪田 静太郎 368, 395, 399, 598
久保田 武 157
久保田 常次郎 474
久保田 藤吉 255
久保田 富雄 ...... 577〜579
窪田 文雄 71
窪田 文三 335
窪田 嘉彰 231, 553, 556, 557
窪田 好秋 ... 403, 405〜407, 411, 412, 429, 551
久保寺 三郎 534
久保寺 保久 368
熊井 安義 64
熊岡 実 526
熊谷 兼雄 352, 355
熊谷 憲一 213, 242, 316, 344, 352, 606
熊谷 謙三郎 218, 228
熊谷 次郎 52
熊谷 辰治郎 255
熊谷 直三郎 357
熊谷 典文 356
熊谷県学務課 280
熊谷市 781, 784, 797
熊谷市役所 47
熊本 吉郎 424
神代 武夫 444
熊代 幸雄 488
熊田 克郎 12, 138, 172, 398, 415, 442, 483, 563
熊田 隆治 153
熊津 三郎 510

熊野 秋津郎 417
熊野生 13, 398, 410, 473
熊平 源蔵 136, 253
熊本営林局 530
熊本県 ‥ 257, 652, 727～730,
　732, 736, 737, 739～741,
　743, 748, 750, 751, 753,
　759, 761, 763, 765, 791,
　792, 799, 803, 805, 806,
　811, 813, 820, 824, 827
熊本県教育会 284
熊本県教育会阿蘇郡支会
　.................... 708
熊本県教育会玉名郡支会
　.................... 706
熊本県総務部統計課 ‥‥ 813
熊本県知事官房
　............ 761, 769, 779
熊本県内務部地方課 ‥‥ 748
熊本県飽託郡川尻町役場
　.................... 716
熊本県飽託郡田迎青年学
　校 262
熊本県山鹿山本菊池合志郡
　役所 727
熊本市 709, 714, 732,
　743, 746, 750, 751, 759,
　763, 764, 767, 771, 772,
　777, 784, 791, 803, 813,
　819, 824, 830, 834, 837
熊本市勧業課 739, 741
熊本市観光課 718
熊本市教育会 286
熊本市電気局 756, 772
熊本市土木課 119
熊本市役所 45, 52,
　241, 704, 707, 708, 732,
　779, 792, 798, 806, 813,
　820, 824, 830, 834, 837
久村 清太 583
久米 金弥 680
久米 邦武 698, 702
久米郡教育会 706
グメリン, ハンス 657
雲岡 重喜 439
久山 正義 676
倉石 武四郎 273
クラウス, ヨハネス
　............ 475, 551, 552
蔵内 数太 252, 291, 297
倉内 豊太郎 129, 132
倉片 寛一 589
倉上 晃 ‥ 477, 501, 506～508
村上 瑠磨雄 282
蔵川 永光 486
倉沢 剛 ‥ 259, 260, 276, 278
倉敷市 44, 711, 764,
　767, 772, 777, 783, 790,
　796, 807, 810, 821, 836
倉敷労働科学研究所 ‥‥ 340,
　746, 750, 766, 775,
　781, 788, 795, 802
倉繁 義信 353, 713
グラス, カーター 407
倉田 庫太 173
倉田 軍一 221
倉田 五郎 322
鞍田 純 ‥ 421, 484, 487, 569
倉田 正 125
蔵田 周忠 162, 564
倉田 宗章 573
倉田 和四生 ‥ 99, 232, 274

久良知 丑二郎 131
倉辻 明義 699
倉辻 平治 ...... 19～23,
　26～30, 56, 200, 671, 672
鞍手郡教育会 716
倉野 武雄 27
倉橋 惣三 252, 273, 359
倉橋 定 317
倉橋 藤治郎 490
倉橋 実 328
蔵前工務所 105
倉持 忠助 44
倉持 徳久 454
倉持 春吉 408
倉若 梅二郎 61
グラント, ジョン 829
栗生 武夫 462,
　603, 653, 659, 692, 693
栗栖 幸男 317, 330, 333
栗田 勤 700
栗田 元次 690
栗林 恒助 714
栗林 貞一 ‥‥ 397, 666, 685
栗原 修 434
栗原 鑑司 466
栗原 久作 66, 72
栗原 佑 345
栗原 藤七郎 ‥‥ 316, 467, 468,
　478, 484, 496, 501, 504,
　508, 513, 515, 532, 567
栗原 百寿 505,
　509～511, 517, 543
栗原 操 233
栗原 良輔 158, 165
栗村 雄吉 ‥‥ 418, 472～477,
　492, 495, 516, 724
栗本 金定 421
栗本 惣吉 12
栗本 勇之助 306,
　432, 488, 490, 540
栗本 庸勝 211, 212
栗山 博 36
栗山 寛 70, 157
栗生 武雄 647
クリューゲル, カール ‥‥ 143
グリュックスマン, ローベ
　ルト 591
グリーン, J.F. 505
来島 良亮 86, 139
来栖 三郎 ....
　553, 615, 623, 624
栗栖 越夫 410,
　427, 432, 452, 453, 497
クールセル, エル 160
来原 慶助 708
久留間 鮫造 ....
　292, 336, 369, 829
車 恒吾 470
釐止 浄保 17
久留米市 741, 744, 749,
　753, 766, 772, 777, 791,
　797, 809, 810, 816, 831
久留米市役所 714
呉 文聰 193, 295, 392, 402
呉 文炳 ....
呉公論社編輯部 700
グレゴリー 416
呉市 289, 739, 746,
　751, 756, 774, 799, 831
呉市社会課 386
呉市長 52

呉市役所 45,
　46, 242, 707, 749, 765, 787
クレメル, フキリップ ‥‥ 170
クレーン, J. 95
黒石 一三 411
黒板 勝美 718
クローウエル, マール ‥‥ 451
苦労生 146
クロオチェ 717
黒川 一治 3,
　4, 13, 83～85, 391
黒川 小六 335
黒川 三郎 419
黒川 純一 292, 295
黒川 泰一 ....
　228, 229, 231, 539
黒川 時一 83
黒川 義雄 30
黒川生 129
黒河内 透 ‥‥ 310, 409, 479
黒沢 常葉 711
黒沢 酉蔵 519, 537
黒沢 和 491
クロージック, フオン ‥‥ 415
クローズ, アプトン ‥‥ 651
黒須 竜太郎 202
黒瀬 太一 98
黒瀬 弘志 135
黒瀬 光雄 445, 472, 725
黒田 教慧 214, 235, 236
黒田 清隆 698
黒田 謙一 555
黒田 覚 260, 593,
　600, 601, 605, 621, 623
黒田 茂次郎 280
黒田 茂 58
黒田 静夫 69
黒田 寿太郎 707
黒田 正七郎 677, 678
黒田 新平 549
黒田 誠治 317
黒田 哲夫 437
黒田 寿雄 422
黒田 朋信 160
黒田 長和 641
黒田 覇世男 622
黒田 鵬心 ‥‥ 90, 110, 176, 564
黒田 学 611, 616
黒田 安雄 321, 346
黒田 義正 228
黒谷 了太郎(杜鵑) ‥‥ 2～5,
　8, 14, 78, 79, 81, 83～85,
　90, 97, 101, 104, 107,
　122, 124, 125, 142,
　157, 158, 350, 351, 563
クロッカー, W.R. 559
グロート博士 377
黒野 勘六 571
黒羽 兵治郎 29,
　173, 174, 184, 192, 397,
　404～407, 454, 458, 544,
　588, 590, 591, 691～693
クロパトキン 637
グロピウス, ヴアイルテル
　.................... 140
Dr.クローンフエルト
　.................... 151
桑木 米吉 273
桑久保 俊次 603
桑田 一夫 295
桑田 熊三 33

桑田 熊蔵 ‥‥ 294, 335,
　360, 380, 464, 466, 586
桑田 次郎 337
桑名市 ‥‥ 809, 816, 821, 827
桑名町 794, 801
桑原 英治 101, 318
桑原 清起 364, 365
桑原 三郎 386
桑原 四郎 90
桑原 晋 433, 510
桑原 徹 199
桑原 利英 144
桑原 博隆 418, 432
桑原 正信 437
桑原 幹根 ‥ 123, 217, 487
桑原 札四郎 66
群山商工会議所 ....
　795, 806, 810, 828
群山府 789
郡司 弘 658
軍事保護院 ‥‥ 325, 378, 386
群馬県 76, 680,
　681, 727～732, 736, 737,
　741, 746, 748, 754～756,
　758, 759, 761, 765, 766,
　770, 771, 774, 775, 781,
　782, 787, 788, 794, 801,
　807, 808, 815, 816, 821,
　822, 824, 827, 832, 836
群馬県吾妻教育会 712
群馬県邑楽郡教育会 ‥‥ 704
群馬県北甘楽郡教育会
　.................... 281
群馬県教育会 ‥ 286, 709, 710
群馬県協賛会 700
群馬県群馬教育会 708
群馬県自治講習所 39
群馬県商業報国会本部
　.................... 592
群馬県女子師範学校郷土研
　究室 843
群馬県庶務課 680
群馬県勢多郡役所 733
群馬県総務部 819
群馬県総務部統計課
　............ 792, 800, 801,
　807～809, 815, 827, 831
群馬県知事官房 ....
　754, 771, 781, 789
群馬県地方課 817
群馬県内務部 ....
　741, 742, 745, 749
群馬県農会 682

【け】

邢 契莘 706
慶応義塾 723
慶応義塾経済史学会 ‥‥ 538
慶応義塾高等部学術研究
　会 297
計画課愛知県都市 84
計画局 67
警眼社 684, 685
京畿道 776, 777, 784, 791,
　797, 804, 811, 818, 838
馨光会 708
経済局 73, 159, 501,
　506, 512, 524, 581, 585

経済局消費経済部 499
経済攻究会 453
経済更生部 498
経済更生部金融課 495
経済史研究所 822
経済情報社 537
経済調査科 79,
　124, 125, 514, 576
経済統計社 528
経済批判会 535, 537
経済部金融司銀行科 ... 157
経済問題研究会 433,
　494～497, 541, 574
警察協会 76
警視総監官房第2部第3課
　............................. 728
警視総監官房文書課 76,
　738, 748, 751, 763,
　767, 771, 776, 782, 790
警視庁 .... 75～77,
　117, 163, 631, 728～735,
　737, 739, 741, 745, 751,
　759, 796, 803, 812, 817,
　823, 830, 835, 837, 839
警視庁衛生部 211,
　219, 224, 240, 241,
　245, 463, 741, 748,
　751, 753, 756, 760, 764,
　777, 795, 803, 810, 822
警視庁衛生部医務課 ... 246
警視庁警務部 77
警視庁建築課 66, 71, 163
警視庁交通課 167
警視庁消防課 59
警視庁消防部 ... 74, 76, 744,
　748, 753, 757, 761, 835
警視庁消防部消防課 ... 761,
　765, 770, 774, 794, 801,
　808, 815, 821, 827, 832
警視庁第1局第1課 727
警視庁東京府 ...... 684～689
警視庁保安衛生部交通課
　............................. 835
警視庁保安部建築課
　...................... 117, 163
京城公立小学校教員会
　............................. 717
京城商工会議所調査課
　............................. 592
京城帝国大学法学会
　............... 296, 651, 656
京城帝国大学法文学会
　............................. 649
京城電気 204, 205, 532
京城都市計画研究会
　...................... 119, 245
京城都市計画研究会（京城
　昭和11年） 47
京城府 42, 44,
　49, 51, 109, 111, 118, 119,
　246, 247, 385, 453, 458,
　538, 589, 715, 717～719,
　762, 781, 789, 795,
　802, 803, 810, 820, 823,
　824, 828, 829, 832, 837
京成電気軌道株式会社
　............................. 186
慶徳 庄意 372
慶福会 384, 385
警保局 61, 529
警保局外事課 67
警保局警務課 67
警保局防犯課 66, 67

啓明会 ... 55, 285, 288, 289,
　384, 586～588, 657, 717
ケインズ, ジョン・メイナー
　ド 433, 510
ゲーヴァニッツ, シュルツ
　ェ 294
気仙沼町 831
煙山 専太郎 635
ケラー, アルバート 293
ケラ, ロバート・フオン
　...................... 554, 592
ゲーリ 335
ケル, フランク・ケイ 71
ケルル, ハンス 81
言 心哲 345
建国大学研究院 206
元山府 770,
　774, 781, 794, 822, 831
巌松堂 105
建設省建築研究所 560
源田 松三 611
現代通信社 106, 716
建築学会 ... 64, 67, 68, 75,
　103, 108, 160, 161, 163,
　246, 815, 822, 827, 832
建築学会住宅委員会 ... 157
建築学会集落計画委員会
　............................. 493
建築学会新京支部 151
建築学会都市防空調査委員
　会 101
建築学会都市防空に関する
　調査委員会 77
建築学会防空委員会 65
建築業協会 162
建築行政学会 164
建築行政協会 159
建築写真類聚刊行会 ... 241
建築統計連合委員会 ... 148
「建築と社会」設備委員
　会 66
建築連合協議会 158
見坊 兼光 563
計見 良宜 525
健民局 237
見目 泰 579
元老院 628, 630

【こ】

呉 金川 443
呉 健 704
呉 至信 345
呉 主恵 514
胡 東海 719
小穴 毅 201,
　428, 432, 493, 495, 497
小網 源太郎 586
小池 卯一郎 328
小池 四郎 ....
　340, 362, 617, 669
古池 信三 505
小池 靖一 628
小池 善次郎 190
小池 保 496, 504, 512
小池 藤五郎 272
小池 己智次 527
小池 基之 315,
　408, 473, 478, 481,
　488, 498, 508, 512, 514,
　519, 522, 524, 526, 527
小池 善雄 274
小池 隆一 ....
　353, 510, 511, 517
故伊沢先生記念事業会編纂
　委員 704
小石川区役所 716
肥塚 麒一 705
肥塚 竜 700
小泉 明 515
小泉 郁子 262
小泉 嘉四郎 71
小泉 計太郎 441
小泉 幸一 ... 17, 18, 487, 515
小泉 幸之輔 334
小泉 梧郎 ....
　218～221, 597, 616
小泉 策太郎 529
小泉 順三 292, 691
小泉 信三 291, 336,
　463～467, 470, 472, 598
小泉 親彦 226, 331, 605
小泉 貞三 178
小泉 寿之助 58
小泉 鉄 645
小泉 丹 228, 264
小泉 又次郎 16
小泉 又三 178
小出 栄一 509, 511, 517,
　571, 578, 580, 583, 584
小出 三郎 174
小出 満二 ....
　255, 258, 267, 279
小出 保治 549, 550
小井戸 岩多 353
鯉沼 茆吾 210,
　221, 228, 236, 358, 361
小岩 忠一郎 80, 584
小岩 正一 138,
　401, 411, 413, 668
小岩井 浄 ....
　479, 484, 485, 604
康 錫祺 492
洪 純一 534
江 俊夫 157
耕 よし子 512
興亜教学研究会 560
興亜厚生大会事務局 ... 720
コーウィン, エドワード
　............................. 642
公益通信社 722
公園緑地協会編輯部
　.................. 72, 99, 101
郊外散史 471
郊外生 473
黄海道 751,
　759, 766, 775, 782,
　796, 817, 818, 823, 833
工学会 586, 587
広軌鉄道改築準備委員会
　...................... 186, 733
鉱業科 516
工業組合中央会京都府支
　部 592
工業組合中央会東京支部
　............................. 536
工業雑誌社 187
綛綱 弥三 275, 277
江原道 ... 770, 771, 776, 781,
　789, 795, 810, 817, 828

郷古 潔 159,
　328, 505, 509, 620, 623
上坂 倉次 691
高榊 賢三 601
高坂 孝三 98, 99, 120
香坂 茂三 147, 350
上坂 酉三 525, 577
高坂 正顕 624
香坂 昌男 92
香坂 昌康 42, 598
郷司 浩平 440
幸島 礼吉 17,
　19～23, 25, 26, 53, 93,
　94, 123～125, 147, 227,
　228, 306, 350～352, 355,
　363, 364, 372, 376, 549,
　550, 674, 725, 726, 832
公衆衛生省 216
光州府 801, 809
工場防空研究会 71
神津 康人 520
工政会 105,
　187, 451, 586, 644
厚生行政調査会 356
厚生局 28, 231, 353, 555
厚生研究所 248
厚生省 235,
　247, 316, 317, 319, 329,
　331, 332, 345, 376, 380,
　552, 655, 687, 688, 822
厚生省衛生局 229,
　232, 236, 238, 248, 821
厚生省学務調整課 315
厚生省勤労管理課 332
厚生省勤労局 328, 329,
　331, 333, 346, 354, 584
厚生省勤労局管理課 ... 332
厚生省勤労局指導部 ... 839
厚生省研究所人口民族部
　............................. 838
厚生省公衆衛生院 230
厚生省国土局 580
厚生省失業対策部 ... 316, 317
厚生省失業対策部厚生省社
　会局 316
厚生省社会局 288,
　319, 352, 355, 356, 373,
　375, 385, 386, 813, 818,
　821, 823, 827, 828, 830
厚生省社会局福利課 ... 458
厚生省社会局保護課 ... 386
厚生省職業課 316
厚生省職業局 320,
　325, 326, 328, 345, 377
厚生省職業部
　.................. 316～318, 344
厚生省人口局 235,
　238, 248, 555, 556, 560
厚生省人口問題研究所
　............................. 832
厚生省生活局 ... 331, 356, 832
厚生省大臣官房 623
厚生省体力局 119,
　120, 229～232, 247, 248
厚生省保険局 72, 238
厚生省保険局年金課 ... 380
厚生省予防局 247, 560
厚生省臨時軍事援護部
　............................. 373
厚生省労働局 ....
　316～319, 321,
　343～345, 492, 571, 826

こうせいし　　　　　　　　　　著者名索引

厚生省労務調整課 813
厚生省文書課 ‥ 343, 385, 656
厚生大臣官房 234, 379
厚生大臣官房会計課 441
厚生大臣官房文書課 236
交総相互扶助会 344
合田 栄作 319, 321, 695
郷田 寛三 523
幸田 清喜 177, 181
幸田 成友 ‥ 35, 533, 536, 542
幸田 思成 447
古宇田 実 ‥ 82, 122, 133, 167
講談社 74
胡内 郁蔵 568
高知県 706, 729,
  739, 741, 748, 750, 754,
  756, 761〜763, 765, 766,
  768〜771, 773, 776, 779,
  780, 782, 783, 787, 788,
  790, 794, 799, 801, 805,
  808, 810, 815, 818, 824,
  827, 833, 835, 836, 839
高知県自治協会 819
高知県総務部 821
高知県総務部統計課
  .... 827, 835
高知県知事官房 750, 837
高知市 ‥‥ 435, 745, 749, 754,
  758, 762, 766, 776, 782,
  789, 796, 801, 810, 816
高知市役所 37,
  38, 48, 111, 119, 704, 709
高知商業会議所 745
高知商工会議所
  .... 718, 769, 789
交通政策学会々友会 177
交通統制市有市営実行委員
  会 200
交通問題研究所 190
高等教育会議 280
高等工業学校長協議会
  263
河野 618
河野 一夫 238
河野 和彦 293,
  554〜556, 560
河野 一人 259
河野 一之 617
神野 璋一郎 509
河野 省三 262
河野 省次 153
河野 為雄 378
河野 恒雄 525
河野 資基 172
河野 信子 556, 557
河野 平次 197
河野 誠 106
河野 通雄 225, 379
河野 道男 334
河野 道彦 273, 506, 527
河野 密 ‥ 16, 332〜334, 369,
  435, 525, 610, 616, 624
河野磐州伝編纂会 707
孝橋 正一 321,
  325〜327, 493, 556
甲府市 239,
  455, 704, 767, 777, 791,
  792, 798, 816, 824, 831
甲府市会 33
甲府市役所 ‥‥ 113, 711, 714,
  740, 745, 750, 756, 758,
  761, 767, 771, 775, 782,
  789, 796, 799, 810, 830
甲府商業会議所 752, 755
甲府商工会議所
  .... 759, 774, 780
神戸高等商業学校商業研究
  所 531, 842
神戸裁判所 628
神戸市 455, 588, 652,
  685, 705〜707, 717, 730,
  731, 733, 735, 738, 740,
  744, 746, 754, 756, 758,
  760, 762, 765〜767, 770,
  774, 776, 780, 781, 792,
  794, 803, 809, 816, 826,
  827, 832, 835, 837, 838
神戸市衛生課 241, 756
神戸市観光課 716
神戸市企画部統計課
  .... 833, 836
神戸市区改正委員会 103
神戸市経済局経済調査室
  .... 460, 592
神戸市経済部 539
神戸市経済部産業課
  .... 540, 591
神戸市経済部産業課分室産
  業研究所 459
神戸市経済部産業研究所
  .... 207, 539, 822
神戸市経理課 ‥‥ 746, 756, 764
神戸市厚生局 386
神戸市交通局 191
神戸市港局港湾課 828
神戸市神戸区 449
神戸市港湾部 128,
  135, 162, 744, 750,
  754, 755, 758, 762, 767
神戸市財務部主税課 830
神戸市産業課 50,
  343, 538, 539, 590
神戸市産業部経済調査室
  356,
  460, 542, 578, 591, 592
神戸市時局部軍事課 386
神戸市社会課 ‥‥ 76, 242, 245,
  295, 339〜341, 343, 384,
  385, 790, 801, 803, 810
神戸市社会部 344,
  385, 386, 817, 824
神戸市商工課 203,
  205, 530, 589, 799
神戸市総務局文書課 836
神戸市総務部企画課 54
神戸市中央卸売市場
  ...... 206, 815, 822, 835
神戸市調査室 543
神戸市電気局 204, 207,
  736〜739, 741〜743,
  745, 746, 751, 755,
  756, 759, 764, 766,
  767, 772, 776, 777, 784,
  785, 791, 797, 802, 804,
  811, 815, 823, 828, 833
神戸市都市計画部 104,
  107〜111, 161,
  162, 186, 240, 242
神戸市土木部 163, 821
神戸市土木部港湾課
  .... 164, 785,
  795, 802, 815, 821, 826
神戸市土木部都市計画課
  118
神戸市文書課 44
神戸市保健部 ‥‥ 120, 247, 822
神戸市保健部衛生課 816
神戸市保健部清掃課 247
神戸市民祭協会 715
神戸市役所 38,
  40, 44, 49, 53, 77, 109,
  117, 118, 160, 240, 247,
  732, 742, 744, 762, 774
神戸市役所衛生課 241, 765,
  767, 774, 781, 787, 800
神戸市役所企画課 660
神戸市役所教育課 763,
  766, 771, 776, 783, 789
神戸市役所教育部 795,
  804, 811, 818,
  823, 828, 833, 836
神戸市役所財務課
  .... 792, 803, 810
神戸市役所財務課総務課
  .... 832, 836
神戸市役所産業課 ‥ 806, 813
神戸市役所市長公房財務
  課 839
神戸市役所社会課 739,
  740, 746, 752, 754,
  758, 763, 768, 771,
  775, 776, 789, 796
神戸市役所商工課 785
神戸市役所庶務課 754
神戸市役所庶務部財務課
  .... 817, 822
神戸市役所総務局 55
神戸市役所総務部企画課
  247
神戸市役所調査課 164
神戸小学校開校三十年記念
  祝典会 281
神戸商業大学 589
神戸商業大学商業研究所
  ...... 189, 587, 648, 843
神戸商工会議所 54,
  162, 543, 589, 590, 846
神戸商工会議所図書館
  845
神戸市立図書館 842
神戸市臨時商工調査部
  .... 796, 802
神戸水上警察署辛酉会
  161
神戸青年会編纂所 705
神戸鉄道局 187
神戸都市計画部 107
光明 正道 19, 22
「公民教育」編輯部 ‥ 262, 263
高村 坂彦 64
光山 忠一 24
交友社 708
小浦 総平 435
向陵生 3,
  4, 393, 594, 662〜664
興椙 友兼 330
興椙 博英 137
港湾協会 136, 147, 159,
  162〜164, 188, 455, 787
港湾協会研究部 157
港湾協会情報部 127, 128
港湾協会調査部 133,
  135, 137, 139, 143,
  149, 153, 154, 157, 158
港湾協会調査部会 138
港湾研究会 162
港湾調査会 160
コーエン, ヂエー・エル
  305
郡 菊之助 ‥‥ 334, 452, 508
郡 祐一 22, 23,
  25, 27, 31, 64, 151, 421,
  611, 672, 673, 675, 676
郡山 幸男 294
郡山市 745, 784,
  789, 801, 815, 829, 836
郡山市役所 40,
  241, 715〜717,
  749, 755, 758, 764
郡山淑徳女学校 710
郡山第2尋常高等小学校
  710
古花 国雄 361
古賀 丈一 133
古賀 鶴松 659
古賀 久雄 518, 525
古賀 英正 181, 480
小金 義照 205, 599
後川 英二 496, 498
小久江 美代吉 ‥‥ 107, 108
国学院 634
国際学術評論社 713
国際観光委員会 162
国際観光局 ‥‥ 588, 590, 591
国際経済学会 658
国際商業会議所日本国内委
  員会 587
国際情報社 74, 75
国際文化振興会 845
国際聯盟事務局東京支局
  169
国際連盟事務局東京支局
  ‥‥ 174, 208, 216, 217
国際連盟保健部 216
国際労働局 300,
  301, 303, 317, 546, 725
国際労働局東京支局 ‥‥ 462
国策研究会 ‥‥ 73, 333, 385,
  446, 458, 527, 537〜540,
  542, 626, 654, 655, 657
国策研究会調査部
  .... 332, 333, 519
国産振興会 532
黒正 巌 5, 304, 306,
  464, 484, 520, 532, 533,
  537, 541, 690, 691, 844
国勢院 530, 737, 738
国勢院第一部 738, 841
国政研究会 ‥‥ 456, 457, 807
国勢社 787, 793, 794
国勢調査準備委員会 558
国勢調査評議会 641
国土計画協議会 126
国土計画研究会 81, 125
国土計画研究所
  ...... 30, 80, 81, 519
国土計画整備会 126
国分 浩 100,
  124, 125, 156, 353
国分 理 152, 153
国分 剛二 509
国分 正胤 149
小久保 喜七 610
国民教育奨励会 281
国民厚生研究会 ‥‥ 326, 327
国民新聞社 652
国民精神総動員中央聯盟
  654

国民精神文化研究所 …… 287, 289	小平 権一 …… 428, 463～466, 472, 474, 479, 483, 527, 531, 532, 534, 566, 622, 673	後藤 佐彦 …… 187	小林 重幸 …… 555
国民評論社 …… 703		後藤 精二 …… 269	小林 正一郎 …… 503
国務院国都建設局 …… 116, 244		後藤 多喜蔵 …… 403	小林 省三 …… 359
国務院総務庁 …… 49, 653, 654, 686	小平 忠 …… 543	伍堂 卓雄 …… 611	小林 象平 …… 169
	小高 泰year雄 …… 319, 323, 327, 329, 405, 470, 471, 474, 479, 488, 490	後藤 武夫 …… 202, 642	小林 澄兄 …… 253, 270, 278
国務院総務庁人事処 …… 374		後藤 長七郎 …… 159	小林 政一 …… 136, 143, 349
国務院統計処 …… 788		後藤 貞治 …… 337, 844	小林 善九郎 …… 82
小倉市 …… 704, 745, 747, 750, 762, 766, 775, 782, 790, 799, 810, 819	小滝 辰雄 …… 46	後藤 悌次 …… 178, 190, 206	小林 尚 …… 101
	小竹 茂 …… 569	五島 藤光 …… 558	小林 隆徳 …… 64, 90, 156, 351, 564
	古武 弥四郎 …… 248	後藤 楢根 …… 275	
小倉市役所 …… 36, 38	小谷 茂実 …… 280	後藤 信男 …… 597	小林 千秋 …… 19～27, 181, 201, 220, 222, 230, 231, 257, 397, 398, 401, 414～419, 428～445, 461, 494, 553, 609, 610, 665, 669, 672, 673, 675
小暮 秀夫 …… 710	小谷 正一 …… 401	後藤 半太郎 …… 60	
木暮 武太夫 …… 490	小谷 昌毅 …… 521	後藤 文夫 …… 258, 284, 596, 597, 664～666	
小坂 三郎 …… 411, 480	児玉 永成 …… 698		
小坂 志郎 …… 60	児玉 兼道 …… 311	後藤 正夫 …… 274, 521～523	
小坂 立夫 …… 84, 98, 99, 218	児玉 九一 …… 88, 650, 674	後藤 松吉郎 …… 475	小林 利雄 …… 669
小坂橋 勝雄 …… 100	児玉 国雄 …… 186	後藤 万福 …… 101	小林 寅男 …… 314
五崎 政一 …… 31, 353	児玉 甚三郎 …… 319	後藤 満 …… 80	小林 長谷雄 …… 71, 435, 438, 440
小作調査会 …… 302, 338	児玉 孝顕 …… 89	後藤 安太郎 …… 174	
コシエウニコフ …… 87	児玉 忠一 …… 428, 432, 444	後藤 義夫 …… 429	小林 秀夫 …… 670
越川 正啓 …… 29	児玉 常雄 …… 170	後藤 米太郎 …… 61, 66, 268	小林 尋次 …… 596, 597, 600～602, 667, 669, 691
越川 弥栄 …… 251, 258	児玉 得三 …… 229	呉同済義会 …… 386	
越田 久松 …… 293	児玉 富隆 …… 183	後藤新平伯伝記編纂会 …… 718	
小柴 博 …… 282	児玉 秀雄 …… 32, 696		小林 平左衛門 …… 476, 477
小島 栄次 …… 78, 79, 306, 350, 362, 363, 365, 367, 370, 487, 510, 522, 693, 724	児玉 誠 …… 466	後藤新平夫人 …… 280	小林 政明 …… 519
	児玉 政介 …… 216, 217, 229	寿 善次 …… 272	小林 正勝 …… 641
	児玉 実 …… 94, 123	ゴードン …… 179	小林 正金 …… 211, 214
	児玉 弥七 …… 698	小中村 義象 …… 645	小林 勝 …… 351
小島 勝治 …… 375, 376	国家学会 …… 640	小中村 清矩 …… 651	小林 巳智次 …… 312, 489, 500, 501, 515
小島 亀吉 …… 206	国家経済研究所 …… 206	小西 三郎 …… 410	
小島 慶 …… 444	小次 毅 …… 506	小西 重直 …… 265, 282	小林 峰夫 …… 193, 298, 358, 359
小島 慶三 …… 506, 513	コッサ …… 447	小西 善次郎 …… 483, 484	
小島 憲 …… 1, 9, 16～19, 26, 30, 65, 222, 228, 267, 272, 327, 337, 368, 415, 419, 425, 433, 446, 487, 603, 605, 614, 622, 661, 669～676, 678, 679	コッチ, ケイト・ライス …… 102	小西 俊夫 …… 125, 403	小林 峰二 …… 225
		小西 利雄 …… 505	小林 八百吉 …… 564, 589
	コッドマン, ラッセル …… 58	小西 彦太郎 …… 430	小林 泰 …… 581
	ゴットル・オットリリェンフェルト, フリードリッヒ・フォン …… 296, 542	小西 与一 …… 216, 303	小林 雄吾 …… 643, 644
		小西 理三郎 …… 53, 621, 622, 625, 677, 678	小林 幸雄 …… 473
			小林 行昌 …… 387, 407, 421, 422, 441, 462, 511, 567, 569, 583
	小寺 謙吉 …… 641	小西 利兵衛 …… 707	
小島 効 …… 171	後藤 朝太郎 …… 86, 132, 149, 664	コーニング, クロウド・ダブリユー …… 63	
小島 幸治 …… 250, 256, 257, 294, 359～363, 367～370, 383			小林 好信 …… 625
	後藤 嘉一 …… 93	小貫 修一郎 …… 710	小林 与三次 …… 30～32, 689
	後藤 清 …… 74, 235, 238, 292, 293, 303, 306～308, 310, 311, 313, 315～318, 321, 323～326, 329～334, 342, 345, 352, 360, 367, 369, 374, 379, 380, 385, 386, 440, 441, 488, 490, 499, 541, 566～568, 572, 579, 603, 610, 619, 658	小沼 十寸穂 …… 329	小林 良正 …… 579, 658
		木場 貞長 …… 260, 261	小針 愛子 …… 578
小島 鋼次郎 …… 681		小橋 一太 …… 49, 427, 661, 662, 664, 668, 683, 687	小引 掌 …… 146
小島 昌太郎 …… 166, 168, 170, 364, 378, 407, 408, 411, 412, 419, 421～423, 425, 428, 435, 440, 443～446, 475, 476, 478, 511, 516, 525, 544			小日山 直登 …… 623
		小浜 重雄 …… 296	小檜山 文恵 …… 107
		小浜 八弥 …… 465, 474, 488, 490, 491	小船 清 …… 79, 320, 509, 511, 512, 515, 517
		小浜 松次郎 …… 74	駒井 重威 …… 485
		小早川 欣吾 …… 606, 620, 656, 657, 660, 694, 696	駒井 長二 …… 259
小島 砂人 …… 233, 235～238, 378, 379			小牧 実繁 …… 798, 812
	後藤 清志 …… 308	小林 彰 …… 71	小牧 孝雄 …… 98
小島 清一 …… 411	五島 慶太 …… 180, 181, 183, 589	小林 新 …… 533	駒崎 熊次 …… 109
小島 精一 …… 206, 369, 424, 428, 431, 468, 470, 473, 477, 479, 488, 489, 533, 535, 536, 538, 540, 562, 566, 568, 571		小林 郁 …… 291, 294	胡麻鶴 五峰 …… 19, 20, 97
	後藤 曠二 …… 6, 59, 79, 128, 168, 170, 194, 195, 203, 204, 209, 210, 212～215, 304, 462～468, 513, 530	小林 幾次郎 …… 436, 492, 694, 695	駒田 栄子 …… 333
			小松 悦二 …… 707
		小林 伊三郎 …… 61	小松 堅太郎 …… 291, 295～297
小島 寿男 …… 419		小林 一三 …… 426, 472, 480	小松 雄道 …… 249
小島 利太郎 …… 467	後藤 駒吉 …… 78, 412, 435, 483, 490, 493, 497, 499	小林 丑三郎 …… 389～391, 393, 448～452, 459, 529	小松 敏郎 …… 357
小島 徳雄 …… 601			小松 牧夫 …… 415
小島 浩 …… 84, 86	五島 茂 …… 378	小林 営三郎 …… 380	小松 雄吉 …… 236～238
小島 誠 …… 185	後藤 信吾 …… 95	小林 勝索 …… 184	小松 幸雄 …… 354, 369, 472, 474, 478, 488, 500, 506, 510, 511, 517, 523～525, 557, 566
児島郡教育会 …… 702	後藤 新平 …… 1, 6, 34～38, 51, 75, 82, 103, 105, 107, 156, 157, 161, 185, 186, 203, 239, 240, 280～284, 288, 294, 334, 380, 448, 529, 532, 558, 585～587, 636～648, 660, 662, 683, 684, 704, 705, 712, 722, 723	小林 儀三郎 …… 10	
小島経済研究所 …… 455		小林 橘川 …… 369, 370	
小島政治経済研究所 …… 344		小林 久磨雄 …… 702	
越村 信三郎 …… 443, 516		小林 九郎 …… 705	
越村 久夫 …… 180		小林 健一郎 …… 434	小松 隆太郎 …… 291
小塚 新一郎 …… 278		小林 高記 …… 277, 607, 655	小松市 …… 832
小杉 栄一 …… 405, 407		小林 作助 …… 700	小松市役所 …… 720
小関 光尚 …… 218		小林 貞吉 …… 166, 186	小松原 英太郎 …… 33
湖仙生 …… 696			コミヰ, アーサー・シー …… 123

小峰 三千雄 551	権田 保之助 196, 215, 223, 231, 256, 263, 281, 282, 286, 288, 312, 313, 497, 543	済生会 .... 383〜385, 818	斉藤 峻 278
小峰 柳多 79, 125, 502, 516, 574, 585		済生会救療部 208, 215, 244, 245	斉藤 武雄 95
小宮 陽 421		財政経済時報社 381	斎藤 忠 627
小宮 賢一 .... 68, 70〜72, 80, 95, 156, 157, 350, 351	権平 国雄 152	財政経済時報編輯部 452	斎藤 常勝 278
	近藤 栄蔵 215, 217	財政研究会 70, 458	斎藤 常三郎 387, 388, 593, 600, 601, 648
小宮 義孝 216	近藤 恭一郎 264	財政税調委員会 458	
小宮山 主計 226, 366, 368, 369, 375	近藤 欣一 184	斎田 藤吉 361, 566	斎藤 藤吉 259, 264
	近藤 憲一 480, 481, 484, 567	斎田 時太郎 131, 133	斉藤 知二 240
小宮山 賢 177, 549		埼玉県 ... 280, 447, 538, 681, 685, 701, 714〜717, 728, 748, 754, 758, 761, 762, 765, 771, 778, 779, 792, 799, 806, 813, 824, 833	斎藤 直一 526
小宮山 琢二 524, 572, 591			斉藤 長利 140
小宮山 利政 580	近藤 謙三郎 90, 118, 138, 139, 171		斎藤 昇 .... 438, 617, 664〜667, 675〜677
小村 尋次 601			
小村 秀夫 .. 15, 412, 670, 671	近藤 賢二 187		斎藤 一 227
小村 勝 16, 27, 552	近藤 宏二 235	埼玉県入間郡役所 706	斎藤 秀夫 181, 271, 273, 279
米谷 卯三郎 604	近藤 行太郎 36, 450	埼玉県衛生課 215	
米谷 豊一 .... 18, 267, 370〜373, 375, 378, 379, 428, 442, 486	近藤 修吾 327	埼玉県衛生牛乳組合 215	斎藤 兵吉 153
	近藤 重蔵 284	埼玉県会 680	斎藤 広 478
	近藤 順二 183	埼玉県北埼玉郡役所 706	斎藤 方一 32
	近藤 駿介 661	埼玉県警察部衛生課 215	斎藤 誠 520
菰田 康一 72	近藤 正一 216	埼玉県実業組合聯合会 682	西藤 雅夫 191
古茂田 甲午郎 457	近藤 丈二 374		斉藤 眞澂 186
小森 俊一 264	近藤 壤太郎 315		斎藤 衛 312
古屋 芳雄 79, 233, 484, 546, 552, 554, 555, 611	近藤 士郎 75	埼玉県総務部統計課 ... 799, 800, 806, 820, 830	斎藤 実 440
	近藤 祐信 264		斎藤 守圀 12, 696
後母敷 保啓 191	権藤 成卿 640, 668, 709	埼玉県知事官房 773, 774, 778, 779, 785, 786	斎藤 靖 553, 725
子安 浩 307, 568, 569	近藤 忠 555		斎藤 悠輔 601, 602
小柳 徳市 538	近藤 常次 559	埼玉県秩父郡中川尋常高等小学校 717	斉藤 与一郎 284
小柳 直治 152	近藤 とし子 332		斎藤 要八 704
古屋野 橘衛 593, 661	近藤 直人 334, 445	埼玉県内務部 736	斎藤 義家 .... 410, 413, 416, 419〜421, 423, 426
小山 栄三 286, 553, 695	近藤 信興 222	埼玉県内務部第4課 730	
小山 和助 93, 94	近藤 規文 224	埼玉県南埼玉郡役所 707	斉藤 良衛 654
小山 義作 236	近藤 春夫 34	埼玉評論社 720	斎藤 竜治 419, 483
小山 吉三 716	近藤 春雄 262, 319	財団法人大日本育英会 290	斎藤 亮 307, 308
小山 九市 127	近藤 博夫 133, 144		斎藤 渉 358
小山 清太郎 669	近藤 文二 ..... 170, 176, 319, 334, 360, 365, 369, 371, 373, 378〜380, 386, 441	財津 吉文 232	在土耳其帝国大使館 133
小山 権太郎 713		斎藤 樹 59	済南市公署 49
小山 松寿 644		斎藤 栄一 .... 78, 125, 312, 474, 476, 477, 483, 515, 519〜521, 525, 565, 569, 574〜580	祭原 光太郎 477
小山 清三郎 136	近藤 正義 221, 222, 227		財務局 436
小山 清次 335	近藤 万太郎 498		材山 重忠 463
小山 静二 265	近藤 幹 575, 576		サヴェージ,マリオン・ダットン 337
小山 隆 277, 366	近藤 操 ..... 16, 17, 20, 21, 46, 178〜181, 184, 191, 675	斎藤 栄三郎 432	
小山 猛男 336		斎藤 栄治 254	佐伯 玄洞 406, 411
児山 千秋 554, 555	近藤 康男 476, 480, 483, 484, 489, 500, 504, 523, 540, 541, 543, 554, 565	斉藤 飾 140	佐伯 矩 .. 230, 239, 247, 469
児山 忠一 26, 27, 52, 352, 423, 428, 430, 432, 434, 436, 438, 440, 675		斎藤 固 143	佐伯 千仭 603, 625
		斎藤 勝亮 94	佐伯 敏男 345
	近藤 泰夫 156, 164	斉藤 己三郎 633	佐伯 平造 644, 711
小山 豊治 176	近藤 緑郎 325	斎藤 潔 210, 214, 215, 231, 236, 237, 245	三枝 米太郎 241
小山 秀雄 348	今野 栄三 223		佐枝 新一 583
小山 弘健 543	今野 源八郎 79, 99, 180, 182, 185, 416, 473, 494, 571, 582	斉藤 清 234	早乙女 信正 841
小山 文太郎 283		斎藤 邦吉 237, 317, 323, 493, 554	坂 千秋 ..... 22, 50, 396, 422, 424, 425, 593〜599, 601, 646, 661, 672〜674, 685
小山 正時 517			
小山 雄二 487, 504	今野 敫 372	斉藤 熊蔵 639	
五来 欣造 258, 593, 596, 650, 655	権原 兵市 92	西東 慶治 92	佐賀 徹二郎 410
		斉藤 圭助 529	酒井 厚 142, 144
コール 294	**【さ】**	斎藤 慶勇 181, 572	酒井 勇 95, 307
コール,アドニー 313, 314		斎藤 幸子 234	境井 勘一 567
コール,ジョージ・ダグラス・ハワード ... 294, 542	崔 夏永 18	斎藤 重雄 324	堺井 勘一 570
	蔡 国蘭 247	斎藤 静雄 494, 496, 501, 513, 514, 520	酒井 三郎 274
コールドウエル,ジョン .... 514〜516	蔡 培火 269		酒井 樒 219, 221
	雑賀 博愛 708, 711	西藤 寿太郎 31, 278	坂井 順二 155
コルボウ,カール・フリートリッヒ 101	災害強度委員会 63, 65, 66, 153	斎藤 隼一 94	酒井 正三郎 487, 492, 519, 520, 522, 526, 527, 543, 544
		斎藤 響 516	
コーレン,ウイリアム 482	災害調査委員会 61	斎藤 昇一 20	
挙母町 540, 826	災害防止調査委員会 57	斎藤 新一 434	坂井 伸 25
近 新三郎 88, 89, 128, 132, 138, 171	犀川 長作 642	斉藤 人兆 469	坂井 申生 142, 579
	斎木 秀次郎 317	斎藤 助堯 157	酒井 清一 154, 353
今 藤雄 494, 495	財経課 498	斎藤 純雄 378	酒井 善兵衛 134
今 和次郎 143	在ステッチン帝国名誉領事 133	斎藤 静脩 584	酒井 大助 539
金光教宣町堀少年団 712		斎藤 大助 585	坂井 隆治 ..... 313〜315, 601
ゴンザック 183		斎藤 隆夫 249, 599	酒井 隆治 599
紺田 俊雄 585		斉藤 隆夫 .. 9, 596, 635, 638	坂井 忠一 317

酒井 利男 …… 174, 304, 305, 307, 364	酒田商業会議所 …… 747	桜井 英記 …… 153, 169	佐世保商工会議所 …… 808
酒井 俊彦 …… 421, 426	酒田商工会議所 …… 770, 774	桜井 役 …… 279	佐多 忠隆 …… 566
酒井 信男 …… 152	坂田生 …… 141	桜井 盛男 …… 164	佐田 弘雄 …… 648
坂井 又蔵 …… 711	阪谷 素男 …… 182, 498	桜井 安右衛門 …… 227, 309, 332, 365, 564	佐田 昌夫 …… 65, 69, 133, 174, 189, 190
酒井 勇三郎 …… 347, 349	阪谷 芳郎 …… 6, 7, 34, 82, 171, 256, 673, 707	桜井 豊 …… 524, 525	定方 亀代 …… 215
坂井 磊川 …… 708	酒田町 …… 774	桜井 芳樹 …… 501	佐竹 三吾 …… 567
堺市 …… 740, 746, 755, 758, 759, 763, 768, 778, 785, 792, 799, 803, 804, 810, 831, 836, 839	酒田町役場 …… 203	桜井 義之 …… 309, 364	佐竹 達二 …… 182, 508
	坂西 由蔵 …… 531	桜内 幸雄 …… 432, 699	佐竹 保治郎 …… 64, 65, 73
	嵯峨根 達雄 …… 151, 158	桜岡 威 …… 94	佐竹中佐 …… 81
堺市会特市対策調査委員会 …… 43	坂根 哲夫 …… 443	桜木 章 …… 699	佐谷 台二 …… 262
堺市役所 … 34, 50, 55, 118, 119, 246, 283, 339, 383, 711, 713～715, 718, 836	坂野 亀一 …… 614	桜井 徳太郎 …… 403	貞本 義保 …… 709
	坂部 真一郎 …… 14, 400～403, 406, 407, 409	桜島臨時陸軍検疫所 …… 239	佐々 哲爾 …… 71
	坂部 弘之 …… 124	桜田 助作 …… 520	佐々 弘雄 …… 304, 595, 597
堺商工会議所 …… 339	坂間 棟治 …… 27, 31, 200, 422, 427, 432	桜庭 一男 …… 514, 518	薩埵 正邦 …… 636
阪出 鳴海 …… 134		佐古 慶三 … 3, 5, 93, 132, 211	薩藩史料調査会 …… 639
坂出町 …… 832	逆巻 正夫 …… 179	迫 静吾 …… 435	札幌区 …… 700
坂入 長太郎 …… 543	坂巻 政夫 …… 179	左子 清道 …… 336, 529, 586	札幌区役所 …… 733
坂内 憲策 …… 311	酒見 佐市 …… 176	佐孝 俊幸 …… 278	札幌市 … 749, 760, 766, 770, 780, 787, 816, 824, 834
酒枝 義旗 …… 276, 519, 520, 542, 544, 621	佐上 信一 …… 5, 8, 68, 127, 137, 150, 187, 249, 468, 593, 661, 664, 690	迫田 静雄 …… 360	
		迫水 久常 …… 428, 444	札幌史学会 …… 698
坂上 道 …… 488		佐々井 信太郎 …… 54, 254, 486, 704	札幌市電気局 …… 756, 777, 829
榊原 真一 …… 718	坂本 晃 …… 11, 15, 669, 671, 673～676		札幌市役所 …… 52, 763, 814, 820, 824
榊原 経武 …… 20		笹尾 儀助 …… 475	
榊原 ふみ …… 7	阪本 敦 …… 222	笹生 亨 …… 151	札幌商業会議所 …… 742
榊原 平八 …… 298, 302, 327, 345, 347, 518	阪本 一郎 …… 276	笹川 実 …… 694, 695	札幌商工会議所 …… 589, 767, 771, 775, 798, 803, 811, 818, 829, 833
	阪本 一平 …… 142	笹川 慶永 …… 200, 426	
坂口 軍司 …… 142, 143, 145, 198	坂本 栄一 …… 423	佐々木 厚義 …… 92	
	坂本 金吉 …… 352	佐々木 吉三郎 …… 281	札幌通信局電気課 …… 775, 782, 792, 796
坂口 二郎 …… 711	坂本 潔 …… 266	佐々木 吉郎 …… 522	
坂口 芳久 …… 431	坂本 金吾 …… 111	佐々木 清治 …… 550, 552, 553, 696, 721	札幌鉄道局 …… 143, 188
坂口 碌三 …… 520	坂本 孝三郎 …… 11		佐渡 伝二 …… 147
佐賀県 …… 288, 729, 730, 744, 750～752, 755, 763, 768, 776, 778, 783～785, 790, 796, 803, 811, 817～819, 826, 828	坂本 行輔 …… 190	佐々木 敬七 …… 546	佐藤 鑑 …… 67, 234, 247, 354, 497, 582
	坂元 左馬太 …… 183	佐々木 元三 …… 363	
	阪本 鈐之助 …… 9, 663	佐々木 幸四郎 …… 226	佐藤 昌 …… 30, 95, 98
	坂本 重関 …… 473	佐々木 周一 …… 181	佐藤 晶 …… 89
	坂本 四郎 …… 498	佐々木 秀一 …… 259, 268	佐藤 功 … 609, 618, 622～625
	坂本 進 …… 274, 507	佐々木 昌 …… 215	佐藤 丑次郎 …… 651
佐賀県杵島郡福富青年学校 …… 263	坂本 丹治 …… 80, 234	佐々木 惣一 …… 29, 63, 71, 152, 154, 262, 263, 275, 278, 332, 440, 519～523, 601～626, 641, 642, 650, 658, 659, 669, 676, 677	佐東 和夫 …… 571
佐賀県自治講習所 …… 50	坂本 通 …… 489		佐藤 寛三郎 …… 23, 95, 99
佐賀県総務部 …… 811	坂本 豊次 …… 400		佐藤 寛次 …… 449, 450, 462, 465～467, 475, 479
佐賀県総務部統計課 …… 796, 799, 805, 812, 831	阪本 寅男 …… 14, 670, 671		
	坂本 秀雄 …… 73		佐藤 清勝 …… 656
佐賀県知事官房 …… 791	阪本 平一郎 …… 422	佐々木 唯道 …… 314	佐藤 清 …… 135
佐賀県知事官房統計課 …… 785	坂本 真規 …… 575, 576	佐々木 伝太郎 …… 184	佐藤 国司 …… 404
	坂本 徳太 …… 239		佐藤 九郎 …… 98
佐賀市 …… 740, 745, 749, 758, 769, 782, 812, 816, 827, 832, 833, 839	坂本 森一 …… 16, 20, 197, 205, 206, 474, 475	佐々木 俊雄 …… 62	佐藤 慶次 …… 66
		佐々木 彦一郎 …… 14, 15, 173, 548, 690, 691	佐藤 慶二 …… 296
			佐藤 憲治 …… 464
佐賀市教育会 …… 285	坂本 義照 …… 585	佐々木 秀夫 …… 211	佐藤 公一 …… 379
佐賀市役所 …… 241, 283, 781, 788, 811, 827, 832, 836, 839	昌谷 孝 …… 527	佐々木 博太郎 …… 185	佐藤 功八 …… 94
	相良 政行 …… 556	佐々木 広光 …… 708	佐藤 孝三郎 …… 128
	向坂 逸郎 …… 306, 310, 482, 488, 535, 538, 601, 607	佐々木 正制 … 345, 352, 353	佐藤 三郎 …… 653
坂田 英一 …… 487, 501, 550		佐々木 芳遠 …… 230	佐藤 沢 …… 10, 404
坂田 喜一郎 …… 604	鷺洲町史編纂委員会 …… 707	佐々木 芳雄 …… 571	佐藤 重夫 …… 234
坂田 金三郎 …… 677	崎村 茂樹 …… 490, 491	佐々木 四方志 …… 644	佐藤 史鼎 …… 279
阪田 貞明 …… 102	作田 荘一 …… 206, 268, 269, 472, 485, 491, 518, 595, 600, 609	佐々倉 航三 …… 691	佐藤 秀一 …… 690
阪田 静夫 …… 89		笹原 辰太郎 …… 85, 122	佐藤 正一 …… 98, 146
阪田 進 …… 330		笹原 正志 … 454, 567, 649	佐藤 四郎 …… 168, 350, 638
阪田 泰二 …… 438	佐久間 舜一郎 …… 699	笹間 一夫 …… 91, 146	佐藤 信一 …… 219
坂田 武雄 …… 495, 501, 502, 508, 514, 516, 575, 580, 581	佐久間 彊 …… 28, 677	笹森 伝繁 …… 470	佐藤 信太郎 …… 698
	佐久間 虎雄 …… 465	猿島郡長田村是調査会 …… 683	佐藤 甚太郎 …… 694
	佐久間 秀雄 …… 529, 638		佐藤 清一 …… 578
坂田 繁治 …… 38	桜井 錠二 …… 288		佐藤 誠実 …… 280
坂田 太郎 …… 518, 551	桜井 勝三 …… 32	猿嶋郡弓馬田村是調査会 …… 683	佐藤 碩 …… 272
坂田 時和 …… 90, 129	桜井 庄太郎 …… 289	佐瀬 昌三 …… 188	佐藤 荘一郎 …… 597, 598
坂田 徳蔵 …… 597	桜井 泰仁 …… 713	佐世保市 …… 715, 745, 759, 763, 769, 770, 773, 776, 783, 790	佐藤 武夫 …… 137～139, 152, 158, 217, 220, 353
坂田 鳴海 …… 135	桜井 武雄 …… 124, 271, 274, 295, 500, 504, 511, 514, 515, 537, 542, 554		
坂田 昌亮 …… 146			佐藤 猛 …… 178
坂田 増太郎 …… 284		佐世保市役所 …… 38, 205, 702, 759, 771	佐藤 佐 …… 161
酒田市 …… 788, 794, 808, 815, 828	桜井 徳太郎 …… 515		佐藤 正 …… 208,

佐藤 達夫 ‥ 9, 12〜16, 18, 20, 98, 277, 600, 603, 618, 627, 664, 667, 668, 671, 674
佐藤 立夫 ………………… 320
佐藤 達也 ………………… 547
佐藤 達郎 ………………… 11
佐藤 忠吉 ………………… 24
佐藤 剛 …………………… 581
佐藤 輝雄 ………………… 145
佐藤 藤佐 ……… 212, 217〜219, 234, 247, 294, 556, 598, 607, 608, 669
佐藤 藤太 ………………… 283
佐藤 徳衛 …………… 59, 169
佐藤 得二 ………………… 278
佐藤 敏章 ………………… 188
佐藤 利恭 …………… 73, 135, 172, 213, 236
佐藤 富治 ……… 333, 519, 536
佐藤 尚武 ………………… 559
佐藤 信彦 …………… 408, 416
佐東 陳由 ………………… 409
佐藤 弘 …………………… 80, 543, 691, 693, 714
佐藤 博 …………………… 176
佐藤 洋 …………………… 493
佐藤 浩敏 ………………… 704
佐藤 房一 ………………… 93
佐藤 房吉 ………………… 15
佐藤 正男 …………… 199, 307
佐藤 昌次 ………………… 720
佐藤 正俊 ………………… 28
佐藤 正義 ………………… 330
佐藤 光蔵 ………………… 435
佐藤 武郁美 ……………… 528
佐藤 百喜 …………… 477, 650
佐藤 有二 ………………… 643
佐藤 雄能 …………… 169, 174
佐藤 和韓鵄 ……………… 279
佐藤 弥 …………………… 489
里見 恭一郎 ……………… 220, 223, 225, 229, 233, 726
里見 純吉 ………………… 60
里見 富次 ………………… 279
里見 能吉 ………………… 564
里村 春高 ……… 21, 423, 673
里村 安二郎 ……………… 213
里村 禾三 ………………… 598
早苗 西蔵 ………………… 10
真田 昌孝 ………………… 223, 224, 226, 424, 427
真田 幸憲 ………………… 259, 271, 283, 285
真田 幸尚 ………………… 222
実方 正雄 ……… 441, 445, 493, 502, 508, 511, 514, 518, 546, 580, 584, 840
実藤 豊吉 ………………… 399
佐野 一男 ………………… 294
佐野 清助 ………………… 143
佐野 恵作 ………………… 359
佐野 裟裟美 ……………… 719
佐野 源四郎 ………… 151, 153
佐野 五作 ………………… 426
佐野 呉朔 ………………… 419
佐野 善作 ………………… 283
佐野 卓我 …………… 572, 573
佐野 常光 ………………… 371
佐野 俊男 ………………… 145
佐野 学 ……………… 294, 532

佐野 利器 ……………… 4, 35, 60, 62, 63, 65, 83, 91, 96, 98, 100, 104, 105, 128, 131, 135, 140, 144, 151, 284, 354, 441, 586, 619
三郎丸 動三 ………… 69, 70
佐峠 政一 ………………… 63
鮫島 清彦 ………………… 510
鮫島 茂 ……………… 63, 142
魚交島 正蔵 ……………… 570
鮫島 宗吉 ………………… 208
鮫島 竜行 ………………… 447
鮫島 光彦 ………………… 24
ザメンゴフ, エム ………… 182
佐山 励一 ………………… 27
更級 学 …………………… 386
ザルテル, アドルフ ……… 202
サロモン, ア ……………… 137
サロリー, チヤールス …… 647
沢 逸与 …………………… 188
沢 重民 …………… 65, 144, 145, 153, 440, 444, 599
佐波 宜平 ……… 182, 185, 371, 372
沢 英久 …………………… 278
沢 来太郎 …………… 449, 546
沢井 淳 …………………… 237
沢川 徳蔵 ………………… 462
沢波郡役所 ……………… 706
沢崎 堅造 ……… 314, 315, 577
沢政務調査所 …………… 558
沢田 章 ……………… 449, 455
沢田 勝蔵 ………………… 249
沢田 慶治 ………………… 375
沢田 謙 ……… 249, 250, 336, 347, 389, 663, 712, 721
沢田 五郎 ………………… 486
沢田 喬雄 …………… 474, 487
沢田 竹治郎 …………… 1, 600
沢田 立夫 ………………… 79
沢田 徳蔵 ………………… 501
沢田 久雄 ………………… 834
沢田 実 …………………… 643
沢谷 寅造 ………………… 229
沢登 幸寿 ………………… 717
沢部 実之介 …… 128, 209, 347
沢村 克人 ………………… 676
沢村 正三郎 ……………… 429
沢村 康 ……………… 298〜300, 312, 316, 338, 465, 479, 481, 484, 487, 499, 506, 520, 546, 547, 550, 559
沢村 幸夫 ………… 9, 21, 218
沢村 廉 …………………… 505
沢本 健二 ………………… 790
沢柳 泰爾 ………………… 291
沢柳 政太郎 …… 249〜253, 282
沢柳 政義 ………………… 421
サン, ルネ ………………… 208
山陰朝日新聞社 ………… 715
産業局庶務課調査掛 …… 570
産業局調査掛 …………… 177
産業組合中央会 ……… 285, 336, 338, 340, 341, 408, 409, 449, 453, 456, 488, 530〜532, 534〜539, 541, 742, 753, 761, 765, 768, 770, 778, 780, 783, 796, 805, 809, 812, 832, 838
産業組合中央会群馬支会 ………………………… 533

産業組合中央会滋賀支会 ………………………… 542
産業組合中央会調査部 ………… 197, 473, 564
産業組合中央会東京支会 ………………………… 530
産業組合中央会富山県支会 ……………………… 540
産業組合中央金庫 ………… 451, 452, 455
産業組合問題研究会 ………… 536, 537, 539
産業農務司 ……………… 494
産業福利協会 … 241, 243, 338
三条市 ……………… 787, 794, 801, 803, 818, 819, 828
三条市役所産業課 ……… 719
三商大商業教育調査委員 ………………………… 276
三省堂編輯所 …………… 648
三田谷 啓 …………… 213, 238, 250, 357〜359, 381
山東省公署 ……………… 687
三野 亮 …………………… 380
桑港日本商品陳列所 …… 478
三辺 清一郎 ……………… 555
三辺 長治 …… 36, 37, 263, 267
三瓶 孝子 ……………… 328, 508, 511, 513, 516, 522, 578, 581, 591
参謀本部第四部 ………… 637

【し】

シアハナー, リヒアルト ………………………… 586
椎名 幾三郎 …… 60, 61, 379
椎名 悦三郎 ………… 509, 541
椎名 竜雄 ………………… 255
椎名 竜徳 ………………… 260
椎野 力 …………………… 274
椎原 兵市 …… 15, 83, 87, 89, 91, 92, 97, 132, 215, 218, 307, 476, 478, 487
シエヴエレフ …………… 227
シエーンペリヒ ………… 585
四王天 延孝 ………… 175, 189
塩釜町 ……………… 794, 808, 828
塩柄 盛義 ………………… 203
塩川 正三 ………………… 95
塩沢 昌貞 ………………… 451
塩島 仁吉 …………… 447, 701
塩田 権吉 ……… 413, 414, 455
塩田 実男 …………… 99〜102
塩田 忠敬 ………………… 712
塩田 正洪 …………… 478, 487
塩田 保美 … 65, 614, 615, 692
塩谷 恒太郎 ……………… 704
塩谷 順治 ………………… 236
塩谷 温 …………………… 254
塩野谷 九十九 ………… 438, 446, 510, 523
塩谷 良翰 ………………… 704
塩原 三郎 ……… 101, 102, 143, 151
塩原 正典 ………………… 102
塩原 有 ……………… 196, 578
汐見 三郎 ……………… 8, 149, 195, 206, 254, 366,

388, 389, 391〜394, 396, 397, 399〜405, 408, 411, 412, 414, 417〜421, 423〜429, 432, 434〜437, 439〜441, 443, 445, 453〜455, 457, 469, 470, 472, 476, 477, 530, 535, 548, 551, 585, 670
潮見 純 …………………… 95
塩見 勉 …………………… 143
塩見 真澄 ………………… 403
塩谷 勇 …………………… 95
志賀 潔 …………………… 218
志賀 吾郷 ………………… 528
志賀 達 …………………… 519
志賀 重義 ………………… 441
志賀 志那人 ……………… 85, 94, 347, 348, 359, 362, 367, 373, 393
志賀 泰山 ………………… 160
滋賀 秀俊 ………………… 232
志垣 寛 ……………… 269, 279
史学地理学同攷会 ……… 704
滋賀県 …… 76, 535, 536, 653, 680, 700, 710, 728, 729, 731, 732, 736〜738, 741, 744, 748, 753, 757, 765, 779, 781, 786, 792, 799, 806, 813, 820, 834, 837
滋賀県蒲生郡役所 ……… 705
滋賀県栗太郡役所 ……… 708
滋賀県坂田郡役所 ……… 701
滋賀県社会課 …………… 370
滋賀県総務部統計課 ………………………… 824, 830
滋賀県高島郡教育会 …… 709
滋賀県地方課 …………… 814
滋賀県庁 ………………… 700
滋賀県東浅井郡教育会 ………………………… 710
滋賀県野洲郡中里村役場 ………………………… 685
史学会 …………………… 845
志鎌 一之 ………………… 182
飾磨市 …………………… 835
飾磨町 …………………… 823
史官 ……………………… 628
式島 栄 …………………… 353
式村 義雄 ………………… 437
自彊会 …………………… 77
事業調節委員会 ………… 339
時局対策委員会 …… 344, 588
重田 定正 …………… 239, 279
重田 信一 ………………… 378
重田 定一 ………………… 700
重藤 魯 ‥ 28, 95, 97, 120, 612
重永 潜 ……………… 82, 122
茂野 柾次郎 ……………… 66
重野 安繹 ………………… 699
重徳 泗水 ………………… 269
重政 誠之 ……… 70, 405, 469, 472, 501, 511, 514
重松 鷹泰 ………… 272〜274
重松 俊明 ………………… 297
重村 誠夫 ………………… 174
茂森 唯士 ………………… 644
重森 幹之助 ……………… 64
重森 三玲 ………………… 132
重山 禎介 ………………… 702
四国 三郎 ………………… 151
時事新報社 ……………… 75, 449, 699, 722, 723,

著者名索引　　　　　　　　　　　　　　　　　　　　　　しみす

736〜738, 741, 742, 745, 750, 754, 763, 766, 771, 776, 782, 789, 795, 802
時事新報社経済部 …… 530, 587
時事新報社編輯局 …… 456
静岡県 …… 75, 116, 528, 679, 681, 705, 713〜715, 717, 719, 738, 751, 754〜757, 759〜761, 771, 778, 785〜787, 794, 811, 812, 816, 822, 827, 831, 832
静岡県賀茂郡教育会 …… 701
静岡県警察部 …… 645
静岡県警察部保安課 …… 827
静岡県志太郡役所 …… 703
静岡県社会課 …… 753
静岡県駿東郡役所 …… 703
静岡県総務部統計課
…… 795, 811, 828, 831
静岡県田方郡役所 …… 684
静岡県知事官房 …… 747, 751
静岡県知事官房統計課
…… 749, 758, 760, 763, 767, 772, 775, 777, 784
静岡県都市計画課 …… 116
静岡県内務部 …… 161
静岡県内務部調査課
…… 740, 742
静岡県榛原郡役所 …… 703
静岡県浜名郡入出村役場
…… 285
静岡県浜名郡役所 … 701, 702
静岡県藤枝町役場 …… 706
静岡市 …… 48, 539, 740, 748, 753, 754, 759, 765, 769, 776, 782, 788, 795, 798, 813, 817, 822
静岡市衛生組合 …… 247
静岡市社会産業課 …… 749
静岡市市役所 …… 203
静岡市電気局 …… 205
静岡市電気部 …… 207, 747, 751, 756, 767
静岡市役所 …… 40, 53, 116, 203, 709〜711, 713, 714, 718, 769, 776, 783, 789, 796, 813, 816, 823, 831, 835, 837, 839
静岡商業会議所 …… 747, 748
静 均 …… 468, 503, 505, 508, 514, 516, 519, 521, 523, 526, 539
鎮目 専之助 …… 209
市制記念川崎誌刊行会
…… 707
市政研究社 …… 718, 819
市政検査委員会 …… 202
市政講究会 …… 732, 733
資生堂 …… 705
始関 伊平 …… 520, 565
志田 延義 …… 446
志田 義忠 …… 337
シダコツフ …… 634
志達 定太郎 …… 391, 400, 403, 404, 409, 426〜428
志立 鉄次郎 …… 467
自治館編輯局 …… 636
[自治研究]編集部 …… 3, 390
自治社 …… 35
自治振興中央会 …… 52, 53, 55, 56, 657, 688, 689, 846
自治政研究会 …… 681

自治制発布五十周年記念会 …… 687
七戸 賛三 …… 478
自治擁護連盟 … 50, 52, 688
四通社 …… 280
実業学務局 …… 262
実業教育振興中央会 …… 289
失業対策同志会 …… 338, 339
実業同志会調査部 …… 338, 452
実業之世界社 …… 449, 537
実業之世界社編輯局 …… 703
失業労働者同盟 …… 338, 339
実崎 靖 …… 151
実費診療所 …… 240
シツフ, ワルテル …… 724
志手 環 …… 708
ジード, シヤルル
…… 337, 355, 467
自動車出版社 …… 189
品川町 …… 714
品川用水普通水利組合
…… 165
支那経済調査科 …… 480
支那調査課 …… 482
信濃教育会 …… 286, 651, 701
信濃教育会東筑摩部会
…… 704
信濃史料編纂会 …… 701
篠崎 四郎 …… 233
篠崎 篤三
…… 371, 372, 375, 384
篠崎 嘉郎 …… 705
篠田 勇 …… 534
篠田 七郎 … 463, 467, 562
篠田 孝雄 …… 372
篠田 隆太郎 …… 279
篠原 英太郎 …… 90, 258
篠原 助市 … 266, 269, 276
篠原 忠則 … 27, 431, 676
篠原 正雄 …… 349
篠原 吉丸 …… 676
信夫 淳平 … 646, 648
信夫 清三郎 …… 542, 584, 590, 652, 720
四宮 恭二 …… 476〜478, 482, 493, 497, 504, 507, 513, 514, 518, 523, 524, 527, 540, 550
四宮 茂 …… 285
尸馬 …… 84
柴 官六 …… 175
芝 五朗 …… 402
斯波 仙三 …… 400
斯波 武 …… 454
斯波 貞吉 …… 651
柴垣 清郎 …… 584
柴垣 鼎太郎 …… 264
芝川 仲平 …… 368
芝区役所 …… 718, 751
芝公園改良期成会 … 120, 717
柴崎 芳之助 …… 374
柴田 和夫 … 508, 514, 518
柴田 兼男 …… 177
柴田 銀次郎 …… 422, 425, 497, 724, 726
柴田 熊蔵 …… 258
柴田 敬 …… 472, 474〜477, 491, 511, 513, 516〜519, 522, 600
柴田 敬次郎 …… 371
柴田 敬太郎 …… 373

柴田 顕正 … 709〜713, 716
芝田 五郎 …… 381
柴田 三郎
…… 219〜221, 228, 231, 232, 237, 312, 580, 592
芝田 潤三 …… 154
柴田 常恵 …… 709, 841
柴田 真三朗 … 66〜71
柴田 真次郎 …… 175
柴田 達夫 …… 26, 30, 52, 54, 677
柴田 達夫 …… 30
芝田 徹心 …… 260
柴田 徳雄 … 16, 19, 571
柴田 等 … 477, 486, 507
柴田 弥一郎 …… 191
柴田 義彦
…… 362, 388, 389, 685
柴田郡教育会 …… 708
柴谷 邦子 …… 349
柴谷 善次郎 … 172, 180, 188
芝辻 一郎 …… 94
芝庭 忠次郎 …… 229
柴沼 直 … 270, 274
柴野 和喜夫 … 486, 523
芝原 秀之助 … 146, 147
芝間 喬吉 …… 704
柴山 安太郎 …… 311
師範教育改善促進連盟
…… 265
渋江 武 … 139, 172
渋木 直一 …… 75
渋沢 栄一 …… 640, 699, 701, 710, 718, 722
渋沢 元治 … 472, 535
渋田 紅塔 …… 74
渋谷 徳三郎 … 10, 266, 281
渋谷 直蔵 …… 496
渋谷 弥五郎 …… 374
渋谷町役場 …… 240
渋谷町臨時水道部 …… 240
斯文会 …… 720
四平街市公署 …… 50
司法省 …… 375, 628, 629, 727, 841
司法省刑事局 …… 205
司法省調査課 … 188, 533, 600, 647〜649
司法省民事局調査 …… 301
島 重治 … 13, 90, 136, 305
島 正一郎 … 93, 95
島 経辰 …… 108
島 安次郎 …… 191
島 恭彦 …… 412, 413, 416, 421〜423, 425, 428, 445, 458, 461, 517
島 之夫 …… 719
島 義之 …… 680
島 連太郎 …… 107
島岡 七郎 …… 474
島岡 静二郎 …… 72
島岡 勇之助 …… 575
島影 岩次郎 …… 66
島木 健作 …… 377
島木 赤 …… 411
島口 三郎 …… 70
島崎 一郎 … 298, 357
島崎 孝彦 … 13, 61, 80, 88, 94, 145, 147, 212, 216〜220, 226〜230, 232, 233, 238
島崎 延吉 …… 270

島尻郡教育部会 …… 717
島津 涕蔵 …… 409
島津 寅巳 …… 179
島津 秀蔵 …… 472
島田 牛雄 …… 252
島田 午蔵 …… 702
島田 錦蔵 …… 79
島田 孝一 …… 80, 141, 143, 156, 173, 175〜177, 181, 183〜185, 187, 188, 190, 191, 200, 432
島田 三郎 …… 722
島田 晋作
…… 486, 490, 491, 509
島田 多一 …… 278
島田 辰造 …… 430
島田 筑波 …… 721
島田 徳 …… 406
島田 俊雄 …… 681
島田 八郎 …… 149
島田 日出夫 …… 499
島田 藤 …… 98
島谷 卯之輔 …… 15
島谷 真三 …… 267
志満津 明生 …… 143
島中 雄三 …… 6, 9, 16, 45, 197, 295, 404
島根県 …… 688, 727〜729, 742, 749, 756, 759, 772, 776, 777, 781, 784, 791, 794, 796, 811, 817, 828, 837, 839
島根県荒木村 …… 678
島根県大原郡役所 …… 703
島根県学務部島根県史編纂掛 …… 709, 711〜713
島根県教育会 …… 706
島根県選挙粛正委員会
…… 650
島根県総務部統計課
…… 811, 818
島根県知事官房統計課
…… 751, 786
島根県内務部島根県史編纂掛 … 704, 706〜708
島根県内務部庶務課
…… 747, 749
島野 貞三 … 142, 145, 173
嶋野 貞三 …… 183
島原鉄道株式会社 …… 186
島村 三郎 … 662, 663
島村 他三郎 …… 249, 638, 643, 662, 683
島村 辰男 …… 608
島村 俊彦 … 232, 553〜558
島村 陽来 …… 371
島村 泰 …… 279
島本 融 … 421, 492
島山 泉太郎 … 416, 417
志見 正次 … 261, 686
清水 幾太郎 …… 269
清水 至 … 436, 438
清水 厳 …… 98
清水 乙吉 …… 156
清水 音治郎 …… 233
清水 兼男 … 540, 584
清水 清 … 508, 575, 576, 582
清水 金三郎 …… 309
清水 桂之助 … 80, 159
清水 健二郎 …… 482
清水 孝次朗 …… 592

| 清水 重夫 …… 59, 60, 171, 243, 602, 606, 669, 670
清水 静文 …………… 559
清水 伸 …… 238, 333, 455, 618, 620, 625, 626, 656, 657
清水 進 ……………… 678
清水 住之助 … 157, 158, 184
清水 宗兵衛 ………… 528
清水 武夫 ……… 95, 97, 98
清水 忠隆 …………… 201
清水 照男 ………… 21, 565
清水 東四郎 ………… 713
清水 澄 …… 6, 9, 10, 34, 83, 249, 391, 396, 593〜597, 599, 602, 603, 640, 642, 646, 651, 661, 663, 664
清水 虎雄 ……… 197, 274, 349〜351, 363, 477, 550
清水 直三郎 ………… 254
清水 長郷 ……… 452, 533
清水 乗男 …………… 515
清水 玄 ………… 57, 211, 212, 224, 229, 363, 383
清水 凞 ………… 173, 174
清水 弘 ……………… 502
清水 熙 …………… 127, 130, 131, 139, 179
清水 福市 …… 268, 271, 278
清水 芳一 …………… 266
清水 本之助 ………… 217
清水 水生 …………… 156
清水 光治 …………… 218
清水 盛光 ……… 297, 345
清水 安治 …………… 159
清水 安三 …………… 269
志水 義暲 …………… 293
清水 良策 …… 137, 138, 306
清水 市 ……… 762, 766, 770, 776, 786, 789, 796, 802, 805, 810, 811, 812, 819, 824
清水市教育会 ……… 284
清水市役所 …… 41, 114
清水生 ………… 152〜159
市民局 ……… 28, 29, 553
市民局区政課 ………… 29
志村 厳 ……………… 227
志村 源太郎 … 389, 464, 532
志村 茂治 ……… 572, 580
志村 義雄 …………… 276
志茂 義雄 … 571, 576, 577
下位 春吉 ……… 270, 386
下出 隼吉 ……… 291, 295
下総 皖一 …………… 273
下浦 光衛 ……… 130, 133
下川 兵次郎 … 259, 265, 281
耳目社 ……………… 280
下郷共済会 ………… 716
下河部 良作 …… 307, 309
下河部 良佐 …… 308, 476
霜崎 清 ………… 222, 224
下条 久馬一 ………… 215
下条 康麿 ……… 295, 335, 468, 547
下諏訪町 …… 784, 794, 801
下郡 紀一 …………… 87
下郡 憲一郎 ………… 704
霜田 静志 …………… 249
下田 博 … 308, 444, 474, 475
下田 将美 …… 336, 450, 467
下田 光造 ……… 208, 209
下田 三子夫 ………… 267 | 下田 吉人 ……… 219, 232
下都賀郡教育会 …… 707
下間 仲都 …………… 19
下野 宗逸 …………… 258
下関市 … 42, 747, 759, 761, 764, 809, 819, 830, 836
下関市庁 …………… 792
下関市役所 …… 41, 106, 109, 110, 116, 748, 752, 765, 771, 775, 785, 813, 832
下関商業会議所 …… 747
下関商工会議所 … 784, 797, 803, 810, 818, 822, 829
下野家 小五郎 ……… 416
下松 桂馬 ……… 365, 367
下村 明 ……………… 516
下村 市郎 …………… 268
下村 治 ……………… 317
下村 海南 ……………… 20, 28, 257, 550, 612, 696
下村 桂馬 …………… 308
下村 才弥 ……… 406, 407
下村 三郎 ……… 604, 608
下村 寿一 …… 256, 266, 285, 286
下村 彦一 …………… 183
下村 宏 ………………… 2, 448, 451, 556, 723
下村生 ……………… 573
下山 一二 ……… 386, 492
社会医学研究会 …… 241
社会教育協会 … 50, 289, 344, 459, 656, 657, 720
社会教育研究会 …… 336
社会教育研究所 …… 774
社会教育調査室 …… 252
社会局 …… 337〜343, 383
社会局監督課 ……… 303
社会局監督課調査 … 358
社会局社会部 …… 205, 382, 384, 454, 753, 756, 762, 765, 770, 773, 779, 786, 792, 799, 808
社会局社会部保護課 … 381
社会局職業課 ……… 315
社会局第一部 ……… 57, 250, 251, 298〜300, 358, 463, 562, 593, 661
社会局第一部健康保険課 ………… 208, 357
社会局第一部労働課 …… 299
社会局第二部 ……… 251, 298〜300, 357, 358, 593, 744
社会局第二部健康保険課 ………… 209, 357
社会局統計課 … 298, 299, 743
社会局保険部 ……… 213, 246, 385, 799, 808
社会局臨時軍事援護部 ………………… 385
社会局労働課 ……… 208, 209, 298, 299, 357, 663
社会局労働部 …… 130, 210, 301, 302, 310, 342, 562
社会局労働部労務課 … 684
社会局労務課 ……… 663
社会局労務調整課 … 372
社会事業研究所 …… 248, 375, 378, 379, 384
社会思想社 ………… 647 | 社会政策学会 ……… 202, 449, 529, 586
社会大衆党 ……… 456, 537, 652, 653
社会大衆党市会議員団 ………………… 190
社会大衆党労働委員会 ………………… 343
社会立法協会 ……… 341
借家人同盟会本部 … 642
シャドウエル …… 212, 213
ヂャーナル・オヴ・コンマース ……………… 141
シヤハト …………… 482
シヤールリスト ……… 428
上海市政研究会 …… 54
上海市政府 ………… 44
上海市政府秘書処 … 47, 767
上海市地方協会 ……… 783, 794, 803
上海市通志館 …… 801, 802
上海同文書院大学 … 720
上海特別市政府社会局 ………………… 338
上海特別市政府秘書処 ………………… 759, 763
上海日本商工会議所 …… 835
ジャンボリー編輯部 … 712
朱 其華 ……… 295, 343
聚英閣 ……………… 74
衆議院 ……………… 534
衆議院議員選挙革正審議会 ……………… 648, 649
衆議院議員選挙法調査会 ……… 37, 381, 635, 637, 639〜642, 645, 683, 684
衆議院事務局 ……… 632, 633, 636〜639, 643〜645, 647, 653, 687, 688, 845
衆議院事務局調査部 … 246
衆議院調査部 ……… 288, 385, 458, 459, 538, 539, 590, 655〜657, 844
重工業倶楽部 ……… 583
修史局 ………… 697, 698
衆善会 ……………… 384
住宅委員会 …… 65, 146
住宅営団 … 165, 355, 356, 838
住宅営団経営局 …… 356
住宅営団経営局経営課 ………………… 356
住宅営団経営局調査課 ………………… 356
住宅営団研究部 … 356, 836
住宅営団研究部調査課 ………………… 356
住宅営団住宅研究会 … 356
住宅問題委員会 …… 154
住宅問題研究会 …… 352
重要産業協議会 …… 658
重要産業統制団体懇談会 ………………… 540
主幹 ……………… 262
宿利 英治 …… 402〜404, 597, 667
シュスタア ………… 566
主税局 ……… 433〜443, 574
主税局国税課 ……… 433
シューテーツ, ワルター … 315
シュトラウス, フレデリック ……………… 507
シュトルップ, エフ・ブレーム ……………… 190 | シュパン, オットマール ……………… 297, 534
主婦之友社 ………… 53
シュプランガー, エドワード ……………… 606
シユベルリツヒ, Q. …… 490
シユーマッヒァー, フリッツ ……………… 106
シユミット ………… 209
シュムペーター, ジョセフ・アロイス …… 470, 539
シユメーリング ……… 96
首里 ………… 714, 791
シユルムベルゲル, O. … 494
春藤 真三 ……… 66, 98
春畝公追頌会 ……… 721
ショー, アルベルト … 681
城 数馬 …………… 33
庄 健一 …………… 20
聶 国青 …………… 560
城 竜吉 ……… 210, 212
上井 榊 …………… 278
松園主人 …………… 279
ショウエンフェルド,Mr. H. ………………… 482
彰化街役場 ………… 713
彰化市 ………… 812, 824
勝賀瀬 質 ………… 194, 197, 303, 465, 471, 493
商業会議所聯合会 … 451, 586
商業会議所連合会 … 586
商業組合中央会 … 517, 580
商工行政調査会 … 655, 657
商工省 … 300, 303, 352, 457, 493, 496, 497, 569, 574, 577, 581, 584, 687, 722
商工省監理局 ……… 207
商工省鉱業局 …… 758, 781
商工省鉱山局 … 743, 751, 771, 776, 789, 796, 803, 808
商工省工政課 ……… 204
商工省工務局 ……… 535〜538, 590, 788
商工省商務局 … 203, 205, 455, 457, 458, 586〜590, 758
商工省振興部 …… 317, 591
商工省生産管理委員会 ………………… 540
商工省調査課 ……… 824
商工省統計課 ……… 820
商工省燃料研究所 … 241
商工省物価局 … 459, 574
商工省保険部 … 774, 787
商工大臣官房調査課 ……………… 823〜825
商工大臣官房統計課 …… 748, 751, 753, 755, 757, 759, 760, 762〜766, 768, 769, 771, 776, 779, 780, 783, 785〜787, 790, 792, 793, 796, 799, 800, 803, 806, 807, 811, 813, 814, 818, 820, 825
尚古堂主人 ………… 698
庄崎 俊夫 ………… 370
庄沢 利三郎 ………… 69
庄司 一郎 ………… 708
庄司 得二 ………… 148
東海林 豊治 ……… 218
庄司 光 …………… 68
上水協議会 … 243, 739〜742, 745, 746, 749, 751, |

754, 755, 758, 759, 762, 763, 765, 767, 770, 771	白瀬 懋 …… 328, 504, 578, 580	新藤 銀蔵 …………… 546	須貝 脩一 …………… 62, 65〜67, 603, 604, 619, 623
定塚 道雄 …………… 526	白地 弁二 …………… 568	進藤 誠一 …………… 229	酉水 孜郎 …… 526, 527, 547
湘仙生 …………… 695, 696	白土 千秋 …………… 257	陣内 武 ……………… 11	菅井 武亮 …………… 83
庄田 秀麿 …………… 554	白鳥 徳之助 ………… 449	新日本同盟 … 284, 457, 649	菅井 斌磨 …………… 623
松亭主人 ……………… 279	白根 孝之 ……… 273, 277	陣野 博明 …………… 72	菅田 清治郎 ………… 260
商店界社 ……………… 113	白浜 和夫 …………… 394	榛葉 孝平 …………… 97	菅沼 市蔵 …………… 249
少年団日本聯盟 …………… 282〜284, 288	白柳 秀湖 ………… 540, 712	シンプソン,J.K. ……… 489	菅野 鉱次郎 …… 467, 469
荘原 信一 ………… 90, 353	私立佐賀郡教育会 …… 703	新聞研究所 …………… 282	菅野 義丸 …………… 183
荘原 達 ……………… 532	私立上房郡教育会 …… 701	新聞集成明治編年史編纂 会 ………………… 286, 287	菅谷 岳陽 …………… 196
消費経済部 …………… 503	私立図書館懇話会 …… 287	人文地理学会 ………… 40	菅原 忠治郎 …… 8, 18, 20, 22, 24, 78, 268, 496, 607
傷兵保護院 …………… 373	市立名古屋図書館 …… 845	新聞聯合社 …………… 189	菅原 仁志 …………… 508
荘保 勝蔵 …………… 104	ジールプ, フリードリッヒ …………… 315, 346	新保 民八 …………… 580	菅原 兵治 …………… 540
情報局 ……… 73, 331, 344, 355, 460, 526, 541, 657	代木 多伊知 ………… 257	新法令研究会 … 445, 446, 626	菅原 通敬 ……… 449, 451
浄法寺 朝美 … 69, 234, 238	城西 外史 …………… 183	新見 吉治 …………… 302	杉 謙二 ……………… 708
彰北市 ……………… 784	白松 篤樹 …………… 686	新民会教化部 ………… 613	杉 武夫 ……………… 274
照明学会 ……………… 539	城本 三男 …………… 302	榛村 専一 …………… 285	杉 宜算 ……………… 129
照明学会街路照明委員会 …………… 530, 531	神 絢一 ……………… 256	神馬 仁太郎 ………… 558	杉 靖三郎 ……… 278, 333
照明学会交通整理委員会 …………… 189	振衣生 ……………… 18	新明 正道 ……… 269, 291, 292, 295〜297, 365, 369, 606, 610, 615, 616, 622	杉浦 一雄 …………… 305
尚友生 ……………… 17	ジンガー, クルト …… 292		杉浦 道超 …………… 466
昭和協会 ……………… 43	シンガー, H.W. ……… 551		杉浦 信賓 …………… 365
昭和倶楽部地租及営業収益税委譲問題調査委員会 …………… 452	新海 栄治 …………… 404		杉浦 洋 ……………… 265
	新海 悟郎 …………… 64, 71, 72, 74, 146	【す】	杉江 四郎 …………… 230
昭和研究会 ……… 344, 656	真貝 四郎 …………… 441		杉木 伝 ……………… 208
昭和研究会事務局 …… 591	震害調査委員会 ……… 75	スアコフ, A. ………… 413	杉田 勇 ……………… 226
昭和高等商業学校 …… 458	新義州府 ……… 767, 772, 781, 788, 794, 801, 809	吹田 周郎 …………… 326	杉田 三朗 … 60, 235, 239, 363
諸家 ………………… 8, 143, 362, 665〜667, 722	新帰朝生 ………… 663, 664	吹田市 …………… 830, 835	杉田 直樹 ……… 291, 547
職業局 ……………… 323	新京商工会議所 …………… 784, 793, 803, 805	出納 陽一 …………… 125	杉田 百助 …………… 74
職業研究会 …………… 344	新京特別市公署 …… 44, 46, 48, 49, 51, 54	水道協会 …………… 244, 245, 247, 719, 774, 786, 789, 794, 802, 810, 820, 828, 831, 833, 835〜838	杉谷 正夫 …………… 500
職業紹介事業協会 … 588〜590	新京特別市長官房調査科 ………………… 822		杉戸 清 ……………… 66, 73, 230, 231, 234, 237, 239
食品管理局 …………… 518			杉並公論社 …………… 843
食品局 …………… 516, 517	新宮 健二 ……… 446, 582	水道協会常設調査委員会下水試験法協定ニ関スル委員会 …………… 245	杉野 啓 ………… 64, 96
食品局農産食品課 … 518, 523	新宮市 … 797, 817, 832, 837		杉野 忠夫 …………… 267, 295, 483, 493, 543
食糧管理局 …………… 521	新宮市役所 ……… 48, 718	水道局 ……………… 238	杉野 為吉 …………… 465
ヂョーヂ, D.F. ……… 725	振興課町会課 ………… 31	水道社 …………… 242, 243	杉原 謙 ……………… 722
女子教育振興会 ……… 265	新光社 ……………… 162	スウザアス …………… 202	杉原 権四郎 ………… 404
書籍会社 ……………… 697	人口局 ……………… 235	スヴヤトロフスキー … 726	杉原 四郎 …………… 523
如洗子 ……………… 194	人口食糧問題調査会 … 559	須江 杢二郎 ………… 557	杉原 太之助 … 170, 563, 724
初等教育研究会 ……… 289	振興部 …………… 580, 621	末包 清重 ……… 99, 554	杉松 富士雄 ………… 355
ショル, アルベールト … 353	人口問題研究委員会 … 551	末川 博 ……… 301, 464, 486, 504, 506, 527, 599, 601, 604, 610, 612, 614, 617, 619, 650, 653, 656, 659	杉村 広蔵 …… 207, 513, 515
ジョンス, ヒューゴー … 533	人口問題研究会 …… 537, 557, 559, 560, 788, 831		杉村 章三郎 ………… 16, 21, 26, 92, 97, 98, 201, 226, 273, 427〜429, 433, 434, 440, 441, 445, 510, 513, 517, 520, 593, 594, 599, 601〜627, 659, 669, 673〜676, 678, 679
ジョーンズ, J.P. ……… 386	人口問題研究所 …………… 248, 559, 560, 824	末田 ます ……… 220, 223	
ジョンソン, デ・ロス …………… 142	震災共同基金会 ……… 76	末高 信 …………… 236, 293, 374, 376〜378	
ジョンソン, ロスウェル・ヒル …………… 558	震災予防調査会 …………… 74, 75, 161, 250	末次 信正 …………… 673	
白井 伊三郎 …………… 227, 231, 237, 502	震災予防評議会 … 75, 162	末延 三次 ……… 600, 616	杉村 正太郎 ………… 168
白井 勇 ……………… 227	人事興信所 ……… 841〜846	末弘 厳太郎 … 61, 197, 229, 232, 308, 317, 358, 506, 531, 567, 570, 607〜609, 644, 648, 843, 844	杉村 陽太郎 ………… 534
白井 鼎 ……………… 676	晋州府 ……………… 831		杉本 文子 …………… 302
白井 新太郎 ………… 294	新城 朝功 …………… 684		杉本 栄一 …………… 480, 493, 544, 726
白石 喜太郎 ………… 715	新庄 博 …… 440, 442, 446, 585	末広 重雄 ……… 600, 614	
白石 幸三郎 …… 481, 566	津商業会議所 ………… 743	末松 偕一郎 … 249, 252〜254, 257, 262, 298, 305, 390, 396, 437, 595, 597, 598, 661〜666, 675, 684	杉本 三郎 …………… 231, 268, 364, 437, 577
白石 実三 …………… 715	晋松堂主人 …………… 287		
白石 登喜男 ………… 215	新正会 ……………… 203		杉本 繁次郎 …………… 65, 434, 442, 445
白石 信夫 …………… 445	新生協同人 …………… 295		
白川 威海 …………… 294	仁川商業会議所 ……… 743	末松 謙澄 ……… 637, 700	杉本 寿 ………… 513, 544
白川 朋吉 ……… 1, 8, 467	仁川税関 …………… 818	末松 玄六 …………… 584	杉本 寿二 …………… 287
白川 泰 ………… 96, 98	仁川府 … 715, 765, 770, 774, 781, 789, 803, 809, 816	末本 とし枝 ………… 291	杉本 正幸 …………… 120, 451, 453, 535, 559, 560
白川生 ……………… 477	深大生 … 420, 426, 427, 671	末森 猛雄 …………… 140, 142, 172, 181	杉森 孝次郎 ………… 599
白木 正博 …………… 377	新竹市 ……… 767, 772, 788, 803, 817, 818, 824, 827		杉森 二郎 …………… 568
白崎 享一 ……… 253, 522, 534〜536, 538, 540, 544	新竹州 ……………… 772	須賀 景樹 ……… 58, 59	杉山 栄二 …………… 63
	新潮社 ……… 74, 337, 338	菅 官六 ……………… 63	杉山 清 ……………… 202
白須 二琅 …………… 329	新独逸国家大系刊行会 …………………… 658	須賀 藤五郎 ………… 57	杉山 金太郎 ………… 584
白杉 庄一郎 … 444, 475, 478, 480, 487, 522, 555, 556		菅 陸二 …… 94, 96, 151, 156	杉山 兼二 …………… 313, 367, 368, 567
			杉山 孝次 …………… 324

杉山 茂顕 593	鈴木 尚三 643, 646	鈴木 義男 370, 593, 594	生産調査会 334, 528
杉山 雀 696	鈴木 正之助 565	鈴木 嘉一 52	政治科学研究会 646
杉山 省三 442	鈴木 進一郎 153	鈴木 良吉 216	政治経済研究会 458
杉山 二郎 321, 323	鈴木 鈴馬 58	鈴木 連三 ... 4, 88, 167, 170	清津観光協会 717
杉山 其日庵 707	鈴木 誠治 251	薄田 清 ... 17, 227, 314, 547	清津府 116, 117, 119, 589,
杉山 俊郎 378	鈴木 清秀 179	須田 敦夫 159	772, 777, 801, 808, 817
杉山 知五郎 510, 514	鈴木 儔吉 58,	須田 皓次 57	製鉄所労務部 770
杉山 英樹 323, 506	309, 312, 326, 484	須田 三郎 .... 266〜268	青島守備軍民政署 738
杉山 平助 20, 30, 610	鈴木 竹雄 500,	須田 透 380	青島守備軍民政部土木部
杉山 元治郎 16, 314,	505, 517, 525, 528	須田 博 166	 160
361, 475, 482, 489, 520	鈴木 武男	スタイン, ローレンツ ... 630	青島特別市公署 .. 54, 719
須具 脩一 64	229, 233, 235, 378	スターリン 606	精道村 795, 818
助川 啓四郎 413,	鈴木 武夫 252, 321	スタンリ, アーサー ... 367, 368	青年団中央部 281
421, 456, 483, 501,	鈴木 武雄 .... 2〜5, 133,	スタンレーホール, ジ ... 258	西豊県公署 432
508, 516, 521, 522	193, 359, 390, 393, 394,	スチヴンソン, チャーレス・	税法整理審査会 448
助川 浩 228	399〜401, 419, 421〜423,	A. 173	税務職員共慰会(台湾総督
周郷 博 .... 274〜276	452, 457, 626, 659, 662	スチュワト, エム 406	府民生部財務局税務課
須郷 力三 426, 482	鈴木 忠志 505, 578	スツケス 200	内) 449
図師 嘉彦 352	鈴木 達夫 481	ステンゲル, フォン ... 629, 630	政務調査部 416, 670
逗子町 710	鈴木 達也 331	数藤 鉄臣 ... 64, 605, 671	瀬尾 昭 420
鈴木 明 182, 184, 579	鈴木 忠五郎 142	周東 英雄 228, 229,	瀬尾 五一 158
鈴木 宇一 453	鈴木 貞次郎 698	406, 407, 409, 410, 414,	妹尾 茂喜 369, 672
鈴木 梅四郎 .. 219, 242, 293	鈴木 哲夫 180	417, 418, 424, 473, 474,	妹尾 恒子 362
鈴木 梅太郎 238, 246	鈴木 藤次郎 59	478, 479, 489, 490, 509	世界経済調査会 461
鈴木 栄一 265	鈴木 徳司 254	須藤 文吉 577, 590	世界公論社 44
鈴木 栄一郎 175	鈴木 徳弥 514	須藤 林七 ... 86, 172, 194	世界政治研究会 658
鈴木 栄二 62, 63, 220	鈴木 斗人 32	ストーマン, ケー 471	瀬川 清子 268
鈴木 栄太郎 296, 344,	鈴木 富次郎 411	須永 重光 496,	瀬川 三郎 263
345, 373, 480, 484, 489,	鈴木 富太郎 403, 603	497, 501, 507, 509, 515	瀬川 秀雄 708
506, 510, 525, 581, 643	鈴木 留三郎 254	須永 秀弥 189	瀬川 昌世 213, 547
鈴木 覚四郎 469	鈴木 虎次郎 557	砂田 恵一 214	瀬川 光行 37, 41
鈴木 覚馬 ..... 713〜716	鈴木 寅彦 533	須奈美 玄 268	瀬川 良夫 ....
鈴木 嘉寿一	鈴木 直人 492	スネル 597, 598	277, 278, 327, 331
406, 407, 411, 414	鈴木 信恭 149	スノー, E.C. 552	関 之 625, 627
鈴木 一雄 350	鈴木 紀男 516, 521	須之内 文雄 180, 189	関 以雄 214
鈴木 和夫 ... 67, 155, 156	鈴木 憲久 329, 412,	須原屋 茂兵衛 696	関 栄吉 256, 307, 690
鈴木 勝信 31, 55	415, 423, 438, 439, 443,	スピリドーウィチ 295	関 清 237
進来 要 583	445, 452, 511, 624, 625	須部 真折 93	関 源三郎 212
鈴木 亀之甫 .. 175, 198, 672	鈴木 春治 282	スペングラー, オスワルト	関 宏三郎 559
鈴木 規一 292, 319,	鈴木 英男 361, 367	 294	関 重雄 565
327, 330, 422, 424, 510	鈴木 英雄 60	角 源泉 167, 537	関 四郎 158, 183
鈴木 義一 231	鈴木 博高 353, 620	角 利助 447	関 澄蔵 447
鈴木 喜久治 154	鈴木 文治 304	スミス, アエアラ 425	関 達三 456
鈴木 清 327, 509	鈴木 文次郎 404	スミス, スペンサー ... 130	関 毅 129, 134
鈴置 倉久郎 249	鈴木 平吉 .... 387〜389	スミス, レオナート・S.	関 直彦 715
鈴木 敬義 449	鱸 平亮 330	.... 3, 84, 85	関 一 3, 5, 7, 8,
鈴木 渓二 67	鈴木 舞一 332	スミス, F. 428	10, 12, 15, 17, 46, 83, 85,
鈴木 慶四郎 369	鈴木 信 266, 273,	住田 正一 332, 429, 622	87, 89, 103, 137, 167, 168,
鈴木 圭介 509	276, 307, 308, 311, 373	隅田 満 366	194〜197, 204, 215, 242,
鈴木 堅次郎 11, 47	鈴木 正一 87	炭谷 恵副 548, 549	252, 254, 256, 334, 354,
鈴木 謙介 623	鈴木 正志 231,	住谷 悦治 292	362, 394, 399, 403, 405
鈴木 憲三 435, 436	232, 313, 551, 552	スミルガ 337	関 秀雄 46, 169
鈴木 鴻一郎 333, 417,	鈴木 雅次 ... 153, 155, 164	皇 至道 267, 290	瀬木 博尚 842, 843
482, 510, 521, 556, 557	鈴木 又右衛門 95	洲本市 838	瀬木 博信 845
鈴木 幸治郎 348	鈴木 又七郎 ... 66, 67, 235	洲本町 828	瀬木 三雄 ....
鈴木 小兵衛 506	鈴木 衛 375	陶山 誠太郎 371,	377, 386, 555, 556
鈴木 五郎 405	鈴木 幹雄 ... 64, 158, 444	402, 479, 485, 548	関 未代策 328, 444
鈴木 重男 223	鈴木 宗正 312,	スリッチター 489	関 嘉彦 441
鈴木 重光 373	313, 316, 423, 576	スワーガル, エドウイン	関口 鋲太郎 ..... 84, 88〜90,
鈴木 茂 18	鈴木 茂三郎 199, 262,	 182	92, 100〜102, 114, 122,
鈴木 静穂 ... 258, 264, 270	265, 310, 411, 415〜417,	諏訪市 836	132, 137, 140, 219, 552
鈴木 修一 612	419, 422, 424, 481, 484	寸田 務 137	関口 義慶二 404
鈴木 修蔵 222	鈴木 守三 698		関口 健一郎 14,
鈴木 俊一 18,	鈴木 保雄 ... 434, 438, 446		389, 397, 402, 406,
612, 676〜678	鈴木 安蔵 522, 606,	**【せ】**	407, 409〜411, 414
鈴木 春一 706	609, 614, 616〜618,		関口 四郎 148, 151, 159
鈴木 舜一 265,	625, 650, 652, 654,		関口 泰 5,
266, 270〜273, 307,	655, 657〜660, 694	生活物資局 332	66, 261, 262, 264〜266,
313, 318, 325〜328,	鈴木 保良 525, 579	清家 正 277, 279	269〜271, 277, 284, 286,
345, 370, 372〜374	鈴木 幸夫 231, 234	生産拡充研究会 458	288, 392, 481, 602, 607,
鈴木 正吾 642	鈴木 之徳 384		615, 618, 648, 651〜653,
			663, 669, 674, 675, 688

関口 隆克 270	486〜488, 492, 493, 504, 517, 522, 523, 531, 570	全国農村産業組合協会 535	相馬 誠作 29, 583
関口 隆正 633, 687, 718	全国各市協議会 52	全国養老事業協会 .. 384, 385	相馬 敏夫 443
関口 隆吉 688	全国各市聯合協議会(第23回静岡大正12年) ... 36	全国聯合青年学校長会 270	相馬 由也 641
関口 猛夫 ... 425, 516, 525	全国各市聯合協議会(第27回山形昭和2年) ... 39	善座 好仲 376	総務局 27, 79, 319, 444, 516, 517, 520, 525, 554, 555
関口 武 695, 696	全国各市聯合協議会(第30回宇治山田昭和5年) 41	戦災復興院技術研究所 77	総務省 520
関口 勉 273	全国経済調査機関聯合会 481, 534, 775, 795	戦時生活局 31, 330	副島 義一 610, 647, 682, 687
関口 鉄太郎 98	全国産業団体聯合会 340, 342, 344, 536	戦時生活研究所 53	副島 八十六 699
関口 徳雄 199, 201	全国産業団体聯合会事務局 .... 340〜342, 386, 827	戦時生活相談所 345, 346, 544	添田 寿一 447, 452
関口 直太郎 694	全国産業団体聯合会調査課 344	全州 795	曽我部 久 ...... 276〜278
関口 八太郎 156	全国産業団体聯合事務局 340, 341, 383	専修学校 529	祖上 鋭夫 556
関口 松雄 80	全国山林会聯合会 538	全州府 .. 809, 817, 823, 831	十亀 盛次 410, 423, 433, 577, 622
関口 八重吉 489	全国市会議長会 51	善生 永助 ... 517, 530, 555	十河 信二 186
関島 久雄 363	全国市長会 44, 48, 50, 51, 199	浅草寺縁起編纂会 711	十河 安雄 262
積雪地方農村経済調査所 .... 537, 539, 541〜544, 560	全国市長会(第31回長岡昭和6年) 42	浅草寺出版部 708	祖国同志会調査部 451
関田 生吉 262	全国市長会(第33回宮崎昭和8年) 44	仙田 清吾 260	十代田 三郎 61, 144, 150, 155
石炭鉱業聯合会 586	全国市長会(第34回名古屋昭和9年) 44	千田 太郎 316	曽襧 荒助 447
関戸 覚蔵 634	全国市長会(第35回横浜昭和10年) 45	仙台観光協会 721	曽根 昌一 2
関根 悦郎 ... 250, 485, 486	全国市長会(第36回富山昭和11年) 46	仙台市 51, 699, 712, 743, 751, 756, 767, 771, 778, 781, 786, 809, 815, 821, 827, 836, 838	曽根 正実 86, 168
関根 斎一 710	全国市長会(第37回高知昭和12年) 48	川内市 824	曽根 松太郎 432
関根 隆 375	全国市長会(第41回川崎昭和16年) 53	仙台市電気水道事業部 767, 772	園 乾治 .... 302, 305〜307, 309, 360, 362, 364, 535, 595, 598
関根 要太郎 62, 350	全国市長会(第42回岐阜昭和17年) 54	仙台市電気部 738, 741, 751, 756, 759, 764	園 孝治郎 98
関野 克 356, 691	全国社会事業大会 384	仙台市役所 51, 529, 721, 745, 754, 772, 778, 797, 821, 831, 835	園田 孝男 349
関場 忠武 726	全国商工経済会協議会 544	仙台商工会議所 795	薗田 嘉三 313
関藤 国助 242	全国私立中等学校聯合会幹事会 287	仙台叢書刊行会 .. 705〜709	園田 理一 567
関水 武 10	全国中学校長協会 .. 263, 264	善堂生 401, 551	薗原 太郎 311
関森 健次 ... 217, 304, 558	全国町村会 456, 458	セント・ルイス地方計画委員会 126	園部 敏 611, 613, 620
関盛 吉雄 580	全国町村長会 ..... 30〜32, 44, 421, 452, 508, 611, 646, 672, 673, 687, 688	全日本私設社会事業聯盟 342, 383	薗村 岩雄 482
関谷 新造 143, 220	全国町村長会調査部 54	全日本商権擁護聯盟 542, 591	傍島 湊 146, 224, 229
関屋 悌蔵 98	全国都市計画協議会 .... 116〜118	全日本方面委員聯盟 385, 386, 838	蘇武 緑郎 717, 718
関屋 竜吉 249, 250, 252, 260, 266, 661	全国都市問題会議 ... 119, 206, 843〜846	仙波 清 511	染川 亨 717
関山 直太郎 423, 437, 442, 555, 556, 560, 693, 694, 696	全国都市問題会議事務局 11, 15, 23, 846	仙波 太郎 505	染谷 四郎 234
瀬田 弥太郎 22, 568	全国都市問題会議(第1回大阪昭和2年) 38, 39	仙波 直心 260, 286	曽山 親民 127
世田谷区役所 720	全国都市問題会議(第2回東京市昭和5年) 41	全羅南道 751, 756, 759, 764, 772, 777, 784, 797, 804, 823	空本 吉造 .... 68〜72
瀬戸 一雄 212	全国都市問題会議(第3回名古屋昭和7年) 42		ゾルフ, ヴエー・ハー ... 645
瀬戸 健助 432, 534	全国都市問題会議(第4回東京市昭和9年) .. 44, 45	**【そ】**	ソローキン, P.A. 52, 56
瀬戸崎 七之丞 204	全国都市問題会議(第5回京都昭和11年) .. 47, 48		孫 文(中山) 652, 654
瀬戸市 771, 775, 788, 794, 808, 819, 824	全国都市問題会議(第6回京城府昭和13年) .. 50, 51	楚 水明 647	孫田 秀春 336, 339, 658, 659
瀬戸市教育会 288	全国都市問題会議(第7回東京市昭和15年) 52	宋 香遠 687	ゾンバルト, ウェルナー ... 296, 529, 540, 543, 544
瀬野 周治 506	全国都市問題会議(第8回神戸昭和17年) 55	宗 正雄 512	村落社会学会 296
ゼムブリーノフ, エス ... 154		曹 連挙 433	
世良 琢磨 250, 251		創亜建築聯盟 164	**【た】**
世羅郡教育会 710		ソーヴィー, アルフレッド 176	
セリエー, アンリー 389		宗匠 実平 287	戴 炎輝 266, 267, 600
セリグマン, エドウィン・ロバート・アンダーソン 448		葱青公 30	田井 外茂男 539
芹沢 彪衛 570		左右田 武夫 .... 178, 292, 409, 548〜550	第一大区九小区茨城郡竹原村・竹原新田村 447
芹沢 威夫 362		惣動員部 579	第一日田夏季大学 723
芹沢 登一 531		惣田 太郎吉 252	大大阪調査会 16
芹沢 芙二 349		壮年団中央協会 287	大邱商工会議所 .. 718, 818
芹田 義郎 522		相馬 愛蔵 564	大邱府 .. 48, 767, 776, 785, 790, 797, 802, 811, 825
セール 540		相馬 十吉 315	第12回1府10県聯合共進会長野県協賛会 699
ゼルテ, フランツ 351		相馬 昌三 40	第12回オリンピック東京大会組織委員会 288
セレブリャーコフ 457			第12地区土地区画整理完成記念会 710
膳 桂之助 364, 536			大臣官房文書課 .. 518, 524
膳 之助 151			大震災善後会 107
繊維 331, 523, 583			
繊維需給調整協議会 ... 591			
選挙粛正中央聯盟 ..... 46, 50, 289, 651〜658, 686〜688, 833			
選挙粛正中央連盟 603			
選挙粛正同盟 649			
選挙制度調査会 653			
千石 興太郎 261, 307, 456, 463, 480, 484,			

大政翼賛会 …………… 55, 289, 658, 659	台北州 ………… 685, 747, 755, 767, 776, 790, 795, 797, 803, 811, 815, 818	台湾地方自治協会 …… 685	高崎市水道部 ………… 241
大政翼賛会実践局文化部 …………………… 289, 846	大丸呉服店 …………… 108	台湾通信社 …………… 714	高崎市役所 …………… 41
大政翼賛会宣伝部 …… 658	ダイヤモンド社 ……… 800, 808, 815, 821, 826, 831	台湾日日新報社 …… 280, 733	高砂 恒三郎 ……… 317, 404, 406, 408, 409, 415, 418, 422, 425, 427〜430, 453, 456, 458, 472
大政翼賛会組織局文化部 ………………………… 289	太陽新報社町村史編纂部 …………………………… 713	ダーウキン, レオナルルド ………………………… 216	
大政翼賛会組織部 …… 616	太陽編輯局 ……… 528, 635	タウト, ブルーノ … 146, 350	高沢 俊義 …………… 611
大政翼賛会長崎支部 …… 53	第四師団司令部附 …… 228	タウン, エヅラ・セーヤー ………………………… 335	高沢 義智 …………… 86, 87, 139, 141, 195
大政翼賛会和歌山市支部 ………………………… 659	平 貞蔵 …… 125, 296, 622	高伊 三郎 …………… 359	高科 良二 …………… 577
台中市 ………… 744, 747, 750, 761, 766, 772, 777, 796, 802, 812, 816, 819, 826	平 実 ………… 79, 80, 124, 126, 269, 272, 274, 279, 402, 403, 405, 407, 408, 433, 469, 472, 476, 478, 484, 493, 495, 499, 502, 520, 521, 525, 541, 542, 569, 573, 579, 582〜585	高井 蘭山 …………… 287	高柴 三雄 …………… 697
		高石 源治 …………… 19	高島 一郎 …………… 266, 473, 476, 477, 479, 481
		高石 末吉 ……… 440, 441	
		高市 慶雄 …………… 843	高島 研造 …………… 213
		高井良 恭輔 ………… 663	高島 佐一郎 …… 406, 412, 415, 419, 421, 422, 436, 441, 442, 447, 474, 532
台中市役所 …………… 18		高雄 時夫 ……… 421, 424	
大田府 …………… 796, 803		高岡 熊雄 … 303, 465, 490, 504, 530, 559, 635, 737	
大道 彰 ………… 135, 136			高嶋 佐一郎 …… 291, 462, 463
大道 安次郎 ………… 297	平市 ………… 814, 826, 835	高岡 斉 ‥ 129, 214, 472, 563	高嶋 省三 …………… 411
大東亜研究会 ………… 510	平町 ………………… 798	高岡 実 …… 262, 310, 321	高島 捨太 …………… 698
大東京社 …………… 843	大理院総帽処 ………… 640	高岡郡役所 …………… 706	高島 善哉 …… 508, 527, 541
大東京発達史編纂局 …… 716	大陸出版協会 ………… 713	高岡市 …………… 747, 754, 762, 770, 775, 781, 790, 803, 818, 835, 836	高島 米峰 …… 258, 286, 487
大東社出版部 ………… 74	大陸情報社 …………… 41		高島 喜哉 …………… 494
台東庁 …………… 719, 819	大連 ……… 716, 750, 830	高岡市政浄化会 ………… 50	高須 虎六 …… 481, 484, 535
大同電力株式会社 …… 529	大連市衛生課 …… 246, 247	高岡市役所 ………… 37, 39, 111, 700, 764, 775, 781, 793, 806, 819, 834, 837	高須 芳次郎 ………… 295
泰東同文局 …………… 280	大連市社会課 ………… 381		高杉 孝二郎 ………… 616
大都市制度調査会 …… 40, 41	大連市中央卸売市場 …… 791		高瀬 兼介 …………… 53
大都市調査統計協議会 ………………… 204, 205, 765, 772, 777, 797, 804, 818, 824, 828, 829, 834	大連市役所 ……… 42, 45, 54, 245, 710, 717	高岡商業会議所 …… 747, 751	高瀬 五郎 …………… 596
	大連商工会議所 ……… 243	高岡商工会議所 ……… 759	高瀬 荘太郎 …… 492, 498, 613
	第6回奥羽六県聯合共進会協賛会 ………………… 528	高雄市 ………… 758, 762, 769, 781, 790, 796, 805, 817, 828	高瀬 太郎 …………… 524
			高瀬 千波 …………… 422, 424, 426, 428, 430, 444
胎中 楠右衛門 ……… 471	台湾慣習研究会 … 635, 699	高雄市役所 …………… 45	
大名古屋土地博覧会 … 111	台湾経世新報社 ……… 705	高雄州 ………… 775, 781, 789, 795, 808, 821, 828, 836	高瀬 安貞 …………… 62
台南県庁 ……………… 698	台湾事務局 …………… 632		高田 昭 ………… 135, 137
台南市 ………… 747, 759, 764, 767, 791, 797, 804, 819	台湾総督官房企画部 … 826	高落 松男 …………… 532	高田 耘平 …………… 267
	台湾総督官房調査課 ………… 162, 647, 813, 820	高垣 五一 …………… 508	高田 義一郎 ………… 209
		高垣 寅次郎 …… 417, 423	高田 景 …… 63, 89, 90, 142
台南市役所 ……………… 36, 713, 739, 741, 743, 746, 751, 759, 763	台湾総督官房臨時国勢調査部 ……………………… 739	高木 乙熊 …………… 209	高田 源吉 …………… 211
		高木 勝祠 …………… 534	高田 賢次郎 ……… 18, 95
	台湾総督府 …………… 51, 76, 383, 635, 636, 717	高木 研 ……………… 264	高田 賢治郎 ……… 17, 93
台南州 … 774, 787, 807, 815, 822, 823, 825, 827, 833		高木 憲次 …………… 365	高田 源清 …… 201, 206, 491, 513, 517, 519, 521, 542, 570, 571, 576〜579, 583, 585, 611, 658, 845
	台湾総督府外事部 …… 846	高木 三郎 ……… 426, 645	
第20小委員会 ………… 356	台湾総督府学務課 …… 841	高木 季熊 …………… 404	
大日本産業報国会 ………………… 53, 345, 346	台湾総督府官房地方監察課 ……………………… 839	高木 静波 …………… 93	
		高城 仙次郎 …… 304, 393	
大日本産業報国会中央本部 ………………………… 54	台湾総督府官房調査課 ………………………… 685	高木 太郎 …………… 272	高田 恒三 …………… 99
		高木 敏雄 …………… 145, 223, 228, 229, 233	高田 耕平 …………… 485
大日本消防協会 …… 76, 363	台湾総督府官房文書課 ………………………… 632		高田 貞治 …………… 72
大日本人名辞書刊行会 ………………………… 842		高木 利太 …………… 842	高田 俊一郎 ………… 473
	台湾総督府 企画部 ………… 830, 833, 835	高木 友三郎 ………… 424, 492, 518, 614, 695	高田 庄二 …………… 133
大日本生活協会 ……… 543			高田 慎吾 …………… 129, 368, 369, 371, 372
大日本青年団 …… 288, 289	台湾総督府警務局 …… 76, 822, 827, 832, 835		
大日本青年団本部 …… 821		高木 直幹 …………… 158	高田 信三 …………… 260
大日本農政会 ………… 125	台湾総督府交通局 …… 492	高木 春太郎 ………… 373	高田 太一 ………………… 300, 301, 725, 786
大日本文明協会 …… 240, 281, 293, 294, 334, 335, 637, 644, 707	台湾総督府殖産局 … 335, 739	高木 寿一 …… 397, 405, 406, 408, 411, 415, 417, 418, 422, 424, 425, 427, 428, 430, 434, 436, 438〜440, 443, 454, 460, 461, 492	
	台湾総督府製薬所 …… 632		高田 輔 …………… 572
	台湾総督府総務局 …… 838		高田 保 …………… 81
	台湾総督府土木部 …… 239		高田 通 …………… 238
大日本名所図会刊行会 ………………………… 704	台湾総督府内務局 …… 683, 775, 782, 788, 796, 799, 806, 813, 820, 823, 826, 831, 834, 838		高田 兵二 …………… 231
大日本雄弁会 ………… 74			高田 寛 …………… 581
大日本聯合青年団 ‥ 286〜288		高木 武三郎 ………… 221, 365, 370, 371, 374, 375	高田 法運 …………… 234
大日本聯合青年団調査部 …………… 786, 806, 843			高田 三男 ……… 348, 410
		高木 八尺 …………… 91	高田 休広 …………… 258, 259, 285, 400, 667
太平 善梧 …………… 617	台湾総督府内務局地方課 ………………………… 686	高木 義雄 ……… 216, 243	
太平洋協会 ……… 657, 845		高木 嘉一 …………… 444	
太平洋協会調査部 …… 541	台湾総督府蕃族調査会 ………………………… 705	高久 謙次郎 ……… 18, 320	高田 保馬 ‥ 80, 277, 285, 291, 292, 294, 296, 307, 309, 316, 396, 399, 406, 408, 412, 413, 420, 429, 430, 446, 466, 471〜473, 476 〜480, 486〜488, 490, 493, 494, 496, 512, 513, 517, 519, 521〜524, 530, 533,
太平洋問題調査会 ‥ 560, 648		高倉 貞雄 ………………… 406, 407, 410, 415	
台北市 … 740, 758, 767, 796, 803, 816, 821, 827, 836	台湾総督府文教局社会課 ………………………… 688		
		高倉 テル … 269, 511, 512	
	台湾総督府民政部 …… 74, 632, 681, 701	高桑 致芳 …………… 698	
台北市役所 …………… 242, 714, 718, 778, 786, 793, 799, 805, 812, 819, 824, 830, 834, 838		鷹坂 武夫 …………… 609	
		高崎 寿市 …………… 219	
	台湾総督府民政部殖産局 ………………………… 334	高崎市 …… 710, 739, 745, 770, 776, 789, 816, 817, 830	

	541, 543, 544, 548, 549, 551, 560, 607, 614, 651	高橋 新太郎 …… 229, 234	高松 政雄 ………… 161	388, 389, 394, 398, 405, 415, 420, 432, 450, 593, 596, 661, 662, 664, 671
高田 芳雄 ………… 18	高橋 甚也 ………… 219	高松工業振興協会 …… 590	
高田市 …………… 759, 774, 781, 788, 794, 797, 798, 802, 807, 823, 833	高橋 末次郎 ……… 143	高松高等商業学校調査課 ………………… 536, 846	滝 正雄 …………… 664
	高橋 誠一郎 …… 141, 305, 462, 473, 475, 483, 484, 487, 495, 509, 514, 520, 523, 525, 546, 548, 562, 600, 691		滝内 礼作 ………… 50
		高松市 …… 151, 714, 739, 743, 747, 767, 772, 776, 785, 790, 798, 805, 818	滝川 政次郎 ‥ 137, 295, 389, 532, 650, 657, 690, 841
高田市勧業課 ……… 539			滝川 幸辰 … 63, 614, 616, 617
高田市教育会 ……… 701		高松市役所 ………… 113	滝川町史編纂委員会 …… 719
高田市役所 ……… 721, 741, 746, 754, 770, 788	高橋 清吾 …… 5, 6, 122, 463, 593, 594, 602, 641, 643, 645, 647～649, 651, 654, 661, 662, 664, 665, 668	田上 穣治 ………… 69, 199, 229, 606, 611, 614, 616, 619, 658, 671, 679	滝口 巌 ……… 84, 86, 87
			滝口 義敏 ………… 16
高田青年教育課長 …… 259			滝口 利太郎 …… 152, 153
高田村誌編纂所 …… 704		高見 成 …………… 509	滝沢 一郎 …… 497, 500
高橋 俊 …………… 489	高橋 鉄一 ………… 28	田上 善吉 … 351, 480, 481	滝沢 七郎 ………… 37, 38, 129, 246, 584, 708
高谷 義重 ………… 714	高橋 泰蔵 ………… 432, 443, 446, 525	鷹見 安二郎 ……… 60, 157～159, 238, 457, 691, 692, 694, 696, 719	
高田町 …………… 759			滝沢 真弓 ………… 146
高田町（東京市）教育会 ………………… 715	高橋 琢也 …… 529, 638, 681		滝沢協会調査部 …… 139
	高橋 猛夫 ………… 175	高峰 五郎 ………… 478	田北 郷山 …… 150～153, 157, 158, 181, 484～487
高津 与雄 ………… 555	高橋 武美 ………… 467	高峰 竹雄 ………… 425	
高津 仲次郎 ……… 681	高橋 達 …………… 33	高峰 博 ……… 240, 524	田北 隆美 ………… 149, 150, 153～155, 179, 200
高津 英雄 ………… 317, 321, 433, 520, 726	高橋 竜雄 ………… 663	高嶺 明達 …… 518, 588	
	高橋 長太郎 ……… 516	高宮 晋 …………… 480, 489, 491, 494, 495, 501, 502, 504, 515, 518, 521, 527, 542, 571, 840	滝田 友生 …… 350, 364
鷹司 駿 …………… 73	高橋 貞三 …… 124, 125, 198, 222, 314, 315, 330, 603, 607, 608, 610～612, 614		滝谷 善一 ………… 591
高槻 純之助 ……… 447			滝野 好暁 ……… 62, 231
高月 豊一 ………… 494			滝野川町誌刊行会 …… 715
高槻町 ………… 826, 829	高橋 鉄生 …… 433, 443, 569	高旨 直 …………… 24	滝本 義一 ……… 61, 142
高辻 正巳 …… 612, 613	高橋 登一 ………… 72, 78～80, 98～100, 124, 126	高村 弘平 …… 143, 222	滝本 誠一 …… 2, 533
高戸 義太郎 ……… 371		高村 象平 …… 29, 305, 306, 309, 557, 691, 694～696	滝本 忠男 ………… 346
鷹取 武夫 ………… 608	高橋 東山 …… 224, 372, 377, 557, 558, 693, 695, 696		滝谷 嘉十郎 ……… 392
高梨 光司 ………… 105		高村 勝 …………… 418	滝山 養 …………… 146
高西 敬義 … 127, 133, 161	高橋 刀畔 ………… 48	高本 春太郎 ……… 374	滝山 義亮 ………… 266
高野 岩三郎 ……… 294, 297, 305, 448, 486, 539, 558, 568, 725	高橋 寿男 … 92, 94, 95, 150	高谷 九一郎 ……… 371	滝山 良一 ………… 18, 19, 97, 218, 348, 351, 546
	高橋 敏雄 … 70, 232, 234	高谷 高一 ……… 96, 244	
	高橋 朋厚 ………… 28	高谷 茂木 ………… 326	
高乗 釈得 ………… 68	高橋 友志 ………… 566	高屋 長武 ……… 68, 71	ダーギン,R.L. ……… 227
高野 生 …………… 11	高橋 友忠 ………… 222	高安 準一 ………… 489	多久 亀重 ………… 176, 177, 179, 184
高野 長運 ………… 710	高橋 智広 ………… 229	高柳 賢三 …… 291, 478, 601, 602, 606, 608～610, 613, 614, 617～619, 624	
高野 六郎 ‥ 71, 89, 197, 208 ～214, 216, 218～220, 223, 227, 234～236, 239, 349, 363, 467, 552, 556, 714	高橋 秀雄 ………… 187		多久 三雄 ………… 255
	高橋 秀臣 ………… 528		タクシー問題研究会 ………………… 189, 190
	高橋 敏五郎 ……… 149	高柳 真三 ………… 325, 555, 603, 613, 618, 657	
	高橋 梵仙 …… 384～386, 551, 554, 558, 560, 692, 694～696		田口 卯一 ………… 325, 438, 442, 443
高橋 諦 ………… 437, 438		高柳 松一郎 ……… 563	
高橋 勇 …………… 249		高柳 光寿 ……… 3, 160	田口 英太郎 ………… 230, 235, 236, 623
高橋 一郎 ………… 501		高山 英華 ………… 120, 351, 352, 355	
高橋 逸夫 …… 134～137	高橋 正雄 ………… 473, 474, 479, 480		田口 勝太 ………… 209
高橋 乙治 ………… 490		高山 一十 ………… 696	田口 二郎 ‥ 97, 98, 173, 174
高橋 嘉一郎 …… 146, 153	高橋 正喜 ………… 714	高山 潔 …………… 250, 260, 262, 284, 287	田口 助太郎 …… 487, 491
高橋 嘉九平 …… 257, 260	高橋 正熊 ………… 249		田口 敏郎 ………… 371
高橋 三省 ………… 142	高橋 雅介 …… 261, 471, 478	高山 三平 ………… 646	田口 卯二 ………… 443
高橋 克己 …… 644, 646	高橋 正周 ………… 492	高山 秋月 ………… 258	田口 稔 …………… 554
高橋 亀吉 …… 292, 304, 308, 421, 453, 454, 457, 460, 462, 465, 469, 474, 481, 491, 527, 531, 533～535, 566, 567, 589, 617, 621	高橋 真照 …… 331, 332	高山 賢照 …… 371, 373	田口 豊 …………… 430
	高橋 実 …… 233, 235, 236	高山 辰三 ………… 75	田口 卿三郎 ……… 376
	高橋 恵 …… 158, 518	高山 長吉 ………… 72	拓務省管理局 ……… 688
	高橋 雄豺 … 57～60, 64 ～66, 68, 75, 259, 664, 840	高山 直通 ………… 249	拓務省拓北局 ……… 124
		高山 始 …………… 91	拓務省東亜第二課 …… 614
高橋 久一 ………… 261	高橋 之也 ………… 398	高山 英明 ………… 10	拓務大臣官房文書課 …… 650
高橋 恵一 ………… 597	高橋 穣 …… 269, 277	高山 洋吉 ………… 12	田倉 八郎 ………… 178
高橋 敬一 …… 151, 366, 667	高橋 善雄 ………… 504	高山市 …………… 809, 817, 822, 831, 834	竹 博太郎 ………… 258
高橋 元一郎 ……… 370	高橋 芳三 ………… 493		武 基雄 …………… 353
高橋 源治郎 ……… 530	高橋 義則 ………… 72	高山市役所 ………… 717	武井 一夫 ………… 219
高橋 好 ………… 62, 63	高橋 良麿 ………… 96	高山町長 …………… 47	武井 郷一 ………… 345
高橋 幸司 ………… 441, 499, 502, 577, 584	高橋 理一郎 ……… 267	財部 叶 …………… 383	武井 群嗣 … 61～64, 85, 88, 89, 92, 123, 132, 136～142, 144, 146～148, 162, 163, 169, 198, 216, 236, 306, 402, 410, 595, 602, 666
	高橋 嶺泉 ………… 684	財部 共作 …… 413, 446	
高橋 栄 …… 26, 567, 572	高橋 六郎 ………… 77, 148, 158, 164, 223, 224, 226, 229, 231, 233, 234, 236, 239, 246～248, 413, 426, 461, 693, 694	財部 静治 …… 294, 298, 462, 463, 489, 548, 724	
高橋 貞次 …… 24, 369			
高橋 幸枝 … 145, 353, 411		田川 定 …… 332, 333	
高橋 三郎 ………… 250, 390, 465, 690		田川 大吉郎 ‥ 1～5, 7～9, 11, 12, 16, 20～22, 28, 34, 37, 83～85, 91, 103, 104, 122, 128, 136, 139, 141, 143, 145～147, 151, 170, 171, 173, 174, 194, 199, 200, 204, 221, 263, 269, 364,	武井 健 …………… 87
	高畑 稔 …………… 17		竹井 耕一郎 ……… 681
高橋 重之 ………… 325	高畠 素之 …… 558, 842		武井 才剛 ………… 296
高橋 純一 ………… 464	高原 操 …………… 621		武居 繁彦 ………… 232
高橋 次郎 …… 517, 525, 555	高松 清次郎 ……… 357		武居 高四郎 ……… 79, 82, 83, 85, 86, 89, 92,
高橋 二郎 ………… 558	高松 文可 …… 45, 100		
高橋 真一 ………… 450			

たけい

94, 123, 124, 126, 143, 168, 169, 174, 227
武井 恒夫 ………… 571, 572
竹市 鼎 …………… 483, 584
竹内 愛二 ………… 62, 262, 292, 367, 375, 379, 557
竹内 可吉 ………… 531, 541
竹内 嘉兵衛 …………… 282
竹内 薫兵 ……………… 358
竹内 鎌二 ……………… 577
竹内 謙二 …… 462, 495, 565
竹内 佐平治 ……… 70, 350
竹内 尉 ……………… 708
竹内 正一 …………… 288
竹内 常行 … 548, 694, 695
竹内 二郎 ……………… 502
竹内 褧次 ……………… 60
竹内 新平 ……………… 426
竹内 政治 ……………… 232
竹内 善作 ………… 253, 255
竹内 武男 ……………… 546
竹内 竹丸 ……………… 29
竹内 正 …… 146, 222〜224
竹内 恒吉 ……………… 391
武内 哲夫 ……………… 172
竹内 時男 ……………… 289
竹内 敏夫 ………… 523, 581
竹内 利美 ……………… 718
竹内 虎雄 …… 8, 19, 21, 410, 412, 420, 421, 616, 669
竹内 信男 ……………… 573
武内 信男 ……………… 591
竹内 英夫 ……………… 520
竹内 松次郎 …………… 220
竹内 芳太郎 …………… 236
竹内 六蔵 …………… 104, 105, 130, 132
竹尾 弍 ……………… 185
武岡 充忠 …… 2, 11, 683
武川 文三 ……… 67, 68, 70
武川 保人 …………… 16
武川 由太郎 ………… 196
竹腰 健造 ………… 63, 129
竹越 与三郎 … 531, 635, 713
竹崎 忠雄 …………… 150
竹崎 八十雄 ………… 251
竹沢 さだめ ………… 365
竹下 直之 … 273, 274, 277
竹下 美隆 …………… 261, 410, 414, 672
竹下 吉信 …………… 528
武島 一義 …………… 62, 63, 312, 313, 385, 406, 663
竹島 富三郎 ………… 433, 435, 441, 518, 526, 563
竹田 梅太郎 ………… 214
武田 勘治 …………… 272
武田 公明 …………… 264
武田 軍治 … 164, 237, 238
武田 五一 …………… 137, 139〜141, 143
武田 次郎 …………… 584
武田 真量 ………… 359, 368
武田 晴爾 …………… 322
武田 誠三 …………… 73
武田 隆夫 …………… 293
竹田 武男 …………… 7, 8, 128, 167, 563
竹田 武雄 …………… 72
武田 長太郎 …………… 397, 398, 401, 470

武田 鼎一 …… 472, 489, 570
武田 貞之助 ………… 655
武田 敏信 …………… 571
竹田 延朗 …………… 132
武田 徳倫 …………… 17
武田 正泰 …………… 166
武田 守人 …………… 245
武田 泰郎 ………… 360, 665
武田 行雄 …………… 372
武田 嘉太郎 ……… 90, 91
武田 義信 …………… 42
武田 良太郎 ………… 134
武富 時敏 …………… 448
武富 美春 …………… 140
武鳥 一義 …………… 374
竹中 勝男 …………… 235, 332, 346, 365, 366, 368, 373, 374, 378, 379, 555
竹中 喜義 …………… 129
竹中 均一 …………… 619
竹中 竜雄 … 8, 22, 23, 53, 91, 149, 176, 193, 195〜202, 206, 207, 222, 227, 228, 230, 232, 235〜237, 245, 247, 403, 406, 407, 443, 455, 483, 484, 511, 513, 514, 520, 521, 525, 527, 538, 544, 605, 624, 671, 672, 692, 725, 840
竹中 玉一 …………… 289
竹中 多計 ………… 361, 368
竹林 熊彦 ………… 271, 290
竹林 庄太郎 ……… 329, 330, 473, 504, 505, 514, 523, 526, 527, 555, 563〜567, 569, 570, 572, 573, 578, 580, 582〜584, 591
武部 欽一 …………… 259〜261, 267, 271, 278
建部 遯吾 …… 262, 281, 531
武見 六蔵 … 82, 83, 106, 107
武見 芳二 …………… 563
武光 一 ……………… 19
竹村 和夫 …………… 517
武村 忠雄 …………… 428, 483, 485〜487, 489, 492, 495, 496, 616
武村 秀雄 …………… 706
竹村 文祥 ……… 69〜71
武本 宗重郎 ………… 450
竹森 一則 ………… 377, 429
竹山 真次 …………… 13
武山 助雄 …………… 630
竹山 祐太郎 …… 262, 473
武若 時一郎 … 15, 132〜139, 143〜148, 152〜154, 162, 175〜179, 198〜200, 600, 601, 668, 689
田子 一民 …………… 1, 123, 249, 281, 283, 302, 344, 381, 449, 464, 596, 598, 607, 663, 664
田子 作太郎 ………… 692
田阪 実徳 …………… 155
田坂 茂忠 … 302, 373, 626
田坂 政養 ………… 328, 580
田阪 美徳 …………… 89, 136, 154〜156, 694
田崎 慎治 ……… 166, 593
田崎 仁義 ……… 338, 645
田沢 要雄 … 26, 428, 433, 675

田沢 義鋪 …………… 49, 253, 254, 265, 267, 283, 582, 597, 599, 662, 671
田沢 鐐二 …………… 211
田治 六郎 …………… 101
田島 勝太郎 ………… 9, 75
田島 錦治 … 462, 531, 546
田島 順 ………… 349, 353
多島 清一 …………… 416
田島 太郎 …………… 250
多治見市 …………… 827
太政官 …… 627, 712〜714
太政官会計部 ………… 727
太政官記録掛 ………… 628
太政官文書局 …… 628, 629
田尻 愛義 …………… 623
田尻 稲次郎 ………… 335, 447, 448, 529, 530
田尻 常雄 …………… 127, 258, 284, 580
田尻 利雄 …………… 262
田尻先生伝記及遺稿編纂会 …………… 715
田代 勝之助 …… 270, 272
田代 善吉 …………… 711
田代 元弥 …………… 377
田杉 競 ………… 79, 199, 226, 424, 425, 428, 429, 434, 440, 443〜445, 478, 483, 569, 570, 572, 574, 575, 578〜582, 584, 591
田制 佐重 …………… 250, 254, 255, 259〜261, 263, 265, 266, 281, 284, 291, 294, 359, 611
多田 喜一 …………… 409, 411, 438, 458
多田 源二郎 ………… 463
多田 貞久 …………… 364
多田 秀士 …………… 582
多田 順一 ………… 325, 580
多田 純一 ………… 140, 207
多田 鉄雄 … 263, 269, 271
多田 房之輔 …… 258, 260
多田 基 ………… 153〜156, 182〜185, 201, 617
多田 保次郎 ………… 312
多田 芳雄 …………… 514
唯野 喜八 …………… 1, 89, 256, 348, 388〜395, 398, 400〜403, 405, 406, 408〜411, 414, 415, 424, 453, 465, 546, 598
立 作太郎 …………… 645
館 粲児 ……………… 136
館 稔 …… 79, 231, 311, 312, 526, 547, 549〜551, 553〜558, 560, 571
立川 基 ……………… 523
立川 弥次郎 ………… 132
立木 勝 ……………… 373
橘 佳日子 …………… 669
橘 莞爾 ……………… 458
橘 謙三 ……………… 135
橘 樸 …………… 276, 555, 620
立花 士郎 …………… 296
立花 次郎 …………… 31, 180, 279, 445, 557
橘 慎一郎 …………… 280
橘 高広 …… 251, 256, 284
立花 昌夫 …………… 610

立花 宗幸 …………… 650
竜居 松之助 ………… 690
辰馬 鎌蔵 …………… 151
辰巳 鼎 ………… 231, 678
巽 純一 ……………… 61, 62, 131, 140, 154
竜山 義亮 … 251, 258, 264, 267, 268, 270, 276, 279
伊達 三郎 ………… 512, 514
伊達 俊光 …………… 720
立石 駒吉 …………… 722
立石 善次郎 ………… 181
立石 辰夫 ……… 27, 273
建部 徳雄 …………… 390
立石 信郎 ……… 173, 569
館野 重助 ……… 415, 481
建林 正喜 …………… 560
館林 三喜男 …… 62, 70, 72
立山 広士 …………… 273
館山市 …………… 827, 836
館山市北条町 ………… 821
田所 哲太郎 ………… 235
田中 農夫 …………… 316
田中 晃 ……………… 599
田中 有年 …………… 676
田中 郁吉 …………… 275
田中 幾三郎 ………… 642
田中 功 ………… 501, 516, 840
田中 市助 …………… 194, 255, 392, 466
田中 惟微 …………… 97
田中 帷微 ………… 99〜101
田中 薫 ……………… 167
田中 和夫 …………… 221, 496, 526, 620
田中 一彦 …………… 72
田中 勝次郎 … 4, 397, 406〜408, 434〜439, 513
田中 寛一 … 266, 271, 295
田中 喜一 … 181, 190, 191
田中 清 ……………… 715
田中 清志 …… 3, 82, 107
田中 金司 …………… 387, 389, 430, 447, 473
田中 国益 …………… 133
田中 熊彦 …………… 132
田中 啓一 ……… 500, 518
田中 敬一 …………… 511
田中 啓爾 ……… 273, 690
田中 係太郎 ………… 600
田中 好 ………… 83, 105, 136, 137, 142〜144, 162, 163, 169, 177, 220, 472
田中 孝市 …………… 502
田中 広太郎 … 7, 27, 28, 32, 88, 89, 196, 257, 388, 390〜402, 449〜454, 463, 465, 661, 664
田中 耕太郎 …… 295, 389, 602, 611, 650, 843, 844
田中 貢太郎 ………… 75
田中 定 … 480, 481, 485, 488, 492, 493, 500, 502, 508, 510, 518, 527, 548, 550
田中 重之 …………… 419, 420, 422〜424, 669, 672
田中 茂 ……………… 39
田中 七三郎 ………… 282
田中 勝吉 ……… 127〜130
田中 省吾 … 64, 157, 619
田中 二郎 ……… 28, 92, 200, 334, 419, 491, 497,

499, 503, 505〜513, 515, 521, 522, 524〜528, 598, 599, 602〜604, 606, 609, 611〜613, 616〜619, 623〜627, 653, 840	棚橋 正長 …………… 205 田辺 薫 ……………… 92 田辺 勝正 …………… 301, 306, 309, 311, 316〜318, 322, 323, 487, 490, 496, 501, 505〜507, 514, 517, 519, 523, 524, 526, 527, 547〜549, 552, 553, 557, 559, 625	谷口 弥三郎 ………… 556 谷口 寛 ……………… 70 谷口 嘉太郎 ………… 444 谷口 芳徳 …………… 825 谷口 吉彦 …………… 32, 201, 265, 392, 427, 468, 470〜472, 475, 476, 484, 489, 495, 497, 511, 515, 516, 563〜572, 580, 583, 588, 589, 592, 624, 657	田村 克己 …… 251, 347, 361 田村 克巳 …………… 360 田村 競 ……………… 573 田村 謙治郎 …… 453, 543 田村 顕三 …………… 421 田村 剛 ……………… 80, 81, 83〜86, 89, 91, 93, 98, 135, 141〜143, 145, 146, 208, 210, 211, 220, 232, 720
田中 萃一郎 ………… 294 田中 祐之 …………… 445 田中 進 ……………… 350 田中 精一 …………… 331, 406, 417, 424, 430, 477, 480, 490, 517	田辺 健一 ……… 513, 694 田部 五郎 ………… 79, 98 田辺 朔郎 ………… 103, 588 田辺 定義 …………… 9〜11, 39, 89, 230, 597, 613, 665	谷口 吉郎 ……… 146, 152 谷野 せつ …………… 278 谷藤 正三 ……… 150, 178 谷水 真澄 …………… 320	田村 二郎 …………… 235〜238, 379, 380 田村 仙定 ……… 327, 328 田村 正 ……………… 229 田村 民平 …………… 134
田中 誓夢 ……… 270, 271 田中 正吾 ……… 277, 278 田中 惣五郎 ………… 620, 622, 720, 721	田部 正太郎 ………… 88 田辺 寿利 …… 253, 291, 295 田辺 忠男 …………… 79, 80, 413, 415, 479, 483, 489, 491, 495, 521	谷村 鉄三郎 ………… 132 谷本 清 ……… 219, 221〜223 谷本 富 ……………… 253, 261, 269, 281, 282 谷本 光好 …………… 502	田村 徳治 …………… 601, 602, 604, 606, 611, 614, 625, 644, 655 田村 友義 …………… 518 田村 秀文 …… 15, 150, 184, 185
田中 孝 ……………… 137 田中 滝治 …………… 506 田中 剛 ……………… 86 田中 武彦 …………… 3 田中 忠夫 …………… 549 田中 達雄 …………… 303 田中 太郎 …………… 380 田中 智男 …………… 58 田中 次男 …………… 513 田中 庸茂 ………… 18, 661 田中 稲一 …………… 404 田中 藤作 …………… 40 田中 巴之助 ………… 642 田中 知邦 …………… 280 田中 豊喜 …………… 581 田中 豊治 ……… 522, 696 田中 寅男 …… 212, 219, 222, 229, 237, 244, 246, 247 田中 直吉 …… 611, 622〜624 田中 長茂 …………… 301, 463, 471, 473, 475, 487, 538, 540, 564, 669 田中 信顕 …………… 628 田中 秀雄 …………… 66 田中 秀吉 …… 422, 454, 457 田中 文telecom …… 244, 245 田中 弁之助 ………… 204 田中 法善 …………… 308, 311, 363, 364, 366 田中 穂積 ……… 338, 448 田中 政秋 …………… 134, 144, 154〜158 田中 正之 ……… 391, 392 田中 光雄 …………… 428 田中 貢 ……………… 294 田中 実 ………… 581, 582 田中 盛枝 …………… 298 田中 弥一 ………… 70, 93, 96, 97, 99〜101, 550, 584 田中 八百八 ………… 149 田中 康夫 …………… 598 田中 幸雄 ……… 569, 571 田中 豊 ………… 130, 131, 409, 426, 431〜434, 436, 440, 444, 446 田中 義男 …………… 625 田中 芳雄 ……… 208, 240 田中 義邦 ……… 235, 236 田中 義次 …………… 147 田中 可長 …………… 229 田中 善治 …………… 45 田中 令三 …………… 346 田中舘 秀三 ………… 316, 551, 691, 692, 695, 828 棚橋 源太郎 ………… 257 棚橋 初太郎 …… 489, 520	田辺 忠雄 …………… 517 田辺 治通 …………… 5 田辺 秀穂 ……… 214, 216 田辺 平学 …………… 57, 59, 62, 64, 66, 69〜73, 82, 101, 120, 121, 129, 131, 135, 137, 139, 146, 159 田辺 正勝 …………… 553 田辺市 ………… 836, 838 田辺町 …… 782, 826, 832 谷 市良 ……………… 326 谷 地彦 ……………… 134 谷 伴夫 ……………… 220 谷 文一 ……………… 360 谷 宗雄 ……………… 138 谷岡 竜一 ……… 214, 547 谷垣 芳次郎 ………… 70 谷川 貞夫 …………… 31, 221, 224, 260, 262, 308, 364〜371, 377〜380, 386 谷川 定夫 …………… 375 谷川 卓夫 …………… 372 谷川 徹三 …………… 276 谷川 昇 … 19, 20, 91, 204, 468 谷 英三郎 …………… 637 谷 赫嶺 …… 420, 424, 671 谷 鶴齢 ………… 416〜419 谷 嘉鶴多 …………… 415, 416, 418, 432 谷口 清治 …………… 237 谷口 謙 ……………… 239 谷口 恒二 …………… 409, 426, 432, 436, 522, 565 谷口 三郎 …………… 158 谷口 成之 …… 57, 69, 70, 79, 80, 87〜89, 96, 101, 123, 124, 130, 167, 168, 193 谷口 寿太郎 ………… 414, 420, 421, 423, 434, 437, 440〜446, 455, 456, 459, 606, 607, 621, 671, 677 谷口 清一 …………… 366 谷口 赤嶺 …… 349, 409〜411 谷口 忠 ………… 129, 138 谷口 東郭 …………… 87 谷口 知平 …………… 432, 527, 557, 840 谷口 房蔵 …………… 2 谷口 政秀 …… 256, 305, 469 谷口 松雄 ……… 150, 174 谷口 明三 …… 292, 306, 307 谷口 守雄 ……… 460, 472	谷山 恵林 …………… 366 谷山 大助 …………… 673 田沼 征 ……………… 524 種林 純二 …………… 314 田野 奎治 …………… 298 多野郡教育会 ……… 700 頼母木 桂吉 …… 164, 537 田畑 厳穂 …………… 627 田畑 茂二郎 …… 489, 625, 626 田畑 忍 …… 272, 277, 600, 602, 609, 610, 613, 616 田幡 新三郎 ………… 218 田畑 為彦 …………… 423, 488, 506, 650, 651 田畑 実 ……………… 542 田原 栄 ……………… 583 田原 次郎 …………… 515 田原 恒雄 …………… 406 田原 禎次郎 …… 634, 699, 702 田原 春次 …………… 275 田淵 藤蔵 ……… 260, 264 玉井 広平 …………… 710 玉井 茂 ……………… 335 玉井 助四郎 ………… 393, 399, 400, 597, 598, 663 玉井 是博 …………… 542 玉井 猛 …… 4, 85, 87, 398 玉川 清 ……………… 13 玉川 謙吉 …………… 185 玉置 巌 ………… 146, 224 玉木 薫蔵 …………… 449 玉置 敬三 ……… 478, 570 玉木 勝次郎 ………… 132 玉置 豊次郎 ………… 94, 112, 134, 140, 144, 498 玉城 肇 …… 265, 270, 292, 342 玉木 絹煕 …………… 219 玉置 弥造 ……… 139, 597 玉木 懋夫 …………… 457 玉越 勝治 …………… 69〜71, 78, 91, 485 多摩生 …………… 434 玉谷 宗市郎 ………… 564 玉塚 締伍 …………… 353 玉野市 …… 832, 835, 838, 839 玉虫 文一 …………… 273 玉柳 実 ……………… 316 溜島 武雄 ……… 473, 599 田宮 弘太郎 ………… 636 田村 有年 …………… 258 田村 市郎 …… 296, 584, 588 田村 栄太郎 … 581, 582, 718	田村 浩 …………… 17〜19, 47, 478, 531, 533, 536, 691 田村 又吉 …………… 682 田村 実 ………… 518, 574 田村 森次 …………… 268 田村 雄次 …………… 9 田村 豊 ………… 59, 173 田村 与吉 …………… 92, 123, 130, 133, 135, 136, 139〜144, 146〜148, 152, 153, 155, 156, 158〜160, 169, 170, 174, 176, 178, 206, 211, 400, 481, 571, 576, 577, 691 田村 義雄 …………… 277 田村 隆治 …………… 276 田村郡教育会 ……… 699 為藤 五郎 …………… 266 田谷 一郎 …………… 404 田山 花袋 …………… 75 田山 貢 ……………… 485 田結 宗誠 ……… 224, 368 ダルヴィレ, ウィル …… 34 タールハイム ………… 504 タルボッド, チヤールス・エッチ ………………… 128 俵 静夫 …… 498, 519, 523, 611, 616, 621, 627 田原 大千 …………… 498, 574, 675, 676 俵 孫一 ………… 469, 661 ダン, ウオルター・テー …………………… 468 弾 舜平 ………… 447, 680 ダンカン, H.G. ……… 549 丹木 政一 …………… 213 丹下 良太郎 ………… 166 団迫 政夫 …………… 457 団藤 重光 ……… 618, 626 ダンニング …………… 659 丹波 七郎 …………… 364 丹波 浪人 ……… 139, 142 丹波史談会 ………… 710 **【ち】** 小県郡役所 …… 705, 706 チエルキンスキー, エム・モヅルフ …………… 555, 556 茅ヶ崎町 ……… 802, 827

近沢 定吉 565
知我天 613
チーガート, ジョーン・ヂュー 250
千頭 清臣 701
千明 順治 57
千種 達夫 177, 319, 600
千種 義人 437,
　　　　492, 511, 519, 524
筑紫 聡 507
筑前 甚七 152, 231
チーゲル 239
千坂 高興 477, 488
千々岩 泉 212
樗木 昇一 574, 575
知新社 682
地人社 717
チース 657
斉斉哈爾市 45
秩父 中 280
秩父郡教育会 707
千年 源太 266
千葉 敬止 251,
　　　255, 256, 264, 271, 283
千葉 清七 228
千葉 徳爾 276,
　　　　　324, 582, 695, 696
千葉 勇 132, 133
千葉 了 8, 57, 390,
　　　　391, 400, 662, 665, 666
千葉郡役所 708
千葉県 221,
　　　279, 380, 447, 535, 653,
　　　679, 680, 683, 704, 727,
　　　728, 730, 740, 773, 776,
　　　793, 799, 803, 805, 806
千葉県夷隅郡役所 706
千葉県印旛郡農会 732
千葉県印旛郡役所 ... 701, 706
千葉県海上郡教育会 703
千葉県香取郡役所 704
千葉県君津郡教育会 710
千葉県教育会 265
千葉県佐原町役場 713
千葉県山武郡教育会 703
千葉県匝瑳郡教育会 705
千葉県総務部 ... 793, 821, 830
千葉県総務部統計課
　　　............ 799, 825
千葉県第三部 731
千葉県知事官房 735,
　　　　　736, 740, 744,
　　　　　753, 760, 764, 786
千葉県知事官房統計課
　　　...... 778, 779, 786
千葉県長生郡教育会 701
千葉県内務部 533
千葉県長柄上埴生郡
　　　............ 447, 448
千葉県長柄上埴生郡役所
　　　...... 239, 528, 682
千葉県長柄上埴生両郡
　　　............ 447
千葉県農会 681
千葉県東葛飾郡教育会
　　　............ 706
千葉県罹災救護会 76
千葉公報社 680
千葉市 739, 761,
　　　　773, 808, 827, 835, 838
千葉市役所 39, 720
地方監察課 446

[地方行政]編輯部 ... 16, 675
地方局行政課 677
地方局振興課 622
地方自治協会 40
地方事務研究会 460
地方処教養科 320
地方制度調査会 ... 687, 809
チャプマン, H.C. 107
佳木斯市公署 823
忠 佐市 405, 406, 410, 598
中央気象台 76
中央気象台地震掛 76
中央教化団体聯合会
　　　...... 51～53, 284,
　　　286～288, 651, 685, 719
中央教化団体連合会 54
中央教化団聯合会 ... 286, 287
中央慈善協会 841
中央社 646
中央社会事業協会
　　　............ 382～384,
　　　　781, 790, 801, 808,
　　　815, 824, 829, 837, 842
中央社会事業協会社会事業研究所 245, 246, 342, 343,
　　　355, 384～386, 542, 844
中央社会事業研究会社会事業研究所 386
中央社編輯部 645
中央職業紹介局 335
中央職業紹介事務局
　　　............ 298～301,
　　　305, 317, 336, 338, 339,
　　　341, 342, 744, 748, 751,
　　　755, 759, 763, 767, 771,
　　　779, 786, 793, 794, 801
中央職業紹介所事務局
　　　............ 811
中央大学 589
中央物価協力会議 540
中央物価統制協力会議
　　　...... 459～461, 540～542,
　　　591, 592, 831, 835, 838
中央報徳会 653, 683, 686
中央盲人福祉協会 813
中央融和事業協会 559,
　　　　762, 766, 771, 775,
　　　　781, 789, 796, 804, 821
中外商業新報社 ... 75, 452, 537
中外毎日新聞社 41
中華民国維新政府行政院宣伝局 687
中華民国印鋳局 636, 637
中華民国大理院 640
中国通信社調査部 49
中条 都一郎 229
中小商業振興調査会
　　　............ 502
沖志楼主人 279
忠清南道 164,
　　　767, 772, 777, 784,
　　　791, 797, 804, 820
忠清北道 747, 751, 777,
　　　804, 812, 818, 835, 839
中馬 馨 377
チユーリッヒ市建築局
　　　............ 78
張 維翰 3
張 鋭 41, 113, 453
張 漢裕 495, 583
趙 如珩 685
刁 敏謙 641

長 文連 624
趙 万斌 230
長 義正 261, 263
町営三崎町魚市場 588
町会設置規程制定に関する
　　調査委員会 52
長官々房参事官室 679
調査局 726
調査研究聯盟 846
調査部 ...... 29～31, 70, 80, 155,
　　　330, 394, 512, 518, 581
銚子市 777,
　　　794, 800, 809, 817
銚子市役所 46
朝鮮研究会 639
朝鮮商工会議所 538
朝鮮殖産銀行調査課 354
朝鮮総督府 34,
　　　336, 449, 652, 655, 656,
　　　712～716, 806, 813
朝鮮総督府学務局 383
朝鮮総督府学務局社会課
　　　............ 341, 776
朝鮮総督府警務局 775
朝鮮総督府厚生局社会課
　　　............ 356
朝鮮総督府財務局 455
朝鮮総督府司政局 833
朝鮮総督府通信局 206
朝鮮総督府鉄道局
　　　...... 186, 188, 190, 718
朝鮮総督府土地改良部
　　　............ 704
朝鮮総督府内務局 118,
　　　119, 163, 685, 769,
　　　775, 782, 790, 797,
　　　802, 809, 817, 823, 828
朝鮮総督府内務局社会課
　　　............ 335
朝鮮総督府内務局土木課
　　　............ 130
朝鮮総督府農商局 525
朝鮮総督府法務局 656
朝鮮総督府臨時土地調査局 704
朝鮮統監府 731
朝鮮農会 536
調連金融分科会 511
貯金局 455, 456
千代田瓦斯株式会社 528
千代間 豊 413
チラオロ 390
陳 文鳴 719
鎮南浦商業会議所 127
鎮南浦府 767, 774, 777,
　　　784, 791, 812, 822, 826
チンメルマン 56

【つ】

ツアーン, フリードリッヒ
　　　............ 551
ツインマーマン, C.C.
　　　............ 52
通信院業務局 839
通信省 181
塚越 虎男 438
塚越 虎雄 438
栂坂 昌業 843
塚崎 直義 604

塚田 一甫 425, 621
塚谷 朝正 96
塚原 政次 260
塚原 仁 556, 558, 560
塚原 政繁 223, 234
塚本 一郎 94
塚本 孝一 65
塚本 茂 118
塚本 清治 598
塚本 信之 518
塚本 靖 1, 62, 255, 706
塚本 義隆 145
津川 俊夫 65
月形 庄一郎 293
次田 大三郎 8,
　　　40, 396, 398, 400
津久井 竜雄 32,
　　　296, 618, 619, 623
津下 剛 544
告野 新治 71
津市 44, 706, 741,
　　　746, 749, 751, 756, 772,
　　　785, 790, 813, 818, 825
辻 清明 27, 609,
　　　618, 620, 621, 625～627
辻 朔郎 409
辻 正三 231
辻 善之助 384, 704
辻 誠 421,
　　　462, 464, 475, 558
津市教育会 288
津市商業会議所 751
辻田 力 277
対馬 郁之進 72, 73
対馬 敬吾郎 260, 261
津島 寿一 306
対馬 俊治 464
辻村 建二 84
辻村 太郎 14, 537
辻本 健吉 417
辻元 謙之助 ... 214, 216, 219,
　　　242, 463, 471, 532, 586
辻本 興次郎 723
辻本 芳郎 583
津市役所 404
都筑 馨六 33, 631
続木 繁一 41
都築 重作 407
都築 藤一郎 143
都築 秀夫 239, 374
都築 正男 68
津々良 渉 424
綴 研一 519, 678
津田 一之 515
津田 蔵之丞 507
津田 鑿 129
津田 茂麿 702, 710
津田 秀栄 523
津田 真一郎 628
津田 敬之 447
津田 武二 462, 463
津田 桃紅 707
津田 敏雄 ... 137, 140, 151
津田 信良 251, 254
津田 広 588
津田 文平 350
津田 正夫 ...... 363～366
津田 松苗 231
津田 安治郎 ... 82, 130～132
津田 義雄 68, 72, 321
土浦 亀城 355

土田 杏村 ············ 88, 252, 282, 294, 295, 594	鶴岡市 ········ 745, 749, 754, 763, 771, 775, 782, 789, 796, 802, 809, 816, 822	帝国農会農業経営部 ········ 454, 472, 480, 755	鉄道省保健課 ········· 209
土田 哲太郎 ············ 554		帝国農会農政部	鉄道青年会 ······· 703, 712
土館 長言 ··············· 280	敦賀市 ··········· 810, 818	········ 428, 492, 499	鉄道青年会本部 ······· 206
土波 達人 ··············· 584	敦賀商業会議所 ······· 744	通信省 ············· 181, 186, 190, 319, 528,	鉄道大臣官房現業調査課 ········ 337, 354, 844
土成 成美 ··············· 474	敦賀商工会議所 ······· 781, 788, 794, 808, 815	529, 531, 636, 738, 787	鉄道大臣官房文書課 ··· 739
土橋 友四郎 ············ 644	敦賀町 ··········· 798, 803	通信省為替貯金局 ····· 449	鉄道同志会 ············ 169
土持 泊大 ··············· 353	鶴川 操 ················ 488	通信省簡易保険局 ····· 354	デビス, ジェローム ··· 367
土屋 清 ······ 447, 500, 510, 513, 515, 516, 520, 526, 528, 542, 544, 621, 624	鶴崎 嘉八 ·············· 323	通信省貯金局 ··· 450, 456, 761, 774, 780, 785, 793, 800	デビス,W.エリック ··· 207
	鶴崎町役場 ············ 682	通信省通信局 ·········· 186	デューキ, ジョン ····· 602
	鶴島 瑞夫 ········· 330, 373	通信省鉄道局 ·········· 731	デュラヴァンヌ ········ 168
土屋 弘吉 ··············· 231	鶴田 真容 ·············· 280	通信省電気局 ·· 202, 533, 538	デュラヴンス, シー ···· 168
土屋 重隆 ··············· 494	鶴田 正路 ·············· 140	通信省電気局業務課 ··· 530	デュルケム, エミール ··· 295
土屋 周作 ··············· 253	鶴田 三千夫 ······· 296, 326	通信省電務局 ·········· 185	寺内 祥一 ············· 493
土屋 純一 ······ 84, 158, 349	鶴田 豊 ················ 145	通信省郵務局 ····· 833, 836	寺尾 浄人 ········ 552, 724
土屋 正三 ·············· 59, 60, 261, 317, 493	鶴田 良雄 ·············· 508	通信大臣官房 ·········· 185	寺尾 宏二 ············· 50, 458, 461, 541, 543, 544
	鶴谷 卓三 ·············· 523	帝都日日新聞社 ········ 537	
土屋 四郎 ··············· 483	鶴藤 幾太 ·············· 249	帝都復興院 ······· 104, 747	寺尾 琢磨 ········ 477, 478, 548, 550, 551, 553, 555, 558, 560, 584, 724〜726
土屋 二郎 ··············· 578	鶴見 左右吉 ············ 546	帝都復興院計画局 ········ 104, 105, 107	
土屋 真次郎 ············ 162	鶴見 祐輔 ······ 1, 464, 593, 596, 717, 718, 721, 722	帝都復興院計画局調査課 ·············· 105	
土屋 亮直 ··············· 373			寺岡 真 ················ 70
土屋 喬雄 ······ 406, 440, 444, 453〜456, 479, 487, 495, 497, 513, 520, 525, 534, 538, 542〜544, 564, 571, 584, 658, 690, 693, 694	津和野 正義 ············ 174	帝都復興院土地整理局 ·············· 105	寺門 照彦 ············ 279
		帝都復興審議会 ········ 104	寺師 通尚 ············· 62
	【て】	帝都復興聯合協議会 ········· 104, 107	寺島 重雄 ············ 229
			寺島 成信 ···· 127, 166, 173
	鄭 然圭 ················ 480	デイモック, マーシャル・E. ········ 206	寺島 四郎 ············ 198, 306, 309, 312, 368, 369
土屋 伝作 ··············· 16	デイアル ··············· 725		
土屋 春作 ··············· 505	庭園協会 ··············· 105	ディレー, ジェームスキール ················ 293	寺島 善八 ············ 256
土屋 操 ················· 702	鼎軒田口卯吉全集刊行会 ·············· 723		寺島 太作 ············ 680
土屋 保男 ··············· 374		テインメ, ピー ········ 130	寺嶋 広文 ······· 598, 599
筒江 保介 ··············· 200	帝国学士院 ········ 656〜658	出口 勇蔵 ············· 293	寺田 稲次郎 ·········· 696
堤 広一 ················· 223	帝国瓦斯協会 ·········· 475, 477, 483, 486, 487, 490, 500, 519, 520, 533, 570, 733, 736, 737, 739, 742, 751, 756, 760, 763, 766, 771, 776, 782, 790, 796, 802, 810, 817, 823, 828	出口 林次郎 ····· 208, 376	寺田 次市 ············ 272
堤 市則 ················· 331		手鳶生 ················· 72	寺田 四郎 ······· 359, 594
堤 経長 ················· 178		手塚 寿郎 ············· 361	寺田 勤 ··············· 345
津戸 徳治 ········· 314, 315		手塚 竜麿 ····· 264, 275, 692	寺田 一 ··············· 321
綱島 覚左衛門 ·········· 58		手塚 利明 ············· 365	寺戸 善之 ············· 90
恒藤 恭 ·············· 274, 493〜499, 595, 601〜605, 610, 611, 617, 618, 621, 624, 643, 653		手塚 正夫 ············· 696	寺中 作雄 ······· 334, 623
	帝国教育会 ······· 257〜259, 262, 264, 268, 282, 285	鉄谷 長太郎 ··········· 369	寺西 要 ··············· 328
		鉄道院 ···· 186, 448, 732, 733	寺西 五郎 ·········· 330, 447, 519, 525
	帝国教育会全国連合教育会 ·············· 259	鉄道院業務調査会議 ··· 185	
		鉄道院総裁官房文書課 ·············· 736	寺部 頼助 ············ 285
常松 弥重 ··············· 410	帝国教育会調査課 ····· 258		テール, ゲルハード・エム ················ 168
津野 好 ················· 150	帝国在郷軍人会 ··· 645, 646	鉄道院総務部 ·········· 186	
角田 賸平 ··············· 417	帝国在郷軍人会本部 ··· 481	鉄道院鉄道調査所 ····· 636	デル, ハインリッヒ ········ 79, 101, 124
角田 啓司 ··············· 558	帝国自治団体調査研究会 ·············· 36	鉄道院保健課 ·········· 334	
角田 順 ············ 351, 488		鉄道時報局 ············ 186	暉峻 義等 ············ 209, 227, 232, 235, 236, 241, 244, 267〜269, 303, 309, 313, 315, 317, 322, 328, 329, 334, 335, 343, 344, 346, 352, 469, 471, 500, 521, 546, 554, 565
角田 真平 ··············· 102	帝国水産会 ········ 589, 590	鉄道省 ··· 161, 181, 182, 184, 186〜188, 190, 191, 203	
角田 藤三郎 ············ 476	帝国地方行政学会 ······ 50, 105, 642, 684, 738	鉄道省運輸局 ·········· 161, 175, 179, 186〜188, 586	
角田 八郎 ··············· 517			
円谷 弘 ······· 82, 295, 296	帝国地方行政学会編輯局 ·············· 381	鉄道省監督局 ·· 169, 188, 190	
坪井 九馬三 ············ 647		鉄道省監督局業務課 ··· 186	
坪井 鹿次郎 ············ 186	帝国鉄道協会 ·········· 186, 187, 189〜191, 757	鉄道省監督局陸運課 ··· 188	
坪井 誠一 ··············· 564		鉄道省業務局 ·········· 846	
坪内 士行 ··············· 360	帝国図書館 ············ 283	鉄道省業務局国際課 ··· 81	暉峻 隆範 ············· 365
坪内 庄次 ··············· 332	帝国農会 ·············· 338, 344, 398, 449, 450, 455, 469, 474, 480, 484, 490, 533, 536, 539, 542, 558, 589, 758, 812, 814, 820, 823, 830, 832〜834, 838	鉄道省経理局 ·········· 772	照沼 哲之介 ··········· 365
坪内 武四郎 ············ 260		鉄道省経理局審査課 ··· 832	照沼 哲之助 ··········· 558
壷田 修 ················ 175, 176, 179, 189, 190, 201		鉄道省工務局保線課 ········· 62, 63, 188	輝久 美根夫 ····· 435, 436
		鉄道省国際観光局 ·· 587, 591	デルブリュック, ハンス ················ 638
坪田 正造 ··············· 140		鉄道省大臣官房現業調査課 ·············· 336	
坪谷 善四郎 ············ 33, 102, 261, 289, 681			テロン, ア ············ 136
	帝国農会経営部 ······· 464	鉄道省大臣官房文書課 ·············· 737	出羽 一郎 ··· 30, 622, 678, 679
津曲 蔵之丞 ··········· 293, 306, 314, 334, 341, 496, 511, 523, 542	帝国農会経済部 ······· 318, 420, 422, 488, 840		田 昌 ················ 469
		鉄道省電気局 ····· 162, 188	田 誠 ············ 185, 589
	帝国農会政策部 ······· 505	鉄道省東京改良事務所 ·············· 186	電気学会 ·············· 531
妻木 忠太 ········ 712〜715	帝国農会調査部 ······· 123, 401, 404, 413, 414, 455, 467, 471, 474, 478, 480, 512, 666, 832, 837, 840		電気協会 ···· 188, 204, 205, 452, 531, 532, 534, 538
津山市 ············ 773, 787, 801, 808, 831, 833, 836		鉄道省東京第二改良事務所 ·············· 187	
都留 重人 ··············· 525			電気協会関東支部 ····· 742, 744, 748, 752, 759
鶴 真吾 ················· 298			
鶴 猛 ··················· 164			電気協会関東支部統計調査委員会 ············ 205
鶴岡 貞雄 ··············· 143			
鶴岡 操 ················· 384			電気協会調査部 ······· 542
鶴岡 義五郎 ············ 681			電気局 ··· 30, 153, 318, 505

電気経済研究所 ………… 205
電気公論社 ……………… 204
電気事業研究会 …… 204, 532
電気事業従事員聯盟 …… 537
電気庁 ……… 498, 539, 540
殿鼓生 …………………… 131
電触防止水道専門委員会
　……………………… 148
天津居留民団 ……………
　………… 49, 55, 688, 719
天津市政府統計委員会
　……………………… 795
天津日本商工会議所 …… 719
田男生 …………… 100〜102
電灯料金低減聯合会 …… 202
テンニース, フエルジナン
　ド ……………………… 336
天王山房主人 ……… 465, 467
展馬 謙蔵 ……………… 146
天明 郁夫 ………… 464, 523
電力問題研究所 ………… 540

【と】

土井 章 ………………… 428
土井 一徳 ……………… 439
土井 喜久一 ……… 571, 572
土肥 謹一郎 …………… 498
土肥 慶三 ……………… 210
土居 光華 ……………… 528
土井 末吉 ………… 57, 58
土井 竹治 ……………… 256
土井 司 ………………… 79
土井 信夫 ……………… 414
土井 登 ………………… 73
土井 正中 ………………
　………… 141, 159, 184, 185
土居 通次 ……………… 159
土居 利三郎 …………… 218
登石 登 ………………… 615
戸泉 憲溟 ……………… 336
独逸学協会 ……………… 681
独逸体育総連盟総主事
　……………………… 216
独逸統計局 ……………… 725
独逸福利時報 …………… 367
独逸文化研究会 ………… 386
独逸法律学士院 ………… 344
ドイツ労働戦線労働科学研
　究所 ………………… 296
トイベルト, ヴェルトナー
　……………………… 182
トインビー, アーノルド
　………………… 528, 544
東 郊延 ………………… 598
董 修甲 ………………… 688
東亜協会研究部 ………… 280
東亜経済調査局 ………… 103,
　205, 334, 451, 528,
　540, 558, 636, 637,
　656, 657, 683, 843
東亜研究所 …… 560, 719, 846
東亜研究所資料課 ……… 846
東亜研究所特別第一調査委
　員会 ………………… 659
東亜社会研究会 ………… 297
東亜大都市聯盟 ………… 50
東亜大都市聯盟準備事務
　局 …………………… 52
ドウアーテー, T.F. …… 59

東亜同文会 ……………… 634
東亜農業研究所 ………… 544
東井 金平 …………… 65,
　119, 423, 491, 539
動員局 …………………… 442
東海 道雄 ……………… 565
東木 竜七 …… 349, 690, 713
東京愛市聯盟 …………… 49
東京朝日新聞社 ………… 74,
　197, 684, 704, 714, 844
東京朝日新聞社社会部
　……………………… 648
東京朝日新聞政治部 …… 711
東京印刷株式会社 ……… 700
東京魚市場 ………………
　586, 826, 829, 832
東京魚市場運送組合 …… 588
東京魚市場組合 ………… 205
東京塩乾魚貝類卸商業組
　合 …………………… 591
東京開港反対横浜市民同
　盟 …………………… 164
東京廻米問屋組合 ……… 590
東京瓦斯株式会社 …… 203,
　204, 206, 528, 530, 532
東京救護委員会 ………… 383
東京教育雑誌発行所 …… 280
東京経済学協会 ………… 160
東京交換所 ……………… 448
東京工業大学工業調査部
　… 822, 828, 830, 831
東京港振興会 ……… 163, 164
東京宏信社 ……………… 558
東京交通労働組合 ………
　206, 340, 342, 344
東京高等師範学校 ……… 280
東京高等商業学校 ……… 334
東京裁判所 ……………… 628
東京市 ……………… 25, 34
　〜46, 48〜55, 75, 120, 161,
　189, 191, 202〜204, 239,
　282, 337, 339, 381〜383,
　448, 452, 453, 455〜460,
　531, 533, 540, 544, 560,
　588, 591, 644, 652, 688,
　699, 707, 711, 713, 719,
　720, 729〜741, 743, 744,
　747, 752, 753, 755〜757,
　759〜761, 764〜767,
　769〜773, 776, 777,
　779, 782, 784, 786, 789,
　791〜794, 797〜799,
　801, 804〜806, 808,
　812〜815, 818, 820,
　821, 823, 829, 833, 834,
　836, 837, 841, 842, 846
東京市赤坂区 …… 752, 756,
　759, 770, 782, 801, 809
東京市赤坂区役所 ……… 719
東京市浅草区史編纂委員
　会 …………………… 715
東京市浅草区役所 ……… 701
東京市麻布区 ……………
　755, 769, 780, 801
東京市麻布区役所 ……… 719
東京市足立区 … 782, 790, 806
東京市荒川区 …………… 787
東京市板橋区 ……………
　782, 788, 796, 803
東京市魚市場 ……………
　586, 743, 747, 753
東京市牛込区役所 … 744, 753,
　760, 768, 778, 792, 819

東京市衛生課 ……………
　240, 241, 530, 744
東京市衛生試験所 …… 222,
　247, 750, 753, 757,
　786, 793, 799, 830
東京市衛生試験所栄養調査
　部 …………………… 764
東京市江戸川区 ………… 821
東京市江戸川区役所 …… 794
東京市荏原区 ……………
　777, 791, 802, 817
東京市荏原郡池上町史編纂
　会 …………………… 714
東京市王子区役所 …… 784,
　799, 805, 815, 823
東京市大森区 …………… 777,
　794, 810, 826, 838
東京市大森区役所職員事務
　研究会 ……………… 49
東京市会 …………… 34,
　35, 37, 46, 203, 354, 458
東京市会革正会 ………… 655
東京市会計課 …………… 451
東京市会交通調査委員
　……………………… 186
東京市会事務局 ……………
　33〜51, 53, 54, 843
東京市会書記長 ………… 35
東京市街鉄道株式会社
　……………………… 185
東京市会・黎明会 ……… 48
東京市学務課 …………… 281,
　282, 738, 739, 741, 743
東京市学務局 ……… 283, 747
東京市学務局学校衛生課
　……………………… 283
東京市河港課 …………… 127
東京市葛飾区 … 789, 821, 828
東京市蒲田区 …………… 782,
　788, 795, 811, 837
東京市観光課 …………… 719
東京市監査局 … 45, 46, 48, 89
東京市監査局区政課
　………… 45〜47, 49, 686
東京市監査局統計課 … 163,
　189, 341, 422, 455, 456,
　686, 723, 781〜783,
　785〜787, 789, 790, 793
　〜796, 798, 799, 801〜803,
　805, 806, 808〜811, 844
東京市監査局都市計画課
　………… 47, 116〜118,
　189, 190, 286, 715
東京市監査部区政課 …… 49
東京市監査部統計課 …… 686
東京市神田区 …………… 795
東京市企画局 …………… 119
東京市企画局統計課 … 246,
　813〜816, 820
東京市企画局都市計画課
　………………… 118, 119
東京市企画部都市計画課
　………………… 356, 560
東京市企業局統計課 …… 820
東京市紀元二千六百年記念
　事業部 ……………… 288
東京市記念事業部 ……… 97
東京市教育課 ……… 281, 737
東京市教育局 …………… 249,
　283, 284, 287, 288,
　751, 752, 799, 805, 843
東京市教育局学務課 …… 755

東京市教育局学務課調
　……………………… 284
東京市教育局教育研究所
　………… 289, 345, 830
東京市教育局教育調査部
　……………………… 814
東京市教育局社会教育課
　……………………… 285
東京市教育局庶務課
　………… 813, 844, 845
東京市教育局庶務課教育調
　査室 … 286, 799, 806
東京市教育局庶務課教育調
　査部 ………………… 287
東京市教育局体育課
　………… 268, 286, 383, 810
東京市教員養成所 ……… 35
東京市京橋区 …………… 746,
　765, 772, 776, 806, 822
東京市京橋区鈴木町町会
　……………………… 759
東京市京橋区役所 … 717, 720
東京市局課長 …………… 19
東京市魚商組合 ………… 587
東京市区改正委員会
　………………… 102, 103
東京市区画整理局 … 107, 719
東京市区調査会 ………… 558
東京市経済局 ……………
　493, 494, 573, 578
東京市経済局消費経済課
　……………………… 495
東京市経済局消費経済部配
　給第一課 …………… 542
東京市経済局消費経済部物
　価課 ………………… 591
東京市経済局庶務課
　………………… 539, 821
東京市経済局中央市場業務
　課 …………………… 493
東京市経済局中央卸売市
　場 …………………… 517
東京市経済局統計課 …… 574
東京市経理課 ……… 736, 737
東京市下水課 ……………
　241, 739, 740, 744
東京市下水改良事務所
　……………………… 239
東京市下水改良事務所総務
　課 …………………… 239
東京市下水局下水課 …… 232
東京市建築課 …………… 134
東京市建築局 …………… 586
東京市健民局庶務課 …… 248
東京市小石川区 ………… 744
東京市公園課 …………… 27,
　140, 705, 706, 708, 719
東京市麹町区 ……… 772, 799
東京市麹町区役所 ……… 716
東京市厚生局 …………… 25,
　344, 374, 386, 459
東京市厚生局庶務課 …… 248,
　355, 386, 825, 829
東京市厚生局福利課
　………… 247, 344, 345, 356
東京市江東市場 ………… 794
東京市江東区 …………… 744
東京市港湾局 ……… 152, 164
東京市港湾部 …………… 164,
　784, 791, 798, 804, 812
東京市国民精神総動員実行
　部 …………………… 654
東京市財務局 ……………
　431〜433, 455, 552, 825

東京市財務局会計課 …… 457
東京市財務局企画課 …… 458
東京市財務局公債課 …… 457
東京市財務局収納課
　………………… 455, 456
東京市財務局主計課
　………… 453, 456, 457,
　459, 460, 803, 807, 808
東京市財務局主税課
　………………… 456, 457
東京市財務局地理課
　………………… 111, 459
東京市産業局 …… 18, 456,
　541, 572, 588～590, 799,
　806, 811, 816, 821, 843
東京市産業局小売市場掛
　………………………… 567
東京市産業局商工課 …… 786
東京市産業局庶務課 … 785,
　786, 793, 799, 801,
　806, 811, 814, 818, 819
東京市産業局農漁課 …… 793
東京市産業部 …………… 588
東京市産業部勧業課
　………………… 773, 779, 843
東京市産業部市場課 …… 205
東京市参事会 ……… 33, 160
東京市下谷区 ………… 769,
　783, 799, 814, 836, 839
東京市下谷区役所 … 716, 717
東京市市長室企画部都市計
　画課 ……………………… 120
東京市市長室企画部予算
　課 ………………………… 460
東京市市長室総務部人事
　課 ………………………… 846
東京市品川区 …………… 783
東京市品川区役所 ……… 790
東京市芝区 …… 455, 769,
　782, 790, 797, 803, 816
東京市渋谷区 ……………
　………… 285, 780, 790, 814
東京市渋谷区役所 ……… 51
東京市市民局 …… 24, 66, 573
東京市市民局記念事業部
　…………………………… 720
東京市市民局区町課町会
　掛 …………………………… 52
東京市市民局公園課 …… 100
東京市市民局町会課 … 52～54
東京市社会局 … 203, 242, 305,
　335～339, 343, 354, 355,
　380～385, 590, 738, 740,
　742, 745～747, 750, 752,
　755, 758, 764, 765, 767,
　769, 773, 774, 777, 779,
　782, 786～788, 790, 793,
　794, 797, 799, 802, 804,
　807, 812, 814, 827, 841
東京市社会局社会教育課
　………………… 36, 37, 75, 283
東京市社会局職業課
　………………… 756, 793, 809, 817
東京市社会局庶務課
　………………… 381, 385, 815, 820
東京市社会局庶務課調査
　掛 …… 311, 350, 365, 366
東京市社会局福利課 …… 206
東京市社会局福利課住宅
　掛 ………………………… 62
東京市社会局保護課
　………………… 383, 759, 763

東京市場運送株式会社
　…………………………… 588
東京市商工及統計課調査
　………………………… 733, 734
東京市商工課 ‥ 204, 205, 339,
　340, 531, 564, 586～588,
　738, 739, 744, 747, 752,
　761, 764, 767, 770, 829
東京市商工会議所 ……… 383
東京市商工相談所 … 567, 572
東京市商工調査会 ……… 586
東京市商工貿易組合協会
　…………………………… 344
東京市城東区 …… 788, 809
東京市職員互助会 ……… 46
東京市職業課労務掛 …… 305
東京市庶務課 ………… 380,
　734～737, 772
東京市庶務課調査掛
　………………… 108, 364
東京市庶務課調査係 …… 364
東京市水道課 …………… 239
東京市水道局 ……… 230, 240,
　241, 243, 245, 246, 756
東京市水道局営業課 …… 248
東京市水道局拡張工事課
　…………………………… 161
東京市水道局業務課 …… 221
東京市杉並区役所 ……… 828
東京市政革新同盟 ……… 45,
　46, 49～51, 191, 207
東京市政研究会 ………… 44
東京市政検査委員 ……… 36
東京市政検査委員電気事業
　実査主査 ……………… 529
東京市清掃事務研究会
　…………………………… 245
東京市清掃部事務研究会
　…………………………… 245
東京市政調査会 …… 5～10,
　12～14, 20, 21, 24, 35～50,
　52～54, 56, 74, 76, 77,
　81, 85, 86, 104～109,
　111～113, 116, 120, 125,
　136, 161, 162, 187, 188,
　203～207, 241～243, 282
　～284, 354, 382, 450～452,
　460, 466, 530～534, 542,
　586, 645, 655, 658, 667
　～669, 684, 685, 687～689,
　724, 743, 768, 777, 782,
　789, 792, 798, 802, 811,
　817, 823, 828, 829, 832,
　834, 838, 842～846
東京市政調査会研究 …… 46
東京市政調査会研究室
　…………………………… 9,
　12, 196, 220, 403, 668, 669
東京市政調査会研究部
　………………… 44, 564
東京市政調査会公益企業課
　…………………………… 197
東京市政調査会市政専門図
　書館 ……………………… 37,
　39, 40, 42, 43, 47～49,
　54, 55, 685, 686, 688, 689
東京市政調査会職員有志
　…………………………… 722
東京市政調査会資料課
　…… 7, 38, 105, 119, 241,
　398, 450, 452, 531, 741
東京市政調査会資料室
　… 38, 684, 840, 843, 844

東京市政調査会図書室
　………………… 840, 842
東京市政調査会臨時公益企
　業調査局 …………… 196
東京市世田谷区 ……… 777,
　784, 797, 804, 821, 828
東京市設案内所 ………… 715
東京市選挙粛正部
　………………… 48～50, 652
東京市戦時生活局 ……… 55
東京市戦時生活局庶務調
　査部 ………………… 329
東京市戦時生活局町会課
　…………………………… 55
東京市戦時生活局配給部
　…………………………… 592
東京市戦時生活局配給部第
　一課 ……………………… 543
東京市戦時生活局配給部配
　給第一課庶務掛 …… 515
東京市総務局 ………… 24,
　25, 431, 573, 675
東京市総務局企画課 …… 51
東京市総務局統計課 … 540,
　820, 822, 823, 825～828
東京市総務局都市計画課
　………………… 120, 191, 355
東京市総務局文書課 … 53, 54
東京市総務局吏務課 …… 51
東京市総務部統計課
　………………… 824, 829
東京市総務部文書課 …… 51
東京市滝野川区 …… 829, 833
東京市中央卸売市場 …… 39,
　205, 772, 777, 784, 797
東京市中央職業紹介所
　…… 336, 343, 741～743
東京市中小商工業振興調査
　会 ………………………… 569
東京市調査課 ……… 739, 740
東京市長室総務部統計課
　…………………………… 835
東京市地理教育研究会
　…………………………… 43
東京実業愛市協会 ……… 49
東京市電気局 …………… 35,
　166, 177, 178, 180,
　185～192, 202, 203,
　205～207, 338, 453, 457,
　459, 462, 529, 530, 705,
　732, 734～739, 741, 743,
　747, 752, 756, 760, 764,
　767, 772, 777, 778, 784,
　791, 797, 803, 804, 808,
　811, 812, 818, 823, 833
東京市電気局運輸課 …… 204
東京市電気局運輸課運輸調
　査掛 ……………………… 187
東京市電気局運輸課運転課
　運転調査掛 …………… 836
東京市電気局運輸部交通統
　制調査課 ……… 191, 815
東京市電気局共済組合
　………………… 339, 342, 761
東京市電気局交通調整課
　………………… 207, 824
東京市電気局交通調整部
　…………………………… 191
東京市電気局交通統制調査
　課 …………… 51, 190, 191
東京市電気局乗客課
　………………… 188, 770

東京市電気局乗客課調査
　掛 ………………… 772, 777
東京市電気局乗客交通調査
　整理部 ……………… 186
東京市電気局庶務課 … 176,
　189, 190, 747, 752
東京市電気局庶務課
　掛 …… 189, 190, 784, 791
東京市電気局総務課 …… 825
東京市電気局調査課
　………………… 187, 240, 544
東京市電気局電車課運輸調
　査掛 ……………………… 766
東京市電気局労働課
　………… 341, 761, 764, 768
東京市電気局労務課 …… 829
東京市電気研究所
　………………… 187, 188, 244
東京市電更生審議会 …… 206
東京市統計課 …… 17, 40,
　41, 44, 109, 136, 162, 174,
　187, 188, 242, 243, 284,
　319, 337～340, 347, 354,
　355, 381, 382, 403, 453,
　533, 535, 547, 569, 571,
　587, 588, 684, 732～734,
　743, 748, 749, 753, 757,
　758, 762～776, 779～781
東京市道路局 …………… 130
東京市道路祭挙行会 …… 162
東京市特別衛生地区保健
　館 …………… 230, 800, 814
東京市都市計画課 … 45, 116
東京市都市計画部
　………… 43, 115, 116, 188
東京市都市計画部調査課
　…………………………… 119
東京市豊島区 ……………
　………… 777, 793, 822, 828
東京市土木局 …………… 151,
　164, 788, 794, 815, 821
東京市土木局下水課 …… 758
東京市土木局下水道
　…………………………… 766
東京市土木局港湾部 …… 164
東京市土木局庶務課 …… 163
東京市土木局道路管理課
　…………………………… 164
東京市土木常設委員会
　…………………………… 163
東京市中野区 …… 721, 784,
　790, 797, 807, 815, 821
東京市日本橋区 ………… 703
東京市日本橋区役所
　………………… 734, 753, 774
東京市農会 ……………… 538
東京芝浦電気株式会社マツ
　ダ支社事業部 ……… 539
東京市深川区 ……… 750, 768
東京市福利課住宅掛 …… 349
東京市復興事業局 ……… 109
東京市復興総務部 … 106, 107
東京市埠頭事務所 ……… 162
東京市文書課 …… 38～40,
　45, 46, 52, 76, 207
東京市保健局
　………… 216, 242～246
東京市保健局衛生課
　………………… 244, 342
東京市保健局公園課 …… 709
東京市保健局清掃課
　………………… 243, 244

東京市保護課調査掛
　　‥‥‥‥‥‥‥ 362, 363
東京市本郷区 ‥‥‥‥ 769
東京市本所区 ‥ 748, 764, 795
東京市本所区役所税務研究
　会 ‥‥‥‥‥‥‥‥‥ 686
東京市南槙町尋常小学校
　‥‥‥‥‥‥‥‥‥‥ 282
東京市向島区 ‥‥‥‥
　　　784, 803, 819, 835
東京市目黒区 ‥‥‥‥ 786
東京社会科学研究所 ‥ 843
東京社会学研究会 ‥‥ 295
東京市役所 ‥‥‥‥ 2, 22, 25,
　33～55, 75, 76, 103, 105,
　108, 109, 113～121, 142,
　145, 160～165, 180, 186
　～191, 202～206, 221, 233,
　239～247, 281, 282, 284
　～288, 340, 342～344, 362,
　382, 384～386, 455, 457,
　529, 531, 534～536, 538,
　586, 589, 590, 654, 655,
　657, 699, 701, 704, 709,
　713, 714, 716～719, 722,
　732～741, 743, 744, 747,
　748, 752～758, 761, 765,
　767, 769, 773, 779, 784,
　786, 788, 789, 791～795,
　797～799, 801～804, 806,
　809～812, 814, 818～820,
　822, 823, 825, 827,
　829～837, 839, 841～846
東京市役所衛生課 ‥‥ 240
東京市役所会計課 ‥‥ 38
東京市役所勧業課 ‥‥ 202
東京市役所企画局 ‥‥ 816
東京市役所企画局企画課
　‥‥‥‥‥‥‥‥‥‥ 50
東京市役所教育課
　‥‥‥‥‥‥ 33, 281, 732
東京市役所区政課 ‥‥ 49
東京市役所公園課 ‥‥ 104
東京市役所財務課
　‥‥‥‥‥ 742, 748, 750
東京市役所財務局 ‥ 759, 763,
　　783, 790, 797, 802, 809
東京市役所市長室企画部都
　市計画課 ‥‥‥‥ 120, 121
東京市役所商工 ‥ 213, 841
東京市役所庶務課 ‥ 75, 102,
　　586, 730, 731, 738, 739
東京市役所水道拡張課
　‥‥‥‥‥‥‥‥‥‥ 240
東京市役所総務部庶務課
　‥‥‥‥‥‥‥‥‥‥ 730
東京市役所統計課 ‥‥ 749
東京市役所内記課 ‥‥ 34
東京市役所内局 ‥‥‥ 33
東京市役所文書課 ‥‥ 35,
　47～49, 204, 206, 246, 287
東京市役所文書課調査掛
　‥‥‥‥‥‥‥‥‥‥ 38
東京十五区会 ‥‥‥‥ 32
東京市養育院 ‥‥ 380, 381,
　　383～386, 738, 740, 742,
　　745, 747, 750, 754, 758,
　　762, 766, 771, 777, 783,
　　789, 797, 806, 812, 820
東京商科大学一橋会
　‥‥‥‥‥‥‥‥ 530, 538
東京商業会議所 ‥ 451, 452,
　　532, 586, 587, 736, 740,
　　742, 745, 749, 753, 755

東京商工会議所 ‥‥‥‥ 53,
　55, 81, 112, 113, 120, 121,
　126, 189, 190, 204, 242,
　287, 288, 296, 339～341,
　382, 452, 453, 455～461,
　533～538, 541～543,
　587～590, 592, 651, 657,
　757, 760, 762, 766, 770,
　774, 781, 784, 788, 794,
　795, 803, 808, 810, 815,
　818, 821, 823, 827, 828,
　831, 834, 835, 838, 842
東京商工会議所商工相談
　所 ‥‥‥‥‥‥‥ 121, 592
東京商工奨励館 ‥‥‥ 536
東京商大一橋新聞部 ‥ 543
東京市職業紹介所 ‥ 824, 825
東京市翼賛市政確立協議
　会 ‥‥‥‥‥‥‥‥‥ 55
東京市四谷区 ‥‥‥‥ 35
東京市四谷高等小学校
　‥‥‥‥‥‥‥‥‥‥ 700
東京市四谷第4尋常小学校
　‥‥‥‥‥‥‥‥‥‥ 700
東京市淀橋区 ‥ 782, 791, 839
東京市立駿河台図書館
　‥‥‥‥‥‥‥‥ 843, 844
東京市立日比谷図書館
　‥‥‥‥ 287, 842～844, 846
東京市療養所 ‥ 784, 791, 804
東京市臨時下水改良課
　‥‥‥‥‥‥‥‥ 734～737
東京市臨時国勢調査部
　‥‥‥‥‥‥‥‥ 559, 770,
　　797, 801, 809, 814, 830
東京市臨時市域拡張部
　‥‥‥ 42, 43, 454, 773
東京市臨時市勢調査局統計
　部 ‥‥‥‥‥‥‥‥‥ 732
東京市臨時市勢統計課
　‥‥‥‥‥‥‥‥‥‥ 738
東京市臨時水道拡張課
　‥‥‥‥‥‥‥‥ 239, 240
東京市聯合青年団
　‥‥‥‥‥‥ 282～284, 538
東京市労務者共済会 ‥ 340
東京震災記念事業協会
　‥‥‥‥‥‥‥‥ 75, 161
東京震災記念事業協会清算
　事務所 ‥‥‥‥‥‥‥ 76
東京青果小売商組合
　‥‥‥‥‥‥‥‥ 205, 206
東京青果実業組合聯合会
　‥‥‥‥‥‥‥‥‥‥ 587
東京青果商信用組合 ‥ 588
東京政治経済研究所 ‥ 764
東京税務監督局 ‥ 447, 449
東京地下鉄道株式会社
　‥‥‥‥ 160, 186, 187, 206
東京地区政治研究社 ‥ 686
東京地方改良協会 ‥‥ 40,
　　449, 648, 684, 719
東京地方失業防止委員会
　‥‥‥‥‥‥‥‥ 341, 342
東京地方職業紹介事務局
　‥‥‥‥‥‥‥‥ 339～341,
　　743, 748, 750, 757
東京地方職業紹介事務局
　調 ‥‥‥‥‥‥‥‥‥ 463
東京帝国大学 ‥‥‥‥ 285
東京帝国大学学生課
　‥‥‥‥‥‥ 284, 286, 288

東京帝国大学史料編纂所
　‥‥‥‥‥‥‥‥‥‥ 843
東京帝国大学大学部内史学
　会 ‥‥‥‥‥‥‥‥‥ 712
東京帝国大学農学部農政学
　研究室 ‥‥‥‥‥ 535, 537
東京帝国大学文学部教育学
　研究室 ‥‥‥‥‥‥‥ 250
東京帝国大学文科大学
　‥‥‥‥‥‥‥‥‥‥ 633
東京帝国大学林政学教室
　‥‥‥‥‥‥‥‥‥‥ 537
東京帝国大農学部農政学研
　究室 ‥‥‥‥‥‥‥‥ 535
東京通信局 ‥‥‥‥‥ 117
東京帝大文学部教育学研究
　室 ‥‥‥‥‥‥‥‥‥ 281
東京鉄道局 ‥‥‥‥ 213, 760
東京鉄道局運輸課 ‥‥ 758
東京鉄道局電車掛 ‥‥ 204
東京電気株式会社 ‥ 531, 532
東京電気株式会社照明課
　‥‥‥‥‥‥‥‥ 530, 531
東京電気株式会社販売部照
　明部 ‥‥‥‥‥‥‥‥ 539
東京電灯株式会社 ‥ 206, 529
東京都 ‥ 53, 55, 56, 839, 846
東京都赤坂区 ‥‥‥‥ 839
東京都板橋区 ‥‥‥‥ 836
東京統計協会 ‥ 730, 757, 843
東京道路研究会 ‥‥‥ 176
東京都荏原区 ‥‥‥ 721, 839
東京都葛飾区 ‥‥‥‥ 838
東京都教育局庶務課 ‥ 846
東京都計画局公園緑地課
　‥‥‥‥‥‥‥‥‥‥ 721
東京都経済局 ‥‥ 527, 544
東京都厚生課 ‥‥‥‥ 379
東京都商工経済会 ‥‥
　　126, 461, 525, 544
東京土地区画整理研究会
　‥‥‥‥‥‥‥‥ 118, 119
東京都長官官房財務課
　‥‥‥‥‥‥‥‥‥‥ 461
東京都長官官房人事課
　‥‥‥‥‥‥‥‥‥‥ 846
東京都長官官房文書課
　‥‥‥‥‥‥‥‥ 55, 838
東京都中野区 ‥‥‥‥ 721
東京都西多摩地方事務所社
　会事業研究所 ‥‥‥‥ 523
東京都編纂室 ‥‥‥‥ 557
東京都防衛局 ‥‥‥‥ 73
東京都民生局 ‥ 32, 239, 446
東京都民生局振興課 ‥ 55
東京日日新聞社 ‥ 711, 758,
　　762, 766, 795, 803, 822
東京日日新聞社エコノミス
　ト部 ‥‥‥‥‥‥‥‥ 453
東京日日新聞横浜支局
　‥‥‥‥‥‥‥‥‥‥ 162
東京日日通信社 ‥‥‥ 42
東京日本橋魚市場組合
　‥‥‥‥‥‥‥‥‥‥ 586
東京府 ‥‥‥‥‥‥ 34～36, 38,
　52, 74, 75, 114, 116, 117,
　161, 239, 286, 299, 335,
　337, 385, 447, 449, 454,
　628, 679～686, 688, 698,
　704, 707, 708, 710～719,
　727～737, 739, 742～745,
　747, 751, 752, 754, 756,
　758, 760～762, 764～766,

　　768, 770, 772, 774, 775,
　　777, 778, 781, 784, 786,
　　791, 793, 794, 798, 801,
　　804, 808, 812, 815, 818,
　　820, 822, 823, 826, 829,
　　831, 833, 834, 838, 846
東京風水害救済会 ‥‥ 74
東京府荏原郡大崎町 ‥ 714
東京府小笠原島支庁 ‥ 777
東京府落合町役場 ‥‥ 42
東京府会 ‥‥‥‥‥‥ 686
東京府学務課 ‥‥‥‥ 698
東京府学務部 ‥‥‥‥ 344
東京府学務部衛生課 ‥ 384
東京府学務部学務課 ‥ 761
東京府学務部社会課 ‥ 248,
　　285, 340～343, 354, 355,
　　382～385, 770, 776, 780
東京府学務部社会教育課
　‥‥‥‥‥‥‥‥ 288, 289
東京府学務部職業課 ‥ 343,
　　344, 385, 806, 813, 825
東京府北多摩郡農会
　‥‥‥‥‥‥‥‥ 529, 735
東京府北多摩郡役所 ‥ 701
東京府北豊島郡西巣鴨町
　‥‥‥‥‥‥‥‥ 714, 738
東京府経済部 ‥‥ 458, 539
東京府京浜運河建設事務
　所 ‥‥‥‥‥‥‥‥‥ 164
東京府厚生課 ‥‥ 378, 379
東京府工務課 ‥‥‥‥ 747
東京府国民精神総動員実行
　部 ‥‥‥‥‥‥‥‥‥ 655
東京府産業部商工課
　‥‥‥‥‥‥‥‥ 336, 737
東京府市政通信社 ‥‥ 842
東京府社会課 ‥ 76, 292, 293,
　　305, 309, 313, 339～341,
　　343, 350, 372, 382, 740
東京府社会事業協会
　‥‥‥‥‥‥‥‥ 203, 380～384
東京府社会事業協会連絡
　部 ‥‥‥‥‥‥‥‥‥ 326
東京府住宅協会七地区聯
　合 ‥‥‥‥‥‥‥‥‥ 354
東京府商工課 ‥‥‥‥ 335
東京府職業課 ‥‥‥‥ 271
東京府職業紹介所 ‥‥ 343
東京府婦人愛市協会 ‥ 49
東京府隅田町役場 ‥‥ 714
東京府政調査委員会教育委
　員会 ‥‥‥‥‥‥‥‥ 687
東京府政調査委員会社会委
　員会 ‥‥‥‥‥‥‥‥ 686
東京府政調査委員会都制委
　員会 ‥‥‥‥‥‥‥‥ 50
東京府政調査会 ‥ 45, 51
東京府政調査会教育委員
　会 ‥‥‥‥‥‥‥‥‥ 686
東京府政調査会警務委員
　会 ‥‥‥‥‥‥‥‥‥ 686
東京府政調査会社会委員
　会 ‥‥‥‥‥‥‥‥‥ 687
東京府政調査会税制委員
　会 ‥‥‥‥‥‥‥‥‥ 686
東京府選挙粛正実行部
　‥‥‥‥‥‥ 652～654, 687
東京府総務部 ‥‥‥‥ 798,
　　803, 811, 812, 826, 827

東京府総務部人事課 ‥‥ 845	東邦瓦斯株式会社 ‥‥ 469	徳島県総務部統計課	都市計画茨城地方委員会
東京府総務部地方課 ‥ 49, 51	東邦電力株式会社 ‥‥	‥‥‥‥‥ 831, 832, 834	‥‥‥‥‥ 112, 113, 115
東京府総務部調査課 ‥‥ 803,	‥‥‥ 206, 530, 533, 538	徳島県内務部地方課 ‥‥ 741	都市計画岩手地方委員会
806, 807, 815, 832	東邦電力株式会社査業部調	徳島県名西郡 ‥‥‥‥‥ 684	‥‥‥‥‥‥‥‥‥‥ 113
東京府第2部学務課 ‥‥ 731	査課 ‥‥‥‥‥‥‥‥ 533	徳島県三好郡役所 ‥‥‥ 707	都市計画愛媛地方委員会
東京府知事官房 ‥‥ 841, 842	東邦電力株式会社調査部	徳島市 ‥‥‥‥‥‥ 767, 772,	‥‥‥‥‥‥ 110, 111, 114
東京府知事官房調査課	‥‥‥‥‥‥‥‥ 203, 206	777, 783, 790, 797, 803,	都市計画大分地方委員会
‥‥‥‥‥ 764, 771, 778,	東北更新会 ‥ 245, 355, 356	810, 818, 823, 828, 833	‥‥‥‥ 108, 111～114
782, 784, 786, 789, 836	東北産業科学研究所	徳島市衛生課 ‥‥‥‥ 244	都市計画大阪地方委員会
東京府知事官房統計課	‥‥‥‥‥‥‥‥ 344, 591	徳島市役所 ‥‥ 41, 46, 739	‥‥‥‥‥‥‥‥ 103,
‥‥‥‥‥‥ 751, 762, 763	東北生活更新会 ‥‥‥‥ 245	徳積 七郎 ‥‥‥‥‥‥ 520	105, 106, 108～112,
東京府知事官房秘書課	東北帝国大学法文学部経済	徳善 義光 ‥‥‥‥‥‥ 134	114, 115, 224, 351, 797
‥‥‥‥‥‥‥‥‥‥ 842	研究室 ‥‥‥‥‥‥ 845	篤田 恵吉 ‥‥‥‥‥‥ 371	都市計画岡山地方委員会
東京府地方改良協議会	東北帝国大法文学部教授	徳田 彦安 ‥‥‥ 594, 692	‥‥‥‥‥‥‥‥‥ 104,
‥‥‥‥‥‥‥‥‥‥ 39	‥‥‥‥‥‥‥‥‥‥ 609	徳田 文作 ‥‥‥‥‥‥ 145	105, 107～112, 114～119
東京府庁 ‥‥‥‥‥‥‥ 709	東馬生 ‥‥‥‥‥ 100～102	徳田 吉松 ‥‥‥‥‥‥ 325	都市計画香川地方委員会
東京府土木課 ‥‥‥‥‥ 83	同盟通信社 ‥‥ 720, 809, 816,	徳田 良治 ‥‥‥‥‥ 26,	‥‥‥ 96, 108, 110～112
東京府土木部 ‥‥‥‥ 116,	822, 828, 833, 836, 838	29, 30, 276, 501, 676	都市計画鹿児島地方委員
118, 119, 161～163, 800	堂本 信行 ‥‥‥‥‥‥ 201	徳田 六郎 ‥‥ 270, 474, 475	会 ‥‥‥‥‥ 105, 106,
東京府土木部道路課 ‥‥ 120	東洋協会 ‥‥‥‥‥ 712, 721	徳富 猪一郎(蘇峰) ‥‥ 250,	109, 111, 114, 115, 118
東京府土木部土木庶務課	東洋経済研究所経済年表編	606, 638, 658, 681,	都市計画神奈川地方委員
‥‥‥‥‥‥‥‥‥‥ 119	纂室 ‥‥‥‥‥‥‥ 544	699, 701, 703, 710,	会 ‥‥‥‥‥‥‥ 111,
東京府内務部 ‥‥‥ 103, 734	東洋経済研究部 ‥‥‥‥ 532	712, 714, 716, 722	113, 114, 117, 118, 120
東京府内務部社会課	東洋経済新報社 ‥‥‥ 446,	徳永 一之丞 ‥‥‥‥‥ 177	都市計画岐阜地方委員会
‥‥‥‥‥ 354, 381, 744	448, 450, 478, 530,	徳永 清行 ‥‥‥‥‥‥	‥‥‥‥‥ 107, 108, 112, 114
東京府内務部庶務課	589, 658, 737, 738,	‥‥‥‥ 433, 438, 441, 442	都市計画京都地方委員会
‥‥‥‥‥‥‥‥ 736, 788	740, 742, 745, 749, 754,	徳永 孝一 ‥‥‥‥‥‥ 174	‥‥‥‥‥‥‥ 103～105,
東京府内務部第3課	758, 761, 765, 769, 774,	徳永 久次 ‥‥‥‥‥‥ 201	107～110, 112, 114, 116
‥‥‥‥‥‥‥‥ 729～731	778, 780, 787, 794, 798,	徳永 正純 ‥‥‥‥ 233, 503	都市計画熊本地方委員会
東京府内務部長 ‥‥‥‥ 35	801, 808, 812, 814, 821,	得能 佳吉 ‥‥‥‥‥‥ 664	‥ 106, 109, 110, 112, 114
東京府西多摩郡戸倉村	826, 831, 835, 838, 839	徳久 三種 ‥‥‥‥‥‥ 255	都市計画群馬地方委員会
‥‥‥‥‥‥‥‥‥‥ 682	東洋事情研究会 ‥‥‥‥ 654	徳弘 益吉 ‥‥‥‥‥‥ 425	‥‥‥ 111, 112, 115, 116, 712
東京府農会 ‥‥‥‥ 528, 750	東洋文庫 ‥‥‥‥‥‥ 288	徳政 金吾 ‥‥‥‥‥‥ 348	都市計画高知地方委員会
東京府農商課 ‥‥‥ 529, 735	道路改良会 ‥‥ 142, 160, 163	徳増 栄太郎 ‥‥‥‥‥ 54	‥‥‥ 107, 108, 111, 112, 115
東京府八丈支庁 ‥‥‥‥ 822	道路改良会技術部 ‥‥‥ 138	徳本 角一 ‥‥‥‥‥‥ 567	都市計画神戸地方委員会
東京府保健課 ‥‥‥‥‥ 248	道路改良会調査部 ‥ 135, 137	徳安 健太郎 ‥‥‥ 503, 507	‥‥‥‥‥‥‥‥‥‥ 103
東京府南足立郡教育会	道路協議会 ‥‥‥‥‥ 160	徳山市 ‥‥‥‥‥‥ 149,	都市計画佐賀地方委員会
‥‥‥‥‥‥‥‥‥‥ 708	道路研究会 ‥‥‥‥‥ 162	797, 803, 821, 831	‥‥‥‥‥‥‥‥ 111～113
東京府南足立郡役所 ‥‥ 703	遠矢 一 ‥‥‥‥ 277, 523	徳山市役所 ‥‥‥‥‥ 48	都市計画滋賀地方委員会
東京府南葛飾郡奥戸村役	遠山 景福 ‥‥‥‥‥‥ 768	徳山町役場 ‥‥‥‥‥ 45	‥‥‥‥‥‥ 110, 111, 114
場 ‥‥‥‥‥‥‥‥‥ 714	遠山 信一郎 ‥‥‥‥‥ 594	床次 竹二郎 ‥‥‥‥‥	都市計画静岡地方委員会
東京放送局 ‥‥‥‥‥‥ 723	遠山 椿吉 ‥‥ 133, 239, 240	‥‥‥‥ 33, 636, 664, 682	‥‥‥‥‥‥‥ 104～110,
東京毎夕新聞 ‥‥‥‥‥ 44	亨 仁 ‥‥‥‥‥‥‥‥ 30	床次 徳二 ‥‥‥‥ 230, 233	112～115, 118
東京盲学校 ‥‥‥‥‥‥ 358	渡苅 雄 ‥‥‥‥‥‥ 151	所 輝夫 ‥‥‥‥‥‥ 334	都市計画島根地方委員会
道家 斉一郎 ‥ 2, 40, 167, 168,	栂井 義雄 ‥‥‥‥ 495, 516	所 三男 ‥‥‥‥‥‥ 693	‥‥‥‥‥‥ 110, 111, 114
190, 197, 208～211, 543	富樫 総一 ‥‥‥‥‥‥	戸坂 修 ‥‥‥‥‥‥ 141	都市計画千葉地方委員会
道家 斉 ‥‥‥‥‥ 529, 531	‥‥‥‥ 324, 326, 329, 334	戸坂 潤 ‥‥‥‥ 263, 264,	‥‥‥‥‥‥‥‥‥‥ 163
統計院 ‥‥‥‥‥‥‥ 727	富樫 悌三 ‥‥‥‥‥‥ 703	296, 481, 482, 604, 722	都市計画中央委員会 ‥‥ 104
統計局 ‥‥‥‥‥‥‥ 741	戸川 政治 ‥‥‥‥ 185, 583	登坂 又蔵 ‥‥‥‥ 10, 404	都市計画東京地方委員会
東後 琢三郎 ‥‥‥‥‥	土岐 章 ‥‥‥‥‥‥ 538	戸坂生 ‥‥‥‥‥‥‥ 91	‥‥‥‥‥‥‥‥ 89, 95,
‥‥‥‥‥‥ 92, 123, 140, 669	土岐 嘉平 ‥‥‥‥‥‥ 10	戸崎 芳雄 ‥‥‥‥‥‥ 498	103, 105, 112～120, 151,
東郷 寿次 ‥‥‥‥‥‥ 433	土岐 強 ‥‥‥‥‥ 485, 486	戸沢 鉄彦 ‥‥‥ 594, 601, 605,	179, 188, 189, 790, 791
東郷 実 ‥‥‥‥‥‥ 253,	土岐 安一 ‥‥‥‥‥‥ 413	614, 615, 625, 626, 648	都市計画東京地方委員会調
261, 523, 638, 644, 664	時実 秋穂 ‥‥‥ 132, 134, 683	戸沢 盛直 ‥‥‥‥ 414, 568	査部 ‥‥‥‥ 124, 126, 427
東郊生 ‥‥‥‥‥‥‥‥ 84	鴇田 恵吉 ‥‥‥‥‥‥ 264	戸沢 芳樹 ‥‥‥‥‥‥ 407	都市計画徳島地方委員会
東行先生五十年紀念会	時田 民治 ‥‥‥‥‥‥ 515	都市学会 ‥‥‥‥‥‥ 845	‥‥‥‥‥‥ 110, 111, 115
‥‥‥‥‥‥‥‥‥‥ 703	時田 吉雄 ‥‥‥‥ 443, 444	利川 末次郎 ‥‥‥‥‥ 585	都市計画栃木地方委員会
東島 卯八 ‥‥‥‥‥‥ 404	時任 一成 ‥‥‥‥‥ 4,	歳川 満雄 ‥‥‥‥‥‥ 441	‥‥‥‥‥‥ 107, 110, 115
同潤会 ‥‥‥‥ 164, 340～345,	86, 88, 304, 348	都市協会調査係 ‥‥‥‥ 392	都市計画鳥取地方委員会
354～356, 782, 798	ドーギル ‥‥‥‥‥‥ 96	都市協会調査部 ‥‥‥ 10,	‥‥‥‥‥‥‥‥ 109, 110
東神倉庫株式会社 ‥‥‥ 169	常盤 敏太 ‥‥‥‥‥‥ 506	172, 400, 470, 598, 666	都市計画富山地方委員会
東水社 ‥‥‥‥‥‥‥‥ 842	常磐書房 ‥‥‥‥‥‥ 163	都市計画愛知地方委員会	‥‥‥‥‥‥‥‥‥ 108,
統制法研究会 ‥ 624, 626, 627	徳崎 香 ‥‥‥ 93, 97, 147, 599	‥‥‥‥‥‥ 103～112, 114	110, 111, 113～116, 118
ドウソン, ウィリアム・ハー	徳島県 ‥‥‥‥ 54, 699, 731,	都市計画青森地方委員会	都市計画長崎地方委員会
バット ‥‥‥‥‥‥ 104	739, 744, 749, 753, 754,	‥‥‥‥‥‥‥‥ 114～116	‥‥‥‥ 106, 108, 111～114
東大文学部外諸校並団体	757, 761, 762, 774～776,	都市計画秋田地方委員会	都市計画長野地方委員会
‥‥‥‥‥‥‥‥‥‥ 261	779, 794, 795, 801, 802,	‥‥‥‥‥‥‥‥ 110, 112	‥‥‥‥‥‥‥‥‥‥ 115
東畑 精一 ‥‥‥ 408, 474, 479,	805, 808, 820, 821, 825,	都市計画足利地方委員会	都市計画名古屋地方委員
490, 494, 508, 513, 530,	827, 828, 830, 831, 834	‥‥‥‥‥‥‥‥‥‥ 108	会 ‥‥‥‥‥‥‥‥‥ 103
537, 539, 553, 554, 556	徳島県板野郡教育会 ‥‥ 708	都市計画石川地方委員会	都市計画奈良地方委員会
道府県農会 ‥‥‥‥‥ 523	徳島県勝浦郡教育会 ‥‥ 706	‥‥‥‥‥‥‥ 105～107,	‥‥‥‥‥‥‥‥‥‥ 114
ドゥーブレ, ジヤック ‥‥ 671		109, 110, 113, 119	都市計画新潟地方委員会
			‥‥‥ 106, 108～110, 114

としけいか　著者名索引

都市計画兵庫地方委員会
　……104, 105, 107～117
都市計画広島地方委員会
　…………………105～107,
　109～112, 114～116
都市計画福井地方委員会
　………………………114
都市計画福岡地方委員会
　……………………………
　105～107, 109, 110, 113
都市計画福島地方委員会
　…………111, 112, 115
都市計画北海道地方委員
　会　…94, 104, 107, 108
都市計画前橋地方委員会
　………………………112
都市計画三重地方委員会
　………109, 113～118
都市計画宮城地方委員会
　……106, 108～111, 113
都市計画宮崎地方委員会
　……110, 112～115, 119
都市計画山形地方委員会
　………………………39
都市計画山口地方委員会
　…106, 110, 113, 115, 163
都市計画山梨地方委員会
　…………………111, 113
都市計画和歌山地方委員
　会　……109, 115, 118
都市研究会　……35, 81, 93,
　103, 107, 111, 114～116,
　118, 119, 177, 189
都市工学社調査部　……219
都市情報社編輯部　……846
都市創作会調査部　……85
都市創作研究部　………86
都市美協会　……………87,
　109, 118, 120, 163
都市防空委員会　………149
都市防空調査会　………67
都市保健協会　……247, 248
戸嶋　芳雄　……………317,
　491, 502, 506, 518
豊島郷土史料研究会　……702
豊島区役所　…………47, 719
利光　洋一　……………504,
　508, 510, 517, 519
図書刊行会　……………699
図書局　…………………628
［都市問題］編輯室
　…………16, 21, 78, 694
戸田　海市　……………
　293, 294, 586, 681
戸田　十畝　……………630
戸田　正三　……………
　214～216, 226, 242
戸田　武雄　………296, 474
戸田　吉　………………3,
　256, 257, 391, 394～400
戸田　貞三　……………270,
　285, 291, 292, 295, 307,
　337, 344, 345, 547, 549
戸田　正雄　……………541
戸田　正之　……………222
戸田　保忠　………485, 531
栃折　好一　……………374
栃木　太郎　……………235
栃木県　……447, 652, 683,
　728, 743, 745, 750, 751,
　754, 757, 760～762, 765,
　770, 771, 775, 778, 781,
　783, 805, 814, 825, 830
栃木県足利市役所　……705
栃木県安蘇郡役所　……706
栃木県会　………………681
栃木県総務部地方課　……822
栃木県総務部統計課
　………800, 807, 828, 832
栃木県知事官房統計課
　…………763, 769, 778
栃木県内務部庶務課
　…………………744, 746
栃木県那須郡教育会　……707
栃木市　……809, 815, 822, 836
栃木市役所　……………48
栃木町　…………………784
土地区画整理研究会　……118
橡内　吉胤　…………11, 20,
　35, 44, 83, 87, 88, 90, 108
栃内　礼二　……………444
戸塚　九一郎　…………126
戸塚　哲雄　……………66
ドット, ケンネット・エス
　………………………168
トット, F.　……………154
鳥取県　…727, 728, 731, 735,
　736, 740, 743, 753, 756,
　758, 760, 763, 765, 774,
　776, 777, 779, 781, 782,
　785, 786, 788, 789, 793,
　796, 800, 806, 811, 817,
　819, 820, 822, 825, 827
鳥取県岩美郡役所　……700
鳥取県総務部統計課　……805,
　814, 820, 830, 834
鳥取県知事官房　………759,
　765, 767, 773, 790, 797
鳥取県東伯郡役所　……699
鳥取県内務部　…………453
鳥取市　……450, 705, 721,
　740, 744, 751, 763, 766,
　771, 800, 806, 827, 835
鳥取市役所　…………44, 115
戸恒　風外　……………360
百々　吾郎　……………682
戸所　亀作　………210, 212
トトミアンツ　…………335
利根川　東洋　…………542
ドーネス, ヂエーン　……548
戸野　周二郎　…………140
殿木　圭一　……………720
殿村　繁三郎　…………230
外村　福男　……………441
殿村　又一　………486, 504
戸畑市　…………………452,
　745, 759, 766, 775, 788,
　795, 809, 823, 828, 836
戸畑市役所　……………109
戸張　宏　………………587
土肥　慶蔵　………210, 211
戸引　達　……………23, 271
飛鋪　秀一　……………10
飛田遊廓設置反対同盟会
　………………………240
土木学会　………………76,
　142, 161～163,
　186, 187, 242, 843
土木学会防空施設研究委員
　会　……………………65
土木技術研究所　………165
土木局　………66, 158, 232
土木建築資料新聞社　……242

土木判例調査会　………649
苫郡教育会　……………709
戸松　昌訓　……………697
苫米地　義三　…………516
富岡　朝太　……………89
富岡　惟中　……470, 472, 565
富岡　丘蔵　……………131
富岡　輝吉　……………614
富岡　東四郎　…………68
富川　広体　……………434
富沢　功　………………268
富沢　喜一　………330, 346
富塚　清　………………279
富田　愛次郎　……302, 305, 308,
　358, 361, 363, 364, 386
富田　清　………………69
富田　恵吉　………142, 146
富田　健治　……………648
富田　滋　…………225, 565
富田　正文　……………720
富田　勇太郎　…………622
富田　幸雄　………350, 394
富多川　早菊　…149, 151～159
冨次　亮　………………467
富永　理　………………624
富永　兼忠　……………220
富永　誠美　……………102
富永　文保　……………421
富永　正考　……………156
富永　正義　……………61,
　150～154, 164
富永　祐治　……155, 178, 180
　～183, 191, 200, 396～398,
　400～402, 405, 563, 565
富桝　建造　………84～87,
　110～112, 119
富山　薫　……………254, 300
富山　清憲　……………184
トムソン　………………193
留岡　清男　……………227,
　263, 265, 266, 268,
　271～274, 276, 313, 368
留岡　幸助　………251, 280
友枝　高彦　……………249
友岡　久雄　……………424
友実　庄市　……………430
友田　嘉一　………405, 407
伴野　清　………………433
友納　武人　……………239
友安　亮一　………307, 558
戸谷　敬寿　……………619
戸谷　敏之　……………
　511, 512, 521, 695
戸矢　雅弥　……………376
戸山　三郎　……………597
外山　正一　……………280
外山　福男　……………8, 28, 220,
　244, 258～260, 306, 307,
　363, 394～396, 398, 399,
　401, 403, 404, 406, 408,
　410, 415, 419, 440, 442,
　443, 474, 479～481,
　483, 517, 672, 684
富山県　…………50, 111,
　117, 118, 589, 682, 688,
　700, 707, 713, 717～719,
　721, 727～729, 731,
　737, 738, 751, 753,
　755, 759, 761, 763,
　768, 769, 773, 774, 778,
　786, 793, 795, 800, 806,
　811, 814, 818, 822, 834

富山県射水郡役所　……700
富山県下新川郡役所　……700
富山県収税課　…………727
富山県商工水産課　……588
富山県総務部統計調査課
　………………………827
富山県知事官房　………749
富山県知事官房統計課
　………………………747
富山県地方課　……455, 818
富山県地方振興委員会
　………………………125
富山県電気局　…………538
富山県都市計画課　……114
富山県内務部　…………454
富山県内務部都市計画課
　…………………110, 112
富山県西礪波郡役所　……700
富山県農会　……………682
富山市　……746, 758, 763,
　767, 771, 783, 797, 809,
　817, 822, 830, 836, 839
富山市衛生組合連合会
　………………………245
富山市電軌課　…738, 740, 741,
　744, 747, 752, 756, 764
富山市役所　……………41,
　45, 46, 245, 717, 718, 761,
　769, 774, 786, 802, 820
富山商業会議所　……530, 532
富山商工会議所　………544
豊浦　浅吉　…17, 551, 552, 725
豊浦　与七　………2, 193, 391
豊岡町　…………………707
豊川　弘毅　……………568
豊崎　光衛　……………495
豊崎　稔　……402, 421, 427,
　457, 479, 500, 511～514,
　516, 520, 521, 541, 572,
　573, 576, 577, 580～582
豊島　清　………315, 426, 489
豊島　章太　……………58
豊島　愛明　……464, 470, 472
豊城　享二　……………93, 95
豊田　久和保　…………391
豊田　順爾　……………302
豊田　四郎　……84, 85, 582
豊田　保　………………550
豊田　久二　……………685
豊田　尚　………………726
豊田　寛　………………212
豊田　雅孝　……………326,
　328, 508, 512, 513,
　515, 516, 523, 584
豊田　光雄　……8, 397, 665
豊田　実　…………212～214
豊田　与三吉　…………227
豊多摩郡役所　…………703
豊中市　……………818, 823
豊中市役所　……………55
豊橋市　…………………740,
　745, 754, 763, 766,
　771, 785, 810, 817, 824
豊橋市役所　……………
　113, 118, 243, 803
豊橋商工会議所　………543
豊原　百甫　……………198
豊原　又男　…257, 304～306,
　314, 315, 317, 322～327,
　346, 360, 479, 691
豊原市　…………………816
豊原町　………777, 794, 802

豊原町役場 … 46	内藤燃料研究所 … 466	内務省情報局 … 657	内務大臣官房秘書課 … 632
豊福 保二 … 464, 465, 690	内務育社会局 … 347	内務省庶務局 … 727, 733	内務大臣官房文書課 … 728, 729, 731〜739, 742, 746, 753, 757, 761, 765, 776, 783, 789, 797, 808, 813, 823, 839
ドライスデル … 546	内務卿 … 679, 726, 727	内務省振興課 … 26	
ドラウン，ヘンリー・ゼー … 127	内務次官 … 594	内務省神社局 … 546, 593	
鳥井 信 … 59, 61, 94, 96	内務省 … 26, 43, 61, 70〜73, 97, 102, 110, 117, 118, 157, 160, 161, 164, 191, 209, 239, 426, 451, 529, 628, 644, 651〜653, 677, 678, 681〜683, 685, 686, 688, 698, 708, 709	内務省総務局 … 727	
鳥井 捨蔵 … 71, 149, 153, 155		内務省総務局文書課 … 730	内務大臣官房報告課 … 728
鳥居 位 … 65		内務省総務局報告課 … 727, 728	直井 佐兵衛 … 19
鳥居 伝一 … 424		内務省大臣官房都市計画課 … 107	直入郡教育会 … 706
鳥井 博郎 … 295			直江津商業会議所 … 739, 740, 742, 750
鳥居 政義 … 487		内務省地方局 … 22, 23, 26, 29, 30, 33, 34, 40, 52, 126, 287, 334, 335, 380, 389, 390, 398, 406, 412, 413, 422, 426, 428〜430, 432, 447, 449, 450, 453〜455, 458, 459, 529, 602, 614, 639, 649, 652, 656, 658, 670, 673〜675, 677, 678, 682〜688, 703, 730, 732 〜737, 739, 741, 743〜745, 748, 752, 756, 759, 764, 765, 768〜772, 774, 778, 780, 785, 787, 788, 792〜794, 798, 800, 805, 807, 813, 814, 820, 821, 824, 825, 832, 834, 838	
鳥居 竜蔵 … 707	内務省衛生局 … 118, 209 〜216, 219, 226, 239〜243, 245, 246, 359, 464, 529, 586, 727, 736〜738, 746, 747, 752, 768, 773, 780, 801, 807, 808		直江津商工会議所 … 791, 798, 804, 812, 837
鳥海 一郎 … 405			直木 倫太郎 … 82, 130, 138, 160, 547
鳥田 隆一 … 59			仲 新 … 278
鳥山 進 … 176			仲 磯三 … 313
ドル … 179			中 重信 … 260, 261, 263, 469
	内務省衛生局医務課 … 216		中 尊量 … 263
【な】	内務省衛生局防疫課 … 210, 212, 216		中新井村 … 715
	内務省衛生局保健課 … 212, 216, 217, 240, 292		長井 有親 … 454
内外労働研究所 … 73, 278, 330, 332, 333, 379, 446, 526	内務省衛生試験所 … 245		永井 亨一 … 560
	内務省大阪土木出張所 … 160		永井 謙吉 … 464
			永井 健造 … 502, 584
内閣 … 649	内務省計画局 … 68, 76〜78, 81, 120, 125, 126	内務省地方局行政課 … 685	永井 三郎 … 29, 30
内閣印刷局 … 644〜659, 841〜846		内務省地方局財務課 … 456	長井 修吉 … 75
内閣官報局 … 629〜632, 841	内務省計画局都市計画課 … 96, 118	内務省地方局総務課 … 659	永井 純一郎 … 443
内閣記録局 … 629	内務省警保局 … 58, 59, 61, 65, 67, 69, 70, 74〜76, 294, 335, 511, 622, 649, 754, 758, 759, 762, 764, 766, 772, 773, 778, 784, 787, 791, 793, 796, 799, 803, 805, 810, 816, 822	内務省地方局有志 … 125	永井 彰一 … 193, 465, 470, 475, 478, 558, 563
内閣資源局 … 535		内務省調査局 … 628	
内閣情報部 … 344, 498, 614, 615		内務省地理課 … 709	永井 彰一郎 … 149, 151
		内務省地理局 … 447, 629, 630, 680, 698, 727	中井 城太郎 … 698
			中井 四郎 … 438
内閣書記官室記録課 … 635, 729	内務省警保局高等課 … 651	内務省東京土木出張所 … 141, 161, 163	仲井 真一郎 … 309, 367
内閣書記官室統計課 … 728, 729	内務省警保局災害係 … 69	内務省統計課 … 727	中井 省三 … 433, 434, 573〜575
	内務省厚生省 … 332	内務省都市計画課 … 16, 17, 76, 91, 103, 111, 117, 142, 209, 227, 246, 808	
内閣調査局 … 263, 286, 456, 537, 538	内務省国土局 … 100, 157		永井 亨 … 9, 291〜295, 298, 301, 305, 335〜337, 361, 463, 464, 531, 551, 552, 559, 593, 594, 647, 655, 690
内閣統計局 … 227, 239, 241, 242, 249, 335, 336, 342, 346, 449, 453, 533, 538, 558, 559, 681 〜683, 724, 726〜741, 743, 746〜763, 766〜772, 774〜798, 800, 801, 803〜813, 815〜817, 819, 822, 823, 825, 826, 829, 831, 832, 835, 839, 844	内務省自治振興中央会 … 54, 77	内務省都市計画局 … 103, 105〜107, 187, 203, 241	
	内務省下関土木出張所 … 149	内務省図書局戸籍課 … 733	
	内務省社会局 … 19, 36, 75, 203, 281, 294, 302, 335, 337〜340, 342, 347, 354, 358, 381, 384, 739, 743, 746, 841	内務省土木局 … 65, 127, 128, 142, 147, 152〜154, 160〜164, 189, 732, 733, 738, 753, 754, 760, 769, 786, 799, 811	永井 豊太郎 … 236, 244
			永井 潜 … 560
			永井 浩 … 279
			長井 政太郎 … 171, 691, 694
			永井 松次郎 … 136
			中井 光次 … 25, 94, 169, 193
			永井 柳太郎 … 636, 637, 641
			中井 良太郎 … 70
内閣統計局審査課 … 558	内務省社会局社会部 … 205, 339〜343, 354, 381, 383, 754, 783	内務省土木局河川課 … 147, 162, 163, 812, 814	中池 彦雄 … 198
内閣東北局 … 541			永市 寿一 … 467
内閣法制局 … 633, 634	内務省社会局職業課 … 310	内務省土木局港湾課 … 127, 133, 161, 737, 739, 740, 742, 744, 748, 753, 757, 761, 765, 773, 779, 786, 793, 799, 807, 812, 820, 825	永市 耕人 … 586
内国運株式会社 … 186	内務省社会局庶務課 … 296, 382		中江 篤介 … 722
内藤 濯 … 333			長江 了二 … 128〜130, 136
内藤 一郎 … 350	内務省社会局第一部 … 335, 336		長尾 景弼 … 628, 631
内藤 蔚彦 … 393	内務省社会局第一部監督課 … 74	内務省土木局製図課 … 729, 730	長尾 清 … 73
内藤 和行 … 242			中尾 金蔵 … 27, 61, 66, 67
内藤 寛一 … 317, 320	内務省社会局第二部 … 335, 336, 354, 381	内務省土木局調査課 … 733〜737	中尾 源太郎 … 212
内藤 吉之助 … 291, 294			永雄 策郎 … 125, 490
内藤 熊喜 … 472	内務省社会局保険部 … 242, 244, 245, 382, 383	内務省土木試験所 … 162〜164	長尾 滋 … 614
内藤 順太郎 … 337		内務省取調局 … 727	中尾 七郎 … 261, 264
内藤 晴三郎 … 390		内務省復興局 … 203	長尾 修一 … 479
内藤 越夫 … 842	内務省社会局保険部長 … 212	内務省防空局 … 70, 72	長尾 修吉 … 128
内藤 多仲 … 57, 129, 145, 157		内務省横浜土木出張所 … 163, 189	中尾 正平 … 17
内藤 知周 … 326	内務省社会局保護課 … 359, 382〜384		中尾 保 … 92, 129, 149
内藤 虎次郎 … 637, 707			永尾 篤次郎 … 129
内藤 英雄 … 70	内務省社会局臨時軍事援護部 … 385	内務大臣官房会計課 … 441	長尾 半平 … 186
内藤 雅夫 … 508, 512		内務大臣官房都市計画課 … 83, 103, 108〜110, 113, 116, 117, 119, 123, 449, 546	中尾 文策 … 625
内藤 勝 … 230, 320, 329〜331	内務省社会局労働部 … 339〜343		中尾 光信 … 178
内藤 游 … 211			長尾 桃郎 … 337
内藤 義弘 … 302, 307〜309	内務省社会保険部 … 295		永尾 竜造 … 719, 720
内藤 亮一 … 139, 153, 158	内務省社寺局 … 239		長岡 篤 … 237

長岡 喜一 …………… 34	長坂 好晃 …………… 726	中島 賢蔵 …………… 7, 13, 62, 352, 353, 407, 472, 598, 668, 669	永田 得二 ……… 407, 409
永丘 智太郎 ‥ 325, 326, 334	長崎 英造 …………… 528		中田 篤郎 …………… 213
長岡 治男 …………… 567	長崎 謙次 …………… 211		永田 仁助 …………… 392
長岡 半太郎 ……… 61, 144	長崎 五郎 …………… 439	中島 重 ……………… 599, 615, 616, 618, 626, 644	永田 念郎 ……… 138, 176
長岡 秀国 …………… 145	長崎 惣之助 ………… 191		永田 八四郎 ………… 420
長岡 弥一郎 ………… 621	長崎 常 ……………… 533	中島 愁畔 ……… 145, 146	長田 尚夫 …………… 718
中岡 安 ……………… 58	長崎 敏音 …………… 85～87, 129, 133, 219	永島 春暁 …………… 698	永田 秀次郎 ………… 10, 35, 41, 43, 75, 105, 282, 602, 644, 651, 687, 711
長岡 保太郎 ……… 300, 391, 549, 724, 828, 833, 836		中島 仁之助 ………… 307, 314, 321, 325～327, 476	
	中崎 俊秀 …………… 225		
長岡 行夫 ……… 130, 131	長崎 敏吉 …………… 132	中島 清二 ‥ 81, 90, 91, 144, 179, 262, 321, 408, 598	永田 宏 ……………… 65
長岡 隆一郎 ……………… 210, 300, 339, 581	長崎 秀浩 …………… 73		中田 豊衛 …………… 289
	長崎県 ……………… 114, 117, 682, 727, 735, 745, 748, 751～753, 757, 761, 765, 769, 771, 773, 774, 778, 779, 783, 785, 786, 789, 800, 805, 806, 812, 814, 820, 825, 827	長島 忠信 …………… 541	中田 政吉 …………… 367
長岡市 ‥‥ 714, 743, 747, 757, 770, 786, 791, 798, 803, 814, 820, 825, 833, 836		中島 玉吉 …………… 308	中田 政美 ……………… 227, 316, 372, 666
		中島 千枝 …… 361, 369～373	
		中島 徹三 …………… 491	中田 理夫 …… 125, 557, 581
長岡市役所 …… 41, 715, 792		中島 時雄 ……… 130, 138	永田 安吉 …………… 611
長岡商業会議所 …… 745		長島 敏 ……………… 101	中田 吉雄 …………… 528
長岡商工会議所 …… 783, 789, 795, 802, 810, 820, 825, 830, 832, 836	長崎県協賛会 ……… 699	中島 敏雄 …………… 574	仲田 良夫 …………… 376
	長崎県庶務課 ……… 833	中島 智喜 …………… 58	中田 義孝 …………… 654
	長崎県総務部 ……… 823	中島 知国 …………… 496	長田 亮 ……………… 223
	長崎県総務部統計課 … 806	中島 知至 …………… 497, 499, 501, 506, 507, 509	中楯 幸吉 …………… 502
中神 正雄 …………… 611	長崎県知事官房 …… 755		中谷 進一郎 ………… 716
中川 一郎 …………… 236, 328, 330, 333, 367	長崎県知事官房統計課 ……………… 763, 769, 777	中島 寅之助 ………… 484	中谷 政一 …………… 58
		中島 信虎 …………… 449	中谷 実 ……………… 401, 404, 418, 420, 435, 443, 475, 477, 491, 500, 515
中川 唯日路 ………… 375		永島 信之 …………… 680	
中川 伊平 …………… 60	長崎県地方課 ‥ 816, 822, 834	長島 毅 ……………… 643	
中川 興之助 ………… 550	長崎県庁 …………… 134	中島 彦六 …………… 147	中谷 敬寿 ‥ 32, 64, 69, 231, 414, 435, 618, 623, 674
中川 函芳 …………… 371	長崎県都市計画係 … 115	中島 弘道 …………… 614	
中川 清 ……………… 59	長崎県東彼杵郡教育会 ……………………… 703	中島 弥団次 …… 444, 446	長塚 順次郎 ………… 129
中川 賢一 ‥ 313～315, 317, 597, 599, 601, 603～606		中島 洋吉 …………… 574	中津市 ……… 775, 804, 830
	長崎市 …………… 588, 706, 708, 716, 738, 768, 777, 785, 796, 803, 806, 822	中島 渉 ……………… 90	中津市役所 ………… 41
中川 健蔵 …………… 33		中島工学博士記念事業会 ……………………… 242	中津海 知方 …… 399, 452
中川 幸太郎 …… 154, 159			永戸 政治 …………… 13
中川 順吉 …………… 113	長崎市勧業課 ……… 759	中正 秀峰 …………… 412	永富 勘四郎 ‥ 150, 151, 179
中川 潤治 …………… 546	長崎市役所 …………… 54, 132, 133, 453, 534, 699	仲小路 彰 …………… 722	永友 繁雄 …………… 520
中川 正一 …………… 450		仲小路 宣 …………… 722	永友 正雄 …………… 484
中川 正左 …… 138, 139, 170, 174, 177, 179, 187, 190	長崎小学校職員会 … 708	中末 郁二 ……… 136, 137	中西 甚作 …………… 63
	長崎商工会議所 ……………… 589, 592, 796	長澄 英也 …………… 148	中西 清太郎 ………… 515
中川 四朗 …………… 164		永住 道雄 ……… 538, 539	中西 荘吉 …………… 221
中川 善之助 ‥ 321, 547, 600, 607, 617, 658～660, 694	長郷 衛二 …………… 373	長瀬 勇 ……………… 412	中西 登幾継 …… 424, 426, 428, 429, 431, 435, 455
	中里 喜一 ……… 260, 261	中瀬 勝太郎 ………… 569	
中川 辰夫 …………… 72	中里 重吉 …………… 14	永瀬 潔 ……………… 715	中西 敏憲 …………… 99
中川 徴次 …………… 72	中里 民平 …………… 287	長瀬 新 ………… 146, 148	中西 寅雄 …………… 415, 429, 446, 476, 539, 590
中川 貞三 ……… 28, 126	中沢 宇三郎 ………… 534	長瀬 恒蔵 ……………… 217, 222, 245, 376	
中川 友長 …… 318, 467, 536, 544, 553～555, 560, 726	永沢 勝雄 …………… 499		中西 秀雄 …………… 667
	中沢 誠一郎 …… 61, 62, 65, 70, 73, 78, 88, 95, 98, 99, 123, 132～134, 144, 151, 154, 158, 349, 558, 564, 620		中西 秀峰 …………… 149, 200, 317, 411, 412, 415～419, 422, 424, 426, 427, 429, 430, 484
中川 望 ………… 1, 6, 15, 33, 88, 252, 373, 663, 664, 683		長瀬 貞一 …………… 261	
		那柯生 ……………… 194	
中川 寿照 …………… 463		中曽根 伝治郎 ……… 719	
中川 政次郎 ……… 34, 86	中沢 隆夫 …………… 277	永田 耀 ……………… 538	中西 仁三 …………… 512
中川 幽芳 …………… 370	長沢 忠郎 …………… 84, 85, 100, 101, 167	永田 永次郎 ………… 277	中西 実 ……………… 332
中川 義次 ……… 227, 230		中田 薫 ……… 466, 554, 599, 645, 648, 655, 659, 663	中西 幸男 …………… 583
中川 与之助 ………… 19, 20, 296, 317～320, 322～324, 327, 351, 368～370, 372, 377, 395, 396, 398, 399, 411, 414, 453, 489, 491, 502, 608, 611, 624, 625, 627, 722	中沢 忠太郎 ………… 280		中沼 郁 ……………… 265
	中沢 留 ……………… 266	中田 一幸 …………… 153	長沼 弘毅 ……… 307, 308, 346, 410, 416, 426, 429
	中沢 博則 …………… 336	永田 菊四郎 ………… 523	
	中沢 文道 …………… 367	永田 清 ……………… 16, 397, 409, 410, 413, 416, 418, 419, 423, 425, 427, 429～431, 433, 435～437, 439, 440, 442, 444, 445, 457, 459, 460, 493, 504, 506, 510, 840, 845	長沼 宏有 ……… 308, 364, 366
	中沢 弁次郎 ………… 8, 14, 79, 224, 362, 403 ～405, 463～465, 468, 470, 475, 477, 482, 497, 518, 530, 534, 536, 537, 548, 565, 566, 594, 664, 692		長沼 正臣 …………… 494
			中根 重一 ……… 447, 681
			長根 助八 …………… 156
			中根 武夫 …… 22, 174, 198
中川 良助 …………… 277			中根 秀雄 ……… 333, 334
中河内郡役所 ……… 705			中野 亮雄 …………… 69
永木 正 ……………… 105		中田 三郎 …………… 310	中野 彰 ……… 436, 441, 442
中倉 愛吉 …………… 279	長沢 好晃 …………… 434, 485, 486, 489, 726	中田 淳一 …………… 624	長野 朗 ‥ 336, 647, 685, 686
長倉 矯介 …… 263, 264, 268		中田 俊造 …………… 221, 229, 262, 263, 268, 282, 287	仲野 市也 …………… 466
長倉 謙介 …………… 142	長沢 柳作 …………… 563		中野 金次郎 ………… 91, 168, 171, 172, 190
那賀郡共進会展覧会協賛会 ……………………… 703	中路 誠三 …………… 145	永田 章次郎 ………… 351	
	中柴 末純 …………… 647	中田 善之助 ………… 228	
中越 延豊 …………… 84, 86, 208～210, 214	中島 鋭治 ……… 33, 239	仲田 聡治郎 ………… 198, 219, 222, 229, 230	中野 研二 …………… 542
	中島 格二郎 …… 237, 238		中野 興吉郎 ………… 517
中巨摩郡聯合教育会 … 711	中島 勝義 …………… 680	中田 忠孝 …………… 232	中野 順次郎 …… 156, 349
中込 友美 …………… 329	中島 久万吉 …… 281, 465	永田 鉄山 …………… 263	永野 順造 …………… 314, 317, 320, 321, 424, 498
中込 浩次 …………… 470		永田 鉄三 …… 441, 443, 445	

| 中野 新吾 | 157, 183
| 中野 真吾 | 141
| 中野 佐三 | 274
| 中野 正剛 | 597, 637
| 長野 高一 | 52
| 中野 忠八 | 283
| 中野 勉 | 137〜139
| 中野 敏夫 | 67
| 中野 登美雄 | 611, 618, 620, 656
| 長野 長広 | 259
| 中野 治雄 | 250〜253
| 中野 英夫 | 426〜429
| 中野 秀夫 | 433
| 中野 不二男 | 380
| 長野 文一 | 139
| 中野 正直 | 199, 353, 369, 370, 372, 378, 555, 678
| 中野 正幸 | 329
| 永野 護 | 524
| 中野 保一 | 661
| 中野 休文 | 543
| 中野 与吉郎 | 58, 62, 64
| 中野 善敦 | 74, 176, 177, 223, 225, 226, 272, 273, 292, 309
| 永野 賀成 | 308
| 長野観光協会 | 720
| 長野県 | 40, 681, 727〜732, 740, 742, 752, 758, 761, 762, 777, 778, 792, 793, 795, 798, 806, 812, 814
| 長野県上高井郡教育会 | 701
| 長野県経済部 | 538
| 長野県警察部衛生課 | 244
| 長野県工業振興会 | 591
| 長野県小諸町役場 | 682
| 長野県更級郡役所 | 701
| 長野県下高井郡役所 | 684
| 長野県下水内郡教育会 | 701, 702
| 長野県社会課 | 370
| 長野県諏訪郡平野村役場 | 714
| 長野県総務部調査課 | 834
| 長野県総務部統計課 | 794, 808, 814, 822
| 長野県知事官房 | 754, 769, 774
| 長野県地方課 | 819
| 長野県地方工業会委員会 | 590
| 長野県地方工業化委員会 | 590
| 長野県内務部統計課 | 787
| 長野県南安曇郡役所 | 706
| 長野県南佐久郡役所 | 704
| 長野市 | 708, 763, 766, 770, 776, 783, 784, 807, 815, 821, 826, 831
| 長野市役所 | 39, 41, 52
| 長野税務監督局 | 732
| 夏秋 拓郎 | 594
| 長場 正利 | 510
| 中橋 徳五郎 | 160, 546, 637
| 長畑 健二 | 491, 502, 548
| 長浜 政寿 | 201, 602, 603, 607〜609, 611, 612, 615, 618, 620, 621, 624〜626, 676
| 中林 貞男 | 320, 334
| 中林 正三 | 713
| 中原 一哉 | 184
| 中原 邦平 | 699, 700
| 中原 賢次 | 348
| 中原 慎太郎 | 713
| 仲原 善一 | 312, 320, 321, 483, 489, 494, 495, 555
| 中原 巖 | 96
| 中原 徹 | 696
| 中平 光治 | 199, 226
| 中部 幾次郎 | 204
| 長町 康夫 | 35
| 永松 偕一郎 | 662
| 長松 太郎 | 99, 101
| 永松 陽一 | 214, 468, 470〜473, 480〜483
| 永見 健一 | 84, 90, 91, 97, 131〜133, 149, 158, 197, 253, 349, 475〜477
| 永見 徳太郎 | 29
| 長満 欽司 | 388
| 永峰 尚次 | 131, 134, 135
| 長峰 安三郎 | 7, 9, 10, 254, 366, 398, 594, 595, 597, 664
| 中村 | 66, 92, 123, 146
| 中村 明人 | 276
| 中村 朝治 | 263
| 中村 薫 | 7, 710, 716
| 中村 和夫 | 206
| 中村 吉治 | 498, 539, 541
| 中村 吉次郎 | 502
| 中村 吉太郎 | 71
| 中村 清照 | 21, 95, 148, 149, 178
| 中村 金次郎 | 571
| 中村 蔵 | 510
| 中村 綱 | 23, 31, 80, 81, 91, 92, 95〜97, 99, 100, 102, 123, 125, 148〜150, 221, 351, 566
| 中村 敬次郎 | 249
| 中村 謙一 | 181
| 中村 源七 | 61
| 中村 建城 | 424
| 中村 絹次郎 | 63, 175, 177, 223
| 中村 健三 | 267
| 中村 孝太郎 | 262, 363〜366, 368, 369, 371〜373
| 中村 孝也 | 296, 710
| 中村 佐一 | 239, 443, 444
| 中村 左衛門太郎 | 75
| 中村 哲 | 603, 604, 615〜617, 660
| 中村 三之丞 | 37, 446
| 中村 三之助 | 200, 207
| 中村 重夫 | 402
| 中村 寿一 | 124
| 中村 収次郎 | 71
| 中村 俊一 | 78, 151
| 中村 純一 | 174, 349
| 中村 舜二 | 37, 40, 766, 771, 782, 790, 796, 802, 817
| 中村 順一 | 105
| 中村 四郎 | 61, 435
| 中村 伸 | 486
| 中村 進午 | 641
| 中村 信治 | 158
| 永村 盛一 | 578
| 中村 清二 | 75, 133
| 中村 孝俊 | 352
| 中村 武嘉 | 585
| 中村 忠充 | 228
| 中村 竜夫 | 19
| 中村 千代松 | 722
| 中村 継男 | 419, 456, 457
| 中村 恒三郎 | 28
| 中村 伝治 | 564
| 中村 徳五郎 | 714
| 中村 浜作 | 60
| 中村 遙 | 366, 367, 557
| 中村 寛 | 349
| 中村 文彦 | 198
| 中村 信 | 415
| 中村 正直 | 267
| 中村 正治 | 268
| 中村 三徳 | 368
| 中村 宗雄 | 650
| 中村 弥三次 | 65, 555, 617, 668
| 中村 豊 | 191
| 中村 義雄 | 349
| 中村 淑人 | 36, 403
| 中村 与資平 | 82, 88, 90, 116, 141, 143, 162, 217, 565
| 中村 芳松 | 698
| 中村 陸平 | 404
| 中村 廉次 | 127
| 中村 渉 | 412
| 中目 覚 | 251〜253
| 中本 恕堂 | 720
| 長森 清義 | 516
| 永守 義忠 | 152, 153
| 中谷 宇吉郎 | 75
| 長屋 喜一 | 259
| 中屋 重治 | 15, 716
| 中谷 茂寿 | 178
| 長屋 四郎右衛門 | 93〜95, 97, 100, 101
| 長屋 敏郎 | 1
| 仲矢 虎夫 | 425
| 中屋 則義 | 460
| 中安 信三郎 | 711
| 永安 百治 | 195, 196, 348, 390, 397〜405, 408, 410〜412, 414〜417, 454, 473, 476, 477, 662, 665, 666, 669
| 中山 伊知郎 | 309, 313, 446, 476, 502, 509, 510, 512, 514, 515, 521, 524, 539, 541, 621, 845
| 中山 一義 | 270
| 中山 克巳 | 578
| 中山 儀太郎 | 214
| 中山 清夫 | 699
| 中山 国雄 | 611
| 中山 鹿助 | 193
| 中山 四郎 | 450
| 中山 成太郎 | 703
| 永山 善之助 | 388, 402, 407, 408
| 中山 太一 | 418
| 中山 丈雄 | 249
| 中山 忠夫 | 578, 579
| 中山 太郎 | 291
| 中山 照夫 | 333
| 中山 督 | 326
| 中山 秀治郎 | 57
| 中山 文雄 | 249, 250
| 中山 平八郎 | 183, 507
| 永山 正敏 | 102
| 永山 美樹 | 348
| 長山 源雄 | 718
| 中山 元晴 | 66, 351
| 中山 良男 | 557
| 中山 由五郎 | 707
| 中山 隆吉 | 167, 168
| 中山 竜次 | 188, 284
| 南種 康博 | 592
| 南雲 義治 | 99, 350
| 名越 善雄 | 572, 573
| 那古町 | 822
| 名古屋工業研究会 | 116, 346
| 名古屋控訴院 | 45
| 名古屋高等商業学校産業調査室 | 451, 588, 589, 781
| 名古屋市 | 55, 289, 382, 648, 658, 700, 702, 703, 732〜739, 746, 747, 749, 750, 752, 754, 757, 758, 761, 765, 769, 774, 779, 786, 793, 800, 801, 806, 814, 818, 820, 825, 831, 835〜837
| 名古屋市会事務局 | 38, 39, 46, 49, 51〜55, 689
| 名古屋市勧光課 | 586, 755
| 名古屋市観光課 | 51, 719
| 名古屋市企画部財務課 | 836
| 名古屋市教育会 | 283, 747
| 名古屋市教育会 | 715
| 名古屋市教育部 | 758, 762, 814, 832
| 名古屋市教育部教育課 | 752, 756
| 名古屋市教育部社会課 | 337, 381
| 名古屋市教育部社会教育課 | 757
| 名古屋市経済局庶務課 | 346
| 名古屋市厚生局 | 247, 386
| 名古屋市財政部統計課 | 839
| 名古屋市財政部財務課 | 822, 828, 833
| 名古屋市財政部主税課 | 829, 836
| 名古屋市産業部 | 162, 339, 343, 539, 540, 589, 590, 792, 793, 799, 819
| 名古屋市産業部勧業課 | 761, 762, 779
| 名古屋市産業部市場課 | 752
| 名古屋市産業部商工課 | 786, 788, 789, 793, 795, 800
| 名古屋市産業部庶務課 | 539, 590, 801, 803, 809, 811, 815, 817, 821, 822, 828, 833
| 名古屋市市民局 | 54
| 名古屋市社会課 | 335, 336, 354, 381, 740, 744
| 名古屋市社会部 | 342, 382〜386, 769
| 名古屋市庶務課 | 454, 686, 758, 763, 767, 771, 777, 783
| 名古屋市庶務部財務課 | 828

名古屋市水道局 ……… 161
名古屋市水道部
　……………… 162, 163, 244
名古屋市青年団本部 ……… 289
名古屋市戦時経済局 ……… 543
名古屋市総務局 ‥52～54, 688
名古屋市総務部勧業課
　…………………………… 532
名古屋市総務部調査課
　……………… 826, 831, 835
名古屋市総務部統計課
　……………… 543, 592, 838
名古屋市調査課 ……… 807
名古屋市電気局 ……… 187,
　203, 205, 206, 739,
　741, 743, 747, 752, 756,
　760, 764, 768, 772, 777,
　784, 791, 798, 804, 812,
　818, 823, 829, 833, 836
名古屋市都市計画部工務
　課 ……………………… 105
名古屋市土木部庶務課
　……………………………162
名古屋市中区史刊行会
　……………………………721
名古屋市西区役所 ……… 780
名古屋市東区町総代会
　……………………………776
名古屋市保健部 ‥ 243～245,
　762, 770, 774, 802, 817
名古屋市保健部衛生課
　……………………………749
名古屋市南区 ……… 781
名古屋市役所 ……… 34, 35,
　38～40, 42, 44～52, 55,
　109, 112, 115, 117, 121,
　160～162, 204, 241～243,
　246, 289, 290, 384, 531,
　586, 654, 684, 685, 714,
　790, 792, 797, 798, 804,
　805, 810, 812, 819, 824,
　829, 833, 834, 837, 845
名古屋市役所勧業課 ……… 751
名古屋市役所下水道課
　……………………………241
名古屋市役所庶務課
　……………… 739, 741, 743, 751
名古屋市役所総務部勧業
　課 ……… 746, 751, 754
名古屋市役所総務部区政
　課 ………………………… 52
名古屋市役所総務部庶務
　課 ……………… 746, 755
名古屋市役所保健部下水
　課 ……………………… 241
名古屋商業会議所 …
　……… 532, 745, 753, 842
名古屋商工会議所 ‥ 116, 117,
　340, 341, 344, 539～541,
　588～592, 758, 762, 766,
　770, 774, 781, 788, 795,
　801, 804, 808, 815, 821,
　827, 831, 834, 835, 837
名古屋商工会議所図書室
　…………………………… 845
名古屋職業紹介所 ……… 827
名古屋市臨時産業研究会
　…………………………… 530
名古屋市臨時中小商工業対
　策調査会 ……………… 591
名古屋新聞社 ……………… 40
名古屋税関 ……………… 160
名古屋整地僚友会 ……… 559

名古屋地方職業紹介事務
　局 ……… 338, 342, 757
名古屋通信局 ……… 190
名古屋鉄道局 ……… 140, 142
名古屋電灯株式会社 …… 205
名古屋特別市制期成同盟
　会 ………………………… 43
名古屋汎太平洋平和博覧
　会 ……………………… 717
奈島 藤助 ……………… 586
梨本 祐平 ……………… 499
那須 皓 ‥ 261, 336, 337, 339,
　473, 531, 533, 669, 844
那須 時夫 ……………… 307
那須 孫次郎 ……………… 29
灘尾 弘吉 ‥ 60, 208, 215, 363,
　364, 373, 386, 432, 679
灘山 日吉 ……………… 542
灘鬼 喜雄 ……………… 562
ナチス党定住局 ………… 81
ナツコルス, エイ・エイチ
　…………………………… 62
夏目 博臣 ……………… 436
名取教育会 …………… 708
七尾市 ………………… 823
七尾町 ………………… 795
難波田 春夫 ……… 425,
　473, 475, 477, 495,
　519, 520, 522, 541, 543,
　605, 611, 625, 626, 693
那覇市 ……… 452, 739, 758,
　766, 788, 800, 814, 825
那覇市勧業課 …………… 770
那覇市役所 ……………… 245
ナヒムソン ……………… 454
南淵 芳雄 ……………… 220
鍋島 達 …………………… 568
鍋田 光一 ……………… 371
生江 孝之 ‥ 37, 208, 210,
　211, 217, 250, 262, 267,
　291, 301～303, 357～362,
　365～368, 379, 380, 382,
　384, 385, 466, 594, 623
生江 孫太夫 …………… 447
波江 悌夫 ‥ 4, 58, 62,
　63, 131, 136, 144, 347, 348
浪岡 具雄 ……………… 475
並木 仙太郎 …………… 722
滑川 豊水 ……………… 341
名寄町 ………………… 742
奈良 梵夫 ……………… 409
奈良 正路 ………………
　……… 342, 413, 605, 648
奈良県 ‥ 54, 55, 651,
　652, 700, 727～729, 732,
　735～738, 742, 757, 763,
　769, 776, 780, 781, 787,
　788, 794, 801, 808, 815,
　821, 822, 827, 829, 835
奈良県北葛城郡高田町役
　場 ……………………… 245
奈良県北葛城郡役所 …… 699
奈良県磯城郡役所 ……… 702
奈良県振興課 …………… 55
奈良県総務部 ……… 817, 829
奈良県総務部統計課
　……………… 821, 826
奈良県知事官房調査課
　…………………………… 837
奈良県知事官房統計課
　…………………………… 762
奈良県地方課 ……… 782, 801
奈良県内務部 …………… 744

楢崎 敏雄 ……… 79,
　139, 141, 148, 162, 169,
　172～175, 178, 179,
　181～185, 187, 192, 416
奈良市 ……………… 744,
　752, 766, 772, 777,
　796, 804, 810, 818, 825
楢柴 竹造 ……………… 700
奈良市役所 ……… 41, 717
楢原 勉 ……………… 573
奈良原 輝雄 ……… 127,
　128, 130, 134, 141
成田 篤 ………………… 400
成田 一郎 ……… 79, 570, 677
成田 四郎 ……………… 430
成宗 定夫 ……………… 411
鳴尾村 ………………… 815
鳴鬼 喜雄 ……………… 562
成清 民二 ………… 8,
　12, 402, 403, 406, 407, 668
成瀬 薫 ……………… 236, 522
成瀬 滑 ……………… 249
成瀬 勝武 ……………… 4,
　5, 129～131, 164
成瀬 洎 ……………… 257
成瀬 修一郎 …… 37, 197
成瀬 秀雄 ……………… 296
成瀬 義春 ……… 395, 397
名和 仁一 ……………… 10
名和 統一 …………
　310, 407, 471, 582
南岩 雄七 ……………… 366
南郷 三郎 ……………… 581
難波 三十四 ……… 70, 72, 99
難波 紋吉 ……… 226, 228, 368
南原 繁 ……… 293, 607, 608
南部 辰真 ……………… 16
南部 光臣 ……………… 160
南方経済研究会 ………… 326
南洋経済研究所 ………… 845

【に】

新潟県 ……………… 160,
　680, 683, 727～729, 733,
　800, 806, 811, 814, 825
新潟県岩船郡岩船町 …… 683
新潟県観光協会聯合会
　…………………………… 719
新潟県北蒲原郡川東村役
　場 ……………………… 683
新潟県北蒲原郡分田村
　…………………………… 683
新潟県北蒲原郡役所 …… 684
新潟県経済保安課 ……… 592
新潟県佐渡郡 …………… 733
新潟県総務部統計課
　……………… 808, 820
新潟県高田市教育会 …… 701
新潟県知事官房 ……… 743, 751
新潟県知事官房統計課
　…………………………… 786
新潟県地方課 …………… 682
新潟県内務部 ……… 449, 683
新潟県中蒲原郡役所 …… 704
新潟県中頸城郡教育会
　……………… 719, 720
新潟市 ……………… 48,
　716, 736, 747, 754, 758,
　762, 765, 770, 783, 788,
　799, 808, 815, 831, 835
新潟市社会課 ………
　……………… 242, 337, 338, 354
新潟市住宅地賃貸価格調査
　委員 ……………… 448
新潟市役所 ……… 45, 109,
　239, 381, 754, 762, 812
新潟市役所社会課 …… 340
新潟週報社 ……………… 204
新潟商業会議所 …… 746, 749
新潟商工会議所 ……… 589,
　763, 766, 782, 790, 797,
　804, 811, 820, 824, 834
新潟都市計画地方委員会
　…………………………… 108
新潟臨港株式会社 ……… 133
新国 康彦 ……… 316, 320
新倉 利広 ……………… 474
新倉 文郎 ……… 175, 190
新島 繁 ……………… 296
新関 寛夫 ……………… 584
仁井田 陞 ……… 321, 691
仁井田 益太郎 ………… 611
新名 種夫 ……… 98, 154,
　217, 221, 349, 351, 352
新野 敏一 ……… 25, 27
新居浜市 ……………… 821
新治県 ………………… 279
新堀 林策 ……………… 94
新村 一夫 ……… 20, 420
新村 光咲 ……………… 68
二階 源市 ……………… 264
二階堂 清 ……………… 152
二階堂 正治 …………… 580
二階堂 保則 ……… 733, 746
西 勝造 ……… 130～132, 166
西 晋一郎 ………
　……………… 262, 263, 282, 651
西 春雄 ……………… 570
西 実 ……… 317, 318, 321
西 芳雄 ……… 61, 152
西 義一 ……… 63, 99, 232
西井 俊蔵 ……………… 520
西海 武雄 ……………… 485
西海 芳郎 ……………… 96
西浦 健吉 ……………… 663
西尾 栄一 ……………… 26
西尾 鋖次郎 ‥ 162, 241, 723
西尾 滋 ………………… 538
西尾 武夫 ‥ 5, 7, 9, 11, 666
西尾 森太郎 …………… 670
西岡 実太 ……………… 481
西岡 太郎 ……………… 526
西岡 虎之助 …………… 521
西岡 義男 ……………… 142
仁志賀 鶴生 …………… 668
西垣 喜代次 …… 261, 524
西垣 恒矩 ………
　……… 390, 465, 529, 531
西春日井郡役所 ……… 706
西川 卯三 ……………… 352
西川 栄三 …… 140, 142
西川 寛治 ……………… 18
西川 清治 ……… 461, 840
西川 幸次郎 …………… 261
西川 貞一 ……………… 507
西川 定吉 ……………… 376
西川 正治郎 …………… 707
西川 太一郎 …………… 96
西川 武雄 ……………… 222

西川 友孝 …… 115, 131, 213	西村 武三 ……………… 681	802, 809, 810, 816, 817, 822, 823, 827, 833	日本消防新聞社 ……… 76
西川 浩 ………………… 134	西村 丹三 ……………… 253	日本勧業銀行調査会 …… 532	日本政治年鑑社 ……… 727
西川 文夫 ……………… 210	西村 勉 …………… 480〜482	日本勧業銀行調査部	日本成人教育会 ……… 282
西川 政吉 ………… 57, 127	西村 光夫 ……………… 439	…………………… 560, 838	日本製鉄株式会社八幡製鉄所 ……………… 313
西川 好夫 ……………… 575	西村 輝一 ……… 16, 78, 89,	日本技術教育協会 …… 287	
西川 義方 ……………… 239	93, 100, 121, 196, 197, 219	日本行政学会 ………… 787	日本赤十字社 ……… 245,
西川 由造 ……………… 175	西村 俊春 ……………… 231	日本銀行調査局 ……… 338,	247, 382, 760, 764, 768, 772, 778, 784,
西蒲原郡教育会 ……… 699	西村 肇 ………………… 313	339, 449, 450, 453, 749,	791, 798, 804, 812, 818,
日紫喜 弥 ……………… 509	西村 房太郎 ……… 260, 278	753, 758, 762, 765, 769,	824, 829, 833, 836, 839
錦田 直一 ………… 150, 152	西村 真琴 ………… 370, 537	774, 775, 780, 788, 794,	日本赤十字社台湾支部
錦織 剛男 ……………… 502	西村 譲 ………………… 322	800, 802, 808, 809, 815	………………………… 380
錦織 英夫 ……………… 484	西村 豊 ………………… 238	日本経営学会 …… 534, 588	日本租税学会 ………… 449
西坂 勝人 ……………… 75	西村 義一 ………… 224, 228	日本経営学会関西部会山口大会山口高商三十周年記念事業委員 ……… 589	日本拓殖協会 ………… 846
西崎 正 ………………… 690	西本 穎 ……… 27, 600〜604,		日本地理学会 ………… 844
西崎 恵 …… 124, 273, 275	615, 621, 622, 625		日本庭園協会 ………… 110
西崎 義夫 ……………… 446	西本 真次 ……………… 621	日本経営学会関東部会小樽大会 ………………… 536	日本電気新聞社 ……… 206
西里 信夫 ……………… 362	西本 喬 ………………… 598		日本電力株式会社 …… 205
西沢 基一 ………………	西本 辰之助 …………… 201	日本経済学会 ………… 543	日本統計学会 ……… 544,
470〜472, 496, 564, 566	西本 三十二 ……… 267, 271	日本経済研究所 ……… 537	774, 780, 786, 794, 800,
西沢 賢吾 ……………… 97	西山 伊織 ……………… 215	日本経済史研究所 … 537, 788,	807, 814, 821, 826, 831
西島 丈夫 ……………… 159	西山 夘三 ………… 65, 95,	794, 809, 817, 844, 845	日本統計普及会 …… 113,
西島 弥太郎 ……………	149, 155〜157, 163,	日本経済政策学会 … 541, 543	753, 756〜758
504, 516, 523, 840	164, 350〜353, 356	日本経済聯盟会 …… 121,	日本読書協会 ………… 75
西白河郡協賛会 ……… 700	西山 哲治 ………… 256, 257	188, 290, 346, 386,	日本都市年鑑編纂室 … 23〜
西田 卯八 ……………… 684	西山 浪太郎 …………… 510	400, 401, 451, 454,	26, 65〜67, 78, 97, 98, 151,
西田 源蔵 ……………… 708	西山 栄久 ……… 21, 296, 841	456, 458, 460, 540	179, 180, 200, 230, 232,
西田 信一 ……………… 582	西脇 多喜雄 ……… 309, 566	日本経済聯盟会調査部	271, 272, 317, 318, 351,
西田 精 ………………… 221	西脇 安利 ……………… 219	…………… 460, 461, 846	352, 374, 375, 430〜433,
西田 弘生 ……………… 65	日独文化協会 ………… 460	日本結核予防協会 … 246, 247	492, 494〜496, 499, 552,
西田 博太郎 ……… 271, 310	日満産業大博覧会事務局	日本研究所 …………… 37	553, 572〜575, 612〜616,
西田 正夫 …… 691, 695, 696	………………………… 717	日本建築協会 ………… 70,	674, 675, 725, 726
西田 与四郎 …………… 691	日露協会 …………… 204,	76, 91, 120, 135, 157, 199	日本土木建築請負者聯合会 ……………… 163
西田 竜八 ……………… 539	337, 452, 644, 647	日本建築協会第四部委員	
西谷 淳一郎 …………… 595	日華実業協会 ………… 649	………………………… 59	日本農業研究会 …… 534〜538
西谷 弥兵衛 …… 522, 582, 585	仁保 亀松 ……………… 651	日本建築協会法制委員会	日本能率聯合会 ……… 590
仁科 章夫 ……………… 134	仁藤 潔 ………………… 296	…………………… 140, 403	日本橋協会 …………… 701
西野 喜与作 …………… 16,	新渡戸 稲造 ………… 648, 712	日本建築士会 ………… 161	日本橋区 ……………… 717
18, 198, 415, 417,	蜷川 新 ……… 602, 637, 638	日本工学会 ……… 587, 588	日本橋区教育会 ……… 705
419, 426, 429〜431,	蜷川 虎三 … 61, 332, 370, 389,	日本高架電気鉄道創立事務所 ……………… 186	日本橋区役所 ………… 806
443, 452〜454, 515	422, 475, 479, 480, 485,		日本万国博覧会 ……… 538
西野 恵之助 …………… 171	488, 491, 495, 507, 509,	日本興業銀行調査部	日本万国博覧会協会 … 536
西野 元 ………………… 451	512, 578, 724〜726, 830	……………… 445, 446, 530	日本百貨店商業組合 … 590
西野 陸夫 ……………… 366	二宮 重雄 ……………… 409	日本興行銀行調査部 …… 446	日本評論社 ……………
西野 入愛一 ………… 200,	二宮尊徳翁八十年祭記念会 ……………… 263	日本工業倶楽部	74, 207, 338, 339
417, 428, 429, 481		……………… 337, 340, 534	日本文化中央聯盟 …… 539
西野国勢調査局 ……… 762	ニープ, E.J.C. ………… 575	日本工業倶楽部調査課	日本放送協会 …… 787, 845
西宮市 ……… 763, 764, 777,	二瓶 士子治 ……………	…… 242, 338〜341, 383	日本放送協会大阪中央放送局 ……………… 719
783, 790, 797, 807, 811,	225, 549, 550, 725	日本工業倶楽部労働問題調査委員会 ………… 340	
815, 817, 822, 826, 835	日本医師会 ……………		日本放送協会関東支部
西宮市役所 ………… 45, 242	810, 816, 822, 828	日本交通協会 ………… 164,	………………………… 723
西原 亀三 ………… 391, 392	日本医療団総裁室調査部	188〜191, 589	日本法理研究会 ……… 659
西原 寛一 …… 444, 525, 567	………………………… 248	日本交通労働総同盟東京交通労働組合 ………… 344	日本法律研究会 ……… 684
西原 脩三 ……………… 237	日本医療団調査部 …… 386		日本ポルトランドセメント同業会 …………… 164
西原 直廉 ……………… 674	日本栄養協会 …… 383, 384	日本弘道会 …………… 281	
西広 忠雄 ……………… 68	日本学術振興会 ………	日本国際協会 ………… 559	日本ポルトランドセメント同業会道路部 …… 164
西藤 一郎 ……………… 158	356, 538, 685, 805	日本国勢調査記念出版協会 ………………… 738	
西松 武雄 ……………… 235	日本学術振興会前第6小委員会 ……… 539, 540, 542		日本歴史地理学会 …… 34,
西松浦郡役所 ………… 705		日本互尊社 …………… 718	187, 295, 586, 700
西牟田 重雄 ……… 345, 346	日本学術振興会第4小委員会 ……………… 296, 297	日本財政批判会 ……… 454	日本労働科学研究所 … 809, 816, 823, 828, 845
西村 亀太郎 …………… 704		日本索引学会調査部 … 844	
西村 貫一 ……………… 279	日本学術振興会第20小委員会 ……………… 356	日本産業衛生協会 …… 363	日本労働文化聯盟 …… 45
西村 健吉 ……… 3, 4, 83, 193,		日本史籍協会 ………… 709	ニーマイケル, ラインホールト …………… 183
195, 204, 252, 391, 674	日本学術振興会第38小委員会 ……………… 541	日本事務局 …………… 268	
西村 健次郎 …………… 524		日本社会学院	仁宮 武夫 …………… 295
西村 彰一 …………… 201,	日本学術普及会 ……… 75	日本社会学院調査部 … 35, 531	ニュー・サウス・ウェルス州統計及経済局 …… 184
315, 416, 420, 421, 425,	日本勧業銀行 ……… 206,	日本社会学会 …… 295, 296	
484, 486〜488, 490,	456, 559, 745, 814, 836	日本社会事業研究会 … 386	紐育市高速鉄道局 …… 187
492, 499, 503, 521, 524	日本勧業銀行調査課 … 116,	日本商工会議所 …… 345,	紐育市児童福利局 …… 358
西村 真次 …… 295, 297, 535	451〜453, 535, 546,	452〜454, 456,	ニロス, リース ……… 482
西村 精一 ……………… 49	559, 560, 739, 747,	458, 493, 538, 541,	丹羽 健蔵 ………… 236, 243
西村 宗七 ……………… 696	751, 756, 796, 800,	572, 590〜592, 641	丹羽 七郎 ……………
			133〜135, 138, 170, 221

【に（にわ）】

丹羽 四郎 ……… 551, 552
丹羽 鋤彦 ……………… 61, 128, 130, 133, 135
丹羽 鼎三 ‥ 71, 96, 491, 570
丹羽 昇 ‥ 233, 236, 237, 380
丹羽 保次郎 …………… 521
丹羽 美 …… 92, 142, 173
庭瀬 信太郎 …………… 212

【ぬ】

糠沢 惟助 ……………… 128
樺浦生 ………… 194, 662
布川 静淵 ‥ 61, 265, 364, 365, 368, 369, 374, 554, 724
布川 孫市 ……………… 298
沼倉 秀穂 ……… 163, 519
沼越 正巳 …… 370, 570, 610
沼佐 隆次 ……………… 655
沼津市 ……………… 747, 758, 764, 770, 775, 781, 788, 795, 802, 809, 816
沼津市郷土研究会 …… 717
沼田 嘉一郎 ……………… 3
沼田 照義 ……………… 642
沼田 政二郎 …………… 134
沼田 政矩 …………… 142
沼田 征矢雄 …… 98, 513, 555
沼田 嘉穂 ……………… 518

【ね】

根岸 橘三郎 …………… 709
根岸 国孝 ……………… 694
根岸 顕蔵 …… 213, 219, 358
根岸 情治 ……………… 80, 81, 99, 126, 327, 583
根岸 佶 ………………… 507
根岸 勉治 …… 497, 506, 512
根岸 門蔵（完水）……… 160
根津 嘉一郎 …………… 423
根津 熊次郎 …………… 148, 149, 155, 365, 669
根津 知好 ……………… 432
根津 正志 ……………… 691
ネストリープケ ……… 299
根村 当三郎 …… 554, 555
根室県 ………………… 727
根元 貞治 ……………… 380
根本 四郎 ……………… 236
根本 武文 ……………… 232
根本 正 ………… 450, 681
根本 豊男 ……………… 99
根本 松男 ……………… 722
ネルト, エリッヒ・グリュン ……………… 254
年史刊行会 ……… 773, 778
年史刊行会編輯部 …………… 760, 764, 768
燃料協会 ……………… 534
燃料局 ………………… 514

【の】

ノイハウス, ゲオルグ … 335
能 登志雄 ……………… 691
ノーヴァル, A.J. ……… 591
農業経済学会 …… 536, 538
［農業と経済］編輯部 … 78
農商省官房文書課 …… 626
農商省総務局 ………… 126
農商省物価局農林課 … 527
農商大臣官房統計課 … 838
農商務省 …… 334, 528, 722
農商務省商工局 …………… 334, 342, 343, 735
農商務省商工局保険課 …………… 731
農商務省商務局 …………… 203, 448, 586
農商務省商務局保険課 …………… 733
農商務省食糧局 …… 529, 530
農商務省農務局 …………… 203, 528～531, 558, 734, 735
農商務省農務局耕地課 …………… 744
農商務省農務局農政課 …………… 558
農商務大臣官房統計課 …………… 335, 741, 744
農政課企画室 ………… 811
農政局 ‥ 511, 512, 515, 524
農村工業協会 …… 840, 845
農村工業協会穂積出張所 …………… 526
農村工業編輯部 ……… 525
農村省農務局 ………… 305
能美 輝一 …… 60, 62, 268
農務局農政課 …… 435, 496
農務省 ………………… 469
農林局 ………………… 125
農林省 ‥ 466, 468, 470, 493, 496～498, 505, 511, 513, 514, 517, 518, 541, 687
農林省企画課 ………… 539
農林省経済更生部 …… 315, 317, 488, 535～537, 541, 685, 773, 779, 786
農林省山林局 ………… 163, 761, 766, 770, 775, 786, 792, 801, 830, 837
農林省食品局 …… 207, 591
農林省総務局 ………… 524, 828, 831, 833, 836
農林省統計課 …… 464, 534
農林省農政局 …… 524, 541
農林省農地部 ………… 540
農林省農務局 ………… 301, 302, 304, 305, 338, 341, 455, 456, 467, 468, 474, 475, 480, 532～535, 537, 587, 650, 748, 752, 753, 757, 760, 763, 768, 769, 773, 775, 778, 789
農林省農務局農政課 … 337
農林省米穀局 ………… 536
農林省米穀部 ………… 536
農林水産科 ……… 79, 503
農林省文書課 …… 456, 537
農林大臣官房企画課 … 344
農林大臣官房統計課 … 539
農林大臣官房文書課 … 623
農林大臣官房文書課調査室 …………… 844
直方市 ………………… 778
野風荘主人 …… 473, 474
野川 賢祐 ……………… 714
野木 寛 ……………… 621
野口 彰 …………… 263, 277
野口 英三郎 …… 273, 277
野口 援太郎 …… 259, 264, 267
野口 勝一 ……………… 699
野口 清 ………………… 134
野口 謹次郎 …………… 656
野口 軍一郎 …… 427, 436
野口 豊次郎 …………… 325
野口 正男 …… 314, 374
野坂 相如 ……………… 70, 97, 99～101, 133, 353
野崎 末吉 ……………… 648
野崎 豊一 …… 501, 507
野崎 広吉 ……………… 261
野崎 正雄 ……………… 572
野崎 昌寿 ……………… 646
野崎 泰秀 …… 261, 263, 271
野崎 保平 …………… 195, 197, 471, 542
野崎 竜七 …………… 418, 427, 440, 447
野沢 静男 ……………… 164
野沢 隆一 ……………… 273
野地 修左 ……………… 217
野尻 重雄 …… 253, 259, 266, 490, 492, 494, 498～501, 511, 543, 554, 556
野尻 丈七 …… 258, 259
野尻 義道 ……………… 416
能代市 …………… 835, 838
能代港町 ……………… 808
野津 高次郎 …………… 432, 437, 441, 443
野津 務 ……………… 600
野瀬 定一 ……………… 198
能勢 貞治 ……………… 388, 389, 395, 400～402, 410, 411, 413, 414, 422, 423, 426～428, 547
能勢 恒伴 …… 21, 606
野瀬 寛顕 ……………… 266
野宗 英一郎 …………… 430, 498, 503, 507, 515
野副 重次 ……………… 80
野田 一太郎 …………… 470
野田 卯一 …… 433, 434, 522
野田 樺浦 ……………… 16
野田 千太郎 …… 33, 663
野田 哲五郎 …… 319, 554
野田 俊彦 …… 58, 128
野田 信夫 ……………… 331, 334, 435, 526, 627
野田 豊 ……………… 428
野田 義夫 …… 255, 256, 263, 264, 266, 282
野田 良之 ……………… 181, 182, 372, 373, 513
野田 良治 ……………… 553
野田 礼史 ……………… 718
野田経済研究所 … 346, 834
野田沢 軍治 …………… 571
野田町 …… 795, 808, 831
野津 静一郎 …………… 720
野付牛町 …… 740, 794, 801, 808
野中 駒市 ……………… 234
野中 調 ……………… 435
野中 武祥 ……………… 29
野中 八郎 …… 150, 228, 236
野中 宏 ……………… 579
野波 静雄 ……………… 161
野々村 運市 …………… 275
野々山 幸吉 …… 354, 397
野々山 緑郎 …………… 221
野原 稔 ……………… 516
野平 末松 ……………… 16
信岡 錦一 ……………… 484
延兼 数之助 …………… 543
延川 靖 ……………… 211
延岡市 …… 780, 789, 809, 823
延岡市役所 …… 47, 716
野辺地 慶三 …………… 214, 229～231, 234, 239, 254
昇 曙夢 ……………… 270
野間 海造 ……………… 78, 148, 152, 255, 311, 410, 418, 485, 494, 495, 516, 520, 522, 524, 541, 551, 552, 556, 558, 560
野間 五造 ……………… 645
野間 繁隆 ……………… 478
野間 繁 …… 364, 383
野間 忠雄 ……………… 261
野間 守人 …… 94, 104, 264
野間 八十八 …………… 516
野宮 達磨 ……………… 268
野村 兼太郎 …………… 1, 3, 27, 55, 136, 140, 141, 143, 144, 296, 301, 305, 465, 473, 474, 477, 478, 484, 492, 513, 532, 533, 541, 690～693, 696
野村 治一 ……………… 603
野村 重臣 ……………… 626
野村 淳治 …… 649, 654
野村 乗太郎 …………… 515
野村 政一 …… 169, 237
野村 泰亭 ……………… 33
野村 次夫 ……………… 570
野村 恒安 ……………… 316
野村 篤三郎 …………… 217
野村 徳七 ……………… 394
野村 寅三郎 …………… 189
野村 信孝 ……………… 651
野村 秀雄 ……………… 648
野村 益三 ……………… 266
野村 靖 ……………… 680
野村証券株式会社調査部 …………… 459, 460, 533
野村証券調査部 ……… 536
野本 正一 …… 86, 167
野依 秀市 …… 529, 537
乗杉 嘉寿 ……………… 282
乗竹 孝太郎 …………… 449
乗富 丈夫 …… 329, 331～333
ドクター・ノール …… 157
ノーレン, ジョン ……… 83

【は】

パイ, エイチ・エヌ …… 63
梅 思平 ……………… 617

バイアン, エドアール … 482	羽柴 時太郎 ………… 67	長谷川 安兵衛 ……… 453, 454, 499, 577	服部 續 …………… 596
バイク, アルフレッド・テイ … 89	橋本 一郎 …………… 296	長谷川 良信 ………… 209	服部 之総 … 480, 590, 715
榛原郡勝間田村農会 … 681	橋本 金太郎 ………… 229, 493, 496, 498, 551, 552	長谷川 六一 ………… 311	服部 仁蔵 …………… 134
バイフエル, カール …… 96	橋本 圭三郎 ………… 137	長谷田 泰三 ‥ 421, 432, 434	服部 誠一 …… 697, 708
ハウ ………………… 283	橋本 重遠 …………… 585	バセット, ウイリアム・A. … 193, 203	服部 静治 …………… 549
ハウ, フレデリック・シー … 34, 451	橋本 秀一 …… 444, 445, 581	バセット, エドワード・M. … 107	服部 知治 …… 502, 507
パウエル, ジョン ……… 207	橋本 秀治 …………… 308	ハーゼブレック, ヨハンネス … 544	服部 英雄 …………… 704
パウエル, テオドール … 323	橋本 秀三 …………… 174	パーソン …………… 563	服部 文四郎 ………… 406, 410, 533, 573, 584, 590
ハウスホーファ, カール … 695	橋本 甚四郎 …… 156, 505	畑 市次郎 …… 200, 271, 409, 413, 414, 617, 621	服部 弥二郎 …… 66, 67, 376
パウルゼン, フリードリッヒ … 637, 639	橋本 清之助 ………… 37	秦 巌夫 ……………… 621	服部生 ……………… 168
パウンド, ロスコー …… 606	橋本 敬之 … 141, 151, 177	畑 一成 ……………… 613	ハッバート …………… 461
バエフスキー ………… 381	橋本 武昭 …………… 130	旗 咲平 ……………… 319	ハーデキング, エイチ・マクラレン … 166
芳賀 栄造 ……… 298, 357	橋本 伝左衛門 ……… 125, 270, 344, 421, 422, 432, 464, 473, 489, 520, 525	秦 政治郎 …………… 631	ハートウエルハドロー, W. … 95
芳賀 幸四郎 ………… 691	橋本 敏雄 ……… 446, 678	秦 豊吉 ……………… 265	ハドソン, ウイリアム・ハーバット … 104
博多商業会議所 … 745, 749	橋本 能保利 … 300, 301, 303	秦 豊助 ……………… 463	鳩山 秀夫 … 619, 642〜644
博多商工会議所 ……… 782, 796, 817, 830, 837	橋本 基 ……………… 145	秦 政次郎 …………… 630	花井 又太郎 ………… 86, 90, 99, 169, 173, 597
博多商工会議所紀元二千六百年記念事業委員会 … 540	橋本 元 ……………… 245	秦 満 … 181, 319, 554, 665	花岡 淳二 …………… 668
芳谷 有道 …………… 540, 573, 576, 577, 581, 582	橋本 八男 …………… 719	馬袋 鶴之助 ………… 32	花岡 敏夫 …… 284, 567
萩市 ……………… 789, 831	橋本 啓之 …………… 172	畑石 輝治 …………… 125	花岡 幹雄 …………… 327
萩田 保 …… 427〜429, 440	橋本 不二男 ………… 28	波多江 種一 ………… 477	花形 弘三郎 ………… 200
萩野 由之 …… 447, 645	橋本 文夫 …………… 318	畠田 正義 …… 442, 443	花沢 正治 …………… 63
萩原 乙彦 …………… 697	橋本 文雄 … 295, 478, 599	畠山 一清 …………… 237	花沢 武夫 …………… 320, 376〜378, 386
萩原 吉太郎 ………… 406	橋本 正治 …… 403, 670	畠山 花城 …………… 254	花沢 武美 …………… 377
萩原 彦三 …………… 651	橋本 律二 …… 93, 502	畠山 千代治 ………… 71	花島 克巳 …………… 555
萩原 久興 …………… 357	バジョット, ウォルター … 297	畠山 晴行 …………… 721	花島 周一 …… 29, 53
萩原 古寿 …………… 529	蓮池 勇 ………… 238, 248	畠山 久尚 …………… 66	花島 得二 …………… 461
白眼生 ……………… 254	蓮池 清 ……………… 326	畠山 昌福 …………… 12	花田 才造 …………… 401
博文館 ……………… 634, 643, 645, 646, 699, 709	蓮池 公咲 …………… 223, 224, 228, 229, 487, 495	畑田 清之助 ………… 332	花田 七五三 ………… 455
博聞社 ……………… 680	蓮池文庫 …………… 718	畠中 壮典 …………… 521	花野 富蔵 …………… 159
函館区役所 …… 240, 700	幡豆郡役所 …………… 706	畑中 正寿 …… 321, 615	英 間偉 ……………… 215
函館市 ……………… 205, 220, 708, 743, 744, 749, 760, 764, 768, 791	バスター, エイ・エス・ヂ・エイ …………… 514〜516	波多野 一郎 ………… 73	花見 朔巳 …………… 691
函館市港湾課 ………… 709	荷見 安 …… 442, 463, 473, 477, 480, 483, 485	波多野 鼎 …………… 294, 407, 412, 418, 478, 479, 482, 483, 487, 491, 568	花村 四郎 …………… 45
函館市都市計画課 …… 106	長谷 実馬 …………… 668	波多野 乾一 …… 641, 659	花村 美樹 …………… 603
函館市役所 …………… 39, 161, 206, 712, 762	長谷 孝之 …………… 304, 306, 309, 362, 367, 370, 423, 435, 479	波多野 賢一 ………… 843	華山 親義 …… 220, 225
函館市役所港湾課 …… 161	馬政局 ……………… 518	波多野 堯 …… 518, 543	塙 泉嶺 ……………… 709
函館商業会議所 … 744, 752	長谷川 一郎 ………… 105	波多野 友江 ………… 528	羽仁 五郎 …… 693, 717
函館商工会議所 ……… 777, 804, 811, 814, 815, 821, 827, 837	長谷川 英三 ………… 353	バターフキルド ……… 468	羽仁 説子 …………… 269
函館消防本部 ………… 76	長谷川 乙彦 ………… 259〜261, 269, 270	畑山 四男美 …… 183, 184	埴科郡役所 …………… 700
函館日日新聞社 ……… 716	長谷川 亀蔵 … 570, 576, 579	八王子市 …… 766, 794	埴原 保貴 …………… 71
挟間 茂 ……………… 1, 10, 11, 41, 51, 226, 228, 311, 431, 459, 470, 594, 595, 647, 661〜667, 670, 675, 684, 685	長谷川 吉次 ………… 38	八王子市役所 ……… 43, 112, 709, 714	羽根 盛一 …… 397, 453
	長谷川 喜千平 ……… 427	蜂須賀 桑太郎 ……… 262	羽田 如雲 …… 11, 202
硲 正夫 …… 328, 504, 509, 510, 513, 524, 540, 543, 555, 556, 576, 584, 585	長谷川 久一 … 157, 171, 468, 597, 664, 665, 667, 691	蜂須賀 直昭 ………… 91, 92, 135, 137, 144, 173, 174	羽田 隆雄 …… 276, 279
橋井 真 ……………… 582	長谷川 金兵衛 ……… 93	蜂須賀 直照 ………… 139	羽田 孝義 …………… 202
橋内 実 ……………… 230	長谷川 健一 ………… 490	八戸市 ……………… 760, 766, 771, 809, 818	馬場 ……………… 601
橋浦 泰雄 …… 321〜323	長谷川 公一 ………… 306, 307, 352, 565	八戸市役所 ………… 164, 776, 782, 789	馬場 明男 …………… 368
橋爪 明男 … 406, 409, 506	長谷川 晃一 … 173, 175	八浜 徳三郎 …… 198, 238	馬場 鉄一 …………… 389, 402, 417, 455
橋爪 貫一 …………… 279	長谷川 正五 …… 214, 306	蜂谷 吉之助 ………… 578	馬場 克三 …………… 308, 365, 425, 483
橋爪 恭一 …………… 673	長谷川 澄 …………… 378	ハチヤツロフ, テ … 180, 181	
橋爪 三郎 …………… 244	長谷川 泰三 ………… 437	バック, モーリス …… 171	馬場 鍬太郎 …… 21, 49
橋詰 蟬郎 …………… 253	長谷川 輝雄 ………… 129	バックマン, J. ……… 428	馬場 敬治 …………… 473, 476, 478, 480, 494, 519, 722
橋詰 達雄 …………… 712	長谷川 透 …… 305〜307	パッサウ, リチャード … 529	馬場 啓之助 ………… 518
橋田 丑吾 …… 463, 662	長谷川 如是閑 ……… 79, 252, 276, 277, 475, 601, 602, 604, 609, 696	ハツスインゲル, アドルフ … 679	馬場 恒吾 …… 604, 717
橋田 邦彦 …… 677, 678	長谷川 文人 ………… 231	八田 嘉明 …………… 187	馬場 哲哉 …… 276, 277
	長谷川 万次郎 ……… 8, 20, 22, 127, 256, 291, 293, 294, 595, 596, 642, 669	ハッチンスン, ウッヅ … 240	馬場 光三 …… 273, 665
		バット, ブリトン・アイ … 168	馬場 宗光 …………… 481
	長谷川 安次郎 … 421, 439, 440	服部 英一 …………… 502	馬場 由雄 …… 467, 469
		服部 英太郎 ………… 293, 318, 323〜325, 327, 435, 512, 615, 618	馬場 義続 …………… 499
			馬場生 ……………… 58
			羽原 又吉 …………… 524
			バビット, H.E. ……… 244
			土生 滋穂 …………… 671
			浜 源次郎 …………… 97
			浜岡 福松 …… 75, 642, 706

浜塩 正夫 …………… 516	林 茂 …………… 65, 96, 379, 552, 557, 608, 609, 612, 615, 617, 618	原口 亮平 …………… 388	パンシュミット, エム … 572
浜島 敏雄 …………… 276		原沢 東吾 …………… 140	パンシュミット国土計画研修所 …………… 125
浜島 勝 …………… 409		原田 章 …………… 329	
浜田 健治 …………… 25, 29, 155, 441, 442	林 修三 …………… 445	原田 永之助 …………… 94	ハーンショー, F.J.C. …… 294
	林 俊一 …………… 239, 517	原田 慶吉 …… 620, 621, 623	バーンズ, ハリー・エルマー …………… 291
浜田 恒一 …………… 326, 514, 564, 598	林 誠一 …………… 153	原田 鋼 …………… 655	
	林 盛四郎 … 132～134, 142	原田 孝一 …………… 401	ハンゼン, イング・アー …………… 156
浜田 修蔵 …………… 366, 367	林 千衛 …………… 351	原田 貞人 …………… 134	
浜田 哲九郎 …………… 401	林 大作 …………… 526	原田 蕃 …………… 256	般田 中 …………… 624
浜田 富吉 …………… 724	林 藤 …………… 613	原田 実三 …………… 474	繁田 武平 …… 2, 639, 684
浜田 徳海 …………… 198, 407, 408, 410, 419, 421～424, 426, 480, 488, 489, 567, 569, 600	林 董 …………… 628, 699	原田 準平 …………… 690	半田市 …………… 814, 822, 834
	林 仙二 …………… 144	原田 仙二郎 …………… 169	坂東 実三 …………… 247
	林 竜彦 …………… 491	原田 武 …… 135, 144, 147	阪東 太郎 …………… 415
	林 太朗 …………… 173	原田 忠次 …………… 142	坂東 舞一 …………… 584
	林 太郎 …………… 173, 174	原田 種雄 …………… 278	坂東 遼次 …………… 28
浜田 政人 …………… 317, 324, 372, 576	林 長順 …………… 182	原田 長治 …………… 702	半名 亀次 …………… 380
	林 伝次 …………… 268	原田 長松 …… 251, 261	坂野 国雄 …………… 486
浜田 道之助 …………… 197, 466, 476, 479, 482, 486, 488, 490, 494, 530, 531	林 信太 …………… 229	原田 棟一郎 …………… 701	坂野 善郎 …………… 505
	林 信雄 …………… 489	原田 伴彦 …………… 55	
	林 信重 …………… 681	原田 久男 …………… 60	
	林 久一 …… 506, 508	原田 政治 …………… 644	【ひ】
浜田 稔 …………… 64, 66, 69～72, 132, 142	林 寿 …………… 147, 199, 274, 314, 333	原田 三夫 …………… 41	
		原田 碧 …………… 144	日浅 寛 …………… 142, 172
浜田市 …………… 832, 837	林 博太郎 …………… 215, 251, 257～259, 277	原田 実 …… 259～261, 266, 269, 273, 274	ビアード, チャールズ・A. …………… 1, 35, 36, 39, 108, 595, 641
浜中 仁三郎 …………… 75			
浜野 規矩雄 …… 222, 246		原田 与作 …… 17, 224, 414	ピアトニツキー …………… 652
浜野 恭平 …………… 581	林 博康 …………… 89	原田 良実 …… 547, 548	稗方 弘毅 …………… 250
浜野 啓一 …………… 351	林 房之丞 …………… 563	原敬全集刊行会 …………… 712	ピエット, エル …………… 135
浜野 末太郎 …………… 299	林 兵治 …………… 101	バラード …………… 252	樋貝 詮三 …………… 363, 610, 617, 674
浜松市 … 742, 743, 762, 766, 770, 772, 781, 795, 801, 808, 816, 823, 827, 835	林 平馬 …………… 536	原戸 英治 …………… 320, 427, 504, 571	
	林 増之丞 …………… 643		檜垣 正男 …………… 149
	林 恵海 …………… 312, 518, 540, 550～552, 554, 556	バラノウスキー, ツガン …………… 294	檜垣 好文 …………… 585
浜松市役所 … 106, 113, 246		播 久夫 … 501, 502, 520, 582	東 栄二 …………… 569
浜松商業会議所 …… 745, 754		針岡 信男 …………… 334	東 次郎 …… 271, 349, 396, 397, 399, 400, 402, 429, 430
浜松商工会議所 …… 589, 766, 770, 775, 781, 788, 795, 802, 809, 820, 823, 828, 835, 838	林 安繁 …………… 472, 538	針ヶ谷 鐘吉 …………… 151	
	林 芳郎 …………… 554, 555	ハリス, G.モンテーギュ …………… 110, 123	東 爽五郎 …………… 485
	林 竜太郎 …………… 223		東 達夫 …………… 78
	林田 亀太郎 …………… 646	播磨 重男 …………… 25, 27, 30, 31, 52, 497, 611, 617, 620, 671, 673, 675, 677	東 恒吉 …………… 477
	林田 信夫 …………… 128		東 東造 …………… 146
浜村 正三郎 …… 427, 489	林部 与吉 …………… 66		東 半七郎 …………… 90
浜本 鶴賓 …………… 703	早瀬 利雄 … 260, 265～269, 316, 525, 527, 624	針谷 正作 …………… 227	東茨城郡教育会 …………… 710
早池 峰生 …………… 502		春木 節郎 …………… 154	東浦 庄治 …………… 302, 393, 412, 420, 464～471, 476, 483, 484, 487, 490, 491, 504, 505, 524, 535, 536, 542, 547, 558, 674
早川 孝太郎 … 493, 514, 525	早田 成雄 …………… 148	春木 秀次郎 …………… 237	
早川 二郎 …………… 296	早田 末吉 …………… 95	バルト, パウル …………… 294	
早川 慎一 …………… 174	早田 正雄 …………… 221, 364～367, 369, 374	バルドウイン, ヘンリー・S. …………… 167	
早川 透 …………… 94		春名 雅夫 …………… 3	
早川 徳次 …………… 168, 175, 177, 190	原 金吾 …… 450, 451	哈爾賓市公署 …………… 50	東尾 真三郎 …………… 45
	原 邦道 …………… 202	哈爾浜市長官房文書科 …………… 811, 817, 835	東尾 平太郎 …………… 447
早川 直瀬 …… 98, 462, 562	原 圭二 …………… 66		東置賜郡教育会 … 718, 719
早川 文夫 …… 94, 97, 120, 123, 148, 351～353	原 静雄 …………… 133, 134, 138, 140, 141, 563	原 新太郎 …… 224, 232	東春日井郡役所 …………… 706
		哈爾浜特別市公署 …………… 47, 48, 163	東加茂郡役所 …………… 704
早川 泰正 …………… 520	原 諱之助 …………… 840	哈爾浜特別市公署総務所 …………… 794	東川 徳治 …… 638, 643
早坂 一郎 …………… 62	原 新太郎 …… 224, 232		東久世 通禧 …………… 699
早坂 力 …………… 579	原 随園 …………… 544	哈爾浜特別市公署総務処調査股 …………… 45	東田 敏夫 …… 237, 238
早崎 八洲 …… 221, 228, 265, 266, 310, 312, 365, 366, 369, 372, 374, 375	原 仙吉 …………… 170		東出 隼一 …………… 502
	原 泰一 …………… 301, 358～360, 363, 386	哈爾浜特別市公署都市建設局 …………… 117	東野 正明 …………… 59
		パールベルヒ …………… 309	氷川 比路志 …………… 141
	原 忠明 …………… 312	春山 毅一 …………… 422	引田 重夫 …………… 316
林 要 …… 222, 425, 451, 452	原 胤昭 …… 304, 357, 358	春山 作樹 …… 256, 261, 262	疋田 武二 …………… 62
林 鎌次郎 …………… 281	原 徹一 …………… 285	ハワード, エベネザ … 124, 125	疋田 貞三 …… 130, 131
林 吉蔵 …………… 679	原 伸太郎 …………… 123	坂 静雄 …………… 69, 128, 133, 134, 276	引地 亮太郎 … 231, 233, 236
林 癸未夫 …… 295, 301, 310, 335, 361, 463, 466, 593	原 房孝 …………… 285		引野生 …………… 87
	原 文次郎 …………… 83	伴 宣 …… 127, 129, 130	ピグー, アーサー・セシル …………… 335
林 久四郎 …………… 396	原 安馬 …………… 280	伴 秀雄 …… 137, 347	
林 久助 …………… 1	原 祐三 …… 81, 179, 320, 426, 442, 446, 491, 493, 495, 511, 512, 519, 521	伴 三千雄 …………… 704	樋口 功 …………… 701
林 喜代一 …………… 315		半谷 清寿 …………… 699	樋口 邦彦 …………… 587
林 清 …………… 308, 319		半沢 耕貫 …… 464, 479, 546	樋口 辰太郎 …………… 151
林 毅陸 …… 249, 262, 656	原 竜之助 …………… 199, 200, 207, 228, 317, 334, 489, 494, 501, 504, 511, 516, 517, 519, 602, 614, 617, 625, 626	半沢 玉城 …………… 638	樋口 長市 …… 259, 260, 282
林 敬三 …………… 370, 372		半沢 道雄 …………… 96	樋口 秀雄 …… 293, 380
林 健一 …………… 272			
林 顕三 …………… 699			
林 豪蔵 …………… 137			
林 貞夫 …………… 205			
林 繁蔵 …………… 409	原口 忠次郎 …………… 150		

樋口 弘 ……………… 502, 506	日夏 義雄 ……… 99, 124, 576	平出 禾 ………………… 658	平野 長一 ……………… 576	
樋口 祐造 ……………… 103	火野 葦平 ……………… 574	平尾 修一 ……………… 147	平野 常治 ……… 463, 464,	
日暮 忠誠 ……………… 628	日野 国明 ……………… 252	平尾 倬麻呂 …………… 26	523, 525, 585, 591〜594	
彦根 正三 ……………… 630	日下 藤吾 ……………… 80,	平尾 弥五郎 …………… 307,	平野 利 ………………… 296	
彦根 貞 ………………… 628	81, 446, 504, 507, 517, 581	481, 491, 492, 544, 613	平野 等 …………… 580〜582	
彦根高等商業学校調査課	日野 水一郎 …………… 524, 525	平岡 梓 …………………… 65	平野 正道 ……………… 576	
………………………… 341	樋畑 雪湖 ……………… 188	平岡 市三 ……………… 572	平野 実 ………………… 713	
彦根高等商業学校東亜研究	日原 正雄 ……………… 79	平岡 謹之助 …………… 518	平野 八十次 …………… 73	
所 …………………… 846	日比野 寛 ………… 425〜427	平岡 正夫 ……………… 379	平野 義太郎 …… 291, 294〜296,	
彦根市 … 807, 814, 833, 837	日比谷 栄蔵 …………… 152	平岡 雅英 ……… 580, 581, 726	308, 327, 505, 509,	
彦由 亀一 ……………… 30	日比谷図書館 ……… 284, 747	平賀 五男 ……………… 378	517, 576, 594, 599, 611,	
九枝 季繁 ……………… 504	氷室 吉平 ……………… 278,	平賀 周 ………………… 74,	620, 676, 694, 695, 718	
久尾 啓一 ……………… 577	317, 319, 326, 327,	210, 250, 252, 253, 305,	平野 力三 ………… 519, 557	
久門 英夫 ……………… 460	329, 332, 333, 377, 558	357, 562, 593, 661, 662	平野井 雷治 …………… 242	
日崎 享一 ……………… 726	姫路紀要編纂会 ……… 701	枚方町 ………………… 833	平林 初之輔 …………… 662	
久木 宜国 ……………… 152	姫路市 ……………… 52, 740	平川 恵吉 ……………… 97	平林 久男 …………… 52, 53	
久田 宗作 ……………… 249	姫路市役所 …………… 36,	平川 昌三 ………… 498, 505	平林 広人 ……………… 26,	
久武 雅夫 ……………… 515	243, 759, 762, 767, 775,	平川 清風 ……………… 640	29, 31, 53, 250, 465, 673	
久留 弘三 ……………… 562	782, 789, 796, 803, 811	平川 守 …………… 124, 477	平林 廉人 ……………… 276	
久間 健一 ……… 318, 498, 499	姫路商業会議所 ……… 745	平櫛 孝 ………………… 622	平松 市蔵 ……………… 641	
久宗 壮 ………………… 273	姫路商工会議所 ……	平沢 要 …………… 472, 532	平松 久一 ……………… 273	
久村 金次郎 …………… 609	719, 797, 819, 830	平沢 滋 ………………… 538	平松 邦男 ……………… 483	
久山 秀哉 ………… 61, 62, 64	樋元 和一 ………… 423, 424	平沢 半一郎 …………… 415	平松 敏雄 ……………… 218	
土方 成美 ……………… 300,	百貨店事業研究会 …… 589	平塚町役場 …………… 41	平松 弘 ………………… 312	
304, 387〜389, 401,	ビュヒァー, カール …… 543	平瀬 竜吉 ……………… 380	平山 勝蔵 ……………… 131	
402, 408, 409, 415,	兵庫県 ………………… 76,	平田 理 ………………… 95	平山 蒿 ………………… 155	
416, 418, 420, 421, 423,	650, 684, 726〜728, 738,	平田 華蔵 ……………… 253	平山 琴治 ……………… 518	
425〜427, 430, 440, 445,	740〜743, 758, 759, 786	平田 克巳 ………… 135, 136	平山 泰治 ………… 170〜172	
450, 452, 453, 455, 459,	兵庫県掲保郡役所 … 682, 684	平田 基一 ……………… 362	平山 孝 ………………… 187	
461, 463, 473, 474, 476,	兵庫県監督課 ………… 831	平田 紀一 …………… 86, 123	平山 嵩 ………………… 70,	
484, 485, 488, 491, 532,	兵庫県経済部 ………… 540	平田 敬一郎 …………… 423,	141, 157, 351, 355, 356	
533, 535, 547, 552, 565	兵庫県警察部 ………… 76	426, 429〜431, 433,	平山 復二郎 ‥ 127, 129, 134	
土方 定一 ……………… 719	兵庫県警察部建築課 … 73	434, 437〜447, 576	平湯 一仁 ……………… 272	
菱田 厚介 … 85, 88, 89, 92,	兵庫県建築課 ………… 157	平田 慶吉 ……… 199, 490, 569	尾留川 正平 …………… 696	
96, 118, 119, 121, 131, 135,	兵庫県建築課長 ……… 61	平田 隆夫 …… 60, 67, 200, 305	蛭川 虎三 ………… 387, 392	
140, 145, 347, 349〜351	兵庫県宍粟郡千種村役場	〜307, 309, 310, 312〜316,	ヒルケル, フランツ …… 267	
菱谷 惣太郎 …………… 190	………………………… 683	318, 319, 322, 326〜328,	ヒルファディング ‥ 451, 452	
菱沼 達也 ……………… 519	兵庫県宍粟郡役所 …… 706	339, 362〜364, 368, 369,	ヒルベルザイメル, ルトウ	
菱沼 平治 ……………… 251	兵庫県庶務課 ………… 727	383, 384, 386, 479, 482,	キッヒ ……………… 145	
菱山 辰一 ………… 516, 627	兵庫県総務部調査課	485, 550, 563, 571, 840	ピレリ, アルバート …… 451	
非常時法規調査委員会	………… 798, 804,	平田 勉 ………………… 50	ピレンヌ, アンリー …… 55	
………………………… 153	812, 819, 824, 830, 834	平田 東助 ………… 630, 722	広井 勇 ………… 131, 160, 162	
秘書類纂刊行会 ……… 654	兵庫県総務部統計課 … 793	平田 徳太郎 ……… 231, 232	広池 千九郎 ……… 635, 639	
日田 権一 ……………… 261	兵庫県知事官房統計課	平田 富太郎 ……… 327, 333	広池 千英 …………	
比田 孝一 ……………… 127	…………………… 763, 765	平田 奈良太郎 ………… 651	299〜301, 304, 463	
肥田 滝治郎 ……… 227〜229	兵庫県地方課 ……… 814, 821	平田 信行 ……………… 474	弘浦 恭輔 ……………… 505	
比田 正 ………… 147〜150, 176	兵庫県町村会 ………… 445	平田 芳造 ……………… 402	弘生 比羅夫 …………… 470	
樋高 豊太郎 ……… 271, 272	兵庫県町村長会 ……… 460	平竹 伝三 ……………… 544	広川 辰一 ……………… 567	
日高 見国 ……………… 651	兵庫県都市計画課 …… 95	平館 利雄 ……………… 622	広川 捨吉 ………… 254〜256	
日高 重孝 ……………… 719	兵庫県都市研究会 …… 46	平塚 篤 ………………… 649	広木 三郎 ……………… 72	
日高 正夫 ……………… 549	兵庫県土木部都市計画課	平塚 武二 ……………… 24	広崎 真八郎 …………… 237,	
日高 巳緒 ……………… 611	………………………… 96	平塚 定二郎 …………… 630	313, 318, 320, 323,	
肥田木 誠介 ……………	兵庫県内務部 ………… 338	平塚 広義 ……………… 670	325, 327, 329, 333, 334,	
91, 174, 175, 189	兵庫県内務部商工課 … 774	平塚 道雄 ……………… 379	345, 352, 367, 379, 484	
日田市 ………………… 839	兵庫県内務部統計課 …	平塚 米次郎 ……………	広崎 弘之 ……………… 525	
日立市 ………………… 832	………… 769, 772,	170, 173, 197, 218	弘前市 ………………… 759,	
日立町 ………………… 795	774, 777, 783, 787, 790	平塚 量三 ………… 374, 379	762, 764, 776, 782, 795,	
ピック, フランク ……… 175	標準仕様調査委員会 … 131	平塚市 ‥ 780, 788, 802, 822	802, 811, 820, 831, 836	
ピック, ポール ………… 341	平井 新 ………………… 598	平塚市役所 …………… 45	弘前市役所 …………… 41	
ピックハン …………… 534	平井 寛一郎 …… 80, 507, 516	ピラート, カール	広沢 吉平 ………… 302, 303	
ヒツセリング, シモン … 628	平井 喜久松 ……… 140, 175	……………… 173, 182, 579	広沢 堯雄 ……………… 272	
ヒツペンメヤー, K. …… 124	平井 洸民 ……………… 145	平沼 淑郎 ……………… 562	広島 定吉 ……………… 532	
秀島 乾 ………………… 353	平井 富三郎 ……… 201, 507	平野 厳 ………………… 230	広島 庄太郎 …………… 167	
人見 孝 ………………… 573	平井 彦三郎 …………… 602	平野 蕃 ………………… 491	広島県 ……… 164, 680, 706,	
人見 植夫 ……… 11, 13, 15	平井 広人 ……………… 250	平野 真三 …………… 1〜3,	707, 727〜729, 744, 746,	
〜17, 23〜25, 32, 266, 409,	平井 泰太郎 …………… 387,	8, 23, 37, 57, 64, 68,	748, 750, 751, 766, 771,	
415, 416, 426, 597, 602,	484, 526, 562, 570, 590	81〜84, 91, 94, 97, 118,	774, 775, 778, 779, 782,	
606, 608, 612, 620, 627,	平井 義太郎 …………… 369	122, 123, 128, 130, 131,	783, 786, 789, 790, 793,	
667, 669〜672, 675, 676	平井 良成 ……………… 141,	139, 215, 217, 218, 227,	796, 797, 801, 804, 807,	
人吉町役場 …………… 54	158, 159, 281, 389,	228, 250, 349, 351, 392,	811, 812, 817, 818, 823	
ヒトラー, アードルフ	390, 661, 673, 674	470, 521, 546, 558, 666	広島県自治講習所 …… 50	
…………………… 296, 297	平泉 澄 ………………… 295	平野 宗 ……… 273, 319, 325, 352	広島県総務部庶務課 … 688	

広島県総務部統計課
　　　　　797, 816, 820
広島県知事官房
　　　　　748, 769, 774
広島県知事官房統計課
　　　　　753, 779, 786
広島県内務部県治課 ‥‥ 683
広島県沼隈郡 ‥‥‥‥‥ 706
広島県農会 ‥‥‥‥‥‥ 534
広島県双三郡 ‥‥‥‥‥ 706
広島県御調郡教育会 ‥‥ 707
広島県立広島商業学校実業
　部 ‥‥‥‥‥‥‥‥‥ 537
広島高等師範学校附属中学
　校 ‥‥‥‥‥‥‥‥‥ 264
広島市 ‥‥‥‥‥‥ 44,
　　705～708, 740, 757,
　　761, 765, 770, 774, 790,
　　795, 804, 814, 825, 830
広島市教育部社会課 ‥‥ 804
広島市社会課 ‥ 337, 381, 748
広島市水道部 ‥‥‥‥‥ 145
広島市総務部庶務課 ‥‥ 49
広島市役所 ‥‥‥‥‥ 40,
　　42, 55, 117, 774, 783,
　　797, 805, 815, 821
広島市役所社会課 ‥‥‥ 337
広島商業会議所 ‥‥‥‥ 530
広島商工会議所 ‥‥ 592, 797
広瀬 永造 ‥‥‥‥‥‥ 78
広瀬 円一郎 ‥‥‥‥‥ 337
広瀬 可一 ‥‥‥‥‥‥
　　　　125, 578, 579, 583
広瀬 錦一 ‥‥‥‥‥‥ 220
広瀬 興 ‥‥‥‥‥ 361, 373
広瀬 孝六郎 ‥‥‥‥ 224,
　　226, 228, 235, 248
広瀬 寿助 ‥‥‥‥‥‥ 135
広瀬 先一 ‥‥‥‥‥‥ 533
広瀬 武文 ‥‥‥‥ 351～353
広瀬 哲士 ‥‥‥‥‥‥ 650
広瀬 徳蔵 ‥‥‥‥‥‥ 3
広瀬 豊作 ‥‥ 426, 431, 450
広瀬 初夫 ‥‥‥‥‥‥ 149
広瀬 久忠 ‥‥ 9, 55, 146, 372
広瀬 秀吉 ‥‥‥ 130, 168, 171
広瀬 均 ‥‥‥‥‥‥‥ 282
広瀬 博 ‥‥‥‥‥‥‥ 71
広瀬 道次郎 ‥‥‥‥‥ 527
広瀬 嘉雄 ‥‥‥‥‥‥ 276
広田 正次郎 ‥‥‥‥‥ 268
弘田 直衛 ‥‥‥‥ 641, 648
弘田 美彦 ‥‥‥‥‥‥ 97
弘津 恭輔 ‥‥‥ 156, 164, 319
広中 一之 ‥‥‥‥‥‥ 214
広橋 真光 ‥‥‥‥‥‥ 665
広浜 嘉雄 ‥‥‥‥‥ 265,
　　268, 270, 279, 287,
　　321, 600, 601, 605
琵琶湖治水会 ‥‥‥‥‥ 161
樋渡 静男 ‥‥‥‥‥‥ 368

【ふ】

ファーニバル ‥‥‥ 201, 202
フィッシアー, アービング
　‥‥‥‥‥‥‥‥‥‥ 451
フイッシャー, イー・エム
　‥‥‥‥‥‥‥‥‥‥ 90

フイッシャー, ホクード・テ
　イ ‥‥‥‥‥‥‥‥‥ 140
フィッフエ, ハミルトン
　‥‥‥‥‥‥‥‥‥‥ 64
フィーヤカント, アルフレッ
　ド ‥‥‥‥‥‥‥‥‥ 646
フキリップス, エーチ・ビー
　‥‥‥‥‥‥‥‥‥‥ 135
フイールド, コール ‥‥ 255
風景協会 ‥‥‥‥‥‥‥ 120
フェアリ, ジョン・A. ‥ 11
フェーダー, ゴットフリー
　ト ‥‥‥‥‥‥‥‥‥ 120
フェルスター, カール・ダ
　イル・ヘルム ‥‥‥‥ 184
フェルッシャー, フリードリ
　ッヒ・ウイルヘルム
　‥‥‥‥‥‥‥‥ 282, 655
フォスター, アーノルド
　‥‥‥‥‥‥‥‥‥‥ 262
フォルダム ‥‥‥‥‥‥ 464
深井 英五 ‥‥‥‥ 430, 720
深浦 竜雄 ‥‥‥‥‥‥ 176
深川区史編纂会 ‥‥‥‥ 708
深川区平井方面館 ‥‥‥ 384
深川区役所 ‥‥‥‥‥‥ 809
不可見生 ‥‥‥‥‥‥‥ 357
深作 安文 ‥‥‥ 262, 291, 294
深谷 進 ‥‥‥‥ 491, 492, 503
深津 雅直 ‥‥‥‥‥‥ 102
深見 義一 ‥‥‥‥‥ 79,
　　492, 496, 504, 508, 512,
　　525, 541, 544, 569, 574
深谷 博治 ‥‥‥‥‥‥ 657
深谷 正秋 ‥‥‥‥‥‥ 525
福井 ‥‥‥‥‥‥‥‥‥ 471
福井 うの ‥‥‥‥‥‥ 279
福井 英一郎 ‥‥ 247, 694, 696
福井 清通 ‥‥ 18, 253, 259, 419
福井 孝治 ‥‥‥‥ 516, 540, 840
福井 祐正 ‥‥‥‥‥‥ 598
福井 精一 ‥‥‥‥‥‥ 353
福井 宗二郎 ‥‥‥‥ 300, 306
福井 忠孝 ‥‥‥‥‥‥ 509
福井 勇二郎 ‥‥ 570, 617～620
福井県 ‥‥‥‥‥‥ 160, 228,
　　700, 704, 705, 742, 748,
　　753, 757, 761, 769, 774,
　　779, 780, 786, 793, 798,
　　800, 807, 814, 820, 825,
　　831, 832, 835, 838, 839
福井県足羽郡教育会 ‥‥ 721
福井県今立郡誌編纂部
　‥‥‥‥‥‥‥‥‥‥ 700
福井県大飯郡教育会 ‥‥ 713
福井県大野郡教育会 ‥‥ 701
福井県会 ‥‥‥‥‥‥‥ 681
福井県坂井郡教育会 ‥‥ 701
福井県坂井郡役所 ‥‥‥ 732
福井県総務部 ‥‥ 793, 800, 826
福井県総務部地方課 ‥‥ 811
福井県総務部統計課
　‥‥‥‥‥‥ 818, 825, 830
福井県知事官房
　‥‥‥‥‥‥‥‥ 752, 780, 786
福井県敦賀郡役所 ‥‥‥ 702
福井県丹生郡教育会 ‥‥ 700
福井県三方郡教育会 ‥‥ 700
福井県吉田郡役所 ‥‥‥ 700
福井市 ‥‥‥‥ 749, 755, 758, 763,
　　769, 771, 776, 777, 782,
　　783, 790, 815, 817, 827

福井市役所 ‥‥‥‥‥‥ 720
福井商工会議所 ‥‥ 834, 836
福岡 幸吉 ‥‥‥‥‥‥ 21
福岡 文芳 ‥‥‥‥‥‥ 375
福岡県 ‥‥‥‥ 714～718, 720,
　　735, 745, 749, 752, 757,
　　760, 761, 763, 780, 787,
　　793, 800, 807, 830, 837
福岡県糸島郡教育会 ‥‥ 710
福岡県稲築町 ‥‥‥‥‥ 678
福岡県学務部社会課 ‥‥ 454
福岡県教育会築上支会
　‥‥‥‥‥‥‥‥‥‥ 700
福岡県警察部工場課 ‥‥ 741
福岡県早良郡役所 ‥‥‥ 706
福岡県自治講習所 ‥‥‥ 40
福岡県総務部 ‥‥‥‥‥ 816
福岡県総務部統計課
　‥‥‥‥‥‥ 457, 458, 802
福岡県知事官房 ‥‥‥‥ 750
福岡県知事官房調査課
　‥‥‥‥‥‥‥‥‥‥ 837
福岡県知事官房統計課
　‥‥‥‥‥‥ 780, 783, 788
福岡県統計課 ‥‥‥ 807, 821
福岡県三池郡教育会 ‥‥ 708
福岡県若松市役所 ‥ 103, 718
福岡鉱山監督局 ‥‥‥‥ 313
福岡市 ‥‥‥‥‥‥‥ 163,
　　709, 743, 747, 760,
　　764, 768, 772, 784, 791,
　　798, 816, 828, 836, 838
福岡市愛市同盟 ‥‥‥‥ 50
福岡市水道課 ‥‥‥‥‥ 240
福岡市役所 ‥ 37, 41, 46, 240,
　　241, 709, 718, 719, 751
福岡市役所産業課 ‥ 163, 164
福岡市役所商工課 ‥‥‥ 164
福岡地方職業紹介事務局
　‥‥‥‥‥‥‥‥ 342, 799
福鎌 隆彦 ‥‥‥‥‥‥ 628
福鎌 芳隆 ‥‥‥‥‥‥ 628
福沢 兵七 ‥‥‥‥‥‥ 533
福沢 桃介 ‥‥‥‥‥ 34, 529
福沢 泰江 ‥‥ 1, 9, 264, 417,
　　419, 465, 483, 596, 670
福沢 諭吉 ‥‥‥‥‥ 279, 723
福士 末之助 ‥‥‥‥ 252, 254
福士 貞蔵 ‥‥‥‥‥‥ 719
福島 繁三 ‥‥‥‥‥‥ 261
福島 松男 ‥‥‥‥‥‥ 500
福島 三七治 ‥‥‥‥‥ 152
福島 宗緒 ‥‥‥‥‥‥ 719
福島県 ‥‥‥ 528, 679, 682,
　　683, 727～733, 735, 736,
　　738, 739, 747, 749, 754
福島県石城郡役所 ‥‥‥ 732
福島県岩瀬郡 ‥‥‥‥‥ 706
福島県大沼郡横田村大竜村
　組合村 ‥‥‥‥‥‥‥ 681
福島県教育会安積部会
　‥‥‥‥‥‥‥‥‥‥ 703
福島県教育会福島市部会
　‥‥‥‥‥‥‥‥‥‥ 288
福島県警察部 ‥‥‥‥ 762,
　　777, 805, 812, 818
福島県自治事務講習所
　‥‥‥‥‥‥‥‥‥‥ 38
福島県師範学校 ‥‥‥‥ 717
福島県総務部 ‥‥‥‥ 812,
　　814, 820, 825, 830
福島県総務部総務課
　‥‥‥‥‥‥‥‥ 819, 824

福島県総務部地方課
　‥‥‥‥‥‥ 792, 819, 824
福島県総務部統計課
　‥‥‥‥‥‥‥‥ 792, 829
福島県伊達郡役所 ‥‥‥ 706
福島県知事官房 ‥‥‥ 750,
　　753～755, 761,
　　763, 769, 774, 777,
　　780, 782, 787, 837
福島県知事官房統計課
　‥‥‥‥‥‥ 764, 772, 777
福島県内務部 ‥‥‥‥‥
　　741, 744, 745, 748
福島県内務部農商課 ‥‥ 740
福島県西白河郡役所 ‥‥ 702
福島県南会津郡役所 ‥‥ 701
福島県耶麻郡役所 ‥‥‥ 704
福島県若松市役所 ‥‥‥ 242
福島市 ‥‥‥‥ 762, 764, 770, 775,
　　782, 795, 804, 812, 818
福島市役所 ‥‥‥ 41, 44, 161
福島商工会議所 ‥‥ 775, 781
福田 一雄 ‥‥‥‥‥‥ 574
福田 喜策 ‥‥‥‥ 320, 582, 583
福田 清 ‥‥‥‥‥‥‥ 392
福田 冽 ‥‥‥‥ 185, 446, 625
福田 敬太郎 ‥ 201, 205, 237,
　　298, 462, 491, 503, 523,
　　526, 543, 564, 565, 577,
　　580, 581, 587, 588, 591
福田 重義 ‥‥‥‥‥ 103, 354
福田 繁 ‥‥‥‥‥‥‥ 72
福田 省三 ‥‥‥‥‥‥ 621
福田 争青 ‥‥‥‥‥ 131, 132
福田 隆次 ‥‥‥‥‥‥ 221
福田 武雄 ‥‥‥‥‥ 145, 146
福田 徳三 ‥‥‥‥‥ 294,
　　335, 529, 530, 533
福田 久雄 ‥‥‥‥‥‥ 436
福田 秀夫 ‥‥‥‥‥ 153, 155
福田 秀雄 ‥‥‥‥‥ 368, 611
福田 正義 ‥‥‥‥‥‥ 721
福田 夕咲 ‥‥‥‥‥‥ 717
福田 喜東 ‥‥‥‥‥ 271,
　　272, 320, 433, 434, 498,
　　499, 577, 578, 611～613
福地 源一郎 ‥‥‥‥‥ 698
福地 由農 ‥‥‥‥‥ 10, 404
福知山市 ‥‥‥‥‥‥‥ 807
福富 正水 ‥‥‥‥‥‥ 698
福富 正治 ‥‥‥‥‥ 94, 568
福留 並喜 ‥‥ 92～94, 98, 100,
　　128, 147, 150, 151, 154
福留 並善 ‥‥‥‥‥‥ 154
福永 英三 ‥‥‥‥‥‥ 90
福永 健司 ‥‥‥‥‥‥ 334
福永 佐和吉 ‥‥‥‥‥ 129
福永 与一郎 ‥‥‥‥‥ 558
福永 義正 ‥‥‥‥‥‥ 298
福西 清治 ‥‥‥‥‥‥ 77
福場 保洲 ‥‥‥‥‥ 57, 302
福原 誠三郎 ‥‥‥‥‥ 304
福原 徹 ‥‥‥ 317, 365, 373, 576
福原 文吉 ‥‥‥‥‥‥ 68
福馬 謙造 ‥‥‥‥‥‥ 298
福間 成章 ‥‥‥‥‥‥ 451
福村 貞一 ‥‥‥‥‥‥ 470
福本 義亮 ‥‥‥‥‥ 127, 711
福本 英男 ‥‥‥‥‥ 2, 7,
　　194, 195, 211, 302～304,
　　339, 360, 395, 464, 563

著者名	ページ
福森 善治	678
福森 民次郎	255
福山 政一	61
福山市	768, 787, 794, 808, 831
福山市役所	741, 746, 762, 767
福山商工会議所	796, 807, 814
福良 竹亭	3
釜山教育会	284
釜山商業会議所	744
釜山府	46, 536, 538
富山房	720
富士 精一	62
富士山	523
富士 辰馬	12, 266
富士 貞吉	138, 227
富志 淑幸	277, 328, 379, 619
藤井 国武	684
藤井 厚二	63, 162, 563
藤井 栄	521
藤井 貞夫	428, 674
藤井 滋香	134, 135
藤井 俊治	437
藤井 次郎	327, 577
藤井 信	508, 519
藤井 新一	596〜598, 605, 608, 609, 620, 646, 658, 693
藤井 甚太郎	279, 601, 606, 664, 665, 713
藤井 崇治	199, 200, 491, 510, 596, 626
藤井 忠諒	257
藤井 忠次郎	210
藤井 悌	648
藤井 真	98
藤井 雅太	33
藤井 真透	79, 128, 129, 131, 132, 134, 135, 137, 139, 140, 145, 148, 154, 172, 173
藤井 峰子	386
藤井 巳之助	428, 433
藤井 陽二	151, 154
藤井 吉隆	405
藤井 利誉	60, 266, 268
藤江 利雄	455
藤江 福雄	408
藤枝 丈夫	554
富士岡 重一	262, 349
藤岡 長敏	69, 76, 167, 168, 170〜172, 185, 187
藤岡 啓	443, 473, 484, 488, 711
藤岡 通夫	692
藤垣 敬治	671
藤懸 重次	26, 32, 64, 227, 315, 371, 428, 490, 608, 672, 679
藤川 覚	274
藤川 儀衞	142
藤川 雅夫	523
富士川 游	239, 247
藤川 勇造	132
富士郡役所	701
藤阪 寅次郎	24
藤沢 朝世	308, 309
藤沢 威雄	331
藤沢 弘	450
藤沢 穆	252
藤沢 正則	652
藤沢 真苗	501
藤沢 勇次	166
藤沢 利喜太郎	390, 647
藤沢町	803, 817
藤島 亥治郎	142, 143, 155, 159
藤島 俊	324, 574, 575, 581
藤田 一郎	630
藤田 逸男	487
藤田 倶治郎	75, 357, 358
藤田 亀太郎	150, 178
藤田 清	627
藤田 金一郎	155, 157, 158
藤田 敬治	40
藤田 敬三	294, 315, 330, 518, 569, 570, 574, 575, 578, 579, 582, 585, 592
藤田 三郎	413
藤田 進一郎	2〜4, 7, 12, 16, 17, 21, 26, 40, 57, 61, 84, 86, 89, 97, 171, 172, 194, 212, 217, 221, 222, 224, 252, 302, 305, 348, 352, 393, 396, 397, 415, 594, 597
藤田 惣三郎	60
藤田 たき	269
藤田 武夫	19, 22, 23, 32, 81, 101, 223, 227, 414, 416, 417, 419, 425, 430〜432, 436, 437, 441〜445, 459〜461, 679, 692
藤田 忠	368
藤田 周浩	129
藤田 秀夫	549
藤田 寛	372
藤田 弘直	18, 146, 155, 219, 226, 227, 229, 230
藤田 実	345
藤田 宗光	79, 92, 93, 113, 117, 145, 148, 149, 174
藤田 元春	41, 180, 712
藤田 保夫	310, 312
藤田 友作	301
藤田 美亮	254
藤田 柳蔵	62
藤谷 謙二	7, 15, 16, 28, 31, 198, 202, 237, 349, 396〜398, 400, 404, 405, 407〜416, 419〜422, 426, 428, 430, 431, 436, 443, 444, 446, 513, 840
藤塚 止戈夫	259
藤塚 林平	387, 388, 399, 401, 405, 407, 454
藤波 言忠	281
藤野 保	96, 124, 125
藤野 恵	6, 7, 60, 72, 74, 193〜196, 204, 277〜279, 296, 333, 348, 349, 358, 359, 361〜364, 366, 399
藤野 靖	80, 591
藤野井 行仁	364
藤範 晃	260
藤橋 善太郎	724
藤林 敬三	238, 292, 293, 307, 313, 318, 319, 321, 323〜333, 345, 353, 379, 472, 476, 502, 522, 581, 584, 841
伏見 猛弥	259, 266
伏見町役場	711
藤村 重道	127
藤村 秀賀	279
藤村 成助	372
藤村 忠	394, 435, 443, 492, 512, 513
藤村 作	276
藤村 信雄	558
藤本 晟	221
藤本 喜八	316, 328, 333
藤本 憲治	470
藤本 幸太郎	238, 271
藤本 定義	350
藤本 充安	699
藤本 修三	409
藤本 武	322
藤本 直	650
藤本 秀麿	549
藤森 謙一	149
藤森 岳夫	237, 238
藤森 与作	25, 28, 578, 675
藤屋 吉蔵	697
藤山 愛一郎	527
藤山 幹助	421, 422
撫順市庶務科文書股	828
藤原 義男	14, 123, 142
藤芳 良雄	88
藤原 喜八	509
藤原 喜代蔵	280
藤原 銀次郎	335, 337
藤原 九十郎	12, 22, 94, 97, 122, 208, 213〜216, 218〜221, 225, 228, 231, 234〜236, 238, 239, 241〜243, 246, 248, 348, 359, 390, 548, 557
藤原 咲平	57, 58, 61, 63
藤原 信一	351
藤原 孝夫	220, 222
藤原 俊雄	10, 39, 83, 87, 138〜141, 174, 397, 549
藤原 正治	17, 483, 488, 514
藤原 正久	422
藤原 泰	328, 441, 497, 510, 514, 525
藤原 義文	258
婦人団体業績発表会(第5回)	344
フスマン, エッチ・ルイズ	4
布施 勝治	293, 600
布施 祠一	512
布施 忠司	128
布施 辰治	107, 179, 181, 237, 348, 616, 674
布施 敏一郎	181
布施市	809, 815, 816, 821, 822, 826, 829, 834
布施市産業課統計係	539
布施市役所	50, 288, 590, 814, 820, 827
布施町	794
布施町役場	712
二神 弘	18
二上 由太郎	434, 436, 437, 440, 442
双川 喜文	617
二木 正	318
二見 秀雄	130, 135
二村 光三	337
二荒 芳徳	57, 265, 266, 283, 656, 657, 661
淵 定	611
淵上 博	296
府中町青年会	703
普通学務局	274
普通教育調査室	249
物価局	444〜446, 458
物価対策審議会	459, 460
復興局	82, 86, 103〜113, 127, 128, 450, 451, 643〜648, 747, 748, 751, 752, 756, 760
復興局計画課	78, 82, 87, 109, 122, 167, 193, 208, 718
復興局経理部	187, 336, 450, 530, 586
復興局建築部	106, 112, 127, 128, 161, 162, 706, 723
復興局整地部	108
復興局長官官房計画課	39, 104〜108, 110, 122, 125, 187, 451, 452, 710
復興局土木部	107
復興局土木部工務課	107
復興局土木部道路課	134
復興局文書課	1
復興建築助成株式会社	747, 752, 756, 758, 760, 762, 766, 768, 773, 775, 778, 781, 785, 788, 792, 798
復興事務局	113〜115
復興調査協会	113
ブッシュ, ヘンリ・エム	308
フツド, レイモンド	140
フデイツヒ, デイ	83
船石 幾久	483
船越 基一	60
船越 源一	275〜277, 662
船越 源一郎	286
船越 重男	128〜130
船越 政一郎	709〜713
船越 毅	713
船越 義房	138, 144, 159
船田 達也	250
船田 中	16, 266, 332, 419, 446, 450, 456, 468, 508, 519, 527, 583, 617, 627, 653, 659, 671
船津 薪四郎	495
舟橋 諄一	175
船橋市	816, 828, 839
船橋市役所	721
船本 数江	369, 371
舟山 正吉	435
船山 信一	276, 522
ブハーリン, ニコライ	532
不忘会	720
夫馬 一	427
富民協会	783, 790, 796, 803, 810, 817, 823
フュアブリンガ, G.	501
冬木町会	708
フューラッチ, アルフレト	464
ブライス	648, 653, 654
ブラウエル, フォン	643

ブラウン, ジェスロ …… 638	古山 利雄 …… 291, 546	別府 義雄 ……………… 578	奉天市長官房文書科 ‥ 53〜55
ブラーガー, ステフアン …………………… 87	古山 義孝 ……………… 369	別府市 ‥‥ 747, 752, 762, 770, 775, 784, 792, 807, 810	法典質疑会 …………… 632
ブラッカー, C.P. ……… 217	ブルンチェリ …… 628, 630		奉天商工会議所 …… 43, 342
ブラックオール, シー・エッチ ………………… 130	フーレ, フリッツ 496, 498	別府市教育会 ………… 715	奉天省公署 …………… 825
フラックス, エー …… 416	ブレイ, レジナルド …… 280	ペーテルゼン, リヒァルド …………… 186, 424	奉天同善堂 …………… 384
フランク, ハンス …… 510	ブレイク, H.W. ……… 169	ベーデン・パウエル … 283	報導課 ………………… 31
フランクファーター, フィーリックス ………… 197	フレイド, マクス …… 301	ペトロフ, アルカデイ … 529	某特殊銀行 …………… 134
ブランド, ユルゲン …… 205	フレイマン, L. ……… 321	北平市政府 …… 44, 45, 49	防府市 ………………… 809
府立東京商工奨励館企画部 ………………… 822	ブレンターノ …………… 335	北平市政府秘書処 …… 804	宝来 市松 …………… 419
ブリュウニング, クルト …………………… 125	ブレンド, ウィリアム … 240	北平市政府秘書処第1科 ……………………… 795	法律時報編輯部 …… 608, 627, 655〜660
ブリュミッヒ, ワルター …………………… 459	プロイス, ヒユーゴー … 38	ペプロー ……………… 529	ボウレイ ……………… 725
古井 喜実 ‥ 6, 9, 10, 15, 31, 32, 49, 56, 198, 398, 401, 402, 596, 598〜602, 604, 611, 616, 617, 619, 651, 664〜667, 669〜671, 673〜676, 678, 686	ブロック ……………… 33	ベリッヂ ……………… 412	法令研究会 …………… 38
	ブロドリック …………… 680	ベルクマン, オイゲン・フォン …………………… 541	ボエッス, グスタフ …… 8
	ブロワスニッツ ………… 258		朴 克釆 ……………… 477
	ブロンスヴィック, エフ …………………… 160	ベルケンコツプフ, パウル …………………… 182	北安省財務局 ………… 445
	ブロンスキー … 250, 251, 253	ヘルバッハ, ヴィル …… 55	北支建設総署都市局 … 97
古市 春彦 ……………… 6, 7	不破 武夫 …… 61, 68, 601	ヘルフェリッヒ ……… 634	北信不況対策会代表 … 472
古川 阪次郎 ………… 187	不破 裕俊 …………… 270	ヘルフエリヒ, F. …… 496	ボグダーノフ ………… 530
古川 静夫 …… 59, 88, 171	聞 釣天 ………………… 54	ヘルメリン, A. ……… 101	保険院 …… 231, 248, 378
古川 武 ………………… 29	文教書院 ……………… 282	ベルリン景気研究所週報 …………………… 495	保険院簡易保険局 …… 373
古川 達雄 …………… 120	文芸春秋社 …………… 81		保険院社会保険局 …………… 229, 247, 376
古川 利雄 …………… 405	文政研究会 …………… 290	ベルンハルト, ジョン・エッチ …………………… 167	保険院総務局 …… 230, 375
古川 尚雄 …………… 269	文政審議会 …………… 246	ペレ, ダニエル ………… 34	保健厚生調査会 ……… 211
古木 弘造 …………… 513	文明協会 …… 451, 647, 711	ヘロルド, G.H. ……… 96	保険局年金課 ………… 380
ブルグデルファー, F. … 554	文録社 ………………… 846	ヘーン ………………… 74	保険局保険課 …… 73, 239
古久保 立次 ………… 574		逸見 重雄 …… 326, 720	保坂 順一 …… 29, 152, 156〜159, 182, 183, 185
古郡 節夫 …… 518, 520, 521	【へ】		
古郡 哲爾 …………… 153		【ほ】	星 斌夫 ……………… 845
古坂 明詮 ………… 363, 368	ベーア, マックス …… 294		星 四郎 …………… 12, 400
古崎 星雄 …………… 150	平安南道 …… 747, 768, 778, 784, 791, 802, 818	帆足 計 ………………… 505, 512〜514, 519, 524	星 敏雄 …………… 99, 120
古沢 磯次郎 … 405, 472, 597	平安北道 …… 783, 803, 829		星合 正治 …………… 285
古沢 浦蔵 …… 235, 374	米価調節調査会 ……… 529	ホイエル, ゲオルグ …………… 172, 173, 175	星井 輝一 …………… 492
古沢 一夫 ……… 322, 526	米国経営協会 ………… 534	ホイツテン, ロバート … 93	干賀 周 ……………… 251
古沢 磯次 …………… 623	米国国家資源委員会都市分科会 ………………… 53	ボイムラー, アルフレット …………………… 277	星加 実 ……………… 133
古沢 次郎 …………… 667	米国鉄道及公共事業委員協会 ………………… 534	方 顕廷 ……………… 576	星島 一平 …………… 416
古沢 敏太郎 ………… 707	米国都市計画及地域制委員会 ………………… 87	坊 成美 ……………… 397	星島 二郎 …… 258, 642
古沢 嘉夫 ……… 329, 346	米国内務省国立公園局 …………… 208, 209	方 米治郎 …… 3, 82, 85, 86, 93, 130, 135, 137, 193	保科 胤 …… 248, 376, 386
古瀬 安俊 …… 57, 210, 212, 213, 221, 357, 546, 562	米国内務省国立公国局 …………………… 208	防衛局 ……… 32, 69, 71, 72	保科 孝一 …………… 252
古田 一彦 …………… 527	平壌実業新報社 ……… 700	法学協会 ……………… 843	星内務理事官 ………… 98
古田 勝次 …………… 575	平壌商工会議所 ……… 720	法学部時局問題研究会 …………… 623, 624	星野 章 ……………… 391
古田 慶三 …………… 573	平壌府 …… 341, 715, 768, 772, 778, 784, 791, 795, 798, 809, 812, 818, 824, 837	法貴 慶次郎 ………… 264	星野 市郎 …………… 141
古田 誠一郎 ………… 253		法貴 三郎 …………… 326	星野 毅子郎 …………… 73
古田 徳次郎 ………… 658	平壌府立博物館 ……… 715	澎湖庁 …… 757, 800, 825, 830, 834, 839	星野 小次郎 ………… 719
古塚 正治 ……… 57, 60, 69, 150, 157, 347	屏東街役場 …… 772, 776	崞崎 東助 …………… 287	星野 周一郎 ‥ 293, 306, 313, 324, 491, 522, 564
古野 伊之助 ………… 616	屏東市 …… 802, 816, 826	北条 喜右衛門 ………… 81	星野 昌一 …… 68, 69, 71, 154
古野 清人 ……… 150, 179	平北文化協会 ………… 714	北条 富之輔 ………… 685	星野 武雄 …… 38, 648, 684
古野 周蔵 …………… 348	平凡社 ………………… 844	法制委員会 …………… 146	星野 竜猪 …………… 53
古橋 幸吉 …………… 708	平和記念東京博覧会 … 530	法制局 ………………… 680	星野 辰次 …… 221, 292, 564
古橋 幸正 ……………… 34	ヘインマン, エス …… 497	法制審議会 …… 649, 650	星野 鉄男 …………… 213
古畑 銀次郎 …… 9, 20, 593	ベヴァリッジ, W.H. … 339	法曹閣書院 …………… 635	星野 通 ………… 613, 620
フルーマン, H. ……… 492	ベーカー, ドナルド …… 170	法治協会 ……………… 634	星野 直樹 …… 422, 427, 547
古見 盈 ……………… 427	ベーカー, A.C. ……… 173	報知社 ………………… 74	星野 秀雄 …………… 16
古海 正雄 …………… 497	北京特別市公署 ……… 816	報知新聞社経済部 …… 716	星野 誠 …… 406, 408〜412
古見 嘉一 …………… 214	北京特別市公署財政局 …………… 815, 816	報知新聞編輯局 ………… 74	星野 陽一 …………… 141
古谷 敬二 …… 52, 53, 55	ベツオルド ……………… 354	奉天市 ………… 46, 819	穂積 巖夫 …………… 639
古屋 景晴 ……………… 37	別技 篤彦 …… 500, 620	奉天市公署 …… 50, 53, 818, 825, 827, 832, 837	穂積 軍一 ……… 311, 319
古谷 謙 ……………… 502	別所 史郎 …………… 151		穂積 重遠 ‥ 55, 75, 285, 309, 387, 603, 611, 649〜651, 656, 660, 696, 717, 722
古谷 新太郎 …… 363, 368	別所 正夫 …… 228, 229	奉天市工務処都邑計画科 …………………… 119	
古谷 善亮 …… 183, 190	ベットマン, アルフレッド …………………… 87	奉天市商工公会 ……… 837	穂積 七郎 …… 519, 524, 625
古屋 久綱 …………… 700			穂積 永頼 …………… 695
古屋 美貞 …………… 549			穂積 陳重 ‥ 35, 630, 638, 639, 641, 643, 644, 646, 652
古山 省吾 …………… 704			穂積 文雄 …… 496, 498
			穂積 八束 …… 632, 636, 639
			細井 勇 ……………… 577
			細井 一六 …… 138, 690, 691
			細井 孝治 …………… 518

| 著者名索引 | まえはし |

細井 次郎 …………… 266
細尾 猛市郎 ………… 625
細川 亀市 …… 235, 330, 602, 611, 652, 677, 692
細川 嘉六 ……… 603, 606
細川 潤次郎 ………… 628
細川 隆元 …………… 614
細川 広世 ……… 629, 727
細川 福次 …………… 332
細川 雄二郎 ‥ 447, 448, 730
細川 良平 …………… 495
細木 武弥 …………… 219
細木 松之助 ………… 128
細木 志雄 …………… 479
細田 義安 …… 414, 415, 417, 418, 423, 428, 429
細田 茂三郎 ………… 508
細田 徳寿 …… 136~139, 149, 150, 164, 179, 488
細野 猪太郎 ………… 33
細野 軍治 …………… 65
細野 孝一 …………… 440
細野 浩三 …………… 251
細野 日出男 ………… 181, 183, 189~191, 206
細野 巳市 …… 421, 424, 429
細谷 庄三郎 ………… 159
細谷 俊夫 ……………
267, 270, 271, 277
細谷 俊雄 …………… 277
細矢 祐治 …… 388, 391, 407, 450, 476, 486
牡丹江市公署 …… 820, 836
北海道 … 729, 730, 735, 780, 793, 802, 807, 808, 816
北海道産業部 ……… 558
北海道空知郡砂川町史編纂委員会 …………… 719
北海道拓殖銀行調査課
………………… 749, 755, 802
北海道拓殖銀行調査部
……………………… 742
北海道拓殖部殖民課 …… 774
北海道庁 …………… 61, 76, 125, 451, 536, 559, 681, 682, 704, 717, 718, 729, 731, 741, 743, 748, 749, 753, 757, 760, 761, 764, 765, 768, 773, 778, 780, 784, 787, 802, 838
北海道庁札幌支庁 …… 705
北海道庁総務部 …… 822, 832
北海道庁総務部地方課
……………………… 817
北海道庁拓殖部 …… 125
北海道庁都市計画函館復興部 ………………… 119
北海道庁内務部
………………… 558, 762, 766
北海道庁内務部地方課
……………………… 743
北海道内務部 ……… 454
北海道夕張郡角田村役場
……………………… 719
堀田 静 …………… 260
堀田 健男 ……………
130, 307, 308, 386
堀田 抱村 …………… 211
堀田 正弘 …………… 498
堀田 貢 …………… 127
ポット, エフ・エル・ホークス ………………… 719

ポップ, カール ……… 296
ホツホ, E. …………… 488
保土ヶ谷郷土史刊行委員部 ………………… 718
ホートレイ ………… 409
ボーネルト ………… 124
ボヒドノスチェツフ … 633
ホブソン, J.A. ……… 336
ボブハウス, ヘンリー … 680
ホブハウス, レオナルド
……………………… 643
ホフマン …………… 389
ホフマン, ルードルフ … 180
ホフマン, G.P. ……… 180
ボフルセン, アルフレッド
……………………… 262
ポペノール, ポール … 558
保々 隆矣 …………… 282
ポポフ, コンスタンチン
……………………… 538
保柳 睦美 …………… 691
ボラー, ウイリアム・イ
……………………… 642
保良 せき …………… 227
洞沢 勇 …… 231, 232, 234
堀 安宅 …………… 215
堀 潮 …………… 504
堀 五之介 …… 431~433
堀 七蔵 …… 217, 257, 259, 260, 262, 273, 274, 604
ポーリー, ジョン・ダブリュー ………………… 140
堀 信一 …………… 141
堀 新一 …………… 201, 494~497, 564~568, 570, 572~575, 590
堀 威夫 …… 73, 143, 149
堀 経夫 …………… 467, 518, 523, 527, 556, 840
堀 豊彦 …… 609, 610, 626
堀 秀彦 …………… 374
堀 文次 …………… 378
堀 文之助 …………… 410
堀 真琴 …………… 406, 593, 606, 624, 643, 650
堀 豊 …………… 670
堀 義臣 …………… 591
堀 良吉 …………… 66, 154
堀井 啓治 …… 66, 68, 71
堀居 左五郎 ………… 132
堀井 甚一郎 ………… 577
堀池 英一 …………… 16, 264, 266~268
堀内 正作 …………… 449
堀内 健男 …………… 131
堀内 弘 …………… 534
堀内 宗治 …………… 404
堀内 良平 …………… 166
堀江 勝巳 …………… 232
堀江 帰一 …… 302, 336, 391, 393, 450, 529, 531
堀江 賢二 …………… 714
堀江 朔 …………… 335
堀江 三五郎 ………… 338
堀江 専一郎 ………… 652
堀江 英一 …… 572, 576, 695
堀江 弘之 …………… 337
堀江 邑一 …… 457, 489
堀江 保蔵 …………… 487, 488, 491, 492, 499, 511, 514, 517, 520, 522, 541,

548, 564, 571, 577, 585, 591, 691, 693~696
堀江 亮吉 …………… 568
堀尾 美哉 …………… 219
堀川 美哉 …………… 10
堀切 善次郎 …… 21~24, 28, 29, 36, 40, 48, 59, 72, 76, 86, 97, 129, 138, 196, 258, 573, 642, 654, 672, 696
堀口 大八 …… 185, 191, 192
ポリコー …………… 447
堀越 一三 …… 141, 143
堀越 三郎 …… 57, 162
堀畑 正喜 …………… 497
堀部 千尋 …………… 600, 604~606, 670, 671
ボリュー, ポール・レルワ
………………… 294, 447
ボルセール ………… 679
ホルツ …………… 180, 181
ボールマン, アルトゥル
……………………… 587
ホルン …………… 283
本位田 祥男 ……… 330, 332, 337, 424, 463, 464, 473, 474, 481, 483, 484, 489, 490, 492, 497, 505, 506, 517, 524, 533, 534, 542, 565, 567, 623, 627
ボンガルツ, H. ……… 72
盆子 義教 …………… 235
本郷 高徳 …… 92, 128
本郷 寿次 …………… 428, 431, 488, 572, 574
本郷区役所 ………… 717
本庄 栄治郎 ………… 75, 83, 294, 295, 401, 451, 463, 529~532, 537, 540, 542, 544, 546, 548, 560, 690~693, 706, 721, 842, 843
本荘 可宗 …………… 493
本城 亀夫 …………… 469
本庄 繁 …………… 378
本荘 茂 … 224, 292, 317, 374
本城 信治 …… 146, 148
本城 俊明 …… 298, 462, 463
本城 嘉守 …………… 19
本庄商工会 ………… 716
本所区役所 ………… 713
本所区役所税務研究会
……………………… 460
本多 市郎 …… 44, 45, 206
本多 亀三 …………… 711
本田 喜代治 …… 291, 292, 606
本多 松平 …………… 332
本多 次郎 …… 5, 142, 662
本多 精一 …………… 448
本多 静六 …………… 90, 91, 110, 123, 467, 528
本多 竜雄 ……………
377, 554, 555, 557
本多 太郎 …………… 74
本田 長次 …………… 92
本田 次 …………… 720
本田 正信 …………… 259
本田 実 …… 325, 543
本田 林八 …………… 144
本田町役場 ………… 712
本名 順平 …… 223~225, 227, 229, 230, 233, 370
本間 喜一 …… 187, 429

本間 幸作 …………… 429, 492, 566, 568, 569, 571, 578
本間 竜雄 …………… 615
本間 久雄 …………… 336
本間 英武 …………… 237
本間 光雄 …………… 574

【ま】

マアフキイ, エドモンド・J. ……………… 167
マイ, エルンスト …… 11
舞出 長五郎 …… 431, 514
マイエル, グスターフ … 295
マイエル, テオドール … 268
舞木 友衛 …………… 48
舞鶴市 …………… 826
舞鶴町 …………… 791
米田 実 …………… 495
米谷 隆三 … 202, 524, 660
毎月会(日本勧業銀行内)
……………………… 449
毎日新聞社
………………… 333, 626, 838, 839
毎日新聞社文化部 …… 721
毎日通信社 ………… 841
マイヤー …………… 706
マイル …………… 528
マウトナー ………… 294
前尾 繁三郎 ‥ 436, 440, 443
前川 貫一 …………… 147
前川 国男 …… 120, 158
前芝 確三 …………… 416, 483, 484, 486
前田 厚 …………… 716
前田 宇治郎 ………… 368
前田 克己 …………… 424
前田 清 …………… 94
前田 潔巳 …………… 576
前田 謹一郎 ………… 336
前田 賢次 …… 26, 27, 44, 47
前田 康一郎 …… 158, 159, 185
前田 貞治 …………… 372
前田 穣 …………… 174
前田 松韻 ……………
133, 161, 349, 692
前田 偉男 …………… 68
前田 多門 …… 5~7, 10, 17, 20, 24, 41, 48, 59, 62, 194, 259, 287, 302, 338, 467, 597, 602, 647, 666, 685
前田 貞次 …………… 373
前田 稔靖 ‥ 88, 382, 450, 534
前田 虎一郎 ………… 692
前田 一 …… 58, 298, 300, 304
前田 美稲 …… 13, 409
前田 寛 …… 23, 27, 31
前田 福太郎 ………… 489
前田 正武 …………… 66
前田 松韻 …………… 131
前田 松苗 …… 173, 223
前田 巳之助 …… 135, 136
前田 牧郎 …………… 551
前田 豊 …… 156, 157
前田 陽一 …………… 95
前田 陽之助 ………… 182
前野 不二男 …… 566, 567
前橋 俊一 …………… 140
前橋 真八郎 ‥ 511, 512, 556

913

著者名	ページ
前橋市	767, 771, 775, 783, 789, 800, 804, 814, 826, 832, 836, 838
前橋市役所	114, 738, 745, 766, 771, 775, 783, 790, 797, 803, 805, 830, 834
前橋市臨時水道部	242
前原 光雄	622
曲木 如長	680
牧 悦三	619
牧 賢一	224, 228, 360, 361, 364〜367, 370〜372, 375, 376, 378, 379, 386, 724
牧 健二	600〜602, 614, 616, 626, 650, 652, 692〜694
真木 脩平	235, 236, 320
馬来 次郎	157
牧 隆泰	501
牧 彦七	82, 143, 154
槙 義雄	569, 570
牧 亮吉	378
マキアヴェリ、ニコロ	699
牧内 正男	307, 406
牧口 常三郎	265
槙島 勇	16
牧田 修	144, 147
牧田 雅楽之丞	154
牧野 英一	59〜61, 63, 69, 73, 201, 202, 373, 443, 478, 480, 483, 484, 499, 517, 525, 526, 597〜627, 638, 642〜644, 657〜659, 673, 692
牧野 寛一郎	34
牧野 邦雄	78
牧野 修二	375
牧野 信之助	559
牧野 耐一郎	312
牧野 輝智	411, 413, 414, 427, 428, 456, 457
牧野 虎次	3, 365, 366
牧野 正巳	151, 218, 221
牧野 元次郎	564
牧野 靖史	290
牧野 良三	409, 639
槙原 覚	530
マクスウェル	293
枕崎町	816, 822, 827
正井 敬次	317, 432, 479, 497, 625
政岡 基次	351, 352
真坂 忠蔵	78, 95, 96, 99, 100
正木 亮	61, 64, 600
真崎 幸治	322〜328, 552, 695, 696, 725
柾木 正太郎	279
正木 正	228
正子 重三	136, 144
正直 研一郎	17
馬山府	790, 798, 803, 816, 822, 827
マーシャル、アルフレッド	541
交川 有	495
益郡郡役所	703
マシテル、クルト	96
増field 実	582
馬島 僴	195, 359, 546
真嶋 健三郎	132
桝井 照蔵	75
増井 敏克	152, 353
増井 幸雄	139, 140, 144, 145, 147, 151, 170, 179〜182, 187, 190, 408
増市 勝治郎	575
増岡 尚士	491
増沢 淑	296
増島 六一郎	630, 631, 650
桝田 一二	693
増田 甲子七	173, 261
増田 清	58
益田 熊雄	548
増田 幸一	273, 275〜277
増田 拘村	358
増田 作太郎	24, 571, 573
増田 重喜	357, 549, 551, 553, 554, 559
増田 昇一	465, 470
増田 四郎	28
増田 次郎	472
増田 富夫	318, 322, 324, 326, 346
増田 知貞	71
増田 八郎	163
増田 抱村	200, 210, 211, 225, 250, 293, 301, 304, 315, 316, 328, 347, 357, 359, 360, 381, 399, 427, 547, 548, 555〜557, 560, 695
増田 増太郎	158
増田 操	27, 573〜576, 578
益田 裕治	372
増地 庸治郎	346, 492, 496, 505, 513, 519, 521, 530
益富 政助	357
増永 元也	625
増淵 末子	132
増淵 穣	65, 274
桝本 輝義	102, 523
増山 新平	128, 129
増山 田計男	133
桝山 直市	478
町井 正路	240
町井 義一郎	408, 473
町井 栄	12, 197, 402
町田 則文	284
町田 辰次郎	294, 424, 817
町田 保	94, 97, 123, 306
町田 忠治	447
町田 増夫	576, 579
町田 美一郎	407, 408, 477
松浦助	149, 150
マーツ、チアースルズ	417
松井 勇	508, 509, 514, 517, 521, 522, 696
松井 驥	260, 263, 371, 446, 669
松井 清	486, 488, 565, 571, 580
松井 清足	586
松井 清之助	73, 96, 140, 144
松井 謙吉	261
松井 茂	57〜60, 62〜64, 71〜75, 169, 174, 287, 357, 651, 661
松井 静郎	434
松井 正一	94, 96, 373
松居 松葉	202
松井 甚右衛門	704
松井 辰之助	171, 176, 195, 348, 396, 397, 469, 474, 511, 513, 516, 519, 526, 563〜566, 568, 572, 573, 578, 582, 585
松井 翠次郎	269
松井 精一	198, 690
松井 詮寿	199, 310
松井 孝	521
松井 毅	331
松井 達夫	76, 78
松井 友	71, 72
松井 豊吉	381
松井 春生	261, 469, 477, 479, 486, 539, 570, 575, 601, 608, 625, 662
松井 等	701
松井 広吉	705
松井 鳳平	248
松浦 栄	60, 61, 691
松浦 鎮次郎	33, 270
松浦 四郎	585
松浦 誠之	572, 573, 575
松浦 仙逸	228, 234, 235
松浦 宏	697
松浦 不二夫	185
松浦 茗谷	249
松浦 康秋	516
松浦 嘉俊	431
松江 章人	434
松江市	750, 755, 756, 760, 764, 768, 772, 778, 811, 818, 826, 829, 833, 836
松江市役所	40, 41, 162
松尾 宇一郎	716
松尾 国松	10, 23, 88, 522, 617, 673, 675, 679
松尾 小三郎	42, 167
松尾 繁式	55
松尾 楸	2
松尾 樹明	65, 66
松尾 長造	274, 286
松尾 春雄	152〜154, 158
松尾 仁	209
松尾 守治	145
松岡 憲固	216
松岡 孝児	408, 410, 412〜414, 417, 437, 472, 477, 481, 516, 578
松岡 駒吉	224, 339
松岡 三郎	627
松岡 静雄	161, 464, 690, 842
松岡 修太郎	669
松岡 二郎	372
松岡 近	259
松岡 俊三	60
松岡 亮	507
松岡 正男	473, 636
松岡 稔	72
松方 幸次郎	449
マッカーティ、H.H.	543
松川 一夫	327
松木 幹一郎	2, 6, 137, 168
松木 喜一	255
マッキー、ケンネス・エル	168
松木 正	72
松木幹一郎伝記編纂会	720
マックガル、レウリン	295
松隈 秀雄	70, 219, 409, 413, 415, 419〜428, 430, 431, 433, 436, 440, 443, 444, 446, 455, 456, 460, 550, 609
マツクリユア、ハーラン・アワート	71
マツケルウイー、ロイ・エス	139
松阪市	782, 790, 804, 810, 817, 821
松崎 蔵之助	448, 747
松崎 天民	709
松崎 寿	390, 392, 395〜400, 402, 403, 410, 412〜414, 449, 474, 565
松崎 正躬	319
松崎 由和	93
松崎博士記念事業実行委員会	457
松沢 清	335
松沢 兼人	193, 337, 360, 361, 367, 371, 374, 464
松沢 二郎	509
松沢 伝太郎	470
マッシェル	74
松下 菊松	67
松下 清夫	69, 70
松下 健三	506
松下 専吉	257
松下 秀樹	150
松下 正寿	619
松下 勇太郎	206
松下 吉衛	299
松下 芳男	719
松島 喜市郎	577, 578
松島 周蔵	209, 213, 217, 303
松島 歳巳	29
松嶋 正重	697
松島 正儀	224, 369, 374
松月 秀雄	285, 290
松隅 秀雄	426
松田 朝陽	412
松田 卯太郎	703
松田 和三	143
松田 克三	259, 260, 276
松田 健作	141
松田 源治	263
松田 二郎	411
松田 甚次郎	373
松田 慎三	579
松田 盛進	237
松田 雪堂	16, 284, 396, 416, 451, 452, 643
松田 善吉	227
松田 友吉	251
松田 延一	199, 484, 492
松田 久	261
松田 文蔵	673
松田 全弘	150
松田 道夫	505
松田 泰二郎	300, 302, 554, 724
松田 更一	418, 423, 424, 427
松田 令輔	442, 443, 558
松平 太郎	640
松平 外与麿	359
松平 斉光	593, 692
松高 元治	641

松谷 元三 ……… 277	松本 烝治 … 491, 567, 649	丸亀市役所 … 39, 114, 538	
マツテルスドルフ,W. …… 174	松本 省三 ……… 30	丸木 数登 ……… 438	【み】
松永 安左衛門 … 472, 532	松本 信次 ……… 431, 514	マルクス,カール … 369, 587	
松永 精之 ……… 552	松本 征二 ……… 269, 365, 366, 368, 724	マルゴー,KM ……… 504	三浦 伊八郎 … 84, 133, 134
松永 健哉 ……… 263	松本 忠雄 … 599, 615, 655	マルサス,トーマス・ロバート ……… 558, 560	三浦 磐雄 ……… 89, 144, 146～148
松永 武吉 ……… 90	松本 辰馬 ……… 126	マルシャル,ルネ ……… 211	三浦 一雄 ……… 69, 468, 469, 482, 524
松永 貞水 ……… 376, 377	松本 貞水 ……… 370, 377	丸善株式会社 ……… 720	
松永 道一 ……… 680	松本 寿夫 ……… 523	マルテル,E. ……… 21	三浦 かつみ … 224, 362
松永 密太郎 ……… 263	松本 留義 ……… 199, 200	丸之内 久 ……… 81, 583	三浦 菊太郎 ……… 636
松永 義雄 ……… 164, 453	松本 延雄 ……… 662	丸茂 藤平 ……… 220	三浦 三郎 ……… 378
松波 港三郎 ……… 565	松本 治太郎 ……… 726	丸本 彰造 ……… 125	三浦 七郎 … 133～135, 169
松濤 泰巌 ……… 282	松本 治彦 ……… 31, 71, 73, 81, 353, 525, 527, 581	丸山 音次郎 ……… 173	三浦 俊一 ……… 66
松波 仁一郎 ……… 128, 134, 135, 139, 140, 147, 149, 159, 178, 602, 654	松本 洋 ……… 321, 726	丸山 幹治 ……… 489, 519, 626, 674	三浦 尚史 ……… 63
		丸山 啓治 ……… 307	三浦 正 ……… 296
松成 信夫 ……… 348	松本 雅男 ……… 518	丸山 三郎 ……… 260	三浦 勉 ……… 129
松縄 信太 ……… 171	松本 学 … 127, 128, 363	丸山 照六 ……… 141	三浦 鉄太郎 … 249, 563, 618
松野 賢吾 ……… 429, 436, 441, 443, 445, 461	松本 六樹 ……… 97	丸山 鶴吉 ……… 42, 251	三浦 藤作 ……… 253, 254, 256, 257, 282, 285
松葉 栄重 ……… 70, 155, 180, 182, 183, 511	松元 泰允 ……… 99	丸山 貞二 ……… 370	
	松本 義雄 ……… 253	丸山 博 ……… 230, 329	三浦 利康 ……… 264
松橋 基彦 ……… 364	松本 善海 ……… 675	丸山 福松 ……… 647	三浦 豊吉 ……… 388, 562
松原 一彦 … 276, 603, 605	松本 良三 ……… 550～552	丸山 弁三郎 ……… 404	三浦 豊二 ……… 712
松原 寛 ……… 259	松本市 ……… 591, 715, 738, 739, 756, 760, 764, 768, 776, 782, 789, 810, 817, 823, 829, 836, 838	丸山 真男 … 609, 620, 626	三浦 直彦 ……… 24
松原 久人 ……… 249		丸山 芳樹 … 127, 129	三浦 直弥 ……… 92
松原 フサ ……… 215		丸山 義二 ……… 30	三浦 一 ……… 86
松原 正儀 ……… 373		マロック,ウィリアム・ハロル ……… 294	三浦 逸雄 ……… 605
松原 昌治 ……… 387	松本市役所 ……… 37, 39, 41, 108, 240, 589		三浦 宙里 ……… 465
松藤 良二 ……… 542, 591		馬渡 俊雄 … 2, 381, 722	三浦 周行 ……… 33, 129, 133, 168, 291, 335, 361, 644, 645, 690
松前 重義 … 515, 524, 657	松本商工会議所 … 782, 829	万歳 規矩楼 ……… 554	
松前 福広 ……… 212	松本市翼賛壮年団 ……… 829	満洲会 ……… 638	
松見 三郎 ……… 145, 146, 224, 244	松森 修太 … 148, 351	満洲国国民勤労奉公局 ……… 345, 346	三浦 福七 ……… 387～389
	松山 茂二郎 … 417, 422		三浦 正人 ……… 22, 672
松宮 一也 ……… 362	松山 銑一郎 … 268, 269, 271, 363, 376～379, 668～671	満洲国国務院総務庁 ……… 685, 686	三浦 元秀 ……… 163
松宮 武八郎 ……… 183		満洲国産業部農無司 … 492	三浦 行雄 … 146, 198
松宮 正旗 ……… 697	松山 武 … 648, 653, 654	満洲国治安部警務司 … 828	三浦 義男 … 218, 564
松村 市太郎 ……… 383	松山 宗治 ……… 440	満州国務院民政部総務司調査科 ……… 43, 44	三浦 義太郎 ……… 7
松村 勝治郎 … 261, 264, 303, 305, 307, 311, 315, 331, 462, 475, 477, 479, 519, 523, 537, 538, 662	松山 基範 ……… 57, 58		三浦 義道 ……… 381
	松山市 ……… 41, 42, 741, 746, 750, 759, 760, 764, 768, 778, 784, 809, 823, 828, 834, 836, 839	満洲事情案内所 … 719, 846	三重県 ……… 161, 651, 728～731, 741, 744, 748, 753, 777, 793, 798, 800, 811, 820, 825, 830
松村 敬一 ……… 624		満洲市場株式会社 … 206	
松村 謙三 ……… 481, 482		満洲帝国国立図書館籌備処 ……… 289	
松村 散人 ……… 546	松山市役所 … 223, 701	満州帝国政府国務院国都建設局 ……… 92	三重県自治振興会 ……… 53
松村 章三郎 ……… 421	松山商工会議所 … 787, 807	満洲帝国大同学院 ……… 651	三重県総務部統計課 ……… 793, 800, 807, 830
松村 松盛 ……… 251, 281, 317, 534, 661	松好 貞夫 ……… 497	満洲電業股份有限公司調査課 ……… 536	三重県知事官房 ……… 748
松村 光磨 … 65, 91, 96, 97, 124, 140～143, 179, 667	的野 半介 ……… 701		三重県知事官房統計課 ……… 769, 780, 837
	的場 浩 ……… 70	満洲都市問題研究会(第2回康徳6年奉天) ……… 51	
松村 義一 ……… 596, 598	真鶴町 ……… 809	満洲都市問題研究会(第4回康徳7年安東) ……… 52	三重県統計協会 ……… 818
松村 義太郎 … 309, 548	真鍋 簡好 ……… 150		三重県農務課 ……… 532
松室 重光 ……… 3, 61, 85, 138, 142, 599	真辺 春蔵 ……… 73	満洲都市問題研究会(第6回康徳8年吉林) ……… 53	三重県南牟婁郡教育会 ……… 708
	真鍋 藤治 … 617, 658		
松本 栄一 ……… 513	真鍋 良一 … 296, 297	満鉄衛生課 ……… 215	三尾 砂 ……… 273
松本 角太郎 ……… 36	真庭郡役所 ……… 705	満鉄経済調査会 ……… 780	三ヶ尻 義雄 ……… 405
松本 亀太郎 ……… 581	間野 ……… 622	満鉄社員会 ……… 711	三上 徳三郎 ……… 43
松本 完三 ……… 18, 19	真野 勇雄 … 133, 168	満鉄大連図書館 … 843, 845	三上 直策 ……… 479, 482, 483, 671
松本 喜一 … 256, 261, 284	真野 英一 ……… 444, 516, 517, 522, 526	満鉄地方部工事課 … 144	
松本 儀八 … 57, 347, 524		満鉄東亜経済調査局 ……… 297, 390, 643, 659	三上 正毅 ……… 448
松本 清 ……… 147	馬目 尚 … 92, 94, 96		三川 克巳 ……… 318～322, 328, 678
松本 喜代美 ……… 379	馬原 忠毅 ……… 576	満鉄図書館研究会 … 845	
松本 金寿 ……… 267	摩久 佑太郎 ……… 72	満鉄哈爾賓図書館 ……… 288	
松本 健吉 ……… 625	馬淵 鋭太郎 ……… 8	満鉄羅津建設事務所 … 143	三川 秀夫 … 96, 199, 219, 229, 232, 233, 568
松本 健次郎 … 132, 134, 568	馬淵 良逸 ……… 79	マント,G. ……… 546	未川 博 … 542, 613
松本 耕介 ……… 565	真山 栄次 ……… 256	満蒙文化協会 ……… 705	三木 秋義 ……… 573
松本 浩太郎 … 379, 726	真山 鶴彦 ……… 627	マンロー,W.B. ……… 34, 37, 40, 63, 449	三木 栄三 … 136, 137
松本 悟朗 … 294, 307, 640	丸 弘 ……… 374		三樹 樹三 ……… 89
松本 栄 ……… 219	丸岩 関弥 ……… 243		三木 清 … 278, 845
松本 繁太郎 … 16, 175, 668	丸枝 季繁 ……… 578		三木 謙吾 ……… 60, 129～131, 133, 134, 136
松本 潤一郎 ……… 279, 291, 296, 313, 333, 379	丸岡 重堯 … 465, 663		
	丸亀市 ……… 241, 742, 757, 762, 769, 775, 782, 795, 809, 826		三木 純吉 ……… 408

三木 正一 ……… 348, 586	131, 139, 251, 255, 258, 596, 597, 639, 646, 661, 662, 664, 673, 682, 683, 685, 716, 722, 723	三戸 十三 ……… 704, 722	南満洲鉄道株式会社東亜経済調査局 ……… 284, 294, 295, 337, 338, 528, 529, 533, 586, 645
三木 泰治 ……………… 489		三戸 寿 ………………… 617	
三木 寿雄 ……… 259, 277		水戸市 ……… 33, 749, 763, 770, 775, 803, 827, 837	
三木 知臣 ……………… 517	水野 六郎 ……… 371, 372		南満洲鉄道株式会社哈爾賓事務所調査課 ……… 75, 336, 642, 643, 706
美樹 真臼 ……………… 604	水原 旭 ……… 129, 132, 133	水戸市役所 ………… 41, 244	
三木 巳代吉 …………… 130	三瀦 謙三 ……………… 239	水戸商工会議所 ……… 832	
三木 良英 ……………… 236	三瀦 信三 ……… 258, 642	緑川 門弥 ……………… 219	南満洲鉄道株式会社撫順炭坑 ……………………… 700
幹島 志郎 ……………… 361	水巻 武 ………………… 556	水上 鏡一 ……………… 68	
右田 忠吉 ……………… 220	水本 信夫 ……… 647, 648	水上 源次郎 …………… 406	南満洲鉄道株式会社埠頭事務所 …………………… 703
右田 鉄四郎 …………… 237	溝江 五月 …… 86, 194, 215	水上 鉄次郎 ‥ 298〜301, 303, 304, 308〜313, 318, 321, 326, 334, 379, 462, 783	
三木町役場 …………… 591	溝口 三郎 ……… 78, 79, 81, 501, 502, 507, 512, 513, 516, 518, 524, 525, 557		南満洲鉄道株式会社臨時経済調査委員会 ……… 339
三国 一夫 ……………… 726			
三国 一義 ……………… 557		南谷 文一 ……………… 617	南満洲鉄道庶務部調査課 ……………………… 647
御厨 敏彦 ……… 60, 65, 73		湊 光一 ……… 425, 426, 428	
御厨 規三 ……………… 10	溝口 親種 ……… 132〜134	水俣町 ……… 800, 807, 815	南満洲鉄道総務部調査課 ……………………… 186
三崎 文四郎 …………… 259	溝口 白羊 ……………… 705	南 岩男 ………………… 292	
三沢 勝衛 ……… 547, 690	溝淵 増巳 …… 496, 498, 502	南 謹二 ……… 314, 370	南満洲鉄道調査課 ……… 449, 641, 644, 646, 647
三沢 寛一 ……… 676, 677	三田 定則 ……………… 63	南 俊治 ………………… 208	
三沢 房太郎 ………… 257, 300, 304, 305, 307〜309, 312, 322, 342	御田 綱男 ‥ 61, 144, 350, 691	南 次郎 ………………… 23	南満洲鉄道東亜経済調査局 …………………… 646
	三谷 此治 ……… 365, 369, 378	南 鉄蔵 ………………… 515	
	三谷 越夫 ……………… 517	南 信 …………………… 349	
三柴 郷 ………………… 31	三谷 友吉 ……………… 541	南 正樹 …………… 4, 59, 411〜414, 418, 464, 465, 469〜474, 483	南満洲鉄道哈爾賓事務所調査課 ……………… 643
三島 三郎兵衛 ………… 196	三谷 軌秀 ……… 32, 391		
三島 政行 ……………… 713	三谷 道麿 ……………… 409		嶺田 丘造 ……………… 449
三島 良蔵 ……………… 260	三田村 一郎 …………… 424	南 雄七 ………………… 360	峯間 信吉 ……………… 259
三島市 ……………… 829, 836	三田村 鳶魚 ‥ 707〜709, 721	南 亮三郎 ……… 546, 552, 553, 555, 557, 559, 560	峯村 光郎 ……………… 492, 506, 538, 627, 657
三島町 ………………… 824	三田村 鐘三郎 ………… 128		
水芦 紀陸郎 …………… 375	道上 清治 ……………… 393	南会津郡小梁組合村々農会 …………………… 681	
水飼 幸之助 ………… 27, 29, 274, 617, 676, 679	三井 寛爾 ……………… 309		三野 清治 ……………… 578
	三井 治郎 ……………… 22	南魚沼郡教育会 ……… 704	三野 与吉 ……………… 696
水口 正一 ……………… 8, 471, 598, 664, 667	三井 高国 ……………… 487	南魚沼郡農会 ………… 681	箕浦 多一 ……………… 313
	三井 高陽 ……………… 178	南宇和郡町村長会 …… 718	美濃口 時次郎 ……… 80, 123, 292, 296, 302, 304, 308, 316, 317, 320, 326, 327, 330, 333, 334, 346, 374, 466, 467, 494, 498, 507, 512, 550, 552, 555, 558, 560, 574, 577〜579, 584, 592, 726
水越 幸一 ……………… 17	三井 武夫 ……………… 133	南葛飾郡 ……………… 706	
水越 成章 ……………… 32	三井 透一 ……………… 276	南崎 雄七 …… 134, 211, 213, 217, 225, 227, 247, 549	
水越 致和 ……………… 203, 466〜470, 472, 473, 476, 479, 480, 482, 483, 485, 487, 506, 530, 534	三井 正雄 ……………… 228		
	三井 矢作 ……………… 371	南設楽郡役所 ………… 700	
	三井銀行考査課 ……… 401	南千住隣保館 ………… 757	
	三井銀行調査課 ……… 763	南多摩郡役所 ………… 706	
水越生 ………………… 481	三井合名会社調査部 … 459	南満洲鉄道株式会社 … 160, 187, 295, 338, 452, 529, 532, 533, 538, 559, 683, 701, 706, 709〜711	
水沢 謙三 ……………… 69	三井物産株式会社上海支店 …………………… 163		美濃島 正則 …………… 585
水島 治夫 ……… 29, 248, 825			美濃新聞社 …………… 704
水島 芳静 ……………… 718	三井物産株式会社船舶部東京出張所 ………… 134		美濃部 達吉 …… 26, 27, 59, 60, 62, 72, 99, 117, 197, 220, 422, 430, 437〜439, 492, 493, 496, 506, 507, 517, 519, 521〜525, 593〜595, 598, 599, 606〜610, 618, 619, 625〜627, 638, 641〜644, 647〜659, 681
水島 密之亮 …… 60, 342, 361			
水谷 高治郎 …………… 101		南満洲鉄道株式会社産業部 …………………… 457	
水谷 三郎 ……………… 586	三井本社調査部 ……… 544		
水谷 駿一 ……………… 89, 90, 92, 94, 97, 98, 328	三井本社調査部研究室 …………………………… 544	南満洲鉄道株式会社社長室調査課 ……… 160, 705	
水谷 鐇 ……… 81, 132, 144, 148, 150, 153, 229	三岡 丈夫 ……………… 703	南満洲鉄道株式会社庶務部社会課 …………… 337	
	光岡 徹 ………………… 142		
水谷 武彦 ……………… 349	光川 逸平 ……………… 453	南満洲鉄道株式会社庶務部調査課 ………… 161, 162, 282, 336, 381, 450, 559, 643, 644, 646, 647, 707, 710, 739, 826, 827	
水谷 徳男 ……… 267, 288	満川 元親 …… 488, 498, 511, 512, 517, 520, 524, 526		美濃部 洋次 ‥ 432, 433, 491, 506, 511, 522, 527, 575
水谷 平吉 ……… 450, 453			
水谷 松三郎 …………… 389	参木 録郎 ……………… 469		美濃部 亮吉 …………… 403, 415, 419, 423, 425, 477, 479, 482, 487
水谷 守一 ……… 308, 569	御津郡教育会 ………… 706		
水谷 好矩 ……………… 237	満田 巌 ………………… 626	南満洲鉄道株式会社総裁室弘報課 …………… 719	
水谷 良一 …… 301, 302, 343	光田 健輔 ……………… 211		三原市 ……… 807, 818, 823
水野 清子 ……………… 24	密田 良太郎 …………… 222	南満洲鉄道株式会社総務部事務局調査課 …… 683	三淵 忠彦 ……………… 644
水野 金市 ……………… 68	光谷 豊一 ……………… 374		三堀 参郎 ……………… 512
水野 慶次 ……………… 701	三土 忠造 ……… 451, 469	南満洲鉄道株式会社総務部資料課 ……… 654, 843	三村 柞平 ……………… 456
水野 桂三 ……………… 263	ミッツラフ ……………… 4		宮内 乾 ……… 412, 670
水野 幸吉 ……………… 699	ミットニッキー, エム … 312	南満洲鉄道株式会社総務部調査課 …………… 335	宮内 義則 ……… 91〜93, 97, 130, 138, 158
水野 遵 ………………… 680	三橋 信三 …… 142, 150, 154		
水野 清司 ……………… 231	三橋 節 ………………… 270	南満洲鉄道株式会社地方課 …………………… 683	宮内 弥 ………………… 306
水野 武夫 ……………… 269, 485, 495, 513, 524	三橋 斗機雄 …… 471, 481		宮尾 舜治 ……………… 103
	三橋 寛之 ……………… 150	南満洲鉄道株式会社地方部庶務課 …… 769, 773, 779, 786, 791, 794, 800	宮尾 武男 ……… 326, 328
水野 常吉 ……… 281, 311	三橋 逢吉 ……… 277, 334		宮川 栄一 ……………… 467
水野 博之 …… 365, 368, 378	光林 富男 ……………… 555		三宅川 賢二 ‥ 319, 493, 503
水野 弥重郎 …………… 94	三菱経済研究所 ……… 536	南満洲鉄道株式会社調査課 ……… 337, 558, 646, 707	宮川 宗徳 ……… 224, 228
水野 祐吉 ……………… 590	三菱合資会社地所部 … 558		宮川 竹馬 ……………… 511
水野 豊 ………………… 188	三菱合資会社資料課 … 450	南満洲鉄道株式会社調査部 ……………… 81, 833	宮川 鉄次郎 …………… 449
水野 錬太郎 ……… 8, 35, 41, 49, 82, 123, 127,	三又協和会 …………… 825		宮川 三千蔵 …………… 522
	三森 議逸 ……………… 653	南満洲鉄道株式会社鉄道総局 ……………… 717, 718	宮川 実 ………………… 509
			宮城 音五郎 …………… 578
			宮城 孝治 …… 265, 371, 507

| 宮城県 ………… 76, 727, 729, 730, 741, 744, 749, 753, 758, 770, 774
| 宮城県刈田郡教育会 …… 711
| 宮城県加美郡教育会 …… 708
| 宮城県栗原郡教育会 …… 704
| 宮城県警察部 ………… 781
| 宮城県志田郡役所 …… 701
| 宮城県志波姫村 ………… 678
| 宮城県総務部 ………… 825
| 宮城県総務部調査課 …… 835
| 宮城県総務部統計課 …… 793, 800, 807, 812, 826
| 宮城県玉造郡教育会 …… 712
| 宮城県知事官房 …… 745, 755
| 宮城県知事官房統計課 …… 767, 780, 784, 787, 790
| 宮城県地方課 ………… 811
| 宮城県統計課 ………… 807
| 宮城県登米郡役所 …… 706
| 宮城県内務部 ………… 681
| 宮城県内務部地方課 …… 742
| 宮城県名取郡 ………… 449
| 宮城県宮城郡教育会 …… 711
| 宮城県桃生郡教育会 …… 706
| 宮北 敏夫 ………… 230, 235
| 三宅 賢 ………… 294
| 三宅 鉱一 ………… 219, 229, 358
| 三宅 孤軒 ………… 452
| 三宅 鹿之助 ………… 494, 497, 500, 506, 519
| 三宅 正一 ………… 227, 246, 421, 494
| 三宅 正三 ………… 193
| 三宅 正太郎 ………… 60, 597
| 三宅 晴輝 ………… 428, 489
| 三宅 雪嶺 ………… 265
| 三宅 大無 ………… 431
| 三宅 太郎 ………… 377, 509
| 三宅 忠八 ………… 142
| 宮家 寿男 ………… 529
| 三宅 発士郎 ………… 473, 475
| 三宅 磐 ………… 33
| 三宅 福馬 ………… 529
| 三宅 正男 ………… 615
| 三宅 美代治 ………… 353
| 三宅川 百太郎 ………… 135
| 宮古市 ………… 835
| 都城市 ………… 760, 764, 782, 795, 811
| 都城市役所 ………… 203
| 宮坂 九郎 ………… 76
| 宮坂 喆宗 ………… 363
| 宮崎 市八 ………… 294
| 宮崎 和男 ………… 262
| 宮崎 和清 ………… 567
| 宮崎 謙太 ………… 218
| 宮崎 正吉 ………… 695
| 宮崎 四郎 ………… 71
| 宮崎 新一 ………… 502, 507
| 宮崎 太一 ………… 64, 218, 219, 224, 227, 229
| 宮崎 正夫 ………… 140, 150
| 宮崎 万吉 ………… 63
| 宮崎 道三郎 ………… 638
| 宮崎 宗雄 ………… 20
| 宮崎 吉則 ………… 517, 592
| 宮崎 力蔵 ………… 455
| 宮崎県 ………… 686, 727, 729, 731, 734, 735, 737, 740, 742, 750, 754, 777, 783, 796, 797, 804, 818, 833

| 宮崎県小林町 ………… 828
| 宮崎県庶務課 ………… 831
| 宮崎県知事官房 …… 765, 773, 791, 838, 839
| 宮崎県地方課 …… 662, 811, 818
| 宮崎県立都城高等女学校 ………… 278
| 宮崎市 ………… 744, 763, 767, 780, 788, 795, 803, 810, 817, 822, 827
| 宮崎市役所 ………… 44
| 宮沢 喜一 ………… 513, 514
| 宮沢 小五郎 ………… 90, 353
| 宮沢 末男 ………… 294
| 宮沢 俊義 ………… 14, 15, 22, 25, 29～31, 73, 200, 314, 408, 429, 595, 599～611, 613～621, 624, 625, 627, 647, 653, 654, 658～660, 671, 673～675, 678
| 宮沢 政行 …… 408, 409, 413
| 宮司 功 ………… 1
| 宮地 啓三 ………… 234
| 宮地 常助 ………… 94, 97
| 宮地 直邦 ………… 70, 71, 73
| 宮下 三次郎 …… 391, 399, 400
| 宮下 正一郎 ………… 456
| 宮下 俊彦 ………… 274
| 宮島 久次郎 ………… 520
| 宮島 清 ………… 261, 264, 265, 268～270, 273, 692
| 宮島 茂次郎 ………… 253, 256
| 宮島 晨吉 ………… 136
| 宮島 忠雄 ………… 242
| 宮島 幹之助 …… 83, 89, 208, 209, 211, 214, 217, 219, 221, 240～242, 245, 278, 360, 556, 559, 714
| 宮瀬 睦夫 ………… 278
| 宮田 勘三 ………… 85, 86
| 宮田 喜代蔵 …… 512, 520
| 宮田 秀穂 ………… 65, 93, 124, 148, 154
| 宮田 又兵衛 …… 250, 251, 253
| 宮田 保郎 ………… 477
| 宮武 外骨 …… 285, 287, 688
| 宮出 秀夫 ………… 506
| 宮出 秀雄 ………… 32, 80, 124, 125, 329, 487, 488, 493, 496, 500, 505, 506, 508, 512, 513, 517, 519, 520, 524, 526, 528, 543, 576, 579, 581, 582, 584, 672
| 宮西 一積 ………… 53
| 宮野 省三 …… 60, 602, 686, 692
| 宮原 誠一 …… 273, 278
| 宮部 直巳 ………… 76, 77, 145, 146, 723
| 宮部 宏 ………… 146
| 深山 杲 ………… 227, 234, 270, 351, 353
| 見山 正賀 ………… 31
| 宮前 謙二 ………… 698
| 宮前 憲三 ………… 64, 319～321, 419, 421, 613～615, 670～672, 679
| 宮前 義嗣 ………… 586
| 宮村 慶次 ………… 163
| 宮村 才一郎 ………… 81
| 宮本 巌 ………… 238
| 宮本 薫 ………… 66

| 宮本 吉造 ………… 68
| 宮本 金七 ………… 274, 286
| 宮本 源之助 ………… 186
| 宮本 忍 …… 235, 236, 239, 245
| 宮本 隆 …… 92, 416～419
| 宮本 武之輔 ………… 63, 129, 142, 144, 146, 507
| 宮本 長治 ………… 141
| 宮本 英雄 …… 304, 643
| 宮本 秀彦 ………… 272
| 宮本 宏 ………… 553
| 宮本 又次 ………… 491, 520, 692, 693
| 宮本 倫彦 …… 262, 315, 475, 483, 486, 495, 514
| 宮本 基 ………… 558
| 宮本 百合子 ………… 616
| 宮本 吉夫 …… 177, 614, 615
| 宮森 喜久二 ………… 198
| 宮脇 賢之介 ………… 303
| 宮脇 泰一 ………… 80, 98, 125, 353, 621
| 宮脇 倫 ………… 61, 62
| ミュルダール, グンナー ………… 543, 560
| ミュンステルベルヒ ………… 380
| 茗荷 房吉 …… 260, 648, 667
| 三好 明治 …… 320, 485
| 三好 幾久次 ………… 585
| 三好 伊平次 ………… 382
| 三好 貞之 …… 136, 145
| 三好 重夫 ………… 6, 7, 23, 266, 270, 397～402, 404, 406, 407, 418～436, 453, 454, 457～459, 472, 609, 666, 670, 671, 676
| 三吉 朋十 ………… 275
| 三好 豊太郎 ………… 14, 260, 262, 278, 298, 301, 305, 308, 315, 318, 325, 327, 334, 343, 349, 354, 357～359, 364, 365, 368, 371, 372, 374, 384, 385, 469, 550, 579, 583
| ミラー, サイラス・C. … 203
| ミラー, ゼー・ストロザー ………… 134
| ミルコウイッチ ………… 493
| ミロツフ, アー ………… 63
| 三輪 乙人 ………… 622
| 三和 一男 …… 646, 705
| 三輪 周蔵 …… 140, 151
| 三輪 寿壮 ………… 266, 319, 331, 334, 479, 597
| 三輪 震一 ………… 468, 470, 471, 476, 534
| 三輪 清一郎 ………… 183
| 三輪 為一 …… 357, 358, 464
| 三輪 政一 ………… 385
| 三輪 松三 ………… 218
| 三輪田 元道 ………… 263
| 民生局 …… 31, 32, 445
| 民政部警務司 ………… 76
| ミンツ ………… 336
| 民友社 ………… 699

【む】

| 向井 新 ………… 101, 595

| 向井 梅次 ………… 328, 501, 568, 577, 578, 588
| 向井 鹿松 …… 199, 393, 471, 472, 496, 517, 522, 535, 539, 573, 577, 589
| 六笠 武生 ………… 257
| 無何有郷主人 ………… 698
| 麦谷 竜次郎 …… 546, 690
| 向山 朝知 ………… 475
| 武蔵野会 ………… 716
| 武蔵野町 …… 823, 833
| ムース, カール ………… 262
| ムッソリーニ ………… 213
| 武藤 巌男 ………… 700
| 武藤 栄治郎 …… 283, 452
| 武藤 喜一 ………… 161
| 武藤 麒駛郎 …… 230, 239
| 武藤 清 ………… 59, 62, 63, 70, 128, 137
| 武藤 金治 ………… 451
| 武藤 山治 ………… 387, 396, 399, 646
| 武藤 正三 …… 548, 549
| 武藤 武雄 ………… 324
| 武藤 太郎 ………… 478
| 武藤 長蔵 ………… 423
| 武藤 貞一 ………… 639
| 武藤 智雄 ………… 670
| 武藤 文雄 ………… 317, 318, 320～322, 324, 344, 345
| 武藤 巳之作 ………… 58
| 宗形 金風 ………… 43
| 宗像 誠也 ………… 265, 267, 271, 278, 279
| 棟方 虎夫 ………… 701
| 宗近 鵬介 ………… 313
| 宗藤 圭三 ………… 429, 430, 432, 434, 444, 505
| 無名隠士 ………… 104
| 村 教三 ………… 550
| 村井 信雄 ………… 435
| 村井 八郎 ………… 99
| 村井 博介 ………… 622
| 村尾 力太郎 ………… 527
| 村岡 毅 ………… 306
| 村岡 花子 ………… 73
| 村上 愛治 …… 3, 7, 468, 469
| 村上 勘兵衛 ………… 698
| 村上 義一 …… 183, 191
| 村上 恭一 ………… 2, 13, 32, 59, 60, 64, 123, 197, 313, 394, 400, 410, 596～600, 602, 603, 612～614, 617, 621, 622, 624, 627, 662, 666～668, 671, 676, 678
| 村上 金十郎 ………… 429
| 村上 国吉 ………… 498
| 村上 賢三 …… 225, 350, 364
| 村上 三郎 ………… 707
| 村上 十一郎 ………… 585
| 村上 正 ………… 156
| 村上 貞吉 ………… 650
| 村上 虎雄 ………… 332
| 村上 直次郎 ………… 657
| 村上 信彦 ………… 577
| 村上 浩 …… 392, 465, 467
| 村上 広之 ………… 270
| 村上 富士太郎 … 474, 485, 486
| 村上 文郎 ………… 631
| 村上 泰一 …… 349, 407
| 村上 庸吉 ………… 252

村上 隆吉 …… 587	室戸 健造 …… 508	茂手木 元蔵 …… 275	森 正男 …… 485
村上 竜太郎 ‥ 466, 467, 471	室伏 高信 …… 282	本岡 武 …… 124, 125, 840	森 通保 …… 238
村川 敬蔵 ……	室谷 慶一 …… 648	元川 房三 …… 696	森 保次 …… 166
309, 310, 367, 378	室谷 賢治郎 …… 434, 499, 526	泉二 新熊 …… 359	森 右作 …… 530
村川 達三 …… 398	室蘭市 …… 740, 742, 745,	元田 丞 …… 260	森 義宣 …… 693
村越 慶三 …… 700	747, 750, 760, 764, 768,	元田 肇 …… 610	森 与四間 …… 253
村越 信夫 …… 488	772, 778, 790, 791, 823	本野 精吾 …… 130, 132, 136	森 留川 …… 146
村崎 正助 …… 501	室蘭市長 …… 91	本谷 久二 …… 366	森 林太郎 …… 242
村島 鉄男 …… 210, 211, 218	室蘭商工会議所 ……	本山 顕一 …… 504	守内 喜一郎 …… 264, 276
村島 帰之 …… 84, 214, 230,	589, 780, 783, 797	元山 修二 …… 14,	守岡 滝雄 …… 14,
238, 304, 305, 374, 382		26～28, 60, 65, 73, 138,	15, 17, 669, 670
村瀬 末一 …… 62	【め】	139, 197, 198, 257, 348,	森岡 常蔵 …… 260
村瀬 達 …… 72		349, 365, 391, 393～397,	森丘 正唯 …… 674
村瀬 直養 …… 570, 571	茗渓館 …… 272	399～412, 414, 416～420,	森岡 正陽 …… 370, 554, 556
村田 岩次郎 …… 34, 335	明治財政史編纂会 …… 448	422, 423, 425, 426,	盛岡銀行 …… 709
村田 宇一郎 ‥ 250～253, 301,	明治政治史研究会 …… 652	434～436, 438, 476, 488,	盛岡市 ‥ 748, 757, 770, 780,
464, 546, 661, 683, 684	明治大学報国団政経学会	596, 598, 599, 605, 610,	787, 794, 800, 807, 815,
村田 和夫 …… 222	…… 289	614, 616, 664, 666～668,	820, 826, 831, 834, 839
村田 勝延 …… 150, 415～418,	明治文化研究会	670～672, 674～676	盛岡市役所 …… 41
426～430, 671, 672	…… 709, 715, 716		盛岡商工会議所 …… 809
村田 五郎 …… 26, 675	明治編年史刊行会 …… 289	本山 彦一 …… 467	森垣 亀太郎 …… 133
村田 朔郎 …… 502	姪夢哀生 …… 2	本山 政雄 …… 234	森垣 亀一郎 ‥ 84, 85, 88, 128,
村田 保 …… 680	明倫大学校友会 …… 288	元吉 勇太郎 …… 567	129, 135, 137, 141, 167
村田 貞蔵 …… 140, 690	目賀田 種太郎 …… 460	元良 勲 …… 94	森川 梅雄 …… 313
村田 登 …… 84, 230	目黒 清雄 …… 133, 152, 164	茂庭 忠次郎 …… 213,	森川 規矩 …… 515
村田 福次郎 …… 667	目崎 憲司 …… 302,	218～221, 226, 229,	森川 茂 …… 413
村田 峯次郎 …… 700	508, 536, 538, 580	231, 235, 243, 248	森川 太郎 …… 441, 455
村田 幸達 …… 313	メシチェリヤコフ …… 533	物部 長穂 …… 136, 138～140,	森川 正雄 …… 369
村高 幹博 …… 35,	メートル, エミール …… 38	148, 149, 171, 172	森口 清 …… 64, 151, 155
154, 224, 226, 234, 244	メートル法実施促進委員	百瀬 富寿雄 …… 310	森口 繁治 …… 3,
ムーラート, オスカー …… 196	会 …… 148	桃田 義雄 …… 693	8, 285, 302, 593～595,
村中 兼松 …… 345	メリンガー …… 412	桃山 直市 …… 314, 486	599, 643, 645, 649
村野 藤吾 …… 60, 129, 347	メーン, ヘンリー・サムナー	モランヂエール, ド・ラ	森崎 千之 …… 677
村松 市平 …… 72	…… 645	…… 600	森崎 秀夫 …… 21
村松 一見 …… 367	メンガア, アントン …… 645	森 育三 …… 72	森沢 徳太郎 …… 130
村松 恒一郎 ……		森 一郎 …… 212	森沢 元三郎 …… 583
35, 160, 498, 621	【も】	森 蘊 …… 158	森下 確也 …… 194, 394, 395
村松 舜祐 …… 259		森 薫 …… 94	森下 二次也 …… 146, 200
村松 竹太郎 …… 55	馬上 孝太郎 …… 268	森 一雄 …… 85,	森下 政一 …… 7,
村松 常雄 …… 525	蒙疆銀行調査課 …… 386	86, 89, 95, 123, 377	84, 252, 414, 417, 430, 573
村松 遠 …… 25	毛利 泰三 …… 564	森 和男 …… 465	森島 憲一 …… 217
村松 俊一 …… 481, 482	毛里 英於菟 …… 306, 320	森 数樹 …… 149, 301, 559, 726	森島 三郎 …… 542, 585
村松 文蔵 …… 419	毛利 宮彦 …… 249	森 島兵衛 …… 522	森島 美之助 …… 221
村松 正員 …… 260	最上 武雄 …… 62	森 歓之助 …… 132, 477	森島 守人 …… 593
村松 森造 …… 55	茂木 幸三郎 …… 367, 423	森 喜一 …… 320,	モリソン, ハーバート …… 175
村松 義朗 …… 222, 361,	茂木 耕三郎 …… 369	346, 541, 544, 572, 573,	森田 慶一 …… 164
364, 366, 369, 371, 380	茂木 耕三 …… 191	576, 578, 582, 591, 592	森田 康次 …… 66, 73
最上 義朗 …… 361	茂木 惣兵衛 …… 599	森 義一 …… 688	森田 公平 …… 208, 215, 217
村本 外雄 …… 508	木浦府 …… 713, 770, 775, 781,	森 金次郎 …… 217	森田 三郎 ……
村本 達郎 …… 495, 509	788, 809, 816, 823, 831	森 慶三郎 …… 112, 230, 240	140, 151, 153, 154
村本 福松 …… 222,	門司市 …… 715,	森 健蔵 …… 351, 369, 370, 379	森田 茂 …… 404
254, 327, 399, 428, 433,	734, 747, 752, 756,	森 耕二郎 …… 295, 308,	森田 周一 …… 127
469, 470, 472, 474, 476,	764, 768, 776, 783, 790,	309, 312, 334, 466, 566	森田 重次郎 …… 278, 279
477, 496, 498, 503, 504,	798, 805, 818, 825, 831	森 孝三 …… 35, 634, 640, 643	森田 信一 …… 129, 690
507, 509, 514, 519, 520,	門司市役所 …… 41, 241	森 三郎 …… 159, 518	森田 孝 …… 72, 73, 278, 332
522, 524, 526, 563, 564,	門司商業会議所 …… 168, 744	森 周六 …… 501, 502, 566	森田 久 …… 450
566～569, 573, 581, 582	門司税官長官房 …… 133	森 順次 …… 610,	森田 茂介 …… 156, 158
紫安 新九郎 …… 347	門司鉄道局運輸課 …… 187	614, 618, 621, 622	森田 優三 …… 413,
村山 喜一郎 ……	モース, マルセル …… 297	森 荘三郎 …… 57,	414, 422, 455, 557, 561
132, 168, 227, 231	物集 高見 …… 640	211, 212, 214, 357,	森田 良雄 …… 292,
村山 公三 …… 511	用淡 伝六 …… 177	358, 360, 364, 373, 644	299, 303, 332, 341,
村山 朔郎 …… 147	望月 荒七 …… 93	森 四郎 …… 449	342, 357, 363, 367
村山 重忠 …… 302, 389, 464,	望月 信治 …… 99, 101	森 泰吉郎 …… 472, 507	森谷 克己 …… 498
467, 484, 522, 566, 568	望月 文司 …… 96	森 堯夫 …… 695	森谷 幾也 …… 497
村山 達雄 …… 441	持永 義夫 …… 197, 296,	森 武夫 ‥ 365, 474～476, 490	森戸 久留間 …… 463
村山 長挙 …… 139	330, 331, 367, 371, 608	森 忠文 …… 91	森戸 辰男 …… 261, 262, 275,
村山 二一郎 …… 130	モッセ …… 681	森 種吉 …… 476	305, 311, 312, 320, 323,
村山 益治 …… 369		森 忠一 …… 177	328, 332, 333, 335, 482,
村山 道雄 …… 81, 125, 581		森 恒太郎 …… 530, 682	510, 557, 603, 606, 840
室井 勝利 …… 583		森 徳久 …… 451, 485	森長 英三郎 …… 372, 672
室住 熊三 …… 570		森 利男 …… 528	
		森 秀男 …… 583	
		森 盆三 …… 443	森永 貞一郎 …… 445, 527

森信 英一 ……………… 255	文部省社会教育局 ‥ 53, 260, 262, 264, 265, 271, 273, 284〜289, 296, 366, 764, 765, 772, 777, 791, 794, 797, 798, 804, 811, 812, 818, 820, 828, 829, 833	八木沢 善次 …………… 124, 424, 468, 477, 484, 498, 501, 569, 573	安本 重治 ……………… 182
森松 孝作 ……………… 726		八木沢 一 ……………… 98	安本 浩 ………………… 324
森村 勝 ………………… 379		柳下 鋼造 ……………… 140	谷田 義一 ……………… 463
森本 世外 ………… 130, 563		八木橋 栄吉 …………… 681	矢田 弘介 ……………… 127
森本 厚吉 ……………… 347		柳生 作郎 ……………… 3	矢田 七太郎 …………… 33
森本 宋 ………………… 477	文部省社会教育調査 …… 255	薬師 二郎 ……………… 13	矢田 挿雲（義勝）‥ 706, 707
森本 照夫 ………… 68, 576	文部省宗教局 …………… 722	薬師寺 志光 …………… 643	矢田 鉄蔵 ‥ 12, 349, 351, 353
森本 仁平 ………… 10, 403	文部省震災予防評議会 …… 76	薬師神 栄七 ………… 89, 91	矢田 増治郎 …………… 673
森本 益一 ……………… 583	文部省専門学務局 ‥ 251, 252, 254, 281, 284, 287〜289	矢口 孝次郎 ……… 543, 659	谷田 吉彦 ……………… 387
盛本 完 ………………… 604		矢崎 仁吉 ……………… 696	八束 米吉 ……………… 236
森本 頼平 ……………… 2, 14, 89, 218, 220		矢沢 大二 ……………… 63	矢次 一夫 ……………… 303, 446, 622, 625, 627
	文部省専門教育局大学教育課 …………………… 277	八沢 宗寿 ……………… 263	
守屋 東 ………………… 384		矢柴 匡雄 ……………… 563	八代市 ………………… 833
守屋 栄夫 ‥ 1, 158, 281, 292, 295, 300, 304, 357〜360, 382, 595, 661, 667, 683	文部省総務局 ……… 280, 838	矢島 慶次郎 …… 387, 389, 546	八基村農会 …………… 531
	文部省体育課 …………… 262, 285, 287, 288	矢島 誠一 ……………… 62	矢富 二郎 ……………… 324
		矢嶋 仁吉 ……………… 79, 100, 692〜694	柳井 省三 ……………… 474
森谷 克巳 ……………… 275, 296, 506, 626	文部省調査部 …………… 256, 257, 284, 285		箭内 名左衛門 ………… 471
	文部省普通学務局 …… 249〜255, 267, 270, 281〜285, 288, 304, 735, 739, 740, 745, 749, 753, 756, 763, 769〜772, 775, 776, 781, 782, 784, 788, 794〜796, 801, 802, 804, 808, 810, 817, 825	矢嶋 正信 ……………… 278	柳井 義男 ……………… 62
守屋 貫雅 ……………… 281		矢島 安雄 ……………… 146	箭内 亘 ………………… 707
守屋 茂 …………… 375, 377, 379		矢尻 徳三郎 …………… 129	矢内原 忠雄 ‥ 269, 307, 326, 547〜549, 559, 599, 609
守屋 秋太郎 ‥ 148〜150, 178		八代 国治 ……………… 842	
森谷 秀亮 ……………… 692		八代 周二 ……………… 248	簗浦 新一 ……………… 693
守屋 松之助 ……… 10, 403		八代 則彦 ………… 393, 449	柳川 精四郎 …………… 133
守屋 善輝 ……………… 623		安明 孝正 ………… 372, 373	柳川 昇 ………………… 429, 496, 506, 511, 524, 566, 576
守屋 喜之 ……………… 262		安井 英二 ……………… 193, 195, 204, 298, 299, 336, 404, 663〜667, 669, 685	
守屋 陸之 ………… 671, 672			柳 登 …………… 428, 430, 434
森山 鋭一 ……………… 166	文部省普通学務局社会教育課 …………………… 253	安井 乙熊 ……………… 698	柳 宗悦 ………………… 130
森山 武市郎 … 372, 377, 386		安井 郁 ……… 600, 608, 624	柳 義治 …………… 143, 410, 455
盛山 利忠 ……………… 519	文部省普通学務局初等課 …………………… 290	安井 誠一郎 ……… 362, 383	柳沢 彰 ………………… 67, 82
森山 正夫 ……………… 521		安井 琢磨 ‥‥ 474, 476, 478, 489, 490, 493, 495, 512	柳沢 定治郎 …… 423, 571, 574
森山 寸夫 ……………… 699	文部省普通学務局調査室 …………… 249〜252, 300, 389		柳沢 泰爾 ‥ 7, 282, 291, 447
森山 豊 ………………… 237		安井 哲 ………………… 260	柳沢 保恵 ……………… 335, 558, 732, 800
森脇 太一 ……………… 718	文部省文書課 …………… 281	安井 久 ………………… 578	
森脇 竜雄 ………… 474, 476	文部大臣官房学校衛生課 …………… 209, 211〜213, 215, 250〜253, 256	安江 正一 …………… 24, 34	柳沢 米吉 ………… 147, 159
モールトン ……………… 534		安岡 弘一 ………… 432〜435	柳沢 利喜雄 …………… 557
諸井 貫一 ……………… 80, 495, 564, 580, 582, 588, 840		安岡 滝雄 ……………… 13	柳沢統計研究所 ……… 187
	文部大臣官房体育課 …… 227, 257, 262, 264, 266, 267, 272, 285, 795	安岡 九十九 …………… 155	柳田 泉 …………… 294, 602
諸井 六郎 ……………… 637		安川 勝太郎 …………… 217, 219, 221, 223	柳田 国男 ‥ 25, 40, 132, 277, 278, 498, 691, 716, 720
師岡 国 ………………… 698			
師岡 健四郎 ……… 13, 486	文部大臣官房文書課 ‥‥ 251, 253〜256, 263, 264, 266〜270, 273〜276, 280, 282, 285, 287, 418, 424, 438, 439, 442, 606, 733, 734, 737, 740, 744, 749, 754, 757, 762, 770	安川 雄之助 ……… 127, 134	柳田 謙十郎 ……… 327, 624
師岡 政夫 ……………… 515		安木 咬一 ……………… 157	柳田 誠二郎 …………… 392
諸戸 北郎 ……………… 164		八杉 正文 ……………… 508	柳田 松太郎 …………… 481
諸根 樟一 ……… 684, 709, 712		安田 巌 ………………… 679	柳瀬 駿 ………………… 158
諸橋 襄 ………………… 15, 397, 409, 471〜473, 674		安田 卯八郎 …………… 399	柳瀬 徹也 ……………… 511
		安田 亀一 ……………… 336	柳瀬 徹 ………………… 328
諸橋 元三郎 …………… 684		安田 精一 ……………… 706	柳瀬 良幹 …………… 271, 518, 602, 615, 618〜620, 623, 624, 627, 659, 677〜679
門司 正信 ………… 574, 584	モンロー，ポール ……… 280	安田 誠三 ……………… 475	
モンテスキユー …… 647, 654		安田 善一郎 …………… 499	
文部省 ‥‥ 33, 73, 256, 261, 262, 267, 272〜277, 279〜281, 284, 286, 318, 628, 651, 652, 726〜737, 739, 765, 774, 778, 788, 800, 807, 814, 822	【や】	安田 泰次郎 ……… 124, 560	柳瀬 渉 …………… 410, 419
		安田 辰馬 ……………… 61, 62, 310, 311, 321	矢野 悦次郎 …………… 452
	八重樫 運吉 …………… 657		矢野 鉉吉 ……………… 529
	八尾 新助 ……………… 632	安田 徳太郎 ……… 227, 264	矢野 兼三 ………… 59, 90, 115
	矢追 秀武 ……………… 237	安田 正鷹 ………… 65, 79, 142, 144, 145, 147〜151, 155, 157, 162〜164, 182, 227, 229, 233, 235, 237, 313, 482, 490, 496, 695	矢野 庄太郎 …………… 427
	矢尾板 正雄 …………… 461		矢野 仁一 ………… 296, 642
文部省学校衛生課 …………… 209, 250, 251	八木 玄蕃 ……………… 699		矢野 末一 ……………… 100
	八木 幸次郎 …… 132, 134, 169		矢野 剛 ………………… 132, 137, 138, 142, 144, 162, 168
文部省教育調査部 …… 266, 275, 286, 288, 289	矢木 三郎 ……………… 179		
	八木 高次 …………… 60, 210, 215, 216, 302	安田 幹太 ……………… 601	矢野 常雄 ……………… 73
文部省教化局 …………… 55		安田 元七 ……………… 396, 397, 399, 400, 485, 573	矢野 恒太 …………… 195, 417, 451, 453, 532〜536, 538, 540, 544, 733
文部省教学局 ………… 289, 290	八木 常三郎 …………… 150, 158, 159, 178, 564		
文部省国語審議会 …… 276		安田 弥太郎 …………… 24	
文部省国民教育局 …… 836	八木 胖 ……………… 63, 494, 507, 527, 528, 604, 627	安田 穣 ………………… 568	矢野 貫城 ………… 249, 264
文部省実業学務局 …… 250, 254, 255, 260, 263〜267, 273, 281, 283, 285, 286, 288, 289, 312, 740, 770, 771, 779, 794, 802		安平 哲二 …… 439, 503, 504	矢野 定三 ………… 137, 143
	八木 芳之助 …………… 312, 317, 324, 329, 414, 438, 471, 475〜480, 482〜485, 487〜489, 491, 492, 496, 498, 502, 513, 525, 537, 550, 551, 571	安平 政吉 ……………… 63	矢野 西雄 ……………… 260
		安福 生 ………………… 438	矢野 雅雄 ……………… 713
		泰松 益道 ……………… 540	矢野 雅雅 ……………… 216
		安松 康司 ……………… 314	矢野 良三 ……………… 577
文部省実業学務局農業教育課 ………………… 251		安村 義一 ……………… 426	矢作 栄蔵 …………… 462, 463, 466, 467, 471, 473, 529
文部省実業学務部 … 264, 823			
文部省社会教育課 ‥ 250, 251			八幡 美和子 …………… 27
			藪 孝平 …………… 433, 508

藪 季光 …………… 573
矢吹 慶輝 ……… 286, 287
藪谷 虎芳 ……… 164, 185
矢部 三郎 …………… 675
矢部 善兵衛 ………… 489
矢部 貞治 …………… 510,
　　599, 608〜611, 625
矢部 俊雄 …………… 392
山内 逸過 …………… 98
山内 喜之助 … 141, 145, 146
山内 得立 …………… 624
山内 隆一 …………… 331
山尾 三千男 ………… 584
山岡 克巳 …………… 238
山岡 富作 …………… 583
山岡 万之助 ………… 644
山岡 竜次 …………… 383
山岡 亮一 …………… 423,
　　479, 522, 550, 551
山方 石之助 ………… 699
山県 一雄 …………… 495
山県 治郎 ……… 123, 130
山形 安 ……………… 257
山形県 … 447, 681, 683, 685,
　　727, 728, 730〜740,
　　742, 745, 749, 811
山形県経済部 ………… 46
山形県警察部 ………… 74
山形県総務部調査課 … 825
山形県総務部統計課 … 793
山形県知事官房統計課
　　……… 752〜754, 759,
　　763, 775, 779, 780, 787
山形県鶴岡町教育会 … 706
山形県内務部 ………… 528
山形県内務部第4課 … 730
山形県西村山郡役所
　　………………… 701, 702
山形県農商課 ………… 727
山形市 ………………… 763
山形市協賛会 ………… 703
山形市男子青年学校 … 272
山形市役所 …………… 241,
　　754, 774, 783, 791, 797,
　　805, 814, 820, 825, 830
山上 重信 …………… 677
山上 弁蔵 …………… 302
山上 正厚 …………… 4
山川 菊栄 …………… 339
山川 三平 ……… 577, 578
山川 建 ‥ 226, 263, 265, 268
山川 秀好 ……… 57, 58, 76
山川 均 … 335, 339, 483, 605
山川 浩 ……………… 701
山川 益市 …………… 229
山木 厳 ……………… 321
山木 茂 ……………… 444
山木 幸雄 …………… 235
山岸 晟 ……………… 334
山岸 七之丞 …… 17, 18, 20,
　　125, 481, 490〜493, 503
山岸 貞一 …………… 141
山岸 輝雄 …………… 184
山岸 文蔵 …………… 628
山岸 正子 …………… 238
山岸 祐 ……………… 271
山際 正道 … 440, 441, 446
山口 泉 ………… 306, 308
山口 栄吉 …………… 378
山口 一夫 …………… 598
山口 貫一 …………… 315

山口 喜一 ……… 172, 178
山口 儀三郎 …… 149, 150
山口 謹人 …………… 210
山口 孝治 …………… 306
山口 吾郎 …………… 154
山口 作太郎 ………… 661
山口 三郎 …………… 17
山口 茂 ………… 461, 544
山口 静夫 ……… 221, 349
山口 十一郎 …………
　　137, 143, 149, 158
山口 俊作 …………… 201
山口 正太郎 ………… 292,
　　304, 305, 339, 363,
　　394, 463, 596, 690
山口 四郎 ……… 704, 706
山口 享 ‥ 610, 670, 672, 673
山口 精 ……………… 143
山口 善右衛門 ……… 435
山口 隆 ……… 522, 523, 841
山口 喬蔵 ……… 198, 570
山口 忠夫 …………… 460
山口 正 ……………… 9,
　　36, 238, 291, 298, 303,
　　307〜309, 348, 349,
　　359, 362〜366, 368, 370,
　　371, 373, 375, 379, 382,
　　383, 385, 386, 399, 406,
　　409, 548, 549, 613, 692
山口 立 ……………… 501
山口 民二 …………… 13,
　　14, 408, 455, 669
山口 忠五郎 ………… 679
山口 俊栄 …………… 694
山口 啓市 …………… 265
山口 寛雄 …………… 28
山口 宏 ……………… 92
山口 弘道 ……… 520, 571
山口 正勝 …………… 645
山口 正城 …………… 148
山口 政二 …………… 249
山口 正義 …… 236〜238, 580
山口 弥一 …………… 72
山口 弥一郎 …… 14, 22, 312,
　　313, 316, 508, 510, 555,
　　633, 691, 695, 696, 720
山口 好恵 ……… 75, 645
山口 喜雄 …… 319, 322, 627
山口 磊吉 …………… 363
山口 竜之助 ………… 5
山口県 ………………… 127,
　　203, 204, 457, 680,
　　699, 715, 727, 735, 804
山口県自治事務講習所
　　……………………… 50
山口県総務部地方課 … 816
山口県総務部統計課
　　………… 794, 797,
　　800, 807, 808, 811, 814,
　　819, 824, 825, 831, 834
山口県知事官房 ……… 752,
　　755, 761, 776〜778,
　　785, 787, 789, 791, 793
山口県知事官房統計課
　　……………………… 785
山口県知事官房文書課
　　……………………… 837
山口県電気局 ………… 204
山口県内務部 …… 742, 745
山口県農会 …………… 535
山口高等商業学校東亜経済
　　研究所 ………… 342, 343

山口市 … 774, 780, 787, 788,
　　794, 809, 822, 828, 835
山口市役所 …………… 224
山倉 強 ……………… 157
山栗 忠七 …………… 102
山崎 巌 ……………… 59,
　　361〜363, 396, 507, 597
山崎 磐男 …………… 199
山崎 英一 …………… 62
山崎 英二 …………… 65
山崎 覚次郎 …………
　　397, 415, 449, 462
山崎 和勝 …………… 497
山崎 桂一 …… 86, 87, 95
山崎 敬三 …………… 69
山崎 謙 ……………… 611
山崎 厳 ……………… 315,
　　360, 371, 373, 609, 673
山崎 源太郎 …… 430, 490
山崎 孝一 ……… 198, 365
山崎 五郎 …………… 66
山崎 犀二 …………… 261,
　　262, 267, 270, 271, 285
山崎 小三 …………… 59
山崎 慎二 ……… 136, 137
山崎 晋道 ……… 616, 617
山崎 千治郎 … 430, 439, 440
山崎 武雄 …………… 508
山崎 佐 …… 362, 365, 366
山崎 達之助 …… 255, 482
山崎 丹照 …………… 60,
　　67, 68, 619〜623, 659, 678
山崎 忠治郎 ………… 30
山崎 禎一 ……… 537, 691
山崎 延吉 ……… 125, 529
山崎 直三 …………… 293
山崎 延吉 …………… 280,
　　531, 536, 537, 662,
　　663, 682, 683, 685
山崎 繁次郎 ………… 529
山崎 英雄 …………… 346
山崎 博 …… 261, 267, 269
山崎 平吉 …………… 479
山崎 勉治 …… 224, 226,
　　338, 341, 378, 500, 505,
　　509, 518, 520, 528, 577
山崎 又次郎 …… 649, 650
山崎 満 …… 235, 505, 507
山崎 靖純 ……………
　　422, 484, 509, 516
山崎 勇之助 ………… 722
山崎 豊 …… 217, 237, 246, 568
山崎 林太郎 ………… 9,
　　10, 33, 219, 470
山沢 亀三郎 ………… 71
山路 愛山 …………… 722
山岸 敬三 …………… 269
山路 八郎 …………… 440
山路 通雄 ……… 421, 487
山下 勝治 ……… 519, 573
山下 定文 …… 139, 141, 485
山下 粛郎 …………… 501,
　　502, 504, 505, 510
山下 清吉 …………… 65
山下 谷次 …………… 257
山下 定二 ……… 169, 170
山下 鉄郎 …………… 98
山下 徳治 …… 264〜268
山下 俊郎 …………… 268
山下 信正 ……… 78, 100
山下 博章 …………… 272

山下 正雄 ……… 616, 617
山下 雅実 …………… 75
山下 又三郎 ………… 206
山下 盛光 …………… 417
山下 芳郎 …………… 127
山下 余四郎 … 31, 552, 568
山城 章 … 202, 333, 512, 580
山城屋 政吉 ………… 697
山住 克巳 ……… 433, 507
山添 三郎 …………… 238
山添 善治 …………… 498
山添 利作 …………… 502
山田 ………………… 476
山田 晟 ………… 488, 491,
　　509, 510, 520, 521, 549
山田 勇 …… 432, 512, 582
山田 英 ……………… 512
山田 栄一 ……… 330, 332
山田 英市 …………… 511
山田 乙三 …………… 142
山田 毅 ……………… 699
山田 和一 …………… 132
山田 一夫 …………… 557
山田 勝次郎 … 469, 530, 542
山田 清人 …………… 273
山田 蔵太郎 ………… 709
山田 敬助 ……… 94, 236
山田 元 ………… 138, 139
山田 源一郎 ………… 280
山田 元礼 …………… 707
山田 孝次 …………… 527
山田 栄 ……………… 270
山田 十畝 …………… 680
山田 秋甫 ……… 157, 158
山田 醇愛 ……… 348, 466
山田 順治 …………… 67
山田 準次郎 ………… 12,
　　13, 34, 212, 213, 305, 335,
　　598, 610, 644, 667, 673
山田 申吾 …………… 529
山田 真三 …………… 477
山田 節男 … 323, 363, 367,
　　368, 371, 374, 376, 384
山田 太一郎 ………… 529
山田 武雄 ……… 339, 435
山田 武 ……………… 521
山田 武治 …………… 153
山田 武彦 …………… 549
山田 忠雄 …………… 129
山田 忠正 …… 12, 17, 40, 41
山田 竜雄 ……………
　　420, 421, 457, 504
山田 珠一 …………… 403
山田 珠樹 …………… 272
山田 力 ………… 577, 578
山田 鉄之助 ………… 579
山田 徳蔵 …………… 135
山田 敏一 ……… 254, 298
山田 信治 …………… 169
山田 春雄 …………… 436
山田 久太郎 ………… 709
山田 秀石 …………… 92
山田 秀三 …………… 566
山田 秀光 …………… 373
山田 昊 ……………… 475
山田 博愛 …… 88〜90, 92, 173
山田 文雄 …………… 310,
　　509, 510, 567, 570, 592
山田 弁信 ……… 317, 318
山田 誠 ……………… 63
山田 正男 …………… 73, 80,

著者名索引

.... 96, 100, 125, 150, 178, 524	山室 軍平 359	山本 良吉 214, 253, 285	
山田 正夫 401, 405, 466	山室 民子 361, 367	山脇 玄 681	
山田 正憙 375	山室 宗文 394, 415, 421	山脇 春樹 8	**【よ】**
山田 正隆 177	山本 巌 .... 307〜309,	山脇 秀輔 179	
山田 昌弘 92,	311, 313, 490, 607	弥吉 光長	養育院 377
94〜97, 99〜101, 581	山本 栄喜 277	256, 257, 398, 843	鷹山公研究会 537
山田 正弘 154	山本 鉞治 ...... 491〜493	遺水 祐四郎 360	用村 与吉 156
山田 守 ... 152, 349〜351	山本 秋 201,	八幡市 741, 742,	翼賛政治会 ... 658, 659, 846
山田 三千男 8	318, 320, 491, 615	744, 745, 749, 754, 755,	浴風会 .... 382〜384
山田 盛太郎 537	山本 一雄 334	758, 761, 770, 796, 803	除野 信逆 445
山田 保治 306, 399	山本 勝市 543	八幡市都市計画係 ... 109	横井 時雄 698
山田 易弘 96	山本 勝太郎 531, 712	八幡市役所 36,	横井 時冬 587
山田 雄三 525, 539, 543	山本 勘助 282	40〜44, 46, 282, 717	横井 時敬 254, 256, 464,
山田 吉彦 297	山本 菊夫 416	八幡浜市 805, 815	529, 532, 533, 661, 662
山田 良秀 183	山本 吉雄 614		横江 勝美 550, 690
山田 義見 431	山本 吉之助 246, 539		横尾 惣三郎 .. 464, 598, 662
山田 隆一 206	山本 喜平 708	**【ゆ】**	横尾 孝之亮 5
山田 わか 5	山本 健 264		横川 四郎 191, 328
山田郡教育会 700, 718	山本 源一郎 146	湯浅 謹而 248	横川 つる 227
山手 光 380	山本 謙治 486	湯浅 倉平 8	横沢 次郎 701
大和 生夫 306	山本 興一郎 148, 238	由比 又雄 426	横須賀市 757, 771,
山戸 をり江 366	山本 行衛 152, 153	結城 哀草果 274	777, 787, 789, 805, 826
大和 勇三 506	山本 厚三 226	結城 清 214	横須賀市震災誌刊行会
山中 謙二 .. 63, 147, 174, 175,	山本 五郎 127, 130, 131,	結城 捨次郎 365	 76
177, 181, 183, 185, 364	138, 143, 159, 562, 563	結城 清太郎 504	横須賀市役所 .. 113, 241, 795
山中 鹿之助 585	山本 吾朗 714	結城 豊太郎 423, 484	横須賀商工会議所 ... 778
山中 省二 577	山本 権兵衛 17	又新社 679, 680	横瀬 善太 72
山中 篤太郎 293,	山本 栄 274	有斐閣 35, 641, 685	横瀬 夜雨 690
303, 318, 319, 332, 337,	山本 繁 499	郵便貯金局 380, 448	横瀬 喜三郎 600, 602
339, 490, 535, 545, 573,	山本 茂 66	郵便報知新聞社 ... 680	横瀬 久三郎 92, 93, 350
576, 577, 582, 591, 592	山本 秀一 465	湯川 旭 314	横瀬 周平 80, 81, 499
山梨教育会北巨摩郡支会	山本 常一 69	湯川 光夫 259	横瀬 高明 416
.... 702	山本 正一 353	湯河 元威 62,	横田 武 93
山梨教育会東山梨支会	山本 条太郎 534	464〜466, 475, 476,	横田 忠郎 229, 371
.... 703	山本 二郎 178, 268	481, 518, 522, 524	横田 年 232, 234,
山梨県 51, 679, 713,	山本 治郎平 146	雪岡 重喜 428	237, 320, 523, 553〜557
728〜730, 733, 736, 742,	山本 新次郎 174, 188	雪沢 千代治	横田 英夫 529
743, 749, 751, 755, 758,	山本 高雄 307, 315, 569	59, 142, 148, 149	横田 弘元 695
761, 778, 780, 800, 801,	山本 高行 508	雪山 慶正	横田 弘之 513,
807, 811, 818, 828, 836	山本 猛 263	321, 330, 522, 554	520, 527, 574, 576,
山梨県北都留郡誌編纂会	山本 唯三郎 637	弓家 七郎 1,	581, 584, 585, 696
.... 708	山本 太郎 483	2, 4〜10, 13〜17, 20, 21,	横田 実 16
山梨県教育会西山梨郡支	山本 貞作 392, 394, 425	23, 26, 31, 32, 35, 36,	横田 八重吉 528
会 709	山本 亨 131, 157	47, 52, 54, 68, 81, 83,	横手 千代之助 347
山梨県教育会東八代支会	山本 時雄 147	87〜89, 91, 118, 122, 123,	横畠 正彦 16, 407
.... 701	山本 徳三郎	176, 224, 293, 299, 347,	横浜 勉 129
山梨県師範学校 717	132, 141, 144, 222	348, 390, 465, 468, 481,	横浜港調査委員会 .. 161, 186
山梨県女子師範学校 ... 717	山本 利夫 701	594, 601, 612, 613, 652,	横浜港調査委員会第四自
山梨県庶務課 831	山本 敏行 412, 483	658, 661, 662, 666, 668,	由港部 161
山梨県総務部統計課	山本 登 417, 486, 497,	669, 672, 674, 676〜678	横浜高等商業学校研究所調
.... 817, 823	502, 511, 520, 525, 577	弓削 礼造 564	査部 709
山梨県知事官房 744	山本 一 564	輸血法研究所 247	横浜港湾委員会 164
山梨県知事官房統計課	山本 幡男 79	遊佐 敏彦 7, 61, 300,	横浜市 44, 119, 220,
.... 776, 778, 783, 791	山本 春男 333, 334	301, 303, 311, 314, 339	453〜461, 714, 715, 750,
山梨県地方課 814, 821	山本 晴雄 274	湯沢 三千男 .. 140, 211, 678	752, 755, 758, 760, 762,
山梨県調査課 833	山本 彦三郎 663	湯地 幸平 258	766, 770, 776, 782, 788,
山根 譲 394	山本 英喜 480	油納 平三郎 195	795, 801, 807〜809,
山根 倬三 531	山本 広治 184, 185	柚木 祥三郎 304	817, 821, 825, 826
山根 徳広 278	山本 浩 302, 304	湯目 薫 377, 380	横浜市会 164
山根 守道 458	山本 正男 373	湯目 補隆 74	横浜市会事務局 .. 47, 54, 187
山之内 一郎 601,	山本 正雄 515, 528	湯原 元一 249,	横浜市夏季臨海保養所
605, 606, 608, 620	山本 美越乃 312	252, 280, 281, 290	 241
山内 一夫 437	山本 道義 72	湯村 惣太郎 260	横浜市瓦斯局 207
山内 静夫 60	山本 三生 653	油本 豊吉 426, 473, 476,	横浜市勧業課 776
山内 正瞭 284	山本 光造 230, 232, 233	565, 566, 574, 575, 580	横浜市教育課 .. 739, 741, 743
山辺 六郎 197, 206	山本 峰雄 155, 576	湯本 昇 157	横浜市教育研究会 283
山桝 儀重 .... 249, 251〜253,	山本 安次郎 541	由本 恵 442	横浜市港湾部 ....
257, 258, 266, 302, 644	山本 豊 .. 412, 475, 482, 581	由良 哲次 519	130, 132, 161, 765
山村 章 422	山本 与一郎 230	ユルゲンスマン, ウィプキ	横浜市財務部主計課 460
山村 喬 .. 318, 336, 488, 584	山本 美 75	ング 278, 489	横浜市産業課 808
山村 宗文 468	山本 良登 360		
山村 吉雄 260			

横浜市産業部厚生課 …… 385	横山 芳介 …………… 463	由田 清一 …………… 32	吉村 辰夫 ……… 78, 94,
横浜市市長室 …… 837, 839	好井 宏海 …………… 185	吉田 隆 ……………… 329	96, 97, 120, 147, 566, 576
横浜市社会課 ‥ 354, 749, 754,	吉井 政信 …………… 190	吉田 只次 …………… 294	吉村 哲三 …………… 102
758, 765, 769, 770, 774,	吉江 勝保 ……………… 64,	吉田 悌二郎	吉村 弘義 …………… 168
779, 782, 792, 799, 807	175～178, 596	316, 407, 478, 572	吉村 政次郎 …………… 3
横浜市商工課 ………… 203	吉岡 郷甫 …………… 251	吉田 東伍 …………… 700,	吉村 正晴 ……… 568, 579
横浜市水道局 …… 239, 246	吉岡 金市 …………… 483,	701, 706, 707, 841	吉村 実 ……………… 101
横浜市選挙粛正部 …… 652	495～498, 501, 502,	吉田 徳次郎 ………… 134	吉村 宮男 …………… 652
横浜市総務部庶務課 … 52	504, 506, 509, 514, 515,	吉田 豊治 …………… 424	吉本 明光 …………… 267
横浜市中央卸売市場	518, 539, 541, 542, 551	吉田 長市 …………… 408	吉本 信 ……………… 475
………… 512, 780, 833	吉岡 恵一 … 15, 16, 23, 25,	吉田 信武 ……………… 64,	吉山 真棹 ………… 4～10,
横浜市中央職業紹介所	31, 200, 201, 410, 411, 442,	70, 72, 91～93, 117, 123,	19, 20, 58, 128, 136,
…………………… 337	617, 618, 674, 678, 679	139, 142, 304, 350, 584	140, 161, 170, 172, 195,
横浜市電気局	吉岡 荒造 …………… 474	吉田 昇 ……… 277, 278, 290	201, 207, 214, 216, 223,
202, 752, 772, 798	吉岡 繁喜 …………… 597	吉田 登 ……………… 183	349～351, 395, 398,
横浜市道路課 ………… 154	吉岡 正 ……………… 624	吉田 英二 …………… 544	399, 467, 475, 476, 489,
横浜市土木局 ………… 54,	吉岡 哲夫 …………… 252	吉田 初三郎 ………… 709,	490, 605, 646, 666, 724
163, 770, 774, 780,	吉岡 斗之助 ………… 145	712, 714, 716～718, 721	吉原 幸二 …………… 522
787, 794, 800, 807,	吉岡 博人 …………… 238	吉田 晴二 …………… 544	与田 喜知蔵 ………… 142
815, 821, 825, 832, 835	吉岡 誠 ……………… 583	吉田 久 ……………… 654	余田 忠吾 ……… 362, 371
横浜市保土ヶ谷区 …… 770	吉岡 弥生 …………… 210	吉田 英雄 ……… 360, 533	四日市市 ……… 46, 748, 750,
横浜社会問題研究所 … 294	吉川 一太郎 …………… 10	吉田 秀夫 … 29, 72, 79～81,	755, 762, 767, 771, 776,
横浜市役所 … 38, 44, 45, 50,	吉川 一郎 …………… 537	102, 124～126, 182, 227,	782, 789, 812, 819, 826
52, 108, 110, 115, 117, 120,	吉川 貫二 …………… 176	508, 518, 519, 526, 552,	四日市市教育会 ……… 713
160, 164, 240, 246, 454,	吉川 覚 ………… 70, 275	553, 557, 561, 582, 843	四日市市役所
754, 758, 764, 770, 773,	吉川 季治郎 …………… 1,	吉田 秀和 ……… 353, 557	38, 163, 164, 710
780, 783, 789, 793, 801	2, 78, 122, 662	吉田 丕文 ……………… 11	四ツ橋 実 …………… 370
横浜市役所財務部	吉川 末次郎 … 4, 6, 7, 9, 12,	吉田 浩 ……………… 466	ヨッフェ, アドルフ …… 642
………… 824, 829, 835	13, 17, 20, 23, 27, 90, 102,	吉田 復太郎 ………… 584	四屋 純三郎 ………… 628
横浜商業会議所 …… 161, 586	198, 276, 288, 340, 349,	吉田 正雄 …………… 345	四谷区役所 …………… 715
横浜商業会議所調査部	350, 364, 369, 480, 482,	吉田 政治 …………… 613	淀川左岸水害予防組合
…………………… 586	565, 599, 620, 621, 647,	吉田 克 ……………… 177	…………………… 161
横浜正金銀行調査部 … 345	654, 663, 664, 669, 675	吉田 巳之吉 ………… 528	余土村役場 …………… 681
横浜商工会議所 …… 587, 590,	吉川 忠 ……………… 475	吉田 実 ……………… 485	米子市 ……… 720, 752, 756,
776, 791, 796, 803, 805,	吉川 充雅 ……………… 5	吉田 弥七 ……… 220, 221	768, 777, 791, 798, 805,
810, 816, 827, 832, 837	吉木 弥三 ……… 211, 465	吉田 安三郎 …………… 66,	812, 821, 828, 833, 836
横浜商工会議所調査部	吉阪 俊蔵 …………… 237,	92, 101, 102, 118, 143, 159	米子市役所 ……… 116, 718
…………………… 587	269, 302～304,	吉田 寧 ………… 299, 300	米川 博 ……………… 593
横浜税関 …………… 780, 787	337, 358, 359, 585	吉田 義二 …………… 180	米窪 満亮 ……… 339, 477
横浜貿易新報社 …… 34, 700	吉阪 隆正 …………… 156	吉田 隆一 …………… 699	米倉 茂俊 ……… 500, 517
横前 正輔 …………… 586	吉沢 万二 …………… 491	吉武 恵市	米倉 二郎 …………… 687
横見 幹 …………… 152, 581	吉沢 有造 ……………… 73	215, 329, 570, 571	米沢 俊一 …………… 316
横溝 今次郎 …………… 74	吉田 章信 ……… 210, 241	吉武 源五郎 ………… 704	米沢 恒雄 …… 411, 412, 479
横溝 直二 …………… 543	吉田 栄一 …………… 652	吉武 和 ……………… 235	米沢 治夫 …………… 580
横溝 光暉 ……………… 60,	吉田 一枝 …………… 603,	吉武 久賀 ……… 199, 417	米沢 治文 ……… 334, 556
64, 169, 303, 314, 410,	604, 608～610, 615	吉谷 一次 … 221, 226, 228	米沢 道雄 …… 95, 423, 424
595, 597, 598, 606,	吉田 一彦 …………… 184	芳谷 武雄 …………… 644	米沢郷土館 …………… 691
607, 609, 612, 664, 685	吉田 勝次 …… 27, 574, 676	吉富 重夫 …………… 608,	米沢市 ……… 760, 765, 776, 782,
横道 英雄 …………… 158	吉田 亀治 ……… 552, 553	610, 611, 614～618,	788, 795, 822, 831, 835
横山 勇 ……………… 655	吉田 貫一 …………… 673	622, 625, 657, 675	米沢市役所 …… 731, 745, 754
横山 栄次 ……… 94, 252	吉田 勘兵衛 ………… 716	吉富 滋 ……… 234, 235, 237	米田 庄太郎 ………… 270,
横山 健堂 …………… 273	吉田 吉郎左衛門 …… 471	吉留 健吉 … 95, 101, 102, 585	291, 468, 558, 600, 722
横山 源之助 ………… 293	吉田 享二 ……………… 73	吉永 栄助 …………… 614	米田 冨士雄 ………… 175
横山 五市 …… 516, 521, 678	吉田 清一 …………… 277	吉永 信成 …………… 177	米田 正文 …………… 146
横山 定雄 …………… 378	吉田 潔 ……………… 467	吉永 要吉 …………… 555	米花 伊太郎
横山 周次 …………… 487	吉田 嘉六 …………… 681	吉成 忠誠 …………… 451	467, 468, 470, 566
横山 信二 ……… 89～91, 93	吉田 熊次 … 253, 257, 258,	吉成 季雄 …………… 675	米林 富男 …… 296, 554, 556
横山 専一 …………… 147	276, 280, 283～285, 289	吉野 栄子 …………… 598	米原 七之助 … 200, 404～406,
横山 武夫 …………… 296	吉田 軍蔵 ……………	芳野 福松 …………… 576	408, 411, 418, 430,
横山 辰夫 …………… 696	良田 圭子 ……… 237, 556	吉野 作造 …………… 593,	440, 443, 458, 476, 482
横山 辰雄 …………… 695	吉田 源治郎 …… 362, 366	638, 639, 641, 646, 648,	米元 晋一 ……………… 88,
横山 照夫 ……………… 25,	吉田 鯉郷 …………… 321	710～713, 722, 840	219, 234, 239, 242
424, 431～435	吉田 五市 ……………… 24	吉野 信次 ……… 193, 304,	米山 国蔵 …………… 256
横山 徳太郎 ………… 135	吉田 孝一 ……… 272, 379	418, 469, 471, 478, 568	読売新聞社 ……… 280, 289
横山 敏男 …………… 494,	吉田 五平 ……………… 49	吉野 楢三 …………… 263	蓬田 吉太郎 …………… 22
503, 506, 507, 510	吉田 定子 …………… 238	吉藤 幸朔 …………… 146	四方田 敏郎 ………… 420
横山 不栄 …………… 158	吉田 定輔 ……… 92, 141	吉益 脩夫 ………… 59, 61	
横山 正一 …………… 686	吉田 三郎 …………… 379	吉村 銀次郎 …………… 33	【ら】
横山 光雄 …………… 153	吉田 鹿之助 ………… 434	吉村 蛟 ……………… 565	
横山 三四治 …………… 94	吉田 蘂 …… 303, 304, 465	吉村 幸雄 …………… 582	
横山 有策 …………… 254	吉田 茂 ……… 105, 161, 569	吉村 信吉 …… 164, 238,	頼 順生 …………… 375
横山 良国 …………… 507	吉田 仁三郎 ………… 841	239, 690, 693, 694, 696	

ライト, ア・エス ……… 680
ライプホルツ, ゲルハルト
　……………………… 604
ラインシユ, パウル …… 635
ラインハルト, フリッツ
　…………………… 437, 441
ラウエツケル ………… 533
ラウントリイ, B.S. … 344, 346
楽翁公遺徳顕彰会 …… 712
羅津府 ………………… 810
ラズームニク, イワノーフ
　……………………… 294
ラッセル, バートランド
　………………… 294, 640
ラトゥール, フランソア
　……………………… 347
ラートゲン … 447, 631, 681
ラビット ……………… 294
ラファルグ, ポール …… 294
ラフエテイ, エス ……… 641
ラムステット ………… 253
ランク, クリストフ …… 88
ランゲ, オスカー ……… 542
ランシル, S. …………… 95
ランチ, ホール・エス … 636

【り】

李 国昌 ………………… 675
李 鎮華 ………………… 661
李 延安 ………………… 345
李 命勲 ………………… 369
リヴァプール港湾協会
　……………………… 141
陸軍軍医団 …………… 241
陸軍省 …… 66, 76, 164, 639
陸軍省衛生課 ………… 245
陸軍省経理局 ………… 433
陸軍省情報部 …… 614, 615
陸軍省報道部 ………… 657
陸軍省臨時陸軍検疫部
　……………………… 239
陸軍築城部 …………… 68
陸軍築城部本部 … 68, 69
籔泥散史 ………… 85, 392
リコプケ, ハンス・フォン
　……………………… 262
罹災者就職斡旋本部 … 342
立憲政友会 …………… 711
立憲政友会会報局 …… 534
立憲政友会政務調査会
　……………………… 656
立憲政友会本部 ……… 715
リッヂウェー, ロバート
　…………… 130, 131, 133
リッチー, A.S. ………… 169
リッチモンド, メアリ … 361
リード, トマス・エィチ
　…………………… 1, 662
リーバー ……………… 628
リープクネヒト, ウイルヘム
　……………………… 559
リーフマン, ロバート … 530
笠 信太郎 …………… 414,
　416, 421, 422, 426,
　432, 455, 492, 540, 566
竜谷 笠 ……………… 610
廖 鷲揚 ……………… 266
良書普及会 …………… 41,
　646, 651, 684, 685, 687

旅順市役所 …………… 716
旅順民政署 ……… 766, 773
リラ, G. ………………… 152
林 鳳麟 ……………… 553
リンガー, フィー・アー
　………………………… 87
臨時教育会議 ………… 281
臨時軍事援護部傷兵保護
　院 …………………… 373
臨時軍事調査委員 …… 639
臨時国勢調査局 ……… 558
臨時国勢調査部 ……… 726
臨時財政経済調査会 … 449
臨時震災救護事務局 … 381
臨時震災救護事務局嘱託協
　議会 ………………… 381
臨時震災救護事務局総務
　部 …………………… 381
臨時税関工事部 ……… 160
臨時大都市制度調査会
　………………………… 36
臨時台湾旧慣調査会
　…………… 636, 638, 704
臨時台湾基隆築港局 … 160
臨時台湾総督府工事部
　……………………… 160
臨時台湾総督府工事部基隆
　出張所 ……………… 160
臨時治水調査会 ……… 160
臨時発電水力調査局 … 529
臨時横浜築港局 ……… 160
臨野 光全 …………… 71
リーンハルト, ア ……… 668

【る】

ルイス, N.P. …………… 104
ル・コルビュジエ …… 120
ルゼヴースキー ……… 452
ルッシユ, デ ………… 677
ルップ, フランツ …… 415
ルードウイッチ, Z.W.
　………………… 81, 350

【れ】

レーキン, デ・エム …… 643
レウィス, ネルソン・P.
　……………………… 104
レウィス, ハロルド・M.
　…………………… 167, 187
レッヒンベルヒ, フリッツ
　……………………… 120
レーデラー …………… 291
レーニン, ニコライ …… 532
レフケン ……………… 69
レーン, エフ・バン・ゼツ
　ト …………………… 169
連 雅堂 ……………… 704

【ろ】

魯庵記念財団 ………… 708
労働科学研究所 …… 248,
　345, 346, 356, 525, 543,

　585, 755, 758, 762, 833
[労働科学]研究所同人
　……………………… 213
労働科学同攻会 ……… 346
蠟山 政道 ……………… 4,
　12, 13, 17, 22, 26, 59,
　174, 195, 197, 199, 200,
　207, 228, 258, 264, 296,
　305, 306, 321, 399, 418,
　481, 483, 527, 595, 597,
　599, 601～607, 609～612,
　620～623, 644, 648～650,
　652～654, 656, 665,
　667～671, 673, 686, 688
ロウントリー ………… 301
ロエウエニヒ, カール … 241
ロエスレル …………… 628
六樹会 ………………… 709
六大都市共同事務所 48～50
六大都市市会事務協議会
　………………………… 53
六大都市税制改革並小学校
　教育擁護対策実行委員連
　合会 ………………… 459
六大都市当該事務当局
　………………………… 51
露国司法人民委員部 … 644
露国農務省移民局 …… 707
露国陸海軍人民委員部
　……………………… 643
ロージャーズ, ゼイムズ・
　ハァヴェイ ………… 540
ロシユテーン, ア …… 648
ロデン ………………… 573
ローズ, ホランド …… 708
ロスインガー, ロウレンス・
　K. …………………… 621
路政僧 …………… 139, 141
ロッシャー …………… 539
ロッセ, エドワード …… 553
ローデリッヒ …… 551, 552
ロートシュタイン … 580, 581
ロバートソン, D.H. … 534
ローマイヤー研究室 … 141
ロールベック, W. …… 494
ローレンス, T.J. ……… 294
ロングレー, ジュオン・デ
　…………………… 617, 618

【わ】

ワアイテルマン, ルベルト
　……………………… 368
和井 和衛 …………… 436
ワイス, ベルンハルト … 648
若尾 嘉喜智 ………… 122
若木 礼 ………… 278, 548
若月 紫蘭(保次) …… 700
若月 俊一 …………… 248
若月 可直 …………… 577
若槻 礼次郎 ………… 662
我妻 栄 ………… 351～353,
　550, 599, 600, 648,
　653, 655～658, 722
若菜 貞爾 …………… 680
若林 栄次郎 ………… 160
若林 清 ……………… 637
若林 米吉 …………… 467
若松市(福島県) …… 741,
　752, 756, 760, 764, 772,
　791, 812, 819, 824, 839

若松県 ………………… 726
若松市(福岡県) ……… 703,
　704, 742, 753, 762,
　766, 772, 777, 792, 804
若松市役所 … 701, 716, 720
若松築港株式会社 …… 162
若宮 卯之助
　………… 291, 463, 546, 661
若山 儀一 …………… 719
若山 甲蔵 …………… 203
和歌山県 …………… 749,
　753, 761, 787, 821, 827
和歌山県有田郡役所 … 702
和歌山県総務部地方課
　………… 459, 816, 822, 829
和歌山県総務部統計課
　………… 805, 813, 834
和歌山県知事官房統計課
　………… 753, 757, 772, 776
和歌山県知事官房文書課
　……………………… 838
和歌山県東牟婁郡教育会第
　一部会 ……………… 714
和歌山県東牟婁郡役所
　……………………… 703
和歌山高等商業学校学会
　……………………… 540
和歌山市 ……………… 55,
　657, 658, 743, 748, 768,
　772, 776, 784, 801, 804,
　812, 818, 824, 835～837
和歌山市役所 …… 53, 241,
　588, 704, 719, 746, 800
和歌山商工会議所 …… 588
脇 栄太郎 …………… 447
脇坂 作次郎 ………… 372
脇坂 実 … 427, 430, 436, 437
脇田 忠 … 513, 514, 516, 519
脇田 久勝 …………… 716
脇田 良吉 …………… 285
和久田 鉄雄 ………… 582
和久田 実 …………… 18
ワグネル, マルチン …… 90
ワグネル, J. ……… 270, 271
和気 薫 ……………… 575
和気 中文 …………… 576
和気 幹雄 ……… 100, 504
ワーゲマン, E. … 412, 425, 460
鷲尾 弘準 …………… 548
鷲尾 蟄竜 …………… 158
鷲尾 義直 …………… 718
鷲野 甚之助 ………… 309
鷲野 隼太郎 ………… 534
鷲野 芳三 …………… 438
鷲見 金三郎 ………… 448
鷲見 安二郎 ………… 73
鷲宮村是調査会 ……… 682
早稲田大学講演部 …… 716
早稲田大学商学同攻会
　……………………… 534
早稲田大学編輯所 …… 699
和田 篤憲
　………… 147, 172, 690, 691
和田 清 ……………… 688
和田 甲作 …………… 62
和田 耕作 …………… 611
和田 三郎 …………… 636
和田 信夫 …………… 185
和田 凰雅 ……… 328, 378
和田 庄蔵 …………… 152
和田 申一 …………… 61
和田 伝 ……………… 543

和田 伝太郎 ………… 10
和田 友忠 …………… 222
和田 登 …… 147, 350, 353
和田 矩之 …… 388, 389, 391
和田 日出吉 ……… 430, 494
和田 英正 …………… 277
和田 英松 ……… 252, 645
和田 博雄 ……… 307, 475
和田 文次郎（尚軒）… 699
和田 正義 …………… 357
和田 盈 ……………… 60
和田 実 ……………… 253
和田 盛哉 …………… 273
和田 泰光 …………… 709
和田 隆造 …… 248, 278, 319
渡瀬 完三 …………… 495
和達 清夫 …………… 156
渡部 晶 ……………… 265
渡辺 光 ……………… 719
渡部 旭 ……………… 320
渡辺 幾治郎 …… 294, 605,
 651, 654, 673, 701, 714
渡部 以智四郎 ……… 498
渡部 英三郎 …… 26〜28,
 378, 691〜696
渡辺 英三郎 …… 69,
 70, 379, 691〜695
渡辺 英二郎 ………… 692
渡辺 音二郎 ………… 188
渡辺 一高 …………… 365
渡辺 勝三郎 ………… 683
渡辺 要 ……………… 66
渡辺 喜久造 ………… 427
渡辺 菊圃 …………… 210
渡辺 金蔵 …………… 349
渡辺 建 …… 220, 525, 526
渡辺 幸三郎 ………… 127
渡部 伍良 …………… 571
渡辺 栄 ……………… 324
渡辺 祥夫 …………… 503
渡辺 繁太郎 ………… 8
渡辺 忍 ……………… 478
渡辺 修次郎 ………… 698
渡辺 俊一 …………… 162
渡部 四郎 …………… 133
渡辺 信一 …… 308, 309,
 311〜313, 474, 478, 480
 〜483, 486〜488, 506, 516,
 517, 539, 543, 548, 565
渡辺 進 ……………… 303
渡辺 精吉郎 ………… 166
渡辺 清吾 …………… 533
渡辺 善蔵 …… 397, 403, 405
渡辺 善堂 …………… 392
渡辺 惣蔵 ………… 31, 623
渡辺 宗太郎 …… 1,
 50, 61, 63, 117, 174, 198,
 323, 492, 498, 595, 600,
 608, 619, 622, 623, 626,
 649, 651〜654, 656, 657,
 659, 665, 667, 668, 671,
 673, 675, 676, 678, 685
渡辺 泰造 …………… 334
渡辺 多恵 …………… 569
渡辺 多恵子 ………… 376
渡辺 孝夫 …… 95, 351, 553
渡辺 侃 …… 513, 528
渡辺 辰雄 …………… 408
渡辺 民平 …………… 7
渡辺 男二郎 ………… 125
渡辺 忠吾 …………… 490
渡辺 千代三郎 ……… 464

渡部 牧 …… 323, 514, 543
渡部 綱太郎 ………… 703
渡辺 侹治 …… 473, 484, 670
渡辺 鉄蔵 …………… 1, 2,
 75, 97, 104, 107, 129, 341,
 445, 459, 473, 653, 723
渡辺 輝一 …………… 555
渡辺 徳松 …………… 152
渡辺 夏彦 …………… 213
渡辺 久雄 …………… 720
渡辺 秀俊 …………… 527
渡部 富士雄 ………… 66
渡辺 史 ……………… 374
渡辺 文太郎 ………… 540
渡辺 文兵衛 …… 431〜433,
 436, 438, 439, 441, 442
渡辺 誠 ……………… 266
渡辺 正夫 …………… 204
渡部 政盛 …………… 250,
 252, 254, 256, 258,
 263〜265, 267, 268,
 270, 272, 273, 276, 611
渡辺 万蔵 …………… 448
渡部 水太郎 ………… 190
渡部 光明 …………… 435
渡辺 美与治 ………… 223
渡部 守治 …………… 20
渡部 弥作 …………… 155
渡辺 矢三郎 ………… 278
渡辺 八十吉 ………… 425
渡辺 庸一郎 …… 251, 414,
 416, 465, 470, 474, 491,
 500, 515, 520, 522, 525
渡辺 洋三 ……… 526, 527
渡部 義顕 ……… 702, 703
渡辺 義雄 …………… 656
渡辺 義人 …………… 258
渡辺 善房 …………… 715
渡辺 義政 …………… 213
渡辺 廉吉 …………… 630
綿貫 勇彦 …… 691, 715, 716
綿貫 哲雄 …………… 291
綿谷 越夫 ……………
 429, 430, 518, 582
亘理 章三郎 …… 256, 281
渡 正監 ……………… 59,
 62, 71, 415, 416, 604
和辻 哲郎 …………… 716
ワディ，ヘンリー・ターナー
 ……………………… 75

【ABC】

ABC生 ……………… 178
adovich,T. ………… 135
AO生 ………………… 154
BTⅡ生 ……………… 150
Buck,A.E. ………… 453
E・S生 ……………… 506
Fosdick,Raymond B.
 ……………………… 74
Frankland,F.H. …… 140
Gerhardt,Johannes … 345
Hedemann,J.W. …… 559
Hill,G.T. …………… 122
Holleran,Leslie G. … 136
HT生 ……… 183, 185, 696
H・U生 ………… 220〜226
Johnson,M.R. ……… 168
JY生 ………………… 218

K生 ………………… 5
KA生 ………………… 151
K・K・生 …………… 198
K.T. ………………… 466
Lee,Frederic S. …… 335
Leyser,C. ………… 354
Lumb,B.C. ………… 220
Means,G.C. ………… 524
MI生 ………………… 134
MT生 …………… 153〜155
NKSK生 …………… 547
N・T生 …………… 176
ON生 ……………… 157
Q.T.S. ……………… 268
Ritche,John A. …… 166
R・O・生 …………… 97
Scandinavian Shipping
 Gazette ………… 127
S・H生 …………… 137
S・O生 …………… 157
SS生 ………………… 80,
 156, 157, 180, 616, 725
Sulman,John ……… 83
TBH ………………… 151
Thoresen,S.A. ……… 141
TK生 …… 212, 213, 216, 467
T・O生 …………… 96
T・S・生 ………… 58
T・T・生 …… 151, 179
U生 ………………… 199
Wherry,William Mackay
 ……………………… 203
XYZ …………… 596, 597
XYZ生 … 67, 466, 467, 690
Y・F・生 ………… 304
Y・K生 ………… 156, 467
Zwiedineck-Sudenhorst,
 Ottovon ………… 294

収録誌名一覧

【あ】

エンジニアー（都市工学社）
大阪商工会議所月報（大阪商工会議所）
大原社会問題研究所雑誌（大原社会問題研究所）
大原社会問題研究所パンフレット（大原社会問題研究所）

【か】

外国鉄道調査資料（鉄道省業務局）
改造（改造社）
科学主義工業（科学主義工業社）
河川（河川協会）
官界公論（官界公論社）
企画（内閣印刷局）
教育（岩波書店）
行政裁判所判決録（帝国地方行政学会）
勤労時報（厚生省）
区画整理（土地区画整理研究会）
経済学研究（九州帝国大学経済学会）
経済学雑誌（大阪市立大学経済学会）
経済学 商業学 国民経済雑誌（神戸高等商業学校）
経済学論集（東京帝国大学経済学会）
経済月報（日本商工会議所）
経済時報（大阪商科大学経済研究所，丸善（発売））
経済集志（日本大学商経研究会）
経済毎日（毎日新聞社）
経済論叢（京都大学経済学会，京都大学学術出版会（発売））
警察協会雑誌（警察協会）
警察研究（良書普及会）
月刊 列国政策彙報（企画庁）
現業調査資料（鉄道大臣官房調査課）
健康保険時報（内務省社会保険部）
建築学会論文集（建築学会）
建築行政（建築行政協会）
建築雑誌（日本建築学会）
建築と社会（日本建築協会）
公園緑地（公園緑地協会）
工業経済研究（森山書店）
公衆衛生（日本衛生会）
厚生科学（厚生科学研究会）
厚生事業（東京都厚生事業協会）
厚生事業研究（大阪府厚生事業協会）
厚生問題（中央社会事業協会）
交通研究（早稲田大学交通政策学会）
公法雑誌（良書普及会）
公民教育（帝国公民教育協会）
港湾（日本港湾協会）
国策研究会週報（国策研究会）
国土計画（国土計画研究所，小学館（発売））
国立公園（国立公園協会）
国家学会雑誌（（財）国家学会事務所）

【さ】

財政（大蔵財務協会）
産業組合（産業組合中央会）
時事経済問題（弘文堂書房）
市政学会雑誌（大阪商科大学市政学会）
市政研究（市政研究会，市政人社（発売））
市政週報（東京市）
自治機関（自治館）
自治研究（良書普及会）
自治公論（全国町村長会）
市町村（帝国自治研究会）
市町村雑誌（市町村雑誌社）
執務指導通信（大阪市役所）

斯民（中央報徳会）
社会科学（改造社）
社会学雑誌（日本社会学会）
社会事業（中央社会事業協会）
社会事業彙報（中央社会事業協会）
社会事業研究（大阪府厚生事業協会）
社会政策時報（協調会）
社会福利（東京府社会事業協会）
社会保険時報（厚生省保険局）
社会問題研究（同人社書店）
週刊エコノミスト（毎日新聞社）
週報 官報附録（印刷局）
常会（中央教化団体連合会）
商学討究（小樽高等商業学校研究室）
商業組合（商業組合中央会）
商工行政（商工行政社）
商工組合（商工組合中央会）
商工経済（東京都商工経済会）
商工通報（商工大臣官房報道課）
消防（東京府消防協会）
職業（職業紹介事業協会名古屋地方支部）
職業時報（職業協会）
職業紹介（職業紹介事業協会）
職業紹介公報（中央職業紹介事務局）
市立図書館と其事業（東京市立日比谷図書館）
人口問題（人口問題研究会，刀江書院（発売））
人口問題研究（厚生統計協会）
水道協会雑誌（日本水道協会）
水利と土木（河川協会，常磐書房（発売））
税（帝国地方行政学会）
青年教育（実業補習教育研究会）
全国都市問題会議会報（全国都市問題会議）
造園学雑誌（日本造園学会，東海堂（発売））
造園研究（西ケ原刊行会，目黒書店（発売））
造園雑誌（日本造園学会）

【た】

大大阪（大阪都市協会）
大審院判例集（法曹会）
大日本教育（大日本教育会）
大日本警防（大日本警防協会）
大日本消防（大日本警防協会）
大日本統計協会雑誌（大日本統計協会）
地政学（日本地政学会）
地方（帝国地方行政学会）
地方改良（東京地方改良協会）
地方行政（帝国地方行政学会）
地方行政 日文版（満洲行政学会）
地方財政（地方財政協会）
地方財務（帝国地方行政学会）
中央公論（中央公論社）
調査月報（大蔵省）（大蔵省大臣官房）
調査資料（東京市電気局調査課）
地理（大塚地理学会）
地理学評論（日本地理学会，古今書院（発売））
庭園（日本庭園協会）
庭園と風景（日本庭園協会）
帝国瓦斯協会雑誌（帝都消防協会）
帝国教育（帝国教育会）
帝国鉄道協会会報（帝国鉄道協会）
帝国農会報（帝国農会）
帝都消防（帝都消防協会）
転失業対策時報（商工省転業対策部，厚生省失業対策部）
東京港（東京都港湾振興会，市政人社（発売））
東京市産業時報（東京市戦時生活局）
東京市社会局時報（東京市社会局）
東京市町会時報（東京市）
東京市農会報（東京市農会）
東京地方改良協会会報（東京地方改良協会）

東京の貿易（東京市）
統計時報（内閣統計局）
統計集誌（東京統計協会）
統制経済（統制経済編輯所，有斐閣（発売））
東北産業研究（東北産業科学研究所）
東洋経済新報（東洋経済新報社）
東洋経済統計月報（東洋経済新報社）
道路（道路協会）
道路の改良（道路改良会）
都市研究（兵庫県都市研究会）
都市工学（都市工学社）
都市公論（都市研究会）
都市創作（都市創作会）
都市美（都市美協会，市政人社（発売））
都市問題（後藤・安田記念東京都市研究所）
都政週報（東京都）
土木学会誌（土木学会）

【な】

内外社会問題調査資料（内外社会問題調査所）
内外労働週報（内外労働研究所）
内務厚生時報（内務大臣官房，帝国地方行政学会（発売））
内務時報（内務大臣官房，帝国地方行政学会（発売））
内務資料月報（満州行政学会）
日本公衆保健協会雑誌（日本公衆保健協会）
日本評論（日本評論社）
農業経済研究（日本農業経済学会，岩波書店（発売））
農業と経済（昭和堂）
農商時報（農商省総務局総務課）
農村工業（農村工業協会）
農務時報（農林省農務局）
農林時報（農林省）

【は】

汎交通 帝国鉄道協会誌（帝国鉄道協会）
一橋論叢（岩波書店）
風致（東京府）
風致（東京府風致協会連合会）
法学協会雑誌（法学協会）
法学論叢（京都帝国大学法学会）
防空（大日本防空協会）
防空事情（大日本防空協会）
法政研究（九州大学法政学会）
方面時報（東京市社会局）
法律時報（日本評論社）
補習教育（実業補習教育研究会）

【ま】

三田学会雑誌（慶応義塾経済学会，慶應義塾大学出版会（発売））
三田評論（慶応義塾）
文部時報（帝国地方行政学会）

【ら】

立教経済学研究（立教大学経済学研究会）
労働科学（労働科学研究所）
労働科学研究（労働科学研究所）
労働時報（社会局）

監修者紹介

公益財団法人後藤・安田記念東京都市研究所 市政専門図書館

市政専門図書館は都市問題・地方自治に関する専門図書館。1922年の後藤・安田記念東京都市研究所(旧名:財団法人東京市政調査会)の設立以来、研究所の調査研究事業を支えるとともに、広く一般にも公開している。所蔵資料の閲覧や貸出しのほか、町内会などの特定テーマや、大森文書、後藤新平文書など特殊コレクションの目録を公開。

都市問題・地方自治 調査研究文献要覧
①明治～1945

2017年5月25日　第1刷発行

監　　修／公益財団法人後藤・安田記念東京都市研究所 市政専門図書館
発　行　者／大高利夫
編集・発行／日外アソシエーツ株式会社
　　　　　〒140-0013 東京都品川区南大井6-16-16 鈴中ビル大森アネックス
　　　　　電話(03)3763-5241(代表)　FAX(03)3764-0845
　　　　　URL　http://www.nichigai.co.jp/
発　売　元／株式会社紀伊國屋書店
　　　　　〒163-8636 東京都新宿区新宿 3-17-7
　　　　　電話(03)3354-0131(代表)
　　　　　ホールセール部(営業)　電話(03)6910-0519

電算漢字処理／日外アソシエーツ株式会社
印刷・製本／株式会社平河工業社

不許複製・禁無断転載　《中性紙H-三菱書籍用紙イエロー使用》
〈落丁・乱丁本はお取り替えいたします〉
ISBN978-4-8169-2660-0　Printed in Japan,2017

都市問題・地方自治 調査研究文献要覧

後藤・安田記念東京都市研究所 市政専門図書館 監修

市政専門図書館が長年にわたり独自に収集してきた都市問題・地方自治に関する書籍・研究論文・調査報告等を体系的に収録した文献目録。

① **明治～1945** B5・940頁 定価（本体43,000円＋税） 2017.5刊
② **1945～1980** B5・1,110頁 定価（本体43,000円＋税） 2016.12刊
③ **1981～2015** B5・1,200頁 定価（本体43,000円＋税） 2016.7刊

現代日本執筆者大事典 第5期

紀田順一郎・井上如・勝又浩・末吉哲郎 編
A5・3分冊 セット定価（本体90,000円＋税） 2015.7刊

日本で唯一の「文献が語る人物事典」の第5期。2003～2015年に発表された470万文献から、現代日本を代表する執筆者5千人を文献計量的に選定。職業・肩書・専門分野・連絡先などの人物紹介、雑誌・図書の代表著作一覧で執筆活動が具体的にわかる。本人への問い合わせによる、最新・正確な内容を掲載。索引はWEBにて公開。

マスコミ・ジャーナリズム研究文献要覧1945～2014

山田健太・植村八潮・野口武悟 編 B5・820頁 定価（本体37,000円＋税） 2015.8刊

戦後70年間のマスコミとジャーナリズムに関する研究書、雑誌論文を体系化した文献目録。ジャーナリズムの歴史や理論、産業としてのマスメディア、政治・戦争・災害・国際・経済・社会・科学・文化など各分野の報道ジャーナリズム、新聞・放送・出版・インターネット等各メディア毎の特性などに関する研究、論考が一覧できる。

3.11の記録 東日本大震災資料総覧

東日本大震災についてマスメディアは何を報じたのか──。「震災篇」「原発事故篇」は図書と新聞・雑誌記事、視聴覚・電子資料の目録を収載。「テレビ特集番組篇」では、震災関連特別番組のタイトルを一覧することができる。

震災篇
山田健太・野口武悟 編集代表 「3.11の記録」刊行委員会 編
A5・580頁 定価（本体19,000円＋税） 2013.7刊

原発事故篇
山田健太・野口武悟 編集代表 「3.11の記録」刊行委員会 編
A5・470頁 定価（本体19,000円＋税） 2013.7刊

テレビ特集番組篇
原由美子（NHK放送文化研究所） 山田健太・野口武悟（「3.11の記録」刊行委員会）共編
A5・450頁 定価（本体19,000円＋税） 2014.1刊

データベースカンパニー
日外アソシエーツ

〒140-0013 東京都品川区南大井6-16-16
TEL.（03）3763-5241 FAX.（03）3764-0845 http://www.nichigai.co.jp/